DICIONÁRIO DE ESPIRITUALIDADE

VOL. III

ERMANNO ANCILLI E
PONTIFÍCIO INSTITUTO DE
ESPIRITUALIDADE TERESIANUM
(ORGS.)

DICIONÁRIO DE
ESPIRITUALIDADE

VOL. III

TRADUÇÃO
Orlando Soares Moreira
Silvana Cobucci Leite

Título original:
Dizionario Enciclopedico di Spiritualità III
© Città Nuova Editrice, 1990
Via degli Scipioni, 265 – 00192 – Roma
ISBN 88-311-9222-1

Dados Internacionais de Catalogação na Publicação (CIP)
(Câmara Brasileira do Livro, SP, Brasil)

Dicionário de espiritualidade, vol. III / Ermanno Ancilli, Pontifício Instituto de Espiritualidade Teresianum (orgs.) ; tradução Orlando Soares Moreira, Silvana Cobucci Leite. -- São Paulo : Edições Loyola : Paulinas, 2012.

Título original: Dizionario enciclopedico di spiritualita III
Bibliografia
ISBN 978-85-15-03912-8 (Edições Loyola)
ISBN 978-85-356-3176-0 (Paulinas)

1. Espiritualidade - Dicionários 2. Teologia - Dicionários I. Ancilli, Ermanno. II. Pontifício Instituto de Espiritualidade Teresianum.

12-04947   CDD-248.403

Índices para catálogo sistemático:
   1. Espiritualidade : Dicionários   248.403

Preparação: Carlos Alberto Bárbaro
Capa: Walter Nabas
Diagramação: So Wai Tam
Revisão: Renato da Rocha

Paulinas
Rua Dona Inácia Uchoa, 62
04110-020 São Paulo, SP
T 55 11 2125-3500
Telemarketing 0800-7010081
editora@paulinas.com.br
www.paulinas.org.br

Edições Loyola Jesuítas
Rua 1822, 341 – Ipiranga
04216-000 São Paulo, SP
T 55 11 3385 8500
F 55 11 2063 4275
editorial@loyola.com.br
vendas@loyola.com.br
www.loyola.com.br

Todos os direitos reservados. Nenhuma parte desta obra pode ser reproduzida ou transmitida por qualquer forma e/ou quaisquer meios (eletrônico ou mecânico, incluindo fotocópia e gravação) ou arquivada em qualquer sistema ou banco de dados sem permissão escrita da Editora.

ISBN 978-85-15-03912-8
© EDIÇÕES LOYOLA, São Paulo, Brasil, 2012

ISBN 978-85-356-3176-0
© PAULINAS, São Paulo, Brasil, 2012

SUMÁRIO

1735 Verbetes do dicionário – letras N a Z

2591 Índice de verbetes deste volume (III)

2595 Índice sistemático

N

NATAL. 1. ORIGEM DA FESTA. É sabido que nos primeiros séculos a única festa cristã era a → PÁSCOA, celebração que sintetiza todo o mistério de Cristo redentor; antes a Páscoa semanal — χυριακὴ ἡμέρα ou *dominica dies* (cf. Ap 1,10) — e depois a anual em seu progressivo desenvolvimento: vigília solene da "passagem" do jejum à festa, tríduo *crucifixi, sepulti et resuscitati* (AGOSTINHO, *Ep.* 55, 24), πεντηκοστή, cinquenta dias pascais, oitava, período preparatório nos seus vários estádios.

Porém, no século IV, quando já havia uma Quaresma em pleno desenvolvimento, e antes ainda que da unidade mistérico-celebrativa de toda a *pentêkostê* se evidenciassem com destaque historiográfico a Ascensão e o → PENTECOSTES, novas causas concorreram para fazer surgir, ao lado da celebração pascal, uma outra, cristológica, que estaria depois, com a Páscoa, na base da formação do ciclo litúrgico anual.

Observe-se que nesse meio-tempo foi se afirmando em toda a Igreja — antes no Oriente, depois na África e finalmente em Roma (segunda metade do século III) — o culto dos mártires, ou seja, a transformação do culto dos mártires no dos "testemunhas da fé"; no *dies natalis* deles (dia do aniversário da morte deles), a comunidade cristã se reunia junto das tumbas dos mártires e honrava sua memória, celebrando com alegre fé o *refrigerium* da Eucaristia.

Levando-se, portanto, em consideração, ao lado da celebração essencialmente mistérica da Páscoa, essa nova expressão litúrgica fundada na "memória", poder-se-á mais facilmente compreender a origem de uma festa que, nascida quase contemporaneamente na dupla edição oriental e ocidental, e fixada, na falta de dados precisos, a uma data sugerida por motivos simbólico-ambientais, haveria de, decididamente, firmar-se logo em todo o mundo cristão.

Acenou-se a causas novas que teriam concorrido para a origem da festa. Poder-se-iam aduzir aqui especialmente três delas: uma de índole mais estritamente eclesial, uma sociológica e uma político-religiosa.

a) Causa eclesial. A heresia ariana, ao pôr em dúvida a divindade de Cristo, tinha abalado muito e até deixado profundamente perturbada a Igreja inteira. Na ânsia de tomar medidas e de reagir com eficácia à heresia, considera-se necessário aprofundar e apresentar sob nova luz todos os aspectos que concorriam para pôr em destaque a natureza e a grandeza divina do Verbo encarnado, mesmo a custo de atenuar de algum modo outros aspectos, doutrinalmente indiscutíveis e vitalmente fecundos, que podiam, porém, ser mal entendidos em sentido ariano, inclusive a respeito da própria mediação de Cristo Senhor na sua humanidade glorificada.

b) Causa sociológica. É bem sabido que outrora — na passagem do século III para o IV — florescia em Roma o culto do sol ou heliolatria, resultante de um sincretismo político-religioso entre o culto imperial e o culto oriental de Mitra. A heliolatria apresentava-se como a última forma herdada do paganismo romano; uma forma que, por um conjunto de circunstâncias, não somente havia encontrado bem cedo a simpatia popular, como era protegida e apoiada pelas próprias autoridades do Império. Ora, é claro que um culto enraizado de um modo tão vivo na expressão religiosa do povo não podia deixar de envolver de algum modo também a população cristã, a qual tinha sua vida regular lado a lado com a vida pagã. A Igreja se deu conta disso e mais uma vez adotou seu sábio critério de sempre: não tanto reagir para se opor, mas, de preferência, absorver para cristianizar. Uma coisa que não era difícil no caso concreto da heliolatria, se pensarmos que não somente luz e trevas — elementos de fundo na celebração do *Sol invictus* — são temas muito caros a São João, bem como a toda a tradição bíblico-cristã, mas também que o próprio sol lembra facilmente passagens bíblicas bem conhecidas (cf. Sl 18,6; Ml 4,2) e por muitos Padres referidas a Cristo. A Igreja teria, pois, absorvido e cristianizado as celebrações pagãs do solstício de inverno, ou seja, do momento em que a força solar — até então decrescente — renasce e se refaz todos os anos;

e assim, na falta de uma data suficientemente aprovada para celebrar o nascimento do Salvador, o dia 25 de dezembro — precisamente o dia do solstício de inverno, segundo o cômputo de então — de festa do *Natalis (Solis) invicti* teria se tornado a solenidade do Natal do "Sol de justiça", Cristo Senhor, vencedor das trevas do pecado e da morte. Essa é a interpretação mais comum da origem e da data do Natal, depois da hipótese já apresentada de Usener, em 1911, retomada depois e aprofundada por Botte. E não há dificuldade para encontrar em vários textos de Padres do século IV — o próprio Botte cita os mais significativos — a indireta confirmação disso.

c) Causa política. Em favor da nova festa cristã deve ter concorrido muito a própria atitude sincretista de Constantino. Constantino era, com a família, um fervoroso defensor do monoteísmo solar. O *Sol invictus* figura em suas moedas até 324. Quando fez leis sobre a semana, usou sempre, para indicar o domingo, a expressão "dia do sol". No dia 7 de março de 321, Constantino dispôs precisamente que se fizesse festa no "venerável dia do sol" (é a data de origem do repouso dominical) e mais tarde autorizou também nesse dia a emancipação dos escravos. Dessa sua síntese pessoal entre o culto solar e o cristianismo, o imperador podia utilmente se valer para reforçar sua política; daí o total apoio à iniciativa de celebrar a nova festa cristã.

Às três causas, ou, melhor, circunstâncias indicadas como favoráveis ao surgimento e ao desenvolvimento do Natal poder-se-ia talvez acrescentar uma quarta, que eu chamaria de "mística". → CASEL a ela se refere a propósito da vigília pascal; mas não a podemos limitar ou restringir a essa festividade. Como é sabido, era vivíssima nos cristãos dos primeiros séculos a espera pelo retorno glorioso do Senhor. Ora, uma festa que, como o Natal (e no Oriente, a Epifania), propunha anualmente, quase como pano de fundo da celebração da "memória" do nascimento de Cristo, o mistério do seu retorno correspondia em cheio a esse sentido de expectativa e interpretava, portanto, um dos sentimentos mais profundos do povo cristão.

Eis, assim, por que já por volta de 330 — a data provém de uma atenta análise da cronografia ou calendário filocaliano de 354 — a festa do Natal, embora de propósito localizada então no bairro vaticano, onde se desenvolviam de preferências as práticas da heliolatria, acabou se juntando à celebração semanal do → DOMINGO e à anual da Páscoa.

2. O MISTÉRIO DO NATAL. O termo "Natal" lembra, evidentemente, o nascimento de Cristo, cujo aniversário se quer celebrar. Nesse sentido, a celebração natalícia se apresenta, pelo menos no início, sob uma luz e uma interpretação diferente da pascal. A Páscoa aparece desde a origem como festa, se assim se pode dizer, "mistérica", ou seja, festa que no rito e na expressão litúrgica não se limita a evocar um fato ou um acontecimento, mas representa e ritualiza com eficácia o mistério celebrado; o Natal, porém, entra no calendário cristão como simples "memória" ou celebração comemorativa.

É por isso que Santo Agostinho, ao escrever *ad Ianuarium*, afirma expressamente *diem Natalem Domini non in sacramento celebrari, sed tantum in memoriam revocari* (*Ep.* 54, 1). Porém, o próprio termo já comportava, no ambiente pagão, uma significativa densidade; por isso ao sentido óbvio de evocação se unia o de poder e de glória e não por acaso os cristãos se valeram do termo para indicar o nascimento para o céu dos seus membros, especialmente dos mártires (*dies natalis*). Não se exclui que precisamente essa densidade de significados, repensada e aprofundada em ambiente cristão — o Natal de Cristo já predominava sobre o *Natalis invicti* —, tenha concorrido a fazer descobrir pouco a pouco o Natal numa luz nova e num visual mais completo, de modo que, embora permanecendo unido a ele o aspecto comemorativo, aparecesse mais como ocasião do que como verdadeiro objeto da festa. Poder-se-ia dizer que aconteceu com o Natal o inverso do que acontecera com a Páscoa. Essa festa, de celebração unicamente mistérica (todo o mistério da salvação, centrado em Cristo morto e ressuscitado), foi, com o tempo, se diluindo em fracionamentos, se não estritamente comemorativos, pelo menos apoiados na evocação cronológica dos fatos (ressurreição, ascensão, Pentecostes); já o Natal, originariamente comemorativo, foi se recolhendo e se definindo na compreensiva globalidade do mistério: o mistério do Filho de Deus que se faz homem para a salvação do mundo. São Leão já vê nele o *Nativitatis dominicae sacramentum*, pelo qual podemos *Nativitatem Domini non tam praeteritam recolere, quam praesentem inspicere* (*Serm.* 29). Para ele, o Natal faz plenamente parte do *hodie*, próprio da atualidade comemorativa do mistério, e como *sacra primordia* da redenção, é *dies redemptionis novae, praeparationis antiquae, felicitatis aeternae* (*Serm.* 22); com outra expressão, que evoca também ela a tríplice dimensão do *mysterium* e intraduzível na sua densa e sucinta conceituação, São Leão diz que o Natal lembra numa festividade anual o *sacramentum ab initio promissum, in fine redditum, sine fine mansurum* (*Ibid.*). A expressão litúrgica da celebração natalícia apresenta-se assim em chave totalmente soteriológica e está, portanto, substancialmente toda orientada para a realização pascal da salvação em Cristo morto e ressuscitado. São frequentíssimos os termos ou os símbolos característicos da Páscoa: a luz, a glória, a *salvação*, a *redenção*, a *paz*, acentuados por frequentes contraposições — *puer, rex; iacet, regnat; vetustas, novitas* — de conteúdo e de sabor requintadamente pascais. Também a conhecida estrofe do hino das vésperas canta magnificamente: *Et nos beata quos sacri / rigavit unda sanguinis / Natalis ob diem tui / hymni tributum solvimus*. Celebra-se a encarnação do Filho de Deus e a aparição do Verbo encarnado, mas não independentemente da cruz redentora; aquele que a Virgem dá à luz já começa a merecer por aquele povo que ele veio libertar do pecado; e a libertação se verifica e se realiza, porque o Redentor é o Filho de Deus feito homem. O Natal não é, portanto, uma festa rival da Páscoa: é uma sua emanação; as duas solenidades se referem uma à outra e se completam mutuamente na celebração do único mistério de salvação.

3. A LITURGIA DO NATAL. As primeiras formulações eucológicas da liturgia do Natal encontram-se no Sacramentário Veronense, com uma acentuada dependência dos sermões teológicos do grande teólogo do Natal, que é → LEÃO MAGNO. A partir do século VI, a festa se enriquece em Roma com a celebração de diversas missas. O centro das celebrações é a basílica de Santa Maria Maior, chamada também de Santa Maria ad Praesepe, lembrando as relíquias do presépio do Senhor levadas — segundo a tradição — por São → JERÔNIMO. A basílica, que quer ser como uma presença do santuário de Belém dedicado à Natividade na Cidade eterna, foi reconstruída em 432, por Sisto III e enriquecida com esplêndidos mosaicos, ainda hoje existentes no arco triunfal. É como um monumento ao dogma da maternidade divina proclamado em Éfeso, em 431. Celebra-se aí, talvez por imitação da vigília noturna de Belém à qual alude Egéria no seu Diário de viagem, uma missa à meia-noite; é a missa natalícia que permanecerá para sempre no Ocidente, mesmo quando a missa pascal será adiada para fora das horas noturnas.

Na Idade Média, a liturgia natalícia conhece um grande esplendor, especialmente nas catedrais e nos mosteiros. É cantado solenemente na vigília o trecho do Martirológio que alude à vinda de Cristo na plenitude dos tempos para consagrar o mundo. As matinas do Natal com as leituras de Leão Magno e o Prólogo de São João, é celebrado com solenidade a partir do sugestivo invitatório: *Christus natus est nobis*. A liturgia romana dotou a liturgia das horas (→ OFÍCIO DIVINO) com esplêndidas antífonas como as das laudes, das vésperas, com hinos cheios de teologia e não desprovidos de sóbria ternura na contemplação do Verbo feito carne. Por toda a parte, com a antífona das vésperas no *Magnificat*, que é o momento culminante, ressoa o *Hodie Christus natus est*, que faz reviver a presença do mistério.

A piedade medieval acrescenta a essa celebração litúrgica as formas da → RELIGIOSIDADE POPULAR, a partir da representação do Natal ao vivo, como fez São Francisco, em Greccio, em 1231, e com outras expressões folclóricas que marcaram profundamente a alma popular.

A atual liturgia do Natal tem início com a missa da vigília e se prolonga com a oitava do Natal e com o tempo natalício até a → EPIFANIA. Compreende a celebração do mistério da manifestação do Senhor segundo a carne e outras celebrações conexas, como a festa da Mãe de Deus, de 1º de janeiro, e a festa da família de Nazaré, no domingo depois do Natal.

A liturgia da Palavra da missa de meia-noite exprime bem o mistério da luz, com os textos de Is 9,2-7, a graça da manifestação do Senhor, com Tt 2,11-14, e a narração do alegre anúncio aos pastores, com Lc 2,1-14. Nas missas da aurora e do dia ressaltam-se outros aspectos do mistério, como a "filantropia divina", que se manifesta em Cristo (Tt 3,4-7), a plenitude da revelação do Pai no Filho (Hb 1,1-6), o mistério do Verbo que estava junto de Deus e se fez carne (Jo 1,1-18).

Notáveis são os textos litúrgicos da missa, com as fórmulas herdadas da Antiguidade nas quais se sente ainda a marca de Leão Magno. Como clara síntese da teologia e da espiritualidade do Natal, o missal de Paulo VI propôs os três prefácios natalícios, que cantam: o mistério de Cristo, luz que lembra o sentido da festa do *Sol invictus* e da luz que resplandece na noite do alegre anúncio aos pastores; o mistério da encarnação, que reintegra em Cristo o universo, como teologia do aspecto cósmico da nova criação; finalmente, o terceiro prefácio lembra a misteriosa troca que nos redimiu, síntese da soteriologia natalícia que lembra o antigo dito dos Padres: "Deus se faz homem a fim de que o homem se torne Deus".

O centro da celebração do Natal é, como sempre na liturgia da Igreja, o mistério da → EUCARISTIA. No Verbo feito carne a Igreja reconhece o Pão da vida descido do céu. Na Eucaristia, mistério pascal, os fiéis podem estar em contato com o Verbo encarnado, morto e glorificado; ressalta-se, além disso, segundo a teologia oriental e a perspectiva da liturgia romana, que o Natal é o início do mistério pascal.

Na centralidade da celebração litúrgica, com a presença do Senhor e o louvor contemplativo da Igreja, com a riqueza de aspectos de catequese e de espiritualidade, insere-se harmonicamente a piedade popular, da representação do mistério no presépio aos cantos natalícios.

4. ESPIRITUALIDADE DO NATAL. Pode-se falar de verdadeira espiritualidade do Natal apenas em referência aos grandes temas da celebração natalícia, como são contemplados e postos em destaque pela liturgia. Contemplados porque, com efeito, a liturgia do Natal, como observa pe. Lemarié, não analisa o mistério: contempla-o com olhar simples e sempre novo e o exprime com a simplicidade que não exclui de modo algum a variedade e a riqueza das imagens. Mas justamente dessa variedade e riqueza de imagens e de expressões é que se ressaltam os temas de fundo que a liturgia, espiritualidade da Igreja, canta e recanta sem jamais se cansar.

É uma liturgia de glória a do Natal. No mistério da admirável fusão das duas naturezas numa só pessoa, põe-se o acento no Verbo, que diviniza a humanidade e a invade toda com seu poder. Veja-se a bela antífona de origem oriental *Mirabile mysterium* (laudas da oitava do Natal). Dir-se-ia que as mesmas circunstâncias históricas que favoreceram a instituição e a afirmação da festa tenham concorrido para imprimir a toda a celebração natalícia esse clima de glória: "glória como do Unigênito do Pai", que os discípulos puderam contemplar, porque "o Verbo se fez carne e veio habitar no meio de nós"; glória do "Sol de justiça", "luz verdadeira que ilumina todo homem", glória de Jesus Cristo, que é "o alfa e o ômega, o primeiro e o último, o princípio e o fim". Basta passar os olhos pelos textos da liturgia natalícia e pelos comentários dos Padres para perceber com quanta insistência intencional esse tema da "glória" neles aflora e se repete.

Mas a glória do Verbo encarnado não é uma glória conservada ciumentamente, como se segura e se aperta uma presa, diria São Paulo; é, porém, uma glória que, justamente ao se comunicar e se doar, se revela em toda a sua divina grandeza e brilha em seu mais vivo esplendor. Eis, pois, o outro aspecto da liturgia e da espiritualidade do Natal: o dom. "Um menino nos nasceu, um filho nos foi dado"; "o Verbo se fez carne e veio habitar no meio de nós"; "nasceu para vós um Salvador". Para nós, entre nós, em nós; [...] em cada um, mas também em toda a humanidade, porque o Verbo encarnado uniu-a toda a si pelo vínculo nupcial da *una caro*, e em todos os membros quis de certo modo penetrar e se difundir, inserir a todos na família mesma de Deus. Assim, o dom acaba numa troca, o *admirabile commercium* de um Deus que se faz homem, para que o homem seja alçado às alturas mesmas da divindade. Daí o sentido de otimismo e de equilíbrio ao mesmo tempo, que do mistério natalício passa para toda a espiritualidade cristã, uma espiritualidade que não pode desprezar a natureza humana, se o próprio Filho de Deus a quis assumir; uma espiritualidade que não pode degenerar nem no quietismo nem no voluntarismo, uma vez que está baseada no fato de que Cristo não é nem apenas Deus nem apenas homem; tampouco mantém justapostas as duas naturezas, como davam a entender as heresias cristológicas, mas admiravelmente as funde numa só pessoa, *non commixtionem passus neque divisionem*. E ainda: pela realidade profunda da solidariedade entre a humanidade e a criação inteira, ela participa da salvação com que é agraciada a estirpe humana; daí o valor cósmico da encarnação e, de reflexo, a teologia das realidades terrestres que, já presente nos escritos dos Padres e nos textos litúrgicos, especialmente orientais, é hoje, com razão, redescoberta e reavaliada.

BIBLIOGRAFIA. BOTTE, B. *Les origines de la Noël et de l'Épiphanie*. Louvain, 1932; GALILLARD, J. Noël: memoria ou mystère? *La Maison Dieu* 59 (1959) 37-59; LEMARIÉ, L. *La manifestazione del Signore (La liturgia di Natale e dell'Epifania)*. Milano, 1960; HAMMAN, A. – QUÉRÉ-JAULMES, F. *Le mystère de Noël*. Paris, 1963; NESMY, J. *La spiritualità del Natale*. Brescia, 1964; NOCENT, A. *Celebrare Gesù Cristo*.

L'anno liturgico. II. Natale-Epifania. Assisi, 1976; NOCILLI, G. *É nato per noi il Salvatore. Storia, teologia, folclore del Natale.* Padova, 1984; LEONE MAGNO. *Il mistero del Natale.* Roma, 1984;

S. MAZZARELLO – J. CASTELLANO

NATURALISMO. O que nos interessa aqui não é o naturalismo metafísico, que é um → PANTEÍSMO mais ou menos explícito, mas o naturalismo ético e religioso. Ele pode ser uma simples consequência lógica do naturalismo metafísico, mas pode também se desenvolver de modo independente. Em geral, entende-se por naturalismo uma valorização exagerada da natureza e um otimismo igualmente exagerado a respeito de suas capacidades de tornar o homem feliz, independentemente do sobrenatural e também de Deus. O termo "natureza", usado aqui como oposto a "sobrenatural", significa antes de qualquer coisa o homem concreto, com tudo o que possui para sua constituição, depois indica todos os meios, quer sociais, quer físicos, que ele tem à sua disposição. O naturalismo é difícil de determinar concretamente. Normalmente, nega o pecado original e as suas consequências, tanto no indivíduo como na sociedade; por isso nega também a necessidade da redenção e da graça. Encontra-se a sua forma extrema, rejeitada pelo Concílio Vaticano II (*GS* 7.19-21), no humanismo ateu, que faz do homem o dono absoluto do universo.

Podemos distinguir duas formas de naturalismo, um mais tosco, outro mais sutil. O primeiro é, muitas vezes, ateu e tende a justificar os instintos humanos: é preciso satisfazê-los sob a condição de não se tornarem nocivos nem à saúde nem ao bem comum. Esse naturalismo tão difundido em nossos dias leva infalivelmente ao pecado, procurando também exaltá-lo como uma forma de perfeição: o homem tem em si mesmo a sua regra suprema, e os seus movimentos espontâneos são uma manifestação da sua natureza, que tende a se expandir. É o desconhecimento do valor da → VIRTUDE como meio de perfeição da pessoa humana. Chega-se até a desprezar a mortificação, a castidade, a doutrina da abnegação. Talvez se valorizem ainda as virtudes chamadas ativas, mas as virtudes passivas deverão ser abandonadas. É óbvio que nos encontramos diante de uma reação — legítima de per si, mas excessiva na forma — ao ascetismo exasperado ou calculista.

Um naturalismo mais sutil ameaça muitas almas generosas e bem-intencionadas. Há uma primeira categoria que parece pecar por excesso contrário, o supernaturalismo; os seguidores dessa doutrina pensam que toda a obra da santidade consista em orar bem e procurar chegar o mais depressa à contemplação infusa, considerando supérfluo o esforço ascético. Na realidade, essas almas "supernaturais" têm muitas vezes um espírito muito naturalista: esquecem, pelo menos na prática, que a contemplação é um dom de Deus absolutamente gratuito e que é, pois, uma ilusão querer obtê-lo com orações ou com uma técnica psicológica adequada. O que atrai esse dom de Deus é, antes de tudo, o amor que deve ser exercido não somente durante o tempo da oração, mas durante todo o dia. É como falar da absoluta necessidade da prática, muito humilde, mas muito perseverante, da virtude.

Uma segunda categoria de pessoas pode exagerar nesses dois modos: ou não aceitando as novas perspectivas que a revelação introduziu, ou apoiando-se exclusivamente demais no esforço pessoal para realizar o ideal previsto. O primeiro erro degrada o ideal cristão a uma medida simplesmente humana, ou seja, procura desenvolver a própria personalidade. Ainda que estejamos convictos de que não se pode chegar à perfeição sem um altruísmo generoso, não é menos verdade que a personalidade está no centro do interesse e que nela procuraremos o motivo para qualquer ato virtuoso. A santidade cristã consiste exatamente num dom total, sem retorno; o centro de interesse deverá ser posto em Deus e o que tem valor é estar unido a ele no Cristo. Quanto mais ficarmos apegados à própria personalidade, tanto menos estaremos disponíveis à invasão e às exigências ilimitadas do amor divino. Um outro erro naturalista insidia as almas ainda mais generosas. Embora tendo entendido que devem se doar, elas pensam serem capazes de chegar a esse amor por iniciativa própria. Estão convencidas da necessidade da graça, mas não se dão conta praticamente da profundidade e da amplitude do dom que Deus lhes pede. Com efeito, concentram facilmente toda sua atenção na realização de um programa ascético bem ordenado, do qual esperam, com certa impaciência, os resultados sensíveis. Daí deriva uma rigidez, uma espécie de concentração na sua vida espiritual, e não é raro o caso em que, depois de um período de ascetismo fervoroso, sigam-se o desânimo e a resignação à mediocridade. Temos de nos lembrar sempre que todos os nossos esforços, por mais necessários que sejam, são absolutamente superficiais se não são sustentados pelo desejo de responder aos desvelos do amor divino, do qual temos de nos sentir em absoluta dependência.

O naturalismo é uma consequência da nossa natureza em decadência, que, não aberta ao olhar de Deus, procura, mais ou menos conscientemente, mais ou menos grosseiramente, dobrar-se sobre si mesma. Embora aceite que Deus entre em sua vida como dono soberano, procura sempre agarrar-se a um ponto de apoio que lhe permita atribuir alguma coisa a si mesma. Esse naturalismo, sempre remanescente e sempre mais sutil, será progressivamente eliminado — se a alma é fiel — pela ação divina purificadora; é preciso que a alma perca todo apoio em que possa se glorificar e que seja obrigada a confiar inteiramente na graça de Deus.

BIBLIOGRAFIA. → HUMANISMO.

A. DE SUTTER

NATUREZA. Na → TEOLOGIA ESPIRITUAL, a palavra pode ser usada em dois sentidos muito diferentes. No primeiro sentido, não contempla um aspecto moral, ao passo que no segundo assume sempre um significado moral e pejorativo. Tomando a natureza no seu sentido neutro, temos de acrescentar algumas distinções. O termo pode ser concebido como correlativo da palavra "supernatural": tudo o que não é supernatural, de qualquer modo que seja, será chamado de natural, ou seja, pertencente à natureza. Abstraindo-se dessa relação, pode-se ainda entender natureza em dois sentidos diferentes: o conjunto das coisas animadas e inanimadas que circundam o homem, e é assim entendida quando se fala de amor da natureza; ou o que dá a um ser ou a uma atividade a sua característica fundamental: natureza do homem, da inteligência, da experiência etc. Contemporaneamente, mas num sentido estritamente filosófico, entende-se por natureza a essência de uma coisa na qualidade de princípio radical da atividade; esse é o sentido menos usado em teologia espiritual. O sentido moral e pejorativo encontra-se por toda a parte, sobretudo quando se fala da mortificação, da abnegação. Por natureza se entende então o homem como alguém que se inclina ao mal e se opõe à influência da graça. Nesse caso, natureza coincide com a palavra "→ CARNE, usada por São Paulo: a carne se opõe ao espírito (Rm 8,9; 1Cor 3,3; Gl 5,17-25); nós

diríamos: a natureza se contrapõe ao sobrenatural. Às vezes é usada no mesmo sentido pejorativo o adjetivo "natural", mais raramente, porém, do que o substantivo; mas o adjetivo tem muitas vezes o simples significado de "espontâneo".

É necessário lembrar essas distinções se se quer evitar numerosos equívocos. Por isso, quando se diz que se deve contradizer a natureza, toma-se o termo em seu significado pejorativo; se se diz, porém, que a natureza nos serve para nos elevarmos a Deus, referimo-nos às coisas que nos circundam; se dizemos que a graça não destrói a natureza, mas a completa, referimo-nos a tudo o que o homem tem de bom em si por própria constituição. É, antes, segundo esses últimos significados que o Concílio Vaticano II fala da natureza quando, por exemplo, afirma que o homem "por sua íntima natureza é um ser social" (*GS* 12), ou que o homem estendeu seu domínio "sobre quase toda a natureza" (*Ibid.*, n. 33).

BIBLIOGRAFIA. → HUMANISMO; e em particular *Natura*, in *Enciclopedia Ecclesiastica*. VII, 409-416.

A. DE SUTTER

CASINI, P. *Natura*. Milano, 1975; CATURELLI, A. Los "Humanismos" y el Humanismo cristiano. *Sapientia* (1980) 189-216; GALEAZZI, U. Natura. *Dizionario Teologico Interdisciplinare* II (1977) 604-607; MONDA, A. M. DI. L'uomo e la sua realizzazione. *Palestra del Clero* (1980) 1.346-1.363; VALLELA-PETIT, M. L'homme et la nature. Repères, ressources. *Contacts* (1980) 16-27.

C. LAUDAZI

NECESSIDADE. O conceito genérico de necessidade, em relação ao ser humano, inclui uma carência daquilo que é exigido para o perfeito equilíbrio de sua vida. Ainda que no uso científico algumas vezes haja o emprego promíscuo de termos afins para indicar uma necessidade, convém observar a distinção entre necessidade e → INSTINTO; entre necessidade e → TENDÊNCIA; entre necessidade e *erg*, denominada por R. B. Cattel como "uma disposição psicofísica inata, que permite a quem a possui reagir a [reconhecer] certas classes de objetos mais prontamente que outros, além de experimentar uma emoção específica diante deles etc."; entre necessidade e *metaerg* — a disposição adquirida estável (um interesse); entre necessidade e impulso, que indica um traço dinâmico irrefletido e quase irrefreável; entre necessidade e motivo, que conserva o significado genérico de causa eficiente ou final.

Para um conceito específico de necessidade, convém limitar-se a descrever aquilo que mais interessa à psique. Em sentido espiritual, a necessidade é uma construção potestativa determinada por sofrida falta do que é considerado indispensável para a normalidade da vida psíquica pessoal, que tende a organizar percepções, apercepções, intelecções, esforços etc., para transformar uma situação atual insatisfatória em uma determinada ordem.

As causas de uma necessidade qualquer podem ser profundas, também de natureza orgânica além de espiritual: através de correspondentes estímulos, às vezes determina-se um mal-estar físico, uma inquietação psíquica ou uma insatisfação percebida, que impele a consciência para a correção, organizando as energias inconscientes e suscitando o desejo da satisfação, que tende à ação e organiza um comportamento considerado adequado ao fim. A necessidade, seja física ou espiritual, denota uma dependência do indivíduo dos outros seres. Em geral, às necessidades elementares dos animais correspondem os instintos e, às dos seres humanos, as tendências; às necessidades mais complexas do ser humano correspondem os estados de consciência, a afetividade, etc.

As modalidades de surgimento das necessidades espirituais na vida do ser humano são análogas às da aparição das necessidades materiais: primeiro são poucas, rudimentares, restritas e bem definidas; depois, na experiência positiva destas, na determinação de novas situações favoráveis, que formam hábitos e automatismos com derivada potencialidade, no desenvolvimento irresistível do corpo e do espírito que, amadurecendo, constituem outras capacidades, emergem novas necessidades. A psicologia da criança oferece o exemplo da presença inicial de moderados estímulos e de limitadas necessidades que aos poucos vão crescendo em número e complexidade, até constituir sistemas coordenados entre si. As próprias condições ambientais e sociais nas quais é satisfeita uma necessidade (por exemplo, a fome), tornam-se, por sua vez, novas necessidades. É compreensível, então, como de uma necessidade satisfeita pode nascer uma colateral ou superior (por exemplo, a necessidade de afeto da criança alimentada pela mãe ou pelos familiares com atenções de ternura).

Tentar uma descrição e classificação das necessidades é coisa talvez impossível. As noções mais correntes falam de necessidades primárias, fisiológicas, ou viscerógenas (alimento, calor etc.), e de necessidades secundárias, adquiridas ou psicógenas (afeto, proteção etc.); de necessidades materiais e espirituais; de necessidades do indivíduo ou egoístas (de intercâmbio, consumo, reparação, estimulação, defesa de si, afirmação de si), de necessidades da espécie ou altruístas (sexual, materna), e de necessidades da sociedade ou sociais (de gregarismo, filiação, imitação, simpatia, aprovação, segurança, poder, sucesso); de necessidades omeostáticas, isto é, de coordenação de atos involuntários no sistema neurovegetativo, e de necessidades espontâneas (de conhecer).

As necessidades podem ser classificadas segundo uma prioridade de tempo e de poder, à qual corresponde uma prioridade de satisfação: necessidades fisiológicas, necessidades de segurança, necessidades de afeto, necessidades de estima, necessidades de autoafirmação, necessidades cognitivas, necessidades estéticas, necessidades religiosas.

As necessidades de toda espécie assumem notáveis considerações em nossa sociedade pelo vorticoso dinamismo que imprimem na economia: a sua incessante constituição sob o estímulo de uma astuta propaganda e de múltiplas satisfações exemplificadas é útil ao progresso material e espiritual da sociedade. Formam-se processos de especificação das necessidades, de consolidação, de aumento, de propagação, de renovação, de substituição, de sorte que a civilização procede por causa de seu impulso, mesmo quando eles não parecem tão importantes. Sob esse ponto de vista, as necessidades também interessaram ao pensamento filosófico. Para os gregos, deviam ser controladas para facilitar a aquisição das virtudes éticas. Para Schopenhauer, sendo estruturas dolorosas da natureza humana, as necessidades constituem a base de toda vontade; para a antropologia materialista, adquirem uma posição fundamental, não são minimizadas nem pelo → NATURALISMO nem pelo → EXISTENCIALISMO.

As necessidades são sinais e sintomas das condições humanas, também são a base diagnosticável da personalidade em sua evolução. A psicologia e a → PEDAGOGIA promovem o estudo e a compreensão das necessidades nas crianças e nos imaturos em geral, situando-se na origem dos interesses e, por isso mesmo, do conteúdo da → PERSONALIDADE; com efeito, a estruturação harmônica da personalidade se consegue mediante a realização das necessidades profundas do ser humano; elas concorrem para condicionar o desenvolvimento dos valores na proporção da satisfação, e para determinar a rejeição ou a aceitação dos valores de uma cultura. Certas necessidades frustradas causam, no ser humano, um comportamento negativo e agressivo.

Na vida espiritual religiosa, todas as necessidades possuem ressonância, especialmente aquelas da volição, do conhecimento, da afetividade etc. O ser humano, após ter reconhecido conscientemente a existência de Deus, sente a necessidade de relacionar-se com ele; é semelhante às necessidades da criança em relação ao pai bondoso, do fraco diante do poder munífico, do injuriado diante do juiz imparcial, do pesquisador diante do mistério da vida, da qual ele é partícula. Podemos perguntar-nos se realmente existe uma necessidade de Deus; a universalidade do fato religioso (excetuando, talvez, insignificantes exceções de algum povo primitivo) parece confirmar essa existência, que se manifesta com o abrir-se da inteligência, da razão e da afetividade: a primeira tem uma fulgurante intuição do ser em sua plenitude; a segunda é impelida na busca do porquê depois de cada conquista, e só se acalma na insondabilidade de um mistério que a transcende; a terceira tende a um equilíbrio duradouro de felicidade, apresentado como inalcançável nas condições humanas, e só pensável em uma economia ultraterrena.

Para a religiosidade cristã, também surgem necessidades de natureza superior: segundo a revelação de Cristo, o ser humano está inserido em uma nova ordem, é invadido por uma realidade infusa, a graça, ou princípio de vida sobrenatural e de mérito que excede a virtualidade da ação humana. Surgem, assim, as necessidades de carismas, de graças atuais, de meios sacramentais, de oração etc. São necessidades que o cristão empenhado sente experimentalmente, com o objetivo de realizar o testemunho evangélico.

Tanto na vida de cada cristão quanto na da comunidade, as necessidades religiosas da cultura, do culto, da atividade apostólica, da prática moral e social, da experiência ascética e mística, seguem uma evolução correlativa à da civilização onde a comunidade cristã se move, no sentido de que refletem as evoluções humanas nas quais tomam relevo valores diferentes, modalidades diversas. Na sociedade cristã atual, percebem-se típicas necessidades que marcam o ponto central da situação e traçam a linha de direção do futuro.

Tais são as necessidades de mais universal solidariedade humana, de mais concreto testemunho cristão, de maior animação espiritual das realidades temporais, de unidade religiosa mais tolerante e flexível, de revalorização da consciência individual, de mais ampla liberdade religiosa, de autonomia no campo da ciência e das atividades terrenas, de diálogo com todos e, sobretudo, de socialização inclinada a aumentar os valores e a fortalecer os direitos. Além dessas necessidades de caráter genérico, assinalam-se as das diferentes categorias: os jovens sentem a necessidade de uma mais precoce experiência evangélica em termos tangíveis e originais, de mais imediata responsabilidade moral, de completa confiança, de maior espontaneidade de linguagem, de crítica ao paternalismo eclesiástico e ao formalismo cultual etc.; o clero manifesta a necessidade de nivelamento não só nos graus burocráticos da Igreja, mas de toda diferença que não derive estritamente do mandato apostólico, de contato com os superiores no plano de eficiente colaboração e corresponsabilidade, de imersão na realidade cultural e técnica da classe dirigente nacional etc.; as mulheres manifestam a necessidade de emancipação da situação de segregação religiosa e de minoria apostólica e hierárquica, de coparticipação não só no trabalho pelo Reino, mas também na direção da atividade eclesial etc.

Cada espírito, por outro lado, aprofunda mais ou menos essas necessidades de acordo com a idade, a experiência, a cultura pessoal, o ambiente. No entanto, seja em cada um, seja nas categorias, seja nas comunidades, as necessidades indicam o grau de vitalidade espiritual, e a sua satisfação adequada é a condição da extensão da fraternidade cristã e do aprofundamento do sentido evangélico da vida; obviamente, também se impõe uma disciplina das necessidades, para uma ordenada satisfação que leve em conta a legitimidade, a importância e a prioridade.

BIBLIOGRAFIA. Abbagnano, N. Bisogno. In: *Dizionario di Filosofia*. Torino, 1961; Ancona, L. et alii. *Questioni psicologiche*. Brescia, 1962; Booke, E. M. Méthodes de déterminations des besoins en services de santé mental. In: *La planification des services de santé mental*. OMS, Copenhagen, 1969; Fossati, E. Bisogno. In: *Enciclopédia Filosofica* I. Firenze, 1967, 926-930; Ganguilhelm, G. *Besoins et tendences*. Paris, 1952; Grech, D. et Alii. *Individuo e Società*. Firenze, 1970, 84-124; Thorndicke, E. L. *The psychology of wants, interests and attitude*. New York, 1935.

G. G. Pesenti

NEOCATECUMENAL → CATECUMENATO.

NEUROSE. Termo muito usado na linguagem jornalística, literária e também na comum. É usado como indicador de uma particular patologia mental, que se imagina possa ser bem codificada num plano nosográfico; na realidade é, ao contrário, muito difícil e improvável encontrar na literatura psiquiátrica duas definições de neurose que se correspondam. A razão dessa extrema variabilidade de concepções pode ser encontrada no fato de que esse termo foi usado dentro de modelos interpretativos diferentes (o psicanalítico, o organicista, o psicossocial etc.), muitas vezes sem se atinar para a diversidade substancial desses modelos e, consequentemente, para a diversidade das classificações e das descrições psicopatológicas deles derivadas.

Deve-se, além disso, observar que em diversos casos não se concede à neurose nem sequer a dignidade de doença, pois não se consegue observar nela lesões específicas, localizáveis num substrato orgânico preciso. Na descrição que faremos da neurose, seguiremos o modelo psicodinâmico de derivação psicanalítica; segundo esse modelo, as neuroses se apresentam numa variedade muito ampla de sintomas que têm a característica de se apresentarem ao paciente como estranhos, inexplicáveis, não controláveis, embora esteja ele consciente do próprio estado doentio ("consciência da doença"). No neurótico, o modo normal e lógico de se situar diante das exigências do mundo externo e das da própria realidade instintual é substituído por fenômenos irracionais, que se mostram ao paciente em toda a sua estranheza, mas que não podem ser controlados pela vontade. O denominador comum de todos os fenômenos neuróticos pode ser observado numa insuficiência do aparato normal de controle da vida psíquica. Com efeito, a realidade psíquica de um sujeito (que se manifesta no comportamento) pode ser descrita como a resultante de um desencontro entre as energias instintuais e de pulsão e as energias de controle, que exercem funções de organização, de guia, de inibição sobre as forças de origem profunda. Mas pode haver situações em que o aparato de controle se demonstra insuficiente nas suas funções, e isso pode acontecer por duas causas. A primeira é o aumento da influência sobre o aparato psíquico dos estímulos provenientes do ambiente. Como consequência tem-se uma excessiva excitação do aparato psíquico numa determinada unidade de tempo e, consequentemente, uma insuficiência do aparato de controle. Essas situações são definidas "traumáticas". A segunda consiste num bloqueio ou numa diminuição da descarga energética instintual, que produz um acúmulo de tensão na psique, de modo tal que também uma excitação externa normal pode adquirir um valor traumático. Sucedem-se particulares tipos de neuroses, chamadas psiconeuroses. Nesse caso os sintomas neuróticos representam descargas deformadas das instâncias de tipo instintual às quais tinha sido impedida uma descarga normal.

A teoria psicanalítica explica a dinâmica de insurgência das neuroses com os conceitos de "fixação" e de "regressão" do desenvolvimento psíquico em fases imaturas de desenvolvimento, quando as dificuldades de adaptação se tornam tão graves a ponto de tornar difícil um comportamento maduro do sujeito. Esse funcionamento num nível imaturo de desenvolvimento do neurótico é bem expresso pela sintomatologia, em que se podem muitas vezes encontrar apegos à infância, aos pais ou às figuras parentais como figuras gratificantes ou, de qualquer modo, como figuras com as quais instaurar relações afetivas inspiradas no exclusivismo, no ciúme, na competitividade, atitudes típicas da infância.

As expressões clínicas de uma situação neurótica são:

a) A angústia — deriva de uma falta de satisfação de uma pulsão instintual, causada por uma suspensão brusca do mecanismo comportamental de descarga da pulsão. Ela se manifesta com os sintomas da ansiedade.

b) A fobia e a obsessão — são mecanismos secundários de adaptação à angústia; eles tendem a circunscrever a situações bem precisas e bem definidas a situação ansiosa; daí o temor aparentemente injustificado (fobia) por alguns objetos, situações ou atividades; daí a constrição interior (coação ou obsessão), a dar curso a certos pensamentos ou a seguir determinadas ações desprovidas de objetivos precisos, seguindo em geral rígidas modalidades rituais. O temor fóbico, bem como o comportamento obsessivo diferenciam-se da angústia por estarem polarizados sobre específicos objetos e assuntos ou ações.

c) O histerismo — foi considerado no início uma doença típica do sexo feminino. Na realidade há também casos de histerismo masculino, mas são relativamente mais raros (a relação é de 1:2). Ele se manifesta com uma sintomatologia muito proteiforme, que pode ir da paralisia aos espasmos e às contraturas, com as consequências próprias delas, das alterações das funções da linguagem aos distúrbios sensoriais, como a ansiedade e as hiperestesias. São também frequentes as alterações no sistema neurovegetativo. Às vezes, agora raramente, podem se verificar as "crises" ou "grandes ataques histéricos", com lipotimias, crises oculógiras, convulsões frenéticas, encurvamento do arco do tronco supino. A extrema variabilidade da sintomatologia histérica está ligada à patogênese dessa forma neurótica; o histerismo não é outra coisa senão uma modalidade "simbólica" de expressão das pulsões instintuais de tipo sexual, mediante uma manifestação que não exprime diretamente as exigências emotivas do paciente, mas que ao mesmo tempo se impõe à atenção do ambiente; exprime, portanto, uma profunda necessidade de exibicionismo.

d) A neurastenia — exprime o empobrecimento dos recursos energéticos do indivíduo neurótico; as energias psíquicas, normalmente empenhadas em comportamentos produtivos, com finalidade de adaptação ao ambiente, são, nas neuroses, desviadas de tais funções para cumprirem outra tarefa, a de constituir contraenergias necessárias a dominar a invasão de uma insuportável excitação da pulsão.

O tratamento das neuroses deve ser ao mesmo tempo psicoterápico e psicofarmacológico. Esse último está voltado sobretudo para o equilíbrio da distonia neurovegetativa; a psicoterapia está centrada na perturbação da vida psíquica no seu conjunto, não simplesmente sobre os sintomas, que são uma expressão formal da forma psicopatológica.

BIBLIOGRAFIA. ARIETI, S. *American handbook of psychiatry*. New York, 1959, 2 vls.; BORDIN, E. S. *Psychological counseling*. New York, 1955; CAMERON, N. *Personality development and psychopathology*. Boston, 1963; DSN-III. *Manuale Statistico e Diagnostico dei Disturbi Mentali*. Milano, 1983; GREENBERG, S. I. *La nevrosi: un doloroso stile di vita*. Roma, 1973; LAUGHLIN, H. P. *Le nevrosi nella pratica clinica*. Firenze, 1967; SHAPIRO, D. *Stili nevrotici*. Roma, 1969; STEIN, M. I. *Contemporary psychoterapies*. New York, 1961.

R. CARLI

NEWMAN, JOHN HENRY. 1. NOTA BIOGRÁFICA. Nasceu em Londres, no dia 21 de fevereiro de 1801. Seu pai era um banqueiro rico e inteligente que se preocupava muito com a formação intelectual dos filhos; a mãe provinha de uma família de calvinistas franceses. Em maio de 1808, entrou para a escola de Ealing, onde permaneceu por oito anos. Em agosto de 1816, teve uma experiência religiosa extraordinária, depois da qual aderiu a um dogma definido e teve consciência de ser eleito à glória celeste. Terminados os estudos em Ealing, em 1817, foi para Oxford. Nesse meio-tempo decidiu se consagrar à carreira eclesiástica e em 1824 é ordenado diácono e exerce o seu primeiro ministério na igreja de São Clemente. Em março de 1828, fica encarregado da cura espiritual da paróquia de St. Mary's, em Oxford. Em 1832, tendo terminado de escrever o seu primeiro livro, *Os arianos do século IV*, dá início a uma viagem à Itália e ao Mediterrâneo com o amigo Froude. Na Sicília, durante uma grave doença, tem uma nova experiência religiosa, na qual compreende que Deus lhe confiou uma missão a ser exercida na Inglaterra. Tendo voltado à pátria, funda juntamente com Froude, Pusey e Keble o movimento de Oxford, de que se torna o chefe e animador. Inicia a publicação dos *Tracts* e continua a pregação do púlpito de St. Mary's. Em fevereiro de 1841, escreve o *Tract* 90, no qual explica em chave católica os 39 artigos da fé anglicana, sendo por essa obra condenado pela universidade e depois pelos bispos, o que o faz suspender a publicação e se retirar para Littlemore, onde permanecem até 1846. No dia 19 de setembro de 1843, renuncia ao ofício de cura de St. Mary's e pronuncia a sua última pregação como anglicano. Entrementes, na reflexão e no silêncio, amadurece a conversão ao catolicismo. No dia 9 de outubro de 1845 pronuncia a sua abjuração nas mãos do padre Domenico Barbieri, passionista, e entra para a Igreja católica. Cerca de um ano depois, vai a Roma, onde, depois de alguns meses de estudo, é ordenado sacerdote, no dia 30 de maio de 1847. Em dezembro retorna à Inglaterra e no dia primeiro de fevereiro seguinte funda o Oratório de Maryvale.

No dia 12 de novembro de 1851, é nomeado reitor da universidade católica de Dublin, cargo que mantém até 1858. No ano seguinte, assume a direção da revista *The Rambler*, em que publica dois artigos que não são entendidos; por isso, fica sob suspeita por parte das autoridades religiosas. Em 1864, responde às acusações de Kingsley com a *Apologia pro vita sua*, que o faz readquirir grande prestígio em toda a Inglaterra. Entretanto, em polêmica com Gladstone, defende o Concílio Vaticano I e a infalibilidade pontifícia. Os últimos anos transcorrem, depois de tantas lutas, em relativa tranquilidade. Em 1879, atendendo ao desejo unânime dos católicos ingleses, Leão XIII o faz cardeal. Morre no dia 11 de agosto de 1890.

2. OBRAS. Newman foi um homem essencialmente religioso e marcou com forte senso espiritual todas as suas obras. As mais características, em ordem cronológica, são divididas em dois períodos: o período anglicano e o período católico.

a) Período anglicano: *Parochial and plain sermons*, em oito volumes: prédicas feitas por ele todos os domingos na igreja de St. Mary's, de 1828 a 1843. Nelas se expõem todo o dogma e toda a moral evangélica, mas numa forma que impõe uma escolha, que provoca o sim ou o não, não somente da inteligência, mas da consciência e da vida. A novidade dessa pregação era a de apresentar uma religião sobrenatural que postula uma obediência a Deus. Diante do cristianismo aburguesado, adaptado ao homem natural, como se tornara o protestantismo anglo-saxão, sua palavra ressuscitava a realidade de um cristianismo já perdido havia séculos. A sua lição capital era esta: a verdadeira Igreja é a que exige e produz a santidade. *Sermons preached before the university of Oxford*, 1826-1842: de temática predominantemente filosófica e teológica, mas com muitos motivos de espiritualidade; neles trata especialmente da relação entre razão e fé. A fé não designa somente a virtude sobrenatural no sentido estrito, mas toda a orientação do espírito que leva a uma atitude de docilidade e de obediência à → PALAVRA DE DEUS; o objeto da fé é a realidade viva e única do mistério de Deus revelado em Jesus Cristo. *Sermons on subjects of the day*, 1831-1843: apresentam o mesmo caráter das prédicas paroquiais; predomina na obra o apelo à autêntica vida cristã. *Tracts for the times*, 1833-1841: dos noventa *Tracts* escritos pelos homens do movimento de Oxford, trinta a ele pertencem — e são um apelo à reforma do indivíduo e da Igreja anglicana. Alguns, de natureza ascética, definem os princípios da renovação religiosa; outros, de caráter litúrgico, dizem respeito às formas da oração pública, como condição da perfeição cristã. *Lectures on the doctrine of justification*, 1838: livro de importância fundamental na espiritualidade de Newman; nele se expõe com amplitude e profundidade a doutrina da habitação do Espírito Santo. *The Church of the Fathers*, 1833-1838: série de perfis biográficos e históricos; é uma evocação das grandes figuras dos Padres e um convite a reviver a espiritualidade deles. *An essay on the development of christian doctrine*, 1845: estudo de caráter histórico-teológico; nele o autor toca em muitos temas de doutrina espiritual, apresentados no fundo da história e no desenvolvimento da vida da Igreja.

b) Período católico: *Loss and gain; story of a convert*, 1848: romance rico de elementos autobiográficos; conta o drama de um jovem que do → ANGLICANISMO se converte à religião católica. *Discourses addressed to mixed congregations*, 1849: esses discursos, de tema religioso e moral, são os primeiros que fez depois de sua conversão e contêm páginas de estupenda prosa inglesa. Pelo estilo florido e pelo entusiasmo deles opõem-se à simplicidade e à sobriedade dos sermões do período protestante. *Difficulties of Anglicans*, em dois volumes: o primeiro, de 1850, contém uma série de conferências que suscitaram enorme interesse; era a primeira vez que, depois de séculos, o catolicismo comparecia numa tribuna pública na Inglaterra e ousava lançar a ofensiva; a personalidade e a vida do conferencista constituíam um atrativo ainda maior. O segundo volume, de 1866, contém a *Letter to dr. Pusey on his Eirenicon*. É um tratado original de mariologia que desenvolve o culto de Maria na luz da tradição e especialmente segundo a doutrina dos Padres. *Present position of catholics in England*, 1851: conferências de caráter fortemente polêmico feitas em defesa da Igreja de Roma; contra os preconceitos dos ingleses, o autor apresenta a doutrina e a piedade católica em sua verdade objetiva. *Callista, a sketch of the third century*, 1856: romance. Esse livro revela, mais que qualquer outro, a profundidade da paixão espiritual de Newman e a unidade, a constância, a concentração da vontade em relação ao único fim que uniam entre si todos os seus pensamentos, todas as suas palavras, todas as suas ações. O autor tentou expressar, sob o ponto de vista católico, os sentimentos e as relações dos cristãos e dos pagãos na época analisada. *Sermons preached on various occasions*, 1857: muitos desses discursos foram pronunciados na universidade católica de Dublin e são a aplicação dos princípios de Newman sobre a pregação numa universidade. Neles se fala especialmente das disposições favoráveis à fé. *Idea of a University*, 1858: o livro esboça o conceito de uma universidade católica. Eis a ideia mestra inspiradora: Newman ensina aos estudantes a via para salvaguardar a fé no momento em que entram no campo das especulações científicas, mostrando-lhes que a religião não tem nada a temer do progresso humano. *Apologia pro vita sua. History of my religious opinions*, 1864: o autor descreve o seu itinerário para a Igreja católica, expondo as mutações e os desenvolvimentos das suas ideais religiosas. Livro de importância única, porquanto nos apresenta a vida e a doutrina de seu autor em seu ambiente e tempo. *Verses on various occasions*, 1868: muitas poesias são de assunto religioso. Digno de destaque o poemeto *Dream of Gerondius*, que é a transcrição poética do drama espiritual de Newman. *An essay in aid of a grammar of assent*, 1870: obra-prima de filosofia religiosa. Sob o perfil espiritual, é importante, porquanto o autor nele expõe o itinerário com que se chega à fé, que nem sempre é percorrido à luz da lógica. Além disso, descreve "o assentimento real" segundo o qual a adesão a Deus não deve parar na ideia, mas deve chegar à realidade e se tornar um contato pessoal e vivido. *The letters and diaries of J. Newman*: compilação de todas as cartas e diários de Newman, em um total de 32 volumes, cada um com de 500 a 600 páginas, todos já publicados pela Oxford University Press, o último tendo sido lançado em janeiro de 2009. *Meditations and devotions*, póstumo: notas tomadas por Newman depois da meditação. Em torno de um pensamento central, desenvolve-se o movimento da reflexão e da oração em fórmulas breves e fervorosas, que são como o sopro da alma em momentos privilegiados, nos quais se exprime a essência da espiritualidade newmaniana.

3. **DOUTRINA ESPIRITUAL**. Para compreender bem a doutrina espiritual de Newman é necessário enquadrá-la no seu tempo, porque ele foi "o homem da sua época, o tipo da sua geração, o intérprete de uma crise" (*Idea of a university*, 270). A situação histórico-religiosa do século XIX na Inglaterra orientou de maneira decisiva o seu pensamento. Newman consagrou sua vida à renovação da Igreja anglicana, que, subserviente ao Estado e dominada pelo liberalismo, estava em plena decadência. Mas ele se viu numa vida e num trabalho entre dois movimentos poderosos e opostos: o movimento evangélico e o movimento racionalista. O primeiro fazia consistir a religião num sentimentalismo exasperado e repunha a salvação não na divindade e na força redentora do Cristo, mas na própria experiência de conversão; mais no ato que no objeto da fé; mais na reflexão sobre o próprio eu do que em tornar presente o Cristo (*Justification*, 325). O movimento racionalista, porém, exaltava o primado da razão, recusando toda religião revelada e esvaziando o dogma de qualquer conteúdo objetivo e real. Foi no embate dessas duas forças que teve de "exercer o seu trabalho"; teve de pensar, viver e expressar seu ensinamento. E é preciso que se tenha presente outra consideração: a doutrina se radica fortemente na experiência de Newman. É o seu drama pessoal que dá valor a tal espiritualidade; ela se inscreve na vida, antes de se definir como lei.

São múltiplas as suas fontes, de diversas naturezas e proveniências. A primeira, em ordem de tempo e de importância, é a Sagrada Escritura: "Desde criança ensinaram-me a encontrar muito prazer na leitura da Bíblia" (*Apologia*, 17). Na Bíblia encontra-se o motivo profundo da espiritualidade newmaniana. A segunda fonte, também ela de enorme importância, são os Padres, que ele estudou e amou intensamente; "eu os li todos, por ordem cronológica, a começar por Santo Inácio e por São Justino" (*Ibid.*, 44). E foram os Padres que o converteram à Igreja católica. Entre os vários autores da escola de Calvino que exerceram uma notável influência sobre a primeira conversão de N., lembramos: T. Scott, W. Law e G. Milner. Entre as fontes devem ser listados não somente os encontros e as conversações, mas também as obras dos professores de Oxford. Outra fonte importante é a *Analogia*, de G. Butler, cujo estudo teve grande ressonância no desenvolvimento das opiniões religiosas; Newman fazia remontar a esse autor alguns princípios fundamentais do seu ensinamento. Devem ser lembrados ainda as *Homilias anglicanas*, os grandes teólogos anglicanos do século XVII, como G. Bull, I. Barrow, R. Hooker, Taylor e o *Prayer Book*, o livro oficial do culto e do cerimonial anglicanos. Entre as obras católicas lembramos *O combate espiritual*, de → SCUPOLI, a *Introdução à vida devota* e as *Cartas*, de → JOÃO DE ÁVILA, os *Exercícios espirituais*, de Luís de → GRANADA, os *Exercícios Espirituais*, de Santo Inácio, algumas obras de Santo → AFONSO MARIA DE LIGÓRIO, e, sobretudo, a piedade filipina que deu a sua espiritualidade uma nova orientação.

a) *A revelação de Deus* — "Eu e o meu Criador". Com essa fórmula, aos quinze anos, Newman esculpiu o seu primeiro encontro com Deus: "Fui totalmente tomado pelo pensamento de dois seres: eu e o meu Criador" (*Apologia*, 21). Dessa forte experiência juvenil surge e se desenvolve a sua reflexão religiosa. O Deus que ele sente e anuncia é o Deus da revelação: "Vim sob a influência de um credo definido e recebi no intelecto impressões do dogma que, pela misericórdia de Deus, jamais foram canceladas ou obscurecidas" (*Ibid.*, 20). Deus se lhe manifestava pouco a pouco em toda a riqueza da sua natureza e na variedade dos seus atributos. Mas são três os atributos que mais o impressionavam: a justiça, o amor, a providência.

A *justiça*. A prova da existência de Deus busca a sua força precisamente no sentimento desse atributo: "Os fenômenos da consciência, que são ordens, impressionam a mente com as imagens de um supremo legislador e de um juiz santo, justo e poderoso" (*Grammar of assent*, 101). O sentido de culpa e de remorso, o sentimento de vergonha, o medo do castigo, a inquietude do culpado são as vozes mais fortes da consciência que falam de um ser infinito, onividente e incorruptível. Se quisermos identificar motivos para uma visão tão severa de Deus, poderemos encontrá-los no temperamento de Newman, austero e rígido, na educação calvinista da sua primeira juventude e na reação contra o deísmo burguês que tinha feito do Deus eterno um pai bondoso e o doce peregrino do mundo. Para Newman, porém, Deus é o juiz que deve vir e que deve ser esperado a cada momento. Também na Bíblia ele se compraz em ver o Deus justo e poderoso. É um pensamento desenvolvido em várias prédicas: a Sagrada Escritura é a afirmação da grandeza e do poder de Deus que domina todos os eventos e conduz os homens para onde ele quer. É inexorável e terrível contra os que se rebelam contra ele. "A característica de Deus na Bíblia é a que, segundo São João, é chamada de a ira de Deus" (*Parochial sermons*, II, 287). Também a redenção é uma prova, a suprema, da justiça de Deus. Mas aqui a justiça se encontra com o amor.

O *amor*. "Deus não nos revela o seu terrível furor, sem nos falar também do seu amor no Cristo" (*Ibid.*, III, 39). "Deus é maior que nossos corações, e nenhum mal passado ou futuro, dentro ou fora de nós, pode igualar essa realidade: que Cristo morreu e reconciliou o mundo" (*Sermons on subjects of the day*, 385). Já no Antigo Testamento, Deus se mostrara repetidamente como amor, e havia prometido uma manifestação maior dele. Mas para garantir a humanidade não era suficiente uma promessa; exigia-se um ato: a crucifixão do Redentor, a realidade histórica e o compromisso irreversível de uma nova aliança. E, se nós quisermos conhecer plenamente a espiritualidade de Newman, teremos de compreender a doçura da atmosfera para a qual ele nos transporta, do momento em que encontrou o Cristo. É uma alegria que nele continuamente canta sobre os cumes: a boa-nova chegou. Deus é amor: nós não imaginamos essa mensagem, não a criamos nós, mas recebemos a certeza. O amor é a razão de ser de Deus: "Tu que és o próprio amor, meu Deus, pede-nos que te amemos. Se entre os teus atributos há um que, por assim dizer, exerces sobre todos os demais, desde toda a eternidade, certamente é o amor... Quando tu nos criaste, não fizeste senão amar, se isso fosse possível, mais ainda. Tu não amaste apenas a tua essência consubstancial na trindade das Pessoas, mas também nas criaturas. Tu te tornaste amor por nós, como já és amor em ti mesmo" (*Meditations and devotions*, 286-287).

A *providência*. O amor de Deus se afirma e se revela fortemente na providência porque "todos os atos da providência são atos de amor" (*Ibid.*, 333). A noção da → PROVIDÊNCIA nasce da consciência como um primeiro princípio e nos garante que Deus guia e rege todas as coisas. Quem quer que o leia atentamente não pode duvidar que essa convicção seja a ideia mais fecunda e mais sintética do seu pensamento religioso. Por mais severo que seja o juiz ao qual nos sujeita nossa consciência pecadora, a incoercível esperança, todavia, que sobrevive nos nossos corações de homens decaídos nos garante que Deus não é um déspota sem piedade. Decerto, o que a consciência proclama com mais força é a sua justiça; mas, para a alma religiosa, a característica fundamental da imagem que ela se faz de Deus é a bondade. A ideia de uma providência que conduz e penetra todas as coisas, que visa ao castigo do mal e à recompensa do bem, está na base da concepção religiosa do mundo. E é surpreendente ver que Newman, em todas as suas grandes explorações intelectuais, se orienta segundo a ideia da providência. Em suas obras mais importantes a providência divina apresenta-se a ele como a última palavra e a suprema garantia de todas as certezas. E é, sobretudo, quando quer demonstrar a verdade da religião revelada que ele se refere ao princípio da providência. Mas o aspecto que mais o impressiona é o de uma providência particular para cada homem, que é a grande verdade revelada pelo Evangelho (cf. G. VELOCCI, *Newman místico*, Roma, 1964, 106-107).

— Jesus Cristo. O homem é impotente para encarar Deus diretamente e para afirmar a grandeza de seus atributos. Mas Deus veio ao encontro dele, dando-lhe o mediador: Jesus Cristo. Na espiritualidade de Newman, a humanidade histórica de Cristo se apresenta como a realidade reveladora do Eterno ao mundo. Na vida de Jesus, Deus se mostra e se oferece a nós; mostrar e se oferecer são os dois aspectos inseparáveis da revelação como gesto concreto e pessoal de Deus. A revelação é um compromisso e um convite, cujo objeto é essa comunhão de vida com o Pai, que constitui a salvação e o bem religioso essencial. Então o encontro com Cristo é o sacramento do nosso encontro com Deus. Para Newman a → ENCARNAÇÃO é um mistério supremo, o princípio inspirador da sua teologia, o elemento central da sua doutrina espiritual. Inspirando-se na Bíblia e especialmente em São Paulo, ele põe como eixos de sua espiritualidade a meditação do Cristo e a participação em seus mistérios. Jesus renova misticamente em todo homem o que fez e sofreu na carne: ele se forma no cristão, nasce, sofre, morre, ressuscita, vive nele; e tudo isso o opera, não como uma sucessão de acontecimentos, mas tudo junto de uma só vez, porque ele vem como um espírito que, ao mesmo tempo, morre, ressurge e vive (cf. *Parochial sermons*, V, 139-140). O supremo dever do cristão é o de deixar-se tomar por Cristo e entrar na participação dos seus mistérios: ele deve estabelecer com ele uma união vital, deve se apropriar dos seus sentimentos, manter-se com ele numa relação de conhecimento e de amor.

— A Igreja. Realizada a redenção, Jesus, transfigurado pela ressurreição, torna-se espírito vivificante. Agora não é mais visível na sua humanidade, mas se torna presente aos homens e realiza neles a sua atividade por meio dos → SACRAMENTOS, que são como a tradução visível e terrestre da sua perene intercessão e comunicação efetiva de graça. A presença ativa de Cristo nos sacramentos difunde-se em todo homem que se abre ao Espírito. Essa é a força santificadora do princípio sacramental pelo qual Deus está presente nas coisas deste mundo e lhes confere consistência e valor (cf. *Sermons on subjects of the day*, 103); assim, todo homem pode estar seguro de encontrar Deus nos sacramentos da Igreja. Do momento que a administração deles está ligada à Igreja, ela, por força da missão sacerdotal a ela confiada, torna-se "um instrumento determinado..., um meio designado de bênçãos sobre-humanas... um *Ordo divinus* que dá a cada um que dele participa a força e a vida oculta" (*Tract*. 12). O próprio Cristo quis a Igreja a fim de que, em serviço instrumental da redenção, tire os homens do isolamento e os conduza a ele, Redentor. Como já lhe havia atribuído a palavra para essa tarefa, assim lhe deu também os sacramentos como meios para se aproximar de Deus, de modo que, participando deles, seja possível a todos os membros da aliança cristã estar ocultos com Cristo em Deus. Esse "estar oculto em Deus" é a essencial irradiação da ação sacramental, a graça a que visa à → REDENÇÃO. Assim, cada sacramento tornou-se sinal e causa de ser assumido em Deus; somente desse modo dá ao homem a justificação e a santificação (*Justification*, 217-219).

b) *A resposta do homem* — A santidade. Deus se revelou a Newman como Criador, mas também como Amor infinito, como o Santo que para permitir a aproximação exige a absoluta pureza, a mais alta santidade. A santidade tornou-se logo o empenho mais sério de Newman, o tema inspirador da sua atividade de escritor e de pregador; e foi um dos seus grandes princípios: "A santidade, mais que a paz"; e "antes de tudo, a santidade" (*holiness, first*; cf. *Apologia*, 22). A santidade se impõe como resposta ao amor de Cristo, surge como vocação pelo → BATISMO, mas se exige especialmente para poder encontrar Deus depois da morte; é a meta final que influi sobre o início e ilumina o itinerário. "A santidade é necessária para a bem-aventurança futura", foi o discurso-programa de Newman (*Parochial sermons*, I, 1). Para encarar a visão de Deus, é necessário ser transformado em todo ser desde esta vida. A preocupação mais urgente para o homem deve ser a de se preparar para o juízo com uma purificação moral de todo instante: é preciso ser absolutamente puro para poder suportar a presença de um Deus santo.

— A fé. A santidade surge e se desenvolve na fé. A mensagem mais característica de Newman foi o apelo a uma fé sincera e profunda contra as aberrações do racionalismo e do evangelismo.

Ela não é sentimentalismo, mas aceitação de Cristo e das verdades que ele anuncia. Deve levar à ação, fazendo fixar o objeto e impelir para além de si mesmo para chegar a Deus que se revela: "O cristão vai além do véu deste mundo, põe-se em relação com Deus e se aproxima dele" (*Ibid.*, VIII, 211). A verdadeira fé se opõe ao tipo de religião que é capacidade de falar de coisas espirituais, volta para si mesmo, autocontemplação (*Justification*, 372-374). Poder-se-ia dizer que a centralidade de Deus terá sido uma das constantes do ensinamento espiritual de Newman. Ele, que já diagnosticara a doença do século, o subjetivismo, esforçou-se durante toda a vida por remediá-la: quis tirar o homem de si mesmo e levá-lo ao contato com Cristo. A mesma atitude deve ser assumida em relação às mensagens de Deus: o homem religioso não as deve considerar a distância, porque elas falam de eventos que nos atingem aqui e agora; por virem de Deus, devem ser aceitas de um modo tão pleno como se aceita a verdade das coisas que se veem (*Parochial sermons*, IV, 292-294). A fé não para em fazer viver na presença de Deus, mas acolhe seu ensinamento: a religião importa uma revelação, a qual implica dogmas; daí a importância do princípio dogmático (cf. *Discussions and Arguments*, 132-133). A importância da centralidade de Deus ressalta do posicionamento diante do pecado: a verdadeira atitude da criatura pecadora é a de se pôr na presença do Deus pessoal que foi ofendido (cf. *Oxford univesity sermons*, 12-13). A fé transfere o homem para o mundo invisível e lhe faz parecer quase inexistentes as coisas visíveis; o mundo visível torna-se como o aspecto exterior de um mundo misterioso que, ao tirar de nosso olhar as invisíveis grandezas de Deus, ao mesmo tempo no-las faz pressentir (*Parochial sermons*, IV, 211). Essa admirável visão, chamada "princípio sacramental", Newman a desenvolveu de modo difuso nos seus escritos e a sintetizou na epígrafe ditada para sua tumba: *Ex umbris et imaginibus in veritatem*.

— Assentimento real. A fé, para ser autêntica, deve se traduzir em assentimento real, o qual deriva de uma experiência vital, que ele qualifica como experiência assimiladora e que hoje se chamaria percepção de existência. É um contato vivido com o objeto, é a forma de conhecimento que se tem de uma pessoa por contato pessoal. Deus é percebido como um existente, como um "tu" apresentado na experiência concreta, o que é muito diferente de concebê-lo como uma ideia ou como conclusão de um raciocínio. Antes, a verdadeira fé em Deus é a que produz a percepção experimental, a que faz de Deus um ser real, um interlocutor cuja presença é sentida e apreciada; então "se crê como se se visse". O cristão chega a esse nível com a escuta fiel e constante da voz da consciência, elevada pela graça (cf. *Grammar of assent*). A fé, se é reavivada pelo amor, imprime um desenvolvimento constante para a santidade, porque "o progresso é a prova inconfundível da vida".

— Obediência e abandono. A fé leva à obediência religiosa, elemento fundamental do princípio ascético (cf. *Development*, 36). Ela constrói e conserva a santidade; caracteriza o estado cristão, que inicia, se desenvolve e se aperfeiçoa com a obediência (*Parochial sermons*, III, 80). Estabelece um duplo movimento: de separação da terra e de aproximação de Deus. Com o tempo e com o exercício, a obediência supera o estado da imperfeição, vence o senso de temor e se torna acordo e colaboração, que são as características do amor; então "a obediência religiosa será o Espírito que habita a alma e estende sua influência a todo movimento dela" (*Ibid.*, VII, 206). A obediência da fé produz o abandono em Deus, que é uma outra característica do cristão autêntico, o qual se põe a caminho com pouca luz, confiando em Deus que o chamou, e só conhece a via e o termo. O cristão, que recebeu o Espírito Santo, deve se sentir um instrumento seu e deve exercitar no máximo grau a esperança, deixando-se levar pelo Pai dos céus: "Não tenhas medo! Deus é cheio de misericórdia e te levará adiante pouco a pouco. Não te faz ver tudo; ficarias aterrorizado se tivesses de descortinar todo o horizonte de uma só vez. Bastam as penas do dia presente. Segue o seu plano, não olhes adiante com muita ansiedade. De preferência, olha para onde estás, firmando os pés, para não dar um passo errado. Não perscrutes o porvir" (*Ibid.*, I, 348; cf. também a poesia "Guia-me, luz benigna").

— O amor e o temor. A fé, amadurecida na obediência e no → ABANDONO e tendo chegado a um assentimento real, cria no homem um clima de amor e de temor. É da experiência íntima de Deus que brotam esses dois sentimentos. Newman é explícito e difuso ao afirmar tal doutrina, que constitui uma das características da sua espiritualidade. "Amor e temor devem andar sempre juntos; ninguém pode amar retamente a Deus sem o temer" (*Ibid.*, I, 303). Esse deve ser o programa de todo cristão: Senhor, "venho a ti com amor e com temor" (*Meditations and devotions*, 324). O temor nasce da contemplação da santidade e da justiça de Deus, mas é necessário para salvar a verdadeira natureza do amor. Porque é uma lição da experiência humana que "não se pode amar sem ter certa reverência pelo outro" (*Parochial sermons*, I, 304). Se se falta a essa sobriedade de afeto, a amizade morre; é o respeito que torna duradoura a amizade: "aprendemos a desprezar o que não temermos; e não podemos amar o que desprezamos. Assim na religião: não poderemos entender as misericórdias de Cristo enquanto não compreendermos o seu poder, a sua glória, a sua inefável santidade e os nossos deméritos, ou seja, enquanto não o temermos" (*Ibid.*). Há uma hierarquia e um progresso entre esses dois valores, porque se se começa com o temor, a seguir é o amor que prevalece: "Nenhuma atitude mental é aceita na divina presença sem o amor...; no início da vida religiosa o temor tem a primazia, mas no desenvolvimento seguinte o amor, que estava oculto, sai vitorioso" (*Development*, 420).

4. NEWMAN E O PROBLEMA MÍSTICO. As soluções que os newmanistas deram até agora a esse problema são apressadas, discordes e pouco satisfatórias. Alguns, como Nédoncelle, negam que Newman seja um místico; outros, como → BREMOND, Zeno, Tristram, Janssens, são vagos e incertos, põem reservas e se abstêm; outros, enfim, como van de Pol, Karrer, Przywara, Walgrave, Pourrat, Dessain, o afirmam, mas somente com rápidas referências, sem aduzir provas convincentes. A diversidade e o caráter pouco satisfatório das respostas dependem de vários fatores: do conceito inexato da mística, mais ou menos presente em vários escritores, do método subjetivo usado na pesquisa, da subestima do problema, da dificuldade de conhecer Newman, mas especialmente porque ninguém realizou uma pesquisa exaustiva. E é o que nós tentamos fazer; por isso foi possível chegar a uma solução esclarecedora: "Newman ensinou uma verdadeira doutrina mística, rica de todos os elementos essenciais: a obra soberana do Espírito Santo, a experiência de Deus, a passividade, o amor". A doutrina do Espírito Santo, que habita na alma, é predominante em sua doutrina de, que expõe amplamente o fato, o modo e especialmente os efeitos dessa habitação. O Espírito justifica, purifica, ilumina, une a Deus e com os seus sete dons produz a experiência passiva. É notável a posição de Newman nessa última questão, plenamente conforme a doutrina de Santo Tomás: "Creio que Santo Tomás queira dizer que os dons do Espírito Santo têm, com os movimentos da graça para o fim sobrenatural do homem, a mesma relação que tem a virtude moral com os movimentos da razão para o fim natural. Dispõem a alma a ser facilmente movida pelo Espírito Santo, como as virtudes aperfeiçoam o apetite para que seja facilmente movido pela razão" (*Sermons notes*, trad. it., Padova, 1924, 332). O Espírito Santo presente produz os vários graus da mística e, antes de qualquer coisa, "a experiência de Deus". Apoiando-se na consciência, ele imprime na alma a imagem de Deus e a leva a contato íntimo com ele. Sob sua guia, os homens "serão levados a pensar na sua presença como na de uma pessoa viva, serão capazes de conversar com ele com a mesma retidão e simplicidade, com a mesma confiança e intimidade que, proporcionalmente, nós usamos com nossos superiores terrenos. Será assim difícil dizer se se pode sentir a companhia dos nossos amigos, com intensidade superior àquela com que esses espíritos favoritos são capazes de contemplar e adorar o invisível, o incompreensível Criador" (*Grammar of assent*, 107). É uma experiência altíssima e inefável que é delineada por Newman com vários termos: assentimento real, sentimento de Deus, visão de Deus. Não se trata, no entanto, de um sentimento estático, mas de uma visão dinâmica de Deus, que age por meio de Cristo na Igreja e no mundo, que leva com a providência ao cumprimento do plano divino. O homem, porém, não pode chegar com suas forças à autêntica experiência de Deus; ela é um dom gratuito do Espírito, que cria nele a "passividade". Os santos "têm um dom oculto, concedido por seu Senhor e Salvador, proporcionalmente à fé e ao amor deles. Não o podem descrever aos outros; não o obtêm logo; nem podem dele gozar neste ou naquele momento, a seu bel-prazer. Ele vai e vem segundo a vontade do doador" (*Parochial sermons*, VIII, 74). Então se firma na alma a *connaturalitas* com o mundo divino. Essa nova realidade, Newman a apresenta com os conceitos clássicos da teologia espiritual: instinto divino, espontaneidade, → INFÂNCIA ESPIRITUAL, → SENTIDOS ESPIRITUAIS, conquista do estado angélico, renovação do estado de Adão inocente. Mas, para criar a experiência passiva, o Espírito se serve da caridade infundida por ele mesmo na alma, porque, como diz Santo Tomás: *Huiusmodi autem compassio, sive connaturalitas fit per caritatem, quae quidem unit nos Deo* (*STh.* II-II, q. 45, a. 2). O mesmo ensina Newman: "No estado de passividade agimos por amor". Nos seus escritos, ele fala com frequência dessa virtude que exalta como o dom excelentíssimo do Espírito, e reconhece como amor autêntico somente o amor puro, livre de toda concupiscência, desinteressado. Entre os seus múltiplos efeitos, emerge a → CONTEMPLAÇÃO, por meio da qual a alma é arrebatada na visão de Deus. De um exame atento resulta que, na teologia mística por nós estudada, estão presentes todos os elementos da tradição; mas eles são reelaborados por Newman, reapresentados com um rosto novo, reavivados pela luz de um gênio e pelo fervor de um santo.

BIBLIOGRAFIA. 1) Biografias: BOUYER, L. *Newman. Sa vie. Sa spiritualité.* Paris, 1952; HONORÉ, J. *Itinéraire spirituel de Newman.* Paris, 1964; TREVOR, M. *Newman.* London, 1962, 2 vls.; WARD, W. *The life of John Henry Cardinal Newman.* London, 1912, 2 vls. 2) Estudos: BREMOND, H. *Newman. Psychologie de la foi.* Paris, 1905; CHIMINELLI, P. *J.H. Newman.* Modena, 1963; COGNET, L. *Newman ou la Recherche de la vérité.* Paris, 1967; DESSAIN, C. S. *Newman's spiritual themes.* Dublin, 1977; FLANAGAN, PH. *Newman. Faith and believer.* London, 1946; GERMINARIO, C. *Coscienza e autorità nell'esperienza di J.H. Newman.* Bari, 1981; GOVAERT, L. *Newmans mariologie und sein persönlicher Werdegang.* Munchen, 1973; HONORÉ, J. *Présence au monde et parole de Dieu.* Angers, 1969; *J.H. Newman Theologian and Cardinal.* Roma, 1981; JANSSENS, A. *Newman. Introduzione al suo spirito e alla sua opera.* Roma, 1945; MASSON, P. *Newman et l'Esprit Saint.* Roma, 1978; NÉDONCELLE, M. *La philosophie religieuse de Newman.* Strasbourg, 1946; *Newman, il mistero della Chiesa.* Roma, 1984; OBERTELLO, L. *Conoscenza e persona nel pensiero di J.H. Newman.* Trieste, 1964; REGINA, G. *Il cardinal Newman nei suoi scritti.* Roma, 1956; SAINT-ARNAUD, J. G. *Newman et l'incroyance.* Montréal, 1972; STERN, J. *Bible et tradition chez Newman.* Paris, 1967; THEIS, N. *Newman in unserer Zeit.* Nurnberg, 1974; VELOCCI, G. *Newman mistico.* Roma, 1964; ID. *Newman al Concilio.* Alba, 1967; ID. *Newman, il problema della conoscenza.* Roma, 1985; ZANINI, E. *La Chiesa nella esperienza religiosa di J.H. Newman.* Udine, 1980.

G. VELOCCI

NIL SORSKIJ. 1. NOTA BIOGRÁFICA. Nascido em Moscou, em 1433, Nil Maikov, de origem nobre, entrou ainda jovem para o mosteiro de Belo Ozero (Lago Branco), um dos mais célebres na Rússia e em que havia uma grande biblioteca. Peregrinou depois para o Oriente, visitou Constantinopla e esteve sobre o Monte Athos. Ali permaneceu por alguns anos, aperfeiçoando o conhecimento do grego e dedicando-se à leitura dos Padres e dos escritores ascéticos e místicos, tendo, provavelmente, entrado em contato com o movimento hesicasta então dominante nos mosteiros do Monte Athos. Tendo voltado para a Rússia, não quis mais participar da vida cenobítica e, para viver em solidão, estabeleceu-se numa pequena casa isolada, chamada tradicionalmente *skit*, perto do rio Sora, de onde seu sobrenome Sorskij. Logo se reuniram em torno dele alguns discípulos que, levando uma vida extremamente sóbria, viviam do trabalho de suas mãos e se reuniam numa pequena igreja de madeira somente para a liturgia dominical e festiva, dedicando grande parte do tempo deles à oração pessoal. Já famoso, Nil foi chamado a participar dos sínodos da Igreja russa e a aconselhar os príncipes, conservando sempre sua liberdade espiritual. Interveio particularmente em dois eventos que agitaram a Igreja russa daquele tempo: a luta contra os heréticos "judaizantes" e a discussão sobre a legitimidade dos bens monásticos. Na primeira questão, inspirando-se no Evangelho, defendeu a necessidade de uma atitude mansa em relação aos heréticos e usou a sua influência para obter um julgamento particularmente clemente. Com relação à segunda, teria feito um discurso no Concílio de Moscou, de 1503, em favor da absoluta pobreza dos monges, tanto no plano pessoal como no comunitário. A autenticidade do discurso é duvidosa, mas exprime em substância o seu parecer. O Concílio, porém, adotou a solução, agora tradicional, de → IOZIF VOLOKOLAMSKIJ, que defendeu a legitimidade dos bens monásticos. Tendo voltado ao *skit* junto do rio Sora, ali faleceu no dia 7 de maio de 1508.

2. OBRAS E DOUTRINA. O ensinamento espiritual de Nil está contido nas suas duas obras principais: *Predanie* (Tradição) e *Ustav* (Regra), às quais se acrescentam numerosas cartas inéditas. Na base dessas obras encontramos uma assídua e profunda procura das fontes das "Divinas Escrituras". Nil, de fato, graças a seu profundo conhecimento do grego, ocupou-se, com seus discípulos, da correção das velhas traduções eslavas das Escrituras e dos Padres, confrontando-as com os manuscritos gregos com um rigor e uma liberdade

intelectual que o distinguem de muitos contemporâneos seus. Acrescentou também a essas revisões a tradução de novos textos da tradição ascética e mística. As suas obras, todavia, não são escritas com objetivo de erudição, mas têm um fim declaradamente prático: reunir os testemunhos das Sagradas Escrituras e dos Padres para guiar e iluminar o caminho de fé dos companheiros no *skit*. Seguindo a tradição, agora consolidada no Monte Athos, todo *skit* era habitado por dois ou três monges que se instruíam e se guiavam mutuamente. Os monges ganhavam a vida com o trabalho de suas mãos, mas sua principal ocupação era a oração. Esse modo de viver oferecia, ao mesmo tempo, as vantagens da vida comum e da vida eremítica, evitando, de um lado, os perigos de uma solidão que podia ceder à tentação ou às ilusões e, de outro, os riscos de uma observância exterior que mortificava a escolha de um caminho pessoal para a santidade. Nesse caminho, além da → CORREÇÃO FRATERNA, o monge é confortado pelo conselho de um padre espiritual, livremente escolhido, que guia à "compreensão das Escrituras e à sabedoria espiritual". Para chegar, todavia, a esse objetivo não é suficiente a observância exterior de uma regra; é necessária uma disposição interior que guie à "oração pura". Por isso a *Ustav* (Regra) é uma reflexão e um aprofundamento da tradicional doutrina sobre a "guarda do → CORAÇÃO". Seguindo os escritos dos Padres, Nil descreve o desenvolvimento do "pensamento passional" e enumera, depois, descrevendo-os mais detalhadamente sob o ponto de vista psicológico, os "oito pensamentos passionais", da gula até a soberba, sobre o modo como penetram no coração e sobre a arte de se defender deles, que Nil ilustra e interpreta sempre à luz da Escritura. O homem chegará assim à paz em Deus (ἡσυχία), que consiste na plena união do homem em Cristo na Trindade.

A grande herança espiritual de Nil — um cristianismo espiritual, a aspiração a uma Igreja pobre e contemplativa — encontrou oposição na hierarquia russa, agora dominada pelas ideias de Iozif Volokolamsk. Os seus discípulos foram perseguidos e condenados. A sua mensagem, todavia, não desapareceu, mas se conservou entre os eremitas do norte; somente no fim do século XVIII é que um jovem monge, Paisij Veličkovskij (→ STARČESTVO), descobriu os escritos de Nil e deu impulso à grande renovação da vida monástica na Rússia, no século XIX.

BIBLIOGRAFIA. 1) Obras: ed. científica incompleta: BOROVKA-MAJKOVA, M. A. Nila Sorskago Predanie i Ustav. In *Pamjatniki Drevnej Pis'mennosti*. Petersburg, 1912. Traduções: em alemão in: LILIENFELD, F. VON *Nil Sorskij und seine Schriften. Die Krise der Tradition im Russland Ivans III*. Berlin, 1963, 194-284 (abundante bibl.); em italiano: ŠPIDLÍK, T. *I grandi mistici russi*. Roma, 1977, 129-138; em francês: JACAMON, S. M. *Saint Nil Sorskij (vie, écrits)*. Spiritualité orientale, Bellefontaine, 1980.
2) Estudos: ARCHANGELSKIJ, A. S. Nil Sorskij i Vassian Patrikeev ich literaturnye trudy i idei v drevnej Rusi. In *Pamjatniki Drevnej Pis'mennosti* 25. Peterburg, 1882, 2 vls.; BEHR-SIGEL, E. Nil Sorskij. *Dictionnaire de Spiritualité* XI (1982) 356-367; BOLSHAKOFF, S. *I mistici russi*. Roma, 1962, 17-39; DAVIDS, A. J. M. Nil Sorskij und der Hesychasmus. *Jahrbuch des Österreichischen Byzantinistik* 18 (1969) 167-194; KOLOGRIVOV, I. *Essai sur la sainteté en Russie*. Bruges, 1953 (trad. it., *I santi russi*. Roma, 1977, 195-222); LUR'E, J. S. *Ideologiceskaja borba v russkoj publicistike konca XV nacala XVI v*. Moskva-Leningrad, 1960; MALONEY, A. A. *Russian Hesychasm. The spirituality of Nil Sorskij*. La Haye-Paris, 1973; MEYENDORFF, J. *Une controverse sur le rôle social de l'Église. La querelle des biens ecclésiastiques au XVIᵉ siècle en Russie*. Chevetogne, 1957; SMOLITSCH, I. *Russisches Mönchtum*. Wurzburg, 1953, 101-118.

M. GARZANTI

NILO (São). 1. NOTA BIOGRÁFICA. Os dados referentes à vida de Nilo são escassos, fragmentários, lendários e contraditórios. Sem dúvida, deve-se considerar pura lenda a narrativa dos sinassários bizantinos que o apresenta como soldado e prefeito do pretório em Constantinopla, sob Teodósio o Grande, que depois se fez monge com o consentimento da mulher, a qual, com sua filha, teriam escolhido como morada um mosteiro do Egito. Nilo, que se retirara com o filho Teódulo ao mosteiro do Sinai, teria sido feito prisioneiro, depois de alguns anos de dura ascese e de uma invasão de nômades; depois de várias peripécias teria encontrado de novo o filho e com ele teria sido ordenado sacerdote em Elusa. A lenda nasceu do escrito *Sete narrativas (Passio) sobre a matança dos monges e do filho Teódulo*, que se encontra entre as obras falsamente atribuídas a Nilo. Deve-se reconhecer que ele é um discípulo de Crisóstomo, monge e abade num mosteiro de Ancira na Galácia, vivido entre os séculos IV e V. A sua morte ocorreu por volta de 430.

2. OBRAS E DOUTRINA. Nem todos os escritos contidos em *PG* 79 e atribuídos a Nilo são autênticos.

A crítica esclareceu, em parte, os problemas suscitados por esses escritos. Muitos devem ser atribuídos a → EVÁGRIO PÔNTICO; por exemplo, os tratados: *A Eulógio, Da oração, Dos diversos pensamentos maus* (PG 79, 1.093-1.140.1.165-1.200.1.200-1.234). Não são autênticos, além disso: a *Passio*, citada acima, o longo *Tratado sobre o dever de cultivar a virtude e fugir ao vício* (Ibid., 811-968). *Os oito espíritos do mal* são um resumo das *Instituições* 10-11 de → CASSIANO.

Os escritos que se referem diretamente ao monasticismo são: *A oração em Albiano*, o tratado *Da pobreza voluntária*, o livro *Acerca da disciplina monástica* ou *Exercícios monásticos*, o escrito *Sobre as grandezas dos monges* e outro *Acerca dos mestres e dos discípulos* editado por P. van den Ven, em 1908. O *Epistolário* compreende 1.061 cartas, reunidas em cinco livros: tratam de vários assuntos de exegese, de dogmática, de espiritualidade. Embora algumas suscitem dúvidas a respeito de sua autenticidade, deve-se dizer que, no conjunto, o epistolário de Nilo não dá motivos para dúvidas (cf. *CPG* 6.043-6.084).

Nilo é um autêntico padre espiritual: o seu ensinamento é para a formação do verdadeiro monge. A docilidade ao padre espiritual é condição para o progresso na virtude (*Ep.* 2, 333) para quem prudentemente escolheu a vocação de monge (*Ibid.*, 3,72). A generosidade em abraçar a ascese, na sua dureza e nas suas exigências, é exigida como condição para a aceitação no mosteiro (*Ibid.*, 4,59). O conhecimento de si para se dispor a conhecer a Deus, a meditação, a salmodia, os jejuns feitos com prudência, a sinceridade na procura de Deus, a fortaleza nas provas são meios de vigorosa ascese, forças que levam à perfeição e favorecem a ação de Deus. A comunhão cotidiana realiza a plena união com Cristo (cf. *Ibid.*, 3, 40.46.72.242.295.314).

BIBLIOGRAFIA. BETTIOLO, P. Le Sententiae di Nilo. *Cristianesimo nella Storia* 1 (1980) 155-184; ID. *Gli scritti siriaci di Nilo il Solitario* (Introduzione, edizione, traduzione). Louvain-La-Neuve, 1983; CAMERON, A. The authenticity of the Letters of St. Nilus. *Greek, Roman and Byz. Studies* 17 (1976) 181-196; CHRISTIDES, V. Once again the "Narrationes" of Nilus Sinaiticus. *Byzantion* 43 (1973) 39-59; CONCA, F. Per una edizione critica di [Nilo]. *Narrationes* (PG 79, 589-694). *Acme* 31 (1978) 35-57; DISDIER, M. T. Nil l'ascète. *Dictionnaire de Théologie Catholique* XI, 661-674; GRIBOMONT, J. La tradition manuscrite de s. Nil. *Studia Monastica* 11 (1969) 231-267; JANIN, R. Nilo. *Bibliotheca Sanctorum* IX, 1.000-1.009; QUASTEN, J. *Patrologia*. Torino, 1969, 499-508, vl. II.

C. SORSOLI – L. DATTRINO

NOME. Para nós, modernos, o nome próprio dado a lugares e pessoas tem puro caráter convencional; não serve para exprimir e manifestar a realidade na sua natureza, mas apenas para designá-la na sua individualidade.

Na linguagem da Escritura, porém, o nome tem uma relação íntima com a realidade significada; não só designa, como exprime a pessoa, a sua posição social (Nm 16,2), o seu ofício, o seu poder, a sua missão. Constitui parte integrante do indivíduo que o tem, elemento essencial da sua personalidade (Gn 27,36; 1Sm 25; Jó 30,8). Por isso, Deus realiza a obra da criação impondo o nome às suas criaturas (Gn 1,3-10); e o hagiógrafo, para nos mostrar a sabedoria e o poder que o homem tem sobre todos os animais, não encontra nada melhor que apresentá-lo no ato em que lhes impõe o nome (Gn 2,20).

Como o nome é a pessoa, mudá-lo significa agir sobre a própria pessoa e lhe dar uma nova personalidade (Gn 17,5; 17,15; 32,29; 2Rs 23,34; 24,17). Assim, Deus, quando assume e destina um homem a uma missão particular, intervém diretamente também na imposição do nome (Gn 17,5; 32,29; Lc 1,13.31). O próprio Jesus, quando, ao dar a Simão a missão de chefe da Igreja, cria nele uma nova personalidade, muda-lhe o nome para Pedro, que a expressa mais claramente: "Tu és Pedro e sobre essa pedra edificarei a minha Igreja" (Mt 16,18).

1. O NOME DE DEUS. Nas religiões antigas os falsos deuses guardavam ciosamente seus nomes por temor de perder seu poder, uma vez que conhecer o nome significava ter o mesmo poder de quem o tem. O verdadeiro Deus, porém, faz da revelação do seu nome o marco miliário e o fundamento da religião revelada. A → MOISÉS, que no monte Horeb lhe perguntou o nome, Deus responde solenemente: "Eu sou aquele que sou" (YHWH)". Desde então esse nome se torna o apoio de todos os descendentes de → ABRAÃO. Passam os dias, as estações, os homens, as coisas, mas ele-é: sempre presente, patrão e dominador de tudo. Os hebreus mostrarão sempre reverência profunda pelo nome de YHWH e na sua invocação porão sua mais incondicional confiança (Sl 28,1; 99,6) uma vez que ele protege de toda desgraça e liberta

de todo mal (Sl 20,2; Pr 18,10). Se o sacerdote invoca o nome de YHWH sobre o povo, YHWH abençoa realmente (Nm 7,27). Depois do exílio babilônio o respeito pelo nome de YHWH torna-se de tal modo profundo e ao mesmo tempo cheio de temor reverencial que os hebreus até evitam pronunciá-lo, de modo que ele, pouco a pouco se torna inefável; quando é encontrado (na Bíblia hebraica recorre 6.823 vezes), é substituído pela palavra Adonai ou Elohim.

No Novo Testamento, Jesus confirma o culto e o respeito que devemos ter pelo nome de Deus; ele próprio ora ao Pai para que glorifique seu nome (Jo 12,28) e ensina a seus discípulos a orar para que seja santificado (Mt 6,9). Os cristãos, não menos que os hebreus, têm o dever de louvar o nome de Deus (Hb 13,15), sobretudo mediante uma vida reta; caso contrário, por culpa deles, seria desacreditado o nome do Deus de quem se dizem servidores (1Tm 6,1; Rm 2,24; 2Ts 1,11 ss.).

2. O NOME DE JESUS. Com o nome de Deus os cristãos veneram e confiam no nome de Jesus, em virtude do qual fazem milagres e operam prodígios (Mt 7,22; At 4,30; 3,6; 9,34). O nome de Jesus mostra ser realmente o que significa, ou seja, "Salvador" das almas e dos corpos (At 4,7-12; 5,31; 13,23; etc.). Como dono absoluto da vida e da morte e já gloriosamente triunfante à direita de Deus, os cristãos chamam Jesus com o nome antonomástico de Senhor. Muitas vezes, para designar Jesus Cristo nós dizemos simplesmente: Nosso Senhor. Para os primeiros cristãos, confessar que Jesus é Senhor e invocar o "nome do Senhor" era um modo comum para indicar a fé deles (At 9,14; 1Cor 1,2; 2Tm 2,22), e o batismo com que se entrava na Igreja era conferido no nome do Senhor Jesus (At 8,16; 19,5; 1Cor 6,11).

Invocar o nome do Senhor Jesus significa pedir-lhe a proteção, reconhecendo seu poder e sujeitando-se à sua soberania. A invocação do nome de Jesus é a manifestação e a expressão que recapitula toda a fé cristã. Por isso o ofício dos apóstolos e, portanto, de todos os que seguem seus passos e sua fé é de fazer conhecer o nome de Jesus (Lc 24,46 s.; At 4,17; etc.) e de sofrer por ele (Mc 13,13).

3. O NOME DE MARIA E DOS SANTOS. Durante o correr dos séculos foi se desenvolvendo no povo cristão também a devoção pelo nome dos santos, sobretudo pelo da mãe de Jesus, Maria. Jesus e Maria, indissoluvelmente unidos na sua vida e na sua obra, não podiam ficar separados no culto e na lembrança dos fiéis; a invocação e a devoção em relação a esses nomes devem ser para o cristão estímulo e energia sempre renovada na difícil luta contra o mal e na missão de levar aos homens o testemunho de uma fé convicta num mundo superior, que não é fruto de uma abstração mental, mas uma realidade viva com a qual ele sente estar em comunicação e viver em íntima relação.

Também se para nós, hoje, o nome é uma coisa puramente acidental, temos de nos esforçar por entrar no espírito da Sagrada Escritura (e da liturgia que o faz reviver), para não correr o risco de tornar superficial um aspecto tão fundamental da fé cristã. Na invocação do nome de Deus, de Jesus, de Maria, dos santos, nós não repetimos uma palavra convencional, mas entramos em contato, comunicamo-nos com uma pessoa, tornamo-la presente e a ela aderimos, renovando ao mesmo tempo a nossa dedicação e nossa confiança na sua proteção.

4. O NOME "CRISTÃO". Dada a relação estreitíssima que existe entre nome e pessoa, ter o nome de uma divindade ou de um santo significa ser posto de modo especial sob a sua tutela e proteção. O vastíssimo uso dos nomes teóforos, especialmente entre os povos semíticos, explica-se desse modo. A tradição cristã fez sua essa concepção e no → BATISMO impõe o nome de um santo, que é assim escolhido por quem o assume como modelo de vida e como protetor. É útil chamar a atenção para o lugar que ocupa em nossa vida espiritual o santo do qual carregamos o nome, precisamente porque ele tem o ofício de nos proteger e de nos iluminar. Por esse motivo, a Igreja prescreve que se tenha um nome cristão.

O belo costume que há em vários lugares de festejar com certa solenidade o dia do próprio onomástico, que é o dia da festa do próprio santo, poderia ser uma ótima ocasião para estimular os fiéis (para muitos dos quais essa é uma das poucas circunstâncias em que se lembram de ter algo de cristão) a refletir sobre as obrigações do próprio batismo e sobre a existência de uma outra vida em que os → SANTOS gozam o prêmio que mereceram, e com o exemplo e a ajuda deles nos estimulam a chegar aonde chegaram mediante uma vida verdadeiramente cristã. Não se pode negar que o uso de impor nomes não cristãos — além do fato já lembrado de que para nós modernos o nome em si é uma coisa meramente convencional — indica também um indiferentismo difuso e uma falta de ideais religiosos.

Decerto, os familiares têm o direito de impor o nome que mais lhes apraz, mas isso não significa que o pároco ou quem de direito não tenha o dever de os esclarecer sobre esse ponto. Não parece razoável o modo de agir de muitos que aceitam simplesmente ou até aconselham os nomes mais estranhos, com a especiosa motivação de que tanto vale um como outro e que é mera questão de gosto.

Além do fato de que a proteção do próprio santo é uma realidade e não uma simples sugestão, há um motivo psicológico que tem a sua importância e deve ser considerado. É tão difícil, hoje, atrair e fazer que se elevem o olhar e o interesse do homem para realidades superiores que, se o nome cristão ajudar um dia o fiel a invocar o próprio santo e, portanto, a se lembrar de algum modo de verdades fundamentais, como a existência de uma outra vida e a retribuição eterna, não se vê por que ele possa ser tranquilamente esquecido.

5. O NOME RELIGIOSO.
Por muito tempo foi costume difundido entre Ordens e Congregações religiosas impor aos que nelas se inscrevem, além da mudança de vestes, também a do nome, para significar mais plenamente a mudança de vida. Esse hábito, hoje, parece arrastar consigo muitos inconvenientes práticos, uma vez que todos os atos civis se tornam mais complicados por causa do nome diferente assumido na religião. De outra parte, os motivos ascéticos que outrora podiam ter aconselhado a mudança de nome parecem não existir mais, pois hoje se tornam cada vez mais raros os que julgam ou estimam uma pessoa pelo nome que ela tem.

Por esses motivos e, sobretudo, pelo fato de que a vida religiosa não é mais que um compromisso mais decidido para atingir a perfeição a que se foi consagrado no batismo, não se vê por que se deva abandonar o nome do santo que desde então nos acompanha e apoia. Por isso, hoje se observa uma tendência geral a manter o nome sagrado recebido no momento do nascimento para a vida cristã.

BIBLIOGRAFIA. Além dos vários dicionários bíblicos, cf. *Enciclopedia Filosofica* VII, 564-573 (com seleta bibl.); MANARANCHE, A. *Des noms pour Dieu*. Paris, 1980; Name. *Theologisches Begriffslexikon zum Neuen Testament*. Wuppertal, 1986, 958-963; Nom. *Catholicisme* IX (1982) 1.341-1.346; Nom. *Dictionnaire de Spiritualité* XI (1982) 397-410; Nome. *Dizionario dei Concetti Biblici del Nuovo Testamento*. Bologna, 1976, 1.092-1.098; Nome. In. JENNI, E. – WESTERMANN, C. *Dizionario Teologico dell'Antico Testamento*. Casale Monferrato, 1982, 845-869, vl. II; PILASTRO, P. È bene mutare il nome di battesimo alla vestizione religiosa? *Vita Cristiana* 19 (1950) 466-470.

A. PIGNA

NOSTALGIA.
DEFINIÇÃO. Deriva do grego *nostos* (lonjura) e *algos* (dor) e indica o sentimento de tristeza causado pela pena de se ver distante da pátria ou das pessoas caras; é, portanto, um desejo doloroso, irresistível de possuir uma coisa distante no tempo e no espaço. Encontra-se presente em todas as idades; embora comumente não seja mais apontada como uma causa direta ou ocasional próxima de alguma doença, pode ser um agravante, contudo, nos casos de neurose e de doenças mentais.

2. NOSTALGIA E VIDA ESPIRITUAL.
Sem dúvida a nostalgia não impede uma intensa vida espiritual, e até se podem encontrar no cristianismo motivos próprios de uma nostalgia cristã. A lembrança da verdadeira pátria para a qual o homem foi criado e para a qual tende irresistivelmente, a realidade de uma peregrinação terrena, muitas vezes transcorrida na dor e no sofrimento, pode facilmente suscitar num coração que crê o desejo, a ansiedade, a paz e a nostalgia do céu. A Igreja, com efeito, sabe que vive longe do seu Senhor e por isso está toda voltada para as coisas do alto (*LG* 6), vive à espera de novos céus e de nova terra (2Pd 3,13) e tem intenso e insistente desejo de estar com Cristo (Fl 1,23); o seu povo sabe que não tem aqui na terra uma cidade permanente (Hb 13,14). Embora na posse dos bens celestes, a Igreja vive na expectativa da sua definitiva instauração. "A prometida restauração que esperamos já começou com Cristo, é levada adiante com o convite do Espírito Santo e por meio dele continua na Igreja, na qual somos instruídos pela fé também sobre o sentido da vida temporal, enquanto levamos a termo, na esperança dos bens futuros, a obra a nós confiada neste mundo pelo Pai e completamos nossa salvação" (*LG* 48). O cristão, portanto, está todo voltado para o céu. A nostalgia o ajuda a ficar desapegado de tudo o que o circunda e obstaculiza sua vida. Na dor suscita paz e serenidade. De modo especial será de grande valor e ajuda a prática da virtude teologal da esperança, que tem o objetivo de fazer

viver o homem com o olhar voltado para o céu e de o tornar desapegado da terra.

BIBLIOGRAFIA. → ESPERANÇA.

M. Caprioli

NOVACIANO. Presbítero romano que, depois da morte do papa Fabiano (janeiro de 250), ocupou uma posição de primeiro nível entre o clero, mas por ocasião da eleição de Cornélio (março de 251) pôs-se à testa de um partido rigorista e se fez consagrar bispo, tornando-se assim o segundo antipapa. Rejeitado por → CIPRIANO DE CARTAGO e excomungado por Cornélio (outono de 251), procurou ganhar de modo particular as Igrejas do Oriente, onde os seus seguidores estiveram presentes até o século VI ou VII.

Sua doutrina cismática diz respeito à reconciliação dos apóstolos e, mais tarde, dos grandes pecadores. Porta-voz do clero romano, escreveu à Igreja de Cartago, em 250-251, manifestando o seu pleno acordo com as ideias do bispo Cipriano na delicada questão dos *lapsos*; mas, tendo se rebelado contra Cornélio e se aliado ao presbítero cartaginês Novato, adversário de Cipriano e defensor de uma doutrina laxista, propagou um exacerbado rigorismo; a sua igreja se apresentava como uma renovação espiritual da religião de Cristo, como a igreja dos "puros" ou "santos" em cujo seio não havia lugar para os pecadores graves, embora no início fossem tolerados os fornicadores e os impostores.

Entre as obras certamente autênticas há uma que trata das observações judaicas referentes aos alimentos: a lei deve ser interpretada em sentido espiritual; provavelmente autênticas são uma obra em que previne seus fiéis contra os espetáculos, por causa do perigo de idolatria e de imoralidade, e uma outra em que louva a continência não somente a matrimonial, mas também a total, da qual, porém, o Novo Testamento não dá preceito algum. O motivo teológico para a escolha da castidade é a existência da Igreja virgem e esposa (*De pudicitia*, 2,2). A obra teológica maior é o *De Trinitate*: primeiro escrito em língua latina aparecido em Roma. O *De singularitate clericorum*, que se opõe à convivência dos membros do clero com mulheres, parece não seu uma obra sua.

BIBLIOGRAFIA. D'Ales, A. *Novatien. Étude sur la théologie romaine au milieu du III siècle.* Paris, 1925; Amann, E. Novatien et Novatienisme. *Dictionnaire de Théologie Catholique* XI, 815-849; Bouyer, L. – Dattrino, L. *La spiritualità dei Padri* (3/A). Bologna, 1984, 82; Ferrua, A. Novaziano martire. *La Civiltà Cattolica* 95-4 (1944) 232-239; Koch, H. Il martire Novaziano. *Religio* 14 (1938) 192-198; Scheidweiler, F. Novatianstudien. *Hermes* 85 (1957) 58-86.

Melchiorre di Santa Maria – L. Dattrino

NOVALIS. 1. NOTA BIOGRÁFICA. Novalis, pseudônimo de Federico Leopoldo von Hardenberg, figura-chave e expoente mais célebre do primeiro romantismo alemão, nasce no dia 2 de maio de 1772, em Oberwiederstedt (Saxônia), onde a família tem um castelo ancestral. Estuda jurisprudência em Jena, depois matemática e filosofia em Lipsia, assume o ofício de atuário em Tennstedt (1794) e é nomeado, em 1795, empregado junto à direção das salinas de Weissenfels. Namora Sophie von Kuhn. Encontra Hölderlin e Fichte, que exercerão uma profunda influência sobre sua obra e sobre seu pensamento. A morte de Sophie (1797) une-se a uma verdadeira experiência mística: no túmulo dela o poeta "vê" os traços transfigurados da amada morta e chega à certeza da existência de uma outra vida. A partir daquela hora sente que pertence a dois mundos, o do dia ou do finito e o da noite ou do infinito. Efetivado definitivamente na administração das minas da Saxônia, trava conhecimento com F. Schlegel e L. Tieck (que serão os primeiros curadores das suas obras deixadas fragmentadas). Ao lado de uma intensa atividade profissional, continua os estudos, em particular dos escritos de J. → BÖHME. Em 1801, morre tísico.

2. OBRAS. Várias correntes confluem na obra novalisiana: pietismo, naturalismo renascentista, idealismo filosófico e mágico, visionarismo e ocultismo científico e social. Especialmente no saber filosófico não há ramo que não seja abraçado por Novalis, um apaixonado da pesquisa metafísica e da matemática transcendental. Esse desejo de "enciclopedismo", típico da época, é atestado pelos *Fragmentos filosóficos*, as *Observações mistas*, publicadas sob o título de *Blutenstaub = Polens* (1795), os *Estudos de ciências naturais* e *Rascunho geral*, concebidos todos como materiais com vistas a uma enciclopédia da qual pudesse resultar a união orgânica de todas as ciências. A amizade com Schlegel e o contato com a convivência romântica de Jena determinam nele a inclinação poética: já em 1792 compõe algumas poesias líricas; seguem-se *Flores* (1798), *Cantos*

espirituais (1799) e os *Hinos à noite* (terminados em 1800). A leitura dos *Discursos sobre a religião*, de Schleiermacher — que entendia a religião como contemplação do universo, na qualidade de sede de uma harmonia inefável —, leva Novalis a escrever o ensaio *A cristandade ou a Europa* e também os *Cantos espirituais*, porque estava convencido do papel importante que exerce a religião cristã em vista da projetada renovação do mundo, que deve ser realizada pelo romantismo. O enciclopedismo encontra, enfim, em Novalis uma sistematização poética nos romances incompletos: *Die Lehrlinge zu Sais = Os discípulos de Sais* e *Henrique de Ofterdingen* (1798-1799), que retoma a fábula de Klingsohr.

Novalis não viu publicado quase nada da sua obra filosófico-poética, deixada fragmentária. Será publicada incompleta, em 1802, e nas edições subsequentes. A primeira edição crítica completa é de 1901. A primeira tradução italiana de *A cristandade ou a Europa* é de 1912 (por G. Prezzolini). Seguem-se traduções dos *Hinos à noite* (1931, 1952, 1960, 1979), de *Enrique de Ofterdingen* (1962, 1979), dos *Fragmentos* (1976). A primeira edição italiana das *Obras completas* é de 1982.

3. DOUTRINA. A partir da experiência "mística" junto ao túmulo da namorada, o caminho intelectual de Novalis assume indubitavelmente uma conotação mais religiosa. No seu *Diário*, o poeta recorda aquele "momento de lampejante êxtase" (13-5-1797) como uma "visão" que produz nele uma virada definitiva para o mundo invisível, transcendente, um mundo de paz e de amor, que deve se tornar presente e tangível com as imagens da poesia. É um mundo "cristão", construído sobre a proximidade de Deus e sobre o compromisso de "voltar" do mundo terrestre dos sentidos e das aparências para o mundo verdadeiro, substancial, para o seio do Pai, até a união mística. Todo esse caminho é objeto de uma *doutrina mística de vida*, levada por meio de um processo de transformação da experiência sentimental e místico-extática do Infinito, que termina na tomada de consciência da realidade especulativo-mística. Mas essa consciência não para na experiência individual e vertical de Deus. Está destinada ao retorno entre os homens para se fazer anunciadora do outro mundo vislumbrado no esplendor do êxtase.

Em Novalis a *doutrina de vida* revive em profundidade a antiga experiência da morte, comparada à noite, como início da verdadeira vida. A noite é entendida não de modo negativo como desilusão, cansaço, aniquilamento, mas de modo positivo, como sentimento de libertação, consecução de completa harmonia, êxtase, "ebriedade de infinito", arrasadora experiência unitiva que oferecerá numerosas inspirações à arte moderna na Europa. Nos *Hinos à noite* Novalis celebra, com efeito, as infinitas bem-aventuranças que se abrem no mistério da morte — antigo *cupio dissolvi* — quando a luz do dia se apaga (o desaparecimento de Sophie) e no céu brilha a noite (a amada ou a imagem que ele fizera da namorada). Mas, se antes desejava unir-se a ela, mais tarde a toma como intermediária para que o conduza a Cristo (como a Beatriz, de Dante). Assim, os dois grandes motivos: o amor e a religião se unem e o amor passional infunde o seu ardor nos fervorosos impulsos do religioso sentimento. O desejo da morte torna-se desejo de entrar na eternidade, acompanhado pela namorada e por Cristo.

Essa poesia de uma religião nostálgica, vivida na "noite", encarna-se com comovida piedade nos *Cantos espirituais*, a mais bela expressão que a religiosidade romântica já teve na Alemanha. Os quinze cantos, inspirados pela *Aurora nascente*, de J. Böhme, são poesia que se tornou toda ela interioridade, adoração, oração. Celebram a simples fé e abandono em Cristo: "Somente com ele me tornei homem" (I, 3). "Se possuo somente a ele"… (V), um senso de paz invade a alma e todo dia se torna uma "festa que faz mais jovem o mundo" (IX, 8). Cristo, o dileto, deve vir e levar a humanidade ao reino do Pai, como se orava nos ambientes do → PIETISMO, especialmente nos dos Herrenhuter, de que fazia parte a família de Novalis. Renascem elementos de tradicional piedade cristocêntrica católica e com ela nasce, delicada, depois de dois séculos de aparente esquecimento, no velho tronco da medieval "Mariendichtung", a devoção à Virgem. Maria, a "mãe com aspecto virginal", adquire uma função importante na mística doutrina de vida de Novalis, ou seja, é aquela que "está fixada na alma para sempre": "Eu te vejo em mil imagens/ expressa com graça, ó Maria, mas nenhuma tem a força de te representar/ como te percebe a minha alma" (XII, 1).

A *mística doutrina de vida* novalisiana assume ainda um outro aspecto particular: a inserção da natureza na especulação mística. Em Novalis todo fenômeno externo da natureza parece equivalente a "processos internos" que se realizam no nosso espírito e todo movimento da alma encontra na natureza a sua correspondência e o seu símbolo. Dois mundos, reais-irreais, opostos, mas não divididos. A ponte é lançada por meio de uma variedade de perspectivas apenas pressentidas, tocando a linha-limite do mágico (*Enrico di Ofterdingen*), da mitologia.

BIBLIOGRAFIA. 1) Ed. crítica KLUCKHOHN, P. – SAMUEL, R. *Novalis. Schriften*, 4 vls. Darmstadt, 1960-1975; ed. em 1 vl., por SCHULZ, G. *Novalis Werke*. Munchen, ²1982; in trad. it.: NOVALIS. *Opere* (por G. CUSATELLI). Milão, 1982.
2) Estudos: BARTH, K. Novalis. in ID. *La teologia protestante nel XIX secolo*. I – *Le origini*. Milano, 1972 (escrito em 1960); BISER. E. Dichterisches Auferstehungszeugnis. In *Gott nicht gelobt. Uber Dichtung und Glaube* (por W. BOEHME). Karlsruhe, 1981; CISOTTI, V. (org.). *Novalis. Inni alla notte. Canti spirituali*. Milano, ²1984; GUMPEL, P. E. The structural integry of the sixth of Novalis' "Hymnen an die Nacht". *The Germanic Review* 55 (1980); HASLINGER, J. *Die Ästhetik des Novalis*. Königstein, 1981; NEUBAUER, J. *Novalis*. Boston, 1980; PETER, K. (org.). *Romantikforschung seit 1945* (Neue Wissenschaftl. Bibliothek / Literaturwissenschaft. vl. 93), Meisenheim-Königstein/Ts, 1980, 367-368 = bibliografia completa até 1979; RITTER, H. *Der unbekannte Novalis. Friedrich von Hardenberg im Spiegel seiner Dichtungen*. Göttingen, 1967; SCHULZ, G. *Novalis in Selbstzeugnissen und Biddokumenten* (Rowohlt Monographie 154). Reinbeck, 1969; ID. *Novalis. Beiträge zu Werk und Persönlichkeit Friedrich von Hardenbergs* (WdF 248), Darmstadt, ²1986. STRACK, F. *Im Schatten der Neugier. Christliche Tradition und kritische Philosophie im Werk F. von Hardenberg*. Tubingen, 1982; WEHR, G. *Novalis. Der Dichter und Denker als Christuszeuge* (Zeugnisse christl. Esoterik, Bd. 1). Schaffhausen, 1976.

GIOVANNA DELLA CROCE

NOVICIADO. 1. O noviciado é, por definição, o período de "iniciação à vida religiosa" (*Renovationis causam*, n. 5). Constitui uma etapa formativa "insubstituível e privilegiada" (*Ibid.*, n. 4). Nele, com efeito, põem-se as primeiras bases da formação e é quando o jovem ou a jovem começa a dar "forma", no estilo de vida específico segundo a índole do instituto, à sua resposta pessoal ao chamado de Cristo Senhor. "O chamado ao caminho dos conselhos evangélicos nasce do encontro interior com o amor de Cristo, que é amor redentor. Na estrutura da vocação o encontro com esse amor torna-se algo especificamente pessoal" (*Redemptionis donum*, n. 3).

"Com o noviciado inicia-se a vida no instituto" (cân. 646) e o noviço se torna partícipe da "experiência do Espírito" própria do fundador (cf. *Mutuae relationes*, n. 11). Trata-se "essencialmente [de] uma experiência, ou melhor, a iniciação à vida religiosa e à vida religiosa própria do instituto (cf. cân. 578). Portanto, na linha catecumenal, o noviciado está orientado para uma nova forma de viver que é desenvolvimento e amadurecimento específico da vida cristã" (E. GAMBARI, *Il noviziato*, Roma, 1985, 28). Fundamentalmente, é iniciação à "forma de vida que o Filho de Deus abraçou, quando veio ao mundo para fazer a vontade do Pai, e que propôs aos discípulos que o seguiam" (*LG* 44). Situa-se na dinâmica vital dos homens e mulheres que, guiados pelo Espírito, pretenderam seguir Cristo com maior liberdade e imitá-lo mais de perto por meio da prática dos → CONSELHOS evangélicos (cf. *PC* 1) e servi-lo em seus membros (cf. *PC* 8).

A iniciação à vida religiosa se dá num caminho experiencial, iluminado e sustentado por um aprofundamento teológico-espiritual, ou seja, realiza-se numa "escola" específica de seguimento (→ IMITAÇÃO DE CRISTO), sob a guia de um mestre ou de uma mestra, em comunidade, no estilo de santificação e de apostolado adequado à família religiosa. O processo pedagógico de iniciação envolve toda a pessoa no seu profundo. É um itinerário gradual e progressivo, e ao percorrê-lo o jovem constrói e amadurece a sua identidade de religioso na experiência cotidiana, pessoal e comunitária da radicalidade do seguimento de Cristo, de quem, por obra do Espírito e com o empenho pessoal, assume o sentir, a visão da vida e do mundo, o projeto de salvação. Tudo isso acontece com as modalidades próprias do carisma do fundador, que, junto com todos os membros da sua família religiosa, é chamado a realizar, aprofundar e desenvolver na Igreja (cf. S. BISIGNANO, Il *noviziato nell'arco della formazione specifica alla vita religiosa*, Roma, 1986, 13-26).

O noviciado está em função da plena realização da vocação pessoal; insere-se, como "lugar sacramental" da ação do Espírito, no mistério do chamado e na realidade da resposta do jovem ou da jovem que quer abraçar a vida consagrada (cf. *Redemptionis donum*, nn. 3-6).

O noviciado termina com a profissão religiosa (cf. cân. 653, 2).

2. A realidade do noviciado tem profundas raízes na história e está estreitamente ligada à história da → VIDA RELIGIOSA.

Podem-se distinguir, com objetivos pedagógicos e de pesquisa, algumas etapas fundamentais.

Uma primeira etapa cobre o período do monasticismo primitivo, oriental e ocidental. Quem deixava o mundo para seguir Cristo na ascese, na solidão e no celibato pelo Reino (J. ALVAREZ GOMEZ, *Historia de la vida religiosa*, I, Madrid, 1987) era introduzido na nova vida por um "abba", por um "senex" ou ancião, a quem se submetia como um pai e mestre por sua experiência e santidade. Eles lhe ensinavam a prática do seguimento na vida monástica. Exortavam-no, corrigiam-no, aconselhavam-no. Instruíam-no nos valores próprios da vida cristã vivida no fervor da radicalidade evangélica, como era testemunhado pelo martírio. "Na vida monástica viu-se uma participação mística na experiência dos mártires" (L. BOUYER — L. DATTRINO, *La spiritualità dei Padri*, Bologna, 1984, 71), autênticos imitadores do ágape divino, como se manifestou em Cristo (*Ibid.*, 50-51). Desejam segui-lo, como seus membros, no martírio incruento da vida ascética.

O ancião dá instruções sobre o amor de Deus, sobre como discernir os movimentos da alma, como possuir a pureza do coração, atingir a perfeição da caridade por meio da ascese, abrir-se às necessidades dos irmãos e aos deveres a respeito deles. A → ASCESE não é fim em si mesma, mas meio para manter aberto e desperto o espírito, para viver inteiramente na presença de Deus e na união com o Senhor, com o coração indiviso. É uma ascese motivada e nutrida pela fé, feita de dura disciplina, de trabalho, de luta com o maligno e de abandono confiante nas exigências da Palavra.

A missão do ancião não é jurídica, mas carismática, a da paternidade espiritual. Ela é um dom, mas é também fruto de uma longa experiência de vida monástica. "A relação mestre-discípulo é uma realidade toda espiritual. O discípulo que se aproxima do ancião para conhecer realmente a vontade de Deus sobre ele, dele recebe sem dúvida 'a palavra de Deus'. É a pureza de coração na procura por parte do discípulo e o sentido sobrenatural do serviço por parte do ancião que garantem uma simplicidade de relação tal que este seja realmente, por meio do mestre, iluminado por Deus" (E. ANCILLI, *Direzione spirituale*, in *Dizionario degli Istituti di Perfezione*, III, 530-537).

O ancião é a imagem da misericórdia de Deus, o testemunho de Deus junto ao jovem. Move-se na confiança em relação a ele, na discrição, com inteligência, confiança e uma paciência incansável e caridosa. A experiência do coração humano, o dom do → DISCERNIMENTO DOS ESPÍRITOS e a sabedoria espiritual são traços do seu ser e do seu comportamento.

O tipo de relação do discípulo com o ancião é um claro testemunho de um traço essencial da espiritualidade monástica: "ter de se submeter a uma escola, não poder iniciar sem mestre. O mestre instrui o discípulo; o discípulo se adapta à vida e ao costume do mestre e, cumprido o tirocínio, abandona tudo; o discípulo começa a viver também ele sozinho no eremitério até se tornar também ele mestre de outros discípulos" (M. AUGÉ, *Dalle origini a san Benedetto*, in *Storia della vita religiosa*, Brescia, 1988, 32).

A tensão para um seguimento radical de Cristo pelo Reino, a procura do rosto de Deus e de uma plena comunhão com ele como único objetivo da própria vida, o desejo de imitar a vida dos apóstolos e dos primeiros cristãos constituem outros tantos pontos de referência nos séculos seguintes e se tornam uma força dinâmica fecunda, que está na origem das múltiplas formas sucessivas de seguimento na vida religiosa, numa compreensão cada vez mais profunda do mistério de Cristo, do Evangelho, da Igreja e da sua missão no mundo.

Com o desenvolvimento da forma associativa da vida religiosa, a iniciação incluiu a formação dos candidatos à "fraternidade", e não somente à ascese. → PACÔMIO inicia a Regra com as palavras de Paulo: "A caridade é o pleno cumprimento da lei" (Rm 13,10). Vivendo junto com outros irmãos postos sob sua guarda, comunica-lhes gradualmente o ideal de comunhão segundo o modelo da primitiva comunidade apostólica (At 2,44 e 4,32). Pacômio propunha-se ligar os irmãos entre si com uma profunda e íntima comunhão de corações, no serviço recíproco, que traduzia o ideal da *koinonia*. A Escritura é considerada a norma da vida monástica, na obediência humilde e total e ela. Trata-se de um projeto educativo e de uma nova forma de vida na ascese e na fraternidade, regulada unicamente pela vontade de Deus e pela caridade.

Para Basílio, a comunidade se apresenta como uma exigência da própria vocação cristã e está a serviço da Igreja. "A comunidade é o ambiente em que os monges se evangelizam mutuamente, porque as palavras e os exemplos dos irmãos ajudam a crescer no Espírito" (ALVAREZ GOMEZ, *op. cit.*, 307). "A coabitação de vários irmãos, reunidos, constitui um campo de prova, um belo caminho de progresso, um contínuo exercício, uma ininterrupta meditação dos preceitos do Senhor. E o objetivo dessa vida em comum é a glória de Deus, segundo o preceito de nosso Senhor Jesus Cristo, que diz: 'Assim brilhe vossa luz diante dos homens, para que, vendo as vossas boas obras, glorifiquem o vosso Pai que está nos céus' (Mt 5,16)" (BOUYER — DATTRINO, *op. cit.*, 60). E desde essas origens da vida religiosa encontramos não poucas mulheres comprometidas com o caminho da radicalidade do seguimento. Entre elas, a irmã de Pacômio, Maria, que viverá num mosteiro para monjas fundado pelo irmão; e a jovem irmã de Basílio, Macrina, que se retirará à solidão para levar a vida monástica (*Ibid.*, 44.56).

Uma segunda etapa na história da iniciação à vida religiosa está ligada a São Bento. O texto-chave que diz respeito ao noviciado encontra-se na Regra, no n. 58: "A quem se apresenta para abraçar a vida monástica não se conceda facilmente a entrada, mas, como diz o Apóstolo, 'examinai os que se apresentam, para ver se são de Deus' (1Jo 4,1). Mas se, depois que chegar, continuar a insistir (cf. Lc 11,8) e mostrar que acolhe com paciência as injúrias que lhe são feitas e as dificuldades do ingresso, depois de quatro ou cinco dias, se persistir em seu pedido, seja-lhe concedido entrar e por alguns dias permaneça na cela dos hóspedes…". O candidato que superar a primeira prova, depois de ter entrado na cela dos noviços, "na qual se alimentará e repousará", é confiado a um mestre: "Seja-lhe destinado um ancião hábil capaz de ganhar as almas, o qual o observará com suma atenção, vigiando se realmente procura a Deus, se está pronto para a obra de Deus, para a obediência, para a contrariedade. Seja-lhe ensinado tudo o que de penoso e cansativo conduz a Deus. E se promete persistir na sua estabilidade, depois de dois meses lhe sejam lidas por inteiro as Regras: Eis a lei sob a qual queres militar; se podes observá-la, entra; se não podes, volte, com liberdade".

O período de formação termina com um compromisso claro: "o noviço, portanto, promete no oratório, na presença de todos, a sua estabilidade, a conversão dos costumes e a obediência diante de Deus e de seus santos".

A imagem do noviciado parece bem delineada. Será o modelo que nos séculos seguintes muitos monges procurarão realizar.

O projeto de vida que o candidato é chamado a realizar no mosteiro está contido no n. 72 da Regra, onde se lê: "Nesse zelo (que afasta dos vícios e conduz a Deus e à vida eterna), os monges devem se exercitar com amor vivíssimo: por isso, rivalizem uns com os outros na honra recíproca (Rm 12,10), suportem com suma paciência as enfermidades físicas e morais dos outros, porfiem na obediência recíproca, ninguém procure o próprio interesse, mas, antes, o dos outros (cf. 1Cor 10,24-33; Fl 2,4); amem os irmãos com puro afeto (cf. Rm 12,10; 1Pd 2,22), temam a Deus, amem o próprio abade com sincera e humilde caridade (1Pd 2,17). Não anteponham absolutamente nada a Cristo; que ele nos conduza a todos, assim unidos, à vida eterna" (cf. A. DE VOGUÉ, *La Regola di san Benedetto. Commento dottrinale e spirituale*, Padova, 1984).

Uma etapa seguinte na história da vida religiosa e na estruturação do noviciado abre-se com o desenvolver-se da vida das Ordens mendicantes, que amadurecem num particular clima cultura e eclesial. Os modelos de referência não são mais os monásticos ou das comunidades canonicais, que se inspiravam em Santo → AGOSTINHO e que traziam a lume os resumos dos Atos 2 e 4. Agora, de modo especial, põe-se o foco nos textos referentes à missão dos apóstolos, em particular Mt 10 e Lc 10: anunciar abertamente e sem temor a → PALAVRA DE DEUS, "na pobreza", como os apóstolos.

Cria-se, sobretudo com São Francisco e São Domingos, um outro modelo de vida religiosa, "more apostolorum", animada por um ideal evangélico centralizado na pobreza como modalidade peculiar de seguimento, para São Francisco, ou como condição para a missão eclesial. Terá uma influência decisiva na vida e no compromisso apostólico da Igreja, nos mais variados níveis, do teológico, espiritual, litúrgico ao da → RELIGIOSIDADE POPULAR.

A fundação das Ordens mendicantes indica, consequentemente, o desenvolvimento de um diferente tipo de formação dos frades, que é determinado pelo modo de entender a oração, a fraternidade, o estudo em função da salvação das almas, com atenção, todavia, a alguns elementos essenciais do monasticismo primitivo beneditino, agostiniano, e a alguns elementos da vida canonical. O caráter próprio, sacerdotal e apostólico dos novos institutos exigia, portanto, uma nova formulação da iniciação à vida religiosa. O noviciado será realizado, com base no exame das múltiplas experiências, numa sede diferente, para cuidar melhor da formação, dado o movimento das comunidades e das pessoas empenhadas na evangelização. É por essa razão, justamente pelas novas condições de mobilidade e pelas exigências formativas, que se tem um particular cuidado no preparo de escritos e de tratados, sob várias formas, referentes à formação dos noviços. Contêm eles exposições de vida cristã e religiosa.

Com a aparição, no século XVI, dos → CLÉRIGOS REGULARES, o noviciado adquirirá perfis ainda mais precisos. Isso se deve, sobretudo, à obra de Santo Inácio. O tipo de organização do noviciado inaciano inspirará, de então em diante, numerosas famílias religiosas e lhes servirá de guia e de modelo.

Para compreender o valor e a incidência eclesial das Ordens de clérigos regulares é preciso pôr seu nascimento e seu desenvolvimento no contexto cultural e eclesial da época. O ansioso empenho comum era o "retorno" ao Evangelho e à primitiva vida dos discípulos, unindo à vida religiosa um forte compromisso apostólico. "São sacerdotes unidos por vínculos de caridade com o objetivo de viver com autenticidade sua vida sacerdotal para tornar mais eficaz seu ministério, mesmo de forma institucionalizada: escola, educação, catequese, assistência hospitalar… Seu hábito é o comum dos sacerdotes. Sua habitação chama-se 'casa'" (F. CIARDI, *Teologia della comunità religiosa*, 38). "É mérito pessoal de Santo Inácio de Loyola ter desligado definitivamente de todas as observâncias monásticas os clérigos regulares — inclusive do ofício coral — ao qual permanecia ainda devotada a maior parte dos institutos homônimos do seu tempo. Isso se deve à ampla visão que ele teve do apostolado católico, especialmente sacerdotal, bem como ao espírito missionário e apostólico que sempre animou seu instituto. Inácio de Loyola é o verdadeiro inspirador dos clérigos regulares modernos" (L. BORRIELLO, *Dagli Ordini mendicanti alle esperienze del dopo-Concilio*, 411).

A formação dos membros amadurecia nesse contexto. A admissão ao noviciado está reservada, para Inácio, unicamente a quem deseja e está decidido a "romper com o mundo" para seguir Cristo, nosso Senhor, descoberto e amado como centro da própria vida, e a se comprometer na construção do seu Reino. "O fim da Companhia — lê-se nos Exames gerais — é não somente aplicar-se, com a graça de Deus, à salvação e à perfeição da própria alma, mas, com essa mesma graça, procurar com todas as forças servir de ajuda para a salvação e para a perfeição das almas do próximo". A ajuda mais eficaz para que a Companhia atinja os objetivos para os quais foi suscitada por Deus "provém, mais que de qualquer outra constituição externa, da lei interna da caridade e do amor que o Espírito Santo escreve e imprime nos corações" (INÁCIO DE LOYOLA, *Constituições*, VIII, 8).

A iniciação a essa vida tem um caráter experimental, na plena abertura ao Espírito e no total acolhimento do carisma do pai Inácio. "Encetar o caminho da Companhia de Jesus, que quer ser somente um caminho para chegar ao Senhor, significa, então, que alguém a experimente desde o início. Fazer o noviciado significa experimentar inicialmente as várias dimensões que caracterizam a vida do jesuíta e assim verificar a identificação com ela e a alegria de ser chamado a tal estilo de vida" (F. TATA, *Um projeto de vida*, 245).

Para esse objetivo, o noviciado se articula em momentos passados em comunidade e em momentos fora, consagrados a experiências. Trata-se de aprender a viver à moda dos apóstolos e, portanto, de saber antes de tudo permanecer unânimes sob o mesmo teto na oração e na espera do Espírito Santo, como no Cenáculo (At 1,14), mas também de se deixar enviar dois a dois no risco da pobreza, na insegurança humana, para viver na total confiança em Deus (Lc 10,1).

O caminho de formação sob a guia atenta do mestre é animado por uma pedagogia informada na caridade e na firmeza, no entusiasmo e no realismo, exigente e atenta a cada pessoa individualmente. Mediante as diversas provas ou experimentos, o noviço é levado a reviver e a percorrer de novo as etapas fundamentais do itinerário inaciano e a fazê-lo próprio, a aprender o caminho que leva a se tornar capaz de viver a própria vocação. Santo Inácio propõe seis experimentos carregados de uma força educativa universal, que pode inspirar e iluminar, também hoje, as experiências formativas indicadas por cada família religiosa nos próprios programas de formação.

O primeiro experimento, depois de um período de treinamento na vida fraterna em comunidade, é constituído pelo Mês inaciano. É uma passagem fundamental, porquanto ajuda o candidato a amadurecer a própria escolha e a entrar "a partir de dentro de si" na Companhia. "Esse experimento, de per si, deve ser considerado insubstituível. Com efeito, nele o noviço experimenta, aprende a aprofundar por dentro, no seu núcleo de experiência religiosa e de união com o Senhor, a vida do jesuíta. O experimento favorece a formação de uma marca, de uma mentalidade religiosa, de uma visão do mundo e de um estilo de oração que une internamente os jesuítas" (F. TATA, *op. cit.*, 249-250).

Os experimentos contêm um princípio pedagógico específico para a formação na vida religiosa. A iniciação ao noviciado, ou seja, à forma de vida de Cristo e dos apóstolos, torna-se ao mesmo tempo participação na "experiência do Espírito" do fundador (cf. *Mutuae relationes*, n. 11), pelas mediações e meios que os próprios fundadores escolheram ou assumiram na prolongada e multíplice experiência da Igreja. São o testemunho da vida, o ensinamento, os escritos, sobretudo é a Regra, na qual cada fundador "derrama o fruto da experiência realizada nele pelo Espírito" (F. CIARDI, *I fondatori uomini dello Spirito*, Roma, 1982, 368-376). A Regra tem, por isso, o caráter de "uma experiência que quer provocar outra experiência". Na Regra é a experiência do fundador que entra em diálogo com os seus discípulos "para provocar o mesmo anseio e a mesma modalidade de seguimento" (P. G. CABRA, *Essere religiosi*, Brescia, 1978, 40), que se desenvolverá no caminho da família religiosa em sintonia com o caminho da Igreja, que é o corpo de Cristo em contínuo crescimento (cf. Ef 4,13).

O retorno às fontes da vida religiosa e do carisma específico leva a descobrir as imensas riquezas de vida, de santidade, de serviço, numa caridade sem limites, dos fundadores e dos seus discípulos, ou filhos e filhas. E abrem para o futuro, com olhar de admiração pela inexaurível criatividade do Espírito e o frescor de uma vida operosa na fé, na esperança e na caridade.

Uma etapa ulterior, fundamental para compreender o hoje, está ligada ao conjunto de intervenções legislativas dos sumos pontífices. Originam-se da necessidade de regular o desenvolvimento das diversas formas de vida religiosa, da urgência de refrear situações difíceis ou confusas sob o mesmo ponto de vista jurídico e, sobretudo, da vontade de promover uma sólida reforma da vida religiosa. Para compreender o valor e o peso de tais intervenções, temos de nos colocar no contexto histórico em que foi celebrado o Concílio de Trento (1545-1563). Abolia-se do Concílio a vida religiosa não associada e fixavam-se as condições para impedir a vida religiosa — que deve levar à plenitude da caridade na profissão dos conselhos evangélicos — àqueles que não eram idôneos e, portanto, não se encontravam nas condições para poder realizá-la. O empenho do Concílio volta-se em particular, dada a situação carente e cheia de lacunas, para a reforma e formação do clero. Diz respeito, portanto, também aos religiosos clérigos e sacerdotes. É uma ação global, sustentada pelas Ordens nascidas nesse período histórico, que verá, no século XVII, o surgimento de Congregações dedicadas, sobretudo, à formação do clero, para garantir a renovação espiritual e zelo pastoral pelo povo de Deus.

Quanto à vida religiosa, o noviciado se interessa diretamente por suas finalidades e por sua estruturação. "O noviciado deixa de ser um instituto de direito privado; a sua organização não é mais exclusiva competência das famílias religiosas, mas é dirigida pelo direito comum da Igreja" (I. LECLERCQ, *Noviziato*, in *Dizionario degli Istituti di Perfezione*, V, 452).

A magna carta da legislação sobre o noviciado é a constituição *Cum ad regularem*, do papa Clemente VIII, de 19 de março de 1603, na qual é dado seu esboço básico. Ela contém, além disso, um conjunto de normas minuciosas sobre ele, obrigatórias para todos os institutos religiosos. "Desse documento, junto com a tradição do monasticismo primitivo, com a Regra de São Bento, com as Constituições dos franciscanos e dos dominicanos e com as inovações inacianas, nasceu a legislação canônica moderna" (A. HUERGA, *Noviciat*, in *Dictionnaire de Spiritualité*, XI, 487).

Uma nova etapa nesse caminho multiforme e fecundo é, talvez, a atual, que se abriu com a celebração do Concílio Vaticano II, no limiar de uma nova época da história (cf. *GS* 4). Com base nas constituições *Lumen gentium* e *Gaudium et spes*, no contexto vital da Igreja comunhão, instrumento universal de salvação, foi iniciada a renovação da vida religiosa e, portanto, das instituições formativas (cf. *PC* 2.18). As promessas e as exigências de renovação global e profunda são anteriores ao próprio Concílio, que as fez próprias, abrindo novos horizontes e novas perspectivas.

A instrução *Renovationis causam* (*AAS* 61 [1969] 103-120) é o primeiro documento sistemático sobre a formação para a vida religiosa. Ele completa as normas aplicativas do decreto *Perfectae caritatis* dadas na *Ecclesiae sanctae*. O documento compreende três partes, precedidas por um amplo proêmio: alguns critérios e princípios (nn. 1-9), normas particulares (nn. 10-38) e aplicação das normas especiais. Com a publicação do novo Código, a parte normativa da *Renovationis causam* perdeu seu valor jurídico; permanece válida a parte que trata da "necessária preparação para o noviciado" (n. 4), do próprio noviciado e da preparação para a profissão perpétua. Outro ponto-chave do documento é a parte dedicada à consagração religiosa, que faz referência à doutrina do Concílio e à profissão religiosa (cf. *Renovationis causam*, n. 2), a cuja luz descreve as finalidades do noviciado (cf. *Ibid.*, n. 13). O tema da consagração será retomado, com ulteriores desenvolvimentos, sucessivamente em outros documentos eclesiais.

O novo Código oferece um quadro preciso da formação ao noviciado e, ao mesmo tempo, remete às normas particulares. Pede a todo instituto religioso a redação de uma *Ratio institutionis* (cân. 650, 1), segundo alguns critérios descritos no cân. 659, 2, art. 4, que trata da formação dos religiosos.

O cân. 646 descreve sua natureza e objetivos: "O noviciado, com o qual se inicia a vida no instituto, está ordenado a fazer com que os noviços possam de modo melhor tomar consciência da vocação própria do instituto, experimentar o estilo de vida dele e formar sua mente e seu coração segundo o espírito de tal instituto, bem como, ao mesmo tempo, a verificar as intenções e a idoneidade deles".

Com respeito à *Renovationis causam* há uma variante significativa. A instrução afirmava que "a vida religiosa tem início com o noviciado" (*Renovationis causam*, n. 13,1); o Código esclarece que com o noviciado "inicia-se a vida no instituto", a vida religiosa, com a profissão.

Os conteúdos da formação no noviciado, a ser completada e especificada na *Ratio institutionis* segundo as peculiaridades de cada carisma, são apresentados no cân. 652, 2. Ali se diz: "Os noviços devem ser ajudados a cultivar as virtudes humanas e cristãs; introduzidos num caminho mais compromissado de perfeição, mediante a oração e a negação de si; guiados à contemplação do mistério da salvação e à leitura e meditação das Sagradas Escrituras; preparados a prestar culto a Deus na sagrada liturgia; formados para as exigências da vida consagrada a Deus e aos homens em Cristo, mediante a prática dos conselhos evangélicos; informados, enfim, sobre a índole e o espírito, as finalidades e a disciplina, a história e a vida do instituto e educados no amor pela Igreja e seus sagrados pastores" (*Elementos para o programa de formação ao noviciado*).

A formação dos noviços está sob a responsabilidade dos superiores maiores (cân. 650, 2) e empenha todo o instituto, em seu próprio âmbito, "com o exemplo da vida e com a oração" (cân. 652, 4).

O primeiro responsável direto da formação dos noviços é o mestre: "A direção dos noviços, sob a autoridade dos superiores maiores, está reservada unicamente ao mestre" (cân. 650, 2). Junto ao mestre podem estar outros ajudantes, na qualidade de professores, colaboradores, animadores das experiências apostólicas etc.; mas cabe ao mestre a coordenação e a responsabilidade última de modo a assegurar a unidade do caminho formativo e uma iniciação personalizada, conforme a natureza do carisma do fundador e a vida do instituto.

As condições para a consecução dos objetivos formativos dizem respeito às pessoas, à sede do noviciado, à duração do mesmo.

Com relação às pessoas, o cân. 651, 3 pede a cuidadosa preparação dos formadores e sua efetiva disponibilidade para cumprir a própria obrigação "de modo eficaz e estável". No cân. 652, 2 podemos ler algumas motivações da norma anterior, quer dizer, as exigências do programa mesmo de formação dos noviços.

Os noviços são os primeiros responsáveis pela própria formação, como o é toda pessoa que inicia uma formação permanente (cf. *Essential elements*, n. 47). Fala disso o cân. 652, 3. Os noviços devem ter a plena disponibilidade para se ocuparem de sua formação (cân. 652, 5); exige-o a própria fidelidade ao dom divino do chamado à vida religiosa (cf. câns. 574 e 578).

Com referência ao lugar, o noviciado, para ser válido, deve se realizar numa casa designada para esse objetivo (cân. 647, 1.2). O cân. 647, 2 prevê duas exceções inovadoras; a primeira diz respeito à possibilidade — "em casos particulares e como exceção" — de um candidato fazer o noviciado "numa outra casa do instituto sob a guia de um religioso aprovado"; a segunda, de "o grupo dos noviços, por determinados períodos de tempo, morarem numa outra casa do instituto", designada pelo superior maior. O objetivo formativo é evidente, à luz das finalidades do noviciado.

Com relação à duração, o período do noviciado é de doze meses (cân. 648, 1), no máximo dois anos (cân. 648, 3). "Para integrar a formação dos noviços, as Constituições podem estabelecer, além do tempo de que fala o parágrafo 1, um ou mais períodos de exercícios apostólicos a serem realizados fora da comunidade do noviciado" (cân. 648, 2). A substituição das ausências é indicada no cân. 649.

Os câns. 641-645 tratam da admissão ao noviciado: autoridade competente (cân. 641), requisitos (cân. 642; cf. 597, 2), requisitos para uma válida admissão (cân. 643), outros requisitos (câns. 644.645). O cân. 653 trata da conclusão do noviciado.

3. O enfoque pedagógico da formação para o noviciado parte sempre da pessoa com o seu aspecto histórico e cultural e, ao mesmo tempo, das finalidades específicas da iniciação para a vida religiosa considerada à luz da profissão perpétua.

O programa de formação apresenta, portanto, um caráter unitário, gradual, dinâmico. Está a serviço da pessoa na sua unidade diferenciada. Desdobra-se em torno do princípio de unidade interior que toca o ser mesmo de cada qual, quer dizer, a → VOCAÇÃO como encontro, chamado, resposta de fé e de amor, reciprocidade e comunhão, missão. O princípio de unidade não é um conjunto de valores organizativos intelectuais e experimentados como autênticos e válidos, mas uma pessoa: o Filho de Deus que se fez carne e que chama por nome para seu seguimento, para "estar com ele", para partilhar sua missão de salvação.

Com base nisso podem se articular numa unidade dinâmica os vários aspectos da formação e as suas dimensões.

Na organização do programa de formação e na articulação do itinerário de iniciação ao noviciado devem ser levados em consideração alguns dados fundamentais.

O primeiro é o significado que tem para um jovem ou uma jovem o ingresso no noviciado. O pedido de entrar no noviciado é para um jovem a expressão concreta de uma escolha, a de responder a Cristo que o chama "por nome" a partilhar a forma de vida que escolheu para si e propôs aos seus (cf. LG 44). A ele, como fez o fundador, o noviço quer dar a própria vida e com ele percorrer o seu caminho para dar uma contribuição eficaz na realização do desígnio universal de salvação. Intui e descobre, dia após dia, que tal seguimento exige tudo: tomar a própria cruz, deixar todas as coisas na liberdade e no amor: ideias, projetos, experiências, escolhas pessoais, sofrimentos, para partilhar plenamente a vida de Cristo, possuir o seu sentir, a sua visão da vida, os seus projetos, a força do seu amor sem limites. Assim como souberam fazer os fundadores. E isso hoje, entre os homens de hoje. Para eles.

É o significado real do pedido de admissão, como é celebrado no rito de ingresso no noviciado.

Esse dado deve ser levado em consideração para saber se posicionar na visão dos jovens ao acompanhá-los em seu caminho formativo. É um compromisso, além disso, de noviços e de educadores, na aquisição de uma sólida maturidade humana, espiritual, apostólica.

Um segundo dado que qualifica programa e itinerário é ser o noviciado uma "escola de iniciação", em que se aprendem não tanto coisas a serem feitas quanto viver segundo o "programa das bem-aventuranças", que se tornou critério cotidiano do "estar e ir" da comunidade e dos seus membros. A iniciação, com efeito, não é transmissão de um saber ou de um saber fazer; é introduzir, progressivamente, numa nova visão da vida e num novo estilo de vida evangélica. É uma experiência gradual, nas situações que dão rosto ao cotidiano, de fé e de amor, com o qual se é interiormente transformado e incorporado à comunidade, que é a família religiosa própria, na Igreja. A iniciação leva à consagração religiosa com base numa nova opção por Cristo casto, pobre e obediente.

O processo de iniciação é vivido como um "caminho no Espírito", com os traços da participação no mistério pascal de Cristo Senhor. É um dado que merece toda a atenção dos formadores para esclarecer todas as implicações pedagógicas, identificar os ritmos pessoais de amadurecimento e os meios de crescimento à luz da história da → SALVAÇÃO e da vida atual da Igreja e do mundo.

O Espírito de Cristo e o noviço são os principais agentes da formação (cf. *Essential elements*, n. 47). O mestre dos noviços encontra-se numa posição de mediação. Está a serviço da ação divina, torna-a visível e perceptível ao jovem. E está a serviço do noviço: ajuda-o a encontrar a resposta autêntica, a saber discernir "a vontade de Deus, a saber o que é bom, agradável e perfeito" (Rm 12,2).

Entre os meios de iniciação: a Palavra, a oração, a vida sacramental, a vida comunitária, a ascese do cotidiano, o → DESERTO, o trabalho, o estudo, o serviço apostólico, as relações com a própria família religiosa e com a Igreja universal e particular, o diálogo com o mestre.

A iniciação requer, por sua natureza, uma comunidade. Os membros da comunidade são pontos de referência e modelos reais "ao alcance da mão" dos noviços. A vivência cotidiana deles é mensagem contínua para os jovens e lhes diz o que é a vida religiosa na qual pediram para serem iniciados. A experiência cotidiana de uma comunhão de vida, de oração, de fraternidade e de serviço cria aquele clima educativo em que os noviços amadurecem como membros da família do fundador e descobrem, na experiência, as dimensões de sua vocação específica. Há necessidade de uma comunidade "capaz de oração e de entrega que constrói em Cristo a sua unidade e é toda ela participação da sua missão" (cf. *Essential elements*, n. 19.47; *Religiosos e promoção humana*, n. 24; *A dimensão contemplativa da vida religiosa*, n. 15).

A comunidade religiosa — e em primeiro lugar a comunidade do noviciado — como "família unida no nome do Senhor" (*PC* 15) é, por sua natureza, "o lugar onde a experiência de Deus deve poder particularmente chegar à sua plenitude e se comunicar aos outros" (*La dimensione contemplativa della vita religiosa*, n. 15). Os noviços não podem amadurecer adequadamente se a mediação educativa dos adultos — que é em nome da Igreja — não for exercida segundo seu ser de consagrados por Deus e no respeito ao desígnio de Deus sobre a família religiosa e sobre cada uma das pessoas.

O primeiro programa de formação para os noviços é, com efeito, a vida da comunidade, que explicita a realidade do seguimento, como princípio vital unificante e critério de discernimento e de decisão. O programa, com efeito, não compreende somente os temas de estudo, de pesquisa, de reflexão e de troca. "O programa é dado pela articulação de toda a vida do noviciado, do horário à participação nas responsabilidades na condução da comunidade, do plano à verificação do caminho feito, dos diálogos informais à vida de fraternidade" (S. BISIGNANO, *La formazione al noviziato oggi*, Roma, 1985, 45). É isso que forma, exigindo escuta, exercício, silêncio interior, oferecimento dos próprios recursos e dotes, confronto, espera, unidos à prática de todas as virtudes humanas e sobrenaturais.

O terceiro dado fundamental diz respeito ao noviciado como escola de seguimento, que chega à identidade da pessoa, concorre para a definição e para o amadurecimento da mesma, mediante a experiência dos valores próprios da vida religiosa e do carisma específico. A vocação constrói a personalidade, nos faz pessoa.

A identidade apresenta-se como uma experiência existencial; por isso a vida é sentida como tendo uma unidade, uma harmonia própria, é integrada de modo positivo e total, tem uma continuidade, não está quebrada e dispersa, e se sente capaz de agir com eficácia, de modo construtivo na sociedade, no presente e no futuro, com humildade e esperança.

"A construção da identidade representa um ponto-chave no amadurecimento de uma pessoa e caracteriza o seu futuro. Mediante a própria identidade, a pessoa se 'distingue' do diferente-de-si e, nas relações que tece, conserva a própria irrepetibilidade. O eixo da identidade são os valores que a pessoa faz próprios. Organizados num sistema coerente de significado, determinam o sentido da sua existência e a referência por meio da qual se colhem, se selecionam e se listam os impulsos internos e externos que estimulam a agir" (R. Tonelli).

O processo de amadurecimento do noviço e de configuração integral a Cristo casto, pobre e obediente com as peculiaridades do carisma do fundador atinge o ser profundo da pessoa, ou seja, a sua identidade. Caso contrário, acaba sendo uma aprendizagem de comportamentos e de estilos de vida num plano superficial, frágil, portanto. O processo de amadurecimento comporta passagens fundamentais que são definidos como "provas" ou "crises". Uma primeira crise costuma se verificar na entrada no noviciado. Está ligada à opção vocacional. A resposta ao apelo, percebido pelas mediações da vida do próprio povo e amadurecido no íntimo, passa por momentos delicados de reflexão, de exame da própria pessoa e do projeto de vida que se tem pela frente. É uma crise mais de tipo existencial, ligada à crescente consciência de que seguir a Cristo na vida religiosa comporta uma mudança radical da própria existência (por exemplo, não constituir uma família própria). No noviciado, depois de um primeiro período prolongado, verifica-se, porém, um conjunto de fenômenos que parecem produzidos por um processo de desestruturação da identidade pessoal. O noviço e a noviça têm a impressão de perder os pontos de referência pessoais construídos anteriormente. Não se entendem mais. "Tudo me parece escuro, difícil, impossível. A certo momento do caminho do noviciado, depois de um período feliz e construtivo, comecei a experimentar o desmoronar de todas as minhas seguranças. É como se estivesse perdendo ou tivesse perdido a minha identidade".

Cada qual vive esse período com modalidades diferentes, de acordo com a preparação e com a estrutura humana e espiritual. Mas para todos é uma "passagem", um período de "deserto", delicado de determinante, que os leva a amadurecer, por dentro, na fé, na caridade e no sofrimento carregado de esperança evangélica, a nova identidade deles, a identidade segundo o nome novo que lhes foi dado pelo Cordeiro (cf. Ap 2,17).

Por parte dos formadores, requer-se um acompanhamento respeitoso, personalizado, amparado pelo testemunho pessoal e comunitário. É preciso saber discernir, uma vez que se trata de experiências delicadas que podem manifestar com maior clareza tanto as exigências mais profundas dos noviços e das noviças como suas eventuais inconsistências no plano humano, psicológico e espiritual. Por esse percurso, que é uma escola profunda de vida, o jovem e a jovem aprendem as leis do seguimento que os guiarão, na docilidade ao Espírito, ao longo dos caminhos da vida religiosa. São leis de liberdade e de amor na verdade (cf. Ef 4,15). "Assim, pouco a pouco, por dentro, o jovem e a jovem se tornam religiosos porque a participação do carisma do fundador, os conselhos evangélicos e os traços constitutivos da vida religiosa fazem parte, vitalmente, do núcleo de valores profundos que definem a identidade pessoal. E a pessoa aflora em toda a sua riqueza humana, espiritual e apostólica" (R. Hostie, *Noviziato. Prospettiva psicologica*, in *Dizionario degli Istituti di Perfezione*, VI, 460.463).

Outro dado é o noviciado como "lugar" de participação na "experiência do Espírito" própria do fundador. Seu objetivo central é criar as condições e oferecer os meios para que os noviços e as noviças conheçam, acolham, façam própria, vivam, guardem e aprofundem "a experiência do Espírito" do fundador, que está na origem da família religiosa. De fato, é essa experiência que constitui as pessoas como membros da família do fundador e desenvolve o sentido de pertença. O conhecimento sapiencial do fundador e da história do instituto deve levar a isso. Daí nasce e é alimentado o sentido apostólico específico. O dado, todavia, deve ser completado, levando-se em conta o caráter comunitário da vida religiosa. O texto seguinte é iluminador e, ao mesmo tempo, interpela as modalidades de iniciação, numa consciência do vínculo pessoal com o fundador e os membros do instituto: "Os fundadores não estão sós em seu caminho espiritual e ministerial, mas cercados e seguidos por outros, que partilham plenamente de seu projeto... Um grupo inteiro é chamado a estar presente e a operar nela justamente na qualidade de comunidade de pessoas" (S. Bisignano, *Dal noviziato alla professione perpetua*, "Consacrazione e Servizio", 36 [1987/n. 11], 12-14). Ao chamado pessoal segue-se um chamado seletivo específico, que constitui membros de uma família religiosa, segundo o modelo do chamado pessoal e coletivo dos apóstolos (cf. Mc 3,13).

Um último elemento ou dado que diz respeito ao noviciado é a iniciação como experiência eclesial e de comunhão. Para isso concorre a presença da comunidade do noviciado na Igreja particular, nas modalidades adequadas às finalidades da instituição formativa. Com efeito, para a natureza de comunhão da Igreja, de que a vida religiosa é sinal e testemunho ativo (cf. *Religiosi e promozione umana*, n. 24), "a identidade da vida religiosa e o seu específico papel recebe nova luz da pluriformalidade e complementaridade das vocações e dos ministérios da Igreja" (*Ibid.*, n. 22), como se vê se expressarem no tecido do cotidiano da Igreja particular.

A experiência eclesial e de comunhão é promovida, sobretudo, pelas iniciativas de formação no âmbito intercongregacional, um fenômeno que tem um desenvolvimento cada vez maior. Não se trata de motivações assim chamadas "intercongregacionais", a respeito das quais a Sagrada Congregação para os Religiosos e os Institutos Seculares já fez um pronunciamento: "A prática de um 'noviciado intercongregacional' não parece prevista nem se mostra ser uma orientação a ser recomendada como normal". Evidentemente, trata-se, no texto citado, de formas de convivência que tornam difícil a apropriação do espírito, da índole de vida, das tradições, da história do próprio instituto. Trata-se, todavia, de iniciativas complementares aos programas de formação de cada instituto, inseridas na dinâmica do itinerário de crescimento dos próprios noviços ou noviças. Preveem, para um acompanhamento mais eficaz, a presença dos formadores, para os quais, normalmente, se organizam encontros regulares de atualização, trocas, aprofundamento sobre a formação no noviciado e de todo o período até a profissão perpétua.

Essas iniciativas nascem normalmente sob a responsabilidade das Conferências de superiores e superioras maiores. Algumas dependem de outros organismos de colaboração, por exemplo de superiores de institutos nitidamente missionários, outras estão ligadas a institutos especializados ou faculdades eclesiásticas.

As iniciativas são, em geral, administradas por uma *equipe* nomeada pelos respectivos superiores e pelas próprias Conferências, que provêm à escolha do pessoal docente. As temáticas tratadas, com função formativa, abrangem as áreas da teologia espiritual e da teologia da vida religiosa, a liturgia, a Sagrada Escritura etc. Compreendem também, normalmente, elementos de formação humana. São inseridas no programa iniciativas que favorecem as trocas, a oração comum, a atualização sobre acontecimentos eclesiais de maior destaque, para abrir aos noviços e às noviças horizontes mais amplos, o conhecimento dos respectivos institutos e fundadores. As trocas e a vida fraterna concorrem para amadurecer um aprendizado mais vivo da própria originalidade da fundação na multiplicidade dos carismas. As experiências formativas nessa direção são significativas para fins do desenvolvimento da colaboração e do senso eclesial. Os casos, em geral, se estendem ao longo do ano escolar, com uma presença dos noviços ou noviças, normalmente, não mais de duas vezes por semana, com algumas exceções que dão preferência a tempos mais longos. Em algumas áreas geográficas, dadas as distâncias, os cursos de formação são agrupados em fins de semana mensais ou bimensais.

As iniciativas de formação na colaboração intercongregacional movimentam-se em diversos níveis, em primeiro lugar o da "formação dos formadores". Além disso, no âmbito de cada uma das fases da formação inicial: pré-noviciado ou postulado, noviciado, juniorado.

Os cursos para noviços e para noviças são os mais ricos de experiências e os mais difundidos.

Com as diversas iniciativas intercongregacionais, pode-se "usufruir da obra dos melhores colaboradores de cada instituto e oferecer serviços que não somente ajudem a superar eventuais limites, mas criem um estilo válido de formação para a vida religiosa" (JOÃO PAULO II, Mensagem à CRB, 24 de julho de 1986). É talvez uma das linhas de desenvolvimento do futuro? Certamente desde já concorre para amadurecer a comunhão eclesial, "a consciência da complementaridade na fraternidade, abrindo os horizontes da caridade sobre a Igreja universal e sobre toda a Igreja local" (*Ibid.*), promove o sentido da complementaridade mesma dos carismas dos fundadores e a consciência de que cada família religiosa é "dom" de Cristo à Igreja e, portanto, leva a operar com um respiro eclesial diante das necessidades que caem sobre o mundo todo.

Enriquece-se, portanto, nas devidas condições, a qualidade da formação religiosa.

BIBLIOGRAFIA. ACCORNERO, G. *La formazione alla vita religiosa.* Roma, LAS, 1981; AUGÉ, M. *Lineamenti di storia dell'antico monachesimo.* Claretianum, Roma, 1981; BAREA AMORENA, E. La formación durante el noviciado. *Vida Religiosa* 54 (1983) 122-128; BESNARD, A. M. La fonction du Maître des novices. Les moyens de formation au Noviciat. *La Vie Spirituelle.* Supplément 18 (1965) 13-46; BISIGNANO, S. Formación a la vida religiosa. Tentativas de balance y perspectivas. *Testimonio* 109 (1988) 81-93; ID. Formazione. *Dizionario di Spiritualità dei Laici.* Edizioni O.R., Milano, 1981, 285-289, vl. I; ID. La formazione alla vita religiosa. Tentativo di bilancio e prospettive. *La Vita Consacrata* 23 (1987) 31-51; ID. La formazione comunitaria nella vita religiosa apostolica. *La Vita Consacrata* 22 (1986) 420-430; BONI, A. Novizio. *Dizionario degli Istituti di Perfezione* VI (1980) 463-468; BONT, W. de. Les composantes du noviciat. *La Vie Spirituelle.* Supplément 19 (1966) 460-481; BOUCHARD, C. Formation des maîtres des Novices. *La Vie Spirituelle.* Supplément 13 (1960) 3-112; CENCINI, A. – MANENTI, A. *Psicologia e formazione.* Bologna, Dehoniane, 1985; CIARDI, F. Carisma del fondatore e formazione. *Il formatore dei religiosi nella Chiesa.* Roma, Rogate, 1984, 81-100; ID. *I fondatori uomini dello Spirito.* Roma, Città Nuova, 1982; CLAR. *La formación. Un reto para los religiosos de America Latina.* Bogotá, 1986; COLIN, L. *Noviciat. Essai de formation religieuse.* Paris, Saint-Paul, 1959; *Comment initier à la vie religieuse aujourd'hui?.* Atti Sessione USMF-CPR, Francheville, 1983; DIEZ, A. Participación activa de los novicios en la vida del noviciado. Metas. Metodos. *Confer* 12 (1973) 383-402; ID. Ammissione in Religione. *Dizionario degli Istituti di Perfezione* I (1974) 522-535; DOMENO LERGA, C. El Noviciado. *Confer*

19 (1980); ID. Objectivos educacionales en los noviciados del postconcilio. *Confer* 16 (1977) 89-118; *Formazione alla vita religiosa dal noviziato alla professione perpetua*. Roma, Rogate, 1983; *Formazione della vita religiosa apostolica*. Ancora, Milano, 1982; GAMBARI, E. *Il noviziato nel nuovo Codice*. Roma, Rogate, 1985; ID. *L'aggiornamento della formazione alla vita religiosa. Testo e commento dell'Istruzione "Renovationis causam"*. Centro Studi USMI, 1969; GIORDANI, B. *Risposta dell'uomo alla chiamata di Dio*. Roma, Rogate, 1979; HUERGA, A. Noviciat, in *Dictionnaire de Spiritualité* LXXII-LXXIII (1981) 483-495; ID. Noviziato. *Dizionario Enciclopedico di Spiritualità* II. Roma, Studium, 1975, 1.290-1.299; KERSBAMER, C. Le giovani nell'iniziazione alla vita religiosa e al carisma del fondatore. *Consagrazione e Servizio* 28 (1979) 41-57; *La consacrazione religiosa*. Roma, Rogate, 1985; La formación inicial: desafíos y búsquedas. *Testimonio* 105-106 (enero-abril 1988, número extraordinário) 118; *La guida spirituale nella vita religiosa*. Roma, Rogate, 1986; *La vita religiosa e i giovani di oggi*. Roma, CISM, 1978; *La vita religiosa. Bilancio e prospettive*. Roma, Teresianum, 1976; *La vocazione religiosa oggi*. Roma, Rogate, 1985; LECLERCQ, J. Noviziato. *Dizionario degli Istituti di Perfezione* VI (1980) 442-448; LESAGE, G. Maestro dei novizi. *Dizionario degli Istituti di Perfezione* V (1978) 846-852; LOZANO, J. M. *La sequela di Cristo*. Milano, Ancora, 1981; NETAYER, G. Internoviciat et discernement. *Vocation* 284 (1978) 485-489; *Per una presenza viva dei religiosi nella Chiesa e nel mondo*. Elle Di Ci, Torino-Leumann, 1970; PUJOL BARDOLET, J. *El noviciado como punto de partida y de iniciación a la vida religiosa*. *Confer* 19 (1980) 315-343; RENDINA, S. La formazione dei religiosi: Postulato, noviziato, studentato-juniorato, formazione permanente. *Il nuovo Diritto dei religiosi*. Roma, Rogate, 1984, 97-130; RULLA, L. – IMODA, F. – RIDICK, J. *Struttura psicologica e vocazione. Motivazioni di entrata e di abbandono*. Torino, Marietti, 1977; SCRIS. Noviciados Intercongregacionales? *Vida Religiosa* 41 (1976) 141-144; TURBESSI, G. (ed.). *Regole monastiche antiche*. Roma, Studium, 1978; UCESM. La formazione alla vita religiosa in Europa a 20 anni dal Concilio. *Notiziario CISM* 245 (1988) 85-96; VALDERRABANO, J. F. La formación de los religiosos según el nuevo Derecho. *Vida Religiosa* 56 (1984) 56-63; VENANZIO DELLO SPIRITO SANTO. Indicazioni bibliografiche sul noviziato. *Rivista di Vita Spirituale* 20 (1966) 128-134; VÖGUÉ, A. de. Los tres criterios de S. Benito para la admisión de novicios. *Quadernos Monásticos* 54 (luglio-sett. 1980) 303-313.

Vejam-se, além disso, os Atti dei Convegni do UFFICIO FORMAZIONE CISM, nas Edizioni Rogate (Roma): *Il formatore dei religiosi nella Chiesa, oggi* (1984); *La formazione del noviziato oggi* (1985); *Il cammino nello Spirito* (1986); *Unità di vita e formazione religiosa* (1987); *Formazione al discernimento nella vita religiosa* (1988); *Consacrazione, voti e formazione* (1989). Vejam-se igualmente os dois volumes do OFFICIO FORMAZIONE dell'USMI: *Corso biennale di formazione e di aggiornamento per maestre di noviziato*: I, 1986; II, 1987.

S. BISIGNANO

NUVEM. A realidade atmosférica das nuvens está presente na literatura bíblica sob o signo da ambivalência, porque o fenômeno natural tem um aspecto benéfico ou catastrófico.

O poeta do Livro de Jó descreve o mundo das nuvens, a sua formação e seus efeitos com traços magníficos; mas ressalta também que são obra de Deus; assim, o homem não somente não as pode produzir, como tampouco contá-las (Jó 35,5; 38,37).

Deus condensa a água nas nuvens (Jó 37,11) e deixa que elas a vertam e se derrame sobre o homem em grande quantidade (Jó 36,28); mas o homem não pode mandar que vertam água (Jó 38,34). Circundam o mar e se elevam em torno dele (Jó 28,9), ou pairam no ar e são levadas pelo vento (Jó 37,16.21). Em outros textos bíblicos diz-se que Deus faz subir as nuvens da extremidade da terra (Sl 134,7; Pr 8,28; Jr 10,13; 51,16; Sr 43,16; Br 6,61); condensa-as com o seu poder como pedras de granizo (Sr 43,15); prepara a chuva para a terra (Sl 147,8; Ecl 11,3; Pr 3,20; Is 5,6; Sr 43,24). Mas as nuvens, além de serem anunciadoras de chuva (1Rs 18,44; Lc 13,54), proporcionam sombra (Is 30,5) e produzem o fenômeno do "arco-sobre-as-nuvens" (Gn 9,14; Ez 1,28). Portanto, as nuvens são vistas como intimamente ligadas à criação e com ela são convidadas a bendizer o Senhor (Dn 3,73).

Sob o ponto de vista teológico, observamos não somente que as nuvens estão ligadas às teofanias, às aparições divinas, tornando evidente a proximidade do Deus salvador, mas também que a natureza mesma delas de véu põe em destaque a transcendência divina inacessível ao homem (Jó 22,13.14; 26,9; Sl 17,12; 96,2; 1Mc 2,8; At 1,9), a menos que Deus dela se aproxime (Ex 33,20; cf. Dt 4,15-16; 5,22).

As nuvens interpostas entre céu e terra são consideradas pelos autores sagrados como sinal e anúncio da presença de Deus. Com efeito, elas acompanharam as manifestações divinas na saída do povo de Israel do Egito (Ex 13,21.22); no Sinai (Ex 19,9; 20,21; 24,15.16; 34,5; Dt 4,11; 5,22;

Sr 45,5); nas visões proféticas (Ez 1,4; Dn 7,13; Ap 1,7; 10,1; 14,14-16); na transfiguração (Mt 17,5; Mc 9,6; Lc 9,34); na ascensão (At 1,9).

Acompanharão a vida do Filho do homem no último dia (Dn 7,13; Mt 24,30; 26,64; Mc 13,26; 14,62; Lc 21,47; Ap 1,7) e os justos serão transportados entre as nuvens, para encontrar o Senhor no ar (1Ts 4,17; Ap 11,12). São como um escabelo sob os pés de Deus (1Sm 22,12; Sl 17,10) e servem a ele como um carro veloz (Is 19,1; Sl 104,3). Mais, são a expressão da grandeza, poder e sabedoria de Deus (Jz 5,4-5; Sl 67,35; 77,18; Sr 24,6).

As nuvens têm um simbolismo próprio ligado às diversas situações da vida, uma vez que por sua leveza, mobilidade e inconsistência são sinal de algo que passa e se esvaece de modo rápido, precisamente como a existência. Os bens de Jó são passageiros como a nuvem (Jó 30,15); quem desce ao túmulo é como a nuvem que se dissolve (Jó 7,9; Os 6,4; 13,3; Sb 2,3). As nuvens que produzem as trevas representam o mal (Jo 3,5; Is 60,2); a cólera de Deus: os dias de nuvens e de trevas são os dias da vingança divina (Jr 13,16; Ez 30,18; 32,7; 34,12; 38,9.16; Sf 1,15); são o lugar de onde parte o extermínio dos ímpios (Sb 5,22).

As nuvens que avançam céleres, porém, representam os invasores que marcham contra Jerusalém (Jr 4,13) ou os israelitas que retornam do exílio (Is 60,8). Enfim, a nuvem é o sinal da presença da glória de Deus sobre Sião (Is 4,5) e da sua misericórdia (Sr 35,26); a presença da sua justiça (Is 45,8) e da sua bondade e fidelidade (Sl 35,6; 56,11; 107,5).

Os → PADRES DA IGREJA retomaram esse aspecto ambivalente que a nuvem tem e, em seus comentários aos textos da Escritura, viram nela um sinal da presença-ausência de Deus e do seu Cristo glorioso. No comentário sobre os salmos, Teodoreto († ca. 466) faz referência às nuvens como sinal de poder e de bondade (*Interpretatio in Psalmos*, Salmo 147: *PG* 80) e → GREGÓRIO DE NISSA († 395), referindo-se ao Sl 96, afirma: "A nuvem e o fogo são sinais do juízo" (*Tractatus 2 in Psalmorum inscriptiones*, c. 9). Mas onde mais explícita se faz a referência a Cristo é em → ORÍGENES († ca. 253), no comentário ao Sl 17 e ao Sl 67: "O Cristo subiu acima de nossa pobreza, encobrindo a sua glória" (*Ex commentariis in Psalmos*). Cf. também → CIRILO DE ALEXANDRIA († 444) (*Explanatio in Psalmis*); Hilário († 367) (*Tractatus super Psalmos*); Cassiodoro († 583) (*Expositiones in psalterium*).

→ JERÔNIMO († 419-420), a propósito do Sl 77, diz: "A nuvem é a figura do Senhor e da Virgem" (*Breviarius in Psalmos*). A referência a Cristo está presente também nos comentários a outros livros das Escrituras, seja do Antigo Testamento: Gregório de Nissa em *De hominis opificio*; → AGOSTINHO († 430) em *De Civitate Dei*, Ruperto de Deutz († 1130) em *Exodum commentariorum*; seja do Novo Testamento: Cirilo de Alexandria, no seu comentário ao Evangelho de João, diz que "as nuvens simbolizam os profetas" e que "cedem o lugar a Cristo" (*In Ioannem commentarium*, 1, 9). O evento mais comentado, porém, é sem dúvida a transfiguração. Agostinho diz: "Quando falava o Evangelho, sabei que era a voz da nuvem; de lá chegou até nós" (*Sermo* 79). Orígenes escreve: "Nuvens e trevas lembram Êxodo e Sinai. Moisés só entra na nuvem onde estava Deus. No Novo Testamento uma nuvem luminosa revela aos apóstolos o mistério de Jesus" (*Analecta sacra*, III). Pedro o Venerável († 1156) sugestivamente descreve o rosto do Senhor na transfiguração com estas palavras: "A sua face tornou-se como o sol. […] Era o sol, mas encoberto sob uma nuvem; removida a nuvem, eis que brilha. O que é essa nuvem que é removida? Não é propriamente a carne, mas a fraqueza da carne, que é removida por um instante" (*Sermo* 1). Cassiodoro de Aquileia lembra: "Ele (…) é o sol de justiça. […]. Esse sol de justiça, para poder ser contemplado, cercou-se de um corpo humano, como de uma nuvem" (*Comentário ao Evangelho de Mateus*, tr. 54A, 3).

Como se vê, no âmbito da vida espiritual, a interpretação desse fenômeno atmosférico empalidece e penetra na esfera da experiência contemplativa e da vida mística. Nesse sentido, se, de um lado, Gregório Nazianzeno († 390) vê na carne a nuvem que impede a vista da alma e não lhe permite que veja claramente o "divino raio" (*Orat.* 39, 8: *La Filocalia*, IV, 254-256), Gregório de Nissa, de outro, ao fazer referência aos graus da vida espiritual e ao desenvolver seu estudo na *Vita Moysis*, afirma que o primeiro grau é o da iluminação; por isso, "a manifestação de Deus a Moisés acontece na luz"; o segundo grau é o da nuvem, por isso "Deus fala a Moisés nas nuvens"; enfim, o terceiro grau é o das trevas nas quais, "tendo se tornado mais perfeito, Moisés contempla a Deus".

Portanto, a nuvem, na sua ambivalência de luz: "Quando tu fores iluminado pela nuvem" (Gregório Nazianzeno, *Vita Moysis*) ou de trevas: "Nuvem que obscurece o sol divino" (Gregorio Magno [† 604], *Moralia*, 4, 24; 5, 30; 17, 27), remete à experiência contemplativa, que se desenvolve na união perfeita com Deus, passando pela purificação dos sentidos e do espírito.

Trata-se de entrar nas "trevas do silêncio e trevas da ignorância, que envolvem os mistérios de Deus" (Pseudo-Dionísio [século V-VI], *De mystica theologia*, 1, 1). Tal caminho espiritual é proposto novamente por um autor inglês anônimo do século XIV, que, em sua obra a *Nuvem do não conhecimento*, traça o desenvolvimento do trabalho contemplativo, afirmando que ele deve ser feito na pureza do espírito e iniciado com simplicidade, com coragem e audácia, perseverando nele assiduamente, com a consciência de que na raiz está o dom glorioso do amor de Deus e o impulso puro para ele.

BIBLIOGRAFIA. Gancho, C. Nube. *Enciclopedia della Bibbia* V. Torino-Leumann, 1971, 165-167; *Il Salterio della Tradizione*, I-II. Torino, 1983; Leon-Dufour, X. Nube. *Dizionario di Teologia Biblica*. Casale Monferrato, [5]1976, 773-776.

M. Regazzoni

NUVEM DO DESCONHECIMENTO. 1. Autor e data. Apesar do grande número de manuscritos que ainda existem da *Nuvem* e dos outros tratados espirituais atribuídos à mesma pena, nenhum deles registra o nome do autor. Decerto, sabemos que era obrigatório na récita do → ofício divino, muito provavelmente no coro ou numa cela cartuxa (c. 37). O mesmo autor se diz "entregue a essa ocupação", como o destinatário da obra. Além disso, na *Carta de direção espiritual*, insiste em se apresentar como o guia do destinatário e pelo fato de a forma literária ser a de uma direção espiritual epistolar, pode-se concluir que os dois pertencem ao mesmo instituto ou até à mesma casa religiosa. Tudo isso reforça a hipótese de que o autor da *Nuvem* seja um sacerdote cartuxo, que, como muitíssimos escritores da Ordem, gostava de se esconder no anonimato.

Com base numa carta de Walter → Hilton († 1397) (*De utilitate et prerogativis religiosis*, de 1380) a Adam Horsley, sacerdote com cura de almas, culto, dotado de privilégios eclesiásticos, para que abrace a solidão e especialmente a vida cartuxa (e isso não é raro nos séculos XIII-XIV), e com base no lugar de nascimento e na data do seu ingresso na Cartuxa de Beauvale, foi formulada a hipótese de que seja mesmo A. Horsley o autor mais provável da *Nuvem* e dos outros escritos. A língua dos manuscritos, enfim, leva a validar a teoria segundo a qual os tratados pertencem ao fim do século XIV (aliás, o manuscrito mais antigo foi escrito no início do século XV).

2. Obras. É o mesmo autor que nos fornece a relação das obras na *Carta de direção espiritual* (c. 7). Temos um conjunto de sete escritos: *Carta sobre a oração* (Letter on contemplative Prayer); *Carta sobre o discernimento* (Letter on Discrection of Stirrings); *Carta de direção espiritual* (The Book of Privy Counselling); *Tratado sobre o discernimento dos espíritos* (Discrecyon of Spirites); *Benjamim Menor* (The Pursuit of Wisdom which men call Benjamin); *A teologia mística de Dionísio* (Deonise Hid Divinite); e, enfim, a *Nuvem do não conhecimento* (The Cloud of UnKnowing), que é a obra principal. O título é emprestado do pseudo-Dionísio (séculos V-VI) e explicado nos capítulos 3 e 4. A *Nuvem* é dividida pelo autor em capítulos precedidos por um título-sumário. Neles o autor:

— apresenta "in nuce" o ensinamento a um jovem de vinte e quatro anos chamado por Deus a abraçar a vida solitária e contemplativa (cc. 1-4);

— desenvolve a imagem da "nuvem do esquecimento" sob a qual deve ser sufocada toda atividade discursivo-imaginativa, para chegar à purificação do coração e procurar no escuro o puro ser de Deus (cc. 5-12);

— examina as condições de possibilidades do trabalho contemplativo: a humildade e o amor (exemplificado pela relação Marta-Maria) (cc. 13-25);

— responde ao quesito sobre como concretamente se dispor para realizar o trabalho contemplativo (cc. 26-33);

— dá orientações sobre "como" pôr em prática esse trabalho (cc. 34-50);

— descreve os possíveis equívocos, origem dos falsos contemplativos (cc. 51-61);

— reflete sobre a psicologia das faculdades humanas (cc. 62-66);

— fala dos "agentes espirituais" levados às alturas da contemplação (cc. 67-70);

— passa em revista algumas figuras elucidativas (Moisés, Aarão, Bezabel) (cc. 71-73);

— faz advertências finais (cc. 74-75).

3. DESTINATÁRIO. O estilo nitidamente pessoal, bem como o prefácio e o epílogo que impressionam pelo tom familiar levam a concluir que o autor se dirige a um destinatário, ou melhor, a determinados destinatários que ele conhece muito bem e deseja ajudar. É uma obra escrita, talvez, em benefício de todos os monges das Cartuxas inglesas, no fim do século XIV. O modo de se exprimir no prólogo avaliza essa hipótese: a obra se dirige aos que mal iniciaram uma vida solitária canônica, numa Cartuxa, e de modo particular aos que provêm de uma Ordem monástica com um gênero de vida menos solitário.

4. FONTES. A *Nuvem* apresenta-se como uma obra de um autor radicalmente original, no sentido de que a nenhum outro deve o enfoque de seu pensamento; e, de outra parte, ele está em linha com a tradição, com a teologia e com a prática sacramental e de devoção da Idade Média. Para a formação do pensamento e do vocabulário do nosso autor concorrem a antiga tradição patrística e as mais recentes escolas de → ESPIRITUALIDADE. Além dos Padres do deserto, retomados e reunidos em síntese por → CASSIANO († 435), o anônimo se une ao magistério de → AGOSTINHO († 430) e de → GREGÓRIO MAGNO († 604). Faz referência aos escritos do pseudo-Dionísio o Areopagita (séculos V-VI) que nos chegaram na interpretação de T. Gallo († 1246), que funde a tendência intelectualista grega com a afetiva de derivação agostiniana. Tem familiaridade com o pensamento de Bernardo († 1153) e de Boaventura († 1274) e não é estranho ao pensamento da escola renana de → ECKHART († 1327), → TAULERO († 1361) e → SUSO († 1365). Ele o conhece e aceita suas teses de fundo (conceito de contemplação como prolongamento da normal vida de graça, inefabilidade de Deus etc.), mas tempera seus excessos intelectualistas e panteístas. De → TOMÁS DE AQUINO († 1274) toma emprestada a doutrina da graça, ao passo que tem débitos menores em relação a Julio II de Chartres († 1193), ou a R. → ROLLE († 1349). Todavia, é muito parcimonioso nas citações: os únicos a que se reporta explicitamente, à parte o pseudo-Dionísio e → RICARDO DE SÃO VÍTOR († 1173), são Agostinho, Gregório Magno, Tomás de Aquino e Bernardo.

5. ENSINAMENTO ESPIRITUAL. O ensinamento, do prólogo à bênção final, ilustra, com a mediação de Tomás de Aquino, o desenvolvimento da teologia agostiniana da colaboração entre graça divina e vontade humana. Tentemos perceber agora as fases importantes do processo contemplativo; parte do abafar tudo sob a nuvem do esquecimento, para atingir o puro conhecimento de si e, enfim, para tender para Deus na pureza de espírito, na transparência do próprio ser.

Trata-se de entrar em si mesmo para chegar ao "homem escondido no coração". O afastamento afetivo e efetivo do exterior tem também por isso a conotação de um afastamento do pecado, favorecido pela confissão sacramental e pela meditação sobre a paixão de Cristo.

O exercício do amor contemplativo sara o homem e lhe dá de novo a graça. Com a resposta contínua à graça que o renova, ele se eleva, ficando cada vez mais perto de Deus, e se afasta do pecado (c. 7), para a libertação do eu realizada pela infusão do amor divino. O exercício contemplativo é cansativo porque põe o homem na necessidade de sufocar "a lembrança de todas as criaturas" (c. 26), "ocultando-as sob a nuvem do esquecimento" (c. 5), e em particular exige que sejam supressos os pensamentos relativos ao próprio passado pecaminoso (cc. 31.32). Esse cansaço é obra do homem, ainda que seja sustentada pela graça de Deus, ao passo que o impulso para o amor é obra de Deus e somente dele (c. 26). Como meio para fugir à escravidão da tagarelice mental e ao tumultuar dos sentimentos, o anônimo sugere expressões brevíssimas ("Deus Amor" e "Pecado"), formuladas em segredo nas profundidades do espírito e levemente murmuradas (c. 37), que podem "penetrar o céu" (c. 38).

Chega-se assim à perda do conhecimento e da consciência de si e a um estado de percepção pura, não discursiva, que leva a um contato mais imediato e direto com Deus. Uma percepção que no início será obscura, mas que não deixará de se manifestar mediante o antegozo dos frutos do Espírito. Os caracteres de obscuridade e de aridez, aliás, são inelidíveis na experiência contemplativa e o nosso autor os repropõe continuamente com as expressões "nu" e "cego". As consolações espirituais e sensíveis são, portanto, vistas com suspeita (c. 48). É preciso a mais absoluta "indiferença" (cc. 49-50).

O trabalho contemplativo deve levar à imersão no amor de Deus (porque somente com o amor é que se pode conhecê-lo), perfurando a nuvem que se interpõe entre o homem e Deus para oferecer a Deus o próprio ser nu e cego, num contínuo sacrifício de louvor por si por todos os homens. O olhar deve convergir exclusivamente sobre Deus e procurar a perfeita união com ele (c. 40), "amando-o por si mesmo" (cc. 20; 24). Isso acontece no ponto mais alto do espírito, e a ele o contemplativo deve ficar firmemente preso.

Todavia, a experiência contemplativa atinge a sua plenitude não nesta vida: a imediata percepção de Deus é um fato excepcional.

Podemos então dizer que o dado unificador na *Nuvem* é "esse impulso de amor" que constitui "a essência e a substância de qualquer existência íntegra" (c. 49).

6. INFLUÊNCIA. Sem dúvida, o autor da *Nuvem* e os seus contemporâneos → JULIANA DE NORWICH († 1416) e Walter Hilton caracterizam meio século de teologia espiritual e de exercício ascético, e é conhecida a interdependência deles.

Mas sua influência é atual porque, como ressalta J. Walsh, "os modernos estudos bíblicos, que procuram favorecer uma renovação da *lectio divina* para os nossos dias, mostram que temos ainda muito a aprender dos escritos espirituais ingleses do século XIV sobre o uso que se pode fazer da exegese e da hermenêutica medieval".

Não menos atual se revela o autor anônimo da *Nuvem* no diálogo interreligioso. A prática contemplativa que ele propõe tem, com efeito, singulares correspondências, sobretudo com a meditação zen do budismo japonês.

BIBLIOGRAFIA. ANÔNIMO. *A nuvem do* desconhecimento. Teresópolis [RJ], Lótus do saber, 2007; GENTILI, A. – BRIVIO, G. (org.). *La nube della Nonconoscenza e altri scritti.* Milano, 1983; LASSALLE, H. *Meditazione zen e preghiera cristiana.* Roma, 1979; LASSUS, L. A. – PISANI, A. (org.). *La nube dell'inconoscenza.* Torino, 1988; ROBERT, J. D. À propos de l'actuel "retour" de techniques psychosomatiques en vue d'une oraison contemplative chrétienne. *Nouvelle Revue Théologique* (1979) 510-540 (em particular: "Un écrit significatif: Le Nuage de l'inconnaissance", pp. 523 ss.); WALSH, J. Nuage de l'inconnaissance. *Dictionnaire de Spiritualité* XI, 497-508; WALSH, J. – COLLEDGE, E. (org.). *The cloud of Unknowing.* New York, 1981.

A. GENTILI – M. REGAZZONI

O

OBEDIÊNCIA. 1. A OBEDIÊNCIA NA CONCEPÇÃO ESCOLÁSTICA. Uma antiga tradição teológica, que vai de Santo Agostinho a Santo Tomás, situa o homem num universo todo ordenado hierarquicamente. Deus, no seu ato que cria e conserva, orientando para o fim supremo, influi sobre a totalidade dos seres com uma energia motora, que chega aos seres ínfimos mediante a ação dos seres superiores: uma divina virtude produtora que se derrama de coisa em coisa, até os últimos aspectos da realidade cósmica. E, como Deus chega aos seres inferiores por meio dos superiores, os inferiores podem subir até Deus somente mediante a adesão aos seres intermediários. Unindo-se a quem está posto numa ordem superior, o homem pode se comunicar com o próprio Deus e, portanto, se orienta para o próprio aperfeiçoamento. A perfeição humana está na radical submissão a um complemento que vem do alto.

A autoridade humana é participação no governo do Criador sobre os homens no acidentado caminho terrestre deles em direção a Deus; é um aspecto da ordem hierárquica dispersa pela criação, ordem estabelecida no entrelaçamento de influências vitais entre os seres. E, uma vez que a ordem humana hierárquica está intimamente inserida em Deus, o súdito tem o dever de obedecer às autoridades como a representantes de Deus. A obediência é muito benéfica, não tanto por seu conteúdo ou por suas motivações, mas porque é um "pôr-se sob" as ordens que vêm do alto: tem valor a submissão como tal.

Tal obediência, para se constituir nas suas linhas essenciais, não exige a presença do Cristo. Ela se esboça sempre e simplesmente como respeito a Deus, princípio supremo da ordem, mediante os superiores que o representam: ela é uma tendência do súdito a se assimilar a Deus pelos seus intermediários. Cristo é um dos anéis hipotéticos e possíveis, que podem ser introduzidos entre o homem e Deus, na longa cadeia dos intermediários. O fato de participar da obediência do Cristo não constitui aspecto fundamental da espiritualidade própria de uma obediência. Em sentido próprio, esta não existe em forma essencial e tipicamente cristã.

Para a obediência, é exigência essencial unicamente o fato de que o súdito esteja diante do preceito do superior, como de uma expressão da vontade de Deus. Para se santificar basta somente se submeter. Os valores descem do alto para o súdito e não podem ser trazidos por quem está abaixo. Toda discussão, por parte do dependente, acerca do conteúdo da ordem recebida pode significar falta de fé em relação ao superior como representante de Deus e, portanto, uma insubordinação.

Foram apresentados corretivos a essa linha fundamental. O próprio Santo Inácio reconhecia os direitos da consciência do súdito de estar presente como pessoa responsável, legitimando-o a submeter seu sentimento pessoal ao superior em relação à ordem recebida. E Santo Tomás orientava tanto as autoridades como os súditos numa procura coordenada (e subordinada) a serviço do bem comum. Todavia, esses elementos foram postos como integrantes. Será sempre fundamental a necessidade de o súdito aderir à vontade de Deus, mediante a do superior. A contribuição do súdito não é indispensável para constituir a ordem boa: um diálogo entre súdito e superior pode ser também admitido e tolerado, mas não exigido.

Até porque a obediência não está em função de uma missão inovadora: ela está a → SERVIÇO de uma ordem criada já constituída, que o superior sente o dever de garantir e conservar. Se o súdito não aceita estar submisso, se não quer ser guiado pela autoridade, se pretende julgar e agir segundo os ditames provenientes do alto, nascem desordem e anarquia.

2. A OBEDIÊNCIA NA VISÃO DA HISTÓRIA DA SALVAÇÃO. A história da → SALVAÇÃO principia e se desdobra em torno da vontade providencial de Deus; exprime a realização no tempo do grande plano salvífico do Pai em relação à humanidade. No bojo dessa história salvífica constitui-se a vocação de cada pessoa: descobrir e conhecer o desígnio de Deus, cooperando para a realização dele; estar destinado a viver em comunhão de amor com o Pai em Cristo na realização de uma missão comum.

A obediência se situa nessa perspectiva dinamicamente salvífica: por ela a alma procura, aceita e realiza a vontade providencial divina. Os homens são chamados a fazer próprios os caminhos de Deus e assim se tornar "colaboradores de Deus" (1Cor 3,9).

A história humana principia com a desobediência de → ADÃO, o qual arrasta na sua rebelião todos os seus descendentes (Rm 5,19). A aliança é uma tentativa dos homens para se inserir, mediante a obediência, no plano divino: "Faremos tudo o que disse Javé, e seremos obedientes" (Ex 24,7). Mas o homem, deixado no seu pecado, é incapaz de obedecer a Deus (Rm 7,14). É necessário recorrer a um Salvador obediente: "Assim como pela desobediência de um só homem a multidão dos homens se tornou pecadora, também pela obediência de um só a multidão dos homens se tornará justa" (Rm 5,19).

A vida de Cristo foi, desde seu ingresso no mundo (Hb 10,5) até sua morte de cruz (Fl 2,8), uma contínua obediência. Tendo vindo para fazer não a sua vontade, mas a vontade daquele que o enviou (Jo 6,38), a vontade do Pai foi a obsessão da sua vida (Jo 4,34). Mediante a obediência, aceitou e desempenhou sua missão redentora. A obediência de Jesus é a obediência primária, inserida no coração da salvação, uma vez que por ela foi resgatado o gênero humano (cf. *AG* 5.24; *LG* 37.40.42; *PC* 14; *PO* 15): é fonte e modelo de toda outra obediência realizada na história salvífica. Todo cristão é convidado a obedecer, não tanto por dependência do Senhor, mas na continuação da obediência do próprio Cristo (Ef 6,1). Daí a necessidade de estudar como se configurou a obediência do Senhor, para poder enunciar como deva se delinear a do cristão. A obediência do Cristo apresentou-se como amor à vontade do Pai, o qual enviou o seu Filho entre os homens para realizar a missão caritativa de redenção (Hb 10,7). E essa vontade do Pai, o Cristo procurou descobri-la também por meio dos acontecimentos e das pessoas: esteve presente na sequência dos acontecimentos históricos não de modo passivo, mas com discernimento responsável. "Embora fosse Filho, aprendeu a obediência por meio dos sofrimentos que padeceu. E tendo-se tornado perfeito, fez-se causa de salvação eterna para todos quantos lhe obedecem" (Hb 5,8-9). Esse deve ser igualmente o conteúdo fundamental da obediência do cristão: deve se manifestar como união à vontade do Pai em Cristo para enunciar e realizar no mundo de hoje o mistério salvífico pascal "de recapitular em Cristo todas as coisas" (Ef 1,10). Santo Ireneu esclarecia: "Crer é fazer a vontade de Deus" (*Adv. haer.* 4,6,5). Essa missão é confiada à comunidade cristã inteira: para tal fim o Espírito distribuiu os seus carismas entre todos os fiéis.

Para descobrir, interpretar e realizar o desígnio de Deus em Cristo deve-se constituir um diálogo integrativo entre superior e inferior. Esse diálogo não é sugerido primariamente em respeito à personalidade do súdito, mas para realizar mais de modo mais pleno a missão confiada à comunidade cristã. O superior tem necessidade da colaboração dos súditos para interpretar os sinais do tempo. As pessoas sujeitas são como os olhos através dos quais a autoridade pode ver para além de seu horizonte. Para realizar a própria missão cristã os crentes, a exemplo do Senhor, devem permanecer em perene colóquio com o mundo; devem se deixar instruir pelos acontecimentos; devem saber acolher as iniciativas das pessoas.

Ainda que os membros do povo de Deus sejam todos solidários na missão de descobrir e realizar o plano salvífico divino, eles, todavia, são chamados a desempenhar tarefas diferentes. Cabe à hierarquia a decisão definitiva e última sobre quanto deverá ser realizado na comunidade. Essa decisão levará em conta as contribuições de todos, mas não será a expressão de uma maioria: exigirá que os súditos renunciem aos pontos de vista pessoais para se submeter à autoridade. E, mesmo que a obediência não se constitua primariamente como virtude de ascese, envolve a superação da própria vontade. A obediência-sacrifício é uma característica da obediência vivida em Cristo. Mas a renúncia não é fim em si mesma, é meio para expressar comunhão caridosa com o fim de conhecer e de realizar eficazmente o desígnio de Deus.

Em síntese, é preciso superar a concepção de um universo hierárquico, em que a autoridade, como partícipe do poder dominador de Deus, se distancia dos súditos. Pela vinda do Cristo, todo o povo está empenhado em realizar o desígnio de Deus. A obediência é um modo de viver a caridade comunitária em Cristo para a realização do plano salvífico do Pai.

3. A OBEDIÊNCIA NO DESENVOLVIMENTO DA PESSOA.
Tradicionalmente, fez-se grande uso da obe-

diência para educar os adolescentes. Todavia, a mesma obediência requer ser regulada segundo as exigências da educação. O modo de obedecer é muito condicionado pela evolução pessoal do sujeito. Quando o superior adapta sua ordem aos ritmos de crescimento do educando, esse último tem mais facilidade de se abrir à comunidade e de se integrar na realidade em transformação.

A obediência, se, do lado social, é para o bem comum, é, do lado educativo, para a promoção autônoma da pessoa do súdito. Na idade de crescimento, podem-se distinguir, normalmente, três momentos sucessivos em relação ao modo de viver da obediência. Nos primeiros anos de vida a criança tende à obediência instrumental, ou seja, preocupa-se por executar gestos e atos com a precisão e diligência de que é capaz. A livre responsabilidade é facilitada na criança, ainda que de modo incipiente e indireto, quando se faz com que sinta o prazer de realizar a ação prescrita e perceba o vínculo afetivo com o educador.

Sucessivamente, o adolescente se abre à obediência de exercício. O educador deve se adequar às exigências dessa evolução interior do adolescente, apelando diretamente ao juízo e à responsabilidade pessoal do educando, sem abandonar totalmente os meios psicológicos do interesse, do sucesso e da emotividade. O educando tem necessidade de experimentar a si mesmo em contato com a realidade, talvez até por meio de insucessos pessoais; deve poder conhecer a possibilidade de interpretar as orientações, de inventar sozinho o plano de ação para as executar. O educador o ajudará a tomar consciência sobre quanto de positivo ou de negativo terá sabido exprimir. Assim, o adolescente aprenderá o valor da cooperação e o significado do seu saber obedecer. Será introduzido numa efetiva obediência responsavelmente consciente.

A obediência do adulto maduro é uma obediência criativa, revela um compromisso pessoal, impregnado de amor oblativo, aberto ao sentido comunitário em que não persistem elementos de cálculo, de oportunismo e de hipocrisia. A obediência não é virtude própria apenas dos adolescentes; encontra sua realização perfeita no homem adulto e livre, o qual aceita a sua condição de estar compromissado com a vida comunitária para o bem dos outros. A abertura do sujeito à obediência em modalidades adultas está condicionada ao fato de ele estar estabilizado num amor oblativo, de ter desfrutado do testemunho de educadores altamente virtuosos, de viver num difundido sentido civil democrático.

4. A PERFEIÇÃO DA OBEDIÊNCIA NA ASCESE TRADICIONAL. Tradicionalmente, a perfeição da obediência foi apresentada pela ascese de três modos.

Segundo Santo Tomás (*STh.* II-II, q. 104, a. 2), existe verdadeira obediência quando o súdito age em virtude de um preceito, para expressar respeito e adesão à ordem recebida. A obediência chega à perfeição quando a pessoa tiver aceitado submeter à ordem do superior até mesmo setores da própria vida, de per si independentes; quando tiver permitido obedecer até além do que deve de modo ordinário e comum. Perfeito é quem obedece para além dos limites necessários, em tudo o que é lícito. Eis por que o religioso pratica uma obediência perfeita, pois se submete até em matéria livre.

Segundo Santo Inácio (*Carta da obediência*), a perfeição da obediência torna-se evidente na sujeição interior total; será tanto mais perfeita quanto mais sabe chegar à interioridade do súdito. Não basta, portanto, obedecer externamente (executando o que é mandado); nem é suficiente harmonizar a vontade própria com a do superior; é preciso chegar à uniformidade de querer com ele ("submetendo o próprio juízo ao dele"). Com a obediência de juízo realiza-se a perfeição, uma vez que para ela a personalidade toda (psíquica e espiritual) do súdito submete-se à ordem proveniente de uma autoridade; consegue exprimir o total holocausto de si mesma.

Segundo outros teólogos espiritualistas, a obediência não se mostra perfeita se não é integrada e completada por outras virtudes colaterais. Alguns lembram a necessidade de que, no próprio ato de obedecer, o súdito manifeste prudência pessoal; outros exigem que a obediência seja informada e orientada pela caridade; ao passo que muitos insistem na necessidade de que o obediente se entregue a atitudes de respeito, de reverência e de piedade filial em relação aos superiores.

Essas três tendências doutrinais referentes à perfeição da obediência não aparecem, necessariamente, em oposição entre si: podem ser aceitas simultaneamente e harmonizadas entre si como aspectos de uma mesma realidade espiritual. Fundamentalmente, pressupõem a idêntica percepção escolástica sobre a obediência. De fato, a obediência concebida como ato de sujeição atinge a sua perfeição à medida que estende o campo de submissão, à proporção que a pessoa renuncia mais profundamente à própria autonomia, tanto quanto abraça sentimentos colaterais de adesão e de veneração em relação a quem manda.

5. OBEDIÊNCIA PERFEITA SEGUNDO A HISTÓRIA DA SALVAÇÃO. Como se poderia delinear a perfeição da obediência dentro da visão da história salvífica ou do mistério pascal?

A obediência não pode se realizar senão por uma alma inserida em Cristo e como continuação da obediência filial do Senhor. Trata-se menos de imitação e mais de participação no mistério pascal de Cristo, no qual o cristão está inserido mediante o → BATISMO. O Cristo quer viver em seus fiéis a sua vida mistérica, de tal modo que eles não oponham obstáculos à sua caridade. E para que a obediência do cristão possa continuar a de Cristo é necessário que ela exprima um amor caridoso em relação ao Pai, numa visão de fé. Mediante a obediência a alma tende à comunhão íntima com Deus, busca os pensamentos recônditos dele, deseja realizar a vontade dele, deseja ardentemente agradá-lo, ambiciona colaborar para a realização dos desejos salvíficos dele. O Cristo vive atualmente a sua obra mediante todo seu Corpo místico. O cristão não pode realizar a perfeita obediência, isolando-se; deve exprimi-la comunitariamente, cooperando com os irmãos e num respeitoso diálogo com os superiores.

A obediência perfeita não é concebível na atitude passiva de mera execução: ela deve expressar um valor vivido entre autoridades e subalternos, juntos; deve indicar acolhimento do comando superior, mas enriquecido pela iniciativa dos súditos; deve significar a alegria de uma comunhão eclesial amada.

A obediência, de per si, não é primariamente uma virtude de ascese ou de renúncia: é virtude de participação para descobrir a vontade do Pai sob a direção da autoridade legítima. Ela está particularmente ligada às grandes virtudes e valores do viver cristão: *koinonia, diakonia*, carismas, caridade. Justamente por tender com outros para a realização da missão salvífica do mundo, a obediência se distingue da → DOCILIDADE. É preciso ser dócil, uma vez que o homem é um ser que aprende e se engrandece; deve-se obedecer, uma vez que somente desse modo é que se pode garantir o bem e a caridade de todos.

Essa coparticipação de todo o povo de Deus (hierarquia e súditos) ao realizar o plano divino não deve tanto exprimir uma solidariedade de visões humanas quanto uma comunhão de pensamentos e de intenções no Espírito. O súdito está convidado a testemunhar não uma sabedoria humanamente individualista, mas o sentido profético e carismático interior (cf. *LG* 12). Do mesmo modo como a autoridade deve se mostrar, no próprio ato de comando, em obediência a Deus no Espírito do Cristo completo.

"Todo leigo, por motivo dos próprios dons recebidos, é testemunha e, ao mesmo tempo, vivo instrumento da missão mesma da Igreja 'conforme a medida da doação de Cristo' (Ef 4,7)" (*LG* 33). Ao obedecer a seu superior, deve saber transcender, conformando-se com as inspirações do Espírito.

Em resumo, o crente mostra-se perfeito obediente à hierarquia quando, inserido em Cristo na comunhão do povo de Deus sob a inspiração do Espírito, está entregue à realização do reino de Deus. Sozinho, não sabe realizar a obediência perfeita; o cristão tem necessidade de se sentir responsavelmente a serviço do plano salvífico, em virtude de sua própria inserção no Cristo completo e interiormente guiado pela luz e pela caridade do Espírito.

6. FORMAS MÚLTIPLAS DE OBEDIÊNCIA. A obediência pode se realizar de diversas formas; desse modo, mediante cada pessoa, ela pode dar destaque a seus múltiplos valores. Uma realização uníssona da virtude da obediência prejudicaria a riqueza das suas missões e dos seus significados espirituais.

Análoga exigência brota da vocação do cristão de ter de viver uma obediência que seja continuação da de Cristo. Os fiéis, para manifestar e levar à sua plenitude o mistério pascal, devem viver espiritualmente em situações e modalidades diferentes. A alma humana é incapaz de exprimir simultaneamente todos os aspectos do mistério do Cristo.

Pode ser útil fazer referência (como exemplo) a algumas formas de obediência.

A obediência entre os cônjuges baseia-se no fato da recíproca doação pessoal feita por eles, à imitação da união esponsal entre Cristo e a Igreja. A obediência conjugal exige ser permanente expressão de uma subjacente união afetiva; é chamada a testemunhar publicamente que os esposos devam proceder de comum acordo nas suas decisões e realizações familiares. A obediência conjugal é simplesmente uma responsabilidade coparticipada ou mútua docilidade para formar um querer comum.

A obediência dos filhos está radicada no pressuposto de que eles receberam a vida dos pais. Essa virtude tem a missão de aumentar nos adolescentes o sentido de uma liberdade pessoal responsável; de permitir que eles atinjam lentamente a estatura adulta e autônoma dos seus próprios educadores. É uma obediência essencialmente educativa e destinada a se autolimitar até a extinção, à medida que os filhos se abrem à capacidade de autogoverno pessoal.

Os trabalhadores são obrigados a obedecer de modo que a partir das atividades coordenadas se chegue à realização de uma determinada obra. Os trabalhadores não estão propriamente a serviço dos seus dirigentes; súditos e dirigentes estão a serviço de uma obra comum, que procuram realizar juntos mediante missões diferentes. Tal obediência exprime que é necessária uma eficiente solidariedade para a realização do bem comum.

A obediência democrática na vida civil ensina a conciliar a sujeição à prescrição jurídica com um vigilante senso crítico interior; convida a desenvolver simultaneamente a autonomia prudencial e o espírito da obediência virtuosa. A obediência democrática recolhe-se aos limites jurídicos para induzir os cidadãos a viver segundo uma lei interior. Essa virtude se mostra como um meio capaz de promover a liberdade do súdito, quer desenvolvendo nele o sentido interior de autodeterminação, quer elevando-o, fazendo-o chegar à participação prudencial do poder.

Os fiéis, por meio de sua obediência à Igreja, devem saber viver contemporaneamente uma dupla experiência: estar à escuta da palavra do Espírito e permanecer dependente da hierarquia. Devem poder exprimir simultaneamente respeito à autoridade da palavra interior e à do magistério eclesiástico. Essa obediência deve ser, por assim dizer, carismática, ou seja, jamais é pura adesão material nem fuga medrosa das próprias responsabilidades. O cristão sabe distinguir a vontade do superior da de Deus, mas com fé percebe a vontade de Deus em e mediante a ordem recebida do superior. Tem a missão de fazer sobressair publicamente a contínua e necessária interação entre a luz interior do Espírito e a graça de uma guia exterior eclesial.

Nos sacerdotes a obediência realiza e exprime sua ligação com o bispo, a unidade comunitária da diocese, a comum missão pastoral. Quanto mais o sacerdote se sente vivo no Corpo místico, mais percebe de modo irresistível a vocação à caridade e à obediência.

A obediência religiosa tende a conformar o religioso à vontade divina, mediante a oferta da sua personalidade como hóstia-sacrifício a Deus. Mediante essa dura ascese, o monge procura realizar uma maior comunhão espiritual fraterna a ponto de sensibilizar a própria alma a receber de modo mais copioso a luz e os carismas do Espírito.

BIBLIOGRAFIA. CANTALAMESSA, R. *L'obbedienza*. Milano, 1986; *Comunità e autorità. Esperienze e valutazioni*. Roma, 1972; CRISPIERO, Da. *Vita comunitaria delle nostre fraternità*. Loreto, 1970; GOFFI, T. *Autorità e potere*. Brescia, 1975; ID. *Obbedienza e autonomia personale*. Milano, 1968; HÄRING. B. *Le chrétien et l'autorité*. Paris, 1963; HAUSHERR, I. *L'obéissance religieuse*. Toulouse, 1967; HAYEN, A. *Comunione e obbedienza nella libertà*. Milano, 1973; MARTIN, C. *Perfection du Chef. Retraite aux supérieurs*. Paris, 1965; MOTTE, P. A. *Supérorat et renouveau dans la vie religieuse*. Paris-Fribourg, 1966; MULLER, A. *Das Problem von Befehl und Gehorsam in Leben der Kirche*. Einsiedeln-Zurich, 1964; *Obbedienza cristiana. Concilium* 16 (1980) n. 9; PALMÉS, C. *Obediencia Religiosa Ignaciana*. Madrid, 1962; POTTERIE, I. de la – LYONNET, S. *La vie selon l'Esprit, condition du crhétien*. Paris, 1965; PUCA, P. *Autorità e obbedianza*. Napoli, 1972; RONDET, H. *L'obéissance, problème de vie, mystère de foi*. Lyon, 1966; SÖLLE, D. *Fantasia e obbedienza*. Brescia, 1970; TILLARD, J. M. R. *Obbedienza ed autorità nella vita religiosa*. Brescia, 1967; TODD, J. M. (org.). *Problemi dell'autorità*. Roma, 1964.

T. GOFFI

OBLATOS. Com esse vocábulo, de uso muito frequente na literatura eclesiástica medieval, foram designados tanto as crianças, consagradas a Deus num mosteiro para que se tornassem monges, quanto os adultos que, na Idade Média tardia, ofereciam a si mesmos com seus serviços e seus bens a um mosteiro, igreja, Capítulo ou outra instituição eclesiástica.

1. OBLAÇÃO DAS CRIANÇAS. O costume de os pais cristãos oferecerem a Deus os próprios filhos em tenra idade predominou pelo menos desde o século IV, como atesta a mais antiga literatura hagiográfica. Esse uso, além de ser sufragado pelos típicos exemplos bíblicos, como o do pequeno Samuel (1Rs 1,28), estava de acordo com os direitos reconhecidos aos pais pela *patria potestas* romana e pelo *múndio* germânico. O uso monástico desse vocábulo já aparece em Salviano, que fala de *monachus ab incunabulis* (*Adversus*

avaritiam, 2: *PL* 57, 192; cf. 209). Bem cedo a oblação das crianças foi disciplinada pelas regras monásticas dos séculos IV-VI.

a) No Oriente, a chamada *Regra grande*, de São Basílio, previa a aceitação das crianças oblatas, que deviam ser hospedadas em habitações apropriadas, chamadas *metochia*, situadas fora dos muros do mosteiro. E ali eram educados nas virtudes e nas letras por monges experientes. A profissão da castidade parece que não era feita no Oriente, a não ser quando se atingia uma idade que pudesse tornar possível assumir pessoal e responsavelmente esse ônus. "*Tunc admittenda est virginitatis professio, tamquam quae iam firma sit et quae ab ipsorum* [dos oblatos] *sententia ac uidicio profiscatur iam perfecta et absoluta ratione*" (*Regulae fusius tractatae*, 15; *PG* 32, 955). A essa altura a profissão da castidade era feita formalmente, diante de testemunhas, tornando-se assim o oblato membro estrito, definitivamente ligado ao mosteiro. Se o candidato não se sentisse capaz de assumir esse ônus, devia ser despedido do mosteiro (*Ibid.*; cf. P. de Meester, *De monarchico statu iuxta disciplinam byzantinam*, Città del Vaticano, 1942, 164 ss.).

b) No Ocidente, a oblação dos menores de idade está prevista e regulamentada por quatro documentos monásticos contemporâneos: a *Regula ad virgines*, de → CESÁRIO DE ARLES (cc. 4 e 5: *PL* 67, 1108), a *Regula ad monachos*, de Santo Aurélio d'Arles (cc. 17, 18 e 22; *PL* 68, 390), a chamada *Regra magistri* (c. 91: *PL* 88, 1.042-1.045) e a *Regula*, de São Bento (c. 56: *CSEL* 75, 138-139). Foi, porém, o uso disciplinado pela Regra beneditina o que prevaleceu, de fato, durante toda a Idade Média. Segundo o uso beneditino, os menores de idade eram oferecidos durante a missa do abade por seus pais (ou por quem os representava), os quais apresentavam a *petitio* escrita. Como a indicar a oblação da criança, ela era acompanhada até o altar, depois do evangelho, levando na mão a oblação da missa e a *petitio*, e tudo era envolto na *palla altaris* (c. 59). O ato da oblação comportava um afastamento total e definitivo dos laços que pudessem prender o oblato no século. Com esse objetivo, os pais, se tivessem posses, deviam jurar que não deixariam seus bens ao filho oblato, "*ut nulla suspicio remaneat puero, per quam deceptus perire possit, quod absit*" (c. 59). É muito provável que a oblação já fosse entendida por São Bento como irrevogável. Compreende-se assim que a Regra não faça menção de nenhuma ratificação por parte do oblato, ao chegar à idade adulta. Essa irrevogabilidade foi também sancionada por vários cânones conciliares. Assim, o cân. 19 do Concílio de Orléans, de 549, e o 12 do Concílio de Mâcon, de 583 (Mansi, 9, 133 e 943). O IV Concílio de Toledo a confirmará depois no famoso cânone 49, incorporado por Graciano no *Decretum*: "*Monachum aut paterna devotio aut propria professio facit: quidquid horum fuerit, alligatum tenebit. Proinde his ad mundum reverti interdicimus aditum et omnem ad saeculum interdicimus regressum*" (MANSI, 10, 631; *Decretum*, XX, 1. 1, c. 3). Não faltaram, porém, decisões conciliares que aplicaram essa norma de modo mais brando, favorável ao livre compromisso pessoal. O X Concílio de Toledo já limitava a faculdade de os pais oferecerem os próprios filhos como oblato enquanto não tivessem dez anos de idade (MANSI, 11, 36-37). Depois, o Concílio de Mainz, de 829, resolveu negativamente a questão sobre a validade da profissão do jovem monge Godescalco (*Monumenta Germaniae Historica. Concilia aevi Karolini*, I/2 [1908], 603-604). O que provocou, como é sabido, a viva reação do abade Rábano Mauro, que escreveu o opúsculo *Contra eos qui repugnant institutis beati Patris Benedicti* (*PL* 107, 419-440). Algumas decisões pontifícias, reunidas depois nas *Decretais*, de Gregório IX, garantiram ainda a liberdade de escolha dos jovens monges, levando a idade da profissão aos doze anos para as mulheres e aos catorze para os homens (X, III, 31 *de regularibus*). Isso contribuiu para, pouco a pouco, fazer desaparecer dos mosteiros a oblação das crianças. Mais tarde, o decreto do Concílio Tridentino que declarou inválida a profissão emitida antes dos dezesseis anos (sessão XXV *de regularibus*, c. 15), fez desaparecer os últimos vestígios dessa oblação.

Essa oblação das crianças estava também em uso entre os → CLÉRIGOS REGULARES e entre algumas famílias mendicantes, como os → FRANCISCANOS, com modalidades análogas às dos → BENEDITINOS. Das referências feitas pelas fontes monásticas a respeito dos critérios seguidos na formação das crianças oblatas transparece um método de educação misto de uma severa firmeza, que pretendia as preparar para a vida monástica, e de uma prudente discrição, que levava em consideração sua tenra idade.

2. OBLAÇÃO DOS ADULTOS. Além dos oblato acima descritos, a baixa Idade Média conheceu a oblação dos adultos. Sob essa acepção do termo "oblato" compreendem-se aquelas pessoas que, em diferentes medidas e com vínculos jurídicos um tanto distintos, ofereciam a si mesmas, os próprios bens e os próprios serviços a um mosteiro, Capítulo, igreja, hospital etc.

Dessa oblação pessoal feita nos mosteiros, conhecem-se casos esporádicos lá no século VIII. Os documentos falam de pessoas que se doavam ao mosteiro, ligando-se com promessa de obediência ao abade e tornando-se membros da família monástica, embora sem assumir todas as obrigações dos monges. A Regra de São Frutuoso parece ser o primeiro documento que disciplina esse tipo de oblação, admitindo também a possibilidade de famílias inteiras assim doadas a um mosteiro (*Regula communis*, c. 6: *PL* 87, 1.115 ss.). Entre as oblatas parece que podem ser incluídas também as pias mulheres (*Deo dicatae, Deo devotae*), que desde o século VII se ofereciam aos mosteiros, tanto femininos como masculinos, assumindo ali algumas tarefas adequadas às condições delas, como a confecção de hóstias, o cuidado dos paramentos sagrados, a encadernação dos códices etc. Pode-se ver um vestígio disso nos estatutos cluniacenses, nos quais se dispõe que a habitação delas esteja fora da clausura monástica (*Statuta Congregationis cluniacensis*, 57: *PL* 189, 1.038). Somente nos séculos XI e XII, porém, é que a oblação dos adultos se generalizou nos mosteiros de Cluny, Camaldoli, Vallombrosa, Prémontré, Cîteaux, Hirschau etc. A afirmação dessa instituição esteve condicionada às complexas circunstâncias que determinaram naquela época a evolução interna dos mosteiros. Os membros da comunidade monástica, desde o início leigos em sua maioria, passaram pelo fenômeno da clericalização. O que levou, aliás, ao abandono do trabalho manual por parte dos monges, que deslocaram sensivelmente a atividade deles para o terreno cultural e para uma vida litúrgica cada vez mais absorvente. Aos serviços inferiores do mosteiro dedicavam-se numerosos leigos, não monges. Entre eles surgiu e se firmou a instituição dos oblatos, os quais se consagravam ao serviço do mosteiro.

A índole dessa oblação era muito variada nos diferentes lugares, mas comportava sempre certo caráter religioso, certa *conversio morum*, que vinculava o oblato ao mosteiro, em geral por meio de uma promessa de obediência e de fidelidade, que tinha não pouca semelhança com o *omagium* feudal. Alguns residiam dentro do mosteiro, e outros, fora dos muros monásticos; alguns até continuavam na própria casa, oferecendo parte de seus bens ao mosteiro. Muitos deles eram continentes, mas outros viviam em matrimônio; uns renunciavam aos próprios bens, outros conservavam parte deles, ou usufruto.

Em Camaldoli, em Vallombrosa e na Grande Chartreuse, esses leigos começaram pouco a pouco a fazer parte da comunidade monástica, assumindo o nome de "conversos", tornando-se verdadeiros religiosos. Outros professavam um tipo de oblação menos completa, embora gozando dos privilégios das pessoas eclesiásticas (Concílio de Latrão IV, a. 1215, Mansi, 22, 1.046).

Os oblato adultos floresceram não só nas Ordens monásticas, mas também nas Ordens mendicantes, bem como nos Capítulos, igrejas, hospitais e outras pias instituições.

Com o passar dos tempos, a instituição dos oblatos perdeu, pouco a pouco, a sua importância. Os canonistas do século XV não os consideram, em geral, como pessoas eclesiásticas.

Os chamados oblatos seculares beneditinos não têm nada em comum com os antigos oblatos e devem, antes, ser considerados terciários seculares.

→ CONVERSOS

BIBLIOGRAFIA. BERLIER, U. *La familia dans les monastères bénédictins du Moyen âge*. Bruxelles, 1931; BONDUELLE, J. Convers. In *Dictionnaire de Théologie Catholique* IV, 562-588; CREYTENS, R. Les convers des moniales dominicaines au Moyen âge. *Archivum Fratrum Praedicatorum* 19 (1949) 5-48; GALTIER, P. Pénitents et "convertis". *Revue d'Histoire Ecclésiastique* 33 (1937) 5-26.277-305; HOFFMANN, E. *Das Konverseninstitut des Cisterzienserordens in seinem Ursprung und seiner Organisation*. Freiburg 1905; MITTARELLI, J. B. *Dissertatio de variis speciebus conversorum in Ordine sancti Benedicti et paraecipue in Congregatione camuldulensi*. "Annales Camaldulenses Ordinis Sancti Benedicti", I, App. (1755), 336-453; MULHERN, Ph. F. *The early dominican laybrothers*. Washington, 1944; OURY, G. M. Oblats. In *Dictionnaire de Spiritualité*, XI, 565-571; SMET, J. The origin of the carmelite laybrothers. *The Sword* 6 (1942) 121-137.

P. ZUBIETA

OBSESSÃO. A obsessão pode ter um duplo sentido: psiquiátrico e demoníaco. No sentido psiquiátrico ou psicológico, é um estado psicossensível no qual pensamentos e representações mórbidos impõem-se, de modo contínuo e contra a vontade, à consciência do sujeito, que somente à custa de múltiplas inquietações e angústias consegue finalmente deles se libertar. A obsessão pode também se apresentar em forma de movimentos e de ações. Quando diz respeito ao conteúdo religioso ou moral está mais em relação, em geral, com a obsessão em sentido demoníaco ou demoniomaníaco. Nesse segundo caso, nem todos os autores estão de acordo sobre o significado. Nós a consideramos uma ação especial sobre o indivíduo por parte do demônio, que o atormenta com tentações mais violentas e duradouras do que as normais, ou o molesta, sem chegar, porém, à verdadeira possessão. É um sentido amplo que compreende também os casos de violência do demônio (o qual domina o corpo, que ele pode fazer mover contra a vontade do possesso, o qual, apesar de tudo, continua interiormente a ser livre), de infestação pessoal (a ação do demônio termina na própria pessoa do possesso com golpes, chicotadas, abraços etc.) e de infestação local, sempre dirigida à pessoa; por exemplo, rumores para assustar. Exclui-se a possessão.

Pode ser externa ou interna, conforme a ação do demônio se dirija diretamente aos sentidos externos ou aos internos. O demônio pode agir sobre todos os sentidos externos, sobre a vista, por exemplo, mediante aparições repugnantes, sedutoras etc.; sobre a audição, com palavras, músicas, rumores assustadores etc.; sobre o tato, com golpes, feridas ou carícias; sobre o olfato, com fétidos odores; sobre o gosto, por meio de iguarias, mas desse último os exemplos são muito raros. Ele pode também agir sobre os sentidos internos, em particular sobre a imaginação e sobre a memória, com imagens e lembranças. Enfim, pode agir sobre as paixões, excitando-as.

Na vida dos santos narram-se episódios de obsessão que, no conjunto, não se pode negar. Nos casos concretos que podem se apresentar, não será sempre fácil discernir se se trata de uma verdadeira obsessão, pois, se pode se tratar de fraude ou de engano, pode também tratar-se de fenômenos puramente naturais, devidos à obsessão, à mania, à ilusão, à alucinação, ao delírio, ao histerismo, à duplicidade psicológica de personalidade etc. Se a obsessão sem repercussões externas é difícil de distinguir, as repercussões externas não são sempre sinais inequívocos de verdadeira obsessão; poderiam até ser devidos à pessoa mesma, que, inconscientemente, as produz. Não se deve descartar a hipótese de que o demônio aja em sujeitos que sofram de distúrbios mórbidos dessa espécie. Um exame rigoroso sobre o sujeito e sobre as circunstâncias dos fatos poderá ajudar a descobrir a origem natural ou diabólica.

Existem casos puramente naturais e casos mistos, naturais e diabólicos; temos de levar em consideração essas possibilidades quando se trata de aplicar os remédios espirituais, quer para curar até onde é possível a parte que provém da doença, quer para não agravá-la com tratamentos imprudentes.

A obsessão pode ser um meio permitido por Deus para a purificação da alma. São → JOÃO DA CRUZ fala de particulares tentações diabólicas de impureza e de blasfêmia que se verificam na noite passiva do sentido (*Noite*, 1, 14, 1-2). Às vezes, ela contribui também para incrementar o horror pelo demônio e por seus objetivos.

Remetemo-nos ao que se diz a respeito da possessão diabólica que, substancialmente, vale também para a obsessão. Se se tratar simplesmente de pseudo-obsessão devida a fatores mórbidos, a ajuda deverá ser a que se usa nas tentações, levando em consideração as causas naturais que lhes estão na origem, com o fim de aplicar remédios apropriados, seja por parte do sacerdote, seja por parte do psiquiatra. Em geral, exige-se do sacerdote que conforte e infunda segurança. É preciso também examinar se se trata de provas místicas. Quando, pelas circunstâncias dos fatos e pelo estado da alma, se conclua que ela está realmente na noite passiva, é necessário guiá-la segundo o que exige tal situação.

→ POSSESSÃO

BIBLIOGRAFIA. TONQUEDEC, J. *Les maladies nerveuses et mentales et les manifestations diaboliques*. Paris, 1938, 6-9; POULAIN, A. *Des grâces d'oraison*. c. 24, nn. 71-89; SURBLED, G. *La moral en sus relaciones con la medicina y la higiene*. Barcelona, 1950, 606-611; STAEHLIN, C. M. *Apariciones*. Madrid, 1954, 284-293; BLESS, H. *Traité de psychiatrie pastorale*. Bruges, 1958; BALDUCCI, C. *Possessione diabolica*. Roma, 1974.

I. RODRÍGUEZ

OCASIÃO. Etimologicamente, ocasião significa uma ação que se apresenta casualmente. Cícero a define um instante de tempo oportuno para fazer algo ou para não fazê-lo (*De inventione*, 27, 40). Esse instante pode ser favorável a fazer algo de bom, como em 1Mc 11,42: "Cumularei de honras a ti e a tua nação, logo que se apresente oportunidade", ou a fazer algo de mal: "Judas Iscariotes procurou os sacerdotes-chefes. E lhes propôs: 'Quanto me quereis pagar para eu o entregar a vós?'. Eles lhe garantiram dar trinta moedas de prata. E desde aquele momento, ele procurava uma boa ocasião para o entregar" (Mt 26,14-16). Ressaltemos que a mesma palavra grega, *eukairia*, é traduzida na passagem paralela de Lucas por "ocasião oportuna" (Lc 22,6). Há ainda, naturalmente, outros vocábulos bíblicos, como *prophatio*, no sentido de pretexto ou motivo falso (Pr 18,1), ou *aphormê*, no sentido de meio ou motivo honesto para obter algo de bom (2Cor 5,12). Esses diferentes significados encontram-se também nos Padres: em → JERÔNIMO (*PL* 25,430), o de casualidade, em → GREGÓRIO MAGNO (*PL* 77, 152), o de motivo honesto, em → TERTULIANO (*PL* 2, 732) e em → NOVACIANO (*PL* 3, 951), o de pretexto ou motivo falso.

Todavia, o significado mais original de ocasião é o de momento oportuno para fazer ou deixar de fazer algo sem que se qualifique a moralidade. Assim, o termo, prescindindo-se da sua ambivalência moral, comporta dois elementos constitutivos: um fora do sujeito, o outro presente no próprio sujeito. O primeiro, o elemento externo, é o que se apresenta casualmente; o segundo, o elemento interno, é a disposição do sujeito diante das diferentes realidades que ocorrem. Essas realidades podem ser uma pessoa, uma coisa, um lugar, um instrumento. Interessam-nos aqui as realidades na qualidade de ocasião de pecado. É verdade o que observa São Paulo: "Quando vos escrevi numa carta que não mantivésseis relações com pessoas imorais, não pensei, de modo geral, nos imorais deste mundo... porque, então, seríeis obrigados a sair do mundo!" (1Cor 5,9-10). Isso não exclui que haja verdadeiras ocasiões de pecado. Quando as circunstâncias exteriores — a imprensa, o cinema, a televisão, a diáspora, um amigo mau, o ambiente de trabalho — se encontram com uma pessoal inclinação ou disposição interior ao pecado, a ponto de levar os envolvidos à proximidade do pecado, temos uma verdadeira ocasião de pecado. Segue-se daí que a propensão ao mal não é *fomes peccati* de todos os homens, mas, antes, o que faz com que para uma determinada pessoa este ou aquele dado se torne uma verdadeira ocasião. Assim, se uma pessoa madura não sofre nenhuma influência de certa ocasião, o adolescente é estimulado ao pecado.

Isso se torna mais verdadeiro quando há disposições atávicas ou adquiridas em relação a este ou àquele determinado pecado, como a → IRA, a intemperança, a → LUXÚRIA, o alcoolismo, a → HIPOCRISIA, a irreligiosidade etc. É precisamente sobre essas realidades experimentais que se baseiam as várias distinções. Assim se tem ocasião próxima e remota de pecado, segundo o grau de influência das circunstâncias exteriores sobre a disposição interior do sujeito.

Existem, evidentemente, encontros entre circunstâncias exteriores e disposições interiores em que só excepcionalmente o homem envolvido não é levado ao pecado; essa ocasião chama-se então próxima e absoluta, ao passo que se chama relativa aquela em que somente um determinado indivíduo, por suas particulares disposições, é levado ao pecado. A ocasião próxima, pois, está presente (contínua) ou ausente (não contínua), segundo o sujeito deva aceder à circunstância exterior ou esta for permanente no sujeito. A ocasião próxima, enfim, é livre ou necessária, segundo o sujeito possa abandoná-la ou não sem grave dano, incômodo ou escândalo. Segue-se que, na vida espiritual, o homem ocioso, preguiçoso, negligente, vicioso e indiferente é facilmente vítima das ocasiões.

Todavia, é preciso ressaltar que a ocasião pode levar o homem, com a graça de Deus, também para o bem. A Escritura fala disso com muita clareza: "O forno prova os vasos do oleiro; em suas asserções está a prova do homem. O fruto da árvore revela o campo que o produz, a palavra mostra o que sente o coração" (Sr 27,5-6). "Javé vos experimenta por tal meio, para saber se amais a Javé, vosso Deus, de todo o vosso coração e de toda a vossa alma" (Dt 13,4). "Meus irmãos, considerai-vos felizes quando vos assaltarem provações de toda sorte. Pois sabeis que vossa fé, se for comprovada, produz a constância" (Tg 1,2-3). Ora, para saber qual deva ser a atitude diante da ambivalência da ocasião tenha-se presente que se deve, sob estrita obrigação, evitar, mesmo com distanciamento físico, a ocasião próxima livre de pecado grave, tanto presente como ausente. Não há obrigação, porém, de evitar fisicamente a ocasião próxima, necessária, quando se torna remota.

BIBLIOGRAFIA. *Occasion*, in *Dictionnaire de Théologie Catholique*, XI, 905-915; *Occasions*, in *Catholicisme*, IX, 1.484-1.485.

B. HONNINGS

ÓCIO. 1. ACEPÇÕES E EMERGÊNCIA. O termo "ócio", abundantemente utilizado em diferentes âmbitos — filosófico, literário, bíblico — com várias acepções, assumiu na espiritualidade cristã uma típica configuração. Indica, com efeito, uma realidade negativa e perniciosa porque bloqueia e destrói de início o dinamismo da vida cristã e a abre ao complexo das negatividades, das paixões e dos vícios. A reflexão, elaborada ao longo dos séculos, focaliza a situação grave em que se encontra a comunidade cristã que a ele se abandona no momento mesmo em que evidencia a necessidade de responder plenamente à ação do Espírito e às exigências do Evangelho.

O significado etimológico da palavra "ócio" — em latim *otium* e em grego *aergon* (literalmente, sem obra, sem trabalho) — traduz globalmente (ainda que com não poucos matizes) a inatividade, a inoperância, a inação, a abstenção, o costume de rejeitar por → PREGUIÇA um trabalho devido. Normalmente é indicado com algumas atitudes de fundo, como *ficar de braços cruzados, ser um vadio* e, consequentemente, viver com dissipação ou se entregar a realidades alienadoras e com prerrogativa de substituição.

Existe, todavia — o que causa alguma perplexidade! —, o emprego de "ócio" no sentido latino e no significado tipicamente cultual, quase de *vacare Deo*, ou seja, aplicar-se ao Senhor. "A ética cristã do 'sétimo dia', com a sua exigente reafirmação do valor do repouso contra toda tentação produtivista e consumista, readquire assim totalmente seu profundo significado... o repouso se torna... a porta aberta do *otium* para além de toda forma de antropocentrismo idealista ou materialista" (G. Campanini, *Lavoro*, in *Dizionario Enciclopedico di Teologia Morale*, Roma, ⁵1981, 516).

Sinônimos do ócio e, portanto, da ociosidade são → ACÉDIA, preguiça, descuido, negligência, dissipação, distração, apatia, abandono de qualquer projeto absorvente, irresponsabilidade.

Mas não é fácil reduzir hoje à unidade as acepções do ócio, em razão da matriz a que faz referência seu variado emprego. A linguagem, a cultura, especialmente do mundo greco-romano, tiveram considerável influência, ainda que nem por isso os conteúdos elaborados sejam aceitos *in toto* no ambiente cristão.

2. MUNDO GRECO-ROMANO. O ócio no mundo greco-romano constitui um ideal de vida que se configura com duplo enfoque: de um lado, é avesso a todo tipo de trabalho manual e à própria atividade ligada à gestão da coisa pública e, de outro, enfatiza a necessidade de se dedicar à vida contemplativa, à solidão, à filosofia. Para os romanos *otium* é abstenção "dos negócios públicos ou da família, únicos trabalhos dignos de um cidadão livre" (F. Ercolani, in *Enciclopedia Cattolica*, IX, 492).

A filosofia e a meditação no silêncio tornam-se *nova gnose*; pensar e refletir constituem a vida do sábio; a contemplação é profundo gozo do homem e da existência humana, que, assim, é orientada para a divindade e a bem-aventurança. Os ócios, portanto, levam os homens "para fora da vida política e da vida ativa onde germinam todas as misérias, todas as invejas, as *tarachai*, que tornam angustiante esta pobre existência terrena" (A. Grilli, *Il problema della vita contemplativa nel mondo greco-romano*, Milano, 1935, 69), os *ócios* deixam os homens "à procura de um descanso íntimo nascido do gozo de poucos bens espirituais" (*Ibid.*, 86).

O sábio, portanto, escolhe "viver ocioso", mas sua vida, evidentemente, não se identifica com o *tranquilo viver* e, portanto, com o desinteresse (cf. *Ibid.*, 95-96) ou com o desprezo pela "vida ativa" (*Ibid.*, 104).

A sociedade romana distinguirá — muitas vezes pondo-o em forte contraposição — o *otium* e o *negotium*; e o "*otium* tinha valor como antítese do *negotium*, não como princípio absoluto de vida. Tinha, por isso, significado legítimo somente quando o espírito, cansado dos negócios públicos da cidade, ao sentir necessidade de descanso, se permite sair por aí, livre e despreocupado, como os passarinhos que, cansados do trabalho de se construírem o ninho, se põem a voejar por toda a parte, desprovidos de qualquer pensamento" (*Ibid.*, 193).

E o *otium* como vida contemplativa é concebido em sentido negativo e perseguido não tanto pelo valor intrínseco, quanto pelo fastio que o *negotium* comporta. O sábio, na esteira do ensinamento de Panésio, acolherá o *otium* como um ideal de vida para poder encontrar o essencial, ou seja, "o equilíbrio de si mesmo, a força íntima sem a qual o homem não se distingue mais do animal e não consegue mais encontrar paz consigo mesmo e com os seus semelhantes" (*Ibid.*, 346).

3. ÓCIO E DOUTRINA BÍBLICA. O ensinamento da Sagrada Escritura em relação ao mundo greco-romano é caracterizado fundamentalmente por outra concepção e avaliação sobre Deus, sobre o homem, sobre o mundo. A mensagem cristã em particular, ligada por constituição à fé no evento do Ressuscitado e à visão antropológica que em Cristo obtém gratuitamente a salvação, propõe conteúdos totalmente diferentes dos da filosofia helênica ou romana, embora não sejam raros os pontos de contato e não faltem sequer as fusões.

A literatura sapiencial considera a situação negativa do ócio e da pessoa ociosa: o homem, com efeito, que não trabalha não se realiza em termos humanos, não assume responsavelmente o compromisso de gerir a própria vida e de garantir a satisfação das próprias necessidades e das de sua família (Pr 31,27). Louva-se, assim, a pessoa que "não come o pão na ociosidade"; ao passo que são todos exortados a não serem indolentes, dorminhocos, preguiçosos, vadios etc. (cf. Ex 5,17). A Bíblia recomenda sempre a operosidade (cf. Pr 10,4; 12,11).

O Novo Testamento estigmatiza o comportamento dos que ficam ociosos nas praças e, portanto, não aceitam com entusiasmo e grande atenção o convite para ir trabalhar na vinha (Mt 20,6); de quem não faz frutificar o talento recebido de Deus (Mt 25,26 s.); de quem se lamenta por ter aguentado o peso do dia e as dificuldades provenientes do tempo (Mt 20,12).

Igualmente, é indicado como negativo o modo de entender a religiosidade dos fariseus, os quais dizem e não fazem (Mt 23,3), impõem pesos que eles não movem nem sequer com um dedo (Mt 23,4), gostam de passar o dia em intermináveis discussões e levam a existência de maneira alienante.

Também Paulo reforça com vigor o dever de trabalhar e de ganhar o pão com o suor da própria fonte, ao afirmar categoricamente que quem não quiser trabalhar tampouco deve comer (2Ts 3,10). A inércia, com efeito, é prejudicial à comunidade, porquanto *não a edifica*, mas a leva à destruição ("aprendem a andar de casa em casa, não somente ociosas, mas também faladeiras e indiscretas, dizendo o que não convém": 1Tm 5,13).

A fé no Cristo exige que se dê prova da condição de cristãos no âmbito da própria existência, ou seja, que se dê testemunho perante o mundo. E justamente esse projeto supõe *não sermos ociosos* (cf. 2Pd 1,5-10) e não vivermos o Evangelho e a relação com Cristo em termos intelectualistas e vagos (cf. Mt 12, 36), ou com pouco senso de responsabilidade. *Ócio*, com efeito, diz *inoperância* e, ao mesmo tempo, contradiz a comum lei do trabalho; e revela, além disso, a *pecaminosa resposta* ao plano salvífico de Deus, que com o homem e sua colaboração realiza o mistério da salvação.

4. ÓCIO E ESPIRITUALIDADE CRISTÃ. A espiritualidade cristã elabora o seu discurso relativamente ao ócio com base na → PALAVRA DE DEUS, do ensinamento dos Padres, do magistério eclesial e, portanto, dos *lugares teológicos*, com a utilização da experiência humana.

A elaboração proposta pela filosofia grega não foi, a respeito, de pouca importância, uma vez que Agostinho podia assim se exprimir: "Não o chamaremos, Alípio, como os antigos, *otium litterarium* e *philosophicum*, mas *vitae christianae otium*" (C. Cremona, *Agostino d'Ippona*, Milano, ³1986, 123). E vale a pena lembrar também toda a problemática sobre o significado e a metodologia da *contemplação*, sobre *a relação entre vida contemplativa e vida ativa*, sobre o sentido da quietude, sobre a hierarquia do trabalho — intelectual, manual, servil etc. — com relativas considerações de ordem mística, ascética, humana.

O monasticismo, em particular, propôs a reflexão teológico-espiritual, oferecendo à Igreja uma doutrina bem clara e idônea para construir o itinerário da comunidade eclesial para Deus.

O ócio é visto como *fonte*, *sede* e *ocasião* da *maldade* e da *concupiscência* ("e alhures é dito que o ocioso não pode ser fiel. E a Sabedoria diz: *o ócio ensina muita malícia*. Convém, portanto, que cada qual produza o fruto de uma obra qualquer, feita segundo Deus, e que esteja disposto com solicitude também em relação a um só bem para que não seja considerado completamente infrutífero e absolutamente excluído dos bens eternos", MACÁRIO, O EGÍPCIO, *Parafrase di Simeone Metafrasto*, in *La Filocalia*, vl. III, Torino, 1985, 281).

O ócio prejudica o verdadeiro bem do homem: "é inimigo do homem, destrói o homem físico, moral e espiritual, o homem todo" (A. M. CÀNOPI, *Mansuetudine volto del monaco*, Noci, 1983, 349). O princípio proclamado de maneira apodíctica na *Regula Benedicti*, c. 48: "a ociosidade é inimiga da alma", põe-se numa linha evolutiva de todo o monasticismo oriental e ocidental e constitui uma paráfrase sapiencial do ensinamento bíblico (veja, sobretudo, os Provérbios, em que "o ocioso está em poder de seus desejos": 13,4; ou o Sirácida, onde lemos que a ociosidade ensina uma quantidade de vícios: 33,29).

O ócio, portanto, faz mal à alma do cristão e à comunidade eclesial, porquanto se opõe à vontade de Deus e incorre nos seus castigos. O claustro monástico muitas vezes une o *ócio* à *acídia*, evidenciando suas desastrosas consequências, pois leva inevitavelmente ao vício: "o demônio da acídia pousa sobre o ócio. E, como está escrito, todo ocioso está entre as concupiscências" (EVÁGRIO MONGE, *Sumário de vida monástica*, in *La Filocalia*, vl. I, Torino, 1982, 104; cf. A. DE VOGUÉ, *La Regola di san Benedetto*, Padova, 1984, 333-336).

O monasticismo, seguindo a melhor tradição dos Padres, zela para que ninguém, no âmbito da comunidade, se entregue ao ócio ou fique ocioso: a casa de Deus, que é ginásio de ascese e de perfeição cristã, tornar-se-ia, com efeito, forja de vícios e de pecado. O que se quer é que todos estejam ocupados e que façam uma atividade ou que se dediquem à → LECTIO DIVINA. O trabalho, evidentemente, não serve apenas para impedir que os cristãos ou os monges fiquem ociosos nem muito menos para fazer o papel de um passatempo ascético. O trabalho é uma *obrigação* para todos (veja, a respeito, o exemplo dos apóstolos e a doutrina do Vaticano II, especialmente o decreto *Perfectae caritatis*, n. 13: "sintam-se empenhados na lei comum do trabalho... deem-se aos meios necessários para seu sustento... destinem alguma parte de seus bens para as outras necessidades da Igreja e para o sustento dos pobres").

O trabalho corresponde, portanto, ao projeto da caridade evangélica e, portanto, realiza concretamente a espiritualidade, ou seja, faz existir a vocação cristã na sua prática, se motivada e inserida no programa cristão.

O *ócio*, então, contradiz, de maneira massiva, a instância proveniente da vontade do Senhor e do seu plano de salvação, a ordem da criação e do mundo confiado aos cuidados do homem, as expectativas de todos os que se encontram hoje na indigência. O patrimônio eclesial oferece, a respeito, a atividade criativa dos que administram a operosidade e, portanto, a espiritualidade a favor dos necessitados, promovendo o caminho de amadurecimento e de libertação deles. Como exemplo, cf. A. ZINO, *San Basilio operatore sociale*, "Ho Theologos. Cultura Cristiana di Sicilia", 24 (1979), 43-60. Esse Padre da Igreja administra a emergência social do seu tempo e da comunidade a ele confiada, ao estimular todos a operar, a trabalhar e, portanto, a não ficarem ociosos, interessando-se diretamente pelos pobres.

Hoje, o ócio faz também referência à inconstância, à infidelidade a Deus e aos irmãos, à frenética atividade que passa de uma ocupação à outra sem objetivo ou convicção, à incapacidade de conjugar de maneira harmônica o temporal e o espiritual, à pouca assunção do risco no emprego dos bens. A comunidade cristã deve tomar consciência cada vez maior de que "a terra é de Deus" e de que "a propriedade e os bens" são de destinação universal e constituem um *direito relativo e condicional* pelas exigências dos povos. E, dada a concepção planetária do mundo de hoje, o ócio da comunidade cristã assume dimensões espantosamente deficitárias e negativas, quer no campo da aquisição e do aprofundamento da boa nova, quer no campo do testemunho, quer no setor mais especificamente social. A administração, com efeito, da vida de comunhão dentro da comunidade de fé e de amor, bem como da vida de relação, é de capital importância. A ela é confiado o crescimento e a edificação do povo de Deus, além da promoção dos povos e do restabelecimento da ordem de justiça e de paz. O ócio, portanto, como expressão negativa de cada pessoa e da comunidade tem repercussões pesadas no mundo e na Igreja: faz parar a cooperação e o convite de Deus à comunhão com ele, retarda o caminho da humanidade, prejudica o dinamismo impresso pelo Espírito no dia de Pentecostes, torna vã a graça que Deus concede a seu povo e a todos que o procuram com coração sincero.

BIBLIOGRAFIA. ↓F ACÉDIA e ↓F PREGUIÇA.

A. LIPARI

ÓDIO. 1. É um movimento da potência apetitiva, que deixa o ânimo num estado de violenta aversão contra uma pessoa ou um objeto qualquer. Sua natureza não é tanto negativa, por afastar de alguém, mas positiva, ou seja, tem como objeto primário o desejo do mal do outro. Opõe-se diretamente ao amor e tem tanto *de ratione mali* quanto o amor tem *de ratione boni* (*STh.* II-II, q. 34, a. 3).

Sob o ponto de vista filosófico, era considerado pelos gregos (Empédocles) uma força cósmica que divide os elementos unidos pelo amor. No Renascimento, Campanella o considerava a terceira determinação primária do não ente, oposto ao amor, que é a terceira determinação primária (ou primalidade) do ente (cf. *Universalis philosophiae partes tres*, Torino, 1854, II, 2, 1-2).

Fenomenologicamente, é um sentimento, um estado emocional, cujo objeto é vivido imediatamente como desvalor. Tanto Brentano como Scheler excluem do ato do ódio qualquer sensação intencional ou valor cognoscitivo. Com efeito, aquilo contra o que se volta o ódio não é o valor em si, mas o objeto "como dotado de valor" (M. SCHELER, *Essenza e forma della simpatia*, Roma, 1980, 224-259).

A psicologia ou o considera como uma aversão originada da má disposição interna (P. JANET, *L'amour et la haine*, Paris, 1932, 229-241), ou, e de forma mais violenta, como aversão originada da oposição entre o instinto de morte e o instinto de conservação (S. FREUD, *Gesammelte Schriften*, V, Leipzig-Wien-Zurich, 1925, 191 s.).

Sob o ponto de vista moral, é uma paixão que pressupõe uma natureza depravada e corrompida pelos outros vícios (*STh*. II-II, q. 34, a. 5, ad 2). Diferencia-se nitidamente da simples aversão e da → ANTIPATIA. Tanto uma como outra, com efeito, não supõem violência nem, necessariamente, o desejo do mal do outro; pode-se, com efeito, sentir repugnância ao tratar com uma pessoa sem que, por isso, se lhe queira mal.

A origem natural do ódio deve ser localizada, geralmente, na inveja ou no ciúme do bem do outro. A → INVEJA, ao fazer ver o bem do próximo como um mal, ou de per si e em si, ou como causa de um mal próprio, gera tristeza, a qual depois leva ao ódio. "De fato, como somos movidos a amar o que deleita, enquanto isso é visto como um bem; assim somos movidos a odiar o que nos entristece, enquanto isso é visto como um mal" (*Ibid.*, a. 6). Portanto, sendo a inveja uma tristeza pelo bem do outro, segue-se que o bem do próximo se torna, por isso, odioso (*Ibid.*). O ódio pode surgir, além disso, também da ira. A ira, porém, mais que ser causa direta do ódio como inveja, é causa dispositiva, porquanto leva em primeiro lugar ao desejo de vingança e *per continuitatem* ao ódio, ou seja, ao desejo do mal do próximo (*Ibid.*, a. 6, ad 2). Além disso, acrescenta mais intensidade e força ao ódio.

O ódio divide-se em ódio de abominação e de inimizade. O primeiro (oposto ao amor de concupiscência) é um estado de aversão contra uma pessoa ou uma coisa porque em si má e, portanto, detestável; o segundo (oposto ao amor de benevolência ou de amizade) é ódio formal contra uma pessoa ou uma coisa, da qual se deseja o mal e, de modo ativo, direta ou indiretamente, procura-se fazer-lhe esse mal.

O ódio de abominação, como diretamente contrário ao mal (pecados, delitos, injustiças...), é lícito e justo; antes, se bem regulado, ajuda as outras faculdades a perseguir com todas as forças o bem e a aborrecer o mal. É também lícito e justo odiar nos outros somente o mal (culpas, defeitos, vícios) (*Ibid.*, a. 3), pois nesse caso se deseja o bem deles. Como, igualmente, é lícito desejar, com proporção e moderação, o mal do próximo em vista de um bem superior. "A humilhação para os corrigir do orgulho, alguma prova para os fazer entrar em si e os converter, revezes na sorte para os obrigar a parar de fazer com que suas riquezas sirvam ao pecado, um insucesso para os fazer sair de um caminho perverso pelo qual entraram; desejar que um criminoso ou um ímpio, perigosos para a sociedade ou religião, sejam punidos e postos em condições de não poder causar o mal, tudo isso é coisa lícita e boa" (F. Cuttaz, *L'amore del prossimo*. Milano, 1961, 396). Todo excesso, porém, no ódio de abominação desemboca facilmente no ódio de inimizade.

Do mesmo modo, quando a Escritura fala de Deus, que odeia as coisas, refere-se não ao ser das coisas, mas à culpa (cf. Rm 1,30: inventores de maldades, odeiam a Deus; Sr 15,13: o Senhor odeia toda abominação; Dt 16,32: nem erigirás estelas, que Javé, teu Deus, odeia).

Enfim, quando o ódio atinge o máximo da malícia, é chamado de diabólico.

2. Os objetos do ódio podem ser Deus, o próximo e a própria pessoa.

a) Ódio contra Deus. Em primeiro lugar, em todo pecado mortal existe em geral um ódio contra Deus, porquanto a malícia de tal pecado afasta o homem do seu fim primário e o aproxima da criatura, fim secundário. Possui, portanto, em si o pecado mortal, um desprezo formal de Deus, e uma escolha que o pospõe, Ele, ser infinito, à criatura, ser finito. Nesse caso, o ódio não se distingue formalmente dos outros pecados. Existe, também, o ódio formal e especial, distinto dos outros pecados e dirigido contra Deus, que pode ser definido: aversão a Deus com a qual a vontade depravada o detesta, pois ele proíbe o pecado e inflige as penas (*STh*. II-II, q. 34, a. 1).

Na realidade, não existe um ódio formal contra Deus, uma vez que Deus é a própria bondade por essência e porque o ódio é dirigido sempre contra um ente considerado um ser nocivo e repugnante (*Ibid.*, q. 29, a. 1). Portanto, odeia-se tanto a Deus quanto é considerado causa de alguns efeitos que contrariam a natural inclinação da vontade depravada do homem, como as leis que proíbem as ações desreguladas das paixões, as penas, os males que inflige, segundo a ordem da sua providência (*Ibid.*, q. 34, a. 1). Vice-versa, se se considera Deus como causa de efeitos bons, como o ser e o agir, a inteligência e a vontade, por serem eles objetos desejáveis e, portanto, objetos de amor, Deus não pode, sob esse aspecto, não ser amado.

Portanto, contra Deus, considerado causa de leis proibitivas e de penas, pode ocorrer um duplo ódio formal: de abominação e de inimizade. O primeiro existe quando se odeia a própria existência de Deus; o segundo, quando se deseja contra ele até alguma coisa má. Num e noutro caso, é um pecado contra o Espírito Santo, pois dirigido intencionalmente contra a bondade de Deus. Além disso, é o mais grave dos pecados, porquanto oposto à caridade, cujo primeiro ato é o amor de Deus.

b) Ódio contra o próximo. É a aversão com que expressamente se deseja o mal do próximo. Portanto, não é tanto uma simples atitude psicológica de oposição e de negligência, quanto um positivo e formal desejo do mal do outro.

Concretiza-se na procura direta ou indireta de causar o mal à pessoa odiada. Pode lesar tanto os bens físicos como a fama e a reputação. É o oposto, enfim, do amor devido ao próximo. O amor em relação ao próximo é devido segundo tudo o que procede de Deus, natureza, graça e bens exteriores, e exclui tudo o que é falta de justiça e de bondade, como o pecado (*Ibid.*, a. 3). Dado, porém, que o ódio é geralmente dirigido contra a bondade do próximo, é, nesse caso, grave pecado. Porém, pode ser também venial, seja pela pequenez da matéria, seja pela imperfeição no consenso ou na advertência. Além disso, há ainda diferença entre o ódio interior não realizado e o exterior realizado. Considerado em relação ao mal que se inflige ao próximo, é pior o ódio externo do que o interno (*Ibid.*, a. 4).

É de espécie diferente do ódio contra Deus, pois ofende diretamente a bondade criada e só indiretamente a incriada. Da diversidade dos males desejados contra o próximo não surge, porém, diversidade de espécie de ódio. De fato, qualquer mal que se deseje contra o próximo cai sempre na espécie da malevolência e, portanto, do ódio. A única diferença de que depende também a diferente gravidade do ódio está em desejar para o próximo o mal, de modo eficaz ou não (cf. *Cursus theologiae moralis salmanticensis*, t. V, Venetiis, 1764, tr. 21, c. 8, 146).

Pode haver, enfim, um ódio de classe, como o que existe entre ricos e pobres, entre ignorantes e cientistas... e, num campo ainda mais vasto, um ódio entre nações e nações. É sempre causa de discórdias, de inimizades e de desgraças sociais e, portanto, deve ser sempre condenado.

c) Ódio contra si mesmo. Mais que um ódio formal e teórico contra si mesmo, é um ódio prático, causado por desespero e por anormais predisposições, com o qual alguém faz mal total (suicídio) ou parcial (automutilação) contra si mesmo. No âmbito especulativo, é inconcebível tal ódio, dado o congênito e conatural instinto à vida e à própria conservação. Mais que uma má vontade formal é, portanto, uma inconsciente aversão que procede de um estado mórbido.

Implícita e indiretamente, tem-se aversão e tem-se ódio também a si mesmo, quando não se põem em prática todos os meios necessários para a saúde do corpo e o bem da alma (cf.: quem ama a iniquidade odeia a sua alma; Pr 15,10: "quem detesta a repreensão morrerá"; Jo 3,20: "quem pratica o mal odeia a luz e não se aproxima da luz, para que suas obras não sejam descobertas").

3. Todas as três espécies enumeradas do ódio são contra o espírito de Deus e contra o espírito pregado por Cristo, o qual opôs decididamente à lei antiga o ódio contra os inimigos, a lei do amor para com todos, inclusive os próprios inimigos (cf. Mt 5,44: fazei o bem aos que vos odeiam; Lc 6,27). E é falso quem diz que ama a Deus e odeia seu irmão (1Jo 4,20). Como também vive nas trevas e não ama a luz quem desconhece o essencial do cristianismo, ou seja, a filiação adotiva por parte de Deus e a consequente universal fraternidade em Cristo.

Quem vive no ódio é homicida (Jo 3,15). O ódio, com efeito, fomenta as rixas (Pr 10,12), o → CIÚME, a violência, o → ORGULHO, causas essas que podem levar a desejar ou a provocar de fato a morte do corpo e da alma.

Existe, porém, um ódio que o próprio Cristo ordena. Um ódio que, no fundo, é amor. O ódio contra tudo o que é impedimento para que se realize por inteiro o próprio amor para com Deus. E nesse ódio estão compreendidas também as pessoas mais caras, como o pai, a mãe, os irmãos, os amigos. Se algum deles é impedimento para seguir o Cristo, não pode ser mais objeto de amor, mas de ódio (Lc 14,26: "Se alguém vem a mim, sem me preferir a seu pai, sua mãe, sua mulher, seus filhos, seus irmãos, suas irmãs e até sua própria vida, não pode ser meu discípulo"). Esse ódio é justo, portanto, e é lícito também contra si mesmo.

O amor desregulado de si implica falta de amor para com Deus; a natureza, com efeito, é contrária ao espírito. Deve haver, portanto, certa aversão contra si, que dá ao espírito a liberdade de agir somente por Deus (Jo 12,25: "Quem ama sua vida a perderá; quem, neste mundo, odeia sua vida a guardará para a vida eterna").

É impossível, com efeito, servir a dois senhores, ou se ama um e se odeia o outro, ou vice-versa (Lc 16,3).

Conclusão; como os cristãos se revelarão por seu amor recíproco, assim os anticristãos serão reconhecidos por seu ódio. Mais; esses últimos terão ódio dos primeiros porque eles são contrários ao espírito do mundo (Jo 17,14: "Eu lhes comuniquei tua palavra e o mundo ficou com ódio deles porque não são do mundo, como eu também não sou do mundo"). Desse ódio contra os cristãos por parte do mundo, foram advertidos: serão odiados como o próprio Cristo foi odiado (Jo 15,18). O mundo odiou em Cristo o Pai (Jo 15,23), os cristãos serão odiados pelo nome de Cristo (Jo 15,20-21). Eles, porém, deverão tirar desse ódio motivo de alegria (Lc 6,23).

BIBLIOGRAFIA. BOLLNOW. *Les tonalités affectives.* Neuchâtel-Paris, 1953; BOVIS, A. de. *Haine*, in *Dictionnaire de Spiritualité*, VII, 29-50 (com seleta bibliográfica); BRENTANO, F. *Vom Ursprungs sittlicher Erkenntnis.* Hamburg, 1955; JANET, P. *L'amour et la haine.* Paris, 1932; SCHELER, M. *Essenza e forma della simpatia.* Roma, 1980; TILLMANN, F. *Il Maestro chiama.* Brescia, 1940; WEBER, E. *La carità cristiana.* Roma, 1947.

A. DI GERONIMO

ODOR (osmogênese). É um odor de suavidade e de fragrância que às vezes exala do corpo mortal dos santos ou do sepulcro onde repousam seus restos mortais. É um odor que não tem nada em comum com os odores naturais. Às vezes exala durante as doenças, como aconteceu com Santa Ludwina, e substitui os odores às vezes incômodos das feridas e das doenças. Pode emanar de modo constante ou apenas em certos momentos.

O corpo humano em estado normal emana um odor que varia de acordo com a raça, o sexo, a pigmentação cutânea e pilosa, a espécie de alimentação. Em geral, porém, são odores pouco agradáveis. Acentuam-se e modificam-se com as doenças. Existe também um odor medianímico, que se diferencia do odor dos santos; esse é um odor perfeitamente definido e o médium não procura escondê-lo como procuram escondê-lo os santos. O odor em si é uma coisa absolutamente natural; por isso, não excede o poder do demônio, que pode produzi-lo.

Todavia, admite-se que às vezes se trata de odor sobrenatural; isso se prova sobretudo por meio das circunstâncias em que se verifica o fenômeno; por exemplo, durante as doenças que produzem odores fétidos e que, porém, exalam perfumes deliciosos e delicados; se ocasionam curas instantâneas ao serem aspirados; se algumas pessoas o percebem e outras, inexplicavelmente, não.

É inegável que o fenômeno tem uma origem sobrenatural. Todavia não é coisa fácil determinar se se trata de um mecanismo ou de um processo preternatural que, de algum modo, derrogue as leis do organismo humano sob esse aspecto. Pode-se explicar que é como uma consequência da ação sobrenatural da alma divinizada no corpo que, desse modo, participa em parte da propriedade de que lhe será permitido participar plenamente quando for glorificada. Não nos parece temerário afirmar que o odor será uma das qualidades dos corpos glorificados, qualidade antecipada neste mundo ao que goza do odor. Isso pode ser também um valor simbólico nas almas santas: poderia querer significar a ardente caridade que fez deles uma hóstia santa e agradável a Deus em odor de suavidade.

BIBLIOGRAFIA. BENEDICTUS XIV. *De servorum Dei beatificatione et canonizatione.* t. IV, pars I, c. 31, nn. 22-28 (t. IV, Prati 1841, 366-372); FARGES, A. *Les phénomènes mystiques.* Paris, 1923; BON, H. *Medicina e religione.* Torino, 1946, 237-240; THURSTON, H. *Fenomeni fisici del misticismo.* Alba, 1956, 275-286; VEZZANI, V. *Mistica e metapsichica.* Verona, 1958.

I. RODRÍGUEZ

OFÍCIO DIVINO. O livro da oração litúrgica da Igreja que marca a santificação e a consagração do tempo leva ainda hoje o título oficial de ofício divino. A palavra "ofício" lembra o ministério orante, a dedicação à oração. O termo "divino" indica o sentido teologal do louvor divino, em que Deus está presente como termo da oração, mas em que ele impregna com a sua graça todas as dimensões da Igreja orante. Nesse sentido, encontramos na tradição litúrgica outros nomes semelhantes, como "opus Dei", já presente na Regra de São Bento, com um preciso significado de obra divina, realizada com o Senhor e em seu louvor, ou "ofício angélico", que designa o ministério orante dos monges ou da comunidade eclesial unida à liturgia da Igreja celeste. O termo mais conhecido até recentemente, e não mais oficial, de "breviário", dado ao livro do ofício divino, remonta ao século XIII, quando o compêndio da celebração monástica assumiu o nome de *Breviarium secundum consuetudinem romanae curiae*. Continua ainda hoje o título mais expressivo de "liturgia das horas", adotado pela reforma litúrgica, para exprimir a peculiaridade de uma oração distribuída nas horas do dia e da noite. Alguns autores preferem o termo liturgia do louvor ("liturgia laudis") que condiz bem com o sentido mesmo da oração oficial da Igreja, que continua "o canto de louvor que ressoa eternamente nos céus e que Jesus Cristo, Sumo Sacerdote, introduziu nesta terra de exílio" (Paulo VI).

A reforma litúrgica do Vaticano II deu novo impulso e vigor a essa oração oficial da Igreja com uma profunda renovação de estruturas, de textos e de livros; mostrou com riqueza de doutrina seu sentido teológico e ampliou a oração de todo o povo de Deus, o que outrora era ofício monástico e clerical. Uma reforma, portanto, que tem perspectivas ao mesmo tempo históricas — no retorno às origens —, teológicas — na cuidadosa doutrina teológica que serve de base ao louvor eclesial —, litúrgicas e espirituais, pelos conteúdos e atitudes que a devem inspirar. As diretrizes do Vaticano II contidas na *Sacrosanctum Concilium*, nn. 83-101, foram realizadas de modo insigne pela reforma dos livros litúrgicos correspondentes, promulgada pela constituição apostólica *Laudis canticum*, de Paulo VI, de 1º de novembro de 1970, amplamente documentada com as Premissas que têm o título de *Princípios e normas para a liturgia das horas* (*PNLH*).

O ofício divino é ao mesmo tempo um patrimônio de oração da Igreja, uma celebração que marca o ritmo horário da vida das comunidades, uma manifestação peculiar da própria Igreja como comunidade orante. É fonte, ápice e norma da Igreja em oração; possui traços característicos de experiência espiritual que aqui, de modo especial, queremos pôr em destaque num estudo sintético que faça emergir algumas linhas históricas, teológicas, celebrativas e espirituais. Num tema tão vasto e articulado, não se pode oferecer senão uma síntese com algumas chaves de leitura com uma referência necessária às obras citadas na bibliografia.

1. DESENVOLVIMENTO HISTÓRICO DA ORAÇÃO ECLESIAL. Hoje nós nos encontramos diante de uma organizada estrutura de oração eclesial chamada ofício divino, com dois momentos-chave que são a oração da manhã e da noite, mas com outros espaços celebrativos como o ofício das leituras, a hora média de terça, sexta e nona, as completas, as celebrações das vigílias acrescentadas ao ofício das leituras. Essa estrutura não se compreende senão à luz de dois princípios que estão em sua origem: o ritmo da oração do povo de Israel e o convite de Jesus a rezar sem se cansar jamais, traduzido por Paulo como uma oração sem interrupção (cf. Lc 18,1; 1Ts 5,16). A tradição da Igreja primitiva colheu essa herança que se desenvolveu ao longo da história da Igreja, especialmente no campo monástico e nos ofícios das catedrais, com pontas insólitas de oração ininterrupta como no caso dos monges → ACEMETAS do mosteiro de Irenaion, em Constantinopla, onde a oração subia ininterrupta a Deus, dia e noite, ou no mosteiro beneditino de Cluny, onde o saltério era rezado por inteiro todos os dias. A Igreja, porém, com o ritmo horário da sua oração distribuída ao longo do dia, quis santificar todas as horas do dia e da noite numa quase perene "*leitourghia*" de louvor, com momentos fortes que dão sentido ao trabalho e ao repouso ao longo de todo o dia. É conveniente portanto, para ter uma reta visão do desenvolvimento histórico, traçar em síntese as etapas de uma longa evolução da liturgia das horas.

a) *Da oração de Israel à oração da Igreja*. Certa organização horária da oração do povo de Israel encontra sua raiz nos dois momentos principais do culto no Templo de Jerusalém, com o sacrifício da manhã, pacífico, inspirado na tradição da agricultura, com a oferta do pão ou das primícias dos frutos, e com o sacrifício vespertino, cruento, inspirado na tradição do pastoreio, com a oferta dos animais. Os dois sacrifícios eram sempre acompanhados por orações que precediam ou seguiam os sacrifícios. Entre as orações que acompanhavam a oferta sacrifical tinham certa importância a recitação do *Shemá Israel* (cf.

Dt 6,4-9; 11,13-21; Nm 15,37-41), a bênção para a criação, chamada *Yotzer*, e o canto da *Queduschá* (Is 6,3) de manhã; a *Tefilá* ou *Shemoné Esré*, oração das dezoito bênçãos com a intercessão para o povo de Israel, especialmente na oração da noite. Indicações de um ritmo de oração tripartite podem ser encontradas em Dn 6,11 e no Sl 54,18 (noite, manhã e meio-dia). Há alusões à oração noturna (Sl 118,55; 118,62), mas também em sete momentos de invocação de Deus ao longo do dia (Sl 118,164). Sl 140,2 exprime claramente o sentido do sacrifício vespertino com a oferta do incenso acompanhada pela oração.

Para a Igreja apostólica tem sem dúvida um valor exemplar a oração de Israel e o ritmo orante do Templo e das sinagogas, mas se inspira mais no exemplo e no mandamento de Jesus com relação à oração assídua, confiante, realizada em seu nome, renovada até nas expressões, como o próprio Mestre atesta com as suas orações e com a outorga do → PAI-NOSSO, a oração do Reino que os primeiros cristãos recitarão três vezes ao dia. No *PNLH*, nn. 3-4, nos é oferecida uma valiosa síntese sobre a oração de Cristo, acompanhada por citações evangélicas que põem em destaque a sua oração pela manhã, durante a noite, na solidão. Uma observação doutrinal merece destaque: "A sua atividade cotidiana estava estreitamente unida à oração, e até dela provinha. Assim, quando se retirava ao deserto ou ao alto do monte para orar, levantando-se bem cedo, ou quando, da noite à quarta vigília, passava a noite inteira em oração a Deus" (*Ibid.*). O ritmo orante de Jesus está ligado à sua missão apostólica, a seu diálogo com o Pai no cumprimento do mistério pascal: "O Mestre divino demonstrou que a oração animava seu ministério messiânico e o seu êxodo pascal" (*Ibid.*). Desse exemplo do Mestre nasce também seu conselho de orar sempre com uma oração humilde, vigilante, perseverante, confiante (cf. *Ibid.*, n. 5).

A Igreja apostólica aparece desde o primeiro instante como uma comunidade orante: no Cenáculo antes de Pentecostes (At 1,14), na comunhão que se realiza por meio das orações (At 2,42), no momento das perseguições (At 4,24), quando Pedro está na prisão e a oração da Igreja sobe ao céu por ele (At 12,5.12). Os próprios apóstolos parecem seguir os ritmos da oração do Templo: de manhã (cf. At 2,1-15), ao meio-dia (At 10,9), à tarde, na hora nona (At 3,1). Não faltam indicações de uma oração noturna (At 12,12) quando a comunidade ora por Pedro preso no cárcere, ou quando Paulo e Silas cantam seus louvores, presos no cárcere (At 16,25). O próprio Paulo dá testemunho de sua oração contínua dia e noite em favor dos fiéis (cf. 1Ts 3,10; 2Tm 1,3). Todos esses textos terão uma influência definitiva na tradição posterior no momento de estruturar os momentos da oração diária dos cristãos. Paulo apresenta as comunidades cristãs como assembleias orantes: "Sede repletos do Espírito. Entoai juntos salmos, hinos e cânticos inspirados; cantai e celebrai o Senhor de todo o vosso coração. Em todo tempo e a propósito de tudo rendei graças a Deus Pai, em nome de nosso Senhor Jesus Cristo" (Ef 5,18-20; cf. Cl 3,16-17). Nesses textos se observa a continuidade e novidade da oração cristã, aberta, aliás, a uma universal intercessão para a salvação de todos no nome do único Mediador entre Deus e os homens (cf. 1Tm 2,1-8).

b) *A formação das horas da oração nos primeiros séculos.* Tendo presente neste momento o desenvolvimento das horas de oração na Igreja primitiva, encontramos nos primeiros três séculos indicações preciosas referentes aos tempos e às motivações de uma oração feita pelos cristãos seja em comum seja também em particular. Os principais testemunhos provêm de todas as áreas da cristandade primitiva, de Alexandria a Roma, da África do norte a Jerusalém.

Uma primeira indicação da *Didaké*, c. 8, lembra que a oração do Senhor deve ser recitada três vezes ao dia. O papa Clemente na sua I Carta (40,1-4; 24,1-3) fala dos tempos estabelecidos para a oração e acena para o simbolismo da noite e da manhã como imagens da ressurreição. Clemente de Alexandria lembra as orações feitas em determinadas horas (terça, sexta e nona), embora afirme que o espiritual pode orar a Deus em qualquer parte e falar com ele como um amigo, de coração a coração (cf. *Strom.* VII, 7). → TERTULIANO em seu tratado *Sobre a oração* lembra as orações da manhã e da noite, os momentos de terça, sexta e nona; justifica sua existência à luz da Escritura (*Ibid.*, c. 25); em outra parte, alude às vigílias e à oração do lucernário. Também → ORÍGENES repropõe a grande tradição bíblica do Antigo Testamento e da Igreja primitiva em determinadas horas do dia (*Sobre a oração*, c. 12). Mais articulada é a exposição de Cipriano em seu livro *Sobre a oração do Senhor* (cc. 34-36), que lembra a oração que deve ser feita, segundo o agir dos apóstolos, a terça, sexta e nona, reconhecendo no número ternário o mistério da Trindade; mas indicando ao mesmo tempo que as novas horas de oração estabelecidas pelos cristãos — manhã, tarde, noite — têm uma referência a Cristo, luz do mundo, e ao mistério da sua ressurreição: "Às horas de oração observadas desde a Antiguidade foram acrescentadas agora para nós outras, que são *sacramentos*. Com efeito, deve-se orar de manhã para celebrar na oração da manhã a ressurreição do Senhor. [...] Quando o Sol se põe e o dia finda, é preciso pôr-se de novo a orar. Com efeito, uma vez que Cristo é o verdadeiro Sol e o verdadeiro dia, no momento em que o Sol e o dia do mundo vão se apagando, pedindo por meio da oração que volte sobre nós a luz, invocamos que Cristo retorne a nos trazer a graça da luz eterna. [...] Nós que estamos em Cristo, ou seja, sempre na sua luz, não devemos cessar de orar de noite" (*Ibid.*). Digno de destaque é sem dúvida o testemunho da *Tradição apostólica*, de Hipólito, que reúne os legítimos usos da Igreja de Roma nos primeiros decênios do século III. Além da bela descrição do lucernário ou oração da noite com a chegada da lâmpada e o canto dos salmos (cf. c. 25) e a referência à sinapse matutina com a oração e a instrução (c. 35). Hipólito dedica um longo e minucioso capítulo sobre a oração do cristão no qual, além de indicar as horas da oração que cobrem o dia e a noite (nas matinas, na hora terça, sexta e nona, antes de ir dormir, à meia-noite, ao canto do galo...), indica na referência aos diferentes momentos da paixão do Senhor as motivações da oração que vai da hora terça à hora nona (cf. c. 41).

No final do século III, por meio desses testemunhos, já temos um ritmo de oração muito intenso e complexo no qual se acumulam as antigas horas da oração de Israel, agora propostas segundo a tradição da contagem romana (terça, sexta, nona), as horas típicas da tradição cristã ligadas à lembrança da ressurreição do Senhor e ao tema de Cristo luz (manhã e noite). As horas da terça, sexta e nona se justificam com o recurso à tradição hebraica, à oração dos apóstolos, à memória da paixão do Senhor. Provavelmente nos encontramos aqui numa encruzilhada de orações públicas da comunidade cristã e de orações particulares dos fiéis individualmente. Entre as horas da oração pública emergem por seu típico significado cristológico os louvores da manhã em honra da ressurreição do Senhor e a oração do anoitecer ou lucernário em torno de Cristo, luz do mundo. A tradição posterior reúne alguns hinos antigos da manhã e da noite, como o *Gloria in excelsis*, já testemunhado no século V, mas certamente mais antigo, que é um hino matutino; o *Te Deum*, atribuído a Hilário de Poitiers ou a Niceta de Remesiana, com extratos que remontam a → CIPRIANO DE CARTAGO; o hino da luz, atribuído a Santo → EFRÉM ou a Narsai de Nísibe, composto em estrofe em forma de acróstico com o nome de Jesus-Messias; e o mais conhecido dos hinos da noite, *Phôs ilaron*, luz alegre, composto pelo mártir Antinogeno, referido por São Basílio, muito semelhante à oração lembrada pela *Tradição apostólica* para o lucernário da noite, ainda hoje cantado todos os dias no ofício bizantino. A antiga tradição eucológica romana conservou orações várias e significativas da manhã e da noite nos Sacramentários Veronenses e Gelasiano, em parte recuperadas na atual proposta renovada da liturgia das horas.

c) *As etapas ulteriores da formação do ofício divino*. A oração comum da Igreja conhece um rápido desenvolvimento a partir do século IV. Distinguem-se claramente duas tendências: a da oração comum nas igrejas e a da celebração nos mosteiros. A primeira se volta especialmente para as horas principais da manhã e da noite, laudes e vésperas, com variedade de formulários de oração; a segunda, que sofre a influência da plena dedicação dos monges à oração e ao trabalho, tende a multiplicar as horas da oração e organiza o "cursus" da própria liturgia laudatória em torno da recitação íntegra do saltério davídico, distribuído em várias partes; em duas semanas, segundo a Regra de São Bento, mas também com a obrigação de recitá-lo íntegro todos os dias segundo algumas tendências extremas da Idade Média. No ofício hispânico chegar-se-á também à distribuição das horas de oração do dia e da noite até um número de 24 momentos de oração.

No século VIII, Crodegando de Metz organiza a celebração do clero nas catedrais conforme o modelo da oração monástica, garantindo até por meio da instituição dos cônegos um ritmo horário de oração comum.

No século XIII, Inocêncio III oferece uma nova organização do ofício divino reduzido ou abreviado, para uso de um grupo de colaboradores pontifícios que oravam na capela de São Lourenço do palácio papal. Essa organização, chamada de "*Breviarium secundum consuetudinem romanae curiae*", teve grande êxito e foi a seguir adotada pelos → FRANCISCANOS e por outras Ordens mendicantes. Passou-se assim à recitação privada do ofício divino que substituía a assistência ao coro, favorecendo um novo modo de entender a oração da Igreja, embora adaptado às novas circunstâncias de clérigos e religiosos empenhados no estudo e no apostolado itinerante.

No século XVI, por mandato de Clemente VII, o franciscano espanhol Francisco de Quiñonez, cardeal do título da Santa Cruz em Jerusalém, fez uma reforma do breviário com uma melhor distribuição da Escritura, a recitação de todo o saltério numa semana, a simplificação das rubricas, diminuição de cada hora, para evitar a antipatia dos clérigos que achavam o ofício particularmente pesado. Essa iniciativa não teve muito êxito. Foi logo hostilizada por alguns membros da cúria, inimigos dessa reforma, como o cardeal Gian Pietro Carafa, futuro Paulo IV, que a suprimiu, em 1558, poucos anos depois de sua promulgação por parte de Paulo III, em 1535. Em 1568, Pio V promulgava uma nova edição do breviário romano, como queria a reforma geral estabelecida pelo Concílio de Trento, com uma purificação de elementos espúrios nas festas do ano litúrgico.

Outras reformas remontam ao século XX. Pio X, com a bula *Divino afflatu* (1911) dava início a uma reforma para simplificar o número de salmos em algumas horas. Pio XII, em 1945, introduziu uma nova versão do saltério em língua latina para favorecer a compreensão dos salmos.

Finalmente, a esperada reforma do ofício divino foi realizada por Paulo VI, a pedido dos padres conciliares do Vaticano II, com amplas perspectivas pastorais e espirituais. Pode-se dizer que jamais como nessa nova proposta do ofício divino tinha se realizado uma revisão que respeitasse a teologia, a tradição eclesial e as necessidades pastorais da Igreja.

2. TEOLOGIA DO LOUVOR DIVINO. A liturgia do louvor que a Igreja exprime por meio do ofício divino tem algumas dimensões teológicas que são próprias da oração e outras que são comuns à própria liturgia, cuja expressão é, precisamente, a liturgia das horas. De qualquer modo, convém lembrar aqui algumas dessas dimensões comuns e próprias, especificando seus conteúdos.

a) *O ofício divino como liturgia.* O ofício divino, como a liturgia eucarística, os sacramentos, o ano litúrgico, é celebração da história da → SALVAÇÃO e do mistério pascal de Cristo.

Na realidade, existe uma íntima união entre a oração das horas e a celebração do → ANO LITÚRGICO, porquanto a estrutura mesma do ofício está ligada à celebração dos diferentes tempos litúrgicos, de maneira que a oração prolonga a meditação do mistério e dos mistérios no memorial da Palavra e na resposta orante. Como especial celebração da história da salvação, o ofício divino, por meio das leituras, dos salmos, dos hinos e das preces, faz memória das maravilhas de Deus no Antigo Testamento e no Novo Testamento, mas também na história da Igreja. Particular importância tem a ligação entre a liturgia das horas e o mistério pascal de Cristo. Com efeito, a oração da Igreja é celebração do único mistério do Senhor celebrado na liturgia, é comunhão com a intercessão celeste de Cristo. Alguns autores, com fina intuição, quiseram ver na oração litúrgica das horas um aspecto particular do mistério pascal; se é verdade, como observamos no *PNLH*, n. 4, que a oração animava "o êxodo pascal de Cristo", podemos ver na atuação orante da Igreja um prolongamento daquele diálogo salvífico que é como que o próprio coração do mistério pascal, o diálogo orante entre o Filho e o Pai no Espírito Santo, no qual se consuma a nossa redenção. A oração da Igreja prolonga e atualiza a dimensão interior do mistério pascal. Como escreve J. Pinell, "o evento pascal representa a irrupção na história humana de um diálogo de recíproca glorificação, de amor inefável que reside no viver e no ser mesmo de Deus. A ressonância desse amor, do qual brota a redenção, exprime-se pela voz de Cristo que faz dom da sua vida pela causa da salvação". Também hoje a Igreja atualiza essa dimensão pascal do diálogo salvífico. Como se exprime Paulo VI na constituição *Laudis canticum*: "A oração cristã é em primeiro lugar súplica de toda a família humana, que Cristo associa a si mesmo (*SC* 83), no sentido de que todo homem participa dessa oração, a qual é própria de todo o corpo, quando se fazem as súplicas. Por isso, são elas a voz da amada esposa de Cristo, os desejos e os votos de todos os cristãos, súplicas e implorações de todos os homens. Mas essa oração recebe a sua unidade do coração de Cristo. Com efeito, quer o nosso Redentor 'que a vida por ele iniciada no corpo mortal com as suas orações e com o seu sacrifício não seja interrompida pelo passar dos séculos em seu Corpo místico que é a Igreja', de modo que a oração da Igreja é ao mesmo tempo 'a oração que Cristo com o seu corpo dirige ao Pai' (*SC* 85). Enquanto recitamos o ofício, portanto, devemos reconhecer o eco das nossas vozes na de Cristo e a de Cristo em nós". Desse modo, a oração da Igreja, prolongamento e realização da oração do Senhor, é celebração de todo o seu mistério pascal e do elemento pessoal, subjetivo, filial, de aceitação do desígnio do Pai e de glorificação da sua vontade que Cristo expressou ao consumir na oração o seu sacrifício pascal. Essa dimensão fecunda a história humana e a torna história da salvação, mediante o louvor ininterrupto que sobe de toda parte da terra para o céu.

Não é difícil ver na oração litúrgica das horas a tríplice dimensão trinitária, eclesial e antropológica que é própria de toda celebração litúrgica. O Pai é sempre a fonte e a meta de toda oração. Cristo é o sacerdote e o liturgo. A presença de Cristo em meio à assembleia orante é garantia da eficácia da oração (*PNLH* 13) que é exercício de seu sacerdócio. Ele ora em nós e por nós e nós oramos a ele, segundo o famoso dito de Santo → AGOSTINHO (*Ibid.*, n. 7); e mais, a sua oração realizada agora pela Igreja tem uma dimensão universal, porquanto assume a de todo o gênero humano (*Ibid.*, n. 6). A referência a Cristo na oração das horas é constante nas preces, hinos, coletas; e a Igreja até sugere que se veja também nos salmos a voz de Cristo, a constante referência a seu mistério segundo as palavras mesmas do Senhor (cf. Lc 24,44) e a constante tradição da Igreja que procurou e encontrou Cristo nos salmos (cf. *PNLH* 109). O Espírito Santo impregna toda a oração da Igreja e tem um papel característico na liturgia das horas: "A unidade da Igreja orante é obra do Espírito Santo que é o mesmo em Cristo, em toda a Igreja e em cada um dos batizados" (*Ibid.*, n. 8); depois de ter lembrado os textos mais característicos do Novo Testamento sobre a oração como dom do Espírito, afirma-se: "Não pode haver, portanto, nenhuma oração cristã sem a ação do Espírito Santo, que, unificando toda a Igreja, por meio do Filho a conduz ao Pai" (*Ibid.*). No ofício divino a Igreja expressa a si mesma como comunidade orante e realiza aquela imagem de povo de Deus em oração que desde o início caracterizou os discípulos do Ressuscitado (*PNLH* 1.9.20-21) e realizou o "loghion" de Jesus em Mt 18,20: "Onde dois ou três estiverem reunidos em meu Nome, eu estou no meio deles" (*Ibid.*, n. 9; cf. *SC* 7). O fundamento da participação na liturgia das horas é o sacerdócio comum a todos os batizados (*Ibid.*, n. 7). A diversidade das assembleias orantes exprime a única Igreja presente em todas as legítimas comunidades orantes (*Ibid.*, nn. 20-22). Por diferentes títulos e com particulares obrigações a liturgia pode e deve ser celebrada por ministros da Igreja, pelas comunidades monásticas e religiosas, por grupos de leigos e pelas famílias (*Ibid.*, nn. 24-27). Mediante seu louvor, súplica, intercessão, a Igreja se une à liturgia celeste e assume na sua oração todas as necessidades da humanidade (*Ibid.*, nn. 6-7.16-17). A Igreja, portanto, mostra-se claramente como comunidade reunida no nome de Cristo quando se realiza como assembleia orante, alimenta-se da Palavra orada e se dirige ao Pai por Cristo no Espírito Santo, atualizando na história o diálogo da salvação. Na dimensão antropológica que é própria de toda celebração litúrgica, a Igreja é sempre uma humanidade que libera do mais profundo do seu ser os mais variados sentimentos, veiculados pelos textos litúrgicos, expressos com os diferentes gêneros literários da oração litúrgica e com os gestos próprios da celebração, do canto ao silêncio sagrado, dos sinais e gestos de oração ao conjunto do ritual que comporta a celebração (*PNLH* 253-284).

Como toda celebração litúrgica, o diálogo da salvação se expressa na dimensão descendente, de santificação, e na ascendente, de culto. À primeira vista, parece que a liturgia das horas tenha somente uma dimensão cultual, de louvor, de glorificação. Essa dimensão é evidente. A oração é "sacrifício de louvor, isto é, o fruto dos lábios que confessam o seu nome" (Hb 13,15). Tertuliano soube ressaltar que a oração cristã é a substituição dos sacrifícios veterotestamentários e a alternativa lógica aos sacrifícios pagãos. É o culto espiritual por excelência: "Esse é o sacrifício espiritual que aboliu os antigos sacrifícios. [...] Nós somos os verdadeiros adoradores, os verdadeiros sacerdotes, que, orando no espírito, oferecemos no espírito a súplica que condiz a Deus e que lhe é agradável, a que ele escolheu e quis: a nova forma de oração do Novo Testamento" (*Sobre a oração*, c. 28). A voz unânime dos cristãos que oram, o tempo dedicado a Deus é sacrifício de louvor que participa do sacrifício eucarístico, até o prepara e o prolonga em cada uma das horas do dia (*PNLH* 12). Mas não falta uma dimensão de santificação à oração litúrgica; no diálogo com Deus irradia-se em nós a sua glória;

o Espírito age nos corações; a Palavra nutre os orantes com a sua força santificante. Lentamente, mas com absoluta segurança, a Igreja se deixa fecundar pela santidade de Deus quando se abre ao louvor divino porque deixa que a caridade de Deus se expresse em glorificação do seu nome e em poderosa intercessão pela salvação do mundo (*PNLH* 14).

Como toda outra ação litúrgica, o ofício divino é fonte e ápice da vida da Igreja (*PNLH* 18), autêntico exercício de santificação e de apostolado. Ele se torna um momento de recapitulação da vida dos cristãos que na oração resumem a sua vida, os seus propósitos e desejos; e ao mesmo tempo a liturgia da oração permeia toda a existência, segundo uma densa expressão de Paulo VI na constituição *Laudis canticum*: "Toda a vida dos cristãos, mediante cada hora do dia e da noite, é como uma '*leitourghia*', mediante a qual eles se dedicam ao ministério de amor para com Deus e para com os homens, aderindo à ação de Cristo que com a sua vida entre nós e com a oferta de si mesmo, santificou a vida de todos os homens. Essa sublime verdade inerente à vida cristã é demonstrada de modo evidente e confirmada de maneira eficaz pela liturgia das horas".

Por outra parte, não podemos deixar de ressaltar a esplêndida experiência de pedagogia e mistagogia da oração e da vida que é oferecida a todos os fiéis mediante a celebração do ofício divino, desde que haja um autêntico empenho celebrativo e uma coerência de vida: "Para que essa oração seja própria de cada um dos que dela tomam parte e seja igualmente fonte de piedade e de múltipla graça divina e alimento da oração pessoal e da ação apostólica, é necessário que a própria mente esteja de acordo com a voz mediante uma celebração digna, atenta e fervorosa" (*PNLH* 19).

b) *Riqueza da oração eclesial*. Toda ação litúrgica está inserida no movimento da oração; todavia, pertence de maneira peculiar ao ofício divino assumir no modo mais amplo e mais rico a dimensão orante da Igreja. Há nisso uma convicção de fé profunda que se exprime desde o início mesmo da comunidade dos Atos: a assembleia orante já é realização sacramental da Igreja; na oração os fiéis nutrem, exprimem, reforçam a sua fé e a sua comunhão com Deus e com os outros irmãos. A Igreja orante é uma Igreja que resplandece na sua fé, esperança, amor e se prepara para dar testemunho com a vida.

Há uma riqueza particular de oração eclesial no ofício divino, porquanto convergem na estrutura e na distribuição mesma da celebração elementos característicos como a leitura da → PALAVRA DE DEUS, os salmos e os cânticos do Antigo Testamento, os cânticos evangélicos e os extraídos dos escritos apostólicos, a oração do Senhor; mas a palavra de Deus permeia tudo nas antífonas, responsórios, versículos. Não é o caso de nos determos aqui na exposição de cada um dos elementos para os quais os *PNLH* oferecem uma suficiente explicação doutrinal e prática. Bastaria chamar a atenção sobre a articulada exposição que os nn. 100-135 fazem sobre os salmos na liturgia das horas.

A todos esses elementos tirados da Escritura, que demonstram claramente como a Igreja ora com as palavras mesmas recebidas de Deus, é preciso acrescentar outros elementos que provêm da tradição da Igreja, como as leituras dos Padres e dos escritores eclesiásticos, que ajudam a fazer uma autêntica "*lectio divina*" dos textos bíblicos, os hinos, as preces das laudes e das vésperas, as orações coletas. Tudo está envolvido no ritmo contemplativo do sagrado silêncio que recomenda a liturgia e que se torna solene com o canto litúrgico que faz ressaltar o sentido celebrativo do louvor de Deus.

Se aos elementos constitutivos do ofício como oração quisermos agora acrescentar algumas considerações sobre as atitudes típicas da oração cristã como são expressas nas horas canônicas, podemos aqui resumir em grandes linhas essas particularidades do "microcosmo orante" da Igreja em oração:

— *A meditação da Palavra*: tem um lugar preponderante nas leituras longas e breves, no aprofundamento das obras dos → PADRES DA IGREJA e dos escritores eclesiásticos, na "meditação" de alguns salmos sapienciais e didáticos. Em cada hora canônica há uma "liturgia da Palavra" que supõe a proclamação, a escuta, a contemplação, a resposta. Realiza-se assim o pleno diálogo da salvação: Deus fala na sua palavra, a Igreja responde com a sua oração.

— *O agradecimento e o louvor*: oração típica da tradição judaica, da prática de Jesus e da Igreja primitiva. É memorial que bendiz as maravilhas de Deus, é louvor e agradecimento que se exprime nos salmos e cânticos do Antigo Testamento, nos três cânticos evangélicos do *Benedictus*, *Magnificat* e *Nunc dimittis* que Lucas refere no Evangelho da infância como conjugação ideal entre a antiga e a nova aliança. O cântico de Zacarias exprime o louvor da manhã pelo sol que surge do alto. A oração de Maria é louvor da Igreja na noite como agradecimento pelas maravilhas realizadas de geração em geração. Já no século VI → BEDA, O VENERÁVEL lembra: "Por isso na santa Igreja propagou-se o hábito belíssimo e utilíssimo de cantar o hino de Maria todos os dias na salmodia vespertina" (*Homilias*, 1,4). O cântico de Simeão "tem a melancolia de um adeus na noite de um grande dia", segundo a expressiva observação do biblicista J. M. Lagrange; a Igreja o recita no final do dia no qual contemplou o Salvador. Têm caráter laudatório os cânticos do Novo Testamento inseridos nas vésperas, muitos hinos e preces, algumas coletas.

— *A oferta sacrifical*: a oração cristã é sacrifício de louvor, expressão de gratuidade na adoração de Deus. Alguns salmos, as preces da manhã nas laudes oferecem ao Senhor o trabalho cotidiano de todos os homens.

— *Súplica e invocação*: com os salmos de súplica que evidenciam a pobreza do homem e o poder e o amor de Deus, com as orações conclusivas das horas, nas preces e com a oração do Senhor, a Igreja "exprime os votos e os desejos de todos os cristãos" (*PNLH* 17).

— *Intercessão universal*: por meio da liturgia das horas a Igreja não ora somente por si mesma, mas abre a sua súplica pela salvação de toda a humanidade, como voz de todas as criaturas, exercendo o ofício sacerdotal de Cristo sempre vivo para interceder por nós junto do Pai. E o faz especialmente com as preces ou intercessões das laudes e das vésperas.

Cada hora canônica está estruturada de maneira que expresse certa riqueza e variedade de oração e de atitudes orantes: invocação inicial, hino, salmodia, leitura, resposta, oração de louvor, orações de oferecimento ou de intercessão, Pai-nosso. Essa riqueza de atitudes expressas pelo texto requer uma adequada participação, um verdadeiro empenho de oração por parte da comunidade celebrante.

c) *Consagração e santificação do tempo*. Segundo a tradição eclesial e a atual doutrina do magistério, a liturgia das horas "entre as outras ações litúrgicas tem como sua característica, por antiga tradição cristã, santificar todo o curso do dia e da noite" (*PNLH* 10). Essa consagração não deve ser entendida de maneira dicotômica, como se os outros momentos da vida do cristão e da comunidade não fossem oferecidos a Deus, mas, sim, de maneira integrativa, porquanto a oração em determinados momentos do dia dá a toda a experiência do cristão o sentido de um autêntico "culto espiritual"; com efeito, "a santificação do dia e de toda a atividade humana faz parte da finalidade da liturgia das horas" (*PNLH* 11).

Uma estreita ligação entre oração comum da Igreja e tempo litúrgico se manifesta, como já foi lembrado, pelo fato de que o esquema do ofício divino responde ao do ano litúrgico, com os seus tempos e as suas festas. Além disso, no decurso da semana se ressalta a particularidade de alguns dias, como a sexta-feira, com uma discreta memória da paixão e o domingo, com uma referência mais ampla à ressurreição do Senhor. Mas no mesmo "cursus" cotidiano as diversas horas da oração unem dois aspectos de consagração do tempo: o aspecto cósmico, que responde ao tempo humano, e o aspecto salvífico, que lembra eventos da salvação acontecidos naquelas mesmas horas. O. → CASEL lembrava esses dois aspectos do dia cristão: "Como o ano é uma imagem da vida do homem e nele da vida de toda a humanidade e da história salvífica, assim também cada dia, com o seu início de luz e de vida, com o seu crescer até o meio-dia e o seu declinar até o entardecer e o sono, constitui uma imagem analógica, capaz também ela de se tornar quadro e símbolo do mistério de Cristo". As horas do dia, pois, estão todas embebidas de memórias salvíficas: "Essas horas seguem o caminho do Sol, sempre no pensamento de que o Sol é símbolo de Cristo. Acontecimentos históricos da vida terrena de Jesus se unem facilmente ao significado simbólico e se unem a ele. Por exemplo, o nascimento do Sol, que já é uma imagem que fala do Salvador que ressurge da morte, coincide também com a hora em que acontece realmente a sua ressurreição; a hora sexta é o tempo em que foi pregado na cruz, mas é também, segundo uma antiga tradição, a hora da sua ascensão e, portanto, o ponto culminante, meridiano, da sua vida. Na hora nona ele expirou sobre a cruz. A hora terça lembra a vinda do Espírito Santo, que se manifestou justamente na terceira hora da manhã" (*Il mistero del culto cristiano*, Torino, 1966, 120.147).

— *A oração da manhã*. Com o surgir do Sol, tudo recobra vida; fogem as trevas da noite; o homem desperta e enfrenta um novo dia de trabalho. A Igreja dedica ao Senhor as primícias do dia com a oração das laudes. "Essa hora que se celebra lembra a ressurreição do Senhor Jesus, 'verdadeira luz que ilumina todo homem' (Jo 1,9) e 'Sol de justiça' (Mt 4,2) [errado], 'que surge do alto' (Lc 1,78). Por isso, entende-se bem a recomendação de São Cipriano: 'É preciso rezar de manhã, para celebrar com a oração matutina a ressurreição do Senhor'" (*PNLH* 38). Os hinos, o salmo inicial que é próprio da manhã e o terceiro salmo que é habitualmente um canto de louvor, o *Benedictus*, as preces lembram esses temas cósmicos e salvíficos da nova luz e da ressurreição.

— *A oração da noite*. O pôr do sol marca o fim do dia e do trabalho. A Igreja recolhe-se ainda em oração para celebrar as vésperas, quando se faz noite e o dia já declina, segundo a expressão dos discípulos de Emaús. A oração da noite tem a missão de dar graças do que no mesmo dia nos foi dado ou com retidão tenhamos realizado, como ensina São Basílio. O crepúsculo lembra o sacrifício vespertino de Cristo, a ceia e a cruz; mas se orienta para o dia sem ocaso da glória e a espera da vinda do Senhor (cf. *PNLH* 39). Alguns elementos da salmodia, o *Magnificat*, as preces, as coletas celebram alguns desses aspectos da oração das vésperas.

— *As horas de terça, sexta e nona*. Transmitidas pela grande tradição eclesial, essas horas principais do dia de trabalho são confiadas à celebração monástica, ao passo que para os outros se prevê a escolha de uma das três horas menores. Os hinos e as orações lembram aspectos característicos da memória salvífica dessas respectivas horas: a descida do Espírito, a ascensão do Senhor, a paixão e outros ainda (cf. *PNLH* 74-75).

— *A oração de completas*. Antes do repouso noturno, a Igreja ora brevemente com o ofício das completas para confiar ao Senhor o último momento do dia e o sono restaurador da noite. Nela insere o exame de consciência, o cântico evangélico do *Nunc dimittis*, a entrega total nas mãos do Senhor, o canto final à Virgem Maria.

— *O ofício das leituras*. A antiga oração das matinas foi transformada num momento de meditação e de leitura com salmos, trechos bíblicos, textos dos Padres da Igreja e de escritores eclesiásticos (*PNLH* 55). Para algumas comunidades esse ofício se reveste ainda do caráter de ofício noturno, de vigília em oração no coração da noite, de espera do esposo com as lâmpadas acesas. Em ocasiões particulares, e de maneira especial para celebrar a Páscoa semanal do Senhor, esse ofício reveste a solenidade de uma celebração vigilante que tem como momento culminante a proclamação do Evangelho do Senhor (cf. *PNLH* 70-73).

Desse modo, seguindo o ritmo dos dias, das semanas, dos anos, a Igreja, mediante a oração, insere constantemente o hoje de Deus na história dos homens; e com a oração perseverante que penetra os céus introduz o tempo e a fadiga do homem na eternidade, como sacrifício espiritual de louvor.

3. ORIENTAÇÕES PARA A CELEBRAÇÃO. Foi escrito com uma pitada de ironia e de lamento: "A Igreja possui uma ótima teologia do ofício divino, mas deve-se admitir que a prática é muito pobre. O ofício é cantado ou recitado em poucas igrejas, inclusive as catedrais, e raramente se ouve alguma parte do ofício em igrejas paroquiais. É um setor da liturgia de que os leigos dificilmente conhecem alguma coisa e que o clero ultimamente enfrentou com enorme senso de mal-estar" (J. D. Crichton). Esse juízo, escrito logo após a aprovação da constituição litúrgica, é ainda em parte verdadeiro. Certamente, a renovação dos textos da liturgia das horas, a tradução em língua vulgar, facilitou muito a celebração por parte das comunidades monásticas e de muitos grupos de leigos. Mas ainda hoje, fora do âmbito clerical e religioso, a liturgia das horas tem dificuldade em se tornar uma verdadeira celebração da comunidade cristã no âmbito das paróquias, e não se chegou ainda a fazer do ofício divino uma autêntica celebração popular que exprima plenamente a comunidade cristã em oração de manhã e à noite. Falta ainda uma verdadeira renovação celebrativa e uma adequada inserção da oração comum da Igreja no âmbito popular.

A estrutura do ofício divino é de per si de natureza comunitária. Indica, pois, que o modo melhor de celebrar e exprimir a Igreja em oração é precisamente na comunidade orante. Todavia, a celebração individual continua sempre feita em nome da Igreja pela natureza eclesial da oração mesma e pela dimensão comunitária das fórmulas orantes. A algumas pessoas e comunidades a Igreja confia, como foi lembrado, uma especial missão e compromisso de oração em nome de todo o povo de Deus.

Uma melhor celebração do ofício divino exige que se ponha em prática as orientações dos *PNLH* no que diz respeito à digna oração dos salmos, à variedade das formas recitativas ou cantadas, à valorização das antífonas, das sentenças sálmicas e das orações sálmicas (*Ibid.*, nn. 110 ss.). Convém também respeitar as orientações que dizem respeito a alguns elementos, como o hino que merece ser cantado na maioria das ocasiões para ressaltar seu caráter lírico, laudatório e popular (*Ibid.*, nn. 173 ss.); o modo de seguir as preces (*Ibid.*, nn. 179 ss.); o respeito ao sagrado silêncio (*Ibid.*, nn. 201-203). Ajuda muito a digna celebração do ofício divino: o canto, os gestos da oração, a variedade dos ofícios e ministérios coordenados no louvor de Deus, segundo as prescrições da Igreja.

Uma pastoral atenta que queira promover a oração comunitária da Igreja não deverá negligenciar toda uma série de orientações práticas que vão da escolha do ambiente da celebração à atenção à comunidade celebrante; da possibilidade de escolha de textos, salmos, hinos, à regra da progressiva solenização do canto do ofício; da possibilidade de escolher alguns ofícios votivos, segundo as rubricas, à inserção orgânica da oração das horas na celebração da Eucaristia, segundo as formas previstas pela Igreja (*PNLH* 93-99).

A oração comum da Igreja goza de uma especial dignidade porque realiza o mistério da presença de Cristo entre os que estão reunidos em seu nome. Por sua vez, irradia a sua luz sobre a oração pessoal que é sempre feita por um membro da Igreja por Cristo no Espírito Santo (cf. *PNLH* 9). Quanto mais, porém, aparecer a oração da Igreja no horizonte espiritual e da pastoral de cada comunidade, mais autêntica será a imagem que a comunidade dos fiéis oferece diante de Deus e diante do mundo: "O exemplo e a ordem do Senhor e dos apóstolos de orar sempre e assiduamente não se devem considerar como uma norma jurídica, mas pertencem à íntima essência da Igreja mesma, que é comunidade e deve, portanto, manifestar o seu caráter comunitário também na oração" (*Ibid.*).

4. ASPECTOS DE ESPIRITUALIDADE. A celebração do ofício divino é uma autêntica escola e experiência de espiritualidade litúrgica. A oração da Igreja aparece em toda a riqueza da sua inspiração bíblica, na sua qualidade de microcosmo da oração da tradição eclesial, com as suas formas e os seus textos. Mas especialmente essa oração comunitária participa da dignidade mesma da oração de Cristo, do seu mistério pascal, do ser celebração orante da história da salvação. Ela constitui e revela a Igreja como comunidade orante e escola de oração para o povo de Deus.

À luz da teologia do ofício divino é preciso recuperar a fecunda interação entre oração individual e oração litúrgica (as duas são oração pessoal que compromete, portanto, a plena participação da pessoa), segundo o desejo expresso por Paulo VI neste texto da *Laudis canticum*: "Uma vez que a vida de Cristo no seu Corpo místico aperfeiçoa e eleva também a vida própria ou pessoal de cada fiel, deve ser totalmente excluída qualquer oposição entre oração da Igreja e oração privada; antes, é preciso ressaltar mais e desenvolver mais amplamente as relações que existem entre uma e outra. A oração mental deve ir beber inexaurível alimento nas leituras, nos salmos e nas outras partes da liturgia das horas". Igualmente, a oração comunitária da Igreja exige uma atenta e comprometida participação dos fiéis com sua oração pessoal, de maneira que a mente concorde com a voz, segundo o sábio conselho da Regra de São Bento, c. 19: "Consideremos como devemos nos comportar na presença de Deus e dos seus anjos, e participemos da salmodia de modo que o nosso espírito ore em uníssono com a nossa voz" (cit. in *PNLH* 105).

Quem celebra cotidianamente o ofício divino sente ao mesmo tempo a beleza da oração pública da Igreja e as dificuldades inerentes a uma viva e vibrante participação. Algumas dessas dificuldades são mais próprias dos orantes do que da oração; outras são comuns a todo tipo de oração bíblica e comunitária. O empenho que exige uma digna celebração corresponde ao mesmo tempo às exigências intrínsecas da celebração litúrgica e às características desse gênero de oração comunitária.

Para um constante melhoramento da oração do ofício divino sugerimos aqui três linhas convergentes. Numa linha pastoral e celebrativa, é preciso insistir numa perseverante criatividade. A perseverança, própria da dimensão da igreja e da oração, requer fidelidade, presença, plena participação, renovado empenho de mergulhar todo o próprio ser na oração litúrgica. A criatividade pastoral sugere a contínua renovação do desejo de celebrar juntos a capacidade de vivificar e adaptar alguns elementos, segundo as orientações mesmas da Igreja, favorecendo a participação, o canto, os gestos, a plena compreensão e celebração dos salmos. Numa linha de crescimento espiritual, a oração do ofício divino requer uma educação à contemplação litúrgica que supõe a unificação do orante em si e a progressiva assimilação das fórmulas da oração como se de dentro fossem recriadas no momento em que são rezadas. Uma unificação contemplativa que exige uma realização da graça do Espírito Santo, mas que não é possível sem um ritmo equilibrado de oração litúrgica e oração individual; o sentido mesmo da oração comunitária requer um crescimento no sentido de gratuidade, de louvor e de adoração em celebrar com Cristo e para a humanidade o mistério mesmo da oração cristã. Finalmente, o ofício divino exige uma coerência de vida na qual as fórmulas e os conteúdos recriem nos orantes os mesmos sentimentos de Cristo e levem a uma plena realização do culto em espírito e verdade, mediante o prolongamento da oração na vida cotidiana e a assunção da vida e da história humana no momento culminante da oração da Igreja.

Com essas qualidades ótimas o ofício divino se torna também para os indivíduos e para as comunidades celebrantes fonte e ápice da própria oração. Além disso, a igreja não apenas se realiza como sacramento universal de salvação que estende a todos os homens a sua intercessão e a sua súplica, mas também como Igreja peregrina que antecipa na celebração do louvor ao Altíssimo a sua realidade já escatológica e preliba "aquele louvor celeste descrito por João no Apocalipse, louvor que ininterruptamente ressoa diante do trono de Deus e do Cordeiro" (*PNLH* 16).

Nesse sentido a liturgia das horas nutre a vida espiritual dos fiéis e das comunidades, exprime e prolonga os sentimentos de Cristo em oração e fecunda misteriosamente a história dos homens, abrindo-a à presença do divino no humano, da eternidade no tempo.

BIBLIOGRAFIA. Cuva, A. *Lode perenne*. Roma, 1984; *Esperienza cristiana della preghiera. Per celebrare la liturgia delle ore*. Milano, 1978; *La liturgia delle ore. Documenti ufficiali e studi*. Torino-Leumann, 1972; *La preghiera della Chiesa*. Bologna, 1974; *La prière des heures*. Paris, 1963; Lopez Martin, J. *La oración de las horas*. Salamanca, 1984; Magrassi, M. *Sacrificio di lode*. Milano, 1973; Marsili, S. *La preghiera*. Roma, 1989. Martimort, A. G. La preghiera delle ore. In *La Chiesa in preghiera. Introduzione alla liturgia*. IV – La liturgia e il tempo. Brescia, 1984, 179-309; Pinell, J. *La liturgia delle ore*. Roma, 1983; Raffa, V. Liturgia delle ore. In *Nuovo Dizionario di Liturgia*. Roma, 1984, 753-776; Reynal, D. de. *Théologie de la liturgie des heures*. Paris, 1978; Taft, R. *La liturgia delle ore in Oriente e in Occidente*. Cinisello Balsamo, 1988.

J. Castellano

OLIER, JEAN-JACQUES. 1. NOTA BIOGRÁFICA. Nasceu em Paris, no dia 20 de setembro de 1608. A partir de 1617 estudou com os jesuítas, em Lião. Aos onze anos recebeu a tonsura e foi encaminhado para a carreira eclesiástica. Por ter um caráter difícil, temeu-se por sua perseverança, a qual foi garantida por São → francisco de sales. Tendo voltado a Paris, em 1624, estudou filosofia no colégio de Harcourt e conseguiu o título em 1627. Estudou teologia na Sorbonne e conseguiu o grau de bacharel em 1630. Em Loreto, dedicou-se a uma vida de maior perfeição. Em 1633, foi ordenado sacerdote. Dirigido por São → vicente de paulo, colaborou na obra das missões e compreendeu a necessidade da formação de bons sacerdotes. Dirigido depois por → condren, trabalhou nas missões de Auvergne. Uma prova, cujas características é difícil de precisar, atormentou a sua alma. Tendo-a superado, passou para o seminário de Vaugirard, em 1641. Em 1642, foi-lhe confiada a paróquia de São Sulpício, que transformou completamente e à qual teve de renunciar, em 1652, por motivos de saúde. Nos anos que seguiram até a sua morte, ocorrida no dia 2 de abril de 1657, dedicou-se à direção e à formação espiritual dos sacerdotes, com um método próprio, no seminário de São Sulpício.

2. OBRAS. Em 1652, publicou: *Règlements pour la confrairie de la charité establie à Paris dans la paroisse de Saint-Sulpice pour la visite et le soulagement des pauvres malades*; *Règlement pour les mariages*; *Déclaration faite par un grand nombre de gentilshommes et de militaires* (sobre o duelo); *L'ordre étabi dans la paroisse de Saint-Sulpice pour le soulagement des pauvres honteux*. Na *Journée chrétienne* (Paris, 1655) ensina a santificar o dia segundo a doutrina da escola francesa. No ano seguinte, publicava o *Catéchisme chrétien pour la vie intérieure*. No mesmo ano, publicou também a *Explication des cérémonies de la grande messe de paroisse selon l'usage romain*, em Paris, segundo o sentido místico. Entre as obras póstumas temos de citar a *Introduction à la vie et aux vertus chrétiennes* (Paris, 1658), o *Traité des saints Ordres*, 1676, publicado por Tronson, com ilustração da doutrina mediante textos patrísticos. Em 1819, foi publicado o opúsculo *Pietas Seminarii S. Sulpitii*; em 1823, o *Examen sur les vertus chrétiennes et ecclésiastiques* e os *Avis salutaires aux ministres du Seigneur*; em 1843, os *Sentiments de O. sur la dévotion à saint Joseph*; em 1845, as *Maximes sur l'obéissance*. Suas cartas foram publicadas em 1672 por Tronson, com o título: *Lettres spirituelles de M. Olier*, Paris. Com

os extratos dos seus escritos compuseram-se as obras: *Vie intérieure de la très sainte Vierge*, Roma, 1866, e *L'esprit de M. Olier*, em 1896.

Restam as *Mémoires*, manuscritas e autógrafas, os *Examens particuliers*, uma explicação do Pai-nosso, *La retraite d'un curé* e outros escritos. Algumas das obras de O. tiveram várias edições.

3. DOUTRINA. Olier continua a linha de → BÉRULLE e sobretudo de Condren, levando-a às suas últimas consequências. O mistério do Verbo encarnado ocupa o centro da sua espiritualidade. Renúncia e adesão a Cristo são os aspectos básicos da vida cristã. Morrer com Cristo e ressuscitar com ele. A renúncia se impõe pela condição de criatura e mais ainda pela condição de pecador. A alma, morta ao pecado, revestir-se-á do homem novo, Cristo (*Catéchisme*, introd.), pela adesão a seus mistérios, encarnação, infância, morte, ressurreição etc. O homem caído é "inteiramente oposto a Deus" (*Journée chrétienne*, pref.), revestido do pecado na alma e nas suas faculdades interiores e exteriores, dominado pela vida da → CARNE. Impõe-se igualmente e sempre a espada da mortificação para dominar os inimigos de Deus (*Pensée choisies*, 48). No homem não há senão Jesus ou a carne. E ela está de tal modo corrompida que não se pode converter a Deus (*Catéchisme*, parte I, lição 5). As criaturas devem servir somente a Deus, esquecendo tudo o que é supérfluo. Para atingir essa morte a nós mesmos, somente Deus deve viver no homem, que deve participar de todos os mistérios de Cristo: encarnação, infância, vida oculta, vida pública, paixão, morte e ressurreição (*Catéchisme*, lição 1). Jesus viveu esses mistérios para que fossem origem de graças para a sua Igreja. O cristão deve chegar aos sentimentos interiores que Jesus teve em cada um deles. Diferentemente de Bérulle, que insiste sobre os da vida terrestre e celeste, e de Condren, que insiste na imolação, O. detém-se na vida eucarística. Ela é o memorial de todos. O espírito interior que os vivificava está presente aqui (*Pietas*, 9) e a Eucaristia foi instituída para nos dar em forma de alimento todos esses mistérios e nos comunicar sua vida e sua eficácia. Por isso, a piedade eucarística forma uma grande parte da piedade sulpiciana. O culto de adoração eucarística deve se juntar à petição de participar da vida de Deus, que se transfunde na humanidade de Cristo. Uma participação "principalmente na sua soberana religião para com o Pai, na sua caridade para com o próximo, no aniquilamento e na irreconciliável oposição ao pecado" (*Pietas*, 4).

No *Traité des saints Ordres* encontramos as ideias sobre o estado sacerdotal, em que se "deve procurar imitar o Filho de Deus, hóstia oferecida e consagrada à majestade divina e destinada à morte" (parte I, c. 2). Quem nele entra deve ter conservado a graça do batismo ou tê-la readquirido com uma perfeita penitência (c. 6). Seu estado é angélico e exige a pureza. "É necessária a pureza do santo para merecer ser hóstia de Deus, para se pôr em condições de carregar sobre si as penas derivadas dos pecados do mundo" (parte I, c. 6). É preciso viver uma vida toda santa, ressuscitada, plena do espírito de Jesus Cristo que subiu aos céus. Como Jesus, antes de subir aos céus, passou pela mortificação e pela morte, assim o clérigo, antes de entrar no clericato, deve estar morto ao mundo e a si mesmo, mantendo a carne mortificada. A grande vocação do sacerdote é se dedicar ao culto de Deus; sua principal ocupação, adorar o Senhor, ocupar na religião da terra o lugar dos anjos na religião do céu. São os religiosos da Igreja que devem procurar oferecer o sacrifício de louvar a Deus; são como um sacramento de Cristo, o seu suplemento. A imolação de Cristo, fim do sacerdócio, é a ação mais santa da religião. Como fundamento disso está o fato de que o sacerdócio é "a mais alta participação na santidade de Deus" (parte III, c. 1), a qual separa de si tudo o que é impuro e consuma em si o que é puro. Os sacerdotes devem destruir o que é impuro (remissão dos pecados) e associar as almas a Deus, pela comunhão com a condição de hóstias perfeitamente sacrificadas no amor divino (*Ibid.*). Os poderes e as funções do sacerdote são: produzir Jesus Cristo, dar o Espírito Santo à Igreja e santificar os fiéis, dar o mesmo ao Pai eterno; por esses ofícios o sacerdote entra em comunicação com Deus Pai e com a Santíssima Virgem, gerando a seu modo o Filho: "A produção que o sacerdote faz de Jesus Cristo é a continuação da geração gloriosa de Jesus, o dia da sua ressurreição" (c. 2). Por isso, ele deve levar uma vida de ressuscitado. Como Jesus ofereceu a seu Pai o sacrifício e rezou pela Igreja, o sacerdote tem a dupla tarefa de oferecer o sacrifício e de recitar o → OFÍCIO DIVINO. Assim é apresentada a vida de oração no contexto da doutrina berulliana. É principalmente seu o que é reconhecido como "método sulpiciano". A doutrina mariológica está exposta segundo a espiritualidade característica da escola beruliana.

BIBLIOGRAFIA. BREMOND, H. *Histoire littéraire du sentiment religieux en France*. III, Paris, 1925, 415-507; BRUNO, J. La transmission spirituelle chez un mystique du XVIIe siècle: J. J. Olier. In *Le maître spirituel dans le grandes traditions d'Occident et d'Orient*. Paris, 1967, 95-109; DUPUY, M. *Se laisser à l'Esprit. Itinéraire spirituel de Jean-Jacques Olier*. Paris, 1982; LAPLANTE, A. *La vertu de religion selon Monsieur Olier*. Montréal, 1953; LEVASSOR BERRUS, A. Un serviteur du sacerdoce. *La Vie Spirituelle* 40 (1934) 138-161; LEVESQUE, E. *Lettres de M. Olier, curé da la paroisse et fondateur du Séminaire de Saint-Sulpice*. Nouvelle édition sur les autographes, augmentée de plusieurs inédits, Paris, 1935; MENARD, J. E. *Les dons du Saint-Esprit chez Monsieur Olier*. Montréal, 1951; MICHALON, P. *La communion aux mystères de Jésus-Christ selon Jean Jacques Olier*. Ly, 1943; NOYE, I. – DUPUY, M. Olier, Jean Jacques. In *Dictionnaire de Spiritualité*. XI, 737-751; OLIER, J. J. *Cathéchisme chrétien de la vie intérieure*. Paris, 1925 (trad. it., Torino, 1942); ID. *Introduction à la vie et aux vertues chrétiennes*. Paris, 1927; ID. *Traité des saints Ordres*. Paris, 1928 (trad. it., Roma, 1942); PAULOT, L. L'oraison selon M. Olier. *La Vie Spirituelle* 20 (1929) 43-65; PURRAT, P. *Jean Jacques Olier, fondateur de Saint-Sulpice*. Paris, 1933.

F. ANTOLÍN RODRÍGUEZ

OPÇÃO FUNDAMENTAL. 1. Na sua experiência, a pessoa humana percebe, como valor moral fundamental, a missão de se realizar livremente durante a própria vida, o dever de "se fazer homem". Ao avançar na liberdade, avança no risco e na responsabilidade: pode querer o bem ou o mal, pode "criar-se" ou "autodestruir-se". Como ser essencialmente histórico, o homem não é e jamais será o eterno, o perfeitíssimo, o incriado, mas o temporal, o perfectível, que continuamente se "faz" ou se "cria". O homem, sendo histórico e temporal, é criatura. O Criador é então maior do que o homem: ele é o ser máximo, o máximo valor.

Como ser limitado e finito, o homem é orientado para o bem absoluto, com o qual gostaria de se identificar na sua constante exigência de felicidade e de perfeição. E essa tendência o estimula com tanta força ao bem que, mesmo quando quer o mal, o quer sob o aspecto de bem. Diante do máximo valor, o homem livre, por uma capacidade natural e inata do espírito mediante a qual está em relação com a verdade objetiva e com o bem, exprime-se em opção fundamental, em escolha profunda e aqui se joga o destino da sua vida (cf. *GS* 15.16).

A opção fundamental é orientação radical da pessoa humana por Deus ou contra ele, com base numa livre escolha, explícita ou implícita. Uma escolha qualquer não é, portanto, uma opção fundamental, mas uma escolha bem determinada que comporta uma mudança, uma conversão, uma reviravolta decisiva na vida humana em relação a Deus.

A partir de várias categorias bíblicas (vocação, fé, aliança, pecado, *kairos*, *metanoia*, coração, bem-aventurança…) é fácil intuir que existe tal ato fundamental da liberdade, capaz de abraçar e marcar todo o conjunto da existência. O homem dispõe de si, dirigindo-se a Deus ou afastando-se dele; e nesse campo o seu poder é tal que a disposição por ele tomada determina de maneira definitiva e eterna a salvação ou a ruína absoluta da sua existência.

O Cristo é como a opção fundamental de toda a revelação. No mistério de Cristo reúnem-se, numa visão sintética, os valores que estão na base de toda a história salvífica e de toda a vida moral e espiritual cristã. Os termos últimos da história da → SALVAÇÃO são a iniciativa de Deus que se dá para realizar a comunhão em Jesus Cristo e a livre resposta do homem. O dom que Deus faz de si em Jesus está completo; por isso o elemento decisivo da história da salvação é a livre resposta do homem. Quanto mais profundamente livre é o sim que a pessoa humana diz a Jesus Cristo, tanto mais entra na história da salvação. O íntimo constitutivo do homem, segundo a fé, é a capacidade de opção, capacidade de entrar na história da salvação; o lugar onde o homem resolve seu destino é o ato com que diz sim a Deus em Jesus Cristo, mediante a opção fundamental.

Assim, o cristão é chamado a formar para si mesmo um projeto existencial fundamental; deve se desenvolver até essa decisão de consciência: "Quero aceitar o convite à salvação, à intimidade com o Senhor Jesus. Não quero senão o que Cristo quer, opto pela lei da caridade, não quero senão o que é belo e bom para os outros e para mim mesmo".

2. Para a teologia, a opção fundamental é um conceito importante que lhe abre um horizonte sugestivo e unitário não ainda totalmente explorado, verificado e assimilado. Na opção fundamental está envolvido o mistério da graça. Uma boa opção fundamental não é possível fora da graça santificante, justamente porque ela é, seja como for, uma total orientação da vida a Deus: e isso é dom

da graça de Deus que salva. A orientação radical da pessoa humana para Deus é preparada, alimentada e sustentada pela graça de Cristo. Para Santo Tomás o instante em que o homem se ordena livremente para o fim último coincide com o instante da justificação, e é ele o primeiro instante em que o homem age livremente. Ele pensa num homem que, embora não batizado, já conheceu as principais verdades cristãs, se não pela boca dos homens, pelo menos por uma particular revelação divina (cf. *STh*. I-II, q. 89, a. 6). Mas não está fora da linha do seu pensamento a hipótese — hoje muito sentida, referente ao ateísmo e aos não cristãos — de que um homem, ao atingir o uso da razão, conheça, talvez por súbita inspiração logo na sua primeira deliberação, somente a verdade de que Deus nos salva do modo que a Ele apraz, e que seja justificado ao crer implicitamente em Cristo, com assentir somente à verdade da salvação sobrenatural. Por isso, consideramos que também a opção fundamental do não cristão, mediante a qual se abre sincera e profundamente ao absoluto, não é mais que aceitação implícita da graça de Cristo, como o seu pecaminoso fechar-se em si mesmo diante de Deus é um pecado contra a graça de Cristo (cf. *LG* 16).

O ato supremo de liberdade com que o homem verifica o seu destino é um ato ao mesmo tempo transcendente e imanente. Embora dependa de vários condicionamentos da pessoa humana, o ato com que o homem se salva é soberana e transcendentemente livre; deve ser posto tanto na situação mais feliz como na mais infausta. Fundamenta-se aqui a hipótese, apresentada por alguns teólogos (K. → RAHNER, R. Troisfontaines, L. Boros), segundo a qual a todos, entre a vida e a morte, seria dado um instante de particular iluminação em que cada qual, tendo diante de si o espelho da própria existência, isento de ignorância e de paixão, poderia se exprimir livremente numa opção final. A morte, então, ainda que se apresente de forma brusca e repentina, seria, pela importância de que se reveste, o ato mais livre e, por isso, irrevogável que o homem possa exercer.

A opção fundamental é um ato que estabelece um estado no qual, na vida do justo, tudo é graça e todo gesto é santo e meritório, mesmo quando não é atualmente referido a Deus. Com o exercício da liberdade fundamental, a pessoa dispõe de si como de um todo, determinando-se assim como boa ou má e entrando assim em cada uma das ações. Por isso, cada passo do nosso agir moral não deve ser considerado de modo isolado, mas segundo o enfoque religioso fundamental da nossa vida. Nessa perspectiva, o pecado está em contradição com a estrutura fundamental do homem; o pecado mortal é uma escolha contra a orientação fundamental do homem para Deus; o pecado venial é um passo falso na orientação fundamental para Deus. Devem ser então valorizadas as atitudes fundamentais, as escolhas temáticas. Quando a opção fundamental não abraçou ainda a pessoa humana na sua totalidade, do centro para a periferia, segundo alguns teólogos, é possível que uma matéria grave, percebida e querida livremente, não implique necessariamente uma ruptura com Deus, uma ofensa grave em relação a Deus, um pecado mortal, ao ser desligada da orientação fundamental. Ao contrário, também uma matéria leve, em quem atingiu um notável nível de vida cristã, poderia ser vivida numa atitude de total oposição a Deus.

É verdade, porém, que essa atitude fundamental decisiva é dificilmente refletida nos homens e não pode ser facilmente refletida, porquanto não se presta a um juízo absolutamente certo. E podemos afirmar isso por analogia com a outra verdade católica, segundo a qual não é permitido ao homem peregrino saber, com certeza infalível, o próprio estado de justificação e a própria salvação. Não podemos avaliar o que poderia se ocultar no nosso eu profundo. A decisão total, mediante a qual o homem dispõe de si mesmo, definitivamente deve ser deixada ao juízo do Senhor Deus, que é o único a perscrutar os corações e os ânimos. Mediante uma conjectura por meio de sinais (conteúdo da escolha-decisão), a pessoa pode chegar a se formar uma certeza moral acerca da sua situação diante do absoluto e essa certeza lhe dá paz e confiança (cf. *STh*. I-II, q. 112, a. 5).

A opção fundamental, em geral, não se improvisa, não se expressa necessariamente num ato explícito e se faz espontaneamente uma vez por todas. Segue, porém, a historicidade da pessoa humana e é mutável. Como, no *kairos*, o apelo concreto de Deus se dirige ao cristão de maneira sempre nova, assim na vigilância que perscruta os sinais dos tempos, a resposta do cristão está empenhada num devir cada vez mais profundo, cada vez mais cônscio e deliberado, resistindo, nos momentos difíceis de tentação, às escolhas que visem arrancá-la e inspirando cada vez mais as que tendem a impeli-la para o polo a que está orientada. Enquanto o polo for o mesmo, a rota pode ser somente modificada, mas quando muda o polo é substituída também a rota: então se tem uma nova opção fundamental.

3. Com a lei do crescimento da opção fundamental, traça-se o itinerário da vida espiritual cristã, a qual, posta como germe em todo batizado, tende à sua plena e perfeita maturação (cf. *LG* 40).

Esse crescer progressivo, não tanto linear quanto cíclico e em espiral, é a realização mesma da opção fundamental no comportamento concreto, e acontece com a mediação das virtudes, animadas pela caridade, que é o vínculo da perfeição (Cl 3,14; *STh.* II-II, q. 23, a. 1). As tendências biopsíquicas constituem as forças vitais permanentes, as forças motrizes essenciais do desenvolvimento do homem. Mediante a ação das faculdades espirituais, as tendências biopsíquicas são transformadas numa tendência humana virtuosa. Assim, as diversas virtudes devem ser adquiridas e desenvolvidas na perspectiva do crescimento e da unificação do homem. A crescente humanização é obra do Espírito Santo, que recebe do Cristo (Jo 16,14) e realiza a progressiva cristificação do homem e da humanidade. A unidade surge da unidade real de Deus e da sua imagem; com efeito, o homem em Cristo, Filho único de Deus e homem e Deus, participa sacramentalmente do esplendor de Deus, como resplende no rosto de Cristo (2Cor 4,6).

A decisão fundamental com respeito a Deus, o cristão já a tomou; livre do pecado, da lei e da morte, mediante o Cristo (Gl 5,1), ele escolheu a Deus por Senhor. Sua liberdade é posta dentro dessa escolha e seu crescer traduz a passagem da pessoa para personalidade. O mais alto grau de liberdade é o perfeito amor de Deus em que o homem se tornou livre de toda oposição a se deixar guiar pelo Espírito, e chegou à mais completa autonomia na obediência e no serviço de Deus (2Cor 3,17). No vértice da vida cristã são bem verdadeiras as conhecidas palavras de Santo → AGOSTINHO: "Ama e faz o que queres". A essa suprema liberdade do espírito de Deus, visa o ensinamento espiritual de dois místicos doutores, São → JOÃO DA CRUZ e Santa → TERESA DE JESUS.

BIBLIOGRAFIA. BECATTINI, C. La dimensione psicologica delle virtù. *Ephemerides Carmeliticae* 38 (1987) 381-395; BLIC, J. DE. La théorie thomiste de l'option morale initiale. *Revue des Sciences Religieuses* 13 (1933) 325-352; CRIPPA, R. *Prospettive sulla libertà*. Padova, 1978; DELHAYE, PH. L'option fondamental en morale. *Studia Moralia* 14 (1976) 47-62; DIANICH, S. *L'opzione fondamentale nel pensiero di S. Tommaso.* Brescia, 1968; DIANICH, S. La corruzione della natura e la grazia nelle opzioni fondamentali. *La Scuola Cattolica* 92 (1964) 203-220; *Dinamismo della morale cristiana.* Assisi, 1970; FERRARI, M. V. Morale di partenza e morale di cammino. *Rivista di Teologia Morale* 4 (1972) 39-65; FLICK, M. – ALSZEGHY, Z. L'opzione fondamentale della vita morale e la grazia. *Gregorianum* 41 (1960) 593-599; GIORDA, R. – CIMMINO, L. *La coscienza nel pensiero moderno e contemporaneo.* Roma, 1978; GIOVANNI. A. DI. L'opzione fondamentale nella Bibbia. In *Fondamenti biblici della teologia morale.* Brescia, 1973, 61-82; *Libertà – liberazione nella vita morale.* Brescia, 1968; MARITAIN, J. La dialectique immanente du premier acte de liberté. In *Raison et raisons.* IV. Paris, 1947, 131-165; RAHNER, K. Teologia della libertà. In *Nuovi Saggi* 1 (1968) 297-328; REINERS, H. *Grundintention und sittliches Tun.* Freiburg Br., 1966; ROBIDOUX, R. Les aspects psychotheologiques du premier acte humain. *Studia Montis Regii* 5 (1962) 83-124; SEGALLA, G. La fede come opzione fondamentale in Isaia e Giovanni. *Studia Patavina* 15 (1968) 355-381; TETTAMANZI, D. Discussioni sull'atto morale: il dibattito sulle "fonti di moralità". *Rivista del Clero Italiano* 61 (1980) 211-227; TETTAMANZI, D. L'opzione fondamentale. In *Temi di morale fondamentale.* Milano, 1975, 183-207; VALSECCHI, A. Coscienza, libertà, responsabilizzazione. In *La coscienza.* Bologna, 1971, 85-92.

M. MANNONI

OPUS DEI. Instituição da Igreja católica fundada no dia 2 de outubro de 1928 pelo servo de Deus Josemaría Escrivá, erigida a Prelatura pessoal pelo papa João Paulo II, em 1982. Dela fazem parte leigos e sacerdotes seculares que aspiram a atingir a santidade no meio do mundo, cada qual no próprio estado e condição de vida e no exercício do próprio trabalho profissional, desenvolvendo por meio dele um intenso apostolado entre os seus semelhantes, procurando informar de modo cristão a sociedade em que vivem.

1. HISTÓRIA. Monsenhor Josemaría Escrivá de Balaguer y Albás nasceu no dia 9 de janeiro de 1902, em Barbastro (Huesca, Espanha). No dia 28 de março de 1925, foi ordenado sacerdote. No dia 2 de outubro de 1928, quando participa de um retiro espiritual, Josemaría "vê" — como dirá sempre a seguir — a "Opus Dei", quer dizer, percebe que Deus lhe pede que dedique toda a sua vida, a fim de que homens de todas as condições respondam a uma vocação divina específica, que consiste em procurar a santidade e fazer apostolado no meio do mundo, no próprio estado, no exercício da própria profissão ou ofício.

Em 1934, é publicada a primeira obra espiritual de Josemaría Escrivá com o título *Consideraciones espirituales*; esse livro, notavelmente ampliado na segunda edição (1939), publicado a partir de então com o título definitivo de *Caminho*, atingiu uma enorme difusão em todo o mundo e já se tornou um clássico da espiritualidade (Edição brasileira: *Caminho*, São Paulo, Quadrante, 2001). Pouco depois, publica o *Santo Rosario*, com breves comentários aos mistérios do Rosário (Edição brasileira: *Santo Rosário*, 2001).

Em 1946, o fundador da Opus Dei estabelece-se em Roma com o objetivo de intensificar os trâmites iniciados para conseguir as sucessivas aprovações pontifícias que a Obra obtém em 1947 e em 1950 e para dirigir do centro do cristianismo o trabalho em todo o mundo, pondo assim em evidência seu caráter universal. Com efeito, em 1958, o trabalho apostólico chega à África e à Ásia; e em 1963, à Austrália.

Em 1968, é publicado o livro *Colóquios com monsenhor Escrivá de Balaguer*, no qual são reunidas várias entrevistas concedidas à imprensa pelo fundador. Publicam-se também nesses anos várias homilias, algumas das quais fazem parte dos volumes *É Jesus que passa* (1973) e *Amigos de Deus* (1977, obra póstuma; edição brasileira: 2002). Depois de sua morte, foram publicados *Via Crucis* (1981, comentários e pontos de meditação sobre essa prática de devoção à paixão do Senhor, edição brasileira: *Via Sacra*, 2003), *Sulco* (1986; edição brasileira: 2003) e *Forja* (1987, ambos com características semelhantes ao "Caminho"; edição brasileira, 2005). Muitas outras homilias e um extraordinário número de cartas e de outros escritos estão ainda inéditos.

No dia 26 de junho de 1975, morreu de repente em Roma. Em 1981, seis anos depois de sua morte, abria-se seu processo de beatificação.

No dia 28 de novembro de 1982, o Sumo Pontífice erigia a Opus Dei a Prelatura pessoal, concluindo assim o iter jurídico iniciado pelo fundador para adequar completamente a configuração jurídica à vida e à espiritualidade da Opus Dei, ou seja, a seu carisma da fundação. A Prelatura da Santa Cruz e Opus Dei tem estatutos próprios, de extensão universal. O seu Ordinário próprio é o Prelado, com poder ordinário de jurisdição sobre os clérigos incardinados à Prelatura e sobre os leigos que a ela se incorporam, embora, para esses últimos, somente para o que diz respeito ao cumprimento das obrigações assumidas com seu compromisso com a Prelatura.

2. ESPIRITUALIDADE. a) *Chamado universal à santidade*. A luz divina que monsenhor Escrivá recebeu em 1928 o fez compreender, com particular profundidade, que Deus chama à santidade todos os homens, sem distinção de estado nem condição nem, muito menos, de sexo, idade, raça, cultura etc., segundo o texto da Escritura que gostava de repetir o fundador da Opus Dei: "Sede perfeitos como vosso Pai celeste é perfeito" (Mt 5,48).

Essa primeira afirmação prolonga-se na espiritualidade da Opus Dei com um enunciado sucessivo e não menos claro: os membros da Igreja designados tradicionalmente como leigos são chamados por Deus à plenitude da vida cristã, e a isso são chamados justamente nas realidades humanas, seculares, entre as quais transcorre sua vida e por meio delas. Os leigos, enfim, não devem apenas se santificar no mundo no qual estão imersos, mas precisamente a partir das circunstâncias de sua vida secular. Em outras palavras, Deus, que chama a imensa maioria dos cristãos a uma vida de trabalho, familiar e social em meio ao mundo, pede-lhes que vivam essa existência ordinária, impregnando-a de espírito evangélico e, portanto, com atitude contemplativa e zelo apostólico (cf. *Colóquios*, nn. 61-62.70.99.113 ss.; *É Jesus que passa*, nn. 105.120; *Caminho*, n. 832; etc.).

b) *A santificação do trabalho e das realidades terrenas*. No âmbito da doutrina sobre o valor cristão das realidades seculares, a santificação do trabalho ocupa um lugar central. Referimo-nos, como fazia sempre monsenhor Escrivá, ao trabalho "profissional", "ordinário", ou seja, ao trabalho que ocupa a maior parte das horas do dia dos cidadãos normais, que representa a fonte de seu sustento, o lugar principal do seu encontro com os outros homens, sua contribuição à construção material e cultural do mundo em que vivem etc. O trabalho profissional é o elemento mais característico da vida secular; por isso, a santificação do leigo passa pela santificação do trabalho, como enfatizava o próprio monsenhor Escrivá com uma fórmula lapidar: "Para a maior parte dos homens, ser santo pressupõe santificar o próprio trabalho, santificar-se no trabalho e santificar os outros com o trabalho" (*Colóquios*, n. 55; cf. *Ibid.*, nn. 18 e 70; *É Jesus que passa*, n. 46; *Amigos de Deus*, n. 9 etc.).

Além do trabalho, poder-se-iam citar outras realidades; escolhamos apenas uma: o matrimônio, concebido como uma vocação divina. A vida matrimonial e familiar, com efeito, é caminho de santificação querido por Deus para os cristãos que ele chama para esse estado (cf. a homilia "O matrimônio, vocação cristã", in *É Jesus que passa*).

c) *Apostolado no mundo*. Em sintonia com o que já foi exposto, o apostolado mostra-se na vida dos membros da Opus Dei, cristãos comuns que vivem e trabalham no meio de outros cidadãos, sobretudo como um apostolado de testemunho e também de "amizade e de confiança" com familiares, amigos, colegas de trabalho, vizinhos etc.: "Vive a tua vida ordinária, trabalha onde já estás, cumpre à perfeição os deveres do teu estado e as obrigações correspondentes à tua profissão ou ao teu ofício, amadurecendo e melhorando dia a dia. Sê leal, compreensivo com os outros, exigente em relação a ti mesmo. Sê mortificado e alegre. Será esse o teu apostolado. E sem que tu compreendas o porquê, dada a tua limitação, as pessoas do teu ambiente te cercarão e conversarão contigo de modo natural, simples — à saída do trabalho, numa reunião de família, no ônibus, ao passeares, ou não importa onde —; falarás das inquietações que se encontram no coração de todos, ainda que às vezes alguns não queiram se dar conta disso" (*Amigos de Deus*, n. 273; cf. *Ibid.*, nn. 264-265; *Caminho*, nn. 831.917.971.973).

d) *Filiação divina*. Num dia de verão de 1931, ao andar num bonde de Madri, o fundador da Opus Dei percebeu com singular e vivíssima clareza uma realidade transcendente: o cristão é filho de Deus, convicção que ficará a partir de então gravada a fogo na sua alma. O sentido da filiação divina tornar-se-á assim o fundamento da espiritualidade própria da Opus Dei: "A filiação divina é uma verdade alegre, um mistério de consolação. Preenche toda a nossa vida espiritual porque nos ensina a tratar, conhecer, amar o nosso Pai do céu e enche de esperança nossa luta interior, dando-nos a simplicidade confiante própria dos filhos mais pequeninos. Mais ainda; dado que somos filhos de Deus, essa realidade nos leva também a contemplar com amor e admiração todas as coisas que saíram das mãos de Deus, Pai e Criador. Desse modo, é ao amar o mundo que nos tornamos contemplativos em meio ao mundo" (*É Jesus que passa*, n. 65; cf. nn. 64.84-85.133; *Caminho*, nn. 267.892).

e) *Centralidade de Jesus Cristo*. Intimamente ligada à consideração da filiação divina e como consequência e caminho para ela está a doutrina do seguimento e da imitação de Jesus Cristo, amplamente desenvolvida também pelo fundador da Opus Dei, o qual costumava resumi-la, ao afirmar que o cristão deve ser "alter Christus, ipse Christus" (cf. *É Jesus que passa*, nn. 21.59.107; *Amigos de Deus*, nn. 299-300).

Com as expressões "a santa missa, centro e raiz da vida cristã" e "alma sacerdotal", mons. Escrivá resume outros pontos centrais da sua doutrina sobre Jesus Cristo como centro da vida espiritual. O sacrifício eucarístico é, com efeito, o lugar principal do encontro com Cristo e, por isso, consistindo a vida cristã essencialmente numa identificação com ele, essa vida, centrada na celebração eucarística, torna-se profundamente sacerdotal (cf. *É Jesus que passa*, nn. 82 ss.).

Na espiritualidade do Opus Dei ocupa uma posição de primeiro plano a devoção a Maria e a São José, como consequência, entre outros motivos, do desejo de imitar os anos da vida oculta do Senhor, nos quais o papel de Maria e José a seu lado é fundamental: ambos são modelo de santificação do trabalho e da vida de família, mestres de → VIDA INTERIOR e de contemplação em meio a essa atividade, de união entre o humano e o divino etc. (cf., por exemplo, as homilias "A Jesus por Maria" e "Na oficina de José", reunidas in *É Jesus que passa*).

f) *Pequenas coisas e vida ordinária*. O trabalho profissional geral e a vida de um cristão imerso nas realidades temporais são descritos pelo fundador do Opus Dei com o qualificativo de "ordinário", ou seja, comuns, normais. Deus não pede aos homens e às mulheres que vivem no meio do mundo, nas comuns atividades humanas um modo de agir extraordinário, que implique sair do próprio lugar no mundo ou de mudar radicalmente a própria condição de vida; se fosse assim, trair-se-ia completamente o caráter essencialmente secular da sua vocação. A espiritualidade do Opus Dei atribui grande valor à multiplicidade das "pequenas coisas" de que está tecida a vida de trabalho, familiar e social dos cristãos comuns; pequenas coisas feitas por amor de Deus, com visão e intenções sobrenaturais, que adquirem assim uma nova dimensão, divina, insuspeita: "Há 'algo' de santo, de divino oculto nas situações mais comuns, que cabe a cada um de vós descobrir" (*Colóquios*, n. 114; cf. *É Jesus que passa*, n. 110).

g) *Unidade de vida. Contemplativos em meio ao mundo*. A unidade de vida é uma consequência importante da procura da santidade em meio ao mundo; e tem, na espiritualidade do Opus Dei, um valor de certo modo recapitulativo, porquanto exprime uma profunda unidade entre fé cristã e atividade humana (cf. *Colóquios*, nn. 114-116; *Amigos de Deus*, n. 310). A consequência da união entre vida espiritual e vida no mundo é a união entre contemplação e ação, entendida essa ação quer como atividade apostólica, quer como trabalho profissional e como conjunto das atividades próprias da vida familiar e social. A expressão "contemplativos em meio ao mundo", muito apreciada e utilizada por monsenhor Escrivá, resume perfeitamente os traços essenciais dessa unidade de vida própria da sua espiritualidade (cf. *É Jesus que passa*, nn. 48.65.116; *Caminho*, n. 335).

h) *Amor à liberdade e à responsabilidade*. A vida de um cristão não seria coerente se não fosse acompanhada por um grande respeito pela liberdade alheia e se não enfrentasse com responsabilidade humana e sobrenatural os direitos e os deveres que tem como um entre os seus concidadãos. Essa característica, própria de toda vida cristã, comporta no leigo consequências particulares, pois a sua existência transcorre entre realidades temporais, as quais permitem uma pluralidade de escolhas (cf. *Colóquios*, n. 117 e *passim*). É, portanto, assim, agindo em liberdade e responsabilidade, que o leigo cristão pode e deve dar, no meio do mundo, testemunho vivo e eficaz de Cristo.

BIBLIOGRAFIA. Além das obras de mons. Escrivá indicadas no texto, destacamos: 1) Biografias do fundador do Opus Dei: BERGLAR, P. *Opus Dei. La vita e l'opera del fondatore Josemaría Escrivá*. Rusconi, Milano, 1987. BERNAL, S. *Mons. Josemaría Escrivá de Balaguer. Appunti per un profilo del fondatore dell'Opus Dei*. Ares, Milano, 1977; GONDRAND, F. *Cerco il tuo volto. Josemaría Escrivá de Balaguer, fondatore dell'Opus Dei*. Città Nuova, Roma, 1986; VAZQUEZ DE PRADA, A. *El fundador del Opus Dei*. Rialp, Madrid, 1983.

2) Obras referentes ao Opus Dei e à sua espiritualidade: BLANK, W. – GOMEZ PEREZ, R. *Doctrina y vida*. Palabra, Madrid, 1970; DEL PORTILLO, AL. et alli. *Mons. Josemaría Escrivá de Balaguer y el Opus Dei*. Eunsa, Pamplona, ²1985; ID. *En memoria de mons. Josemaría Escrivá de Balaguer*. Eunsa, Pamplona, 1986; GOMEZ PEREZ, E. *La fe y los días*. Palabra, Madrid, 1973; ILLANES, J. L. *La santificazione del lavoro*. Ares, Milano, 1981; LIVI, A. E et alli. *Uno stile cristiano di vita*. Ares, Milano, 1972; MARTINELLI, F. (ed.). *Cristianos corrientes (Textos sobre el Opus Dei)*. Rialp, Madrid, 1970; RODRIGUEZ, P. *Vocación, trabajo, contemplación*. Eunsa, Pamplona, 1986; SECO, L. I. *La herencia de mons. Escrivá de Balaguer*. Magisterio Español, Madrid, ²1986. ROEGELE, O. B. et alli. *Opus Dei. Fur und Wider*. Osnabruck, 1967; THIERRY, J. J. *L'Opus Dei. Mythe et réalité*. Hachette, Paris, 1973; TORELLÓ, J. B. et alli. *La vocación cristiana. Reflexiones sobre la catequesis de mons. Escrivá de Balaguer*. Palabra, Madrid, 1975; TOURNEAU, D. Le. *L'Opus Dei*. Napoli, 1986;

J. SESÉ

ORAÇÃO. A oração é um fenômeno primário da vida religiosa; é seu coração, seu gesto central, a tal ponto que ela distingue o homem religioso do não religioso. É, como a religião, um fato universal, que se encontra na piedade popular de todos os povos e de todas as culturas. Ela pressupõe a fé num Deus pessoal e presente. Deus está na consciência do orante não como uma ideia filosófica ou teológica, mas como uma realidade, uma pessoa presente. A relação com Deus é vivida como distância e até como contato. O crente não tem nenhuma dúvida sobre a possibilidade de se comunicar com Deus, embora não o veja; ele sabe também que está obrigado, no sentido mais estrito, à oração. Por isso a oração se encontra em todas as religiões teístas como o ato fundamental da vida religiosa, mesmo naquelas em que a fé num Deus pessoal (ou em deuses pessoais) se configura somente de modo vago, ou é ofuscada por falsas representações. É esse um sinal de que o homem não degenerado não pode viver sem oração (cf. J. RUDIN, *Psicoterapia e religione*, Torino, 1968).

Nas religiões não cristãs, a oração se dirige às divindades naturais e funcionais para aplacá-las e torná-las propícias; numa forma mais pura, dirige-se ao único Deus, criador do céu e da terra. Mesmo fora do cristianismo se pode encontrar orações que exprimem a Deus sublimes sentimentos de amor.

Segundo F. Heiler (*Das Gebet*, München, 1923; trad. franc., Paris, 1931), nas religiões primitivas a oração é a expressão imediata de experiências profundas, que têm origem no sentimento de necessidade, de pena, de gratidão. É o livre difundir-se do coração de um devoto, que no diálogo com um Outro, mais ou menos Absoluto, põe para fora a própria angústia, confessa os seus pecados, confia os próprios desejos, dá prova da sua dedicação ou da sua gratidão. O desejo de vida e de felicidade terrena é o tema principal das oração dos primitivos. Esse desejo de viver está estreitamente ligado ao sentimento de dependência em que emerge um forte realismo da divindade.

Das cuidadosas pesquisas realizadas pela psicologia religiosa sobre o fenômeno da oração deduz-se que a atividade de orar é um ato não de uma só faculdade ou função humana, mas de toda a pessoa que se dirige para um Absoluto como uma realidade presente e potencial. Essa atividade requer, em certa medida, entrar em si mesmo e separar-se das coisas ordinárias e cotidianas e, ao mesmo tempo, provoca um movimento e uma abertura para o Outro, que tende a uma explicitação dialógica (cf. A. CANESI, Richerche preliminari sulla psicologia della preghiera, *Contributi del Laboratorio di Psicologia e Biologia*. Milano, 1925, 245-315; A. BOLLEY, Das Gotteserleben in der Batrachtung, *Geist und Leben* 22 [1949] 343-356).

Essa forma de oração, que tende ao diálogo, é particularmente típica da oração cristã, a qual, porém, como mistério sobrenatural, não tem em sentido estrito, nenhuma analogia com as outras expressões humanas; por isso, pouco dela se pode compreender por meio de conceitos saídos da comum experiência psicológica.

1. A ORAÇÃO NA HISTÓRIA DA SALVAÇÃO. a) *No Antigo Testamento*. A oração do Antigo Testamento é realmente nova em relação à oração humana, não inspirada diretamente pela revelação hebraica: ela atinge uma forma altíssima de diálogo. É Deus que fala ao homem e ele responde: "Fala, Senhor, o teu servo escuta" (1Sm 3,9). Para o israelita, a oração era um "apresentar-se diante do Deus vivo", o qual se dignara concluir com o seu povo uma aliança eterna. A essência da oração veterotestamentária está toda aqui. Ora-se a YHWH como criador do universo, como senhor do destino dos homens, como capaz de realizar todo prodígio, mas a verdadeira razão pela qual o israelita se voltará para ele será fundamentalmente esta: Ele é o Deus da aliança. A relação do homem com Deus é vivida não na aceitação da própria condição humana no universo, mas no cumprimento real de uma história sagrada na qual Deus e o homem estão igualmente empenhados. Em nenhum outro povo pagão a oração chega a suplicar, a insistir com a força que atinge em Israel. É precisamente a → ALIANÇA que dá fundamento a tanta confiança, justificada pelo fato de que YHWH é um Deus fiel, rochedo no qual se encontra refúgio, escudo e cidadela (Sl 18,3). Embora Jeremias (3,4) saiba que Israel invoca Deus como pai, todavia esse apelativo não ressoa quase nunca nas orações, nem dos indivíduos nem da comunidade. O nome de pai é evitado, talvez por temor de que a ligação existente entre Deus e o povo fosse atribuída a geração ou a algo análogo, como nas gerações divinas, tão difundidas entre os povos pagãos. Assim Deus não é o pai, mas o "esposo" de Israel, o qual une a si o seu povo num místico matrimônio, que é o vínculo mais forte que possa ligar dois seres não pertencentes à mesma família. Um outro caráter da oração veterotestamentária é que não tem a sua iniciativa no homem, mas é provocada e tornada possível pelo próprio Deus. O ato fundamental do indivíduo e da comunidade é, por isso, ouvir a palavra, o chamado de Deus. "Ouve, Israel" (Dt 4,1; 6,4). "Eis-me aqui, pois me chamaste. Fala, Senhor, o teu servo escuta" (1Sm 3,5.9). Dessa estrutura teológica da oração do Antigo Testamento se explica o seu conteúdo principal, que é a aceitação grata da vontade divina de salvação, que se revela na palavra do Deus que chama.

Enquanto a fé em Deus guiou os destinos do seu povo e a presença divina era única e inconteste, também a oração ocupou um lugar de absoluto destaque na vida da comunidade: era a resposta do indivíduo e da coletividade ao chamado e à ação salvífica de Deus. Mas, quando no final do período dos Reis — final do século VII e início do século VI a.C. — a fé em YHWH conheceu uma grande crise, com a fé decaiu também a oração. Esboroando-se a coletividade nacional, pulou para o primeiro lugar a oração do indivíduo, que se viu completamente só diante de Deus, o qual ficava mudo diante dos gemidos do orante, preocupado e desconcertado pela sorte do povo disperso e humilhado (Sl 44,74.79.80.83 etc.). Todas as queixas culminam numa única lamentação: "Chamei por ti todos os dias, Senhor! com as mãos abertas para ti. Senhor, por que rejeitar-me, esconder-me a tua face?" (Sl 88,10.15). O sentido histórico-salvífico dessas provas de fé e dessa crise da oração foi o de levar Israel a uma relação mais pessoal com Deus, a uma ideia mais clara da salvação religiosa e a uma devoção mais espiritual. Quanto mais os bens mundanos (terra, proteção contra os inimigos, descendência numerosa, longa vida etc.) iam sendo postos em dúvida pelas vicissitudes políticas, tanto mais profundamente o indivíduo crente se convencia de procurar a salvação nos bens imorredouros. O caminho para aí chegar devia passar pela interiorização da oração e dos sacrifícios, tão insistentemente pregada pelos profetas e pelos salmistas (Is 1,14 ss.; 29,13; Am 5,21 ss.; Sr 7 etc.). O orante começou a falar sozinho com o seu Deus. Solidão e abandono fizeram-no abrir o coração. A lamentação se tornou a oração característica do tempo do exílio. O resultado dessa oração foi o dom de uma nova, mais intensa experiência de comunhão espiritual com YHWH, a qual, ao atingir o vértice da oração veterotestamentária, preparou a definitiva, que se tornou possível pela encarnação da própria → PALAVRA DE DEUS (cf. F. WULF, Preghiera, in *Dizionario Teologico*, Brescia, 1967, 709-724, II).

b) *No Novo Testamento*. O Novo Testamento marca uma guinada na história da oração. O cristianismo é por excelência a religião da oração, porque Cristo é a resposta às expectativas de Deus e às expectativas dos homens. A primeira oração que Jesus pronuncia já contém a sua total, definitiva e irrevogável resposta ao chamado do Pai. "Por isso, Cristo diz, ao entrar no mundo: 'Não quiseste sacrifício e oblação, mas plasmaste-me um corpo. Holocaustos e sacrifícios pelo pecado não te agradaram. Então eu disse: Eis-me aqui, pois é de mim que está escrito no rolo do livro: eu Vim, ó Deus, para fazer a tua vontade'" (Hb 10,5-7). A novidade da oração cristã está toda no mistério da → ENCARNAÇÃO, que fundamenta a nossa verdadeira relação com Deus. A oração de Jesus é comunhão com o Pai e salvação para o mundo.

Jesus está plenamente consciente das misteriosas relações que o unem ao Pai; e essa consciência se manifesta nele desde a infância, porque existe desde quando o Verbo de Deus tomou posse da sua alma humana. A comunhão pessoal com o céu, que o põe no mundo de Deus como no seu próprio mundo encontra a sua forma sintética na expressão "o meu Pai", com a qual Jesus faz distinção entre sua relação de filho e a relação dos discípulos. Somente ele diz: "Meu Pai!"; somente ele recebe a resposta: "Tu és o meu Filho bem-amado" (Mc 1,11), com a qual é expressa a união misteriosa da sua alma com a divindade numa reciprocidade total e completa (Mt 11,27). A oração põe Jesus no coração dessa única intimidade, a mais íntima e a mais pessoal entre todas, e emerge da comunhão com o Pai, tornando-se o fôlego da alma de Cristo.

O sentimento de adoração é louvor e ação de graças, e Jesus diante da vontade divina está num estado de dependência contínua, porque a submissão é para ele a vida da alma: "O meu alimento é fazer a vontade daquele que me enviou" (Jo 4,34). Toda circunstância, toda pergunta remete Jesus ao objeto da sua missão, que consiste em realizar a vontade do Pai e a obra que lhe foi confiada. E assim a sua oração é comunhão com o Pai e ao mesmo tempo instrumento de salvação para o mundo.

Tomando nos Evangelhos os textos nos quais se trata da obra da salvação, observamos que Jesus ora nos momentos mais importantes para a realização dessa obra. O Espírito Santo desce sobre Jesus quando, "batizado também ele, rezava" (Lc 3,21). Vai para o deserto para renovar a experiência de oração de Moisés e no início da sua pregação na Galileia "retirando-se para um lugar deserto, ele orava" (Mc 1,35). Passa a noite em oração antes da escolha dos apóstolos (Mt 9,37-38; Lc 6,12-13). Antes da promessa do primado a Pedro "estava em oração, num lugar afastado" (Lc 9,18). Na ressurreição de Lázaro, diz Marta: "Eu sei que tudo o que pedires a Deus, Deus te dará", e Jesus ora: "Pai, eu te dou graças por me teres atendido. Por certo, eu também sabia que tu me atendes sempre" (Jo 11,41-42). Quando os gentios desejam vê-lo, Jesus ora ao Pai (Jo 12,27-28). Anunciando a Pedro a negação dele, afirma ter orado por sua fé (Lc 22,31-32). Antes da paixão pronuncia a grande oração referida pelo Evangelho (Jo 17). É uma oração particularmente reveladora (íntimo colóquio de amor, louvor, súplica pela Igreja etc.), juntamente com a dolorosa e dramática do Getsêmani. A íntima conexão das orações de Jesus no horto e na cruz com a obra da salvação é exposta pela Carta aos Hebreus (5,7): "Cristo, durante sua vida terrena, ofereceu orações e súplicas [...] àquele que podia salvá-lo da morte, e foi atendido por causa de sua submissão". Onde, aliás, a ressurreição é apresentada como fruto da oração de Jesus. A missão do Espírito Santo é fruto de oração. "Eu rogarei ao Pai, e ele vos dará outro Paráclito" (Jo 14,16). E Cristo continuava a orar ainda, para o cumprimento da obra diante do Pai (Rm 8,34; Hb 7,25).

Também para São Paulo a oração está relacionada ao plano de Deus, que ele devia levar a cabo. Ora para poder ir pregar (Rm 1,1-12);

os fiéis devem orar pela sua pregação (Ef 6,18); ora pela vida cristã dos fiéis (2Ts 1,11) e agradece ao Senhor pela eleição deles (2Ts 2,13); ora por Filêmon para que a sua "participação na fé seja eficaz" (Fm 6; cf. Cl 4,12). Para São Paulo, a oração pertence à edificação do corpo de Cristo (Ef 4,12). Expressões semelhantes nas cartas de Pedro, Tiago, João (por exemplo, 1Jo 5,14-16) e na Epístola de Judas (20–21).

O Novo Testamento termina com a oração do Espírito e da esposa para a última vinda de Cristo, que terminará a obra da salvação: "Amém. Vem, Senhor Jesus!" (Ap 22,20).

O cristianismo se une à tradição da oração do judaísmo, mas a aperfeiçoa com o espírito e a presença de Cristo. Jesus nos ensinou a orar sobretudo porque nos inseriu no seu mistério. Esse mistério é precisamente a relação do Filho com o Pai. A inserção em Cristo, por obra do Espírito Santo, nos faz partícipes da relação de amor que é a vida, que é, antes, o ser mesmo do Filho de Deus. A novidade da oração cristã está por isso em ser a oração mesma de Cristo comunicada aos homens. Cristo nos faz seus membros, vive em nós em seu espírito, precisamente porquanto faz nossa a sua oração, e assim nos introduz no mistério da sua relação pessoal com o Pai. "Sede repletos do Espírito. Entoai juntos salmos, hinos e cânticos inspirados; cantai e celebrai o Senhor de todo o vosso coração. Em todo tempo e a propósito de tudo rendei graças a Deus Pai, em nome de nosso Senhor Jesus Cristo" (Ef 56,18-20). A oração cristã é em seu profundo significado um ir por Cristo ao Pai (Ef 5,20; Cl 2,17). Deve, por isso, acontecer sempre no nome de Jesus. À medida que isso se verifica, seguramente se é ouvido (Mc 11,24; Jo 14,13; 15,7; 16,23 etc.).

A oração cristã é enfim uma oração no Espírito do Pai e do Filho, que vem "em socorro de nossa fraqueza, [...] intercede por nós com gemidos inexprimíveis" (Rm 8,26), testemunhando "ao nosso espírito que somos filhos de Deus" (Rm 8,16), que nos faz clamar: "Abbá, Pai!" (Rm 8,15; Gl 4,6). É essa a palavra usada por Jesus, antes do que por São Paulo: palavra familiar que os hebreus usavam em casa, nos discursos íntimos, como nós usamos "papai". "Quando rezardes, dizei: 'Pai'" (Lc 11,2). O efeito dessa invocação deve ter sido particularmente intenso no ânimo simples dos apóstolos e suscitar neles uma admiração, quase uma incredulidade, por poder tratar assim com YHWH.

Se Cristo e o Espírito são os reais promotores e sustentação da oração cristã, então ela se realiza necessariamente na Igreja, que é a grande orante diante do Pai (Ef 3,21). O cristão que ora jamais está sozinho, porque está com Cristo. Na oração se realiza, pois, não somente a consciência, mas a experiência da comunhão com os outros. Nela todos os crentes estão unidos diante do rosto de Deus, como se fossem uma pessoa só: "todos vós sois um só em Jesus Cristo" (Gl 3,28). Daí o frequente conselho de Paulo de rezar um com o outro e pelo outro (Rm 15,6; 2Cor 1,11; 4,15 etc.).

A Igreja acolhe em Cristo, seu chefe, a palavra de salvação do Pai e em Cristo lhe dá graças. A sua oração principal, que sustenta e completa qualquer outra oração cristã, é a Eucaristia, a qual, para a primitiva comunidade cristã, era com o → PAI-NOSSO a oração distintiva.

Concluamos com as palavras de A. Hamman: "A oração cristã é em primeiro lugar a expressão da fé; ela é comunhão com o mistério humano-divino de Cristo. Transcende todas as outras orações porque é a oração dos filhos de Deus no único Filho. É contemplação do mistério que Jesus veio revelar aos homens e no qual ele os introduz pela fé e pela Igreja (*filii in Filio*). Ela se reduz e se resume ao clamor que o Espírito suscita na alma do fiel e da Igreja: *Abbá, Pai!* A comunidade dos fiéis — e cada um dos seus membros — percebe a invocação do Espírito que confessa o nome do Pai e por sua vez comunga na oração e na confissão com o mistério percebido. O apóstolo São Paulo traduz na sua experiência pessoal a mesma realidade que revelam os Evangelhos sinóticos e que João exprime quando fala da adoração 'em espírito e verdade'. A oração toda mergulha o discípulo de Cristo em pleno mistério trinitário: da oração à Trindade. É isso o que lhe dá sua interioridade. Esse caráter teologal constitui a novidade da religião e a fé da Igreja. Por esse fato, a oração cristã supõe primeiro o acolhimento do Senhor e se consuma numa contemplação que reconhece a graça recebida, por Cristo e no Espírito" (*La prière. Le Nouveau Testament*, Tournai, 1959, 423).

c) *Na história da Igreja*. Na história da Igreja a oração ocupou sempre um lugar de primeiro plano, santificando os momentos mais importantes do dia. Entre as orações das primeiras comunidades cristãs era particularmente recomendada a recitação do Pai-nosso (cf. *Didaqué*). Oravam de joelhos, em sinal de dor e de penitência; habitualmente, porém, em especial no tempo pascal, ficavam de pé, com os braços abertos. O sinal da cruz marcava os gestos, até mínimos, do fiel, segundo os célebres testemunhos de → TERTULIANO (*De corona*, 3; *Ad uxorem*, 2,5). → INÁCIO DE ANTIOQUIA, → CLEMENTE DE ROMA, Policarpo, Ireneu e muitos outros Padres e escritores dos primeiros tempos cristãos recomendaram a fidelidade à oração como tinham feito os apóstolos. Quando se começou a redigir fórmulas de oração nas primeiras assembleias cristãs onde esta era comum, nasceu, sob diversas formas, orientais e latinas, a → LITURGIA, que se tornou a oração oficial da Igreja. Desde o início a liturgia esteve cheia de convites à oração e constituiu um modelo e uma fonte de inspiração para a oração privada. Enfim, as invocações dos mártires, antes e durante seus suplícios, constituíram uma parte notável, muito comovente, da oração dos primeiros cristãos.

A oração vocal e a mental foram desenvolvidas sobretudo no monasticismo cristão antigo e cultivadas em geral na vida das comunidades religiosas. As formas de oração então instituídas foram de importância decisiva para o ulterior desenvolvimento da piedade da Igreja. Ao lado da oração eucarística nos seus diversos ritos, desenvolveu-se a oração das horas (→ OFÍCIO DIVINO), especialmente nos mosteiros beneditinos. Desde o século XI a oração privada conheceu uma prática mais intensa e teve um excepcional florescimento, sem por isso prejudicar a importância da oração em comum. Os seus principais promotores foram os → CISTERCIENSES, os → CARTUXOS e os cônegos regulares de São Vítor; mais tarde (no século XIII), a eles se associaram as Ordens mendicantes, sobretudo os → FRANCISCANOS. A partir de então a piedade teve cada vez mais uma orientação cristocêntrica e a vida terrena de Jesus, com os seus muitos mistérios (nascimento, paixão, morte etc.; mais tarde, em particular, pobreza, feridas de Cristo, coração trespassado), deu um impulso extraordinariamente fecundo e variado à oração interior.

A Idade Média foi uma época de oração e de contemplação: a época dos mosteiros e das catedrais, que eram as casas da oração. Os escritos sobre a oração procediam quase que exclusivamente da vida monástica: antes das abadias dedicadas à vida contemplativa e ao louvor litúrgico, depois dos conventos, fontes de vida apostólica e missionária. Os grandes orantes: → BERNARDO DE CLARAVAL, → FRANCISCO DE ASSIS, Boaventura, Suso, Gertrudes, → RUUSBROEC etc. caracterizaram por séculos, na Igreja católica, estilos e conteúdo da oração privada.

Entre os séculos XII e XV, também a oração contemplativa adquiriu forma própria e seu lugar definitivo como técnica de preparação e como descrição de graus. Partindo da leitura e da consideração da Escritura, ela sobe, mediante o colóquio com Cristo e com Deus, até o amoroso abandono neles, para se elevar muitas vezes às alturas da contemplação mística. Sobretudo nessa espécie de oração, que é o vértice da oração cristã, entram em jogo todas as faculdades do homem: os sentidos e o espírito, a inteligência, a vontade e o sentimento. De acordo com a índole do indivíduo, prevalece ora o elemento intelectual, ora o afetivo. Com tudo isso, a oração privada, também a do místico, acaba se enquadrando na vida sacramental da Igreja, no âmbito da oração litúrgica que contribui para a tornar fecunda.

Se até a tardia Idade Média a intensa vida de oração ficou em geral circunscrita aos conventos, a partir do século XVI também o mundo dos leigos foi por ela conquistado em medida cada vez maior. No processo de adaptação da oração ao mundo leigo, surgiu uma grande quantidade de formas populares de oração, cujas origens remontam muitas vezes a uma data muito antiga: as ladainhas, o → ROSÁRIO, as orações para os diversos momentos do dia, a via-crúcis (→ CRUZ), as jaculatórias, as preces indulgenciadas, as orações de intercessão a Nossa Senhora e aos santos, e os hinos religiosos.

Particular desenvolvimento, tanto nas novas Ordens religiosas (especialmente → CARMELITAS e servos de Maria) como no povo, assumiu o culto de Nossa Senhora, nos séculos XII e XIII. Às orações usuais do cristão, que foram, desde o final do século XII, o Pai-nosso e o Credo, veio se juntar a Ave-Maria, de cuja recitação nasceu com grande desenvolvimento, entre os séculos XII e XVI, o Rosário, que se tornará um dos meios mais populares de devoção mariana. Outra devoção a Nossa Senhora, ainda hoje amplamente praticada, o *Angelus* afunda suas raízes em plena Idade Média e está ligada ao uso, já vigente no século XIII, de os sinos soarem o toque de recolher.

Se, a respeito da oração, a Idade Média deixa a impressão de uma abundância quase inexaurível e muitas vezes excessiva, a oração da Igreja católica, na época moderna, distingue-se antes de tudo por certa simplificação. As experiências de oração das épocas criadoras da Igreja tornam-se sistemática e pastoralmente profícuas para todas as classes e para todas as condições sociais. Pode-se agora falar na Igreja de uma verdadeira educação à oração. Esse movimento se estendeu sobretudo a partir do século XVI. O mundo moderno se caracteriza por uma tomada de consciência, por parte do homem, da própria interioridade humana, e isso levou a teologia a um estudo mais desenvolvido das etapas e das vias da oração no íntimo do ser humano. No alvorecer do mundo moderno, escreve Jean Daujat, dão-se dois acontecimentos que têm um lugar capital na história da oração cristã: a reforma do Carmelo e a fundação da Companhia de Jesus. Os dois santos reformadores do Carmelo, → TERESA DE JESUS e → JOÃO DA CRUZ, apresentam um estudo preciso e completo da evolução da oração na alma cristã, das primeiras etapas dos principiantes aos cumes da vida mística. Pio XI, ao proclamar São João da Cruz Doutor da Igreja, apontou-o aos cristãos especialmente como Doutor da oração. Assim também foi para Santa Teresa na sua proclamação ao cume do doutorado. A vocação carmelita será de agora em diante um convite para entrar com toda a própria vida nas profundezas da oração, ao mesmo tempo contemplativa (puro olhar interessado unicamente por Deus) e apostólica (súplica e oferecimento pela Igreja e sua expansão missionária).

O fundador dos jesuítas, Santo → INÁCIO DE LOYOLA, é autor dos *Exercícios espirituais*, recomendados de modo especial, entre outros, por Pio XI na encíclica *Mens nostra*, exercícios que propõem aos cristãos um verdadeiro método de oração e de caminho para a perfeição, empenhando todas as faculdades humanas e todos os movimentos da alma. A prática desses *Exercícios espirituais* contribuiu para desenvolver a vida de oração na Igreja e para formar diretores de almas e grandes autores espirituais.

d) *No mundo moderno*. O formar-se de uma nova mentalidade trouxe ao coração do homem de hoje certo enfraquecimento e certa falta de empenho em relação à oração. Um primeiro componente essencial dessa mentalidade nova é a distinção cada vez mais nítida entre o domínio do sagrado e o do profano: a chamada "dessacralização". O homem primitivo não faz e não sabe fazer nenhuma distinção entre o sagrado e o profano: Deus é sentido como causa direta e imediata de todo acontecimento, e todo acontecimento é interpretado como "resposta divina" à conduta do homem. Um estado de ânimo, esse, que estava tão difundido também entre nossas populações até há poucos decênios e as levava a se encontrar continuamente com Deus e sua vontade: qualquer acontecimento humano, alegre ou triste, era vinculado à única Causalidade, da qual tudo derivava diretamente, dispondo o ânimo a uma fácil relação de dependência e de súplica.

O homem moderno vai perdendo cada vez mais essa visão religiosa do mundo e da vida. Persuadido de que o curso dos acontecimentos se insere num tecido determinista de leis e de causas, sente-se menos ligado a Deus e dele dependente. Para a maioria dos homens tudo acontece hoje como se o sagrado e o profano fossem dois universos estranhos entre si. Essa nítida separação entre sagrado e profano pôs em crise a visão espiritual da vida, fundamento de toda oração.

O homem de hoje se sente, aliás, mais seguro e autossuficiente que no passado. Diante de uma natureza cujas forças extremamente poderosas e caprichosas encontravam uma humanidade indefesa e uma organização social muitas vezes desprevenida, Deus era sentido pelo homem do passado como a mais válida, talvez a única defesa. O homem de hoje sente menos, ou de qualquer modo, não com a mesma intensidade de outrora, a necessidade de uma continuada assistência divina e de um recurso a ela. Também essa é uma causa da diminuição da oração. "O desuso da oração na chamada era industrial é o sintoma mais importante da pretensa autossuficiência de que se gloria o homem moderno. São muitos os que hoje não oram mais pela segurança, por considerarem superada pela técnica a súplica que o Senhor pôs nos lábios dos homens: 'O pão nosso de cada dia nos dai hoje', ou a repetem de boca para fora, sem uma íntima persuasão de sua perene necessidade" (Pio XII, Mensagem natalícia 1955, in *AAS* 37 [1955] 31. Cf., a esse respeito, F. PAVANELLO, Religiosità e preghiera nel mondo d'oggi, *Orientamenti Sociali* (janeiro 1962) 1-20; A. DESQUEYRAT, *La crisi religiosa del nostro tempo*, Bolonha, 1958).

A → SECULARIZAÇÃO e a tecnização do mundo moderno trouxeram consigo, portanto, certa esterilidade da vida de oração. Os esforços da piedade hodierna para voltar a dar à oração vitalidade, profundidade e amplidão partem de dois pontos: da liturgia e da → MEDITAÇÃO. Hoje estamos no centro de um processo de renovação da vida litúrgica e, portanto, também da oração litúrgica. Além disso, encontram-se cada vez mais amplos consensos em relação à meditação cristã, para reeducar ao recolhimento o homem inquieto de hoje e o levar à presença de Deus.

Na concepção de certas correntes modernas de teologia, a oração parece atenuar a sua dimensão vertical para insistir mais na horizontal e assumir um caráter "funcional", comprometendo às vezes sua transcendência e o momento contemplativo, que foi sempre considerado o cume de toda oração. "A oração é um colóquio com Deus a partir das profundezas do nosso ser e das profundezas da nossa missão de vida terrestre. Oração e meditação tornam transparente o nosso ser humano e o nosso trabalho terreno e nos mostram os valores cristãos. [...] A oração deve nos ajudar a nos doar aos homens" (K. RAHNER, *Von der Not und dem Segen des Gebetes*, Friburg i.Br., 1960, 72).

Há por isso alguns que identificam as obras de caridade para com o próximo com a oração, a ponto de afirmarem que ela possa ser substituída por aquelas, inutilizando-a praticamente. Essa importância dada ao caráter "funcional" da oração na vida de hoje (também em ambientes católicos) significa um deslocamento notável da concepção tradicional teocêntrica para um antropocentrismo que levou a conclusões desconcertantes por parte de teólogos acerca da "morte de Deus". Assim, por exemplo, para Robinson (*Honest to God*, trad. it., Firenze, 1965, 118-126), a oração não é um retirar-se da dissipação do mundo para estar com Deus, mas o realizar o nosso dever de caridade para com o próximo, como nossa verdadeira e fundamental vocação, "empenho incondicional" por meio do qual encontramos Deus. Pode haver momentos de maior calma e de mais íntima concentração, mas somente para nos tornar mais responsáveis pelo encontro com o próximo. E essa oração do homem "secular" tem uma só dimensão: a dimensão humana.

2. TEOLOGIA DA ORAÇÃO. A noção genérica de oração implica a de elevação, ou seja, de comunicação da alma com Deus. No conceito bíblico, o aspecto de diálogo e, portanto, de resposta é fundamental. A oração de Jesus, que é o ideal de toda oração, é, sim, evasão do mundo num virginal silêncio, numa intimidade divina absolutamente única e inacessível, mas é também resposta fiel e plena ao Pai que se revela como Deus de salvação: "Sim, Pai, foi assim que dispuseste na tua benevolência" (Mt 11,26).

O caráter da oração como diálogo e como resposta depende da imagem que o orante tem do próprio Deus. Assim é notavelmente diferente a oração de um israelita daquelas de um islâmico, de um primitivo e de um cristão. Entre os próprios cristãos, um calvinista terá uma atitude diferente da de um católico. Entre os próprios católicos, a oração de um principiante, que tem apenas um conceito rudimentar de Deus, é diferente da de um perfeito, que atingiu o limiar ou as profundezas da experiência mística.

a) *Natureza da oração. A oração do cristão é essencialmente oração de Cristo.* A oração é, em seu conteúdo genérico, a realização de uma relação real e pessoal entre o homem e Deus. No caso do cristianismo, essa relação se põe não no plano metafísico, mas no plano histórico: as relações entre Deus e o homem são uma realidade histórica, ou, mais exatamente, um drama, cujas diferentes etapas são a criação, a queda, a encarnação e a redenção. Nessa perspectiva, as relações entre Deus e o homem passam por três estágios, conforme se considera a humanidade no de inocência ou no de pecado ou ainda no da redenção realizada por Cristo. A nós, em concreto, interessa somente o último, uma vez que os dois primeiros pertencem à realidade do passado. Esse terceiro estágio, no qual agora nos encontramos, começa com a encarnação, mistério central do cristianismo, que estabelece um novo tipo de relações entre Deus e o homem: a encarnação dá um novo centro ao universo. A aparição de Jesus, homem-Deus, no mundo é em primeiro lugar um fato histórico que renova radicalmente os dados do problema posto pelas relações entre o divino e o humano.

A priori, temos de pensar, portanto, que um novo tipo de oração se introduz no mundo com a encarnação. Uma análise mais aguda nos permitirá pôr em destaque alguns esclarecimentos.

Embora sejam muito diferentes as maneiras de explicar a queda original e as suas consequências, todos os teólogos são unânimes em considerar que ela provocou uma ruptura entre a humanidade e Deus e que somente em Cristo redentor pode se formar de novo o vínculo de união ou, mais precisamente, somente Cristo pode entrar em relação com Deus, seu Pai. Mas Cristo não é um ser isolado: é o primogênito entre muitos irmãos, e é nele que, segundo a fórmula de São Paulo, se recapitula toda a humanidade.

Consequentemente, somente por meio dele se restabelecem as relações entre Deus e o homem: podemos assim afirmar que existe uma só oração real, possível e válida: a de Cristo. Nesse sentido, somente Jesus é o único e perfeito religioso de Deus. Notemos bem, porém: não se trata aqui de um caráter superposto à oração cristã, mas da sua própria definição e essência. A oração cristã não pode ser senão cristológica, não pode existir senão em Cristo.

A oração cristã, com efeito, do primeiro e incerto balbuciar até a elevação mística mais sublime, é, segundo o ensinamento de São Paulo, uma participação na oração que Cristo eleva ao Pai no Espírito Santo: a alma, sob a moção do Espírito de Cristo, torna-se capaz de se dirigir a Deus com a mesma palavra com que Jesus ergue seu gemido ao Pai, ou seja, com o terno e confiante termo "→ ABBÁ" = "Pai". A alma, portanto, se apropria da oração de Jesus em todas as suas dimensões, porque a sua oração, como a dele, é vivificada pelo mesmo Espírito. "O Espírito de Deus habita em vós. [...] Se alguém não tem o Espírito de Cristo, não lhe pertence" (Rm 8,9); e se o Espírito habita em nós, ele "vem em socorro de nossa fraqueza, pois nós não sabemos rezar como convém; mas o próprio Espírito intercede por nós com gemidos inexprimíveis" (Rm 8,26).

Essa posição básica pode levantar algum problema, mas não apresenta dificuldade no que diz respeito à oração judaica do Antigo Testamento. Com efeito, a encarnação, ainda que inserida num ponto preciso do desenvolvimento cronológico é, de certo modo, um mistério eterno, cuja irradiação se difunde no todo da história do mundo, particularmente na do povo hebraico e em sua religião. Raciocínio semelhante deve ser feito para a oração do cristão pecador: o seu pecado não o separa completamente de Cristo e é por Cristo que a sua súplica chega ao Pai.

Um problema mais sutil é o de saber em que medida se pode ter uma oração válida em almas que não pertencem oficialmente ao cristianismo. Estamos inclinados a dar hoje uma resposta muito positiva a essa questão. Ou seja, julgamos que também essa oração passa pela mediação de Cristo. Os teólogos discutem para determinar de que modo isso possa ocorrer; mas talvez a coisa mais simples seja admitir que esse modo de pertença a Cristo continua misterioso para nós.

Nossa oração, portanto, não existe senão à medida que é oração de Cristo, ou seja, enquanto estivermos unidos a ele e incorporados nele; união e incorporação que se realizam pela graça depositada nas nossas almas no momento do batismo. Pode-se dizer então que a teologia da oração está unida à teologia da graça? Sem dúvida, as duas perspectivas estão intimamente ligadas. Essas perspectivas sobre a oração levam a outro aspecto não menos interessante. Na ordem querida por Deus, na qual vivemos hoje, a incorporação a Cristo se realiza com a pertença à → IGREJA, corpo de Cristo, de modo que todas as orações que pertencem a Cristo pertencem à Igreja e fora da Igreja não pode haver verdadeira oração. O caráter cristológico da oração cristã se enriquece com um caráter eclesiológico, de modo que em cada uma das nossas orações estão Cristo e a Igreja que oram.

O que assim definimos não é senão uma ontologia da oração, substrato de toda sua manifestação psicológica individual e concreta. Esse substrato ontológico existe em si mesmo, independentemente das nossas reações individuais e transcende, por isso, o aspecto que poderíamos chamar de psicológico, ou seja, o modo como a oração é realizada na nossa vida interior. Mesmo que, ao rezar, não tenhamos plena consciência de Cristo e da Igreja, a nossa oração não deixa de ter os dois caracteres acima mencionados. No Rosário recitado pelo mais humilde dos camponeses, bem como nos estados mais altos dos maiores místicos estão sempre em oração Cristo e a Igreja.

Nessa perspectiva, que é a verdadeira, no mistério cristão da oração são de fácil solução diversos problemas que deram motivo a longas e apaixonadas polêmicas, como, por exemplo, o lugar que Cristo, ou melhor, a humanidade de Cristo ocupa no desenvolvimento da oração; as relações entre oração litúrgica e oração pessoal; teocentrismo ou antropocentrismo na oração; oração de adoração ou oração de serviço? (cf. L. COGNET, *La prière du chrétien*, Paris, 1967).

Caráter trinitário, filial e teologal da oração cristã. A mediação de Cristo na Igreja leva o orante a um encontro e a uma comunhão pessoal com a plenitude do mistério de Deus. A novidade da oração cristã está, por isso, em ser a oração mesma de Cristo comunicada aos homens. Cristo faz de nós seus membros, vive em nós no seu Espírito precisamente porque faz nossa a sua oração e assim nos introduz no mistério da sua relação pessoal com o Pai.

A essência teológica da oração cristã é, portanto, entrar em diálogo com Deus-Trindade Santíssima, pela mediação de Cristo. A oração do cristão é a oração de um homem que foi elevado à ordem sobrenatural e introduzido na família de Deus: filho do Pai em Cristo Jesus (Gl 4,5). Transformado em Cristo, o cristão contempla o Pai com o olhar de Cristo, ama-o com o coração de Cristo e o invoca com a oração de Cristo; participa, pois, do diálogo entre Filho e Pai, é aceito no seio da vida que se desenvolve entre as Pessoas divinas e dela é feito partícipe. Mediante a transfiguração em Cristo, todos os fiéis podem "num só Espírito, ter acesso ao Pai" (Ef 2,18). Dessa elevação da alma cristã à ordem da vida divina resulta evidente que a sua oração é trinitária. A sua conversação com Deus é uma participação do colóquio silencioso que de toda a eternidade se desenvolve no mistério mesmo de Deus, uno e trino, o qual "habita" na alma em graça, onde se desenvolve sua vida trinitária. Deus não é solidão, mas perfeição do amor e do pensamento, da unidade na pluralidade. Deus se exprime perfeitamente numa Palavra, em seu Verbo, que possui sua mesma essência divina e, por isso, Deus é Pai e Filho. E esse Verbo divino se nutre do amor infinito que é o Espírito Santo, o qual possui também ele a mesma natureza divina. O Filho se dá incondicionalmente ao Pai no Espírito e repousa *in sinu Patris* (Jo 1,18). No seio mesmo da Trindade há, pois, uma comunhão de vida, um encontro mútuo das três divinas Pessoas, um fluir e refluir de conhecimento e de amor que constitui a bem-aventurança eterna, e que é como a inexprimível oração do próprio Deus.

Foi para manifestar o inefável mistério de Deus de modo adequado às condições humanas que uma das Pessoas divinas, a Palavra, o Verbo se fez carne. Com a encarnação do Verbo, a intimidade de vida do Filho com o Pai no Espírito Santo desce ao plano humano. Jesus manifesta em traços humanos o rosto transcendente de Deus, atenuando seu esplendor. Jesus é o revelador e a viva manifestação do Pai. Por isso, ele se encontra no coração mesmo da nossa oração e da nossa conversação com Deus. Ele é o homem-Deus. Quando o nosso olhar encontra o seu rosto, está certo de encontrar o do próprio Deus. O Filho, esplendor do Pai, veio para nos revelar a si mesmo e o seu Pai: "Ninguém jamais viu a Deus; Deus Filho único, que está no seio do Pai, no-lo revelou" (Jo 1,18). E ao apóstolo Filipe que lhe dizia: "Senhor, mostra-nos o Pai", Jesus responde: "Eu estou convosco há tanto tempo e, entretanto, Filipe, não me reconheceste? Aquele que me viu, viu o Pai" (Jo 14,8.9). Jesus se revelou como o Filho do Pai e manifestou o Espírito que é o vínculo mesmo do amor deles.

Assim a oração à Trindade se torna oração a Cristo, Verbo encarnado; a procura do rosto de Deus é antes de tudo procura do rosto de Cristo, que o manifesta. Do fato de a alma cristã ter sido elevada pela graça à ordem da vida divina "em Cristo Jesus" resulta ainda que a sua oração é "cristiforme", feita nele, no seu Espírito e, portanto, filial.

É Jesus que reza conosco, e nós rezamos nele e com ele. O Deus vivo ao qual se eleva a nossa mente e o nosso coração se tornou, mediante Jesus, o nosso "Pai". Cristo, na sua encarnação, tornou-se o sumo sacerdote, o adorador, o orante perfeito do Pai. Ele ora no Espírito Santo, que é espírito de filiação; a divina pessoa de Jesus faz com que a sua humanidade participe intimamente do colóquio inefável que se desenvolve no seio da Trindade. Assimilando-nos a ele, ele nos faz participantes do seu colóquio filial com o Pai, de todo o seu culto; por isso, nos faz "filhos de Deus" (filhos no Filho), e por isso nos manda o seu Espírito. Desse modo, nós podemos rezar, conversar com o Pai nele, sob a moção do seu Espírito.

Para o cristão, a oração última se conclui assim na participação do colóquio divino intratrinitário: orar por ele é falar com os "Três" e ouvir ainda mais a voz dulcíssima, silenciosa e arcana deles. A oração cristã é como o despertar atual do espírito filial: quanto mais a oração se desenvolve e se intensifica em nós, mais nos tornamos conformes a Jesus, Filho de Deus. Quanto mais somos dóceis ao Espírito, mais nos tornamos filhos de Deus, do Pai celeste (cf. BENJAMIN DA TRINDADE, Il misterio della preghiera cristiana, *Rivista di Vita Spirituale* 13 [1959], 143-149).

A oração cristã é essencialmente trinitária, cristiforme e filial. Diálogo do filho ao Pai por Cristo no Espírito Santo. Diálogo, escuta e silêncio. "A verdadeira situação da oração não é quando Deus está ouvindo o que nós lhe pedimos, mas quando o orante persevera na oração até que seja ele que escute, que escute o que Deus quer" (KIERKEGAARD, *Diario*, VII, A 50). A escuta da palavra de Deus é possível somente quando e na medida em que a alma realizou em si uma vasta zona de silêncio. Todavia, há também "silêncios de Deus", causa de profunda aflição. A leitura da Sagrada Escritura, na qual estão contidas as palavras de Deus, pode ser um remédio a esses silêncios (*DV* 25). A oração cristã, pois, é também oração bíblica, além de eclesial, como já referimos acima. É preciso observar enfim que em Cristo podemos viver uma autêntica relação, não somente com Deus, mas também com os homens; podemos nos dirigir ao Pai, e podemos nos dirigir a Cristo, também aos irmãos, aos santos. A oração aos santos é a expressão mais perfeita da comunhão com os homens, que apenas em Cristo, de fato, é plenamente real. Não se pode subestimar esse aspecto da oração cristã, a qual, além de ser encontro pessoal com Deus, é também sempre expressão comunitária e eclesial e, pelo menos imperfeitamente, litúrgica.

Concluímos com uma observação óbvia, depois de tudo o que dissemos: a oração cristã é essencialmente teologal. Na base de toda expressão do orante cristão encontra-se sempre a fé, por meio da qual conhecemos o conjunto das iniciativas divinas que nos fazem entrar naquele mundo de relações pessoais e familiares com Deus, que formam a essência mesma da oração. Por isso, a oração cristã se expressa muitas vezes mediante textos bíblicos, que nos revelam os mistérios e o mistério de Deus e a sua infinita misericórdia, que nos foi manifestada por meio de Cristo redentor. Todo o comentário da oração cristã é alimentado pelo que a fé nos revela de Deus e do seu Cristo.

Se a oração cristã tem o seu fundamento na fé, tem, porém, o seu estímulo e sua aspiração na esperança: por meio da esperança ela se faz clamor e invocação, que é necessidade e pedido de Deus, que a si mesmo se doa e, portanto, impulso e tensão para sua plena posse na visão e na vida eterna. A oração autenticamente cristã é a oração de uma alma que quer Deus, e o quer esperando que seja ele mesmo a se dar a ela. Essa é a obra própria da esperança teologal. Reza-se a Deus porque se acredita no seu amor e se espera nela sua misericórdia que nos socorre.

Se a oração cristã encontra o seu fundamento na fé e o seu impulso na esperança, o seu dinamismo essencial brota da caridade, que inspira e anima todas as atitudes do orante. A nossa oração vale quanto vale a caridade que a exprime. O valor da oração está em ser a atitude mais profunda da alma, a qual, porque ama a Deus, está voltada para ele num olhar interior de amor.

Assim, a caridade suscita a oração, desemboca e floresce na oração, realiza em nós a verdadeira intimidade divina, fixando-nos na troca e no diálogo de amor com Deus. Na oração cristã, adoração, louvor, reconhecimento, arrependimento, pedido procedem do amor, são atitudes de amor, cuja fonte é a caridade.

b) *Necessidade da oração*. A oração corresponde, como já observamos, a uma exigência da natureza humana e da própria vida da graça. Com efeito, a dependência da ação criadora e conservadora de Deus, por parte do homem em todas as fibras do seu ser, faz surgir no homem a necessidade de reconhecer sua soberania absoluta, mediante um gesto que constitui o fundo da oração natural. Mas é sobretudo a elevação do homem à ordem da vida íntima de Deus, mediante a graça, que faz surgir na alma cristã a exigência de elevar na oração o coração e a mente ao Pai que está nos céus, de quem o homem se tornou "filho". O dom mesmo da graça habitual com as virtudes infusas que a acompanham é na alma cristã um apelo incessante a tomar parte de modo atual da "conversação" íntima dos "Três" mediante a oração. Compreende-se assim como a oração crescerá em intensidade na medida mesma em que crescer na alma a vida da graça.

A essa exigência da vida humana e da vida cristã corresponde a lei e, portanto, a obrigação moral da oração, cujo tempo os moralistas procuram determinar: *saltem frequenter in vita*. Jesus mesmo, com o exemplo e com o ensinamento, pôs em destaque a importância e a necessidade da oração, como observamos acima. O Mestre divino insiste muitas vezes na perseverança e na continuidade da oração: é preciso pedir, procurar, bater na porta com insistência, pois o → PAI CELESTE nos dará o que pedirmos e, sobretudo, o dom por excelência, que é o seu Espírito. A doutrina é confirmada pela parábola do amigo importuno e do juiz que, mesmo sendo iníquo, vencido pelo incômodo, se vê obrigado a fazer justiça a uma pobre mulher. "Jesus lhes disse uma parábola sobre a necessidade que tinham, de rezar constantemente e não desanimar" (Lc 18,1).

O "rezar constantemente" do Evangelho não significa pôr, uns sobre os outros, vários exercícios de piedade; não equivale sequer a multiplicar os atos de oração durante o dia e o trabalho (ainda que isso seja um ótimo exercício espiritual, que deve ser recomendado, porém, com prudência); mas diz respeito a uma orientação da alma e de toda a vida dedicada a Deus, "com a qual se vive para ele, nele, com ele; ou seja, com a qual não só se ora, mas se trabalha, se estuda, se cansa, se sofre e se morre, com este estado de alma: tudo por Deus".

Mais tarde, os próprios apóstolos não deixarão de lembrar aos primeiros cristãos esse dever da oração contínua: devem ser "perseverantes na oração" (Rm 12,12). O apóstolo escreve aos colossenses: "Perseverai na oração: que ela vos mantenha bem alertas, em ação de graças. Ao mesmo tempo, rezai também por nós" (Cl 4,2); e aos tessalonicenses: "orai incessantemente" (1Ts 5,17).

c) *Variedade da oração*. Falando das várias espécies de oração, podemos distinguir *ex parte subjecti* a oração pública e a individual. A primeira é a oração litúrgica; a segunda é a oração chamada "pessoal". Considerada na sua expressão, a oração pode ser mental ou vocal. Uma e outra forma podem estar tanto na oração pessoal ou individual como na participação da oração litúrgica. A oração vocal é a que para se exprimir se serve de uma fórmula preestabelecida; a mental é a que fala com Deus de modo espontâneo.

A oração litúrgica. O cristianismo não é somente uma concepção da vida, um modo de ver o conjunto da existência humana na sua origem, na sua missão, no seu destino. É também isso, mas é muito mais: o cristianismo é uma ação de Deus no mundo, uma ação salvadora e santificadora com a qual Deus vem ao encontro do homem para o ajudar a viver e a preparar a sua felicidade eterna; ação divina com a qual o homem deve colaborar, respondendo ao convite divino que lhe é dirigido. Essa ação divina não é uma ação passada; ela é sempre atual. Depois de ter sido prometida a nossos progenitores logo depois de sua miserável queda, e preparada por muitos séculos no Antigo Testamento, ela atingiu o seu ápice com a vinda ao mundo do Verbo encarnado que, com sua morte na cruz, readquiriu para a humanidade a vida da graça com a qual podemos viver bem e conseguir a felicidade definitiva na glorificação eterna de Deus Trindade.

Essa graça, readquirida para o mundo há vinte séculos, é atualmente concedida às gerações humanas que se sucedem no tempo especialmente mediante a ação litúrgica da Igreja, ação que se mostra assim como uma verdadeira e oficial participação da ação santificadora exercida sobre o mundo por Deus e pelo Verbo encarnado, em colaboração com a Igreja por ele fundada, *ut opus suum perenne redderet* (Concílio Vaticano I, sobretudo *Sacrosanctum Concilium*). Essa colaboração da Igreja com Cristo efetua-se de modo mais formal nas três grandes ações litúrgicas, que são: a missa, na qual, mediante os ministros da Igreja, Jesus, Verbo encarnado, continua a se imolar misticamente para fazer afluir na Igreja todas as águas salutares da fonte que brotou no Calvário; a administração dos sacramentos, com que, sempre em colaboração com Cristo, a Igreja, mediante os seus ministros, derrama diretamente nas almas as graças particulares que os sacramentos estão destinados a proporcionar segundo as várias necessidades da vida cristã; a recitação do → OFÍCIO DIVINO, na qual a Igreja, unindo-se com o seu chefe e invocando a sua intercessão, ora por todas as necessidades. Cada cristão é chamado a participar dessas várias ações litúrgicas, para dar à sua oração não somente um caráter privado, mas também uma dimensão social, a qual será frutuosa na medida do seu empenho pessoal (cf. *La preghiera liturgica*, Roma 1964).

A oração pessoal. A participação na ação litúrgica da Igreja, para ser frutuosa, exige uma intervenção pessoal, uma aplicação da mente, da inteligência e da vontade, uma verdadeira atividade humana individual com que nos damos conta do sentido das ações litúrgicas e nos dispomos a delas tirar o melhor fruto; todos intuem logo, porém, que fará melhor e mais facilmente isso uma alma que cultivou de per si profundas convicções religiosas e está habituada a recorrer com frequência a Deus ao longo do dia, mesmo fora das orações oficiais e públicas. Compreende-se assim por que a Igreja, nos mesmos documentos em que recomenda uma participação mais intensa na oração litúrgica (*Mediator Dei, Menti nostrae, Sacrosanctum Concilium*), não deixa de insistir também sobre a importância das práticas mais pessoais de piedade, como são a recitação de certas orações vocais: a oração da manhã e da noite, o Rosário mariano e a prática da oração mental nas suas várias formas.

A oração vocal. A divisão da oração em vocal e mental poderia ser entendida no sentido de que a oração pode ser simplesmente interna, ou se expressar em palavras pronunciadas de modo sensível e, de fato, amiúde é assim que se entende. O uso, porém, deu a essa divisão um sentido um tanto diferente, porque na prática, como observou Santa Teresa, a oração não se diz vocal ou mental pelo fato de ter a boca aberta ou fechada; ou seja, a oração não deixa de ser mental pelo fato de que nela a alma faz o colóquio com Deus também de modo sensível; se esse colóquio é o fruto espontâneo da sua meditação, não é senão uma parte da sua oração mental, ainda que por acaso se exprima com a voz. Entendendo, portanto, a citada divisão num sentido mais prático que lógico, diremos que a oração vocal é a que se faz com o uso de uma fórmula preestabelecida, ao passo que a mental é a que se faz espontaneamente, pela expressão de sentidos e sentimentos que no momento brotam do coração.

A mais bela e mais substanciosa de todas as orações vocais é o Pai-nosso, que nasce da ternura do coração do Senhor. Convém saber, além disso, que não é da essência da oração vocal seguir o significado de tudo o que dizemos; ao passo que é absolutamente necessário que tenhamos a intenção de honrar a Deus com a recitação dessa fórmula que efetivamente exprime um íntimo recurso da alma a ele. Esse recurso fica assim implícito, mas a intenção, todavia, é real. É óbvio, porém, que é muito indicado que a alma se dê conta do que diz, pelo menos de modo geral, e, mais ainda, que se dê conta que está falando com Deus. Quanto mais a alma estiver acostumada à oração mental, mais facilmente terá um contato interior com Deus mesmo durante a oração vocal; por isso se percebe logo de que especial importância é para a alma espiritual a prática da oração mental.

A oração mental. Já dissemos que por oração mental entendemos a que se faz espontaneamente, ou seja, que não se fecha numa fórmula preestabelecida; é, pois, evidentemente, a oração mais pessoal, ou seja, na qual se afirmam mais as características, as tendências, as necessidades da pessoa. Com relação à oração mental, os santos propuseram conceitos nos quais ela já se concretiza numa atitude capaz de a fazer ter mais êxito; quer dizer, eles não indicam somente os elementos essenciais da oração mental, mas insistem também na atmosfera espiritual na qual eles devem ser realizados. Assim, Santa Teresa de Jesus, grande mestra da oração mental, nos diz que ela consiste num "trato amigável com o Senhor no qual a alma fala muitas vezes de modo íntimo com aquele de quem conhece o amor por ela" (*Vida*, 8,5). A santa dá a entender assim que na oração mental não somente há conhecimento e amor, ato de inteligência e de vontade, mas indica logo que aquilo a que deve mirar a inteligência é especialmente compreender o amor de Deus pela alma e que a resposta a esse amor deve ser um falar intimamente com ele. Isso dá a entender imediatamente que se trata de uma coisa muito simples e sem muita formalidade. Compreendido que basta somente tomar consciência do amor de Deus por nós e do seu desejo de ser amado por nós, para depois começar a responder a esse desejo, dizendo-lhe que queremos amá-lo e nos preparando a fazê-lo com a formação de um bom propósito prático, tudo se simplifica.

De toda a definição de Santa Teresa conclui-se que a santa insiste muito sobre o caráter afetivo da oração; e é justo, se ela deve ser o grande meio de aproximação pessoal da oração a Deus; sabemos, com efeito, que nesta terra unimo-nos a ele particularmente pelo amor. Por isso, a santa lembrou de modo oportuno que a oração consiste "não em muito pensar, mas em muito amar" (*Castelo*, 4,1,7).

Diremos ainda que a oração mental pode ser praticada não somente como exercício particular do dia, mas, de um modo mais difuso, durante as ocupações cotidianas, e então coincide mais ou menos com a conhecida prática da "→ PRESENÇA DE DEUS".

A presença de Deus. A presença de Deus torna contínua a oração. A oração é contínua quando é contínuo o amor; que é contínuo quando é único e total. Infelizmente, porém, é difícil, se não até impossível, ficar na presença de Deus, continuamente solicitados como somos por nossas paixões e pelas infinitas seduções do mundo, se não fizermos um esforço perseverante para alimentá-la e guardá-la. O que a afasta e a guarda em nós e nos leva de novo a ela, caso nos tenhamos afastado dela, é o tempo durante o qual deixamos qualquer outra ocupação e preocupação para orar e ter o espírito inteiramente tomado somente por Deus: silêncio, recolhimento, meditação (cf. *PC* 6). A oração ou a oração mental se torna assim um exercício particular, ao qual se consagra um tempo determinado e seguindo também certa técnica metodológica que deve se adaptar à diferente índole psicológica do orante.

3. PSICOLOGIA DA ORAÇÃO. Do que dissemos sobre a teologia da oração, nasce, como conclusão lógica, que ela entra na vida cristã como elemento de fundo, o qual, enquanto lhe assegura um conteúdo interior, torna-a ao mesmo tempo capaz de uma admirável fecundidade sobrenatural. Na oração é Deus que se manifesta, é a alma que se eleva e justamente à medida que ora, que entra em relação viva com ele.

A oração, como diálogo divino, empenha a pessoa humana toda. Em qualquer verdadeira conversão, todas as nossas faculdades e energias interiores participam de nosso ato: o intelecto, a memória, a fantasia, a vontade, o sentimento. O próprio corpo dele participa ativamente. E o processo é de tal modo natural que, mesmo se uma ou outra de nossas faculdades fosse mais ativa, todas as cordas do nosso ser vibrariam em uníssono com ela. A oração cristã, pois, não é apenas um fato teológico e um mistério, mas, como expressão e gesto humano, é também um fato psicológico, com exigências concretas que a condicionam e ao mesmo tempo a tornam variada (às vezes, complexa) em seus métodos e em suas manifestações.

a) *Ordenamento exterior da oração*. O colóquio da alma com Deus é facilitado por particulares condições externas de tempo e de lugar, como também por um comportamento externo em harmonia com a ação sagrada que estamos por realizar.

O tempo da oração. Embora devamos "orar sempre", há períodos e momentos nos quais se deve intensificar a oração, os quais exigem uma concentração maior das nossas faculdades. A disposição do tempo para a oração segue normalmente o progressivo evoluir e o ritmo da atividade humana. E é bom conservar um ritmo de estabilidade na vida de oração, embora deva ser observado com amplitude de espírito, ou seja, levando em conta circunstâncias particulares (trabalho, cansaço etc.). A experiência demonstra que a negligência nos exercícios preestabelecidos de oração conduz facilmente ao abandono da própria → VIDA INTERIOR.

Além das orações extraordinárias feitas em circunstâncias particulares (por exemplo, de tentação, de graça mais intensa), repete-se o ritmo normal das orações ordinárias: manhã, noite, hora da oração mental, o domingo, "dia do Senhor"; oração semanal, mensal; ciclo dos tempos e das festas do → ANO LITÚRGICO etc. Ir trabalhar, mudar a ocupação, bater à porta, despedir-se de um amigo, fechar o jornal, esperar o trem ou o bonde, tudo isso pode se tornar momentos de oração à espera do dia em que a nossa respiração será oração. Ficar na companhia do Senhor, consagrar-lhe um só instante que seja é coisa valiosa, de eternas ressonâncias. A fuga dos minutos, quando passados junto dele, dá a cada um deles um valor único, reflexo da contínua eterna presença de Deus.

Lugar da oração. Uma vez que Deus está presente em todo lugar, em qualquer parte a alma pode encontrá-lo e entrar em colóquio com ele. Há, porém, locais particularmente adequados: a igreja que é a "casa do Pai", especialmente consagrada à oração, em que Jesus está presente na Eucaristia e em que a alma deveria normalmente encontrar um ambiente mais recolhido; o lar doméstico, onde não deve faltar no lugar de honra o Crucifixo ou outra imagem sagrada, para as orações cotidianas comuns da família; o próprio quarto: para as orações pessoais; a natureza: montanha, mar, bosques etc.: não raro as almas se sentem sensíveis às belezas naturais que lembram nelas as belezas de Deus. Cada qual tem suas preferências. Um rezará bem no silêncio de uma igreja ou no recolhimento de um quarto, outro preferirá caminhar lentamente pelas ruas da cidade, um terceiro irá sentar-se junto a um rio, um outro preferirá a solidão de um monte. Tudo isso é bom na medida em que o ambiente de nossa oração nos parece uma estadia de Deus em que nós saímos de nós mesmos, embora continuemos em nossa casa. A vida moderna torna difícil essa expatriação espiritual. Muitos carregam consigo para toda parte seu pequeno mundo: para eles o lugar exterior será de pouca ajuda até aprenderem a fazer silêncio interiormente para escutar a Deus (de Broucker).

O corpo em oração. Por causa da unidade substancial no homem da alma e do corpo, a educação à oração comporta também um aspecto de exterioridade: gestos, ritos, palavras, canto. O corpo tem a sua parte na oração e muito mais importante do que habitualmente se pensa. A atitude do corpo ajuda a alma e tem suas raízes no fundo da mente e do coração, que traduz e manifesta externamente. Uma atitude é orante se favorece o repouso e o respeito. Uma posição incômoda é uma ocasião de mortificação, mas, ao provocar uma tensão nervosa, não permite o encontro com Deus. É importante, portanto, estar atento à posição do corpo e dos membros durante a oração: atitude reverente, digna e repousante, de joelhos, em pé, sentado, sempre de modo decoroso e composto, porém; os gestos devem exprimir fé e devoção: sinal da cruz, genuflexão, mãos juntas etc.; é útil também regular a respiração (cf. Inácio de Loyola, *Exercitia. Tertius orandi modus* [258]-[260]); a pronúncia das palavras e o canto devem ser cuidados com atenção. Daí a importância de fazer bem as próprias orações vocais: são o primeiro passo da oração, sempre a nosso alcance e muitas vezes infelizmente negligenciado como secundário (cf. Benjamin da Trindade, *art. cit.*).

b) *Preparação à oração*. A experiência ensina que a oração é possível e frutuosa na medida em que é preparada. Costuma-se distinguir uma preparação remota e uma preparação próxima.

Preparação remota. Consiste essencialmente na pureza de coração, cultivada com assiduidade durante o dia. Sendo a oração, fundamentalmente, a atuação da amizade divina, ou seja, da caridade, supõe necessariamente o desapego do coração de tudo o que não é o amigo divino: "o verdadeiro amor (de Deus) consiste em despojar-se de tudo o que não é Deus" (João da Cruz). A vida de oração exige uma transparência completa, supõe que a alma esteja livre, que nenhum véu se insira entre ela e a luz de Deus. Para conversar com ele, para chegar até ele, é preciso deixar necessariamente tudo. Para realizar uma verdadeira e profunda vida de oração é preciso ser capaz de preferir Deus a tudo. A oração é uma aventura de amor com Deus: ele pede o nosso coração inteiro. A preparação remota exige também a procura do silêncio e da solidão, que são uma forma de desapego externo das coisas e das pessoas. Sendo a oração cristã essencialmente uma resposta, a arte de escutar cumpre uma função de primeira ordem e o silêncio é, por isso, uma condição do seu sucesso. A palavra de Deus deve ser ouvida e escutada no silêncio. "O Pai celeste disse apenas uma palavra, seu Filho, e a diz eternamente num eterno silêncio. Ela se faz ouvir no silêncio da alma" (João da Cruz). Fazer silêncio mais profundamente dia a dia é se pôr na possibilidade de ouvir cada vez melhor o silêncio de Deus. O silêncio do coração sempre nos é necessário e temos de nos esforçar por estabelecê-lo em nós permanentemente e de o levar por toda parte: ao trabalho, na rua, em qualquer situação, com qualquer pessoa.

Preparação próxima. Consiste fundamentalmente no recolhimento atual. O ato de recolher-se realiza na alma o necessário desapego das coisas, das pessoas, do trabalho que atualmente ocupam as suas faculdades e são objeto das suas preocupações. Na oração Deus empenha para si nossa atenção e nosso coração. Por isso temos de ter consciência de que ele nos está amando, que está conversando conosco, convidando-nos a participar de nossa divina conversação. Temos, portanto, de nos afastar das coisas terrenas, profanas, para nos concentrar no sagrado colóquio com Deus. O recolhimento silencioso foi recomendado pelo próprio Jesus como preparação imediata para a oração: "Quando quiseres orar, entra em teu quarto mais retirado, tranca a tua porta, e dirige a tua oração ao teu Pai que está ali, no segredo. E teu Pai, que vê no segredo, te retribuirá" (Mt 6,6). O que Jesus exige dos seus não é senão sua atitude costumeira. O lugar em que prefere orar é a solidão da noite, onde não há mais ninguém senão o Pai: "Depois de ter despedido as multidões, subiu ao monte para orar, à parte. Chegada a noite, ele estava ali, sozinho" (Mt 14,23). No isolamento noturno, no obscuro e misterioso silêncio da natureza, ele encontrava o Pai. A sua oração brota do silêncio absoluto da sua alma e se desenvolve numa misteriosa e única solidão. Quando Jesus ora, sai completamente do ambiente humano que o circunda, para mergulhar de modo exclusivo na atmosfera vital do seu Pai. Somente com o Pai, a sua solidão se torna comunhão de vida fecundíssima. Na oração Jesus se une em tal unidade com o Pai que nela nenhum homem pode ter parte. A oração de Jesus é única porque é o recolhimento do Filho no Pai; é única porque é única a sua imutável solidão, o seu virginal silêncio. "Do recolhimento depende tudo. Nenhuma fadiga empregada com essa finalidade é desperdiçada. E, se também todo o tempo destinado à oração transcorresse em o procurar, seria bem empregado, pois em substância o recolhimento já é oração. Mais, nos dias de inquietação, de doença ou de grande cansaço, pode ser às vezes bom contentar-se com essa oração de recolhimento" (cf. R. Guardini, *Introduzione alla preghiera*, Brescia, 1948, 23).

c) *Método e dificuldades*. Para ensinar à alma "incipiente" como se pratica a oração mental há "métodos". No início do século XX discutiu-se muito sobre a oportunidade desses métodos que alguns — na época do nascente movimento litúrgico, que punha em campo um modo de nutrir o espírito que tinha ficado muito descuidado — julgaram supérfluos. As discussões, porém, se acalmaram logo e levaram a reconhecer sua utilidade em geral, embora se afirmasse que não é preciso se prender muito a ela; ao contrário, é preciso dela se distanciar oportunamente quando se sente espontaneamente poder dela prescindir, pois não servem mais. Quem está no piso superior não tem necessidade da escada para lá chegar; mas sem a escada, quem está no térreo, normalmente não pode subir até lá. Existem vários métodos criados pelas diversas escolas de → ESPIRITUALIDADE que têm matizes diferentes, que refletem a atmosfera espiritual em que nasceram e as preocupações dominantes dos vários ambientes: na substância, porém, todos são convergentes.

Já referimos que a íntima natureza da oração mental, ou meditação, constitui-se de um duplo elemento: a reflexão e o afeto. A reflexão, que indica o trabalho discursivo do intelecto, tem como finalidade propor à alma as verdades da fé, aprofundando-as, iluminando-as, tirando delas consequências de ordem prática, para a inflamar de santos afetos e incendiá-la de puro amor. Para poder atingir essa finalidade a reflexão deve ser: repetida, calma, concreta. Por sua natureza, o nosso intelecto é, com efeito, bem pouco intuitivo: se tem às vezes intuições, elas são geralmente muito passageiras. É preciso, portanto, que o seu ato reflexivo seja bastante repetido. Uma verdade, para que realmente possa se manter, marcar uma vida, é preciso que penetre, que seja assimilada mediante um longo e paciente trabalho da região reflexa. É evidente, além disso, que uma existência agitada e turbada não favoreça de modo algum o trabalho reflexivo, que é trabalho de síntese e que, portanto, tem necessidade de silêncio e de paz para evocar, coordenar, unir os diversos conceitos em vista do comportamento prático. Um ambiente calmo, recolhido, não somente ajuda, mas é normalmente indispensável para uma fecunda meditação. A reflexão, não sendo um exercício de pura especulação (diante da qual a vontade permaneceria inerte e a alma gélida) deve ter por objeto de preferência as verdades de fé que têm um marcado caráter de concretude. Na realidade, todos os mistérios da nossa fé, se bem considerados, têm esse caráter, porque todos, até os mais abstratos, são mistérios de vida, fonte de suavíssimos pensamentos e de imediatas e concretas aplicações. Diante, enfim, das inumeráveis dificuldades, causadas às vezes por uma incapacidade quase nativa e radical para a reflexão, com muita frequência por estranhas preocupações que invadem e cativam a alma ou por inércia e torpor, é necessária a quem quer realmente progredir na vida de oração uma generosidade a toda prova, para ficar fiel — apesar dos desconfortos, das distrações e da aridez — à prática da meditação. Exercida com inteligente assiduidade, num ambiente que ajuda o recolhimento, alheia às ideias imprecisas e gerais, generosa diante das inevitáveis dificuldades, a reflexão será capaz de cumprir sua missão, que é a de apresentar à vontade de modo contínuo, claro e atraente, o ideal que deve amar e que deve transfigurar a vida.

É esse o pensamento de João da Cruz quando escreve que "o escopo da meditação e do discurso mental nas coisas divinas é de tirar dela um pouco de conhecimento amoroso de Deus" (*Subida*, 2, 14, 2). O amor é um elemento essencial a toda forma de oração. Se esse escopo não fosse atingido, a reflexão e, portanto, a meditação reduzir-se-iam a uma fria ginástica do pensamento e não teríamos a oração, a qual, sendo troca, comunhão de amor, consiste, como diz Santa Teresa, "não em muito pensar, mas em muito amar". A reflexão, embora elemento constitutivo da meditação e primeira na ordem do tempo, está, pois, subordinada ao amor, está em função do amor. Para que o coração ame retamente, é preciso que a cabeça veja certo: de outra parte o cérebro se consumiria em aridez especulativa se o coração não tirasse dele sentimentos e resoluções práticas. Por isso, a meditação começa por raciocínios do intelecto para terminar com os afetos do coração. Ela se exercita primeiro em ver e depois em amar. Especulação e aplicação a ela se unem para orientar a vida para Deus. Não para na procura de conhecimentos teóricos, à moda dos raciocínios científicos ou de certos tratados de teologia, para nos tornar mais doutos, mas na realidade põe a vida diante da luz divina, para que seja por ela iluminada, aquecida, transfigurada. É uma *theologia mentis et cordis*, mas sobretudo *cordis*. Por isso, Santa Teresa, nas suas obras, recomenda insistentemente que não se ocupe todo o tempo da meditação em raciocínios, mas que se abra, depois de uma conveniente reflexão sobre a verdade escolhida, o coração ao Senhor, expressando-lhe todo nosso reconhecimento por seu infinito amor, com a decisão de lhe dar em troca uma vida de fidelidade e de imolação (*Castelo*, 4, 1, 7; *Fundações*, 5, 2).

As palavras de Santa Teresa estão endereçadas especialmente "aos que sabem discorrer com a inteligência e que por um pensamento preciso tiram dela muitos outros e muitas reflexões". Eles, diz a santa, "imaginem estar na presença de

Jesus Cristo, falem a ele e se regozijem por estar com ele sem cansar o intelecto. Não se preocupem em armar raciocínios, mas lhe exponham simplesmente suas necessidades, humilhando-se na consideração de quanto são indignos de estarem na sua presença" (*Vida*, 13). Mas àqueles que (e parece serem a grande maioria) por certa imobilidade da imaginação e do pensamento não podem "parar o intelecto" numa verdade determinada para a aprofundar mediante uma ordenada reflexão, a santa aconselha que se recite bem lentamente uma oração vocal substanciosa, por exemplo o Pai-nosso, parando para considerar com atenção o sentido das palavras e aproveitando a ocasião para tecer algumas reflexões e exprimir amorosos afetos (*Caminho*, c. 26 todo). Ao mesmo tempo, recomenda ter paciência e manter-se fiel, esperando que o Senhor manifeste de que ocupar-se mediante a comunicação da sua luz. O Senhor não tardará a se fazer ouvir, mandando as suas "graças de luz e de amor, com que a alma entende melhor as vias de Deus e se sente mais entusiasmada a por elas entrar com generosidade" (*Vida*, 13, 11; *Caminho*, c. 14 todo). Com a resposta de Deus começa o colóquio de amor no qual está toda a essência da oração. A alma mover-se-á na via da perfeição à medida que compreender a resposta e secundar a ação divina, provocada pela sua humilde procura. Assim os mistérios da fé, que se tornaram amor mediante a reflexão, afetam a vida, na luz de Deus, e lhe dão um significado supraterreno.

Por consistir a meditação em se unir com Deus mediante o pensamento e sobretudo mediante o afeto, as dificuldades que surgem na prática desse exercício reduzem-se ao que pode impedir essa dupla aplicação da nossa alma. O recolhimento do pensamento é perturbado pelas distrações, ao passo que o afeto é devorado pela aridez.

BIBLIOGRAFIA. 1) História: ANGELINI, M. I. *Il monaco e la parabola*. Saggio sulla spiritualità monastica della "lectio divina". Brescia, 1981; *Bibbia e preghiera*. Roma, 1962; BORRAZ GIRONA, F. *Teología de la oración según la doctrina de san Juan de Avila*. Monte Carmelo 84 (1976) 3-65; BOVO, S. Il ruolo della Bibbia come sorgente di preghiera monastica. In *Preghiera e vita monastica*. Roma, 1978, 21-40; CABROL, *Le livre de la prière antique*. La prière des premiers chrétiens. Paris, 1929; CARTECHINI, S. La preghiera nel pensiero moderno. *Divinitas* 25 (1981) 77-92; CRISTIANO, C. *La preghiera nel pensiero dei Padri*. Roma, 1981; *Experiencia de Dios y compromiso temporal de los religiosos*. Madrid, 1977; FABRO, C. *La preghiera nel pensiero moderno*. Roma, 1979; HAMMAN, A. *La preghiera nei primi tre secoli*. Roma, 1967; HEILER, F. *Das Gebet*. München, 1920 (com bibliografia); *L'oraison*. Paris, 1947; *La preghiera nella Bibbia e nella tradizione pratristica e monastica*. Roma, 1964; *La preghiera*. Roma-Milano, 1966, 3 vls. (obra fundamental sob o aspecto histórico); *La prière*. Bruges, 1954; *Orar en nuestras comunidades*. Madrid, 1979; *Preghiera e vita monastica*. Roma, 1978; Preghiera. In *Dizionario degli Istituti di Perfezione*. Roma, 1988, 580-719, VII; ROUILLARD, Ph. Tempi e ritmi della preghiera nel monachesimo antico. *Vita Consacrata* 16 (1980) 659-669; SICARI, A. Il "nodo biblico" della preghiera cristiana. *Communio* 82 (1985) 17-25; *La celebrazione cristiana*. Dimensioni constitutive dell'azione liturgica. Genova, 1986; *Spiritualità paolina*. Roma, 1967; VALABEK, R. M. Prayer among carmelites of the ancient observance. *Carmelus* 28 (1981) 68-143; ZUMKELLER, A. Affekt und Gebet beim heiligen Augustinus. *Geist und Leben* 60 (1987) 202-212.
2) Teologia: *Alla ricerca della preghiera cristiana oggi*. Brescia, 1980; *Alla ricerca di Dio*. Le tecniche della preghiera. Roma, 1978; ANCILLI, E. *La preghiera cristiana*. Roma, 1975 (com ampla e atualizada bibliografia); ID. Preghiera. In *Dizionario di Spiritualità dei Laici*. Roma, 1981, 160-180, II; AYMARD, P. *Preghiera creativa*. Roma, 1976; BALLESTRERO, A. A. *Preghiera e tempi liturgici*. Torino, 1979; BAROFFIO, B. Preghiera. In *Dizionario Teologico Interdisciplinare*. Torino, 1977, 774-787, II; BERTRAND, D. *Una preghiera per oggi*. Torino, 1981; COGNET, L. *La prière du chrétien*. Paris, 1967; DAUJAT, J. *Prier*. Paris, 1963; *La preghiera liturgica*. Roma, 1964; FURIOLI, A. *La preghiera. Riflessioni di teologia spirituale*. Torino, 1981; GUARDINI, R. *Introduzione alla preghiera*. Brescia, 1954; *Il mistero della preghiera cristiana*. Roma, 1960; *La preghiera. Bibbia, teologia, esperienze storiche*. Roma, 1988, 2 vls. (com abundante bibliografia: 678 referências bibliográficas); *La preghiera*. Milano, 1948; LAZZATI, G. *La preghiera cristiana*. Roma, 1986; MOIOLI, G. Preghiera. In *Nuovo Dizionario di Teologia*. Alba, 1977, 1.198-1.213; MORETTI, R. La formazione dei seminaristi alla preghiera. *Seminarium* 29 (1977) 1.148-1.172; MOSCHNER, F. M. *Introduzione alla preghiera*, Ed. Paoline, Roma, 1960; NÉDONCELLE, M. *Preghiera umana e preghiera divina*. Torino, 1965; Oratio-Meditatio. BIS (*Bibliographia Internationalis Spiritualitatis*) 15 (1980) Roma, 1983, 4.142-4.266; 16 (1981) Roma, 1984, 3.602-3.732; 17 (1982) Roma, 1985, 4.342-4.443; 18 (1983) Roma, 1986, 5.125-5.283; 19 (1984) Roma 1987, 4.438-4.590; 20 (1985) Roma 1988, 4.806-4.910; PABLO MAROTO, D. de. La oración teresiana. Balance y nuevas perspectivas. *Teresianum* 33 (1982) 233-281; Prière. In *Dictionnaire de Spiritualité*. Paris, 1986, 2.196-

2.347; RAHNER, K. *Necessità e benedizione della preghiera*. Brescia, 1963; SUDBRACK, J. Preghiera. In *Sacramentum Mundi*. Brescia, 1976, 469-487, VI.

3) Psicologia: *Ascesi della preghiera*. Roma, 1961; AUGÉ, M. La oración del religioso. Actitud existencial y estructuras tradicionales,. *Claretianum* 24 (1984) 17-32; AZEVEDO, M. de Carvalho. La tensione tra preghiera e lavoro. *Vita Consacrata* 20 (1984) 202-206; ID., La preghiera: presenza e assenza. *Vita Consacrata* 20 (1984) 94-101; ID., Preghiera, discernimento e decisione. *Vita Consacrata* 19 (1983) 705-712; BISCONTI, F. Contributo all'interpretazione dell'atteggiamento dell'orante. *Vetera Christianorum* 17 (1980) 17-27; BOGLIOLO, L. Preghiera e persona. *Nuova Rivista di Ascetica e Mistica* 2 (1977) 4-14; BORTONE, E. *Invito alla meditazione*. Roma, 1962; BOYLAN, E. *Difficoltà nell'orazione mentale*. Roma, 1955; BREMOND, H. *Prière et poésie*. Paris, 1927; BRIONNE, J. *Difficultés de la prière. Approches psychologique et biblique des attitudes de prière*. Paris, 1978; BROUCKER, W. de. *Quand vous priez*. Paris, 1963; DICKEN, G. Attention in prayer. The divided mind. *Mount Carmel* 29 (1981) 128-141; Du cri à la parole (studi di psicologia religiosa sulla preghiera di domanda). *Lumen Vitae* (1967) n. 2; DULISCONET, D. La prière confrontée aux recherches psychologiques actuelles. *Cathéchèse* 8 (1968) 307-317; FITTIPALDI, S. E. *How to pray always without always praying*. Notre Dame (IN), 1978; GOFFI, T. Ascesi come educazione alla preghiera. *Rivista di Vita Spirituale* 29 (1975) 536-579; GÓMEZ CAFFARENA, J. La oración como problema. Autonomía y radical dependencia. *Sal Terrae* 65 (1975) 163-172; GUCCINI, L. *Verso un nuovo stile di preghiera*. Bologna, 1976; GUERRA, A. Principales dificultades en la oración. *Revista de Espiritualidad* 43 (1984) 511-522; L'initation à la prière. *Lumen Vitae*" (1963) n. 1; *L'orazione mentale*. Roma, 1965; LEFEVRE, G. Attitude de l'homme en prière d'après la Bible. *La Maison-Dieu* 69 (1962) 15-28; MERCATALI, A. Il problema della preghiera nel mondo d'oggi. *Presenza Pastorale* 46 (1976) 257-266; PERINELLE, J. *Comment faire oraison*. Paris, 1952; PESENTI, G. Il corpo in preghiera. in *Alla ricerca di Dio. Le tecniche della preghiera*. Roma, 1978; *S. Teresa maestra di orazione*. Roma, 1963; SAGNE, J. C. Du besoin à la demande. *La Maison-Dieu* 109 (1972) 87-97; SAINTE MARIE, Étienne de. *Conversazione con Dio*. Alba, 1961; SEGOND. *La prière. Essai de psychologie religieuse*. Paris, 1925; VERGOTE, A. Approche psychologique de la prière. *La Maison-Dieu* 109 (1972) 72-86; ID. *Interprétation du language religieux*. Paris, 1974.

C. LAUDAZI

ORAÇÃO PROFUNDA. Sob esse nome indica-se a meditação não discursiva e não objetiva, ou seja, a oração que põe em comunhão com Deus no silêncio dos lábios e da mente e se resolve em atitude amorosa do coração. Quando se fala de oração profunda, faz-se também alusão a seu enraizar-se nos mais arcanos e sutis dinamismos do corpo e da psique. Como se trata de aspectos que caracterizam a prática meditativa e contemplativa mais genericamente entendidas remetemos a esses verbetes.

Os autores mais representativos dessa escola são: o capuchinho I. Larrañaga, com seus "cursos de experiência de Deus"; o claretiano N. Caballero, espiritualista e psicólogo, que propõe um "caminho de interiorização, meditação e oração", partindo da reconstrução da pessoa projetada no silêncio e no mistério de Deus. Há também os jesuítas X. Escalada, que oferece "ao homem entristecido do Ocidente as técnicas milenares do Oriente", mediante numerosos e articulados "exercícios de concentração"; A. de Mello, verdadeiro pioneiro no setor; M. Ballester; os carmelitas W. Stinissen e J. M. Dumortier; o barnabita A. Gentili etc.

BIBLIOGRAFIA. → ORAÇÃO, e: CABALLERO, N. *Energía del vacío. La oracion come experiencia total*. Valencia, 1987; DUMORTIER, J. M. *Chemins vers l'oraison profonde*. Paris, 1986; ESCALADA, X. *Meditación profunda*. Mexico, 1985; GENTILI, A. – SCHNOELLER, A. *Dio nel silenzio*. Milano, ^{5}1988; LARRAÑAGA, I. *Mostrami il tuo volto*. Milano, 1981; MELLO, A. de. *Sádhana. Un cammino verso Dio*. Roma, 1980; STINISSEN, W. *Méditation chrétienne profonde*. Paris, 1980.

M. REGAZZONI

ORATÓRIO (ou COMPANHIA) DO DIVINO AMOR. Com esse nome distinguem-se várias associações ou confrarias que em diversas cidades da Itália tiveram especial importância no movimento de espiritualidade, de beneficência e de caridade que, no fim do século XV e nos primeiros decênios do século XVI, precedeu e preparou a Reforma católica. Cronologicamente, reconhece-se a primazia dessas associações na Companhia de São Jerônimo da Caridade, instituída em Vicenza, em 1494, pelo beato Bernardino de Feltre. Historicamente mais importante é a Companhia do Divino Amor, cujo início se deu em 26 de dezembro de 1497, fundada em Gênova por Ettore Vernazza, aconselhado e encorajado a tal obra por Santa Catarina Fieschi-Adorno. Célebre entre todos é o Oratório do Divino Amor, de Roma. Teve origem por volta de 1515 e tinha sua sede ou ponto de convergência dos associados na igreja paroquial de Santa Doroteia, no bairro do Trastevere. Não se pôde estabelecer com certeza qual foi seu primeiro organizador. São Gaetano de Thiene (1480-1547) se não foi seu verdadeiro fundador, como afirmam alguns de seus biógrafos, foi certamente um dos primeiros e mais ativos membros e depois o principal propagador. O Oratório de Roma contou entre suas fileiras os principais iniciadores e promotores de reforma na Cúria pontifícia; enumeram-se os nomes do próprio São Gaetano; Gian Pietro Carafa, mais tarde eleito papa com o nome de Paulo IV; Gian Matteo Giberti, depois bispo de Verona; Gaspare Contarini; Giacomo Sadoleto; Reginaldo Pole; Giuliano Dati; Bernardino Scotti; Luigi Lippomano; e outros ilustres eclesiásticos e leigos de todas as condições. O genovês Ettore Vernazza, durante sua estada em Nápoles, 1517-1519, fundou com Maria Lorenza Longo o hospital dos incuráveis e instituiu também uma companhia do Divino Amor, de cujo espírito se valeu também a confraternidade chamada "dei Bianchi". São Gaetano de Thiene, em 1518, em Vicenza, deu novo impulso à Companhia de São Jerônimo e, em Verona, reformou os estatutos da Companhia do Santíssimo Sacramento, segundo o espírito e a experiência do Oratório de Roma. No fim de 1519, o próprio santo, aconselhado por seu diretor espiritual, o dominicano Giovanni Battista Carioni, de Crema, transferiu-se para Veneza, onde, em 1522, fundou outras obras pias a ele ligadas, valendo-se nisso da experiência feita com outros junto ao hospital romano de São Giacomo in Augusta. Os efeitos da fervorosa vida interior e do intenso apostolado do santo fizeram-se sentir naqueles anos também em Pádua, Bérgamo, Brescia e Saló, donde tiveram vida pequenos cenáculos modelados segundo o espírito do Oratório de Roma.

Essas associações não tinham entre si nenhuma ligação jurídica; unia-as somente o mesmo ideal, que não era outro senão da santificação dos próprios membros, favorecendo uma sólida piedade e um exercício prático do amor para com Deus e para com o próximo. Para evitar qualquer respeito humano e qualquer vã ostentação, os nomes dos confrades eram mantidos em segredo. "E por ser essa fraternidade de leigos" — lê-se nos estatutos — "os quais às vezes se espantavam com as boas obras na opinião de outros, seja obrigado cada um dos irmãos a manter em segredo sobre os irmãos, as obras e costumes da fraternidade". Eles se propunham, sem mudar o próprio estado social nem profissão, atender com particular empenho a própria perfeição cristã, mediante uma intensa vida espiritual, estimulada por periódicas reuniões e orações em comum, pela comunhão eucarística frequente e pelo exercício generoso e desinteressado da caridade para com o próximo, seja com a ajuda oculta e simples aos necessitados, seja com a fundação e manutenção de obras assistenciais, especialmente ao instituir vários hospitais para os infectados por doenças incuráveis. A atividade dessas diversas companhias floresceu sobretudo nos primeiros decênios do século XVI. No ambiente do Divino Amor, São Gaetano amadureceu o seu projeto de reforma do clero e do povo cristão, fundando, em 1524, a primeira Ordem dos clérigos regulares, chamados → TEATINOS; entre os membros do Oratório romano encontrou seus primeiros companheiros e fundadores: Bonifácio dei Colli, padre de Alexandria; o napolitano Gian Pietro Carafa, o futuro Paulo IV; e Paolo Consiglieri (ou Ghislieri), padre romano. O Oratório de Roma, que, justamente, ficou célebre pela influência que exerceu sobre os principais protagonistas do movimento reformista católico pré-tridentino, cessou praticamente sua atividade associativa em 1527, com o famoso saque de Roma; mas o seu espírito, rico de vida interior, sobreviveu e continuou a exercer uma benéfica e duradoura influência, mediante aquelas instituições de caridade e de apostolado a que tinha dado origem.

BIBLIOGRAFIA. ALBERIGO, G. Contributo alla storia della confraternità e della spiritualità laicale nei secoli XV e XVI. In *Il movimento dei disciplinati nel settimo centenario del suo inizio*. Perugia, 1962, 156-252; ANDREU, F. S. Gaetano e la Compagnia di S. Girolamo in Vicenza. *Regnum Dei* 2 (1946) 54-69; BIANCONI, A. *L'opera delle Compagnie del D.A. nella Riforma Cattolica*. Città di Castello, 1914; BRUSCIANO, F. Maria Lorenza Longo e l'Opera del Divino Amore a Napoli. *Collectanea Franciscana* 23 (1953) 166-226; CASSAIANO DA LANGASCO. *Gli ospedali degli incurabili*. Genova, 1938; CHMINELLI, P. *S. Gaetano Thiene, Cuore della Riforma Cattolica*. Vicenza-Roma, 1948, 152-221; CISTELLINI, A. *Figure della Riforma pretridentina*. Brescia, 1948; LLOMPART, G. *Gaetano da Thiene (1480-1547). Estudios sobre un reformador religioso*. Roma, 1969, 33-71; MANTESE, G. Una pagina di vita religiosa nel Cinquecento vicentino. *Regnum Dei* 3 (1947) 13-38; MAS, B. *La spiritualità teatina*. Roma, 1951, 2-9 e in

Regnum Dei 7 (1951) 4-11; PASCHINI, P. In *Dictionnaire de Spiritualité*, I, 531-533, e in *Enciclopedia Cattolica*, IV, 77-8; ID. *La beneficenza in Italia e le "Compagnie del D.A." nei primi decenni del Cinquecento*. Roma, 1925; ID. *S. Gaetano Thiene, G.P. Carafa e le origini dei chierici regolari teatini*. Roma, 1926; ID. *Tre ricerche sulla storia della Chiesa nel Cinquecento*. Roma, 1945, 1-88; TACCHI-VENTURI, P. *Storia della Compagnia di Gesù in Italia* I. Roma, 1910, 423 ss.; VENY, A. *S. Cayetano de Thiene, Patriarca de los Clérigos Regulares*. Barcelona, 1950, 95-118.145-165.

B. MAS

ORDEM. Os termos "ordem", "ordenação" etc. foram introduzidos na linguagem teológica por → TERTULIANO, influenciado provavelmente pelo "sacerdos secundum *ordinem* Melchisedech", do Sl 109,4, retomado em Hb 5-7. A terminologia correspondia perfeitamente, aliás, à linguagem em uso no ambiente civil romano, onde, ao lado da *plebs* (o povo), havia a *ordo senatorialis* e a *ordo equestris*, duas classes particulares de cidadãos, organizadas de modo autônomo, com o encargo de garantir o governo e a paz da cidade. O termo *ordo* é espontaneamente referido tanto ao conjunto do clero (*ordo sacerdotalis* ou *ordo ecclesiasticus*) como a cada um dos graus hierárquicos que acompanham o ministério ordenado (*ordo episcopalis, ordo presbyteralis, ordo diaconalis*). Analogamente, os termos "ordenação" e "ordenar" (em uso na Roma imperial para indicar a nomeação dos funcionários) são assumidos na linguagem cristã com o duplo significado de *eleição/designação* para uma determinada tarefa e de *rito de consagração* a ele. Uma terminologia grega correspondente encontra-se, a partir da *Traditio apostolica*, no verbo *keirotoneitai*, que Hipólito distingue do verbo *kathistatai*: o primeiro indica o ato de ordenação mediante a imposição das mãos (*keirotonia*), o segundo, a simples designação ou estabelecimento num cargo. Com significado análogo a *keirotonia*, é utilizada a terminologia latina *consecratio* e *benedictio* para os três graus do ministério ordenado.

No início do século III é comum a utilização do termo *clerus* (neologismo latino do grego *klêros*) com os seus derivados *clericus, clericalis, ordo clericorum*; qualificações todas elas que, se por um lado exprimem o significado corporativo dos que constituem o grupo dos ministros ordenados, acentuam, por outro, a distinção na Igreja entre esse grupo e a *plebs* (ou *populus*), quase logo qualificado como *leiga*. Por trás da aceitação dessa terminologia reconhece-se, aliás, o predomínio da concepção levítica do sacerdócio sobre a vocação tipicamente neotestamentária. É no âmbito dessa concepção que logo retorna a mesma terminologia própria do Novo Testamento (por exemplo, *episkopos, prsbyteros, diachonos*), com uma progressiva e cada vez maior acentuação do elemento "sacerdotalista" e de "dignidade e honra" em sentido profano, se não até mesmo imperial.

1. REVELAÇÃO NEOTESTAMENTÁRIA. O ministério ordenado fundamenta-se *ontologicamente* no ministério único de Cristo, Redentor do homem e cumprimento da plenitude dos tempos, e no ministério da Igreja, corpo de Cristo e novo povo de Deus na história. Sua constituição *histórica*, todavia, deve ser buscada na instituição do colégio dos *Doze*, a que se une o chamado/missão dos *setenta* discípulos e dos *sete* diáconos; foi sobre esse fundamento que a comunidade eclesial das origens se estruturou e se organizou, segundo a variedade dos carismas e dos ministérios suscitados pelo Espírito para a utilidade comum.

I. Os *Doze, os Setenta, os Sete*. O significado da escolha dos Doze parece claro se se tem presente que no profetismo bíblico e no judaísmo intertestamentário os tempos messiânicos eram concebidos como tempos da reconstrução das doze tribos de Israel, início e inauguração do povo escatológico de Deus na história. Esse significado transparece, por exemplo, no *loghion* sobre os doze tronos, referido em Mt 19,28 e Lc 22,28-30. A mesma expressão "constituiu os Doze" (*epoiêsen dôdeka*), ou, mais brevemente, "os Doze", (cf. Mc 3,14; 4,10; 6,7 e par.) deve ser vista como uma expressão técnica que indica a constituição do colégio apostólico, fundamento do novo povo de Deus, nascido em continuidade com o antigo povo hebraico que se fundava nos doze patriarcas, fundadores das doze tribos de Israel. Os "Doze" são vistos como uma realidade em si, um grupo particular, "chamado" e "posto à parte" em relação a todos os outros (cf. Mc 3,13-15 e par.); a esse grupo são confiados os mistérios do Reino, diferentemente "dos que estão fora" (Mc 4,10-12 e par.). É esse, com toda a probabilidade, o sentido da substituição de Judas por Matias: o número dos Doze deve ser reconstituído na sua inteireza, de modo que o colégio dos apóstolos se manifeste como sinal e cumprimento messiânico do novo "Israel de Deus" (cf. Gl 6,16). O princípio que está na base da eleição de Matias deve ser vinculado, nesse sentido, ao significado escatológico assumido pelo colégio dos apóstolos, realização da promessa e fundamento dos tempos últimos da salvação. Por isso, os → SINÓTICOS mencionam os Doze, um por um, com seus próprios nomes (cf. Mc 3,16-19 e par.). De sua parte, Lucas — talvez se referindo ao uso eclesiástico da vigília de ordenação (cf. At 13,2; 14,23) — lembra que Jesus passou a noite em oração antes do chamado nominal de cada um dos apóstolos (6,12). Essa escolha pessoal (cf. também Jo 15,16) distingue radicalmente a vocação dos Doze da instituição sacerdotal do Antigo Testamento, onde, se se prescinde de Aarão, o ministério constituía — por assim dizer — um dado hereditário, ligado à tribo e à família de origem. Os Doze são chamados de "apóstolos", enviados, mandados, uma qualificação que se vincula mais à figura de Moisés (cf. Dt 18,18-19) e dos profetas que à instituição sacerdotal do Antigo Testamento e que retoma de perto a figura judaica do *shaliah*. Os apóstolos, com efeito, são escolhidos por Jesus como seus "representantes" autorizados, para que vão em meio às pessoas, em seu nome, proclamem e expliquem sua salvação a todo o mundo, a toda criatura. É o que parece, a partir de alguns textos fundamentais do Novo Testamento, entre os quais *a missão dos Doze* (Mc 6,6b-13 e par.), *a atribuição do poder das chaves* a Pedro e ao colégio dos apóstolos (Mt 16,18-19; 18,18), *a ordem de celebrar a "memória" eucarística* (Mc 14,17 ss.; Mt 26,20 ss.; Lc 22,14 ss.), a *oração sacerdotal de Jesus* (Jo 17), *o poder de perdoar os pecados* (Jo 20,23), *o grande mandamento missionário* antes da ascensão (Mt 28,16-20; Mc 16,15-16) e *a narrativa do dom do Espírito* em Pentecostes (At 2,1 ss.). Primogênitos de todo Israel, os Doze constituem o fundamento da Igreja. São os testemunhos de Cristo e os seus enviados em todo o mundo que anunciam a boa-nova, que batizam, que celebram a Eucaristia, que impõem as mãos, que comunicam o Espírito Santo. São os primeiros a reunir a Igreja de entre os pagãos e judeus, a conferir a outros a tarefa de continuar a missão que encontrará seu pleno cumprimento somente quando os tempos chegarem à plenitude. Compreende-se, então, por que Paulo e Lucas veem nos Doze apóstolos, em sentido pleno, a raiz e fonte de todo apostolado.

Os textos evangélicos, ainda que com nuanças redacionais diferentes, estão, substancialmente, de acordo em atestar que, unida à escolha dos Doze, há um chamado/missão de *setenta* (segundo alguns manuscritos, *setenta e dois*) discípulos, enviados também eles a anunciar o Reino e a manifestar os sinais. É muito provável que, com o número doze, também o número setenta tenha sido escolhido de propósito para se unir significativamente aos Setenta anciãos que, por ordem de YHWH, deviam estar ao lado de → MOISÉS em sua missão de guiar todo Israel. Como os setenta anciãos, os setenta discípulos recebem diretamente de Cristo a tarefa de prosseguir a sua obra, com o colégio dos Doze e sob a autoridade deles, porém com um ministério que não é uma simples programação da dos apóstolos, mas uma verdadeira missão conferida pelo próprio Cristo. Tal estrutura ministerial encontra-se, aliás, desde o início, na Igreja de Jerusalém e nas diversas Igrejas que foram sendo fundadas; repetidamente se fala dos *apóstolos* e dos *anciãos* (cf., por exemplo, At 15,2.4.6.22.23; 16,4) como responsáveis e pastores da Igreja de Deus e de cada uma das igrejas a eles confiadas (At 11,30 para a Igreja de Antioquia; 20,17 para a Igreja de Éfeso; 21,18 para a Igreja de Jerusalém...). As tarefas deles estão intimamente ligadas ao ministério dos apóstolos: presidem como os apóstolos à mesa comum dos bens (At 4,35.37; 5,2) e às decisões da assembleia (15,2 ss.). Em At 21,18 parecem formar em torno de Tiago o conselho presbiteral da Igreja de Jerusalém, com a tarefa, aliás, de garantir a reta interpretação da lei, conforme o decreto por eles mesmos emanado, com os apóstolos, no Concílio de Jerusalém (cf. At 21,20-25).

Embora os relatos neotestamentários não sejam particularmente pródigos em informações sobre a natureza e sobre as tarefas desses "anciãos", pode-se sem dúvida supor que eles constituíam uma forma ministerial de sustentação da Igreja apostólica. Talvez seja nesse sentido que em Ef 2,20 se afirma: "Sois o edifício construído sobre o fundamento que são os Apóstolos e os Profetas, sendo o próprio Jesus Cristo a pedra angular, entendendo-se a qualificação de "profetas" em sentido amplo, como a primeira geração de testemunhas que — junto com os apóstolos — guiaram a Igreja de Deus desde o início e pregaram o Evangelho da salvação segundo a variedade dos dons suscitados pelo Espírito para a edificação da Igreja (cf. Ef 3,5; 4,11; At 11,27).

Uma terceira estrutura ministerial da Igreja apostólica é dada pela instituição dos *sete* diáconos em Jerusalém por meio dos apóstolos (At 6,2-6). Segundo o costume hebraico, toda comunidade da diáspora tinha o direito de eleger, para cada 120 pessoas, sete conselheiros; é provável que o estabelecimento dos *Sete* remonte a esse costume. Diferente, todavia, pelo menos segundo a redação lucana, é a tarefa que lhes é confiada: eles deverão colaborar com o serviço da oração e da Palavra desempenhado pelos apóstolos e pôr sua obra a serviço da mesa e da construção da comunidade cristã no amor. A imposição das mãos que os *Sete* recebem dos apóstolos exprime a conferência dessa missão, com a exigência de comunhão entre o grupo dos cristãos proveniente da Judeia e o que vem da diáspora.

II. *Sucessão apostólica e ministério ordenado.* A estrutura ministerial da Igreja das origens apenas delineada foi vista, desde o início, como uma estrutura a serviço da edificação da Igreja, que devia ser estendida e comunicada a outros, e como fonte do florescimento dos diferentes ministérios e carismas suscitados pelo Espírito para a utilidade comum; não foi vivida, portanto, como uma estrutura fechada, mas aberta ao desdobramento dos múltiplos dons ministeriais. É nessa concepção ministerial que se explica como Paulo e Barnabé, por exemplo, eram vistos desde o início como apóstolos, embora não pertencessem ao grupo dos Doze, e por que a Igreja primitiva acolhia e reconhecia tão espontaneamente os diversos ministérios e carismas de origem local. Tudo isso se realizou dentro de um modelo de Igreja que se reportava bem de perto à estrutura da Sinagoga hebraica, a qual era guiada por um colégio de "anciãos" em cuja chefia se punha um "presidente". É provável — como já se observou — que logo a comunidade de Jerusalém tenha adotado essa estrutura, sob a presidência de Tiago Menor, parente de Jesus, no quadro da autoridade reconhecida dos apóstolos (cf., por exemplo, Gl 1,19). Com efeito, não se pode duvidar que os Doze — Pedro em primeiro lugar — tenham desenvolvido um papel particular de responsabilidade, de guia e de unidade na Igreja das origens. Mesmo quando, especialmente nas comunidades paulinas, se desenvolvem de modo extraordinário formas particulares e carismáticas de serviço eclesial (cf., por exemplo, as listas de 1Cor 12,4-11 e Rm 12,6 ss.), o ministério apostólico ocupa sempre o primeiro lugar (cf. 1Cor 12,28). No quadro da estrutura ministerial, de inspiração judaica a que se fez referência, compreende-se que desde o início o colégio dos "anciãos" (*presbyteroi*) tenha tido um "vigia" (*episkopos*) nomeado, encarregado diretamente (ou indiretamente) por um apóstolo e pelo colégio dos presbíteros. As cartas pastorais testemunham essa situação como já realizadas. Tito, em Creta, e Timóteo, em Éfeso, aparecem como discípulos de Paulo, chamados a imitar em tudo e para tudo o Apóstolo, conservando intacto o depósito da fé que lhes fora confiado (1Tm 1,12-17; 2Tm 1,8-13; 2,3-10), vigiando sobre a tradição apostólica (1Tm 6,10; 2Tm 1,12 ss.; 2,13; Tt 1,1 s.) e presidindo/organizando o surgimento dos diversos ministérios eclesiásticos (1Tm 4, 14; 2Tm 1,6; 2,1 s.; 3, 1-5). A atribuição do ministério deles acontece por meio do *gesto da imposição das mãos* precedido por uma liturgia da Palavra e da oração (2Tm 1,6; 1Tm 4,14; 5,22) e acompanhado pela invocação do Espírito Santo. O gesto de impor as mãos (provavelmente escolhido pelos apóstolos também na esteira de Nm 27,18-23) e a epiclese conferem ao candidato um *carisma divino* que deve ser reavivado e comunicado, que habilita ao ministério e encaminha para uma situação eclesial de *ausência dos apóstolos*; um ministério de guia, de ensinamento e de distribuição dos mistérios de Deus (cf. 1Cor 4,1); um ministério que se une à vocação dos apóstolos, a qual está, por sua vez, ligada ao mandato de Cristo. Particularmente expressivas nesse contexto são algumas passagens das cartas pastorais. Bastará aqui comentar duas entre as mais significativas: 2Tm 1,6-7 e 1Tm 4,14.

"*Por isso eu te peço que reanimes o dom de Deus, recebido pela imposição de minhas mãos. Porque não foi um espírito de fraqueza que Deus nos deu, mas um espírito de força, de amor e de autodomínio*" (2Tm 1,6-7).

No âmbito da crítica textual, pode-se notar que em alguns códices de menor importância se encontra "dom de Cristo" no lugar de "dom de Deus", e *upomimnêskô* (advertir) em vez de *anamimnêskô* (lembrar). O sentido fundamental, todavia, permanece o mesmo. Quanto ao contexto, é clara a vontade de Paulo de ajudar Timóteo a viver com plenitude a vocação à qual foi chamado, não desanimando diante das dificuldades e das perseguições (cf. 1,8-9). A razão de tudo isso, Timóteo a deve encontrar no "dom" recebido por meio da imposição das mãos do Apóstolo. A expressão "te lembro" (*anamimnêskô*) significa propriamente "trazer à memória", "fazer lembrar".

O que Timóteo deve "trazer à memória" é a necessidade de "reavivar" o "dom" de que foi feito objeto. "Te lembro de reavivar" (*anazôpureîn*). O verbo *anazôpureîn* significa literalmente "tornar a atiçar" e se aplica normalmente ao fogo que está vivo sob as cinzas mas deve ser "reatiçado", "reavivado", para que se acenda de novo de modo perfeito. Há, portanto, no fundo, uma imagem simples, de sabor doméstico e cotidiano, mas extremamente rica de conteúdo. "Te lembro de reavivar o *dom de Deus* (*charisma toû Theoû*). Pode ser significativo o fato de que não é usada aqui a palavra *charis* (graça), mas *charisma*: a primeira significa normalmente um modo de ser, a segunda, um dom particular, um → CARISMA do Espírito dado — neste caso — de modo habitual, uma vez que pode ser reavivado. E, de outra parte, o Apóstolo acrescenta: "O dom de Deus *que está em ti* pela imposição das minhas mãos". Trata-se, portanto, de *um dom permanente* que pode ser constantemente "reativado", como fogo na brasa, por aquele que o recebeu "uma vez por todas". Esse dom foi comunicado a Timóteo "pela (*dia*) imposição das mãos". Como *dia* indica causalidade ou meio através do qual chegou o dom, a "imposição das mãos" não é uma simples "elevação das mãos" (*keirotonia*), mas uma verdadeira "imposição" (*epithesis*) sacramental que realizou a infusão do dom do Espírito e que constituiu Timóteo no ministério episcopal a que se refere Paulo. É graças a essa infusão que Timóteo recebe um Espírito de fortaleza, de amor e de sabedoria que deverá lhe permitir enfrentar todo gênero de obstáculo, à imitação do próprio Paulo (cf. 1,8-9), para testemunhar a fé (1,14) e trabalhar como bom saldado de Cristo (2,3).

"*Não descuides do dom espiritual que há em ti, e que te foi concedido por meio de uma revelação profética, com imposição das mãos dos presbíteros*" (1Tm 4,14).

O texto coincide profundamente com o que acabamos de examinar, com a única diferença de que, no primeiro, se fala da imposição das mãos por parte do próprio Apóstolo e, no segundo, da imposição das mãos *por parte do colégio dos presbíteros*. Essa diferença não cria nenhuma dificuldade, uma vez que a segunda formulação não exclui, mas inclui a primeira, ou seja, a imposição das mãos por parte do colégio dos presbíteros inclui a de Paulo, do mesmo modo como no atual rito de ordenação os presbíteros assistentes impõem as mãos, com o bispo, sobre o candidato ao ministério. O mesmo se deve dizer para a partícula "com", em vez de "por", que torna o texto de 2Tm 1,6 mais explícito gramaticalmente em favor da causalidade do sinal sacramental ao produzir o dom significado. Timóteo não deve descuidar o "dom espiritual" que lhe foi conferido "com a imposição das mãos" e que o consagrou ao ministério, a serviço da Igreja (cf. 1Tm 4).

A expressão "por meio de uma revelação profética" parece que deve ser entendida em relação a 1Tm 1,18, onde se fala da intervenção dos profetas a respeito da pessoa de Timóteo, talvez por ocasião de uma investidura eclesial análoga à descrita em At 13,1-3; 11,27. O significado global do texto é, em todo caso, evidente. Paulo exorta Timóteo a manter vivo o "dom sobrenatural" que recebeu na ordenação com a imposição das mãos. Por sua vez, Timóteo tem o poder de transmitir o mesmo dom a outros, mas deve fazê-lo com a necessária cautela na escolha dos candidatos, dada a grandeza do dom conferido com esse gesto: "Não tenhas pressa de impor as mãos sobre alguém" (1Tm 5,22).

III. *A concepção neotestamentária do sacerdócio*. O olhar que lançamos sobre o Novo Testamento mostrou-nos uma precisa estrutura ministerial na Igreja das origens e uma clara consciência a respeito da possibilidade da transmissão do ministério ordenado — como dom do Espírito — a outros, mediante a imposição das mãos. Se nas cartas pastorais nem sempre é clara a utilização linguística dos títulos "episkopos" e "presbyteros", já nos primeiros anos do século II → INÁCIO DE ANTIOQUIA († 117) mostra uma clara consciência sobre o papel específico do bispo na comunidade local e a relação colegial que deve estabelecer entre ele, o presbítero e a comunidade dos fiéis. Mas o que pode causar espanto é o fato de que nos escritos do Novo Testamento jamais se usa o termo "sacerdote" em relação aos apóstolos, ao colégio dos "episkopoi" e "presbyteroi" e aos ministros ordenados em geral; o termo é aplicado a Cristo na Carta aos Hebreus e aos cristãos em alguns textos específicos. A razão é que a comunidade primitiva tinha a clara percepção de que o ministério ordenado, nascido a serviço do *eschaton* de Cristo e do novo povo de Deus, devia ser entendido em termos muito diferentes com respeito ao sacerdócio instituído do Antigo Testamento; daí a atenção para evitar uma terminologia que pudesse ser ambígua e a procura de uma nova série de títulos.

a) *O sacerdócio de Jesus Cristo*. A tradição originária expressa nos Evangelhos deixa perceber com evidência que Jesus não era um "sacerdote" (*hiereus*) no sentido oficial/instituído do termo, ou seja, não pertencia à tribo de Levi nem jamais reivindicou tal qualificação ou exercício de tal sacerdócio. Isso não quer dizer que Jesus não tenha sido entendido como "sacerdote". As narrativas da última ceia pressupõem uma leitura do evento pascal em termos sacerdotais-sacrificais. A Carta aos Efésios (5,2) atesta que Jesus tenha se entregado por nós em "oferta e sacrifício" (*prosphora kai thysia*, dois termos tipicamente sacerdotais). A Carta aos Hebreus, sobretudo, relê todo o evento de Jesus Cristo como o novo e definitivo evento sacerdotal; Jesus é o novo, verdadeiro, eterno sacerdote; o seu sacrifício é o sacrifício definitivo da salvação que supera radicalmente e torna supérfluos todos os sacrifícios da economia anterior. O seu sacerdócio distingue-se do sacerdócio veterotestamentário especialmente por dois traços fundamentais: *o oferente e a oferta coincidem; o sacerdócio de Cristo é um sacerdócio eterno e sempre em ato*. Cristo é sacerdote porque se oferece todo inteiro; a sua existência inteira, que culminou na cruz, é culto e sacrifício. E, uma vez que Jesus é o Filho de Deus encarnado e, ressuscitado dos mortos, senta-se à direita do Pai, o seu sacerdócio é "um sacerdócio imutável. Eis por que ele pode salvar, agora e sempre, os que por seu intermédio se aproximaram de Deus, pois está sempre vivo para interceder por eles" (Hb 7,24-25).

b) *A Igreja, povo sacerdotal*. O ser sacerdotal de Cristo, no sentido apenas exposto, fundamenta o próprio ser sacerdotal da Igreja como tal. Os escritos do Novo Testamento repetidamente qualificam a existência batismal como uma existência sacerdotal. Paulo refere muitos termos sacrificais (cf., por exemplo, Rm 12,1) à vida dos cristãos, Pedro e o Apocalipse expressamente definem a comunidade dos cristãos como um "sacerdócio santo" e um "sacerdócio real" (1Pd 2,5.9), "um reino de sacerdotes" para o Senhor Deus (Ap 1,6; 5,10; 20,6). Tal sacerdócio, se, por um lado, é descrito com a recuperação da terminologia do antigo povo de Israel, é visto, por outro, como a realização escatológica das promessas messiânicas, não mais ligado a uma raça, a uma nação ou a uma língua. O sacerdócio do novo povo de Deus é participação no único sacerdócio de Jesus Cristo de que é chamado a propor os sinais: a característica personalista-cristológica e a característica escatológica. Somente desse modo é que *o sacerdócio dos cristãos* pode ser qualificado como tal.

c) *O ministério ordenado na Igreja, povo sacerdotal*. O ministério ordenado situa-se nessa dupla relação dialética: em relação ao sacerdócio único de Cristo e em relação ao sacerdócio de toda a Igreja de que é sinal e mediação. Paulo descreve sua missão evangelizadora como uma "missão sacerdotal" (*ierourgoûnta*), para que os crentes se tornem uma "oferta agradável a Deus" (Rm 15,160). Aliás, se o Novo Testamento evita habitualmente aplicar o título de "sacerdotes" (*hiereîs*) aos ministros ordenados, isso deriva da exigência de caracterizar esse ministério de modo radicalmente novo com relação ao sacerdócio veterotestamentário ou do mundo pagão, evitando, com a utilização dos mesmos termos, identificações conceituais erradas. O sacerdócio dos ministros ordenados não deve ser entendido, no quadro global do Novo Testamento, no sentido tradicional do termo (como uma casta "segregada" para o serviço ritual ou sagrado), mas como um dom do Espírito que habilita ao serviço (ministério) de Cristo na comunhão da Igreja (*koinônia*), como responsáveis — por diversos títulos — da comunidade local, ministros da Palavra e evangelizadores entre os homens, "presidentes" (os bispos e os presbíteros) ou "servidores" (os diáconos) da celebração eucarística e dispensadores dos mistérios de Deus em meio ao povo sacerdotal. Também para eles vale o que foi dito para o sacerdócio dos batizados: eles são sacerdotes não tanto (ou em primeiro lugar) pelas funções rituais que desenvolvem, mas por serem, com toda sua existência, *sinais* do ministério sacerdotal de Jesus Cristo e servem ao ser sacerdotal de toda a Igreja. A vida inteira dos ministros ordenados é chamada a ser culto sacrifical e oferta em Cristo na edificação da Igreja e no testemunho do Evangelho.

2. HISTÓRIA DA TRADIÇÃO E CONSCIÊNCIA DE FÉ DA IGREJA. O ministério ordenado anunciado pelo Novo Testamento conhece, ao longo da história do cristianismo, itinerários diversificados entre Oriente e Ocidente e complexos por variedade e amplitude de problemas. Não é possível reconstituir aqui em detalhes tais itinerários; será suficiente pôr em evidência suas diretrizes teológicas fundamentais.

I. *Os primeiros três séculos*. Os escassos, mas valiosos testemunhos oferecidos — para o período pré-constantiniano — pela *Didaqué*, por → CLEMENTE DE ROMA, por Inácio de Antioquia e por Tertuliano mostram-nos um progressivo esclarecimento/pormenorização sobre a questão do ministério do bispo, dos presbíteros e dos diáconos. Emerge em primeiro plano o ministério do *episcopus*, na linha do que já estava implícito nas cartas pastorais: o bispo como responsável pela comunidade, pelo Evangelho e pela vida litúrgico-sacramental da Igreja local. Nesses escritos, a relação bispo, presbíteros e diáconos é de tipo fortemente colegial: o bispo é o centro e o avalista dessa colegialidade.

Um elemento de novidade, no que diz respeito à concepção do ministério ordenado, é a utilização do termo *sacerdos* para designar o bispo, introduzida por Tertuliano e estendida ao presbítero por Cipriano. Essa utilização é motivada a partir da Carta aos Hebreus, especialmente na célebre passagem de 5,1-4, em que o sacerdócio de Cristo é esboçado na linha do sacerdócio levítico e do seu essencial ordenamento aos sacrifícios. O ministério ordenado é caracterizado cada vez mais em termos sacerdotalistas-sagrados. É nesse contexto que a hierarquia é qualificada como *ordo sacerdotalis* distinta da *plebs* ou — como se dirá mais tarde — da *ordo laicorum*. A perspectiva fundamental é, todavia, predominantemente eclesial-sacramental: a ordenação é o ato consagrante mediante o qual o candidato é inserido, por meio da imposição das mãos e do dom do Espírito, no ministério do episcopado, do presbiterado e do diaconato a serviço da comunicação eclesial. Testemunhos importantes nesse sentido são dados por → HIPÓLITO DE ROMA na *Traditio apostolica* e — um pouco mais tarde — nas *Constituições apostólicas* e nos *Statuta Ecclesiae antiquae*.

II. *A reviravolta constantiniana e a Idade Média*. Para a configuração sacerdotal do ministério ordenado dá-nos uma pista fundamental a chamada reviravolta constantiniana: honras civis conferidas aos bispos, comparados aos senadores também nos títulos e nas insígnias (pálio, estola, sândalos…) e o direito de tribunal (*audentia episcopalis*) reconhecido nas decisões fazem da Igreja uma potência na vida pública e acentuam, dentro da comunidade, a separação de um círculo restrito, o clero, em relação ao povo de Deus (cf. JERÔNIMO, *Ep.* 52, 5; mas também o papa Sirício, Agostinho). O frequente recurso ao Antigo Testamento (que se encontra nos sacramentários veronense e gregoriano), em vez de levar a enfatizar a novidade do ministério neotestamentário, leva a uma sua acentuada *sacralização*, caracterizando os ministros ordenados como uma "classe sacerdotal" juridicamente definida e privilegiada. O momento profético do ministério é cada vez mais absorvido pelo momento cultual, visto, além disso, em termos predominantemente ritualístico-meticulosos. A época carolíngia e os costumes feudais, de sua parte, levarão a acentuar o aspecto de *poder* e de afastamento do bispo e dos presbíteros da comunidade. O sacerdote é o homem "posto à parte" para o culto e a mediação sacramental. O ministro ordenado é considerado mais pelo que somente ele pode fazer e que o torna superior aos outros do que por seu vínculo/serviço com a comunidade.

Nesse âmbito, não é de espantar se a pré-escolástica e a escolástica caracterizarão a teologia do ministério ordenado essencialmente como uma *teologia dos poderes*, vinculando a ordem de modo quase exclusivo ao sacrifício eucarístico e deixando na sombra a missão profética de pregação e a responsabilidade de direção da comunidade. Torna-se pacífica, nessa ótica, a ideia de que a verdadeira consagração sacramental ao ministério é somente a sacerdotal, confirmando a opinião — que abre caminho a partir do século IV e foi aceita por Pedro Lombardo — de uma fundamental "paridade", *no plano sacramental*, entre bispo e padre. A diversidade tinha de ser buscada no *plano da jurisdição*. A ordem é definida essencialmente em relação à Eucaristia, como se vê nos maiores teólogos da escolástica, de → ALBERTO MAGNO a → TOMÁS DE AQUINO e a Boaventura. Extraordinário destaque assume nesse quadro a doutrina do *caráter*, que — ainda que de modo involuntário — vem oferecer um amparo teológico à separação sociológica clero/leigos, acabando por fazer parecer o padre como um detentor de um "poder" mais que de um serviço, separado da comunidade dos cristãos e cujo ministério se mostra "autônomo" em relação à exigência da sua santidade pessoal.

III. *A Reforma e o Concílio de Trento*. Tendo presente o que acabamos de dizer — embora de modo sucinto —, fica bem clara a compreensão da problemática que agitou o período da Reforma e da Contrarreforma. É sabido que os reformadores, entre outras coisas, a) desvalorizaram o ministério sacramental e sacrifical, pondo em primeiro plano o ministério da Palavra;

b) rejeitaram a sacramentalidade da ordem sagrada e a doutrina do caráter sacramental; c) negaram uma verdadeira distinção entre sacerdócio ministerial e sacerdócio comum dos fiéis. Nessa ótica, o ato de ordenação reduzia-se apenas a um "mandato" para o serviço da comunidade; um mandato temporário que cessava com a conclusão da função desenvolvida.

Os padres do Concílio de Trento opuseram-se frontalmente a essas teses: a) na nova aliança, existe um ministério sacerdotal visível, especificado pelo poder sacrifical e absolutório (Denz. 961); b) a ordenação é um verdadeiro sacramento ao qual está ligado o caráter sacerdotal que habilita a oferecer o sacrifício eucarístico e a remeter os pecados (Denz. 959-960); c) instituído por Cristo, o sacramento da ordem confere o dom do Espírito de modo permanente; isso exclui a possibilidade de um retorno total do ordenado ao estado leigo (Denz. 960).

Os ritos de ordenação, consequentemente, não podem ser desprezados ou julgados inúteis (Denz. 965). O poder de ordenar compete aos bispos (Denz. 960 e 967); a validade das ordenações não depende do consentimento ou da eleição da comunidade ou do poder temporal.

O significado dessas afirmações é indubitável. O mérito delas é de ter definido com clareza toda uma série de dados teológicos sobre o ministério ordenado, os quais devem ser considerados como "pontos seguros". Involuntariamente, porém, essas mesmas afirmações acabaram por acentuar ainda mais a unilateralidade do modelo de ministério ordenado que já se impusera antes.

As consequências dessa acentuação foram pelo menos quatro:

— o sacramento da ordem foi visto primariamente como transmissão de poderes e em particular do poder sacrifical, deixando na sombra a missão profética e a real;

— uma vez que o poder sacrifical e o da absolvição são idênticos no presbítero e no bispo, o centro do ministério ordenado acaba por ser o presbiterado, com o consequente declínio do episcopado ao nível de um acréscimo honorífico de tipo não sacramental (sobre isso, aliás, estava de acordo a maior parte dos teólogos da escolástica, inclusive Santo Tomás);

— além disso, uma vez que todo o sacerdócio se define a partir do sacramento da ordem, o ministério sacerdotal acaba por parecer como a única forma efetiva de Sacerdócio, com a consequência de que o → SACERDÓCIO DOS FIÉIS decai até quase desaparecer da consciência comum do batizado;

— enfim, uma vez que toda a teologia do ministério sacerdotal está fundada sobre os poderes, o presbiterado é entendido mais como autoridade do que como ministério, mais como superioridade/supremacia do que como serviço e ministério de comunhão.

O período pós-tridentino — mesmo entre vicissitudes — não fará mais que continuar esse enfoque até quase os umbrais do Vaticano II.

IV. *O Concílio Vaticano II*. O movimento eclesiológico entre as duas guerras e "os retornos" às fontes da Bíblia, dos Padres e da liturgia prepararam de perto o enfoque levado adiante pelo Concílio Vaticano II. Segundo a orientação metodológica assumida pelos padres conciliares, a teologia do ministério ordenado (episcopado, presbiterado e diaconado) deve ser desenvolvida não na base da noção de sacerdócio que emerge da história das religiões ou da história do sacerdócio levítico "tout court", mas deve ter como primário e fundamental paradigma e centro de referência a missão global de Jesus, como resulta do Novo Testamento, e a missão fundamental que ele confia aos apóstolos a seus colaboradores e a toda a Igreja.

As consequências teológicas que derivam dessa orientação metodológica são muito grandes. Procuremos sintetizá-las paralelamente aos quatro pontos vistos antes:

— da "teologia dos poderes" passa-se à "teologia do ministério" ordenado, visto de modo unitário e global como ministério profético-sacerdotal-e-real. O princípio do caráter ministerial, com efeito, faz ver que o chamado se põe a serviço da Palavra, que culmina na celebração dos sacramentos e da Eucaristia e que ambos constituem a alma da direção da comunidade eclesial para a construção do reino de Deus no mundo (*PO* 1-2 e 4-6).

— é recuperada plenamente a sacramentalidade do episcopado, de modo que o presbiterado é visto a partir do episcopado e não vice-versa (*LG* 21; *PO* 2). O sacramento da ordem é, além disso, descoberto nos seus três graus tradicionais: episcopado, presbiterado e diaconado (*LG* 18-29).

— O ministério presbiteral, por sua vez, é visto em estreita relação com o sacerdócio comum de todos os fiéis. Mais, o "primum" não é o ministério sacerdotal, mas o sacerdócio comum de toda a Igreja. E, mesmo subsistindo entre as duas formas de sacerdócio uma diferença não só de grau, mas também de essência, eles são ordenados um para o outro (*LG* 10);

— a autoridade do ministro ordenado, enfim, é descoberta no seu verdadeiro significado etimológico: "auctoritas", que vem de "augere", significa "fazer crescer". Não é a autoridade do comandante, mas a do servidor sobre o modelo de Cristo e dos apóstolos: o presbítero é o animador do trabalho ministerial de toda a Igreja, coordena, servindo, os diversos ministérios para a edificação do corpo eclesial.

3. PARA UMA SÍNTESE DE TEOLOGIA DO MINISTÉRIO ORDENADO. Do conjunto dos testemunhos do Novo Testamento e dos testemunhos massivos da tradição, podemos ressaltar alguns dados fundamentais para uma síntese de teologia do ministério ordenado.

a) *Cristo, sumo e eterno sacerdote, princípio constitutivo e exemplar do ministério ordenado.* A origem e o fundamento do sacerdócio ministerial não pode estar senão em Cristo, sumo e eterno sacerdote da aliança da salvação (Hb 5,1-10; 7,24; 9,11-28). Com efeito, é em Cristo que o sacerdócio do Antigo Testamento passa de *figura* e *imagem* a *realidade*, uma realidade completa, absoluta, definitiva. É, portanto, ao sacerdócio de Cristo que deve ser referida a noção de ministério sacerdotal e é ao sacerdócio de Cristo que deve ser considerada correlativa toda outra função, toda outra instituição, toda outra noção de sacerdócio.

O sacerdócio único de Cristo. "Existe um só Deus e um só mediador entre Deus e os homens: o homem Jesus Cristo, que se entregou a si mesmo como resgate por todos" (1Tm 2,5-6).

A afirmação é absoluta. Cristo é o único mediador, o único grande sacerdote entre Deus e o homem, e isso por força de sua encarnação ("*o homem Jesus Cristo*") e da sua morte na cruz ("*que se entregou a si mesmo como resgate por todos*"). Graças à → ENCARNAÇÃO, com efeito, Cristo uniu definitivamente em si mesmo — de modo admirável — Deus ao homem e o homem a Deus, tornando-se assim como a "ponte" (o "pontifex") que une céu e terra, a verdadeira "escada de Jacó", cuja representação simbólica o Gênesis deixa perceber (Gn 28,12-15). Graças à morte na cruz, Cristo já redimiu para sempre a humanidade da condição de pecado e de morte em que se encontrava e deu início à nova humanidade da qual ele é o princípio e o primogênito. *O sacerdócio de Cristo se inscreve, portanto, no mistério mesmo da sua constituição teândrica* e cobre todo o seu ser, toda a sua existência, *até o cumprimento supremo dos eventos pascais*. Assim, com Cristo, está radicalmente superada a concepção veterotestamentária de um sacerdócio de tipo simplesmente cultual: é toda a realidade do seu ser e da sua vida que tem um caráter sacerdotal, eminentemente expresso na oferta sacrifical de si sobre a cruz. *O ministério dos apóstolos e dos seus sucessores não poderá ter senão as mesmas características*.

O "ministério" de Cristo é o princípio constitutivo e exemplar do ministério ordenado: *Cristo servo de YHWH*, homem-de-Deus-e-para-Deus, homem-para-os-outros, que veio não para ser servido, mas para servir e dar a própria vida em resgate por muitos; *Cristo pastor* que conhece, defende e guia a sua grei, reunindo-a num único aprisco, procurando com predileção as ovelhas desgarradas e distantes; *Cristo mestre*, Palavra viva do Pai, que veio proclamar o alegre anúncio da salvação e convocar todas as pessoas para estabelecer seu Reino escatológico.

Participação do ministério ordenado no sacerdócio único de Cristo. Se o Cristo é o único mediador, o único sumo e eterno sacerdote, que sentido tem a presença do ministério ordenado na Igreja? A resposta não pode ser em termos de *participação* e *participação vicária* com relação ao sacerdócio único e permanente de Cristo na Igreja. Do sacerdócio de Cristo deriva, com efeito, por participação, o ministério ordenado da nova aliança; ele nasce não *ao lado* do sacerdócio de Cristo, mas como *prolongamento* no tempo e *extensão* no espaço e no tempo do único sacerdócio de Cristo. O sacramento da ordem é uma ação do Espírito — em continuidade com a que consagrou desde o nascimento a natureza humana de Cristo e se manifestou sobre ele no momento do batismo no Jordão — que opera naquele que é chamado uma tal transformação que o faz participar, de um modo totalmente singular, da consagração-missão mesma de Cristo, a serviço da Igreja. O ministério ordenado põe-se, portanto, de pleno direito e de modo específico, na continuidade do mistério de Cristo, na continuidade do mistério da sua encarnação e da sua redenção, e é em si mesmo, inseparavelmente, "relação a Cristo" e "relação à Igreja", corpo do Cristo.

O *Espírito Santo, fonte do ministério ordenado*. O Espírito Santo, que constituiu os apóstolos para apascentar a Igreja de Deus e a cobre continuamente com múltiplos dons, está na origem da vocação/missão do ministério ordenado na Igreja. Não há ação que consagre ao ministério sem a invocação do Espírito Santo, com o gesto apostólico da imposição das mãos. É por isso que o novo rito dá à epiclese e à imposição das mãos toda a sua centralidade e o seu destaque em relação aos três graus do ministério ordenado: o diaconado, o presbiterado e o episcopado.

Vicariedade do ministério ordenado. O ministério ordenado define-se como *vicário* em relação a Cristo-cabeça e a seu corpo. Somente nesse sentido pode se exprimir e operar como "mediação" para o cumprimento das "maravilhas da salvação" a favor do homem. O alcance do sacramento da ordem é de tornar o candidato um *sinal pessoal e um instrumento* do Cristo glorioso vivo e operante na sua Igreja. Aí está o núcleo e a essência da teologia do sacerdócio ministerial: nessa "vicariedade", nessa "representatividade" cristológico-eclesial que permite qualificar o ministro ordenado como "presença sacramental" do senhorio escatológico de Cristo na Igreja e no mundo.

A teologia e o magistério da Igreja determinaram ulteriormente essa "participação vicária" no sacerdócio de Cristo e da Igreja, como "capacidade" do ministro ordenado — segundo os seus três graus — de "*agere in persona Christi*", *agir na pessoa de Cristo*. Santo Tomás de Aquino explica essa expressão, ressaltando em particular que *o ministro ordenado não ponha ações próprias*, mas *ponha as ações mesmas de Cristo*. Isso se verifica de modo eminente na consagração eucarística, durante a qual as palavras do bispo e do presbítero recebem eficácia do fato de que são pronunciadas "*in persona Christi*". A condição prévia para que tal eficácia seja posta em ato é a intenção do ministro. O poder de o ministro "*agere in persona Christi*" vem da sua própria ordenação. O fundamento teológico desse poder é dado pelo "caráter" indelével impresso pelo sacramento da ordem, que configura o ministro a Cristo sacerdote e o habilita a pôr atos que não são simplesmente realizados no *lugar de Cristo*, mas que são os *atos mesmos de Cristo*, operante como agente principal por meio da instrumentalidade do próprio ministro.

b) *Fundamento eclesiológico do ministério ordenado*. Se o sacramento da ordem configura a Cristo-sacerdote e habilita a agir em seu nome, tem ao mesmo tempo um fundamento radicalmente eclesial: radica-se na sacramentalidade da Igreja e se põe como sinal de comunhão a serviço de todo o corpo de Cristo.

A sacramentalidade da Igreja. Cristo age e prolonga sua obra de salvação na Igreja; a Igreja é o fundamental *Sacramentum Christi*, que torna presente o mistério da salvação na história; e isso por meio da proclamação da palavra de Deus e da celebração dos sacramentos da fé. É sobre essa sacramentalidade da Igreja que se fundamenta o significado essencial da consagração-missão dos que são chamados, com o ministério ordenado, a pregar o Evangelho, a presidir as ações sacramentais e de culto e a desenvolver um papel de animação e de guia no povo de Deus.

A "koinonia" eclesial. A Igreja é *comunhão*. Isso configura a Igreja como uma comunidade constituída e articulada pela riqueza e variedade dos dons do Espírito. Os ministérios ordenados, na sua diversidade e complementaridade, pertencem a essa eclesiologia de comunhão. A própria relação entre sacerdócio ministerial e sacerdócio batismal não pode ser resolvida senão em termos de recíproca ordenação, mesmo na diversidade de ser e de tarefas (cf. *LG* 10).

c) *Tríplice articulação do ministério ordenado*. O Concílio Vaticano II quis restaurar, até institucionalmente, a estrutura originária do sacramento da ordem, com os seus três graus (cf. *LG* 18-29). O novo ritual de ordenação, em perfeita linha com essa recuperação, exprime tanto a unidade dos três graus (por isso, o rito que confere o episcopado é chamado de *ordenação* e não *consagração*: a unidade de linguagem ressalta a unidade do sacramento) como a especificidade.

O ministério primário do bispo. Numa perspectiva essencialmente cristológico-eclesial, o Concílio qualifica o ministério do bispo como sinal vivo do Cristo, supremo pastor do povo de Deus, em torno do qual — pela ação ininterrupta do Espírito Santo — se reúne e se edifica a comunidade eclesial (*LG* 18-27). Particularmente rica de conteúdos é, nessa ótica, a oração de ordenação do novo rito, que enfatiza, entre outras coisas, que a graça do serviço episcopal é um dom do Espírito dado por Cristo aos apóstolos e constitui o eleito no colégio episcopal para exercer a missão de sumo sacerdote em vista da edificação da Igreja.

Os presbíteros, cooperadores do ministério do bispo. "Intimamente ligado ao ministério do bispo, em virtude do sacramento da ordem, está o ministério do presbítero. Também o presbítero, com efeito, torna presente o Cristo em cujo nome e com cuja autoridade age em comunhão com o bispo" (*LG* 21; 28; *PO* 1-3).

O novo rito enfatiza repetidamente essa específica cooperação dos presbíteros com a missão apostólica dos bispos. A oração de ordenação, em particular, depois de ter vinculado o ministério sacerdotal às prefigurações dos setenta homens chamados a colaborar com Moisés na direção do antigo povo e aos filhos de Aarão, lembra que na plenitude dos tempos foram unidos aos apóstolos "outros mestres da fé para que os ajudassem a anunciar o Evangelho no mundo todo". A oração tem seu ápice na invocação ao Pai para que dê aos eleitos a dignidade do presbiterado e renove neles a efusão do seu Espírito de santidade, de modo que possam cumprir fielmente o ministério do grau sacerdotal recebido.

Os diáconos, servidores de Cristo e da Igreja, em comunhão com o bispo e com os presbíteros. Numa perspectiva de ministério, os diáconos são expressão e animação da vocação própria da Igreja. Com o restabelecimento do diaconato permanente, a Igreja teve a consciência de acolher um dom do Espírito e de dar de si uma imagem mais completa e correspondente à vontade do seu Senhor (*LG* 29). A oração de ordenação põe-se nessa mesma perspectiva eclesiológica, enfatizando a continuidade do diaconato com a tarefa dos levitas do Antigo Testamento e com a vocação dos sete diáconos escolhidos pelos apóstolos para colaborar com a obra deles. Os diáconos são cooperadores da ordem episcopal e presbiteral para a edificação da Igreja.

4. LINHAS DE ESPIRITUALIDADE DO MINISTÉRIO ORDENADO. À luz do que se disse, é muito fácil traçar as linhas essenciais da espiritualidade do ministério ordenado.

Interação entre ministério pastoral e vida espiritual. A concepção monástica da perfeição tinha induzido a denunciar os perigos do apostolado para a vida espiritual do padre, a ponto de → VIDA INTERIOR e → APOSTOLADO serem vistos como valores separados, talvez até mesmo em conflito entre si. O sacerdote era chamado à perfeição "apesar", "não obstante" seu compromisso apostólico. A orientação espiritual levada adiante pelo Vaticano II permitiu compreender que tal dissociação era inaceitável; é no exercício mesmo do seu ministério que o presbítero realiza a própria vocação à santidade (*PO* 19). Há profunda unidade entre → CONTEMPLAÇÃO e → AÇÃO, entre vida interior e atividade apostólica, entre diaconia da Palavra dos sacramentos e da comunidade e vida espiritual e cotidiana. A caridade pastoral é a alma dessa reencontrada unidade entre missão e vida.

Importância da santidade do presbítero em função da fecundidade do seu ministério. Entre o *opus operatum* e o *opus operantis* do ministro ordenado há um vínculo muito profundo. Não é por acaso que o rito de ordenação ao presbiterado convida o ordenado a fazer corresponder a própria vida ao próprio ministério: "Imita o que fazes...". Certamente o valor sobrenatural do ministério do presbítero não deriva das suas qualidades humanas ou dos seus dotes morais: é somente dom do poder do Espírito operante na Igreja e nos eventos sacramentais. O presbítero é, todavia, o "veículo" privilegiado e ordinário mediante o qual se realizam na Igreja e se desenvolvem no coração dos homens as "maravilhas sacramentais da salvação". A santidade do presbítero não incide diretamente sobre a eficácia objetiva da palavra de Deus e dos sacramentos da fé, mas pode predispor os sujeitos a acolhê-la e até com mais plenitude.

Espiritualidade de missão. A vocação ao ministério ordenado e a consagração têm essencialmente como fim a missão. O ordenado é por sua natureza um missionário. Sua missão radica-se numa "cascata" de missões, que vão da de Cristo, o "missus a Patre", à do Espírito sobre a Igreja e à dos apóstolos e da comunidade enviada pelo Ressuscitado ao mundo inteiro para pregar o alegre anúncio a todos os povos, batizar e construir a comunidade escatológica da salvação.

Espiritualidade de encarnação e de redenção. A missão inclui o dever de "ir": é uma missão de cumprir itinerário para estar presente entre aqueles aos quais foi enviado. O ministro não foi ordenado para formar uma "casta", mas para ser "sal", "luz" e "fermento" no mundo. Essa espiritualidade de encarnação é ao mesmo tempo uma espiritualidade de redenção operada por Cristo em favor da humanidade. Por isso, no seguimento do "Primogênito de toda criatura", o ministro não foge do mundo, mas nele se insere como testemunha do Evangelho para orientá-lo a Deus e trabalhar para a sua transformação escatológica com o poder da graça de Cristo.

Espiritualidade de comunhão e de serviço. Se a Igreja toda é comunhão-comunidade e se a Igreja local é realização da Igreja universal, o ministro ordenado é chamado a ser na Igreja local sinal de comunhão: é chamado a realizar uma plena colegialidade hierárquica e a ser animador de comunhão na comunidade que lhe é confiada.

Importância das virtudes humanas. Naturalmente, além da ascese e das virtudes teologais, deve-se ressaltar a importância das virtudes humanas na espiritualidade do ministro ordenado. O Concílio Vaticano II demonstrou-o com vigor (*PO* 3; *OT* 11); nem sempre, todavia, esse apelo foi acolhido com o devido realismo. Todavia, a falta dessas virtudes, como a bondade, a sinceridade, a firmeza de ânimo e a constância, a contínua atenção à justiça, a gentileza e assim por diante, pode se tornar um sério obstáculo ao apostolado. A espiritualidade do ministro ordenado supõe uma autêntica maturidade humana e a ela remete, como meta a ser alcançada todos os dias.

BIBLIOGRAFIA. BARTOLETTI, E. *Il sacerdozio ministeriale.* Roma, 1978; CAPRIOLI, M. *Il sacerdote, segno di Cristo.* Roma, 1974; DIANICH, S. *Teologia del ministero ordinato.* Roma, 1984; DILLENSCHNEIDER, C. *Il nostro sacerdozio nel sacerdozio di Cristo.* Bologna, 1963; FAVALE, A. – GOZZELLINO, G. *Il ministero presbiterale.* Torino, 1972; *Il ministero e i ministri.* Roma, 1979; *La spiritualità del presbitero diocesano oggi.* Roma, 1981; LODI, E. *Ordine e ministeri a servizio del popolo sacerdotale.* Roma, 1974; NICORA, A. *Vivi il mistero posto nelle tue mani.* Milano, 1982; ROCCHETTA, C. Il sacramento dell'ordine. In ID. *I sacramenti della fede.* Bologna, ³1987; ROCCHETTA, C. L'identità teologica del diacono nella preghiera di ordinazione. In *Il diaconato permanente.* Napoli, 1983; ZARDONI, S. *I diaconi nella Chiesa.* Bologna, 1982.

C. ROCCHETTA

ORDEM TERCEIRA SECULAR. 1. NATUREZA. A Ordem Terceira Secular (= OTS) é uma associação de fiéis que nasce, estrutura-se e evolui com as seguintes características: a *participação no espírito* (ou seja, no modo de viver, na espiritualidade, no estilo de vida, no carisma etc.) de um Instituto religioso; a *procura da perfeição cristã* de modo conforme à índole secular do leigo, não isolada da *vida apostólica* na linha do Instituto religioso e compatível com a condição mesma do leigo; e a *relação de dependência* da autoridade suprema do Instituto, por parte da associação, com referência às coisas mais essenciais e para garantir a autêntica participação dos terciários no espírito e no carisma do mesmo Instituto. Isso sem tirar, no governo interno da OTS,

os direitos e os deveres dos terciários. O carisma de um Instituto é, com efeito, dom à Igreja mediante um fundador; uma associação que participa desse carisma deve ter nisso dependência do Instituto, que se torna avalista na Igreja da sua genuína participação no próprio carisma. As características supracitadas estão fixadas no cân. 303 do novo Código de Direito Canônico, no qual se lê: "As associações cujos membros levam a uma vida apostólica e tendem à perfeição cristã, participando no mundo do mesmo espírito de um Instituto religioso, sob a alta direção do mesmo Instituto, assumem o nome de Ordens Terceiras, ou outro nome adequado". Delinear ulteriormente cada OTS cabe às próprias regras e estatutos. Observe-se em relação ao citado cân. 303 que ele representa uma verdadeira exceção na legislação atual; com efeito, não há no Código outra explicitação sobre particulares tipos de associação e nem sobre as OTS no resto das normas sobre as associações (que eram, ao contrário, muito abundantes no Código piano-beneditino). A exceção foi feita levando-se em consideração a importância e venerabilidade da OTS na história da Igreja e seu caráter específico.

Em algumas OTS todos os sócios ou alguns deles emitem o voto de observar os três clássicos → CONSELHOS evangélicos segundo o próprio estado. Essa prática, fruto de fatos e de vicissitudes históricas, não é considerada na atual legislação como elemento integrante e muito menos essencial das OTS.

A constituição desse tipo de associação de fiéis — que podem assumir um nome até diferente do de Ordem Terceira fixado por uma tradição em uso no passado — pode se dar em qualquer Instituto religioso e não somente para as Ordens religiosas para as quais estavam previstas no Código piano-beneditino anterior.

Como condição para a constituição delas não se exige nenhum privilégio apostólico. A aprovação da respectiva Regra cabe à Congregação para os Religiosos e os Institutos Seculares, por motivo da participação no espírito de um Instituto religioso. A aprovação, porém, dos outros textos legislativos próprios, como estatutos, diretório etc., é de competência do "*altior moderamen*" do próprio Instituto.

Como associação dos fiéis, a OTS é dirigida por normas de direito comum em matéria de associação de fiéis, bem como naturalmente pelas que são referidas nos textos legislativos próprios.

O bispo diocesano exerce sobre os sodalícios da OTS existentes na sua diocese uma forma de vigilância como para todas as outras associações de fiéis. Em particular, tenha-se presente que uma OTS não é necessariamente uma associação pública: algumas OTS o podem ser, outras não. Isso, com efeito, varia de Instituto a Instituto. A decisão a respeito do caráter público ou não da OTS é de competência até agora da Congregação para os Religiosos e os Institutos Seculares, que pode declará-lo no ato de aprovação das regras próprias. Somente no caso de uma OTS com caráter de associação pública, para a instituição de cada sodalício se requer o consentimento do bispo interessado (cf. cân. 312). E sempre no caso de uma OTS com caráter "público", os seus bens são considerados "bens eclesiásticos" e, portanto, sujeitos às normas do livro V do novo Código e às eventuais outras normas do direito próprio particular.

Depende dos estatutos próprios de uma OTS determinar ou não a incompatibilidade de inscrição de um seu sócio em outras OTS Sobre a questão se um religioso pode se inscrever numa OTS, embora isso não seja proibido pelo cân. 307 § 3 do novo Código, pela natureza mesma das coisas há certa incompatibilidade.

2. HISTÓRIA. Historicamente, as OTS são fruto de um enfoque dos vínculos entre a vida do consagrado a Deus numa Ordem religiosa e a vida do leigo no mundo, com consequentes profundas inovações no plano dos conceitos e também de realização da própria vida consagrada.

É conhecido um fenômeno que logo apareceu no monasticismo: os mosteiros não se fecharam em si mesmos, mas ofereceram frutos e irradiação vital a favor dos leigos. Formou-se assim o fato da oblação, dificilmente definível, dada a variada abundância de formas com que se expressou (conversos, → OBLATOS, familiares etc.), continuando sempre característico nesse fenômeno a vinculação das pessoas à vida religiosa, embora permanecendo no mundo.

Na Idade Média, ao lado dessas formas de oblação, houve outras de diferentes naturezas. A partir do século XI, no despertar dos leigos, surgem amplos movimentos penitenciais, entre os quais ocupa lugar de destaque a Ordem da penitência. O gênero de vida nesses movimentos se caracterizava pelo empenho na oração assídua e na dura prática penitencial corporal, na proibição de portar armas e de exercer cargos públicos.

Com o nascimento e a difusão, nos séculos XII-XIII, das Ordens mendicantes, aparece logo a existência de pessoas em particular e de grupos de leigos ao lado delas, muitas vezes em estreita simbiose. Essas pessoas e grupos eram levados pela nostalgia para uma vida animada por suplementares valores do espírito, atraídos pelo senso de acolhimento dos frades, pela força das inspirações, pela robustez das personalidades, pela solidariedade e pelo respectivo testemunho. Alguns desses leigos estavam em estreita relação com a Ordem da penitência ou os movimentos penitenciais da época, como acontece com pessoas e grupos que giram em torno dos → DOMINICANOS e dos → FRANCISCANOS; para outros o fenômeno estava mais em consonância com o tipo da oblação monástica, como é o caso dos → CARMELITAS. Todavia, muitas vezes foi preciso algum tempo para que esses grupos assumissem a própria configuração e se chamassem OTS.

Em sua evolução, nem sempre é fácil indicar datas históricas e esquemas jurídicos; nesses processos tornam-se determinantes cada uma das aprovações pontifícias ocorridas para as várias OTS num amplo período. Com efeito, em 1289, Nicolau IV aprovou a "terceira Regra de São Francisco", e poucos anos antes o geral dos dominicanos tinha reelaborado uma Regra para os irmãos e irmãs da penitência de São Domingos. Só mais tarde, a Santa Sé aprovou expressamente outras associações análogas à concedida aos franciscanos com a Ordem Terceira Secular franciscana; muitas vezes esse reconhecimento sanciona uma situação já preexistente. Assim essa concessão foi feita aos → AGOSTINIANOS em 1399, aos dominicanos em 1405, aos servos de Maria em 1424, aos carmelitas em 1452, aos → MÍNIMOS em 1501, aos premonstratenses em 1686. Igual reconhecimento tiveram os mercedários e os trinitários. Em 1898, os oblatos beneditinos foram incorporados à associação da OTS.

Assumida a própria fisionomia, essas associações tiveram uma ulterior evolução. Segundo o atual estado dos conhecimentos históricos, pode-se observar que do ponto de vista da difusão, da amplitude, do prestígio e das obras realizadas a favor dos pobres e dos necessitados, as OTS apresentam em sua história muitas analogias com a das confrarias, pelo menos até a primeira metade do século XIX, embora as confrarias fossem o campo favorito da influência das Ordens religiosas. Além disso, acontecem fenômenos de terciários, homens e mulheres, que tendem a se unirem em vida comum do tipo religioso, com um ou mais votos religiosos: nascem assim Congregações de terciários com estatutos próprios, de que, depois, muitas vezes surgem autênticas Congregações religiosas, as chamadas Ordens Terceiras Regulares, masculinas e femininas. No desenvolvimento das OTS, a época de ouro é constituída pelos séculos XVII e XVIII, interrompida bruscamente pelas vicissitudes anticlericais e pelas supressões de organizações pias e religiosas efetuadas pelos diversos governos dentro e fora da Europa. No final do século XIX, as OTS supérstites pareciam cada vez mais como os canais privilegiados do vínculo dos leigos com as Ordens mendicantes e vice-versa, e em breve se assistiu, como se dizia no início, a um vasto florescimento delas.

Esse florescimento era favorecido por múltiplas causas, não a última o encorajamento dado por alguns pontífices a esse tipo de associação entendida como escola de espiritualidade. Leão XIII via no fenômeno das OTS "uma escola de perfeição, cujo objetivo é de regular os costumes e os tornar puros, íntegros, religiosos"; via, pois, nesse associacionismo a força da vida cristã, "o poder regenerador da sociedade cristã". São Pio X afirmava que a OTS nascera para restaurar a santidade de vida no povo cristão, abraçando todos sem excluir nenhum estado nem sexo nem condição de vida. Pio XI ressaltava como o espírito do terciário é "o apostolado da vida cristã", porque participa e usufrui de um forte meio de perfeição no mundo como ele considerava as OTS.

A esse citado florescimento seguiu-se nos anos Cinquenta uma estagnação e depois foi se difundindo uma vasta e profunda crise que atingia os pertencentes a essas associações, tanto indivíduos como grupos, em sua identidade, nas relações com a respectiva Ordem religiosa, no enfoque das estruturas de sua vida, na obra de recrutamento e formação dos novos candidatos, como enfim no enfoque dado concretamente à condução dos vários grupos ou sodalícios.

Essa situação de crise fez emergir graves carências presentes em vários níveis, até fazer considerar essas associações como já inúteis e ultrapassadas. Nesse sentido é bastante significativo que há anos um livro dedicado à exposição dos movimentos eclesiais contemporâneos não constatava a existência do fenômeno das OTS, deixando-as totalmente de lado; e uma menção delas se teve apenas numa edição seguinte. A crise, porém, fez perceber a necessidade de redefinir, do ponto de vista institucional e espiritual, a natureza das OTS, purificando-a especialmente de ambiguidades introduzidas ao longo do tempo por visões eclesiológicas e por mentalidades agora ultrapassadas. Isso levou a uma profunda obra de revisão e de renovação.

Em 1966 nasceu uma espécie de União da OTS, que teve estáveis contatos com o "Concilium de Laicis", com o fim de garantir uma boa atualização das mesmas OTS. Nessa União, porém, o trabalho mais profícuo foi desenvolvido especialmente a partir de 1974, quando os representantes ou delegados gerais de cada OTS começaram a se reunir com contínua frequência periódica. A União foi chamada de "Encontros OTS". O ponto de partida foi a constatação do lugar das OTS na Igreja e de sua fundamental vocação, embora na diversidade dos carismas. Foi realizado um longo e atento estudo no qual se levou em consideração, antes de qualquer coisa, o aparecimento de fato das várias OTS na história e na vida da Igreja; examinaram-se as características que assumiram no decorrer do tempo; levou-se em consideração enfim a realidade atual delas e as perspectivas suscitadas pelas ideias conciliares do Vaticano II para oferecer linhas aptas a uma adequada atualização delas.

Tudo isso produziu uma extraordinária riqueza de motivos e um válido estímulo para reconstruir a fisionomia dessas associações leigas, entender com mais profundidade seus elementos constitutivos e característicos e as perspectivas para o futuro.

3. ORIENTAÇÕES ATUAIS. No período de atualização e renovamento pós-conciliar, o leque das experiências renovadas e novas no âmbito das OTS é bastante variado. As orientações atuais que geralmente se veem nas renovadas e novas regras e normas de vida das várias OTS ressaltam alguns aspectos que podem ser sintetizados como segue. Com a aplicação da doutrina conciliar sobre a vocação universal à santidade e partindo do fato de que toda vida cristã é evangélica, a contribuição principal que os leigos terciários podem dar à edificação da Igreja é viver de modo autêntico e até as últimas consequências a própria vocação e identidade carismática, individualmente e em irmandades. As irmandades, portanto, devem ser escolas de vida evangélica e de vida apostólica.

Os leigos devem dar prioridade à sua vocação e ser fermento evangélico no mundo. Nas perspectivas do Vaticano II, essa vida evangélica delas no mundo deve compreender: a) antes de tudo, desenvolver uma profunda → VIDA INTERIOR, alimentada por meios convenientes (nas respectivas regras ou normas de vida indicam-se: a oração individual e comunitária, a participação litúrgica, a vida sacramental etc.); b) pertença ao povo de Deus e à sociedade, com eliminação de toda antinomia e ambiguidade ou dualismo; c) testemunho de Cristo com a própria vida e condição na família, na classe social a que se pertence, na profissão exercida e no território em que se vive; d) ser animação e fermento do mundo, para elevar, conservar e aperfeiçoar em Cristo a própria civilização e para responder às necessidades e às exigências mais urgentes dos homens de hoje, levando em consideração não apenas aspectos espirituais e morais como também sociais e econômicos, seja como indivíduos, seja como comunidade; e) viver a caridade e a amizade cristã; f) disponibilidade em cooperar mais diretamente com a hierarquia, realizando missões especiais para anunciar o Evangelho e divulgar o ensinamento cristão; g) assimilar fielmente e refletir em todas as atitudes e compromissos supracitados a particular marca da espiritualidade ou carisma da família espiritual a que se pertence como terciário.

As regras e normas de vida insistem também hoje em convidar os terciários a preferir as obras sociais e apostólicas promovidas pela Igreja local e estar prontos a colaborar com outros grupos eclesiais. As irmandades, pois, podem ter atividades apostólicas próprias e específicas como fraternidades, onde quer que seja conveniente que elas existam; na prática, a preferência geralmente é dada às atividades mais conformes com a própria vocação e com o próprio espírito ou carisma. Certamente, então, a validade da presença das OTS se completa com a inserção crescente na pastoral das paróquias e das dioceses.

Hoje, praticamente, as tendências e as orientações emergentes nas várias OTS as assemelham a um amplo, embora variado e complexo, movimento de vida evangélica, empenhado em promover o crescimento da vida e da santidade de seus membros, vivendo e agindo segundo o carisma próprio das respectivas famílias religiosas. Além disso, o movimento renovado das OTS tende a assumir na realidade das Igrejas locais um papel de presença viva com contribuições originais em consequência da própria vocação, e com colaboração e atividade apostólicas específicas para a edificação da Igreja.

BIBLIOGRAFIA. 1) De caráter geral: ANCILLI, T. Il carisma religioso e la sua espressione secolare. *Tertius Ordo* 36 (1975) 70-76; BALTHASAR, H. U. von. *Der Laie und der Ordensstand.* Freiburg i.B., 1949; BOAGA, E. I Terz'Ordini Secolari dopo il Concilio. *Rivista di Vita Spirituale* 30 (1976) 596-609; ID, Terzi Ordini Secolari. In ANCILLI, E. *Dizionario di Spiritualità dei Laici.* Milano, 1981, 338-341, vl. II (com ampla exposição das orientações atuais das TOS e de seu caráter específico); ID. I Terz'Ordini Secolari: scuola di spiritualità ed esperienza di vita. *Rivista di Vita Spirituale* (1987); BONDUELLE, J. Les Tiers-Ordres Séculiers. *La Vie Spirituelle.* Supplément 3 (1950) 423-457; CANDIDO, L. de. Il Terz'Ordine nelle Constituzioni dei frati. *Tertius Ordo* 36 (1975) 89-108; FOLEY, P. *Three-dimensional living: a study of Third Order Secular.* Milwaukee, 1962; *Gruppi familiari e i Terz'Ordini Secolari* (I "dossier TOS", 4). Roma, 1980; *I laici nella "societas christiana" dei secoli XI e XII.* Milano, 1968; *I terziari in un mondo che cambia* (I "dossier TOS", 3). Roma, 1979; *Il movimento dei disciplinati nel settimo centenario dal suo inizio.* Perugia, 1962; *Las ordenes Terceras Seculares.* L'Avana-Avila, 1961; LONGNY, J. de. *À l'ombre des grands Ordres.* Paris, 1937; PSG, A proposito di secolarità. *Fiamma Teresiana* 20 (1979) 80-97.134-142.169-177; 21 (1980) 9-16; SEGRETARIATO INCONTRI TOS. *I Terzi Ordini secolari oggi.* Roma, 1978; ZUDAIRE, J. La figura dell'assistente del Terz'Ordine Secolare. *Tertius Ordo* 36 (1975) 79-86.

2) Para cada OTS: Dominicanos: FANFANI, L. *De Tertio Ordine s. Dominici commentarium iuridicum.* Roma, 1942; FRANCISCO, R. *Che cos'è il Terz'ordine Domenicano.* Albi, 1961; SCARAMPI, M. *Il Terz'Ordine Domenicano: storia, natura, vantaggi.* Chieri, 1949.

Franciscanos: CHIMINELLI, P. *Il Terz'Ordine Francescano, forza viva nella Chiesa di ieri e di oggi.* Roma, 1952; CORONATA, Matteo da *Il Terz'Ordine Francescano: legislazione canonica.* Rovigo, 1949; PAZZELLI, R. *San Francesco e il Terz'Ordine. Il movimento penitenziale pre-francescano e francescano.* Padova, 1982; PERUFFO, A. *Il Terz'Ordine Francescano nel pensiero dei papi da Pio IX a Pio XII*, Roma, 1944; PIACITELLI, C. *Problemi dell'O.F.S. d'oggi.* Roma, 1978; ID. *L'impegno sociale del laicato francescano.* Roma, 1978; ID. *Il francescano secolare e la sua forma di vita.* Roma, 1979; ZUDAIRE, J. *Espiritualidad seglar franciscana.* Buenos Aires, 1979; ID. L'Ordine Francescano Secolare. in FAVALLE, A. (ed.). *Movimenti ecclesiali contemporanei.* Roma, 1982, 327-339.

Carmelitas: BOAGA, E. *Commento alla Regola del Terz'Ordine Carmelitano.* Roma, 1981; NAVARRO, T. Motta *Tertii Carmelitici Saecularis Ordinis historica-iuridica evolutio*, Roma, 1960.

Carmelitas Descalços: *Punti fermi e orientamenti del Terz'Ordine dei carmelitani scalzi.* Roma, 1962; *Verso un autentico e costrutivo cammino di comunione nell'Ordine Secolare Carmelitano Teresiano: constatazioni, esigenze, prospettive.* Roma, 1984.

Servos de Maria: CANDIDO, L. de *I laici dei Servi di Maria nell'aggiornamento legislativo dell'Ordine.* Roma, 1979; *Realtà del Terz'Ordine Servitano, oggi, in Italia.* Roma, 1981; *Terz'Ordine Servitano nel mondo.* Roma, 1982.

E. BOAGA

ORGANISMO SOBRENATURAL. Fala-se de organismo sobrenatural por analogia com o organismo natural, entendido esse último não em sentido puramente corporal, mas como estrutura hierárquica de todo o ser humano. Como a vida divina se insere na natural, tomará também todas as suas diferenciações. Ora, segundo a filosofia tradicional, distinguem-se no homem a sua natureza e as suas potências. A natureza é o que é mais fundamental nele; aí tem seu lugar determinado na escala dos seres e é a primeira raiz de que nascem as próprias ações. Mas como essas ações são várias e nem sempre estão presentes, embora sendo sempre o mesmo homem, distinguem-se diversas faculdades de agir, ou potências, as quais, radicadas na natureza, explicitam todas as suas virtualidades; pelo contato com o mundo exterior e interior, no seu aspecto corporal, temos as potências sensitivas, conhecidas e emotivas; pelo contato com o mundo no seu aspecto e conteúdo espiritual, temos as potências intelectuais: inteligência e vontade. É evidente que as potências não são uma simples superestrutura em relação à natureza: ainda que distintas dela, são uma perfeição inerente à possibilidade de agir de um determinado modo. Natureza e potências constituem o organismo natural, que pode depois ser aperfeiçoado pelas virtudes. A transformação divina tomará também ela o aspecto de um organismo: a transformação da natureza far-se-á por meio da graça santificante; a das potências, por meio das virtudes infusas. A relação entre virtudes infusas e graça santificante é de certo modo a mesma da existente entre potências e natureza, embora as virtudes infusas se assemelhem também às virtudes naturais ou adquiridas. As virtudes de fé e de esperança, porém, podem subsistir sem a graça, ao passo que as potências não o podem sem a natureza. Examinando sua razão, vemos melhor como conceber isso: não existe em si, não é uma coisa por si suficiente, mas é um aperfeiçoamento tanto da natureza como das potências. Depende, portanto, para sua própria existência, do sujeito imediato. Não parece, portanto, impossível que, permanecendo o sujeito das virtudes, as potências perdurem também elas, embora o ulterior fundamento venha a faltar, ou seja, a graça santificante. Vê-se que graça e virtude fazem parte da transformação permanente do homem; por isso são também chamadas graças habituais, embora esse termo seja muitas vezes reservado somente à graça santificante.

Pelo fato de a distinção entre graça santificante e virtude ser explicada mediante uma doutrina filosófica, aliás bem fundada, é lícito nos perguntar se essa distinção é uma doutrina de fé. Deve-se responder que é uma doutrina de fé e que a virtude da fé, da esperança e da caridade são distintas entre si: assim se mostram claramente na Escritura. É ainda mais evidente que a fé não é a caridade, porque pode existir sem ela. A coisa não é mais tão clara quando se trata da distinção entre graça santificante e caridade. Com efeito, sobre esse ponto não há unanimidade entre os teólogos, e a Igreja jamais quis intervir de um modo definitivo na controvérsia. A grande maioria dos teólogos afirma a distinção, fundada, ao que parece, não apenas numa sólida filosofia, mas também na Escritura. O que parece mais radical é a geração divina pela qual somos filhos de Deus; a → CARIDADE, porém, é ou sua causa, se se entende o amor de Deus pelos homens (Rm 8,39; 1Ts 1,4; 2Ts 2,13-16) ou seu efeito, se se entende o amor do homem por Deus (Rm 8,28) e pelo próximo (Rm 13,8-10).

A teologia fala não somente da graça e das virtudes, mas também dos → DONS DO ESPÍRITO SANTO. Eles não têm outro equivalente na ordem natural senão as capacidades de intuições geniais ou de impulsos afetivos e generosos, que parecem desafiar imediatamente os raciocínios e toda justificação, mas cuja fundamentação aparece toda a seguir, talvez depois de muito tempo. Assim, também o Espírito Santo pode desenvolver a sua atividade no cristão, tanto para fazê-lo contemplar mais intimamente o conteúdo das realidades que a fé aceita quanto para fazê-lo realizar atos particularmente difíceis ou até heroicos. Para sermos dóceis a essa influência divina bastam as virtudes sobrenaturais ou são necessários outros hábitos que as aperfeiçoem e as tornem abertas à moção divina, mais ainda do que já são por própria natureza? Eis uma questão muito controvertida, da qual não devemos tratar aqui. Seja como for, é por todos admitido que no plano sobrenatural, mais do que no plano natural, a iniciativa é sempre de Deus e que as nossas ações são um efeito da bondade de Deus, antes de serem fruto de nosso empenho.

O termo "organismo sobrenatural" contém outra verdade, se o comparamos agora diretamente com o organismo corporal. O corpo se desenvolve harmonicamente em todas as suas partes; a hipertrofia de um membro é uma doença. No organismo sobrenatural tal desproporção não é possível; a aplicação numa virtude faz com que todas as outras cresçam proporcionalmente. É verdade que no plano psicológico uma virtude pode ser mais manifesta que outra; por exemplo, mais a fortaleza que a temperança. Nesse mesmo plano, pode-se também dar uma importância por demais exclusiva a uma virtude com prejuízo das outras. Mas no plano estritamente sobrenatural todas se desenvolvem proporcionalmente, e se essa harmonia não aparece já aqui na terra aparecerá infalivelmente na ressurreição final, como se manifestará também a penetração do nosso organismo sobrenatural no natural.

Ordinariamente, não se fala do caráter sacramental, tratando-se do organismo sobrenatural. Todavia, também ele é uma realidade sobrenatural permanente; antes, assume, mais do que a graça e as virtudes, o aspecto de uma potência. Embora recebido na potência natural ou na natureza (segundo as diferentes opiniões dos teólogos), dá a possibilidade de realizar ações com um valor objetivo, que é independente da santidade do sujeito. Pelo caráter do batismo, da crisma e do sacerdócio, recebe-se uma participação no poder de Cristo para fazer atos cultuais, para dar testemunho dele, para sacrificá-lo e para santificar os homens. Porém, diferentemente da graça e das virtudes, o caráter não é capaz nem de aumentar nem de se perder. É também separável delas, embora comporte uma exigência delas. É essa talvez a razão pela qual os autores não o fazem entrar no organismo sobrenatural.

BIBLIOGRAFIA. MORETTI, R. *L'organismo soprannaturale*. In *L'uomo nella vita spirituale*. Roma, 1974, 75-112; SCHEEBEN, M. J. *I misteri del cristianesimo*. Brescia, 1949.

A. DE SUTTER

BARTH, K. La dottrina dell'elezione divina, in *Dogmatica ecclesiastica*; MODA, A. (org.). Torino, 1983; BOGGIO, G. L'uomo in dialogo con Dio. *Parola e Vita* (1983), 342-355; LADARIA, L. La noción cristiana del hombre. *Razón y Fe* (1983) 376-386; LORENZIN, T. L'uomo immagine di Dio. *Parola e Vita*, 28 (1983) 335-347; MARIANI, B. (eds.). *La dignità dell'uomo nell'ordine della natura e della grazia e la promozione del suo essere alla luce della Sacra Scrittura*. Roma, 1980; SICARI, A. M. La rivelazione della persona umana. "Communio" (1982), 48-67.

C. LAUDAZI

ÓRGÃOS PSICOFÍSICOS. A presença de órgãos psicofísicos ou centros vitais na nossa pessoa é um fato de domínio comum. A sede própria deles é o chamado corpo sutil, mas eles têm ao mesmo tempo referências físicas, além de psíquicas e espirituais, mantidas a unidade e a interdependência dos vários aspectos constitutivos do homem. A percepção desses centros é portanto processo que, apoiando-se na consciência, parte do *corpo*, passa aos aspectos *psíquicos* e, enfim, às ressonâncias *espirituais* das atitudes e das experiências humanas. Como esses centros são constitutivos do homem, são encontrados em todas as religiões.

A fisiologia mística da Ásia elaborou a respeito uma doutrina por demais complexa, relativa aos chamados *chakra* ou centros psíquicos de energia, os mais importantes dos quais são sete e se encontram dispostos: 1. na base da pessoa (*muladhara*); 2. na altura dos genitais (*svadhisthana*); 3. na região umbilical (*manipura*); 4. na região cardíaca (*anahata*); 5. na região laríngea, na altura do pescoço (*vishuddha*); 6. no intercílio (*ajña*); 7. no alto da cabeça (*sahasrara*). Esses centros são ativados pela energia da *kundalini*, que está na base da espinha dorsal enrolada como uma serpente (daí o nome).

A fisiologia bíblica conhece também ela centros psíquicos, embora privilegie os superiores. O *hesicasmo* dá destaque particular também ao centro do umbigo.

A percepção e a reanimação dos centros vitais provocam "aberturas de consciência" de grande importância e de não menor eficácia. Com efeito, esses centros são órgãos receptores, transformadores e produtores de energia.

1. A CABEÇA. É a parte mais nobre da pessoa, o centro coordenador das funções psíquicas e mentais, bem como o órgão por excelência da comunicação, tanto entre os homens quanto com o divino. Na cabeça consideraremos: o topo e a fronte.

a) *O topo da cabeça*. Tanto na Bíblia como na tradição, o topo da cabeça é:

— o lugar onde pousam as *bênçãos* divinas: "A bênção [...] ele as fez repousar sobre a cabeça" (Sr 44,23; cf. Gn 48,13-16; Mc 10,16);

— o lugar a partir do qual se transmite a *consagração*: "O dom espiritual que há em ti e que te foi concedido [...] com imposição das mãos" (1Tm 4,14); "Te peço que reanimes o dom de Deus, recebido pela imposição de minhas mãos" (2Tm 1,6; cf. Nm 8,10; 27,18.23; Dt 34,9; At 6,6; 13,3; 1Tm 5,22);

— o lugar onde pousam línguas de fogo e acontece a *efusão do Espírito Santo*: "Impuseram-lhes as mãos e eles receberam o Espírito Santo" (At 8,17; cf. At 2,3-4; 19,6);

— enfim, pela cabeça Cristo concede *energias que curam* os doentes (Mc 8,25 ss.: cego de Betsaida; Lc 13,13: mulher curva; Lc 4,40: sobre muitos doentes; Mc 16,18 que deve se unir a At 9,12. Cf. também Mt 9,18; Mc 6,5; 7,32; At 9,12; 17; 28,8).

A cabeça é, com o coração, a sede onde se recebem os ensinamentos divinos, a lei (Dt 30,14; Jr 31,33). Consequentemente, Deus deve ser amado "com toda a mente" (Mt 22,37).

A cabeça é parte interessada na experiência religiosa, sobretudo nos sacramentos da iniciação cristã (batismo e crisma), nas confissões (imposição das mãos antes da absolvição) e na unção dos enfermos. A atribuição das ordens sagradas comporta a imposição das mãos.

b) *A fronte* é o lugar onde é "impresso o selo de Deus" (cf. Ap 7,3; 22.4), o "tau" ou cruz (Ez 9,4), distintivo dos eleitos, dos que "traziam escritos na testa o nome dele e o nome do seu Pai" (Ap 14,1). A fronte, além disso, é a sede, o "olho interior" de que falam os Padres cristãos gregos e latinos, não menos que os sábios do Oriente. Limitamo-nos a citar somente dois autores. Santo → AGOSTINHO repetidamente escreve a respeito em sua obra. → HUGO DE SÃO VÍTOR fala do olho da contemplação, afirmando que ele é cego e esclarece: "O homem tinha recebido também outro olho, com o qual via a Deus dentro de si e a realidade mesma de Deus... Depois que entraram na alma as trevas do pecado, o olho da contemplação se apagou a ponto de não ver mais nada".

Na tradição oriental, o "olho mediano" é definido como "porta do mundo interior": "voltado para dentro, tudo vê somente com a luz interior em total verdade".

A fronte é lugar de experiência religiosa nos sacramentos da iniciação cristã, bem como na → UNÇÃO DOS ENFERMOS. É o primeiro lugar tocado pelos três pequenos sinais da cruz feitos quando é proclamado o Evangelho. Da fronte, enfim, se parte para traçar o sinal da cruz.

2. BOCA – OLHOS – OUVIDO. O segundo centro é constituído pelos sentidos externos mediante os quais o homem interage com pessoas, acontecimentos, coisas. Examinemo-los distintamente.

a) *A boca* é o órgão da comunicação e da comunhão. Consequentemente:

— é o lugar onde ecoa a palavra/lei de Deus (Dt 30,14; cf. Sl 24,4) e onde ela é saboreada: "Quão doces para mim tuas palavras, mais suaves que o mel em minha boca!" (Sl 119,103);

— é o lugar que proclama a fé: "Porque se confessas, com tua boca, que Jesus é o Senhor..." (Rm 10,9);

— é o lugar de onde provém o louvor a Deus: "Possa também, ó Deus, a minha língua canta tua justiça o dia todo" (Sl 71,24); "Os meus lábios te celebram. [...] Também meus lábios exultem, celebrando o teu louvor" (Sl 63,4.6; cf. Sl 150,6);

— é o lugar onde aflora o mal (una-se a página de Tg 3,1-12 com as oportunas referências). E como o homem é impuro, "*incircunciso*" na boca e na língua (Ex 4,10; 6,30), é necessário que seja purificado com "carvões de fogo" (Is 6,5-7); "Repele de ti toda boca perversa e de ti afasta os lábios enganosos" (Pr 4,24);

— o próprio Deus dá "uma língua de discípulo" (Is 50,4), capaz de resistir aos perseguidores (Mt 10,19-20) e "uma língua mole quebra os ossos" (Pr 25,15).

A boca é parte interessada na experiência religiosa, particularmente na celebração do batismo (rito do "Effatá"), no tríplice sinal da cruz no evangelho e no início da oração cotidiana ("Senhor, abre meus lábios e minha boca proclame teu louvor").

Também o beijo, sinal de comunhão, tem particular importância na prática litúrgica (beijo da paz etc.).

b) *Os olhos*. Na Bíblia "ver a luz" é sinônimo de viver. O olho, com efeito, não somente nos imerge na realidade da vida, mas revela também o nosso mundo interior e perscruta os mistérios de Deus. O olho é como a janela da alma: "A lâmpada do teu corpo é o olho. Quando teu olho está são [límpido, simples, puro], todo o teu corpo fica luminoso, mas quando está doente, todo o teu corpo fica na escuridão" (Lc 11,34). Livrar da cegueira é considerado o ápice da ação taumatúrgica de Deus. O olho é acometido pela "concupiscência" (1Jo 2,16), ou seja, faz-se instrumento de desejos errôneos ou excessivos. Livres do que os ofusca, os nossos "olhos se apagaram de tanto esperar por Deus" (Sl 69,4).

c) *O ouvido*. O ouvido é o órgão por excelência da escuta. Na Bíblia é recorrente a expressão: "Escuta, Israel!", como característica da atitude do homem para com Deus e do discípulo para com Cristo. É o próprio Deus que toda manhã abre os ouvidos (Sl 40,7) e os torna prontos para a escuta (Is 50,4-5). De fato, "o ouvido dos sábios busca a ciência" (Pr 18,15) e "ouve a lei" (Pr 28,9). Escutar a Palavra com o ouvido é como acolhê-la no coração (Ez 3,10; 40,4; 44,5). Sem essa atitude de escuta, "a oração do homem é abominável" aos olhos de Deus (Pr 28,9).

Portanto, é necessário purificar a nossa atitude de escuta, coisa que a Bíblia exprime com o termo "circuncidar": "Têm ouvidos incircuncisos: não podem prestar atenção" (Jr 6,10).

3. O CORAÇÃO. É o órgão da vida afetiva e emotiva. A Bíblia no-lo apresenta como o verdadeiro centro da pessoa. Se "Deus está no meio de nós" (Jr 14,9), o coração constitui o lugar privilegiado da sua morada: "Que Cristo habite pela fé nos vossos corações" (Ef 3,17).

— "O coração humano medita seu caminho" (Pr 16,9), "coração do qual jorram as fontes da vida" (Pr 4,23), sobretudo quando é pacífico (Pr 14,30);

— o Senhor "olha no coração" (1Sm 16,7) e o perscruta como se perscrutam os abismos (Sr 42,16). Conhece seus segredos (Sl 44,22). Pesa os corações (Pr 24,12), os põe à prova (Dt 8,2) e os dilata (Sl 119,32);

— o coração está em imediata relação com o divino. De outra parte, "quem arriscaria sua vida [poria seu coração em risco] para se aproximar de mim?", diz Deus (Jr 30,21), e poderá dizer "Te amo" somente se há uma comunicação íntima [se teu coração não está comigo](Jz 16,15);

— a lei divina é posta no coração (Dt 6,6; cf. Dt 30,14; Is 51,7; Jr 31,33), escrita nas tábuas do coração (Pr 7,3). A palavra do Senhor deve, portanto, ser acolhida num coração "nobre e generoso" (Lc 8,15). Cristo é a nova lei no coração do homem (Rm 8,2; 1Cor 9,21; cf. 2,19.51);

— Deus deve ser procurado com todo o coração (Dt 4,29), amado com todo o coração (Dt 6,5; 10,12). O coração deve conhecê-lo (Dt 29,3; Jr 24,7) e deve se fixar nele (1Sm 7,3). Somente os puros de coração veem a Deus (Mt 5,8). É o próprio Deus que nos diz: "Dá-me tua confiança [teu coração]" (Pr 23,26). E é com o coração que o homem crê e é salvo (Rm 10,9);

— mas o coração também é incircunciso, impuro (Dt 10,12-22; 30,6; Lv 26,41; Jr 4,4; 9,24; Os 10,2, que fala de coração dividido, Rm 2,29; cf. Jr 5,23; 7,24; 18,12). O coração, portanto, está "distante" de Deus (Is 29,13). É preciso voltar a ele com todo o coração (Dt 30,10), converter-se com todo o coração (Jr 3,10; Gl 2,12), circuncidar o coração (Dt 10,16), rasgar o coração e não as vestes em sinal de arrependimento (Gl 2,13)

— será possível adquirir um coração de sabedoria (Sl 90,12; cf. Pr 14,33), um coração puro (Sl 51,12.19) somente se o próprio Deus arrancar de nosso peito o coração de pedra e puser um coração novo (Jr 32,39; Ez 11,19; 18,31; 36,26).

O coração é parte interessada na experiência religiosa sobretudo por meio do sinal de cruz (mão sobre o peito) e da terceira das pequenas cruzes ao evangelho.

Muitas vezes os ritos nos convidam a levar a mão ao peito, em sinal de arrependimento.

4. AS ENTRANHAS. São o centro da vitalidade física e psíquica, o grande reservatório de energias vitais. O lugar em que, segundo as Escrituras, reside a alma do homem e que os orientais chamam de "cofre do divino". As entranhas são:

— o lugar em que se estabelece o espírito humano: do filho da viúva de Sarepta, chamado de novo à vida por Eliseu, diz-se que "sua alma voltou" ["às suas entranhas"] (1Rs 17,22). Os mortos, ao contrário, são aqueles "cujo espírito foi tirado de suas entranhas" (Br 2,17). Analogamente, "não há nenhum sopro em seu (dos ídolos) seio [entranhas]" (Hab 2,19).

— é o próprio Deus que formou as entranhas e perscruta todos seus recessos (Pr 20,27). Muitas vezes a Bíblia usa "rins" como sinônimo de entranhas e em paralelo com "coração". Os rins, com efeito, são órgãos das sensações mais sutis e sede da consciência moral (cf. Sl 7,10: Deus prova rins e coração; 26,2; 139,13; Jr 11,20: perscruta rins e coração; cf. 17,10; 20,12). Consequentemente, "repreendem" (Sl 16,7) ou "exultam" (Pr 23,16), conforme a conduta humana e a relação com Deus. O Salmo 103,1 convida as entranhas do orante a bendizer o nome do Senhor;

— as entranhas são para muitos o *lugar dos sentimentos maus*: "Amou a maldição... caiu como água nas suas entranhas" (Sl 109,17-18); "As entranhas dos maus são cruéis" (Pr 12,10). É necessário, portanto, tirar das próprias entranhas "pensamentos perversos" (Jr 4,14) e tudo o que as torna "mesquinhas" (2Cor 6,12) e "fechadas" (1Jo 3,17);

— mas são também o *lugar dos sentimentos bons*, para os quais se vejam os elencos apresentados por Paulo (Cl 3,12 ss. e Fl 2,1 ss.).

As entranhas de Deus e de Cristo. No Antigo Testamento a palavra "entranhas" é sinônima de bondade, de misericórdia, de compaixão, de benevolência. Indica as entranhas propriamente ditas e o seio materno.

No Novo Testamento fala-se de "entranhas [coração] de Cristo" (Fl 1,8) e pode ser interessante conhecer sua íntima natureza. Os Evangelhos trazem em primeiro lugar a lume "as entranhas" de Cristo, sua atitude solícita pela causa do homem, em alguns episódios indicativos: para com as multidões e antes da multiplicação dos pães (Mt 9,36; 14,14; 15,32); os dois cegos de Jericó (Mt 20,34); o leproso (Mc 1,41); a mãe viúva de Naim (Lc 7,13). Essa atitude encontra-se nas parábolas: o patrão que perdoa o servo (Mt 18,27); o bom samaritano (Lc 10,33); o pai do pródigo (Lc 15,20).

As entranhas como lugar de interesse para a oração são conhecidas, sobretudo pelo → HESICASMO, a espiritualidade contemplativa típica dos cristãos greco-eslavos. Eles assumem na oração a posição de → ELIAS (1Rs 18,42; cf. Tg 5,17), fazendo convergir a cabeça em direção às entranhas — o olhar fixo sobre a parte central do corpo — com a intenção de atingir um alto grau de interioridade e de concentração. A respiração se faz tranquila e profunda e, como afirmam os hesicastas, "não ultrapassa os limites do corpo". Vai se determinando, portanto, um estado de profunda tranquilidade e de unificação interior. As entranhas, docemente massageadas por uma respiração abdominal calma e permeada por longas pausas, dela tiram benefícios especiais. Nelas torna-se presente, sobretudo, o → CORAÇÃO, como centro propulsor do nosso ser e lugar da habitação de Deus nas criaturas. Mas talvez seja melhor citar uma fonte direta: o *Metodo della preghiera e dell'attenzione sacre*, de Niceforo il Solitario (séc. XIV):

"Sentado numa cela tranquila [...] eleva o teu espírito acima de todas as coisas vãs e temporais; depois, apoiada a barba sobre o queixo e com o olhar e o espírito voltados para o centro do ventre, ou seja, para o umbigo, comprime a inspiração do ar que passa pelo nariz, de modo a não respirar facilmente e explora mentalmente o interior das entranhas para ali encontrar o lugar do coração, que as forças da alma gostam de frequentar. No início encontrarás escuridão e uma obstinada opacidade, mas, com a perseverança e a prática desse exercício noite e dia, obterás... uma felicidade sem limites".

5. O SEXO. É o centro vital que nos define como homens e como mulheres. Nele estão contidas energias psicofísicas que constituem "o fundamento do indivíduo". Com base no sentido que o homem dá à própria sexualidade, pode-se deduzir que relação ele estabelece ou não com o transcendente. Não é à toa que a sexualidade é, na Bíblia, o lugar da aliança entre Deus e o homem. Abraão, nosso pai na fé, "estabeleceu a aliança na própria carne" (Sr 44,21), ou seja, na própria sexualidade, por meio da circuncisão. Além disso, qualquer forma de impureza sexual é considerada desordem moral, ao passo que a união esponsal, que faz de duas uma só carne (Gn 2,24), é nem mais nem menos senão sinônimo e expressão da aliança com Deus, "grande sinal" (Ef 5,32) em que se torna presente e operante o amor de Cristo.

O Novo Testamento fala de "verdadeira circuncisão de Cristo" (Cl 2,11), pondo num plano espiritual e superior o sinal da pertença a Deus. Consequentemente, a → SEXUALIDADE revela-se como um *bem relativo*, que deve ser assimilado e vivido na ótica do reino de Deus. Nesse contexto, diante de uma destinação negativa da sexualidade, é preferível a "castração" (Mt 19,12), bem como é preferível "amputar" olho, mão ou "pé" (que é, aliás, um eufemismo para sexo), a fazer deles instrumentos de mal para si e para os outros. Como é preferível perder a própria vida para readquiri-la em plenitude (Mt 5,29-30; 10,37-39; 16,25; 18,8-9; 19,22.29 e Lc 14,26). Não só; mas a sexualidade é também um *bem provisório*. De fato, "a figura deste mundo passa; quem é casado viva como se não o fosse" (1Cor 7,29), uma vez que na ressurreição "não se tem mulher nem marido" porque nos tornamos "iguais aos anjos e filhos de Deus" (Lc 20,34-36).

As energias, portanto, que nascem da sexualidade humana devem ser orientadas para a edificação da "civilização do amor", que tem aqui na terra seu início e se afirmará em plenitude no Reino.

BIBLIOGRAFIA. WOLFF, H. W. *Antropologia dell'Antico Testamento*. Brescia, 1975; ANÔNIMO. *Lo joga cristiano. La preghiera esicasta*. Firenze, 1979, 17-20: "I centri sottili nella tradizione cristiana" (G. VANNUCCI).

A. GENTILI

ORGULHO. Comumente é identificado com a soberba ou com alguma forma dela. Todavia, é bom fazer uma distinção, não somente por amor à precisão, mas também pelo diferente significado psicológico e por uma sua possível valorização pedagógica. A força do orgulho, bem orientada e regulada, pode ser um excelente recurso para uma vida digna, para a correção de vários defeitos e para a aquisição de virtudes e habilidades. Já a → SOBERBA, com as várias formas da → VAIDADE, jamais pode ser utilizada, devido à vacuidade e à malícia intrínsecas. Isso não exclui que também o orgulho, quando passa das medidas e foge às orientações corretas, possa se tornar um vício a ser combatido.

1. NATUREZA PSICOLÓGICA. O orgulho é a forma positiva do sentimento do valor próprio, da dignidade própria. Como tal, alterna-se em cada personalidade com a forma negativa e depressiva do mesmo sentimento, ou seja, com o sentimento de inferioridade, de desvalor. Todavia, a raiz do orgulho como fato psicológico está na ordem dos costumeiros modos de sentir no eu não tanto pelo próprio poder não qualificado quanto pelos valores que a personalidade a ele sente ligados. O centro de gravitação do orgulho está no íntimo do eu, que considera os próprios valores e se comporta de diversos modos diante de si mesmo.

A diversidade das personalidades dá origem a formas e a graus diferentes do orgulho. a) Há o orgulho da criança ou do adulto que permaneceu num nível mental infantil. É a forma radicada numa exagerada avaliação de si, devido à falta de experiência da vida, à incapacidade de juízo objetivo. b) As personalidades mais ricas estão sujeitas a formas de orgulho chamadas demoníacas ou prometeicas. É o orgulho de quem está consciente da própria excelência, de acentuadas qualidades que lhe infundem a segurança de realizar uma missão de excelência e, muitas vezes, de ser guia entre os homens. Essa forma inquieta o gênio ou a personalidade que sabe ter uma palavra a ser dita para transformar a humanidade e o mundo ou para lhe trazer alguma melhoria. c) Uma terceira forma de orgulho é chamada também de "aristocrática", pois afeta a personalidade não tanto como capacidade de ação quanto por uma ou mais qualidades interiormente possuídas, com um sentimento de dignidade e nobreza que tende a fazer sentir certa distância da massa.

Se vamos além, para formas de narcisismo, jactância, vaidade, garbosidade, ou seja, de soberba, o centro de gravidade se desloca, pois passa para o primeiro plano a consideração não mais do eu, mas dos outros, junto aos quais se quer pôr-se em evidência. Não é mais, falando propriamente, orgulho.

2. PROBLEMAS EDUCATIVOS. É fácil compreender que o orgulho, como fato psicológico, não inclui sempre e por si só elementos que o tornem necessariamente desordenado. A desordem provém da falta de realidade objetiva e medida. A realidade objetiva tem, além disso, duas dimensões. Para que o orgulho não seja viciado, é preciso que haja no sujeito correspondência objetiva de qualidades que constituam autênticos valores, preferivelmente não inferiores, mas de natureza superior. Além disso, é preciso que o interessado reconheça objetivamente quanto dos valores que possui deve a outros, aos homens e, sobretudo, a Deus. E isso não constitui apenas uma exigência de verdade e reconhecimento, mas também um critério de disponibilidade, responsabilidade e empenho social e religioso dos talentos que se possui.

Quanto à medida, o sentimento de orgulho não deve ser tão excessivo que ofenda a verdade ou a humildade, a prudência ou a caridade fraterna, traduzindo-se em comportamento prepotente ou em humilhação e desprezo dos menos dotados. Portanto, a medida é dada não somente pela moderação interna, mas também pela coexistência das outras virtudes morais pessoais e sociais. Concretamente, é muito difícil subtrair-se às várias formas de tentação a que leva o orgulho. Portanto, um regime de luta e certa desconfiança de si deve ser muito recomendado, sobretudo aos jovens.

O orgulho, por isso, é uma força que não deve ser suprimida radicalmente, mas que, antes, deve ser regulada e orientada por um reto emprego no dinamismo da vida psicológica e moral.

A criança e o adulto infantil, que ingenuamente presumem de si e não sabem se dar o justo valor, devem ser chamados à realidade, sobretudo com uma delicada mas precisa experiência de encontro com valores bem maiores, possíveis na teoria ou reais em outras pessoas. O encontro com os valores do gênio, da bondade, da santidade, do heroísmo, da arte, do pensamento e o encaminhamento a um sadio senso crítico, a critérios de maior exigência são meios altamente educativos. Os ambientes medíocres, a experiência de ambientes, pessoas e obras descuidados fazem florescer um pueril orgulho.

O orgulhoso por capacidade de ação e de comando, consciente de ser chamado a alguma grandeza, deve ser educado, antes de tudo, mediante a "verdade" da origem, da destinação e da justa medida dos próprios valores. Além disso, alguns fracassos ou a constatação dos próprios limites ou também a contraposição de outros valores mais altos ainda ou mais duradouros e meritórios lhe darão úteis lições de moderação.

O orgulhoso aristocrático encontra sua cura no banco de prova da ação e nas capacidades alheias de realização. Por sua vez, deve ser orientado ao conhecimento e ao apreço das verdadeiras sutilezas superiores da personalidade.

Em todo caso, é muito perigoso um tratamento negativo, excessivo, que tenha como resultado um sentimento de impotência, de falta de valores de interioridade, de ação, de socialidade. Ao contrário, quando se encontram tais pessoas, deve ser posta em prática uma cuidadosa obra de encorajamento e de cultivo das raízes do orgulho pessoal, presentes em todo homem, fornecendo oportunas considerações e até ocasiões de fácil sucesso nos campos em que seja mais fácil ao sujeito encontrar estima e confiança em si.

Do que se disse é até fácil a função de aliado na educação que o orgulho pode exercer. O apelo a motivos de sadio, reto e equilibrado orgulho pode servir para dar início a grandes ideais, para iniciar duras lutas de correção e conquista, para dissuadir da preguiça e do abatimento.

BIBLIOGRAFIA. → SOBERBA.

P. Sciadini

ORIENTE CRISTÃO (espiritualidade do).

1. NOÇÃO E FONTES. "A união da alma e da carne, à qual se acrescenta o Espírito Santo, eis em que consiste o homem espiritual!". A essa definição proposta por Santo Ireneu (*Adv. haer.* 5, 8, 1: *PG* 7, 1.142) os autores espirituais do Oriente cristão sempre permaneceram fiéis. A "espiritualidade" cristã consiste essencialmente na presença e nos → DONS DO ESPÍRITO SANTO. E, como para o Espírito de Deus não há distinção entre hebreus ou gregos ou bárbaros (cf. Rm 1,14), não pode haver uma diferença substancial entre a espiritualidade "ocidental" e a "oriental". De resto, Ocidente e Oriente viveram por longo tempo numa comum tradição eclesiástica. Algumas divergências dogmáticas não comportam diferenças de caráter moral ou espiritual.

De outra parte, nossa vida espiritual, mesmo sendo divina, é uma vida divina participada, um reflexo parcial da plenitude da realidade incriada. É uma vida divino-humana. Essa parcialidade ligada ao elemento humano está na origem das diversas correntes da espiritualidade, presentes tanto no Ocidente como no Oriente, as quais, por diversas circunstâncias históricas, bem como pelo diferente caráter nacional e desenvolvimento cultural, concentram-se muitas vezes nos diferentes grupos étnicos. A separação das Igrejas, a falta de contatos diretos ajudou o desenvolvimento dessas nuanças particulares. Conhecê-las é de grande interesse para a Igreja universal.

Quem aspira a um estudo aprofundado deve, como é natural, recorrer às fontes mesmas. O Oriente é conhecido por seu tradicionalismo. Portanto, as obras antigas dos Padres são ainda hoje a chave para entender o espírito dos cristãos. Os livros recentes repetem com um zelo sagrado a doutrina e os textos dos clássicos da espiritualidade antiga: São Basílio, São Gregório Nazianzeno e São Gregório Nisseno, São → MÁXIMO, O CONFESSOR, São → JOÃO CLÍMACO, São → TEODORO ESTUDITA, Santo Afraate, Santo → EFRÉM, Santo Isaac Sírio etc.

Entre os autores do período bizantino, é notável a influência do grande místico São → SIMEÃO, O NOVO TEÓLOGO († 1020) e do seu discípulo Niceta Stethatos (*Pectoratus*), mais tarde de São Gregório Sinaíta (séc. XIV) e do seu quase coetâneo Nicéforo, monge do monte Athos, de Nicolau → CABASILAS († depois de 1363) e, entre os mais recentes, de Nicodemos o Agiorita († 1809).

Além disso, foram vários os florilégios usados no Oriente. Os → APOTEGMAS já dão a seu modo um quadro completo da vida espiritual. Quando as incursões dos sarracenos obrigaram os monges a abandonar seus mosteiros, percebeu-se a necessidade de ter um manual ou resumo da doutrina dos Padres. Assim, surgiram os *Pandektai*, do monge Antíoco (séc. VII), a *Synagôgê*, de Paulo Evergetino (séc. XI). Recentemente, tornou-se famosíssima a *Philokalia* (→ FILOCALIA), de Nicodemos o Agiorita (Veneza, 1784), que contém os trechos clássicos da oração e contemplação, sobretudo de tendência hesicasta.

2. AS DIVERSAS CORRENTES NA ESPIRITUALIDADE ORIENTAL. a) *A espiritualidade primitiva.* Uma vez perguntaram ao abade João Colobos o que era um monge; ele respondeu: "É a fadiga, pois o monge trabalha em todas as suas obras" (*PG* 65, 216D). Essa sentença caracteriza bem a tendência dos cristãos dos primeiros tempos. Eles aprenderam do Evangelho que todo homem será recompensado segundo suas obras (cf. Mt 25,35 s.). A *Didaqué*, a doutrina dos doze apóstolos, começa com a distinção das duas vias: "da morte" e "da luz", enumerando os principais deveres do cristianismo (FUNK, 1, 2). Sob esse aspecto, a vida espiritual apresenta-se de um modo simples: a observância dos mandamentos, o primeiro dos quais é o preceito do amor. São → BASÍLIO MAGNO, nas suas *Regras*, jamais se cansa de recomendar esse ideal.

Não há dúvida de que sob essa forma de pregação evangélica a doutrina espiritual é proposta predominantemente onde a Igreja se manteve distante das influências filosóficas e da linguagem erudita. Deve-se pensar aqui, sobretudo, nos orientais não gregos. Assim, por exemplo, os autores clássicos sírios Santo Afraate, Santo Efrém, Tiago de Sarug (451-521) escrevem contra os "perscrutadores", que raciocinam demais e não se contentam com o cumprimento das boas obras.

O objetivo proposto, correspondente a essa espiritualidade do Evangelho, é o que lemos nas sagradas páginas: a salvação da alma. As *Vidas dos Padres* contam numerosos episódios relativos a um noviço que se apresenta ao diretor espiritual com esta pergunta estereotípica: "Pai, diga-me, numa palavra: como salvar a minha alma?" (cf., p. ex., *PG* 65, 272B). Que esse termo seja considerado como idêntico a toda a perfeição está na introdução à *Regra maior* de São Basílio: "A vida ascética não tem outro objetivo que a salvação das almas…" (*PG* 31,881B).

A palavra grega *sôtêria* significava originalmente incolumidade corporal, bem-estar e força vital. Transferido para a esfera religiosa, o termo indica incolumidade, integridade da vida eterna. Essa preocupação pela vida futura deu ocasião a certos modernos de falar da "espiritualidade escatológica" do Oriente. Muito preocupada com a vida eterna, a Igreja oriental teria esquecido os seus deveres na sociedade terrena. A resposta a essa objeção é fácil. Todo cristão aspira à vida eterna. De certo modo, a vida eterna é participada já nesta terra, no momento presente. Mas esse aspecto jamais foi esquecido pelos monges, sobretudo pelos que aspiravam à feliz solidão e contemplação das coisas divinas.

Todos os cristãos são chamados a salvar a alma. Se isso significa a perfeição, segue-se que todos são chamados à perfeição e não há diferença essencial entre os monges e os outros cristãos. De fato, essa foi sempre a concepção tradicional no Oriente.

b) *O ideal contemplativo, a espiritualidade intelectualista.* Nenhum cristão pensará em diminuir o ideal da caridade, das boas obras, da salvação. Mas pode haver o perigo de considerar "obra boa" em sentido por demais material, perigo sobre o qual o próprio Evangelho adverte na passagem sobre as duas irmãs Maria e Marta (Lc 10,38 s.). Esse equívoco da palavra "obra" já foi sentido por São Basílio. Ele conseguiu resolvê-lo de um modo satisfatório: "Deus compreende as nossas obras, por ser o criador de nosso coração; quando falamos das obras, entendemos com esse termo também os pensamentos, as ideias e, em geral, toda atividade humana…" (*PG* 29, 344C). Esse texto é inegavelmente muito interessante, porque explica uma ligação entre duas correntes de espiritualidade que poderiam parecer radicalmente opostas: a insistência nas boas obras, de uma parte, e o ideal da contemplação, de outra. Marta fazia, cansava-se às voltas com muitas obras; Maria escolheu a melhor obra, a *theôria*, a contemplação.

A mentalidade intelectualista dos gregos antigos teve grande influência no desenvolvimento desse ideal. Os gregos, já no século V antes de Cristo, proclamaram pela boca de Anaxágoras: a *theôria* é a finalidade da vida. O termo tinha necessidade de várias nuanças de significado para poder ser assumido sem perigo no vocabulário ascético. Os espirituais gregos encontraram uma etimologia, decerto linguisticamente duvidosa, mas que exprime bem o conceito deles: *Theos* e *horân*, ou seja, o esforço de ver a Deus em todas as coisas.

Para enfatizar a diferença entre o ideal filosófico e a contemplação cristã, distingue-se uma dupla ciência (*gnôsis*): *gnôsis psilê*, a ciência simples, e a *gnôsis pneumatikê*, a ciência espiritual.

A primeira procura descobrir sob as aparências sensíveis o *logos*, o conceito, as qualidades intelectuais, a definição. Tal ciência foi muitas vezes desprezada pelos ascetas orientais e, de bom grado, declaram-se *idiotai kai agrammatoi*, sem conhecimento das letras (cf. At 4,13). A ciência espiritual se esforça por descobrir o *logos theotelês*, o sentido espiritual das coisas, a intenção do Criador, quer sob as aparências da natureza visível, quer no que diz a Escritura, quer em si mesmo, quer na história do universo.

A condição para chegar a tal estado não é a força do intelecto, mas a pureza do coração: felizes os puros de coração, porque verão a Deus (Mt 5,8). A prática das virtudes leva para a contemplação (cf. ORÍGENES, *In Luc. hom.* 1). Superadas e vencidas as paixões, o asceta é capaz de descobrir em todas as coisas e em todo evento um benefício para a vida espiritual. Essa é a *theôria physikê*, a contemplação natural.

De Evágrio provém a divisão em cinco graus de contemplação: a das coisas corporais, a das coisas incorporais, a da providência, a do juízo e, enfim, a da *theologia*, ou seja, a contemplação da Santíssima Trindade. Essa última não é, porém, uma visão direta da divina essência. Deveria ser intuição de alguma coisa, distinta da essência de Deus, mas ao mesmo tempo intimamente unida a ela. Por isso, vários orientais recentes gostam de construir as especulações sobre a *sophia*, a sabedoria de Deus, presente em todas as coisas, objeto da contemplação.

Conforme a caridade influa na essência mesma da *theôria*, distingue-se com frequência a "mística da luz" e a "mística das trevas". Também a primeira insiste no amor de Deus, segundo o princípio epistemológico: somente o semelhante conhece o semelhante, ou seja, para ver a Deus, exige-se certo grau de "conaturalidade" com ele. Ignora-se, porém, qualquer ascensão mística fora das faculdades cognoscitivas. É o próprio intelecto que se simplifica, liberta-se da multiplicidade dos conceitos, das formas, torna-se "nu", simples, não "raciocina", mas "vê". Ao contrário, a "mística das trevas" supõe que Deus se encontre fora das leis da inteligência. Para atingi-lo, é preciso sair da atividade do intelecto (*ek-stasis*), que, depois de ter atingido o ápice da sua atividade, sofre as "vertigens". É, portanto, somente o amor que transporta a alma aos braços de Deus, nas trevas. Gregório Nisseno conhece ainda um terceiro estado: *epektasis*, a visão de Deus infinito no infinito desejo da alma. E esse aspecto permite conciliar de algum modo a mística das trevas com a da luz.

c) *O coração e os sentimentos espirituais.* Entre os místicos orientais tiveram grande sucesso as *Homilias espirituais*, que, embora atribuídas a São Macário o Grande (*PG* 34), parecem obra de certo Simeão da Mesopotâmia. O grande sucesso se explica facilmente. A piedade do povo simples reage contra o intelectualismo dos doutos. Esses últimos desprezaram as aparições como fenômenos sensíveis. Ao contrário, o povo simples crê na possibilidade das visões e se sente atraído para uma experiência do sobrenatural.

O pseudo-Macário nos oferece descrições maravilhosas das "sensações espirituais" e declara esses estados como necessários para uma vida verdadeiramente espiritual. → ORÍGENES já conhece a palavra "sentido espiritual", pondo, porém, o acento no "espiritual". O pseudo-Macário o põe de preferência no substantivo "sentido": "Rezemos para poder participar do Espírito na plenitude do sentido (*plêroforia kai aisthêsei*) e voltar assim ao estado de onde saímos (ou seja, ao Paraíso)" (*PG* 34, 753 *CD*).

Os messalianos exageram essa tendência até a heresia. Eles não admitem a existência de uma graça que ficaria escondida; o sobrenatural é facilmente identificado com as consolações e iluminações; as tentações são chamadas pecado. Sobre esse aspecto → DIÁDOCO DE FOTICEIA (séc. V) é o mais radical adversário deles. É fácil compreender que a palavra coração (*kardia*) entre os autores dessa tendência substitui o termo intelectualista *noûs*, mente.

Um grande místico bizantino, Simeão o Novo Teólogo († 1020), ensina a necessidade do sobrenatural consciente. Quem não conhece pela própria experiência a doçura do Espírito não pode ter a jurisdição sobre as pessoas espirituais, mesmo que fosse dotado de um grau hierárquico. Como uma mulher grávida sente os movimentos da criança escondida em seu seio, assim o espiritual sente Deus, que habita em seu coração.

→ TEÓFANO, O RECLUSO († 1894), um dos principais representantes da espiritualidade russa recente, é também ele partidário dessa tendência. O "trono" do Espírito é o coração humano e sua "função principal é sentir", "ser como um barômetro da vida espiritual".

d) *Imagem do invisível.* O período da iconoclastia denota certa decadência da contemplação e da mística. Ao contrário, o culto das imagens desenvolveu-se para se tornar uma característica da piedade oriental.

Os defensores das imagens sagradas declararam que não há diferença essencial entre os livros santos, a tradição escrita e as imagens. "O que a palavra dá ao ouvido, a imagem o mostra silenciosamente com sua apresentação" (BASÍLIO, *Homilia sobre os quarenta mártires*, 2: *PG* 31, 509A). Assim, a luta contra a iconoclastia nos séculos VIII e IX transformou-se numa defesa da doutrina ortodoxa. As criaturas visíveis são símbolos e imagens. A função delas é de ajudar o homem na subida para a invisível realidade divina. Não é por simples acaso que a primeira obra de um iconógrafo sagrado devia ser o ícone da transfiguração sobre o monte Tabor, onde o corpo de Jesus "se fez ver naquele dia a misteriosa imagem da Trindade" (liturgia bizantina). Para mostrar esse sentido divino e oculto de todas as coisas criadas visíveis, a iconografia oriental recorre a um múltiplo simbolismo. A composição do quadro, a perspectiva, as cores, a luz, os elementos decorativos, tudo recebe um sentido dogmático. Assim, por exemplo, o vermelho pode significar a divindade; o azul, a humanidade; o ouro, o céu; o verde, a terra. As montanhas e as árvores se inclinam para o Cristo, a luz vem de dentro da pessoa, significando a graça no coração.

A luta contra a iconoclastia continua, e desenvolve, de certo modo, as disputas cristológicas dos primeiros séculos. A doutrina dos Padres gregos é dominada por um grande sentido para a transcendência divina, por uma consciência dolorosa da fraqueza humana. A doutrina e o culto das imagens é uma consequência da economia da encarnação: a ponte entre o visível e o invisível, o humano e o divino.

Ao interpretar o texto clássico de Gn 1,26 sobre a criação do homem à imagem e semelhança de Deus, os Padres gregos se servem da doutrina platônica sobre a assimilação a Deus. Em geral distinguem, porém, a "imagem" da "semelhança". Segundo Orígenes, a imagem seria como um ponto de partida para a perfeição, ou seja, a semelhança com o Cristo. Além disso, os gregos observam de bom grado que o homem não é uma "imagem de Deus", mas foi criado "segundo a imagem de Deus", ou seja, segundo o Cristo. O programa da vida cristã tem em vista, portanto, esse Protótipo da perfeição.

3. A NATUREZA, PRINCÍPIO DA VIDA MORAL. Depois de ter exposto as correntes principais, examinemos os aspectos que são comuns a todas as tendências.

Os sistemas filosóficos dos gregos antigos, tão diferentes, têm em comum a tendência à *eudaimonia*, felicidade natural do homem. A *kalokagathia*, um equilíbrio perfeito do espírito inteligente com o corpo são é a expressão mais popular desse ideal. Mas, como a experiência psicológica de todo dia tem demonstrado a contradição e a luta entre os dois principais componentes da pessoa humana, a filosofia grega professa claramente a supremacia do espírito (o *noûs* dos platônicos) ou da razão (o *logos* dos estoicos) sobre o corpo e sobre as paixões. A vida segundo o espírito ou segundo a razão é a vida segundo a natureza (*kata physin*) na harmonia de todo o mundo ordenado (*kosmos*).

Por meio dos Padres Gregos, os cristãos orientais conservaram, em geral, essa terminologia: a vida moral é a vida *kata physin*, vida natural, vida segundo o Espírito (nesse caso já escrito com maiúscula), vida segundo o Logos (maiúscula também aqui), vida na graça de Cristo. As paixões más, os pecados são contra a natureza, *para physin*, algo "acidental", vindo de fora.

Descobre-se facilmente que esse modo de se exprimir é muito diferente da terminologia usada no Ocidente latino. O livro *A imitação de Cristo* foi traduzido em russo, em grego e agradou aos leitores, exceto o c. III, 54, em que tudo o que é bom, nobre, santo é atribuído à graça; ao contrário, a natureza "é manhosa, atrai, enleia e engana a muitos e sempre tem por fim a si mesma".

Os ocidentais adotaram esse modo de falar quando tiveram de lutar contra a heresia do pelagianismo: para enfatizar a necessidade da graça, insistiam na natureza decaída e fraca. Os orientais, ao contrário, combatiam o maniqueísmo, o → GNOSTICISMO, o messalianismo. O problema do mal estava no centro das discussões. A sua origem não pode se referir a Deus, criador da natureza. Portanto, os homens não são maus por causa de sua natureza. E, se por causa do pecado a natureza humana ficou coberta como por uma lama, a ascese cristã consiste na purificação e na recondução da natureza ao estado original e puro.

Isso não quer dizer que o conceito da "natureza" fosse unívoco entre os orientais. Há uma variedade também aqui. Fala-se da "natureza" das coisas visíveis, ou seja, do universo criado, da "natureza humana" no seu conjunto, a saber, do gênero humano, ou da natureza individual. Aqui e ali se encontra também o significado pejorativo da terminologia ocidental.

a) O universo das coisas criadas e a sua função. A experiência dos aborrecimentos, das desgraças, das guerras jamais abalou os fundamentos do otimismo cristão: todas as coisas criadas, porque naturais, são dom do Pai, amante dos homens para a utilidade de seus filhos. Nessa afirmação não existe uma diferença importante entre Oriente e Ocidente. Pensemos, por exemplo, no "Princípio e Fundamento" dos *Exercícios*, de Santo Inácio: "Todas as coisas sobre a terra são criadas para o homem e para que o ajudem na prossecução do fim para que é criado". Porém, descobre-se também aqui uma pequena nuança de mentalidade diferente. Ao especificar mais concretamente o fim, também a utilidade dos meios para atingi-lo sofre modificações. Se entre os orientais predomina a tendência para a contemplação, também a utilidade das coisas criadas é avaliada sob esse aspecto: as coisas criadas nos sugerem uma noção de Deus; são, segundo São Basílio, uma "palavra" de Deus endereçada ao homem que deve ser ouvida (cf. *PG* 29, 289B). Pela graça de Deus — diz ainda Evágrio — podemos adquirir a contemplação "de todas as coisas compostas de quatro elementos (ou seja, visíveis), quer próximas, quer distantes". A sabedoria do homem, a sua virtude coincide com a arte de saber usar e não abusar das coisas do universo (a definição de virtude segundo São Basílio; *PG* 32, 909B).

Os movimentos naturais do universo, a evolução do cosmos não são, segundo São Basílio, nada mais que "o pensamento de Deus expresso na forma de um mandamento" (*PG* 29, 149A), que constitui a lei natural. A questão sobre a necessidade das leis naturais foi um problema crucial para a filosofia helênica. O mundo, unidade ordenada, deve ser governado por leis invariáveis. Mas essa dominante necessidade equivale para muitos a um destino, em latim *fatum*, em grego *moira, heimarmenê*. A cosmologia estoica, combinada com a astrologia caldeu-babilônica, defendia o fatalismo, tão difuso na sociedade antiga.

Muitos Padres gregos viram-se obrigados a escrever um tratado especial contra o destino, defendendo a providência universal e paterna. Quanto aos males, às calamidades e misérias que se notam todos os dias, nem mesmo elas contradizem a bondade universal do mundo. São os males físicos que punem o pecado e elevam o pensamento dos homens ao céu.

Quanto aos males morais, os pecados, a questão é mais espinhosa. O pensamento corajoso é o de Orígenes. Não hesita em dizer que nem o pecado, embora sendo um verdadeiro mal, não criado por Deus, nem mesmo ele escapa ao poder divino e pode até, às vezes, tornar-se útil ao pecador, uma espécie de *felix culpa* (cf. H. KOCH, *Pronoia und Paidesis*, Berlim, 1932). Os autores espirituais evitam lançar teorias temerárias sobre as intenções misteriosas de Deus. Pregam contra o pecado, como único e verdadeiro mal. Mas, enfim, temos de saber tirar utilidade também dessa calamidade e da punição que se segue. O que Evágrio chama de "contemplação do juízo" faz parte desse modo de pensar.

b) A vida na sociedade. A participação na vida "política", na *polis*, cidade, foi muitas vezes recomendada pelos antigos. O homem é um ser social, *politikon*. O cristianismo acrescentou a essas exortações um novo fundamento dogmático: a unidade do Corpo místico de Cristo, a lei da caridade universal. O pagão Celso quer provar a Orígenes que seria preciso evitar pelo menos certos homens (*Contra Celsum*, 8, 50). Ao contrário, os cristãos, ainda que elogiem a vida solitária, jamais duvidam que toda pessoa humana possa ser instrumento da providência. O medo dos homens é, segundo São João Clímaco, um "medo pueril, filho da incredulidade" (*PG* 88,945).

As passagens clássicas sobre a vida em comum com os outros devem ser procuradas sobretudo nas *Regras*, de São Basílio, o maior legislador da vida cenobítica (*koinos bios*, vida comum), o qual não se cansa de restabelecer o ideal da primeira sociedade cristã de Jerusalém, onde "a multidão dos crentes como que tinha um só coração e uma só alma" (At 4,32). A fuga para a solidão, que se manifesta tanto no monasticismo oriental, não se funda na persuasão da malícia dos outros, mas, antes, na humilde confissão da própria malícia e fraqueza.

Daí provêm as precauções das regras monásticas e as advertências dos ascetas, às vezes rígidas. Se sobre o monte Athos se proíbe o acesso dos animais de sexo feminino e de toda face humana sem barba (ou seja, não somente as mulheres, mas também os jovens), essas prescrições estão no espírito dos ascetas orientais. "Fugi como a um fogo, os homens às mulheres e as mulheres aos homens", diz São Teodoro Estudita. Alguns gregos, estimulados pelo desejo de elogiar a virgindade, chegaram a declarar que a diferenciação sexual aconteceu somente depois do primeiro pecado. Em geral, porém, a diferença de sexo é considerada como uma coisa natural e indiferente, ao passo que o mal está no pecado e a negligência, em expor-se ao perigo.

Foi declarado igualmente perigoso, sobretudo pelos monges — e por esse motivo fáceis adversários de qualquer tendência ecumênica —, o contato com um herético. Ao contrário, menos perigosos e, muitas vezes, úteis proclamam-se os inimigos, os opressores, os exploradores, os perseguidores. As tribulações que partem da sociedade humana constituem um caso análogo aos males físicos, aos desastres naturais e às desgraças, porque podem levar à salvação da alma. A insistência, às vezes unilateral, sobre essa verdade valeu à Igreja oriental uma acusação por parte do escritor russo Gógol, como se os seus representantes faltassem gravemente à obrigação de pregar a justiça social, harmonizando-se com as péssimas condições da ordem econômica. Ainda que a acusação, em geral, possa ser considerada injusta, é certo que os ascetas repetem de bom grado o ensinamento de São João → CRISÓSTOMO: "Ninguém pode sofrer dano senão de si mesmo" (*PG* 52, 459-480), dado que o único verdadeiro dano é o pecado.

A doutrina sobre a unidade necessária do gênero humano aparece claramente na doutrina dos orientais sobre a necessidade da Igreja e da → COMUNHÃO DOS SANTOS, tão viva no Oriente. "Ninguém pode ter confiança na sua oração privada. Quem ora pede a intercessão de toda a Igreja. Oram por nós os apóstolos, os mártires, os patriarcas e, mais que todos, a Mãe de nosso Senhor. É essa santa união que constitui a verdadeira vida da Igreja" (CHOMIAKOV, *Cerkov odna*, Praga, 1867, 18). "A intercessão mútua por meio da oração é uma participação no destino do mundo" (S. BOULGAKOFF, *L'orthodoxie*, Paris, 1932, 169). Não obstante o fato de que a doutrina católica sobre o → PURGATÓRIO seja negada pelos ortodoxos, a fé comum jamais pôs em dúvida a eficácia da oração pela alma dos defuntos, para ajudá-los em seu caminho para o paraíso.

O calendário litúrgico das festas dos santos penetrou, por meio de provérbios e ditos populares, em todas as manifestações da vida cotidiana. Mas o primeiro lugar na veneração dos santos cabe, naturalmente, à Mãe de Deus. Na Rússia, por exemplo, pelo menos 230 dias ao ano eram oficialmente consagrados a seu culto sob cerca de mil títulos diferentes; por exemplo, "aquela que nos alimenta com leite" (12/1), "a nossa consolação" e "a que previne" (12/1), "consolação nas aflições e nas tristezas" (25/1), "chorosa" (1/2) etc. A festa da "proteção da Virgem" (*Pokrov*, 1/10) foi quase uma festa nacional. A cidade de Constantinopla tinha o seu famoso palácio mariano no santuário, em Blachernae. De resto, as imagens "milagrosas" da Virgem estão difundidas em todo o Oriente. Os autores espirituais recomendam calorosamente a devoção à Virgem "de cuja graça temos necessidade como do ar para respirar" (José de Volokolamsk, † 1515).

Já desde o tempo de Orígenes a angelologia era bem desenvolvida. A harmonia do *kosmos* criado exige que as criaturas inferiores sejam assistidas pelas superiores. Acredita-se na assistência especial dos anjos a respeito das plantas, dos ventos, do movimento das estrelas. Há os anjos das nações, de cada Igreja local, das cidades e, sobretudo, o anjo da guarda de cada homem individualmente, "preceptor que nos ensina o culto e a adoração devida a Deus" (CIRILO DE ALEXANDRIA, *PG* 76, 686).

c) *A antropologia espiritual*. As homilias dos Padres sobre o *Hexaêmeron*, sobre a criação do céu, da terra e de todo seu ornamento acabam num elogio à última obra de Deus, o homem. Até a sábia advertência délfica recomendava não se perder demais na consideração do mundo externo. O sumo da sabedoria é conhecer a si mesmo. Todos são concordes em admitir que essa ciência tão útil é também dificílima. O que é o homem?

A escolástica ocidental fez sua a definição aristotélica, não desconhecida nem mesmo no Oriente cristão. Muitos escritores orientais, porém, preferem ficar fiéis aos ditos de Platão. O homem é uma planta celeste, a mente, a alma. "Fica atento a ti mesmo — diz São Basílio —, quer dizer, não ao que é teu nem ao que está à tua volta, mas a ti mesmo… O que somos é a nossa alma e o nosso espírito, criados segundo a imagem do Criador; o que é nosso e nos pertence é o nosso corpo com os sentidos que nos foram dados por causa do corpo; em torno de nós estão os bens (externos)…" (*PG* 31,204).

Essas e semelhantes declarações encontram-se muitas vezes nos autores espirituais do Oriente. O corpo humano é declarado adversário do verdadeiro "eu". Um asceta do deserto explica sua dura ascese corporal com esta sentença lacônica: "Combato contra o que me combate". São Doroteu diz de modo semelhante: "Eu o mato, porque ele me mata". Certos textos parecem estar em contradição com os sãos princípios da moral cristã. O fato é inegável, a psicologia platônica teve nisso tudo sua influência importante, mas não é tão perigosa como parece à primeira vista. Nenhum ortodoxo jamais negou a verdade da ressurreição corporal, a força santificadora do corpo de Jesus, os valores visíveis e corporais na estrutura da Igreja visível. Também esses ascetas que pregam tão ardorosamente a luta contra a carne sabem muito bem que se trata de um elemento baixo, mas inseparável da nossa existência. São João Clímaco fica quase atordoado diante desse "mistério" da união com o corpo, que não se pode condenar "como os outros vícios... Como poderei odiá-lo, se o amo naturalmente? E como me livrar dele, se ficarei unido a ele eternamente?... Como posso ser amigo e inimigo de mim mesmo?" (*PG* 88, 901).

Para entender a "definição" de São Basílio e dos outros orientais, é preciso levar em consideração uma circunstância especial. O grande esforço dos Padres gregos foi dar às noções tomadas da filosofia um significado novo, cristão, moral. Ao dizer que o homem é a alma, não se quer dar uma noção psicológica, mas, antes, enfatizar o elemento mais importante, o que merece a atenção principal, o que torna o homem verdadeiramente homem. Esse modo de ver a questão transparece ainda melhor se estivermos atentos à terminologia grega. De fato, não se identifica o homem apenas com a alma (*psychê*), mas, antes, com a mente (*noûs*), ou seja, com a sua parte suprema chamada também de *hêgemônikon*, traduzido em latim por Rufino como *principale cordis*. Todos estão de acordo que a verdadeira dignidade do homem se encontra na sua "mente", ainda que seja preciso prestar atenção às diferentes nuanças desse termo. Não estamos, porém, longe da verdade ao dizermos, genericamente, que *hêgemônikon* indica entre os cristãos aquela atividade humana, sobretudo, em que se faz distinção entre o bem e o mal e a escolha do bem.

Ao conservar muitas vezes a terminologia intelectualista, herdada da filosofia pagã, os Padres gregos começaram a ser defensores e elogiadores incansáveis da liberdade humana. Nela se encontra a semelhança com Deus. Como o Criador é *Pantokratôr*, Onipotente — diz o pseudo-Macário —, assim também o homem é "causa da sua própria sorte, boa ou má, pode cair no inferno ou subir ao paraíso" (*PG* 34, 876A). Por isso, também a luta entre Deus e satanás acontece no campo do livre-arbítrio humano.

Como a plena liberdade humana diminuiu, debilitada pelo pecado original, e diminui ainda mais pelos pecados pessoais, os gregos distinguem dois termos diferentes: a *eleutheria*, ou seja, a liberdade plena e perfeita, e a *autexousion*, a possibilidade de escolher um ou outro. Mesmo depois dos grandes pecados, o homem não se torna escravo absoluto das suas paixões; possui sempre a *autexousion*, que é quase uma relíquia do paraíso perdido e nos oferece a possibilidade de uma conversão. E o fato de que a escolha do bem lhe custe esforço e cansaço demonstra a falta da *eleutheria*. O Cristo nos restitui essa plena liberdade, mas só progressivamente, em correspondência aos esforços do nosso *autexousion*.

Por causa desse deslocamento de atenção para a livre vontade, o termo intelectualista *noûs*, a mente, cai cada vez mais em desuso entre os próprios gregos, a partir dos séculos V-VI, para dar lugar à palavra escriturística *kardia*, o coração. São especialmente os eslavos que professam o coração como o centro de toda a vida espiritual, órgão da oração, da graça. Não é fácil compreender todas as nuanças dessa palavra entre os diversos autores do Oriente. Mas mesmo os mais recentes, que proclamam os "sentimentos do coração" como a atividade mais importante do homem, não devem ser contados entre os "sentimentalistas" conhecidos pela filosofia ocidental. Na ascese oriental, o "coração" está sempre na linha evolutiva da *noûs* e da *hêgemônikon*. O termo ocidental mais próximo do "coração" dos orientais é sem dúvida a "consciência". Não devemos, portanto, nos espantar com as expressões que soam estranhas aos ouvidos dos ocidentais: a fé cristã não reside na razão, mas no coração; para ser verdadeira, a oração deve passar da "cabeça" para o coração, a inocência do homem se conserva pela atenção ao coração etc. É preciso ser bons conhecedores dos textos orientais para poder entender o sentido certo dessas expressões.

4. O PROGRESSO NA VIDA ESPIRITUAL. a) *Os graus.* O progresso na vida espiritual não deveria constituir teoricamente nenhuma dificuldade. Toda "vida" tem seu progresso. O gnosticismo foi condenado porque fixava categorias (*pneumáticos*, *psíquicos, hílicos*) imutáveis, a ponto de não haver possibilidade de progredir do grau inferior ao superior. Os ortodoxos admitem claramente a possibilidade de uma conversão para todo pecador. Há certa dificuldade no modo de apresentá-la. Em alguns autores orientais permaneceu viva a influência de São Basílio Magno, o qual concebe a conversão a Deus de um modo brusco. Entre a impiedade e a justiça não há lugar para um estádio intermediário. Daí provém também certa rigidez moral que parece não admitir a possibilidade de um pecado venial deliberado e livre. E por isso ainda hoje os moralistas ortodoxos encontram dificuldade em determinar as diferenças entre o pecado mortal e o venial.

De outra parte, é verdade que no Oriente se fala muitas vezes de "graus" da vida espiritual. Algumas vezes, eles parecem artificiais, mas em outras, apresentados da maneira mais simples. Faz-se uma tríplice divisão entre os "principiantes, progressos e perfeitos", ou seja, "pequenos, jovens e adultos" no sentido espiritual. A divisão que se tornou mais famosa no Oriente, porém, foi a proveniente de → EVÁGRIO PÔNTICO: *praxis, theôria physikê, theologia*. Evágrio é o autor clássico da tendência contemplativa. O ápice da vida espiritual é a *theologia*, ou seja, a contemplação da Santíssima Trindade. Para ela a alma se prepara pela contemplação das coisas criadas, a "contemplação natural", *theôria physikê*. A condição indispensável de toda contemplação é a prática das virtudes cristãs, a purificação do pecado, das paixões, a *praxis*.

Dos gregos, em particular do pseudo-Dionísio Areopagita, passou para os latinos a divisão em "via purgativa, iluminativa, unitiva", que, entre os orientais, porém, não esteve em uso.

b) *A purificação, o combate espiritual*. O progresso na vida espiritual pode ser considerado, pelo lado negativo, purificação (*katharsis*), luta contra os inimigos invisíveis (*palê, polemos*), continência (*enkrateia*), e raramente se usa no Oriente a palavra "mortificação" (*nekrôsis*). Do lado positivo, o progresso comporta a prática dos mandamentos (*praxis, entolai*), as virtudes (*aretai*).

O primeiro inimigo espiritual é o *logismos*, o mau pensamento, como já dizia Santo Agostinho: "A semente do pecado é o mau pensamento" (*In Ps*. 20, 11: *PG* 27, 129C). Segundo a definição de Evágrio (cf. MUYLDERMANS, *À travers la tradition manuscrite d'Évagre le Pontique*, "Museum", 1932, 50), o *logismos* é "imagem do homem sensível, existente na alma ainda imperfeita, que move o espírito, mediante as paixões, a fim de que faça alguma coisa contra a lei". Foram sobretudo os autores da escola sinaítica que descreveram com fino senso psicológico os estádios da progressiva penetração do *logismos* na nossa alma e atividades. Muitas vezes, enumeram-se cinco estádios: *prosbolê*, a primeira sugestão para o mal; *syndyasmos*, a "colusão", um "discurso" com a sugestão; *synkatathesis*, o consenso; *aichmalôsia*, a maldade; *palê*, a luta.

Para facilitar a luta contra esses pensamentos, Evágrio fez um esquema de "oito categorias de pensamentos maus", do qual provém a enumeração dos sete "pecados capitais" conhecida entre os latinos: a gula, a fornicação, a avareza, a tristeza, a ira, a acídia, a vanglória e a soberba. No elenco latino falta a tristeza; no grego não há a inveja. A acídia não é somente preguiça; é, antes, uma repugnância no progresso espiritual, o "demônio do meio-dia". A distinção entre a vanglória e a soberba está baseada nos diversos objetos dos quais o homem quer se vangloriar: ou procura a glória com coisas vãs (beleza corporal, nobreza de origem etc.), ou quer atribuir a si mesmo o que pertence a Deus (as virtudes, a graça, os dons do Espírito). É portanto a soberba um pecado a que estão expostos os que se aproximam da perfeição.

A prontidão na luta espiritual contra os vícios consiste na arte de saber expulsar um pensamento mau desde o primeiro momento, desde a primeira sugestão. A virtude que ajuda a realizar esse objetivo é a *nêpsis*, sobriedade espiritual, ou seja, *prosochê*, atenção, *phylakê kardias*, a guarda do coração. Por ser essa virtude muito importante, sobretudo na vida contemplativa, os gregos repetem de bom grado o dito: a atenção (*prosochê*) é a mãe da oração (*proseuchê*).

Para repelir o mau pensamento, ajuda recitar um texto da Escritura contrário à tentação. Esse método tem o nome de *antirrhêsis*, contradizer. Há certos elencos de Escritura aptos a combater os oito vícios. Dado que o principiante na vida espiritual não é ainda capaz de distinguir bem os pensamentos, é-lhe recomendada a *exagoreusis*: manifestação da própria consciência ao padre espiritual. A → DIREÇÃO ESPIRITUAL no Oriente foi sempre calorosamente recomendada e praticada. Insiste-me muito sobre as qualidades pessoais do diretor. Foram famosos os *gerontes*, *startsi* (em eslavo), *seniores*, que exerciam grande influência também sobre o povo simples. Exige-se deles o dom da *diakrisis*, discernimento, que não raramente se manifesta como *diorasis*, *kardiognôsis*, capacidade de ler nos corações humanos. O critério para reconhecer um verdadeiro diretor espiritual é, sobretudo, a santidade de vida. Ao contrário, não é necessário o grau hierárquico. Vários desses padres espirituais não eram sacerdotes. Nesse caso, a direção espiritual é separada da confissão sacerdotal que se faz ao sacerdote munido de *entalma*, autorização episcopal.

c) *As virtudes.* Visto de um modo positivo, o progresso consiste nas virtudes. É verdade que os orientais tratam das virtudes de maneira muito menos sistemática do que dos vícios. Retomam da filosofia grega certas definições, sobretudo a aristotélica: a virtude está no meio de dois extremos; ou a estoica: ação segundo a natureza, não segundo a paixão. Dos estoicos provém também a insistência sobre a conexão das virtudes, ou seja, a necessidade de se exercitar em todas, como, de outra parte, progredindo-se numa, crescem as outras. De bom grado, os autores espirituais consideram as virtudes como uma participação da vida divina, em concreto, de Cristo: Cristo é a verdade, a justiça… quando fazemos a justiça, a verdade…, tornamos presente em nós a vida do próprio Cristo; assim já pensava Orígenes (*In Mt Comm.* 33).

É antiquíssima a divisão das virtudes em cardeais e particulares. Essa distinção remonta a Platão, que distingue três partes na alma humana: *logistikon*, parte racional, a que corresponde a virtude da prudência; *thymoieidês*, apetite irascível, a que corresponde a fortaleza; *epithymêtikon*, o concupiscível, dominado pela temperança. A justiça é a quarta virtude, a qual dirige e une todas as outras.

Os gregos distinguem também as virtudes da alma (*psychikai*) das do corpo (*sômatikai*). As primeiras são verdadeiras virtudes, as segundas são praticamente meios para as atingir (*instrumenta virtutum*). Com frequência se leem nos livros orientais longos tratados sobre como uma virtude provém da outra. As enumerações, não raramente artificiais e longas, têm, porém, um elemento comum: o início é a fé, e o fim de todo o progresso é a caridade. A caridade, porém, é precedida por uma virtude que não teve boa aceitação no Ocidente por causa dos malentendidos, ou seja, a → APATHEIA. Entre os orientais, não significa a ausência de qualquer movimento sensitivo e natural. O *pathos*, tomado em sentido moral, é a inclinação, tentação ao mal. A *apatheia* é, portanto, a expulsão, a supressão dos oito vícios, a morte das serpentes, como o céu sobre a terra, portanto (JOÃO CLÍMACO, p. 88, 1.148).

d) *A oração.* Nenhum objeto é tratado com mais frequência pelos autores espirituais do Oriente cristão do que a oração. Por ser impossível tratar com brevidade a riqueza desse ensinamento, limitamo-nos a reproduzir as ideias principais de Teófanes o Recluso († 1894), um representante típico nesse campo.

A oração é a "vivificação do Espírito", "respiração espiritual", expressão de toda a vida sobrenatural. Ela é "a elevação da mente e do coração a Deus".

O primeiro grau, que é a "oração corporal", "vocal", consiste na récita das fórmulas compostas. Também ela é útil ao homem, como as folhas são necessárias à árvore, antes de produzir o fruto. Mas não se deve parar nesse grau. Segue-se a "oração mental". O intelecto medita o sentido das palavras ditas. Nem mesmo esse grau, porém, pode ser definitivo. É preciso que a oração desça da mente ao coração, para se tornar "a oração do coração", do afeto, que inflama a vontade e todo nosso interior, sendo o coração centro da pessoa humana. A certos amigos eleitos do Senhor é reservada a "contemplação", ou seja, a "oração pura". As faculdades naturais se calam ("a oração do silêncio") e o Espírito, que habita no coração, ora por nós.

Sob a influência do Espírito, a oração se torna perpétua. Ao interpretar a passagem paulina "rezai sem cessar" (1Ts 5,17), os ascetas orientais se esforçavam sempre por cumprir esse "preceito" e imaginavam diversos métodos para realizá-lo. A solução clássica provém de Orígenes (*De oratione*, 11: PG 11, 452); ora incessantemente aquele que à oração acrescenta boas obras. Mas, em geral, os ascetas orientais não se contentavam com isso. Queriam que a oração perpétua fosse também explícita, quer em forma de uma "lembrança de Deus", quer, sobretudo, como um "estado de coração", "estado de oração" (*katastasis proseuchês*).

Um dos meios eficazes para atingir esse estado é a frequente repetição dos "atos" de oração, em forma de jaculatória. A mais famosa no Oriente nos tempos recentes é a "oração de Jesus", repetida na fórmula "Senhor Jesus Cristo,

Filho de Deus, tem piedade de mim, pecador". Teófanes se abstém dos exageros, ligados sobretudo ao chamado "método físico", mas, de outra parte, elogia também ele as vantagens dessa repetição, capaz de "unir a mente ao coração, pôr fim à desordem nos pensamentos", de tal modo que a oração se torne "um só suspiro, um só pensamento", um só afeto.

São numerosíssimas as definições da oração propostas pelos autores orientais. O fato se explica pela circunstância de que não pretendem fornecer uma definição no verdadeiro sentido da palavra, mas apenas dão destaque a um ou outro aspecto. Dois deles predominam: antes de tudo, a oração no sentido evangélico, ou seja, como petição; a seguir, no sentido mais geral, como ascensão do espírito para Deus. São João → DAMASCENO (*De fide orthodoxa*, 24: *PG* 94, 1.089C) une ambos os aspectos numa definição: "A oração é a ascensão do espírito a Deus, ou seja, um pedido a Deus das coisas convenientes". O próprio fato de essa definição ser retomada por Santo Tomás (*STh.* II-II, q. 73, a. 17) é um sinal muito significativo da essencial unidade da espiritualidade entre Oriente e Ocidente cristão, apesar das diferenças que dizem respeito, em geral, como vimos, à terminologia ou ao modo de ver cada questão sob um outro ponto de vista. Mas é precisamente por esse motivo que o estudo da espiritualidade oriental enriquece o tesouro comum da Igreja universal.

BIBLIOGRAFIA. ARNOU, R. *Platonisme des Pères*. In *Dictionnaire de Théologie Catholique* XII, 2.258-2.392; ARSENIEW, N. S. *Das christliche Abendland der Gegenwart und der Geist der orthodoxen Kirche*. Athen, 1938; ID. *La pieté russe*. Neuchâtel, 1963; ID. *Ostkirche und Mystik*. Munchen, 1925; ID. *Mysticism and the Eastern Church*. London, 1926; ID. *Vom Geist und dem Glauben der Kirche des Ostens*. Leipzig, 1941; BARSOTTI, D. *Cristianesimo russo*. Firenze, 1948; ID. *Mistici russi*. Torino, 1961; BECK, H. G. *Kirche und theologische Literatur im byzantinischen Reich*. Munchen, 1959; BEHR-SIGEL, E. *Prière et sainteté dans l'Église russe*. Paris, 1950; BIEDERMANN, H. *Der eschatologische Zug in der ostkirchlichen Frömmigkeit*. Wurzburg, 1947; BOLSHAKOFF, S. *I mistici russi*. Torino, 1962; BOULGAKOFF, S. N. *L'orthodoxie*. Paris, 1932; BOUYER, L. *La spiritualité orthodoxe et la spiritualité protestante et anglicane*. Paris, 1965; BULGAKOV, S. *The Orthodox Church*. London, 1935; DOERR, T. *Diadochus von Photike und die Messalianer*. Munchen, 1937; FEDOTOV, G. P. *The Russian Religious Mind*. Cambridge, 1946; GORODETTSKY, N. *The humiliated Christ in Modern Russian Thought*. London, 1938; GOUILLARD, J. *Petite Philocalie de la prière du coeur*. Paris, 1953; GRUNWALD, C. *Quand la Russie avait les saints*. Paris, 1958; HAUSHERR, I. *Hésychasme et prière*. Roma, 1966; ID. *La direction spirituelle in Orient d'autrefois*. Roma, 1955; ID. *Les grands courants de la spiritualité orientale*. *Orientalia Christiana Periodica* 1 (1935) 114-138; ID. *Les leçons d'un contemplatif. Le traité de l'Oraison d'Évagre le Pontique*. Paris, 1960; ID. *Noms du Christ et voies d'oraison*. Roma, 1960; ID. *Penthos. La doctrine de la componction dans l'orient chretien*. Roma, 1944; ID. *Philautie. De la tendresse pour soi à la charité*. Roma, 1952; HEILER, F. *Urkirche und Ostkirche*. Munchen, 1937; HOLL, K. *Enthusiasmus und Bussgewalt beim griechischen Mönchtum*. Leipzig, 1898; KOLOGRIVOF, I. *Saggio sulla santità in Russia*. Brescia, 1955 (nuova ed., *Santi russi*. Milano, 1977); LEMAITRE, J. (I. HAUSHERR) Contemplation chez les Grecs et autres orientaux chrétiens. In *Dictionnaire de Spiritualité* II, 1.762-1.782; LOSSKY, V. *Essai sur la théologie mystique de l'Église d'Orient*. Paris, 1944; MEYENDORFF, J. *St. Grégoire Palamas et la mystique orthodoxe*. Paris, 1959; MONGE DA IGREJA ORIENTAL. *La prière de Jésus*. Chevetogne, 1951; ID. *Orthodox spirituality*. London, 1945; ID. *Prière de Jésus. Sa génèse et son développment...* Chevetogne, 1959; OUSPENSKY (USPENSKIJ), L. *L'icône, vision du monde spirituel*. Paris, 1948; ID. – LOSSKY, V. *Der Sinn der Ikonen*. Bern, 1952; ID. *Essai sur la théologie de l'icône dans l'Église orthodoxe*. Paris, 1960, I; SKROBUSHA, H. *Le message des icônes*. Fribourg, 1966; ŠPIDLÍK, T. – GARGANO, I. *La spiritualità dei Padri greci e orientali* (Storia della spiritualità, 3a), Roma, 1983; ID. "Fous pour le Christ" en Orient. In *Dictionnaire de Spiritualité* V, 752-761; ID. *La doctrine spirituelle de Théophane le Reclus. Le coeur et l'Esprit*. Roma, 1965; ID. *Joseph de Volokolamsk. Un chapitre de la spiritualité russe*. Roma, 1956; ID. *La spiritualité de l'Orient chrétien. II. La prière*. Roma, 1988; ID. Orthodoxe (Spiritualité). In *Dictionnaire de Spiritualité* XI, 972-1.001; ID. *La spiritualité de l'Orient chrétien. Manuel systematique*. Roma, 1978 (trad. it., *La spiritualità dell'Oriente cristiano. Manuale sistematico*. Roma, 1985 [bibl.]); TIMIADIS, E. *La spiritualità ortodossa*. Brescia, 1962; TYCIAK – WUNDERLE – WERHUN. *Der Christliche Osten, Geist und Gestalt*. Regensburg, 1939; ID. *Morgenländische Mystik. Charakter und Wege*. Dusseldorf, 1949; TYSZKIEWICZ – BELPAIRE. *Écrits d'ascètes russes*. Namur, 1957; ID. *Moralistes de Russie*. Roma, 1951; ID. Spiritualité et sainteté russe praboslave. *Gregorianum* 15 (1934) 349-376; VILLER, M. *La spiritualité des premiers siècles chrétiens*. Paris, 1930; WUNDERLE, G. *Das geistige Anlitz der Ostkirche*. Wurzburg, 1949.

T. ŠPIDLÍK

ORÍGENES. **1. NOTA BIOGRÁFICA.** Nasceu provavelmente em Alexandria, por volta de 185, de pais cristãos; em 202-203, apenas atenuada a perseguição de Sétimo Severo, foi escolhido pelo bispo Demétrio como mestre da escola catequética, que, sob sua guia, atingiu o esplendor; em 231-232, tendo sido ordenado sacerdote, embora relutante, por Teoctisto de Cesareia e Alexandre de Jerusalém, foi processado num sínodo, pelo próprio bispo, como réu de transgressão dos cânones (havia se mutilado voluntariamente e os cânones de Alexandria proibiam a ordenação dos eunucos) e de erros doutrinais; deposto e expulso, refugiou-se em Cesareia da Palestina, onde abriu uma escola nos moldes da de Alexandria; durante a perseguição de Décio (250-251), foi preso e submetido a torturas atrocíssimas, mas não morreu senão em 254-255. Orígenes é um dos maiores gênios da Antiguidade cristã, cujos escritos tiveram uma influência inigualável por vários séculos tanto no Oriente quanto no Ocidente. Viveu cercado de admiradores entusiastas e de furiosos adversários; depois de sua morte, foi, muitas vezes, objeto de animadas controvérsias; a alguns de seus pontos doutrinais errôneos ou menos seguros foram acrescentados outros totalmente estranhos a seu pensamento, até que o V Concílio Ecumênico de Constantinopla, em 553, o condenou, com alguns de seus discípulos posteriores. Todavia, não obstante suas audazes e às vezes insustentáveis especulações — que ele próprio afirma proferir com grande temor e cautela, querendo exercitar seu talento, mais que estabelecer algo de modo definitivo (*De princ.* 1, 6, 1) —, afirma muitas vezes querer ser um *vir eclesiasticus*, ou seja, um homem que sente com a Igreja e pretende defender a sua doutrina: deve-se buscar a verdade na tradição eclesiástica (*De princ.* 1, pról. 2), e quem pode deve se empenhar na defesa da doutrina da Igreja e na confutação dos heréticos (*Comm. in Io.* 5, 8; *Comm. in Ep. ad Rom.* 2, 11). Escreveu muitíssimas obras, de que somente uma parte mínima chegou até nós, quer no texto original ou em fragmentos, quer em tradução latina.

2. OBRAS E DOUTRINA. Orígenes é antes de tudo um exegeta; deixou escólios, ou seja, breves anotações sobre um texto; homilias ou tratados, ou seja, sermões pregados em Cesareia; comentários ou tomos, ou seja, verdadeiras exegeses do texto bíblico. Escreveu também uma espécie de suma teológica com o título de *De principiis* e uma confutação do *Verdadeiro Discurso* do pagão Celso.

Distingue um duplo e um triplo sentido escriturístico: um duplo sentido, ou seja, o que é totalmente manifesto e o que é oculto a muitos (ilustra sua afirmação com a doutrina paulina do leite para as crianças e do alimento sólido para os adultos, bem como com o episódio dos dois filhos que Abraão teve de Sara, a mulher livre, e de Agar, a mulher escrava); um triplo sentido, ou seja, o histórico para os simples fiéis, o moral para os que se converteram a uma vida mais perfeita, e o místico ou espiritual para os que atingiram a perfeição (apela para o tríplice elemento de que é composto o homem: a carne, a alma inferior e a alma superior, ou seja, o espírito; igualmente aos três livros que são atribuídos a Salomão: Provérbios, Coélet e Cântico dos Cânticos). Às vezes, porém, o sentido moral coincide com o espiritual, de tal modo que os três sentidos se reduzem aos dois anteriores; tanto o sentido histórico como o sentido espiritual são designados por uns vinte termos cada um. O sentido espiritual não exclui o sentido histórico; antes, a grande maioria dos textos escriturísticos tem um sentido histórico; em princípio, ele é construído sobre o sentido histórico; igualmente, o sentido histórico às vezes não existe, porque o sentido próprio já é um sentido espiritual, como nas parábolas, ou porque se diz de Deus alguma coisa que é indigna dele (o pecado de Lot com as filhas), ou impossível (a criação da luz antes do sol), ou porque se fala dele como se fosse uma pessoa humana (as expressões antropomórficas). O sentido espiritual se justifica com um apelo à doutrina de Paulo (1Cor 3,2; Gl 4,22-23; etc.) e de Cristo (Jo 6,64), ao fato de que todas as criaturas são compostas de um elemento visível e outro invisível, e ao fato de que toda a natureza visível é imagem da natureza invisível (muitíssimos textos: estudo mais ou menos completo in *De princ.* 4, 9-27). O sentido espiritual é o mais útil para a alma (*In Gen. hom.* 15, 1); todas as ações de Cristo têm um valor simbólico (*Comm. in Matt.* 11, 17; *C. Celsum*, 2, 69).

Do modo como Orígenes fala de Cristo ou do Verbo encarnado, podemos entrever alguma coisa do seu amor por Cristo, pela Igreja que ele chama de a "farmácia" de Cristo médico (*In Lev. hom.* 8, 1) e fora da qual não há salvação (*In Librum Jesu Nave hom.* 3, 5), e do seu amor pelos fiéis, que são os membros de Cristo. O Verbo encarnado é considerado sobretudo como revelador e salvador: como Verbo, imagem perfeita do Pai; como Verbo encarnado, imagem visível de Deus invisível; Cristo é esplendor de luz: faz conhecer os segredos do Pai e é a única luz do mundo: abre-nos os olhos não para ver as coisas terrestres, mas as celestes (*In Gen. hom.* 15, 7; *in Num.*, 18, 2; *in Jesu Nave*, 8, 6; *in Jer.* 9, 4; *De princ.* 1, 2, 6-8; etc.). O Verbo se encarnou para ser redentor: se o homem não tivesse pecado, ele não teria descido à terra; portanto, ele o fez para restaurar no homem a imagem perdida, ou seja, a deificação e a intimidade com Deus (*In Gen. hom.* 1, 13-14; 13, 4; *in Ex.* 6, 1; *in Num.* 10, 2; 24, 1; *in Ez.* 1, 7; *Comm. in Io.* 1, 22 etc.). O Verbo é, consequentemente, tudo para nós, e nós encontramos nele a plenitude de todos os bens (*In Jer. hom.* 8, 8; *Comm. in Ep. ad Rom.* 2, 7; *in Io.* 1, 10; 1, 22-42 etc.). A cruz de Cristo conserva sua força e sua eficácia em todos os tempos: quem a traz não pode ser escravo do pecado (*Comm. in Ep. ad Rom.* 6, 1); Orígenes inculca o uso frequente do sinal da cruz (*Comm. in Ez.* 9).

Os vários modos como os contemporâneos de Cristo se aproximavam dele ou tratavam com ele são o símbolo da atitude que os homens têm diante dele. Há os adversários, fariseus e judeus, que pretendem dele se apoderar para se desembaraçarem dele, os hereticos, que se aproximam, afastando-se, os pecadores, incapazes de se aproximarem porque espiritualmente mortos; Cristo não se digna instruí-los, nem sequer lhes dirige a palavra, abandonando-os à própria sorte e maldade, mas às vezes lhes fecha a boca, ao interrogá-los, para tornar manifesta a má vontade deles. Os simples fiéis veem nele o filho de Davi, um taumaturgo, e se aproximam unicamente para receber os bens passageiros (saúde corporal etc.); a eles Cristo não se revela plenamente nem faz conhecer o sentido profundo da sua doutrina e não os admite na sua intimidade, embora a atitude dos simples fiéis seja coisa louvável: procurar Jesus é coisa boa porque é procurar a verdade, a sabedoria etc. Os perfeitos, representados sobretudo pelos apóstolos, veem nele o Filho de Deus; Cristo os admite à sua intimidade, revela-lhes seus segredos (João na última ceia), dá o dom supremo da paz (Simeão que canta o *Nunc dimittis*), é introduzido no aposento nupcial e se torna o esposo da alma (matrimônio espiritual) etc. Especialmente para os perfeitos, ou seja, na vida de maior perfeição, o movimento inicial é da parte de Cristo; mas da parte da alma é exigida fiel e doce colaboração, bem como a realização de algumas condições indispensáveis: renúncia total, fidelidade a Jesus nas tribulações, solicitude pela doutrina ortodoxa etc. (muitíssimos textos nas *Homilias* e nos *Comentários ao NT e ao Cântico dos Cânticos*).

Cristo continua a sua vida e a sua ação redentora na Igreja e por meio dela: ela é o corpo de Cristo (*C. Celsum*, 6, 48); ainda hoje Cristo envia pescadores para livrar os homens do mar iníquo, para os converter e instruir na sua doutrina e na sua lei (*In Jer. hom.* 16, 1); *Comm. in Matt.* 15, 32); ele ainda hoje expulsa os demônios, cura as enfermidades, reprime os vícios, modera os costumes, é acusado injustamente e defendido pela vida dos seus "autênticos discípulos" etc. (*C. Celsum*, 1, pról. 2; 1, 64 e 67; etc.); tudo o que aconteceu na vida de Cristo reproduz-se na vida dos fiéis, e o que acontece hoje nos fiéis deve ser considerado como acontecido em Cristo. Ele sofre, é acusado, perseguido, condenado nos seus membros etc. (*In Jer. hom.* 14, 7-8; 18,12; *Comm. in Matt.* 16, 3; *In Io.* 10, 20; *in Ep. ad Rom.* 4, 7; etc.); os fiéis devem se pôr a serviço de Cristo e ser tornar seus pés, suas mãos, seus olhos etc. (*In Gen. hom.* 17,9); Cristo é a vida dos fiéis; renasce neles, e eles se tornam outros "cristos", imagens dele segundo sua humanidade e têm, portanto, a obrigação de imitá-lo na própria conduta moral (*Comm. in Io.* 6, 3; 2, 2-3; *in Ep. ad Rom.* 7, 7; *in Cant.* 2, 5; *In Jer. hom.* 9, 4; *in Luc* 8; *in Gen.* 1, 13; 13, 4 etc.). Talvez Orígenes ensine a maternidade espiritual de Maria, se não sobre todos os homens, pelo menos sobre os perfeitos discípulos de Cristo (*Comm. in Io.* 1, 6).

De acordo com a distinção de dois ou três sentidos escriturísticos, Orígenes distingue duas ou três classes de fiéis. Detém-se, de preferência, em duas classes: os simples fiéis, ou seja, "carnais", que não chegam ao sentido espiritual da Escritura e não se elevam acima das coisas terrestres, e os perfeitos, ou seja, os espirituais, ou "gnósticos", que são contemplativos, praticam perfeitamente a virtude, possuem a perfeita caridade, devem lutar contra adversários espirituais, penetram em profundidade na Escritura, servem de guia para os outros; ambas as classes pertencem a Cristo rei e são templo de Deus, ao passo que os demais pertencem ao diabo e são templo de ídolos; em cada classe o sentido das Escrituras é entendido segundo as próprias disposições;

todavia, a luz do Senhor é necessária para penetrar o sentido profundo delas e, consequentemente, é preciso pedir com insistência essa luz. Orígenes não despreza os simples fiéis, mas até quer ajudá-los a se tornarem perfeitos (no segundo período da sua vida, pregava quase todos os dias).

A perfeição consiste em atingir a perfeita semelhança com Deus, que é possível, porque carregamos em nós a imagem de Deus; são necessárias a colaboração com o Senhor e a imitação de Deus e de Cristo (*De princ.* 3, 6, 1; 2, 11, 3-7). Cristo restaurou em nós a imagem, mas somos capazes de pintar por cima da imagem celeste uma imagem terrestre (*In Gen. hom.* 13, 4); porque existe o pecado original com todas as suas consequências (*In Lev. hom.* 8,3; *in Luc.* 14; *Comm. in Ep. ad Rom.* 5, 1; etc.); mas existe também o → DIABO, "régulo" de todas as serpentes, áspide, dragão, leão etc., que de Deus recebeu o poder de tentar o homem, como lhe foi dado tentar Cristo, embora não seja capaz de vencer o homem sem o consentimento do próprio homem (*In Luc. hom.* 12; 29; 31; 35; *C. Celsum*, 8, 36; *De princ.* 3, 2: por inteiro, etc.). De outra parte, não se deve imputar tudo à ação do diabo: as coisas materiais de que podemos e devemos fazer uso (comida e bebida, dinheiro, vida matrimonial etc.) podem se prestar a abuso ou uso imoderado e, portanto, ser ocasião para que em nós nasçam e cresçam os vícios (*De princ.* 3, 2, 2; *In Gen. hom.* 13,4); os sentidos corporais podem nos arrastar em direção oposta ao amor de Deus (*In Librum Jesu Nave hom.* 11, 4-6); etc. Daí a dificuldade e tentações contínuas (*De princ.* 3,4: por inteiro; etc.).

O caminho para a perfeição exige um longo trabalho ascético de luta, de renúncia, de vigilância, de treinamento espiritual, de generosa colaboração com Deus. Nem Deus faz tudo sem que a alma colabore nem a alma é capaz de fazer alguma coisa sem que receba de Deus a graça e a ajuda necessária: Orígenes insiste muitíssimo na total dependência de Deus por parte do homem e na liberdade dada por Deus ao homem (*De princ.* 3, 1: por inteiro; etc.). É necessária uma contínua vigilância: como se pode passar do vício à virtude, também se pode passar da virtude ao vício (*Comm. in Ep. ad Rom.* 5, 10: exemplos de Lúcifer e do primeiro homem); o conhecimento de si: da própria dignidade, do mundo dos pensamentos, dos afetos, dos motivos, das atitudes etc., que vive e se move na alma, que a leva a operar, que a sustenta nas suas relações com Deus e o próximo etc. (*Comm. in Cant.* 2, 8, 143-145); o esforço ascético, ao qual pertencem as vigílias noturnas, o estudo assíduo das Escrituras, o jejum e a abstinência, a mortificação ou a "circuncisão" de todos os membros e do coração, a pobreza voluntária, a humildade que consiste em tomar a atitude devida diante de Deus e em se inclinar sob sua ação poderosa à imitação de Cristo, a penitência nas suas variadíssimas formas e também a continência, pelo menos até certo ponto. Orígenes não condena o matrimônio, mas dá a preferência ao culto da virgindade, que abrange uma atitude interior e exterior, torna a vida dos homens semelhante à dos anjos, tem suas primícias (não necessariamente sua origem) em Cristo e em Maria, é a flor requintada da Igreja de Cristo (muitíssimos textos nos vários escritos; cf. *In Gen. hom.* 3, 5-6: circuncisão dos sentidos; *in Lev.* 2, 4: várias formas de penitência). Essa era a vida de Orígenes, segundo o testemunho de Eusébio de Cesareia (*Hist. eccl.* 6, 3, 10-13).

O caminho para a perfeição é longo e árduo. Somente Deus é a santidade substancial, nós temos de nos tornar santos (*In Num. hom.* 11, 8). As etapas vão da fé, pela esperança, à caridade (*Comm. in Ep. ad Rom.* 4, 6), ou da infância, através da juventude, à idade adulta (*Comm.in Cant.*, prol.; *In Iud. hom.* 6,2). Trata-se de chegar à liberdade de espírito, à pureza espiritual ou do coração, ao amor puro, para poder mergulhar em Deus, unindo-nos a ele (*De princ.* 3, 3, 3; *In Jer. hom.* 19, 7; etc.). Orígenes descreve o caminho em duas homilias (*in Ex.* 5; *in Num.* 27), comentando a saída dos israelitas do Egito e a viagem deles através do deserto até a terra prometida: a viagem não é retilínea porque, por causa das tentações e provas, a alma parece às vezes retroceder. É preciso começar a viagem com confiança e generosidade, conscientes de que é melhor morrer no deserto que no Egito, escravos das paixões e do mundo. No início há a fuga do mundo com os seus prazeres e as suas concupiscências, ou seja, a saída do Egito; vem depois a luta contra os egípcios perseguidores, ou seja, contra o diabo e os seus satélites, para a conquista da virtude: é necessário apoiar-se na pedra, que é Cristo. A passagem do mar Vermelho fecha uma etapa muito importante: é a superação da parte sensitiva, acompanhada de muitas provas e tentações, mas é preciso olhar para Cristo, que foi também tentado. A alma se embrenha, a seguir, pelo deserto das tribulações interiores, recebendo também consolações espirituais: essas últimas são necessárias a fim de que a alma não perca a coragem, mas podem ter origem no diabo, que se transforma em anjo de luz; por isso, a alma deve, de preferência, seguir a Cristo, que carrega a cruz, até ser pregada com ele na cruz. No fim vem a terra prometida, a luz, a vida perfeita, o amor transformador, a união com o Verbo no → MATRIMÔNIO ESPIRITUAL: a alma é introduzida nos segredos da ciência e da sapiência divinas que o Verbo possui e é.

Orígenes descreve o matrimônio espiritual sobretudo nas *Homilias* e no *Comentário ao Cântico dos Cânticos* — Jerônimo dizia que se ele tinha superado os outros nos seus diversos escritos, neste superou a si mesmo —: a alma ama a Deus como o deve amar, sem modo nem medida, dando-se toda a ele, despe-se inteiramente do amor carnal, recebe do Verbo a "ferida do amor", aperta o Verbo num "abraço espiritual", atinge o ápice da fecundidade espiritual, quer em si mesma (a sua "progênie" são as virtudes perfeitas), quer em relação às almas que, atraídas por seu exemplo, correm atrás dela e assim são reconduzidas a Cristo. Pelo modo como Orígenes fala das experiências místicas, parece que temos de admitir que ele as tenha conhecido pessoalmente.

Orígenes escreveu uma obra sobre a oração: conhece a objeção corrente a respeito da inutilidade da oração, porque Deus conhece tudo e estabeleceu tudo desde a eternidade e sua vontade não pode mudar: sendo livre, o homem encontra dificuldade quando deve escolher; portanto, sente a necessidade da ajuda divina e, além do mais, nossa oração está prevista nos desígnios de Deus (*De oratione*, 5-7). Sendo um colóquio com Deus, a oração põe-nos na presença de Deus e, portanto, nos preserva do pecado e estimula à prática da virtude, além de ser uma flecha potentíssima lançada contra o nosso adversário (*Ibid.*, 8-12). Lembra algumas condições e disposições necessárias para quem ora e insiste sobre a oração da vida: não podendo rezar sempre com os lábios, temos de fazer com que as nossas ações sejam uma oração ininterrupta (*Ibid.*, 8-21 e 31-32 ss.). Nega que se possa rezar a Cristo no sentido de louvor endereçado a Deus, porque ele se constituiu nosso mediador junto ao Pai (*Ibid.*, 15-16); porém, Orígenes não é lógico consigo mesmo, porque não somente invoca Cristo sem invocar o Pai, como também louva, adora e glorifica Cristo com o Pai; alonga-se, enfim, num comentário ao → PAI-NOSSO (*Ibid.*, 18-30).

Escreveu também uma *Exortação ao martírio*, em 235, para dois amigos, e fala com frequência dos mártires e do martírio em outros escritos: o termo "mártir" tem um duplo sentido, porque indica sejam os que confessam o nome de Cristo até a efusão do sangue, sejam os cristãos que com sua vida perfeitamente conforme à doutrina e à lei de Cristo dão testemunho dele (*Exhort.* 21; *Comm. in Io.* 2,18). A apostasia é o maior dos pecados (*Exhort.* 6-10 e 45-46); portanto, o martírio, ou seja, a confissão da verdadeira fé, é um dever para todos, quando Deus nos põe diante da prova: é a expressão do nosso amor por ele, da fidelidade aos empenhos assumidos no dia do batismo e também do nosso reconhecimento a Deus (*Ibid.*, 3-4.6.17 e 28); todavia, ninguém pode se expor ou denunciar a si mesmo. A perseguição é um grande bem porque desperta ou fortalece o ardor nos cristãos, mas o martírio não se obtém senão por meio de um homicídio, com o qual não se pode colaborar (*In Num. hom.* 9,2; *in Jer.* 4, 3; *Comm. in Matt.* 10, 23; *in Io.* 28, 18; etc.). Os mártires estão intimamente unidos a Cristo durante os tormentos e participam de seu "cálice"; o sacrifício deles é uma participação no de Cristo e tem por prêmio a bem-aventurança eterna; mais, aqui na terra, os mártires participam da missão dos apóstolos (*Ibid.*, 34). A esse respeito, a vida concreta de Orígenes é um exemplo lucidíssimo disso: jovem (era primogênito de sete irmãos), não hesitou em encorajar o próprio pai, encarcerado pela fé, a não mudar de ideia, ao pensar na esposa e nos filhos; manifestou um grandíssimo amor pelos cristãos encarcerados, interrogados e levados ao lugar do suplício; em meados de sua vida escreveu a *Exortação ao martírio*; durante a perseguição de Décio, já ancião, soube pôr em prática os conselhos dados cerca de quinze anos antes: foi também lançado ao cárcere "inferior" e conheceu a pena do "cepo" (EUSÉBIO, *Hist. eccl.* 6, 1-5 e 39).

"Homem da Igreja", Orígenes é um ardente defensor da fé cristã: inculca a fidelidade à "regra da fé", que é a tradição herdada dos apóstolos; adverte os seguidores de Cristo para que salvaguardem a "castidade do coração e da mente", ou seja, a fé íntegra, e a se prevenir contra o "pecado da cabeça", ou seja, da heresia; deseja que todos se encaminhem para a perfeição. É exigente quando fala dos ministros de Cristo: deles se exige uma sólida virtude e ciência, bem como um rigor inflexível, especialmente se se trata da soberba, da ambição, do amor ao dinheiro, da hipocrisia. Orígenes não se esquece de que o diabo ataca numa frente dupla, inspirando seja o rigor ascético nos heréticos (a santidade tem sempre uma força de atração), seja uma vida muito cômoda, até mesmo relaxada, nos pastores ortodoxos.

BIBLIOGRAFIA. *Apologia del cristianesimo* (Introdução, tradução de passagens importantes do *Contra Celsum*, notas por L. DATTRINO), Padova, 1987; BALTHASAR, H. U. VON. Le mysterion d'Origène. *Recherches de Science Religieuse* 26 (1936) 513-562; 27 (1937) 38-64; ID. *Parole et mystère chez Origène*. Paris, 1957; BERTRAND, F. *Mystique de Jésus chez Origène*. Paris, 1951; BETTENCOURT, S. *Doctrina ascetica Origenis*. Roma, 1945; BOUYER, L. – DATTRINO, L. *La spiritualità dei Padri* (3/A). Bologna, 1983, 195 ss.; CADIOU, R. *Introduction au système d'Origène*. Paris, 1932; CROUZEL, H. *Bibliographie critique d'Origène*. La Haye-Steenbrugge, 1971; *Suplementum* I (até 1980), *Ibid.*, 1982; ID. L'anthropologie d'Origène dans la perspective du combat spirituel. *Revue d'Ascétique et de Mystique* 36 (1955) 364-385; ID. *Théologie de l'image de Dieu chez Origène*. Paris, 1956; ID. *Origène et la connaissance mystique*. Paris, 1961; DANIÉLOU, J. *Origène*. Paris, 1948; LEBRETON, J. La source et le caractère de la mystique d'Origène. *Analecta Bollandiana* 67 (1949) 55-62; FAYE, E. DE *Origène, sa vie, son oeuvre, sa pensée*. Paris, 1923-1928, 3 vls.; HARL, M. *Origène et la fonction révélatrice du Verbe incarné*. Paris, 1958; *La spiritualità dei Padri*. (3/B). Bologna, 1986, 53 ss.176 ss.; LEBRETON, J. Les degrés de la connaissance religieuse d'après Origène. *Recherches de Science Religieuse* 12 (1922) 265-296; ID. Le désaccord de la foi populaire et de la théologie savante dans l'Église ancienne du III siècle. *Revue d'Histoire Ecclesiastique* 19 (1923) 481-506; 20 (1924) 5-37; LUBAC, H. DE. *Histoire et esprit. L'intelligence de l'écriture d'après Origène*. Paris, 1950; VOELKER, W. *Das Volkommenheitsideal des Origenes*. Tubingen, 1931.

C. SORSOLI – L. DATTRINO

OSUNA, FRANCISCO DE.

1. NOTA BIOGRÁFICA. Nasceu em Osuna (Sevilha), parece que em 1492, de família humilde. Por volta de 1513, entrou para os franciscanos menores da observância regular, na província de Castela ou de Toledo. Depois da profissão, completou a sua formação intelectual, essencialmente tradicional e escolástica, entre 1514 e 1522, e foi ordenado sacerdote, entre 1519 e 1520. Terminados os estudos, transferiu-se para a solidão da Salceda, onde entrou em contato com as correntes espirituais dos *alumbrados* e iniciou o seu apostolado de pregador e de escritor espiritual. Entre 1528 e 1532, conquistou extraordinária fama como pregador popular e mestre de oração, com a publicação dos seus primeiros escritos. No Capítulo geral de Nice, de 1532, foi eleito comissário-geral das Índias, mas não abandonou ainda a Espanha. Para participar do Capítulo geral de Toulouse e para a publicação dos seus livros, viajou à França (1532-1533) e a Flandres (1534-1536), chegando em sua peregrinação espiritual, científica e apostólica a Aachen e a Colônia. De volta à Espanha, cuidou da reimpressão de suas obras e morreu entre 1540 e 1541 (mas não se sabe com exatidão onde).

2. OBRAS E DOUTRINA. A produção literária de Osuna compreende escritos em latim e em espanhol. Os latinos, em número de seis, são uma série de *sermões e de comentários bíblicos e hagiográficos* de menor interesse para a síntese espiritual. Os oito escritos espanhóis podem ser, bibliograficamente, distribuídos em duas séries: os seis *Abecedarios espirituales*, assim chamados porque seguem, na ordem interna do conteúdo uma divisão correspondente às letras do antigo abecedário espanhol; e dois tratados avulsos, um sobre a Eucaristia, intitulado *Gracioso convite de las gracias del Santo Sacramento del altar* (Sevilha, 1530) e um outro sobre a vida espiritual nos diversos estados, que intitulou *Norte de estados* (Sevilha, 1531). Doutrinalmente, podem se dividir em duas seções: obras de caráter ascético e escritos de assuntos místicos. Pertencem todas à primeira série, exceto a *Tercera parte del libro llamado Abecedario espiritual* (Toledo, 1527) e a *Ley de amor o cuarta parte del Abecedario espiritual* (Sevilha, 1530).

Osuna é um dos pioneiros da comunhão frequente e cotidiana. Embora suas doutrinas sobre o Santíssimo Sacramento e sobre o sacrifício do altar dependam notavelmente de G. Beil, → GERSON e Mombaer, a estrutura geral do seu *Gracioso convite*, todavia, é original e merece ser posta em destaque justamente pela prática da comunhão frequente como meio regular de vida cristã. Talvez justamente por isso foi proibido pela Inquisição, em 1599. Os *Abecedarios* não foram publicados em ordem cronológica correspondente à numeração nem segundo um plano sistemático e progressivo da vida espiritual. Em *A quinta parte del Abecedario espiritual* (Burgos, 1542), Osuna completa, em parte, o assunto tratado no *Norte de estados*, ou seja, as normas de vida cristã e espiritual para toda espécie de pessoas, servindo-se das sumas de moral então em voga, sobretudo de São → BERNARDINO DE SENA e de Reulin. Uma parte muito extensa e importante da sua doutrina ascético-mística concentra-se na paixão de Cristo, ocupando quase completamente a primeira e a sexta parte do *Abecedario espiritual* (Sevilha, 1528 e Medina del Campo, 1554, respectivamente), além de sua obra latina *Trilogium de Passione* (Amberes, 1536).

A síntese orgânica da sua espiritualidade pode ser estruturada a partir da segunda parte do *Abecedario* (Sevilha, 1530) e continuando com a terceira e quarta parte, para neles enquadrar todos os outros ensinamentos. Os argumentos básicos são os seguintes. O desenvolvimento da vida espiritual compreende diversos exercícios ou meios práticos para ajudar a orar, a servir a Deus e a conquistar a virtude. Entre eles pode-se estabelecer uma gradação ou hierarquia: como base ou fundamento estão os exercícios corporais, penitências, mortificações, obras de misericórdia etc.; depois, os exercícios intelectuais, quando o espírito medita sobretudo sobre a paixão do Salvador; enfim, há o exercício do "recolhimento", em que predominam os atos da vontade e do amor. A cada exercício corresponde uma forma típica de oração: aos corporais, a oração vocal; aos intelectuais, a meditação discursiva, cujo tema central é a paixão; e ao recolhimento corresponde a pura contemplação da divindade. Cada exercício compreende, por sua vez, três categorias de pessoas: os principiantes, os proficientes, os perfeitos. A parte mais original da doutrina de Osuna é a que se refere ao "recolhimento", na qual atinge um equilíbrio singular no ambiente "alumbrado" (→ ALUMBRADOS) onde nasce e se difunde essa doutrina, e na qual é mestre de Santa Teresa, sem que isso signifique identidade completa de pensamento. A análise psicológica de Osuna é de extraordinária penetração. O que leva a distinguir diversas formas de "recolhimento": há um geral ou comum e outro particular. O mais alto e genuíno verifica-se no coração ou no centro da alma e comporta essencialmente uma contemplação exclusiva da divindade "sem pensar nada; atento somente a Deus e contente". Entre as outras definições descritivas, pode servir como exemplo a seguinte: "É uma oração mental que consiste numa atenção intensíssima e fervorosa dirigida exclusivamente a Deus, sem lugar algum para os pensamentos, atenção produzida ou favorecida pelos pensamentos sobre os quais ela sobe e voa com as asas do desejo, os quais estimularam os bons pensamentos, a fim de que ela (a alma) se eleve mais depressa ao Senhor" (*II Abecedario*, c. 2). Na descrição e na aplicação dessa doutrina contemplativa do recolhimento, ele estabelece gradações ou categorias (recolhimento ativo, passivo, misto; nos principiantes, nos proficientes, nos perfeitos), que não se harmonizam facilmente com outros mestres de vida espiritual. Descreve e analisa os diversos fenômenos místicos (gritos, movimentos corporais, êxtases, paralisias, levitações etc.) que têm relação com a contemplação. Embora tenha se inspirado em muitos textos da mística medieval, sobretudo em São Bernardo, em → RICARDO DE SÃO VÍTOR e em Gerson, conserva na sua organização uma acentuada personalidade, graças à qual pôde exercer uma influência tão ampla na espiritualidade espanhola posterior e até nos grandes círculos da França, da Bélgica e da Itália.

BIBLIOGRAFIA. ANDRES, M. *Introducción al "Tercer Abecedario espiritual"*. Madrid, 1972; FIDÈLE DE ROS. *Un maître de sainte Thérèse. Le père François d'Osuna: sa vie, son oeuvre, sa doctrine spirituelle*. Paris, 1937, 1946; LOPEZ SANTIDRIAN, S. La pobreza en el quinto Abecedario espiritual de Francisco de Osuna. *Burgense* 14 (1973) 423-466; ID. Il consuelo espiritual y la humanidad de Francisco de Cristo en un maestro de Santa Teresa. *Ephemerides Carmeliticae* 31 (1980) 161-193; ID. Síntesis teológica de la pobreza en el Quinto Abecedario de Osuna. *Burgense* 22 (1981) 169-207; LORENZ, E. Francisco de Osuna: die Kunst des Betens. *Christliche Innerlichkeit* 16 (1981) 40-7.157-75.207-26.286-298; MICHEL-ANGEL. La vie franciscaine en Espagne entre le deux couronnements de Charles Quint. *Revista de Archivos, Bibliotecas y Museos* 17-18 (1913-1914).

E. PACHO

OTIMISMO. 1. Podemos distinguir um duplo otimismo: um cósmico e um psicológico. O otimismo cósmico, por sua vez, pode ser considerado sob um duplo aspecto: a) otimismo cósmico filosófico: sistema que afirma que o mundo, assim como é, é o melhor dos mundos possíveis, de tal modo que Deus não teria podido criar um melhor, e que o homem é bom por natureza. Diante do fato inegável do mal, o comportamento é o de ceticismo. O mundo como é não pode deixar de ser obra de um criador onipotente, sábio e bom; b) otimismo cósmico teológico: é o sistema que afirma que o universo atual, tudo bem considerado, é o melhor dos possíveis pela ordem convenientíssima nele estabelecida por Deus; tanto mais que Deus o criou no melhor dos modos, embora tivesse podido criar um substancialmente melhor (cf. *STh.* I, q. 25, a. 6, ad 1 e ad 3). Por meio do mal, tanto físico quanto moral, realiza-se um plano de bem universal que redime e sublima os insucessos e os sacrifícios individuais.

O otimismo psicológico: é a visão serena da vida; é a tendência a prever e a julgar favoravelmente o curso das coisas e a considerar a realidade no seu lado melhor. Tem um duplo sentido: a) um sentido positivo, ou seja, a inclinação a ver e a valorizar nas realidades possivelmente o melhor aspecto (otimismo sadio); b) um sentido pejorativo, ou seja, a inclinação a ignorar os aspectos negativos das coisas e, portanto, a não se empenhar diante do mal nas suas várias manifestações (otimismo cego). Tal conceito pode ser aplicado a indivíduos, a grupos e a povos.

2. O OTIMISMO E A VIDA ESPIRITUAL. O grande obstáculo da vida espiritual do otimismo é o orgulho que se manifesta nessas atitudes: exagerada confiança em si mesmo e multiforme teimosia pueril que não faz respeitar a opinião dos outros. Daí é fácil a passagem à falta de caridade em relação ao próximo com pensamentos e com palavras, sem sequer dar-se conta disso. O otimista deve, em primeiro lugar, estabelecer a boa e insubstituível base da humildade, *fundamentum vitae spiritualis* (*STh.* II-II, q. 161, a. 5, ad 3).

Se, com a graça de Deus, o otimista quer, principalmente, tender à própria perfeição espiritual e aprender a conhecer os limites próprios e a se inclinar diante de Deus, então o seu temperamento se torna uma valiosa ajuda para sua ascensão em direção à santidade e ao desenvolvimento da vida espiritual; empenha-se com ardor pelo ideal e com força de persuasão, é um herói nato, sobretudo se o atrai o ideal da imitação de Jesus Cristo. Com o próximo procurará fundir caridade, veracidade e ternura. Suas forças interiores o tornam apto ao → RECOLHIMENTO e à → VIDA INTERIOR. Seu desejo de expansão pode ter uma completa satisfação no ininterrupto e total emprego por Deus e pela sua causa: a vida de oração não deveria apresentar particulares dificuldades. O otimista deve pôr grande empenho em desenvolver os lados bons e em atenuar os maus. Tem, porém, extrema necessidade de um ideal claro: serviço de Deus e serviço do próximo por amor de Deus, lutando incessantemente contra o inato senso de superioridade. O sacerdote otimista obterá com facilidade a estima dos fiéis, dadas as suas qualidades de organização e de inteligência; com mais dificuldade, porém, obterá o amor, justamente pelos lados negativos do seu caráter, que não se eliminam em poucos anos.

O otimista deve também se esforçar por ver o mundo, a si mesmo e os outros com olhos mais realistas: por toda a parte, mesmo fora de nós, pode haver o bem. Um vestígio da bondade de Deus está impresso em todas as coisas; cabe ao homem descobri-lo para subir até Deus. Deve, além disso, lembrar-se da existência do pecado original: se esse fato não nos tornou totalmente corruptos, inclinou-nos, todavia, para o mal e para o pecado. É, portanto, natural que também no melhor caráter se encontrem aspectos negativos, que é sabedoria reconhecer e loucura ignorar. E a existência dessa triste realidade e herança não está somente nos outros, mas também em cada um de nós: o otimista, se tem de Deus particulares dons naturais, jamais deve se esquecer de que existem também nele os tristes efeitos do pecado original, talvez ocultos, mas sempre reais.

3. A Igreja, especialmente nestes anos de particulares turbulências morais e eclesiais, procurou sempre infundir nos homens um sadio otimismo João XXIII declarava "dever dissentir dos profetas das desgraças, que anunciam eventos sempre infaustos, como se estivesse iminente o fim do mundo... Nos tempos modernos não veem senão prevaricações e ruína; andam dizendo que nossa época, em confronto com as do passado, vem piorando" (11 de outubro de 1962: *Enchiridion Vaticanum*, vl. I, 39). Paulo VI dizia que "o coração do otimismo sadio nos parece transparecer do estilo moral de todo o Concílio" (Audiência geral, 4 de fevereiro de 1970). Na conclusão da exortação apostólica *Gaudete in Domino*, onde tinha lembrado os motivos perenes da alegria cristã, o mesmo Pontífice augurava que "as comunidades cristãs se tornem lugares de otimismo, onde todos os componentes se empenhem resolutamente em discernir o aspecto positivo das pessoas e dos acontecimentos" (*Enchiridion Vaticanum*, vl. V, 813). Diante da morte, na total e definitiva separação da vida presente, sentia "o dever de celebrar o dom, a sorte, a beleza desta fugaz existência" (*Testamento de Paulo VI*, n. 1).

Embora reconhecendo em si e nos outros os limites e as consequências do pecado, o cristão, animado pela fé, sabe conservar por toda a vida e em todas as circunstâncias um sentido de profunda confiança e sadio otimismo.

BIBLIOGRAFIA. BONAFEDE, G. *Spiritualismo, ottimismo e pessimismo*. Palermo, 1957; FAGGIOTTO, P. Ottimismo. In *Enciclopedia Filosofica*. IV. Firenze, 1959, 1.243-1.244; GILSON, E. *L'ottimismo cristiano*. Brescia, 1964; L'ottimismo: una virtù difficile. *La Civiltà Cattolica* 138 (1987/I) 417-428; Ottimismo del cristiano e male del mondo. *La Civiltà Cattolica* 134 (1983/IV) 209-219; STEFANINI, L. Ottimismo tomistico e pessimismo esistenzialistico. *Sapientia Aquinatis*. Atti del IV Congresso Tomistico Internazionale. Roma, 1955, 562-572.

M. CAPRIOLI

P

PACIÊNCIA. 1. A PACIÊNCIA SEGUNDO A ESCRITURA. Para São Paulo, o Antigo Testamento designa o tempo em que Deus suportava os pecados dos homens em vista de manifestar a sua justiça salvífica no tempo presente (Rm 3,25; 1Pd 3,20). Embora não negligenciando os temas da cólera e do juízo divinos, os profetas vão ressaltando mais o perdão divino; e, na sua longa história, o povo eleito vai tomando consciência cada vez mais profunda da paciência de Deus (Ex 34,6 ss.; Sr 18,8 ss.; Gl 2,13 ss.; Is 55,6 ss.).

No Novo Testamento, Jesus, mediante os ensinamentos e a atitude que manifesta em relação aos pecadores, explica e encarna a paciência divina; repreende os discípulos que se mostram impacientes e vingativos; revela a paciência divina por meio de várias parábolas (Lc 9,55; 13,6 ss.; Mt 18,23 ss.). A vida de sofrimento tornará Jesus exemplo singular de paciência Segundo os apóstolos essa nossa vida é o tempo da paciente longanimidade de Deus, mas para quem se obstina no mal haverá o dia da ira (2Pd 3,9 ss.; Rm 2,5; Hb 3,7).

Em consideração da paciência o cristão deve entender que os sofrimentos não são necessariamente um castigo do pecado quanto uma prova da própria fé no reino messiânico (1 e 2 Mc; Dn 12,12), uma cooperação à paixão redentora do Cristo (Fl 3,10; Rm 8,17); semelhante paciência será assim um fruto do Espírito (Gl 5,22; Cl 1,11), e meio para obter a → BEM-AVENTURANÇA (Mt 10,22). A paciência do cristão não pode ser senão uma imitação amorosa da de Cristo (At 8,32; Hb 12,2).

Assim, se no pensamento grego a paciência é corajosa constância que enfrenta virilmente o mal, na Palavra revelada ela é atitude religiosa diretamente ligada à palavra de YHWH e de Cristo. Para o antigo povo eleito, a paciência encontrava justificação na promessa de Deus poderoso (Sl 22,25; 27,3; 34,19; 126,5 etc.); para o cristão a paciência é expressão de fé no mistério pascal compartilhado (Hb 12,1-12; 2Cor 4,8-12), de esperança voltada para o reino futuro (Rm 5,4-5; 2Tm 2,11-12), de caridade já prelibada no presente (Rm 8,35-39).

O crescimento espiritual se desdobra lentamente durante toda a vida terrestre; é preciso saber pacientar, como diante de uma semente lançada à terra (Mc 4,26 ss.). "Pacientai, irmãos até a vinda do Senhor! Vede o agricultor: ele espera, sem impacientar-se a seu respeito, o precioso fruto da terra enquanto não colheu o precoce e o temporão. Vós também, pacientai" (Tg 5,7 s.). É necessário que os cristãos possuam a sua alma na paciência (Lc 21,29).

2. A PACIÊNCIA SEGUNDO OS PADRES DA IGREJA. A comunidade cristã primitiva, vivendo sob a perseguição, pode se conservar fiel somente mediante a paciência (CIPRIANO, *PL* 4, 657). Não se alude à orgulhosa paciência que ostenta autossuficiência, como entre os pagãos, mas uma esperança crucificada, à imitação do Senhor (AGOSTINHO, *PL* 40,618). "Perseveremos, portanto, sem descanso na nossa esperança [...] e no penhor de nossa justiça, que é Cristo. [...] Ele suportou tudo por nós, a fim de que vivêssemos nele. Procuremos, portanto, imitar a sua paciência e, se tivermos de sofrer por seu nome, demos-lhe glória" (POLICARPO, *Aos filipenses*, 8,1-2).

Para os Padres a paciência é o modo de viver, na comunidade eclesial peregrinante, a fé, a esperança e a caridade; de se comportar como autênticos cristãos segundo o imperativo evangélico das virtudes teologais. "Para que fé e esperança consigam seu fruto, há necessidade de paciência" (CIPRIANO, *PL* 4,655), a qual não é senão caridade fraterna vivida (AGOSTINHO, *PL* 40, 625-626). A atitude virtuosa teologal, por motivo da paciência, que a acompanha, adquire uma qualificação sacrifical como o pão eucarístico: é "trigo de Deus; que possa ser moído pelos dentes até ser achado puro pão de Cristo" (INÁCIO DE ANTIOQUIA, *PG* 5, 688).

3. NATUREZA DA PACIÊNCIA. A paciência é virtude que induz a suportar os males com ânimo inalterado, de modo a não se deixar perturbar e desviar por eles. Na verdade, a tristeza é uma paixão particularmente eficaz em desorientar a razão; ela é capaz de deprimir e aniquilar as forças do espírito. E a paciência assume a finalidade de manter o ânimo sereno e confiante na virtude acima das flutuações da sensibilidade abatida pela tristeza (Lc 21,19). O seu aspecto virtuoso não está em suportar o mal, mas em permitir que a razão o domine. "Diz-se que é paciente não aquele que se recusa a fugir das dificuldades, mas aquele que se comporta corretamente, aturando o que atualmente o aflige, de modo a não cair na tristeza desordenada" (*STh*. II-II, q. 136, a. 4, ad 2).

A paciência, em sentido próprio, diferencia-se da tolerância: a primeira tolera os males na esperança e na expectativa confiante de chegar a um determinado fim; a segunda suporta os males sem se abandonar à tentação de abreviar seu tédio. A paciência não se reduz a apatia ou falta de espírito de iniciativa. A aceitação resignada das pessoas que suportam e esperam, uma vez que não sabem ou não ousam fazer, não é paciência. O paciente é um lutador, um combatente: é um apaixonado por um ideal. "O amor suporta tudo, sofre tudo" (1Cor 13,7).

A paciência é parte potencial da virtude da fortaleza. Não pode ser perfeitamente forte quem, ao sobrevirem os males, se deixa inundar pela tristeza. E a paciência torna a fortaleza serenamente robusta nas situações dolorosas. Embora intimamente unidas, paciência e fortaleza são especificamente distintas; a fortaleza é relativa ao que se teme, e a paciência, ao que nos entristece: a primeira inspira audácia, a segunda, porém, oferece resignação.

4. A LONGANIMIDADE. Quando a espera de um bem muito distante nos induz a ter de suportar por muito tempo sofrimentos (o que constitui uma grandeza em duração e em extensão), então há a exigência da virtude da longanimidade. É uma paciência essa que leva longe no tempo, tecida de expectativas prolongadas; é uma esperança que perdura e ensina a tolerar o peso do atraso. É a virtude própria do educador, o qual deve saber oferecer à criança o tempo necessário para desenvolver virtualidades e forças latentes. Isso não significa que o educador se reduza a uma expectativa puramente passiva diante do processo evolutivo. Ser longânime significa saber escolher o momento oportuno para intervir e o modo conveniente; implica realizar um esforço contínuo ritmado no desenvolvimento progressivo do educando.

5. MISSÃO DA PACIÊNCIA NA VIDA ESPIRITUAL. A paciência é necessária à salvação, uma vez que suportar pacientemente os sofrimentos é uma herança terrestre dos filhos de Deus e sinal de predestinação ("é necessário que passemos por muitas tribulações para entrar no Reino de Deus", At 14,22). A paciência ensina a usufruir dos sofrimentos para nos desapegarmos dos bens terrenos, dando início ao caminho para o amor caritativo e íntimo com Deus; ela é fonte de expiação e de mérito. Sobretudo conserva o ânimo disponível ao esforço contínuo em tender à perfeição espiritual; preserva de perturbações, inquietações e amarguras de coração, que poderiam nascer num ânimo não submisso de bom grado aos males que se encontram.

6. MISSÃO DA PACIÊNCIA NO CONHECER. A paciência é necessária para conhecer o íntimo espiritual do outro. O que se pode dizer de uma pessoa jamais se reduz ao que dela percebemos. Somente pacientando é que conseguimos olhar o irmão para além das aparências, do rosto assumido por conveniência.

É necessária a paciência também em relação a nós, para poder permitir que o tempo revele lentamente o que há de verdade escondida no profundo de nós mesmos. Nós nos conhecemos com dificuldade mediante múltiplas experiências. Não raro a existência é um experimentar-nos nas virtualidades recônditas para poder conhecê-las talvez quando já não é mais possível usufruí-las.

Nós não somos o fundamento de nós mesmos desde o início. Tornamo-nos capazes de autonomia; adquirimos com dificuldade a libertação de modo a nos sentir livres em sentido espiritual. A maior paciência deve ser não tanto em relação aos outros, mas em relação a nós mesmos. De outro lado, tornamo-nos realmente livres quando sabemos aceitar o outro na sua existência concreta e quando o sabemos aceitar como um possível sentido positivo para nós. "É pela vossa perseverança que ganhareis a vida" (Lc 21,19).

7. A PRÁTICA DA PACIÊNCIA. Não é possível praticar a paciência sem a graça. A → GRAÇA, como princípio de vida espiritual, está na base de toda virtude infusa e, portanto, da paciência. A graça é também necessária para exercer a virtude adquirida da paciência. Persistir no bem honesto, apesar do sofrimento, já é seguramente uma exigência ditada pela razão natural. Mas no estado atual de natureza decaída-redimida, a graça realiza uma missão de cura da concupiscência: ela é antes de tudo *gratia sanans*. Se lhe falta a graça, o homem não sabe ser integralmente virtuoso no plano natural e, portanto, sequer paciente de forma exemplar.

A graça que cura parece mais exigida pela paciência, uma vez que essa virtude não encontra nenhum apoio ou ajuda na sensibilidade, nem no impulso de audácia: ela se nutre exclusivamente de considerações racionais e espirituais; propõe-se como um cansativo caminho de vivência própria da esperança.

Para praticar a virtude da paciência de modo cristão, importa muito cultivar seus motivos sobrenaturais: conformidade com a vontade de Deus sabiamente previdente, lembrança da paixão de nosso Senhor, necessidade de reparar os próprios defeitos, de participar, completando a obra da redenção, o mérito eterno que se adquire. "Pensar nos males quando ainda não sentimos sua gravidade pode ajudar muito a nos dar ânimo para o sofrimento; ponderá-los quando já experimentamos seu peso é torná-los mais graves; é um fazê-los quase intoleráveis; é um pôr a prova nossa p.: porque na realidade o maior mal dos nossos males é a avaliação que deles fazemos com nossas apreensões" (SCARAMELLI, *Direttorio ascetico*, t. III, 8, c. 7). "Digo, portanto, ó Filoteia, que é necessário ter paciência não somente por causa da doença, mas por causa da tal doença que Deus quer, no lugar onde ele quer; e assim a respeito das outras tentações" (FRANCISCO DE SALES, *Filotea*).

A paciência vai se desenvolvendo em vários graus de perfeição: no início é uma capacidade de inibir os movimentos de ira e de impaciência, para que não prorrompam em atos externos e gestos ilícitos. Freando a própria impaciência aprende-se, portanto, lentamente a não se perturbar com as adversidades e, ao mesmo tempo, se edifica o próximo, mostrando equanimidade nas tribulações. Sucessivamente, a alma chega a aceitar com benevolência as dificuldades, uma vez que por elas pode exercer profunda caridade. A alma, desse modo, se associa ao mistério redentor da cruz. "Sofrer e ser desprezado por vós" (João da Cruz). Afugenta-se assim o estado melancólico e em seu lugar vem uma alegre paz interna. Essa perfeição é certamente árdua para a nossa frágil natureza: mas pode ser atingida pelo exercício de modo prolongado em considerar os sofrimentos à luz da fé. Para outros, porém, é oportuno falar deles, de modo a nos libertar dos momentâneos movimentos de mau humor, de cólera e de indignação, sem permitir que, cerceados e sufocados interiormente, acabem emitindo raízes (Hb 12,15) e apaguem a caridade no fundo do coração (Ef 4,26). Interiorizar o desabafo poderia ser apenas uma satisfação orgulhosa de se mostrar equilibrado. Teresa de Lisieux aceitava os movimentos de ira ou de ressentimento, mas canalizava-os em atos de caridade e de benevolência em relação a quem a maltratava. Era uma libertação que se traduzia em caridade vivida.

8. PECADOS LESIVOS DA PACIÊNCIA. A paciência convida a evitar dois comportamentos pecaminosos: a) Impaciência, pela qual sofremos imoderadamente aflições e contradições. O impaciente, por mais que pareça um violento, é um fraco: não sabe tolerar os próprios males. Às vezes vai lamentando as próprias mazelas, exagerando-as para esmolar compaixão. As crianças, então, são impacientes por natureza; na satisfação de seus desejos devem ser educadas a saber esperar. b) Insensibilidade ou dureza de coração: acarreta uma certa estupidez ou ausência de sentimentos humanos, de modo que o sujeito não sente nenhuma dor nem tristeza pelos males próprios ou de outros. É uma incapacidade de perceber o mistério humano.

BIBLIOGRAFIA. ADLER, A. *Le tempérament nerveux*. Paris, 1948; AGOSTINHO. *Liber de patientia*. PL 40, 611-826; ALBINO DO MENINO JESUS. *Compendio di teologia spirituale*. Torino, 1966, 443 ss.; CIPRIANO. *De bono patientiae*. PL 4, 645-662; CLARKE, R. F. *Geduld*. Luzern, 1951; FESTUGIÈRE, A. J. Upomoné dans la tradition grecque. *Recherches de Science Religieuse* 21 (1931) 477-486; GATTI, G. Pazienza. In *Dizionario Enciclopedico di Teologia Morale*. Roma, 1973, 679-683; GEBSATTEL, V. R. von. *Von der christlichen Gelassenheit*. Würzburg, 1940; GILSON, É. La vertu de patience selon saint Thomas et saint Augustin. *Archives d'Histoire Doctrinale et Littéraire du Moyen-âge* 15 (1946) 93-104; HANSELMANN, H. *Erziehung zur Geduld*. Berlin, 1930; SPICQ, C. υπομονή. Patientia. *Revue des Sciences Philosophiques et Théologiques* 19 (1930) 95-106; JÜNGEL, E. – RAHNER, K. *Pazienza di Dio e dell'uomo*. Brescia, 1985; LANG-HINRICHSEN, D. Die Lehre von der Geduld in der Patristik und bei Thomas von Aquin. *Geist und Leben* 24 (1951) 209-223.284-299; LASANCE, F. X. *Patience*. New York, 1937; PRZYWARA, E. *Umiltà, pazienza e amore*. Brescia, 1968; PSEUDO-MACARIO. *De patientia et discretione*. PG 34, 865-890; SÖLLE, D. *La pazienza rivoluzionaria*. Assisi, 1977; TERTULIANO. *De patientia*. PL 1, 1.359-1.386.

T. GOFFI

PACÔMIO (São). 1. NOTA BIOGRÁFICA. Nasceu perto de Ešne (Tebaida superior), por volta de

287, de pais pagãos. Tendo conhecido, durante o seu serviço na milícia romana, a caridade dos cristãos para com todos os homens e a fé deles, ficou por ela impressionado e, mal se viu livre, dirigiu-se a Šenesit, onde foi batizado (em 308). Exerceu aí a caridade para com os empestados e, depois de três anos, tendo conhecido o ideal monástico, a ele quis se dedicar por amor a Deus. Tornou-se discípulo do famoso asceta Palamone, em cuja escola aprendeu a Regra do monasticismo eremítico e nela se exercitou. Regra essa que consistia em orações, vigílias, recitação de trechos da Escritura, trabalho manual, abstinências, jejuns, esforço de "rezar sem interrupção". Fazendo bom uso da grande liberdade de espírito que o padre espiritual lhe permitia, logo se revelou um discípulo extraordinário, e assim foi por sete anos, até chegar a uma vila abandonada de nome Tabennîsi, na margem direita do Nilo (por volta de 320), onde foi logo cercado por discípulos. No desejo de obviar as disciplinas da vida anacorética, por motivo do individualismo e do isolamento, e de tornar o "carisma da vida monástica" acessível a um maior número de homens, estabeleceu uma Regra segundo a qual do fruto do trabalho dos indivíduos seria instituída uma bolsa comum. Pacômio encontrou no exemplo moral dos primeiros cristãos um válido ponto de apoio: o ideal da "comunidade" (*koinonia*) perfeita, descrita em At 2,33 e 4,32, justificava as inovações institucionais por ele apresentadas. A experiência das almas, a moderação do seu ascetismo e o seu "desejo de salvar a muitos" levaram a ele centenas e centenas de vocações. Foram construídos mosteiros em Pbow, Šenesit, Tmoušons e em outras partes. Também a irmã Maria, desejosa de viver no estado monástico, conseguiu de Pacômio um mosteiro em Tabennîsi. Uma epidemia deflagrada entre seus monges o matou no dia 9 de abril de 347.

2. ESCRITOS E FONTES. Os escritos de Pacômio compreendem os fragmentos de *Catequese*, em copta, editados recentemente por L.Th. Lefort; onze *Cartas* e a *Regra* na versão latina, feita por São → JERÔNIMO, em 404, para os monges latinos de Canopo, elaborada sobre exemplares gregos, por sua vez provenientes dos originais coptas. Da *Regra* em copta Lefort publicou, em 1927, dois fragmentos, que demonstram a fidelidade da tradução de Jerônimo. Nos 193 artigos de que se compõe a *Regra*, Pacômio determina com precisão o ritmo da vida cotidiana do monge. As várias seções documentam os acréscimos feitos sucessivamente, segundo as necessidades de novas prescrições. Temos assim: *Praecepta* (1-144); *Praecepta et instituta* (1-18); *Praecepta atque iudicia* (1-16); *Praecepta ac leges* (1-15).

Numerosas são as fontes sobre a vida de Pacômio. Além das breves notícias de Paládio (*Historia lausiaca*, 32) e de Sozomeno (*Historia ecclesiastica*, III, 14, 9-17), restam relatórios da *Vida*, em latim, siríaco, árabe, grego e copta, sobre o valor histórico das quais muito se discutiu nos últimos setenta anos. Está agora comprovado que os 26 códices coptas nos reportam à tradição primitiva e às lembranças de Teodoro, especialmente o grupo de manuscritos 6, 7, 9, 14 e 19 em saídico e o códice boaírico, que nos trazem notícias de testemunhas oculares segundo um esquema comum. As outras vidas coptas têm particularidades também interessantes. A chamada *Vita graeca prima* (do final do século IV) abrevia e elabora a mesma tradição teodoriana, com diversidades e influxos determinados pelos destinatários (monges gregos). De valor histórico incontestável é também a *Epistula Ammonis*, em grego. As outras recensões são versões de vidas gregas e coptas e são significativas pela influência que exerceram nos diversos ambientes; por exemplo, para o monasticismo do Ocidente a versão latina de uma vida grega, perdida, de Dionísio o Pequeno.

3. DOUTRINA. Pacômio foi um leigo piedoso, desprovido de uma alta formação teórica, mas suficientemente munido de sólidas noções de teologia e de ascética de proveniência bíblica, mais que helenístico-alexandrina. Embora não estivesse interessado nas questões trinitárias e cristológicas debatidas naquele tempo e estivesse decididamente contra o origenismo, não faltam sólidas bases em sua doutrina espiritual, enriquecida tanto por experiências pessoais como pelas de santos ascetas. Pacômio era dirigido na ortodoxia pelas diretrizes e pelos exemplos de Atanásio, patriarca alexandrino, ao qual estava intimamente ligado.

A imagem de Deus que se deduz da *Regra*, das *Cartas* e sobretudo das *Catequeses* coptas, até pela utilização assídua do Antigo Testamento, é em geral severa, voltada para a justiça e para o juízo. Essa dureza se ameniza no conceito muito presente do Cristo "pastor das ovelhas dispersas", que por amor dos homens dá a si mesmo em sacrifício. Apesar do caráter pré-calcedônico da sua cristologia, há ricos elementos sobre os quais se funda o motivo da imitação e do caminho de seguimento de Cristo. Particular destaque têm os → ANJOS e os demônios; mas é evidente a influência do cristianismo copta contemporâneo, que, como a religião egípcia, via o mundo cheio de bons e maus espíritos.

São raras, porém, as referências à "antropologia". Diante da instante exigência da soberania e santidade de Deus, o homem sente-se criatura e servo. Não se mostra clara a ideia da culpa hereditária dos descendentes de Adão; mas Pacômio fala da escravidão sob o poder do → DIABO, da qual o Verbo de Deus libertou a descendência de Eva. A vida monástica, graça da "filantropia" de Cristo, oferece na oração, nas lágrimas, no exercício da humildade, nos jejuns, nas vigílias e na caridade muitos meios para lutar contra o domínio do pecado e do diabo. É viva em Pacômio a tensão escatológica que determina a atitude de renúncia e de separação do mundo, mesmo sem chegar a uma avaliação negativa e a uma rejeição radical "no desejo das alegrias do mundo futuro".

Em confronto com o ascetismo anacorético, Pacômio dá maior destaque aos valores interiores da renúncia. Ela se realiza, pois, de modo diferente de como se dá no eremitismo, ou seja, comprometendo-se com a fraternidade, com a *koinonia*. Essa novidade institucional compreende no último estádio dois momentos: a organização exterior e o valor espiritual.

a) *A organização exterior*. O mosteiro, dirigido por um *apa* (pai) e por um segundo, subdivide-se, como o antigo Israel (Js 7,16-18) em tribos e famílias, segundo os diferentes ofícios. Todo o cenóbio está cercado por muros e compreende vários edifícios, entre os quais a hospedaria, a enfermaria, as oficinas, o refeitório etc. Pacômio reconhece ao monge um ritmo pessoal na própria cela e um ritmo social no âmbito da família e do cenóbio constituído pelas coletas ou reuniões comuns para a oração, pelo trabalho manual, pela mesa e pelas cinco catequeses semanais. O trabalho manual era bem organizado, de modo a evitar o excesso no emprego das forças físicas. Trabalhava-se nos campos, junto ao rio Nilo e nas várias oficinas. Essa organização e o número crescente de monges foram de uma contribuição não desprezível de mão de obra, que em breve podia assegurar a subsistência da comunidade para todo o ano e os recursos para a atividade caritativa. Duas embarcações faziam regular serviço de transporte das mercadorias para o empório alexandrino. Todavia, esse sucesso no campo econômico não prejudicava o caráter ascético do trabalho e do teor de vida simples e mortificado dos monges.

b) *O valor espiritual* da *koinonia* consiste na eliminação dos perigos externos e internos do anacoretismo e nas vantagens da vida em comum. Esses perigos eram a solidão, o ócio, o alimento escasso, a falta de roupa, de casa, de assistência, o individualismo, a acídia, a insuficiente direção espiritual. A *Vida boaírica* (c. 105) e as *Catequeses* apresentam a obediência como virtude fundamental do cenobita. Todavia, a superioridade da *koinonia* sobre a vida eremítica é indicada na possibilidade de exercer a caridade e de ser edificado pelo bom exemplo de muitos irmãos. Além disso, a igualdade na disciplina e na atividade teria preservado os monges do perigo de cair na → MISANTROPIA, na ambição e no orgulho, de que não estavam imunes os anacoretas da época: "Vale mais que viver sozinho, com orgulho, numa caverna de hiena" (*Catequese*, CSCO 160, 23). O caráter permanente da *koinonia* torna assim também o exercício da obediência para toda a vida. Pacômio, contudo, une ao significado ascético da obediência uma função comunitária: superiores e súditos obedecem à vontade de Deus, expressa pela Escritura e pela *Regra*. Todos obedecem sob a autoridade de Cristo e do Espírito Santo, que ditou as Escrituras.

"A saúde das almas" é a norma de Pacômio: ela é perseguida na *koinonia* mediante a ajuda recíproca, na edificação e na paz com os irmãos: "Que todos te tragam proveito, a fim de que tu leves proveito a todos" (*Catequese*, CSCO 160, 5). Assim era na *koinonia* da Igreja apostólica, tipo e imagem da presente: todos eram um só coração e uma só alma (At 4,32). Para quem odeia o irmão, a penitência e as austeridades pessoais não bastariam para não ser excluído do reino de Cristo: "Amemos os homens e seremos amigos de Jesus, amigo dos homens" (*Catequese*, CSCO 160, 21).

Diante desses valores espirituais vê-se claro o contato com a Escritura. Constitui ele um traço característico da espiritualidade paconiana. A Escritura é a diretriz da Regra e da vida monástica, que é organizada por Pacômio em função de um uso assíduo dos textos bíblicos. Em sua formação, o monge deve aprender de cor a "oração do Senhor" e o maior número de salmos (*Praecepta*, 49). Todos, além disso, tinham de saber de cor pelo menos o Novo Testamento e o Saltério (*Ibid.*, 140); era prevista por isso para os postulantes iletrados uma instrução que lhes permitisse ter acesso aos textos sagrados (*Ibid.*, 139; *Epistula Ammonis*, 7). O uso pessoal da Bíblia acontecia mediante a recitação dos trechos (meditação), que eram "ruminados" (*Praecepta*, 122) em cada momento livre e durante o trabalho manual. Na base desse contato contínuo com a Escritura, está a convicção de que tudo o que está escrito é uma mensagem divina dirigida a cada um pessoalmente nas circunstâncias concretas, e que a época da presente *koinonia* é o tempo do cumprimento da → PALAVRA DE DEUS. Esse modo de se nutrir espiritualmente era de tal modo apreciado, que era comparado pelo segundo sucessor de Pacômio, Orsiesi, à recepção da Eucaristia (*Regulamentos*, CSCO 160, 85), segundo o texto "não só de pão viverá o homem, mas de toda a palavra que sai da boca de Deus" (Mt 4,4).

Mas isso não prejudicava de modo algum a vida sacramental, que os documentos pacomianos nos mostram não menos viva que no resto da vida cristã oriental. Toda semana, aos sábados, dirigia-se à igreja da vila para fazer a oferta e, aos domingos, os sacerdotes de Tabennîsi iam à igreja monástica para celebrar a Eucaristia. A seus monges Pacômio tinha proibido severamente de receber as ordens sagradas, e ele próprio evitou com a fuga o perigo de ser ordenado sacerdote por Atanásio (*Vida boaírica*, 28; *Vita graeca prima*, 30). Se um sacerdote pedia para ser monge, examinava as intenções dele e a vontade de se submeter simplesmente à Regra. Somente nesse caso era aceito. Segundo Pacômio, os monges devem reverenciar o clero.

Na história do monasticismo, Pacômio representa uma eminente figura de "homem de Deus", monge perfeito, taumaturgo, visionário; de abade ideal, forte e meigo, doutor, pastor das almas, organizador engenhoso, que imprimirá ao instituto monástico uma marca tão profunda que durará por séculos. Com razão dois hinos coptas o louvam como "grande águia" (CSCO 107, 140.142).

BIBLIOGRAFIA. BACHT, H. La loi du "retour aux sources" (De quelques aspects de l'idéal monastique pachômien). *Revue Mabillon* 51 (1961) 6-25; ID. Pakhôme et ses disciples. In *Théologie de la vie monastique*. Paris, 1961, 39-71; ID. Monachesimo e Chiesa. Studio sulla spiritualità di Pacomio. In DANIÉLOU, J. – VORGRIMLER, H. *Sentire Ecclesiam. La conscienza della Chiesa come forza plasmatrice della pietà*. Roma, 1964, 193-224; CRANENBURG, E. van. Les noms de Dieu dans la prière de Pachôme et de ses frères. *Revue d'Histoire de la Spiritualité* 52 (1976) 193-212; GINDELE, C. Die Schriftlesung im Pachomiuskloster. *Erbe und Auftrag* 41 (1965) 114-122; GOEHRING, J. E. Pachomius Vision of heresy: the development of a pachomian tradition. *Muséon* 95 (1982) 242-262; KUREK, R. La meditazione della Bibbia presso i monaci pacomiani. *Rivista di Vita Spirituale* 37 (1983) 53-68; ID. Profilo della comunitá pacomiana. *Rivista di Vita Spirituale* 38 (1984) 274-297; LEHMANN, K. Die Entstehung der Freiheitsstrafe in den Klöstern des hl. Pachomius. *Zeitschrift der Savigny-Stiftung für Rechtsgeschichte, kanonistische Abteilung* 68 (1951) 1-94; LOZANO, J. M. La comunità pacomiana: dalla comunione all'istituzione. *Claretianum* 15 (1975) 237-268; MENDIETA, A. de. Le système cénobitique basilien comparé au système cénobitique pachômien. *Revue de l'Histoire de Religions* 152 (1957) 31-80; REZAC, I. De forma unionis monasteriorum S. Pachomii. *Orientalia Christiana Periodica* 33 (1957) 381-418.

P. TAMBURINO

PADRES APOLOGISTAS. 1. Trata-se, em primeiro lugar, de alguns escritores gregos do século II que se puseram a defender a religião cristã e os cristãos das acusações movidas pelos pagãos e da ação persecutória desencadeada pelo Estado romano. Os principais são: Aristides, filósofo ateniense, que endereçou uma apologia ao imperador Adriano por volta de 125 ou a Antonino Pio, por volta de 140; São Justino, filósofo e mártir, convertido à religião de Cristo depois de ter sido sucessivamente discípulo de vários mestres de filosofia, de ter lido os livros sagrados e de ter admirado a serenidade com que os cristãos enfrentavam a morte por Cristo: escreveu duas apologias e um diálogo com o judeu Trifão, e morreu mártir em Roma, por volta de 165; Atenágoras, filósofo ateniense, que apresentou uma "súplica" em favor dos cristãos aos imperadores Marco Aurélio e Cômodo, por volta de 176-180; São Teófilo, bispo de Antioquia, que resumiu em três livros a substância dos colóquios tidos com o pagão Autólico no início do reino de Cômodo, portanto pouco depois de 180: também ele tinha se convertido ao cristianismo depois da leitura dos livros sagrados; uma carta anônima endereçada a certo Diogneto que tinha feito algumas perguntas: discutiu-se muito sobre a data de composição, mas provavelmente deve ser atribuída ao final do século II ou ao princípio do século III. A esses escritores deve-se acrescentar dois latinos do final do mesmo século: → TERTULIANO, no que diz respeito às obras de índole apologética, dentre as quais emerge o *Apologético*, e Minúcio Felice, que, segundo sua apologia, serviu de árbitro numa discussão ente o pagão Cecílio e o cristão Otávio. E sob o nome de Justino se conhecem três outras apologias, que certamente não foram escritas mais tarde que no início do século III.

2. Conforme a apologia de Minúcio Felice, os preconceitos dos pagãos contra os cristãos eram numerosíssimos, mas três se destacavam, a saber, o de ateísmo, ou seja, a recusa de prestar o culto devido à divindade e de reconhecer o caráter divino do imperador; o de infanticídio, que teria sido praticado como rito de iniciação; e o de incesto, de que os cristãos tinham se tornado culpados por ocasião dos banquetes fraternos, à noite (ATENÁGORAS, 3; MINÚCIO, 9, 5-7). Enfim, os cristãos eram considerados réus de todos os crimes, inimigos dos deuses, dos imperadores, das leis, dos costumes dos antepassados, de todo o gênero humano, consequentemente culpados por todas as desgraças e desventuras que se abatiam sobre o Império romano, especialmente a partir da segunda metade do século II (TERTULIANO, *Apologeticum*, 2, 16; 37,8; 40,2). Aos Padres apologistas cabia uma tarefa de múltiplos aspectos: deviam mostrar o absurdo das acusações, pleitear para os cristãos o direito à existência, exigir o direito para terem um processo regular, expor brevemente a doutrina cristã, ressaltando os pontos de contato com as crenças dos pagãos, mostrando sua superioridade etc.

3. Para desculpar os cristãos dos preconceitos, os apologistas se atêm a descrever a pureza de seus costumes e a excelência da moral cristã. Assim, a origem divina da religião cristã, mais que pela revelação de verdades puramente dogmáticas, tornou-se palpável, ou seja, pela simples constatação dos frutos de virtudes por ela produzidos; se tal transformação de costumes se dera com os cristãos em meio a uma sociedade corrupta, isso se devia a Deus, que os tinha chamado ao reino da justiça, da doçura, do amor que Cristo viera fundar na terra. Externamente considerados, os cristãos não se distinguiam dos outros homens nem pela pátria nem pela língua nem pelas instituições: habitavam as cidades onde acaso se encontravam, conformavam-se aos usos locais na alimentação e nas vestes, contraíam matrimônio e geravam filhos como todos os outros, observavam escrupulosamente as leis constituídas, obedecendo às autoridades civis, pagando as taxas e os impostos etc; a única nota própria era a santidade com que davam exemplo de uma vida social maravilhosa (*A Diogneto*, 5-6). Essa vida moral estava plenamente conforme as prescrições do → DECÁLOGO e a doutrina do Senhor proposta principalmente no discurso da montanha.

Mas os apologistas insistem de modo particular na castidade, mesmo na vida matrimonial, e no amor fraterno (ARISTIDES, 15-16; JUSTINO, *Apol.* 1, 14-17.57 e 67; ATENÁGORAS, 1,4; 11; TEÓFILO, 3, 9-15; TERTULIANO, *Apologeticum*, 39, 5-6; etc.). Digna de destaque é a conclusão de Teófilo: "Entre os cristãos, está presente a temperança, respeita-se a continência, guarda-se a fidelidade conjugal, conserva-se a pureza, elimina-se a injustiça, erradica-se o pecado, pratica-se a justiça, observa-se a lei, exercita-se a piedade, reconhece-se Deus; entre eles, a verdade julga, a graça preserva, a paz protege, a palavra santa guia, a sabedoria instrui, a vida decide, Deus reina" (3, 15). O amor fraterno se manifesta em primeiro lugar na generosidade para com os pobres, para com as viúvas e os órfãos, na atenção para com os irmãos peregrinos, e na atitude diante dos inimigos, a quem eles perdoam, fazendo o possível para que se convertam a Cristo e possam ser participantes da mesma alegria celeste; célebre é o testemunho dos pagãos, anotado por Tertuliano: "Vede como se amam entre si [...] e como estão prontos a morrerem uns pelos outros"; Tertuliano comenta: os pagãos "odeiam-se, [...] e estão mais dispostos a matarem uns aos outros" (*Apologeticum*, 39, 7); de outra parte, o mesmo autor atesta: "Querer mal, fazer mal, falar mal, pensar mal de quem quer que seja nos é proibido" (*Ibid.*, 36, 4). De tal modo se respeita a castidade que não só se sente orgulho da fidelidade conjugal, como se contrai matrimônio somente em virtude da prole: "como a agricultura, uma vez semeado o campo, espera a messe sem voltar a semear, assim também para nós a medida da concupiscência é a procriação da prole" (ATENÁGORAS, 33, 1-2 e 4; JUSTINO, *Apol.*1, 29; TEÓFILO, 3, 15; *A Diogneto*, 5, 7; TERTULIANO, *Apologeticum*, 9, 19; 39, 8-11; MINÚCIO, 31, 5); há até quem considere o segundo matrimônio um "decoroso adultério": quem se priva da primeira mulher, ainda que esteja morta, comete um "adultério disfarçado" que prevarica contra a mão de Deus, tendo o Senhor, no princípio, formado um só homem e uma só mulher (ATENÁGORAS, 33, 4-6); de outra parte, quem não se casa não apenas se mantém inteiramente casto, mas envelhecem muitos sem se casarem, homens e mulheres, "na esperança de se unirem estreitamente a Deus" (ATENÁGORAS, 33, 2 e 4; JUSTINO, *Apol.* 1, 15 e 29; TERTULIANO, *Apologeticum*, 9, 19; MINÚCIO, 31,5).

Enfim, a norma de vida entre os cristãos não consistia em exercícios de eloquência: os simples fiéis não eram capazes de explicar com palavras a utilidade de sua doutrina, mas a demonstravam com as obras; não recitavam palavras de cor, não procuravam a sabedoria na veste, mas na mente, não diziam grandes coisas, mas as viviam e se gloriavam de terem chegado onde os filósofos com todas as suas longas lucubrações não tinham podido chegar (ATENÁGORAS, 11, 4; 33, 4; MINÚCIO, 38,6). Assim, Justino pôde dizer aos magistrados que quem não vive segundo os ensinamentos do Senhor, por mais que tenha suas máximas na ponta da língua, não se reconhece como cristão, mas realmente merece ser punido (*Apol.* 1, 16). Mais tarde, → ORÍGENES poderá fazer apelo à vida dos verdadeiros discípulos de Cristo como a defesa mais válida e mais peremptória do Mestre sempre caluniado e oprimido por falsos testemunhos (*C. Celsum*, prol. 2). Longe de ser a causa das desgraças que atingiam o Império — segundo os apologistas, os próprios pagãos é que deviam assumir a culpa —, os cristãos eram, sim, a causa pela qual Deus diferia a catástrofe final e a destruição do mundo (JUSTINO, *Apol.*, 2, 7; TEÓFILO 2, 14; TERTULIANO, *Apologeticum*, 40-41). Embora perseguidos pelo mundo, eles eram no mundo o que a alma é no corpo (*A Diogneto*, 6), ou seja, um testemunho incontestável do que Cristo havia feito e continuava a fazer por meio da Igreja entre os homens: abranda os costumes, reprime os vícios, inculca o amor fraterno e a fraterna convivência etc. (JUSTINO, *Apol.*, 1, 14; ATENÁGORAS, 11, 3; ORÍGENES, *C. Celsum*, 1, 64.67). De outra parte, os apologistas voltam contra os pagãos a acusação de imoralidade: eles atribuíram às divindades deles todos os vícios e todos os delitos possíveis e imagináveis, representando então seus feitos no palco, a fim de que pudessem entregar-se de modo público, desenfreado e impune à mesma vida dissoluta (ARISTIDES, 8; 17, 2; JUSTINO, *Apol.* 1, 5.9.25.27; ATENÁGORAS, 20-22; 30,4; 32,1; 34; TEÓFILO, 1,9; 2,8; 3, 3.8 e 15; TERTULIANO, *Apologeticum*, 4, 1-2; 9, 16-18; MINÚCIO, 28,10; 35,6; 37, 11-12; etc.). Enfim, os cristãos "nada têm a dizer, a ver e a ouvir a respeito do vulgo circense, da obscenidade do teatro, da atrocidade da arena, da futilidade do pórtico" (TERTULIANO, *Apologeticum*, 38, 4) e, todavia, são acusados pelos pagãos, porque "a maldade declara guerra à virtude" e se verifica o provérbio: "a prostituta à pudica" (ATENÁGORAS, 31, 1; 34, 1).

Os cristãos tinham muitos motivos para se manterem numa vida moral tão alta: estavam conscientes de que Deus, pai dos justos e juiz dos maus, criador e governador amoroso de tudo o que existe, está presente dia e noite às suas ações, às suas palavras, a seus pensamentos e, sendo ele próprio luz, vê no coração deles; estavam persuadidos de que Deus criou o homem livre diante da escolha entre o bem e o mal, mandando, todavia, que escolhesse o bem e que, consequentemente, o homem deve prestar contas a Deus de toda a sua vida terrena; estavam convencidos que depois da morte esperava-os uma outra vida melhor do que a presente, imune à corrupção, à dor e opressão, se tivessem submetido sua vontade à de Deus, ao passo que, no caso contrário, não restava senão a condenação ao fogo eterno; criam firmemente que Deus ficava contente com quem procurava imitar suas perfeições, e lhe desagradam os que fazem o mal com palavras e atos (ATENÁGORAS, 12; 31-33; JUSTINO, *Apol.* 1, 8-17; 1, 21.28.43-45; 2,4 e 8-9; TEÓFILO, 1, 3 e 14; 2, 27; 3, 13; TERTULIANO, *Apologeticum*, 45, 6-7; MINÚCIO, 35, 5-6; 36, 1 e 9; etc.). Criado sem que estivesse em seu poder, o homem deve fazer uso das suas faculdades racionais e livremente colaborar com Deus para atingir a sua perfeição e beatitude, confiando na ajuda do Senhor e exigindo-a; na terra pode conhecer a Deus e se unir a ele se purificou a sua alma ou o seu olho interior (JUSTINO, *Apol.*, 1, 10; *Dial.* 7 e 102; TEÓFILO, 1, 2).

Enfim, a religião cristã é proposta como superior à pagã. Com razão Tertuliano pode perguntar: "O que é mais completo: dizer 'não matarás' ou ensinar 'sequer deves te irritar'? O que é mais perfeito: proibir o adultério ou remover até a concupiscência solitária do olhar? O que é mais evoluído: proibir o crime, ou até a maledicência? O que é mais sábio: não permitir a ofensa, ou sequer concordar com o revide da ofensa?" (*Apologeticum*, 45,3). Assim, na maioria das vezes, os convertidos eram adultos que tinham vivido nos vícios e a sua conversão devia manifestar todos os sinais da verdade, ou seja, a sinceridade, a fidelidade, a santidade.

BIBLIOGRAFIA. As obras dos Padres apologistas encontram-se in PG 6; CASAMASSA, A. *Gli apologisti greci*. Roma, 1944; DATTRINO, L. *Origene. Apologia del cristianesimo* (trechos escolhidos de *Contra Celsum*. Introdução, tradução e notas). Padova, 1987; GIORDANI, I. *La prima polemica cristiana, gli apologisti greci del II secolo*. Torino, 1930; GOODSPEED, E. J. *Die ältesten Apologeten*. Göttingen, 1914; JOLY, R. *Christianisme et philosophie. Études sur Justin et les apologistes grecs du deuxième siècle*. Bruxelles, 1973; LAGUIER, L. *La méthode apologétique des Pères dans les trois premiers siècles*. Paris, 1905; LITTLE, V. *The christology of the apologist. Doctrinal introduction*. London, 1934; OTTO, C. *Corpus Apologetarum*. Jena, 1847 ss., 9 vls.; PALAZZINI, P. *Il monoteismo nei Padri apostolici e negli apologisti del II secolo*. Roma, 1945; PELLEGRINO, M. *Studi sull'antica apologetica*. Roma, 1947; ID. *Gli apologisti greci del II secolo*. Roma, 1947; RIVIÈRE, J. *Saint Justin et les apologistes du II siècle*. Paris, 1907; ROBERTS, T. A. *History and christian apologetic*. London, 1960.

MELCHIORRE DI SANTA MARIA – L. DATTRINO

PADRES APOSTÓLICOS. 1. Com esse nome são comumente designados cinco escritores, anteriores ao ano 150, que tiveram ou, pelo menos, supõe-se tenham tido uma ligação ou uma relação (direta ou indireta) com os apóstolos; são eles São Clemente, bispo de Roma, Santo Inácio, bispo de Antioquia, são Policarpo, bispo de Esmirna, Papias, bispo de Gerápolis na Frígia, → HERMAS. A eles se juntam dois escritos anônimos: a *Didaqué*, ou a *Doutrina dos doze apóstolos*, e a carta do pseudo-Barnabé. Sob o nome dos apóstolos são também conhecidos, além dos apócrifos do Novo Testamento e do *Símbolo dos apóstolos*, alguns escritos de índole predominantemente canônica e litúrgica, redigidos não antes do século III, como, por exemplo, a *Didascália* e as *Constituições apostólicas*.

A importância dos Padres apostólicos se vê sobretudo na estima com que foram considerados nos séculos imediatamente seguintes: seus escritos eram lidos nas assembleias cristãs e considerados como os mais próximos dos livros sagrados se não até como inspirados. Não existem entre eles notas características e pontos doutrinais realmente comuns. Tratando-se de escritos totalmente ocasionais, não se pode encontrar neles uma exposição metódica ou completa da vida espiritual. Conforme a doutrina evangélica e paulina, afirma-se que o renascimento espiritual se dá no → BATISMO; que se devem observar os preceitos do Senhor, especialmente se se pensa que a parúsia, ou seja, a vinda gloriosa de Cristo, está próxima; que é necessário evitar toda duplicidade (da mente: *dipsychia*; do coração: *diplokardia*; da língua: *diglossia*) e cultivar a verdadeira simplicidade em relação a Deus e ao próximo: é preciso crer com firmeza e sem hesitação, harmonizar as palavras e as ações com a fé, ser cristão coerente.

2. Policarpo e Papias foram discípulos do apóstolo João. Papias compôs uma exposição dos discursos do Senhor, ou seja, um comentário a seus discursos e a seus milagres, em cinco livros: deles permanecem pouquíssimos fragmentos. De Policarpo não possuímos senão uma só carta de índole pastoral, endereçada aos filipenses, por volta do ano 110: nela recorda brevemente a todos os próprios deveres, ou seja, aos maridos e às suas mulheres, às viúvas, aos jovens e às virgens, aos diáconos e aos presbíteros (*Ibid.*, 4-6); todos sejam como os quer Jesus Cristo, a sua "esperança", o "penhor da justiça deles", o seu "pontífice eterno" e perseverem na fé e na caridade dele, na imitação dos seus exemplos (*Ibid.*, 8-12). Policarpo morreu mártir por volta do ano 165; o seu martírio é contado numa carta escrita pouco depois pela Igreja de Esmirna à Igreja de Filomélio na Frígia e "a todas as comunidades cristãs da santa Igreja católica". Estourada a revolta, Policarpo é obrigado pelos seus a se refugiar numa pequena propriedade no subúrbio (*Ibid.*, 5); traído por um dos seus servos, faz pôr a mesa para os que tinham vindo prendê-lo e pede para poder rezar por uma hora: de fato, reza por duas horas, lembrando todos os que conhecera e toda a Igreja católica (*Ibid.*, 6-8); levado diante do procônsul, é convidado a renegar Cristo e, embora ameaçado de ser dado como alimento às feras e ao fogo, responde que há 86 anos serve a Cristo, que jamais lhe fizera mal algum (*Ibid.*, 9-11); condenado à fogueira, bendiz o Senhor por tê-lo considerado digno de participar do cálice de Cristo e do número dos seus mártires (*Ibid.*, 12-14); fica ileso no meio do fogo, é trespassado por um punhal e o seu corpo é queimado, mas os cristãos reúnem seus ossos, "mais valiosos que as joias mais insignes e mais estimáveis que o ouro", e os colocam em lugar conveniente, com a intenção de ali se reunirem

"na alegria e no regozijo, para celebrar [...] o dia comemorativo do seu martírio, para invocar a memória dos que combateram antes dele, para manter exercitados e prontos aqueles que deverão enfrentar a luta" (*Ibid.*, 15-18).

3. A *Didaké*, cujo texto grego foi encontrado em 1873 por Filoteu Bryennios ("descoberta do século", que provocou uma multidão de obras), foi escrita na segunda metade do século I ou no decurso do século II (as opiniões são muito divergentes); apresenta-se como um compêndio das obrigações individuais e sociais da comunidade para a qual foi redigida, a menos, porém, que se queira considerá-la uma ficção literária que não espelha uma situação real da Igreja primitiva (como alguns sustentam). Consta de uma catequese moral: a dupla via da vida e da morte (*Ibid.*, 1-6), de uma instrução litúrgica que diz respeito em primeiro lugar ao batismo e à Eucaristia (*Ibid.*, 7-10) e de um regulamento disciplinar que dá normas relativas aos pregadores (apóstolos, profetas, didascálias), aos irmãos que se encontram de passagem, à assembleia dominical e à eleição dos chefes das comunidades (*Ibid.*, 11-15). Inculca, ela, entre outras coisas, o jejum às quartas-feiras e às sextas-feiras (*Ibid.*, 8,1), a recitação da oração dominical três vezes ao dia (*Ibid.*, 8, 2-3); digna de menção é a oração litúrgica de agradecimento (*Ibid.*, 9-10).

O pseudo-Barnabé, escrevendo contra os judaizantes, quer ensinar a verdadeira "ciência" ou gnose; por isso, consagra a maior parte da sua *carta* à interpretação alegórica, simbólica ou espiritual dos preceitos da lei de Moisés, até negar a eles todo sentido literal e valor real (*Ibid.*, 1-17). Embora o autor anônimo pareça, pelo método usado, caminhar nas pegadas de São Paulo — que muitas vezes vê nas ordens e nos acontecimentos do Antigo Testamento figuras e tipos do Novo Testamento —, afasta-se dele quando afirma que Deus deu a lei aos judeus em sentido espiritual, mas que eles, enganados pelo demônio, a entenderam e interpretaram literalmente, fazendo brotar dela um complexo de preceitos não impostos por Deus e um culto religioso que pode ser comparado ao pagão: Deus pedia não os sacrifícios cruentos, mas um coração contrito (*Ibid.*, 2), não o jejum corporal, mas a abstenção das obras más (*Ibid.*, 3), não a circuncisão da carne, mas a do coração e dos ouvidos (*Ibid.*, 9), não a abstinência da carne de certos animais, mas a fuga dos vícios simbolizados por tais animais (*Ibid.*, 10) etc. A segunda parte retoma a dupla via proposta pela *Didaké* (*Ibid.*, 18-20).

A *Didaké* e o pseudo-Barnabé têm em comum uma catequese moral que trata das duas vias, ou seja, da via da vida ou da luz e da via da morte ou das trevas (*Did.* 1-6; BARNABÉ, 18-20); os anjos de Deus presidem a primeira, e os de satanás, a segunda (BARNABÉ, 18). A via da vida ou da luz consiste essencialmente no amor de Deus e do próximo, portanto no cumprimento dos deveres para com Deus, para consigo mesmo, para com os representantes de Deus, para com o próximo (irmãos na fé, pobres, filhos, servos, patrões etc.); os pecados de que é preciso se abster são os proibidos pelo → DECÁLOGO, a atitude a ser tomada em relação ao próximo é o inculcado pelo Senhor no discurso da montanha: é preciso guardar-se contra a iniquidade, praticar a virtude, amar os inimigos, dar esmolas, respeitar os ministros de Deus, conservar a paz com os irmãos, não fazer aos outros o que não se quer seja feito a si mesmo etc. A via da morte ou das trevas é precisamente constituída pelos pecados, cuja fuga foi prescrita na via da vida ou que se opõem à atitude cristã em relação ao próximo.

BIBLIOGRAFIA. BARDY, G. *La théologie de l'Église de saint Clement à saint Irénée*. Paris, 1945; CASAMASSA, A. *I padri apostolici. Studio indrodutivo*. Roma, 1938; CHOPPIN, I. *La Trinité chez les Pères Apostoliques*. Paris, 1925; CORTI, G. *I padri apostolici*. Roma, 1966; FISCHER, J. A. *Die Apostolischen Väter*. München, 1956; MAZZA, E. Didachè IX-X: elementi per una interpretazione eucaristica. *Ephemerides Liturgicae* 92 (1978) 383-419; MEDICA, G. M. La penitenza nel "Pastore di Erma". IIn *La Penitenza. Dottrina, storia, catechesi, pastorale*. Torino, 1968, 90-141; QUACQUARELLI, A. *I Padri apostolici*. Roma, [5]1986. ROSLAN, W. *Les caractères essentiels de la grâce d'après les Pères apostoliques*. Warszawa, 1934; TORRANCE, T. F. *The doctrine of Grace in the Apostolic Fathers*. Edinburgh, 1948. Para uma informação breve, mas exaustiva (também bibliográfica) veja: DATTRINO, L. *Patrologia*, Roma, 1987 (I padri apostolici).

MELCHIORRE DI SANTA MARIA – L. DATTRINO

PADRES DA IGREJA. Com esse nome são designados os escritores eclesiásticos da Antiguidade cristã que, por razão de santidade e de ortodoxia, são reconhecidos pela Igreja como as testemunhas da sua tradição. Ao lado deles encontramos outros escritores que, por falta de santidade ou de ortodoxia, não mereceram a aprovação da Igreja (→ CLEMENTE DE ALEXANDRIA,

→ ORÍGENES, → TERTULIANO, Eusébio de Cesareia etc.); mas o estudo dos Padres não pode ficar sem eles, porque também eles têm grandes méritos, tanto pelo testemunho como pela contribuição dada ao desenvolvimento da doutrina. Três ciências se ocupam dos Padres: a teologia, que estabelece como as verdades reveladas são ensinadas pelos Padres; a história dos dogmas, que examina o desenvolvimento da doutrina revelada; a patrologia, que é o estudo histórico, crítico e exegético dos escritos patrísticos: estuda a vida e o tempo dos Padres e seus escritos, discernindo os genuínos dos espúrios, bem como a doutrina deles, pelo menos de modo sumário. O tempo-limite do período patrístico não é estabelecido de modo uniforme pelos estudiosos modernos: para o Oriente, João → DAMASCENO († *c.* 719) ou → TEODORO ESTUDITA († 826) ou Fócio († 897); para o Ocidente, Isidoro de Sevilha († 636) ou → BEDA, O VENERÁVEL († 735). A importância do estudo dos Padres também sob o ponto de vista da espiritualidade, pode ser considerada sob o aspecto histórico, apologético, doutrinal, vital; em grande parte o período patrístico oferece uma galeria, um desfile de entusiasmados cristãos, de zelosos pastores, que defenderam a religião de Cristo e o seu patrimônio doutrinal e moral, que pregaram, inculcando todos os seus valores vitais para a sociedade e os indivíduos.

BIBLIOGRAFIA. Desde a invenção da imprensa se iniciou a edição dos escritos patrísticos. Mencionamos: os maurinos, que publicaram na segunda metade do século XVII e na primeira do século XVIII os maiores representantes da época patrística (cf. *Dictionnaire de Théologie Catholique*, X, 426-429); J. P. MIGNE († 1875), reunindo as grandes coleções existentes, publicou no século XIX a edição que se chama *Patrologia* por antonomásia, em 3 séries: *Patrologia latina* (até Inocêncio III, † 1216), em 218 vls. (1844-1855) e 4 vls. dos *Indici* (1862-1865); *Patrologia graeca* (até o Concílio di Firenze, século XV), texto grego e latino, em 166 vls. (1857-1866): o volume dos *Indici* foi destruído num incêndio em 1868; *Patrologia graeca*, somente texto em latim, em 85 vls. (1856-1867) (cf. *Dictionnaire de Théologie Catholique*, X, 1730-1736); um *Index locupletissimus* da PG foi publicado em 2 vls. por Th. HOPFNER, Paris, 1928-1936; desde 1958, A. HAMMAN publica em Paris um *Supplementum* à *PL*, que contém todos os textos editados depois de Migne; para os escritos de língua oriental: *Patrologia syriaca*, por R. GRAFFIN, 3 vls., Paris, 1894-1926; *Patrologia orientale*, por R. GRAFFIN – F. NAU, Paris, desde 1903; *Corpus Vindobonense*, ou seja, *Corpus scriptorum ecclesiasticorum latinorum*: ed. crítica dos Padres latinos pela ACADEMIA DE VIENA, desde 1866; *Corpus Berolinense*, ou seja, *Die griechischen christlichen Schriftsteller...*: ed. crítica dos Padres gregos pela ACADEMIA DE BERLIM E DE LIPSIA, desde 1897; *Corpus scriptorum christianorum orientalium*: ed. dos escritos de língua oriental por J. B. CHABOT etc., Paris, desde 1903 (6 séries: siríaca, etiópica, copta, arábica, ibérica, ou seja, geórgica, armena, mais subsídios); *Corpus christianorum*, ser. lat.: pelos BENEDITINOS DE STEENBRUGGE (Bélgica), desde 1953 (um projeto similar foi concebido também para os Padres gregos pelos beneditinos de Chevetogne, Bélgica); *Texte und Untersuchungen zur Geschichte der altchristlichen Literatur* (textos e pesquisas sobre a antiga literatura cristã), pela ACADEMIA DE LIPSIA, desde 1882; *Texts and studies* (Textos e estudos), pela ACADEMIA DE CAMBRIDGE, desde 1891; ed. do texto original com trad. italiana e francesa; *Textes et documents pour l'étude historique du christianisme*, por H. HEMMER – P. LEJAN, Paris, desde 1904; *Sources chrétiennes*, por H. DE LUBAC – J. DANIÉLOU – CL. MONDÉSERT, Paris, desde 1941; *Bibliotheca sanctorum Patrum*, por G. VIZZINI, Roma, desde 1902; *Scrittori cristiani antichi*, Roma, fim de 1922; *I classici cristiani*, E. Cantagalli, Siena, desde 1928; *Verba Seniorum*, Studium, Roma, desde 1961; *Patristica*, Paoline, Roma, desde 1964; a coleção de Città Nuova, Roma, desde 1966. Estudos: 1) Obras de caráter geral: S. TILLEMONT (LE NAIN DE). *Mémoires pour servir à l'étude ecclésiastique des six premiers siècles*. Paris, 1693-1712, 16 vls; Bruxelles, 1694-1719; CEILLIER, R. *Histoire générale des auteurs sacrés et ecclésiastiques*. Paris, 1729-1763, 23 vls.; 2. ed., Paris, 1858-1869, 16 vls.; HARNACK, Ad. *Geschichte der altchristlichen Literatur bis Eusebius*. Leipzig, 1893-1904, 4 vls. (vls. III-IV: cronologia); BARDNHEWER, O. *Geschichte der altkirchlichen Literatur*. Freiburg, 1902-1932, 5 vls.; SCHANZ, M. – HOSIUS, G. – KRÜGER, H. *Geschichte der römischen Literatur*. München, 1905-1920, tt. III e IV/1-2; MORICCA, U. *Storia della letteratura latina cristiana*. Torino, 1924-1934, 5 vls.; MANNUCCI, U. – CASAMASSA, A. *Istituzioni di Patrologia*. Roma, 1948-1950, 2 vls.; QUASTEN, J. *Patrology*. Utrecht-Bruxelles, 1950, t. I; CAYRÉ, F. *Précis de Patrologie et d'Histoire de la théologie*. Paris, 1953-1955, I-II; ALTANER, B. *Patrologie*, Freiburg, 1960; etc.

2) Visão bibliográfica: *Bulletin de théologie ancienne et médiévale*. Louvain, desde 1929 (somente escritores latinos); *Bibliographia patristica*. Berlin, desde 1956.

3) Estudos gerais sobre a espiritualidade: MARTINEZ, F. *L'ascétisme chrétien pendant les trois premiers siècles de l' Église*. Paris, 1913; STRATHMANN, H. *Geschichte der frühchristlichen Aszese bis zur Entstehung des Mönchtums*. Leipzig, 1914, vl. I (história da ascese primitiva até o surgimento da vida monástica: trata do ambiente); LEBRETON, J.

La vie chrétienne au premier siècle de l'Église. Paris, 1927; VILLER, M. *La spiritualité des premiers siècles chrétiens*. Paris, 1927; BARDY, G. *La vie spirituelle d'après les Pères des trois premiers siècles*. Paris, 1935 (2. ed. atualizada por A. HAMMAN, em 2 vls., Tournai, 1968); GROSS, J. *La divinisation du chrétien d'après les Pères grecs. Contribution historique à la doctrine de la grâce*. Paris, 1938; VILLER, M. – RAHNER, K. *Aszese und mystik in der Väterzeit*. Freiburg i/Br., 1939 (trad. alemã e ampliação da obra de VILLER, M. *La spiritualité...*, cit.); POURRAT, P. *La spiritualité chrétienne*. Paris, 1947, vl. I; GHELLINCK, J. de. Un programme de lectures spirituelles dans les écrits de Pères. In *Patristique et Moyen Age. Étude d'histoire littéraire et doctrinale*. Gembloux-Bruxelles, 1948, 185-244, t. III; MERSCH, R. *Le corps mystique du Christ. Études de théologie historique*. Paris-Bruxelles, 1951; BOUYER, L. – DATTRINO, L. *La spiritualità dei Padri* (3/A; 3/B-C). Bologna, 1984, 1986, 1987; DATTRINO, L. *Patrologia*. Roma, 1987 (com ampla e atualizada bibliografia).

Para as edições bilíngues (texto original em ed. crítica e trad. italiana) e para as edições em língua italiana veja a seguinte resenha: 1) Edições bilíngues: a) "*Corona Patrum*". Nascida com intenção de renovar a anterior e célebre coleção "Corona Patrum Salesiana", a atual "Corona Patrum", editada pela SEI (Torino), publicou de 1975 até hoje 11 vls. sob a presidência do cardeal M. Pellegrino e sob a direção científica de F. Bolgiani, E. Corsini, J. Gribomont, M. Simonetti: 1975: *Epistola di Barnaba* (F. Scorza BARCELLONA); GREGORIO DI ELVIRA, *La fede* (M. SIMONETTI); NOVAZIANO, *La Trinità* (V. LOI); 1976: CIPRIANO, *A Demetriano* (E. GALLICET); 1977: COMMODIANO, *Carme apologetico* (A. SALVATORE); 1979: FILONE DI CARPASIA, *Commento al Cantico dei Cantici* (A. Ceresa GASTALDO); 1981: *Omelie copte* (T. ORLANDI); Mario VITTORINO, *Commentari alle epistole di Paolo* (F. GORI); 1983: BASILIO DI CESAREA, *Le Lettere*, I (M. Forlin PATRUCCO); FULGENZIO DI RUSPE, *Salmo contro i Vandali ariani* (A. ISOLA); PSEUDO-ATANASIO, *Dialoghi contro i Macedoniani* (E. CAVALCANTI).

b) "*Nuova Biblioteca Agostiniana*". *Opere di sant'Agostino*. Iniciada em 1965 com a publicação das *Confessioni*, por A. TRAPÈ, essa coleção, editada pela Città Nuova (Roma), dedicada à *Opera omnia* de Santo Agostinho, compreende atualmente 26 vls. de 41 previstos. Fundada por A. Trapè, sob a responsabilidade da Cattedra Agostiniana, e atualmente dirigida por R. Piccolomini, ela se vale da colaboração de conhecidos estudiosos do pensamento e da obra de Agostinho: 1969: *Le Lettere*, tomo I (M. PELLEGRINO – T. ALIMONTI – L. CARROZZI); *Commento al Vangelo e alla prima Epistola di san Giovanni* (A. VITA – E. GANDOLFO – G. MANDURINI); 1971: *Le Lettere*, t. II (L. CARROZZI); *Esposizione sui salmi*, t. II (V. TARULLI); 1973: *La Trinità* (A. TRAPÈ – M. F. SCIACCA – G. BESCHIN); 1974: *Le Lettere*, t. III (L. CARROZZI); 1976: *Dialoghi*, t. II (A. TRAPÈ – D. GENTILI); *Esposizione sui salmi*, t. III (T. MARIUCCI – V. TARULLI); 1977: *Esposizione sui salmi*, t. IV (V. TARULLI – F. MONTEVERDE); 1978: *La città di Dio*, t. I (A. TRAPÈ – R. RUSSEL – S. COTTA – D. GENTILI); *Matrimonio e verginità* (A. TRAPÈ – M. PALMIERI – V. TARULLI – N. CIPRIANI – F. MONTEVERDE); 1979: *Discorsi*, t. I (M. PELLEGRINO – P. BELLINI – F. CRUCIANI – V. TARULLI – E. MONTEVERDE); 1981: *Natura e grazia*, t. I (A. TRAPÈ – I. VOLPI); t. II (A. TRAPÈ – I. VOLPI – F. MONTEVERDE); 1982: *Le confessioni* (A. TRAPÈ – C. CARENA – F. MONTEVERDE), 4. ed.; *Dialoghi*, t. I (D. GENTILI), 2. ed.; *Esposizione sui salmi*, t. I (A. CORTICELLI – R. MINUTI – BENEDETTINE DE SANTA MARIA DI ROSANO), 2. ed.; 1983: *Discorsi*, t. II (L. CARROZZI); t. III (L. CARROZZI); 1984: *Discorsi*, t. V (P. BELLINI – F. CRUCIANI – V. TARULLI – F. MONTEVERDE); 1985: *Polemica con Giuliano* (N. CIPRIANI); *Discorsi*, t. VI (P. BELLINI – F. CRUCIANI – V. TARULLI – F. MONTEVERDE); 1986: *Discorsi*, t. VII (M. RECCHIA); 1987: *Grazia e libertà* (A. TRAPÈ – M. PALMIERI); 1988: *Discorsi*, t. VIII (M. G. BIANCO – F. MONTEVERDE); *La Genesi* (A. di GIOVANNI – A. PENNA).

Ao lado da "Nuova Biblioteca Agostiniana" deve-se destacar a "Piccola Biblioteca Agostiniana": também fundamentada em A. Trapè e dirigida por R. Piccolomini, publicada por Città Nuova, que oferece aos leitores a tradução italiana de algumas obras de Santo Agostinho de particular atualidade no que diz respeito à problemática mais emergente da Igreja e da cultura contemporânea: *La verginità consacrata* (A. TRAPÈ – V. TARULLI), 1982; *La dignità del matrimonio* (A. TRAPÈ – M. PALMIERI), 1982; *La riconciliazione cristiana* (V. GROSSI), 1983; *La filosofia antica* (R. PICCOLOMINI), 1983; *Il Maestro* (D. GENTILI), 1984; *I monaci e il lavoro* (A. SANCHEZ – V. TARULLI), 1984; *Mia madre* (A. TRAPÈ), ²1984; *Sul sacerdozio* (G. CERIOTTI), 1985; *Clero e vita in comune* (G. SCANAVINO), 1985; *Il combatimento cristiano* (L. MANCA), 1986; *La Regola* (A. TRAPÈ), ²1986; *Maria "dignitas terrae"* (A. TRAPÈ – O. CAMPAGNA), 1988.

c) "*Opera omnia di sant'Ambrogio*". Também editada por Città Nuova, promovida e organizada pela Biblioteca Ambrosiana de Milão (pelo card. G. Colombo) por ocasião do XVI Centenário da eleição episcopal de Santo Ambrósio, essa edição bilíngue, com respectivo texto latino, prevê 27 vls. De 1977 até hoje foram publicados 20: 1977: *I doveri* (G. BANTERLE); 1979: *I sei giorni della creazione (Esamerone)* (G. COLOMBO – G. BANTERLE); *Lo Spirito Santo – Il mistero dell'incarnazione del Signore* (C. MORESCHINI); 1980: *I patriarchi – La fuga dal mondo – Le rimostranze di Giobbe e di Davide* (G. BANTERLE); *Commento a dodici salmi*, t. I (L. F. PIZZOLATO); t. II (L. F. PIZZOLATO); 1981: *Le due apologie di Davide* (F. LUCIDI); *Esposizione del Vangelo secondo Luca*, t. I (G. COPPA); t. II (G. COPPA); 1982:

Isacco o l'anima – Il bene della morte – Giacobbe e la vita beata – Giuseppe (C. MORESCHINI – R. PALLA); *Spiegazione del Credo – I sacramenti – I misteri – La penitenza* (G. BANTERLE – E. BELLINI); 1984: *La fede* (C. MORESCHINI); *Il paradiso terrestre – Caino e Abele – Noè* (P. SINISCALCO); *Abramo*, tomo II (F. GORI); 1985: *Le orazioni funebri* (G. BANTERLE); *Elia e il digiuno – Naboth – Tobia* (F. GORI); 1987: *Commento al Salmo 118* (L. F. PIZZOLATO); ZENÃO DE VERONA, *I Discorsi* (G. BANTERLE). Complementi dell'Opera omnia di sant'Ambrogio, vl. 1; 1988: *Lettere/1* (G. BANTERLE); *Lettere/2* (G. BANTERLE); *Lettere/3* (G. BANTERLE).

d) *"Scrittori greci e latini"*. Um empreendimento de grande fôlego e amplo alcance projetado pela Fondazione Lorenzo Valla e pela editora Mondadori (Milano): *Vite dei santi dal III al VI secolo* (dir. Ch. MOHRMANN), vl. II: PALLADIO, *La storia lausiaca* (G. J. M. BARTELINK – M. BARCHIESI), 1974; vl. IV: *Vita di Martino. Vita di Ilarione. In memoria di Paola* (A. A. R. BASTIAENSEN – Jan W. SMIT – L. CANALI – C. MORESCHINI), 1975; OROSIO, *Le Storie contro i pagani* (A. LIPPOLD – A. BARTOLUCCI – G. CHIARINI), 2 vls., 1976; *Vite dei santi dal III ao VI secolo*, cit., vl. I: *Vita di Antonio* (G. J. M. BARTELINK – P. CITATI – S. LILLA), ³1981; vl. III: *Vita di Cipriano. Vita di Ambrogio. Vita di Agostino* (A. A. R. BASTIAENSEN – L. CANALI – C. CARENA), ²1981; GREGÓRIO DE TOURS, *La storia dei Franchi* (M. OLDINI), 2 voll., 1981; GREGÓRIO DE NISSA, *La vita di Mosè* (M. SIMONETTI), 1984.

2) Traduções de textos patrísticos em coleção:
a) *"Collana di testi storici"*. Nessa segunda parte, dedicada às coleções que publicaram a tradução dos textos patrísticos, destacamos em primeiro lugar a "Collana di testi storici" editada por Japadre (L'Aquila). A precedência se justifica pelo fato de que entre os seus volumes, poucos na verdade, há um em edição bilíngue: ABROGIO, *La storia di Naboth*, org. por M. G. MARA. Embora inserida na coleção, a edição fica isolada entre os outros volumes da série que apresentam somente a tradução, como os dois volumes sobre as Cartas aos Romanos, nos respectivos comentários de Ambrosiaster e de Origene (A. POLLASTRI, *Ambrosiaster. Commento alla Lettera ai Romani – aspetti cristologi*, L'Aquila, 1977; F. COCCHINI, *Origene. Commento alla Lettera ai Romani – annuncio pasquale, polemica antieretica*. L'Aquila, 1979), e o volume sobre o comentário de Crisóstomo às Cartas aos Gálatas (S. ZINCONE, *Giovanni Crisostomo. Commento alla Lettera ai Galati. Aspetti dottrinali, storici, letterari*, L'Aquila, 1981).
b) *"Classici delle religioni"*. Seção IV: A religião católica. Das cinco seções que constituem a coleção "Classici delle religioni", editada pela UTET (Torino), a quarta, dirigida por P. Rossano, compreende uma boa colheita de textos patrísticos em tradução italiana, precedidas por uma ampla introdução dedicada tanto ao autor como às obras contidas no volume e por uma bibliografia atualizada, seguida de uma cuidadosa compilação de Índices. Foram publicados: 1969: LEÃO MAGNO, *Omelie e Lettere* (T. MARIUCCI); 1971: CLEMENTE DE ALEXANDRIA, *Il Protrettico, Il Pedagogo* (M. G. BIANCO); CUSANO, *Opere religiose* (P. GAIA); GIROLAMO, *Opere scelte*, vl. I: *Uomini ilustri. Vita di s. Paolo eremita. Contro Elvidio. Lettere e omilie* (E. CAMISANI); ILARIO, *La Trinità* (G. TEZZO); 1972: *Mistici del XIV secolo* (S. SIMONI); 1974: TERTULIANO, *Opere scelte* (C. MORESCHINI); 1977: INÁCIO DE LOYOLA, *Gli scritti* (M. GIOIA); 1978: *Decisioni dei Concili Ecumenici* (G. ALBERIGO – R. GALLIGANI); TOMÁS DE AQUINO, *Somma contro i Gentili* (T. S. CENTI); 1979: AMBRÓSIO, *Opere* (G. COPPA); ORÍGENES, *Opere*, vl. I: *I Princípi* (M. SIMONETTI); 1980: BASÍLIO, *Opere ascetiche* (U. NERI – M. B. ARTIOLLI); CIPRIANO, *Opere* (G. TOSO); 1981: CABASILAS, *La vita in Cristo* (U. NERI); *Gregorio Magno, Omelie sui Vangeli. Regola pastorale* (G. CREMASCOLI).

c) *"Letture cristiane delle origini. Testi"*. Editada por edições Paoline (Roma), a coleção "Letture cristiane delle origini", seção textos, já compreende os volumes: 1979: ETERIA, *Diario di viaggio* (A. CANDELARESI – C. di ZOPPOLA); HIPÓLITO DE ROMA, *La Tradizione apostolica* (R. TATEO); TERTULIANO, *Il battesimo* (P. A. GRAMAGLIA); 1980: TERTULIANO, *La corona* (P. A. GRAMAGLIA); *A Scapula* (P. A. GRAMAGLIA); DOROTEU DE GAZA, *Scritti e insegnamenti spirituali. Lettere e detti. Vita di Dositeo* (L. CREMASCHI); INÁCIO DE ANTIOQUIA, *Le Lettere* (G. GANDOLFO); 1981: AMBRÓSIO, *Il giardino piantato ad Oriente (De paradiso)* (U. MATTIOLI); AGOSTINHO, *La preghiera* (A. CACCIARI); ROMANO O MELODE, *Inni* (G. GHARIB); CESÁRIO DE ARLES, *La vita perfetta* (M. SPINELLI); TERTULIANO, *Ai martiri* (P. A. GRAMAGLIA); 1982: CROMAZIO DE AQUILEIA, *Sermoni liturgici* (M. TODDE); TERTULIANO, *La testimonianza dell'anima* (P. A. GRAMAGLIA); 1983: JUSTINO, *Le due apologie* (G. GANDOLFO – R. RACCONE); GREGÓRIO DE NISSA, *La preghiera del Signore* (G. CALDARELLI); LEÃO MAGNO, *Il mistero del Natale* (A. VALERIANI); 1984: *Didachè. La dottrina dei 12 apostoli* (U. MATTIOLI), 4. ed.; AGOSTINHO, *La catechesi dei pricipianti* (A. M. VELLI); ATANÁSIO, *Vita e lettere di Antonio* (L. CREMASCHI); TERTULIANO, *La preghiera* (P. A. GRAMAGLIA); 1985: CIPRIANO DE CARTAGO, *Cristiani con coraggio. Il nostro essere cristiani oggi secondo san Cipriano* (G. TOSO); *Atti dei martiri* (G. CALDARELLI).

A segunda seção: "Letture cristiane delle origini. Antologie", compreende atualmente seis volumes; outros quatro estão em preparação. Dos volumes publicados, somente três dizem respeito à produção patrística: *I Padri della Chiesa pregavano cosí* (por C. BORGOGNO – G. GANDOLFO), 1982; *Violenza di Stato nell'èra dei martiri* (C. BERSELLI), 1982; *Le beatitudini nel commento dei Padri latini* (M. SPINELLI), 1983.

d) *"Patristica e pensiero cristiano"*. Coleção editada por Ed. Paoline, dedicada às traduções de algumas das principais obras do cristianismo. Atualmente são comercializáveis os seguintes volumes: 1965: GREGÓRIO MAGNO, *Moralia. Commento a Giobbe* (passagens escolhidas), 2 vls. (B. BORGHINI); FIRMINO LACTANCIO, *La morte dei persecutori* (P. CAALLIARI); TEÓFILO DE ANTIOQUIA, *Tre libri ad Autolico* (P. A. GRAMAGLIA); 1966: JOÃO CASSIANO, *Conferenze spirituali*, 3 vls. (O. LARI); 1967: BERNARDO DE CLARAVAL, *Della considerazione* (L. SCANU); CLEMENTE DE ALEXANDRIA, *Protreptico ai Greci* (A. PIERI); 1974: *Lettera di Barnaba* (O. SOFFRITTI); 1975: JOÃO CRISÓSTOMO, *Invito a penitenza* (B. BORGHINI), 2. ed.; GREGÓRIO MAGNO, *Omelie sui Vangeli* (O. LARI); MÁXIMO DE TORINO, *Sermoni* (F. GALLESIO); 1976: TERESA DE ÁVILA, *Camino di perfezione e Castello interiore* (L. FALZONE); GIROLAMO SAVONAROLA, *Semplicità della vita cristiana* (R. SORGIA); ORÍGENES, *Omelie sulla Genesi e sull'Esodo*; 1977: LEÃO MAGNO, *Il mistero pasquale* (Omelie: 26 discorsi) (A. VALERIANI), 3. ed.; CIRILO DE JERUSALÉM, *Le catechesi* (E. BARBASIAN), 2. ed.; AGOSTINHO, *De Trinitate* (C. BOROGOGNO – A. LANDI); TERESA DE ÁVILA, *Le fondazioni e opere minori* (L. FALZONE); JOÃO TAULERO, *Opere* (B. de BLASIO); BERNARDO DE CLARAVAL, *Commento al Salmo 90* (17 sermoni quaresmali) (R. SORGIA); 1978: ATENÁGORAS, *Supplica per i cristiani* (P. A. GRAMAGLIA), 3. ed.; ANSELMO D'AOSTA, *Perché un Dio uomo?* (D. CUMER), 2. ed.; BASÍLIO, *Omelie sui salmi* (A. Regaldo RACCONE), 2. ed.; GREGÓRIO MAGNO, *Regola pastorale* (A. CANDELARESI), 2. ed.; 1982: JOÃO DA CRUZ, *Poesie* (L. FALZONE), 2. ed.; AGOSTINHO, *Le confessioni* (A. TRAPÈ – M. PELLEGRINO – C. CARENA – F. MONTEVERDE), 4. ed.; *La città di Dio* (A. TRAPÈ – R. RUSSEL – S. COTTA – D. GENTILLI), 2. ed.; CIPRIANO, *Le Lettere* (N. MARIENGELI); 1984: AGOSTINHO, *Le confessioni* (A. LANDI), 3. ed. (de bolso).

e) *"Testi patristici"*. Dirigida por A. Quacquarelli e publicada por Città Nuova, é a coleção de textos patrísticos (muitos dos quais pela primeira vez em tradução italiana) que, surgida somente em 1976, conta com o maior número de volumes, em relação às outras coleções: 77 ao todo os publicados até agora: 1976: ATANÁSIO, *L'incarnazione del Verbo* (E. BELLINI); AMBRÓSIO, *La penitenza* (E. MAROTTA); GREGÓRIO DE NISSA – JOÃO CRISÓSTOMO, *La verginità* (S. LILLA); 1977: PONZIO – PAULINO – POSSIDIO, *Vita di Cipriano. Vita di Ambrogio. Vita de Agostino* (M. SIMONETTI); JOÃO CRISÓSTOMO, *Vanità. Educazione dei figli. Matrimonio* (A. Ceresa GASTALDO); EPIFANIO, *L'ancora della fede* (C. RIGGI); SALVIANO DE MARSELHA, *Contro l'avarizia* (E. MAROTTA); 1978: RUFINO, *Spiegazione del Credo* (M. SIMONETTI); PEDRO CRISÓLOGO, *Omelie per la vita quotidiana* (M. SPINELLI); DIADOCO, *Cento considerazioni sulla fede* (V. MESSANA); ORÍGENES, *Omelie sulla Genesi* (M. I. DANIELI); 1979: GREGÓRIO DE NISSA, *Fine, professione e perfezione del cristiano* (S. LILLA); GREGÓRIO NAZIANZENO, *La passione di Cristo* (F. TRISOGLIO); GREGÓRIO MAGNO, *Omelie su Ezechiele*, vl. I (E. GANDOLFO); MÁXIMO, O CONFESSOR, *Umanità e divinità di Cristo* (A. Ceresa GASTALDO); CROMAZIO DE AQUILEIA, *Catechesi al popolo* (G. CUSCITO); DOROTEU DE GAZA, *Insegnamenti spirituali* (M. PAPAROZZI); JOÃO CRISÓSTOMO, *La vera conversione* (C. RIGGI); 1980: GREGÓRIO MAGNO, *Omelie zu Ezechiele*, vl. II (E. GANDOLFO); PSEUDO-ATANÁSIO, *La Trinità* (L. DATTRINO); JOÃO CRISÓSTOMO, *Il sacerdozio* (A. QUACQUARELLI); JOÃO DAMASCENO, *Omelie cristologiche e mariane* (M. SPINELLI); 1981: GREGÓRIO DE NISSA, *L'anima e la rissurezione* (S. LILLA); ORÍGENES, *Omelie sull'Esodo* (M. I. DANIELI); GREGÓRIO MAGNO, *La Regola pastorale* (M. T. LOVATO); VITÓRIO DE VITA, *Storia della persecuzione vandalica in Africa* (S. COSTANZA); 1982: ORÍGENES, *Commento al Cantico dei Cantici* (M. SIMMONETTI) 2. ed.; CALLINICO, *Vita di Ipazio* (C. CAPIZZI); JOÃO CRISÓSTOMO, *Le catechesi battesimali* (A. Cereso GASTALDO); GREGÓRIO DE NISSA, *L'uomo* (B. SALMONA); HIPÓLITO, *Le benedizioni di Giacobbe* (M. SIMONETTI); GREGÓRIO DE NISSA, *La grande catechesi* (M. NALDINI); JOÃO CRISÓSTOMO, *Commento alla Lettera ai Galati* (S. ZINCONE); JOÃO DAMASCENO, *Difesa delle imagini sacre* (V. FAZZO); 1983: CIRILO DE JERUSALÉM, *Le catechesi ai misteri* (A. QUACQUARELLI), 2. ed.; CIRILO DE ALEXANDRIA, *Perché Cristo è uno* (L. LEÃO); NILO DE ANCARA, *Discorso ascetico* (C. RIGGI); GREGÓRIO NAZIANZENO, *Omelie sulla Natività* (C. MORESCHINI); GREGÓRIO, O TAUMATURGO, *Discorso a Origene* (E. MAROTTA); 1984: *I Padri apostolici* (A. QUACQUARELLI), 5. ed.; *Vite di monaci copti* (A. CAMPAGNANO – T. ORLANDI); CIPRIANO – PAULINO DE NOLA, *Poesia e teologia della morte* (M. RUGGIERO); AMBROSIASTER, *Commento alla Lettera ai Romani* (A. POLLASTRI); ISAAC DE NÍNIVE, *Discorsi ascetici* (M. GALLO – P. BETTIOLO); JOÃO CRISÓSTOMO, *L'unità delle nozze* (G. di NOLA); CROMAZIO DE AQUILEIA, *Commento a Matteo* (G. TRETTEL), vls. I e II; 1985: EGERIA, *Pellegrinaggio in Terra Santa* (P. SINISCALCO – L. SCARAMPI); GERMANO DE CONSTANTINOPLA, *Omelie mariologiche* (V. FAZZO); MÁXIMO, O CONFESSOR, *Meditazioni sull'agonia di Gesú* (A. Ceresa GASTALDO); ORÍGENES, *Omelie sul Levitico* (M. I. DANIELI); VENÂNCIO FORTUNATO, *Vita di san Martino di Tours* (G. PALERMO); NICETA DE REMESIANA, *Cathechesi preparatorie al Battesimo* (C. RIGGI); 1986: RUFINO DE CONCÓRDIA, *Storia della Chiesa* (L. DATTRINO); ATANÁSIO, *Lettere a Serapione* (E. CATTANEO); PSEUDO-DIONÍSIO O AEROPAGITA, *Gerarchia celeste – Teologia mistica – Lettere* (S. LILLA); FULGÊNCIO DE RUSPE, *Le condizioni della penitenza* (M. G. BIANCO); GREGÓRIO NAZIANZENO, *I cinque discorsi teologici* (C. MORESCHINI); *Gli apologeti greci* (C. BURINI); CIRILO DE ALEXANDRIA, *Commento ai profeti minori* (A. Cataldo); 1987: Ambrosiaster, *Commento alla Lettera ai Galati* (L. Fatica); Gregório Nazianzeno, *Fuga e Autobiografia* (L. Viscanti); André de Creta, *Omelie mariane* (V. Fazzo); Juliano Pomerio, *La vita contemplativa* (M. Spinelli); Pseudo-Ferrando de Cartago, *Vita di san Fulgenzio* (A. Isola); Leandro de Sevilha, *Lettera alla sorella Fiorentina* (O. Giordano); Orígenes, *Omelie su Ezechiele* (N. Antoniono); Beda, o Venerável, *Storia ecclesiastica degli Angli* (B. Luiselli – G. Abbolito); 1988: João Crisóstomo, *Panegirici su san Paolo* (S. Zincone); Girolamo, *La perenne verginità di Maria* (M. I. Danieli); Ottato de Milevi, *La vera Chiesa* (L. Dattrino); Gregório de Nissa, *Omelie sul Cantico dei Cantici* (C. Moreschini); Gregório de Nissa, *Vita di Gregorio Taumaturgo* (L. Leone); Hilário de Poitiers, *Commentario a Matteo* (L. Longobardo); 1989: Teodoreto de Ciro, *Discorsi sulla Provvidenza* (M. Ninci); Orígenes, *Omelie sui Numeri* (M. I. Danieli); Gregório de Nissa, *Vita di Macrina* (E. Marotta). Destaco, além disso, os "Vangeli commentati dai Padri": não uma coluna propriamente dita, mas uma pequena biblioteca de espiritualidade, filosofia e teologia que a Ed. Città Nuova quis contar entre suas numerosíssimas publicações: João Crisóstomo, *Commento al Vangelo di san Matteo* (C. Failia – R. Minuti – F. Monti), vl. I: ²1967, vl. II: ²1968, vl. III: ²1969; São Girolamo, *Commento al Vangelo di san Marco* (R. Minuti – R. Marsiglio), ²1967; Santo Ambrósio, *Commento al Vangelo di san Luca* (P. L. Zovatto – R. Minuti – R. Marsiglio), vl. I: ²1967, vl. II: ²1968; Agostinho, *Commento al Vangelo di san Giovanni* (R. Minuti – R. Marsigli), vl. I: ²1967, vl. II: ³1984. Lembremos, além disso, que ainda pela Città Nuova foi publicada, em cinco volumes, *La teologia dei Padri*: um tratado de teologia patrística que reúne em tradução italiana textos dos Padres latinos, gregos e orientais escolhidos e ordenados por temáticas: vl. I: *Dio. Creazione. Uomo. Peccato* (G. Mura – G. Corti – M. Spinelli), ²1981; vl. II: *Grazia. Cristo. Santificazione* (G. Mura – G. Corti – M. Spinelli), ²1982; vl. III: *Vita cristiana. Il prossimo. Stati di vita cristiana* (G. Mura – G. Corti), ²1982; vl. IV: *Ecclesiologia. Sacramenti. Sacra Scrittura. Novissimi* (G. Mura – G. Corti), ²1982; vl. V: *Profili e opere. Bibliografia. Indici* (G. Mura – G. Corti), ²1987.

f) *"Cultura cristiana antica. Testi"*. Sob a direção de V. Grossi e publicada pelas Edizioni Borla (Roma), a coleção "Cultura cristiana antica" é constituída de duas seções: "Testi" e "Studi", ambas dedicadas ao campo da patrística, da literatura cristã antiga e da história do cristianismo. A seção "Testi" renova o propósito das outras coleções já citadas: publica em tradução italiana uma série de obras patrísticas que enfrentem uma problemática diferente: dos primeiros textos para as comunidades cristãs aos catecismos; das questões sociais às morais e exegéticas. Estão disponíveis: *A Diogneto* (S. Zincone), 1977; Tertuliano – Cipriano – Agostinho, *Il Padre nostro* (V. Grossi), 1980; Ireneu de Lião, *Epideixis* (E. Peretto), 1981; Tertuliano, *De virginibus velandis* (P. A. Gramaglia), 1984; Ilário de Poitiers, *Trattato sui misteri* (L. Longobardo), 1984.

g) *"La spiritualità cristiana. Storia e testi"*. Sob a direção de E. Ancilli e publicada pelas Edizioni Studium (Roma), a recentíssima coleção "La spiritualità cristiana. Storia e testi" é constituída por quatro seções: Os Padres; A Idade Média; A Espiritualidade moderna; A Espiritualidade contemporânea. Da primeira seção, "I Padri", foram publicados: C. Cristiano, *La preghiera dei Padri*, 1981; L. Dattrino, *Il primo monachesimo*, 1984; E. Cavalcanti, *L'esperienza di Dio nei Padri greci. Il trattato "Sullo Spirito Santo" di Basilio di Cesarea*, 1984.

h) *"Classici dello Spirito"*. A coletânea "Classici dello Spirito", editada pelas Edizioni Messaggero, publicou os seguintes escritos patrísticos: Ambrósio, *Sulle vergini* (P. Beatrice), 1982; Girolamo, *Verginità e matrimonio* (S. Cola), 1982; Justino, *Le Apologie* (L. Rebuli), 1983; Atanásio, *Lettere a Serapione* (L. Iammarrone), 1983; *Preghiere eucaristiche della tradizione cristiana* (A. González Fuente), 1984; *Atti dei martiri dei primi tre secoli* (V. Saxer), 1984; *Inni antichi della Chiesa d'Occidente* (S. di Meglio), 1985; *Omelie pasquali dell'antichità cristiana* (N. Nocilli), 1985; Agostinho, *Una fede, una Chiesa* (L. Dattrino), 1985; Orígenes, *Apologia del cristianesimo: Contro Celso* (L. Dattrino), 1987.

Melchiorre di Santa Maria – L. Dattrino

PADROEIRO (Santo). Entende-se por padroeiro o santo que por tradição ou por legítima deliberação é venerado com particular culto num determinado lugar, ou pelos membros de um Instituto ou de uma associação. As razões teologais que justificam o culto dirigido aos santos recomendaram a prática, antiga na Igreja, de se dirigir de modo especial a um santo que, por várias circunstâncias tinha tido relações singulares com aquele ambiente ou com aquela categoria de pessoas. Influiu nessa instituição o conceito de "padroeiro" na cultura e civilização romana, mas a Igreja espiritualizou seu significado, aplicando-o aos cidadãos melhores dos céus, que são precisamente os → santos. Recomendamo-nos ao padroeiro para gozar da sua especial intercessão. Se nos séculos da Idade Média a escolha do santo padroeiro acontecia por circunstâncias várias e de modo totalmente espontâneo, Urbano VIII, no quadro geral da restauração do culto dos santos, determinou as modalidades a serem seguidas para a proclamação do padroeiro: 1) que o santo seja canonizado; 2) que a escolha seja feita pelo povo com o consentimento do bispo; 3) que essa escolha seja depois aprovada pela Congregação dos Ritos (cf. SAGRADA CONGREGAÇÃO DOS RITOS, *Decreta authentica*, 526).

As novas normas pelo que diz respeito ao culto do santo padroeiro e sua inserção no calendário geral ou local foram dadas pelo motu próprio de Paulo V, *I Mysterii paschalis*, de 14 de fevereiro de 1969 (*AAS* 61 [1969] 222-226) com que aprovava o novo → ANO LITÚRGICO e o novo calendário romano (cf. *Missal romano* publicado em língua italiana pela CEI em 1983: *Il calendario*, pp. LVII-LIX) e pelo decreto da SAGRADA CONGREGAÇÃO DO CULTO DIVINO, *Normae circa patronos constituendos*, de 19 de março de 1973 (*AAS* 65 [1973] 276-279).

BIBLIOGRAFIA. BUGINI, A. Patrono. In *Enciclopedia Cattolica* XI. 983-990; Fondatore. Fondazione. In *Dizionario degli Instituti di Perfezione* IV (1977) 108-113; GILMONT, J. F. Paternité et médiation du fondateur d'Ordre. *Revue d'Ascétique et de Mystique* 40 (1964) 393-426; Patroni. In MISTRORIGO, A. *Dizionario Liturgico-Pastorale*. Padova, 1977, 1.229-1.232.

G. PICASSO

PAI CELESTE. Em todas as religiões o conceito de Deus exprime a existência de um ente superior a que tudo se refere como a um único princípio supremo. Somente a religião cristã, porém, nos apresenta um Deus como Pai, ou seja, como aquele que não somente deu origem às coisas, mas tem com elas uma relação particular de amor e de providência. O Antigo Testamento já deixa entrever uma ligação particular entre Deus e a sua criatura: o Senhor introduz Adão num mundo que se torna seu domínio pleno e exclusivo, com um direito de herança e de filiação. A paternidade de Deus começa para o homem a se desenvolver de modo maravilhoso ao lhe dar uma companheira e ao lhes submeter todo o campo da criação, a fim de que o homem se tornasse o soberano dela. Todavia, o primeiro pecado quebra as relações entre Pai e filho e, enquanto o mal e o desespero avassalam o mundo, a esperança prometida pela voz do Pai abre um ilimitado horizonte de confiança e de familiaridade sobre o fundo do drama da humanidade pecadora.

1. JESUS, REVELADOR DO PAI. Com a realização dessa esperança, brotada da paternidade de Deus, que é riqueza, bondade e misericórdia infinita, realiza-se também uma nova e total revelação de Deus-Pai. Com efeito, uma coisa é referir todas as coisas a um domínio paterno de pertença em relação ao mundo e ao povo, outra é gerar um Filho na categoria de semelhança, no qual todos os homens se tornam filhos, ou seja, participantes da mesma vida de intimidade e de amor. Jesus, o Filho de Deus, será o grande revelador do Pai, porque é o único que conhece e forma com ele uma só coisa (Jo 10,30).

A revelação dessa amorosa paternidade marca para o mundo uma nova manifestação e uma esperança nova entre Deus e a sua criatura. O peso infinito da caridade divina não somente será derramado de agora em diante sobre o único Filho natural desse Pai, mas, por seu meio, sobre todos aqueles que esse Filho constituiu filhos adotivos. Assim, quando o homem com a graça se insere em Cristo, Deus Pai o ama com o mesmo amor com que ama o próprio Filho: "o próprio Pai vos ama, porque vós me amastes e crestes que eu saí de Deus" (Jo 16,27). Jesus pregará o seu reino; mais, será ele mesmo o seu reino, onde todos reconhecerão a grandeza de Deus e saborearão eternamente a sua vida; mas esse reino é o reino do Pai (Jo 20,17), uma vez que tudo foi criado e regenerado no Verbo, somente para a glória do Pai.

A permissão do pecado foi decretada para que houvesse uma maior manifestação do amor e da misericórdia do Pai, que é o único termo possível para o qual se possa endereçar com eficácia a vida dos homens e do mundo. É o Pai que confia ao Filho a missão de redimir o mundo e assim reintegrar os filhos distantes e manchados pelo pecado em sua autêntica dignidade de filhos de Deus; e Jesus será feliz por nos tornar de novo filhos de Deus, tornando assim vasta como o mundo a família do Senhor. Revelando o Pai e as suas iniciativas a nosso respeito, Jesus sugerirá também a atitude que se deve ter com ele e com o próximo que se torna nosso irmão, recomendando o amor "a fim de serdes verdadeiramente filhos do vosso Pai que está nos céus, pois ele faz nascer o seu sol sobre os maus e os bons e cair a chuva sobre os justos e os injustos" (Mt 5,45).

Por que Jesus nos revelou Deus como Pai? Certamente porque, em virtude de uma relação de dependência, a paternidade divina pudesse se enriquecer de uma filiação devota, livre e reconhecida de nossa parte. São Paulo assim nos descreve os desígnios do Pai: "Bendito seja Deus,

Pai de nosso Senhor Jesus Cristo: Ele nos abençoou com toda a bênção espiritual nos céus, em Cristo. Ele nos escolheu nele antes da fundação do mundo para sermos santos e irrepreensíveis sob o seu olhar, no amor. Ele nos predestinou a ser para ele filhos adotivos por Jesus Cristo, assim o quis a sua benevolência para o louvor da sua glória, e da graça com que nos cumulou em seu Bem-amado: nele, por seu sangue, somos libertados, nele, nossas faltas são perdoadas, segundo a riqueza da sua graça. Deus no-la prodigou, abrindo-nos a toda a sabedoria e inteligência. Ele nos fez conhecer o mistério da sua vontade, o desígnio benevolente que de antemão determinou em si mesmo para levar os tempos à sua plenitude, reunir o universo inteiro sob um só chefe, Cristo, o que está nos céus e o que está sobre a terra (Ef 1,3-10). Desde toda a eternidade o Pai nos quis seus filhos em Cristo e por isso estabeleceu no tempo o realizar-se de nossa filiação na participação da graça e da natureza divina do seu Filho. Justamente porque infinitamente rico, o Pai quis que nós participássemos dessa riqueza e derramou gratuitamente sobre nós todo o peso do seu amor. Permitiu ainda a rejeição desse amor para que, no perdão e na redenção realizada por seu Filho, houvesse o testemunho eterno e irrevogável, diante do mundo e diante de todo o paraíso, de uma ternura que ultrapassa toda baixeza e toda fraqueza humana. E assim há no homem — acima da sua natureza, rica de tudo o que pode ser exigência física e intelectual — uma promoção à ordem divina mediante o Cristo, que nos introduz no mistério da Trindade a fim de que, no seio do amor eterno do Pai e do Filho, consuma-se a nossa comunhão com Deus.

2. JESUS, CAMINHO PARA O PAI. Assim, o plano da providência divina deve guardar não só o desenvolvimento de uma vida terrena, cujas raízes afundam na bondade divina, mas também guardar ciosamente o destino eterno dos homens, que se tornaram filhos de Deus. Entendemos então por que Deus quis ficar na terra para ser o nosso alimento: as virtudes e os heroísmos do Filho de Deus haveriam de se tornar as virtudes e os heroísmos de cada um de seus filhos, chamados a prolongar no tempo, de modo misterioso, mas real, a encarnação de Cristo e fazer crescer assim o seu Corpo místico. Entendemos a existência dos sacramentos que garantem a graça em cada condição existencial, a fim de que ela possa nos configurar a Cristo, seja qual for a nossa vocação no tempo. Entendemos sobretudo a instituição da → IGREJA, porque ela garante no tempo, com a assistência do Espírito de amor, a transmissão fiel da paternidade divina, na integridade e na interpretação de uma doutrina que revela à inteligência humana a riqueza sempre viva e inexaurível das iniciativas dessa mesma paternidade.

Diante desses gestos divinos, a pobre criatura humana, tão exaltada acima da própria fragilidade, deve em primeiro lugar lançar o olhar da própria alma sobre a figura de Cristo, para contemplar amorosamente a atitude dele para com o Pai e, portanto, procurar copiá-lo do melhor modo possível. As primeiras palavras de Jesus referidas pelo Evangelho (Lc 2,49) são um reconhecimento da soberania do Pai, para além de toda autoridade humana, para a qual Jesus deverá empregar a vida toda. As últimas palavras na cruz dirigem-se ao Pai que aceitou a vida do próprio Filho como resgate pelo pecado e são um hino de confiança e de amor: "Pai, em tuas mãos entrego o meu espírito" (Lc 23, 46). Entre essas duas afirmações, passa a vida de Jesus em completa submissão ao Pai, na decisão mais pura e desinteressada de se submeter a ele e às suas "coisas". A atitude fundamental do espírito de Cristo é a oração: aquela oração que em nós é elevação a Deus, nele era constante componente do seu ânimo, no qual a divindade do Verbo tornava presente Deus à humanidade assumida em união de pessoa. Para Jesus, orar era pensar, viver, agir, uma vez que toda a sua vida era assumida num nível divino. Essa vida de oração tão essencial e intensa tem um único objeto: o Pai. O Evangelho nos transmitiu com fidelidade o encanto das noites estreladas da Palestina, nas quais de modo especial Jesus orava ao Pai no silêncio e no recolhimento, confiava à bem-aventurada Trindade o sucesso do seu apostolado, a fecundidade da sua Igreja, o bem dos eleitos que haveriam de aceitar e praticar a sua palavra. Às vezes, essa oração assume um tom de júbilo num impulso de complacência: "Eu te louvo, Pai, Senhor do céu e da terra, por teres ocultado isso aos sábios e aos inteligentes e por tê-lo revelado aos pequeninos. Sim, Pai, foi assim que dispuseste na tua benevolência" (Mt 11,25-26). No nome do Pai Jesus oferece ao mundo uma ciência que subverterá os valores humanos sem os desprezar, mas assumindo-os em outros mais importantes e absorventes, que somente quem tem uma fé límpida pode apreciar e viver. A oração de Jesus sobe ao Pai como agradecimento cheio de gáudio pela ressurreição de Lázaro: "Pai, eu te dou graças por me teres atendido. Por certo, eu bem sabia que tu me atendes sempre, mas falei por causa desta multidão que me cerca, a fim de que eles creiam que tu me enviaste" (Jo 11,41-42). No nome do seu Pai, Jesus oferece ao mundo o espetáculo dos seus milagres para testemunhar o amor do Pai, para testemunhar o interesse vivo de Deus pela salvação dos homens, para garantir a solicitude divina em relação ao mundo. A oração de Jesus sobe ao Pai também como clamor de esperança na hora da angústia: "Que direi: Pai, salva-me desta hora? Mas é precisamente para esta hora que eu vim. Pai, glorifica o teu nome" (Jo 12,27 s.). O que importa ao Filho de Deus não é a dor ou o desprezo, mas a glória do seu Pai; aquela glória que o primeiro pecado lhe tirou, ao jogar o homem na morte, sobe agora novamente ao trono de Deus.

Na oração sacerdotal Jesus promete aos apóstolos uma súplica ao Pai, a fim de que queira mandar o Espírito Santo para iluminar suas mentes e acender seus corações (Jo 14,16 ss.); convida a orar ao Pai em qualquer necessidade e garante o atendimento (*Ibid.*, 15.16). Quando ensinar os discípulos a orar, não fará senão transmitir esses sentimentos de louvor, de súplica e de confiança nas fórmulas que constituem o "→ PAI-NOSSO". E assim, até o fim do mundo, toda criatura se voltará a esse Pai, com a mesma confiança, com a mesma familiaridade que animou a oração de Jesus, com as suas mesmas palavras. Não somente, porém, a oração de Cristo teve como objeto somente e sempre o Pai, mas o pensamento dele foi um suavíssimo hábito que penetrou as ações e as intenções de Jesus: "O Filho não pode fazer nada por si mesmo, mas somente o que vê o Pai fazer; pois o que o Pai faz, o Filho o faz igualmente" (Jo 5,19). Jesus na sua vida continuou o aniquilamento da → ENCARNAÇÃO, tirando de si qualquer iniciativa pessoal, cumprindo sempre e em toda a parte a vontade do Pai (Jo 8,29). Também a sua doutrina não é sua: é a que recebeu do Pai (Jo 7,16), é a revelação do amor e da sabedoria do Pai que Jesus como Verbo personifica e exprime também em termos humanos para se fazer compreender pelos homens. Um imenso trabalho deve ter tido o Verbo encarnado para fazer entrar na inteligência dos seus apóstolos a plenitude e o fulgor das ideias divinas, cheias de verdade infinita. Teve de repetir e simplificar os conceitos, teve de usar comparações e parábolas para revelar um amor e uma verdade inefáveis que se ofereciam à contemplação da inteligência humana. A mais perfeita e sublime doutrina proposta à consideração do homem podia ser proclamada como própria, por parte de Jesus, porque ele e o Pai são "um" (Jo 10,30); todavia, com um senso de humildade profunda que sonda todo o abismo que como homem o separa do Pai, Jesus proclama humildemente que todo esse patrimônio de luz e de verdade não é seu, mas pertence ao Pai

A vida de Cristo teve como ideal o objetivo mais alto que possa ter uma vida humana: o serviço de Deus e dos homens. Nesse serviço, Jesus teria podido se movimentar livremente, a seu bel-prazer, porque todas as suas ações, tendo um valor infinito, teriam concorrido eficazmente para a redenção do mundo. Mas também nesse caso, para viver até o fim o seu aniquilamento salvífico, Jesus renuncia às próprias iniciativas, aos próprios gostos, à própria liberdade para agradar sempre, em qualquer ocasião o seu Pai: "eu sempre faço o que lhe agrada" (Jo 8,29). Jesus sabia que não somente deveria ter conduzido os filhos errantes à casa do Pai, apagando nas criaturas o pecado original, mas, tornando-se ele próprio fonte de vida e de santidade, via que haveria de levar toda alma ao Pai. Por essa sua missão de exemplaridade, Cristo aceitou de bom grado a total *kenôsis* da sua natureza divina, para que a supremacia e a prioridade dos direitos paternos refulgissem na sua vida com uma luz toda particular.

3. DEVERES DE FILHOS. Seguindo o movimento da alma de Cristo, a nossa devoção concreta ao Pai celeste deve em primeiro lugar se concretizar na adoração, ou seja, no reconhecimento amoroso da paternidade divina: "Mas vem a hora, e é agora, na qual os verdadeiros adoradores adorarão o Pai em espírito e verdade; tais são, com efeito, os adoradores que o Pai procura" (Jo 4,23). A adoração é uma admiração cheia de confiança. O que Deus manifestou de si, especialmente do seu amor por nós, é suficiente para que do coração de todo homem brote um sentimento profundo de reconhecimento à divina soberania, na indestrutível certeza de sermos amados por Deus. O fato de que Deus nos possa amar é certamente um mistério que somente a fé pode em parte iluminar, mas é coisa certa. São muitas as revelações, até prementes, desse amor que da intimidade do mistério trinitário se derrama sobre o homem para poder ceder à tentação de que Deus não se interessa pelas próprias criaturas. Na adoração, o contemplar como Deus faz agir as causas segundas somente em função do nosso verdadeiro bem, gera em nós o desejo de colaborar com ele, de consagrar à causa de Deus, que, aliás, é a nossa mesma causa, toda força e todo empenho.

Tendo, pois, o olhar fixo em Deus, na admiração mais incondicional de sua santidade e sua bondade, vamos lentamente descobrindo o nosso nada, a nossa impotência radical a respeito de toda obra boa. De outra parte, a constatação do amor e dos cuidados divinos fazem nascer no coração um sentido de confiança e de ilimitada familiaridade. Deus ama o nosso nada para que gradualmente ele se mude no tudo que é ele. Essa transfiguração interior, somente Deus a pode realizar, ele que a quer e a confiou à nossa boa vontade, a qual deve colaborar com a eficácia da graça. A paternidade de Deus postula diretamente para nós uma filiação confiante que se dirige natural e espontaneamente ao nosso Pai que está nos céus. A familiaridade é confiança ilimitada na bondade e na onipotência divina, sobretudo é convicção de que Deus quer intervir para enriquecer também a vida terrena do homem, embora na perspectiva da vida futura. A confiança, que produz depois um traço de familiaridade, é fruto da estima em relação a Deus e de um conhecimento de fé que ultrapassa a normal informação cultural e se radica no autêntico amor para com Deus. Quem confia nele, confia na sua bondade e na sua divina clarividência toda a própria vida até as últimas consequências, acolhendo todos os reflexos da ação divina, até nas suas expressões menos agradáveis. A alma que vive de confiança na divina paternidade deve superar aquele natural amor de si que espontaneamente guia no plano humano toda ação e ir buscar na divina vontade os motivos das próprias ações.

Deus premia a alma confiante, tornando-a livre de toda vicissitude humana: quando se tem a graça de confiar a própria vida às iniciativas do Pai, adquire-se aquela suprema liberdade que nos torna senhores de nós mesmos e dos nossos sentimentos, para que tudo confiemos à responsabilidade divina.

Um último dever brota da consciência da paternidade de Deus: é o amor fraterno com que devemos amar o próximo. Jesus, o revelador do amor paterno de Deus, foi também o revelador do "novo" mandamento, e não apenas isto, mas nele fomos todos constituídos filhos de Deus. Com efeito, como Verbo, é Filho por aquela geração eterna de inteligência e de amor que constitui a sua natureza divina: por meio da sua graça redentora associa-nos, mediante a sua humanidade que pertence também a todos nós, à vida divina que nos oferece como um dom por parte do Pai. Segue-se que, como diz o Apóstolo, todo homem é "irmão pelo qual Cristo morreu" (1Cor 8,11), ao qual o Pai ofereceu a própria paternidade e preparou uma eternidade de alegria a ser partilhada. Por isso, o cristão tem o dever de amar os irmãos como criaturas que têm uma relação com Deus, procurando ajudá-los a aprofundar e aperfeiçoar essa mesma relação. Como temos de descobrir o valor e procurar explorar a nossa pessoal filiação divina, assim temos de nos convencer de que, justamente por esse mesmo título, também o homem naturalmente menos dotado é filho de Deus. Talvez esse segundo aspecto da paternidade divina (ou seja, enquanto se estende a todos) seja um pouco mais trabalhoso de realizar, mas nem por isso deve ser desprezado. É um novo compromisso para o cristão que deve ver no homem a imagem de Deus, uma projeção da sua beleza e da sua inteligência, respeitando essa misteriosa grandeza que escondeu em todo homem. É uma superação do egoísmo, é um quebrar a barreira de limitação que nos fecha em nós mesmos, para nos lançar no mar aberto da comunhão social e sobrenatural com todos os homens, antecipação e prelúdio da comunhão universal no Corpo místico de Cristo.

BIBLIOGRAFIA. Anastasio del Santo Rosario. In cammino verso il Padre. *Rivista di Vita Spirituale* (1968) 282 ss.; Atenagora dello Spirito Santo. La comunione col Padre nel Figlio. *Rivista di Vita Spirituale* (1971) 358-386; Bouyer, L. *Il Padre invisibile*. Paoline, Roma, 1979; Carnelutti, F. *Interpretazioni del Pater noster*. Roma, 1943; *Dizionario dei Concetti Biblici*. Dehoniane, Bologna, 1976, 1.134-1.135; Evely, L. *Padre nostro*. Milano, 1958; Il "Pater". Quaderni di predicazione. Napoli, 1958; Galot, J. *Il cuore del Padre*. Milano, 1959; Garofalo, S. *Il Pater noster*. Torino, 1955; Gennaro, C. Il Padre mio e il Padre vostro. In *Il mistero del Dio vivente*. Teresianum, Roma, 1968; Giordani, I. *Il "Pater noster" preghiera sociale*. Brescia, 1946; Guardini, R. *Il Signore*. Milano, 1949; Guillou, M.-J. Le. *Il mistero del Padre*. Jaca Book, Milano, 1979; Lossky, W. Il Padre fonte di tutta la Trinità. *Rivista di Vita Spirituale*

(1985) 201-207; McNabb. *Pater noster*. Milano, 1939; *Nuovo Dizionario di Spiritualità*. Paoline, Roma, 1979, 667 ss.678.1.261.1.711; Perrin, J.-M. *Nel segreto del Padre*. Roma, 1961; *Schede Bibliche Pastorali*. Dehoniane, Bologna, 1986, 2.714, VI.

C. Gennaro

PAI-NOSSO. 1. NOTAS INTRODUTÓRIAS. É célebre a definição dada por → TERTULIANO: "*breviarium totius avengelii*", ou seja, "compêndio de todo o Evangelho" (*De oratione*, I, 6: *CCSL* 1, 258). Incisivas também as palavras de São Cipriano: "Como são numerosos e grandes os mistérios da oração do Senhor! Estão reunidos em poucas palavras, mas rica é a sua eficácia espiritual. Absolutamente nada é omitido do que deve constituir as nossas orações e as nossas súplicas; nada que não esteja compreendido nesse compêndio da doutrina celeste" (*De oratione dominica*, 9: *CSEL* 3, 1, 272). Não menos importante o pensamento de Santo → AGOSTINHO: "Se rezarmos corretamente e como se deve, nós não dizemos senão o que já está contido nessa oração do Senhor. Quem quer que diga algo que não possa se encontrar nessa oração evangélica, ainda que não ore de modo ilícito, ora, porém, de modo carnal; mais, não sei até que ponto a sua oração é lícita, uma vez que os que renasceram do Espírito devem orar apenas de modo espiritual" (*Ep.* 130, 12, 22: *CSEL* 44, 65).

Os três testemunhos patrísticos demonstram a convicção que foi sempre comum no povo cristão: o Pai-nosso, oração evangélica, compêndio de todo o Evangelho, compêndio da doutrina celeste, exprime toda a riqueza da oração e apresenta à fé o critério certo da autenticidade orante. Essa convicção é sustentada por uma intuição primária: se o Pai-nosso contém todo o Evangelho e o exprime na forma característica da oração, todo exercício orante é, por sua vez, autêntico e agradável a Deus à medida que nele o Evangelho se encontra atual e vitalmente envolvido. É dizer toda a importância que se reconhece à "oração do Senhor" na tradição cristã.

Chamado tradicionalmente de "a oração do Senhor" — *oratio dominica* —, o Pai-nosso não deve, todavia, ser entendido como uma formulação típica da oração pessoal de Jesus, ainda que a ela esteja ligado por relações essenciais. É, sim, a oração ensinada *pelo* Senhor àqueles que, sendo seus discípulos, são como tais chamados a rezar: "Vós, portanto, orai assim" (Mt 6,9), "Senhor, ensina-nos a rezar, como João o ensinou a seus discípulos. [...] Quando rezardes, dizei [...]" (Lc 11,1-2). Os dois evangelistass propõem o Pai-Nosso como a oração dos que, tendo sido iluminados pela revelação nova (Mt 13,16-17; Lc 10,23-24) e tendo aderido com a mente e com o coração ao Evangelho, exprimem diante de Deus sua identidade de discípulos de Jesus. Considera-se que, quando oram, eles elevam sua alma a Deus movidos por disposições que têm no Pai-nosso, *breviarium totius evangelii*, a sua formulação essencial e a sua expressão normativa. Em outras palavras, o Pai-nosso é proposto por Mateus e por Lucas como o retrato orante daquele que convém chamar de o "homem evangélico", ou seja, o homem que leva no coração a verdade do Evangelho como dinamismo de vida.

É essa a premissa que é preciso ter presente quando se enfrenta o problema das duas versões: Mt 6,9-13 e Lc 11,2-4. As comunidades locais da era apostólica usavam o Pai-nosso pelo menos de duas formas diferentes; e o faziam, contudo, com a certeza de recitar a mesma oração que num determinado momento foi ensinada pelo Mestre em pessoa. O Pai-nosso podia ser encurtado ou aumentado, até adaptado de algum modo às necessidades de situações concretas, embora conservando intacta a sua originalidade, de modo a poder ser aceito, para além das variações e modificações, como a verdadeira e única "oração do Senhor". Por isso, uma leitura dos dois textos que queira estar atenta à realidade viva da Igreja apostólica deve partir do seguinte pressuposto: a versão mais breve de Lucas contém integralmente a substância da versão mais longa de Mateus; e essa última, por sua vez, não oferece nenhum elemento que não esteja contido, implicitamente pelo menos, na versão de Lucas. Uma e outra, em outras palavras, conservam fielmente a intenção do Mestre.

Ficamos certamente assustados diante do número das diferenças que acabaram se criando num texto de tanta brevidade. Muito usado nas diversas Igrejas, o Pai-nosso conheceu logo um processo de transmissão que permitia uma grande liberdade na formulação verbal. A julgar, porém, pelas duas versões que chegaram até nós, as variações insinuadas parecem marginais em relação a um fundo comum predominante e sem dúvida considerado irrenunciável. Em particular, Mateus ou Lucas acabam transmitindo uma mesma estrutura formal do Pai-nosso por meio da qual emerge uma inconfundível lógica interna: — a oração inicia com uma *invocação* endereçada a *Deus Pai*. É a oração de um filho de Deus que pretende se expressar como tal; — seguem duas (Lc) ou três (Mt) proposições na forma orante do *desejo* ou da *aspiração* (terceira pessoa do imperativo, em grego; optativo, em italiano e em português: "seja... venha..."), as quais dizem respeito de modo homogêneo ao bem global do cumprimento segundo Deus do desígnio salvífico do próprio Deus; — enfim, três (Lc) ou quatro (Mt) *pedidos* (segunda pessoa do imperativo), com os quais se pede ao Pai as coisas de que têm necessidade seus filhos enquanto percorrem o caminho de sua presente existência terrena.

Como consta tê-lo compreendido e rezado a Igreja apostólica que o recebeu e transmitiu, o Pai-nosso é a oração que é, por causa ao mesmo tempo do seu conteúdo conceitual e da sua lógica interna. Mais, é à luz dessa lógica que deve ser interpretado cada um dos elementos que o compõem. A sua originalidade, portanto, não está nesta ou naquela fórmula, nesta ou naquela aspiração ou pedido, mas no conjunto das suas partes e na relação das partes com o todo — um conjunto organicamente construído, o qual indica precisamente o espírito novo de um orante novo comprometido vitalmente no mistério evangélico. Mateus e Lucas nos advertem com isso que o Pai-nosso é uma oração unitária, não divisível, realizável somente por aqueles que a recitam com adesão íntima a toda sua verdade.

2. A INVOCAÇÃO INICIAL: "PAI...!". É a palavra decisiva, a que dá consistência de oração a todo o resto. Com efeito, entendida no sentido dos evangelistas e da Igreja apostólica, a invocação "Pai" (Lc) ou "Pai nosso que estás nos céus" (Mt) indica logo uma oração especificamente cristã, ou seja, a oração nova dos crentes que professam a novidade do Evangelho, de pessoas que carregam no íntimo, como instinto de vida, a dignidade real de filhos de Deus em Cristo Jesus. É filial a "oração do Senhor" e o é num nível de religiosidade que pressupõe acontecido o que Paulo chama de "plenitude dos tempos" (Gl 4,4).

a) *Na piedade bíblica e judaica*. "Pai nosso, que estás nos céus" (Mt): como soa, a fórmula é tipicamente judaica. Os concidadãos do Mestre invocam a Deus com esse título, exprimindo em devoção viva uma riqueza prestigiosa de sua fé. De fato, já no Antigo Testamento tinha-se chegado a um conceito altíssimo da paternidade divina. "Fiz filhos crescerem, criei-os" (Is 1,2). "Do Egito chamei o meu filho" (Os 11,1). Em virtude da eleição, das promessas e da → ALIANÇA, o Deus santo da revelação (Is 6,3; Os 11,9) quis se fazer conhecer como o pai de Israel. O conceito pertence, pois, à teologia da história da → SALVAÇÃO. A perspectiva primária parece ser a de uma paternidade criadora a que Israel deve tudo o que tem e sua própria existência (Dt 32,6; Is 64,7; Mt 2,10). Pai de Israel nesse sentido, o Senhor exige com razão de seu povo a homenagem filial da obediência e do respeito (Mt 1,6; Is 1,2); mas, sobretudo, o título evoca o amor e a bondade, a fiel ternura e a paciente solicitude, a compaixão e a prontidão em perdoar, que o Senhor está disposto a demonstrar em relação a Israel (Dt 32,6 ss.; Jr 3,4.19; 31,9.20; Os 11,1 ss.; Is 63,15-16; 64,7-8; Tb 13,3-5).

Para além do plano estritamente coletivo, o tema da paternidade divina acaba envolvendo diretamente algumas categorias de pessoas com as quais o Senhor é visto estabelecer uma relação privilegiada e particularmente intensa. Com efeito, Deus se compromete a ser um "pai" para Davi e para os reis-ungidos, sucessores dele no trono de Judá, comprometendo-se a considerá-los filhos primogênitos (2Sm 7,14; Sl 2,7; 89,27-28). Por sua misericórdia insistentemente testemunhada, o Senhor é reconhecido também como o "pai" dos pobres e deserdados (Sl 68,6; cf. 27,10). Nos últimos livros sapienciais, a relação teologal "pai-filho" define a dignidade do "justo" (Sb 2,13.16.18) e é expressa na linguagem orante da invocação pessoal (Sr 23,1.4; 51,10; Sb 14,3).

Todos esses testemunhos são sustentados por uma temática de fundo perfeitamente bíblica: Deus é chamado de "pai" no sentido de que os valores inerentes à relação pai-filho no contexto humano encontram sua correspondência analógica na realidade dinâmica da relação Deus-homem na história da salvação. "Como um pai... assim o Senhor..." (Sl 103,13; cf. Pr 3,12). Somente que, ao se tratar precisamente do Deus santo, a realidade humana da paternidade é superada em riqueza e perfeição (cf. Sl 27,10; Is 49,15); e a analogia se torna veículo de admiração reverente e de humilde gratidão, de confiança plena e de ímpeto filial, expressão de uma religiosidade em que se reflete a verdade revelada da grandeza divina.

Essa religiosidade prosperava no judaísmo do tempo e do ambiente em que viveu Jesus e se desenvolveu a primeira comunidade dos cristãos. As orações judaicas de então são disso um valioso testemunho. Dizia-se, por exemplo, na *Ahabat Olâm* (= "Amor eterno") que precedia a recitação do *Shema* (Dt 6,4 ss.): "Com amor eterno tu nos amaste. Senhor, Deus nosso; com grande e superabundante piedade tu tiveste piedade de nós, pai nosso, nosso rei. [...] Ó nosso pai, pai misericordioso, ó misericordioso, mostra-nos misericórdia. [...] Sejas bendito, Senhor, que escolheste por amor o teu povo Israel" (J. BONSIRVEN, *Textes rabbiniques des deux premiers siècles chrétiens*, Roma, 1955, 1).

Na grande oração, a mais oficial do judaísmo, chamada a *Tefilá*, ou as *Shemone esrê*, ou a *Amidá*, recitava-se na sexta bênção (segundo o texto palestino): "Perdoa-nos, ó nosso pai, pois pecamos contra ti; cancela e tira as nossas iniquidades da tua presença, pois muitas são as tuas misericórdias. Sejas bendito, Senhor, que perdoas com abundância" (*Ibid.*, 2). Também no *Qaddish*, oração em que se santificava o nome de Deus, a fé na paternidade divina vitalizava a piedade orante da comunidade: "Seja aceita a vossa oração e a vossa súplica seja ouvida, com a súplica de toda a casa de Israel, diante de nosso pai no céu!" (*Ibid.*, 3).

b) *"Pai" em sentido cristão*. Os esplêndidos testemunhos citados convidam a perguntar se a fé na paternidade divina podia ainda se desenvolver, ou se a invocação inicial da "oração do Senhor" podia reservar alguma novidade com respeito ao que já se conseguira nessa linha da piedade bíblica e judaica. Devemos responder: uma novidade há, e é essencial: "Quando rezardes, dizei: Pai..." (Lc 11,1.2). "Vós, portanto, orai assim: Pai nosso, que estais nos céus..." (Mt 6,9). Não sabemos até que ponto os acompanhantes de Jesus podiam então apreciar a novidade da relação orante com o → PAI CELESTE entendido pelo próprio Mestre. Sabemos, porém, que a Igreja apostólica reconheceu nesse início da oração uma revelação digna da novidade de Cristo e percebeu nela como que a definição de um novo orante. E no que se refere a nós, é a fé apostólica o critério decisivo a respeito.

"Deus e Pai do Senhor nosso Jesus Cristo". Oração do discípulo ensinada pelo Mestre em pessoa, o Pai-nosso forçosamente teve de ser adotado nas Igrejas apostólicas como a oração daquela "criatura nova" (Gl 6,15; 2Cor 5,17; Ef 2,10) a quem o Filho quis revelar o Pai (Mt 11,27 = Lc 10,22). E é essa revelação, riqueza de vida e privilégio até então inédito na história das religiões, a premissa que não podia deixar de informar a piedade dos crentes-batizados no momento de invocar o Pai do céu.

Eles se sabiam portadores desse privilégio: aos crentes é dado invocar a Deus como Pai (1Pd 1,17). Mas não era também esse o privilégio do velho Israel? Entretanto, porém, houve um acontecimento que deu rosto novo às coisas e um significado novo às palavras. Deus, com efeito, "enviou seu Filho, nascido de mulher e sujeito à lei" (Gl 4,4), e o Verbo-Filho "habitou entre nós... cheio de graça e de verdade" (Jo 1,14). É a novidade da "plenitude dos tempos" (Gl 4,4), e dela a Igreja apostólica se reconhecia sede efetiva. "De sua plenitude todos nós recebemos..." (Jo 1,16): de imediato, emerge a novidade de uma fé em que a invocação "Pai" reveste uma densidade previamente desconhecida e exprime uma consciência religiosa que Israel não costumava ter. Nasceu o fenômeno de uma oração nova, expressão viva e coerente de uma nova relação com Deus.

De fato, são muitas as indicações que demonstram forte e lúcida na Igreja apostólica a vontade de diferenciar a sua invocação filial a Deus-Pai da que era usada na piedade orante do povo judaico. Temos em primeiro lugar esta fórmula, que parece ter se tornado usual na liturgia cristã: "Bendito seja o Deus e *Pai de nosso Senhor Jesus Cristo*" (2Cor 1,3; Ef 1,3 1Pd 1,3). O invólucro é tradicional, sendo a "bênção" uma das formas características da oração judaica. O conteúdo, porém, é decididamente novo: bendiz-se a Deus como ele quis se dar a conhecer em Cristo Jesus — justamente como "o Pai de nosso Senhor Jesus Cristo" (cf. também 2Cor 11,31). O Deus que se bendiz (textos citados), a quem se dá glória (Rm 15,5-6) e se dão graças (Cl 1,3), é dito de propósito "o Pai de nosso Senhor Jesus Cristo". A indicação é clara: ao ser filial, a oração neotestamentária é cristologicamente definida. É a oração de pessoas que pretendem exprimir a verdade viva de uma nova relação filial com Deus — e a novidade está no fato de que se é filho de Deus "em Cristo Jesus", filhos do Pai e ao mesmo tempo irmãos do primogênito Cristo (cf. Rm 8,29). Dizem: "Pai nosso que estais nos céus" (Mt 6,9), assim como também os judeus costumavam dizer; mas a convicção é agora especificamente "cristã": Deus é "Pai nosso" na linha mesma e pela graça mesma em que e por que ele se fez conhecer como "o Pai de nosso Senhor Jesus Cristo".

Na graça de Cristo se reconheciam filhos de Deus; e na mesma graça dirigiam-se a Deus, chamando-o "Pai". Exorta Paulo: "Em todo tempo e a propósito de tudo rendei graças a Deus Pai, em nome de nosso Senhor Jesus Cristo" (Ef 5,20). A sua gratidão ao Pai do céu, religiosidade verdadeira que se faz oração, o crente a expressa "no nome de nosso Senhor Jesus Cristo", ou seja, como um filho que é tal porque é rico da graça de Cristo e como um orante em cuja ação de graças está envolvida dinamicamente a própria pessoa de Cristo. Esclarece ainda Paulo: "Tudo o que podeis dizer ou fazer, fazei-o em nome do Senhor Jesus, dando graças, *por ele*, a Deus Pai" (Cl 3,17). A oração mesma é considerada como um elevar-se a Deus Pai "por meio do Senhor Jesus". Em outras palavras, Cristo está atualmente presente na oração filial dos crentes. Elevando sua alma a Deus de modo justo, os filhos de Deus dizem uma palavra agradável a Deus; e é agradável a Deus a palavra orante deles porque é a voz mesma de sua filiação divina, expressão atual do dom de Deus e da presença viva do Cristo-Filho nas suas pessoas (cf. Rm 8,26-27). "Cristo, vossa vida" (Cl 3,4); na mesma linha de imanência vital poder-se-ia dizer: Cristo, a vossa oração. Todo crente pode repetir, segundo uma medida conhecida somente por Deus e que é a medida da sua graça, a célebre palavra paulina: "Vivo, mas não sou mais eu, é Cristo que vive em mim (Gl 2,20); mas cada qual pode também estender essa verdade à própria vitalidade orante e dizer: Oro, não mais eu, mas Cristo ora em mim.

"Quando rezardes, dizei: Pai!" (Lc 11,2). Para além do modo como o podiam compreender os discípulos de então, a Igreja apostólica compreende agora esse ensinamento como a revelação de um direito pessoal concedido por graça à multidão dos irmãos secundogênitos de Cristo: os filhos oram como filhos; e, quando dizem "Pai" ao Deus do céu e da terra, pronunciam uma invocação que é ao mesmo tempo palavra pessoal deles e palavra do Filho presente neles.

"*Clamamos: Abbá, Pai!*". Toda essa nova consciência é confirmada pelo fato de que a Igreja apostólica, com a audácia de uma fé segura, decidiu fazer sua a palavra que devia ser a palavra distintiva do Cristo orante: "→ ABBÁ"!

"Dizia: Abbá, Pai" (Mc 14,36). É certamente uma *ipsissima vox* de Jesus, referida pelo evangelista por causa da sua novidade e da revelação que continha. Sabe-se, com efeito, que o aramaico *abbá* exprimia de per si uma relação de paternidade-filiação de tipo estritamente familiar e doméstico: era a palavra com a qual um filho se dirigia ao *próprio* pai que o tinha gerado e com o qual convivia entre as paredes domésticas. Por isso, o judaísmo do tempo, que também invocava Deus com o nome de "Pai" ou de "Pai nosso", evitava decididamente dizer *abbá* ao Senhor do céu e da terra: não se concebia a paternidade divina senão em sentido metafórico (*como* um pai em relação a seus filhos, *assim* o Senhor em relação a nós; cf. Sl 103,13 e acima). Sem precedentes na piedade bíblica e judaica, o *abbá* teologal de Jesus dever ter impressionado os discípulos que o ouviram como orante: um homem se dirigia a Deus com audácia inaudita, chamando-o com a palavra específica das famílias desta terra. Chegou-se então a entender que Jesus rompia com o passado, inaugurava um novo termo religioso, consciente de dever ele expressar sua relação exclusiva com o Pai celeste. "Tudo me foi entregue por meu Pai. Ninguém conhece o Filho, a não ser o Pai, e ninguém conhece o Pai, a não ser o Filho" (Mt 11,27 = Lc 10,22). Revela-se assim o imenso alcance da novidade inaugurada por Jesus: "Abbá" é a palavra orante do Filho que deseja expressar e realizar na linguagem humana mais adequada a sua comunhão exclusiva e transcendente com o Pai.

"Ninguém conhece o Pai a não ser o Filho e *aquele a quem o Filho quiser revelá-lo*" (Mt 11,27 = Lc 10,22). Todo poder foi dado pelo Pai a seu Cristo-Filho; em particular, o de introduzir os eleitos no mistério vivo e até então exclusivo da sua relação com o próprio Pai. É essa, de resto, a finalidade soteriológica do projeto divino: "Deus enviou o seu Filho, nascido de mulher [...] para que nos seja dado ser filhos adotivos" (Gl 4,4.5). A partir da morte e ressurreição do Cristo-Filho e mediante o dom pascal do Espírito, essa finalidade do projeto paterno de Deus tornou-se salvação vitalmente realizada. Paulo, com efeito, prossegue: "Filhos, vós bem que o sois: Deus enviou aos nossos corações o Espírito do seu Filho, que clama: Abbá — "Pai!" (Gl 4,6). E escreverá em Rm 8,15: "Vós recebestes um Espírito que faz de vós filhos adotivos e pelo qual nós clamamos Abbá, Pai". A realidade objetiva da "adoção filial" encontra-se assim traduzida em termos de comunhão pessoal com Deus. A palavra orante de Jesus tornou-se a palavra orante de toda uma nova família de Deus. Têm os homens a certeza de ser "filhos de Deus" e "irmãos do Filho"; mas têm também a capacidade e o direito, a audácia e o orgulho de se dirigir ao Pai comum (cf. Ef 2,18; 4,6) com o amor mesmo que animava a oração pessoal do Unigênito enquanto vivia na terra dos homens.

Não só. Ao adotar como sua palavra nova e distintiva o *abbá* de Jesus, a Igreja apostólica pretendeu diferenciar a própria oração da oração da Sinagoga e professar com linguagem perceptível essa sua certeza: a oração nova sobe a Deus, portadora da voz atual e agradabilíssima do Cristo-Filho. Com efeito, ao clamar "Abbá, Pai!", movidos pela própria vitalidade filial recebida como dom de Deus, é o "Espírito do Filho" que está emitindo esse clamor no coração dos fiéis (Gl 4,6 e Rm 8,15 juntos). De resto, somente a fé nessa imanência divina podia permitir às comunidades cristãs a audácia de invocar o Pai do céu com o vocábulo mesmo que tinha indicado a absoluta novidade e transcendência da oração filial de Jesus. "E dizia: Abbá, Pai" (Mc 14,36). "Clamamos: Abbá, Pai" (Rm 8,15). A passagem uniforme da oração de Jesus à oração dos irmãos de Jesus marca um vértice da consciência religiosa humana: surgiu na história uma nova família de Deus capaz de se aproximar do Pai do céu com a voz de uma oração em que se acredita que o Pai mesmo ouve a voz orante do Filho.

"*Breviarium totius evangelii*". "Pai", "Pai nosso que estás nos céus": compreendida e usada como deveu compreendê-la e usá-la a Igreja apostólica, essa invocação inicial confere à "oração do Senhor" um significado original e uma densidade religiosa que a indicam realmente como um riquíssimo "compêndio de todo o Evangelho" (Tertuliano). A adoção filial que nela se exprime encerra na unidade todos os tesouros da graça oferecidos e dados ao homem no Evangelho de Deus, que é Cristo (cf. Ef 1,3-14; também Jo 1,12.16.18; Gl 3,26-28; 1Jo 3,1-2). Escreve, com efeito, João → CRISÓSTOMO: "Quem ama a Deus, 'pai nosso', proclama somente com essas palavras a remissão dos pecados, a libertação do castigo eterno, a justificação das almas, a santificação, a redenção, a adoção a filhos de Deus, a herança da sua glória, a fraternidade com o Filho unigênito e, enfim, a abundância do Espírito Santo. Não pode quem não recebeu todos esses dons chamar a Deus de 'pai'" (*Commento al Vangelo di san Mateo*, Roma, 1967, 312).

O fiel que chama a Deus de "pai" inicia a sua oração apresentando-se a Deus como Deus o criou para si em Cristo Jesus e professando toda a verdade e riqueza do Evangelho divino da salvação. E somente como reflexo homogêneo dessa disposição filial as fórmulas sucessivas do Pai-nosso desdobram seu conteúdo em efetivo exercício orante. A oração que o Senhor nos ensinou é uma oração unitária, dissemos; e a sua unidade está radicada na abundância de vida nova que já se exprime na invocação inicial: aquele que ora é um filho de Deus que está elevando a sua alma ao Pai de Jesus Cristo e seu Pai do céu, que quer deixar a graça do Evangelho se tornar nele voz de desejo e voz de súplica.

3. OS DESEJOS DE UM FILHO DE DEUS. Como observado na introdução, à invocação filial que abre a oração seguem-se imediatamente duas (Lc) ou três (Mt) proposições em que o verbo, no texto grego, está na terceira pessoa do imperativo. Essa forma verbal não existe em italiano — nem em português — e é introduzida pelo optativo: "seja santificado [...] venha [...] seja feita [...]". Com efeito, exprimem-se desejos, aspirações. Deve-se notar que os desejos estão centrados em coisas que dizem respeito diretamente a Deus: "o teu nome, "o teu reino", "a tua vontade". Evidencia-se assim o mesmo nexo lógico entre essa segunda parte e a invocação inicial. O que pode desejar o fiel que, orando com a voz mesma do "Espírito do Filho", que nele habita, invoca a Deus como seu pai em Cristo Jesus? O bem mesmo para o qual o orienta precisamente o seu instinto e amor filial. E esse bem não pode senão coincidir com o beneplácito do mesmo Pai celeste. Deseja-se, portanto, que se cumpra todo desígnio de Deus, seja na existência individual do próprio orante, seja também e principalmente no contexto global da história. E, dado que só há um desígnio divino, o crente eleva sua alma ao Pai, expressando com piedade convicta essa sua aspiração filial: que seja levada a cabo a obra boa e grande que o Pai está realizando em seu Cristo-Filho e mediante o poder do seu Espírito (cf. Fl 1,6). É a aspiração global e unitária que vemos articulada nas três proposições: "santificado seja teu nome" — "venha o teu reino" — "seja feita a tua vontade". Invertendo sua ordem e antecipando sua exposição, dizemos que o orante, deixando-se guiar pela vitalidade pessoal que carrega no coração, diz ao Pai do céu o desejo que tem de ver realizado o projeto da sua vontade, com a vinda perfeita do seu reino, para santificação plena do seu nome.

a) *"Santificado seja o teu nome"*. A versão de Lucas demonstra melhor quão estreito é o nexo entre essa primeira aspiração e a invocação inicial: "Pai, santificado seja o teu nome". É um único movimento de piedade orante, em que o desejo emerge espontaneamente no momento mesmo em que o olhar da alma se eleva amoroso e filial para o Pai que está nos céus.

Santificar o nome de Deus. A fórmula é tipicamente hebraica e deve ser interpretada segundo as categorias linguísticas e mentais do mundo bíblico e judaico. Sabemos que o "nome" de Deus é Deus mesmo como ele quis se revelar e se fazer conhecer (cf. Is 24,15; Mi 5,3; Sl 8,2.10; 20,2; 33,21; 76,2; 106,8; 135,13 etc.). O Deus da revelação é um Deus reconhecível, um Deus que tem um "nome", que se fez um "nome": "Em Judá, Deus se deu a conhecer; seu nome é grande em Israel" (Sl 76,2; cf. 135,13; Is 63,12). Portanto, "santificando o nome de Deus", santifica-se o próprio Deus, como ele é conhecido em Israel. Não só. É santificado aquele que é "santo" e que quis se fazer conhecer como "o Santo" (Is 29,23). Com efeito, "seu nome é santo" (Sl 111,9; Lc 1,49; cf. Sl 33,21). Quanto à "santidade" de Deus, ela é a perfeição pela qual Deus é Deus. É aquele mistério de grandeza, de majestade, de onipotência, de esplendor, de magnificência etc., que separa Deus de toda criatura e constitui a sua sublime e absoluta incomparabilidade: "'A quem me assemelhareis? A quem serei igual?', diz o Santo" (Is 40,25).

O conceito é perfeitamente bíblico, e na Bíblia ele é categoria de revelação. Mesmo designando a absoluta e incomparável perfeição de Deus, a "santidade" divina não é uma noção fechada, mas uma realidade dinâmica que de algum modo se manifesta e se faz reconhecível. É conveniente citar a respeito o hino teofânico de Isaías: *Santo, santo, santo, o Senhor de todo poder, sua glória enche a terra inteira"* (Is 6,3). O paralelismo "santidade-glória" é particularmente instrutivo. Celebrado na sua absoluta e exclusiva perfeição, Deus é proclamado "santo"; sua "santidade", porém, é uma santidade que, mesmo sendo em sua essência invisível, de algum modo se revela e se comunica na obra da criação e na da história da → SALVAÇÃO; e essa revelação-comunicação é precisamente a "glória" divina de que se diz que "a terra está cheia". Nas suas obras, Deus imprime algo de sua "santidade", revelando o mistério da sua perfeição: é a sua "glória", a marca perceptível do seu mistério, como que o seu "rosto" que se tornou reconhecível, um esplendor de Deus inerente nas coisas e acontecimentos e que fala à inteligência e ao coração do homem religioso, permitindo-lhe perceber e apreciar a verdade de que Deus é Deus, o Santo perfeitamente adorável.

Por isso, "santificar a Deus" e "glorificar a Deus" podem estar em perfeito paralelismo (Lv 10,3; Ez 28,22). E nos dois casos trata-se de um movimento da alma religiosa que podemos assim definir: acolher a marca "gloriosa" que de si Deus deixou nas suas obras e confessar por meio dela o mistério do Deus "santo"; ou: reconhecer e proclamar a incomparável perfeição de Deus revelada nas suas obras. Exigência religiosa irrenunciável, esse "santificar a Deus" ou "glorificar a Deus" realiza-se, por sua vez, de dois modos complementares: comportar-se com a obediência, o respeito e a veneração que convêm a um autêntico servo-adorador do Senhor, e confessar com o verbo dessa "justiça" comprometida a própria fé no Deus-Santo (cf. Is 8,13; 29,23; Lv 22,31-33); celebrar e cantar com piedade admirada a perfeição incomparável de Deus, a sua grandeza, o seu poder e majestade, a sua bondade e justiça, as maravilhas que somente ele realiza (cf. Sl 8,2.10; 99,2-5; 111,10; 135,5.13; 145,3 ss. etc.).

Um esclarecimento faz-se necessário. Na expressão "santificar Deus" ou "santificar o nome de Deus", o verbo é transitivo, mas o sentido não pode ser o de "tornar santo" Deus ou o seu "nome". Nenhuma oração ou atividade humana pode acrescentar seja o que for à "santidade" divina. Como dito acima, santifica-se aquele que é Santo! Do mesmo modo, mas em sentido contrário, "profana-se o nome" daquele que é "santo" e continua como tal (cf. Am 2,7; Ez 36,22-23). As ações ou atitudes mostradas nesse tipo de locução não se consideram como um acrescentar ou tirar algo de Deus. O Senhor é perfeito, e a sua perfeição é reconhecível em suas obras; cabe ao homem reconhecer o dado objetivo, confessá-lo com o compromisso ético-religioso, celebrá-lo com canto de verdade.

Santificação de Deus em Cristo Jesus. "Pai, santificado seja o teu nome": a oração se dirige a "Deus e Pai de nosso Senhor Jesus Cristo" (cf. acima) e diz respeito, portanto, a valores que têm no mistério cristão sua sede própria. Paulo fala da "iluminação do Evangelho da glória do Cristo, que é a imagem de Deus" e da "glória que resplandece no rosto de Cristo" (2Cor 4,4.6), querendo dizer que Cristo Jesus, que é o *eikôn* revelador do Deus invisível (Cl 1,15) e o Evangelho salvador de Deus (Rm 1,1-4.16), é por isso mesmo a manifestação à nossa fé da perfeição divina do Pai, ou seja, para usar uma noção bíblica já conhecida, da "santidade" de Deus-Pai. Por sua vez, João escreverá que em Jesus, o qual é a revelação de Deus invisível (Jo 1,18; cf. 12,45; 14,9), fez-se visível uma "glória que ele tem da parte do Pai" (1,14). E o próprio Jesus dirá ao Pai: "Eu te glorifiquei sobre a terra" (17,4), ou seja, "Eu manifestei o teu nome aos homens" (17,6), manifestando a eles a tua perfeição, a tua "santidade" (cf. v. 11) e fazendo com que os homens te possam reconhecer "santo", "santificando o teu nome".

Já podemos interpretar a oração "Pai, seja santificado o teu nome" do seguinte modo: movido por sua piedade filial, o orante exprime o desejo de que o Pai seja conhecido, celebrado, honrado, venerado, agradecido, exaltado, como ele quer e deve sê-lo em Cristo Jesus. Objetivamente, o desejo diz respeito ao cumprimento da obra do Pai, daquela obra que é a glória do próprio Pai e que se identifica com o mistério do Cristo Filho e Salvador. O mistério de Cristo em que o Pai tudo dispôs "para o louvor da sua glória" (Ef 1,6.12.14) já é no presente a sede de toda a "riqueza gloriosa" de Deus (Cl 1,27) e já é, portanto, a sede em que a santidade divina é confessada e celebrada; por sua parte, o orante deseja precisamente que esse valor primário continue a prosperar, segundo a vontade do próprio Pai. Isso significa que a aspiração é dirigida por um dinamismo acentuadamente escatológico. Não se pode desejar que a perfeição do Pai celeste seja manifestada, reconhecida e celebrada somente até certo ponto! A oração está voltada para a plenitude, e o crente não pensa em limitar de modo algum a glorificação-santificação do seu Pai, mas, ao contrário, deseja que a obra iniciada seja levada a perfeito cumprimento (cf. Fl 1,6). Em outras palavras, aderindo à dinâmica objetiva do mistério, o orante invoca com o desejo da fé e o anelo do amor aquele vértice de revelação e aquela perfeição de adoração que deverão coincidir com o retorno glorioso do Senhor e a unificação de tudo e de todos na plena celebração divina do céu (cf. Ap 4,8.11; 5,13).

É *Deus que santifica o próprio nome*. O filho que ora sabe muito bem que a obra iniciada pelo Pai não poderá ser concluída senão pelo mesmo Pai. Por isso, o verbo tem a forma passiva e o verdadeiro agente considera-se ser Deus: "Pai, santificado seja [por ti mesmo] o teu nome". De resto, foi esse o teor da oração de Jesus: "Pai, glorifica o teu nome" (Jo 12,28). Uma perspectiva análoga regia a piedade de Israel: "Não a nós, Senhor, não a nós, mas ao teu nome rende glória" (Sl 115,1; cf. Ez 36,22-23). Para além de qualquer compromisso de homem, embora necessário, é Deus que "santifica" o próprio nome, que "glorifica" a si mesmo, que manifesta a própria perfeição para que seja conhecida e confessada e celebrada — e isso, Deus o deve a si mesmo: "Em consideração a mim, em consideração a mim é que eu agi; com efeito, como o meu nome seria desonrado? Minha glória, não a darei a outro" (Is 48,11; cf. 42,8).

Mas, se Jesus orava: "Pai, glorifica o teu nome" (Jo 12,28), ele podia também dizer: "[Pai], eu te glorifiquei sobre a terra, concluí a obra que me deste para fazer" (17,4). Assim também o orante: na obra do Pai, ele está pessoalmente envolvido no plano do desejo e no plano do compromisso de vida. Se é verdade, com efeito, que Jesus Cristo é "imagem de Deus" e, por isso, "glória" do Pai (Cl 1,15; 2Cor 4,4.6; Hb 1,3), é verdade também que essa mesma "imagem" gloriosa está impressa na pessoa de quem esta orando como filho de Deus e irmão de Jesus Cristo (cf. Rm 8,29; 2Cor 3,18; Cl 3,10). Enriquecido pessoalmente de Cristo e do dom divino do Espírito, o orante deve saber que é, por sua vez, "glória" do Pai, sede viva onde o Pai está "santificando o próprio nome", manifestando a própria perfeição. É dignidade pessoal e é riqueza de vida nova; mas é também chamado divino a um comportamento coerente (cf. 1Ts 2,12; Ef 4,1). "Glorificai portanto a Deus por vosso corpo" (1Cor 6,20). "Brilhe a vossa luz aos olhos dos homens, a fim de que, vendo as vossas boas obras, eles glorifiquem o vosso Pai que está nos céus" (Mt 5,16; cf. 1Cor 10,31; 1Pd 4,11). Por isso, o desejo filial de que o Pai "santifique o seu nome", concluindo a sua obra de glória em Cristo Jesus, vê-se necessariamente acompanhado por uma pergunta implícita: que o mesmo Pai faça com que o orante contribua, de sua parte, para a grande obra de ser seu *eikôn* cada vez mais nítido, uma epifania cada vez mais crível da sua graça e da sua perfeição.

b) *"Venha o teu reino"*. "Pai, santificado seja o teu nome, venha a nós o teu reino". Mais uma vez, a versão mais breve de Lucas serve para evidenciar o nexo lógico entre os elementos. O Pai "santificará o seu nome", concluindo a sua obra em Cristo Jesus; e essa perfeição, o Pai a realizará, fazendo "vir o seu reino", ou seja, estabelecendo definitiva e completamente em Cristo a sua soberania salvífica. Pai, seja plenamente revelada e confessada a tua santidade com a vida perfeita e definitiva do teu reino!

Perfeição escatológica. Impressiona a ambivalência desse desejo orante. Ao dizermos "venha o teu reino", elevamos ao Pai uma oração que tende a um valor situado no futuro. Todavia, sendo a oração de um discípulo que se converteu e creu no "evangelho do reino" (Mc 1,14-15; 10,15; Mt 4,17.23), de um crente que acolhe no coração e confessa com a vida o senhorio de Cristo morto e ressuscitado (cf. Rm 10,9; 14,7-9; Fl 2,9-11), de um filho de Deus pessoalmente rico da graça de Cristo, participante do amor mesmo de Deus Pai, vivificado pelo dom do Espírito (2Cor 13,13), ela não pode senão subir do tesouro de um coração (cf. Mt 12,35) em que já está presente o bem que se está desejando. O Pai já "reina" no coração de quem deseja desse modo a "vinda" do seu reino! "A vós é dado o mistério do reinado de Deus" (Mc 4,11 e par.). "Foi do agrado do vosso Pai dar-vos o Reino" (Lc 12,32; cf. Mt 13,16-17 = Lc 10,23-24). Somente quem já possui no íntimo os tesouros do Reino (Mt 6,21) e acolheu como terra boa a semente da palavra divina (13,8.23) e encontrou na alegria a pérola preciosa do Reino (13,44.45-46) é capaz de "procurar o reino de Deus" com empenho prioritário (6,33; Lc 12,31) e expressar ao Pai com palavra de verdade e piedade autêntica essa sua grande e única aspiração: Pai, venha o teu reino! A raiz dessa oração é o Reino já vindo; o seu conteúdo é o desejo de que o Pai "reine" plenamente em todos e sobre tudo (1Cor 15,28), para "santificação do seu nome".

Essa ambivalência de uma oração que deseja que "venha" ainda o reino divino já "vindo" reflete na realidade a dinâmica objetiva do mistério. O "reino de Deus" é muitas vezes proclamado como uma plenitude já "próxima" (Mc 1,15; Mt 4,17; 10,7; Lc 10,11), já está presente até e operante (Mt 12,28; Lc 11,20; 17,20-21). Outras vezes, porém, o "reino" é prometido como um estado de coisas ainda por vir, como uma plenitude celeste ainda a "herdar" (Mt 25,34; 1Cor 6,9.10), uma condição ultraterrena na qual se deverá "entrar" ao final de um caminho que é o do presente exílio terreno (Mt 5,20; 7,21-23; Mc 9,47; At 14,22; cf. 1Ts 1,12). "Cumpriu-se o tempo", proclamava Jesus (Mc 1,15); e sob esse aspecto, o "reino" antigamente prometido deve ser considerado já "vindo" e semeado no campo da história. Mas se espera ainda sua plena e perfeita revelação, a qual coincidirá com o momento em que toda a massa estará fermentada (Mt 13,33) e terá chegado a estação da colheita que representa justamente o fim do mundo (13,39); e sob esse aspecto ulterior, pode-se ainda desejar a "vinda" do reino de Deus.

Tendo "crido no evangelho" (Mc 1,15) e "aceito" de modo justo a realeza do Pai (cf. Mc 10,15), o discípulo deseja que o próprio Pai consolide e faça ainda prosperar essa sua obra; e o deseja para si mesmo, para seus irmãos na fé, como também para salvação de todos os candidatos à graça de Cristo. É a oração de alguém que, tendo se tornado participante das riquezas do reino, chama com o desejo do coração a expansão evangélica do Reino mesmo e a maturação progressiva dos desígnios de Deus. Interpretada nesse nível, a aspiração filial "Pai, venha o teu Reino" projeta sem dúvida o dinamismo de uma piedade missionária carregada de santa impaciência (cf. Lc 12,49) e reevoca a recomendação de Jesus: "A messe é abundante, mas os operários, pouco numerosos; pedi, pois, ao dono da messe que mande operários para a sua messe" (Mt 9,37 = Lc 10,2; cf. Jo 5,35).

Mais diretamente, todavia, a aspiração tende à perfeição definitiva do mistério, ao evento singular e irrepetível que deverá encerrar a história da salvação na glória revelada do "último dia": "em seguida virá o fim, quando ele entregar a realeza a Deus Pai [...] para que seja tudo em todos" (1Cor 15,24.28). É verdade que o Evangelho do reino, sendo comparável a um "fermento" cheio de energia (Mt 13,33), está atualmente em progresso, dilatando-se e intensificando-se; mas não é uma progressão sem fim: está previsto um termo em que a obra iniciada no tempo e crescida ao longo dos séculos atingirá uma vez por todas a plenitude querida pelo Pai. Que o Pai cumpra definitivamente essa sua obra; que ele faça vir o reino glorioso da sua realeza plenamente exercida e perfeitamente revelada. "Venha o teu reino": quando se trata de Deus e da sua obra, a oração não pode parar no desejo de realizações parciais.

Vinda pessoal do rei celeste. Diz-se "venha o teu reino", mas na realidade se deseja a "vinda" real do Pai em pessoa. Não é impessoal o bem a que tende o anelo do discípulo que ora. No reino que "vem" é Deus mesmo que "vem" para reinar. Já no Antigo Testamento o profeta anunciava a boa nova da vitória salvadora de Deus com o clamor: "Teu Deus reina!" (Is 52,7); e esse evangelho era definido neste outro clamor: "Eis o vosso Deus, eis o Senhor Deus! Com vigor ele vem" (40,9-10). É essa a perspectiva também do Pai-nosso. O Deus cujo "reino" se deseja perfeito e definitivo é um Deus que "vem", um Pai que dirá: "Eis-me!". O Apocalipse o chama "Aquele que é, que era e que vem" (1,4; 4,8). No mistério cristão, o amanhã de Deus é a sua pessoal "vinda" real e gloriosa.

Os primeiros cristãos sabiam que essa "vinda" do Pai coincidirá com outra "vinda" pessoal, sumamente desejável: a vinda também ela gloriosa de Cristo senhor e juiz universal (cf. Mt 16,27.28; 24,27; 25,31; Ap 1,7 etc.). Por isso pediam: "*Marana tá*" (1Cor 16,22) e "Vem, Senhor Jesus" (Ap. 22,20; também v. 17). Era o *amém* deles à palavra dita pelo Senhor mesmo no coração da esposa: "Sim, eu venho em breve" (Ap 22,20). Se a oração "Vem, Senhor Jesus" é a aspiração fraterna dos que "ansiaram a manifestação de Cristo" (2Cor 4,8; cf. 1Cor 1,7), a oração "venha o teu reino" é a aspiração filial dos que esperam com amor a gloriosa manifestação do "bem-aventurado e único Soberano, o Rei dos reis e Senhor dos senhores" (1Tm 6,15). E, como somos irmãos de Cristo ao sermos filhos do Pai, assim tendemos com uma única aspiração do coração a um único acontecimento supremo: a vinda gloriosa e triunfante do Pai no Filho, e do Filho no Pai.

A oração, no fundo, está marcada pela urgência: que o Pai apresse o momento do fim (cf. 1Cor 15,24)! Mas ela não está inspirada nem pelo tédio da vida nem pelo desprezo do mundo: quer apenas exprimir o desejo de um filho que está fazendo falar o seu amor. "Pai, seja santificado o teu nome, venha o teu reino": o orante eleva sua alma para "Aquele que é, que era e que vem", dizendo-lhe o seu desejo de o ver glorificar a si mesmo, estabelecer para sempre o seu reino, concluir a sua obra de poder e de misericórdia para louvor e celebração da sua perfeição. Aspiração personalíssima por sua origem e por seu objeto: o orante exprime a si mesmo quando aspira à alegria daquele momento em que o Pai decidirá se revelar plenamente "bem-aventurado e único Senhor" e dizer a palavra que tudo e todos esperam: Eis-me!

c) "*Seja feita a tua vontade*". Essa terceira aspiração se lê somente na versão de Mateus. O fato é exegeticamente positivo, porque oferece um critério de interpretação: convida a não procurar nas palavras "seja feita a tua vontade" um desejo objetivamente novo com relação aos dois precedentes. Com efeito, é certo que a versão de Mateus se encontra integralmente, quanto à substância, na mais breve de Lucas, sendo uma e outra dois testemunhos igualmente autênticos da única "oração do Senhor". Não é, todavia, redundante a formulação de Mateus. É dado ao discípulo compreender melhor o teor das duas aspirações já expressas e dizer com piedade mais lúcida o que no fundo é um desejo único e global: com a "vinda do seu reino", o Pai terá cumprido, para "santificação do seu nome" e com a plenitude e a riqueza que a ele convém, o beneplácito da sua vontade em Cristo Jesus. A proposição de Mateus, além disso, evidencia quão semelhante é à de Jesus a oração do discípulo.

A "*vontade de Deus*". O discípulo exprime o desejo de que o que o Pai quer (*to thelêma*) no Evangelho e mistério de Cristo se cumpra, se realize (o verbo é *ginomai*). A forma gramatical, aliás, indica que o desejo tende diretamente a ver o Pai mesmo realizar o que ele quer que seja cumprido em Cristo Jesus. O que quer o Pai? Qual é o conteúdo do querer divino no mistério de Cristo? O Novo Testamento fala muitas vezes da "vontade de Deus" e indica com suficiente clareza seu teor objetivo.

Em diversos textos (Mt 7,21; 12,50 = Mc 3,35; cf. Mt 21,31), a "vontade" divina designa o imperativo de um viver segundo Deus; valor global que Lucas (explicando precisamente Mc 3,35 e Mt 12,50) assim define: ouvir a → PALAVRA DE DEUS e pô-la em prática (Lc 8,21). Em geral, é o imperativo da "justiça": as coisas "justas" que se devem praticar para que o discípulo seja "justo" diante de Deus, agradável a ele. E nesses contextos, usa-se o verbo "fazer" (*poieîn*) e se põe o acento no efetivo empenho prático do homem. Jesus adverte: "Não basta me dizer 'Senhor, Senhor!' para entrar no Reino dos céus; é preciso fazer a vontade do meu Pai que está nos céus" (Mt 7,21; cf. 23,3; Rm 2,13). Segundo Paulo, a "vontade de Deus" assim entendida diz respeito em conjunto a tudo o que é "bom" e "perfeito", a tudo o que "agrada a Deus", no contexto concreto da existência cristã e que se deve praticar com empenho se se quer caminhar de maneira digna do chamado batismal (Rm 12,2; cf. 1Ts 4,3; 5,18; Ef 5,17; 6,6).

Todavia, ao lado dessa noção de teor ético-religioso eminentemente prático o Novo Testamento conhece outra, em que a "vontade de Deus" define objetivamente o *desígnio salvífico* que o Pai está cumprindo em Cristo Jesus. É "segundo a vontade de Deus e Pai nosso" que Jesus "se entregou por nossos pecados" (Gl 1,4); e no mistério de Cristo diz-se que o Pai realiza "o beneplácito da sua vontade" (Ef 1,5-6). A respeito, poder-se-ia falar do "projeto" de Deus, daquela *prothesis* (latim: *propositum*) que se acredita o Pai persegue em Cristo Jesus e na multidão dos crentes (Rm 8,28). A essa mesma linha pertencem os textos joaninos em que Jesus se declara pronto a fazer a "vontade" do Pai que o enviou (4,34; 5,30; 6,38). A "vontade" do Pai e a missão de Jesus coincidem: "a vontade dAquele que me enviou é que eu não perca nenhum dos que ele me deu, mas que eu os ressuscite no último dia. De fato esta é a vontade de meu Pai: que todo aquele que vê o Filho e nele crê tenha a vida eterna" (6,39-40; cf. 3,16-17). A "vontade" do Pai parece ser simplesmente a obra que o Pai quer seja realizada no seu Enviado, como resulta ulteriormente do seguinte paralelismo: "O meu alimento é fazer a *vontade* daquele que me enviou e realizar a sua obra" (4,34).

"Vontade imperativa" que o discípulo deve praticar se quer agradar a Deus. "Vontade salvífica" que o Pai mesmo realiza no mistério de Cristo e segundo a riqueza da sua graça. O Novo Testamento distingue nitidamente as duas linhas, pelo menos no nível de apresentação nocional. E devemos esclarecer: a oração do Pai-nosso pertence diretamente à segunda linha. Exprimimos o desejo filial de que o Pai conclua o seu projeto de poder e de amor, realize plenamente a obra para a qual enviou o seu Filho ao mundo.

Realize o Pai o seu desígnio de salvação. Mateus quer que compreendamos a terceira aspiração com referência à experiência orante de Jesus no horto. Com efeito, as mesmas palavras que o discípulo pronuncia: "Pai nosso [...] seja feita a tua vontade" foram postas pelo próprio Mateus nos lábios de Jesus em oração: "Meu Pai [...] faça-se a tua vontade" (26,42). No horto, Jesus disse o *amém* perfeito do seu amor filial: que o Pai cumpra nele a sua vontade, o desígnio pelo qual o enviou ao mundo. Essa leitura é confirmada e ilustrada na oração transmitida por João: "Agora a minha alma está perturbada. Que direi? Pai, salva-me desta hora? Mas é precisamente para esta hora que eu vim. Pai, glorifica o teu nome!" (12,27-28). É inegável a afinidade com Mt 26,42: "Meu Pai, se esta taça não pode passar sem que eu a beba, faça-se a tua vontade!". Com efeito, sabemos que o Pai é "glorificado" no cumprimento da sua "obra" (Jo 17,4); sabemos igualmente que a "obra" do Pai é chamada por Jesus de "a vontade dAquele que me enviou" (Jo 4,34). Daí resulta a oração seguinte: "Pai, seja feita a tua vontade" = "Pai, glorifica o teu nome" = "Pai, faz em mim a tua vontade" = "Pai, realiza em mim a tua obra". Jesus está exprimindo com a voz orante do perfeito abandono filial aquela que é a verdade objetiva do mistério: a "vontade" do Pai, é o Pai mesmo que a realiza e cumpre segundo o seu beneplácito e o poder do seu amor.

De Jesus orante ao discípulo orante. Quando se trata, como no caso presente, do cumprimento da "vontade-obra" do Pai, o discípulo sente no íntimo que a sua oração deve se exprimir na forma humilde e amante de um desejo todo de abandono e de adoração: "seja feita a tua vontade". E o discípulo está consciente, além disso, de que esse seu desejo filial é o Pai mesmo que o põe no coração. É como se quisesse dizer: ofereço-te a oração que tu estás suscitando em mim; exprimo-te o desejo de um amor que tu criaste em mim como meu instinto filial. E eis que emerge ainda uma vez o caráter unitário da "oração do Senhor": não era diferente, sob esse aspecto preciso, a dinâmica das duas aspirações precedentes. É o Pai que "santificará o seu nome"; é o Pai que fará "vir o seu reino". Realize, portanto, o Pai a obra do seu beneplácito, "para louvor da sua glória" (Ef 1,6.14), com a vinda do seu reino.

Pai, faz que realizemos a tua vontade. Tendo dito "seja feita a tua vontade", o discípulo sente a necessidade de acrescentar: "como no céu, assim [também] na terra". O esclarecimento serve para evidenciar um aspecto importante da piedade orante que está se formulando.

O fato mesmo de poder invocar a Deus com o título de "pai" e de exprimir a si mesmo como "filho de Deus" e "irmão de Cristo" dá ao discípulo a certeza de que o Pai está realizando nele, homem ainda imerso na precariedade terrena, o "beneplácito da sua vontade" e a "riqueza da sua graça" (Ef 1,6; 2,7). Ele está envolvido pessoalmente nessa obra divina e é chamado a dela participar ativamente. Com efeito, o discípulo não pode desejar sinceramente a perfeição definitiva da obra do Pai se não adere com o coração à verdade dessa obra mesmo na sua presente fase terrena. E precisamente nessa fase ele sabe que Deus, tendo-o chamado ao Evangelho com a graça viva do seu Cristo-Filho, o está interpelando com a voz de uma valiosa ordem e solicitando a se fazer cooperador empenhado no projeto da sua vontade. Sob esse aspecto, a "vontade salvífica" do Pai que o discípulo deseja concluída assume o rosto concreto de uma "vontade imperativa" do próprio Pai. Em outras palavras, o mesmo *thelêma* divino que afeta o discípulo como obra divina de graça e de salvação, interpela a consciência do discípulo como exigência de obediência generosa e filial.

De novo se mostra aqui a experiência exemplar de Jesus. Objetivamente, a "vontade" do seu Pai, que Jesus diz "fazer" sempre, é obra do próprio Pai, o seu desígnio de salvação; subjetivamente, porém, Jesus "faz" a "vontade" do Pai e "realiza" a sua obra (Jo 4,34) como alguém que obedece por amor à ordem daquele que o enviou (cf. Jo 8,29; 12,49-50; 14,31; 15,10). Dois aspectos inseparáveis de um único mistério: é o Pai que cumpre a sua "vontade", e a realiza pela obediência amorosa do Filho-Enviado Jesus (cf. Hb 5,7-9; 10,5-10; 12,2; Fl 2,8). "*Não* procuro a minha vontade, *mas* a vontade daquele que me enviou" (Jo 5,30). Esse testemunho joanino, nós o vemos fazer-se piedade orante na tradição sinótica do Getsêmani: "*Não* o que eu quero, *mas* o que tu queres!" (Mc 14,36); "*Não* se faça a minha vontade, *mas* a tua!" (Lc 22,42); "*Não* como eu quero, *mas* como tu queres!" (Mt 26,39). O que o Pai quer, o objeto do seu querer é também o seu desígnio salvífico e a modalidade concreta da sua atuação: a salvação do mundo mediante o cálice da paixão. Jesus pede que o Pai realize nele essa sua "vontade": "o que tu queres e como tu queres". Mas essa realização do mistério está ligada a um ato de submissão, de obediência, de renúncia sacrifical, por parte do próprio Jesus: "não o que eu quero ou como eu quero".

Assim também o discípulo que ora — "Pai [...] seja feita a tua vontade, assim na terra como no céu" — deseja o cumprimento perfeito da "vontade salvífica" do Pai, cumprimento que coincidirá com a vinda definitiva do seu reino para santificação plena do seu nome; mas o orante está também persuadido de que, no que diz respeito à sua atual condição terrena, aquela "vontade" divina o está comprometendo num gênero de vida marcado por valores de piedade pessoal como os da submissão e da obediência, da renúncia a si e da oferta de si. Ele sabe que a obra que o Pai está realizando nele, riqueza de graça salvadora e de poder criador, é também uma voz que o chama no íntimo com a urgência de um dinamismo de vida que é ao mesmo tempo uma norma de vida a que deve dar atenção com empenho de conduta (cf. 5,6.25; Ef 4,1; 5,8-10; 1Ts 2,12; também Mt 5,13-16). No tempo presente, com efeito, Deus realiza a sua vontade no coração de filhos que, fiéis à sua identidade evangélica em Cristo, respondem à sua iniciativa com o *amém* da obediência e do amor. Também essa dimensão da existência cristã entra na oração do discípulo. "Pai, seja feita a tua vontade": faz em mim o que tu queres, dando-me aderir a teus desígnios, caminhar nas vias da coerência, oferecer-me a ti como sede viva da tua obra, ser sempre mais nitidamente louvor da tua glória. Com efeito, pedia o autor da Carta aos Hebreus: "Deus [...] vos torne aptos para tudo o que convém, a fim de fazerdes sua vontade; que ele realize em nós o que lhe agrada" (13,21).

4. OS PEDIDOS PRINCIPAIS DE UM FILHO DE DEUS. Da oração de desejo à oração de pedido: depois de ter prestado ao Pai a homenagem filial de uma aspiração voltada à perfeição da sua obra, o orante volta agora o olhar para a própria condição terrena e *pede* ao Pai aqueles *bens* cuja necessidade vital percebe, enquanto espera ainda a vinda do Reino. Numa oração tão unitária como é o Pai-nosso, a diversidade é seguramente complementaridade. O pedido do "pão", o pedido do "perdão", a súplica de ser ajudado contra o perigo da infidelidade não estão de modo algum separados das aspirações que foram formuladas ou da invocação "Pai" com a qual iniciara a oração. É o mesmo orante que eleva ainda sua alma filial ao Pai do céu. E os pedidos que agora formula brotam do mesmo instinto de discípulo e de filho que dirigiu o seu anelo de ver realizada de modo perfeito a obra do Pai para glorificação do Pai. Somente que esse instinto evangélico e filial se faz agora exigência e súplica, ou seja, leva o orante a confiar toda a sua existência, com as suas necessidades e lacunas e perigos, à bondade paterna e poder misericordioso daquele que o está chamando a seu reino e à sua glória.

a) *"Dá-nos o nosso pão"*. Esse pedido, à primeira vista o mais simples, é o que apresenta ao exegeta as maiores dificuldades. Os nós a serem desfeitos são principalmente dois: o sentido a ser dado ao termo *epiousios* de etimologia incerta ("cotidiano"?, "necessário"?, "supersubstancial"?) e a amplitude que convém reconhecer no conceito de "pão" (uma referência ao maná do deserto?, também o pão eucarístico?). Uma vez, porém, que se trata de problemas debatidos desde a Antiguidade patrística e linearmente ainda não resolvidos, e dada a confusão dos intérpretes e o número desconcertante das soluções propostas, contentamo-nos apenas em ressaltar essas dificuldades. Observemos também que o sentido mais óbvio e simples é também o que mais merece a atenção do intérprete; e dizemos isso por um motivo básico, muitas vezes ignorado: oração típica do cristão e testemunho fundamental de piedade evangélica, o Pai-nosso não tolera sutilezas de tipo algum. O exegeta tem de reconhecer logo de início que a "oração do Senhor" tem uma linearidade expressiva e uma essencialidade de conteúdo que devem as duas ser aceitas como identificações precisas de método interpretativo.

O "pão nosso" de cada dia. Aceito numa leitura imediata e com simplicidade de intuição, o pedido não deve suscitar nenhuma perplexidade. É óbvio que o "pão" é aqui designação de *alimento* em geral, como desde sempre foi na linguagem de um mundo mediterrâneo como é precisamente o mundo da Bíblia (cf. Gn 3,19; 31,54; 37,25; Jó 42,11; Sl 147,9; Mc 3,20; Mt 15,2; Lc 14,1; Jo 13,18; 2Ts 3,8.12 etc.). "Pão nosso" especificamente indica, aliás, que se trata do alimento necessário para a subsistência cotidiana de cada um. É esse o bem que pedimos ao Pai celeste, como filhos confiantes e certos de sermos ouvidos (cf. Lc 11,5-8.9-13; Mt 7,7-11). É próprio da paternidade divina o empenho em prover ao sustento dos filhos.

Esse "pão nosso", esse alimento de que temos necessidade, nós o pedimos todos os dias para o dia que estamos vivendo. Em Mateus se lê o advérbio *sêmeron*, que significa propriamente "hoje"; em Lucas tem-se a expressão *kat'hêmeran*: "a cada dia". A diferença, todavia, fica absorvida por um acordo fundamental: para o discípulo orante, cuja existência está toda nas mãos de Deus, "cada dia" é um "hoje" em que faz essa oração: Pai, dá-me o meu pão para o dia de hoje. Essa determinação de tempo, portanto, reflete uma disposição orante precisa: abandonamo-nos, dia a dia, no presente de uma existência que se sucede, à providência de um Pai munificente e fiel (cf. Ex 16,4). Convém referir aqui a conhecida passagem de Mateus (6,25-34) em que se ensina precisamente a mesma disposição: "Não vos preocupeis, portanto, dizendo: 'Que comeremos? que beberemos? com que nos vestiremos?' — tudo isso os pagãos procuram sem descanso" (vv. 31-32). A inquieta preocupação pelas coisas da vida é precariedade pagã e não fica bem num discípulo-crente: além de significar pouca fé na perfeição do Pai celeste — "bem sabe o vosso Pai celeste que precisais de todas essas coisas" (v. 32b) —, ela nasce de uma procura de segurança temporal que na realidade tiraria ao fiel aquela serenidade e aquela liberdade que lhe são indispensáveis se quiser realizar no dia-a-dia o programa evangélico: "Procurai primeiro o Reino e a justiça de Deus" (v. 33). De resto, o ensinamento é prolongado por palavras que soam como um comentário ao "hoje" do pedido do "pão": "tudo isso vos será dado por acréscimo. Não vos preocupeis, portanto, com o dia de amanhã" (vv. 33b-34).

O ensinamento se lê também em Lucas (12,22-31). À doutrina comum, todavia, o terceiro evangelista acrescenta as palavras: "Não temas, pequeno rebanho, pois foi do agrado do vosso Pai dar-vos o Reino" (v. 32). Se o Pai já deu o *mais*, ou seja, as riquezas celestes do seu reino, como se pode duvidar ainda que ele dará também o *menos*, ou seja, o "pão" de cada dia, a roupa e tudo o que é preciso aos seus para a subsistência? E precisamente esse "pequeno rebanho" é logo depois solicitado a se comportar com a liberdade e magnanimidade de pessoas que sabem ser ricas da própria riqueza do Pai: "vender o que têm e o dar de esmola" para se fazer "um tesouro inalterável nos céus" (vv. 33-34). Pedir com confiança ao Pai o "pão" de cada dia é uma oração marcada por um sentido das coisas necessárias, o qual coincide com um sentido religioso da pobreza: não é justo pretender que o Pai se empenhe e nos dar também o supérfluo (cf. Tg 4,3). Mas quanta riqueza nessa pobreza vivida no abandono filial a Deus (cf. 2Cor 6,10-11)!

Consistência evangélica do pedido. Qualquer um pode dizer a Deus: dá-me hoje o meu pão. Essa oração, todavia, tem uma densidade evangélica que pode ser expressa somente por aquele "pequeno rebanho" que tem o privilégio de poder enfrentar toda possível situação "sem temor" (Lc 12,32). Faz-se o pedido de um bem, afinal, modesto; na realidade, ele realiza uma gama de valores espirituais concretamente vividos a exemplo de uma pobreza de vida abraçada em vista de Deus e do seu reino. É a oração daqueles a quem "é dado o mistério do Reinado de Deus" (Mc 4,11), dos discípulos comprometidos que "procuram primeiro o Reino e a justiça de Deus" (Mt 6,33; Lc 12,31), dos crentes privilegiados que não temem "vender o que possuem e dá-lo de esmola" (Lc 12,33) e, especialmente, dos servos generosos que, respondendo ao chamado, abandonam família e bens e profissão para seguir o Mestre (cf. Mc 1,18.20; 2,14; 10,21; Lc 5,11; 9,57-62; Mt 19,27-29) e se tornar, por sua vez, anunciadores do Reino e operários na messe de Deus (Lc 9,1-6; 10,1-9). Com efeito, ao caminharem eles nas estradas do serviço evangélico "sem bolsa nem alforje" (Lc 10,4), e sem nenhuma provisão para o dia seguinte (cf. Mt 10,9-10), são por força solicitados a confiar sua subsistência à munificência daquele que os quis como seus servos. E quando dizem ao Pai: "Dai-nos hoje o nosso pão", eles têm todos os motivos para orar com confiança absoluta: ao chamá-los a ser o tempo todo "procuradores do reino" e servidores da boa nova, o Pai não pode deixar de se empenhar em lhes garantir alimento e roupa e alojamento. "Bem sabe o vosso Pai celeste que precisais de todas essas coisas" (Mt 6,32; Lc 12,30).

É humanamente arriscada a existência do discípulo que tudo abandona para seguir Jesus e se pôr a serviço do Reino (cf. Lc 9,58). O risco assumido, porém, é uma homenagem filial à fiel munificência do Pai celeste; e essa homenagem se expressa de forma orante na petição do "pão". E é uma petição necessária ao "pequeno rebanho": o discípulo vive, propriamente, dessa petição. Ela lhe permite dedicar-se plenamente ao serviço evangélico para a prosperidade do Reino, sem dever se preocupar pelo amanhã ou desperdiçar as próprias energias na procura da segurança temporal. "Pai, dai-nos hoje o pão que nos é necessário": feita com a piedade pressuposta na catequese evangélica, o pedido reveste-se da dignidade de um sinal quase sacramental, que é o de uma forma de vida toda voltada para a afirmação e a exaltação do primado do reino de Deus.

b) *"E perdoa-nos as nossas faltas".* Meditando com olhar profundo a própria verdade marcada ainda pela precariedade terrena, o discípulo se torna consciente do seu radical estado de pecado. Pede portanto ao Pai que lhe perdoe as faltas (Mt), que lhe perdoe os pecados (Lc). Do modo como é formulado por Mateus e por Lucas, o pedido comporta dois elementos: no primeiro, pede-se ao Pai das misericórdias a graça do perdão; no segundo, é expressa a disponibilidade a perdoar as culpas dos outros. Do segundo elemento depende de algum modo a autenticidade orante do primeiro.

Os nossos "pecados" como "débitos". Assemelhar o pecado a um "débito" para com Deus significa compreender sua malícia segundo o critério religioso do *dom* de Deus, por uma parte, e da obrigatória *resposta* a esse dom, por outra. O homem peca contra Deus (cf. Sl 51,6; Lc 15,18.21), fazendo o que é mau a seus olhos (Sl 51,6), transgredindo a sua vontade, rebelando-se contra seu domínio (Ef 2,2.3). É "injustiça" o pecado, e é "impiedade" (cf. Rm 1,18), porque nele ofende-se a norma da justa relação com Deus, ou seja, com aquele ao qual é devida toda submissão e obediência e adoração. Mas ofende-se essa norma e se diz que o homem peca contra Deus também pelo fato de que o seu agir não respeita esta exigência precisa: responder no devido modo à iniciativa de Deus, ou seja, do Deus que vem a seu encontro com o verbo da sua revelação e o convite da sua graça e a voz do seu chamado. E é sob esse aspecto que a injustiça-impiedade-malícia do pecado se encontra equiparada, como na oração do Pai-nosso, a um "débito" contraído em relação a Deus.

A perspectiva, com efeito, é a do diálogo "Evangelho-fé" (cf. Mc 1,14-15): resposta ao Evangelho, a fé é o nosso *amém* à palavra, à instrução, ao convite e à oferta de Deus em Cristo Jesus. É um *amém* dito com o assentimento do coração e compromisso da vida (cf. Rm 10,9-10; Gl 5,6); e somos "devedores" para com Deus à medida que falta o nosso assentimento, faz-se reticente a nossa confissão, debilita-se o nosso empenho e, em geral, quando faltamos nas coisas que devemos a Deus. De maneira geral, trata-se das nossas omissões. No contexto vivido do Evangelho, as exigências de Deus são totais, porque quer ser total sua salvação sobre nossas pessoas; e somos "devedores" em relação a ele a partir do momento em que não agirmos por ele e não vivermos plenamente quais servos seus que pertencem totalmente a eles (cf. Rm 6,11; também 14, 7-9; 1Cor 3,23; 6,19-20). "Quem não está comigo está contra mim, e quem não ajunta comigo, dispersa" (Mt 12,30 = Lc 11,23). O sal deve conservar o seu sabor e a luz deve emitir esplendor (Mt 5,13.14-16). Ninguém põe a mão no arado para depois voltar para trás (Lc 9,62). "Lá onde eu estiver, lá estará também o que me serve" (Jo 12,26). O servo da parábola dos talentos (Mt 25,14-30) é condenado porque foi um "vadio" e não fez frutificar o depósito a ele confiado. E a árvore que é cortada e lançada ao fogo é aquela que "não produz" frutos bons seja porque produza frutos maus (Mt 7,19; cf. Lc 6,43-45; 3,9), seja porque mostre ser planta estéril (Lc 13,6-9). Cabe a mesma sorte ao "sarmento que não produz frutos" (Jo 15,2.6). Interpelado por Deus e investido pelo dom de Deus, o homem é reivindicado inteiro. E ele responderá no modo justo a essa iniciativa do Senhor quando testemunhar com o compromisso de se reconhecer todo de Deus (cf. Lc 17,7-10). Quando essa exigência de resposta, porém, não é perseguida com o empenho de todo o coração e de todas as forças, torna-se contra o discípulo critério de juízo e de condenação, a medida de um "débito" que define uma culpa a ser reparada. E o débito não é coisa de não se ter em conta: é tão grave quanto a culpa de quem "recebe em vão a graça de Deus (2Cor 6,1) e recusa caminhar de maneira digna do seu chamado divino (Ef 4,1; 1Ts 2,12).

A remissão dos "pecados-débitos". A noção do pecado como um "débito" para com Deus há muito já era aceita nos ambientes judaicos. Todavia, enquanto os doutores se preocupavam antes de tudo com o que o pecador deve fazer para reparar a sua relação não justa com Deus, e indicavam para esse fim as boas obras, Jesus, ao contrário, está preocupado em fazer compreender que o pecador é um devedor sobre quem pesa uma insolvência radical. Está na situação do servo que devia a seu senhor a soma fantástica de dez mil talentos e estava na impossibilidade de restituir: "Tomado de compaixão, o senhor do servo deixou-o partir e lhe perdoou a dívida" (Mt 18,24.25.27.32). Outra vez, porém, fala-se do modesto débito de quinhentas e de cinquenta moedas de prata; mas também nessa ocasião o Mestre declara: "Como não tivessem com que pagar, ele perdoou a dívida de ambos" (Lc 7,41-42). Há pecado e pecado, claro; mas qualquer que seja o grau da sua culpa, o pecador é sempre um "devedor" incapaz de restituir. O único meio para evitar que no dia do juízo se seja condenado à pena de expiação (cf. Mt 18,34) é o de obter, no tempo presente, um perdão puro e simples da parte de Deus.

É o que os crentes são convidados a pedir a seu Pai do céu: "perdoa-nos os nossos débitos". Pede-se a "Deus de toda graça" (1Pd 5,10) aquilo a que não se tem nenhum direito e que não pode deixar de ser um puro dom de graça: a remissão da culpa. No fundo, essa pergunta é sustentada pela fé na misericórdia divina e pela certeza de que nas estruturas operantes do Evangelho o pecador goza de um autêntico privilégio: é aquele pobre (Lc 4,18; 7,22; Mt 11,5), aquele doente (Mc 2,17 e par.), aquele filho perdido (Lc 15; 19,10), que motivou a vinda do Salvador. A própria verdade do Evangelho divino da misericórdia transforma a insolvência do pecador-devedor, pobreza radical, num valor precioso em si, capaz de atrair da parte de Deus a riqueza de um perdão correspondente.

"Como nós perdoamos a nossos devedores". Existe uma correspondência estreita entre o perdão que temos de pedir a Deus e o perdão que devemos estar prontos a conceder a todos nossos "devedores". Perdoar é uma exigência que nasce da lógica mesma de uma oração que pede a Deus a graça do perdão (cf. Sr 28,1-5; Mt 18,32-33). O discípulo deve estar consciente disso no momento em que eleva sua alma arrependida a Deus, como o próprio Mestre lhe lembra com termos claros: "E quando estiverdes de pé orando, se tendes algo contra alguém, perdoai, para que vosso Pai que está nos céus também vos perdoe vossas faltas" (Mc 11,25). A admoestação é retomada por Mateus logo depois do Pai-nosso, e ulteriormente reforçada em estilo negativo: "Com efeito, se perdoardes aos homens as suas faltas, vosso Pai celeste também vos perdoará; mas se não perdoardes aos homens, também vosso Pai não vos perdoará vossas faltas" (Mt 6,14-15). Temos de admitir que essa doutrina, se não for compreendida de modo certo, poderá induzir ao erro de acreditar que o perdão divino esteja condicionado por alguma nossa obra boa e siga, portanto, a lógica da reciprocidade de retribuição. Existe, portanto, um problema, cuja solução ajudará a apreciar a disposição com que o discípulo é chamado a pedir ao Pai a remissão dos seus débitos.

Uma coisa é certa: é impossível pensar que o nosso perdão das culpas dos outros possa preceder a iniciativa de Deus em nos perdoar, a ponto de a merecer de algum modo. Isso significaria que o pecador não é aquele pobre devedor insolvente que deve esperar unicamente num perdão divino gratuitamente concedido (veja acima). Deve-se também lembrar que o pecador é espiritualmente um "morto" (Ef 2,1.4), e a energia que nele ficou é comparável, no que diz respeito ao mérito e à entrada no reino dos céus, à de uma "árvore má" que produz somente "frutos maus" (Mt 7,16-20; 12,33-35; Lc 6,43-45). Como pode ele ter um coração evangélico disposto a perdoar e, perdoando, demonstrar aquele tipo de amor que é próprio de Deus (cf. Mt 5,38-42.43-48; Lc 6,27-36)? Por isso, quando exorta ao perdão fraterno, Paulo escreve: "Sede bons uns para com os outros, sede compassivos; perdoai-vos mutuamente como Deus vos perdoou em Cristo" (Ef 4,32); e ainda: "Como o Senhor vos perdoou, fazei o mesmo, também vós" (Cl 3,13). A sua ideia é que os fiéis devam se fazer "imitadores de Deus" em Cristo Jesus (Ef 5,1-2; cf. Mt 5,48; Lc 6,36); e essa ordem repousa no pressuposto de que os fiéis receberam do próprio Deus, juntamente com a remissão de seus pecados, a necessária energia espiritual para se tornarem, por sua vez, misericordiosos, dispostos sempre a perdoar. Vale aqui o princípio joanino: "Nós amamos, porque ele por primeiro nos amou" (1Jo 4,19).

Como compreender então a fórmula do Pai-nosso, que parece contradizer essa teologia? Sem dúvida, é preciso aceitá-la como soa: uma oração em que pedimos a Deus que nos perdoe os pecados, dizendo-lhe também que, de nossa parte, estamos conscientes de ter de perdoar a todo nosso devedor e dispostos a fazê-lo. E é precisamente esse contexto de oração o dado que temos de reter. Em tal contexto, a psicologia orante emerge em primeiro plano. "Se um homem alimentar a cólera contra outro, como poderá pedir ao Senhor a cura? Ele não tem compaixão alguma de um homem, seu semelhante: como então poderá suplicar por seus próprios pecados?" (Sr 28,3-4). Não podemos nos mostrar sem piedade em relação aos outros ao mesmo tempo em que invocamos para nós mesmos a piedade divina: a nossa oração seria então injustificada leviandade ou formalismo hipócrita (cf. Mc 11,25). Deus não depende do homem, e a religião sob qualquer aspecto seu acaba por exaltar o primado da graça divina (cf. Rm 11,35-36; Ef 1,6.7). Mas se a iniciativa é de Deus, continua verdade que a nossa oração depende da nossa efetiva sinceridade. A oração que pede a Deus o perdão não seria ouvida se não exprimisse piedade verdadeira; e a piedade verdadeira não é divisível: inclui no conjunto dos valores que a constituem o valor de um coração disposto a perdoar. Somente a oração justa é ouvida por Deus, ou seja, a oração de um justo que chega até Deus movido por justas disposições.

"Perdoa nossas dívidas, assim como nós as perdoamos a nossos devedores". O orante, crente autêntico e discípulo justo, não se apresenta a Deus como um rico que pretende recompensa. Ele sabe que o seu "débito" é insolúvel e que Deus perdoa por pura graça; ele sabe igualmente que Deus não aceita uma oração que não seja sustentada por uma verdadeira piedade; enfim, ele sabe que se pôde conceder o seu perdão aos irmãos é porque Deus, tendo-lhe perdoado os seus "débitos", criou nele energias de amor e capacidade de misericórdia. Confiante nessa tríplice certeza, o discípulo diz a Deus a sua disponibilidade ao perdão fraterno, mas o diz não já para convidar Deus a recompensá-lo, mas para exprimir a sua confiança na misericórdia divina: no amor que lhe é dado para derramar sobre os outros, ele vê um testemunho do amor de Deus operante na sua pessoa (cf. 1Jo 4,19). Sua oração é a oração de um arrependido, sim, mas de um arrependido convencido de já possuir o bem que está pedindo (cf. Mc 11,24; 1Jo 5,15).

c) *"Não nos introduzas na tentação"*. Perfeitamente igual em Mt e em Lc, essa terceira pergunta exige a seguinte tradução literal: "Não nos faças entrar em tentação". Como soa, porém, a fórmula tem necessidade da exegese para ser compreendida no seu teor autêntico. A esse propósito, devemos saber: o que quer dizer aqui a palavra *peirasmos* que traduzimos por "tentação"; qual a periculosidade específica da tentação; o que pretendemos dizer ao Pai celeste quando lhe pedimos para "não nos fazer entrar" na tentação.

"Peirasmos" = *tentação: uma solicitação ao mal.* Na Bíblia grega, o termo *peirasmos* e o verbo correspondente são usados respectivamente no sentido de "prova" e de "pôr à prova" (cf. Ex 16,4; 20,20; Dt 8,2.16; 13,4; Sb 3,4-6; 1Mc 2,52 etc.). Exemplo: "Examina-me, Senhor, submete-me à prova, faze passar pelo fogo meus rins e meu

coração" (Sl 26,2), É uma experiência positiva, ainda que muitas vezes dolorosa: nela a fé é provada por Deus e feita menos precária; e ao crente é dado crescer na fidelidade e demonstrar à própria consciência e diante de Deus a medida da sua autenticidade religiosa. Também o Novo Testamento conhece esse emprego: Jesus "põe à prova" a fé de Filipe (Jo 6,6); fala-se das "provas" por que passou Abraão e os justos antigos (Hb 11,17.36); e se apresenta esse tipo de experiência como um privilégio concedido aos crentes e como um motivo insigne de alegria espiritual (Tg 1,2-4; 1Pd 1,6-7; 4,12-13).

Todavia, ao lado desse uso, o Novo Testamento conhece outro, em que *peirasmos* e o verbo correspondente exigem serem traduzidos claramente por "tentação" e "tentar", sendo o conceito o de uma iniciativa movida por maus intentos, de uma operação insidiosa, tendente a fazer cair no pecado. Nessa linha, "tentador" por antonomásia é o → DIABO, chamado precisamente *ho peirazôn* (Mt 4,3; 1Ts 3,5). Com efeito, o *peirasmos* — tentação é muitas vezes atribuído à insidiosa e maligna persuasão de satanás (Mc 1,13 = Mt 4,1.3 = Lc 4,2; Lc 4,13; 8,12.13; 1Cor 7,5; Ap 2,10). E, quando se trata de uma experiência desse tipo, a relação entre *peirasmos* e pecado é expressa com suficiente clareza (cf. Gl 6,1; 1Tm 6,9-10; Tg 1,13-15).

O fato de o vocábulo poder significar tanto "prova" como "tentação" não permite traduzi-lo indiferentemente em um ou outro sentido. Deve-se determinar a tradução segundo a mensagem de cada contexto em questão. E, como vimos, o Novo Testamento costuma indicar com a clareza desejada se *peirasmos* deve ser compreendido como uma "prova" tonificante mandada por Deus, ou como uma "tentação" urdida por satanás e reforçada por paixões pecaminosas. Nesse ponto temos de afirmar que no pedido do Pai-nosso o termo tem decididamente o segundo significado. Pedimos a ajuda divina contra o perigo insidioso da "→ TENTAÇÃO".

O argumento fundamental a propósito é a recomendação paralela feita por Jesus a seus discípulos no horto: "Vigiai e orai, a fim de não cairdes em poder da tentação. O espírito está cheio de ardor, mas a carne é fraca" (Mc 14,38 = Mt 26,41; também Lc 22,40.46). A afinidade com a petição do Pai-nosso é manifesta. À parte a exortação de "orar", notemos o duplo paralelismo formal: em primeiro lugar, tem-se *peirasmos* em ambos os contextos; em segundo lugar, à locução "não nos deixeis entrar em" do Pai-nosso corresponde a locução "não entrar em" da exortação de Jesus. O que é esse *peirasmos* que motiva a recomendação de Jesus de "vigiar e orar"? O contexto do Getsêmani não admite dúvidas a respeito: trata-se do "escândalo" por que passariam os apóstolos e da consequente negação de Pedro e dos outros (Mc 14,26-31 = Mt 26,31-35). O pano de fundo é ainda mais claro na versão de Lucas: "Simão, Simão, Satanás vos reclamou para vos sacudir no crivo como se faz com o trigo. Mas eu orei por ti, a fim de que a tua fé não desapareça. E tu, quando tiveres voltado, confirma os teus irmãos" (22,31-32). É explícita aqui a referência a satanás. Dá-se a entender a Pedro que durante a noite a sua fé, bem como a dos outros, passará por uma insídia, que ele próprio se afastará por um tempo do Mestre (v. 34), que terá necessidade de "se arrepender" e deverá a seguir consolidar a fidelidade titubeante de seus irmãos. O *peirasmos* por que terão de passar os apóstolos na noite da paixão, e contra o qual Jesus recomenda vigilância e oração, é uma autêntica "tentação" organizada por satanás, uma operação insidiosa e maléfica contra a fé dos discípulos. Não pode deixar de ser assim também o *peirasmos* da petição do Pai-nosso.

A "tentação" é sobretudo contra a fé. "Crede no Evangelho" (Mc 1,15): é a exigência primária e global que nasce da revelação do reino de Deus. "Estes (sinais) foram escritos para que creiais que Jesus Cristo é o Cristo, o Filho de Deus, e para que, crendo, tenhais vida em seu nome" (Jo 20,31; cf. 3,15.16-18): a resposta justa à verdade revelada de Cristo-Filho é a fé; e a mesma fé é a premissa necessária para que a verdade revelada se torne dom de vida eterna nas pessoas. Contra essa fé evangélica e salvadora, é que se considera agir a "tentação". "Mandei saber notícias da vossa fé, temendo que o Tentador já vos tenha tentado, e que vosso trabalho tenha sido inútil" (1Ts 3,5). E satanás é chamado de "o tentador" porque desse modo exerce a sua hostilidade ao Evangelho da salvação e à dedicação dos crentes à verdade de Cristo Jesus. É o "inimigo" que semeia a "cizânia" no campo de Deus (Mt 13,25-28 para provocar "escândalos" e suscitar "agentes da iniquidade" (v. 41). "Satanás" (Mc 4,15), "o maligno" (Mt 13,19), "o diabo" (Lc 8,12) é o misterioso e ativo poder que procura "retirar a palavra" evangélica do coração daqueles que a ouviram; e Lucas explica: "a fim de que não cheguem à fé e não sejam salvos" (8,12). É também Satanás o iniciador do *peirasmos* que insidiou a fé dos apóstolos na noite da paixão (Lc 22,11-32). Exorta, por isso, Pedro: "Resisti-lhe, firmes na fé" (1Pd 5,9).

Compreendida desse modo na sua essencial malícia antievangélica, a "tentação" passa a ser uma dimensão característica da existência cristã. O povo de Deus percorre o caminho da fé (cf. 2Cor 5,7) e da esperança (cf. Rm 8,24-25) cercado por uma atmosfera hostil em que operam aqueles que Paulo chama de "os espíritos do mal" (Ef 6,12), potências não visíveis e maléficas que tendem a persuadir os crentes a renegar a verdade do Evangelho, a abandonar Cristo, a trair a própria dignidade de pessoas marcadas pelo mistério pascal e chamadas à glória celeste. Por isso, o Mestre lembrou: "Quem perseverar até o fim, este será salvo" (Mt 24,13; cf. Lc 21,19 e 8,15); e se compreende que João possa escrever: "A palavra de Deus permanece em vós, e sois vencedores do Maligno" (1Jo 2,14); e ainda: "E a vitória que venceu o mundo é a nossa fé. Quem é vencedor do mundo, senão aquele que crê que Jesus é o Filho de Deus?" (5,4-5).

"*Faz que não caiamos na tentação*". "Que ninguém, quando for tentado, diga: 'Minha tentação vem de Deus'. Pois Deus não pode ser tentado a fazer o mal e a ninguém tenta" (Tg 1,13). Uma "tentação" como o *peirasmos* acima descrito, cuja finalidade intrínseca é de matar a fé na mente e no coração do discípulo, não pode de modo algum ser atribuída a uma causalidade divina própria e direta. O que exatamente pretendemos então quando pedimos ao Pai que "não nos deixe cair em tentação", segundo a tradução literal da fórmula grega?

Uma primeira resposta nos é oferecida na locução paralela já encontrada: "Vigiai e orai, a fim de não cairdes em poder da tentação" (Mc 14,38 = Mt 26,41; e Lc 22,40.46). O contexto do Getsêmani (cf. acima) indica que não se trata de evitar aos discípulos uma tentação possível ou provável, mas de fazer com que eles não sucumbam quando forem efetivamente tentados. Em outras palavras, os discípulos devem orar não para serem preservados da tentação, mas sim para serem socorridos no momento desta. "Entrar em tentação", com efeito, significa permitir o mal que uma tentação propõe, e se perder. E a origem dessa locução é certamente a analogia da "armadilha", do "laço" ou da "rede". Quem "entra numa armadilha" é alguém que "cai na armadilha", que sucumbe à insídia armada contra ele, deixando-se precisamente "apanhar na armadilha". Paulo pensava nessa analogia quando escrevia: "Deus é fiel; ele não permitirá que sejais tentados além de vossas forças. Com a tentação, ele vos dará o meio de sair dela e a força de suportá-la" (1Cor 10,13). Se a vitória sobre a tentação é concebida como uma "saída", presume-se que a derrota acontece quando o fiel "entra na tentação", ou seja, "cai na armadilha". Escreve ainda o Apóstolo: "Os que querem enriquecer caem na armadilha da tentação" (1Tm 6,9): segundo a figura da hendíadis aqui usada, Paulo quis dizer que os ávidos de riqueza "caem no laço da tentação", ou "caem na tentação como num laço". Por isso, ao dizer ao Pai: "não me deixeis cair em tentação", não se diz que o discípulo pede para não ser tentado, mas simplesmente que pede para ser protegido quando for tentado. O *peirasmos*, de resto, é inevitável, por ser de algum modo imanente à dinâmica do nosso crer, especialmente se pensarmos na persistente fraqueza da "carne" (cf. Mc 14,38) e na implacável hostilidade do tentador (cf. Mt 13,24-30.36-43; Lc 8,13; 1Pd 5,8). Ficar livre de ter de enfrentar o combate da fé não pode senão derivar de um privilégio extraordinário, e o Pai-nosso não prevê que o discípulo peça esses dons. Mas podemos e devemos pedir ao Pai celeste que nos dê, no momento perigoso da tentação, uma "via de saída" e a vitória (cf. 1Cor 10,13), que fortaleça nossa fé ameaçada (1Pd 5,9), que nos revista com a sua "armadura" para que possamos "estar em condições de enfrentar as manobras do diabo" (Ef 6,10-11), que nos conceda a graça de "perseverar até o fim" (Mt 24,13; Lc 21,19; 8,15; 1Ts 5,23).

A segunda resposta diz respeito diretamente à forma verbal do pedido: "não nos faças entrar em tentação", que, à luz das explicações dadas pouco acima, deveria significar: "não nos faças cair na armadilha da tentação". É preciso admitir que a locução é pelo menos surpreendente: como pode pedir o discípulo ao Deus santo e ao Pai bom que não faça uma coisa que ele não pode ter a mínima intenção de fazer (cf. Tg 1,13)? A dificuldade continuará insolúvel se nos ativermos à formulação do texto grego. Felizmente, sabemos que o Pai-nosso foi ensinado e rezado originariamente em hebraico; nessa língua, as locuções causativas em forma negativa seguem uma lógica própria: a negação diz respeito diretamente ao efeito, e não à causa. O sentido exato é este: "fazer com que uma coisa não aconteça" e não, como poderia fazer crer uma tradução servil, "não fazer que uma coisa aconteça". São muitos os exemplos a propósito (1Rs 2,6; Sl 37,32-33; 119,133; 141,4 etc.). Assim também a fórmula do Pai-nosso: a locução grega soa, materialmente, como uma oração que pede a Deus que "não nos faça entrar em tentação"; mas na mente daqueles semitas que eram os primeiros discípulos e os primeiros cristãos, ela não punha nenhum problema teológico, porque os convida a orar, segundo a índole da língua deles, deste modo: "faz com que não entremos na tentação". Na realidade, portanto, pedimos a Deus, não que se abstenha de fazer alguma coisa, mas uma intervenção sua positiva carregada de amor e de poder: fazer de modo que a tentação termine numa nossa vitória, impedindo-nos de cair na armadilha ou na insídia que nos é armada.

Compreendida desse modo, a oração está conforme a vontade de Deus. Ele permite a tentação, mas quer a vitória dos seus filhos na tentação. A distinção está implícita nesta oração de Jesus: "E não te peço que os tires do mundo, mas que os guardes do Maligno" (Jo 17,15). Deixados no mundo, os discípulos estão inevitavelmente expostos às insídias do maligno, à hostilidade ativa do "príncipe deste mundo" (cf. 12,31; 14,30; 16,11; também Ef 6,12): o Pai permite que os crentes sejam tentados. Ele, todavia, não quer a perda deles (cf. Jo 6,39; 10,28-29; 17,11.12); mais, quer guardá-los do maligno, ou seja, conceder a eles vencer o tentador (também 2Ts 3,3; 1Cor 10,13). E isso, o Pai o quer por fidelidade a si mesmo: tendo iniciado em nós a sua obra, ele não pode não querê-la concluir (cf. Fl 1,6).

d) *"Mas livrai-nos do mal"*. Esse último pedido está estreitamente ligado ao precedente, e é uma ulterior expressão sua. Isso explica a sua ausência na versão mais esquemática de Lucas. Também a conjunção adversativa *mas* confirma a ligação: a lógica do contexto obriga a traduzi-la no sentido enfático de "ou antes", ou "não só, mas…" (cf. Jo 16,2). O orante está dizendo: "Pai, […] faz com que não caiamos no laço das tentações; *antes*, livra-nos do maligno [ou: do mal]". No primeiro membro, implora-se a assistência divina na hora da tentação; no segundo, acrescenta-se um tom de urgência e se insiste ulteriormente na periculosidade da sedução e no poder operante do sedutor.

"Mal" ou *"maligno"*? É o problema tradicional posto pela última petição do Pai-nosso. Com efeito, o genitivo *toû ponêroû* pode corresponder, gramaticalmente, ao nominativo masculino *ho ponêros* ("o maligno") ou ao nominativo neutro *to ponêron* ("o mal"). Nesse nível, por isso, ambas as traduções são possíveis. As leis, todavia, da probabilidade exegética estão todas a favor da interpretação pessoal: "do maligno", entendendo com essa expressão o poder satânico que se acredita agir no mundo contra a verdade do Evangelho e a fé do povo cristão. Essa leitura, unânime entre os Padres gregos, vale-se em primeiro lugar da relação estreita que liga ao mesmo tempo as duas últimas petições: a "tentação" que ameaça a existência e fé dos discípulos é a atuação insidiosa da vontade e poder hostil daquele que é chamado precisamente de "o tentador" (cf. Mt 4,3; 1Ts 3,5). Além disso, a tonalidade enfática acima ressaltada ficaria mais marcada: pedimos a assistência divina na hora da tentação, e a pedimos *sobretudo* porque a tentação é a hora do maligno, o momento em que corremos o risco de cair na "insídia do diabo" (Ef 6,11) e em que se manifesta temível o poder hostil dos "espíritos do mal" ou "espíritos malignos" (Ef 6,12).

De resto, o Novo Testamento por diversas vezes designa o diabo ou satanás com a expressão *ho ponêros* = "o maligno". O caso mais típico é o de Mt 13,19, em que a afirmação "vem o maligno" é paralela a "vem satanás" em Mc 4,15 e a "vem o diabo" em Lc 8,12. Outros exemplos certos: o "inimigo" que semeia a cizânia é "o diabo", ao passo que a cizânia mesma designa "os filhos do maligno" (Mt 13,38.39). "Resistir às insídias do diabo" e "apagar todos os projéteis inflamados do Maligno" (Ef 6,11.16). Por sua própria fé, os crentes "venceram o maligno" (1Jo 2,13.14), ao passo que Caim "era do maligno", porquanto demonstrou ser um "filho do diabo" (1Jo 3,10.12). Enfim: "aquele que nasceu de Deus não peca mais… e o Maligno não tem como apanhá-lo" (1Jo 5,18).

Se quiséssemos conservar a interpretação impessoal e traduzir: "mas livrai-nos do mal", deveríamos lembrar que o Mestre não pensa aqui num mal qualquer. O nexo lógico e formal entre os dois últimos pedidos demonstra mais que se trata do "mal" absoluto: o pecado e, especialmente, a negação de Cristo e a traição à verdade do Evangelho. Com efeito, se pedimos ao Pai que venha em nosso auxílio, é porque se encontra ameaçada a nossa fé e a nossa identidade de "discípulos de Jesus", de "filhos do reino", de "filhos de Deus". A dizer a verdade, as duas interpretações ("do mal" ou "do maligno") exigem-se mutuamente, pelo menos no exercício atual da oração. De fato, sobre o pano de fundo da realidade imponente do "mal" neste mundo (cf. Gl 1,4) projeta-se, como potência hostil e ativa, a pessoa do "maligno", adversário do Evangelho e inimigo da nossa fé; assim como na "tentação" se julga estar ativamente presente o "tentador" em pessoa, o qual, nas palavras de Pedro, "como um leão que ruge, ronda, procurando a quem devorar" (1Pd 5,8).

Fiel é Deus. "Pai, [...] faz com que não consintamos na sedução maligna da tentação; antes, tira-nos do poder insidioso do maligno". Pedimos ao Pai, essencialmente, que faça com que a sua obra não seja interrompida ou destruída em nós por culpa nossa; e a nossa culpa seria de não "resistir, firmes na fé" (1Pd 5,9) ao que Paulo chama de "as manobras do diabo" (Ef 6,11), mas de deixar que o tentador "retire a palavra do nosso coração" (Lc 8,12). Em síntese, o discípulo é convidado a orar com estes conceitos em mente: Pai, a vida que agora vivo na fé é vida de Cristo em mim (cf. Gl 2,20; Cl 3,4); mas posso ainda ficar sem o hábito dessa minha identidade em Cristo (cf. Gl 3,27; Rm 13,14; Cl 3,9-10; Ef 4,22.24), pois a persistente fragilidade da "carne" torna-me disponível ao mal e me expõe à hostilidade insidiosa do maligno (Mc 14,38); reveste-me, por isso, com tua "armadura" (Ef 6,10.11.13) e me impede de me afastar do teu amor quando sou tentado, e de me separar da "videira" de que sou um "ramo vivo" (cf. Jo 15,5-6); sobretudo, não permitas ao maligno que prevaleça sobre mim (Jo 17,5), mas, na tua graça fiel, concede que eu progrida para a perfeição de Cristo na minha pessoa (cf. Rm 12,2; 2Cor 3,18; Cl 3,9-11), que é a perfeição em mim da tua obra.

Tendo chamado o crente a seu reino e à sua glória (1Ts 2,12), o Pai comprometeu para a salvação dele, com a fidelidade própria de Deus, a riqueza da sua graça e o poder do seu amor. A obra por ele iniciada, o Pai a quer concluir (Fl 1,6). É essa, em última análise, a certeza que move o discípulo a orar como o convidam os dois últimos pedidos do Pai-nosso. Com efeito, se é verdade que "quem perseverar até o fim será salvo" (Mt 24,13; Lc 21,19), é igualmente verdade que a perseverança faz parte dos dons de Deus (Rm 14,5), como também é verdade que "o Senhor é fiel: ele nos confirmará e nos guardará do maligno" (2Ts 3,3; cf. Hb 10,23). "Aquele que vos chama é fiel: é ele ainda quem agirá" (1Ts 5,24). Podemos sempre ir buscar forças no Senhor e revigorar na fonte da graça o nosso compromisso (Ef 6,10), porque o poder do Senhor está a serviço do seu amor, e o seu amor não fraqueja (cf. Rm 8,35-39; 2Tm 2,13). Essa fidelidade daquele que na "oração do Senhor" chamamos de "Pai" é algo seguro e garantido: pertence às estruturas mesmas do mistério e, no fundo, é fidelidade de Deus à própria obra e à própria perfeição. "Ele, que não poupou o seu próprio Filho, mas o entregou por nós todos, como, junto com o seu Filho, não nos daria todas as coisas?" (Rm 8,32); e nessa plenitude do dom está incluída, de modo particular, a graça da perseverança enquanto esperamos a perfeição celeste do Reino. Enquanto percorremos, ainda sob o peso da precariedade terrena, o caminho da fé e da esperança (cf. 2Cor 5,6-7; Rm 8,24-25), valemo-nos da certeza expressa por Paulo: "não vos falta nenhum dom da graça, a vós que esperais a revelação de nosso Senhor Jesus Cristo. É ele também que vos confirmará até o fim. [...] Fiel é o Deus que vos chamou à comunhão com seu filho Jesus Cristo, nosso Senhor" (1Cor 1,7-9), bem como da segurança que transparece nas seguintes palavras de Pedro: "O Deus de toda graça, que vos chamou à sua glória eterna em Cristo, ele vos restabelecerá depois que tiverdes sofrido por um pouco de tempo; ele vos firmará, vos fortalecerá" (1Pd 5,10). "Fiel é Deus", o "Deus de toda graça": pedindo-lhe que nos ajude na tentação e nos livre do maligno, nós pedimos ao Pai que confirme em nós a sua obra, pedindo-lhe o que seguramente faz parte de seus propósitos.

5. CONCLUSÃO. É eminentemente apropriada a definição cunhada por Tertuliano: *breviarium totius evangelii*. O Pai-nosso é o Evangelho de Jesus Cristo — revelação, ensinamento, testemunho exemplar, programa de vida, iniciativa de amor e poder de salvação — concentrado em poucas palavras e traduzido na linguagem viva da oração. Em termos de proposição textual, temos um ensinamento de Jesus. Todavia, o magistério de Jesus não se separa aqui do mistério de Jesus como "evangelho de Deus" (Mc 1,1; Rm 1,1 ss.; 2Cor 4,4), palavra plena e obra perfeita de Deus, sede operante e salvadora da graça e do poder de Deus (Rm 5,1.17; Ef 1,19; 2,7) e de cuja plenitude filial os eleitos-chamados recebem a adoção como filhos de Deus (Jo 1,16; Gl 4,4) e toda riqueza de dom predisposta por Deus para a glorificação celeste deles (Rm 8,14-18; 1Cor 1,30; Cl 1,13-14; Ef 1,3-14; 2,14-18; Tt 3,4-7; Hb 1,1-4; 6,4-5; 1Pd 1,3-5 etc.). Por isso o crente vê no Pai-Nosso não só uma oração como as outras, ainda que prestigiosa e sublime, mas uma formulação única do que se deve chamar de "a essência mesma da oração". "Ensina-nos a rezar" (Lc 11,1): ensina-se em definitivo qual é a dignidade orante de uma humanidade rica da "graça de Cristo" e do "amor de Deus" e da "comunhão do Espírito" (cf. 2Cor 13,13). E sob esse ponto de vista o Pai-nosso se mostra como um fruto insigne da vinda do Filho entre nós, como uma graça divina inestimável: ao povo de Deus é dado conhecer a si mesmo mediante a oração de que é feito capaz; aos crentes é dado também saber que a sua oração exprime realmente a homenagem que Deus deseja receber e pede realmente os benefícios que Deus deseja conceder. Orar é elevar a alma a Deus e dizer a Deus uma palavra do coração. Como pode o homem ter acesso orante "àquele que habita numa luz inacessível, que nenhum homem viu nem pode ver" (1Tm 6,16)? É preciso certamente que a "carne" se revista do Espírito, que o homem terreno se torne um ser em íntima harmonia com as realidades celestes e divinas (cf. Jo 3,3-6). Paulo tem isso em mente quando ensina que "o próprio Espírito intercede por nós com gemidos inexprimíveis" (Rm 8,26). O Pai-nosso revela a nós de algum modo esses "gemidos inefáveis" que são ao mesmo tempo a voz da nossa oração e a voz do Espírito divino presente nos nossos corações.

Oração ensinada que revela a riqueza de uma oração suscitada nos corações pelo Espírito é o significado primário do Pai-nosso que já se manifesta na *invocação inicial*: "Pai!". Realiza-se de forma orante o mistério do Unigênito que se tornou primogênito entre muitos irmãos (Rm 8,29). Com certeza, a oração que é chamada de "a oração do Senhor" não é a oração pessoal de Jesus, mas a oração do discípulo de Jesus. A verdade, porém, é que quando o discípulo diz "Pai", julga-se que ele ora com a voz mesma de Cristo-Filho, pois é movido a tal oração pelo "Espírito do Filho" que lhe é enviado ao coração (Gl 4,6). "Quando rezardes, dizei…" (Lc 11,2). É pouco provável que os discípulos do Mestre pudessem então perceber toda a novidade orante expressa nessa invocação. A Igreja apostólica, porém, iluminada agora pela fé pascal, viu nela um privilégio insigne, testemunho e medida da "plenitude dos temos" que se completou (cf. Gl 4,4; Ef 1,10): enriquecida pela graça de Cristo-Filho e partícipe do amor mesmo de Deus, e vivificada pelo Espírito de Deus e do Filho, uma humanidade nova se reúne como nova família de Deus e se torna capaz de dizer ao Senhor do céu e da terra a mesma palavra filial que foi o privilégio exclusivo de Jesus (cf. Mc 14,36; Gl 4,4-6; Rm 8,15; também Mt 11,25-27 = Lc 10,21-22).

Dirigindo-se ao Pai de Jesus, que se tornou desde o batismo o seu Pai do céu, e deixando falar o espírito filial criado no seu coração (cf. Rm 8,15), o crente eleva uma oração que quer ser antes de tudo um louvor da glória divina. É homenagem de um filho que diz o seu amor ao falar de seu *desejo* primário e global; conclua o Pai, como celebração de sua perfeição, a obra por ele iniciada em seu Cristo! Busque ele para o próprio nome toda a glória que pode encontrar na sua obra; seja ele conhecido e reconhecido e celebrado em tudo e por todos como o Santo! Estabeleça ele o seu reino e demonstre sua soberania cada vez mais perfeita, apressando o dia da sua definitiva revelação e vitória, o dia da plenitude que o verá proclamado por toda língua como sempre foi: o abençoado e único Soberano, o Rei dos reis e o Senhor dos senhores (cf. 1Tm 6,15)! Realize o beneplácito da sua vontade como convém a ele, fazendo prosperar o Evangelho e criando para si uma humanidade em harmonia com seu querer, um povo que seja uma imagem cada vez mais clara da futura perfeição celeste! A glória, a realeza, a vontade do Pai nosso que está nos céus! Expressão viva da graça de Deus, a aspiração orante do discípulo diz respeito às coisas de Deus.

A alma de toda oração é a → ADORAÇÃO. E a adoração do discípulo se torna homenagem ao Deus misericordioso e fiel quando, pensando na própria pobreza e enquanto espera ainda a vinda do Reino, ele estende as mãos ao Pai *pedindo* e *suplicando*, como Jesus aconselhou que fosse feito (cf. Mt 7,7-11; Lc 11,5-8.9-13). É sempre um filho que ora; e a sua oração exprime sempre — dessa vez na forma humilde e confiante do pedido — o instinto evangélico que o levou inicialmente a chamar Deus com o título de "pai". A orientação teocêntrica não se destrói: entregando com confiança filial a nossa pobreza carnal e a nossa precariedade terrena ao Pai, a nossa oração é portadora, profundamente, do desejo que se realize sempre a sua vontade, que venha o seu reino, que seja santificado o seu nome. Com efeito, quando lhe pedimos que nos dê a razão cotidiana do pão de que precisamos, pedimos antes de tudo com a fé e piedade de pessoas que foram iluminadas pela verdade do Evangelho, que responderam ao chamado do Reino, que "procuram antes o seu reino e a sua justiça", que seguem Cristo nas vias do serviço evangélico e a quem é dado "não temer", mas confiar na providência daquele que os quis desse modo discípulos-seguidores do seu Filho. E quando lhe pedimos que nos perdoe nossos pecados-débitos reconhecemos nele o Deus que enviou o seu Filho como vítima de expiação pelos nossos pecados, como Evangelho de perdão e de redenção. E, quando imploramos a sua assistência na hora da tentação e contra o poder insidioso do maligno, invocamos com o nome de "pai" o Deus fiel, cuja vontade é de fortalecer a nossa fé, de nos revestir com sua força, de nos dar a perseverança e de concluir em nossas pessoas a grande obra do seu amor.

"Vivo, não mais eu, mas Cristo vive em mim" (Gl 2,20). O crente pode prolongar a intuição paulina e dizer com verdade: "Amo, não mais eu, mas Cristo ama em mim"; e ainda "Oro, não mais eu, mas Cristo ora em mim". "Cristo, a nossa vida" (Cl 3,4): Cristo, o nosso amor; Cristo, a nossa oração! Assim como estava destinado a ser compreendido e usado na Igreja apostólica, o Pai-nosso é a oração de um discípulo-crente a quem é dado orar "no nome de Jesus" (cf. Jo 14,13.14; 15,16; 16,23.24.26), ou seja, unido vitalmente à sua pessoa e enriquecido por seu mesmo amor, como um "sarmento" que, unido à "videira", dela tira energia e produz fruto abundante (Jo 15,4-9). Situado nesse nível de graça e de mistério, o Pai-nosso é ao mesmo tempo palavra e realidade: uma oração que realiza o que diz e o realiza no momento mesmo em que o diz. Como pode o Pai não ouvir uma oração que é uma expressão atual do seu dom, e não ouvir a súplica de quem está rezando a ele com a voz mesma do seu amantíssimo Filho? Por isso, quando dizemos com o amor de Cristo: "seja santificado o teu nome", é o Pai que está santificando o seu nome e manifestando, para louvor de sua glória, a riqueza da sua graça; e quando, participantes da piedade orante de Cristo, anelamos pela vinda do Reino, o mesmo reino de Deus está prosperando nas nossas pessoas e está se aproximando o dia da plenitude futura; e quando desejamos que "seja feita a vontade" do Pai, exprimimos o dinamismo de um amor filial que já é, em si mesmo, uma prova de que a vontade do Pai está se realizando em nós e na história. Assim também nas petições: "pedi e servos-á dado" (Mt 7,7 = Lc 11,9; também Jo 15,7; 16,24 etc.). A providência cotidiana do Pai celeste, o dom misericordioso do seu perdão, a sua assistência na tentação e contra o maligno, nós sabemos que já os temos no momento mesmo em que os pedimos (cf. Mc 11,24; 1Jo 5,14-15). Inseparavelmente voz do Espírito em nós e voz nossa dirigida ao Pai, a "oração do Senhor" é como um sacramento que atua o que significa. Com efeito, ao dá-la à Igreja, o Senhor Jesus quis dar aos seus, para todas as gerações, a segurança de rezar "segundo Deus" (cf. Rm 8,27).

BIBLIOGRAFIA. Agostinho. *De sermone Domini in monte secundum Matthaeum libri duo*. cc. 4-11, nn. 15-38, vl. II: *PL* 34, 1.275-1.287; *CCSL* 35, 104-130; Id. *Epistula ad Probam (Ep. 130)*. cc. 11-12, nn. 21-23: *PL* 33, 502-503; *CSEL* 44, 63-67; Aquino, Tomás de. Expositio devotissima orationis dominicae videlicet Pater noster. In Mandonnet, Petri (ed.). *Opuscula omnia...* Paris, 1927, 389-411, t. IV, op. XXXIV; Audet, J.-P. *La Didachè. Instruction des Apôtres* (Études Bibliques). Paris, 1958; Benoit, J.-D. Le Notre Père dans le culte et la prière des églises protestantes. *La Maison-Dieu* 85 (1966) 101-116; Bonnard, P. – Dupont, J. – Refoulé, R. *Notre Père qui es aux cieux. La prière oecuménique*. Paris, 1968; Bonsirven, J. *Notre père*. Le Puy, 1945; Brown, E. The Pater Noster as an eschatological Prayer. *Theological Studies* 22 (1961) 175-208; Caba, J. *La oración de petición*. Roma, 1974; Carmignac, J. "Fais que nous n'entrions pas dans la tentation". La portée d'une négation devant un verbe causatif. *Revue Biblique* 72 (1965) 218-226; Id. *Recherches sur le "Notre Père"*. Paris, 1969 (com bibliografia, 469-553); Cipriani, S. *La preghiera nel Nuovo Testamento*. Milano, ³1978, esp. 33-93; Cipriano. De oratione dominica. *PL* 4, 535-562; *CSEL* 3, 1, 265-294; Diaz, J. A. El problema literario del Padre Nuestro. *Estudios Bíblicos* 18 (1959) 63-75; Id. El Padre Nuestro dentro el problema general de la escatología. *Miscelanea Comillas* 34-35 (1960) 269-308; Dupont, J. Le Notre Père. Notes exégétiques. *La Maison-Dieu* 85 (1966) 7-35; Fabris, R. *Padre Nostro preghiera dentro la vita*. Roma, 1984; Fraine, J. de Oraison Dominicale. In *Dictionnaire de la Bible. Supplément* VI (1960) 788-800; Garofalo, S. *Il Pater Noster*. Roma, 1955; Guardini, R. *Preghiera e verità. Meditazioni sul Padre Nostro*. Brescia, 1966; Hamman, A. *La prière*. I- *Le Nouveau*

Testament. Tournai-Paris, 1959, 94-134; ID. *Le Notre Père dans la catéchèse des Pères de l'Église. La Maison-Dieu* 85 (1966) 41-68; ID. *Le Pater expliqué par les Pères*. Paris, 1961; HELEWA, G. La preghiera di Gesù: "Abba! Padre!". *Rivista di Vita Spirituale* 25 (1971) 387-408; ID. La Preghiera del cristiano: "Abba! Padre!". *Rivista di Vita Spirituale* 25 (1971) 573-593; ID. Padre Nostro. In *Dizionario di Spiritualità dei Laici*. Milano, 1981, 101-116, vl. II; JEREMIAS, J. *Das Vater-Unser im Lichte der neueren Forschung*. Stuttgart, 1962; ID. *Il messagio centrale del Nuovo Testamento*. Brescia, 1968; ID. *Abba*. Brescia, 1968; LOHMEYER, F. *Das Vaterunser erklärt*. Zürich, ³1952; MARCHEL, W. *Abba, Père! La prière du Christ et des chrétiens* (Analecta Biblica 19). Roma, 1963, esp. 191-211; RÉVEILLAUD, M. (edição, tradução, introdução e notas). *Saint Cyprien, l'oraison dominicale*. Paris, 1964; SCHÜRMANN, H. *Il Padre Nostro alla luce della predicazione di Gesù*. Roma, 1967; SEGALLA, C. *La preghiera di Gesú al Padre*. Brescia, 1983; TERTULIANO. *De oratione*. PL 1, 1.153-1.165; *CSEL* 20, 180-200; *CCSL* 1, 257-274.

G. HELEWA

PAIXÕES. A palavra grega πάθος indica o que se experimenta ou se sente, e tem múltipla acepção lexical: sofrimento, afeto, expressão do afeto, desgraça ou uma modificação qualquer sofrida pelo sujeito. O termo "paixão" é usado na linguagem viva para significar também um simples interesse, como nas expressões "paixão filatélica, esportiva", ou uma genérica tendência, uma inclinação natural, como nas frases "paixão pelas montanhas, pelo campo"; outras vezes indica um sentimento ou uma emoção simples de prazer ou desprazer nas sensações do tato, da vista, do gosto, e algumas vezes — sob o ponto de vista clínico — significa um desvio do sentimento que dá lugar a perversões sexuais, a toxicomanias, a delírios e a psicoses graves. Segundo uma última acepção, o termo "paixão" significaria um ato ou um movimento do apetite sensitivo, o qual, sob a influência da fantasia e com alteração fisiológica, persegue o bem sensível ou foge do mal sensível.

1. DESCRIÇÃO FENOMENOLÓGICA. Prescindindo por ora desses múltiplos significados, há uma fenomenologia que descreve os momentos emocionais do homem, indicando os elementos que se encontram nas recentes e antigas interpretações das paixões. Em qualquer sujeito humano normal, em que o eu consciente dirige a atividade psíquica, acontecem fenômenos emotivos, refletidos também no rosto, nos sinais da mímica e da pantomímica; isso pode acontecer na percepção sensitiva, dando lugar às simples emoções, ou em percepções mais complexas de um objeto externo ou imanente, concreto ou abstrato, física ou idealmente presente, capaz de suscitar um sentimento favorável ou desfavorável a ele, ou seja, pôr um afeto ou afeição de natureza superior que envolve toda a perceptividade do indivíduo. O sentimento pode se renovar toda vez que o objeto se apresenta e persiste na percepção do sujeito com caracteres de emotividade. Em seu primeiro aparecimento o sentimento facilmente decresce, sob o predomínio do eu que distrai a atenção para outros objetos para depois retomar o pleno controle do ritmo afetivo normal. Às vezes, ao contrário, a emoção é acompanhada de um prazer ou desprazer mais vivos que vibram na profunda zona da personalidade, despertando seus instintos e tendências, que ecoa na memória, fazendo logo emergir suas experiências passadas e relativas ao sentimento, que obriga a atenção a se desviar das experiências racionais. Essa ação profunda e vasta polariza por assim dizer toda a afetividade sobre o sentimento, seja ele agradável ou desagradável, de modo que ele fica carregado de energia psíquica e estabelece uma corrente de vibrações e de mutações orgânicas. Por sua vez, as alterações orgânicas, suscitando novas imagens, desejos etc., aumentam a intensidade emocional. Quando o fenômeno emocional, embora ainda isolado, é mais intenso e de mais longa duração, a pessoa custa a voltar à normalidade da situação anterior e se dá conta, depois de readquirido o equilíbrio, que ficou no ânimo uma inclinação à experiência passada. Não se admite que uma só experiência, ainda que intensíssima, "uma fulguração", consiga determinar uma fixação do sentimento emocionante, que comprometa o equilíbrio racional. A razão é que o efeito é desproporcional à causalidade da emoção; ou melhor — no caso de se dar tal fixação —, atribui-se à pessoa uma inclinação anterior, adquirida inconscientemente. A repetição do fenômeno, porém, querida ou permitida pelo eu consciente, fixa em várias medidas a relação entre os estados afetivos e o sentimento que se renova e predomina sobre os outros, constituindo assim uma habitual polarização afetiva em torno dele. Quando essa situação afetiva se torna constante e intensa, segue-se, no apreço dos valores racionalmente adquiridos anteriormente, um deslocamento de interesse para um novo valor afetivo, e uma real inadequação ao ambiente de antes. Com efeito, esse valor dirige o pensamento e a conduta, impedindo assim a normal evolução do raciocínio e impondo juízos de estima conformes ao objeto emocionante. Até a consciência, ou seja, o juízo prático sobre a moralidade da nova ordem interna e externa se harmoniza com a especificação do sentimento. Esse complexo fenômeno, sumariamente descrito, é chamado de "afeição" superior, ou "emoção complexa" (racional ou intencional), ou paixão. A paixão, portanto, torna-se fenomenologicamente despótica na atividade psíquica superior e dirige o homem por vias diferentes das que a normal atividade do intelecto, da vontade e da afetividade teriam permitido. A paixão pode concluir o seu ciclo atingindo o objetivo presente no fenômeno emotivo; pode se sublimar (sublimação das paixões), transformando-se numa outra paixão afim ou transformando-se numa oposta (formação reativa); pode também degenerar numa doença psíquica (exaltação, depressão). A paixão se distingue das emoções simples por características muito evidentes: é intencional, ou seja, unida com o objeto cognoscitivamente; depende mais da vontade que a pode também inibir; é mais lenta para se formar, mais profunda, mais extensa e duradoura; forma-se por meio de numerosas reproduções; não é pungente e improvisa como as simples emoções. É verdade que de uma paixão se pode passar a uma simples emoção; porém, a paixão continua tal enquanto permanecer a união total do conhecimento intelectivo e do afeto que nela se funda, porque ele surge precisamente do conhecimento do valor positivo ou negativo ligado ao objeto.

M. Scheler (1874-1928) estabeleceu uma hierarquia de valores objetivos emocionais do homem segundo sua profundidade e qualidade, ao passo que G. Fröbes (1866-1947) distingue as paixões segundo a natureza psicológica do conhecimento de que derivam: emoções das imagens, ou seja, sentimentos que surgem de uma representação; emoções dos juízos (aprovação ou desaprovação ética) que se têm diante da notícia de um sucesso ou de uma desgraça, na iminência de um mal etc.; emoções do apetite, ou seja, os desejos da vontade; afetos, isto é, "fortes e duradouras emoções unidas à perturbação das representações e às várias mutações das condições corporais".

2. AS PAIXÕES NA HISTÓRIA DO PENSAMENTO. A descrição fenomenológica das emoções superiores, que na sua expressão mais completa preferimos chamar de paixão, lembra as principais opiniões acerca da avaliação psicológica, ética, pedagógica das paixões na história do pensamento humano.

Platão, fundando a psicologia do homem em três princípios ou almas (racional, irascível e concupiscível) respectivamente sedes da vida intelectiva, sensitiva e vegetativa, ligava a essas últimas duas os fenômenos dos instintos e da concupiscência. Portanto, somente sob o domínio da razão têm as paixões um valor positivo, porque podem cooperar para a subida à contemplação do mundo superior. Aristóteles usa o termo numa tríplice gradação: com o sentido genérico de determinação ou propriedade que determina um sujeito (exemplo: a masculinidade do macho) ou com o significado de determinação recebida no sujeito e correlativa à ação (exemplo: o movimento recebido num corpo por outro em movimento) ou com o valor de determinação que altera quer o corpo (as doenças), quer a psique e o corpo ao mesmo tempo (exemplos: o amor, o ódio etc.). O epicurismo, que põe o ideal ético no prazer em repouso, ou seja, na tranquilidade do ânimo, no equilíbrio interno, considera as paixões sob forma de desejos, impulsos, emoções, positivas ou negativas, conforme concorram para a felicidade ideal. O estoicismo, ao contrário, por mostrar o ideal ético na apatia, ou seja, na impassibilidade diante de tudo o que acontece, condena integralmente as paixões e impõe o domínio da razão que deve eliminá-las radicalmente. A escolástica aceita o conceito aristotélico e desenvolve a doutrina das paixões: ela é um movimento de natureza sensitiva porque tende para um bem ou foge de um mal apresentado pela fantasia que é potência sensitiva; um movimento que induz alterações no organismo; perdurando elas, acentua-se a violência e se prolonga a duração do movimento. Nessa acepção, a paixão é amoral. Até Kant, essa avaliação fica quase sem variação; é ele que formula uma avaliação somente negativa da paixão, considerando-a uma inclinação, um desejo estável, intenso, dominante, que impede à razão efetuar uma escolha entre os outros desejos, e impede a vontade de se determinar com base nos princípios racionais. O romantismo, porém, reconhece na paixão um valor positivo, mesmo considerando-a um domínio total e profundo de um estado afetivo sobre toda a personalidade. Segundo Hegel, a paixão faz repor num único conteúdo afetivo todo o interesse da vida de um homem e dos seus valores pessoais. Considerada em si mesma não é nem boa nem má, mas pode ser instrumento da providência cósmica para a realização de seus objetivos. Os modernos ainda se sentem inseguros sobre a natureza e as classificações das paixões permanecendo equidistantes entre a condenação e a exaltação. Sob o ponto de vista pedagógico tendem a um juízo negativo, porquanto as paixões são um obstáculo à consecução e à manutenção do equilíbrio normal do homem.

A psicologia escolástica, e em particular a tomista (cf. *STh.* I-II, q. 22.23.24.25; *De veritate*, 26,4; *De malo*, 8,3 e 11,1), constitui na alma uma hierarquia de faculdade com atos próprios: faculdades espirituais (intelecto e vontade), faculdades cognoscitivas sensitivas (cinco sentidos externos e quatro internos, ou seja, senso central ou comum, fantasia ou imaginação, juízo, memória), faculdades sensitivo-apetitivas. Apesar da fundamental tese da unidade formal do indivíduo humano, defendida pelo tomismo, ressalta-se a distância entre as atividades psíquicas das três categorias de faculdade. Com efeito, Santo Tomás admite duas séries de atos nitidamente distintos, embora indicados pelos mesmas palavras: os intelectivo-volitivos do amor, do ódio, da esperança, do desespero etc., e os sentitivo-apetitivos do amor, do ódio, da esperança etc. As paixões pertencem obviamente a essa segunda série de atos do apetite irascível e do apetite concupiscível. Com efeito, a imaginação apresenta um objeto condizente com essas potências orgânicas suscitando um seu movimento de apetição. Esta é dupla no seu comportamento: de simples concupiscência se o movimento para com o objeto deleitável é fácil; de irascibilidade se o movimento para o objeto deleitável se torna difícil por impedimentos. Os atos ou movimentos dos dois aspectos são chamados apetições sensitivas ou paixões. A razão própria desse último termo está no efeito que os atos das faculdades apetitivas produzem no corpo, ou seja, nas alterações fisiológicas, como, por exemplo, a circulação sanguínea, a temperatura, a constrição ou dilatação dos precórdios, o tremor das pernas etc. Pelo fato de que as paixões são apetições de um bem fácil ou difícil de conseguir, são "essencialmente" atividades positivas e até ótimos instrumentos em função do bem; somente "acidentalmente" é que se tornam eticamente negativas por motivo da exagerada alteração orgânica ou por causa do objeto material ao qual tendem. Na classificação das paixões nem todos os escolásticos estão de acordo. Boécio (*De consolatione philosophiae*, 1) e São → JOÃO DA CRUZ (*Subida*, 3,16) enumeram somente quatro paixões: prazer, esperança, dor e temor. Os demais escolásticos aceitam uma enumeração tradicional. As paixões distinguem-se em duas seções. A primeira compreende as concupiscíveis, que se ordenam ao bem e contradizem o mal impeditivo do bem: o amor, simples inclinação para o bem; o ódio, simples aversão ao mal impeditivo do bem; o desejo, inclinação ao bem não conseguido ainda; a fuga, aversão ao mal que poderá impedir o bem; a alegria, quietude no bem conseguido e possuído; a tristeza, inquietude da alma pela presença do mal proibitivo do bem. A segunda seção enumera as paixões irascíveis, que se ordenam ao bem "árduo", ou seja, difícil de conseguir, e são contrárias ao mal que impede esse bem: a esperança, movimento para um bem difícil, mas possível de obter; o desespero, afastamento do bem difícil ou impossível de conseguir; a audácia, movimento contra um mal terrível, iminente, mas superável; o temor, prostração do ânimo por um mal terrível, iminente e não evitável; a ira, movimento de vingança contra o mal presente e a causa que o produz. As paixões concupiscíveis são as principais e entre elas sobressai o amor que Santo Tomás considera princípio e raiz de todas as outras (*C. Gent.* 4, 19). A sede das paixões é orgânica, mas enquanto os antigos escolásticos a indicavam no coração, os modernos a repõem no cérebro e precisamente nos centros psicomotores; o coração seria apenas um órgão que manifesta a paixão em ato, portanto está sujeito ao sistema nervoso que regula as suas contrações, aumentando sua frequência (sistema simpático) e diminuindo-a (sistema parassimpático).

Eticamente, as paixões, contra o parecer exagerado dos hedonistas, que as julgam todas boas, e o dos estoicos, que as consideram todas más, não são consideradas nem boas nem más pelos escolásticos; a razão está posta no fato de que elas prescindem da vontade e não dizem nada em relação à razão. Apenas quando passam sob o controle das faculdades intelectivas é que se tornam boas ou más, ou seja, morais, porque pertencem à racionalidade de que depende a especificação moral. As paixões podem se encontrar em três momentos distintos em relação à razão: ou a antecipam, obstaculizando-a (paixão Antecedente, que pode diminuir e tolher a liberdade), ou acompanham a razão por mecânica simpatia, ou então surgem porque queridas pela razão com o fim de intensificar a bondade ou malícia da ação. Uma certa moralidade pode passar do objeto às paixões, porquanto ele está em conformidade ou não com normas morais. Uma grande importância têm na teologia moral as paixões (ditas com termo impreciso "concupiscência") que precedem o consenso da vontade (concupiscência antecedente). É um axioma que as paixões que antecedem o ato volitivo podem diminuir a liberdade do ato ou eliminá-la, fazendo faltar assim à ação um dos princípios constitutivos do ato humano passível de imputabilidade. A diminuição de liberdade tira a integridade do ato livre e, consequentemente, a sua moralidade. Se a perturbação causada pelas paixões inibe completamente o uso da razão, o ato se torna por isso mesmo apenas movimento passional e, portanto, amoral em si mesmo. As paixões que surgem depois do ato humano nada acrescentam à moralidade do ato, porque não influem na sua dinâmica, a menos que elas tenham sido provocadas de propósito para intensificar o dinamismo da ação; nesse caso, participam da bondade ou maldade da volição. O temor, de que falam com frequência os moralistas, nos impedimentos aos atos humanos, não é o do apetite irascível, mas antes um temor racional, porque — sempre segundo os moralistas — jamais elimina completamente o exercício da liberdade, a menos que os dois temores, o racional e o irascível, constituam uma complexa expressão psíquica.

3. AS PAIXÕES NA ASCESE. Na ascese as paixões encontram às vezes uma consideração negativa, se empregadas no significado da linguagem comum, às vezes uma avaliação indiferente, se tratadas no sentido da escolástica. As paixões têm importância ascética, não só pela efervescência vital causada no organismo e pelos reflexos na vida intelectual e moral, mas também para a vida de perfeição ou de intimidade com Deus. São João da Cruz afirma que as paixões cansam, obscurecem, mancham, enfraquecem a alma e que sua desordem impede a → UNIÃO COM DEUS (*Subida*, 1,6-13; 3,16-45). Critérios ascéticos afirmam a possibilidade de controlar "politicamente" as paixões, fazendo prevalecer na psique ideias de valor positivo e moral, e exercitando a vontade nos atos correspondentes; ou obstaculizando indiretamente o irracional constituir-se das paixões com a procura da sua fonte (temperamento, constituição física, ambiente etc.) para modificar pela raiz as primeiras emoções (isso vale especialmente na ação pedagógica); enfim, ativando todas as energias psíquicas em torno de um objeto de interesse superior e de grande valor ascético. Para a purificação dos apetites e, consequentemente, para a ativação ascética das paixões concorrem eficazmente os estados místicos: a noite do sentido, a noite do espírito, as formas de oração contemplativa que atraem a alma a objetos de grande eficácia emotiva religiosa, as graças místicas que encontram uma profunda ressonância em todas as zonas da psique humana.

BIBLIOGRAFIA. ARRIGHINI, A. *Medicina della passione*. Torino, 1934; AVERILL, J. R. *Anger and aggression. An essay on emotion*. Springer Verlag, New York, 1982; BAUDIN, E. *Corso di psicologia*. Firenze, 1948, 536-546; BOLLNOW, V. F. *Les tonalités affectives*. Neuchâtel-Paris, 1953; CASSINI, A. – DELLANTONIO, A. *Le basi fisiologiche dei processi motivazionali ed emotivi*. Il Mulino, Bologna, 1982; CENTI, T. Valore del trattato tomistico sulle passioni. *Sapienza* 5-6 (1961) 395-410; DUMAS, G. *La vie affective*. Paris, 1948; DUMBAR, F. *Emotions and bodily changes*. New York, 1954; HILGARD, E. R. *Psicologia*. Firenze, 1971, 184-213; JAUSSAIN, H. *L'éducation des passions*. Paris, 1920; MARCOZZI, V. *Ascesi e Psiche*. Brescia, 1963; MARUCCI, A. *Le passioni nella filosofia e nell'arte*. Torino, 1938; MONACO, A. *Le passioni e i caratteri*. Alba, 1944; NOBLE, H. D. *Les passions dans la vie morale*. Paris, 1931, 2 vls.

G. G. PESENTI

PALAMAS, GREGÓRIO. 1. NOTA BIOGRÁFICA. Teólogo bizantino e arcebispo de Tessalônica; nasceu em Constantinopla, em 1296, de uma nobre família senatorial. Estudou a física, a lógica e toda a ciência aristotélica. Em 1316, fez-se monge no monte Athos sob a direção espiritual de Nicodemos, eremita hesicasta de Vatopedi e depois, sob Gregório Sinaíta, e logo se tornou um personagem muito respeitado entre os monges. Em 1325, foi ordenado padre em Tessalônica. Em 1335 acendeu-se a polêmica com o monge Barlaão, o Calabro, no início sobre a questão do *Filioque*, grave obstáculo no confronto com a Igreja latina; depois a controvérsia se estendeu ao problema do conhecimento de Deus. Barlaão criticava duramente o → HESICASMO e em particular os métodos "físicos" da oração hesicasta, acusando os monges de messalianismo. Palamas, com os seus *Tratados apodíticos* e o *Tomo agiorítico*

(1340), defendeu-os abertamente. No Sínodo de Constantinopla, de 10 de junho de 1341, Barlaão foi condenado. Na guerra civil que se seguiu, todavia, Gregório Akindynos, já partidário de Palamas, alinhou-se contra ele e obteve em 1344 sua excomunhão. No decurso das sucessivas vicissitudes políticas, porém, Palamas foi reabilitado e consagrado metropolita de Tessalônica (1347); mas por oposição interna da população só pôde tomar posse em 1350. Nos últimos nove anos acendeu-se a polêmica com o filósofo Niceforo Gregoras. O Sínodo Constantinopolitano, de 1351, aprovou finalmente o palamismo, em particular a tese da distinção entre a essência divina e as "energias incriadas". Em 1354, Palamas foi feito prisioneiro dos turcos, mas, pago o resgate, pôde voltar a Tessalônica, onde morreu, em 1359. A Igreja ortodoxa grega o canonizou, em 1368.

2. OBRAS. Os escritos dogmáticos mais importantes são dois: os *Tratados apodíticos* (1335) sobre a processão do Espírito Santo, contra a doutrina latina do "Filioque", e as *Tríades para a defesa dos santos hesicastas* (ed. CHRESTOU, S. 1, 358-694 e trad. franc. de J. MEYENDORFF, Louvain, 1959). É o testemunho mais importante da teologia de Palamas como fundamento da sua espiritualidade. Trata-se de três séries de tratados, chamados mais tarde *Tríades*. As primeiras duas remontam a 1337-1339, a terceira a 1341. Explica-se aí a tese palamítica segundo a qual os monges hesicastas na oração contemplam as "energias divinas", mas não a essência divina. O *Tomo agiorítico*, ligeiramente anterior à terceira *Tríade*, contém seis capítulos nos quais as teses de Palamas são confirmadas pelas autoridades monásticas do Monte Athos (p. 150, 1.225-1.236; ed. CHRESTOU, S.3, 567-578). Acrescentemos ainda entre as obras polêmicas os *Sete antirreptícios contra Akindynos* (ed. CHRESTOU, S.3, 39-506), escritos antes de 1344. Se Palamas, todavia, não estivesse implicado nas controvérsias teológicas, teria certamente gozado da fama de escritor espiritual. Citemos pelo menos as obras que foram publicadas no Migne: *A vida de São Pedro Atonita* (*PG* 150, 996-1.040) escrita no monte Athos por volta de 1334 sobre um eremita que viveu no século IX; *Capítulos sobre a oração e sobre a pureza do coração* (*PG* 150, 1.117-1.121), uma obra que pertence à tradição hesicasta; *Discurso a Xenia* (*PG* 150, 1.044-1.088) *sobre as paixões, as virtudes e os frutos da prática espiritual*, escrito entre 1345 e 1346; *Decálogo sobre a legislação de Cristo* (*PG* 150, 1.089-1.108), escrito durante o episcopado e endereçado aos leigos: mostra o aspecto pastoral da espiritualidade palamita.

3. DOUTRINA. Palamas quis sempre ressaltar que o verdadeiro conhecimento de Deus não é de origem filosófica, mas de origem sobrenatural e que nem Aristóteles nem os neoplatônicos podem ser uma autoridade sobre esse problema. O verdadeiro conhecimento de Deus pode ser adquirido somente em Cristo. Deus como tal, todavia, é absolutamente transcendente, está "não apenas acima do conhecimento, mas também acima do não conhecimento" (*Tríades*, I,3.4), ou seja, não somente não se pode definir positivamente, mas sequer por via negativa ou apofática. Para conhecer Deus é preciso ter recebido o dom do Espírito Santo no batismo; somente assim podemos chegar a uma participação real na vida divina e, portanto, à divinização da alma e do corpo. Para Palamas a absoluta transcendência divina, que está para além de todo intelecto criado, não leva à impossibilidade de conhecer Deus, porque, graças ao Espírito Santo que purifica a interioridade e os sentidos do homem, pode-se chegar à visão de Deus. Não se trata simplesmente de uma visão intelectual, porquanto é capaz de envolver todo o homem, unindo-o profundamente a Deus. A realidade dessa humanidade divinizada é completamente penetrada pela luz divina: o próprio Cristo como ele se revelou aos apóstolos no monte Tabor. A doutrina de Palamas funda-se em primeiro lugar no dogma da → ENCARNAÇÃO e quer ser um desenvolvimento da doutrina dos Concílios de Calcedônia (451) e de Constantinopla III (680-681) sobre as "duas vontades" e as "duas energias" em Cristo. Para conservar juntas a transcendência divina e a possibilidade de superá-la por meio do Espírito Santo, Palamas propôs a distinção entre a "essência divina" incognoscível e as "energias divinas" por meio das quais Deus se revela. A essência divina é designada por Palamas como "causa" e "origem" das energias, que lhe são de algum modo inferiores, porque Deus transcende a sua própria revelação. As energias são um ato pessoal de Deus que vai ao encontro do homem e de seu desejo de Deus. Trata-se, todavia, de formulações estritamente ligadas a uma experiência: a da comunhão com a vida divina, que se torna acessível em Cristo por meio do Espírito. Foi precisamente essa distinção que se tornou então, e em seguida, objeto de discussão, dividindo os teólogos bizantinos entre "palamitas" e "antipalamitas". A objeção principal desses últimos é que a simplicidade divina não admite a possibilidade dessa distinção. Os palamitas contestam que os termos não devem ser entendidos em sentido filosófico e que a "energia divina" não é um objeto, mas uma experiência de comunhão com Deus, do encontro do amor de Deus e da natureza estática do homem que se abre a esse amor.

BIBLIOGRAFIA. 1) Obras: cf. a lista em MEYENDORFF. *Introduction à l'étude de Grégoire Palamas*. Paris, 1959, 331-399 (compreende 71 verbetes, obras inteiras ou partes de obras, e o homiliário). A primeira edição crítica completa é a dirigida por P. K. CHRESTOU, com a colaboração de vários estudiosos, em vias de publicação em Salonicco. Já saíram três volumes: GREGORIOUTOÚ PALAMA. *Syggrammata* I.II.III, Thessalonikê, 1962.1966.1970.
2) Estudos: são numerosíssimos. Pode-se consultar: MEYENDORFF, J. *Introduction à l'étude de Grégoire Palamas*. Paris, 1959, 15-22; STIERNON, D. Bulletin sur le palasmine. *Revue des Études Byzantines* 30 (1972) 231-341. Destacamos algumas obras de orientação geral: MANTZARIDES, G. I. *Theos kai historia kata Gregorion ton Palaman*. Thessalonikê, 1966; MEYENDORFF, J. *St. Grégoire Palamas et la mystique orthodoxe*. Paris, 1959; PAPAROZZI, M. *Gregorio Palamas*, in ANCILLI, E. – PAPAROZZI, M. (org.). *La mistica. Fenomenologia e riflessione teologica*. Roma, 1984, 419-460, vl. I; SCAZZOSO, P. *La teologia di san Gregorio Palamas (1269-1359) in rapporto alle fonti e al suo significato odierno*. Milano, 1970.

M. GARZANITI

PALAU Y QUER, FRANCISCO. 1. VIDA. Nasceu em Aytona (Lérida, Espanha), no dia 29 de dezembro de 1811, e morreu em Tarragona, no dia 20 de março de 1872. Cresceu e amadureceu sua fé no seio de uma família cristã, cercado pelos pais, quatro irmãs e dois irmãos, e pela recordação de outros dois, um irmão e uma irmã, mortos antes que ele nascesse.

Aos dezessete anos (1828) iniciou a carreira eclesiástica no seminário de Lérida, estudando por três anos filosofia e por um ano teologia, esta última sobre a *Suma teológica*, de Santo Tomás, e aí viveu as tensões políticas entre liberais e nostálgicos do Antigo Regime (R. VIOLA, *El seminario de Lérida conocido y frecuentado por el padre Palau*, Roma, 1983, 31; depuração dos professores e alunos liberais e consolidação dos tradicionalistas, Ibid., 34-48). Em novembro de 1832, iniciou o noviciado no convento dos carmelitas descalços de Barcelona e aí fez, um ano mais tarde, a profissão, realizando outros dois anos de estudos teológicos, até que o convento foi assaltado pelas hordas revolucionárias, em julho de 1835. O padre Palau fugiu, juntamente com outros confrades, para não voltar mais para um convento carmelita, pois foi viver desde então como um "exclaustrado", porque em 1836 o governo liberal decretou a exclaustração de todos os religiosos da Espanha. Integrado juridicamente em várias dioceses como sacerdote secular, considerou-se por toda a vida como um carmelita, espiritual e afetivamente, um homem do deserto e filho de profetas, de → ELIAS, considerado fundador da Ordem do Carmelo, e de Santa → TERESA DE JESUS, a reformadora. O Carmelo foi, sem dúvida, a sua pátria espiritual.

Ordenado sacerdote em Barbastro (Huesca), em 1836, iniciou uma experiência apostólica intensa e polivalente, que configurará a sua personalidade psíquica e espiritual. Foi um *pregador* popular — um dos maiores do seu tempo — especialmente na Catalunha e nas Baleares, pregou missões populares, o mês de Maria, novenas, tríduos, exercícios espirituais e discursos de circunstância, para os quais mereceu o título de *missionário apostólico*. Foi também um catequista excepcional, que deu vida a uma experiência pedagógica nova quanto ao método e aos objetivos (ensinar a religião e a moral cristã aos adultos), embora antiga pelos conteúdos e pela orientação apologética. A *Escola da virtude* — assim chamava aquela experiência — foi operante em Barcelona, nos anos 1851-1854, e depois fechada por ordem do governo, que viu nela um ninho de revolucionários sociais e de conspiradores contra o trono de Isabel II. Foi o fundador e o legislador de duas Congregações religiosas, uma de mulheres e outra de homens (terciários carmelitas dedicados ao ensino e ao serviço sanitário), das quais sobreviveu ainda a feminina, dividida em dois ramos. A dos terciários tinha começado em San Honorato de Randa (Maiorca), em 1860, e a das terciárias, em Ciudadela (Minorca), em 1861. Foi escritor prolífico, de pouco valor literário, de caráter popular e apologético, às vezes original, quando fala de sua experiência mística na Igreja. Nos últimos anos de sua vida, a partir de 1865, exerceu o ministério de *exorcista* (→ EXORCISMO), firmemente convencido de que o demônio não só dirige os destinos da grande história como toma posse dos corpos humanos (→ POSSESSÃO). Teve como retribuição a proibição do seu bispo de Barcelona, uma dura crítica da cúria romana e o silêncio de Pio IX, a quem recorreu expondo o assunto e pedindo as necessárias licenças, constituindo para ele um problema de consciência crer-se "enviado" por Deus para cumprir essa "missão" (D. de Pablo Maroto, La experiencia de Dios en el b. Francisco Palau, *Revista de Espiritualidad* 47 [1988] 427-456, em particular 444-450). Em 1868, ano da grande revolução espanhola, atingia o cume da sua carreira de escritor, fundando um periódico original: "El Ermitaño", que sobreviveu a ele e no qual expôs as suas teses sobre o demônio, o exorcistado, a vinda do anticristo e o próximo fim do mundo, defendendo uma política religiosa tradicional (L. J. Fernandez Frontela — T. Egido, El P. Palau en su ambiente [reflexión histórica], *Revista de Espiritualidad* 47 [1988] 403-426).

As circunstâncias externas foram duras: anos de infância vividos num ambiente de guerras napoleônicas, de pestilências e de fome (1811-1814); adolescência e juventude entre tensões ideológicas tradicionalistas e liberais que desembocam na realidade traumática da exclaustração (1835-1836); maturidade com o sofrimento do exílio na França (1840-1851), o banimento em Ibiza (1854-1860), o cárcere em Barcelona (1835-1870); a incompreensão e a perseguição das autoridades civis e eclesiásticas (Montaubari, na França; Lérida e Barcelona, na Espanha), por ter querido defender sempre a sua "missão" na Igreja. Tudo isso incide no seu pensamento, elaborado entre tensões dialéticas, no fragor de uma luta interior e em meio à solidão e ao silêncio por que anelava seu espírito contemplativo. Pode, portanto, considerar-se fruto dessa dupla experiência contrastante.

Depois de um longo processo canônico, o padre Palau foi beatificado por João Paulo II em Roma, no dia 24 de abril de 1988. A sua festa litúrgica foi fixada para o dia 7 de novembro.

2. OBRAS. Algumas se perderam, outras foram publicadas no decurso da sua vida e republicadas nestes últimos anos. São as seguintes (entre parênteses o ano ou os anos das edições originais, se se conhecem): *Lucha del alma con Dios* (1843, 1869), Roma, 1981; *La vida solitaria*, Roma, 1976; *Catecismo de las virtudes* (1852), Roma 1977; *La escuela de la virtud vindicada* (1859), Roma, 1979; *Mês de María o Flores del mes de mayo* (1861, 1862), Roma, 1981; *La Iglesia de Dios figurada por el Espíritu Santo en los libros sagrados* (1865), Roma, 1976 (ed. anastática); *Mis relaciones con la Iglesia*, Roma, 1977; *Cartas*, Roma, 1982; *Legislación* (1872), Roma, 1977; *Las doncellas pobres. Sus reglas y constituciones*, Roma, 1987; "El Ermitaño" (periódico semanal, 1868-1873), Roma, 1981 (ed. anastática, 2 vls.). Publicaram-se também as suas *Obras selectas*, El Monte Carmelo, Burgos, 1988, 918 pp. Neste trabalho, sigo as edições de Roma.

3. DOUTRINA. A sua doutrina apresenta duas dimensões: uma *adquirida* numa formação teológica insuficiente, pelas circunstâncias histórico-ambientais e o caráter tradicional da teologia do seu tempo na Espanha (D. de Pablo Maroto, La teología en España desde 1850 a 1936, in *Historia de la teología española*. II. *Desde fines de siglo XVI hasta nuestros días*, Fundación Universitaria Española, Madri, 1987, 523-658); e a *experiencial*, carismática e mística, mais original e pessoal, com claras intuições de uma teologia atual. No primeiro caso fala o moralista, o catequista, o pregador; no segundo, o contemplativo, o solitário, o místico.

a) *Deus transcendente e imanente.* Deus — uno e trino — é a única coisa que dá sentido à sua vida, a inspiração da sua ação e do seu pensamento. Num escrito da juventude, seguindo materialmente o texto da Escritura, sobretudo o Antigo Testamento, e uma leitura muito providencialista da história da humanidade e da Igreja, apresenta-o como castigador dos vícios e pecados da Igreja do seu tempo, como juiz implacável (*Lucha*, 76-127), mas cuja justiça, com a oração e o sacrifício, sobretudo o sacrifício de Cristo na cruz, renovado na Eucaristia, transforma-se em misericórdia; por isso, em seu alto tribunal, o juízo promovido pelo demônio contra a Igreja espanhola pecadora conclui-se com a absolvição da última (*Lucha*, 127-315). Nesse contexto encontra o seu justo lugar o valor da intercessão da oração cristã, remédio "único" para salvar a Espanha, sempre que seja suscitada pelo Espírito Santo (*Lucha, passim*).

De outra parte, Deus chama e envia os homens a realizar uma "missão", tese geral que Palau exemplifica com sua própria vida, consciente de que Deus lhe confiou várias *missões*: ser fundador, pregador, catequista, exorcista (D. de Pablo Maroto, *La experiencia de Dios en el b. Francisco Palau*, 435-450). Outras dimensões de Deus serão postas em destaque nos parágrafos que seguem.

b) *Jesus Cristo, o libertador.* Cristo salva oferecendo-se como vítima sobre a cruz pela Igreja, sacrifício renovado na missa pela Igreja espanhola, segundo uma explicação redutiva do padre Palau (*Lucha*, 270-300 e *passim*; *Vida solitaria*, 28-29; *Catecismo*, 68). É a fonte da vida para a alma (*Mes de María*, 28) e com ela fala no silêncio orante (*Cartas*, 1, 2). Consagrada a Cristo com o batismo (*Lucha*, 45), a alma se une a ele como esposa ao esposo (*Lucha*, 167-214), por isso tem confiança para lhe pedir a salvação da Espanha na oração e na oferta do seu corpo (*Lucha*, 215-300, *passim*). A união com Cristo é união com os irmãos, porque Cristo e o próximo constituem uma unidade que é a Igreja (*Cartas*, 39, 163; 74, 271; 81, 295; 88, 308-311) e ao amar o próximo a alma se faz redentora com Cristo (*Cartas*, 99, 344-345). A redenção consiste na vitória contra os demônios (*Lucha*, 162-164; *Cartas*, 115/III, 390; "El Ermitaño", *passim*).

c) *Eclesiocentrismo teológico e espiritual*. É o aspecto mais original do padre Palau, se se entende o seu eclesiocentrismo como um teocentrismo, um → CRISTOCENTRISMO e uma pneumatologia. A experiência mais profunda dele é que Deus salva, Cristo redime e o Espírito Santo santifica na *Igreja e pela Igreja*, segundo um princípio axiomático proposto por ele mesmo; "Todas as relações com o Filho de Deus e com seu Pai estão sempre em relação com a Igreja" (*Mis relaciones*, 135). Ele repete que a Igreja histórica tem a sua origem na eternidade, porque foi pensada e amada desde sempre por Deus uno-trino (*Mis relaciones*, 500-501; *Lucha*, 48; *La Iglesia*, 2,18-20). Cristo e a Igreja — seu corpo físico e seu corpo moral — estão no centro do universo, como o Sol está no centro do cosmos (*La Iglesia*, 54-56).

Deixando de lado o aspecto eminentemente teológico (cf. *La teología en España desde 1850 a 1936*, 568-571; A. Huerga, El p. Francisco Palau y la eclesiología de su tiempo, in *Una figura carismatica del siglo XIX*, El Monte Carmelo, Burgos, 1973, 281-322; O. Dominguez, La doctrina de la Iglesia como cuerpo místico según el p. Palau, *Ibid.*, 323-372), concentremo-nos na dimensão eclesiológica da perfeição cristã segundo o padre Palau. A santidade consiste na perfeição do amor, amor de Deus e amor do próximo; agora, a Igreja é a síntese de Deus-próximo e deve, portanto, ser o objeto primário do amor do crente, como repete o autor em *Mis relaciones*, *La Iglesia*, e "El Ermitaño". O extremo grau do amor ele o exprime com o símbolo do esponsalício e do *matrimônio espiritual com a Igreja*, que outros místicos dizem com Cristo. Essa é a novidade que o padre Palau traz para a história da espiritualidade. Esse matrimônio se consuma no sacramento da Eucaristia, porque nele o crente entra em comunhão com a Igreja inteira: Deus-próximo. O religioso, com a profissão dos três votos, o exprime de modo singular (*Mis relaciones*, 64-66.79-83.97-100.273-274.503-507; *La Iglesia*, 41). O matrimônio tem o seu ápice escatológico na vida eterna, na qual o crente verá como a Igreja = Deus-próximo corresponde à realidade mistérica de Cristo e da sua Igreja (*La Iglesia*, 44), pela qual suspira o místico Palau (*Mis relaciones*, *passim*; *La Iglesia*, 4).

Apesar dessas afirmações eclesiocêntricas tantas vezes repetidas, a experiência religiosa culmina na experiência trinitária, como em todos os místicos. Essa Igreja que o crente ama e por cujo amor se faz santo tem certas relações específicas com cada uma das três Pessoas divinas: como *Filha* de Deus Pai, *Esposa* do Verbo, corpo da *Alma*, que é o Espírito Santo (*Mis relaciones*, 83.103.294-295.314.500-501; *La Iglesia*, *passim*). Por suas relações com as três Pessoas divinas, o justo se torna como um espelho em que a Trindade se reflete (*Mis relaciones*, 509-510.460-462.480-481.505-508).

d) *Maria*. A Virgem Maria tem uma posição primordial na Igreja estrutura e mistério: é o tipo exemplar da sua perfeição. "Maria, sendo uma mulher perfeita e uma obra completa da mão do Supremo Artífice, é o tipo único que sob a espécie de uma mulher no-la pode figurar" (*Mis relaciones*, 327-332. Cf. J. Pastor Miralles, *María, tipo perfecto y acabado de la Iglesia*, EDE, Madrid, 1978).

e) *O mistério do mal*. A luta entre o bem e o mal não se apresenta no padre Palau como uma via de ascese do cristão batizado para conseguir o domínio sobre os instintos desordenados, mas como uma ação de ordem religiosa — especialmente de *exorcistado* — para expulsar o demônio do mundo e dos corpos humanos. Essa luta reveste-se na sua vida e nas suas obras de um caráter espetacular, quase cósmico, porque o demônio — segundo a leitura que dele faz o padre Palau — é o mal personificado, origem de todos os males físicos, psíquicos e morais do homem que ele usa como instrumento da justiça divina. Para padre Palau, Cristo realizou a redenção do homem e do mundo vencendo o demônio com a morte sobre a cruz e a ação da Igreja. Mas, com o tempo, o demônio se refez da derrota, conseguindo uma série de vitórias que destroem a obra redentora de Cristo. Antes, com Maomé (a religião muçulmana, século VII); depois com Fócio e Miguel Cerulário (cisma do Oriente, século XI); depois com Lutero (Reforma protestante, século XVI); depois com os racionalistas (Revolução francesa e concepção liberal, século XVIII-XIX); enfim com Vitório Emanuel (anexação dos Estados pontifícios e da própria Roma ao Reino da Itália, em 1870). O demônio luta, além disso, contra os homens, provocando guerras, revoluções, pestilências, calamidades, terremotos e outras desgraças e a mesma possessão dos corpos e dos poderes políticos. Contra ele não adiantam outras armas senão as da fé e os exorcismos, armas que a fé recebe de Cristo, que por primeiro o venceu. Por isso, enquanto o demônio não é derrotado totalmente, não cessarão as desordens sociais e as enfermidades (*Lucha*, 162-164.216-217.256-265; *Mis relaciones*, 335-354.361-372.405-411.416-426.441-453; *El Ermitaño* 6,2-4; n. 7,2; n. 9, 1-2; n. 99, 3; n. 175, 4 e *passim*. Cf. R. Ilamas, *La Biblia del b. Francisco Palau*, II. *Temas bíblicos*. Carmelitas Misioneras Teresianas, Tarragona, 1988, cc. X-XI, 205-248). Como símbolo grandioso da luta do bem e do mal a visão palautiana é segura; mas se a presença do demônio é interpretada à letra, como ele faz, apresenta-se abusiva e maximalista. Condicionado como estava pelas suas experiências dolorosas, pela sua formação medíocre, pela sua predileção pelos temas fantásticos que exaltavam a sua imaginação de tipo apocalíptico, as suas teorias se revestem de um estilo literário que tende a se tornar estilo de vida.

f) *O caminho espiritual*. Elementos esparsos de um caminho espiritual encontram-se em abundância nos seus escritos e na sua vida. Distinguem-se nele o chamado de Deus (→ vocação), Cristo como caminho, a Igreja como âmbito amoroso em que se desenvolve a vida teologal, especialmente o amor, e na qual Maria é o modelo supremo, a solidão absoluta e o silêncio contemplativo, a oração, as virtudes monásticas; e o mundo em que se encarna o mal, mas que é preciso salvar com o serviço de ensinar a quem não sabe e de curar das suas enfermidades o necessitado.

BIBLIOGRAFIA. 1) Bibliografia geral: Diego Sanchez, M. *Bibliografía del P. Francisco Palau*. Roma, 1984; Pacho, E. La investigación palautiana. Novedades recientes. *El Monte Carmelo* 96 (1988) 105-130; Id. Los escritos del P. Francisco Palau. In *Una figura carismática del siglo XIX*. Burgos, 1973, 137-259.
2) Biografias: Alejo de la Virgen del Carmen. *Vida del R. P. Francisco Palau Quer, OCD (1811-1872)*. Barcelona, 1933; Duval, A. *Fecondité de l'echec*. Le Père François Palau y Quer. Roma, 1986; Gregorio de Jesús Crucificado. *Brasa entre cenizas*. Bilbao, 1956; Viola Gonzalez, R. *Historia de la congregación de Carmelitas Misioneras Teresianas*. I- El fundador, P. Francisco Palau. Roma, 1986.
3) Estudos: além dos indicados no texto, cf. os seguintes: Camossi, D. La Madre di Cristo figura della Chiesa. Intuizioni del B. Francisco Palau y Quer. *Rivista di Vita Spirituale* 42 (1988) 477-496; Galofaro, J. Il beato Francesco Palau y Quer, apostolo e contemplativo. *Rivista di Vita Spirituale* 42 (1988) 133-144; Maroto, D. de Pablo. El carisma de un fundador. In *Misiero a la intemperie. Francisco Palau i Quer*. San Sebastián-Vitoria, 1988, 115-166; Id. Francisco Palau y Quer. In *Santos del Carmelo*. Madrid, 1982, 540-550; Pacho, E. La Iglesia, sacramento de unidad, raíz de la espiritualidad de Francisco Palau. *Teresianum* 39 (1988) 275-303. *Revista de Espiritualidad* 188 (jul.-sep. 1988): monografia dedicada a Francisco Palau y Quer; *El Monte Carmelo* 96 (1988) n. 1, dedicado a Francisco Palau; *Una figura carismática del siglo XIX. El P. Francisco Palau y Quer, apóstol y fundador*. Burgos, 173;

D. de Pablo Maroto

PALAVRA DE DEUS. A constituição dogmática *Dei Verbum* qualifica a Igreja como uma assembleia reunida "em religiosa escuta da palavra de Deus" para "proclamá-la com firme confiança" a toda a humanidade (*DV* 1). A Igreja é uma comunidade que tem origem na palavra falada por Deus na história, a qual tem em Cristo a sua plena realização, vive dessa palavra e tem a missão de testemunhá-la a todo homem até o fim dos tempos. A mesma espiritualidade cristã é resposta vivida à palavra de Deus proclamada na Igreja em vários níveis, cuja máxima expressão se tem na realização dos eventos sacramentais.

1. PALAVRA DE DEUS E HISTÓRIA DA SALVAÇÃO. "Depois de ter, por muitas vezes e de muitos modos, falado outrora aos Pais, nos profetas, Deus, no período final em que estamos, falou-nos a nós num Filho" (Hb 1,1-2). O autor da Carta aos Hebreus situa de modo muito oportuno a palavra de Deus no contexto da história da → salvação e do seu cumprimento crístico central; é nesse contexto, com efeito, que a palavra de Deus encontra a sua razão de ser e a sua real inteligibilidade.

a) *A palavra de Deus como evento/revelação.* A noção bíblica de "palavra" (*dabar*) não corresponde — como acontece no pensamento grego — a uma pura e simples representação abstrata que exprima uma lei interior das coisas; designa mais um *princípio ativo* que realiza aquilo que enuncia e que por isso é inseparavelmente *um fato*, e não apenas um significado. Isso é eminentemente verdade para o "dabar" de Deus: a palavra que ele diz é operativa do que enuncia. "*Dixit et facta sunt*" (Sl 33,9): a palavra de Deus, no momento mesmo em que é pronunciada, é evento. A criação, segundo a narração sacerdotal, é do início ao fim a expressão desse dinamismo da palavra de Deus (Gn 1,1-2,4a). A mesma eficácia a palavra de Deus a conserva no cumprimento da história de Israel e na realização do seu futuro escatológico (cf., por exemplo, Is 55,10-11). Essa palavra é revelação progressiva que ao mesmo tempo *explica* o agir de Deus na história e *manifesta* o gradual atuar-se do seu universal projeto salvífico. É desse modo que o Deus invisível, mesmo permanecendo como tal, faz-se presente na história humana, "no seu amor fala com os homens como a amigos (cf. Ex 33,11; Jo 15,14-15) e se entretém com eles (Br 3,38) para os convidar a os admitir à comunhão consigo" (*DV* 2).

Toda a economia divina da salvação é percorrida pela dialética de uma palavra de Deus que é ao mesmo tempo evento e revelação; ela, com efeito, se realiza "com eventos e palavras intimamente conexas, de modo que as obras realizadas por Deus na história da salvação manifestam e reforçam a doutrina e as realidades significadas pelas palavras, e as palavras declaram as obras e esclarecem o mistério nelas contido" (*DV* 2).

b) *Cristo, cumprimento e evento/revelação da palavra.* A encarnação do Logos eterno no mundo representa o cumprimento pleno e definitivo do evento/revelação da palavra de Deus na história da salvação (cf. o prólogo do Evangelho de João): Cristo é o evento decisivo e a revelação última de Deus à humanidade. Ele é ao mesmo tempo Revelador e Redentor: nele o Pai "diz" o sentido último da história da salvação e o realiza de modo pleno e definitivo, libertando o homem da sua condição de pecado e tornando-o capaz de se tornar partícipe da natureza divina (cf. 1Pd 1,4; Ef 2,18). Em Cristo, a palavra definitiva, escatológica de Deus na história está agora dita e nenhuma outra poderá cancelá-la ou superá-la (cf. *DV* 3-4).

c) *O evento/revelação da palavra na Igreja.* A partir de Pentecostes, a palavra de Deus é confiada à Igreja como palavra-revelação e palavra-evento. A Bíblia é essa palavra -revelação/evento que perenemente ressoa na comunidade eclesial e proclama o mistério da salvação realizado por Deus em Cristo e no dom do seu Espírito. Mas a palavra de Deus não se exaure no livro das Sagradas Escrituras; ela continua a ser viva e operante na Igreja como um evento salvífico sempre em ato. Os → SACRAMENTOS pertencem a esse dinamismo: estão no máximo grau da palavra vitoriosa de Cristo, que, no poder do Espírito, diz e torna presente ao longo do tempo da Igreja o mistério da sua Páscoa até seu retorno glorioso (cf. 1Cor 11,26 para a Eucaristia).

Essa é a missão que o Senhor ressuscitado confia à sua Igreja: anunciar e ao mesmo tempo atualizar sacramentalmente o mistério salvífico pascal em todo o mundo, em favor de cada criatura (cf. Mt 28,19-20; Mc 16,15-16). A palavra leva ao sacramento, revela-o e o cumpre. Ao mesmo tempo é no sacramento que a palavra se torna, plenamente, evento de salvação que torna presente o mistério da Páscoa e convida a dele participar de modo ontológico.

2. A ESPIRITUALIDADE CRISTÃ, RESPOSTA VIVIDA À PALAVRA DE DEUS.

"O que era desde o princípio, o que ouvimos, o que vimos com nossos olhos, o que contemplamos e nossas mãos tocaram do Verbo da vida — pois a vida se manifestou, e nós vimos e damos testemunho e vos anunciamos a vida eterna que estava voltada para o Pai e se manifestou a nós —, o que vimos e ouvimos nós vo-lo anunciamos, também a vós, para que vós também estejais em comunhão conosco. E nossa comunhão é comunhão com o Pai e com seu Filho Jesus Cristo" (1Jo 1,1-3).

A afirmação joanina mostra que a proclamação/atuação da palavra de Deus na Igreja, além de ter um conteúdo eminentemente cristológico, implica um caráter propriamente existencial: supõe uma experiência de encontro e chama a viver a mesma experiência numa real ontologia de graça. A sequência dos verbos usados por João ("ouvir", "ver", "contemplar", "tocar") ressalta com evidência semelhante caráter.

a) *A experiência espiritual cristã, um "saber a palavra, vivendo-a".* A experiência espiritual cristã pode ser definitiva como um "saber a palavra de Deus vivendo-a". É esse o dado que qualifica, em primeiro lugar, a existência cristã. O "saber" cristão é o "saber" Deus, "saber" a si mesmos em Jesus Cristo, "saber" o sentido último da história, "saber" a transformação que o Espírito opera no coração do homem, "saber" tudo isso, não simplesmente por alguma intuição pessoal ou somente interior, mas à luz da palavra de Deus, escrita, inspirada e "inspiradora", vivida e proclamada de modo sempre novo e atual na comunidade eclesial. É nesse "saber a palavra vivendo-a" que se realiza *a passagem e a superação entre a objetividade da palavra revelada, definitivamente posta em Jesus e escrita no Livro, e a subjetividade do crente-cristão e dos movimentos profundos da sua procura interior e da sua espiritualidade*. Isso acontece não como uma simples representação conceitual, mas como *uma experiência profunda* da vida em comum "em Cristo Jesus" que põe em jogo todo o ser do cristão e o faz viver de modo novo, orientando-o a ter unidade entre o dever viver "aqui e agora" e o projeto evangélico originário. É num tal quadro que o cumprimento dos tempos escatológicos atinge de fato a sua plena realização como tempos nos quais é "abolida" a separação entre a palavra de Deus escrita e a palavra de Deus vivida, porquanto ambas convergem e se unificam na vida nova dos redimidos, no verdadeiro "conhecimento" de Deus e na observância das suas leis (cf. Jr 31,33-34; Ez 36,26-27). É igualmente nesse quadro que a palavra de Deus na Igreja exprime a sua força sacramental como palavra que se faz evento e chama o homem a viver em conformidade com aquilo em que agora se tornou (cf. 1Pd 1,22–2,1-10).

A experiência espiritual cristã é, sob esse ponto de vista, "memória" e "profecia" da palavra de Deus: "memória", porque é um contínuo recordar (em sentido bíblico) a palavra de Deus acolhida na fé para caminhar à sua luz (Sl 119,105) e renovar-se continuamente na graça do seu dinamismo eficazmente operativo (Hb 4,12); "profecia", porque, constituindo a manifestação do "sim" definitivo de Deus ao mundo em Cristo, é a palavra que motiva a atitude proléptica, escatológica do cristão, funda a sua prática na história e o abre à esperança do futuro de Deus.

b) *A comunidade eclesial, lugar central do "saber a palavra, vivendo-a"*. Se a experiência espiritual cristã é um "saber a palavra, vivendo-a", o lugar central em que essa experiência se realiza de modo completo é a comunidade eclesial. A palavra de Deus foi confiada pelo Senhor ressuscitado à Igreja. E se é verdade, como é, que a palavra de Deus tem o primado sobre a Igreja, porquanto é a palavra que suscita a comunidade eclesial, a convoca e a normaliza (*norma normans*), é igualmente verdade que a Igreja é o lugar central no qual — por força da garantia oferecida pela presença do Espírito Santo — a palavra de Deus é autenticamente crida, interpretada e atualizada em todo tempo e lugar. A → IGREJA é o novo povo de Deus a caminho na história em que a palavra é conservada intacta e ao mesmo tempo vive graças à fidelidade de Deus às suas promessas.

Assim, na experiência espiritual cristã, o encontro experiencial com o Cristo vivo nos séculos implica que se acolha e se viva o mistério sacramental da Igreja como "dom" da palavra mesma de Deus e "espaço exegético" em que chega até nós, pelo poder do Espírito que nela mora, a palavra da verdade e da salvação. A Igreja é contemporaneamente "objeto" e "sujeito" da proclamação da palavra; é por isso que toda experiência espiritual cristã supõe e reclama uma estreita relação entre "comunhão" eclesial e o "saber a palavra, vivendo-a".

3. A RESPOSTA VIVIDA À PALAVRA DE DEUS, FATOR DINÂMICO DE CRESCIMENTO NA INTELIGÊNCIA DA PALAVRA.
A dialética do cumprimento da palavra na "vivência" dos redimidos e da Igreja convida a considerar outro aspecto importante: a experiência espiritual do povo de Deus e dos seus membros como fator de crescimento na inteligência mesma da palavra de Deus. Bastará lembrar, a esse propósito, o texto de *DV* 8 referente à transmissão da revelação divina: "Portanto, a pregação apostólica, que é expressa de modo especial nos livros inspirados, devia ser conservada com sucessão contínua até o final dos tempos. [...] Essa tradição de origem apostólica progride (*proficit*) na Igreja com a assistência do Espírito Santo; com efeito, cresce a compreensão tanto das coisas quanto das palavras transmitidas: seja com a reflexão (*ex contemplatione*) e o estudo dos crentes, os quais a meditam em seu coração (cf. Lc 2,9.51), seja com a experiência dada por uma mais profunda inteligência das coisas espirituais (*ex intima spiritualium rerum quam experiuntur intelligentia*), seja pela pregação dos que com sua sucessão episcopal receberam um carisma seguro de verdade. Ou seja, a Igreja, no decurso dos séculos, tende incessantemente para a plenitude da verdade divina até que nela se cumpram as palavras de Deus (*donec in ipsa consummentur verba Dei*)".

O texto é indicativo na mesma articulação que o estrutura: primeiro se relacionam dois momentos da vivência da palavra ligada à realidade do povo de Deus como tal (a contemplação/estudo dos crentes e a experiência espiritual); sucessivamente, acena-se ao carisma específico do magistério em continuidade com o dos apóstolos.

a) *A "contemplação" e o "estudo".* O primeiro momento é dado pela "contemplação" e pelo "estudo". É interessante observar como a *Dei Verbum* une de modo estreito essas duas formas, como que evitando que a contemplação seja entendida somente num sentido mais ou menos espiritualista, prescindindo da exegese, e o estudo científico da Bíblia, por sua vez, seja visto como uma procura humana de algum modo autônoma ou capaz de dispensar a oração e uma vivência autenticamente espiritual. A referência da constituição conciliar à contemplação de Maria, citando as passagens evangélicas que a lembram, é muito significativa a respeito.

b) *A "experiência" espiritual.* O segundo momento, diretamente ligado, de resto, ao primeiro, é representado pela experiência "*dada por um mais profundo entendimento das coisas espirituais*". Essa experiência é vista como um fator dinâmico próprio e essencial de progresso na inteligência da palavra de Deus. Tudo isso corresponde plenamente ao dinamismo mesmo da tradição bíblica, na sua origem e nos seus desdobramentos sucessivos. A Sagrada Escritura formou-se, sob a moção incessante do Espírito, graças a um dinamismo de experiência espiritual feito de palavra ouvida, palavra vivida, palavra Escrita, e de novo palavra ouvida, palavra revivida e palavra reescrita. A "fieira genética" da palavra de Deus remete a uma "fieira hermenêutica" que funda a plena compreensão/inteligibilidade da própria palavra.

c) *O carisma magisterial.* Os dois momentos apenas revelados não podem, aliás, ser separados pelo terceiro: o que está ligado ao carisma magisterial dos sucessores dos apóstolos. Esse último momento não substitui os anteriores, mas lhes serve, determinando as linhas fundamentais da *regula fidei* em função do cumprimento da palavra de Deus no mundo e do caminho da Igreja para a plenitude da verdade prometida por Cristo com o envio do seu Espírito (Jo 16,13). "O magistério, com efeito — proclamou o Concílio Vaticano II —, não é superior à palavra de Deus, mas a ela serve, ensinando apenas o que foi transmitido, porquanto por ordem divina e com a assistência do Espírito, piamente ouve, santamente guarda e fielmente expõe e vai beber nesse depósito da fé tudo o que propõe dever ser crido como revelado por Deus" (*DV* 10). Observe-se, aliás, que nesse texto o mesmo carisma magisterial é descrito num âmbito nitidamente experiencial da palavra: "*piamente* ouve, *santamente* guarda, *fielmente* expõe"; e em termos de um autêntico "servir" a palavra: "*ouve, guarda, expõe*".

O conjunto dos três momentos, aliás, faz parte do caminho e da experiência global da Igreja, que incessantemente tende à plenitude da verdade sob a guia do Espírito que foi dado por seu Senhor. Nesse sentido, pode-se dizer que a ação do Espírito não termina com a redação escrita dos Livros Sagrados; ela está permanentemente em ato para levar a cabo o movimento da revelação em referência ao entendimento e à atuação do plano divino da salvação na história até a parúsia final. Por isso, não é possível chegar à palavra de Deus senão sob a moção do Espírito Santo, "devendo a Sagrada Escritura ser lida e interpretada com a ajuda do mesmo Espírito mediante o qual foi escrita" (*DV* 12).

4. A INTELIGÊNCIA DA PALAVRA DE DEUS COMO "INTELIGÊNCIA MÚLTIPLA" E FUNDAMENTO DA EXPERIÊNCIA ESPIRITUAL CRISTÃ. A experiência vivida da palavra de Deus, sob o aspecto tanto pessoal como comunitário, implica que essa palavra clame, leve a um diálogo e o aprofunde: é a palavra que Deus dirige a alguém para uma resposta. Sob esse ponto de vista, a Bíblia deve ser entendida, do início ao fim, como *uma pergunta* que interpela o homem nas profundezas do seu ser e o põe diante das decisões fundamentais da existência humana e do desígnio divino da salvação.

Nesse nível se estabelece o discurso dos "sentidos" da Bíblia, da sua "inteligência múltipla" e do seu ser fundamento da experiência espiritual cristã; um discurso que supõe a superação da contraposição criada nos últimos séculos entre exegese crítico-histórica e leitura espiritual da Bíblia. Para os → PADRES DA IGREJA, a *lectio* bíblica representa uma leitura global, que implica quatro sentidos fundamentais, estreitamente ligados e interdependentes entre si:

— o *sentido literal* (ou histórico), correspondente a quanto o autor queria dizer e, por isso, é atingível somente mediante um atento estudo do próprio texto;

— o *sentido alegórico* (ou típico), resultante do contexto de toda a economia bíblica e à luz dos eventos centrais de Cristo e da Igreja;

— o *sentido tropológico* (ou moral), que manifesta a vida do crente e as escolhas éticas que ele, acolhendo a palavra, é chamado a realizar;

— o *sentido anagógico* (ou escatológico), que evoca o futuro do mundo novo e o significado da esperança cristã levada pela Igreja à humanidade.

Na ótica de uma inteligência múltipla da Sagrada Escritura, a palavra de Deus, viva e eficaz, obtém o seu real cumprimento e o seu pleno significado somente mediante a transformação que ela opera naquele que a recebe. É nesse sentido que o acolhimento da palavra é o fundamento de toda experiência espiritual cristã; ela começa com o chamado à "conversão" e se prolonga num itinerário de progressiva assimilação a Cristo dirigido à unidade da fé e ao conhecimento do Filho de Deus até a plena maturidade de Cristo (cf. Ef 4,13-14).

5. LITURGIA E *LECTIO DIVINA*, MODALIDADES ESPECÍFICAS DE EXPERIÊNCIA VIVIDA DA PALAVRA DE DEUS.

São duas as modalidades fundamentais, específicas dessa experiência vivida da palavra de Deus na Igreja: a liturgia e a *lectio divina*: duas modalidades essencialmente ligadas e interdependentes entre si.

a) *A liturgia, "mistagogia" da palavra de Deus*. A comunidade eclesial exprime a própria realidade de povo convocado por Deus sobretudo quando se reúne em assembleia litúrgica para ouvir a palavra bíblica e celebrar "as maravilhas da salvação" que a mesma palavra proclama e realiza na Igreja. Na → LITURGIA a palavra não é simplesmente ouvida; ela é acolhida na fé e "orada" como a palavra que anuncia, torna inteligível e atualiza o mistério da salvação. É nesse sentido que a liturgia é "mistagogia" da palavra: *inicia* na palavra e *celebra* a palavra. Na liturgia, com efeito, a palavra de Deus constitui uma única mesa com o corpo de Cristo, como se expressou o Concílio Vaticano II: "A Igreja venerou sempre as divinas Escrituras como fez para o próprio corpo de Cristo, não deixando jamais, sobretudo na Sagrada Escritura, de se nutrir do pão da vida na mesa tanto da palavra de Deus como do corpo de Cristo e de o oferecer aos fiéis" (*DV* 21). Pode-se observar que a *Dei Verbum* não fala de duas mesas, mas de *uma única mesa* na qual palavra e sacramento formam um só todo. É em torno dessa única mesa que o povo de Deus se reúne em assembleia litúrgica e vive a "mistagogia" da palavra.

b) *A lectio divina, metodologia de experiência da palavra*. O método de escuta da palavra a que a liturgia nos educa é o da → LECTIO DIVINA como *lectio continua* de comunhão, e não de individualização, da palavra. Na liturgia os diversos momentos da *lectio* (*lectio* ou *studium*, *meditatio*, *oratio* e *contemplatio*) são recuperados e vividos em todo seu caráter de unidade como momentos de interiorização e apropriação experiencial da palavra num contexto propriamente eclesial como é o que se realiza na reunião litúrgico-celebrativa.

Essa "metodologia" está na base de toda autêntica experiência espiritual cristã. Basta pensar no que diz a propósito a rica tradição patrística e monástica. Sem "*ruminatio verbi*" não há experiência espiritual autenticamente cristã. Limitamo-nos a lembrar, para todos, Guigo, o Cartuxo, o qual recupera a analogia do "comer", nos seus diversos momentos, para exprimir a que deve ser a experiência vivida da palavra: "A leitura traz alimento sólido à boca; a meditação o mastiga e o parte; a oração procura seu sabor; a contemplação é a própria doçura que dá alegria e recria" (*PL* 184, 475-484). É numa tal experiência que a palavra "cresce" no homem, como lembra São → GREGÓRIO MAGNO: *Scriptura crescit cum legentis spiritu*", a Escritura cresce com o espírito daquele que lê (*PL* 76, 846), tornando-se "fonte que jorra para a vida eterna" (Jo 4,14). O itinerário espiritual cristão é, dos primeiros degraus a seus mais altos vértices, marcado por essa experiência.

BIBLIOGRAFIA. *Ascolta...!* Cuaderni di lettura biblica. Bologna, 1979; BARSOTTI, D. *La Parola e lo Spirito*. Milano, 1971; BIANCHI, E. *Pregare la Parola*. Torino, 1974; *Bibbia e preghiera*. Roma, 1962; CALATI, B. Parola di Dio. In DE FIORES, S. – GOFFI, T. (eds.). *Nuovo Dizionario di Spiritualità*. Roma, 1978, 1.134-1.150; DE LA POTTERIE, I. La lettura della Sacra Scritura "nello Spirito". *La Civiltà Cattolica* 137 (1986) 209-223; MAGRASSI, M. *Protèsi all'ascolto. Esultanti nella lode*. Noci, 1983; ID. *Vivere la Parola*. Noci, 1980; MARTINI, C. M. *In principio la Parola*. Milano, 1982; *Parola di Dio e spiritualità*. Roma, 1984; ROCCHETTA, C. Parola scritta e parola vissuta. In *Parola di Dio e spiritualità*. Roma, 1984, 179-198; SEMMELROTH, O. – ZERWICK, M. *Il Vaticano II e la Parola di Dio*. Brescia, 1971; VAGAGGINI et al, C. *Bibbia e spiritualità*. Roma, 1967.

C. ROCCHETTA

PANTEÍSMO. 1. NOÇÃO. Segundo a etimologia (πᾶν — θεός), panteísmo indica a concepção filosófica que identifica Deus com o Tudo da realidade, seja ela concebida como natureza ou como história ou ainda como a síntese de ambas. Nesse sentido, Deus, ou o Absoluto, é, pois, proclamado como imanente ao mundo e à história, como a sua comum substância e verdade, e é por isso muito afim ao monismo metafísico ou panenteísmo que proclama de vários modos a unidade do ser e da substância. O panteísmo não identifica por isso diretamente Deus com o mundo como tal, mas, sim, concebe os dois termos segundo uma relação dialética: Deus é o Todo e a substância, e a variedade e a multiplicidade dos entes mundanos são suas partes e manifestações, e é sabido que o Todo é primeiro e é maior que as partes.

O panteísmo, portanto, pode ser chamado de a forma metafísica da interpretação da negatividade do finito em relação ao infinito e do mundo em relação a Deus, segundo o que se pode chamar de a "linha vertical", ou o "princípio de pertença", como precisamente deve ser concebida a relação das aparências com a Realidade e dos muitos com o Um. O termo "panteísmo" parece ter sido usado nesse sentido pela primeira vez e com terminologia muito significativa pelo deísta J. Toland (*Pantheisticon, sive Formula celebrandae societatis Socraticae... Dissertatiuncula*, Cosmopoli, 1720; cf. A catalogue of Mr. Toland's writings, in *Works*, London, 1732, 97, t. II).

2. FORMAS. O panteísmo se diferencia segundo os vários modos de conceber a unificação e a resolução do mundo em Deus: é predominantemente cósmico no pensamento grego (de forma inicial nos pré-socráticos, especialmente Parmênides, Heráclito e Empédocles; de forma completa nos estoicos e nos neoplatônicos). É panteísmo "teológico" na Idade Média, com Davi de Dinant e Amalrico de Bène por um retorno ao monismo grego, e reaparece em → ECKHART e em Cuso pela concepção aviceniana do ser: do panteísmo grego, especialmente estoico, parece se originar no Renascimento o panteísmo de Giordano Bruno e G. C. Vanini ao qual se junta a obra de Toland pelo deísmo e pelas correntes iluminista e racionalista que dele derivam. A essa forma de panteísmo, como uma síntese de panteísmo cosmológico e teológico, pode-se reduzir a concepção de Spinoza com o *Deus sive natura*, ou seja, por força da identificação dos modos e dos atributos na única eterna substância. É, ou pode-se dizer, panteísmo "transcendental", ou seja, antropológico, a concepção do Absoluto do idealismo transcendente (Fichte, Schelling, Hegel, Schleiermacher) que eleva o Eu-penso kantiano (*Ich denke überhaupt*) a Absoluto segundo a estrutura dialética da substância spinoziana. Daí a primeira polêmica sobre o panteísmo (*Pantheismusstreit*) entre Jacobi e Mendelsohn a que seguiu a segunda e mais célebre polêmica sobre o ateísmo (*Atheismusstreit*), de que foi protagonista Fichte (1798). De uma parte, portanto, no panteísmo, especialmente nesta última forma que eleva a realidade (absoluta) a autoconsciência, Deus ou o Absoluto se torna a única realidade, e tudo o mais, inclusive a realidade humana, reduz-se a pura transitória aparência.

De outra parte, uma vez que, de fato, não se dá outra realidade senão a que se desdobra nas coordenadas espaciotemporais, essas aparências são o único "lugar" em que o Absoluto celebra a sua verdade e realidade, segundo a fórmula de Hegel que "sem o mundo Deus não é Deus" (*Ohne Welt ist Gott nicht Gott*; cf. *Philosophie der Religion*, ed. de LASSON, Leipzig, 1925, n. 148; cf. 186 ss., I) e de modo ainda mais explícito que "se a essência divina não fosse a essência e a natureza do homem, então seria realmente uma essência que não seria nada" (*Die Vernunft in der Weltgeschichte*. Einleitung in die Philosophie der Weltgeschichte, ed. de LASSON, Leipzig, 1930, 29. Bd. I). Daí se compreende a redução feita por Feuerbach, e depois pelo marxismo e pelo → EXISTENCIALISMO, da teologia (hegeliana) à antropologia e à expulsão total do "sagrado" da consciência.

3. PANTEÍSMO E RELIGIOSIDADE. Sob certo aspecto e à primeira vista, parece que o panteísmo é profundamente religioso: a imersão total de Deus no mundo parece divinizar o próprio mundo e purificá-lo dos limites e do mal, a superação da finitude no Absoluto que é tudo e por toda parte. Particularmente em Spinoza, que é o mestre reconhecido do panteísmo moderno, esse princípio não tem somente um significado sistemático formal, mas um mais importante ainda, ou seja, metodológico, porquanto deixa a via aberta à intuição da unidade dos contrários na Substância, não de qualquer modo, mas como "assunção", ou possibilidade de elevação do pensamento humano na identidade do pensamento divino e, portanto, no sentido do cumprimento da imanência do ser mediante o conhecer que, para nós, é o fio condutor para alcançar a originalidade do

pensamento moderno e para perceber, portanto, a essência verdadeira da sua cadência ateia. A assunção do pensamento humano na divina doutrina está no espírito de todo o sistema, do princípio ao fim, e é o objeto explícito da célebre proposição 36 da parte V da *Ethica:* "*Mentis amor intellectualis erga Deum est ipse Dei amor, quo Deus seipsum amat, non quatenus infinitus est, sed quatenus per essentiam humanae mentis, sub specie aeternitatis consideratam explicari potest, hoc est, mentis erga Deum amor intellectualis pars est infiniti amoris, quo Deus seipsum amat*". A demonstração não deixa nenhuma dúvida sobre o sentido preciso dessa imanência recíproca de Deus no homem e do homem em Deus, segundo a qual o verdadeiro pensamento do homem se identifica com o de Deus, mas também o pensamento de Deus se realiza no pensamento humano unicamente: "*Hic mentis amor ad mentis actiones referre debet (per coroll. prop. 32. hujus, et per prop. 3. p. III), qui proinde actio est, qua mens se ipsam contemplatur, concomitante idea Dei tanquam causa (per prop. 32. hujus, et ejus coroll.), hoc est (per coroll. prop. 25 p. I et coroll. II, p. II), actio, qua Deus, quatenus per mentem humanam explicari potest, seipsum contemplatur, concomitante idea sui; atque adeo (per prop. praec.) hic mentis amor pars est infiniti amoris, quo Deus seipsum amat*" (*Ethica*, p. V, prop. 36: ed. de C. Gebhardt, Heidelberg 1924, 302, t. II). Por isso, nesse texto, deve-se prestar uma atenção especial à expressão *Deus, quatenus*, que será o paradigma de toda forma de idealismo teologizante e pode se tornar também o princípio de uma fenomenologia transcendente da consciência religiosa, com ecos e apelos de todas as épocas do pensamento a partir da religiosidade estoica até às elucubrações cabalísticas e böhmianas e até os nossos dias (por exemplo, Bergson). Mas sob outro aspecto, que é o da reflexão crítica, o panteísmo é a negação radical de toda religião, pois nem Deus nem o homem chegam à dignidade de "pessoas", mas Deus é o Todo e o homem a parte ou o momento segundo, a mais estreita relação de pertença (e, portanto, de identidade e de totalidade) que está no oposto da de dependência e, portanto, de religiosidade autêntica: por isso o spinoziano Hegel considera a religião um estádio de consciência inferior com respeito à filosofia e aos atos de culto, e a oração como formas inferiores de relação que não se coaduna com a consciência filosófica como tal; o pecado é a simples negatividade da finitude. A resolução final do panteísmo, portanto, é o ateísmo, ou seja, o reconhecimento de que um Deus, o qual tem necessidade do mundo e dos homens, não é Deus: tal Deus não pode ser o objeto e o termo da relação absoluta de Deus ao homem e ao mundo e do homem a Deus, porque Deus não é reconhecido como a causa ou fonte primeira do seu ser e da plenitude beatificante da insaciável sede de felicidade que arrasta o homem nas vicissitudes da história.

À exigência do panteísmo que pode ser reconhecida como legítima, ou seja, a presença imanente de Deus nas coisas, já havia satisfeito com mais profundidade Santo Tomás, ao opor ao princípio monístico de pertença, o dualista de causalidade, graças ao qual o efeito é ao mesmo tempo distinto da causa, mas permanece ligado a ela na proporção da sua dependência. Assim, com relação à criatura, a qual depende totalmente de Deus, Deus está presente em todas as coisas por essência, potência e presença (*STh.* I, q. 8, aa. 1-4): essa doutrina tomista "consolou" muito Santa Teresa de Ávila, a qual declara que antes essa doutrina lhe era desconhecida e que lhe foi comunicada de forma precisa "por um doutíssimo religioso da Ordem de São Domingos" (provavelmente Bañez), ao passo que alguns semidoutos lhe tinham feito entender que Deus está presente nas almas somente com a graça (*Vida*, c. 18).

BIBLIOGRAFIA. *Enciclopedia Filosofica*. 1.130-1.137, III; *Encyclopedia of Religion and Ethics*. 609-617, IX; Drews, A. *Geschichte des Monismus im Altertum*. Heidelberg, 1913; *Enciclopedia Cattolica*. 686-693, IX; Fabro, C. *Introduzione all'ateismo moderno*. Roma, 1968; Holters, H. *Der spinozistische Gottesbegriff bei M. Mendelsohn und F. H. Jacobi und der Gottesbegriff Spinozas*. Emsdetten, 1938; Josche, G. B. *Der P. nach seinen verschieden Hauptformen...* Berlin, 1832, 3 vls.; Klimke, Fr. *Der Monismus und seine philosophische Grundlage*. IV Aufl., Freiburg i. Br. 1919; Lange, F. *Geschichte des Materialismus*, hrsg. O. A. Ellissen, Leipzig, 1905; Leese, K. *Die theologische Prinzipienlehre im Lichte Ludwig Feuerbachs*. Leipzig, 1912; *Lexikon für Theologie und Kirche*. II Aufl., 25-29 Bd. VIII; Pantheism. In *New Catholic Encyclopedia* XII. 947-950; Pantheisme. In *Catholicisme* X, 511-521; Scholz, H. *Die Hauptschriften zum Pantheismusstreit zwischen Jacobi und Mendelsohn*. Berlin, 1916; Semerari, G. B. Spinoza. In *Il pensiero moderno* XIII, 1-136; *Enciclopedia Universale* XII, 479-483; Siwek, P. *Spinoza et le p. religieux*. Paris, 1937; Urquhart, W. S. *Pantheism and the value of life in Indian Philosophy*. Nova Déli, 1982.

C. Fabro

PARAÍSO. Paraíso (etimologicamente: jardim) indica o lugar de felicidade habitado por Adão e Eva antes do pecado, no Éden (Gn 2,8.10.15 etc.). No Novo Testamento (Lc 23,43; 2Cor 12,4; Ap 2,7) e nos Padres passou a significar o céu dos beatos. Em grande parte da literatura cristã acabou por significar ambas as coisas (Éden e céu) de forma ambígua e global.

A descrição do paraíso terrestre nos é dada na segunda narrativa bíblica da criação do homem (Gn 2,4–3,24), de composição mais antiga que a primeira (Gn 1,1–2,3). Na sua materialidade, o texto sagrado o descreve como um jardim de proporções não bem delineadas, situado geograficamente no Éden, localizado entre rios e regiões afro-asiáticas (2,10-14), plantado por Deus para o homem; nele morava Adão em intimidade com Deus (2,16; 3,8), em idílio de vida com Eva, dono das riquezas do jardim, senhor dos animais (2,19-20), preservado da morte (2,17), sujeito, porém, a uma prova que não superou e que motivou a sua expulsão do paraíso (3,6.24).

Grande parte dos Padres deu valor histórico aos detalhes da narrativa. Os teólogos escolásticos desenvolveram abundantemente o tema: o paraíso é um jardim real, ainda existente num lugar inacessível do universo, que talvez voltará a ser a morada escatológica da humanidade (cf. *STh*. I, q. 102, a. 1; a.2, ad 2); a ele Jesus chamou o bom ladrão (Lc 23,43) e a ele foi transportado São Paulo (2Cor 12,4). Os teólogos se esforçaram sobretudo por codificar as características da vida paradisíaca, com base nos elementos da narrativa bíblica e dos ensinamentos da Igreja sobre certos dotes de Adão: imortalidade, imunidade da concupiscência, inocência (cf. *STh*. I, qq. 94-99); segundo eles o "estado de inocência" possuído por Adão no paraíso realizava um equilíbrio humano perfeito: submissão e união com Deus (graça da justiça original), ordem perfeita nas forças e setores da própria pessoa (integridade), domínio sobre a natureza (*dominium*), imortalidade e impassibilidade para a própria pessoa. Em Adão, por isso, se realizava uma vida sobrenatural perfeita (sem pecados veniais), um humanismo perfeito (pleno desenvolvimento, sem desordens interiores) e uma espécie de chave secreta da ordem cósmica.

Os autores espirituais da Idade Média (e já antes alguns Padres) viram frequentemente esse quadro de vida perfeita como tipo da vida cristã e até como meta final do processo da nossa vida de graça; ideias que foram retomadas e atualizadas por vários teólogos modernos, que procuraram explicar a teologia da mística com a teologia do estado de inocência paradisíaca; segundo eles, Adão seria o tipo ideal do místico; o seu modo de tratar com Deus seria modelo da oração mística; uma das características da vida mística seria a recuperação parcial do estado paradisíaco; até certos fenômenos marginais dos estados místicos (levitação, domínio sobre os animais, incorrupção) teriam relação com a recuperação dos dotes preternaturais do estado de inocência (cf. A. Stolz, *La teologia della mistica*, Brescia, 1940, c. 6).

Semelhante explicação tem hoje pouca aceitação na → TEOLOGIA ESPIRITUAL. O verdadeiro tipo da nossa vida espiritual é Cristo, não Adão. A nossa vida e o nosso ser sobrenaturais são configurados no tipo de encarnação, vida, morte e ressurreição do Senhor; não no estado de inocência do paraíso. Ele pode servir somente como ponto de referência externo e complementar, em virtude da polaridade existente entre Adão e Cristo: tipo e antitipo.

Os exegetas propendem hoje a interpretar a passagem do Gênesis em sentido predominantemente profético: não somente as famosas passagens 3,15, mas os cc. 2-3 têm caráter de protoevangelho: com um núcleo central histórico (criação do homem e da mulher por obra de YHWH) e uma elaboração místico-alegórica (relação do homem com YHWH, consigo mesmo e com o universo); e um ensinamento central: o homem foi criado por Deus para viver em intimidade com ele, num clima cheio de amor e de predileção com respeito a todos os outros seres criados; essa ordem de coisas foi e é perturbada pelo pecado. Afirmação que contém um dado primordial da revelação e da história da → SALVAÇÃO, realmente fecunda para a vida espiritual do cristão. Somente cancelando o pecado é que se restaura essa ordem profunda entre o homem e os outros homens, entre o homem e o universo.

BIBLIOGRAFIA. → CÉU.

T. Alvarez

PARAMÍSTICA. Entende-se em diferentes sentidos: a) o estudo comparado dos vários misticismos que aparecem na história das religiões; b) as imitações diabólicas ou simplesmente naturais dos → FENÔMENOS EXTRAORDINÁRIOS da vida mística; c) os próprios fenômenos, como → VISÕES, locuções, (→ COMUNICAÇÕES MÍSTICAS), → ÊXTASE, → ESTIGMAS etc.

BIBLIOGRAFIA. LHERMITTE, J. *Mystiques et faux mystiques*. Paris, 1952; THURSTON, H. *The physical phenomena of mysticism*. London, 1952; VEZZANI, V. *Mistica e metapsichica*. Verona, 1958; ZOLLA, E. *I mistici*. Milano, 1963.

E. ANCILLI

PASCAL, BLAISE. 1. NOTA BIOGRÁFICA E OBRAS. Pascal pode ser chamado de o representante mais perspicaz e apaixonado da "filosofia cristã" nos tempos modernos, se ela for entendida como um aprofundamento existencial da condição terrena do homem que é a tensão sempre em ato entre o pecado e a salvação mediante a graça; por isso, foi comparado a → KIERKEGAARD no sentido de que, assim como Pascal procurou a resposta cristã para o mistério da vida no triunfo do racionalismo cético do século XVIII, Kierkegaard expressou o protesto cristão contra o racionalismo dogmático do idealismo especulativo e da teologia protestante liberal do século XIX (Höffding).

Da vida escrita pela irmã mais velha, Gilberte (Madame Pérrier), sabemos que Pascal nasceu em Clermont (Auvergne), no dia 19 de junho de 1623 e mostrou logo as características de um rapaz prodígio especialmente no campo das ciências matemáticas: aos dezesseis escreveu um *Traité des coniques* "qui passa pour un si grand effort d'esprit, qu'on disait que depuis Archimède on n'avait rien vu de cette force" (*Vie*, 8), e aos dezoito construiu uma máquina capaz de fazer qualquer tipo de cálculo, que foi enviada a Cristina da Suécia (*Pensées et opuscules*, Paris, 1912, 113). Pode-se dizer, portanto, que Pascal antecipou em três séculos a técnica das máquinas de calcular eletrônicas do nosso tempo. Aos 23 anos, depois de ter visto a experiência de Torricelli, fez as célebres experiências do "vácuo" e quase por acaso (*sans y penser*) inventou a roleta: assim termina de improviso a primeira parte da sua vida dedicada à ciência e às relações de sociedade.

Precisamente com a idade de 24 anos, segundo Gilberte, aconteceu a primeira conversão de Pascal: graças à leitura de alguns livros de piedade, especialmente Agostinho, Deus o iluminou tanto no íntimo do espírito que compreendeu perfeitamente que a religião cristã nos obriga a viver unicamente para Deus; desde então abandonou toda pesquisa científica para se dar com todas as forças à salvação da alma. O efeito da mudança de vida se manifestou externamente com a conversão de alguns espíritos transviados e no mesmo âmbito familiar, sobre o pai e sobre a irmã menor, Jacqueline, que, devido aos seus conselhos de perfeição, entrou para Port-Royal, onde morreu em conceito de santidade aos 36 anos, em 1661. Foi por influência de Jacqueline, por um fenômeno não raro de troca espiritual, que se deve a "segunda conversão" de Pascal: ele era molestado por contínuas doenças e moléstias corporais, e ela o persuadiu a abandonar tudo para se entregar, em plena solidão, à vida do espírito: na prática do afastamento mais completo e da humildade, passava o tempo no exercício da oração e da leitura da Escritura na qual experimentava um "prazer incrível", a ponto de a assimilar quase toda. É a esse último período de sua vida que remontam as obras mais importantes do seu gênio: *Lettres à un provincial* (1656-1657) e *Pensées*, primeira edição em Paris, 1669-1670.

O rigor ascético da sua vida unido ao agravamento das suas enfermidades apressou sua morte, que o levou no dia 19 de agosto de 1661, aos 39 anos de idade. Depois da morte encontraram sobre seu corpo, além do cilício, um escrito que remonta a 1654 (lembrando a profunda experiência da imprevista presença de Deus na noite de 23 de novembro), chamado também de *Mémorial* espiritual, e que é considerado o início da segunda conversão. Os seus escritos espirituais menores de maior destaque são: *Prière pour demander à Dieu le bon usage des maladies, Discours sur les passions de l'amour, Entretien avec M. de Saci sur Epictète et Montaigne, De l'esprit géométrique, Comparaison des chrétiens des premiers temps avec ceux d'aujourd'hui, Sur la conversion du pécheur* e *Trois discours sur la condition des grands*, além de um grupo de cartas de grande interesse biográfico e espiritual.

1. LINHAS DE PENSAMENTO. A obra de Pascal, notável no campo científico, passou à posteridade sobretudo por seus escritos de caráter filosófico e de teologia espiritual. O seu juízo sobre suas descobertas geométricas pode ser lido na resposta à quarta carta de Fermat, de 25 de julho de 1690, em que a geometria é chamada de "inútil" e não mais que um "ofício", por mais belo que seja,

mas útil apenas para exibição e não para empregar as próprias forças; por isso decidiu deixar esses estudos e não pensar mais neles (*Oeuvres complètes*, t. III, Paris, 1889, 237).

O próprio Pascal caracterizou as etapas da própria evolução espiritual nas três qualidades de geômetra, pirroniano e cristão. Com a primeira ela deu sua contribuição à ciência moderna; com a segunda seguiu a escola de Montaigne, desconfiando das construções abstratas e aprioristicas tanto em filosofia como na religião; com a terceira seguiu a escola do Evangelho, querendo mostrar como somente na → IMITAÇÃO DE CRISTO e no apego à graça o homem pode se salvar do pecado e da *desperatio saeculi*. O seu pensamento é avesso a todo sistematismo, mas não deixa de ter uma linha rigorosa que lhe confere uma forma superior de coerência. Ele distingue no saber diferentes "métodos"; mais, cada ciência tem o seu próprio, que é diferente de qualquer outro: assim, no mesmo âmbito da ciência, o método da física não é o da geometria. A diferença é aqui indicada com os termos: *esprit de justesse* e *esprit de finesse*. No opúsculo *De l'esprit géométrique* lê-se: "Il n'y a point de connaissance naturelle dans l'homme qui précède celles-là [dos números, das grandezas, do espaço, do movimento, da extensão...], et qui les surpasse en clarté" (ed. cit., 175), pois se trata de definições solidárias com os princípios e, portanto, evidentes para os especialistas — a evidência, portanto, no *esprit géometrique* depende das qualidades naturais do engenho. O outro depende mais das qualidades morais: "Mais dans l'esprit de finesse, les principes sont dans l'usage commun et devant les yeux de tout le monde [...] ainsi, il faut avoir la vue bien nette pour voir tous les principes, et ensuite l'esprit juste pour ne pas raisonner faussement sur des principes connus" (*Ibid.*, 317). Dificilmente os homens que sobressaem num podem sobressair no outro, pois os princípios "nets et grossiers" da geometria são objetos de pensamento abstrato. Mas os princípios das "choses de finesse" se sentem, mais que se veem: "Ce sont choses tellement délicates et si nombreuses, qu'il faut un sens bien délicat et bien net pour les sentir, et juger droit et juste selon ce sentiment, sans pouvoir le plus souvent les démontrer par ordre comme en géométrie, parce qu'on n'en possède pas ainsi les principes, et que ce serait une chose infinie de l'entreprendre. Il faut tout d'un coup voir la chose d'un seul regard, et non pas par progrès de raisonnement, au moins jusqu'à un certains degré" (*Ibid.*, 318). Fora de qualquer categoria estão os "espíritos falsos" (*les esprits faux*): mas falsos e insuportáveis se tornam também os "geômetras", que ficam fechados em seus princípios e aplicam por toda a parte seu método, e limitados são os "espíritos finos" que não podem ter a paciência de descer até os primeiros princípios das coisas especulativas e de imaginação. Com outra terminologia, Pascal chama de *esprit* a atividade científica, e de *jugement* a atividade de *finesse*, ou seja, do sentimento a que pertence a moral (*Pensées*, n. 4; ed. cit., 321).

É sobretudo no *Mémorial* e no *Mystère de Jésus* que se pode ver o vértice atingido por Pascal como *esprit de finesse*. O primeiro, depois da indicação precisa da data (23 de novembro), traz o título "fogo" (*feu*), que deve ser tomado em sentido próprio e não metafórico, como quando os santos falam de "luz" interior, de "ardor interior": trata-se de uma experiência do espírito, e mais precisamente do Espírito de Deus, do Pneuma. Nele se realiza uma iluminação de certeza, uma percepção da magnificência, um esclarecimento, além de todo contraste e ambiguidade, da vida, o qual põe o homem num novo plano (→ GUARDINI). Agora a distinção dos dois tipos de *esprit* retorna na declaração inicial: "Dieu d'Abraham, Dieu d'Isaac, Dieu de Jacob, non de philosophes et des savants. Certitude. Sentiment. Joie. Paix. Dieu de Jésus-Christ" (*Ibid.*, 142). Aqui o ceticismo de Montaigne, referido aos *philosophes* e aos *savants*, é transfigurado na certeza da doutrina do Evangelho e na experiência da paternidade de Deus e da salvação pela paixão de Cristo, como se lê na parte central do texto. A conclusão está num propósito de abnegação radical: "Renonciation totale et douce" (*Ibid.*, 143), com a submissão completa a Jesus Cristo e ao seu diretor de espírito, que Pascal estava então por escolher na pessoa de M. de Saci.

Mais calma e ao mesmo tempo mais comovida é a meditação contida em *Le Mystère de Jésus* (*Pensées*, n. 553; ed. cit., 574), que constitui a sua original experiência da encarnação, a sua participação na paixão de Cristo não somente como "contemporaneidade" de reparação da incompreensão, da sonolência, da indiferença, da traição dos amigos e da ferocidade dos inimigos, mas sobretudo da dor superumana da sua agonia em que ele sofre "les tourments qu'il se donne à lui-même; *turbare semetipsum*" (*Ibid.*, 574). E o que surpreende, observa Pascal, é que a dor mais profunda de Cristo é a de se sentir só e abandonado à cólera de Deus, de procurar conforto e companhia por parte dos homens e de não receber nenhuma, pois os discípulos dormem: "Jésus sera en agonie jusqu'à la fin du monde; il ne faut pas dormir pendant ce temps-là" (*Ibid.*, 575). Nenhum quietismo, portanto, e sequer a aceitação passiva dos exageros jansenistas, mas livre e ativa colaboração com a salvação do mundo em união com a paixão de Cristo. O comovido fragmento se desenvolve na atmosfera de uma dor que para Jesus (como homem) é, sim, incerteza da vontade do Pai e temor da morte, mas é, ao mesmo tempo, confiança e completo abandono a essa vontade para a salvação do mundo: no próprio Judas, observa com audácia teológica Pascal, Jesus não vê a sua inimizade, mas a ordem de Deus que ele ama e reconhece, pois o chama de "*amigo*"! A experiência do *Christus patiens* se intensifica nas penas maiores que o cristão deve suportar e Cristo mesmo pede a correspondência da alma segundo a fórmula da perfeita ortodoxia: "Je te suis présent par ma parole dans l'Ècriture, par mon esprit dans l'Église et par les inspirations, par ma puissance dans les prêtres, par ma prière dans les fidèles" (*Ibid.*, 576). E é à Igreja, aos seus representantes que é deixada a última palavra para vencer a dúvida: "Interroge ton directeur, quand mes propres paroles te sont occasion de mal et de vanité ou de curiosité" (*Ibid.*, 577).

Diferentemente de → KIERKEGAARD e da espiritualidade protestante em geral, é a doutrina da Igreja que está, portanto, no centro da espiritualidade de Pascal. No opúsculo: *Comparaison des chrétiens des premiers temps avec ceux d'aujourd'hui* ele, quase com os mesmos termos do grande escritor dinamarquês, exalta o fervor heroico dos primeiros cristãos e deplora que hoje nos encontremos na Igreja "sans aucune peine, sans soin et sans travail", que nela sejamos admitidos "avant qu'on soit en état d'être éxaminé" ou sem fazer alguma daquelas renúncias (ao mundo, à carne, ao diabo) que então se exigiam. Hoje o ingresso na Igreja coincide com o ingresso no mundo; frequentam-se os sacramentos e se participa dos prazeres do mundo, confundindo tudo. Mas a culpa desse estado de coisas, apressa-se em esclarecer o católico Pascal, não deve ser imputada à Igreja: ela antecipou o batismo para subtrair logo as almas das crianças à maldição de Adão, oferecendo-lhes logo os socorros da graça.

Ela previne o uso da razão para prevenir os vícios a que a razão corrompida arrasta a alma: cabe aos genitores e aos que assumem as responsabilidades das promessas batismais guiar e instruir as crianças e viver de acordo. O abuso não deve, portanto, ser imputado à Igreja, mas à vontade corrompida: "Quand l'instruction précédait le baptême, tous étaient instruits; mais maintenant que le baptême précede l'instruction, l'enseignement, qui était nécessaire, est devenu volontaire, et ensuite negligé et presque aboli" (*Ibid.*, 204). E a Igreja sofre ao ver que para tantos cristãos a graça maior que lhes é concedida se torna a ocasião quase certa da sua perda.

É nessa luz de eclesiologia cristológica que deve ser entendido e mesmo explicado — pelo menos até certo ponto! — o caso das *Lettere provinciali*, que são ao mesmo tempo um abuso e uma obra-prima de polêmica: a feroz denúncia antimolinista e antilaxista que contêm não é tanto ou apenas uma retorsão partidária, mas antes um convite aos princípios do tomismo e sobretudo à disciplina primitiva da Igreja. Devem ser ressaltadas em particular as duas últimas cartas, e em especial a de número 18, na qual Pascal enfrenta o problema capital da liberdade e da graça sem amargura polêmica, mas num espírito de caridade e de verdade que tinha se posto como regra. Uma reflexão profunda sobre os aspectos do problema, sobre os diferentes modos da causalidade divina e humana, a leitura de Santo → AGOSTINHO, de Santo Tomás e dos atos do concílio de Trento — de que dão testemunho os *Écrits sur la grâce* — tinham-no levado a uma posição totalmente semelhante à de Santo Tomás: a defender contemporaneamente a capacidade da natureza contra os luteranos e a impotência somente da natureza contra os pelagianos, sem eliminar o livre-arbítrio como os segundos, pois a ação divina move a vontade livremente, como uma causalidade não mais constrangedora, mas libertadora, a qual — segundo Santo Tomás — comunica às criaturas a "dignidade da causalidade" (Chevalier).

3. ESPIRITUALIDADE DE PASCAL. Toda a obra de Pascal — com exceção dos escritos propriamente científicos — pode ser chamada, com São → FRANCISCO DE SALES, de uma "introdução à vida devota"; e com terminologia mais eficaz, tomada de Kierkegaard, um estímulo à "prática do cristianismo". Não se encontram, porém, em Pascal referências explícitas ao *De imitatione Christi*,

que ele, todavia, não podia ignorar quando se pensa na tradução de Corneille e Racine. Uma pesquisa sobre os caracteres da sua espiritualidade e da inspiração substancialmente tomista que a anima deve levar em conta em primeiro lugar o admirável *Discours sur les passions de l'amour*, composto no período 1652-1653, que corresponde à "vida mundana" de Pascal: é uma análise que se destaca de todos os esquemas clássicos das paixões, sem empecilho de divisões e classificações, e que está ainda ligada à dualidade existencial com a qual se abrem os *Pensées*, como se viu, do *esprit géométrique* e do *esprit de finesse*: o primeiro tem vistas lentas, duras e inflexíveis, ao passo que o segundo tem uma flexibilidade (*souplesse*) de pensamento que ele aplica ao mesmo tempo às partes amáveis do objeto que ama. As paixões que mais convêm ao homem são o amor e a ambição, elas são conaturais ao homem e não conhecem idade e o seu elemento é o "fogo" (*feu*), o seu grau é proporcional à força do espírito de cada um. O objetivo dessas duas paixões é o de "remplir le grand vide qu'il (l'homme) a fait en sortant de soi-même" (*Ibid.*, 126). O objeto do amor é indicado platonicamente: a beleza que cada qual vai procurar no original do mundo: são as mulheres que habitualmente determinam para o homem esse original, embora ele não dê atenção a isso ou faça que não dá atenção: mediante o amor o homem procura na mulher o completamento de si mesmo. Mas é sobretudo como crescimento da vida do espírito que se expande a vida do amor.

De bem outro tom são os *Trois discours sur la condition des grands*: também eles apresentam ideias revolucionárias, pois contêm um reconhecimento explícito da inevitabilidade da divisão da sociedade em classes. Todavia, já no primeiro discurso verbera a hipótese de que a origem do poder de alguns sobre os outros tenha nascido de um equívoco, apresentado no apólogo de que, estando numa ilha, fora aceito e proclamado como rei apenas pela semelhança que apresentava com o verdadeiro rei deles: não é certamente a doutrina da democracia moderna, especialmente marxista, mas em certo sentido é ainda mais radical, porquanto atribui a origem da autoridade ao caso de uma troca psicológica. Nem mais convincente é o conselho que ele dá aos grandes de ter um "duplo pensamento", ou seja, de se comportar segundo sua classe nas ações externas com os outros e de pensar consigo mesmo que também eles são totalmente como os outros. Conselho duplamente errôneo, porquanto desprovido de referência a Deus como primeira fonte da autoridade e da noção cristã do exercício da autoridade como "serviço". O segundo discurso distingue, na mesma linha de pensamento, duas sortes de grandezas, as de estado (*grandeurs d'établissement*), como a dignidade e a nobreza, e as naturais (*grandeurs naturelles*), como as qualidades reais da alma e do corpo: as primeiras são em si indiferentes, mas se tornam justas ao serem aceitas pelos súditos. Um defensor contumaz, portanto, do *statu quo* é como se apresenta Pascal, a quem sequer passa pela cabeça perguntar como de fato os nobres conseguiram muitas vezes se impor e a que preço continuam a manter o próprio estado. No terceiro discurso é indicado como objeto ou tarefa da autoridade o de ser senhor de muitos objetos da concupiscência dos homens "et ainsi pouvoir satisfaire aux besoins et aux desirs de plusieurs" (*Ibid.*, 237): é a necessidade do outro, portanto, que torna os súditos sujeitos ao senhor. É, substancialmente, a dialética de servo-senhor de Hegel na *Phänomenologie des Geistes* que será assumida por Marx e pelo marxismo para a supressão das classes.

O texto talvez mais completo e profundo da sua espiritualidade é a juvenil *Prière pour demander à Dieu le bon usage des maladies*, constituída por quinze elevações, na qual se prenunciam já os temas fundamentais dos *Pensées*, em particular os da *grandeur* e da *misère* do homem e o dos cristãos modernos imersos em toda sorte de dissipação mundana, ao passo que Jesus, só e abandonado, sua sangue pelos pecados deles — que será admiravelmente desenvolvido no *Mystère de Jésus*, como se viu.

Indubitavelmente, a obra de Pascal, apesar de fragmentária, tem uma profunda unidade própria que é dada pela aspiração do seu espírito de se afastar das solicitudes mundanas da vaidade e da glória para se unir a Deus em Jesus Cristo: nesse sentido, a crítica viu certo quando indicou os *Pensées*, grande fragmento da sua projetada apologia do cristianismo contra os assaltos da incredulidade, a obra que melhor reflete a força e os movimentos do seu espírito. Um espírito, o seu, que foi dominado, de uma parte, pelo ceticismo de Montaigne, e que na esfera racional não conhece senão as certezas formais abstratas das ciências matemáticas, para se refugiar na fé para as certezas da esfera existencial:

daí a ambiguidade do célebre "igual" que deveria preencher a carência da prova demonstrativa da existência de Deus, mas que na realidade é uma concessão aberta ao ateísmo da razão filosófica dos libertinos.

Homem de espiritualidade profunda no pensamento e na vida, Pascal foi um cristão e crente excepcional, o primeiro "cristão moderno" no sentido mais atual e polêmico do termo; seus *Pensées* podem estar próximos das *Confissões* de Santo Agostinho na evocação da dignidade da "cana pensante" (*roseau pensant*) que é o homem e do mistério do pecado e da redenção em que necessariamente se rompe e unicamente se pode salvar a existência humana.

BIBLIOGRAFIA. 1) Edições: *Oeuvres complètes*. Bossut, La Haye, 1779, 5 vls; *Pensées et opuscules*. Org. por L. BRUNSCHVICG. Paris, 1897 (reimpresso, Paris, 1976), ed. chamada Brunschvicg *minor*; *Oeuvres de B. Pascal*. Organizada por L. BRUNSCHVICG – P. BOUTROUX – A. GAZIER. Paris, 1904-1914, 14 vls., ed. chamada Brunschvicg *major*, *L'oeuvre de Pascal*. Bruges, 1950; *Oeuvres complètes*. Ed. de J. CHEVALIER, "Bibliothèque de la Pleiade". Paris, 1954; *Oeuvres complètes*. Ed. de J. MESNARD. Paris, 1964, t. I; 1970, t. II. edição brasileira: *Pensamentos*. São Paulo, Martins Fontes, ³2007.
2) Estudos: a bibliografia sobre Pascal é imensa (cf. CHEVALIER, J. *Histoire de la pensée*. Paris, 1961, 267-269, III). Em particular: BARRÀS, M. *L'angoisse de Pascal*. Paris, 1918; BAUSOLA, A. *Introduzione a Pascal*. Bari, 1973; BLONDEL, M. et alli. *Études sur Pascal. Revue de Métaphysique et de Morale*. Paris, 1923; GUARDINI, R. *Christliches Bewusstsein. Versuchte über Pascal*. Leipzig, 1935, ³1956; LAROS, M. *Das Glaubensproblem bei Pascal*. Düsseldorf, 1918; MESNARD, L. *Les pensées de Pascal*. Paris, 1976; MOSCATO, A. *Pascal. L'esperienza e il discorso*. Milano, 1963; RICH, A. *Pascal. Verwegener Glaube*. München, 1975; SCHÄFER, L. *Blaise Pascal*. In HÖFFE, O. (ed.). *Klassiker der Philosophie* I. München, 1981, 322-337.496-498 (= Bibl.); SCIACCA, M. F. *Pascal*. Milano, 1972; SERINI, P. *Pascal*. Torino, 1943, ²1972; WASMUTH, E. *Die Kunst zu überzeugen*. Heidelberg, ²1950; ID. *Der unbekannte Pascal*. Heidelberg, 1962.

C. FABRO

PÁSCOA. A palavra Páscoa, que hoje designa a "solenidade da Páscoa", ou seja, da → RESSURREIÇÃO de Jesus Cristo, é muito instrutiva até mesmo na sua história etimológica. Um termo emprestado do latim eclesiástico medieval indica também aqui a celebração do domingo de Páscoa, embora permaneça obviamente aberto também a vários outros significados a ele conexos (cf. A. BLAISE, *Le vocabulaire latin des principaux thèmes liturgiques*, Brepols, Paris, [s.d.], 332 s.; DU CANGE, *Glossarium mediae et infimae latinitatis*, VI [1954], 189-192). O termo latino reflete, por sua vez, a palavra grega *pascha* (cf. STEPHANUS, *Thesaurus graecae linguae*, VII [1954], 584); e o substantivo grego deriva dos LXX, em que visa exprimir fielmente o que o Antigo Testamento entendia com a palavra hebraica *pesach* e respectivamente com a aramaica *pascha* (cf. J. JEREMIAS, Pascha, in *Theologisches Wörterbuch zum Neuen Testament*, V [1954], 895-903).

Dito isso, podemos agora dizer que entramos de cheio na importância histórico-salvífica que a Páscoa contém.

a) No período seguinte ao do exílio, difundira-se o uso de designar com esse nome todo o ciclo das grandes celebrações, que se estendia da noite de 14 de Nisan até o dia 21, ou seja, a solenidade noturna 14-15 de Nisan, que era "Páscoa" propriamente dita, com o oitavário festivo dos Mazzot, quer dizer, dos pães ázimos (cf. N. FÜGLISTER, *Heilsbedeutung des Pascha*, München, 1963, nn. 25 ss. 40). Na origem da multimilenar história etimológica da palavra está a Páscoa daquela noite em que Deus passou com a sua asa protetora, para salvar o seu povo e o conduzir para fora do Egito. Os israelitas imolaram o cordeiro, ungindo com o seu sangue os umbrais das portas; agora elas o comem com o cinto apertado, com calçado nos pés e o bastão de viagem na mão, porque "é a Páscoa do Senhor" (Ex 12,11; *Vulg.: est enim Pascha, id est transitus Domini*); o Senhor percorre o país do Egito matando todos os seus primogênitos, mas passa misericordiosamente condescendente diante das habitações dos israelitas (cf. N. FÜGLISTER, *Heilsbedeutung...*, 25-31. 157-165). Esse clássico texto-de-Páscoa, porém, não pretende "tanto narrar um evento histórico singular quanto, sim, ressaltar a marca permanente e a motivação histórico-salvífica de uma festa comemorativa que deve ser repetida todos os anos" (*Ibid.*, 25).

As línguas românicas conservaram esse termo originário e quase deixam transparecer, mesmo na hodierna acepção cristã, toda a sua consistência histórico-salvífica. Na grandiosa festa dos cristãos designada com esse nome, concentram-se todos os prodigiosos feitos de Deus; no curso de uma história agora multimilenar, ele realizou para a salvação do seu povo, primeiro de maneira típica em favor de Israel no Antigo Testamento, libertando-o da escravidão e o introduzindo na sua existência de santo povo da → ALIANÇA, depois na realização da imagem prefigurativa que se verifica mediante a ação salvífica de Cristo em sua passagem da morte de cruz e da sepultura para a ressurreição, bem como na transmissão dessa ação salvífica, mediante a celebração eclesial de Páscoa, ao povo de Deus no Novo Testamento, o qual é assim conduzido da morte do pecado à nova vida a ele concedida em Cristo, até que, finalmente, Deus dê o toque perfeito à sua obra salvífica, transformando-a em última realidade escatológica (cf. *Ibid.*, 267-294).

Com razão, o concílio Vaticano II, portanto, promoveu o denso conteúdo dessa Páscoa, considerada do ponto de vista da história salvífica, a núcleo central da sua interpretação do evento litúrgico, insistindo na formulação linguisticamente hoje nova, mas, no fundo, sem dúvida antiga e tradicional, do *mysterium paschale* (cf. C. VAGAGGINI, Idee fondamentali della costituzione, in G. BARAÚNA, *La Sacra Liturgia rinnovata dal Concilio*, Torino-Leumann 1965, 59-100, espec. 81 ss.; S. MARSILI, La messa mistero pasquale e mistero della Chiesa, *Ibid.*, 343-369; O. MÜLLER, Il mistero pasquale e la sua celebrazione durante l'anno liturgico e nella liturgia domenicale, *Ibid.*, 585-626). Na constituição se diz: "Essa obra da redenção humana e da perfeita glorificação de Deus, que tem seu prelúdio nas admiráveis festas divinas realizadas no povo do Antigo Testamento, foi completada por Cristo Senhor, especialmente por meio do mistério pascal da sua beata paixão, ressurreição da morte e gloriosa ascensão" (*SC* 5). Em perfeito alinhamento com essa posição, insiste-se em pôr o acento na celebração desse evento pascal na análise do → ANO LITÚRGICO (cf. *Ibid.*, 102.104.106 s.109 s.).

b) O entrelaçamento das diversas dimensões da única realidade salvífica, como ela já se apresenta pela simples história etimológica da palavra e pelo primeiro olhar lançado sobre o desenvolvimento cultual da celebração do evento primordial, continua sendo sempre característico e essencial para a valorização da Páscoa, também e precisamente sob o ponto de vista da espiritualidade.

No centro de tudo está o próprio Cristo, imolado como nossa Páscoa (1Cor 5,7). Encontramo-nos aqui diante de uma interpretação teológica, mas de origem apostólica, da mesma realidade fontal primitiva, que nos é expressa, porém, de maneira talvez um pouquinho mais tênue, mas já claramente perceptível, nos próprios Evangelhos. A morte de Cristo na cruz (e a sua sucessiva ressurreição) constituem o genuíno cumprimento da Páscoa acontecida no Antigo Testamento; é precisamente por isso que o Senhor inicia a série decisiva das suas ações salvíficas com aquela ceia que depois os discípulos deverão incessantemente repetir "em sua memória". Atendo-nos ao que dizem os → SINÓTICOS, essa é uma ceia de Páscoa (Mc 14,12-16; Lc 22,7-15). O Evangelho de João nos dá a propósito outra interpretação; mas considerando a morte de Jesus precisamente na hora em que no Templo se imolava o cordeiro, ele nos vem dizer com maior concisão que lá, na cruz, estava morrendo, ou melhor, sendo imolado o verdadeiro cordeiro pascal: "Com efeito, tudo isso aconteceu para que se cumprisse a Escritura: 'Nenhum de seus ossos será quebrado' (Ex 12,46)" (Jo 19,36; cf. N. FÜGLISTER, op. cit., 62). A pregação apostólica retoma esse motivo: "Não foi por coisas perecíveis que fostes resgatados da maneira vã de viver herdada dos vossos antepassados, mas pelo sangue precioso, como de um cordeiro sem defeito e sem mancha, o sangue de Cristo" (1Pd 1,18-19); no → APOCALIPSE, com grandiosa visão retrospectiva e sintética, Cristo nos é apresentado como redentor e senhor da história na figura de cordeiro, que está assentado sobre o trono "como imolado" (Ap 5,6); a ele todos prestam obséquio: "Tu és digno de receber o livro e de romper-lhe os selos, porque foste imolado e redimiste para Deus, por teu sangue, homens" (5,9); "É digno o Cordeiro imolado de receber poder", "Ao que está sentado no trono e ao Cordeiro, louvor, honra, glória" (5,12 s.).

A morte e a ressurreição de Cristo na palavra divina da pregação apostólica são interpretadas como evento salvífico, como holocausto expiatório e precisamente com uma linguagem simbólica, a qual deixa logo transparecer que agora está se cumprindo tudo quanto fora prefigurado nos séculos da história salvífica veterotestamentária. Vê-se delinear por trás dele a perene redenção do povo de Israel, a sua coagmentação e a sua existência como santo povo de Deus; existência que se relaciona com aquela primeira ação salvífica, mediante a qual Deus retirou seu povo da escravidão do Egito, guiando-o depois com grandiosos prodígios através do Mar Vermelho e com uma longa peregrinação pelo deserto até a terra prometida; uma vez ali instalado, ele instaura a teocracia sob os juízes, os reis e os profetas, vendo incessantemente se repetir a sua redenção e a sua libertação, até a soltura da prisão da Babilônia, em perene preparação e espera da salvação messiânica. No Templo, e em estreita conexão com o culto, a imolação e a consumação do cordeiro pascal, toda a celebração da Páscoa constitui a expressão mais sublime e o penhor mais seguro da comunicação salvífica, da libertação, da redenção daquele povo de Deus, sempre pronto a sair da escravidão para chegar a tomar posse da terra prometida.

Seja como for que tenha se desdobrado nos seus pormenores o gradual desenvolvimento da celebração pascal, é certo que toda a vida do israelita ficou concentrada na "comemoração" daquela primeira e básica obra salvífica, tanto na celebração anual como na perene realização dela no agir da vida cotidiana, nas suas orações e nas suas cerimônias sagradas. Os pais deverão explicar o significado aos filhos: "É o sacrifício da Páscoa para o Senhor, que passou diante das casas dos filhos de Israel no Egito, quando golpeou o Egito e libertou nossas casas" (Ex 12,27; cf. Dt 6,4-25 e 11,19-22; a primeira dessas passagens foi em seguida inserida na oração cotidiana do israelita). O *Comentário à Mishnah*, certamente mais tardio, diz explicitamente a esse propósito (*Pesahim* X, 5): "De geração em geração, cada qual deve se considerar como se tivesse saído da terra do Egito, como diz a Escritura: 'Naquele dia transmitirás a teu filho este ensinamento: Foi por isso que o Senhor agiu em meu favor quando de minha saída do Egito' (Ex 13,8). Porque não somente os nossos pais Deus o Santo libertou — que Ele seja bendito! — mas também nós mesmos fomos libertados com eles, como diz a Escritura: 'Fez com que saíssemos de lá, para nos fazer entrar na terra que prometeu com juramento a nossos pais, e para no-la dar' (Dt 6,23)" (A. HÄNGGI — I. PAHL, *Prex eucharistica*, Fribourg, 1968, 24). De que grande carga realista se revestisse essa celebração para os israelitas, demonstra-o bem um conhecido estudioso: "A palavra 'memorial' [...] na literatura rabínica e especialmente litúrgica da época [...] não significa de modo algum um ato psicológico subjetivo, humano, de retorno ao passado, mas uma realidade objetiva destinada a tornar perpetuamente atual, diante de Deus, para o próprio Deus, qualquer coisa ou qualquer um" (L. BOUYER, *Eucharistie*, Tournai, 1966, 107).

Cristo se serviu desse "memorial" para transmitir aos seus a própria ação salvífica em toda a sua expressiva realidade. Ele uniu a antiga forma a um poderoso conteúdo novo, quando disse: "Eu desejei tanto comer esta Páscoa convosco" (Lc 22,15) e quando, depois de ter recitado o hino de agradecimento (o canto da Berakah), acrescentou: "Fazei isto em memória de mim" (Lc 22,19). São Paulo explica o fato assim: "Todas as vezes que comerdes deste pão e beberdes deste cálice, anunciais a morte do Senhor, até que ele venha" (1Cor 11,26).

O rito dominical da fração do pão ou da ceia do Senhor (na mesa) constitui, portanto, a comemoração real daquela ação salvífica pascal de Cristo, a renovada presença do sacrifício de Cristo para a salvação de quem se aproxima da sua mesa (cf. *SC* 47.102.106), uma Páscoa semanal.

Desde os primeiríssimos tempos, porém, a Igreja sempre festejou de maneira toda especial a solenidade da Páscoa, uma vez por ano. Possuímos testemunhos seguros a propósito, com data mais ou menos do terceiro decênio do século II (O. CASEL, *Art und* Sinn der ältesten christilichen Osterfeier, *Jahrbuch fur Liturgiewissenschaft* XIV [1938] 1-78; vers. franc.: La fête de Pâques dans l'Église des Pères, *Lex Orandi* 37 [1963] 19 s.; as citações que fizermos serão sempre tiradas dessa edição francesa). Essa antiquíssima e muito sóbria celebração da Páscoa apresentava, no seu núcleo central, mais ou menos a seguinte fisionomia: "uma festa comemorativa da morte de Jesus, celebrada em comum [...] e que se realiza à noite. Faz-se vigília (e se jejua) até o primeiro canto do galo, e a festa se encerra com o banquete memorial, chamado também de ágape, banquete eucarístico. [...] Essa festa deve ser celebrada até a parúsia, que acontecerá também ela no tempo da Páscoa" (*Ibid.*, 20). Entre parênteses, os inícios dessa celebração remontam de direito até a era apostólica (cf. H. SCHÜRMANN, Die Anfänge christlicher Osterfeier, *Theologische Quartalschrift* 131 [1951] 414-425). De MELITO de Sardes (segunda metade do século II), temos uma bela homilia pascal — que nos explica de maneira comovente a morte salvífica de Cristo — que se relaciona com rica tipologia veterotestamentária (CAMPBELL BONNER, *The homily on the Passion by Melito Bishop of Sardis...*, London, 1940). Essa monumental e simples solenidade, junto com o domingo e a alguns aniversários de mártires, era para os três primeiros séculos a única festa dos cristãos. Ela permanece ainda inteiramente concentrada na mesma noite de Páscoa, justa e antiquíssima tradição veterotestamentária, para a qual a autêntica "Pascha" era exatamente a celebração noturna. Podemos perceber o enfoque e o significado dessa celebração, ilustrando-as com as palavras de Casel: "o centro em torno do qual giram todas as festividades pascais é a Páscoa em sentido estrito, ou seja, [...] a vigília noturna que precede a festa propriamente dita ou Pentecostes. O jejum anteriormente iniciado prolonga-se durante essa vigília para ser quebrado logo ao amanhecer (ou até antes, por volta da meia-noite ou durante a noite) pelo banquete eucarístico. Se se toma a Páscoa em sua íntima essência, ela é a passagem do jejum à festa; consequentemente, a rigor, é um limiar, a superação de uma fronteira entre a morte e a vida, ou, melhor ainda, entre a vida presente e a do século futuro. [...] Porém, como a superação dessa fronteira não é, propriamente falando, se não a passagem de um campo a outro, toda a celebração noturna, ou vigília, leva o nome de Páscoa, em comum com a celebração eucarística" (op. cit., 189 s.). Assim, também o jejum preliminar toma esse nome; tanto é verdade que ainda hoje a chamada semana santa, que compreende um, dois, três ou até seis dias, chama-se Páscoa, porquanto esse jejum prepara exatamente a passagem da celebração noturna para o solene banquete eucarístico. Com esse último, tem início o período festivo propriamente dito de 50 dias, o chamado ciclo de Pentecostes. "Durante esse tempo não se jejua nem se instaura nenhum outro exercício penitencial" (*Ibid.*, 91). Quer essa festa, em sentido "quartodecimano", caísse na noite entre o 14 e 15 de Nisan, quer se estabelecesse, porém, segundo o modelo da prática posterior, especialmente romana, no dia do Senhor (ou seja, no domingo seguinte), comum a ambas as orientações estava sempre o conteúdo da celebração: "A festa de Páscoa [...] é, se a tomarmos em toda a sua amplitude, a festa da redenção operada pela morte e ressurreição do Senhor; portanto, a festa da *oikonomia*, do plano salvífico de Deus em relação ao homem. É, portanto, 'a festa' sem mais 'hê heortê', e assim a expressão cultual do cristianismo no que ele tem de essencial" (*Ibid.*, 93).

Do século IV em diante, com o surgimento de outras festas, especialmente das do ciclo natalino, também a solenidade da Páscoa certamente perdeu importância. Todavia, nessa celebração que ressalta fortemente cada uma das fases históricas da economia da nossa salvação, continua sendo sempre determinante também agora a estreita unidade da ideia antiga inerente à festa: nós celebramos num único ato a morte e a ressurreição, ou — melhor ainda — a passagem, o *transitus* do Senhor da morte para a vida! É exatamente esse o motivo pelo qual já na *actio* litúrgica da sexta-feira santa transparece a luz da ressurreição: "*Ecce enim propter lignum venit gaudium in universo mundo*"; o prefácio pascal exprime essa unidade de maneira realmente clássica: "*Ipse enim vere est Agnus qui abstulit peccata mundi, qui mortem nostram moriendo destruxit et vitam resurgendo reparavit*". A reforma da liturgia da semana santa, de 1955 (cf. o decreto *Maxima redemptionis nostrae mysteria, passionis, mortis et resurrectionis Domini*), e a constituição sobre a liturgia do recente Concílio puseram fortemente em foco esse nexo unitário (cf. B. NEUNHEUSER, Mysterium paschale. Das österliche Mysterium in der Konzilskonstitution "Über die hl. Liturgie", *Liturgie und Mönchtum* 36 [1965] 12-33). A tendência a ressaltar a única grande ação salvífica de Cristo é precisamente a nota característica dessa visão antiga, que deve ainda hoje englobar a multiplicidade das várias cerimônias litúrgicas solenizadoras. Como na vigília noturna da Páscoa se celebra a morte e a ressurreição e, respectivamente, a passagem do Senhor da morte para a vida, que ele realizou para nossa salvação, assim também a extensão desse núcleo central da festa para todo o período festivo deve ser entendida como unidade estreita: no "período de 40 dias" nós nos preparamos para "passar" com o Senhor da semana santa para a alegria festiva dos 50 dias do tempo pascal, durante o qual nos abrimos ao sempre novo respiro do precioso dom que nos é dado pelo Ressuscitado, ou seja, na vinda do Espírito Santo.

c) O olhar panorâmico que demos às bases histórico-salvíficas e à evolução histórico-litúrgica da celebração da Páscoa nos facilita agora a tarefa de compreender mais a fundo sua importância em relação à espiritualidade. A instrução *Inter oecumenici*, de 1964, diz magistralmente que a restauração litúrgica não pode se exaurir em meras reformas exteriores; mas ela deve suscitar uma ação pastoral que, "centrada na liturgia, tenda a fazer viver o mistério pascal, no qual o Filho de Deus, encarnado e feito obediente até a morte de cruz, é de tal modo exaltado na ressurreição e na ascensão que pode comunicar ao mundo a sua vida divina, a fim de que os homens, mortos ao pecado e configurados a Cristo, 'não vivam mais para si mesmos, mas para aquele que morreu e ressuscitou por eles'" (n. 6). *Mysterium paschale vivendo exprimatur*: eis a meta a ser atingida. É preciso fazer isso, porém, com toda a amplitude permitida pelo fundo até há pouco delineado. Nossa celebração deve ser uma celebração que reconheça a única obra salvífica de Cristo, que devemos exaltar com espírito de fé e de amor, com a ativa participação das cerimônias organizadas pela Igreja reunida no ato litúrgico, que tem a intenção de festejar aquela sublime ação salvífica em que conflui toda a história da → SALVAÇÃO, tanto do Antigo como do Novo Testamento. Comemoramos aqui a passagem da morte da cruz para a nova vida da ressurreição; com efeito, enquanto diante de nós se renova e se aperfeiçoa o prodígio realizado por Deus em benefício do povo de Israel, tirando-o da escravidão do Egito, essa maravilha se realiza agora também em relação a nós, porquanto nós, com Cristo e em Cristo, somos, por nossa vez, com energia cada vez maior, arrancados da morte do pecado e introduzidos numa nova vida, a qual, por sua vez, se volta para o último cumprimento que acontecerá quando nós na parúsia de Cristo formos introduzidos na eterna ressurreição, na terra da última promessa, no sempre novo reino de Cristo e de Deus Pai.

E no sentido da festa deve estar eficazmente orientada também a nossa vida cotidiana *Si consurrexistis cum Christo, quae sursum sunt quaerite* (epístola do domingo de Páscoa, Cl 3,1-4) em dar testemunho com as obras do compromisso que anima o sacerdotal povo de Deus do Novo Testamento, *ut virtutes annuntietis eius qui vos de tenebris vocavit in admirabile lumen suum* (Com. fer. V pós-Páscoa, 1Pd 2,9). Eis a espiritualidade pascal, a espiritualidade do êxodo, do Cordeiro imolado, do batismo, da ceia eucarística, da ressurreição, do caminho iniciado no seguimento de Cristo.

BIBLIOGRAFIA. CANTALAMESSA, R. *La Pasqua nella Chiesa antica*. Torino, 1978; ID. *La Pasqua della nostra salvezza. Le tradizioni pasquali della Bibbia e della primitiva Chiesa*. Torino, ³1984; FÜGLISTER, N. *Il significato salvifico della Pasqua*. Brescia, 1976; HAAG, H. *Pasqua. Storia e teologia della festa di Pasqua*. Brescia, 1976; LE DEAUT, R. *La nuit pascale. Essai sur la signification de la Pâque juive à partir du targum d'Exode XII 42*. Roma, 1963; SORCI, P. Mistero pasquale. In *Nuovo Dizionario di Liturgia*. Roma, 1984, 883-903.

B. NEUNHEUSER

PASSAVANTI, TIAGO.

1. NOTA BIOGRÁFICA. Nasceu em Florença no início do século XIV. Muito jovem, entrou para os dominicanos em Santa Maria Novella. Em 1330 foi enviado a Paris para completar os estudos teológicos. Tendo voltado à Itália, foi leitor em Pisa, Siena e Roma (Santa Maria sopra Minerva) e prior em Pistoia e San Miniato. Pregador em Santa Maria Novella de Firenze, em 1340-1341, para lá retornou por volta de 1346, e ali apareceu ininterruptamente até à morte. Em 1343, tinha recebido o título de pregador geral. Em Santa Maria Novella cuidou da biblioteca; foi "operário" da igreja, cuja construção levava a termo; dirigiu a comunidade na qualidade de prior (1355); foi por alguns anos vigário geral do bispo de Florença, frei Angelo Acciaiuoli; dedicou-se com zelo à pregação. Morreu no dia 15 de junho de 1357.

2. OBRAS. A obra que tornou Passavanti famoso, situando-o entre os "pais da literatura italiana", é o *Specchio di vera penitenza*, um tratado, que infelizmente ficou incompleto, que reúne as prédicas feitas em Santa Maria Novella, na Quaresma de 1354 (a última edição — de que citamos — esteve a cargo de M. Lenardon, Firenze, 1925). Passavanti deixou também obras em latim. Os *Sermones festivi* se perderam, ao passo que existem até hoje os *Sermones de tempore*, em dois códices (um em Basileia — Univ. Bibl., B. IV 27 — e outro em Mônaco — Staatsbibl., Clm 13580). São suas, com toda a probabilidade, as *Additiones* ao comentário de Nicola Trevet à *Cidade de Deus*, de Santo Agostinho (nas edições: Basilea, 1505; Basilea 1515; Lione 1520 é afirmado explicitamente). No *Specchio* Passavanti fala repetidamente de um seu "livro" de vida espiritual "feito em latim", muito provavelmente para os literatos e os clérigos. Poderia ser a *Theosophia*, recentemente descoberta na Biblioteca laurenziana de Florença (San Marco 459). Num colofão, no final da obra, avisa-se que o autor morreu no dia 15 de junho de 1357 (a dada de morte de Passavanti). O códice não foi estudado ainda.

3. DOUTRINA. Passavanti, ao escrever o *Specchio*, queria compor um guia ascético "para aqueles que não são literatos" (*Ibid.*, 7): na segunda parte, com efeito, teria ensinado a combater o pecado nas suas múltiplas manifestações e a praticar, de modo cada vez mais perfeito, as várias virtudes cristãs; infelizmente, porém, a morte lhe impediu o cumprimento do projeto. A única virtude tratada é a humildade. Passavanti conhece muito bem e segue a doutrina de Santo Tomás. São numerosas as citações da Escritura, dos Padres e dos Doutores. Os "exemplos", a parte mais viva da obra, são tirados de conhecidas fontes medievais (Elinando, Cesário, Beda, Iacopo de Vitry). O *Specchio* é dividido em cinco distinções: a I expõe a natureza da penitência; a II, os incentivos e a III, os impedimentos; a IV trata da contrição e da atrição; a V, da confissão, dos dotes do confessor, das disposições do penitente e do pecado. Seguem-se pequenos tratados sobre a soberba, sobre a humildade e sobre a vanglória (com páginas finais dedicadas à vã ciência, à ciência diabólica e aos sonhos). Ao julgar a obra de Passavanti é necessário levar em consideração que está incompleta; é falso, portanto, afirmar que a musa de Passavanti é somente o terror (De Sanctis). Os capítulos que temos hoje têm a finalidade de sacudir o pecador e levá-lo ao horror ao pecado; não há por que, portanto, se espantar se predominam os tons um pouco violentos e se se lembram, com linguagem muito incisiva, as penas eternas. O fio condutor do tratado, se lido com atenção, logo se descobre não ser o terror; é o amor para com Deus e para com o próximo, que o pecado mortal mata e a penitência reanima. Basta ler as páginas dedicadas justamente ao pecado: nelas se encontra um tratado que em vão se buscaria em muitos manuais modernos. Não se compreende o que é o pecado se não se entende o que é o amor: eis a tese que Passavanti expõe de modo magistral. O pecado não é rebelião a uma lei mais ou menos abstrata; é recusa de amor; é perversão da ordem do amor (*Ibid.*, 209-222).

São comoventes as páginas em que se convidam os pecadores a ter "confiança na Virgem Maria"; ela, com efeito, "tem singular cuidado dos pecadores que voltam à penitência e se diz advogada deles" (*Ibid.*, 79). Em relação à Virgem ter sido preservada do pecado original, Passavanti é agnóstico; Deus "pôde, se quis, e de infinitos modos acima de qualquer entendimento nosso, preservar a Virgem Maria do pecado original; mas se ele o fez não se sabe nada" (*Ibid.*, 206).

BIBLIOGRAFIA. 1) Biografia: ORLANDI, S. *Necrologio in S. Maria Novella*. Firenze, 1955, 450-471, I (com bibliografia na página 450).

2) Estudos posteriores a 1925: AURIGEMMA, M. La fortuna critica dello "Specchio di vera penitenza" di J. P. In *Studi in onore di A. Monteverdi*. Modena, 1959, 48-75, I; GETTO, G. *Umanità e stile di J. P.* Milano, 1943; GROSSI, P. L. Passavanti, Jacques. In *Dictionnaire de Spiritualité* XII (1984) 307-310; KAEPPELI, T. Opere latine attribuite a J. P. *Archivum Fratrum Praedicatorum* 32 (1962) 145-179 (particularmente importante na p. 146 a lista dos códigos do *Specchio*: deles se conservam 17); ZACCAGNINI, G. J. P. a Bologna. *Archiginnasium* 21 (1926) 92.

P. GROSSI

PASSIONISTAS. Religiosos da Congregação dos clérigos descalços da Santíssima Cruz e Paixão de N.S.J.C., fundada por São → PAULO DA CRUZ, definitivamente aprovada por Clemente XIV (16 de novembro de 1769) e Pio VI (15 de novembro de 1775). Bento XIII tinha autorizado São Paulo da Cruz a juntar companheiros (1725); Bento XIV (1741 e 1746) e Clemente XIII (1760) tinham aprovado as Regras e as Constituições.

Vivem → VIDA mista e aos três votos acrescentam o quarto, de propagar a devoção ao Crucifixo; o que revela a fisionomia espiritual deles, delineada essencialmente pelo anelo de uma eficaz e coerente participação no mistério da salvação realizado *per crucem*. Espiritualidade, portanto, que parte de uma intensa vida de união com Deus em Cristo, vítima do seu amor ao Pai e à humanidade pecadora. Daí nasce a exigência de uma profunda → VIDA INTERIOR (chamada pelo fundador "espírito de oração"), psicologicamente associada a um transporte ao silêncio e ao retiro ("espírito de solidão"), indispensavelmente alimentada por um severo ascetismo ("espírito de pobreza"), e impetuosa na pregação do Crucifixo ("espírito de apostolado").

Por isso a prática dos votos, comuns a todas as Ordens, é caracterizada pelo quarto voto, que põe o religioso em relação direta com Deus, obrigando-o a fazer próprias as disposições sacrificais de Cristo: ele não deve conhecer outra obediência nem outra renúncia aos prazeres e aos bens da vida senão a do Salvador agonizante na cruz, voluntária vítima de expiação e redenção; o seu zelo missionário deve se inspirar nas finalidades da Paixão, até se lançar ao martírio, moral e até físico, na medida imposta pelas circunstâncias.

A elevação desse ideal de perfeição religiosa caracterizada de modo inconfundível reflete a extraordinária santidade do fundador, entre os maiores místicos de todos os tempos.

Os passionistas viram serem elevados às honras dos altares numerosos confrades, além de São Paulo da Cruz: São Vicenzo M. Strambi († 1823), São Gabriele dell'Addolorata († 1862), o beato Domenico (Barbieri) della Madre de Dio († 1849), o beato Isidoro (de Loor) de San Giuseppe († 1916), o beato Pio (Campitelli) de San Luigi († 1889), o beato Bernardo M. (Silvestrelli) de Gesù († 1911); o beato Carlo (Houben) de Sant'Andrea († 1893). É iminente a beatificação do venerável Lorenzo (Salvi) de São Francisco Xavier († 1856) e dos 26 passionistas mortos mártires durante a Revolução espanhola de 1936. Não menos digna é a figura do irmão do fundador, o venerável P. G. Battista de San Michele Arcangelo (1695-1765). Os *Anais* do Instituto registram outras dezenas de religiosos mortos em fama de santidade.

Os desenvolvimentos do ramo feminino, fundado por Paulo da Cruz em Tarquinia (Viterbo), em 1771, foram sensíveis especialmente nos últimos anos: são 33 os mosteiros de clausura, espalhados pela Europa, pela América e Ásia. Pertencem à grande família passionista também alguns Institutos de vida ativa, que usam como ornamento o emblema da Congregação e cultivam as várias obras sociais com o espírito apostólico do santo fundador.

BIBLIOGRAFIA. BROVETTO, C. San Paolo della C. e la sua spiritualità passionista. *Tabor* (1954) 71-90; GAÉTAN DU S. N. DE MARIE. *Esprit et vertus de S. Paul de la Croix.* Tirlemont, 1950; JOAQUIM DA IMACULADA. *Quant à nous?... Jésus Crucifié!* Paris, 1919; PATRÍCIO DE N. SENHORA, d.S.C. *Lo spirito del passionista.* Roma, 1930; ZOFFOLI, E. *I Passionisti, spiritualità-apostolato.* Roma, 1955. Cf. a bibliografia do verbete → PAULO DA CRUZ.

E. ZOFFOLI

PAULO (São). A. NOTA BIOGRÁFICA. Nasceu em Tarso, na Cilícia, nos inícios da era cristã (At 9,11; 21,39; 22,3); a família, oriunda da Galileia, pertencia à tribo de Benjamim (Fl 3,5); em honra do primeiro rei de Israel, a criança foi chamada de Saul, acrescentando-lhe também o nome de Paulo, segundo o uso do tempo; na casa paterna aprendeu o ofício de "fabricante de tendas" (At 18,3); a moradia em Tarso ofereceu-lhe a oportunidade de dominar a língua grega; a família gozava do direito de "cidadania romana", que transmitiu a Paulo (At 16,37; 22,27-28); por volta dos quinze anos foi convidado em Jerusalém à escola de um insigne mestre: Gamaliel o Velho, discípulo de Hillel, recebendo aí uma formação religiosa segundo os princípios dos fariseus e aprofundando o conhecimento da Bíblia (At 22,3; Gl 1,4; Fl 3,5). É quase certo que Paulo não conheceu Jesus na sua vida mortal; os Atos no-lo apresentam acérrimo adversário da Igreja nascente (At 7,58; 8,3; 22,4; Gl 1,4); mas um dia, no caminho de Damasco, apareceu-lhe Jesus Cristo glorioso, transformando o perseguidor em discípulo e apóstolo (At 9,3-19; Gl 1,12.15; Ef 3,2-8), o que aconteceu provavelmente no ano de 36.

Em 39, três anos após a conversão, dirige-se pela primeira vez a Jerusalém para "conhecer Cefas" (Gl 1,18); Barnabé o introduz no novo campo de apostolado da evangelização dos pagãos (At 11,19-26). Pouco depois, acompanhado de Barnabé e João Marcos, empreende a primeira viagem missionária (45–49) na qual são evangelizadas a ilha de Chipre e as regiões da Ásia Menor, a Panfília e Licaônia. As numerosas conversões dos pagãos (At 13,49) põem o problema da relação dos neoconvertidos com a lei mosaica: a questão, especialmente por intervenção de Paulo, resolveu-se em favor da liberdade cristã (At 15; cf. At 15,11; Gl 3,2-5).

Entre os anos de 50 e 53 acontece a segunda viagem missionária: pela primeira vez Paulo chega à Europa: Filipos, Tessalônica, Bereia, Atenas, Corinto são as pedras de demarcação que indicam a expansão da → PALAVRA DE DEUS; de Corinto Paulo escreve a primeira e a segunda Carta aos Tessalonicenses. Por volta de 53 ou 54, iniciou a terceira viagem missionária (At 18,23; 21,17) que durará até 58; centro da atividade apostólica é a cidade de Éfeso, onde Paulo fica por dois anos; uma sublevação popular o obriga a deixar essa cidade; passando para a Macedônia, atinge Corinto, onde fica três meses. Durante essa viagem escreve a Primeira e a Segunda Carta aos Coríntios, a Carta aos Gálatas e a Carta aos Romanos; segundo alguns autores, também a Carta aos Filipenses. Em 58, Paulo é preso em Jerusalém e levado a Cesareia da Palestina, onde é mantido prisioneiro até 60. Tendo apelado ao tribunal do imperador é enviado a Roma, onde permanece dois anos em "prisão domiciliar" (At 25,12; 28,30); foi nesse biênio (de 61 a 63) que escreveu as cartas da prisão: aos Colossenses, aos Efésios, a Filêmon, aos Filipenses. Adquirida a liberdade, pôde realizar o desejo de evangelizar a Espanha (Rm 15,24); as cartas pastorais falam de novas viagens a Éfeso (1Tm 1,3), a Creta (Tt 1,5), a Nicópolis (Tt 3,12). Preso, provavelmente em Tróade, e levado a Roma (2Tm 4,13) é submetido a uma prisão muito mais rigorosa que a primeira (2Tm 4,16): na Segunda Carta a Timóteo anuncia como iminente o seu martírio (2Tm 4,7): o ano mais provável da morte é o de 67.

Na mensagem espiritual que Paulo deixou nas suas cartas podemos divisar um tema central que ele, movido também por circunstâncias externas, procurou aprofundar cada vez mais e de precisar sempre melhor: é o mistério de Cristo. Nas duas cartas aos Tessalonicenses — inquietos com a sorte dos seus caros defuntos e com a parúsia que acreditavam iminente — Paulo apresenta o mistério do seu termo final de glória: Cristo causa de salvação para todos os fiéis, ainda que mortos (1Ts 4,13-18) e que no seu retorno glorioso destruirá todos os poderes do mal (2Ts 2,8). Na Primeira e na Segunda Carta aos Coríntios, bem como na Carta aos Gálatas e na Carta aos Romanos, o pensamento do Apóstolo se fixa no mistério da redenção em sua relação com o homem pecador: com a sua morte na cruz, escândalo para os judeus e loucura para os gentios, Jesus realizou a redenção dos homens, libertando-os da escravidão do pecado e reconciliando-os com Deus, mediante o dom gratuito da fé, enviando o seu Espírito, com a ajuda do qual é possível vencer todos os inimigos da perfeição e, portanto, tornar cada vez mais operante a nova vida de filhos adotivos de Deus. Enfim, na Carta aos Colossenses e na Carta aos Efésios a obra redentora de Cristo é posta em relação com o universo inteiro: em Cristo tudo é "recapitulado", porquanto todo o cosmos encontra nele a sua unidade e a sua coesão; esse aprofundamento do mistério de Cristo foi causado pelo erro dos Colossenses; "a polêmica incentivou Paulo a esclarecer a obra cósmica de Cristo, inserindo nela, ao lado da humanidade redimida, o vasto mundo que é sua moldura" (*Bíblia de Jerusalém*). Nesse tema central se inserem vários outros temas, cujo conjunto constitui a mensagem espiritual que Paulo endereça aos cristãos de todos os tempos.

B. O ENSINAMENTO. Toda a doutrina espiritual de Paulo se concentra no mistério da nossa salvação em Cristo (Cl 4,3). As etapas pelas quais se realiza esse plano de salvação são enumeradas em Rm 8,28-30. Paulo chama de "mistério" essa vontade salvífica de Deus, presente nele desde a eternidade (Rm 16,25; Ef 3,5.6.9; Cl 1,26-27); usa, porém, o termo "economia" para descrever sua realização no tempo (Ef 1,10; 3,2.9; Cl 1,25; 1Cor 4,1-2).

1. O MISTÉRIO. O termo, no sentido de "doutrina secreta escondida em Deus e referente aos últimos tempos, mas revelada aos homens para a salvação deles" o encontramos já em Sb 6,22 e especialmente em Dn 2,18.27-30; 4,9 (recorre também nos apócrifos IV de Esdras e Enoc). Os textos principais nos quais é descrito o mistério são: 1Cor 1,17-23; 2,6-18; Rm 16,25-27; Cl 1,26-29; Ef 1,3-14; 3,3-9; 1Tm 3,16. Podemos sintetizar o conteúdo deles nestes pontos: consiste num plano de salvação traçado pelo amor de Deus (Ef 1,5.9.11) desde a eternidade (1Cor 2,7; Rm 16,25; Ef 1,4), destinado a todos os homens, judeus e pagãos (Rm 16,25; Ef 3,6-16) para formar um único povo (Ef 2,14.16) mediante a adoção como filhos (Ef 1,5) ou a conformidade à imagem do Filho de Deus (Rm 8,29), em virtude da redenção no sangue, ou seja, a morte do Filho de Deus (1Cor 2,2; Cl 1,20; Ef 1,7; 2,13). A revelação desse plano de salvação é feita pelo Espírito de Deus (1Cor 2,10-16), parcialmente no Antigo Testamento (Rm 16,26-28), totalmente na "plenitude dos tempos" (1Cor 2,10; Cl 1,26-28; Ef 3,5-12): ele comunica também as palavras adequadas para anunciá-lo (1Cor 2,13); o Espírito falou aos santos apóstolos (Ef 3,2.8.13), mas especialmente a Paulo, apóstolo dos gentios (Gl 2,7), que por esse motivo pode chamar o anúncio do mistério de "seu evangelho" (Rm 16,25). O mistério é verdadeiramente salvífico e é recebido mediante a fé: para os que não creem é escândalo e loucura (1Cor 1,23-25; 2,14; Rm 16,26) porque se centra em Cristo crucificado. Para entrar em toda a sua profundidade é necessária uma certa maturidade espiritual (1Cor 3,1). O plano de salvação tem também uma dimensão cósmica pela influência nefasta que o pecado teve sobre as coisas celestes e terrestres (Ef. 1,10). Esse aspecto é posto em destaque em Cl 1,17: Cristo que une, dá coesão e todas as coisas; e em Ef 1,10: Cristo feito cabeça de todo o universo. Esse projeto divino foi concebido "para a nossa glória" (1Cor 2,7; Ef 1,18), de que já participamos com o batismo (Cl 1,27; Ef 2,6) mas que será perfeita na parúsia do Senhor. Penhor da realização total dessa glória futura é o Espírito de Deus que no → BATISMO cria a nossa adoção como filhos (Tt 3,8), "marca-nos" como propriedade de Deus (2Cor 1,22; Ef 1,13) e é "penhor" dos bens prometidos (Ef 1,14; Rm 8,14-16; Gl 4,6-7). O objetivo último do plano de salvação é "o louvor e glória da sua [de Deus] graça", ou seja, o reconhecimento da graça de Deus que brilha em todas as etapas do caminho da salvação.

Os atos com os quais, segundo o nosso modo imperfeito de pensar, foi traçado por Deus o plano da salvação são: a presciência (Rm 8,29; 11,2), ato da inteligência que inclui também o amor; a benevolência: Deus que conhece com antecipação para comunicar alguma coisa das suas infinitas perfeições. Esse ato se concretiza na predestinação, com a qual se determinam os meios para atingir o fim; e eleição (Ef 1,4), ato com que Deus escolhe uma pessoa para torná-la partícipe de bens que superam as exigências da sua natureza. Esses bens sobrenaturais são: a dignidade de filhos adotivos que exige "sermos santos e irrepreensíveis" (Ef 1,4-5) ou a conformidade com a imagem do Filho de Deus (Rm 8,29) com o direito à herança de Deus (Rm 8,17; Gl 4,7). As três Pessoas divinas concorrem para o plano da nossa salvação: o Pai o delineia, o Filho nos redime, o Espírito nos santifica.

2. A ECONOMIA DO MISTÉRIO. A economia é a realização do mistério no tempo, concebido como uma medida de capacidade, cheia sucessivamente de várias intervenções de Deus: são as fases ou períodos (*kairoi*) da história da → SALVAÇÃO; ela atinge seu ápice na "plenitude dos tempos" (Gl 4,4; Ef 1,10) ou "fim dos tempos" (1Cor 10,11), intervenção final que conclui e coroa todos os períodos precedentes, mediante a encarnação do Filho de Deus (Fl 2,6).

a) *Para a "plenitude dos tempos"* — Os pagãos. O tempo tem início com a criação. O primeiro homem é lembrado por Paulo nas duas antíteses entre o primeiro e o segundo Adão (1Cor 15,45-48; Rm 5,15-21): o primeiro, que transmite uma vida psíquica, o segundo, que se torna espírito vivificante; Adão, que comunica o pecado e a morte, Cristo, que dá a graça e a vida. Na criação Deus deixou as suas marcas (Rm 1,20), por meio das quais aqueles que foram excluídos da vocação de Israel, ou seja, os pagãos, podem chegar ao conhecimento da sua transcendência e da sua onipotência e, portanto, invocar sua ajuda para observar a lei natural impressa nas consciências (Rm 2,14), segundo a qual será feito o juízo de Deus (Rm 2,12-16); mas os homens caíram na mais degradante idolatria, "trocaram a verdade de Deus pela mentira e serviram à criatura em lugar do Criador" (Rm 1,25); como punição, Deus os abandonou a paixões ignominiosas (Rm 1,26).

— Israel. Na humanidade Deus escolhe um povo (Dt 7,7) como sua "propriedade" (Ex 19,5-6): é Israel. Para Paulo a história da salvação começa com a vocação de → ABRAÃO. Ele ressalta a fé do patriarca na palavra de Deus (Hb 11,8.11), em virtude da qual foi justificado (Gl 3,6; Rm 4,11.17-22). À vocação de Abraão unem-se também as "promessas" de Deus, especialmente a mais esplêndida: "em ti serão abençoadas todas as famílias da terra" (Gn 12,3; 18,18; Gl 3,8.16), que se realiza em Cristo (Gl 3,16; 2Cor 1,20). O pacto que Deus fecha com Abraão é unilateral: compromete-se unicamente a fidelidade do Senhor e, portanto, as promessas são infalíveis, independentes de qualquer desempenho da parte do homem.

Moisés é o mediador da → ALIANÇA entre Deus e Israel sobre o Monte Sinai. Em virtude desse pacto, Israel se torna especial propriedade de Deus, um reino de sacerdotes, um povo santo (Ex 19,5-6). A aliança concluída tem o aspecto de pacto bilateral: Deus promete as suas bênçãos, mas Israel se compromete a observar a lei que Deus lhe comunica por meio de Moisés: é um complexo de normas cuja alma é constituída pelo → DECÁLOGO. A história de Israel é uma série de intervenções de graça por parte de Deus, mesmo nas frequentes punições, e de ingratidões por parte do povo eleito. Enfim, a aliança é rompida e Deus anuncia um pacto novo no qual, por meio do seu Espírito, escreverá a sua lei nos corações do novo Israel (Jr 31,33) que surgirá do "resto" santo (Rm 9,27).

Com relação à lei, encontramos nas cartas de Paulo duas séries de afirmações que parecem em contradição entre si: sob um aspecto ela é boa, santa, espiritual (Rm 7,12), sob outro, porém, ela "dá apenas o conhecimento do pecado" (Rm 3,20; 7,7); provoca a concupiscência e dá ao pecado ocasião de operar a morte (Rm 7,7-11); foi dada para multiplicar os pecados (Rm 5,20); é a força do pecado (1Cor 15,55). Essas afirmações devem ser consideradas no âmbito de um contexto polêmico. Uma parte de Israel (os escribas e os fariseus), no tempo de Paulo, pretendia conseguir a "justiça" por meio das obras da lei: a observância dos preceitos, feita somente com as forças naturais independentemente da ajuda da graça, dá um direito estrito à recompensa por parte de Deus. Esse perigo era inerente à forma mesma de contrato bilateral que tinha a aliança do Sinai, se fosse esquecido que se tratava de um livre dom de Deus e, portanto, de uma graça. Com efeito, mediante o pacto, Deus se unia a uma só nação e isso podia fazer esquecer a universalidade do plano da salvação; a realização, pois, do plano salvífico podia parecer como dependente da fidelidade de Israel às cláusulas do pacto e, portanto, como recompensa ao desempenho do homem; além disso, os bens prometidos, predominantemente de ordem temporal e material, podiam fazer esquecer o objetivo religioso da aliança.

Essa doutrina sobre a eficácia salvífica da Lei mosaica era defendida também por pessoas influentes na primitiva comunidade cristã: eram os judaizantes. Paulo se opôs energicamente a tal ensinamento porque negava implicitamente a necessidade da → REDENÇÃO: "se é pela Lei que se alcança a justiça, foi para nada que Cristo morreu" (Gl 2,21). Explica-se então por que a Lei é a força do pecado (Rm 7,7): ela, quando manda ou proíbe, ilumina o intelecto, mas não infunde na vontade a força para observar os preceitos. Esse aspecto da lei, de qualquer lei que, como norma externa, ilumina, mas não dá a força, é posto em particular destaque no c. 7 da Carta aos Romanos.

A conclusão do grandioso processo que Paulo instituiu sobre toda a humanidade que viveu antes de Cristo é: "todos pecaram, estão privados da glória de Deus" (Rm 3,23). E em Rm 5,12 ss. se indica que raiz venenosa produziu esses frutos de morte: o pecado de → ADÃO. São conhecidas as dificuldades que apresenta esse texto e as várias interpretações que lhe foram dadas, mesmo recentemente, mas a existência de um pecado em cada um devido à descendência de Adão é claramente afirmada no v. 12: "por um só homem o pecado entrou no mundo", bem como pelo paralelismo entre a obra maléfica do primeiro homem e a graça merecida para todos pelo segundo Adão (Rm 5,15-19). O → PECADO não é, pois, uma imitação externa da culpa do progenitor, mas é um poder de morte que se aninha no íntimo do homem; "ela opera por meio da carne e se aproveita da lei divina para exercer toda a sua obra mortífera" (S. Lyonnet).

— Extensão do pecado. Pretendemos examinar a extensão do pecado no homem e as repercussões que teve fora dele. Isso torna necessário expor, pelo menos por alto, a antropologia de Paulo. A ideia, tão difundida, do homem composto de duas partes pode ser encontrada algumas vezes em suas cartas (1Cor 5,3; 7,34; 2Cor 12,2-3), mas os termos *psyche, soma, sarx* (= alma, corpo, carne), frequentemente usados pelo Apóstolo, indicam o homem inteiro, sob um aspecto diferente: *psyche* indica todo o homem como pessoa viva, pensante, de vontade, é um "eu"; mas essa pessoa é *soma* como sensível, objeto de experiência: a *psyche* entra em contato com o mundo sensível, manifesta-se, porque é também *soma*; *sarx* acrescenta ao conceito de *soma* o de fraqueza, de enfermidade, de mortalidade ou o conceito ético de um ser submetido às paixões e aos instintos que o levam a violar a lei de Deus. Essa noção ética de *sarx* está em primeiro plano quando *sarx* é oposta a *pneuma* (= espírito): trata-se do homem como obediente ou rebelde às moções do Espírito presentes nele desde o batismo. Dos três termos — *sarx, psyche, pneuma* —, usados em sentido ético, derivam os adjetivos *sarkikos* (= carnal) e *sarkinos* (= cárneo, feito de carne), *psychikos* (= psíquico, natural), *pneumatikos* (= espiritual). Se os adjetivos *sarkikos* e *psychikos* são aplicados ao homem não redimido, indicam sua total aversão a Deus; mas referidos aos fiéis, podem indicar também o cristão imperfeito (como em 1Cor 3,1-4). Com referência, portanto, à extensão do pecado, podemos dizer que teve influência no homem inteiro, embora sem o corromper intrinsecamente: na mente (Rm 1,21.22-28; Cl 2,8; Ef 4,17), no coração considerado como a sede da vida intelectivo-afetiva (Rm 4,18; 2Cor 3,15; Fl 4,7); é por força do pecado que o homem é "→ CARNE", em toda a extensão de significado que tem esse termo; também o corpo é sujeito ao pecado, motivo pelo qual se torna corpo de carne, corpo de pecado e, portanto, corpo de morte (Cl 2,11; Rm 6,6; 7,24). O pecado tem, portanto, a sua sede na carne (Rm 7,14-15); aí fica como que adormecido até ser acordado pelo preceito que excita a concupiscência no homem e, portanto, o seduz e lhe causa a morte (Rm 6,23; 7,7-13) física e espiritual, porque "o salário do pecado é a morte" (Rm 6,23).

Mas o pecado teve repercussões também fora do homem: no mundo, tomado em sentido pejorativo, ou seja, como algo que se opõe a Deus: é o "espírito do mundo" (1Cor 2,12; cf. 1,20.21.27;

3,19); essa oposição é indicada com as frases: este mundo (Ef 2,2), este mundo do mal (Gl 1,4), este mundo (1Tm 6,17), dias maus (Ef 5,16); fala-se também de paixões mundanas (Tt 2,12), da sabedoria deste mundo (1Cor 2,6; 3,19). Dos adjetivos — presente, atual, honesto, mau etc. — vê-se que o mundo, ou século presente é oposto a um outro que teve início com a vinda de Cristo e é chamado "século futuro" (Ef 1,21; Hb 6,5); o pecado influenciou também a criação que Paulo contempla como submersa nas dores do parto, à espera da revelação da glória dos filhos de Deus para ser libertada da "vaidade" e da "corrupção": depois o pecado pode ser ocasião de afastamento de Deus; podemos lembrar também os "elementos do mundo" (Gl 4,3; Cl 2,8.20), frase que foi interpretada de diversos modos. Embora ao falar do pecado de Adão Paulo faça apenas uma alusão à tentação do demônio (Rm 5,12 = Sb 2,24), não faltam nas cartas acenos à sedução dos progenitores e, portanto, à relação entre o pecado e satanás (2Cor 11,3; 1Tm 2,14); mas o Apóstolo considera a influência nefasta sobre os descendentes de Adão: é o adversário (1Ts 2,14), o tentador (1Ts 3,5), o maligno (2Ts 3,2; Ef 6,16) que manobra contra os homens (Ef 6,11) e se esconde por trás de um culto idolátrico (2Cor 8,10 ss.); a ele subordinados encontramos uma multidão de espíritos maus, chamados principados, potestades, dominadores do mundo das trevas (Ef 6,12) e, portanto, "dominadores deste mundo de trevas" (Ef 6,12).

Do que expusemos podemos concluir: na base dos pecados pessoais está o pecado de Adão, em razão do qual a "morte" entrou no mundo. O pecado se aninha na carne e se manifesta por meio de seus "apetites". A → LEI como norma externa dá apenas o conhecimento, mas não a força de cumprir o que está prescrito: desse modo se torna aliada do pecado, porque excita a concupiscência que antes estava adormecida. Se os homem seguem os "desejos da carne", pecam individualmente e, portanto, ratificam pessoalmente a rebelião do progenitor: somente então o pecado atinge toda a sua força e eficácia mortífera. Antes de Cristo, todos os homens — pagãos e judeus — pecaram não somente em Adão, mas também ao violarem a lei natural (pagãos) ou a lei revelada (judeus). Portanto, o termo pecado indica: o pecado de Adão (Rm 5,12); o "estado" de pecado em que se encontra a humanidade em consequência do pecado de Adão (Rm 5, 19); o pecado "atual" (Rm 1-4; cf. também os catálogos dos pecados citados mais adiante); o pecado "habitual"; "todos pecaram, estão privados da glória de Deus" (Rm 3,23). Para Paulo, portanto, o pecado não é somente afastamento de Deus, mas é sobretudo uma atitude hostil, uma recusa em obedecer, em se submeter à sua vontade: por isso o pecado de Adão e dos seus descendentes é chamado de "desobediência" (Rm 5,19; 11,30-32; Ef 2,2; Rm 2,8; Tt 3,3). Para indicar os vários aspectos dessa "desobediência", encontramos nas Cartas um rico vocabulário; Paulo é mais pormenorizado ao especificar essa "desobediência" nos catálogos dos pecados (Rm 1,29-31; 1Cor 5,10-11; Cl 3,5-8; Ef 5,3-5; 2Tm 3,2-5).

No ensinamento de Paulo podemos observar um pessimismo total quando considera o homem decaído, escravo de inimigos internos e externos, mas ao mesmo tempo um otimismo indestrutível quando pensa no amor infinito de Deus que se manifestou na obra da redenção (Rm 5,6-11; 8,31-39). Ambos os aspectos estão sintetizados na bem conhecida exclamação: "Infeliz que eu sou! Quem me livrará deste corpo que pertence à morte? Graças sejam dadas a Deus por Jesus Cristo, nosso Senhor!" (Rm 7,24-25).

b) *A "plenitude dos tempos". A redenção*. Paulo afirma a preexistência e, portanto, a divindade de Cristo. Ele, de rico que era, se fez pobre por nós (2Cor 8,9), é o primogênito de toda criatura, imagem do Deus invisível (Cl 1,5), já antes da encarnação era igual a Deus (Fl 2,6), nele tudo subsiste (Cl 1,16-17), é aquele por meio do qual tudo existe e que nos conduz a Deus (1Cor 8,6), a ele tudo se refere (Ef 1,10), nele habita a plenitude da divindade (Cl 2,9). Essa verdade parece evidente também nas fórmulas trinitárias (1Cor 6,11; 14,15.19; 2Cor 1,21-22; 13,13; Ef 4,4-6), embora a palavra *theos* = Deus indique ordinariamente o Pai. Com a mesma força, Paulo afirma também a realidade da natureza humana: Cristo nasceu de uma mulher, sob a lei (Gl 4,4), nascido da semente de Davi segundo a carne (Rm 1,3); o Pai envia o Filho na semelhança de carne de pecado, para destruir o pecado na sua carne (Rm 8,3). No seu amor pelos homens, ele, o inocente (2Cor 5,21), "ele, que é de condição divina […] despojou-se, tomando a condição de servo, tornando-se semelhante aos homens" (Fl 2,6.7), exceto no pecado (Hb 4,15), tomou sobre si as nossas misérias: ele que não conheceu pecado, foi constituído pecado por nós (2Cor 5,21), caiu sob o poder e a maldição da lei (Gl 3,10.13; 4.4). Mas o cume da redenção, nós a temos na paixão, morte e ressurreição; essas três fases da existência de Cristo formam uma unidade que constitui o mistério da redenção no seu aspecto negativo e positivo.

O primeiro encontro de Paulo com Cristo salvador aconteceu no caminho de Damasco; em virtude da visão, ele reconhece que o que afirmam os discípulos de Jesus é verdade; que Cristo está vivo e glorioso e, portanto, realmente ressuscitado da morte; que ele é o Messias; que a sua morte é causa de salvação; que ele, Paulo, foi favorecido com a visão celeste não pelos "próprios méritos", mas somente por um "dom" do céu: é o primeiro encontro com a graça; que Cristo identifica de algum modo com os seus discípulos: "Saul, Saul, por que me persegues?" (At 9,4).

Essas verdades, conhecidas apenas em germe, serão ulteriormente aprofundadas e explicitadas segundo as necessidades das Igrejas e em virtude dos carismas recebidos (Ef 3,3.7), mas sempre na dependência da tradição (1Cor 11,22; 15,3 ss.). Para ilustrar o fato da redenção, Paulo usa vários termos: 1) *lytroô* (Tt 2,4), de que deriva *apolytrôsis* e *antilytron* (Rm 3,24; Ef 1,14; Cl 1,14; 1Tm 2,6), que significa "libertar". Com esse verbo os LXX traduzem os verbos hebraicos *padah* e *ga'al*: YHWH que libera Israel da escravidão do Egito (Ex 6,6-7; Dt 7,6-8; Sl 111,9) e, mais tarde, da escravidão da Babilônia, como novo êxodo de Israel (Is 51,11; 52,3-8), a qual, por sua vez, prefigura a libertação que Deus realizará nos tempos messiânicos (Mi 4,10; 6,4; Zc 10,8; Is 35,9; 43,14 etc.). Mas o protótipo de todas as redenções é da escravidão do Egito, que, na intenção de Deus, estava ordenada a uma tomada de posse, mediante uma aliança (Ex 6-7; 15,16; 19,5; Is 43,21), em virtude da qual Israel se torna especial propriedade de Deus entre todos os povos (Ex 19,5-9). Também a redenção realizada por Cristo é vista à luz da Páscoa e da aliança do Sinai: Jesus Cristo "se entregou a si mesmo por nós, a fim de nos resgatar de toda a iniquidade e purificar um povo que lhe pertença" (Tt 2,14). Nesse texto o verbo "libertar" alude à Páscoa (Dt 7,8) e "purificar-se", ao pacto do Sinai (Ex 19,5-6). Desse modo, a redenção realizada por Cristo se apresenta como continuação e aperfeiçoamento das intervenções salvíficas realizadas por Deus no passado; 2) *agorazein* = comprar (1Cor 6,20; 7,23; Gl 3,13; 4,5); em 1Cor 6,20 e 7,23 fala-se de pagamento de um preço; mas se trata de termos jurídicos destinados a tornar mais compreensível a natureza e a eficácia da redenção: não parece provável a alusão à instituição da *manumissio*, segundo a qual, mediante uma ficção jurídica, se imaginava que um deus pagasse pela libertação do escravo; na realidade era esse último quem desembolsava a soma necessária; 3) *hilastêrion* = expiação (Rm 3,25), palavra com a qual os LXX traduzem o hebraico *kappōret*, que indica a tampa da Arca considerada o trono de Deus e instrumento de purificação, quando no dia da Expiação era aspergida com o sangue das vítimas (Lv 16,14-15). No ensinamento de Paulo, essa liturgia sacrifical era tipo da expiação realizada por Jesus (Hb 9,5); com efeito, nele Deus se torna presente porque nele "habita corporalmente toda a plenitude da divindade" (Cl 2,9) e o seu corpo sacrificado na cruz é instrumento de reconciliação com Deus. O aspecto sacrifical da morte de Cristo é expresso ainda mais claramente em 1Cor 5,7; 11,24-25 (= o rito eucarístico é o sacrifício da nova aliança; cf. Ex 24,8) e em todos os textos nos quais a redenção é posta em relação com a efusão do sangue (Rm 3,25; 5,9; Ef 1,7; 2,13; Cl 1,20). Alguns autores entendem essa expiação como substituição penal: Deus teria punido em Cristo inocente os pecados dos homens (segundo Lutero e Calvino, Cristo teria sofrido também as penas do inferno); hoje tudo isso se explica com a doutrina da "solidariedade": Cristo toma sobre si os nossos pecados para os cancelar, mas ele age como nosso representante; em virtude dessa solidariedade é toda a humanidade que nele e por ele expia e obtém o perdão. É à luz dessa doutrina que devem ser entendidos os textos difíceis que parecem favorecer a tese da "justiça vindicativa" (2Cor 5,21; Gl 3,13; Cl 13-14; Rm 8,32); também a preposição *yper* não deve ser traduzida como "no lugar de", mas "em favor de". Porém, apesar desses argumentos, não parece que se deva excluir do conceito de redenção todo aspecto de "justiça vindicativa". Com efeito, o ato com que o Pai inspira o Filho a sofrer voluntariamente por nós jamais é entendido como um ato de amor do Pai para com o Filho; vemos Jesus que freme ao se aproximar a hora da paixão (Jo 12,26-28); no Getsêmani, sua sangue, pede três vezes ao Pai que afaste dele o "cálice" (Lc 22,42), tem necessidade do anjo confortador (Lc 22,42-45); a submissão à vontade do Pai é um ato de obediência (Rm 5,19; cf. também

Hb 5, 7-10) até a morte de cruz (Fl 2,8). Com razão, portanto, afirma Santo Tomás que "é ímpio e cruel entregar à paixão e à morte um homem inocente, contra a vontade dele. Não foi assim, porém, que Deus Pai entregou Cristo, mas sim por lhe ter inspirado a vontade de sofrer por nós. Nisso se demonstra tanto a 'severidade de Deus', que não quis perdoar os pecados sem uma pena [*poena*], o que observa o Apóstolo, quando diz: 'Não poupou seu próprio Filho', como a sua bondade, pois, dado que o homem não podia dar uma satisfação suficiente por meio de alguma pena que sofresse, deu-lhe alguém para cumprir essa satisfação" (*STh*. III, q. 47, a. 3, ad 1).

Mas a redenção é sobretudo obra do amor do Pai e do Filho; do Pai para com o homem pecador (Rm 5,5-8; 8,32. 35-39); do Filho para com o Pai mediante um ato de obediência que repara a desobediência do primeiro homem (Rm 5,19; Fl 2,6) e para com os homens (Rm 5,7; 8,34); com efeito, ele nos amou (Gl 2,20) e se entregou a si mesmo por nós, pelos nossos pecados (Gl 1,4; 2,20; Ef 5,2.25). A obra de salvação realizada por Cristo é chamada, com um termo geral, de *sôtêria* = salvação (Ef 1,13; 2Cor 6,2) ou de *eleutheria* = libertação (2Cor 3,17; Gl 2,4; 5,1). Veremos a seguir a amplitude dessa libertação.

Mas o mistério da redenção inclui como elemento essencial também a ressurreição: morte e ressurreição são dois aspectos do mesmo mistério; com efeito, é com a → RESSURREIÇÃO que Jesus entra na sua glória. Mas essa exaltação tem para nós um valor soteriológico: foi "entregue por nossas faltas e ressuscitado para nossa justificação" (Rm 4,25); se Cristo não ressuscitou, estamos ainda nos nossos pecados (1Cor 15,17.45; cf. também 2Cor 4,14; Gl 2,20; Rm 6,4.5.11; 8,9.11.29; Ef 1,20-23); com efeito, tendo se tornado na ressurreição e ascensão "espírito vivificante", pode enviar o seu Espírito "como primeiro dom aos crentes para cumprir toda santificação". A redenção é uma libertação, ordenada, porém, a uma tomada de posse, mediante um contrato de aliança sancionado pelo sangue de Cristo, do qual parece deva se excluir toda ideia de "preço pago por um outro". É no mistério da redenção, no seu duplo aspecto de morte e de vida (ressurreição) que todo cristão é inserido mediante a fé e o batismo.

Vocação. É a realização no tempo da eleição feita por Deus desde a eternidade (Ef 1,4); em Rm 10,14-19 enumeram-se os atos com os quais Deus faz sentir o seu chamado ao eleito e em cada um dos quais se manifesta a graça de Deus. Toda vocação tem como objeto uma missão: os fiéis são chamados à fé para serem "santos e irrepreensíveis" mediante a adoção como filhos (Ef 1,4-5) ou a conformidade "com a imagem do Filho de Deus" (Rm 8,29). Paulo lembra muitas vezes nas cartas o seu chamado, que apresenta ora como vocação (Gl 1,5), ora como conversão (Fl 3,4-6.12-14). É uma graça que teve profunda influência sobre sua alma e que ele teve sempre presente até o termo da sua vida (1Tm 1,12-14) com sentimentos de gratidão e de profunda humildade (1Cor 15,8-10). À sua vocação está intimamente unida a sua missão de apóstolo dos gentios (Gl 2,7-9; Rm 1,5; 11,13; 15,15.18; 16,26; Ef 1,2); em virtude dessa missão ele é igual aos Doze (1Cor 9,1), porque chamado diretamente por Cristo (Gl 1,15-16), e testemunha da sua ressurreição (1Cor 9,1; 15,7), é embaixador de Cristo (2Cor 5,20); por isso, esse ministério é um serviço (2Cor 3,6; 6,4; 11,23; Ef 3,7), em favor da Igreja (2Cor 11,2; Fl 1,11-14) e dos fiéis (2Cor 4,5), que exige fidelidade (1Cor 4,2), seriedade (Cl 4,7), desinteresse (2Cor 11,7-12), dedicação total (Fl 2,20-21), perseverança (2Cor 4,16-18).

Escolha do Apóstolo: Deus não escolhe sábios ou escribas, mas gente humilde (1Cor 1,19-20) para fazer resplandecer a sua glória (1Cor 1,29).

Doutrina a ser anunciada: é o Evangelho (1Ts 2,2; 3,2), praticamente Cristo crucificado (Gl 3,1), loucura e escândalo para o mundo (1Cor 1,23), mas para os fiéis "sabedoria de Deus" (1Cor 1,21): portanto, o seu anúncio é um ministério de luz (2Cor 4,3-6), de alegria (2Cor 1,24), de reconciliação (2Cor 5,20-21).

Difusão do Evangelho: sendo o ministério apostólico escândalo para o mundo (1Cor 1,23), encontrará inevitavelmente oposição. É, portanto, uma luta (1Ts 2,2; 1Cor 4,9-13; Cl 4,12); as dificuldades se descrevem em 2Cor 6,3.11.23; o Senhor possui armas poderosas (2Cor 6,7) capazes de submeter a Cristo todo intelecto (2Cor 10,4-5) e que são o poder de Deus e os → DONS DO ESPÍRITO SANTO (1Cor 2,4; 2Cor 6,7). A ajuda da graça não impede as derrotas momentâneas (2Cor 4,7-9), mas a vitória final é sempre do Apóstolo. Desse modo, ele completa na sua carne o que nunca falta à paixão de Cristo em favor do seu corpo que é a Igreja (Cl 1,24): é a *nekrôsis* = estado de morte em que se encontra continuamente o Apóstolo na imitação de Cristo, para comunicar aos fiéis a vida da graça.

Justificação — Justiça de Deus. Tema fundamental na teologia paulina é a justificação do homem independentemente das obras da lei (Gl 2,16-21; Rm 3,28; Ef 2,8); o termo "justificação" está intimamente unido à frase "justiça de Deus"; estudos recentes demonstraram que se trata do atributo de Deus que tem como efeito a proteção e a salvação do povo eleito: Deus é justo, não somente quando pune, mas quando salva (Ex 15,7; Mi 7,9; Is sobretudo 45,21; 51,1; 56,1; Sl 85; 40,10-12; 98,2-3); nesses textos a justiça de Deus está sempre em relação com a sua bondade, fidelidade, misericórdia, salvação; com efeito, o conceito bíblico de justiça é o de conformidade no agir com uma norma estabelecida; Deus é justo quando opera conforme o plano de salvação por ele traçado; o atributo que se opõe à justiça é a ira, a qual se exerce sobre os que estão fora da salvação: os pagãos e os judeus (Rm 1,18-32; 2,1-3.20). Essa noção é também a de Paulo, como se vê em Rm 3,21-26; por esse motivo o Apóstolo apresenta o seu Evangelho como revelação da justiça de Deus (Rm 1,17) e a redenção como manifestação da justiça de Deus em Cristo (Rm 3,25). Esse atributo divino, sendo justiça salvífica, produz como efeito no homem a justificação que se obtém mediante a fé.

— A fé. É uma virtude que tem sede na inteligência; de fato, é aceitação do Evangelho como palavra de Deus e não dos homens (1Ts 2,13); é muitas vezes representada como "conhecimento" (Cl 1,10; 2,2; Ef 3,9; 2Cor 4,6) ou "sabedoria" (1Cor 2,2-10); a atividade apostólica tende a fazer todo intelecto prisioneiro de Cristo (2Cor 10,5-6). Seu objeto são todas as verdades reveladas (= fé objetiva) que nas cartas pastorais são chamadas "depósito" (1Tm 6,20; 2Tm 1,12-14; 2,2) ou "sã doutrina" (1Tm 1,10; Tt 1,9) entre as quais emerge o mistério da redenção no seu aspecto de morte e de vida, ou seja, Cristo salvador (Gl 2,16-20; Rm 3,21-26).

Mas a fé está também sob a influência da vontade porque o seu objeto não tem evidência intrínseca (1Cor 1,23: repugnância de ver na cruz a causa da nossa salvação). Essa aceitação é livre (Gl 4,9; 1Cor 8,3; Rm 12,3 etc.), e a oferta de Deus pode ser recusada (2Ts 3,2); todavia, jamais é chamada de obra meritória: a fé é dom absoluto de Deus (2Ts 3,2; Rm 1,16-17; 3, 21-31; 4,3; Gl 3,2-14.19-29; Ef 2,2). A influência da vontade faz com que a fé não seja apenas "escuta", mas também "obediência": fala-se de obediência à fé (Rm 1,5; 16,26), ao Evangelho (2Ts 1,8; Rm 10,16), e é a fé "que age pelo amor" (Gl 5,6); portanto, não é apenas adesão do intelecto às verdades reveladas, mas dedicação, submissão total do homem ao querer de Deus. Nesse sentido, o conceito de fé, que encontramos no Novo Testamento, e especialmente em Paulo, continua, aperfeiçoando-o, o mesmo conceito que tinha no Antigo Testamento. A fé é apresentada como resposta do homem a Deus que se revela com as palavras e com as obras: sob o primeiro aspecto ele é não somente infinitamente sábio, mas também verdadeiro, as suas palavras se realizam sempre (1Rs 8,26; Is 53,3; Sl 89,50); sob outro aspecto, revela-se como onipotente: ele é a força, o rochedo, o escudo, a torre de Israel, libertador (Gn 49,24; Sl 18,1-2). Mas o homem é carne, ou seja, fraqueza, enfermidade, mortalidade. A resposta do homem a Deus que se revela é o reconhecer-se criatura, em tudo dependente dele, um abandonar-se confiante ao Senhor verdadeiro e fiel, onipotente e fonte de salvação. O homem se mostra como o mendigo, que tudo espera da misericórdia de Deus, sem que possa apresentar direito algum (Rm 3,27; 11,35). Desse modo, Paulo põe a salvo a absoluta liberdade e transcendência de Deus contra o que ensinavam os fariseus a propósito da justificação mediante as obras da lei, fazendo de Deus um devedor do homem. Essa doutrina, além de tornar supérfluo o sacrifício da cruz (Gl 2,21; Rm 4,4), ameaçava também o universalismo cristão, dado que era defendida também pelos judaizantes: implicava, de fato, o conhecimento de toda a lei de Moisés e a obrigação de observar todos os seus preceitos. A fé, porém, como é apresentada pela Escritura, não requer longos estudos e está ao alcance de todos (Rm 10,6-8): exige somente reconhecer-se como criatura dependente em tudo de Deus: é, portanto, uma atitude religiosa acima de todos os nacionalismos. O protótipo dessa fé que salva é o patriarca Abraão (Gn 15,6; Gl 3,6; Rm 4,3.9.22.23). Esse princípio de salvação vale também para todos aqueles que "caminham nas pegadas da fé de nosso pai Abraão" (Rm 4,12); "são os que creem que são filhos de Abraão" (Gl 3,7): eles são o novo Israel de Deus (Gl 3,29; 6,16; Rm 9,6-8).

— Fé e batismo. A fé, sendo completa submissão a Cristo, inclui também a obediência ao preceito de receber o batismo. O texto clássico é Rm 6,1-14, em que esse sacramento é apresentado como um "enxerto" no mistério da morte e ressurreição de Cristo; no texto não se fala diretamente de "ressurreição", mas da obrigação de "levar uma vida nova" (v. 4). A afirmação explícita está em Cl 2,12; na Carta a Tito (3,5-6), o sacramento é apresentado como "banho do novo nascimento e da renovação que o Espírito Santo produz" (cf. também Ef 5,26). O duplo aspecto de morte e de vida é indicado por Paulo com uma série de substantivos e verbos compostos com a preposição *syn* = com, junto: coplantados (= enxertados, tornados uma mesma planta, assimilados: Rm 6,5); com o mesmo corpo (= cocorpóreos, membros do mesmo corpo: Ef 3,6); ser crucificado com ele (Rm 6,6; Gl 2.20); morrer junto (2Cor 7,3); sepultados com ele (Rm 6,4; Cl 2,12); sofrer junto (1Cor 12,26); ressuscitar junto (Ef 2,6; Cl 3,1; 2,12); coerdeiros com parte na sua glória (Rm 8,17); reinar com (1Cor 4,8; 2Tm 2,12); sentar junto (Ef. 2,16); vivificar junto (Ef 2,5; Cl 2,13). Agora a morte, que se deu misticamente e num só instante no batismo, deve continuar na vida do cristão, crucificando, dia a dia, tudo o que nele fica de velho homem, para fortalecer a nova vida.

Os efeitos do batismo são: *negativos* — destruição do pecado (Rm 6,5), reconciliação com Deus (2Cor 5,18-20; Cl 1,20-21); justificação: não mera imputação externa dos méritos de Cristo (Lutero), mas "nova criação realizada pelo Espírito de Deus" (J. Jeremias); *positivos* — o sacramento faz uma regeneração (Tt 3,5: *paliggenesia*); uma nova vida em Cristo (Rm 6,11; 8,2); nasce uma nova criatura (Gl 6,5) de que deriva a obrigação de "levar uma vida nova" (Rm 6,4), para se despojar totalmente do velho homem e se revestir cada vez mais do novo, criado segundo Deus na justiça e na santidade (Ef 4,5); outro termo de origem grega para indicar o efeito do batismo é "homem interior", oposto a "homem exterior" (= parte material, fraca, mortal): enquanto esse último vai se desfazendo, o outro se renova dia a dia (2Cor 4,6; Cl 3,10); a adoção como filhos (*yiothesia*), não mera ficção jurídica, mas real participação da natureza divina (2Pd 1,4; Gl 3,26-28; 4,7): descrevem-se as qualidades dos filhos de Deus (cf. também Rm 8,14-20); se somos filhos, somos também "herdeiros" (Ef 2,19; Cl 1,12); em "comunhão" com Cristo (1Cor 1,9), com o corpo de Cristo (1Cor 10,16), com as dores de Cristo (Fl 3,10), na fé (Fl 6), no Espírito (2Cor 13,13); nesse estado de amizade com Deus fundam-se os títulos com os quais Paulo designa os fiéis: chamados (Rm 8,28; 1Cor 1,24); eleitos (Rm 8,23); amados por Deus (Cl 3,12); santos (Rm 1,7; 12,13; Ef 1,4); irmãos (muito frequente); salvos (grego: *sôzomenoi* = vivos na âmbito da salvação: 1Cor 1,18).

— Relações com as três Pessoas divinas. *Com o Pai*: somos realmente filhos, mas adotivos (Gl 4,5; Rm 8,15-23); em virtude dessa dignidade, podemos chamar Deus de "Abbá" (= papai, pai: Gl 4,6; Rm 8,14-16); para nos comportar como filhos, recebemos "um Espírito que faz de nós filhos adotivos" (Rm 8,15), disposição de ânimo que nos estimula a agir não por temor, mas por amor (Rm 8,15-17), vivendo em tudo para Deus (Rm 6,10), em contínuo reconhecimento (Cl 3,15), que se exprime "para louvor da sua glória" (Ef 1,12.14), com a qual fomos predilecionados desde a eternidade (Ef 1,4-5); a certeza desse amor é fonte de alegria e de paz, mesmo em meio às maiores dificuldades (Rm 8,28). A relação filial pode ser quebrada pelo pecado, mas se tornará estável na eternidade (Cl 3,3), quando Deus será tudo em todos (1Cor 15,28). Na espera, o fiel será "imitador de Deus como filho caríssimo", especialmente no amor para com os irmãos (Ef 5,1 ss.).

Com Cristo: com essa frase e especialmente com a fórmula "em Cristo" (164 vezes em Paulo) indica-se a união que se cria no batismo entre Cristo e o fiel: pela primeira vez, em virtude da filiação adotiva, ela começa a "ser conforme a imagem do Filho de Deus". Essa união, que é quase identificação, é expressa também com as frases: em Cristo, viver em Cristo (Rm 6,11; Gl 2,20), estar em Cristo (Rm 8,1), estar unido aos sofrimentos de Cristo (2Cor 4,10; Fl 3,10; Cl 1,24), Cristo em nós (Ef 3,17). Essa comunhão de vida está em função da salvação; com efeito: em Cristo o homem morre ao pecado e ressurge para nova vida (1Cor 15,22; Rm 6,11; 8,2), a ele é conferida a justiça (2Cor 5,21), encontra a salvação (2Tm 2,10), porque em Cristo nos é comunicada a redenção (Rm 3,24; Cl 1,14).

A união não é estática, mas dinâmica: fala-se de nos despojarmos do homem velho para nos revestirmos de Cristo (Gl 3,26-27; Ef 4,25), do homem interior que se renova dia a dia (2Cor 4,6), de crescer, de superabundar na fé, no amor (1Ts 3,12; Ef 4,15); por força desse dinamismo a união pode ser ainda objeto de experiência, portanto "radicalmente" todos os cristãos são "místicos", em virtude dos dons infusos no batismo; em sentido estrito, porém, místicos são aqueles que gozam de tal experiência. Paulo, com efeito, afirma que o seu Evangelho tem uma diferente ressonância nos fiéis proporcional à sua maturidade espiritual: há os "perfeitos" e os "carnais" (1Cor 2,16); além disso, os fiéis receberam dons de sabedoria e de discernimento para poder penetrar o mistério; o Apóstolo pede ao → PAI CELESTE que dê aos fiéis um espírito de sabedoria e de revelação para um mais profundo conhecimento do mistério, que ilumine os olhos do coração (Ef 1,15-19): trata-se de conhecimento amoroso porque tem como efeito caminhar de maneira "digna do Senhor,[...] produzindo fruto e progredindo no verdadeiro conhecimento de Deus" (Cl 1,10). A união com Cristo diz respeito tanto ao ser quanto ao agir: somos transfigurados em sua imagem (2Cor 3,18), somos conformes à sua imagem (Rm 8,29), somos uma "nova criatura", somos "filhos"; essa quase identificação não é absorção de uma pessoa na outra, porque elas continuam distintas; além disso, embora Paulo seja um verdadeiro místico, apresenta essa união íntima com Cristo como patrimônio de todos os fiéis: não depende, portanto, dessa experiência: essa união, destinada a se tornar cada vez mais íntima (Ef 4,13), tende para um estado final, para além do tempo, no qual, embora estando "em Cristo", estaremos sempre "com Cristo" (1Ts 4,17): somente então a redenção e, portanto, a salvação será perfeita (1Cor 15,26-28).

Com o Espírito Santo: também o Espírito está presente nos batizados: estamos no Espírito (1Cor 1,2; Rm 15,16). Essa última frase nos revela qual a atividade do Espírito em referência à nossa salvação: é o santificador. Essa atividade santificante tem início no batismo: ele cria o nosso ser em "Cristo" (1Cor 6,11; Tt 3,5), elevando-nos à dignidade de filhos de Deus (Gl 4,6-8; Rm 8,14-16); depois do batismo fica em nós e conosco como "dom" do Pai (Gl 3,5): habita estavelmente os fiéis (Rm 8, 11.13-14); os efeitos produzidos na alma são indicados com a frase "primícias do Espírito" (Rm 8,23) ou *arrabôn* = penhor dos bens futuros. Em Gl 5,22 enumeram-se os "frutos do Espírito" opostos aos da "carne": o primeiro é o amor. Em particular, com a sua presença, o Espírito: transforma-nos em Templo de Deus (1Cor 6,16-19), presença dinâmica como a de YHWH no Templo de Jerusalém, e que obriga o cristão a oferecer um culto espiritual: o seu corpo como hóstia viva (Rm 6,19; 12,1-2); é *luz* que aclara os corações (Ef 1,18), faz apreciar os dons de Deus (1Cor 2,10-14), torna-nos conscientes de sermos filhos de Deus (Gl 4,6; Rm 8,16) e da grandeza da vocação cristã (Ef 1,16-19); faz conhecer a genuinidade dos carismas (1Cor 12,3); "marca"-nos como propriedade de Deus (Ef 1,14; 4,30); é *força interior* que ajuda a vencer os apetites da carne (Gl 5,17; Rm 5,8), socorre a nossa fraqueza na oração, intercedendo "segundo Deus" (Rm 8,26-27); mas sobretudo é *espírito de liberdade* (2Cor 5,17; Gl 5,13; Rm 8,2) do *pecado*, criando em nós a "nova criatura" (2Cor 5,17; Rm 8,10); da *morte física*: é princípio de ressurreição (Rm 8,11); da *carne*, fazendo-nos aspirar às coisas do Espírito (Rm 8,5-6); da *lei*: a economia da lei foi substituída pela economia do Espírito (2Cor 3,6), o que a lei como simples norma externa não podia fazer torna-se possível pelo Espírito, princípio interior de iluminação que nos faz aceitar a lei não como palavra dos homens, mas de Deus; é, sobretudo, força vital que transforma a vontade e o coração; é a economia da graça que Paulo chama de "a lei da fé" (Rm 3,27), lei de Cristo (Gl 6,2), lei do Espírito (Rm 8,2), que se resume no amor (Gl 5,14; Rm 13,8), efundida nos corações pelo Espírito (Rm 5,5), mediante a qual os fiéis se tornam servos de Deus (Rm 6,22), da justiça (Rm 6,16-18), escravos de Cristo (1Cor 7,22). Essa interiorização da lei, devida à presença do Espírito em nós, é imperfeita, porém, porque temos apenas a "primazia do Espírito"; nós o possuímos, mas como "penhor" (Rm 8,3; 2Cor 5,5; Ef 1,14): se o possuíssemos em plenitude, toda lei externa seria supérflua; vemos, porém, que também no homem regenerado existe o conflito entre "espírito" e "carne" (Gl 5,16-18): trata-se, portanto, de uma liberdade inicial; mas quanto mais a caridade se torna operante, tanto mais a lei perde o seu aspecto de coerção para se tornar apenas manifestação da vontade de Deus, cumprida por amor: ato sumamente humano; de fato, "o perfeito amor lança fora o temor, [...] e o que teme não é perfeito no amor"(1Jo 4,18). É *espírito de liberdade* de *satanás*: mediante a adoção como filhos passamos das trevas e fomos transferidos para o reino do Filho do seu amor (de Deus: Cl 1,13); a criação está livre da *vaidade* e da *corrupção*, porque quanto mais formos dóceis às moções do Espírito, tanto mais descobriremos na criação a marca de Deus; é *comunicador de vida eterna* (Gl 6,8). Paulo indica também qual deve ser o nosso comportamento com o hóspede de nossas almas: não extinguir o Espírito (1Ts 5,19), fala-se diretamente dos carismas, que têm, porém, valor somente se unidos à caridade (1Cor 13,1-3); não entristecer o Espírito, pecando contra a caridade e a unidade (Ef 4,30); caminhar no Espírito mortificando as obras da carne (Rm 8,5-8.12-13); sermos dóceis às suas santas moções: os que se deixam guiar pelo Espírito de Deus são filhos de Deus (Rm 8,14); estarmos repletos do Espírito (Ef 5,18) para ficarmos firmes na nossa vocação (Ef 4,4).

— As virtudes teologais. *Fé*: essa virtude, princípio da justificação, fica no fiel "para além do ato batismal, que aconteceu uma vez por todas! (R. Schnackenburg); por meio da fé, as verdades reveladas — fé objetiva — se tornam norma de vida: é a obediência da fé. Sob esse aspecto, o verbo "saber" tão frequente nas cartas paulinas torna-se sinônimo de "crer": é uma ciência sobrenatural à qual Paulo refere continuamente os seus discípulos, especialmente com a fórmula: "não sabeis que...?" (Gl 3,2-7; 1Cor 6,16; 2Cor 1,7; Rm 6,3.8-9 etc.). Não é estática, mas dinâmica (Rm 1,18: de fé em fé); se se crê com o coração, é necessária também a "confissão" para sermos salvos (Rm 10,10): é a fé que se torna operante mediante a caridade (Gl 5,6). No conhecimento de fé há vários graus: os fracos e os fortes (1Cor 8,7-13; Rm 14,15-17), os carnais e os espirituais (1Cor 3,1-4); há, pois, um conhecimento que diz respeito à penetração do mistério, mediante os dons da sabedoria e inteligência (1Cor 2,6-3,4), destinada a tornar o cristão "perfeito em Cristo" (Cl 1,18), "fazer habitar Cristo nos corações" (Ef 3,17). A fé é transitória: a ela sucederá a visão (1Cor 13,12; 2Cor 5,7).

Esperança: faz-nos aspirar aos bens futuros que parcialmente já possuímos: é na esperança que fostes salvos (Rm 8,24; Gl 5,5); por isso, o cristão é aquele que vive à espera da bem-aventurada esperança (Tt 2,13). Objeto da esperança, pois, é: a salvação final (Rm 2,7; Tt 1,2), a ressurreição gloriosa (Rm 8,21: inclusive libertar da vaidade e da corrupção a criação), a parúsia (1Ts 4,15; 2Ts 2,8; Tt 2,13). O fundamento da esperança é: o amor de Deus (2Ts 2,16; Rm 5,5), a onipotência de Deus que já se manifestou na ressurreição de Jesus (Rm 8,11; 2Cor 13,4; Ef 1,19), a fidelidade de Deus às suas promessas (Tt 1,2), a posse inicial do Espírito (Rm 8,11; Gl 5,5; Ef 1,14). Esses motivos tornam "certa" a nossa esperança (Rm 5,5; Tt 1,2), desde que correspondamos ao amor de Deus (Cl 1,23). Por isso, a esperança é fonte de consolações (1Ts 4,13; Rm 12,12); pode se tornar cada vez mais firme (Rm 15,13). Também a esperança terá fim com a posse perfeita e estável dos bens esperados: na expectativa temos de ser perseverantes (Rm 8,24); é uma virtude fundamental na vida espiritual, porque nos afasta do mundo, fazendo-nos aspirar continuamente ao céu (Cl 3,1-2); na Carta aos Hebreus é chamada "âncora" da alma: une-nos, de fato, aos bens eternos e imutáveis.

Caridade: é a participação no amor de Deus, que se manifesta no plano da salvação (Rm 8,28; Ef 1, 4-11), especialmente no mistério da redenção (Rm 5,7 ss.) e que Cristo mostrou com a morte de cruz (2Cor 5,14; Gl 2.20; Ef 5,25-28), amor que supera todo conhecimento (Ef 3,19), efundido nos corações com o dom do Espírito (Gl 5,22). A caridade faz habitar a Trindade na alma (2Cor 13,13); nessa virtude se resume toda a Lei, cuja plenitude é o amor (Rm 13,8-10): é o vínculo da perfeição (Cl 3,14); deve se manifestar com as obras, especialmente com o amor fraterno cujas qualidades são admiravelmente descritas em 1Cor 13,4-7 (= o hino do amor); é, portanto, "serviço" a favor dos irmãos (Gl 5,13), feito de humildade, solicitude, desinteresse (Rm 12,9-16); a obrigação de amar não pode ser extinta (Rm 13,8); regula a ciência dos fortes para que não deem escândalo ao fracos (1Cor 8,17; Rm 14,14-23); recomenda-se insistentemente a esmola (Gl 2,20; 2Cor 8,1-16), a hospitalidade (Gl 5,13; Rm 12,7.13; 15,1-2); a caridade se estende também aos inimigos (Rm 12,17-21); é superior não somente aos carismas mais altos (1Cor 13,1 ss.), mas também à fé que torna operosa (Gl 5,6) e à esperança de que é sustento (Rm 5,5); os fiéis devem não só crescer, mas abundar no amor (1Ts 3,12; 2Cor 8,7) para atingir a estatura do homem perfeito (Ef 4,13); unida à fé pode dar um conhecimento amoroso do mistério (Cl 2,5) e das dimensões do amor de Cristo (Ef 3,17-19): será perfeita quando à fé suceder a visão e à esperança, a posse. Alguns autores em 1Cor 13,13, ao traduzirem *nyni* por "embora" em vez de "agora", "no presente", veem afirmada a permanência da fé e da esperança também na eternidade: o que é possível, mas difícil de explicar.

Outras virtudes: a caridade é vínculo de outras virtudes das quais fazemos somente uma breve e incompleta enumeração: a prudência (Tt 2,5-6), a confiança (2Cor 3,4.12), a sinceridade (2Cor 6,5), a castidade (1Cor 6,18-20), a humildade (Cl 3,12; Fl 2,1-11), a mansidão (2Cor 10,1), a piedade (*eusebeia*), ou seja, a virtude de religião (2Tm 3,12), a perseverança (*ypomonê*: resistência ativa para sermos vitoriosos nas provas: Rm 5,3; 2Cor 12,12; 6,4; Rm 15,5); é uma virtude intimamente ligada à esperança (Rm 5,3).

Santificação. Observações preliminares. Em virtude da justificação, os fiéis se encontram no âmbito da salvação; com efeito, estão livres (Gl 5,1) do pecado (Rm 6,18-23), do poder das trevas (Cl 1,13-14), da carne (Rm 8,9), do mundo (Gl 6,4), são filhos de Deus e herdeiros (Rm 8,14-19), uma nova criação (Gl 6,15), de posse do Espírito (Gl 4,6), Templo de Deus (1Cor 6,19-20), em paz com Deus (Rm 5,1) etc. Esse estado de amizade é expresso pela palavra *dikaiosynê* = estado de justiça (Rm 5,17.21; 8,10), passagem do estado de pecado ao estado de amizade com Deus; ou por *agiôsynê* = estado de santidade (2Cor 7,1; 1Ts 3,13), ou seja, de consagração a Deus, de separação de tudo o que é profano. Esse estado de justiça-santidade é indicado também por uma série de verbos no modo indicativo, chamado por esse motivo de "indicativo da salvação". Mas ao lado dessa forma verbal encontramos também uma série de verbos no imperativo, chamado "ético" porque tem como finalidade fazer traduzir na prática, de aperfeiçoar as divinas realidades recebidas no batismo. Muitos desses imperativos têm um significado negativo: detestar, combater, não se conformar, crucificar, depor, destruir, mortificar, renegar, e têm como objeto: a carne, o século presente, o mundo, o velho homem, a impiedade, a obra das trevas... (Gl 5,24; 6,14; Rm 6,8.11; 12,2-9; Cl 3,5; Ef 6,11 etc.); outros, porém, têm um significado positivo: obedecer, aspirar, superabundar, caminhar, procurar, crescer, frutificar, imitar, renovar, e têm como objeto: a fé, a esperança, a caridade, o espírito, as obras boas, o homem interior, o homem novo, a vida nova, Cristo, a lei de Deus (1Ts 3,12; Gl 5,15; Rm 6,1-4; 7,4; Ef 5,12 etc.); as duas séries de verbos se referem ao duplo efeito do batismo: inserção em Cristo, no mistério da sua morte-ressurreição. Como vemos, o estado de justiça-santidade inclui a obrigação da "santificação" (*agiasmos*), escopo da vocação cristã (1Ts 4,13; 5,23; Rm 6,19-22). O imperativo ético nos faz conhecer que a salvação deve ser levada a cabo também com a colaboração da vontade ajudada pela graça (2Cor 12,9; Fl 4,13) e que o batizado está salvo apenas em princípio; com efeito: a vida nova, aqui na terra, está escondida de Deus e deve ainda se manifestar (Gl 2,20; Rm 6,11), possuímos o Espírito, mas somente como primícias e penhor (2Cor 1,22; Rm 8,23), vivemos na fé e não na visão (1Cor 13,12; 2Cor 5,7), fomos salvos somente em esperança (Rm 8,24; Tt 2,13). Cria-se, portanto, um contraste entre o que fica em nós da antiga escravidão ao pecado e o dom da salvação, que tende à sua perfeita realização. Essa luta tem origem na presença do Espírito em nós; antes da infusão desse dom, o homem podia desejar e querer o bem, mas sem ter a força de cumpri-lo, escravo como era da carne e das paixões (Rm 7,21). Inserido em Cristo, ele pode opor à força do pecado, da morte, da carne a força do Espírito da vida (Rm 8,2), com a possibilidade de caminhar segundo a carne ou segundo o Espírito (Rm 8,4.5.22; 6,21-22).

— Dever de santificar-se. Essa obrigação se funda em vários motivos: o perigo de perder o dom da justificação; é dessa possibilidade que derivam as exortações de não recair nos antigos pecados para não sermos excluídos do Reino de Deus (cf. os catálogos dos pecados: Gl 5,19-21; Rm 1,24-32; 1Cor 6,9), a ameaça de sermos condenados pelo tribunal de Deus (2Cor 5,10; Rm 14,10-12), como também a lembrança das penas infligidas a Israel por sua infidelidade (1Cor 10,11 ss.). Mas sobretudo o dever de aperfeiçoar a vida da graça: com efeito, o estado dos fiéis, logo depois do batismo, é comparado ao das "crianças" (*nêpioi*): esse estado tornar-se-ia culpável se deixasse de se desenvolver, aperfeiçoar a vida da nova criatura, nascida das águas do batismo, ficando espiritualmente imaturos: esse é o caso contemplado em 1Cor 7,1 (cf. Ef 4,14; Hb 5,11-14); é necessário, portanto, que a "criança" se torne "homem perfeito" (Ef 4,13; Cl 1,28), o fraco se torne forte (Rm 15,1; 2Cor 13,9.11), sábio (Rm 16,19; 1Cor 3,8; Ef 5,15) ou perfeito (Fl 3,15); esse crescimento acontece pela obediência dócil às santas moções do Espírito (Rm 8,4). Como vemos, o ponto de partida nesse empenho de santificação é a "criança", "o homem novo" nascido do batismo (Cl 3,10), "criado segundo Deus na justiça e na santidade que vêm da verdade" (Ef 4,24). É um trabalho que compromete toda a vida porque o *to teleion*, ou seja, a perfeição, é um termo que se encontra para além do tempo e se consegue plenamente na visão de Deus (1Cor 13,10).

— Os inimigos a serem combatidos: *a carne*: entendida em sentido ético, ou seja, o homem inteiro, alma e corpo, como sujeito às paixões que procuram afastá-lo de Deus. Vimos que a essas tendências Paulo dá o nome de apetites (2Tm 3,7) qualificadas como ignominiosas (Rm 1,24.26) ou más (Cl 3,5): se postas em prática, produzem frutos de morte, ou da carne (Gl 5,7), que dizem respeito não somente aos pecados contra a pureza, mas também contra a caridade, a temperança, a religião. Em virtude da luta, começa a lenta subida da nova criatura em direção ao homem perfeito (Cl 1,28); também o corpo passa gradualmente pela espiritualização, à medida que vai se subtraindo ao domínio dos instintos; a completa espiritualização acontecerá na ressurreição gloriosa, quando o corpo de pecado, de carne, de morte se tornar corpo de glória. O corpo, portanto, não é intrinsecamente mau como considerava o dualismo gnóstico ou a filosofia platônica e estoica (corpo = cárcere da alma): isso explica a condenação dos falsos doutores que proibiam o casamento (1Tm 4,2). Entre os pecados da carne, Paulo condena especialmente a idolatria (Rm 1,21-23) que submete a criação à vaidade e à corrupção (Rm 8,20); mas o pecado não corrompeu intrinsecamente a natureza, por isso é condenado também todo ascetismo supersticioso (Cl 2,28; 1Tm 4,2-5): tudo é puro para os puros (Tt 1,5); idolatria é também qualquer submissão às criaturas (Cl 3,5: a cupidez que é como uma idolatria); a impureza, punição da idolatria (Rm 1,24-25), profanação do corpo que se tornou "Templo do Espírito Santo" (1Cor 6,15-19); todo cristão deve glorificar a Deus no próprio corpo (1Cor 6,20), mortificando as paixões (Rm 12,1 ss.).

O século presente mau: quando o tempo é qualificado como "mau", indica uma condição de vida: a ele se opõe o "século futuro" que teve início com a vinda de Cristo: ele nos libertou do século presente (Gl 1,4) e nos introduziu no século futuro. A coexistência dos dois séculos, o presente mau com as suas escravidões ao pecado e o futuro com os dons do Espírito, forma o "presente cristão", tempo de luta pela posse definitiva da salvação. A palavra "→ MUNDO" pode ter, portanto, um sentido pejorativo e indica o conjunto das forças hostis ao Reino de Deus (1Cor 2,12: o espírito do mundo): no tempo de Paulo era representado pelo orgulho judaico (Fl 3,4 ss.) e pelo mundo pagão com a sua degradação moral (Rm 1,24-32), o mundo dos "sem esperança" (1Ts 4,12). Os fiéis não devem fugir ao século presente (1Cor 5,10), mas combatê-lo com todas as forças: viver como crucificados ao mundo (Gl 6,14). Mas o mundo pode ser considerado obra de Deus: é a criação; também nesse caso é preciso usar de prudência, porque, se toda obra criada é boa (1Tm 4,3-5), permanecem em nós os "apetites da carne", motivo pelo qual as criaturas podem ser ocasião de pecado ou de excessivas preocupações (1Cor 7,29; Rm 1,24-25). As tribulações causadas pela coexistência dos dois séculos são chamadas de "tentações" (1Cor 10,3; 1Tm 6,9) e podem ter várias causas: a riqueza (1Tm 6,6-10: raiz de todos os males é o amor ao dinheiro), os escândalos (1Cor 8,3), o demônio (2Cor 12,7): mas a tentação prova a virtude genuína (1Cor 11,19; Rm 5,3-4). Confiante no Senhor (1Cor 10,13), o cristão oporá às tribulações a *ypomonê* em vista da vitória final; sabendo que "passa a figura deste mundo" (1Cor 7,31) e aspirando às coisas que estão no alto (Cl 3,1), dado que "nossa pátria está nos céus" (Fl 3,20), evitaremos de "nos conformar ao mundo presente" (Rm 12,2). Paulo não exclui um humanismo cristão, quando exorta: "tudo o que há de verdadeiro, tudo o que é nobre, justo, puro, digno de ser amado, de ser honrado, o que se chama virtude, o que merece elogio, ponde-o no vosso crédito" (Fl 4,8).

Satanás: embora Cristo, com a redenção, tenha triunfado sobre os principados e as potestades, despojando-os de qualquer poder (Cl 2,15) e os fiéis tenham sido transferidos "do poder das trevas [...] para o reino do Filho do seu amor" (Cl 1,13), o demônio persegue os discípulos de Cristo com toda sorte de maquinações e de astúcias (Ef 6,10-20); sendo eles inimigos muito fortes, é preciso combatê-los "revestidos da armadura de Deus", descrita detalhadamente em Ef 6,10-18, ou seja, do complexo das virtudes, porque não pode haver nenhum compromisso entre "a luz e as trevas, entre Cristo e Belial" (2Cor 6,14-15). A atividade maléfica de satanás aumentará nos últimos tempos: ele realizará sinais e prodígios, até se arrogar a dignidade de Deus, mas será aniquilado pelo Senhor com o esplendor da sua parúsia, inclusive naquele que é como que sua encarnação, o anticristo (2Ts 2,4-12).

— Meios de ascese. Esses meios são: a leitura assídua da Bíblia (1Tm 4,13; 2Tm 3,16-17), o estado de virgindade, de viuvez, a renúncia temporária dos esposos a seus direitos (1Cor 7,5.8.25), permanecer no estado de vida em que se encontrava no momento da conversão (1Cor 7,20-24), o trabalho para fugir ao ócio e ajudar os irmãos necessitados (2Ts 3,10-12). Mas especialmente a oração, endereçada ao Pai celeste que nos tornou seus filhos adotivos e que, portanto, podemos invocar como → ABBÁ (Gl 4,6; Rm 8,15), invocação que manifesta o novo ser cristão. Algumas vezes a oração é dirigida a Cristo (2Cor 12,8-9; Ef 5,9; 2Tm 4,8); com mais frequência, porém, ele se mostra como mediador (Rm 1,8; 7,25). A nota característica da oração cristã é a intervenção do Espírito Santo para ajudar a nossa fraqueza (Rm 8,15.26-27). A oração deve ser: filial, contínua (1Ts 5,17; Rm 12,12; Ef 6,18), insistente (1Ts 3,10); pode assumir a forma de: súplica (Ef 6,18), salmo, hino, cântico espiritual (Ef 5,19); mas especialmente de doxologia, a forma mais nobre: é o louvor de alguns atributos divinos que resplandece de luz particular no plano da salvação; de agradecimento; pelos benefícios espirituais, especialmente pelo dom da vocação à fé (Cl 1,12; Cl 1,4-7); mas não há dom de Deus que não seja objeto de agradecimento (1Ts 1,2; 2Cor 1,11; Ef 1,3-14; Rm 1,8; Cl 1,4); algumas vezes o agradecimento toma a forma de bênção, muito comum no povo hebreu (Gn 9,26; 14,20), enriquecida, porém, pela revelação do Novo Testamento (Ef 1,3 ss.); de petição: por si, pelos fiéis individualmente, pela comunidade (2Cor 12,7-8: o anjo de satanás; Fl 2,2), ou de modo geral ou especificando algumas intenções (Ef 6,17-22; Rm 15,31; 2Cor 1,11). Com muita frequência é Paulo que ora pelos seus fiéis (Fl 1,9-11; Ef 3,16); a oração pode também tomar a forma de augúrio, especialmente no início e no epílogo das cartas em que se deseja a graça, a paz, a alegria etc. (Ef 1,1; 2Cor 13,11-13; Rm 15,13). Essas breves referências sobre a oração revelam em Paulo uma alma vivida em contínua e íntima → UNIÃO COM DEUS.

As imagens para inculcar a ascese são: *imagens esportivas*. Paulo enuncia o princípio geral: "o exercício corporal é de escassa utilidade, ao passo que a piedade é útil para tudo. Não possui ela a promessa da vida, tanto da vida presente como da futura?" (1Tm 4,8); em particular se lembra: o treinamento dos atletas (1Cor 9,24), a corrida-pugilismo (1Cor 9,26-27), os diferentes momentos da luta (2Cor 4,8-10); com três imagens: luta-corrida-coroa, Paulo sintetiza toda a sua vida (2Tm 4,7-8); em geral, essas imagens se referem à atividade apostólica; com termos tomados do esporte descreve-se também o prêmio (1Cor 9,24), a nobreza da luta (2Tm 4,7), as fadigas do atleta (Cl 1,29: *kopos*), o êxito da competição (2Tm 2,15: *dokimos* = qualificado; 1Cor 9,26: *adokimos* = desqualificado), a virtude própria dos atletas, a *ypomonê* = constância, perseverança; *imagens da vida militar*: a vida cristã é comparada a um serviço militar: o cristão deve servir somente a quem o recrutou (2Tm 3–4); os companheiros de apostolado "lutam juntos" (Fl 1,27); como o inimigo é muito forte, o próprio Deus fornece a armadura ao soldado cristão (Ef 6,13-17): são as armas da luz que devem se opor às trevas (Rm 13,13); pois "seu poder vem de Deus para a destruição das fortalezas" (2Cor 10,4); à força das armas deve se unir a contínua vigilância, em oração (Ef 6,18). Por meio dessas imagens, Paulo apresenta aos leitores "o quadro de uma peleja duríssima que impõe ao que aspira à vitória um esforço extremo e não apenas em vista da luta decisiva, mas desde muito tempo antes e, praticamente, desde sempre" (O. Kuss).

— O exemplo de Paulo. Ele é um mítico em sentido estrito: teve a experiência de Deus; a primeira foi na visão de Damasco, onde teve início sua corrida incansável para "ganhar Cristo", descrita de modo tão vivo em Fl 3,7-15. Lembramos, além disso: o hino de amor do Pai e do Filho para com o homem (Rm 8,28-39); o hino da caridade (1Cor 13,4-7), a alusão a um conhecimento do amor de Cristo (Ef 3,9) e a uma paz de Deus que supera todo entendimento (Fl 4,7), ao amor de Cristo que constrange (2Cor 5,14), a uma vida em Cristo, "vivo, mas não sou mais eu, é Cristo que vive em mim" (Gl 2,20): é um conjunto de textos dos quais transparece que o que Paulo prega é manifestação de vida vivida: além disso, as graças extraordinárias de que foi favorecido (At 9,1-9; 16,8-10; 18,9-11; 2Cor 12,1-10) tiveram certamente incidência em sua vida espiritual, embora ele faça distinção entre graças concedidas a ele pessoalmente e que revela com relutância (2Cor 12,1-11) e graças recebidas para o bem dos fiéis, das quais, porém, fala com simplicidade (1Cor 15,8: visão de Damasco; Ef 3,3-4: o conhecimento do mistério). É preciso ter presente essa experiência, quando Paulo apresenta a si mesmo como modelo de vida cristã (2Ts 3,7-9; 1Cor 4,15; 11,1; Fl 3,17); a imitação diz respeito à caridade de Cristo crucificado, que move toda a atividade do apostolado (2Cor 5,13-16); essa conformidade a Cristo crucificado se manifesta: nos sofrimentos enviados por Deus (2Cor 12,7), ou voluntários (1Cor 9,15-18; 1Ts 2,9; 2Ts 3,7-12; o trabalho manual), na mortificação do corpo (1Cor 10,27); mas é especialmente no Apóstolo que se realiza a conformidade com Cristo: do estado de morte do Apóstolo deriva a vida aos fiéis (2Cor 11,23-33); por isso, as cicatrizes, as marcas impressas no corpo são "estigmas" que o apresentam como apóstolo de Cristo (Gl 6,17); os sofrimentos apostólicos são comparados às "dores do parto" porque estão destinadas a gerar Cristo nas almas (Gl 4,19): por isso, pode chamar os fiéis de seus filhos (Gl 4,19; 1Cor 4,15; 1Ts 2,7-8); mas os sofrimentos são também para Paulo meio de conformação a Cristo (Gl 2,15-20); em virtude dessa conformidade a Cristo, as ações de Paulo são as ações de Cristo: exorta (Rm 12,15), fala (Rm 15,30), sofre (Rm 16,12), ama no coração de Cristo (Fl 1,8). Mas o testemunho mais belo sobre Paulo, modelo para os "perfeitos", nós o temos em Fl 3,4-16: a partir do momento da conversão a sua vida se transforma numa corrida incansável para a perfeição, para se configurar a Cristo crucificado, e chegar à plena conformidade com ele, na ressurreição gloriosa.

— O exemplo de Cristo. O amor por nós, que se manifesta no sacrifício da cruz (Ef 5,1-2), deve mover o cristão a viver unicamente para Cristo (2Cor 5,15; Rm 14,7-9: "quer vivamos, quer morramos, pertencemos ao Senhor"); dessa comunhão de vida com Cristo nasce a obrigação de ter os mesmos sentimentos de Cristo (Fl 2,5): o amor (Ef 5,2), a humildade (Fl 2,5-11), a doçura, a mansidão (2Cor 10,1; Fl 2,1); todas as ações devem ser feitas em nome de Cristo: gloriar-se (Fl 3,3), trabalhar (Rm 16,12), acolher os catecúmenos (Rm 16,2), saudar os irmãos (Rm 16,22); também as ações materiais ("quer comais quer bebais") devem ser feitas "em Cristo" (1Cor 10,31; Cl 3,17: a regra de ouro). Desse modo o fiel cresce em Cristo (Ef 4,15), Cristo se forma nele (Gl 4,19): o ideal é o de ser perfeito em Cristo (Cl 1,8; Ef 4,13); pouco a pouco, Cristo se torna princípio de toda a atividade do cristão: a sua mente, o seu coração se tornam a mente e o coração de Cristo: é um *alter Christus*. Essa imitação, veremos, não exterior, mas manifestação daquilo em que nos tornamos no batismo: filhos de Deus; essa verdade é expressa com os termos *morphê* e *eikôn*, presentes nas frases "conformes à imagem", "transformados" (Rm 8,29; 2Cor 3,18).

— A fortaleza cristã. Paulo é dominado, como já vimos, por absoluto pessimismo quando fala da humanidade antes de Cristo. Mas se considera o homem depois da redenção, encontramos nele um otimismo absoluto que se baseia, porém, no amor de Deus (Rm 5,5-10; 8,23-31), na sua fidelidade, que garante a ajuda nas dificuldades (1Ts 5,24; 2Ts 3,3; 1Cor 10,3; Rm 16,25; Fl 1,6), na força misericordiosa de Deus, que tem o poder "de fazer além do que nós podemos pedir e conceber" (Ef 3,20), na presença interior do Espírito (Rm 5,5; 8,1-2). Mas se considera o homem enfraquecido pelo pecado, então o seu otimismo é muito moderado: a experiência apostólica lhe ensina que nem todos correspondem aos dons de Deus (1Cor 5,1-6; 6,18-20; Fl 3,18-19); é dessa experiência que têm origem as exortações: com temor e tremor trabalhai para a vossa salvação (Fl 2,12), que acredita estar de pé, cuide para não cair (1Cor 10,8); ou aquelas sentenças que se tornaram como que axiomas na vida espiritual: o que é loucura de Deus é mais sábio que os homens (1Cor 1,25; 3,19), as coisas fracas do mundo escolhidas por Deus para confundir os fortes (1Cor 1,27), a força se aperfeiçoa na fraqueza (2Cor 12,9), quando sou fraco então é que sou forte (2Cor 12,10), tudo posso naquele que me dá forças (Fl 4,13): sentenças todas que põem em destaque "a glória da graça de Deus", a fim de que "nenhuma criatura possa orgulhar-se diante de Deus" (1Cor 1,29).

Glorificação. Nas cartas se fala da "glória"; em Rm 3,23 afirma-se "que todos pecaram, estão privados da glória de Deus"; essa frase recorre frequentemente no Antigo Testamento (*kabŏd YHWH*) para indicar Deus que, puríssimo espírito e, portanto, invisível, manifesta-se ao homem com sinais sensíveis em referência à salvação; esses sinais são: as obras da criação (Sl 18,2), o fogo e a nuvem luminosa (Ex 16,10; Dt 5,22-24; 1Rs 8,10-11). Os profetas tinham anunciado que, um dia, a essas manifestações limitadas sucederia a manifestação perfeita da "glória" em toda a terra (Is 35,2; 46,5; 66,18). Para os hagiógrafos do Novo Testamento, a profecia se verificou no mistério da → ENCARNAÇÃO. Mas se para os Sinóticos, com a narrativa da transfiguração, e para São João, com a apresentação dos milagres como "sinais", a glória se manifesta parcial e momentaneamente já durante o ministério público de Jesus, para Paulo a vida mortal do Senhor é um tempo de abatimento e de humilhação até a morte de cruz (Fl 2,6-8): a glória começa com a ressurreição e ascensão: é o Cristo glorioso que apareceu no caminho de Damasco (At 9,3; 2Cor 3,18; 4,6).

— A glória no abatimento do Verbo. Os autores distinguem entre a glória incriada, que é Deus mesmo ao se manifestar sensivelmente aos homens para sua salvação, e a glória incriada ou "objetiva", comunicada aos homens, que corresponde praticamente ao dom da filiação adotiva; dessa dignidade deriva a glória "subjetiva", ou seja, "o louvor da sua glória e da graça" (Ef 1,6.12.14): grato reconhecimento dos dons recebidos por parte do homem. O abatimento da glória incriada por parte do Verbo de Deus é descrito em Fl 2,5-11; no texto grego temos os termos *morphê* e *schêma*, o primeiro dos quais indica a manifestação sensível externa do ser íntimo, real de uma pessoa ou de uma coisa, ao passo que o segundo indica a manifestação externa, mas mais superficial, não como expressão da íntima realidade. Agora o Verbo de Deus, tendo "forma" (*morphê*) de Deus (= sendo Deus; ou sendo de condição divina), esconde essa sua dignidade tomando a "forma" (*morphê*) de servo, ou seja, uma verdadeira natureza humana, a qual, porém, em relação à divindade escondida, era sim *shêma*, ou seja, não revelava, mas escondia, a verdadeira dignidade de Jesus: o seu ser igual a Deus (vv. 6-8). O abatimento é levado até a morte de cruz. Mas depois do abatimento, temos o triunfo da ressurreição e ascensão (vv. 9-11); a partir desse momento, a humanidade glorificada de Jesus se torna verdadeiramente *morphê*, ou seja, manifestação, irradiação exterior da sua glória de Filho de Deus. Os autores relacionam o texto com Gn 3,5: o primeiro homem, criado "à imagem e semelhança" de Deus, com um ato de soberba, querendo ser igual a Deus, cancela de sua alma a imagem gloriosa dele; o segundo Adão, para redimir o homem pecador, abaixa-se até a morte de cruz, escondendo a sua glória na fraqueza e opacidade da nossa natureza. Tendo se tornado, na ascensão, espírito vivificante, pode imprimir de novo, por meio do seu Espírito, a imagem de Deus no homem pecador, elevando-o à dignidade de filho adotivo de Deus. Temos aqui a alusão à doutrina dos dois Adão, referida em 1Cor 15,45-49 e retomada em Rm 5,12-21.

— A glória de Deus comunicada aos homens: num texto da Segunda Carta aos Coríntios (3,18 ss.), a comunicação da vida divina aos homens é expressa em termos de "glória", que se irradia do rosto de Jesus glorificado, evidente alusão à aparição de Damasco: essa glória é a dignidade da filiação adotiva (Gl 4,5; Rm 8,15). Deve-se observar, porém, que os conceitos de "graça" e de "glória" não são idênticos; o segundo acrescenta ao primeiro a ideia de riqueza (Rm 9,23; Ef 1,18); de força invencível (Rm 6,4; Ef 3,13), de luz e de esplendor (Cl 1,12-13): "a graça é o Sol, a glória é sua irradiação" (M. E. Boismard); essa glória pode se tornar cada vez mais luminosa (2Cor 3,8: progredir de glória em glória); não é algo externo, mas é recebida com a fé no coração (v. 6) de onde deve se irradiar para fora, como de um espelho que reflete a luz recebida: quanto mais límpido é o espelho, tanto mais absorve e reflete a luz. As três Pessoas divinas agem para acender e aperfeiçoar na alma a luz da glória: o Pai comunica ao Filho na eternidade toda a sua glória, motivo pelo qual ele é "imagem perfeita do Pai" (2Cor 4,4; Cl 1,15), "resplendor de sua glória e a expressão do seu ser" (Hb 1,3), na encarnação nele "habita corporalmente toda a plenitude da divindade" (Cl 2,9); no período da vida mortal do Verbo encarnado, essa gloria fica escondida, mas ao se tornar na ressurreição e ascensão espírito vivificante, ele envia o seu Espírito, que é também o Espírito do Pai, para que acenda e torne cada vez mais luminosa nos corações a luz de glória.

— Os cristãos são chamados a participar dessa glória. Essa plenitude de glória que se refere também ao corpo, ou seja, a todo o homem, é o objetivo da vocação à fé: "transfigurar o nosso corpo humilhado, para torná-lo semelhante ao seu corpo glorioso" (Fl 3,20-21; Rm 8,30; 2Ts 2,13-14; Cl 1,4); essa glória na terra é possuída somente inicialmente, mas tende a um futuro de plena luminosidade: participa do escondimento de Cristo (Cl 3,2-4; Gl 2,19-20), mas deverá se manifestar quando Cristo se manifestar, ou seja, na parúsia (Cl 3,2-4); na espera, os fiéis devem progredir de "glória em glória", produzindo os "frutos do Espírito" (Gl 5,22) de modo a aparecer exteriormente como "filhos da luz" (1Ts 5,5; Ef 5,8-9), "como fontes de luz no mundo, vós que sois portadores da palavra da vida" (Fl 2,14-15; 2Cor 2,3-5; 1Ts 1,8).

— *Glória individual e coletiva*. Na revelação cristã a morte, embora mantendo seu aspecto de pena, é comparada a uma semente, na qual o corpo, ao se desfazer, purifica-se de tudo o que é "carne e sangue" (1Cor 15,49-50) para se tornar imortal: para os "mortos em Cristo" a morte é "um sono" (1Ts 4,13), os pagãos são "os que não têm esperança" (1Ts 4,13); a morte física aceita em conformidade com a vontade de Deus é um sinal de que a vida se voltou "na espera da beata esperança". A revelação, porém, fala de uma glorificação individual ou "escatologia individual" e de uma "escatologia coletiva"; a primeira consiste na visão imediata e intuitiva de Deus logo depois da morte: essa verdade é suposta em 1Ts 4,4-16: a união com Cristo continua além da tumba; mas é afirmada explicitamente em 2Cor 5,6-8 e Fl 1,21-24: em ambos os casos não se explicaria o ardente desejo de Paulo de sair do corpo, se não estivesse firmemente persuadido de estar unido a Cristo na glória logo depois da morte. Paulo, porém, embora conheça essa glória parcial (cf. também 2Cor 5,2 onde se supõe que Deus possa se comunicar também fora do corpo), sempre aspirou à glória de todo o seu ser, sem passar pela morte (2Cor 5,1-5; 1Ts 4,15-17; 1Cor 15,51). Com a glorificação do corpo ou escatologia coletiva, a redenção será perfeita, porque será destruído o último inimigo, a morte (1Cor 15,26), e o corpo que pelo pecado se tornara corpo de carne, corpo de morte, tornar-se-á "corpo de glória" mediante os dotes gloriosos (1Cor 15,42-44): será então perfeita *morphê*, ou seja, manifestação da dignidade de filho adotivo recebida no batismo: revestindo a imagem do homem celeste (1Cor 15,47-50), atingirá a perfeita conformidade a Cristo. A ressurreição marcará também o triunfo do corpo místico; no juízo universal serão manifestados os desígnios imperscrutáveis da sabedoria e ciência de Deus (Rm 11,35); o universo será libertado da vaidade e da corrupção, na plena revelação da "liberdade da glória dos filhos de Deus" (Rm 8,19-22); o reino será entregue ao Pai, "para que Deus seja tudo em todos" (1Cor 15,28). Aparecerá então em todo o seu esplendor a riqueza da sua graça, "que (Deus) nos cumulou em seu Bem-amado" (Ef 1,7.6), "a herança de que ele vos faz participar com os santos" (Ef 1,18).

— "Para louvor da sua glória e da graça" (glória subjetiva). É o estribilho que continuamente aparece no prólogo da Carta aos Efésios: o dever por parte do homem de louvar a graça que resplandece de tanta luz em todas as etapas do plano de salvação. Também sobre esse ponto Paulo é um modelo perfeito para todo cristão: suas orações de agradecimento e de petição mostram quanto é grande o seu apreço pelos dons de Deus. Mas é especialmente nas "doxologias" que ele manifesta o seu amor de reconhecimento; essa forma nobilíssima de oração é usada para exaltar alguns atributos que mais resplandecem no plano da salvação: o amor de Cristo redentor (Gl 1,5), a sabedoria e a ciência de Deus e os seus desígnios com frequência imperscrutáveis (Rm 11,36): o mistério da salvação (Rm 16,25-27), o poder de Deus (Ef 3,20-21), a misericórdia usada por Deus com Paulo (1Tm 1,17), a imortalidade e a glória do Rei dos séculos (1Tm 6,4), o poder de Deus, que socorre nas provações (2Tm 4,18). Essa forma de oração, presente em quase todas as cartas, manifesta uma alma em estática contemplação da riqueza da glória de Deus.

A livre correspondência do homem aos dons de Deus faz com que a glória tenha também o aspecto de recompensa ou mercê (Rm 2,6; 1Cor 3,13-15; 2Cor 5,10; Ef 4,8; 2Tm 4,14); esse aspecto pareceria transformar a tensão para Deus em algo de utilitário, mas se trata de "recompensa de graça"; com efeito, a fé que justifica é dom absolutamente gratuito de Deus, o esforço para a própria santificação é precedido e acompanhado pela graça, enfim a glória final da ressurreição gloriosa é obra apenas do poder de Deus por meio do seu Espírito (Rm 8,11). No início da vida espiritual poderá acontecer de a alma ser movida para Deus pelo pensamento do imenso peso de glória que o momentâneo e leve peso das tribulações busca no Senhor (2Cor 4,17), mas depois, à medida que avança na virtude, será o amor, que se tornou cada vez mais puro, que a impulsionará para a união com Deus. É essa pureza de amor que Paulo propõe à imitação dos fiéis de todos os tempos: "vivei no amor, como Cristo nos amou e se entregou a si mesmo a Deus por nós em oblação e vítima, como perfume de agradável odor" (Ef 5,2). Tender para a plena conformidade com Cristo na ressurreição gloriosa, movidos pelo exemplo de Jesus que no sacrifício da cruz deu a prova maior do seu amor desinteressado pelos homens para a glória do Pai (Fl 2,8-11).

Aspecto social da redenção: a Igreja — É expresso com várias imagens: *pedra angular* (Ef 2,19-

22): Cristo que dá coesão às pedras vivas do edifício, que é a Igreja, para que cresça como Templo de Deus; *Cristo esposo* (Ef 5,22-23): põem-se em destaque todos os cuidados de Cristo, para que a Igreja seja "santa e imaculada"; *povo de Deus*: os fiéis são verdadeira descendência de Abraão (Gl 3,7-9; Rm 4,6), enxertados como ramos na oliveira, cuja raiz santa são os patriarcas (Rm 11,16-18); esse povo teve origem no sacrifício de Cristo: ele ofereceu a si mesmo "para purificar um povo que lhe pertença" (Tt 2,14, alusão a Ex 19,5 e Dt 7,6; 14,2-21); *corpo*: em três textos recorre a imagem do corpo e dos membros; 1Cor 6,16: a união espiritual entre Cristo e os fiéis supera em dignidade e realismo qualquer união; dela deriva uma sacralidade também para o corpo; 1Cor 10,17: é afirmada a união do fiel com Cristo mediante o único pão eucarístico que se tornou seu corpo, como também a unidade dos fiéis entre si: são um só corpo em virtude da participação do único pão; o realismo dessa unidade parece ainda mais evidente se confrontamos o texto com Gl 3,26-28: todos sois uma só pessoa em Cristo; mas aqui a unidade é atribuída à fé e ao batismo (vv. 26-27), que nos tornaram filhos adotivos de Deus; por isso desaparecem as diferenças de raça, de sexo e de ordem social; 1Cor 12,12: o confronto com o corpo que é um e tem muitos membros põe em destaque a unidade dos cristãos, mesmo na diversidade dos carismas; a unidade tem origem no batismo com o qual os fiéis foram inseridos como membros na pessoa de Cristo; Rm 12,4-5: insiste-se mais na relação dos fiéis entre si: "cada qual membro uns dos outros" formam "um só corpo em Cristo": além da unidade afirma-se também a personalidade de cada membro; a Igreja *plêrôma* = plenitude de Cristo: esse termo é passível de um significado ativo e passivo: a Igreja completa Cristo, prolonga-o no tempo, santificando com a sua presença no mundo também a ordem social (= sentido ativo); a Igreja fica repleta de Cristo, fonte de toda graça, o lugar em que Cristo efunde a plenitude das suas bênçãos; é provável que Paulo queira exprimir ambas as realidades com um único termo: a Igreja pode cumprir a sua missão santificadora e, portanto, prolongar Cristo no tempo (sentido ativo) porque possui a plenitude das graças de Cristo (sentido passivo); *Cristo-cabeça*: com esse novo conceito, devido talvez ao erro dos colossenses (Cl 1,18; Ef 1,23; 5,23), além da distinção entre Cristo cabeça e a Igreja corpo, põe-se em destaque o seu predomínio e a influência vital que ele exerce sobre o corpo (Ef 4,15-16; 5,23; Cl 2,19).

— O Espírito e a Igreja. Essa quase identificação entre Cristo e os fiéis até formar uma só pessoa (Gl 9,26-28), explica-se com a comunicação aos fiéis, por parte de Cristo, do seu Espírito: "todos nós fomos batizados em um só Espírito, para formarmos um só corpo" (1Cor 12,13); o Espírito, que tudo opera, distribui os carismas (1Cor 12,17); o Espírito insere o crente no povo de Deus (Ef 2,18), transformando-o em habitação santa de Deus, sempre mais perfeita, com a infusão da caridade (Ef 3,18-22; Rm 5,5); "esse Espírito [...] idêntico na cabeça e nos membros dá a todo o corpo unidade e movimento"; a sua função foi comparada pelos santos Padres à que exerce a alma no corpo humano (*LG* 7). As notas da Igreja são: *unidade* em virtude da *koinônia* (= comunhão) de um só Senhor, de uma só fé, de um só Pai, de um só Espírito, de um só batismo (Ef 4,3-6); *santidade*: Cristo se ofereceu por ela... para a fazer parecer santa e imaculada (Ef 5,25-27); *catolicidade*: a salvação é para todos (Ef 3,6), o batismo tira todas as diferenças (Gl 3, 26-28; Cl 3,11); *apostolicidade*: edificada sobre os apóstolos e profetas, tem Cristo como pedra angular (Ef. 2,20).

O conceito de "corpo", embora Paulo não insista nisso, inclui também o aspecto visível da Igreja, ou seja, o ordenamento hierárquico: Pedro, Tiago e João são os notáveis (Gl 1,15-16), Paulo é igual a eles em dignidade (Gl 2,7-9; 1Cor 9,1), ele governa as Igrejas ou diretamente ou por meio dos delegados (Tito e Timóteo: cf. cartas pastorais), à sua autoridade o Espírito submete também os carismas (1Cor 14), alguns dos quais são extraordinários (1Cor 12,28-30), outros, "mais simples e comuns" (*LG* 12), entre os quais as → GRAÇAS DE ESTADO: celibato e matrimônio (1Cor 7,7). Nas cartas se fala também de ritos externos que conferem a graça, ou seja, os sacramentos: batismo (Rm 6,3-9; Gl 3,27; Tt 3,5); matrimônio: é um → CARISMA (1Cor 7,6) e tem o seu modelo no amor de Cristo pela Igreja (Ef 5,25-27); talvez se fale também da crisma (Fl 1,9; Ef 3,16); ordem: se acena à imposição das mãos (1Tm 4,14; 2Tm 1,6), que confere um carisma (2Tm 1,6), o qual, por meio do mesmo rito, pode ser transmitido também a outros (1Tm 5,22).

Do efeito social da redenção segue-se: que recebemos a influência vivificante de Cristo-cabeça como inseridos nele como membros do seu corpo (Ef 4,15); que o corpo de Cristo está em contínuo crescimento e desenvolvimento e tende a realizar "o homem perfeito", ou seja, Cristo modelo de toda santidade (Ef 4,13); esse crescimento está em relação com o crescimento dos membros na caridade (Ef 2,22); portanto, santificando-nos individualmente, nós santificamos também os outros em virtude da lei de solidariedade que vige entre os membros de um corpo (Ef 4,15-16); como também, deixando de lado o progresso pessoal na caridade, subtrai-se ao corpo parte da energia vital. Essa vida sobrenatural comum em virtude da presença santificadora do único Espírito em cada um dos membros, que se tornam assim "templo do Espírito" (1Cor 6,8), "Templo de Deus" (1Cor 3,16-17; 2Cor 6,16; Ef 2,21), é apresentada por Paulo como uma solene liturgia da Igreja militante, por meio de várias formas de "oblação" (Rm 6,13; 12,21; 15,16; Fl 2,17; 4,18) e que atingirá toda a sua perfeição na Igreja triunfante, quando nos tornaremos louvor eterno e perfeito "da sua glória e da graça" (Ef 1,6.14).

BIBLIOGRAFIA. AMIOT, F. Études pauliniennes récentes. *Bulletin de Théologie Biblique* 1 (1971) 289-317; ID. *L'enseignement de saint Paul*. Tournai, 1968; ID. *Les idées maîtresses de saint Paul*. Paris, 1959; BARBAGLIO, G. *Le Lettere di Paolo*. Roma, 1980, 2 vls.; ID. *Paolo di Tarso e le origini cristiane*. Assisi, 1985; ID. *Saggio critico su alcune teologie paoline*. *La Scuola Cattolica* 45 (1967) 95-137.203-244 (supl. bibl.); BOF, G. *Una antropologia cristiana nelle lettere di san Paolo*. Brescia, 1976; BOISMARD, M. E. La foi selon saint Paul. *Lumière et Vie* 22 (1953) 65-90; BORNKAMM, G. *Paolo apostolo di Gesù Cristo. Vita e pensiero alla luce della critica storica*. Torino, 1977; BOUTTIER, M. La mystique de l'apôtre Paul. Rétrospective et prospective. *Revue d'Histoire et de Philosophie Religieuse* 56 (1976) 54-67; CERFAUX, L. *Cristo nella teologia di san Paolo*. Roma, 1969; ID. *La teologia della Chiesa secondo san Paolo*. Roma, 1968; ID. *Il cristiano nella teologia paolina*. Roma, 1969; DHORME, E. (org.). *San Paolo*. Novara, 1975; DODD, C. H. *Attualità di san Paolo*. Brescia, 1972; DURRWELL, F. X. *La risurrezione di Gesú, mistero di salvezza*. Roma, 1965; EICHOLZ, G. *La teologia di Paolo. Le grandi linee*. Brescia 1977; FITZMYER, J. A. Teologia paolina. In *Grande Commentario Biblico*. Brescia, 1973, 1.865-1.901; *Foi et salut selon saint Paul*. Roma, 1970; JEREMIAS, J. *Per comprendere la teologia dell'apostolo Paolo*. Brescia, 1973; KÜMMEL, W. G. *La teologia del Nuovo Testamento: Gesú-Paolo-Giovanni*. Brescia, 1976, 171-327; KUSS, O. *Paolo. La funzione dell'Apostolo nello sviluppo teologico della Chiesa primitiva*. Milano, 1974; LYONNET, S. *De peccato et redemptione*. Roma, 1957, I; Roma, 1960, II; ID. La sotériologie paulinienne. In *Introduction à la Bible*. Paris, 1959, 841-889, II; ID. *Les étapes du mystère du salut selon l'épître aux Romains*. Paris, 1969; MONLOUBOU, L. *Saint Paul et la prière*. Paris, 1982; *Paolo: vita, apostolato, scritti*. Torino, 1968: *Paul de Tarse apôtre de notre temps*. Roma 1979; RIGAUX, B. *Saint Paul et ses lettres*. Bruges, 1962; ROBINSON, J. A. T. *Il corpo: Studio sulla teologia di san Paolo*. Torino, 1967, 17-71; ROMANIUK, K. *L'amour du Père et du Fils dans la sotériologie de saint Paul*. Roma, 1961; ROSSANO, P. Paolo. In *Nuovo Dizionario di Teologia Biblica*. Torino, 1988, 1.064-1.081; SANCHEZ BOSCH, J. *"Golriarse" según san Pablo*. Barcelona, 1970; SCHELKLE, K. H. *Paulus. Leben, Briefe, Theologie*. Darmstadt, 1981; *Spiritualità paolina*. Roma, 1967 (com bibliografia comentada); *Studiorum pulinorum Congressus Int. Cath*. Roma, 1963, 2 vls.; THERRIEN, G. *"Dokimazein". Le discernement dan les écrits pauliniens. Essai de théologie biblique*. Roma, 1968; VANNI, U. La spiritualità di san Paolo. In FABRIS, R. (org.). *La spiritualità del Nuovo Testamento*. Roma, 1985, 177-228; WATSON, N. M. *The spirituality of St. Paul*. in RYAN, N. J. (ed.). *Spiritual theology*. Melbourne, 1976, 67-79; ZEDDA, S. *Prima lettura di san Paolo*. Brescia, 1973.

P. BARBAGLI

PAULO DA CRUZ (São). 1. NOTA BIOGRÁFICA. Paolo Francesco Danei, nascido em Ovada (Alexandria) no dia 3 de janeiro de 1694, e educado num ambiente familiar exemplarmente cristão, foi desde a infância privilegiado com altas graças místicas, que se multiplicaram por toda a vida de modo extraordinário e às vezes clamoroso. Dedicado ao comércio, por volta dos dezenove anos viu-se tocado pela palavra de um pároco: foi a sua "conversão". Tentou se alistar para combater contra os turcos (1716) mas, por uma singular iluminação, começou a colaborar com o pai, na esperança de se recolher à solidão e viver na pobreza e na penitência.

Pensava fazer-se religioso quando uma série de visões intelectuais fez-no entender qual seria sua verdadeira vocação: deveria fundar uma nova Ordem. Sob a direção de dom F. M. Gattinara, bispo de Alexandria (que no dia 22 de novembro de 1720 o revestiu com a primeira túnica de eremita), escreveu em Castellazzo Bormida, entre os dias 2 e 5 de dezembro do mesmo ano, as *Regras e Constituições da Congregação dos clérigos descalços da Santíssima Cruz e Paixão de N.S.J.C.*, comumente chamados de → PASSIONISTAS. Em viagem a Roma para obter a aprovação da Santa Sé, descobriu o monte Argentario (Grosseto), para onde somente na primavera de 1728 pôde se retirar definitivamente com o irmão, fundando a primeira casa da Congregação. Entretanto, faz valiosas experiências em Gaeta, Troia, Itri (Latina) e enfim em Roma, onde recebe as ordens sagradas (1727).

No dia 14 de setembro de 1737 celebra o solene ingresso no primeiro "retiro" do Argentario, depois de hostilidades de todo tipo. Foram doze, ao todo, as fundações realizadas na Toscana e no Lazio, além de um mosteiro de clausura, erigido em 1771 em Tarquinia (Viterbo).

Essas fundações, com as várias revisões e aprovações das Regras, causaram-lhe tremendos desgostos; a eles se juntaram contínuos e graves distúrbios de saúde, espantosas desolações internas e obstinadas obsessões diabólicas. Viveu totalmente dedicado ao governo do Instituto, à pregação ao povo e às comunidades religiosas, à → DIREÇÃO ESPIRITUAL de uma verdadeira multidão de almas de grande valor e de todas as categorias sociais. Morreu em Roma no dia 18 de outubro de 1775. Foi beatificado e depois canonizado em 1867 por Pio IX.

2. ESCRITOS. Além das *Regras e Constituições* do Instituto e do mosteiro de Tarquinia, dos *Regulamentos*, das *Prédicas* e de vários documentos de governo, temos o *Diário espiritual* e o rico epistolário, com mais de duas mil cartas. O *Diário* constitui o mais antigo, pessoal e eloquente documento da espiritualidade de Paulo; foi escrito para informar dom Gattinara sobre as experiências íntimas vividas nos quarenta dias de retiro em Castellazzo, na cela junto da igreja dos Santos Carlo e Anna (23 de novembro de 1720 — 1º de janeiro de 1721). Infelizmente temos somente a cópia do amigo Paolo Sardi, a quem Gattinara deu o original, depois perdido. Faltam algumas dezenas de milhares de cartas no epistolário, em grande parte endereçadas a almas por ele dirigidas. Recentemente foi encontrado o opúsculo *Morte mística*, talvez o único escrito sistemático. Sabemos que de bom grado, se as ocupações lhe tivessem permitido, ele teria composto uma história das fundações e um verdadeiro tratado sobre a oração.

3. DOUTRINA. A originalidade da doutrina não provém tanto de uma elaboração conceitual de índole teorética quanto da singularidade das suas experiências místicas. Pode ser considerado um autodidata, porque a maior parte e o melhor de sua cultura, ele a aprendeu sozinho, favorecido por uma vivíssima inteligência, por uma forte capacidade de assimilação e por uma memória excepcional.

Meditava com assiduidade a Escritura, que em boa parte sabia citar de cor; seus autores preferidos foram: São → FRANCISCO DE SALES, Santa Teresa d'Ávila, São → JOÃO DA CRUZ e (a partir de 1748) João → TAULERO. Seguiu também as publicações espirituais do tempo, pelo menos as que apareceram na Itália. Mas à erudição preferiu a ciência, a teológica, ascético-mística, em que logo se tornou mestre. G. de → GUIBERT o põe "no primeiro nível entre os mestres de vida espiritual" (*Revue d'Ascétique et de Mystique* 6 [1925] 26 s.); e com mais razão M. Viller o considera "o maior místico e o maior escritor espiritual do século XVIII" (*Ibid.*, 27 [1951] 134).

A sua espiritualidade — e ao mesmo tempo a sua mensagem à sociedade do século do Iluminismo e da Revolução — já está toda nas ingênuas e poderosas confidências do *Diário*: "Por misericórdia do nosso caro Deus, não desejo saber nada mais nem experimentar outra consolação; desejo apenas ser crucificado com Jesus" (23 de novembro de 1720). E no dia 6 de dezembro: "Tive grande inteligência infusa dos espasmos do meu Jesus e tinha tanta vontade de estar unido a ele com perfeição que desejava sentir atualmente os seus espasmos e estar na cruz com ele".

Nessas experiências resolve-se sua contemplação, ao mesmo tempo amorosa e dolorosa, pela qual mergulha "no mar imenso da infinita caridade de Deus", mediante "aquele grande mar da vida santíssima, paixão e morte de nosso Jesus" (*Carta* a A. Grazi, 26 de junho de 1742): trata-se de "dois mares num só" (*Carta* a L. Burlini, 4 de junho de 1748); e a passagem imediata de um a outro está condicionada ao mistério da união hipostática: "Por estar toda unida àquela humanidade santíssima de Jesus Cristo, verdadeiro Deus, não pode deixar a alma de se aprofundar toda no infinito oceano da Divindade" (*Carta* a A. Grazi).

Portanto: contemplação que faz exultar (pelo supremo testemunho do amor de Deus, que em última análise é triunfo do bem na dialética da história) e sofrer (pelo amor que faz sentir como próprios os sofrimentos da pessoa amada). O amor "compassivo" é teologicamente justificado e digno de toda a veemência de uma real participação. Contemplação, além disso, que abre passagem para a luz da fé, perdendo de vista (pelo menos no momento em que se realiza mais intensamente) todo elemento finito e, portanto, com respeito à clássica doutrina da abstração; e ao mesmo tempo evita o empecilho do → QUIETISMO, que rejeita, numa certa fase da ascensão mística, a insubstituível mediação da humanidade assumida pelo Verbo.

Do Apóstolo aprendeu Paulo que a paixão exerce a sua necessária função mediadora também no estádio que precede a atividade contemplativa: para chegar a uma alta união de amor com Deus é preciso morrer com Cristo, eliminando todo resíduo de pecado e dispondo-se a uma purificação extremamente penosa que dilate a natureza e — no máximo desenvolvimento dos → DONS DO ESPÍRITO SANTO — a torne capaz de renascer com o Verbo "no seio do Pai".

Mas, "escondida com Cristo em Deus", a alma inaugura uma mais "formal" e sublime participação nos fins do sacrifício da cruz, aplacando, com a grande Vítima, a justiça do Pai e redimindo os irmãos: a sua morte (mística) é lei de vida para o Corpo místico. Não é outro o estímulo que motiva a austeridade de Paulo, a alma do seu zelo missionário, a ideia inspiradora do novo Instituto.

Esse núcleo de doutrina ascético-mística centrada na Paixão não é difícil de ser deduzido a partir dos inumeráveis elementos semeados na sua vasta correspondência com os amigos e os seus filhos espirituais: elementos elaborados mediante o estudo dos mestres preferidos, mas já presentes no *Diário*, que documenta a altura a que, aos 27 anos, já tinha se lançado sob a premente influência da graça. Quando saiu da cela de San Carlo, dispunha-se à já próxima *união transformadora*; união, porém, de angustiante transformação no "Amor crucificado", porque depois não tardou em se aprofundar nas trevas de desolações internas que duraram cerca de cinquenta anos, até quase a vigília da morte.

BIBLIOGRAFIA. 1) Fontes: as principais são representadas pelos escritos do santo: o *Diario*, já publicado em *Lettere scelte di san Paolo della Croce*, Roma, 1867, depois em *Bollettino della Congregazione* (1920-1922), e como parte dos quatro volumes das *Lettere* (organizadas por Amedeo della Madre Del Buon PASTORE, Roma, 1924), foi traduzido e apresentado por J. de GUIBERT na Revue d'Ascétique et de Mystique 6 (1925) 26-48. Em seguida é publicado com edição de Stanislao DELL'ADDOLORATA provida de introdução e comentário (Torino, 1926, 1929); e de E. ZOFFOLI, com texto crítico, introdução, notas e índices (Roma, 1964). Foi traduzido também para o inglês e o espanhol. Seguem-se as *Lettere* (edição supra citada não completa); as *Regole e Constituzioni*, segundo as redações de 1736, 1741, 1746, 1769, 1775, com edição de F. GIORGINI, em *Fonti historici Congr. Pass.*, Roma, 1958, I; as *Prediche*, algumas das quais publicadas em *Bollettino della Congregazione* (1925-1929). Entre as outras fontes privilegiamos os 22 vls. dos *Processi* ord. e apost. e os *Anali della Congregazione* do padre Gianmaria DI SANT'IGNAZIO, publicados com introdução e vastas notas por G. RAPONI em *Acta Congregationis* (1962-1967); *I processi di beatificazione e canonizzazione di san Paolo della Croce*, por Gaetano DELL'ADDOLORATA, Roma, 1969-1979, vls. I-IV; *Lettere*, ed. de C. CHIARI, Roma, 1977, 3 vls.; PAOLO DELLA CROCE, *La Congregazione della Passione di Gesù; cos'è e cosa vuole. "Notizie" inviate agli amici per far conoscere la Congregazione*, Roma, 1978; ID., *Guida all'animazione spirituale della vita passionista. "Regolamento comune" Del 1755*, Ed. de F. GIORGINI, Roma, 1980.

2) Biografia: além da clássica de Strambi, cf. FILIPPO DELL'IMMACOLATA, *Vita del ven. servo di Dio san Paolo della Croce*, Roma, 1821; GAETANO DEL NOME DI MARIA, *St. Paul de la Croix et la fondation des Passionistes*, Tournai, 1956; E. ZOFFOLI, *San Paolo della Croce. Storia critica*, Roma, 1963, 1965, 1968, 3 vls.

3) Estudos e ensaios: ARTOLA, A. M. *La muerte mística según san Paolo de la Cruz*. Deusto, 1986; BARSOTTI, D. *L'Eucaristia in san Paolo della Croce e teologia della preghiera*. Roma, 1980; BIALAS, M. *La passione di Gesù in san Paolo della Croce*. San Gabriele (TE), 1982; ID. *La redenzione nella dottrina spirituale di san Paolo della Croce*. Em *Salvezza cristiana e culture odierne*. Torino, 1985, 144-162, II; BRETON, S. *La mystique de la Passion*. Étude sur la doctrine spirituelle de St. Paul de la C. Paris, 1962; BRICE, P. *In spirit and in Truth*. The spiritual doctrine of St. Paul of the Cross. New York, 1948; BROVETTO, C. *Introduzione alla spiritualità di san Paolo della Croce. Morte mistica e divina natività*. Teramo, 1955; ID. San Paolo della Croce e la spiritualità passionista. Em *Le grandi scuole della spiritualità cristiana*. Roma, 1984, 597-620; CALACIURA, F. L'uomo del dolore e l'uomo della liberazione in san Paolo della Croce. Em *Salvezza cristiana e culture odierne*. Torino, 1985, 163-175; DISMA. *Diario intimo di san Paolo della Croce, crocifisso con Cristo*. Calcinate, 1981; Espiritualidad de san Pablo de la Cruz. *Teología Espiritual* XIX (1975) 57; GAETANO DEL NOME DI MARIA. *Esprit et vertus de St. Paul de la C*. Tirlemont, 1950; ID. *Oraison et ascension mystique de St. Paul de la C*. Louvain, 1930; ID. *Doctrine de S. Paul de la C. sur l'oraison et la mystique*. Louvain, 1932; GARRIGOU-LAGRANGE, R. *Nuit de l'esprit*

réparatrice en St. Paul de la C. *Études Carmélitaines* 2 (1938) 287-293; GIORGINI, F. Paul de la Croix (saint). In *Dictionaire de Spiritualité* XII (1983) 540-560; ID. *Storia dei passionisti*. I.- L'epoca del fondatore. Pescara, 1981; *La Sapienza della Croce oggi*. Torino, 1976, vl. 2 (vários artigos); LEBRETON, J. Saint Paul de la C. em *Tu solus Sanctus*. Paris, 1948; MERINO, Diez. *La ricerca di Dio in san Paolo della Croce*. Roma, 1982; NASELLI, C. *La celebrazione del mistero cristiano e la liturgia delle Ore in san Paolo della Croce*. Roma, 1980; OSWALD, P. La personnalité de St. Paul de la Croix. *Études Carmélitaines* 2 (1938) 282-286; POMPILIO, S. L. *L'esperienza mistica della Passione in san Paolo della Croce*. Roma, 1973; VILLER, M. La volonté de Dieu. *Revue d'Ascétique et de Mystique* 27 (1951) 134 ss.; ID. La mystique de la Passion chez St. Paul de la C. *Recherches de Science Religieuse* (1953) 426-445; ZOFFOLI, E. *I Passionisti, spiritualità e apostolato*. Roma, 1955.

E. ZOFFOLI

PAZ. Estado de alma que nasce da sobrenatural unificação de todas as tendências humanas para um único ideal. É fruto não apenas da ausência de conflitos, mas resultado de um esforço interior com o qual se consegue endereçar a Deus todas as tendências. Esforço que não é uma doce quietude, mas uma conquista forte e cheia de boa vontade, valorizada pela graça divina. A paz humana (de que não tencionamos tratar) vem das circunstâncias externas e deve ser contínua e incansavelmente mantida, ao passo que a paz divina vem do alto, é um dom de Deus ao homem de boa vontade (Lc 2,14), ou seja, a quem procura em tudo a glória do Senhor. A paz assim entendida é plenitude de vida que atinge o centro da alma. Quem a possui como fruto de luta e de graça (Gl 5,22) pode ainda talvez combater externamente, mas o seu íntimo está inteiramente pacificado e dado a Cristo. A paz consiste em ter orientado para o único ideal da vida as forças e as tendências da nossa personalidade. Elas, subvertidas pelo pecado original, tendem naturalmente a chegar a um prazer concreto e imediato, que dá uma alegria muitas vezes ilusória porque não conforme à divina vontade. Mas quando toda a esfera interior está ordenada segundo as exigências dessa divina vontade e as ações são ditadas não por uma regra externa, mas por um princípio vital que anima toda a vida do cristão, então há a paz. Ela se estabelece no coração do homem e gradualmente conquista todo o indivíduo e quem dele se aproxima; assim, quem tem a paz no coração, fruto de virtude e de abnegação, torna-se autor de paz, torna-se "pacífico", no sentido da bem-aventurança evangélica. A paz não pode existir sem a unificação interior dos nossos conflitos internos, e tal unificação é fruto fundamental da → CARIDADE. Essa ação sobrenatural ordena por dentro as nossas intenções segundo a lei divina e assim as nossas tendências, os nossos desejos, a nossa vontade são movidos apenas na direção querida por Deus. A unidade produzida pela caridade que gera a paz verdadeira não pode ser fruto de breve luta: antes de qualquer coisa o nosso ser se entrega a Deus, é preciso um grande esforço sobre nós mesmos, é preciso um longo trabalho de simplificação, é preciso em geral toda uma vida. Mas Deus nos faz apreciar os frutos da paz, ainda que ela não esteja em estado perfeito: basta que haja um intenso desejo que a procure sempre, a todo custo. Sobretudo encontramos a paz quando aceitamos ser aquilo que devemos ser, apesar de nossos desejos e de nossas ambições; quando aceitamos humildemente a nossa total dependência de Deus; quando permitimos nos realizar no retorno àquele para o qual fomos feitos. Somente então gozaremos a paz e seremos pacíficos, porque nos abriremos à ação divinizante da graça sem obstaculizá-la ou pô-la em dificuldade. Além de ser conquistada, a paz deve ser guardada. Deus no-la dá como fruto de sua plena posse por parte de nossa alma, mas infelizmente essa posse pode diminuir e se extinguir. O esforço constante para manter a paz (e depois difundi-la, oferecendo-a como um dom amoroso a quem encontramos na vida) deve se voltar para a contínua fidelidade a Deus, visto não só como juiz, mas sobretudo como pai que no seu amor por nós quer as circunstâncias presentes e prepara as que virão. A fidelidade de correspondência a toda iniciativa divina é o meio com que se pode defender a paz, embora em meio às possíveis dolorosas vicissitudes da vida. A nossa fidelidade a Deus está baseada na indestrutível convicção de que nada pode se impor a Deus e vencê-lo; seja que acontecimento for, a última palavra é sempre sua. A fé no Absoluto é garantia suprema de paz. O apóstolo Paulo tranquilizava os fiéis de Filipos, afirmando: "E a paz de Deus, que ultrapassa toda a compreensão, guardará os vossos corações e os vossos pensamentos em Jesus Cristo" (Fl 4,7).

A paz, guardada pela nossa fé, torna-se, por sua vez, guarda de todo o nosso ser. Com efeito, é ela que não permite à nossa inteligência aqueles desvios e aqueles erros que nos tornam seguidores de concepções e de opiniões tão distantes da autêntica verdade, porque a paz interior dirige sempre a nossa mente para aquelas concepções da vida que são a emanação da única verdade, seguindo docilmente a doutrina e o magistério da Igreja. A paz guarda a nossa vontade, que, dirigida a Deus, não é mais escrava das paixões, mas, encantada pelo verdadeiro bem, vive na tranquilidade e na serenidade de uma conquista que abraça todas as manifestações da vida. Como dissemos, a paz perfeita é certamente impossível nesta vida feita de lutas e de dificuldades, mas é possível uma sua antecipação que Deus concede às pessoas que vivem integralmente seu cristianismo. A paz é uma conquista e um dom, é uma posse e uma espera, é uma ponte lançada para o alto, de que provém para a alma todo sustento. Quando conseguimos ser vivificados somente por Deus, presos a seu mistério de amor e também de sofrimento, então se goza a paz que supera toda vicissitude humana, na certeza da realização das divinas promessas que florescerão em beatitude eterna.

BIBLIOGRAFIA. BLANCHARD, P. *Giacobbe e l'angelo*. Torino, 1961; *Dizionario dei Concetti Biblici*. Dehoniane, Bologna, 1976, 1.129-1.133; HÄRING, B. *Nuove armi per la pace*. Paoline, Roma, 1984; ID. *Testimonianza cristiana in un mondo nuovo*. Paoline, Roma, 1960; *Nuovo Dizionario di Spiritualità*. Paoline, Roma, 1979, 26.174.423.687; *Pace, disarmo e Chiesa*. Piemme, Casale Monferrato, 1980; PERRIN, J.-M. *L'Evangile de la joie*. Paris, 1954; *Schede Bibliche Pastorali*. Dehoniane, Bologna, 1986, 2.701, VI; SERTILLANGES, A. D. *Affinità*. Brescia, 1947; ID. *Doveri*. Brescia, 1948.

C. GENNARO

PECADO. "Sem dúvida, ele é obra da liberdade do homem; mas em sua própria consistência humana agem fatores para os quais ele se situa para além do humano, na zona de limite em que a consciência, a vontade e a sensibilidade do homem estão em contato com as forças obscuras que, segundo São Paulo, agem no mundo até quase subjugá-lo" (JOÃO PAULO II, Exortação apostólica *Reconciliatio et poenitentia*, 2 de dezembro de 1984, n. 14).

O pecado, realidade e mistério; se não levarmos em conta esses dois aspectos, será impossível entender o sentido e o alcance do pecado.

Na mesma exortação apostólica, ao falar da perda do sentido do pecado e ao revelar seus vários e complexos componentes, João Paulo II conclui: "Restabelecer o justo sentido do pecado é a primeira forma para enfrentar a grave crise espiritual que pesa sobre o homem de nosso tempo. Mas o sentido do pecado se restabelece apenas com um nítido apelo aos irrevogáveis princípios de razão e de fé" (*RP* 18).

Um nítido apelo aos irrevogáveis princípios da razão e da fé: essa afirmação nos refere logo à perspectiva mais verdadeira e autêntica da moral cristã e, portanto, da compreensão real e objetiva da realidade e do mistério do pecado. Se o elemento essencial e primário dessa perspectiva e dessa compreensão é a fé, ela, porém, se encarna na vida moral do homem concreto e histórico.

Nem sempre tudo o que está sob o signo da culpa é pecado e vice-versa. Há alguns aspectos da culpa que não têm uma referência direta ao pecado, ainda que sejam muito importantes. Sentimento de culpa e sentido do pecado são duas dimensões humanas, distintas e interagentes. Confundi-las gera perigosos equívocos.

No plano formativo e educativo, portanto espiritual, é necessário: poder distinguir a desordem moral do simples mal-estar psicológico, o sentimento de culpa do sentido do pecado; entender a diferença entre culpa neurótica e culpa normal; distinguir as várias competências entre a psicologia e a pastoral, entre o psicoterapeuta e o padre, em particular entre as ciências humanas e a teologia.

Tratar do pecado é tarefa específica da teologia.

1. O SENTIDO DO PECADO. Em primeiro lugar, um destaque: se, de uma parte, é oportuno, conveniente, digamos mesmo necessário falar de um enfraquecimento do sentido do pecado, hoje é igualmente certo ressaltar que, em diversos casos e situações, mais que de uma debilitação do sentido do pecado, trata-se efetivamente de uma mudança de sensibilidade; o que isso quer dizer?

Simplesmente, um deslocamento de ênfase, uma diferente marcação de alguns pecados, mais que de outros. Em outras palavras, o sentido do pecado continua, existe, mas se acentuam menos culpas morais (por exemplo, as sensuais), que no passado eram consideradas entre as mais reprováveis; tende-se, porém, a insistir mais em culpas que anteriormente eram pouco consideradas (culpas contra a justiça, a caridade, a dignidade da pessoa etc.). Além disso, tende-se a dar ênfase à dimensão social.

Parece-nos que essa diferente perspectiva, que lentamente surgiu nos últimos anos e está amadurecendo na consciência dos cristãos, é indubitavelmente positiva e realmente evangélica. É claro que não se pode de modo algum desfigurar e perder o sentido da responsabilidade pessoal e, sob a condição de se conservar certo equilíbrio entre a individuação dos vários pecados não se podem ver somente alguns, sem levar em conta os outros.

O mesmo fato, portanto, de que os cristãos hoje sejam mais levados a ressaltar um Deus bom, Pai misericordioso que perdoa, e não um Deus juiz, que pune e condena, é obviamente positivo; também aqui, de modo claro, sob a condição de não se perder o sentido da fraqueza do homem e o "santo temor de Deus".

Dito isso, está fora de dúvida que um efetivo e real ofuscamento do sentido do pecado existe e as razões indicadas pela *Reconciliatio et poenitentia* são sérias e fortes e apresentam fundamentais interrogações ao cristão.

Entre as várias causas do enfraquecimento do sentido do pecado no mundo de hoje parece-nos serem as seguintes as que incidem de modo mais determinante: *a perda do sentido de Deus*; *um certo ofuscamento da responsabilidade pessoal*; *um excessivo otimismo a propósito do homem e da história*.

A perda do sentido de Deus. O pecado é essencialmente uma realidade religiosa: é uma ofensa feita a Deus, com a recusa de seu amor e de seu desígnio de salvação. Existe uma ligação intrínseca entre o pecado e Deus, e essa ligação se deve ao fato de que a ordem moral depende de Deus, está fundada em Deus.

Desligando-se de Deus, a ordem moral se laiciza e o mal não é mais "pecado", mas "culpa". Ou seja, reduz-se a pura e simples transgressão de uma norma abstrata, de uma lei que tem a sua origem na sociedade, na consciência e delas tira a sua força normativa. Então, o pecado não é mais ruptura de uma relação pessoal com Deus, recusa de o amar, de observar o seu projeto, de realizar os seus mandamentos.

O desaparecimento do sentido do pecado depende em grande parte da laicização da moral, da sua autonomia em relação à religião.

"O 'secularismo', o qual, por sua própria natureza e definição, é um movimento de ideias e costumes que propugna um humanismo que abstraia totalmente de Deus [...] não pode deixar de minar o sentido do pecado" (*RP* 18).

Outra causa da perda do sentido do pecado é o ofuscamento do sentido da responsabilidade pessoal, favorecido pela difusão, por uma parte, do freudismo e, por outra, do marxismo e do sociologismo.

"Esmorece o sentido do pecado na sociedade contemporânea até pelos equívocos em que se cai ao se apreender certos resultados das ciências humanas. Assim, com base em algumas afirmações da psicologia, a preocupação de não culpar ou de não pôr freios à liberdade leva a jamais reconhecer uma falta. Por uma indevida extrapolação dos critérios da ciência sociológica acaba-se por descarregar sobre a sociedade todas as culpas das quais o indivíduo é declarado inocente. Também certa antropologia cultural, por sua vez, à força de engrandecer os condicionamentos e influxos ambientais e históricos, ainda que inegáveis, que agem sobre o homem, limita tanto sua responsabilidade a ponto de não lhe reconhecer a capacidade de exercer verdadeiros atos humanos e, portanto, a possibilidade de pecar" (*Ibid.*).

O pecado será, então, neurose, doença da psique a ser tratada; a responsabilidade não será mais pessoal, mas social; mais, o homem não é livre e, por isso, não tem responsabilidade alguma.

Nessa perda do sentido do pecado influiu também de maneira extraordinária um certo otimismo fácil em relação ao homem e à história; de um lado, insiste ele na bondade natural do homem e do mundo, exaltando a liberdade e a espontaneidade, levando portanto a rejeitar o sacrifício, a mortificação e a penitência como formas de masoquismo e como impedimentos ao pleno desenvolvimento da personalidade humana; de outro lado, vê no pecado um resíduo do velho pessimismo agostiniano e medieval, em nítido contraste com o otimismo bíblico.

Ao lado ou logo após essas causas que nos parecem ser as mais importantes em relação à perda do sentido do pecado, não podemos esquecer algumas tendências no interior do pensamento e da vida eclesial que favorecem de modo lento, mas inevitável, a perda do sentido do pecado.

Alguns exageros relativos a atitudes do passado substituídas por outros exageros: de atitudes que viam o pecado por toda a parte passou-se a não descobri-lo mais em parte alguma; de uma excessiva acentuação das penas eternas a uma desconsiderada pregação do amor de Deus, que excluiria toda pena merecida pelo pecado; da severidade no empenho e no esforço para corrigir as consciências errôneas a um suposto respeito da consciência, a ponto de suprimir o dever de dizer a verdade.

Além disso, a confusão gerada nos fiéis e nas pessoas simples pelas divergências de opiniões e de ensinamentos na teologia, na catequese, na → DIREÇÃO ESPIRITUAL a respeito de questões importantes da moral cristã.

Enfim, não devem ser subestimadas algumas falhas na prática da penitência sacramental: reduzi-las a fatos puramente individuais, ou vice-versa, anular o aspecto pessoal para considerar exclusivamente a dimensão comunitária (cf. *RP* 18).

2. REDESCOBRIR O SENTIDO DO PECADO. É uma urgente necessidade de nosso tempo "redescobrir o sentido do pecado"; ou seja, procurar perceber sua profunda natureza, seu real e verdadeiro alcance. Ora, o pecado é uma experiência humana, mas ao mesmo tempo é para o homem um mistério. Por isso, se de um lado podemos fazer apelo à experiência do homem para compreender o pecado, de outro temos de nos voltar diretamente para a revelação que Deus fez na pessoa de Jesus.

"Por pouco que entre em si mesmo e reflita sobre sua condição, o homem se dá conta de que certas ações suas são más e prejudiciais e que não deveria tê-las feito; que certos comportamentos seus, mesmo apenas interiores, são condenados pela própria consciência. Ele sente que deveria fazer certas coisas, mas não tem vontade; que ele gostaria de fazer outras, porque são boas ou porque são necessárias, mas não tem forças. Mesmo desejando fazer o bem, sente-se escravo de um poder que o estimula e o leva ao mal e do qual não é capaz de se livrar.

Assim, o homem se sente pecador, experimenta em si o mal e a força do pecado e vê a existência dele no dramático e às vezes trágico desenrolar da história humana. Todavia, não consegue compreendê-lo" (*La Civiltà Cattolica* 134 [1983] 527).

Todos os dias o homem faz muitas escolhas que, por vários motivos, considera certas ou erradas. Censura-se por posicionamentos tomados que acredita serem positivos e que depois se revelam parciais ou ilusórios. Participa de situações escolhidas, ou nas quais se vê por necessidade, que considera erradas em relação ao que deveriam ser. Muitas vezes fala, ou escuta falar, de exploração, de alienação, de culto da personalidade, de abuso da pessoa, de desobediência, de assassínio, de furto, de mentira, de rivalidade, de avareza, de abusos sexuais, de passividade, de inércia etc.

Nasce aí o problema: quando é que o mal, numa das suas várias e múltiplas formas, numa terminologia secularizada ou religiosa, se torna pecado, ou seja, realidade religiosa? Quando realmente se pode dizer ter feito um pecado, estar diante do pecado no sentido próprio do termo?

Na realidade, o mistério do pecado se revela ao homem somente quando ele se põe diante de Deus. Para que verdadeiramente se possa compreender o pecado é necessário uma passagem de nível, é preciso fazer um salto de qualidade. E isso é possível somente se nos pusermos na perspectiva da fé: *ver-se e ver as situações de vida do ponto de vista de Deus e da sua palavra.*

À medida que o homem aceita Deus como termo de confronto, como pessoa com quem existe uma relação de criatura, de filiação, de aliança, descobre o alcance último das suas escolhas. É preciso que o homem viva a sua vida como um diálogo entre dois parceiros, como uma comunhão de pessoas que mediante o cotidiano se interpelam continuamente.

O sinal decisivo da verdade do amor é este: aceitar ou não fazer passar, antes da nossa ideia, a ideia que Deus se faz e tem de nós; compreender e admitir o que Deus espera e quer de nós. Sem essa referência, pelo menos implícita, a Deus, falta aos comportamentos e às atitudes algo que lhes é essencial.

A realidade externa das escolhas não muda; muda radicalmente a realidade subjetiva por meio desse salto de qualidade. E emerge então claramente o novo significado das próprias realidades comportamentais.

Mas isso é e pode ser apenas o fruto de uma ótica baseada essencial e primariamente na fé: um olhar que parta de Deus e da palavra que disse e continua a repetir na sua Igreja.

3. O PECADO NA ESCRITURA. Temos na Escritura páginas em que é descrita concretamente e com imagens vivíssimas a malícia do pecado: "Que eu cante para o meu amigo o canto do bem-amado e de sua vinha: Meu bem-amado possuía uma vinha em outeiro fértil. Ali revolveu a terra, retirou as pedras, plantou uma cepa selecionada. No meio, construiu uma torre e cavou também um lagar. Esperava dela uvas boas, só colheu uvas más" (Is 5,1-2). "Foram as vossas iniquidades que levantaram uma separação entre vós e o vosso Deus" (Is 59,2). Às solícitas e atenciosas manifestações de Deus por sua vinha, ela responde com o esquecimento, com a infidelidade, com o ódio; e é por isso que entre Deus e a sua vinha (o seu povo eleito) dá-se uma separação, um afastamento, sinal de autonomia e de autossuficiência. Já na culpa original o pecado aparece como uma autonomia moral, "sereis como deuses, possuindo o conhecimento do que seja bom ou mau" (Gn 3,5) que se exprime na soberba e na rebelião à soberania que Deus reivindica somente para si. A maldade do pecado, portanto, não consiste tanto no ato externo quanto na tentativa de uma subversão da ordem. Mais ainda: o pecado se mostra como uma ruptura do vínculo conjugal entre o povo e Deus. O pecado se volta contra Deus porque fere diretamente o seu amor, e ao mesmo tempo é um mal para o próprio homem, o qual é posto sob o domínio de satanás. O pecado opera no profundo do homem uma radical mudança que somente a intervenção de Deus, ou antes, o próprio Deus, pode corrigir e mudar (cf. Sl 50).

Esses conceitos do pecado como afastamento, separação, infidelidade em relação a Deus são retomados com insistência pelos escritores neotestamentários. João nos fala do pecado, Cristo veio para "tirar o pecado do mundo". Jesus toma sobre si o pecado, quer dizer, o débito dos pecados de todos, para fazer voltar a Deus o mundo que tinha se afastado. Em João encontra a máxima expressão o conceito de pecado como "separação de Deus". Ele chama o pecado de *anomia*: "iniquidade", "impiedade", que põe os homens internamente em contraste com Deus (1Jo 3,4). João revela a profundidade religiosa do pecado: todo aquele que peca rejeita e despreza a sua vocação de cristão, a filiação divina, a comunhão com Deus e aceita livremente o domínio de satanás. Aquele que antes era filho de Deus torna-se, depois do pecado, escravo de satanás; o pecador é filho de satanás: "quem comete o pecado é do diabo, pois o diabo é pecador desde o princípio" (1Jo 3,8). Ao dizer isso, João vai mais além: o pecado não é apenas separação de Deus, mas ódio em relação à sua pessoa; com efeito, por serem filhos do → DIABO, os pecadores são movidos pelo diabo e fazem as obras dele. Daí se pode entender a máxima oposição que João desenvolve como tema da primeira leitura, entre o pecado-ódio-diabo, de uma parte, e Deus, que é caridade, de outra (cf. 1Jo 4,8).

São Paulo nos fala do pecado como de uma personificação do mal: *amartia*. É um poder, uma força ativa no homem que veio ao mundo com a queda dos nossos progenitores e desenvolve a sua eficácia mortal, servindo-se da → LEI. É algo que transforma o homem todo no mais profundo de seu ser. Mas se se quer realmente intuir a profunda essência do pecado na doutrina de São Paulo é preciso recorrer à Carta aos Romanos e estabelecer um confronto entre o c. 7 e o c. 8; é aqui que Paulo nos revela a verdadeira natureza e o real alcance do pecado: o pecado é ausência do Espírito. Essa conclusão de Paulo supõe todo um conhecimento dos seus princípios sobre a realidade da nova aliança. Para ele a nova aliança é caracterizada pelo dom do Espírito; o Espírito é o dom específico nessa economia de salvação, o Espírito nos dá a graça e a caridade; mais, é a própria graça e caridade que "é difundida em nossos corações". Entende-se então como Paulo nos apresenta o pecado essencialmente como ausência do Espírito. É um renegar a nova aliança, rejeitar o dom de graça que nos foi dado pela bondade do Pai.

No Antigo Testamento não se fala da natureza do pecado, mas se põe em destaque o modo concreto dele, faz-se com que seja visto como uma força que opera na história do povo eleito. O Antigo Testamento "revela traços de uma avaliação objetiva que vê no pecado mais uma falta e uma transgressão objetiva da ordem estabelecida por Deus que o mau sentimento subjetivo" (*Dizionario Teologico*, II, 587). Todavia, não falta a Israel a consciência da distinção entre pecados materiais, automáticos e pecados formais, subjetivos. Isso fica evidente no destaque que se dá à livre vontade, ao ânimo mau, ao coração como sede e lugar de origem do pecado. No Novo Testamento, à diferença do Antigo, mostra-se mais claramente o elemento interior do pecado e se insiste na concepção deste como transgressão do amor paterno de Deus; em contraste com a nova imagem própria desse amor paterno, imagem que resulta e é constituída da incorporação do homem a Cristo por meio do dom do Espírito Santo.

Substancialmente, portanto, o pecado é este: a tentativa do homem de ser independente de Deus, esquecendo a sua fundamental origem e a sua realidade; construir a si mesmo independentemente de Deus, com o trágico resultado de perder a orientação para Deus; ou seja, perder as metas e o objetivo da sua vida, que são o aproximar-se de Deus e finalmente encontrá-lo.

4. TEOLOGIA DO PECADO. "Constituído por Deus num estado de santidade, o homem, porém, tentado pelo maligno, desde o início da história abusou da sua liberdade, arvorando-se contra Deus e ambicionando conseguir o seu fim fora de Deus. Mesmo tendo conhecido a Deus, os homens não lhe renderam a honra devida [...] mas se obnubilou seu louco coração [...] e preferiram servir à criatura, mais que ao Criador. [...] Recusando reconhecer a Deus como seu princípio, o homem infringiu a ordem devida em relação a seu fim último, bem como toda sua orientação quer para consigo mesmo, quer para com os outros homens e todas as coisas criadas" (*GS* 13). Há nessas palavras do Concílio uma fotografia nitidíssima da natureza do pecado em perspectiva religiosa. Vamos aprofundar um pouco seu significado estudando cada um de seus aspectos.

a) *O pecado à luz da criação.* "O pecado é uma diminuição do próprio homem que lhe impede chegar à própria plenitude" (*Ibid.*).

O homem é criado à imagem e semelhança de Deus. "A Sagrada Escritura, com efeito, ensina que o homem foi criado à imagem e semelhança de Deus, capaz de conhecer e de amar o próprio Criador" (*Ibid.*). O homem é um espírito finito, não podendo resolver esse drama de espírito finito senão pondo-se em contato com Deus. Não apenas porque foi por ele criado e nele encontra o último significado da sua vida, mas porque subsiste somente em relação a ele. Essencialmente significa relação a Deus. Tendo sido criado o homem à imagem e semelhança de Deus, foi-lhe dada a extraordinária possibilidade de abertura e de tensão para com Deus mesmo. "Deus criou a pessoa com um ato que antecipa a sua dignidade e desse modo a fundamenta, ou seja, com o chamado" (GUARDINI, *Scritti filosofici*, Milano, 1964, 95, vl. II). As coisas nascem por ordem de Deus; a pessoa, pelo chamado. O homem foi criado como interlocutor de Deus, que se põe como o "tu" do homem... Todo ser da pessoa criada tem aqui fundamento: Deus é o "tu" do homem. Pecar é sair dessa relação; significa destruir a pessoa; deformar o objetivo e o sentido da criação que é o de realizar a imagem de Deus.

b) *O pecado à luz de Deus.* "Constituído por Deus num estado de santidade... o homem abusou da sua liberdade, levantando-se contra Deus" (*GS* 13).

O homem, como espírito finito, é criatura do amor de Deus até o mais profundo de seu ser pessoal... Já em sua existência natural o homem é criado por Deus como sua imagem, e como pessoa está apto — mas, de outra parte, também obrigado — a dar resposta livre e responsável à palavra amorosa de Deus. Mas o homem é também chamado desde o início a uma comunhão pessoal com Deus, comunhão que supera a sua natureza; é chamado a um "existir sobrenatural". Desde o início, Deus, com a sua decisão de amor, comunicou-se pessoalmente com o homem, elevando-o a uma nova relação "eu-tu". Notamos nessa nova relação uma atitude pessoal de Deus que pessoalmente se doa ao homem, dando-lhe a capacidade, mediante uma íntima e profunda transformação, de responder com uma doação progressiva. Pecando, o homem interrompe essa relação e se encontra na impossibilidade de se pôr novamente em contato com Deus; e a partir daquele momento carrega o peso da história. Rompendo essa relação, o homem não pode mais se reerguer. Somente Deus pode lhe fornecer a possibilidade de refazer essa relação. E isso de fato aconteceu.

c) *O pecado à luz de Cristo.* "Se eu não tivesse vindo, se não lhes tivesse dirigido a palavra, eles não teriam nenhum pecado; mas agora o pecado deles não tem defesa" (Jo 15,22). É o Cristo, manifestação viva do amor do Pai para com o homem, que revela a essência do pecado como ódio contra a vontade amante de Deus; "agora eles as viram, continuam a nos odiar tanto a mim como a meu Pai". "O Verbo se fez carne." Apesar da infidelidade do homem, Deus se voltou de novo para ele, chamando-o em Cristo, que pessoalmente começa a fazer parte da história. Foi em função de Cristo que o Pai pensou, decidiu e realizou tudo.

É esse o plano definitivo de Deus: que o homem entre em relação com ele mediante Cristo, "fiel é o Deus que vos chamou à comunhão com seu filho Jesus Cristo, nosso Senhor" (1Cor 1,9). De toda a eternidade o Pai nos predestinou "a ser para ele filhos adotivos por Jesus Cristo, assim o quis a sua benevolência para o louvor da sua glória, e da graça com que nos cumulou em seu Bem-amado" (Ef 1,5-6). Criados em Cristo Jesus (cf. Ef 2,10), depois da culpa de Adão, o Pai promete e envia à terra o Filho para nos devolver a amizade perdida (cf. Rm 5,10-11). Ressuscitado dos mortos, Cristo volta ao Pai e nos envia o

Espírito Santo. No último dia, voltará para tomar os seus e os levar à morada do Pai (cf. Jo 14,3; 17,24), transformados e vivificados por obra do Espírito (Rm 8,11).

Essa visão do plano definitivo de Deus sobre o homem — visão que nos dá o sentido de Deus, do seu amor e da sua graça — revela-nos a dimensão mais profunda do pecado. "Cristo é o próprio julgamento do pecado; esse julgamento desmascara o pecado e revela todo seu horror" (HÄRING, *A lei de Cristo*). Se, segundo São Paulo, a lei já revela a verdadeira essência do pecado, manifestando a sua aversão e revolta contra Deus, a mesma coisa, mas em sentido mais profundo, deve-se dizer de Cristo. Em Cristo revela-se todo o amor de Deus para com o homem; é em Cristo, por meio da nossa incorporação a ele, que se instaura novamente a aliança de amor com a humanidade; é Cristo que, por meio do Espírito, dá ao homem a força de se voltar a Deus e de o chamar de Pai. Cristo é o centro da história do homem; é ele que salva, redime, revela o amor do Pai. O pecado destrói tudo isso; é o próprio Cristo, portanto, que revela a verdadeira e profunda essência e a real malícia do pecado.

d) *Aspecto social do pecado*. "Deus não criou o homem, deixando-o só, mas desde o princípio 'criou-os macho e fêmea' (Gn 1,27) e a união deles constitui a primeira forma de comunhão de pessoas. Com efeito, o homem, por sua íntima natureza, é um ser social e sem as relações com os outros não pode viver nem exercer seus dotes" (*GS* 12).

Essa exigência de comunhão, íntima derivação da natureza do homem, sobressai ainda mais se pensamos que no plano divino o homem é de fato elevado a um "existir" sobrenatural. Existir que lhe é dado precisamente em virtude de um princípio superior, de um dom de Deus: o Espírito de Cristo. Todos estão em Cristo por meio do mesmo Espírito. Único é o Espírito que recebemos. Os homens não são filhos de Deus simplesmente porque Deus é bom, porque os criou, mas são filhos de Deus por sua união a Cristo: "Todos vós sois, pela fé, filhos de Deus, em Jesus Cristo. Sim, vós todos que fostes batizados em Cristo vos revestistes de Cristo. Já não há nem judeu nem grego; já não há nem escravo nem homem livre, já não há o homem e a mulher; pois todos vós sois um só em Jesus Cristo" (Gl 3,26-28). Deus quer salvar a todos os homens não individualmente e sem ligação alguma entre si.

O homem, portanto, realiza a sua salvação a seu redor e com os próprios irmãos. Sob esse ponto de vista, o pecado opera não somente a condenação do pecador, mas repercute negativamente na comunidade, e a comunhão é perturbada. Daí também a tremenda responsabilidade que o pecador tem pela influência do seu ato mau sobre a comunidade dos fiéis.

e) *Aspecto cósmico do pecado*. O homem "foi constituído por ele (Deus) acima das criaturas terrenas como senhor delas, para as governar e delas se servir para glória de Deus" (*GS* 12).

Tudo tem por finalidade o homem. O homem, por querer de Deus, é o senhor e o dono do cosmos; com a sua inteligência e a sua vontade exerce esse senhorio e esse domínio. Mas o homem não é o dono absoluto da criação. Se tudo está em relação com o homem, o homem indica a relação essencial e completa em Deus. Essa visão cósmica do plano da criação é ampliada e definida com a vinda de Cristo e com a redenção por ele realizada. "A criação espera com impaciência a revelação dos filhos de Deus" (Rm 8,19); aprouve ao Pai "reunir o universo inteiro sob um só chefe, Cristo, o que está nos céus e o que está sobre a terra" (Ef 1,10). Com o pecado fica profundamente perturbada a orientação do homem para as coisas, justamente porque ficou abalada a relação finalística do homem com Deus. Também o cosmos ficou abalado: "a criação inteira geme ainda agora nas dores do parto" (Rm 8,22). O quadro grandioso e maravilhoso das relações íntimas entre o homem e o cosmos ficou tragicamente perturbado pela realidade do pecado. A relação das coisas com o homem não tem mais sentido.

f) *Visão de conjunto*. O homem é um ser que depende de Deus; é um ser que tende para Deus. É um ser chamado, amado por Deus. Tem a possibilidade por meio do Espírito de realizar em Cristo o encontro com Deus, de responder a seu apelo mediante o amor. "É realmente cristã a atitude do homem, quando a pessoa finita está na relação "tu" com Deus, que se revelou em Cristo. A sua essência está em ser por ele chamado, ou seja, amado; a sua realização, em obedecer a esse chamado, ou seja, amá-lo" (GUARDINI, *Scritti filosofici*, 110, II). É esse o plano de Deus.

Nessa perspectiva, assim se mostra o pecado: é um "não" dito a Deus, é uma ofensa pessoal a Deus que tem todos os direitos sobre sua criatura. É um egoísmo substancial, um amor imoderado de si mesmo que se opõe à única exigência divina: responder ao amor de Deus, amar a Deus com todo o coração, com todo o espírito e com todas as forças. É autonomia. É recusa do dom de Deus; é recusa do próprio Deus. É abandono de Cristo, resistência ao Espírito. Ruptura do diálogo de amor entre Deus e o homem. O pecado pertence à ordem religioso-moral, ordem de ação e de expressão do eu em que o homem se realiza como pessoa. Nessa ordem, o pecado constitui uma criação negativa, uma recusa, uma resistência. É um "não" da pessoa que se fecha em si mesma quando se esperaria dela a abertura — mediante a gratidão — e o → DOM DE SI — mediante a resposta ao apelo de Deus. É recusa da graça, falta de amor, ausência de vigilância, resposta negativa a Deus.

Reforçando e sintetizando ainda mais esse conceito, podemos dizer o que segue: o pecado é afastamento de Deus, traição de um amor pessoal, ultraje ao próprio Criador e Redentor. É resistência à vontade de Deus nas coisas e nos homens.

Na sua realidade mais profunda o pecado é, para usar uma terminologia clássica, mas extremamente lúcida e significativa, "*aversio a Deo*" — voltar as costas a Deus — e "*conversio ad creaturas*" — ir ao encontro das criaturas e delas fazer o próprio ídolo. Deve-se ter presente, como diz Santo Tomás, que a essência do pecado consiste formalmente na "*aversio a Deo*" (*STh*. II-II, q. 10, a. 3; q. 148, a. 5, ad 2).

O pecado tem, portanto, caráter "apostático" e "idolátrico".

E na origem dessa rejeição de Deus está o orgulho, a soberba, a afirmação da própria autossuficiência, a consciência de poder prescindir de Deus, de ser independente dele e da sua vontade. O homem, pecando, faz de si mesmo um deus.

E essa "*aversio a Deo*" tem como terrível e trágica consequência tornar o homem escravo do pecado. "aquele que comete o pecado é escravo do pecado" (Jo 8,34). Assim, com o pecado, o homem passa a fazer parte do reino do mal.

5. O PECADO SOCIAL. "Para conhecer o pecado era necessário fixar o olhar sobre sua natureza, como ela nos foi dada a conhecer pela revelação da economia da salvação; ele é *mysterium iniquitatis*" (*RP* 19).

"Tocamos aqui no aspecto mais obscuro do mistério do pecado. Com efeito, ele é uma realidade pessoal, interior ao pecador que o comete com um ato livre de vontade, mas, ao mesmo tempo, é um poder que domina os homens e os faz seus escravos. E sob esse poder o homem se encontra desde o início de sua existência. Todo homem, com efeito, desde o desabrochar do seu ser, encontra-se num estado de alienação de Deus, de incapacidade de orientar a existência para Deus e para os outros, ou seja, de sair do próprio egoísmo para optar por Deus e entrar em diálogo com os outros; assim, antes mesmo de poder fazer um ato livre, ele se encontra numa situação de 'pecado', de que somente a graça de Cristo o pode libertar" (*La Civiltà Cattolica* 134 [1983] 529).

Há, portanto, um "reino do mal", "um poder das trevas" iniciais, agravados e consolidados pelos muitos pecados cometidos livremente por cada homem. E desse reino o homem é escravo.

Queremos por isso ressaltar aqui o aspecto mais significativo desse "reino do mal".

Fala-se hoje muito de "pecado coletivo" ou "pecado social". Parece-nos que são realidades que se podem compreender adequadamente somente na linha e na perspectiva do "reino do mal".

O que se entende quando se fala de "pecado social"? É bom precisar logo, sem sombra de equívocos, que não se deve considerar esse pecado como contraposição ao pecado pessoal, diminuindo-o ou até eliminando-o. O pecado, no sentido verdadeiro e próprio do termo, é e continua sempre um ato da pessoa, ainda que considerada de diversos modos pelos diversos fatores. De fato, a Igreja, quando fala de "situações de pecado" ou de "pecado social", fala sempre dele afirmando fortemente e com clareza a real responsabilidade de cada pessoa; ou seja, no fundo de cada situação de pecado ou de pecados sociais há sempre pessoas pecadoras.

Fundamentalmente, portanto, o conceito de pecado social importa em "reconhecer que, em virtude de uma solidariedade humana tanto misteriosa e imperceptível quanto real e concreta, o pecado de cada um repercute de algum modo sobre os outros" (*RP* 16).

É o outro aspecto daquela solidariedade que no plano da fé chamamos de "→ COMUNHÃO DOS SANTOS"; aspecto negativo que poderíamos chamar de "comunhão do pecado" (cf. *Ibid.*).

"Em outras palavras, não há nenhum pecado, ainda o mais íntimo e secreto, o mais estritamente individual, que diga respeito exclusivamente a quem o comete. Todo pecado repercute, com maior ou menor veemência, com maior ou menor dano, em toda a organização eclesial e na família humana toda. [...] A cada pecado pode-se atribuir indiscutivelmente o caráter de pecado social" (*Ibid.*).

Daí expressões concretas, variadas e múltiplas de pecados sociais: situações de injustiça, de opressão, de instrumentalização; pecados contra o próximo, contra a justiça, contra os direitos da pessoa humana, a começar do direito à vida e à integridade física, contra o bem comum e assim por diante.

Todas expressões e manifestações de pecados sociais que dão corpo e consistência e solidez ao reino do mal, criando estruturas opressivas, injustas, indignas da pessoa humana.

E para mudar tudo isso não basta modificar "estruturas"; é preciso que se convertam as pessoas direta ou indiretamente responsáveis dessas situações (cf. *Ibid.*); ou seja, é necessário eliminar o pecado da pessoa.

6. CRITÉRIOS AVALIADORES DO PECADO. Sem adentrar a complexa e vasta problemática da diversificação dos pecados e dos critérios que devem guiar um cristão ao avaliar a entidade do próprio ou dos próprios pecados, queremos aqui apenas enunciar algumas orientações práticas afinadas com as exigências mais autênticas e verdadeiras da moral evangélica.

Um dos aspectos mais característicos da moral evangélica é a insistência nas disposições interiores do homem em relação ao bem e ao mal. A moral evangélica é toda interioridade e substância, julga o ato humano na sua fonte: nas disposições interiores do homem. No discurso da montanha, Jesus anuncia a bem-aventurança dos "puros de coração", pureza de coração que equivale aqui a retidão de intenção. Trata-se de uma disposição reta e profunda que está na base do agir humano e o especifica moralmente. "Qualquer um que olha para uma mulher, cobiçando-a, já cometeu adultério com ela, em seu coração" (Mt 5,28); "O que sai do homem, isto é que torna o homem impuro. De fato, é do interior, é do coração do homem que saem as más intenções, desregramentos, furtos, homicídios, adultérios, cupidez, perversidades, astúcias, inveja, injúrias, vaidade, insensatez. Todo este mal sai do interior e torna o homem impuro" (Mc 7,20-23; cf. Mt 15,18-20). Cristo volta com insistência sobre esse conceito, requisito fundamental da moral evangélica.

Nascem daí consequências da máxima importância: o elemento principal para determinar a moralidade da ação não está tanto na materialidade do objeto, da ação, mas antes na intenção e no motivo profundo do sujeito operante. A materialidade do objeto conserva a sua importância e o seu valor. Há ações, em sua materialidade, de tal modo periféricas e acidentais que dificilmente podem impulsionar, constituir e exprimir uma escolha pessoal e fundamental. De outra parte, há ações, sempre em sua materialidade, que parecem ser tão centrais e essenciais que muito dificilmente não exprimem uma escolha verdadeiramente fundamental.

Somente assim, ou seja, levando em consideração a interioridade exigida pela moral evangélica e não subestimando o elemento material, é que se põe com mais luz e se evidencia claramente a influência da graça, da voz do Espírito, e a importância determinante que esses fatores têm no agir cristão.

Mais: em todo homem há, na base da orientação de sua vida, uma escolha fundamental, ou seja, "a escolha e a realização da unidade constitutiva da própria forma final" (N. ABBAGNANO, *La struttura dell'esistenza*, 127); cada uma das escolhas particulares não são mais que a atuação e a expressão concreta dessa opção.

Ao falar de opção fundamental, temos de atentar para não concebê-la em esquemas abstratos e irreais. Em primeiro lugar, observemos que uma opção fundamental, em geral, não é imprevista, mas preparada por muitos acontecimentos e por muitas reflexões até subconscientes. Depois, mesmo se encarnando numa escolha concreta, essa opção não se exprime geralmente num ato explícito, ou seja, com um ato distinto e consciente. Mais: a opção fundamental, logicamente, faz-se de uma vez por todas: com efeito, escolhe-se a orientação de toda uma vida. Todavia, ela pode ser mudada precisamente porque se insere na realidade mutável do homem. Portanto, sempre com base na realidade humana, uma opção fundamental pode ser aprofundada, modificada ou até substituída.

Semelhante opção deve haver na vida religioso-moral; ou seja, deve haver uma escolha que esteja profundamente orientada para a realização da vocação cristã: íntima união a Deus, com o Cristo, no Espírito Santo. Para realizar essa vocação, o cristão recebeu uma força interior, um princípio interno: "recebestes o Espírito", "a caridade foi difundida com abundância em vossos corações por meio do Espírito que habita em vós"; e uma lei: "amar a Deus com todo o coração, com todo o espírito, com todas as forças". É esse único princípio e essa única lei que o cristão deve escolher e abraçar para realizar a própria forma final: a comunhão com a Trindade.

Em síntese, parece-nos que o critério decisivo da avaliação do pecado e da consequente distinção entre pecado mortal e venial seja a intenção-decisão da pessoa, ou seja, o grau e o volume de envolvimento da pessoa diante de Deus.

Esse destaque do aspecto subjetivo como primário não é nem pode ser prejudicial à "matéria" que, corretamente estabelecida, constitui um critério irrenunciável da avaliação moral do pecado.

"A intenção moral se reveste, por isso, de um duplo caráter, provisório e definitivo, porquanto a opção positiva ou negativa (para o bem ou para o mal) não pode senão se realizar em concretas e limitadas práticas boas ou más, e essas últimas, por outra parte, não a podem exaurir.

Somente uma síntese dialética e continuamente aberta dos dois aspectos lembrados pode definitivamente permitir que se evitem as duas formas opostas de maniqueísmo, igualmente perniciosas: a de matriz espiritual, que reduzindo o pecado à intencionalidade acaba na desencarnação, e a de matriz materialista, que avaliando o pecado com base no ato externo ou da ação em si mesma esquece o que o especifica mais profundamente, sua radicação na interioridade, na opção profunda do homem" (G. PIANA, Peccato, in *Dizionario Teologico Interdisciplinare*, Torino, 1977, 672, vl. II).

Em concreto, por isso, examinar e avaliar cada um dos pecados é tarefa estritamente pessoal: obra do juízo da consciência, que deve levar em consideração ao mesmo tempo e de maneira adequada o ato, as disposições de quem o põe e fundamentalmente o grau de opção que a pessoa fez por Deus.

7. DO SENTIMENTO DE CULPA À CONSCIÊNCIA DO PECADO.

"O verdadeiro e construtivo sentimento de culpa é a consciência de ter transgredido um valor importante, é o desgosto por um valor perdido. Mas o homem pode ir além dessa consciência e desse desgosto. Pode passar da culpa psíquica e moral à religiosa. Na experiência às vezes dramática que ele faz do seu mal há uma ulterior possível ressonância além da de se sentir culpado diante da própria consciência: *descobrir-se pecador diante de Deus*. É a passagem do senso de culpa à consciência do pecado. Uma passagem nada óbvia e que, todavia, decide a maturidade da nossa fé.

Só temos a consciência do pecado quando nos pomos diante de Deus e descobrimos, com dor, tê-lo ofendido" (A. CENCINI, *Vivere riconciliati*, Bologna, Dehoniane, 1986, 31).

Parece-nos que podem ser três os componentes essenciais dessa consciência do pecado: abertura a Deus, abertura a Deus que salva, abertura a um compromisso.

a) *Abertura a Deus*: pecar, na terminologia hebraica, significa "errar o alvo". O alvo é a meta que Deus estabeleceu para cada homem. A descoberta do pecado está intimamente conexa com a revelação e com a percepção dessa ideia-projeto que Deus tem sobre cada homem.

O "somente contra ti pequei" dá a visão essencial, autêntica e concreta do pecado e leva o homem à reestruturação da sua vocação.

b) *Abertura a Deus que salva*: perceber a própria meta — a ideia que Deus tem sobre cada homem —, ter a consciência do pecado, poderia levar o homem a um contínuo vadiar e a uma sobrecarga cada vez mais consistentes se simultaneamente não se faz também a experiência da salvação.

O "somente contra ti pequei" deve ser integrado e visto na luz do "tampouco eu te condeno", ou seja, a partir da consciência íntima e certíssima do perdão e da salvação.

c) *Abertura a um compromisso*: a fé na gratuidade do perdão e da salvação não deve levar o homem a uma ineficácia da própria colaboração na conversão interior. Aceitos, o perdão e a salvação de Deus são compromissos em relação ao próprio pecado. A expiação do pecado vem depois do perdão e brota de um coração profundamente grato e reconhecido.

Ao "somente contra ti pequei", seguido pelo "tampouco eu te condeno", deve se juntar o "vai e não peques mais".

O pecador perdoado e justificado e novamente feito livre em Cristo deve colaborar para uma economia de "reconstrução" e de "misericórdia" com uma ação e uma responsabilidade que nascem de um contexto de fé e essencialmente diferentes de uma presunçosa atitude farisaica de construir sozinho a própria salvação.

Qual será então o dever mais autêntico e construtivo de um cristão depois do perdão do pecado? Parece-nos óbvio: encontrar o caminho do amor, redescobrir a vida como caminho de amor, gratuito, confiante, humilde e compreensivo. "Aquele a quem se perdoa pouco, testemunha pouco amor" (Lc 7,47).

8. CONCLUSÃO. "Revelando aos homens o mistério do pecado e a trágica situação do homem pecador, Deus quis mostrar quão grande é o dom da salvação em Jesus Cristo. Com efeito, na perspectiva cristã, o pecado deve ser sempre visto na luz da graça, pois 'onde proliferou o pecado superabundou a graça' (Rm 5,20). O cristão, por isso, pode olhar o pecado em toda a sua tragicidade, pode sentir e experimentar seu terrível peso sobre a história, sem ser vencido pelo pessimismo e pelo desespero. Ele sabe que com sua morte e sua ressurreição Cristo liberou os homens do pecado e da morte e lhes deu a graça e a vida. Certamente, essa liberação não é ainda definitiva e o pecado age com força. Todavia, o poder de Salvação e de libertação que com a sua ressurreição Cristo inseriu na história humana já está em ação e produz frutos de vida, de caridade, de renovação do mundo. A última palavra não está, pois, com o pecado e a morte, mas com a graça e a vida. Não está com o 'príncipe deste mundo' que Cristo já 'lançou fora' (Jo 12,31), mas com Deus, que 'nos dá a vitória por nosso Senhor Jesus Cristo' (1Cor 15,57)" (*La Civiltà Cattolica* 134 [1983] 532).

BIBLIOGRAFIA. Limito-me a destacar os estudos mais recentes escritos em italiano ou traduzidos para o italiano e que abordam de maneira específica os aspectos mais relevantes do tema pecado: 1) Antropologia e concepção cristã do pecado: BEIRNAERT, L. La teoria psicanalítica e il male morale. *Concilium* 6 (1970) 60-72; GORRES, A. Colpa e sensi di colpa. *Communio* 12 (1984) 56-73; MARSCH, W. D. La coscienza del peccato è coscienza falsa? *Concilium* 6 (1970) 42-59; RAHNER, K. La colpa e la sua remissione al confine tra la teologia e la psicoterapia. Em *La penitenza della Chiesa*. Roma, 1964, 129-155; REMY, J. Il peccato e il senso di colpa nella prospettiva dell'analisi sociologica. *Concilium* 7 (1971), 23-42; ROSSI, G. La riduzione del senso di peccato in Morale sans péché. *Rivista di Teologia Morale* 17 (1973) 9-51; SAGNE, G. *Il peccato, alienazione o invito alla liberazione?* Bari, Paoline, 1976; SCHIFFERS, N. Il concetto di colpa e l'interpretazione del male morale alla luce della scienza del comportamento. *Concilium* 6 (1970) 73-89; SOVERNIGO, G. *Senso di colpa*. Leumann-Torino, Elle Di Ci, 1980.
2) Aspectos bíblico-teológicos: cf. o verbete "pecado" nos diversos dicionários bíblicos e teológicos; JOÃO PAULO II, Reconciliatio et poenitentia (2 dicembre 1984). *Il Regno. Documenti* 1 (1985) 2-25; KOCH, R. *Il peccato nel VT*. Paoline, Roma, 1974; Peccato e peccati alla luce del NT. *La Scuola Cattolica* 106 (1978); MONDEN, L. *La coscienza del peccato*. Torino, 1968; POTTERIE, I. de la – LYONNET, S. *La vita secondo lo Spirito condizione del cristiano*. Roma, 1971; RAHNER, K. Colpa-responsabilità-punizione nel pensiero della teologia cattolica. Em *Nuovi saggi*. Roma, 1968, 329-361, vl. I; ID., Giusti e al contempo peccatori. Em *Nuovi saggi*. Roma, 1968, 363-384; Riscoprire oggi il senso del peccato. *La Civiltà Cattolica* 134 (1983) 521-532; SCHOONENBERG, P. *Dal peccato alla redenzione*. Brescia, 1970; ID., L'uomo nel peccato. Em *Mysterium Salutis*. Brescia, 1970, 589-719, IV.
3) Pecado do mundo – pecado social: BLOMME, R. *L'uomo peccatore*. Bologna, 1971; BOCKLE, R. Il problema del peccato. Em *Matrimonio. Penitenza. Unzione*. Brescia, 1971, 155-194; CARRIER, H. La nozione del peccato colletivo, significato sociologico. Em *Saggi di sociologia religiosa*. Roma, 1967, 121-137; HÄRING, B. Il peccato in un'epoca di secolarizzazione. Bari, Paoline, 1973; PIANA, G. Il peccato. In *Dizionario Teologico Interdisciplinare* II. Torino, 1977, 660-774; SCHOONNENBERG, P. *La potenza del peccato*. Brescia, 1971, 165-189; SÖLLE, D. Il peccato interpretato politicamente. In *Teologia politica*. Brescia, 1973, 101-109.
4) Avaliação do pecado: BOROS, L. *Mysterium mortis. L'uomo nella decisione finale*. Brescia, 1970; IANICH, S. Opzione fondamentale. In *Dizionario Enciclopedico di Teologia Morale*. Roma, Paoline, 1976, 624-705; FUCHS, J. Libertà fondamentale e morale. In *Libertà liberazione nella vita morale*. Brescia, 1968, 43-63; LIBANIO, J. B. *Pecado e opção fundamental*. Petrópolis, Vozes, ²1976; TETTAMANZI, D. Peccato mortale e peccato veniale. In *Temi di morale fondamentale*. Milano, 1975, 208-239; VOGEL, C. *Il peccato e la penitenza nella Chiesa antica*. Torino, 1968.

B. ZOMPARELLI

PEDAGOGIA. Há diversas definições da pedagogia, inspiradas nas correntes filosóficas de que provêm. Interessa-nos a definição em sentido cristão: pedagogia é a ciência que estuda as leis segundo as quais deve se exercer a atividade do educador para desenvolver as faculdades do homem ainda não formado e as dirigir ao supremo fim educativo. Como tal, é por isso ciência e arte. Como ciência é descritiva, porquanto não está desprovida de possibilidade demonstrativa do fato educativo; como arte é normativa, pois propõe o fim para o qual o homem deve ser educado e indica os meios necessários ou úteis para a consecução do próprio fim. Do ponto de vista especulativo, discute-se se é possível falar de uma pedagogia cristã, ou de uma pedagogia humana que, por ser tal, não pode prescindir de princípios cristãos. A Igreja sempre se atribuiu uma pedagogia própria, que, ao se inspirar em Jesus Cristo, não pode deixar de se chamar cristã; e é autêntica pedagogia porque tem um fim, o objeto, o sujeito, os meios, o método.

Desde as origens do cristianismo tornou-se indispensável a elaboração de um princípio educativo, fundado na realidade sobrenatural do homem novo, gerado pela graça, e não faltaram as obras normativas que regulassem sua atuação, como o *Pedagogo*, de Clemente Alexandrino, e, em certo sentido, o próprio *Pastor*, de Hermas. Não existiu, porém, um tratado sistemático, na acepção atual da palavra. A obra do Antoniano *Da educação cristã dos filhos* não pode ainda se dizer completa e exaustiva; tampouco o *Sistema preventivo*, de São → JOÃO BOSCO.

Foi Pio XI, na conhecida encíclica *Divini illius Magistri*, de 1930, que reordenou de forma moderna a doutrina pedagógica da Igreja, e o seu documento é ainda a síntese mais completa e perfeita da pedagogia cristã.

O Concílio Vaticano II, com o seu decreto sobre a educação cristã *Gravissimum educationis*, não vai muito além do documento de Pio XI, senão em alguns tênues pormenores.

1. ESTRUTURA. À pedagogia cristã se dá a avaliação de "integral" porquanto tende a formar não apenas o homem como homem, mas também o cristão, ocupando-se por isso da vida natural e da sobrenatural, esta considerada a perfeição daquela. É o homem integral que está em seu centro: corpo, alma e graça; estende as suas competências sobre toda a realidade da vida humana.

Como ciência, apresenta-se com toda a sua estrutura. As fontes em que bebe a sua doutrina são, além das comuns à sadia pedagogia natural, a revelação divina, as definições dogmáticas da Igreja e os princípios que brotam da vetusta tradição educativa cristã. O objeto é "o homem decaído do estado original, mas redimido por Cristo e reintegrado na condição sobrenatural de filho adotivo de Deus, embora não nos privilégios preternaturais da imortalidade do corpo e da integridade ou equilíbrio das suas inclinações" (Pio XI, *Divini illius Magistri*). Os agentes são o educador e o educando: um faz o trabalho de discernimento, de assistência e de formação, o outro, de ativa colaboração e de manifestação das suas concretas exigências de desenvolvimento; e, entre as instituições educativas, deve-se pôr a Igreja "na qual, mediante o batismo, o homem nasce para a vida da graça" e "é sociedade de ordem sobrenatural e universal, sociedade perfeita, porque tem em si todos os meios adequados a seu fim, que é a salvação eterna dos homens e, portanto, suprema na sua ordem" (*Ibid.*, 17). Os meios de que dispõe, além dos naturais, são obviamente sobrenaturais: a doutrina revelada e a graça divina. O fim próximo é o homem na sua vocação de cristão; o fim último é Deus a quem toda a educação está ordenada.

A pedagogia cristã, que é completamento e aperfeiçoamento da natural, aceita também as distinções específicas, que correspondem aos diversos momentos da educação em ato, que são usadas atualmente no campo pedagógico, não tanto como pedagogias diferentes, mas como aspectos de uma única pedagogia, como único é o homem educável: pedagogia intelectual, moral, social, religiosa, artística etc. A elas pede a contribuição das próprias competências, mas oferece também motivações e meios que têm um valor de perfeição e de elevação.

2. PEDAGOGIA RELIGIOSA. Alguns peritos não aceitariam a distinção de uma pedagogia religiosa em separado, divorciada da pedagogia cristã, mas a incluiriam no domínio das diversas "formações": física, intelectual, moral, social, religiosa, artística, cívica etc. Outros aceitam, porém, a formulação própria de pedagogia religiosa. Ora, a pedagogia religiosa é a ciência que estuda as leis em que deve se inspirar a ação educativa que visa formar o perfeito cristão, na sua nova condição de homem elevado à ordem sobrenatural e, portanto, membro do Corpo místico de Cristo, empenhado na realização do reino de Deus. Tendo um fim eminentemente sobrenatural, dispõe de meios sobrenaturais que são a instrução religiosa para a formação para a fé; os sacramentos para a formação para a vida divina da graça; a oração para a educação das suas relações de filho de Deus com o Pai e com Cristo, na Igreja.

Deriva desse estado de coisas outra especificação, cientificamente inexata, de pedagogia catequística, sacramental, eclesial, mariana, eucarística etc. A atribuição de "pedagogia" parece motivada pelo fato de que essas diversas fases da formação religiosa se regem por uma doutrina própria, sistematicamente tirada da teologia especial, cujas "partes" são tomadas como fontes culturais do pensamento que as caracteriza. Mais que pedagógicas, são formações que pertencem à educação religiosa propriamente dita, mas que aceitam da pedagogia geral não somente a nomenclatura, os meios, as técnicas, mas também a metodologia no que é de sua competência: de modo particular a pedagogia catequística, que tem em comum com a pedagogia natural alguns princípios e sobretudo os instrumentos, ao passo que o fim é evidentemente diferente e mais alto.

3. **PEDAGOGIA CATEQUÍSTICA.** A catequese, como comunicação da mensagem da salvação aos homens, implica uma relação interpessoal, exige uma metodologia que, embora obedecendo a particulares instâncias de ordem sobrenatural, deve considerar alguns elementos que são comuns à pedagogia geral e especial: as finalidades, o objeto, o sujeito, os meios. Tratando-se de uma ação sobrenatural que se desenvolve sobre agentes naturais, a catequese não recusa uma pedagogia própria, no sentido referido acima, e admite que no seu centro esteja o homem, destinatário da mensagem evangélica.

É preciso remontar ao fim da catequese para entender seu papel pedagógico: ela tende a criar uma mentalidade de fé no homem, de tal modo que seja capaz de renovar a vida e criar um comportamento coerentemente cristão. Por isso, ela é escola de fé, apoiada na relação mestre-aluno, em que o Mestre interior é instrumentalmente servido pelo mestre-homem; a inteligência natural é aperfeiçoada pela inteligência sobrenatural, originada pela virtude infusa da fé; o método é humano-divino, porquanto a ação magisterial é conduzida por Deus, o revelador, e pelo catequista, o mediador da palavra divina.

Uma vez que a catequese é uma "escola" especial pelo conteúdo, o Mestre, o critério de inteligência, ela postula uma pedagogia especial, na qual os fatores humanos se fundem com os divinos. Com efeito, a catequese dirige-se ao homem todo, na plenitude da sua realidade: fala à inteligência, que deve conhecer a verdade revelada; volta-se à afetividade, que é geradora de sentimentos de adesão e de amor; toca a faculdade volitiva, que está empenhada em traduzir em atos o que a inteligência conquistou. Nesse sentido, a catequese quer uma pedagogia que é, ao mesmo tempo, intelectual, moral, social, mas também sobrenatural, sacramental, eclesial, litúrgica e — como hoje se prefere antepor — bíblica.

Para uma pedagogia catequística, em harmonia com a pastoral contemporânea, parece que se deve considerar: a) uma avaliação justa dos elementos humanos, postos em seu âmbito originário, porque o homem é sempre o sujeito da catequese; b) uma equilibrada, mas eminente fruição dos fatores sobrenaturais, que, na sua função, postulam o serviço dos naturais; c) uma inteligente colocação dos valores volitivos, porque a catequese é mensagem destinada a revolucionar a vida do homem nas suas instâncias individuais, personalistas, familiares e comunitárias; d) um senso de medida no cômputo dos fatores culturais, justificados pela especulação racional para evitar uma diminuição do sentido mistérico da revelação; e) a intenção eminentemente espiritual, dirigida à formação da fé, à vida de graça e de oração.

As tendências atuais da sua didática, especialmente depois do movimento querigmático, litúrgico e eclesial, favorecem uma espiritualidade mais acentuada, como correção ao excessivo intelectualismo da última metade do século, preocupado mais em fazer saber que em fazer viver. A teologia moral, centrada no exemplarismo, e a sacramental, que aclarou mais a dinâmica dos "sinais de vida", conferiram à didática catequística um novo e cuidadoso alento espiritual, voltado para a união com Cristo e consciente participação do povo de Deus.

4. **PEDAGOGIA VOCACIONAL.** Substancialmente, a prática educativa se ocupou sempre do problema vocacional referente ao sacerdócio e à vida consagrada; menos ou muito pouco da vocação comum a todo homem, como apelo de Deus para uma missão especial no mundo ou para um serviço na vida. O movimento bíblico despertou o problema vocacional, dando-lhe um preciso contexto teológico e eclesial e, consequentemente, promovendo uma adequada pedagogia, que, a dizer a verdade, está ainda no início sob o ponto de vista sistemático. Ela se apoia no conceito preciso de → VOCAÇÃO como apelo de Deus ao homem, expresso mediante uma orientação que ele dá à vida, por meio das vozes das tendências e atitudes. Se Deus chama um homem a uma missão na vida, orienta-o também com manifestações da natureza, que, em termos técnicos, se chamam idoneidade.

A pedagogia vocacional pretende acompanhar o convite de Deus com os meios que são próprios da competência e da colaboração do homem, e geralmente se realiza em três momentos que não têm uma sucessão cronológica, mas simultânea: a) obra de exploração, que a nomenclatura ascética chama preferivelmente de discernimento e consiste em averiguar os sinais de vocação, que são os indícios externos da presença do fato vocacional; b) obra de assistência, prestando ao educando, por meio da → DIREÇÃO ESPIRITUAL e do ensinamento moral e ascético, as ajudas externas para a verificação e o cultivo do convite divino; c) obra de formação, que, com os tradicionais meios sobrenaturais da piedade, do exercício ascético e sobretudo da vida sacramental, tende a promover a superação do sentido de mediocridade, a libertação dos complexos que perturbam a resposta do homem à orientação de Deus, a consciência do sentido heroico da vida cristã, mas particularmente religiosa e sacerdotal, o sentido da disponibilidade pessoal às exigências ou expectativas de Deus e enfim a convicção de que a formação específica para um estado de vida é obra sobretudo pessoal, voluntária e livre.

Tratando-se de vocação especial a um estado de vida, a pedagogia insiste fortemente sobre o respeito da moção divina, que nenhum educador, mesmo se constituído de autoridade, pode substituir ou criar, sempre que for percebida. A enunciação vale particularmente para a vocação ao sacerdócio, para a → VIDA RELIGIOSA e também para o → MATRIMÔNIO. O educador é, em certo sentido, expectador diante da intervenção de Deus, mas se torna cooperador ao ficar ao lado — jamais ser um substituto — de quem é "chamado" a dar a Deus a consequente resposta. Sob o ponto de vista da ciência espiritual, merece uma menção a pedagogia vocacional do sacerdócio e da vida religiosa que pode ser assim sintetizada: o educador espiritual tem a tarefa a) de ajudar o educando a oferecer a Deus uma disponibilidade serena e livre para as manifestações da sua vontade; b) de o assistir na interpretação das orientações naturais e sobrenaturais em função da verificação vocacional; c) de o seguir com os conselhos e as orientações espirituais para a maturação do seu ideal religioso; d) de o seguir na sua determinação conclusiva.

BIBLIOGRAFIA. XXV anniversario della promulgazione della dichiarazione "Gravissimum educationis". *Seminarium* 37 (1985) 1-151; BARBOTIN, E. *Catechesi e pedagogia*. Brescia, 1984; BERGAMASCHI, A. *Pedagogia e Vangelo*. Milano, 1974; ID. *Quale educazione cristiana?* Roma, 1977; BRAIDO, P. (ed.). *Esperienze di pedagogia cristiana nella storia (secc. IV-XVII)*. Roma, 1981, 2 vls.; ID. Pedagogia. In *Dizionario degli Istituti di Perfezione* VI (1980) 1.310-1.326; CASTER, M. van. *Catéchèse et dialogue*. Bruxelles, 1966; Educazione cristiana. *Communio* 46 (luglio-agosto 1979); *Enciclopedia delle scienze dell'educazione: Educare*. Zürich, 1962-1964, 3 vls.; EVELY, L. *Educare educandosi*. Assisi, 1968; GALLI, M. Callari. *Antropologia ed educazione*. Firenze, 1975; GALLI, N. *Educazione religiosa e libertà*. Brescia, 1978; GATTI, G. *Educazione morale – Ética cristiana*. Torino-Leumann, 1985; GUARDINI, R. *Persona e libertà*. Saggi di fondazione della teoria pedagogica. Brescia, 1987; HOVRE, F. de. *La pedagogia cristiana e le ideologie del mondo contemporaneo*. Brescia, 1973; KRIEKEMANS, A. *Pédagogie générale*. Paris-Louvain, 1963; *L'educazione cristiana oggi*. Atti del XXIII Convegno di Scholé. Brescia, 1985; *La pedagogia cristiana*. Atti del I Convegno di Scholé. Brescia, 1955; LAENG, M. *Problemi di struttura della pedagogia*. Brescia, 1960; LENA, M. *Lo spirito dell'educazione*. Brescia, 1986; MORLINO, M. *Il sentimento religioso nella psicologia dell'età evolutiva*. Napoli, 1975; PERETTI, M. *Breve saggio di una pedagogia personalista*. Brescia, 1978; ID. *Valori perenni e pedagogia*. Brescia, 1984; RIVA, S. *Catechetica pastorale*. Brescia, 1970; ID. *La pedagogia del catechismo*. Milano, 1945; ID. *La pedagogia religiosa del Novecento in Italia*. Brescia, 1973; ID. *Per una pedagogia del sacerdozio*. Brescia, 1965; RODRIGUEZ, M. *Pedagogía de la fe*. Madrid-Salamanca, 1972; SUCHODOLSKI, B. *Trattato di pedagogia generale*. Brescia, 1964; *Tradizione educativa del Concilio*. Roma, 1966; VERGOTE, A. *Psicologia religiosa*. Torino, 1967; WYNNE, J. P. *Le teorie moderne dell'educazione*. Roma, 1968; ZAVALLONI, R. *La personalità in prospettiva religiosa*. Brescia, 1987.

S. RIVA

PEDRO DAMIÃO (São). 1. NOTA BIOGRÁFICA. Nasceu em Ravena, em 1007. Depois de uma juventude nada fácil, iniciou a sua atividade cultural como docente do Trívio e Quadrívio; em 1035, depois do sinal de alguns acontecimentos, decidiu abandonar a carreira dos estudos e retirar-se ao eremitério de Fonte Avellana. Mesmo não sendo seu fundador direto, ele pode ser considerado o principal organizador da congregação eremítica aí estabelecida, à qual sua destacada personalidade logo se impôs. Por várias vezes o encontramos igualmente presente em outros centros monásticos e, em 1043, como prior de Fonte Avellana. A sua eleição marcou um admirável florescimento daquele eremitério e a sua fama levou mais de um pontífice a lhe confiar encargos importantes e delicados. Ajudou sobretudo o seu colega, Anselmo de Baggio, que se tornou Alexandre II (1061-1073), na luta contra o antipapa Honório II. Não se exclui que, por excesso de zelo, cometesse erros políticos: as desilusões deles provenientes aguçaram de novo em si o desejo do eremitério; por isso conseguiu se retirar para uma breve estada em Fonte Avellana. Mas logo o encontramos no mosteiro de Cluny, a restabelecer a disciplina e a paz; em 1069 está em Frankfurt para dissuadir Henrique IV de se divorciar da esposa Berta; em 1070, participa em Montecassino da consagração da igreja; em 1072, em Ravena, tenta reconciliar a cidade com a Sé Apostólica. Na volta, tendo parado em Faenza, no mosteiro dos beneditinos, ali morreu na noite de 22 para 23 de fevereiro.

Caráter ardente, temperado pelo contínuo esforço de dominar a si próprio, impetuoso na palavra e nos escritos, a ponto de ser comparado a São → JERÔNIMO, formou no silêncio e na solidão a sua alma de asceta. Sua ascese foi equilibrada, pois não lhe tirou o interesse do mundo nem o impediu de compreender e amar os homens do seu tempo.

2. ESCRITOS. Pedro costumava submeter todos os seus escritos à atenta revisão dos seus três monges, Gabisone, Teobaldo e João de Lodi, e dos bispos Teodósio de Senigallia e Rodolfo de Gubbio. A sua vasta cultura lhe permitiu tratar de assuntos diversos numa notável produção; lembramos: o *epistolário*, amplo e numeroso, que nos permite penetrar na sua vida privada; os *Sermões*, cuja autenticidade ainda hoje se discute; uma vasta coleção de *meditações* e de *preces*, algumas das quais entraram para o patrimônio litúrgico da Igreja; a *Vita Romualdi*; o *Contra errorem Graecorum de processione Spiritus Sancti*, escrito certamente depois de 1062; o *Antilogos contra Iudeos*; o *De fide catholica*; vários opúsculos sobre a devoção mariana, que o fizeram definir o *Camerarius B. Mariae Virginis*; uma discreta coleção de *Carmina*, que nos mostra seu pensamento nas várias festas litúrgicas.

3. DOUTRINA. A essa relação de escritos dever-se-iam juntar outros que nos ajudam a entender o seu verdadeiro pensamento teológico, tão versátil, pois se estende por diversos setores: da teologia dogmática e sacramental à exegese, da liturgia ao direito, da teologia ascética aos problemas eclesiológicos muito práticos e com intenção reformadora, sem esquecer o seu sempre vivo interesse pelos problemas monásticos. De grande destaque são, nessa perspectiva, as suas numerosas cartas.

A sua teologia é predominantemente uma teologia eclesiológica, orientada para a reforma da Igreja. Além disso, é uma teologia da vida monástica que integra os valores monásticos tradicionais de então com a concepção eremítica de São Romualdo. Mas é também uma teologia monástica, uma reflexão sapiencial orientada para a oração e a contemplação. Pedro Damião não percebe o problema do valor cultural desse uso da Bíblia ao explicar os fenômenos da existência humana, mas a sua pesquisa é focada em função da história sagrada. As suas considerações teológicas procedem com um ritmo vivo, cheio de lembranças pessoais e de anedotas populares, com um andamento imediato e impetuoso.

Era um homem profundamente honesto em matéria teológica, que afirmava com clareza os limites da argumentação dialética. Apologeta de valor, informado sobre a teologia grega e latina do tempo, particularmente bom conhecedor do pensamento de São → GREGÓRIO MAGNO e de Santo → AGOSTINHO, seguia uma regra básica: a fidelidade à fé transmitida pelos apóstolos e pelos verdadeiros mestres da Igreja. Resume deste modo a linha de conduta do teólogo: "Nós, porque consideramos como mestres os santos apóstolos e os homens apostólicos, não temos de escolher o que nos parece nem temos de defender com obstinação e teimosia o que já escolhemos; mas temos de conservar a fé, de modo irreversível no que foi definido por experimentados doutores da Igreja". Uma disposição se nos apresenta, que não deve ser subestimada: a necessidade de manter o discurso com humildade, com simplicidade de linguagem, até para evitar ofender a fé popular. Damião insiste também na corresponsabilidade em matéria de ensinamento doutrinal e na solidariedade com "os guardiões da fé apostólica na Igreja romana e os chefes das outras Igrejas": é uma linguagem curiosamente moderna!

Como teólogo e apologeta, tinha a consciência de corresponder a uma vocação, a uma exigência específica. Jamais faltou a esse dever; assegura, além disso, que um cristão deve ser capaz de defender Cristo, "*de Christo reddere rationem*". Recusar essa obrigação com o pretexto da simplicidade aumenta a audácia dos não crentes e provoca o erro, até a dúvida nos corações dos fiéis.

Doutor da Igreja, no sentido de que foi capaz de responder aos quesitos do tempo, e bispo cardeal, mas, antes de tudo, monge e eremita, escreveu páginas de intenso lirismo, que devem ser enumeradas entre as mais sinceras e as mais fortes deixadas por aquele período. Homem de Deus, teve em sua existência um desejo eficaz de servir a Igreja e, portanto, de a ver mais próxima do ideal evangélico, como era sentido nos ambientes claustrais e eremíticos do século XI.

BIBLIOGRAFIA. BLUM, J. *S. Peter Damian, his teaching on the spiritual life*. Washington, 1947; LECLERCQ, J. *S. Pierre Damien ermite et homme d'Église*. Roma, 1960; MICCOLI, G. Théologie de la vie monastique chez saint Pierre Damien. In *Théologie de la vie monastique*. Paris, 1961; ORABONA, L. Papato-Impero nel IX secolo e san Pier Damiani in Alfonso Capecelatro. *Studi e Materiali di Storia delle Religioni* 8 (1984) 19-33; PALAZZINI, P. Píer Damiani. In *Bibliotheca Sanctorum* X, 554-574 (com bibliografia ampla e selecionada); Pierre Damiani. In *Catholicisme* XI (1986) 354-355; Pierre Damiani. In *Dictionnaire de Spiritualité* XII (1986) 1.551-1.573 (com bibliografia de 1983).

P. SCIADINI

PEDRO DE ALCÂNTARA (São). Nasceu em Alcântara (Cáceres, Espanha) em 1499. Em 1515, entrou para o eremitério franciscano de Los Majaretes, da Custodia de Estremadura. Morreu em Arenas de San Pedro (Ávila), no dia 18 de outubro de 1562. Beatificado em 1622 por Gregório XV, foi canonizado em 1668, com Santa → MARIA MADALENA DE PAZZI, por Clemente IX.

Na história da espiritualidade ocupa, sem dúvida, um lugar iminente. Foi o santo da extrema penitência. Viveu e se formou num clima de estrita observância franciscana, que teve nele um dos seus melhores expoentes. Guardião e provincial de São Gabriel (1538), protetor dos frades "del capucho" da Arrábida (1548-1551), conseguiu, em 1554, mediante um breve pontifício, dedicar-se à vida eremítica. Reuniu-se juridicamente aos "conventuais", fundou o eremitério de Nossa Senhora de El Palancar (El Pedroso), em 1557, e foi nomeado comissário geral da reforma; foi a Roma; organizou a província de São José. Naquela época conheceu Santa Teresa, que assim o descreveu: "Extrema a sua pobreza. Mortificadíssimo desde a juventude, contou-me que jamais levantava os olhos, a ponto de, tendo estado por três anos numa casa da sua Ordem, não ter conhecido os religiosos senão pela voz. Quando devia se dirigir a algum lugar, fazia-o seguindo os outros. E assim quando devia viajar. Havia muitos anos que jamais olhava para mulheres. Mais, dizia-me que para ele ver ou não ver era a mesma coisa. Quando o conheci era muito velho, e tão cansado que parecia feito de raízes de árvore. Apesar de tudo, era muito afável. Falava pouco e somente para responder a quem o interrogava. Mas as suas palavras eram muito sensatas, porque de agudíssimo engenho" (*Vida*, 27,18).

Foi um decidido defensor da reforma teresiana. Além do testemunho da santa na *Autobiografia*, veja-se a carta do dia 14 de abril de 1562, na qual o reformador encoraja a reformadora.

Resumiu o *Libro de la oración*, de frei Luís de → GRANADA, *ad usum pauperum*. Essa obra não se conhece mais senão numa ampliação de Martin de Lillo (Alcalá, 1558) e do *Tratado* (Lisboa [1559]), que o próprio frei Luis compôs. O *Tratado* foi publicado com seu nome. Isso suscitou uma acirrada polêmica bibliográfica. À parte a polêmica, não totalmente extinta, o valor da obra de Alcântara deve se enquadrar nos movimentos de oração nos quais se inserem João de Ávila e a sua escola, Luís de Granada, Carranza, São Francisco Borja (cf. *Monumenta Historica Societatis Iesu*, III, 313), e enfim Santa Teresa e o seus filhos.

BIBLIOGRAFIA. ACEBAL, M. P. d'A. In *Dictionnaire de Spiritualité* XII, 1.489-1.495; *Acta Sanctorum* VIII (1853) 623-809; BALUST, L. Sala. Textos desconocidos de san Pedro Alcántara. *Salmanticensis* 2 (1955) 151-153; GISMONDI, G. Santa Teresa e san Pietro d'Alcantara. *Rivista di Vita Spirituale* 17 (1963) 420-457; HUERGA, A. Génesis y autenticidad del "Libro de la oración y meditación". *Revista de Archivos, Bibliotecas y Museos* 49 (1953) 135-184; LEDRUS, M. Grenade el Alcantara. *Revue d'Ascétique et de Mystique* 32 (1962) 447-460; 33 (1963) 32-44; LEJARZA, F. de. *Estudios sobre san Pedro de Alcántara*. Madrid, 1962 (com bibliografia às pp. 233-390); MARTÍNEZ, P. de. La reforma alcantarina. *Ciencia y Santidad* 30 (1948) 18-35.

A. HUERGA

PENA. 1. NATUREZA E FINALIDADE. Pena é um mal que vem de fora, infligido a uma pessoa por motivo de justiça. Encontra sua justificativa no fato de que o punido, mediante um ato livremente responsável, mereceu uma censura. Sofrer a pena é simplesmente receber o que se quis; é colher o fruto virtualmente presente no próprio ato.

A pena não deve ser entendida como réplica vingativa para fazer mal ao culpado. É sempre reprovável comprazer-se do mal que uma pessoa sofre, mesmo que ela seja culpada. O mal é infligido essencialmente como um meio para conservar a justiça.

Além da missão essencial de justiça, a pena é invocada ordinariamente para desempenhar outras funções ou finalidades. Ela tem a missão de restituir o equilíbrio social, que existia anteriormente à culpa; tem a missão de trazer a ordem do universo à sua integridade primitiva, visa se traduzir num castigo que seja exemplar para os outros e sirva de proteção para a ordem da vida social. Esse aspecto é secundário e subordinado ao de fazer justiça. Com efeito, a pena deve ser merecida, independentemente do seu valor de exemplo ou do papel de proteção. Caso contrário, legitimar-se-ia todo abuso por parte do grupo em relação ao indivíduo.

A pena, além disso, presta-se a ser um meio eficaz de correção ou de educação do culpado. Uma atenta preocupação dos médicos deveria, quanto possível, regular o modo como a punição é de fato medida e aplicada. Mas também aqui a justiça é sempre presumível. É preciso que o homem seja culpado e mereça o castigo, para que o grupo social tenha o direito de reeducá-lo. E também se a função educativa do castigo fosse frustrada a justiça conservaria essencialmente a exigência de ser feita.

Alguns consideram que a pena se justifica primariamente por causa do culpado a ser educado, mais do que pela exigência de justiça: "Nós católicos... não podemos nutrir dúvidas a respeito do caráter medicinal da pena; aqueles de nós que estão ainda ancorados na ideia da pena-retribuição não se dão conta de que cometem assim um pecado de soberba: a retribuição, com efeito, é de Deus e não dos homens; se a vós é concedido julgar, não é para retribuir o bem com o bem e o mal com o mal, mas somente para aplicar as medidas idôneas a fim de que um nosso irmão se emende, e até se redima" (F. Carnelutti).

2. A PENA NA HISTÓRIA SALVÍFICA. É possível ter uma indicação sobre o modo como a pena é concebida e entendida em Deus? A Escritura nos fala de castigos, que Deus infligiu por motivo do pecado (Gn 3,16-19; Is 10,5; Rm 5,12). Para nossa instrução, a palavra revelada distingue na pena infligida por Deus três possíveis momentos. Ao dom (de criação ou de eleição) de Deus se contrapõe o pecado do homem. Deus convida o pecador à → CONVERSÃO (Hb 12,25). Diante da obstinação, Deus se mostra juiz que pune (Os 13,7; Is 5,5; Lc 13,34).

O castigo de Deus delineia-se como um ulterior apelo à conversão (1Cor 5,5; 2Cor 2,6). Justamente por isso, Jesus Cristo assumiu a pena dos nossos pecados, porquanto era um modo de percorrer a vida do retorno ao Pai (Is 53,4; Lc 15,14-20; 1Pd 2,24). A Páscoa, vivida pelo Senhor, revela-nos o significado escondido da pena segundo a concepção salvífica: também a pena é expressão da caridade divina, que tudo atrai a si (Mt 26,29; Lc 22,16; Ap 5,6-12).

A pena apresentada e vivida no dinamismo pascal é teofania de Deus. Se ela é aceita, mediante a conversão pessoal, é como sacramento que o Espírito usa para introduzir o pecador na caridade do Pai (Jo 17,21-22). Se não é aceita como apelo à conversão ("não voltastes a mim", Am 4,6-11; Is 9,12; Jr 5,3), então ela exprime a sentença do justo juiz ("então sabereis que sou o Senhor", Ez 11,10; 15,7). O pecador que não se converteu tem o poder de subverter o sentido da pena divina: de apelo pascal à conversão ela é transformada em castigo aflitivo.

O pecador que atende a conversão pascal é transformado e assumido na vida caritativa do Pai, ficando assim isento da odiosidade da pena (Rm 8,1; 1Jo 4,18). Se ainda se sente submetido a algumas penas temporais, é porque fica sujeito ao dever de ulterior conversão pascal (1Tm 1,20; 2Tm 2,25). Todavia, para esses crentes, o castigo se torna expiação em Cristo, ou seja, justificação (Rm 3,25 s.; Gl 2,19; 2Cor 5,14): faz passar de uma vida segundo a carne a uma vida segundo o espírito (Rm 8,13; Cl 3,5).

3. A PENA COMO PRINCÍPIO DE RENASCIMENTO ESPIRITUAL. A pena em relação ao delinquente tem o objetivo espiritual não tanto de infligir um mal quanto de o converter, de o devolver interiormente à vontade do bem. Esse objetivo é atingido unicamente quando o culpado reconhece que a pena aflitiva é justa, acolhendo-a por amor (satisfatória). Somente se a pena é aceita livremente, com intenção expiatória, é que ela gera no sujeito um crescimento espiritual interior.

Para atingir esse objetivo benéfico, normalmente o punido tem necessidade de intuir no juiz que castiga um movente de amor e não de vingança, ou pelo menos deveria se sentir cercado por pessoas que o amam. É necessário que o réu seja amado, a fim de que aprenda a amar: imersa assim na atmosfera de caridade, a sua liberdade interior é favorecida e aumentada. Eis por que entre as obras de → MISERICÓRDIA, tradicionalmente, se toma como dever visitar os encarcerados e lhes oferecer uma assistência espiritual; amá-los como irmãos em Cristo. João XXIII, quando papa, tendo ido fazer visita aos presos, comoveu-os ao lembrá-los que estava em comunhão de amor com eles, olhos nos olhos, coração no coração. As leis civis e canônicas deveriam tornar autoridades e juízes conscientes de que as palavras deles devem exprimir não somente justiça, mas sobretudo amor que redime e educa. Além disso, é necessário transformar os lugares de pena em ambientes de reeducação. A pena como proposta e vivida num contexto de amor exprime a sua configuração cristã pascal. O Cristo, oferecendo-se em expiação pelos nossos pecados, viveu na terra a caridade celeste do Pai (2Cor 5,21). O próprio Espírito Santo recorre às penas interiores para purificar a alma e introduzi-la nas experiências místicas (noite dos sentidos e noite do espírito). São penas permitidas e favorecidas providencialmente por um Amor incriado para desenvolver na alma uma caridade maior. É esse um exemplo que os homens devem lembrar e imitar.

4. VISÃO TEOLÓGICA DA PENA. O culpado está sujeito a sofrer a pena não só pela parte da comunidade humana, mas também por Deus: na lesão da ordem criada, existe necessariamente uma ofensa implícita feita ao Criador, princípio primeiro de toda ordem. A pena, que a alma deve sofrer por parte de Deus, põe-se na mesma perspectiva da justiça humana?

Deus realiza a sua justiça não unicamente numa ordem futura, escatológica; ao pecador oferece a justificação já agora, nesta vida. A única condição é que a alma pecadora se submeta na fé à obra de redenção de Jesus Cristo e renuncie de modo radical a toda autossuficiente prática de satisfação pessoal. Segundo São Paulo, a alma é justificada não pelo único fato de se submeter à lei penal; ela chega à justificação porque se entrega, na fé em Jesus Cristo, à graça justificante da cruz (Rm 3,25 ss.). Desse modo, a *poenitentia prima* é oferecida pela obra redentora de Cristo. O Senhor, como nosso mediador, em virtude da sua paixão e morte, deu satisfação ao Pai pelos nossos pecados a fim de que também nós tomássemos parte com ele nos sofrimentos expiatórios pelos pecados nossos e do mundo inteiro. A pena que o culpado assume tem valor de justificação somente quando se mostra unida e valorizada pela obra redentora do Senhor.

Consequentemente, a expiação redentora é mais mérito do Verbo encarnado que nosso, e a justiça vindicativa de Deus é essencialmente expressão da sua caridade. Não existe em Deus justiça que não esteja embebida da sua divina misericórdia. "Deve-se dizer que Deus age misericordiamente, não que faça qualquer coisa contrária a sua justiça, mas algo que ultrapassa a justiça. [...] Pois quem perdoa algo doa de certa maneira. [...] A misericórdia não suprime a justiça, mas é, de certa maneira, a plenitude da justiça" (*STh*. I, q. 21, a. 3, ad 2). Todavia, ainda que Deus tenha perdoado e relevado a falta e a pena correspondente, o culpado fica espiritualmente legitimado a querer ainda satisfazer a justiça misericordiosa divina, mediante uma pena assumida voluntariamente (satisfação). A visão cristã convida a considerar a misericórdia de Deus não separável da justiça divina, a qual tem também exigências de uma riqueza inexaurível. Jamais se amou a Deus suficientemente; e jamais sua justiça é adequadamente satisfeita. Com o perdão obtido, o culpado está unido em Cristo integral e pode desejar mais e perseguir a justiça no Senhor.

A existência de uma possível futura pena eterna não contrasta com a caridade de Deus? Enquanto estiver vivo na terra, a vontade do culpado pode se arrepender, acolhendo a pena expiadora, valorizada pela paixão do Senhor. No instante em que a alma se separa do corpo, a vontade última da pessoa manter-se-á fixa: o bem-aventurado ficará eternamente na alegria do amor de Deus; o condenado terá escolhido definitivamente o → INFERNO. A separação de Deus dependerá da vontade irremovível do próprio condenado. Apesar da tendência de todo o seu ser voltado para Deus e embora se sinta profundamente ordenado à visão sobrenatural, ele terá nítida consciência de ter recusado tudo isso e de ainda o querer obstinadamente recusar. Isso não porque se extinga nele a atração à união de amor com Deus. No instante mesmo em que recusa a vida beata, ele percebe de modo consciente e altamente atormentador que todo o seu ser deseja ardentemente a beatitude no Senhor: sofre a privação de Deus como a pior de todas as penas. Mas tudo isso não terá a capacidade de o tornar penitente nem de o fazer revogar a escolha feita com plena luz responsável. Todos os atos seguintes de querer serão efetuados em virtude do ato definitivo de escolha já feita. A alma condenada sofre dilaceração interior (pena), mas não se eleva a um arrependimento; persevera na vontade de recusar o amor de Deus que perdoa. Assim, a pena eterna não é tanto uma cólera divina quanto a misteriosa paciência de Deus, a qual tolera que a sua misericórdia seja recusada definitivamente; suporta que a criatura continue, por sua livre iniciativa e para sempre, a recusar o seu amor infinito.

5. A PENA NA EDUCAÇÃO. A educação tem o objetivo de permitir e de facilitar ao educando a consecução da autonomia adulta virtuosa. O educador, para obter esse resultado, pode recorrer à punição do educando.

A educação perfeita obtém o fim com meios eficazes e suaves; se os meios eficazes não são suaves, é vício no modo; mas se os meios suaves não são eficazes, é vício no fim. O maior vício para uma obra educativa está em não permitir que o adolescente se torne adulto em Cristo. Portanto, o máximo vício é, na educação, o excluir os castigos quando são necessários. O castigo é legítimo somente na medida em que é necessário. Não é meio ordinário nem sempre benéfico, mas se apresenta válido somente como uma exceção. Quanto menos exigida a punição, melhor é o sistema educativo: o seu uso contínuo ou frequente testemunha uma desordem do próprio sistema.

O emprego mesmo da pena deve se realizar em modalidades adaptadas à tarefa educativa. Sobretudo o castigo, infligido a um menor, jamais deverá ser violento, uma vez que é castigo essencialmente de emenda e somente acidentalmente de reparação. A reprovação da violência, como meio de educação, é agora universal nas nações civis, porque ela irrita ou deprime, ao invés de corrigir ou ajudar; determina o ódio ou a repulsa, em vez de manter o afeto e a confiança; torna hipócrita, tira a dignidade, paralisa a vontade. E em geral é feita em pessoas incapazes de se defender por si mesmas de qualquer modo que seja.

Como conclusão, a pena, sob o ponto de vista educativo, deve ser buscada como integração e expressão da caridade, a qual é dom capaz de aumentar a liberdade interior dos educandos.

BIBLIOGRAFIA. CARBON, J. Castigui. In *Dizionario di Teologia Biblica*. Torino, 1971, 159-161; CARNELUTTI, F. *Il problema della pena*. Roma, 1945; CAVALIA, F. *La pena come problema*. Padova, 1979; FROIDURE, E. *Premi e castighi nell'educazione giovanile*. Torino, 1957; GOFFI, T. *Morale pasquale*. Brescia, 1968; KIRCHGÄSSNER, A. *Erlösung und Sünde im NT*. Freiburg, 1949; *L'ambiente carcerario*. Milano, 1958; PIO XII. *Discorsi e Radiomessaggi*. (1952) 443 ss., vl. XIII; (1954) 351-353, vl. XV; (1955) 277-289, vl. XVI; RUSCH, G. – KIRCHHEIMER, O. *Pena e struttura sociale*. Bologna, 1984.

T. GOFFI

PENITÊNCIA (sacramento da). A utilização do termo "penitência" em sentido estritamente sacramental foi consagrada pelo Concílio de Trento (cf. DENZ. 1.667 ss. 1.701 ss.) e confirmada pelo concílio Vaticano II (cf. *LG* 11; *PO* 5). A reforma litúrgica, de acordo com as indicações conciliares (*SC* 72) considerou esse termo como o epíteto próprio do rito: *rito da penitência* (*Ordo paenitentiae*). A vantagem desse epíteto é que ele lembra a exigência de conversão por parte do homem no momento em que, celebrando esse sacramento, aceita da misericórdia de Deus o perdão dos próprios pecados (penitência no sentido da *metanoia* bíblica). O termo põe igualmente em evidência a ligação entre a primeira conversão (o → BATISMO) e a nova conversão, significada e operada pelo sacramento da penitência, conforme os antigos modos de qualificar esse sacramento como "paenitentia secunda", "segunda tábua de salvação" ou "batismo laborioso". O limite da expressão é de não pôr suficientemente em destaque a iniciativa livre e gratuita de Deus que veio se encontrar com o homem em Cristo e operou na história o evento da redenção da humanidade e do cosmos. Esse limite foi superado pelo Concílio Vaticano II e pela reforma litúrgica, com a recuperação do termo bíblico — especialmente paulino — de *reconciliação* (cf., p. ex., 2Cor 5,18-20; Cl 1,19-20; Ef 2,14-18); termo muito comum nos antigos sacramentários romanos. O novo rito situa a penitência sacramental no contexto da *historia salutis* como evento de reconciliação celebrado pela Igreja (cf. em particular a introdução, nn. 1-5). De resto, é somente num quadro histórico-salvífico que o sacramento da penitência se torna plenamente inteligível.

1. REVELAÇÃO BÍBLICA. A penitência sacramental é indubitavelmente um evento que pertence à economia salvífica do Novo Testamento e do tempo da Igreja; todavia, aprofunda suas raízes no rico *húmus* do Antigo Testamento e do judaísmo intertestamentário, seja no plano da fé no Deus que perdoa o pecado do homem, seja no de alguns elementos relativos à sua antiga forma celebrativa.

I. *Preparação veterotestamentária e judaica*. a) *A experiência da misericórdia de Deus*. Uma das aquisições fundamentais da consciência de fé de Israel é sem dúvida a experiência da misericórdia salvífica de YHWH. A eleição e a aliança vividas pela confederação hebraica são expressão de um Deus misericordioso em relação a seu povo; um Deus sempre pronto a perdoar, embora com base em precisas exigências: "o Senhor, o Senhor, Deus misericordioso e benevolente, lento para a cólera, cheio de fidelidade e lealdade, que permanece fiel a milhares de gerações, que suporta a iniquidade, a revolta e o pecado" (Ex 34, 6-7). Essa é, de resto, a tradição unânime de Israel (cf. Na 1,3; Jl 2,13; Ne 9,17; Sl 86,15; 145,8). "Eterna é a sua misericórdia" (Sl 136; 106-107). "O Senhor é misericordioso e benevolente, lento na cólera e cheio de fidelidade. Ele não está sempre em contendas e não guarda rancor indefinidamente. Ele não nos trata segundo os nossos pecados, não nos retribui segundo as nossas faltas. Como os céus dominam a terra, assim sua fidelidade ultrapassa os que o temem. Quanto o Levante dista do Poente, tanto ele põe longe de nós as nossas ofensas. Como um pai é terno com seus filhos, assim o Senhor é terno com aqueles que o temem; ele sabe perfeitamente de que massa fomos feitos" (Sl 103,8-14). A misericórdia do Senhor é grande (Is 54,7), e é por ela que ele escuta a oração do pobre (Ex 22,26; Sl 86,15) e se dirige com ternura aos últimos (Sl 116,5-6; Os 14,4), a Israel (2Rs 13,23; Is 30,18; Jr 12,15) e às suas "tendas" (Jr 30,18). Infelizmente essa misericórdia nem sempre é adequadamente correspondida, uma vez que o povo se comporta como um filho ingrato (Os 11,1-4.8), ou como uma "vinha" que não dá os frutos esperados (Is 5,1-7).

b) *O sentido do pecado em Israel*. É justamente no quadro da experiência da misericórdia salvífica de YHWH, concretizada na → ALIANÇA, que Israel amadurece a consciência do próprio pecado como infidelidade a seu amor. Israel sabia estar ligado a Deus com uma aliança semelhante a um matrimônio indissolúvel. O pecado se mostra então como uma *ruptura* dessa aliança, como é dramaticamente simbolizado por Moisés, que, diante do pecado do povo hebreu, quebra as tábuas da lei (Ex 32,15-19; Dt 9,16-17). Os profetas, em particular, apresentam o pecado de Israel como "infidelidade à aliança" e "dureza de coração" diante da infinita ternura do Senhor em relação a seu povo: "Fiz filhos crescerem, criei-os, mas eles se revoltaram contra mim. Um boi conhece o seu proprietário, e um jumento, a manjedoura na casa do seu dono; Israel não conhece, meu povo não compreende" (Is 1,2-3). "Por acaso uma jovem esquece seus adornos? Uma noiva, sua túnica? Mas o meu povo me esqueceu desde dias sem conta" (Jr 2,32; 8,7). É nesse contexto que, na autoconsciência de Israel, emergem as dimensões essenciais do pecado:

— *a dimensão religiosa*: embora o pecado se exprima em relação aos outros (opressão dos fracos, dos pobres, corrupção dos juízes, fraude no comércio, monopólio das terras, cupidez e luxúria), ele constitui sempre uma ofensa a Deus (Am 2,6-8; 3,10; 4,1; 8,4-6; Os 4,1-19; 12,1-2.8; Is 1,17; 5,8-25) e uma recusa da sua vontade (Is 46,12; 48,4.8; Ez 2,4): "Pequei contra ti, e só contra ti, fiz o que é mau diante dos teus olhos" (Sl 51,6);

— *a dimensão pessoal*: o pecado existe como decisão pessoal do homem (Is 1,2-4) e se manifesta na desobediência ou na recusa de escutar a voz do Senhor (Is 5,24; Os 8,12); o mesmo pecado de origem foi um ato com que o homem, conscientemente, se opôs a Deus, transgredindo a sua vontade, com a presunção de decidir sozinho (Gn 3,3); e se — a partir daquele momento — o pecado tem um caráter originário no homem ("Fui gerado na iniquidade": Sl 51,7), ele implica uma opção, é uma escolha, um ato pessoal (Sl 51,6);

— *a dimensão comunitária*: o pecado tem em Israel um caráter coletivo; como a aliança é um evento que diz respeito a todo o povo, assim o pecado de um só atinge a totalidade de Israel e impede à comunidade ser o que é chamada a ser: a lei da solidariedade é — sob esse aspecto — uma realidade constitutiva na sucessão dos acontecimentos em Israel; profetas como Jeremias (Jr 17,10; 31,29; 37,19) e Ezequiel (Ez 3,16-21; 18,1-32; 33,12-20) purificam essa noção, ao insistirem sobre a responsabilidade individual, mas a lei da solidariedade continuará por todo o Antigo Testamento.

c) *As liturgias penitenciais e a espera escatológica do perdão dos pecados*. A pregação dos profetas, além de delinear o drama do pecado de Israel, representa um constante convite à conversão. Reconhecer o próprio pecado e "confessá-lo" ao Senhor é como um evento salvífico, porque é uma proclamação em ato da força misericordiosa de Deus em favor do seu povo, e leva Israel a se renovar e a se salvar (cf., por exemplo, Is 38,17; Sl 103,3-4; 32,1-7). É nesse âmbito que nascem em Israel as *liturgias penitenciais*, as quais, se têm o seu *leitmotiv* na proclamação das grandes obras de YHWH, exigem ao mesmo tempo a confissão dos pecados por parte de Israel e de cada um dos seus membros (cf., por exemplo, Jr 2-5; Ne 9-10; Sl 51). A atitude do Senhor para com o povo continua a mesma: YHWH é como um esposo que não pode esquecer a esposa tão amada (Os 2,16.21-22), ou como uma mãe que não pode desprezar seu filho (Is 49,15-16), ou, enfim, como um pastor que cuida do seu rebanho (Ez 34,11-16). Mais, é no perdão do pecado que o amor de YHWH se manifesta em toda a sua gratuidade e imensidade. "A que Deus te comparar, tu, que tiras o pecado, tu, que passas por cima das rebeldias?" (Mq 7,18-20; cf. também Is 1,18). Essa misericórdia que Israel espera do seu Senhor diz respeito especialmente aos eleitos (Sb 3,9; 4,15); nesse sentido, ela assume uma configuração escatológica: a época da salvação será a época da remissão dos pecados e por isso a época da misericórdia de YHWH (2Mc 2,7; 7,29).

d) *A exclusão da Sinagoga.* Uma estrutura do judaísmo intertestamentário que, com toda probabilidade, preparou a forma antiga da penitência eclesiástica é representada pelo instituto da "excomunhão" ou expulsão da Sinagoga. Em que consistia essa estrutura? Quando um israelita era reconhecido culpado de uma transgressão grave em relação à *Torá* podia ser excluído da reunião sinagogal numa espécie de "proscrição" (*ligar*) que tinha o objetivo de o provocar a uma emenda de vida, a um retorno a Deus que lhe permitisse ser em seguida "readmitido" (*desligar*) na Sinagoga. Uma referência muito explícita a esse uso encontra-se em Jo 9,22 e também na comunidade de → QUMRÂN. O Novo Testamento apresenta casos análogos de exclusão da comunidade: às vezes o pecador é mantido separado por algum tempo (1Cor 5,2.9-13; 2Ts 3,6-14; Tt 3,10; cf. 1Jo 5,16-17; 2Jo 10); outras vezes se diz que é "entregue" a satanás (1Cor 5,5; 1Tm 1,20; cf. 2Ts 2,4), mas sempre em vista do seu arrependimento e da salvação "no dia do Senhor" (1Cor 5,5; 2Ts 3,15). As disposições eclesiásticas referidas por Mt 18,15-18 (e a linguagem mesma de "ligar" e "desligar") parecem refletir de perto semelhante disciplina, embora assumindo no contexto cristão um alcance próprio.

II. *Anúncio neotestamentário.* O anúncio fundamental do Novo Testamento, globalmente considerado, consiste na proclamação de que em Jesus a misericórdia salvífica de Deus já se manifestou plenamente. Diante de tal "alegre notícia" (*euanghelion*) todo homem é chamado a crer e a se converter (cf. Mc 1,15).

a) *A misericórdia de Deus revelada em Jesus.* Jesus se manifesta como a presença e o sinal de que Deus quer salvar os homens, não condená-los; é por isso que ele come com os pecadores, mesmo com o risco de escandalizar os judeus (Lc 5,30-32; Mt 2,15-17; 9,12), ou ser considerado um "comilão e um beberrão" (Lc 7,34). A alegre notícia da vinda de Cristo é a oferta do perdão dirigido a todos, sem nenhuma discriminação. Desde o início da sua missão, Jesus chama o publicano Levi, justamente para ressaltar que não "veio chamar os justos, mas os pecadores" (Mc 2,13-17). Faz o milagre da cura do paralítico para mostrar, de um modo que poderíamos definir como visível, que "o Filho do Homem tem autoridade para perdoar os pecados na terra" (Mc 2,1-12). Diante da "pretensão de Jesus" — "Meu filho, os teus pecados estão perdoados" — entende-se a pergunta dos presentes: "Quem pode perdoar os pecados a não ser Deus só?". Com efeito, somente Deus pode perdoar os pecados. Com o milagre que realiza, Jesus reivindica a si esse poder (*exousia*), pondo assim a sua ação na continuidade da ação salvífica de YHWH em favor do homem. Igualmente ricos de significado são, nessa perspectiva, os episódios da mulher pecadora (Lc 7,36-50), de Zaqueu (Lc 19,1-10), da mulher surpreendida em adultério (Jo 8,1-11) e do bom ladrão (Lc 23,40-43). A grandeza do perdão que o Pai concede aos homens no Filho é tal que não há absolutamente proporção entre o que eles fazem e o que recebem; isso pode também parecer — num plano somente humano — até injusto e paradoxal, como na parábola dos operários chamados em diferentes horas; mas essa é a lógica da infinita misericórdia de Deus (cf. Mt 20,1-16). O Deus revelado por Jesus é o Deus da bondade (Mt 6,25-34). A solicitude do pai terreno em relação a seus filhos é apenas uma pálida imagem da bondade infinita do → PAI CELESTE (Mt 7,9-11). O seu Deus é um Deus atento especialmente aos que estão afastados, para que retornem à casa do Pai, diferentemente do comportamento severo que os fariseus queriam atribuir a Deus em relação aos pecadores. Bastará lembrar, a propósito, as três parábolas que Lucas reúne no c. 15; há nas três o mesmo auditório (15,1-2) — os escribas e os fariseus que murmuram porque Cristo acolhe publicanos e pecadores — e uma mensagem análoga — "haverá alegria no céu por um só pecador que se converta, mais do que por noventa e nove justos que não precisam de conversão" (15,7.10.24). Se os homens estiverem sinceramente arrependidos e confessarem seus pecados, devem saber que podem "descer para casa justificados" (Lc 18,13-14). O que se pede é que, como o Pai os perdoa, assim também eles se perdoem mutuamente; de outro modo, não podem merecer a bondade do Senhor (cf. Mt 18,23-25).

b) *O apelo à conversão*. O Novo Testamento recupera o anúncio da conversão do Antigo, mas para mostrar que o "dia de YHWH" esperado já chegou em Cristo e como dom do Espírito de Pentecostes.

A proclamação de João Batista. "João, o Batizador, apresentou-se no deserto, proclamando um batismo de conversão para o perdão dos pecados" (Mc 1,4). O tempo do perdão dos pecados é agora iminente; o que se exige é uma conversão interior que se traduza em atos concretos (Mt 3,8; Lc 3,8), para se tornar vida de justiça e de amor segundo a vontade de Deus (Lc 3,10-14). O batismo de conversão é o ato ritual que exprime esse autêntico "retorno a Deus" por parte daqueles que esperam a manifestação do Senhor e o advento do seu reino.

A proclamação de Cristo. Depois do batismo de Jesus no Jordão, depois que o Pai o revela como aquele que tem o poder do Espírito e inaugura a era da salvação (Mc 1,9-11), Cristo inicia o seu ministério público com a proclamação: "Cumpriu-se o tempo, e o Reinado de Deus aproximou-se; convertei-vos e crede no Evangelho" (Mc 1,15). A conversão é agora a atitude que todo homem é chamado a ter diante do anúncio decisivo de Cristo. Não somente "converter-se do", mas "converter-se para": para receber a pessoa de Cristo, crendo no seu anúncio, e para começar a fazer parte da comunidade escatológica da salvação. Toda a existência de Cristo é caracterizada por esse apelo. Bastará lembrar, entre todas, a conversão de Zaqueu, em que Lucas resume os aspectos essenciais da conversão; *a iniciativa de Deus* que vai ao encontro do homem e o chama ("Zaqueu, [...] hoje preciso ficar na tua casa"); uma iniciativa que age dentro de *uma disponibilidade*, de um desejo do próprio homem ("correu para a frente e subiu num sicômoro"); *a urgência do apelo* ("desce depressa"), com a prontidão e a alegria da resposta ("desceu depressa e o acolheu todo alegre"); *a mudança* radical de vida ("Pois bem, Senhor, eu reparto aos pobres a metade dos meus bens e, se prejudiquei alguém, restituo-lhe o quádruplo"); *a universalidade* do apelo de conversão ("o Filho do Homem veio procurar e salvar o que estava perdido").

O encontro com Cristo o mostra como o fundamento da conversão evangélica e, portanto, o fundamento de uma vida vivida na liberdade e no amor; a conversão é o caminho que Jesus indica no seu mesmo ser, como na sua mensagem e nos seus milagres (Mt 11,20-21; 12,41; Lc 10,33; 11,31). "Em verdade, eu vos digo: se não mudardes e não vos tornardes como as crianças, não entrareis no reino dos céus" (Mt 18,3). Converter-se é se tornar novo, numa opção de vida na verdade e na autenticidade. E se isso pode parecer impossível ao homem, não o é para Deus (Mc 10,27).

A proclamação do cristianismo primitivo. Na manhã de Pentecostes, Pedro retoma a profecia de Joel sobre a vinda do Espírito no dia de YHWH e aos ouvintes que lhe perguntam: "Que é que nós devemos fazer?" responde: "Convertei-vos: receba cada um de vós o batismo no nome de Jesus Cristo para o perdão dos pecados" (At 2,37-38). O apelo à → CONVERSÃO é constante na pregação apostólica (At 3,19; 5,31; 8,22; 11,18) e está ligado ao acontecimento escatológico de Cristo (At 10,42-43; 17,30; 1Ts 1,9-10). Se de um lado a conversão é abandonar o mal (At 3,26; 8,22; Hb 6,1; Ap 2,22; 9,20-21), por outro é voltar com todo o coração ao Deus vivo (At 20,21; 26,20; 1Pd 2,22; Ap 16,6). E se a conversão se expressa, no primeiro momento, em acolher o batismo (At 2,38), ela é também tender em seguida, de modo permanente, para o Senhor para ser digno da vocação à qual se é chamado, renunciando ao mal e operando segundo a lei nova do Espírito (Rm 8,4; Gl 4,5-6). Essa é a teologia de Paulo sobre a conversão: destruir "o velho homem" para se revestir do "novo" (Rm 6,6; Cl 3,9-10; Ef 2,15; 4,24) e participar de modo ativo da construção do corpo de Cristo que é a → IGREJA (1Cor 12,14; Ef 2,11-22). A conversão é compromisso do batizado, por toda a sua vida, para responder às exigências do Espírito e se tornar cada vez mais conforme a Cristo, imagem de Deus, para louvor e glória do Pai. A mesma teologia se encontra no pensamento joanino, especialmente no quadro da antítese mundo-Deus, mentira-verdade, trevas-luz, morte-vida. A conversão inicia com a decisão de crer em Jesus (Jo 1,12; 2,11), desenvolve-se no amor (Jo 13,32-34; 1Jo 4,7-21) e consiste em transformar o homem, entregue ao pecado, num filho da luz, que caminha no amor do Pai (1Jo 1-3). Tudo isso é fruto do poder do Espírito de Deus (Jo 16,5-15).

c) *O ministério da Igreja e o poder de perdoar os pecados*. O dinamismo da misericórdia de Deus revelado em Jesus e o apelo à conversão encontram sua forma mais completa no ministério mesmo que Cristo confia à sua Igreja, conferindo-lhe o poder de "ligar" e de "desligar" e de perdoar os pecados.

O poder de "ligar" e de "desligar". "Dar-te-ei as chaves do Reino dos céus; tudo o que ligares na terra será ligado nos céus, e tudo o que desligares na terra será desligado nos céus" (Mt 16,19).

"Em verdade, eu vo-lo declaro: tudo o que ligares na terra será ligado no céu, e tudo o que desligardes na terra será desligado no céu" (Mt 18,18).

Sem entrar numa exegese detalhada dos dois textos, que parecem provir de uma única tradição comum, neles se vê com clareza a afirmação da *universalidade* do poder conferido à Igreja ("tudo o que"), e *a eficácia* desse poder, dada a plena correspondência entre o que a Igreja realiza na terra e o que é ratificado no céu. Rica de significado é, em particular, a expressão "ligar-desligar" que destaca o caráter eclesiológico tanto do pecado como da penitência sacramental. Como se disse antes, "ligar" significa, na concepção do judaísmo sinagogal, "proscrever", "banir", porque aquele que pecou gravemente "infringiu" a sua comunhão com a comunidade; "desligar" — consequentemente — significa "readmitir" nessa comunidade e, mediante ela, na comunhão com Deus. Percebe-se aí a raiz de uma convicção fundamental da fé cristã antiga: a reconciliação com Deus passa pela reconciliação com a Igreja.

O poder de perdoar os pecados. "Então Jesus lhes disse de novo: 'A paz esteja convosco. Como o Pai me enviou, assim também eu vos envio'. Tendo assim falado, soprou sobre eles e lhes disse: 'Recebei o Espírito Santo. A quem perdoardes os pecados, ser-lhes-ão perdoados. A quem os retiverdes, ser-lhes-ão retidos'" (Jo 20,21-23).

O momento é particularmente solene. Jesus ressuscitou e antes de subir ao céu confia à Igreja a sua missão: "Como… assim" exprime uma relação de semelhança e de causalidade: durante a sua vida Jesus tinha manifestado o seu poder de perdoar os pecados; esse poder, Jesus o confia agora aos apóstolos. O verbo "enviar" é em geral aplicado, no quarto Evangelho, ao Filho encarnado; agora é referido aos apóstolos, cuja missão é precisamente a continuação da de Cristo. O gesto de Jesus de "soprar sobre eles" o Espírito Santo lembra a ação do Espírito de Deus na primeira criação (Gn 2,7; Sb 15,11; Ez 37) e ressalta que o evento sacramental que Cristo institui — como o Batismo — é "uma nova criação", obra do poder do Espírito de Deus na Igreja. A expressão "perdoar/não perdoar" os pecados significa, claramente, não só pregar o perdão dos pecados, mas ter recebido o poder (*exousia*) de realizar a ação da remissão dos pecados, para além das formas que o exercício desse poder assumirá ao longo dos séculos. Perdoando os pecados, os apóstolos não farão mais que continuar, no espaço e no tempo, a missão mesma de Cristo redentor. Não comunicarão algo próprio, mas somente o que Jesus conquistou em si, para todos os homens, "uma vez por todas". A misericórdia de Deus em relação àqueles que se convertem do pecado continua assim e se desdobra na Igreja. *O sacramento da penitência pertence a tal dinamismo e o exprime em ato.*

d) *O pecado na pregação da Igreja primitiva.* Se o Novo Testamento proclama o advento em Jesus da misericórdia salvífica de Deus, deixa ao mesmo tempo entrever a situação de pecado em que se encontra toda a humanidade. Cristo é aquele que veio para tirar o pecado do mundo (Jo 1,29) e morre pela remissão dos pecados (1Cor 15,3; Mt 20,28). Desde o início da história, um poder maléfico entrara no mundo com o pecado de origem e tinha dominado o homem até a vinda de Cristo (Rm 5,12-17); o pecado era um estado próprio da condição humana (Rm 6,12) e habitava no homem (Rm 6,17), instigando-o a fazer o que não queria e a não fazer o que queria (Rm 7,14-23), e assim o grito do homem era dramático: "Infeliz que eu sou! Quem me livrará deste corpo que pertence à morte?" (Rm 7,24). A proclamação do Novo Testamento é que "onde proliferou o pecado superabundou a graça" (Rm 5,20). "Quando ainda estávamos sem força, Cristo no tempo determinado, morreu em prol dos ímpios. [...] Mas nisto Deus prova o seu amor para conosco: Cristo morreu por nós quando ainda éramos pecadores" (Rm 5,6-11). "Agora, pois, não há mais nenhuma condenação para os que estão em Jesus Cristo. Pois a lei do Espírito, que dá a vida em Jesus Cristo, liberou-me da lei do pecado e da morte" (Rm 8,1-2). A lei do cristão não é mais a da carne, mas a do "Espírito" (Rm 8,5-13; Gl 5,16-23). E, se o Redentor morreu pelo pecado "uma vez por todas", também o cristão deve se considerar morto ao pecado, "uma vez por todas" e, lutando contra ele, vivo por Deus (Rm 6,10-11), "a serviço da justiça para a própria santificação" (Rm 6,19). E assim o Novo Testamento, ao mesmo tempo em que retoma a revelação veterotestamentária sobre a situação de pecado da humanidade, proclama também que esse pecado foi definitivamente vencido no sangue de Cristo e que todo homem que é batizado na sua morte e ressurreição é por sua vez vencedor do pecado "por Aquele que nos amou" (Rm 8,37). Não obstante isso — por mais que possa parecer paradoxal —, a experiência do cristão é uma experiência de pecado. Com efeito, se o batismo libertou o homem da sua condição de pecado, essa libertação não atingiu, senão depois de um longo caminho de assimilação a Cristo, todo o seu agir histórico, cotidiano. O batizado está sujeito à → TENTAÇÃO e ao → PECADO. Daí a necessidade de uma luta constante contra tudo o que se opõe ao reino e à palavra de Deus, para que a redenção de Cristo não seja vã nele: "Os que pertencem ao Cristo crucificaram a carne com suas paixões e desejos" (Gl 5,24; cf. Cl 2,11). "Que o pecado não mais reine em vosso corpo mortal para vos fazer obedecer às suas concupiscências" (Rm 6,12). O sacramento da penitência tem a sua razão de ser, em primeiro lugar, nessa realidade do pecado do homem que, infelizmente, permanece *como ato* também depois do batismo. Como escreve João aos cristãos da primeira geração: "Se dizemos 'Não temos pecado' enganamo-nos a nós mesmos e a verdade não está em nós. Se confessarmos nossos pecados, fiel e justo como é, ele nos perdoará nossos pecados e nos purificará de toda iniquidade. Se dizemos 'Não somos pecadores' fazemos dele um mentiroso e a sua palavra não está em nós. Meus filhinhos, eu vos escrevo isto para que não pequeis. Mas, se acontece a alguém pecar, temos um defensor diante do Pai, Jesus Cristo, que é justo. Pois ele é vítima de expiação por nossos pecados; e não somente pelos nossos, mas também pelos do mundo inteiro" (1Jo 1,8–2,2).

2. O SACRAMENTO DA PENITÊNCIA NA TRADIÇÃO DA IGREJA. Um estudo completo da história da penitência exigiria a análise de uma extraordinária quantidade de textos e de referências. Limitar-nos-emos aqui a apresentar *uma sua síntese*.

Uma premissa importante. Neste nosso exame da evolução histórica da prática penitencial é preciso ter bem clara *a distinção entre dado dogmático contido na revelação* (o *poder* de perdoar os pecados confiado por Cristo à Igreja) *e as modalidades com que esse dado foi vivido* (o *exercício* desse poder ao longo dos séculos). Se tivermos clara essa distinção, não ficaremos espantados de a celebração da penitência sacramental ter conhecido ao longo da história da Igreja formas tão diferentes entre si, bem como da atual. Trata-se sempre do único e mesmo poder concedido por Cristo aos apóstolos que é exercido com modalidades e formas várias em resposta à evolução da consciência eclesial e às exigências dos tempos.

I. *A penitência eclesiástica até o século VI.* Na forma, a antiga penitência se diferenciava totalmente da atual. A penitência antiga era, como se dirá, pública e não reiterável, diferentemente da atual confissão auricular privada. Discute-se se terá existido, antes dos séculos VI-VII, também uma penitência sacramental privada diferente da pública. Limitar-nos-emos, a esse respeito, ao exame da primeira, que chamaremos de *penitência eclesiástica*, dada a ambiguidade do adjetivo "pública", o qual poderia fazer pensar numa acusação pública dos pecados. Ora, isso seria verdade somente em parte, pois jamais o pecador foi obrigado a fazer uma acusação pública dos pecados, embora não tenham faltado penitentes isolados que a tenham feito.

a) *Os pecados a serem submetidos à penitência eclesiástica.* O princípio era: "todos os pecados graves, sem exceção". Os pecados leves, porém, eram perdoados por meio da oração, do jejum, das boas obras e da esmola. Historiadores contemporâneos propõem, para os pecados graves, a seguinte relação: 1. apostasia e idolatria; 2. homicídio; 3. adultério; 4. magia; 5. avareza; 6. furto; 7. inveja; 8. mentira e calúnia; 9. cólera e injustiça; 10. orgulho; 11. inconstância; 12. embriaguez e intemperança. É evidente que — no contexto da Igreja antiga — a distinção entre pecados graves e pecados leves somente em parte corresponde à nossa atual distinção entre pecados mortais e pecados veniais.

b) *Fases da liturgia penitencial.* Eram essencialmente três: *o ingresso do pecador entre os penitentes*, a *"actio poenitentiae"*, a *"reconciliatio"*.

PENITÊNCIA (sacramento da)

O ingresso do pecador entre os penitentes. Quando se tratava de pecados públicos, a decisão de fazer entrar um batizado no grupo dos penitentes (*ordo poenitentium*) era tomada diretamente pelo bispo e, em alguns casos, pelos sacerdotes. Com mais frequência, sobretudo no caso de pecados ocultos, o fiel ia ao bispo ou ao presbítero para *confessar* o seu pecado. O bispo julgava se aquele pecado deveria ser submetido ou não à penitência eclesiástica; em caso afirmativo, impunha os tempos e os modos da penitência em vista da absolvição. Contemporaneamente, o pecador se submetia a um rito litúrgico que o agregava aos outros penitentes. Esse rito não tinha a intenção de humilhar o pecador, mas, sim, de tornar visível a "separação" espiritual da plena comunhão com a Igreja em que o batizado tinha se metido com o seu pecado, e de lembrar à comunidade a obrigação dela de orar e de acompanhar o irmão pecador no seu caminho de penitência e de conversão. O rito compreende uma imposição das mãos por parte do bispo e a aceitação de uma determinada prática penitencial por parte do penitente (em alguns lugares o cilício, na Gália raspar a cabeça, na Espanha, ao contrário, deixar desleixados cabelos e barba).

A "actio poenitentiae". Com a sua entrada na ordem dos penitentes, o pecador começa o seu período penitencial, com as obras que lhe foram impostas. *Particularmente*, ele era obrigado a rigorosos jejuns, a dormir num rústico catre salpicado de cinza, a choros e oração prolonga e a se abster dos banhos. *Publicamente*, tinha de se apresentar vestido de saco, pedir as orações dos mártires, dos confessores e de todos os fiéis. Isso acontecia num primeiro momento no "vestíbulo" fora da igreja; depois na própria igreja, num lugar à parte reservado aos penitentes, mas sempre sem poder participar da comunhão eucarística.

A duração do período penitencial variava de lugar a lugar. Na Síria, parece que durava de duas a sete semanas; nas outras regiões, mais; em algumas, até três anos. Além disso, há casos particulares bem mais longos. Santo → BASÍLIO MAGNO, por exemplo, estabelece para o caso de homicídio um tempo penitencial de vinte anos, subdividido nos vários graus (4 na ordem dos *flentes*; 5 na ordem dos *audientes*; 7 entre os *substrati*; 4 entre os *consistentes*). Um penitente que abandonasse seu estado sofria uma excomunhão perpétua ou interdições, do mesmo modo como um apóstata da fé.

A "reconciliatio". Ao término do período penitencial, o pecador arrependido reconciliava-se com a Igreja e, por meio dela, reconciliado com Deus, mediante uma celebração solene presidida pelo bispo e de que normalmente participava toda a comunidade. Depois da reconciliação, havia finalmente a possibilidade de participar da comunhão eucarística.

A partir do século V, essa reconciliação acontecia em geral na *quinta-feira santa*, exceto os casos de perigo de morte, com celebrações extremamente sugestivas.

c) *Não reiterabilidade da penitência eclesiástica.* A penitência eclesiástica descrita era permitida *uma única vez na vida*. Uma das justificações apresentadas para semelhante prática era a analogia entre a penitência sacramental e o batismo, conferido uma única vez. Se a penitência eclesiástica era "um segundo batismo", ou "um batismo laborioso", ela não podia ser reiterada.

Esse princípio é afirmado e mantido de maneira absoluta até a aparição daquele novo tipo de penitência que recebe o nome de penitência "tarifada" (séculos VI-VII). Deve-se acrescentar, todavia, que a Igreja não abandonava o pecador que recaía em pecado depois da reconciliação eclesiástica: orava por ele, deixava-o voltar às classes dos penitentes, apesar de não lhe conceder a "reconciliatio", sequer em ponto de morte, embora às vezes — sobretudo se ele se mostrasse verdadeiramente arrependido — permitisse que lhe fosse levada a comunhão-viático.

Fica claro, por essas rápidas referências, que a Igreja primitiva teve viva consciência da gravidade do pecado grave cometido por um batizado e da dimensão propriamente eclesiológica da reconciliação sacramental. Por isso, ela exigia uma conversão de coração e de vida, manifestada em fatos e numa nova opção batismal. Se havia um rigor excessivo na não reiterabilidade da penitência, ela continha, todavia, um núcleo fundamental de verdade: como pode alguém se comprometer realmente sem excluir em princípio querer recair na condição de pecado?

II. *A evolução sucessiva da prática penitencial até a Idade Média.* É evidente que uma prática penitencial como a descrita não podia continuar, especialmente depois da grande expansão constantiniana do cristianismo e de administração em massa do batismo às crianças. Acontece então um fato paradoxal. Alguns pastores, conscientes de que poucos cristãos — especialmente se muito jovens — saberão evitar de cair em alguma culpa depois da penitência eclesiástica, começam a desaconselhar os fiéis a se submeterem a essa penitência, ou convidam a adiá-la o mais possível. Tudo isso leva inevitavelmente a fazer da prática penitencial antiga *uma prática reservada aos velhos*, e, em última análise, somente *uma preparação para a morte*. No final do século VI já se tinha chegado a uma situação insustentável que contribuiu não pouco para a mudança radical da prática penitencial, que tem início por volta do século VI com a penitência "tarifada".

a) *A penitência "tarifada"*. Desenvolvida inicialmente entre os monges e os cristãos da Irlanda, da Grã-Bretanha e do norte da Europa, esse tipo de penitência se difundiu com muita rapidez por todo o continente europeu. Trata-se de *uma penitência de caráter "particular" e reiterável*. Se o cristão absolvido recai em pecado grave, ele pode de novo se apresentar ao sacerdote e confessar o próprio pecado. O sacerdote impõe as obras de penitência, procurando fazer com que haja perfeita correspondência entre a gravidade e o número dos pecados e a penitência que impõe. Isso é possível com base num tarifário, anteriormente estabelecido a respeito. Daí o nome de "penitência tarifada". O penitente fazia a sua acusação, e o sacerdote, com base no livro penitencial que tinha consigo, impunha uma detalhada série de obras penitenciais. Depois dessa imposição, o pecador se retirava para cumprir as práticas penitenciais prescritas e voltava uma segunda vez ao seu confessor para receber a absolvição, depois de ter feito tudo o que lhe tinha sido pedido. Em outros casos, quando o pecador estava doente, ou, segundo os termos de alguns livros penitenciais, era de tal modo "rude" e "ignorante" a ponto de não entender, ou quando as distâncias eram muito longas para voltar, ou o clima era muito inóspito, o sacerdote, logo depois da confissão, recitava a oração da absolvição, instando o penitente a cumprir as obras penitenciais prescritas logo em seguida.

Observe-se a mudança que se tem nesse segundo caso: antes se tinha *confissão/penitência/absolvição*; agora *confissão/absolvição/penitência*. Essa nova "estrutura" da penitência impor-se-á em toda a Igreja a partir dos séculos XII-XIII até hoje. Observe-se também a passagem entre uma celebração do sacramento num contexto explicitamente eclesial e uma *celebração de tipo predominantemente particular e individualista*. O que resta da antiga penitência eclesiástica é apenas *o rigor das obras penitenciais a serem feitas*. Às vezes, as penas impostas para cada pecado se somavam em relação ao número e à gravidade dos pecados e se chegava a totalizar penitências que ultrapassavam até a duração da vida. Para solucionar esses inconvenientes, os mesmos livros litúrgico-penitenciais eram acompanhados por *tabelas* especiais para as *comutações* das penas longas por penas mais breves no tempo, mas mais rígidas na modalidade.

Além disso, conforme o uso do direito germânico e céltico da "Wehrgeld", segundo o qual um delito podia ser comutado por uma soma de dinheiro proporcional, chega-se a admitir a *"compositio"* ou *"redemptio"* das obras de penitência com uma equivalente soma em *dinheiro* ou com o *preço de um escravo*. Outro meio de comutação foi o de resgatar as obras de penitência, fazendo celebrar um determinado número de *missas*. Havia, enfim, um outro tipo de resgate ou comutação de que podiam usufruir principalmente os ricos: *fazer com que o resgate fosse feito por outra pessoa!*

Essa prática da comutação carregava consigo graves abusos e acabava por fazer perder todo significado religioso para o caminho pessoal de conversão e de penitência.

Com efeito, se poderia ter sentido substituir determinadas obras penitenciais por outras, não havia mais sentido na expiação quando era mudada em dinheiro, em missas ou até em práticas feitas por outras pessoas. Os vários Concílios reagiram contra tais abusos e práticas, e *isso levará pouco a pouco ao desaparecimento da penitência "tarifada"*.

b) *A reforma carolíngia e os séculos VII-XIII*. *A reforma carolíngia* tentou restabelecer a antiga penitência eclesiástica enunciando o princípio: "*a pecados públicos, penitência pública; a pecados particulares, penitência particular*". A penitência pública (referente sobretudo ao sacrilégio, ao homicídio e ao adultério), como a antiga, era irrepetível e tinha toda uma liturgia que iniciava na quarta-feira de cinzas e encerrava na quinta-feira santa com a reconciliação. *Pelo final do século XII e nos primeiros anos do século XIII deu-se uma sucessiva reorganização da disciplina penitencial na Igreja latina que previa três formas de penitência: a particular, a pública e solene e a pública não solene*. Essa última se identificava com a peregrinação penitencial: diante da porta da igreja, o pároco entrega aos que partem as insígnias de seu estado, o alforje e o bastão; chegados aos santuários indicados, podem ser absolvidos de seus crimes. A partir dos séculos XIII-XIV, as procissões dos flagelantes farão concorrência às peregrinações propriamente ditas, e muitas vezes se confundirão com elas.

Nesse período conclui-se a evolução que da penitência eclesiástica antiga levou à atual penitência auricular particular.

Quanto ao *lugar* da penitência particular auricular, era constituído no início pela moradia do presbítero. Mas já a partir do início do século XI o rito se desenvolve na igreja, diante do altar, com o ministro sentado numa simples cadeira. No final da Idade Média e com o concílio de Trento foi prescrito um lugar fechado, que somente a partir do século XVII se tornou o móvel de uso ainda atual.

Quanto à *frequência*, é a partir dos séculos IX-X que se começa a exigir certa periodicidade. E já nos séculos XII-XIII, a confissão anual se tornou obrigatória para todos os cristãos que se reconheciam culpados de pecados graves.

III. *Da escolástica à Reforma/Contrarreforma até hoje*. O período da *reflexão escolástica*, especialmente com Santo → TOMÁS DE AQUINO, é fecundo em aprofundamentos teológicos sobre o sinal sacramental da plenitude subjetiva do pecador e intervenção da Igreja. As categorias hermenêuticas são as aristotélicas *de matéria e forma*. A absolvição do sacerdote é o elemento determinante do perdão concedido e é considerada por isso como parte constitutiva do sinal sacramental. Essa absolvição, de resto, não opera subjetivamente os seus efeitos, sem as disposições adequadas do penitente que são como a "quase matéria".

Nesse período fazem-se importantes aprofundamentos a respeito do poder das chaves, da reconciliação com a Igreja, da necessidade da penitência sacramental e do ministro do sacramento.

A *Reforma luterana, calvinista e, sucessivamente, anglicana* porão fortemente em discussão, até negá-lo, o caráter sacramental da penitência e a eficácia objetiva da absolvição. "Cada qual é livre de usar desse meio quando dele sentir necessidade" (M. Lutero), mas sem que esse sinal deva ser considerado "um segundo batismo". Desse ponto de vista, a confissão dos próprios pecados pode ser feita a qualquer um, mesmo leigo, uma vez que é somente um compromisso subjetivo de viver o próprio batismo.

O *Concílio de Trento* reage com força a essas posições da Reforma, definindo em termos claros e categóricos a doutrina católica sobre o sacramento da penitência: a) existência do sacramento da penitência como sacramento distinto do batismo; b) atos exigidos do penitente; c) eficácia objetiva da absolvição do sacerdote, único ministro do sacramento.

O período seguinte não apresenta grandes novidades em relação a Trento, senão a acentuação do caráter jurídico e formal da prática penitencial. Em linha com a espiritualidade muito individualista do período pós-tridentino, a penitência é de fato reduzida mais a um "ato" que a um "estado" que diga respeito à globalidade do caminho da Igreja e de todo batizado. A prática penitencial fica, além disso, empobrecida por uma pregação de tipo predominantemente moralista e casuísta e por um contexto litúrgico distante da vida dos fiéis e muito pouco envolvente.

O *Concílio Vaticano II* procurou desde o início enfrentar esse problema e dar uma solução, solicitando em particular que se renove a celebração da penitência de modo que responda mais plenamente a seu significado e às condições do nosso tempo (*SC* 22). A constituição dogmática *Lumen gentium* destacou a dimensão eclesial desse sacramento (*LG* 11; cf. também 8.65; *UR* 3,7). A mesma constituição lembra que os ministros desse sacramento são os bispos e os sacerdotes (*LG* 25.28). Os outros documentos referem-se a aspectos particulares da penitência sacramental (*PO* 5.13.18; *CD* 30; *OE* 26-27).

Evangelizzazione e sacramento della penitenza (*ESP*), documento dos bispos italianos de 1974, pôs em prática as indicações do Concílio, apresentando numa feliz síntese a doutrina dessa sacramento e a sua pastoral na Igreja e na vida dos cristãos. Fica afinal a pergunta até que ponto esses novos estímulos do Concílio e dos bispos italianos entraram realmente na mentalidade comum e levaram a uma real e efetiva renovação da liturgia e da prática penitencial.

3. SÍNTESE DE TEOLOGIA DO SACRAMENTO DA PENITÊNCIA. "A celebração da penitência é um ato no qual a Igreja louva a santidade de Deus e confessa as maravilhas do seu amor" (*ESP* 61). Como os demais sacramentos, o da penitência pertence à série das grandes obras de Deus e constitui uma "maravilha de salvação" durante o tempo da Igreja.

I. *O sacramento da penitência, ato de Cristo glorioso na Igreja*. O sacramento da penitência é antes de tudo um ato de Cristo glorioso vivo à direita do Pai e que continua a proclamar, hoje como ontem: "Meu filho, os teus pecados estão perdoados" (Mc 2,5). "Os teus pecados foram perdoados. [...] A tua fé te salvou. Vai em paz" (Lc 7,48-50). "Eu também não te condeno: vai, e doravante não peques mais" (Jo 8,11). "Em verdade eu te digo: hoje, estarás comigo no paraíso" (Lc 23,43). Esse ato de Cristo glorioso se realiza — e não pode deixar de ser assim — mediante o mistério da Igreja; mas é o Senhor Jesus que opera a remissão das culpas: "Eu te absolvo dos teus pecados". Jamais se repetirá em excesso que o sacerdote, naquele momento, age *in persona Christi*, como quando preside a eucaristia. É Cristo que estende sobre a Igreja os frutos da redenção pascal e faz o homem deles participar. "O sacramento da penitência nos insere no mistério pascal e é especificamente um *encontro com Cristo que cura, ressuscita e santifica*. Com efeito, o sacramento tira toda a sua eficácia da morte e ressurreição de Cristo.

O Ressuscitado se faz dinamicamente presente e renova, mediante a Igreja personificada no ministro, o eficaz anúncio pascal de libertação e de salvação" (*ESP* 62). Foi com base nessa certeza que a Igreja pôde definir como verdade de fé, em oposição às teorias protestantes: a) que a *absolvição é verdadeiramente eficaz*, não é uma simples advertência ou o anúncio de um perdão já concedido em razão somente da fé-fiducial; b) que a absolvição é pronunciada *em virtude do sacramento da ordem* (além de jurisdição) que somente os bispos e os sacerdotes receberam de Cristo; c) que a absolvição exige, porém, para produzir os seus frutos, *as necessárias disposições* por parte do penitente. Cristo, com efeito, opera com eficácia por meio da Igreja, mas não comunica seu perdão e sua graça se o pecador não está verdadeiramente arrependido; e isso por respeito à dignidade mesma do homem que não pode receber a remissão dos pecados como se fosse um "robô", mas somente em relação a uma sua decisão pessoal e a um seu sincero empenho de conversão e de vida nova (cf. Denz. 1.668.1.684-1.685).

II. *Evento de libertação e de santificação*. O sacramento da penitência, como ato de Cristo na Igreja, operativo de perdão e de graça, é, pois, um *evento*. Não é um rito vazio ou convencional, mas um *evento de libertação e de santificação* que continua os grandes eventos da história da → salvação e estende à vida de cada batizado a libertação e a graça mesma do mistério único de Cristo, morto e ressuscitado.

a) *O dom da libertação*. A libertação, na Bíblia, é uma intervenção por meio da qual Deus tira o homem de uma condição de escravidão e de perigo e o introduz numa nova condição de liberdade e de existência.

Mais que tudo, isso é verdade no *êxodo*: todo o povo é escravo do Egito e Deus o liberta: todo um povo fica confinado junto às margens do mar dos Juncos a ponto de quase ficar destruído, sem nenhuma possibilidade humana de salvação. E eis que o que é impossível ao homem Deus o realiza: ele abre uma passagem no meio do mar e põe o povo a caminho para a terra prometida. Esse acontecimento de libertação é de tal modo grande que será lembrado por Israel como o gesto decisivo de salvação, realizado por Deus em seu favor. *Os profetas* se referem constantemente a esse acontecimento para anunciar o acontecimento de libertação infinitamente maior que Deus realizará nos tempos últimos da salvação. O acontecimento da *cruz* constitui o cumprimento desse anúncio profético. No Gólgota a humanidade se encontra numa situação de escravidão, numa situação de "morte espiritual" de que, sozinha, jamais será capaz de sair. Cristo, ao morrer, desce nesse abismo de "morte espiritual", livra a humanidade da sua situação e, ressurgindo, introduz o homem na participação da vida trinitária. Na *fonte batismal* essa libertação é comunicada ao neófito: ele está numa situação de morte; Cristo o liberta do pecado e faz dele um homem novo. *O sacramento da penitência é, por sua vez, um segundo batismo*. O homem, com o pecado, caiu de novo na sua condição de escravidão, de morte espiritual; sozinho é incapaz de sair dela; somente Deus pode operar esse renascimento; ora, é isso precisamente o que Deus realiza no sacramento da penitência: Deus *liberta* o homem da sua condição de pecado e de morte espiritual e o faz renascer para uma vida nova.

b) *O dom da graça santificante*. Não somente evento de libertação, mas contemporaneamente evento de santificação, *evento de graça* que faz viver o homem da vida incorruptível de Deus e o faz crescer nessa vida.

Na Bíblia, *a santidade* é o termo que define *a vida mesma de Deus* no que a distingue de modo absoluto de toda outra forma de vida. Ser santificado quer dizer participar de algum modo da vida mesma de Deus. Com a redenção de Cristo, a santidade não consiste somente numa qualidade exterior, mas *numa verdadeira regeneração e num ter realmente se tornado "participante da natureza divina"* (2Pd 1,4). Graças ao batismo, os cristãos são "santos", porque santificados pela graça de Cristo e pelo dom do Espírito.

O sacramento da penitência é *um novo evento* que faz o batizado recuperar a vida de graça, perdida com o pecado, e o faz crescer nessa vida que é a vida mesma do Senhor Jesus e do seu Espírito. Como tal, é um evento de santificação que continua os grandes eventos da *historia salutis* e comunica ao penitente a santidade mesma de Cristo.

III. *Dimensão eclesial do evento.* O evento de libertação e de santificação se realiza — como já foi referido — *pela mediação necessária da Igreja.* É aos apóstolos (e a seus sucessores) que Cristo confiou o poder de "ligar" e de "desligar", de "perdoar-ou-não-perdoar" os pecados. *O perdão de Cristo chega ao pecador mediante a Igreja, que é o seu corpo*, o sacramento fundamental da sua ação no mundo (*LG* 1). "A reconciliação com a Igreja é a condição, e até a expressão e, de algum modo, o sinal eficaz da reconciliação com Deus. E juntamente com a reconciliação com a Igreja se realiza a reconciliação com Deus. A confissão foi instituída precisamente — diz São Boaventura — para que o homem se reconcilie com a Igreja e, assim, torne visível a sua reconciliação com Deus" (*ESP* 66). Aquele que peca gravemente "quebra", de certo modo, a comunhão com a Igreja, dela se separando. Não é uma separação total porque, pelo caráter batismal, o cristão é — no plano ontológico — indelevelmente tal; é, todavia, uma separação real porque — pela perda da vida de graça — o pecador se põe fora da plena comunhão com Cristo e com a sua Igreja. A reconciliação do pecador consistirá em ser readmitido na comunhão com a Igreja e, por meio dela, na participação da graça salvífica do Senhor ressuscitado. Esse aspecto eclesiológico do pecado e da sucessiva reconciliação — como se viu — estava particularmente vivo nos primeiros séculos da Igreja. Aquele que tinha pecado gravemente, mesmo pertencendo sempre à Igreja, era posto à parte, separado da vida da comunidade — *no ordo poenitentium* — com o compromisso de um intenso caminho penitencial que, iniciado com a confissão particular, encerrava-se com a confissão pública na Igreja. Esse aspecto está ainda hoje de algum modo presente: aquele que está em pecado mortal está excluído da comunhão eucarística; para ser readmitido deve se manter na fila dos penitentes e receber a absolvição da Igreja: somente assim entra na comunhão com Cristo e com a sua comunidade. A reconciliação com a Igreja traz consigo o perdão do pecado e o dom do amor divino difundido nos nossos corações.

"Aqueles que se aproximam do sacramento da penitência recebem da misericórdia de Deus o perdão das ofensas feitas a ele, e ao mesmo tempo se reconciliam com a Igreja, à qual infligiram uma ferida com o pecado, Igreja que coopera para a conversão deles com a caridade, o exemplo e a oração" (*LG* 11).

IV. *Dimensão pessoal do evento.* Se o sacramento da penitência tem uma dimensão propriamente eclesial, ele tem também, de modo inseparável, uma dimensão pessoal na qual está envolvida a livre escolha, a conversão e o compromisso de vida nova.

Já no plano humano não há verdadeira reconciliação entre duas pessoas se não há o empenho por parte de ambas em se reconciliarem. Não há verdadeira reconciliação entre Deus e o pecador se, apesar de Deus oferecer sua reconciliação na Igreja, o pecador a recusa ou permanece obstinadamente apegado à sua atitude de separação de Deus e dos outros, perseverando em sua situação de pecado. Essa participação do homem na atuação do dom sacramental é resumida pela Igreja *nos três atos* fundamentais *do arrependimento, da confissão (ou acusação)*, e da *reparação (ou satisfação)*; devem ser vistos como expressão da *opção fundamental* do penitente *para com* Deus salvador, *para com* o acolhimento do seu reino, *para com* a verdade do Evangelho, *para com* a comunidade dos irmãos, *para com* todos os homens, *para com* o dom de si e o testemunho do reino:

a) *Arrependimento*: Além de um sentimento é sobretudo uma *dor sincera* pelo pecado cometido e um verdadeiro compromisso de não mais pecar, vivendo a novidade de vida trazida por Cristo. Para ter esse arrependimento "é preciso recorrer à humilde oração e pôr-se diante dele, Amor crucificado pelos nossos pecados" (*ESP* 70).

b) *Confissão ou acusação.* O arrependimento interior se manifesta eclesialmente na confissão ou acusação dos próprios pecados ao sacerdote. Sem inúteis escrupulosidades, *o penitente deverá "confessar ao sacerdote, segundo as disposições de*

Deus misericordioso, todos e cada um dos pecados graves que, com o exame de consciência, cada qual tem na memória. Na confissão de cada pecado deverá ser ressaltada sobretudo a habitual orientação culpável da vontade e da vida" (*ESP* 71).

c) *Reparação*. O arrependimento e a acusação devem se traduzir em obras concretas e sobretudo em obras de reparação em relação ao mal feito e ao bem não feito. As obras penitenciais "deverão ser proporcionais a cada penitente individualmente, de modo que cada qual repare no setor em que faltou" (*Intr. ao Rito*, 6).

Cada um desses atos a que corresponde *a absolvição do sacerdote* não deve ser concebido em separado, quase isolado, mas como *expressão de uma conversão permanente* por parte do homem, para a realização do projeto de Deus a respeito de si e a respeito de todo o mundo.

V. *O contexto da aliança batismal*. O batismo, a *crisma* e a *eucaristia* constituem outras tantas *etapas essenciais* da inserção do homem em Cristo e na Igreja. Essa inserção está orientada a se prolongar em viver a plenitude da graça do Ressuscitado e do seu Espírito, testemunhando a mensagem da salvação a todos os homens e construindo a Reino de Deus na história. *Infelizmente*, nem sempre o homem é fiel a essa missão; *ele pode abusar da sua liberdade imperfeita e responder "não" ao Senhor que chama, recusando-se a habitar na sua casa*. Por isso tem necessidade de um retorno contínuo, de uma conversão permanente que deverá se estender a toda a existência cristã, recuperando o significado fundamental do sacramento do batismo. *O sacramento da penitência é o sinal eficaz dessa conversão e dessa recuperação do projeto de Deus na vida do batizado*.

4. PARA UMA ESPIRITUALIDADE DA PENITÊNCIA SACRAMENTAL. A espiritualidade do sacramento da penitência caracteriza-se por alguns traços fundamentais:

— *fé reconhecida*: com efeito, celebrar a penitência sacramental é, antes de tudo um gesto cultual; é reconhecer a bondade salvífica de Deus, acolhê-la e dar graças por isso com toda a própria vida;

— fé na ação *atual* de Cristo glorioso na Igreja mediante o poder do seu Espírito: fé que Cristo opera hoje e que a Igreja é o sacramento fundamental da sua ação no mundo;

— *escuta da palavra de Deus*: é essa palavra que introduz à compreensão/celebração do evento sacramental e ilumina o homem sobre sua situação concreta, convidando-o a se abrir com confiança a Deus;

— *sentido autêntico do pecado*: foi observado com razão que "o pecado mais grave de nosso tempo é o de ter perdido o senso do pecado"; é claro que somente numa recuperação assim é possível viver o sacramento da penitência;

— *sentido da pertença à comunidade*: viver o sacramento da penitência não é somente um pôr "em ordem a própria consciência individual"; é evento eclesial que convida a redescobrir cada vez o sentido da própria pertença à comunidade eclesial, para realizar o próprio lugar no contexto de todo o povo de Deus em caminho na história;

— *festa do perdão*: a palavra "penitência" evoca em muitos uma experiência difícil; na realidade, se se pensa nas parábolas da misericórdia (cf. Lc 15), ela tem um fim eminentemente festivo: "Haverá alegria no céu... (15,7.10.22-24). Viver o sacramento da penitência é viver as "maravilhas da graça" na nossa vida, conscientes de que "o amor cobre multidão de pecados" (1Pd 4,8).

BIBLIOGRAFIA. FALSINI, R. *Il sacramento della riconciliazione*. Brescia, 1975; FLICK, M. – ALSZEGHY, Z. *Il sacramento della reconciliazione*. Torino, 1976; GHIDELLI, C. *Peccato dell'uomo e misericordia di Dio*. Roma, 1983; HÄRING, B. *Shalom: Pace. Il sacramento della riconciliazione*. Roma, 1969; *Il sacramento della penitenza. Per una rinnovata celebrazione*. Milano, 1981; LODI, E. *Lasciatevi riconciliare*. Roma, 1983; MAGGIOLINI, S. *Peccato e perdono nella Chiesa*. Brescia, 1970; ID. *La riconciliazione sacramentale nella Chiesa*. Brescia, 1974; RAHNER, K. *La penitenza della Chiesa*. Roma, 1964; RAMOS-REGIDOR, J. *Il sacramento della penitenza*. Torino-Leumann, 1969; ROCCHETTA, C. Utilizzazione del RICA nella prospettiva di "itinerari penitenziali". In ID. *Cristiani come catecumeni*. Roma, 1984; *Senso di colpa e coscienza del peccato*. Casale Monferrato, 1985; C. ID., Il sacramento dell penitenza. In ID. *Il sacramenti della fede*. Bologna, ³1987; *Verso una rinnovata prassi penitenziale*. Brascia, 1983; VOGEL, C. *Il peccatore e la penitenza nel Medioevo*. Torino-Leumann, 1970; ID. *Il peccatore e la penitenza nella vita della Chiesa antica*. Torino-Leumann, 1967.

C. ROCCHETTA

PENITÊNCIA (virtude da). A penitência é uma virtude cristã fundamental, que se apresenta integrada tanto por valores evangélicos como por elementos da experiência espiritual: aliança, pecado, conversão, perdão, renovação do espírito e da sensibilidade. No decurso da história, ela foi se desenvolvendo nos seus vários componentes, por influência da experiência e da cultura. A atitude teologal de conversão assume múltiplas formas de consciência e expressão, seja na vida da comunidade eclesial, seja na de grupos e pessoas.

Por obra de vários fatores verificou-se uma dissociação dos elementos que integram a penitência: conversão interior, celebração sacramental, instituição penitencial, práticas individuais. Em geral com tendência a destacar o que é mais externo e percebível: as *práticas*. Na espiritualidade, a penitência passou sob a égide da ascese, associando-se a vários termos, de modo especial ao de "mortificação". Nesse contexto, foram assumindo uma importância desproporcional as penitências corporais, sem mais conexão com a consciência do pecado, da misericórdia, da ânsia constante de renovação do homem interior em resposta ao chamado instante do Espírito.

Com a constituição apostólica *Paenitemini*, de 17 de fevereiro de 1966, Paulo VI procura reanimar o sentido cristão da penitência, pondo em destaque seus valores bíblicos, teológicos, espirituais. Ela constitui parte essencial da renovação conciliar e se apresenta ainda mais necessária nesse momento em que a Igreja quer percorrer com passo mais firme o seu caminho. A atitude e a prática da penitência interessam igualmente à comunidade e a todos os seus membros. Esse nexo implica uma experiência integrada, de modo que nas penitências coletivas os indivíduos participem plenamente e nas penitências individuais esteja presente a Igreja.

1. CONVERSÃO EVANGÉLICA. "Convertei-vos e crede no Evangelho" (Mc 1,15) é a primeira palavra que Jesus pronuncia para anunciar e ambientar a sua mensagem de salvação. É, em primeiro lugar, uma oferta: o Evangelho, o reino de Deus, a graça aí estão e se oferecem gratuitamente. Isso implica consequentemente a adesão livre da fé, a nova orientação da mente e do coração.

A conversão ou *metanoia* é a raiz evangélica da penitência cristã. É com base nela que chegamos a conhecer os seus componentes, o seu valor e as suas funções. Há na conversão evangélica um dinamismo intenso, que condensa toda a história da → SALVAÇÃO: aliança inicial, pecado de infidelidade, arrependimento e ruptura, perdão misericordioso, mudança de mente e de coração, total dedicação a Deus na fé e no amor. É um dinamismo que passa de um elemento a outro ou os vive em conjunto num processo unitário. Simplificando ao máximo, diremos que a penitência evangélica apresenta uma dupla orientação: uma de ruptura e de aversão às obras de morte e à identificação do próprio ser com elas, uma outra de vida e conduta nova.

A solenidade desse primeiro anúncio parece abundantemente confirmada na vida e na pregação de Jesus. Ele repete com insistência que veio chamar os pecadores (cf. Lc 5,32) e o mostra com seu comportamento imediato e o seu acolhimento. Pede apenas duas coisas: o arrependimento e o propósito de não pecar mais. Então, a misericórdia de Deus e o seu perdão são garantidos.

Da parte do pecador é preciso que se verifique um processo paralelo à obra da graça. Em primeiro lugar, a tomada de consciência do próprio estado indigno, infiel, ofensivo de Deus Pai. Depois, um retorno ao amor, ao serviço, à humilde confiança. Enfim, um necessário e longo processo de saneamento espiritual e psicológico para corrigir a desordem que se radicou nele e sobretudo por uma exigência de amor filial, que quer de algum modo compensar a sua ingratidão anterior e experimenta a dolorosa libertação do pecado.

"O convite do Filho à *metanoia* torna-se mais indeclinável porquanto ele não apenas a prega, mas em si mesmo oferece o exemplo. Cristo, com efeito, é o modelo supremo dos penitentes: quis sofrer a pena pelos pecados não seus, mas dos outros" (*Paenitemini*).

2. A VIRTUDE. O Concílio de Trento a define: "Dor interna e aborrecimento do pecado cometido, com o propósito de não os cometer mais no futuro" (DENZ. 897). E eis que aparecem os diversos elementos: dor por ter cometido uma ação má, pois é uma ofensa a Deus, desaprovação atual como único meio disponível para a destruir, propósito firme de não a repetir, o que é a prova da sinceridade da dor. O ato da virtude da penitência chama-se arrependimento. Dor sem propósito ou propósito sem dor não seriam arrependimento, mas somente oportunismo moral que detesta o pecado ou simpatiza com ele de acordo com o que for conveniente.

3. ATRIÇÃO E CONTRIÇÃO. Não são duas partes da penitência, são duas formas suas. Quando é perfeita, chama-se contrição; quando é imperfeita, atrição. A distinção foi introduzida no século XII e adquiriu importância mediante as vivas discussões a que deu lugar nos séculos posteriores. Os critérios para as distinguir são claros na ordem teológica: origem, motivos, efeitos. Do ponto de vista psicológico, é mais difícil encontrar critérios precisos.

A contrição tem origem com a infusão da graça habitual. O seu efeito é o de justificar e perdoar o pecado grave ainda antes da confissão, pois procede da graça e é inspirado pela caridade. Detesta o pecado como ofensa a Deus. Para se dispor à contrição, pareceria natural insistir na grandeza e na santidade de Deus e na nossa dependência. Na realidade parece muito mais eficaz recorrer a motivos de caridade ou de gratidão: o Pai, ofendido por aquele que lhe deve tudo o que é e tudo o que tem, mesmo em estado de pecado continua a lhe dar os seus bens, procura atraí-lo de novo a si, não porque tenha necessidade dele, mas somente por amor.

A atrição não provém da graça habitual e da caridade, embora seja também ela um dom divino. Não justifica, mas é um primeiro passo para receber a justificação no sacramento, amadurecendo em contrição, o que pode acontecer mesmo prescindindo dela. O que mais a caracteriza são os seus motivos. O pecador não demonstra amar a Deus enquanto o teme e teme os seus castigos. O concílio de Trento (Denz. 898) considera três motivos: feiura do pecado, temor do inferno (da pena para o mal cometido e da dor), outras penas (as do purgatório e dos castigos que Deus nos manda nesta vida pelos pecados cometidos). Poder-se-iam acrescentar outros: desgosto da vida que se conduz, desejo de uma vida melhor, desejo de uma felicidade autêntica, medo da morte.

4. EXPRESSÕES PENITENCIAIS. Trata-se de um elemento ligado intimamente à virtude ou atitude interior de penitência. O sucesso ou não da expressão revela em grande parte o vigor e a autenticidade do sentimento. Não é à toa que as formas penitenciais têm a função de prolongar e reforçar a experiência interior, impregnando toda a pessoa, encarnando-a na comunidade e na história. A penitência, com efeito, é chamada a renovar o homem em todos os níveis e em todos os setores em que foi deformado pelo pecado.

Além da celebração sacramental e litúrgica da penitência, ilustrada em outra parte, temos toda uma variedade de formas recomendadas por uma longa tradição da Igreja e por sua comprovada eficácia.

O primeiro passo é fazer próprio o caráter penitencial da existência humana e cristã. Trata-se de suscitar uma aceitação teologal e penitencial: imitação de Cristo, coparticipação da sua cruz, solidariedade na sua paixão a favor da Igreja (cf. Cl 1,24).

Há três formas que se revestem de especial valor: a oração, a caridade, o jejum. Apresentam-se constantemente unidos na Sagrada Escritura, na história da Igreja, na prática penitencial. E continuam intimamente unidos entre si, em correspondência com os vários elementos da conversão. A oração dá o tom fundamental da orientação para Deus, leva à sua amizade, à comunhão filial. A caridade fraterna orienta o amor ao serviço dos irmãos, ao bem e à felicidade deles, rompendo com o egoísmo do pecado em que o homem pensa somente em si mesmo. O jejum liberta o espírito do peso dos condicionamentos que lhe são impostos pela sensibilidade, pelas paixões, pelo instinto.

A variedade dos instrumentos penitenciais que a espiritualidade criou e desenvolveu cumpre em linhas gerais seus objetivos. Não é necessário que cada qual se sirva de todas as formas. O excesso de particulares, a utilização indiscriminada, a avaliação das práticas de esforços heroicos degradaram muitas penitências a ineficaz formalismo. Foi um fenômeno importante, mas limitado, que deu ocasião a uma crítica exacerbada da história e da penitência em geral. As objeções mais frequentes nascem da suspeita sobre a autenticidade da atitude interior: dolorismo, masoquismo etc. E do formalismo exterior: institucionalização vazia de esperança, castigo do corpo que não tem culpa etc.

Com maior equilíbrio talvez do que nós, os clássicos da espiritualidade já tinham descoberto a necessidade e ao mesmo tempo os perigos da penitência. São → JOÃO DA CRUZ, apaixonado pela cruz de Cristo, por seu seguimento incondicionado e pela purificação, chamou a atenção sobre o formalismo em que estavam caindo as expressões penitenciais: "É de lamentar a ignorância de alguns que se cobrem de penitências extraordinárias e de muitos outros exercícios voluntários. […] Se cuidassem de empregar a metade das fadigas em renegar seus apetites, em um mês fariam mais progressos do que com todos os outros exercícios em muitos anos" (*Subida*, 1, 8, 4).

5. FRUTOS DA PENITÊNCIA. Para o cristão, a penitência interior é antes de tudo uma necessidade, porque ao ver nos pecados a infidelidade, a ingratidão e a rebelião é levado necessariamente

ao arrependimento e ao propósito. Entendendo a necessidade nesse sentido objetivo, a penitência é o único modo para obter o perdão dos pecados. Sem ela não se perdoam os pecados graves, nem no sacramento nem fora dele. O próprio batismo não perdoa os pecados até que o batizado se arrependa (cf. *STh*. III, q. 86, a. 2). O perdão divino consiste na infusão da graça e da caridade, e é evidente que elas não podem subsistir na alma enquanto perdura na vontade o apego ao pecado.

É também o único meio para reconquistar a intimidade com Deus, quando o tivermos ofendido com os pecados veniais. Nem sequer os últimos são perdoados sem o arrependimento ou sem um ato pessoal de conversão interior (*STh*. III, q. 87, a. 2). Não devem se esquecer disso as pessoas que cultivam a → VIDA INTERIOR, as quais recorrem a tantos meios até sacramentais para obter o perdão dos pecados veniais, sem levar em conta o ato interior do arrependimento pessoal que é aquele definido, no qual age imediatamente a graça do perdão divino. As aspersões com a água benta, a bênção episcopal e as outras práticas do mesmo gênero têm eficácia porque induzem a alma a detestar interiormente os próprios pecados e não porque produzam elas mesmas a destruição do pecado (*STh*. III, q. 87, a. 1, ad 3). Não há perdão dos pecados por magia, sem a intervenção pessoal. Até as almas do purgatório, mortas em pecado venial, devem antes de tudo modificar o ligeiro desvio da vontade e para esse objetivo não basta o sofrimento material das penas.

A influência dessa virtude na vida espiritual é decisiva, mesmo para as pessoas que não costumam cair em pecado grave. O fato de considerar a penitência unicamente como parte do sacramento prejudica extraordinariamente essa virtude e limita seu exercício aos momentos de preparação à confissão. Por causa desse uso, o → EXAME DE CONSCIÊNCIA se converte num simples controle do número de faltas de que se pedirá perdão na confissão do fim de semana ou do fim do mês. E é um erro, porque Deus perdoa também no exame de consciência e até sem ele, mas somente no caso em que seja verdadeiro o arrependimento. O exame cotidiano deve designar um lugar central à penitência sem que, por isso, se omita a confissão desses mesmos pecados na futura confissão.

A penitência é um meio de renovação contínua, imediata, mesmo no caso de pecados leves. De outra parte, é mais acessível do que o sacramento porque cada um pode fazê-la quantas vezes quiser e não tem necessidade de procurar nem o confessor nem o momento adequado. O movimento mais apropriado é o do exame de consciência cotidiano, na preparação para a oração ou para a comunhão, toda vez que nos damos conta de ter cometido um pecado. Essa virtude consegue a sua plenitude religiosa e cristã quando começa a fazer parte do sacramento da penitência. Tratando-se da mesma virtude, em um como em outro caso, toda a educação e o desenvolvimento que adquire separadamente acaba na melhoria da confissão, porque se trata de uma só virtude que opera segundo a perfeição conseguida. Serve em particular para as pessoas que cultivam a confissão frequente, porque o arrependimento é a medida dos frutos. De outra parte, tratando-se de pecados veniais ou de imperfeições, há o perigo de que o sacramento não tenha profundidade pela falta da dor sincera. Um motivo a mais para praticar a penitência.

Essa virtude torna válidos os exercícios de penitência e de mortificação que sem ela não têm nem sentido religioso nem sentido cristão. A utilidade da penitência exterior está exatamente no fato de que, por seu meio, reparam-se as velhas quedas e é revigoramento para a força de vontade contra as tendências que mais que todas a arrastam para o mal.

A penitência cristã é uma experiência sempre viva e crescente. Não é somente virtude de principiantes ou tarefa da fase de purificação. Com sempre novas tonalidades, penetra na santidade e na experiência mística. Para São Paulo, Santo → AGOSTINHO, Santa Teresa e tantos outros, a lembrança e o arrependimento de seus pecados foi uma fonte constante de uma experiência espiritual qualificada. Falando da alma transformada, São João da Cruz comenta: "Ainda que Deus esqueça a malícia do pecado quando o tiver perdoado, nem por isso é bom que a alma se esqueça de seus pecados anteriores, pois diz o Sábio: 'Não estejas tão seguro do teu perdão' (Sr 5,5). E isso por três razões. A primeira, para ter sempre ocasião de não presumir; a segunda, para ter matéria de agradecer sempre; a terceira, com a finalidade de confiar mais para mais receber. Porque, se estando no pecado recebeu de Deus tanto bem, quantas graças maiores poderá dele esperar, estando firme no amor de Deus e livre do pecado!" (*Cântico*, 33, 1).

BIBLIOGRAFIA. PAULO VI. *Paenitemini* (17 febb. 1966); La constitution apostolique "Paenitemini" dans la ligne du Concile. *La Maison-Dieu* 90 (1967) nn. 47-48; La penitenza. *Quaderni di "Rivista Liturgica"*. Torino, 1968.
Cf. bibliografia dos verbetes: → ASCESE, → CONVERSÃO, → PENITÊNCIA (Sacramento da).

F. RUIZ

PENTECOSTALISMO → CARISMÁTICO.

PENTECOSTES.
A palavra "pentecostes" é transcrição do grego *pentêkostê*, número ordinal que designa o último elemento de uma série de cinquenta. Na atual terminologia litúrgica, designa o quinquagésimo dia depois da Páscoa, que celebra a descida do Espírito Santo sobre os apóstolos no Cenáculo, mas pode designar também todo o tempo litúrgico que vai da Páscoa a Pentecostes, chamado de tempo pascal ou os cinquenta dias pascais. Vamos analisar Pentecostes no duplo sentido que tem atualmente na liturgia.

1. ORIGEM E DESENVOLVIMENTO. O povo hebraico no tempo de Jesus celebrava cinquenta dias depois da Páscoa uma festa chamada das semanas ou "Shavû'ôt", festa das messes, segundo a mais antiga tradição, à qual se juntou posteriormente a comemoração do dom da lei e da graça da aliança (cf. Ex 19,1; 23,16; 34,22).

Na perspectiva do Novo Testamento, o quinquagésimo dia marca o evento da descida do Espírito Santo (At 2,1-4) no final dos dias das aparições do Ressuscitado a seus discípulos e do período de espera que segue a sua ascensão ao céu. A perspectiva joanina é um tanto diferente, pois o quarto Evangelho parece pôr o evento da glorificação-ascensão de Jesus no momento mesmo da sua ressurreição e o dom do Espírito Santo sobre os apóstolos no dia mesmo de Páscoa (Jo 20,19-23).

Concomitantemente com a celebração pascal, somente por volta do século II e inícios do século III é que podemos falar de uma festa de Pentecostes na comunidade cristã, interpretando mais essa festa como o período dos cinquenta dias pascais, como atesta em vários lugares → TERTULIANO: é o espaço alegre no qual a ressurreição do Senhor se manifestou entre os discípulos, a graça do Espírito Santo se revelou e a esperança da vinda do Senhor se manifestou em figura (*De bapt.* 19,2).

Esse tempo é caracterizado pela alegria da Páscoa, pela proibição do jejum e de orar de joelhos, como atesta a peregrina Egéria, para a Igreja de Jerusalém, no final do século IV. Bem cedo sobressaem nesse período alguns momentos característicos. Antes de qualquer outro a semana pascal, que segue a celebração da Páscoa. Em Roma se celebram missas para os neófitos, cujos preciosos formulários estão até hoje conservados no Missal romano, até a deposição das vestes brancas, antes no sábado "in Albis", depois no domingo; nessa ocasião se fazia a comemoração do batismo e se renovavam as promessas batismais. Em Jerusalém, o bispo faz as catequeses mistagógicas aos iluminados e explica os ritos batismais realizados na vigília pascal.

Em sintonia com as narrações evangélicas, no quadragésimo dia, ou *tesserakontê*, celebra-se, a partir pelo menos do século IV, a festa da Ascensão do Senhor, conhecida e comentada por JOÃO → CRISÓSTOMO, → AGOSTINHO, → LEÃO MAGNO. Nesse mesmo período testemunhos provenientes das Igrejas de Constantinopla, Roma, Milão e outras atestam que se dá destaque especial, embora com modalidades diversas, ao "quinquagésimo dia" como encerramento das celebrações pascais; desse modo é chamada a "metrópole das festas".

A partir do século V, Pentecostes se destaca como festa autônoma que celebra o particular momento da história da → SALVAÇÃO, que comemora a descida do Espírito e, especialmente na Idade Média, tende a perder a ligação com a Páscoa, que parece se fechar idealmente com a festa da Ascensão e se torna a solenidade do Espírito Santo. Cumpre-se assim uma certa simetria com a celebração da Páscoa mediante a introdução de uma vigília e com o prolongamento de uma oitava do Espírito Santo, conexa, aliás, com o número simbólico dos sete dons. Diversos elementos litúrgicos ornam dessa festividade, especialmente a bela sequência de Pentecostes de Estêvão Langton, arcebispo de Cantuária (século XIII). Na celebração litúrgica introduzem-se alguns elementos folclóricos para ritualizar a descida do Espírito Santo com uma chuva de pétalas de rosas vermelhas ou mechas inflamadas, ou revoada de pombos.

No recomposto calendário litúrgico, os cinquenta dias pascais ficam na sua simples nobreza antiga como tempo de Cristo ressuscitado e do seu Espírito. E o caráter conclusivo do quinquagésimo dia pôs-se em evidência com a supressão da oitava de Pentecostes. Procurou-se, porém, dar um destaque todo particular aos últimos dias do tempo pascal que vão da ascensão até Pentecostes como tempo de preparação ao do Espírito que lembra e ritualiza a espera dos discípulos com Maria em oração no Cenáculo. Conservou-se a vigília de Pentecostes com uma série de leituras que acentuam a última preparação da Igreja para acolher o mistério do Espírito prenunciado na história da salvação.

No Ritual da iniciação cristã dos adultos, esse período é considerado tempo da mistagogia ou plena experiência dos mistérios na comunidade eclesial.

2. A LITURGIA DE PENTECOSTES. A reforma litúrgica pós-conciliar caracterizou esse tempo com uma série de elementos que põem em destaque a continuidade com a celebração da Páscoa.

A oitava da Páscoa conserva o caráter batismal nas orações da missa, enquanto se leem os trechos evangélicos das aparições do Ressuscitado.

Todos os domingos do tempo pascal são considerados domingos de Páscoa. A escolha das leituras privilegia de uma parte, além dos trechos dos Atos dos Apóstolos — leitura tradicional para o tempo de Páscoa, que Agostinho justifica como antigo costume da Igreja —, a proclamação de textos, como a Primeira Carta de Pedro, a Primeira Carta de João, o Apocalipse (nos respectivos ciclos ABC), a escolha de trechos sobre as aparições do Ressuscitado ou do sermão da Ceia, de João, com uma particular alusão ao bom pastor no IV domingo de Páscoa com os textos joaninos do c. 10.

No lecionário ferial a escolha das leituras é caracterizada pela leitura progressiva dos Atos, livro que constitui a história do novo Israel da Igreja sob o impulso do Espírito; depois da primeira semana leem-se trechos do Evangelho de João conexos com alguns mistérios (batismo, eucaristia), ou trechos tirados do sermão da Ceia.

A ascensão do Senhor, celebrada no quadragésimo dia ou no domingo seguinte, mantém o caráter de festa mistérica do Senhor com leituras apropriadas para os três diferentes ciclos.

Durante todo o tempo pascal são muito ricos os elementos da liturgia das horas, especialmente as leituras patrísticas do ofício das leituras, com passagens escolhidas de caráter batismal, eucarístico, escatológico e pneumatológico.

A festa exclusiva de Pentecostes conserva todo o esplendor teológico na celebração eucarística e na liturgia das horas, e é convenientemente preparada, como se disse, com elementos pneumatológicos nos dias que a precedem.

A vigília de leituras com a missa é atualmente celebrada com cuidado e fervor por muitas comunidades cristãs no coração da noite para ritualizar a espera do dom do Espírito e celebrar a memória do sacramento da confirmação.

O lecionário da festa de Pentecostes põe em destaque o evento do Cenáculo na primeira leitura (At 2,1-11) e diversos temas pneumatológicos paulinos na segunda leitura, que é diferente nos três ciclos (A: 1Cor 12,3b-7.12-13, batizados no mesmo Espírito; B: Gl 5,16-25, os frutos do Espírito; C: Rm 8,8-17, guiados pelo Espírito Santo). O Evangelho reúne nos três ciclos textos joaninos sobre o Espírito Santo (A: Jo 20,19-23, o dom do Espírito; B: Jo 15,26-27; 16,12-15, a promessa do Paráclito; C: Jo 14,15-16.23b-26, o Espírito ensinará tudo).

É extraordinário, sob o ponto de vista doutrinal, o conteúdo da coleta, que fala da universalidade da salvação, dos dons do Espírito no início da pregação do Evangelho; esses temas são retomados no prefácio, em que se fala do cumprimento do mistério pascal e da unidade de toda a família humana na mesma profissão de fé. É sempre um ponto de referência a sequência de Pentecostes como ardente invocação ao Espírito e canto da múltipla ação santificadora do dom de Cristo. Com precisão teológica os nomes dados ao Espírito e às funções na vida das almas, da Igreja e do mundo são uma bela síntese da teologia do Santo Pneuma.

3. ESPIRITUALIDADE DE PENTECOSTES. Os Cinquenta dias se põem em estreita relação com o *dies dominica*, do qual é como que uma ampliação e uma acentuada solenização. A vida cristã, sendo participação no mistério pascal, é uma festa contínua sustentada pela celebração semanal que parece suficiente, a ponto de não fazer sentir a necessidade de nenhuma festa particular. O domingo é o dia em que "Jesus ressuscitou da morte e, depois de se ter manifestado, subiu ao céu", é o "oitavo dia" (*Epístola de Barnabé*; cf. JUSTINO, *Diálogo com Trifão*, 41,4). O domingo é o dia distintivo da vida cristã. E quando, no início do século III, nasce uma solenidade anual (Os Cinquenta dias), ela conserva todas as características do domingo, quer ser um domingo ampliado e aperfeiçoado. Do oitavo dia (sete mais um) se chega ao quinquagésimo (sete vezes sete mais um) para realizar o simbolismo da perfeição no modo mais completo. Os Cinquenta dias é o "grande domingo", é o dia que "está no princípio dos dias" e que é imagem do dia "sem fim, que não terá nem noite nem amanhã" (Basílio de Cesareia, *De Spiritu Sancto*, 27, 66: p. 32, 192). Como no domingo, os Cinquenta dias celebram o mistério pascal na sua totalidade e na sua unidade, vivido sacramentalmente pelos fiéis da nova aliança. "O que nós chamamos de Páscoa e aparece no nosso calendário como *pascha Domini*, os primeiros cristãos a teriam chamado mais de Pentecostes" (O. Casel).

Obviamente, a alegria pascal nasce não só da consciência da redenção acontecida com o mistério pascal, mas também da fé da Igreja na perene presença de Cristo em meio a seus discípulos (Mt 28,20) da qual são garantia os quarenta dias entre a Páscoa e a ascensão.

Pentecostes é tempo do Espírito Santo. O alcance pneumatológico desse tempo deve ser estendido a todos os cinquenta dias pascais, embora o quinquagésimo dia comemore a grande manifestação do poder do Espírito na Igreja com os seus dons e carismas. A celebração pascal garante à Igreja o dom do Senhor ressuscitado e a consciência de que no Espírito do Senhor a liturgia eclesial constitui, especialmente na eucaristia, um perene Pentecostes. Por isso é tempo dos sacramentos pascais, da mistagogia dos neófitos que vivem na Igreja o dom da comunhão no único Espírito.

Pentecostes, finalmente, lembra que a Igreja é a comunidade renovada, a nova humanidade em meio ao mundo, voltada para o cumprimento das promessas na parúsia do Senhor anunciada no dia mesmo da ascensão do Senhor. O mandato missionário conferido pelo Ressuscitado a seus discípulos lembra à Igreja a sua natureza missionária, a sua realidade de Igreja a caminho, peregrina na força do Espírito. Do Cenáculo começa sempre o caminho da Igreja em meio aos homens para dar testemunho da ressurreição com as energias do Espírito Santo.

Idealmente, o tempo comum da liturgia da Igreja prolonga esse caminho, na renovada consciência que brota de Pentecostes. E cada domingo, celebração semanal da Páscoa do Senhor, não pode deixar de lembrar a efusão pentecostal do Espírito.

Toda a espiritualidade centrada na ação do Espírito Santo recebe a sua confirmação e a sua renovação no tempo e na festa de Pentecostes.

BIBLIOGRAFIA. Cabié, R. *La Pentecôte. L'evolution de la cinquantine pascale au cours des cinq premiers siècles*. Tournai, 1965; Id. Pentecôte. In *Dictionaire de Spiritualité* XII (1984) 1.029-1.036; Congar, Y. M. *Pentecoste*. Brescia, 1964; Della Torre, L. *La cinquantina pasquale. Liturgia e pastorale del tempo di Pasqua*. Brescia, 1981; Nesmy, J. C. *La spiritualità di Pentecoste*. Brescia, 1964; Nocent, A. *Celebrare Gesù Cristo. L'anno liturgico* IV – *Tempo pascale*. Assisi, 1977; Rahner, K. *Sulla Pentecoste*. Brescia, 1973.

J. Castellano

PERDÃO. Remissão de uma culpa em vista da fragilidade de quem a comete e por um sobrenatural amor a Deus. O perdão será tanto mais magnânimo quanto maior for a dignidade ofendida; por isso o perdão de Deus é o maior que possa existir. No cristianismo o perdão floresce nos lábios do ofendido por uma necessidade e uma coerência, uma vez que a cada momento na intimidade do nosso espírito temos necessidade de pedir perdão a Deus. Sem o perdão, não poderia haver autêntica vida cristã e tampouco humana. O perdão estabelece a harmonia depois de um momento de irreflexão e de fraqueza. Quantas vezes no Antigo Testamento não concede Deus o seu perdão ao povo eleito! E, apesar de tudo isso, o homem continua a pecar, a recusar o amor, a procurar a si mesmo, a despeito de Deus. Deus, porém, sabe que no homem há sempre alguma coisa recuperável e por isso jamais recusa seu perdão, que pode ser motivo de conversão definitiva: Jesus ordenou a seus apóstolos, justamente por isso, perdoar sempre (Mt 18,22).

A necessidade do perdão está na fragilidade da nossa natureza humana e a prática demonstra que não podemos confiar em nada: nem na experiência adquirida nem na idade. Somos todos capazes de cometer falta; basta que as circunstâncias adversas se aliem com um momento de fraqueza ou de distração. O perdão, para ser tal, deve ser perfeito, ou seja, não deve deixar nenhum traço de rancor e de ressentimento. Isso no que diz respeito à nossa vontade. Há ofensas, porém, que atingem o coração e a honra, destroem num momento o que edificamos com dificuldade em dezenas de anos. Nesse caso, embora perdoando, é impossível que no coração não fique a amargura pela ofensa passada, por nosso trabalho destruído; e então é suficiente oferecer com paciência essa dor sem positivamente alimentar o rancor que poderia seguir. O tempo saberá medicar as nossas feridas mais graves e voltar a dar ao espírito o equilíbrio tirado pela ofensa. Quando perdoamos, temos de saber enobrecer diante de nossa estima aquele que nos ofendeu, saber santamente distinguir entre pecado e pecador e isso especialmente no caso em que a ofensa se repetisse, porque como Deus não se cansa de considerar a nossa miséria e a nossa fraqueza, perdoando-nos sempre, desde que arrependidos, assim também o nosso coração deve considerar a grande fraqueza e fragilidade do homem. O melhor remédio à ofensa é o amor. Diz São → JOÃO DA CRUZ: "Onde não houver amor, põe amor e recolherás amor" (*Carta 47*). O verdadeiro perdão, porque esquecimento total, deve ser também acompanhado pelo desejo de fazer o bem a quem nos ofendeu, segundo o preceito: "Fazei bem aos que vos odeiam" (Lc 6,27). Assim o perdão recebe a sua plenitude concreta, porque não somente com ele se esquece e se destrói a ofensa recebida, mas o próprio ofensor é visto e considerado como amigo. Sem a graça divina, porém, tudo isso é impossível: a natureza é muito inclinada ao egoísmo para que se possam esquecer as afrontas. Somente a força que nos vem dAquele que por primeiro perdoou os seus perseguidores pode dar à alma cheia de boa vontade a energia de perdoar e de confiar à divina misericórdia o débito de justiça que contrai aquele que nos ofende. Com o perdão concedido, sentimo-nos menos indignos do olhar de Deus e podemos esperar que em seu coração paterno também a nossa alma encontre aquela compreensão e aquele perdão que nos abrem as portas do paraíso.

BIBLIOGRAFIA. *Dizionario dei Concetti Biblici.* Bologna, Dehoniane, 1976, 1.272-1.278; *Nuovo Dizionario di Spiritulità.* Roma, Paoline, 1979, 686 ss.; PERRIN, J. M. *Il mistero della carità.* Roma, 1966; *Schede Bibliche Pastorali* VI. Bologna, Dehoniane, 1986.

B. GENNARO

PERFEIÇÃO (graus de). 1. A perfeição se consegue ordinariamente mediante três momentos sucessivos que formam a linha ascendente da santidade que consiste no amor. Segundo o desenvolvimento do amor, distinguem-se três graus: dos principiantes, dos proficientes, dos perfeitos. É uma das terminologias mais clássicas no vocabulário da → TEOLOGIA ESPIRITUAL juntamente com uma outra: via purgativa, iluminativa, unitiva. Parece-nos de bom alvitre conservá-la porque tem a vantagem de encerrar a ideia da unidade no caminho para a perfeição. Ao contrário, a terminologia segundo a qual haveria duas vias, a comum ou ascética e a extraordinária ou mística, é, aliás, estranha ao modo de pensar dos grandes mestres da vida espiritual, como Tomás, João da Cruz, → FRANCISCO DE SALES. Tomás compara o desenvolvimento da vida espiritual ao da vida física: como nesta há três fases no decurso de uma só vida, a qual nasce (*recessus a termino*), cresce (*appropinquatio ad terminum*), chega a seu pleno desenvolvimento (*quies in termino*), assim também, na espiritual, "os diversos graus de caridade distinguem-se pelos diversos esforços aos quais o homem é conduzido para o progresso da sua caridade. Primeiramente, sua principal preocupação deve ser afastar-se do pecado e resistir aos atrativos que o conduzem para o que é contrário à caridade. E isso é próprio dos incipientes, que devem alimentar e estimular a caridade, para que ela não se perca" (*STh.* II-II, q. 24, a. 9).

2. Portanto, o trabalho confiado a essa primeira fase da vida da graça é quase exclusivamente de ascese e de purificação: é a atividade da alma (*actuositas*) que prevalece e que, uma vez livre do pecado mortal, continua o seu trabalho, tirando as desordens veniais e os ataques mais grosseiros a si e às criaturas. João da Cruz ensina à alma o que deve fazer nessa primeira purificação que ele chama de "noite ativa dos sentidos". Explica antes de qualquer coisa qual a natureza do afeto desordenado: "não pretendemos falar da simples privação das coisas, que de modo algum esbulha a alma se ela conserva seu desejo, mas quando mortifica o gosto; [...] somente então ela fica completamente livre e vazia, mesmo se as possui em abundância. Não são as coisas deste mundo que se apoderam da alma e a prejudicam, [...] mas o desejo e o apetite" (*Subida*, 1, 3, 4). Sucessivamente, no conhecidíssimo c. 13 do livro primeiro indica o modo concreto para obter a purificação. A alma deve "renunciar a qualquer gosto que se ofereça aos sentidos que não seja puramente para honra e glória de Deus. [...] Quando, por exemplo, se lhe concedesse o prazer de ver coisas que não servem para a aproximar do Senhor, reprime o desejo nascente e se abstém de o querer. Do mesmo modo, regule-se com relação aos outros sentidos, [...] desde que o possa fazer facilmente; se isso não lhe for possível, basta que ela não saboreie o gosto das coisas que não pode evitar" (*Ibid.*, 1, 13, 4). Não é,

pois, necessário que a alma negue a seus sentidos os seus objetos naturais: normalmente será suficiente que se exercite em ver sem olhar, em ouvir sem escutar, em alcançar sem tocar, em gostar sem saborear (cf. 1Cor 7,29-31). Eu disse "normalmente" porque às vezes, especialmente no início, diante de uma determinada dificuldade particular no controle da própria sensibilidade será bom intervir com maior rigor ao recorrer à lei da renúncia. Também esse conselho é de João da Cruz: "Tenha-se bem gravado na mente isso, porque é a verdade. Quem não mortificou ainda o gosto dos bens sensíveis, não se arrisque a se servir muito da obra dos sentidos [...] nem creia que lhe sirvam de ajuda ao espírito. Porque as forças da alma crescerão mais sem o uso das sensitivas, ou seja, extinguindo o gáudio e o apetite delas" (*Subida*, 2, 26, 7; 24, 5-7). Os mesmos conselhos dá Francisco de Sales na sua Filotea (cf. *Introdução à vida devota*, I).

3. No que se refere à purificação ativa das faculdades superiores: memória, intelecto, vontade, a alma deverá se exercitar em purificá-las, eliminando delas lembranças, afetos e pensamentos que as distraiam e as impeçam de se unirem nos objetos sobrenaturais em que são conduzidas pela fé, pela esperança e pela caridade. Não será desordem pensar, mas preocupar-se; não lembrar, mas dissipar-se; não amar, mas amar muito intensamente. A alma deverá se exercitar em controlar outros defeitos característicos desse período, como a precipitação, a agitação, a pressa, o egoísmo e a busca de si mesmo em todas as ações, a excessiva sensibilidade à alegria e à dor. Esse longo e árduo trabalho de purificação porá certa ordem nas "quatro paixões principais: a alegria, a esperança, o temor, a dor, de cuja paz e tranquilidade nascem inúmeros bens" (*Subida*, 1, 13, 5), diz João da Cruz.

4. "Mas, por mais que a alma empregue toda sua habilidade, não pode se purificar ativamente de modo a estar disposta, sequer minimamente, à divina união de perfeito amor, se Deus não assume esse empreendimento" (*Noite*, 1, 3, 3). Essa ação direta de Deus tem início quando começa a segunda fase, a dos proficientes. "Depois vem uma segunda preocupação, que leva o homem principalmente a progredir no bem. Tal preocupação é própria dos proficientes, que visam sobretudo fortificar a sua caridade, aumentando-a" (*STh.* II-II, q. 24, a.9). "A alma, após ter mortificado as paixões e abandonado os desejos, [...], passa a seguir o caminho [...] dos proficientes, que, com outro nome, é denominado via iluminadora, ou contemplação infusa" (*Noite*, 1, 3, 15). Essa evolução e progresso no amor é condicionada, ou seja, vai de par com o progresso a evolução da purificação. É preciso fundamentar bem esse princípio basilar: aos graus de purificação-afastamento correspondem graus de amor-união. Essa é uma clássica concessão entre os grandes mestres da vida espiritual, mas é absolutamente característica em João da Cruz: basta invocar aqui a imagem do pedaço de madeira purificado pelo fogo (cf. *Noite* 2, 10, 1), e aquela mais célebre da vidraça atingida pelos raios de sol (cf. *Subida* 2, 5, 6; 14, 9; *Noite* 2, 8, 3). Nesta segunda fase, como foi dito, a iniciativa é assumida pelo próprio Deus, que compensa a impossibilidade da alma. É por essa razão que a purificação é dita passiva, porque a alma a recebe; consiste em tudo aquilo que pode apreender de aflitivo: antes, de particularmente aflitivo. Assim, a aridez em uma oração pode ser uma purificação passiva, que tem o objetivo de eliminar de forma dolorosa e violenta o desejo desordenado, algo característico, do prazer espiritual; podem ser purificações passivas: a perda de pessoas queridas, a ingratidão, o fracasso, a maledicência e as calúnias, as incompreensões injustificáveis contra pessoas queridas ou outras atribulações do mesmo tipo. São as intervenções diretas de Deus as que constrangem, com força, a efetuar a separação de nós e das criaturas, que jamais faríamos somente por nós. Quanto mais essas provas forem numerosas, profundas e prolongadas, mais a alma resultará sensibilizada e preparada à união. "Cada um levará mais ou menos tempo para ser purificado a depender do maior ou menor número de imperfeições [...] e também a depender dos graus de união com os quais quererá atingi-lo" (*Noite*, 1, 14, 5; 2, 7, 3; *Chama*, 2, 9, 19).

5. "Enfim, a terceira preocupação é que o homem se esforce, principalmente, por unir-se a Deus e gozá-lo. E isso é próprio dos perfeitos, que desejam 'morrer e estar com Cristo'" (*STh.* II-II, q. 24, a. 9).

Segundo a já lembrada e clássica concepção de São João, com base na qual a graus de separação correspondem graus de união, essa última fase da vida espiritual deverá ser preparada por uma correspondente purificação. "Deus dispõe cada alma com purificação mais ou menos forte, segundo o grau de união a que a chama"

(*Chama*, 1, 24), pois "quanto maior é a pureza, tanto mais Deus se comunica" (*Ibid.*, 9). E assim chegamos à quarta e última purificação passiva do espírito, por meio da qual Deus dá o último toque às três faculdades superiores para as espiritualizar de modo que possam se unir com Deus-espírito. "Deus é espírito, e por isso os que o adoram devem adorar em espírito e verdade" (Jo 4,24); com efeito, é impossível que duas coisas contrárias possam coexistir ao mesmo tempo no mesmo sujeito (cf. *Subida*, 1, 4). Nascemos de Deus, espiritualmente; a Deus devemos, espiritualmente, voltar (cf. Jo 1,13; 1Pd 1,23). Para cumprir essa espiritualização, Deus se serve das conhecidas tentações contra a fé, a esperança e a caridade. Essas provas têm o objetivo de eliminar dos três motivos formais delas (*Prima veritas revelans* para a fé; *Deus auxilians et misericors* para a esperança; *Deus summa bonitas* para a caridade) toda escória de infiltração humana. As imperfeições da fé são evidenciadas pelo fato de o intelecto não admitir e não perceber que a Deus tanto mais se conhece quanto mais se confessa com alegria não podê-lo conhecer, como afirma muitas vezes a Escritura (cf. Jó 9,1-20; Sb 9,13-18; 1Tm 6,16; 1Cor 2,10-11) e como declaram todos os grandes conhecedores de Deus (cf. AGOSTINHO, *De vera religione*, 34; TOMÁS, *C. Gent.* 1, 5; 3, 49; *STh.* II-II, q. 8, a. 7; JOÃO DA CRUZ, *Cântico*, 7,9; *Subida*, 2,4,3).

Outra imperfeição da nossa fé é que ela se volta mais facilmente para as verdades que o intelecto entende e para os aspectos mais humanos da doutrina de Jesus, como os milagres e as qualidades humanas do seu temperamento; ao contrário, admite com dificuldade os mistérios mais difíceis, como os da predestinação, do mal etc.; tem pouca penetração no "escândalo" da cruz e na "loucura" da paixão (cf. 1Cor 1,17-20). Ao contrário, os verdadeiros crentes são muito devotos da transcendência de Deus, da sua incompreensibilidade e dos seus mistérios: "Em matéria de religião as almas bem formadas têm maior gosto em crer as coisas em que há mais dificuldade e maravilha" (*Teotino*, 12). Como crê imperfeitamente, assim imperfeitamente espera, não pondo toda a sua confiança somente em Deus. Nas empresas da santificação pessoal, como nas apostólicas, a alma se faz centro: é ainda muito grande o seu "eu" que concebe, que modifica e que atua os projetos: de fato age independentemente de Deus, como se ele não tivesse nada ou pouco a ver na atuação dos seus planos. Está bem longe de ter entendido o "despojou-se, tomando a condição de servo... ele se rebaixou, tornando-se obediente até a morte e morte numa cruz" (Fl 2,7.8): como a grande lei paulina que preside a distribuição da graça: "Farei consistir o meu orgulho antes em minhas fraquezas, a fim de que pouse sobre mim o poder do Cristo. [...] Pois, quando sou fraco, então é que sou forte" (2Cor 12,9.10). As imperfeições da fé repercutem-se não só sobre a esperança, mas sobre a caridade: a alma não ama a Deus com amor totalmente puro e desinteressado. Junto com Deus ama muitas outras criaturas: "A *hebetudo mentis*, ou rudeza espiritual, a distração do espírito nas coisas exteriores; [...] ninguém, por mais que se freie, fica imune" (*Noite*, 2, 2, 2-4); "algum imperfeito apetite de saber, [...] vontadinhas [...] de possuir pequenos objetos, [...] desejo de estima que sabe a mundana, [...] variedade de lembranças, [...] cuidados importunos, [...] muitas esperanças, alegrias, temores, dores; [...] e não acabaremos mais de enumerar: [...] alguns mais, outros menos, mas todos os têm" (*Cântico*, 26, 18-19; 28,7); "enfim, ficam ainda no espírito as manchas do homem velho, embora a alma não tenha essa impressão nem consiga vê-lo" (*Noite*, 2, 13, 11).

6. Quando, portanto, a alma sai da última e mais profunda purificação, que não somente "corta, mas arranca a raiz" dos sete vícios capitais, não somente "limpa, mas arranca fora a mancha" (*Noite*, 2, 2, 1), então Deus "guia o intelecto nos divinos conhecimentos, porque está só e livre de outras ideias contrárias e vãs; move livremente a vontade para o amor de Deus porque agora só e livre de outros afetos; enche a memória porque também ela está só e vazia de outras imaginações" (*Cântico*, 35, 5). Finalmente, a alma é perfeita na fé, na esperança e na caridade (cf. *Noite*, 2, 21, 2-12); finalmente está totalmente curada das suas quatro doenças: estultícia, dureza, estupidez, ignorância (cf. *STh.* I-II, q. 68, a. 2, ad 3; *Noite*, 2, 2, 2); finalmente se "evangelizou" e, portanto, tendo-se posto em afinidade com a linguagem "espiritual" de Jesus (cf. Jo 6,63; 1Cor 2,13-16), pode entendê-lo e "pode observar realmente o primeiro preceito do amor" (*Noite*, 2, 11, 4). "Porque somente Deus é aquele que guia a alma nessa solidão, verificando-se o que diz São Paulo dos perfeitos: 'os que são conduzidos pelo Espírito de Deus, esses é que são filhos de Deus' (Rm 8,14)" (*Cântico*, 35,5; *Chama*

2, 34-35). As ruínas produzidas pelo pecado são completamente eliminadas: de agora em diante a alma apenas amará.

É exatamente o que diz Santo Tomás: a alma "não faz senão unir-se a Deus e gozá-lo" (*STh.* II-II, q. 24, a. 9).

BIBLIOGRAFIA. GARRIGOU-LAGRANGE, R. *Le tre età della vita spirituale.* Torino, 1949, 268-292, vl. I; GUIBERT, J. de. *Theologia spiritualis.* Roma 1946, 279-317; MEYNARD, A. *Teologia ascetica e mistica.* Torino, 1937, vl. I.

A. DAGNINO

PERSEVERANÇA. 1. NOÇÃO. Segundo Aristóteles, perseverar no bem implica refrear a sensibilidade, que facilmente se revolta. Esse perseverar não é ainda virtude em sentido próprio, mas é uma disposição à virtude. Com efeito, o estado virtuoso se instaura quando os próprios movimentos passionais parecem moderados e regulados de dentro e não é mais necessária uma coação externa sobre eles.

Segundo → AGOSTINHO, a perseverança é o ato que ultima e consuma a boa vontade de querer o bem; é encontrar-se em estado de graça no momento da morte. E isso não pode ser nem merecido nem garantido pelo indivíduo, mas é um puro dom de Deus, segundo a doutrina assumida pelo concílio de Trento e fixada na fé explícita da Igreja. A perseverança final está na ordem da graça atual: não pode ser nem merecida nem adquirida mediante virtudes. Uma graça grande que se pode somente suplicar mediante a oração.

Para Tomás, a perseverança é uma verdadeira virtude, situada no irascível e que se realiza como parte potencial da → FORTALEZA, a que aspira e em que se alimenta. Ela tem por objeto próprio a permanência em toda virtude, aparecendo como característica particular de todo comportamento virtuoso. Realmente, a virtude inclui uma inclinação a persistir, uma vez que é um *habitus* que exige por sua natureza ser estável. E a perseverança assume como própria a missão de garantir essa persistência efetiva, apesar das dificuldades, a lassidão e o tédio que causa a perspectiva da permanência: ela se dispõe a continuar no bem, segundo os ditames da razão, apesar do prolongar-se das moléstias e das dificuldades (*STh.* II-II, q. 128, a. 1).

É próprio da condição humana dever se empenhar no tempo, em fases sucessivas. A perfeição espiritual não permite ser morta num instante, mas deve se desdobrar em traços repetidos, uma vez que o instante da vida humana é essencialmente fugaz. A bondade humana é provada e se estabelece de forma segura somente quando supera a prova do tempo, a qual é muitas vezes causa do afastamento do empenho espiritual.

A perseverança é tanto mais digna de louvor quanto mais diuturno é o sofrimento pelas dificuldades. A Escritura exorta à perseverança, unindo-a à → PACIÊNCIA como condição para chegar ao prêmio (cf. Sr 5,12; Mt 10,22; Lc 21,19; Hb 3,6 etc.) e condena quem, iniciada uma boa obra, retrocede (Lc 9,62).

A perseverança é tenacidade, não obstinação. O perseverante não cede diante das dificuldades, mas diante da evidência do bem; permanece permeável e disponível às diretrizes da razão e da graça.

2. PERSEVERANÇA CRISTÃ. A vida espiritual de Jesus Cristo caracteriza-se como diuturno empenho de transformação do próprio eu, de modo a torná-lo cada vez mais receptivo à caridade do Pai; como incessante dedicação a pneumatizar o próprio ser humano, mediante o mistério pascal, de modo a passar de uma vida segundo a carne a uma vida segundo o espírito. O mistério pascal de morte-ressurreição não se pôs unicamente no final da sua existência, mas embebeu, animou e transformou a sua vida inteira. Os acontecimentos vividos pelo Senhor foram tecidos e penetrados intimamente por dois movimentos constitutivos da Páscoa: esvaziamento-plenitude, humilhação (*kenôsis*)-glorificação, escravidão-liberdade (cf. Fl 2,5-11). E, em relação a essa missão fundamental da sua vida, o Senhor exerceu muito a perseverança: em todo instante e continuamente se mostrou fiel e perseverante ao sentido do mistério pascal. Por ter vivido incessantemente de modo pascal, pôde oferecer ao Pai uma humanidade redimida.

No seguimento e na imitação de Cristo, o cristão é chamado a viver não apenas uma esperança virtuosa qualquer, mas uma vida pascal em Cristo e com Cristo. Um homem é cristão se permanece dentro do dinamismo caritativo pascal; se vive, em virtude dos → SACRAMENTOS e dos → DONS DO ESPÍRITO SANTO, na Páscoa do Senhor (cf. *SC* 5).

A salvação, o conformar-se a Cristo, perseverar no devir pascal, pneumatizar o próprio eu, conformar-se à vida caritativa do Pai são realidades que o cristão adquire somente com o passar do tempo; são um acontecimento continuativo que impregna a vida inteira. Existe uma tensão entre aquilo em que já nos tornamos em Cristo e o que ainda não se é. O evento salvífico realiza-se progressivamente no eu e encontra a sua plenitude definitiva unicamente na parúsia. A novidade do ser cristão não é oferecida uma vez por todas. A existência do cristão, justamente porque é um viver na caridade pascal, caracteriza-se essencialmente como uma perseverança na Páscoa dinâmica de Cristo.

A perseverança cristã, por sua qualificação pascal, é dom gratuito de Deus em Cristo. É virtude infusa e aperfeiçoada diretamente pelo Espírito do Senhor. Não se reduz a um comportamento mecanicamente repetido: é experiência de um → CARISMA incessantemente novo. À medida que a perseverança se prolonga no tempo, mais dá testemunho da gratuidade e da profundidade da caridade divina para com a alma.

3. CONSTÂNCIA E LONGANIMIDADE. A alma que se dispõe a perseverar pode ficar entristecida pelo fato de que o sucesso muitas vezes parece muito distante. O educador considera com temor ter de persistir na doação por uma série de anos; e o adolescente vê muito distante a meta do seu empenho espiritual. E por que esperar assim tanto semelhante progresso ou, até e sobretudo, a recompensa suprema? É mesmo necessário começar assim tão cedo? Já não se trata de certo cansaço, que nasce de certa persistência, mas de um relaxar-se ou desanimar por uma tensão muito prolongada no esperar. Afastar o desânimo que nasce de um longo temporizar é próprio da longanimidade, um aspecto particular da virtude da perseverança e da paciência.

No exercício de uma virtude, duas coisas cansam: além da duração, a repetição continuada do mesmo exercício. Contra esse tédio, que nasce do íntimo de um empenho bom, está a virtude da perseverança. Quando, porém, é necessário enfrentar outros obstáculos e resistências exteriores, para poder continuar nos propósitos virtuosos (por exemplo, doenças e insucessos, oposições e maus exemplos, murmurações e zombarias), então se tem necessidade da virtude da constância. Essa virtude coincide com a perseverança no objetivo comum de manter a atitude virtuosa até o final da vida ou da obra; dela difere, porquanto a perseverança se propõe vencer as dificuldades que brotam do fato mesmo da duração de uma ação virtuosa, ao passo que a constância pretende superar os obstáculos exteriores. Quem não desanima diante da duração do trabalho árduo é perseverante; quem não se abate diante dos obstáculos exteriores que sobrevêm no decurso da ação é constante. Se a constância está unida à perseverança por seu fim, tem, porém, um objeto afim à paciência. A constância (como a paciência) domina tristeza e sofrimentos; bem como (à semelhança da perseverança) assegura sobretudo a diuturnidade da prática virtuosa. Essa última é certamente mais insidiada pelas dificuldades internas do que pelas externas: desse modo, a perseverança é considerada a parte principal da fortaleza, mais que da constância.

As virtudes estão presentes na alma de modo unitário: não como muitas seções bem distintas entre si. Todavia, elas exigem qualidades de empenho e de graça bem diferentes: é possível encontrar almas constantes que talvez não sejam perseverantes, por sua vez diferentes das pacientes. Dada a estreita relação entre essas virtudes, nem sempre poderão ser delineados, na vida prática, os limites próprios de cada uma delas. Mais, normalmente os moralistas tendem a identificar as duas virtudes da perseverança e da constância (LESSIUS, *De iustitia et iure*, III, c. 2).

Jesus Cristo deu o exemplo de como realizar a própria missão com perseverante constância: aceitou o lento e dificultoso amadurecimento apostólico dos seus apóstolos; não desistiu do mandato do → PAI CELESTE diante das oposições e do martírio; deu uma característica pascal à sua perseverança, de modo a vivê-la como o modo apropriado de ter acesso à plena participação da caridade do Pai. Exemplo que será seguido pelos mesmos apóstolos. São Paulo continuará estavelmente incrustado no mistério pascal de Cristo, apesar das preocupações e perigos múltiplos (golpes, vergas, lapidações, naufrágios, intrigantes e falsos irmãos, cansaços, penas, fome, nudez: 2Cor 2,26-27).

4. PERSEVERANÇA FINAL. A bondade interior (sobretudo a caridade) deve perdurar por toda a vida: nesse sentido não se tem verdadeira perseverança senão enquanto se persevera até o término da própria existência. "Ninguém pode ser perseverante enquanto vive; somente o é se persevera até a morte" (AGOSTINHO, *De perseverantia*, c. 1). Nesse sentido, nosso Senhor afirmou: "quem perseverar até o fim, este será salvo" (Mt 24,13). A perseverança se aperfeiçoa, como virtude, necessariamente na perseverança final,

como a vida pascal do Cristo teve a sua expressão consumada na morte-ressurreição final.

Mas a perseverança, sobretudo a final, depende da graça? A virtude da perseverança, como hábito sobrenatural, é inseparável da graça santificante; se esta se perde, também aquela cai. Para exercitar, pois, a virtude infusa da perseverança (como as demais virtudes), requer-se o prévio impulso da graça atual ordinária, que Deus não nega a ninguém bem disposto. Quando perseverar significa permanecer radicado por um tempo notavelmente longo no Espírito de Cristo, como fonte de vida pascal, a alma então tem necessidade de ser favorecida de graças especiais internas e externas. Especial providência, que se mostra necessariamente tanto maior quanto mais longa for a perseverança do justo no Corpo místico pascal (Concílio Tridentino, DENZ. 832).

A perseverança assume todo o seu aspecto solene de graça especialíssima ("o grande dom da perseverança final", como diz o concílio de Trento, DENZ. 826), quando se considera o momento da morte, de que depende a Páscoa eterna (Mt 10,22). A graça da perseverança final não pode ser objeto de mérito em sentido próprio, uma vez que ela depende somente da amável misericórdia divina, e é concessão sempre gratuita por parte de Deus. Pode ser obtida pela oração, porque "orando nós pedimos o que não merecemos" (*STh.* I-II, q. 114, a. 9, ad 1). Instaura-se como um misto de incerteza e de confiança, salutar para a vida espiritual.

Essa incerteza do dom divino da graça final mergulhará a alma num desconforto deprimente? Certamente não conhecemos as vias do Senhor: elas são impenetráveis. Todavia, sabemos que Deus não quer que o pecador morra, mas que ele viva. A Escritura explicitamente o afirma. Mesmo ao supor que se dê uma morte repentina e imprevista, quando a alma está em estado de pecado, intercorre sempre certo tempo entre a morte aparente e a morte real: tempo bastante salutar para um possível arrependimento e reconciliação com Deus, mesmo que a alma, que se obstinou a viver no pecado, não possa ordinariamente contar com o socorro extraordinário divino nos momentos extremos (*quantum est de se, habet meritum ut non remittatur*: *STh.* II-II, q. 14, a. 3). Mas mesmo para quem perseverou no bem, a coincidência da morte com o estado de graça, conservar a caridade nos últimos instantes de vida, é sempre sinal de amor gratuito da bondade paterna de Deus.

5. EDUCAÇÃO PARA A VIRTUDE DA PERSEVERANÇA. Para facilitar a abertura da alma à virtude da perseverança mostram-se de grande utilidade algumas sugestões práticas. Dada a particular dependência da graça pascal por parte da perseverança, surge a necessidade da oração: só pode ser perseverante a alma que ora com insistência (Mt 21,22).

A alma deve se saber e se sentir protegida somente se se une e se abandona a Deus. O amor está no início de toda a atividade divina e não conhece repouso: não cessa de velar sobre o bem da criação inteira e de cada uma das suas criaturas, mesmo as mais pequeninas. Abandono em Deus que é consolidado por um justo temor de Deus.

Ajuda também muito para desenvolver o empenho de perseverança propor-se um dado objetivo de bem, capaz de preservar a alma de distrações interiores e exteriores.

Alguns procuram garantir sua vontade perseverante ligando-se religiosamente por voto público. Todavia, mesmo quem está ligado por voto pode se comprometer em sucessivas e cotidianas situações de comodidade que o qualificam como inconstante. É necessário que ele renove a oferta de si mesmo ao Senhor periodicamente, de modo a perenizá-la efetivamente no tempo.

6. A INCONSTÂNCIA. A virtude da perseverança é prejudicada por dois vícios opostos: pela pertinácia ou teimosia: é obstinar-se num comportamento quando seria virtuoso ser flexível; pela inconstância, a qual tende a desistir com facilidade da prática do bem ao surgirem as primeiras dificuldades ou ao sentir a privação de alguns prazeres.

A inconstância pode ser ocasionada ou favorecida, não só pela falta de oração e abandono a Deus em Cristo, mas também por várias outras causas. Antes de tudo, pela evolução psicofisiológica da pessoa. A pessoa está numa contínua evolução, de modo particular no período da → ADOLESCÊNCIA. A evolução do aspecto psicofísico pode atropelar, ou pelo menos tornar profundamente instável, o equilíbrio espiritual criado anteriormente. Assim, por exemplo, pelo lado afetivo, o adolescente vai sentindo fases sucessivas (narcisismo, desejos sensíveis do outro com amizades particulares, atitudes ambivalentes diante da mulher — tanto temendo-a como superestimando-a de modo irreal — etc.), as quais têm repercussão na virtude da caridade, criando crises, tentações, desorientações. O adolescente, exposto à crise de crescimento, não pode expressar senão um amor caritativo precário e instável. A própria castidade torna-se difícil e combativa (continência); e enquanto fica numa posição de conquista, de luta, de esforço e de tensão para a castidade temperante não usufrui virtuosamente da perseverança.

Uma segunda fonte de inconstância nas virtudes pode ser encontrada no humor, pelo qual alguns, com ou sem influências estranhas, se entusiasmam e se aborrecem, consideram-se plenamente satisfeitos consigo e se julgam infelizes. Em geral são personalidades psicopáticas. Mudanças de humor que surgem com frequência, uma vez que a pessoa confia nas coisas temporais, sem considerar que elas são perpetuamente mutáveis, inconstantes, efêmeras. "Todos os antigos pais da religião procuraram particularmente que essa igualdade e estabilidade de humor e de espírito reinasse em seus mosteiros; por isso, fizeram estatutos, constituições e regras, a fim de que os religiosos deles se servissem como ponte para passar da contínua igualdade dos exercícios, que foram observados e aos quais eles se submeteram, a essa tão amável e desejável igualdade de espírito. [...] É preciso dizer e voltar a dizer muitas vezes, a fim de melhor o gravar em nosso espírito, ou seja, que a desigualdade dos acidentes jamais deve levar nossas almas e nossos espíritos à desigualdade de humor, porque a desigualdade de humor não provém de outra fonte que de nossas paixões, inclinações ou afetos não mortificados; mas esses últimos não devem ter sobre nós verdadeiro domínio" (Francisco de Sales, *Opere complete. Trattenimenti spirituali*, Milão, 1844, 39, IV).

A perseverante vontade de bem é também insidiada pela → CONCUPISCÊNCIA e pela paixão. Depois de um recolhimento espiritual a alma decide lutar contra um defeito, mas no dia seguinte desiste. Os bons propósitos são como pedras preciosas colocadas na areia do deserto: o vento se levanta e lentamente a areia recobre tudo. É preciso que o ânimo se habitue a considerar à luz da divina providência as contrariedades que encontra e confiar nela, e ao mesmo tempo não deixar-se desorientar pelo fluxo das emoções passionais. Mais, a paixão toda deve ser integrada ordenadamente no bem pessoal, transformando-o internamente, para que ela mesma seja educada a desejar os bens superiores sugeridos pela inteligência e pela vontade. A paixão então ultrapassa o nível instável do prazer para adquirir uma estabilidade, uma vez que está intimamente apoiada na oblatividade e espiritualidade e por elas impregnada. Somente quando se atinge uma unidade integral da pessoa é que ela é espiritualmente curada nas chagas mais profundas do seu ser: as paixões são assim reguladas internamente, sendo assumidas pelo espírito e felizmente integradas às potências superiores.

Essa retificação interior da paixão representa uma meta sublime, a custo atingível, mediante um prolongado e diuturno e difícil caminho. Um trabalho espiritual que contribui para integrar a obra redentora realizada por Cristo em favor das almas de cada um de nós.

BIBLIOGRAFIA. Blanc, G. Constance. In *Dictionnaire de Théologie Catholique* III, 1.197-1.200; Boros, L. *Mysterium mortis. L'uomo nella decisione ultima*. Brescia, 1969; Bumke, O. *Trattato di psichiatria*. Torino, 1929, 83 ss.; Jaroszewicz, J. *De dono perseverantiae finalis*. Kielce, 1932; Lafrance, J. *Perseveranti nella preghiera*. Milano, ²1984; Mejía, D. Villaneuva. *La duración supra-oposional*. Ensayo de una metafísica de la duración. Lima, 1956; Michel, A. Persévérance. In *Dictionnaire de Théologie Catholique* XII, 1.256-1.304; Nove, R. da. *Piccole virtù individuali e sociali*. Padova, 1956; Saint-Martin, Fr. *La pensée de saint Augustin sur la prédestination gratuite et infallible des élus à la gloire d'après ses derniers écrits*. Paris, 1930; Wiederkher, D. *Nelle dimensioni del tempo*. Brescia, 1970; *Perseveranti nell'ascolto*. Bari, 1982.

T. Goffi

PERSONALIDADE. Dada a amplitude do assunto, que exigiria um estudo muito longo para cobrir suficientemente todos os problemas a ele relacionados, limitar-nos-emos aqui a oferecer apenas as principais indicações.

1. SIGNIFICADO. Sabe-se que no latim clássico *persona* (provavelmente de *personare*: ressoar) designava em primeiro lugar a máscara que o ator portava no teatro para fazer ressoar a voz; a palavra passou depois a designar o papel atribuído a essa máscara no drama, ou seja, o caráter ou o personagem representado pela máscara; enfim, designou o sujeito, o homem, como distinto das coisas, as quais não têm consciência, nem responsabilidade, nem direitos, ou seja, a pessoa no sentido moderno da palavra (A. Ernout — A. Meillet, Persona, in *Dictionnaire étymologique de la langue latine*, Paris 1951). Desse último significado derivou depois a palavra *personalitas*,

no latim posterior. Bastará lembrar aqui pelo uso feito em teologia da palavra "persona", as longas e ásperas discussões dos primeiros séculos da Igreja em torno do mistério da Santíssima Trindade e de Cristo, em que o uso da palavra grega *prosôpon* para traduzir a palavra latina *persona*, bem como, de outra parte, a tradução latina de *substantia* por *ypostasis* dos gregos, que teria tido o significado desejado de "persona", obrigaram os teólogos a um esforço semântico valioso para a teologia, bem como para a evolução linguística. Na Idade Média, → TOMÁS DE AQUINO retomará a definição já clássica de Boécio: *rationalis naturae individua substantia*, e partirá do conceito de indivíduo no gênero da substância — individuada por si mesma — para chegar à noção de "persona" como indivíduo que tem o domínio dos seus atos e não é obrigado pela sua natureza, como os seres inferiores, mas age "de per si" (*STh.* I, q. 29. a. 1); esse termo indica, portanto, uma dignidade particular (*Ibid.*, II-II, q. 32, a. 5). Essas indicações serão úteis para integrar numa visão global as várias indicações da psicologia sobre a personalidade, uma vez que é habitualmente empregado de personalidade mais o conceito que o termo, que parece ter conservado um valor metafísico.

O termo *personalitas* do latim tardio é comumente usado nas ciências do homem: antropologia, sociologia, psicologia. Em psicologia, o termo "personalidade" adquire um significado mais ou menos diferente de acordo com os diferentes autores, mas todos estão de acordo em lhe reconhecer um valor global, que inclui todos os aspectos particulares que se podem estudar nos diversos setores da psicologia experimental e da psicologia clínica; a extensão desse conceito parece a alguns psicólogos de tal modo ampla que lhes tira até qualquer significado científico. Todavia, existe uma psicologia da personalidade, estudada por numerosos cientistas, e se criam até novas revistas (por exemplo, o *Journal of Personality and Social Psychology*, publicado pela American Psychological Association, cujo primeiro fascículo apareceu em janeiro de 1965).

2. AS DIMENSÕES DA PERSONALIDADE. Por causa da complexidade da realidade designada pelo conceito de personalidade, ela pode ser estudada sob diversos aspectos, que cobrem estas dimensões: aspecto estrutural ou constitucional, aspecto evolutivo, aspecto dinâmico, aspecto social e cultural e, enfim, aspecto claramente sobrenatural.

a) *Aspecto estrutural ou constitucional.* A doutrina escolástica da unidade substancial do composto humano recebeu uma confirmação crescente das pesquisas das ciências do homem, que revelam cada vez melhor as relações estreitíssimas existentes entre vida psíquica e organismo: a vida psíquica está condicionada de modo mais ou menos decisivo pela base orgânica, a qual, por sua vez, sofre a influência, muitas vezes determinante, dos processos psíquicos superiores.

A base física. A estrutura anatômica condiciona o desenvolvimento do comportamento humano, uma vez que a estatura e a resistência da ossatura podem tornar mais ou menos difíceis certos atos, a ponto de o sujeito ter satisfação ou incômodo. Muito mais importantes, porém, são os diferentes sistemas fisiológicos, cujo equilíbrio mantém no organismo um equilíbrio indispensável (*homeostasis*, segundo Cannon). Esses sistemas são: o nervoso, cuja importância é evidente; o glandular, que compreende sobretudo glândulas endócrinas que vertem no sangue seus hormônios, os quais agem assim sobre todos os outros sistemas fisiológicos; e, além disso, os sistemas respiratório, digestivo etc.

A diferenciação sexual. Entre os condicionamentos fundamentais que provêm do organismo é oportuno acenar de modo especial para a sexualidade, cuja importância é com muita frequência superavaliada por muitos psicólogos contemporâneos, ao passo que corre o risco de não o ser suficientemente por algumas concepções tradicionais da personalidade que não ousam deduzir de sadios princípios sobre a unidade substancial do homem determinadas conclusões que parecem, de outra parte, inevitáveis. Sabe-se hoje que a diferenciação biológica da sexualidade pode ser mais ou menos mascarada, ou até subvertida, na esfera do comportamento e das tendências, como o demonstram as perversões sexuais e a homossexualidade; e é uma das tarefas mais delicadas da psicologia da personalidade determinar o equilíbrio que deve existir concretamente na esfera psicossexual, ou seja, no conjunto das tendências que orientam o agir do homem em relação à própria sexualidade como à das outras pessoas.

A hereditariedade. Sendo o corpo formado pelos genitores, põe-se inevitavelmente o problema da influência da hereditariedade tanto na esfera física como na psíquica. Embora a ciência genética conheça cada vez melhor a extensão e os limites da hereditariedade física, há muito ainda a ser descoberto a respeito da influência da hereditariedade sobre a determinação das funções psíquicas superiores, particularmente com referência à transmissão das qualidades intelectuais e morais, bem como das disposições para determinados desequilíbrios psíquicos ou nervosos. Os estudos feitos até agora parecem demonstrar uma transmissão com percentual muito alto em certos casos, tanto no campo intelectual como na esfera das neuroses e psicoses (por exemplo, a esquizofrenia transmitir-se-ia mais facilmente que outras neuroses).

Temperamento e caráter. Esses conceitos, de uso tão corrente, não são fáceis de serem definidos com precisão, e os autores que deles tratam chegam muitas vezes a formulações contrastantes. Em geral, porém, há acordo em ver no temperamento a coloração emotiva típica da personalidade sob a influência da base orgânica e, portanto, sob a influência da sua hereditariedade; o temperamento explicaria assim o modo como alguém reagiria aos estímulos emotivos, com referência à intensidade e à rapidez dessas reações, como também à quantidade predominante da atmosfera afetiva interna e às suas variações. O caráter, porém, se refere a uma orientação determinada pelas energias afetivas da personalidade, orientação que, mesmo dependendo em parte de uma estrutura inata do homem, em parte está submetida também à vontade e adquire assim um valor ético ou moral; o caráter inclui portanto um juízo de valor sobre a personalidade. Das distinções fundadas no temperamento e no caráter chegou-se a formular diversas tipologias ou caracterologias, como as de Pende (sobre a base das glândulas endócrinas), de Kretschmer (correlação entre determinados tipos físicos e determinadas estruturas emotivas), de Sheldon (tipo físico e temperamento unidos por meio de medidas estatísticas), de Künkel, Freud, Jung, Spranger etc.

As diversas funções elementares. Na estrutura da personalidade convém reconhecer a distinção das diversas funções elementares, do nível biológico (nutrição, respiração, reprodução etc.) ao sensível (que compreende funções de conhecimento: percepção externa e interna, com mecanismos de representação; funções de tendência: as emoções ou as paixões, classificadas por Tomás segundo o concupiscível e irascível, ao passo que a → PSICANÁLISE fala, num contexto diferente, de *libido* e de agressividade; funções de movimento local) até o nível intelectual (que compreende funções de conhecimento, o intelecto e as tendências, a vontade). Ver-se-á mais adiante como se podem combinar e integrar essas diversas funções, passando de um nível a outro, para permitir à personalidade de se servir dos seus recursos estruturais e das suas energias dinâmicas.

b) *Aspecto evolutivo.* Uma consideração tradicional sobre a natureza humana, ao insistir justamente sobre os aspectos essenciais do homem, prescindia da sua história concreta, ou seja, da sua evolução do nascimento até a morte. Já a psicologia contemporânea aprofundou muito esse aspecto evolutivo e pode, portanto, trazer uma contribuição valiosa para uma melhor compreensão da pessoa humana, compreensão a ser integrada na visão sempre válida da *philosophia perennis*.

Maturação física e psíquica. Das primeiras afirmações celulares do embrião até a dissociação da morte, o organismo atravessa períodos de desenvolvimento, seguidos de estagnações e de processos de degeneração, com diversos ritmos de funcionamento orgânico, de equilíbrio fisiológico e psicológico. A dependência recíproca entre a vida psíquica e os fenômenos fisiológicos verifica-se aqui de modo muito importante por toda a vida da pessoa, uma vez que a personalidade consciente nasce pouco a pouco durante o desenvolvimento do organismo, que condiciona tão profundamente sua estrutura psicológica que determina às vezes a elaboração ulterior e a expressão por todo o resto da existência. Sem cair num determinismo exagerado, como fazem certos representantes da psicanálise que ultrapassam os limites de aplicação dos princípios dessa mesma disciplina, deve-se reconhecer que as experiências vividas na infância têm um efeito duradouro sobre o ulterior desenvolvimento do homem. Os estudos de diversos psicólogos (Piaget, Gesell, Erikson etc.) demonstram como se forma a personalidade psicológica, tanto no campo intelectual como no afetivo, em relação ao desenvolvimento do organismo, num determinando ambiente.

A aprendizagem. Juntamente com a espontânea maturação física e psíquica da pessoa, maturação que depende das leis naturais do homem, estabelece-se na personalidade o processo da aprendizagem, por meio da qual se assimilam experiências vividas nas relações com o ambiente, com as pessoas, com as coisas. É por meio da aprendizagem que a personalidade se forma progressivamente nos diversos campos da sua atividade: perceptiva, sensorial e intelectual, afetiva, social, moral etc. O fenômeno da aprendizagem tem uma importância decisiva na vida e as suas leis foram estudadas por muitos psicólogos, pertencentes às mais variadas correntes, do behaviorismo à psicanálise (Thorndike, Tolman, Hull, Hilgard etc.). As condições concretas da aprendizagem podem também elas ser determinadas para estruturar a personalidade: qualidade dos pais e dos educadores, frequência escolar, experiências afetivas positivas e negativas, nas relações com outras pessoas etc.

A idade cronológica e a idade mental. Desde o início do século XX (especialmente pelos trabalhos do psicólogo Binet e de outros) introduziu-se a distinção entre idade cronológica, calculada pelo nascimento e baseada no amadurecimento espontâneo do organismo, e idade mental, fundada no desenvolvimento do intelecto e em correlação com a idade cronológica; sabe-se que pode haver uma antecipação ou um atraso da idade mental com relação à idade cronológica, uma vez que o ritmo de desenvolvimento físico pode ser mais lento ou mais acelerado do que o da evolução intelectual. O mesmo se pode dizer com relação ao desenvolvimento emotivo, e a psicanálise mostrou que o desenvolvimento afetivo pode conhecer períodos positivos, ou parar (fixação) num determinado ponto, ao qual depois o sujeito retornará também em outros setores da sua vida (regressão) se se verificam certas condições traumatizantes.

Etapas e crises. Aceita-se comumente que o desenvolvimento da personalidade, nos diversos setores da sua estrutura e das suas atividades, não se efetua de modo regular e uniforme, mas vem mais por meio de etapas sucessivas, cada uma das quais obedece a leis um tanto diferentes (Erikson elaborou particularmente um sistema assim em seus estudos). A passagem de uma etapa para outra é muitas vezes ocasião de uma crise mais ou menos séria, de acordo com o sucesso ou o fracasso da organização que se devia fazer na etapa anterior. As etapas não são fáceis de identificar com precisão, e os psicólogos não estão de acordo em relação à determinação delas, nem com relação à idade cronológica com a qual se passa de uma etapa para outra; portanto, as distinções entre infância, pré-adolescência, → ADOLESCÊNCIA, pós-adolescência, idade adulta e → VELHICE não são sempre bem claras. Conhecem-se crises decisivas admitidas por todos: a da puberdade tem uma importância particular e também a comumente chamada dos quarenta anos; a psicanálise acrescentou outro ponto decisivo na evolução afetiva da criança, que seria a solução do complexo edipiano, por volta dos cinco anos de idade.

Finalismo da evolução psicológica. Numerosos psicólogos afirmam que o desenvolvimento da personalidade é o simples fruto de um estímulo de forças do organismo e da psique, acompanhando um impulso cego. É preciso, porém, reconhecer que toda a evolução física ou psíquica é profundamente finalizada, ou seja, orientada para o aparecimento e o desenvolvimento das funções superiores do homem, por meio das quais ele deve progressivamente tomar posse das próprias energias para delas se servir em vista dos fins superiores da vida. Será ressaltada a importância desse finalismo com relação à integração da personalidade.

c) *Aspecto dinâmico.* É esse um dos outros aspectos a que a psicologia contemporânea da personalidade deu destaque de modo extraordinário. A personalidade não deve ser concebida como uma estrutura inerte, estática, mas como um conjunto de energias interdependentes e orientadas para o desenvolvimento das suas possibilidades. Convém ter sempre presente, na avaliação total da personalidade, a intensidade e a distribuição dessas energias, bem como as modalidades segundo as quais elas se aplicam aos diversos objetos e fins que a pessoa se propõe.

As tendências. Todo mecanismo (biológico, sensorial-perceptivo, intelectual, emotivo e voluntário) da pessoa é animado por uma carga de energias específicas que o impulsionam e o dirigem para o cumprimento das atividades destinadas a atingir o objeto que lhe é proporcionado. Assim, o olho tende espontaneamente a ver, o coração a ativar a circulação do sangue e o intelecto a procurar a verdade. Além disso, existem na pessoa estruturas psíquicas destinadas a não mais tender somente para o objeto específico de um ou de outro mecanismo operativo, mas para objetos aptos a aperfeiçoar todo o homem; são essas tendências que merecem o nome de afetividade, seja no nível sensível (emoções, paixões etc.), seja no espiritual (vontade) (*STh.* I, q. 78, a. 1, ad 3). Essas tendências, por sua vez, se orientam e se obrigam em suas atividades sob o impulso de tendências mais profundas ainda, que estão ligadas à estrutura radical do homem como ser, como animal e como racional (*STh.* I-II, q. 94. a. 2).

A motivação. Essa palavra se refere aos motivos ou às razões pelas quais o homem age. Apesar dos esforços dos psicólogos para definir cientificamente a motivação e lhe dar uma teoria adequada, esse setor da psicologia dinâmica continua ainda muito obscuro. Não bastam as motivações baseadas somente nas necessidades biológicas nem nos mecanismos perceptivos; é preciso também levar em conta as tendências do homem e procurar integrar todos esses elementos de modo a documentar o agir do homem precisamente como homem (cf. G. W. ALLPORT, *Pattern and growth in personality*, New York, 1961, cc. 9.10).

O inconsciente. O problema da motivação, bem como, de outra parte, do dinamismo da pessoa em geral tornou-se extraordinariamente complexo pelo fato da introdução do inconsciente na consideração da personalidade. Se de uma parte não se pode negar a existência de energias que no homem funcionam de modo independente da sua consciência, muito mais difícil é determinar até que ponto essas energias inconscientes podem influenciar o agir consciente da pessoa. Das primeiras teorias de Freud e do seu determinismo psíquico do inconsciente sobre o consciente, os cientistas chegaram hoje a uma visão que reflete mais o caráter livre do homem, ainda que devam admitir condicionamentos mais ou menos determinantes da vida consciente por causa do inconsciente. A teoria predominante ainda hoje com relação ao inconsciente e às suas diferentes manifestações é a que foi proposta pela psicanálise, com diversas revisões feitas pelos discípulos dissidentes de Freud (cf. G. NUTTIN, *Psicanalisi e personalità*, Alba, 1960; H. GRATTON, *Psychanalises d'hier et d'aujourd'hui*, Paris, 1955).

O eu: possibilidades e limites. Na mesma psicanálise houve uma evolução, de uma consideração determinante do id sobre o eu a uma posição que reconhece cada vez mais A importância e a relativa autonomia dinâmica do eu em relação ao id. Todavia, é preciso recorrer a muitas outras teorias para encontrar uma apresentação suficientemente digna do eu como centro superior de toda a personalidade. Na psicologia americana, tão profundamente marcada pelo behaviorismo e pelo operacionismo, foi descoberto o conceito de "self", já elaborado por William James;

numerosos são os psicólogos fora da psicanálise que procuram propor uma teoria adequada do eu ou do "self" (Symonds, Snygg e Combs, Sherif e Cantril, Sarbin, Allport, Murray etc.). Seja qual for a consideração global da personalidade, deve-se levar em conta o fator dinâmico mais importante: o eu, que deve ser percebido como centro dotado de consciência e de liberdade, que deve integrar pouco a pouco as outras energias da personalidade para atingir uma unidade cada vez mais profunda, intensa e composta da pessoa.

Valores, fins, iniciativas. Com base numa teoria do eu é possível introduzir na psicologia da personalidade o conceito de valor, que é uma realidade, ou a representação de alguma realidade dotada de um caráter de sedução porque percebida como desejável. São os valores, que podem variar de indivíduo para indivíduo, que solicitam as motivações do homem e o guiam no exercício dos seus dinamismos para os fins que se fixam para a sua existência. As iniciativas tomadas para atingir esses fins contribuem para criar no homem uma atmosfera propícia para um desenvolvimento cada vez mais profundo e amplo da personalidade; assim se põe em prática o senso da responsabilidade, função central do eu e, por meio dos sucessos obtidos, intensifica-se o ritmo de atividade do homem ("lei do efeito", como acréscimo da motivação por causa das gratificações obtidas). É preciso, porém, reconhecer que bem poucos são os psicólogos experimentais que concedem aos valores a importância a eles devida na vida humana; uma filosofia adequada às dimensões espirituais do homem é exigida, juntamente com uma teologia capaz de completar essa filosofia (cf. L. LAVELLE, *Traité des valeurs*, Paris, Presses Univ. de France; diversas obras de Maritain, Mounier; M. B. ARNOLD — J. A. GASSON, *The human person*, New York, 1954).

d) *Aspecto social e cultural.* A teologia tomista reconhece a importância capital da virtude de justiça como eixo das relações sociais e até como abertura das relações com Deus (religião). A psicologia contemporânea, a sociologia, a antropologia etc. vêm explicitar as várias dimensões da vida social e as repercussões do seu ambiente sobre o indivíduo. Esses fatores sociais agem sobre os outros aspectos já apresentados: aspecto estrutural, evolutivo e dinâmico. O problema, agora tradicional, da distinção entre influência da natureza humana e influência da cultura requer uma solução na qual os fatores natureza e cultura sejam concebidos como interdependentes e não como divididos.

O ambiente físico. Basta lembrar aqui a influência exercida pelo clima, pelo tipo de alimentação, pelas condições geográficas e atmosféricas em geral sobre o desenvolvimento físico e também psíquico do homem, como o demonstram as diversidades entre os caracteres nacionais. É preciso, portanto, levar em consideração essas influências quando se procura avaliar a personalidade integral.

O ambiente familiar. É de máxima importância a vida da criança nos primeiros anos da sua existência na família, da qual recebe um estilo de vida que depende da cultura na qual vive a família, estilo que depois constituirá o núcleo das suas aquisições, da assimilação das suas futuras experiências. Seria necessário considerar aqui os diferentes aspectos da família que podem mais profundamente influenciar o indivíduo: união ou divisão entre os genitores, morte de um ou de outro dos genitores em conexão com a idade da criança, relações entre genitores e filhos, posição do indivíduo entre outros irmãos e irmãs etc.

A classe social. A família pertence a uma classe social mais ou menos claramente definida; e são em geral os valores dessa classe que são transmitidos aos filhos em forma de educação, nos seus vários componentes: boa educação, ética etc. Nascem problemas típicos quando o indivíduo não pode ou não quer aceitar os valores da própria família e se encontra assim em conflito velado ou aberto com ela ou com sua classe social.

Pertença a diversos grupos — Tarefas sociais. A classe é um dos diversos grupos aos quais o homem inevitavelmente pertence. Do grupo familiar ao grupo escolástico, e depois aos grupos de jogo, de trabalho, de cultura geral, de política, de religião etc., a pessoa passa por uma intricada rede de relações sociais complexas, que incidem em sua evolução e influenciam o seu agir. Em todo grupo, o indivíduo exerce determinadas ações condicionadas pela estrutura do grupo, por suas finalidades, ações habitualmente conexas com as posições ocupadas nos diversos grupos: essas ações assim estruturadas representam as tarefas exercidas pelo indivíduo, tarefas que plasmam a sua personalidade (cf. A. M. ROCHE-BLAVE-SPENLE, *La notion de rôle en psychologie sociale*, Paris, 1962).

e) *Aspecto sobrenatural.* O aspecto sobrenatural não constitui uma categoria autônoma nas dimensões da personalidade, mas sim um fator dinâmico que influencia todos os outros aspectos de modo mais ou menos profundo. Se se fala separadamente do aspecto sobrenatural, não é, portanto, porque ele poderia ser separado dos outros, mas unicamente para facilitar a apresentação dessas várias dimensões da pessoa. Resta portanto examinar a influência desse aspecto sobre os outros.

Sobre o aspecto constitucional. A graça, infusa na alma e que se difunde nas suas várias faculdades sob forma de virtudes teologais e morais, juntamente com os → DONS DO ESPÍRITO SANTO, representa um elemento real e eficaz na estrutura total da personalidade Embora não se possa demonstrar experimentalmente a presença da graça na alma (*STh*. I-II, q. 112, a. 5), alguns sinais peculiares permitem presumir sua existência, e um deles poderia ser o fato de uma pessoa conseguir manter um equilíbrio psíquico suficiente, ao passo que um exame científico da sua personalidade deveria, ao contrário, revelar algum grave desequilíbrio. Fator de desequilíbrio em nível estrutural é certamente o pecado original, transmitido a todos os homens; isso poderia ser considerado um caso seguro de transmissão de um "caráter adquirido", fato que não é mais admitido pela ciência genética em relação aos fatores naturais.

Sobre o aspecto evolutivo. A maturação física e psíquica normal pode ajudar a uma melhor ação da graça sobre a pessoa, mas não basta para favorecer seu desenvolvimento sem esforços voluntários por parte do sujeito; de outra parte, alguma deficiência na evolução da personalidade pode tornar mais difícil a influência da graça; mas ela pode sempre vencer a resistência da natureza, mesmo as mais fortes, desde que o homem concorde em colaborar plenamente para sua influência. O defeito predominante poderia ser considerado como uma consequência voluntária de alguma fraqueza estrutural, evolutiva ou dinâmica da pessoa, fraqueza que parcialmente dificulta a ação da graça, sem que o homem faça o possível para superar essa fraqueza e para dar o pleno consentimento à graça. A formação intelectual pode ajudar para uma melhor compreensão do objeto da fé, ao passo que a falta de formação corre o risco de tornar seu entendimento mais difícil: um mínimo de esforço intelectual é indispensável para captar o conteúdo do ato de fé. Uma formação moral sadia representa, por sua vez, uma ajuda valiosa para o desenvolvimento das virtudes infusas, ao passo que a ausência de virtudes naturais torna mais precária a existência e a ação das infusas. Os acontecimentos da vida podem constituir elementos positivos ou negativos para a ação da graça, de acordo com a atitude consciente e livre da pessoa diante de tais fatos. De modo especial, as diferentes crises da vida oferecem um campo privilegiado para a ação da graça, desde que a pessoa não lhe oponha obstáculo; de fato, é na fraqueza da natureza que a graça pode melhor demonstrar a sua força (cf. 1Cor 12,9-10). Certos fatos, de caráter nitidamente sobrenatural, podem também exercer uma influência diferente, de acordo com a idade do sujeito e das suas possibilidades de favorecer mais ou menos bem a ação da graça; por exemplo, o batismo recebido por um adulto pode lhe permitir aproximar-se de Deus mais do que se o tivesse recebido logo ao nascer. Outro aspecto importante da graça em relação à evolução da personalidade é o constituído pela → VOCAÇÃO, especialmente pela vocação religiosa ou sacerdotal. Com efeito, essa graça age também sobre a evolução do homem, porque muda de certo modo o seu agir, a sua vida, sugerindo-lhe atitudes e atividades às quais, de outro modo, ficaria alheio. Essa consideração é importante no desenvolvimento da graça da vocação e na determinação das condições ambientais exigidas para proteger essa graça e para lhe permitir dar todo o seu fruto.

Sobre o aspecto dinâmico. O que foi dito a respeito do aspecto evolutivo vale também para o aspecto dinâmico. Convém acrescentar aqui que os atos realizados sob a influência das virtudes infusas, com a colaboração das virtudes naturais, contribuem de modo determinante para estruturar e integrar de modo mais sólido a personalidade psicológica: consequência natural positiva da presença e da ação do fator sobrenatural da graça. Já os atos realizados sob a influência de hábitos maus paralisam a graça e tornam mais difícil uma integração verdadeira e total da personalidade, porque essa integração se efetua mediante o aprofundamento das virtudes e a conexão e entrelaçamento delas, como se verá mais adiante. Não há dúvida de que as tendências do homem são refreadas e canalizadas pelas virtudes e se orientam para ideais que estimulam a pessoa a se superar cada vez mais. O regime das motivações, no nível das realidades sobrenaturais, é, portanto, intensificado e sobrelevado com um inegável aumento de potência da pessoa, mesmo nos valores simplesmente naturais.

Sobre o aspecto social e cultural. Não há dúvida de que uma cultura ou uma civilização impregnada de valores cristãos pode oferecer um contexto muito favorável ao desenvolvimento da vida da graça, ao passo que a presença de uma ideologia oposta ao cristianismo corre o risco de neutralizar essa vida. De outra parte, um cristianismo muito tradicional e não muito vivificado por uma fé pessoal representa uma dificuldade para um desenvolvimento autêntico da graça: o conformismo religioso é sempre um grave perigo para a verdadeira fé. Uma família está habitualmente mais ou menos condicionada pela sociedade na qual vive; portanto, o ambiente familiar se ressentirá do clima social geral. Por sua vez, a família exerce uma influência muitas vezes decisiva no modo como é aceita a fé; a primeira educação, se é cristã, pode permitir um florescimento de verdadeira vida religiosa; mas tornará a alma quase impermeável à ação da graça, se não estiver inspirada nos valores cristãos. A escola exerce também ela uma influência profunda no desenvolvimento da fé; e é por isso que toda ideologia contrária à fé cristã procura antes de tudo se apoderar da escola para lhe dar uma marca decisiva. De outra parte, porém, convém reconhecer a influência decisiva dos valores cristãos sobre o enfoque da própria vida social, em todas as suas dimensões, da família à escola e até o cumprimento das diversas funções sociais que possam se apresentar ao indivíduo, uma vez que o cumprimento de uma tarefa determinada pode contribuir para favorecer o desenvolvimento da vida cristã (tarefa de educador católico) ou para criar conflitos entre a fé do indivíduo e o desempenho contrário eventualmente exigido dele por sua profissão (o mesmo educador numa civilização anticristã).

Aspectos puramente sobrenaturais. A personalidade total do homem encerra algumas realidades que não podem ser entendidas senão em relação direta com o sobrenatural. Por exemplo, o desenvolvimento da graça sob a ação do Espírito Santo na alma; os estados de ânimo característicos das diversas etapas da vida espiritual, desde o início, após uma conversão, até as graças mais especiais concedidas às almas que atingem um alto grau de contemplação e de → UNIÃO COM DEUS etc. Outras atividades do homem apresentam um aspecto natural, mas seu conteúdo total inclui, como parte essencial, elementos sobrenaturais; por exemplo, o estado de vida do matrimônio cristão, que comporta uma graça destinada a permitir viver de modo virtuoso mesmo em circunstâncias que pareceriam superar as possibilidades naturais dos cônjuges; a mortificação cristã, que não se pode reduzir a um simples masoquismo, como o pretendem certos psicólogos fechados às realidades sobrenaturais etc. Convém notar aqui, entre os estados de vida interiormente alimentados por uma graça especial, o da consagração a Deus, que não se pode entender intelectualmente nem viver concretamente sem a intervenção de uma graça que permita um equilíbrio específico da personalidade, diferente do dos cônjuges. Seria sem fim a lista dos aspectos da personalidade humana que não se podem explicar sem a ação da graça, da oração mais simples até os gestos heroicos inspirados pela caridade, como o martírio, nas atividades de caráter predominantemente sobrenatural, como a aproximação aos sacramentos e o exercício das funções ministeriais por parte dos sacerdotes etc. Em todos esses aspectos deve-se observar que a interpretação profunda da personalidade é radicalmente mudada pela compreensão que poderia advir de um estudo simplesmente científico, porque a graça permite empreender e levar a termo atividades que, de outro modo, seriam radicalmente impossíveis ou chegariam a um sucesso muito relativo. De outra parte, aquele que é animado pela graça pode chegar a uma integração, mesmo consciente, da própria personalidade, que crie nele um clima realmente diferente do de quem não acredita na graça; a organização interior da sua vida consciente, como o enfoque e a execução dos seus atos exteriores; compreende alguns fatores que determinam nele uma visão original do mundo e da vida. Contudo, como esses fatores sobrenaturais escapam a uma clara tomada de consciência e a uma explicação racional, aquele que é guiado pelo Espírito de modo tão delicado (cf. Gl 5,18) não consegue dar a quem não vive segundo os mesmos princípios a explicação última do seu modo de agir. Chega-se assim a um nível de vida e de compreensão do mundo, de si mesmo e de Deus que transcende os limites da razão humana e das energias espontâneas da natureza; todavia, os valores sobrenaturais não são menos reais e até são incomparavelmente mais reais do que os naturais, e o cristão sabe que deve contar com eles tanto nas suas deliberações como na execução de seus atos. O crente pode, portanto, admitir não ser entendido por parte de quem não crê, e deve até ser preparado para ser guiado menos bem por parte de um mundo que se põe como ideal um tipo de personalidade fechado nos limites só da natureza humana.

3. A PERSONALIDADE COMO UM TODO UNIFICADO. Depois dessa apresentação dos vários aspectos da personalidade, é preciso mostrar que se unificam para se integrarem harmoniosamente. Ver-se-á primeiro o que é a integração em geral, para depois aplicar essa noção à personalidade.

a) *O conceito de integração.* De sua aplicação em biologia, psicologia, sociologia, economia etc., ficam evidentes as seguintes características no conceito de integração. Em primeiro lugar, deve haver uma multiplicidade de elementos. Em segundo lugar, entre eles deve ser possível uma interdependência dinâmica, de modo que cada um aja sobre os outros. Em terceiro lugar, é necessária uma hierarquia entre esses elementos interdependentes: os elementos superiores devem ser tais que exerçam sobre os elementos inferiores uma influência determinante, mais forte do que as que exercem esses elementos inferiores sobre os superiores. A quarta propriedade da integração será a unificação progressiva de todos os elementos sob a ação dos elementos superiores, unificação que realiza uma hierarquia dinâmica, determinante para a consistência do todo. Daí nasce uma quinta propriedade, que é a capacidade, para o todo, de assimilar novos elementos do ambiente em que se encontra. Enfim, dessa capacidade assimilativa deriva uma última propriedade, a de poder se adaptar ao ambiente e às suas variações: somente assim se obtém a integração do todo.

b) *A integração da personalidade. O conceito de integração aplicado à personalidade.* De tudo o que foi dito antes pode-se aplicar o conceito de integração à personalidade. Com efeito, ela encerra evidentemente uma multiplicidade de elementos que têm entre si relações de mútua dependência; e se deve admitir que existe uma ordem nessa interdependência, no sentido de que energias superiores, as do espírito humano, podem realmente agir sobre as energias inferiores e pouco a pouco procurar sua integração ou unificação sob o domínio da mente ajudada pela graça. Finalmente, essa unificação permitirá à personalidade abrir-se cada vez mais ao mundo, aos outros, para assimilar quanto é assimilável e para se adaptar às exigências da vida social. Resta agora ver como concretamente a mente do homem pode atingir essa integração.

O domínio de si, chave da integração da personalidade. Para que as energias espirituais do homem exerçam sua devida influência unificadora sobre as energias inferiores, devem dispor de um suficiente domínio sobre essas últimas: o → DOMÍNIO DE SI constitui portanto o eixo em torno do qual se organiza a integração da personalidade. Esse domínio, essencialmente posto em prática pela vontade deliberada, é proporcional à liberdade de que goza a pessoa, e cresce junto com a liberdade, por meio da aquisição de modos estáveis de agir (*habitus*) que enraízam profundamente no sujeito o domínio do espírito sobre as funções inferiores. Mas por mais central que seja, o domínio de si não é o valor supremo da vida humana, mas um instrumento destinado a orientar o homem para esse valor, que é o fim mais alto possível, aquele fim que coroa todos os outros e consegue assim mobilizar segundo uma ordem determinada todas as energias da personalidade. A atração do fim supremo da vida, mediante a hierarquia dos fins secundários, constitui a mola mais profunda da personalidade. O finalismo, chave de toda a evolução da personalidade, verifica-se, pois, também em alguns atos realizados pela pessoa que tenha consciência de si e suficiente liberdade. Quanto mais intensa é a atração exercida pelo fim supremo da vida sobre o sistema de motivações do homem, tanto mais profundo é o domínio que ele goza sobre suas energias capazes de obedecer à mente. A integração da personalidade será, pois, proporcional à clareza com que o homem percebe o seu fim mais alto, e à intensidade com que ele tende para esse fim e a todos os outros fins em vista daquele fim supremo. Foi explicado antes (cf. *Aspecto dinâmico*) que o centro da personalidade é o eu, concebido como dotado de consciência e de liberdade, o qual age à medida que é solicitado por valores distribuídos segundo uma escala própria de cada indivíduo. São esses valores que constituem os graus por meio dos quais a pessoa procede para uma integração cada vez mais total e profunda de si. É à medida que se habitua a agir segundo as exigências ordenadas desses valores que ele adquire as virtudes, estruturas dinâmicas que orientam a pessoa para os valores percebidos e desejados. Serão portanto as virtudes que aprofundarão cada vez mais o domínio da mente sobre as outras energias do homem; e a conexão reconhecida pela teologia entre as virtudes constituirá a trama na qual será cada vez mais atuada a integração de todas as energias humanas.

Os limites da integração da personalidade. A experiência comum demonstra com evidência que são raros os que chegam a um perfeito domínio de si mesmos. Os limites do domínio de si podem ser ou estruturais ou contingentes, ou seja, devidos a fatos acontecidos por acaso na vida do homem. Sem parar para estudar esses limites que se devem a experiências traumatizantes, a uma educação má etc., bastará lembrar que as funções biológicas obedecem a leis naturais, sobre as quais o espírito não pode exercer uma ação direta; e no plano da própria sensibilidade, embora a mente possa dirigir muito facilmente as funções de percepção externa (vista, audição etc.), é mais difícil controlar as divagações da imaginação, a qual é condicionada pela sua estrutura fisiológica e é sensível à influência de causas múltiplas; com relação às funções afetivas sensíveis (emoções, paixões), a experiência cotidiana demonstra como é difícil refreá-las suficientemente. Por todos esses motivos, ter posse de si constitui uma tarefa que deve durar praticamente toda a vida; por isso, é preciso certo tempo antes que a integração da personalidade tenha atingido um ponto relativamente sólido, que não exclui, porém, uma vulnerabilidade mais ou menos grande do homem frente aos numerosos fatores que podem influenciá-lo. A aquisição de um domínio perfeito de si e, portanto, a consecução de uma definitiva integração da personalidade representam objetivos ideais, para os quais o homem tende sempre, mas aos quais não chega senão pouco a pouco, habitualmente de modo imperfeito, exceto em poucos seres que se identificam praticamente com os santos; com efeito, o fim supremo ao qual está presa toda a integração da pessoa é Deus, a quem somente o santo está verdadeira e intimamente unido.

Condições para atingir a integração da personalidade. A pessoa humana não nasce num vazio, mas parece num estado de dependência quase total em relação aos genitores. E essa dependência, mais que física, é psíquica: a psicologia dinâmica contemporânea aprofundou de modo singular a importância dessa dependência, especialmente afetiva, da criança com relação a seus genitores, e de modo particular com referência a sua mãe (SPITZ, *La première année de la vie de l'enfant*, Paris, PUF). O ambiente familiar é, portanto, de suma importância para o desenvolvimento normal da personalidade, de modo que, se vier a faltar esse ambiente, é preciso procurar substituí-lo do melhor modo possível. É numa relação afetiva com os adultos que vai desembocar a personalidade da criança, a qual pouco a pouco aprende a se comportar como ser racional, porque imita os exemplos que vê em torno de si e aceita normas sociais e éticas, ou por amor e confiança em relação aos adultos, ou por temor e senso de insegurança profunda, que poderá deixar marcas por toda a vida. O clima afetivo no qual se desenvolve a personalidade é determinante para a futura fisionomia interior do adulto de amanhã. A educação é possível apenas porque existe uma relação de confiança entre o educador e o educando, e é eficaz em proporção à qualidade dessa relação. Assim, apoiada emotivamente pelos adultos, sejam eles os pais ou outros educadores, a criança consegue cada vez mais e sempre melhor assimilar o conteúdo da vida social em que vive, da cultura que lhe é transmitida por meio da educação. Pouco a pouco ela supera os limites da dependência e se torna capaz não só de receber, mas também de dar. Passa assim da condição do amor captador à do amor oblativo, no qual a pessoa procura cada vez mais dar sem se preocupar se recebe ou não (*STh.* II-II, q. 27, a. 1, ad 2). Atingir-se-á a maturidade à medida que a pessoa for então capaz de sair de si mesma para se dar aos outros; e esse estado pressupõe no sujeito um equilíbrio de todas as funções inferiores sob a guia das funções superiores e dessas últimas pela atração do fim supremo da vida. Pode-se concluir que, para atingir a integração da sua personalidade, como também a sua maturidade e o seu equilíbrio, o homem tem necessidade de relações humanas unidas a componentes afetivos positivos, sem os quais corre o risco de ter um retardamento afetivo que não chega jamais a uma maturidade plena e a um equilíbrio satisfatório. A evolução normal da personalidade requer que, nessas relações humanas, o homem passe progressivamente de um estado de dependência, no qual tem necessidade de receber e procura obter o mais possível, a um estado de independência, no qual, ao contrário, sente o desejo de dar e não se preocupa mais em receber, embora não seja indiferente ao dom de amor de que poderá ser objeto.

O encontro com Deus, ápice da integração da personalidade. Uma vez que o homem não se integra senão à medida que atinge o fim supremo, e como o cristão sabe que seu fim supremo é o próprio Deus, é preciso reconhecer que o homem não será verdadeira e definitivamente integrado senão na medida em que se une a Deus. Ora, Deus não é somente um fim que se deixa desejar, como podia concebê-lo um Aristóteles: Deus é antes de tudo um Deus pessoal, até três vezes pessoal na sua Trindade, e é um Deus cujo nome é Amor. Deus não fica inerte, mas age como somente o Ser que é Ato puro pode agir. É, portanto, ele que toma a iniciativa na vida do homem; é ele que atrai a si o homem antes ainda que ele possa agir. Quando o homem se põe à procura do seu Deus, de fato não faz mais que responder a um convite que tinha origem na eternidade. Quando o homem empreende a árdua tarefa da própria integração, já é fortemente solicitado — sem, todavia, se dar conta disso — pelo próprio fim para o qual ele se orienta. Mesmo devendo se esforçar por atingir a Deus, o homem deve também descobrir pouco a pouco que já é ativamente procurado e desejado por Deus, que o atrai a si. O esforço para a integração da sua personalidade torna-se para o homem um diálogo no qual ele deve simplesmente responder, como aquela que foi cheia de graça e cuja vida for marcada por um *fiat* indefectível. Por isso, embora tendendo a adquirir um domínio de si cada vez maior, o homem deve visar ainda mais a se submeter plenamente ao senhorio de Deus sobre si. Quando se sentir totalmente voltado para Deus, reconhecerá cada vez melhor que a sua vida não tem significado senão como encontro com esse Deus misterioso, encontro que se renova sempre e jamais acaba de se reacender no contato com aquele que é a fonte da vida.

O encontro com os outros, meio e fruto da integração da personalidade. Se é verdade que o amor por Deus constitui o nervo da integração da personalidade, a forma privilegiada na qual pode mais eficaz e concretamente se manifestar e se intensificar esse amor é o amor para com o próximo. Sabe-se já que o sinal da maturidade da personalidade é a capacidade de se dar aos outros, esquecendo cada vez mais de si. A verdadeira maturidade, fruto de uma plena integração da personalidade, verifica-se quando o homem se torna capaz de dar a própria vida pelos outros, sob a influência explícita ou oculta da graça divina; dom da própria vida nas coisas mais banais do viver cotidiano, ou → DOM DE SI que é semelhante ao feito por Cristo por todos os homens. Um cristão não tem o direito de ignorar essas dimensões sobrenaturais da sua personalidade; e, se quer ser totalmente homem, deve ser totalmente cristão, abrindo-se à ação dos valores cristãos sobre a própria integração da personalidade, tanto no plano pessoal como no social.

BIBLIOGRAFIA. Entre as publicações recentes: AEPPLI, E. *Persönlichkeit*. Erlenbach-Zürich, 1952; ALLPORT, G. W. *Pattern ad growth in personality*. New York, 1965; ARNOLD, M. B. *Emotion and personality*. New York, 1960, 2 vls.; BAUDOUIN, C. *Découverte de la personne. Esquisse d'un personalisme psychanalytique*. Neuchâtel, 1957; BRAND, H. *The study of personality*. New York, 1954; CAPRARA, G. V. – GENNARO, A. *Psicologia della personalità e delle differenze individuali*. Bologna, 1987. CAPRARA, G. V. – LUCCIO, R. *Teorie della personalità*. Bologna, 1986, 2 vls.; DAVID, H. P. – BRACKEN, H. Von (ed.). *Perspectives in personality theory*. New York, 1957; EYSIENC, H. J. *The structure of human personality*. London, 1960; FILLOUX, J. C. *La personnalité*. Paris, 1968; GEMELLI, A. *Studi sulla personalità umana. Laboratorio di Psicologia 8*. Milano, 1940; GUNTRIP, H. J. S. *Personality structure and human interaction*. London, 1961; HALL, C. S. – LINDZEY, G. *Theories of personality*. New York, 1957; KARDINER, A. *The psychologic frontiers of society*. New York, 1945; La personalità. In *Questioni di psicologia*. Brescia, 1962, 437-598; La personalità. In *Questioni di Psicologia*. Brescia, 1971; LERSCH, Ph. *Aufbau der Person*. München, 1966; LINTON, R. *The study of man*. New York, 1936; MURRAY, A. H. *Exploration de la personnalité*. Paris, 1953-1954, 2 vls.; NUTTIN, J. *Comportamento e personalità*. Roma, 1964; ID. *La structure de la personnalité*. Paris, 1965; *Personality and social encounter*. Boston, 1964; PHILLIPS, E. L. – GIBSON, J. E. *Psychology and personality*. London, 1957; SARASON, I. G. *Personality. An objective approach*. New York / London, 1966; SLOTKIN, J. S. *Personality development*. New York, 1952; SMITH, H. C. *Personality adjustment*. New York, 1961; THOMAE, H. *Persönlichkeit*. Bonn, 1955.

A. M. PERRAULT

PESSIMISMO. 1. DEFINIÇÃO. O termo pode designar seja a disposição do ânimo em perceber somente os piores aspectos da realidade, seja a doutrina segundo a qual o ser é mau em todas as suas manifestações (mundo, vida, história etc.). A sua máxima fundamental é: "o mundo existente é o pior dos mundos possíveis". O uso do termo é bastante recente: num primeiro momento ele indicava não tanto a doutrina, mas, antes, um "estado", a condição pior em que o homem possa se encontrar: daí a comum acepção de caráter psicológico, que dá lugar ao pessimismo prático. Com Schopenhauer, o termo obtém a sua definição em sentido teórico. Todavia, ainda que o uso do termo seja recente, pode-se dizer que o pessimismo, como atitude consciente do homem diante do mal, remonta à origem da história do pensamento humano. Mais, Schopenhauer considera que a única possível distinção entre as filosofias seja a de decidir se são filosofias otimistas ou pessimistas. No âmbito dessas últimas, uma notável diferença se estabelece entre a concepção que se limita a negar todo valor ao mundo da experiência, porquanto considera que a verdadeira realidade é suprassensível (pessimismo empírico), e a concepção de quem considera toda a realidade privada de valor intrínseco, porquanto essencialmente irracional (pessimismo metafísico). O elaborador mais original desse pessimismo é Schopenhauer. A esse pessimismo teórico e filosófico pode-se contrapor o pessimismo prático-psicológico: é o extremo limite negativo de um caráter melancólico e triste. A visão negra de tudo o que sucede, de tudo o que é, ainda que não necessariamente fruto de doença psíquica, pode facilmente levar, porém, a ele, se algumas circunstâncias da vida desenvolvem nele esse senso de mal-estar e de desgosto. A forte depressão psíquica a que o pessimismo pode levar é fruto de desassossego, de sofrimento físico e moral, e torna o indivíduo pesado a si mesmo e estranho à sociedade que o circunda.

2. PESSIMISMO E VIDA ESPIRITUAL. Justamente por isso a vida espiritual do pessimista torna-se particularmente difícil. O pessimista deverá, antes de qualquer coisa, tender a uma valorização de si mesmo, das suas qualidades físicas e morais, das suas capacidades e iniciativas; deverá olhar para os outros com uma visão de maior confiança na bondade do coração deles; deverá lembrar que nenhum homem é um fatalista ou um condenado; deverá lembrar os eternos destinos da alma imortal que a própria razão devidamente instruída lhe pode assegurar e, portanto, a existência de uma eternidade que a sua própria liberdade individual lhe assegura. Mas, sobretudo, será necessário insistir nos motivos sobrenaturais: a caridade cristã, pela qual todos os homens devem se amar como irmãos, apesar de seus defeitos e aversões naturais; o sentido da divina paternidade, que

lembra o pensamento de um Deus amoroso que é o Pai que nos ama com um infinito amor, pronto a nos socorrer e a nos ajudar de um modo e em medida que nos escapam; o pensamento da divina providência, mistério tão tremendo, mas tão salutar para toda alma que sofre e que nos leva a crer por fé que Deus está procurando o bem do homem, mesmo no sofrimento. O verdadeiro e sadio otimismo cristão deve ser objeto de uma consideração diária para superar as particulares dificuldades da sua psicologia.

A vida espiritual do pessimista continuará particularmente difícil; mas se nele esse estado é passageiro, ou não é de tal modo forte que elimine a sua responsabilidade, enriquecê-lo-á de muita intuição para compreender os sofrimentos dos outros e de muita caridade para socorrer o próximo.

BIBLIOGRAFIA. BARRA, G. *Dolore e amore.* Roma, Paoline, 1963; BERG, R. – MAC CARTNEY, C. *Depression and the integrated life. A Christian understanding of sadness and inner suffering.* New York, 1981; BOZZETTI, G. *Il problema del dolore.* Roma, Paoline, 1963; COPPÉE, F. *Saper soffrire.* Roma, Paoline, 1965; LACROIX, J. *I sentimenti e la morale.* Roma, Paoline, 1964; MONACO, N. *Le passioni e i caratteri.* Roma, Paoline, 1961; MONDA, A. M. di. Ottimismo o pessimismo? *Palestra del Clero* 57 (1978) 947-957; MOUNIER, E. *Trattato del carattere.* Roma, Paoline, 1962, 234-237.381-384; PRIGENT, I. *La experiencia depresiva.* Barcelona, 1982; REVERS, W. J. *Psicologia della noia.* Roma, Paoline, 1964; TUNC, A. *In un mondo che soffre.* Roma, Paoline, 1964.

M. CAPRIOLI

PIEDADE. O termo moderno, como ainda hoje é usado nas línguas românicas, reflete fielmente o latim *pietas*. Nessa sua acepção, tem em seu restrospecto uma longa história; todavia, conserva-se intacto e vital também em nossos dias na linguagem oficial da Igreja, especialmente no latim litúrgico. Damos aqui alguns exemplos típicos que ilustram as múltiplas aplicações dos termos *pius-pietas* na liturgia.

A oração do XXII domingo depois de Pentecostes dizia: "*Deus refugium nostrum et virtus, adesto piis Ecclesiae tuae praecibus, auctor ipse pietatis, et praesta ut*" (P. BRUYLANTS, *Les oraisons du Missel Romain*, II, Paris 1952, n. 461). O *postcommunio* do domingo de Páscoa: "*Spiritum tuum nobis tuae caritatis infunde, ut quos [...] satiasti, tua facias pietate concordes*" (*Ibid.*, n. 1069; refere-se também aqui uma variante tirada do *Sacr. Veronese*, ed. Mohlberg, n. 1049: *una facias pietate concordes*). E enfim, a oração do último domingo depois de Pentecostes: "*Excita [...] tuorum fidelium voluntates, ut [...] pietatis tuae remedia maiora percipiant*" (*Ibid.*, n. 548). Os três exemplos por nós citados, que naturalmente poderiam se multiplicar (cf. W. DÜRIG, *Pietas liturgica. Studien zum Frömmigkeitsbergriff und zur Gottesvorstellung der abendländischen Liturgie*, Regensburg, 1958), podem já demonstrar como a tradução do conceito *pietas* nas nossas línguas modernas é muito difícil e como o conteúdo do termo tradicional não corresponde perfeitamente ao subtendido na moderna palavra piedade. A *pietas* latina já é um conceito bem mais amplo que o nosso e se aplica a diferentes setores, que de certo modo podem ser subdivididos, em grandes linhas, em ciclos de deveres a serem cumpridos em relação a Deus e às criaturas, tendo presente, porém, que indica também um tipo de comportamento adotado por Deus em relação às suas criaturas, especialmente ao homem. Essas variadas e amplas acepções do termo marcam ainda a linguagem da Idade Média, sobretudo a dos grandes escolásticos. Veja-se, por exemplo, a interpretação da *pietas* como virtude e como *donum Spiritus Sancti* (*STh.* II-II, qq. 101-102).

Do final da Idade Média em diante, porém, o significado de *pietas* foi se restringindo cada vez mais, de maneira muito característica. Se, de início, comportava normalmente um comportamento complexo, ou seja, a perfeita expressão exterior de uma genuína atitude interior, agora se põe o acento nitidamente na interioridade, num modo de se portar diante de Deus que se limita quase exclusivamente aos atos de imediata relação com Deus (adoração de Deus), realizados com certo afastamento do mundo, ou até mediante atos meramente interiores. Isso foi tão longe que, no gosto linguístico moderno, ao autêntico significado da piedade se une facilmente o sentido de demasiadamente pio, de pietismo, de piedade hipócrita, de não verdadeiramente-pio. Isso é sem dúvida exagerado e injusto. O fato, porém, é que a mais recente problemática a respeito está vinculada precisamente a essa dificuldade: como deve se comportar o cristão realmente pio, o que é a autêntica *pietas*, uma vez que o cristão não se limite somente a agir "piamente", mas é realmente "pio" sempre, em toda a sua vida, também e precisamente em seu comportamento para com o próximo e o mundo, mesmo na execução dos seus compromissos profanos. Evidentemente, continua ainda a haver aqui uma forte entonação voltada a acentuar o lado interior; e é muito óbvio, porque o mero agir exterior, ainda que se concretize no cumprimento dos próprios deveres para com o mundo, não basta realmente, se não está apoiado numa genuína atitude interior. Entram em jogo assim ambas as coisas: a autêntica plenitude interior, mas se ela for capaz também de prorromper para fora. A *pietas*, entendida no sentido mais completo em que se concentra a recente problemática, abraça e compreende ambos os aspectos. A piedade se define, portanto, assim: "uma realização espiritual (ou seja, um ato animado pela fé, pela esperança e pela caridade, ou, como diz Erasmo, *omnia referre ad Christum*) da concreta existência humana e cristã" (A. AUER, Frömmigkeit, in *Lexikon für Theologie und Kirche* 4 [1960] 403).

É precisamente essa a *pietas* subentendida em muitas declarações do Vaticano II, especialmente na *Gaudium et spes*, por exemplo: "*Christianus, officia sua temporalia negligens, officia sua erga proximum, immo et ipsum Deum negligit, suamque aeternam salutem in discrimen adducit*" (n. 43). As mesmas ideias vêm à tona no capítulo *De laicis*, da *LG* (nn. 30-39). Com incisiva peculiaridade confirma-se, além disso, no capítulo *De universali vocatione ad sanctitatem in Ecclesia*, a peculiar santidade dos leigos justamente na execução dos seus deveres profanos (nn. 39-42). Insere-se aqui também toda a gama de problemas referentes à chamada "dessacralização", no que toca a legítimas exigências por ela aduzidas; trata-se sobretudo de eliminar a ideia de uma zona isolada em que a piedade como tal ver-se-ia inserida, como se ela não devesse se traduzir em ato sempre, sem exceção alguma. Esses candentes problemas já foram enfrentados pelo Concílio; mas a partir desse momento adquiriram, logicamente, uma renovada atualidade. Nesse contexto, perguntamos: "Em essência, como se faz para poder e dever ser pio em toda esta vida profana da terra, ao invés de se limitar a sê-lo apenas em determinados momentos, em determinados lugares que se 'reservam' à piedade? Como é possível ser pio e ao mesmo tempo positivo, ou seja, comprometido com a vida 'como ela é na realidade'?" (A. KASSING, Biblische Erwägungen zur christlichen Weltfrömmigkeit, *Liturgie und Mönchtum* 27 [1960] 10).

Essa abertura para o mundo, para os compromissos profanos que competem ao cristão, não pode, aliás, fazer esquecer que a raiz e a plataforma dessa atitude são sempre a autêntica e efetiva relação com Deus, na adoração e no amor sem reservas, por Cristo e por sua perene mediação que está incessantemente presente em nós na celebração comemorativa da sua obra salvífica. A *pietas* exige o harmônico ajustamento de todos esses fatores numa única, genuína e realmente autêntica atuação. Isso comporta em primeiro lugar a franca incorporação de uma atitude interior, e a esse propósito se fala hoje às vezes de "encarnação". Uma piedade que pretendesse se limitar apenas ao "quartinho do coração" não é suficiente. Pelo contrário, é todo o homem, alma e corpo, que deve estar diante de Deus, sempre pronto a revelar no sinal e no símbolo exterior os seus sentimentos interiores, professando-os e atestando-os abertamente, em toda a veracidade e autenticidade dessa sua "incorporação", embora por reflexo as formas exteriores por sua vez plasmem e modelem o homem interior. Isso se torna também uma profissão de fé feita diante dos homens e em comunhão com eles, que leva a atualizar a dimensão social, melhor, eclesial do homem como pessoa. Para ser verdadeiramente genuína, essa atitude global exige, além disso, a capacidade e a prontidão de verificar a mesma linha de conduta, pondo-a decididamente a serviço do próximo com um amor incondicional, cumprindo pontualmente os deveres a nós impostos no mundo e em relação ao mundo.

Entendida desse modo, a piedade constitui efetivamente a concreta atuação da existência cristã tomada no sentido mais amplo do termo. Ela denota, portanto, uma aberta profissão de fé em Cristo e no seu mistério pascal de salvação, uma imitação e uma perene inserção em Cristo, no sentido entendido pelo programa paulino *in Christo Jesu* (expresso, por exemplo, em Gl 2,19 s.); mas além disso, denota também, e de modo preciso, a fiel execução dos imperativos que brotam da realidade em que se crê, no sentido entendido pelas grandes máximas: "*Hoc enim sentite in vobis quod et in Christo Jesu*" (Fl 2,5) e "*ut digne ambuletis [...] solliciti servare unitatem Spiritus in vinculo pacis*" (Ef 4,1-3). A piedade está portanto bem fundamentada sob o ponto de vista da história da → SALVAÇÃO e habilitada a usar vitalmente a Escritura: ela é litúrgica, ou seja, é "a participação interior e exterior, consciente e ativa dos batizados, como membros vivos do Corpo místico de Cristo no culto público e coletivo oferecido por Cristo, pelos sacerdotes e pela Igreja e, respectivamente, pela comunidade, mas é ao mesmo tempo também o testemunho vivo, dado por seus membros como órgãos subordinados mas corredentores de Cristo, sempre vivo e perenemente ativo, a respeito da verdade e da avassaladora energia vital desse mesmo culto" (W. Dürig, Liturgische Frömmigkeit, *Liturgie und Mönchtum* 27 [1060] 38).

Essas são as bases. Na vida concreta, obviamente, ela poderá e deverá assumir marcas diferentes, calibradas de acordo com a situação em que se encontra cada indivíduo; terá, enfim, um enfoque diferente, conforme ele for um simples cristão que vive no mundo, um leigo ou um sacerdote diocesano, um religioso desta ou daquela Ordem. A piedade é a manifestação mais cheia de vida dos filhos de Deus, movidos pelo Espírito na atmosfera de amplo fôlego da nova aliança (cf. Hb 10,16 e 8,6-13).

BIBLIOGRAFIA. Auer, A. *Die vollkommene Frömmigkeit des Christen*. Nach dem Enchiridion militis christiani des Erasmus von Rotterdam. Düsseldorf, 1954; Auer, A. Frömmigkeit (dogmatisch). In *Lexikon für Theologie und Kirche* IV (1960) 400-405; Bogler, Th. Frömmigkeit. *Liturgie und Mönchtum* 27 (1960); Dürig, W. *Pietas liturgica*. Studien zum Frömmigkeitsbegriff und zur Gottesvorstellung der abendländischen Liturgie. Regensburg, 1958; Favale, A. *Per una presenza viva dei religiosi nella Chiesa e nel mondo*. Torino, 1970; Kredel, E. M. Frömmigkeit (biblisch). In *Lexikon für Theologie und Kirche* IV (1960) 398-400; *La religiosità popolare*. Valore permanente. Roma, 1978; *Liturgie e forme di pietà*. Per un rinnovamento della pietà popolare. Milano, 1079; Piété. In *Dictionnaire de Spiritualité* XII, Paris, 1982, 1.694-1.743; Schultz, J. J. *Frömmigkeit in einer weltlichen Welt*. Stuttgart-Olten, 1959.

B. Neunheuser

PIETISMO. O pietismo é um movimento espiritual no protestantismo europeu durante os séculos XVII e XVIII, que assumiu desde o início aspectos diversos e tendências muitas vezes ligadas às personalidades, umas independentes das outras. O nome foi aplicado pela primeira vez em 1675, em Darmstadt, no Hesse, mas em sentido depreciativo, para indicar pessoas hipócritas, cultoras de uma exagerada prática de piedade. É mais exato fazê-lo derivar dos *collegia pietatis*, título que Ph. J. → Spener deu às *ecclesiole* por ele fundadas. A intenção do pietismo foi a renovação da vida interior de cada cristão e, com ele, da própria Igreja. Essa intenção é a temática comum do pietismo luterano, do pietismo reformado, do pietismo na Inglaterra (→ anglicanismo) que tomou o nome de puritanismo, e foi levada adiante de modo mais ou menos rigoroso em cada centro de irradiação.

Como renovação espiritual, o pietismo propõe-se, em primeiro lugar, o retorno a Lutero. É programático para o fundamento teológico da doutrina do pietismo uma passagem da introdução de Lutero à Carta aos Romanos: "Em nós, a fé é a obra de Deus que nos transforma e nos faz renascer de Deus (Jo 1,13) para sermos nova criatura; ela mata o velho Adão, faz de nós homens novos [...] e nos traz o Espírito Santo". Com Lutero, o pietismo ressalta a necessidade da fé *viva* e vivificante para o renascimento espiritual do homem, para a sua transformação interior e admite a mesma orientação essencial a respeito da recíproca pertença de fé e obras, de justificação e santificação, de libertação e obediência. Mas ao mesmo tempo desloca o acento, considerando mais importante os frutos — as boas obras — somente da fé dos crentes na divina promessa de serem agradáveis a Deus justamente porque creem. A diferença é sutil, mas essencial. Percebida pela ortodoxia protestante, tornou-se motivo de não indiferentes polêmicas. O pietismo, além disso, remete ao pensamento dinâmico de Lutero relativo ao espiritualismo místico, exaltando com ele um cristianismo sem ligações com uma Igreja institucional, um cristianismo vivido à luz da fé em Cristo, na presença imediata a Deus, obviamente uma reação diante de uma Igreja que se apresentava endurecida por polêmicas e capciosas especulações, abatida em costumes exteriores no culto e secularizada na administração burocrática das "Landeskirchen".

O pietismo enfrenta o compromisso de renovação com numerosas referências à Bíblia, à Igreja primitiva e ao livro de → Johann Arndt, *Vom Wahren Christentum* [Do verdadeiro cristianismo], considerando-o *magna charta* da vivência cristã. Não somente viu ali afirmado que o renascimento espiritual pressupõe e exige a caridade — as obras boas — identificada com a fé viva, mas também um guia seguro na prática da piedade em meio ao mundo, para uma existência cristã totalmente concentrada na vida do homem interior.

1. OS PRECURSORES. No século XVI já se encontra no protestantismo uma orientação pansófica no sentido do futuro pietismo, cujo maior representante é *Caspar Schwenckfeld von Ossig* (1489-1561). No centro do seu pensamento está o homem perfeito, que realiza em si a natureza divina de Jesus Cristo. Essa natureza lhe é dada no renascimento espiritual, criando a união esponsal entre Cristo e o crente ou a Igreja. Outros precursores são *Andreas Osiander* (1498-1552), *Valentin Weigel* (1533-1588) e *Jacob* → BÖHME (1575-1624), ou seja, o grupo dos "místicos" protestantes do século de Melanchthon. No ensinamento deles de uma piedade predominantemente individual define-se o renascimento espiritual, em Weigel como renascimento do beatificante conhecimento de Deus e em Böhme como realização da vontade de Deus no âmbito da natureza e na imagem dela, ou seja, no homem. Outros precursores são o já mencionado Arndt, *Philipp Nicolai* (1556-1608), com seu *Freudenspiegel des ewigen Lebens* [Alegre espelho da vida eterna], em que declara que o homem nasce para a vida eterna já nesta vida, mediante a sua Palavra, pronunciada no seio materno da Igreja, e toda a corrente do *quietismo francês* que se remetia à autoridade de Teresa de Ávila e não só exigia o renascimento, mas queria experimentá-lo como realidade vital. No → QUIETISMO, o nascente pietismo encontrava exemplos de ser verdadeiramente filhos de Deus renascidos num segundo nascimento misterioso: Gaston Jean-Baptiste de Renty (1611-1649), Elisabeth de Baillau (do B.G.), Armelle Nicolas, Madame → GUYON etc., todos empenhados em viver a interioridade até a experiência mística à margem ou fora de uma sentida pertença à Igreja. Enfim, há precursores no puritanismo (de orientação calvinista), na Inglaterra, onde se desenvolvera uma "teologia de consciência", uma profunda reflexão sobre o homem, na qual o fenômeno do renascimento interior, do homem novo conforme o divino querer ocupava um lugar central. O pai de tal literatura devota, a seguir traduzida para o alemão, foi *William Perkens* (1558-1602), de Cambridge, logo descoberto pelo pietismo alemão e reconhecido como batedor das próprias ideias.

Aliás, em 1613, o aluno e continuador de Perkins, *William Ames* (1576-1633) fugiu da Inglaterra para a Holanda, onde difundiu o puritanismo, com *Gijsbert Voet* (Voetius) (1589-1676) e com outros. O novo centro era Middelburg (Zeland). Ali chegou, em 1668, *Jean de Labadie* (1610-1674), ex-aluno dos jesuítas e sacerdote católico, mas que passara para a Igreja reformada da França, em 1650. Por sua obra nasceu um movimento de vida interior numa comunidade de crentes renascidos, em que se pode ver o início do pietismo reformado.

2. O PIETISMO LUTERANO. Teve seu animador mais importante em *Philipp Jacob Spener* (1635-1705), que com os seus *Pia desideria* se tornou o líder espiritual do movimento na Alemanha. Com a criação de *collegia pietatis*, de que cada qual devia ser uma *ecclesiola in ecclesia*, ele levou adiante o plano de renovação da Igreja, convencido de ter de começar com a formação de cada cristão, educando-o à leitura da Bíblia, à prática da meditação, ao estudo da teologia e também convidando-o a uma atividade paralela à atividade propriamente eclesiástica, com base no sacerdócio universal dos crentes. Temperamento forte, Spener procedeu com segurança e autoridade, aceita também por parte dos estudantes da universidade de Leipzig. Eles tinham organizado os *collegia philobiblica* para o estudo científico da Escritura. Spener conseguiu dar a essa iniciativa uma orientação mais edificante, ressaltando os valores específicos dos textos sagrados para a vida de piedade que ele considerava muito mais construtivo do que o poderia ser somente a exegese bíblica. No centro do ensino speneriano encontra-se o tema do renascimento, posto em evidência na sua pregação com fortes referências ao *Vom Wahren Christentum*, de J. Arndt, e desenvolvido na atitude de humilde abertura à graça e à atividade do Espírito no coração do homem. Em Spener delineia-se já a nota ecumênica, que será uma das características do pietismo e das suas tendências supraconfessionais.

Segundo Spener, o novo nascimento espiritual do homem é o início de um processo de renovação que deve ser levado adiante na estreita colaboração de cada crente com a graça divina. Mas Spener não tinha levado suficientemente em conta a experiência cotidiana de cada cristão: a necessidade de se libertar do homem velho, do pecado, das imperfeições, de viver numa contínua conversão. Foi um seu amigo, *August Hermann Francke* (1663-1727), quem ofereceu um ensinamento indubitavelmente motivado pela própria experiência e pela influência de J. Arndt e sobretudo pelas ideias quietistas de → MOLINOS, em quem a *conversão* constituiu o conceito central.

Nascido em Lübeck, Francke tinha iniciado a sua carreira de exegeta em Leipzig. Mas a pesquisa apenas científica da Escritura o deixou insatisfeito. Orientou-se cada vez mais para a vida de piedade e de contemplação descrita no "Guia espiritual", de Molinos, mas depois de uma forte experiência interior (1687) compreendeu a impossibilidade de a pôr em prática com as próprias forças e, portanto, a necessidade da penitência e a decisão de romper com o passado. Contando o momento de sua conversão, escreve: "Os meus pecados se apresentaram diante de mim de modo tão claro que teria podido contá-los um a um, e logo identifiquei a fonte principal deles, ou seja, minha incredulidade, ou melhor, minha suposta fé, que não me servia senão para me enganar a mim mesmo". Com a decisão de seguir a Cristo e de deixar o mundo com as suas ilusões, Francke experimentou uma radical mudança interior: "A graça chegou a meu coração e pude chamar a Deus com o nome de Pai".

Desde então, inseriu-se no movimento pietista, elegeu Spener como guia espiritual e se transferiu para a universidade de Halle, faculdade instituída por Spener, assumindo uma tarefa pedagógica centrada no testemunho cristão. Com base no pietismo, tornou-se o grande educador dos estudantes. Exerceu aí uma considerável atividade em favor das crianças órfãs (Hallische Stiftungen). Está vinculado a seu nome o *pietismo de Halle (pietas hallensis)*, que encarna uma forma de piedade que se manifesta em obras de caridade evangélica, no início ligada à confissão luterana, mas logo aberta a todo testemunho de piedade na plena tolerância por toda sorte de fé, e na qual começou a se preparar a consciência de o pietismo ter uma missão ecumênica. Não o catolicismo, mas o indiferentismo e o ateísmo é que são os verdadeiros inimigos da Igreja; uma conclusão que já se encontra esboçada nas lamentações de Spener sobre a decadência do cristianismo (*Die Klagen über das verdorbene Christentum missbrauch und rechter gebrauch* [1685]. Para o pietismo de Halle o século das diversas confissões tinha passado. Começara o secularismo moderno ao qual o cristão devia responder com a vida ativa, com obras de caridade, sentindo-se unido a todos os cristãos do mundo. Um "testemunho público com obras, palavras e serviço de Deus", como anuncia o título da obra fundamental de Francke: *Oeffentliches Zeugnis vom Werck, Wort und Dienst Gottes* (1702).

Um representante do pietismo luterano que deve ser considerado criador de um novo tipo é o conde *Nikolaus Ludwig von Zinzendorf* (1700-1760). Tendo se tornado órfão cedo, deixou sua terra natal Dresden e foi para Halle, onde conheceu Francke e frequentou um círculo de piedade. Estudou direito, assumiu um cargo público (1721-1727) e enfim se retirou a Berthelsdorf nas encostas do Hutberg (um monte assim chamado por sua forma de chapéu) para organizar com os Irmãos boêmios, exilados da Morávia, um centro de piedade. Mudando o nome do monte para Herrnhut, ou seja, chapéu (= proteção) do Senhor, a nascente comunidade foi chamada de Herrnhuter Gemeinde ou Brüderunität (Unidade dos irmãos) de Herrnhut. A espiritualidade dessa comunidade de irmãos continuava, porém, ligada em parte à Igreja luterana da Saxônia e em parte à tradição boêmia. Em 1736, Zinzendorf foi obrigado a deixar Herrnhut e, tendo se tornado mais livre, insistiu, no novo centro aberto em Wetterau, num andamento diferente. Nascera nele um grande interesse pela teologia — não a científica, de escola, mas aquela entendida como "Herzenstheologie der Einfalt", ou seja, teologia do coração e da simplicidade, uma teologia pessoal, alimentada pela Bíblia, tendo no centro Jesus. No seminário por ele fundado em Wetterau devia prevalecer um trabalho de tradução da Bíblia, evidentemente inspirado nas tendências místico-espiritualistas da Bíblia de Heinrich Horch, de Marburgo, e da Berleburger Bibel, de Johann Heinrich Haug, que não seguia, todavia, os princípios de uma exegese alegórica, mas se centrava na palavra de Deus. Tudo isso devia exprimir a sua firme vontade de continuar na linha de Lutero e na das *Observationes biblicae*, de Francke, um modo de justificar a ortodoxia da sua *eclesiola*, por ele rapidamente difundida em outros países da Europa e da América. A vida dos Irmãos desenvolveu-se com uma rígida disciplina e intensa vida de oração, para a qual Zinzendorf compôs cerca de dois mil cânticos (de pouco valor e originalidade). O seu mérito é a introdução do espírito missionário no pietismo contra as ideias de Lutero.

Entre as outras figuras do pietismo luterano distingue-se *Gottfried Arnold* (1666-1714), discípulo de Spener, autor de uma pesada obra biográfica: *Das Leben der Gläubigen oder Beschreibung solcher Gottseligen Personen, welche in den letzten 200 Jahren sonderlich bekannt wurden*. A obra traduz claramente a sua convicção ecumênica de poder encontrar no catolicismo luminosos exemplos de → VIDA INTERIOR válidos para a própria vivência cristã do pietismo luterano. Todavia, as ideias de Arnold caminharam para um tipo de religiosidade do sentimento, ambígua, não isenta de erotismo, teologicamente talvez inaceitável. Por exemplo, na sua obra *Sophia* ele representa Madame Guyon como a última encarnação da sabedoria boêmia. Arnold é, além disso, um dos maiores representantes da corrente radical separatista do pietismo luterano. Com isso chegou a defender a tese de que a verdadeira Igreja jamais é a institucional, e não importa de que confissão, mas se encontra apenas entre os "heréticos" de todos os tempos. Daí o título da sua *Unpartheyische Kirchen-und Ketzerhistorie*, uma obra que pretende traçar exatamente a "história" de tal Igreja, de um cristianismo interior vivido pelo "heréticos", ou seja, por pessoas que pouco se interessaram pela pertença a uma Igreja.

No chamado pietismo de Württemberg encontramos *Johann Albrecht Bengel* (1687-1752), exegeta de valor, autor de obras escatológicas. O seu *Gnomon Novi Testamenti* (1742), praticamente um comentário a todo o Novo Testamento, é uma "mina de substanciosa teologia bíblica, um dos melhores textos da exegese protestante" do século XVIII, escrito na *pietas* do crente que tende a uma vida espiritual de pureza evangélica. Bengel, que quis ver em Lutero o anjo do Ap 14,6, e a seu lado Arndt e Spener, foi seguido por *Friedrich Christoph Oetinger* († 1782). Com seus escritos eles preparavam em certo sentido as ideias de *Emanuel Swedenborg* (1688-1772) sobre a "nova Igreja" (*Vera Christiana Religio*, 1771), que será a *Igreja da nova Jerusalém*, que depois de sua morte será criada na Inglaterra e nos EUA (desde o fim do século XIX existente como seita na Suíça).

3. O PIETISMO REFORMADO. Desenvolvera-se na Holanda entre os refugiados não conformistas ingleses sob a atividade de William Ames e pouco depois também entre os protestantes franceses emigrados para os Países Baixos depois da revogação do edito de Nantes. Daí o movimento se difundiu pela Alemanha norte-ocidental, onde o seu representante mais conhecido, embora não típico, foi Gerhard → TERSTEEGEN (1697-1769), o místico do protestantismo, iniciador de uma piedade evangélica vivida na pobreza e oração contínua.

O pietismo reformado sofreu a influência da mística de → FÉNELON e do quietismo francês, posto à sua disposição por meio dos escritos de *Pierre Poiret* (1646-1719), o incansável tradutor da mística francesa seiscentista e cego admirador das suas expressões mais extremas e duvidosas. Continuou, todavia, na linha do calvinismo, às vezes interpretado com alguma liberdade, como, por exemplo, no *Traité de l'amour de Dieu*, de *Elias Saurin* (1639-1703), chamado o Bossuet do protestantismo, ou no livro do polemista Pierre Jurieu (1637-1713) intitulado *Pratique de la dévotion ou traité de l'amour divin* (1700). Na sua orientação para uma rígida piedade bíblica, o movimento foi apoiado por teólogos de valor, como *Johannes Coccejus* (1603-1669), que desenvolveu sua atividade em Leiden e, de maneira mais humilde, por *Theodor Under Eyck* (1635-1693) e *Gijsbert Voet*.

4. INFLUÊNCIA. O pietismo não é simplesmente uma renovação ou uma segunda "Reforma", mas um movimento autônomo, profundamente evangélico, não uma simples "experiência religiosa", mas uma corrente espiritual que deixou vestígios em todo o mundo, revelando-se benéfico no campo social, caritativo e missionário, capaz de inspirações na música (Händel e Bach) e na poesia (P. Gerhardt, Novalis, Goethe etc.), com os seus conceitos do infinito de orientação para o idealismo filosófico (Kant, Schleiermacher, Schelling, Hegel), sem contar os numerosos temas oferecidos ao romantismo alemão.

Por outro lado, porém, o pietismo chegou ao idêntico êxito da "Aufklärung", justamente como o puritanismo e o → JANSENISMO favoreceram o surgimento do livre pensamento na Inglaterra e na França. E isso por motivo do intencional descuido ou desinteresse do pietismo para um aprofundamento doutrinal sistematicamente levado adiante na esteira de Spener. Praticamente, abria as portas ao surgimento das seitas, não pondo freio algum a exagerações fanáticas. A teologia protestante contemporânea ofereceu monografias e estudos iluminativos sobre o valor ecumênico do pietismo, levados em consideração também pela teologia católica recente em vista de um novo diálogo interconfessional.

BIBLIOGRAFIA. Der radikale Pietismus. In *Pietismus und Neuzeit* 8 (1982); GROTH, F. *Die "Wiederbringung aller Dinge" im württembergischen Pietismus*. Göttingen, 1984; KRIEG, G. A. *Der mystische Kreis. Wesen und Werden der Theologie Pierre Poirets*. Göttingen, 1979; SCHMIDT, M. *Der Pietismus als theologische Erscheinung*. Göttingen, 1984 (com bibliografia); VINAY, V. Pietismo. In *Dizionario degli Istituti di Perfezione* VI, 1694-1696 (com bibliografia até 1978).

GIOVANNA DELLA CROCE

PINY, ALEXANDRE. 1. NOTA BIOGRÁFICA. Teólogo, filósofo e escritor espiritual francês, nascido em Barcellonnette (Provence), em 1639, pertencia à classe média, embora de nobres origens. Tendo entrado na Ordem dominicana foi leitor e mestre de teologia, a qual ensinou junto com filosofia em Aix e depois em Marselha (1671-1675), onde foi regente dos estudos. Do convento São Tiago de Paris conseguiu, a pedido seu, passar, sempre em Paris, para o da Santíssima Anunciação, da rua Saint Honoré, sede do noviciado, onde foi mestre dos noviços e onde morreu (1709). Dos seus superiores obteve permissão de ir como missionário para a Indochina e China, mas esse projeto jamais foi realizado. A partir de 1687 fez parte da cúria generalícia dominicana em Roma, como conselheiro do novo superior geral, o mestre Cloche, sucessor de A. de Monroy, que apoiava Piny.

2. OBRAS. Além dos trabalhos escolásticos de índole filosófica e teológica, como *Cursus philosophicus thomisticus...* (5 vls., Lyon, 1670 e Köln, 1693) e *Summae angelicae s. Thomae Aquinatis compendium resolutorium...* (4 vls., *Ibid.*, 1680-1681) e *De Metaphysicis disputationibus apparatus* (Lyon, 1681), além das obras de teologia mística, de notas de pregação reunidas às pressas, a primeira obra foi de 1676, um ano depois da publicação do *Guia espiritual* de → MOLINOS, e se intitulava: *État du pur amour ou conduite pour bientôt arriver à la perfection par le seul "Fiat", dit e réiteré en toutes sortes d'occasion* (Lyon, 1676, 1696).

Outras obras: *La clef du pur amour ou la manière et le secret pour aimer Dieu en souffrant et pour toujours aimer en toujours souffrant*, Lyon 1680; *L'oraison du coeur ou la manière de faire oraisan parmi les distractions les plus crucifiantes de l'esprit*, Paris 1683, 1696, 1942; *Le plus parfait ou des voies intérieures la plus glorifiante pour Dieu et la plus sanctifiante pour l'âme*, Lyon, 1683; *Retraite sur le pur amour*, Lyon, 1684; *Les trois différentes manières pour se rendre intérieurement Dieu présent*, Lyon, 1685; *La vie cachée ou pratiques intérieures cachées à l'homme sensuel mais connues et très bien goûtées de l'homme spirituel*, Lyon, 1685.

Além disso, há ainda cartas manuscritas de direção espiritual.

Tendo iniciado a tradução do *Guia espiritual*, de Molinos, quando este contava com extraordinário apoio, interrompeu-a em 1685, quando o místico espanhol foi preso, e naquele ano, seja por prudência própria, seja por injunção dos superiores, não publicou mais nada, depois de dez anos de atividades como escritor espiritual (1676-1685).

3. DOUTRINA. Embora a escola dominicana do século XVII e início do século XVIII tenha tido uma atitude polêmica em relação ao → QUIETISMO, como A. Massoulié (1632-1706) (cf. *Traité de la véritable oraison où les erreurs des quiétistes sont réfutés*, Paris, 1699), houve escritores místicos de destaque, como Chardon e Piny, que sentiram as influências da doutrina mais em voga, e de modo particular uma das teses fundamentais do quietismo, o "puro amor". A obra de Piny tem semelhanças que o aproximam mais de → FÉNELON, o qual todavia publicou as suas obras alguns anos depois, do que da mística de Madame → GUYON ou de Molinos. Mas o seu verdadeiro mestre parece ser o padre Chardon, também dominicano, o qual sabia ser escritor original, superando, sem a eliminar, a tradição tomista; com efeito, por meio dele, Piny foi influenciado por → TAULERO e por → SUSO, mestres da mística reno-flamenga. Na formação teológica, o tomismo lhe permitiu evitar os excessos de uma mística quietista heterodoxa, embora A. Massoulié — no seguimento de uma orientação teológica de tendências mais clássicas e rígidas, mesmo sendo um inteligente tomista — seguisse fielmente Santo Tomás, ao tratar as virtudes, tornando-se assim um dos principais opositores de Piny.

A primeira afirmação da doutrina piniana, tirada de *État du pur amour*, parece levar ao quietismo integral de tipo molinista, afirmando: "A perfeição se adquire menos fazendo que deixando fazer". Mas H. → BREMOND o interpreta dinamicamente (cf. *Histoire littéraire du sentiment religieux en France*, t. VIII. *Métaphysique des saints*, 104) e tem razão, pois para Piny nas passividades imperantes circula submissa uma atividade que se configura como uma finalidade que informa tudo o mais, de que as passividades são meios ou episódios transitórios. Assim, pondo o substrato dinâmico nas passividades da vida espiritual, sabia evitar os excessos da heterodoxia de Molinos ou certas extravagâncias de Guyon, contribuindo ao mesmo tempo com uma variante pessoal para os tomistas da época.

A suposição impossível, enfrentada pelos escritores místicos não tanto sob o ponto de vista doutrinal, que seria insustentável, mas sobretudo no nível de experiência, cedendo seja a uma casuística ociosa, seja a uma psicologia teologicamente inverossímil, é tocada na *Vie de la vénérable mère Marie-Magdeleine*, 144: "O amor é ainda mais puro quando, reduzindo Deus a alma ao desespero da sua salvação [...] ou pelo menos a não querer nada em que ela possa fundar a sua esperança, fica-se, todavia, em paz". Mas o autor tem cuidado de precisar a atividade superior de que se falou acima, de maneira que o "estado" não cessa de ser "ato". Também em *Il più perfetto* (trad. it., Torino, 1923, 228), tem ocasião de retomar o mesmo conceito: "Leva-se finalmente essa cruz e se quer levar até se ver, de algum modo, num inferno, uma vez que o beneplácito de Deus a ele nos condena, não para gozar dos nossos sofrimentos, mas para nos dar ocasião de lhe demonstrar mais o nosso amor, aceitando a sua santa vontade num estado tão terrível e doloroso".

No *Stato del puro amore* (trad. it., Torino, 1923, 2), configura o puro amor a "um *fiat* em referência à vontade divina. Com efeito, é certo que está ali o amor mais puro que nós podemos ter de Deus, porque é um amar a sua vontade às custas da nossa", em que mostra — e é uma constante característica da sua concepção espiritual — o abandono à vontade de Deus.

É um delicado problema estabelecer que relação se estabeleceu entre Piny e Molinos e a eventual influência recebida de Fénelon. Discípulo de Chardon, é, mais que seu mestre, prático e afetivo. Se o conhecimento de Taulero e Suso deixou vestígios, não o levou jamais à heterodoxia, porque mediou seja as influências da tradição espiritual, seja os escritores espirituais contemporâneos quietistas ou filoquietistas com Santo Tomás, como é explicitamente evidente na *Oraison du coeur*, em que Piny não se afasta do esquema metafísico, tomista em relação às virtudes teologais, conservando assim a teologia mística em síntese com a moral. Por isso Piny, mestre do "puro amor", foi chamado por Gorge "quietista tomista", porque em Santo Tomás encontrou o eixo metafísico de equilíbrio, a ponto de ser "quietista ativo", o que não acontecerá com Fénelon nas *Maximes des saints*. Voltada sempre para uma *élite* espiritual, a doutrina de Piny influenciou → CAUSSADE e Grou, nos quais se notam extraordinárias afinidades.

BIBLIOGRAFIA. BREMOND, H. *Histoire littéraire du sentiment religieux en France*. VIII – *Métaphysique des saints*, 78-178; CHATILLON, J. *L'oraison du coeur*. Paris, 1942 (e outras obras editadas por L. NOËL, Louvain, 1918-1923); GASNIER, M. *Les dominicains de St. Honoré*. Ligugé, 1950, 209-216; GORCE, M. M. *Figures dominicaines*. Paris, 1936, c. 7; ID. In *Dictionnaire de Théologie Catholique* XII, 2.119-2.124; MORTIER, A. *Histoire des maîtres généraux de l'Ordre des Frères Prêcheurs*. Paris, 1934, 246-267, VIII; RAFFIN, P. Piny. In *Dictionnaire de Spiritualité* XII. Paris, 1986, 1.779-1.785 (com bibliografia); TOURON, A. *Histoire des hommes illustres de l'Ordre de St. Dominique*. Paris, 1749, 774-782, V.

P. ZOVATTO

PLOTINO. Entre os gregos, "contemplar" é o ato essencial da vida do espírito, o ato mesmo da sua constituição. O seu caráter distintivo é o intelectualismo que caracteriza toda a espiritualidade helênica, e ressurge em Plotino depois do parênteses helenístico, durante o qual, entre os estoicos, o tema da contemplação subsiste como consciente inscrição na ordem da providência racional, como clarificação do divino imanente que se confunde naturalisticamente com o mundo.

Plotino "utiliza as doutrinas dos seus predecessores com original interpretação. Longe de justapor elementos disparatados, o 'sincretismo' plotiniano é uma síntese pessoal em que se afirma o gênio do grande alexandrino" (Ch. RUTTEN, La doctrine des deux actes dans la philosophie de Plotin, *Revue Philosophique de la France et de l'Étranger* [1956] 100-106). Uma pesquisa filológica nos levaria a identificar termos e expressões plotinianas presentes em Platão, em Aristóteles e nos estoicos, mas, se nessa pesquisa quiséssemos resolver Plotino, correríamos inevitavelmente o risco de o perder. Precisamente para a compreensão de Plotino é, todavia, necessário, partir do pensamento dos grandes filósofos gregos.

1. A CONTEMPLAÇÃO NOS FILÓSOFOS GREGOS. a) *Platão*. O discurso platônico sobre a contemplação se articula em algumas perspectivas — as da contemplação em si — que encontraremos também em Plotino. Destaquemos em primeiro lugar o caráter científico da contemplação platônica, que se revela, por exemplo, no belíssimo discurso de Diotima sobre Eros (*Simpósio*, 203b-204a), que aspira à sabedoria, mas com aspiração de intelecto; Amor é filósofo e filósofo é aquele que contempla a verdade que o transcende, mas da qual tem reminiscência (*Fedro*, 249c-250), à

espera da morte que o levará à beata visão das ideias (*Fédon*, 67e: "É portanto verdade […] que aqueles que filosofam diretamente se exercitam para morrer"). A esse propósito, bem observa M. F. Sciacca que a doutrina da reminiscência nos diálogos da maturidade "não é substituída pela dialética […] mas é integrada por ela" (La verità di Platone, *Giornale di Metafisica* [1946] 243). De ciência falam o *Simpósio* (211c), *Fedro* (247d) e muitos outros textos platônicos, mas a passagem para nós essencial é *Parmênides*, 134a, que afirma a transcendência da ciência perfeita sobre a nossa, enfocando, entre outras coisas, o tema da teologia negativa. À ciência se junta mediante a purificação (cf., aliás, *Fédon*, 64a-68b) que se exerce mediante o pensamento (dialético), como emerge claramente, aliás, de *Fédon* (65c) e de *Sofista* (263e): "Portanto, o pensamento e o discurso são a mesma coisa, com a única diferença de que o discurso que se dá dentro da alma, feito da alma consigo mesma, sem voz, foi por nós chamado de pensamento". Mas a contemplação supera a dialética e o advérbio ἐξαίφνης, que lemos em *Simpósio* (210e) e *Carta VII* (341d) e que encontraremos em Plotino, indica o imprevisto aparecer (e a consequente visão) do objeto da contemplação. Ao caráter da visão corresponde, como sempre na linguagem da contemplação, o do contato, definido, porém, como contemplação intelectual e não como experiência mística (compare-se, aliás, *Simpósio*, 212a; *Fedro*, 247c: "aquela essência incolor, informe e intangível, que pode ser contemplada somente pelo intelecto"; *República*, 490b). Com respeito à alma, as realidades eternas são "da mesma origem e semelhantes" (*Fédon*, 84a); a elas a "espécie mais alta da alma […] nos eleva da terra à nossa parentela com o Céu" (*Timeu*, 90a) e isso acontece "com o pensamento e a meditação" (*Fédon*, 79a).

Objeto da contemplação é a semelhança com Deus: "e a fuga é semelhança, quanto possível, com Deus, e a semelhança é se tornar justo e santo com clareza de intelecto" (*Timeu*, 176ab), expressão usada também por Plotino, φρονήσεως. E o Deus de Platão não é pessoa, mas o divino impessoal.

Os termos do discurso platônico encontrar-se-ão no discurso plotiniano. Mas os dois discursos são profundamente diferentes, mesmo procedendo na mesma direção. Fala-se também em Platão da semelhança da alma com Deus, mas a realidade (Verdade) para Platão é sempre transcendente e, portanto, a semelhança não é jamais "identidade"; a verdadeira ciência transcende a nossa; o tema mesmo do divino é profundamente diferente: o homem contemplou a Verdade, caso contrário não poderia dela falar, mas o contato com o divino permanece essencialmente no plano da visão. A identidade de natureza entre alma e o Um em Plotino desloca o tema platônico do divino para o plano panteístico e o põe, além disso, num contexto espiritual e cultural profundamente diferente com acentuação do tema da interioridade. Mas o platonismo não se perderá e, juntamente com Plotino e com ele repensado, estará presente na patrística.

b) *Aristóteles*. Seguimos o discurso aristotélico na *Ética*. Mesmo que encontremos o tema da intuição em outros textos, como em *An. post.* II, 19, não podemos referir o que o Estagirita diz nessas passagens da contemplação. Também para Aristóteles a beatitude está na contemplação (cf. *Met.* XII, 1072b: "Ora, o pensamento que é pensamento por si, tem como objeto o que por si é mais excelente, e o pensamento que é assim maximamente tem como objeto o que é excelente em máximo grau. A inteligência pensa a si mesma, captando-se como inteligível: de fato, ela é inteligível ao intuir e ao pensar a si mesma, de modo a coincidirem inteligência e inteligível. A inteligência é, com efeito, o que é capaz de captar o inteligível e a substância, e é em ato quando os possui. Portanto, muito mais do que aquela capacidade, o que de divino há na inteligência é essa; e a atividade contemplativa é o que há de mais prazeres e mais excelente") e o discurso aristotélico tem tons próximos (mas que se inscrevem num contexto diferente) aos plotinianos: "seja, portanto, ela o intelecto ou alguma outra coisa que por natureza se mostre capaz de mandar e julgar e ter noção das coisas belas e divinas ou porque é a parte mais divina que está em nós, todavia a felicidade perfeita será a atividade dessa parte, conforme a virtude que lhe é própria. Que ela seja a atividade contemplativa foi dito" (*Ética a Nicômaco*, X.7. 1177a, in *Ética a Eudemo*, VIII.3.1249b). Todavia, estamos longe de qualquer experiência mística e de qualquer identidade ou identificação com o pensamento puro, objeto da contemplação. Na *Ética a Nicômaco* X.8.178a a "vida conforme o intelecto" é chamada a mais feliz. A ética aristotélica é, portanto, coerentemente com o pensamento grego, intelectualista; as ações são "impedimento à especulação" (*Ética a Nicômaco*, X.8.1178b). Ainda na *Ética a Nicômaco* (X.8.1179a), fala-se do intelecto como do que "é melhor e é mais afim" aos deuses e se diz que "o homem que exerce a sua atividade segundo o intelecto e tem cuidado dele parece estar otimamente disposto, bem como ser caríssimo aos deuses". No comentário, porém, Plebe considera que o parágrafo 13 (do qual tiramos essas citações) é espúrio e deve ser considerado "uma interpolação de algum peripatético platonizante, como se encontra muitas vezes no primeiro Perípato" (ARISTÓTELES, *Ética a Nicômaco*, 307, n. 41). Os atributos de Deus são da mesma natureza daqueles de que falam Platão e Plotino: "Porque Deus goza de um prazer sempre único e simples; com efeito, não há apenas a atividade do movimento, mas há também a atividade da ausência do movimento, e o prazer se encontra mais na quietude do que no movimento" (*Ética a Nicômaco*, VII.14.1154b); o vocabulário, porém, é diferente.

c) *Depois de Aristóteles*. O estoicismo é, sob o ponto de vista da contemplação, expressão de naturalismo. Para os estoicos como para Plotino o homem deve chegar à "libertação", mas para os primeiros o homem se liberta ao se inserir conscientemente na ordem racional (natural) do universo; viver segundo a natureza se identifica com viver segundo a razão. Não se trata da união com o divino, mas da procura de um comportamento ético, e a libertação desse mundo (a isso, com efeito, se reduz a purificação estoica) não está em referência a um momento de transcendência do momento naturalístico, mas é apenas seu aprofundamento. Como para Plotino, a contemplação é clareza racional, mas de modo bem diferente do de Plotino (sobre a relação do estoicismo com Plotino, cf. W. THEILER, Plotin zwischen Plato und Stoa, in *Les sources de Plotin. Entretiens sur l'antiquité classique*, Genève, 1960, 63-103; J. COMBES, Deux stiles de liberation: la nécessité stoïcienne et l'exigence plotinienne, *Revue de Métaphysique et de Morale* [1969] 308-324).

O tema da contemplação no período que vai do estoicismo a Plotino é caracterizado por estudos de notável valor; deles não é possível uma discussão senão aprofundada em si e nas relações com Plotino: limitar-nos-emos, portanto, a indicar os traços fundamentais da contemplação em Fílon (a propósito da sua influência sobre a obra plotiniana, cf. H. GUYOT, *Les réminiscences de Philon le Juif chez Plotin*, Paris, 1906; R. ARNOU, Le désir de Dieu dans la philosophie de Plotin, Roma, 1967). Para Fílon, Deus não se conhece mediante um raciocínio, mas por uma visão superior, possível apenas, porém, porque Deus se revela à alma. Deus, com efeito, não quis ficar ignoto, revelou-se, mas a sua transcendência permanece absoluta. Também para Fílon é necessária uma vida de purificação, que se desenvolve pela ética, que é nele de natureza religiosa e é Deus que doa à alma a virtude. Porém, somente a virtude, profunda e intensamente vivida, pode permitir o êxtase, que transforma o homem no divino. Certamente há em Fílon influências orientais e uma referência constante à Escritura.

2. **O PENSAMENTO DE PLOTINO**. a) *Contemplação dialética*. O momento central das *Enéadas* é a contemplação como união da alma com o Um e para atingi-la a alma deve voltar a si mesma num caminho de interioridade, num discurso sereno e tranquilizante. Sobre o assunto do aprofundamento interior está de acordo — por sua evidência — toda a literatura plotiniana, bem como sobre a conclusão improvisa do discurso interior claramente afirmada por Plotino: "Quando, pois, a alma tiver a sorte de atingi-lo, quando ele vier a ela, ou melhor, revelar simplesmente a sua presença, quando ela mesma tiver afastado a face das coisas presentes e se dispuser a ser tão bela quanto possível e atingir até a semelhança, [...] eis que a alma descobre em si aquele que apareceu há pouco, pois entre a alma e Deus não há mais nada, nem eles são mais dois agora, mas são, uma e Outro, uma coisa só" *Enéadas*, VI.VII.34). Nessa passagem indica-se toda a doutrina plotiniana do retorno da alma ao Um; a expressão é claríssima, mas esses conceitos que Plotino confirma em todas as *Enéadas* tiveram as mais diversas interpretações: o próprio advérbio ἐξαίφνης (improvisamente) carrega consigo todo um discurso sobre a relação entre dialética (filosofia) e momento culminante da contemplação (êxtase). Segundo J. Maréchal, "o êxtase em Plotino oferece portanto à consciência um conteúdo positivo; mas esse conteúdo não é a conclusão percebida de um raciocínio, e sim o termo mais ou menos evidente de uma influência dialética" (*Psychologie des mystiques*, vl. II, Bruxelles, 1937, 58). Semelhante interpretação acentua o tema da transcendência do Um, conteúdo do êxtase. Daí a conclusão de que "o ponto culminante da filosofia não é aos olhos de Plotino afirmação necessária do bem absoluto,

mas intuição possuidora desse bem" (*Ibid.*, 59); para Hegel, porém, o êxtase "não é puro arrebatamento do sentimento e da fantasia, mas, antes, um sair do conteúdo da consciência sensível; é um puro pensar" (*Lezioni sulla storia della filosofia*, vl. III/1, Firenze, 1934, 41: para a interpretação hegeliana de Plotino, cf. W. BEIERWALTES, *Platonismo e Idealismo*, Bologna, 1987). M. de Corte escreve: "Assim, a experiência mística não é senão uma visão superintelectual idêntica à do próprio Um" (L'expérience mystique chez Plotin e chez saint Jean de la Croix, *Études Carmélitaines* [1935] 185). Como em Hegel, embora em diferente perspectiva, estamos aqui no plano da metafísica; mas outras interpretações são significativas: a de R. Arnou apresenta um outro possível ponto de vista: "Os documentos nos dizem que a considerava [a mística] também como uma experiência" (*Le désir de Dieu dans la philosophie de Plotin*, Roma 1967, 272).

Ao se falar de experiência, ajudará lembrar que esta é coisa diferente do discurso, seja ela pré-discurso (experiência sensível), seja ela pós-discursiva (experiência mística); sendo a experiência sempre contato sem o intermediário do discurso.

b) *Experiência como contato*. A partir de numerosa série de textos que encontramos nas *Enéadas* é claro que em Plotino a experiência dedutível é "pós-discursiva"; entre eles: "Mas em quem é absolutamente simples que transmissão discursiva se aplicaria? Nenhuma; ao contrário, bastará um simples contato espiritual" (V.III.17). Também aqui o texto plotiniano se apresenta claríssimo à leitura; a dificuldade surge quando se procura interpretar unitariamente o discurso das *Enéadas*; Hegel recusa o tema da intuição em Plotino "igualmente vazio" do "puro sentir" (*op. cit.*, 40). E V. Verra fala de uma "dialética horizontal" que penetra no Um (*Dialettica e filosofia in Plotino*, Trieste, 1963).

Ao estudar Plotino sentimos o impulso de pensar na expressão de Chestov, que afirma que para ficar no espírito de Plotino "é preciso ler, mas não reler, seus escritos" (L. CHESTOV, Discours exaspérés. Les extases de Plotin, *Revue Philosophique de la France e de l'Étranger* [1956] 186), até porque Plotino não é um pensador sistemático; e até "aspirava exatamente a escapar ao poder do *logos*" (*Ibid.*, 191). A experiência como contato em Plotino é, portanto, a proposta a ser aceita, segundo Chestov, sem aprofundar racionalmente (porque seria contraditório). Mas somos por uma leitura e releitura de Plotino, do tipo que nos leve não a um esquema de sistema, mas à clarificação do discurso plotiniano. A nosso ver, isso só é possível ao se comparar as diversas passagens uma à outra procurando reuni-las em referência aos poucos, mas fundamentais, temas centrais no discurso plotiniano.

O tema da experiência como contato é ressaltado pelo tema da luz, que apresenta dois aspectos: o contato mais imediato e profundo é o visual e é comum a todos os místicos. Em Plotino os dois temas são apresentados juntos com extrema clareza: "Uma alma sem luz é uma alma desprovida da visão dele; se for iluminada possui o que procurava; e esse é o verdadeiro porto da alma, ou seja, tocar aquela luz e contemplá-la por meio dela mesma; não mais com a luz de outro, mas com aquela mesma luz com que ela vê. Pois a luz com que ela é iluminada é justamente aquela luz que ela deve contemplar. Também o Sol, de resto, não se vê por causa de uma luz diferente. Mas como se verifica essa contemplação? Despoja-te de todas as coisas!" (V.III.17). A última expressão, Ἄφελε πάντα, introduz o tema da purificação que circula em todas as *Enéadas* e constitui a via para chegar à união com Deus. Essa odisseia da alma, para usar uma expressão de Combes (*op. cit.*, 317), é conversão: o retorno da alma ao Um, e essa conversão é a filosofia.

Até aqui, porém, fica-se no plano do discurso humano, que chega somente à premissa negativa da presença de Deus. Mas do texto plotiniano acima citado (VI.VII.34) o contato da alma com o Um mostra-se como que improviso e a copenetração da alma por parte do Um é tão completa que "entre a alma e Deus não há mais nada", nem mesmo o discurso, que possa ceder diante da invasão de Deus, da sua iluminação. O que Plotino exprime no tema da beleza é fundamental em todo o seu pensamento e é essencial para o nosso assunto: "Assim, Zeus tem essa visão; assim ainda qualquer um dos homens que divida o seu amor tem como extremo e universal objeto de visão a beleza suprema; pois essa última mergulha todas as coisas no seu esplendor e invade de tal modo os que chegaram lá em cima que também a eles torna belos" (V.8.10). Devemos nos perguntar agora se se trata de invasão do divino. Todos os estudiosos estão de acordo em que a presença de Deus na alma vem da origem e falam de "êxtase germinal" que chega à sua clareza total depois que a alma tiver se purificado, a que bem corresponde o discurso sobre a θεωρία como ποίησις que mais de um intérprete discutiu criticamente (cf. P. Prini, *Plotino e la genesi dell'umanesimo interiore*, 122-134) e que não podemos aprofundar aqui porque preferimos nos propor examinar o momento do encontro (contato) da alma com Deus; temos de dizer, porém, que esse tema nos manifesta que a iniciativa é da alma porquanto, por meio do retorno, se torna consciente de ser *fenômeno* do Um e, portanto, não nos permite falar de invasão do divino, como podemos, porém, na mística cristã.

c) *Consciência do homem no contato com o divino*. A via para baixo e a via para cima são ambas "caminho divino". Sempre nos movemos, portanto, no plano do divino. Mas o discurso da contemplação como contato da alma com o Um fica aberto e traz consigo notáveis problemas. Entre eles, o primeiro que se pergunta é se nesse contato se mantém a consciência por parte do homem ou se a unificação com o divino leva necessariamente à anulação da consciência. É favorável a essa última solução A. Drews (*Plotin und Untergang der antiken Weltanschauung*, Jena, 1907, Aalen 1954), que, segundo Maréchal (*op. cit.*, 54-57), defendê-la-ia, influenciado pela filosofia idealística alemã. (Para a leitura de Plotino por parte do Idealismo alemão, cf. o livro de Beierwaltes, cit.). Arnou dedica ainda a Drews o apêndice B (*op. cit.*, 300-308), refutando-o com o exame do vocabulário plotiniano.

Não estamos de acordo com Arnou no que diz respeito à identidade de natureza entre a alma e o Um; todavia, a sua análise é certamente muito precisa sob o ponto de vista filológico; lembremos: "A palavra παρακολούθησις não exprime para Plotino senão uma forma inferior da consciência, a que existe numa alma unida a um corpo. É pois ilegítimo ver aí a representação de toda consciência" (*Ibid.*, 308; cf. H. R. Schwyzer, Bewusst und unbewusst bei Plotin, in *Les sources*, 341-390).

Para a inconsciência é também M. De Corte que afirma explicitamente que "a experiência mística plotiniana não pode ser senão inconsciente" (*op. cit.*, 177), o que, porém, deve ser lido tendo presente a página precedente: "o abandono de todo aparato científico discursivo, ou também, pode-se conjecturar, a falta de toda intuição que se apoia no inteligível que lhe é próprio tem por efeito deixar a inteligência num estado de vazio noemático imediatamente compensado pela visão do Um", página que — cf. *Il neoplatonismo*, in *La mistica*, II, Roma, 1984, 602 — dissemos ser "o melhor comentário" a VI.VII.34. Isso se deve ao caráter panteísta da experiência plotiniana. No tema da consciência, mas de um ponto de vista psicológico, detém-se Karl Jaspers, segundo o qual "em Plotino não se encontra nenhum traço de estados psíquicos anormais" (*Die grossen Philosophen*, München 1957). Arnou (*op. cit.*, 269) tem palavras não muito diferentes sob o ponto de vista espiritual.

Giovanni Reale (*História da filosofia antiga*, São Paulo, Loyola, ²2001, 522, IV) escreve: "Na verdade, o êxtase plotiniano não é um estado de inconsciência, mas um estado de hiperconsciência; não é algo irracional ou sub-racional, e sim hiper-racional. No êxtase *a alma se vê toda em Deus*, por assim dizer, se *vê plena pelo Uno* e, na medida do possível, a Ele completamente assimilada". Página que, num plano diferente e próprio, parece chegar à posição de Arnou. Esse tema lembra, por coerência, o tema da individualidade em Plotino, que → von Balthasar (*Nello spazio della metafisica. L'antichità*, Milano, 1977, 259) sustenta, citando VI.III.5. É de outro parecer — e mais persuasivo — Reale, que citando V.VII.1 (cf. *História da filosofia antiga*, 468-469, IV) escreve: "Alguns estudiosos chegaram à conclusão de que Plotino, por conseguinte, admite a existência de Ideias de *todas as coisas individuais*. Mas isso não é exato ou, pelo menos, é muito equívoco, uma vez que falta a Plotino *justamente o conceito de indivíduo como singularidade irrepetível*".

d) *Identidade de natureza entre alma e Um*. O tema da psicologia e o da metafísica não permitem que se fale de inconsciência no pensamento plotiniano sobre a contemplação, mas as perspectivas até aqui examinadas não resolvem o problema fundamental da identidade de natureza entre a alma e o Um. As passagens que já referimos podem ser certamente interpretadas pela identidade (VI.IX.10 parece-nos a passagem mais significativa porque, como diz Bréhier — ed. Les Belles Lettres —, "todo esse capítulo descreve uma visão que é ao mesmo tempo e do mesmo modo uma união". Em IV.VIII.1 Plotino declara-se — portanto em vida — capaz dessa situação. A respeito do assunto, cf. também B. Salmona, *La spiritualità dell'antica Grecia*, Roma 1986, 83-84); o caminho de purificação da alma é o da semelhança sempre mais perfeita com Deus: "é necessário que o vidente se faça primeiro semelhante e afim ao que deve ser visto e depois se aplique à visão…" (I.VI.9). Muitas são as passagens em que Plotino fala de "semelhança" com Deus; e essa semelhança com Deus é "clareza de intelecto", como é amplamente documentado pelos textos (cf., p. ex., I.II,IV.3). É evidente, a nosso ver, que a semelhança com Deus, como Plotino a propõe é somente um grau inferior da identidade que implica ainda uma atividade, ao passo que o Bem (e a alma que chegou à identificação) "é somente para aquele seu tranquilo descansar" (I.VII.1) (ἡσυχία). Na tranquilidade está o bem; para além do discurso e dos limites do próprio ser: "fizemos cair dele toda determinação, mesmo o livre-arbítrio e a livre espontaneidade, coisas posteriores" (VI.VIII.8). Do Bem se tem ἔφεσις, desejo, ao passo que o Bem é para o homem "o desejo em si". Entre o desejo do Bem e o Bem, nessa diferença, está toda a vida do homem, a sua liberdade, que, porém, permanece no plano psicológico (cf. P. HENRY, Le problème de la liberté chez Plotin, in *Revue Néoscolastique de Philosophie*, 1931).

Aprofundando o tema do homem, porém, não é possível ficar nesse plano interno ao discurso. E assim se realiza aquela união entre a alma e o Uno de que Plotino fala em VI.VIII.15. As expressões usadas a propósito do homem são aqui as mesmas usadas antes a propósito do Uno. É verdade que a propósito do Uno se fala de "fazer cair" também a liberdade: aqui, porém, se diz que, transformados nele, estamos "livres como nunca", mas é claro que isso significa que nos libertamos completamente e, "transfigurados naquele viver verdadeiro" (VI.VIII.15), estamos além do livre-arbítrio. Pode-se portanto documentar em Plotino a identidade de natureza da alma e do Um no momento da "clarificação", mediante a purificação, do encontro entre a alma e o Um. E uma vez que essa clarificação está, em germe, desde a origem, desde o primeiro momento da purificação e da presença de Deus que lhe corresponde, evidentemente a identidade já está na origem.

e) *Êxtase e simplificação*. Mas na origem o homem se apresenta como complexo; é, com efeito, um "conjunto"; a alma que ainda "sem corpo é homem" (VI.VII.5) está ligada ao corpo, mas deve sair da sua ligação e deve se tornar simples. Simplificação é, portanto, o caminho de purificação da alma, ou seja, a contemplação. O termo ἔκστασις em Plotino é, com efeito, usado para indicar στάσις ἐν τῷ θεῷ, o repouso, portanto aquela tranquilidade, ἡσυχία, de que muitas vezes fala. Mas "êxtase" é usado essencialmente no sentido de "simplificação" (cf., por exemplo, VI.IX.11, onde se diz ἔκστασις καὶ ἅπλωσις). Mas, se "êxtase" é "simplificação", a saída da alma do mundo sensível e do "conjunto" é simplificação, conversão da alma à simplicidade do Uno, a sua radical solidão. Comentando as últimas palavras de VI.IX, "fuga de só a só", J. Trouillard escreve: "o êxtase é, no sentido ontológico, uma solidão radical; nesse 'só a só', a solidão do ser que procede não é diferente da do Princípio. É uma simplicidade toda atividade e toda relação" (La genèse du plotinisme, *Revue Philosophique de Louvain* [1955] 471). Por mais que Trouillard não defenda a identidade da alma com o Um, também essas suas expressões que leem Plotino, a nosso ver na maneira mais objetiva, podem ser interpretadas no sentido da identidade.

Como em outra parte (cf. *La spiritualità dell'antica Grecia*, cit., 87), saindo de si, a alma sai, portanto, da complicação, e como em VI.IX.11 afirma Plotino, "não chega a outra coisa, mas a si mesma. […] E dizer em si e não no ser significa dizer nele" — no Uno —, demonstrando desse modo que o caminho da alma é necessariamente para a *Unidade*, que é o exato oposto da multiplicidade, a Totalidade, que não pode ser senão unidade do divino.

Assim, a dialética chega a seu cumprimento na sua superação; e nessa superação, na cessação do discurso e também do pensamento, no silêncio do divino mais eloquente da palavra realiza-se a plenitude daquela contemplação, que é certamente contato mais que divisão, unidade, porém, ainda mais que contato.

E o divino em si se apresenta como reconstituído ele mesmo, ou a mesma coisa, porque falta em Plotino o tema da pessoa. Mas para além disso, justamente porque também na vida terrena a alma pode *divinizar-se*, Plotino, mesmo escondendo-a na dignidade de Deus, afirma, quando chega a Deus, também a humanidade do homem.

De *endeusamento*, como já referimos, fala também Reale (*op. cit.*, 522), e o tema do endeusamento, na profunda distinção, está presente também na patrística grega.

f) *Clarificação e identidade de natureza*. A nossa leitura plotiniana chega à identidade de natureza entre a alma e o Uno e à conclusão de que a chamada experiência mística é clarificação do Uno a si mesmo: por isso não falamos de experiência mística, mas daquela experiência para além do discurso que com De Corte (*op. cit.*, 185) podemos chamar de "hiperintelectualística".

Estamos, porém, diante de um discurso extremamente difícil: falar de experiência é possível somente se se pode falar de sujeito que experimenta e de objeto da experiência. Distingamos o tema metafísico do psicológico; o ponto de vista do Absoluto (o autêntico ponto de vista) e o ponto de vista do finito. Mas não é somente isso: também a experiência psicológica é em Plotino metafísica; é a "experiência" de um momento necessário do Uno, e o momento humano é momento de mediação: todo discurso sobre o Absoluto não pode ser para o homem senão conduzido mediante o pensamento humano. O homem, portanto, (a alma) por mais que seja um "momento" do devir do Uno (a contemplação se identifica com o próprio discurso: "Toda a orientação da filosofia plotiniana nos obriga a crer que o estado místico não está somente diante de nós, mas atrás de nós, que não é somente o fim, mas a origem de toda a vida do espírito e da alma": J. TROUILLARD, Valeur critique de la mystique plotinienne, *Revue Philosophique de Louvain* [1961] 433), tem uma consistência própria, que é a consistência do Uno (cf. B. SALMONA, *La libertà in Plotino*, Milano, 1967, 69-70). Somente assim, parece-nos, pode-se salvar o momento da transcendência, que é uma transcendência do momento da clareza sobre o (humano) de uma clareza latente. Trata-se, portanto, de uma transcendência interna ao Absoluto (que salva se não a autonomia, a consistência do homem); sob o ponto de vista cristão, isso seria a perda do homem e de Deus, mas do ponto de vista plotiniano é a exaltação: do homem e de Deus.

Essas reflexões poderiam constituir também resposta ao interrogativo que se põe Pelloux (*L'Assoluto nella dottrina di Plotino*, Milano 1941, 215-216): "Mas se isso [a mística de Plotino vista como panteísta] pode ser verdade, como pode se explicar a iniciativa do Uno, para que o homem possa chegar ao êxtase? [...] Daí resta que, se o lado metafísico do pensamento de Plotino desemboca numa forma de emanatismo panteísta, a sua mística segue sob certos aspectos esse monismo, [...] ao passo que por outros aspectos se aproxima de uma espécie de liberdade do Uno

que se aproxima melhor de um teísmo. Isso prova, ainda, que a perene oscilação entre a transcendência e a imanência [...] se manifesta também na parte religiosa do sistema de Plotino". (Sobre o "panteísmo" plotiniano, cf. REALE, *op. cit.*, 525-528. Para Reale, "a metafísica plotiniana não é uma forma de emanatismo de tipo oriental, nem uma forma de panteísmo, nem uma forma de criacionismo".) A leitura que propusemos apresenta-nos um Plotino com menos incertezas, sem naturalmente pretender tê-las eliminado; com efeito, "o primeiro destaque que podemos tirar desses textos é a indecisão que sente Plotino quando se esforça por caracterizar em profundidade a experiência mística. A sua análise toma o aspecto de uma montanha de elementos calidoscópicos" (DE CORTE, *op. cit.*, 179). A dificuldade da leitura de Plotino é devida também ao fato de que a linguagem plotiniana é sempre de aproximação, como somente pode ser um discurso que tenha como ponto de referência o transcendente; nas *Enéadas* confirma sempre o mesmo ponto de vista, mas a linguagem não o pode jamais plenamente exprimir. (Sobre a dificuldade de ler Plotino, cf. B. SALMONA, *La spiritualità dell'antica Grecia*, cit., 78).

Como se vê, a nossa perspectiva nos leva a dar desse fenômeno uma interpretação diferente da de Arnou; a autoridade do estudioso do vocabulário plotiniano é naturalmente indiscutível, mas é o significado de certas expressões para a interpretação de Plotino que discutimos. Quão difícil seja a interpretação do vocabulário plotiniano e como as expressões plotinianas (para além da interpretação literal) não podem ser assumidas no contexto de uma interpretação de fundo, nós o vemos também ao compararmos a posição de Arnou com a de De Corte; se a problemática subjacente ao discurso é para Arnou de natureza psicológico-religiosa e Plotino é visto como aquele que vive uma experiência singular, em De Corte Plotino é o metafísico que pode falar de experiência somente no plano psicológico; é necessário para ele "que o homem possua em si e por essência uma identidade original com o Uno"; assim "a interpretação objetiva dos caracteres fenomenológicos da experiência mística plotiniana leva inevitavelmente à afirmação do panteísmo" (*op. cit.*, 182). Compartilhamos a tese da identidade de natureza, como emerge nesse texto, com a diferença da transcendência interna que nos leva a negar o tema da inconsciência na experiência chamada mística (defendida, ao contrário, por De Corte) e que humaniza essa experiência embora a deixe no plano puramente intelectualista. Esse tema da transcendência interna salva a transcendência do Um — de outro modo, do Um não se poderia ter teologia negativa. E afirma o homem como manifestação finita do infinito, ao qual deve retornar. O discurso naturalmente seria diferente no contexto, radicalmente diferente, cristão, para o tema da criação e para o da analogia do ser (ao passo que em Plotino existe entre a alma e o Um univocidade do ser). Somente aqui a experiência mística é humana e não há panteísmo.

Assim não aceitamos W. Eborowicz, quando escreve: "Parece, portanto, que o êxtase plotiniano estudado como acontecimento místico vivido pelo filósofo não está de acordo com as conclusões panteístas tiradas por certos historiadores" (*La contemplation selon Plotin*, *Giornale di Metafisica* [1958] 71), porque o aspecto psicológico da mística não é outra coisa senão o ponto de vista do finito, parcial e inautêntico.

g) *O tema de Eros*. Não abordamos o tema de Eros, vivíssimo no discurso plotiniano. Mas estamos de acordo com De Corte que "Plotino quase nunca faz intervir o amor na experiência mística. O νοῦς ἐρῶν passa a segundo plano para dar lugar ao μὴ νοῦς, à plenitude de uma intuição superintelectual" (*op. cit.*, 185). De nossa parte, já ressaltamos (B. Salmona, Identità metafisica e uguaglianza per amore. Plotino e san Giovanni della Croce, *Ephemerides Carmeliticae* [1969] 88), comentando 1.VI.IX, que "a conclusão plotiniana do discurso platônico sobre o amor [...] é justamente a afirmação da identidade da alma com Deus". Para Trouillard, em Plotino o amor tem um papel libertador (cf. C. Gagnebin, *La pensée de Plotin, une philosophie de la vie spirituelle*, *Revue de Théologie et de Philosophie* [1964] 84-95); a libertação é, porém, a nosso ver, um amor que se "identifica" com o intelecto. Assim não nos pomos a pergunta que se põe Trouillard (*op. cit.*, 444) sobre a possível infidelidade de Plotino ao intelectualismo helênico, e, a nosso ver, com efeito, Plotino pode ser posto todo e somente dentro do intelectualismo grego; a esse propósito, a respeito da influência orientalista de Plotino, apoiada pelo trabalho de Bréhier, C. Carbonara afirma que a pesquisa de Bréhier, "embora bem conduzida, conserva o caráter de conjectura" (*La filosofia di Plotino*, Napoli, 1964, 413).

h) *Discurso plotiniano e discurso cristão*. Sobre o tema da relação teorética, além disso, concordamos com Maréchal, que escreve a respeito do racionalismo plotiniano: "parece-nos pouco compatível com a disposição de ânimo que exige a graça, entendido esse termo no sentido cristão. Ora, Plotino [...] não tem simpatia pela humildade evangélica e não sente nenhuma necessidade latente de redenção" (*op. cit.*, 53). Observação interessantíssima porque foca, comparando-o com a virtude cristã da humildade, o intelectualismo grego, que chega, paradoxalmente, à soberba da razão: a perfeição do intelecto não pode ter necessidade de redenção; entre os gregos a perfeição do intelecto é a perfeição do indivíduo; Plotino é, portanto, perfeitamente grego.

Estamos de acordo com Carbonara, quando escreve: "O sentido do divino e da interioridade, em qualquer fonte que seja tomado, eleva-se em Plotino a uma pureza e a uma profundidade verdadeiramente grandes. De certo ponto de vista, mais que a gênese histórica do espiritualismo plotiniano, seria útil procurar a importância que ele teve para os ulteriores desenvolvimentos da filosofia ocidental" (*op. cit.*, 417). Mas para isso era necessário que a grande espiritualidade de Plotino fosse abordada e meditada por pensadores situados num outro contexto espiritual e que nesse novo contexto fossem novamente propostos os temas plotinianos. A grande influência que Plotino terá no pensamento cristão vai justamente nessa direção e, por mais que os pensadores cristãos possam parecer às vezes plotinianos, eles, como cristãos, tiveram de inverter a perspectiva plotiniana.

As primeiras obras de Santo → agostinho a esse propósito são de autoridade (cf. É. Gilson, *Introduzione allo studio di sant'Agostinho*, Casale Monferrato, 1983, 269-272).

As últimas palavras de Plotino: "... εἰπὼν ὅτι σὴ ἔτι περιμένω καὶ φήσας πειρᾶσθαι τὸ ἐν ἡμῖν θεῖον ἀνάγειν πρὸς τὸ ἐν τῷ παντὶ θεῖον" [te esperei... esforço-me por fazer subir o divino que está em nós ao divino que está no todo], (Porfírio, *Vida de Plotino*, II, 23-25), que aceitamos nesta leitura, que nos pareceu — cf. *La spiritualità dell'antica Grecia*, 13 — como a conclusão da alma mais verdadeira da espiritualidade grega e não na que foi proposta por Henry-Schwyzer (τὸν ἐν ὑμῖν θεόν), são, de acordo com todo o discurso plotiniano, uma exaltação do divino, mas também um destaque dado à identidade de natureza (pela univocidade) entre o homem e Deus e, em última análise, exaltação do homem como divino: o limite da espiritualidade grega que somente a espiritualidade cristã (criaturista e teísta) poderá superar.

BIBLIOGRAFIA. ARNOU, R. *Le désir de Dieu dans la philosophie de Plotin*. Roma, 1967; BALTHASAR, H. U. von *Im Raum der Metaphysik*. Einsiedeln, 1965; BEIERWALTES, W. *Platonismus und Idealismus*. Frankfurt am Main, 1972; BRUNI, G. Il Dio perduto nella Inautenticità di P. *Rassegna di Filosofia* (1958) 209-233; ID. Note di polemiche neoplatoniche contro l'uso e il significato del termine ἐντελέχεια. *Giornale Critico della Filosofia Italiana* (1960) 205-236; CHESTOW, L. Discours exaspérés. Les extases de Plotin. *Revue de Philosophie* (1956) 178-216; CILENTO, V. La radice metafisica della libertà nell'antignosi plotiniana. *La Parola del Passato* (1963) 94-123; ID. Psyché, *La Parola del Passato* (1961) 190-211; ID. *Saggi su Plotino*. Milano, 1973; ID. Unità e distinzione di mistica e dialettica nel pensiero religioso di Plotino. *Rassegna di Scienze Filosofiche* (1966) 156-183; EBOROWICZ, W. La contemplation selon Plotin. *Giornale di Metafisica* (1957) 472-518; (1958) 42-82; ID. Le sens de la contemplation chez Plotin et st. Augustin. *Giornale di Metafisica* (1963) 219-240; GANDILLAC, M. de. *La sagesse de Plotin*. Paris, 1952; GATTI, M. L. *Plotino e la metafisica della contemplazione*. Milano, 1982; GIACON, C. Motivi plotiniani. Padova, 1950; GUITTON, J. *Le temps et l'éternité chez Plotin et st. Augustin*. Paris, 1956; KATZ, J. Plotin and the gnostic. *Journal of the History of Ideas* (1954) n. 2; ID. *Plotin's search of the good*. New York, 1950; MATTER, P. P. *Zum Einfluss des platonischen Timaios auf das Denken Plotino*. Winterthur, 1964; MURRAY, J. The ascent of Plotin to God. *Gregorianum* (1951) 223 ss.; PÉPIN, J. Èlements pour une histoire de la relation entre l'intelligence et l'intelligible chez Platon et dans le néoplatonisme. *Revue Philosophique de la France et de l'Étranger* (1955) 39-64; ID. Le problème de la communication des consciences chez Plotin et st. Augustin. *Revue de Métaphysique et de Morale* (1950) 128-148; PRINI, P. *Plotin e la genesi dell'umanesimo interiore*. Roma, ²1976; REALE, G. *História da filosofia antiga*. São Paulo, Loyola, ²2001, 399-608; SALMONA, B. *La libertà in Plotino*. Milano, 1968; ID. *La spiritualità dell'antica Grecia*. Roma, 1986; TROUILLARD, J. *La procession plotinienne*. Paris, 1955; ID. *La purification plotinienne*. Paris, 1955; ID. Valeur critique le da mystique plotinienne. *Revue Philosophique de Louvain* (1961) 431-444; VERRA, V. *Dialettica e filosofia in Plotino*. Trieste, 1963; ID. Il Neoplatonismo. In *Questioni di storiografia filosofica*. Brescia, 1975, 399-444; VOGEL, C. J. de. La théorie de ἄπειρον chez Platon et dans la tradition platonicienne. *Revue de Philosophie* (1959) 21-39.

B. SALMONA

POBREZA. O tema da pobreza está hoje entre os mais debatidos e urgentes, não somente sob o perfil da vida espiritual, mas também sob o eclesiológico (basta pensar nos temas da "Igreja dos pobres" e da "pobreza da Igreja"), bem como, naturalmente, sob o perfil ético-social, esse último em escala não mais setorial, mas planetária. E, se à amplitude desse interesse em relação ao tema se acrescenta a duplicidade de significado — dir-se-ia quase estrutural — do termo (como *status social* de indigência ou como *estilo de existência* cristã marcada pelo seguimento cristológico), podemos nos dar conta da amplitude e da importância de uma renovada reflexão sobre a pobreza para nela buscar o autêntico e originário significado evangélico. Nessa linha é que se move também a nossa sintética reflexão teológica, que remete, numa análise histórico-analítica do problema, ao amplo verbete "Pauvreté chrétienne" do *Dictionnaire de Spiritualité* (Paris, 1984, 613 ss., vl. XII), com uma rica e precisa bibliografia para cada um dos pontos que abordarmos, bem como aos verbetes dos mais autorizados dicionários bíblicos, teológicos e espirituais. Privilegiando o aspecto teológico-espiritual do problema, articulamos o nosso estudo em três momentos: 1) a hermenêutica do dado bíblico; 2) a releitura da tradição eclesial; 3) uma síntese sistemática à luz das exigências emergentes no hoje eclesial e cultural — dando mais amplo espaço, pelos limites restritos concedidos à nossa contribuição, ao primeiro, fundamental momento, e sintetizando um tanto os outros dois.

1. A POBREZA NA HISTÓRIA DA SALVAÇÃO E NO SEU CUMPRIMENTO CRISTOLÓGICO. A. *No Antigo Testamento* a pobreza representa sem dúvida um fio vermelho que percorre toda a história da salvação, que o Deus da aliança mantém com o seu povo (cf. o verbete "Ptochós, ptocheía, ptochéo", por F. HAUCK — E. BOMMEL, in *Theologisches Wörterbuch zum Neuen Testament*, Stuttgart, 1965). Condensando o longo desenvolvimento que o tema tem ao longo do decurso dos séculos, podemos dizer que, no horizonte da aliança entre Deus e o seu povo, a realidade da pobreza assume uma dupla conotação.

— Em primeiro lugar, a pobreza, como estado de indigência, de injustiça ou de marginalização em que o homem se encontra, é decididamente estigmatizada por Deus por meio dos profetas como fruto e expressão do pecado (Am 2,6-7; 4,1; 5,7; Jr 5,28; Mq 9,6.12-13; Is 10,2 e *passim*).

No plano originário da criação, bem como no futuro da "promessa", não há lugar para tal pobreza: ela é o indício eloquente de uma deformação do plano originário de Deus sobre o homem e de uma infidelidade à → ALIANÇA. Na perspectiva bíblica, com efeito, tudo o que é criado é bom, porquanto vem de Deus (cf. o Livro do Gênesis), e o homem é posto no mundo como o "lugar-tenente" a quem Deus confia o domínio do universo. Portanto, o mundo material não é coisa de que seja necessário "libertar-se" como de um cárcere em que o espírito do homem está como prisioneiro, segundo uma visão pessimista e dualista do real; embora seja verdade que é preciso não absolutizar as coisas criadas ("idolatria"), porque elas não são senão um dom de Deus ao homem. Ao lado do otimismo da criação, a outra chave de leitura que faz o povo eleito compreender a inadmissibilidade da pobreza é o fato de que, vindos de Deus, os bens são destinados a todos os homens: a "terra prometida", com efeito, é antes de tudo propriedade de Deus, que a concede aos homens como povo constituído como tal em virtude da aliança. A pobreza como indigência nasce por isso justamente quando, infringindo o projeto de Deus, o homem absolutiza as coisas, delas se apropria desordenadamente, desprezando os justos direitos dos outros homens; assim, a riqueza da criação, dom de Deus aos homens, torna-se propriedade egoística de alguns, provocando a pobreza dos outros. O advento do reino de Deus em meio a seu povo coincidirá, portanto, com o alinhamento do próprio Deus nas fileiras dos pobres e com a destruição das situações de injustiça. Um eco significativo, uma como que *magna charta* da visão messiânica veterotestamentária sobre a intervenção escatológica de Deus a favor dos pobres, proclamada no momento decisivo da sua atuação é representada pelo canto do *Magnificat* que brota do coração de Maria: "Ele interveio com toda a força do seu braço; dispersou os homens de pensamento orgulhoso; precipitou os poderosos de seus tronos e exaltou os humildes; os famintos, ele os cobriu de bens e os ricos, despediu-os de mãos vazias" (Lc 1,51-53).

— Ao lado desse primeiro significado (mais material) do termo "pobreza" logo se junta outro (visível sobretudo na pregação profética, a partir, em particular, do profeta Sofonias: cf. Sf 2,3). É antes de tudo o povo eleito considerado em seu conjunto que faz uma experiência de "pobreza coletiva": ser reduzido à mercê das potências inimigas, ver-se em estado de escravidão e de exílio, fazer Israel descobrir o significado originário de sua relação de aliança com Deus: é nele que todo bem para o homem tem sua fonte; separar-se dessa fonte é condenar-se ao aniquilamento. O *status* de pobreza, social e até individual, torna-se o lugar em que Israel descobre o significado positivo, religioso da pobreza: a pobreza dos *anawim JHWH*, do "resto de Israel", do "servo de YHWH". É a pobreza de quem radicalmente reconhece em Deus a fonte do seu ser e do seu existir histórico e que, por isso, a ele se entrega plenamente (uma atitude espiritual que terá ampla ressonância nos Salmos; cf., por exemplo, Sl 25; 31; 35; 55). A raiz última dessa pobreza, que Israel é convidado a experimentar nos momentos mais obscuros da sua história, em que Deus, porém, não tardará a se mostrar como o Libertador do "braço poderoso" (o êxodo do Egito, o retorno do exílio, a promessa da nova aliança), é a criaturalidade do homem e do seu mundo: tudo vem de Deus — reconhecer essa realidade é viver uma autêntica relação de aliança com Deus, embebida de um sentido religioso, positivo de pobreza como livre e confiante abandono ao Senhor, única e autêntica fonte de verdadeira riqueza para o povo de Israel. E também no que diz respeito a esse segundo significado, espiritual, da pobreza, é Maria que resume existencialmente em si os traços autênticos da "filha de Sion", que é, antes de tudo, a "serva do Senhor".

B. O *Novo Testamento* é o testemunho da irrupção do reino de Deus entre os homens em Jesus de Nazaré. É significativo que Jesus não somente anuncie a vinda do reino de Deus (Mc 1,14-15; Mt 4,12-17), mas a qualifique justamente ao fazer próprio o texto de Is 61,1-2: "O Espírito do Senhor está sobre mim, porque me conferiu a unção para anunciar a Boa-Nova aos pobres. Enviou-me para proclamar aos cativos a libertação e aos cegos, a recuperação da vista, para despedir os oprimidos em liberdade, para proclamar um ano de acolhimento da parte do Senhor" (cf. Lc 4,16-21). O anúncio da vinda do Reino está, portanto, deste o início, em estreitíssima relação com a realidade da pobreza: é aos pobres que, antes de qualquer coisa, é anunciada a "Boa Notícia", e é somente a quem sabe se fazer "pobre de espírito" que é assegurada a entrada no Reino. Esses dois aspectos do *querigma* original de Jesus (que, sob o ponto de vista histórico-crítico, remonta ao período mais arcaico da sua pregação na Galileia: cf. R. FABRIS, *Gesù di Nazaret. Storia e interpretazione*, Assisi, 1983) estão fundidos na redação sinótica das beatitudes: "Felizes os pobres de coração: deles é o Reino dos céus" (Mt 5,3); "Felizes, vós, os pobres, o Reino de Deus é vosso" (Lc 6,20) (ainda que a diversidade de redação, de Mateus e de Lucas, torne ainda evidente a distinção originária: cf. a sempre fundamental obra de J. DUPONT, *Les béatitudes. Le problème littéraire. Les deux versions du sermon sur la montagne et les béatitudes*, Louvain, 1958). Para aprofundar a mensagem cristológica acerca da pobreza, vamos dividir nosso estudo em duas partes: ocupamo-nos primeiro do significado que a pobreza (no duplo sentido de que falamos acima) assume no *querigma* e na prática de Jesus de Nazaré, para depois aprofundar o significado que definiria "pascal" da própria pobreza, ou seja, aquele significado que ela adquire na Igreja primitiva à luz do evento pascal do Senhor.

— *A pobreza no querigma e na prática histórica de Jesus de Nazaré.* Para aprofundar o conteúdo do *querigma* de Jesus sobre a pobreza, penso ser útil nos determos em três principais aspectos que se mostram evidentes a partir da reconstrução histórico-crítica da mensagem e da prática de Jesus, sobretudo com base no testemunho dos evangelhos sinóticos, aspectos de que pode emergir, com suficiente clareza, a original novidade que esse tema assume à luz da globalidade do evento cristológico: a) o anúncio do Reino e os pobres; b) a prática de pobreza de Jesus; c) a pobreza e o seguimento de Jesus.

a) Para compreender o significado exato da pobreza no contexto do *querigma* de Jesus é preciso em primeiro lugar revisitar *o significado do anúncio do Reino.* Dos "ditos" e dos "fatos" do ministério messiânico de Jesus emerge com clareza que a vinda do reino de Deus na história por meio da pessoa de Jesus configura-se como um evento unitário em que a revelação da paternidade de Deus se realiza como libertação integral dos homens e, em particular, dos "últimos": libertação do pecado como fechamento autárquico em si mesmo, libertação da doença, libertação da pobreza, libertação da marginalização, libertação das cristalizações sociais da injustiça — que não são senão frutos do pecado —, libertação que é o pressuposto e o efeito da instauração da nova e definitiva aliança. A fonte da solidariedade de Jesus de Nazaré com os pobres (no sentido mais amplo e integral do termo) brota da sua experiência única da paternidade de Deus. Deve-se observar que a libertação de que Jesus se faz portador não tem em primeiro lugar um significado social e político: o seu messianismo visa prioritariamente instaurar a experiência da paternidade de Deus como paternidade que liberta das discriminações, como suscitadora de um convívio alegre a que são fraternalmente chamados a participar todos os homens que, tendo um único Pai, não podem ser senão irmãos entre si. Na prática e no *querigma* de Jesus, concentrados no anúncio e na atuação do advento do Reino, é posta em prática, portanto, uma exegese existencial dos dois mandamentos em que ele resume e cumpre o significado da lei e dos profetas: amar a Deus com todo seu ser, amar o próximo como a si mesmo (Mc 12,28-34 e par.). As consequências até sociais do advento do Reino brotarão, por necessidade, dessa experiência originária.

b) Na origem tanto da experiência da paternidade de Deus como da solidariedade com os últimos há, em Jesus, a vivência da *atitude perfeita do "pobre de YHWH"*, do "servo", de Isaías, como confiante e plena adesão ao querer de Deus. Essa atitude se traduz também numa escolha precisa de *prática de pobreza*, cujas características os evangelhos — ainda que indiretamente — nos fazem vislumbrar. Não somente Jesus tem uma origem humilde (cf. os evangelhos da infância e Lc 2,22-24), mas, concretamente, no seu ministério messiânico itinerante, mostra — com base numa precisa opção messiânica (de que nos é dado testemunho no evento do seu batismo) — que renuncia às riquezas e seguranças terrenas para atuar livremente, com plena adesão ao querer do Pai, a sua missão entre os homens (cf. a conhecida passagem do "sermão da montanha", de Mateus: "Eis por que eu vos digo: Não vos preocupeis. [...] Olhai os pássaros do céu. [...] Aprendei dos lírios dos campos, como crescem" [Mt 6,25-34]). Alguns episódios evangélicos, como o da unção em Betânia (Jo 12,1-11), mostram-nos que o seu estilo de pobreza era também o estilo da comunidade dos Doze em torno dele, com um baú comum (de que também se fala no episódio da multiplicação dos pães), com a contribuição providencial de alguns benfeitores e benfeitoras (cf. Lc 8,1-3), com a ajuda concreta feita aos necessitados. De outra parte, e essa é também uma característica fundamental de Jesus em relação à riqueza, numa linha que se põe plenamente em continuidade com a tradição veterotestamentária, ele mostra não desprezar os bens, ao passo que à sua volta há também pessoas notáveis (por exemplo, no episódio de Zaqueu: Lc 19,1-10; em José de Arimateia, ou em Nicodemos; Mt 27,57-60; Jo 19,38-41 etc.), embora se trate sempre de pessoas que sabem pôr seus bens, ainda que nem todos, a serviço dos pobres e dos outros. Com muita precisão observou a propósito P. Foresi: "Jesus parece um homem, mais, o Homem por excelência, abandonado totalmente à providência, para testemunhar a sua dependência somente do Pai, mas que sabe ao mesmo tempo se servir com simplicidade dos poucos bens que lhe são dados para o sustento seu e dos seus e para ajudar os pobres" (La povertà di Gesù nei vangeli, *Gen's* VIII [1978] n. 6).

c) Do que foi dito nos dois pontos anteriores é evidente que o "estilo de pobreza" e a evangelização dos pobres tornar-se-ão duas características fundamentais do *seguimento*. Mas para compreender totalmente o significado que dá Jesus a esse último, inclusive em referência à pobreza, é preciso ter presente que o grupo dos discípulos que ele chama de modo especial para junto de si para lhes participar também a sua missão ("E constituiu doze para estarem com ele e para os enviar a pregar, com autoridade para expulsar os demônios": Mc 3,14 e par.) é chamado a entrar de modo mais decisivo naquele espaço novo de vida e de relações com o Pai e entre si que é suscitado pela irrupção do Reino. Por isso, a pobreza que lhes é exigida é uma pobreza "escatológica", do tipo da que viveu Jesus, uma pobreza que reflete a manutenção de vida e de relações (com as coisas e com os outros) que o Reino provoca ao entrar na história.

Dentre as muitas passagens referentes ao seguimento e a consequente exigência da pobreza, e que não é possível examinar aqui um a um, vamos escolher apenas uma, a famosa perícope conhecida sob o nome de "o chamado do jovem rico". A redação sinótica do episódio (Mc 10,17; Mt 19,16-30; Lc 18,18-30) muito provavelmente unifica três diferentes ensinamentos de Jesus sobre o tema pobreza-riqueza, que decididamente convergem no significado escatológico que a pobreza assume como condição de entrada no Reino e, portanto, como característica do seguimento.

Em primeiro lugar, a quem o quer seguir Jesus dirige o convite de participar de seu próprio estilo de vida: "Só te falta uma coisa; vai; o que tens, vende-o, dá-o aos pobres e terás um tesouro no céu; depois, vem e segue-me". O seguimento cristológico exige, pois, "vender tudo" para adquirir a "pérola preciosa" do Reino, o que significa reconhecer a prioridade absoluta do Reino e o abandono das falsas (idolátricas) seguranças terrenas. De outro lado, como se conclui do *loghion* há pouco citado, e sobretudo como é explicitado pela resposta de Jesus à pergunta de Pedro, no final da perícope ("Em verdade, eu vos digo, não haverá ninguém que tenha deixado casa, irmãos, irmãs, mãe, pai, filhos ou campos por minha causa e por causa do Evangelho, e não receba ao cêntuplo agora, no tempo presente, casas, irmãos, irmãs, mães, filhos e campos, com perseguições, e no mundo futuro a vida eterna"), a pobreza como característica do seguimento, ao introduzir no "espaço" do Reino, torna-se a condição não somente do acesso à vida eterna, mas também, no presente da história, a possibilidade de participar da promessa messiânica do "cêntuplo". Nessa passagem não se especificam as modalidades dessa experiência a que dão acesso a pobreza e o seguimento, mas, do todo da mensagem escatológica de Jesus, deduz-se com facilidade que, no espaço de relações novas com Deus (reconhecido como irmãos) há a possibilidade de experimentar o "cêntuplo" prometido messianicamente por Jesus: será o que for experimentado, paradigmaticamente, pela comunidade cristã primitiva (cf., mais adiante, a menção aos Atos).

Nesse contexto, compreende-se também a terceira indicação que nos é dada por nossa perícope: "Quão difícil será para os que têm riquezas entrar no reino de Deus! [...] É mais fácil um camelo passar pelo buraco de uma agulha do que um rico entrar no Reino de Deus". Com efeito, a riqueza, como "idolatria" (basta lembrar o que diz Mateus: "onde estiver o teu tesouro, ali também estará o teu coração", Mt 6,21), em seu aspecto material — como expressão de uma opção existencial de fundo — está em patente contradição com a entrada no espaço escatológico do Reino. Daí aquela constante do *querigma* escatológico de Jesus, que é o "Mas infelizes, vós, os ricos" (cf. Lc 6,24).

— *O significado pascal da pobreza na experiência da Igreja primitiva*. Também no que diz respeito à pobreza, como é — aliás — para todos os outros aspectos que qualificam a mensagem cristológica, a Páscoa, longe de representar uma ruptura, constitui o coerente e necessário acabamento da revelação. Se a morte de Jesus de Nazaré na cruz representa o ápice da sua solidariedade com os últimos, a ressurreição se apresenta inequivocamente não apenas como o selo de aprovação escatológica que o Pai, na força do Espírito, imprime ao ministério messiânico do Filho encarnado, mas também como a irrupção definitiva do Reino na história. Três são, sinteticamente, as linhas de reflexão e de prática que derivam da experiência pascal dos discípulos, no que diz respeito a nosso tema: a) em primeiro lugar, a comunidade primitiva experimenta, na força do Espírito e na coerente atuação do ensinamento do Senhor, a partilha dos bens como sinal da irrupção do Reino (Atos); b) em segundo lugar, aprofundando, na luz do Espírito, o mistério da existência de Cristo, "descobre" a profundidade pascal do mistério da sua pobreza, como raiz da experiência de pobreza que a mesma comunidade escatológica é chamada a praticar na história (epistolário paulino); c) enfim, à luz do mandamento novo do Senhor, o amor recíproco, como alma da *koinonia* eclesial, remonta à experiência da *koinonia* trinitária como fonte e modelo da vida da Igreja (*corpus johanneum*). Examinemos rapidamente cada uma dessas três dimensões.

a) O quadro, ainda que idealizado, da primeira comunidade cristã de Jerusalém que Lucas nos apresenta tem um profundo significado teológico e um valioso aspecto histórico na prática de solidariedade entre as comunidades cristãs (as "coletas" de que fala São Paulo). A *koinonia* dos bens escatológicos da salvação (que se resume no dom do Espírito, dom do *ágape* efundido nos corações e da liberdade dos filhos de Deus pelo domínio do pecado) traduz-se *ipso facto* na *partilha dos bens materiais* (cf., em particular, os dois "sumários" de At 2,42-47 e 4,32-37). Temos de fazer duas importantes observações a propósito dessa experiência que ficará como arquetípica na consciência histórica da Igreja e à qual, embora de diferentes modos, se referirão no decurso dos séculos os movimentos religiosos de renovação eclesial. Em primeiro lugar, a pobreza, como expropriação dos próprios bens, tem por finalidade a comunhão: ser "um só coração e uma só alma" (ou seja, a viva e existencial consciência de ser — como dirá Paulo — "corpo de Cristo") é, ao mesmo tempo, o fim e o princípio motor do espírito de pobreza como partilha dos bens. Em segundo lugar, a experiência da *koinonia* dos bens messiânicos que se traduz também em *koinonia* dos bens terrenos apresenta-se, profeticamente, como a vida de solução para o problema concreto da pobreza "real". Como ressaltou com razão S. Légasse, na *koinonia* eclesial, que nos é testemunhada pelos Atos, tem-se "a realização do anúncio formulado em Dt 15,4, em que os Setenta referem, em lugar do preceito do hebreu, uma frase que tem o acento de uma promessa concernente a era messiânica: 'não haverá pobres em teu meio'. É justamente isso que a nova comunidade cumpre à letra (At 4,34). A prática da *koinonia* dos bens exclui a pobreza; ela mira, ao contrário, supri-la por meio da partilha, estando tudo ordenado à unidade espiritual dos crentes (At 4,34a)" (in *Dictionnaire de Spiritualité*, 629, vl. XII).

Nessa perspectiva, a comunidade nascida da Páscoa do Senhor mostra-se com toda evidência como a atuação histórica da irrupção escatológica do Reino, em Cristo ressuscitado, na trama dos eventos humanos. E, conforme a mensagem de Jesus, os dois aspectos da vida humana definidos pelo termo pobreza (o abandono em Deus e a partilha com os irmãos; a superação das condições de pobreza "real") mostram ter a sua chave de atuação no *ágape*, centro do *querigma* escatológico de Cristo.

b) E é justamente a experiência da comunhão eclesial e das suas radicais exigências o caminho que leva, na luz do Espírito, a uma mais profunda compreensão do *mistério da "pobreza" cristológica*, sobretudo no epistolário paulino, ao passo que, ao mesmo tempo, será o mistério da pobreza cristológica que iluminará mais profundamente a compreensão e a prática eclesial, numa espécie de vital círculo hermenêutico característico da experiência cristã (cf. S. ZEDDA, *La povertà di Cristo secondo san Paolo [2Cor 8,9; Fl 2,7-9; Cl 1,2a; 2Cor 13,3-4]*, in ABI, *Evangelizzare pauperibus*, Brescia, 1978, 343-370). É significativo que o primeiro e paradigmático texto em que São Paulo nos diz algo do abissal mistério da pobreza de Cristo ("de rico que era, fez-se pobre, para vos enriquecer com a sua pobreza": 2Cor 8,9) se insere no contexto de uma exortação pela coleta a favor da Igreja de Jerusalém, a propósito da qual São Paulo esclarece que "não se trata de vos sujeitar à penúria ajudando os outros, mas de estabelecer a igualdade" (8,13). O mesmo se diga para o contexto em que é posto o famoso hino da Carta aos Filipenses: "cumulai a minha alegria vivendo em pleno acordo. Tende um mesmo amor, um mesmo coração. [...] Comportai-vos entre vós assim, como se faz em Jesus Cristo" (Fl 2,2.5). A pobreza de Cristo, em Paulo, torna-se portanto o modelo, ou melhor, a "forma" da pobreza cristã: uma pobreza que, como em Cristo, é animada pelo *ágape* e tem por finalidade a *koinonia*. À luz do mistério da → ENCARNAÇÃO, lido na perspectiva do mistério pascal da morte e ressurreição, a pobreza pela partilha se torna, para o discípulo, inserido em Cristo ressuscitado em virtude do → BATISMO, um modo essencial de viver o dinamismo pascal da vida do Cristo: dar a vida (dar os bens) pelos irmãos é experimentar com eles, desde já, a ressurreição na *koinonia* eclesial. Como Cristo, "quem, de condição divina, não considerou como presa a agarrar o ser igual a Deus, Mas despojou-se" (Fl 2,6-7), assim é chamado a fazer o cristão: a pobreza é dom, a pobreza é um aspecto interior do *ágape*.

c) Já em São Paulo, mas sobretudo em São João, a compreensão "pascal" do mistério da pobreza cristológica como "forma" da vida de *koinonia* da Igreja *abre sobre o mistério trinitário*, como fundamento e modelo da partilha eclesial. De um lado, o evangelho de João, na luz do Espírito prometido por Cristo que "conduz à verdade plena" (Jo 16,13), define com muita precisão o núcleo da mensagem cristã: "amai-vos uns aos outros como eu vos amei" (*Ibid.*, 15,12) — é esse o coração da vida eclesial; e esclarece também a medida e o estilo desse amor, modelado no cristológico: "Ninguém tem maior amor do que aquele que se despoja da vida…" (*Ibid.*, 15,13). Mostra desse modo, com mais precisão ainda do que São Paulo, que a espoliação-pobreza (até o dom da vida) é a condição pascal da *koinonia* eclesial. Por outra parte, sobretudo no c. 17, insere essa *koinonia* na interioridade da *koinonia* trinitária. A relação entre o Pai e o Filho, com efeito, é uma relação de total partilha, de perfeita unidade, em que o que é de Um é plenamente também do Outro (cf. 8,27; 10,30; 16,14-15 etc.); assim, a suprema "declaração de intenções" e oração de Jesus ao Pai é: "que todos sejam um, como tu, Pai, estás em mim e eu em ti" (*Ibid.*, 17,21). É nesse contexto que se encontra a definitiva chave hermenêutica da pobreza cristológica e da eclesial: o dom do que se é e do que se tem para ser "um" em Cristo ressuscitado, na força libertadora do Espírito, para que ele, Cristo, possa entregar todos ao Pai, de quem veio e continuamente vem toda riqueza.

2. A POBREZA NA COMPREENSÃO DA IGREJA AO LONGO DO CAMINHO DA HISTÓRIA. A riqueza, originalidade e profundidade que a pobreza assume no evento cristológico, como sua dimensão constitutiva, tornar-se-á o levedo que fermentará, ao longo dos séculos, a experiência eclesial, a qual encarnará, de tempos em tempos, ora uma, oura outra das características que convergem ao desenhar sua específica fisionomia. Com uma boa dose de aproximação, é possível reconhecer, ao longo da experiência histórica da Igreja, pelo menos três etapas dessa progressiva compreensão: a patrística, a medieval e a contemporânea.

A. No período da *Patrística* é fundamental o tema e, de diferentes modos, a prática da *koinonia* como a qualidade típica da experiência cristã. "Não afastarás o teu olhar do indigente, mas porás em comum os teus bens com o teu irmão — escreve, por exemplo, a *Didaqué*: tu não dirás que são teus, porque se vós estais em comunhão (*koinônoi este*) com o Bem imortal, quanto mais deveis fazê-lo nos bens materiais" (4,8; cf. M. G. MARA, *Ricchezza e povertà nel cristianesimo primitivo*, Roma, 1980). Mas é certamente Santo → AGOSTINHO que, à luz da sua eclesiologia total, fortemente centrada no mistério paulino da Igreja-corpo de Cristo, pôs em evidência, em perfeita continuidade com a experiência arquetípica da Igreja primitiva, que o aspecto de privação inerente ao conceito cristão de pobreza (desapropriar-se dos próprios bens) não pode ser separado do aspecto positivo do "pôr em comum" e, portanto, também da finalidade intrinsecamente social dessa comunhão dos bens que é a libertação da pobreza material. Com efeito, escreve na sua *Regra*: "Habitai unânimes na mesma casa e tende um só coração e uma só alma em Deus. E não considerai nada como vossa propriedade, mas tudo esteja em comum" (I, 12). Com razão ressaltou a propósito Solignac: "Iluminada por outros textos, essa frase não prescreve somente considerar como 'comuns', quer dizer, 'não apropriáveis' objetos materiais. Trata-se antes de 'pôr em comum' o que cada um possui como próprio, e em primeiro lugar as riquezas espirituais, os carismas dados pelo Espírito. A Igreja, com efeito, é para Agostinho [...] um só corpo de Cristo; ora, é por meio desse Espírito, 'comum ao Pai e ao Filho, que o Pai e o Filho quiseram que nós tivéssemos comunhão com eles e entre nós' (*Sermão* 71,12,18). Conclui-se que os → DONS DO ESPÍRITO SANTO, ainda que exercidos por um só, pertencem na realidade a todos: 'tudo isso que tem meu irmão, se não o invejo e se o amo, é meu' (*Sermão* 19,4)". Infelizmente — conclui Solignac — "esse aspecto positivo (da pobreza) será depois quase completamente esquecido" (in *Dictionnaire de Spiritualité*, 464, vl. XII).

Uma outra linha de aprofundamento, que se mostrará, sob certos aspectos, ainda mais decisiva do que a descrita há pouco pelo desenvolvimento da consciência e da prática eclesial, é a que vê a pobreza como *característica decisiva do seguimento* cristológico. Basta pensar na experiência carismática fundamental de Santo Antônio (na passagem do século III para o IV). A vida eremítica e depois a cenobítica (na dupla, mas de fato convergente versão oriental e ocidental de São Basílio e São Bento) iniciarão, no fundo, a prática do seguimento cristológico com base nos três "conselhos evangélicos" de castidade, pobreza e obediência, ressaltando o aspecto de destaque da pobreza cristã, embora mantendo vivo o aspecto de partilha (na comunidade monástica), mas correndo o risco, sobretudo depois da "reviravolta constantiniana" e com o passar do tempo, de reservar essa dimensão essencial do discipulado a uma elite religiosa ou a uma "classe" especial de cristãos. Ainda que, sobretudo pela constante atenção do monasticismo aos aspectos materiais de pobreza do povo cristão, não se chegue jamais a uma tal rígida separação.

B. Na *Idade Média*, enquanto continua em evidência o significado de seguimento cristológico da pobreza (que às vezes é até decididamente aprofundado — basta pensar nas efervescências de renovação do período da "reforma gregoriana"), tem-se uma decidida novidade com a irrupção das *Ordens mendicantes*. De um lado, as experiências carismáticas de São Francisco e de São Domingos exorcizam as tendências extremistas do pauperismo medieval (em cujas raízes não é difícil reconhecer indícios dualistas e maniqueus e, por isso, não autenticamente bíblicos); de outro, elas põem em contato mais direto com o povo cristão o seguimento cristológico como seguimento na pobreza e no anúncio e na ajuda dada em primeiro lugar aos pobres. Sobretudo, e em particular no "Poverello d'Assisi", a pobreza eleva-se a *prisma de leitura global da experiência cristã*; mas não se trata de uma pobreza abstrata ou vivida por si mesma, mas de uma pobreza que tem em Cristo crucificado o seu modelo e, de certo modo, a sua concreção. Por isso, ser pobre é para Francisco ser "cristiforme", e a pobreza — encontrando sua integralidade cristológica — se enriquece nele de significado e de matizes: pobreza é a alma da obediência e da castidade, pobreza é atitude exterior e interior, pobreza é via de acesso a Deus e atitude que se deve ter em relação aos irmãos e à criação etc. Da novidade de Francisco se deram conta não somente aqueles que o seguiram, mas no fundo toda a Igreja do seu tempo, a ponto de Dante não temer dizer: "Questa, privata del primo marito,/ millecent'anni e più dispetta e scura/ fino a costui se stette sanza invito" (*Paradiso*, XI, 64-66). "Ela [Senhora Pobreza], privada do primeiro marido [Cristo], / desprezada e obscura por mais de mil e cem anos, a ele se uniu sem convite".

A experiência carismática de Francisco é essencial para compreender o *aprofundamento "místico"* do significado da pobreza que se opera na Igreja entre o fim da Idade Média e os primeiros séculos da *época pós-moderna*. Tem-se um primeiro e eloquente indício desse aprofundamento, por exemplo, na experiência e teologia mística de um Meister → ECKHART (dominicano). Basta nos reportarmos a seu famoso sermão *Beati pauperes spiritu, quia ipsorum est regnum coelorum*, onde ele desenvolve misticamente o conceito de que "é um homem pobre aquele que nada quer, nada sabe, nada tem" (in *Sermoni tedeschi*, Milano, 1985, 131), uma temática que, embora em outra atmosfera espiritual, será encontrada na mística do Carmelo (basta pensar no *nada*, de → JOÃO DA CRUZ).

C. No período que vai *do início da época moderna ao Vaticano II*, enquanto continuam e se desenvolvem os filões de que falamos acima, assistimos ao emergir de pelo menos três importantes novidades. Em primeiro lugar, o nascimento do mundo moderno e depois a sucessiva industrialização fazem surgir *formas novas e diferentes de pobreza*, a que correspondem, de tanto em tanto, os "santos da caridade" (basta lembrar um São → VICENTE DE PAULO) e depois, sobretudo a partir do século XIX, os "santos sociais" (dom Bosco e as inumeráveis fileiras daqueles que, em diversos setores, seguirão seu exemplo). Mais próximo a nós, uma intensificação do fenômeno da pobreza, experimentada não mais apenas em forma setorial, mas planetária, e com causas não mais só contingentes, mas estruturais, poderá fazer falar, no nosso século, de uma "*ruptura epistemológica*" na forma de leitura e de resposta cristã ao fenômeno da pobreza (basta pensar no fenômeno da teologia da → LIBERTAÇÃO).

A segunda novidade, que terá um autorizado ponto de chegada próprio e um ulterior impulso no Concílio Vaticano II, é a *releitura* da pobreza cristã *numa chave mais comunitária, e até "trinitária"*, na linha que vimos ser própria do aprofundamento pascal da pobreza cristológica realizado pela Igreja primitiva. E isso sem prejuízo, mas até com um aprofundamento da perspectiva cristológica: pensemos nos carismas de Charles → DE FOUCAULD, Madre Teresa de Calcutá, Chiara Lubich. Mais, Cristo crucificado (Chiara Lubich fala de Cristo "abandonado", que se faz pobre inclusive da união com o Pai para ser solidário até o fim com os irmãos e lhes dar de novo acesso à vida de Deus) é muitas vezes visto como o supremo modelo da pobreza do cristão em relação a Deus e ao irmão para poder viver a unidade com eles (cf. Chiara LUBICH, *L'unità e Gesù abbandonato*, Roma, 1984).

Enfim, sempre nessa perspectiva mais decididamente comunitária, não só a pobreza é vista como uma *característica específica da Igreja* como comunidade do Cristo que vive na história (lembremo-nos do n. 8 da *Lumen gentium*, inspirado pela clarividência do cardeal Lercaro: "Como Cristo realizou a redenção por meio da pobreza e das perseguições, assim também a Igreja é chamada a assumir a mesma linha para comunicar aos homens os frutos da salvação. [...] Ela cerca de afetuoso cuidado todos os que são afligidos pela fraqueza humana, e até reconhece nos pobres e nos sofredores a imagem do seu fundador, pobre e sofredor, desvela-se por aliviar as penúrias deles, e neles pretende servir a Cristo"), mas também como *força propulsiva* — porque vivida comunitariamente — de uma renovação social cada vez mais ampla e quase como fecho de abóbada para a realização de um novo humanismo (cf. A. TÉVOÉDIRÉ, *La pauvreté richesse des peuples*, Paris, 1978), ou da civilização que, a partir de Paulo VI, foi profeticamente definida como a "civilização do amor" (da *Gaudium et spes* à *Populorum progressio* e ao documento de *Puebla*).

3. ALGUMAS LINHAS PARA UM ESCUTA SISTEMÁTICA DO "HOJE DE DEUS" NA IGREJA E NO MUNDO. Partindo

da releitura trinitária do mistério cristológico-eclesial da pobreza, própria da espiritualidade e da teologia contemporânea na linha do Concílio Vaticano II, em que se condensa o rico desenvolvimento da tradição eclesial sobre o nosso tema, procuramos desenhar as dimensões fundamentais da pobreza cristã, pondo-nos à escuta, de um lado, da permanente origem cristológica do evento cristão e, de outro, dos emergentes "sinais dos tempos".

A. *Dimensão cristológica* da pobreza. Na globalidade do evento cristológico (do mistério da encarnação ao da Páscoa, e pela existência histórica de Jesus com a sua prática e o seu *querigma* de salvação) a pobreza se mostra como um aspecto fundamental: mais, no "lugar cristológico" também a pobreza como experiência humana (ser criatura e dependente do Criador) e como experiência religiosa positiva amadurecida no Antigo Testamento e presente em formas diversas nas grandes vias religiosas da humanidade adquire sua definitiva plenitude de significado. Na sua dimensão cristológica, a pobreza se mostra como um elemento interior e necessário do *ágape*, em que o testemunho normativo do Novo Testamento resume o significado mais profundo do evento cristológico (cf., em particular, 1Jo). Se o *Ágape* é Deus que se dá, a pobreza (lembremo-nos dos textos de São Paulo, sobretudo do hino da Carta aos Filipenses) é o ato do dom, porquanto ele implica um momento de expropriação do que se é e do que se tem (uma *kenôsis*, em termos paulinos), para fazer dele participante o destinatário do dom. Mais profundamente ainda, a pobreza é a liberdade do que se é e do que se tem, aquela liberdade-pobreza que é interior ao *ágape* como vida de Deus que em Cristo é participada aos homens. A partilha com todos os homens, mas em particular com os pobres, é para Cristo a expressão dessa sua radical pobreza. E como ressaltam com razão algumas espiritualidades e teologias do nosso tempo, o ápice dessa pobreza cristológica é o abandono vivido por Cristo na cruz: lá, onde ele se deu todo inteiro, quase que "perdendo" a sua união com o Pai, para a dar aos homens. É esse o aspecto mais profundo da pobreza que, no nível teológico-espiritual, Jesus nos revela: *a pobreza como dimensão existencial daquela autêntica liberdade (de si e das coisas) que é pressuposto do dom pleno de si no amor.*

Intimamente conexo com esse significado fundamental da pobreza como liberdade-dom há a atitude de pleno abandono ao Pai (à providência, no sentido forte, teológico do termo), característico da pobreza de Cristo na sua vida e, de modo especial, no seu ápice pascal. Poder-se-ia até dizer que é precisamente um radical espírito de pobreza, no sentido acima explicitado, que, na perspectiva cristológica, obtém e merece a livre e gratuita intervenção do Pai na história a favor do Filho encarnado, "primogênito de muitos irmãos".

B. A *dimensão trinitária* da pobreza. A menção à paternidade-providência de Deus em relação ao Filho já nos mostra que não se poderia entender a verdadeira realidade da pobreza cristológica se não se fizesse logo referência à sua profundidade trinitária. Com efeito — como vai ressaltando toda uma linha teológica do nosso tempo (cf. o nosso *Evento pasquale. Trinità e storia*, Roma, 1984) e como, aliás, sempre percebeu a fé cristã ao longo dos séculos —, a pobreza de Cristo "traduz" nos termos históricos da existência humana algo que é íntimo da vida mesma de Deus. E, como o mistério de Cristo não pode ser compreendido à luz da fé se ele não remete ao mistério trinitário e não é nele fundado, assim o mistério supremo da pobreza de Cristo (a *kenôsis* da encarnação e a oblação e o abandono sobre a cruz) não adquire todo o seu sentido senão à luz do mistério do *ágape* trinitário. A "pobreza" — analogicamente, no que há de misteriosamente positivo — é, portanto, antes de qualquer coisa, um atributo divino. E não somente no sentido de que "a pobreza é o que mais se aproxima da simplicidade divina" (cf. F. VARILLON, *L'humilité de Dieu*, Paris, 1974), mas, mais ainda, no sentido de que a pobreza — como livre dom-expropriação de si — é a essência mesma da vida trinitária do Amor. "A vida trinitária de Deus — escreve B. Forte — é total pobreza de si por parte de cada um dos Três, num despojamento que é, ao mesmo tempo, suprema originalidade, para se dar incondicionalmente ao Outro e realizar assim a suprema comunhão. Na liberdade de si o Pai se dá ao Filho, que numa análoga liberdade acolhe o dom e se dá ao Pai, no Espírito, que é como o 'Nós' da *pobreza trinitária de Deus*: Espírito da liberdade de si e do dom ao Outro" (*Gesù di Nazaret, storia di Dio, Dio della storia*, Roma, 1981, 255).

Em particular, é preciso ressaltar que é somente essa qualificação trinitária da pobreza que especifica e justifica sua originalidade cristã:

o cumprimento da pobreza que Cristo nos revela é dado pela *reciprocidade da pobreza*. É a pobreza de si por parte do Pai em relação ao Filho, e do Filho em relação ao Pai — é a reciprocidade dessa livre pobreza, como ato de amor — a que floresce na riqueza do recíproco dom do Espírito Santo, riqueza da comunhão do Pai com o Filho no Espírito. Se não é recíproca, a pobreza é miséria: não bênção do amor na comunhão, mas abismo do perder sem ressurgir.

C. A *dimensão eclesial* da pobreza. Por meio da encarnação e morte-ressurreição do Filho, é justamente essa "pobreza trinitária" a pobreza que se torna própria da Igreja de Cristo, como luminosamente nos mostram o c. 17 do Evangelho de João (no plano da contemplação) e os Atos dos Apóstolos (no plano da prática histórica). Essa pobreza trinitária vivida pela humanidade libertada do pecado e inserida, por graça, no dinamismo da vida trinitária significa essencialmente duas coisas:

— *no âmbito pessoal*, significa que a pobreza-finitude do homem como criatura de Deus, dele inteiramente dependente, torna-se em Cristo "pobreza filial", total abandono de amor dos filhos, no Filho, ao Pai — o qual, por sua vez, é Pai que nada economiza de si para o dar, no Espírito, a seus filhos;

— *no âmbito comunitário*, significa que a comunidade eclesial é chamada a traduzir, pela força do Espírito e na concretude da sua condição histórica, a *koinonia* trinitária na vida dos homens: no plano espiritual como pobreza de si, no plano material como pobreza do que se tem, para que tudo (como na vida trinitária) circule entre todos, numa comunhão que, estando fundada em bens escatológicos da salvação, manifesta-se também, necessariamente, na partilha dos bens materiais.

Desse modo, a característica da "pobreza trinitária de Deus" — a reciprocidade — torna-se também, na força do Espírito, a característica da pobreza eclesial. Ela tem o seu modelo em Cristo crucificado e a sua realização histórica na prática da *koinonia* eclesial. Além disso, a pobreza se torna assim — como na era apostólica — dimensão de vida essencial de todo cristão, embora vivida em formas diferentes, e da comunidade no seu conjunto; ainda que com isso não se deva perder a especificidade da pobreza vivida na sua integralidade, como "conselho evangélico", pelos religiosos, porque ela sobressai — então — sobre a base comum da *koinonia* eclesial, como o sinal da realização escatológica de todo o povo de Deus (sobre essa e a seguinte dimensão da pobreza, cf. o nosso Chiesa dei poveri e teologia della croce, *Nuova Umanità* 38 VII [1985] 7-50).

D. A *dimensão histórico-social* da pobreza. O evento cristológico e o evento eclesial, como irrupção, na história, da vida do *ágape* trinitário não podem deixar de ter relevantes e decisivas repercussões sobre o problema da pobreza "real", ou seja, sobre as mil facetas da condição humano-social nos seus aspectos de indigência, de marginalização, de injustiça, de carência material ou espiritual. Como visivelmente demonstram o Antigo Testamento e a prática e o *querigma* de Jesus, bem como — apesar da dialética de luzes-sombras típica das coisas humanas — a experiência histórica da Igreja, e como, de resto, sobretudo a partir do Vaticano II, o povo de Deus que caminha na história percebe com urgência toda particular, o evento da salvação é evento da libertação *integral* do homem que, partindo do seu coração, deve investir sua inteira existência, pessoal e social.

Nesse contexto, a Igreja se encontra no centro, como sinal e como instrumento (cf. *LG* 1), do vasto projeto messiânico de Cristo da instauração do reino de Deus na história. E isso significa não somente que a "Igreja renova sempre melhor em si a consciência de que *não se pode separar a verdade sobre Deus que salva*, sobre Deus que é fonte de toda liberalidade, *da manifestação do seu amor preferencial pelos pobres e pelos humildes*" (*Redemptoris Mater*, n. 36); mas também que a Igreja deve se mostrar na história como o fermento de uma socialidade em que agem as raízes trinitárias da convivência humana. Nessa perspectiva, pode-se com razão afirmar que *o instrumento principal e radical* (origem e critério permanente das sucessivas e necessárias mediações sociais, econômicas, políticas etc.) *para a superação da "pobreza real" é o espírito de "pobreza trinitária"* vivido pela Igreja e instilado, como "semente do Verbo", nas autênticas exigências de partilha e de solidariedade presentes na humanidade do nosso tempo. Para sintetizar essa vasta e difícil missão da Igreja do nosso tempo, bastem as lúcidas palavras da instrução sobre *Liberdade cristã e libertação*: "Um desafio sem precedentes é lançado hoje aos cristãos que operam para realizar a 'civilização do amor', que compendia toda a herança ético-cultural do Evangelho. Essa missão exige uma nova reflexão sobre o que constitui a relação do mandamento supremo do amor com a ordem social considerada em toda a sua complexidade" (n. 82).

E. A *dimensão mariana* da pobreza. Enfim, a dimensão mariana é também constitutiva da pobreza cristã. E não somente no sentido de que Maria, como acenamos e como é ressaltado por muitos, é a síntese da expectativa messiânica de Israel, mas também no sentido de que ela é, no plano antropológico e eclesiológico, o ícone da pobreza-abertura da humanidade que abre espaço de acolhimento da pobreza-*ágape* trinitária na história. "Totalmente dependente de Deus e toda voltada para ele pelo arrebatamento da sua fé, Maria, ao lado de seu Filho, *é o ícone mais perfeito da liberdade e da libertação* da humanidade e do cosmos. É para ela que a Igreja, de quem ela é mãe e modelo, deve olhar para compreender o sentido da própria missão na sua plenitude" (*Libertà cristiana e liberazione*, n. 97). Em Maria, a Igreja contempla já a definitiva transfiguração da pobreza humana na pobreza trinitária do Amor.

BIBLIOGRAFIA. Remetemos o leitor a algumas obras fundamentais, nas quais se pode encontrar uma bibliografia ampla e revisada. Em geral: Pauvreté chrétienne. In *Dictionnaire de Spiritualité*. Paris, 1984, 613 ss., XII. Sobre a parte bíblica: ABI. *Evangelizare pauperibus*. Brescia, 1978. Sobre o aspecto teológico-espiritual: ANCILLI, E. Povertà. *Dizionario di Spiritualità* (edição anterior a esta). Sobre a problemática contemporânea: *Église et pauvreté*. Paris, 1965; *I poveri e la Chiesa*. Número monográfico da revista *Concilium*, 1977; GALLO, L. A. *Evangelizzare i poveri*. Roma, 1983; GUTIERREZ, G. *La fuerza historica de los pobres*. Lima, 1979. Sobre o aspecto eclesiológico-sistemático: CODA, P. *Chiesa dei poveri e teologia della croce*. Nuova Umanità VII (1985) 7-50; TILLARD, J. M. *Le salut, mystère de pauvreté*. Paris, 1970.

P. CODA

POBREZA (controvérsia sobre a). A prática da pobreza como desapego do mundo e de seus bens é tão antiga como o cristianismo e até como o ascetismo, e foi sempre o fundamento de toda forma de vida monástica. Mas na Idade Média, da reforma eclesiástica do século XI, que se concentra em torno de Gregório VII, até quase a vigília do protestantismo (Wyclif e Hus), a pregação da pobreza não teve em mira somente os monges, mas todo o clero, e até, muitas vezes, todos os cristãos e a própria Igreja, assumindo não poucas vezes um caráter anti-hierárquico e herético, como nos cátaros, albigenses, valdenses etc., os quais, indo além da deploração dos abusos, chegaram a negar que fosse Igreja legítima a que era composta de prelados ricos e que agora se tornara um principado temporal.

Nesse contexto histórico de lutas e de tendências pauperistas e heréticas surgiram, no início do século XIII, as Ordens mendicantes, nas quais se inseriram plenamente sobretudo os → FRANCISCANOS, que viram na pobreza a base de uma experiência evangélica integral. A primeira origem de dissensão e de altercação que perturbou a família franciscana foi precisamente a interpretação da Regra em relação à prática da pobreza absoluta. De uma parte, estavam os que queriam a observância da pobreza *sine glossa*, segundo a vontade expressa por São Francisco no seu Testamento; de outra, os chamados *fratres de communitate* ou conventuais, que criam necessário levar à rigidez da Regra as atenuações indispensáveis à garantia pelo menos da vida e da atividade da Ordem. Tratava-se de estabelecer especialmente o modo como deveria ser excluída toda propriedade tanto individual como coletiva, conservando apenas o simples uso das coisas. A essa questão estava ligada a outra acerca da pobreza de Cristo: muitos sustentavam que a exclusão da propriedade, mesmo comum, constituía uma altíssima perfeição, praticada pelo próprio Cristo e pelos apóstolos.

Os papas procuraram desenvolver uma ação conciliadora e encontrar um acordo entre as duas tendências. Assim, Nicolau III, na bula *Exiit qui seminat*, de 1279, estabeleceu como deveriam ser entendidas as prescrições da Regra franciscana sobre a pobreza, seguindo principalmente a opinião dos → ESPIRITUAIS e reservando à Santa Sé o domínio dos bens em uso pelos frades menores. Mas a empresa não foi fácil, porque na corrente do franciscanismo mais intransigente confluíram movimentos espirituais (como o dos apostólicos, dos beguinos, dos bizóquios, dos irmãos do livre espírito etc.), nos quais eram claras as infiltrações joaquimitas e heréticas que deram à defesa da pobreza atitude de rebelião, transferindo-a de problema interno da Ordem franciscana a tema de discussão teológica e às vezes a pretexto de luta política. Os mais conhecidos representantes da corrente dos espirituais foram Pietro Giovanni Olivi († 1298), na Provença, Ubertino da Casale († 1329), na Toscana, e Angelo Clareno († 1337), nas Marcas, onde eram particularmente numerosos. Os dois primeiros, sob a influência das ideias de Gioacchino da Fiore († 1205), defendiam teorias apocalípticas segundo as quais a Ordem franciscana, mediante a sua pobreza, deveria ter renovado a face da terra e, ao mesmo tempo, acusavam a Santa Sé por ter maquiado, com os privilégios e as dispensas, o verdadeiro espírito de São Francisco. Particularmente Ubertino da Casale, no seu livro *Arbor vitae crucifixae Jesu* (1305), no qual ao lado de páginas de alta espiritualidade há ásperos ataques aos papas (Bonifácio VIII) e aos prelados, distinguia uma "igreja carnal" e uma "igreja espiritual", prevendo o advento da última com a realização da terceira idade do mundo, reino do livre espírito.

Depois de várias intervenções papais para dirimir a controvérsia e pacificar os ânimos (particularmente de Martinho IV, em 1283, e de Clemente V, em 1312), João XXII, com a bula *Quorundam exigit*, de 1317, estabeleceu contra os espirituais que era de competência dos superiores determinar os particulares da observância da pobreza. Alguns se rebelaram contra as decisões do pontífice, sustentando que a interpretação mais rígida da Regra era a expressão plena e completa do pensamento de Cristo, diretamente inspirado em São Francisco e por isso imutável e independente até mesmo da Santa Sé. Os rebeldes foram condenados com a bula *Sancta romana Ecclesia* do fim do mesmo ano de 1317. Com uma outra bula, *Ad conditorem*, de 1322, o mesmo João XXII reformou os estatutos e decisões de Nicolau III e Inocêncio IV, e condenou, com a constituição *Cum inter*, de 1323, a doutrina dos espirituais a respeito da pobreza absoluta de Cristo e dos apóstolos. A ação do papa contra os espirituais foi decidida e severa e destroçou praticamente a tendência herética do primeiro franciscanismo. Muitos se submeteram; os outros formaram a seita dos → FRATICELLI, que continuou a perturbar a história político-religiosa do século XIV para desaparecer gradualmente no século seguinte.

A controvérsia sobre a *pobreza*, por mais que possa parecer episódica e anedótica e reduzida a um período de tempo e a uma Ordem religiosa, demonstra que a sua prática toca as raízes da vida evangélica e será sempre um ponto de referência de toda reforma, como o demonstram os fatos históricos que agitaram praticamente todo o século XIII e o XIV. Também as reformas das Ordens religiosas nos séculos XV e XVI o puseram de novo em evidência. Novamente surge em torno do Concílio Vaticano II e do atual debate sobre a "teologia da → LIBERTAÇÃO.

BIBLIOGRAFIA. *La povertà del sec. XII e Francesco d'Assisi*. Assisi, 1975; MOLLAT, M. (ed.). *Études sur l'histoire de la pauvreté (Moyen âge-XVIe siècle)*. Paris, 1974, 2 vls.; ID. *Les pauvres au Moyen âge*. Étude sociale. Paris, ²1978; *Povertà e ricchezza nella spiritualità dei secc. XI e XII*. Todi, 1969; Povertà. In *Dizionario degli Istituti di Perfezione*. Roma, 1983, 245-337, VII; VOLPE, G. *Movimenti religiosi e sètte ereticali nella società medievale italiana*. Firenze, ⁴1972.

E. ANCILLI – D. DE PABLO MAROTO

POSSESSÃO. 1. CONCEITO. É o distúrbio mais grave dos três que fazem parte da atividade maléfica extraordinária de satanás (→ DIABO).

Consiste ela numa presença do demônio no corpo humano, a ponto de sufocar a própria orientação da pessoa, que se torna assim um instrumento cego, dócil, fatalmente obediente a seu poder perverso e despótico.

O indivíduo nessa situação é chamado de possuído, endemoninhado, porquanto instrumento e vítima de satanás, e também de *energúmeno* (do grego ἐνεργούμενος, particípio passado de ἐνεργέω, agir, operar), porque mostra uma agitação insólita e violenta.

A pessoa possuída, não estando consciente, não é moralmente responsável pelas ações que realiza. Nem sempre, pois, se tem no endemoninhado uma presença operante de Satanás; costuma-se falar assim de períodos de calma e de períodos de crise, os últimos dos quais surgem geralmente diante do sagrado.

Um indivíduo pode estar possuído por mais de um demônio, como também um só pode se apossar de várias pessoas; o diabo, com efeito, como ser espiritual, está num lugar mediante o contato operativo, não quantitativo (cf. TOMÁS DE AQUINO, *STh*. I, q. 8, a. 2, ad 1; q. 52, a. 2).

2. EXISTÊNCIA. Admitida a existência do demônio (→ DIABO), não há argumentos contra a possibilidade da possessão. Com efeito, nada se opõe a que o diabo possa penetrar num corpo e dele se servir como dócil instrumento segundo os próprios desígnios (cf. BOAVENTURA, *In II Sent*. d. 8, p. 2, ad 1, q. 1, ed. Quar. II, Quarachi, 1885, 225); o homem, portanto, de seu lado, nada pode fazer para impedir tal presença. Por parte de Deus, enfim, representando ela não um mal moral, ou seja, um pecado, mas um mal físico, nada impede que ele, em seus imperscrutáveis desígnios, a permita por um fim bom.

A possessão, porém, não fica só no campo de uma possibilidade abstrata, mas deve ser considerada também uma realidade concreta.

São prova disso os episódios evangélicos; com efeito, eles conferem ao assunto uma certeza de indiscutível valor, que provém do testemunho mesmo de Deus. Nos Evangelhos se fala muitas vezes de endemoninhados com frases que evidenciam quão numerosos tenham sido naquele tempo (ver, por exemplo: Mt 4,24; 8,16; Mc 1,32-34; 1,39; 6,12-13; Lc 4,40-41; 6,17-18; 7,21; 10,17). São apresentados depois sete episódios, dos quais três são apenas mencionados: o mudo endemoninhado (cf. Mt 9,32-33), o cego-mudo endemoninhado, cuja cura deu origem a uma controvérsia entre Jesus e os fariseus que o acusavam de expulsar os demônios no nome de Belzebu, príncipe dos demônios (cf. Mt 12,22-32; Mc 3,20-30; Lc 11,14-26), e o caso de Maria Madalena "da qual expulsara sete demônios" (Mc 16,9; cf. Lc 8,2); quatro, porém, são referidos de modo detalhado: o endemoninhado de Cafarnaum (cf. Mc 1,21-28; Lc 4,31-37), os endemoninhados gadarenos (cf. Mt 8,28-34; Mc 5,1-20; Lc 8,26-29), a filha da mulher cananeia (cf. Mt 15,21-28; Mc 7,24-30), o rapaz lunático (cf. Mt 17,14-20; Mc 9,13-28; Lc 9,37-43).

Não é certamente o caso de pensar que Jesus teria se enganado, chamando de endemoninhado quem estava simplesmente acometido de distúrbios de ordem psiquiátrica (teoria do erro de Cristo): estaria comprometida a divindade de Jesus, plenamente demonstrável, além de ser verdade de fé.

Deve-se excluir também a hipótese de que Cristo, ao falar de endemoninhado, teria se adaptado aos preconceitos da época (teoria da adaptação de Cristo): isso pode ser pensado em coisas puramente científicas, mas não em assuntos de ordem religiosa e moral. O "cheio de graça e de verdade" (Jo 1,14), e mais, o próprio "caminho, verdade e vida" (Jo 14,6), "a verdadeira luz que, vindo ao mundo, ilumina todo homem" (Jo 1,9), aquele que viera para dar testemunho da verdade (cf. Jo 18,37) não podia deixar no erro seus ouvintes numa matéria eminentemente religiosa como a existência dos diabos e o seu poder de molestar os homens; verdades, aliás, sobre as quais se baseia um aspecto essencial da missão do Salvador, o qual, como diz São João, veio "para destruir as obras do diabo" (1Jo 3,8; cf. Jo 12,31).

No tempo de Jesus, os endemoninhados eram muitos, talvez como jamais na história da humanidade. A explicação está num desígnio especial da economia divina. Com efeito, Cristo viera — como se disse — "para destruir as obras do diabo" (1Jo 3,8), "para lançar fora o príncipe deste mundo" (Jo 12,31); devia portanto, com exemplos concretos, mostrar o seu poder sobre o império de Satanás, e sinais claros eram as expulsões de espíritos malignos dos corpos dos endemoninhados. Para que, portanto, aparecesse o messiado e a divindade de Jesus, era muito oportuna a presença de numerosos casos de possessão, permitidos todavia por Deus em número bem mais reduzido do que ambicionava fazer quem odeia terrivelmente a humanidade, quem, especialmente naquele período, desejava externar mais esse ódio de modo vistoso, vendo-se contrariado por quem viera para o derrotar.

É muito provável, aliás, uma outra consideração: como Jesus, com a → ENCARNAÇÃO, tornava-se visível e habitava entre os homens, também o demônio, muito ciumento, invejoso e sempre macaqueador de Deus, por meio da possessão iludia-se e comprazia-se em poder de algum modo realizar uma pseudoencarnação.

Mesmo depois deveria continuar essa atividade maléfica do demônio, ainda que fosse num ritmo mais limitado, especialmente quando o reino de Deus no mundo já ia se consolidando. Isso se deduz *a priori* do poder conferido aos apóstolos e aos discípulos (cf. Mt 10,1.8; Mc 3,14-15; 6,7; Lc 9,1; 10,17-20) e pela promessa feita a todos os crentes de expulsar os demônios no nome de Jesus (cf. Mc 16,17): com efeito, teria sido inútil a concessão de tal poder se jamais se apresentasse a ocasião de o exercer; e encontra ainda uma justificação concreta nos exemplos que em todas as épocas se narram.

Há para o período apostólico numerosos testemunhos (cf. At 5,14-16; 8,5-8; 16,16-18; 19,11-16). Eles são abundantes igualmente no período patrístico: bastaria dar uma olhada nos índices dos 221 volumes da *Patrologia latina* (ed. J. P. MIGNE, Parisiis, 1844 ss.) e nos 161 volumes da *Patrologia graeca* (ed. J. P. MIGNE, Lutetiae Parisiorum, 1857 ss.). Os → PADRES DA IGREJA recorrem muitas vezes ao tema da expulsão do demônio para provar a verdade da fé cristã (cf. JUSTINO, *Apologia II*, 6: p. 6, 454-455; ID., *Dialogus cum Tryphone iudaeo*, 85: *PG* 6, 675 ss.; ORÍGENES, *Contra Celsum*, 3,36: p. 11, 966-967; TERTULIANO, *Apologeticum*, 23: *PL* 1, 410 ss.; CIPRIANO, *Ad Demetrianum*, 15: *PL* 4, 555 etc. Uma dissertação sobre esse assunto apologético, corroborada por muitas citações patrísticas, foi compilada por H. HURTER, Daemon vel invitus testis divinae originis religionis christianae, in *Sanctorum patrum opuscula selecta*, I, Oeniponte, 1888, 103 ss.).

A seguir, os casos continuam e se encontram expostos em vários livros: obras de escritores eclesiásticos, vidas dos santos, estudos particulares, enciclopédias e periódicos. Para uma numerosa casuística pode-se consultar, em qualquer volume das *Acta Sanctorum* dos bolandistas, o índice analítico nos verbetes *Daemon, Energumenus* etc. (são também interessantes os dois volumes de P. VERDIER, *Le diable dans les missions*, Paris-Lyon 1893-1895).

Uma confirmação é dada pelo interesse mostrado pela Igreja, tanto para coibir abusos como para ditar sábios critérios de prudência no diagnóstico e na terapia da possessão (lembro entre outros: o Concílio de Elvira, de 305, c. 6,29,37, MANSI, II, 6, 10, 12; o Concílio de Cartago, de 398, c. 7, 89-92, MANSI, III, 951, 958; o Concílio de Orange I, de 441, c. 14, MANSI, VI, 438; o Concílio de Toledo XI, de 657, c. 13, MANSI, XI, 145; o Concílio de Milão I, de 1565, p. 2, 48, MANSI, XXIV, 56; o Concílio de Milão IV, de 1576, p. 2, 1, MANSI, XXXIV, 216-217; o Concílio Salernitano, de 1596, a. 18, MANSI, XXXV, 998C.D).

Deve-se admitir certamente, especialmente para os tempos mais distantes, uma fácil credulidade, que se devia seja a uma menor seriedade na pesquisa científica, seja aos conhecimentos rudimentares no campo da psiquiatria e ainda mais da parapsicologia, seja à consequente falta de critérios de diagnóstico realmente válidos; mas isso não autoriza uma exclusão sistemática da abundante casuística.

Também hoje não é difícil chegar ao conhecimento de alguns episódios mediante os jornais, revistas, publicações e testemunhos especialmente de exorcistas. Em dois livros meus (*Gli indemoniati*, Roma, 1959; *La possessione diabolica*, Roma 1974) fiz menção a diversos casos e fiz ampla referência de três: "Os endemoninhados de Illfurt" (1864-1869), pela abundante fenomenologia que apresenta; "A endemoninhada de Piacenza" (1913-1920), pela rara e interessante reprodução dos diálogos entre exorcista e paciente, graças à presença de um estenógrafo; "Possuída há 10 anos" (1939-1950), por ter sido eu testemunha ocular e por ter tirado do caso motivo dos meus estudos demonológicos e em particular sobre a possessão.

3. DIAGNÓSTICO. No comportamento do chamado endemoninhado é fácil observar uma forte e violenta aversão ao sagrado (→ DIABO); o demônio, com efeito, impedirá a essa pessoa tudo o que sabe de religioso, de bom, e às vezes até o que possa representar uma necessidade ou um simples alívio de ordem moral ou corporal. Mais, servir-se-á do paciente para concretizar essa sua atitude com gestos e ações várias.

Não se trata, portanto, da aversão ao sagrado que pode ter a pessoa que não crê ou que não pratica a própria religião, mas de uma manifestação de ódio ao sagrado num indivíduo talvez bom e pio, que surge de modo imprevisto, sem motivo, e que se torna ainda mais espetacular pelos olhares cheios de raiva, pelas mudanças de fisionomia, por uma hiperexcitação dos membros, por uma turbulência de todo o ser: uma nova personalidade que se alterna com a moral.

Não é certamente essa a prova da possessão, mas é somente a situação concreta que faz pensar numa possível possessão; é, em outras palavras, um substrato que se requer para poder eventualmente aplicar sobre o indivíduo um critério de diagnóstico; faltando essa atitude, com efeito, em princípio não se tomará em consideração uma pessoa para examinar se está ou não endemoninhada.

Posto isso, dizia-se no passado: uma pessoa que tem a aversão ao sagrado como se falou acima está endemoninhada se se verificam certos fenômenos, chamados exatamente de sinais da possessão; eram fundamentalmente três: falar com várias expressões uma língua não conhecida ou entender quem a fala; conhecer coisas distantes e escondidas; mostrar forças superiores à idade ou à condição da pessoa.

Mas esses fenômenos tornaram-se, de uns anos para cá, objeto de estudo da parapsicologia e não podem portanto ser considerados em si mesmos preternaturais e, no caso, demoníacos.

O critério de outrora acabara perdendo assim a própria capacidade diagnóstica. Foi um episódio de suposta possessão, de que fui testemunha ocular em 1949-1950, que me fez conhecer o vazio científico desse critério e que me orientou e me estimulou a enfrentar o delicado problema. Tornava-se necessário e urgente descobrir uma outra via, e essa, depois de longos estudos no campo da teologia, da psiquiatria e da parapsicologia, era pela primeira vez apresentada e amplamente demonstrada e documentada em 1959, com o livro *Gli endemoniati*, e reproposta, em 1974, com o livro *La possessione diabolica*.

O novo critério, diferentemente do anterior, não se baseia na presença de fenômenos em si mesmos probatórios, mas nas modalidades com que os fenômenos se apresentam; na sua formulação, portanto, ele continuará sempre válido; o progresso científico, em vez de o desmentir, facilitará sua aplicação.

Para melhor compreendê-lo é preciso fazer um esclarecimento. Não é difícil ver como as muitas manifestações do endemoninhado podem ser agrupadas em dois diferentes tipos: algumas, ao apresentarem uma semelhança com as que são próprias dos distúrbios e das doenças mentais, poderiam ser classificadas com o nome de "fenomenologia psiquiátrica da possessão"; outras, por sua semelhança com certos fenômenos da parapsicologia, poderiam ser chamadas de "fenomenologia parapsicológica da possessão".

O critério que tem todo o direito de ser considerado científico, pois as modalidades dos fenômenos são fruto da pesquisa científica, eu o estruturei e apresentei de maneira a reduzir sua aplicação somente àqueles pouquíssimos casos que merecem ser tomados em consideração, oferecendo assim também à pessoa privada de uma competência específica a possibilidade de encaminhar à psiquiatria a maior parte das asseveradas presenças demoníacas.

Justamente por esse motivo, o critério se desenvolve em dois momentos, em duas fases. A primeira, que chamo de "fase de constatação", tem um objetivo puramente seletivo; ela realmente não cuida da análise da modalidade, mas quer apenas indicar para que casos vale a pena enfrentar tal análise.

Para essa primeira fase enuncia-se o seguinte princípio: "A presença da fenomenologia psiquiátrica e parapsicológica num mesmo indivíduo já é, de per si, um forte indício de possessão". Se, por isso, um indivíduo apresenta uma aversão psiquicamente anormal ao sagrado e, ao mesmo tempo, tem manifestações de tipo parapsicológico, somente nesse caso se pode suspeitar, e com muita probabilidade, de possessão.

Com efeito, se no verdadeiro endemoninhado a presença da dupla fenomenologia é uma coisa óbvia, ou seja, a regra, no âmbito do natural essa combinação é pura casualidade, ainda mais rara se a fenomenologia psiquiátrica se apresenta orientada à aversão ao sagrado; ora, quando uma particular situação é normal numa hipótese e excepcional numa outra, parece lógica uma maior probabilidade em relação à primeira.

Não é difícil agora ver como essa primeira fase tenha o objetivo seletivo a que me referia, a partir do momento que a grandíssima parte dos supostos endemoninhados (970-980 em 1.000) apresentará apenas fenômenos de ordem psíquica com formas psicastênicas, esquizofrênicas, psicoses depressivas, epilépticas e, sobretudo, síndromes histéricas. Somente para os restantes 20-30 casos em 1.000 poder-se-á observar também a presença de fenômenos parapsicológicos e somente para esses episódios valerá a pena proceder à segunda fase, que contém o verdadeiro critério diagnóstico, ou seja, o exame das modalidades.

Para essa segunda fase, que chamo de "fase de avaliação", afirmo o seguinte princípio: "A certeza da possessão é dada pela presença de modalidades diferentes ou até contrárias às que nos são propostas pela ciência e que como tais condicionam a atuação natural dos fenômenos".

Eles, com efeito, quando são devidos a distúrbios ou a poderes de ordem natural, apresentarão uma particular fisionomia, ou seja, estarão ligados a uma modalidade diferente ou totalmente ausente no caso de uma possível origem diabólica em que o homem não é mais autor de tais manifestações, mas simples instrumento de um outro ser, independente em seu agir daqueles elementos que no indivíduo condicionam e favorecem sua atuação natural. A segunda fase, aplicada aos 20-30 casos em 1.000 iniciais, poderá evidenciar uma dezena que poderiam ser chamados de episódios seguros de uma verdadeira possessão.

Sejam quais forem em concreto os elementos, as modalidades, aquele tom, enfim, que caracterizam a manifestação natural da ampla fenomenologia, eles podem ser tomados do estudo da psiquiatria e da parapsicologia. Mas se essas modalidades já são suficientemente claras e precisas para a ciência psiquiátrica, parecem bem menos claras e muito mais vagas no campo da parapsicologia, para a qual não existe ainda uma elaboração científica que ofereça hipóteses explicativas satisfatórias e seguros princípios e modalidades de expressão dos fenômenos.

Isso não prejudica a possibilidade diagnóstica e a seriedade do critério exposto, porque, verificando-se os dois tipos de fenomenologia no mesmo indivíduo, já é suficiente ter elementos certos de juízo para o grupo psiquiátrico das manifestações. Todavia, também para a fenomenologia parapsicológica há pelo menos duas características muito orientadoras, ou seja, a multiplicidade e a amplitude dos fenômenos, aspectos que estão fora do clichê dos chamados sensitivos.

A aplicação do critério diagnóstico é também favorecida por alguns elementos que não podem escapar a um exorcista atento e sobretudo experiente. Dentre eles lembremos: a intensidade, senão até a estranheza, de certas manifestações à sobredita dupla fenomenologia; o caráter maléfico a que toda ela se orienta; o apoio e a ajuda mútua que se dão as duas fenomelogias: a parapsicológica ilumina a psiquiátrica e esta dá cores impressionantes à primeira, um conjunto harmônico revelador de um ser superior, que também nas únicas manifestações psiquiátricas não desmente as suas maravilhosas possibilidades, especialmente na aversão ao sagrado, não casual e cega, mas contínua e guiada por um intuito do divino excessivamente surpreendente.

Esse novo critério diagnóstico na sua substância e na sua dinâmica vale não somente para as outras presenças maléficas de tipo extraordinário, mas também para as situações de fundo ascético e místico. Nessas últimas, obviamente, em vez da turbulenta aversão ao sagrado ter-se-á uma atitude totalmente oposta.

Também no campo da mística, aliás, intervêm a favor de um diagnóstico positivo outros elementos, como, por exemplo, a bondade da pessoa, a ortodoxia da doutrina e a sua superioridade de conteúdo e de formulação em relação à cultura do indivíduo (no caso de mensagens), os benéficos efeitos de ordem física, psíquica e especialmente religiosa que dela provêm, e outras considerações, para as quais se vejam → FENÔMENOS EXTRAORDINÁRIOS e → COMUNICAÇÕES MÍSTICAS. Todavia, o elemento fundamental para um diagnóstico científico é sempre a dinâmica do critério exposto, que tem uma sua óbvia e completa aplicação se o episódio apresenta também uma fenomenologia psiquiátrica, pois dela apenas, ainda hoje infelizmente, pode-se falar de exame das modalidades; mas que perde, pelo menos em parte, a sua eficácia diagnóstica quando não existe o elemento psiquiátrico, como, por exemplo, nos fenômenos de casas mal-assombradas ou de lacrimejo de imagens, nos quais se excluísse uma explicação psiquiátrica.

Especialmente para essas últimas considerações, os teólogos devem ver com interesse o estudo da parapsicologia e devem formular votos para o progresso de uma ciência, que, mais do que outras, torna-se útil e às vezes indispensável para o diagnóstico do preternatural, seja ele demoníaco ou místico.

4. TERAPIA. No que diz respeito à terapia da possessão, o cuidado específico é representado pelos exorcismos (→ EXORCISMO).

Os teólogos falam também de remédios gerais, como especialmente os sacramentos da confissão e comunhão, o sinal da cruz, o nome de Jesus, os objetos bentos, as relíquias e as imagens dos santos.

Esses remédios, que em grande parte fazem parte do rito de exorcismo, podem sim ser usados com objetivo terapêutico; aliás, não estão vinculados a disposições relativas ao exorcismo; mas, seja pela dificuldade de serem praticados por quem realmente estivesse possuído, seja pelo fato de que o juízo definitivo sobre a verdade da possessão deve ser formulado pelo exorcista (que em caso afirmativo procederá aos exorcismos), parece que devem ser sugeridos a todos como muito útil terapia preventiva dos distúrbios diabólicos.

Com o objetivo, portanto, de manter longe as diferentes influências maléficas com as quais satanás direta ou indiretamente poderia nos atingir (embora sempre com a permissão de Deus), são de particular utilidade as recomendações que seguem.

— Viver bem sob o ponto de vista cristão: o diabo estará longe de quem é portador de Cristo com o estado de graça.

— Frequentar os sacramentos da confissão e comunhão: o primeiro nos purifica e nos santifica, o segundo nos transforma naquele Jesus que triunfou sobre satanás destruindo suas obras (cf. 1Jo 3,8).

— Fazer com frequência o sinal da cruz. Com ela Jesus derrotou o reino do demônio (cf. Cl 2,14-15); "Como o cão foge do bastão com o qual foi batido, assim os diabos detestam a cruz" (P. Thyraeus, *Daemoniaci*…, 153, n. 21).

— Invocar o nome de Jesus, nome acima de todos os outros, diante do qual todo joelho se dobra "nos céus, na terra e debaixo da terra" (Fl 2,8-10).

— Fazer uso de objetos bentos, cuja eficácia é a que é própria dos chamados sacramentais. Dentre estes devem ser especialmente lembrados: a água santa, os "Agnus Dei", as velas bentas, o óleo, o sal, o pão bento.

— Ter em casa, no automóvel, carregar consigo alguma imagem: de Nossa Senhora, que esmagou a cabeça da serpente infernal (cf. Gn 3,15); de São Miguel Arcanjo, príncipe da milícia celeste (da oração de Leão XIII), aquele que derrotou os anjos rebeldes (cf. Ap 12,7-9); dos santos, especialmente aqueles, como São Vicinio di Sarsina (Forlí) e Santo Ubaldo di Gubbio (Perugia) que exercem um poder taumatúrgico em libertar das influências demoníacas.

— Portar algum objeto sagrado, como uma pequena cruz, uma medalhinha, um rosário. Imagens e objetos oportunamente bentos pelo sacerdote.

— Orar a Jesus, à Virgem, aos santos, aos anjos, especialmente a Miguel Arcanjo, aos quais com muita utilidade pode ser dirigida aquela oração composta pelo papa Leão XIII, que outrora se recitava no final da celebração eucarística e depois foi supressa por motivos litúrgicos.

No caso de uma suspeita de possessão, lembrem-se os familiares de jamais falar ao doente sobre uma possível presença de intervenções demoníacas; pelo contrário, deve-se tirá-lo de eventuais dúvidas ou convicções a respeito; com efeito, se se tratar de distúrbios psiquiátricos — o que é, aliás, frequentíssimo — a situação poderia se agravar. Também na hipótese de provável possessão, fale-se com o sacerdote, mas sem o acompanhamento do doente e sem que ele o saiba.

Somente depois de um seguro diagnóstico de presença demoníaca é que se devem tomar as devidas providências e o paciente será esclarecido e ajudado na aceitação da prova, a qual, se suportada com resignação cristã, torna-se muito preciosa aos olhos de Deus, uma fonte de expiação e de mérito, especialmente para quem é vítima dela, e motivo de salutares ensinamentos para os outros.

BIBLIOGRAFIA. Arieti, S. *Manuale di psichiatria*. Boringhieri, Torino, 1984-1987, 3 vls.; Balducci, C. *Gli indemoniati*. Roma, 1959; Id., Parapsychology and diabolic possession. *International Journal of Parapsychology* 8 (1966) 193-212; Id., *La possessione diabolica*. Roma, [9]1988; Id. *Il diavolo*. Casale Monferrato, [5]1989; Bender, H. *Parapsychologie*.

Ihre Ergebnisse und Probleme. Bremen, 1970; ID., *Telepatia, chiaroveggenza e psicocinesi*. Roma, 1988; BERGIER, J. *Il paranormale*, Roma, 1975; BROGNOLUS, C. *Manuale exorcistarum*. Venetiis, 1720; CATHERINET, F. M. Gli indemoniati nel Vangelo. In *Satana*, Milano, 1953, 185-198; CONTI, S. *Alla frontiera dell'ignoto*. Firenze, 1980; GOZZANO, M. *Compendio di psichiatria*. Torino, 1974; INARDI, M. – IANNUZZO, G. *Parapsicologia realtà contestata*. Milano, 1981; INARDI, M. *Il romanzo della parapsicologia*. Milano, 1974; JUNG, C. G. *Psychiatrie und Okkultismus*. Freiburg, 1971; LHERMITTE, J. Le pseudopossessioni diaboliche. In *Satana*. Milano, 1953, 299-318; ID., *Veri e falsi ossessi*. Vicenza, 1957; MOGLIE, G. *Manuale di psichiatria*. Roma, 1946; MUUSATTI, C. *Trattato di psicanalisi*. Torino, 1950; NICOLA, J. *Diabolical possession and exorcism*. Rockford (Ill.), 1974; OESTERREICH, T. K. *Les possédés*. Paris, 1927; ORTOLAN, T. Démoniaques. In *Dictionnaire de Théologie Catholique* IV. Paris, 1924, 409-414; ROSSINI, R. *Trattato di psichiatria*. Bologna, 1971; SERVADIO, E. *La ricerca psichica*. Roma, 1946; ID., *Passi sulla via iniziatica*, Roma, 1988; SERVADIO, E. Psicanalisi e parapsicologia. *Rivista Sperimentale di Freniatria* 96 (1972) supl. ao fasc. II; SMITH, I. *De daemoniacis in historia evangelica*. Romae, 1913; SUDRE, R. *Trattato di parapsicologia*. Roma, 1966; TALAMONTI, L. *La mente senza frontiere*. Milano, 1974; THYRAEUS, P. *Daemoniaci*... Coloniae Agrippinae, 1604; TONQUÉDEC, J. de. *Les maladies nerveuses ou mentales et les manifestations diaboliques*. Paris, 1938; WIESINGER, L. *I fenomeni occulti*. Vicenza, 1956; ZACCHI, A. *L'uomo*. Roma, 1954.

C. BALDUCCI

PRAZER. 1. PRAZER NA MEDITAÇÃO HELÊNICO-BÍBLICA. Platão (427-374) afirmava em *Fédon*: "Parece-lhe que seja próprio de um verdadeiro filósofo ficar a pensar no que habitualmente se chamam de prazeres, como, por exemplo, o de comer e de beber?" "De modo algum, ó Sócrates, disse Simmia." "E os prazeres do amor?" "Também não." "E os demais cuidados do corpo, crês que o filósofo os considere de valor?" [...] "Portanto, é claro, em primeiro lugar, que o filósofo, em todas essas coisas ditas acima, procura libertar quanto possível a alma de toda comunhão com o corpo, diferentemente dos outros homens". Para a filosofia platônica, o homem virtuoso luta contra as paixões; vive numa "aristocrática fragilidade", esquiva-se aos prazeres; é virtuoso porque apático.

Aristóteles (384-322) não legitima o prazer em si mesmo, mas como parte da atividade virtuosa que o inclui. Justamente porque o prazer não tem um sentido moral autônomo: "é um incentivo a intensificar a ação de que ele provém" (*Grande ética*, 2, 7). Epicuro de Samo (341-270), embora não aprove os prazeres dissolutos nem a mania dos prazeres, considera que o prazer é princípio e termo extremo de vida feliz. "Ele, sabemos que é o bem primeiro e natural em nós, e dele partimos para todo ato de escolha e de rejeição, e a ele nos reportamos, considerando todos os bens com base nas afeições assumidas como norma" (*Epístola a Meneceu*).

A Sagrada Escritura não é um manual doutrinário sistemático que aponte uma doutrina ascética sobre o prazer. A ela interessa narrar como o homem espontaneamente aspira ao prazer e em múltiplas modalidades, em formas variáveis, com incansável insistência. A Escritura no seu conjunto sugere que a amabilidade de Deus orienta a humanidade para a alegria, o bem-estar, o prazer. A redenção é um completar a criação que tem por finalidade a felicidade do homem. O Novo Testamento comunica a alegria e a satisfação pela vinda do Messias ao mundo. O próprio Espírito não comunica preocupações sérias, mas alegria (Gl 5,22). Justamente porque o Filho de Deus veio entre nós para receber, purificar e elevar de forma nova a nossa disponibilidade para a alegria.

2. ASPIRAÇÃO AO PRAZER. O desejo de felicidade às vezes suscita no homem até inquietude e mal-estar. Sente-se doente de felicidade impossível. Um desejo que é satisfeito entre bens finitos; e a sua satisfação acontece num consumo que o torna ineficaz. Constata-se que o desejo inexausto da felicidade não consegue se satisfazer definitivamente numa atitude de consumo. É orientado à contemplação do Bem absoluto e total. "Amor de terra distante, por vós todo o coração me dói" (Jauffré Rudel). Quem não se lembra da queixa de → AGOSTINHO à procura da verdade como felicidade definitiva? Pensando na possibilidade de uma eternidade em que não lhe fosse possível essa satisfação completa, ele confiava: "Chorarei muito, a ponto de sufocar no choro a própria vida eterna".

O sentido profundo da vida presente está no fato de que as fibras mais profundas da alma estão voltadas para a incessante procura da Verdade, que escapa sempre no momento mesmo em que se acredita tê-la agarrado. Nesse contínuo recomeçar na incessante procura da felicidade está a razão do viver. "Se os revolucionários não mentissem a si mesmos, saberiam que o sucesso feliz da revolução os tornaria infelizes, porque teriam perdido sua razão de viver" (Simone WEIL, *O amor de Deus*).

Quanto mais se sente essa profunda felicidade insatisfeita tanto mais se é empurrado para a redenção: é profundo o apelo do Espírito. O mal espiritual dos modernos está em querer resolver essa crise no presente e entre as coisas mundanas. Eles esquecem que são eternos errantes: aonde quer que cheguem, são obrigados a partir de novo à procura da própria terra.

3. O VALOR ESPIRITUAL DO PRAZER NO HOJE. No século XIX, comumente o prazer era contraposto ao dever. Assim, o dito popular sentenciava: "Primeiro o dever, depois o prazer". Tanto que o iluminismo alemão afirmará que a felicidade prazerosa é causada não pela posse de Deus, mas pela virtude. O prazer de ser feliz é criado pelo homem com a própria vivência virtuosa. No século XX mudou a indicação ética. Na contestação juvenil de 1968 via-se escrito nas paredes: "Proibido proibir". Desejava-se uma libertação que conciliasse o *eros* com a civilização.

Hoje caiu toda animosidade de confrontação entre prazer e dever. A própria autoridade não se arvora a impor pretensiosamente determinados deveres. O homem comum sabe que deve fazer muitas coisas, entre as quais o necessário entretenimento prazeroso. O dever cai lentamente do apreço na vida social, para ser um inconveniente inevitável para poder conviver. Já o prazer tende a caracterizar a existência em âmbitos não comprometidos pelas necessidades exteriores. Comumente o prazer é indicado com um termo mais amável: "tempo livre". Ele exprime gozo de autonomia, poder dispor de si mesmo, satisfazer os próprios gostos, ser útil aos outros por iniciativa própria.

A desconfiança espiritual de ontem em relação ao prazer tinha a sua legitimação. Ele significava a afirmação ilusória de si mesmo como um absoluto: a pretensão de reduzir o outro a instrumento do próprio gozo. E é isso que a espiritualidade cristã quis com insistência condenar: idolatrar-se, afastando-se da própria orientação para Deus; transformar os irmãos em objetos manipuláveis para um prazer próprio; procurar abolir o peso do cotidiano para se entregar definitivamente todo festivo sem limites de tempo e de suavidade. Não aceitar a própria fragilidade nem o próprio limite é, implicitamente, uma idolatria do eu pessoal.

Ao mesmo tempo, espiritualmente, é censurável recusar a possibilidade de uma experiência pessoal do prazer. Essa recusa significa sempre não admitir a própria fragilidade. É verdade que a indicação espiritual tradicional costuma condenar o prazer sexual e gastronômico, mas não o intelectual ou espiritual. Isso significa menosprezar a própria corporeidade: renegar-se como criatura limitada. É no corpo que se experimenta sem mediações a dor, a doença, a velhice, o prazer estimulante. Um limite humano que foi amado pelo próprio Deus na encarnação do seu Filho.

A espiritualidade cristã é avessa tanto à exaltação irresponsável do prazer como à ascese que o nega de forma sistemática. Em ambas as hipóteses nega-se a fragilidade da existência pessoal. O prazer sensibiliza a respeito da bondade da vida que lhe chega como dom por parte de Deus; mostra que no profundo de si mesmo fervilha o desejo de viver, que se satisfaz no entrelaçamento das relações com os outros. É o anúncio profético de uma nova existência ultraterrena que será satisfação vital completa. "No quadro da vida natural os prazeres do corpo são um sinal da alegria eterna que Deus prometeu aos homens" (D. BONHOEFFER, *Ética*).

4. EXPERIÊNCIAS ESPIRITUAIS MÚLTIPLAS A RESPEITO DO PRAZER. De fato, a vida espiritual cristã acolheu o prazer em diferentes modalidades múltiplas. Diversidade dependente do contexto sociocultural, da vocação pessoal, do → CARISMA recebido pelo Espírito, da missão a ser desenvolvida no Corpo místico. Para Agostinho, somente Deus é "coisa de que se goza", de modo que qualquer outro prazer é ilusório e um tanto reprovável. Ele menospreza a bondade de qualquer bem que seja, exceto o divino. Espiritualmente, Agostinho comunicava esta mensagem: Deus, não o podes conhecer nem aceitar se não o amas com prazer.

Se Agostinho propunha para a vida presente o prazer total absoluto, a cultura hodierna considera que é prazeroso para o homem ficar interiormente inquieto na procura do que o transcende, sentir-se oferecido a tudo o que lhe permite superar-se. O homem saciado, sem desejos, é incapaz de gozar seja o que for. A existência humana para ser favorecida pelo prazer deve continuamente sentir-se indigente e insatisfeita. Existe uma exceção: o amor correspondido e que satisfaz não se extingue; pelo contrário, abre-se em exigência cada vez mais profunda de receber uma satisfação em amplitude superior. Levado a uma ordem sobrenatural caritativa, o amor tem ressonância de desejo e de satisfação entrelaçado num fundo infinito.

Uma solução para satisfazer o insaciável desejo de felicidade no presente é oferecida por Simone Weil: "Não cabe ao homem procurar Deus e crer nele: ele deve simplesmente recusar-se a amar aquelas coisas que não são Deus. Se um homem persiste nessa recusa, mais cedo ou mais tarde Deus virá a ele" (*A Grécia e as intuições pré-cristãs*). Ela descreve como criou em si mesma o vazio para dar espaço à graça de Deus. Weil narra o que teria significado para ela, professora, tornar-se operária: "Para mim quis dizer que todas as razões externas (uma vez eu acreditara tratar-se de razões interiores) sobre as quais se fundam, para mim, a consciência da minha dignidade e o respeito de mim mesma foram radicalmente destroçadas, em duas ou três semanas, sob o golpe de uma constrição brutal e cotidiana. E não creia que tenha provocado em mim algum movimento de revolta". Descreve a sua extrema docilidade a seu ser, a qual se tornara "animal de carga". Só considerava dever "esperar para receber". "Lentamente, sofrendo, reconquistei por meio da escravidão o sentido da dignidade do ser humano, um sentido que dessa vez não tinha fundamento em nada externo, sempre acompanhado pela consciência de não ter direito a nada, e que qualquer instante livre de sofrimentos e de humilhações devia ser recebido como uma graça, como o resultado de favoráveis circunstâncias casuais" (*Pensamentos desordenados sobre o amor de Deus*).

→ JOÃO DA CRUZ nos indica o mesmo caminho de Simone Weil por meio de sua experiência mística: "Sabemos que o amor e o apego aos apetites e a procura do gosto em todas as coisas inflamam a vontade, a qual se sente estimulada a gozar; era portanto necessária à alma a chama mais forte de um amor maior, ou seja, do de seu Esposo, para que ela, repousando nele o próprio gosto e a própria força, tivesse a coragem e a constância de renegar todos os outros prazeres. Todavia, para vencer a força dos apetites sensitivos não basta que a alma ame simplesmente o seu Esposo, mas se requer que arda de amor ansioso por ele" (*Subida*, 1, 14, 2). Não é tanto a recusa do prazer das coisas criadas, mas a procura "com todas as forças de conhecer e amar Deus e gozar nele" (*Chama*, 1, 12).

Não é raro o cristão olhar a cruz como um estado privado de qualquer prazer. A cruz é certamente espoliação de alegria para quem não consegue suportá-la e procura espasmodicamente dela se livrar. Quando sabe amá-la como uma amizade com o Senhor, sabe beijá-la como dom de intimidade com o Espírito, sabe ver nela o desígnio de predileção filial por parte de Deus Pai, então ela é saboreada como toda a alegria. As suas dores são um prazer até sensível. Chegar a tal meta requer um prolongado caminho ascético.

Benedetta Bianchi Porro, cheia de idealismo e de vida é obrigada lentamente não só a deixar os estudos universitários, a ter de ficar acamada paralítica, a se tornar cega. Sua amiga Maria Grazia Bolsoni escreve: "Foi então que me dei conta de que, improvisamente, alguma coisa tinha mudado nela desde que se tornara cega. Parecia tê-la invadido uma grande paz: como se ela se sentisse completamente livre do medo e da angústia. Parecia que a cegueira fosse para ela um estado de graça, uma estrada para a alegria e a luz". Benedetta atesta: "Entendi que me era devolvido aquilo que me tinha sido tirado, porque possuo a riqueza do Espírito" (Carta, 15 de julho 1963). "Dir-te-ei que nestes dias me sinto muitas vezes cheia do Espírito Santo. Parece-me estar, ainda que em meio a meus sofrimentos, cheia de alegria que não é terrena" (Carta, 19 de dezembro de 1963).

BIBLIOGRAFIA. HONNEGER, G. Fresco. *Il piacere di fare*. Milano, 1979; *Piacere e felicità*. Atas do 3º Congresso dos estudiosos de filosofia moral. Padova, 1982; POHIER, J. *Le chrétien, le plaisir et la sexualité*. Paris, 1974; VASSE, D. *Les temps du désir*. Paris, 1969; WEIL, S. *L'amore di Dio*. Roma, 1985.

T. GOFFI

PRECEITO. O preceito é uma ordem que impõe uma obrigação e comporta, portanto, a necessidade moral de agir num determinado modo. Entre os vários preceitos há uma certa ordem hierárquica, derivada do nexo que têm com o fim a que são ordenados; esse nexo depende tanto do objeto deles como da vontade divina que os impõe. Entre todos há um que não somente está estreitamente unido ao fim, como constitui, em certo sentido, o fim mesmo da vida humana; daí a sua importância fundamental e a sua prioridade absoluta diante de todos os demais.

1. O PRECEITO FUNDAMENTAL: O AMOR. O fim do homem é a glorificação de Deus que se realiza praticamente por meio da sua união com ele. É substancialmente pelo amor que se dá essa união nesta terra. Toda a bondade do homem se reduz portanto à qualidade e à intensidade do seu amor. Por isso, constitui o preceito fundamental, fim de todos os outros, princípio e causa da sua observância: ele é a norma de vida, e ocupa de modo absoluto o primeiro lugar; todo o resto, inclusive o culto de Deus, a ele se condiciona (Mc 12,30-33). Isso significa que o cristão se define em primeiro lugar como um ser amante. Tal será unicamente à medida que efetivamente se unir a Deus e aos homens por um amor sentido e ativo. É esse amor que faz o cristão e a sua perfeição. "Caminhar no amor" (Ef 5,1; 2Jo 6); não há texto que exprima melhor a vida e a moral cristã. Revelador e portador de Deus-Amor, Jesus nos mostra na sua vida e na sua lei as obras e as exigências desse amor. Todos os seus ensinamentos e preceitos são uma sua expressão. As exigências do amor divino nós as conhecemos: transformação, doação, serviço, escravidão. Sendo participação do amor de Deus, a → CARIDADE, à medida que cresce em nós, mutua e manifesta cada vez mais seu ardor, dinamismo irresistível e até absolutismo total. Deus é amor, não pode deixar de amar e tudo transformar em amor. Não pode deixar de querer que o homem ame. Habitado por Deus-Amor e ele próprio transformado, mediante a graça e a caridade, o homem não pode ser cristão e não amar: seria uma contradição. A obrigação de natureza que se impõe ao filho é de ser semelhante ao pai. Eis por que o amor é um preceito, porque é uma exigência vital de Deus e do cristão, e diante das exigências vitais não se tem liberdade de escolha: quem a ele renuncia cessa de ser. Consequentemente, a caridade é a realização e a prova da filiação divina do cristão; amar não é mais que manifestar o que ele é (1Jo 3,10).

Todas as paixões pervertidas que tendem egoisticamente ao próprio fim e ignoram o verdadeiro amor devem lhe deixar o lugar para se tornarem instrumento de bem. É óbvio que isso não acontece num dia: é preciso uma vida inteira. Isso, portanto, não dispensa da obrigação de amar, e todas as vezes que nas nossas ações o egoísmo toma o lugar do amor, nós faltamos a um dever nosso bem preciso, faltamos ao preceito do amor.

Parece assim evidente que o exercício do amor exige a colaboração de todas as potências: "Amarás o Senhor teu Deus com todo o coração, com toda a alma, com todas as forças". Não pode ficar nada que não seja entregue a seu serviço: todo homem e cada uma de suas partes deve a seu modo amar a Deus. Isso significa que a caridade exige o exercício de todas as virtudes, das quais ela é princípio, perfeição e fim. Eis a origem de todos os outros preceitos, ligados com vínculo indissolúvel ao da caridade e todos a ela ordenados.

2. O AMOR E OS OUTROS PRECEITOS. De fato, os preceitos particulares, entre os quais ocupam um lugar de primeiro plano os dez mandamentos, não têm outro objetivo senão o de manifestar e levar ao amor. Amar é, então, observar os preceitos. "Nisto consiste o amor: em caminharmos na via de seus mandamentos" (2Jo 6). Na alma de Cristo há equivalência rigorosa entre a caridade para com Deus e a observância dos preceitos: "Observando os mandamentos do meu Pai, eu permaneço no seu amor" (Jo 15,10). O amor filial se manifesta na obediência.

Sem a observância dos outros preceitos a caridade se torna impossível; sem a caridade, os outros preceitos ficam privados de seu fim e da sua justificação. Eis por que o cumprimento puramente externo dos preceitos é desprovido de sentido. Deve existir o amor, ou seja, a doação de si, senão a obra é perfeitamente inútil. Deus não sabe o que fazer com nossas ações; ele nos quer na ação; por isso, quando observamos os mandamentos temos de nos pôr neles, mediante o amor. Quando se fala de obrigação estrita, preocupamo-nos em conhecer o que é realmente imposto. Além desse mínimo, não somos mais "obrigados". Isso é verdade contanto que evitemos considerar o cumprimento externo como uma coisa à parte, independentemente da intenção de quem age e do objetivo do preceito; de outro modo o tornaríamos sem sentido e fecharíamos o caminho para interpretá-lo retamente. A ideia-mãe que deve guiar o cristão é que o preceito é um meio para praticar, manifestar e aumentar o amor; não pode se tornar, portanto, de modo algum, pretexto para inibir suas exigências de crescimento ou até para mascarar sua falta. Diz-se às vezes que o preceito diz respeito ao mínimo indispensável para manter a caridade; o resto é conselho. Isso é equívoco: o cristão é obrigado a tender à perfeição do amor, porquanto, possuído por Deus e transformado por seu amor, ele é chamado a amar com todo o coração, com toda a alma e com todas as suas forças. Tudo o que faz parte desse preceito é obrigatório para o cristão, tudo o que o impede é proibido, porque em contradição com o seu ser. Não é um conselho para o cristão se desapegar dos bens materiais, corporais ou espirituais que lhe impedem a observância do amor; não é um conselho, mas uma obrigação privar-se dos próprios bens para ajudar os irmãos indigentes: é uma exigência do amor. Certamente essas exigências são também proporcionais à grandeza do próprio amor, e é por isso que o Senhor não pede a todos a mesma perfeição de vida, mas espera e aceita, com muita generosidade e compreensão, tudo o que o homem lhe oferece, talvez até menos do que atualmente pode; mas é também verdade que o amor tem exigências vitais irrenunciáveis, e quem não as sente demonstra não tê-lo; de outra parte, ele exige crescer e se expandir, e quem não se esforça por incrementá-lo acabará por sufocá-lo.

BIBLIOGRAFIA. → CONSELHOS e → VIDA RELIGIOSA.

A. Pigna

PREGUIÇA. Relacionada pela tradição cristã entre os pecados capitais, a *preguiça* significa negligência, acídia, inércia, torpor, ociosidade, indolência, incúria; manifesta, além disso, uma acentuada tendência ao ócio e mostra repugnância com referência ao empenho e ao esforço exigidos pelo cumprimento de uma obra, de um projeto. Sua característica é, por isso, o "medo do esforço, que faz com que o homem fuja do trabalho ou trabalhe com lentidão, com inconstância, parando diante da menor dificuldade que encontre" (B. Honings, Pigrizia, in *Dizionario Enciclopedico di Spiritualità*, ¹1465).

E a vida espiritual é precisamente a obra de Deus, o grande projeto do Senhor confiado à gestão dos crentes, ou seja, dos que no plano pessoal e comunitário dão sua adesão a Cristo e à Igreja e realizam o Evangelho nas relações com os irmãos.

Preguiça é recusa voluntária diante da fadiga, das exigências da mensagem de Cristo, na prática do testemunho, na procura da verdade, no confronto dialógico com pessoas de outra cultura, na necessária aquisição das estimas objetivas em relação a Deus, à Igreja, ao mundo, aos homens, na aceitação dos parâmetros indicados pela fé e ditados pelo Espírito.

A preguiça sob esse aspecto está ligada a toda forma de "atividade", a toda expressão da comunidade: pode ser encontrada na esfera intelectual como na física, na relação vertical como na horizontal, na realização dos programas humanos como na prática de programas mais especificamente cristãos. Toca, portanto, a pessoa na sua globalidade e a arrasta pela via extremamente negativa da tibieza, do descuido, da desatenção e, então, da falta de compromisso.

A preguiça mostra assim uma conotação negativa no plano espiritual, porque para o dinamismo, o impulso, a vitalidade, o caminho da Igreja. Ela afasta a ideia mesma de *corrida*, essencial prerrogativa da espiritualidade do povo cristão.

"A imagem da corrida é uma eficaz metáfora para designar a *vida cristã na sua totalidade*, [...] para exprimir *o empenho da vida cristã e a concretude das boas obras*, [...] *o dinamismo da espiritualidade cristã*, [...] *o projeto ascético*" (G. Fattorini, L'immagine biblica della "corsa" nella Regola di san Benedetto, in *San Benedetto agli uomini d'oggi* [Sezione Monastica 3, Serie monografica di "Benedictina"], por L. de Lorenzi, Roma, 1982, 481-482).

Igualmente, a preguiça rejeita o *combate* necessário para garantir à espiritualidade cristã a possibilidade de tomar forma no âmbito da comunidade, de se concretizar e de levar à maturidade o desígnio de Deus.

A literatura do mundo católico desde seu aparecimento pensou na vida segundo o Espírito em termos de "milícia, luta" e, portanto, de *batalha*, ressaltando com essa imagem o empenho dos fiéis. Ora, toda essa estimulante missão fica inevitavelmente frustrada pela preguiça: com efeito, combater as paixões, os vícios, as tentações, as sugestões ao mal, viver segundo a lógica da fé e as exigências das → BEM-AVENTURANÇAS EVANGÉLICAS exige coragem, dinamismo, esperança, tensão, abertura, senso de responsabilidade, ascese. A ascese, em particular, "significa exercício, combate. 'Combate espiritual, mais duro que a batalha dos homens', diz Rimbaud. Apelo à liberdade do homem, à sua capacidade de 'criar positivamente'. De se tornar uma pessoa que, com a própria adesão à grande metamorfose crística, transfigura no Espírito Santo a própria relação com os materiais que lhe são impostos pelo mundo — o seu patrimônio genético, o seu condicionamento psicológico e social — e com isso transfigura aqueles materiais mesmos… 'Mas tu, homem, por que recusas a tua liberdade? Por que esse desgosto de ter de te esforçar, de te cansares, de lutares e te tornares o artífice da tua salvação? Talvez te agradasse mais repousar no sono de uma *vida preguiçosa* e de um perpétuo bem-estar?'" (O. Clément, *Alle fonti con i Padri. I mistici cristiani delle origini. Testi e commento*, Roma, 1987, 127).

A espiritualidade cristã, portanto, significa despertar do *sonambulismo cotidiano*, e pede uma vivência conforme a liberdade e a responsabilidade na *gestão* do mistério da salvação (*Ibid.*).

A preguiça pode ser então identificada com o esquecimento e com o coração endurecido, com a "calosidade" do coração, a qual faz com que o homem não veja outra coisa senão as aparências, o que *cai sob os sentidos*, o que se pode *dar ao queixo*, segundo a expressão tão eficaz da linguagem popular (*Ibid.*, 134). Ela suscita sentimentos de abatimento, não alimenta a esperança e é atraída pelo fascínio do nada, da vida mansa; exprime-se, portanto, na ordem da *fuga*, da *renúncia* e do *abandono* e, consequentemente, não atinge o objetivo que é proposto à Igreja. Definitivamente, pois, a preguiça denota uma expressão de egoísmo, a partir do momento que não consegue assumir plenamente o ônus de encarnar Cristo e a sua mensagem com fidelidade e constância. Mais que subir a montanha, a comunidade preguiçosa represa-se no vale, porque gosta de seguir o caminho cômodo e fácil e não enfrenta as trilhas estreitas e difíceis pelas quais se vai a Deus; não enfrenta nem os riscos nem o cansaço sempre presentes para voltar à casa do Pai, e para se pôr a caminho em direção à pátria (cf. *Lumen gentium*, proêmio e c. I).

A vida cristã é marcada pela dialética das *antinomias* entre carne e espírito, treva e luz, egoísmo e caridade, dissipação e concentração etc.

"A luta contra as antinomias, socialmente existentes hoje, é publicamente vivida como empenho responsável pela realização de novos valores, pela prática de uma existência mais justa e mais espiritualmente cristã... O mistério pascal é princípio de antinomia não somente em si mesmo, mas também em comparação com o humanismo espiritual, sobre o qual deve se inserir e se radicar para poder viver e se desenvolver" (T. Goffi, Antinomie spirituali, in *Nuovo Dizionario di Spiritualità*, Roma 1979, 21-22). O caminho indicado por Cristo para retornar ao Pai passa pela via estreita e apertada, e pede consequentemente *um exercício e uma ascese* porque o "eu inteiro deve ser renovado pelo Espírito de Cristo [...] e introduzido numa nova experiência espiritual por obra do mistério pascal do Senhor" (Goffi, *Ascesi...*, 80). Por esse motivo a comunidade cristã, desde as origens, estimulada pela caridade de Cristo, empenhou-se em conseguir equilíbrio interior mediante a mortificação, a penitência, a conversão em vista da transformação e da união mística com o Senhor e do amor oblativo com ele, e da resposta à sua caridade. "O amor de Deus foi derramado em nossos corações pelo Espírito Santo que nos foi dado" (Rm 5,5). E na Primeira Carta aos Coríntios: "trato duramente o meu corpo e o mantenho submisso" (1Cor 9,27).

Então a → ascese é a experiência necessária da comunidade eclesial e de cada fiel que "não pode ser desleixada ou renegada: exprime a própria participação no mistério pascal de Cristo; é o modo humano de favorecer o caminho para uma vida caritativa; é mostrar-se empenhado para secundar o dom da salvação oferecido pelo Espírito" (T. Goffi, *Ascese...*, 84). O heroísmo cristão, enquadrado na teologia da santidade e de "modo particular na da caridade, procede, portanto, do fato de que toda a humanidade, e com isso cada pessoa humana, é em Cristo chamada a uma vida de íntima união com a Santíssima Trindade, a participar, portanto, da sua vida de amor" (P. Molinari — P. Gumpel, *Eroismo...*, 479). É um dom e uma graça de Deus e constitui ao mesmo tempo uma missão para os batizados.

Os dados que brotam da doutrina bíblica sobre a *preguiça* destacam a atitude negativa dos que evitam a lei do trabalho, estigmatizam sua psicologia e delineiam ao mesmo tempo o estado em que se encontram. Conselho em referência à maturação da pessoa, parênese em vista da perfeição da comunidade e apelo à variada aplicação em termos positivos praticamente vêm juntos, conjugados e promovidos. O Livro dos Provérbios sobretudo reproduz todo o ensinamento que constitui a *sabedoria do povo* e que está aberto a acolher o desenvolvimento sucessivo e momento ulterior no caminho salvífico. A título exemplificativo apresentamos algumas passagens particularmente significativas:

"Diz o preguiçoso: 'Há um leão lá fora, em plena rua! Vou ser morto!'" (Pr 22,13); "O preguiçoso enterra a mão no prato, mas retorná-la à boca é que o cansa" (Pr 26,15); "A porta gira nos gonzos e o preguiçoso, na cama" (Pr 26,14); "Vai ter com a formiga, ó preguiçoso! Observa o seu proceder e torna-te sábio. [...] Até quando, ó preguiçoso, ficarás deitado? Quando te levantarás do sono? Dormir um pouco, cochilar um pouco, espreguiçar um pouco, de mãos cruzadas, e a pobreza chegará à tua casa como um andarilho, a indigência, qual velho guerreiro" (Pr 6,6.9-11).

A preguiça, portanto, produz apatia, inércia, ignávia, tédio; leva inexoravelmente à fome, à ruína, à indigência, à servidão, à contrariedade, à curiosidade, à maledicência, à dissipação, à presunção. O preguiçoso, com efeito, julga ser até sábio; e até parece "mais sábio a seus próprios olhos do que sete peritos ajuizados" (Pr 26,16).

Jesus Cristo difunde uma mensagem que por sua natureza é avassaladora e mira vencer a preguiça, superá-la, fazendo frutificar os talentos recebidos (cf. Mt 25,24-29).

Os Padres, os fundadores das ordens religiosas, os cristãos que zelam pelo culto de Deus, com base na doutrina bíblica e na prioritária exigência do Reino junto com a solicitude pela vitalidade da comunidade eclesial, levaram ao máximo as possibilidades de graça e de natureza e oferecem um "testamento unitário" (embora diversificado!) para o positivo e para o negativo a respeito desse problema. É clara para todos a consciência de não ser de peso para ninguém, de ganhar o pão com o suor da própria fronte como os apóstolos... "Então são verdadeiros monges quando vivem com o trabalho das próprias mãos como os nossos pais e os apóstolos" (*Regula Benedicti*, c. 48: O trabalho manual cotidiano). "*Vai ter com a formiga, ó preguiçoso!* Por sua simplicidade e nulidade; e além disso, tu, que és também ignorante, aprenderás também de mim que Deus não tem necessidade dos nossos bens — ele, o não necessitado e o que tem em abundância — mas, pelo contrário, ajuda com riqueza de dons e salva por graça aqueles que escolheram ser gratos, embora, no seu amor pelos homens, aceite a operosidade deles segundo as forças que têm" (Teognosto, *Sobre a prática...*, in *La Filocalia*, Torino, 1983, 382-383, vl. II). Daí a obrigação para todos de *dar-se ao trabalho* — sem introduzir a respeito discriminação de nenhum tipo! — e, portanto, de vencer a indolência e a preguiça, seja para responder à lei comum do trabalho (*Perfectae caritatis*, n. 13), seja para pôr em prática os carismas, seja para ir ao encontro das necessidades da comunidade e, portanto, para edificar a Igreja e sobretudo para crescer no "estatuto do homem perfeito, Cristo".

A atual situação exige do povo cristão um grande esforço para superar as negatividades da preguiça, que assume características particulares.

É necessário, com efeito, restabelecer o critério da *estabilidade* e do *serviço* constante; harmonizar o temporal e o espiritual; equilibrar os valores imanentes e transcendentes; aprofundar a interiorização do divino; testemunhar com a vida a fé em Cristo. Os crentes hoje vivem na *diáspora*. E isso requer identidade e, portanto, um maior empenho para *sair da preguiça e do anonimato*: "a força do Espírito em quem recebeu o batismo e conheceu o Evangelho é sempre fecunda e capaz de reanimar quem se entregou... É antes uma provocação para muitos cristãos se lembrarem de sua vocação, *saírem da preguiça e do anonimato*, para serem novamente testemunhas do Evangelho numa verdadeira identidade cristã" (Cei, *La Chiesa italiana e le prospettive del Paese*, Roma, 1984, 24).

BIBLIOGRAFIA. → ACÉDIA. Além disso: Garrigou-Lagrange, R. *Le tre vie della vita interiore*. Torino, 1952, 144-152, II; Honings, B. Vizio. In *Dizionario Enciclopedico di Spiritualità* (1. ed.) 2.028-2.030 (com bibliografia); Tanquerey, A. *Compendio di teologia ascetica e mistica*. Roma, 1960, 883-890.

A. Lipari

PRESBÍTERO (espiritualidade do).

Ninguém põe em dúvida que o presbítero deva se empenhar em conseguir a perfeição. Mas de que perfeição se trata? No âmbito da originária e comum vocação cristã há lugar para o crescimento e a maturação de formas diversificadas de vida espiritual? Numa Igreja entendida não mais como "clerical", mas como povo de Deus sacerdotal, é legítimo falar de uma espiritualidade, de uma santidade presbiteral? Responderemos a essas interrogações traçando um esboço de espiritualidade presbiteral que se inspira no magistério do concílio ecumênico Vaticano II e nas reflexões pós-conciliares que se seguiram.

1. QUE SE ENTENDE POR ESPIRITUALIDADE. Em sentido cristão, o substantivo "espiritualidade" (como o adjetivo "espiritual") traz à mente a pessoa humana enriquecida pela presença do dom do Espírito do Pai e do Filho; a existência dessa pessoa justamente como existência animada pelo mesmo Espírito; e a experiência que brota dessa existência "espiritual", bem como o seu objeto e conteúdo. Consequentemente, a palavra "espiritualidade" significa o modo particular com o qual todo batizado vive a sua relação com Deus por meio de Jesus Cristo no dom do Espírito Santo; e isso na real "situação" em que ele é posto dentro da comunidade eclesial e da família humana, em que atua, segundo sua específica vocação, para a difusão do reino de Deus e a serviço dos outros homens, pondo à disposição deles seus dotes de natureza e de graça. Em síntese, o termo "espiritualidade" indica *quer* a autêntica existência cristã, cujo maestro é o Espírito Santo; *quer* a genuína experiência ou a genuína vivência do homem "espiritual", tanto em geral como nas diversas modalidades pelas quais essa existência e essa experiência de fato se exprimem; *quer* a análise e a descrição da vivência experiencial cristã nas suas várias formas. No seu núcleo fundamental a espiritualidade cristã não é mais que o efeito do desenvolvimento da vida da graça, proveniente do dom e da ação ininterrupta do Espírito, ao qual o batizado deve oferecer a sua solícita colaboração, nas circunstâncias concretas em que vive e trabalha. Sob esse ponto de vista, a santidade envolve a espiritualidade cristã, com ela se identifica e constitui seu vértice.

É, pois, no nível de vida segundo o Espírito e apenas a partir desse nível que se pode falar de vida cristã e, consequentemente, da espiritualidade cristã que dela deriva. Vista na sua *fonte originária*, ela é a única, porque "há um só Deus e também um só mediador entre Deus e os homens, um homem: Cristo Jesus, que se entregou como resgate por todos" (1Tm 2,5-6), e único é o Espírito santificador, que faz deles novas criaturas. Sob o *perfil existencial*, porém, há várias expressões de vida cristã e, portanto, modos diferentes de viver a própria vida espiritual e de pôr em prática o próprio apostolado, porque "a cada um de nós a graça foi dada segundo a medida do dom de Cristo" (Ef 4,7). Os batizados vivem formas de vida cristã diversificadas e formas de experiências espirituais e apostólicas diferenciadas, porque o único e mesmo Espírito, tanto pela mediação sacramental como de modo direto, distribui a variedade dos seus carismas em relação à vocação de cada um e ao exercício das funções que ela implica para o bem comum de todo o povo de Deus.

A plenitude de vida do Corpo místico é plenitude orgânica, em que cada qual participa da vida do organismo, mas segundo uma sua peculiar posição e incumbência, definidas pela ação criadora do Espírito Santo e pelos carismas que ele comunica ao sujeito. As diferenciações, devidas às diversas "situações" sobrenaturais operadas pelo Espírito vivificante, podem ser consideradas como outras tantas "ordens" ou "estados" de vida eclesiais (verdadeiros e objetivos e não somente funcionais ou existenciais), porquanto tornam idôneos e comprometem a viver segundo uma certa direção e modalidade a perfeição da caridade. Nessa perspectiva é legítimo perguntar em que sentido e dentro de quais limites se pode falar, no contexto da única espiritualidade cristã, de várias formas de vida espiritual e em particular de uma espiritualidade presbiteral.

2. NATUREZA DO PRESBITERADO. O conteúdo da doutrina neotestamentária sobre o sacerdócio pode ser condensado em algumas proposições concatenadas, as quais vão do projeto salvífico universal do Pai ao sacerdócio de Cristo e do sacerdócio de Cristo mediante a efusão do Espírito ao sacerdócio da Igreja, passando pelo ministério apostólico e pelo ministério ordenado, segundo uma lógica que faz ressaltar a centralidade fontal de Cristo — bem como a unidade e a distinção dos dois sacerdócios dele derivados — e a realidade do ministério ordenado, e, portanto, também do presbiterado, autorizado a agir, a seu modo, a serviço do desígnio de amor de Deus no mundo (cf. *LG* 2-4.28; *PO* 2).

a) *Sacerdócio de Cristo*. Deus "quer que todos os homens se salvem e cheguem ao conhecimento da verdade" (1Tm 2,4). Por isso ele, "depois de ter, por muitas vezes e de muitos modos, falado outrora aos Pais, nos profetas" (Hb 1,1), na plenitude dos tempos manda o seu Filho, Verbo feito carne, ungido do Espírito Santo (cf. Is 61,1; Lc 4,18) para reconciliar os homens com Deus e os santificar. Do tronco do universal chamado à santidade brotam as vocações específicas, que Deus suscita e enriquece de dons do seu Espírito, em vista do cumprimento de uma precisa missão na Igreja. Não existe vocação cristã e, portanto, encargo na Igreja que possa prescindir de uma referência direta à pessoa de → JESUS CRISTO, ou seja, da participação à sua consagração e missão, com intensidade e formas diferenciadas.

A unção de Jesus, operada pelo Espírito Santo, acontece no momento mesmo em que a pessoa divina do Verbo toma a natureza humana para a consagrar para sempre (cf. Cl 2,9). Essa consagração coincide em Jesus Cristo com o seu envio ao mundo por parte do Pai (cf. Jo 10,36; Lc 1,31) para anunciar aos pobres a alegre mensagem da salvação (cf. Lc 17,21) e para coroar uma vez por todas a sua missão com a oblação sacerdotal de si mesmo para a redenção do mundo (cf.

Hb 10,5-7). Jesus Cristo é, pois, o único mediador entre Deus e os homens (1Tm 2,5). Ele reconciliou Deus com a humanidade e a humanidade com Deus (cf. 2Cor 5,18-20). E o fez assumindo com a sua encarnação e unificando em si mesmo as funções que no Antigo Testamento eram exercidas por pessoas diversas. Realmente, no exercício dessa sua unitária e insubstituível atividade mediadora, Cristo é o profeta, o mestre, o legislador por excelência, porque não diz apenas palavras de Deus, mas é a Palavra de Deus encarnada (cf. Jo 1,14); não ensina apenas como quem tem autoridade, mas é a própria Verdade, e, assim, quem o conhece, conhece também o Pai (cf. Jo 14,6); não impõe novas leis (cf. Lc 10,26-27), mas infunde nos corações o novo mandamento de amar como ele nos amou (cf. Jo 13,34), estimulados pelo Espírito Santo que mora em nós como num templo (cf. 1Cor 3,16; 6,19). Ele é também o sacerdote, o sacrifício, a vítima, não em sentido ritual, mas vital, porque cumpre a vontade do Pai (cf. Hb 10,7), oferecendo livremente ele próprio por nós (cf. Jo 10,18). Enfim, ele é o pastor, o guia e o rei que na sua Páscoa efetua a sua missão e realiza assim a nova aliança, revelando-se ao mesmo tempo "sumo sacerdote" (Hb 3,1) e "grande pastor das ovelhas pelo sangue de uma eterna aliança" (cf. Hb 13,20). Desse modo, a função pastoral de Jesus Cristo funde-se com a sua função sacerdotal e profética e se torna sua manifestação visível e histórica. Cristo é o profeta-sacerdote-pastor que se sacrifica pelo seu povo (cf. Jo 10,14-15), reúne-o e nutre-o com a sua palavra de verdade. Com a sua autoimolação, ele inaugura um sacerdócio novo, de que deriva o sacerdócio da Igreja por ele fundada.

Mal é o caso de lembrar que as categorias de profeta, sacerdote, rei e outras afins, aplicadas a Cristo, servem para pôr em evidência alguns aspectos da sua unitária missão salvífica, em particular o seu autossacrifício, mas não a exaurem, porque as palavras são insuficientes e inadequadas para exprimi-la na sua totalidade. Não deve, portanto, causar espanto se o recurso a tais categorias para indicar o ministério eclesial e profano dos leigos e o tríplice ofício de ensinar, santificar e governar, atribuído aos ministros ordenados, possa parecer redutível à reflexão teológica contemporânea. Na expectativa de que os teólogos, instados por horizontes culturais que mudam, encontrem conceitos mais adequados, na esteira de documentos do Concílio Vaticano II, poder-se-á continuar a falar de função profética, sacerdotal e real dos leigos e do tríplice "múnus" dos ministros ordenados, mas com a advertência de evidenciar cada vez melhor suas constantes e seus desenvolvimentos e, ao mesmo tempo, de se manter abertos a novas possibilidades dos modelos expressivos.

b) *Sacerdócio comum*. Em seu desígnio de amor, Deus Pai estabelece que o sacerdócio de Cristo seja perpetuado na Igreja. Na realidade, por meio do sacramento do → BATISMO, Jesus Cristo confere a todos os membros do seu corpo, que é a Igreja, uma participação na sua consagração e missão. Assim, "pela regeneração e união do Espírito Santo os batizados são consagrados a formar um templo espiritual e um sacerdócio santo, para oferecer, mediante todas as obras do cristão, sacrifícios espirituais, e para fazer conhecer os prodígios daquele que das trevas os chamou à sua admirável luz (cf. 1Pd 2,4-10)" (*LG* 10a). A real participação na consagração e missão de Jesus Cristo, conferida pelo sacramento do batismo é em si completa. Por isso, todos os batizados são pessoas "consagradas", ou seja, santificadas pela unção do Espírito Santo e inseridas vitalmente em Cristo; "partícipes" do seu sacerdócio profético e real; e "enviadas" como testemunhas da sua mensagem de salvação. O autor da Primeira Carta de Pedro diz dos primeiros cristãos: "Vós sois *a raça eleita, a comunidade sacerdotal do rei, a nação santa, o povo que Deus conquistou para si, para que proclameis os altos feitos daquele que.* [...] Vós que outrora *não éreis seu povo,* mas agora *sois o povo de Deus: vós que não tínheis alcançado misericórdia,* mas agora *alcançastes misericórdia*" (1Pd 2,9-10). A passagem em 1Pd 2,4-10 afirma portanto a existência de um verdadeiro sacerdócio cristão, que se radica no sacerdócio de Cristo; agrega-nos à nova comunidade de salvação, nascida da fé nele; é exercido na oferta sacrifical que os cristãos fazem a Deus da própria vida em união com a oferta feita por Cristo ao Pai; e se refere a cada um dos crentes não como indivíduos justapostos, cada um dos quais seria sacerdote por conta própria, mas como pessoas que se relacionam umas com as outras de modo que formem juntas o novo povo de Deus, entendido em sentido comunitário e corporativo como "estirpe eleita" e "nação santa". A existência e o exercício de um sacerdócio profético e real, comum ou universal dos batizados não excluem, mas até pressupõem a existência e o exercício na comunidade cristã de um ministério específico. Esse ministério surge juntamente com o nascimento da Igreja como seu elemento estrutural constitutivo, no caso do ministério apostólico, raiz do ministério ordenado.

c) *Ministério apostólico e ministério ordenado*. A existência e o exercício de um ministério específico na Igreja estão ligados originariamente à constituição do grupo dos Doze por parte de Jesus, como resulta dos testemunhos do Novo Testamento. Os Doze não estão fora da Igreja ou acima dela, mas dentro da Igreja, de que Cristo é a "pedra angular", porquanto formam sua base (cf. Ef 2,19), ou seja, o início, o fundamento e o apoio, com sua fé e seu serviço ministerial. Por isso, eles são "ao mesmo tempo a semente do novo Israel e a origem da sagrada hierarquia" (*AG* 5a). Nessa perspectiva vai-se de Cristo à Igreja, constituída por crentes em seu nome, mediante os apóstolos, os quais prefiguram e representam todo o povo de Deus da nova aliança e exercem ao mesmo tempo a seu favor um serviço específico, destinado a se prolongar no ministério ordenado, articulado em bispos, presbíteros e diáconos.

Com efeito, "o próprio Senhor, a fim de que os fiéis estivessem unidos num só corpo, no qual, porém, "nem todos os membros têm a mesma função" (Rm 12,4), promoveu alguns deles como ministros, de modo que no seio da sociedade dos fiéis tivessem o sagrado poder da ordem para oferecer o sacrifício e perdoar os pecados e que em nome de Cristo desenvolvessem para os homens de forma oficial a função sacerdotal. Portanto, depois de ter enviado os apóstolos como ele tinha sido enviado pelo Pai, Cristo, por meio dos próprios apóstolos, tornou participantes da sua consagração e missão os seus sucessores, ou seja, os bispos, cuja função ministerial foi transmitida em grau subordinado aos presbíteros, a fim de que eles, constituídos na ordem presbiteral, fossem cooperadores da ordem episcopal, para o adequado cumprimento da missão apostólica confiada por Cristo. A função dos presbíteros, como intimamente vinculada à ordem episcopal, participa da autoridade com a qual o próprio Cristo faz crescer, santifica e governa o próprio corpo" (*PO* 2bc).

A consagração e missão dos presbíteros está vinculada à consagração e missão dos bispos, que por sua vez se une à consagração e missão dos apóstolos, e essa depende da consagração e missão de Cristo, fundador e cabeça da Igreja, instruída, santificada e animada pelo Espírito Santo, que ele mandou para que a sustente e a oriente no cumprimento da sua missão de sacramento universal de salvação. A natureza do presbiterado nasce do sacramento da → ORDEM, ou seja, da consagração e missão que, mediante a unção do Espírito Santo, vão do Pai a Jesus Cristo, aos apóstolos, aos bispos e, por meio deles, são sacramentalmente transmitidas aos presbíteros segundo seu grau. Por isso, o presbiterado é ao mesmo tempo graça e missão, santificação e apostolado, consagração e envio para um serviço particular a ser exercido na Igreja e no mundo de hoje no nome e com a autoridade de Cristo, servo, mestre, sacerdote e pastor do Corpo místico, em comunhão com a ordem episcopal, o presbitério diocesano e a comunidade eclesial.

d) *O presbítero, "sinal-pessoa" de Cristo para a Igreja peregrina a serviço do reino de Deus no mundo*. São Paulo, "chamado a ser apóstolo" (Rm 1,1; Gl 1,5) como testemunha do Senhor ressuscitado (cf. Gl 1,16; 1Cor 9,1; 15,18) e enviado pelo próprio Cristo para "anunciar o evangelho de Deus" (Rm 1,1), exprime nestes termos muito significativos a relação do apóstolo e, consequentemente, do ministro ordenado com Cristo e com Deus: "Considerem-nos, portanto, como servos do Cristo e administradores dos mistérios de Deus" (1Cor 4,1), porque "é em nome de Cristo que exercemos a função de embaixadores e, por nós, é o próprio Deus que, na realidade, vos dirige um apelo" (2Cor 5,20).

"*In persona Christi*". No momento mesmo em que São Paulo na Segunda Carta aos Coríntios (5,14-6,1) fala de modo original da salvação cristã como reconciliação com Deus por meio de Jesus Cristo, morto e ressuscitado, ele explica tanto a razão da existência como a natureza do seu ministério apostólico. Deus reconciliou consigo os homens mediante Cristo com o objetivo de os tornar novas criaturas. Mas isso acontece por obra do apóstolo, porque Deus lhe confiou o ministério da reconciliação, habilitando-o a exercer a função de "embaixador de Cristo"; e como Cristo é Deus, é o próprio Deus, em última análise, que fala por seu meio. Autorizado a falar em nome de Deus e de Cristo, São Paulo insiste para que os coríntios se deixem reconciliar com Deus, se não querem inutilizar a graça que Deus lhes oferece em Cristo por meio do seu colaborador. Desse modo, Deus, autor da salvação, opera *in* e *mediante* Cristo e *in* e *mediante* pessoas especificamente encarregadas desse ministério. Descrevendo o seu ministério como um serviço *com* e *por* Cristo a favor da edificação da Igreja, São Paulo não podia ressaltar melhor o fato de que o apóstolo e os que herdam sua função são sinais ou instrumentos destinados a agir "in persona Christi", para atualizar no tempo os efeitos da sua missão salvífica.

Levando em consideração os dados da sagrada Escritura e da reflexão teológica, o magistério do Concílio Vaticano II e do pós-concílio ensina que os presbíteros são no mundo sinais ou instrumentos vivos da mediação de Cristo ressuscitado, sendo chamados a agir "in persona Christi" e "in persona Ecclesiae".

A constituição *Lumen gentium* lembra que os presbíteros, "exercendo seu sacro ministério no culto eucarístico, ou sinaxe", agem "in persona Christi" (*LG* 28a; cf. também *LG* 10b). No decreto *Presbyterorum ordinis* pode-se notar uma expressão mais completa: "O sacerdócio dos presbíteros, mesmo supondo os sacramentos da iniciação cristã, é conferido por aquele particular sacramento pelo qual os presbíteros são marcados por um caráter especial que os configura a Cristo sacerdote, de modo a poder agir '*in persona Christi*', cabeça da Igreja" (*PO* 2c). A mesma ideia, embora não com as mesmas palavras, é representada outras vezes no mesmo decreto: "Os presbíteros, ao exercerem a função de Cristo cabeça e pastor, pela autoridade que lhes compete, em nome do bispo, reúnem a família de Deus como fraternidade animada pela unidade e a conduzem ao Pai por meio de Cristo no Espírito Santo" (*PO* 6a). "Com o sacramento da ordem os presbíteros se configuram a Cristo sacerdote como ministros do chefe" e "são elevados à condição de instrumentos vivos de Cristo eterno sacerdote para prosseguir no tempo a sua admirável obra, que reintegrou com divina eficácia todo o gênero humano" (*PO* 12a).

Na carta encíclica sobre o celibato sacerdotal (1967), Paulo VI escrevia: "Na comunidade dos fiéis, confiados a seus cuidados, o sacerdote é Cristo presente: daí a suma conveniência de que em tudo ele reproduza sua imagem e em particular siga seu exemplo: na sua vida íntima como na vida de ministério. A seus filhos em Cristo, o sacerdote é sinal e penhor das sublimes realidades do reino de Deus de quem é dispensador" (*AAS* 59 [1967] 669). Em outras ocasiões do seu magistério, Paulo VI lembrava que, mediante a ordenação, o presbítero "é assimilado a Cristo nosso Senhor" (*L'Osservatore Romano*, 26 de janeiro de 1967), é escolhido "para personificar Cristo" (*AAS* 60 [1968] 566), na sua vida "deve prolongar-se Cristo" (*L'Osservatore Romano*, 5 agosto 1971).

Também o documento do Sínodo dos bispos, de 1971, sobre o sacerdócio ministerial move-se nessa mesma linha, quando diz: "O sacerdote é o sinal do divino e preveniente desígnio que hoje é proclamado e é eficaz na Igreja" (*SM* I, 4).

Na carta aos sacerdotes *Novo incipiente*, da quinta-feira santa de 1979, João Paulo II ensina que "a personalidade sacerdotal deve ser para os outros um claro e límpido sinal e uma indicação. [...] Os homens, entre os quais somos escolhidos e para os quais somos constituídos (Hb 5,1), querem sobretudo ver em nós tal sinal e tal indicação e têm direito disso" (n. 7).

Com os termos "sinal", "sinal-pessoa", "instrumento vivo", "in persona Christi", o magistério conciliar e pós-conciliar pretende expressar a convicção de que o presbítero, por força do sacramento da ordem, é capaz de representar sacramentalmente a pessoa e a missão de Cristo ressuscitado, agindo como seu ministro e dispensador dos seus mistérios. Cristo está agora glorioso no céu, mas o seu corpo, que é a Igreja, continua a sua peregrinação terrena. O presbítero não é simplesmente um lugar-tenente de um Cristo ausente, ainda que com plenos poderes: é a visibilização de um Cristo presente, que se serve do presbítero para continuar a edificar a Igreja. Como "sinal-pessoa" ou instrumento chamado a operar "in persona Christi", o presbítero, pela autoridade que lhe cabe, não é propriamente um intermediário entre Deus e o homem, entre Cristo e o mundo, mas o homem em quem Cristo, único mediador absoluto entre Deus e a humanidade, cumpre e realiza a sua missão salvífica.

Dizer que o presbítero age "in persona Christi" não significa considerar que os outros membros da Igreja jamais possam agir também eles "in persona Christi". Todo cristão, se vive em comunhão com Cristo em virtude da fé e do batismo, no exercício do seu próprio → CARISMA, age "in persona Christi", porque inserido nele como nova criatura. O "caráter" batismal do cristão, porém, diversifica-se essencialmente do carisma pastoral ou "caráter" do cristão presbítero. Com efeito, o "caráter" batismal diz respeito ao processo de santificação pessoal, ao passo que o carisma pastoral se refere ao exercício de um serviço específico, graças ao qual o presbítero é habilitado a realizar ações, como a presidência da Eucaristia e a remissão dos pecados, que não dizem respeito a todos os batizados.

Mas é preciso esclarecer que o agir "in persona Christi" do presbítero assume um sentido diferente segundo ele celebre os sacramentos, em particular a Eucaristia, que significam e contêm *ex opere operato* a mesma presença salvífica de Cristo, ou anuncie a → PALAVRA DE DEUS ou guie a comunidade. Nesse segundo caso, o presbítero pode condicionar de modo diferente a possibilidade de tornar presente a ação salvífica de Cristo em meio aos homens. Por isso, ele age "in persona Christi" e o representa realmente só na medida em que se entrega à palavra de Deus, se deixa interpelar por ela, não a manipula, mas a expõe fielmente em harmonia com a fé da Igreja, e exerce a autoridade à luz da mesma palavra divina que o leva a imitar a humildade de Cristo, a sua bondade e dedicação a serviço do próximo na cotidianidade da sua solicitude pastoral.

O Concílio Vaticano II afirma em particular que o presbítero "participa da autoridade com a qual o próprio Cristo faz crescer, santifica e governa o próprio corpo" (*PO* 2c), portanto age "in persona Christi" como cabeça e pastor da Igreja (cf. *LG* 28a.; *PO* 2c.6a.12a). Há quem seja avesso a aceitar essa terminologia, porque Cristo não deu a ninguém o encargo de ser cabeça e pastor em seu lugar. Sem dúvida, somente Cristo é a cabeça da Igreja, seu mestre, sacerdote e pastor. Ele, porém, garante a fidelidade e a autenticidade da realização da sua missão mediante a concessão do dom do seu Espírito a pessoas que não o substituem nem o desprestigiam, mas atualizam sua presença salvífica. Os padres conciliares, ao dizerem que o presbítero age "in persona Christi", cabeça e pastor, quiseram dar destaque à dimensão cristológica da função presbiteral, destinada a atualizar no tempo, segundo a autoridade que lhe cabe, a mediação salvífica de Cristo ressuscitado. De resto, Cristo é um chefe que não veio para ser servido, mas para servir (cf. Mc 10,45), é o bom pastor que dá a vida por suas ovelhas (cf. Jo 10,11). São estas as atitudes e os sentimentos que o presbítero deve fazer próprios no exercício do seu ministério e que deveriam ajudá-lo a vencer toda tentação de autoritarismo e de clericalismo.

"*In persona Ecclesiae*". A ideia de que o presbítero age "in persona Christi" traz à memória, subordinadamente, a ideia de que ele age também "in persona Ecclesiae", como corpo e esposa de Cristo. Com efeito, representando Cristo, o presbítero representa e visibiliza por isso mesmo o corpo que lhe está indissoluvelmente unido. A constituição *Sacrosanctum Concilium* sobre a liturgia informa que "as orações dirigidas a Deus pelo sacerdote que preside a assembleia 'in persona Christi' são proferidas em nome de todo o povo santo de Deus e de todos os presentes" (*SC* 33b). A constituição dogmática *Lumen gentium* confirma que "o sacerdote ministerial [...] realiza o sacrifício eucarístico 'in persona Christi' e o oferece a Deus em nome de todo o povo" (*LG* 10b). O decreto *Presbyterorum ordinis* esclarece que "é por meio do ministério dos presbíteros que o sacrifício espiritual dos fiéis se torna perfeito porque é unido ao sacrifício de Cristo, único Mediador; esse sacrifício, com efeito, por mão dos presbíteros e em nome de toda a Igreja, é oferecido na Eucaristia de modo incruento e sacramental, até o dia da vinda do Senhor (cf. 1Cor 11,26)" (*PO* 2d; cf. também *LG* 28b).

O presbítero representa e visibiliza a Igreja e, portanto, age "in persona Ecclesiae", não no sentido de que ele age no lugar da Igreja ou derive da comunidade a sua delegação a ministro, mas no sentido de que deve operar como sinal ou instrumento no qual e mediante o qual a Igreja efetivamente se torna presente e opera na concessão dos frutos da salvação. Com uma condição, porém: no exercício da sua específica função, o presbítero deve trabalhar para a construção da fidelidade e da unidade da Igreja, desejadas por Cristo, empenhando-se em discernir, promover e harmonizar os múltiplos carismas dos seus membros, também eles corresponsáveis, na complementaridade de seus papéis, da missão do Corpo místico.

Fecundidade da perspectiva do "sinal-pessoa". A perspectiva do "sinal", "sinal-pessoa", "instrumento vivo", a que se ligam as categorias "in persona Christi" e "in persona Ecclesiae", parece ser a que exprime, assume e harmoniza melhor a natureza e as dimensões fundamentais do presbiterado e orienta sua espiritualidade. Ela, com efeito, ressalta e relação do presbítero com Cristo (dimensão cristológica), a sua relação com a Igreja animada pelo Espírito Santo (dimensão pneumatológico-eclesial) e a sua relação com o reino futuro (dimensão escatológica). O presbiterado, precisamente por sua ligação com o ministério apostólico mediante o ministério episcopal, representa e visibiliza Cristo, representa-o e visibiliza-o no serviço peculiar que é chamado a apresentar à Igreja, onde opera o Espírito Santo com a variedade dos seus carismas e o representa e visibiliza a fim de que a Igreja possa atingir o seu cumprimento final. Sem uma dessas três dimensões, o presbiterado seria incompleto e incompreensível: se falta a dimensão cristológica, que é fundamental, o presbiterado se separa de sua fonte originária; se falta a pneumatológico-eclesial, ele perde o dom próprio do seu serviço, que provém do Espírito Santo, e perde também tanto o contexto em que deve operar, que é a Igreja, como os destinatários do seu apostolado; e se falta a escatológica o dom fica sem objetivo, visto que o presbítero deve ser o arauto do reino de Deus já presente, mas ainda na expectativa do seu cumprimento definitivo. A perspectiva do "sinal" inclui as três e, ao mesmo tempo, dá resultado à dimensão cristológica, que precede e funda a dimensão pneumatológico-eclesial e a dimensão escatológica.

Essas premissas teológicas não explicam apenas a origem e a natureza do presbiterado, mas justificam e iluminam as ulteriores reflexões sobre a espiritualidade do presbítero.

3. FONTES SACRAMENTAIS DA ESPIRITUALIDADE PRESBITERAL.

a) *Vínculos com os sacramentos da iniciação cristã*. Todo tipo de espiritualidade e, portanto, de santidade, se enraíza nos sacramentos da iniciação cristã e pressupõe uma experiência pessoal com Cristo e a adesão a seu Evangelho. O batismo mergulha o cristão no mistério da morte e ressurreição de Jesus Cristo, incorpora-o na Igreja e o torna participante dos frutos da salvação, transformando-o numa nova criatura. O sacramento da crisma (→ CONFIRMAÇÃO) consolida o vínculo de pertença do batizado à Igreja, com uma nova efusão do Espírito Santo, que o induz a testemunhar mais decididamente Cristo e a sua mensagem de salvação com o exemplo, as palavras e a ação. A → EUCARISTIA, reatualização do sacrifício pascal do Senhor Jesus e da comunhão com ele, representa para todo fiel um novo modo de ser e de formar a Igreja, povo de Deus a caminho.

Adequar a própria vida à mensagem do Verbo feito carne significa para o batizado e o crismado empenhar-se em realizar a síntese da dupla dimensão cristã de transcendência ao mundo e de encarnação no mundo, de maneira que a ação salvífica de Cristo por intermédio da obra de seus discípulos se resolva em recomposição da harmonia entre natureza e graça e em reconciliação da humanidade e do universo com Deus. Mais que um cristão isolado, será a totalidade dos membros do Corpo místico, segundo seus peculiares dons e funções, que atuará a plenitude de síntese da experiência do "agora" com a esperança do "depois", de certeza do "já realizado" com a aceitação do "não ainda".

A vida espiritual do presbítero tem como *prerrequisitos indispensáveis* os comuns e autênticos valores, que brotam das *virtualidades dos sacramentos da iniciação cristã*. Antes de se tornar ministro de Cristo, o presbítero é um batizado que deve viver as exigências fundamentais do cristianismo. O seguimento de Cristo, inscrito nas instâncias batismais e crismais, requer um contínuo esforço de conversão no sentido evangélico: "convertei-vos e crede no Evangelho" (Mc 1,15). É partindo de uma vida cristã e espiritual sólida, alimentada na Eucaristia, que o candidato ao presbiterado, mais tarde, por força do novo título que o obrigará a exercer na Igreja tarefas próprias e a se santificar na sua condição de ministro ordenado, dará uma coloração e uma marca particulares à sua espiritualidade.

Como todos os outros fiéis, assim também o presbítero, desde a consagração batismal, usufrui de uma vocação e de uma graça que o induzem a procurar a perfeição em obediência ao mandamento do Senhor: "Sereis perfeitos, como é perfeito o vosso Pai celeste" (Mt 5,48). A ordenação presbiteral não elimina nem absorve as potencialidades de crescimento espiritual cristão do sujeito; mas pressupõe seu desenvolvimento. Mesmo depois da recepção do sacramento da ordem, o presbítero continua sendo um cristão com todas as capacidades e deveres que se radicam nesse título, mas lhe acrescenta também a realidade de ministro ordenado em relação a um serviço específico a ser prestado aos outros, com todas as obrigações que dele derivam.

b) *A consagração presbiteral, novo título de empenho pela santidade*. Na origem de toda vocação ao presbiterado há uma nova eleição, como ato preveniente de Cristo que, por meio do seu Espírito, convida o chamado, como analogamente tinha feito para os Doze, a "segui-lo" (cf. Mt 9,9; Mc 2,14; Lc 5,27), a "vê-lo" e a "ficar com ele" (cf. Jo 1,39), e a participar da sua missão (cf. Mc 3,14). Para justificar essa participação do presbítero na missão de Cristo, é preciso aprofundar a natureza do sacerdócio de Cristo e a modalidade da sua transmissão ao ministério ordenado, e o significado do "carisma" pastoral, conferido pelo sacramento da ordem.

Participações diferenciadas do sacerdócio de Cristo. No sacerdócio de Cristo podem-se distinguir dois aspectos formais diferentes: um subjetivo, ou seja, o da *oferta pessoal* que Cristo faz de si mesmo ao Pai; e outro objetivo, ou seja, o da *mediação salvífica*. Em primeiro lugar, Cristo é aquele que com a sua vida se deu totalmente na obediência ao Pai, prestando-lhe um culto perfeito: é o aspecto subjetivo formal da oferta existencial. Esse aspecto subjetivo de oferta pessoal e livre da própria vida encontra a sua aplicação no sacerdócio de todos os cristãos. Por força do sacramento do batismo, eles participam do sacerdócio de Cristo, que os capacita mediante a ação do seu Espírito a se oferecerem "em sacrifício vivo, santo e agradável a Deus" (Rm 12,1), ou seja, a fazer da existência deles como um louvor a Deus e como um culto de Deus e a dar testemunho da presença salvífica do Senhor ressuscitado. Em segundo lugar, com a sua autoimolação, Cristo realizou na sua pessoa a nova e eterna aliança entre o homem e Deus, de modo que nele e por meio dele os homens têm acesso ao Pai num só Espírito (cf. Ef 2,18). É o aspecto objetivo formal da mediação salvífica de Cristo. Dessa mediação Cristo é o único artífice (cf. 1Tm 2,5), mas ele distribui seus frutos quer mediante o exercício do sacerdócio comum, quer por meio do exercício do ministério ordenado, mas de modos e a títulos diversos. Com efeito, os cristãos atualizam, representam e visibilizam, a seu modo, em virtude do sacramento do batismo, os efeitos da única mediação salvífica de Cristo pelo exercício do sacerdócio profético e real deles (*LG* 10-12; 33-26; *AA* 6-7). Os ministros ordenados, em virtude do sacramento da → ORDEM são habilitados a exercer um específico ministério deles a favor do povo de Deus em relação à transmissão da salvação com o anúncio da Palavra, da administração dos sacramentos e da guia da comunidade cristã (cf. *LG* 28a; *PO* 4-6). Eles, portanto, são, a título próprio segundo o grau deles, a representação primária e constitutiva e, portanto, a visibilização e o sinal sacramental do processo de mediação da salvação e da santificação que, de Cristo sob a influência do Espírito Santo, trâmite o serviço pastoral deles, chega aos fiéis. Assim, por força do "carisma" pastoral e da graça recebidos no sacramento da ordem e do ministério específico que dele deriva, os ministros ordenados, em particular o bispo e o presbítero, atualizam e significam, com modalidades essencialmente diversificadas das do sacerdócio comum, o aspecto objetivo formal do sacerdócio de Cristo.

"Carisma" pastoral. Mas como chega o presbítero ao ministério ordenado? Chega mediante o sinal sacramental da imposição das mãos. O que opera esse sinal sacramental em quem o recebe? Confere um "carisma", cuja existência é atestada pelas cartas pastorais, as quais falam do "dom espiritual" ou do "dom de Deus", que é induzido no sujeito sobre quem foram impostas as mãos: dom que não deve ser negligenciado, mas que deve ser avivado (cf. 1Tm 4,14; 2Tm 1,6). Também aos "anciãos" de Éfeso São Paulo recomenda: "Cuidai de vós mesmos e de todo o rebanho de cuja guarda o Espírito Santo vos constituiu responsáveis, apascentai a Igreja de Deus" (At 20,28).

O que é definitivamente o "carisma" pastoral (ou "caráter" ministerial), conferido ao batizado pela ordenação? O "carisma" pastoral é um evento de graça, ou seja, um "dom espiritual" (1Tm 4,14), que não indica somente um dom que provém do Espírito Santo, mas exprime também uma modalidade nova de presença e de ação do mesmo Espírito que incide no ser e no operar do presbítero. A passagem em 2Tm 1,7 esclarece que com a imposição das mãos é conferido ao ordenando "não um Espírito de medo, mas um espírito de força, amor e domínio de si". Esse evento de graça, antes de tudo, induz no presbítero um novo modo permanente de ser em Cristo, configurando-o como seu ministro e representante; e um modo novo de operar, que o habilita a comunicar "in persona Christi" e com a sua autoridade os efeitos da sua única mediação salvífica (cf. 2Cor 5,19-20), como cabeça e pastor da Igreja. É uma graça que não diz respeito direta e primariamente à santidade do presbítero, embora crie uma obrigação nova de santidade pela nova relação pessoal que estabelece entre este e Cristo, mas é dada em vista do cumprimento de um serviço particular que diz respeito à salvação a ser levada aos homens.

Além disso, esse evento de graça induz no presbítero um novo modo de ser e de operar na Igreja como seu ministro e representante, porquanto produz a situação objetiva de sua incorporação definitiva no ministério, que determina no sujeito o ser e o operar na Igreja numa colocação absolutamente original, a de instrumento vivo de Cristo sacerdote, com o objetivo de prosseguir no tempo a sua admirável obra de salvação e de reconciliação de todo o gênero humano. Enfim, o dom de graça do Espírito assegura a inserção do ministério presbiteral na continuidade do ministério apostólico.

Em outras palavras, com o termo "carisma" pastoral se quer afirmar a existência no presbítero de uma "presença ativa" do Espírito Santo, que funda uma relação original e estável: de uma parte, entre o presbítero e Cristo, sumo e eterno sacerdote, de cuja obra salvífica ele se torna sinal e instrumento sacramental, de outra, entre o presbítero e a Igreja que ele representa e serve com a autoridade de Cristo, servo, mestre, sacerdote e pastor, pelo vínculo que, mediante o sacramento da ordem, o une ao ministério apostólico. O "carisma" do Espírito se insere no profundo do ser do presbítero, prende-o de um modo próprio e definitivo a Cristo e à Igreja, e lhe confere a capacidade de desenvolver, segundo o seu grau, um papel específico a serviço do povo de Deus, agindo "in persona Christi" e "in persona Ecclesiae".

Deve-se acrescentar que a consagração do presbítero, operada pelo Espírito do Pai e do Filho no sacramento da ordem, mediante a imposição das mãos, confere ao mesmo tempo ao "carisma" pastoral uma concomitante "graça especial, em virtude da qual, enquanto está a serviço das pessoas que lhe são confiadas e de todo o povo de Deus, ele (o presbítero) pode se aproximar mais eficazmente da perfeição daquele do qual é representante, e a fraqueza da natureza humana encontra apoio na santidade dele, o qual é feito para nós pontífice 'santo, inocente, imaculado, separado dos pecadores' (Hb 7,26)" (*PO* 12a).

Exigência de santidade. O dom indelével da configuração a Cristo, a graça particular e a habilitação a operar "in persona Christi" e "in persona Ecclesiae", recebidos na ordenação, ao mesmo tempo em que testificam a origem sacramental do papel e da espiritualidade do presbítero, exigem também em troca a santidade subjetiva dele. O modelo dessa santidade é Cristo. Ele, santo e santificador, ofereceu a si mesmo ao Pai para a redenção dos homens e assim pôde entrar na glória. De modo análogo o presbítero por sua configuração a Cristo, sumo e eterno sacerdote, deve se esforçar por conseguir a santidade objetiva, mortificando em si mesmo as obras da carne e empenhando-se sem reservas no serviço dos irmãos (cf. *PO* 12b).

Marcado pela unção do Espírito, participação da unção de Cristo (cf. Lc 4,18), o fiel se torna ministro ordenado, recebe sua posição própria na Igreja em que desenvolve responsabilidades e tarefas próprias e é chamado a percorrer um caminho próprio de santidade. O presbiterado estabelece o ordenado num "estado" eclesial, que o qualifica por toda vida como ministro e representante de Cristo na comunidade e diante dela no anúncio da palavra de Deus, na celebração da Eucaristia e dos outros sacramentos, na animação e guia dos fiéis, e postula a assimilação mais completa possível à atitude do Senhor Jesus que se dá por amor. O batizado, que recebeu a ordenação, realiza agora o seu encontro com Cristo dentro das exigências do ministério. O presbítero deve tomar consciência dessa sua particular posição entre os membros do povo de Deus e a ela adequar a vida e a atividade.

Na consagração presbiteral que o configura de modo especial a Cristo, e o põe a serviço do Evangelho, da graça e do povo de Deus na Igreja e no mundo, o presbítero deve divisar o novo título e as consequentes motivações que o devem impulsionar a viver um mais alto nível de existência e de testemunho cristão, as quais sirvam de estímulo aos outros crentes e marquem em profundidade a sua vida espiritual e a sua santidade. Ele deve se convencer de que a santidade pessoal contribui não pouco para o cumprimento eficaz do seu ministério. "Com efeito, se é verdade que a graça de Deus pode realizar a obra da salvação até por meio de ministros indignos, Deus, apesar disso, prefere ordinariamente manifestar a sua grandeza por meio daqueles que, tendo se tornado mais dóceis aos impulsos e à direção do Espírito Santo, podem dizer com o Apóstolo, graças à própria íntima união com Cristo e santidade de vida: 'não sou mais eu que vivo, é Cristo que vive em mim' (Gl 2,20)" (*PO* 12c). No exercício do seu ministério o presbítero santo não dá mais graças, porque o autor e a fonte da graça é Cristo, mas predispõe os sujeitos, com sua palavra e seu testemunho de vida, a recebê-la mais.

O sacramento da ordem tem a peculiaridade de estar na origem dos outros sacramentos.

O presbítero não é ordenado para servir a si mesmo, mas para suscitar com o exercício das suas funções as disposições prévias dos homens ao encontro com o Senhor e reunir os filhos de Deus dispersos numa grande comunidade de reconciliados. Ele não se pertence mais. Está a serviço de Cristo, da Igreja e dos homens. Se aceita e valoriza esse seu modo de ser e de operar, encontra na sua missão e no dom que faz de si mesmo aos outros a força propulsiva da sua vida espiritual e da sua santificação.

O "específico" da espiritualidade presbiteral. Definitivamente, o que constitui a raiz específica da vida espiritual e da santidade do presbítero provém do seu particular enraizamento em Cristo, operado pelo Espírito Santo no sacramento da ordem, em vista do cumprimento de um serviço qualificado na comunidade eclesial, destinado a gerar e fazer crescer o sacerdócio profético e real dos fiéis mediante a pregação, a administração dos sacramentos, o governo do povo de Deus e todas as outras atividades que sirvam a esse objetivo. As modalidades peculiares com que o presbítero, em virtude do "carisma" pastoral, da graça de que ele é portador e das tarefas que dela derivam realiza a própria característica de "estar em Cristo", de "configurar-se a Cristo", de "representar e atualizar a seu modo a mediação de Cristo ressuscitado", de "se pôr" na Igreja como ministro ordenado e de "operar" no mundo pela reconciliação dos homens com Deus e entre si, orientam e estimulam a sua procura da perfeição e imprimem um processo de desenvolvimento próprio da sua vida espiritual. Portanto, a espiritualidade do presbítero brota do específico ministério que ele é chamado a exercer na Igreja a serviço do reino de Deus no mundo, pelo "carisma" permanente do sacramento da ordem que o gera e pela "graça" sacramental que o acompanha, e se exprime na caridade pastoral; e disso se alimenta (cf. *SM* II/I, 3).

4. MINISTÉRIO PASTORAL E VIDA ESPIRITUAL. A espiritualidade do presbítero deve ser considerada em relação à missão, que ele é capacitado a exercer na Igreja por força do sacramento da ordem. A ordenação presbiteral não tem o objetivo primário da santificação do sujeito, a quem foi conferida, mas o de propor e realizar as condições básicas da santificação do povo de Deus. Todavia, o ministério ordenado, seja na sua raiz, o sacramento da ordem, seja no seu exercício não é apenas salutar para os outros, mas é também frutuoso para o batizado que o recebeu, se o atua com as devidas disposições. Ministério e vida interior representam para o presbítero uma diarquia de valores, sujeitos a uma misteriosa reciprocidade de influências em virtude das quais o ministério pastoral exerce uma função de estímulo em referência à santificação do presbítero, ao passo que a santidade do presbítero incide positivamente na sua atividade apostólica.

a) *O apostolado presbiteral requer e ao mesmo tempo favorece a vida interior.* Uma concepção predominantemente pietista de derivação monástica da vida espiritual do presbítero tinha levado a denunciar os perigos de dispersão e de esvaziamento, inerentes a uma atividade não bem ordenada. Chegou-se assim a considerar o apostolado presbiteral e a → VIDA INTERIOR como dois valores distintos a serem cultivados, mas com a advertência de que o exercício do ministério não fosse uma rêmora na procura da perfeição da caridade. Pensava-se que a santidade, exigida pela consagração sacramental como garantia de fecundidade pastoral e como defesa das "dispersões" do ministério, o presbítero a devesse conquistar *malgrado e não obstante* as suas múltiplas atividades apostólicas, consideradas possíveis ocasiões de dissipação e de contaminação mundana.

Certa dificuldade em distinguir os efeitos positivos de um "bem entendido" apostolado sobre a vida interior pode ser motivo de preocupação para o presbítero desejoso de se dedicar com entusiasmo ao exercício do seu ministério, sem descuidar o anelo de comunhão com Deus, que estimula a sua capacidade de se doar. Seria ingênuo crer que no plano existencial o serviço pastoral não possa produzir às vezes tensões e talvez até momentâneas dispersões. São, todavia, tensões que se aplacam e dispersões que se superam, se o presbítero se esforça por cumprir o seu ministério em união com o bispo e os outros presbíteros, se é dócil aos ensinamentos do Espírito, se vive em intimidade com o Senhor Jesus e atualiza no tempo a sua missão com empenho e coragem (cf. *PO* 12c). O documento do Sínodo dos bispos, de 1971, sobre o sacerdócio ministerial ensina que "todo sacerdote encontrará na sua mesma vocação e no seu ministério a razão profunda para poder levar a sua vida na unidade e no vigor do espírito. Com efeito, sendo chamado, como também os demais batizados, a ser conforme a Cristo (cf. Rm 8,29), o presbítero participa, além disso, de modo especial, como os Doze, da intimidade com Cristo e da sua missão de supremo pastor. [...] Na vida sacerdotal não pode existir, portanto, fratura entre o amor de Cristo e o zelo pelas almas. Como Cristo, ungido pelo Espírito Santo, foi impulsionado por seu profundo amor pelo Pai a dar a própria vida pelos homens, assim o presbítero, consagrado pelo Espírito Santo e convenientemente configurado a Cristo sacerdote, dedica-se à obra do Pai, realizada por meio do Filho" (*SM* II/I, 3).

Nessa perspectiva unitária, delineada pelo magistério, não é concebível uma espiritualidade presbiteral que prescinda do ministério, como não é concebível um ministério que prescinda de uma espiritualidade presbiteral. É o ministério presbiteral que caracteriza a espiritualidade; e esta tem no ministério o seu momento de encarnação. No exercício do seu ministério, o presbítero constrói e amadurece a sua espiritualidade e, portanto, a sua santidade pessoal. *O presbítero se santifica não apesar de seus compromissos apostólicos, mas a partir deles*, desde que os cumpra com reta intenção e dedicação incondicional. Com efeito, ministério e vida espiritual são feitos para se ajudarem mutuamente, porquanto o apostolado promove a santificação do presbítero ao mesmo tempo em que a vida de → UNIÃO COM DEUS do presbítero dá novo vigor à sua atividade pastoral. Pode-se afirmar que o presbítero, na medida em que se consagra consciente e responsavelmente ao exercício do seu ministério movido pela caridade pastoral de Cristo, amadurece a própria consciência presbiteral e aceita a vontade santificadora de Deus a seu respeito.

Nem deve ser uma preocupação o fato de o presbítero desempenhar as suas funções em favor dos outros. O esforço de se conformar com os sentimentos com que Cristo, por meio dele, realiza a sua missão de servo e pastor, o põe nas condições melhores para corresponder às moções do Espírito Santo, que o guia no caminho da santidade presbiteral. O decreto *Presbyterorum ordinis* afirma que "os presbíteros atingem a santidade no modo que lhes é próprio, se no espírito de Cristo exercem as próprias funções com empenho sincero e indefeso" (*PO* 13a). Não é o ministério por si mesmo que santifica o presbítero, mas o exercício zeloso e constante da atividade pastoral, animado pela caridade, dom do Espírito Santo, que o estimula e leva a operar com gestos, cuja eficácia promana do autor da graça e da santificação, que é o Senhor Jesus. O presbítero é chamado a viver o mistério de comunhão, que o une a Deus por meio de Jesus Cristo no Espírito Santo, exercendo a tríplice diaconia com que habitualmente é apresentado o seu ministério, embora não o esgote.

b) *Diaconia da Palavra, dos sacramentos e do governo da comunidade cristã*. "Pois para mim, anunciar o Evangelho não é motivo de orgulho, é uma necessidade que se me impõe" (1Cor 9,16). Essa passagem da Carta aos Coríntios exprime a consciência, a vida e a ação missionária de São Paulo e, ao mesmo tempo, a consciência, a vida e a ação missionária dos que se tornam idôneos pelo sacramento da ordem a prosseguir seu apostolado.

O presbítero, antes ainda de proclamar a *palavra de Deus*, deve se confrontar com ela, deixar-se interpelar e transformar por ela. Ele deve invocar a luz do Espírito Santo para que o ajude a compreender e a viver a força de conversão que a palavra de Deus contém para a sua vida espiritual. Um contato com a palavra de Deus que não fosse precedido, acompanhado e seguido pela oração poderia perder eficácia no sujeito que a realiza. Por isso, o presbítero deve se fazer ouvinte assíduo da palavra de Deus e aprofundar seu conteúdo com uma atenta leitura e meditação dos livros inspirados. Essa leitura meditada deverá levar à interiorização da mensagem revelada. E a interiorização deverá desembocar, por sua vez, numa contemplação amorosa e num anúncio convicto do desígnio salvífico de Deus sobre todo homem e sobre toda a humanidade. Sem a escuta, o confronto, a meditação e a contemplação da palavra de Deus, a vida do presbítero corre o risco de perder a sua luminosidade e transparência e de não ter aquela imediação de experiência interior e daquela coerência, que o tornam propagador e testemunha crível da fé.

Se deseja que sua palavra não soe insincera, o presbítero deve procurar realizar em si mesmo o que prega aos outros, imprimindo assim um dinamismo espiritual sempre renovado às suas relações com Deus e com os homens. Desse modo, ele anunciará o Cristo e a sua mensagem mais com a vida do que com as palavras, convencido de que o próprio Senhor se serve da sua pessoa como instrumento para fazer ouvir a sua voz e fazer reviver o seu amor salvífico. A palavra de Deus, que já transformou o ânimo daquele que é seu arauto, não pode senão descer como orvalho benéfico sobre os ouvintes. É preciso, porém, que durante o seu anúncio o presbítero "se una mais intimamente com Jesus mestre e se deixe guiar por seu Espírito" (*PO* 13b).

A palavra de Deus tem uma intrínseca eficácia (cf. Hb 4,12), porque nela é o próprio Deus que se revela e opera. O presbítero deve saber colher os efeitos dessa eficácia, não se opondo a eles. Quem se põe em humilde e confiante escuta da palavra revelada e, dócil à ação do Espírito Santo, descobre seu significado, às vezes desconcertante, mas sempre benéfico para seu ânimo tépido, sente a necessidade de viver em "estado" de conversão, porque começa a saborear "a impenetrável riqueza de Cristo" (Ef 3,8) e "a múltipla sabedoria de Deus" (Ef 3,10). Meditando com fé a palavra inspirada, o presbítero entra em diálogo e em familiaridade com Deus, que o conquista com o fascínio da sua bondade e o induz a eliminar da sua conduta o que é diferente do querer divino. Além disso, ele consegue entrever com mais clareza as interiores disposições com que Cristo desenvolveu a sua missão e se esforça por se conformar a ela com uma adesão plena a seus ensinamentos, procurando viver o que aprende da Sagrada Escritura para ser alguém "que dispensa com retidão a palavra da verdade" (2Tm 2,15).

O ministério da Palavra, retamente entendido e exercido, prepara o caminho para o *ministério dos sacramentos*, destinados a fazer das pessoas "uma oferenda que, santificada pelo Espírito Santo, seja agradável a Deus" (Rm 15,16). Entre os sacramentos sobressai a eucaristia, que não é um dos tantos mistérios, mas é o "mistério da fé", porque contém "o mesmo Cristo, nossa Páscoa e Pão vivo" (*PO* 5b). Na eucaristia toca-se o ponto central da atividade de Jesus, o qual, como sacerdote e vítima, sacrifica a si mesmo sobre a cruz, antecipando na cena pascal e ritualizando em cada missa os efeitos dessa sua doação aos homens. O presbítero, que é habilitado a agir "in persona Christi" na prossecução dessa sua atividade, deve antes de tudo unir-se a ele, sacerdote e vítima, ou seja, deve se associar mais do que outro fiel à oferta que Jesus Cristo faz de si mesmo para a salvação da humanidade. A vida do presbítero é uma vida na qual *a atitude oblativa e sacrifical* deve se tornar uma constante, um valor de fundo. Ele é padre, de tempo integral, a serviço dos irmãos. Ora, a capacidade de dedicação e de imolação do presbítero não depende apenas do seu empenho ascético na prática das virtudes, mas implica a valorização de um evento sacramental, que é a configuração a Cristo que oferece a sua vida pela salvação dos homens. Essa configuração encontra a sua exemplaridade sobretudo na eucaristia. Vendo a Cristo eucarístico, o presbítero aprende a viver a identidade entre ministro e vítima e se insere no dinamismo da caridade oblativa.

Todos os dias o presbítero leva consigo para o altar a realidade, muitas vezes monótona, da sua existência terrena, no seu emaranhado de esperanças e alegrias, mas também de penas profundas e de insucessos, dando assim a sua contribuição pessoal ao sacrifício redentor de Cristo, convencido do sentido purificador do sofrimento, sob qualquer forma que ele se apresente, desde que seja vivificado pelo amor e acompanhado pelos sentimentos com que o Salvador se imolou. No ânimo do presbítero, que preside a assembleia eucarística, devem também encontrar lugar a alegria e as tribulações da porção da grei que lhe foi confiada e de toda a humanidade. Alimentando-se cotidianamente do corpo e do sangue de Cristo, o presbítero pode ser capaz de cultivar de modo eminente a caridade daquele que se dá como alimento aos fiéis, a ponto de se tornar como o Senhor Jesus uma hóstia viva que se doa e se sacrifica totalmente pelo bem dos homens. Mas, se quer se assimilar verdadeiramente a Cristo, o presbítero não pode se contentar com comer o seu corpo e beber o seu sangue. Ele deve também aprender a adorá-lo, agradecer-lhe e glorificá-lo no sacramento do altar, onde o Senhor Jesus realiza a sua presença continuativa em meio a seu povo. O presbítero, que no silêncio se habitua a fomentar a assiduidade do encontro, a amizade, o diálogo com Jesus sacramentado, pode também atingir o ápice da contemplação eucarística, ou seja, a íntima união com Jesus presente na hóstia, que o leva a se elevar ao Pai no Espírito Santo. Afirmada a centralidade da Eucaristia na vida do presbítero, deve ser dito também alguma coisa sobre os outros sacramentos.

Quando administra o batismo, o presbítero traz à sua memória a admirável transformação que esse sacramento opera com a sua incorporação a Cristo ressuscitado e a sua inserção na Igreja, comunidade de caridade e de santidade, bem como os decorrentes compromissos de vida cristã e de colaboração para os membros do povo de Deus. Se, pois, por força do direito comum ou por especial concessão da competente autoridade (CIC, cân. 881), confere o sacramento da crisma, que corrobora o enraizamento do fiel em Cristo e na Igreja, o presbítero entra em contato com realidades e obrigações que o tocam pessoalmente. Ele não pode viver como se deve o próprio sacerdócio, se não procura, contemporaneamente com as próprias tarefas ministeriais, efetuar as exigências batismais e crismais.

O sacramento da → PENITÊNCIA aguça no padre a consciência do pecado e a necessidade do perdão, estimula-o a se arrepender e a emendar-se, o induz a repará-lo e a incrementar a conformação da sua vontade fraca à vontade de Deus, leva-o a fazer uma salutar experiência de misericórdia: uma misericórdia divina que procura, chama, convida, atende, encontra, perdoa e ressuscita. A representação de Jesus Cristo no ato de conceder o perdão dos pecados exige que o presbiterado aceite viver o espírito de discernimento e de paciência com que esse ministério deve ser exercido. O Salvador escolheu para si mesmo e para os seus representantes um ideal de redenção dolorosa. O presbiterado não deve esquecer nem negligenciar esse aspecto da sua espiritualidade. Ela se nutre do espírito de penitência e de reparação que em certa medida faz parte da vocação e do apostolado presbiteral, que deve ser marcado por uma disponibilidade total. Tanto ao receber como ao administrar o sacramento da penitência, o presbítero deve ter consciência de estar envolvido numa história de salvação, destinada a iluminar o seu itinerário espiritual.

A → UNÇÃO DOS ENFERMOS não só lembra ao presbítero mais uma vez a necessidade da purificação do pecado e das infidelidades em relação aos próprios compromissos, mas pode também reavivar a sua fé e esperança na ressurreição.

Se toda vez que o presbítero administra os sacramentos do batismo, da penitência e da unção dos enfermos se esforça por reviver a realidade de morte ao pecado e de ressurreição à vida em Deus, que eles significam e atuam, deles receberá estímulos valiosos para a sua vida espiritual.

Enfim, quando preside em nome da Igreja a celebração de um matrimônio, de que são ministros os dois contraentes, o presbítero é convidado a refletir sobre a fidelidade e o amor de Cristo pela Igreja e a ser exemplo nessa sua fidelidade e amor a todas as famílias cristãs.

A função específica de santificação que o presbítero realiza na Igreja não para nos sacramentos, mas se estende à *oração*. Basta lembrar o valor que a oração pessoal tem para todo crente e muito mais para o presbítero, seja como elemento formativo para o colóquio com Deus, seja como expressão de uma autêntica consciência cristã, seja como adesão ao convite divino para orar sem jamais se cansar (cf. Lc 18,1; 21,36; 1Ts 5,17; Ef 6,18). Todavia, na escala dos valores o primado cabe à oração pública, que o presbítero realiza principalmente na liturgia sacramental, de que se falou, e na liturgia das horas (→ OFÍCIO DIVINO), que é oração feita em nome da Igreja, com a Igreja e para a humanidade.

O exercício da pregação e a administração dos sacramentos levam à *edificação da comunidade cristã*, que requer para sua natureza a guia de uma autoridade, entendida na acepção neotestamentária de serviço. Essa função, exercida pelo presbitério em comum com o bispo, "in persona" e com a autoridade de Cristo, deve se resolver num serviço da unidade e numa presidência da caridade no respeito e na promoção dos carismas dos outros. A atuação desse serviço de presidência será tanto mais benéfica para a vida espiritual do presbítero e dos fiéis quanto mais ele souber se inspirar em Cristo, servo de Deus e dos homens (cf. Is 53,11; Mt 20,28) e bom pastor que dá a vida por suas ovelhas (cf. Jo 10). É significativo o episódio da última ceia, em que Jesus, embora reivindicando seus títulos de Mestre e de Senhor, executa o humilde serviço que prestavam os escravos, lavando os pés dos apóstolos (cf. Jo 13,1-15). É um exemplo concreto que deveria fazer entender até que ponto pode chegar o espírito de serviço diante do qual desaparece todo preconceito de casta e toda indébita reivindicação de domínio.

c) *Paternidade espiritual*. No serviço da Palavra, dos sacramentos e da direção do povo de Deus se insere e se desenvolve um aspecto misterioso da existência presbiteral: *a paternidade espiritual*. Cristo dirige ao presbítero o seu convite a se unir mais estreitamente a ele e, se encontra resposta, o plasma à sua imagem com a marca de uma secreta afinidade com seu próprio sacerdócio e o habilita a transmitir sua divina eficácia. Assim, o presbítero participa verdadeiramente com Cristo, artífice da regeneração espiritual dos homens, do nascimento, crescimento e formação do povo de Deus, assegurando à Igreja novos membros "renascidos do Espírito".

O apóstolo Paulo evoca com acentos realistas essa paternidade: "Não vos escrevo isto para vos envergonhar, mas para vos advertir, como a filhos queridos. Com efeito, mesmo que tivésseis dez mil pedagogos em Cristo, não tendes muitos pais. Fui eu que, pelo Evangelho, vos gerei em Jesus Cristo. Exorto-vos, pois: sede meus imitadores" (1Cor 4,14-16; cf. também 2Cor 12,14-15; Gl 1,9; Fl 1,8). Um dos campos em que o presbítero pode exercer a sua orientação paterna é também o de uma "bem entendida" direção espiritual, sacramental ou extrassacramental, a qual implica a ciência e a arte de orientar as pessoas na procura da vontade de Deus, de cujo cumprimento depende a consecução da perfeição da vida cristã. O presbítero, que procura fazer da → DIREÇÃO ESPIRITUAL instrumento de promoção da vida cristã e de discernimento vocacional, poderá repetir com São Paulo: "Sois testemunhas e Deus também o é, de que procedemos para convosco, os fiéis, de maneira santa, justa, irrepreensível. E vós sabeis: tratando cada um de vós como um pai a seus filhos, nós vos exortamos, encorajamos e suplicamos para que cada um leve uma vida digna do Deus que vos chama ao seu reino e à sua glória" (1Ts 2,10-12).

Para o presbítero, fiel à graça da consagração e missão, a paternidade espiritual não somente potencia e orienta em sentido genuinamente apostólico a maravilhosa capacidade de amar e de se doar, inerente em todo homem, mas impregna toda a sua atividade de uma vivificante carga de interioridade. Exige-se, porém, que as intenções, os sentimentos e o comportamento do presbítero sejam conformes — nos limites permitidos a uma criatura humana renovada pela graça — às intenções, aos sentimentos e ao comportamento de Cristo Jesus.

d) *Cristo, "princípio e fonte", e a caridade pastoral, força motriz da unidade de vida do presbítero e do seu apostolado.* A existência do presbítero, analogamente a toda outra existência cristã, embate-se em dificuldades e inquietações. Configurado a Cristo, ele deve entrar em si mesmo, dar primazia a suas relações com Deus, cuidar do crescimento da → VIDA INTERIOR, ser homem de fé, unido ao Senhor Jesus e dócil a seu Espírito. Como enviado ao mundo, deve necessariamente sair de si mesmo, dedicar-se ao → APOSTOLADO e aproximar-se dos homens para lhes levar o grande anúncio que Deus é amor e quer que se amem como ele ama. Trata-se de duas exigências, aparentemente contrastantes, que devem ser coordenadas e harmonizadas.

O presbítero, que se consagra com zelo às obras apostólicas, sabe por experiência que nem sempre é fácil encontrar uma síntese equilibrada entre ação e contemplação, ministério pastoral e vida interior. Não basta ser fiel aos tempos destinados à oração e aos dedicados ao apostolado ou a outras atividades. Essa fidelidade tem uma sua indiscutível utilidade, mas é insuficiente para imprimir um ritmo unitário e harmônico à vida do presbítero, se falta uma escolha mais radical, ou seja, a conformação a Cristo Senhor, que teve como critério diretivo da sua existência terrena o cumprimento da vontade do Pai e a plena dedicação a serviço dos homens. O presbítero deve olhar para Cristo, inspirar-se em seu exemplo e escolhê-lo como modelo de toda a sua vida e atividade. Graças à união sacramental que o vincula a Cristo, o presbítero encontra nele "o princípio e a fonte" da própria unidade de vida (*PO* 14b).

Uma existência presbiteral, que se preocupe com encarnar a figura de Cristo, bom pastor, e, movida pelo Espírito Santo, reviva e ritualize sua disponibilidade a serviço dos homens, fazendo da vontade de Deus e do amor incondicional aos irmãos a razão de ser do seu viver e do seu agir, superará mais facilmente o perigo do desgaste espiritual, porque estará animada e guiada pela força interior da *caridade pastoral*. Essa caridade, que provém do "carisma" pastoral e da graça particular do sacramento da ordem, quando é vivida na referência e confronto com a caridade de Cristo pastor, vivifica e unifica os vários momentos em que se exprime a existência do presbítero, e desse modo favorece a integração entre o exercício do ministério e a procura da perfeição.

A união entre vida interior e ação apostólica do presbítero depende, portanto, da intensidade da sua união com Cristo, sumo e eterno sacerdote, e da sua docilidade ao Espírito Santo; concretiza-se na procura e cumprimento da vontade de Deus; e se realiza na medida em que a caridade pastoral, nutrida pela eucaristia e pela oração, se torna a força de inspiração e o estímulo propulsivo da sua atividade apostólica, que deve ser desenvolvida "sempre em estreita união com os bispos e os outros irmãos no sacerdócio" (*PO* 14c). Vida de união com Deus e solicitude pastoral são dois aspectos de uma única e inseparável existência presbiteral, a que a graça da ordenação imprimiu um dinamismo que vai haurir sua vitalidade numa peculiar configuração a Cristo para desembocar num serviço qualificado, prestado aos homens no espírito de Cristo, bom pastor. Esse serviço, vivificado por uma crescente caridade pastoral, ajuda a aprofundar a união com Deus por meio de Cristo no Espírito Santo e, portanto, se torna um excelente instrumento de santificação para o presbítero.

5. ASCESE PRESBITERAL. O ministério presbiteral não é um gerador automático de santidade. Ele promove a santificação do sujeito, que o exerce com a condição de atuar na sua vida as instâncias evangélicas da ascese cristã e das presbiterais. Isso requer que o ministro colabore com Deus na obra da própria santificação, aceitando as exigências de compromisso pessoal, de mortificação e de espírito de sacrifício que essa cooperação comporta, lembrando das palavras de Jesus: "Se alguém quiser vir em meu seguimento, renuncie a si mesmo e tome sua cruz cada dia, e siga-me" (Lc 9,23). Para o cristão e com maior razão para o presbítero pôr-se no seguimento de Jesus Cristo significa, sob certos aspectos, partilhar a sorte do Mestre, que se imolou para a reconciliação da humanidade com Deus e dos homens entre si.

O presbítero, que vive em meio aos homens e participa da vida deles, deve cultivar, em primeiro lugar, as *virtudes humanas*, as quais não são apenas apreciadas pelos homens, mas fazem parte da bagagem de retidão e de inteireza moral, que ele deve possuir como testemunha da benignidade e humanidade do Salvador nosso Jesus Cristo. Chamado a construir, animar e guiar a comunidade cristã, o presbítero deve se educar a um estilo de relações fraternas e abertas, que lhe permitam dialogar com as pessoas, acolhê-las com delicadeza, ajudá-las e encorajá-las, sem se deixar condicionar por internas misantropias, por irritações autoritárias ou impaciências incontroláveis. Com humildade e perseverança, ele deve desenvolver a capacidade de se sacrificar pelos outros, a arte de suscitar a colaboração e a corresponsabilidade de todos no apostolado, e a destreza para trabalhar pastoralmente, apoiado por uma atualizada preparação teológica e por um sadio otimismo.

Em segundo lugar, a vida espiritual do presbítero deve haurir sua vitalidade das *virtudes teologais*. Daí a exigência de recuperar na vida do presbítero a unidade de fé-esperança-caridade, dom de Deus essencialmente único e indivisível. Na existência presbiteral — bem como na cristã — a prioridade pertence à → FÉ; a tensão para o futuro, baseada na realidade do já acontecido e do que deve ainda vir, à → ESPERANÇA; a primazia, à → CARIDADE. A fé em Cristo faz com que a esperança na consecução da salvação e da felicidade eterna se torne certeza, ao passo que a caridade realiza desde já as promessas da fé e as expectativas da esperança, que terão seu pleno cumprimento no além, onde "o amor nunca desaparece" (1Cor 13,8). A vida do presbítero, quando é alimentada por uma fé viva, por uma firme esperança e por uma ardente caridade, abre-se a possibilidades insuspeitas por suas positivas incidências sobre a prática das mesmas virtudes morais e sobre os → DONS DO ESPÍRITO SANTO.

Por último, entre as virtudes evangélicas "maximamente exigidas pelo ministério dos presbíteros", o decreto *Presbyterorum ordinis* destaca *a obediência, o celibato e a pobreza* (PO 15a). Com o apelo a essas virtudes, o Concílio Vaticano II não quis propor ao presbítero diocesano secular o ideal da vida consagrada, mas quis confirmar simplesmente que a → OBEDIÊNCIA, O → CELIBATO e a → POBREZA, quer professadas com voto, como no caso do religioso presbítero, quer vividas na sua realidade de virtudes evangélicas, como no caso do presbítero diocesano secular, são particularmente "adequadas" ao ministério, à vida e à santidade presbiteral. A sua prática exprime um modo concreto de viver o seguimento de Cristo, mas representa apenas "uma primeira e fundamental exemplificação da inexaurível multiplicidade de virtudes humanas e evangélicas", de que o presbítero não pode prescindir, se quiser perseguir o caminho de santidade conexo com a graça da missão do sacramento da ordem, que tem o objetivo de levar os homens a Deus.

6. O PRESBÍTERO DIOCESANO SECULAR. O discurso sobre a teologia do sacramento da ordem, a menção aos "estados" de vida na Igreja, o exame da relação entre ministério e vida espiritual, que tem na caridade pastoral o seu dinamismo prioritário e determinante, constituem os pressupostos gerais inelutáveis para uma reflexão aprofundada sobre a espiritualidade presbiteral, mas não a exaurem.

Fica, antes de tudo, a exigência de mostrar que o ser presbítero na igreja é um "ideal", uma "vocação", uma "forma autêntica e original de vida cristã": portanto uma realidade "significante", que é plausível e carregada de sentido e, por isso, faz do presbítero uma figura de valor. O ministério presbiteral é um valor perceptível somente pelo crente proporcionalmente à sua fé. Vimos que a teologia do presbiterado encontra o seu verdadeiro fundamento na cristologia, que se une, por sua vez, à pneumatologia e à eclesiologia. Nenhum presbítero que tenha compreendido a própria identidade pode duvidar do valor humano e cristão da sua missão sem ter antes duvidado de Cristo, da ação do seu Espírito e da origem da Igreja, diversamente estruturada. Se essa dúvida diz respeito somente ao modo histórico e contingente de realizar a identidade do presbítero, pode estar de acordo com a fé. Mas se a dúvida diz respeito ao fundamento e ao significado mesmo do ministério, não pode derivar senão do ofuscamento da fé em Cristo, no Espírito Santo e na Igreja.

Há, pois, a exigência de um discurso sobre a figura própria do *ser-padre-para-uma-diocese*, sempre como figura de valor, a qual, se não compreende todas as possíveis configurações do ser-presbítero na Igreja, é, porém, uma ampla e qualificada representação sua.

Existe, além disso, a exigência de esclarecer que a estrutural referência do sacramento do presbiterado ao sacramento do episcopado, afirmado pelo Concílio Vaticano II (cf. *LG* 28a; *PO* 2c) e vivido mediante a incardinação na dedicação estável ao serviço de uma diocese, funda a ideia da "diocesenidade" como valor "espiritual".

Enfim, essa ideia pressupõe, consequentemente, uma teologia da Igreja particular e uma teologia das relações episcopado/presbiterado e Igreja particular pelos reflexos que têm sobre a espiritualidade do presbítero, visto precisamente em relação à posição de grei que lhe foi confiada; ao presbítero da diocese considerado não só como simples estrutura, mas como lugar de atuação da comunhão dos presbíteros com o bispo e dos presbíteros entre si mediante a valorização da "fraternidade sacramental" que os une (*PO* 8a); e dentro de uma Igreja particular, em tal Igreja particular, para tal Igreja particular. A descoberta do conceito de Igreja universal como resultante da comunhão das Igrejas particulares deu destaque ao bispo como ligação concreta entre a sua Igreja e o conjunto da Igreja; e assim aconteceu também para o presbítero. Um e outro vivem normalmente no contexto de uma Igreja bem determinada, que imprime um ritmo próprio ao exercício de seu ministério e dá uma caracterização à sua vida espiritual.

Um discurso realista de espiritualidade presbiteral "diocesana" implica, portanto, também o desenvolvimento dos filões temáticos referentes ao ser-padre-para-uma-diocese de modo estável como figura de valor; a sua relação sacramental com o bispo, pelo qual o presbítero "diocesano secular" se põe dentro da órbita mesma do "estado de perfeição" do bispo e partilha com ele, juntamente com o presbítero da diocese, como cooperador ativo e responsável, a vocação a realizar a caridade do pastor que se dedica ao serviço da grei; e a relação de comunhão com o povo de Deus, pelo qual desenvolve compromissos específicos que dizem respeito à edificação da comunidade cristã com o anúncio da Palavra, a ação sacramental e a guia pastoral. A Igreja particular é o horizonte primário dentro do qual bispos e presbíteros diocesanos devem compreender a si mesmos e seu serviço eclesial, mas sem se fecharem às necessidades da Igreja universal.

Estar, em colaboração com o bispo e em subordinação a ele junto com outros presbíteros da diocese para o serviço do povo de Deus, o "liturgo" do culto espiritual da comunidade cristã numa Igreja particular e para uma Igreja particular; e, portanto, designado a desenvolver junto aos irmãos, por força do sacramento da ordem e animado pela caridade, a tarefa de "servo" e "pastor", pondo cada vez mais em evidência para si e para os outros a radical referência a Cristo e a seu Espírito: eis o sentido do ser-presbítero-para-uma-diocese e o lugar de alimentação de uma espiritualidade "diocesana".

Isso não significa que o presbítero diocesano secular não possa haurir estímulos de outras experiências espirituais de grupos, movimentos e associações, ou de escolas de → ESPIRITUALIDADE afirmadas na vida da Igreja, desde que toda eventual ligação a essas experiências não o impeça de ser verdadeiramente presbítero diocesano secular, consagrado sem reservas a todos os fiéis confiados a seus cuidados e aberto também às urgências da Igreja universal. Ele deve acolher, discernir, valorizar e promover cada uma das experiências espirituais e apostólicas, tanto pessoais como de grupo, ajudando, mediante uma acurada catequese e obra formativa, todo batizado a tomar consciência da própria vocação e a levar à maturidade os dons recebidos para o crescimento comunitário. Todavia, o presbítero diocesano não deve se deixar capturar pelas particularidades de nenhuma experiência espiritual e apostólica, nem muito menos deve se permitir privatizar o próprio ministério em algumas delas. Ele é e continua sendo o presbítero da Igreja, chamado a servir para conduzir todos à unidade na caridade: unidade que não se identifique com a uniformidade; caridade que vise harmonizar as diversas mentalidades e os diversos dons em vista do bem comum, que é a edificação do corpo de Cristo.

7. O RELIGIOSO PRESBÍTERO. Não existe uma modalidade única de atuação do sacramento do presbiterado na Igreja. Ao lado do presbítero diocesano secular, estavelmente incardinado numa diocese, há o religioso presbítero, inserido num Instituto de vida consagrada, que, além de oferecer os seus serviços às Igrejas particulares em sintonia com a índole do próprio Instituto, está também disponível para serviços que dizem respeito à Igreja universal.

Deve-se esclarecer que a vida religiosa tem como elemento constitutivo a profissão dos → CONSELHOS evangélicos de obediência, pobreza e castidade; portanto, é primariamente um "estado de vida", e não uma mera atividade ou um serviço ou um específico ministério. Como "estado de vida", ela tem na Igreja a função insubstituível, como dom particular do Espírito Santo, de ser sinal de referência aos "bens celestes já presentes neste mundo", à vida nova e eterna" e à "futura ressurreição", à "forma de vida que o Filho de Deus abraçou quando veio ao mundo para fazer a vontade do Pai", à "transcendência do reino de Deus sobre todas as coisas terrestres" e às "suas exigências supremas" (*LG* 44c).

Todavia, "como os conselhos evangélicos, por meio da caridade à qual levam, conjugam de modo especial seus seguidores à Igreja e a seu mistério, a vida espiritual deles deve também ser consagrada ao bem de toda a Igreja. Daí deriva o dever de trabalhar, segundo as forças e o gênero da própria vocação, seja com a oração, seja também com a obra ativa, para enraizar e consolidar nos ânimos o reino de Cristo e para o dilatar por toda a parte da terra" (*LG* 44b; cf. também *PC* 5e.8).

Na sua exortação *Evangelii nuntiandi*, Paulo VI sintetizava bem tudo isso, quando afirmava que os religiosos, "com a natureza mesma do seu ser, se colocam no dinamismo da Igreja, sequiosa do absoluto de Deus, chamada à santidade. Dessa santidade eles são testemunhas. Encarnam a Igreja como desejosa de abandonar-se ao radicalismo das bem-aventuranças. Com sua vida são o sinal da total disponibilidade para com Deus, para com a Igreja, para com os irmãos" (*EN* 69). Assim, os vários membros das Ordens, das Congregações e dos Institutos religiosos oferecem à Igreja uma rica gama de serviços de natureza espiritual e apostólica. E o fazem como religiosos presbíteros ou como religiosos leigos.

A experiência multissecular da → VIDA RELIGIOSA demonstra a legitimidade e a fecundidade da síntese entre o ser-presbítero e o ser-religioso, quando o religioso presbítero se empenha na prática do radicalismo evangélico, que brota do modo peculiar de viver a profissão dos conselhos evangélicos segundo o espírito do próprio Instituto e imprime marca própria à sua vida espiritual.

É óbvio que na medida em que o religioso presbítero se insere numa pastoral diocesana — e, portanto, faz parte do presbitério diocesano — tem a possibilidade de tirar da dimensão "diocesana" do seu serviço novos auxílios e orientações para enriquecer a sua espiritualidade. Ele, porém, se esforçará por integrar esses auxílios e orientações às determinações que caracterizam a espiritualidade do Instituto religioso a que pertence. Não se trata de justapor experiência espiritual a experiência espiritual, mas de reunir todas as solicitações que podem ajudar a amadurecer a própria identidade de religioso presbítero, inserido num Instituto, que tem uma sua específica missão a ser cumprida na Igreja e uma fisionomia espiritual própria, que deve ser defendida e desenvolvida. As espiritualidades das várias famílias religiosas são por si mesmas vias e meios que oferecem a seus membros e, indiretamente, a todo o povo de Deus, auxílios e socorros que se revelaram úteis a seu progresso apostólico e espiritual.

A propósito, pois, da presença do religioso presbítero nos grupos, movimentos e associações, deve-se observar que ele pode e deve se deixar interpelar pelo que de bom e de positivo eles propõem. Mas é preciso que ele fique fiel à sua condição de religioso presbítero a serviço da Igreja e de acordo com as finalidades do próprio Instituto. A pertença a um Instituto de vida religiosa comporta necessariamente a restrição do exercício do apostolado a setores precisos e a um modo típico de viver a própria vida comunitária e espiritual. Mais que à vida religiosa em si mesma, isso é devido à limitação humana, que exige o estabelecimento no âmbito da missão da

Igreja de um campo particular em que comprometer-se, seja na atividade pastoral, seja na vida espiritual, não de modo genérico e vago, mas de modo orgânico e frutuoso. É a mesma Igreja, pela intervenção dos pastores das dioceses e do papa, que aprova nas suas linhas gerais os objetivos próprios de todo Instituto, conferindo-lhe assim a garantia de operar para o bem do povo de Deus. O religioso presbítero deve fazer com que o dom da sua vocação pessoal se integre com o espírito e as finalidades do próprio Instituto, sem ir à procura de experiências que o devessem distrair dele, se pretende levar a cabo o seu específico serviço "religioso" em benefício de toda a comunidade eclesial e humana.

O presbítero, membro de um Instituto secular, realiza a vocação de uma consagração total da vida com base nos conselhos evangélicos, mas ficando no mundo para levar a ele, por dentro, o fermento de um radical testemunho cristão. E é nessa perspectiva que ele percorre um caminho próprio de santidade.

8. CONCLUSÃO. A vida de comunhão do presbítero com Cristo na sua condição de cristão e de ministro ordenado e, por meio dele, com o Pai no Espírito Santo e a dedicação incondicional a um específico serviço a favor dos homens no "espírito" de Cristo operam no sujeito que recebeu o sacramento da ordem uma conformidade existencial com o Senhor Jesus se são vividas na fidelidade animada pela caridade.

Jesus Cristo foi a testemunha fiel e verdadeira, que veio cumprir a Escritura e a obra do seu Pai (cf. Mc 10,45; Lc 24,44; Jo 19,28; Ap 19,11-12). Por seu meio foram mantidas todas as promessas de Deus (cf. 2Cor 1,20) e os crentes são confirmados e se tornam fiéis até o fim (cf. 1Cor 1,8-9). Em Cristo Jesus, portanto, manifesta-se plenamente a fidelidade de Deus e os cristãos têm a garantia de que os dons de Deus são irrevogáveis (cf. Rm 11,29).

Seguindo o exemplo de Jesus Cristo, o presbítero é chamado a ser fiel aos dons recebidos e às tarefas deles decorrentes. É conhecido o pensamento de São Paulo a respeito: "Consideremo-nos, portanto, como servos do Cristo e administradores dos mistérios de Deus. Ora, o que afinal se pede de administradores é que se mostrem fiéis" (1Cor 4,1-2). E a fidelidade à missão exige a valorização contínua do "carisma" pastoral e da "graça", conferidos pelo sacramento da ordem, segundo a recomendação de São Paulo na Segunda Carta a Timóteo: "Por isso recordo-te que tens de reavivar o dom de Deus que está em ti desde que te impus as mãos. [...] Não te envergonhes, portanto, de dar testemunho de nosso Senhor e não te envergonhes de mim, preso por causa dele. Mas sofre comigo pelo Evangelho, confiando no poder de Deus" (2Tm 1,6-8).

Na fidelidade à sua vocação e no exercício das suas funções realizado sob o impulso da caridade pastoral, o presbítero deve encontrar uma renovada experiência das coisas de Deus, para poder testemunhá-las com a vida e poder proclamá-las aos irmãos com coragem e alegria. Todo presbítero deveria poder fazer própria a convicção de São Paulo: "Não, não é a nós mesmos, mas a Jesus Cristo Senhor que nós proclamamos. Quanto a nós, proclamamo-nos vossos servos por causa de Jesus" (2Cor 4,5).

BIBLIOGRAFIA. ASSOCIAZONE TEOLOGICA ITALIANA. *Popolo di Dio e sacerdozio* (Atti del IX Congresso nazionale dell'ATI, Cascia, 14-18 settembre 1981). Padova, 1983; BALLESTRERO, A. *In comunione con Dio*. Meditazioni teologiche sul sacerdozio. Roma, ²1978; CAPRIOLI, M. *Sacerdozio e sanità*. Temi di spiritualità sacerdotale. Roma, ²1983; CASTILLO, J. M. *Al servicio del pueblo de Dios*. La singularidad del sacerdote. Madrid, 1974; COMISSIONE TEOLOGICA INTERNAZIONALE. *Il sacerdozio ministeriale. Ricerca storica e riflessione teologica*. Bologna, 1972; CONFERENZA EPISCOPALE ITALIANA. *La formazione dei presbiteri nella Chiesa italiana*. Città del Vaticano, Libreria Editrice Vaticana, 1981; CONGAR, Y. – FRISQUE, J. (eds.). *I preti. Formazione, ministero e vita*. Roma, 1970; CORDES, P. J. *Sendung zum Dienst. Exegetisch-historische und systematische Studien zum Konzilsdekret "Von Dienst und Leben der Priester"*. Frankfurt, 1972; DIANICH, S. *Teologia del ministero ordinato*. Una interpretazione ecclesiologica. Roma, ²1984; ECK, M. *L'uomo prete*. Appunti di psicologia. Torino, 1974; ESQUERDA BIFET, J. *Historia de la spiritualidad sacerdotal*. Burgos, 1985; ID. *Teología de la espiritualidad sacerdotal*. Madrid, 1976; FAVALE, A. *Il ministero presbiterale*. Aspetti dottrinali, pastorali, spirituali. Roma, LAS, 1989; ID. (ed.). *I sacerdoti nello spirito del Vaticano II*. Torino-Leumann, 1969; FAVALE, A. – GOZZELINO, G. *Il ministero presbiterale. Fenomenologia e diagnosi di una crisi, dottrina, spiritualità*. Torino-Leumann, 1972; FERRARO, G. *Le preghiere di ordinazione al diaconato, al presbiterato e all'episcopato*. Napoli, 1977; ID. *Ravviva il dono. Catechesi liturgica sul sacerdozio ministeriale*. Borgo San Dalmazzo, 1986; GRESHAKE, G. *Essere preti. Teologia e spiritualità del ministero sacerdotale*. Brescia, 1984; *La spiritualità del presbitero diocesano oggi* (Atti del Convegno nazionale promosso dalla Commissione Episcopale

Italiana per il Clero in colaborazione com la Comissione Presbiterale Italiana, Roma, 3-6 novembre 1980). Roma, 1981; LASZLO, S. *Priesterliche Spiritualität.* Freiburg i. Br., 1977; MANARANCHE, A. *Le prête ce prophète.* Paris, 1982; MARCANDALLI, G. *Il sacerdote a servizio della comunità.* Milano, 1974; MARCUS, É. *Le prête.* Paris, 1984; MARLIANGEAS, B. D. *Clés pour une théologie du ministère.* In persona Christi – In persona Ecclesiae. Paris, 1978; MARTELET, G. *Teologia del sacerdozio.* Duemila anni di Chiesa in questione. Brescia, 1986; MAZZARONE, A. (ed.). *Preti nel mondo per il mondo.* Appunti di spiritualità presbiterale. Milano, 1983 (de interesse para os Institutos seculares presbiterais); NICOLAS, M.-J. *La grâce d'être prête.* Paris, Desclée et Cie., 1986; PARENTE, P. (cardeal). *Sacerdozio tra cielo e terra.* Rovigo, 1983; PELLEGRINO, M. (cardeal). *Vivere il Concilio da preti.* Torino-Leumann, 1981; ROSA, G. de. *Preti per oggi.* Roma, 1972; *Aspetti della teologia del sacerdozio dopo il Concilio.* Roma, 1974; Spiritualité des prêtes diocésains. *Prêtres Diocésains* 121 (1987).

A. FAVALE

PRESENÇA DE DEUS. Trata-se de um exercício fundamental, porque é o que torna a alma conscientemente unida a Deus; um exercício que é ao mesmo tempo recolhimento interior e afastamento das coisas distrativas do mundo. A presença de Deus constitui assim a essência de toda verdadeira oração: é a oração mesma difundida e virtualmente operante em toda a vida. Nos momentos de pura oração, de retiro, de silêncio e de parada total de qualquer atividade terrena continua, na vida de um cristão comprometido, a permanência do estado de oração, durante todas suas demais atividades humanas.

A presença de Deus é uma aplicação da mente para tomar consciência da realidade de Deus e dos seus mistérios, a fim de que eles penetrem na vida e a impregnem, orientando-a e impelindo-a para a intimidade divina. Embora no início seja principalmente exercício do intelecto, tudo, porém, é em função da vontade, de que se desprende o amor que une a Deus.

Parte da mente, mas para fazer palpitar o coração, vibrar o sentimento e impelir a vontade. Inicialmente é um simples pensamento, uma lembrança; mas um pensamento e uma lembrança que deve descer sobre a vontade, tomá-la, ativá-la, fazer resplandecer nela uma grande capacidade de amor. A primeira tarefa do intelecto para com a vontade será oferecer-lhe a matéria mais adequada para o desenvolvimento do amor.

1. PRESENÇA OBJETIVA DE DEUS. A presença de Deus no mundo é uma onipresença, ilimitada, infinita, ainda que seja uma presença escondida ("Tu és um Deus que se mantém escondido", Is 45,15). A Escritura está cheia dos mais amplos testemunhos da presença de Deus no mundo e da sua perene proximidade da alma do justo. A ideia da criação já faz pensar na presença de Deus no universo, sobretudo nos grandiosos fenômenos naturais dos quais o homem é espectador: a voz do Senhor forja lâminas de fogo; a voz do Senhor faz tremer o deserto; a voz do Senhor arrebenta os cedros; desnuda as florestas. E no seu templo, tudo diz: "Glória!" (Sl 29,3-6). Ele é o Deus criador presente na sua obra (Sl 11,25; Rm 1,20); o salvador presente a seu povo (Ex 19,4 ss.); Deus Pai presente a seu Filho (Jo 8,29); e a todos aqueles que o amam filialmente (Rm 8,14-28). No Antigo Testamento os dois eixos da divina presença são a aliança e o templo: a presença divina e a atenção do povo a ela no âmbito da aliança (Ex 25,10; Nm 10,35) se esclarece no tema complementar do templo, habitação de Deus em meio ao povo (Ex 29,43; 33,7) e do culto, encontro do povo com Deus presente no templo (1Rs 8,16 ss.; Is 6,1-12).

No Novo Testamento os temas fundamentais da presença de Deus do Antigo Testamento, a → ALIANÇA e o → TEMPLO, resumem-se em Cristo: ele é o novo templo em que Deus habita na terra, e com o seu sacrifício estipula entre a humanidade inteira e o → PAI CELESTE uma nova aliança. Ele é Deus conosco (Mt 1,23); nele habita corporalmente a plenitude da divindade (Cl 2,9; 1,19); com o → BATISMO, enxerto de cada crente em Cristo e efusão nele do Espírito Santo, funda-se a unidade de todos na Igreja, que se torna o povo da nova aliança (2Cor 3,7-11).

Mas que Deus esteja presente por toda a parte é, mesmo antes de um dado da revelação, uma verdade de ordem natural que adquirimos com o abrir-se da nossa mente à vida. Com a sua imensidade, ele recobre e penetra todas as coisas. Essa íntima presença de Deus em todo ser é exigida pela ação criadora e conservadora com que ele as faz existir e as faz permanecer na existência mediante o vínculo de uma perfeita causalidade. Somente Deus pode chamar do nada as coisas; é uma obra reservada exclusivamente a seu poder comunicar o ser às criaturas, e isso não somente no primeiro momento, mas também na permanência delas na existência. Com efeito, nada pode continuar a existir se não é sustentado pela mão onipotente de Deus. "Pois é nele que nós temos a vida, o movimento e o ser" (At 17,28). Se faltasse essa presença de Deus ativa e incessantemente criativa, as coisas voltariam logo ao nada, não existindo senão em virtude da sua relação com ele, expressão do seu pensamento, instrumento dos seus altíssimos fins (cf. *STh.* I, q. 8, a. 1).

Fundada numa relação de causalidade que liga intrinsecamente o contingente ao Absoluto, essa presença é comum a todo ser: animado ou inanimado, rude ou inteligente, justo ou pecador. É por esse título que a conservação das coisas é chamada justamente de contínua criação. E, uma vez que nada é mais íntimo para uma criatura que a sua própria existência, é justamente nessa intimidade que se exerce a ação divina com que Deus a põe e conserva no ser. Deus está mais presente em nós que nossa carne e nossa alma. A partir do momento que uma coisa é chamada do nada à existência, Deus não pode não estar intimamente presente e penetrá-la até o profundo com o olhar da sua onipotência criadora. Essa plenitude de presença deixa maravilhados e a tremer os espíritos e os lança numa adoração sem fim. Teria bastado essa íntima presença — fundamento de toda a religião e de toda moral — para estabelecer um encontro e uma relação entre a criatura e o Criador. Mas não bastou para o excessivo amor de Deus, o qual, ao nos chamar não apenas à existência, mas também à vida da → GRAÇA, quis invadir-nos, penetrar-nos, identificar-se a nós de modo todo particular.

Deus nos circunda, nos envolve, nos penetra. Lá dentro, onde o nosso ser confina, podemos dizer, com o nada, está a mão de Deus que nos sustenta. Aqui ele nos fala. Não como uma força indeterminada ou uma simples lei. Não como algo neutro, mas como um "eu", ao qual é possível responder com um "tu". Entre o homem revestido de graça e o resto dos seres há como que uma distância infinita, marcada precisamente por uma especial presença de Deus na alma do justo, que tende a se realizar numa comunhão e consciente intimidade. "Acaso não sabeis", brada São Paulo, "que sois o templo de Deus e que o Espírito de Deus habita em vós? Se alguém destrói o templo de Deus, Deus o destruirá. Pois o templo de Deus é santo e esse templo sois vós. [...] Ou não sabeis acaso que o vosso corpo é templo do Espírito Santo que está em vós e que vos vem de Deus, e que vós não vos pertenceis? [...] Pois nós somos o templo do Deus vivo, como disse Deus: 'No meio deles eu habitarei e andarei; eu serei o seu Deus e eles serão o meu povo'" (1Cor 3,16-17; 6,19; 2Cor 6,16). Trate-se de uma presença nova: não muda, nua, fria presença, em virtude de uma relação de causalidade; mas presença fonte de conhecimento e de amor, ligada ao mistério e ao desenvolvimento da graça. Com o crescimento da graça, crescerá também essa presença santificante, fazendo sentir sempre mais a sua ação, a sua influência, até se manifestar, no vértice da experiência mística no íntimo do espírito, sem desaparecer mais, transformando a vida do tempo terreno num prelúdio de eternidade.

Essa inefável presença de Deus em nós, que torna possível, fecunda e ininterrupta a nossa oração, qualificando-a e distinguindo-a da do homem sem a graça, é um convite claro e cheio de amor que Deus nos dirige para permanecermos em contínuo contato com ele, que parece estar sempre à espera de um olhar, de uma palpitação do nosso coração para extravasar em nós a sua vida divina. Originada do batismo e conservada pela graça no mais íntimo da alma, não nos permite ficar estranhos ou indiferentes, como se nos encontrássemos diante de uma pessoa desconhecida, que não pensa em nós e não nos olha. Ao contrário, a intimidade dessa presença e a intensidade do olhar de Deus descem ao mais profundo do coração e nos escrutam sem parar, tornando tudo "desnudo, tudo subjugado por seu olhar" (Hb 4,13). Não se pode ignorar essa presença; não se pode ficar neutro diante da densidade e penetração do olhar divino.

2. PRESENTES A DEUS. a) Dissemos que Deus está presente em tudo o que existe como causa da sua existência. Toda realidade é, pois, uma teofania, ou seja, uma manifestação de Deus. As coisas grandes e eternas, como as pequenas e frágeis, os céus sem limites, como a admirável composição de uma célula ou de um átomo carregam a saudação de Deus e cantam em suas harmônicas estruturas as suas maravilhas. Os → SANTOS compreenderam essa verdade a tal ponto que consideravam todas as coisas como reveladoras da presença de Deus. Para eles as coisas mudas têm uma voz e uma capacidade de colóquio. A pureza do olhar permite-lhes intuir e ler nas páginas da criação as letras e as mensagens do Criador. Veem na criação a obra do Verbo, a sua "palavra" exterior, e em toda criatura, uma sílaba que o exprime e uma voz de salvação e de amor. Também as coisas mudas, que encerram e manifestam uma presença, assumem, diante do olhar do santo, a linguagem do espírito, tornam-se vozes do homem, mensagens da alma, símbolos de vicissitudes internas. O cristão ama mergulhar na beleza misteriosa do universo, porque nas criaturas encontra um veículo que o impele para Deus; e as chama de irmãs não somente porque, como nós, saíram das mãos de Deus, mas, muito mais, porque são as nossas guias que nos ajudam a nos elevar até ele. Quando, porém, nos aproximamos da natureza e a vemos com olhos apenas terrenos, não lavados pela graça nem purificados pela fé, então os encantos do sensível assumem um perigoso poder de sedução e tendem a frear e a entreter o espírito. Então as coisas criadas e as belezas terrenas, em vez de serem escada e ponte que levam a Deus, tornam-se realidades opacas e ambíguas, denso matagal no qual a gente se perde. Assim, o inicial acosmismo de → JOÃO DA CRUZ torna-se exaltante posse do mundo somente quando a alma atingiu a pureza da primeira hora, a única capaz de tornar transparente a presença de Deus nos homens e nas coisas. Essa alma, "tendo o coração puro, encontra em todas as coisas uma notícia de Deus, contente, saborosa, casta, espiritual, alegre e amorosa" (*Subida*, 3, 22).

b) Todas as coisas e todas as vicissitudes são para o crente sacramentos que escondem e relevam Deus. Ele sabe muito bem que nada vem ao mundo por acaso. Não há nada que escape à mão e ao olho onipresente de Deus. Tudo o que existe é porque ele assim quer e assim permite. Também as livres determinações humanas se desenvolvem sob o alto domínio de Deus. É certo que as ações do homem, moralmente negativas, Deus não as pode querer e não as abençoa; todavia, com base na livre determinação humana, permite-as; e assim, também elas fazem parte dos desígnios divinos com os quais o Senhor chega a seus altíssimos fins. Eis outra importante zona da nossa vida, em que devemos encontrar Deus e deixar espaço à sua presença santificadora: reconhecê-lo e adorá-lo com todo o coração, em qualquer episódio triste ou alegre, obscuro ou luminoso, difícil ou suave da vida. Nessa abertura e adesão confiante à vontade de Deus consiste a essência mesma do amor e o segredo da santidade.

O que Deus quer se manifesta em dois campos para nós muito diferentes: nas coisas que estão em nosso poder e nas que acontecem acima da nossa vontade.

— Nas coisas que estão em nosso poder e dependem de nós temos de realizar a vontade de Deus mediante a nossa livre determinação; e a nossa adesão de amor a essa vontade deve produzir em nós uma atitude que tende a agir e, se fosse necessário, agir corajosamente e até heroicamente, segundo o que Deus quer que nós façamos. Nesse campo a vontade de Deus se manifesta a nós a todo instante por meio do dever do momento presente, pois a todo instante o passado não existe mais e o futuro não existe ainda, mas o momento presente é o que Deus faz existir atualmente para nele situar o nosso dever, em que exprimir a nossa amorosa adesão à sua vontade. Assim, mediante a realidade do → MOMENTO PRESENTE, escapamos à dispersão horizontal do tempo e a seu ritmo de morte, quando tudo cessa perpetuamente de ser, para nos unir verticalmente ao único e imutável instante da eternidade divina, fonte inexaurível de existência.

– E, em tudo o que não está em nosso poder e não depende de nós, a nossa adesão de amor à vontade de Deus deve produzir em nós uma atitude de aceitação serena e amorosa do que acontece, num ativo e dinâmico abandono à divina providência. Em todas as circunstâncias que constituem o tecido da nossa existência cotidiana, a vida cristã deve ser uma oração contínua, numa constante adesão de amor à vontade de Deus e por meio do que acontece e do que temos o dever de fazer. Progride na presença de Deus quem faz sempre com maior consciência o seu dever; a → CONFORMIDADE À VONTADE DE DEUS é o fim e o efeito de uma ativa e dinâmica presença de Deus.

c) Mas há outra presença de Deus que tem particular significado para nós cristãos. Nós devemos encontrar Deus e o seu Cristo nos nossos irmãos. A única via para estarmos seguros de ter estabelecido uma autêntica relação com Deus é ter realizado uma profunda relação de caridade com o nosso próximo. Chega-se a Deus ao caminharmos até ele mediante os outros. A presença de Deus continua e se mantém somente numa vida de amor, que é doação e serviço. O amor para com Deus tem o seu banco de prova, a sua verificação, no amor para com o próximo, em cujo rosto ele disse se esconder (Mt 25,34-37); por isso, à luz da fé, ao servir ao próximo, serve-se, adora-se e ama-se a Deus. A identificação operada pela fé entre Deus e o homem enfoca toda a vida cristã como um sublime serviço, que se torna culto religioso. No rosto do irmão, como na dor do doente e do indigente, há sempre uma presença: o Filho de Deus que vive e sofre conosco. Todo ato de serviço prestado ao irmão, em quem se esconde Jesus, equivale a um ato de → ADORAÇÃO e realiza um seguro encontro com Deus. A relação entre homem e homem, vivida à luz da fé e nas dimensões da graça, permite-nos entrar numa aventura de amor com Deus, que se conclui na intimidade do nosso coração.

d) A consideração e procura de → DEUS em nós mesmos é um progresso psicológico exigido pela natureza mesma do amor. A alma enamorada sente que uma presença externa não realiza a máxima presença possível, e a mínima distância é sentida e sofrida como uma ausência. É nessa perspectiva que se põe o encontro com Deus no Cristo eucarístico, que não é somente presença, mas suma intimidade e alimento de vida. O modo definitivo para encontrar a Deus é, portanto, afastar-se do homem exterior, dessa vida estranha na qual nos alienamos, para encontrar o nosso verdadeiro ser, a presença de Deus, que está no centro da alma.

Esse movimento de fora para dentro é contemporaneamente uma entrada e uma saída. É uma entrada porque nos afasta do mundo ilusório das aparências para fazer com que encontremos a nós mesmos; mas é uma saída, porque para além de nós mesmos, na zona mais íntima, nos faz encontrar a Deus, que é mais íntimo que nós mesmos, "em mim, mais eu mesmo do que eu sou". Há em nós um ponto que constitui o céu da alma, a morada de Deus Trindade Santíssima. É preciso chegar até essas regiões profundas para encontrar a Deus. O encontro entre Deus e o homem realiza-se nesse fundo da alma, nessa zona diáfana e misteriosa, em que se enraíza a vontade e a inteligência e na qual o nosso "eu" mais íntimo encontra a si mesmo; nessa parte mais reservada e impenetrável do ser, em que nós estamos completamente sós e que constitui a fonte de que prorrompe continuamente a vida. É dessas profundidades do espírito que fala Deus. É nessa intimidade do coração que ele opera o encontro com a alma que o procura. E esse é o centro de todos os mundos e de todas as coisas. A alma é continuamente atraída no vórtice da vida de Deus; qualquer coisa que faça, a augusta presença está sempre ali e a penetra, a consola, a punge, a transfigura toda. Esse movimento de retorno não afasta dos outros; ao contrário, quanto mais está no centro de si mesma, tanto mais a alma está próxima deles e os abraça e os serve e os ama com o próprio amor de Deus.

3. MEIOS PARA A PRESENÇA DE DEUS. Chegar ao encontro com Deus no mundo, nas vicissitudes humanas, no rosto do nosso próximo e no fundo do nosso coração não é o resultado de um dia, mas o termo de um longo caminho. Com efeito, a comunhão com Deus postula a recomposição de todo o nosso ser, a aquietação, a purificação e a pacificação dos sentidos e do espírito. É preciso que diminua em nós a atração dos clamores do mundo, cresça a disponibilidade da escuta, e se criem na consciência zonas cada vez mais amplas de silêncio que tornam possível a expansão da presença de Deus. É difícil, se não impossível, ficar na presença de Deus solicitados continuamente, como somos, pelas nossas paixões e pelas infinitas seduções do mundo, sem um esforço perseverante. O que a alimenta e a guarda em nós e nos reconduz a ela, se dela nos tivéssemos afastado, é o tempo no qual deixamos qualquer outra ocupação e preocupação para orar e ter o espírito totalmente tomado somente por Deus.

a) *A oração*. O encontro mais profundo e direto com Deus se tem na → ORAÇÃO. Por meio da oração, o homem se põe diante de Deus. De todas as estruturas da consciência, a estrutura fundamental é a constituída pela consciência orante, pela consciência que abre a Deus, que se deixa penetrar por ele. Pondo-se psicologicamente em relação com Deus, o homem encontra, nessa referência ao absoluto, a sua verdade, a sua unidade, o seu equilíbrio. A fim de que se opere esse encontro é necessário consentir se abandonar para se abrir a Deus, descer a uma profundidade interior a que habitualmente não se chega, praticar a intimidade com Deus, de coração para coração, que é a essência mesma da oração. É preciso chegar ao templo interior, em que a alma encontra, na fé, a presença de Deus e sente a sua ternura. E isso se faz com a oração.

b) *O recolhimento*. É preciso lembrar ainda que Deus não fala ao homem se o homem não estabelece a calma dentro de si. A calma interior depende do mesmo modo do nosso estado orgânico e mental e do ambiente no qual estamos inseridos. É difícil obter a paz do corpo e do espírito na confusão, no ruído e na dispersão da vida moderna. Há necessidade, hoje, de lugares de oração e de espaços de silêncio nos quais encontrar as condições físicas e psicológicas indispensáveis à tranquilidade interior. Um período de silêncio purifica, traz refrigério, concentração, recolhimento. Nas ações e agitações de todos os dias, somos como que arrastados pela corrente impetuosa dos acontecimentos.

"→ RECOLHIMENTO" significa sair, de quando em quando, desse vórtice e nos pôr em paz, presentes a nós mesmos, para estarmos presentes a Deus. É como uma tácita gravitação e atenção para o interior: um manter vivo o pensamento de que ao longo de toda a fronteira do nosso ser Deus está do nosso lado, de que justamente no mais íntimo de nós, onde temos fronteira com o nada, está o Deus vivo. Trata-se de nos transferir para ele. Contemplar é sair de si. Para se unir a Deus na intimidade de uma verdadeira oração não basta renunciar a todo o mundo material e sensível que vive em torno de nós e dentro de nós: é preciso sair de nós para nos transferir para a pessoa amada. A procura de Deus é uma procura que compromete todo o ser. Diante da transcendência de Deus, desse Deus presente e escondido, devem ser superadas todas as formas humanas e transfiguradas todas as realidades terrenas, de modo a poder viver numa casta solidão, num virginal silêncio, que torne possível o encontro, a escuta e a adoração do Verbo de Deus.

c) *Vários exercícios*. Descendo mais em concreto, lembremos alguns meios conhecidos, embora nem sempre suficientemente praticados, para alimentar a presença de Deus, até que ela tenha se tornado a atitude habitual, fazendo do tempo o espaço de Deus e da vida uma contínua oração.

— Em primeiro lugar as pias invocações, as jaculatórias, as quais, ao se sucederem regularmente ao longo do dia, são muito indicadas para nos lembrar a presença de Deus em nós. A grande utilidade dessas jaculatórias está sobretudo em sua brevidade e na carga de amor que contêm: breves, não cansam, repetidas, santificam. A → JACULATÓRIA, como invocação de um nome, e portanto de uma presença, tem um poder psicológico muito grande. Quando pronunciamos dentro de nós um nome ou chamamos alguém, surge imediatamente a lembrança ou o fantasma da pessoa, e temos diante de nosso espírito aquela pessoa. É um fato psicológico: o nome evoca a coisa, a pessoa. Por isso, a invocação do nome já realiza uma relação, porque suscita no espírito o pensamento de Deus e do seu Cristo, e os torna psicologicamente presentes na consciência. A repetição espontânea da jaculatória deve provocar e reforçar a permanência da ideia e, portanto, a presença da pessoa.

Há todavia dois perigos nessa prática: o automatismo e o formalismo. É um fato psicológico que a consciência, como, de outra parte, nossa energia, tende espontaneamente ao mínimo esforço e que toda repetição do nosso agir humano tende a se tornar habitual. Assim, os automatismos que se criam podem, quase insensivelmente, deixar sem conteúdo os nossos atos, reduzindo a um mínimo o uso efetivo e explícito da vontade e da consciência. É necessário, por isso, que as jaculatórias sejam pronunciadas com intensidade de consciência e frescor de intenção. O outro perigo é o formalismo, que pode nascer da prolongada e mecânica repetição de um mesmo ato. A presença de Deus cessa então de ser um ato plenamente vital: encontro e comunhão de duas pessoas. Evita-se o formalismo mediante a variação das práticas, regulada pelas várias exigências psicológicas e pelas circunstâncias externas, escolhendo os objetos que mais atingem o interesse do momento.

— As comunhões espirituais, que não apenas lembram a presença de Jesus, mas a intensificam com uma nova efusão do seu sangue redentor. A comunhão cotidiana é uma intervenção de Cristo na nossa vida, para nos conformar, mediante o seu Espírito, a si mesmo, com o fim de nos levar até o Pai. A comunhão espiritual deve levar à fusão do nosso espírito e da nossa vida com Cristo Senhor. "Se tu vives de Cristo, o teu olhar se tornará o olhar de Cristo; o teu sorriso, o sorriso de Cristo; o teu rosto, o rosto de Cristo" (Quoist).

— A oferta a Deus de toda a nossa ação de modo que seja feita em dependência da sua vontade santíssima e somente por sua glória, exigindo a sua bênção e a sua ajuda nas inevitáveis dificuldades.

— O habituar-se a ver nas pessoas de quem nos aproximamos durante o dia almas em quem vive ou quer viver Cristo. Não há nada que possa mais facilmente enriquecer a nossa → VIDA INTERIOR, mesmo em meio às ações, do que essa visão de fé tornada habitual. O amor de Deus recebe assim a solidez do amor do próximo (→ CARIDADE).

— Durante grande parte do dia vivemos a nossa relação com Deus mediante a realidade concreta dos nossos deveres de estado, de profissão. Não esqueçamos, porém, que no nosso dia há sempre talvez poucos minutos que devem ser consagrados diretamente ao Senhor, tirando-nos das realidades sensíveis e visíveis e pondo-nos em comunhão com ele de modo direto e responsável, mesmo com a densidade e consistência da nossa linguagem. Dirigir a Deus algumas palavras é, no plano psicológico, muito importante, porque a vivacidade do colóquio estimula fortemente o fervor do espírito. É eficacíssimo, portanto, manifestar a Deus, por meio de brevíssimas conversações, o nosso amor e a nossa confiança, aproveitando os momentos livres ou qualquer tempo propício, buscando inspiração talvez na meditação cotidiana, sobretudo no pensamento que mais nos tocou.

BIBLIOGRAFIA. BARSOTTI, D. Vivere l'esercizio della divina presenza. *Ora et Labora* 39 (1984) 6-14; D'ONOFRIO, A. *Dio in noi. Presenza di Dio e inabitazione della SS. Trinità nell'anima.* Roma-Napoli, 1982; DANIÉLOU, J. *Il segno del tempio o della presenza di Dio.* Brescia, 1960; FRANCESCO DI SANTA MARIA. *Presenza a Dio, presenza a se stessi.* Firenze, 1950; GIARDINI, G. *Alla presenza di Dio.* Milano, 1965; MORETTI, R. *In comunione con la Trinità. Alle sorgenti della vita cristiana.* Torino, 1979; MOYNIHON, A. *La presencia de Dios.* Madrid, 1960; Présence de Dieu. In *Dictionaire de Spiritualité.* Paris, 1986, 2.107-2.136, XII/2; *Vivere alla presenza di Dio.* Roma, 1985.

E. ANCILLI

PRESUNÇÃO. É a tranquila certeza de possuir o direito à graça e ao paraíso, fundada numa errônea avaliação da ordem sobrenatural. A alma presunçosa comete pelo menos dois erros de perspectiva. Esquecendo positivamente a palavra de nosso Senhor, que ressalta sua dificuldade de conquista (Mt 7,14), ela pensa em primeiro lugar que a vida eterna seja facilmente atingível pela misericórdia divina, entendida como uma cúmplice indulgência e não como um sentido de piedade em relação à fraqueza. O segundo erro é consequência do primeiro; com efeito, tornando-se fácil a conduta de Deus, torna-se fácil a própria conduta. Sendo verdade que o Senhor põe à disposição das suas criaturas os recursos da sua misericórdia, é igualmente verdade que não prescinde da justiça, porque a misericórdia divina não é senão a própria justiça de Deus, que calcula a nossa fraqueza em toda a sua amplitude. Fica sempre, por isso, o dever específico de não rebaixar Deus a nosso nível para dele fazer o cúmplice em maior ou menor escala de nossa fraqueza espiritual, com a desculpa de que, tendo-se feito homem Jesus compreende a nossa fragilidade e quer sobretudo a justiça e a bondade. Isso é verdade, mas essas virtudes devem brotar de um reconhecimento prático de que a justiça se enraíza na paternidade divina, que, pelo culto público, deve ser reconhecida como soberania absoluta; e, se é verdade que a bondade e a compreensão devem regular as nossas relações humanas, é preciso lembrar que não pode haver autêntica bondade agradável a Deus que não brote da alma em estado de graça, e que a complacência sem um sopro de autêntica vida espiritual é estéril filantropia. A presunção não poderá prejudicar a alma que concretamente viverá na consciência humilde e reconhecida da própria total dependência de Deus, dependência que se estende também às mínimas particularidades da existência. No plano da graça, tudo é dom divino, que, porém, não esquece as promessas feitas aos homens de boa vontade e de sério compromisso. As forças que Deus nos deu para a conquista do seu reino não devem ficar inertes, na tola segurança de ter atingido a meta, mas ser empregadas na sobrenatural incerteza que é a segura guarda de todo passo temerário e falso. A soberba humana, que pode se revelar também na gratuita eleição à vida divina, poderia nos levar a um engano sobre a real condição nossa, pobres criaturas, mas a providência divina, mediante o dom do temor a nós conferido na crisma, vela sobre nosso itinerário espiritual, guardando suas promessas e realizando seus ideais.

BIBLIOGRAFIA. CARRÉ, A. M. *Espérance et désespoir.* Paris, 1953; HÄRING, B. *Testimonianza cristiana in un mondo nuovo.* Roma, Paoline, 1960; MARTINEZ, L. *Lo Spirito Santo.* Roma, Paoline, 1963; PHILIPON, M. M. *I doni dello Spirito Santo.* Milano, 1965.

C. GENNARO

PROCISSÕES. O antigo Código de Direito Canônico definia as sagradas procissões no âmbito das "súplicas solenes feitas pelo povo fiel, que, sob a direção do clero, se desloca ordenadamente de um lugar sagrado para outro lugar sagrado, destinadas a excitar a piedade dos fiéis, a lembrar os benefícios de Deus e a dar graças por elas, a implorar o socorro divino". Além disso, fazia distinção entre as procissões ordinárias que se fazem em certos tempos estabelecidos segundo a norma dos livros litúrgicos e o costume das igrejas, e as procissões extraordinárias que por diversas causas se fazem em outros dias (cân. 1.290). O novo Código de Direito Canônico fala das procissões com o Santíssimo Sacramento e estabelece uma norma geral sobre o cuidado pastoral que nesse setor cabe ao bispo da diocese (cân. 944). Uma verdadeira legislação renovada sobre as procissões no âmbito da renovação litúrgica não existe, se se exclui o que já está prescrito para as diversas procissões que se incluem na celebração litúrgica de alguns dias e em outras circunstâncias. Falta, porém, todo um tratado apropriado sobre as procissões de caráter de devoção, com diretrizes pastorais renovadas.

O gesto processional de avançar ou caminhar juntos é um sinal sagrado e ao mesmo tempo uma manifestação humana de profundas valências de comunhão e de solidariedade.

Na tradição bíblica do Antigo Testamento encontramos diversas formas de exprimir a comunhão de fé do povo mediante a marcha, a peregrinação, seja durante o período do deserto, seja na ritualização do caminho para a morada de Deus no Templo, seja no retorno do exílio para Jerusalém. No Evangelho se descreve o solene ingresso de Jesus na Cidade Santa, mas se lembra também o fato das multidões que seguiam Jesus na sua pregação. Esses fatos da história da → SALVAÇÃO juntamente com a orientação escatológica da vida cristã a caminho para a pátria dão o justo sentido religioso às procissões da Igreja na expressão comunitária, no sinal de caminhar com Cristo ou com os santos sobre as vias do mundo, no aspecto escatológico da marcha da Igreja para a Jerusalém celeste.

Na Antiguidade cristã a palavra "procissão" indica para → TERTULIANO a convocação à assembleia litúrgica (*Ad uxorem*, 2, 4, 1). Temos, além disso, muitos testemunhos que se referem a esse caminhar juntos do povo de Deus de um lugar para outro. Os testemunhos mais valiosos a respeito são os do *Diário de viagem*, da peregrina Egéria, que documentam o fervor da comunidade cristã de Jerusalém por ocasião de festas litúrgicas. Entre outras, Egéria lembra a marcha de Belém a Jerusalém na manhã da Epifania, depois da vigília noturna, e o ir e vir da multidão durante toda a Semana Santa nos lugares em que se comemoram os fatos salvíficos, do santuário junto à tumba de Lázaro à igreja da *Anastasis*, do Imbomon ou lugar da Ascensão ao santuário junto ao Jardim das Oliveiras, e da igreja da Ressurreição ao templo junto à Santa Sion. Um destaque particular por sua influência litúrgica tem a solene procissão que no domingo de Ramos se realiza de Betfagé até a igreja da *Anastasis*, imitando o ingresso de Cristo em Jerusalém, repetindo os mesmos cantos e os mesmos gestos com ramos de palma e de oliveira.

Outros Padres lembram a procissão com as tochas para o lugar da celebração litúrgica na vigília pascal.

Mais tarde, encontraremos diversas formas processionais como a reunião da *statio* quaresmal, as orações das rogativas, as procissões para o traslado solene das relíquias dos santos mártires.

Somente na Idade Média se ousará levar em procissão o Santíssimo Sacramento por ocasião da celebração do *Corpus Christi*.

Depois, a religiosidade popular de origem medieval terá nas procissões com as imagens de Cristo, de Maria e dos santos uma das formas mais características de exprimir a própria fé e a própria devoção, mesmo com certo tom antiprotestante, e com a afirmação da legitimidade do culto dos santos, das suas relíquias e das suas imagens.

A atual liturgia da Igreja conserva algumas procissões rituais. Entre elas é preciso lembrar o ingresso solene ou lucernário da festa da Apresentação do Senhor, a procissão de Ramos no domingo homônimo, para ritualizar e comemorar o solene ingresso de Cristo em Jerusalém. É também uma solene manifestação processional o ingresso da assembleia no Templo, precedida pelo círio pascal na vigília de Páscoa. Todas essas manifestações são reguladas pelas apropriadas rubricas do Missal romano. A procissão com o Santíssimo Sacramento, que se pode fazer por ocasião da solenidade de *Corpus Christi* ou em outras ocasiões é regulada pelas normas da Igreja no *Rito da comunhão fora da missa e culto eucarístico*, nn. 101-105 e 118-121.

Dentro da celebração eucarística podem ser ressaltados em ocasiões particulares três momentos que constituem um rito processional: o ingresso, a apresentação dos dons por parte dos fiéis, a própria comunhão eucarística.

A liturgia bizantina conhece semelhantes expressões processuais dentro da liturgia, como a procissão com os *epitáfios* na sexta-feira santa; um pano ricamente bordado com a cena da sepultura de Cristo é posto sobre o altar depois de uma procissão no interior da igreja. Na vigília pascal uma procissão se realiza em volta do templo enquanto se canta o primeiro tropário da ressurreição. Na festa do Triunfo da ortodoxia, celebrada no primeiro domingo da Quaresma, levam-se em procissão os ícones no final da liturgia eucarística. Na celebração da liturgia eucarística bizantina temos dois momentos processionais: o *pequeno ingresso* com o livro do evangelho no início da liturgia da Palavra e o *grande ingresso* com os dons eucarísticos para a consagração no início da liturgia dos fiéis. Na liturgia dos pré-santificados, que em alguns dias da Quaresma é celebrada depois do ofício vespertino, levam-se em procissão os dons consagrados ao altar para a comunhão dos fiéis.

A essas procissões de caráter litúrgico ou inseridas harmonicamente na liturgia se devem acrescentar as outras procissões que derivam da → RELIGIOSIDADE POPULAR, ou que dela são expressão. São muito sentidas as da Semana Santa, que em parte prolongam para o povo as antigas representações sagradas e servem de "liturgia popular" que "representa" os mistérios celebrados. As procissões com o Cristo morto ou com Nossa Senhora das Dores, ou o encontro entre Jesus ressuscitado e a sua Mãe na manhã da Páscoa são ainda hoje manifestações populares muito sentidas que poderiam ser endereçadas convenientemente a uma autêntica expressão de devoção do povo. O mesmo se diga das várias manifestações em honra dos santos patronos dos países ou das cidades. O ímpeto da secularização não afastou totalmente o povo desse tipo de cultura do sagrado, que em algumas partes parece reflorir.

Por seu caráter de tradição ancestral, pela manipulação à qual se sujeita a religiosidade popular não é fácil dar a essas manifestações o verdadeiro sentido espiritual popular se não se faz um esforço de discernimento e de orientação pastoral.

As procissões podem se revestir, de acordo com o momento e as expressões delas, um caráter penitencial ou festivo: de qualquer modo, são sempre manifestações de fé do povo, muitas vezes com uma carga cultural capaz de tocar os sentimentos religiosos das pessoas, com uma intensidade não experimentada em outras partes.

Uma adequada evangelização das procissões, além da obrigatória e insistente catequese, deveria pôr em destaque o caráter de testemunho de fé da comunidade cristã, acima de outras motivações. Certa orientação litúrgica poderia ser dada, seguindo outros modelos processionais da Igreja, pela inserção da → PALAVRA DE DEUS num momento inicial, pelo canto dos salmos ou dos hinos litúrgicos da Igreja durante o percurso, por alguma parada enriquecida por orações de louvor ou de intercessão. O silêncio, a inserção de gestos litúrgicos apropriados como a dança sagrada, o caminhar com as luzes acesas são formas apropriadas de exprimir e testemunhar a fé.

Tudo isso se pode obter se a religiosidade popular, da qual as procissões são expressão privilegiada, for convenientemente gerida pela comunidade eclesial, sem deixar que seja usada por outros fins estranhos ao testemunho da fé e do culto divino. A norma do cân. 944 do atual Código de Direito Canônico parece sugerir essa orientação pastoral: "Cabe ao bispo diocesano estabelecer diretrizes acerca das procissões, com que prover à participação nelas e dignidade delas" (cân. 944, § 2).

BIBLIOGRAFIA. AGOSTINO, G. *Le feste religiose nel Sud*. Torino, 1977; CASTELLANO, J. Liturgia e devozione popolare. In *Liturgia. Etica della religiosità*. Brescia, 1986, 353-378; ETERIA. *Diario di viaggio*. Roma, 1979; *Ricerche sulla religiosità popolare nella Bibbia, nella liturgia e nella pastorale*. Bologna, 1979; RIGHETTI, M. *Manuale di storia liturgica*. Roma, 1964, 404-415, I; ROSSO, S. Processione. In *Nuovo Dizionario di Liturgia*. Roma, 1984, 1.111-1.119.

J. CASTELLANO

PROFETAS. O profetismo bíblico é um dos fenômenos mais transcendentes da história das religiões e uma das glórias mais puras do povo de Israel. Suscitado por Deus com intenção salvífica, é uma realidade intrinsecamente sobrenatural; foi sobretudo em virtude disso que a religião de Israel se viu revestida de um valor teológico específico, o de um messianismo orientado para uma plenitude futura. Por meio dos profetas, seus servos, YHWH participou aos filhos de Israel as verdades essenciais da religião e da moral de que ainda hoje nós vivemos. A importância de tal fenômeno na ordem da espiritualidade é evidente. No Antigo Testamento o profeta é por excelência o homem de Deus. É um instrumento de que se serve o Senhor para fazer conhecer a seu povo a sua vontade soberana. O profeta é um mensageiro de Deus, inspirado por ele e destinado a transmitir ao povo da aliança uma palavra revelada. Homem de Deus, o profeta é, portanto, também homem da "palavra", portador de um ensinamento religioso que procede de uma revelação divina. E é tanto por um aspecto como por outro que o estudo dos profetas interessa a espiritualidade.

1. O PROFETA, HOMEM DE DEUS. Na origem de toda manifestação profética autêntica há, inevitavelmente, uma experiência de Deus. Antes de agir ou de falar, o profeta é objeto consciente de um → CARISMA divino, soberanamente livre, que o impulsiona infalivelmente a servir a vontade do seu Senhor. Experiência sobrenatural, encontro extraordinário entre Deus e o homem, o carisma profético não deixa de ter analogia com as manifestações mais sublimes da mística. Isso, inclusive, está suficientemente documentado nos livros santos.

a) *Carisma divino.* A Bíblia conservou a lembrança de antigos *nâbi,* profetas de YHWH, agrupados em fraternidades mais ou menos numerosas, que agiam e falavam em nome de Deus (1Sm 10,5; 19,20; 1Rs 18,4; 22,5-12; 2Rs 2,3-18 etc.). Esses "irmãos profetas" cuja legitimidade javista parece não ter sido posta em dúvida têm isto em comum: para profetizar entravam em estados de superexcitação psíquica muito contagiosos, provocados por diversos meios de origem muito humana, como, por exemplo, a música (1Sm 10,5) ou a gesticulação delirante (1Sm 19,20-24; 1Rs 22,10). Semelhantes nisso aos profetas de Baal (1Rs 18,19-40) ou às irmandades dos modernos derviches, esses grupos de extáticos israelitas, se tiveram um papel a ser cumprido em defesa das tradições javistas, pertencem, todavia, a uma espécie inferior de profetismo. Os grandes profetas, de Samuel, Natan, → ELIAS e Eliseu até o último dos profetas escritores, são de uma outra estatura, claramente superior. A experiência profética deles não é absolutamente o fruto de um esforço psicológico de que teriam tido controle; ela procede unicamente de um carisma divino, tão livre quanto imprevisto. Com efeito, da leitura de alguns textos autobiográficos, observa-se que na origem de toda manifestação profética superior em Israel há a iniciativa eficaz de Deus. Os profetas profetizam porque receberam de Deus essa vocação. "Antes de modelar-te no seio de tua mãe, antes de saíres de seu ventre, eu te conhecia, eu te consagrei; eu faço de ti um profeta para as nações", declara YHWH a Jeremias (Jr 1,5). Conhecimento, consagração, destinação são três termos que significam a mesma realidade: a eleição como profeta. E se trata de uma eleição soberanamente livre porque está fora do tempo, antes ainda que o profeta tivesse sido concebido. Nenhuma necessidade pôde determiná-la; ela procede da vontade divina. Eleito fora do tempo, o profeta é "chamado" por Deus num momento preciso da sua vida: "Eu era vaqueiro, cultivava sicômoros; mas o Senhor me tomou de detrás do gado e o Senhor me disse: 'Vai! profetiza a Israel, meu povo'", revela Amós ao sacerdote Amasias (Am 7,14-15). Isaías recebe sua vocação durante uma teofania, na qual lhe é dado conhecer a vontade do Deus três vezes santo a seu respeito (Is 6). Eleito, chamado, o profeta recebe depois de Deus uma ordem precisa que o envia em missão para que fale aos homens em seu nome (Is 6,8-9; Jr 1,7; Ez 2,3). O profeta é agora um mensageiro de Deus. Missão penosa, cheia de perigos, muitíssimo exigente, de que às vezes é tentado a se esquivar, como Jonas, ou pelo menos a apresentar objeções para ficar livre, como Jeremias (Jr 1,6). Mas a vontade de YHWH é irresistível: "O Senhor Deus falou, quem não profetizaria?" (Am 3,8); "Senhor, tu abusaste de minha ingenuidade, sim, eu fui bem ingênuo; usaste de força comigo e alcançaste teu objetivo" (Jr 20,7). Nem perigo de morte, nem ultraje, nem escárnio (Jr 20,7-10) podem impedir o profeta de cumprir a sua missão; uma força super-humana dele se apoderou e contra ela toda resistência é vã: "Quando me digo: 'Não vou mais tocar no assunto, não falarei mais em seu nome', a palavra então se transforma num fogo que me devora por dentro, encerrado em meu corpo; tento contê-lo, mas não consigo" (Jr 20,9). E a história de Jonas revela a que excesso podia chegar a rebelião do profeta e quão infalível fosse o chamado do Senhor. Vocação que triunfa sobre a resistência daquele mesmo a quem é dirigido, o carisma profético é seguramente de origem divina.

b) *Dom do Espírito.* Deus age nos profetas por meio do seu Espírito. Homem de Deus, o profeta é, como tal, homem do Espírito. Por certo, o Espírito de Deus age por toda a parte e sem trégua. Na criação já é ativo (Gn 1,2), é por seu meio que Deus dá a vida a todos os seres (Sl 104,29-30). É ele que suscita os juízes (Jz 3,10; 6,34; 11,29) e os reis (1Sm 11,6) e, por meio dos homens que inspira, dirige o curso da história de Israel. Ele dá a destreza aos artesãos (Ex 31,3; 35,31), o discernimento aos juízes (Nm 11,17), a sabedoria a José (Gn 41,38). Mas em Israel é sobretudo o profeta que goza do dom do Espírito. Ele é um homem possuído pelo Espírito de YHWH. Elias está inteiramente em seu poder (1Rs 18,12; 2Rs 2,16). É ele que transporta Ezequiel entre os exilados (Ez 3,12-15), ou no Templo em Jerusalém (Ez 8,3; 11,1; 43,5). Mas ao lado dessas manifestações extraordinárias o Espírito de YHWH age habitualmente nos profetas de modo mais íntimo e mais essencial. E somente quando tenham recebido o dom do Espírito é que eles são capazes de profetizar (Nm 11,25-26; 24,2). Do mesmo modo, Miqueias declara: "Eu, ao contrário — graças ao espírito do Senhor —, estou cheio de força, de senso do direito e de coragem, para revelar a Jacó sua rebeldia e a Israel, seu pecado" (Mq 3,8); e um outro enfatiza: "O Espírito do Senhor Deus está sobre mim: o Senhor fez de mim um messias, ele me enviou a levar alegre mensagem aos humilhados" (Is 61,1). Ezequiel está consciente de estar sempre sob a influência do Espírito, de falar e de agir por sua inspiração (Ez 2,2; 13,12.14.24; 11,5). É convicção geral que o ensinamento profético procede principalmente do Espírito de Deus (Is 30,1-2; Zc 7,12; Na 9,30). Esse dom do Espírito de YHWH, sob cujo impulso o profeta age e fala, parece com efeito constituir o carisma profético.

c) *Experiência de Deus.* Possuído pelo Espírito de Deus e consciente dessa posse, o profeta faz em si mesmo uma experiência de Deus. Essa experiência o leva às vezes a estados de êxtase que têm toda a aparência de serem místicos (Is 6). Mas o êxtase é um fenômeno excepcional. A experiência profética é antes uma intimidade consciente com Deus e a convicção inabalável de ser o confidente, o instrumento, o mensageiro escolhido por Deus. "Pois o Senhor Deus nada faz sem revelar seu segredo aos seus servos, os profetas" (Am 3,7). E a revelação divina é precisamente o objeto da mensagem profética, infalivelmente introduzida por: "Assim fala o Senhor", ou "Palavra do Senhor", ou "Oráculo do Senhor". Essa consciência de ser, único entre todos, o homem de Deus e o homem do Espírito, essa certeza de estar em comunhão íntima e exclusiva com a divindade é a essência mesma da experiência profética. Experiência sobrenatural, irredutível, que põe o profeta entre os grandes representantes da vida mística.

Longe de consistir fundamentalmente num êxtase mais ou menos suspeito — como querem vários autores a partir de Gunkel —, a experiência profética, toda sobrenatural e mística que seja, não parece esvaziar a personalidade do profeta. É esse o testemunho bem claro dos textos. Isaías e Jeremias, por exemplo, os dois beneficiários de um encontro místico com Deus que os chama a seu serviço, têm reações contrárias diante da vocação divina. Se Isaías cumpre com ardor e presteza a missão profética (Is 6,8), Jeremias tenta se eximir, alegando a sua ignorância e a sua idade imatura (Jr 1,6). Duas respostas diferentes à mesma vocação, nas quais se revela uma personalidade intacta tanto num como noutro. É bom lembrar também a resistência prolongada apresentada pelo próprio Jeremias a uma missão que lhe custa sacrifícios enormes (Jr 20,7-10) e a fuga inicial de Jonas, "longe da presença do Senhor" (Jn 1,1-3). Pensemos ainda nas características tão marcantes de Elias, de Amós, de Oseias, de Isaías, de Jeremias, de Ezequiel, todos profetas do mesmo Deus, todos representantes de uma mesma experiência divina, mas quão diferentes uns dos outros por seu temperamento, suas ações, sua palavra e seu próprio estilo. A personalidade de cada um, longe de ser anulada pela experiência profética, encontra no serviço de YHWH um crescimento que a desenvolve nas suas características próprias. Acrescentemos também que o carisma divino não faz dos profetas seres que vivem numa esfera atemporal, indiferentes aos acontecimentos e às vicissitudes da história. Ao contrário, o texto bíblico nos mostra esses homens de Deus profundamente enfronhados no tempo, a escrutar os problemas políticos, morais e religiosos do momento, tentando dar uma solução inspirada por Deus, e isso em virtude de seu mesmo mandato profético.

O fato é que a ação de Deus que se exerce no ânimo do profeta é uma ação da graça, que conserva intacta a personalidade humana em seus componentes essenciais. O êxtase acompanha, é verdade, a aventura profética, mas não se identifica com ela de modo algum: é um fenômeno acessório, um meio de que se serve Deus para facilitar ao profeta a dedicação à sua missão. O profeta é irresistivelmente atraído por Deus, mas o seu serviço profético não é menos livre e pessoal. Ele está consciente de uma relação extraordinária que o liga a Deus e à qual é inútil resistir, mas sua atividade profética, fruto dessa relação, requer dele um compromisso responsável de toda a sua pessoa. Mistério de uma vontade divina infalível que atrai a si uma vontade humana que continua livre, o carisma profético é uma graça mística que, longe de absorver o homem ou de fazer dele um ser delirante e extático, dá-lhe o meio de se afirmar segundo a visão de Deus. A experiência profética de Deus é um terreno ideal para um estudo aprofundado da mística comparada.

d) *Transformação interior*. O profeta recebe o seu carisma em vista de uma missão. Ele está totalmente dedicado aos outros, é um mensageiro de Deus junto a seus contemporâneos, um instrumento de que YHWH se serve para lembrar aos homens as exigências da sua justiça e do seu amor. A palavra divina que fez de Amós um profeta é a seguinte: "Vai! Profetiza a Israel, meu povo" (Am 7,15). A Isaías é dada a mesma ordem: "Vai, dirás a este povo" (Is 6,9). Jeremias é confirmado como "profeta para as nações" (Jr 1,5) e deve ir até todos aos quais Deus o enviará (Jr 1,7). Ezequiel é enviado aos "filhos de Israel" (Ez 2,3). O servo de YHWH recebe o dom do Espírito a fim de que "para as nações ele faça surgir o julgamento" (Is 42,1) e um outro profeta é ungido pelo Espírito do Senhor e enviado "a levar alegre mensagem aos humilhados", a consolar os corações confrangidos, os cativos, os enlutados (Is 61,1-2).

Mas, se o profeta é de um modo tão essencial um servo de Deus para benefício dos homens, o carisma de que ele próprio goza não cessa de ser eficaz para sua própria pessoa. A graça profética está em função da sociedade que pretende transformar segundo Deus, mas ao mesmo tempo ela transforma o profeta segundo Deus. O profeta, com efeito, encarregado de uma missão divina, deverá viver de agora em diante na intimidade familiar com Deus, e a sua missão será tão exigente e transcendente que somente essa intimidade o tornará capaz de a cumprir. Antes de o enviar para levar a sua mensagem ao povo, YHWH tem o cuidado de tornar digno de si o profeta Isaías. Consciente da sua impureza diante da santidade divina, Isaías recebe ao mesmo tempo a vocação profética e a santidade interior; e o efeito dela não se faz esperar, pois vemos que imediatamente o novo profeta se oferece espontaneamente ao serviço de Deus: "Ouvi então a voz do Senhor que dizia: 'A quem hei de enviar? Quem irá por nós?' e eu disse: 'Aqui estou, envia-me!'" (Is 6,8). Um século mais tarde, Jeremias devia viver uma experiência análoga. Pertencente a uma família sacerdotal, o profeta de Anatot está longe de ter, como Isaías, o sentido da própria impureza. Ele é um tímido, um introvertido e a missão de que tomou consciência lhe mete medo. Então YHWH se apressa em preencher a lacuna; infunde na alma do jovem o dom da força: "Não tenhas medo de ninguém: eu estou contigo para te libertar" (Jr 1,8). Uma segunda vez YHWH infunde coragem ao profeta noviço: "Eles lutarão contra ti, mas sem resultado: eu estou contigo para te libertar" (Jr 1,19). Jeremias passa por uma transformação, de que ele próprio dá testemunho: "Ao encontrar tuas palavras, eu as devorava. Tua palavra tornou-se meu gozo, e alegria para o meu coração. Teu Nome foi proclamado sobre mim, Senhor, Deus das potências" (Jr 15,16). Simbiose perfeita de sentimento e de vontade entre o profeta e o seu Senhor. Mas eis que, depois de longos anos de ministério difícil e sem frutos, o profeta passa por uma nova crise interior que o faz duvidar de si mesmo e da sua missão. YHWH exige dele, com certa dureza, uma conversão às disposições de antes (Jr 15,19), embora lhe renovando as mesmas promessas de proteção e de força (Jr 15,20-21). Jeremias continua como era, mas nenhum perigo, nenhuma zombaria, nenhum insucesso poderão agora desviá-lo de sua missão. Ele é um campeão intrépido da causa de YHWH, profundamente consciente da força misteriosa e sobrenatural que age nele: "Mas o Senhor está comigo qual guerreiro temível" (Jr 20,11). Somente essa força, inseparável do carisma profético, é capaz de explicar o modo como aquele tímido soube levar a cabo o seu ministério até o fim de sua vida.

e) *Exigências do carisma profético*. Se Deus transforma assim o profeta é para o tornar digno de representá-lo junto aos homens. Encarregado de uma missão divina, o profeta deverá, de agora em diante, viver na intimidade de Deus; mais, a sua missão será de tal modo urgente e transcendente que somente essa intimidade o tornará capaz de efetuá-la. Em virtude do carisma que o enche, o profeta se torna um instrumento maravilhosamente adequado ao uso que Deus dele quer fazer. As exigências do ministério profético são, com efeito, esmagadoras. É, em primeiro lugar, um ministério penoso, perigoso, sujeito à malícia, ao rancor, às zombarias, ao endurecimento irredutível dos grandes e dos pequenos, às desilusões mais amargas. A experiência de um Elias, ameaçado de morte (1Rs 19,1-4) e a de um Jeremias, verdadeiro mártir da profecia (Jr 11,18-23; 12,6; 15,10-18; 17,15-18; 18,18-23; 20,1-6.7-

18; 26,7-15; 36,26; 37,11-21; 3,8 etc.) são claras a propósito. O próprio YHWH não esconde ao profeta as dificuldades que o esperam (Is 6,10; Jr 1,19; 15,20.21; Ez 2,3-5). Além disso, o profeta deve transmitir a → PALAVRA DE DEUS com absoluta sinceridade. Trata-se agora, além do mais, de uma palavra de condenação, de ameaça, de desventura, que ignora a adulação e que conserva pela verdade todo o seu rigor. "Na terra inteira, sou homem contestado e contradito", definia-se Jeremias (Jr 15,10). E a reação de um povo endurecido diante de tal pregação é, normalmente, ou a zombaria (Jr 20,7-8), ou a violência (Jr 20,10; 1Rs 22,13-18). É compreensível que nessas circunstâncias uma pessoa sensível como o era Jeremias, que se lamentava de ter de proclamar sempre "violência, repressão!" (Jr 20,8), fosse induzido a maldizer o dia em que tinha nascido (Jr 20,14-18). Por sua parte, o profeta ama o seu povo e o seu coração sangra por ter de lhes anunciar sempre desgraças (Jr 4,19-31; 8,18-23). Para ficar fiel à Palavra, ele deve superar a hostilidade geral e a própria repugnância.

Mas há mais. O ministério profético é totalitário; não apenas a palavra do profeta, mas suas ações, sua vida, tudo é profecia. Ele é um sinal vivo da vontade de YHWH a respeito do seu povo, um escravo, a cada momento, do carisma que o atormenta. Essa exigência se revela por vezes penosa, muitas vezes embaraçosa, sempre constrangedora. Oseias é obrigado a contrair um matrimônio, que depois acabará mal, com uma mulher depravada, para significar a infidelidade de Israel em relação a seu Deus (Os 1,3); são dados a seus filhos nomes simbólicos muito pouco atraentes (Os 1,3-8). Isaías deve andar nu para servir de presságio (Is 20,3), e pode-se imaginar quanto deve ter custado àquele grande senhor de Jerusalém ver-se assim exposto às zombarias do povo de baixo nível; ele próprio e os seus filhos são "sinais e presságios em Israel por parte do Senhor de todo poder" (Is 8,18). Toda a existência de Jeremias é um ensinamento profético: é-lhe proibido casar e ter filhos em Israel; não deve participar nem de lutos nem de festas dos seus correligionários — e tudo isso para anunciar as desgraças que se abaterão pouco depois sobre Judá (Jr 16). Também Ezequiel recebe ordens estranhas que ele cumpre fielmente: por meio de uma mímica exagerada e prolongada (tabuinha de argila cercada, imobilidade interminável, alimento ruim e racionado, cabelos queimados e dispersos), ele deve prefigurar o próximo assédio de Jerusalém (Ez 4–5); outra vez, é intimado a expressar com gestos e sinais uma cena de êxodo, em pleno dia, sob os olhares incrédulos dos seus concidadãos, para anunciar a deportação iminente do povo de Jerusalém (Ez 12); mais adiante o vemos imitar estranhamente o cozinheiro para significar a destruição da cidade que está por acontecer (Ez 24). Ações simbólicas, por certo, mas muito penosas e humilhantes, que são outros tantos "sinais para a casa de Israel" (Ez 4,3; 12,6-11; 24,24). Somente uma altíssima graça mística pode explicar semelhante dedicação à causa profética.

2. O PROFETA. HOMEM DA PALAVRA. O profeta é investido de um ministério de ensinamento. Essa é a sua razão de ser. Ele é o porta-voz de Deus, o mensageiro de YHWH, aquele que transmite aos homens uma palavra revelada. Quer aja sob o impulso do Espírito, quer prefira sentenças divinas, o profeta ensina sempre. O seu ensinamento, bem como a sua experiência carismática interessam muito a sua espiritualidade. Deixando de lado os profetas anteriores, vamos tratar aqui somente dos escritores, limitando-nos à contribuição espiritual essencial de cada um deles.

a) *Os profetas do século VIII*. O século VIII viu nascer a grandiosa série de profetas escritores da Bíblia. É dominado pelo ministério de Amós e de Oseias no reino setentrional e pelo de Isaías e de Miqueias no reino de Judá.

Amós. Na história da religião israelita, a profecia do pastor de Teqoa é de excepcional importância: marca a primeira tentativa de um ensinamento profético concatenado e os temas principais que ele desenvolve plasmarão para sempre a consciência bíblica. Amós pregou durante o reino de Jeroboão II (783-743), "época gloriosa, humanamente falando, em que o reino do Norte se estende e se enriquece, mas na qual o luxo dos grandes insulta a miséria dos oprimidos, e na qual o esplendor do culto disfarça a ausência de uma religião verdadeira" (*Bíblia de Jerusalém*, São Paulo, Paulus, ³2004, 1.246). Daí a insistência do profeta sobre a questão social e sobre o culto em espírito e verdade. A sua pregação está centrada em Deus, senhor do universo (Am 4,13). Deus é também guardião da ordem moral; ele pune todas as nações que transgridem a moral natural (Am 1,3-2,3), mas em particular punirá Israel, cuja eleição (Am 3,2) e favores recebidos no passado (Am 2,9-12) obrigam a uma justiça maior. Amós aniquila assim uma das tentações religiosas mais enraizadas na humanidade: a de acreditar que os privilégios divinos sejam devidos à justiça inata de quem os recebe, que eles impliquem a certeza de uma proteção incondicional e dispensem de um grande esforço para serem agradáveis a Deus. E, fiel a essa intuição basilar de toda espiritualidade, o profeta proclama que o dia de YHWH, esperado pelo povo corrupto com uma presunção injuriosa, não será luz, mas trevas (Am 5,18-20) e que a vingança do Senhor será terrível (Am 6,8-14). É que, apesar da especial benevolência demonstrada para com o povo da → ALIANÇA, YHWH não está mais ligado a ele que a outras nações cuja história igualmente dirige (Am 9,7-8). Grande lição de teologia, de profundas ressonâncias espirituais, cujo vigor jamais será superado no Antigo Testamento.

Outro grande ensinamento de Amós diz respeito ao culto de Deus. YHWH não sabe o que fazer com um culto exterior que tem por objetivo esconder a ausência de um verdadeiro espírito religioso: "Detesto, desprezo vossas peregrinações, não posso suportar vossas assembleias" (Am 5,21 ss.). O que YHWH deseja é que se cumpra a sua vontade, que se vá à procura do bem: "Procurai o Senhor e vivereis" (Am 5,6); "Procurai o bem, não o mal, para que vivais, e assim o Senhor, Deus de todo poder, estará convosco, como costumais dizer" (Am 5,14). A hipocrisia religiosa é estigmatizada: não se pode ser agradável a Deus pelo simples fato de que se cumprem ritos cultuais (jejuns, sacrifícios etc.) e se violam os mais elementares preceitos da moral. Esse ensinamento será bem-aceito pelos sucessores de Amós (Is 1,10-16; 29,13-14; 58,1-8; Os 6,6; Mq 6,5-8; Jr 6,20; Jl 2,13; Zc 7,4-6) e chegará à sua formulação definitiva no Evangelho (Mt 7,21; Lc 11,41-42; Jo 4,21-24).

Oseias. Contemporâneo de Amós, Oseias condena, como ele, as injustiças, as violências e toda espécie de vício (Os 4,1-3), mas visa particularmente à infidelidade religiosa: o grande delito de Israel é o culto idolátrico e libertino de Baal e de Astarte, aos quais não temem associar o próprio YHWH. A mensagem de Oseias tem por tema fundamental o amor de Deus menosprezado pelo seu povo, tema que encontra uma formulação lapidar na seguinte afirmação: "Quando Israel era menino, eu o amei, e do Egito chamei o meu filho. Daqueles que os chamavam, afastaram-se: foi aos baalim que eles sacrificaram e a ídolos talhados queimaram oferendas" (Os 11,1-2). Amor constante de YHWH, infidelidade não menos constante de Israel. Com exceção de um breve idílio no deserto (Os 2,17), Israel respondeu às solicitudes de YHWH somente com a traição. Desse amor de Deus, traído e desprezado, o carisma profético apresenta um símbolo impressionante no drama conjugal do próprio Oseias. Ele tinha se casado com uma mulher que amava, mas que o traiu, continua a amá-la e a aceita de novo depois de tê-la posto à prova (Is 1 e 3). Do mesmo modo, com amor, YHWH esposara Israel, mas esse povo, como mulher adúltera, o trai e se volta para os demais amantes, os deuses dos cananeus. YHWH punirá Israel, mas sua punição não é senão fruto do seu amor, porque ele fará voltar a seu primeiro esposo o povo transviado (Os 2). Mas as segundas núpcias superarão muito as primeiras em termos de recíproca benevolência e estabilidade: "Eu noivarei contigo para sempre, eu noivarei contigo, pela justiça e pelo direito, pelo amor e pela ternura. Eu noivarei contigo pela fidelidade, e tu conhecerás o Senhor" (Os 2,21-22). É o triunfo do amor divino que não só levará de volta a ele a esposa infiel, mas a fará para sempre digna dele. Como um esposo amante, YHWH é de fato ciumento; o seu amor é exclusivo e não se satisfaz senão quando a amada se dá a ele com um coração que não conhece outros amores: "É o amor que me agrada, não o sacrifício; e o conhecimento de Deus, eu o prefiro aos holocaustos" (Os 6,6).

Oseias é grande porque soube exprimir a relação entre Deus e os homens em termos de amor e de fidelidade. Foi também o primeiro, em Israel, a aplicar às relações de YHWH com o seu povo o simbolismo tão rico do matrimônio. Essa imagem matrimonial devia elevar-se a um sucesso sem igual. Será retomada por Jeremias (Jr 2,1-3; 31,21-22), por Ezequiel (Ez 16 e 23), por dois grandes profetas do exílio (Is 50,1; 62,4-5) e sobretudo pelo → CÂNTICO DOS CÂNTICOS. O Novo Testamento aplicá-la-á às relações entre Jesus e sua Igreja (1Cor 11,1-3; Ef 5,21-33; Ap 19,7-9; 21,2.9-11) e os místicos cristãos nela se inspirarão para descrever a união entre Deus e a alma fiel.

Isaías. O grande profeta da Jerusalém do século VIII é tão sensível quanto Amós aos imperativos da justiça social (Is 1,16-17.21-23; 3,16-24; 10,1-2 etc.). À semelhança de Oseias, conhece o tema do amor de Deus traído e desprezado pelo povo da aliança (Is 5,1-7; 1,2-3 etc.). Mas a grandeza de Isaías e a sua contribuição mais original na ordem da espiritualidade estão em outra parte; residem num ensinamento prodigioso, expresso com fórmulas de vigor inigualável, inteiramente centrado em Deus, na sua santidade, seu domínio, suas exigências. Isaías é o grande mestre em Israel de uma religião baseada no monoteísmo mais absoluto e mais consciente dos deveres do homem em relação a Deus.

Como Paulo mais tarde no caminho de Damasco, Isaías estava marcado para sempre pela teofania no Templo, no decurso da qual ele recebeu a sua vocação; foi ali que teve a revelação da transcendência de Deus e da indignidade do homem (Is 6). YHWH é o Senhor (Is 3,1; 10,16; 19,4); diante dele o orgulho humano é humilhado e a arrogância humana se dobra (Is 2,6-21; 5,15); ele verberará a Samaria que se orgulha do "brilho do seu adorno" (Is 28,1-4); Jerusalém e Judá cairão em ruínas porque suas palavras e seus atos são "revolta diante da glória de YHWH" (Is 3,8); a desgraça atingirá o rei da Assíria por causa de suas "orgulhosas pretensões" e do "brilho do seu olhar altivo" (Is 10,12).

YHWH é o rei da terra toda (Is 2,4), e as nações mais poderosas são simples instrumentos nas suas mãos (Is 10,15); ele executa uma obra (Is 5,12; 10,12), ele se decide por um plano (Is 14,24) que visa Israel e a terra inteira (Is 14,26), e ninguém poderá se opor a ele: "Quando o Senhor de todo poder tomou uma decisão, quem poderia anulá-la?" (Is 14,27). Se o senhorio de YHWH exige humildade por parte do homem (Is 2,6-21; 5,15), o seu universal domínio, unido à verdade da eleição, exige de Israel uma disposição radical de fé. A fé, com efeito, é um dos temas preferidos de Isaías; ela é sobretudo confiança absoluta em Deus na crise que atravessa a nação. É absurdo confiar no "homem, ele não passa de um sopro no nariz" (Is 2,22). O profeta amaldiçoa os que "descem ao Egito para ali buscar ajuda", "confiam em cavalos", mas "não têm um olhar para o Santo de Israel" (Is 31,1); é em Deus somente que é preciso confiar porque "o egípcio é um homem, e não um deus, seus cavalos são carne, e não espírito" (Is 31,3). A confiança em Deus é o único penhor de salvação: "Sem firme confiança, não vos firmareis" (Is 7,9) e "o Senhor firma em Sião uma pedra. [...] Quem nela se apoiar não será abalado" (Is 28,16). No seu testamento Isaías observa com pesar: "Vossa salvação está na conversão e no repouso, vossa força está na calma e na confiança, mas não quereis saber" (Is 30,15).

Isaías é também, em Israel, o grande mestre da santidade divina e das suas exigências religiosas. YHWH é o Deus três vezes santo (Is 6,3), e o seu nome é "o Santo de Israel" (Is 1,4; 5,19.24; 10,17.20; 30,11). A "santidade" de Deus é idêntica à sua "glória" (Is 6,3); separa-o de todas as criaturas e de toda nódoa; pelo contrário, diante dela o homem toma consciência da própria impureza (Is 6,5); carrega consigo, portanto, uma exigência de justiça moral, sem a qual não é possível ao homem aproximar-se de Deus e agradá-lo. E é porque ele "é santo" que YHWH recompensa o bem e pune o mal quando julga (Is 5,16). Além disso, o povo messiânico viverá na justiça e na fidelidade (Is 1,26), porque Deus lhe terá transmitido alguma coisa da sua santidade (Is 4,3). É sempre o conceito da "santidade" divina e das suas exigências que faz de Isaías o campeão da pureza interior (Is 1,15-17), da religião do coração (Is 29,13), em oposição ao culto externo e hipócrita (Is 1,11-15). Bem antes do Levítico (Lv 19,2), Isaías compreendeu a necessidade de o povo da aliança ser santo como o seu Deus é santo, ou seja, estranho a toda contaminação, vivendo na pureza e na justiça. Ensinamento magistral, no qual a espiritualidade pode encontrar diretrizes sólidas, fundadas na verdade mesma de Deus.

Maqueias. Ao lado do grande Isaías, a figura de Maqueias não desprende senão fracas centelhas. Também ele se levanta contra as culpas religiosas (Mq 1,2-7; 6,1-8) e morais (*passim*) do povo e contra uma confiança presunçosa na benevolência divina (Is 2,6-11; 3,5-8). A sua contribuição espiritual mais original se encontra no oráculo de 6,1-8, no qual se leem os dois admiráveis versículos que resumem a ingratidão de Israel e a religião que agrada a YHWH: "Meu povo, que te fiz eu? Em que te fatiguei? Responde-me" (Mq 6,3); "Foi-te dado a conhecer, ó homem, o que é bom, o que o Senhor exige de ti: nada mais que respeitar o direito, amar a fidelidade, e aplicar-te a caminhar com teu Deus" (Mq 6,8).

b) *Os profetas do século VII*. Foi esse o período que precedeu imediatamente a queda de Jerusalém, que se deu em 587. Nessa época, desenvolveu-se o ministério de Jeremias e o de Sofonias, Naum e Habacuc.

Jeremias. O ensinamento do profeta de Anatot sobre YHWH, senhor da natureza e da história, segue de perto o de seus predecessores, Amós e Isaías. No que diz respeito a YHWH, Deus particular de Israel, Jeremias é devedor de Oseias. Todavia, ressalta de maneira mais forte do que ele o absurdo fundamental da infidelidade de Israel: "Eles me abandonaram a mim, fonte de água viva, para cavar cisternas, cisternas rachadas, que não retêm água" (Jr 2,13); "Alguma nação pagã já trocou seus deuses? — embora nem sejam deuses! Ora, o meu povo troca a sua glória por quem para nada serve" (Jr 2,11). Mas a originalidade de Jeremias na ordem dessa espiritualidade encontra-se por inteiro na religião interior e pessoal que ele praticou e formulou. O sofrimento purificou a sua alma e a abriu ao comércio divino; foi assim conduzido a um aprofundamento decisivo do ensinamento tradicional sobre as relações pessoais do homem com Deus. O Senhor escruta os rins e os corações (Jr 11,20) e, portanto, cada qual receberá a retribuição que lhe é devida: "Naquele tempo já não se dirá: 'Os pais comeram uvas verdes e os dentes dos filhos ficaram embotados!'. Não! Cada um morrerá por seu próprio pecado e se alguém comer uva verde, seus próprios dentes é que ficarão embotados" (Jr 31,29-30). Primeiro anúncio, na Bíblia, de um princípio fundamental, o da responsabilidade diante de Deus.

Igual o aprofundamento da ideia de pecado. O pecado é mais grave do que imagina a maior parte dos homens; ele tem sua raiz no coração cativo e endurecido (Jr 17,9) dos homens que dizem: "Seguiremos nosso planos e cada um de nós persistirá em sua teimosia execrável" (Jr 18,12). O homem, com efeito, peca contra Deus a partir do momento em que segue "em sua execrável teimosia" (Jr 7,23-24; 9,11-13). Essa interiorização da noção de pecado leva Jeremias a ter magistrais intuições sobre as exigências e as dificuldades de uma verdadeira conversão. Requer ela uma mudança profunda, uma purificação preliminar do próprio coração do homem (Jr 4,4-14); e se Israel recusa se converter é porque não tem somente "os ouvidos incircuncisos" (Jr 6,10), mas também e sobretudo "o coração incircunciso" (Jr 9,24-25). Portanto, a conversão é difícil, até impossível, unicamente com os recursos do pecador. Ele não pode escutar as palavras de YHWH, "não a quer" (Jr 6,10). "Pode um negro mudar sua pele, uma pantera, seu pelo? E vós, habituados ao mal, poderei praticar o bem?" (Jr 13,23). Aos homens isso é impossível, mas a Deus tudo é possível (Mt 19,26). Se Israel é incapaz de efetuar a própria conversão, o próprio YHWH intervirá e a tornará possível: "Vou lhes dar um só coração e um só caminho, fazendo com que me respeitem sempre. [...] Vou fazer com que me respeitem profundamente, sem nunca mais se apartarem de mim" (Jr 32,39-40; cf. também 24,7). É o anúncio de uma nova relação entre Deus e o homem, relação composta de iniciativa divina e de interioridade pessoal e que constitui a nova e eterna aliança; e é um orgulho para Jeremias tê-la formulado de modo incomparável em 31,31-34. Profeta da nova aliança, Jeremias é o mestre inconteste em Israel de uma religião interior, fruto de uma ação divina que transforma o "coração" mesmo do homem, e na qual o indivíduo é chamado a viver um contato íntimo e pessoal com Deus.

Por meio dessa doutrina, fundada na religião do coração, Jeremias foi o pai do judaísmo na sua linha mais pura; e, revelando as relações íntimas que a alma deve ter com Deus, ele preparou a nova aliança cristã. Anunciando uma nova economia de salvação, na qual Deus não se limitará mais a impor de fora a sua lei aos homens, mas depositará a instrução no seu íntimo, inscrevendo-a em seu coração" (Jr 31,33), Jeremias foi um dos precursores — talvez o mais importante — da teologia cristã da graça.

Sofonias. Deve-se a ele sobretudo uma das mais perfeitas descrições do "espírito de pobreza" no Antigo Testamento. "Procurai o Senhor, todos vós, os humildes da terra, que praticais o direito por ele estabelecido; procurai a justiça, procurai a humildade" (Sf 2,3). Esse ideal será cumprido no Israel dos tempos novos: "Naquele dia, tu não terás mais de corar por todas as tuas más ações, por tua rebelião contra mim; porque nesse momento já terei tirado do meio de ti teus fanfarrões orgulhosos e cessarás de tomar ares de arrogante na minha montanha santa. Manterei no meio de ti um resto de gente humilde e pobre; procurarão refúgio no nome do Senhor. O resto de Israel não mais cometerá iniquidades; nunca mais dirão mentiras, de sua boca não escapará mais um modo de falar enganador" (Sf 3,11-13). O espírito das bem-aventuranças começa a habitar entre os homens.

Naum. O assunto principal dessa breve profecia é a ruína de Nínive, anunciada e descrita numa linguagem poética elevada. Sua contribuição espiritual é, todavia, pobre. Sente-se fremir nela um ideal de justiça e de fé: a destruição de Nínive é um julgamento contra o inimigo de Deus (Na 1,11), a opressão de Judá (Na 1,12-13) e todos os povos (Na 3,1-7.19), porque "o Senhor nada deixa passar" (Na 1,3). Deus é bom para "aqueles que nele procuram refúgio", mas "arrasa os fundamentos da cidade, expulsa os inimigos para as trevas" (Na 1,7-8).

Habacuc. O profeta enfrenta um problema realmente temível e muito atual, o do mal, no plano das ações. Para punir Judá, YHWH desencadeará sobre ele o furor dos caldeus, um povo que "tem seu deus como sua força" (Hab 1,11). O profeta então se lamenta; ousa pedir a Deus prestação de contas do seu governo do mundo. Judá pecou, é verdade, mas por que Deus, que é santo (Hab 1,12) e "tem olhos puros demais para a visão do mal" (Hab 1,13), faz punir o mau por um pior que ele, por que parece facilitar o triunfo da força injusta (Hab 1,12-17)? A resposta de YHWH é a seguinte: sob as aparências que provocam o escândalo, Deus prepara infalivelmente o triunfo do direito; quanto ao justo, ele "vive por sua fidelidade" (Hab 2,2-4). É preciso deixar Deus agir e procurar por conta própria aderir à vontade divina: será por meio dessa "fidelidade" que o justo obterá, em última análise, vida e segurança.

c) *Os profetas do exílio*. A palavra profética ressoa até em Babilônia, entre os israelitas deportados. Ela teve dois representantes de grande gênio, Ezequiel e o autor anônimo dos cc. 40-45 do Livro de Isaías, conhecido com o nome de segundo-Isaías.

Ezequiel. Sacerdote e visionário, Ezequiel ocupa-se de bom grado do templo e do culto; o seu livro, além disso, mais do que qualquer outra coleção profética, é abundante em visões complicadas e em ações simbólicas. A doutrina de Ezequiel, todavia, é rica em temas que interessam a espiritualidade. O profeta insiste muito na transcendência de YHWH em relação a seu povo. Deus age por pura gratuidade, mesmo em relação ao povo da aliança e da promessa. Se ele restabelece o seu povo, será levado a fazer isso como lembrança da aliança (Ez 16,60), certamente, mas sobretudo estará interessado na honra do seu nome (Ez 20): "Não é por causa de vós que estou agindo, casa de Israel, mas por causa do meu santo nome que profanastes no meio das nações onde estivestes" (Ez 36,22). Se deve substituir a aliança antiga por uma aliança superior (Ez 16,60; 37,26 ss.) não é para recompensar uma "volta" do povo para ele, mas por pura benevolência, uma espécie de graça preventiva, ao passo que o arrependimento virá depois (Ez 16,62-63).

Para esse sacerdote profeta, YHWH é também independente do próprio Templo de Jerusalém. A sua glória deixa o Templo (Ez 10,18-22), deixa a Cidade Santa (Ez 11,22-24). Contra os habitantes de Jerusalém poupados da deportação, e que se criam por isso os eleitos do povo, Ezequiel demonstra que a posse do Templo importa pouco. YHWH pode ser para os exilados "um santuário" em terra estranha (Ez 11,6).

O que importa não são os privilégios do passado, mas a religião interior e pessoal de cada um. A retribuição pessoal é afirmada (Ez 18,2-4), mas, sobretudo, é reivindicada a religião do coração. Como a de Jeremias, a doutrina de Ezequiel está centrada na renovação interior: "Forjai em vós um coração novo e um espírito novo" (Ez 18,31). Essa renovação, o próprio Deus a efetuará em cada fiel; ele dará um "coração de carne" (Ez 11,19), "um coração leal", "um espírito novo", e tirará do homem seu velho "coração de pedra" (Ez 36,26). O princípio da renovação interna e radical será o Espírito mesmo de YHWH: "Infundirei em vós o meu Espírito e vos farei caminhar segundo as minhas leis, guardar e praticar os meus costumes" (Ez 36,27). O homem será renovado por Deus e segundo Deus; assim poderá ele finalmente observar a lei, que é de Deus. Ezequiel retoma desse modo, expondo-a com mais precisão, a doutrina da nova aliança formulada por Jeremias. A revelação dá aqui um novo passo para a teologia da graça, que será em seguida desenvolvida por São João e por São Paulo.

O segundo-Isaías. Discípulo distante de Isaías, profeta de grande gênio, teve por missão principal a de anunciar aos exilados a próxima volta à Terra Santa. A profecia começa com estas palavras reveladoras: "Confortai, confortai o meu povo, diz vosso Deus, falai ao coração de Jerusalém e proclamai a seu respeito que a sua corveia está cumprida, que o seu castigo está saldado, que ela recebeu da mão do Senhor duas vezes a paga de todas as suas faltas" (Is 40,1-2). Essa certeza de uma salvação que não tardará, o profeta pretende apoiá-la em duas verdades complementares: a onipotência de YHWH e a sua particular benevolência em relação a seu povo. Na verdade, o retorno do exílio seguirá em primeiro lugar o triunfo de YHWH. "Eis o Senhor

Deus, eis o Senhor Deus! Com vigor ele vem, e seu braço lhe assegurará a soberania, eis com ele o seu salário, e diante dele a sua recompensa" (Is 40,10). O poder das nações não é nada diante de YHWH (Is 40,15-17); pelo contrário, YHWH fará com que elas o sirvam reconduzindo o seu povo à sua terra (Is 44,28; 45,1-6). Israel, portanto, não deve ter medo; o seu destino está nas mãos do único que poderá salvá-lo, o Onipotente (Is 40,27-31; 44,6-8.24-28). "Os que esperam no Senhor retemperam a sua energia" (Is 40,31). Mas Israel pode esperar no poder de YHWH, porque YHWH o ama e está com ele (Is 41,8-10). "Não tenhas medo, pois eu te resgatei, te chamei pelo teu nome, tu és meu. Se passares através das águas, estarei contigo, [...] pois eu, o Senhor, eu sou teu Deus, o Santo de Israel, teu Salvador" (Is 43,1-3). Apesar das aparências, YHWH não rejeitou o povo que escolhera (Is 41,8-9); ele renovará a favor dele os prodígios operados durante o → ÊXODO (Is 43,16-21), porque não pode esquecer os que "desde o seio materno" formou e assistiu (Is 44,1-2.21). E temos o seguinte magnífico oráculo, um dos mais belos da Bíblia: "Não tenhas medo, pois não provarás mais vergonha, não te sintas mais ultrajada, pois não precisarás mais enrubescer, esquecerás a vergonha da tua adolescência, a chacota sobre a tua viuvez, não te lembrarás mais dela. Pois aquele que te fez é teu esposo: o Senhor de todo poder é seu nome; o Santo de Israel, é ele que te resgata, ele se chama o Deus de toda a terra. Pois, como uma mulher abandonada e cujo espírito está acabrunhado, o Senhor te chamou de volta: 'A mulher dos jovens anos, verdadeiramente seria ela rejeitada?', disse o teu Deus. Por um breve instante, eu te havia abandonado, mas sem trégua de ternura, vou te congregar. Num transbordar de irritação, eu havia escondido meu rosto, por um instante, longe de ti, mas com uma amizade sem fim eu te manifesto a minha ternura, diz aquele que te resgata, o Senhor" (Is 54,4-8). Até então, jamais a esperança dos homens em Deus tinha sido alimentada com verdades tão belas e eficazes.

O segundo-Isaías enriqueceu a espiritualidade também sob outro aspecto. Pela primeira vez na história religiosa da humanidade, o grande profeta ensina uma mediação sofredora e expiadora, que traz verdade e luz. Em quatro poemas (Is 42,1-9; 49,1-6; 50,4-11; 52,13–53,12), que constituem um dos ápices do Antigo Testamento, o profeta apresenta a figura sublime de um "servo de YHWH", exemplo ideal do justo que sofre. Predestinado desde o seio materno (Is 49,1), eleito de Deus (Is 42,1), ele recebeu o Espírito de YHWH a fim de que "para as nações ele faça surgir o julgamento" (Is 42,1) e para lhes dar um ensinamento que levará à descoberta de Deus e determinará neles uma libertação espiritual (Is 42,6-7). Humilde e suave (Is 42,2-3), ele será ultrajado por seus adversários (Is 50,5-6; 53,3.7-9). Mas por meio dos seus sofrimentos expiará pelos outros e lhes dará a paz e a cura interior (Is 53,5-10). Mediador, ele oferece a sua vida em expiação (Is 53,10), tomará sobre si as culpas dos homens (Is 53,4.6) e intercederá pelos pecadores (Is 53,12). YHWH o constituiu "aliança do povo e luz das nações" (Is 42,6; 49,6) e o seu sacrifício será universalmente eficaz: "Ele, meu Servo, em benefício das multidões, pois as iniquidades delas toma sobre si" (Is 53,11). Profecia transcendente que encontrará plena realização na vida e na morte redentora de Jesus, o verdadeiro servo de Deus.

d) *Os profetas do retorno do exílio.* A repatriação de 537, que se tornou possível graças à liberalidade de Ciro, marca uma nova época na religião israelita, a do judaísmo, que se prolongará até os umbrais da era cristã. Um certo número de profetas, todos de menor importância, ilustraram essa época e sua contribuição espiritual é muito pequena, com exceção do Livro de Daniel.

Ageu. Ele dá início ao último período profético, posterior ao exílio. Sua palavra de ordem é "restauração". O fulcro dela, segundo o profeta, deverá ser a reconstrução do Templo, que garantirá ao povo repatriado a paz e a segurança. Tal é o objeto da profecia de Ageu, profecia cuja espiritualidade parece bastante primitiva, mas na qual aflora a ideia tipicamente bíblica da prioridade dos valores da religião na vida da nação.

Zacarias. Contemporâneo do anterior, ele é o autor dos primeiros oito capítulos da coleção que leva o seu nome. Também ele se preocupou com a reconstrução do Templo (Zc 2,9.14-17), mas sua visão é uma visão mais ampla e se estende aos pagãos, cuja conversão ele preconiza (Zc 2,15). Baseia a restauração de Israel na pureza interior, que será feita pelo próprio Deus (Zc 3,9; 5,5-11). Da segunda parte da coleção (Zc 9–14), conservamos a bela descrição do Messias, manso e humilde de coração: "Eis que o teu rei vem ao teu encontro; ele é justo e vitorioso, humilde, montado num jumento — sobre um jumentinho bem novo. Eliminará de Efraim o carro de guerra e de Jerusalém o carro de combate. Despedaçará o arco de guerra e proclamará a paz para as nações" (Zc 9,9-10). Nosso Senhor cumprirá essa profecia no dia de Ramos.

Terceiro-Isaías. Tende-se hoje a atribuir os capítulos 55–66 do Livro de Isaías a um único autor cuja atividade teria se dado durante os primeiros anos da volta do exílio. Eles são caracterizados, aliás, por um individualismo religioso muito acentuado, unido a um conceito muito realista da piedade. Somente os fiéis, aqueles que observam o direito e praticam a justiça, que se mantêm longe de toda ação reprovável e se unem a YHWH para o servir e amar o seu nome, somente eles obterão dele a salvação, sejam israelitas ou estrangeiros (Is 56,1-8). Não basta mais, portanto, pertencer ao povo eleito para participar da salvação de Deus. Os estrangeiros fiéis obterão na casa de YHWH "nos meus muros, uma estela com o seu nome; isso será melhor que filhos e filhas" (Is 56,5). Promoção do indivíduo que abre naturalmente à religião bíblica perspectivas universais. Quão sadio e realista seja esse individualismo demonstram-no claramente as considerações do profeta sobre o jejum (Is 58): para que o jejum agrade ao Senhor não basta "curvar a cabeça como um junco e exibir na liteira saco e cinza" (Is 58,5); é preciso que o jejum seja acompanhado pela caridade: é preciso "desatar os laços provenientes da maldade, desamarrar as correias do jugo, dar liberdade aos que estavam curvados, [...] partilhar o pão com o faminto, albergar os pobres sem abrigo, cobrir o nu, não recusar aquele que é a tua própria carne" (Is 58,6-7). Assim praticado, o → JEJUM se torna fonte de luz e de justiça e abre ao homem o caminho que conduz a Deus (Is 58,8-9). Conceito profundo da penitência valorizado pela caridade e que será retomado na ascese evangélica.

Malaquias. Preocupa-se sobretudo com o ideal sacerdotal e com a pureza do culto de YHWH. O sacerdote de YHWH deve seguir o exemplo de Levi, o qual "diante de meu nome ele era atingido por viva emoção. Sua boca pronunciava ensinamento verídico e nada de impostura se encontrava em seus lábios. Ele caminhava comigo na integridade e na retidão, afastando muitos da perversão. De fato, os lábios do sacerdote guardam o conhecimento e da sua boca se procura a instrução, porque ele é o mensageiro do Senhor de todo poder" (Ml 2,5-7). Em oposição ao culto exercido pelos sacerdotes indignos, o profeta faz brilhar a visão do sacrifício perfeito da era messiânica: "pois do Levante ao Poente grande é o meu nome entre as nações. Em todo lugar um sacrifício de incenso é apresentado ao meu nome, como também uma oferenda pura, pois grande é meu nome entre as nações, diz o Senhor de todo poder" (Ml 1,11). A passagem representa um dos ápices da teologia cultural do Antigo Testamento. A adoração em espírito e verdade, que Jesus anunciará à samaritana (Jo 5) será sua realização perfeita.

Abdias. É o mais breve dos livros proféticos e talvez o menos original na ordem da espiritualidade. É um grito apaixonado de vingança e todo o seu valor espiritual reside na exaltação da terrível justiça e do poder de YHWH.

Joel. É o profeta da penitência. Uma invasão de gafanhotos que destroem o país é para Joel um convite ao jejum e à oração. É uma verdadeira liturgia de luto e de imploração à qual assistimos nos cc. 1–2. Os sacerdotes a dirigem: "Entre o pórtico e o altar chorem os sacerdotes, ministros do Senhor. Digam: 'Senhor, tem piedade do teu povo'" (Jl 2,17; cf. também 1,9.13). Lemos nele também uma descrição da que deve ser uma verdadeira penitência em circunstâncias semelhantes: "Agora — oráculo do Senhor — voltai a mim de todo o vosso coração com jejuns, prantos e lamentações. Rasgai vossos corações, não vossas vestes, e voltai ao Senhor, vosso Deus. Ele é benévolo e misericordioso, lento para a cólera e pleno de bondade fiel. Ele se compadece da desgraça" (Jl 2,12-13). Joel é também o profeta do → PENTECOSTES. Ele anuncia uma efusão do Espírito sobre todo o povo de Deus na era messiânica (Gl 3,1-5), efusão que se efetuará por ocasião da vinda do Espírito sobre os apóstolos de Cristo, segundo o explícito testemunho de São Pedro (At 2,16-21).

Jonas. O livro é uma obra didática que narra a história de um profeta, num primeiro momento desobediente, mas que a seguir terá um sucesso inesperado com a sua pregação em Nínive, a maior inimiga de Israel. O seu ensinamento é muito elevado. Jonas prega um universalismo extraordinariamente aberto: também Nínive é objeto da solicitude e da misericórdia de YHWH. Lemos nele as estupendas palavras divinas que terminam e resumem o livro inteiro: "Tu, tu tens dó desta planta, que não te deu nenhum trabalho, pela qual não fizeste o mínimo esforço, nem a fizeste crescer; filha de uma noite, com uma noite desapareceu. E eu, eu não teria piedade de Nínive, a grande cidade, com mais de cento e vinte mil seres humanos, que não sabem sequer distinguir a mão direita da esquerda". O livro abre caminho à revelação evangélica do Deus-Amor.

Daniel. Esse livro, muito complexo, é muito diferente da literatura profética que o precedeu. Considerando o seu conteúdo, pode-se dividi-lo em duas partes. Os cc. 1–6 são contos apologéticos que dizem respeito a Daniel e a seus três companheiros, Nabucodonosor e Baltasar, os cc. 7–12 são contos de visões, de que Daniel é o beneficiário. Apesar da diversidade do conteúdo e do gênero literário, mais de um indício faz pensar num conjunto único, tanto para a composição como para o autor. Segundo o que é dito no c. 11, o livro teria aparecido durante a perseguição nos tempos de Antíoco Epífanes e antes da vitória da insurreição dos macabeus. Com efeito, a obra se destina à manutenção da fé e da esperança dos hebreus submetidos à grande perseguição selêucida, sem todavia poder ainda prever seu resultado final. No momento em que toda esperança humana parecia perdida, o povo devia se interrogar sobre o significado de tão grande prova e se perguntar se, apesar de toda aparência contrária, seria Deus a dizer a última palavra. O livro de Daniel, numa resposta cabal, convida os perseguidos a contemplar a força do Senhor em ação na história. Daniel e os seus companheiros foram submetidos às mesmas vexações: abandono das prescrições da lei (Dn 1), imposição da idolatria (Dn 3–6), prova do fogo (Dn 3) e a fossa dos leões (Dn 6); mas Deus sempre venceu; salva Ananias, Misael e Azarias da fornalha ardente, e Daniel da fossa dos leões, "porque acreditara em Deus" (Dn 6,24); além disso, os próprios perseguidores foram obrigados a reconhecer a onipotência do Deus de Israel (Dn 3,28-29; 6,26-29).

Numa perspectiva mais ampla, o livro demonstra também o domínio de Deus sobre as nações e sobre a história. O destino de Nabucodonosor está nas mãos de Deus, que assinala sua duração e sua sucessão (Dn 2,29-45); o reino de Baltasar é destruído porque quis se tornar independente de Deus, ao qual estão submetidos todos os impérios (Dn 5). O mesmo será do perseguidor moderno. No momento é preciso que a cólera de Deus se consume (Dn 8,19; 11,36), mas chegará o "tempo do fim" (Dn 8,17; 11,40) no qual o perseguidor "será abatido sem intervenção de mão alguma" (Dn 8,25; 11,45). Isso marcará o fim das desgraças que afligem o povo de Deus e o advento de um reino eterno e universal, de origem celeste (Dn 7). Grande lição de esperança, que se apoia numa visão teológica da história, dirigida por uma providência onipotente e infalível. Visão profética, ao mesmo tempo temporal e extratemporal, na qual o passado, o presente e futuro se contemplam na luz de Deus, "que faz alternar os tempos e os momentos", com absoluto domínio (Dn 2,21).

Revelação, em primeiro lugar, de esperança, o Livro de Daniel revela também os segredos do além. Um lugar importante está reservado aos → ANJOS, mensageiros e agentes do Altíssimo; é afirmada a ressurreição da carne: "Muitos daqueles que dormem no solo poeirento despertarão, estes para a vida eterna, aqueles para o opróbrio, para o horror eterno" (Dn 12,2). É revelado em particular o segredo do Messias, que estabelecerá para sempre sobre esta terra o reino de Deus (Dn 3,33) e dos santos (Dn 7,18); não está mais vinculado à estirpe de Davi, é do céu que desce; recebe a investidura nas nuvens, em presença do Velho dos dias; de origem extraterrena, não tem mais uma aparência de homem: "e eis que com as nuvens do céu vinha um como Filho de Homem" (Dn 7,9-14). Aproximamo-nos da plenitude dos tempos. O advento do Reino tornar-se-á o tema central dos Evangelhos sinóticos e Jesus, rei desse reino, definir-se-á ele próprio o Filho do homem. O Livro de Daniel será prolongado também no → APOCALIPSE de São João; Daniel recebe a ordem de "selar o Livro até o tempo do fim" (Dn 12,4), e esse livro "selado" será o próprio Cordeiro a abri-lo, quando tiver chegado o tempo (Ap 5–6).

3. CONTRIBUIÇÃO ESPIRITUAL. Essa contribuição do ensinamento profético é sem dúvida considerável. Homens da "palavra", bem como homens de Deus, os profetas falaram magistralmente a seus contemporâneos dos caminhos que levam a Deus, e suas intuições essenciais sobre esse assunto conservam, para os próprios cristãos, um valor permanente.

O que impressiona, antes de tudo, na espiritualidade profética é o seu caráter teocêntrico muito marcado. Tudo se liga às verdades fundamentais da revelação sobre o próprio Deus. A unicidade de Deus, o seu domínio universal, a sua santidade, a sua onipotência, a sua justiça, a sua misericórdia são outras tantas exigências que determinam o comportamento religioso do homem. O subjetivismo relativista não tem lugar nessa espiritualidade, que quer ser em primeiro lugar objetiva e em consonância com os dados da revelação divina.

Essa preocupação de ser objetivo manifesta-se também por meio do apelo constante que dirigem os profetas aos dados da história da → SALVAÇÃO. Deus se revelou e revelou a sua vontade a Israel "na" história e é a lembrança e a meditação da sua história que dá ao povo de Deus a chave do seu ser e do seu destino, o conhecimento do que Deus quer dele e do que ele pode esperar de Deus. Os profetas demonstraram ser mestres na arte de ensinar ao homem a conformar sua religião às lições da história sagrada.

Partindo dessas bases sólidas da revelação, os profetas ressaltaram a necessidade de levar uma vida moral que siga fielmente as ordens da vontade divina. Ensinaram que a virtude é recompensada, ao passo que o vício é infalivelmente punido. Ao povo, muito propenso a confiar nos próprios privilégios e a se esquecer que também eles são dons puramente gratuitos, que exigem uma fidelidade a toda prova, os profetas ensinaram que não se pode esperar obter de Deus a salvação senão sob a condição de viver segundo as exigências de seus próprios privilégios. Mesmo cumprindo essa condição, Israel deve a si mesmo a possibilidade de haurir sua esperança na lembrança da especial benevolência que Deus testemunhou no passado.

Os profetas tiveram o sentido do pecado. Ele separa o homem de Deus; é uma ofensa ao Deus da justiça, ao Deus da santidade, ao Deus do amor. Cometido por Israel, é sobretudo uma ingratidão para com Deus que o escolheu, que constituiu seu povo particular, que o encheu de benefícios. O pecado, portanto, exige as sanções mais rigorosas sobre o pecador.

Paralelamente, a concepção da vida religiosa se aprofunda e se interioriza. Para escapar à punição, é preciso "voltar" a Deus, é preciso "procurar Deus". É todo um programa de perfeição que consiste sobretudo em seguir as ordens de Deus, em seguir o direito, em praticar a caridade, em viver na humildade. Mais que os atos externos de culto, Deus pede uma religião interior, feita de sentimentos sinceros e de íntima adesão à vontade divina. Alguns profeta chegaram a perceber que essa religião do coração não podia ser realizada somente pelo homem; por isso proclamaram que Deus teria agido no fundo das almas, transformando o coração dos homens mediante a infusão do seu Espírito e dando assim ao pecador a possibilidade de se converter e ao justo a de cumprir a lei. A vida espiritual, resposta do homem aos dons de Deus, torna-se ela própria um dom de Deus totalmente gratuito.

Sobre todos esses pontos o ensinamento profético prepara e anuncia a espiritualidade evangélica. Depositários, agora, da revelação plena, os cristãos podem aproveitar esse ensinamento, mais ainda do que os que o receberam de viva voz dos seus autores.

BIBLIOGRAFIA. Ackroyd, P. R. *Exile and restoration*. London, 1976; Beauchamp, E. *I profeti guida all'esperienza di Dio*. Roma, 1963; Beauchamp, P. *Le Deutéro-Isaïe dans le cadre de l'Alliance*. Lyon, 1970; Böhmer, S. *Heimkehr und neuer Bund. Studien zu Jer 30-31*. Göttingen, 1976; Buber, M. *La fede dei profeti*. Casale Monferrato, 1985; Cavalletti, S. Sogno e profezia nell'AT. *Rivista Biblica Italiana* 7 (1959) 356-363; Chary, T. *Les prophètes et le culte à partir de l'Exil*. Paris, 1955; Collado Bertomeu, V. *Escatologías de los profetas*. Roma, 1969; Dheilly, J. *I profeti*. Catania, 1960; Duhm, B. *Theologie der Propheten*. Bonn, 1975; Eissfeldt, O. *Introduzione all'AT*. Brescia, 1980, 154-255, II; Brescia, 1982, 9-242, III; *Études sur les prophètes d'Israël*. Paris, 1954; Gunkel, H. *I profeti*. Firenze, 1967; Hernando Garcia, E. Jeremías profeta y teólogo. *Burgense* 26 (1985) 325-349; Id. La justicia social, base de la existencia política (Jer.-Ez.). *Lumen Vitae* 25 (1976) 359-379.441-455; Id. Profetismo y liberación. *Lumen Vitae* 26 (1977) 69-88; Jacob, E. *Il profetismo nella luce delle recenti ricerche*. Assisi, 1968; Kühn, R. L'attitude des prophètes vis-à-vis du culte. *Teresianum* 37 (1986) 263-286; Lack, R. La strutturazione di Isaia 40-55. *La Scuola Cattolica* 101 (1973) 43-58; Lohfink, N. *I profeti ieri e oggi*. Brescia, 1967; Maggioni, B. I profeti di Israele nel tempo. *Vita e Pensiero* 53 (1970) 601-611; Martin-Achard, R. Isaïe et Jérémi aux prises avec les problèmes politiques. *Revue d'Histoire et de Philosophie Religieuse* 47 (1967) 208-224; Montagnini, F. *Il libro d'Isaia (cc. 1-39)*. Brescia, 1982; Muñoz Iglezias, S. *La condenación profética de la política de pactos y su vigencia para el pueblo del NT. XXVI Sem. Bibl. Esp.*, I, Madrid, 1969, 357-384; Neher, A. *L'essence du prophétisme*. Paris, 1955; Pasquetto, V. *Mai più schiavi! Aspetti religiosi e sociali del concetto biblico di liberazione*. Napoli, 1988, 137-175; Penna, A. *I profeti*. Roma, 1959; Rad, G. Von. *Teologia dell'AT*. Brescia, 1974, 22-381, II; Ramlot, L. Prophétisme, in *Dictionnaire de la Bible*. Supplément

VIII (1972) 811-1.222; RAURELL, F. El juicio profético sobre los acontecimientos. *Estudios Franciscanos* 71 (1970) 137-158; SAVOCA, G. La posizione dei profeti nel culto d'Israele. *Asprenas* 27 (1980) 283-311; SCHÖKEL, L. A. – SICRE DIAZ, J. L. *I profeti*. Roma, 1984; SCHÖKEL, L. A. L'infaillibilité de l'oracle prophétique. In *L'infaillibilité*. Paris, 1970, 495-503; SICRE DIAZ, J. L. *Con los pobres de la tierra*. La justicia social en los profetas de Israel. Madrid, 1984; SOGGIN, J. A. *Il profeta Amos*. Brescia, 1982; ID. Profezia e rivoluzione nell'Antico Testamento. *Protestantesimo* 25 (1970) 1-14; STEINMANN, J. *Le prophétisme biblique dès origenes à Osée*. Paris, 1959; VAWTER, B. Bibliografia recente sui profeti. *Concilium* 4 (1965) 49-63; ID. Introduzione alla letteratura profetica. In *Grande Commentario Biblico*. Brescia, 1973, 289-306; VERMEYLEN, J. Les prophètes de la conversion face aux traditions sacrales de l'Israël ancien. *Revue Théologique de Louvain* 9 (1978) 5-32; VESCO, J. L. Amos de Teqoa, défenseur de l'homme. *Revue Biblique* 87 (1980) 481-513; VIRGULIN, S. *I grandi chiamati*. Roma, 1980; VOGELS, W. "Osée-Gomer" car et comme "Jahweh-Israël". Os 1-3, *Nouvelle Revue Théologique* 103 (1981) 711-727; ID. Comment discerner le prophète autentique? *Nouvelle Revue Théologique* 99 (1977) 661-701; WESTERMANN, C. *Isaia* (cc. 40-66). Brescia, 1978; WOLFF, H. W. *Hosea*. Neukirchen-Vluyn, ³1976; ZERAFA, P. Il resto di Israele nei profeti preesilici. *Angelicum* 49 (1972) 3-29; ZIMMERLI, W. *Ezequiel. Gestalt und Botschaft*, Freiburg, 1972.

G. HELEWA

PROTESTANTISMO. 1. NOÇÃO. Protestantismo é a denominação comum para indicar as confissões cristãs que, a partir do século XVI, com Lutero, Calvino, Henrique VIII, Zwinglio e outros, se separaram da comunhão com a Igreja católica e da autoridade do romano pontífice, difundindo-se especialmente no norte da Europa. O ponto de partida do protestantismo foi a exigência, ou a pretensão, de uma volta à interioridade do cristianismo do Evangelho — por isso as Igrejas protestantes chamaram-se "evangélicas" — que teria sido comprometida pela estrutura predominantemente jurídica da Igreja romana e corrompida por uma teologia especulativa como a escolástica, que tinha ido buscar na filosofia de Aristóteles os princípios para se apropriar da verdade que Deus tinha comunicado ao homem com a revelação, e escrita na Bíblia.

Em seu movimento originário como conclusão do nominalismo teológico e sobretudo na forma que ela teve em Lutero, a Reforma está toda centrada no problema da "justificação" que o homem obtém unicamente mediante a fé (*sola fide*), cujas obras devem ser como o fruto e a consequência. Sob o ponto de vista metodológico, o protestantismo está centrado no chamado "princípio de interioridade" ou do livre exame, o qual tem um duplo significado, um duplo valor: de um lado, ele reivindica para o cristão o direito de se relacionar diretamente com Deus, de se dirigir direto a Ele, sem intermediário algum (Igreja, santos etc.); de outro, cada fiel pode haurir diretamente da Sagrada Escritura, sem depender de nenhum magistério visível, a verdade divina. É nessa relação do indivíduo com a Igreja que se manifesta a oposição fundamental entre protestantismo e catolicismo, segundo F. Schleiermacher: "Se para o protestantismo é a relação que o fiel tem com Cristo que determina a relação de cada um com a Igreja, para o catolicismo, ao contrário, a relação de cada um com Cristo depende de sua relação com a Igreja" (*Der christliche Glaube*, § 24; Bd. I, Berlin, 1960, 137). Schleiermacher, diante da acusação dos católicos de que o protestantismo acaba por destruir a Igreja antiga e não é capaz de constituir uma sólida e legítima sociedade, responde acusando o catolicismo de conferir tudo à Igreja, subtraindo assim a Cristo a devida homenagem.

Certamente o "subjetivismo" individualista do protestantismo originário se simplifica e se esclarece na sua lógica interior mais em Schleiermacher do que em Hegel, muito dominado pela paixão da especulação. E para Schleiermacher eis a fórmula para nós conclusiva: o desenvolvimento da dogmática é o desenvolvimento do sentimento mesmo de dependência e os vários dogmas são a "modificação" (*modification*) daquele sentimento. Portanto, de todas as verdades dogmáticas a respeito dos atributos de Deus, da Trindade, da encarnação, da redenção do pecado e da graça etc., o conteúdo válido para a consciência cristã é determinado pelo que o "sentimento de dependência" (*Abhängigkeitsgefühl*) exprime na consciência de cada um num dado momento. Esse sentimento tem, portanto, o lugar dos milagres, das profecias, do magistério oficial e das provas de qualquer gênero: ele é o único intérprete da *sola fides*, que é aqui interpretada como o sentimento que nasce do encontro da autoconsciência e da liberdade diante da natureza e da história (*Ibid.*).

O fideísmo radical concebido e praticado desse modo como individualismo absoluto já estabelecia o princípio da sua dissolução, como acontecerá plenamente no racionalismo teológico do Iluminismo e do idealismo, com a perda ou pelo menos com a crise radical e contínua dos dogmas fundamentais do cristianismo, não somente os que dizem respeito ao pecado, à graça e aos sacramentos, mas também à concepção de Cristo como homem-Deus e da própria Trindade... Com efeito, cada indivíduo no protestantismo, ao se encontrar de tanto em tanto num particular clima de cultura, fica exposto às pressões dela, sem defesa alguma e de um modo bem mais decisivo do que possa acontecer no catolicismo, em que o fiel está protegido pela tradição e pelo magistério ininterrupto da Igreja. O "princípio da interioridade", completamente livre do "princípio de autoridade", deixa o protestantismo com o caminho livre à subjetividade de cada um; não é de espantar então que os filósofos do mundo protestante tenham recusado de modo cada vez mais decisivo — de Leibniz a Wolff, Kant, Lessing, Fichte, Hegel... — a intervenção dos teólogos, avocando à razão mesma a última palavra sobre a fé e completando — especialmente com Lessing, Herder, Kant e Hegel — a reviravolta do próprio princípio protestante com a absorção dos dogmas cristãos na dialética da razão.

Por isso, não é de espantar que o protestantismo tenha acabado no anarquismo e tenha se esboroado num montão de seitas cada vez mais crescente. O princípio fundamental kantiano da consciência em geral (*Bewusstsein überhaupt*), ao eliminar a consistência ontológica do dogma, deixa o indivíduo na tensão entre a religiosidade dispersiva do "escrúpulo" (*Anfechtung*) e a invasão da razão (*Vernunft*) como única árbitra da fé e da moralidade; não sem razão, por isso, embora contra a tradição protestante oficial, Kant foi declarado o "filósofo do protestantismo" (Paulsen), em antítese a Santo Tomás, filósofo do catolicismo. Nessa linha, chegou-se — primeiro com Reimarus-Lessing, depois com a teologia liberal e agora com a *Antmythologisierung*, de Bultmann — a deixar perder todo o conteúdo histórico e dogmático da Bíblia e do cristianismo em geral e a conservar apenas seu significado moral: também Jesus é reduzido a um ideal moral, o mais alto da vida humana, e o cristianismo, à forma mais pura de religião natural. Na luta entre supernaturalismo e o naturalismo, iniciada com o deísmo e o Iluminismo e que teve seu ponto culminante na polêmica de Lessing com o pastor Goeze, de Hamburgo, foi o naturalismo que, afinal, acabou vencendo.

2. ESPIRITUALIDADE DO PROTESTANTISMO (ESCOLÁSTICA E PIETISMO). Não parece ser exata, por isso, a afirmação de → KIERKEGAARD de que no protestantismo "a verdade do dogma está em ordem" (cf. *Papirer* 1847, VIII A 434; trad. it., t. I, Brescia 1963, n. 1306, 622 s.), limitando sua crítica ao relaxamento da moral. De qualquer modo, o antigo protestantismo, especialmente o alemão, fiel nisso a Lutero, declarava conservar íntegro o dogma, e nos chamados *Livros simbólicos* mostram-se intactos os três Símbolos da Igreja primitiva; a *Confessio augustana* e a *Formula concordiae*, bem como o *Catechismus maior* e o *Catechismus minor*, de Lutero, declaram a intangibilidade do depósito da divina revelação. Dessa vontade de ortodoxia dão testemunho dois fenômenos de grandes dimensões, que ocupam especialmente os séculos XVII-XVIII, que são a escolástica protestante e o pietismo que acabou se alinhando com o monismo de Spinoza, sobretudo na "teologia do sentimento" (*Gefülstheologie*), de Schleiermacher. A escolástica protestante tentou dar corpo às sugestões doutrinais contidas nos *Livros simbólicos*, recorrendo muitas vezes aos princípios e desenvolvimentos da teologia católica e do próprio Santo Tomás, e é sintomático que a maior parte dos tratados dos séculos XVII-XVIII estejam em latim e sigam o método tradicional.

Também para a escolástica reformada a vontade é precedida e condicionada pela inteligência e pelo conhecimento do ser: há, pois, um conhecimento especulativo (a "teologia natural") da natureza metafísica de Deus, que é pressuposto para o conhecimento revelado da "vontade de Deus" para salvar o homem. No conhecimento natural de Deus com a afirmação dos divinos atributos coexiste a afirmação do "limite" da nossa consciência, o que não poucos teólogos protestantes exprimem ao recorrerem expressamente à doutrina tomista da analogia: também para eles "a metafísica faz valer o seu direito em teologia", embora com as devidas cautelas. Somente mais tarde cresceu na teologia reformada a suspeita pela teologia natural, como se fosse uma tentativa por parte do homem de "se apropriar" da verdade da fé, que levou ao fideísmo absoluto. Os primeiros dogmáticos de Melanchthon, porém, reconhecem nitidamente a função da metafísica na reflexão teológica como proêmio indispensável à reflexão sobre o dogma. Valha a declaração enérgica do teólogo Hütter: "In Deum ipsum non ingratos modo, sed et contumeliosos esse, qui vel notitias naturales negare, vel praestantissimum eorum effectum, philosophiam nimirum, opus carnis, sive peccatum nominare hodie non erubescunt". E, em polêmica explícita contra o ceticismo fideísta, o teólogo anglicano Prideaux, professor em Oxford, proclamava: "Ad palmam supernae vocationis in Christo Jesu, per omnia elargita nobis media, sensus, intellectus, gratiae, fidei, naturae, creaturae, Scripturae alacriter et indefesso molimine properemus" (apud H. E. WEBER, Reformation, Orthodoxie und Rationalismus, *Beiträge zur Förderung christlicher Theologie* 2, Reihe, Bd, 51, Gütersloh, 1951, 17. Cf. o elenco das fontes nas pp. XIX-XV). Sobre o desenvolvimento da "metafísica" racional por parte dos reformados, especialmente no século XVII, cf. M. WUNDT, Die deutsche Schulmetaphysik des 17. Jahrhunderts, *Heidelberger Abhandlungen* 29, Tübingen, 1939. Wundt mostrou que a metafísica protestante segue de preferência a guia das *Disputationes metaphysicae*, de Suárez, mas não faltam alguns seguidores de Santo Tomás (por exemplo, C. Martini).

3. A ESPIRITUALIDADE PIETISTA. A outra ala, aparentemente oposta à anterior, do movimento de volta à espiritualidade é o → PIETISMO.

No cristianismo nórdico a corrente pietista representa a direção "para dentro", para uma experiência religiosa do indivíduo a que levou a Reforma; em contraste com a outra direção "para fora", para a política, que ela tomou ao se aproximar e se tornar aliada do Iluminismo e do racionalismo, e que se concretizou de fato na Igreja oficial e no capitalismo moderno. Teve-se assim a Igreja de Estado, ligada às contingências da política, que deixou aberto o caminho à teologia racionalista, a qual, com Hegel, e a partir especialmente de Hegel, conseguiu fazer esvair-se "sem resíduos" da consciência individual a íntima essência da vida espiritual. A tese de Ritschl, de uma origem e inspiração católica do pietismo, que foi não pouco contradita nos ambientes protestantes (cf., por exemplo, M. WEBER, *A ética protestante e o "espírito" do capitalismo*, São Paulo, Companhia das Letras, 2004, 122-126), mostrou por certo de modo claro que o protestantismo, que tinha se afastado do catolicismo com o pretexto de se livrar do jurismo e da autoridade exterior e para dar livre curso à comoção subjetiva do indivíduo, teve, depois — para defender essa interioridade e poder dar à comoção um conteúdo que salva —, de retornar e de recorrer à linfa dos místicos e dos teólogos católicos (o *De imitatione Christi*, → TAULERO, São Bernardo, beata → ÂNGELA DA FOLIGNO, Santa → CATARINA DE GÊNOVA), conservando assim ainda uma ponte, embora instável, para uma possível salvação. O próprio A. Harnack, ao aceitar substancialmente a tese de Ritschl, confirmava que se — especialmente por obra do pietismo — foi ainda conservado no protestantismo algum veio místico, foi devido à persistência de elementos católicos e a infiltrações do catolicismo; concluía, pois, remetendo-se às fontes, com a afirmação: "*Ein Mystiker, der nicht Katholiker wird, ist ein Dilettant*" (*Lehrbuch der Dogmengeschichte*, III Bd, Freiburg i. Br. 1890, 376 s.). Segundo Ritschl, o pietismo, na multiforme variedade das suas direções, é um movimento de reforma da vida cristã análogo às reformas — e até continuação direta delas — mais significativas surgidas na Igreja católica contra a invasão do mundanismo na vida dos claustros e contra a política dominante na atividade da hierarquia eclesiástica. Assim tinha feito São Gregório VII com a reforma clunicense da Ordem beneditina e com a luta mantida contra o imperador pelas investiduras. Num outro campo e com outros meios, mas levado pelo mesmo divino impulso da renovação espiritual da Igreja, agiram no catolicismo medieval as Ordens mendicantes. Em particular São → FRANCISCO DE ASSIS faz-se propagador da pobreza evangélica, ou seja, de uma volta à vida de heroica renúncia ao mundo, com base no exemplo dos fiéis da Igreja de Jerusalém — a que com muita frequência se reportarão as principais figuras do pietismo. O que especialmente impressiona em Ritschl, na seráfica figura de São Francisco, é a fundação da Terceira Ordem secular, ou seja, a ideia de estender aos leigos a prática dos conselhos evangélicos em conformidade com o próprio estado no mundo e de mostrar que também eles podiam, se o quisessem, tender à perfeição (I, 15 ss.). O pietismo, segundo Ritschl, deriva do catolicismo medieval, por filiação direta: é um fenômeno de retorno às verdadeiras fontes da vida espiritual, de que o cristianismo — reformado no seu surgimento — tinha se afastado, por excesso de polêmica. Assim, por obra do pietismo, retornam no cristianismo reformado as práticas de "devoção"; é reafirmada a necessidade das obras e, portanto, da ascética e da "imitação" de Cristo; sente-se até a necessidade de readmitir a vida do claustro para ambos os sexos; volta ao prestígio a vida contemplativa que é apontada como o grau supremo da vida cristã e uma antecipação da visão beatífica da vida eterna.

O mestre indiscutível da espiritualidade pietista é São → BERNARDO DE CLARAVAL, e a fonte principal — que deu tom, estilo e pensamento ao imenso florescimento de escritos pietistas nos séculos XVII-XVIII — são seus *Sermones in Cantica*. O tenebroso céu da teologia dos reformadores aclara-se com ternura e confiança na meditação dos mistérios da infância junto com os da paixão e morte de Cristo que mais movem a alma à "compaixão", a participar, portanto, com a renúncia e a luta contra o mundo, do aniquilamento e dos sofrimentos a que ele se sujeitou por nós. Com São Bernardo, a espiritualidade pietista considera a relação da criatura com Deus como a da "criança e do filho com seu pai"; e a relação da alma com Cristo como a da "esposa com o Esposo" (*Brautmystik*): isso é tão requintadamente católico quanto decididamente antiprotestante, afirma em todas as oportunidades Ritschl. Compreende-se então que o pietismo tenha habitualmente rejeitado a dupla predestinação e tenha se mantido alheio à polêmica contra a Igreja católica e o papado, e tenha dado novo prestígio aos "modelos" (as "almas santas" de → TERSTEEGEN) e reivindicado a independência espiritual, a separação da Igreja do Estado (II, 92).

E Ritschl mostra um cuidado amoroso ao revelar em todas as oportunidades os pontos contínuos de contato entre protestantismo e catolicismo: e se se compraz diante das notáveis figuras femininas de Anna Schlatter (II, 592 ss.) e da virgem mística beata Sturm (III, 19 ss.), deplora que esses exemplos no protestantismo sejam tão raros, ao passo que no catolicismo romano foram e continuam sendo múltiplos. Os místicos pietistas, na aspiração de chegar à união efetiva com Deus, mostram caminhar ao encontro das provas, da aridez, dos escrúpulos, das angustiantes penas secretas que lembram as purificações interiores dos místicos católicos. O pietismo se interessa exclusivamente com a Reforma pelo lado prático ascético-místico do protestantismo. Segundo Ritschl, a cristologia pietista é de inspiração atanasiana e fica fiel às definições dos Concílios de Niceia e de Calcedônia; mas, quando devem determinar a atividade da alma a quem cabe operar a união efetiva com Deus, os místicos se dividem — como os teólogos católicos: uns se inspiram em Santo Tomás e estão com a inteligência (pietismo calvinista antigo: Voëtius), outros estão com Duns Scotus, com a vontade (pietismo posterior luterano: Zinzendorf, Tersteegen). Foi essa filiação direta do protestantismo em relação à mística católica que impediu, segundo Ritschl, que com a Reforma acontecesse no cristianismo uma fratura incurável: as maiores personalidades do protestantismo — por exemplo, no século XIX, Schleiermacher e Kierkegaard — provêm do pietismo e o movimento de conversão no protestantismo teve quase sempre aqui o seu estímulo principal.

4. ESPIRITUALIDADE CATÓLICA E ESPIRITUALIDADE PROTESTANTE. Se não é oportuno nem exato interpretar a espiritualidade do protestantismo unicamente com a expressão de Lutero *crede fortiter et pecca fortiter*, também não é fundada a crítica protestante à espiritualidade católica, cuja doutrina da eficácia intrínseca dos → SACRAMENTOS *ex opere operato* seria prejudicial à eficácia da fé e daria à objetividade e à exterioridade a primazia sobre a subjetividade e interioridade. É significativo que os ataques mais resolutos contra o catolicismo nos últimos tempos por parte dos protestantes tenham mirado o "dogma" com o qual a Igreja católica teria se afastado do cristianismo do Evangelho. Segundo Fr. Heiler, o dogma é estranho ao Evangelho que tem os seus inícios com a cristologia paulina embebida de soteriologia helenística: a inserção da filosofia grega na elaboração do dogma por parte da escolástica teria separado a teologia da piedade, que não está mais no centro da vida espiritual segundo o antigo princípio *lex orandi, lex credendi*. Assim, a teologia dogmática católica é especulação pura que se reporta aos conceitos e não à realidade direta da vida espiritual e está, portanto, diametralmente oposta à teologia de Jesus e do próprio São Paulo; essa última fala da "alegre notícia" de Deus Pai e da redenção, aquela se perde em complicadas discussões sobre a Trindade e sobre a união hipostática; a última fala do amor divino como o mistério dos mistérios que nos leva à salvação, aquela acumula controvérsias sem fim sobre o problema da justificação e assim em tudo o mais.

Análogo ataque registra G. Mensching, que toca a estrutura íntima do dogma católico. Ele não pretende de modo algum negar o dogma; problemas como os da liberdade, da graça, da predestinação, da vida divina em Cristo etc. exigem uma formulação explícita da *Weltanschauung* cristã; todavia, a formulação da teologia católica não o satisfaz. Eis as principais causas: o Cristo histórico é diferente do da teologia escolástica; a moderna crítica histórica arrebatou às provas tradicionais dos milagres e das profecias o suposto valor apologético; as noções fundamentais da teologia católica provêm da filosofia aristotélica, que é muito discutível e não pode ser imposta (por exemplo, as noções de substância-acidente, matéria e forma, ato e potência, particular-universal, causa-efeito...); tanto a cristologia quanto a eclesiologia e igualmente a doutrina dos sacramentos são elaboradas na teologia católica com conceitos jurídicos e, portanto, de forma extrínseca, em vez de serem referidas à experiência religiosa originária do texto bíblico. O sentido, portanto, da Escritura é determinado pela autoridade da Comissão bíblica... Para Mensching, o dogma nasce na relação essencial entre "vida" e "forma" e não da sua "logicização" (*Logisierung*), que transforma em alquimia de áridos conceitos o que deve ser mensagem de fé e de vida vivida.

Todavia, é preciso reconhecer que a última teologia protestante desse primeiro meio século procurou retornar à ortodoxia dogmática do primeiro protestantismo. Devem ser lembrados, entre outros: P. Althaus, H. Stephan, P. Tillich com a "Kairos Theologie", R. Niebuhr, E. Brunner e, mais que todos, K. Barth, atualmente o mestre mais ouvido da teologia reformada. Mas K. Barth é um calvinista rígido: ele estabelece um *hyatus* intransponível entre a criatura e o Criador, considera a analogia tomista como uma invenção do diabo e quer banida da teologia toda forma de mística e todo resíduo "antropomórfico" (como, por exemplo, a "cristologia" de Kierkegaard). O homem como pecador é "o-que-não-é", a antítese absoluta de Deus. Mas para Barth então os dois momentos da fé, o conteúdo (*fides quae*) e o ato (*fides qua*), devem coincidir: essa terminologia que vem de Santo → AGOSTINHO e foi aceita sem discussão pela escolástica e por muitos insignes teólogos da Reforma (I. Gerhard, J. Wolleb...), realmente não goza de sua simpatia. Não há surpresa, por isso, no fato de Barth ser um franco adversário de toda forma de pietismo. Quanto ao sentido do dogma, também Barth professa que ele está em função da Igreja no sentido, porém, de um objeto de sujeição, de obediência...: *Theologia crucis!*

5. **JULGAMENTO CONCLUSIVO.** Com a abertura ecumênica do Concílio Vaticano II (1963) instaurou-se uma nova "possibilidade de diálogo" entre catolicismo e protestantismo, que fez surgir de ambas as partes propósitos e esperanças: os teólogos protestantes convidados a participar do Concílio e a aceitação deles, que foi numerosa, não podem senão aumentar essas esperanças que, por quatro séculos agora, esperaram em vão no horizonte da cristandade. Na realidade, a uma distância de vinte anos do Vaticano II [na data de redação deste verbete], conseguiu-se fazer relativamente pouco. É necessário que antes sejam superadas as divergências fundamentais que ao longo dos séculos se tornaram cada vez mais vastas e graves. Em primeiro lugar, conforme dizem os próprios teólogos protestantes, o fato de "o protestantismo possuir uma pluralidade de Igrejas e uma multiplicidade de estruturas teológicas" que não se deixam reduzir à unidade como no catolicismo; as tentativas do século XIX de encontrar um "princípio" do protestantismo devem ser consideradas como frustradas (W. Maurer). As Igrejas que pertencem ao chamado "movimento ecumênico" e se consideram protestantes veemse empenhadas sobretudo em esclarecer criticamente os motivos históricos da sua separação: uma tarefa essa que é considerada com expresso otimismo. As diferenças doutrinais, porém, que até agora impediram a unificação das Igrejas protestantes são consideradas de uma gravidade (quase) intransponível, porquanto elas exigem uma discussão teológica que toca o princípio mesmo do protestantismo e leva a pôr em discussão a legitimidade e validade da Reforma na sua incidência, antes de qualquer coisa, e sobretudo, sobre o princípio eclesial.

Para o diálogo com o protestantismo é fundamental o *decreto conciliar sobre o ecumenismo* (1964).

BIBLIOGRAFIA. ADAM, K. *Das Wesen des Katholizismus.* 11 Aufl. Düsseldorf, 1946; BARTH, K. *Die protestantische Theologie im 19. Jahrhundert,* Zürich, 1947; *Enciclopedia Cattolica* X, 168-184; *Encyclopedia of Religion and Ethics* X, 410-412 (H. M. GWATKIN); GHERARDINI, B. *La seconda Riforma. Uomini e scuole del protestantesimo moderno.* Brescia, 1964, 2 vls.; ID. Comunità religiose nel protestantesimo ieri e oggi. *Divinitas* 16 (1972) 136-150; ID. *La spiritualità protestante.* Peccatori e santi. Roma,

1982; *Handb. Theologischer Grundbegriffe*. Bd. II, München, 1963, 372-387; Heiler, Fr. *Der Katholizismus*. München, 1923; Heim, K. *Das Wesen des evangelischen Christentums*. Leipzig, 1925; Hermelink, H. *Katholizismus und Protestantismus im Gespräch um die Una Sancta*. Stuttgart, 1949; Hirsch, E. *Geschichte der neuern evangelischen Theologie*. 5 Bde, Gütersloh, 1949-1954; Iserloh, E. *Lutero e la Riforma*. Brescia, 1977; Id. *Geschichte und Theologie der Reform im Grundriss*. Paderborn, 1980; Kottje, R. – Moeller, B. *Storia ecumenica della Chiesa*. Brescia, 1981, III; Lambinet, L. *Das Wesen des katholisch-protestantischen Gegensatzes*. Einsiedeln-Köln, 1946; *Lexikon für Theologie und Kirche* II. Aufl. VIII, 816-831; Lortz, J. *Storia della Riforma*. Bologna, 1974; Löwenich, W. von. *Die Aufgabes des Protestantismus in der geistigen Situation der Gegenwart*. Essen, 1952; Mensching, G. *Der Katholizismus. Sein Stirb und Werden*. Leipzig, 1937; Reimer, I. *Verbindliches Leben in Bruderschaften*, Kommunitäten, Lebensgemeinschaften, Stuttgart, 1986; Tillich, P. *Protestantismus*. Stuttgart, 1950; Id. *The Protestant Era*. Chicago, 1948; Troeletsch, E. *Aufsätze zur Geistesgeschichte und Religionssoziologie* (Gesammelte Schriften IV). Tübingen, 1924; Vinay, V. Protestantesimo. In *Dizionario degli Istituti di Perfezione* VII, 1.024-1.030 (com bibliografia); Weber, E. *Reformation, Orthodoxie und Rationalismus*. Beitr. z. Forderung christlichen Theologie, 2 Bde, Gütersloh, 1937-1951.

C. Fabro

PROVIDÊNCIA. Ordenação das coisas criadas a seu fim existente na mente divina e cumprida no tempo com meios oportunos. A existência da providência é uma verdade de ordem natural; todavia, os filósofos antigos, partindo especialmente do conceito errôneo de criação, não chegaram a admiti-la e a confundiram com o destino e com o acaso, quando muito admitindo a intervenção esporádica de alguma divindade na vida do homem. O conceito autêntico de providência existe desde o Antigo Testamento, em que Deus, de maneira inequívoca, se manifesta presente ao homem nos momentos principais da sua existência. Deus "encontra seu povo na terra do deserto, nas solidões repletas de urros selvagens: ele o envolve, o instrui, vela sobre ele como a pupila dos seus olhos. Ele é como a água, encorajando sua ninhada: plana sobre seus filhotes, desdobra toda a sua envergadura, toma-os e os conduz sobre suas asas. O Senhor conduz sozinho o seu povo, nenhum deus estranho o acompanha" (Dt 32,10-12). Nessas palavras Deus manifesta o cuidado por seu povo e seus filhos.

No Livro dos Salmos de modo particular, é cantado com reconhecimento o cioso cuidado que Deus tem do seu povo, como o faz prosperar em meio aos povos e quantas vezes o conduz à vitória contra eles. Israel se sente o povo predileto e quase se orgulha disso: "Feliz o povo que tem a Deus por Senhor!" (Sl 143,15). Esse sentido de providencial proteção é ratificado e expressamente ressaltado por Jesus: "Olhai os pássaros do céu: não semeiam nem ceifam, não ajuntam em celeiros; e vosso Pai celeste os alimenta! Não valeis vós muito mais do que eles? E quem dentre vós pode, à força de preocupar-se, prolongar, por pouco que seja, a sua existência? E com a roupa, por que inquietar-vos? Aprendei dos lírios dos campos, como crescem; não se afadigam nem fiam; ora, eu vos digo, o próprio Salomão, em toda a sua glória, jamais se vestiu como um deles! Se Deus assim veste a erva dos campos, que hoje existe e amanhã será lançada ao fogo, não fará ele muito mais por vós, gente de pouca fé? [...] Bem sabe o vosso Pai celeste que precisais de todas essas coisas" (Mt 6,26-30.32). Com a vinda de Jesus ao mundo, nasce uma nova confiança em Deus, uma vez que ele próprio se tornou presente, em seu Filho, a todas as necessidades humanas. Deus nos convidou a orar a ele pelos méritos do seu Filho, comprometendo-se a nos ouvir, interpondo entre nós e ele seu divino Filho como mediador: "Tudo o que pedirdes em meu nome, eu o farei" (Jo 14,13). Que Deus tenha um cuidado especial por suas criaturas também nos é sugerido (não só pela explícita revelação divina) pela consideração de que Deus é a causa eficiente primeira das coisas e o criador delas não somente segundo a mais íntima substância delas, mas também segundo a perfeição delas em qualquer gênero e ordem possível, sem exceção alguma. Uma das maiores perfeições das coisas é que elas tendem a seu fim último como uma perfeição própria, porque é na consecução dele que encontram seu motivo de ser e de existir. Por isso, a providência não é senão a razão última pela qual Deus promove o bem de todas as coisas criadas, fazendo com que atinjam o objetivo para o qual foram criadas e queridas por ele. Deus deixa viver as criaturas de modo conforme à sua natureza, levando-as, mediante o instinto (se se trata de animais), à consecução do seu último fim, que é a satisfação provada na execução de suas funções vitais. Também o homem, dotado de liberdade, é capaz de viver expressando a própria espiritualidade que foi enaltecida por Deus com a vocação à felicidade sobrenatural. Assim, na criação, todo ser tem os próprios ideais, que são todos uma manifestação particular e diferente do amor de Deus. A providência acaba sendo assim o ato da divina vontade que estabeleceu no tempo a execução dos meios oportunos a fim de que todo ser criado atinja o próprio fim. Para que isso aconteça, apesar da multiplicidade dos interesses humanos, das circunstâncias de tempo e de lugar, Deus emprega a sua sabedoria e a sua onipotência de modo que, como observa o Apóstolo: "Tudo concorre para o bem dos que amam a Deus" (Rm 8,28).

A um observador superficial poderia parecer, dada a existência de tanto mal no mundo, que a providência ou se limite a ordenar os acontecimentos mais importantes ou não se interesse pelos acontecimentos humanos. A providência, porém, existe e se comporta em relação a nós respeitando a liberdade do homem e o impulso inicial que Deus deu à criatura com as respectivas leis que o governam. Por isso, o que nós chamamos de mal não deve ser imputado de modo algum à providência; tanto o mal físico como o moral dependem unicamente de elementos humanos. O mal moral, ou seja, o pecado, depende da vontade humana, que, por ser livre, pode não respeitar a lei divina; o mal físico depende ou da má vontade humana, que não quer superar as limitações da vida com uma distribuição mais equânime da riqueza e dos bens de consumo, ou da fragilidade e fraqueza da nossa constituição orgânica susceptível de ser atacada por microrganismos que produzem a morte do indivíduo. Deus criou o mundo e lhe deu suficientes forças e energias por meio das quais pode se governar sozinho sem uma contínua intervenção sua que demonstrasse a imperfeição dele, e a providência respeita a ação das causas segundas postas no mundo que, às vezes, com suas incidências, produzem desgraças inevitáveis. Seria pueril se a providência, para fazer ver que existe e pensa em nós, se mostrasse como um *deus ex machina* voltado sempre à correção dos nossos erros e ao reparo de nossas estultices para nos garantir uma incessante incolumidade pessoal. Deus não quer que a providência seja uma espécie de seguro de vida e de saúde. Deus nos prometeu um amor vigilante de Pai que faz convergir todas as coisas e todos os acontecimentos para o nosso bem. É sob esse ponto de vista que temos de considerar as coisas.

Jesus nos disse que o homem não está abandonado a si mesmo, mas sobre ele vela um amor que tende constantemente a seu bem. Os acontecimentos, em seu complexo, revelam uma atenção cheia de amor que governa as coisas e pressupõe uma intenção ordenadora, um coração e uma vigilância que exerce um poder superior a qualquer força humana. O mundo não está fechado em si e abandonado a seu destino, mas está a serviço do amor divino ao qual tudo, quer queira ou não, deve necessariamente obedecer. O que acontece está sempre a serviço do amor de Deus, que salva os seus eleitos e tudo se desenvolve para o melhor, ainda que materialmente esteja presente a prova, o → SOFRIMENTO, a dor. A providência é para nós garantia de sucesso, apoio na nossa natural fraqueza que avalia as coisas não no pano de fundo da eternidade, mas no plano do imediato e sustenta a nossa esperança, na expectativa da feliz atuação do plano de Deus. Desenvolve-se assim no mundo o admirável plano da providência sem que a liberdade humana seja atingida. À primeira vista, poderia parecer que a ordem estabelecida por Deus *ab aeterno* contraste com o livre exercício da vontade do homem, mas isso não se sustenta se considerarmos que Deus é a fonte sempre atual da vida do homem e, portanto, sem a violentar, pode orientá-la na escolha do que concorda com o seu plano de providência. Secundariamente, temos de refletir que o antes e o depois existem para nós, criaturas que vivemos no tempo, mas para Deus existe somente o eterno presente, cheio de todos os acontecimentos passados, presentes e futuros; de modo que o Senhor "conhece" o que as criaturas escolherão nos séculos que para nós são futuros. Uma questão que se costuma pôr a respeito da providência é também a da oração em relação à sua eficácia, na ordem atual das coisas. Com efeito, a esse propósito pode-se pensar que a infalibilidade da vontade decidida de Deus exclua a possibilidade da eficácia da oração. Para que orar a fim de que Deus mude a sua vontade, que é imutável? Não é essa a intenção da oração, fazer com que Deus mude de opinião, mas entrar plenamente na sua vontade, porque à distribuição de suas graças e dos seus benefícios quis associar também os nossos pedidos. Assim se exprimem Santo Tomás: "A divina providência não exclui as outras causas (segundas), mas as ordena de modo que concorram para a ordem preestabelecida, de modo que as causas segundas não contrariem a providência, mas cumpram seus efeitos. Assim, as orações junto a Deus são eficazes, não porque mudem a ordem imutável da divina providência, mas porque cai sob a ordem da divina providência que tal coisa seja concedida àquele tal orante" (*C. Gent.*, III, q. 95, a. 96). A ordem admirável da providência não nos deve fazer cair num perigoso quietismo, que exclui toda iniciativa humana. Deus nos quer salvos, mas faz também depender a salvação da nossa inteligente colaboração à sua graça, levando em consideração a nossa fraqueza e a nossa fragilidade. Saber que tudo concorrerá para o nosso bem deve nos dar uma humilde aceitação das disposições divinas, sem nos rebelar, sem ficarmos agitados, ainda que nos pareça que as coisas não vão bem. As coisas, vistas à luz do egoísmo humano, são enigmáticas e contraditórias, mas à luz de Deus adquirem ordem, valor e sabedoria infinita. Como o Evangelho nos garante e muitas vezes a nossa experiência pessoal nos confirma, Deus está debruçado sobre nós, numa solicitude paterna que ultrapassa os nossos desejos e nos oferece a vida, com todas a suas vicissitudes e as suas dificuldades, como o dom mais belo do seu amor, que florescerá para nós em reconhecimento eterno. Com esse dom tornamo-nos supremamente livres de qualquer preocupação, apoiados unicamente nas promessas do Pai que não pode esquecer os próprios filhos.

BIBLIOGRAFIA. BARTMANN, B. *La nostra fede nella provvidenza*. Brescia, 1933; CIAPPI, M. A. *De divina misericordia ut prima causa operum Dei*. Romae, 1935; *Dizionario dei Concetti Biblici*. Bologna, Dehoniane, 1976, 1.465-1.472; ENRICO DI SANTA TERESA. La provvidenza del Padre. *Rivista di Vita Spirituale* 2 (1948) 267-282; ERMITE, R. L. *La divine providence*. Montréal, 1943; GAETANI, F. M. *La divina provvidenza*. Roma, 1954; GARRIGOU-LAGRANGE, R. *La provvidenza e la confidenza in Dio*. Torino, 1933; GARRIGOU-LAGRANGE, R. Pour l'intelligence du dogme de la providence. *Angelicum* 29 (1952) 241-286; GUARDINI, R. *Le Dieu vivant*. Paris, 1955; ID. *Libertà, grazia, destino*. Brescia, 1956; HÄRING, B. *Testimonianza cristiana in un mondo nuovo*. Roma, Paoline, 1963; LIPPERT, P. *Misteri della fede*. Brescia, 1958; LIPSKY, G. *Estensio providentiae divinae et applicatio spiritualis secundum S. Thomam Aquinatem*. Romae, 1957; *Nuovo Dizionario di Spiritualità*. Roma, Paoline, 1979, 1.395 ss.; SARTORI, L. *È Dio il regista della storia?* Milano, 1961; *Schede Bibliche Pastorali*. Bologna, Dehoniane, 1986, 3.192, VI.

C. GENNARO

PRÓXIMO (amor ao). → CARIDADE.

PRUDÊNCIA. 1. Segundo Tomás, a prudência é a virtude mais necessária à vida humana. Ela é o "bom anjo" do governo de nós mesmos e da objetivação da nossa consciência; é a sábia bordadeira da moralidade das nossas ações. É próprio da virtude da prudência aplicar e difundir no labirinto da vida concreta a lei da moralidade, a conformidade com a razão, ou, melhor ainda, com a vontade de Deus; do contrário, o agir seria "animal" e "irracional": em outros termos, um "não ser", pois na → CONFORMIDADE À VONTADE DE DEUS consiste toda a perfeição do homem (cf. Ecl 12,13).

A prudência, portanto, é uma virtude da razão não especulativa, mas prática; ela é sim um juízo, mas ordenado a uma ação concreta. Assim, por exemplo, será ofício da virtude da prudência saber julgar se, naquele determinado caso, dadas determinadas circunstâncias particularmente difíceis, podemos nos comportar de um modo que, normalmente, não seria o certo. Será mais prudente aquele que, avaliando e confrontando as várias circunstâncias que a lei perene da moralidade indica — a vontade de Deus encarnada em Cristo e expressa no Evangelho —, souber melhor chegar ao centro focal de uma decisão conforme à lei mesma. Estamos acostumados a descrever essa situação psicológica com expressões como esta: naquela circunstância, depois de ter refletido e de me ter aconselhado, senti, em consciência, ter de agir assim.

2. Há uma prudência natural ou filosófica e uma sobrenatural ou cristã (cf. *STh*. II-II, q. 47, a. 14). O motivo formal ou especificador da prudência natural é a conformidade das nossas ações com a reta razão. Sua meta não vai além da lei natural nem se especifica por motivos que sejam superiores aos naturais e humanos. Já a meta da prudência infusa ou sobrenatural chega mais longe e é muito mais perfeita, no sentido de que ela está em conformidade com a lei evangélica, a qual é essencialmente superior à mais sublime doutrina do maior filósofo. Em relação aos ensinamentos dos grandes moralistas, como um Sêneca ou um Platão, Cristo exprimir-se-ia exatamente assim: "Ouvistes que foi dito. [...] Pois eu vos digo"; "Se alguém te esbofeteia na face direita, vira-lhe também a outra"; "Se alguém te força a andar mil passos, anda com ele dois mil";

"Amai vossos inimigos"; "Se amais aqueles que vos amam, que recompensa tereis por isso?"; "E se saudais somente vossos irmãos, que fazeis de extraordinário? Não fazem os pagãos a mesma coisa? Vós, portanto, sereis perfeitos como é perfeito o vosso Pai celeste" (Mt 5, 21 ss.).

A mensagem evangélica é uma supersabedoria e uma superfilosofia. É precisamente por esse motivo que, para pôr em prática tal programa não só difícil, mas também impossível, o cristão deve receber do alto uma "nova" virtude, uma virtude "acrescentada", que o habilite a produzir os atos "conaturais" ao "novo" estado de coisas, que nasceu nele no dia do → BATISMO. São a ordem e a harmonia das coisas que o exigem: ao filósofo, um organismo adequado para realizar ações "como filósofo"; ao cristão e ao filho de Deus, um organismo adequado para agir de modo conatural "como cristão" e "como filho de Deus".

3. Outra atividade característica e muito importante da prudência é a de estabelecer o "justo meio" (cf. *STh*. II-II, q. 47, a. 7). De fato, uma virtude é verdadeiramente tal quando se eleva, no vértice, entre as duas devoções opostas: uma por excesso e a outra por defeito. Assim, para dar um exemplo, a → HUMILDADE, virtude, eleva-se no vértice entre dois desvios: uma, por defeito, é a → TIMIDEZ, a outra, por excesso, é a → SOBERBA.

O "justo meio", sabe-o encontrar a prudência, a qual é, por sua natureza, uma virtude, como a chama Tomás, "aconselhadora, julgadora, preceptiva" (*STh*. I-II, q. 65, a. 1; II-II, q. 47, a. 7). Todos sabem quanto é difícil encontrar a maneira certa de saber conciliar virtudes aparentemente opostas, como, por exemplo, a obediência e o → ZELO; a → FORTALEZA e a bondade, a virgindade e a ternura, a pobreza e a → MAGNANIMIDADE, o uso do prazer e a mortificação.

"Justo meio", dissemos, que não deve ser confundido, porém, com um outro célebre axioma, que é o programa de ação dos quietistas e dos pusilânimes, os quais, depois de ter dito: "O ótimo é às vezes inimigo do bom", acabam por modificá-lo para "O ótimo é muitas vezes inimigo do bom". Nós, ao contrário, dizemos que o justo meio consiste não numa mediocridade, mas num ápice entre dois desvios opostos.

4. Para tal atividade equilibrante se diz também que a prudência "une" todas as virtudes, distribuindo-as, duas a duas, numa circunferência ideal, símbolo da perfeição. Sobre a conexão das virtudes, com particular referência à prudência,

→ FRANCISCO DE SALES escreveu uma grande página digna de ser meditada pelas suas conclusões e aplicações práticas. "Todas as virtudes são tais pela conveniência ou conformidade que têm com a razão. [...] Ora, se o amor à razão possui e anima uma mente, ela fará tudo o que quiser a razão [...] e, por isso, praticará todas as virtudes. [...] Quem ama a liberalidade e não ama a castidade deixa ver muito claro que não ama a liberalidade pela beleza da razão: [...] daí vem a consequência de que essa liberalidade, que parece ser virtude, não é senão uma aparência, porque não procede da razão, que é a causa verdadeira da virtude. [...] Pode muito bem acontecer que num homem haja certas virtudes e faltem outras; mas ou serão virtudes nascentes [...] ou virtudes moribundas; [...] uma vez que as virtudes não podem ter sua verdadeira integridade e suficiência se não estão todas juntas. [...] Que prudência pode ter um homem intemperante, injusto? [...] E como outro pode ser justo sem ser prudente? [...] A força, sem prudência nem justiça nem temperança não é força, mas insensatez. [...] Há certas virtudes que são tidas como tais e não são, mas são sim favores e qualidades vantajosas da natureza. [...] Não é virtude não comer muito por natureza, mas abster-se por escolha; não é virtude ser quieto por temperamento, mas ficar calado por razão. [...] Assim, a muitos parece que têm certas virtudes, ao passo que têm somente boas inclinações; e, uma vez que essas inclinações estão muitas vezes umas sem as outras, acaba-se acreditando que sejam o mesmo que as virtudes" (*Teotino*, XI, 7).

Hoje a tese sobre a conexão das virtudes é particularmente útil e importante porque uma das características do enfoque educativo conciliar é a composição das antinomias da vida cristã. O cristão "adulto" deve saber harmonizar todas as virtudes, ou seja, a pobreza sem a → AVAREZA e a liberalidade sem o desperdício; a fortaleza sem a → DUREZA e a humildade sem a timidez; a obediência sem a fraqueza e o senso de responsabilidade sem a independência; a virgindade sem a rudeza e sociabilidade sem a popularidade; a prudência sem a cobardia e a → CORAGEM sem a → TEMERIDADE; a justiça sem a crueldade e a misericórdia sem a fraqueza; a → TEMPERANÇA sem a rigidez e o uso do prazer sem o prazerismo. Esse bordado de virtudes compõe numa bela harmonia as várias antinomias da vida cristã como: verticalismo e horizontalismo; política e bens messiânicos; ação e contemplação; diálogo e defesa da verdade; ortodoxia e ecumenismo; personalidade e obediência; tradição e → ATUALIZAÇÃO; oração comunitária e oração pessoal; natureza e supernatureza; nós-místico e pessoa; diálogo e obediência; sentido de Deus e → SECULARIZAÇÃO.

5. Finalmente, seguindo sempre Tomás, indicamos quais deveriam ser as etapas a serem percorridas antes de chegar ao "comando" de uma ação regulada pela prudência: são seis.

a) "A lembrança da experiência passada" (*STh.* II-II, q. 53, a. 3; q. 49, a. 1). Se uma pessoa não sabe refletir sobre o que aconteceu a si e aos outros, é impossível que saiba fazer experiência ou, como se diz, que aprenda a viver. Precisamente nesse sentido se diz que a história é a mestra da vida. Assim, se dos fatos concretos resulta que aquelas determinadas ocasiões se tornaram perigosas, a prudência quer que não nos exponhamos a outras aventuras.

b) "Entendimento do estado presente das coisas" (*Ibid.*, q. 53, a. 3; q. 49, a. 2). Tocamos aqui um ponto de extrema importância. A palavra focal é "inteligência", ou seja, o agir prudente é o resultado de um "entender-julgar" e não de um "amar-desejar". Tomás o afirma repetidamente: a prudência "*importat quandam rectam aestimationem [...] necesse est quod processus prudentiae ab intellectu derivetur*" (*Ibid.*, q. 49, a. 2). Em outra parte declara que a virtude da prudência é "*consiliativa, iudicativa, praeceptiva*" (*Ibid.*, I-II, q. 65, a. 1). Daí se segue que, para agir prudentemente, é preciso deixar-se guiar pela inteligência e não pelo coração, "de modo que o homem possa agir segundo uma reta avaliação e não sob o ímpeto da paixão" (*Ibid.*, II-II, q. 47, a. 5): com efeito, "a alma escrava dos apetites — diz → JOÃO DA CRUZ — é obscurecida segundo o intelecto e não pode ser claramente ilustrada [...] nem pela razão natural nem [...] pela sabedoria sobrenatural. [...] Os apetites são como cataratas que, às vezes, acometem os olhos" (*Subida*, 1, 8, 1-16). Assim acontece que "a cada passo trocamos o mal pelo bem e o bem pelo mal, segundo o nosso curto e fraco critério" (*Ibid.*, 7; *Chama*, 3, 73-76).

Mas se considerarmos o que diz com muita razão T. → MERTON, ao afirmar que vinte pessoas indiferentes não existem em todo o mundo, mas uma ou duas deve haver (cf. *Semi di contemplazione*, Roma, 1953, 119), então nos daremos conta da gravidade e da vastidão do mal que opera em todos, homens e mulheres, não excluídos os melhores, e das suas múltiplas e pavorosas complicações na vida prática. Jamais entenderemos suficientemente quão arguto se mostra o autor da *Imitação* quando sentencia que "a inclinação natural, a própria satisfação, o interesse pessoal, o amor de estar bem, raramente costumam estar ausentes" (I, 15, 2); e que, por lógica consequência, "segundo a intensidade com que uma coisa é importante para nós desse modo dela frequentemente julgamos: com efeito, acontece muitas vezes que pelo afeto desordenado perdemos com facilidade o juízo objetivo" (I, 14,1).

Deve-se acrescentar ainda que o aspecto mais humilhante disso consiste em saber se esconder de tal modo que o paciente não o perceba. "Muitos, com efeito, ocultamente procuram a si mesmos nas coisas que fazem, mas não se dão conta disso" (*Ibid.*, I, 14,2). "São os mistérios do coração humano" [Cosí fatto è, questo guazzabuglio del cuore umano] (MANZONI, *I promessi sposi*, 10); ou, melhor ainda, → AGOSTINHO, o qual confessa não se dar conta de pecar, mas se dar conta quando já tiver pecado (cf. *Confissões*, 10,33), e diz: "São lastimáveis essas trevas que não me permitem discernir o que são" (*Ibid.*, 10,32).

Sendo assim, cada qual pode se dar conta de quão necessário seja, para agir e para aconselhar com prudência, para dizer a verdade acerca dos fatos, pessoas e coisas empenhar-se a fundo e com sentido de responsabilidade, para eliminar todo ataque desordenado a respeito delas; com efeito, continua e conclui Tomás, "nem o temor nem alguma outra paixão tornam o homem aconselhador; com efeito, quando o homem é dominado por alguma paixão, qualquer coisa lhe parece maior ou menor do que é na realidade; como acontece a quem ama: as coisas que lhe agradam parecem-lhe melhores, ao passo que aquelas pelas quais sente repugnância lhe são mais antipáticas. Daí se segue que, por falta de juízo desapaixonado, qualquer afeto desordenado impede que a faculdade aconselhe retamente" (*STh.* I-II, q. 44, a. 2).

Teresa de Ávila, interpelada a respeito da escolha da Ordem religiosa, quis se abster de aconselhar o Carmelo, porque, estando interessada, temia que o seu conselho não fosse objetivo (cf. *Lettere*, Roma 1957, carta 169); e talvez seja de supor que Teresa possa ser catalogada entre as pouquíssimas pessoas que, tendo se desapegado de tudo, ficaram suficientemente objetivadas para entender e dizer a verdade.

c) "A perspicácia em ponderar o que pode acontecer no futuro" (*STh*. II-II, q. 53, a. 3; q. 49, a. 4). Trata-se da virtude da clarividência com a qual seria preciso saber avaliar e prever as possíveis consequências e complicações que podem advir de pôr um determinado ato. Esse modo de proceder deveria ser a característica de quem governa. Teresa de Ávila, ao se referir aos colóquios entre confessores e monjas fora da confissão, observa que "para prevenir qualquer perigo, é preciso pensar no que de muito mau poderia acontecer" (*op. cit.*, carta 351).

d) "Discernimento em comparar um fato com outro, uma determinação com a outra" (*STh*. II-II, q. 53, a. 3). Pode-se pensar aqui se não interpreto mal o conselho do Angélico, na utilidade da comparação entre o número maior ou menor de vantagens e de desvantagens de uma e de outra decisão. Em concreto, tratar-se-ia de pôr no papel a relação das desvantagens, de uma parte, e a das vantagens, de outra; e depois sopesar e comparar umas com as outras. Confrontar, a respeito, as clássicas leis que Santo Inácio sugere para fazer uma boa eleição (cf. *Exercícios espirituais*, [181]).

e) "Docilidade em seguir o conselho das pessoas experientes" (*STh*. II-II, q. 53, a. 3; q. 49, a. 3). Não há nenhum comentário a fazer de uma lei tão límpida. É preciso ter a humildade, ou melhor, para falar como Manzoni, aquele "justo sentimento de nós mesmos" (*I promessi sposi*, 27), que nos leve a pedir conselho a todos os que nos podem iluminar; não somente, portanto, aos que são reconhecidos como tais pela estima comum ou pelo ofício que ocupam; mas a quem quer que possa trazer alguma luz, sem excluir os inimigos e os inferiores.

f) "É por isso que a circunspecção é necessária para a prudência afim de que se compare o que é ordenado ao fim com as circunstâncias" (*STh*. II-II, q. 49, a. 7). Pode acontecer, com efeito, de uma ação qualquer, considerada em si mesma, ser boa e, em abstrato, muito conveniente; todavia, aplicada nas circunstâncias vivas de um determinado caso, "pode tornar-se má ou inoportuna ao fim" (*Ibid.*). É por esse motivo que se diz no provérbio: "Às vezes, o ótimo é inimigo do bom". Assim, para dar um exemplo, não seria prudente repreender uma pessoa dominada ainda pela ira, ou obrigá-la ao perdão.

"Por esses degraus se desce ordenadamente", conclui Tomás, "deliberando retamente. Ao passo que, se alguém é levado a agir pelo ímpeto da vontade ou da paixão, saltando Esses degraus, cai na precipitação" (*STh*. II-II, q. 53, a. 3).

BIBLIOGRAFIA. GARRIGOU-LAGRANGE, R. *Le tre età della vita interiore*. Torino, 1953, 97-112, III; MARIN, Royo. *Teologia della vita cristiana*. Roma, Paoline, 1959, 639-648; NOBLE, H. D. Prudence. In *Dictionnaire de Théologie Catholique* XIII, 1.023-1.067.

A. DAGNINO

PSICANÁLISE. 1. Psicanálise é a disciplina que Sigmund Freud propôs à atenção da ciência na primeira metade do século XX. Freud nasceu em Freiberg, na Morávia, de família judia, em 1856; formou-se em medicina em Viena, na escola de Brücke; especializou-se em psiquiatria em Paris e depois em Nancy, interessando-se pelo estudo do histerismo e das relativas terapias, especialmente da hipnose. Percebeu que durante o sono hipnótico afloravam no paciente vivências psíquicas não acessíveis à consciência no estado de vigília; pensou então que essas atividades mentais deviam preexistir no histérico de modo inconsciente, e que era preciso fazê-las emergir na consciência a fim de que o ânimo encontrasse liberdade, equilíbrio, tranquilidade. Mas como o sono hipnótico era ineficiente para a integração da personalidade, julgou melhor método para a normalização mental (catarse) o interrogatório do paciente, a ser feito com meios especiais para o fazer expressar todos os pensamentos que lhe viessem à mente, procurando não exercer sobre eles nenhuma censura. A experiência clínica favoreceu de certo modo as suas intuições, que ele divulgou. De 1900 a 1939, ano em que morreu em Londres, fugitivo da Áustria em consequência da invasão nazista, as suas pesquisas suscitaram no mundo positivista de então entusiásticas aprovações e homenagens públicas. Mas, nos 40 anos de lenta elaboração da original interpretação dos fenômenos patológicos da psique, não conseguiu obter nem o consenso geral dos discípulos e colegas nem a definitiva e global clarificação da psicanálise. Ela é aceita por alguns principalmente como método empírico de pesquisa científica; por outros é considerada um tratamento terapêutico de eficácia não infalível; existem também discípulos ortodoxos, os quais consideram a psicanálise uma teoria ou ciência psicológica, até de valor filosófico, embora o próprio Freud, de palavra, rejeitasse esse valor. Portanto, o conteúdo da psicanálise é diferentemente descrito de acordo com a ênfase dos três aspectos; sumariamente, poder-se-ia dizer que a psicanálise é um método de pesquisa, um tratamento e uma teoria interpretativa do funcionamento patológico e normal da pessoa em estreita relação com a vida psíquica do inconsciente. É bom esclarecer logo que pelo termo "psicanálise" se entende a doutrina contida nas obras de Freud, chamada também de freudismo, para a distinguir de muitas outras especificações que teve, mesmo em vida do mestre, e que cresceram pelos desenvolvimentos, inovações e interpretações novas dadas pelas várias escolas.

2. A síntese da psicanálise pode se articular nos seguintes pontos. Deve-se considerar que Freud estava convencido de que todas as manifestações da psique são intimamente ligadas entre si por nexos causais, desconhecidos à consciência, que podem ter sua primeira fonte nos antecedentes do indivíduo, até remontar aos primeiros meses de vida, e que lembranças, esquecimentos, erros, impressões, emoções, simpatias etc. têm um significado na vida antecedente do sujeito; a sua psique amadureceria, como a crosta da terra por estratificações geológicas, de modo que o estrato mais antigo fica no fundo, como apoio e condicionamento do mais recente.

a) Freud, como Janet (1859-1947), aceitou a existência do "inconsciente" tanto no sujeito anormal como no normal e estudou sua dinâmica. Segundo ele, o inconsciente é uma força complexa constituída por elementos removidos, ou seja, por experiências que o sujeito efetiva ou representativamente afastou da consciência porque incompatíveis (repressão) com a sua situação global e que não deixa emergir (censura). O inconsciente concorre para a formação da estrutura típica da conduta humana e dos mecanismos de defesa para situações semelhantes às que determinam as experiências já removidas. Por esse núcleo fundamental, a psicanálise é chamada também de "doutrina do inconsciente".

b) Outro ponto da psicanálise é a interpretação da origem das defesas do ego, das fugas e dos outros fenômenos psíquicos de caráter individual e social. Defesas, fugas, esquecimentos, lapsos etc. derivam também dos instintos, ou seja, de impulsos primordiais concebidos não como simples forças fisiológicas, mas como componentes psicológicos mentais que têm caráter de espontaneidade, constância, finalidade, e que são ordenados a ativar o comportamento do indivíduo em relação às necessidades biológicas. Os instintos são regulados por dois princípios ou tendências: o do prazer e o da realidade. Por força do primeiro, os instintos tendem à satisfação imediata de seu impulso; no caso de satisfação falha, em virtude da segunda tendência, adaptam-se à realidade e procuram novos desafogos, diferentes dos conaturais ao impulso deles, ou seja, "transferem-se" (*transfert*), "sublimam-se" (sublimação). Se nem esses desafogos são possíveis ou não se realizam, então a tensão da força dos instintos leva a anomalias nervosas e psíquicas. Freud distinguiu dois grupos de instintos: os que se voltam para o indivíduo e os que se voltam para os objetos; os últimos são todos de natureza sexual e levam à união com os objetos (*libido, eros*) ou à destruição do objeto (*thanatos*).

c) O terceiro ponto é a concepção teórica (metapsicológica) do dinamismo da pessoa. Freud pôs como hipótese de trabalho e como instância ou dimensões ou níveis ou sedes em que se realizam os fatos psíquicos: o id (alemão: *es*; latim: *id*), o ego (al.: *Ich*; lat.: *ego*) e o superego (al.: *Über-Ich, Ideal Ich, Ich Ideal*; lat.: *superego*). O id é uma massa energética inconsciente, amoral, influenciável de fora, composta de instintos, de representações, de sentimentos removidos do âmbito da consciência. O id é regulado pelo princípio ou tendência do prazer, ou seja, age imediatamente em relação ao prazer conseguível; está subjacente também — mediante o ego — às pressões do ambiente, até que possa encontrar o modo de se exprimir de maneira coerente com a pessoa. O ego é uma energia que conhece, escolhe, opera, sintetiza o real; é o representante do id nas relações com o exterior. É regulado pelo princípio ou tendência da realidade: entre o id e o ego acontecem as já mencionadas fases de repressão e de censura. O ego se exprime, portanto, no nível da civilidade e da moralidade. O superego se forma no antagonismo do ego com o id, no quinto ano de idade da criança e serve para distinguir quantitativamente o homem do animal; é constituído pelas normas familiares, sociais, aceitas passivamente, sem justificação pessoal e tomada de consciência. É uma espécie de prolongamento da influência dos genitores ou do ambiente da idade infantil; trata-se de uma conduta moral automática. Segundo Freud, essa instância que se torna infantil tende a se confundir com a consciência moral e a religião. Embora seja um nível elevado da pessoa, o superego é muito primitivo e imaturo e pode se tornar fator de conflitos pela rigidez e caráter imperativo das suas normas.

d) A evolução ou amadurecimento da personalidade é interpretada por Freud principalmente em correlação com o desenvolvimento da sexualidade porque das suas emoções aparecem mais claramente os componentes do inconsciente, sua gradação e extensão das relações. Na evolução da sexualidade ele indicou de maneira geral alguns pontos de referência dos problemas emotivo-afetivos, sem pretender que fossem passagens obrigatórias e denominando-os conforme as zonas do corpo onde a *libido* (tendência ao prazer) encontra maior e evidente satisfação erótica; cada zona, ativada pelo relativo prazer, atuaria um esquema de referência das funções para as futuras atividades. Há a zona oral para o período do primeiro-segundo ano de idade; a zona anal para o do terceiro-quarto ano de idade; a zona fálica para o período do quarto-sexto ano de idade. Se os problemas emotivo-afetivos de cada período são mal resolvidos ou não resolvidos, pode-se determinar uma "fixação" do estádio de maturação, ou também a regressão ao período anterior. Ao primeiro período se atribuem as funções autoeróticas e narcisistas da nutrição (narcisismo) e, como transposições psíquicas, os problemas da conservação individual; ao segundo, as funções da regulação intestinal e, como transposições psíquicas, os problemas das solicitações ambientais: mecanismos da passividade e atividade, da agressividade e submissão (complexo de Édipo e de Electra); ao terceiro se atribuem as funções de identificação do sujeito com o próprio sexo e, como transposições psíquicas, os problemas das escolhas para fora: dissolução do complexo de Édipo, submissão a uma pessoa; é aqui que se forma o superego e a consciência moral. A essa terceira fase segue-se o período de "latência" (até os 12-13 anos de idade) e por fim o período genital, com funções de erotismo em relação aos outros e de oblação.

e) Por último, uma menção aos meios interpretativos do inconsciente: há sonhos que, ilógica e simbolicamente, exprimem o inconsciente e são interpretados segundo um código convencional; as associações livres, obtidas durante o tratamento psicanalítico (o paciente comodamente sentado, em clima de absoluta distensão, abandona-se à confidência de tudo o que lhe vem espontaneamente à consciência, sob a guia do analista), as pausas, as hesitações, as resistências que podem acontecer, os lapsos, os atos desajeitados, os atrasos da vida cotidiana. Esses elementos são interpretados como reveladores do inconsciente e permitem ao paciente estabelecer com o analista uma relação de *transfert* que pode permitir a libertação de conflitos ou a explicação de situações psíquicas.

3. A psicanálise freudiana, estando vivo ainda o mestre, foi criticada, desenvolvida, interpretada. O iniciador foi A. Adler (1870-1937), discípulo e opositor de Freud, com uma psicologia do profundo denominada "psicologia individual", que utilizava os pressupostos freudianos, mas eliminava o determinismo biológico das forças psíquicas, que eram movidas, porém, por "potência de vontade", pela afirmação da própria personalidade e pelo sentimento da comunidade. Para Adler, as doenças psíquicas referir-se-iam a enfermidades orgânicas. Vem depois C. G. Jung (1883-1961), que da psicanálise passou à psicologia dos "complexos" ou "psicologia analítica", em que os complexos (não necessariamente patológicos) passam da consciência para o inconsciente e ali continuam a influir sobre a conduta. Para ele, as manifestações espirituais (arte, religião etc.) não são sublimações bem-sucedidas dos instintos, mas determinações de origem também espiritual (estrutura antinômica do homem). Vieram a seguir os neofreudianos com orientação social (E. Erikson), sociológica (A. Kardiner, E. Fromm), antropológica cultural (M. Mead). Karen Horney põe no indivíduo uma capacidade de responder ativamente ao ambiente; V. Frank afirma que o ego é capaz de afirmação do alto; Melanie Klein fundou a escola inglesa, desenvolveu as pesquisas com crianças abaixo dos seis anos e corrigiu as posições de Freud; Jacques Lacan achou que a psicanálise é um método de pesquisa e ao mesmo tempo um tratamento que opera dentro do campo específico da linguagem e somente da linguagem.

4. Em relação à espiritualidade cristã, a psicanálise é radicalmente negativa porque a esvazia de todo conteúdo fundamental: o instintualismo posto na origem de todo fenômeno mesmo superior (moral, religião, arte etc.) e o determinismo psicológico impedem toda possibilidade de doutrina espiritual comumente entendida.

A religião, pois, tanto para o indivíduo como para a sociedade, é um aspecto da *libido* sublimada. O complexo edípico é seu fulcro: no início da humanidade, na primitiva família-horda, os filhos admiravam a força do pai e odiavam a sua supremacia (ambivalência de sentimento filial) porque tinha a exclusividade das atividades sexuais sobre a mãe; por ódio, mataram o pai e, por admiração e desejo de identificação, comeram suas carnes; dessas atitudes derivaram o remorso (sentimento de culpa), a ordem social de não repetir o delito (moralidade), a veneração e o temor em relação ao pai encarnado no *totem*, ao qual ofereciam sacrifícios (religião primitiva, totemismo). De modo análogo, surge a religião individual: a criança sublima a ideia do pai na representação de Deus e para ele orienta a energia da libido que não pode desafogar-se diretamente na mãe e contra o pai. De tudo isso resulta que as atividades religiosas postas no nível do superego são inversamente proporcionais às satisfações sexuais postas no nível do id. É fácil a passagem à afirmação de que a religião é uma neurose obsessiva atenuada (na sublimação) do indivíduo doente e da humanidade, e que é uma ilusão útil para a "ab-reação", ou seja, para reduzir a tensão emotiva de origem repressiva da sexualidade.

A ascese e a mística cristãs em particular seriam expressões e confirmações do processo sublimatório da instintividade sexual; com efeito, todo o processo de fuga para as regiões místicas usa a linguagem erótica pertinente à esfera sexual e renova no plano espiritualizado os fenômenos da *libido* sexual.

É conveniente antepor algumas observações à crítica sumária dessa teoria.

A interpretação dos fatos psíquicos considerados por Freud não é, em boa parte, experimental: segundo eles a memória conservaria indelevelmente todo evento psíquico (isso não é confirmado pela psicologia experimental); as resistências do paciente seriam as defesas do inconsciente (isso não é experimental); o tratamento das neuroses com a psicanálise confirmaria a validade da interpretação freudiana (há outros tratamentos das mesmas neuroses); os sonhos, os lapsos, os esquecimentos, os atos desajeitados, os atrasos da vida cotidiana, as livres associações, as pausas, as hesitações, as reticências durante o tratamento psicanalítico seriam elementos reveladores do inconsciente (isso é inacessível à experimentação).

Particularmente em relação à religião são evidentes os preconceitos do positivismo e do cientismo, próprios de um ateu de fim de século, e Freud era ateu convicto, embora admirasse a religião judeu-cristã como a mais evoluída entre as religiões; acrescentem-se os pressupostos errôneos de antropologia e de história aceitos acriticamente por Freud (a família-horda; o sacrifício totêmico; a antropofagia entre parentes; derivação da moral, religião, sociedade da primitiva tragédia etc.) e postos como fundamento de sua teoria; além disso, a religião psicologicamente não aparece como uma simples sublimação da *libido*, mas contém seguramente um componente autônomo de pensamento; Freud não viu que no símbolo paterno, o qual medeia a relação homem-Deus, não havia apenas a instância proibitiva da lei (o pai déspota, o filho rebelde oprimido pelo sentimento de culpa), mas também a instância da reconciliação, da promessa, da futura igualdade; ele menospreza a dimensão da identificação entre pai e filho, própria da religião cristã (cf. o dogma trinitário, o dogma cristológico e eclesial).

A favor de Freud está a construção imponente e harmônica de um projeto; o fato de pôr em evidência o problema da atividade psíquica (tanto anormal como normal) considerada no complexo da vida humana e da sua história; a focalização do problema dos instintos que pesam sobre as atividades superiores; a valorização de algumas dimensões da personalidade (o inconsciente) até então deixadas de lado; o início da psicoterapia e neuropsiquiatria infantil; a denúncia dos limites da psicologia; a indireta (não imaginada) reavaliação psicológica da confissão auricular católica e da → DIREÇÃO ESPIRITUAL.

BIBLIOGRAFIA. ALEXANDER, F. *Principes de la psychanalyse*, Paris, 1968; CHARRIER, J. P. *L'inconscient et la psychanalyse*. Paris, 1968; ANZIEU, D. *L'autoanalisi di Freud e la scoperta della psicanalisi*. Roma, Astrolabio, 1976; BAUDOIN, Ch. *De l'instinct à l'esprit. Études Carmélitaines* (1950); BOLLAND, J. *L'indice psicanalitico*. Torino, Boringhieri, 1985; BONAVENTURA, E. *La psicanalisi*. Milano, 1946; BRENNER, C. *Breve corso di psicanalisi*. Firenze, Martinelli, 1967; CASTEL, R. *Lo psicanalismo*. Torino, Einaudi, ²1975; CHOISY, M. *Psicanalisi e cattolicesimo*. Roma, 1951; FREUD, S. *Opera omnia*. London, 1940-1952, 18 vls.; ID. *Abregé de psychanalyse*. Paris, 1964; ID. *La mia vita e la mia opera*. Roma, 1948; ID. *Opera omnia*. London, 1953-1960, 28 vls.; GITELSON, M. *Psicanalisi: scienza e professione*. Boringhieri, Torino, 1980; KLEIN, M. *Nuove vie della psicanalisi*. Milano, 1966; LACAN, J. *Il seminario XI – I quattro concetti fondamentali della psicanalisi*. Torino, Einaudi, ²1979; LAPLANCHE, J. – PONTALIS, J. B. *Enciclopedia della psicanalisi*. Bari, 1968; MIOTTO, A. *Conoscere la* *psicanalisi*. Milano, 1949; Musatti, C. L. *Freud*. Torino, 1959; Id. *Psicanalisi e vita contemporanea*. Torino, 1961; Id. *Trattato di psicanalisi*. Torino, 1949, 2 vls.; Nacht, S. *La psychanalyse d'aujourd'hui*. Paris, 1968; Nuttin, J. *Psicanalisi e personalità*. Roma, Paoline, 1952 (com bibliografia às pp. 349-371); *Psicanalisi e classi sociali*. Roma, Editori Riuniti, 1978; Scotti, P. *Freud*. Brescia, 1948.

G. G. Pesenti

PSICOLOGIA E VIDA ESPIRITUAL

O pensamento contemporâneo de qualquer orientação tende a pôr em primeiro plano o homem visto nas suas dimensões histórica, pessoal e social. Nesse sentido poder-se-ia falar de um novo humanismo, por certo não raro parcial, exposto a visões redutivas.

Além disso, reavalia-se a tendência do homem de viver as realidades terrestres, cultivadas não como obstáculo ao plano da revelação, mas como ponte de uma troca que acontece em duas direções: a ação sobrenatural permeia a criação, exalta-a, consagra-a; o mundo natural assim transformado torna-se "lugar" da presença ativa de Deus e "meio" no caminho para o encontro oferecido por Deus. É a rica lógica da encarnação.

É indispensável a todo ser vivo que todas as próprias estruturas se desenvolvam harmonicamente para que possa se definir evoluído de modo correto; quanto mais esse processo for completo, tendendo ao máximo das possibilidades para cada estrutura e para todas, tomadas em sua relação de colaboração, tanto mais o ser vivo será capaz de atingir o próprio fim, tocar em plenitude o objetivo da própria existência. Isso vale também para o homem, e para o homem espiritual: o organismo espiritual será tanto mais perfeito, sólido, elevado de acordo com o resultado da integração de todo o ser bio-psico-social-espiritual.

Argumentando do ponto de vista psicológico, portanto sob o aspecto humano, poderia parecer, mas somente a um olhar superficial, que seja diminuída a ação sobrenatural. De fato, no plano humano se põem as condições que podem favorecer ou não a ação da graça, que tornam atuável existencialmente a adesão consciente e responsável ao chamado de Deus. Essa perspectiva, aliás, não é nova, mas exprime em termos diferentes o conteúdo do axioma teológico "a graça supõe a natureza".

1. POSSIBILIDADES E LIMITES DO ESTUDO PSICOLÓGICO DA VIDA ESPIRITUAL.

Falando do aspecto psicológico na vida espiritual confrontamo-nos com as realidades polares Deus e o homem: duas dimensões, humana e divina, natural e transcendente; duas perspectivas, filosófico-teológica e psicológica, que têm objetos e métodos de pesquisa diferentes.

A psicologia, como as outras ciências do homem, tem um objeto puramente fenomenológico; como ciência empírica positivo-indutiva, descreve, interpreta os dados da experiência por meio de hipóteses cada vez mais gerais. As suas técnicas não lhe permitem perceber as realidades ontológicas e dogmáticas.

O estudo psicológico do "religioso" em sentido geral e específico gerou e expressou não raros equívocos, incompreensões, reducionismos. O risco de explicações que tudo compreendem, que ultrapassam o limite do próprio objeto e método, está sempre presente, ainda que de modo implícito. Todavia, as duas aproximações, teológica e psicológica, exprimindo as "duas vertentes" do homem, a natural e a sobrenatural, não se excluem, mas se completam: a → GRAÇA como realidade transcendente, como realidade "dada"; a graça como realidade "recebida", não experimentável, indistinguível na complexidade do ato humano, mas que nele deixa "vestígios" de si.

Não há dúvida de que a psicologia pode e deve se ocupar também do *homo religiosus* nas suas manifestações e atitudes, mas ter-se-ia um caminho sem saída no caso de ser negado um conceito de homem como "sistema aberto", em que fosse excluída *a priori* a possibilidade de influência de fatores "estranhos", externos ao próprio sujeito, sobrenaturais. O que não comporta uma sujeição da psicologia nem a obrigação de ela renunciar aos próprios métodos de pesquisa, mas apenas a consciência mais viva dos seus limites e da — pelo menos parcial — "imprevisibilidade" do ser humano.

Nesse sentido, é inevitável uma reaproximação entre psicologia e filosofia; ela deve ser não um limite para ambas, mas uma possibilidade "a mais" de conhecimento. Todo teórico é um filósofo, ainda que não o saiba, porquanto toda teoria científica tem sempre uma "contraparte" filosófica na metateoria: "as hipóteses ou as teorias científicas são produtos do pensamento, inspirado, porém, pela intuição formulada na filosofia ou em outros setores culturais e controlados mediante métodos empíricos" (K. B. Madsen, Humanistic psychology and the philosophy of science, *Journal of Humanistic Psychology* 11 [1971] 3).

Os modelos e os esquemas interpretativos rígidos e fechados são insuficientes para perceber a multidimensionalidade do homem; perdem, portanto, a própria função, "realizar" o homem no seu ser total, único e diferenciado, em devir para mais altos níveis de organização.

Ampliando a perspectiva, é preciso pôr-se a pergunta das possibilidades da psicologia, como ciência positiva, na análise e no estudo de comportamentos a serem referidos ao sobrenatural.

Por sua natureza de ciência empírica e de observação, ela é substancialmente estranha à dimensão do transcendente; segue-se que não se pode nem aprovar nem refutar as afirmações da religião e a verdade do seu conteúdo. Ela observa, descreve, analisa os fenômenos religiosos como objetos e conteúdos da consciência e do comportamento, mas abstrai do valor de realidade de Deus, das verdades dogmáticas com uma atitude definitiva de "benévola e crítica neutralidade metodológica" (A. VERGOTE, *Psicologia religiosa*, 20).

Todavia, as atividades religiosas apresentam uma dimensão observável, são comportamentos e experiências vividas; como tais, são objeto de estudo da psicologia.

Observa-se comumente que o fenômeno deve ser estudado nas suas manifestações subjetivas, mas, uma vez que a pesquisa psicológica não pode se limitar à pura descrição e tende também a determinar o mecanismo causal do próprio fenômeno, isso pode indicar uma posição teórica bem precisa: a explicação de um dado fenômeno ou comportamento deve ser procurada no próprio sujeito, na sua dinâmica psíquica, excluindo a ação de todo fator externo ou diferente do sujeito.

Esse princípio, é evidente, admite somente uma explicação imanentista, eliminando também a simples hipótese de intervenção de fatores "desconhecidos", como os sobrenaturais (cf. A. GEMELLI, *Il soprannaturale e la psicologia religiosa*, 102).

A graça pode portanto estar sempre presente como *fator X* do comportamento e da experiência humana: "o psicólogo pode prescindir da graça, mas não pode excluí-la legitimamente" (R. ZAVALLONI, *Le strutture umane della vita spirituale*, 22). Todavia, dado que a psicologia é incompetente quanto à realidade efetiva do sobrenatural, ela não pode introduzir legitimamente a ação do sobrenatural a título de elemento explicativo. Cabe à religião, à fé, afirmar a intervenção de Deus no mundo, nos diferentes modos e tempos.

Segue-se que, segundo a exigência crítica da ciência, a psicologia é capaz de formular juízos de verdade somente parciais e circunstanciais.

A religião, com efeito, e a vida espiritual que dela promana não é um fenômeno de pura origem psíquica ou uma simples atividade psíquica.

Concluindo, é possível uma psicologia da vida espiritual, que na realidade não é senão uma psicologia da graça?

A resposta é negativa em sentido próprio, positiva em sentido lato.

Negativa porquanto Deus, o mistério da vida divina no homem, a opção fundamental da graça superam qualquer conhecimento humano, nem se deixam perceber experimentalmente pela revelação psicológica (cf. W. W. MEISSNER, *Foundations for a psychology of Grace*, 209-210).

Positiva, de outra parte, porquanto todo fenômeno e comportamento religioso apresenta uma dimensão observável, como já se disse; além disso, a influência que a graça exerce na vida do homem não age como um corpo estranho, uma força coercitiva, em relação à sua realidade e liberdade. A elevação à vida divina, ao sobrenatural não é uma superestrutura estranha e isoladora, mas se insere e se exprime numa forma de conaturalidade pela qual o homem é enriquecido e não alienado, no pleno respeito da própria natureza e liberdade. Segue-se que a graça permeia as estruturas humanas, nelas se misturando e percorrendo os mesmos caminhos psicológicos.

Seria lógico e frutuoso negar a possibilidade de encontrar "os sinais" da sua passagem? Certamente a expressão "psicologia da graça" pode ser um híbrido incompreensível e de pouco fundamento, mas a recusa teórica da hipótese da graça não é exigida pela cientificidade da psicologia, que até reduziria assim o seu alcance de *logos* da psique humana.

2. FUNÇÕES DA PSICOLOGIA NA VIDA ESPIRITUAL. A atenção de Deus, o seu "projeto", contempla toda a realidade do homem; a visão do espiritual abraça os diversos níveis da personalidade humana numa concepção integral.

No plano humano põem-se as condições que favorecem a ação da graça: a formação age em tais condições de modo que o homem possa aderir mais facilmente e responsavelmente ao chamado de Deus.

As ciências humanas, biologia, psicologia, sociologia, por seu objeto e método, não são capazes de emitir juízos conclusivos de valor e de finalidade absolutos.

Gozam, nas suas aplicações à vida espiritual, de uma autonomia relativa em relação à teologia; a contribuição delas é necessariamente parcial, uma vez que toda decisão operativa deve levar em conta todos os componentes da situação.

Os dados que elas apresentam podem ser considerados "causas dispositivas" à ação divina.

Com referência aos setores cognoscitivo e operativo da psicologia, podemos especificar algumas funções suas, dignas de atenção para a vida espiritual.

O setor cognoscitivo abraça muitos campos:

— põe em relevo as características permanentes de cada indivíduo, suas capacidades, suas dificuldades habituais;

— estuda como a conduta se unifica, se estrutura numa unidade, na personalidade individual e indica os dinamismos gerais (de conhecimento e de vontade, conscientes e inconscientes) que governam a pessoa no longo prazo;

— expõe os processos do devir da pessoa, seja em cada uma das funções, seja na estrutura total, e estuda os efeitos dos diversos fatores ou causas do desenvolvimento (cf. A. RONCO, *Crecimiento psicológico y crecimiento espiritual*, 343).

Desse modo se pode ressaltar a presença de estruturas pessoais, de linhas de desenvolvimento, de específicas capacidades ou dificuldades que, comparadas às exigências do crescimento espiritual, permitem prever qual poderá ser o estilo de vida de cada pessoa e quais possibilidades e dificuldades ela poderá encontrar.

Tudo isso faz parte de uma perspectiva geral, definível como função *preventiva* e como premissa indispensável à função integrativa. Por que esperar o momento em que as dificuldades atingem graus elevados de tensão e sofrimento, mais que oferecer uma ajuda o mais rápido possível que reduza o número e a importância das frustrações, dos conflitos, das situações incongruentes?

Além disso, ainda no plano cognoscitivo, a psicologia joga luz sobre os significados e as intenções mais ou menos latentes dos comportamentos religioso-espirituais, oração, ascese, experiência mística...; e como esses significados e intenções se organizam na estrutura da religião pessoal. Desse modo, ela tende a fazer emergir os fatores inconscientes que subentendem e influenciam ou determinam as disposições e/ou os atos de natureza espiritual.

Esses campos eram quase desconhecidos na teologia espiritual anterior, que recorria mais a categorias morais: tentações, falta de espírito de fé etc. Trata-se de uma função de *exploração, de clarificação e de purificação* em vista do trabalho formativo.

No setor operativo, a função *terapêutica*, não a mais importante, quer remediar erros educativos, aliviar as frustrações, curar as neuroses para tornar a pessoa mais livre interiormente e disponível a Deus.

As desordens neuróticas, embora não deformem diretamente a religiosidade, o que é, aliás, frequente, tornam mais difícil o itinerário à maturidade espiritual. Restabelecer o equilíbrio psíquico favorece uma vida espiritual autêntica e o seu pleno desenvolvimento, embora a saúde psíquica e a santidade não se identifiquem e não sejam de modo algum correlativas.

As funções *pedagógica* (formação) e *integrativa* constituem dois pontos centrais para evitar toda dicotomia entre os aspectos espirituais e psicológicos do crescimento.

A primeira pretende ajudar a pessoa a adquirir um conhecimento profundo e durável de si nos aspectos evolutivos e nos infantis; perceber as próprias características positivas, bem como os "atrasos" de desenvolvimento, algumas "fixações", formas de "regressão", tipos de conflito presentes; explorar, explicitar pelo menos em parte a esfera inconsciente.

Isso comporta pôr em movimento processos bloqueados, liberar e canalizar energias para os ideais, pôr condições favoráveis ao progresso para uma maior maturidade afetiva que permita fazer próprias em maior medida as realidades espirituais e a sua força motivadora (capacidade de internalização).

A *integração* é o passo seguinte, mas não separado do anterior: favorece na pessoa o crescimento harmônico, tanto na maturidade psicológica como na espiritual.

Não raramente, não obstante um acordo de princípio sobre a necessidade de integrar espiritualidade e psicologia, há uma tendência a separá-las de modo nítido: os programas de formação procedem por compartimentos estanques como se as dimensões espiritual e psicológica fossem totalmente separadas uma da outra. Às vezes é acentuada uma dimensão quase a ponto de excluir a outra.

A ação formativa se propõe favorecer as condições humanas de cada pessoa, orientá-las e melhorá-las; igualmente, a ação integrativa, com base e junto com os dados psicológicos, está aberta à obra da graça e faz recurso aos meios que a fé e a prática espiritual põem à disposição.

Parecem ser esses alguns passos e métodos gerais que podem ajudar a tornar a resposta a Deus cada vez mais verdadeira e personalizada. Aqui o confronto com a experiência mistagógica parece-nos apropriado: iniciação (preparação, comunicação, pedagogia…) por parte do "mestre espiritual" ao mistério (vida cristã, Deus…) numa riqueza de processos e realidades que constituem o ser do discípulo e a sua experiência de comunhão com o mestre e com Deus.

3. O HOMEM COMO UNIDADE COMPLEXA. a) *Níveis da vida psíquica.* A análise da vida psíquica mostra que atividades e conteúdos de conhecimento situam-se em planos diferentes. Alguns deles estão estreitamente ligados aos dados sensíveis, outros implicam atividades superiores e até espirituais. Mais precisamente, pode-se afirmar que todo ato psíquico concreto revela ordinariamente três diferentes gêneros de elementos que manifestam propriedades irredutíveis, implicam funções diferentes e obedecem a leis diversas (cf. J. NUTTIN, *Psicanalisi e personalità*, 279). Mudando de nível, muda a perspectiva da pessoa agente.

O primeiro nível psicofisiológico compreende as atividades psíquicas estreitamente conexas com estados fisiológicos do organismo. É o avesso psíquico de um estado ou de um processo psicofisiológico do complexo organismo do homem.

A origem e o termo dessas atividades devem ser buscadas na sensação de déficit e de satisfação no plano visceral e sensorial. São postos em movimento pelas necessidades fisiológicas fundamentais — fome, sede, repouso etc. — por trás dos quais, todavia, apresenta-se como real fim operativo uma tensão mais radical à sobrevivência e à autopreservação.

Há depois outros significativos eventos psíquicos que não têm correspondentes fisiológicos, mas que estão conexos com os motivos de viver e de desenvolver relações sociais. Esse plano psicossocial indica a vida de relação, essencial para o homem que percebe a exigência de "estar com": necessidade de filiação, de ajudar e de ser ajudado, de estima etc. A tomada de consciência da limitação e da insuficiência como pessoa energiza a necessidade dos outros para se sentir bem e em expansão vital.

Uma vez que o homem, no plano psíquico, torna-se ele mesmo somente na relação social, exprime aqui o motivo primário de expansão de si e de autorrealização mediante os outros, nos diversos tipos de interação social.

O terceiro nível, racional-espiritual, ressalta que na vida psíquica existem conteúdos e atividades que se revelam transcendentes em relação aos limites do dado imediato e do processo material.

O homem possui a capacidade e o poder de entender a natureza das coisas, abstraindo-a dos dados dos sentidos. Compreende as atividades psíquicas conexas com o sistema motivacional de conhecer; com efeito, na sua origem não há um déficit tecidual-bioquímico e/ou fisiológico, nem a consciência da própria imperfeição, mas um desejo-motivo-tensão de saber, de reunir e de resolver os temas do ser e do valor de si e das coisas, do sentido da própria existência e destino.

Esse desejo é sustentado pela capacidade própria do homem de atingir, pelo menos em parte, a verdade das coisas e da consciência da atração em relação a ela não redutível à tensão particular de cada indivíduo; indica, na procura da verdade, a verdadeira vocação do homem.

Da observação dos dados fenomenológicos, a pessoa pode captar os princípios gerais, ou seja, os conceitos abstratos e as leis que governam e explicam tais dados. Além disso, pode abstrair dos dados sensíveis para significar outros dados: o uso dos símbolos e da linguagem simbólica.

Essas habilidades constituem o seu "espírito" (inteligência e razão), algo que, ao contrário da matéria, não tem dimensões mensuráveis, não tem partes, está fora do tempo e do espaço. Com tal poder pode formular conceitos de coisas materiais e de realidades abstratas, portanto conhecer, superar o imediato, afirmar o Ser absoluto e os valores, sentir a experiência da obrigação moral, interrogar-se sobre o valor do conhecimento etc., todas elas atividades "espirituais" que transcendem os limites dos fenômenos e dos processos materiais.

Desse modo, o homem pode estabelecer com "o outro que não ele" objetos, acontecimentos, pessoas, Deus, uma relação de atenção, respeito, liberdade.

Assim, a dimensão racional-espiritual com as suas capacidades de conhecimento, de liberdade criativa, de responsabilidade moral, de autotranscendência é o modo de ser típico e específico do homem. É, consequentemente, a condição absoluta para que Deus encontre o homem, e o homem possa por sua vez livremente aceitar Deus e o seu convite.

b) *Integração hierárquica dos níveis*. A distinção em planos tem apenas uma importância operativa. De fato, todos os níveis se encontram inextricavelmente ligados em todo ato humano concreto, ainda que em medida diferente.

Contemporaneamente aos processos bioquímicos e fisiológicos, tem-se uma específica sensação e até a percepção, a tomada de consciência do significado do fenômeno em ato. Qualquer comportamento se torna possível pela presença simultânea e complementar de potencialidade em cada um dos três níveis. Isso vale para atividades muito diferentes, por exemplo, para a sensação de sede como para um ato de pensamento.

Portanto, não só se verifica um envolvimento de todos os planos, um efeito de irradiação, um reflexo ou ressonância vital, seja qual for o "lugar" em que se insira o estímulo, mas todo nível é exigido necessariamente, para que aquela dada ação se realize: há independência funcional entre um nível e outro.

Existe sim uma hierarquia natural entre eles que deve ser respeitada, tendo presente que o nível racional-espiritual é típico e exclusivo do homem. Todavia, ignorar as exigências, os elementos, as funções, as leis próprias de cada nível seria desprezar a unidade somatopsíquica–psicossocial-espiritual do homem, que em todas as ações se exprime como unidade viva diferenciada.

O campo motivacional é um setor em que a interação hierárquica dos níveis é particularmente significativa. De uma parte, ressaltamos que os dinamismos fundamentais se manifestam em formas diversas sobre os vários planos da vida psíquica, mas tais expressões somente em parte podem ser consideradas como forças separadas.

Para exemplificar, a tendência biológica à proteção e à expansão da vida permeia fortemente o motivo de se afirmar na vida social; a tendência ao contato sexual e a necessidade de apoio psíquico, de proteção ativa e passiva estão intimamente ligadas no amor normal, em certas formas de simpatia, na necessidade de domínio ou de submissão e até em certas manifestações de adesão intelectual e de admiração (cf. J. Nuttin, *Psicanalisi e personalità*, 326).

Numa mesma atividade, formas "inferiores" de necessidades encontram-se misturadas a formas "superiores", porque elas são manifestações de um mesmo dinamismo primário que "atravessa" os diversos planos da vida psíquica.

Encontramos vestígios de atividades, de potencialidades, de aspirações superiores, culturais, morais, espirituais, na satisfação de necessidades biológicas; e ao contrário, qualquer comportamento racional-espiritual não é "puro", absolutamente isento de toda mistura com necessidades "inferiores".

Será indispensável analisar e salvaguardar os caracteres e as funções específicas e irredutíveis de toda necessidade e atividade no complexo tecido que caracteriza a psique humana.

Além disso, dados os vínculos em sentido vertical e horizontal entre os níveis, quando é ativado um motivo energizam-se também necessidades "contíguas", semelhantes, ou pelo menos conexas, embora em níveis diferentes. Assim, também no nível espiritual, a necessidade de apoio divino energiza — apresentando muitas vezes um resultado mesclado — as necessidades de afeto e de amor humano, mesmo de natureza erótica. É um fenômeno não incomum nas experiências místicas.

Ora, esse princípio de totalidade funcional é igualmente válido também quando consideramos o plano sobrenatural, a ação da graça, a que o homem é elevado e da qual participa. Ele não é uma alma mais do que é um corpo e um organismo psíquico.

Na pessoa não há um só ato interior que não tenha o seu correlativo físico, nem uma ideia sem uma imagem, nem um ato de vontade sem uma emoção. Paralelamente, na atividade humana o elemento espiritual é sempre um simples componente; com efeito, não constitui o ser homem, mas somente um dos seus elementos entre os outros. Não existem comportamentos que procedam de uma atividade puramente espiritual e que não tenham contemporaneamente sua fonte dinâmica nos estratos vitais e nas profundidades inconscientes da personalidade (cf. J. Nuttin, *Psicanalisi e personalità*, 188).

Existem apenas respostas "humanas" que "sintetizam" reações e processos bioquímicos, fisiológicos, psíquicos, mas que, ao mesmo tempo, transcendem esse conjunto de processos, porquanto há um eu que toma consciência e posição diante de tal específica atividade.

Todo aspecto da atividade do homem é reelaborado e refundido na experiência pessoal que participa de todos os elementos, mas que é algo "a mais", "superior" e até "diferente" de cada um deles.

A vida da graça, além de ser uma realidade sobrenatural, é um fato humano, porquanto toca e penetra — e, por sua vez, é penetrada — os três níveis físio-psico-racional com as suas atividades, tendências, princípios, valores… até constituir com eles o único princípio de operações salutares.

O dualismo, que de modo sutil pode se traduzir em oposição, é um risco sempre presente: corpo-psique, afetividade-racionalidade, natureza-graça…

Na ordem natural existe uma hierarquia para a qual a dimensão racional constitui o específico humano; caberá à liberdade do homem decidir a que nível dar primazia e, portanto, a tarefa de hierarquizar todo o aparelho psíquico sem exclusões de setores e dinamismos, e sob que perspectiva interpretar a si mesmo e o mundo. Mas somente na visão transcendente, em Cristo, o mistério do homem encontra verdadeira e plena luz: a sua constituição, a sua dignidade, a sua vocação (*GS* 22).

4. O HOMEM E A AÇÃO SOBRENATURAL: NATUREZA HUMANA E GRAÇA.

a) *Motivos de antropologia teológica.* O estudo da espiritualidade deve ser posto no quadro mais amplo da antropologia cristã para poder captar o significado objetivo. Mencionemos alguns assuntos de grande relevância muito debatidos: contraste ou harmonia, embora parcial, entre natureza humana e graça; suspeita ou valor da corporeidade; liberdade absoluta ou determinismo absoluto, ou que mais? Limitamo-nos a algumas linhas essenciais.

Também no âmbito da reflexão teológica há concepções diferentes com respeito à natureza do homem em relação a Deus. B. Mondin as reagrupa em três tendências principais, maximalista, minimalista, moderada, de acordo com a relevância atribuída ao homem (cf. G. B. MONDIN, *Antropologia teologica*, Alba, Paoline, 1977, 124-178).

A tendência minimalista diminui a estrutura ontológica do homem que é considerado incapaz de chegar a Deus com a sua mente, negando o conhecimento de Deus mediante a razão, ou seja, a teologia natural. Essa posição salvaguarda a transcendência de Deus e a absoluta gratuidade da sua manifestação; todavia, o sobrenatural (graça, fé) parece algo estranho, talvez até irracional.

Na tendência maximalista ressaltam-se com vigor a "conaturalidade", as "disposições" do homem à realidade sobrenatural. Evita-se assim o perigo do dualismo natureza-graça, mas está presente o risco de comprometer a transcendência de Deus e a gratuidade da salvação.

A posição moderna inspira-se no pensamento e princípio patrístico do homem "imago Dei", e na reflexão tomista-escolástica condensada nos axiomas: "gratia non destruit sed perficit naturam"; "gratia elevat naturam"; "gratia quaerit naturam ut condicionem".

"Assim, o homem tem a capacidade ativa de conhecer a Deus e a capacidade passiva de receber a vida divina, que é gratuita e dom transcendente" (L. M. RULLA, *Antropologia della vocazione cristiana*, 53). Fica salvaguardada a integridade das duas ordens, natural e sobrenatural, a sua distinção sem contraposição com um "ponto de contato" que torna atuável seu encontro na liberdade.

Em continuidade com as posições precedentes, uma linha de pensamento teológico-espiritual concentra a atenção no pecado original e no consequente contraste entre natureza e graça; na suspeita do desenvolvimento das forças e capacidades naturais.

O centro da religião é a crucifixão, o Calvário; a perfeição cristã consiste em negar a natureza, lutando por enfraquecê-la na sua vitalidade afetiva.

Outros autores, porém, partem do fato da redenção, como salvação do homem total; por isso também as forças naturais são elevadas e corroboradas pela graça. O cristianismo é a religião da → ENCARNAÇÃO, que comporta a elevação de toda a natureza humana em Cristo; é alegria, amor, liberdade etc., mais que proibição, afastamento, dor, renúncia… (cf. V. MARCOZZI, *Ascesi e psiche*, 15-19).

Entre as duas visões, prevalece agora a segunda que parece aderir mais aos dados da revelação e estar mais em sintonia com a imagem hodierna do homem. As capacidades naturais do homem não lhe permitem uma completa autossuficiência (*GS* 17); todavia, o pecado original não eliminou as potencialidades de bem inerentes à pessoa, tendo deixado substancialmente intactas a capacidade intelectiva e a liberdade. A personalidade do homem tem intrínsecas capacidades de reorganização que a psicologia soube valorizar.

O estímulo a posições contrapostas, muitas vezes extremas, representa-se na relação entre "espiritualidade" e "corporeidade". Um tipo de pedagogia para o homem espiritual tem sob suspeita o corpo, considera-o uma realidade rebelde ao transcendente, inimigo a ser combatido e vencido porque fonte de mal.

Outra forma de pedagogia funda-se na ética do prazer hedonista, propõe o culto do corpo como fim essencial do homem.

O dualismo platônico e seus derivados revelam-se uma constante do pensamento antropológico, uma metafísica dualista.

Sem cair no naturalismo vitalista, sem inverter a ordem dos valores, reivindicando a primazia da dimensão espiritual, a solução deve ser buscada numa síntese existencial da pessoa humana.

O homem é natureza e corporeidade, mas atinge seu vértice e se realiza como liberdade e espiritualidade. Todavia, o homem não se educa, sequer espiritualmente, contra o corpo, mas com o corpo, não apesar das pulsões instintuais, mas com elas, não tentando anular a sua carga afetiva, mas com ela, assumindo-a e finalizando-a. O cristão perfeito será um homem de sucesso, um homem perfeito, porque em Cristo foi elevado em todo o seu ser: dotações naturais, temperamento, conhecimento, tendências etc.

Sintetizando numa fórmula, a relação entre natureza e graça pode ser expressa ao dizer que entre elas há distinção essencial, mas não separação, e que, no plano operativo, "a graça não destrói a natureza, mas a aperfeiçoa".

Esse axioma pode representar o movimento do humanismo cristão, porquanto exprime toda a dignidade do ser natural, ainda que necessitado de um aperfeiçoamento que pode ser apenas gratuito.

A realidade humana não é "substituída" no plano da encarnação-redenção, mas elevada (*gratia elevat naturam*): Deus procura como interlocutor todo o ser do homem e todas as suas capacidades de relação. Essa íntima inserção da graça, não superestrutural, estimula e realiza a tensão à transcendência: é iluminar o intelecto e a consciência, apoiar a vontade, compensar de algum modo os "vazios" da relação com o "Totalmente Outro".

A natureza é até exigida pela graça como condição, como pressuposto. Com efeito, não age sobre o nada, mas se insere no ser bio-psico-social-racional, carregado de sua bagagem hereditária e adquirida, atingindo a atividade humana concreta. A vida espiritual é uma atividade vital do homem que permeia seu natural dinamismo. A ação sobrenatural não é uma força coercitiva que impede o uso das faculdades humanas, mas que as nobilita, as eleva, as guia, as revigora.

b) *Vida espiritual e condições psicológicas.* A graça é dada ao homem, infundida na sua realidade única existencialmente situada. A experiência espiritual, até a mais elevada, é vivida pelo homem concreto, não pelo "ser homem" em sua definição abstrata. É um "fato", evento sobrenatural, mas plenamente humano, e vice-versa.

Muitas vezes se falou do homem e ao homem, de modo unilateral. De uma parte, a tendência dedutiva, própria da teologia que leva em consideração a realidade de Deus, o chamado à graça, a causa sobrenatural da vida espiritual no homem definido como "animal rationale", de outra, as ciências positivas, que concentram a atenção no homem e em suas condições empiricamente postas em destaque: causa natural e tendência indutiva.

Para a primeira, o homem parece um ser abstrato, desencarnado. Ele foi interpelado para discutir as objeções e dúvidas de fé, para esclarecer as suas convicções racionais, para lembrar os seus deveres e responsabilidades morais. A segunda, em seus extremos, reduziu o homem ao produto puro e determinado das suas tendências internas, da sua educação e do seu ambiente, fechando de fato o horizonte transcendente.

Essas posições se movimentam, pelo menos teoricamente, para a síntese de polaridade e de perspectivas complementares. No momento teórico como no momento aplicativo, o homem não pode estar dividido: o homem moral e religioso, o homem psíquico. É o homem total que deve ser enfocado, levando em consideração as condições humanas da personalidade nas quais se desenvolve a ação da graça.

Todos os elementos psicológicos, temperamento, sentimentos, capacidades cognoscitivas, motivos e valores, bem como os elementos social, cultural e comunitário, influenciam a atitude espiritual do sujeito. Daí se conclui que o homem não é simplesmente o ser racional que se possui e que domina lucidamente, sem entraves, o próprio comportamento.

A ação formativa do diretor de espírito, do educador em geral é imprópria e inadequada se não se apoia num seguro conhecimento dos sujeitos aos quais se dirige. Na avaliação do ato humano é preciso levar em consideração seu objeto próprio, as circunstâncias, suas motivações múltiplas e muitas vezes conflitantes, a carga e pressão das pulsões sobre a deliberação racional, os hábitos, os juízos reflexos etc. Trata-se de perceber a influência dos fatores subjetivos e situacionais sobre o real exercício da atividade humana e sobre os processos que presidem a aquisição e o funcionamento das virtudes.

O princípio imediato da ação não pode ser buscado na natureza humana em geral, mas na condição individual da pessoa que põe esse ato. A psicologia pode ajudar a captar sua responsabilidade e intencionalidade, ultrapassando o limite do imediato evidente. À imutabilidade e universalidade dos critérios morais responde a cauta e difícil aplicação deles a uma consciência perturbada, deformada, ligada a resíduos infantis e irrealistas.

Assim, o ponto de vista teológico não pode excluir o ponto de vista psicológico, mas pode até dele se favorecer.

Nessa ótica, a → TEOLOGIA ESPIRITUAL é com fundamento entendida como "o estudo do desenvolvimento da vida espiritual nas suas condições psicológicas" (GABRIEL DE SANTA MARIA MADALENA, *Indole psicologica della teologia spirituale*, 32). Para guiar as almas para a perfeição não podemos nos limitar a dar princípios teóricos; é preciso levar em conta também os condicionamentos psíquicos da pessoa. Assim fazendo, não se favorece um puro psicologismo porque em primeiro lugar há sempre a referência ao organismo sobrenatural e à ação da graça.

As descobertas recentes das ciências humanas podem dar efetiva contribuição teórico-prática à vida espiritual: um estudo mais global e aprofundado, para uma formação mais eficaz e completa.

O estudo de uma ação sobrenatural destaca elementos de ordem natural e elementos de ordem sobrenatural que reagem uns sobre os outros e se fundam tão bem que muitas vezes é impossível precisar o que provém de uns mais que de outros.

G. Thibon afirma: "A graça constitui sem dúvida, na vida humana, um fator gratuito, imprevisível, cuja influência nenhum estudo psicológico pode medir. De outra parte, não é menos verdadeiro que a natureza e a graça não constituem em nós duas realidades independentes: há entre elas continuidade, concordância: todo dom sobrenatural de Deus, por mais inesperado que seja, é misteriosamente "adequado" à alma que o recebe" (*Caractère et vie spirituelle*, in *Dictionnaire de Spiritualité* II [1953] 127).

A realidade humana natural, concreta, existencial pode ser considerada a preparação de base para a atividade da graça. Como tal, estabelece condições para a recepção e para a eficácia da graça, não — neste caso — de ordem moral-espiritual, mas de dotação natural, por uma lei de harmonia e correspondência entre natureza e graça.

Os atos sobrenaturais que constituem a vida espiritual, formados sob a influência da graça, não escapam às condições gerais do resto da vida psíquica: são atos de inteligência e de vontade que vão se inserir no complexo dos mecanismos internos e dos esquemas comportamentais anteriores, sofrendo em parte sua influência e condicionamento e, por sua vez, com incidência sobre os estados seguintes.

O fato de a graça se inserir nas faculdades naturais do homem e na sua atividade psicofísica comporta uma dependência dos dados presentes e passados e, portanto, sofre seus limites. A graça, com efeito, age sempre em concreto, e as suas manifestações têm sempre um específico tom psicológico.

Há condições humanas que favorecem a expressão manifesta da perfeição da graça, e outras, ao contrário, que a impedem em medida variável. F. Pollien sintetiza: "o esplendor da vida sobrenatural torna-se tanto mais vivo e luminoso quanto mais vigorosa e robusta é a base natural na qual se insere" (*La vita interiore semplificata*, Torino, Marietti, 1949, 79).

Uma metáfora transparente, com muita frequência referida, ilustra essa inter-relação: que o Sol brilhe ou não no céu não depende do solo cultivado ou não; mas, se o Sol brilha, não é indiferente que o solo esteja ou não cultivado: um campo não cultivado é obstáculo à eficácia fecundante do Sol. Assim é com a graça: ter ou não ter a graça não depende do homem, mas da liberdade de Deus; o homem, todavia, se Deus oferece a graça, pode pôr obstáculo e frustrar os seus efeitos.

Ora, existe apenas o homem concreto, ou seja, visto no conjunto dos fatores que constituem a sua condição vital. Assim o axioma "gratia supponit naturam" requer uma revisão corretiva que a completa: "gratia supponit personam in natura humana existentem": a graça supõe a pessoa existente nas condições humanas, condições socioambientais e também psicofísicas (cf. R. ZAVALLONI, *Le strutture umane della vita spirituale*, 29).

É uma tarefa importante examinar essas condições pessoais, nos diversos níveis da vida psicoespiritual, elementos positivos ou não, desencaminhadores, de conflito, para os elaborar para uma sua harmonização, para tornar essas condições, ou seja, a pessoa concreta, mais eficientes e mais válidas a fim de que a ação de Deus possa agir, e do melhor modo possível.

Aqui se introduz e se compreende o sentido e o alcance do discernimento dessas disposições pessoais que se situam tanto no plano consciente como no inconsciente. É a contribuição mais significativa da ciência psicológica nos últimos decênios, agora explicitada e formulada de modo reflexo, mas que encontramos refletida, presente na reflexão teológica, expressa, por exemplo, nos axiomas "agere sequitur esse", "quidquid recipitur ad modum recipientis recipitur".

Esses princípios se aplicam, embora de modo análogo, também à relação que existe entre o homem e a graça. Existe uma essencial relação entre a natureza do homem e o seu modo de agir e, embora de forma menos absoluta, entre o seu ser "situado" como indivíduo e o seu modo próprio de agir. Deus em seu desígnio salvífico respeita o modo de ser do homem, a sua situação, a sua liberdade.

c) *A liberdade pessoal para a santidade*. O plano de Deus apresenta-se para o homem como "projeto", "dom" gratuitamente oferecido diante do qual ele, na sua situação concreta, é solicitado a optar. Essa opção fundamental será tanto mais verdadeira quanto mais o homem está consciente e livre para a realizar.

O aperfeiçoamento, o aprofundamento da sua adesão ao projeto de Deus torna-se possível, acontece, no exercício da liberdade pessoal que torna esses atos propriamente humanos e cristãos. A resposta livre da pessoa ao chamado de Deus constitui, na atual economia salvífica, o ponto de encontro, o elo entre o natural e o transcendente.

Deus e o homem: duas liberdades, absoluta a primeira e relativa a segunda, que se encontram "face a face". É o próprio Deus que funda e respeita até as últimas consequências a liberdade do homem; também ele se confronta com ela: habitualmente não prescinde dela, conforma-se às leis psicodinâmicas que ele criou com a natureza humana.

A graça se adapta assim à condição da pessoa na dimensão da sua autonomia como expressa pela sua liberdade e objetividade.

Ela respeita a liberdade humana, e os seus efeitos são proporcionais ao grau de liberdade do homem.

A liberdade, revela W. Meissner, é uma condição da ação da graça, e a graça é, por sua vez, a condição para o crescimento humano na liberdade (cf. *Foundations for a psychology of Grace*, 112).

A energia disponível e o nível de liberdade do eu consciente constituem os limites da ação da graça.

Quanto maior é a liberdade protegida no homem, tanto maior é a sua disponibilidade ao amor e ao chamado de Deus. É verdade que Deus pode superar esses limites, saná-los de modo extraordinário, mas de fato, normalmente, opera sobre as estruturas psicológicas do homem, age segundo as leis operativas do eu consciente. É um dado que os teólogos destacaram com frequência.

"É um fato que para a maior parte dos homens um psiquismo defeituoso pode continuar a impedir em larga escala e a inibir o desenvolvimento da sua personalidade moral, também em relação à graça" (P. FRANSEN, *Pour une psychologie de la grace divine*, 218). As dificuldades do homem se repercutem também na relação com Deus e na qualidade dessa relação.

Mais o homem tem obstrução interior na sua liberdade, menos pode estar aberto aos valores morais, espirituais, religiosos. É aplicável também nesse caso o axioma "quidquid recipitur ad modum recipientis recipitur": a graça se adapta às condições da pessoa tal-indivíduo-existencialmente-situado.

As condições humanas que favorecem a vida espiritual podem ser resumidas no conceito de maturidade humana.

As qualidades psíquicas não são nem virtude nem perfeição cristã nem garantia para elas; condicionam, todavia, a expressão normal e o pleno desenvolvimento, podem dispor mais ou menos favoravelmente à ação da graça.

Agir para tornar as condições humanas mais válidas e eficientes significa colaborar com a ação divina para pôr as bases do edifício espiritual a fim de que a graça não somente possa agir, mas aja no modo mais perfeito possível.

A expressão da graça, como dito, é proporcional ao grau de autonomia e liberdade, porquanto justamente seu exercício permite qualificar os comportamentos como propriamente humanos; consequentemente, só por meio delas o homem pode aperfeiçoar a própria adesão ao projeto de Deus.

A liberdade de que falamos não é a liberdade transcendental, mas a liberdade concreta, "encarnada". O homem é livre porque é capaz de operar escolhas e decidir como se situar no mundo e o que fazer da própria condição de estar circundado por limites biológicos, psicológicos, sociais.

Com as realistas palavras de M. Kaplan: "O homem é livre quando as suas escolhas são o produto da plena consciência das necessidades que operam e das coações presentes. [...] Conhecer o que quer verdadeiramente e o que pode verdadeiramente ter, essa verdade não torna o homem livre, mas torna possível a liberdade" (Rulla, *Psicologia del profondo e vocazione. Le persone*, Torino, Marietti, 1975, 164).

Além de tudo, a verdade é o fundamento da liberdade; a liberdade, ou a falta de liberdade pode influir sobre a disposição pessoal a aceitar a graça.

Concebe-se o homem como capaz de autonomia e de autodeterminação e, ao mesmo tempo, ele se vê sujeito a múltiplos condicionamentos.

Em termos quase paradoxais, o homem é livre na necessidade: também nas situações em que os condicionamentos físicos e humanos são fortes, a pessoa tem a capacidade de encontrar criativamente soluções, de fazer escolhas e dar significados alternativos. É capaz de tomar posição, de destacar-se tanto das condições ambientais como das próprias condições intrapsíquicas e somáticas, para decidir responsavelmente o próprio destino nos limites do próprio ser.

O problema não é de escolha entre determinismo e liberdade, mas antes de perceber a presença de ambos em graus diferentes; é ilusório crer no absoluto determinismo como o é crer na completa liberdade.

O grau depende de condicionamentos ambientais, fatores sociais e intrapsíquicos e sobretudo da extensão e influência dos setores consciente e inconsciente da pessoa. Maior é o domínio do consciente, maior é o grau de liberdade e o raio de escolha; maior é a área do inconsciente, menor é a área em que o indivíduo pode exercer o seu querer racional.

Um exame atento e profundo de cada ação pode pôr em relevo uma pluralidade de fatores motivadores, motivos diversos e até contraditórios. Além disso, esse tecido motivacional se apresenta como uma totalidade em parte consciente e em parte inconsciente; por isso a concepção do homem guiado ou só pela razão, ou só pelo inconsciente, salvo alguns casos patológicos, parece não refletir os dados reais.

Aspectos e motivos conscientes e inconscientes encontram-se mesclados: os dois mundos estão presentes, comunicando-se uma zona de influência recíproca, zona de "penumbra".

O homem então não pode ser explicado somente em termos de razão, intenção, vontade, mas também em termos de irracionalidade, emotividade, necessidade.

A teologia moral reconhece essa dupla fonte, distinguindo entre responsabilidade objetiva e subjetiva.

Assim também a distinção filosófica entre liberdade essencial, ontológica, e liberdade efetiva ressalta que elementos diferentes (a psicologia dá destaque aos inconscientes) podem limitar seu exercício efetivo, impedindo que a pessoa utilize a fundo aquilo de que dispõe.

Em geral, esse é um ponto de particular significado, a relação entre vida psíquica e crescimento na vida espiritual foi vista segundo duas perspectivas opostas e extremas.

A primeira ressalta que entre elas não há nenhuma relação, que o homem é completamente livre e, por isso, a falta de crescimento espiritual é devida à não correspondência à graça, ou seja, ao pecado.

Para a segunda perspectiva existe uma relação tão estreita, quase total, de modo que o homem quase não é nada livre; a falta de crescimento espiritual é a consequência de psicopatologia (cf. Rulla, *Antropologia della vocazione cristiana*, 136-137).

Segundo os estudos mais recentes da psicologia do profundo, é possível identificar uma posição e dimensão intermédia entre as duas já referidas.

A primeira é a dimensão da liberdade plena, dos valores transcendentes morais e religiosos, conscientemente considerados e professados; da consciência por parte do homem das suas ações e motivações. Segue-se um fundamental acordo entre as estruturas intrapsíquicas, a capacidade de escolhas responsáveis: é, portanto, a dimensão que dispõe à virtude ou ao pecado.

Na segunda dimensão, a liberdade, e assim a responsabilidade, é relativa, uma vez que deriva da ação que acompanha estruturas conscientes e inconscientes.

Junto com ideais e valores religiosos, morais, espirituais, conscientemente expressos, coexistem e operam aspectos, motivos não conscientes em desacordo com tais valores e que talvez constituam a maior força dinâmica da pessoa: imaturidade na segunda dimensão.

A limitação provém da força do encontro que subtrai parte do material sobre o qual a avaliação reflexiva da pessoa deveria julgar. Essa influência se exerce por meio de uma predisposição a decidir de um modo mais que de outro, embora sem tocar a capacidade essencial de "querer", tomar decisões.

É o setor, que não é nem pecado nem patologia, que exprime graus diversos de liberdade efetiva. A pessoa responde à ação de Deus não segundo a virtude ou o pecado, mas segundo um bem que pode ser predominantemente tal, ou seja, real, ou predominantemente aparente, de acordo com o raio de influência do inconsciente; ou pode-se falar de "erro" não culpável numa medida maior ou menor.

Além disso, ele influencia muitos aspectos do caminho e progresso espiritual, iniciando pela escolha e assimilação dos valores de Cristo.

Se na primeira dimensão a falta de maturidade é de natureza consciente e, por isso, pode implicar pecado deliberado, isso não é verdade para a segunda, em que a falta de maturidade é de natureza inconsciente.

Todavia, no primeiro caso, o desacordo (inconsistência), já que predominantemente consciente, pode ser superado com as adequadas ajudas da vida espiritual, ao passo que no segundo os usuais subsídios e métodos espirituais — oração, sacramentos, ascese, reflexão, exercícios, propósitos… — acabam sendo normalmente insuficientes, com uma incidência muito reduzida.

A terceira dimensão é a que caracteriza a normalidade e a patologia. No que diz respeito à sua incidência sobre a vida espiritual, ela apresenta limites importantes e diferentes: o intrínseco ao polo da normalidade consiste no fato de que o projeto de vida da pessoa inclui quase exclusivamente valores naturais, não autotranscendentes. O polo negativo, porém, é a área da psicopatologia em que operam forças inconscientes somente em parte ou raramente controláveis que alteram em diferente medida a consciência da pessoa: a liberdade pode ser também muito reduzida ou ausente.

Todavia, essa área é constituída por uma série complexa de distúrbios que variam muito na gravidade, de formas em que a pessoa conserva uma sua estrutura psíquica — mas que funciona — a formas de séria desorganização de si mesmo.

Os casos menos graves se aproximam da segunda dimensão em que se toca a liberdade efetiva, ao passo que nos outros é lesada a liberdade essencial, ou seja, a capacidade crítico-reflexiva de entender e a capacidade de querer (cf. RULLA, *Antropologia della vocazione cristiana*, 130-133.140-141).

Essas sintéticas linhas projetam uma visão integrada do homem que vive contemporaneamente em dois mundos: o mundo dos valores, das realidades transcendentes, e o mundo da sua atualidade, relativo, limitado e até necessitado. Além disso, ressaltam que não é suficiente apresentar os valores espirituais, mas é preciso ajudar a pessoa a perceber com objetividade esses valores e a crescer na liberdade que é a única a lhe tornar atuável a escolha vivida; no fundo, a promover uma resposta apropriada a Deus.

d) *Santidade subjetiva, santidade objetiva.* Com base nas reflexões precedentes, podemos dizer que o âmbito da ação da graça é o eu livre. Ela age, de modo inconsciente, por meio da atividade do eu consciente.

Ela não produz nenhum ato que seja ato do eu mesmo. Requer a atividade do eu como base, condição para a sua realização: um ato livre de autodeterminação.

A sua ação, com efeito, é eficaz somente na — e por meio da — atividade livre da pessoa: atos de amor livremente dados e livremente recebidos. O eu é o "*locus*" próprio da ação da graça, em especial as funções do eu que são as mesmas com ou sem a graça, mas que se beneficiam da sua presença ativa.

A graça desenvolve uma função estimulante sobre o eu consciente, especialmente uma ação sobre a sua força, considerada energia e autonomia.

Situando-nos no plano funcional, tem fundamento considerar que ela aumente a eficácia do seu funcionamento global; a sua orientação à realidade cuja expressão são as realidades espirituais e um sistema de valores. Mais, o grau de amplitude dessa orientação num sistema-de-valor é uma medida da maturidade do eu.

Além disso, amplia a sua liberdade e a sua capacidade de integração entre instintos, pulsões, paixões (campo da concupiscência) e as faculdades mais elevadas do homem (cf. W. Meissner, *Foundations for a psychology of Grace*, 148-151).

Deus respeita as leis operativas do eu consciente, aceitando suas delimitações. A graça se insere no dinamismo psíquico e nas faculdades do homem não como um princípio coercitivo externo, mas como um elemento que as impregna, as eleva, sujeitando-se, porém, a seus limites intrínsecos. Como F. Pollien afirma: "A vida sobrenatural cresce em proporção do desenvolvimento da vida natural" (*La vita interiore semplificata*, 48).

Falando da relação entre ação da graça e condições psíquicas, da interdependência e convergência entre → CRESCIMENTO PSICOLÓGICO E CRESCIMENTO ESPIRITUAL, é necessário distinguir entre santidade subjetiva, santidade objetiva e eficácia apostólica.

A santidade subjetiva indica quanto *de facto* a pessoa usa das capacidades, "talentos" sobrenaturais e espirituais, e das possibilidades livres recebidas de Deus.

A santidade objetiva, porém, é constituída não somente pelas capacidades livres do indivíduo, mas também pelas que não são livres nele e que poderiam se tornar livres; indica as disposições à santidade se todas as suas capacidades fossem livres e postas em prática; depende mais da disponibilidade concreta da pessoa para ser transformada pela ação de Deus, independentemente da sua resposta real.

A eficácia apostólica pode ser descrita como a manifestação visível e a comunicação social dos valores de Cristo (cf. Rulla, *Antropologia della vocazione cristiana*, 201).

Qual é a influência dessas dinâmicas inconscientes?

Nenhuma relação direta com a santidade subjetiva, que não depende do crescimento psicológico e do grau de maturidade do desenvolvimento efetivo.

Com efeito, a santidade na sua essência, ou seja, a presença da graça e das virtudes infusas na sua cooperação com a vontade humana, não depende intrinsecamente das disposições psíquicas, mas do ato espiritual, que abandona amorosamente a pessoa à presença e à ação do Espírito.

Esse ato é possível em qualquer estado psíquico, até neurótico, pelo menos enquanto há margem de liberdade.

Somente Deus santifica a pessoa que não recusa a sua ação completamente gratuita. Portanto, posto um mínimo de liberdade pessoal, uma resposta "afirmativa" a Deus nos limites da liberdade efetiva com atos sobrenaturais (frequência aos sacramentos, ações virtuosas etc.), tem-se santidade pessoal, independentemente dos elementos da dinâmica intrapsíquica.

A santidade, além disso, não tem nada a ver com a "quantidade". O crescimento na perfeição está ligado à utilização das possibilidades que Deus concedeu a toda pessoa. Assim, portanto, os elementos inconscientes, as imaturidades, os limites psíquicos não exercem uma influência sobre a santidade subjetiva porque não tocam nem a ação santificadora de Deus nem a resposta livre e consciente, embora limitada, do homem a essa ação.

Existe, porém, uma relação de dependência indireta, extrínseca, da santidade objetiva em relação às condições psíquicas negativas acima mencionadas, do nível patológico (terceira dimensão) até os elementos e disposições inconscientes (segunda dimensão).

Com efeito, esses fatores psicodinâmicos reduzem o grau de liberdade com o qual a pessoa está disponível à ação da graça e, nos limites da sua influência, condicionam a santidade objetiva.

Em outras palavras, com igual ação por parte da graça, esses elementos podem limitar a margem de liberdade por dentro da qual a pessoa pode corresponder à ação de Deus. O "dom" divino fica parcialmente sem poder dar fruto enquanto o terreno que o recebe (as capacidades não atuadas pela pessoa, os "talentos") não estiver disponível, estiver inculto.

O inconsciente pode assim atingir a santidade objetiva na medida em que reduz os espaços de liberdade efetiva, pondo obscuramente exigências e solicitações em contraste com alguns valores transcendentes.

Ora, esse "modo de ser" tem uma ligação funcional direta com um "modo de agir" que logicamente lhe corresponde (*agere sequitur esse*). Tal ligação emerge no plano da manifestação plena dos frutos da graça, em que observamos uma dependência acentuada da vida espiritual em relação aos elementos psicológicos.

As forças patológicas da terceira dimensão e as forças inconscientes da segunda dimensão influenciam diretamente (relação intrínseca) a eficácia apostólica.

A obra da graça não se limita ao fato espiritual privado em que consiste a santificação fundamental da alma.

Tende a se difundir em toda a personalidade e a se irradiar fora da pessoa. O ato espiritual quer dar frutos visíveis. Tudo isso é possível se — e na medida em que — o desenvolvimento, a harmonia e a maturidade psíquica estão presentes como bases e condições naturais indispensáveis para favorecer a plenitude do crescimento e das manifestações espirituais.

As qualidades psíquicas, como vimos, embora não sendo perfeição nem virtudes cristãs, condicionam sua expressão normal e seu pleno desenvolvimento. Por exemplo, o escrupuloso pode certamente se santificar na sua neurose obsessiva, mas é uma testemunha muito imperfeita de certos aspectos do perdão divino e da alegre confiança em Deus.

Igualmente, uma pessoa que pretende se dedicar ao serviço cristão dos irmãos, mas é portadora, no nível inconsciente, de uma necessidade de dependência afetiva, comunica de modo reduzido a imagem e o ideal do amor altruísta de Cristo justamente porque essa necessidade dissonante a torna menos livre.

Segue-se que tais disposições psicológicas inconscientes não podem ser consideradas um fator secundário e desprezível. Tendem aliás a persistir no tempo, frequentemente imutáveis, apesar do uso dos métodos espirituais, refratárias à ação do Espírito.

A liberdade do homem é sim dom de Deus, mas também conquista do homem que o compromete em relação a ele todo, não somente em relação aos aspectos conscientes, mas também em relação aos inconscientes.

A autodoação à obra da graça procede concomitantemente com a autoposse. Construir e recompor pouco a pouco, mesmo no nível psíquico, a unidade funcional do ser e do agir na pessoa para uma adesão mais profunda à obra de Deus é um objetivo que a pessoa espiritual não pode evitar; é uma condição humana necessária ao crescimento espiritual.

BIBLIOGRAFIA. FRENSEN, P. Pour une psychologie de la grâce divine. *Lumen Vitae* 12 (1957) 209-240; GABRIELE DI SANTA MARIA MADDALENA. Indole psicologica della teologia spirituale. *Rivista di Filosofia Neoscolastica* 32 (1940) 31-42; GEMELLI, A. Il soprannaturale e la psicologia religiosa. *Rivista di Filosofia Neoscolastica* 28 (1936) 101-106; GROESCHEL, B. *Spiritual passages*. New York, Crossroad, 1983; MARCOZZI, V. *Ascesi e psiche*. Brescia, Morcelliana, 1963; MEISSNER, W. W. *Foundations for a psychology of Grace*. Glen Rock, Paulist Press, 1966; NUTTIN, J. *Psicanalisi e personalità*. Alba, Paoline, 1960; RONCO, A. Relaciones entre crecimiento psicológico y crecimiento spiritual: precisiones desde la psicología. *Vida Religiosa* 42 (1977) 343-357; RULLA, L. M. *Antropologia della vocazione cristiana*. Alba, PIEMME, 1985; RULLA, L. M. – IMODA, F. – RIDICK, J. *Struttura psicologica e vocazione*. Marietti, Torino, 1977; VERGOTE, A. *Psicologia religiosa*. Roma, Borla, 1967; ID. *Religione, fede, incredulità*. Milano, Paoline, 1985; ZAVALLONI, R. Personalità umana e vita spirituale. In *Elementi di medicina e psicologia pastorale*. Varese, OARI, 1969, 51-68; ID. *Le strutture umane della vita spirituale*. Brescia, Morcelliana, 1971; ID. Psicologia (e spiritualità). in FIORES, S. de – GOFFI, T. (org.). *Nuovo Dizionario di Spiritualità*. Roma, Paoline, 1979, 1.296-1.315.

C. BECATTINI

PSICOPATOLOGIA E VIDA ESPIRITUAL. O âmbito no qual se pretende manter aqui a vasta gama da patologia de conteúdo religioso é o que se caracteriza pelo estado de *imaturidade* e pelo quadro das *neuroses*. Elas são as formas menos graves, mas também as mais difusas que se encontram tanto nos quadros da psicologia clínica como nos da patologia religiosa. Depois da apresentação dessas formas que desviam o comportamento religioso, serão dadas algumas indicações sobre a possibilidade da *intervenção terapêutica*, respondendo a interrogativos específicos que se apresentam a quem quer tratar uma pessoa que apresenta distúrbios no campo religioso, moral ou vocacional.

A análise desses quadros clínicos da religiosidade e do respectivo tratamento será precedida por uma pontualização sobre o conceito de pessoa humana entendida quer como composto psicossomático quer como unidade dinâmica entre *psique* e *espírito*.

1. PSIQUE E ESPÍRITO. O caminho para passar de uma concepção dualista do homem para o conceito de pessoa como composto psicossomático foi longo e cansativo. Essa conquista tornou possível um estudo do homem como entidade global e unitária, dotada de um dinamismo em que convergem elementos somáticos e fatores psíquicos. Essa descoberta está na base da nova orientação tomada tanto pela medicina como pela psiquiatria no estudo das expressões patológicas e no tratamento delas, dando lugar à medicina psicossomática.

Hoje nos encontramos diante do obstáculo de uma outra forma de dualismo: o que introduz uma *ruptura entre a psique e o espírito*. São diversas as escolas psicológicas que se baseiam numa concepção "redutiva" da pessoa humana. Segundo tais escolas, o dinamismo do homem se exaure no funcionamento do aparato psíquico, dirigido por leis mais ou menos rígidas, dependentes de condicionamentos tanto hereditários como ambientais. A meta para a qual, mais ou menos conscientemente, o homem caminha não seria outra senão a atuação de necessidades e de tendências, que despertam nele sob o impulso de fatores orgânicos e de estímulos ambientais. Nessa concepção é difícil falar de liberdade, de responsabilidade ou de aspiração a valores que transcendem o horizonte humano.

Será a psicologia humanista-existencial, chamada também de "terceira força", nascida nos anos 1960 em oposição ao behaviorismo e à → PSICANÁLISE, que elaborará uma concepção "aberta" do homem, visto como ser dotado de liberdade e animado por motivações que o atraem para valores que se encontram acima dele. Nessa concepção, o homem não é apenas "estimulado" por condicionamentos, mas é também "atraído" por valores, até afirmar que "ser homem quer dizer fundamentalmente estar orientado para algo que nos transcende" (V. Frankl).

Partindo dessa concepção da pessoa é possível manter um discurso coerente sobre a dimensão religiosa do homem e falar do espírito como de uma realidade distinta, mas interagente com o psiquismo humano. Por isso seria errôneo considerar separadamente o homem psíquico e o religioso. Também nesse nível, como se disse para os componentes somático e psíquico, deve-se levar em consideração *o homem total*.

A consequência dessa totalidade é que a vida espiritual deve ser considerada como uma atividade vital do homem e que, como tal, se insere no dinamismo psicofísico da pessoa. Apresenta-se aqui o problema da relação entre *graça* (dom misterioso de Deus que transcende o humano) e *natureza*. Estudar a vida espiritual sob o ponto de vista psicológico pode parecer uma pretensão de fazer uma psicologia da graça, ou seja, de tentar analisar a ação de Deus.

De outra parte, a ação de Deus sobre o homem não é externa a ele, não é uma força que se impõe à pessoa anulando sua liberdade e sem levar em conta condicionamentos psicofísicos. A esse propósito é iluminadora a conhecida frase de Santo Tomás: "A graça não destrói, mas pressupõe e aperfeiçoa a natureza".

A graça penetra na natureza humana e age mediante as estruturas dela. Daí a possibilidade e a licitude de aplicar as leis psicológicas à dimensão espiritual do comportamento humano, considerado expressão de um dinamismo que é fruto da convergência de forças psicofísicas e sobrenaturais. É evidente que, nessa aplicação, a psicologia deve levar em consideração um fator (a graça) cuja ação não é diretamente analisável, mas que incide sobre o comportamento.

No que diz respeito ao assunto que nos interessa aqui, podemos dizer que a expressão da religiosidade e da vida espiritual está condicionada pelas problemáticas psicológicas, porquanto está integrada na estrutura global da personalidade. Por isso ela apresenta notas diferenciais que provêm do temperamento pessoal e da cultura de cada um.

Dessas considerações deriva a possibilidade de estudar a dimensão espiritual do psiquismo humano, como reconheceu Pio XII, ao falar aos participantes do V Congresso Internacional de Psicoterapia e de Psicologia clínica, realizado em Roma, em 1953. Naquele discurso, o papa fala de "um dinamismo que, radicado nas profundezas do psiquismo, impulsiona o homem para o infinito que o supera... Nesse determinismo se percebe uma força independente, a mais fundamental e a mais elementar da alma, um impulso afetivo que leva imediatamente ao Divino...". Além disso, ele reconhece expressamente a licitude da pesquisa no campo religioso: "Não se deve por certo acusar a psicologia do profundo se se ocupa com o conteúdo do psiquismo religioso, procura analisá-lo e fazê-lo entrar num sistema científico, ainda que essa pesquisa seja nova...".

Essas expressões marcam uma extraordinária inovação no magistério. Jamais papa algum tinha explicitamente declarado a licitude de falar de religião em termos de dinamismo e de afetividade.

Ninguém pode negar a dificuldade de manter tal discurso de modo equilibrado, levando em conta os dois componentes que agem contemporaneamente e em interação no homem. O psicólogo será fortemente tentado a acentuar o papel das estruturas psicológicas em contraste com a ação imponderável da graça, ao passo que o teólogo tenderá naturalmente e dar amplo espaço à transcendência da liberdade sob a influência da ação divina, minimizando o papel do psiquismo. Essas posições correm o risco de introduzir uma ruptura entre psique e espírito, instaurando um dualismo destrutivo da unidade da pessoa, na qual, porém, o espírito é inseparável do psiquismo.

É difícil ponderar o grau de condicionamento que o psiquismo exerce sobre a liberdade de expressão do espírito. Somente nos casos extremos é que se pode afirmar com certeza que naquela determinada pessoa o ato espiritual não pode ter lugar (por exemplo, o demente é incapaz tanto de renunciar ao pecado, como de colaborar com a graça).

Sabe-se muito bem que se exige certa integridade do sistema nervoso para que a consciência se manifeste e se desenvolva, como é necessário um *minimum* de equilíbrio e de maturidade psíquica para que a pessoa possa se abrir ao mistério do pecado e do Amor salvífico. Pode-se dizer que existe um "limiar" abaixo do qual não pode ter lugar uma verdadeira vida espiritual, porquanto ela exige tomada de consciência, capacidade e liberdade de escolha e de decisão, senso de responsabilidade.

A vida do espírito tende a se difundir da alma a toda a pessoa. No crente, o Espírito é como uma inspiração que tende a gerar novos modos de amar, de sentir e de julgar, segundo o ensinamento de Paulo (Gl 5,16-25). Mas sabe-se muito bem que o desenvolvimento e a maturação dos frutos do Espírito estão condicionados pela estrutura psíquica de cada indivíduo. Nos casos em que essa estrutura é frágil ou alterada, a fidelidade às inspirações traduzir-se-á numa luta que terminará inevitavelmente numa derrota. O que falta a essas pessoas não é a santidade em si mesma, mas a sua inscrição no psiquismo, a sua manifestação na virtude em ato.

Partindo dessas premissas e supondo nas pessoas igual grau de fidelidade interior à graça, podemos distinguir *dois tipos de santos*: os santos-modelo e os sem nome.

Os *santos sem nome* são dotados de um psiquismo infeliz e difícil, são dominados pela angústia ou pela depressão, pela agressividade ou pelas paixões carnais. Eles estão fadados ao contínuo fracasso e à infelicidade interior; a santidade não brilhará jamais em seu rosto nem será notada nesta terra, embora diante de Deus possam ser luminosos.

Os *santos-modelo*, ao contrário, são dotados de um psiquismo feliz, capaz de responder plenamente ao toque da graça. Neles a humanidade é visivelmente transformada pela ação divina. São essas as pessoas capazes de traduzir de modo exemplar todas as virtudes, tornando-se assim modelos para os outros.

Esses dois tipos de santos, quer os atormentados por animais monstruosos quer os visitados pelos anjos, vivem as mesmas experiências fundamentais, falam de Deus e de si mesmos com os mesmos termos. Diante de Deus estão no mesmo nível, embora nós os vejamos tão diferentes.

Disso se pode tirar uma dupla conclusão: o psiquismo pode condicionar as expressões externas do espírito, mas o último pode igualmente se enriquecer de frutos diante de Deus. A experiência espiritual, no seu significado último, não é, portanto, redutível ao jogo dos dinamismos psíquicos nem pode ser confundida com a sua dimensão psicológica.

2. IMATURIDADE RELIGIOSA. Com o termo "imaturidade" se quer indicar um modo de ser e de viver — no plano tanto psicológico como espiritual — que apresenta formas que se afastam da plena normalidade, sem desembocar, porém, em quadros claramente patológicos. Tenha-se presente que não é possível traçar uma clara linha divisória entre maturidade e imaturidade, entre normal e patológico, entre sadio e doente. Isso vale tanto no campo psicológico como no espiritual.

A *maturidade religiosa* pressupõe uma "religiosidade madura", fruto de um gradual e progressivo processo de estruturação e de integração na vida da pessoa. Por sua vez, a religiosidade madura requer uma adequada → MATURIDADE PSICOLÓGICA, porquanto a religiosidade não constitui um setor separado de comportamento, mas faz parte da estrutura global da personalidade e é um aspecto fundamental da experiência humana.

A *imaturidade religiosa* do adulto tem as suas raízes numa irregular evolução psicológica do indivíduo, partindo da sua infância. A essa causa pode-se acrescentar a de um errôneo enfoque na educação religiosa e moral durante a infância e a → ADOLESCÊNCIA. Nota-se nesses casos o aparecimento de uma religiosidade infantil nitidamente egocêntrica, defensiva, utilitarista, narcisista, exibicionista, costumeira e instrumentalizada.

A imaturidade religiosa pode ser facilmente reconhecida por algumas características, que geralmente não se apresentam em estado puro, mas mescladas a elementos que indicam um certo grau de maturidade. Eis as notas mais frequentes dessa imaturidade:

Autoritarismo: o indivíduo não vive a religião com base em convicções amadurecidas pessoalmente, mas só porque a autoridade diz assim; ele não faz escolhas pessoais e procede passivamente, deixando-se envolver pelo espírito coletivo. Trata-se de uma religiosidade passiva, conformista e convencional.

Egocentrismo: o imaturo mede segundo a própria experiência os vários acontecimentos ou enunciados religiosos; qualquer expressão religiosa e qualquer compromisso são avaliados pelo sujeito em relação à vantagem que pode lhe advir.

Imitação passiva: o indivíduo copia e repete gestos e palavras que aprende dos outros, sem uma contribuição de convicção ou de reflexão pessoal e sem motivações intrínsecas.

Antropomorfismo: o imaturo forma de Deus uma imagem caracterizada por traços humanos, exatamente como faz a criança quando quer representar a divindade.

Domínio do componente emotivo: a pessoa imatura se serve também da religião para exprimir e descarregar o potencial afetivo, caracterizado muitas vezes por estados de alma ambivalentes e próprios da infância, como: ódio-amor, confiança-medo, estímulo vital-impulsos destrutivos. Muitas vezes essas cargas emotivas incontroláveis são vividas também em relação a Deus: a atitudes de submissão, de dependência e de temor seguem expressões de rebelião e de rejeição. Essa forma de compensação de uma afetividade bloqueada nas relações humanas exprime uma religiosidade instável e frágil, que desmorona diante das dificuldades comuns da vida.

Animismo (atribuir vida e consciência a tudo o que se move) e *magismo* (ver relações de causalidade em fatos que apresentam somente vagas semelhanças e têm somente afinidades espaciotemporais), que caracterizam o período pré-racional da infância. No adulto essa imaturidade se manifesta no fanatismo, no pseudomisticismo, em atribuir intenções à realidade externa, nas práticas supersticiosas.

Ritualismo: o imaturo tende a repetir gestos e ritos sem entender seu significado, com disposição mágico-obsessiva (gestos forçados, visitas a uma determinada igreja, uso de certas orações...).

Verbalismo: a pessoa exprime a própria religiosidade recorrendo por hábito e de modo mecânico a fórmulas e a gestos aprendidos desde a infância, sem ter uma adequada ressonância interior.

Unilateralismo: os motivos que animam a expressão religiosa são nitidamente egocêntricos, como acontece na criança.

Além das formas de imaturidade, a religiosidade pode apresentar verdadeiros quadros clínicos que refletem a presença de distúrbios que alteram mais ou menos gravemente o dinamismo psíquico.

3. DIMENSÃO RELIGIOSA DAS NEUROSES. A presença de formas anômalas ou de desvios nas expressões da vida espiritual leva a supor uma relação causal entre o nível do psiquismo e o do espírito. É necessário fixar alguns pontos adquiridos para explicar o tipo de interação existente entre os distúrbios psíquicos e os que se manifestam na esfera espiritual.

Uma primeira afirmação, partilhada por quase todos os psicólogos e terapeutas, é esta: os desvios e as alterações na religiosidade são consequência, não causa, dos distúrbios psíquicos. Em particular, parece que carências ou distorções na relação com os genitores por parte da criança traduzem-se facilmente nela em conflitos de conteúdo religioso. Isso se explica pelo fato de que a criança faz uma representação de Deus partindo das figuras dos pais. Ela projeta sobre Deus os atributos que descobriu nos pais e na relação que tem com eles. Se eles são imaturos, se não facilitaram na criança a superação do Édipo (identificação com o genitor do mesmo sexo), se não vivem uma religiosidade de modo coerente, a criança forma de Deus uma imagem deformada e perturbadora.

A essa fonte original de formas patológicas na relação com Deus, pode ser acrescentado um clima familiar, quando não oferece à criança a necessária segurança existencial e a confiança de base. Deve-se, porém, observar que essa situação é somente potencialmente patogênica, porquanto a incidência neurotizante somente se dá se a situação é interiorizada.

Pode-se dizer, com inspiração nos estudos de orientação psicodinâmica, que a gênese das psiconeuroses de conteúdo religioso deve ser atribuída à interiorização intrapsíquica negativa que a criança fez ao viver de modo conflitante a relação com os pais.

Outra fonte de distúrbios e de conflitos nas expressões religiosas, com possíveis reflexos também sobre o equilíbrio psíquico, deve ser buscada no enfoque errôneo da relação com Deus, a ponto de alguns autores falarem de "neurose cristã" (P. Solignac). Na prática terapêutica topamos frequentemente com a problemática religiosa e temos a possibilidade de distinguir se se trata de uma extensão dos distúrbios psíquicos à esfera religiosa ou se essa última é alterada por conflitos de matriz religiosa. Com efeito, segundo alguns estudiosos (N. Mailloux e L. Ancona), a religiosidade pode ser perturbada por conflitos neuróticos próprios, sendo ela uma dimensão da personalidade como as outras.

É verdade que a religião não constitui uma condição necessária para garantir a saúde mental, nem representa uma defesa contra o surgimento de neuroses ou de outras alterações psíquicas, mas foi verificado que se o homem consegue organizar a própria existência em torno de um sistema de motivações e de valores — entre os quais sobressaem os religiosos, segundo G. W. Allport — pode contar com um importante fator de integração da própria estrutura psíquica.

O mesmo princípio é expresso por V. Frankl quando fala de "neuroses noógenas" para indicar distúrbios psíquicos oriundos de conflitos religiosos ou éticos não resolvidos, de falta de valores a que tender, de crises existenciais (o vazio existencial). No VI Congresso Internacional de Psicoterapia foi referido que esse tipo de neurose está presente em 26% dos neuróticos.

Todo tipo de → NEUROSE pode invadir também o campo religioso e desembocar em comportamentos religiosos mais ou menos patológicos. Inspirando-nos no estudo de G. Dacquino, passaremos em revista as formas mais comuns de neuroses de conteúdo religioso.

Religiosidade narcisista. O narcisismo é uma atitude de admiração de si. Se na infância favorece a estruturação da subjetividade, no adulto é sintoma de neurose.

Trata-se de uma disposição oposta à que nasce do amor, porquanto ela orienta o poder afetivo para dentro, mais que para os agentes que se encontram fora de si. Observe-se que, até certo nível, as gratificações narcisistas ajudam o adulto a sentir-se aceito, a se integrar, a cultivar uma justa estima e confiança em relação a si mesmo.

A origem do narcisismo deve ser buscada nas frustrações afetivas da infância, que deixam um vazio difícil de ser preenchido. Isso torna difícil a adaptação ao ambiente. O egocentrismo afetivo dificulta a formação da disponibilidade e da oblatividade que caracterizam a maturidade afetivo-social.

Essa forma de neurose altera também a relação com Deus, sobre o qual o narcisista projeta a própria necessidade de onipotência e a pretensão de obter todos os benefícios possíveis. Ele tenta assim recuperar o amor perdido na infância, tem a impressão de ser muito importante para os outros e para o próprio Deus, espera ser sempre aceito e amado para se sentir seguro. Tudo isso o faz sentir-se espiritualmente superior aos outros, alimenta uma desmedida estima de si que se faz acompanhar da preocupação de salvaguardá-la e de afirmá-la, chegando também a desprezar os outros.

Religiosidade egocêntrica. As pessoas que pensam somente nas próprias vantagens e em garantir a própria segurança e bem-estar servem-se da religião como de um bem de consumo, como de um instrumento para satisfazer necessidades neuróticas e para obter de Deus favores materiais. Neles a relação com Deus é formalista e de matriz contratual, a oração consiste numa declaração de necessidades psicológicas ou materiais, exatamente como faz a criança em relação aos pais. Deus é visto como "uma vaca a ser ordenhada", segundo a crua expressão de R. Otto.

Trata-se de uma religiosidade de compensação que evidencia a insuficiência do eu. Por isso a religião fica fechada no âmbito individual sem jamais se abrir à dimensão comunitária.

Religiosidade de isolamento. O imaturo encontra dificuldades nas relações interpessoais e é comumente rejeitado pelo grupo porque não é capaz nem de amar nem de se integrar consigo mesmo e com os outros. Ele acaba se encontrando assim isolado porque incapaz, desprovido de valores, à margem do fluxo normal da vida, com uma imagem negativa de si aliada muitas vezes a aspirações muito altas.

Daí a fuga da sociedade e o refúgio em lugares seguros em que o imaturo pode encontrar motivos para ser "superior" aos outros sem se confrontar com eles. A religião (tanto nas formas de total consagração a Deus como num compromisso que coloque a pessoa numa missão especial diante dos fiéis) oferece a esses imaturos a ocasião de se subtrair ao confronto com os outros e de se sentirem superiores a todos, porquanto são intermediários entre Deus e o povo.

Neles a religião não representa uma via para a → UNIÃO COM DEUS, mas para fugir do isolamento e se refugiarem num grupo ou num estado de vida em que é suficiente um tipo de relação que não exija um verdadeiro envolvimento afetivo. Considerar-se aceitos por Deus e postos a seu direto serviço pode constituir para esses imaturos um sucedâneo para compensar a não aceitação por parte dos homens.

Religiosidade passiva e dependente. A imaturidade psicológica é muitas vezes caracterizada pela insegurança, pela instabilidade, pela recusa de responsabilidade, pela necessidade de ficar passível e dependente dos outros. Essas pessoas, não tendo podido desenvolver um adequado conhecimento de si e uma estável confiança nos próprios recursos interiores, preferem acomodar-se num conformismo passivo e aceitar permanecer dependentes de quem lhes oferece proteção e segurança.

É fácil esses imaturos procurarem na religião e na Igreja um guia seguro e uma garantia de salvação. A religiosidade deles é caracterizada pela procura de símbolos de proteção e pela expectativa de intervenções mágicas. Às vezes, a atitude passiva e dependente se transforma numa independência ativa com formas de aberta rebelião a Deus e à Igreja.

Religiosidade de temor. Essa forma de religiosidade representa, no adulto, a forma patológica do temor que a criança experimenta depois de uma infração da norma, porquanto crê na justiça que J. Piaget define como "justiça imanente". Quem vive assim a própria religião tem um comportamento puramente legalista e negativo e uma piedade que se exprime na tentativa neurótica de obter o perdão mediante um gesto mágico. A reação ao pecado se expressa num remorso-temor da punição divina.

Trata-se de uma atitude ambivalente devida à persistência da identificação infantil Deus-genitor punitivo: a divindade é vivida como amável e como temível, como fascinante e terrificante. Para a formação dessa neurose religiosa concorre uma educação negativa que apresentou à criança um Deus intransigente e punitivo.

Religião masoquista. O masoquista é um imaturo psicoafetivo, vítima de exigências excessivas em relação a si mesmo e de pulsões de se castigar até se infligir lesões corporais. O masoquista é dominado por uma consciência patologicamente severa e persecutória que o obriga à autopunição e a procurar o fracasso e a humilhação, estimulado pela necessidade inconsciente de satisfação, que ele encontra em punir a si mesmo. Trata-se de uma forma velada de agressividade que leva o indivíduo à autodestruição.

Nas expressões religiosas se encontram várias manifestações de origem masoquista, como: a prática de certas mortificações e penitências; formas de ascetismo com a procura da dor-gozo; sacrifícios que mascaram um prazer masoquista como defesa contra as temidas pulsões eróticas ou agressivas; rigidez moral, ou "moralismo" que se exprime na observância formal dos deveres, fixados num esquema estático e com uma mentalidade administrativa e punitiva.

Essa religiosidade tem as suas raízes numa vivência infantil com pais psiconeuróticos e carentes de relações afetivas.

Religiosidade hipomaníaca. A hipomania se define como excitação maníaca não grave. Pode aparecer de modo recorrente em intervalos variadamente distanciados. Na forma cíclica alternam-se fases de exaltação do humor com outras que apresentam ligeiras depressões.

Se essa neurose se estende ao campo religioso, exprime-se no narcisismo presumido, no rigor moralista e no angelismo com condenação dos instintos. Trata-se de neuróticos arrogantes e prepotentes até em fazer o bem, cruéis em relação às fraquezas alheias, tendentes a um espiritualismo desumano, ansiosos de cumprir com sacrifício deveres aos quais não são obrigados, ao passo que descuidam daqueles que fazem parte dos compromissos da vida deles. Eles se julgam privilegiados por Deus e melhores dos que os outros e por isso se tornam intolerantes e violentos contra os pecadores ou os não crentes.

Esses neuróticos religiosos se sentem estimulados a serem "salvadores de almas" e para essa finalidade podem recorrer até à violência em nome da "Verdade", da qual se consideram únicos detentores. Exemplos históricos e clamorosos dessa mania religiosa, que acaba numa verdadeira ideologia da violência, podem ser vistos no "Deus assim quer" dos cruzados, nas condenações à morte ou a tortura sentenciadas pela Inquisição, no "Gott mit uns" ("Deus conosco") dos nazistas, em "dar um leito gratuito ao lado do bom Deus" aos pacientes terminais e desconfortáveis, como aconteceu recentemente num hospital em Viena. Trata-se de uma "violência sagrada" em nome de um suposto monopólio da verdade.

Diante desses neuróticos, toda tentação de defesa ou de oposição é por eles interpretada como um atentado à fé e como uma agressão a eles mesmos (projeção paranoica).

Às vezes esses maníacos religiosos sentem a necessidade de se estimular artificialmente para viver um estado de tensão psíquica que lhes dê a sensação de atingir o cume da perfeição e da união com Deus. Os meios de estimulação são vários: a dança, os cantos, o jejum, particulares exercícios respiratórios, a tortura, o álcool, as drogas... Chega-se assim a crises histéricas, ao transe e à perda da consciência.

Religiosidade obsessiva. A neurose obsessiva se manifesta seja no mundo do pensamento (ideias, representações ou impulsos que se impõem à consciência de modo irresistível e contra a vontade do sujeito), seja no da ação (necessidade insistente e involuntária de realizar uma ação: ato impulsivo).

Esses atos representam e substituem a energia de outra ideia ou ação que a pessoa teme porque é proibida. Assim: a necessidade de continuamente se lavar exprime o medo do sujo; os cerimoniais, o tocar repetidamente certos objetos, o caminhar de certo modo são canais de descarga de tensões que levariam o indivíduo a fazer algo proibido. As ideias obsessivas e os atos compulsivos constituem uma defesa contra impulsos não sublimados corretamente.

Quando essa neurose invade o campo religioso, a pessoa é atormentada por pensamentos blasfemos que se impõem, por impulsos a atos contra pessoas ou objetos religiosos, por dúvidas sem fundamento real, por sentimentos de culpa patológicos e insuperáveis, por uma necessidade de perfeição absoluta, por escrúpulos irracionais etc.

As tentativas de se defender ou de se libertar dessas obsessões consistem muitas vezes em rituais de natureza religiosa (orações, gestos sagrados, visita a lugares sagrados, uso de objetos bentos etc.). No obsessivo encontra-se sempre um estado de ânimo agressivo, que às vezes se volta contra o próprio Deus.

Como conclusão dessa análise das formas patológicas da vivência religiosa, pode-se dizer que ela apresenta uma nota comum a todas as formas: *a contraditoriedade*. Na religiosidade do psiconeurótico pode-se destacar a copresença da ingenuidade milagreira e do racionalismo; da escrupulosidade e do laxismo; do formalismo obstinado e do abandono das práticas de piedade; da rejeição da corporeidade e da preocupação obsessiva com a própria saúde (hipocondria); da agressividade para com a autoridade religiosa ou divina e do servilismo; da tendência a se exibir e a se esconder; da necessidade de ser tanto admirado como tolerado; da repressão dos instintos vistos como pecado e do abandono sem limites às exigências pessoais.

4. TERAPIA DOS DISTÚRBIOS DE CONTEÚDO RELIGIOSO. A estreita interação entre psique e espírito nos faz compreender o aparecimento de anomalias no comportamento religioso em pessoas acometidas de distúrbios psíquicos. Com base na sua longa experiência terapêutica, C. G. Jung confessou que, em todos os pacientes adultos por ele tratados, emergiram problemáticas religiosas durante o tratamento. Quem tem experiência nesse campo não pode deixar de estar de acordo com essa constatação.

O recurso à psicoterapia nos casos em que a pessoa apresente alguma anomalia no comportamento religioso levanta algumas interrogações, como: em que situações surgem com mais frequência os distúrbios religiosos? Que tipo de tratamento convém aplicar? O tratamento deve tender a retificar certo comportamento religioso ou a tornar o homem livre? Que tipo de terapeuta é mais adequado nesses casos?

São essas as interrogações às quais se procurará dar uma resposta no presente parágrafo.

a) *Situações desencadeadoras*. As situações que recorrem com mais frequência no tratamento dos neuróticos, perturbados até por problemáticas religiosas, podem se reduzir às seguintes.

Religiosidade vivida no plano inconsciente ou subconsciente. V. Frankl fala de um "inconsciente espiritual" em contraposição ao "inconsciente impulsivo", de S. Freud. Tratar-se-ia de conteúdos espirituais ou morais que são postos à margem da consciência porque são incômodos ou importunos pelo empenho e pela responsabilidade que exigem da pessoa. Trata-se de um processo de inibição da religiosidade (Jung), que frequentemente reaparece por ocasião da terapia, durante a qual se assiste com frequência a um gradual despertar de motivos religiosos, à nostalgia pela verdade e por valores há tempo segregados.

Mecanismos de conteúdo religioso. Encontram-se pessoas que recorrem a várias formas de "adaptação" à situação, racionalizando seu comportamento de modo a apresentá-lo coerente com os princípios religiosos ou morais. Outros explicam ou justificam certas atitudes, referindo-as a motivos religiosos, ao passo que a causa é de natureza psicodinâmica, ou seja, neurótica. É próprio dos neuróticos procurar uma desculpa, atribuindo aos outros a culpa dos seus fracassos. Às vezes acusam a religião ou o próprio Deus, como causa das próprias desgraças.

Ideologia religiosa distorcida. Fatores de natureza psicológica ou social podem induzir orientações que extraviam, mesmo no campo religioso, provocando distúrbios de personalidade. Dessa fonte derivam muitas vezes dificuldades em aceitar uma determinada religião. Ela não pode estar subordinada a um juízo de valor, nem em relação a uma determinada pessoa. Não se pode aconselhar certa religião nem sugerir que o indivíduo escolha a que ele sente como "mais adequada" à própria natureza. A religião não deve ser escolhida com critérios utilitaristas e com base nas variações psicológicas: cair-se-ia num relativismo inaceitável. O critério de escolha não é o aspecto funcional e subjetivo, mas o conteúdo de verdades vividas e cridas, que aquela religião tem em si.

O terapeuta, posto diante dos deveres religiosos, não pode tomar partido por esta ou por aquela ideologia, mas deve se limitar a explicar os motivos psicológicos com base nos quais uma determinada obrigação que deriva da religião poderia se traduzir em problema psicológico. Diante de formas patológicas, seria ilusório tentar curá-las recorrendo a formulações ideológicas. O recurso à religião pode somente ajudar o indivíduo a aceitar e a suportar os próprios distúrbios psíquicos, não a curá-los.

A forma neurótica incide sobre a vida espiritual e sobre o mundo ideológico. É necessário resolver a neurose antes de afrontar os problemas religiosos ou ideológicos. Se o terapeuta se põe a discutir no plano das ideias com o paciente pode cair na conhecida "neurose a dois".

Surgimento de crises religiosas e morais. Acontece às vezes que, durante a terapia ou depois dela, a pessoa experimenta fortes crises religiosas jamais experimentadas antes, chegando até a renegar a fé e a passar por cima dos deveres morais. Se o terapeuta respeita as convicções religiosas do cliente, eventuais crises nascidas depois do tratamento revelam uma fé ou uma moral vividas até aquele momento em nível infantil e de modo conflitante. Devidamente ajudada, a pessoa em crise conseguirá, se conserva uma normal retidão e se o deseja com sinceridade, superar a crise, purificar a fé e a moral das escórias do infantilismo e da neurose e viver com plenitude a relação com o sobrenatural.

Pode acontecer de, ao tomar consciência da imaturidade da própria relação com Deus, o cliente ver frustrarem-se certos símbolos religiosos e ter, portanto, a impressão de perder a fé ou de não sentir mais a voz da consciência. Essa crise se explica se levarmos em consideração que, durante o tratamento, o cliente aprendeu a rejeitar as superestruturas impostas pelos conflitos não resolvidos e os consequentes traços de imaturidade da sua fé. Essa "perda da fé" pode acontecer somente com aqueles que jamais tiveram uma fé genuína, mas somente uma superestrutura patológica de atitude religiosa, sintoma de neurose deles. Essa fé não podia senão se dissolver com a cura no plano psicológico.

Quem vive de modo autêntico a própria fé não tem nada a temer de uma correta psicoterapia. A eventual verificação da disposição religiosa que pode fazer parte do tratamento servirá para tornar a fé mais madura. O objetivo da terapia numa perspectiva religiosa é de promover uma religiosidade madura no quadro da maturação psicológica geral. Conhecer os próprios conflitos e superá-los favorece também um crescimento na maturidade religiosa porque o homem amadurece em relação ao grau de clareza que consegue atingir na tomada de consciência.

b) *Tratamento das anomalias religiosas.* Vários terapeutas observam que, pelo menos no mundo cristão ocidental, a patologia religiosa está em crescimento. Isso depende seja do aumento das psiconeuroses em geral, seja de uma reação ao materialismo e à perda de valores religiosos e morais dos nossos tempos.

A interação entre o psiquismo e o espírito faz com que os distúrbios psíquicos possam se traduzir em alterações da religiosidade e uma religiosidade imatura ou distorcida possa alterar o equilíbrio psíquico. O mesmo princípio deveria ser aplicável à ação terapêutica: tratando os distúrbios psíquicos melhora-se uma eventual distorção no comportamento religioso; curando a relação com Deus refaz-se o equilíbrio no homem todo.

Essa dupla via para a cura dá lugar a dois diferentes enfoques no campo terapêutico: curar a psique para normalizar a religiosidade ou tornar autêntica essa última para curar a psique.

Curar a psique para normalizar a religiosidade. Quase todos os estudiosos desses problemas consideram que comumente "não é a vida religiosa que causa a psiconeurose, mas é o psiconeurótico que fornece à sua psicopatologia determinados conteúdos religiosos" (G. Dacquino). Se se aceita como válido esse princípio no campo das causas, é lógico afirmá-lo também para a terapia: não é a religiosidade que cura a psique, mas é a cura psíquica que pode normalizar a religiosidade. Com efeito, na grande maioria dos casos, a prática terapêutica confirma essa linha de desenvolvimento; o homem aprende *antes* a aceitar a si mesmo e somente *depois* é capaz de aceitar os outros e, enfim, o próprio Deus.

A religião como fator curativo da psique. Ao ilustrar essa segunda possibilidade de tratamento, prescindimos seja da possível intervenção miraculosa de Deus, seja de práticas pseudorreligiosas que adotam ritos primitivos e exploram banalmente a boa fé dos simples.

Limitamo-nos aqui a falar da força curativa que a religião pode ter por oferecer ao homem valores e motivos estáveis e tranquilizadores, dá respostas exaustivas aos problemas da existência, infunde na consciência paz e serenidade, contém indicações e ajudas para levar uma sadia e correta vida moral, dá normas para um sadio ascetismo e motivos para aceitar a si mesmo.

Quem experimentou na prática terapêutica a eficácia do apelo aos valores religiosos e quem fez pessoalmente a experiência da força de cura proveniente da religião pode afirmar com convicção que "Cristo cura por meio do significado e do valor que encarna, as feridas da psique e do espírito do homem" (B. Tyrell).

Esse enfoque da terapia com base religiosa tem muito em comum com o método da "terapia centrada-sobre-a-pessoa" (C. Rogers) e, de modo ainda mais explícito, com a estrutura conceitual da logoterapia de V. Frankl.

c) *Tratar para dar liberdade.* É preciso esclarecer a acepção em que o termo "liberdade" é entendido nesse contexto. Não se trata, como alguns terapeutas sustentam, de libertação dos instintos com relação às normas morais, porque isso seria libertinagem. Promover a liberdade mediante a intervenção terapêutica significa tornar o sujeito disposto e capaz de viver todos os valores da vida, inclusive os espirituais.

O tratamento terapêutico promove, também no campo moral, a verdadeira liberdade quando se propõe fazer o cliente superar os vínculos de dependência acrítica e infantil em relação aos outros; quando elimina as motivações neuróticas que obrigam a manter uma certa conduta; quando faz amadurecer o sadio senso de responsabilidade em relação aos deveres religiosos. Pode-se dizer que a verdadeira liberdade é índice de maturidade psíquica e religiosa.

Onde essa liberdade foi tirada notam-se sintomas de imaturidade e de neuroses que podem invadir também a dimensão religiosa. Os sistemas repressivos, também no campo moral, podem às vezes constituir o fator patogênico de autênticas neuroses.

No passado, e em geral nos ambientes religiosos, havia a tendência de dar uma formação muito rígida da consciência, na ilusão de formar no indivíduo uma válida barreira contra os perigos de violar a lei moral. As consequências de tal deseducação religiosa são graves, especialmente nos ambientes de formação estritamente eclesiástica ou clerical. Há quem fale de *neuroses eclesiásticas* para indicar os distúrbios psíquicos derivados de uma formação alarmista e ansiógena, especialmente no campo sexual (P. Solignac).

Deve-se reconhecer que, no processo de libertação dos condicionamentos e dos traços neuróticos da religiosidade, o sujeito pode passar por crises de fé e pode assumir atitudes reativas contra certas formas de educação que lhe tiraram a liberdade e a capacidade de decidir com senso de responsabilidade. Às vezes as dúvidas de fé têm o significado de um "reflexo de defesa" para evitar o confronto com um Deus sentido como tirano, vingativo, ciumento e autoritário.

A experiência nos diz que a terapia não produz em breve tempo a retomada da fé. Em certos casos o homem pode piorar nas suas relações com Deus. Mas se a terapia é bem conduzida pode-se nutrir confiança que o caminho para a verdade e a liberdade atingirá seu objetivo, mesmo se por meio de crises e perigos. Seria ilusório pensar que o crente possa relegar a fé para fora do campo da própria vida pessoal.

Na relação terapia-religiosidade, deve-se ter presente que a terapia não é uma doutrina de salvação, ou um sucedâneo da religião. "Tratar" e "salvar" são conceitos totalmente diferentes, ainda que exista uma contínua interação entre terapia e religião.

d) *Que terapeuta*. Se se aceita a tese que considera os distúrbios de conteúdo religioso uma expressão particular de alterações psíquicas, é evidente que a tarefa fundamental do terapeuta consistirá em tratar essas alterações. A normalização dos distúrbios psíquicos deveria levar, como consequência, também à normalização do comportamento religioso.

Nessa perspectiva não teria importância o fato de o terapeuta ser uma pessoa crente ou não. De outra parte, a peculiaridade dos problemas que emergem nas neuroses de conteúdo religioso requer no terapeuta um adequado conhecimento e certa sensibilidade no campo religioso e moral. Daí o problema: as neuroses de conteúdo religioso, moral e vocacional podem ser tratadas por um terapeuta não crente ou pertencente a outras religiões, ou convém se dirigir a um terapeuta crente?

Há quem afirme que também os que sofrem de neuroses de conteúdo religioso podem ser tratados por um *terapeuta não crente*. A única condição exigida desse terapeuta seria a de ser profissionalmente honesto, aceitando e respeitando os princípios religiosos ou morais do cliente. Essa hipótese se baseia no pressuposto da possibilidade de que o terapeuta permaneça "neutro" em relação às crenças religiosas da pessoa.

Pessoalmente, tenho algumas reservas sobre essa proposta. Antes de tudo, é difícil para o terapeuta manter-se completamente "neutro". A neutralidade pode ser admitida em nível teórico e nas boas intenções, ou seria possível em quem "exerce o papel" de terapeuta, aplicando qualquer técnica de modo mecânico e despersonalizado. Mas, se o terapeuta nutre para com a pessoa as disposições de acolhimento, de respeito, de empatia e de autenticidade que são indicadas pela psicoterapia humanista-existencial, não lhe será possível ficar neutro. A relação que se instaura num processo terapêutico é tal que empenha os recursos psicológicos e espirituais do terapeuta em favor do cliente.

Nessa comunicação a orientação existencial, os valores em que o terapeuta inspira a própria vida, as crenças a que ele adere passam do terapeuta ao cliente como por osmose, muitas vezes no nível do inconsciente, pelos canais da linguagem não verbal. É nesse nível existencial e operativo que a neutralidade do terapeuta fica impossível, mesmo admitindo a honestidade profissional.

Além desse limite, o terapeuta não crente apresenta outra lacuna no tratamento de neuroses de conteúdo religioso: a falta de experiência pessoal das realidades religiosas e, muitas vezes, a fragmentária ou deformada informação das fontes da religião e do estado de fato da vivência religiosa. Essa carência e inadequação são ainda mais graves se o cliente é uma pessoa que se encontra no estado de vida consagrada.

Essas considerações sugerem um claro critério a ser seguido na escolha do terapeuta para tratar uma pessoa crente com dificuldades psicológicas que invadem o campo religioso: em igualdade com outras condições dê-se preferência ao *terapeuta crente e praticante*. Se se trata de uma pessoa comprometida na vida religiosa e sacerdotal, seria desejável dirigir-se a um terapeuta que viva o mesmo ideal.

BIBLIOGRAFIA. Bitter, M. *Psicoterapía y experiencia religiosa*. Salamanca, Sígueme, 1967; Dacquino, G. *Religiosità e psicoanalisi*. Torino, SEI, 1980; Frankl, V. *Dio nell'incoscio: psicoterapia e religione*. Brescia, Morcelliana, 1975; Giordani, B. *L'uomo religioso: aspetti antropologici e psicologici*. Roma, Antonianum, 1987; Godin, A. *Psicologia delle esperienze religiose: il desiderio e la realità*. Brescia, Queriniana, 1983; Mailloux, N. – Ancona, L. *Uno studio clinico degli atteggiamenti religiosi e un nuovo punto di vista nella psicopatologia*. Contributi del Laboratorio di Psicologia. Milano, Vita e Pensiero, 1958, 21, 102-111; Solignac, P. *La névrose chrétienne*. Paris, Trévise, 1976; Tyrell, B. *Cristoterapia*. Alba, Paoline, 1977; Vergote, A. *Dette et désir: deux axes chrétiens et la dérive pathologique*. Paris, Seuil, 1978; Id. *Religione, fede, incredulità: studio studio psicologico*. Milano, Paoline, 1985; Wolff, H. *Gesú psicoterapeuta*. Brescia, Queriniana, 1982.

B. Giordani

PSICOSES. São doenças mentais que se diferenciam das neuroses pela mais profunda "regressão" defensiva do sistema psíquico. Isso induz o comprometimento mais ou menos intenso da capacidade de orientar-se no mundo da realidade (alienação mental). As outras formas psicopáticas não perturbam, em princípio, a visão da realidade. O grau de consciência dos seus distúrbios, por parte do paciente, pode constituir um ulterior elemento de diferenciação entre neuroses e psicoses: nas primeiras, o sujeito tem distúrbios que ele reconhece como mórbidos, ao passo que nas psicoses é incapaz de exercer um poder crítico sobre eles.

É clássica hoje a catalogação das psicoses em:

a) *orgânicas ou exógenas*, que derivam de lesões anatomopatológicas do encéfalo determinadas por *noxae* patogênicas bem precisas;

b) *constitucionais ou endógenas*, cujo mecanismo de surgimento não está ainda claro, mas que parecem determinadas por fatores hereditários; nelas não se conseguiu ainda evidenciar nenhuma alteração orgânica à qual referir a forma patogênica.

As psicoses exógenas distinguem-se em cinco grupos, de acordo com os relativos processos mórbidos que as condicionam: — *Infecções*, sobretudo das estruturas encefálicas e da meninge (encefalites, meningites etc.). Também a infecção sifilítica leva, com intervalo médio de vinte anos a partir do contágio, a uma forma psicótica, a paralisia progressiva. — *Envenenamento*. As formas psicóticas são muitas vezes mantidas por envenenamentos crônicos ou agudos, por exemplo de bebidas alcoólicas (levam às alucinações, típicas do *delirium tremens*, um quadro de confusão como sequela do alcoolismo crônico). Também as substâncias estupefacientes podem levar a manifestações psicóticas, como os envenenamentos profissionais (metais, gás). — *Alterações degenerativas do encéfalo*. São formas típicas da idade involutiva (por exemplo, a demência senil ou a melancolia da idade involutiva). Também as síndromes tumorais endocranianas podem apresentar complicações de tipo psicótico. — *Anomalias da atividade bioclética cerebral*. Podem induzir toda uma série de manifestações que se afastam da clássica sintomatologia epiléptica ou convulsiva; é possível encontrar imprevistas mudanças de humor, irritabilidade, alucinações de visão e de audição, fenômenos de despersonalização, pendoamnésias. — *Distúrbios endócrinos*. Manifestações psicóticas podem se seguir a disfunções de todas as glândulas endócrinas.

As psicoses endógenas são classificadas (segundo a sistematização nosológica que remonta aos últimos decênios do século XIX e aos primeiros do século XX por obra de Kraepelin, Blenler etc.) em dois grandes grupos: as clínicas ou maníaco-depressivas e a esquizofrenia (demência precoce, hebefrenia, catatonia, esquizofrenia paranoica).

A expressão "esquizofrenia" ressalta o traço fundamental da doença, que consiste numa desagregação da personalidade, com perda de unidade e de coerência interna e com isolamento do ambiente social, a cujos membros o pensamento e o comportamento esquizofrênico são estranhos e incompreensíveis. O esquizofrênico acaba por não ter relações afetivas com quem o circunda, fecha-se numa vida completamente autônoma (autismo), chegando até a elaboração de uma linguagem própria, incompreensível aos outros, feita de vocábulos e construções que se mostram deformadas e neoformadas; toda possibilidade de contato social fica assim comprometida. A vida do esquizofrênico é toda fechada num mundo pessoal, feito de ilusões e de alucinações, que se manifestam como "vozes" de perseguição ou como influências mágicas.

As "ideias delirantes" nascem muitas vezes de um estado de inquietação que, nos seus graus extremos, pode se associar ao sentimento de iminente fim do mundo; nessa situação é frequente que o doente reserve a si mesmo um papel central de redentor, de profeta. O comportamento do esquizofrênico é marcado pela máxima variabilidade e imprevisibilidade. Passa-se de períodos de inibição absoluta a períodos de maneirismo, com afetações nos gestos e na expressão, e a outros de passividade e de imitação automática, e a outros ainda de forte excitação motora com descargas imprevistas de impulsos agressivos.

BIBLIOGRAFIA. ARIETI, S. *American handbook of psychiatry*. New York, 1959, 2 vls.; ID. *Studi sulla schizofrenia*. Roma, 1974; COLEMAN, J. C. *Abnormal psychology and modern life*. Chicago, 1956; DSM-III. *Manuale statistico e diagnostico dei disturbi mentali*. Milano, 1983; EY, H., et al. *Manuel de psychiatrie*. Paris, 1967; FREEDEMAN, A. M., et al. Comprehensive *textbook of psychiatry*. Baltimore, 1975; KOLB, L. C. – BRODIE, K. *Modern Clinical Psychiatry*. Philadelphia, 1982; NOIYES, A. P. – KOLBE, L. C. *Modern clinical psychology*. Philadelphia, 1958; STEIN, M. I. *Contemporary psychotherapies*. New York, 1961.

R. CARLI

PUDOR. Entendido em sentido geral, o termo "pudor" indica a tendência a esconder as coisas mais íntimas, a evitar o que pode provocar censura e a esconder os aspectos do homem menos elevados. Em sentido estrito, o pudor é o freio posto pela natureza ao instinto sexual, dando à razão a possibilidade de o esconder conscientemente ou de reprimir o impulso. Trata-se de um instinto natural, como também a antropologia demonstra. Santo Tomás (*STh*. II-II, a. 151, a. 4) justifica sua necessidade com base no argumento geral da veemência da sexualidade e da forte inclinação à atividade correspondente e com base na razão específica da dificuldade de dominar a carne. No pudor, como nos outros instintos, distingue-se o "fundo", ou seja, a finalidade intrínseca, que é constituída aqui pela defesa e pelo freio do instinto procriador, e a "forma", ou seja, a manifestação do instinto, que é constituída pelas modalidades em que se exerce o pudor. É instintivo o fundo do pudor; a forma apresenta também elementos adquiridos. Por isso encontram-se junto aos povos expressões várias e diferentes de pudor, de acordo com as regiões, os hábitos e a educação. Uma dessas é a forma do pudor entre pessoas quase despidas e outra a manifestação do pudor onde o nu é comumente coberto. Não é todavia indiferente a forma desse instinto, daí ser também necessário educar o senso do pudor. Ao tratar desse tema com as mães de adolescentes em 26 de outubro de 1941, Pio XII expressou-se nos seguintes termos: "Cabe a vós preparar vossos filhos e vossas filhas para atravessarem com desenvoltura, como quem passa entre as serpentes, aquele período de crise e de transformação física sem nada perder da alegria da inocência, mas conservando aquele natural e particular instinto do pudor, com o qual a providência quis estivesse circundada a fronte deles como de freio às paixões muito fáceis de se desviarem. Aquele sentimento do pudor, suave irmão do sentimento religioso, na sua espontânea vergonha, em que pouco se pensa hoje, vós evitareis que eles o percam nas roupas, na maneira de vestir, na familiaridade pouco decorosa, em espetáculos e representações imorais; mas vós o tornareis cada vez mais delicado e vigilante, sincero e genuíno" (*Discursos e radiomensagens*, III, 231-232). O dinamismo do instinto do pudor é assim descrito na encíclica *Sacra virginitas* (25 de março de 1954), de Pio XII: "Não é talvez o pudor a melhor defesa da virgindade, a ponto de poder ser chamado de a prudência da castidade? Ele percebe o perigo iminente, impede de se expor ao risco e impõe a fuga de ocasiões a que se expõem os menos prudentes. O pudor não ama as palavras desonestas ou vulgares e detesta uma conduta até levemente imodesta; faz evitar atentamente a familiaridade suspeita com pessoas de outro sexo, pois enche a alma de um profundo respeito pelo corpo, que é membro de Cristo e templo do Espírito Santo. A alma verdadeiramente pudica tem como um horror o mínimo pecado de impureza e logo se retrai ao primeiro despertar da sedução. O pudor, além disso, sugere e põe nos lábios dos genitores e dos educadores os termos apropriados para formar a consciência dos jovens em matéria de pureza" (cf. *L'educazione* [col. *Insegnamenti pontifici*], nn. 698-699, Roma, 1957, 531-532). O que foi dito não deve absolutamente ser entendido como recusa da → SEXUALIDADE ou da corporeidade; é um apelo às exigências da dignidade humana e do amor autêntico, que para a sua maturação tem igualmente necessidade do pudor.

Seria falso e excessivo pudor para um educador não querer falar dos problemas sexuais, mesmo com a devida delicadeza, quando necessário. Não é esse, todavia, o único desvio: há vários outros que chegam até a comprometer a serenidade da alma e a desorientar a reta concepção da castidade. Pessoas atormentadas e apaixonadas, por motivo da luta pela castidade, muitas vezes não receberam uma iluminada educação e cresceram no terror de tudo o que, mais que prejudicar, simplesmente se referia ao setor sexual. Evitai esses exageros; observe-se que com a repetição consciente de atos conformes ao pudor adquire-se essa particular virtude, da qual deriva também o nome: a pudicícia, a qual, moderando-o, influi no instinto sexual.

BIBLIOGRAFIA. AQUINO, Tomás de. *Suma Teológica*. São Paulo, Loyola, 2005, II-II, q. 144; q. 151, a. 4 [vl. VII]; CAMPANINI, G. Pudore. In *Dizionario Enciclopedico di Teologia Morale*. Roma, 1974, 869-870; CHIMIRRI, G. *La prudenza dell'eros. I fondamenti etico-antropologici del pudore*. Atripalda, 1987; COSTA, V. *Orientamenti per una psicopedagogia pastorale della castità*. Torino, 1966, 106-113; LANZA, A. – PALAZZINI, P. *Theologia moralis*. Appendix: *De castitate et luxuria*. Torino, 1953, 211-212.217.230; LINK, H. G. – TIEDTKE, E. Scham. Schande, in *Theologisches Begriffslexikon zum Neuen Testament*. Wuppertal, 1986, 1.064-1.067, Bd. 2; MARCOZZI, V. *Il senso dell'amore*. Roma, 1965, 153-155; SAGÜÉS, J. F. De Deo creante et elevante, n. 751. In *Sacrae Theologiae Summa* II. Madrid, 1964, 813-814; SCHELER, M. *Pudore e sentimento del pudore*. Napoli, 1979; VAISSIÈRE, J. de La. *Il pudore istintivo*. Milano, 1938; VERMEERSCH, A. *De castitate et de vitiis contrariis*, n. 20. Roma, 1919, 18-19; WOJTYLA, K. Metafisica del pudore. In *Amore e responsabilità*. Torino, 1980, 127-140.

U. ROCCO

PURGATÓRIO. Vocábulo não bíblico, cunhado por uma das correntes teológicas latinas para designar a fase de purificação das almas dos mortos; em algumas línguas não latinas é traduzido por a "escorificação", a "sauna", a "expiação purificadora" e assemelhados. Baseia-se seu conteúdo na verdade indiscutível de que na presença do "Senhor Deus Onipotente e do Cordeiro" não é admitido "nada de impuro" (cf. Ap 21,22-27; 1Cor 3,13-15). A doutrina da Igreja sobre o purgatório, baseada na Escritura e na tradição e definida nos Concílios de Florença (DENZ. 1304) e de Trento (DENZ. 1580.1820.1821-1824), embora desenvolvida em diversos contextos, pode se reduzir a estes conceitos fundamentais: existe o estado de purificação depois da morte. Ele tem o objetivo de completar a purificação dos fiéis que no momento da morte não tenham tido as condições requeridas para entrar na glória: ou porque não fizeram adequada penitência dos pecados cometidos e perdoados, ou porque não tenham o afeto totalmente livre de apegos desordenados. Deus os purifica mediante um sofrimento sobre cuja natureza não conhecemos nada de preciso. Em suas purificações os defuntos podem ser ajudados pela oração, pelos méritos da Igreja, pela aplicação dos méritos de Cristo, de Nossa Senhora, dos → SANTOS e, em particular, pelos frutos do sacrifício da missa. O Vaticano II fala da realidade da purificação depois da morte: não usa a palavra purgatório senão em nota, citando o Concílio de Trento. Os fiéis em estado de purificação são denominados ou discípulos de Cristo (*LG* 49) ou defuntos, pelos quais a Igreja oferece sufrágios (n. 50), ou irmãos que depois da morte estão se purificando (n. 51) ou irmãos mortos na paz de Cristo (n. 49). Eles constituem uma categoria dos fiéis que compõem a Igreja (*Ibid.*).

Na carta da SAGRADA CONGREGAÇÃO PARA A DOUTRINA DA FÉ, *Algumas questões de escatologia*, de 17 de maio de 1979 (*AAS* 71 [1979] 566-570) reafirma-se a fé na Igreja "nas realidades que se terão depois da morte" (n. 1). Contra as dificuldades hodiernas dessa doutrina, a Igreja, no que diz respeito à nossa questão, "crê numa eventual purificação dos eleitos, purificação que é preliminar à visão de Deus e é, todavia, totalmente diferente da pena dos condenados" (n. 7).

Na explicação dessa verdade os teólogos se movem principalmente no âmbito de dois enquadramentos: o de uma suspirada renovação futura de todas as estruturas deste mundo e o de uma mudança do mundo, já iniciada e preparatória à vida em comunhão com Deus.

1. A primeira corrente procura apoio na escatologia popular judaica, segundo a qual o próprio Deus num belo dia da nossa história descerá a esta terra para mudar para melhor todos os homens e todas as estruturas deste mundo. Na expectativa desse estado paradisíaco, todos os mortos, depois da morte corporal, são processados por Deus, assistido por Abraão, ou por Abel e Enoque, e depois postos numa espécie de depósito dividido num barracão luminoso, destinado aos justos, e numa cave tenebrosa, destinada aos maus. Pouco antes do grande dia, Deus onipotente deveria reunir essas almas a seus corpos, milagrosamente reconstruídos, e fazer passar depois todos os homens ressuscitados por um rio de fogo real (Dn 7,10; cf. Sl 50,3), do qual os bons sairiam biopsiquicamente reestruturados, os maus, porém, reduzidos a cinzas (Mt 3,19-21). Desse momento em diante deveria começar uma nova era da humanidade regenerada sobre a terra completamente reestruturada (cf. Is 25,6-9; 26,19; 32,15-20; Ez 37,1-14; Dn 12,1-2; Gl 4,1-2.12; Sf 1,14-18 etc.).

Ora, justamente a propósito da sentença judiciária do Altíssimo, que destinava aos ímpios a parte tenebrosa e aos devotos a parte luminosa do lugar de espera do grande dia, não tardou a surgir o problema dos medíocres. Segundo a escola rabínica de Hillel, o Altíssimo não é apenas suma justiça, mas também suma misericórdia e em seu imenso amor destina também aos medíocres a antecâmara luminosa, tanto mais que o seu juiz *a latere*, Abraão, tem influência sobre a sentença definitiva em favor dos filhos do povo eleito. Os pertencentes à escola de Shammai, porém, opinavam que os medíocres mereciam para si as trevas, mas que Deus misericordioso previa para eles a possibilidade de uma subida ao plano luminoso de espera mediante uma purificação dolorosa, semelhante à purificação dos metais preciosos no fogo (cf. Zc 13,9; 1Cor 3,15; *Tosefta Sanhedrin*, 13,3, cit. por J. BONSIRVEN, Judaïsme palestinien, in *Supplément au Dictionnaire de la Bible* IV, 1270). Deve-se observar que se trataria aqui de uma imersão temporária no crisol, que não eximia do dilúvio de fogo universal no final de tempo presente, com o qual o Altíssimo deveria manifestar a justiça dos seus juízos e transformar para melhor o universo. Segundo as expectativas messiânicas iranianas, com efeito, "o fogo e a luz circular fundem o metal [...] nas colinas e nas montanhas, e o metal se torna nesta terra como um rio. Depois, todos os homens passam por esse metal fundido para se tornarem puros: quem é justo, parecer-lhes-á caminhar como no leite quente; quem é mau, parecer-lhe-á caminhar como num metal fundido neste mundo. [...] Com isso o Senhor da Sabedoria termina a sua atividade e [...] todos os homens se tornam imortais pelos séculos dos séculos, [...] o mundo se torna imortal pelos séculos dos séculos, [...] esta terra se torna toda plana, isenta de gelo" (F. W. WEST [ed.], *Bundahish* [Sacred Books of the East, V], Delhi, 1965, 120-130, c. 30. Os três Magos, de Mateus, são representantes oficiais dessa espera messiânica).

Além disso, segundo a teologia judaica tardia não somente a presença do fundador da estirpe judia, → ABRAÃO, podia exercer uma influência benéfica sobre as sentenças do Altíssimo com respeito à sorte temporária dos mortos no além, mas também os ritos propiciatórios dos sobreviventes desta terra (cf. 2Mc 12,39-45), desde que oficiados dentro dos três dias da morte. A eficácia desses ritos já está, aliás, atestada num poema dos sumérios, composto cerca de 2 mil anos antes de Cristo, em que se afirma que durante os três dias, enquanto acontecia a progressiva espoliação de todas as vistosas prerrogativas mundanas da princesa Innana e o exame geral da sua consciência por parte dos juízes do alémtúmulo, os ministros sagrados derramaram sobre o seu cadáver "60 vezes o alimento da vida, 60 vezes a água da vida" e a defunta pôde assim "subir dos infernos" (J. B. PRITCHARD [ed.], *Discesa agli inferi di Innana*, [*Ancient near Eastern Texts*], Princeton, 1969, 55-56).

Ficando nessa moldura pré-cristã, a supracitada muito forte corrente dos teólogos cristãos tentou fazer-lhe apenas algumas modificações, nem sempre felizes. Por exemplo: com razão substituiu o conceito de uma vida feliz nesta terra renovada, muito condizente com a mentalidade materialista veterotestamentária (cf. Lc 20,34-36 e par.), pela felicidade celeste; de outra parte, porém, esforçou-se por conservar a afirmação tipicamente judaica da presença dos corpos terrestres no céu, e isso por uma vida em comunhão com Deus, que é espírito, em claro contraste com a escatologia neotestamentária (cf. 2Cor 5,1). Além disso, confundindo a *manifestação* do juízo divino na passagem através do fogo real (cf. vocábulo afim de ordálio, de *Urtheil* = juízo) com um verdadeiro processo judiciário final, vê-se obrigada a reduzir pouco a pouco o único juízo divino logo depois da morte a uma espécie de autojuízo, no qual as almas dos defuntos encontrariam, com a percepção clara de seu estado, as motivações suficientes da recompensa ou do castigo. Foi introduzida também uma espécie de instrução, confiada a São Pedro.

2. A outra corrente, paralela à anterior, mais coerente, porém, com a novidade do enfoque neotestamentário, esforçava-se por lembrar aos teólogos que cabe a Jesus Cristo ocupar "em tudo o primeiro lugar" (Cl 1,18). A ele, com efeito, Deus Pai "confiou todo julgamento" (Jo 5,22); ele tem "as chaves da morte" e do Hades (Ap 1,18); a ele cabe desde sempre o papel de convocador (1Pd 3,19; Ap 3,5), de rei, que convida os justos mortos a entrar no reino do Pai "preparado para eles desde a fundação do mundo" e que expulsa os maus da sua presença (cf. Mt 25, 34.41). Portanto, logo depois da morte "todos deveremos comparecer a descoberto diante do tribunal de *Cristo*, a fim de que cada um receba o prêmio do que tiver feito durante a sua vida corporal, seja o bem, seja o mal" (2Cor 5,10).

Segundo os autores sagrados do Novo Testamento, um paraíso terrestre sobre esta terra não será o resultado de uma intervenção catastrófica de Deus num não mais bem determinado dia da nossa história, mas poderá ser realizado com a colaboração ativa dos homens de boa vontade a partir da ressurreição de Jesus (cf. 1Jo 2,18: "é chegada a última hora"; 4,3: "o anticristo [...] já está no mundo"; Mt 3,1: "o Reino dos céus aproximou-se"). Esses homens não deverão passar por um rio de fogo físico para serem biopsiquicamente transformados em homens novos ou descartados entre os rejeitos da humanidade, mas pelo rio de fogo do Espírito Santo (cf. Lc 3,16; Jo 7,37-39; At 2,17-38); a sua presença em meio aos fiéis substitui a presença corporal de Jesus (Jo 14,16; 16,13); ele efetua continuamente a discriminação "judiciária" dos homens (Jo 16,7-11).

Jesus, portanto, não abole a escatologia hebraica, mas a aperfeiçoa e a cumpre: a manifestação do juízo divino universal está atualmente em curso (cf. Jo 12,31: "agora é o julgamento deste mundo") nesta terra; a discriminação entre justos e maus é efetuada continuamente pelo Espírito de Jesus; é a Cristo glorioso que cada homem depois de sua morte deve prestar contas das próprias obras feitas enquanto se encontram revestidos de seus corpos terrestres.

Disso já se pode entender por que a atenção dos teólogos dessa corrente está centrada justamente no único "processo" judiciário logo depois da morte e por que eles professam com o texto original do Credo oficial a sua fé em Jesus Cristo que vem continuamente "julgar os vivos e os mortos". A doutrina deles poderia ser sintetizada nos seguintes pontos:

a) Jesus Cristo vem, manifesta-se pela segunda vez "no dia da morte de cada homem", segundo os ensinamentos do papa Inocêncio III (*De contemptu mundi*, 2,43: PL 217, 736).

b) Essa vinda é, segundo o mesmo Pontífice, "invisível" (*Ibid.*): certamente porque Jesus Cristo aparece a todos, bons e maus, "revestido de luz como um manto" (Sl 103,2) e "fala" não como falava sobre a terra, mas transmitindo o seu pensamento, como aconteceu no caminho de Damasco a São Paulo, que via a luz, a qual, porém, "falava" somente a ele e não a seus companheiros de viagem (cf. At 9,1-9; 22,6-11; 26,12-18).

c) A percepção intuitiva do pensamento é própria do "eu humano", "dotado de consciência e de vontade" que depois da morte sobrevive (CONGREGAÇÃO PARA A DOUTRINA DA FÉ, *Alcune questione...*).

d) Esse eu humano continua a subsistir e se encontra, segundo Santo → AGOSTINHO (*In Io. ev. tr.* 124,5: PL 35, 1973-1974), na fase da existência média, na fase de transição, que é, segundo → ORÍGENES (*Sobre os princípios*, 2, 11, 6: PG 11, 245-246) e segundo Santo Ireneu (*Contra as heresias*, 5, 35, 1; *Sources Chrétiennes* 153, 439) a fase de preparação, de iniciação à glorificação seguinte. Essa fase é chamada pelo próprio Jesus Cristo (Lc 23,43) e por São Paulo (2Cor 12,4) de "paraíso" (por isso os defuntos são chamados em algumas línguas eslavas de "os paraisenses"); São Lucas (Lc 16,23) e o Apocalipse (Ap 1,18) empregam o vocábulo *Adês* grego pelo hebraico *sheol*; São Pedro (1Pd 3,19) fala da prisão. Os teólogos da outra corrente a confundem muitas vezes com o → INFERNO, para onde não se envergonham de fazer "descer" até Jesus Cristo e permitem que os fiéis perpetuem essa ambígua expressão na recitação do chamado Símbolo apostólico.

e) Justamente na fase intermediária da existência humana Jesus Cristo "iluminará o que está escondido nas trevas e porá de manifesto os desígnios dos corações" (1Cor 4,5). Então "de tudo isso que foi dito, que foi feito, que foi pensado se fará como que um comentário" (ORÍGENES, *Comm. in Mt.* 14,8: PG 13, 1204), dado que de todas as decisões pessoais tomadas durante a vida terrestre ficam impressos no eu humano "certos sinais e certas formas" (*Sobre os princípios*, 2, 10, 4: PG 11, 236). Assim se explica por que então "a alma, já há tempo libertada, vê num átimo que lhe vem encontro todas as obras boas ou más que fez e todas lhe passam diante dos olhos interiores" (INOCÊNCIO III, *De contemptu mundi*, 2, 42: PL 217, 734-735). "A vinda do Filho do homem acontecerá na hora da nossa morte, porque então aparecerá à nossa alma toda a nossa vida com a rapidez e o esplendor de um relâmpago; somente que esse esplendor será diferente do que agora vemos, porque será o esplendor da eternidade (São Clemente M. Hofbauer, dito referido pelo padre Rinn SI, in INNERKOFLER, *Der hl. Klemens Maria Hofbauer*, Regensburg, 1913, 515).

f) No instante dessa revisão da própria vida à luz de Cristo glorioso, o eu humano não pode deixar de experimentar uma inflamada vergonha dos pecados cometidos, um vivo aborrecimento pelas ações boas omitidas. É justamente a esse tormento interior que os teólogos e os santos atribuem aquele efeito purificador que é "preliminar à visão de Deus" (CONGREGAÇÃO PARA A DOUTRINA DA FÉ, *Alcune questione...*).

Segundo Santo → AMBRÓSIO († 397), Doutor qualificado da Igreja (*De bono mortis*, 10: PL 14, 588-589), "as almas pecadoras, no esplendor da sua luz vibrante que lhes faz lembrar os erros cometidos", sentem "vergonha e confusão e ruborizam ao comparecerem diante daquele de quem ousaram transgredir os mandamentos".

De modo semelhante, segundo São → JERÔNIMO († 420), outro Doutor da Igreja (*Comm. in Is.* 13, 8: PL 24, 216), os homens, julgados no "dia em que cada qual sai do corpo" (*In Joel*, 2: PL 25, 965), "são atormentados pela própria consciência e têm as faces queimadas pelo fogo por eles mesmos aceso".

Segundo o parecer do papa Inocêncio III (*De contemptu mundi*, 2, 42: PL 217, 734-735), "essa dor é tão grande, essa revisão é tão penosa que a alma se sente muito perturbada e quase obrigada a odiar a si mesma [...] porque começa a julgar-se corretamente".

Nos seus ditos sobre o purgatório, ditados a seu confessor Cattaneo Marabotto (par. 10; texto reconstruído em B. KOROSAK, *La vita eterna*, Roma, 1983, 54), Santa → CATARINA DE GÊNOVA († 1510) refere "que daquele divino amor pela alma procedem certos raios e lâmpadas afogueadas. [...] Esses raios fazem duas operações na alma: a primeira é a que purifica, a segunda é a que aniquila. Como o ouro, que quanto mais o fundes tanto mais se torna melhor [...] e quanto mais a purificas tanto mais a aniquilas em si; mas em Deus a alma fica purificada, [...] e quando é purificada fica toda em Deus, sem coisa alguma própria dela"; e no § 8 (*Ibid.*): "Assim me parece ver que a pena daqueles que estão no purgatório esteja mais em verem que têm neles algo que desagrada a Deus e que o fizeram voluntariamente contra tanta bondade de Deus do que em qualquer outra pena que pudessem encontrar no tal purgatório. E isso — diz — porque, estando elas em graça, veem a verdade e a importância do impedimento que não as deixa se aproximarem de Deus".

g) Outro efeito benéfico dessa penosa revisão da própria vida é o cancelamento completo de toda lembrança dos pecados cometidos pelos pecadores arrependidos.

Segundo o livro da preparação para a boa morte dos antigos egípcios, composto cerca de 1.200 anos antes de Cristo (edição de BORIS DE RACHEWILTZ, Milão, 1958, 66, c. 125), esse exame geral da consciência serve "para separar a pessoa dos pecados cometidos e para ver o rosto dos deuses".

Santa Catarina de Gênova (*Detti sul purgatorio*, § 1; ed. cit., 55) está persuadida de que as almas "a causa do purgatório, que têm em si, a veem uma só vez [...] e depois nunca mais", porque a partir daquele instante "não podem mais nem querer nem desejar senão o puro querer da Caridade"; por consequência, "não podem mais voltar sobre si mesmas nem dizer: 'Fiz tais pecados pelos quais mereço estar aqui'; nem dizer: 'Não gostaria de os ter feito para ir logo para o paraíso'".

h) Toda a fase da existência média transitória, durante a qual o eu humano se liberta progressivamente dos vínculos terrenos de tempo e de espaço, "dura" na maior parte dos casos, sob nosso ponto de vista, de três a doze horas (os "mil anos" de Ap 20,4.7 equivalem — segundo o Salmo 89,4 — a um dia hebraico, ou a um turno de vigília na noite). A revisão purificadora da própria vida se desenvolve, segundo os autores dessa corrente, num só instante da "eviternidade". Os autores da outra corrente, porém, projetam inabilmente as categorias do tempo na catarse do eu humano depois da morte corporal. Para os místicos do Carmelo as purificações passivas são comparadas aos sofrimentos do purgatório; eles precedem a graça do → MATRIMÔNIO ESPIRITUAL como o purgatório precede o ingresso no paraíso (cf. TERESA D'ÁVILA, *Castelo*, 6, 11, 3). → JOÃO DA CRUZ afirma a esse propósito: "Essas almas pertencem ao número daqueles que descem vivos ao inferno (Sl 54,16), pois agora passam por aquele purgatório pelo qual deveriam passar na outra vida. E assim a alma que passa por esse estado, ou nele não entra ou nele para por pouco tempo, pois uma hora do lado de cá ajuda mais que muitas do lado de lá" (*Noite*, 2, 6, 6). O mesmo Doutor Místico afirma num texto original e discutido, mas que finalmente foi adequadamente interpretado, que as pessoas no purgatório podem sofrer uma purificação passiva das virtudes teologais (cf. *Noite*, 7,7 e o estudo de U. BARRIENTOS, *Purificación y purgatorio*, Madri, 1960, 120-123). Teresa de Lisieux manifesta por diversas vezes a sua profunda convicção de que a entrega à misericórdia divina e o amor por Deus são bem mais eficazes do que as penas do purrgooio: "Sei que o fogo do amor é mais santificante do que o do purgatório" (*Manuscrito A*, 238).

i) Sobre a purificação preparatória do eu humano para a visão facial de Deus, as orações e as obras de penitência dos sobreviventes não podem influir diretamente, como bem intuiu Santa Catarina de Gênova (*Detti sul purgatorio*, par. 13; ed. cit., 55): "Se esmola alguma lhe é feita pelos do mundo [...] ela não pode mais se voltar com afeto e vê-la, [...] jamais, a seu bel [prazer], pode se voltar, tão íntima está da vontade de Deus e por ela transformada". As orações dos sobreviventes por seus mortos, porém, têm indubitavelmente sua eficácia indireta, segundo o próprio ensinamento de Jesus (Mt 6,8): "Vosso Pai sabe do que precisais, antes que lho peçais". Por isso, pode-se muito bem dizer que o Espírito Santo, comum ao Pai e ao Filho, em previsão das futuras orações, assiste os moribundos com as atuais graças de força e de esperança.

BIBLIOGRAFIA. Além dos costumeiros tratados sobre o purgatório nos textos teológicos, podem-se consultar alguns artigos recentes, por exemplo: BORDONI, M. – CIOLA, N. *Gesú nostra speranza. Saggio di escatologia* (Corso di Teologia sistematica, 10). Bologna, 1988, 199-206; GOFF, J. le. Le purgatoire entre l'enfer et le paradis. *La Maison-Dieu* 144 (1980) 103-138; KENDALL, O. Post mortem purification. A need for reformulation. *Irish Theological Quaterly*

44 (1977) 243-247; Lehmann, K. Was bleibt von Fegfeuer. *Communio* 9 (1980) 236-243 (o mesmo in *Theologisches Jahrbuch* [1985] 318-324); Moriconi, B. Il purgatorio soggiorno dell'amore. *Ephemerides Carmeliticae* 31 (1980) 539-578; Müller, G. L. Fegfeuer. Zur Hermeneutik eines umstrittennen Lehrstücks in der Eschatologie. *Theological Quaterly* 166 (1986) 25-39; Purgatoire. In *Dictionnaire de Spiritualité*. Paris, 1986, 2.652-2.676, XII; Schreiter, R. J. Purgatory. In quest of an image. *Chicago Studies* 24 (1985) 167-179; Seibel, F. Das Fegfeuer. Versuch einer Erklärung. *Carmelus* 24 (1977) 3-11.

B. J. Korošak

PURIFICAÇÃO. 1. Noção. Purificação é a ação com que se purifica ou se torna puro o que não o é (*purum facere*). Pode ser diferente, conforme considerarmos quem faz a ação (e o modo de a realizar) ou o sujeito em quem se realiza a matéria, ou o objeto em que se verifica. Se a coisa impura, ou seja, o objeto de purificação é meramente legal, a purificação será legal; se moral ou espiritual, será moral ou espiritual. A história das religiões nos dá notícias das purificações nas religiões primitivas. Na Escritura se fala muito da pureza e impureza legais e de ritos de purificação (cf. Lv 11-17; 21; Dt 14,21). Os profetas e os salmistas insistem numa pureza moral e espiritual acima da legal, mesmo sem que essa última deva desaparecer (Is 1,15-27; 29,13; 35,8; 52,11; Jr 31,31-34; Ez 36,17.18.25-31; Sl 24,4; 51,12 ss. etc.).

A → TEOLOGIA ESPIRITUAL se interessa pela purificação moral e espiritual (ou dos elementos humanos que se referem ao campo moral e espiritual); a palavra "impuro" tem nela um significado vastíssimo, que equivale a tudo o que é incompatível com a perfeição cristã. Não falaremos aqui senão da purificação individual, prescindindo do fato de que se possa falar propriamente de uma purificação passiva de uma coletividade.

Será chamada purificação do sentido ou do espírito, conforme se realize principalmente na parte sensitiva ou na espiritual do homem; ativa ou passiva, conforme o agente principal for o próprio eu que se purifica por iniciativa própria ajudado pela graça ordinária, ou algo extrínseco à própria pessoa. A passiva pode ser ordinária (aquela em que Deus purifica o homem por meio das coisas ordinárias da vida) e extraordinária (em que Deus purifica o homem com meios extraordinários); por sua vez, essa última é: mística (se o modo é místico) e não mística (se, por exemplo, não é místico, como doenças raras, perda da fama etc.). A purificação litúrgico-sacramental pode ser incluída de certo modo entre as passivas, ainda que num outro sentido possa ser considerada ativa.

Na prática, podem todos esses modos acontecer ao mesmo tempo, uma vez que a purificação, sendo algo que se insere no vigor da vida e abraça toda a pessoa, se realiza na vida concreta e deve contar mais ou menos com as suas circunstâncias.

Tratamos aqui direta e principalmente da purificação mística passiva; prescindimos, todavia, das purificações místicas que o são apenas acidentalmente (porque têm como consequência acidental a purificação), cuja finalidade principal, porém, é reparadora ou de configuração com o Cristo paciente (→ PAULO DA CRUZ, → MARIA DA ENCARNAÇÃO).

2. a) Na Escritura, YHWH, que é o Santo, exige de Israel a santidade. A santidade de YHWH aparece sob dois conceitos distintos: o metafísico ("numinoso") e o moral. Metafísico porque, antes de tudo, é totalmente diferente e está acima de todo ser, misterioso, cheio de majestade, terrível e poderoso, mas, ao mesmo tempo, atraente. Diante dele o homem sente em toda a sua luz o sentido do seu nada, o temor reverencial (Gn 15,12; 28,17; Ex 3,6; 33,22; Jó 40,3-5 etc.). Ninguém pode vê-lo e viver (Ex 33,19; Jz 13,22). YHWH, porém, é santo também na ordem moral; destaca-se acima de tudo o que é imperfeito. Os profetas ressaltam de um modo ou de outro essa santidade (Am 2,7; Os 11,8-9; Is 1.4; 5,18.19; Hab 1,12-13).

Israel deve ser santo não somente porque foi escolhido por Deus para ser sua propriedade (Ex 19,5-6), mas também intrinsecamente à semelhança de YHWH (Lv 19,3; 20,26). Essa santidade inclui tanto a pureza ritual como a religiosa e moral (Lv 11,43-44; 20,25-26; Dt 14,1.2; Sl 15; 24,3-6). A santificação do novo Israel, segundo Ez 36,22-27, trará a purificação de todas as manchas e uma verdadeira renovação de todos os indivíduos que receberão um coração e um espírito novos. Há uma impureza essencial no homem que somente Deus pode purificar (Is 6, 5-7). Somente Deus é dador de pureza; a ele nos dirigimos para que purifique os corações. "Lava-me por completo da minha iniquidade e purifica-me do meu pecado" (Sl 51,4). "Tira o meu pecado com o hissopo e estarei puro; lava-me, e serei mais branco do que a neve" (Sl 51,9). "Cria para mim um coração puro, ó Deus; enraíza em mim um espírito novo" (Sl 51,12). Jesus Cristo proclamará que a única pureza é a interior (Mc 7,14-23), a pureza do coração (Mt 5,8). O sacrifício e o sangue de Cristo purificam radicalmente o homem (Hb 9,10). Essa purificação se realiza e aplica com o → BATISMO (Ef 5,26), que incorpora misticamente a Cristo, à sua morte e ressurreição.

Segundo → JOÃO DA CRUZ, muitos personagens do Antigo Testamento, em particular os profetas e o salmista, experimentaram os sofrimentos purificadores: Jó (16,13-17; 7,20: *Noite*, 2, 7, 1; 5, 5), Isaías (26,9: *Noite*, 2, 11, 7), Jeremias (Lm 3,1-20: *Noite*, 2, 7, 2), Davi (Sl 77,3-6: *Noite*, 2, 13, 6; Sl 38,9: *Noite*, 1, 9, 7; Sl 73,22: *Noite*, 2, 8, 2).

b) Não se deve confundir a purificação passiva espiritual com a purificação da mística neoplatônica de → PLOTINO, que, na preparação da união com Deus, pede a libertação de todo elemento sensível, inclusive em qualquer determinação intelectual. Essa purificação não deixa lugar para os sofrimentos, é fruto dos próprios esforços, não tem os efeitos da purificação passiva e nega seu caráter gratuito e sobrenatural.

c) Não há dúvida de que tenha relações, embora não se identifique, com a mística "noturna", que encontra as suas origens na Bíblia e é desenvolvida por Filão, Clemente de Alexandria, → ORÍGENES, Gregório Nisseno, o pseudo-Dionísio, → MÁXIMO, O CONFESSOR etc. O próprio João da Cruz dá muito mais importância ao conceito de "noite" que ao da purificação passiva.

A noite ou purificação passiva do sentido está presente na aridez (ausência de qualquer consolação sensível na alma num estado de graça), e se distingue da acídia e comporta o caráter de prova por parte de Deus (cf. *Études Carmélitaines* 2 [1937] 191-205); tema tradicional na espiritualidade cristã, já acolhido por → CASSIANO e aprofundado e aperfeiçoado pelos mestres da contemplação a partir da Idade Média.

A purificação passiva, sobretudo a do espírito, foi descrita em linhas magistrais por João da Cruz sob o símbolo ou a alegoria da "noite". É certo que antes do Doutor Místico viveram pessoas que a experimentaram e também, de certo modo, a descreveram, e autores espirituais que dela trataram; mas as suas descrições e explicações são as mais típicas. Mais adiante procuraremos propor a sua doutrina a respeito.

Os orientais cristãos (cf. I. Hausherr) expressaram em sua doutrina, pelo menos parcialmente, a realidade purificadora: sobre as tentações diabólicas, em particular as da acídia com os seus indizíveis tormentos (Evágrio); sobre o abandono divino que, quando é educativo, causa na alma tristeza, humilhação e, em certa medida, desespero, e cujos frutos são o temor de Deus, lágrimas de arrependimento com grande desejo de silêncio e que, quando é punitivo — que se tem como uma aversão por parte de Deus —, deixa a alma cheia de desespero, desconfiança, cólera, vaidade (Diadoco); sobre as alternâncias de consolações e sofrimentos exteriores e interiores (Orígenes).

Isaac de Nínive (século VII) enumera as tentações que se experimentam para o desenvolvimento da alma e com as quais ela é provada e exercitada; entre elas enumera as dores corporais, a confusão na inteligência, o obscurecimento das ideias, a privação de socorros humanos. Com esses exercícios o homem adquire uma alma desapegada, humildade e um coração mortificado, e é provado no amor de caridade para com o Criador. A providência manda essas tentações a cada um segundo as próprias forças. Nelas se misturam consolações e dores, luz e trevas. Há, além disso, um período de obscuridade em que o homem não encontra senão trevas e mais trevas e é incapaz de pensar que possa voltar a outro estado diferente, em que possa gozar novamente de alguma paz; cheio de desespero e de terror, tirada totalmente da alma a esperança em Deus e a consolação que dá a fé, fica cheio de dúvidas e de temores. Não obstante isso deve perseverar na humilde oração.

Santo → ANTÔNIO DE PÁDUA († 1231) fala de uma noite que é o sofrimento e de uma outra em que a alma está nas trevas da consciência, fria, dura e desorientada com dor e angústia por se ver exilada neste mundo e pretende voltar à pátria. O filho espiritual de Ruusbroec, frei Giovanni di Leeuwen († 1378), descreve as sete angústias com que Deus provou um seu fiel servidor: privação da doçura, alegria e união que antes sentia pelo amor divino; escondimento de Deus e de todas as graças, até da fé, esperança e caridade, a ponto de não encontrar devoção nem na comunhão: vivia em grandíssimo temor e clamava a Deus; não sente nada fora de ser um homem insípido que jamais tinha nem teria tido experiência de Deus; representação na sua mente da multidão dos pecados, da malícia e enormidade deles (pecados que não tinha cometido), cujo peso cai sobre suas costas como se devesse responder por cada um deles, sem contrapartida de mérito algum; crê que a justiça vingadora de Deus cai sobre ele sem misericórdia alguma; a tentação do desespero: vendo-se, com efeito, como um miserável em todos os campos, não vê a possibilidade de obter perdão; parece-lhe cair em certa escassez e penúria infernais, experimentando penas e amarguras indizíveis, como se estivesse imerso na terra que o circunda e oprime (cf. *Études Carmélitaines* 2 [1937] 77-78).

→ RUUSBROEC (1395-1381) distingue três noites: noite dos sentidos (que só parcialmente coincide com a de João da Cruz) e de duas noites do espírito. Mais que em descrições detalhadas, porém, fixa a sua atenção na necessidade ontológica dessas noites, sobre o significado delas e sobre a gradação objetiva delas. Considera-as em menor medida como condição indispensável para uma tomada de consciência que deixa de ser conatural. → TAULERO († 1361) não distingue os diferentes aspectos da noite passiva, mas, ao explicar os símbolos de vários textos litúrgicos descreve nos seus sermões o conjunto dessas provas passivas, sensíveis e espirituais, ou, como diz ele, externas e internas: tentações, sofrimentos, angústias, privação de toda consolação, participação no abandono de Cristo na cruz, anulação do homem por parte de Deus, deixando-o na angústia, no temor, na tristeza, na amargura e ignorância absoluta do que acontecerá. O homem não tem senão de se aniquilar diante de Deus, perseverar e se abandonar à sua vontade; deve orar a Cristo, que lhe serve de modelo na prova; deve alegrar-se somente em Deus e não com seus dons. Todos esses sofrimentos são obra da bondade e da fidelidade de Deus. Taulero procura persuadir sobre quão benéfica é a prova, sobre a riqueza e abundância divinas que se escondem sob tanta pobreza, miséria e opressão sufocante.

→ CATARINA DE SENA (1347-1380) afirma que Deus purifica o amor da alma escondendo-lhe o sentimento da sua presença; a alma persevera com humildade na prática da virtude e no conhecimento de si mesma com viva fé e esperança (*Dial.* 63). Purifica com muitas tribulações até os perfeitos (145). Aqueles que servem a Deus com amor imperfeito, quando lhes retira as suas consolações e permite que sejam tentados e atribulados, aperfeiçoa-os no amor; mas devem aperfeiçoar ainda esse amor (60) com o exercício e a perseverança (63). A providência divina quer purificar nas provas seu amor imperfeito (114). W. → HILTON († 1396), em *Scala of perfection* (II, 5), fala de uma noite dolorosa da alma; o autor de *The cloud of unknowing* (→ NUVEM DO DESCONHECIMENTO, escrito provavelmente entre 1345 e 1386), fala de uma pena e desgosto, que é para a alma o seu purgatório (33.69), às vezes até o inferno, de quem não tem esperança de jamais ser triunfador (69), e de uma extrema e profunda pena espiritual que purifica a alma e deve ser experimentada antes de poder chegar à união perfeita com Deus (44). A alma deve suportar isso com humildade. Henrique → HERP († 1477), na sua *Theologia mystica*, trata com suficiente precisão das purificações passivas, em que a alma definha de angústia, não encontra consolação nem em Deus nem nas criaturas e fica como que suspensa entre o céu e a terra.

→ CATARINA DE GÊNOVA (1447-1510) descreve o seu purgatório místico, experimenta no seu espírito o que vê nas almas do purgatório; a sua alma está no seu corpo como num purgatório; o tormento de ambas aumenta e cresce sem parar até a morte. O espírito, estranho a tudo, não encontra prazer em nenhuma coisa nem material nem espiritual, fica como que suspensa no ar, voltado para Deus, que o absorve sem poder pensar em nenhuma outra coisa. Essa ocupação em Deus é causa de pena, por estar parado e não poder ainda conseguir o seu fim, e de paz e de alegria em ver nisso a providência divina. E há o acompanhamento de tremendas dores físicas. Esse purgatório, obra da ação divina, é a suprema purificação que prepara para a morte, e tem como fim a destruição do eu pessoal para o transformar no eu divino, que é Cristo (cf. *Detti sul purgatorio*, 19).

→ TERESA DE JESUS fala por experiência das tribulações externas e internas da alma, e da alegria e dor pelas feridas de amor. A propósito do "horto", escreve: "Há períodos na alma em que não nos lembramos desse horto; parece que tudo é árido e que não há água para o irrigar, parece que jamais a alma tenha tido sombra de virtude. Experimenta a respeito muito aborrecimento, porque quer o Senhor que ao pobre hortelão pareça que tudo o que fez para o cultivar e irrigar fica perdido" (*Vida*, 5, 14, 9). Enumera também alguns dos sofrimentos que a alma deve suportár antes de entrar nas sétimas moradas (*Castelo*,

6, 1): pensamento que vai ser perdido, impaciência das pessoas, afastamento dos amigos que se cansam dela (até o ouvir falar bem dela é tormento intolerável), com frequência surgem doenças dolorosíssimas, insegurança do confessor que duvida de tudo, pensamento de que por seus pecados Deus permite que seja enganada, aridez, impressão de que engana o confessor; "o intelecto se vê de tal modo no escuro que não é capaz de perceber a verdade, mas somente de acreditar no que lhe representa a fantasia (nesse estado é ela a senhora) e os enganos que lhe quer fazer crer o diabo, ao qual nosso Senhor deve ter dado a permissão para que a prove e até que a faça crer que é reprovada por Deus. E como são tantas as coisas que a combatem com um aperto interior de modo tão sensível e intolerável que eu não sei a que coisa possa se comparar senão às dores que sofrem no inferno; dado que não é admitida nessa tempestade nenhuma consolação" (*Castelo*, 9). Em nenhuma coisa da terra encontra remédio, "do mesmo modo que todos os prazeres do mundo, postos diante dos condenados à morte, não somente não os confortam, mas aumentam o tormento deles" (12). Existem até sofrimentos de gênero muito mais alto (15). "O melhor remédio, não para que se aquiete, que eu não o conheço, mas para que possa sofrer, é dar-se a obras de caridade e exteriores, esperando na misericórdia de Deus, que jamais falta aos que confiam nele" (13).

3. **NOITE PASSIVA DO SENTIDO**. A purificação deve abraçar toda a pessoa humana na sua projeção existencial; consequentemente, deve se estender às zonas afetivas e intelectivas tanto sensitivas como espirituais. João da Cruz distingue uma dupla noite ou purificação passiva: a do sentido e a do espírito. Quem se purifica na realidade é a pessoa tanto no sensível como no espiritual. A noite, ou purificação do sentido e do espírito não são senão etapas ou fases caracterizadas por uma noite ou purificação que invade pouco a pouco a pessoa até purificá-la.

A noite passiva do sentido é a que se realiza na parte sensitiva por uma ação especial de Deus, que causa nela obscuridade, aridez e tormento. Parte sensitiva significa neste caso não somente os sentidos corporais internos e externos e os apetites sensíveis, mas também o intelecto como discursivo. Os efeitos indicados são devidos, segundo a interpretação mais comum, à contemplação infusa inicial, que os causa no sujeito por suas inclinações imperfeitas. Por que, apesar das imperfeições do sujeito, a contemplação é às vezes agradável e às vezes dolorosa? Por uma intervenção especial de Deus que repara a natureza (cf. *Chama B*, 4, 12; 1, 19). Essa contemplação infusa inicial traz consigo, de uma parte, a retirada e a subtração da graça sensível e, de outra, a comunicação de Deus à parte espiritual, coisa até então desconhecida (cf. *Noite*, 1, 9, 8). "A causa dessa aridez se deve ao fato de que Deus dirige para o espírito os bens e a força do sentido; e como o sentido ou força natural não é capaz disso, fica em jejum, seco e vazio. Com efeito, a sensibilidade não é capaz de conter o que é puro espírito e assim, provado o espírito, a carne se torna insípida e fraca para a ação" (9,4). Traz, portanto, obscuridade à parte sensitivo-discursiva, cessação do gosto e do prazer anterior, e ao mesmo tempo tormento na parte afetiva, que em vez de deleites e prazeres encontra insipidez e amargura nas coisas que antes a agradavam. Não traz aniquilamento da atividade sensitiva: sensações externas, imaginações etc. Cresce o tormento, e sua causa principal é o pensamento de estar condenado, o pensamento de que lhe tenham escapado os bens espirituais e que Deus o tenha abandonado (8, 3; 10, 1). À aridez contemplativa acrescentam-se às vezes fortes tentações contra a pureza, espírito de blasfêmia, escrúpulos (14, 4) etc.

Sinais (*Noite*, 1, 9): não encontrar gosto nem consolação nem nas coisas de Deus nem nas coisas criadas. Essa coisa exclui que a aridez se deva a imperfeições cometidas pela pessoa; ordinário pensamento em Deus com a solicitude e a atenção penosa de que não se tem serventia e que se anda para trás. Essa coisa manifesta que a aridez não provém da tepidez; não poder meditar nem discorrer ajudando-se com a imaginação, apesar dos esforços. A aridez pode ser atribuída a tepidez espiritual, mas nesse caso o tépido encontra prazer e consolação em dissipar-se em coisas externas e nas criaturas, é distraído no serviço de Deus e, se se esforça seriamente, pode meditar.

Finalidade. É de trocar os bens, do sentido ao espírito (*Noite*, 1, 9, 4); purificar a parte sensitiva dos seus defeitos e prepará-la (8, 1), sujeitá-la e uni-la ao espírito (11, 3; 2, 2, 1). Preparar também a natureza para a noite passiva do espírito (3, 2). Essa purificação naturalmente não é perfeita e "mais que purificação pode-se e deve-se chamar reforma e freio do apetite" (3, 1). Completa-se com a purificação passiva do espírito.

Efeitos (*Noite*, 1, 12.13; 9, 4.6). O espírito recebe alimento espiritual que lhe dá força e comporta uma ordinária lembrança de Deus; a alma adquire conhecimento de si mesma e dos seus pecados, da grandeza e da excelência de Deus, humildade espiritual, amor pelo próximo, obediência e submissão no caminho do espírito; é livre dos defeitos da avareza, da luxúria e da gula espiritual, da inveja, da ira e da acídia; exercita-se junto com a virtude, adquire liberdade no espírito e se livra dos três inimigos, mundo, demônio e carne.

Duração e intensidade. Dependem principalmente de duas coisas: impureza e imperfeição da alma, grau de união a que Deus quer levá-la (*Noite*, 1, 14, 5; *Chama B*, 1, 24). Apesar da pressa com que Deus a leva, costuma durar muito tempo (*Noite*, 1, 14, 6). A intensidade está também condicionada à valentia física e moral do sujeito (14, 5).

Normas práticas. É necessária uma direção segura (*Noite*, 1, 10, 2). O diretor deve certificar-se de que a aridez é devida à ação divina e, uma vez seguro, ajudar o sujeito com uma direção apropriada que leve em conta o estado da alma e a finalidade querida por Deus com a purificação passiva; deve dirigi-la de tal maneira que, em vez de frustrar essa finalidade, o sujeito coopere positivamente com docilidade em plena submissão à vontade de Deus e persevere com paciência (10, 3). Isso significa que na oração não se deve esforçar nem empenhar-se em meditar a todo custo (10, 4). Essa renúncia à meditação não é absoluta (9, 9), e pode haver casos em que, não podendo ficar com Deus em amorosa atenção, se deva voltar à meditação ou aos outros meios. Supõe também habituar-se a ficar em atenção amorosa com Deus (10, 4); e o não abandono da oração pelo fato de que se experimenta aridez por ela. É preciso insistir no fato de que se chega à oração não para encontrar consolações, mas para estar com Deus, agradá-lo e receber dele o entretenimento que mais o agrada. Outro caso seria se fosse acompanhado por doença, quando seria aconselhável deixar a oração. Em geral, o diretor deve exigir generosidade no exercício das virtudes, na prática da renúncia e do recolhimento, deve procurar corrigir os seus defeitos voluntários, e que rejeite absolutamente a ideia de ser abandonado por Deus por causa dos próprios defeitos. É tempo de deixar a alma na purificação a que Deus a levou, consolando-a e animando-a para que faça o que Deus quer (*Subida*, prol. 5).

4. NOITE PASSIVA DO ESPÍRITO. É uma contemplação infusa e secreta que, causando obscuridade e tormento, livra a alma das suas imperfeições habituais, naturais e espirituais, a ilumina e prepara à união de amor com Deus (cf. *Noite*, 2, 5, 1; 3, 3). Falando talvez com mais precisão, pode-se dizer que é aquele estado da alma que leva em si a purificação passiva. A causa de purificação é a contemplação infusa, relacionada, porém, às imperfeições da alma. Por que a contemplação causa efeitos tão dolorosos? Ora, por parte da contemplação divina, nada pode causar dor; antes, apenas suavidade e alegria (9,11). A razão se encontra na imperfeição da alma (9, 10-11; 10, 4-5; 5, 2) e na incapacidade de receber essas comunicações (*Chama B*, 4, 12). Essa incapacidade tem origem nos mesmos hábitos psicológicos normais de ação, porquanto participa ainda da parte inferior (*Noite*, 2, 2, 5) e tem um modo natural de atuar (9, 3). Até agora o intelecto e a vontade operavam segundo as leis da atividade humana, ou seja, regulavam-se com base na atração exercida pelo objeto que lhe era apresentado pelos sentidos ou pelas outras faculdades; de agora em diante estão sujeitas à ação de Deus que vem das profundezas da alma. Apesar dessas imperfeições e dessa incapacidade da alma, a contemplação pode "por disposição de Deus" parar de investir de modo purificativo para o fazer luminosa e amorosamente com paz e suavidade (7, 4).

O Doutor Místico descreve minuciosamente os sofrimentos e as obscuridades dessa noite, que é tremenda e apavorante e não tem comparação com a do sentido (*Noite*, 1, 8, 2; 11, 4). "Querendo, pois, Deus espoliá-los (os proficientes) efetivamente desse homem velho e revesti-lo do novo, que é criado segundo Deus na novidade do espírito, como diz o Apóstolo (Ef 4, 23-24), despe-os dos poderes, das afeições e dos sentidos, quer espirituais, quer sensíveis, quer externos, quer internos, deixando o intelecto na obscuridade, a vontade na aridez, a memória no vazio, as afeições da alma em grande aflição, amargura e angústia, privando-as do sentido e do gosto que anteriormente encontravam nos bens espirituais" (*Noite*, 2, 3, 3). A alma sente em si o vazio e a pobreza das coisas temporais, naturais e espirituais, vê-se posta na miséria das imperfeições, da aridez e do vazio, do abandono do espírito nas trevas (6, 4), na obscuridade e no adormecimento da atividade natural (16, 1). "Absorvendo-a numa treva profunda, esmiúça e desfaz sua substância espiritual de maneira tal que ela se sente consumir e fundir à vista das suas misérias, provando uma cruel morte de espírito. Acontece como se, engolida por uma fera, sentisse ser digerida no ventre tenebroso dela" (6, 1). A substância da alma em certo sentido se aniquila e se destrói (6, 5). A luz contemplativa põe diante da alma todos os seus defeitos, e ela se sente de tal modo impura que lhe parece que Deus esteja contra ela e se torne inimiga dela. Essa é uma das provas mais tremendas. "E verdadeiramente, quando a contemplação purificativa oprime a alma, ela sente muito vivamente a sombra e os gemidos da morte e as dores do inferno, que consistem em se sentir sem Deus, castigada, rejeitada e indigna dele e em crer que ele tenha se irritado contra ela. Tudo isso a alma sente nesse estado, muito mais gravemente, pois lhe parece que isso deverá durar para sempre" (6, 2; cf. 5, 5; 10, 2). "Por isso, o seu espírito (do proficiente) fica penetrado por uma dor tão profunda que o faz prorromper em fortes gemidos que às vezes lhe escapam dos lábios e acabam em lágrimas quando tem a força e a coragem de o poder fazer, embora goze raramente desse alívio" (9, 7). A sua impureza diante da grandeza de Deus o aniquila (5, 5; 6, 4).

Isso não se explicaria sem o amor que a alma tem por Deus. Antes de qualquer coisa, amor de estima; depois, também amor inflamado. "Pois se se pudesse certificar de que nem tudo está perdido e acabado, mas que o que experimente é para seu maior bem, como de fato o é, e que Deus não o despreza, não se preocuparia de modo algum com todas aquelas penas, mas até ficaria contente com elas, sabendo que Deus delas se serve" (13, 5). Com o amor assim inflamado, a ansiedade e a pena da alma aumentam, e isso por dois motivos: "as trevas espirituais em que se vê envolvida e que a afligem com suas dúvidas e temores, e o amor de Deus pelo qual está inflamada e estimulada e por cuja ferida amorosa está admiravelmente amedrontada" (11, 6).

A lembrança dos bens passados e a comparação com os males presentes, juntamente com a incerteza do remédio, são motivo de novos sofrimentos (7,1). Acrescenta-se depois o abandono e o desprezo por parte de todas as criaturas, especialmente por parte dos amigos (6, 3); a impossibilidade de encontrar conforto e apoio em certas doutrinas ou mestres espirituais (7,3); o não poder elevar a Deus nem a mente nem o afeto (8,1); a ausência de todo pensamento agradável e pacífico (9, 5); a ação tentadora do diabo (*Chama B*, 3, 64; *Noite*, 2, 23, 4-5).

Descontinuidade da noite. Por intervenção de Deus há momentos de alívio, em que a contemplação vem de modo iluminador e amoroso e não purgativo. Egressa desse marasmo e desses vínculos e posta em prazeres de liberdade e de amplidão, a alma sente e experimenta uma grande suavidade de paz e de amabilidade amorosa para com Deus, acompanhada por fácil abundância de comunicação espiritual (*Noite*, 2, 7, 4).

Intensidade e duração. Depende do grau de união amorosa que Deus quiser conceder à alma, "mais ou menos intensa e de maior ou menor duração" (*Noite*, 2, 7, 3). Depende também do grau de impureza e imperfeição (*Chama B*, 1, 24; 2, 25). Mas se deve ser verdadeiramente profunda, por forte que seja, dura alguns anos (*Noite*, 2, 7, 4).

Finalidade. Purificar e desnudar a alma segundo o espírito, adaptando-o e dispondo-o à união de amor com Deus (*Noite*, 1, 8, 1). Ao mesmo tempo, terminar de realizar a purificação da parte sensitiva, que, como dissemos, não se obterá enquanto não se realizar também a do espírito (*Noite*, 2, 2, 1; 13, 11).

Efeitos. Além dos efeitos dolorosos e da obscuridade, o principal é a purificação, "segundo a parte sensitiva e espiritual, de todo afeto e hábito imperfeitos que tem em si a respeito do que é temporal, natural, sensitivo, especulativo e espiritual" (*Noite*, 2, 13, 11), "das afeições habituais e das propriedades do homem velho" (6, 1), "das suas ignorâncias e imperfeições habituais, naturais e espirituais" (5, 1), "de toda afeição e hábito imperfeitos contraídos durante toda a vida" (6, 5). Juntamente com esse efeito negativo há o positivo da iluminação que compreende um aumento de luz e de amor (8, 4; 10, 6; 11; 12; 13). A alma encontra segurança e proteção (16), força (11, 7) e concentra todas as suas energias em Deus (11, 3). Pouco a pouco, reveste-se assim do homem novo (3, 3; 13, 11; 4, 2).

Aspecto teologal. A alma avança na pura fé (*Noite*, 2, 4, 1; 2, 5), tem um grande amor estimativo de Deus (13, 5), até inflamar-se de amor (11) e se reveste de fé, de esperança e de caridade (21). São precisamente as virtudes teologais que no fundo a põem no estado de tensão em relação a Deus.

Algumas normas práticas. O homem deve cooperar com a ação divina. O que supõe que deve respeitá-la e submeter-se a ela, sofrendo com paciência cristã, silenciosa e amorosamente, exercitando-se na esperança que confia em Deus e exclui qualquer outro motivo, e na pobreza de espírito que despoja de tudo o que não é Deus. Cristo, sobretudo, é o maravilhoso modelo na noite mística. O Getsêmani, a paixão, a cruz... são luz nas trevas (é óbvio que nele a dor não tinha caráter purificador). Não lhe resta senão sofrer em união com o Cristo desolado, com ele, por ele, nele e como ele.

5. OUTRAS QUESTÕES. a) *As imperfeições.* A noite do sentido purifica de muitas imperfeições morais que ligam aqueles que iniciaram o caminho da perfeição da vida espiritual. João da Cruz descreve algumas delas na *Noite*, 1, 1-7. Liberta também de outras imperfeições chamadas psicológicas, incompatíveis com o grau que nessa ordem normalmente se exige da perfeição mística. Porém, a noite do sentido não pode chegar ao núcleo das imperfeições ou dos vícios morais da parte sensitiva, uma vez que têm sua força e sua origem no espírito, em que se encontram todos os hábitos, bons e maus. Por isso, o que purifica tanto a parte sensitiva como a espiritual do homem é a noite do espírito (*Noite*, 2, 3, 1-2). Essa noite purifica as imperfeições atuais e habituais. "As habituais são as afeições e os hábitos imperfeitos que, como raízes, ficaram ainda no espírito em que não pôde chegar a purificação do sentido" (2, 1); "a *hebetudo mentis* e a rudeza natural contraídas por todo homem pelo pecado, o espírito distraído e superficial" (2, 2). As atuais têm sua origem no comportamento da pessoa a respeito do exercício das virtudes, as práticas espirituais, a atitude diante das graças recebidas etc.

Mas trata-se acaso de imperfeições somente de ordem moral ou pelo menos de ordem natural e humana misturadas com imperfeições e desordens morais? Ou também de hábitos ou de modos humanos de agir, que devem esvaziar-se para dar lugar ao divino? Segundo o pensamento de São João, parece que se deve propender para a segunda hipótese. A perfeição mística comporta tal espiritualização de tudo o que é humano que implica uma inversão psicológica nos seus modos de agir (cf. *Noite*, 2, 9, 3).

b) *Noite passiva do espírito e desordens psíquicas.* Encontram-se analogias entre os efeitos psicológicos da noite passiva do espírito e as desordens psíquicas próprias das perturbações nessa ordem. A tristeza e o desânimo das pessoas, seu aborrecimento e falta de interesse em relação a tudo, seu desespero, suas ideias mais ou menos exteriorizadas de covardia, de culpa e de condenação que tendem à melancolia. A alternância neles dos estados de alegria e de dor, de coragem e de desânimo pode fazer pensar nos estados ciclotímicos. Um exame profundo faz descobrir, porém, diferenças fundamentais, embora a distinção seja mais fácil quando haja estados puros de noite obscura ou de doença (cf. os sinais, de São João), do que quando se trata da noite passiva que nos ajuda com desordens psíquicas para obter a sua finalidade purificadora. Numa ordem psicológica, a doença psíquica, se não destrói, pelo menos enfraquece sempre a personalidade, ao passo que a noite mística a enriquece; são também diferentes no traço psicológico e no aspecto externo. Na ordem moral, o comportamento e os progressos realizados, examinados com critérios de conjunto e de amplo raio, permitirão distinguir pelo menos a influência predominante da doença ou da noite. A noite passiva do espírito livra do patológico? João da Cruz o afirma para a melancolia (*Noite*, 1, 4, 3). Não consta que essas tendências cessem sempre sob a influência dessas noites (cf. *Études Carmélitaines* 2 [1938]).

c) *Necessidade das noites passivas para atingir a perfeição cristã.* A necessidade de fato de certa purificação passiva tomada em sentido geral e amplo parece que não se deve pôr em dúvida, dada a providência divina que santifica por meio das circunstâncias da vida, nas quais há muitos aspectos passivos. Se o problema se restringe às purificações místicas, a solução depende de outros postulados, como o da necessidade da mística. Eis algumas opiniões: a) afirmam a necessidade das purificações → GARRIGOU-LAGRANGE, → GABRIEL DE SANTA MARIA MADALENA, Royo Marín. Somente para os chamados à vida mística afirma-a Crisógono; as noites místicas não são necessárias, mas o é uma purificação de ordem mística que equivale em seu efeito purificador às de ordem não mística. Não é necessário que essa purificação se realize com meio dolorosos, uma vez que Deus pode purificar uma alma sem que experimente nenhuma dor (Truhlar).

d) *Lugar das noites místicas no itinerário espiritual.* O caráter de crises existenciais na ordem espiritual que têm essas purificações parece indicar que normalmente devam se pôr num período de transição. Os estudiosos de coisas espirituais não estão, porém, de acordo sobre onde pôr esse período. A noite do sentido, alguns a põem na vida purgativa, outros na iluminativa (ou comumente na iluminativa com início às vezes na purgativa), e outros na passagem entre a purgativa e a iluminativa. Essa última é a interpretação mais genuína de João da Cruz, que na noite passiva do sentido descreve a etapa da passagem entre meditação e contemplação. Falando em sentido genérico, talvez mais que sobre o período da vida espiritual em que acontece a purificação, deve-se insistir na finalidade e nos efeitos dela, ainda que, como toda crise existencial, costume ter uma época determinada.

A noite do espírito é posta por alguns na via unitiva (Royo), por outros na passagem entre via iluminativa e via unitiva (Garrigou-Lagrange, Crisógono, Gabriel...). Nesse ponto muita coisa depende do conceito que se tem da via unitiva, porque muitos talvez digam a mesma coisa com palavras diferentes. Alguns aperfeiçoam mais suas conclusões (de → GUIBERT, Truhlar).

A projeção escatológica da purificação mística mostra-se em João da Cruz, à parte outros conceitos, a partir das alusões que faz sobre o purgatório, tratando dessa purificação (*Noite*, 2, 6, 6; 7, 7; 10, 5; 12, 1; 20, 5; *Chama A*, 1, 17.20; 2, 21; *Chama B*, 1, 21.24; 2, 25), que é uma graça devida à misericórdia divina e não um castigo (*Noite*, 2, 5, 7).

BIBLIOGRAFIA. BARRIENTOS, U. *Purificación y purgatorio*. Madrid, 1960; DAGNINO, A. *La vita interiore*. Milano, ²1960; *La purificazione dell'anima*, 787-936 (nas edições posteriores o título era trocado por *La vita cristiana*. Milano, 1979: reimpressão em 1988; mas a doutrina é a mesma); EMETERIO DEL S. C. La noche pasiva del espíritu de san Juan de la Cruz. *Revista de Espiritualidad* 18 (1959) 5-49.187-228; GREGORIO DE J. C. Las noches sanjuanistas vividas por Santa Teresa del Niño Jesús. *Ephemerides Carmeliticae* 11 (1960) 352-382; HAUSHERR, I. Les orientaux connaissent-ils les "nuits" de saint Jean de la Croix? *Orientalia Christiana Periodica* 12 (1946) 5-46; Illuminations et sécheresses. *Études Carmélitaines* ott., 1937; Nuit mystique. *Études Carmélitaines* ott. 1938 (números monográficos); LEBRETON, J. La nuit obscure d'après saint Jean de la Croix. Les sources et le caractère de sa doctrine. *Revue d'Ascétique et de Mystique* 9 (1928) 3-24; MOREL, G. Note sur le symbole sanjuaniste de la nuit et la tradition. In *Le sens de l'existence selon saint Jean de la Croix*. Aubier, Paris, 1961, 159-174, III; Néant. In *Dictionnaire de Spiritualité* XI, 64-80; Nudeté. In *Dictionnaire de Spiritualité* XI, 508-517; Pureté. Purification. In *Dictionnaire de Spiritualité* XII/2, 2.627-2.652; Puro. In *Dizionario dei Concetti Biblici del Nuovo Testamento*. Bologna, 1976, 1.481-1.488; RUIZ SALVADOR, F. *Caminos del espíritu*. Madrid, ³1988, 374-417; ID. *Introducción a san Juan de la Cruz*. Madrid, 1968, 523-545.602-635; ID. Vida teologal durante la purificación interior. *Revista de Espiritualidad* 18 (1959) 341-379; SANTA CATARINA DE GÊNOVA. *Trattato del purgatorio*. Genova, 1957; URBINA, F. *La persona humana en san Juan de la Cruz*. Madrid, 1956, 161-200.

I. RODRÍGUEZ

PUSILANIMIDADE. 1. NOÇÃO. Deriva etimologicamente do latim *pusillanimis*, de pouco ânimo, sem ânimo. É o vício contrário à presunção. Se o presunçoso se julga mais do que vale na realidade, o pusilânime se considera menos do que é. O presunçoso empreende obras superiores às suas possibilidades; o pusilânime foge da ação, por temor de não ter êxito, ou de incorrer no desprezo dos outros, ou por não pôr a perigo a sua segurança ou comodidade pessoais, a que se apega de modo excessivo. A pusilanimidade opõe-se à → MAGNANIMIDADE. Enquanto o magnânimo aspira a realizar coisas grandes para a glória de Deus e o bem do próximo, o pusilânime, voltando-se sobre si mesmo, cedendo ao medo, ao respeito humano (talvez até a um secreto orgulho), deixa inativas as faculdades operativas que lhe são conaturais (cf. *STh*. II-II, q. 133, a. 1c.). Exemplo de pusilanimidade é o servo da parábola evangélica, que em vez de pôr para render o talento recebido o enterra, sob o pretexto de ter de prestar contas a um patrão injusto (cf. Mt 25,24-29). A pusilanimidade é, em geral, pecado leve, mas pode se tornar até pecado grave, quando com ela se omite o cumprimento de um importante dever. Motivos particularmente atenuantes são a constituição física do sujeito (temperamento psicopático) ou uma educação errônea.

2. CAUSAS. São várias; entre as principais: a) naturais do sujeito, como a timidez; b) provenientes de perturbações psíquicas, como a índole psicopática, em geral neurótica; c) coração pouco aberto nas relações com Deus. "Outra manifestação imediata da pouca abertura do espírito é a pusilanimidade". O pusilânime "afoga-se num copo d'água. Incapaz de enfrentar as situações difíceis pela perturbação anímica que lhe causam, ele foge de qualquer luta e cede diante das

dificuldades. Sua covardia e sua timidez, que jamais sabem ousar, são tidas às vezes por prudência; mas na realidade essa virtude, dependente do intelecto prático, tem muito pouco a ver com esse tipo (o "deontônico"), em quem abunda, porém, o elemento teórico" (A. ROLDÁN, *Ascetica e psicologia*, Roma, 1965, 142). São também causas da pusilanimidade: uma educação errônea, pela qual fica bloqueado o desenvolvimento normal das faculdades que dispõem o ânimo a enfrentar as dificuldades e os riscos da ação; a ignorância do sujeito a respeito do próprio valor.

A pusilanimidade pode ser enfim expressão de disfarçada soberba: "Embora pareça contrária ao orgulho, pode nascer justamente dele. Não é muito raro o caso de um homem ser tão apegado ao próprio juízo a ponto de ele mesmo se desprezar, ao mesmo tempo em que os melhores juízos o julguem capaz. Se teima, será ao mesmo tempo, sob diferentes aspectos, orgulhoso e desconfiado de si, orgulhoso e pusilânime" (A. D. SERTILLANGES, *La philosophie morale de saint Thomas d'Aquin*, Paris, 1916, 434).

3. REMÉDIOS. Sendo diretamente oposta à magnanimidade, o primeiro meio para combater a pusilanimidade é a educação à → FORTALEZA, de que a magnanimidade é parte integrante. Desenvolver no sujeito o sentido do dever, a obrigação de fazer frutificar os dons recebidos de Deus, o sentido de responsabilidade, a coragem para enfrentar os riscos inerentes ao empenho cristão. Paralelamente aos cuidados físicos (quando se vir necessidade deles), será preciso também ajudar o sujeito a se conhecer melhor, a ter maior conhecimento das próprias possibilidades. O desprezo de si mesmo, segundo a conhecida definição da humildade de São Bernardo (*virtus qua homo, verissima sui agnitione, sibi ipsi vilescit*, in *De gradibus humilitatis et superbiae*, 1, 2: PL 182, 942), quando separado da virtude da → PRUDÊNCIA ou da discrição, em vez de combater a soberba, acaba por mortificar e tornar inoperantes as aptidões ao bem que todos, de alguma forma, sempre possuem. Por isso, jamais se insistirá demais sobre a grave responsabilidade que têm os educadores na formação das almas. Uma excessiva severidade, apontar predominante e continuamente os aspectos negativos da educação (a luta contra os vícios, os defeitos, os maus hábitos etc.) sem, ao mesmo tempo, estimular as boas qualidades latentes, sem encorajar as tentativas de melhoria, sem premiar os sucessos, pode produzir danos irreparáveis. São Paulo exortava, portanto, os pais a não tratar os filhos com muito rigor *ut non pusillo animo fiant*, para que não desanimem (Cl 3,21). "Pusilanimidade que inibe, que é inconciliável com o desenvolvimento sincero da vida espiritual, da vida sempre proporcional à magnanimidade do Espírito Santo; pusilanimidade cheia de nefastas consequências" (L. MENDIZÁBAL, Il colloquio spirituale, in *La formazione spirituale del candidato ao sacerdozio*, Roma, 1965, 266).

Nem tudo o que é afirmação da própria personalidade é mau, mas somente o que contrasta com a obrigatória submissão à vontade divina e ao exercício da caridade cristã. "Certa complacência pessoal, ou antes, certa complacência de si, especialmente no adolescente, se se mantém nos limites da modéstia, não tem nada a ver com o orgulho caracterizado. [...] Uma coisa é o sentido do valor, outra coisa é o da excelência. Combater e contrariar o sentido do próprio valor seria querer fazer desabrochar precocemente uma humildade espiritual já formada. Portanto, um aspecto artificial, formalístico, insincero. A humildade cristã dos quinze anos exprime-se plenamente na docilidade, em recorrer a outros para a própria valorização. Antes, a franqueza está normalmente associada ao sentimento sadio do próprio valor" (*Ibid.*, 267).

BIBLIOGRAFIA. CENCINI, A. – MANENTI, A. *Psicologia e formazione*. Bologna, 1985; JANVIER, M. A. *Esposizione della morale cattolica*. Torino, 1938, c. 4; MAY, R. *L'uomo alla ricerca di sé*. Roma, 1983; SCHILDER, P. *Immagine di sé e schema corporeo*. Milano, 1973; SERTILLANGES, A. D. *La philosophie morale de saint Thomas d'Aquin*. Paris, 1916, 434-435.

E. BORTONE – B. GOYA

Q

QUARESMA. O tempo litúrgico da Quaresma é um momento forte da vida da Igreja. Por suas origens de caminho de preparação para a Páscoa e sua marca batismal, recuperadas na reforma pós-conciliar, encerra uma série de valores espirituais celebrativos, mas também de propostas espirituais que têm uma estreita relação com o modo de conceber a dinâmica da vocação cristã no seu itinerário para a perfeição. Vejamos brevemente as origens e o desenvolvimento desse tempo, a sua celebração litúrgica, as perspectivas de espiritualidade.

1. ORIGEM E DESENVOLVIMENTO. Desde o final do século II existe na Igreja um período de preparação para a → PÁSCOA, medido por alguns dias de jejum, já segundo o testemunho de Eusébio de Cesareia a propósito da controvérsia sobre a data da Páscoa. Ireneu teria escrito assim ao papa Vítor: "A controvérsia não é apenas sobre o dia, mas sobre a forma mesma do jejum. Alguns creem que devem jejuar apenas um dia; outros, dois; outros, mais dias; outros atribuem a seu dia [jejum?] o espaço de quarenta horas diurnas e noturnas. Essa variedade na observância do jejum não nasceu em nossos dias, mas remonta a épocas bem distantes…" (*Hist. ecl.* 5,24,12).

Esse jejum inicial apresenta uma primeira estrutura de uma semana de preparação, especialmente em Roma, e que se tornou depois três semanas, nas quais se lê o Evangelho de João, para se tornar finalmente quarenta dias de jejum, inspirados nos quarenta dias que Jesus passou no deserto.

Esse jejum, pois, de quarenta dias ia da sexta semana antes da Páscoa até a quinta-feira antes da Páscoa. Mas como havia no meio seis domingos nos quais não se jejuava e porque se queria completar o número simbólico dos quarenta dias, ampliou-se o tempo, antecipando o início para a quarta-feira anterior à sexta semana antes da Páscoa e se contaram os dois dias de sexta e sábado antes da Páscoa, que eram na realidade dias de um jejum todo especial, quase total, como parece indicar Hipólito na *Traditio apostolica*.

Atualmente é essa conta matemática que faz da nossa Quaresma um período de 46 dias — inclusive a Quarta-feira de Cinzas e o Sábado Santo — dos quais quarenta dias de jejum, excluindo-se precisamente os seis domingos, cinco da Quaresma e um *in Passione Domini*.

Posteriormente, acrescentaram-se outros domingos de preparação para a Quaresma (Quinquagésima, Sexagésima, Septuagésima).

No século IV encontramos suficientes testemunhos de uma organização do período quaresmal que envolve a Igreja inteira e alguns dos seus membros, com riqueza de motivações e de conteúdos.

Do século IV até os séculos VII-VIII temos o período áureo da Quaresma cristã com o seu forte apelo batismal, expresso também nas leituras dominicais da liturgia romana. Pouco a pouco essa perspectiva cai, quando desaparece um verdadeiro catecumenato na Igreja, até a recuperação litúrgica atual, operada pelo Vaticano II.

Para fixar a cronologia e o conteúdo da Quaresma contribuiu muito a lembrança dos quarenta dias de jejum do Senhor no deserto, segundo o testemunho dos → SINÓTICOS, com um simbolismo que ainda hoje ocupa um lugar importante na proclamação do evangelho do primeiro domingo da Quaresma. Ora, esse número encontra verificação simbólica em outras expressões da vida de Israel no Antigo Testamento: os quarenta dias do dilúvio, os quarenta dias e noites de Moisés no Sinai, de Elias que caminha para Horeb; os quarenta anos do povo eleito no deserto; os quarenta dias durante os quais Jonas pregou a penitência em Nínive.

Nesse empenho quaresmal que se torna *como um sinal sagrado*, um *sacramento do tempo*, o "quadragesimale sacramentum", como ainda hoje se exprime a coleta do primeiro domingo da Quaresma, está envolvida toda a Igreja, aqueles que se preparam para o batismo, os penitentes que se reconciliarão por ocasião da Páscoa.

— *Toda a Igreja*. A comunidade cristã é chamada a esse exercício de preparação que tem em primeiro lugar um caráter de renovação espiritual no qual é preciso insistir especialmente no clássico trinômio: *oração, esmola* (caridade), *jejum*, como atestam os Padres nas suas homilias.

— *Os iluminandos*. Uma vez fixada a norma de batizar na vigília pascal — como já parece indicar Hipólito no século III —, os catecúmenos escolhidos para o batismo, chamados iluminandos (*phôtizomenoi*), são protagonistas de uma Quaresma de preparação intensa para o → BATISMO. Assim é atestado em Jerusalém no século IV pelas *Catequeses*, de Cirilo, pelo *Diário*, de Egéria, pelo Lecionário armênio... O mesmo é afirmado com as orações pelos iluminandos em Constantinopla e pela rica estrutura batismal que pouco a pouco vai se desenvolvendo na Igreja de Roma e que tem como testemunhas: a carta de João a Senário (*PL* 59,40), o *Sacramentário Gelasiano* e o *Ordo Romanus XI* que remonta aos séculos VII-VIII.

Realizam-se nesse tempo diversos ritos importantes para a preparação próxima deles ao batismo numa estreita ligação com a liturgia quaresmal: a eleição para o batismo e a inscrição do nome; os escrutínios e exorcismos ligados à leitura de algumas passagens do Evangelho de João; a entrega e restituição do Símbolo e do → PAI-NOSSO, síntese da fé e da oração respectivamente, os ritos da preparação próxima para o batismo.

Tudo isso punha a comunidade cristã numa intensa vida de fé e de responsabilidade espiritual; a comunidade se sentia unida aos futuros neófitos, como uma mãe que acompanha na dor e na espera o nascimento do filho.

— *Os penitentes*. Desde o século IV Pedro de Alexandria lembra em seu cânone os quarenta dias de penitência para aqueles que devem ser reconciliados na Igreja. "Sejam impostos aos pecadores públicos quarenta dias, durante os quais Cristo jejuou depois de ter sido batizado e de ter sido tentado pelo diabo, nos quais também eles, depois de terem sido muito exercitados, jejuarão com constância e vigiarão nas orações".

No início da Quaresma, fixado primeiro no domingo em "capite Quadragesimae" e depois na Quarta-feira de Cinzas, os pecadores públicos eram afastados das assembleias e obrigados à penitência pública. A lembrança da "cinza e do cilício" era especialmente para eles. Existia também no *Gelasiano* e depois em outros pontificais romanos o rito da reconciliação que se realizava na Quinta-feira Santa.

Desaparecida a penitência pública com seu sentido realista, o papa Urbano II, no século XI, estendeu esse uso a todos os fiéis da Igreja. Desde então a Quaresma inicia para todos com esse austero gesto que lembra a → CONVERSÃO.

Prevalece então a motivação penitencial da Quaresma com o jejum e a abstinência, com a penitência quaresmal. Desaparece praticamente o sentido batismal da Quaresma inclusive pelo remanejamento dos textos da liturgia batismal (catecumenal) como fora proposta exemplarmente em Roma e agora recuperada na recente reforma do Vaticano II.

O gênio pastoral de alguns pontífices romanos, como, por exemplo, → GREGÓRIO MAGNO (séculos VI-VII), deu à Quaresma romana uma importância extraordinária. Nela se celebram as "stationes", dias de jejum e de celebrações litúrgicas nas principais igrejas romanas, do Aventino, com a primeira estação em Santa Sabina, ao Gianicolo, com a última estação nos domingos *in Albis*. A escolha das leituras era motivada também por ligações com a igreja em que era celebrada a "*statio*".

A história dessa organização é muito complexa e não nos interessa particularmente. A tradição das estações romanas — que, todavia, continuava no missal — perdeu-se com o tempo. Houve tentativas de recuperação. À Quaresma romana, restaurada em 1914-1918, João XXIII procurou dar um novo impulso com as suas visitas às paróquias romanas. Alguma coisa ficou, mas na realidade com pouco fervor e participação.

Uma rubrica do Missal romano de Paulo VI no início da Quaresma recomenda essa prática das "stationes", que devem ser feitas com sentido pastoral nas igrejas principais ou nos santuários.

O Concílio Vaticano II, sob o estímulo da renovação litúrgica que tinha descoberto o sentido antigo da Quaresma cristã, quis dar novo impulso e vitalidade a esse período.

No n. 109 da constituição litúrgica lembra-se o duplo caráter, *batismal* e *penitencial*, desse período e se insiste numa dupla linha de *escuta assídua da Palavra* e de *dedicação à oração*. Para a primeira dimensão recomenda-se a recuperação dos elementos batismais; para a segunda insiste-se no sentido pessoal e social do pecado. No n. 110 fala-se do jejum penitencial externo e interno, individual e social. Recomenda-se de maneira especial o jejum pascal na sexta-feira e no sábado, "de modo a chegar assim com ânimo elevado e aberto à alegria do domingo da ressurreição". É uma recuperação do jejum antigo em seu mais genuíno sentido de espera do Ressuscitado.

A reforma litúrgica seguiu de modo notável essas normas do Concílio. Na celebração da eucaristia deu-se com o lecionário e o missal um novo enfoque à Quaresma, enfatizando as pegadas dos grandes temas caros aos → PADRES DA IGREJA. Uma oração mais assídua se encontra na liturgia das horas (→ OFÍCIO DIVINO), com riqueza de motivos nas preces e de leituras patrísticas. Finalmente no Rito da Iniciação Cristã dos Adultos (RICA) e na plena sintonia com o lecionário e o missal, pelo menos no ciclo A, encontramos recuperada totalmente a antiga disciplina dos iluminandos, com particulares adaptações às necessidades de hoje.

É uma reforma para o futuro, à medida que os pastores da Igreja souberem tornar operante essa riqueza que a sabedoria eclesial nos oferece.

2. CELEBRAÇÃO LITÚRGICA. O tempo litúrgico da Quaresma caracteriza-se por uma rica série de elementos eucológicos, de ritos apropriados e especialmente, a partir da reforma do Vaticano II, por uma acertada escolha de leituras bíblicas que dão o tom ao caminho da Igreja para a Páscoa.

As orações da missa, os prefácios, as intercessões das laudes e das vésperas enriquecem a oração da Igreja com referências aos grandes temas quaresmais como a conversão, a penitência, a oração, as obras de → MISERICÓRDIA, a vida nova, a luta contra as paixões, a caridade e as obras de misericórdia para com o próximo.

O tempo quaresmal se abre com o austero rito da imposição das cinzas e as palavras que apelam à conversão ou à lembrança da caducidade da vida humana. Ao longo do tempo da Quaresma, chamado também de tempo da purificação e da iluminação, realizam-se os ritos do → CATECUMENATO na preparação próxima para o batismo. É também tempo propício para uma assídua celebração do sacramento da → PENITÊNCIA com adequadas preparações comunitárias contidas no Ritual da penitência.

Foi notável o esforço para dar à Quaresma uma rica estrutura de leituras bíblicas, tanto no lecionário dominical como no ferial, sem negligenciar a organização das leituras no ofício divino.

Os domingos da Quaresma no tríplice ciclo ABC têm em comum esses critérios de escolha segundo as palavras do *Ordo lectionum missae*. As leituras do Antigo Testamento referem-se a fatos da história da → SALVAÇÃO que são proclamados com uma certa progressividade nos cinco domingos e têm uma relação com as outras leituras. Põe-se assim em destaque o caminho da história da salvação até a promessa da nova aliança. As leituras do Apóstolo são escolhidas com o critério de as fazer concordar tematicamente com as leituras do Antigo Testamento ou do Evangelho. Finalmente as leituras do Evangelho enfatizam a figura de Cristo e o seu caminho para a Páscoa.

As leituras do ciclo A constituem o ciclo batismal e estão ligadas aos ritos dos escrutínios e dos exorcismos para os iluminandos. Além da narrativa das tentações no deserto e da transfiguração, evangelhos comuns aos três ciclos nos dois primeiros domingos, foram escolhidas as perícopes joaninas do encontro de Jesus com a samaritana (III), o milagre-sinal do cego de nascimento (IV), a ressurreição de Lázaro (V), com textos apropriados do Antigo Testamento e das catequeses apostólicas. No ciclo B as leituras do Antigo Testamento propõem em progressividade as diversas alianças de Deus com o seu povo, da que foi feita com Noé depois do dilúvio à promessa da nova aliança anunciada por boca dos profetas. O evangelho focaliza o caminho de Jesus para a sua exaltação gloriosa e propõe perícopes ligadas a um sinal da glorificação de Jesus: a destruição do templo do seu corpo (III), a exaltação da serpente no deserto, figura da sua exaltação gloriosa (IV), a perícope sobre a sofrida aceitação da vontade do Pai e o grão de trigo que, caído em terra, morre e dá fruto. São todos textos joaninos (V). Finalmente o ciclo C propõe nas leituras do Antigo Testamento diversas perícopes progressivas sobre a fé do povo e a celebração da Páscoa. O evangelho, porém, tipicamente orientado sobre o tema da conversão, lê episódios de Lucas que apelam à conversão (III), a parábola do filho pródigo (IV), o texto joanino sobre o perdão da adúltera (V).

O lecionário ferial propõe nas primeiras semanas uma série de textos do Antigo Testamento e do Evangelho, em concordância, sobre temas próprios da catequese quaresmal: conversão, obras de penitência, de caridade; anúncio da futura paixão... Mas a partir da segunda-feira da quarta semana é proposta uma leitura semicontínua do Evangelho de João; proclamam-se aqueles trechos que introduzem ao misterioso caminho de Jesus para a paixão em contraste com os seus adversários; servem como seu pano de fundo as leituras do Antigo Testamento, como oráculos proféticos sobre o servo de YHWH ou o justo perseguido e condenado.

No ofício das leituras a Igreja segue idealmente o caminho do povo de Israel no seu êxodo com trechos escolhidos do homônimo livro, do Levítico e do livro dos Números. Com a aproximação da celebração da paixão, proclama-se a Carta aos Hebreus. A essas leituras fazem eco as leituras patrísticas, particularmente ricas como catequese sobre os temas fundamentais da Quaresma.

Pertencem à celebração litúrgica da Quaresma o domingo da Paixão ou de Ramos e os dias feriais da semana santa até a celebração *in coena Domini* exclusive, que forma parte agora do → TRÍDUO PASCAL.

O domingo de Ramos, Páscoa da mansidão do Senhor, constitui o solene prólogo da Grande Semana. A atual liturgia romana se ressente da dupla perspectiva do episódio do ingresso de Jesus na cidade de Jerusalém: a alegria do ingresso e do festivo acolhimento, as lágrimas da rejeição do Rei Messias, prelúdio da sua paixão gloriosa. Essa dupla perspectiva vem também da diferente matriz litúrgica dos dois momentos da celebração. O solene ingresso com a procissão dos ramos depois da proclamação do trecho evangélico correspondente tem origem na liturgia de Jerusalém, como nos é narrado com todos os detalhes pela peregrina Egéria. A austera liturgia da Palavra com trechos proféticos sobre o servo de YHWH, o hino da Carta aos Filipenses 2,6-11 sobre a humilhação e exaltação de Jesus e a solene proclamação da paixão têm origem na liturgia romana. Nos diferentes ciclos se lê respectivamente a paixão segundo Mateus (A), Marcos (B) e Lucas (C).

Nos dias feriais da semana santa, seguindo a perspectiva das últimas semanas da Quaresma, entra-se mais profundamente no drama da paixão de Jesus com a leitura de trechos proféticos do servo de YHWH em Isaías e episódios sobre a ceia de Betânia e a traição de Judas.

No centro da celebração litúrgica da Quaresma a Igreja põe sempre o mistério eucarístico, celebrado a cada dia. Outras tradições litúrgicas, como a ambrosiana e a bizantina, mantiveram o costume de alguns dias a-litúrgicos, sem celebração da Eucaristia, ou, como na liturgia bizantina, com a celebração da liturgia dos pré-santificados que comporta a comunhão eucarística sem celebração da missa.

O caminho da Quaresma sugere o empenho de uma mais assídua pastoral do sacramento da penitência com celebrações comunitárias apropriadas, como foi dito, nas quais se dá destaque ao caráter comunitário da penitência e da salvação, a iluminação da palavra de Deus que, proclamada na assembleia penitencial, lembra a penitência e oferece a misericórdia de Deus, a adequada expressão penitencial com as orações e os cantos da Igreja, segundo as fórmulas do Ritual da penitência.

Não se deve esquecer que o início da Quaresma era marcado pelo início da penitência pública e o fim do período quaresmal na manhã da Quinta-feira santa era expresso com a grande reconciliação sacramental dos penitentes.

3. **TEOLOGIA E ESPIRITUALIDADE.** A teologia da Quaresma, como a de qualquer tempo litúrgico, não é abstrata e apriorística; é expressa pela Igreja nos seus textos e a eles é preciso recorrer. Tendo-os presente, porém, podemos já antecipar algumas considerações fundamentais em torno desse duplo binário: *mistério de Cristo, celebrado na vida da Igreja.*

Em qualquer tempo se celebra o mistério de Cristo, com uma referência a seu mistério pascal de paixão e de glória. Qual é então a específica celebração de Cristo na Quaresma?

Podemos dizer que a Quaresma, mediante a pedagogia da Igreja, faz uma primeira referência a Cristo que caminha para Jerusalém, para o cumprimento do seu mistério pascal. É portanto a celebração desse lúcido caminho para a Páscoa, no qual se antecipa já a vivência concreta desse mistério pascal. Cristo, porém, ao caminhar para Jerusalém, arrasta consigo toda a Igreja para aquele momento que será decisivo na história da salvação.

Pode-se indicar toda essa Quaresma cristológica com três palavras-chave: *Cristo protagonista, modelo, mestre da Quaresma.*

Os evangelhos dos domingos da Quaresma, em todos os três ciclos, mas especialmente no primeiro (A) que é modelo para a Igreja, apresentam-nos Cristo como protagonista. Ele se retira ao deserto para orar, é transfigurado na montanha, encontra a samaritana e a salva, cura o cego de nascimento, ressuscita Lázaro morto. Ele é dono da sua história e avança para o mistério pascal semeando salvação.

A leitura do Evangelho de João, a partir da IV semana da Quaresma, põe em destaque esse caminho que Jesus realiza conscientemente para a Páscoa, em contraste com os seus adversários, com a consciência do seu sacrifício a fim de que "se reúnam os filhos de Deus que estão dispersos".

O tempo da Quaresma e sua duração simbólica de quarenta dias têm um modelo em Jesus, que se retira ao deserto para orar e jejuar, que combate e vence o diabo com a → PALAVRA DE DEUS. É emblemático que o evangelho do primeiro domingo ponha em relevo essa exemplaridade em todos os três ciclos. A mesma temática é reproposta em todos os três ciclos no segundo domingo com a narração da transfiguração. Aqui Jesus aparece em oração, mas numa oração que é glória e antecipa de algum modo a sua glorificação.

Para a Igreja é tempo de "purificação" e tempo de "iluminação", segundo a terminologia do RICA para os iluminandos, mas também para os cristãos que revivem essas dimensões do seu batismo. A luta e a glória, a tentação e a glorificação já são uma antecipação do modelo da cruz e da ressurreição, em Cristo e no cristão.

A distribuição das leituras evangélicas durante os dias feriais da Quaresma reflete o desejo da Igreja de pôr toda a comunidade à "escuta" do Mestre nas temáticas fundamentais da vida cristã, especialmente nas exigências do "seguimento" e de ser discípulo. Desse modo, Jesus é mestre porque modelo, e é também protagonista.

Essa dimensão cristológica é posta em destaque na coleta do primeiro domingo da Quaresma: "crescer na consciência do mistério de Cristo".

Para a Igreja, a Quaresma é o memorial de Cristo e é também um tempo propício para participar do seu mistério de caminho para a Páscoa. Toda a Igreja está envolvida, mas especialmente os que se preparam para o batismo — que a comunidade acompanha participando das particulares celebrações feitas para eles; participam também eventualmente aqueles que querem — que deveriam, talvez! — realizar um itinerário de reconciliação na Igreja (como desejaram alguns padres do Sínodo de 1983 a fim de que seja plenamente recuperada a "sacramentalidade" de uma penitência e reconciliação na Igreja e com a Igreja).

É tempo para viver a *conversão*, mas sabendo que essa "metanoia" *é sempre um confronto com Cristo*. Nos evangelhos da Quaresma, como nos escrutínios batismais que acompanham esses evangelhos dos domingos III, IV, V (cf. acima), aparece sempre Cristo com a sua palavra de revelação, com aquele "sou eu" (fórmula de revelação!) que apela a um confronto. Converter-se é deixar-se olhar e salvar por Cristo.

Para realizar esse caminho de conversão, a Igreja se empenha nestas três dimensões:

— A inspiração batismal desse tempo lembra a todos os cristãos que vivam com intensidade aquela dimensão do batismo que jamais deve acabar: a de estar sempre num "catecumenato", numa escuta constante da palavra de Deus, com o que o cristão está sempre empenhado numa conversão, jamais conseguida completamente, se ela se medir com a palavra de um outro, com a Palavra que é o Outro. Cristo é sempre o "Revelador" nesse caminho de fé.

A Quaresma começa hoje com o ato em que a Igreja repete a palavra evangélica que é também a palavra dos apóstolos no início do seu ministério de Pentecostes: "Convertei-vos e crede no Evangelho" (Mc 1,15). (O gesto para acompanhar essas palavras deveria ser o beijo do Evangelho ou a entrega da Bíblia, lembrando o que a Igreja realiza para os catecúmenos no momento da eleição ou inscrição do nome.)

Converter-se, para a Igreja significa misturar-se com Cristo Palavra do Pai.

Um caminho de fé não pode ser feito sem uma referência à Palavra que a Igreja distribui com abundância nesse tempo santo. No deserto Jesus vence com a palavra de Deus e mostra a palavra que sai da boca de Deus como alimento. Na transfiguração se ouve a voz do Pai que revela sua Palavra: "Ouvi-o!".

Como antigamente os catecúmenos eram particularmente instruídos nesse tempo, a Igreja quer dar um espaço mais amplo à palavra lida e meditada, com adequadas celebrações da Palavra.

— Cristo orante que é apresentado nos dois primeiros domingos da Quaresma põe a Igreja diante de uma exigência interior. A oração personaliza e historiciza, por assim dizer, a palavra ouvida. Jesus vive assim o seu mistério pascal. E a Igreja é instada a uma mais intensa oração, a esse "deserto" em que — como na experiência de Jesus — a oração pode ser luta (ascese — purificação) e pode ser também glória (mística — iluminação). É sempre comunhão com Deus.

— A esses aspectos da escuta da Palavra, da oração, do caminho de fé é preciso acrescentar o caráter penitencial da Quaresma. Embora em certos momentos da história esse aspecto tenha monopolizado a teologia e a espiritualidade desse tempo de graça, hoje não se deve deixá-lo de lado. A *Sacrosanctum Concilium*, n. 109, lembra a propósito a catequese sobre a penitência que deve deixar claras as consequências sociais do pecado, a conversão a Deus, a parte da Igreja na conversão dos pecadores, a oração de intercessão para obter a volta dos filhos pródigos à casa do Pai. Mas no n. 110 se acrescenta: "A penitência do tempo quaresmal não seja apenas interna e individual, mas também externa e social". Há hoje certa recuperação na prática penitencial do jejum em algumas comunidades e grupos. Outros preferem o sinal da partilha fraterna mediante as coletas para os pobres na Quaresma de fraternidade. Outros propõem ainda um "jejum" mais adaptado a nosso tempo, como a privação dos espetáculos televisivos ou dos bens de consumo supérfluos. Que não se esqueça que a experiência penitencial é sempre uma conquista de liberdade, de domínio das paixões, de domínio do espírito sobre a carne.

4. CONCLUSÃO. A recuperação do caráter batismal da Quaresma oferece amplas perspectivas à espiritualidade cristã. A própria definição desse tempo litúrgico como *tempo da purificação e da iluminação* lembra o sentido do caminho para a perfeição, as etapas fundamentais clássicas da santidade: via purificativa, iluminativa, unitiva. O cristão está sempre a caminho, num itinerário catecumenal, segundo o modelo da purificação e da iluminação quaresmal. Cristo, modelo, mestre e protagonista da Quaresma é também o Salvador do homem. A proposta de modelo do ciclo A, com as leituras sobre a samaritana e o cego de nascimento, Lázaro, põe em destaque aspectos fundamentais do caminho para a perfeição cristã. Os personagens do Evangelho são a imagem do cristão no seu encontro com Cristo mediante a graça do batismo. A samaritana é a imagem da mulher que tem sede de felicidade e encontra em Cristo a fonte de água viva, mediante a metanoia ou conversão batismal. O cego de nascimento é figura do homem que caminha nas trevas, mas encontra em Jesus a luz do mundo e no batismo a verdadeira iluminação. Lázaro representa ao vivo o destino do homem, votado à morte; mas Cristo é a ressurreição e a vida que, mediante o batismo, regenera com o dom da vida nova.

Todo o caminho quaresmal, como itinerário de fé e de conversão para a Páscoa, é arquétipo da perfeição cristã, um caminho pascal, uma morte-ressurreição, uma contínua purificação, iluminação, por força do batismo, até a Páscoa final. Dessa maneira, a → TEOLOGIA ESPIRITUAL, o itinerário para a perfeição, encontra no paradigma da Quaresma o seu modelo litúrgico, e na celebração anual desse tempo uma oportunidade de renovar na consciência dos cristãos as leis e as exigências da vocação cristã à santidade.

BIBLIOGRAFIA. BERGAMINI, A. Quaresima. In *Nuovo Dizionario di Liturgia*. Roma, 1984, 1.158-1.161; NOCENT, A. *Celebrare Gesú Cristo. L'anno liturgico III. Quaresima*. Assisi, 1977; RIZZINI, P. *Ascoltatelo. La parola di Dio nelle domeniche di Quaresima*. Bologna, 1984; *Tempo di Quaresima*. Brescia, 1976.

J. CASTELLANO

QUIETISMO. 1. NOME E DIFERENTES ACEPÇÕES. No seu sentido mais genérico, indica um movimento espiritual de tendência predominantemente mística, porquanto derivada da "quietude", forma de oração contemplativa e ao mesmo tempo meta da vida espiritual, segundo esse sistema. A denominação quietismo, equivalente a oração de quietude, tem um significado específico próprio do século XVII e da Europa ocidental.

Atendo-nos a sua expressão religiosa mais geral e aos princípios doutrinais sobre os quais se fundamenta, é claro que esse movimento não é senão a repetição, em tempo e lugar determinados, de um fenômeno preexistente na história da Igreja e também de religiões não cristãs, mas com tradição mística bem definida. Assim, por exemplo, o sufismo da religião islâmica. Nesse sentido, o quietismo do século XVII é apenas um rebento da raiz secular, de uma tendência latente desde sempre na espiritualidade. Como formulação mais apropriada dessa tendência genérica poderíamos falar de "passividade", para depois indicar o fundo comum de princípios doutrinais e de práticas espirituais que a caracterizam e que se repete com ligeiras variantes em diferentes movimentos espirituais. Formas típicas desse passivismo são, por exemplo, algumas manifestações maniqueias e gnósticas dos primeiros séculos, certas tendências dos cátaros e dos → FRATICELLI, as seitas do livre espírito (→ ILUMINISMO MÍSTICO) nos séculos XV e XVI, os beguardos e os beguinos e, enfim, os "→ ALUMBRADOS" espanhóis.

O quietismo do século XVII constitui a última expressão histórica, a que adquiriu o sentido antonomástico e único que nos interessa diretamente. Tanto em seu significado geral como no restrito, hoje se concebe como um sistema que, por força dos seus princípios, leva a práticas imorais e religiosas degradantes; práticas que, todavia, os encarregados costumam justificar quase sempre como legítimas e superiores manifestações de elevação espiritual.

2. DOUTRINA. Por mais que as linhas mais gerais sejam comuns a todas as formas, damos a preferência à formulação que o quietismo toma nos séculos XVII-XVIII. A organização e a aplicação quase casuística que encontramos nas condenações do magistério eclesiástico (cf. DENZ. 1.221-1.228, 1.327-1.349) respondem a casos extremos e a pormenores próprios mais de individualidade que do sistema em si. É preciso prestar atenção sobretudo às constantes da literatura quietista se se quer ter uma visão panorâmica que corresponda à realidade. Reduzido a seus enunciados mais gerais, o quietismo se distingue pelo que segue: a) Em qualquer manifestação histórica sua ele se apresenta diante da Igreja como um movimento de elite espiritual. Procura-se, sem concessões, uma espiritualidade íntima e superior ao nível do cristianismo comum. Ensina de uma forma peculiar — inicialmente, quase sempre sincera — como chegar rápida, segura e eficazmente à união com Deus, meta das aspirações superiores de quem deve procurar a perfeição. b) Como meio ideal e adequado propõe um processo de interiorização, uma via interna, puramente espiritual, que, se não exclusivamente, pelo menos com extraordinário predomínio insiste numa atitude de entrega e de passividade nas mãos de Deus. O esforço pessoal, mais que no exercício das virtudes e na mortificação, deve se orientar para conseguir o repouso interior no qual se faz tangível a obra de Deus e se realiza a união íntima com ele. c) Tem a sua expressão imediata num tipo de oração contemplativa de tom afetivo, que pode adotar formas e nomes diversos: oração de silêncio interior, de pura e simples fé, de amorosa contemplação em Deus, de tranquila e pacífica contemplação etc. Mesmo quando tem origem na pura meditação, deve progredir rapidamente, tornando-se cada vez mais simples e passiva, de puro afeto, de total quietude. d) Em vez de insistir nas devoções e nas obras exteriores, a alma deve trabalhar para conseguir a oração de quietude passiva (que Deus concede a todos os que a propõem a si mesmos), procurando aumentá-la cada vez mais até convertê-la em atual. Com efeito, pode chegar a ser contínua e durar ininterruptamente por anos — e até por toda a vida — sem que os deveres externos o possam impedir. Basta não retratá-la jamais e chegar a conseguir uma espécie de projeção natural em Deus. Desse modo, não se perde o mérito, uma vez que, por sua eminência e por sua virtude, contém tudo o que se poderia adquirir por meio do esforço pessoal aplicado em obras externas ou em outras formas de contato com Deus. e) Quando a alma chega à plena passividade da quietude, realiza-se o perfeito e total aniquilamento de si e de tudo o que pode ser impedimento à íntima → UNIÃO COM DEUS. A insistência sobre esse ponto por parte dos quietistas fez circular com frequência falsas interpretações dessa doutrina, como se se tratasse de um aniquilamento quase físico e de uma transformação em Deus de tipo panteísta. Essa interpretação pode se referir apenas a alguns aspectos de data antiga; para o quietismo do século XVII trata-se substancialmente de um aniquilamento de tipo ascético, mais ou menos como o proposto por São → JOÃO DA CRUZ, ou seja, um domínio perfeito dos sentidos, das paixões e inclinações naturais. f) A transformação, operação mediante o aniquilamento e a contemplação passiva, produz necessariamente a perfeita indiferença pessoal diante de Deus e diante dos eventos ordenados pela sua providência. A alma está como morta nos braços de Deus. Alguns quietistas tinham mostrado tal atitude também diante das perseguições e até diante da condenação da Igreja. Dessa indiferença se segue a exigência de agir sempre por puro e simples amor de Deus, sem o mínimo interesse pessoal, nem sequer em relação à sorte futura na eternidade. g) Uma vez que a alma tiver chegado à perfeita contemplação e a essa "santa indiferença", produz-se no homem uma espécie de desdobramento da personalidade; uma separação entre a parte superior e a inferior. Se a alma goza com a pacífica união com Deus, o corpo pode estar sujeito a movimentos e a tentações sensuais. Para não perder o tesouro da divina contemplação, é preferível não distrair-se, opondo resistência a tais movimentos. Em última instância, são fenômenos puramente corporais e fora da responsabilidade moral.

Justamente daí é que provêm os desvios mais perigosos do quietismo e a que se acredita ser sua característica fundamental. A casuística mais vulgar e mais difundida apresenta quase sempre os desvios perversos desse princípio, elevando-os a categorias universais: gente iludida e enganadora que chega a seu prazer em êxtases, raptos, visões e mil outras formas de fenomenologia mística como que a justificar uma conduta licenciosa. Tais comportamentos são raros ou difíceis de serem provados entre os grandes mestres do quietismo; trata-se normalmente de pessoas ingênuas, ignorantes ou anormais.

3. EVOLUÇÃO HISTÓRICA. A história do quietismo do século XVII é habitualmente apresentada nos tratados de história e nos dicionários (cf. Pourrat, Paquier, Petrocchi etc.), dividida em três seções, correspondentes a outras tantas etapas, ou seja, pré-quietismo, quietismo propriamente dito e semiquietismo, ao qual às vezes se junta um antiquietismo literário. Preferimos outra nomenclatura: a) *Primeiros vestígios quietistas*. Durante a primeira metade do século XVII, difunde-se amplamente nas regiões da Europa ocidental a prática da oração mental, inclusive com a contemplação como meta ordinária. Multiplica-se a literatura livresca que ensina a técnica de tais práticas e se criam centros e escolas de irradiação. Estabelece-se uma grande diversidade de fórmulas, uma das quais é a oração ou contemplação de quietude, já muito desenvolvida no século anterior, mas com diversas interpretações. Como consequência surgem em diferentes lugares apóstolos que difundem esses métodos pios, chegando a formar grupos mais ou menos numerosos de praticantes. O conjunto dessa literatura e desses grupos — pelo menos no início — é o chamado "pré-quietismo", preparação ao verdadeiro quietismo.

Na maior parte dos casos, sobretudo com respeito aos escritos, adota-se como critério último para a qualificação de pré-quietista a condenação da Igreja. A pesquisa moderna demonstrou que quase nenhum dos autores tachados de pré-quietistas e condenados no momento da crise quietista escreveu coisas perigosas em suas obras; abusou-se deles como se abusou de outros escritos da mais pura ortodoxia. Em sentido doutrinal, não são pré-quietistas nem Antonio Rojas, nem Giovanni Falconi, nem Agostinho → BAKER, nem Mauro del Bambino Gesù, nem Boudon, nem Malaval, nem Giovanni Alberti, nem mesmo Calfeld. Muito duvidosos são Tibério Malfi, Giovanni Altamura, Giacomo Lombardi, Maurizio Scarampi e alguns outros, condenados entre 1671 e 1676, que tiveram relações com os grupos da Ligúria e do Piemonte.

No que se refere a grupos ou correntes espirituais, o juízo é mais difícil. Quietistas foram sem dúvida os últimos "alumbrados" da Estremadura e da Andalusia, mas nenhum provou ter relação alguma com o quietismo de → MOLINOS ou de algum outro mestre. São pré-quietistas como podiam sê-lo os da Idade Média. Quanto ao grupo dos "iluminados da Picardia", temos poucos elementos para julgá-lo e enquadrá-lo devidamente. Tudo faz supor algum exagero entre diretores e dirigidos. Entre os círculos ou grupos em que começou a se manifestar claramente uma corrente espiritual perigosa, o mais característico é o dos "pelagianos", de Milão, e dos "sacerdotes pacis", de Brescia-Bergamo. Chefes do primeiro foram Giacomo Casolo e os irmãos Leoni; do segundo, A. Ricaldini. Parece claro também que entre os capuchinhos flamengos houvesse centros de tendência nitidamente quietista antes que se verificassem os clamorosos processos romanos.

Pode ser considerada uma testemunha digna de fé do que era a situação espiritualmente confusa na vigília da explosão quietista a carta do bispo de Savona em que ele pede esclarecimentos ao Santo Ofício, com data de 29 de abril de 1676. A notícia de certos abusos tinha se difundido e chegara ao tribunal da fé. Isso não condenava a "oração das afeições e da quietude", mas as afirmações dos que sustentavam a inutilidade das orações vocais ou dos outros exercícios de piedade (*Documenta ecclesiastica…*, n. 441). Então já havia nascido o quietismo.

b) *A crise quietista*. Embora certos reflexos do quietismo se fizessem sentir em quase todas as nações, a verdadeira crise pode ficar circunscrita nessa época à Itália e à França. Na primeira, o movimento é mais popular e difuso, na segunda é mais circunscrito e aristocrático. Podemos indicar como momento do aparecimento em público a acusação do cardeal napolitano Carraccioli a Inocêncio XI, em 30 de janeiro de 1682. Na sua carta ao papa ele descreve a expansão que teve na península "o uso frequente da oração passiva, que chamam de quietude", com prejuízo de outras práticas salutares e tradicionais de espiritualidade (*Documenta ecclesiastica…*, n. 442). Esse documento, juntamente com a circular do cardeal Cybo, em nome do Santo Ofício, a todos os bispos da Itália (15 de fevereiro de 1687), pode servir como base para se ter uma ideia do que era na vida prática o abuso que começou então a se chamar quietismo. Além disso, os pontos capitais do ensinamento quietista são codificados pelo esquema do cardeal Casanata, redigido em 1682, já em plena batalha quietista (*Documenta ecclesiastica...*, nn. 445-452).

O conjunto dos documentos denunciava uma piedade infestada de erros idênticos ou semelhantes aos que tinham propagado em 1656 os "pelagianos" da Lombardia, e em Treviso, em 1660, Ricaldino Ricaldini. Esses erros se difundiram na prática pastoral de muitos sacerdotes e religiosos e eram ensinados — pelo menos assim se acreditava — em obras de espiritualidade então publicadas. Acreditou-se terem sido identificados os mestres responsáveis. Entre todos, tornaram-se famosos o espanhol Miguel de Molinos, o seu amigo, então bispo de Iesi e depois cardeal, P. M. Petrucci, em Roma, e os irmãos Simone e Antonio Maria Leoni, na Lombardia primeiro e depois em Roma. Com eles foram denunciadas ao Santo Ofício ou às autoridades competentes muitas outras pessoas, principalmente em Roma e no centro da península.

Dadas as influências dos mais insignes, como Petrucci e Molinos, formaram-se logo dois partidos, que defenderam suas posições com literatura espiritual polêmica e com todos os meios em poder deles. Depois de vários anos de lutas e de acusações, pôs-se fim à questão com a prisão e o processo dos principais chefes. Com a prisão de Molinos em 1685, teve início um clamoroso processo, que terminou com a sua condenação (retratação, proscrição dos escritos e prisão perpétua) por parte do Santo Ofício primeiro (1687) e depois com a bula de Inocêncio XI *Caelestis Pastor* (20 de novembro de 1687). Idêntica sorte tiveram os irmãos Leoni no mês de setembro de 1687, e em dezembro do mesmo ano o cardeal Petrucci teve de fazer uma humilhante retratação de 54 proposições diante do cardeal Cybo, secretário do Santo Ofício.

Com esses processos, pode-se dizer que o movimento quietista começou a se dissolver na Itália. As manifestações esporádicas ulteriores, como as do Beccarelli di Orago (processado em Veneza, em 1710) e as tendências "milenaristas" ou semijoaquimitas na Sicília e na Sardenha, não estão diretamente ligadas ao genuíno quietismo. São manifestações posteriores e independentes da tendência secular que destacamos antes.

Algo semelhante aconteceu com o quietismo francês. Deixando de lado o caso estranho e problemático do padre → SURIN, praticamente tudo se reduz aos acontecimentos e às missões do padre Lacombe, barnabita (1643-1715) e de Giovanna Maria Bouvier de la Motte (1648-1717), conhecida como Madame → GUYON. Nos escritos e atividades deles há mais excentricidade e indisciplina do que autênticos erros. Mais que sobre a quietude, insistem sobre a fórmula do "extremo abandono", ponto de partida para a teoria do puríssimo amor, objeto de polêmica entre → FÉNELON e → BOSSUET.

Com a prisão e a retratação de ambos, pode-se dizer que terminou também o quietismo francês. Se em vez da autoridade hierárquica local tivesse intervindo, como no caso de Molinos, a Santa Sé, talvez não tivesse surgido o apêndice que se chamou "semiquietismo", ou seja, a discussão sobre o amor puro e a contemplação, que se impôs como consequência das posições opostas manifestadas por Fénelon e por Bossuet no Congresso de Issy (1694-1695), em que foram debatidas as doutrinas de Madame Guyon. A luta entre os dois grandes oradores chegou a extremos inverossímeis, até a condenação de Fénelon por parte de Inocêncio XII (cf. o breve *Cum alias* [DENZ. 1327-1349], de 12 de março de 1699). O veredicto da história voltou-se contra o aparente triunfador, reabilitando, pelo menos como figura espiritual, Fénelon. Esse supremo e último ato da luta quietista coincidiu com o fim do século XVII. A data é sintomática: com ela morreu e foi sepultado para sempre o quietismo típico da era moderna.

4. **CONCLUSÃO**. Contra o que habitualmente se afirma (Pourrat, Cognet etc.), o quietismo foi um movimento de exíguas proporções, muito localizado e com insignificante penetração no povo cristão. Além disso, foi momentâneo; desapareceu radicalmente sem deixar vestígios ou fermento na espiritualidade posterior, como aconteceu com o → JANSENISMO. Em si tem importância e consistência muito limitadas. Não pode ser apresentado de modo algum como "a crise da espiritualidade cristã"; nem mesmo como "a crise da mística". Durante o século XVIII tem pouca importância.

Não se pode negar que o quietismo gerou descrédito com respeito à mística, mas nesse setor a sua influência não teria sido tão penetrante se não tivesse sido por culpa dos "antiquietistas", ou seja, dos numerosos escritores que se dedicaram a atacar e a desacreditar o quietismo, quando já não era mais que um cadáver de triste recordação. Todos esses escritores, entre os quais se distinguem Ezquerra, Arbiol, Posadas, Calatayud, Terzago, Marsala, Ricci etc., arrastaram por quase todo o século XVIII o espectro de um monstro que ameaçava a verdadeira piedade. Empobreceram desse modo muitos espíritos generosos, quando já não existia mais o menor perigo.

BIBLIOGRAFIA. DUDON, P. *La quiétiste espagnol Miguel de Molinos*. Paris, 1921; ELLACURIA BEASCOECHEA, J. *Reacción española contra las ideas de Miguel de Molinos*. Bilbao, 1956; EULOGIO DE LA VIRGEN DEL CARMEN. *El quietismo frente al magisterio sanjuanista. Ephemerides Carmeliticae* 13 (1962) 353-426; GOMEZ, E. *Fr. Juan Falconi de Bustamante, teólogo y asceta*. Madrid, 1956; GUARNIERI, R. *Il movimento del Libero Spirito. Archivio Italiano per la Storia della Pietà* 4 (1965) 351-708 (cf. III Appendice, n. 9, 685-708); HEPPE, H. *Geschichte der quietistischen Mystik in der katholische Kirche*. Berlin, 1875; LUYPERT, L. *La doctrine spirituelle de Bernières et le quiétisme. Revue d'Histoire Ecclésiastique* 30 (1940) 19-130; ORLANDI, G. Sobre el "quietismo" de Juan Crisóstomo Salistri (1654-1717) General de los Escolapios. *Archivum Scholarum Piarum* 5 (1981) 61-103; PACHO, E. De nuevo sobre el quietismo. *El Monte Carmelo* 77 (1969) 191-199; PAQUIE, J. *Qu'est ce le quiétisme?* Paris, 1910; PETROCCHI, M. *Il quietismo italiano del Seicento*. Roma, 1948; ROBRES LLUCH, R. *Pasión religiosa y literatura secreta en la Valencia de Muguel de Molinos (1612-1625). Anthologia Annua* 26-27 (1979-1980) 281-406; THEOTIME DE S'HERTOGENBOSCH. *Le père Constantin de Barbançon et le préquiétisme. Cellectanea Franciscana* 10 (1940) 338-382; VAN DER PERRE, A. *L'oeuvre de François Malaval. Revue d'Histoire Ecclésiastique* 56 (1961) 44-62; ZOVATTO, P. *Intorno ad alcuni recenti studi sul quietismo francese*. Venegono Inferiore, 1968-1969; ID. *Fénelon e il quietismo*; la polemica Bossuet-Fénelon. Introduzione critico-bibliografica. Padova, 1969.

E. PACHO

QUMRÂN. Embora sob o ponto de vista histórico permaneçam ainda muitos questionamentos a respeito do quadro organizativo dos movimentos espirituais dos essênios, qumranitas e outros grupos afins, os documentos antigos — em primeiro lugar os de Qumrân, — nos dão, ao contrário, uma ideia muito perfeita da espiritualidade dessas comunidades. Trata-se, com efeito, de gente sedenta de Deus, de homens que querem viver profundamente o pacto da aliança abandonado por muitos em Israel; homens, portanto, que veem o único fim de sua vida na procura de → DEUS. Como Deus se revelou por meio das Escrituras, o primeiro dever do homem é se entregar ao estudo assíduo desses livros. Na → *LECTIO DIVINA* entra-se em contato com Deus, contato que depois se prolonga na vida de oração (oração em comum e oração pessoal — destaca-se a oração de louvor e a de reparação), de onde provém uma atitude de fundo que regula tudo na vida (pensamentos, querer, agir) segundo a única norma da vontade de Deus. Isso leva à vida perfeita: vitória sobre os vícios e aquisição das virtudes; dessas virtudes as intelectuais sempre nos fazem conhecer melhor a Deus e o seu beneplácito, ao passo que as morais dão a força de seguir o caminho indicado por Deus. Esse ideal de vida interior tem seu quadro externo na separação, possivelmente total, dos homens "deste mundo", na renúncia à aquisição pessoal dos bens materiais e — pelo menos em certos círculos — também no celibato e na vida quase monástica, numa estreitíssima obediência às autoridades e também aos "confrades" mais idosos.

Não se deve excluir que → JOÃO BATISTA tenha conhecido esse movimento (Qumrân está a poucos quilômetros do lugar onde, segundo a tradição, João batizava); quanto a uma suposta participação pessoal do Batista como membro de um desses grupos, deve-se levar em consideração o silêncio absoluto das fontes. Admitimos tranquilamente certa coincidência da espiritualidade de Qumrân com alguns pontos fundamentais da espiritualidade cristã e monástica, mas sem dúvida remetemos ao reino da fantasia certas aproximações que pretenderiam fazer depender o cristianismo (ou alguns aspectos dele, como a Eucaristia, o monasticismo etc.) dos movimentos essênio-qumraníticos.

BIBLIOGRAFIA. J. T. MILIK, *Dieci anni di scoperte nel deserto di Giuda*, Roma, 1957; *La secte de Qumrân et les origenes du christianisme*, Bruges, 1959; R. DE VAUX, *L'archéologie et les manuscrits de la Mer Morte*, Oxford, 1961; J. CARMIGNAC, *Les textes de Qumrân*, I, Paris, 1961; II, Paris, 1963; S. H. SIEDL, *Qumrân, eine Mönchsgemeinde im Alten Bund*, Roma, 1963; F. MICHELINI TOCCI, *I manoscritti del Mar Morto*, Bari, 1967; L. MORALDI, *Manoscritti di Qumrân*, Torino, 1971; J. L. DUHAIME, *L'instruction sur les deux esprits et les interrogations dualistes à Qumrân 1QS III 13 – IV 26*, "Revue Biblique",

84 (1977), 566-594; J. A. Fitzmyer, Crucifixion in Ancient Palestine. Qumrân Literature and New Testament, "The Catholic Biblical Quarterly", 40 (1978), 493-513; B. E. Thiering, Inner and Outer Cleansing at Qumrân as a Background to New Testament Baptism, "New Testament Studies", 26 (1979-1980), 266-277; M. L. Barré, Qumrân and the Weakness of Paul, "The Catholic Biblical Quarterly", 24 (1980), 216-227; P. W. Shehan, The Divine Name at Qumrân, in the Masada Scroll and in the Septuagint, "International Organisation for the Septuagint and Cognate Studies", 13 (1980), 14-44; J. M. Baumgarten, The Pharisaic-Saducean Controversies about Purity and the Qumrân Texts, "Journal of Jewish Studies", 31 (1980), 141-156; B. E. Thiering, Qumrân Initiation and New Testament Baptism, "New Testament Studies", 27 (1981), 632-639; L. Rosso Ubigli, La concezione della vita futura a Qumrân, "Rivista Biblica", 30 (1982), 35-50; Ph. R. Davies, The Ideology of the Temple in the Damascus Document, "Journal of Jewish Studies", 33 (1982), 287-302; B. Jarowsski – H. Lichtenberger, Enderwartung und Reinheitsidee: Zur eschatologischen Deutung von Reinheit und Sühne in der Qumrân-Gemeinde, *Ibid.*, 34 (1983), 31-62; R. Leivestad, Hat die Quamrân-Literatur das Neue Testament beeinflusst?, in The New Testament age. Essays in honor of Bo Reiche, ed. W. C. Weinrich, vl. I, Maon, 1984, 259-270; Ph. R. Davies, Eschatology at Qumrân, "Journal of Biblical Literature", 104 (1985), 39-55; F. Dexinger, Der "Prophet wie Mose" in Qumrân und bei den Samaritanern, in Mélanges bibliques et orientaus en l'honneur de M. Mathias Delcor, ed. A. Caquot, Kevelaer, 1985, 97-112.

S. Siedl

R

RAHNER, KARL. Poucos teólogos dogmáticos se ocuparam tanto de problemas de espiritualidade como ele. Naturalmente, a sua competência específica determinou o modo como aborda os temas da vida espiritual, conferindo à sua produção nesse campo uma fisionomia bem determinada. Suas exortações jamais são parenéticas, mas análises e sínteses doutrinais não menos profundas, vastas e densas do que as que produziu em filosofia e em teologia dogmática. Toda a sua longa vida foi a realização de um propósito seu: "Se eu puder ajudar um pouquinho alguém a tomar a coragem de falar com Deus, pensar nele, crer e esperar nele, então penso que a vida merece ser vivida".

1. VIDA. Nasceu no dia 5 de março de 1904 em Freiburg im Breisgau, entrou para a Companhia de Jesus em 1922, fez os estudos filosóficos em Pullach, perto de Munique (1924-1927) e os teológicos em Valkenburg, na Holanda (1929-1933). De 1933 a 1936 frequentou a Faculdade filosófica de Freiburg, acompanhando com vivo interesse M. Honecker e M. Heidegger, o qual manteve também a seguir ótimas relações com ele. Em 1936 obteve a licenciatura e em 1937 a livre-docência em teologia, em Innsbruck, onde ensinou até 1939, quando os nazistas suprimiram a Faculdade e o expulsaram do Tirol. O prelado K. Rudolf, homem de confiança do cardeal Theodor Innitzer, aceitou-o no Instituto Pastoral de Viena, onde exerceu também uma intensa atividade antinazista. Depois de ter exercido em 1944 a cura das almas na Baixa Baviera, retomou em 1945-1948 o ensino em Pullach e de 1948 a 1964 na reconstituída Faculdade teológica de Innsbruck, onde se tornou ordinário, em 1949. Depois de ter tomado parte muito ativa no concílio Vaticano II, sucedeu, em 1964, a Romano → GUARDINI na cátedra de Munique; ensinou de 1967 a 1970 na Faculdade de Münster, retornando como emérito primeiro em Munique e depois em Innsbruck, onde morreu em 31 de março de 1984.

2. OBRAS. A produção teológica de Rahner é imensa e chegou a 3.998 títulos; cf. R. BLEISTEIN (ed.), *Bibliographie Karl Rahner 1924-1969*, Herder, Freiburg, 1969; ID., *Bibliographie Karl Rahner 1969-1974*, Herder, Freiburg, 1974; A. RAFFELT — H. TREZIAK (eds.), *Bibliographie Karl Rahner 1974-1979*, Herder, Freiburg, 1979; P. IMHOF — E. MEUSER (eds.), Bibliographie Karl Rahner 1979-1984, in E. KLINGER — K. WITTSTADT (eds.), *Glaube im Prozess. Christsein nach dem II. Vatikanum. Für Karl Rahner*, Herder, Freiburg, 1984, 854-871.

A contribuição principal de Rahner são os *Schriften zur Theologie*, publicados em 16 vls. pelo editor Benziger e em 17 vls. em italiano, com o título *Saggi teologici*, pelas Edizioni Paoline, de Roma. Dos demais estudos de caráter espiritual traduzidos para o italiano citamos apenas: *Necessità e benedizione della preghiera*, trad. L. Marinconz, Morcelliana, Brescia, 1963; *L'anno liturgico. Meditazioni*, trad. G. Colombi, Morcelliana, Brescia, ²1964; *Cose d'ogni giorno*, trad. A. Marranzini, Queriniana, Brescia, 1966; *Elevazione sugli Esercizi di sant'Ignazio*, trad. A. Belardinelli, Ed. Paoline, Roma, 1967; *Discepoli di Cristo. Meditazioni sul sacerdozio*, trad. A. Frioli, Ed. Paoline, Roma, 1968; *Maria. Meditazioni*, trad. R. Artori — G. Pirola, Morcelliana, Brescia, 1968; *Tu sei il silenzio*, trad. C. Negro, Queriniana, Brescia, ⁵1969; *L'elemento dinamico nella Chiesa. Princípi, imperativi concreti e carismi*, trad. L. Ballarini, Morcelliana, Brescia, 1970; *Frammenti di spiritualità per il nostro tempo*, trad. A. Marranzini, Queriniana, Brescia, 1973; *Esercizi spirituali per il sacerdote. Iniziazione all'esistenza sacerdotale*, trad. A. Rizzi, Queriniana, Brescia, 1974; *Esperienza dello Spirito. Meditazione sulla Pentecoste*, trad. C. Danna, Alba, 1977; *La devozione al Sacro Cuore*, Ed. Paoline, Catania, 1977; *Fede come coraggio*, trad. G. Colombi, Morcelliana, Brescia, 1977; Elementi di spiritualità nella Chiesa del futuro, in *Problemi e prospettive di spiritualità*, Brescia, 1983, 433-444; etc.

3. PENSAMENTO. Já no início de sua vida religiosa Rahner se entregou a estudos de espiritualidade patrística, que o fizeram perceber que frutos esperavam quem quisesse corresponder às justas exigências espirituais dos próprios contemporâneos. Nos anos 1932-1934 aperfeiçoou os estudos, já esboçados nos anos de noviciado, sobre a ascética e a mística de → ORÍGENES, → EVÁGRIO PÔNTICO, São Boaventura. Publicou-os e com base neles conseguiu, em 1º de julho de 1937, habilitação para o ensino. No mesmo período traduziu do francês e reelaborou profundamente o *Dicionário de espiritualidade ascética e mística*, de Marcel Viller, publicando-o somente em 1944. Depois jamais deixou de mostrar, quando oportuno, que a teologia deve estar ligada à situação religiosa do homem do tempo, a seus questionamentos, que devem ser identificados e interpretados em seu sentido e em seu alcance. Para ele a teologia, sem estabelecer um objetivo de pura teorização, deve ser toda permeada por um sopro espiritual que a impede de voltar-se passivamente sobre si mesma e se contentar com a contemplação dos seus objetos. O teólogo deve fazer desprender-se do assunto dos seus estudos o dinamismo espiritual nele imanente. Surgiram assim ocasionalmente e sem ordem sistemática, além dos opúsculos e livros de várias amplitudes e assuntos, os *Ensaios* reunidos pelas Edizioni Paoline, de Roma, em três volumes italianos: *Saggi di spiritualità*, 1965; *Nuovi saggi II*, 1968; *Teologia dell'esperienza dello Spirito*, Nuovi saggi, 1978.

O material exposto é escolhido e se estende a aspectos essenciais da teologia ascética e da vida espiritual, tendo presentes, juntamente com as orientações da filosofia e da teologia tomista, também elementos utilizáveis da filosofia contemporânea e da psicologia.

Já no primeiro volume os assuntos são vários e à primeira vista muito diferentes, pois abraçam temas que vão do critério para medir e avaliar a perfeição cristã à teologia da cruz, à reta intenção ou à relação que existe entre ato interno e ato externo na vida cristã, à teologia do → TEMPO LIVRE, da caridade etc. Todavia, não deixam de ter certa unidade própria, porque são sempre iluminados pela luz dos princípios basilares da revelação e da relação religiosa entre Deus e a criatura na ordem sobrenatural instaurada por Cristo. Aliás, nesse trabalho de aprofundamento, Rahner tem o cuidado de indicar os elementos não cristãos que se insinuaram pelos séculos no modo de conceber e viver determinados aspectos da vida cristã, elementos que muitas vezes projetam ainda hoje sua sombra sobre a vida espiritual da cristandade.

Particularmente significativo é o ensaio *Os graus da perfeição cristã*, em que Rahner estuda o caminho para subir à perfeição e as várias classificações feitas por aqueles que tendem a ela. De uma atenta análise dos textos neotestamentários mostra-se clara a obrigação de visar a perfeição e a maturidade cristã, mas faltam neles uma definição precisa das etapas de subida e qualquer tentativa de as ordenar uma à outra. O que nos diz São Paulo sobre a perfeição nos estimula a conceber o caminho para ela como a subida a um conhecimento e a uma experiência cada vez maior dos mistérios de Deus.

Na época patrística os graus da vida espiritual são sempre orientados para um ideal de conhecimento místico, e as várias divisões que se fazem são puramente formais. A classificação em moda na Idade Média de *incipientes*, *proficientes* e *perfecti* não apresenta mais essa orientação mística e vê a perfeição como expressão de um mais alto grau de união a Deus mediante a graça.

Ambas as concepções parecem a Rahner discutíveis. A primeira, com efeito, vê com muita evidência no estado de união mística, concebida como conhecimento superior, o fim da vida espiritual. A segunda encerra bem pouco no seu formalismo vazio. Não se pode, certamente, pôr em dúvida que o cristão deva se fazer santo e se tornar perfeito lentamente, crescendo gradualmente no amor de Deus. Não é fácil definir na prática o significado dessa afirmação. Segundo o teólogo alemão, não pode satisfazer a concepção da graça de maneira puramente quantitativa e impessoal, de modo a se medir a perfeição pela graça santificante, que cresce a cada ação sobrenatural boa e especialmente a cada recepção frutuosa dos sacramentos. Se isso fosse verdade, dever-se-ia dizer que todo cristão que se aproxima da morte em idade avançada teria percorrido boa parte do caminho da perfeição. Ora, isso não é possível. Não se trata de identificar, seguindo a literatura ascética usual, as etapas da vida espiritual com os graus de dignidade e de perfeição de cada uma das classes de atos morais. Com efeito, distinguem-se o incipiente, que luta contra o pecado e procura extirpar suas raízes; o proficiente, que visa eliminar também os pecados semideliberados; o perfeito, que escolhe e abraça por amor a cruz de Cristo. Faz-se também corresponder à primeira classe a oração discursiva, à segunda a afetiva, à terceira a de simplicidade, ou seja, a contemplação adquirida ou, nos casos em que se considera a verdadeira mística como estado normal da evolução da vida espiritual, a contemplação infusa.

A divisão, que pareceria impecável, é antes artificial e sem conteúdo objetivo. Teria um significado somente se realmente se distinguissem entre si essas etapas e se sucedessem sempre regularmente como as fases de uma vida biológica. Tudo isso não está nada provado. Com efeito, surgem questionamentos aos quais não é fácil dar uma resposta. Não poderia um incipiente realizar em algumas circunstâncias os atos mais heroicos de puro amor de Deus? Nesse caso, continua ainda na categoria inicial, embora pratique as virtudes dos perfeitos?

Rahner procura resolver essa "problemática obscura" ao recorrer ao conceito de "situação". Às várias etapas da vida humana correspondem situações diversas com seus respectivos deveres morais; daí a sucessão dos graus da vida espiritual. Outro fator a ser levado em consideração na construção da linha de desenvolvimento da vida espiritual é a psicologia diferenciada dos graus de idade. Também parece discutível a Rahner considerar a posse das virtudes adquiridas como meta da ascensão gradual à santidade. Com efeito, se a virtude adquirida, sob o ponto de vista prático, consiste em mecanismos associativos unidos, pode ser também influenciada, acrescida e destruída por causas internas à esfera da decisão verdadeiramente moral.

Parece mais frutuoso distinguir no ato humano a dignidade objetiva, a sua profundidade pessoal e a sua intensidade num determinado nível pessoal. Embora permanecendo idêntico o valor objetivo do ato, podem crescer, por causas e sob condições a serem definidas, a sua profundidade existencial e a sua intensidade, quando se empenha nisso toda a realidade da sua pessoa espiritual. Definindo esses fatores, consegue-se determinar o curso típico da vida espiritual na sua transformação contínua e no seu desenvolvimento ascensional. São dois os modos de conceber o progresso da vida moral. O primeiro se liga à sua concepção da concupiscência como "impossibilidade de dispor de si com atos pessoais cada vez mais profundos". Quanto mais se consegue vencer esse impedimento e dispor de si para se doar a Deus, tanto mais se progride na perfeição. O segundo modo, porém, consiste em se deixar conformar pelo Espírito a Cristo, realizando com a ajuda do seu Espírito a lei interior da sua vida.

Outros ensaios do mesmo livro apresentam uma visão positiva do mundo criado por Deus, profanado pelo pecado e reconsagrado por Cristo, e explicam a possibilidade da renúncia própria dos → CONSELHOS evangélicos, que não é a exigida pela ética natural, mas constitui uma virtude de conteúdo totalmente novo.

O volume *Novos ensaios II* oferece perspicazes reflexões sobre os mistérios da vida de Cristo, sobre os estados de perfeição de vida na Igreja e sobre algumas virtudes fundamentais e um tanto negligenciadas, como a veracidade, a misericórdia e a paciência. Também aqui o grande pensador aprofunda o tema à luz da teologia bíblica e tradicional, até deixar iluminado, nos limites do possível, o núcleo essencial para além das fórmulas habituais em que é expresso; depois reflete como este mistério, essa virtude, aquela atitude fundamental cristã podem hoje ser vividos e de que forma legítima devam se traduzir para se manterem genuínos.

O título dado pelo próprio Rahner ao volume VI dos novos ensaios, *Teologia da experiência do Espírito*, não está de modo algum ligado aos movimentos carismáticos nascidos na América do Norte e logo difundidos por toda a parte. Ele sequer enfrenta uma avaliação deles, embora reconhecendo que simples fiéis lembram também aos teólogos uma realidade cristã esquecida por muito tempo: a ação do Espírito Santo. A consciência dessa presença ativa é o motivo fundamental e muitas vezes dominante da reflexão do teólogo alemão, desde seus primeiros estudos no início da sua formação religiosa até os dos últimos anos. É verdade universalmente válida que se pode viver de modo genuíno a própria fé e sobre ela refletir de modo teológico mediante a experiência do Espírito. Rahner, porém, lembra que ele passou à reflexão teológica mediante a experiência do Espírito que lhe foi ensinada por Inácio com os *Exercícios espirituais*, a qual se caracteriza, aliás, pelo processo de eleição e pela procura da vontade concreta de Deus e é estimulada pela contemplação da vida de Cristo.

A decisão espiritual, indispensável para a vida de fé, individual e eclesial, inicia uma recíproca influência entre a experiência e a reflexão, a qual permite à atividade eclesial e à formação teológica conservar, na posse da verdade e na sua transmissão, a necessária mobilidade e a devida aderência à situação. Faz também enfrentar com seriedade e responsabilidade as "questões-limite" que obrigam o cristão a prestar contas de modo vivo da própria origem, da missão a ser enfrentada hoje e da marca a dar a seu futuro.

Daí os ensaios reunidos na primeira parte "fé e Espírito" a respeito da motivação da fé hoje, a experiência do Espírito em vista de uma decisão existencial, a experiência da graça, diferente da emotividade, do entusiasmo etc., e os da segunda parte que, depois de ter proposto alguns exemplos históricos de experiência do Espírito, definem o método da eleição e a missão de levar a uma decisão de fé. Isso não pode acontecer senão pela escuta da Palavra, que nos revela o Deus do Antigo Testamento e o Cristo, único portador de salvação, e nos faz aderir, sob a menção do Espírito, ao Deus uno e trino da economia salvífica (terceira e quarta parte).

Somente partindo do Cristo morto e ressuscitado por nós e distinguindo-nos dele é que compreendemos a nós mesmos na grandeza e fragilidade da nossa liberdade e, sem perder de vista os eventos escatológicos que nos aguardam na parúsia (quinta e sexta parte), por-no-emos à escuta do Espírito, que fala a cada um e à Igreja também por meio dos acontecimentos históricos. O discernimento dos sinais dos tempos, indispensável para os simples cristãos e ainda mais para os que têm um ofício na Igreja e para a comunidade católica, dividida internamente por tensões, facções e grupos e críticas acerbas e, bem longe de atingir a plena unidade querida por Cristo para a sua esposa, torna-se cada vez mais urgente, mas também difícil como nunca, porque os problemas se ampliam continuamente, a ponto de parecerem insolúveis (sétima e oitava parte).

Rahner não tem em mira poupar a nós o trabalho de procurar a solução, mas quer apenas nos ajudar a que experimentemos em nós a ação do Espírito oferecido, em formas infinitamente diferentes, para salvação e juízo de todos por Cristo, realizador de uma aliança perene. Cônscio dessa presença, o cristão, o teólogo e a Igreja inteira, mesmo diante dos problemas mais complexos e das situações mais escabrosas, encontrarão a serenidade e a coragem de continuar a seguir Cristo. As experiências carismáticas e entusiásticas, se submetidas a sereno discernimento, poderão contribuir para fazer tomar consciência, embora jamais com certeza absoluta, da presença do Espírito na vida de cada um e da Igreja, e estimularão a um empenho eficaz para o homem.

Rahner, sem pensar nisso, de algum modo sintetizou a sua visão espiritual no escrito enviado no dia 18 de março de 1984, poucos dias antes da morte, aos que tinham se congratulado com ele por ocasião de seus oitenta anos. Referia ele, em primeiro lugar, uma passagem das *Confissões*, de Santo → AGOSTINHO: "Os tempos são três: presente do passado, presente do presente e presente do futuro. Essas três espécies de tempos existem de algum modo no ânimo e não os vejo em outra parte: o presente do passado é a memória, o presente do presente é a visão, o presente do futuro é a espera" (XI, 20,26). Aplicando depois a si mesmo o texto, acrescentava humildemente: "O presente do meu passado são as inumeráveis lições e conferências, que não poucos ouviram, e as mais de 12 mil páginas dos meus escritos, que alguns leram, talvez aprendendo muito pouco. O presente do meu presente é a visão do meu nada diante do Pai inefável, ao qual o Homem-Deus sempre me levou em adoração. O presente do meu futuro é a espera da contemplação do Coração do Senhor, porque, como tive ocasião de escrever no ensaio 'O significado perene da humanidade de Jesus na nossa relação com Deus', na eternidade contemplamos o Pai somente por meio de Cristo e mesmo assim o contemplamos imediatamente, porquanto a visão direta de Deus não nega a eterna mediação do Cristo-Homem. O que há de pessoal, imediato e irrepetível na comunhão beatífica com Deus amado, o homem o espera com ansiedade ardente: *oro fiat illud quod tam sitio*".

BIBLIOGRAFIA. Muitos livros foram escritos sobre os vários aspectos da teologia de Rahner, mas à visão espiritual não foram dedicadas pesquisas específicas, somente referências ocasionais. Na *Karl Rahner Bibliographie mencionada acima no item 2 deste verbete*, são relacionados cerca de 948 livros e artigos sobre sua teologia editados em várias línguas, além das inumeráveis recensões e entrevistas.

A. Marranzini

RANCÉ, ARMAND-JEAN LE BOUTHILLIER DE.

1. VIDA. Nasceu de pais nobres, em Paris, em 1626 e foi elevado, aos onze anos, ao estado clerical, tornando-se administrador das prebendas da família, entre as quais o convento cisterciense La Trappe, Mortagne. Em 1651 é ordenado sacerdote e nomeado cônego da Notre-Dame de Paris. O seu teor de vida é semelhante ao dos nobres do seu tempo. Por volta de 1657, porém, começa um processo de conversão, provavelmente por causa da morte de alguns dos seus amigos e da oposição da corte. Retira-se a seu castelo, em Veretz, e em 1662 se estabelece na sua abadia, La

Trappe, onde introduz os monges da observância estrita. Por fim, entra para o noviciado de Perseigne, para se tornar, em 1664, abade regular de La Trappe. Por volta de 1670, introduz aí a famosa reforma de La Trappe. Abdica em 1695 e morre em 1700.

2. OBRAS. *Lettre d'un Abbé régulier sur le sujet des humiliations et autres pratiques de la religion*, Paris, 1677: opúsculo publicado, sem que Rancé soubesse, por seu amigo Félicien des Avaux, e escrito contra uma dissertação de M. le Roy, o qual tinha atacado Rancé sobre esse ponto, como farão também Mabillon e dom Mège (*Commentaire sur la Règle de saint Benoît*, Paris, 1687). *Relations de la mort de quelques religieux de l'Abbaye de La Trappe*, Paris, 1677. *De la sainteté et des devoirs de la vie monastique*, Paris, 1683. Essa obra foi atacada em vários pontos, seja no que diz respeito à própria vida monástica, que por muitos foi julgada proposta com unilateralidade, seja pelas concepções aí propostas sobre a obediência, o silêncio monástico e sobretudo sobre o trabalho manual e o estudo. Nesse último ponto teve como adversário Mabillon. Para esclarecer sua posição Rancé escreveu: *Eclaircissements de quelques difficultés que l'on a formées sur le livre de la sainteté et des devoirs de la vie monastique*, Paris, 1685. *La Règle de saint Benoît, traduite et expliquée selon som véritable esprit*, Paris, 1689. Como resposta dirigida a Mabillon, publica: *Réponse au traité des études monastiques par M. l'Abée de La Trappe*, Paris, 1692; *Instructions sur les principaux sujets de la piété et de la morale chrétienne*, Paris, 1693; *Maximes chrétiennes et morales*, Paris, 1698; *Conférences ou instructions sur les épîtres et évangiles des dimanches, principales fêtes de l'année et sur les vêtures et professions religieuses*, Paris, 1698. Depois de sua morte foram publicados ainda vários extratos das suas obras. A obra mais importante que não foi publicada é *Declarationes in Regulam sancti Benedicti ad usum domus Dei B. M. de Trappa* (Bibl. Nat. Lat. 17134). Em 1696 publicava-se ainda um extrato de *La Règle de saint Benoît*, sob o título: *Méditations sur la Règle de saint Benoît*, Paris.

3. DOUTRINA. a) *Reforma*. No início da sua conversão Rancé recebeu sua direção dos oratorianos de Tours (padre Seguenot) e Paris (padre de Monchy). Mas aqueles discípulos da escola francesa não satisfizeram muito sua necessidade de penitência. Por isso voltou-se, em 1658, para Port-Royal, onde Arnaud d'Andilly se tornou o seu diretor espiritual. Foi especialmente ali, sob a influência da tendência jansenista, de volta às origens, que foi tomado por um grande amor pelos Padres. Em Veretz e La Trappe, consagrará quase todo o seu tempo ao estudo dos Padres (Basílio, → CASSIANO, → EFRÉM, → JOÃO CLÍMACO, Bernardo), com uma predileção especial, porém, para os Padres do deserto. O seu ideal, com efeito, foi de "voltar às origens, às instituições primitivas". E aí encontrou o seu ideal monástico "na sua beleza, no seu esplendor, quer dizer, na sua verdade; é isso que me deu o amor". Quando Rancé se retira a La Trappe e se torna seu abade regular, a Ordem de Cîteaux está dividida em dois partidos, que se combatem por causa de certa reforma, a "observância estrita". Os abades da observância estrita tiveram, em 1624, seu primeiro Capítulo geral que projetou novas Constituições. Elas foram usadas mais tarde por Rancé para a reforma de La Trappe, pois quando este, que se tornara um dos protagonistas da observância estrita, se deu conta de que ela não podia ter uma vitória completa, retirou-se da luta e introduziu em seu próprio mosteiro uma reforma completamente pessoal, inspirada pelo ideal dos Padres do deserto, a antiga Cîteaux e o projeto das Constituições de 1624. Em 1671, saem assim as *Constitutions de la Trappe*, as quais, porém, não parecem ser de seu punho.

b) *Espiritualidade*. O espírito da reforma de Rancé é em grande parte dominado por sua necessidade pessoal de uma dura penitência e pela sua predileção pelos Padres do deserto. "Acreditei que o único meio para satisfazer a cólera de Deus é o de me empenhar numa penitência que não acabará senão como a minha vida" (*Lettres de piété*, ed. 1701, 75). Os monges, segundo ele, são, portanto, homens que "oferecem a Jesus Cristo a todo momento de sua vida uma vítima de penitência, por seus próprios pecados e pelos pecados do mundo" (*La Règle*, I, 53-54). "Realmente, os Padres do deserto se retiraram para as mais distantes solidões, expuseram-se à nudez, ao frio, à fome, a todas as injúrias das estações… ao furor das feras selvagens, enfim à raiva e à inveja dos demônios, para louvar a Deus, para contemplar as suas belezas infinitas, no silêncio do coração, na paz de todas as paixões e na separação de tudo o que podia desviá-los da meditação das coisas eternas" (*Sainteté*, I, cc. 2.4). Portanto, para Rancé, "despojamento", "libertação da ocupação das criaturas, libertação das coisas sensíveis", "separação do mundo" como um "divórcio das criaturas" são as palavras-chave para uma "mortificação soberana", que deve levar a uma "ocupação de Deus pura e contínua, sem distração do espírito, sem divisão do coração, que exclui as relações mais inocentes" (*Sainteté*). A imitação dos anjos é um ideal monástico antigo, mas interpretado de um modo diferente segundo o acento que se põe nessa comparação. O monge deve ser "insensível a todas as afeições humanas, separado de todas as coisas mortais... e a profissão religiosa, por estar acima da natureza, como diz São Basílio, elevava os homens à pureza dos anjos" (*Sainteté*, I, c. 4). Também outros dados da tradição, como o anti-intelectualismo monástico, a penitência, o convento como cárcere são por ele unilateralmente exaltados com uma tintura ligeiramente jansenista. Esse unilateralismo foi para ele a sua grande força (soube se libertar em tempo dos jansenistas), mas ao mesmo tempo o tornou vulnerável e fez dele uma das figuras mais controversas do seu tempo. Teve de se defender a propósito das "humilhações", do significado da vida monástica e cristã, do → ESTUDO e do trabalho manual. A controvérsia com Mabillon sobre o estudo monástico foi a mais interessante e a mais importante. Rancé era de parecer de que um bom monge não pode se consagrar ao estudo científico. A "ciência das ciências" é o amor de Cristo e isso não exige estudo, mas amor. A → LECTIO DIVINA, que não pôde ser um estudo propriamente dito, não teve portanto outro fim senão "aquecer a caridade deles, animar seu zelo, excitar sua compulsão, aumentar neles o desprezo do mundo, fortificá-los no desejo da morte e na expectativa das coisas eternas". Conclui, portanto, até com lógica: "Foi opor-se diretamente ao espírito de uma tão santa profissão [...] o considerar o estudo como um ponto da regularidade". O estudo do dogma, da tradição da Igreja etc. é bom e necessário para os clérigos, os quais devem instruir o povo, mas não para o monge, que deve se arrepender de seus pecados. Mabillon partilha com Rancé a antipatia pela escolástica de então, mas é de parecer que este restringe demais a vida monástica. Parece a ele que todo estudo, bom para os clérigos, pode ser igualmente bom para os monges. As duas posições se aproximaram ligeiramente: Rancé concedeu a Mabillon que pode haver exceções e que de fato há monges santos e doutos; afirma porém que das exceções não se pode querer fazer uma regra geral. Por sua vez, Mabillon concedeu a Rancé que a sua concepção da vida monástica era uma concepção ideal, mas afirmou que não se pode impô-la a todos. No nosso tempo moderno essa oposição perde um pouco a sua força por causa da nova teologia, a qual, com o seu caráter existencial, está mais próxima da antiga teologia monástica.

A concepção do mundo de Rancé foi determinada por uma majestade divina transcendente, circundada pelos → ANJOS, os quais, imóveis, a contemplam. O homem pecador provoca a ira de Deus, o qual, portanto, exige por parte do homem penitência e satisfação, a fim de que ele possa demonstrar a sua bondade em relação ao homem que se converte. Em meio a esse mundo humano pecador Deus construiu "fortalezas" sob a forma de conventos, que fazem a função de para-raios para a sua cólera e que "ele reserva para si em meio a essa dissolução tão pública" (*Conférences*, II, ed. 1703, 107). Nesse quadro tão duro, Rancé conseguiu penetrar, com o calor e o ardor do seu coração e do seu amor por Cristo, numa verdadeira alegria, que deu calor interior e força à penitência. Alegria por causa de Deus e Cristo, alegria por causa dos irmãos e da comunidade. Além do mais, R. foi compreensivo e sábio no seu governo e sempre foi consciente de que afinal de contas tudo era uma questão de amor: "Respondei ao excesso da sua bondade com a plenitude do vosso amor; que a vossa alma suspire incessantemente por ele. [...] O objetivo, o fim e a perfeição está no se erguer sem fim, em se aproximar e se unir a Deus por meio de uma caridade consumada".

→ TRAPISTAS.

BIBLIOGRAFIA. AUBRY. La conversion de Monsieur de Rancé. *Collectanea Ordinis Cisterciensium Reformatorum* 25 (1963)192-205; BREMOND, H. *L'Abbé Tempête*. Paris, 1929; CHEREL, A. *Rancé*. Paris, 1930; DUJEAU, *Monsieur de la Trappe*. Paris, 1931; HERMANS, V. La stricte observance au XVIIe siècle. *Collectanea Ordinis Cisterciensium Reformatorum* 26 (1964) 311-313; LECLERCQ, J. La joie dans Rancé. *Collectanea Ordinis Cisterciensium Reformatorum* 25 (1963) 206-215; LUDDY, A. *The real di Rancé*. London, 1931; O'DEA, J. Rancé et la Règle bénédictine. *Collectanea Ordinis Cisterciensium Reformatorum* 25 (1963) 376-384; TOPPINO, A. *L'Abbate di Rancé, grande asceta moderno*. Milano, 1939; VANDENBROUCKE, E. Les moines et les études. *Studia Monastica* 3 (1961) 429-432; ID. L'esprit des études monastiques d'après l'abbé de Rancé. *Collectanea Ordinis Cisterciensium Reformatorum* 25 (1963);

WADDEL, Ch. La simplicitè chez l'abbé de Rancé. *Collectanea Cisterciensia* 41 (1979) 94-106.

F. VAN HAAREN

REALIDADES TERRENAS (espiritualidade das). 1. O problema das realidades terrenas pode também ser chamado de "uso do prazer e das criaturas", ou "transcendência ou encarnação?", ou com o termo, hoje de possível ambígua interpretação e equívoco, "secularização".

Em educação, isso tem sido sempre um dos problemas mais difíceis e, por motivos evidentes, hoje mais que nunca. De outra parte, justamente hoje, se quisermos obedecer às fórmulas conciliares, teremos de enfrentá-lo e resolvê-lo de modo direto, explícito, corajoso.

Pode-se, talvez, afirmar que até Pio XII a dimensão "cósmica" da educação foi um tanto negligenciada por uma orientação educativa que dava forte ênfase ao absoluto-eterno e, consequentemente, à abnegação-renúncia-desapego. Para Inácio, fazer → EXERCÍCIOS ESPIRITUAIS significa "tirar de si todas as afeições desordenadas" [1]; por isso no cabeçalho de seu Livrinho escreverá: "Exercícios espirituais para vencer a si mesmo" [21] e "Cada qual esteja convencido de que tanto mais progredirá em todas as coisas espirituais quanto mais se libertar de seu amor-próprio" [189]. Com esse "destaque" (falo de "destaque" e não de "exclusivismo") seguido mais ou menos por todos os ambientes educativos, é claro que a criatura é vista como tentação e, por isso, com cautela, com certo pessimismo-desconfiança. É preciso saber dela se defender, ficar alerta: quanto menos, melhor.

2. Já Pio XII, mas sobretudo o Concílio Vaticano II se encontram diante da irrupção do progresso/bem-estar. O que fazer? Se refletirmos bem, trata-se de uma situação dramática. Pois bem; o Concílio, com decisão e coragem, "*actu fidei animum vehementer commovens*", como foi comentado, aceitou o desafio engajando-se numa difícil e arriscada aceitação-batalha de purificação-sublimação das realidades terrenas. E as fórmulas conciliares são tão explícitas e claras que não podem deixar margem a dúvidas e incertezas. As mais importantes me parecem três. A primeira é da *Gaudium et spes* e nos oferece o princípio teórico fundamental que enfoca o problema: "Alegrem-se antes ("potius") os cristãos, a exemplo de Cristo, que foi um operário, por poderem realizar todas as suas atividades terrenas *unificando* os esforços humanos, domésticos, profissionais, científicos e técnicos *numa única síntese vital* juntamente com os valores religiosos, sob cuja *altíssima* direção tudo é ordenado para a glória de Deus" (*GS* 43a). O "potius" inicial é fortemente adversativo-eficaz e significa uma indicação muito explícita. As outras palavras, "unificar numa única síntese vital", não deixam dúvidas sobre o esforço que se deve fazer para harmonizar as célebres antinomias: criatura-Criador, céu-terra, verticalismo-horizontalismo. A educação cristã conciliar é, assim, "composta", "harmônica"; a criatura não pode mais ser vista com suspeição, suportada, mas aceita como componente normal necessário. Não mais a dicotomia: ou Criador ou criatura; mas, *e* Criador *e* criatura.

A segunda passagem é da *Apostolicam actuositatem* e deve ser estudada por inteiro. As palavras mais importantes são "as criaturas não são *apenas* meios" (*AA* 7a). Aqui o concílio corrige-aperfeiçoa-completa a célebre fórmula do "tanto quanto" usada até a *Mater et Magistra* (1961), de João XXIII, em que se lê: "As criaturas devem ser avaliadas pelo que elas são segundo sua verdadeira natureza, ou seja, como *bens instrumentais ou meios*" (n. 227). Com o Concílio à disposição não é mais assim.

A terceira passagem é a do *Presbyterorum ordinis*: é de magistral precisão e digna de meditação por inteiro. As palavras que interessam são: "Essa relação (= Igreja-realidades terrenas) é *extremamente importante* no caso dos presbíteros, dado que a missão da Igreja se desenvolve em meio ao mundo e os bens criados são *totalmente necessários* para o desenvolvimento pessoal do homem" (*PO* 17a).

3. Com essas declarações conciliares à disposição não é possível tergiversar. Se quisermos obedecer, "concordar plenamente com o Concílio" (Paulo VI, João Paulo II), se quisermos realmente considerá-lo "o catecismo dos tempos modernos" (Paulo VI), teremos de nos ater às suas *ipsissima verba*. Por isso, eis algumas indicações, que pretendem salvar a letra e o espírito do Vaticano II.

a) Inspirando-nos numa sólida e abundante documentação bíblica, podemos considerar que Deus criou toda a realidade animada e inanimada para que nos servisse de trampolim para subir a ele com hinos de louvor, de agradecimento e de adoração. Deus "infundiu seu temor [seu olho] nos corações dos homens", declara-se no Sirácida, "para mostrar-lhes a magnificência de suas obras. E eles louvarão seu santo nome a fim de proclamar a magnificência de suas obras" (Sr 17,7).

Tudo o que existe é bom porque não é senão a manifestação de uma das infinitas ideias que a Ideia arquetípica de todo o ser contém *formaliter et eminenter*. "Tudo o que foi feito era vida" (cf. Jo 1,3-4); "nele tudo foi criado, [...] tudo nele se mantém" (Cl 1,16.17). Portanto, o mundo inanimado, como as produções dos gênios, não é, como diz Dante, "senão esplendor daquela ideia, que faz nascer, amando, o nosso Senhor" (*Paraíso*, XIII, 52-54); "*mundus est praegnans de Deo*", disse bem → ÂNGELA DE FOLIGNO; "*vox Verbi et verbum Verbi*", disse Tomás.

O fim, pois, pelo qual Deus se difundiu e se manifestou na criação é que o homem espiritualizasse, com a sua inteligência, todos os bens, unindo-se com intimidade cada vez maior a Deus, o grande e verdadeiro artista de quem tudo procede e a quem tudo retorna, com a adoração, o agradecimento, o louvor. Assim, as criaturas todas, na mente da Ideia arquetípica, tornam-se, por assim dizer, um divino estratagema para provocar o amor: no sentido de que nelas, por meio delas e com elas todo ser retorna a ela, como tudo dela teve princípio.

Todos os grandes gênios, cada qual à sua maneira, expressaram essa procedência de todas as criaturas de Deus e esse retorno de todas as criaturas a Deus: "Realiza-se — diz Tomás — certo movimento circular, porquanto todas as criaturas retornam, como a seu fim, para Deus, onde tiveram origem" (*In I Sent.* d. 14, q. 2, a. 2); Agostinho exprime mais poeticamente o mesmo conceito (cf. *Confissões*, 13,9; *De vera religione*, 55).

Mas essas profundíssimas concepções não são senão um pálido comentário às fórmulas joaninas e paulinas, como estas: "Tudo o que foi feito era vida" (Jo 1,3-4); "Pois tudo é dele, e por ele, e para ele" (Rm 11,36); "Para nós, só há um Deus, o Pai, de quem tudo procede, e para o qual nós vamos, e um só Senhor, Jesus Cristo, pelo qual tudo existe e pelo qual nós existimos" (1Cor 8,6; cf.3,22-23).

O Vaticano II contempla esse programa de amor e de sabedoria e exclama, com certo ímpeto profético: "Certamente, uma grande promessa e um grande mandamento é dado aos discípulos: 'assim, tudo é vosso, mas vós sois de Cristo, e Cristo, de Deus' (1Cor 3,23)" (*LG* 36).

b) A essa altura, temos de nos perguntar se a operação da inteligência em virtude da qual ela se arroja no louvor e na glorificação da beleza acontece com facilidade e sem esforço.

A resposta não pode ser positiva. Julgamos poder lhe dar uma motivação bíblica e teológica, referindo-nos à doutrina sobre o pecado original e suas consequências. Foi o pecado que provocou o fenômeno do egocentrismo ou → CONCUPISCÊNCIA, a qual se define como "a inclinação ao amor desordenado de si" (TOMÁS, *De malo*, 4, 2). As criaturas, em vez de favorecer, como seria na mente de Deus, a transcendência, exercem, ao contrário, um forte poder de atração: o homem, em vez de se servir delas para louvar o Criador, as abraça, tornando-se escravo delas. "A culpa original e as suas consequências privaram o homem não do domínio sobre a terra, mas da segurança ao exercê-lo", diz muito bem Pio XII (*Radiomensagem natalina*, 1956). A Bíblia frequentemente denuncia esse dissídio íntimo entre a alma e as criaturas em relação a Deus e refere episódios que documentam sua trágica realidade. Jesus convida ao banquete do seu amor e da sua doutrina, mas o homem declina o convite dizendo: "Acabo de comprar um campo. [...] Acabo de comprar cinco juntas de bois. [...] Acabo de me casar" (Lc 14,18-19); "ouvem e, por causa das preocupações, das riquezas e dos prazeres da vida são asfixiados" (Lc 8,14).

Paulo, referindo-se a essa luta, que permanece depois do → BATISMO, diz: "Andai sob o impulso do Espírito e não façais mais o que a carne deseja. Pois a carne, em seus desejos, opõe-se ao Espírito e o Espírito à carne; entre eles há antagonismo; por isso não fazeis o que quereis" (Gl 5,16-17). O mesmo motivo é retomado por Pedro (cf. 1Pd 4,1-6), por João (cf. 1Jo 2,15-16), por Tiago (cf. Tg 4,4).

O Vaticano II, na *Gaudium et spes*, não deixa de ressaltar com eficácia o fenômeno: "Toda a história da humanidade, com efeito, está atravessada pelo duro combate contra os poderes das trevas; luta que começou na origem do mundo e que durará, como diz o Senhor (cf. Mt 24,13; 13,24-30 e 36-43), até o último dia. Inserido nessa luta, o homem deve combater incessantemente para poder ficar unido ao bem, e só pode conseguir a sua unidade interior com grandes esforços e com a ajuda da graça de Deus" (*GS* 37).

c) Segue-se dessa doutrina que, para o uso correto das criaturas e para a recomposição da lei cósmica, segundo a qual tudo deve retornar a Deus como tudo teve início em Deus, impõe-se, de modo inequívoco, a clássica lei da purificação, que se concretiza por meio da abnegação ou renúncia (cf. Mt 16,24-26; Mc 8,34-36; Lc 9,13-25); ela exige uma intervenção violenta e cansativa, que ponha de novo o homem na órbita correta. Logicamente, a purificação se tornará o elemento-medida do triunfo de Deus sobre o homem, do absoluto sobre o relativo, do eterno sobre o passageiro, do teocentrismo sobre o egoísmo (cf. *SC* 1; *GS* 36.38). Será a abnegação-renúncia que, espiritualizando o homem, com a libertação da desordem, lhe dará capacidade de saber "verticalizar" o cosmos tornando-o inteligível a ele e permitindo perceber as suas relações com Deus. Somente com ela e em proporção a ela realizar-se-á a lei clássica paulina: "Tudo o que Deus criou é bom, e nada deve ser rejeitado se se toma com ação de graças" (1Tm 4,4).

O Vaticano II o diz com clareza numa passagem altamente profética: "E, se alguém quer saber de que maneira se pode superar esta situação miserável, os cristãos afirmam que todas as atividades humanas, constantemente ameaçadas pela soberba e amor-próprio desordenado, devem ser purificadas e levadas à perfeição pela cruz e ressurreição de Cristo. Porque, remido por Cristo e tornado nova criatura no Espírito Santo, o homem pode e deve amar até mesmo as coisas criadas. Pois recebeu-as de Deus e considera-as e respeita-as como vindas da mão do Senhor. Dando por elas graças ao Benfeitor e usando e aproveitando as criaturas em pobreza e liberdade de espírito, é introduzido no verdadeiro senhorio do mundo, como quem nada tem e tudo possui (cf. 2Cor 6,10). 'Todas as coisas são vossas; mas vós sois de Cristo e Cristo é de Deus' (1Cor 3,22-23)" (*GS* 37).

d) Seguindo de perto os textos conciliares, deve-se acrescentar que os bens religiosos devem "dirigir altissimamente" os bens terrenos (cf. *GS* 43a), de modo que sejam informados pelo espírito das → BEM-AVENTURANÇAS EVANGÉLICAS e, por isso, sejam usados realmente "em plena liberdade e pobreza de espírito" (cf. *GS* 37d; *LG* 42e). Se quisermos ser lealmente lógicos e resolver os problemas "por dentro" é preciso dizer qual é a palavra de salvação: a contemplação, ou seja, uma mais fé-esperança-caridade, um tipo de cristianismo mais adulto-elitário. Essa é a mais razoável passagem obrigatória: onde há mais criatura necessita-se mais do Criador. De resto, o Concílio se mantém nesses níveis, exortando "a educar os homens à maturidade cristã" (*PO* 6b) e os esposos a uma vida "impregnada toda de fé-esperança-caridade" (cf. *GS* 48d; *LG* 31b).

e) Deve-se mais que nunca ressaltar a dimensão "cósmica" da eucaristia, que não deve ser celebrada exclusivamente na igreja. Mais que nunca, é preciso refletir que o pão e o vinho simbolizam também o cosmos posto sobre o altar (cf. *GS* 38bc), a fim de que Cristo o redima/liberte das incursões do ter/gozar/poder e ele se torne verdadeiramente o vértice/chefe/centro de tudo o que é (cf. Ef 1,10; Cl 1,16-20) e o cosmos purificado/cristificado se torne, como quer a Bíblia, "oferta aceita a Deus" (cf. Rm 15,16). Por isso a Eucaristia deve ser celebrada na casa de campo e na escola; na praia e na montanha, na fábrica e no estádio; no bar e nas reuniões político-sindicais. Cristo tem direito de reinar por toda a parte, porque aonde chega ele, amigo do mundo (cf. Jo 3,16-17; Sb 11,24-26), tudo é sublimado e nada se destrói.

Assim concebida, a → EUCARISTIA se apresenta hoje, mais do que nunca, como o momento mais altamente educativo e mais importante da educação cristã (cf. *PO* 5b.6e; *CD* 15b; *SC* 10; *LG* 11a).

Finalmente, é importante treinar/exercitar-se em sentir/ver/gostar Deus presente em toda criatura. As realidades terrenas, vistas com essa mentalidade de fé, devem se tornar uma fácil/frequente/alegre diafania de Deus, e o cosmos um imenso sacramento da sua bondade-sabedoria. Mais que nunca, são urgentes e atuais os conselhos que Inácio dava ao padre Brandão: "Dado o fim dos estudos e do apostolado, os estudantes não podem se entregar a longas meditações além das práticas prescritas. [...] Eles podem porém se exercitar em procurar a presença de Deus em todas as coisas; por exemplo, conversando, indo, vindo, olhando, gostando, ouvindo, trabalhando, pensando... porque é verdade que Deus está presente em todas as coisas com a sua presença, poder, essência. Esse modo de meditar — conclui Inácio — consiste em encontrar Deus em todas as coisas e é mais fácil que elevar-se às coisas divinas mais abstratas" (*Epistolário*, 1-6-1551).

A respeito dessa importante dimensão cósmica da educação cristã conciliar, não se pode esquecer uma página "antológica" de Paulo VI: propõe-nos ele uma solução magistral do angustiante problema do uso cristão das realidades terrenas. "Nem menos digno de exaltação e feliz admiração" — diz o papa — "é o quadro que emoldura a vida do homem: este mundo imenso, misterioso, magnífico; este universo de mil forças, de mil leis, de mil belezas, de mil profundidades. É um panorama encantador, parece prodigalidade sem medida.

Nesse olhar retrospectivo acomete-nos o pesar de não ter admirado suficientemente esse quadro, de não ter observado quanto valiam as maravilhas da natureza, as riquezas surpreendentes do microcosmo e do macrocosmo.

Por que não estudei suficientemente, explorei, admirei o ambiente em que a vida se desenrola? Que imperdoável distração, que reprovável superficialidade! Todavia, pelo menos *in extremis*, deve-se reconhecer que esse mundo 'qui per ipsum factus est' (Jo 1,2-3) é estupendo!

Saúdo-te, celebro-te no último instante, sim, com imensa admiração e, como se dizia, com gratidão. Tudo é dom; por trás da vida, por trás da natureza, por trás do universo está a Sabedoria; afinal, direi nesta luminosa despedida — exclama o papa com linguagem altamente mística —, está o Amor!

O palco deste mundo é um projeto ainda hoje incompreensível em sua maior parte de um Deus criador que se chama o pai nosso que está nos céus! Obrigado, ó Deus! Obrigado e glória a ti, ó Pai!

Neste último olhar dou-me conta de que essa fascinante e misteriosa cena é um revérbero, é um reflexo da Primeira e única Luz; é uma revelação natural de uma extraordinária riqueza e beleza, a qual devia ser uma iniciação, um prelúdio, uma antecipação, um convite à visão do invisível Sol 'que ninguém jamais viu' (Jo 1,18)...

Assim seja, assim seja!" (*Meditação à morte*, 1978).

Páginas como essa não podem desaparecer.

BIBLIOGRAFIA. ROQUEPLO, F. *Esperienza del mondo: esperienza di Dio*. Torino, 1972 (com bibliografia selecionada); THILS, G. *Existence et sainteté en Jésus-Christ*. Paris, 1982; ID. *Pour une théologie de structure planétaire*. Louvain, 1983. ID. *Teologia delle realtà terrene*. Alba, 1968.

A. DAGNINO

RECLUSÃO. Está ligada ao eremitismo e é sua atuação mais rígida. O asceta, fechado na pequenina cela, vive entregue unicamente à contemplação; o escasso alimento lhe é passado por uma janelinha. O primeiro exemplo de reclusão nos vem de Santo Hilarião, que havia construído para si uma cela tão pequenina e apertada que nela não podia ficar nem de pé nem agachado! Para o asceta a cela é uma tumba da qual sai apenas como cadáver; ou um cárcere voluntário onde se faz mortificação com extenuantes penitências para atingir a pureza do espírito. A reclusão era praticada também em determinados tempos litúrgicos do ano em preparação para as solenidades do Natal e da Páscoa.

Muito conhecida no Oriente, onde não faltam exemplos de mulheres reclusas, propagou-se no Ocidente a partir da vida de Santo Antonio e Santo Hilarião; e encontrou fervorosos seguidores nas ordens beneditinas, em mosteiros tanto de monges como de monjas (MABILLON, *Annales*, IV, 309). A pequenina cela era ordinariamente construída perto da igreja do mosteiro e com ela se comunicava por uma janela de onde o asceta participava da liturgia junto com os monges e dirigia sua palavra aos devotos que lhe iam ao encontro. Vários Concílios se interessaram pela reclusão, mas o mérito de ter escrito uma primeira regra para os reclusos cabe a Grimlaico (século IX). A reforma de São Romualdo não podia se desinteressar da reclusão e a difundiu, fazendo dela como que uma lei em Camaldoli e em Fonte Avellana. O santo a praticou habitualmente: "Em qualquer lugar o santo homem — escreve São → PEDRO DAMIÃO — se dispunha a habitar; antes de qualquer coisa fazia construir dentro da cela um oratório com altar, depois, fechando-se, impedia o acesso a ela" (*Vida*, 31). Também os seus discípulos observavam normalmente a reclusão (*Vida*, 64). O santo, por volta de 1010, erigiu não poucas celas no território de Cagli (Pesaro) para as mulheres.

Em Camaldoli, até a metade do século XIV, costumava-se observar a reclusão coletiva durante o Advento e a Quaresma; somente dois ou três ficavam dispensados para os serviços do eremitério e os ofícios corais. A reclusão vigorava também nos mosteiros de monjas; uma reclusa célebre na tradição camaldolense é a beata Lucia da Settefonti († 1146). Atualmente uma monja reclusa vive há muitos anos no mosteiro camaldolense de Sant'Antonio Abate, de Roma. Os camaldolenses tiveram também mosteiros onde vigorava habitualmente a reclusão coletiva; o abade, quando precisava sair por razão de ofício, pedia a permissão ao Capítulo do mosteiro. Alguns desses mosteiros prosperaram até durante todo o século XIV; a abadia florentina de Santa Maria degli Angeli conservou a reclusão até a metade do século XVI.

Atualmente, a legislação camaldolense contempla apenas a reclusão individual; ela pode ser temporária ou perpétua e é concedida a monges e a conversos. Para admissão à reclusão, a tradição camaldolense exige apenas cinco anos de profissão solene no eremitério; para a reclusão perpétua exige-se um tirocínio de três anos de reclusão temporária. O recluso não tem nenhum contato com a comunidade eremítica, celebra a missa no seu oratório e é servido por um converso ou por um recluso; e para o ofício coral observa os horários e os costumes comuns aos outros eremitas. Participa com eles do tríduo sagrado e da solenidade de Páscoa, mas também nesse caso não tem nenhum contato com os irmãos do eremitério. Para as orações privadas e as outras formas penitenciais, regula-se segundo suas capacidades, com o conselho do confessor. Para a admissão à reclusão perpétua observa-se um sugestivo cerimonial, que se vincula a uma antiga tradição já conhecida no século IX.

A história registra o nome de 102 reclusos. O último recluso de Camaldoli morreu em 1960.

A reclusão era praticada também por algumas congregações monásticas, como os cluniacenses, os → CISTERCIENSES e os valombrosanos; trata-se, porém, de uma experiência que não teve continuação por muito tempo. Em Vallombrosa, manteve-se viva por todo o século XVIII; os reclusos habitavam pequeninas celas num lugar solitário, não longe da abadia, chamado "paraisinho".

BIBLIOGRAFIA. AELREDO. *De institutione inclusarum*: PL 53, 1474 ss.; *Annales Camaldulenses*. III, 544; V, 217; VI, 373; VII, 45; App. 316; CACCIAMANI, G. *La reclusione presso l'Ordine camaldolese*. Fano, 1960; CASAGRANDE, G. Il fenomeno della reclusione volontaria nei secoli del Basso Medioevo. Benedictina 35 (1988) 475-507; DAMIANI, Pier *Opere*, XIV. XV: *PL* 145; GIROLAMO. De vita solitaria. In BROCCHI, G. *Vita del b. Michele Flammini*. Firenze, 1761 (pp. 137-182, com catálogo dos reclusos valombrasanos: p. 185-200); GIUSTINIANI, P. *Regula vitae eremiticae*, Fontisboni, 1520 (pp. 19, 131-133); GOUGAUD, L. *Ermites et reclus. Étude sur d'anciennes formes de vie religieuse*. Ligugé, 1928; GRIMLAICO. *Regula reclusorum*: PL 103, 573-664; HUECLIN, J. *Aux origines monastiques de la Gaule du Nord. Ermites et reclus du Ve au XIe siècle*. Lille, 1986; INGLÊS ANÔNIMO DO SÉCULO XIV. Speculum inclusarum. *Lateranum* 4 (1938); OURY, G. M. Les sept dormants de Marmontiers. La vocation à la reclusion. *Analecta Bollandiana* 99 (1981) 315-327; PAPI, A. Benvenuto. "Velut in sepulcro". Cellane e recluse nella tradizione agiografica italiana. In *Culto dei santi. Istituzioni e classi sociali in età preindustriale*. L'Aquila-Roma, 1984, 365-415; PAVY, L. *Les recluseries*. Lyon, 1875; Reclus. In *Dictionnaire de Spiritualité* XIII (1987) 217-228; Reclusione. In *Dizionario degli Istituti di Perfezione* VII (1983) 1.229-1.245.

G. CACCIAMANI

RECOLHIMENTO. 1. NOÇÃO. O recolhimento é o esforço constante do homem para afastar das coisas externas e da reflexão sobre si mesmo a atividade das suas faculdades espirituais, para firmar o intelecto, com paz e quietude, sobre o objeto da sua consideração. No âmbito natural, o recolhimento significa concentração e aplicação. No âmbito sobrenatural, o recolhimento constitui um elemento fundamental da → VIDA INTERIOR, indispensável para levar à escuta de Deus e para fixar o olhar sobre ele, afastando as dissipações da alma, reordenando as atividades das faculdades espirituais e ajustando os impulsos, as afeições, o jogo das lembranças e das fantasias. O recolhimento, portanto, tem de per si um caráter de escolha, já ressaltado claramente por Santa Teresa de Ávila. Comporta um "separar-se de todas as coisas" e um "aproximar-se interiormente do Senhor" (*Caminho*, 29,5). Desapego, portanto, não por desprezo das coisas, mas para escolher um bem maior, para viver em referência pessoal a Cristo, presente em nós. No recolhimento, o homem realiza verdadeiramente o "permanecer em Cristo", meta da perfeição cristã.

2. RECOLHIMENTO E VIDA CRISTÃ. Se São Paulo exige que os cristãos sejam homens que oram, "em toda parte" em que estejam, que se distingam por uma "vida calma e tranquila com toda a piedade e dignidade" (1Tm 2,8 e 2), faz isso em vista da Igreja, porque os cristãos, mediante a vida e as ações, são capazes de contribuir para a salvação de todos os homens. Quanto mais a vida e as ações deles, realizadas na "calma e tranquilidade", brotam da oração e da união com Cristo, tanto mais são úteis e valiosas para a Igreja. O desejo e a vontade decidida do cristão devem, por isso, se orientar para um vivo contato com Cristo em nós. Mas esse contato é impossível sem o esforço pessoal de voltar-se para dentro de si para recolher nas profundezas do eu as próprias faculdades espirituais.

O recolhimento figura por isso em primeiro plano na vida espiritual. É algo que abraça o homem total, que nele se aprofunda e atinge o que lhe é particularmente caro: o seu coração. Quando repousa no amor puro, elevando as afeições e as palpitações inquietas do seu coração para Cristo, levando-os nele a maravilhosa unidade, não se perde mais na multiplicidade das coisas que o circundam, mas vive na ordem interior, adquirindo tal domínio sobre o mundo dos sentidos que pode assumir decisões com responsabilidade. Ele é verdadeiramente aquele que leva uma vida com "toda piedade e dignidade", respeitado por toda parte, uma vida que na sua plenitude já tem algo de eterno, porque preenchida pela presença de Cristo. Do santo cura d'Ars e de São → JOÃO DA CRUZ se dizia que bastava apenas olhar para eles para sentir o apelo ao recolhimento e para se ver na presença de Deus. O homem recolhido bebe com maravilhosa liberdade as riquezas do mistério de Deus presente nele. Jamais é rude ou fechado em relação aos outros, mas se torna altamente comunicativo. Com a sua própria pessoa, transparente como o espelho, reflete a luz inacessível de Deus, que ele recebe e que ilumina a sua existência. No homem recolhido se vê Deus: transparece nele um vislumbre da eternidade.

3. RECOLHIMENTO E VIDA DE ORAÇÃO. A oração, o ato mais importante na existência do homem, não se fundamenta em pensamentos e sentimentos de que ele é capaz, mas na realidade de Deus presente. Quem ora não deve procurar multiplicar as formas e os aspectos da sua oração, mas deve, ao contrário, reduzi-los à simplificação e dimensioná-los em profundidade. Isso supõe e comporta um duplo esforço: o recolhimento exterior e interior.

a) *Recolhimento exterior.* Consiste na postura do corpo durante a oração e indica o grau de recolhimento do orante ou a sua negligência. É muitas vezes entendido como imobilidade (oração com as mãos juntas e os olhos fechados), "prática louvável e sumamente útil, embora no início seja necessário grande esforço" (TERESA D'ÁVILA, *Caminho*, 28,6). Mas pode se exprimir igualmente por meio de gestos e de movimentos litúrgicos (sinal da cruz, genuflexão etc.).

b) *Recolhimento interior.* Praticamente se identifica com a substância da oração: o homem, num primeiro momento, procura se libertar dos atrativos das coisas externas e, num segundo momento, se volta para Deus, com humildade e confiança absoluta, intensificando, mediante a atividade do intelecto e da vontade, a sua atenção à divina presença. É um devotamento, livre e proposital, do homem a Deus, que se realiza na fé e na esperança, a qual brota do fundo de seu ser como exigência de amor; ele se recolhe para conhecer melhor e mais de perto o objeto do seu amor, para se aprofundar e para repousar na contemplação amorosa dele, mas também para gozar da sua presença, especialmente quando se manifesta de modo particular.

c) *Meios e práticas auxiliares.* Para facilitar o recolhimento exterior e interior aconselha-se a retirada para lugares sagrados e silenciosos (igrejas, santuários) ou escolher ambientes solitários (a solidão da natureza: Santa Teresa dizia que lhe bastava a vista dos campos, da água e das flores, "coisas que me lembravam o Criador, me sacudiam, me recolhiam, me serviam de livro", *Vida*, 9,5). Outros meios externos podem oferecer certas impressões sensíveis (uma obra de arte que inspira devoção [cf. TERESA D'ÁVILA, *Caminho*, 26,9], a execução de música sacra, a penumbra das igrejas, uma solene função litúrgica ou a exposição do Santíssimo Sacramento etc.), e são muitas vezes meios eficazes para acalmar os sentidos e elevar os corações a Deus. Como práticas interiores, podem-se indicar os mesmos meios que se aconselham para evitar as distrações, em particular uma palavra bíblica ou litúrgica que penetra na alma. Apoiando-se na experiência pessoal, Santa Teresa sugere "um bom livro, que ajuda muito para logo se recolher" (*Caminho*, 26,10), ou o simples imaginar a alma como palácio em que habita o grande Rei (28,9). Também rezar "vocalmente recolhe o espírito em pouquíssimo tempo" (28,4), como fazer uso habitual de orações jaculatórias. Era também muito útil a Santa Teresa "pensar na sua ingratidão e nos seus pecados" (*Vida*, 9,5). Mas "o melhor remédio para as distrações" (*Caminho*, 24,6) vinha da consideração da humanidade de Cristo. Outras práticas eficazes podem ser: a comunhão espiritual frequente, o → EXAME DE CONSCIÊNCIA etc.

Entre os meios externos podem figurar também, embora de modo limitado, as técnicas ascéticas orientais: os métodos e "estilos" de concentração (zen e meditação transcendental), indubitavelmente capazes de levar o homem a uma libertação momentânea do seu ambiente com as numerosas distrações. Mas essas técnicas que manifestam a tendência de fundo para o esvaziamento interior, para reconhecer apenas o nada do mundo e do homem não estão isentas do perigo de ofuscar a dimensão do amor como essência e forma da atitude orante cristã. Por isso não chegam à harmonia interior que é indispensável para o verdadeiro recolhimento interior. Devem ser usados exclusivamente como meios externos.

d) *Recolhimento sobrenatural*. Às vezes é efeito de uma manifestação interior de Deus. Em certas circunstâncias, o homem pode experimentar a divina presença (depois de uma comunhão fervorosa, ao lado do leito de um moribundo, por meio de consolações, no apelo da consciência ou ao se sentir levado a ações virtuosas e de caridade). Essas manifestações de Deus, de que se tem muitas vezes apenas uma noção confusa, incidem fortemente no recolhimento. Particularmente no início da vida espiritual, ao se repetirem com frequência, facilitam a sua prática. Mas não podem nunca substituir o esforço pessoal, o que Santa Teresa chama de "a luta que temos de enfrentar para voltar a nos recolher" (*Castelo*, 2, capítulo único 9). Deve-se excluir, porém, qualquer violência. O recolhimento deve ser realizado "não pela força do braço, mas suavemente e com doçura" (*Ibid.*, 10).

No pensamento de Santa Teresa, o recolhimento não se limita às horas de oração. Não é somente um meio, mas o elemento essencial da oração, porque estimula todo o esforço do intelecto e da vontade a se encontrar com Deus e a manter o contato com ele. Por isso, todo evento da vida humana, externo ou interno, pode lembrar o recolhimento e até intensificá-lo. Torna-se assim algo que permeia toda a existência, que convida incessantemente à intimidade com Deus, que realiza o desejo do coração humano de repousar em Deus. No fundo, o recolhimento não é senão "a oração de desejo", do amor silencioso (Agostinho, *In Psalm.* 37, 14; 95, 2). É o louvor mais belo, o dom mais completo das faculdades espirituais do homem a Deus. Orientar as almas para esse recolhimento foi missão pessoal de → ISABEL DA TRINDADE.

4. RECOLHIMENTO E VIDA CONTEMPLATIVA. Na vida de oração, depois que o recolhimento se tornou certo hábito, faz-se distinção entre a oração de recolhimento ativo, inteiramente dependente da vontade humana, pressuposta a disponibilidade à graça, e a oração de recolhimento passivo (infuso, sobrenatural), em que Deus se manifesta por meio de uma intervenção saborosa e fascinante.

a) *Oração de recolhimento ativo*. Trata-se de uma interiorização da oração meditativa, com o objetivo de levar a alma para a intimidade com o Senhor. "A alma reúne todas as suas potências e se retira em si mesma com o seu Deus" (*Caminho*, 28,4), "fecha-se em seu pequeno céu, onde habita aquele que a criou" (28,5), "entra em si mesma, quando quer, fecha-se com ele no seu paraíso interno" (29,4). O mesmo pensamento se encontra em Isabel da Trindade. A oração de recolhimento ativo pode assumir as dimensões de um colóquio amoroso, de um diálogo com Deus, no qual o coração deixa efundir as suas afeições. Pode se limitar também apenas ao simples olhar de amor, que se encontra, sem proferir palavras interiores, com Cristo. Foi esse o modo preferido e também recomendado por Santa Teresa às suas filhas (cf. *Vida*, 9,3: "Não podendo discorrer com o intelecto, procurava representar-me Jesus Cristo no meu interior"). Uma terceira forma de oração de recolhimento ativo a descreve Santo Inácio, a propósito da procura intelectual de Deus e dos seus mistérios durante a meditação, afirmando que o exercitante deve parar num determinado "ponto", sem ir adiante, "até que me sinta satisfeito" (*Exercícios espirituais*, n. 76). Todavia, também essa forma não deve se perder em considerações de verdades abstratas, mas deve nascer do íntimo do coração. O ato repetido de se recolher tem o efeito de que "o que a alma ia procurando pouco a pouco com o cansaço do meditar em notícias particulares, agora, pelo uso, se tornou nela hábito e substância de uma notícia amorosa geral" (*Subida*, 2, 12, 2). Adquiriu, mediante esforços pessoais, um "hábito". Fala-se por isso também da "contemplação adquirida".

Comum a todas as formas da oração de recolhimento ativo — que, aliás, podem variar em diferentes tonalidades e matizes — é o levar a uma progressiva simplificação da atividade das faculdades espirituais. Trata-se sempre de uma aplicação pacífica e calma, em que "a extensão é substituída pela intensidade" (H. U. von Balthasar). A alma repousa e se mantém "inteiramente absorta em Deus, sem que o pensamento desta ou daquela coisa a distraia" (João da Cruz,

Cautelas, 3). Mas é justamente por essa atmosfera de repouso que a oração de recolhimento ativa não exclui em certas almas de natureza inclinada à passividade o perigo de ser confundida com uma preguiçosa inatividade. Santa Teresa, temendo o ócio, propõe por isso uma limitada atividade meditativa: "Recolhida então em si mesma (a alma) pode meditar a paixão, representar-se Jesus Cristo e oferecê-lo ao Pai, sem se cansar de ir buscá-lo no Calvário" (*Comunhão*, 28,4). Mas essa atividade deve ser alternada com intervalos de silêncio: "é preciso que o intelecto saiba também calar, imaginando-se [...] que o Senhor está olhando" (*Vida*, 13,22). É desse modo que a alma poderá realizar o colóquio de intimidade com o Verbo humanado, que, único mediador, a introduzirá no mistério de Deus em três Pessoas.

A oração de recolhimento ativo tem vários graus de intensidade. "No início, não sendo tão perfeito, os efeitos não são muito sensíveis". Se a alma se esforça seriamente, "perceberá logo o proveito, pois assim que se puser a orar sentirá os seus sentidos recolherem-se espontaneamente sem nenhum trabalho" (*Caminho*, 28, 7). Assim chega ao pleno domínio da vontade sobre os sentidos, os quais, mesmo que às vezes ainda se distraia, voltam a se recolher. Desse modo, a oração de recolhimento ativo é a melhor preparação para a → CONTEMPLAÇÃO.

b) *Oração de recolhimento passivo* — Quando o constante esforço da alma para se recolher é premiado pela intervenção de Deus, de modo que o recolhimento não seja mais fruto de atividade pessoal, mas provocado por um "rapto" divino, tem-se a oração de recolhimento passivo, que segundo Santa Teresa é a primeira fase do desenvolvimento da oração de quietude e, por isso, pertence às orações semipassivas. Uma clara descrição encontra-se em São → FRANCISCO DE SALES: "Às vezes acontece que o Senhor incute imperceptivelmente no fundo do coração tal doçura e suavidade que atesta a sua presença e então as potências e talvez também os sentidos exteriores da alma, com certa alegria secreta, voltam-se para essa íntima parte onde está o amabilíssimo e amantíssimo Esposo. [...] Ele atrai para si todas as faculdades da nossa alma, as quais se reúnem em torno dele e nele se estabelecem como no objeto de seus mais ardentes desejos" (*Tratado do amor de Deus*, VI, c. 7; cf. TERESA D'ÁVILA, *Castelo*, 4, 3, 1-4). Esse recolhimento, o homem não pode consegui-lo sozinho de modo algum. Santa Teresa afirma-o categoricamente: "Não crede que esse recolhimento se obtém com o trabalho do intelecto... nem com o da imaginação. [...] A coisa não depende de nossa vontade, não se dá senão quando Deus quer nos fazer essa graça" (*Ibid.*, 3, 3). Todavia, pressupõe, também ele, o rigoroso trabalho do desapego total. Como efeito imediato, nota-se muitas vezes a necessidade de mais profundo silêncio e de solidão, mediante a separação completa do mundo.

Também nesse recolhimento sobrenatural se notam diversos graus de intensidade. Nem sempre a alma é por ele tomada em forma de um "rapto". Acontece que o Senhor faz apenas sentir um "assobio, tão suave a ponto de quase não ser percebido" (Santa Teresa). Mas, também se a alma não o percebesse, sentir-se-ia "envolvida num manto de recolhimento", atraída irresistivelmente a maior docilidade das suas faculdades interiores e penetrada de quietude e paz sobrenaturais, cuja origem ignora. Muitas vezes, embora não necessariamente, à oração de recolhimento passivo se segue algum favor mais alto. "Esse estado serve para nos a habituar [...] a nos ocuparmos do que Deus faz em nós", conclui Santa Teresa (*Ibid.*, 3, 4). Sobre o comportamento da alma que experimenta as primeiras graças de recolhimento infuso durante a oração, aconselha-se: durante o dia, um maior empenho no recolhimento exterior e interior, e no momento da oração um abandono à ação divina, evitando análises e curiosidades psicológicas, sem querer estender-se além da experiência da operação divina.

BIBLIOGRAFIA. ANCILLI, E. Itinerario dell'orazione teresiana. In *Invito alla ricerca di Dio*. Roma, 1970, 162-192; EUGENIO DEL BAMBINO GESÙ, M. *Voglio veder Dio* e *Sono figlia della Chiesa*. Milano, 1954; GUARDINI, R. *Introduzione alla preghiera*. Brescia, ²1954; LALLEMANT, L. *La dottrina spirituale*. Casale Monferrato-Milano, 1984.
Sobre recolhimento, ver também os relativos capítulos nos manuais e nas introduções à espiritualidade, em particular: DAGNINO, A. *La vita cristiana*. Roma, 1978; ROYO MARÍN, A. *Teologia della perfezione cristiana*. Roma, 1960.

GIOVANNA DELLA CROCE

RECONCILIAÇÃO. O advento do reino de Deus em meio aos homens está necessariamente ligado à reconciliação do homem pecador com o Deus da → ALIANÇA. No início da criação, o pecado quebrou a relação do homem com Deus e com os irmãos, e a vinda de Cristo, na plenitude dos tempos, selou no sangue do Justo a nova aliança de Deus com o seu povo. A necessidade da reconciliação é percebida em qualquer época da história humana, que produz inevitavelmente dilacerações na vida social e familiar, lacerações essas que encontram sua origem no coração mesmo do homem, ferido pelo pecado.

1. A RECONCILIAÇÃO NO ANTIGO E NO NOVO TESTAMENTOS. Já no Antigo Testamento se percebe a necessidade da reconciliação por causa das repetidas infidelidades do povo eleito em relação a Deus, com o consequente apelo ao retorno a seu amor, rico de misericórdia (Os 2,9.16.18). Apesar das traições, Deus realiza seu desígnio de salvação e faz o povo voltar a seu amor: Deus sabe entender e sabe esperar (Jr 31,1-18), mas é preciso mudar o coração, tomando consciência do próprio estado de culpa, e entregar-se com confiança nas mãos de Deus. À sua iniciativa, que chama e realiza a reconciliação, deve corresponder a escuta da Palavra que envolve toda a pessoa do reconciliado, tornando-o disponível a viver sempre segundo o beneplácito divino (Ez 36,25-28). Os frutos que Deus espera da reconciliação são o reencontro do amor de Deus, que produz paz, liberdade, abundância de todo bem e sobretudo uma nova presença de Deus em meio a seu povo (Jr 31,1-6).

No Novo Testamento a reconciliação assume o seu significado definitivo, com a presença e as palavras de Cristo, reconciliador dos pecadores e do mundo no seu sangue divino. O próprio aparecimento de Jesus no palco do mundo é um apelo à conversão e à reconciliação (Mt 4,17). Esse apelo não é como o dos profetas, que falavam em nome de Deus: Jesus fala em nome próprio, porque Filho de Deus vivo e uma só coisa com o Pai (Jo 10,30), cuja misericórdia proclama.

A reconciliação proposta por Jesus tem características todas particulares, que podem ser afirmadas somente por ele, que vem fundar uma nova aliança no seu sangue derramado para remissão dos pecados (Mt 26,28).

Em primeiro lugar, a reconciliação por parte do homem é o retorno a Deus não pelo medo do castigo, mas somente pela consciência de ter traído o amor de um pai (Lc 11,42). Somente a consciência de que Deus é o Senhor da existência pode levar o homem a reatar a singular relação que Cristo oferece na sua vida imolada para nossa reconciliação e convencer a pessoa à renúncia de administrar a própria existência. Na reconciliação, o amor do Pai traído com o pecado é tão evidente que Cristo não pode calar a solicitude desse Pai que vai procurar o filho distante e não se dá paz enquanto não o encontrar e o reconduzir a casa (Lc 15,7). Não só isso; a reconciliação produz uma alegria inefável não apenas em quem encontra perdão e acolhimento, mas sobretudo em Deus, que perdoa e faz festa pelo retorno do próprio filho (Lc 15,23). Essas realidades da reconciliação, novas por considerarem a atitude de Deus no Novo Testamento, têm sua origem no fato de que Deus, em Cristo, faz seus filhos todos os homens num autêntico "renascimento do alto" (Jo 3,5), que é confiado no tempo à ação do Espírito Santo. Imerso assim no caminho do Espírito, que de todos os que aceitam o desígnio de salvação desejado pelo Pai faz criaturas novas, o cristão pode estar seguro de ser acolhido pelo perdão e pela misericórdia divina, toda vez que, arrependido, volta à casa do Pai. Seu amplexo é uma antecipação daquele abraço eterno que concluirá o nosso caminho terreno. O apóstolo Paulo na sua teologia nos apresenta a reconciliação como o desígnio de Deus chamar e de aproximar a si, no sangue do Filho dileto, todos os filhos dispersos, e dos estranhos, inimigos e que tenham intenção de operar o mal fazê-los se tornarem santos, imaculados, irrepreensíveis diante dele (Cl 1,19-21). Essa ideia fundamental da revelação cristã é explicada pelo Apóstolo em todos os seus detalhes, começando pela morte de Jesus: "Quando éramos inimigos de Deus, fomos reconciliados com ele pela morte do seu Filho" (Rm 5,10). Confirma depois que a iniciativa é sempre de Deus: "Ele nos reconciliou consigo mediante Cristo"; "era Deus que em Cristo reconciliava o mundo consigo, não imputando aos homens as suas faltas" (2Cor 5,18-19) e essa reconciliação continua, uma vez que é "confiada" aos apóstolos para que a difundam. O mesmo conceito é exposto no início da Carta aos Efésios: "Cristo é a nossa paz" porque unificou o povo pagão e o judeu "criando em si um só homem novo e reconciliando-o com Deus, ambos em um só corpo, por meio da cruz, onde ele matou o ódio" (Ef 2,14.16). Na Carta aos Colossenses afirma-se também a dimensão cósmica da reconciliação: "aprouve a Deus fazer habitar nele toda a plenitude e tudo reconciliar por meio dele e para ele, na terra e nos céus" (Cl 1,19-20).

Para o cristão, a reconciliação não é uma ilusão; é um fato já acontecido, graças ao qual a situação humana pode verdadeiramente caminhar para a paz de Deus em todos e em todas as coisas.

2. TEOLOGIA DA RECONCILIAÇÃO. O projeto de reconciliação com o Pai que em Cristo operou a nossa salvação continua até o final dos tempos e está reservado, como graça, a todas as nações; e é com esse espírito que a Igreja não cessa de convocar os homens com as palavras de Paulo: "Em nome do Cristo, deixai-vos reconciliar com Deus" (2Cor 5,20). A misericórdia e o perdão do Senhor supõem no coração do pecador arrependido o desejo e a disponibilidade a um sério e empenhado caminho de conversão. Depois de ter rejeitado a comunhão com Deus mediante o pecado, o homem deve reconhecer a responsabilidade das próprias ações não conformes com a vontade divina e, ao mesmo tempo, com um ato da própria decisão, deve mudar a própria vida, imprimindo-lhe um novo impulso que a oriente concretamente para Deus.

Essa decisão inicial deve depois prosseguir naqueles gestos que completam o caminho da reconciliação, que são a reintegração de toda realidade pessoal na comunhão com Deus, a expiação e a reparação do eventual mal causado. Depois de anos de discussão no campo teológico sobre a gravidade do pecado, a exortação apostólica de João Paulo II, *Reconciliatio et poenitentia*, de 1984, repropõe como doutrina católica a tradicional distinção entre pecado mortal e venial (n. 17), referindo-se à Palavra revelada. A teologia e a Igreja não desvalorizam, porém a contribuição da ciência psicológica; assim, cabe ao sacerdote, iluminado por um discernimento sobrenatural, o juízo prático sobre a ação concreta daquele que quer se reconciliar. Esse juízo é também necessário, dada a perda do sentido do pecado que se percebe na sociedade de hoje, perda que leva também a uma concreta organização da vida social fora do desígnio de Deus sobre o homem.

Por esses motivos, inerentes à fragilidade humana, que ao longo dos séculos encarna os erros e os desvios inerentes ao desenvolvimento da cultura, nem sempre completamente positiva, Cristo confiou à sua Igreja o ministério da reconciliação, sem contudo limitar a ela as possibilidades de que o Espírito possa atuar para a salvação do mundo. Todavia, ordinariamente a Igreja é o sinal sacramental do perdão e da reconciliação, porquanto prolonga no tempo toda a ação salvífica de Cristo, cujo fundamento é a inserção do homem pecador na vida de Deus, mediante o mistério pascal do Filho morto e ressuscitado. Esse mistério faz nascer para nova vida não somente em relação ao Pai de quem nos faz novamente filhos, mas também em relação aos irmãos; embora não tenham sido envolvidos diretamente pelo pecado de cada cristão, todavia esse último, opondo-se a Deus, também se separou da comunhão com todos os que o Senhor ama. Segundo a *Lumen gentium* (n. 8), a Igreja é para o mundo sinal de perdão e de reconciliação, por um tríplice aspecto: como Igreja para os pobres, cujas misérias procura aliviar e nos quais serve Jesus Cristo; como Igreja formada por criaturas feridas pelo pecado e que, por isso, embora santa no seu chefe e nos sacramentos instituídos por ele tem sempre necessidade de se converter e de se renovar; por último, como Igreja perseguida, a qual continua a sua peregrinação entre as perseguições do mundo e as consolações de Deus. A Igreja é instrumento de reconciliação ao anunciar e comunicar o perdão concedido a nós por Deus em Cristo, e faz isso mediante a Palavra revelada, o sacramento da → PENITÊNCIA e o conjunto do seu ministério apostólico, que, sob diversas formas, é sempre reconciliação entre as carências da sociedade e as necessidades dos homens.

O aspecto eclesial da reconciliação evidencia-se ainda sob muitas outras dimensões, que, embora não sendo tão evidentes como o fato do retorno a Deus, o favorecem e o acompanham. A Igreja, com efeito, apesar de o homem estar atualmente em contraposição ao amor de Deus — estando em estado de pecado —, não o expulsa da comunidade, mas antes o admite à oração comum, na esperança de que o contato com o Senhor das misericórdias faça gradualmente germinar o arrependimento e o propósito de voltar plenamente a Deus. Com o anúncio da Palavra no meio da assembleia, corrige-o e estimula-o a um sério propósito de conversão. Com o acolhimento fraterno no âmbito da comunidade, demonstra-lhe aquela estima e aquele afeto que Deus mantém em relação ao pecador, que, apesar de tudo, é filho de Deus, capaz de ser recuperado pela sua graça. A Igreja acolhe o pecador arrependido e com ele faz festa, agradecendo o Altíssimo por tudo o que de maravilhoso realizou em seu coração. Depois da conversão, é ainda a Igreja que se encarrega de aperfeiçoar e santificar um coração que do mal tende ao bem, à alegria de servir a Deus e de o chamar de Pai, na alegre assembleia dos irmãos. Hoje, os grupos de base põem em evidência, de modo particular, a recuperação dos afastados, vencendo o sentido de perfeccionismo que em outras épocas se insinuava na Igreja, que gostava de se apresentar ao mundo "sem mancha e sem ruga". Hoje a esposa de Cristo se apresenta como sinal de reconciliação e de perdão sem temores nem medos, convencida de que somente o chefe e os seus sacramentos são santos: tudo o mais está a caminho para a plenitude de Cristo.

3. RECONCILIAÇÃO E DIREÇÃO ESPIRITUAL. O *Rito da penitência* afirma no n. 7: "Também para os pecados veniais é muito útil o recurso assíduo e frequente a esse sacramento. Não se trata, com efeito, de uma simples repetição ritual nem de uma espécie de exercício psicológico; ao contrário, é um constante e renovado empenho de aperfeiçoar a graça do batismo, para que, ao portarmos no nosso corpo a mortificação de Cristo Jesus, manifeste-se cada vez mais em nós a sua vida. Nessas confissões, a acusação dos pecados veniais deve ser para os penitentes ocasião e estímulo para se conformarem mais intimamente a Cristo e se tornarem cada vez mais dóceis à voz do Espírito".

Desde os séculos IV e V, especialmente por obra dos monges, o sacramento da reconciliação é visto também na perspectiva de um progresso na vida cristã e, portanto, não somente como meio para refazer a comunhão com Deus e com os fiéis. Sobretudo hoje, quando os leigos se sentem compromissados a viver sua vocação de santidade e de testemunho na Igreja, é necessária a reconciliação como caminho constante para chegar a uma existência plenamente reconciliada. Apesar da boa vontade, o empenho e a graça de Deus, as ocasiões e os perigos de desvio do desígnio do Altíssimo são tais e tantos na nossa civilização secularizada que seguir o Evangelho é uma empreitada verdadeiramente árdua e difícil para qualquer pessoa que tenha o compromisso cristão. Todavia, esse empenho é absolutamente necessário pelo fato de que, como afirma a *Gaudium et spes* no n. 22, "só no mistério do Verbo encarnado é que se esclarece verdadeiramente o mistério do homem", mistério que está hoje no centro do interesse da Igreja porque ameaçado e insidiado pela cultura contemporânea. Somente com uma autêntica referência a Cristo é que o homem de hoje pode se salvar e encontrar a própria realização; mas se não se conhece a Cristo, não se ama e não se pode assim instaurar uma relação com ele. O homem pode perder a própria identidade e acabar arrastado pelas suas próprias conquistas. Cristo, Espírito e Igreja são as três realidades que hoje, mais que nunca em estreita colaboração, podem levar toda criatura à salvação; mas são realidades que não podem ser opostas, e sim conjugadas de modo harmônico, de modo a dar ao homem a sua autêntica fisionomia de criatura que se realiza como imagem de Deus. A Igreja confia ao diretor espiritual a missão de mediar as exigências do Espírito, que configura todo batizado a Cristo, exigências que devem ser descobertas, compreendidas, realizadas de maneiras tão diversas quanto diferentes são os sujeitos que Deus quer usar para realizar o seu desígnio no mundo. A → DIREÇÃO ESPIRITUAL é por isso indispensável àquele que é chamado a agir de modo que todas as atividades terrenas sejam tomadas pela luz da fé. Essa ação não pode ser exercida senão por aquele que está plenamente consciente das exigências evangélicas, no pleno respeito da liberdade de todo homem. Essas exigências nascem de uma consciência iluminada e formada segundo Deus, uma vez que o conhecimento "é o núcleo mais secreto do homem no qual está sozinho com Deus, cuja voz ressoa no seu íntimo. [...] Na fidelidade à consciência, os cristãos se unem aos outros homens para procurar a verdade e para resolver na verdade muitos problemas morais que surgem na vida dos indivíduos e na convivência social" (GS 16). A direção espiritual responde à exigência dos nossos tempos, porquanto se apresentam problemas autenticamente "novos", propostos por uma cultura que hoje chega a manipular o curso mesmo da natureza estabelecido pela providência de Deus. Essa mesma providência não se deixa, porém, vencer pela força humana, porque está presente no mundo de um modo totalmente particular. Afirma o decreto *Apostolicam actuositatem*: "Para que possam exercer seu apostolado, o Espírito Santo concede aos fiéis também dons particulares a fim de que sejam também eles bons dispensadores da multiforme graça de Deus para a construção de todo o corpo na caridade. Do fato de terem recebido esses carismas, até os mais simples, deriva para todo crente o direito e o dever de os exercer na Igreja e no mundo, na liberdade do Espírito Santo e ao mesmo tempo na comunhão com os irmãos" (*AA* 3). O diretor espiritual não é todavia somente o supervisor das atividades do cristão compromissado, mas é seu pai, ou seja, aquele que o estimula e o conforta no esforço, nas dificuldades e sobretudo nos inevitáveis insucessos. O crescimento no Espírito é um processo lento e cansativo, mas possível: exige fidelidade e empenho, que permitam a Deus assumir a nossa disponibilidade e as nossas atividades, para as inserir positivamente na sua ação de graças e de salvação.

> BIBLIOGRAFIA. BABOLIN. *Riconciliazione e penitenza.* Ancora, Bologna, 1987; BALLESTRERO, A. *Lasciatevi riconciliare con Dio.* Torino, Marietti, 1985; CENCINI, A. *Vivere riconciliati.* Bologna, Dehoniane, 1986; *Dimensioni spirituali della riconciliazione.* Roma, Teresianum, 1983; HUERTA, J. Il sacramento della penitenza, sintexi tra fede e vita. *Rivista di Vita Spirituale* (1971) 136-160; JOÃO PAULO II. *Dives in misericordia.* Roma, Paoline, 1980; ID. *Reconciliatio et poenitentia.* Città del Vaticano, LEV, 1984; LEMONNIER, M. Anno santo e riconciliazione. *Rivista di Vita Spirituale* (1975) 5-16; *Nuovo Dizionario di Spiritualità.* Roma, Paoline, 1979, 1.116 ss.; POLLANO, G. *Città riconciliata.* Paoline, Roma, 1983; PORRO, C. *Peccato e riconciliazione.* Piemme, Casale Monferrato, 1983; RAMOS REGIDOR, J. *Il sacramento della penitenza.* Torino, LDC, 1970; Riconciliazione. In *Dizionario dei Concetti Biblici.* Bologna, Dehoniane, 1976, 1.554-1.568; *Schede Bibliche Pastorali* VII. Bologna, Dehoniane, 1986, 3.285; TETTAMANZI, D. *Riconciliazione.* Casale Monferrato, Piemme, 1983; VAILLANCOURT, R. *Per un rinnovamento della teologia sacramentale.* Napoli, Dehoniane, 1981.

C. GENNARO

RECONHECIMENTO. É sentimento de objetiva valorização do bem que nos é feito, manifestado geralmente por meio do apreço e o agradecimento. O reconhecimento nasce da humildade que nos põe diante do que de bom recebemos do próximo, sem mérito de nossa parte. Em geral somos levados a reconhecer os dons excepcionais que nos são feitos, ao passo que os que — mesmo sendo autênticos dons — já fazem parte da vida ordinária não suscitam mais a nossa atenção e, por isso, o nosso reconhecimento. Saber reconhecer os benefícios recebidos quer dizer avaliar o esforço do outro para nos ajudar, quer dizer apreciar o trabalho dos outros e a ajuda dos outros, muitas vezes fruto de esforços e de renúncias às próprias satisfações; o verdadeiro reconhecimento leva em consideração todas essas coisas. Ele é também fruto de equilibrada sensibilidade, que sabe perceber até o fundo a bondade que vem ao encontro de nossas carências e de nossas deficiências, suscitando um sentimento de gratidão que gostaria de se concretizar na retribuição. O reconhecimento é motivo de ulteriores benefícios, porque, se há alguma coisa que agrada a quem dá um benefício, é justamente o reconhecimento do bem feito, ao passo que é a falta de reconhecimento que afasta toda mão beneficente. Quem não admite o bem recebido demonstra ser um tolo que, fechado na própria insuficiência, pensa não ter necessidade de ninguém, ou, pior, pensa fazer um dom aos outros quando se digna aceitar alguma coisa. O reconhecimento se torna dever quando se volta para a realidade que nos descobre a gratuidade completa das coisas. Tudo é dom de Deus, que nos atinge na nossa pobreza radical; assim, o reconhecimento é o canto do amor enriquecido pelos infinitos dons de Deus que tecem a trama da nossa vida cotidiana. Se no plano natural o reconhecimento é uma atitude de pessoas que sabem descobrir o valor objetivo das coisas, no plano sobrenatural é uma atitude de santos, que sabem e querem agradecer a Deus por tudo, até mesmo quando ele manda coisas não precisamente agradáveis. O santo sabe descobrir por toda parte o amor de Deus, que prepara as circunstâncias mais minuciosas da vida; por isso o seu reconhecimento é antes de mais nada fruto de fé profunda, que sabe transcender as aparências da vida e se liga diretamente à divina providência. O reconhecimento é também ato de esperança porque sabe que, para além de toda aparência humana, Deus vigia sobre o futuro do homem e já preparou — justamente porque sabemos lhe agradecer o que nos dá — novas graças, de modo que a vida terrena possa terminar na eterna. Ser reconhecido quer dizer sobretudo saber amar para encontrar nos outros o segredo da bondade deles e valorizar todo gesto de caridade feito em relação a nós.

> BIBLIOGRAFIA. ANASTASIO DEL SANTÍSSIMO ROSÁRIO. *Tutto è grazia. Rivista di Vita Spirituale* 2 (1948) 137-150; GUARDINI, R. *Introduzione alla preghiera.* Brescia, 1960; HÄRING, B. *Testimonianza cristiana in un mondo nuovo.* Roma, Paoline, 1960.

C. GENNARO

REDENÇÃO. 1. MAGISTÉRIO DA IGREJA. Os seguintes textos do magistério da Igreja exprimem muito bem a doutrina católica sobre o sacrifício de Cristo redentor, ou seja, sobre a satisfação de Cristo pelos pecados do gênero humano, chamada satisfação vicária.

O Concílio de Trento, no século XVI, ensina: "Quando éramos seus inimigos, Cristo, pelo grande amor com que nos amou, mereceu a nossa justificação e satisfez por nós a Deus Pai pela sua grande paixão no lenho da cruz" (Denz. 799).

O Catecismo romano se detém longamente sobre nosso assunto: a pregação do mistério da paixão do Senhor deve ser o objeto todo particular do nosso estudo e dos nossos cuidados "a fim de que os fiéis, enternecidos pela comemoração de tal benefício, se voltem para Deus de todo coração para receber a amplitude do seu amor e da sua bondade. [...] A religião cristã se apoia nesse artigo de fé como em seu fundamento e, garantido este, todas as outras verdades se põem na sua justa perspectiva. [...] O mistério da cruz é o mais difícil de todos e é com grande dificuldade que podemos entender que a nossa salvação depende da cruz dAquele que foi pregado por nós naquele lenho. Mas é justamente aí que temos de admirar, juntamente com o Apóstolo, a mais esplendorosa manifestação da divina providência. [...] Cristo Jesus não agiu contra a sua vontade, não foi obrigado, mas se ofereceu espontaneamente, porque quis e aceitou espontaneamente passar pelos suplícios que lhe foram infligidos de modo injusto e cruel. [...] Assim Cristo nos deu o testemunho da mais profunda e mais valiosa caridade. [...] Por que, afinal, Cristo quis sofrer até tal extremo? Ele quis nos redimir, cancelar os pecados de todos os tempos e satisfazer por nós diante do Pai de maneira abundante e total. [...] O Pai sacrificou seu filho: 'por causa da revolta do seu povo, o golpe recai sobre ele' (Is 53,8); 'o Senhor fez recair sobre ele a iniquidade de todos nós' (Is 53,6). [...] O Apóstolo expressou a mesma verdade com palavras ainda mais fortes, quando quis mostrar, sob um outro ponto de vista, o que era permitido esperar da imensa misericórdia da bondade divina: 'ele não poupou o seu próprio Filho, mas o entregou por nós todos; como, junto com o seu Filho, não nos daria todas as coisas?' (Rm 8,32). [...] Cristo expiou as penas devidas a nossos pecados. Ele nos reconciliou com o Pai, aplacou-o em relação a nós e no-lo fez propício. Ele cancelou os pecados do mundo... Essa satisfação de Cristo pelos nossos pecados foi não somente adequada, mas amplamente superabundante. O seu sacrifício sobre o altar da cruz foi o mais aceito a Deus, de quem aplacou toda cólera e indignação, segundo a palavra do Apóstolo aos efésios: 'Cristo nos amou e se entregou a si mesmo a Deus por nós em oblação e vítima, como perfume de agradável odor' (5,2)" (*Catechismus Romanus*, pars I, c. 5, nn. 1.5.7.11.14.15, *passim*).

Os esquemas do Concílio Vaticano I referentes à redenção não foram nem adotados nem prolongados por causa da conhecida brusca interrupção, mas conservam igualmente grande autoridade doutrinal, como testemunho da fé dos padres do Concílio. Neles lemos: "Na verdade, Cristo Jesus, mediador de Deus e dos homens, ao morrer sozinho por todos, deu satisfação por nós à justiça divina... Se pelo pecado de um só a morte reinou por causa de um só, com maior razão aqueles que recebem a abundância da graça, do perdão e da justiça possuirão o reino da vida pelo único Jesus Cristo (Rm 5,17)" (*De fide catholica*, c. IV).

A encíclica *Haurietis aquas*, de Pio XII, de 15 de maio de 1956, sobre o Sagrado Coração, é mais explícita: "O mistério da divina redenção é própria e naturalmente um mistério de amor, ou seja, um mistério de amor justo por parte de Cristo em relação ao Pai celeste, cujo sacrifício da cruz oferecido com alma amante e obediente apresenta uma satisfação superabundante e infinita pelas culpas do gênero humano. [...] Além disso, o mistério da redenção é um mistério de amor misericordioso da augusta Trindade e do Redentor divino para com toda a humanidade. [...] Portanto, o divino Redentor — na sua qualidade de legítimo e perfeito mediador nosso —, tendo conciliado perfeitamente, sob o estímulo de uma vivíssima caridade por nós, os deveres e os empenhos do gênero humano com os direitos de Deus, foi indubitavelmente o autor daquela maravilhosa conciliação entre a divina justiça e a divina misericórdia, que constitui precisamente a absoluta transcendência do mistério da nossa salvação" (*AAS* 48 [1956] 321-322).

2. DOUTRINA DE TOMÁS DE AQUINO. a) *Primeiro desvio a evitar (por excesso)*: Cristo teria sido morto a título de justiça vindicativa.

A virtude da justiça dá a cada qual o que lhe é devido. A justiça distributiva trata da repartição dos bens e das penas segundo sábias proporções. A justiça vindicativa deriva radicalmente da justiça distributiva e implica um juízo de justa punição em relação aos culpados; ela deve ser exercida somente sobre eles e jamais sobre os inocentes.

Seria injusto e cruel punir um inocente no lugar de um culpado. "Se alguém faz um mal àquele que lhe causou um mal, isso não parece de todo iníquo; mas se se trata de alguém que não lhe fez absolutamente nada, seria o cúmulo da iniquidade" (TOMÁS DE AQUINO, *In Psalm.*, 34, 5).

Ora, Cristo não somente é inocente como é a própria inocência, sendo o Verbo encarnado. Cristo, portanto, não podia nem sofrer nem morrer a título de justiça vindicativa. "Cristo não tinha merecido a morte, porque ele era sem pecado" (*STh.* III, q. 49, a. 2). Não é questão de negar que Cristo tenha satisfeito, e de modo superabundante, às exigências da justiça vindicativa de Deus em relação aos pecadores ("*Deo iusto vindici*"; Pio XI, *Miserentissimus Redemptor*, AAS 20 [1928] 169), mas é essencial compreender bem que Cristo não pôde satisfazer a título da vingança divina: ele não podia ser seu objeto. Ele, a rigor, não podia ser castigado, punido no nosso lugar, por substituição. Com São João → CRISÓSTOMO, Santo Tomás descarta toda suspeita de oposição entre o Pai e seu Filho, nosso Salvador (*STh.* III, q. 47, a. 2, ad 1).

O Doutor Angélico, portanto, se posicionou com antecipação contra as deformações luteranas e calvinistas do mistério da redenção. A tese da substituição penal a título de justiça vindicativa (que implica logicamente o desprezo do Pai contra seu Filho, e nele das penas análogas às dos condenados) é ensinada por Lutero no seu *Comentário da Epístola aos Gálatas*, e por Calvino na *Instituição da religião cristã*. Infelizmente essa tese é muitas vezes retomada por vários autores ou pregadores católicos (por exemplo, Chardon, → BOSSUET, Massillon, Monsabré...). Muitos católicos falaram da indignação do Pai contra seu Filho (Bossuet, Massoulié, Wiseman, Faber, Gay, Josefa Menendez, Longhaye...). Calvino admitia que Cristo "sofreu por nós os horrores da morte eterna". Com diferentes graus ainda neste terreno (até a afirmação de uma espécie de pena do dano, compreendido o desespero) foi muitas vezes seguido (Bourdaloue, Gratry, Fouard, Le Camus...). Rivière e Richard, autoridades em matéria de redenção, afirmaram de maneira categórica: essas orientações não são certamente o eco da autêntica doutrina da Igreja. "Essa espécie de teologia oratória... está... pelo exagero da sua linguagem fora de toda a tradição católica" (RIVIÈRE, *Le dogme de la rédemption*, Paris, 1931, 241). "A ideia de um abandono em que Jesus provaria na sua alma o efeito da cólera de Deus é completamente estranha à tradição patrística, como a dos grandes doutores do século XIII (RICHARD, *Le mystère de la rédemption*, Tournai, 1959, 181).

b) *Outro desvio a ser evitado (por falta)*: a justiça seria excluída do mistério da redenção. É o erro da teologia protestante liberal (os socinianos, Schleiermacher). Mas bem longe de haver oposição, como veremos, entre satisfação pelos pecados e caridade teologal, a primeira não se entende senão em função da segunda. É a doutrina claramente exposta por → TOMÁS DE AQUINO.

c) *Princípio fundamental*: Cristo morreu vítima de amor. Em sentido estrito, a causa da morte de Cristo não é o pecado, nem o seu, porque inexistente, nem o nosso; a causa da sua morte é o seu amor pelo Pai e por nós, por ocasião dos nossos pecados. A ocasião é a circunstância que permite à causa agir efetivamente. Essa distinção é fundamental (cf. TOMÁS DE AQUINO, *In Jo.* 14, lect. 8, nn. 1.974-1.976).

"Entregar" pode ser tomado em bom ou em mau sentido, segundo as circunstâncias e a intenção. "O Pai entregou [à morte] Cristo e ele próprio se entregou por nós, mas por amor, e é por isso que eles são louvados; ao passo que Judas o entregou por inveja, os judeus, por ciúme, Pilatos, por respeito humano em relação a César, e é por isso que eles são censurados" (*STh.* III, q. 47, a. 3, ad 3). Cristo não se suicidou; foram os judeus que o mataram; todavia, Cristo morreu voluntariamente. Como é possível isso? Pois os judeus foram culpados desse homicídio (que era um deicídio) porque eles fizeram o que era necessário para matar o Salvador. Todavia, tinha ele o poder de resistir como quisesse, o que ele, porém, não quis fazer. Assim Cristo morreu voluntariamente, embora os judeus o tenham morto (*Compendium theologiae*, c. 230, n. 485). Que o Pai tenha entregado seu Filho à paixão, prossegue ainda Tomás, pode ser explicado do seguinte modo: Deus preordenou desde a eternidade a paixão de Cristo para a libertação do gênero humano, inspirou-lhe a vontade de sofrer por nós, infundindo-lhe a caridade; enfim, ele não o protegeu contra o sofrimento, mas o expôs a seus perseguidores (*STh.* III, q. 47, a. 3c).

A quem quisesse atribuir a paixão de Cristo à caridade, mais que à obediência, Santo Tomás responde: "Tudo é uma só coisa; é por obediência que Cristo cumpriu os preceitos da caridade e é por amor que ele obedeceu ao mandamento do Pai" (*Ibid.*, q. 47, a. 2, ad 3). "Cristo foi obediente, porque, ao se conformar ao preceito do Pai, ele suportou a morte para a nossa salvação (Fl 2,8). Isso não se opõe ao fato de Cristo ter sido morto por amor (Ef 5,2), porque a sua obediência procedia do seu amor pelo Pai e por nós" (*In Rom.* 5, lect. 5, n. 446). Há, pois, plena harmonia entre essas duas afirmações: Cristo morreu por amor e Cristo morreu por obediência.

d) *Satisfação vicária*: justiça de misericórdia. Vigário significa "quem substitui". "Sem ter a autoridade canônica que se aplica a um termo definido, o conceito de satisfação vicária pertence realmente à fórmula católica do dogma da redenção" (Rivière, *op. cit.*, 123). Cristo realmente ofereceu satisfação e reparação pelos nossos pecados.

Santo Tomás diz muito bem: "Se falamos da pena infligida pelo pecado, que tem a razão de pena, então cada um é punido unicamente por seu pecado", e isso a título de justiça, mas "se falamos da pena satisfatória, a que é assumida voluntariamente, acontece que alguém a suporta por outro" (*STh.* I-II, q. 87, a. 8); aquele que se oferece faz então um ato de caridade ao qual ele não está obrigado. Pense-se, por exemplo, num benfeitor que paga a multa incorrida por um pobre; de modo algum a lei poderia obrigá-lo, ele satisfaria a justiça somente por amor ao pobre. Satisfaz-se pelos pecados de outro quando se suporta voluntariamente a pena devida por esse pecado (*STh.* III, q. 14, a. 1c). É essa a satisfação vicária: as penas suportadas constituem sua matéria, o amor de misericórdia em relação ao culpado é seu princípio e é nele que busca sua eficácia (*Ibid.*, ad 1).

As penas sofridas por misericórdia pelo pecado de outro não são penas vindicativas, mas são penas redentoras, penas de "justiça de misericórdia".

À questão "Temos nós de dar satisfação pelos nossos pecados, a rigor de justiça?" é preciso responder com uma distinção capital que, sob esse ponto de vista, exprime o mistério das nossas relações com Deus: sim, nós temos o dever rigoroso de satisfazer pelos nossos pecados, mas sem ter jamais o poder de fazê-lo rigorosamente, de maneira adequada. De modo breve e esquemático: temos de fazer tudo o que podemos, sem poder fazer tudo o que devemos. Ora, do nosso Salvador é preciso dizer: quando devemos e não podemos, ele pode e não deve. Os fatores se invertem. Jesus não é obrigado a nada, a rigor de justiça (aspecto do dever), mas se ele satisfaz por nós, isso acontecerá não somente com todo rigor, mas para além de todo rigor que se possa exigir em justiça (aspecto do poder). Cristo não podia assumir nem os nossos pecados nem a obrigação pessoal de satisfazer por esses pecados a título de justiça, fora do amor, mas ele quis se apropriar dessa satisfação de justiça por amor, em plena liberdade, na obediência ao comando do Pai. Ele reconheceu e respeitou desse modo os mais rigorosos direitos da justiça divina não a seu respeito, mas a nosso respeito, assim como ele reconheceu e respeitou de maneira correlativa não o seu dever, mas o nosso, em relação a tal justiça. As penas da satisfação pelo pecado foram livremente assumidas em nosso nome e em nosso favor. O Filho de Deus se sacrificou por amor, por nós pecadores. Ele não era obrigado, mas podia e quis. Ora, fazendo-o, não podia fazê-lo senão de maneira superabundante, por superabundância de misericórdia.

"Foi conveniente tanto à misericórdia como à justiça divina ser o homem libertado pela paixão de Cristo. À justiça porque, por sua paixão, Cristo deu satisfação pelo pecado do gênero humano e assim o homem, pela justiça de Cristo, foi libertado. À misericórdia porque, não podendo o homem, com suas forças, dar satisfação pelo pecado de toda natureza humana, como se disse acima, Deus lhe deu seu Filho para cumprir essa satisfação. É o que diz a Carta aos Romanos: 'São gratuitamente justificados por sua graça, em virtude da libertação realizada em Jesus Cristo. Foi a ele que Deus destinou para servir de expiação, por meio da fé [Rm 3,24]. O que se tornou uma misericórdia mais abundante do que se tivesse perdoado os pecados sem satisfação. Por isso, diz também a Carta aos Efésios: 'Deus é rico em misericórdia; por causa do grande amor com que nos amou, quando estávamos mortos, deu-nos a vida com Cristo' [2,4-5]" (*STh.* III, q. 46, a. 1, ad 3). O texto agora citado parece-nos exprimir com a máxima profundidade, simplicidade e clareza a intuição dominante do Doutor Angélico sobre a redenção.

O cardeal Journet se expressa muito bem, seguindo João de Santo Tomás: "Eis o mistério da redenção, o paradoxo de uma misericórdia que é devida e de uma justiça que é gratuita. É uma misericórdia para os homens, mas que é devida a Cristo e que não lhe poderia ser rejeitada sem injustiça. E é uma justiça para Cristo, mas que não é devida aos homens, porque eles não têm nada a dizer em troca do pecado deles; nada, fora Cristo, que se dá a eles espontaneamente para bastar a tudo" (*L'Église du Verbe incarné*, t. II, Paris, 1951, 208). A satisfação vicária une-se à justiça distributiva, porquanto o Salvador quis, por amor, satisfazer em nosso lugar e em nosso favor (o que ele fez superabundantemente), e é, portanto, uma justiça de amor. Essa expressão não é de Santo Tomás, mas pensamos que ela resume perfeitamente a sua análise do mistério da redenção → PASCAL disse com precisão: "Não se mostra a própria grandeza ao estar numa extremidade, mas ao tocar ambas ao mesmo tempo e preenchendo todo o espaço entre as duas" (*Pensées*, ed. BRUNSCHVIVG, fragmento 353).

e) *Paixão, ressurreição, ascensão*. Essa conexão entre os grandes mistérios da nossa salvação é muito ressaltada por Santo Tomás, seguindo São Paulo. Jesus Cristo, verdadeiro Deus-homem, salvou-nos mediante a cruz, mas também pela sua ressurreição e pela sua ascensão. A sua ressurreição venceu a morte física e, por nós, a morte do pecado. Ouçamos São Paulo: "Cremos nAquele que, dentre os mortos, ressuscitou Jesus, nosso Senhor, entregue por nossas faltas e ressuscitado para nossa justificação" (Rm 4,24-25). "Assim como Cristo ressuscitou dos mortos pela glória do Pai, também nós levemos uma vida nova" (Rm 6,4). É pela sua ressurreição que Cristo se constituiu positivamente nossa justiça e nossa paz, em resumo, nossa redenção. Santo Tomás insiste muito nisso. Esse aspecto é para ele fundamental, tanto para a ressurreição dos corpos (*STh*. III, q. 56, a. 1c.) quanto, antes e sobretudo, para a ressurreição das almas mortas pelo pecado (*Ibid*., a. 2c.). Santo Tomás nos apresenta o seu pensamento de maneira precisa e sintética no seguinte texto: "Deve-se dizer que duas coisas concorrem para a justificação das almas, ou seja, a remissão da culpa e a a novidade da vida pela graça. Em relação, pois, à eficiência, que se dá pelo poder divino, tanto a paixão de Cristo quanto a ressurreição são causas da justificação sob ambos os aspectos. Mas quanto à exemplaridade, propriamente falando, a paixão e a morte de Cristo são a causa da remissão da culpa, pela qual morremos para o pecado, mas a ressurreição de Cristo é causa da novidade de vida, que se dá pela graça ou justiça. Por isso, diz a Carta aos Romanos que 'foi entregue', ou seja, entregue à morte, "por nossas faltas", ou seja, para que fossem tiradas, e 'foi ressuscitado para nossa justificação' (Rm 4,25). Mas a paixão de Cristo é também meritória, como foi dito" (*STh*. III, q. 56, a. 2, ad 4; cf. também *Compendium theologiae*, c. 239, n. 514).

Santo Tomás aplica proporcionalmente ao mistério da ascensão o que ensina sobre a ressurreição do Salvador (*STh*. III, q. 57, a. 6, ad 2.3).

A constituição do Concílio Vaticano II sobre a sagrada liturgia insiste sobre a conexão dos mistérios de Cristo redentor (*SC* 5.102.107). O mistério pascal domina a economia redentora (*SC* n. 107; cf. *AA* 5; *AG* 3; *DH* 11; *DV* 3.4; *GS* 13.22.32.37; *LG* 3.4.7.52; *NA* 4; *PC* 1; *PO* 12).

BIBLIOGRAFIA. BEAUCAMP, E. Alle origini della parola "redenzione". Il "riscatto" nell'Antico Testamento. *Bibbia e Oriente* 21 (1979) 3-11; DURWELL, F. X. *La résurréction de Jésus, mystère de salut*. Le Puy, 1955; FOI ET CONSTITUTION. Dieu dans la nature et l'histoire. *Vita Cristiana* 86 (1968) 7-51; LYONNET, S. *De peccato et redemptione*. I. – De notione peccati. Roma, 1957; II – *De vocabulario redemptionis*. Roma, 1960; ID. Conception paulienne de la rédemption. *Lumière et Vie* 7 (1958) 35-66; NICOLAS, J. H. Guéris par les plaies du Christ ressucité. *La Vie Spirituelle* 133 (1979) 711-726; Rédemption. In *Dictionnaire de Spiritualité* XIV, 251-283; RICHARD, L. *Le mystère de la rédemption*. Tournai, 1955 (com bibliografia: pp. V-VII); RIVIÈRE, J. *Le dogme de la rédemption. Essai d'étude historique*. Paris, 1905; ID. *Le dogme de la rédemption au début du Moyen Age*. Paris, 1934; ID. *Le dogme de la rédemption dans la théologie contemporaine*. Albi, 1948; SABOURIN, L. Il sacrificio di Gesú. *Bibbia e Oriente* 10 (1968) 25-37; STOCK, A. The development of the concept of redemption. *Sin, Salvation and the Spirit* (1979) 49-64; TRINITÉ, Philippe de la. *La redenzione col sangue*. Catania, 1961.

PHILIPPE DE LA TRINITÉ

REDENTORISTAS. Nome dos que pertencem à Congregação do Santíssimo Redentor (C.SS.R), chamados também de liguorianos, fundada por Santo → AFONSO MARIA DE LIGÓRIO em Scala (Salerno), no dia 9 de novembro de 1732, festa da dedicação da Basílica de Latrão. A denominação primitiva foi de Congregação do Santíssimo Salvador, que foi mudada por Bento XIV para a atual, quando aprovou o Instituto, dia 25 de fevereiro de 1749, para a diferenciar dos cônegos lateranenses. Os redentoristas são uma

Congregação exclusivamente missionária, que Santo Afonso quis dedicada à evangelização dos pobres (as almas mais abandonadas), que em 1700 se encontravam sobretudo nos campos. Assim, a preferência pelas situações de necessidade pastoral e a escolha a favor dos pobres são a própria razão de ser da Congregação na Igreja e o distintivo da sua fidelidade à vocação recebida. Nascidos para as missões populares internas, a partir de 1858 os redentoristas se dedicaram em grande escala também às missões no exterior, nas quais a atividade deles se organiza em duas diretrizes: evangelização propriamente dita dos não batizados; missões populares, exercícios e outras formas de catequese aos já crentes. Os temas preferidos pela pregação redentorista tradicional são as afonsianas do amor misericordioso de Deus (a cuja luz são expostas as máximas eternas), a necessidade da oração, a eucaristia, a devoção a Nossa Senhora, medianeira de graça, e a prática dos sacramentos.

1. ESPIRITUALIDADE. O modelo de todo redentorista é Cristo redentor, na sua perfeita uniformidade à vontade do Pai e no amor preferencial pelos mais pobres, com os quais de algum modo quis se identificar. A oração, a humildade, a simplicidade da vida e da palavra, o zelo apostólico e a disponibilidade contínua às coisas até as mais difíceis, mediante a abnegação de si, a piedade eucarística e a devoção à Virgem caracterizam a espiritualidade redentorista. Quão frutuosa ela seja se vê não só pelo fervoroso vigor do Instituto, mas também pelos santos que produziu. Ao lado do fundador, lembramos São Clemente M. Hofbauer, apóstolo de Viena e grande padre espiritual dos românticos austríacos, a começar por Schlegel; São Geraldo Majela, irmão coadjutor; São J. Nepomuceno Neumann, bispo de Filadélfia; o beato Pedro Donders, apóstolo dos leprosos e dos escravos no Suriname, e outros vinte entre veneráveis e servos de Deus.

2. HISTÓRIA. Nascida numa época de mentalidade iluminista e de imperante regalismo, a Congregação passou por duríssimas vicissitudes. Em certo momento, tendo as casas do Reino de Nápoles aceitado um regulamento régio com pontos essenciais em contraste com a Regra aprovada pelo papa (Santo Afonso foi induzido em erro por seus delegados para a aprovação governativa), não foram reconhecidas pela Santa Sé, que reconheceu apenas as do Estado Pontifício, que tiveram um geral (1780).

Assim, Santo Afonso acabou se vendo fora da Congregação reconhecida por Roma e nela morreu. O Instituto se recompôs em 1793. Outros duros golpes foram desferidos pelas campanhas napoleônicas, sobretudo pelas garibaldinas, com supressões, confiscos e dispersões. No exterior, a Congregação foi propagada por Hofbauer, primeiro transalpino redentorista. Mas as suas tentativas de implantar casas na Polônia, Alemanha, Suíça e em outras partes foram desfeitas pelas perseguições dos governos josefinos. Somente com seu sucessor, ven. Giuseppe Passerat, a partir de 1820, é que a Congregação pôde se difundir pela França (1820), Polônia (1825), Portugal (1826), Bélgica e Estados Unidos (1832), Modena (1835), Holanda (1836), Baviera (1841). Gregório XVI, em 1841, dividiu a Congregação em seis províncias. A partir de então ela se difundiu por todo o mundo.

A exemplo de seu fundador, os redentoristas se distinguem também na atividade literária, sobretudo de vulgarização ascética e de pesquisa científica no campo da moral. Dentre os redentoristas mais eminentes lembramos o cardeal A. Deschamps (1810-1883), arcebispo de Malines e grande apologista; o cardeal G. van Rossum (1874-1932), teólogo e prefeito da Propaganda Fide; ven. G. Sarnelli (1702-1744), A. Desurmont (1828-1898), G. Schrijvers (1876-1945), escritores de ascética; A. de Meo (1726-1786), historiador, e muitos moralistas, o mais importante dos quais é B. Häring.

BIBLIOGRAFIA. ANÔNIMO. *La Congrégation du T.S. Rédempteur*, Paris, 1922; HOSP, E. *Weltweite Erlösung. Erlösermissionäre Redemptoristen, 1732-1962*. Innsbruck, 1962; MEULEME-ESTER, M. de. *Histoire sommaire de la Congrégation du T.S. Rédempteur*. Paris, 1958; ID. *Origenes de la Congrégation du Très Saint Rédempteur*. Louvain, 1953; RISIO, A. de. *Croniche della Congregazione del Santissimo Redentore*. Palermo, 1858; SAMPERS, A. Bibliographia catalogorum C.SS.R. tam generalium quam provincialium. *Spicilegium Historicum C.SS.R.* 4 (1956) 204-213. A espiritualidade redentorista ficou mais clara e profunda depois da renovação das Constituições. Remete-se em particular aos ensaios de F. FERRERO e S. RAPONI in *Spicilegium Historicum C.SS.R.* 32 (1984). Para as missões, *Le missioni popolari dei redentoristi in Europa*, especialmente os ensaios de F. FERRARO e de G. ORLANDI in *Spicilegium Historicum C.SS.R.* 33 (1985).

V. RICCI

REGRA DAS ANACORETAS (The Ancrene Riwle).

Regra de vida escrita por um desconhecido inglês do início do século XIII, em língua vulgar, para três senhoras nobres, irmãs, que desejavam se dedicar à vida anacorética.

Depois de ter especificado as fórmulas a serem usadas para as orações vocais com as quais as anacoretas teriam de passar uma parte considerável de seu tempo, trata amplamente de modo tradicional e ao mesmo tempo pessoal, vivo e íntimo — fato que proporciona à Regra a sua importância, inclusive em relação à literatura inglesa —, da necessidade da mortificação dos sentidos externos e internos, da tentação externa e interna, da confissão, da penitência e do amor — aquele pelo qual podemos nos aproximar de Deus e aquele que ele nos mostrou na encarnação —, concluindo com certos regulamentos práticos para a vida cotidiana, ou seja, alimento, hábito, visitas etc., aos quais atribui, porém, uma importância muito relativa.

O autor se limita formalmente ao aspecto ascético da vida contemplativa e trata apenas de modo rápido da contemplação em si. Onde a aborda, porém, demonstra que já existia a atitude distintamente inglesa da vida espiritual e mística, composta de sobriedade e bom-senso, com uma pitada também de humor, que haveria de encontrar pleno florescimento na escola inglesa dos séculos XIV e XV. Mostra também influências de São Gregório e de São Bernardo.

BIBLIOGRAFIA. *La Regola delle anacorete*. Torino, 1936; *The Ancrene Riwle*. London, 1955.

B. Edwards

REGRAS MONÁSTICAS ANTIGAS. A Regra parece à nossa mentalidade jurídica hodierna como o fruto maduro de uma experiência ascética comunitária. Não exige ela talvez um código legislativo para coordenar as atividades dos súditos e dos superiores e para as dirigir ao objetivo pretendido pela associação ascética? Todavia, a história da espiritualidade pré-cristã, cristã e não cristã nem sempre lembra uma Regra quando fala de comunidades ascéticas. É claro, todavia, que se nem sempre existiram regras escritas, houve sempre normas orais e tradicionais para harmonizar a convivência comunitária e para atingir os objetivos da associação ascética.

Os livros sagrados e as especulações filosóficas ou teológicas das várias religiões foram naturalmente os precursores das regras monásticas e às vezes fizeram suas vezes. Mesmo quando foram escritas verdadeiras regras para os monges, os livros sagrados foram sempre a base da espiritualidade. Isso é visível, por exemplo, no *Manual de disciplina* dos essênios de → QUMRÂN.

Os monges cristãos, desde suas origens, sempre acreditaram que sua Regra fundamental fosse representada pela escritura, especialmente pelas páginas do Evangelho. A Bíblia foi a única Regra dos primeiros anacoretas. Mas também quando foram escritas regras particulares, elas não foram consideradas senão um compêndio do Evangelho, como disse → BOSSUET a propósito da Regra de São Bento. É inegável, todavia, que pouco depois do aparecimento do monasticismo, apareceu também um novo gênero literário, representado tanto por regras monásticas como por exortações ou tratados para uso dos ascetas. A vida de Santo Antônio, escrita por Santo Atanásio, é chamada por São Gregório Nazianzeno "Regra monástica sob forma de narrativa" (*De orat.*, 21,5). Já a chamada Regra de Santo Antônio é apócrifa e de data incerta (cf. *PG* 40, 1.065-1.074).

Santo → ANTONIO ABADE († 356) não escreveu nenhuma Regra para os seus numerosíssimos discípulos. O seu exemplo, integrado por conferências espirituais e por explicações bíblicas, feitas por ascetas de consumada perfeição, supriam uma Regra escrita. Fruto de entretenimentos ascéticos desse tipo são as palavras dos Padres e seus ditos, que se tornarão a base da ascese monástica posterior (*PG* 65, 71-440. Mas cf. J. QUASTEN, *Initiation aux Pères de l'Église*, Paris, 1961, 271-275, t. III).

A primeira regra monástica foi escrita por São → PACÔMIO († 346), que é justamente considerado o fundador e o primeiro legislador do → CENOBITISMO cristão. Essa primeira Regra cristã não pretende senão chegar à perfeição do santo Evangelho. Escrita em copta, foi porém logo traduzida para o grego e o latim por São → JERÔNIMO, que a pôs como base das suas comunidades de Belém. Os pontos capitais da Regra de Pacômio são a centralização da autoridade, a comum observância e a prática rigorosa de uma vida comunitária. Todavia, na sua prudência, o santo permite certa liberdade em pontos secundários à ascese individual. Do conjunto da Regra se entende que São Pacômio quer unir as vantagens da vida comum com as já gozadas pelos eremitas, que ele exortou a ir para seus cenóbios. Assim, concede aos discípulos uma cela, em que possam em certas horas se dedicar livremente aos exercícios ascéticos. Podem também deixar de ir ao refeitório comum em certos dias para se exercitar no jejum obrigatório a todos duas únicas vezes na semana. Havia muita exigência em admitir os novatos e na aplicação do código penal. Os castigos eram de ordem moral e penitencial e chegavam até a expulsão para os incorrigíveis. "Ao ler as *Vidas de São Pacômio* escritas em copta, percebem-se nessas comunidades vários defeitos, alguns até graves. Nas escritas em grego, as faltas se reduzem aos termos mínimos. Em todas as biografias, porém, ressalta-se a retidão moral e a santidade do fundador. É verdade, todavia, que o número extraordinário das vocações produzia uma inevitável perturbação e confusão, apesar da organização tão pequena. Outro defeito se localiza na exagerada margem concedida às iniciativas individuais: perdia-se a unidade espiritual da família monástica" (G. TURBESSI, *Ascetismo e monachesimo prebenedittino*, Roma, 1961, 117).

Na primeira metade do século V, a Regra pacomiana é retocada por Scenudi († 466), superior do famoso Mosteiro Branco (*Deir-el-Abiad*), cuja igreja, por ele edificada, é visível ainda hoje em Atrepa. A espiritualidade dos pacomianos deve ser estudada também nos outros escritos do fundador e dos seus primeiros discípulos e sucessores: Orsiesi e Teodoro. É importante de modo especial o escrito do primeiro: *A doutrina a respeito da instituição dos monges*.

Antes que se passe do Egito à Ásia Menor, é preciso mencionar o monasticismo palestino, que muitas vezes tomou a forma característica da "laura". É ela uma espécie de combinação de vida eremítica e cenobítica, que tem certa semelhança com os aglomerados ascéticos de Qumrân, dos discípulos de Santo Antônio, dos eremitérios de Nitria, de Sceti (*Wadi Natrûn*), bem como com os hodiernos institutos dos → CARTUXOS e dos eremitas camaldolenses. As mais famosas lauras foram as de Santo Eutímio († 473) e de São Saba († 532). A esse último se atribui um *Typikon*, o qual contém cerca de 150 artigos disciplinares, além de várias prescrições litúrgicas. Hoje o *Typikon* de São Saba, depois de muitos retoques, tornou-se uma espécie de calendário litúrgico para as comunidades orientais.

Depois das pesquisas recentes, devidas especialmente a J. Gribomont, não é mais possível falar de um verdadeiro monasticismo basiliano nem de uma Regra monástica do grande bispo de Cesareia (329-379). Feito esse esclarecimento obrigatório, deve-se acrescentar logo que a influência espiritual de São Basílio sobre o monasticismo da Igreja do Oriente foi enorme e que com toda a razão quase todos os monges orientais que restaram o consideram como seu pai e mestre. Portanto, embora o santo não seja o fundador, em sentido próprio, de uma Ordem religiosa, todavia, tanto com sua vida como com seus escritos, imprimiu um cunho indelével na instituição monástica. Digamos logo, porém, que hoje não se pode considerar o monasticismo de São Basílio como uma evolução ascensional do pacomiano. Esse último — embora conhecido — certamente não influenciou de modo evidente a concepção monástica de São Basílio. Este se liga antes ao ascetismo local de Eustáquio, às influências do monasticismo palestino, de modo particular ao urbano, que nos foi dado a conhecer, em Jerusalém, pela pia e curiosa peregrina Egéria.

São Basílio abraçou a vida monástica em plena maturidade de sua existência e se tornou bem cedo, por sua virtude e seu engenho, o conselheiro espiritual tanto de ascetas individualmente como de inteiras comunidades locais que se formaram pelo exemplo e influência de Eustáquio, o qual manifestou forte tendência a uma posição muito rigorista e no plano ideológico não se manteve sempre plenamente ortodoxo. As regras de São Basílio se inserem nesse contexto. Mais que normas disciplinares para sua própria comunidade, são respostas a problemas a ele expostos pelos ascetas daquelas comunidades locais. Sobre elas, naturalmente, depois que se tornou bispo de Cesareia, exercerá cada vez mais influência precisa e elas se orientarão cada vez mais para um esquema de vida comunitária e monástica. Com efeito, seus últimos escritos ascéticos se orientam a discípulos que ele formava e educava com um estilo próprio para a perfeição do estado deles. Quase por necessidade de ordem prática foi obrigado a falar a monges, quando na sua primeira intenção não teria querido falar de ascese senão a simples batizados. São Basílio, com efeito, identificava a vida cristã com a ascética. Por isso, ele repudia a fraseologia técnica do monasticismo egípcio e palestino e prefere chamar os seus companheiros de ascetismo com o simples título de "irmãos" e os cenóbios com o epíteto de "irmandade".

"Os seus escritos de espiritualidade só progressivamente adquiriram um colorido decididamente monástico e cenobítico. A experiência pessoal das coisas divinas e o contato diário com os homens devem ter influído muitíssimo nessa sua tão característica produção literária, destinada a permanecer uma pilastra fortíssima do ascetismo cristão. [...] Por volta do ano 360 escreveu *As Regras morais* para os ascetas, que viviam ainda junto com a comunidade cristã. Um decênio mais tarde, compôs o *Parvum ascetikon*, que hoje nos é conhecido somente nas versões latina e siríaca, ao passo que não se encontra no texto grego original. Até agora se pensava que a *Regra de São Basílio (Regula S.P.N. Basilii*, diz São Bento no c. 73 da sua Regra) fosse um trabalho de Rufino d'Aquileia, feito livremente sobre as *Regras breves* e *longas* de Basílio. A descoberta da versão siríaca demonstra que ela é obra original do santo. A última produção ascética é representada pelo *Magnum ascetikon*, que nos é conhecido hoje com o nome de *Regras breves* e *Regras longas*. Essa divisão é posterior a São Basílio. [...] Nem todos os problemas de crítica literária sobre esses escritos foram resolvidos até agora de modo satisfatório e preciso. Do ponto de vista monástico é importante também uma carta escrita a um amigo a respeito da vida que, com os primeiros companheiros, levou na solidão do Ponto" (G. Turbessi, *op. cit.*, 127-128).

Não é o caso aqui de nos demorarmos em descrições pormenorizadas da vasta legislação basiliana; ressaltemos apenas a sua estima unilateral da vida cenobítica, que o santo bispo incondicionalmente preferia à eremítica. As razões dessa preferência ele as via sobretudo na prática efetiva da caridade e no fato de que esse gênero de vida era o praticado por Jesus com os apóstolos e pela primeira comunidade cristã de Jerusalém. O espírito ascético de São Basílio é, com efeito, inspirado pelo Novo Testamento e fundamentado exclusivamente na Bíblia.

Um aperfeiçoamento místico das obras ascéticas de São Basílio foi realizado magistralmente por seu irmão menor, São → GREGÓRIO DE NISSA († 394). Referimo-nos apenas aos tratados espirituais mais famosos dele: *Sobre a virgindade, A vida de Moisés, Homilias sobre o Cântico dos Cânticos* e as *Sobre as bem-aventuranças*, as *Hipóteses ou De instituto christiano* (cf. J. Quasten, *op. cit.*, 305-309) [São Basílio]; 384-394 [São Gregório de Nissa]). Deve-se notar que deram sua contribuição ao monasticismo basiliano também outros pensadores e outros santos. Lembramos apenas a obra de São → TEODORO ESTUDITA († 825), que acentuou os pressupostos de Basílio sobre a dignidade da pessoa humana, sobre a obediência e sobre as obras de → MISERICÓRDIA. A orientação de São Teodoro foi aceita na Santa Montanha (*Monte Athos*), de onde se difundiu para a Rússia, pela península balcânica e entre os monges ítalo-gregos.

O monasticismo da vastíssima Igreja da Síria, o qual deu à Igreja monges e santos ascetas famosíssimos por doutrina celeste e austeridade de vida, não deu, porém, uma Regra que tenha influído de maneira única sobre um amplo círculo de ascetas. Temos de lembrar a Regra de Rabbula († 436), já monge e depois bispo de Edessa. Essa Regra não tem nada de original por ser um resumo da legislação ascética anterior. Todavia, tem o mérito de não falsear o caráter essencial do monasticismo siríaco, aberto a uma grande liberdade individual. Os estudos atuais mostram a Síria como provável pátria dos "escritos areopagíticos", nos quais não se tem uma Regra monástica, mas os fundamentos para uma teologia do estado monástico, orientado (e nisso se destaca da tradição local siríaca) para a solidão, o retiro e a oração: características do → MONASTICISMO de todos os tempos.

Antes de passar ao Ocidente, se quisermos ser completos, teremos de falar de todos aqueles tratados ascéticos orientados às virgens e aos ascetas; mas os omitimos para não nos demorarmos de modo excessivo e porque não são propriamente regras. De resto, esta não é a sede adequada para discorrer sobre todas as regras monásticas do Oriente e do Ocidente. Essas últimas são numerosíssimas; faremos referência apenas às que tiveram uma real importância na espiritualidade monástica.

Com esses pressupostos, acenamos de passagem a algumas regras do Oriente e do Ocidente de importância secundária. Tal é a regra atribuída a São Macário Alexandrino († 394), que não deve ser confundido com Macário, o Grande ou o Egípcio († 390): *Sancti Macarii Alexandrini Abatis Nitriensis Regula ad monachos* (PL 34, 967-970). Na realidade, porém, essa obra foi escrita por um autor posterior. É também espúria a Regra que tem o título de *Sanctorum Serapionis, Macarii, Panphnutii et alterius Macarii Regula ad monachos* (PG 34, 971-978). Nem é mais autêntica a *Regula orientalis*, chamada também de *Regula Vigilii* (PG 34, 983-990), escrita na

Gália por volta de 420, que depende muito da Regra de São Pacômio na tradução latina de São Jerônimo. A Nilo de Ancira († por volta de 430) atribui-se uma *Institutio ad monachos* (*PG* 79, 1.235-1.240; mas cf. J. MUYLDERMANS, Evagriana, *Museum* [1938] 191-226). Marco o Eremita († depois de 430) escreveu *De lege spirituali* (*PG* 65, 905-930): em 201 artigos ou sentenças analisa-se todo o código da vida monástica.

Na tradição latina, durante os séculos IV-VI, o monasticismo ocidental teve se não todo o patrimônio da legislação monástica do Oriente, pelo menos a parte mais representativa e essencial. Já se falou da versão da Regra de São Pacômio por obra de Jerônimo. Também já se falou da *Regula orientalis* (ou *Vigilii*), escrita na Gália e atribuída justamente ao diácono Vigílio. Rufino se encarregou de traduzir a primeira "legislação" monástica de São Basílio (*PL* 103, 486-554). A espiritualidade evagriana foi trazida para o Ocidente sobretudo por João → CASSIANO, com seus dois escritos: as *Instruções* e as *Conferências* (*PL* 49-50; ed. crít. M. PETSCHENIG, *CSEL* 13 e 17). A espiritualidade dos Padres do Deserto foi também conhecida no Ocidente por meio das traduções de muitos de seus "ditos", *Verba seniorum* (*PL* 73-74) e também por meio da tradução da *História Lausiaca*, de Palladio (*PG* 34, 995-1.262; *PL* 74, 249-342.343-382; BUTLER, in *Text and studies*, VII, 1-2).

Antes que São Bento escrevesse a sua Regra, em meados do século VI, o Ocidente monástico já possuía na própria língua umas vinte regras à sua disposição, algumas das quais eram traduções do grego, mas a maior parte era original, embora dependentes dos grandes mestres do Oriente e dos escritos de Santo → AGOSTINHO. Desse grande Doutor se falará à parte, como também será tratada com artigo autônomo a Regra de São Bento. Far-se-á referência agora a algumas outras regras ocidentais que tiveram algum seguimento ou que influíram sobre a legislação beneditina.

Pela fama do seu autor, deve-se lembrar antes de todos o grande bispo de Arles, São Cesário, que foi o primeiro a escrever uma Regra para monjas. Também outros prelados escreveram regras para ascetas, como Santo Aureliano de Arles († 551), São Fereolo de Uzès († 581). Outras regras foram escritas por abades individualmente ou por sínodos abaciais. A esse tipo se ligam, além de algumas das já mencionadas, a *Regula I Sanctorum Patrum* (*PL* 103, 435-442), a *Regula II Sanctorum Patrum* (*PL* 103, 441-446) e a *Regula Macarii* (*PL* 103, 447-451). Especial interesse merecem as *regras* dos Padres da Igreja visigótica espanhola, sinal evidente da incidência do monasticismo na Península Ibérica: o livro *De institutione virginum et contemptu mundi*, de são Leandro († 599-600); a *Regula monachorum*, de Santo Isidoro de Sevilha († 638); a *Regula monachorum*, de São Frutuoso de Braga († 655); e a *Regula communis*, de origem incerta, mas que indica a intervenção de São Frutuoso.

Entre as regras do Ocidente merece menção especial a *Regula Magistri*, obra de um anônimo da primeira metade do século VI. É de provável origem itálica; mais precisamente do centro-sul. Como se sabe, ela tem muitos pontos de contato com a Regra de São Bento, sobretudo relativamente à doutrina ascética. Não deve ser esquecida a operosidade legislativa monástica de São → BENTO DE ANIANE († 821), que escreveu o *Liber ex regulis diversorum Patrum collectus*, bem como a célebre *Concordia regularum*.

Antes de terminar este artigo, convém esclarecer que para o antigo monasticismo a Regra não tinha tanto uma função jurídica de um moderno regulamento disciplinar quanto a normativa de um código de espiritualidade. Excetue-se a Regra de São Pacômio, que aparece como um simples regulamento; mas levem-se em consideração os outros escritos de espiritualidade monástica dos primeiros pacomianos". A Regra era um apanhado da experiência ascética e mística de um venerado padre espiritual, ou — com mais frequência — a coleção de várias experiências provenientes de homens que as tinham vivido em ambiente monástico, ou propostas por bispos ou por sínodos de abades, os quais do tesouro da tradição ascética escolhiam o que a eles parecia mais adequado para uma determinada categoria de pessoas consagradas a Deus num determinado ambiente.

Quem escrevia a Regra não pensava de modo algum ser um fundador de Ordem, mas antes um diretor de consciência e um padre espiritual. Eis por que a expressão "santa Regra" designava então quase sempre não uma Regra determinada, mas o fundo comum da observância monástica. Nesse contexto se compreende bem o uso de várias regras num mesmo cenóbio. Até o tardio triunfo da Regra de São Bento (que predominou no Ocidente não antes dos séculos VIII-IX; em

Roma somente no século XI), foi frequentíssimo o uso da *Regula mixta*. Por muitos séculos, pois, "vários monastérios viviam somente *juxta Regulam, sub sancta Regula, juxta canones*; expressões equivalentes, que não designavam nada mais que o conjunto das tradições e da legislação eclesiástica, relativas aos monges, sem nenhuma referência a uma Regra escrita" (P. Deseille, *L'Évangile au désert*, Paris, 1961, 69). Observe-se também que o gênero literário das antigas regras monásticas não era nada idêntico sob todos os aspectos. Elas se diferenciavam não somente em relação à maior ou menor extensão material, mas também na ordenação prática da → VIDA RELIGIOSA e nos meios usados ou sugeridos para a consecução da perfeição.

BIBLIOGRAFIA. Morard, Fr. E. *Monachos. Moine. Histoire du terme grec jusqu'au IVe siècle. Influences bibliques et gnostiques*. Fribourg, 1974 (fontes e bibliografia, 412-423); Regola. In *Dizionario degli Istituti di Perfezione*. Roma, 1983, 1.410-1.617, VII; São Leandro – São Frutuoso – Santo Isidoro. *Reglas monásticas de la España visigoda*. Madrid, 1971 (BAC 321); Staats, R. (org.). Makarios-Symeon. *Epistola Magna. Eine messalianische Mönchregel und ihre Umschrift in Gregors von Nyssa "De instituto christiano"*. Göttingen, 1984; Turbessi, G. *Regole monastiche antiche*. Roma, 1974 (com bibliografia e indicação das edições críticas); Vogüé, A. de. *Les Règles des saints Pères. I – Trois Règles de Lérins ao Ve siècle*; II – *Trois Règles du VIe siècle incorporants des textes lériniens*. Paris, 1982 (Sources Chrétiennes 297-298).

G. Turbessi – D. de Pablo Maroto

RELAÇÕES SOCIAIS. 1. O FATO DAS RELAÇÕES SOCIAIS. O homem é livre e goza de autonomia de consciência. Mas a liberdade lhe foi dada para que pudesse procurar e alcançar com dignidade humana a amizade dos outros. Com efeito, o homem toma consciência de que o dom da liberdade floresce no íntimo desejo incoercível de comunhão com os outros; é estando com os outros que torna estável o seu equilíbrio pessoal. Posto desde seu nascimento no seio da sociedade, o homem não pode se desenvolver senão na sociedade, ou seja, numa troca recíproca de dar e de receber entre pessoas também elas autônomas e livres. E nessas relações mútuas a pessoa se enriquece, desenvolve sua maturidade interior, encaminha-se para seu pleno desenvolvimento e plena manifestação das grandes potencialidades latentes, tanto em si como na humanidade.

Sobre essa constatação elementar fundamenta-se a lei espiritual: é dever de cada um instaurar e favorecer a união fraterna com os outros. João XXIII teve ocasião de dizer que ele procurava sempre ressaltar o que une e de percorrer com cada um todo o caminho que lhe era possível fazer, sem lesar as exigências da justiça e da verdade. Era um modo cristão de cultivar boas relações sociais.

Se a exigência de relações com os outros nasce do íntimo do ser humano, todavia o modo das relações sociais estruturou-se diferentemente com a sucessão dos tempos. Existe uma tradução ou expressão sociológica das relações que vai evoluindo em harmonia com a mudança da mesma sociedade. No passado, em países de população restrita, normalmente as pessoas se conheciam entre si e se confiavam mutuamente por meio da palavra: transmitiam-se as novidades mediante comunicação pessoal, e o controle social se exerce com contatos pessoais. Relações sociais e vida cultural eram estreitamente interdependentes. As relações sociais serviam para assegurar a coesão do grupo e para tirar do isolamento cada pessoa. Hoje, as relações pessoais perderam sua polivalência. Para satisfazer as necessidades sociais mais diversas, as pessoas e os grupos utilizam unicamente relações puramente funcionais. Existem meios de difusão cultural capazes de criar homogeneidade (solidariedade e ajuda mútua) numa sociedade, sem que conversação alguma tenha de intervir: no cinema se ignoram os próprios vizinhos; os apelos do rádio e da televisão provocam movimentos de generosidade, levam cada qual a tomar consciência das próprias responsabilidades. A vida dos grupos vê-se transformada. As relações pessoais perdem sua importância; não são mais, como no passado, o único meio de participar da cultura e de evitar o isolamento.

Nas relações funcionais leva-se em consideração não a pessoa com quem se trata, mas a sua capacidade de realização num determinado campo; assim, escolhe-se um cirurgião por suas aptidões técnicas, não porque seja amigo. Em tais relações delineia-se o papel de cada qual com os obrigatórios serviços e direitos que se reivindicam publicamente. Não se deve pensar que se trate de relações humanamente pobres. Certos operários preferem o anonimato de uma grande indústria ao contato demasiado íntimo de uma pequena empresa; clientes gostam de ter com o comerciante apenas relações funcionais (em vista de um interesse particular), para serem mais livres. De outra parte, a própria família restringiu o seu campo de atividade, deixou de ser unidade de produção econômica, potenciando assim a sua intimidade afetiva.

Se de uma parte a vida hodierna parece despersonalizar parcialmente as relações sociais, de outra ela as multiplica e as potencia grandemente na sua influência. Antes de qualquer coisa, a realidade democrática nivela as pessoas nas relações de fraternidade, difundindo a cultura entre elas de forma ampla e elevando os cidadãos à coparticipação do poder: não podem subsistir castas, e as relações sociais são amplamente divididas entre todos. Há, pois, novos fatores que geram uma socialização difusa: a facilidade e a rapidez das comunicações que todos os dias põem em contato entre si inúmeras pessoas (imprensa, rádio, televisão), a interdependência crescente que torna os acontecimentos de um país divulgados e participados nos outros países no plano cultural, econômico, científico e até político. "Os homens no presente tendem a escutar, com renovado interesse, a doutrina que considera a humanidade quase como um corpo só e convida os homens a serem um só coração e uma só alma" (Pio XII).

Todavia, não se deve imaginar que a unidade comunitária vá se formando como num automatismo mecânico. A unidade social é essencialmente uma obra humana: ela é a decisão livre e consciente tomada por pessoas responsáveis de se unirem a outras pessoas responsáveis, com o objetivo de viverem juntas na harmonia e na paz. É o encontro de trocas humanas recíprocas, em que se dá e se recebe o que cada qual tem, não unicamente de bens materiais, mas sobretudo de bens espirituais. O amor de amizade é a alma dessas trocas, porquanto elas são o símbolo do dom mútuo e recíproco das próprias pessoas.

Por esse motivo é essencial a educação social durante o período da infância e da → ADOLESCÊNCIA, de modo que as pessoas saibam expressar e viver autênticas relações sociais; educação que não deve ser mero ensinamento, mas iniciação para a atitude altruísta vivida nas existentes instituições sociais.

2. A ALMA CRISTÃ DAS RELAÇÕES SOCIAIS. O dever dos relacionamentos e relações sociais tem o seu primeiro fundamento no dogma da criação. Deus criou o homem orientado para os outros e dos outros profundamente dependente por toda a sua personalidade; Ele ama as pessoas não como tantos seres separados, mas como comunitariamente unidos. Um ulterior fundamento do dever de relações sociais nasce da → REDENÇÃO. Toda pessoa é alguém salvo por Jesus; porém, ela é chamada à salvação por Cristo não isoladamente, mas no Corpo místico. Na verdade, o Corpo místico (→ IGREJA, COMUNHÃO DOS SANTOS) é a expressão mais elevada da comunhão entre os homens, mas no nível da vida de Deus. Relações sociais cristãs significam, consequentemente, circulação de uma vida que é divina, intercâmbio de relações que são sobrenaturais, prolongamento e reflexo sobre a terra de misteriosas relações trinitárias.

O dinamismo interior sobrenatural que orienta as relações sociais para seu cumprimento eterno é oferecido pela caridade: uma virtude insubstituível para poder pertencer ao Reino de Deus (Mt 22,39). "Nisto todos reconhecerão que sois meus discípulos: no amor que tiverdes uns para com os outros" (Jo 13,35). Uma autêntica caridade não pode viver e se aperfeiçoar fora das relações sociais. A caridade obriga a amar o próximo como a si mesmo (Mt 22,39), antes, como o próprio Cristo nos amou (Jo 13,34); ela obriga a assumir a responsabilidade da salvação do próprio irmão. Para tal fim, parece elemento de primeira importância o testemunho exemplar da própria vida (Mt 5,14), a qual deve irradiar Cristo sobre tudo e sobre todos. Mediante a edificação da palavra e do exemplo, o próximo é encorajado à vida cristã. Trata-se de uma espécie de entusiasmo religioso e de irradiação psicológica: uma influência, um prestígio que age sobre o espírito, sobre a vontade e sobre o coração dos outros, a ponto de os induzir à ação virtuosa. O objetivo da edificação é a íntima união das almas na caridade eclesial, é a formação do corpo de Cristo (Ef 4,16).

Não deve causar espanto essa visão sobrenatural das relações sociais. Por sua natureza, o fato social tem, além de seu aspecto exterior e terrestre, um outro interior, que se abre sobre a eternidade e encontra aí a sua última palavra. A essência do fato social é uma ligação de almas, as quais querem viver e se dedicar à promoção das outras almas. A sociedade cria como que um desejo de vida que corre entre as almas, a ponto de conviverem juntas e realizando-se umas mediante as outras. É esse o verdadeiro fato social profundo, o fato social por excelência. Para o homem, que é espírito unido a um corpo, a sociedade é a instituição geradora da comunhão dos espíritos. Ela não é unicamente quadro, ordem ou hierarquia; ela é atmosfera, matriz de vida. Ela é o fato de Deus, em que o Espírito serve para ligar a intimidade de vida entre Pai e Verbo; ela é o fato dos anjos criados em seus corações; ela é o fato dos homens chamados a viver em família com Deus na comunhão dos → ANJOS e dos → SANTOS. Tudo isso constitui o fim a que Deus destinou a sociedade, bem como sua maravilhosa e providencial razão de ser. Deus cria as almas para essas relações; cria-as num determinado ponto do espaço e do tempo, em dadas conjunturas e em dadas zonas de influência. É um plano universal e imprescritível. Em toda organização social há almas em relação de vida segundo um eterno desígnio e para um resultado eterno. Mediante todas as flutuações, é um mistério de eternidade que não cessa de se realizar no decurso da história.

3. VIVÊNCIA ESPIRITUAL DAS RELAÇÕES SOCIAIS. Em harmonia com o contexto sociocultural do tempo, a mensagem neotestamentária limitou-se a sugerir um enfoque espiritual de relações interpessoais e não das propriamente sociais. Isso significa que ela se dirigiu fundamentalmente a cada uma das pessoas. Assim quando Jesus propõe a parábola do salário dado a operários recrutados nas diferentes horas do dia (Mt 20,1 ss.). De modo semelhante, São Paulo, quando faz referência à situação da mulher (Rm 7,2; 1Tm 2,11; 1Cor 11,3 ss.) ou à do escravo na sociedade (Filemon), sempre prescinde da estrutura social existente, limitando-se a sugerir relações pessoais caritativas. "Cada um permaneça na condição em que se achava quando foi chamado" (1Cor 7,20).

A espiritualidade cristã hodierna considera que a vinda do Reino põe em discussão as existentes estruturas sociais, conferindo a elas um sentido espiritual a que devem tender. A Revolução Industrial fez elevar-se a estrutura pública a uma realidade objetiva autônoma. Certamente a estrutura social não exaure o sentido espiritual próprio independentemente de como ela é vivida pelas pessoas. Mas as relações interpessoais permanecem sob certa influência espiritual dada pela estrutura pública.

O homem espiritual está empenhado não só em oferecer relações pessoais caritativas, mas a se empenhar com os outros a renovar em sentido humanístico-cristão essas mesmas estruturas.

Poderíamos dizer que o homem espiritual se propõe estar em relação com os irmãos de modo que seja o mesmo Espírito que se comunica nele e entre eles; e, ao mesmo tempo, com eles possa instaurar as estruturas sociais e públicas de modo que elas revelem de forma inicial como o reino de Deus se instaura entre nós, abrindo os ânimos à comunicação caritativa.

4. AS VIRTUDES SOCIAIS. Delineia-se na base das relações sociais uma constante e fecunda dedicação recíproca. A fim de que as almas saibam se unir é preciso que umas estejam abertas às outras, que saibam receber para dar, que carreguem em comum o peso uma das outras. Por isso, as relações sociais implicam a prática constante de uma série de virtudes, particularmente as sociais. São essas virtudes que introduzem no ânimo os conhecimentos comuns e os sentimentos espirituais sociais necessários para as relações com os outros.

A inspiração dominante das relações entre os familiares é oferecida pela caridade: a família é a casa do amor e da afetuosa doação recíproca.

Na comunidade do trabalho, as relações sociais tendem a gerar uma cooperação entre os membros, a ponto de difundir o valor humano entre os trabalhadores e ao mesmo tempo potencializar a produção. Com esse fim, as relações sociais são estudadas também pelo lado científico psicossociológico: elas encontram sua inspiração virtuosa na justiça social. Essa virtude é integrada espiritualmente pelo espírito caritativo, o qual intervém amainando todo rigor, trazendo o sentido de equidade nas situações de conflito de direito. Nas disputas jurídicas e sociais a caridade inspira sentimentos de solidariedade e de benevolência. Por isso, "*caritas vero socialis quasi anima esse debet huius ordinis*" (Pio XI, *Quadragesimo anno*).

Além da justiça e da caridade, as virtudes sociais de veneração e de civilização constituem o que existe de mais profundo e delicado nas nossas relações com os outros; elas tornam agradável o viver civil. As virtudes de veneração (piedade, obséquio e obediência) pressupõem a desigualdade de condição social, ao passo que as virtudes de socialidade (reconhecimento, verdade, jovialidade, afabilidade e liberalidade) procedem de certa igualdade social e tendem a atenuar os desníveis entre as pessoas.

Algumas atitudes gerais próprias dessas virtudes são um pressuposto necessário das relações sociais. Antes de tudo, entre as pessoas se deve dar a estima, ainda que seja em medida e modalidade correspondentes ao valor e à dignidade de cada um. A estima do próximo, como ser humano e filho adotivo de Deus, é um valor de que não se pode privar pessoa alguma. Sem a estima do próximo não é possível instituir corretas relações sociais. São de grande importância e valor moral a gentileza, a cortesia, a maneira de saudar, os modos amáveis, o bom comportamento; elas são o espelho em que se leem as qualidades das relações entre os homens. Ainda que esses encontros estejam sujeitos a grandes variações nas diversidades dos tempos e dos povos.

A moral cristã sempre lembrou a necessidade da "eutrapelia", que consiste em saber pôr brio, contentamento e alegria na vida comum, nas relações sociais. É agradável poder viver com pessoa naturalmente alegre e sociável. Essa sociabilidade alegre é sumamente necessária hoje, em virtude de uma necessidade biopsicológica provinda do ritmo atual da vida, do trabalho e da administração. Uma alegre distensão da mente se torna cada vez mais indispensável. Os que têm responsabilidade de uma família, de uma associação, de uma escola ou de uma comunidade têm o dever de promover a jovialidade e o brio do ambiente e da vida comum, de tornar agradável viver juntos. As manifestações exteriores de amabilidade têm real valor se são expressão de sentimentos interiores. Um aparato meramente exterior seria aborrecido socialmente, e seria negativo para uma santificação pessoal.

A democratização, ao introduzir um sadio realismo na vida, deve permitir a sobrevivência da delicadeza, cortesia, consideração, boa educação, atenção, certa nobreza, boas atitudes, reconhecimentos e gratidão; não se deve permitir que os ânimos se abandonem a desleixo, vulgaridade ou grosseria. A vida em sociedade deve ser enobrecida e embelezada, sem porém degenerar em adulações.

E enfim deve-se favorecer o florescimento e a expansão da → AMIZADE, capaz de conferir à vida de relações um encanto e um sabor agradável. Entre os cristãos a amizade deve se mostrar como expressão da caridade. O amigo deve ser visto na sua dignidade de filho de Deus, salvo e santificado por Cristo, chamado à perfeição. Santo → AGOSTINHO considerava a *mutua caritas* como a alma da amizade (*Ep*. 130, 13; *CSEL* 44, 55, 3); antes, o objetivo da amizade é o Cristo Deus (*Ep*. 243, 4; *CSEL* 57, 571, 17 ss.). O amigo verdadeiro é aquele que ajuda a aperfeiçoar o amor caritativo do outro, caminhando espiritualmente juntos. "Nada existe de mais precioso na vida comum, nada que melhor siga passo a passo os nossos erros e as tribulações nossas do que a fidelidade constante e o mútuo afeto entre verdadeiros e bons amigos" (*De civitate Dei*, 19,8; *CSEL* 40,2).

Em conclusão; promover as relações sociais significa abrir os ânimos às exigências dos outros, torná-los delicados ao sentido do amor de benevolência e de beneficência. Mas um ânimo são saberá se doar se antes não tiver se aperfeiçoado na caridade. "Há em nós o que temos de amar nos outros, uma imagem de Deus a ser restaurada. Deixá-la manchada e desfigurada em nós é sinal de que, a despeito das nossas afirmações, o que nos interessa nos outros não é o verdadeiro ser deles" (Yves de Montcheuil). Um programa realizável primariamente em virtude do dom da graça pascal do Cristo, o único verdadeiro "homem para os outros".

BIBLIOGRAFIA. AQUINO, Santo Tomás de. *Les vertus sociales*. Paris, 1932; *Communauté chrétienne et communauté civile*. Genève, ²1958; DUROY, O. *La réciprocité*. Essai de morale fondamentale. Tournai, 1970; FORESI, P. *Teologia della socialità*. Roma, 1963; GIORDANI, I. *Il messaggio sociale del cristianesimo*. Roma, 1963; GODIN, P. *La relation humaine dans le dialogue pastoral*. Paris, 1963; KERKEN, L. V. *Solitudine e amore*. Gradi dei rapporti interumani. Brescia, 1969; LEBRET, L. J. *Pour une civilisation solidaire*. Paris, 1963; LUBAC, H. de. *Cattolicismo. Gli aspetti sociali del dogma*. Roma, 1948; MEHL, R. *Persona e comunicazione*. Bologna, 1972; MEYER, E. *Vita sociale e insegnamento di gruppo*. Roma, 1967; OSSICINI, A. *Esperienze di psicologia di gruppo*. Roma, 1964; PAPÈS, M. *La vie affective des groupes*. Paris, 1968; SARANO, J. *La solitudine umana*. Assisi, 1970; SCHELER, M. *La nature et les formes de la sympatie*. Paris, 1928; SETIEN, J. M. *La Iglesia y lo social*. Madrid, 1963; SPEZIALI, G. *L'ascesi sociale alla luce del pensiero di Pio XII*. Terni, 1964; STERN, J. e M. *Relazioni amichevoli*. Milano, 1983; TIBERGHIEN, P. *Sens chrétien et justice sociale*. Paris, 1954.

T. GOFFI

RELIGIÃO. A palavra, mesmo no uso atual, tem acepções notavelmente diferentes, por causa da complexidade do fato religioso na vida do homem. Religião pode significar o conjunto "objetivo", ou seja, verdades, preceitos morais, ritos, organização jurídica e, ao mesmo tempo, "subjetivo", ou seja, o modo de pensar e de viver o sagrado por parte de um grupo ou comunidade de pessoas: religião católica, budista, islâmica etc. Uma outra acepção, amplamente utilizada, abraça todo o campo das relações do homem com Deus; campo que, pela multiplicidade dos aspectos, interessa a muitos ramos do pensamento: teologia, filosofia moral, história, pedagogia, sociologia etc. Fornece sobretudo algumas categorias particularmente interessantes também no campo moral e espiritual: a experiência, a relação pessoal, o valor primário do fato religioso. Aqui, embora sem negligenciar esses aspectos profundos, a religião é considerada principalmente como fator da estrutura e da evolução da vida cristã; por isso, mais diretamente do ponto de vista espiritual que moral e dogmático. Nessa perspectiva devemos considerar sobretudo a natureza, o papel, a evolução da religião na vida espiritual.

1. NATUREZA. Ainda que tanto no passado como em épocas mais próximas não tenham faltado discussões e divergências, pode-se dizer que a religião é considerada universalmente como a virtude moral que habilita e move o homem a tributar a Deus o culto que lhe é devido como causa suprema e universal: "Pertence à religião prestar reverência a um só Deus por um único motivo, a saber, porque Deus é o primeiro princípio da criação e do governo das coisas" (*STh.* II-II, q. 81, a. 3). Nessa definição está contida também a teologia espiritual sobre a religião.

Para nos darmos conta disso é necessário aprofundar o conhecimento dos pressupostos ontológicos contidos na virtude de religião.

a) Da parte de Deus abraçam a ação criadora, a transcendência radical, a imanência ou presença íntima em toda a amplidão de todos os seres: três aspectos do universal senhorio de Deus ao qual se refere a religião. A ação causal divina, como o seu poder operativo, passando ao "modo" infinito, acaba se identificando com a própria essência. Essa condição, exclusiva da causalidade de Deus, é de fundamental importância para entender o valor da religião. porque a sua atividade própria, o culto, é especificada como pelo termo, pelo ser infinito. Isso vale especialmente para a experiência religiosa que marca o ponto de maior profundidade das relações interpessoais.

A mesma infinidade de perfeição operativa comporta a absoluta transcendência, ou seja, a radical diversidade de Deus, mas ao mesmo tempo a sua imanência contínua em todas as dobras do ser criado — tomando a palavra no sentido mais rico — como sua causa própria, não só total: "O ser é o que há de mais íntimo e de mais profundamente radical nas coisas, pois [...] o ser é elemento formal em relação a todos os princípios e componentes que se encontram numa dada realidade. Por isso, Deus está necessariamente em todas as coisas, e de maneira íntima" (*STh.* I, q. 8, a. 3). Outra consequência da causalidade infinitamente perfeita, de proeminente importância para a religião, é a sua liberdade ou liberalidade, porque não convém ao bem infinito "agir para adquirir um fim. Sua intenção é simplesmente comunicar a sua perfeição, que é sua bondade. E cada criatura visa obter sua perfeição, que é a semelhança da perfeição e da bondade divinas" (*STh.* I, q. 44, a. 4).

b) Da parte da criatura, os pressupostos ontológicos da religião se resumem na integral dependência da causalidade de Deus, tanto no ser como no agir. Isso significa não apenas a contingência, mas também a sua relação positiva com Deus. Ela não seria dependência se não fosse antes receptividade e tendência. A ação divina a estrutura, completa, plasma com força assimilativa, finaliza-a, dirigindo-a das íntimas fibras à participação da sua bondade. Ela, portanto, vem totalmente de Deus e está em Deus, segundo a expressão de Paulo: "É nele que nós temos a vida, o movimento e o ser" (At 17,28). A transcendente eficácia da causalidade divina não só não contradiz, mas fundamenta a existência e a atuação da inteligência e da liberdade em qualquer nível; assim se destroem pela raiz todas as negações anti-religiosas fundadas na incompatibilidade entre a ação divina e a autonomia da criatura racional. É óbvio que a elevação do homem à ordem sobrenatural, mesmo pondo o acento num mundo divino de ser e de operação, radicalmente diferente — mundo da paternidade e da filiação adotiva, da doação trinitária, da amizade da alma e da visão beatífica —, não elimina a condição de dependência na criatura, mas a amplia e eleva segundo os efeitos admiráveis realizados pela ação sobrenatural de Deus.

Concluindo, por força da sua causalidade, vista em profundidade, Deus de modo natural e ao mesmo tempo sobrenatural transcende e domina toda criatura, unindo-se a ela, na mesma proporção em que ela existe, opera e se desenvolve. A essa totalidade de domínio corresponde na criatura a dependência radical que não é somente passividade e limite, mas é, antes ainda, fonte de existência, o seu pôr-se, o seu valor, dinamismo teológico para a assimilação da bondade divina tão forte que, diz Santo Tomás, "aspiraria tê-la, se lhe fosse possível, como a mesma perfeição essencial que é a forma das coisas" (*In II Sent.* d. 1, q. 2, a. 2).

2. VALOR. Os pressupostos ontológicos lembrados nos ajudam a entender o valor da religião. Eles proclamam todo o peso do débito das criaturas. À medida que o homem, por divina revelação, por treinamento social, por profundo conhecimento e experiência de si mesmo, adentra o mundo da verdade, descobre cada vez melhor as fortes cadeias que o ligam a um Ser tão íntimo quanto benéfico e liberal. O contato e a progressiva iluminação sobre sua situação existencial, passando à consciência e à livre vontade, tornam-se dever de verdade, dever de vida, dever de culto: é o núcleo essencial da virtude da religião e a raiz de todas as suas manifestações e atuações. A noção do débito ou dever que o homem quer satisfazer segundo as condições da sua natureza levou Santo Tomás, com os outros teólogos, a enquadrar a virtude de religião na virtude cardeal da justiça, cuja tarefa é de dar a cada qual o seu. O "seu" que o homem deve reconhecer e atuar em relação a Deus é precisamente a total referência efetiva: pensar, querer, sentir, realizar-se totalmente em referência a Deus. Como justificação do pouco satisfatório apaziguamento que parece nos oferecer a noção de justiça, deve-se observar que não é difícil elevar-se à riqueza da verdade moral e teológica contida na noção de causalidade divina e dependência como criatura. O que nos oferece a interação de toda causa humana é bem pouca coisa, porque a nossa ação é muito superficial e parcial e, por isso, o débito que está na dependência que deriva de tal ação não parece nos dizer muito. Mas uma vez que a ação causal divina atinge e contém a criatura, individualmente e como cosmo, na sua inteireza, o débito que encarna e concretiza essa relação é como um valor de globalidade do existente, sendo por isso incomparável o esplendor da religião que precisamente atua essa suprema forma de justiça.

3. ATUAÇÃO. Essa riqueza de finalidade lembra alguns aspectos fundamentais do ato religioso visto no seu termo objetivo, ou seja, na pessoa a que ele está endereçado. Eles abraçam particularmente a reverência, a honra, o serviço, a glória: todos, pois, estão compreendidos no culto que define concretamente a tarefa própria da religião. A reverência indica o sentido de respeito, de surpresa e de admiração diante de Deus que se revela revestido de infinitas perfeições e especialmente de infinita santidade.

Por causa dessas perfeições que o fazem nos parecer "o único Santo, o único Senhor, o único Altíssimo", tão diferente de nós criaturas cheias de limites e de culpas, a presença e as relações com Deus são acompanhadas pelo temor, que entra como elemento religioso muito mais como manifestação de reverência ou desgosto por ser não digno dele ou de poder perdê-lo do que como terror pela sua justiça punitiva. A dignidade ou excelência toda própria de Deus como causa transcendente de toda nossa perfeição põe à mostra a estrita exigência da honorabilidade divina superior a toda nossa significação. A sua causalidade universal põe em evidência a dignidade de Criador e de soberano Senhor, com exigência de incondicional serviço especial por parte da criatura. A sua infinidade em toda perfeição, enfim, põe em destaque o direito a formas exclusivas de glória e de louvor.

A amplitude e a profundidade que atingem a religião nos fundamentos e na finalidade exigem e explicam a multiplicidade e o valor dos atos dela provindos formalmente, indicados assim por Santo Tomás: a devoção, a oração, a adoração, o sacrifício, o voto, o juramento, a adjuração, o louvor do nome divino, o uso das coisas sagradas ordenadas à santificação da vida (como sacramentos, → SACRAMENTAIS) (cf. *STh.* II-II, qq. 82 ss.). Esses atos serão estudados um a um. Compreende-se que a expressão religiosa abrace todo o homem: a mente, a vontade, o sentimento, o corpo nos seus vários gestos e atitudes, as coisas que o homem usa para a sua vida, para a formação da sua personalidade. Ele procura no ato religioso exprimir a sua total dependência, não só quanto às dimensões individuais, mas também como elemento da comunidade humana em vários níveis e até como elemento primário da ordem cósmica; por isso ele tenderá a assumir o universo existente e a quase se identificar com ele e escolherá coisas e gestos particularmente expressivos e intensos, menos distantes da exigência da totalidade. É evidente que a religião se realiza sobretudo interiormente, empenhando ao máximo a atividade do intelecto e da vontade, cabendo a essas duas faculdades o conhecimento e a sincera admissão do débito de criatura. De modo primário, a atuação da religião cabe à vontade como ao princípio dinâmico principalmente responsável pela dedicação das várias atividades do homem ao serviço de Deus (cf. *STh.* II-II, q. 8, a. 3, ad 1). Todavia, pelo caráter total e comunitário da religião, os atos externos, sensíveis e públicos são conaturalmente exigidos para a perfeita expressão religiosa.

4. NA VIDA ESPIRITUAL. Do que foi dito sobre os pressupostos ontológicos e sobre a finalidade da religião para o radical ordenamento da criatura em relação a Deus, compreende-se o lugar eminente que a religião ocupa na perfeição espiritual e a linha diretiva do seu desenvolvimento. A religião é uma virtude de alcance geral, superior às outras virtudes morais, embora inferior às teologais. Tendo por objeto não formalmente Deus, mas os vários atos ordenados a lhe prestar o devido culto, não é virtude teologal (cf. *STh.* II-II, q. 81, a. 5), mas, com relação aos meios que mais imediatamente ordenam o homem a seu fim, supera as outras virtudes morais. Pela profundidade das relações que estabelece entre o homem e Deus pressupõe as outras virtudes e delas se serve e tem influência sobre elas, dirigindo seus atos à glorificação de Deus: por exemplo, atos de temperança, de privações ascéticas, obras de → MISERICÓRDIA etc. Pelo radical ordenamento ao serviço divino e pela pureza e firmeza de adesão à fonte de retidão, Santo Tomás identifica substancialmente religião e santidade, na perspectiva da nossa conexão com a raiz da justiça natural (cf. *STh.* II-II, q. 81, a. 8).

Mas o motivo principal da grandeza da religião e do seu papel na vida espiritual está sobretudo nas suas íntimas relações com as virtudes teologais da fé e da caridade e com os → DONS DO ESPÍRITO SANTO, especialmente a piedade e o temor. Da fé adquire o mais completo conhecimento das perfeições que formam a infinita excelência de Deus e das incomensuráveis capacidades da alma espiritual. Da caridade, por força da amizade com as divinas Pessoas e da transformação afetiva que ela comporta, a religião adquire mais urgentes motivos para se empenhar até o fim no serviço de Deus e se eleva no zelo da sua glória.

Esses mesmos princípios, que dizem respeito à estrutura da religião e a suas relações com as virtudes e os dons, iluminam o caminho que ela deve seguir no seu desenvolvimento e no seu papel decisivo no caminho da perfeição. O desenvolvimento da religião assume tonalidades muito diferentes segundo a idade, o temperamento, a formação, o desenvolvimento cultural e moral, as tendências ativas ou contemplativas das pessoas, segundo o âmbito pessoal ou comunitário no qual se vive a religiosidade. Todavia, podem-se assinalar algumas linhas de orientação geral, em relação naturalmente à religião do cristão. Embora a sensibilidade e o sentimento tenham um papel necessário na religião vivida pelo homem na sua condição humana, a religião da alma cristã se desenvolverá intensificando gradualmente a atividade dos poderes espirituais, pois somente por meio de atos interiores ela pode se unir a seu Princípio e seu fim absolutamente puro e imaterial. Outro critério do desenvolvimento da religião é o maior conhecimento e consciência da relação dialógica pessoal com Deus. Também quando o ato religioso é posto comunitariamente, continua sendo sempre um fato profundamente pessoal porque as relações provenientes da ação causal de Deus, como também a natureza da sua doação amigável, exigem a relação profunda e imediata de pessoa a pessoa. O critério válido do desenvolvimento da religião é a crescente e desejada pureza e desinteresse que leva a alma a reconhecer a excelência e o domínio de Deus sobre ela. Não é que o ato religioso prescinda do aperfeiçoamento pessoal e da consecução dos bens que para isso são necessários. O acesso a Deus pode continuar sempre confissão de que a nossa necessidade é radical e que a única plenitude é o Infinito; todavia, gradualmente, a atitude de reverência, obséquio, louvor, serviço tenderá a levar a melhor, iluminando com essa luz toda busca e todo desejo de perfeição pessoal. Por isso o ideal a que a alma religiosa tende por intrínseca lei de desenvolvimento e que vai progressivamente conseguindo é a dedicação completa à glória de → DEUS, segundo o plano luminosamente traçado por São Paulo na Carta aos efésios (cf. 16-11.12.14). Outro critério é a crescente influência mútua entre religião, virtudes teologais e dons. Pela tarefa própria da religião de se ordenar totalmente a Deus, especialmente quando nos movemos no plano sobrenatural, essas relações são iluminadas pela profunda luz da divina revelação e da fé que enriquece a verdade do nosso Princípio e do nosso Fim, descobrindo-nos o mistério trinitário, o plano admirável da encarnação redentora, da graça, da Igreja. A religião deve assumir um caráter filial, que dá novas vibrações e até parece transformar os sentimentos de reverência, de louvor, de serviço a Deus. Esse desenvolvimento no seu conjunto se obtém concretamente pela assimilação e participação vital, especialmente mediante a liturgia realizada pela Igreja, do eterno e universal sacerdócio de Cristo, pois somente Jesus pode oferecer o culto digno de Deus. Essa condição, própria da graça redentora e da moção do Espírito Santo que habita em nós, explica por que, conaturalmente, no seu desenvolvimento espiritual a alma cristã sente uma crescente necessidade de intimidade e de assimilação a Cristo orante, sacerdote, vítima e, por isso, cultiva de modo cada vez mais intenso e vital o culto eucarístico.

Essas características no desenvolvimento da religião levam o cristão a buscar luz e alimento na Escritura, na → LITURGIA, no magistério da Igreja. O contato contínuo com essas fontes fornece à alma a mais vívida luz sobre a grandeza de Deus em si mesmo, na criação, no governo do mundo, no cuidado paterno em relação a cada alma. Oferece modelos insignes, no Antigo e no Novo Testamentos, bem como na história espiritual da Igreja, de orações, de santos, de leis rituais, de empreendimentos magnânimos que são outras tantas realizações da religião. Com isso a alma, ao descobrir o valor essencial da religião no desenvolvimento do homem e na sociedade, combatendo todo indiferentismo, evita as numerosas e nefastas falsificações dessa virtude, como a superstição e o fanatismo, o exibicionismo, o puro conformismo ritual, a redução de uma virtude que é essencialmente dinamismo de consagração, de serviço, de zelo, a pouco mais que um conhecimento teórico infecundo.

BIBLIOGRAFIA. BARSOTTI, D. *Le lodi di Dio Altissimo*. Milano, 1982; BERGEN, P. van. La vie quotidienne vécue comme culte et sacrifice spiritue. In *Sainteté et vie dans le siècle*. Roma, 1965, 81-107; GOYA, B. *El caracter cultual de la vida moral*. Roma, 1988; GUNTHOR, A. *Chiamata e risposta*. Roma, ³1978, 320-526, vl. II; HAUSHERR, I. *Adorare Dio in spirito e verità*. Milano, 1969; LAPLANTE, A. *La vertu de religion selon mons. Olier*. Montréal, 1953; LOHRER, M. Rapporto fra culto e vita cristiana. *Lateranum* 47 (1981) 102-110; LOTTIN, L. *L'âme du culte. La vertu de religion d'après saint Thomas d'Aquin*. Louvain, 1920; LOTTIN, O. La définition classique de la vertu de religion. *Ephemerides Theologicae Lovanienses* 24 (1948) 333-353; ID. Psychologie et morale aux XII et XVIII siècles. Gembloux, 1949, 313-326, III; ID. La vertu de religion. In *Études de morale*. Gembloux, 1961, 224-250; ID. *Morale fondamentale*. Tournai, 1954, 350-363; MARTIN, J. M. *Alabaré a mi Senõr: alabanza como estilo de vida*. Madrid, 1982; MENNESSIER, I. La religion dans notre organisme spirituel. *La Vie Spirituelle*. Supplément 30 (1932) 26-42.100-111; ID. *La religion. Somme théologique*. Paris, 1932, 232-247.289-327; MONGILLO, D. La religione e le virtú soprannaturali. *Sapienza* 15 (1962) 348-397; ID. Religione e culto. In *Enciclopedia moderna del cristianesimo*. Torino, 1959, 503-530, II; MORETTI, R. Religione e devozione. *Rivista di Vita Spirituale* 9 (1955) 151-173; ROMOLI, L. La virtú di religione. *Vita Cristiana* 1 (1929) 8-13.94-101.222-231; SHEPPARD, L. *Le culte en esprit et en verité*. Tournai, 1966; SUÁREZ, F. De religione. In *Opera omnia*. Paris, 1859, tr. 1, livros 1-3, tomo XIII; VANBERGEN, A. Il culto reso a Dio in un'epoca secolarizzata. *Rivista di Pastorale Liturgica* 7 (1969) 255-279.

R. MORETTI

RELIGIOSIDADE POPULAR. O conceito de religiosidade popular é vasto e complexo. No âmbito da história das religiões ele se abre a todo o misterioso mundo da religião, das suas práticas sagradas, porquanto profundamente radicadas no povo e por ele particularmente vividas. No campo mais específico da espiritualidade cristã, a religiosidade popular representa o grande fenômeno da vida e da experiência da fé, vivido às vezes junto com a liturgia, com frequência numa dialética alternativa com o culto oficial, todavia como expressão privilegiada da espiritualidade do povo, dos pobres e dos simples, com sentimentos ao mesmo tempo muito primitivos de referência ao sagrado, ao mistério de Deus, permeados de vida teologal. Por isso, na ambiguidade entre a referência à dimensão puramente sagrada ou religiosa e a característica da experiência tipicamente cristã, Paulo VI na *Evangelii nuntiandi*, n. 48, preferiu chamar a religião do povo em regime eclesial de "piedade popular". Também nós usamos a dupla terminologia.

Nesse sentido, é imperioso remeter a outros verbetes que pertencem à constelação semântica e experiencial da religiosidade popular, como → DEVOÇÃO, → DEVOÇÕES, → PIEDADE.

O interesse suscitado nos últimos decênios pelo fenômeno da religiosidade popular em âmbito teológico e espiritual pede uma simples exposição do conceito e da problemática atual, privilegiando, no conjunto do discurso, a referência à espiritualidade e a relação com a liturgia. No que diz respeito à espiritualidade, não será difícil convir que múltiplas experiências históricas da espiritualidade cristã são expressão de uma autêntica religiosidade popular, veículo privilegiado da fé, da vida de comunhão com Cristo, da celebração dos mistérios cristãos, dos compromissos tipicamente evangélicos. Não se deve esquecer que na perspectiva histórica de um H. → BREMOND a história da espiritualidade é história do "sentimento religioso" e na grande obra do estudioso italiano G. De Luca o tesouro da espiritualidade é a história da piedade, segundo o conhecido título da sua monumental obra: *Arquivio italiano per la storia della pietà*. Hoje a aproximação da religiosidade popular à liturgia é obrigatória para a recuperação da dimensão popular da liturgia e para o predomínio quantitativo e qualitativo da piedade litúrgica na experiência do povo de Deus. Estudam-se assim as relações entre a espiritualidade da liturgia e a da religiosidade popular, não mais em antagonismo, mas em obrigatória perspectiva de enriquecimento recíproco.

1. COMPLEXIDADE DE UM CONCEITO. O termo "religiosidade popular" foi direta referência ao mundo dos sentimentos e dos ritos religiosos, qualificando-o como particularmente vivido em dimensão coletiva, popular, num nível quase primitivo, não elaborado por sistemas de pensamento, espontâneo e, portanto, fortemente radicado na sensibilidade e no subconsciente. Fala-se precisamente de "religião do povo", como que em contraste com uma religiosidade oficial, cultivada, elitista, não espontânea, disciplinada por regras e fortemente modelada por uma ideologia, por uma "teologia".

Num sentido primitivo, religiosidade popular faz referência aos sentimentos do homem em relação ao sagrado ou ao divino, a partir da revelação que se percebe na natureza e na história, ou mediante outras formas explícitas de manifestação de Deus; sentimentos comuns a um povo, expressos com mitos e ritos, crenças e celebrações cultuais. Privilegia-se o conceito de religiosidade como projeção dos sentimentos em relação a Deus ou em relação ao sagrado mais que como acolhimento de uma sua manifestação que é expressa com a fé. Nesse sentido, também hoje se fala de uma "religiosidade" natural nos mesmos cristãos que se dirigem a Deus, mais que para acolher a sua palavra de revelação e a sua vontade salvífica, para projetar sobre ele os próprios sentimentos de confiança, de petição, de medo ou de esperança. Nesse sentido, também Paulo VI falou da ambiguidade de valores que se encontram nesse fenômeno quando afirmou: "A religiosidade popular tem certamente seus limites. Está frequentemente aberta à penetração de muitas deformações da religiosidade e até de superstições. Fica muitas vezes no nível de manifestações cultuais, sem levar ao compromisso de uma autêntica adesão de fé. Pode também levar à formação de seitas e pôr em perigo a verdadeira comunidade eclesial" (*EN* 48).

Muitas vezes se trata antes de uma piedade popular tipicamente cristã na qual o sentido religioso foi atingido plenamente pela revelação evangélica e pelos seus valores; depois, ao longo da história do cristianismo, essa piedade, profundamente enraizada no povo, assumiu formas típicas e persistentes de celebração da relação com Deus, bem como de profissão do mistério de Cristo e dos valores fundamentais da vida cristã. Nesse sentido, podemos lembrar o elogio feito por Paulo VI no documento já citado: "Mas se bem orientada (a religiosidade popular), sobretudo mediante uma pedagogia de evangelização, é rica de valores. Ela manifesta uma sede de Deus que somente os simples e os pobres podem conhecer; torna capazes de generosidade e de sacrifício até o heroísmo, quando se trata de manifestar a fé; comporta um sentido agudo dos atributos profundos de Deus: a paternidade, a providência, a presença amorosa e constante; gera atitudes interiores raramente observadas em outra parte no mesmo grau: paciência, sentido da cruz na vida cotidiana, desapego, abertura aos outros, devoção. Por causa desses aspectos, nós a chamamos de bom grado de 'piedade popular', ou seja, religião do povo, mais que religiosidade". Essa aflita apologia do papa, feita pelos padres do Sínodo de 1974 sobre a evangelização, em sintonia com valores que se encontram na piedade do povo cristão valoriza a grande história da piedade e qualifica sua densidade teológica, referindo-a a um aspecto de religiosidade cristã, antes, de um dom do Espírito Santo, que é o da "piedade". Nessa perspectiva, a religiosidade popular é também a "devoção" e a sua manifestação por meio das "devoções" como conteúdos e formas expressivas que no decurso dos séculos se manifestaram no cristianismo. Essas devoções são chamadas também de "pios exercícios" do povo cristão para as distinguir das formas tipicamente litúrgicas. A essas práticas de devoção da piedade a *Sacrosanctum Concilium*, n. 13, prestou certa atenção.

Ao âmbito da religiosidade ou da piedade popular pertencem múltiplas realidades do *homo religiosus* em particular, do seu congregar-se em comunidade ou grupos que deram vida e formas de culto popular, como as confrarias e os sodalícios; há os lugares da piedade popular como os santuários marcados pelas presenças carismáticas ou milagrosas, a pia prática da peregrinação, as formas de penitência, as manifestações de devoção como as procissões, os diversos pios exercícios do povo cristão, entre os quais se destaca a prática da *via sacra* (→ CRUZ) e do → ROSÁRIO, a oblação dos ex-votos como agradecimento por graças recebidas etc.

São muitas as causas que estão na base de um profundo enraizamento da piedade popular no coração dos fiéis até se tornarem uma fé inculturada em formas de religiosidade que resistiram ao choque dos tempos e à deterioração das modas que mudam. No nível antropológico, a religiosidade popular está radicada nos grandes mistérios e momentos da existência humana: o sentido da vida e da morte, da doença e das desgraças pessoais e coletivas, da alegria e da festa, do nascimento, do crescimento, do matrimônio, dos funerais, da memória dos defuntos. A religiosidade se insere no ritmo dos tempos e das estações, da volta de datas comemorativas fixas, da colheita dos frutos da terra. Esses ritmos primitivos da existência foram conseguidos pelas festas cristãs e ordenadas em sentido evangélico ao louvor de Deus e à expressão da fraternidade humana. Do ponto de vista da vivência da fé, a religiosidade popular cristã desenvolveu-se em torno dos mistérios fundamentais da revelação, como são o nascimento de Jesus, a sua morte e a sua ressurreição. A figura de Maria, idealizada na sua pessoa e nos seus privilégios, mas considerada particularmente próxima e materna, atraiu de maneira característica o florescimento de uma piedade popular mariana. Mas também a devoção aos → SANTOS, como intercessores e mediadores de graças e de milagres, teve sucesso em formas típicas que vão da peregrinação aos santuários — o caminho de Santiago de Compostela, por exemplo — às → PROCISSÕES, às festas do campo, aos ex-votos, à particular veneração das imagens.

Desse modo, encontramos a religiosidade popular quase na normal confluência entre uma religiosidade ascendente do coração do homem, do seu subconsciente, à procura de sentido e de salvação, e uma revelação de Deus com uma história da salvação que atinge o homem nas suas mais íntimas projeções de desejo e de procura.

O êxito da religiosidade popular não está somente na densa carga de sentimentos expressos e de salvação dada, mas também na particular expressividade dos ritos celebrativos, nascidos com espontaneidade e que se encontram com certa universalidade em todas as culturas, transmitidos com a força do costume atávico que se repete e traça uma continuidade que chega às pessoas e às gerações com a força da memória coletiva. A própria dramaticidade sentida, representativa de muitas formas populares da piedade, teve a sua influência para "evocar e ouvir" os profundos sentimentos humanos, a tal ponto que ainda hoje as formas celebrativas da piedade popular estimulam sentimentos coletivos que não se encontram em outras formas do costume social.

Digamos, finalmente, que a referência ao popular indica vigorosamente hoje que essa religião teve nos pobres, no povo mais simples, os mais altivos guardas e protagonistas. Por isso, ainda hoje a religiosidade popular encontra os pontos mais altos da sua prática nos grandes estratos das sociedades pobres e subalternas do Terceiro Mundo. Já as sociedades progredidas parecem ver com suspeição essas manifestações que pareceriam ainda sujeitas a uma religião não promocional, como o ópio do povo, com formas consolatórias estranhas ao verdadeiro progresso e à iluminada piedade dos crentes mais maduros.

2. UM INTERESSE AINDA VIVO. O interesse pela religiosidade popular está sempre vivo no âmbito da espiritualidade cristã. À primeira vista parecia que o fim do cristianismo convencional, o estímulo da → SECULARIZAÇÃO e o eclipse do sagrado no nosso mundo contemporâneo, registrados pelos anos 1960, tinham destruído a religiosidade do povo. Sociólogos da religião, como A. Greeley, constataram a persistência do fenômeno, e um autor emblemático como H. Cox, depois da apologia da cidade secular, tendo feito a forte experiência da religiosidade latino-americana, teve de confessar num famoso livro seu a persistente sedução exercida no espírito humano pelas formas religiosas.

No nível puramente sociológico, a religiosidade popular é avaliada positivamente por sua carga expressiva, pelos valores humanos, comunitários, que exprime em contraste com o iluminismo das ideias, o achatamento da cultura moderna, a programação consumista que não dá espaço à festa e à espontaneidade. Até críticas que no âmbito marxista tinham sido feitas contra alguns aspectos da religiosidade foram invertidas, e ela se mostra cheia de estímulos de renovação social. Nesse sentido, a teologia da → LIBERTAÇÃO na América Latina, mas também as múltiplas experiências de despertar e de luta pelos direitos humanos no leste europeu documentaram a força impetuosa que podem ter a fé e a vida de um povo que conserva nos subterrâneos da consciência uma forte capacidade de retomada e de mudança. Esse apreço positivo de alguns valores da religiosidade do povo, na verdade, já havia sido percebido e assumido por um ideólogo marxista como A. Gramsci.

O sentido profundo da vida e da morte, da festa e da solidariedade, vivido e celebrado por meio da religiosidade popular, torna-se uma coletiva e vital contestação das ideologias e das práticas imanentistas, tanto marxistas como capitalistas, especialmente pelo sentido de nobre atitude com que os pobres e os humildes sabem enfrentar a vida e a morte, gozam da festa, manifestam a fraterna solidariedade, celebram a gratuidade dos dons da natureza e da vida recebida por Deus e partilhadas entre os homens. O sentido da transcendência manifestado pelos ritos religiosos, além de contestação do humanismo fechado sobre si mesmo, torna-se reserva de esperança utópica, densa de revolução para uma mudança, especialmente quando se tem como sustentáculo da religiosidade toda a fé e esperança cristã. Foi nesse sentido, como referimos, que a teologia da libertação na América Latina pôs em destaque que, ao lado das situações de opressão e de exploração nas quais vivem muitos estratos desses povos, persiste e se manifesta por meio da religiosidade popular uma grande riqueza humana e espiritual que nas águas límpidas da fé secular deles dessedenta o desejo de Deus e ao mesmo tempo renova a utopia de uma libertação integral das situações de opressão criadas pela presença de regimes vários de exportação estrangeira.

Esse interesse foi partilhado pela Igreja católica na sua progressiva reavaliação da piedade do povo. Basta lembrar aqui algumas orientações de renovação expressas por Paulo VI na *Marialis cultus*, em 1974, seguidas pelo consentimento do Sínodo de 1974, sobre o tema da evangelização e reunidas no n. 48 da *Evangelii nuntiandi*, já citado. Em 1979, a III Conferência do episcopado latino-americano, celebrada em Puebla de los Angeles, retomou o tema no âmbito do discurso sobre a evangelização. Mesmo que ainda hoje falte uma articulada intervenção do magistério sobre o tema específico, multiplicaram-se nos anos 1980 os ensinamentos do papa João Paulo II e dos bispos para uma avaliação e uma orientação mais positiva. Deve-se observar enfim que na reforma da Cúria romana, feita por João Paulo II, com a constituição apostólica *Pastor bonus*, à Congregação para o Culto Divino e a Disciplina dos Sacramentos foi pedido o cuidado não somente da liturgia da Igreja, mas também do que diz respeito à piedade popular. Sinais todos esses de um renovado interesse, que coincide com o "retorno ao sagrado", já percebido pelos padres do Sínodo de 1985 e expresso na *Relatio finalis*, mas também das inadiáveis exigências de evangelização e integração da piedade no conjunto da fé e da vida.

A essas tarefas já aludia Paulo VI no sintético trecho da *Evangelii nuntiandi* sobre o nosso assunto, quando escrevia: "A caridade pastoral deve sugerir a todos os que o Senhor pôs como chefes de comunidades eclesiais as normas de comportamento em relação a essa realidade tão rica e ao mesmo tempo tão vulnerável. É preciso antes de qualquer coisa ser sensível para perceber as suas dimensões interiores e os seus valores inegáveis, estar disposto a ajudá-la a superar os seus riscos de desvios. Bem orientada, essa religiosidade popular pode ser cada vez mais para as nossas massas populares um verdadeiro encontro com Deus em Jesus Cristo".

3. ORIENTAÇÕES PASTORAIS ESPIRITUAIS. No atual despertar da piedade popular e do múltiplo interesse que suscita na teologia e na espiritualidade, parece oportuno oferecer algumas orientações para a valorização teológica, para a necessária evangelização, para a integração com a liturgia, para a síntese na vivência pessoal e coletiva da espiritualidade cristã.

a) *Uma justa avaliação teológica*. À luz da teologia do Vaticano II sobre o culto espiritual que pertence ao exercício do → SACERDÓCIO DOS FIÉIS, a piedade popular deve ser reposta com nobre acento no dinamismo do único culto cristão. De fato, ela, com suas formas expressivas, situa-se na continuidade entre a liturgia e os outros momentos vividos pelo cristianismo na sua experiência cotidiana. Também para a piedade popular temos de recorrer à expressão da *Sacrosanctum Concilium*, n. 10: a liturgia é fonte e ápice da vida da Igreja. Da → LITURGIA, com efeito, deriva como de uma fonte toda uma vida pessoal e comunitária que deve envolver toda a existência. Para a liturgia tende, como para seu ápice, toda experiência de fé e de vida na Igreja. No duplo movimento característico da liturgia — santificação e culto — podemos dizer que a piedade popular já é uma realização da graça recebida, prolongada agora na oração e em todas as atitudes características que fazem da "pietas" uma estupenda relação de confiança e de gratidão para com Deus. Ou é uma preparação de caminho peregrinante, de conversão penitencial, de abertura confiante e filial para o encontro sacramental com Cristo no mistério da liturgia eclesial. Não é suficiente pôr a religiosidade popular no âmbito da virtude da religião, como que separando-a da vivência concreta da vida teologal — fé, esperança, caridade; é preciso, antes, conduzi-la à teologia do culto cristão da vida que Paulo exprime em Rm 12,1-3, ao exercício do sacerdócio dos fiéis que, além da participação litúrgica, se exerce por meio de toda a vida dos fiéis, sob a guia do Espírito Santo num culto realizado em espírito e verdade.

Mas para sermos mais precisos devemos dizer que as formas da piedade popular se situam na *dimensão cultual* de resposta, de aprofundamento orante, de exercício de virtudes teologais, de explicitação de atitudes de oração como a meditação da Palavra, a súplica, o agradecimento, a intercessão. E é nesse sentido que se pode claramente afirmar que, embora não sendo liturgia propriamente dita, permanece no âmbito litúrgico, como exercício de vida teologal que da liturgia nasce e a ela conduz. A piedade popular, com efeito, deve ser considerada pelo menos como tantas outras formas específicas da vida cristã — a oração pessoal, a caridade, o testemunho apostólico — que, como um compromisso, derivam da liturgia e estão compreendidas entre as realidades que são próprias do exercício do sacerdócio dos fiéis (cf. *LG* 10).

É preciso talvez lembrar uma verdade até muito evidente, mas que parece necessária para uma justa avaliação teológica da piedade popular. Ou seja, em Cristo e no Espírito Santo, no mistério da Igreja e a partir do exercício do sacerdócio dos fiéis em toda a vida existe um único culto prestado a Deus Pai, pelo único Mediador, que é Cristo. A vida cristã vivida como culto espiritual, e, portanto, tudo o que é nela realizado "no Espírito", não é um culto diferente do litúrgico, mas é seu prolongamento e uma preparação.

O valor da religiosidade popular e das diferentes formas de devoção fundamenta-se na unidade do culto cristão e deve assim ser medido objetivamente pela verdade da palavra de Deus e pela vida de fé, esperança e caridade que são próprias da existência cristã.

Se de um lado isso nos ajuda a entender o valor intrínseco de todo exercício de piedade — vivido sempre na dignidade e no empenho do sacerdócio comum —, de outro nos ensina que as formas concretas desses exercícios, os conteúdos, as atitudes de oração e os gestos realizados devem ser dirigidos pela → PALAVRA DE DEUS e pela fé da Igreja. Além disso, a justa avaliação teológica da piedade popular na unidade do culto cristão nos põe em guarda contra todo abuso e manipulação desses atos, contra toda instrumentalização feita dos seus conteúdos e contra todo reducionismo que não leve a um sério e coerente empenho de vida cristã.

A piedade popular, como a oração pessoal e comunitária, como exercício do sacerdócio dos fiéis, em continuidade com a graça da liturgia da qual deriva e para a qual se orienta exige também coerência de vida, de caridade e de empenho. Resgata-se assim a dignidade da piedade popular e se indica seu empenho de coerência a que é chamado todo cristão, até o mais simples, de maneira que toda expressão de piedade seja realmente "culto espiritual" agradável a Deus, experiência do sacerdócio batismal (cf. *LG* 10 e 34).

b) *Evangelizar a religiosidade popular.* A expressão "evangelizar a religiosidade popular" é recorrente hoje; não igualmente a frase "evangelizar a partir da religiosidade popular". Ambas as funções são hoje necessárias. Antes de tudo, o apelo a uma evangelização da piedade popular é necessário porque às vezes o sentido religioso, no estado primitivo, leva a melhor sobre os conteúdos normativos da revelação bíblica e da fé eclesial. O homem religioso "à escuta" não deve ter medo de ser iludido em suas expectativas, porque o próprio Criador que pôs no coração do homem sede de infinito e capacidade de se elevar ao mistério veio a seu encontro como Revelador e Redentor, de maneira que a sua religiosidade possa exprimi-la e vivê-la na "religião revelada". Muitas vezes, porém, à árdua e difícil atitude de escuta, de acolhimento e de relativo empenho proposta por Cristo no Evangelho e transmitida com autoridade pela Igreja o homem religioso prefere a autonomia dos seus sentimentos, a projeção dos seus desejos, a celebração de gestos e ritos sem aceitar ou acolher as normas da palavra da fé e a eclesialização do sentido religioso. Por isso está sempre perigosamente à espreita um certo sincretismo religioso, um misto de subjetivismo e de acolhimento de formas e ritos da tradição cristã. Muitas vezes esses sincretismos, sem chegar a verdadeiras deformações, mantêm em algumas religiões um certo dualismo entre religiosidade primitiva e religiosidade popular cristã, sem saber qual na realidade toma o lugar de direção no ânimo dos fiéis. A contínua referência à Bíblia, a purificação de ideias erradas e supersticiosas, o confronto sincero com os princípios da fé podem ajudar a uma plena ortodoxia de fé, mas também a uma ortopráxis cultual e existencial das quais às vezes se manifesta extremamente necessitada a piedade popular, deixada por demasiado tempo à mercê de si mesma. Outro aspecto complementar é o de uma oportuna evangelização a partir da religiosidade popular. Esse princípio parte da convicção de que os lugares da religiosidade, como podem ser os santuários, os templos de tal festiva celebração — festas populares, eventos familiares —, o estado de ânimo dos participantes em certas manifestações religiosas, tornam-se ocasião propícia para uma adequada evangelização dos grandes princípios da vida e da moral cristã, um "kairós" para evocar as grandes mensagens da espiritualidade cristã que uma autêntica pastoral não pode deixar de evidenciar, segundo o conselho da *Evangelii nuntiandi*.

Nesse sentido, será preciso lembrar que a piedade do povo cristão deve ser administrada pela legítima autoridade da Igreja, embora nos devidos espaços de autonomia, sem declinar da responsabilidade da orientação doutrinal e da pedagogia integral que procura dirigir toda expressão de fé para uma coerente existência evangélica.

c) *Integração entre liturgia e piedade do povo cristão*. Há uma profunda ligação entre liturgia e piedade popular. Antes de tudo, porquanto a liturgia cristã é a expressão característica e normal da piedade do povo cristão, a forma ampla e rica da celebração da relação de Deus com o seu povo. Mas não se deve ignorar alguns fatores. Em certas épocas a piedade do povo, não suficientemente satisfeita com as formas celebrativas de uma liturgia muito distante, incompreensível, clericalizada, desenvolveu formas paralitúrgicas mais em harmonia com os sentimentos do povo, embora dependentes dos mistérios da fé celebrados na liturgia. Basta pensar em certas representações populares do Natal e da Paixão na Idade Média, o surgimento das procissões e das peregrinações, as formas de devoção que prolongavam as celebrações litúrgicas ou as tornavam mais fáceis à piedade individual ou dos grupos. Muitas vezes a piedade popular sobreviveu como forma alternativa ou integrativa das celebrações litúrgicas, especialmente nas épocas nas quais o povo não tinha pleno acesso à participação litúrgica. Nesse sentido — é preciso dizê-lo —, a religiosidade desenvolveu um papel supletivo de evangelização, de celebração e de manifestação da fé, ao passo que a liturgia ficava distante e incompreensível. Isso explica por que ainda hoje as grandes manifestações da piedade estão ligadas ou às celebrações do → ANO LITÚRGICO — Natal, Semana Santa, *Corpus Christi*, festas do padroeiro, a Virgem Maria ou os santos — ou derivaram de momentos litúrgicos — *Angelus*, Rosário, *Via Sacra*... — com o objetivo de preparar, prolongar ou estender até a vida do povo o que a Igreja celebra de maneira oficial e sacramental na liturgia.

A renovação litúrgica, abrindo os tesouros da santa liturgia ao povo de Deus com o desejo de fazer celebrações autenticamente populares, indicou um caminho. Não é, como talvez desejavam ou temiam alguns, a de fazer desaparecer as manifestações de religiosidade nascidas por insuficiência de participação litúrgica. A *Sacrosanctum Concilium*, n. 13, já ansiava por uma renovação e indicava a ligação fontal e final com a liturgia para um adequado ordenamento dos pios exercícios. Em lógica continuidade, Paulo VI, na *Marialis cultus* nn. 29 ss., auspiciava na devoção mariana, mas também em outros setores da piedade popular, uma renovação que levasse em consideração quatro orientações fundamentais: a bíblica, para ir buscar inspiração e conteúdos na palavra de Deus; a litúrgica, para se inspirar, em relação a doutrina e formas, na riqueza da grande tradição eucológica da Igreja de todos os tempos; a ecumênica, que leva em consideração a sensibilidade dos fiéis separados em certas formas não corretas da piedade que podem ser exageradas, e propõe um possível enriquecimento em sintonia com algumas formas expressivas de outras Igrejas cristãs; a antropológica, particularmente válida no nosso mundo, que mede os gestos e as formas da religiosidade a partir de um correto conceito do homem e da sua vocação e dignidade de imagem de Deus, sem ser condescendente com deformações sagradas que não receberam a revelação de Deus sobre a verdadeira antropologia cristã; com efeito, muitas vezes formas deterioradas da religiosidade podem estar em contraste com a autêntica profissão da fé pelo desprezo dos valores humanos e suscitam a censura do homem moderno, que vê em certos gestos uma cultura ultrapassada, apoiada numa mentalidade que não corresponde ao gênio do homem contemporâneo. Estamos aqui diante de um autêntico sentido da religiosidade popular: a norma não pode ser a de um veredicto que nasce somente de uma mentalidade humanística que renega formas ultrapassadas; é ainda a fé da Igreja que, firme na autêntica doutrina sobre a dignidade do homem e do seu destino, da consciência do pecado, mas também da dimensão libertadora da graça, orienta a piedade para formas que respeitam o verdadeiro sentido de Deus, revelado por Cristo, a verdadeira realidade do homem chamado à conversão e à santidade.

Por ocasião do Ano Mariano de 1987-1988, a Congregação para o Culto Divino emanou algumas *Orientações e Propostas* para a renovação da piedade popular que, embora fazendo referência explícita à piedade mariana, têm um valor de orientação geral nesse campo.

Com esses claros apelos do magistério mais recente da Igreja, a piedade popular deve ser orientada para seu centro, que é a liturgia, em que temos a celebração do mistério da salvação; mas na liturgia, ao lado dela e em preparação para a celebração dos mistérios, a piedade popular tem um papel precioso de prolongamento, de inserção na vida. Favorece até aquela profunda "*receptio*" do mistério que seja autenticamente popular, que cale nas profundezas do coração do homem e na memória coletiva do povo.

Existem diversas e complementares relações entre a liturgia e a piedade popular. Esta, com efeito, pode existir nas suas formas autônomas propostas pela Igreja, tanto para a piedade individual como para a coletiva. Pode e deve haver uma renovação das formas da piedade à luz dos conteúdos e das formas celebrativas da liturgia. Deve-se valorizar ao máximo a existência de uma verdadeira piedade no povo como atitude essencial para viver as celebrações litúrgicas. Numa autêntica pastoral litúrgica, certas expressões da religiosidade do povo preparam e prolongam os mistérios celebrativos e contribuem para tornar a liturgia ativamente participada e sinceramente popular.

d) *Piedade popular e espiritualidade.* Como tivemos ocasião de observar no início, a espiritualidade cristã no nível da vivência coletiva foi fundamentalmente experimentada e expressa na religiosidade popular. Isso é evidente para a Idade Média com as suas experiências de devoção, mas também para a espiritualidade moderna pós-tridentina, com a multiplicação de novas formas de devoção que tiveram sucesso no povo, que nessas formas de celebração exerce a sua peculiar "liturgia" pessoal e coletiva. Basta pensar no florescimento de vida espiritual em torno da piedade eucarística, no mistério do coração de Cristo, na devoção a Maria e aos santos. Se na Idade Média se podia afirmar que as representações pictóricas e escultóricas eram uma *Bíblia pauperum*, podemos dizer que as formas variadas, pitorescas e criativas da piedade popular eram também elas uma *liturgia pauperum*, que fazia as vezes de ensinamento, quando a Bíblia estava afastada do povo e exprimia a resposta cultual dos fiéis, quando a participação litúrgica era praticamente inexistente. Hoje também a religiosidade popular deve se adequar à renovação da espiritualidade da Igreja. Deve, portanto, ser integrada numa mais viva e autêntica visão do mistério da salvação como é proposto pela palavra de Deus; deve ser equilibrada na referência à participação sacramental e litúrgica. Deve-se abrir a uma visão da espiritualidade que valoriza o empenho apostólico, a prática da caridade e da justiça, a formação da comunidade eclesial e seja voltada a seu fim missionário, o testemunho pessoal e coletivo no mundo.

A persistência da religiosidade popular e das suas formas, mesmo depois de uma adequada reforma litúrgica e uma participação mais plena na liturgia, demonstra que esse fenômeno não é exclusivo de um momento no qual a participação mais plena nos mistérios foi bloqueada. Também a Antiguidade cristã conheceu formas populares de religiosidade e manifestações plenas de "*pathos*" nas celebrações litúrgicas. Bastaria lembrar quanto a peregrina Egéria no seu *Diário de viagem* nos refere sobre a celebração dos ritos da semana santa em Jerusalém no final do século IV. Também hoje a religiosidade popular, embora orientada para a liturgia como para a sua fonte e ápice, tem um espaço e uma função valiosos para evangelizar e para ser lugar de autênticas experiências cristãs. Podemos até dizer que no nosso mundo contemporâneo, mesmo em experiências renovadas de vida cristã, como podem ser os → MOVIMENTOS ECLESIAIS, nascem formas novas de religiosidade mais atentas às instâncias atuais, mais qualificadas pelas orientações doutrinais do Vaticano II.

A Igreja, na sua riqueza espiritual herdada de uma tradição na qual operou o Espírito Santo, conserva ainda hoje não apenas a memória de um passado, mas revive seus valores fundamentais no presente. Muito rica e bem enraizada na memória coletiva da Igreja é a experiência da sua secular piedade para que possa desaparecer em alguns momentos de convulsão. Mas não falta à Igreja a consciência de um crescimento e de uma incessante renovação provocada de dentro pela ação do Espírito e por fora pelas circunstâncias da história, para não abrir a religiosidade popular a uma autêntica renovação e a uma adequada integração de valores.

Por isso, se a espiritualidade atual não pode ignorar os grandes valores históricos da piedade popular, tampouco pode receber de modo acrítico esses valores no momento atual. E nesse sentido valoriza o que é autêntico, apela a uma incessante evangelização e purificação, propõe a devida integração com a liturgia e a experiência eclesial de hoje, a fim de que a religiosidade do povo de Deus não seja apenas uma repetitiva memória do passado, mas uma forte experiência espiritual do presente e do futuro.

BIBLIOGRAFIA. AGOSTINO, G. *La pietà popolare come valore pastorale*. Roma, 1987; CASTELLANO, J. Liturgia e devozione popolare. in *Liturgia, etica della religiosità*. Brescia, 1986, 353-378; COX, H. *La seduzione dello Spirito*. Uso e abuso della religione popolare. Brescia, 1974; EQUIPE SELADOC. *Religiosità popolare*. Bologna, 1976; GREELEY, A. M. *L'uomo non secolare*. La persistenza della religione. Brescia, 1975; *La religion populaire*. Aspects du christianisme populaire à travers l'histoire. Lille, 1981; *La religion populaire*. Paris, 1979; *La religiosità popolare*. Valore spirituale permanente. Roma, 1978; LANTERNARI, V. *Movimenti religiosi di salvezza e di libertà dei popoli oppressi*. Milano, 1974; *Liturgia e religiosità popolare*. Proposta di analisi e orientamenti. Bologna, 1979; MALDONADO, L. *Génesis del catolicismo popular*. El inconsciente colectivo de un proceso histórico. Madrid, 1979; ID. *Religiosidad popular*. Nostalgia de lo mágico. Madrid, 1975; MATTAI, G. Religiosità popolare. In *Nuovo Dizionario di Spiritualità*. Roma, 1979, 1.316-1.331; NOLA, A. di. *Gli aspetti magico-religiosi di una cultura subalterna italiana*. Torino, 1976; PLONGERON, B. *La religion populaire*. Approches historiques. Paris, 1976; *Ricerche sulla religiosità popolare nella Bibbia, nella liturgia, nella pastorale*. Bologna, 1979; ROSA, G. de. *La religione popolare*. Storia, teologia, pastorale. Roma, 1981; SECONDIN, B. Religiosità popolare. In *Dizionario di Spiritualità dei Laici*. Milano, 1981, 211-224; TERRIN, A. N. – Castellano, J. Religiosità popolare e liturgia. in *Nuovo Dizionario di Liturgia*. Cinisello Balsamo, 1984, 1.168-1.187.

J. CASTELLANO

RELIGIOSOS. → VIDA RELIGIOSA.

RELÍQUIAS. Etimologicamente, a palavra "relíquia" significa aquilo que resta, com referência ao corpo humano ou a parte dele; em sentido mais amplo, chamam-se relíquias também os objetos que tiveram contato com uma pessoa que se venerava.

1. A HISTÓRIA. Desde sua origem a Igreja venerou as relíquias, primeiro as dos mártires, depois também as dos santos confessores. Esse culto começou com o martírio de Santo Inácio. Se a relíquia era de todo o cadáver, chamava-se *corpus*; se de parte dele, *ex ossibus* ou *ex capillis*. As relíquias provenientes apenas do contato com o corpo eram chamadas pelos antigos de *brandea, memoriae, nomina, pignora, sanctuaria*. A Igreja de Esmirna considerou os espólios do seu bispo e mártir São Policarpo mais preciosos do que o ouro e começou a venerá-los, celebrando solenemente todo ano o aniversário do seu martírio (*Martyrium Polycarpi*, 18). Santo → AGOSTINHO exprime o conceito e a razão teológica do culto das relíquias: "Não é aos mártires, mas a Deus que erguemos os altares. Quem é o bispo que na presença dos corpos santos ousou dizer: Nós oferecemos a vós Pedro ou Paulo ou Cipriano? O que nós oferecemos é oferecido a Deus, que coroa os mártires" (*PL* 42, 384). Os edifícios surgidos sobre os sepulcros dos mártires chamavam-se *basilicae* ou *ecclesiae ad corpus*, ou seja, erigidas justamente sobre o local do sepulcro deles. Os primeiros cristãos gostavam de ser sepultados perto dos sepulcros dos mártires; por isso, essas basílicas chamavam-se cemiteriais. O

lugar onde se encontravam as relíquias foi considerado como a tumba; daí surgiram muitos santuários. Além disso, o fato de considerar que os objetos provenientes do contato com o sepulcro dos santos eram outras tantas relíquias facilitou de modo extraordinário a multiplicação delas e a difusão do seu culto. As relíquias eram procuradas para as dedicações das igrejas. H. Grisar observa que a dedicação das igrejas não é senão uma sepultura dos santos (*Roma alla fine del mondo antico*, II, Roma, 1930, 202). Por exemplo, em *Ordo Romanus* a cerimônia da dedicação é regulada pelo Ordo "*ad reliquias levandas sive condendas*". A invenção da Santa Cruz, cujas veneradíssimas partículas se difundiram por todo o mundo, a identificação dos lugares santificados pela vida do Redentor na Palestina, cujas terra, pedras e óleo das lâmpadas que ali ardiam os peregrinos carregavam como preciosas relíquias; o achado dos corpos dos mártires deu um grande impulso ao culto das relíquias.

2. RECONHECIMENTO. A autenticação de uma relíquia supõe certo reconhecimento da sua autenticidade. O reconhecimento autêntico é o realizado de forma jurídica pela competente autoridade eclesiástica, que é o ordinário do lugar onde se encontra o sepulcro, expressamente delegado pela Sagrada Congregação para as Causas dos Santos. No momento do reconhecimento retiram-se algumas partes do corpo, que, autenticadas pelo postulador, são distribuídas aos fiéis.

3. LEGITIMIDADE. O culto das relíquias é dito relativo, porquanto se venera a relíquia pela relação que teve com a pessoa do beato ou do santo (cf. cân. 1190). Esse culto é perfeitamente legítimo, porque não é supersticioso e não subtrai nada ao verdadeiro culto divino. Semelhante culto encontra-se também no campo civil, dirigido a lembranças e restos de homens ilustres e de heróis. Esse culto é antiquíssimo e se estende a todo o mundo; é por isso legítimo no seu princípio e constitui importante parte das leis da humanidade. No campo eclesiástico, o Concílio Vaticano II (*LG* 50) recebe com grande piedade os decretos dos Concílios de Niceia II (DENZ. 302), de Florença (*Ibid.*, 693) e de Trento (*Ibid.*, 984-988) a respeito da veneração dos santos e das suas imagens e relíquias. O Concílio de Trento, na 35ª sessão, ao tratar explicitamente das relíquias, afirma: "Os fiéis devem venerar também os sagrados corpos dos santos mártires e dos outros que vivem com Cristo, pois seus corpos foram membros de Cristo e templo do Espírito Santo e por ele serão ressuscitados e glorificados para a vida eterna e por meio deles muitos benefícios são concedidos aos homens de Deus: portanto, aqueles que afirmam que às relíquias dos santos não se devem nem veneração nem honra, ou que elas e outros monumentos sagrados são venerados pelos fiéis sem utilidade e que se visitam em vão as memórias deles com a intenção de impetrar ajuda, devem ser condenados, como a Igreja já há muito os condenou e também agora os condena" (DENZ. 985).

4. IMPORTÂNCIA PARA A TEOLOGIA ESPIRITUAL. O culto das relíquias está intimamente relacionado com o culto dos santos; portanto, como o culto dos santos exerce uma grande influência na vida espiritual mediante o exemplo da vida deles, assim também o culto das relíquias influi muito para incrementar a → VIDA INTERIOR. As relíquias, com efeito, são algo concreto e visível, pois se trata de partículas físicas do corpo do santo. A veneração, o contato, o beijo das relíquias, segundo as leis psicológicas, comovem, provocam a admiração e induzem à imitação do herói cristão. Além disso, deve-se admitir a intervenção sobrenatural do santo cujas relíquias se veneram e de quem se pede a intercessão junto a Deus. As relíquias dos santos são para nós como que um documento tangível da vida espiritual deles, porquanto nos mostram de que modo eles conseguiram tanta perfeição a ponto de merecer a → CANONIZAÇÃO e o culto público. Não há dúvida alguma de que tudo isso constitui um grande incremento para a perfeição da vida espiritual. Com efeito, o culto das relíquias exerceu uma grande influência também na vida interior dos próprios santos.

BIBLIOGRAFIA. *Codex pro Postulatoribus*. Roma, 1929, 271-272.320-329; DELEHAYE, H. *Les origenes du culte des martyres*. Bruxelles, 1933; DUCHESNE, L. *Origines du culte chrétien*. Roma, 1920; FERRETTI, F. H. *De sacris sanctorum reliquiis cum peculiari respectu ad Lipsanothecas episcopales et maiorum ecclesiarum*. Città del Vaticano, 1942; SALMANTICENSES. *Cursus theologicus*, tr. 21, disp. 38; CIC, cann. 1281-1289; WALTZ, A. *Die Furbitte der Heiligen. Eine dogmatische Studie*. Freiburg, 1927; ZULLI, G. *Sant'Ambrogio e il culto dei santi, il culto dei martiri e delle loro reliquie*. Roma, 1945.

M. T. MACHEJEK

REPARAÇÃO. O termo, nos escritos espirituais, costuma indicar a participação do cristão na obra redentora de Cristo, seja no seu aspecto negativo, como expiação do pecado, seja no seu aspecto positivo, como restauração ou renovação da obra de Deus em nós e nas outras criaturas. Em todo caso, a consideração do pecado está sempre presente, quase como o fundo do quadro: é necessário reparar por que o pecado ofendeu a Deus, degradou a sua obra e dificulta a difusão do seu amor pelo mundo. Nos últimos séculos, a ênfase foi posta sobretudo numa atitude de "compaixão" pelos sofrimentos de Cristo, com a intenção de o "consolar" pela ofensas que mais entristecem o seu coração. A excessiva insistência nesse aspecto foi negativa para a espiritualidade reparadora. Agora se procura voltar a uma visão mais equilibrada da reparação, inserindo-a no contexto mais amplo do mistério pascal, que une a cruz e a glória.

1. Ritos cultuais e práticas ascéticas com vistas à reparação do pecado estiveram em uso em quase todas as religiões, mesmo na Antiguidade. O Antigo Testamento insiste mais sobre as culpas coletivas do que sobre as transgressões individuais; mas tanto umas como outras são vistas com frequência como inescusáveis infidelidades ao amor de YHWH. Esse frequente apelo aos pecados do povo deve, porém, ser interpretado não tanto como ameaça de castigo, mas como convite à conversão, para receber o perdão de Deus. A reparação do pecado mostra-se mais como obra de Deus do que do homem, o qual, antes, deixado a si mesmo, seria incapaz de conversão.

Também segundo o Novo Testamento, o pecado é um débito que exige adequada reparação (Mt 5,25); mas não é possível senão pela mediação de Cristo, o qual "derrama o seu sangue", "dá a sua vida" "pela remissão dos pecados". Ao pecador não resta senão aceitar ser salvo, arrependendo-se do seu pecado e empenhando-se em responder ao amor de Deus que se revela em Cristo. Mas, enquanto o pecador expia e repara o seu pecado, todo o corpo eclesial reza por ele: segundo o apóstolo Paulo, na comunidade de salvação, que é a Igreja, os membros sadios devem contribuir para o bem dos membros doentes, e os justos devem reparar pelos pecadores, como ele mesmo faz, unindo o sacrifício das suas fadigas apostólicas ao sacrifício de Cristo, para o bem de toda a Igreja (Cl 1,24; 2Cor 4,12). Mas a essa preocupação pela reparação do pecado (aspecto negativo) deve se juntar a outra pela edificação do corpo de Cristo, para chegar à perfeição da caridade (Ef 4,12-16) (aspecto positivo).

A doutrina católica da solidariedade sobrenatural de todos os redimidos no mistério da → COMUNHÃO DOS SANTOS é claramente afirmada também pelos → PADRES DA IGREJA. Mas a ideia reparadora será posta em relação direta com o amor e os sofrimentos de Cristo somente a partir da alta Idade Média. O primeiro a citar as palavras "Procurei alguém que me consolasse e não encontrei" é São Boaventura (*Vitis mystica*, Quaracchi VIII, 163-164). As expressões "reparar", "compensar" são frequentes nos escritos de Santa Matilde e Santa Gertrudes, mas na linguagem delas é Jesus que vem suprir as "nossas" fraquezas. Já no sentido entendido pela corrente de Paray, descobrem-se claras indicações em Santa Coletta, irmã Lidwina e, mais tarde, em Santa Catarina de Québec.

A palavra "reparação" entrou para o uso corrente da piedade cristã com Santa → MARGARIDA MARIA ALACOQUE: "Dá-me esse conforto — dizia-lhe muitas vezes Jesus —, o de suprir as ingratidões [dos pecadores] quanto fores capaz". Quase todas as práticas de devoção ao → CORAÇÃO DE JESUS recomendadas pela santa de Paray são animadas pelo espírito de reparação, tornando assim inseparável o nexo entre devoção ao coração de Jesus e espiritualidade reparadora.

Segundo Santa Margarida Maria, a reparação às vezes obedece a uma exigência de justiça: oferecer-se à justiça de Deus e aceitar sobre si os castigos merecidos pelo pecado; mas às vezes obedece a uma exigência de amor: "Tu és a vítima do meu coração; deves estar disposta a ser imolada por amor" (*Vie et oeuvre*, I, 154). Em todo caso, tem grande destaque o sofrimento de expiação: "A santidade do seu amor me impulsionava com tanta força a sofrer para lhe retribuir amor que eu não podia encontrar mais doce repouso do que ao sentir o meu corpo esmagado pelos sofrimentos e o meu espírito em todo tipo de desolação" (cf. G. DENIS, *Spiritualità riparatrice*, Pescara, 1955, 314).

A espiritualidade reparadora conheceu uma extraordinária difusão sobretudo a partir do século XIX, por obra dos grandes apóstolos do culto ao Coração de Jesus, de numerosas irmandades de espiritualidade e também de algumas Congregações religiosas surgidas com esse espírito. Lembremos em especial o padre Ramière, fundador do Apostolado da Oração; L. Dehon, fundador da Associação Reparadora do Sagrado Coração; padre Mateo, fundador da Obra da Entronização, e numerosas famílias religiosas masculinas e femininas.

A ideia reparadora teve ampla difusão também entre o povo por meio das "práticas reparadoras", promovidas e recomendadas pela própria Santa Margarida Maria, como: missa e comunhão reparadora, adoração e hora santa com meditação sobre a paixão do Senhor, orações reparadoras e reparação da honra, a primeira sexta-feira e a própria festa litúrgica do Coração de Jesus.

O documento do magistério eclesiástico que tratou desse tema de modo mais amplo foi a encíclica *Miserentissimus Redemptor*, de Pio XI (*AAS* [1928] 165-178), ao afirmar: "O Espírito de expiação e de reparação ocupou sempre o primeiro e mais importante lugar no culto prestado ao Coração de Jesus". Pio XI voltou a esse mesmo tema na encíclica *Caritate Christi* (1932) e Pio XII com a radiomensagem de 1º de junho de 1946.

2. Os princípios doutrinais e os elementos de fundo que estão na base da espiritualidade reparadora são comuns a todos os grandes santos, embora nem sempre sejam expressos com a mesma linguagem, ou seja, uma viva consciência do amor de Deus, ofendido pelo pecado, e o compromisso de responder de modo coerente. Para alguns, porém, essas realidades, como Cristo e pecado, amor e expiação, levam a um diálogo a dois: do homem com Deus sem nenhuma preocupação eclesial. Para outros, o clima geral é dominado mais pelo rigor da justiça divina do que pelo sopro vivificador da sua misericórdia. A espiritualidade reparadora, pelo menos na sua forma mais equilibrada e madura, quer ser, porém, uma visão global do mistério cristão, a qual, levando em conta todas as diversas dimensões do pecado (que é ao mesmo tempo injúria contra Deus, ofensa ao amor de Cristo, ferida ao Corpo místico, desordem introduzida no mundo), disponha e ajude a descobrir e a compreender também todas as potencialidades e dimensões (sociais, eclesiais, cristológicas e trinitárias) do amor reparador, que é ao mesmo tempo expiação do pecado, restauração da vida divina, retorno da criatura ao amor do Criador, por meio de Cristo, na comunhão do seu Espírito.

O único "reparador" em sentido próprio é Jesus Cristo, revelação e dom aos homens do amor de Deus, unitivo e transformador, e ao mesmo tempo resposta dos homens (no "homem" Cristo Jesus) ao amor do Pai. Fruto desse amor, e ao mesmo tempo instrumento do seu dar-se ao mundo, é a → IGREJA, a qual continua e prolonga a tríplice função (profética, sacerdotal e real) de Cristo redentor. Por isso, à medida que participamos do mistério de Cristo e da Igreja nós somos chamados a participar da sua tríplice função, colaborando assim para a obra da salvação, ou seja, para a reparação que é composta por Cristo e pela Igreja.

A nossa reparação: a) diz respeito à glória de Deus, ou seja, à realização do seu plano de salvação no dom da sua vida e do seu amor (Jo 10,27-29; 15,8-9). Com efeito, reparar a glória de Deus significa expiar o pecado, porquanto ofensa de Deus, empenhando-se generosamente para que o amor e a vida de Deus possam ser participados a todos os homens; b) diz respeito também à pessoa do Verbo encarnado, porque reparar significa expiar o pecado, que foi a causa da paixão de Cristo, e sobretudo acolher a oferta do seu amor fraterno, abrindo-se a ele numa amizade cordial e profunda e celebrando-o como a Palavra do Pai e a vida do mundo; c) deve interessar também à Igreja, morada do Espírito e comunhão de caridade, porque só pela destruição do pecado e da celebração do Amor é que a Igreja pode revelar plenamente o seu mistério e exprimir toda a sua eficácia de salvação e de santificação, como Igreja dos pobres, assembleia dos santos, universal sacramento de salvação para todos os homens: "Sejam um [...] a fim de que o mundo creia" (Jo 17,21).

A espiritualidade reparadora, que tem o seu fundamento no caráter sacerdotal e profético do → BATISMO, alimenta-se e desenvolve-se mediante uma participação assídua na vida litúrgica da Igreja. Com efeito, foi por meio da liturgia (palavra e sacramentos) que se revelou e se deu o amor redentor de Cristo. E é ainda mediante a liturgia (sacrifício eucarístico e → OFÍCIO DIVINO) que a humanidade e a própria Igreja, com a qual nós somos solidários, efetuam seu retorno a Deus, por meio de Cristo, na comunhão com seu Espírito.

BIBLIOGRAFIA. BRETAGNE, L. de. *Vita di riparazione*. Pavia, 1902; GENOVESI, V. *La riparazione*. Roma, 1928; CHIESA, F. *Riparazione*. Torino, 1930; CHARLES, C. Spes Christi. *Nouvelle Revue Théologique*. (1934) 1.009-1.022; GILOTEAUX, P. *Anime ostie, anime vittime*. Torino, 1934; PLUS, R. *L'idea riparatrice*. Torino, 1942; AGOSTINI, E. *Il cuore di Gesù*. Bologna, 1950; DENIS, G. *Spiritualità riparatrice*.

Pescara, 1955; HARTMANN, J. *Le sens plénier de la réparation*. Louvain, 1955; PELLIN, A. *Vida de reparación*. Madrid, 1966; Réparation. In *Dictionnaire de Spiritualité* XIII, 369-413 (bibliografia).

A. TESSAROLO

RESIGNAÇÃO. Por mais que seja difícil de ser seguido na sua gênese e na sucessiva evolução, o termo passou por profundas mutações no quadro da → DEVOTIO MODERNA. Em meados do século XVII, Maximiliano van der Sandt esclarecia: "*Resignare latinis idem est quod 'signatum aperire seu patefacere'. Qua significatione non usurpatur a mysticis. Sumitur igitur resignare pro reddere, im manus iterum dare, offerre liberaliter quod in potestate habeas tua*" (*Clavis theologiae mysticae*, 311b). Por isso, ato de resignação seria "*actum voluntatis deliberatum et promptum, quo (quis) donat seipsum perfecte Deo ac superioribus ut disponant de eo absolute et absque ulla exemptione, secundum suum beneplacitum. Procedit ex certo judicio rationis per fidem illuminatae et per experientiam edoctae, quam periculosum sit homini seipsum suo consilio regere aut suis deliberationibus et electionibus confidere*" (*Ibid*.). Assim entendida, a resignação coincide substancialmente com o → ABANDONO e, resumindo a problemática corrente entre os autores espirituais do próprio tempo, Van der Sandt poderá se pôr o problema da licitude de uma "*resignatio ad infernum*", com tal desenvolvimento a ponto de se deixar claramente perceber o difuso clima quietista (lembremo-nos de que nas proposições condenadas de → MOLINOS doze vezes recorre o termo *resignatio*; cf. DENZ. 1.221-1.228).

Mas o grave perigo atualmente iminente vem da acepção habitual da resignação, cujas constantes se percebem já na Baixa Idade Média e têm origens jurídico-militares. Nesse contexto, a *resignatio* é ratificação de condições impostas pelo vencedor, aceitação oficial de cláusulas que não se podem discutir e que é inevitável confirmar (cf. *Lexicon*, do DU CANGE e *Dictionnaire Étymologique*, de ERNOUT-MEILLET). Daí a expressão corrente: "resignar-se à sorte". Estendida ao plano sobrenatural ("resignar-se à vontade de Deus"), esta acepção altera profundamente o alcance meritório e operoso de uma aceitação responsável; ela trai uma passividade fatalista, nos umbrais do desespero. Sobretudo, esse sentido prescinde — se até não a desmente — da paternidade providente de Deus e nada mais tem a ver com o *fiat* que Cristo pronunciou agonizante e nos ensinou no → PAI-NOSSO.

Também sob o ponto de vista pastoral, deve-se evitar esse grave equívoco e convidar, em chave de esperança e amor, ao exercício da paciência, subespécie autêntica da virtude da → FORTALEZA, a qual "*causatur a charitate*" e "*non potest haberi sine auxilio gratiae*" (*STh*. II-II, q. 136, a. 3).

BIBLIOGRAFIA. SANDAEUS, M. *Clavis theologiae mysticae*. Coloniae Agrippinae, 1640; MANISE, G. Rassegnazione. In *Dizionario di Teologia Morale*. Roma, 1957, 1.207; FERRUA, A. È una virtú cristiana la rassegnazione? *Rivista di Ascetica e Mistica* 32 (1963) 23-25; Résignation. In *Dictionnaire de Spiritualité* XIII (1987) 413-415.

A. FERRUA

RESPEITO HUMANO. 1. NOÇÃO. Cai-se no respeito humano quando, em vez de agir segundo as próprias convicções, crenças e ideais, leva-se em conta de modo exagerado o juízo dos outros, por medo de incorrer na pecha de pessoa incompetente e retrógrada, ou de ser ridicularizado. Levar em consideração a opinião do próximo não é de todo reprovável (cf. *STh*. II-II, q. 102). O mal está em levá-la exageradamente em consideração a ponto de sacrificar por ela a honra devida a Deus, o exercício das virtudes, particularmente da virtude da religião. Somos vítimas do respeito humano também quando se realizam atos em si mesmos moralmente bons, mas sem nenhuma convicção, com o único objetivo de se adaptar aos costumes do ambiente no qual se vive — de modo a não parecer singular, inobservante etc. — e desse modo conservar, aumentar a estima que outros possam ter de nós. Essa segunda forma do vício é chamada "respeito humano ao contrário". O respeito humano induz ao sacrifício da própria liberdade interior: a consciência não é mais iluminada e guiada pela lei natural e pela revelação, mas pela opinião dos outros. É um ato de pusilanimidade; por isso, falta a coragem de afirmar e defender as próprias opiniões, mas sobretudo a obrigação de professar a fé cristã em qualquer circunstância e a qualquer preço. Opõe-se à virtude da → FORTALEZA.

O respeito humano se manifesta tanto na ordem natural como na sobrenatural. Aqui ele é considerado sobretudo como lesivo à ordem sobrenatural. Todo o Antigo Testamento está repleto do dever de agir coerentemente com as próprias convicções religiosas. Particularmente é inculcado nos livros sapienciais e nos proféticos (cf. Is 12,2; 30,10-11 etc.). De modo mais explícito é lembrado no Novo Testamento: "Não me envergonho do Evangelho" (Rm 1,16). A procura do favor do próximo com prejuízo da fé é diametralmente oposta à profissão cristã: "Acaso procuro agradar aos homens? Se eu ainda agradasse aos homens, não seria mais servo de Cristo" (Gl 1,10; cf. 2Cor 5,9; Cl 3,22; 2Tm 2,4). O juízo favorável do mundo é indicador de reprovação por parte de Deus: "Infelizes sois vós quando todos os homens falam bem de vós" (Lc 6,26).

2. AVALIAÇÃO MORAL. O respeito humano é uma atitude de per si repreensível. Primeiro porque, estando em contradição com a lei natural e com a lei divina, induz gradualmente à deformação da consciência, ao sufocamento da própria personalidade, à prática renúncia da perfeição cristã que se funda na retidão da intenção. Segundo porque é causa de pecados, seja de omissão, seja de comissão, cuja gravidade está em relação com o preceito omitido ou positivamente não cumprido. O preceito de professar a fé é de direito divino: "Todo aquele que se declarar por mim diante dos homens, também eu me declararei por ele diante do meu Pai que está nos céus; mas todo aquele que me tiver renegado diante dos homens, também eu o renegarei diante do meu Pai que está nos céus" (Mt 10,32-33; cf. Mc 8,38; Lc 9,26; 12,9). O cristão, portanto, é obrigado a professar formalmente a fé quando estiver em questão a honra de Deus e o bem do próximo, como, por exemplo, o possível desprezo da religião, o escândalo que daí possa advir para os fracos etc. (cf. CIC, cân. 1.325). Diante da interrogação sobre a própria fé por parte da autoridade competente (a menos que a própria lei vete a inquirição em fatos de consciência), normalmente há a obrigação de responder. Mas se a interrogação é feita por particular, é lícito calar ou responder evasivamente; salvo o caso em que tal conduta equivalha praticamente à negação da fé. Oferecer-se espontaneamente ao perseguidor é, ordinariamente, cometer ato temerário. Diante do convite de se declarar por meio de uma lei geral, ninguém está obrigado a se apresentar, a menos de ser considerado apóstata no caso de não obediência à lei. Não nega a fé quem escapa à perseguição, antes a confirma (cf. A. VERMEERSCH, *Theologia moralis*, t. II, Romae, 1928, 13 ss.). Negar a fé, seja com a voz, seja com sinais, não é lícito de modo algum. É lícito, porém, e às vezes convém, ocultá-la quando não há obrigação positiva de a professar e quando se pode fazer isso sem incorrer em mentira. Determinadas circunstâncias de tempo e de lugar podem autorizar o católico a omitir certas práticas prescritas pelas leis eclesiásticas, como, por exemplo, não levar em consideração a lei da abstinência pelos graves danos que poderiam derivar da sua observância, quando se passa por um país pagão ou herético.

3. COMO COMBATÊ-LO. O respeito humano, por ser contrário à virtude da fortaleza, deve ser combatido essencialmente pela educação (ou reeducação) a essa virtude. Particularmente difícil é combatê-lo nos adultos, os quais, muitas vezes, por sua consciência já deformada, estão propensos a trocá-lo por prudência ou por simplicidade. "O prudente é quem sabe calar uma parte da verdade, que seria inoportuno manifestar; a qual, omitida, não deforma, falsificando-a, a parte de verdade que manifesta. [...] É simples quem não se envergonha de confessar o Evangelho, mesmo diante dos homens que não o estimam senão como uma fraqueza" (JOÃO XXIII, *Il giornale dell'anima*, Roma, 1964, 315). Tanto com os adultos como com os jovens será preciso sempre insistir na prática dos atos que têm o objetivo de habituar-se a não levar em consideração juízos humanos mais do que merecem. As pequenas mortificações em uso nos seminários e nos noviciados podem ser sugeridas, *mutatis mutandis*, aos jovens de qualquer classe social. Em geral, toda aberta manifestação da própria fé feita onde houver concurso de povo é apropriada para vencer a profunda doença do respeito humano: "Il y a là [à Lourdes] une école contre le respect humain, contra la pusillanimité" (R. LAURENTIN, *Les sens de Lourdes*, Paris, 1955, 97). Outro meio eficaz para combater o respeito humano é a atenta e cotidiana separação das máximas do mundo das da Igreja: *sentire cum Ecclesia*, a ponto de formar uma consciência reta e não facilmente influenciável pelas opiniões dos outros.

O "respeito humano ao contrário", embora não sendo tão pernicioso em suas consequências como o ordinário, é igualmente condenável. Primeiro porque expressão de ânimo privado de profundas convicções religiosas e morais; segundo por suas consequências práticas, que podem ser também gravíssimas: cometer ações positivamente proibidas pela lei natural ou divina, como, por exemplo, comungar quando não se tem disposição ou pouca disposição. O "respeito humano ao contrário" manifesta-se especialmente nas comunidades, nos colégios, nos pensionatos, onde a prática sacramental foi encorajada sem discrição. O respeito dos homens, o medo do que se dirá, essa forma de pusilanimidade e de covardia é um mal que é preciso desmascarar sempre onde quer que se descubra.

BIBLIOGRAFIA. Aquino, Tomás de *Suma Teológica*. São Paulo, Loyola, 2005, II-II, q. 102, a. 3, ad 3, vl. VI; Faber, F. W. *Progressi dell'anima*. Torino, 1932; Hinde, R. A. *Le relazioni interpersonali*. Bologna, 1981; Mucchielli, R. *Le motivazioni*. Assisi, 1982.

E. Bortone

RESPIRAÇÃO. A respiração é a ligação que une simultaneamente o homem a Deus e consigo mesmo. Quanto ao primeiro aspecto, "o homem se torna um ser vivo" desde quando Deus "insuflou nas suas narinas o hálito da vida" (Gn 2,7; Jó 34,14). É verdade que seu Espírito "não dirigirá sempre o homem, em razão dos seus erros; ele não passa de carne" (Gn 6,3), portanto base frágil e precária que conhece uma vida terrena limitada e circunscrita no tempo. Mas o desígnio originário de Deus, que "criou todos os seres para que subsistam" (Sb 1,14) não pode falhar. Os profetas, com efeito, anunciam que o Espírito adejará de novo sobre todos os que estão mortos, "entrará neles e eles reviverão" (Ez 37,9-10). É o que se realiza com a efusão do Espírito e obra de Cristo. Ao morrer, ele "entregou" seu último respiro para plena "consumação" da própria missão salvífica (Jo 19,30). Não de modo diferente, tendo voltado à plenitude da vida, como primeiro gesto, "soprou — mesmo verbo de Gn 2,7 — sobre os discípulos, e lhes disse: 'Recebe o Espírito Santo'" (Jo 20,22). E, se o Espírito criador (Sl 33,6; 104,30) é num certo momento retirado e assim os homens "morrem e voltam a seu pó" (Sl 104,29), o Espírito pentecostal nos é dado "sem medida", para que "permaneça conosco para sempre" (Jo 3,34; 14,16).

Se o homem é um ser que respira, Deus é, por sua vez, autor e dador da respiração. A respiração exprime, portanto, a ligação entre Deus e o homem, podendo-se afirmar que o homem respira o sopro/Espírito de Deus.

Afirma-o, por exemplo, Jó, quando reconhece: "O sopro de Deus me criou, a inspiração do Poderoso me faz viver" (Jó 33,4) e me mantém na vida o incessante influxo do "sopro de Deus nas minhas narinas" (Jó 27,3).

Que a respiração constitua para o homem o caminho-mestre da interioridade nos é lembrado numa passagem dos Provérbios, em que se lê: "O espírito do homem é uma lâmpada do Senhor; sonda o mais íntimo do ser" (Pr 20,27). A respiração é uma capacidade que permite ao homem penetrar em si mesmo, como uma lâmpada posta à sua disposição por Deus. Luz de autoconsciência e de autopertença, a respiração é também fonte de sabedoria, como lemos em Jó: "Mas, na realidade, no homem, é o sopro, o hálito do Poderoso que dá entendimento" (Jó 32,8).

Essa intuição bíblica tem um interessante paralelo com a doutrina e a prática *prāṇāyāma* da ioga, que parte do mesmo pressuposto: por meio de uma oportuna disciplina (*yama*) é preciso se tornar um só todo com o *prana*, a respiração, para perscrutar o nosso universo pessoal, assim como para perscrutar o mundo de Deus temos de nos tornar um só todo com o seu Espírito: "Quem dentre os homens conhece o que há no homem, senão o *pneuma* do homem que está nele? Igualmente, o que há em Deus, ninguém o conhece, a não ser o *Pneuma* de Deus" (1Cor 2,11). É verdade que o *prāṇāyāma* visa à unificação interior, ao passo que o hesicasmo (de que falaremos em breve) leva à comunhão com Deus, ressaltando mais uma vez o duplo movimento, imanente e transcendente, que caracteriza os dois universos religiosos bíblico e asiático. À luz do dado escriturístico, revela-se o sentido profundo do convite do Sl 150,6: "Que tudo que respira", ou seja, todo homem, com exclusão dos animais, aos quais esse termo jamais é aplicado, "louve o Senhor!".

Como consequência de tudo o que foi dito, podemos falar da comunhão respiratória com Deus como de um dado que atravessa toda a história da espiritualidade. O devoto israelita do Antigo Testamento já considerava expressão máxima da própria atitude religiosa respirar a santa lei de Deus, a sua Palavra de vida: "Com a boca aberta de admiração, aspiro ávido dos teus mandamentos" (Sl 119,131). Não diferentemente dos frequentadores do deserto e dos monges dos cenóbios, era prescrito: "Faz entrar em ti, com o ar que respiras, inseparavelmente, as palavras" de Cristo (João Clímaco, *Scala paradisi*, 4, 122; 14, 36), de modo que "a lembrança de Jesus seja um todo com a tua respiração" (*Ibid.*,

27, 62). Nascerá com base nisso a clássica oração do Oriente cristão, o → HESICASMO, que consistia em "unir o nome de Jesus à própria respiração" (*Filocalia*, 1, 268). Tendo a mente sido introduzida no coração mediante uma respiração calma e profunda, quer dizer, atingido o estado de concentração, com a inspiração se pronuncia/pensa/percebe a invocação "Senhor Jesus Cristo, Filho de Deus", ou também simplesmente "Senhor", e com a expiração, a invocação "Tenha piedade de mim, pecador", ou também simplesmente "Piedade". Com efeito, "se quando entra a nossa respiração a educamos a fazer descer com ela também o nosso intelecto" ela se torna "uma e nua e não requer nenhuma outra lembrança senão a invocação do Senhor nosso, Jesus Cristo" (*Filocalia*, 4, 184). Àqueles que se preparam para a prática espiritual, uma vez que não estão exercitados, recomenda-se "prestar atenção à frequente emissão e retomada do ar, [...] vigiando-o na respiração, até que, progredindo para o melhor com a ajuda de Deus [...] consigam levar perfeitamente (o intelecto) a uma concentração uniforme" (*Filocalia*, 4, 57). As técnicas mecânicas — observam, porém, os autores espirituais — podem ser "perigosas, porque às vezes nos mergulham num mundo de sonho e de ilusão e às vezes até, por mais que possa parecer estranho, a um constante estado de luxúria" (TEÓFANES O RECLUSO, cit. em CARITONE DI VALAMO, *L'arte della preghiera*, Torino, 1980, 104). Por isso "o método mecânico pode ser perfeitamente constituído por uma lenta repetição da oração, uma breve pausa depois de cada invocação, uma respiração tranquila e profunda e uma atenção da mente às palavras da oração" (INÁCIO BRIANČANINOVA, cit. em VALAMO, *op. cit.*, 105).

No Ocidente, → INÁCIO DE LOYOLA († 1546) proporá "respirar as orações", a começar pelo Pai-nosso, mediante o seguinte exercício: "A cada suspiro ou a cada sopro da respiração, rezar-se-á mentalmente, dizendo uma palavra do Pai-nosso ou de qualquer outra oração que se recite, de maneira que só se diga uma palavra entre uma respiração e outra; e durante o tempo que vai de uma respiração a outra, atenda-se principalmente à significação da tal palavra, ou à pessoa a quem se reza" ou a si mesmo ou à relação entre Deus e nós (*Exercícios Espirituais*, 258). Um século depois dele, → MARIA MADALENA DE PAZZI († 1607) deixou-nos a descrição talvez mais eficaz de como a Trindade se comunica no ciclo respiratório com as suas criaturas. Relendo esse testemunho, nos vem pensar instintivamente no pescoço inchado dos três seres celestes do ícone de Andrei Rublev, absortos em soprar seu hálito vital. Escreve a grande extática: "Eu via que o Pai soprava nas criaturas, ou seja, desejava ardentemente a salvação delas. Diz-se: fulano aspira a tal dignidade ou a tal coisa porque deseja e procura aquela coisa com avidez. O Filho respirava, ou seja, repousando na criatura, tornava-a agradável ao Pai e a si mesmo, junto com o Espírito Santo. Respirar quer dizer descansar, como se diz às vezes: Oh! deixa-me respirar um pouco, que quer dizer: deixa-me descansar e depois farei e direi o que queres. E o Espírito Santo inspirava, que significa, andava iluminando a criatura, de modo que possa caminhar de virtude em virtude e se tornar aos poucos mais grata e aceitável a Deus. É essa a obra que continuamente faz a Santíssima Trindade nas suas criaturas" (cf. MARIA MADALENA DE PAZZI, *Le parole dell'estasi*, Milano, 1984, 56).

Recentemente, o jesuíta alemão J. B. Lotz, na esteira de K. Tilmann, propôs traduzir a respiração em oração, acompanhando suas fases com quatro palavras-chave, apenas murmuradas ou pronunciadas interiormente (observe-se que a expiração, sendo mais prolongada, ocupa as primeiras duas das quatro fases: 1 e 2. Saindo de mim/ para Ti (expiro); 3. Tudo em Ti (pausa); 4. Renovado por Ti (inspiro) (cf. J. B. LOTZ, *Introduzione alla meditazione cristiana*, Roma, 1983, 33-36). Por sua vez, o beneditino indiano Amaldas Brahmachari nos apresenta uma "Meditação sobre a Santíssima Trindade, seguindo o ritmo da respiração" (*Yoga. Esercizi preghiera unione*, Bologna, 1981, 88-92). Ele, sem ignorar o que já ensina a *Filocalia* (3, 586), ou seja, que Cristo vive em nós "inspirando a vida divina", recomenda acompanhar a inspiração com a invocação "Jesus" e de fazer seguir à expiração a invocação "Abbá", "expressão do nosso entrar no coração do Pai" com a força e o amor do Espírito Santo que nos é foi dado. Desse modo, é possível "respirar o sopro de Deus" ou, como diz com termos essenciais e felicíssimos a *Filocalia*, "respirar o Espírito Santo" (3, 587). Com efeito, se o pio israelita tendia a respirar a lei divina, o cristão vive agora sob a influência direta do Espírito, uma vez que — afirma-o de modo lapidar Santo Tomás (*STh.* I, q. 2, a. 106) — "a nova lei é antes de mais nada a mesma graça do Espírito Santo". A respiração, sacramento primordial e originário do Espírito Santo (cf. Gn 1,2), revela-se como lugar por excelência de uma das mais fascinantes experiências da vida espiritual.

BIBLIOGRAFIA. WOLFF, H. W. *Antropologia dell'Antico Testamento*. Brescia, 1975; ELIADE, M. *Tecniche dello yoga*. Milano, 1984, 71-78 e 222-226.

A. GENTILI

RESSURREIÇÃO. A Igreja nasceu do evento da ressurreição de Jesus e da fé que os apóstolos tiveram no Cristo ressuscitado. A pregação deles fez da ressurreição seu objeto principal (At 4,33), e Paulo afirma: "E, se Cristo não ressuscitou, a nossa pregação é vazia, e vazia também a vossa fé. Acontece mesmo que nós somos testemunhas falsas de Deus, pois prestamos um testemunho contra Deus afirmando que ele ressuscitou o Cristo quando não o ressuscitou, se é verdade que os mortos não ressuscitam" (1Cor 15,14-15). A afirmação da ressurreição de Jesus está no coração do cristianismo. A fé e a vida da Igreja no passar dos séculos têm como fulcro o Ressuscitado.

Hoje nós afirmamos com a Igreja a nossa fé em Cristo, Filho de Deus, nascido de Maria Virgem, Cristo que os apóstolos conheceram, que foi crucificado, que foi sepultado, que ressuscitou e que está vivo (cf. At 25,19). Senhor e único mediador de salvação, ele levou a humanidade a uma nova forma de existência, mudando a sua condição para lhe dar a vida eterna a que Deus destina todos aqueles que creem no seu Filho Jesus.

É essa mensagem pascal que a Igreja tem a missão de difundir incansavelmente entre todos os homens.

1. A ressurreição de Cristo constitui o vértice da história sagrada; nela culmina a história da → SALVAÇÃO, ou seja, as ações que manifestam a vinda de Deus entre os homens para realizar neles aquela vocação divina a que os destina o seu amor. O fato da ressurreição, de que somente "os que Deus escolheu" (At 10,41) foram testemunhas, deixou vestígios que a história profana não poderia ignorar: o seu anúncio revela a todos os homens de boa vontade sinais que somente na fé encontram seu pleno significado. A ressurreição não pode ser considerada como uma simples experiência subjetiva nem como a simples irrupção do Cristo vivo na vida privada dos apóstolos. Como ação divina, a ressurreição escapa a todos os limites da experiência sensível. É um mistério ao qual somente Deus pode iniciar. Depende da fé e é na fé que os apóstolos a conheceram: com as suas aparições, Cristo, que se mostra vivo, revela o caráter divino da sua ressurreição, tendo em vista suscitar e fortalecer a fé deles. Sobre essa fé dos apóstolos, de que eles deram testemunho até a morte sem que ninguém os tenha impedido de falar, é que repousa a nossa fé. Nossa certeza vem da certeza inabalável e irrefutável da fé dos apóstolos. Mas não se poderia pretender que a ressurreição de Cristo fugisse totalmente à pesquisa histórica. Tem ela por objetivo estabelecer a realidade dos fatos, cuja afirmação se impõe a uma investigação objetiva da história da humanidade. Os apóstolos, testemunhas das circunstâncias nas quais Jesus ressuscitado se manifestou a eles, fixam na sucessão histórica ("ressuscitou ao terceiro dia") um acontecimento cujo significado de salvação para toda a humanidade a fé lhes revelou: "Com efeito, se quando éramos inimigos de Deus fomos reconciliados com ele pela morte do seu Filho, com muito maior razão, reconciliados, seremos salvos por sua vida" (Rm 5,10).

2. A ressurreição diz respeito a toda a humanidade, que o Verbo assumiu em si, fazendo-se carne. Depois de tê-la aceito totalmente na sua condição mortal, ele a transfigurou por meio da sua ressurreição. Com efeito, o objeto da nossa fé, que é "libertação para o nosso corpo" (Rm 8,23), exige que, no Cristo antes de tudo, "este ser corruptível revista a incorruptibilidade e que este ser mortal revista a imortalidade" (1Cor 15,53).

Disso dão testemunho todos aqueles fatos que São Paulo enumera: "Eu vos transmiti [...] o que eu mesmo recebera: Cristo morreu por nossos pecados, segundo as Escrituras. Foi sepultado, ressuscitou ao terceiro dia, segundo as Escrituras. Apareceu a Cefas, depois aos Doze. A seguir, apareceu a mais de quinhentos irmãos... A seguir apareceu a Tiago, depois a todos os apóstolos. Em último lugar, também me apareceu a mim, o aborto" (1Cor 15,3-8). O ensinamento de São Paulo é formal, como o dos Evangelhos. É de fato o mesmo corpo do Verbo de Deus formado pela Virgem Maria em virtude do Espírito, o mesmo corpo que foi crucificado e sepultado e que foi transfigurado em virtude do Espírito.

Essa afirmação sempre foi motivo de escândalo para aqueles que pretendem pôr limites ao poder de Deus e à liberdade do seu amor. A tradição da Igreja sempre recusou as explicações ou as apresentações da ressurreição que pusessem em perigo a verdade do Cristo vivo e a sua unidade, Deus verdadeiro e homem autêntico. Os textos evangélicos, ao nos mostrar a continuidade do sepultamento e da ressurreição, a constatação do sepulcro vazio, o caráter sensível das aparições, pretendem dar testemunho da continuidade do corpo sepultado e do corpo ressuscitado "para glória de Deus Pai" (Fl 2,11).

3. A ressurreição de Jesus, eixo da fé cristã, está em relação necessária com outras ações divinas, testemunhadas pela pregação dos apóstolos: a concepção virginal, que implica uma intervenção de Deus na história dos homens e insere a ação do Espírito Santo no íntimo mesmo da sucessão das gerações humanas; a exaltação à direita do Pai, que estabelece a humanidade glorificada de Jesus acima de todas as criaturas e faz do Ressuscitado o chefe do Corpo místico.

Essa entronização na glória, completada pela ascensão, termina o mistério da ressurreição de Cristo: "Cristo entrou no céu mesmo a fim de comparecer, agora por nós, diante da face de Deus" (Hb 9,24). A ressurreição manifesta assim a realeza de Cristo, que "toda língua confessa e em cujo nome todo joelho se dobra nos céus, na terra e debaixo da terra" (Fl 2,11.10). A nós que acreditamos que o Pai ressuscitou o seu Filho para que ele viva para sempre junto dele dá a garantia de participarmos nós mesmos da sua ressurreição; desde a infância, mediante o → BATISMO, nós temos a certeza, se somos fiéis, de estarmos livres do pecado e de ter por fim a vida eterna (Rm 6,23) e de que aquele que venceu a morte nos fará passar, mediante nossa própria morte, para o reino dos céus. Temos a firme esperança de estar "sempre com o Senhor" (1Ts 4,17). A ressurreição de Cristo, enfim, confere ao próprio universo o acabamento que ele espera impacientemente.

"A criação espera com impaciência a revelação dos filhos de Deus, [...] guarda a esperança, pois também ela será libertada da escravidão da corrupção para participar da liberdade e da glória dos filhos de Deus" (Rm 8,19.20). Cristo, em quem "tudo se mantém" (Cl 1,17), fará toda a criação participar da glória do seu corpo glorificado: num "céu novo e numa nova terra" (Ap 21,1), estender-se-á a realeza sem fim do Cordeiro imolado, glorificado pela multidão inumerável de todos os que, ressuscitados com ele, cantarão sem fim o hino dos filhos de Deus.

BIBLIOGRAFIA. BENOIT, P. *Passione e risurrezione del Signore*. Torino, 1968; DANIÉLOU, J. *La risurrezione*. Torino, 1970; DUFOUR, X. L. *Rissurrezione di Gesú e messaggio pasquale*. Roma, 1987; DURWELL, F. X. *La risurrezione di Gesú, mistero di salvezza*. Roma, 1965; FABRIS, R. Risurrezione. In *Nuovo Dizionario di Teologia Biblica*, Cinesello Balsamo, 1988, 1.342-1.361; GHIBERTI, G. *La rissurrezione di Gesú*. Brescia, 1982; HAZIM, I. *La risurrezione e l'uomo di oggi*. Roma, 1970; *La risurrezione di Cristo. Avvenimento, mistero, catechesi*. Bologna, 1970; "Resurrexit". *Atti del Simposio internazionale di Roma sulla risurrezione di Cristo*. Roma, 1974; SCHELIER, H. *La risurrezione di Gesú Cristo*. Brescia, 1972.

P. SCIADINI

RETIRO MENSAL. O retiro mensal é um dia ou meio dia passado em silêncio na meditação de uma verdade eterna, para verificar os progressos ou os regressos do mês anterior, para formular o programa para o mês seguinte.

Um ano inteiro sem paradas espirituais é longo, e as energias acumuladas nos → EXERCÍCIOS ESPIRITUAIS tendem a se exaurir e se dispersar. É preciso rever as posições e orientações impressas em nossos propósitos pelos acontecimentos, pelas pessoas e pelas coisas, é preciso renovar nossas decisões, estimulando a vontade, dando uma guinada, se for o caso, à nave da nossa vida espiritual para retomar o programa de renovado estímulo.

O retiro é tão velho quanto o homem. Filósofos, escritores e homens de negócio o usaram para relaxar a alma e o corpo, para se dedicar ao estudo e à reflexão, para retomar novas forças. Mas a fisionomia mais verdadeira do retiro encontra-se na Bíblia. É ali que se encontram a sós o homem com Deus. A solidão do deserto é o lugar onde Deus gosta de ter seus encontros. Lembremos a peregrinação solitária de → ELIAS em direção ao monte Horeb, onde Deus passou adiante dele como "o sussurrar de um sopro tênue" (1Rs 19,12). No deserto YHWH foi ao encontro de Moisés. E são Lucas nos conta de São → JOÃO BATISTA que "esteve nos desertos até o dia de sua manifestação a Israel" (Lc 1,80). O Senhor mesmo se retira para a solidão, antes de enfrentar o caminho da Galileia como Messias, e durante o seu ministério muitas vezes se afasta de todos para orar sozinho. Os apóstolos esperaram o Pentecostes ao lado de Maria, em recolhimento. Ao longo de toda a história, o retiro foi uma prática contínua e normal.

É essencial para um retiro: 1) o recolhimento e a reflexão sobre uma ideia fundamental religiosa exposta por um pregador ou lida num livro; 2) um bom → EXAME DE CONSCIÊNCIA sobre a conduta do mês; 3) uma boa confissão; 4) uma retomada enérgica do trabalho espiritual segundo o plano estudado nos exercícios espirituais.

Porque, traduzindo em linguagem esportiva o trabalho ascético, como já era do gosto de São Paulo, os retiros são as etapas de uma corrida ideal que dura todo um ano, estuda-se nos exercícios o percurso anual, fixando seus pormenores e prevendo dificuldades e velocidade; nos retiros mensais, verifica-se o caminho percorrido e o atraso ou a vantagem num cronograma; nas confissões semanais retificam-se eventuais desvios, encontram-se os lugares de reabastecimento; nos exames cotidianos de consciência faz-se um estudo minucioso da situação geral e da própria posição, que pode variar de hora em hora, calculam-se as forças de reserva, os desperdícios de energia, as recuperações, os impulsos, as metas volantes.

Ou seja, o programa anual é progressivamente estudado, realizado e controlado mês a mês, semana por semana, dia a dia.

É ideal para um retiro: 1) ter à disposição uma casa adequada, isolada e recolhida; 2) ter tempo e modo de se preparar um pouco na noite anterior, fixando assunto e livros, se o retiro é individual; recolhendo-se e orando, se o retiro é coletivo e pregado; havendo possibilidade, é melhor começar com uma meditação já à noite; 3) ter à disposição o próprio diretor espiritual para lhe fazer uma relação mensal sobre o trabalho desenvolvido e a ser desenvolvido; 4) poder escutar ou ler e meditar um pouco sobre os novíssimos. Uma pitada de novíssimos é sempre oportuno em todo retiro: põe diante de nós os verdadeiros valores da vida e nos dispõe a tudo; 5) fechar o retiro com um pensamento sobre nossa morte e fazer uma breve oração como preparação.

BIBLIOGRAFIA. → EXERCÍCIOS ESPIRITUAIS; *Récollections mensuelles*. in *Dictionnaire de Spiritualité* XII, 228-236.

P. SCIADINI

REVELAÇÕES E VISÕES. → COMUNICAÇÕES MÍSTICAS.

REVISÃO DE VIDA. "A expressão 'revisão de vida' (RdV) nasce entre os anos de 1925 e 1940 no âmbito eclesial constituído pela Jeunesse Ouvrière Chrétienne (JOC). Juntamente com outras fórmulas, como 'campanha-pesquisa', 'pesquisa do Evangelho', 'trabalho em grupo', ela é o reflexo semântico de uma importante inovação realizada nos modelos de comportamento da Igreja católica e, mais ainda, uma ampliação do campo da espiritualidade cristã" (MARTI, Discernimento e RdV, *Concilium* 9 [1978] 157-167).

A prática da RdV estende-se rapidamente aos outros movimentos de Ação Católica especializada, a grupos e movimentos de vários gêneros, a comunidades sacerdotais e religiosas. Os anos 1960 representam o momento de máximo desenvolvimento da RdV. Nos anos 1970, a RdV (e os movimentos que a praticam) atravessa uma crise profunda, cujos êxitos positivos, todavia, podem agora ser vistos, seja no campo eclesial em seu conjunto, seja nos movimentos que a utilizam.

1. HISTÓRIA. *A marca de Joseph Cardijn.* "No fim do século XIX e início do século XX, a Igreja gradualmente toma consciência do fato de que o trabalho industrial e o ambiente em que ele se desenvolve não somente afastam da Igreja milhares de trabalhadores e de trabalhadoras, como, mais ainda, os desumanizam, degradando a vida espiritual deles em vez de a fazer crescer. [...] As soluções identificadas permanecem porém no quadro da pastoral tradicional do tempo, ou seja, uma pastoral centrada nas obras da juventude, como os patronatos, as associações esportivas, os oratórios. O objetivo principal dessa pastoral consiste em tirar por algumas horas os jovens de seu ambiente, para os introduzir, corpo e alma, num banho espiritual. O grande mérito de Cardijn está em ter entendido a inutilidade das políticas do 'gueto' cristão. Ao invés de retirar os jovens trabalhadores do ambiente de vida deles, Cardijn os enviará a esse ambiente como apóstolos encarregados de uma missão humana e divina. Ao invés de reduzir a formação religiosa a um antídoto (de pouco sucesso) contra a influência nefasta da rude vida de trabalho, essa mesma vida de trabalho deve ser santificada e considerada como forma e lugar concreto para uma vida de fé autêntica, ou seja, para uma vida que faça a difícil síntese entre o trabalho e a fé" (A. DONDEYNE, in *Un message libérateur*, Bruxelles, Vie Ouvrière, 1963, 15-16).

Com o famoso trinômio "ver-julgar-agir", Cardijn não somente inventa um método novo e original, mas também propõe um novo modo de presença cristã no mundo.

Em primeiro lugar, ele ressalta incansavelmente a importância do "ver", a atenção à realidade pessoal e objetiva. Ajudar o jovem a descobrir a si mesmo, suscitar nele o respeito da dignidade humana, ajudá-lo a descobrir a beleza da vida que vibra nele, a santidade do amor que desperta, o valor do amor humano e da → AMIZADE; foi esse sempre para Cardijn o caminho normal que leva a Deus e a uma fé cristã autêntica, encarnada na vida.

Logo depois, ele propõe aos jovens ler a vida à luz da → PALAVRA DE DEUS ("julgar" ou "avaliar"): nos anos 1920, para jovens trabalhadores que mal conseguiam ler e escrever, tomar nas mãos o Evangelho e nele perceber o rosto do Cristo trabalhador é uma descoberta extraordinária e galvanizante.

Enfim, sobretudo, a ação. "A ação da JOC não se limita às reuniões", repetirá à náusea o fundador da JOC, com seu ardor costumeiro, "o método jocista ensina os jovens trabalhadores sobretudo a pôr gestos, a agir. É esse o objetivo a que visa toda pesquisa, toda discussão e conversação jocista. Aprender a agir individual e coletivamente; a compreender a fecundidade dessa ação, concertada, organizada, apoiada pelos instrumentos do movimento" (*Va libérer mon peuple*, Bruxelles, Vie Ouvrière, 1982, 76-78).

O amadurecimento do ambiente francês. O genial método de Cardijn encontra em solo francês um aprofundamento e uma sistematização. A expressão "revisão de vida" é cunhada quase contemporaneamente com o nascimento da Ação Católica Operária (anos 1940-1950). Assim se exprimia aquele que usou pela primeira vez essa expressão, dom Béjot: "Cardijn nos ensinou a partir dos fatos. […] E eis que hoje, na sua mesma linha, preconizamos a RdV. […] Consiste ela em enquadrar numa visão única o filme do dia para descobrir as belezas, as riquezas encontradas, o trabalho da graça divina" (La méthode fondamentale, *Masses Ouvrières* [1944/I] 58; cf. Formation par l'action et Révision de Vie, *Ibid.*, dic. 1947, 62-65).

Os desenvolvimentos e a crise dos anos 1970. Nos anos 1950-1960, a RdV conhece um desenvolvimento e uma difusão impetuosos, seja no nível de movimentos laicais (primeiro os vários ramos da Ação Católica especializada, depois os centros de preparação para o matrimônio — CPM — etc.) que nos institutos de vida consagrada (as famílias religiosas inspiradas em Charles → DE FOUCAULD, os Pradosianos, os Filhos da Caridade etc.).

Com o passar dos anos e com a mudança das situações, porém, a RdV é duramente posta à prova.

No final dos anos 1960, amadurece nos movimentos de Ação Católica uma nova concepção da ação: ela não é mais concebida como conquista e cruzada e sim como transformação do mundo, a qual se realiza juntamente com outras forças presentes, em particular no movimento operário (é a definitiva superação — já começada, aliás, por Cardijn — da atitude integrista e intransigente).

De outra parte, também o "ver" muda sensivelmente, adquirindo nova consistência. Muitos se dão conta que não basta parar nas consequências — ainda que penosas — dos fatos e das situações. É preciso descobrir as causas, a fim de que a ação seja eficaz e não vagamente caprichosa.

No "avaliar", pois, afirma-se progressivamente um primeiro passo, que consiste na atenção aos valores e aos desvalores em jogo no fato a partir do qual se faz a RdV. Sucessivamente se passa ao Evangelho.

O duplo aprofundamento sobre as causas e sobre os valores permite uma aproximação ao Evangelho menos ingênua e menos fundamentalista. A palavra de Deus ressoa com toda a sua frescura e novidade quanto mais atentamente a situação humana é percebida em todas as suas dimensões.

Mas essa maturação não acontece de modo indolor. Nos anos 1968-1975, diante do crescente estímulo social e das consequências de vários tipos que comporta nos vários ambientes de vida, muitos movimentos apostólicos entram em crise. "A partir daquele período há uma crise da RdV, quase não observada pela nossa reflexão pastoral. Penso que se podem indicar duas possíveis causas: a) A intenção ingênua de realizar — mediante uma revisão baseada numa hermenêutica fundamentalista do Evangelho — uma imediata 'aplicação' à análise da ação real (social, política etc.). Os militantes descobrem logo a necessidade da mediação de outras análises mais científicas. b) O erro principal cometido pelos teólogos católicos que, fechados em suas especulações pré-conciliares, não souberam apresentar uma infraestrutura teológica séria para a prática da revisão de vida" (F. URBINA, Spirito e storia, *Concilium* 9 [1978] 179).

As perspectivas atuais. Essa espetacular parábola vivida pela RdV não deve porém levar a apressadas conclusões negativas. Como toda intuição importante, também a RdV teve de enfrentar a sua crise e a sua prova. Dessa fase difícil a RdV pode sair mais fortalecida e ainda mais convincente.

Em primeiro lugar, temos de constatar que hoje a tríplice escansão ver-julgar-agir inspira muitas vezes o método pastoral da Igreja. As comunidades de base da América Latina assumiram substancialmente o método da RdV e põem às claras valores pastorais até agora não desenvolvidos.

A própria RdV é um método valioso — e para alguns insubstituível — nos ambientes populares e operários; é uma prática oportuna para as comunidades religiosas e sacerdotais, uma integração útil para os seminaristas que, de modo muito concreto, querem progressivamente se preparar para o sacerdócio, não somente introduzindo a palavra de Deus e a teologia na vida dos homens, mas aprendendo a ler a vida na luz da Palavra. Pode-se dizer — e isso vale sobretudo para os sacerdotes com cura de almas — que a RdV ajuda muito a exercer a pastoral verdadeiramente segundo o Espírito e a dar à "vida espiritual" o seu peso pastoral.

2. OBJETIVO. Fundamentalmente, a partir dos fatos concretos, a RdV visa ver de novo a própria vida, com o fim de retificá-la. Comunitariamente, em clima de escuta do Senhor, deve levar a viver com fé todas as atividades, até mesmo aquelas que parecem as mais profanas e as mais banais. Repensando um fato concreto de vida de que alguém foi testemunha ou protagonista, pode-se ter uma reação espontânea resultante da sensibilidade, do humor do momento; pode-se também refletir, vendo as coisas sob um ponto de vista racional, mesmo se o cristão procurar fazer um juízo moral sobre os diversos aspectos do fato. A RdV quer ajudar a ver os acontecimentos na luz da fé, superando as reações espontâneas e as reflexões de ordem natural ou exclusivamente moralista. Ela pretende ter uma visão dos fatos do mundo como fatos espirituais, ou seja, já inseridos, antes de qualquer intervenção do apóstolo, no drama sobrenatural da graça e do pecado. Esses fatos contemplativos (vistos com os olhos de Deus criador e salvador) são, consequentemente, reveladores de uma história sagrada que continua e com a qual os cristãos estão comprometidos. Embora tendo um objetivo diretamente apostólico, a RdV quer formar em quem a pratica um *habitus* que integre a vida teologal de fé, permitindo ver e julgar tudo com fé e assim levar a agir concretamente segundo o plano de Deus. Esse *habitus* cria a unidade entre os diferentes aspectos da vida do cristão porque, contemplando Deus presente na vida cotidiana, colabora melhor com ele na Igreja.

3. UM MÉTODO. Há diversos modos de fazer RdV para atingir o objetivo prefixado. Julgamos oportuno apresentar um método simples, que permita aos principiantes treinar. Mas antes de apresentar esse método parece-nos útil fazer duas observações.

A primeira rejeita os eventuais falsos conceitos da RdV. Ela não é um simples bate-papo sobre os acontecimentos do dia (muitas vezes com juízos mais ou menos caridosos sobre as pessoas); não é uma reflexão ordenada para desenvolver um apostolado mais eficaz; não é uma espécie de → DIREÇÃO ESPIRITUAL feita em comum; não é um Capítulo das culpas como é praticado pelos religiosos nem uma autocrítica de tipo marxista; não é uma admoestação fraterna na qual se dão úteis conselhos; não é um simples → EXAME DE CONSCIÊNCIA feito diante dos outros; não é sequer uma verificação dos resultados da ação apostólica.

A segunda responde a uma pergunta: para aprender a viver a fé "completa", ou seja, "adulta", "madura", é necessária a RdV comunitária? Uma RdV individual não bastaria? É claro que a RdV não substitui a oração mental nem o estudo pessoal da escritura; antes, os pressupõe. Mas não esqueçamos que o homem foi criado à imagem de Deus. A vida trinitária é "comunitária". Deus quer realizar uma comunidade com os homens ao fazê-los colaborar com a sua obra criadora e salvadora (Igreja). Pensemos também na comunidade de Cristo com os apóstolos, no colégio episcopal em torno do papa, no *presbyterium* com o bispo, nas comunidades de leigos animadas por sacerdotes. Não se pode levar uma vida autenticamente cristã de modo individualista. O Concílio lembra que "a função de pastor não se limita ao cuidado de cada um dos fiéis; deve ser estendida à formação da autêntica comunidade cristã" (*PO* 6). E Jesus disse: "Quando dois ou três estão reunidos em meu nome, eu estou no meio deles" (Mt 18,20).

Apresentemos agora um método de RdV. É necessário que haja um grupo homogêneo de três a dez pessoas, com um animador responsável. E um clima de oração, desde o início. Num primeiro momento, escolhe-se um fato concreto (não uma atitude interior, um sentimento). É bom — quando um fato não se impõe ao interesse de todos — que toda pessoa apresente brevemente um fato de que tenha sido testemunha direto ou um protagonista. Após todos terem apresentado seu fato, escolhe-se um que tenha causado mais interesse. O fato escolhido é então recontado com seus pormenores. Não se deve esquecer de fazer observar todas as pessoas e os grupos sociais direta ou indiretamente envolvidos no fato. Quando o relator tiver terminado sua narrativa, os outros lhe fazem perguntas, não para satisfazer a própria curiosidade, mas para permitir a cada qual concentrar-se no fato. Em alguns movimentos — como, por exemplo, na JOC — o ver se desenvolve numa rigorosa análise das causas e das consequências (pessoais e sociais). Essa pesquisa permite perceber melhor toda a densidade humana do fato nas suas várias dimensões.

Num segundo momento, em silêncio, cada qual observa: a) os aspectos positivos e negativos do fato (não se trata de fazer um juízo moral sobre as pessoas envolvidas, mas de pôr em evidência as virtudes humanas e sobrenaturais, os valores e os desvalores, o pecado do mudo); b) como o Senhor está presente de modo ativo no fato, com referências ao Evangelho e ao ensinamento da Igreja (de modo prático, pode-se perguntar, por exemplo, em que passagem do Evangelho faz pensar tal aspecto do fato, que texto do Concílio pode ser lembrado a propósito de tal ou qual particular). Depois da reflexão e da contemplação de cada um, as descobertas são fraternalmente postas em comum.

Chegamos ao terceiro tempo. Ao se escutarem mutuamente em religioso silêncio, os membros do grupo percebem as riquezas, as intuições, as descobertas apresentadas por cada um. Em tudo isso, cada qual e o próprio grupo entendem quais podem ser os apelos do Senhor. Esses apelos levarão a uma revisão da própria vida para uma maior eficácia do empenho apostólico. Deve-se ressaltar que a RdV não é rever o fato, assim contemplado à luz de Deus, para julgar o próprio fato, mas se trata, por ocasião desse exercício comunitário, de rever a própria vida, bem como a do grupo. É necessário que todos os "chamados" do Senhor sejam expressos diante de todos? Tudo depende da simplicidade e da fraternidade que reinam no grupo. É evidente que os apelos coletivos devem ser manifestados espontaneamente com o consenso unânime. No que diz respeito aos convites à conversão pessoal, quanto melhor forem expressos, mais a RdV ajudará à unidade profunda do grupo.

Ao apresentar os três tempos desse método, reconhecem-se os três momentos do ver, julgar e agir, de Cardijn. Hoje, alguns preferem uma outra terminologia: encontro, verificação, compromisso; realidade experimental, realidade transfigurada na fé, realidade transformada na caridade; ver, entender, colaborar. Substancialmente, trata-se sempre de partir de fatos concretos da vida, de contemplá-los na luz da fé para participar da ação salvífica de Deus.

4. DOUTRINA. Um dos aspectos mais interessantes da história da RdV é o seu entrelaçamento — pelo menos até o Concílio — com a pesquisa teológica. Padre Chenu lembra uma experiência fascinante vivida nos anos 1930, na escola de teologia em que ensinava com o padre Congar: "Le Saulchoir teve, nos anos passados, a alegria e a graça de acolher regularmente assistentes e militantes da JOC; isso faz deste convento, cheio de livros e de teologia abstrata, um dos lugares mais amados e seguros. Esse encontro espontâneo com a JOC e movimentos similares é de inestimável valor para os teólogos; eles veem nesse fato um testemunho da autenticidade cristã e da vitalidade sobrenatural do seu austero trabalho teológico" (M. D. CHENU, Milieu ouvrier et théologique savant, *Lumière et Vie* 140 [1979] 57).

Outro aspecto peculiar da RdV é o fato de que foi praticada e vivida em ambiente leigo e popular. Padre Congar afirmou numa conferência que "a RdV é uma criação original que vem dos leigos, nascida fora dos mosteiros e dos ambientes eclesiásticos, talvez a primeira da história no campo de espiritualidade". E acrescenta: "A RdV é ao mesmo tempo o fruto e o sinal da reconstituição de um homem cristão. Um fato que impressiona há duas décadas: a reinvenção de um homem cristão. Isso exige uma explicação. Sempre houve verdadeiros cristãos; houve, antes de nós, homens que se esforçavam por modelar toda a personalidade deles pelo espírito do Evangelho, inclusive no campo da ação política e social. Parece, todavia, que se tratava de pessoas excepcionais, ou de homens que representavam um tanto a *longa manus* (a extensão) da Igreja nas coisas temporais. O que hoje impressiona é o número de homens e de mulheres, muitas vezes o casal, que, estando totalmente no mundo, não discriminados na autenticidade leiga de seus compromissos históricos, procuram ser cristãos no tecido mesmo da sua humanidade mais terrena e viver seu próprio empenho na trama deste mundo, de modo evangélico. A novidade me parece dupla. De uma parte, em lugar de homens muito pagãos e mundanos na sua humanidade, encontram-se, submetidos às regras da Igreja, homens que pretendem ter um comportamento cristão mesmo na vida cotidiana terrena. De outra parte, esses homens vivem seu cristianismo como resposta às exigências do mundo e da vida, a partir do Evangelho: a existência é para eles responsabilidade evangélica em tudo, de modo que eles vivem as exigências do cristianismo [...] a partir do que a vida, as circunstâncias, os acontecimentos revelam a eles como exigências ou apelo à luz do Evangelho. A RdV é instrumento característico do que estou procurando explicar" (Y. Congar, L'avenir de l'Église, in *L'avenir*, Paris, 1963, 212).

A partir dos anos 1930, os teólogos recorreram a diversas categorias para ilustrar melhor os valores evangélicos da RdV.

Inicialmente, pôs-se o acento na importância da ação. Ficou famoso o livro de Suavet sobre a "Espiritualidade do compromisso", que marcou, por gerações de jovens crentes, a passagem de um cristianismo espiritualizante e abstrato para uma militância envolvida com problemas do mundo.

Sobretudo no campo francês, sob o impulso da renovação bíblica e do pensamento de E. Mounier, explorou-se a fundo a categoria do acontecimento. Segundo essa concepção, Deus fala por meio da história, portanto, por meio de cada acontecimento. Isso se os soubermos interpretar. Ele nos chama a tomar conhecimento e a agir em vista da transformação do mundo e da sua evangelização.

M. J. Mossand, diretor da publicação *Masses Ouvrières* nos anos 1950 reconstrói para os leitores atuais da revista o que significou para ele e para a sua geração a espiritualidade do acontecimento. "Os jovens da JOC nos ensinaram a contemplar a ação de Deus na vida, em referência ao Evangelho. Mais tarde, os adultos da ACO (Ação Católica Operária) andariam mais adiante e mais profundamente com a revisão de vida: esse modo original de ler a vida operária concreta, humilde e cotidiana com seus olhos da fé. Os militantes operários cristãos se exercitavam assim para perceber o sopro do Espírito na plena consistência do cotidiano e para contemplar a ação de Deus subjacente à ação operária. [...] Vivido ativamente na fé, o acontecimento se torna então, em pleno significado do termo, 'o nosso mestre espiritual'. Nós todos fizemos experiência dele, a maior parte das vezes com atraso" (M. J. Mossand, La spiritualité des événements, *Masses Ouvrières* 400, 25).

A reflexão teológica, todavia, não deixa de examinar criticamente a prática cotidiana da RdV e de intuir nela limites metodológicos e doutrinais. Padre Jossua, dominicano, submete a uma análise rigorosa a espiritualidade do acontecimento: "A importância do acontecimento em si mesmo", afirma ao final de uma longa análise, "na experiência global, não está extremamente inflada? [...] Quando se releem as RdV, o acontecimento parece reduzido a incitação, apelo que Deus dirige de fora" (P. Jossua, Chrétiens au monde. Où en est la théologie de la RdV et de l'événement?, *La Vie Spirituelle* 71 [1964] 477). Especialmente no período pré-conciliar, com efeito, o significado religioso está ligado de maneira muito precária à densidade humana do acontecimento. O processo da RdV reduz-se então a uma pia interpretação dos acontecimentos. Para escapar a esse perigo, padre Jossua propõe retomar e desenvolver uma teologia do profetismo. Bonduelle, no seu livro sobre a RdV, assume essa perspectiva e afirma: "A RdV é o lugar da profecia de Cristo hoje. É tarefa da profecia iluminar a história contemporânea, esclarecer as opções cruciais e convocar o homem para a responsável administração do seu mundo, à espera do segundo evento de Cristo. É tarefa da RdV — que é, aliás, a tarefa da teologia sob o aspecto cultural e ideológico — a de guiar, criticar e aprofundar a profecia" (J. Bonduelle, *La revision de vie*, Paris, Ouvrières, 1965).

Com a *Pacem in terris* e com o documento conciliar *Gaudium et spes* chegamos a uma formulação mais madura das relações Igreja-mundo e, portanto, à teologia dos sinais dos tempos. Por "sinais dos tempos" entendem-se, segundo o padre Chenu, "aqueles fenômenos gerais que envolvem toda uma esfera de atividade e exprimem as necessidades e as aspirações da humanidade atual. Mas esses fenômenos gerais são 'sinais' somente no âmbito de uma tomada de consciência do movimento da história. Identificando desse modo os sinais de uma realidade que os supera, os eventos não se esvaziam de seu conteúdo imediato. Embora impliquem uma história santa, a história não diminui no seu valor de história; para que os sinais dos tempos continuem efetivamente como sinais é necessário que o caráter significativo dos acontecimentos e dos fenômenos não se mostre como uma sobreposição, mas se encarne na mesma realidade terrena e histórica" (M. D. CHENU, I segni dei tempi, in *La Chiesa nel mondo contemporaneo*, Brescia, Queriniana, 1966, 95; veja-se também a introdução de M. D. Chenu no livro de R. GRADARA, *Solidarietà e lavoro*, Rimini, Solidarietà, 1986, 9-14). Os "sinais dos tempos" constituem um progresso em relação à "espiritualidade do acontecimento", porquanto impedem uma leitura do sentido divino e evangélico dos acontecimentos em sentido espiritualizante, que faça abstração da realidade terrena. Esses antecedentes doutrinais podem fornecer à RdV um sustentáculo mais sólido e maduro.

Paul Valadier, jesuíta, diretor da revista *Études*, por sua vez, previne contra uma leitura ingênua e ideológica dos sinais dos tempos, que por força de identificar Deus com aproximações corre fortemente o risco de fazer passar Deus mesmo por uma ilusão. Concluindo a sua análise, o autor afirma: "Tentaremos portanto discernir nos acontecimentos de atualidade a que a liberdade divina estimula a nossa liberdade... Diremos que esses sinais dos tempos são sinais de Deus porque, por meio deles, a liberdade divina estimula as nossas liberdades humanas; estimula-as porque elas escapam ao torpor ou à preguiça diante dos falsos determinismos da história e da natureza, as estimula para que se exprimam como criadoras de uma história humana em que todas as liberdades estejam em condições, por sua vez, de existir e de criar. [...] Desse modo, Deus reenvia as nossas liberdades a seus objetivos, aos riscos da decisão, a uma história a ser feita e que é nossa" (P. VALADIER, Signes des temps, signes de Dieu?, *Études* [1971] 276-277).

Enfim, categorias interessantes para orientar a prática da RdV são as do sacerdócio batismal e do culto espiritual (cf. A. VANHOYE, *Il messaggio della Lettera agli Ebrei*, Torino, Gribaudi, 1979). Jesus, ao oferecer a sua vida ao Pai em sacrifício para a salvação do mundo, torna-se o verdadeiro caminho de acesso a Deus e a oferta a ele agradável. Ele é o verdadeiro, novo e definitivo Sumo Sacerdote. O contraste com os sacrifícios antigos é clamoroso. Passa-se de um culto ritual, exterior, separado da vida, a uma oferta pessoal, total, que se realiza nos acontecimentos dramáticos da existência. A consagração sacerdotal não vale somente para Jesus, vale ao mesmo tempo para todos os crentes (Hb 10,14). Todos os cristãos, em Cristo, são sacerdotes, povo sacerdotal (1Pd 2,4; Ap 1,16). O culto cristão, a exemplo do de Cristo, põe-se portanto no coração da existência (Rm 12,1-2). "É portanto na vida mundana que os cristãos são vítimas e sacerdotes ao mesmo tempo: uma liturgia ligada à vida no seu aspecto profano e terreno, privada de ritos particulares e de gestos sagrados. O código da separação parece abolido. Como parece superado o princípio da oferta de algo próprio como sinal do sacrifício de si mesmo. Símbolo sagrado e realidade não estão mais separados: é a própria pessoa que vale como dom sacrifical, 'vivo, sagrado e agradável a Deus'. Mas como podem os cristãos fazer de si mesmos uma oferta agradável a Deus? Paulo convida a uma atitude de não conformismo, de distância crítica com relação aos dinamismos perversos presentes na história e que agem também dentro de nós. Ponto nevrálgico da vida cristã é a renovação da faculdade humana de juízo. Paulo vai assim à raiz do assunto, à capacidade de avaliar e examinar atentamente, para depois passar à decisão. Em concreto, a transformação do crente e a sua renovação profunda visam o discernimento do querer de Deus e à consequente decisão de obediência" (G. BARBAGLIO, *Le Lettere di Paolo*, vl. II, Borla, Roma, 1980, 464-465).

Essas reflexões conferem ulterior densidade e profundidade à prática da RdV. A RdV é o instrumento com que se assume a vida em toda a sua riqueza, que é oferecida a Deus. Ela permite assim uma superação real e não pretensiosa da fratura entre fé e vida; antes e mais ainda, a vida nessa perspectiva de fé abre-se à celebração e ao louvor.

BIBLIOGRAFIA. BONDUELLE, J. *La revisione di vita*. Roma, AVE, 1967; GRADARA, R. *Solidarietà e lavoro*. Rimini, Solidarietà, 1986; *La revisione di vita e incontro con il Vangelo per gruppi di coniugi cristiani*. Torino, LDC, 1982; *La revisione di vita per i sacerdoti*. Bologna, Dehoniane, 1968; *La revisione di vita*. Torino, GIOC, 1982; MARÉCHAL, A. *La revisione di vita*. Milano, La Nuova Favilla, 1963; MARTI, C. Discernimento e revisione di vita. *Concilium* 9 (1978) 157-167; NEGRI, G. – TONELLI, R. *Linee per la revisione di vita*. Torino, LDC, 1972; PERANI, C. *La revisione di vita strumento di evangelizzazione*. Torino, LDC, 1969.

G. FORNERO – G. CHARVAULT

RICARDO DE SÃO VÍTOR. 1. NOTA BIOGRÁFICA. Os elementos biográficos sobre Ricardo reduzem-se a pouca coisa. Dele não se conhece nem a data de nascimento nem a da morte. A tradição o alcunha *Scotus* (escocês ou irlandês?); uma epígrafe, quase dois séculos depois, afirma que ele foi por longos anos cônego regular. Entrou para a célebre abadia parisiense, então em pleno desenvolvimento. Não é possível afirmar se foi discípulo direto de Hugo, cujas obras certamente conhecia, como conhecia as de André de São Vítor. Nada autoriza afirmar que tenha sido amigo de São Bernardo. Subprior em 1159, encontramo-lo prior em 1162, o ano mesmo em que foi eleito abade o inglês Ervivius, cujo governo, nada benéfico para São Vítor, terminará com a sua deposição, ordenada por Alexandre III, em 1171. Segundo o obituário da abadia, Ricardo de São Vítor morreu em 10 de março de 1173, pois no ano seguinte os atos oficiais têm a assinatura de um novo prior.

O homem se encontra todo na sua obra. Nela fala raramente de si e diz não ter experimentado as realidades místicas que descreve. Podemos imaginá-lo sensível aos sons e aos calores, vigoroso no pensamento, hábil na arte de escrever, capaz de desenvolvimentos simbólicos e de análises dialéticas. Ele permanecerá, até Santa Teresa e São → JOÃO DA CRUZ, como o classificador indiscutível dos estados místicos.

2. OBRAS. Os seus escritos, numerosos e diversificados, são em geral autênticos. Compõem-se de tratados sistemáticos de teologia espiritual nos quais floresce a alegoria bíblica; de breves anotações escriturísticas de caráter espiritual; de obras de exegese literal; de obras de teologia dogmática ou moral; e, enfim, de um curioso *Liber exceptionum*, recentemente restituído à forma original, que reúne numa espécie de enciclopédia todos os conhecimentos considerados indispensáveis a um homem do século XII para se aprofundar nas Sagradas Escrituras. Esses vários gêneros literários vão da pesquisa das "razões necessárias" às efusões místicas em prosa rimada e ritmada.

Ricardo cita muito raramente os seus autores: às vezes Santo → AGOSTINHO, São Gregório, o pseudo-Dionísio, do qual toma emprestados exemplos e inspirações que depois desenvolve de maneira totalmente pessoal. Embora conheça os Padres Gregos, jamais os cita. Conhece Hugo, que reduz a sistema. Ressente-se muito da influência de Santo Anselmo, que lhe inspirou uma particular audácia dialética, como apoio de um ardor místico. A sua personalidade intelectual é bastante forte para lhe permitir produzir obras originais.

3. DOUTRINA. A doutrina espiritual de Ricardo, centrada na contemplação e no amor, pode ser apresentada de forma sintética. Expressa com uma linguagem muito fluida, na qual abundam imagens e classificações às vezes dessemelhantes, ela se desenvolve ao longo de orientações muito características.

Antes de nos pôr a considerar a contemplação para a qual o homem pode se elevar ou ser elevado, convém refletir sobre o próprio destino. Ricardo herdou da Bíblia e dos Padres o conceito do homem "feito à imagem e semelhança de Deus". É essencialmente no livre-arbítrio que se refletem a imutabilidade e a majestade divina (*De statu interioris hominis*, 1,3: *PL* 196, 1.118D). Nada o constringe nem o submete. Com o consentimento racional, ele é semelhante a Deus; como inamissível, é feito à sua imagem. A alma pode assim contemplar os vestígios da natureza divina. Mas o homem pecou. Ele é agora livre, mas enfermo, impotente, ignorante, à mercê da concupiscência, sem, todavia, ter sido atingido no que é a sua constituição essencial. Presa dos mais duros conflitos interiores, a mais nobre das criaturas se encontra agora na esfera da dessemelhança, da qual ela deve sair. Combinando esse tema platônico e agostiniano com o tema bíblico do êxodo do Egito, Ricardo diz: "*Transitus Jordanis, reordinatio caritatis*" (*De exsterminatione mali et promotione boni*, 1, 6: *PL* 196, 1.077B). Para completar a restauração da imagem é preciso abandonar o mundo e a si mesmos. É preciso antes conhecer-se para poder depois se pôr em relação com o mundo exterior e com Deus. Esse conhecimento de si mesmo sobre o qual Ricardo insiste em muitas obras suas não é uma simples introspecção psicológica, mas está destinado a uma reforma moral. Influirá sobre o amor que o homem tem para consigo mesmo e o transformará, fazendo-o chegar a uma dileção mais espiritual, à caridade ordenada. Essa reforma realizar-se-á especialmente por meio da discrição, de que São Gregório tinha falado com frequência: essa virtude indispensável regulará e moderará as outras.

O *Benjamin minor* descreve a trajetória da subida da alma para a contemplação, parando em particular nas primeiras fases. A propósito dos filhos do patriarca Jacó ele descreve as faculdades da alma: sensibilidade, imaginação, razão, inteligência; e também as virtudes e as paixões: a esperança, o temor, a alegria, a dor, o ódio (ou "ira"), o amor, o pudor, as quais deverão ser moderadas pela discrição. Reivindica-se o valor do conhecimento sensível porque ele constitui a base indispensável para um conhecimento superior, que é o da razão. As imagens suscitadas pela imaginação fornecem o material à razão, que distingue, avalia, julga. Como capacidade de conhecimento de si mesmo, portanto do invisível, a razão dará espaço à inteligência pura. "*Rachelis interitus… rationis defectus*" (*Benjamin minor*, 73: *PL* 196, 52D), porque no que diz respeito às realidades superiores à razão é necessário que intervenha a graça da revelação divina. "*Benjamin in mentis excessu*" é a alma elevada aos supremos graus da contemplação.

O *Benjamin major*, uma das obras mais vigorosas e mais conhecidas de Ricardo, descreve detalhadamente, segundo uma gradação neoplatônica, seis gêneros (ou graus) de contemplação e depois três modos, cujas causas analisa. Antes de abordar essas classificações, cuja estrutura relativamente rígida não deve esconder o fato de que nem todas têm a mesma importância, é preciso ressaltar que para Ricardo a doutrina da contemplação está intimamente ligada às suas ideias com relação à fé e à ciência. A fé é o ponto de partida do longo caminho que leva a Deus. Ela deve chegar a um conhecimento mais aprofundado das verdades que encerra. Aqui está todo o sentido do *De Trinitate*, que às vezes fez Ricardo suspeito de racionalismo, quando a sua pesquisa, na fé mesmo, tende a uma "inteligência mais alta" dos mistérios divinos. Convém também notar que a subida para a contemplação se faz por meio de uma ação conjunta do amor e do conhecimento. O aspecto mais especulativo do *Benjamin major* deve ser completado pelo aspecto mais afetivo do *De quattuor gradibus violentae caritatis*. As últimas fases da união com Deus encontram-se além da distinção formal entre o amor e o conhecimento. Esses dois aspectos serão apresentados em conjunto.

O que é a contemplação? No início do *Benjamin major* Ricardo faz distinção entre a *cogitatio* "*improvidus animi respectus ad evagationem pronus*", uma espécie de atenção geral pouco concentrada, e a *meditatio* que caracteriza a pesquisa aplicada a um objeto: "*studiosa mentis intentio circa aliquid investigandum diligenter insistens*".

A → CONTEMPLAÇÃO é "*libera mentis perspecacia in sapientiae spectacula cum admiratione suspensa*" (*Benjamin major*, 1, 4: *PL* 196, 67D). Ele introduz aqui dois elementos que não comportam a definição dada por → HUGO DE SÃO VÍTOR (*Homilia I in Eccl., PL* 175, 117): as manifestações da sabedoria (divina) e a admiração, com frequência mencionada em suas obras, que integram a afetividade no que teria podido não ser outra coisa senão intelectualismo.

É ao universo visível que se limitam os dois primeiros gêneros nos quais os *sensibilia* não são contemplados senão por si mesmos. O primeiro, "na imaginação segundo a imaginação", atrai a atenção do homem sobre as formas materiais em que número, variedade e beleza provocam a alegria sensível, uma espécie de maravilha, mas pouca reflexão. O segundo, "na imaginação segunda a razão", não para na aparência exterior das coisas, mas procura e admira sua razão, disposição, ordem, causa, relação. A complexidade esparsa do real começa a se coordenar. Isso poderá levar a Deus.

Com o terceiro gênero, "na razão segundo a imaginação", efetua-se a passagem do mundo visível para o invisível. A faculdade dominante é agora a razão, que pode se ajudar com imagens, comparações, semelhanças, que lhes permitem elevar-se às realidades do mundo espiritual. Essa via ascendente positiva é também a realização de uma concepção simbolista do universo; ela espiritualiza as faculdades sensíveis do homem (*Benjamin major*, 3, 5; *PL* 196,115B). No quarto gênero, de que trata todo o terceiro livro, a razão opera "segundo a razão", ou seja, sem a ajuda (ou o obstáculo) do sensível. A experiência tem ainda o seu lugar; ela é agora interior. A alma desce para dentro de si mesma, apossa-se de si mesma como espelho da divindade. O ser do homem, o seu saber, o seu querer, a sublimidade da sua essência, a liberdade, as suas faculdades várias, o seu juízo (*deliberatio*), ajudados pela graça, formam o objeto detalhado dessa contemplação que permitirá chegar a um conhecimento "reflexivo" de Deus, da sua existência, dos seus atributos. A esses diversos graus corresponde muito bem o primeiro grau da caridade violenta, o *amor vulnerans*, em que, na solidão, a alma separada e recolhida entra em si mesma, conhece o gosto de Deus e tem uma breve intuição da sua presença que a faz pedir a visão. Estamos nos umbrais da contemplação no sentido estrito.

Se os quatro primeiros gêneros permitiam ao homem subir na contemplação mediante os próprios esforços apoiados no socorro da graça, nos últimos dois que têm por objeto as *intellectabilia*, tudo depende da graça (*Benjamin major*, 1, 12: *PL* 196, 78B). Uns estão acima da razão, mas não contrários a ela, como a simplicidade de Deus, a Trindade, a essência da alma humana. Outros não somente estão acima da razão, como também contrários a ela, por exemplo, a unidade e a trindade de Deus, que só o raio da luz divina pode fazer conhecer (*Benjamin major*, 1, 6: *PL* 196, 72C).

Uma classificação diferente, a dos "modos" de contemplação, visa determinar de maneira mais precisa a função da graça. Na *dilatatio mentis*, o espírito que contempla com uma maior intensidade um maior número de objetos parece permanecer no plano da atividade natural. Na *sublevatio mentis* ele recebe a revelação divina e ultrapassa os próprios limites sem por isso renunciar a ser ativo. É sem dúvida antes da *alienatio mentis* que convém situar o segundo grau do amor ardente, em que a revelação divina suscita a admiração, absorve a lembrança e aumenta o desejo de Deus. Na *alienatio mentis*, as faculdades diminuem, o espírito passa a um estado desconhecido, é como que atraído pela luz divina e a liquefação o transforma. Diversos são os vocábulos que servem para descrever essa *alienatio*: *excessus mentis*, em que o espírito ultrapassa os próprios limites e chega a uma inteligência que lhe é dada do alto; *extasis*, saída de si mesmo; *stupor*, diante do que ele contempla e que provoca o *raptus*, o arroubo; *somnium*, quando os sentidos ficam privados de qualquer atividade a fim de que a inteligência possa ver; *ebrietas*, causada pela abundância do amor; *liquefactio* do coração, a propósito do qual Ricardo utiliza a imagem do ferro imerso no fogo, cara à literatura espiritual e que lhe serve de maneira mais afetiva para ilustrar a passagem para um esplendor novo, a transformação que provoca ouvir as palavras indizíveis que revelam os mistérios de Deus.

Quais são as vias que levam ao *excessus mentis*? Ricardo assinala a grandeza da devoção e do amor; em virtude de uma revelação, o desejo do espírito se inflama e se eleva para as realidades superiores. A grande admiração provoca a admiração e o arroubo. Enfim, a grande exaltação, a abundância dos gostos celestes e a doçura divina transportam a alma para um estado de felicidade que não é mais desta terra. Esses elementos encontram-se na análise do terceiro grau da caridade violenta.

Nesse estado no qual o conhecimento e o amor confluem na *unitas spiritus* com Deus resta à alma participar da humildade do Cristo. O amor que causa o desfalecer faz com que a alma, morta e ressuscitada com o Cristo, continue, conformando-se à humildade dele, a vida do beneplácito de Deus. A criatura nova é impassível, tendo chegado à sumidade extrema da caridade, "dá a sua vida pelos seus amigos", rebaixa-se por amor de Deus e tudo suporta; chegaria, por amor dos seus irmãos, até a repreender a Deus, como Moisés, a ser anátema, como São Paulo. A mística atinge aqui a sua fase final no serviço dos homens amados por amor de Deus, amor inspirado por Deus, que transformou a alma. A contemplação atinge sua coroação na vida apostólica.

Poderíamos perguntar que lugar deixa a Cristo semelhante mística. As práticas especulativas dos *Benjamin*, a formulação afetiva dos *Quatro graus de caridade violenta* não devem fazer esquecer as efusões do *Comentário do Cântico dos Cânticos*, no qual Cristo é representado como esposo que ordena a caridade, como aquele que se deverá imitar na sua paixão, junto com o qual nos humilhamos, como aquele do qual correm as águas vivas, como aquele que fala à alma e a transforma. No *De Emmanuele*, Ricardo celebra a doçura e a paciência do coração de Cristo.

Convém, enfim, ressaltar a função do Espírito Santo na contemplação e unir aqui os textos do *De quattor gradibus violentae caritatis* e *In Apocalypsim* (VIII, 3) aos desenvolvimentos muito decididos do *De Trinitate* (VI, 14: *PL* 196, 978D) que mostram que a alma, consumida pelo fogo divino do Espírito, funde-se no amor de Deus, e conferem à vida mística o seu fundamento dogmático.

A contemplação, segundo Ricardo, é muitas vezes considerada especulativa e intelectual. Dever-se-á admitir que ela é menos experimental do que a mística de São Bernardo e dos → CISTERCIENSES. Todavia, uma leitura atenta de todas as obras de Ricardo demonstra que elas não negligenciam nem em teoria nem na prática os elementos afetivos. "*Amor notitia est*", disse Vittorino, para quem o amor é ao mesmo tempo meio e termo do conhecimento. É no homem inteiro, imagem de Deus, que deve ser explicada a "caridade ordenada", que é o segredo das três Pessoas divinas da Santíssima Trindade.

BIBLIOGRAFIA. 1) Biografias: BONNARD, F. *Histoire de l'abbaye royale et de l'Odre des chanoines réguliers de Saint-Victor*. Paris, 1904, I; DUMEIGE, G. La vie de Richard et la chronologie des ses oeuvres. In *Richard de Saint-Victor et l'idée chrétienne de l'amour*. Paris, 1952, 165-170.

2) Obras: *Opera omnia*. In *PL*, Paris, 1855; *Sermons et opuscules inédits*. I. – L'édit d'Alexandre et les trois processions. Paris, 1951; *Epître à Séverin sur la charité. Les IV degrés de la violente charité*. Paris, 1955; *De Trinitate*. Paris, 1958; *Liber exceptionum*. Paris, 1958; *La Trinité*. Paris, 1959; RIBAILLIER, J. (ed.). *Richard de Saint-Victor. Opuscules théologiques*. Paris, 1967; RIBAILLIER, J. (ed.). Richard de Saint-Victor. "De statu interioris hominis". *Archives d'Histoire Doctrinale et Littéraire du Moyen Age* XXXV (1967-1968) 7-128; SCHMIDT, M. *Über dir Gewalt der Liebe ihr vier Stufen*. München-Paderborn, 1969; *I quattro gradi della violenta carità*. Roma, 1971; ZINN G. (trad.). *Richard of S. V. The Twelve Patriarchs, The Mystical Arch, Book three on the Trinity*. London, 1979.

3) Estudos: a) De conjunto: BUONAMICI, G. *Ricardo di San Vittore. Saggio di studi sulla filosofia mistica del secolo XII*. Alatri, 1898; FONCK, A. Mystique. In *Dictionnaire de Théologie Catholique* X, 2.513-2.618; OTTAVIANO, C. *Riccardo di San Vittore: la vita, le opere, il pensiero*. Roma, 1933; OTT, L. *Untersuchungen zur theologischen Briefliteratur der Fruhscholastik unter besonderer Berücksichtigung der Viktoriner kreises*. Münster, 1937.

b) Particulares: BEUMER, J. Richard von Sankt-Viktor, Theologe und Mystiker. *Scholastik* 31 (1956) 213-238; CHATILLON, J. Les quatre degrés de la charité d'après Richard de Saint-Victor. *Revue d'Ascétique et de Mystique* 20 (1939) 237-264; ID. Les trois modes de la contemplation chez Richard de Saint-Victor. *Bulletin de littérature Ecclésiastique* 41 (1940) 3-26; DÉCHANET, J. Contemplation. In *Dictionnaire de Spiritualité* II. Paris, 1961-1966; DUMEIGE, G. *Richard de Saint-Victor et l'idée chrétienne de l'amour*. Paris, 1952 (com bibliografia); EBNER, J. *Die Erkenntnislehre Richards von Sankt Viktos*. Münster, 1917; ENGELHARDT, G. V. *Richard von Sankt Viktor und Johannes Ruysbroek. Zur Geschichte der mystischen Theologie*. Erlangen, 1838; ETHIER, A. M. *Le "De Trinitate" de Richard de Saint-Victor*. Paris, 1939; GUIMET, F. "Caritas ordinata" et "amor discretus" dans la théologie trinitaire de Richard de Saint-Victor. *Revue du Moyen Age Latin* 4 (1948) 225-236; JAVELET, J. Extase. In *Dictionnaire de Spiritualité* IV, 2.116-2.120; JAVELET, R. *Psychologie des auters spirituels du XIIe siècle*. Strasbourg, 1959; KULESZA, E. *La doctrine mystique de Richard de Saint-Victor*. Saint Maximin, 1924; LENGLART, M. *La théorie de la contemplation mystique dans l'ouevre de Richard de Saint-Victor*. Paris, 1935; OTTO, St. *Die Funktion des Bildbegriffes in der Theologie des 12 Jahrhunderts*. Münster, 1963; RÉGNON, Th. de. *Études de théologie positive sur la Sainte Trinité*. Paris, 1892, 235-335, II; ROUSSELOT, P. *Pour l'étude du problème de l'amour au Moyen Age*. Münster, 1908; SALET, G. *Les chemins de Dieu d'après Richard de Saint-Victor, in Mélanges de Lubac*. Paris, 1963-1964, 73-88, II.

c) Literários e histórico-críticos: BARON, R. Richard de Saint-Victor a-t-il écrit le "De contemplatione et ejus speciebus"? *Revue de Sciences Religieuses* (1962) 409-424; BARON, R. Richard de Saint-Victor est-il l'auter des commentaires de Nahum, Joël, Abdias? *Revue Bénédictine* 68 (1958) 118-122; CHATILLON, J. Contemplation, action et prédication d'après um sermon inédit de R. de S.V. en l'honneur de Grégoire le Grand. In *Mélanges de Lubac*, II, cit., 89-98; ID. De Guillaume de Champeux à Thomas Gallus. *Revue du Moyen Age Latin* 8 (1952) 139-163.247-272; CORKER, M. L. Richard of St. Victor and the Anonymous of Bridlington. *Traditio* 18 (1962) 181-227; COUSINS, E. A theology of personal relations. *Thought* 45 (1970) 56-82; ID. *The notion of the Person in the "De Trinitate" in R. of S.V*. New York, 1966; DELHAYE, Ph. Les perspectives morales de R. de S.V. In *Mélanges Crozet*. Poitiers, 1966, 851-862; GONZALEZ, O. Sobre las fuentes de R. de S.V. y su influjo en san Bonaventura. *La Ciudad de Dios* 76 (1963) 567-602; HOFMAN, P. Analogie und Person zur Trinitätsspekulation R's von S.V. *Theologie und Philosophie* 59 (1984) 191-234; JAVELET, R. Thomas Gallus et Richard de Saint-Victor mystiques. *Recherches de Théologie Ancienne et Médiévale* 29 (1962) 206-233; 30 (1963) 88-121; LORENZO, R. D. di. Imagination, a first way to contemplation in Richard of S.V's "Benjamin minor". *Mediaevalia and Humanistica* 11 (1982) 77-98; NEGRI, L. Poesia e mistica di Riccardo di San Vittore: la tecnica compositiva del "De IV gradibus caritatis". *Convivium* 23 (1955) 522-532; WASSELYNK, R. La part des "Moralia in Job" dans les "Miscellanea" victorins. *Mélanges de Science Religieuse* 10 (1953) 287-293; WIPLER, H. *Die Trinitätsspekulation des Petrus von Potiers und die Trinitätsspekulation des Richards von S.V. Ein Vergleich*. Münster i.W., 1965.

G. DUMEIGE

RODRÍGUEZ, ALFONSO.

1. NOTA BIOGRÁFICA.

Nasceu em Valladolid, em abril de 1538. Depois de ter estudado gramática e filosofia na universidade de Valladolid e dois anos de teologia em Salamanca, entrou para a Companhia de Jesus nessa cidade, em julho de 1557. A ocupação principal da sua vida foi a de mestre de noviços: em Salamanca (1564), em Montilla (1585-1597), em Sevilla, de 1607 em diante. Foi também reitor em Monterrey (1570-1576), professor de moral em Monterrey (1567-1579) e em Valladolid (1570-1585). Morreu em Sevilla no dia 21 de fevereiro de 1616.

2. OBRAS. A obra pela qual é quase que exclusivamente conhecido é *Exercicio de perfección y virtudes cristianas* (Sevilla, 1609), reimpressa mais de cinquenta vezes em espanhol, traduzida para as principais línguas não apenas europeias, mas também mundiais, como o árabe e o chinês. Essa obra não é senão um novo texto, mais elaborado e corrigido, das *Exortações* que deu aos noviços em Montilla e que se conservam manuscritas. O estilo dessas exortações é ainda mais espontâneo e os problemas são tratados com maior franqueza.

3. DOUTRINA. Rodríguez é um autor eminentemente prático. É verdade que a obra contém muita doutrina espiritual e é desenvolvida com muitos textos da Escritura, Padres e autores espirituais, também contemporâneos, mas sempre todas as suas explicações tendem a promover o exercício das virtudes e das diversas práticas espirituais. Tem um instinto especial para adivinhar as dificuldades reais que se apresentam no caminho da perfeição e sabe apresentar de um modo ameno, numa linguagem popular e agradável, os conselhos concretos práticos, a orientação certa num clima que transpira ao mesmo tempo uma elevada força sobrenatural e um agudo senso da realidade. Como escreve → GUIBERT, "menos preocupado em causar entusiasmo e inflamar a imaginação do que obter a execução, mas sem ser nada seco nem rígido, e sem restringir a atenção apenas sobre si mesmo, dando sempre o primeiro lugar aos afetos profundos, e antes de tudo à caridade; muito distante do ascetismo de que foi frequentemente censurado. A abnegação e as práticas das virtudes não têm para ele outra razão de ser senão a necessidade de libertar a alma e torná-la dessa maneira capaz de ir a Deus e de o servir. Ele não tem nenhuma hostilidade contra a mística e os estados superiores da vida espiritual, mas, dado que fala a todos, crê não dever arriscar a provocação de desejos e entusiasmos prejudiciais nas almas que se encontram ainda nos primeiros passos, abstendo-se porém de estender isso às pessoas de alta espiritualidade, indicando, segundo as ocasiões, a distinção entre os modos de oração ordinária, não somente intelectual, mas sobretudo afetiva, e as graças infusas, que ele simplesmente faz entrever no horizonte, coisa que de resto não o impede de dar muita importância a um Ruusbroec, que cita com elogio" (*La spiritualità de la Compagnie*, 252-253).

Depende das *Exortações* do padre Gil González Dávila para sua exposição teórica, sobretudo nos textos que cita dos Padres (cf. C. ABAD, *Pláticas sobre las Reglas de la Compañia de Jesús*, Barcelona, 1964, 56-599).

Com relação às tendências jesuíticas do tempo, pertence ao grupo mais afim ao padre Mercuriano, que defendia a necessidade de prescrições minuciosas e nas quais tem vantagem a observância regular. Explica-se assim como Rodríguez prefira explicar uma por uma as diferentes virtudes, sem conseguir dar uma unidade orgânica ao conjunto. Divide o escrito em três partes e cada parte em oito tratados, desenvolvendo 24 temas. Indica antes diversos meios para chegar à perfeição, entre os quais se destacam a pureza de intenção, a oração, a → CONFORMIDADE À VONTADE DE DEUS. A seguir dá destaque a uma série de diversas virtudes, sejam elas próprias de todos ou particulares da Companhia, à qual reserva a terceira parte: fim da Companhia, votos, observância das regras, relação com os superiores e os outros membros. Desenvolve todos os temas com grande clareza, amenidade, solidez, adaptando-se principalmente aos principiantes, mesclando a exposição, conforme o gosto do tempo, com exemplos, muitos dos quais tirados de narrativas antigas, não sujeitas aos critérios da crítica histórica moderna.

BIBLIOGRAFIA. DONNELY, J. Alonso Rodríguez "Ejercicio": A neglected classic. *The Sixteenth Century Journal* 9 (1980/2) 16-24; FITA, F. *Galería de jesuitas ilustres*. Madrid, 1880, 22-30; GUIBERT, J. de. *La spiritualité de la Compagnie de Jésus*. Roma, 1953, 250-253; KNELLER, C. A. *Alphons Rodríguez der Aszet*. Innsbruck, 1934; PÉREZ GOYENA, A. Tercer centenario de la muerte del p. Alonso Rodríguez. *Razón y Fe* 44 (1916) 141-155; POTTIER, A. *Le p. Louis Lallemant et les grands spirituels de son temps*. Paris, 1927, 257-298, t. I; PUZO, F. (ed.). *Pláticas de la doctrina cristiana*. Barcelona, 1944; REYERO, E. *El grande español p. Alonso Rodríguez*. Valladolid, 1916; SOMMERVOGEL. VI, 1946-1963; VASSAL, A. de. Um maître de la vie spirituelle. Le père Alphonse Rodríguez... *Études* 150 (1917) 297-321; WILT, A. de. Rodríguez en de Nederlanden. *Nos Geestelijk Erf* 29 (1955) 74-110.

I. IPARRAGUIRRE

ROLLE, RICARDO. 1. NOTA BIOGRÁFICA. Primeiro na época dos "místicos ingleses" dos séculos

XIV-XV. Nascido em Thornton Dale, Yorkshire, no início do século XIV, começou seus estudos em Oxford, mas depois de três ou quatro anos, com cerca de 19 anos, interrompeu-os, insatisfeito (ou talvez intolerante) com o ensinamento das escolas. Tendo voltado a casa, vestiu o hábito de eremita (adaptado, segundo uma fonte, de duas saias de sua irmã) e se apresentou na igreja, sentando-se no lugar de uma nobre, mulher de John de Dalton, amigo do pai de Rolle; Dalton tornou-se seu protetor, estabelecendo para ele uma cela de eremita e mantendo-o. Vários desencontros com o clero e religiosos deram ocasião a diversas mudanças de sede durante os trinta anos de vida que lhe restavam. Morreu com fama de santidade em Hampole, dia 29 de setembro de 1349. Falava-se de milagres acontecidos junto de seu túmulo, e parece que se deram alguns passos para sua canonização (temos um ofício litúrgico, as leituras que formam a fonte principal da sua biografia).

2. OBRAS. Como escritor, Rolle é muito fecundo, embora se repita muito, e parece muito erudito, apesar da interrupção dos estudos. Escreveu pelo menos sete tratados em latim, uma dúzia de traduções e comentários da Escritura, em latim e em inglês, oito cartas e outros escritos mais breves em inglês, e algumas líricas, também em inglês. A sua fama deu origem a lhe atribuírem pelo menos 25 outros escritos latinos e ingleses (alguns dos quais na realidade eram de Santo Anselmo, São Boaventura, → SUSO etc.). Há numerosos manuscritos espalhados por quase toda a Europa, e a sua popularidade durou até o século XVII: uma coleção das suas obras foi impressa em Colônia ainda em 1622. À parte a sua doutrina espiritual, que, deve-se dizer, não é de primeira grandeza, ocupa uma posição notável na história linguística e literária da Inglaterra.

As suas obras maiores são os dois tratados latinos *Incendium amoris* e *Melos* (ou *Melum amoris*). De modo característico, dá grande importância a certos → FENÔMENOS EXTRAORDINÁRIOS, por exemplo, ao calor sensível no peito, ao "canto dos anjos" à "doçura" sensível, de que parece ter gozado durante toda a sua vida eremítica. A sua doutrina sobre a contemplação mostra-se ortodoxa, mas parece antes que, sob o nome de contemplação, ele entende esses mesmos fenômenos extraordinários: fenômenos que para ele representam o mais alto grau de vida mística. Mostra, além disso, uma devoção terna em relação ao nome de Jesus e à sua paixão, sobre a qual nos deixou uma valiosa meditação em inglês.

BIBLIOGRAFIA. ROLLE, R. *Incendium amoris*. Manchester, 1915; ID. *Melos amoris*. Oxford, 1957; ID. *Le chant d'amour (melos amoris)*. Paris, 1971; ID. *The fire of love* and *The mending of life*, trad. e introd. de M. L. del MASTRO. Garden City (NY), 1981. CLARK, J. P. H. Richard Rolle: a theological re-assessment. *Downside Review* 101 (1983) 108-139; MARZAC, N. *Richard Rolle de Hampole (1300-1349): vie et oeuvres*. Paris, 1968; RUSSEL, K. C. Reading Richard Rolle. *Spirituality Today* 30 (1978) 153-163; WAKELIN, M. F. Rolle and the language of Mystical experience in the Fourteenth Century. *Downside Review* 97 (1979) 192-203.

E. EDWARDS

ROSÁRIO. 1. REFERÊNCIAS HISTÓRICAS. A prática de contar um determinado número de orações mediante uma cordinha com nós ou com pedrinhas remonta à primeira Antiguidade cristã. Do Oriente passou para a Europa e se difundiu particularmente pelos irlandeses. A oração que costumeiramente era repetida era o → PAI-NOSSO. Dos costumes de alguns ambientes monásticos da Alta Idade Média (como os cluniacenses do século X), sabemos que tal récita era imposta oficialmente aos que eram incapazes ou impedidos para o ofício coral e que constituíam a classe dos *fratres laici, conversi, illitterati*. Quando, por volta do século XII, começou a se difundir a Ave-Maria, ao Pai-nosso logo se juntou a récita dessa oração. É desse costume e desse tempo que teve início, também junto ao povo, a primeira forma de Rosário em honra de Nossa Senhora, que consistia em geral na recitação de 150 Ave-marias, chamada *Psalterium Beatae Mariae Virginis*, talvez à imitação do saltério monástico, impossível aos simples fiéis, os quais, embora vivendo no mundo, desejavam em grande número participar dos privilégios espirituais da vida religiosa

A composição do Rosário em dezenas, como é hoje, foi atribuída a Enrico Egher di Kalkar († 1408), da Cartuxa de Colônia. A outro cartuxo, Domingos da Prússia († 1461) atribui-se o acréscimo dos mistérios que se contemplam de um Pai-nosso a outro. O Rosário assim concebido foi difundido com particular ardor pelo dominicano Alano de la Roche († 1475), a quem se deve a lenda que atribui a São Domingos a invenção e a propagação dessa prática pia. Por volta da metade do século XVI, a recitação do Rosário começou a se dar de modo uniforme e a ter uma difusão rapidíssima, graças sobretudo à pregação dos → DOMINICANOS, às irmandades marianas e ao favor dos sumos pontífices que a enriqueceram de indulgências e a recomendaram calorosa e ininterruptamente até nossos dias. Atualmente, é objeto de estudos que buscam torná-lo mais adequado à mentalidade contemporânea.

2. CONTEÚDO ESPIRITUAL. O Rosário é ainda hoje uma das mais belas orações da Igreja, porque ao nos dirigir à Virgem usamos as mesmas palavras que Nosso Senhor nos ensinou, ou que nos foram transmitidas pela Sagrada Escritura, ou que foram compostas pela Igreja. Com o Pai-Nosso nós repetimos a mesma oração de Jesus, que nos autorizou a invocar o seu Pai como o Pai nosso. A Ave-Maria é a saudação do arcanjo à maior das criaturas: é o cântico alegre de Isabel àquela que proclama Mãe de Deus e bendita entre todas as mulheres; é a súplica da Igreja à Mãe celeste, que, afetuosa, socorre na vida e na morte. A Salve-Rainha é a imploração de um filho que se encontra imerso na dor e que pede a proteção da sua mãe, Mãe de misericórdia, vida, doçura e esperança. E ao saudarmos a Virgem com essas sublimes orações, a Igreja nos convida — para recitar bem o Rosário — a refletir sobre os mistérios principais da nossa religião, que nos são propostos a cada dezena de Ave-marias. Nos mistérios gozosos contemplamos Maria, em Nazaré, saudada pelo arcanjo como "cheia de graça"; a seguir a acompanhamos na visita a santa Isabel, que proclama a sua divina maternidade e prenuncia que todas as gerações a chamarão bem-aventurada! No presépio de Belém vemos essa bendita Virgem em humilde adoração diante do recém-nascido, seu divino Filho, que depois apresentará no Templo e será visto entre os doutores, surpresos com a prodigiosa inteligência daquela criança. Nos mistérios dolorosos é a paixão de Cristo e de Maria que nós revivemos na agonia do horto do Getsêmani, na flagelação e coroação de espinhos, ao longo do caminho para o Calvário, na crucifixão. Nos mistérios gloriosos são os triunfos de Jesus e de Maria que inundam de alegria os nossos corações: o triunfo da ressurreição, o da ascensão, de Pentecostes, da assunção de Maria ao céu e da sua glorificação como Rainha.

Passamos assim em revista toda a história da nossa redenção: o que não pode deixar de suscitar na nossa alma íntimos sentimentos de dor, de afetuosa e filial gratidão, de sinceros propósitos de fidelidade absoluta a Cristo e a Maria (cf. *Marialis cultus*, nn. 42-55).

BIBLIOGRAFIA. BOUDINHON, A. Études historiques sur nos dévotions populaires. *Revue du Clergé Français* (dic.- 1904); DUVAL, A. Rosaire. In *Dictionnaire de Spiritualité* XIII (Paris, 1988) 937-980; FANFANI, L. *De Rosario B. Mariae Virginis*. Torino, 1930; FRASSINETI. Il Rosario della Vergine. In *Maria mistero di grazia*. Roma, 1974, 205-213; GORGE, M. Rosaire. In *Dictionnaire de Théologie Catholique* XIII, 2902-2911; *Rilanciamo il Rosario*. Napoli, 1973; STAID, E. D. Rosario. In *Nuovo Dizionario di Mariologia*. Cinisello Balsamo, 1985, 1.207-1.215; THURSTON, H. The Rosary. *Month* 96 (1900) 407; 97 (1901) 67 ss.; WILLAM, F. M. *Storia del Rosario*. Brescia, 1951.

E. ANCILLI

ROSMINI SERBATI, ANTONIO.

1. NOTA BIOGRÁFICA. Nasceu em Rovereto (Trentino), no dia 24 de março de 1797. Terminados os primeiros estudos na cidade natal, seguiu o curso teológico na universidade de Pádua e foi ordenado sacerdote em 1821. Depois de alguns anos de intenso recolhimento e de estudos, deu início a uma Congregação religiosa que denominou "Instituto da Caridade" (1828). Pio VIII, aprovando a ideia do Instituto, encorajou-o a "escrever", pois "a Igreja tinha grande necessidade de escritores seguros" (1829). Gastou o resto de sua vida nessa dupla atividade: a direção do Instituto religioso e a obra de escritor para a "renovação da filosofia", que pretendeu dirigir para o serviço da Igreja. Fez também as regras para uma Congregação religiosa feminina, as Irmãs da Divina Providência (1832). Viveu quase completamente nos Estados sardos, porque hostilizado pela Áustria em razão de seus altos sentimentos de italianidade. Enviado a Roma, em 1848, pelo governo de Carlos Alberto para tratativas com a Santa Sé, Pio IX o quis junto a si para conselho e apoio. Sua obra, porém, foi dificultada pelo ambiente que prevaleceu depois da fuga de Pio IX para Gaeta. Em 1849 sai a condenação do seu livro *Sobre as cinco chagas da Santa Igreja*. Morreu em Stresa, em 1º de julho de 1855, cercado pela veneração e pelo afeto de muitos amigos seus, discípulos e filhos espirituais.

2. OBRAS. a) Escritos de ascética. *Máximas da perfeição cristã* (Roma, 1830), compostas, porém, por volta de 1825, tiveram muitíssimas edições. Contêm o fundamento da ascética rosminiana, compendiada em seis *Máximas*. Em 1840, ao incluí-las no livro *Ascética*, acrescentou três lições.

Considerando-se o pensamento do autor sobre a ascética, é notável a introdução que ele antepõe a este volume, publicado em Milão no ano citado e que compreende vários escritos.

Manual do exercitador, publicado pela primeira vez em 1840 também no volume sobre *Ascética*, consta de dois livros: *A arte de dar os exercícios espirituais* e *Série dos exercícios*; deriva dos *Exercícios*, de Santo Inácio, mas com muitas ideias originais.

A doutrina da caridade. Cinco discursos feitos por Rosmini publicados em 1931, em Domodossola, por ocasião da profissão religiosa dos seus confrades. Embora mantidos distantes no tempo, desenvolvem um só assunto, o da caridade, considerada em Deus e no homem.

Conferências sobre os deveres eclesiásticos (Torino, 1880).

Epistolario ascético. Do *Epistolário completo* (que compreende 13 vls., publicados em Casale, de 1887 a 1894) foram extraídas 1.501 cartas de temática ascética e espiritual, distribuídas em 4 vls. (Roma, 1911-1913).

Constitutiones Societatis a Charitate nuncupatae (1875); contêm o pensamento espiritual e ascético, aplicado à organização do Instituto da Caridade, na exposição mais completa e orgânica; e é a obra que lhe foi a mais cara de todas.

Amplas sugestões de doutrina espiritual encontram-se também no livro de *Predicações* (XXVII da coleção nacional, Milão, 1843), cujo corpo principal é formado pelos *Discursos paroquiais* (Rosmini foi por um ano arcipreste de San Marco in Rovereto) e pelos *Discursos de argumentos variados*.

b) Escritos teológicos e religiosos, pelos fundamentos da doutrina espiritual: *Antropologia sobrenatural* (3 vls., Casale, 1884): é a obra teológica mais importante. Feita a distinção entre a ordem natural e a ordem sobrenatural, e um amplo tratado da doutrina da graça, o autor trata do "homem perfeitamente constituído" (livro I), do "homem pecador por natureza" (livro II) e do "homem santificado" (livro III). A obra ficou interrompida no tratado dos sacramentos em particular (e precisamente da eucaristia); o projeto primitivo contemplava outros dois livros: *Sobre o homem-redentor* e *Sobre a Senhora Mãe do Redentor*.

Introdução comentada ao Evangelho segundo João (Torino, 1882); outra obra póstuma, também ela incompleta; consta de um livro I, *Sobre a geração eterna do Verbo*, e de um livro II, *Sobre a criação feita pelo Verbo*, a que se devia seguir um terceiro livro, sobre a encarnação do Verbo. É muito importante para a doutrina da incorporação do homem a Cristo, da vida eucarística e da Igreja como Corpo místico.

Opúsculos morais (Milano, 1841); contêm alguns escritos muito importantes para a doutrina do pecado original e de todas as questões conexas. Na teologia rosminiana, o assunto do pecado original é o mais amplamente tratado e aprofundado, e o autor dele tira consequências fundamentais para a moral e para a ascética.

O racionalismo que tenta se insinuar na escola teológica (Torino, 1882); ainda sobre o pecado original, contra quem atenuava sua essência e, portanto, suas consequências, induzindo o laxismo na moral e na educação religiosa.

Teodiceia (Milano, 1845): três livros, sendo o terceiro muito importante; é amplo e profundo tratado teológico-filosófico sobre a divina providência no governo do mundo.

A ideia de sabedoria, no volume *Introdução à filosofia* (Casale, 1850); descrição da sabedoria nos seus dois elementos, verdade e caridade, personificada em Cristo e por Cristo, realizada nos fiéis, especialmente considerados na sua unidade, como membros da Igreja.

Tem-se uma ampla exposição da doutrina sobre a Igreja, como sociedade entre Deus e os homens, na *Filosofia do direito*, em dois volumes (1846), sob o título: *Direito da sociedade teocrática* (livro II, parte I). Notável nessa exposição o destaque dado à doutrina do → SACERDÓCIO DOS FIÉIS. Dessa parte referente à Igreja fez-se uma edição com o título *A sociedade teocrática* (Brescia, 1963).

Sobre as cinco chagas da Santa Igreja (Lugano, 1848), agora numa edição crítica (Brescia, 1966). Os estudiosos nela encontram antecipados alguns grandes temas do Concílio Vaticano II.

3. DOUTRINA. Toda a doutrina ascética de Rosmini concentra-se e se desenvolve sobre a trama fundamental das *Máximas de perfeição*. O que diz em outras partes, em outras obras ascéticas e nas cartas de assunto espiritual não é senão o desenvolvimento, um aprofundamento ou uma aplicação do princípio posto nas *Máximas*, segundo aquela exigência de "unidade" e "totalidade" que é característica do seu espírito e do seu gênio filosófico. Aplicada à ascética, a exigência da "unidade" se exerce na unicidade do fim que o homem deve se propor; a "totalidade" diz respeito porém aos meios, porquanto "tudo", ou seja, cada coisa, pode ser um meio para o fim, quando a vontade de Deus o apresenta como tal.

As primeiras três *Máximas* dizem respeito precisamente ao fim, que Rosmini formula desse modo na primeira máxima: "Desejar de modo único e infinito agradar a Deus, ou seja, ser justo". Ou seja, o fim a que o homem deve tender é a "justiça" no sentido que lhe dá o Evangelho, como plenitude de vida moral ou santidade. Mas distingue dois "momentos" ou "partes" da justiça: a salvação e a perfeição da alma. A primeira se obtém com a "purificação" da alma ou abstinência do pecado; a segunda consiste no amor ou "caridade" de Deus. Pode acontecer, com efeito, sobretudo nas cartas, de vir indicado como "fim" simplesmente a salvação da alma, ou a caridade: evidentemente, de acordo com a condição espiritual do destinatário, Rosmini insistia ora num, ora noutro dos dois aspectos da justiça. De resto, observa ele próprio: "O princípio simples e uno da justiça, quando se aplica às circunstâncias, produz consequências que são outras tantas regras de conduta".

O homem deve querer "absolutamente" o fim da "justiça", porque isso é querido por Deus. Quanto aos "meios", deve abraçar aqueles — e somente aqueles — que a vontade de Deus lhe indica "mediante as circunstâncias exteriores examinadas à luz da razão e da fé". E como toda circunstância, toda obra, toda ocupação, toda condição de vida pode ser um meio para a consecução do fim, o homem deve estar numa atitude interior de "disponibilidade" em relação a qualquer obra ou condição de vida, para abraçar aquela que sabe querida por Deus para ele, como meio para a consecução do fim. Não deve "escolher" por si, a seu bel prazer, mas deve abraçar o que a vontade de Deus lhe indica.

Rosmini chama de "indiferença" — e talvez a palavra pode parecer não feliz — essa atitude da vontade que não é porém "abstenção" ou "inércia", mas "adesão" ao fim, que a vontade quer "absolutamente" e "unicamente", remetendo-se, quanto ao resto, à vontade de Deus. Rosmini é incansável em inculcar essa indiferença, que comporta a mais viva fé em Deus, uma total confiança nele, uma preferência absoluta dele, um amor dele acima de todos e acima de tudo, de que vem o equilíbrio na vida moral e a mesma "ordem" na prática da caridade. A indiferença na ascética rosminiana não tem nada a ver com o → QUIETISMO. É a atitude oposta, talvez; pois somente quem quer "absolutamente" o fim, e quanto aos meios se remete às indicações da vontade de Deus, está pronto para tudo, a cada obra, a cada cansaço, a cada empreendimento, quando isso for querido por Deus. A indiferença aos meios permite portanto ao homem a prática da caridade "universal"; outra característica na doutrina rosminiana da caridade. Precisamente nessa perspectiva ascética é que Rosmini quis o Instituto da Caridade, cujo fim é unicamente a "salvação e a perfeição" das almas dos seus membros, no estado de vida contemplativo, por própria eleição, porque nisso é certa a vontade de Deus; mas o Instituto pode ser chamado por Deus a assumir qualquer obra de caridade e, portanto, a → VIDA ativa, que os religiosos não escolhem por si, mas cuja indicação esperam dela por parte da vontade de Deus, mediante a obediência. Rosmini chama a vocação do seu Instituto de "vocação comum", porque tem por fim não uma determinada obra de caridade, mas simplesmente o fim de todo cristão: a salvação e a perfeição da própria alma. Mas justamente por isso o Instituto pode professar a caridade "universal", porquanto qualquer obra de caridade pode lhe ser indicada por Deus como meio para a consecução do único fim da "justiça" que o Instituto se propõe.

É essa a doutrina que Rosmini desenvolve amplamente e com um contínuo sopro de altíssima espiritualidade nos discursos que têm o título de *Doutrina da caridade*: aqueles discursos tratam com efeito — depois de um discurso de introdução — da justiça, da vontade de Deus, da caridade e do sacrifício. O desejo da "justiça" leva o homem à procura da "vontade" de Deus; a qual leva à "caridade", pois "naquele que se ama, qual é o objeto principal e próprio do amor senão a mesma vontade do amado? Quem ama gosta que a vontade do amado seja satisfeita, seja realizada. Amar, portanto, e, amando, cumprir a vontade divina, eis a caridade"; a caridade, pois, consuma-se no "sacrifício". Rosmini tinha pronto outro discurso, que não pronunciou sobre a terra: o discurso sobre a "glória" que se segue ao sacrifício. No discurso dedicado propriamente à caridade, Rosmini trata da sua "essência" e do seu "objeto", da sua "operação" e dos seus "efeitos" e, enfim, dos seus "caracteres", que ele descobre nas indicações de São Paulo (Ef 3,17-19): a largura (ou universalidade da caridade), o comprimento (ou perseverança e longanimidade da caridade universal), a altura (ou sublimidade do fim da caridade) e a profundidade (que está na humilhação e no sacrifício). É talvez esse o escrito de Rosmini em que o pensamento e o ardor do coração se fundem na síntese mais eficaz e luminosa.

Outro desenvolvimento do conceito de "justiça": "Quem deseja a justiça, deseja toda a possível glória de Deus, deseja qualquer coisa que seja cara a Deus. Ora, o cristão sabe por fé que todas as complacências do Pai celeste depositam-se no unigênito, seu filho Jesus Cristo; e sabe que as complacências do unigênito filho Jesus Cristo depositam-se nos seus fiéis, que formam o seu reino". Daí o amor à Igreja e, consequentemente, a segunda *Máxima de perfeição:* "Voltar todos os próprios pensamentos e ações para o incremento e para a glória da Igreja de Jesus Cristo". Nesse sentido se desenvolve outro amplíssimo e constante ensinamento de Rosmini, que caracteriza também a sua doutrina ascética, desde as obras em que apresenta a Igreja como o meio preparado *ab aeterno* por Deus para a própria maior glória (*Teodiceia*), como a sociedade entre Deus e os homens na fruição de um bem comum que é o próprio Deus (*Filosofia do direito)*, como Corpo místico de Cristo (*Introdução ao Evangelho segundo João*), como povo de Deus e sacramento de salvação para os homens (*As cinco chagas da Santa Igreja*), às cartas em que anima e exorta ao amor da Igreja, até ao derramamento do próprio sangue, à fidelidade a seus ensinamentos, à dedicação à Santa Sé apostólica e às suas infalíveis decisões.

Nas três *Máximas* que dizem respeito aos "meios" com que conseguir o fim, Rosmini estabelece indicações fundamentais para operar segundo o perfeito espírito "cristão": "abandonar-se à divina providência" (IV); "reconhecer intimamente o próprio nada" (V); "dispor todas as ocupações da própria vida com um espírito de inteligência" (VI). As atitudes espirituais aqui indicadas mantêm precisamente o homem naquela "indiferença" em relação aos "meios" que é condição indispensável para estar à total disposição de Deus. Nessa total "disponibilidade" a Deus, a tudo o que ele pode querer para o homem, entra conceitualmente também a doutrina da obediência, sobre a qual Rosmini insiste tanto, especialmente nas cartas. A obediência vem do reconhecimento do supremo senhorio de Deus e da santidade do seu querer (cf. *Filosofia do direito*, vl. I, livro II). O ato de obediência é portanto o ato mais racional que a criatura inteligente pode exercer, porque fazer a vontade de Deus é suma sabedoria. A obediência "cega" de razões humanas, mas prestada por obséquio a Deus, é por isso obediência iluminadíssima. Ao mesmo tempo, porém, tratando da obediência religiosa — por exemplo, no Instituto da Caridade (cf. as *Costituzioni* e muitas cartas) —, Rosmini recomenda aos superiores uma especial disciplina a fim de que a obediência dos súditos seja um livre ato de amor e a fim de que, ao comandar e dispor dos súditos, respeitem neles, como uma indicação da vontade de Deus, os talentos, as qualidades, as inclinações, as capacidades, as aptidões.

A referência, pois, na sexta máxima, ao "espírito de inteligência" — expressão tipicamente rosminiana — chama a atenção ao inteligente amor com que o cristão deve procurar operar sempre segundo a exigência do verdadeiro bem, ou seja, sempre segundo "a ordem do bem" porque também "a ordem do bem" é bem.

A doutrina implícita na quinta máxima, que recomenda o reconhecimento do próprio nada, é desenvolvida por Rosmini particularmente na *Introdução ao Evangelho segundo João*. Em consequência do pecado original, o homem é pecador e carrega em si o desgaste da natureza, ou seja, o "homem velho"; mas com o → BATISMO o homem é incorporado a Cristo, que cria nele o "homem novo". Do fato de ser o homem "pecador" por natureza, mas incorporado a Cristo, segue-se que "o homem não faz nada de bem sobrenatural por si, mas todo o bem o faz Cristo nele e com ele, e estando Cristo com ele, ele pode fazer tudo, e ele em Cristo pode dar o mais abundante fruto". Daí procedem "dois sentimentos no cristão: o do próprio nada e o da própria grandeza, dignidade e poder"; ou seja, o sentimento da humildade e o da magnanimidade cristã, que Rosmini descreve e ilustra amplamente. Ainda, do fato de se encontrar no homem a natureza avariada na luta contra o "homem novo" criado nele por Cristo "deriva a doutrina do combate espiritual. Combate esse que tem duas partes: uma tende a reforçar o homem novo, a fazê-lo crescer cada vez mais robusto e seguro; a outra tende a debilitar o inimigo — ou seja, o homem velho ou adâmico —, tirando dele o atrevimento de prejudicar". Dessa segunda parte "procede toda a doutrina da mortificação da carne, bem como da penitência cristã".

À doutrina da incorporação do homem a Cristo acima referida Rosmini dedica grande parte da *Inroduçao...*, pois considera que "nessa solene palavra *in Christo* está contido compendiado todo o cristianismo, porque exprime a real mística união do homem com Cristo, na qual união e incorporação consiste o cristianismo em ato". E prossegue: "Essa união e incorporação é o *princípio* da piedade e ciência cristã, pois o cristianismo primeiro é piedade que pertence à ordem ativa moral, depois é ciência que pertence à ordem abstrata intelectual. Do sentimento dessa incorporação procede toda a doutrina moral e ascética do homem cristão: esse sentimento é luz que o ilumina, pois é o sentimento de Cristo". Com razão, portanto, pode-se dizer que toda a doutrina espiritual e ascética de Rosmini é cristocêntrica (→ CRISTOCENTRISMO).

Também na *Antropologia sobrenatural*, em que Rosmini trata da operação de Deus na alma (livro I), o ponto de partida e centro de toda a exposição é Cristo, que, como Verbo, imprime o "caráter", ou seja, a si mesmo, Verdade subsistente na alma intelectiva. Do caráter, pois, flui a graça, prossegue Rosmini, a que segue a fé e a caridade, desde que o homem não ponha obstáculo. À operação da "graça" — ou comunicação que Deus faz de si à alma — segue na alma a vida trinitária de Deus. Toda a operação de Deus na alma, portanto, tem início com a percepção do Verbo em que consiste o caráter batismal. E como Cristo é o princípio da ordem sobrenatural para a alma, assim ele é o fim mesmo do universo moral, o fim da criatura, porque em Cristo a criatura intelectiva — em que se compendia a criação — está unida à pessoa do Verbo e, portanto, a criatura atinge em Cristo o máximo grau de bem moral ou santidade, de onde a máxima glória a Deus. (Nessa afirmação está evidentemente implícita a encarnação do Verbo, mesmo sem a redenção). Esse fim da criatura, Deus o atinge mediante o concurso das "causas segundas", ou seja, dos entes morais finitos, operando com eles na criatura segundo leis que derivam da suprema lei com que opera a divina sabedoria, que é a de realizar o máximo bem com o mínimo meio. Essa doutrina rosminiana, desenvolvida amplamente na *Teodiceia* (livro III), contém os fundamentos para uma "teologia da criação" ou das "realidades terrestres", com as consequentes possíveis aplicações à ascética da "reconsagração do mundo".

No esquema seguido, omitiram-se muitos "verbetes" da doutrina ascética de Rosmini, como a oração, a confiança em Deus, a fé, a esperança, o senso do pecado, o amor da verdade etc. Pode-se dizer porém, em resumo, que, especialmente no *Epistolario ascético*, se tem uma doutrina completa dos meios para conseguir a salvação e a perfeição da alma, nas mais variadas condições de vida e de espírito.

Uma referência, enfim, à "piedade" rosminiana, também ela tipicamente cristocêntrica. Suas características, com efeito, são o amor à eucaristia e a devoção à paixão de Cristo. Rosmini dá a respeito profundas motivações para que a piedade seja fundamentada. Na eucaristia a alma recebe o Cristo todo, numa conjunção real plena. A alma participa desse modo daquela misteriosa "vida eucarística" de Cristo que Rosmini considera unificadora não somente da Igreja militante, mas também da triunfante (cf. *Introdução ao Evangelho segundo João*). Do "ser eucarístico" de Cristo, além disso, vem a "bênção" a todas as coisas. "Ensine-se aos fiéis", escreve Rosmini nas *Constituições* do Instituto, "como do corpo e do sangue de Jesus, que o sacerdote consagra, todas as coisas deste mundo, animadas e inanimadas, são feitas santas e se voltam para oculto de Deus, e assim ordenadas frutificam para benefício do corpo e da alma, segundo a Bondade divina. Assim se dê louvor e glória a Cristo sob as espécies eucarísticas, e todos os fiéis permaneçam incorporados ao alimento da Vida, e nele todo o universo atinja a sua plena unidade". Do amor, portanto, à paixão de Cristo o cristão deve chegar àquele espírito "generosíssimo" que o leve à oferta do próprio sangue, para a glória de Deus, em união com o sangue preciosíssimo de Cristo. E também daí a devoção particular à Virgem Dolorosa, mãe do Redentor e com ele Corredentora dos homens.

Se nessa última orientação da piedade se pode ver uma nota comum à devoção da época, na formulação da doutrina ascética rosminiana não é fácil perceber o influxo de uma particular escola da espiritualidade cristã. Rosmini reúne, sim, dir-se-ia, os vários motivos das diversas escolas, fundindo-as num enfoque totalmente pessoal, em coerência com a exigência já lembrada do seu espírito e do seu gênio filosófico: a unidade e a totalidade. Deve-se observar, além disso, a absoluta proeminência dada por ele à vida moral e espiritual, na teoria e na prática, embora na incansável atividade de ordem racional que desenvolveu desde os anos juvenis até a morte.

BIBLIOGRAFIA. 1) Biografias: PAOLI, F. *Della vita di Antonio Rosmini Serbati.* Torino, 1880, vl. I; Rovereto, 1884, vl. II (com bibliografia); PUSINERI, G. *Rosmini.* Domodossola, 1961 (com bibliografia); *Vita di Antonio Rosmini.* Rovereto, 1959, 2 vls.
2) Escritos sobre ascética: ANTONELLI, M. T. *Ascesi cristiana in Antonio Rosmini.* Domodossola, 1952; BELTI, R. Bessero. L'ascetica rosminiana. in MURATORE, V. *Una lettura di Rosmini.* Stresa, 1979; ID. Spiritualità rosminiana. *Rivista Rosminiana* 59 (1965) 247-333; BERGAMASCHI, C. *Bibliografia rosminiana.* Milano, 1967-1982, 6 vls.; BERRA, F. *Meditare con Rosmini sulle "Massime di perfezione".* Roma, 1984; BOZZETTI, G. Commento alle Massime di perfezione di A. Rosmini. In *Opere complete.* Milano, 1966, 1.411-1.519, vl. II; ID. *Che cos'è l'Istituto della Carità?,* Ibid., 2.374-2.382; BOZZETTI, G. *Lineamenti di pietà rosminiana.* Domodossola, 1940 (reimpresso nas *Opere complete.* Milano, 1966, 625-678, vl. I); MANFREDINI, T. A proposito dell'ascesi rosminiana. *Sacra Doctrina* 24 (1978) 282-288; NAPOLI, G. di. – BELTI, R. Bessero. *Problemi teologici ed ecclesiali in A. Rosmini.* Stresa, 1972; NEGLIA, A. *Laici senza complessi. Intuizioni profetiche di A. Rosmini.* Messina, 1988; PATRON, G. Taverna *Dalla meditazione dell'uomo alla meditazione di Dio.* Stresa, 1987; REBORA, C. *A. Rosmini asceta e mistico.* Vicenza, 1980; Rosmini Serbati, A. In *Dictionnaire de Spiritualité* XIV (1988) 987-992; Rosmini Serbati, A. In *Dizionario degli Istituti di Perfezione* VII (1983) 2033-2036; ROSMINI, A. *La perfezione cristiana.* Torino, 1948; RUSSO, A. *La Chiesa comunione di salvezza in Rosmini.* Napoli, 1972; STAGLIANO, A. *La teologia secondo A. Rosmini. Sistematica. Critica. Interpretazione del rapporto fede-ragione.* Brescia, 1988; VALLE, A. *Momenti e valori della spiritualità rosminiana.* Roma, 1978; VENTURA, L. Galati. L'originalità della spiritualità rosminiana e il rinnovamento della Chiesa. *Rivista di Ascetica e Mistica* 12 (1967) 280-283.

R. BESSERO BELTI

RUUSBROEC, JOÃO DE.

1. NOTA BIOGRÁFICA. Tomou o nome da vila de Brabante Ruisbroek (ou Ruysbroeck) na qual nasceu, em 1293. Nada sabemos de sua primeira infância. Por volta de 1303 transferiu-se para Bruxelas, para a casa de Jan Hinckaert, cônego de Santa Gudula e iniciou logo os estudos teológicos. Sacerdote aos 24 anos, foi por 20 anos capelão de Hinckaert em Santa Gudula. Aí se encontrou com uma falsa mística, Bloemardine, *mulier quaedam perversa dogmatis.* O seu caráter manso e equilibrado, a sua grande bondade para com os outros, a vida de profunda piedade eucarística obtiveram copiosos frutos espirituais: principalmente o retorno do seu companheiro Hinckaert a uma vida de edificante devoção. Viveram junto com Frank de Coudenberg, seu condiscípulo e *magister in artibus*, em oração, em pobreza, em beneficência, até que, em 1343, deram início, juntamente com João de Leeuwen (1308[?]-1379), na solidão do Vale Verde (Groenendael), a uma vida de pura contemplação. A seguir, para satisfazer os apelos dos superiores eclesiásticos, fundaram uma Ordem religiosa sob a Regra de Santo Agostinho (10 de março de 1350). Desse modo, foi erigida a Congregação dos cônegos regulares de Groenendael. Ruusbroec foi por 30 anos prior e mestre dos noviços: nesses ofícios derramou toda a riqueza interior, sua experiência de vida religiosa, seu agudo senso do real, unidos a uma prática penetração do essencial de toda verdadeira existência contemplativa. A imagem de Ruusbroec que ficou na memória dos confrades concentra-se em duas qualidades: *sanctus*, pelo caráter vivido da sua doutrina, e *inspiratus*, pelo influxo divino com que procurou explicar a elevação do seu ensinamento. Ruusbroec faleceu no dia 2 de dezembro de 1381, "*dulcissima exsufflatione spiritus*" (*Analecta Bollandina* 4 [1885] 43). O processo de beatificação foi introduzido em 1624, mas por motivo de circunstâncias externas pôde ser terminado somente em 1908.

2. OBRAS. a) Os onze livros em língua vulgar, de cuja autenticidade jamais se teve alguma dúvida, foram escritos em parte para satisfazer exigências de explicações sobre a vida mística e ascética ou para ter como alvo os erros do seu século (misticismo falso, decadências do clero e da vida religiosa, teorias errôneas dos begardos). Surius inseriu na sua tradução também o *Livro das 12 virtudes*, que tem porém como autor Godefroid de Wevel, um dos primeiros mestres da escola de Windesheim.

Vanden Rike der ghelieven (O reino dos amantes). Foi composto em Bruxelas entre 1330 e 1335, e, como parece, com a intenção de se opor às místicas fantasias de Bloemardine. Na beleza lírica de certas páginas, manifesta claramente a influência do primeiro grande escritor flamengo: G. de Maerlant. Ruusbroec, partindo de Sb 10,10 — "Ao justo, que fugia da cólera de seu irmão, ela [a sabedoria divina] guiou por veredas retas:

mostrou-lhe o reino de Deus" —, começou a escrever a subida espiritual da alma para atingir a mais sublime união com Deus. Guiada pela sabedoria divina, que na obra de Ruusbroec não raramente é identificada com o Verbo encarnado, ela tem de percorrer três vias: "De zinnelijke weg" (via dos sentidos), "de natuurlijke weg" (via natural), "de bovennatuurlijke weg" (via sobrenatural). O místico brabante especifica a primeira como procura de → DEUS por meio da contemplação natural da criação, que tem por termo a descoberta da divina presença. Delineia a segunda como um intensificar-se dos movimentos espirituais da alma (das suas faculdades inferiores e superiores) para os desnortear das coisas terrenas, atividade que permite às potências, uma vez que serão purificadas, um aproximar-se do reino de Deus. Termina com a terceira (via contemplativa), que percebe como dilatação de toda atividade psicológica da alma sob a forte operação dos → DONS DO ESPÍRITO SANTO, mediante a qual é elevada do seu natural modo de raciocinar e de agir. Aniquilada e morta a si mesma, imerge na essência de Deus, entrando desse modo no reino divino, onde o Senhor a reveste da sua clareza e o Pai, escolhendo-a como trono, gera no seu espírito (intelecto) o Filho.

Die gheestelike brulocht (As núpcias espirituais), muitas vezes sob o título: *Die chierheit der gheesteliker brulocht* (O ornamento das núpcias espirituais) que deriva do prólogo de Gerardo. É a obra mais famosa. Considerada do ponto de vista crítico, é sem dúvida a melhor, seja nas suas estruturas, seja nos elementos de composição. Mas é também a mais difícil de interpretar. Representa uma síntese de todos os princípios fundamentais do seu magistério. Ruusbroec a marcou como o mais perfeito e o mais seguro dos seus escritos. Suscitou o mais vivo eco enquanto estava em vida e nos séculos seguintes. Retoma o assunto da sua primeira obra, baseando-o no texto de Mt 25,6: "Eis o esposo! Saí ao seu encontro". Desenvolve o tema da → VIDA INTERIOR e divina na mesma forma tripartida: a alma se encaminha por três vias: "het werkend leven" (vida ativa), "het God-begeerend leven" (vida que deseja Deus), "het God-shouwend leven (vida contemplativa). Ocupando-se da primeira via (ativa) põe em destaque a obra da graça da qual depende a capacidade da alma de viver na presença transformadora do Esposo, para a qual se prepara mediante o exercício das virtudes, particularmente das da justiça e da caridade. Na segunda via (interior), a parte mais bela do livro, para orientar o caminho da alma para o retorno à unidade essencial em Deus e à sua preexistência em Deus sente Ruusbroec a necessidade de admitir já aqui, em antítese com a vida ativa, as primeiras experiências passivas, experiências de vida divina que estão acima de todo modo humano ("onwise") e acima de toda indústria pessoal ("ledighe wise"). Por isso, ao contrário do que afirmava no *Reino*, em que introduzia os dons do Espírito Santo na terceira via, consagra agora a eles alguns capítulos, confirmando a necessidade absoluta da operação deles para a assimilação ao divino e para chegar à união essencial com Deus. Essa mudança derivou provavelmente de experiências pessoais mais fecundas. Sob a ação de Deus que produz progressivamente a mais radical purificação das potências superiores, a alma, agora despojada da multiplicidade dos próprios atos, experimenta as primeiras graças místicas. Superada a última terrível luta entre o Espírito de Deus e o espírito do homem, Deus se comunica à alma na luz simples de ilimitada clareza que abre a entrada à terceira via (contemplativa e mística): a alma se perde totalmente no abismo da divindade. Essa via, "ornamento e coroa celeste", é um puro dom de Deus, acima de toda inteligência humana. Nela o Pai gera o Filho no intelecto, e a alma, assumida na vida intratrinitária, participa das processões divinas. Retornando com o Verbo ao Pai, é à essência divina, aspira com o Espírito Santo ao Amor incriado, tornando-se um com Deus no amor.

Vanden Blinckenden Steen (A pedra cintilante). A obra, conhecida também como *Vanden Vingherlinc* (O Anel), teve na tradução latina de Surius o título muito bem escolhido: *De perfectione filiorum Dei*. Foi escrita antes de 1343 para o eremita da floresta de Soignets, o qual, depois de ter lido as *Núpcias*, pediu explicações sobre a terceira via. Ruusbroec, para o contentar depois de ter feito um breve resumo das linhas gerais da vida espiritual (parte I), concentra-se na maravilhosa riqueza da vida contemplativa (parte II) que Deus reservou aos seus filhos e amigos mais íntimos. Nas *Núpcias* Ruusbroec tinha falado da colaboração humana como realização do retorno ou conversão a Deus. Agora a demonstra como colaboração à obra direta e transformadora da graça santificante, que tem por termo o dom da "pedra branca" (Ap 2,17), o Cristo, que, "como

Deus, é um raio da luz eterna". A alma recebe o "nome novo" que é o do amor do Verbo. No c. 1, tratando da relação entre graça (criada) e colaboração humana, Ruusbroec julga oportuno ressaltar de novo que o renascimento espiritual do homem como filho de Deus pressupõe a morte a si mesmo ("het vernietigende leven"), para que possa vir a ser revestido ("overformt") do Verbo. Somente a alma aniquilada e submersa em Deus possui o Pai no amor do Espírito Santo e vive no Filho eternamente em Deus. No c. 2, Ruusbroec especifica o caráter da união essencial com Deus, confirmando que ela não significa jamais uma identificação da alma com Deus, absoluta transcendência, e que não pode ser confundida com a união no estado de → BEM-AVENTURANÇA (c. 3). No c. 4, tendo até agora comentado problemas muito teóricos, dirige-se ao essencial da vida espiritual: a nossa filiação divina, realizada "em" e "com" Cristo. A alma, tendo se tornado um com o Filho, atinge a unidade essencial com o Pai: goza da união de vida e de felicidade.

Vanden vier becoringhen (As quatro tentações) ou *Over de geestelijke misleiding* (As ilusões espirituais). Escrito antes de 1343, o tratado apresenta a posição de Ruusbroec diante do naturalismo (sensualidade), da hipocrisia, do racionalismo e do misticismo falso do clero da sua época. Não sem alguma sombra de impostação polêmica, rebate com princípios práticos e sadios a decadência moral e os erros nascidos do amor próprio, indicando como remédio uma vida virtuosa, desejosa de → UNIÃO COM DEUS e baseada na desconfiança de si mesmo antes de ter atingido a maturidade espiritual. Termina com uma breve referência ao ano jubilar e à peregrinação a Roma, prevista, parece, para 1350.

Vanden kerstenen ghelove (A fé cristã). É o tratado mais breve e foi composto antes de 1343 com a intenção de explicar o conteúdo e o significado do Credo às pessoas honestas, muito facilmente propensas às ilusões do begardismo. Divide-se, à parte o prólogo, em doze artigos que ilustram o texto do *Symbolum Nicaeno-Constantinopolitanum* (parte I) e em dois capítulos que elucidam o último artigo: a vida eterna (parte II). As descrições do céu e da terra, baseadas em noções doutrinais tomistas e enriquecidas por imagens bíblicas, constituem, sob o ponto de vista literário, uma obra-prima de prosa medieval. Já G. Groote ficou vivamente impressionado (cf. *ep. a Jan ten Water*). A narrativa dos três vorazes monges renanos, que se tornou famosa, pode ser interpretada como referência a relações de Ruusbroec com a Renânia já existentes nos período de Santa Gudula.

Vanden gheestelijken Tabernakel (O tabernáculo espiritual). A análise desse "comentário espiritual" a Ex 25 s., iniciado em Bruxelas antes de 1343 e terminado em Groenendael antes de 1350 (como provam os testemunhos de Gerardo de H. e de Jordaens), é muito difícil, dada a extensão do livro e o seu abundante simbolismo, para o qual a obra apresenta uma típica composição de gosto e pensamento medievais. Como assunto, desenvolve as três vias, divididas em sete fases. Parte I: servindo-se da representação prototípica da arca de Noé e da aliança de Moisés com Deus como símbolo da nova aliança de Cristo com a Igreja, Ruusbroec dedica-se ao tema da purificação do homem. Na parte II (sobre a vida interior), Ruusbroec indica o itinerário espiritual da alma decidida a se doar totalmente ao serviço de Deus e compara sua atividade interior à construção do tabernáculo. Os trabalhos para construir o átrio figuram como símbolos para praticar as virtudes (fase 2), e a construção do altar estimula ao esforço de as alimentar com amor sentido, imitando o amor de Deus e abrindo desse modo o coração à união com ele (fase 3). O teto, as paredes e as cortinas indicam os diversos elementos construtivos da vida perfeita ativa (fase 4). Depois de ter esboçado a casa, Ruusbroec se dirige para os adornos: nos candelabros descobre os símbolos dos dons do Espírito Santo, ao passo que os instrumentos usados para cortar os rastilhos servem para interpretar metaforicamente a impaciência religiosa por cada vez maior perfeição. Concentra-se depois no sacrifício: consagração e hábitos sacerdotais lembram-lhe as práticas da vida perfeita. A oferta cotidiana simboliza a de Jesus no Calvário. Na pureza dos pães de proposição encontra o tipo do pão eucarístico (fase 5). Termina com um olhar sobre o pão impuro, ou seja, sobre aquelas almas que se abandonam aos sete vícios capitais. A parte III é dedicada à vida contemplativa. Ruusbroec entende a arca aberta como símbolo da união perfeita com Deus. Descrevendo o seu conteúdo, revela a função de Cristo na vida de união e delineia os elementos da nossa colaboração generosa e sincera. Finalmente concretiza o tema dominante da fase 6: a presença divina. A arca, na qual habita a divina essência mostra-se como prefiguração da alma cristã. Os detalhes da arca confundem-se com as suas capacidades profundas para a união realizada. Com os dois querubins, a alma se inclina em adoração, contemplando a verdade substancial de Deus. A fase 7 resume o termo: a felicidade da vida divina que se realiza em nós.

Vanden 7 Sloten (Os sete castelos). Foi composto na solidão de Groenendael, como parece, para a profissão da clarissa Margherita de Meerbeke. Autêntica joia de profundas experiências espirituais, descreve um dia de vida claustral. Os sete castelos significam: 1) a separação do mundo; 2) a separação do homem sensual; 3) a separação do amor sensível; 4) o abandono à vontade divina; 5) o abandono à vida contemplativa; 6) o abandono ao amor divino; 7) o abandono à quietude em Deus. Termina com os famosos "3 livros" que devem ser lidos à noite: o livro do pecado (preto), da paixão (branco) e da glória eterna (celeste-verde).

Een Spieghel der eewigher salicheit (Um espelho da salvação eterna). A obra aparece por volta de 1359. Partindo do conteúdo, lhe é dado também o título de *Subida a Deus com, em e por Cristo*, título que corresponde melhor do que todos, uma vez que o livro é cristocêntrico em suas estruturas internas, embora trate das três vias. Depois de ter falado num só capítulo do empenho que têm os iniciantes à vida virtuosa, Ruusbroec orienta as aspirações da alma para o abandono da própria vontade na de Deus e de Cristo. Mas a alma, para poder realizar o dom total de si, deve procurar a força nos efeitos transformadores da eucaristia, que a incorporam em Cristo místico e que a tornam receptiva de experiências inefáveis de amorosa compenetração. É nessa parte central (c. 3) que Ruusbroec apresenta a sua doutrina sobre a eucaristia. No último capítulo, que delineia com constitutivos da contemplação de imediato contato com Deus, aparece como concepção implícita o exemplarismo. Na alma, intimamente purificada e unida a Cristo, exemplar divino, resplende a imagem da Santíssima Trindade, e ela, entrando na plenitude da "vida viva", participa da vida intratrinitária, que a conduz à "vida que morre" e à "morte que vive".

Van 7 trappen in den graed der gheesteleker minnen (Os sete graus do amor espiritual). Acredita-se que a obra tenha sido escrita entre 1359 e 1362(63). Ruusbroec a compôs para uma religiosa. O título, que se encontra também em outros escritos medievais, remonta a São Boaventura. O livro apresenta uma introdução aos sete graus da vida espiritual. Começando brevemente a vida ativa (I-IV), tem em mira no V grau a vida interior, em que esboça o tema principal: o amor de Deus, concebido como força unificadora e assimiladora e plasmado e aperfeiçoado conforme o Modelo divino. As descrições da vida contemplativa no VI grau demonstram o primeiro momento da união com Deus trino, ao passo que as do VII grau coincidem com as realidades objetivas da união consumada. A união sem diferença de inefável fruição da essência divina realiza-se mediante a infusão direta ("gherinen") de Deus na alma. Termina com uma belíssima digressão sobre a relação recíproca entre amor de Deus *activans* ("werkende Godsliefde") e experiência de Deus *contemplans et fruens*.

Dat boecksen der verclaringhe (O livro das explicações). Também: *Vander Hoechster Waerheit* (A mais alta verdade) ou *Van Hoeghen scouwen of Samuel* (Da alta contemplação de Samuel). Ruusbroec o compôs em 1362 para contentar os certosinos de Hérinnes, os quais, depois de ter lido o *Reino*, tinham pedido ao prior de Groenendael que lhes desse ulteriores explicações sobre a união sem diferença. A parte I trata da união mediata, a parte II desenvolve o tema da união imediata e a parte III imerge na fruição de Deus na união sem diferença. No epílogo Ruusbroec defende a ortodoxia do seu ensinamento, distinguindo-o claramente das doutrinas falsas (begardos) e panteístas que circularam nos Países Baixos no século XIV.

Vanden 12 Beghinen (As 12 Beguinas). Surius: *De vera contemplatione*. As pesquisas históricas se veem diante da seguinte questão: a obra de quatro partes livres foi verdadeiramente composta por Ruusbroec como um livro só ou nele foram reunidos quatro tratados independentes, reagrupados pelos padres de Groenendael, aos quais se deve a edição, suposição que se baseia numa relação de Mombaer? Parece opor-se a ela, porém, o fato de que o mais antigo testemunho que temos, uma carta de G. Groote, escrita em 1381, já reúne as quatro partes sob o título: *De 12 Bagutis*. Não se pode decidir se o agrupamento foi feito por Ruusbroec ou se é o resultado de uma iniciativa tomada pelos padres. Pode-se comparar o conteúdo do livro ao *Tabernáculo espiritual*. As duas obras nos informam sobre o pensamento de Ruusbroec sobre a vida ascética e mística, exposto numa perspectiva simbólica e tipicamente medieval. A parte I resume uma última vez o seu ensinamento sobre a vida contemplativa; a parte II desenvolve o tema da verdadeira e falsa prática do amor de Deus; a parte III, além de elaborar uma genial cosmologia, reflete, não sem originalidade, um assunto caro a Ruusbroec: a Igreja, os prelados, a eficácia dos sacramentos; a parte IV fala da vida litúrgica, mas na realidade não é senão uma meditação prolongada sobre a paixão, distribuída pelas diversas horas canônicas.

b) Temos sete *Cartas* cuja autenticidade está fora de dúvida, e dois escritos menores, atribuídos a Ruusbroec: o *Vaderons-Glose* (Comentário ao Pai-nosso) e o sermão *Vanden heyleghen Sacramente* (O Santíssimo Sacramento). A isso se juntam extratos de cartas: *Totius vitae spiritualis summa; Canciones duae piissinae; Doctoris divini D.J. Rusbrochii precatio cumprimis pia ad devota;* e dois fragmentos: *Vanden Sacramente des Outaers* (O Sacramento do altar), *Tusschen onderscheit van sien, aensien ende besien* (Sobre a diferença entre ver, olhar e perscrutar), todos reunidos por Surius.

2. DOUTRINA. A obra de Ruusbroec amadurecida mediante uma vasta experiência e enriquecida com sólidas bases teológicas é inteiramente consagrada à → TEOLOGIA ESPIRITUAL. Na sua estrutura e nas suas nuances escolásticas revela uma formação predominantemente tomista; na terminologia mística nota-se a influência dos mais renomados mestres do seu tempo: pseudo-Dionísio, São Bernardo, os → VITORINOS. Nas linhas doutrinais retoma a base metafísica do amor que emerge dos textos de Santo → AGOSTINHO, juntando-se a ele ao admitir a sua absoluta primazia sobre o conhecimento de Deus. Acolhe também as intuições geniais sobre o amor de → HADEWICH: ele as valorizou nos seus fundamentos teológicos por uma síntese arquitetônica do motivo dominante do amor, inexaurível nos seus reflexos e exclusivo em relação à experiência mística. Não foi autodidata, nem somente "discípulo do Espírito Santo", como admitiu Miraeus. Mas embora utilizasse essas fontes esteve independente delas, sintetizando com mão de mestre temas das mais complexas perspectivas e resolvendo com genial originalidade problemas da vida espiritual que tocam o mais candente dos tempos atuais. A sua doutrina, mais experimental que especulativa, põe em evidência, de modo inequívoco, a importância das verdades evangélicas como fundamento de toda vitalidade cristã. Numa visão completa, abraça todo o itinerário espiritual da alma até os mais sublimes cumes de mística experimental, abismando-se em Deus trino, que se atinge mediante o Cristo histórico, pessoal, eclesial e eucarístico. Com pensamento límpido, profundo e equilibrado no seu dinamismo racional, mas que se exprime muitas vezes numa terminologia difícil e, por isso, falsamente entendida, esclarece de modo teórico-especulativo o conteúdo objetivo-metafísico da mais alta experiência de Deus, sem se perder no perigo de pura especulação, porque segue nas suas exposições as estruturas da alma. A sua mística, embora ressaltando a transcendência de Deus e concedendo a ela a primazia, apresenta-se, por isso, como "mística de imanência" que interpreta a experiência mística pondo o acento sobre a assimilação subjetiva do indivíduo. Essa orientação fundamental faz com que a mística de Ruusbroec deva ser considerada na luz de um desenvolvimento "normal" da vida espiritual, sem introdução de princípios extraordinários ou espécies infusas.

Na interpretação da sua doutrina mística não se pode chegar a uma compreensão adequada sem ter analisado dois pressupostos que dizem respeito à sua teodiceia e antropologia. 1) Ruusbroec opõe em Deus a essência (ou a unidade divina) à atividade (ou os três modos divinos = as três Pessoas). Chama de essência divina a natureza fecunda de Deus, porque fonte de toda atividade divina, da qual procedem as relações que na sua unidade de Pessoas refluem na unidade divina essencial. Afirma que o homem não poderia jamais conhecer e atingir a essência de Deus com as próprias indústrias se Deus não se comunicasse à essência da alma "acima de todo meio criado" (opinião não partilhada pela maioria dos teólogos místicos). 2) O homem, considerado na sua vida "preexistente" como ideia eterna de Deus, participa no Verbo do eflúvio e refluxo das três Pessoas. Por ser a alma a imagem ("nabeeld") de Deus trino, arquétipo transcendente do qual eflui como de seu exemplar ("overbeeld"), possui nas suas estruturas espirituais, naturais e sobrenaturais a possibilidade de retornar a Deus como semelhante a seu semelhante, e vive, no estado "pré-real", eternamente em Deus. Depois do pecado original, reparado pelo homem-Deus, o homem volta a Deus participando da união sublime de Cristo com o Pai, e tudo o que Cristo é e possui por natureza torna-se seu por graça.

Com essa premissa pode-se construir a natureza e o aspecto formal da vida espiritual, classificada por Ruusbroec como subida da alma a Deus. Realiza-se: 1) na vida da graça, porquanto ela permite ao homem atuar de modo sobrenatural e nos limites do estado terrestre a união; 2) mediante a fé, considerada nas suas modalidades pela união ativa e essencial; 3) na luz criada que dispõe à luz incriada, à plena invasão do próprio Deus.

Ruusbroec, delineando o desenvolvimento orgânico da vida espiritual, parte de um confronto com a evolução da história da humanidade, concebida como caminho para a luz, que se desenvolve em três principais fases: 1) noite (antes de Cristo) = saída do pecado; 2) aurora (depois do nascimento de Cristo) = início da ordem da graça; 3) luz da ressurreição = plenitude da vida contemplativa, sem ser uma antecipação da bem-aventurança. Essa tripartição baseia-se em três unidades estruturais, nas quais divide a psicologia humana, considerada como complexo orgânico: a primeira unidade (inferior, natural) compreende a vida vegetativa, sensitiva, racional ou meramente "humana". É constituída pela oposição entre corpo (multiplicidade) e alma (princípio de unificação). Ruusbroec a chama de unidade do coração, porque o coração é o princípio e a fonte da vida ativa. A segunda unidade (superior, espiritual) representa a unidade das potências superiores que Ruusbroec expõe seja na multiplicidade delas (memória, intelecto, vontade) seja no seu princípio de unificação ("supremo" ou "fundo"). Ela faz com que a alma opere como "espírito". Por força da iluminação divina, efeito de uma graça superior e mais pura do Espírito Santo, ela atinge Deus para além do conhecimento especulativo, conceitual, por imagem, que, porém, não abandona ainda de todo. A terceira unidade (suprema, essencial), entendida e interpretada como a mais alta unidade na qual o homem possui a Deus em si e acima de si, como princípio conservativo da sua existência natural e espiritual, transcende na sua plenitude toda instância humana. Às três unidades, unida a elas pelo menos *impliciter* a *potentia oboedientialis*, correspondem sucessivamente:

a) *A vida ativa* (externa, moral), primeira etapa na subida da alma. Tende a Deus como fim de toda atividade e como objeto de fruição inativa (repouso) na união essencial. (É importante observar que a oposição complementar desses dois aspectos é fundamental para a concepção de Ruusbroec sobre a vida espiritual e que é utilizada amplamente.) À luz da proeminência do amor, norma suprema e reguladora de toda atividade unificadora das faculdades humanas, Ruusbroec delineia a vida ativa: 1) como *conversio* do homem pecador a Deus (negativamente = no aspecto ascético, e positivamente = na ordem ao termo); 2) como concentração e subordinação das faculdades inferiores sob o domínio das faculdades superiores, determinantes da unidade moral do composto humano. A alma conhece a Deus no espelho dos conceitos e das imagens, utilizadas pela fé e provenientes do mundo criado experimentado. Mas a razão orienta a vontade a um progresso considerável nas virtudes morais, de modo que o homem, embora permanecendo na consciência da sua condição humana e das consequências dela (aspecto ressaltado por Ruusbroec), ordena a sua atividade para Deus como fim e como objeto de fruição na união intencional. O ensinamento prático de Ruusbroec sobre a vida ativa é particularmente rico, oferecendo sugestões e orientações precisas em relação a todo argumento. Embora pareça que ele dê preferência aos meios ascéticos, ordenados à purificação das potências e das paixões, observa na realidade mais atentamente os meios ordenados à santificação (missa, comunhão sacramental e espiritual, vida litúrgica, sacramentos, virtudes teologais e morais, dons).

b) *A vida interna* (espiritual, interior) é o caminho a Deus como objeto de conhecimento e de amor, percorrido na manifestação de crescente intensidade da graça de Cristo e sob a influência vital do homem-Deus. (Deve-se observar que a doutrina de Ruusbroec sobre a graça não é constante em cada livro.) É apresentada também ela sob o duplo aspecto de atividade e repouso: se as faculdades superiores agem na direção do termo de conhecimento e de amor, a alma encontra sempre de algum modo repouso em Deus. Agora o homem, no pleno domínio de si mesmo, como "servo de Deus", tornou-se seu "amigo íntimo". Vivendo sob a moção do Espírito Santo que leva à interiorização (*intreckende gherinen*), a vida psicológica passa por uma purificação radical, e a alma, no esforço contínuo de se libertar do mundo conceitual e imaginativo, entra em si mesma e recebe passivamente no fundo de si a graça essencial, que é o último meio criado pelo qual o intelecto opera de modo humano, e é fonte de todas as graças particulares que dispõem à união contemplativa. Convencido da sua insuficiência para receber ativamente a irradiação divina, "o olho simples" abre-se passivamente à Luz e conhece para além do saber e para além da fé ("boven weten, boven ghelove"). Ruusbroec introduz aqui para a experiência de Deus, a fé mística e iluminada pelos dons, a qual, embora não transcendendo a ordem da fé ordinária, supera o ato especulativo e conceitual dela, porque significa um conhecimento numa fé superior, concepção que deriva provavelmente de São Boaventura (cf. *"Contemplatio est cognitio… quae…. elevat supra cognitionem fidei secundum statum communem"*, III Sent. d. 24, IV). A fé mística, na doutrina de Ruusbroec, intui no primeiro grau a presença de Deus mediante uma graça adjuvante (habitualmente o amor infuso), ao passo que no segundo grau adquire um conhecimento experimental da Santíssima Trindade mediante a graça santificante. O conhecimento da fé mística, ou seja, na luz criada e no "esplendor de Deus" — que não é Deus, porque criado — estimula a vontade a desejar a união simples passiva e, sob a infusão do amor fruitivo que purifica e une as operações das faculdades, a alma "perde a si mesma e se torna amor". As suas ações não brotam mais do amor ativo ("werckelijke minne"), mas do amar essencial ("weselijke minne"), que age "sem modos" e repousa em Deus mediante um só ato passivo de amor criado. O duplo aspecto do amor (ativo = movimento, tendência; e "essencial" = posse, repouso, fruição) permite a Ruusbroec. percorrer sete graus destacados de amor que terminam na igualdade de amor, em que a alma e Deus são "um" no espírito, no amor, na vida divina, entendida como participação fruitiva da vida divina por parte da vida humana. Ruusbroec aponta essa união, que chama de "vida comum", como termo da vida interna.

c) *A vida divina* (contemplativa, superessencial = expressão proveniente de T. Gallo) é apresentada em duas modalidades: 1) A união essencial a modo divino, realizada *sine medio* e sob a influência dos três modos (ou das três Pessoas), os quais acolhem a tendência dinâmica da alma à vida divina para estabelecer uma relação particular com cada uma das suas três potências: a comunicação imediata do Pai é recebida na memória renegada e purificada antes totalmente (= condição indispensável para a união essencial na plena uniformidade de vontade); a iluminação essencial do Filho, a clareza eterna eleva o intelecto para além da razão ("boven redene"), no que consiste para Ruusbroec formalmente a contemplação, sendo ela participação essencial à vida de Cristo homem-Deus; a informação essencial do Espírito Santo transforma e assume a vontade na sua unidade e a alma ama a Deus por Deus, acima de todo meio criado e acima de todo amor ativo. 2) A união sem diferença acima de todo modo divino, efetuada na comunicação simples da essência de Deus à essência da alma, para contentar o seu desejo inato para a união mais sublime na total imersão em Deus ("ontsonckenheit"), na qual goza da profundidade da essência divina num só ato simples, ultrapassando a oposição e a diferenciação recíproca em Deus, causada pelas relações divinas. Não suprime a distinção entre Deus, absoluta transcendência, e o homem, ser criado. Significa apenas uma comunicação fruitiva, na qual a essência da alma é tocada e transformada pela essência divina, um privilégio de poucas almas eleitas. Para explicá-la, Ruusbroec apresenta duas comparações: embora o ar, penetrado pela luz e pelo calor do Sol — tanto assim que os dois parecem inseparáveis —, conserva a própria natureza, não se tornando Sol, e como o ferro ardente parece ser fogo, porque penetrado e transformado por ele, e jamais o será, assim também, na união sem diferença, Deus está presente na substância da alma; é inseparável dela, sem se tornar, porém, sua substância. Suprema variação na unidade orgânica do pensamento de Ruusbroec sobre a união indiferenciada é a "vida viva", erroneamente traduzida por "vie supérieure", na qual Ruusbroec quer aludir, como parece evidente, à relação de origem da vida criada com a vida incriada, eterna em Deus. Renovando-se em todo encontro místico entre Deus e a alma, a essência da alma é elevada à "bem-aventurança superessencial", assim chamada porque a alma se abisma totalmente na essência de Deus mediante a fruição amorosa, o estado mais sublime que existe aqui na Terra.

Alguns autores admitem que Ruusbroec tenha introduzido nos estados teopáticos o *lumen gloriae*, meio incriado para a realização deles, e que se trate de uma visão intuitiva, embora transitória e inferior à visão beatífica, da essência divina. A questão não encontrou uma solução concordante. Deve-se, porém, excluir uma interpretação que julgue ver nela o termo "normal" da vida espiritual, como fez Harphius (condenado em 1559).

Deve-se ressaltar que Ruusbroec não quis compor tratados de teologia mística. Não se limitou por isso a mostrar um ideal espiritual unicamente sobre as bases da experiência mística, mas preparou, ao contrário, o acesso a uma teologia espiritual que se fundamenta no exercício das virtudes e que por todos pode ser realizada, por *indoctis et rudibus*, sem se preocupar por enquadrar a sua doutrina nas tradicionais formas do pensamento escolástico, fato que explica uma certa inconstância do seu ensinamento.

4. INFLUÊNCIA. Ruusbroec influenciou consideravelmente duas correntes espirituais — uma, mística, a outra, ascético-prática — que, partindo da escola de Windesheim com os seus dois primeiros representantes G. de Leeuwen e G. de Schoonhoven, invadiram os Países Baixos. A sua doutrina, comentada por → DIONÍSIO, O CARTUXO, por Enrique Harphius (→ HERP) e passagens citadas pelas *Núpcias espirituais* encontra-se já em Marquard de Lindau, João de Kastl (*De adhaerendo Deo*) e na Inglaterra, no anônimo tratado *The chastising of God's children*. O fato de não se ter chegado antes de 1552 a uma edição completa e impressa das obras de Ruusbroec explica-se com a forte crítica proposta por → GERSON contra algumas expressões usadas por Ruusbroec nas *Núpcias*, que pareciam indicar uma assimilação da essência humana à essência divina. Mas na realidade Gerson tinha confundido a "contemplação essencial" de Ruusbroec com a visão beatífica e atribuído à alma o que Ruusbroec dissera do espírito. Contra Gerson, Ruusbroec é defendido por G. de Schoonhoven, seu sucessor em Groenendael.

Com as traduções latinas, a de *Jordaens* das *Núpcias* (Paris, 1512 na ed. de J. LEFÈVRE) e de outros escritos (Bologna, 1538 na ed. de N. BARGILESI) e a do certosino L. Surius (Köln, 1552 e numerosas edições seguintes) que serviu para as traduções em francês, espanhol, italiano, alemão, inglês, a influência de Ruusbroec manifestou-se em toda a Europa (para a Itália, cf. M. PETROCCHI, *Storia della spiritualità italiana*, Roma, 1978, 214, 235, vl. II). Não há autor de escritos espirituais que não reflita de modo mais ou menos sublinhado o ensinamento de Ruusbroec, inclusive autores protestantes, até os primeiros decênios do século XVIII. Depois de um século e meio de esquecimento, Ruusbroec foi "redescoberto", antes pelos estudos filológicos na Alemanha e na Bélgica, depois mediante as traduções de E. Hello (1869) e de M. Maeterlinck (1885), não completas, muito livres e de divulgação. No nosso século, a tradução francesa dos beneditinos de Oosterhout serviu para a versão italiana, divulgada pela Opera della Regalità. Em 1925, foi fundada em Antuérpia a Ruusbroec-Genootschap, um grupo de estudiosos jesuítas dedicados aos estudos da história da piedade nos Países Baixos, em particular interessada na figura espiritual de Ruusbroec.

BIBLIOGRAFIA. 1) Escritos: RUUSBROEC, G. *L'ornamento delle nozze spirituali e I sette gradi della scala dell'amore spirituale* (trad. it. por G. CANTINI). Torino, 1946; RUUSBROEC, J. van. *Werken*. Naar het standaardhandschrift van Groenendael uitgegeven door het Ruusbroec-Genootschap te Antwerpen. Tielt, 1944-²1948; SURIUS, L. D. *Joannis Rusbrochii summi atque sanctissimi viri, quem insignis quidam theologus alterum Dionysium Areopagitam appellat, opera omnia: Nunc demum post annos ferme ducentos e Brabatiae Germanico idiomate reddita Latine per F. Laurentium Surium, Carthusiae Coloniensis alumnum*. Coloniae, 1552 (facsimile, Farnborough, 1967); RUUSBROEC, J. van. *Opera omnia*, I-II (Studien en tekstuitgaven van "Ons Geestelijk Erf", XX, 1-2). Tielt-Leiden, 1981; III, 1987; IV (in prep.).
2) Estudos: para uma bibliografia de Ruusbroec: AMPE, A. Jean Ruusbroec. In *Dictionnaire de Spiritualité* VIII (1974) 659-697; *Jan van Ruusbroec 1293-1381. Tentoonstellings-catalogus*. Bruxelles, 1981. Em particular: AMPE, A. La théologie mystique de l'ascension de l'âme selon Jean de Ruusbroec. *Revue d'Ascétique et de Mystique* 36 (1960) 179-201.303-322; ID. *Ruusbroec. Traditie en Werkelijkheid*. Antwerpen, 1975; AXTERS, P. St. *La spiritualité des Pays-Bas*. Louvain-Paris, 1948; *Benediktijns Tijdschrift* 42 (1981); COGNET, L. *Introduction aux mystiques rhéno-flamands*. Tournai, 1968; *De Brabantse mysticus Jan van Ruusbroec 1293-1381*. Bruxelles, 1984 (publ. "De Vrienden van de Kapellekerk"); GANDILLAC, M. de. Ruysbroeck, Jan van. *Encyclopaedia Universalis* 16. Paris, 1985; GIOVANNA DELLA CROCE. *I mistici del nord*. Roma, 1981, 42-45.107-141; ID. Ruusbroec. In *La mistica. Fenomenologia e rifessione teologica*. Roma, 1984, 461-493, I; *Heiliging* 31 (1981); HERMANS, F. *R. l'Admirable et son école*. Paris, 1958; *Jan van Ruusbroec. Vlaanderen* 30 [número especial] (1981); MOMMAERS, P. – PAPE, N. de. *Jan van Ruusbroec. The sources, content and sequels of his mysticism* (Mediaevalia Loveniensia, ser. I, studia XII). Louvain, 1984, 14-47; TESDALE, W. Ruysbroeck's mystical theology. *American Benedictine Review* 35 (1984) 82-96.176-193; VERDEYEN, P. *Ruusbroec en zijn mystiek*. Louvain, 1981; *Zonien* 5 (1981).

GIOVANNA DELLA CROCCE

S

SABEDORIA. A filosofia de todos os tempos admite que a sabedoria é a operação humana por excelência, própria do *homo sapiens*. Ela se distingue da ciência, como o superior do inferior: a ciência é o conhecimento das coisas por suas causas últimas; a sabedoria é a "ciência superior", a "cabeça" de todas as outras, como diz Aristóteles (*Ética*, I, VI, c. 7: 1141a, 19), pois considera em todos os gêneros "a causa suprema" (*STh*. I, q. 1, a. 6c.): um é tão mais sábio quanto maior e mais alta é a causa do seu conhecer; e se o cientista já se chama "amante da verdade", o é ao máximo o sábio.

1. A VIRTUDE INTELECTUAL. O homem, filósofo por sua natureza, "deseja naturalmente saber" (ARISTÓTELES, *Metafísica*, I, c. 1). Sua ciência começa desde os "primeiros princípios" naturalmente conhecidos, os quais não pertencem a uma potência especial, mas a um hábito especial, chamado "intelecto dos princípios" para as coisas especulativas, "sindérese" para as coisas na ordem da ação (*STh*. I, q. 79, a. 12c). O homem é movido à conquista da sabedoria pelo desejo natural da felicidade, que é o primeiro na intenção especulativa e o último na execução prática; da mesma raiz procede o exercício da sabedoria humana, à qual cabe julgar e ordenar tudo no homem e fora dele.

A sabedoria é a máxima virtude intelectual em razão do seu objeto, que é a "causa suprema", ou seja, Deus. E uma vez que por meio da causa se julga o efeito, e por meio da causa superior, as causas inferiores, segue-se que a sabedoria é juíza de todas as outras virtudes intelectuais e a ela cabe ordená-las: é quase "a arquiteta em relação a todas as outras" (*STh*. I-II, q. 66, a. 5). Explica-se então por que um Sócrates identificava o sábio com o virtuoso; a Escritura, de resto, faz o mesmo, mostrando de qualquer modo a excelência, a extensão, as vantagens da sabedoria (cf. L. BIGOT, Sagesse, in *Dictionnaire de Théologie Catholique*, XIV, 733-742). Tomás, divergindo sistematicamente de Agostinho e de Boaventura, está nisso plenamente de acordo. Se há uma diferença entre os hebreus e os gregos na consideração da sabedoria, ela consiste na diferente visão sob a qual é classificada: para os primeiros é alguma coisa total para o homem; para os segundos, porém, é antes a operação de uma faculdade particular como o intelecto.

Tomás, ainda que diga que a sabedoria pertence ao intelecto (*STh*. II-II, q. 45, a. 2), enquadra-a na realidade do homem, exigindo para seu exercício a retidão da vontade (*STh*. I-II, q. 4, a. 4). Ele sabe da revelação que o homem é feito "à imagem" de Deus-Trindade (*STh*. I, q. 45, aa. 6-7). E considerando a sabedoria como ato do intelecto enumera as várias fases do processo com que o homem a ela chega. O primeiro ato é a "inteligência", que se tem quando o intelecto "aprende simplesmente alguma coisa". Vem depois a "intenção", porquanto o intelecto ordena a coisa já apreendida para conhecer e para operar. Terceira é a *excogitatio*, que se tem quando o intelecto persiste na investigação do que intenciona. Enfim, quando examina o que refletiu em função a alguma coisa certa, diz-se conhecer ou saber: é a sabedoria ou *phronêsis*, pois é próprio da sabedoria julgar. E uma vez que o intelecto possui uma coisa de certo, porque examinada, pensa de que modo pode manifestá-la a outros: é a disposição da "palavra interior", da qual procede "a locução exterior" (*STh*. I, q. 79, a. 10, ad 3).

A sabedoria está fundada no ser intelectual e segue as condições do sujeito natural em que se encontra: há uma sabedoria criada, própria dos espíritos ou → ANJOS e dos homens, e a incriada, própria de Deus.

2. A SABEDORIA DIVINA. Agostinho já havia observado que o termo se aplica a Deus de dois modos: há nele a sabedoria essencial, comum à Trindade, e a sabedoria nocional, própria do Verbo. Deus é essencialmente sábio, porquanto conhece a verdade do próprio ser e a compreende rica como o mesmo ser. Tomás escreve: "Como a potência de Deus, que é sua essência, não se distingue da própria sabedoria de Deus, pode-se dizer corretamente que nada está na potência de Deus que não esteja na ordem da sabedoria divina; porque a sabedoria divina compreende todo o poder da potência" (*STh*. I, q. 25, a. 5). Nesse sentido, ser "sábio" ou "inteligente" toma-se em Deus somente em sentido essencial" (*Ibid*., q. 37, a. 2, ad 1).

A revelação do mistério da Trindade, pois, faz ver em Deus também a sabedoria pessoal, ou seja, apropriada ao Filho, como a potência ao Pai e a bondade ao Espírito Santo (*STh*. I, q. 39, a. 8): "A sabedoria tem semelhança com o Filho celeste, porquanto é o Verbo, que nada mais é do que o conceito da sabedoria" (*Ibid*.). "Com efeito, é conhecendo-se a si mesmo, e o Filho e o Espírito Santo, e todas as outras coisas compreendidas em sua ciência, que o Pai concebe o Verbo de tal maneira que no Verbo é a Trindade inteira que é dita, e mesmo toda criatura" (*STh*. I, q. 34, a. 1, ad 3). Explica Tomás que, "como é preciso compreender as processões divinas segundo algumas ações, a bondade e os atributos do mesmo gênero não permitem compreender outras processões senão a do verbo e do amor, enquanto Deus [o Pai] conhece e ama sua essência, sua verdade e sua bondade" (*STh*. q. 27, a. 5, ad 2).

Tomada, portanto, a sabedoria divina em sentido essencial ou em sentido pessoal, significa algo de "exemplar", de modo a poder dizer que tanto o ser divino da Trindade quanto o Verbo em pessoa são o "exemplar de todas as coisas" (*STh*. q. 44, a. 3c.): no ser da Trindade, como no exemplar causado de todas as coisas (*STh*. q. 45, aa. 6-7), no Verbo, como no exemplar formal das coisas mesmas (*STh*. III, q. 24, aa. 3-4; I, q. 34, a. 3).

3. SABEDORIA DIVINA E CRIAÇÃO. No ser da Trindade há todas as perfeições infinitas, as criáveis e as criadas (DENZ. 34); a divina sabedoria compreende-as todas. Mas quando Deus-Trindade cria, comunica a outros algo de si "julgando" e "ordenando" tudo segundo a sua sabedoria, que, de especulativa, estendendo-a, torna-se prática (*STh*. I, q. 14, a. 16c).

E na criação concreta Deus-Trindade exerceu a sua sabedoria de modo tão perfeito, ou seja, em harmonia com a potência e a bondade, a ponto de exauri-la de fato no próprio reino como é realizado no Corpo místico de Cristo, pois nele entram realidades das quais *non potest aliquid fieri melius, sicut non potest aliquid melius esse Deo*: "a humanidade do Cristo, pelo fato de estar unida a Deus, e a bem-aventurada Virgem (Maria), por ser a Mãe de Deus, e a bem-aventurança criada" (*STh*. q. 25, a. 6, ad 4). São coisas que "têm certa dignidade infinita provinda do bem infinito que é Deus" (Ibid.). E isso é digno da Trindade, pois "Deus produz a criatura por sua Palavra, que é seu Filho, e por seu Amor, que é o Espírito Santo. De acordo com isso, as processões das Pessoas são as razões da produção das criaturas, enquanto incluem os atributos essenciais que são a ciência e a vontade" (*STh*. q. 45, a. 6; cf. I, q. 14, a. 8; q. 19, a. 4). Em abstrato, diríamos, a sabedoria e a ciência divina dizem respeito somente à verdade do ser divino expressa no Verbo; em concreto, quando é aplicada à criação, está sempre conjugada com a potência expressa no Pai e com a vontade expressa no Espírito Santo (*STh*. q. 25, a. 1, ad 4).

4. A SABEDORIA COMUNICADA ÀS CRIATURAS. Fruto da operação concorde das três Pessoas divinas, as criaturas são também participantes do ser exemplar delas: é necessário encontrar em todas as criaturas pelo menos "o vestígio da Trindade" (*STh*. I, q. 45, a. 7), ao passo que nas criaturas superiores Deus-Trindade expressou a sua "imagem". "As processões das Pessoas divinas, com efeito, consideram-se segundo os atos do intelecto e da vontade" (*Ibid*., q. 27): "o Filho procede como Verbo do intelecto, o Espírito Santo como Amor da vontade. Portanto, nas criaturas racionais, em quem há o intelecto e a vontade, encontra-se a representação da Trindade à maneira de imagem, porquanto há nelas o verbo que é concebido e o amor que procede" (*Ibid*., q. 45, a. 7). Nisso consiste a primeira razão da sabedoria das criaturas, as quais têm o ser e suas virtudes diretamente da Trindade criadora.

Os espíritos e o homem, salvo as devidas proporções, são seres pessoalmente determinados pela criação quanto ao ser natural, mas são "imperfeitos" quanto à operação bem-aventurada, à qual os ordenam os princípios quase inatos do intelecto e da vontade. Atingida a própria "suprema operação" em relação ao "máximo objeto" a si proporcionado, a criatura intelectual é feliz; a → BEM-AVENTURANÇA, porém, consiste na "visão da essência divina", pois "a perfeição última da criatura racional está na coisa mesma, que é seu princípio de ser; pois cada coisa é perfeita à medida que atinge o seu princípio" (*STh*. I, q. 12, a. 1). A mais alta sabedoria natural das criaturas consiste: especulativamente, em conhecer segundo o próprio ser todas as coisas do universo pela causa suprema, que é o Criador, como resulta a cada uma (*Ibid*., q. 56, a. 3); praticamente, em se pôr e estar com todas as virtudes próprias no lugar querido pelo próprio Deus criador (*Ibid*., q. 62, a. 4).

5. A MÁXIMA SABEDORIA NA SAGRADA DOUTRINA. Não há dúvida de que a "subordinação das ciências" tem o seu fundamento na hierarquia das realidades. Mas quando a sabedoria do homem chega a seu cume, em vez de terminar no conhecimento da verdade, para diante dos mil problemas que constituem outros tantos "mistérios naturais". E também quando se chega à verdade investigada pela razão em relação a Deus, isso acontece "em poucos (homens), depois de longo tempo e com muitos erros misturados", embora de tal conhecimento dependa "toda a salvação do homem, a qual consiste em Deus". O homem, com efeito, está ordenado a Deus como ao fim que ultrapassa a sua compreensão. Por isso foi necessária a sagrada doutrina, que se teve por revelação divina, acima de toda ciência pesquisada filosoficamente pela razão, pois não teria sido possível que os homens ordenassem suas intenções para aquele fim sem o conhecer (*STh.* I, q. 1, a. 1).

O sábio, aqui, considera a causa suprema de todo o universo com a ciência mesma de Deus e dos bem-aventurados, porquanto "procede dos princípios conhecidos à luz da ciência superior" (*STh.* I, q. 1, a. 2) ao julgar e ordenar tudo: Agostinho a chama de *cognitio divinorum* (*De Trin.* 12, 14, 22: *PL* 42, 1009). A sagrada doutrina é portanto, "a máxima sabedoria entre todas as sabedorias humanas em sentido absoluto" (*STh.* I, q. 1, a. 6); ultrapassa todas as ciências humanas, sem nada negligenciar nelas. No homem, portanto, dão-se duas sabedorias: a natural, própria da filosofia; a sobrenatural, própria da sagrada doutrina. A sabedoria da filosofia consiste no conhecimento de Deus como causa primeira da origem de todos os seus efeitos, quer dizer, de Deus como se demonstra a nós; a sabedoria da teologia consiste no conhecimento revelado de Deus-Trindade, como é realmente em si, e o vê como exemplar de todas as suas criaturas, seja consideradas como "vestígio" seja como "imagem" da Trindade criadora. É a sabedoria própria dos santos, dos homens em graça de Deus.

6. O DOM DA SABEDORIA. Não se deve, todavia, confundir a sabedoria como doutrina com o dom da sabedoria. Ambas estão no intelecto segundo os respectivos atos, mas dependem da caridade sujeita à vontade, mais que da fé, sujeita ao intelecto: a caridade é "a forma da fé" (*STh.* II-II, q. 4, a. 3). Crer é ato do intelecto, movido pelo assentimento da vontade; por isso, se o ato da fé deve ser perfeito, exige-se um hábito que aperfeiçoe as duas faculdades (*Ibid.*, q. 4, a. 2). Mas, se para o exercício da fé é suficiente a posse da virtude teologal própria da graça santificante, ao exercício do dom da sabedoria não basta: o agente nos atos das virtudes teologais é o homem em graça, o qual opera quando quer; o agente do dom da sabedoria, porém, é o Verbo eterno, segundo a disposição operada mediante a caridade viva do Espírito Santo (*STh.* I-II, q. 68, a. 1). Pelo exercício da caridade o homem é assimilado diretamente ao Espírito Santo; mas como no dom da sabedoria está implícita também uma "instrução do intelecto pela qual ele irrompe em afeição de amor" (*STh.* I, q. 43, a. 5 ad 2), ele é também assimilado ao Verbo, o qual é "enviado" justamente segundo aquela instrução, sendo o "*Verbum spirans Amorem*" (*Ibid.*). Com efeito, o Espírito Santo é chamado "Espírito de adoção", porquanto por ele nos é dada a semelhança ao Filho natural, que é a "sabedoria gerada" (*STh.* II-II, q. 45, a. 6, ad 1). Tomás lembra que a "sabedoria incriada [...] se une a nós primeiro pelo dom do amor [na encarnação], e assim nos revela os mistérios, cujo conhecimento constitui a sabedoria infusa. Por isso, a sabedoria infusa, que é um dom, não é a causa da caridade, e sim seu efeito" (*Ibid.*, ad 2).

A sabedoria importa sempre certa retidão de juízo segundo as razões divinas: na virtude intelectual, proveniente da procura fundada tanto segundo os princípios naturais, como segundo os princípios da fé; no dom da sabedoria, proveniente de certa conaturalidade, própria da caridade. "Assim, portanto, a sabedoria que é um dom tem como causa a caridade que reside na vontade; mas tem sua essência no intelecto, cujo ato consiste em julgar retamente" (*Ibid.*, q. 45, a. 2): o que acontece à luz do Verbo.

7. RELAÇÕES ENTRE SABEDORIA E VERBO. O dom da sabedoria é especulativo, porquanto no Verbo contempla as coisas divinas em si mesmas, e prático, "porquanto a partir do divino julga as atividades humanas que ela dirige segundo as regras divinas" (*STh.* II-II, q. 45, a. 3), ou seja, sob o impulso do Espírito Santo.

A sabedoria é comunicada pela união com as coisas divinas e admite, por isso, diversos graus: alguns recebem o reto juízo, porquanto necessário à salvação, como acontece com quem está sem pecado mortal pela graça santificante; outros percebem alguns mistérios mais elevados e são capazes de manifestar o modo como podem, em conformidade com eles, ordenar a si mesmos e os outros. "E esse grau de sabedoria não é comum a todos os que estão em estado de graça, mas pertence mais às graças *gratis datae* que o Espírito Santo distribui como quer" (*STh*. II-II, q. 45, a. 5; 1Cor 12,8). Ao dom da sabedoria corresponde a bem-aventurança: "Felizes os que agem em prol da paz; eles serão chamados filhos de Deus" (Mt 5,9). Quem ordenou em si a "tranquilidade da ordem" (*De civ. Dei*, 19, 13, 1: *PL* 41, 640) está em paz e pode levá-la também aos outros: é o mérito e o prêmio da sabedoria a ele dada.

O dom da sabedoria chega ao máximo na "visão beatífica", como dote correspondente na bem-aventurança à fé da graça dos "viandantes"; é uma das três coisas que "concorrem necessariamente para a bem-aventurança" (*STh*. I-II, q. 4, a. 3; I, q. 12, a. 7, ad 1). Com efeito, como para a "compreensão" o bem-aventurado abraça o ato do ser divino personificado no Pai, principiando a própria bem-aventurança em Deus-Trindade, como para a "fruição" goza do bem do ser divino expresso e personificado no Espírito Santo, assim para a "visão" conhece a verdade do ser divino expresso e personificado no Verbo. A → INABITAÇÃO das Pessoas divinas é a causa pela qual a criatura é bem-aventurada, porquanto "a missão invisível se realiza nos bem-aventurados desde o primeiro instante de sua bem-aventurança" (*STh*. I, q. 43, a. 6, ad 3), que os fixa eternamente no grau devido à sua graça pessoal.

Se os antigos estudiosos e filósofos foram chamados de "sábios" porque "amantes da verdade" natural, com maior razão se chamam de "sábios" os teólogos da fé "amantes da verdade divina", especialmente quando conjugam ao conhecimento da causa altíssima do Verbo a caridade fervorosa e operante no Espírito Santo, a qual torna amigos e filhos adotivos da Trindade: "São amados por Deus somente os que privam da amizade da Sabedoria" (Sb 7,28).

BIBLIOGRAFIA. ALETTI, J. N. *Colossiens 1, 15-20. Genre et genèse du texte*. Roma, 1981; ID. Le Christ et la Sagesse dans les textes du Nouveau Testament. *CE* 32 (1980) 44-73; DEGL'INNOCENTI, U. La conoscenza sapienziale in sant'Agostino e san Tommaso. *Aquinas* (1966) 143-162; GUILBERT, M. – ALETTI, J. N. *La Sapienza e Gesù Cristo*. Torino, 1981; GUILBERT, M. *La Sagesse dans l'Ancien Testament*. Louvain, 1979; HAYEN, P. *La communication de l'être d'après st. Thomas d'Aquin*. Paris, 1959; MARITAIN, J. *Science et sagesse*. Paris, 1935; METZ, J. B. Sapienza. In *Dizionario Teologico*. Brescia, 1968, 231-249, III; MOLLAT, D. La Parole et l'Esprit, exégèse spirituelle. In *Parole de Dieu et sagesse de l'homme* I (1980) 149-165; Sagesse. In *Dictionnaire de Spiritualité*. Paris, 1988, 72-132, XIV; Sapienza. In ROSSANO, P. – RAVASI, G. – GHILANDA, A. (eds.). *Nuovo Dizionario di Teologia Biblica*. Roma, 1988, 1.247-1.447.

A. GRION

SACERDÓCIO DOS FIÉIS. Todo cristão, por força do próprio batismo, está unido a Cristo e dele recebe a participação na sua tríplice dignidade: sacerdotal, profética, real; a Igreja, portanto, como comunhão dos batizados, está unida a Cristo não como um corpo estranho, mas como um corpo sacerdotal, que do seu chefe recebe a dignidade e o ofício sacerdotais. Quais são os fundamentos dessa dignidade e o alcance desse ofício sacerdotal de todo batizado? Procuraremos dizê-lo de modo simples, destacando as bases escriturísticas e patrísticas, as explicações do magistério, a dimensão litúrgica e existencial desse sacerdócio.

1. OS FUNDAMENTOS BÍBLICOS. A doutrina do sacerdócio dos fiéis refere-se fundamentalmente ao texto de 1Pd 2,4-5.9: "Aproximando-vos dele, pedra viva, rejeitada pelos homens, mas escolhida e preciosa diante de Deus, vós mesmos entrais como pedras vivas na construção da casa habitada pelo Espírito, para constituir uma santa comunidade sacerdotal, para oferecer sacrifícios espirituais agradáveis a Deus por Jesus Cristo. [...] Sois a raça eleita, a comunidade sacerdotal do rei, a nação santa, o povo que Deus conquistou para si, para que proclameis os altos feitos daquele que das trevas vos chamou para sua maravilhosa luz". Esse texto deve ser enquadrado no seu contexto ideológico; há uma referência a Ex 19,6: "E vós sereis para mim um reino de sacerdotes e uma nação santa"; em toda a carta, de caráter batismal, essa referência significa que os cristãos, por força do batismo deles, estão agregados à Igreja que participa da missão do povo de Israel, depositária do verdadeiro culto ao verdadeiro Deus. Outros textos em que é dado o nome de "sacerdotes" aos cristãos são os de Ap 1,5-6; 5,6-10; 20,4-6 num contexto em que se ressalta que os fiéis na Jerusalém celeste participam do culto de agradecimento; o nome "sacerdotes" é atribuído de maneira mais explícita aos mártires. Essas expressões explícitas sobre o sacerdócio dos cristãos devem ser postas ao lado de outros inumeráveis textos do Novo

Testamento em que a terminologia cultual é aplicada à vida cristã nas suas multíplices manifestações de oração, ascese, misericórdia, apostolado (cf. Rm 12,1-2; Ef 2,18-22; Hb 13,15…). Todos esses textos foram estudados com muito cuidado pelos teólogos e exegetas nos últimos decênios, no âmbito da renovação litúrgica e eclesiológica. Suas conclusões nos indicam que nesses textos não há nenhuma referência a um direito de participação litúrgica, mas simplesmente se insiste em apresentar a vida cristã em todas as suas manifestações como o verdadeiro culto, o sacrifício agradável a Deus, a verdadeira religião; tema que está unido à crítica do culto veterotestamentário não autêntico e à espiritualização da vida cultual pregada por Jesus e realizada com a sua vida e a sua morte, como de modo egrégio demonstra o autor da Carta aos Hebreus. Todo cristão, portanto, por força da sua união mística com Cristo, pode fazer da sua vida, como ele e com ele, um "sacrifício espiritual" e ser assim "sacerdote" na vida cotidiana de caridade. Esse exclusivismo existencial do sacerdócio dos fiéis como é apresentado pelos exegetas é hoje em parte contestado. Não se pode afirmar que não haja nenhuma referência implícita a uma participação litúrgica dos fiéis nesses textos. Para além e acima de todo enfoque polêmico do sacerdócio dos fiéis, parece óbvio afirmar que entre os "sacrifícios espirituais" que o cristão oferece na sua vida cotidiana há a → ORAÇÃO e a → EUCARISTIA, das quais participa por força do seu batismo; não se pode arbitrariamente separar nesses textos a referência implícita ao exercício do sacerdócio. dos fiéis no memorial do sacrifício de Jesus e à oferta que o cristão faz com Cristo na Eucaristia. Assim, poderíamos afirmar que nesses textos do Novo Testamento põe-se o acento sobre a condição existencial do cristão como sacerdote, porquanto é a sua vida ordinária a expressão do verdadeiro culto que Deus quer, à imitação de Cristo, e em contraste com a fatuidade dos sacrifícios antigos; mas o momento culminante em que exerce o seu sacerdócio é justamente a participação na oração da Igreja e no memorial de Cristo; caso contrário, o nexo que existe entre a vida existencial e a sacramental seria arbitrariamente quebrado. Com efeito, na raiz dessa convicção de que os cristãos têm um sacerdócio temos estes princípios: a) a vida e a morte de Cristo são interpretados pelo próprio Cristo e pela comunidade primitiva em sentido sacerdotal e cultual; b) o ato supremo sacrifical e sacerdotal de Cristo é vivido e comunicado como "memorial" no batismo e na Eucaristia; por meio desses dois sacramentos o cristão participa do sacerdócio existencial de Cristo; c) na celebração do batismo e do memorial do Senhor e na oração o cristão "atualiza" sacramentalmente o seu sacerdócio e o seu sacrifício. Essa dupla perspectiva existencial e cultual do sacerdócio dos fiéis é a chave de compreensão desse mistério de comunhão com Cristo por parte de todo batizado na sua vida e no culto litúrgico.

2. OS TESTEMUNHOS DOS PADRES. Na esteira dos textos do Novo Testamento encontramos muitíssimas expressões dos Padres que falam dos cristãos como de "sacerdotes". Todo texto deve ser estudado no seu contexto próprio para ser entendido. Em geral, os Padres falam de sacerdócio aplicado a cada fiel ou a toda a Igreja, referindo-se aos textos acima citados ou por ocasião do batismo, indicando o sentido e o alcance da unção: os cristãos são "a verdadeira estirpe sacerdotal" (JUSTINIANO, *Diál.* 116); "Todos os que foram ungidos com o óleo do santo crisma foram feitos sacerdotes, como Pedro o diz a toda a Igreja" (ORÍGENES, *In Lev. hom.* 9, 9); "Nós somos verdadeiros adoradores e verdadeiros sacerdotes, que orando no Espírito elevamos a Deus a nossa oração como hóstia agradável e aceitável a Deus" (TERTULIANO, *De oratione*, 28, 3); "Do mesmo modo como chamados de 'ungidos', isto é, cristãos, aqueles que no batismo receberam a unção mística, devemos chamar de sacerdotes todos aqueles que são membros do único sacerdote Cristo" (AGOSTINHO, *De civ. Dei*, 20, 10); "O sinal da cruz faz tornar reis todos os regenerados em Cristo, e a unção do Espírito os consagra como sacerdotes" (LEÃO MAGNO, *Serm.*, 3,1). Em geral, nesses textos os Padres ressaltam a dignidade sacerdotal dos cristãos exercida na vida cristã como tal deles, especialmente na vida de caridade: "Nós recebemos na realidade a unção para um sacerdócio santo, oferecendo nós mesmos a Deus como vítimas espirituais. [...] Nós somos todos, se os nossos méritos valem, sacerdotes da justiça, consagrados pela união de alegria, para a realeza e o sacerdócio" (AMBRÓSIO, *Comm. in Lucam*, 5, 33; 8, 52); "Cada um é ungido para o sacerdócio, ungido também para a realeza, mas é uma realeza espiritual e um sacerdócio espiritual" (AMBRÓSIO, *De sacr.* 4, 3); "Nós somos sacerdotes, oferecendo os nossos corpos em sacrifício" (CRISÓSTOMO, *In Ep. 2 ad Cor.* 3, 5). Mas, ao lado dessas expressões e em plena harmonia, não podemos esquecer quanto os Padres insistem sobre a plena participação de todos os fiéis na Eucaristia e como nela são os ofertantes e os oferecidos: "Em todo lugar da terra os cristãos oferecem no nome de Jesus Cristo os sacrifícios que ele lhes ordenou, quer dizer, a Eucaristia do pão e do cálice" (JUSTINO, *Diál.* 117); e Cipriano lembra que os irmãos "celebram com o sacerdote os sacrifícios divinos" (*De dominica oratione*, 4); → AGOSTINHO nos lembra que a eucaristia é o sacramento do sacrifício de toda a Igreja (cf. *De civ. Dei*, 10,20). Os textos das liturgias eucarísticas revelarão essa consciência a partir de Hipólito que nos fala da oblação da Igreja santa (*Traditio apostolica*, 4) e pelo venerável Cânone romano que com tanta frequência exalta a participação do povo sacerdotal: "*qui tibi offerunt [...] sed et cunctae familiae tuae [...] nos servi tui sed et plebs tua sancta*". Com razão, portanto, João → CRISÓSTOMO podia exortar os seus fiéis a uma participação atenta no Cânone da missa, pela parte que nela a eles correspondia por força da pertença deles ao corpo sacerdotal: "Vemos igualmente que a oração eucarística é comum; o sacerdote, com efeito, não dá graças por si apenas, todo o povo oferece a Eucaristia com ele; o sacerdote não inicia o seu agradecimento senão depois de ter conseguido o assentimento dos fiéis, expresso na frase: 'É coisa boa e justa'. Todos nós formamos um só corpo e entre nós não existe outra diferença senão a que pode existir entre os diversos membros de um mesmo corpo" (*Comm. in 2Cor. hom.* 18,3).

3. OS TEÓLOGOS E O MAGISTÉRIO. Na época da sistematização da teologia encontramos resumida em Santo Tomás a doutrina do sacerdócio dos fiéis em fórmulas muito sóbrias: "O fiel é destinado a receber ou a transmitir a outros tudo o que diz respeito ao culto divino. E para isso serve precisamente o caráter sacramental. Todo culto cristão deriva do sacerdócio de Cristo. Portanto, é claro que o caráter sacramental é o caráter de Cristo, a cujo sacerdócio são configurados os fiéis segundo os diversos caracteres sacramentais, que não são senão participações do sacerdócio de Cristo, derivadas do mesmo Cristo" (*STh.* III, q. 63c). Essa explicação será retomada pelo magistério pontifício neste século depois de anos de polêmico silêncio a respeito do sacerdócio dos fiéis pelas interpretações abusivas feitas pelos reformadores protestantes. Na *Mediator Dei* Pio XII afirmava como princípio fundamental da participação dos fiéis na liturgia: "Pelo batismo, os cristãos, como título comum, são no Corpo místico membros de Cristo sacerdote, e com o caráter que lhes é impresso na alma são consagrados ao culto divino; desse modo participam segundo a condição deles do próprio sacerdócio de Cristo".

É mérito do Vaticano II ter exposto com amplitude o tema do sacerdócio dos fiéis na *Lumen gentium*, nn. 9-11. No n. 9 lembra-se a realidade de Israel, povo sacerdotal, de cujas promessas a Igreja é herdeira. No n. 10 expõe-se amplamente a natureza e os deveres do sacerdócio dos fiéis e a sua substancial distinção do ministerial. O fundamento remoto é o sacerdócio de Cristo; o fundamento ontológico é a participação dessa dignidade pelo → BATISMO e a unção do Espírito; o exercício do sacerdócio, em plena harmonia com os dados da revelação e da tradição, é visto na dupla perspectiva da vida litúrgica e da existência cristã: "Os batizados são consagrados a formar uma morada santa e um sacerdócio santo para oferecer, mediante todas as obras do cristianismo, sacrifícios espirituais... Os fiéis, em virtude do seu sacerdócio real, concorrem para a oblação da Eucaristia e exercem o sacerdócio com a participação nos sacramentos, com a oração e o agradecimento, com o testemunho de uma vida santa, com a abnegação e a operosa caridade"; "a índole sagrada e a estrutura orgânica da comunidade sacerdotal realizam-se por meio dos sacramentos e das virtudes". Todavia, obviamente, há uma distinção entre o sacerdócio dos fiéis ou comum e o ministerial: "embora se diferenciem essencialmente e não apenas por grau, estão, todavia, ordenados um ao outro, porque [...] cada um a seu próprio modo participa do único sacerdócio de Cristo (*Ibid.*).

No n. 11 o Concílio explica qual é a participação que os fiéis exercem em cada um dos sacramentos da Igreja por força do seu sacerdócio comum; de modo especial se ressalta o papel ativo-passivo que os cristãos têm na celebração eucarística: "Participando do sacrifício eucarístico, fonte e ápice de toda a vida cristã, oferecem a Deus a vítima divina e a si mesmos com ela" (*Ibid.*). No que diz respeito à inserção dos fiéis na oração litúrgica da Igreja, é preciso observar que ficou superado o conceito de "delegação" ou "deputação" dada a alguns batizados, a fim de exercerem a oração pública em nome da Igreja; todo cristão, com efeito, dela participa de pleno direito por força do sacerdócio comum (*Instrução geral sobre a liturgia das horas*, n. 7). O sacerdócio dos fiéis é o fundamento da participação plena, consciente e responsável dos cristãos nas ações litúrgicas nas quais estão inseridos como membros da "Igreja local", sujeito integral da ação litúrgica (Congar). A relação entre sacerdócio dos fiéis e sacerdócio ministerial dos presbíteros pode ser explicada partindo-se da distinção entre sacerdócio cultual de Cristo, participado por todo o corpo da Igreja, mediante a consagração batismal, e sacerdócio de mediação, próprio de Cristo, participado por aqueles que na Igreja se tornaram semelhantes a Cristo cabeça, mediante a consagração do Espírito pela imposição das mãos. "No único novo povo de Deus, sacerdócio comum e sacerdócio ministerial dos bispos e dos presbíteros são inseparáveis. O sacerdócio comum atinge a plenitude do próprio valor eclesial graças ao sacerdócio ministerial, ao passo que esse último existe unicamente em vista do exercício do sacerdócio comum. Bispos e presbíteros são indispensáveis à vida da Igreja e dos batizados, mas eles também são chamados a viver em plenitude o mesmo sacerdócio comum" (COMISSÃO TEOLÓGICA INTERNACIONAL, *Temas escolhidos de eclesiologia* [1985] 7, 3).

4. SACERDÓCIO DOS FIÉIS E VIDA ESPIRITUAL. Toda a vida do cristão, por força do sacerdócio, torna-se uma "*leitourgia*" (cf. *Laudis canticum*), se realizada no Espírito; vale para todos os fiéis o que explicitamente se afirma dos leigos na *LG* 34: "Todas suas obras, as orações e as iniciativas apostólicas, a vida conjugal e familiar, o trabalho do dia-a-dia, o conforto espiritual e corporal, se são feitos no Espírito, e até as moléstias da vida, se são suportadas com paciência, tornam-se espirituais sacrifícios agradáveis a Deus por Jesus Cristo; e essas coisas são piissimamente oferecidas ao Pai junto com a oblação do corpo do Senhor". A vida espiritual deve se tornar cada vez mais, na lógica desse "culto", sacrifício de louvor, oferta cotidiana numa dimensão ascendente de glorificação e agradecimento "para louvor da sua glória" (Ef 1,12), como bem expressou → ISABEL DA TRINDADE. Mas é preciso afirmar que o sacerdócio dos fiéis que se exerce indissoluvelmente na liturgia e na vida cotidiana atinge seu vértice quanto mais o cristão é configurado a Cristo no seu sacrifício e no seu sacerdócio; os "mártires" são considerados no Apocalipse os "sacerdotes" porque têm uma particular configuração a Cristo. → INÁCIO DE ANTIOQUIA interpreta com termos eucarísticos o seu martírio porque o vê como uma continuação do seu ministério; Policarpo de Esmirna, antes de ser morto, oferece a sua vida com uma oração eucarística, como se fosse o martírio da sua verdadeira Eucaristia; os mártires de Abitene (século IV) passam da celebração do mistério do Senhor ao martírio como uma lógica continuação da vida cristã deles. O máximo exercício do sacerdócio dos fiéis, na lógica da Eucaristia, sacrifício de Cristo e oferta da Igreja junto com Cristo, acontece na participação da cruz de Cristo, nas provas espirituais e físicas, e se mede pela capacidade que se tem, por força do Espírito, de transformar o que pode parecer um "destino" inevitável em "oferta, sacrifício, glorificação". Assim, o cristão que foi batizado na morte e ressurreição de Jesus participa sacramentalmente do seu sacerdócio nas ações litúrgicas e o atualiza em todo momento da sua vida cotidiana, especialmente nas que constituem uma vitória do amor sobre a dor e a morte. Para essa visão espiritual convergem os textos da Escritura, o testemunho dos Padres, o magistério da Igreja e a experiência dos mártires e dos santos de todos os tempos. O sacerdócio, enraizado no batismo e na crisma, exercido na participação da Eucaristia, vivido na existência cotidiana habilita, além disso, os fiéis ao testemunho apostólico e é o fundamento dos "ministérios leigos" antigos e novos com os quais podem tornar efetiva a presença de Cristo e do Espírito na Igreja e no mundo.

BIBLIOGRAFIA. ADINOLFI, M. *Il sacerdozio comune dei fedeli*. Roma, 1983; CERFAUX, L. Regale sacerdotium. In *Recueil L. Cerfaux* II. Gembloux, 1954, 283-298; CONGAR, Y. M. *Jalons pour une théologie du laïcat*. Paris, 1954, 158-313; ID. *L'ecclesia ou communauté chrétienne, sujet intégral de l'action liturgique*. In JOSSUA, P. – CONGAR, Y. M. *La liturgie après Vatican II*. Paris, 1967, 241-282; LYONNET, S. *La nature du culte dans le Nouveau Testament*. In JOSSUA, P. – CONGAR, Y. M. *La liturgie après Vatican II*. Paris, 1967, 369-382; MARSILI, S. La liturgia culto della Chiesa. In *Anamnesis*, I. *La liturgia momento nella storia della salvezza*. Torino, 1974, 107-136; ROSA, G. de "*Voi siete un sacerdozio regale*". Roma, 1979; SMEDT, E. J. de. Il sacerdozio dei fedeli. In BARAUNA, G. *La Chiesa del Vaticano II*. Firenze, 1965, 453-464; VAGAGGINI, C. *Il senso teologico della liturgia*. Roma, 1965, 153-165; VANHOYE, A. *Sacerdoti antichi e nuovo sacerdote secondo il Nuovo Testamento*. Torino-Leumann, 1985.

J. CASTELLANO

SACERDOTE (espiritualidade do). → PRESBÍTERO.

SACRAMENTAIS. O Concílio Vaticano II ofereceu algumas orientações teológicas e pastorais para uma avaliação e reforma dos sacramentais na Igreja. Antes de qualquer coisa, os sacramentais são considerados no âmbito da sacramentalidade mesma de Cristo e da Igreja e se ligam aos sacramentos. "São sinais sagrados por meio dos quais, numa certa imitação dos sacramentos, se quer significar e, por intermédio da Igreja, se obtêm efeitos sobretudo espirituais. Por meio deles os homens se dispõem a receber o efeito principal dos sacramentos e se santificam as várias circunstâncias da vida" (SC 60). O âmbito dos sacramentais se estende por assim dizer a toda a vida dos fiéis de modo a manter vivo o sentido religioso da existência cristã, dos acontecimentos e das coisas à luz do mistério da criação e da redenção. Essa característica vital e essa ligação com o mistério pascal são ressaltadas por outro texto conciliar: "Assim, a liturgia dos sacramentos e dos sacramentais faz com que aos fiéis bem dispostos seja dado santificar quase todos os acontecimentos da vida por meio da graça divina que flui do mistério da paixão, morte e ressurreição de Cristo, mistério do qual haurem sua eficácia todos os sacramentos e sacramentais; desse modo, todo uso honesto das coisas materiais pode ser orientado para a santificação do homem e para o louvor de Deus" (SC 61).

Um enfoque doutrinal desse gênero devia ser logicamente seguido por uma reforma litúrgica e pastoral dos sacramentais da Igreja, realizada pela reforma litúrgica, especialmente no campo das bênçãos. Como observava, pois, a *Sacrosanctum Concilium*, n. 62: "Uma vez que no decurso dos séculos foram introduzidos nos ritos dos sacramentos e dos sacramentais certos elementos que hoje tornam menos claros sua natureza e fim, é por isso necessário fazer neles algumas adaptações". Entre as adaptações específicas reservadas aos sacramentais sugeria-se a plena participação dos fiéis, muitas vezes ignaros assistentes, a revisão do Ritual e o possível acréscimo de outros sacramentais, a participação dos leigos como ministros dos sacramentais e de algumas bênçãos.

O Código de Direito Canônico deu acolhida à mentalidade do Vaticano II em breves cânones que indicam a natureza dos sacramentais e algumas normas que regulam a celebração deles (cân. 1.166-1.172).

1. NATUREZA E ÂMBITO DOS SACRAMENTAIS. Segundo o julgamento dos especialistas, não existe ainda uma ampla e profunda teologia dos sacramentais na Igreja. Ela, porém, deve ser procurada num âmbito muito mais amplo do que o reservado ordinariamente pela teologia escolástica ou neoescolástica ou pelos manuais que situam o estudo deles numa espécie de apêndice ao tratado *De sacramentis em genere*. Pontos de referência essenciais para esse novo enfoque são: a) *A teologia litúrgica.* Os sacramentais, com efeito, devem ser postos no diálogo da salvação entre Deus e o seu povo, na revelação e na graça descendente, bem como na resposta cultual ascendente que envolve toda a existência cristã, pois está toda imersa no diálogo da salvação; na realidade, os sacramentais pertencem agora ao âmbito cultual da → LITURGIA, são marcados em sua estrutura por esse princípio do diálogo salvífico, como se dirá depois; muitos deles são *ad instar*, como sacramentos, ou formam parte da estrutura mesma da celebração dos sacramentos, ou de algum modo prolongam sua eficácia na vida dos fiéis. Alguns exemplos podem esclarecer o princípio geral. Pensemos, por exemplo, no rito da profissão monástica ou religiosa, na consagração do abade e da abadessa, nos funerais, que são em seus ritos celebrados *ad instar sacramentorum*; ou lembremos a bênção da água ou dos óleos, a consagração da crisma, as orações de exorcismo ligadas à celebração dos sacramentos. Ou basta uma simples referência a todo o conjunto de bênçãos que prolonga e exprime a graça da comunhão com Cristo e do → SACERDÓCIO DOS FIÉIS, que tem a sua fonte no batismo e na Eucaristia.

b) *A teologia sacramental.* Com as devidas distinções — como se esclarecerá a seguir —, os sacramentais têm em comum com a teologia dos → SACRAMENTOS a dimensão trinitária, eclesial e antropológica (social, cósmica), o aspecto de santificação e de culto. Mesmo no humilde sacramental da água benta a Igreja, mediante o rito da sua bênção, lembra ou faz anamnese da obra do Pai na história da → SALVAÇÃO, da ligação com Cristo que tem esse elemento da graça do Espírito que é invocada para que tenha uma eficácia na vida dos fiéis. A Igreja está envolvida com a sua oração e a sua intercessão e o homem é atingido mediante um sinal de profundas ressonâncias antropológicas e cósmicas. É um simples exemplo que pode ajudar a entender a extrema complexidade da teologia dos sacramentais.

c) *O sacerdócio dos fiéis*. Radicado na graça do batismo e da crisma, aberto à participação litúrgica e ao culto existencial no mistério da aliança nova, o cristão reconhece Deus como Pai e criador, Cristo como Redentor do homem e fonte de toda bênção na criação, o Espírito como aquele que enche o universo e renova todas as coisas na novidade. Esse exercício do sacerdócio ilumina o sentido de toda a existência humana em acolher todas as coisas e todos os acontecimentos da vida como dom e presença da benevolência de Deus e em oferecer todo o Senhor como sacerdote do universo. A liturgia dos sacramentais oferece na sua dupla estrutura o sentido profundo desse acolhimento e dessa oblatividade.

Nessa perspectiva global, os sacramentais estão longe de certo magismo de que às vezes foram tachados, sendo por isso ridicularizados; encontramos sempre em Deus a fonte e a meta, e exprimimos o sentido da salvação que envolve toda a história humana. Não podem ser postos em crise por certa tendência secularizadora, que eliminaram radicalmente alguns desses sacramentais; mas numa justa relação entre a criação e o Criador, o homem e a história, a secularidade das coisas e dos acontecimentos e a capacidade do homem de reconhecer em tudo a presença e o amor de Deus, mediante a palavra bíblica, o louvor bendizente, ou a impetração, o cristão faz com os sacramentais uma autêntica liturgia da vida e põe em destaque a ordenação de todas as coisas para o seu bem e a glória de Deus: "Tudo é vosso, mas vós sois de Cristo, e Cristo é de Deus" (1Cor 3,23).

Entre as distinções obrigatórias que se deve fazer entre sacramentos e sacramentais, podemos enumerar as mais importantes: os sacramentais foram instituídos pela Igreja, não atingem os efeitos *ex opere operato*, mas *ex opere operantis Ecclesiae*; seu número não é taxativo e fechado, como o dos sacramentos, pois a Igreja pode instituir outros sacramentais. Esses esclarecimentos da teologia clássica para distinguir entre os *sacramenta maiora* e os *sacramenta minora* ou sacramentais devem ser avaliados no âmbito das linhas teológicas acima expostas. É verdade que o efeito dos sacramentais não é certamente como o dos sacramentos, mas certamente não se deve excluir neles a operação de Cristo e do seu Espírito, dependentes da vontade divina; ao lado, portanto, da *opus operantis Ecclesiae* é preciso reconhecer uma atividade de Cristo e do seu Espírito. Nem se deve ver essa obra da Igreja como extrinsecamente aplicada aos sacramentais como se a eficácia deles dependesse apenas da fundamentação externa por parte da Igreja. A eficácia deles depende *hic et nunc* da Igreja celebrante e orante, embora por meio do ministério dos leigos encarregados de administrar alguns sacramentais. Nesse sentido, é preciso entender a expressão "impetração da Igreja" usada pelo Concílio em *SC* 60. A extensão, pois, dos sacramentais não é arbitrária; ela se fundamenta na sacramentalidade da pessoa de Cristo e da sua humanidade santíssima, do sentido das coisas e da vida do homem à luz do mistério pascal (cf. *GS* 33-39, especialmente n. 38). Por isso, também os sacramentais buscam sua dimensão de sinais evocativos e impetrativos da graça no mistério do Verbo encarnado, morto e ressuscitado.

2. VARIEDADE DOS SACRAMENTAIS. São muitas as possíveis divisões dos sacramentais existentes na Igreja. Não há a respeito uma exposição sistemática do magistério. Para certa clareza, seguindo os livros litúrgicos atuais, podemos distinguir três categorias: a) Os ritos que dizem respeito à consagração ou bênção das pessoas em momentos particulares de suas vidas; são tais, por exemplo, a bênção abacial, a consagração das virgens, o rito das exéquias, o rito para a instituição dos ministérios de leitor e de acólito, o rito da profissão religiosa. Trata-se de ritos que são celebrados dentro da Eucaristia ou de uma liturgia da Palavra e são acompanhados por orações e sinais. b) Os ritos que dizem respeito à bênção ou consagração das coisas dentro de uma celebração litúrgica sacramental ou eucarística ou que têm uma relação estreita com essa celebração. Entre esses ritos devem ser destacados a bênção da água batismal, dos óleos sagrados e da crisma, a dedicação da igreja e do altar, a bênção do cálice, da pátena e de outros objetos sagrados para o culto. No âmbito do → ANO LITÚRGICO pode-se lembrar a bênção das cinzas no início da Quaresma, dos ramos no domingo da Paixão, o lava-pés, as diversas bênçãos no lucernário da vigília pascal etc. c) Finalmente, deve-se relacionar entre os sacramentais as bênçãos que hoje estão inseridas no livro litúrgico *De benedictionibus* e das quais se fala explicitamente em outra parte (→ BÊNÇÃO). Há, além disso, outros sacramentais, dos quais o mais importante é o → EXORCISMO; há exorcismos dentro do rito do batismo das crianças e mais solenes no rito da iniciação cristã dos adultos para o tempo da Quaresma; deve ser ainda revisto o rito do exorcismo para os endemoniados, não sendo mais possível o uso das antigas fórmulas do Ritual e especialmente a fórmula referente a satanás, segundo uma declaração da Congregação para a Doutrina da Fé (1985).

É útil distinguir na prática entre a celebração de um sacramental — por exemplo, a bênção de um → ESCAPULÁRIO, da água lustral, de uma imagem — e o uso dos sacramentais. A celebração dá sentido ao uso, tira toda aparência de magia e empenha quem faz uso dos sacramentais numa autêntica atitude de culto espiritual em espírito e verdade, de coerência evangélica ou de confiante oração a Deus.

3. TEOLOGIA E ESPIRITUALIDADE. O sentido próprio dos sacramentais na Igreja é dado pelos elementos que ordinariamente são propostos pela própria liturgia. Como sugere o Ritual das bênçãos (*Praenotanda generalia*, nn. 20-27), em cada momento ritual há uma proposta de *evangelização*; uma apropriada leitura da palavra de Deus oferece a chave de compreensão de um sacramento no conjunto da história da salvação e motiva seu uso; é um elemento que não deve ser negligenciado; com efeito, a palavra revelada ilumina o sentido das coisas e das ações; toda a vida deve ser evangelizada. Em segundo lugar, no rito há um *momento orante de bênção a Deus* ou de impetração da sua graça e da ação do seu Espírito; todos os sacramentos são postos assim num dinamismo cultual, são expressões de fé, de reconhecimento e de louvor, transformam-se em humilde súplica da Igreja pelas pessoas que recebem os sacramentais ou os usarão. Em terceiro lugar, alguns sinais acompanham esse rito: a elevação das mãos na oração a Deus, o sinal da cruz feito sobre as pessoas ou sobre as coisas, a aspersão com a água benta, o incenso. São sempre sinais cultuais que exprimem assim a fé da Igreja e a sua intercessão. Muitas vezes se acrescenta uma oração comum que ressalta o caráter comunitário da celebração.

Inseridos nesse esquema teológico e litúrgico, todos os sacramentais da Igreja passam a fazer parte da existência cristã, são uma forma de culto espiritual que certamente não dispensa do empenho de coerência evangélica no amor a Deus e ao próximo. Na capacidade que têm os sacramentais de estarem próximos da vida ordinária das pessoas, inseridos na vida familiar e pessoal, dentro da vida da comunidade cristã, tendem a tornar todo o agir do cristão um verdadeiro culto espiritual orientado especialmente para transformar a vida pessoal, familiar, social, objetivo último de toda a sacramentalidade da Igreja. Os sacramentais, além disso, situam-se na sacramentalidade da vida cristã que se inspira na existência mesma de Cristo, o qual com todo o seu agir e no uso das coisas desta terra mostra-se como manifestação da benevolência de Deus e expressão suma da verdadeira religiosidade filial. As coisas estão inseridas de novo no diálogo da salvação e o homem encontra nessa ordenação da natureza e da vida para Deus o seu papel de sacerdote do universo. Nessa perspectiva é preciso observar duas novidades já acenadas na prática da Igreja: a possibilidade de criar outros sacramentais segundo as necessidades ou as exigências culturais das igrejas locais, adaptando convenientemente também as que já estão em uso; a ampliação dos ministérios dos sacramentais aos leigos, homens e mulheres. No atual retorno ao sagrado, o uso dos sacramentais pode ser de grande utilidade, desde que não se caia na magia, mas se conserve o genuíno sentido religioso das coisas e o empenho fundamental em relação a Deus e ao próximo. Dever-se-á evitar a banalização das coisas sagradas que receberam uma bênção ou uma consagração e que não devem ser empregadas para usos profanos, como adverte o cân. 1.171.

A atual valorização dos sacramentais com a renovação litúrgica da celebração deles e as normas para seu correto uso tende a repor esses atos da vida cristã no âmbito da fé, da esperança e do amor; os sacramentais, com efeito, tendem a fazer crescer e a exprimir a vida teologal dos cristãos no culto espiritual e no serviço do próximo.

BIBLIOGRAFIA. DONGHI, A. Sacramentali. In *Nuovo Dizionario di Liturgia*. Roma, 1984, 1253-1270; LOHRER, M. Sacramentali. In *Sacramentum Mundi*. Brescia, 1977, 264-270, VII; *Rituale Romanum. De benedictionibus*. Città del Vaticano, Tipografia Poliglotta Vaticana, 1984; SCHILLEBEECKX, E. *Cristo sacramento dell'incontro con Dio*. Roma, 1981; SCHMAUS, M. *Dogmatica cattolica*. Torino, 1966, 118-124, IV/1; SCHNEIDER, T. *Segni della vicinanza di Dio. Compendio di teologia dei sacramenti*. Brescia, 1983.

J. CASTELLANO

SACRAMENTOS. A nossa relação com Deus no atual momento da história da salvação acontece por meio de sinais, símbolos, ações que exprimem a revelação e a benevolência de Deus em Cristo e nos comunicam a própria vida divina, mediante o dom do Espírito na Igreja, comunidade da salvação, "sacramento, sinal e instrumento da íntima união com Deus e da unidade de todo o gênero humano" (cf. *LG* 1).

A palavra "*sacramentum*", introduzida pelos primeiros escritores latinos, como → TERTULIANO, traduz o termo *mystêrion*, usado na literatura clássica grega para indicar as realidades ocultas das religiões pagãs, reveladas aos iniciados, mas empregado especialmente por Paulo para indicar o desígnio salvífico de Deus em Cristo, que se revelou progressivamente na história da → SALVAÇÃO (cf. Ef 3,9; Cl 1,26-27) até a plenitude dos tempos.

Na Antiguidade cristã se fala do mistério ou sacramento que é Cristo, do mistério da nossa salvação ou da Páscoa do Senhor, e se aplica também à Igreja, como corpo de Cristo e comunidade da salvação, o termo sacramento.

No nosso estudo queremos falar em geral daqueles sacramentos ou sinais eficazes da salvação ordenados "à santificação dos homens, à edificação do corpo de Cristo e a prestar culto a Deus" (*SC* 59), remetendo aos verbetes especiais sobre cada sacramento uma explicitação concreta de cada um dos sete sacramentos da Igreja.

O discurso nitidamente teológico e espiritual sobre os sacramentos em geral é da máxima importância no âmbito da espiritualidade, pois, em concomitância com que é dito sobre a → LITURGIA, o dinamismo da santificação e do culto, no qual se encontra a fonte e o cume da vida cristã (cf. *SC* 10), realiza-se por meio dos sinais sacramentais. Eles garantem o que foi definido como caráter "objetivo", mistérico da espiritualidade cristã, ao qual deve obviamente corresponder a resposta subjetiva, na vida teologal de fé, esperança e caridade, animada pelo Espírito Santo.

A espiritualidade cristã é espiritualidade sacramental, mistérica, no sentido de que toda ela é vivida, do início até o fim, no mistério da Igreja e no dom e empenho dos seus sacramentos.

Uma série de questões prévias ajuda a entender a compreensão que a Igreja teve ao longo dos séculos da sua vida em contato com os sacramentos. Desde o dia de → PENTECOSTES, quando Pedro convidou os irmãos a se converterem e serem batizados no nome de Jesus para receberem o Espírito Santo (At 2,38), a Igreja que está em contato com Cristo e com a sua vida mediante os sacramentos, procura entender o sentido profundo dessa economia da salvação, por meio da própria revelação, da experiência dos sacramentos, das definições dos Concílios, da reflexão dos teólogos.

Daí nasceu então uma rica doutrina que hoje se procura propor numa visão renovada, mais próxima das fontes da revelação, mais radicada na história da salvação e no mistério do Cristo presente e operante nos sacramentos, o qual vem assim ao encontro da sua Igreja para a vivificar com o seu Espírito.

Procuremos agora sintetizar as questões mais essenciais da fé da Igreja sobre os sacramentos, em harmonia com a visão eclesiológica que nos ofereceu o Concílio Vaticano II.

1. UM PONTO DE PARTIDA: A PERSPECTIVA DO VATICANO II. Ainda que o Vaticano II não tenha podido oferecer um estudo sistemático sobre os sacramentos, como fez no século XVI o Concílio de Trento para afirmar a doutrina católica contra os protestantes, ofereceu-nos algumas pistas teológicas renovadas que nos ajudam a perceber o profundo nexo entre os sacramentos e a história da salvação em Cristo e na Igreja.

a) *Sacramentos e economia da revelação* (*DV* 2). Na revelação Deus manifestou a si mesmo e o mistério da sua vontade ao convidar os homens à comunhão da vida divina. Essa revelação foi realizada, como afirma a *Dei Verbum* (n. 2) "com eventos e palavras intimamente conexos entre si, de modo que as obras realizadas por Deus na história da salvação manifestam e reforçam a doutrina e as realidades significadas pelas palavras, e as palavras declaram as obras e esclerecem o mistério nelas contido". As maravilhas de Deus no Antigo Testamento tornaram-se na economia evangélica os grandes milagres e sinais de Jesus, manifestações do amor de Deus pelos homens, sinais da salvação. Na constituição litúrgica *Sacrosanctum Concilium* (n. 5) faz-se uma alusão explícita a essa continuidade entre sacramentos e maravilhas de Deus na obra da salvação, como antigamente na teologia se punham em relação os sinais da antiga aliança e os sacramentos de Cristo.

À luz das maravilhas de Deus e dos sinais realizados por Jesus, os sacramentos são vistos hoje precisamente como "maravilhas da salvação" no tempo da Igreja. Neles, com efeito, Deus opera em Cristo e no seu Espírito, revelando-se e doando-se. Eles são, como na revelação, eventos de graça conexos com a palavra que indica seu preciso conteúdo e eficácia. Eles dão pleno cumprimento ao que no Antigo Testamento eram promessas e expectativas e é por isso que uma plena compreensão de cada um dos sacramentos deve sempre partir das promessas e figuras do Antigo Testamento: a passagem do Mar Vermelho, sinal do → BATISMO; o maná e os sacrifícios, figuras da → EUCARISTIA; a unção profética, sacerdotal e real, sinal do dom do Espírito; a conversão pregada dos profetas, sinal do chamado à penitência na qual Cristo perdoa...

Essa linha teológica nos permite perceber nos sacramentos da Igreja a referência ao passado, a continuidade e o dinamismo da revelação, a exigência de uma ampla releitura bíblica para captar o pleno sentido de tudo isso. Por meio dos sacramentos nós entramos na história da salvação, que se torna o nosso "hoje" salvífico em Cristo glorioso e no dom do seu Espírito.

A um conceito de revelação como "autocomunicação" de Deus em Cristo, que é plenitude da revelação e da graça, corresponde uma visão personalista e dinâmica dos sacramentos como momentos, sinais, encontros nos quais Deus em Cristo se "autocomunica", dando-nos a vida divina, introduzindo-nos totalmente no hoje da salvação, projetando-nos para o seu definitivo cumprimento.

b) *Os sacramentos como presença e ação de Cristo no seu mistério pascal* (*SC* 5-7). É essa a perspectiva com a qual a Igreja quis delinear a sacramentalidade, numa visão renovada da liturgia como presença e ação de Cristo que se comunica à Igreja; é a teologia que assume plenamente a continuidade desses três momentos do "mistério" ou sacramento da salvação: Cristo sacramento do Pai, a Igreja sacramento de Cristo, os sacramentos atos de Cristo na realidade do seu Corpo místico, vivificado pelo Espírito.

O n. 5 da *Sacrosanctum Concilium* apresenta o mistério de Cristo, plenitude da revelação, médico da carne e do espírito, mediador entre Deus e os homens no qual "acontece o perfeito cumprimento da nossa reconciliação e nos foi dada a plenitude do culto divino". O centro dessa revelação e dom da vida nova é o *mistério pascal* apresentado nesse belo número de densa síntese teológica: "Essa obra da redenção humana e da perfeita glorificação de Deus, que tem o seu prelúdio nos admiráveis feitos divinos realizados no povo do Antigo Testamento, foi realizada por Cristo Senhor, especialmente por meio do mistério pascal da sua bem-aventurada paixão, ressurreição da morte e gloriosa ascensão, mistério com o qual 'morrendo, destruiu a morte e, ressuscitando, deu-nos a vida'. Com efeito, do lado de Cristo moribundo sobre a cruz nasceu o admirável sacramento de toda a Igreja".

O Cristo crucificado e ressuscitado é o mistério-sacramento por excelência, do qual fluem todos os outros mistérios e sacramentos, começando precisamente do da Igreja, que é o seu corpo. O Crucifixo ressuscitado é, ao lado do Pai e mediante a efusão do seu Espírito em Pentecostes, a fonte da vida nova que é comunicada nos sacramentos, cada um dos quais, como se verá posteriormente, remete ao mistério pascal e à ação concreta e salvífica de Cristo na sua Igreja na multiforme graça dos sacramentos.

O n. 6 da *Sacrosanctum Concilium* dá nítido destaque à continuidade Cristo-Igreja por meio do ministério dos apóstolos: "Como Cristo foi enviado pelo Pai, assim também ele enviou os apóstolos, cheios do Espírito Santo, não somente para que, ao anunciar o Evangelho a todos os homens, *anunciassem* que o Filho de Deus com a sua morte e ressurreição nos libertou do poder de satanás e da morte e nos transferiu ao reino do Pai, mas também para que *agissem* por meio do sacrifício e dos sacramentos, sobre os quais se apoia toda a vida litúrgica, a obra da salvação que anunciavam". No dinamismo do Espírito Santo, a partir, portanto, de Pentecostes, a salvação não é apenas um *anúncio* que se realiza com a pregação, mas é uma *comunicação de vida*, que se dá por meio dos sacramentos; a palavra lembra a conversão e a fé em Cristo; mas a adesão ao Senhor ressuscitado se apresenta como uma necessária comunhão com o seu mistério, mediante o batismo e a imposição das mãos, na fração do pão e nos outros sinais que se vivem na assembleia cristã, que é a Igreja reunida pelo Espírito Santo. Aparece aqui claramente a estrutura sacramental da salvação cristã: palavra e sacramento, pregação e iniciação cristã. Cristo não é apenas anunciado com a palavra pregada; é preciso acolhê-lo no dom que ele realiza da sua vida e do seu Espírito mediante os sacramentos por ele instituídos, nos quais a Igreja primitiva com a teologia de Paulo e de João descobrirá as riquezas da "comunhão" com o mistério de Cristo, morto e ressuscitado, que une a si todos os discípulos.

Não se deve ser *apenas discípulo* de Jesus, ouvindo e vivendo a sua palavra; é preciso ser também *crente, membro do seu corpo*, passando pela iniciação sacramental que une e configura o seu mistério. Está aqui toda a admirável novidade e originalidade da economia cristã.

O n. 7 da *Sacrosanctum Concilium* acrescenta ainda um pormenor importante. O mistério da salvação lembra sempre a presença e ação pessoal de Cristo: "Para realizar uma obra tão grande, Cristo está sempre presente na sua Igreja, de modo especial nas ações litúrgicas". Os sacramentos, com a eucaristia, que é seu cume, são sempre ações pessoais de Cristo, que "está presente com a sua virtude nos sacramentos, de modo que, quando alguém batiza é Cristo mesmo que batiza". Nessa perspectiva plenamente sacramental, o contato vivo com os sinais da salvação estimula nos ministros e nos fiéis uma zelosa atenção àquele que é sempre, segundo a clássica doutrina da Igreja, "o ministro principal dos sacramentos", Cristo Senhor, o qual ainda é o dom mesmo conferido em todo sacramento, que é, precisamente, como se dirá, uma participação na vida mesma e na graça multiforme do Redentor.

c) *Vida em abundância pelo Corpo místico* (*LG* 7). Outro apelo conciliar ainda para situar a teologia dos sacramentos. Falando da Igreja, Corpo místico de Cristo, afirma-se: "Naquele corpo a vida de Cristo se difunde nos crentes que, mediante os sacramentos, se unem de modo arcano, mas real, a Cristo, que sofreu e foi glorificado". A vida da Igreja é a mesma de Cristo; a comunhão de vida se realiza mediante os sacramentos; eles são apresentados de uma maneira nova, fortemente personalizada: unem a Cristo, de modo arcano, mas real; lembram o seu mistério pascal eternamente presente nele, "que sofreu e foi glorificado".

A aplicação feita nesse n. 7 da *Lumen gentium* ao batismo e à Eucaristia ressalta precisamente a força de "incorporação" que possuem esses sacramentos, especialmente os da iniciação cristã: comunhão com a morte e ressurreição de Cristo para formar o único corpo do Crucifixo ressuscitado, configurados a seu mistério; comunhão "com ele e entre nós" no único pão que significa e realiza o mistério do único corpo: muitos num só corpo, membros uns dos outros.

A dimensão eclesial da salvação remete todos os cristãos à unidade daquele corpo que tem a mesma vida, nos mesmos sacramentos que são ações de Cristo, comunicações da sua vida. O realismo dos sacramentos como encontro com o Senhor no único corpo da Igreja numa abertura de fé e de amor é defendido de toda magia, de toda visão que "coisifica" a prática sacramental. Lembra, antes, profundamente o encontro pessoal de Cristo com cada um e com todos na realidade do único corpo da Igreja, que é precisamente sacramental, pois realizado pelos sacramentos.

O apelo eclesiológico encontrará uma ampla exposição no n. 11 da *Lumen gentium* num longo, embora conciso número sobre cada sacramento no qual se põe em destaque o caráter cristológico e eclesial da graça de cada um dos sacramentos, que exprimem "a índole sagrada e a estrutura orgânica da comunidade sacerdotal" do povo de Deus.

Nesses santos sinais a Igreja encontrará também o dom da vida em abundância com a qual em todo estado de vida e em todo momento fundamental da existência, os cristãos são chamados à santidade que exprime nas obras o que foi recebido por meio da fé nos sacramentos da Igreja.

A ampla e rica perspectiva conciliar permite-nos agora perceber algumas características comuns dos sacramentos que queremos apresentar numa tríplice dimensão: trinitária, eclesial e antropológico-social.

2. OS SACRAMENTOS EM DIMENSÃO TRINITÁRIA. Toda a economia da salvação leva em si a marca da Trindade. Tudo, com efeito, vem do Pai, por Cristo e no Espírito. Tudo retorna, depois de ter tocado a humanidade Igreja, no Espírito, por Cristo, ao Pai. É, portanto, oportuno lembrar esse mistério fontal da nossa vida cristã para entender o sentido profundo da economia sacramental, iniciando o discurso pelo mistério de Cristo, que revela mais claramente o sentido e o alcance da graça trinitária dos sacramentos.

a) *O aspecto cristológico dos sacramentos*. Os sacramentos estão ligados essencialmente a Cristo sacramento ou "mistério" da salvação. Esquematizando ao máximo a relação entre o Senhor e os sacramentos da Igreja, podemos ver quatro aspectos dessa dimensão cristológica: a instituição, a memória, a ação pessoal de Cristo, a graça cristiforme dos sacramentos.

Instituição dos sacramentos por parte de Cristo. É dogma de fé da igreja católica que Cristo instituiu os sete sacramentos. Assim afirma o primeiro cânone da sessão VII do Concílio de Trento, dedicada precisamente ao tratamento dos sacramentos em geral.

Fica mais difícil, porém, determinar como e quando foram instituídos todos e cada um dos sacramentos da Igreja. Para alguns, como para a Eucaristia na última ceia, ou para o batismo no mandato missionário de Jesus no final do Evangelho de Mateus e de Marcos, é fácil fixar um momento explícito dessa instituição. Pode-se considerar provável o momento da ceia como fundamento da instituição do sacerdócio, segundo a interpretação do Concílio de Trento; para a penitência pode-se considerar momento fundamental a efusão do Espírito Santo e o mandato de remeter os pecados, como é proposto por João na primeira aparição do Ressuscitado aos apóstolos reunidos no Cenáculo (Jo 20,23). Mais difícil, porém, é isolar um momento para a instituição da → CONFIRMAÇÃO ou do → MATRIMÔNIO. A → UNÇÃO DOS ENFERMOS apoia-se em geral na prática de Jesus e dos discípulos de ungir os doentes e sobre as palavras da Carta a Tiago (Tg 5,14-15; cf. Mc 6,13).

A realidade é talvez muito mais complexa e pode ser vista em três momentos sucessivos da vida de Cristo. Com a sua → ENCARNAÇÃO Cristo aparece entre os homens como a presença de graça e de comunhão oferecida pelo Pai aos homens. Suas palavras e seus gestos são manifestações desse amor eficaz para a humanidade. Os seus simples gestos de benevolência como os seus milagres exprimem essa graça, que da sua humanidade toca os homens em circunstâncias diferentes da existência deles. Para João esses milagres são *sinais* que revelam a sua pessoa e remetem a uma realidade misteriosamente permanente e cheia de vida para todos os homens. Desse Cristo que com a sua presença e ação se torna revelação e comunicação do amor do Pai expande-se uma onda de graça que pouco a pouco será definida em alguns gestos específicos que serão os sacramentos da Igreja. Na *Paixão de Cristo* temos o ápice da revelação e doação do amor de Cristo, o sinal supremo e eficaz da redenção e da reconciliação acontecida com Deus Pai. A teologia medieval quis ver no momento da paixão e morte de Jesus a instituição dos sacramentos; na realidade, pode-se afirmar, também na esteira das interpretações patrísticas, que todos os sacramentos, como afirma também o Vaticano II (*LG* 7), remetem ao mistério de Cristo, que sofreu e foi glorificado. A graça do batismo, o dom do Espírito na crisma, o sacrifício eucarístico, a remissão dos pecados, a configuração a Cristo sacerdote no sacramento da → ORDEM, a graça do matrimônio como sinal do amor recíproco entre Cristo e a Igreja, a unção dos enfermos para viver o sentido cristão da doença e da morte, remetem essencialmente ao momento da paixão e morte de Cristo (*STh.* III, q. 62, a. 5). A partir da → RESSURREIÇÃO se torna manifesta e eficaz essa comunicação sobrenatural da vida divina. O Ressuscitado parte o pão aos discípulos, infunde neles o Paráclito e os envia a perdoar os pecados, manda os seus a todo o mundo para que batizem. É sobretudo o Cristo pascal que irradia na *Igreja de Pentecostes* toda a força salvífica dos sinais novos, confiados aos apóstolos para a salvação da humanidade (Mt 28,19).

Somente nessa perspectiva global da pregação de Jesus e da sua presença de graça entre os homens, da sua gloriosa paixão e da sua perene presença pascal é que podemos perceber o sentido pormenorizado dos momentos em que parece emergir com mais clareza a instituição de cada um dos sacramentos.

Os sacramentos como celebrações do mistério de Cristo. Estamos habituados a perceber na Eucaristia apenas a dimensão celebrativa, "memorial" do mistério de Cristo. Mas na realidade em todos os sacramentos há uma celebração do mistério do Senhor, uma memória particular da sua vida, paixão-morte-ressurreição, presença gloriosa na eternidade junto ao Pai, e na Igreja em nosso meio. Os sacramentos são também atos de culto que exprimem e celebram a fé em Cristo, são "sacramenta fidei", memória grata do que o Senhor fez por nós (*SC* 59).

Por isso, os sacramentos foram sempre inseridos numa celebração litúrgica, e hoje, de modo especial, são celebrados pela Igreja no conjunto de uma liturgia de leituras bíblicas, de orações, de cantos e de gestos rituais que emolduram o centro da administração do sacramento. Assim, por exemplo, o batismo não pode deixar de trazer à memória quer o próprio batismo de Jesus, quer as suas palavras a respeito, quer a sua morte, vivida por ele como um "batismo"; ou a crisma não pode deixar de celebrar a promessa da água viva, do Espírito consolador, do efetivo cumprimento das promessas de Jesus em Pentecostes; o sacramento do matrimônio não pode deixar de celebrar a benevolência humana e sobrenatural de Jesus nas núpcias de Caná e as suas palavras sobre a indissolubilidade do matrimônio.

Nessa memória litúrgica do Cristo, todo sacramento se torna celebração da obra salvífica de Cristo e da sua pessoa. A teologia patrística condensou em algumas fórmulas felizes essa realidade. São → LEÃO MAGNO vê os sacramentos como o prolongamento do Cristo na sua Igreja: "O que era visível em Cristo passou aos sacramentos da Igreja" (*Serm.* 74, 2: *PL* 54, 368). Santo → AMBRÓSIO personaliza ainda mais essa relação quando exclama: "Tu te mostraste a mim face a face, ó Cristo; eu te encontro nos teus sacramentos" (*Apologia David*, XII, 58: *PL* 14, 875).

Como celebrações do mistério de Cristo, os sacramentos formam parte do conjunto da liturgia da Igreja, que é "exercício do sacerdócio de Cristo", presença e memória do Senhor e do seu mistério pascal (*SC* 7).

Presença e ação de Cristo nos sacramentos. É doutrina clássica da Igreja que Cristo é *o ministro principal dos sacramentos* e associa a si os outros ministros, ao exercerem os atos sacramentais.

Na perspectiva da teologia sacramental moderna, confirmada por precisas afirmações do Concílio, deve-se dizer que os sacramentos são atos pessoais de Cristo, manifestações da sua presença e da sua ação redentora e santificadora. Afirma a *Sacrosanctum Concilium*, n. 7: "Cristo está presente com a sua virtude nos sacramentos, de modo que, quando alguém batiza, é Cristo mesmo quem batiza". A expressão "com a sua virtude" não empobrece, mas determina a expressão "está presente". Com efeito, os sacramentos como ações santificantes são ações do mesmo Cristo, realizadas mediante a sacramentalidade dos ministros competentes; é uma presença mais qualificada do que a que podemos encontrar na sua palavra, pois trata-se aqui de uma palavra que se tornou eficaz pela ação sacramental; é uma presença menos eficaz e significativa do que a eucarística, porque na eucaristia, além de realizar uma ação sacramental, Cristo une a sua presença pessoal à mudança do pão e do vinho no seu corpo e no seu sangue.

K. → RAHNER, falando dessa eficaz e verdadeira presença do Senhor, que pessoalmente batiza, comunica o seu Espírito, perdoa, oferece a Eucaristia e se oferece ao Pai, consagra os seus ministros, une os cônjuges em santo matrimônio, unge e fortifica os doentes, comenta: "O ministro do sacramento não faz as vezes do Cristo ou o representa como se fosse ausente; é, antes, o sinal de Cristo presente e operante por si mesmo".

Os sacramentos são considerados atos pessoais do Cristo glorioso, que não delega sua ação santificante a seus ministros, mas acompanha com a sua ação pessoal todo gesto sacramental, que é sempre um ato seu com o qual se comunica a seus fiéis na Igreja para os tornar partícipes da sua vida divina.

Pode-se entender nesse contexto a famosa frase de → AGOSTINHO referida no batismo: "é Cristo que batiza", seja qual for o ministro, ainda que indigno. É a sua presença e ação que salvaguarda sempre a eficácia dos sacramentos na Igreja, quando são realizados na fé e na intenção da própria Igreja. Essa consciência cunhou a famosa fórmula teológica: os sacramentos infundem a graça *ex opere operato*, em virtude da mesma ação realizada. Hoje, porém, e com razão, prefere-se uma outra formulação, que é mais exata: os sacramentos conferem a graça *ex opere operantis Christi*, em virtude do *próprio Cristo que age* nos seus sacramentos. A essa ação pessoal de Cristo deve corresponder a abertura de fé e de amor da Igreja, que administra os sacramentos, identificando-se com Cristo e nos fiéis, que se unem por meio da fé e do amor a essa ação pessoal do Senhor.

A multiforme graça de Cristo nos sacramentos. Um último destaque nessa linha cristológica: os sacramentos não apenas conferem a *graça de Cristo*, como se fosse uma realidade diferente do próprio Cristo, mas a *graça que é Cristo* (a graça incriada), que, configurando os cristãos à sua imagem, os torna semelhantes a ele (graça criada).

A teologia joanina, que insiste nos termos de "vida" e "permanência" de Cristo no cristão, a teologia paulina, que especialmente a respeito do batismo desenvolve uma mística da "con-figuração" ou "coparticipação" da vida em Cristo, permitem-nos indicar na graça dos sacramentos essa peculiar e rica comunhão com o Senhor, que sofreu e foi glorificado.

Todo sacramento é "autocomunicação" de Cristo, que tende a nos configurar a ele, primogênito entre muitos fiéis. Da configuração original e arquetípica do batismo e da crisma parte toda a graça que desenvolve, aumenta e amadurece essa imagem, a eucaristia; que restaura, a penitência; que fortifica a unção dos infernos para viver a doença unidos a Cristo "paciente e glorificado". Na graça sacramental da ordem temos uma particular configuração a Cristo como cabeça da sua Igreja; no matrimônio, uma misteriosa configuração do Cristo esposo da Igreja esposa, que o matrimônio deve viver como sinal supremo da sua dignidade e caminho da sua santidade.

Os sacramentos, portanto, especialmente a eucaristia, configurando cada cristão a Cristo, tornam possível e não utópica a graça de uma configuração a Cristo nos sentimentos, nas ações, na filiação divina, na vida evangélica com base no seu exemplo e no seu magistério. E ao mesmo tempo garantem a unidade de um corpo que cresce configurando-se à vida do próprio Senhor e cabeça da Igreja.

A única graça de Cristo resplandece na sua multiforme riqueza. O único Cristo se doa, dando-nos a sua vida. A graça dos sacramentos é a *vida de Cristo*, para que se torne em cada qual e na igreja a *vida em Cristo*.

b) *Os sacramentos no dinamismo do Espírito Santo*. Como complemento do aspecto cristológico dos sacramentos é preciso ressaltar a dimensão do Espírito Santo, que age em Cristo e, portanto, na Igreja e nos cristãos por meio dos sinais sacramentais que são todos penetrados por sua potência.

Essa acentuação da obra do Espírito nos sacramentos encontra hoje significativos consensos ecumênicos, pela fidelidade com que nos referimos à letra da Escritura e pela sensibilidade com que se atribui ao Espírito Santo a ação santificadora na Igreja. Algumas reflexões a propósito podem nos ajudar a perceber o alcance desse mistério.

No Espírito Santo de Pentecostes. Podemos afirmar que uma verdadeira sacramentalidade ou ação sacramental da Igreja é possível somente a partir de Pentecostes, quando, realmente, os discípulos pela primeira vez convidam a receber o batismo e a receber o Espírito. O que Cristo realizou no Espírito que o consagrou, agora a Igreja pode tornar operante e eficaz na potência do Espírito dado em Pentecostes. É aqui que a Igreja é investida do poder que vem do alto e pode, não pela própria força, mas no dom do Espírito, comunicar a vida do Cristo crucifixo e ressuscitado mediante os sinais sacramentais.

Onde quer que a Igreja atualize com plena confiança no Senhor a transmissão da graça, temos um perene Pentecostes de graça. A graça, com efeito, não está nas mãos da Igreja ou dos seus ministros independentemente da comunhão deles com o Senhor. A graça vem diretamente do Senhor Jesus, que ligou o dom desta vida divina à efusão do seu Espírito. Por isso, como se observa muitas vezes, em toda ação sacramental há, mais ou menos explicitamente, uma "invocação" ou "epiclese" com a qual se pede o dom do Espírito que age nos sacramentos.

Os sinais da nova aliança. Na Páscoa Jesus opera a grande reconciliação e realiza com o dom do Espírito, fruto do sacrifício da nova e eterna aliança, a realidade definitiva de um pacto novo que comporta remissão dos pecados, mudança do coração de pedra em coração de carne, dom inefável do Espírito Santo que nos faz filhos no Filho.

Os discípulos de Jesus vivem, a partir de Pentecostes, na realidade dessa nova aliança que permeia todas as relações com Deus e com os irmãos. Os sacramentos ou sinais concretos dessa nova realidade de vida são ações do Espírito Santo que realiza a nova aliança, sendo ao mesmo tempo, de maneira paradoxal, doador e dom dessa nova economia da salvação.

Na ação concorde de Cristo e do Espírito podemos afirmar que o Senhor ressuscitado comunica sempre à Igreja o seu Espírito que age nos sacramentos, na pessoa do ministro, nos elementos mesmos que constituem a sacramentalidade, naqueles que recebem esses sacramentos. O Espírito, com efeito, é invocado sobre a água do batismo, sobre o santo crisma da confirmação, sobre o óleo da unção, sobre o pão e sobre o vinho. O Espírito é dado como espírito de filiação no batismo, como dom de Pentecostes na crisma, como comunicação do Cristo ressuscitado na Eucaristia... Ele é a remissão dos pecados na penitência, o amor novo esponsal na aliança matrimonial, a fortaleza na unção dos doentes, o Espírito de santidade que é invocado e dado com a imposição das mãos na ordem episcopal e presbiteral.

Palavras, orações e sinais no Espírito Santo. Pode-se afirmar que na reforma dos ritos sacramentais, realizada depois do Vaticano II, por influência da teologia oriental e em parte por certa sensibilidade pneumatológica dos protestantes, o aspecto pneumatológico dos sacramentos foi muito enriquecido, sob diversos aspectos, para evidenciar a realidade afirmada desde sempre na Igreja e a doutrina perene. Com efeito, no batismo se ressalta essa dimensão com as orações de bênção da fonte batismal. Na crisma, com a nova fórmula que retoma um antigo texto do Oriente: "Recebe o selo do Espírito Santo que te é dado como dom". Na celebração da Eucaristia mais evidência receberam as orações de epiclese ou invocação do Espírito Santo pela transformação do pão e do vinho no corpo e sangue do Senhor. Na fórmula da penitência pôs-se em destaque "o dom do Espírito para a remissão dos pecados", e na da unção o apelo à "força do Espírito Santo". A fórmula da ordenação sacerdotal com a imposição das mãos é plenamente pneumatológica, segundo a mais pura tradição antiga, representada pelas orações do Eucológio de Serapião. Poucas referências, mas significativas, no que diz respeito ao sacramento do matrimônio.

Por meio das leituras, das orações e das fórmulas sacramentais, com a expressividade dos sinais da unção ou da imposição das mãos se quis ressaltar mais o que é uma verdade da fé. Nos sacramentos age o Espírito Santo, que é dado aos fiéis como dom de Cristo ressuscitado e fica nos fiéis para os configurar plenamente àquele que é por excelência o Messias, o Ungido e consagrado por meio do Espírito. Sem o Espírito do Senhor não haveria na Igreja os sacramentos da nova aliança.

c) *Do Pai, para o Pai*. Toda a economia sacramental em Cristo e no seu Espírito remete à primigênia fonte da vida divina, que é o Pai, origem do mistério-sacramento, que é Cristo e a Igreja, princípio e fim do desígnio da salvação.

Cristo é sacramento do Pai e, portanto, remete a ele como fonte de onde vem e à meta aonde leva como caminho. O Espírito Santo é dom do Pai e de Cristo Senhor e em si mesmo lembra a origem da graça, a fonte da vida que ele comunica. No espírito de filiação e de comunhão (*koinônia*) que cada um dos sacramentos comunica, a graça lembra o mistério do Pai invisível para o qual tende toda graça e toda atuação histórica dessa graça sacramental.

Na expressão litúrgica, essa verdade é confirmada em cada sacramento mediante as orações de louvor ou de invocação dirigidas ao Pai, ou na fórmula trinitária com que é selada a comunicação da graça: "No nome do Pai, do Filho e do Espírito Santo".

A observação é interessante também na atual pesquisa ecumênica, que ressalta o aspecto trinitário dos sacramentos, evitando as popularizações cristológicas ou pneumatológicas com as quais ocidentais e orientais tendem a enfatizar o papel preponderante de Cristo e do Espírito na sacramentalidade da Igreja. É assim lembrada a justa perspectiva trinitária.

Um documento ecumênico assim lembra a estrutura trinitária dos sacramentos: "sendo gestos do Cristo que o Pai enviou ao mundo com o poder do Espírito, os sacramentos introduzem os homens na comunhão do Pai, do Filho e do Espírito Santo, de quem recebem sua eficácia:

— Exprimindo e atualizando *o desígnio do Pai* de reconciliar no Filho todas as coisas 'para louvor da sua graça' (Ef 1,6), eles são portadores do poder criador da palavra de Deus.

— Comemorando o *mistério do Cristo*, a sua encarnação, paixão e morte, a sua ressurreição e glorificação, e a sua vinda no final dos tempos, eles se revestem do poder de regeneração do Verbo feito carne.

— Exprimindo a *graça do Espírito*, eles têm em si a fecundidade desse mesmo Espírito.

É por isso que os gestos sacramentais se fazem nome do Pai, do Filho e do Espírito. E a estrutura de cada celebração sacramental desenvolvida comporta normalmente a ação de graças ao Pai, o memorial dos gestos do Filho e a invocação do Espírito" (Documento de Dombes [1980]: *Lo Spirito Santo, la Chiesa e i sacramenti*, nn. 97-98).

Nessa efusão sacramental do amor trinitário, a Igreja vive continuamente da sua fonte e está configurada à sua imagem comunitária, que é a Trindade. Os sacramentos aplicam continuamente na Igreja o selo trinitário a fim de que se torne humanidade renovada, espelho e ícone do amor do Pai, da graça de Cristo e da comunhão do Espírito Santo.

3. A DIMENSÃO ECLESIAL DOS SACRAMENTOS. Como já pudemos observar, os sacramentos são da Igreja e para a Igreja, exigem a comunhão eclesial e conferem a graça dessa comunhão, no único corpo.

O Concílio Vaticano II expressou claramente o sentido eclesial dos sacramentos, falando deles no âmbito da doutrina do Corpo místico e na estrutura sacramental do povo de Deus, que é justamente povo sacerdotal, nascido dos sacramentos, e que exerce o seu ofício sacerdotal mediante os sete sacramentos. O n. 11 da *Lumen gentium* exprime claramente esse sentido comunitário e eclesial de cada um dos sacramentos.

São muitas as questões ligadas à índole eclesial dos sacramentos. Queremos tratá-las sob dois pontos de vista complementares: os sacramentos constituem a Igreja, os sacramentos dependem da Igreja. O primeiro aspecto exprime a realidade da graça comunitária dos sacramentos que configura o Corpo místico na plenitude da vida divina e na variedade dos ministérios e carismas que nascem dos sacramentos. O segundo aspecto exprime a necessária comunhão eclesial a fim de que a todo momento a graça prometida por Cristo seja eficaz na estrutura sacramental e hierárquica da Igreja, à qual foram confiadas ao longo dos séculos essas fontes da graça para o bem dos homens, segundo o antigo adágio teológico: "sacramenta propter homines", os sacramentos em favor dos homens. A fim de que isso seja possível, segundo outro axioma da teologia clássica dos sacramentos, é preciso que seja expressa aquela comunhão que se tem pelo menos quando nos ministros dos sacramentos se constata que existe a intenção de fazer o que faz a Igreja, "*intentio faciendi quod facit Ecclesia*", cumprindo as condições propostas para a legitimidade e validade do ato sacramental.

a) *Os sacramentos constroem a Igreja*. Uma simples leitura do n. 11 da *Lumen gentium* evidencia o aspecto eclesial de cada um dos sacramentos: o batismo "incorpora na Igreja"; a crisma "vincula mais perfeitamente à Igreja"; celebrando a eucaristia e alimentando-se do pão eucarístico, os fiéis "mostram concretamente a unidade do povo de Deus"; por meio da penitência os cristãos "se reconciliam com a Igreja à qual infligiram uma ferida com o pecado e que coopera para a conversão deles com a caridade, o exemplo e a oração"; com a unção dos enfermos os cristãos são objeto do amor da Igreja que os recomenda ao Senhor sofredor e glorificado, e eles contribuem, unindo-se à paixão do Cristo, ao bem do povo de Deus; com a ordem sacerdotal alguns cristãos configurados a Cristo são postos a "apascentar a Igreja com a palavra e a graça de Deus"; enfim, com o sacramento do matrimônio, os cônjuges cristãos são o sinal do amor que existe entre Cristo e a Igreja, e formam na família a "Igreja doméstica".

Todo sacramento, portanto, tem uma referência à Igreja, uma graça de comunhão no Corpo místico, que marca já fundamentalmente no batismo e na crisma a dignidade real, profética e sacerdotal de todo cristão, e especifica no sacerdócio e no matrimônio alguns serviços eclesiais fundamentais para a direção espiritual e para o crescimento da Igreja.

O povo de Deus nasce e renasce, cresce e amadurece, é unificado e fortalecido continuamente por meio dos sacramentos, de maneira especial por meio dos sacramentos da iniciação cristã, batismo, crisma e Eucaristia, que constituem a base mesma da vida cristã. Existe uma ligação estreita entre o conceito de Igreja-sacramento e a realidade mesma dos sacramentos da Igreja; ela é o Corpo místico que se realiza e vive mediante a misteriosa eficácia das ações sacramentais do Cristo e do seu Espírito.

b) *Os sacramentos dependem da Igreja*. Embora a graça e o amor de Deus não estejam ligados exclusivamente à vida e à ação da Igreja, mas possam se irradiar, pela potência de Cristo e do seu Espírito e pela oração e o exemplo dos cristãos, para fora da Igreja, a expressão visível e sacramental dessa graça é toda ela relativa ao mistério da Igreja de Cristo, distinguida pelo próprio Cristo com o poder de santificação, de transmissão da vida divina.

Ao longo da sua história, a Igreja teve cuidado de esclarecer e ordenar o que diz respeito à economia dos sacramentos, fixando progressivamente a doutrina, garantindo a eficácia, examinando as circunstâncias e fixando com clareza a composição de cada sacramento, as condições do ministro e do sujeito, guiada pelos dois princípios acima enunciados: os sacramentos são para os homens, mas na celebração dos sacramentos é preciso ter a intenção eficaz de realizar o que faz a Igreja, respeitando as condições postas pela mesma Igreja para salvaguardar a natureza dos sacramentos e a válida e legítima administração deles. Essas condições dizem respeito à matéria e à forma dos sacramentos (como se verá mais adiante), o ministro dos sacramentos, o sujeito capaz de receber os sacramentos.

Obviamente, em alguns casos a Igreja propõe taxativamente algumas normas para garantir no limite a *validade* e a *legitimidade* deles. Se às vezes essas condições representam o mínimo indispensável para os casos de necessidade ou para dissipar inúteis dúvidas, a regra deve ser antes a do "maximum" de expressividade dos sacramentos, que se atinge quando eles são celebrados com a amplitude, solenidade, preparação pessoal e comunitária, além da participação litúrgica que requerem, por exemplo, os rituais para a celebração de cada um dos sacramentos. É nesse contexto que os sinais da graça adquirem toda a sua força expressiva. Assim, por exemplo, se para a validade do batismo é suficiente a profissão de fé e a ablução do batizado no nome da Santíssima Trindade, feita por um ministro competente, que em caso de necessidade pode ser também um leigo ou uma leiga (em perigo de morte de um recém-nascido), a digna celebração do sacramento requer a festa do batismo vivida pela comunidade familiar e eclesial, com o envolvimento de todos os ritos que exprimem com clareza a graça da regeneração e a incorporação à Igreja. Nos dois casos, porém, trata-se de fazer "o que faz a Igreja", em plena e concreta adesão de fé e de comunhão com a sua fé e a sua prática litúrgica.

É justamente por meio desse exercício da sacramentalidade que a Igreja se mostra como mãe que gera e alimenta os seus filhos, como ministra responsável e generosa do mistério da redenção para todos os homens. É por isso que a Igreja, respeitando a natureza íntima dos sacramentos, procura ir ao encontro das necessidades do povo de Deus, favorecendo ao máximo as possibilidades de uma digna recepção dos sacramentos que são precisamente a comunicação do perdão e da vida, da graça específica do Cristo e do seu Espírito para cada um dos fiéis.

4. A DIMENSÃO ANTROPOLÓGICA DOS SACRAMENTOS. A comunhão de vida trinitária que se realiza nos sacramentos chega ao homem, à humanidade, mediante sinais sensíveis, simples, mas profundamente simbólicos, evocativos, cheios de significado. Em Cristo, sacramento do Pai, que assumiu a nossa humanidade para revelar e dar a vida, e na Igreja, que em analogia com o mistério de Cristo é a nova humanidade, marcada por um elemento divino e por um componente humano, os sinais sacramentais recebem seu profundo significado. O Cristo celeste, invisível, mas realmente presente e operante na sua Igreja, tem necessidade de *se manifestar* à Igreja, visível e humana. E o faz mediante a realidade visível dos sinais sacramentais, nos quais, já diziam os → PADRES DA IGREJA, se prolonga e se exprime o seu corpo glorioso.

Os sacramentos têm um componente que podemos chamar de antropológico, um aspecto humano no qual, porém, estão envolvidas também as realidades deste mundo, as coisas mais simples como a água, o óleo, o pão e o vinho, para significar e comunicar realidades divinas.

Vejamos alguns aspectos concretos dessa dimensão antropológica dos sacramentos.

a) *Sinais para o homem, sinais do homem.* Na origem dos sacramentos encontramos seja os eventos humanos realizados como maravilhas da salvação no Antigo Testamento, seja os gestos salvíficos profundamente humanos realizados por Jesus, que na dimensão da sua verdadeira e real encarnação assumiu o humano para se tornar veículo de comunhão da vida divina.

Jesus, mediante suas ações humanas, envolvidas no poder divino, operou milagres, sarou os homens, matou a fome das multidões, partilhou da alegria dos esposos em Caná da Galileia... Com os dedos tocou os cegos para os curar, impôs as mãos para perdoar, ungiu os doentes com óleo, partiu o pão e derramou o vinho no cálice e os ofereceu como seu corpo e seu sangue.

Os gestos do Cristo, antes e depois da sua ressurreição, plenamente reais e eficazes, prolongam-se nos gestos humanos da Igreja, os quais, envolvidos no poder do Ressuscitado e do seu Espírito são os sacramentos da Igreja.

O homem é tocado na sua complexidade, mediante o seu corpo, que é lavado, ungido; que come e bebe o corpo e sangue do Senhor. Os sacramentos põem em destaque a plenitude da participação do homem na salvação também na sua corporeidade. Por sua vez, o homem é solicitado a uma resposta total que envolve os seus sentimentos mais nobres, profundos, e se exprime nos gestos mais simples, mais significativos, porém.

Os sacramentos são a prova mais evidente da continuidade das obras de Deus, da criação que torna a ser transparência do Criador, da nova criação na qual o Ressuscitado emprega as realidades deste mundo para plasmar a nova criatura. A criação recupera a plena dignidade, e os sacramentos anunciam a terra nova e os céus novos. Tudo é bom na criação e na recriação; nenhum maniqueísmo, nenhuma divisão que oponha a criação ao Criador, o homem à criação, mas uma estreita aliança, que tem como base a encarnação de Jesus, o Filho de Deus, e agora se manifesta na sacramentalidade da Igreja.

b) *A profundidade dos sinais sacramentais.* Os sacramentos são fundamentalmente *ações sacramentais* nas quais são também assumidas *realidades materiais*. Na teologia dos sacramentos fala-se precisamente da constituição do sinal sacramental mediante a *matéria* e a *forma*.

A *matéria* é sempre uma *realidade* assumida numa *ação concreta*: água que lava, óleo que unge, mãos que são impostas para significar a transmissão do Espírito, dom recíproco dos cônjuges, pão e vinho sobre os quais é invocado o Espírito e pronunciada a palavra de consagração para significar e realizar a presença, a oblação sacrifical, a oferta para a comunhão. A matéria deve ser apropriada e válida, segundo a determinação da Igreja.

A *forma* consiste normalmente numa *fórmula verbal* que exprime concretamente o sentido salvífico e eficaz da matéria sacramental posta numa ação determinada. Na sua mais profunda essência, a forma sacramental lembra uma *palavra bíblica* que exprime o sentido novo e salvífico dessa ação sacramental. Também no que diz respeito à forma, a Igreja determina exatamente a validade, para salvaguardar o sentido genuíno dos sacramentos. Assim, por exemplo, a fórmula do batismo remete ao mandado de Jesus de batizar no nome do Pai, do Filho e do Espírito Santo; a fórmula da Eucaristia é a mesma palavra de Jesus na última ceia; a fórmula da absolvição sacramental lembra o poder dado por Cristo aos apóstolos de perdoar os pecados.

Os sacramentos formam uma "díade", que lembra precisamente a palavra-sinal, a ação eficaz realizada pela palavra eficaz, o nexo mesmo que está na base da revelação entre eventos de salvação e palavras de salvação intimamente conexos.

Na sua simplicidade, toda ação sacramental evoca uma verdadeira polifonia de significados. Na base de todo sacramento, com efeito, encontramos uma ação simbólica que evoca uma realidade *humana*, talvez profundamente inserida na nossa psique; pensemos, por exemplo, no sinal da água, símbolo de morte e de vida, de purificação, de sede saciada; ou na refeição com o pão e o vinho, sinais de comunhão entre todos os que participam desse banquete. É por isso que se fala às vezes de *sacramentos naturais*, ou seja, de ações que por sua expressividade se encontram em largas faixas das religiões. A esse significado primordial *humano* junta-se para os sacramentos da Igreja o sentido *bíblico* que uma realidade e uma ação conquistou ao longo das páginas da história da salvação. A água, por exemplo, tem toda uma teologia que lembra grandes eventos realizados no seu simbolismo pelas águas primordiais da criação até a efusão da água do lado de Cristo. São finalmente *o uso feito por Jesus* e o significado adquirido nas suas palavras e nas suas ações que determinam o profundo sentido de uma ação sacramental, com base no primigênio simbolismo humano que não é cancelado, mas enriquecido, de modo que o possível *mito* ou *rito* projetado pelo homem na religiosidade natural — desejo de ser regenerado ou lavado, vontade de comunhão com Deus — é atingido e saciado pela eficaz sacramentalidade da Igreja. Finalmente, todo sacramento, na múltipla simbologia *eclesial*, exprime uma grande riqueza de significado que pouco a pouco vai se acumulando sobre as palavras e sobre os ritos. Basta pensar, como teremos ocasião de ver, na múltipla expressividade do batismo ou da Eucaristia, que justamente vai além das palavras e dos ritos da Igreja.

c) *Múltipla função expressiva dos sinais sacramentais.* Nos sacramentos da Igreja encontramos também uma múltipla expressividade que torna rica e difícil a vida sacramental do cristão.

Os sacramentos *revelam*, por meio do simbolismo que lhes é próprio, o amor de Deus e o seu desígnio salvífico. Mas, sendo também *sinais eficazes, comunicam* esse amor e esse desígnio: realizam o que significam, são ações ao mesmo tempo *simbólicas e eficazes.*

Com sua grande capacidade expressiva têm a possibilidade de *celebrar* o mistério, de o tornar atual, de o pôr diante de nossos olhos. Por sua vez, a ação celebrativa *empenha* o homem que recebe os sacramentos a realizar na vida o que eles significam, na continuidade à qual remetem. É sinal de compromisso o batismo, que remete a viver por força do sacramento e segundo o modelo da regeneração acontecida; empenha o "sim" dos esposos diante do altar a uma vida de total e exclusiva fidelidade.

No dom de Deus e na acolhida do homem realiza-se sempre, mediante os sacramentos, um verdadeiro diálogo que empenha a vida, pois os sinais sacramentais são exatamente de compromisso, remetem a uma vivência de toda a existência segundo a graça e o significado de cada um dos sacramentos. A celebração deles é fonte e ápice da vida cristã.

d) *Os sacramentos do homem novo, da nova humanidade.* Há ainda um aspecto importante na sacramentalidade. Os sinais da salvação são a eficaz transmissão da graça que se insere no homem e na comunidade humana para renová-la profundamente em Cristo e no Espírito.

A sacramentalidade cobre, por assim dizer, toda a experiência humana. O batismo e a crisma podem ser vistos como os sacramentos que consagram toda a vida do homem desde o nascimento, num novo nascimento e numa nova existência adulta. A penitência vem em socorro do homem marcado pela fragilidade do pecado para poder continuamente ser reconciliado; o sacramento do matrimônio eleva e consagra a união conjugal como sinal do amor de Cristo e da Igreja.

Obviamente, não se trata de uma simples consagração do homem e da sua vida natural, mas de uma recriação e de uma elevação. Assim, embora assuma a estrutura simbólica de um banquete, a eucaristia exprime a realidade da Páscoa do Senhor no seu aspecto de sacrifício, de presença e de comunhão; a ordem é o sacramento que configura a estrutura hierárquica da Igreja; o sacramento da união dos enfermos dá sentido à doença apenas na perspectiva da paixão de Jesus e da sua vitória sobre a morte.

Estamos, portanto, diante de uma vida sacramental que recria o homem à imagem de Cristo, que faz da Igreja uma nova humanidade modelada pela graça sobrenatural. Vivendo os compromissos que brotam dos sacramentos, o batizado é um homem novo, a comunidade cristã se torna a presença de Cristo no mundo, o seu corpo, a nova humanidade.

5. ESPIRITUALIDADE SACRAMENTAL.
Na vida sacramental da Igreja manifesta-se a "condescendência" de Deus que se tornou próximo em Cristo e no dom do seu Espírito. Entre as "maravilhas" do Antigo Testamento e os milagres de Jesus encontra-se também a sua existência simples e próxima dos homens com a qual partilhou alegrias e dores do seu povo. O Ressuscitado não recusou comer com os seus, preparar para eles o peixe assado às margens do lago; deixou-se tocar e acompanhou com a nova presença de Ressuscitado o caminho dos discípulos até a sua ascensão. Na fé e no amor, os primeiros cristãos entraram na vida do Crucifixo ressuscitado mediante os simples gestos sacramentais do batismo, da imposição das mãos, da fração do pão. Desde então Deus nos é vizinho, acessível na fé e no amor e se manifesta a nós mediante a estrutura profundamente humana e cósmica dos sacramentos da Igreja. Pede-se ao homem uma sentida participação na fé, sem a qual não pode jamais entrar na experiência do mistério, na serena consciência de um Deus que se manifesta e se doa por meio de simples gestos de perdão, de comunhão, confiados também na humanidade da Mãe Igreja.

Não um Deus distante, portanto, mas um Deus próximo; não uma religião da negação, mas da afirmação, em que todos, as coisas e os homens, estão envolvidos pela graça para significar que tudo é graça na visibilidade da existência redimida.

Os sacramentos são momentos celebrativos passageiros. Alguns são até recebidos uma vez por todas. Mas dos sacramentos fica sempre a graça — a *res sacramenti* — que é destinada a ficar e a selar a existência cristã. O batizado e crismado é agora enviado a viver as virtualidades do seu batismo e da sua crisma com todas as consequências, até ao cume da santidade. O sacerdote ordenado deve continuamente "ressuscitar" a graça que lhe foi conferida pela imposição das mãos, para crescer na sua configuração a Cristo. Os cônjuges cristãos revivem na fadiga cotidiana e na alegria da doação recíproca a graça do "sim" sacramental. A eucaristia prolonga no cristão a comunhão com Cristo e com os irmãos e a renova todos os dias; a confissão reforça o perdão e a conversão contínua. Toda a existência do cristão é marcada por essa experiência da graça dos sacramentos. Toda a ascese e toda a mística, toda a possível santidade do cristão e o seu empenho apostólico e missionário encontram sua fonte na comunhão com Cristo, dada e renovada pelos sacramentos da Igreja.

Mediante a sacramentalidade, porém, toda a existência do cristão torna-se também "sacramental". É culto em espírito e verdade, exercício do sacerdócio comum na obediência à vontade de Deus e no amor dos irmãos. Se o cristão vive em Cristo por meio dos sacramentos, deixa também que Cristo prolongue nele a sua doação de amor ao Pai e aos irmãos sob o impulso do Espírito Santo. A caridade e o cumprimento filial da vontade de Deus até o mais puro → DOM DE SI, prolongam a vida de Cristo em nós; a oração e a contínua abertura ao Pai tornam visível a atitude oblativa de Jesus que agora vive nos cristãos. Toda a Igreja, nutrida e marcada pelos sacramentos, torna-se prolongamento visível de Cristo na concretude do serviço e da caridade, da evangelização e do → TESTEMUNHO.

O cristão nutrido pelos sacramentos, os cristãos fundidos na comunhão dos sacramentos tornam-se então também eles "sacramento", sinal da presença de Cristo no mundo; especialmente para todos os que não acreditam ou perderam a fé, para os indiferentes e afastados, os cristãos são chamados a prolongar o amor de Deus pelos homens em gestos simples, mas convincentes da verdade-vida do Evangelho, para os atrair de novo ou pela primeira vez ao contato com Cristo, com a sua palavra e com os seus sacramentos na Igreja. Foi dito que o cristão é chamado a ser "sacramento do encontro com Cristo" para todos os irmãos que na sinceridade do testemunho evangélico dos cristãos saberão descobrir os sinais do Evangelho.

Na base da espiritualidade sacramental encontramos a vida mesma de Jesus como ápice da presença amorosa do Pai e da resposta total de obediência e de culto agradável na sua humanidade, embebida de Espírito Santo. Os sacramentos comunicam essa vida de Cristo no dom do Espírito e permitem ao cristão viver a sua existência como transparência da própria vida de Cristo. Por isso, a existência ou espiritualidade sacramental exige a constante resposta teologal, bem como toda a fidelidade à vida evangélica com a qual deve ser medida a densidade do mistério sacramental, a fim de que o cristão viva em Cristo segundo os sentimentos mesmos de Cristo Jesus (cf. Fl 2,5).

6. OS SACRAMENTOS ENTRE O "JÁ" E O "NÃO AINDA". Toda a vida da Igreja e toda a → EXPERIÊNCIA CRISTÃ são projetadas para a plenitude escatológica. Os sacramentos são também sinais "para a vida eterna". Eles já permitem inaugurar a vida escatológica aqui na terra, mas tendem com a graça específica de cada qual para a realidade do céu. O batismo é semente de glória e a crisma "selo para a vida eterna". Todos os sacramentos são relativos a esse momento da vida cristã e desaparecerão quando a comunhão com Cristo não tiver necessidade de mediações terrenas.

São portanto viático no caminho, e é por isso que a peregrinação da Igreja é sinal do contínuo retornar à vida sacramental, especialmente aos sacramentos que são de maneira específica um viático, para caminhar na esperança: a penitência, a unção dos enfermos, a eucaristia. Com efeito, são os sacramentos, segundo a doutrina do Vaticano II, prefigurações do céu novo e da terra nova (*LG* 35), unem-nos na → COMUNHÃO DOS SANTOS (*LG* 50), dão à atividade humana um sentido definitivo, escatológico (*GS* 38). O que é dito da Eucaristia pode ser visto nesta luz: "Um penhor dessa esperança e um viático para o caminho, o Senhor o deixou aos seus naquele sacramento da fé no qual elementos naturais cultivados pelo homem são mudados no corpo e no sangue glorioso dele, como banquete de comunhão fraterna e degustação do banquete do céu" (*GS* 38).

A realidade dos sacramentos lembra de maneira sintética e rica todas as dimensões da história da salvação: o aspecto da criação, do chamado e da → ALIANÇA; a realidade da encarnação, da paixão-morte e ressurreição de Jesus, a graça de Pentecostes e a missão e mistério da Igreja, a expectativa escatológica do cumprimento do Reino.

Por meio da economia sacramental Cristo fica conosco e nos santifica, reúne-nos no seu corpo e nos constitui no mundo membros vivos do Corpo místico, "sacramento universal de salvação".

Desse modo a graça está presente neste mundo mediante as mesmas realidades criadas e estruturas da vida humana, até o momento no qual cessará a economia sacramental para dar lugar à experiência do encontro com Deus face a face.

BIBLIOGRAFIA. MARSILI, S. *Sacramenti*. In *Nuovo Dizionario di Liturgia*. Roma, 1984, 1.271-1.285; MARTINS, J. Saraiva. *I sacramenti della Nuova Alleanza*. Roma, 1987; ROCCHETTA, C. *I sacramenti della fede. Saggio di teologia biblica sui sacramenti quali "meraviglie della salvezza" nel tempo della Chiesa*. Bologna, 1982; ROGUET, A. M. *I sacramenti, segni di vita*. Roma, 1967; SCHILEBEECKX, E. *Cristo sacramento dell'incontro con Dio*. Roma, Paoline, [8]1981; SCHNEIDER, T. *Segni della vicinanza di Dio*. Compendio di teologia dei sacramenti. Brescia, 1983. Sobre a espiritualidade sacramental e as suas relações com a vida ascética e mística: CASTELLANO, J. *La mistica dei sacramenti dell'iniziazione cristiana*. In ANCILLI, E. – PAPAROZZI, M. *La mistica. Fenomenologia e riflessione teologica*, 77-111; RAHNER, K. *Pietà personale e pietà sacramentale*, in ID. *La penitenza nella Chiesa*. Roma, Paoline, 1968, 277-310; RATZINGER, J. *Il fondamento sacramentale dell'esistenza cristiana*. Brescia, 1971; ROCCHETTA, C. *La mistica del sacramentale*. In ANCILLI, E. – PAPAROZZI, M. *La mistica. Fenomenologia e riflessione teologica*. Roma, 1984, 47-76, II.

J. CASTELLANO

SAGRADA ESCRITURA. Numa de suas cartas a Timóteo, São Paulo escreve: "Tu, porém, permanece firme no que aprendeste e aceitaste como certo: sabes de quem o aprendeste. Desde a tenra infância conheces as Sagradas Escrituras; elas têm o condão de te comunicar a sabedoria que conduz à salvação pela fé que há em Cristo Jesus. Toda a Escritura é inspirada por Deus e útil para ensinar, refutar, corrigir, educar na justiça, a fim de que homem de Deus seja perfeito, qualificado para qualquer obra boa" (2Tm 3,14-16). Desenvolvendo ulteriormente essa admoestação paulina, a *Dei Verbum* (n. 21) acrescenta: "A Igreja sempre venerou as divinas Escrituras como fez para o corpo mesmo de Cristo, jamais deixando, sobretudo na sagrada liturgia, de se alimentar do Pão da vida à mesa seja da palavra de Deus, seja do corpo de Cristo, e de o oferecer aos fiéis. Ao mesmo tempo, com a sagrada tradição, a Igreja sempre considerou e considera as divinas Escrituras como a regra suprema da própria fé".

Talvez poucos textos consigam identificar com tanta precisão e completude a importância que assume a Sagrada Escritura no âmbito da doutrina e da vida espiritual. Dada a sua natureza de → PALAVRA DE DEUS, ela constitui, com razão, o principal ponto de referência para quem quer que deseje caminhar para a santidade e dar-se ao Senhor sem reserva alguma.

1. O TEXTO DA SAGRADA ESCRITURA. Compreende 73 livros, dos quais 46 pertencem ao Antigo Testamento e 27 ao Novo.

As línguas usadas pelos autores para redigir esses livros são o hebraico, o aramaico e o grego. Quase todo o Antigo Testamento foi escrito em hebraico; em grego, o Livro da Sabedoria, o Segundo Livro dos Macabeus e todo o Novo Testamento; em aramaico, alguns trechos dos Livros de Esdras (4,8–6,18) e de Daniel (2,4–7,28). Algumas obras, como o Primeiro Livro dos Macabeus, o Livro de Judite, o Livro de Tobias e certas seções dos Livros de Daniel e de Ester foram compostas originariamente em hebraico; delas se conserva porém somente a versão grega, porquanto se perderam os originais. Em hebraico foi escrito também o Livro do Sirácida, mas a seguir o mesmo autor considera oportuno traduzi-lo para o grego. Entre 1896 e 1931 foram recuperados cerca de 2/3 desse original hebraico do Sirácida. Alguns fragmentos hebraicos foram descobertos também durante as escavações em Qumrân e em Massada.

Dos textos originários da Bíblia não conservamos nenhuma cópia autêntica, mas somente transcrições ou versões. Entre as versões gregas do Antigo Testamento, um lugar privilegiado está reservado à versão dos "Setenta". E isso por um duplo motivo: por sua antiguidade (III século a.C.) e porque é a fonte bíblica de que depende diretamente o Novo Testamento. A ela seguem, mas com notável distância de tempo (século II d.C.), as versões gregas de Áquila, de Símaco e de Teodósio. No que diz respeito aos escritos tanto do Antigo como do Novo Testamento, a versão mais importante e destinada a incidir profundamente na vida da Igreja é a latina da "Vulgata", realizada por São → JERÔNIMO no final do século IV.

Outra característica do texto bíblico é ser inspirado e canônico. Por inspiração se entende o particular carisma pelo qual todo livro da Sagrada Escritura é ao mesmo tempo obra totalmente humana e totalmente divina; com o termo "canonicidade" pretende-se ressaltar a ideia de que a Sagrada Escritura se torna norma segura de vida para todos os crentes justamente porque é palavra inspirada por Deus.

Para os católicos, o fato da inspiração e da canonicidade dos 73 livros bíblicos a que nos referimos acima foi solenemente definido no Concílio de Trento (8 de abril de 1546) e confirmado, portanto, nos Concílios Vaticano I e Vaticano II. O texto desse último diz literalmente: "A Santa Mãe Igreja, por fé apostólica, considera sagrados e canônicos inteiramente todos os livros seja do Velho como do Novo Testamento, com todas suas partes, porque escritos por inspiração do Espírito Santo (Jo 20,31; 2Tm 3,16; 2Pd 1,19-21; 3,15-16), têm Deus por autor e como tais foram entregues à Igreja" (*Dei Verbum*, n. 11).

Nos 73 livros que a Igreja declara inspirados e canônicos estão incluídos também os escritos que por certo tempo não foram universalmente reconhecidos, por vários motivos, como palavra de Deus e que assumiram, portanto, o nome de "deuterocanônicos". Os deuterocanônicos do Antigo Testamento são os Livros de Tobias, de Judite, dos Macabeus, de Baruc (com a carta de Jeremias), do Sirácida e da Sabedoria; os do Novo Testamento, a Carta aos Hebreus, a Carta de Tiago, a Segunda Carta de Pedro, a Segunda e Terceira Carta de João, a Carta de Judas e o Apocalipse.

Com base na matéria de que tratam, os livros da Sagrada Escritura dividem-se em históricos, proféticos, sapienciais, didáticos e apocalípticos. À primeira categoria pertencem os Livros do Gênesis, do Êxodo, do Levítico, dos Números, do Deuteronômio, de Josué, dos Juízes, de Samuel, dos Reis, das Crônicas (ou Paralipômenos), de Esdras e Neemias (o 2º Esdras), dos Macabeus, dos quatro Evangelhos, dos Atos dos Apóstolos; à segunda, os escritos dos profetas; à terceira, os

Provérbios, o Coélet (ou Eclesiastes), o Cântico dos Cânticos, Jó, os Salmos, o Sirácida (ou Eclesiástico), a Sabedoria; à quarta, as Cartas de São Paulo, de Tiago, de Pedro, de João, de Judas; à quinta, o Apocalipse de João e alguns trechos do Livro de Daniel. No que diz respeito ao Livro de Rute, de Tobias, de Ester, de Judite e do profeta Jonas, admite-se hoje comumente que eles não são obras históricas em sentido estrito, mas somente narrativas edificantes (ou "Midrashim").

Outra observação importante é a que diz respeito ao tempo em que os vários textos bíblicos foram escritos. Em geral e conforme os dados que temos até agora, pode-se oferecer a propósito o seguinte quadro cronológico: os livros do Gênesis, do Êxodo, dos Números e do Levítico inspiram-se em tradições que remontam aos séculos X (tradição "javista"), IX (tradição "eloísta") e VI (tradição "sacerdotal") a.C.; o Deuteronômio remete a um documento-base que foi descoberto por volta de 620 a.C., durante o reino de Josias; os livros de Josué, dos Juízes, de Samuel e dos Reis fazem parte de uma obra histórica que é, ordinariamente, chamada de "obra deuteronômica" e que se supõe composta durante o exílio babilônico (século VI a.C.); os livros das Crônicas, de Esdras e Neemias foram escritos nos séculos V-III a.C., os livros proféticos nos séculos VIII-II a.C., os dois livros dos Macabeus no século II a.C., Tobias no século III a.C, Ester entre os séculos IV e I a.C., Judite no século I a.C., Rute no século IV a.C., Jonas no período que vai do século V ao século III a.C., Jó não depois do século III a.C., a maior parte dos Provérbios (10,1–22,16; 25,1–29,27) no século X a.C., o Sirácida nos anos 170-180 a.C., a Sabedoria por volta de 50 a.C., os Salmos no período que vai do século X ao século II a.C., os Evangelhos sinóticos e os Atos dos Apóstolos nos anos 65-85 d.C., os escritos joaninos no final do século I d.C., as Cartas paulinas nos anos 50-67 d.C., as Cartas de Tiago, de Pedro, de Judas e as chamadas "Cartas deuteropaulinas" na passagem do século I para o II d.C.

2. OS GRANDES TEMAS DE CONTEÚDO HISTÓRICO-ESPIRITUAL. Quando se revela aos homens e lhes comunica uma especial mensagem, Deus entra diretamente na história humana e numa série de eventos aos quais é possível dar um nome e uma data. Os próprios interlocutores aos quais ele se dirige são filhos do próprio tempo e carregam consigo todas as experiências de bem e de mal que caracterizam a sociedade em que vivem.

Não obstante isso, a palavra divina tem em si o dinamismo de uma realidade eterna. Mesmo se pronunciada num tempo e num lugar determinado, ela é válida e importante para todos os homens de todas as épocas e se torna assim o pão de que se nutre toda alma desejosa de verdade.

Se se considera a Sagrada Escritura nesse quadro de perene atualização, é fácil deduzir que ela tem sempre úteis e iluminados ensinamentos a serem comunicados. Isso vale, em particular, para o que diz respeito aos grandes temas de fundo histórico-espiritual.

O primeiro desses temas, em ordem de importância e de cronologia, é o da *eleição*. A história da → SALVAÇÃO nasce e se desenvolve no sinal da iniciativa divina. Com efeito, é Deus que chama Abraão, Moisés, Davi e os profetas. É ainda ele que envia ao mundo o próprio Filho unigênito e oferece assim aos homens a possibilidade de obter, por seu meio, a salvação. Da Bíblia resulta também que a única razão de ser da eleição é o amor misericordioso e gratuito de Deus. Têm portanto valor de princípio os textos: "Se o Senhor se ligou a vós e vos escolheu, não foi por serdes o mais numeroso dentre todos os povos, pois sois o menor de todos os povos. Mas se o Senhor, com mão forte, vos fez sair e vos resgatou da casa da servidão, da mão de Faraó, rei do Egito, é porque o Senhor vos ama e mantém o juramento feito a vossos pais" (Dt 7,7-8); "Deus, com efeito, amou tanto o mundo que deu o seu Filho, o seu único, para que todo homem que nele crê não pereça, mas tenha a vida eterna" (Jo 3,16).

Intimamente ligado à eleição divina temos o tema da → ALIANÇA. Se Deus chama Israel, chama-o em vista da aliança e com o preciso objetivo de que ele se torne um povo totalmente consagrado a ele (Dt 7,6). A história que segue mostra, todavia, que Israel não é fiel ao pacto. Assiste-se assim a um duplo fenômeno. De uma parte há um contínuo alternar-se de transgressões e de arrependimentos; de outra parte, uma sequência de intervenções de reconciliação e de salvação. Quem, porém, diz sempre a última palavra é a bondade de Deus, ou melhor, aquele tipo de bondade que pune não tanto para punir quanto para induzir os culpados a voltar para o caminho reto (Ez 18,23). Caberá ainda à bondade de Deus anunciar a estipulação de uma nova aliança (Jr 31,31-34 e par.) e realizá-la definitivamente por meio da morte de Cristo (Lc 22,20 e par.).

Outra expressão dessa bondade de Deus para com os homens é o incessante *convite à esperança*. Quem crê nele e no Messias que ele envia à terra não pode nem deve deixar-se tomar pelo desespero; ao contrário, deve ter confiança num futuro melhor e num desfecho positivo da sua existência. Todas as intervenções divinas na história, com efeito, têm o objetivo de garantir que o Senhor é capaz de destruir qualquer tipo de mal e deseja realmente a plena felicidade do homem. Se essa situação de felicidade não se verifica aqui e agora é porque cada um deve, de algum modo, refazer o caminho do povo hebraico através do deserto (1Pd 2,11) e participar da glória de Cristo depois de o ter seguido no caminho da cruz (Mc 10,45-52). O discípulo de Jesus, além disso, está convencido de que a história humana pertence ao Ressuscitado e que a conquista de uma total libertação é apenas questão de tempo, razão pela qual vê o futuro numa dupla disposição: de um lado evita a ilusão de poder transformar o mundo num novo Éden; de outro se esforça para que os homens experimentem em suas vidas que a ressurreição de Cristo é operante também no presente. Traduz assim em ideia fixa cotidiana o convite de Paulo: "Sede alegres na esperança, pacientes na aflição, perseverantes na oração. Sede solidários com os santos necessitados" (Rm 12,12-13).

Equacionando desse modo a sua existência, ele escapa também à tentação de ficar prisioneiro daquela angústia sem saída que fez um babilônio do século XVI a.C. dizer: "O meu deus me abandonou e está afastado de mim; o meu gênio do bem que caminhava a meu lado distanciou-se; o meu anjo protetor fugiu e procura outros; o meu vigor desapareceu e a minha fisionomia tornou-se tenebrosa; a minha dignidade me foi roubada e a minha segurança desvaneceu; presságios funestos me assediam; sou expulso de minha casa e ando errante sem meta".

Para o cristão que acredita no Ressuscitado e o faz seu não há motivo nem de se sentir só nem de se deixar cair em depressão. O único sentimento possível e legítimo é a alegria de ter finalmente se encontrado com a verdadeira felicidade.

3. TEMAS COMPLEMENTARES. Ao lado desses grandes temas espirituais que caracterizam a lenta evolução da história da salvação desde Adão até Cristo, fixando com extrema precisão suas etapas principais, encontram-se outros de menos aparência, mas igualmente válidos para uma reta compreensão das relações que devem existir entre os homens e Deus. Podemos por isso chamá-los de complementares e vê-los expressos em três importantes motivos bíblicos: totalidade histórica, dimensão social da existência humana, progressiva espiritualização da aliança.

a) Totalidade histórica. A Sagrada Escritura não é um livro partidário. Ela fala a todos e fala de todos. Nada escapa assim à sua lúcida, por vezes impiedosa, análise psicológica. Todas as situações da existência humana estão ali descritas. Dessa maneira é possível a cada qual reconhecer nelas a própria situação, os próprios sentimentos, o próprio pecado, a própria ânsia de liberdade, o próprio drama cotidiano, feito de bem e de mal, de alegria e de tristeza, de calma e de medos, de esperança e de angústia.

De outra parte, é consolador constatar que nesse vai-e-vem de paixões e de quedas não haja lugar para o → PESSIMISMO. Para todos e para cada um há uma palavra de libertação, uma palavra de redenção. Personagens como Adão e Eva, a cortesã Raab, Davi, Zaqueu, o bom ladrão são exemplos que não admitem dúvidas. Deus vem sempre em auxílio quando percebe no coração os sinais de um verdadeiro arrependimento.

b) Dimensão social da existência humana. Num mundo que sempre foi e é ainda dominado pelo → EGOÍSMO, a Sagrada Escritura repropõe a todo momento o dever de sair de si mesmo e de se aceitar como parte de um todo: como "povo" em que cada indivíduo se sente corresponsável por toda a comunidade, como um "corpo" em que cada um dos membros trabalha para o bom funcionamento de todo o organismo. Não há lugar assim para os interesses exclusivamente pessoais, mas apenas para a caridade, a qual procura não o que é seu, mas o que pertence aos outros. Ser membro do povo de Deus é se dar conta dos outros, comunicar-se com eles, pôr-se a serviço dos outros, amar Cristo nos outros.

c) Progressiva espiritualização da aliança. Não há dúvida de que a aliança sinaítica é, por sua natureza, uma aliança fundada no preceito e que o povo de Deus por muito tempo se qualifica como tal, com base na observância desse mesmo conteúdo preceptivo. Com o Deuteronômio e os grandes profetas, como Jeremias e Ezequiel, vai ganhando espaço, porém, uma nova orientação. O que conta aos olhos de Deus não é a lei escrita, mas a lei do Espírito. Ou seja, o tipo de lei que o

Espírito Santo comunica ao coração do homem e que se identifica, definitivamente, com a própria caridade. A observância externa tem por isso um sentido, se é movida e inspirada por um profundo amor interior. Em caso contrário, não se pode falar senão de hipocrisia. Como no caso dos fariseus.

De outra parte, como ensina o apóstolo Paulo, quanto maior é essa caridade interior, tanto menor é a necessidade da lei externa, a necessidade do preceito. A caridade sabe, com efeito, internamente, o que deve fazer para responder, a cada momento, ao chamado sempre urgente de Deus.

4. **JESUS CRISTO, TEMA CENTRAL**. Todos os temas precedentes, tanto gerais como complementares, encontram sua justificativa e seu centro em Cristo. Ele é, com efeito, aquela realidade "que imprime à linha da história da salvação a sua orientação e a sua consistência, e é ao mesmo tempo o ponto de que tem origem o mistério redentor em relação tanto ao passado como ao futuro". Jesus está, portanto, no centro do plano histórico de Deus. Sobre ele converge tudo o que o precedeu e dele parte tudo o que o segue. Em termos mais concisos poder-se-ia também dizer que na visão da Sagrada Escritura a história da salvação é "o mistério de Cristo que se realiza gradualmente no tempo".

Levando-se em consideração essa realidade, segue-se que todas as relações espirituais com Deus não podem ter senão uma dimensão cristocêntrica. Quem quiser aprofundar e enriquecer sua → VIDA INTERIOR deve se encontrar necessariamente com Cristo, modelar-se em Cristo, repetir em si as experiências religiosas de Cristo.

5. **ATITUDE DE FÉ**. Para compreender a fundo o tesouro de riqueza espiritual escondido na Sagrada Escritura e perceber os motivos religiosos que a animam, não basta ser instruído nas línguas com as quais a palavra de Deus nos foi comunicada. Não basta sequer a acuidade de engenho. É necessária a fé. Uma fé que saiba descobrir, para além do invólucro humano, deficiências humanas, o desígnio santificante de Deus e tenha a coragem de o aceitar como foi concebido. Uma fé que não queira pôr em questão a palavra de Deus, mas aquele que se aproxima dessa palavra. Numa relação de amizade interior, de contínua autocrítica, de abertura sincera em relação à verdade, mesmo quando o pensamento de Deus parece contrastar com as nossas ideias e com as nossas preocupações. Crer verdadeiramente na palavra revelada é se pôr incondicionalmente sob a sua orientação, deixar-se julgar, examinar, transformar nela.

A fé importa ainda a disponibilidade com relação à voz da tradição e às orientações iluminadoras da Igreja, que, por conselho divino, recebeu o mandato de guardar e interpretar fielmente o depósito revelado. Isso não impede, porém, que se possam e devam usar todos aqueles meios crítico-científicos pelos quais a palavra é percebida e entendida no seu verdadeiro e original significado, fora de qualquer pseudopietismo. A mensagem contida na Bíblia é muito séria para ser tomada de modo leviano.

6. **PALAVRA DE VIDA**. Para quem tem fé a Sagrada Escritura torna-se o que realmente é: palavra de vida. Palavra que dá a vida. E isso se deve sobretudo ao fato de que ela é livro de doutrina, mensagem de amor, fonte de oração.

É livro de doutrina, mas não pertence a nenhuma escola. O seu ensinamento converge para a verdade entendida no sentido mais amplo e absoluto da palavra, porquanto essa verdade se identifica com o próprio Deus. A Sagrada Escritura ensina Deus. E o ensina fora de todo esquema e de todo raciocínio. Ela não discute, mas testifica, anuncia. Quem a quer compreender é obrigado não tanto a aprender as leis da lógica quanto a se abrir à voz categórica de Deus, na humildade do próprio coração.

É mensagem de amor, porque tudo o que expõe e narra se insere no plano salvífico de Deus. De um Deus que se comunica no amor e convida urgentemente os homens a responder com seu "sim" a esse amor. É ainda mensagem de amor, porque a mesma resposta que o homem é obrigado a dar não deve ser somente positiva, mas inspirada na caridade. É com efeito na caridade que se compendiam a lei e os profetas. Os preceitos e as observâncias não têm nenhum sentido, se falta a linfa da caridade.

É, enfim, fonte de oração, porquanto em cada página estimula o leitor a uma comunhão cada vez mais íntima e profunda com Deus. Todavia, não pode se chamar "tratado de oração". A Sagrada Escritura não pretende ensinar os diversos métodos de oração, mas se apresentar como "o livro da oração cristã". Ou seja, livro em que tudo se eleva no plano da oração entendida como diálogo amoroso entre Deus e o seu povo, entre Deus e cada uma das almas. Não faltam, de outra parte, orações-tipo, que servem de base e de modelo para toda verdadeira oração. Bastará pensar nos → SALMOS e no → PAI-NOSSO, em que todos os sentimentos, as angústias, os impulsos do coração humano são expressos de modo dificilmente igualável em relação tanto à forma como ao conteúdo.

7. EDUCAÇÃO BÍBLICA. Toda essa riqueza espiritual presente na Bíblia não é, contrariamente às aparências, de fácil assimilação. A Sagrada Escritura é um livro difícil e complexo. Exige uma adequada preparação em quem deseja captar em profundidade sua mensagem. Não se quer com isso, de modo algum, afirmar que todos os cristãos devam ser técnicos em termos de crítica. Seria absurdo pensar assim. Mas se quer dizer que para compreendê-la não é suficiente lê-la; é necessário estudá-la, servindo-se, nos limites das próprias possibilidades e da própria cultura, das explicações histórico-literárias que enquadram na sua verdadeira luz e no seu verdadeiro significado a palavra divina.

Ao estudo deve-se acrescentar também a meditação. A meditação de quem está consciente de que a palavra de Deus tem um potencial imenso e pode ser sempre, portanto, objeto de novas descobertas. E isso adquire tanto mais valor se se considera, como já se observou, que a palavra de Deus não é uma realidade morta, mas viva. Ela foi comunicada pela primeira vez num determinado contexto histórico, mas é a "palavra de todos". Apesar de o tempo passar, ela continua sempre atual e se sujeita a contínuas novas aplicações.

8. A CONSTITUIÇÃO *DEI VERBUM*. Não é de espantar se, consciente do imenso tesouro que nela está contido, também o Concílio Vaticano II tenha emanado um documento especial sobre o tema da palavra de Deus. Mais que de um dever, tratou-se de uma exigência. É também compreensível que o último capítulo (c. 6) do documento dedicado a "A Sagrada Escritura na vida da Igreja" insista com especial vigor sobre o dever que têm todos os cristãos de se aproximar do estudo e da meditação da palavra revelada

Com efeito, ela é para a Igreja vida e alimento. Como a eucaristia. É, além disso, "fonte pura e perene de vida espiritual". De outra parte, dado o caráter complexo e problemático dos livros mediante os quais a palavra de Deus nos foi transmitida, reconhece-se a necessidade de "estudar e explicar com os oportunos subsídios as divinas letras, de modo que o maior número possível de ministros da divina palavra possa oferecer com fruto ao povo de Deus o alimento das Escrituras, que ilumine a mente, fortaleça a vontade, acenda os corações dos homens" (*Ibid.*, n. 23).

A coisa mais importante, todavia, é a oração (cf. *Ibid.*, n. 25). Em síntese, portanto, pode-se dizer que para o Concílio são duas as disposições fundamentais que permitem adentrar o sagrado recinto da palavra de Deus: a oração e o estudo. E é justamente no contexto dessas disposições que o documento espera abundantes frutos espirituais, quando declara: "Como da assídua frequência do mistério eucarístico aumenta a vida da Igreja, assim é lícito esperar da crescente veneração da palavra de Deus novo impulso para a vida espiritual" (*Ibid.*, n. 26).

BIBLIOGRAFIA. ARTOLA, A. M. *De revelación a la inspiración*. Bilbao, 1983; *Attualizzazione della parola di Dio nelle nostre comunità*. Bologna, 1983; BEA, A. *La parola di Dio e l'umanità*. Assisi, 1967; BETTI, U. *La rivelazione divina nella Chiesa*. Roma, 1970; *Bible and Inculturation*. Roma, 1983; BULTMANN, R. *Teologia del Nuovo Testamento*. Brescia, 1985; CAZELLES H. (ed.). *Introduction critique à l'Ancien Testament*. Paris, 1973; ID. *Écriture, Parole et Esprit. Trois aspects de l'hermenetique biblique*. Paris, 1971; CHARLIER, C. *La lettura cristiana della Bibbia*. Roma, 1961; CITRINI, T. *Identità della Bibbia. Canone, interpretazione, ispirazione delle Scriture Sacre*. Brescia, 1982; CONZELMANN, H. – LINDEMANN, A. *Guida allo studio del Nuovo Testamento*. Casale Monferrato, 1986; *Costituzione conciliare "Dei Verbum"*. Brescia, 1970; EICHRODT, W. *Teología del Antiguo Testamento*. Madrid, 1975, 2 vls.; EISSFELDT, O. *Introduzione all'Antico Testamento*. Brescia, 1970, I; 1980, II; 1982, III; 1984, IV; FABRIS, R. *La preghiera nella Bibbia*. Roma, 1985; FOHRER, G. *Storia della religione israelitica*. Brescia, 1985; GEORGE, A. – GRELOT, P. *Introduzione al Nuovo Testamento*. Roma, 1980, I-II; 1981, III-IV; 1983, V; GONZALEZ, R. *Como leer la Bibbia*. Bilbao, 1981; GRELOT, P. *Bibbia e teologia*. Roma, 1969; ID. *La Bible. Guide de lecture*. Paris, 1981; HARRINGTON, W. *Nuova introduzione alla Bibbia*. Bologna, 1975; HELEWA, J. – IBARMIA, F. *Espiritualidad bíblica*. Madrid, 1983; *I libri di Dio. Introduzione generale alla Sacra Scrittura*. Torino, 1975; *Incontro con la Bibbia. Leggere, pregare, annunciare*. Roma, 1978; *Introduzione alla storia della salvezza*. Torino, [4]1981; *L'antropologia biblica*. Napoli, 1981; *La "verità" della Bibbia nel dibattito attuale*. Brescia, 1968; *La preghiera nella Bibbia*. Napoli, 1983; LATOURELLE, R. *Teologia della rivelazione*. Assisi, 1967; ID. *Teologia della rivelazione*. Assisi, [5]1976; LÉON-DUFOUR, X. L'exégète et l'événement historique. *Recherches de Science Religieuse* 58 (1970) 551-560; LORETZ, O. *La verità della Bibbia*. Bologna, 1967; MANNUCI, V. *Bibbia come parole di Dio*. Brescia, [4]1983; MARTIN, G. *Para leer la Biblia como palabra de Dios*. Estella, 1982; MATTIOLI, A. *Dio e l'uomo nella Bibbia d'Israele*. Casale Monferrato, 1981; ID. Realtà e senso della pienezza della rivelazione di Dio in Cristo. *Atti della Settimana Biblica Italiana* 20 (1970) 57-110; MEDIAVILLA, R. Iniciación al estudio de la Sagrada Escritura. *Mayéutica* 7 (1981) 239-268; MESTERS, C. *Dio, dove sei? Bibbia e liberazione*. Brescia, 1982; MONTAGNINI, F. *La Bibbia oggi*. Brescia, 1966; MORRIS, L. *Testaments of love. A study of love in the Bible*. Grand Rapids, 1981; *Nuovo Dizionario di Teologia Biblica*. Cinisello Balsamo, 1988, 1.447-1.472; PENNA, A. La Scrittura come momento della Tradizione, la Tradizione come contesto della Scrittura. *Atti della Settimana Biblica Italiana* 20 (1970) 151-176; *Per una lettura molteplice della Bibbia*. Bologna, 1981; PHILIPON, M. M. La revelación: diálogo de amor de Dios con los hombres. *Estudios Trinitarios* 4 (1970) 45-74; PONTIFICIA COMISSIONE BIBLICA. *Fede e cultura alla luce della Bibbia*. Torino, 1981; *Problemi e prospettive di scienze bibliche*. Brescia, 1981; RAD, G. von. *Teologia dell'Antico Testamento*. Brescia, 1972, I; 1974, II; RAHNER, K. – Ratzinger, J. *Rivelazione e Tradizione*. Brescia, 1970; RAURELL, F. *Lineamenti di antropologia biblica*. Casale Monferrato, 1986; SAVOCA, G. *Lettura esistenziale della parola di Dio*. Napoli, 1974; SCHAEBERT, J. *La Bibbia: storia, autori, messaggio*. Bologna, 1972; SCHÖKEL, A. Carattere storico della rivelazione. *Atti della Settimana Biblica Italiana* 20 (1970) 31-56; SCHOONENBERG, P. Révélation et expérience. *Lumen Vitae* 25 (1970) 383-392; SCHÖKEL, A. *La parola ispirata*. Brescia, 1965; SOGGIN, A. *Introduzione all'Antico Testamento*. Brescia, [3]1979; SPINETOLI, Ortensio da. *Bibbia, parola umana e divina*. Bologna, 1968; *The Bible and Liberation*. New York, 1983; TOPEL, L.-J. *La via alla pace. La liberazione attraverso la Bibbia*. Assisi, 1984; VERMEYLEN, J. La Bible, livre d'un peuple en mouvement. *Foi et Temps* 14 (1984) 347-366; ZEVINI, G. La lettura della Bibbia nello Spirito. *Parola Spirito e Vita* 4 (1981) 265-278.

V. PASQUETTO

SALMOS. Os salmos são a oração de Israel. Inspirados por Deus, são oração segundo Deus. Fruto multissecular da piedade de todo o povo, eles ensinam ao indivíduo e à comunidade a atitude que se deve assumir diante de Deus nas circunstâncias mais diversas. Reflexões multicoloridas de situações psicológicas infinitamente variadas, são uma escola de oração para qualquer alma amante do diálogo pessoal com Deus. O valor dos salmos é único para a espiritualidade.

Por outra parte, são uma síntese dos principais temas e das correntes de pensamento e de piedade que atravessam o Antigo Testamento. Neles se encontra de tanto em tanto o sopro profético e a mediação sapiencial, o ímpeto messiânico e a lembrança do passado, a religião do coração e a exaltação da lei, a promoção do indivíduo e o sentimento comunitário, as tradições patriarcais, mosaicas e as da realeza, a consciência da eleição e as exigências da → ALIANÇA, a lembrança do → ÊXODO e a esperança do retorno etc. Essa riqueza multiforme, embora com destaque para a importância excepcional do saltério para o conhecimento da espiritualidade israelita, comporta, todavia, o perigo de muitas repetições. Por essa razão, não nos ocuparemos aqui senão rapidamente de alguns aspectos tratados em outra parte.

1. HINOS. A essa categoria pertencem: Sl 8; 19; 33; 46–48; 76; 84; 87; 93; 96; 100; 103–106; 113; 114; 117; 122; 135; 136; 145–150. São orações nas quais a alma se compraz em louvar a Deus. Um sopro altamente poético as impregna; o tom é requintado, o sentimento religioso desinteressado. Neles se colhe ao vivo a oração de Israel numa das suas expressões mais puras.

Esses hinos começam normalmente com uma exortação a louvar a Deus. Essa exortação às vezes não é senão um simples expediente literário, pois o salmista a dirige a si mesmo: "Bendize o Senhor, minh'alma" (por exemplo, Sl 103; 104; 146). Com mais frequência, porém, é endereçada a outros, à comunidade orante. Neles se encontram fórmulas há muito consagradas pelo uso, como: "Cantai para ele um canto novo" (Sl 33,3; 96,1; 98,1; 149,1), ou: "Celebrai o Senhor, pois Ele é bom, pois a sua fidelidade é para sempre" (Sl 106,1; 136,1; cf. também 118,1). Todavia, essa exortação inicial pode também ser original e há várias extraordinárias: "Dai ao Senhor, vós deuses, dai ao Senhor glória e força! Dai ao Senhor a glória do seu nome! Prosternai-vos diante do Senhor, quando resplandece sua santidade!" (Sl 29,1-2); "Justos, aclamai o Senhor! O louvor convém aos homens retos" (Sl 33,1); "Povos, batei palmas, todos vós, aclamai a Deus com alegre aplauso" (Sl 47,2); "O Senhor é rei. Que a terra exulte, que todas as praias se alegrem!" (Sl 97,1) etc. Além disso, o louvor é tão essencial à oração hínica que em quatro casos a exortação para louvar a Deus constitui todo o salmo (Sl 100; 117; 148; 150). Esse último salmo é uma doxologia que se quer conclusiva para todo o saltério, e todo hemistíquio inicia com a palavra "louvai". O saltério, oração oficial de Israel, é em primeiro lugar uma coleção de louvores ao Senhor; é esse o conceito que se formou no Antigo Testamento, pois lhe foi dado o nome hebraico de *tehillîm*, que significa precisamente "louvores".

Os hinos não se limitam a ser exortações ao louvor de Deus; eles indicam os motivos pelos quais o homem em geral e o israelita em particular é obrigado a louvar a Deus. Deus é louvado em primeiro lugar por si mesmo, pelo que ele é, e por seus atributos, as suas manifestações: é exaltada a sua majestade (Sl 93), cantada a sua onipotência (Sl 29; 76; 147), celebrada a sua realeza (Sl 96), louvada a sua justiça e a sua santidade (Sl 97; 99). Os salmistas ficam admirados também diante dos esplendores da criação (Sl 8; 19,2-7; 104), e dão brados de alegria ao observar a infalível providência divina em ação (Sl 33). Eles celebram Deus porque ele é "misericordioso e benevolente, lento na cólera e cheio de fidelidade" (Sl 103,8), dá pão aos que têm fome (Sl 146) e, exaltado acima dos céus, não deixa de baixar seu olhar sobre o fraco e o oprimido (Sl 113; 145).

Embora louvando a Deus por todos esses motivos, Israel não esquece que ele é YHWH, o "seu" Deus; e precisamente a alegria e o orgulho de saber que o seu Deus é tão digno de louvor lhe inspiram os sublimes sentimentos de oração de que estão repletos os hinos. "Nosso Senhor é grande e cheio de força; sua inteligência é infinita. O Senhor restabelece os humilhados, humilha até o chão dos infiéis. Entoai ao Senhor a ação de graças, tocai para o nosso Deus na cítara" (Sl 147). A realeza universal de YHWH é garantia de glória para o povo que escolheu (Sl 47,6) e essa é uma outra razão pela qual Israel louva a Deus. Realmente, essa relação particular entre YHWH e Israel é o motivo várias vezes exaltado em diversos poemas hinográficos. Se YHWH é "exaltado sobre os povos, exaltado sobre a terra", ele é sobretudo, para o israelita piedoso, o protetor de Israel, e podemos imaginar com quais sentimentos de alegria, de reconhecimento, de triunfo, se cantam verdades como as seguintes: "Deus é para nós refúgio e força, ajuda sempre ao lado das angústias. […] O Senhor dos exércitos está conosco, nosso refúgio é o Deus de Jacó" (Sl 146). O sinal tangível dessa íntima relação entre YHWH e Israel é o templo de Jerusalém, centro religioso da nação e seu orgulho, motivo de alegria para a alma fiel (Sl 84; 122); a contemplação de Sião, monte de YHWH, conduz ao louvor de Deus (Sl 48) e a exaltar o destino da Cidade Santa, chamada a se tornar a mãe dos povos (Sl 87). Mas Israel exalta YHWH sobretudo porque ele é o autor da sua salvação (Sl 98; 149), e dessa verdade a história antiga é prova estrondosa. Além disso, a lembrança dos grandes acontecimentos da história da salvação, depois do êxodo do Egito até a conquista da terra prometida, é para o povo eleito uma ocasião muito propícia para exaltar YHWH e para o bendizer (Sl 104; 105; 135; 136), tanto mais que esses benefícios foram prodigalizados a pecadores empedernidos, que não mereciam senão castigos (Sl 106). É o amor de YHWH que explica as maravilhas de graça e de salvação de que é tecida a história sagrada, e é fácil perceber a oportunidade de um versículo como este: "Celebrai o Senhor, pois Ele é bom, pois a sua fidelidade é para sempre" (Sl 106,1; 136), como a força evocadora deste hino: "Nações, louvai todas o Senhor! Povos, glorificai-o todos. Pois a fidelidade dele nos ultrapassa, e a lealdade do Senhor é para sempre" (Sl 117).

Israel louva a Deus pelo que ele é e pelo que ele faz. Os hinos do saltério, tanto por número como por variedade, indicam o lugar de primeiro plano que o louvor de Deus ocupava na piedade do povo da aliança; eles são também uma escola de oração desinteressada, alegre e rica de sentido da glória de → DEUS.

2. SÚPLICAS. Como é normal numa comunidade empírica profundamente religiosa, Israel não exauria a sua oração no louvor de Deus; mas se dirigia a Deus também para implorar o seu socorro. Dessa forma de oração os numerosos salmos — chamados de súplica ou de sofrimento (alguns preferem o termo "lamentações") — são um testemunho variado e completo. Esses salmos são essencialmente invocações (neles dirigimo-nos a Deus fazendo uso da segunda pessoa, ao passo que nos hinos é usada a terceira), são súplicas dirigidas a Deus para obter o seu socorro em alguma desgraça ou calamidade. Um particular sentimento se desprende infalivelmente deles e lhes confere uma tonalidade religiosa característica: a confiança e a certeza de que Deus intervirá a favor dos que o invocam. Essas invocações podem ser tanto coletivas como individuais.

a) *Súplicas coletivas*. A essa categoria pertencem: Sl 12; 44; 60; 74; 79; 80; 83; 85; 123; 129;

137. Essas orações são feitas por ocasião de calamidades nacionais como: perigo imediato de invasão (Sl 83), derrota e ruínas provocadas por invasão estrangeira (Sl 44; 60; 74; 80; 129), escravidão e sofrimento dos exilados (Sl 85; 137), desprezo dos pagãos pelos repatriados do exílio (Sl 123), difusão da impiedade e da mentira na nação (Sl 12). Nos momentos em que toda esperança humana parece perdida, Israel volta seu olhar para Deus e lhe suplica que intervenha para salvar e restaurar o seu povo.

Um exemplo típico dessa oração é o Sl 44. Provavelmente ele se refere à ruína de Jerusalém em 587. É uma lamentação e um apelo apaixonado a Deus para intervir a favor do povo infeliz. A oração começa por lembrar a YHWH o modo como costumava tratar o seu povo no passado: "Ó Deus, ouvimos com nossos próprios ouvidos — nossos antepassados no-lo contaram — a façanha que realizaste no tempo deles, no tempo de outrora" (v. 2). No passado YHWH tinha se mostrado como o defensor de Israel, o autor das suas vitórias; ele tinha extirpado as nações para estabelecer o seu povo na terra prometida e depois não tinha cessado de lhe proporcionar vitórias sobre vitórias: "Para implantá-los, com tua mão expropriaste nações, e para expandi-los, arruinaste povos. Não foi pela sua espada que se tornaram donos da terra; não foi seu braço que lhes deu a vitória, mas a tua destra, o braço e a luz da tua face, pois tu os amavas. [...] Graças a ti destroçamos nossos adversários, pelo teu nome calcamos aos pés nossos agressores" (vv. 3-4.6). Depois dessa lembrança de um passado glorioso, obra devida totalmente ao amor e ao poder de YHWH, o salmista passa imediatamente à descrição do estado presente, estado de profunda humilhação, de sofrimento, de desastre nacional (vv. 10-17). O contraste, desejado, entre o passado e o presente impressiona: "E no entanto, tu nos rejeitaste e de nós escarneceste, já não sais com os nossos exércitos. Tu nos fazes recuar diante do adversário, e nossos inimigos levaram os despojos" (vv. 10-11). É precisamente o fato de lembrar a YHWH essa falta de continuidade que torna claro o sentimento íntimo do suplicante; trata-se, na realidade, de uma invocação implícita a fim de que YHWH aja no presente em conformidade com a atitude constante que no passado sempre teve para com seu povo. Não é lógico que aquele que "comanda e Jacó vence" (v. 5) hoje o abandone à mercê do inimigo. Que YHWH salve hoje, como salvava no passado! Vê-se com isso em que o salmista encontrou a fonte da sua esperança: na lembrança do passado, no qual se manifestara a Israel a especial benevolência de YHWH a seu respeito. Além dessa base objetiva, a esperança de Israel em YHWH encontra apoio, neste salmo, numa outra verdade, de caráter nitidamente subjetivo: a consciência de estar isento de todo pecado que mereça um castigo de Deus. Com efeito, depois de ter descrito a dor da hora presente, o salmista exclama: "Tudo isso nos acontece, e nós não te esquecemos, não desmentimos a tua aliança" (v. 18). A oração está portanto bem longe de ser presunçosa. O povo se dirige a YHWH porque sabe que, tendo ficado fiel à aliança, ele pode ainda contar com a benevolência divina. Amor de YHWH, fidelidade do povo, eis os dois motivos complementares que conferem à oração de Israel a certeza de ser ouvida. O salmo, pois, termina com uma série de invocações instantes a YHWH, a fim de que intervenha para salvação do seu povo (vv. 24-27); a última invocação é típica: "Levanta-te! Socorro! Resgata-nos em nome da tua fidelidade!". Oração completa, o Sl 44 mostra quais podiam ser os sentimentos de Israel nos momentos obscuros da sua história.

b) *Súplicas individuais*. A dor individual era também, para Israel, ocasião para que súplicas fossem dirigidas a YHWH; os seguintes salmos testemunham isso: Sl 3; 5; 7; 13; 17; 22; 25; 26; 28; 31; 35; 38; 41; 42-43; 51; 54-57; 59; 63; 64; 69-71; 77; 86; 88; 102; 120; 130; 140-143. Esses salmos são orações propriamente individuais, nas quais se reflete a piedade íntima de pessoas concretas que sofrem. Não são a expressão no singular do "eu" coletivo, e não podem ser todos postos nos lábios do rei que fala em nome da nação, como foi sugerido por alguns autores. É verdade que muitos deles foram adaptados e feitos próprios pela comunidade nacional (Sl 22; 28; 59; 69; 71; 102), e também é verdade que alguns são orações do próprio rei (Sl 28; 63); mas permanece o fato de que são todos muito individuais no seu tom para que se possa ver neles um eco original da piedade coletiva de Israel. Essas súplicas foram compostas por um dado indivíduo, ou para um dado indivíduo (inclusive o rei), para uma necessidade particular. É preciso reconhecer neles, em primeiro lugar, um grito da alma individual, e são testemunhos de uma fé pessoal que se dirige a Deus no sofrimento. Nisso reside seu valor espiritual.

O conteúdo dessas súplicas individuais é muito variado. O israelita piedoso pede a Deus que o liberte dos inimigos que o perseguem injustamente (Sl 3; 7; 13; 22; 26; 31; 36; 54; 55; 57; 59; 70; 86; 140; 142), das calúnias dos maus (Sl 5; 17; 56; 64; 120), dos perigos de morte que estão à espreita (Sl 25; 28; 69; 88; 143), da doença (Sl 6; 38; 41; 88; 102) e dos males da velhice (Sl 71); ele pede a Deus que faça acabar o seu exílio a fim de que possa viver junto dele (Sl 42; 43; 63; 77) e, confessando o seu pecado, suplica que ele lhe conceda o seu perdão e o ponha no caminho da justiça e da amizade (Sl 25; 38; 51; 130; 141). Ocasiões igualmente diversificadas como a própria vida, orações que exprimem todas as nuanças do sofrimento e do mal. Essa variedade de situações difíceis faz nascer na alma dos sofredores em Israel uma mesma fé, uma mesma esperança: a fé na bondade e na justiça de Deus, a esperança da salvação. As súplicas individuais do saltério são antes de tudo testemunhos de uma piedade individual, convencida de que é inútil esperar no homem e que somente em Deus se pode encontrar refúgio e salvação. E sob esse aspecto a contribuição espiritual deles é grande.

Um exemplo típico dessas orações pode ser encontrado no Sl 3. O salmista é um justo perseguido. Ele começa por expor a YHWH a sua desventura: está cercado de inimigos que o oprimem e que não lhe querem senão o mal (v. 2). Tentam até desencorajá-lo, dizendo que em vão procurará em Deus a sua salvação (v. 3). Mas o perseguido pensa diferente: ele sabe que pode pôr em Deus a sua confiança: "Mas tu, Senhor, és um escudo para mim; tu és a minha glória, aquele que ergue minha cabeça. Em alta voz, eu chamo o Senhor: ele me respondeu de sua montanha santa" (vv. 4-5). Consolado por essa convicção, o orante se firma num sentimento de segurança que contrasta com a sua condição aparente: "Deitei-me e dormi; acordei: o Senhor me sustenta. Não tenho medo dessa gente numerosa postada em torno a mim" (vv. 6-7). A oração termina com uma invocação angustiada: "Ergue-te, Senhor! Salva-me, meu Deus!" (v. 8).

Um outro modelo de súplica individual é o Sl 51, ou *Miserere*. O suplicante é um penitente que pede a Deus que o perdoe e que o liberte da malícia que reina nele. O exórdio é uma síntese de toda a oração: "Tem piedade de mim, meu Deus, segundo a tua fidelidade; segundo a tua grande misericórdia [...] purifica-me do meu pecado" (vv. 3-4). O salmista é culpado e confessa seu pecado com toda sinceridade: "Reconheço minha culpa, tenho continuamente presente o meu pecado" (v. 5). O seu estado é tanto mais lastimável e digno de piedade por ter ele recebido a maldade justamente pelo nascimento, uma maldade inata: "Fui gerado na iniquidade e, no pecado, concebido dos ardores de minha mãe" (v. 7). Sendo assim, somente Deus pode torná-lo puro e justo, e segue uma série de invocações que chegam ao ápice da piedade do Antigo Testamento: "Me fazes conhecer a sabedoria [...] tira o meu pecado com hissopo [...] lava-me [...] faze com que eu ouça a alegria [...] apaga todas as minhas iniquidades. Cria para mim um coração puro, enraíza em mim um espírito novo [...] não retires de mim o teu espírito santo [...] que me sustente o espírito generoso" (vv. 8-14). O pecador suplica a Deus que o transforme interiormente e que lhe dê algo da sua santidade, porque deixado a si mesmo ele não pode fazer outra coisa senão pecar. Também o louvor de Deus é concebido como uma graça divina: "Senhor, abre os meus lábios e minha boca proclamará o teu louvor" (v. 17). E esse louvor não será, como para o passado, um ato exterior que não significa nada, mas o sentimento de um coração transformado: "Não gostarias que eu oferecesse um sacrifício, não aceitarias holocausto. O sacrifício que Deus quer é um espírito contrito; um coração despedaçado e triturado, ó Deus, não rejeitarás" (vv. 18-19). Triunfo da religião do coração, o *Miserere* demonstra até que altura podia se elevar a súplica individual em Israel. O grande bem da existência é a pureza de coração, e essa pureza é uma graça divina. Nessa oração, o espírito da nova aliança faz ouvir a sua voz.

c) *Agradecimentos*. Os salmos de ação de graças podem ser coletivos (Sl 21; 65; 66; 118; 124; 129; 144) ou individuais (Sl 18; 30; 34; 40; 92; 116; 138), conforme os favores pelos quais se dão graças a Deus digam respeito a indivíduos ou a comunidades no seu conjunto.

O povo dá graças a Deus pelos benefícios concedidos ao rei (Sl 21), pela prosperidade, pela paz e pela abundância das colheitas (Sl 65; 67; 144), pela vitória conseguida sobre o inimigo (Sl 144), por ter sido libertado dos perigos que ameaçam a nação (Sl 66; 118; 124; 129). Israel concebia o seu passado, o seu presente e o seu futuro como dependentes da vontade divina, e é natural que pensasse em agradecer a Deus por todos os bens de que lhe era dado gozar. Para um mundo secularizado como o nosso, encontramos nisso uma lição elementar que seria útil levar em consideração.

O conceito mesmo de uma vida que depende inteiramente de Deus reflete-se na ação de graças individual. Os indivíduos, com efeito, agradecem a Deus por tê-los libertado de seus inimigos (Sl 18), dos seus perseguidores (Sl 92), dos maus (Sl 34); dão graças por terem evitado uma doença mortal (Sl 30; 40; 116) e todo tipo de mal (Sl 138). Um modelo disso é o Sl 116. Misturam-se nesse salmo fé, confiança e gratidão, fazendo dele um alto exemplo de oração e de piedoso reconhecimento.

d) *Vários*. Fora dos hinos, das súplicas e da ação de graças, há, esparramado pelo saltério, certo número de salmos chamados messiânicos (Sl 2; 45; 72; 110; 132), para que neles se reconheçam profecias referentes ao próprio Messias, ou os tempos messiânicos em geral. A esses devem se acrescentar outros, dos quais alguns já foram mencionados, os quais, parcialmente ou no todo, tiveram com o tempo uma aplicação messiânica mais ou menos direta e literal (Sl 8; 16; 22; 35; 40; 41; 68; 69; 97; 102; 118; 119). Uns e outros, embora importantes para o conhecimento do progresso da revelação paleotestamentária, se considerados sob seu específicos aspecto messiânico, interessam só de modo muito indireto a espiritualidade; por isso, abstrair-nos-emos deles.

A fim de evitar repetições, não nos ocuparemos sequer dos salmos que apresentam uma mistura dos gêneros estudados antes. Quanto aos salmos sapienciais ou didáticos (Sl 1; 14; 32; 37; 49; 53; 73; 90; 91; 101; 112; 119; 127; 128), a doutrina deles não difere muito da dos livros sapienciais.

Outros salmos são dificilmente classificáveis num gênero preciso. Neles se encontram um grande número de temas particularizados. O mais frequente, sem dúvida, é o tema da confiança em Deus (Sl 4; 11; 23; 27; 52; 62; 115; 121; 125); são esses os salmos nos quais se exprime um abandono total e perfeito da alma à poderosa benevolência de Deus; neles abundam sentimentos muito delicados: "Assim cumulado, deito-me e adormeço, pois só tu, Senhor, me fazes permanecer em segurança" (Sl 4,9); "Do Senhor fiz o meu refúgio. Como podeis dizer-me: 'Vagai pela vossa montanha, pequenos pássaros?'" (Sl 11,1); "O Senhor é meu pastor, nada me falta" (Sl 23,1); "O Senhor é minha luz e minha salvação, a quem temerei? O Senhor é a fortaleza da minha vida, diante de quem tremerei? [...] Se um exército vier acampar contra mim, meu coração nada teme. Mesmo que a batalha seja deflagrada, conservo a confiança" (Sl 27,1.3); "Quanto a mim, qual oliveira verdejante na casa de Deus, confio na fidelidade de Deus para todo o sempre" (Sl 52,10); "Levanto os olhos para as montanhas: donde me virá socorro? O socorro me vem do Senhor, o autor dos céus e da terra" (Sl 121,1-2); "Os que confiam no Senhor são como o monte Sião: ele é inabalável, permanece sempre" (Sl 125,1) etc. Expressões de uma piedade elevada, que descobriu uma vez por todas a inconsistência dos apoios humanos e a segurança da confiança em Deus.

Ao lado desses salmos que cantam a confiança, outros tocam em temas muito variados: as exigências da vida moral (Sl 15), o culto em espírito (Sl 50), a relatividade da justiça humana (Sl 58; 82), a história de Israel vista à luz de Deus (Sl 78), a alegria do retorno do exílio (Sl 126), a vida fraterna (Sl 133), a onisciência divina (Sl 139). Todos esses salmos trazem riqueza à espiritualidade bíblica; mas o mais extraordinário deles é o 131, que representa um dos cumes do saltério. Em quatro versos muito simples o salmista descreve todo um ânimo religioso, um estado fundamental da piedade; o espírito de infância em relação a Deus: "Senhor, meu coração está sem pretensões; meus olhos não miram metas altas demais. Não visei grandezas, maravilhas que me ultrapassam. Pelo contrário, meus desejos se acalmaram e se calaram, como uma criança carregada pela mãe. Como tal criança são meus desejos. Israel, põe tua esperança no Senhor, desde agora e para sempre". Humildade, abandono, confiança... Parece ouvir a voz das → BEM-AVENTURANÇAS EVANGÉLICAS e a grande afirmação do Mestre: "Deixai vir a mim as crianças; não as impeçais, pois o Reino de Deus pertence aos que são como elas. Em verdade, eu vos digo, quem não acolhe o Reino de Deus como uma criança nele não entrará" (Lc 18,16-17; Mc 10,14-15).

Afirmar a riqueza espiritual dos salmos é fácil. Oração de um povo de gênio religiosos muito marcado, eles refletem os estados de alma os mais variados, correspondem às necessidades interiores mais diferentes, exprimem uma piedade individual e coletiva de qualidade muito elevada. O valor deles é garantido também pelo uso pessoal que deles fazem Nosso Senhor, a Virgem, os apóstolos e os primeiros mártires. A Igreja os tomou para, sem os mudar, deles fazer a sua oração oficial. Por meio deles, o homem da nova aliança e a comunidade cristã dirigem a Deus o louvor, suplicam a ele, dão-lhe graças, proclamam sua confiança e sua expectativa. Embora recitados sem variante alguma, os salmos recebem, na oração cristã, um extraordinário enriquecimento; eles são vivificados por um sopro novo, o do Espírito do Filho que grita em nós: "Abbá, Pai!". A fé, a esperança, a caridade e a humildade cristã são agora seu apoio íntimo; e a doxologia trinitária que põe termo a cada um deles indica que agora o cristão fez sua a oração inspirada de Israel, na consciência da sua relação pessoal com o Pai, o Filho e o Espírito Santo.

BIBLIOGRAFIA. AIROLDI, N. *Il mondo poetico dei salmisti*. Bibbia e Oriente 14 (1972) 97-106; BEAUCAMP, E. *La salutation inaugurale du livre des Psaumes*. Bible et Vie Chrétienne 93 (1970) 42-49; ID. *Liturgia e salmi nelle grandi tappe della storia di Israele*. Bibbia e Oriente 13 (1971) 9-25; BERNINI, G. *Le preghiere penitenziali del Salterio*. Roma, 1953; BOUYER, L. *Les psaumes dans la prière traditionelle*. Bible et Vie Chrétienne 10 (1955) 22-35; ID. *Les psaumes et la catéchèse chretienne*. La Maison-Dieu 33 (1953) 8-20; CÀNOPI, A. M. *Il mistero di Cristo celebrato nei salmi*. Roma, 1980; CASTELLINO, G. *Libro dei Salmi*. Torino, 1955; CERONETTI, G. *I salmi*. Torino, 1967; DEISSLER, A. *I salmi. Esegesi e spiritualità*. Roma, 1986; FÜGLISTER, N. *La oración sálmica*. Estella, 1970; GASNIER, M. *Les psaumes. École de spiritualité*. Mulhouse, 1957; GONZALEZ, A. *El libro de los Salmos*. Barcelona, 1976; HELEWA, G. *Il desiderio de "vedere il volto di Dio" nella pietà dei Salmi*. Ephemerides Carmeliticae 27 (1976) 80-143; *I salmi*. Brescia, 1972; LANCELLOTTI, A. *I salmi*. Roma, 1977-1980, 3 vls.; MARTINI, C. M. *Che cos'è l'uomo perché te ne curi? Pregare con i salmi*. Torino-Leumann, 1982; MASINI, M. *I salmi preghiera di um papolo in cammino*. Brescia, 1982; MORICONI, B. *Uomini davanti a Dio. Spiritualità dei salmi*. Assisi, 1989; PAVONCELLO, N. *I salmi nella liturgia ebraica*. Rivista Biblica Italiana 15 (1967) 497-525; PIATTI, T. *Il libro dei Salmi*. Roma, 1954; QUESSON, N. *Il messaggio dei salmi*. Roma, 1979-1980, 2 vls.; RAVASI, G. *I salmi*. Roma, 1975; ID. *Il Libro dei Salmi*. Bologna, 1981-1984, 3 vls.; ID. Salmi. In *Nuovo Dizionario di Teologia Biblica*. Torino, 1988, 1399-1412; RELLES, J. P. de. *Israele attende il suo Dio. Dai salmi alle invocazioni del Pater*. Milano, 1970; RICCIOTTI, A. L. *I salmi nel culto giudaico*. Bibbia e Oriente 3 (1961) 161-174; RINALDI, G. *I canti di Adonay*. Brescia, 1973; RINAUDO, S. *I salmi, preghiera di Cristo e della Chiesa*. Torino, 1968; SCHÖKEL, L. Alonso. *Estudios de poética hebrea*. Barcelona, 1963; ID. *I salmi*. Torino, 1981; ID. *Trenta salmi: Poesia e preghiera*. Bologna, 1982; SEGALLA, G. *"Quaerere Deum" nei salmi*, in *"Quaerere Deum"*. Brescia, 1980, 191-212; TAFI, A. – LACONI, M. *I salmi nell'Antico e nel Nuovo Testamento*. Treviso, 1978; TROADEC, H. *Les psaumes prière chrétienne*. Paris, 1981; WEISER, A. *I salmi*. Brescia, 1984, 2 vls.; ZOLLI, E. *I salmi documenti di vita vissuta*. Milano, 1953.

G. HELEWA

SALVAÇÃO (história da). 1. ORIGEM DO TERMO. O termo entrou na linguagem teológica católica de maneira incisiva sobretudo depois do segundo conflito mundial. E isso como fruto de um duplo movimento convergente que se liga aos nomes de J. A. Möhler e J. H. → NEWMAN: o despertar do "sentido da Igreja" nas almas e a reflexão sobre o "sentido da história". De um lado, a superação da "eclesiologia barroca", acostumada a acentuar os aspectos jurídicos, recuperava, graças ao "*ressourcement*" bíblico, patrístico e litúrgico, a visão da realidade eclesial no seu mistério divino e humano, como imenso sacramento de salvação. De outro, a reação ao positivismo historiográfico, fecundada por sugestões existenciais, remetia às perspectivas daquela *historia spiritualis* que, nascendo de → AGOSTINHO e passando pela Idade Média tinha chegado ao solitário *Discours* de → BOSSUET, justamente na hora em que a historiografia se voltava agora definitivamente para a → SECULARIZAÇÃO.

Na perspectiva da história da salvação, não esteve alheio a essa convergência da eclesiologia e da historiografia da Igreja o pensamento protestante. Indícios já existem no século XIX (Tobias Beck, K. von Hoffmann, C. A. Auberlen, Martin Kaehler).

Mas é sobretudo nos nossos dias que a atenção dos estudiosos católicos foi despertada por obras que floresceram no clima de reação à teologia livre (O. Cullmann, E. Stauffer, K. Barth, K. Loewith, H. Butterfield, R. Niebuhr) atuantes na temática do Conselho Ecumênico das Igrejas (cf. *Irenikon* 35 [1962] 359). O próprio Paulo VI, numa audiência aos Observadores durante a terceira sessão do Vaticano II, fez próprios os votos por "uma teologia concreta e histórica centrada na história da salvação" (18 de outubro de 1963). Pode-se até dizer que os decretos do Concílio, tanto pela multiplicidade como pelos momentos importantes em que usam a locução história da salvação, já consagraram o termo na linguagem da teologia católica e da educação que ela se propõe (cf. *OT* 14 e 16).

2. SENTIDO DO TERMO. "História da salvação" é uma expressão ousada porque o caráter histórico não parecia convir com um acontecimento espiritual, um dom recebido e compreendido na fé, como é a "salvação". Mas história da salvação é precisamente esse entrelaçamento misterioso do eterno com o tempo (cf. PAULO VI, *Ecclesiam suam*, n. 41); de outra parte, que a historicidade possa se considerar como uma categoria válida no âmbito de realidades humano-divinas é ensinamento de Leão XIII (*Saepe numero considerantes*), que associa Baronio (método histórico-crítico) a Agostinho (método da *historia spiritualis*) para uma imparcial compreensão dos documentos dos acontecimentos cristãos, e é corroborado por Pio X (especialmente no *Juramento* antimodernista) e sobretudo por Pio XII nos discursos aos historiadores e aos arqueólogos (*AAS* 47 [1955] 672; 48 [1956] 210).

História da salvação significa portanto história de um encontro e, por isso, de um diálogo ou altercação entre as iniciativas transcendentes de Deus e as livres respostas e repúdios por parte do homem. Ou seja, mediante a chamada história profana e principalmente por meio da história das experiências religiosas da humanidade (a sequência impressionante do "sagrado" de que as religiões são como que a expressão institucional), Deus persegue um desígnio religioso e salvífico. Ele dirige a sua realização de tempos em tempos mediante etapas, gestas decisivas, horas únicas (*kairoi*), seja qual for o comportamento da liberdade criada, seja qual for a conjuntura dos acontecimentos. Finalização, profunda orientação, segundo a qual Deus "escreve direito por linhas tortas".

A história da salvação não é um simples futuro, mas se realiza em toda dimensão da existência humana, que ou aceita ou recusa a história; ou seja, age-se na história do mundo, de cuja ambiguidade essencial emergem "sinais" válidos para indicar onde essa salvação já agiu historicamente. Por exemplo, o evento de Cristo, o *perpetuum miraculum* da Igreja. Mas é precisamente isso que distingue a história da salvação da história profana, da qual, todavia, "constitui a secreta música de fundo que transpira de todos os seus interstícios". E isso porque Deus, "mediante a sua palavra, que é um elemento constitutivo da própria salvação, explicou pessoalmente uma parte bem determinada da história profana, de outro modo ambígua, mostrando seu caráter salvífico ou funesto, e separando, portanto, essa parte já decifrada da única história do resto dos acontecimentos humanos, para fazer dela uma verdadeira história da salvação oficialmente declarada" (K. Rahner). Ou seja, da história *genérica* da salvação — pela palavra esclarecedora e definidora de Deus — se distingue uma história *especial* da salvação: um desígnio religioso peculiar, realizado progressiva e concretamente por Deus em Israel e na Igreja que é seu cumprimento e cujo centro é Jesus Cristo. Temos de notar porém que, enquanto também no Antigo Testamento os limites entre história da salvação e história profana nem sempre são claramente perceptíveis (o homem do Antigo Testamento, por exemplo, tinha dificuldade de distinguir entre os verdadeiros e os falsos profetas), "somente em Jesus Cristo se chegou à perfeita e inseparável unidade entre fator divino e humano; unidade que na autorrevelação de Jesus se tornou perceptível e presente mesmo historicamente. Por isso, essa história da salvação é inequívoca e estavelmente separada de toda história profana, com tudo o que se segue ao acontecimento de Cristo e participa a seu modo da validade definitiva, não superada e insuperável, desse advento, compartilhando também a sua distinção da história profana: a Igreja, os sacramentos, a Escritura" (K. Rahner).

3. O DESÍGNIO SALVÍFICO DE DEUS. O centro em torno do qual se organiza toda a espiritualidade cristã, de modo especial na esteira de São Paulo, é o anúncio do "desígnio salvífico de Deus" (cf. At 20,27). É o tema subjacente por toda a parte nas cartas do grande apóstolo. Em dois casos esse tema aflora em primeiro plano no seu pensamento e se exprime formalmente. O primeiro é na Carta aos romanos (Rm 8,29-30), em que Paulo apresenta em rápida síntese o conjunto do desígnio de Deus, que culmina em Jesus Cristo e na sua Igreja. Para aqueles a quem Deus ama esse desígnio se desenvolve segundo etapas rigorosamente concatenadas: predestinação, vocação, justificação, glorificação. É óbvio que Paulo não pretende introduzir na eternidade e simplicidade de Deus uma sucessão e uma multiplicidade, como nas determinações temporais: ele fala como um homem que imagina de modo humano, e portanto complexo, o ato divino único e eterno.

O esquema já esboçado na Carta aos Romanos é retomado e desenvolvido no hino que abre a Carta aos efésios (Ef 1,3-14), em que "o desígnio amável", concebido desde a mais remota eternidade e realizado na plenitude dos tempos, se identifica com o "mistério" revelado e encarnado por Cristo e de que Paulo foi constituído ministro (Ef 3,1-12). Esse "mistério" de Deus, "guardado no silêncio durante tempos eternos, mas agora manifestado e levado ao conhecimento de todos os povos pagãos por escritos proféticos" (Rm 16,25-26), não é senão a realização da salvação mediante a morte e a ressurreição de Cristo, e a sua inserção na história por meio da proclamação da Palavra.

O hino ao plano salvífico de Deus, que dá início à Carta aos efésios, é formado por um único e muito longo período: contorcido, mas verdadeiramente poderoso e impressionante, em que os pensamentos se atraem, se chocam, se ligam no esforço de chegar a uma expressão que reproduza possivelmente tudo o que vive e preme na alma do grande apóstolo, então acorrentado nas prisões de Roma. O grande texto, denso e rico em toda sua expressão, divide-se em três perícopes correspondentes aos três momentos de destaque do plano salvífico de Deus. O primeiro é a predestinação, na qual fomos eleitos em Cristo, antes da criação do mundo, para sermos santos e imaculados diante dele, na caridade, e em quem fomos predestinados à filiação adotiva na assimilação a Jesus Cristo, tendo como fim último "a glória da graça" de Deus, "agora manifestada com a aparição de nosso Salvador, Cristo Jesus" (2Tm 1,10). O segundo momento do plano salvífico de Deus é a redenção realizada pelo sangue de Cristo: passa-se da presença e da predestinação eterna à execução no tempo. A "economia", segundo a qual Deus dispõe a sua casa, estende-se por diversos períodos ($\kappa\alpha\iota\rho\text{o}\acute{\iota}$). Somente no seu termo, quando os tempos tiverem se completado e, reunindo-se, tiverem chegado à plenitude ($\pi\lambda\acute{\eta}\rho\omega\mu\alpha\ \tau\tilde{\omega}\nu\ \kappa\alpha\iota\rho\tilde{\omega}\nu$), produzir-se-á a nossa redenção. Ela compreende não somente a remissão dos pecados por meio do sangue de Cristo, mas também e sobretudo a "recapitulação" de todas as coisas nele, de quem recebem unidade e consistência (Cl 1,17). O terceiro movimento do plano salvífico compreende a assimilação por parte de todos e de cada cristão da obra redentora de Cristo. Nessa vocação universal à salvação encontraram lugar primeiro os hebreus, em virtude das promessas feitas, e depois os pagãos.

Todo o desígnio salvífico, que tem em Cristo o seu centro e o seu vértice, guiado e apoiado sempre pelo grande amor de Deus, tende a levar tudo "para louvor da glória" e para provocar no cristão uma resposta de amor. Paulo nos põe assim diante do desenvolvimento de um imenso drama, que tem o amor de Deus como protagonista e que confronta Deus e o homem, Deus, que chama, e o homem, que responde ou resiste. Esse drama divino-humano, em que se encontram tempo e eternidade, constitui o misterioso tecido da história da salvação.

a) *O pecado e a morte.* O mundo foi chamado do nada ao ser e ordenado por meio da palavra de Deus (Hb 11,3): Cristo é seu artífice, modelo, centro e vértice. Dentre todas as criaturas saídas de sua mão onipotente, o homem é marcado por uma particular vocação de graça, por ser "imagem e glória de Deus" (1Cor 11,7). Criado na justiça e na verdadeira santidade (Ef 4,24), o homem mantinha com seu Criador relações de especial amizade e de íntima comunhão de vida. A facilidade e a doçura desse encontro com Deus foi quebrada, num dia sinistro, com o surgimento do pecado, origem de perversão e de morte (Rm 5,12-21).

Paulo vê a essência do pecado na desobediência: "pela desobediência de um só homem, a multidão se tornou pecadora" (Rm 5,19). A partir de então, todos os homens estão submetidos à "lei do pecado" (Rm 7,23), portadora de trevas na inteligência e de rebelião nos instintos e nas paixões (Rm 1,18-32).

Tendo o homem quebrado, pelo pecado, as ligações com a fonte da vida, a morte irrompeu fatalmente na cena do mundo. Em Rm 5,12, depois da transgressão de Adão, vemo-la entrar triunfante no mundo, como que estimulada pelo pecado: "Assim como por um só homem o pecado entrou no mundo, e pelo pecado, a morte e assim a morte atingiu todos os homens: aliás, todos pecaram" (Rm 5,12; cf. 1Cor 15,21). É o "salário", ou melhor ainda, o "termo", o "cumprimento" do pecado (Rm 6,21-23). "O pecado reinara para a morte" (Rm 5,21), que é para o homem a consequência mais estrondosa e terrível desse mistério de iniquidade.

O domínio destruidor do pecado foi tão pernicioso e devastador que sacudiu e perturbou a harmonia de toda a criação, a qual ficou submetida, contra a vontade, à corrupção e ao "poder do nada" (Rm 8,20), rebelando-se, porém, contra o homem. Introduzido portanto no gênero humano pela desobediência de → ADÃO e, como repercussão, no próprio universo material, o pecado passou a todos os homens sem exceção, descompondo a todos e a todos arrastando para a morte. O pecado realizou uma desordem trágica e profunda: "Infeliz que eu sou! Quem me livrará deste corpo de morte?" (Rm 7,24).

Com essa invocação, que é gemido angustiado, o pecador termina seu itinerário: tendo recusado receber a vida como um dom, tendo constatado sua derrota ao dela se apoderar com as próprias forças, ele se dirige, enfim, àquele do qual vem a salvação. Ei-lo novamente na atitude fundamental da criatura; mas o diálogo que inicia é agora o de um pecador com o seu salvador. Somente um ato salvífico de Deus pode socorrer a radical impotência humana.

Esse plano de salvação, Deus, o "Pai das misericórdias" (2Cor 1,3), realizou-o enviando o próprio Filho "na condição da nossa carne de pecado", para que partilhasse de nosso destino e o vencesse (Rm 8,3), pondo fim ao domínio do mal no mundo e fazendo reflorir a esperança no coração dos homens. Assim, como que invocado por dois abismos, da misericórdia de Deus e da iniquidade do pecado, o Filho eterno do Pai entrou no tempo, por soberano conselho, em liberdade absoluta, impelido apenas por seu ilimitado amor.

b) *A espera e a vinda do Messias*. A encarnação redentora do Filho de Deus foi longamente preparada pela sabedoria amorosa do Pai, por intermédio de um duplo período: um que vai do naufrágio do primeiro pecado até → MOISÉS e o outro que vai de Moisés até a "plenitude dos tempos".

A apresentação do desígnio de Deus, na visão paulina a que fazemos especial referência, não ignora a primeira etapa que compreende o período de Adão a Moisés (Rm 5,13 ss.). De fato, o regime religioso que ela apresenta é ainda aquele sob o qual se situam as nações pagãs, que não tiveram parte na vocação de Israel. Se Deus deixou que seguissem os caminhos delas (At 14,16; Rm 1,24-31) e o procurassem às apalpadelas (At 17,27) durante o tempo da ignorância (At 17,30), elas, todavia, não deixavam de ter conhecimento da sua vontade; sua lei estava esculpida no coração delas e se revelava por meio da consciência delas (Rm 2,14 ss.). Por "lei" Paulo entende aqui essencialmente prescrições de ordem moral: com base nelas Deus julga os pagãos (Rm 1,18; 2,12); com base nelas as condena, porque, conhecendo o veredicto de Deus contra os delitos humanos, tornam-se, todavia, culpados (Rm 1,32). Mas na fonte dessas faltas morais Paulo denuncia o pecado religioso que revela a verdadeira natureza da desobediência à lei: conhecer a Deus sem lhe dar glória (Rm 1,21).

No plano salvífico, Paulo distingue um ponto particular em que o desígnio de Deus se afirma de modo mais paradoxal: o destino de Israel na economia da redenção (Rm 9–11). Entre uma multidão de homens Deus escolhe o seu povo, de cujo seio sairá, segundo a carne, Cristo, o Senhor (Rm 9,4-5). Depois dessa escolha, a história da salvação é uma história que põe mais ainda face a face Deus e o homem, Deus que chama e o homem que resiste. A eleição de Israel é, em todo o decurso da história, um mistério de graça e de pecado. Entre inumeráveis defecções somente "um resto será salvo" (Rm 9,27), ficará fiel. Desse "resto" Deus fará surgir "um broto" que, sozinho, dará vida a um povo novo, ao verdadeiro Israel de Deus (Rm 9,29).

Separado das "nações" (*gojim*), Israel é posta por Deus sob o particular regime de uma lei positiva, revelada pelo próprio Deus, a *Torá* de Moisés. Essa lei, por mais santa e espiritual que seja, é por si impotente, diz Paulo (Rm 7,14), para salvar o homem carnal, vendido ao poder do pecado. Mesmo que seja considerada sob o aspecto moral, ela não faz senão dar o conhecimento do bem, não a força de o fazer (Rm 7,16 ss.), o conhecimento do pecado (Rm 3,20; 7,7) e não o poder de evitá-lo; os judeus que a possuem e procuram sua justiça (Rm 9,31) são pecadores tanto quanto os pagãos (Rm 2,17-24; 3,1-20). Em vez de libertar os homens do mal, ela, por assim dizer, os imerge nele; os vota a uma maldição de que somente Cristo poderá tirá-los, tomando-a sobre si (Gl 3,10-14). Tutora e pedagoga do povo de Deus em estado de infância (Gl 3,23 ss.; 4,1 ss.), ela o fazia desejar uma justiça impossível, para fazê-los compreender melhor a sua necessidade absoluta do único Salvador. Eis a razão de ser e a função dessa lei no desígnio da salvação: "pedagogo (de Israel) para Cristo", "fim de toda a lei" (Rm 10,4).

Tudo portanto tendia para o Messias. A longa espera, contrariada por tantas perseguições, posta à prova por longos adiamentos e dolorosos silêncios divinos, foi mantida viva pela palavra ardente de tantos profetas, que muitas vezes selaram a própria missão com infinitas tribulações e até com a morte: "Sofreram o esquartejamento; [...] outros ainda sofreram a provação dos escárnios e do látego e a das correntes e da prisão; foram apedrejados, foram serrados; morreram assassinados à espada; levaram uma vida errante, vestidos de peles de carneiro ou velos de cabra; foram sujeitos às privações, oprimidos, maltratados, eles de quem o mundo não era digno; erravam pelos desertos e montanhas, pelas grutas e cavidades da terra" (Hb 11,35.36-38).

Finalmente, depois de tanta espera, "depois de ter, por muitas vezes e de muitos modos, falado outrora aos Pais, nos profetas, Deus, no período final em que estamos, falou-nos a nós num Filho a quem estabeleceu herdeiro de tudo, por quem outrossim criou os mundos" (Hb 1,1-2). "Ao chegar a plenitude dos tempos, Deus enviou o seu Filho, nascido de mulher" (Gl 4,4; Ef 1,10). "E o Verbo se fez carne e habitou entre nós" (Jo 1,14).

Chegou assim o *kairós* de Deus, o ponto de chegada de toda a história da humanidade, o dia em vista do qual cada coisa foi concebida e criada (Ef 1,10), o vértice do incessante evoluir dos acontecimentos, não somente terrenos, mas cósmicos, que marca, em sentido exatíssimo, segundo a citada expressão paulina, "a plenitude dos tempos". "Cristo diz, ao entrar no mundo: 'Não quiseste sacrifício e oblação, mas plasmaste-me um corpo. Holocausto e sacrifícios pelo pecado não te agradaram. Então eu disse: eis-me, pois é de mim que está escrito no rolo do livro: eu vim, ó Deus, para fazer a tua vontade'" (Hb 10,5-7).

Assim o sacrifício voluntário de Jesus na terra não é senão a execução do decreto eterno de redenção que nasce dos insondáveis abismos da vida íntima de Deus. É vontade e ação de Deus trino, seguida pelo Unigênito, o qual "despojou-se, tomando a condição de servo, tornando-se semelhante aos homens" (Fl 2,7). "Nesta vontade é que fomos santificados pela oblação do corpo de Jesus Cristo, efetuada de uma vez por todas. [...] Por uma única oblação levou para sempre à perfeição os que santificou" (Hb 10 10.14).

c) *Os mistérios pascais*. Jesus Cristo é a salvação, o ato escatológico (o ato que implica a transformação do mundo e da humanidade no último dia), que Deus realiza e com o qual a humanidade é libertada das potências do pecado a ele hostis, do → DIABO e da morte. O centro desse acontecimento da salvação em Cristo é constituído pela sua morte e pela sua ressurreição. Com o mistério da cruz Jesus tomou sobre si o peso da condenação do mundo, derrotou "as Autoridades e os Poderes", ou seja, todas as forças hostis, em revolta contra a soberania de Deus; para usar uma vigorosa expressão do Apóstolo, os "despojou e os expôs publicamente em espetáculo, e os levou após si no cortejo triunfal da Cruz" (cf. Cl 2,14-15).

Mas, se é verdade que o sentido de Cristo é a cruz e tudo converge para o Calvário, é também verdade que a cruz se torna redentora e vitoriosa somente à luz da ressurreição (1Cor 15,12-20; Rm 4,25). A teologia da cruz funda-se na fé na ressurreição de Cristo, por meio da qual ele foi feito *Kyrios*, Senhor divino e Salvador do mundo, que no final dos tempos se revelará como Senhor de todo o cosmos.

Morto e ressuscitado, Cristo, como divino pneuma (Espírito), está vivo e presente em cada fiel e na sua comunidade, a → IGREJA. Assim, a encarnação continua e Cristo permanece entre os homens não somente nos membros do seu Corpo místico, mas também na realidade do seu corpo físico envolto nos mistérios eucarísticos: duas presenças, cuja conexão Paulo nota expressamente: "um só pão (eucarístico)... um só corpo (de Cristo)" (1Cor 10,17).

A morte e a ressurreição do Senhor, portanto, não pertencem apenas à história do passado, mas, pela onipotência divina, são um acontecimento salvífico atual, que enche de si a comunidade dos crentes, a Igreja, tornando-a o único instrumento de redenção e de santificação do mundo.

d) *A salvação como graça*. A redenção, operada pelo sangue de Cristo, não visa, no seu momento objetivo, ao destino do indivíduo, mas ao da humanidade. Como o pecado original do indivíduo é apenas uma participação num pecado comum e se transmite pelo vínculo do sangue a Adão, o arquétipo pecador, assim a redenção e a justificação pessoal podem ser compreendidas apenas como uma participação na redenção comum por meio da ligação mística com o segundo Adão, protótipo da humanidade redimida. Nessa perspectiva, a teologia do Corpo místico de Cristo, no qual estamos inseridos pelo → BATISMO, é o coração da teologia paulina.

O fato de a obra salvífica de Deus em relação aos homens ser percebida como "graça" constitui o centro da experiência religiosa do cristão. A salvação é um dom puramente gratuito. O conceito de "justificação" provém da religião da lei. Quando Paulo, na sua polêmica com o judaísmo, quis ilustrar a nova experiência de salvação do cristão teve de dar uma reviravolta radical na doutrina judaica (Gl 2,15-16; 3,5-14; 5,4-6; Rm 3,21-31; 4,1-25). O antigo conceito tradicional de salvação mediante o cumprimento da lei mosaica dava lugar a um conceito totalmente diferente.

A justificação se identificava agora com a revelação da graça e da misericórdia de Deus. Ela não tem lugar na observância da lei, mas por obra do Espírito Santo, o qual, com sua habitação em nós, forma de dentro o caráter do cristão, à imagem de Cristo. "A lei de Cristo" (Gl 6,2) substitui assim a mosaica, como princípio operativo interior, que insere o fiel no íntimo do mistério de Deus. No Filho nós nos tornamos os amados por Deus Pai. No amor do Pai e do Filho nos é dado o Espírito Santo (1Ts 4,8).

Com sua incorporação a Cristo, o fiel fica sob a ação do Espírito Santo, que habita nele (1Cor 3,16; Ef 2,22), como num Templo (1Cor 6,19). O cristão sente a ação do Espírito Santo na sua alma como luz que ilumina "o coração" (Ef 1,18), tornando visível o próprio Deus (2Cor 4,6), como voz que faz surgir uma nova esperança, como abundante consolação (2Cor 1,5), como paz que ultrapassa todo entendimento (Fl 4,7) e é tudo o que Paulo chama de frutos do Espírito (Gl 5,22-25).

Por isso o conhecimento de Deus e de Cristo não é, no cristão amante, de natureza puramente intelectual, mas se faz concreta familiaridade e intimidade cada vez mais profunda e pessoal. Quanto mais confiança o crente puser no seu abandono à ação do Espírito, que habita e geme nele (Rm 8,26), tanto mais forte se faz a consciência de uma imediata ligação com Deus e com Cristo. "Com efeito, os que são conduzidos pelo Espírito de Deus, esses é que são filhos de Deus: vós não recebestes um espírito que vos torne escravos e vos reconduza ao medo, mas um Espírito que faz de vós filhos adotivos e pelo qual nós clamamos: 'Abbá, Pai'. Esse Espírito é quem atesta ao nosso espírito que somos filhos de Deus" (Rm 8,14-16). O poder incrivelmente grande dos filhos de Deus é o de se entregar a ele com amor indivisível, assimilando-se cada vez mais ao mistério de Cristo.

e) *O crescimento em Cristo*. O verdadeiro discípulo de Cristo interpreta a sua vida como resposta ao amor de Cristo, pondo em prática as forças postas em sua alma pela justificação, a qual não é uma grandeza definida e estática, mas uma realidade vital que deve ser animada por um dinamismo pessoal interior. As profundidades do amor de Cristo que se revelam na → REDENÇÃO são um contínuo apelo aos crentes para que aumentem seu amor. Somente assim se assimilam a Cristo, que é sua cabeça.

A imitação de Cristo é a única via para chegar à perfeição. Ser cristão significa responder ao desígnio providencial de Deus mediante uma inserção consciente e real em Cristo, mediante uma morte mística nele — em que Paulo vê a eliminação do pecado — e mediante o renascimento e a redenção do homem interior. "Se alguém está em Cristo, é uma nova criatura" (2Cor 5,17). Não se trata de uma imitação e conformação exterior, mas de entrar em íntima comunhão e amizade com Cristo: "Comportai-vos entre vós assim como se faz em Jesus Cristo" (Fl 2,5), até deixá-lo viver em nós (Gl 2,20) numa amorosa e transfiguradora assimilação. A semelhança com Cristo é, com efeito, a expressão do desígnio salvífico de Deus, que consiste em transfigurar na imagem do Filho dileto os filhos transviados. Esses filhos serão amados pelo Pai na medida dessa transfiguração. A vida cristã é um esforço permanente, uma contínua tensão para um ideal inefável que se descobre cada vez maior e fascinante.

f) "*O dia do Senhor*". No nosso tempo o senhorio de Deus e de Cristo continua oculto, visível apenas aos crentes e, portanto, objeto de fé. A Igreja é o lugar em que essa soberania é reconhecida e declarada. A função específica da Igreja é a de anunciar o Senhor até o momento do seu retorno (1Cor 11,26). Assim o mistério da encarnação redentora se prolonga na Igreja, durante a última fase da história humana.

Como antes de Cristo o desígnio da salvação se desenvolvia segundo a vontade misteriosa de Deus, assim o tempo da Igreja obedece também ele a certo plano, cuja economia e gradual desenvolvimento alguns textos paulinos fazem entrever. Haverá primeiro um "tempo dos pagãos", os quais se converterão progressivamente ao Evangelho (Rm 11,25). Depois virá o tempo de Israel e quando, por sua vez, "todo Israel estiver salvo" (Rm 11,26), então será o fim.

Nesse último dia, em que Deus "julgará por Jesus Cristo o comportamento oculto dos homens" (Rm 2,16), ter-se-á, como primeiro ato do drama escatológico, a ressurreição dos mortos. Paulo fala da imortalidade, do esplendor, da força e da espiritualidade da carne ressuscitada, remetendo à ressurreição de Cristo: incorporados a Cristo, viventes em Cristo, seremos ressuscitados e glorificados com Cristo (1Cor 15,12-58; Rm 8,19-23).

Como "primogênito de uma multidão de irmãos" (Rm 8,29), ele romperá o círculo da morte que envolve a humanidade. O "Senhor Jesus Cristo há de transfigurar o nosso corpo humilhado, para torná-lo semelhante ao seu corpo glorioso" (Fl 3,21). E assim será debelado o último grande "inimigo", a morte (1Cor 15,26). Depois disso haverá "vida" para sempre. A própria natureza infra-humana, que durante o tempo do pecado viveu em "gemidos" e "sofrimentos", tomará parte na "libertação para o nosso corpo" (Rm 8,23).

Assim o último dia, ou, como o chama Paulo, o "dia do Senhor", o "dia de Cristo" (1Ts 5,2; 2Ts 2,2; 1Cor 1,8 etc.), introduzirá a criação no seu estado definitivo; ela será entregue por Cristo a seu Pai e assim Deus será tudo em todos (1Cor 15,28).

BIBLIOGRAFIA. BULTMANN, R. *Das Verhaltnis der urchristlichen Christusbotschaft zum historischen Jesus.* Heidelberg, 1961; CONZELMANN, H. *Die Mitte der Zeit.* Tübingen, 1960; CULLMANN, O. *Cristo e il tempo.* Bologna, 1965; ID. *Il mistero della redenzione nella storia.* Bologna, 1966; DARLAPP, A. Teologia fundamentale della storia della salvezza. In *Mysterium Salutis* I/1. Brescia, 1967, 33-221 (com bibliografia); ELLIS, E. Earl. *Paul's use of the Old Testament.* Edinburgh, 1957; FORTE, B. *Gesú di Nazareth, storia di Dio, Dio della storia.* Cinisello Balsamo, 1985; GRELOT, P. *Sens chrétien de l'Ancien Testament.* Paris, 1962; GUTHRIE, H. H. *God and history in the Old Testament.* Greenwich (Conn.), 1961; JEREMIAS, J. *Die Gleichnisse Jesu.* Göttingen, 1956; KRECK, W. *Die Zukunft des Gekommenen.* München, 1961; LARCHER, C. *L'actualité chrétienne de l'AT.* Paris, 1962; MARANGON, A. Tempo. In *Dizionario di Teologia Biblica.* Cinisello Balsamo, 1988, 1519-1532; METZ, J. B. *La fede nella storia e nella società.* Brescia, 1985; MULLER, Th. *Das Heilsgeschehen im Johannesevangelium.* Zürich, 1961; MUSSNER, F. *Die Botschaft der Gleichnisse Iesu.* München, 1961; RAHNER, K. *Uditori della parola.* Torino, 1967; RISTOW, H. – MATTHIAE, K. (eds.). *Der historische Jesus und der kerygmatische Christus.* Berlin, 1960; ROBINSON, J. M. *Le kérygme de l'Église et le Jésus de l'histoire.* Genève, 1961; SCHIERSE, F. J. *Verheissung und Heilsvollendung.* München, 1955; SCHILLEBEECKX, E. *Il Cristo. La storia di una nuova prassi.* Brescia, 1980; SCHILLEBEECKX, E. *Rivelazione e teologia.* Roma, 1966; SCHLIER, H. *La fine del tempo.* Brescia, 1974; SCHULZ, S. Untersuchung zur Menschensohnchristologie im Johannesevangelium, Göttingen, 1957; STECK, K. G. *Die Idee der Heilsgeschichte.* Zürich, 1959; *Vatican II. La révelation divine.* Paris, 1968, 172-240, I; WEISER, A. *Glaube und Geschichte im Alten Testament.* Göttingen, 1961.

E. ANCILLI – P. CHIOCCHETTA

SANGUE. 1. FUNÇÃO CULTUAL DO SANGUE. Em todas as sociedades e religiões primitivas, o sangue tem uma função cultual notável: intervém em ritos de iniciação, sela parentescos e alianças, torna sagrados os objetos quando espargido sobre eles, ou dá eficácia mágica aos feitiços. Entre os hebreus o sangue era considerado coisa divina, "pois a vida de toda criatura é o seu sangue" (Lv 17,14). Pelo sangue do cordeiro, espargido sobre as portas das casas, os hebreus foram poupados pelo anjo exterminador; com o sangue eram consagrados os objetos, os levitas, o altar do tabernáculo; no sangue se realizava todo tipo de sacrifícios expiatórios, pois "sem efusão de sangue não há remissão" (Hb 9,22). Ser aspergido com o sangue do sacrifício significa ter parte nas bênçãos de Deus; mas manchar as mãos com o sangue de um inocente é culpa gravíssima, porque o sangue do justo clama por vingança diante de Deus (Gn 4,10).

2. O SANGUE DE CRISTO. Nesse contexto se compreende que o sangue de Jesus salvador pode ser sinal e causa de salvação a quem o recebe com fé, princípio de condenação a quem o despreza (Mt 26,28; 1Cor 11,25). "O sangue de Cristo [...] purificará nossa consciência das obras mortas para servir ao Deus vivo" (Hb 9,14). Ele é o preço do nosso resgate (Ef 1,7; 2,13), o princípio da nossa reconciliação com Deus (Cl 1,20). Essa admiração cheia de devoção e adoração em relação ao sangue do Redentor, já tão claramente afirmada no Novo Testamento, desenvolveu com o tempo uma especial forma de devoção que foi ficando cada vez mais viva na Alta Idade Média, especialmente por influência das escolas místicas afetivas, representadas por São Bernardo, Santa Gertrudes, São Francisco, São Boaventura, a beata → ÂNGELA DE FOLIGNO, Santa → CATARINA DE SENA. A essas escolas remontam hinos,

sequências, orações, bem como o florescimento de lendas (a lenda do santo Graal) ou a difusão de crenças populares a respeito de pretensas relíquias do sangue do Redentor conservadas em vários lugares (em Mantova, em Bruges com a capela do século XII, em Fécamp, onde foi composto o canto e ladainha do preciosíssimo sangue etc.). Pinturas, vitrais, esculturas do tempo gostam de representar o "banho místico" no sangue de Cristo, os "moinhos", ou as "prensas místicas", ou anda anjos que recolhem com o cálice o sangue que brota das feridas do Crucificado.

A primeira festa litúrgica, com ofício *de sanguine Christi*, foi concedida pela Santa Sé em 1582 à diocese de Valencia, na Espanha. A seguir, concessões semelhantes se multiplicaram. O apóstolo mais zeloso dessa devoção foi São Giuseppe del Bufalo, fundador dos missionários do Preciosíssimo Sangue. Por sugestão de dom Giovanni Merlini, da mesma Congregação, em 1849, o papa Pio IX estendeu a festa a toda a Igreja, em rito duplo de segunda classe, fixando-a no primeiro domingo de julho. Em 1914, Pio X a transferiu para o dia 1º de julho. Sobre essa devoção voltou repetidas vezes também o papa João XXIII. No dia 31 de janeiro de 1960, porém, acenava à oportunidade de "reunir numa única evocação as três devoções: ao nome, ao coração e ao sangue de Jesus Cristo". Naquele mesmo ano aprovou um texto oficial das ladainhas do sangue de Cristo, emanou uma carta apostólica sobre essa devoção e fez acrescentar novas invocações no "Deus seja bendito".

Se quisermos compreender o significado espiritual e ascético dessa devoção, temos de nos reportar aos textos da Escritura e aos ensinamentos dos grandes místicos, segundo os quais o sangue de Cristo é o preço da nossa salvação, o símbolo de um amor imolado, o sinal da nova aliança.

a) *O sangue de Cristo é o preço da nossa salvação*. Como já vimos, no sinal do sangue ofereciam-se os sacrifícios propiciatórios, consagravam-se os altares, sancionavam-se as alianças. No sinal do sangue realizou-se também a nossa redenção: "Por seu sangue somos libertados" (Ef 1,7). "Não foi por coisas perecíveis, prata ou ouro, que fostes resgatados da maneira vã de viver, herdada dos vossos antepassados, mas pelo sangue precioso, como de um cordeiro sem defeito e sem mancha, o sangue de Cristo" (1Pd 1,18-19). E isso não deve ser atribuído a circunstâncias fortuitas, mas a um preciso desígnio de Deus, como se lê na Escritura: "Mas sobreveio Cristo, sumo sacerdote dos bens vindouros. Foi [...] pelo sangue, não de bodes e novilhos, mas por seu próprio sangue, que ele entrou de uma vez para sempre no santuário. [...] É com sangue que, segundo a Lei, se purifica quase tudo; e sem efusão de sangue não há remissão" (Hb 9,11.12.22). Pelo sangue de Cristo, portanto, fomos redimidos: ele é o preço da nossa salvação.

b) *O sangue de Cristo, símbolo do seu amor imolado*. O sangue de Cristo operou a nossa salvação porque é o sinal do seu amor. Era duplo o amor que ardia no coração de Cristo: amor filial para com o Pai e amor fraterno e redentor para com a humanidade pecadora. Aqui, no seu coração, é que se deve buscar a explicação do que ele fez e sofreu na sua vida e na sua paixão: "*Dilexit nos et tradidit semetipsum pro nobis*" (Ef 5,2). O sangue que brota do seu coração trespassado proclama a grandeza do seu amor, a fidelidade das suas promessas, a totalidade da sua bênção, para a glória do Pai, para a salvação da humanidade. Ele é o pastor bom, que dá a vida por suas ovelhas: ele é o cordeiro de Deus, imolado pela vida do mundo. "Nos ama e nos livrou dos nossos pecados por seu sangue" (Ap 1,5).

c) *O sangue de Cristo, sinal da nova aliança*. No sangue Deus tinha sancionado a aliança com Israel, no temor, aos pés do Sinai; no seu próprio sangue Jesus Cristo sanciona agora a nova aliança, no amor, imolando-se na cruz, vítima da nossa reconciliação: "Em Jesus Cristo, vós que outrora estáveis longe, fostes tornados próximos pelo sangue de Cristo. É ele, com efeito, que é a nossa paz: do que era dividido, fez uma unidade [...] para reconciliá-lo com Deus, ambos em um só corpo, por meio da cruz" (Ef 2,13-14.16). O sangue de Cristo é portanto dom de graça que purifica e salva, fogo de caridade que ilumina e aquece, vínculo eficaz que nos une entre nós e com Deus, numa sobrenatural aliança de amor. No sinal do sangue se desdobra e se resume a história da nossa salvação, e ao mesmo tempo se celebra e se canta o drama de um amor infinito, caritativo, cioso, que vem ao nosso encontro até o dom supremo de si na cruz de Cristo; mas no sangue se resumem também as instâncias e as expectativas, os caminhos e os modos segundo os quais a humanidade é chamada também a responder a esse amor; e a medida é a mesma: amai, assim como fostes amados (cf. Jo 13,34). É essa a linguagem do sangue na experiência dos grandes místicos: é contemplando o sangue que brota das feridas do Crucifixo que a beata Ângela de Foligno começa a compreender as dimensões e as urgências do Amor imolado. E é ainda a lembrança do sangue salvífico de Cristo que impregna toda a ascética de Santa Catarina de Sena. A Igreja, segundo essa santa, é um jardim, aspergido pelo sangue de Cristo crucificado; sangue que é oferecido aos viandantes peregrinos, a fim de que não desfaleçam ao longo do caminho. Por isso ela escreve a fra Tommaso della Fonte que "desejava nos ver imersos no sangue de Cristo crucificado, o qual sangue inebria, fortifica, aquece, ilumina a alma de verdade".

BIBLIOGRAFIA. BROWE, P. *Die eucharistischen Wunder des Mittelalters*. Bratislava, 1938; FRUTAZ, A. P. Sangue di Cristo. In *Enciclopedia Cattolica* X, 1.778-1.780; GRÉGOIRE, R. Sang. In *Dictionnaire de Spiritualité* XIII, 319-333; *Il mistero del sangue di Cristo e l'esperienza cristiana*. Roma, 1987; *Sangue e antropologia biblica*. Roma, 1981; *Sangue e antropologia nella letteratura cristiana*. Roma, 1983; *Sangue e antropologia nella liturgia*. Roma, 1984.

A. TESSAROLO

SANTIDADE CRISTÃ. A santidade cristã é o termo para o qual evolui progressivamente toda a vida espiritual. Muitas vezes os autores cristãos falam promiscuamente de santidade e de perfeição cristã. Mas os que usam os termos com maior propriedade fazem distinção entre santidade e perfeição. A santidade é o dom primeiro e fundamental que constitui o ser cristão, o mistério da graça que faz de uma simples criatura humana uma criatura celeste, um filho de Deus. Nesse sentido, em várias passagens do Novo Testamento os cristãos são designados com o nome de "santos": "Paulo e Timóteo, servos de Jesus Cristo, a todos os santos em Jesus Cristo que estão em Filipos" (Fl 1,1). Estamos, portanto, na ordem do ser.

A perfeição, porém, situa-se na ordem do agir e das operações, designando, antes, o desenvolvimento desse ser e incluindo, portanto, uma certa plenitude de vida: "Vós, porém, sereis perfeitos, como é perfeito o vosso Pai celeste" (Mt 5,48). Deve-se notar, porém, que na terminologia corrente os dois termos são usados geralmente de modo unívoco. Prática corroborada também pelo Concílio Vaticano II, o qual fala indiferentemente de santidade, de perfeição e de perfeição da caridade (cf. *LG*, c. 5).

1. A SANTIDADE NA BÍBLIA. a) *No Antigo Testamento*. A noção de santidade é essencialmente religiosa. A etimologia da palavra "santo", em hebraico como em grego, sugere a ideia de separação, de algo à parte, reservado: convém a Deus de modo essencial; aos seres criados somente em relação a Deus.

Santidade de Deus. A santidade é o próprio Deus. O nome exprime o que propriamente o constitui, pois todos os outros nomes, justiça, amor, verdade são tomados de empréstimo do mundo da criatura. Mas ao falarmos que ele é santo, queremos dizer que ele é outra coisa diferente de tudo o que podemos conhecer, que ele é o totalmente diferente (cf. Van IMSCHOOT, *Théologie de l'Ancien Testament*, Tournai, 1954, 42-51, I): queremos exprimir a intensidade da sua existência, de modo que o homem não pode vê-lo sem morrer. O temor reverencial dos profetas, seu pavor e sua angústia diante da aproximação de Deus não são efeito de um temor supersticioso, mas a reação normal de uma alma que toma consciência do seu estado de criatura, que é um nada diante da dominadora e onipotente presença de Deus.

A santidade em sentido absoluto pertence somente a Deus e designa sua mesma essência divina, "sua majestade incriada", seu ser inacessível, transcendente acima de toda criatura, totalmente outro, diferente. Assim Moisés se exprime no seu cântico de triunfo depois da passagem do Mar Vermelho: "Quem é como tu entre os deuses, Senhor? Quem é como tu, esplendoroso em santidade, temível nos seus feitos?" (Ex 15,11). Igualmente Ana, mãe de Samuel, diz no seu canto de agradecimento: "Ninguém é santo como o Senhor, não há nenhum além de ti. Não há Rochedo que se assemelhe ao nosso Deus" (1Sm 2,2). Isaías, na sua visão, contempla os serafins que reciprocamente cantam o triságio: "Santo, santo, santo, o Senhor de todo poder, sua glória enche a terra inteira" (Is 6,3). É esse talvez o testemunho veterotestamentário mais importante da santidade de Deus. O cenário da visão, a função dos serafins, as palavras repetidas servem para pôr em destaque que o tríplice "santo" é designação da essência de Deus, sinônimo de sublimidade e poder, de terror e de glória. Esse uso tríplice do termo "santo" deve segundo a gramática hebraica ser considerado como um superlativo extraordinário, de uma intensidade incomparável.

Portanto, a santidade pertence propriamente só a Deus. Essa santidade, além da absoluta transcendência de Deus, exprime também a sua supereminente perfeição, que se impõe irresistivelmente a nós e à qual não podemos recusar a homenagem da nossa admiração e do nosso amor que se chama → ADORAÇÃO.

O povo santo. A santidade de Deus marca e abarca tudo o que ele toca, subtraindo-o à circunstante esfera profana. Assim são santos os lugares em que YHWH se manifesta, como, por exemplo, a sarça ardente, em meio à qual o Senhor disse a Moisés: "Não te aproximes! Tira as sandálias dos pés, porque o lugar onde estás é uma terra santa" (Ex 3,5); o céu (Sl 20,7), o Templo (Sl 5,8; Ex 26,31 etc.), Jerusalém (Is 52,1) etc.

Sendo a santidade propriedade exclusiva de Deus, somente ele pode comunicá-la a outros seres. A criatura será santificada à medida que, separada e tirada do uso profano, se aproximar de Deus e a ele se consagrar, ordenar, unir. Nesse sentido, são santos os sacerdotes e sobretudo o sumo sacerdote. "O Senhor disse a Moisés: Dirige-te aos sacerdotes, filhos de Aarão; tu lhes dirás: Que um sacerdote não se torne impuro [...] serão consagrados ao seu Deus e não profanarão o nome do seu Deus; como eles apresentam as oferendas [...] e estarão em estado de santidade [...] tu o considerarás santo [...] ele será santo para ti, pois eu sou santo, eu, o Senhor, que vos santifico" (Lv 21,1.6.8; Ex 28,36).

O povo que Deus escolhe é uma nação "santa": "Dirás isto à casa de Jacó e transmitirás este ensinamento aos filhos de Israel: 'Vós mesmos vistes o que fiz ao Egito, como vos carreguei sobre asas de água e vos fiz chegar até mim. Agora, pois, se ouvirdes a minha voz e guardardes a minha aliança, sereis minha parte pessoal entre todos os povos — pois a terra inteira me pertence — e vós sereis para mim um reino de sacerdotes, e uma nação santa" (Ex 19,3-6).

À livre eleição de Deus, que quer a sua santificação, Israel deve responder santificando-se, mediante a purificação de toda imundície incompatível com a santidade de Deus. "Sede santos, pois eu sou santo, eu, o Senhor, vosso Deus" (Lv 19,2; 20,26). Obviamente, não se trata apenas de santidade externa e ritual, mas de santidade interiormente vivida segundo as múltiplas prescrições morais contidas na lei (por exemplo, Lv 17–26).

b) *No Novo Testamento. Jesus Cristo santo e mediador de santidade.* O objeto próprio da revelação cristã não é somente lembrar que Deus é santo, mas anunciar que, com um ato de amor incompreensível, somos chamados à sua santidade, à plenitude do seu mistério, à intimidade da sua vida trinitária.

Em Cristo, a natureza divina se une à natureza humana e a santifica, penetrando-a com a vida de Deus. Cristo é "o Santo" de Deus, como dizem os Atos dos Apóstolos (At 3,14); no seu ser, em que a sua humanidade é inteiramente santa pela pertença à pessoa do Filho de Deus; e também nas suas operações, pela total adesão da vontade humana à vontade divina na obediência e no amor. De modo especial, Cristo, o homem-Deus, é santo, porque é Deus (Lc 1,35) e porque possui em plenitude o Espírito Santo: "Eu sei quem és: o Santo de Deus" (Mc 1,24; cf. Lc 4,34; Jo 6, 69).

Ele, o Santo de Deus, comunica a santidade aos homens: Cristo é a nossa santificação. "É por Ele [ou seja, o Pai] que vós existis no Cristo Jesus, que se tornou para nós sabedoria que vem de Deus, justiça, santificação e libertação"(1Cor 1,30). Em virtude e "no nome" de Jesus, que opera no batismo, e pela efusão do Espírito santificador, o cristão é santificado: "mas fostes lavados, mas fostes santificados, mas fostes justificados em nome do Senhor Jesus Cristo e pelo Espírito de nosso Deus" (1Cor 6,11).

Fomos santificados em virtude da vontade sacrifical de Jesus expressa na sua imolação sobre a cruz. "Nesta vontade é que fomos santificados pela oblação do corpo de Jesus Cristo, efetuada de uma vez por todas" (Hb 10,10).

Santidade coletiva do novo povo de Deus. Antes de tudo, é toda a comunidade cristã, novo povo de Deus, que, como totalidade, é santificada no sangue de Cristo: "chamados a ser santos com todos os que invocam em todo lugar o nome de nosso Senhor Jesus cristo, Senhor deles e nosso" (cf. 1Cor 1,2). "Vós sois a raça eleita, a comunidade sacerdotal do rei, a nação santa, o povo que Deus conquistou para si para que proclameis os altos feitos daquele que das trevas vos chamou para sua maravilhosa luz; vós que outrora não éreis seu povo, mas agora sois o povo de Deus" (1Pd 2,9-10). Foi pois toda a Igreja, novo povo de Deus, que Cristo santificou no seu sangue: "Cristo amou a Igreja e se entregou por ela; ele quis com isto torná-la santa, purificando-a com a água que lava, e isto pela Palavra; ele quis apresentá-la a si mesmo esplêndida, sem mancha, nem ruga, nem defeito algum; quis a sua Igreja santa e irrepreensível" (Ef 5,25-27).

Santidade do cristão. Santidade ontológica. No Novo Testamento o caráter positivo e realista da santidade é ainda mais acentuado: a santidade cristã não é mais apenas ritual, externa, tampouco somente moral; mas é uma "participação" criada, sim, portanto analógica, mas verdadeira, real, física da santidade de Deus, da sua própria vida intratrinitária.

No batismo, a → TRINDADE doa-se à alma cristã, vem habitar nela, "nós viremos a ele e estabeleceremos a nossa morada" (Jo 14,23), e ao mesmo tempo, mediante Cristo e sua Igreja, infunde na alma uma nova realidade física, participação criada, mas verdadeira na própria vida divina, ou seja, a graça "santificante", acompanhada pelo conjunto das realidades sobrenaturais que constituem o organismo sobrenatural (virtude, → DONS DO ESPÍRITO SANTO). Essa "obra santificadora do Espírito Santo" (2Ts 2,13) — progressivo transbordamento da vida divina na alma cristã e nas suas faculdades por obra do Espírito Santo — diviniza o cristão e dele faz uma "nova criatura" (Gl 6,15), um "filho de Deus": "Vede que grande amor nos outorgou o Pai, que sejamos chamados filhos de Deus; e nós o somos!" (1Jo 3,1).

Mediante a graça santificante, essa "sua [de Deus] semente que permanece nele" (cf. 1Jo 3,9), o cristão se torna realmente participante da natureza e, portanto, da própria santidade de Deus; com efeito, ele nos concedeu "os bens do mais alto valor que nos tinham sido prometidos, para que, graças a eles, entrásseis em comunhão com a natureza divina" (2Pd 1,4).

No seu aspecto positivo, portanto, a santificação é um dom gratuito de Deus e consiste numa intrínseca renovação do homem por meio da graça santificante e cristificante, porque ser santo é participar da própria santidade de Cristo.

Santidade moral. A santidade ontológica do cristão deve se exprimir concretamente nas boas obras, na vida nova "em Cristo Jesus", e se traduzir em santidade moral: "Eis pois o que digo e atesto no Senhor: não continueis a viver como vivem os pagãos, cuja inteligência os leva ao nada. [...] Quanto a vós, não é assim que aprendestes de Cristo, se ao menos foi bem dele que ouvistes falar, se é ele que vos foi ensinado, de conformidade com a verdade que está em Jesus: renunciando à vossa existência passada, precisais despojar-vos do homem velho, que se corrompe sob o efeito das concupiscências enganosas; precisais ser renovados pela transformação espiritual de vossa inteligência e revestir o homem novo criado segundo Deus na justiça e na santidade que vêm da verdade" (Ef 4,17.20-24; cf. também Cl 3,7-17).

Os cristãos, portanto, sendo consagrados a Deus mediante o batismo e empenhados na vida nova, são com razão chamados de "santos". Com efeito, o termo "santo" tornou-se a designação ordinária do cristão na comunidade primitiva, antes na Palestina e depois em todas as outras Igrejas, como se vê, por exemplo, nos endereços que Paulo põe no início de suas cartas: "Paulo, apóstolo de Cristo Jesus [...] à Igreja de Deus que está em Corinto, bem como a todos os santos que se acham em toda a Acaia. A vós, graça e paz da parte de Deus nosso Pai e do Senhor Jesus Cristo" (2Cor 1,1-2).

O fiel de Cristo, por ele justificado, deve crescer na santidade até a perfeição.

A santidade perfeita ou perfeição cristã. No uso cristão, proveniente do Antigo Testamento, "perfeito" e "perfeição" têm um significado decididamente moral e religioso. No Antigo Testamento, "perfeito" é o homem de fé que observa o "pacto" da aliança com a aceitação plena do → DECÁLOGO, que é a "carta" do pacto (cf. DEISSLER, Perfezione, in *Dizionario di Teologia Biblica*, Brescia, 1965, 1.036-1.043).

No Evangelho, Jesus fala duas vezes de perfeição: — no fim do sermão da montanha, no qual tinha oposto os preceitos da lei nova aos da lei antiga, concluía: "Vós, portanto, sereis perfeitos, como é perfeito o vosso Pai celeste" (Mt 5,48), apresentando aos seus discípulos o ideal altíssimo ao qual eles devem tender (*imitatio Dei*); — ao jovem rico que lhe pede o que deve fazer para ter a vida eterna, Jesus responde: "Se queres ser perfeito, vai, vende o que possuis, dá-o aos pobres, e terás um tesouro nos céus. Depois, vem e segue-me!" (Mt 19,21; cf. Mc 10,21; Lc 18,22: *sequela Christi*). Jesus responde assim ao jovem depois de ele ter dito que já havia observado os mandamentos necessários para ter a vida eterna; portanto, na presente passagem evangélica é posto nitidamente o problema da perfeição cristã, que vai além do que é exigido para a simples salvação.

Também Paulo emprega a expressão "perfeito", "perfeição" para indicar certa plenitude de vida cristã e de santidade em relação a seu início: "Não que eu já tenha alcançado tudo isso (o prêmio, a conformidade com Cristo: cf. vv. 10-11), ou já me tenha tornado perfeito; mas arremeto para tentar alcançá-lo, porque eu mesmo fui alcançado por Jesus Cristo. Irmãos, eu não julgo já tê-lo alcançado. A minha única preocupação, esquecendo o caminho percorrido e ansiando com todas as forças pelo que está à frente, arremeter rumo à meta, visando ao prêmio ligado ao chamado que, do alto, Deus nos dirige em Jesus Cristo. Nós todos, os perfeitos, comportemo-nos pois assim" (Fl 3,12-15). Paulo põe aqui no mesmo plano "arremeter rumo à meta" da vida cristã, o seu fim, e "ser perfeito". Os "perfeitos" são aqueles que chegaram ao pleno desenvolvimento da vida e do pensamento cristão, à maturidade espiritual (cf. 1Ts 5,23; 1Cor 2,6; 14,20; 2Cor 13,9-11; Ef 4,13; Hb 5,14).

A perfeição cristã, ou seja, a santidade perfeita é, portanto, a completa realização da vida cristã, obtida pela consecução total do seu fim, que, porém, será definitivo somente para além das fronteiras do tempo.

2. A SANTIDADE NA HISTÓRIA. A santidade cristã foi sempre apresentada pelo magistério autêntico da Igreja como a suma expressão do amor, na linha indicada pela revelação veterotestamentária. Todavia, nem sempre foi proposta de modo claro no decurso dos séculos. Demos, por isso, uma breve e rápida síntese das várias tendências e insistências a respeito da natureza da perfeição cristã.

O santo por antonomásia era, nos primeiros séculos do cristianismo, o → MÁRTIR, que tinha expressado o seu amor mediante o extremo testemunho do sangue (cf. G. LAZZATTI, *Gli sviluppi della letteratura sui martiri nei primi quattro secoli*. Torino, 1956). Tendo diminuído o número dos mártires (século IV), o lugar deles foi ocupado, na consideração dos fiéis, pelos monges. A santidade foi vista assim numa perspectiva decididamente monástica. Está suficientemente documentado que os cristãos dos primeiros séculos procuraram levar sua vida de piedade no mundo de modo a torná-la o mais possível semelhante à monacal. Certamente eles continuavam em suas profissões terrenas, mas subordinavam do modo mais austero todas as coisas terrenas a Deus, fazendo consistir a verdadeira piedade no serviço imediato a ele. O tom fundamental da piedade era predominantemente negativo e na perspectiva da fuga do mundo (→ FUGA MUNDI), como o único modo para contribuir eficazmente para o advento do reino de Deus (cf. Y. CONGAR, *Per una teologia del laicato*, Brescia, 1966).

Essa visão da santidade prolonga-se por toda Idade Média: o conceito culmina sempre no afastamento monástico-ascético do mundo. Todavia, Santo Tomás restabeleceu sobre bases teológicas a doutrina reconhecida desde os primeiros tempos e enfatizada particularmente por Santo → AGOSTINHO, segundo a qual a perfeição e santidade cristã consiste essencialmente no amor, e deve ser realizada portanto em todos os estados e situações. A santidade consiste principal e essencialmente nos mandamentos; só em segunda linha e instrumentalmente nos → CONSELHOS (*STh*. II-II, q. 184, a. 3). Com isso foi novamente afirmado claramente que não é essencial praticar os conselhos evangélicos num estado religioso para atingir a perfeição cristã. Cada um deve seguir os conselhos na medida em que lhe é permitido por sua situação. Portanto, para os cristãos no mundo é obrigatório "apenas" o espírito dos conselhos. Isso significa em primeiro lugar que esse espírito dos conselhos deve poder ser traduzido e realizado na vida concreta.

Ao lado da atitude monástica do espírito, feita para os homens que renunciaram ao mundo e que, de certo modo, é caracterizada pelo domínio exclusivo das virtudes divinas que nos orientam imediatamente a Deus, Santo Tomás tornou possível a formação de uma atitude tipicamente leiga, feita para os homens que continuam ligados ao mundo por sua profissão e procuram Deus e o amor de Deus na sua situação de presença e de consagração das coisas mundanas. Infelizmente, na evolução da piedade, em vez de avançar na linha traçada por Santo Tomás, progrediu-se ainda segundo um conceito excessivamente ascético e conventual.

O fim da Idade Média, com a irrupção do movimento renascentista e humanístico, marcou um progressivo abrandamento na mortificação física e, portanto, certa falta de compromisso com uma visão da santidade como fuga e desprezo do mundo. As Regras das novas Ordens religiosas são uma prova significativa disso. Os instrumentos de penitência, os jejuns e as abstinências perdem sua importância; ao passo que a obediência e a renúncia interior são postas em destaque especial. O representante mais típico dessa nova orientação foi São → FRANCISCO DE SALES. Com imensa perspicácia e numa amplitude até então não superada, elaborou no seu *Teotino* (*Traité de l'amour de Dieu*) o conceito do amor como princípio da piedade cristã, a que são obrigados também os que têm seus compromissos nas profissões temporais.

Nos nossos dias, tende-se a ressaltar (talvez de modo exagerado) o momento horizontal do amor cristão, calando muitas vezes, ou não empenhando oficialmente o aspecto ainda mais fundamental da religião cristã, que é o amor para com Deus, expresso na oração e na → VIDA INTERIOR. A santidade é entendida de preferência como perfeição do homem. "O santo [diz-se numa pesquisa feita por *La Vie Spirituelle* em 1946] é um homem que o amor exclusivo de Deus leva a realizar todos os valores humanos e tomar sua parte de peso e de miséria do seu ambiente" (*Ibid.*, 325). "Tornar-se santo é realizar ao máximo os nossos recursos pessoais para se identificar o mais possível com o tipo de homem perfeito que é Cristo, para ser uma testemunha diante do mundo que nos cerca" (*Ibid.*, 326). "A santidade é o estado daquele que chega a inserir o mais divino que puder na vida, elevando ao máximo suas qualidades naturais, intelectuais e morais" (*Ibid.*).

A insistência excessiva sobre os valores terrenos e o esquecimento do principal protagonista da santidade cristã, que é o Espírito de Deus, levou muitos contemporâneos a uma concepção e a uma prática humanística e naturalística que desembocou na chamada "→ SECULARIZAÇÃO". Os "secularistas" dizem que a oração e a contemplação não nos permitem chegar a Deus. O único "serviço divino" que aperfeiçoa o homem é a voragem da ação. É essa a santidade da "secularização" e dos "teólogos da morte de Deus".

A santidade sem Deus! Dizia Pascal: "Para fazer de um homem um santo, é preciso absolutamente que aja a graça de Deus, e quem duvidar disso não sabe nem o que é um santo nem o que é um homem".

A santidade é uma realidade sobrenatural que não se resolve no esforço puramente humano, nem numa perfeição de tipo naturalístico. Ela tem origem de Deus, do Espírito de Cristo, que difunde a caridade no coração dos crentes (Rm 5,5). Realidade, portanto, irredutível a uma mera perfeição natural do homem.

3. **NATUREZA DA PERFEIÇÃO CRISTÃ.** Os teólogos estão de acordo em afirmar que a perfeição cristã ontológica, ou seja, na ordem do ser sobrenatural, consiste no maior grau de graça habitual com as virtudes e os dons conexos. Isso resulta da natureza mesma da vida cristã, que é a participação, mediante a graça, da vida e da santidade de Deus. Mas o problema que a nós interessa mais diretamente é o da perfeição cristã operativa, moral, ou seja, na ordem do agir sobrenatural, e é dela que procuramos a natureza íntima.

a) *A santidade como amor.* A santidade consiste na → UNIÃO COM DEUS, que se realiza mediante o amor. A história do mundo (muitas vezes tão dramática e tão trágica) está encerrada toda na dialética do amor, no conflito entre dois amores, como dizia Santo Agostinho: "o amor de si até o desprezo de Deus, o amor de Deus até o desprezo de si" (*De civ. Dei*, 14,28).

Há duas formas de amor: o amor escravidão e o amor liberdade. O primeiro é intencionalmente procura egoística do prazer e se exprime em estados psicológicos de perturbação, de ansiedade, de ciúme: tende à alienação, à sujeição. O segundo é intencionalmente vontade de doar e exigência de reciprocidade e se exprime com estados psicológicos de paz, de felicidade, de expansão: tende à liberdade. Liberthonnière dizia: "Amamos perfeitamente quando somos livres, mas não nos tornamos livres senão amando".

b) *O amor perfeição do ser.* O amor que nos faz livres é evidentemente o amor que é → DOM DE SI. Somos capazes de amar na medida em que somos capazes de nos doar. Eis o amor infinito de Deus que se doa aos homens no Verbo encarnado. Eis o Senhor Jesus que nos amou e se deu a nós até o supremo holocausto da morte, e que morte! "Ninguém tem maior amor do que aquele que se despoja da vida por aqueles a quem ama" (Jo 15,13). O dom é essencial ao amor: dando-se, torna-se. Temos de nos tornar aquilo que somos. É o amor, é o doar, é o doar-se que produz esse milagre, que faz com que nos tornemos o que objetivamente já somos: santos. A santidade é a plenitude, a perfeição do amor, portanto a perfeição do ser e do doar-se. A perfeição do ser, diz Tomás (*STh*. II-II, q. 184, a. 3), consiste na união com seu fim. Um ser que é vida, que é movimento chega à sua perfeição quando chega a seu termo, a seu fim; tratando-se da vida cristã, da vida espiritual, esse fim é Deus. Portanto, a perfeição da vida espiritual deve consistir na união com Deus. Ora, é justamente o amor que nos une a Deus, fim último do homem: "Deus é amor, quem permanecer no amor permanece em Deus, e Deus permanece nele" (1Jo 4,16).

Quando o amor é realmente profundo, o objeto amado vem ocupar o nosso coração e orientar toda a nossa vida. Que o objeto amado venha ocupar o coração quando nós amamos fortemente é um fato tão evidente que foi traduzido na linguagem comum: de uma pessoa que amamos dizemos comumente que a temos no coração. Paulo, ao escrever aos seus fiéis de Filipos, diz que os tem no coração (Fl 1,8); uma jovem namorada tem o namorado no coração, e uma mãe tem o seu filhinho no coração e está toda tomada e ocupada por ele. Eis como o amor une o objeto amado e aquele que ama: e quanto mais o amor é forte tanto mais faz com que aquele amor não viva e não palpite senão pela pessoa amada, consumindo-se em satisfazer suas mais ocultas exigências, os mais recônditos desejos. E assim o amor se torna dom, se torna puro serviço.

c) *Um único amor*. O objeto primário do amor humano é Deus. "Escuta, Israel! O Senhor, nosso Deus, é o Senhor que é Um. Amarás o Senhor, teu Deus, com todo o teu coração, com todo o teu ser, com todas as tuas forças. As palavras dos mandamentos que hoje te dou estarão presentes no teu coração; tu os repetirás a teus filhos; tu lhes falarás deles quando estiveres em casa e quando andares pela estrada, quando estiveres deitado e quando estiveres de pé: tu farás deles um sinal amarrado à tua mão, uma faixa entre teus olhos; tu os inscreverás sobre as ombreiras da porta de tua casa e na entrada de tua cidade" (Dt 6,4-9). Quanta solenidade nessa ordem, na qual está posto o nosso destino!

Mas o amor que regula as relações de filial intimidade com Deus sugere também as relações com os homens, nossos irmãos. O amor para com Deus tem o seu banco de prova, a sua verificação, justamente no amor para com o próximo, em cujo rosto disse ele se esconder; por isso, à luz da fé, servindo-se o próximo serve-se, ama-se, adora-se Deus. A prática da caridade é termômetro da nossa vida interior, que é essencialmente amor de Deus. A caridade fraterna não é senão a extensão e a irradiação da que temos de ter para com Deus. A identificação, operada pela fé, entre Deus e o homem enfoca toda a vida humana como um sublime serviço que se torna culto religioso. O amor de Deus e o amor do próximo (→ CARIDADE) não somente se integram e se garantem um ao outro, mas constituem um impulso mútuo. Não há, portanto, senão um amor: o amor de Deus e o amor do próximo por Deus. Na plenitude desse amor consiste a santidade.

Um doutor pediu a Jesus para tentá-lo: "Mestre, qual é o grande mandamento da Lei?" Jesus respondeu: "Amarás o Senhor teu Deus de todo o teu coração, com toda a tua alma e com todo o teu pensamento. Eis o grande, o primeiro mandamento. Um segundo é igualmente importante: Amarás o teu próximo como a ti mesmo. Desses dois mandamentos dependem toda a Lei e os Profetas" (Mt 22,36-40; Mc 12,30; Lc 10,27). Na intimidade da última ceia, Jesus declara: "Um mandamento novo eu vos dou: amai-vos uns aos outros. Como eu vos amei, vós também amai-vos uns aos outros. Nisto todos reconhecerão que sois meus discípulos: no amor que tiverdes uns para com os outros. [...] Se me amais, aplicar-vos-eis a observar os meus mandamentos" (Jo 13,34-35; 14,15).

O amor encontra a sua mais verdadeira expressão na adesão à vontade do amado. Amar a Deus significa aceitar com alegria sua vontade e seus desejos. A perfeição do amor se traduz, concretamente, na plena conformidade da nossa vida à vontade de Deus, a qual se exprime, mais em concreto ainda, no cumprimento fiel e constante dos deveres do próprio estado: dia a dia, hora a hora, momento a momento, aceitando, sorrindo, agradecendo: *semper et ubique gratias agere!*

É essa a definição clássica — formulada por Bento XV — que governa e guia as trabalhosas pesquisas que se fazem para canonizar os servos de Deus: "A santidade consiste propriamente apenas na conformidade ao querer divino, expressa num contínuo e exato cumprimento dos deveres do próprio estado" (*AAS* 12 [1920] 173). A santidade é caridade em ato: adoração de Deus, serviço do próximo por amor de Deus. O santo é aquele que, tomado e estimulado pelo Espírito Santo, libertou-se de si mesmo para acolher "em si" Deus todo e toda a humanidade, continuando no tempo o mistério e a missão de Cristo, cujo rosto e presença manifesta ao mundo.

Vista assim, reduzida aos seus elementos essenciais, a santidade parece claramente possível a todos. Todos, com efeito, são chamados a ser santos.

4. A VOCAÇÃO UNIVERSAL À SANTIDADE. A santidade é o encontro entre quem se doa e a generosa e constante resposta do homem. É o resultado de um chamado e de uma resposta. Ora, esse chamado se dirige a todos. É universal. Como universal é a salvação operada por Cristo e continuada no tempo pela → IGREJA, seu Corpo místico. É preciso entrar na Igreja para se tornar santo, porque nela e somente nela — no seu corpo e na sua alma — está presente e operante a santidade.

a) *Os cristãos: santos e pecadores*. Nós passamos a fazer parte da Igreja mediante o → BATISMO, que nos une a Cristo, pelo qual o batizado se torna objetivamente um santo, um consagrado da Trindade. A santidade tem uma dimensão eclesial própria, que se manifesta com a incorporação a Cristo na Igreja, a qual vem a ser o *sacramentum* visível. "Deus quis santificar e salvar os homens não individualmente e sem nenhuma ligação entre si, mas quis constituir deles um povo que o reconhecesse na verdade e fielmente o servisse" (*LG* 9).

Se entramos na Igreja santa mediante o batismo, não basta, porém, receber esse sacramento para ser automática e pessoalmente santo. A história e a experiência de todos os dias nos lembram isso. Os batizados sofremos continuamente a tristeza de não sermos santos. Aliás, a história da Igreja santa conhece sacerdotes, bispos e papas que escandalizaram o mundo com seus pecados. Não basta ser batizado. A graça põe em nós um princípio de santidade, mas esse princípio precisa ser desenvolvido. Ela nos une a Cristo, mas é preciso que essa vida de Cristo passe para nós. É preciso que nos revistamos de Jesus Cristo (Rm 13,14).

Não se pode entender bem a santidade da Igreja se se negligencia o fato de que ela é contemporaneamente Igreja dos pecadores. Os homens, mesmo inseridos no seu seio, carregam a magnificência da sua natureza superior, a graça do batismo num frágil vaso (2Cor 4,7), que pode facilmente se quebrar sob as solicitações da carne, as tentações do demônio e as seduções do mundo. Eis assim o pecado que a Igreja sofre nos seus membros — realidade terrível e desconcertante — sempre presente enquanto ela for peregrina nos limites do tempo (*LG* 48). "A Igreja é santa nas suas estruturas, mas pode ser pecadora nos membros humanos em quem se realiza: é santa à procura de santidade".

Se pertencer à Igreja não significa automaticamente ser santo, significa, porém, ser chamado à santidade, por força de uma exigência intrínseca e estrutural. É precisamente nesse contexto de dialética e de tensão dramática de uma Igreja estruturalmente santa e em contínua procura de santidade que se põe o problema: todos são chamados a ser santos. "Os fiéis devem, com a ajuda de Deus, manter e aperfeiçoar, vivendo-a, a santidade que receberam" (*LG* 40).

b) *Todos chamados à santidade*. A santidade não é, portanto, um luxo, ou um ideal facultativo, ou um privilégio de alguém, mas uma intrínseca exigência da vida cristã. O convite de Jesus à santidade é dirigido a todos os cristãos — os quais, embora com diferentes funções, constituem ao mesmo tempo o prolongamento de Cristo — mediante o mistério da Igreja, seu Corpo místico. "Todos os fiéis de qualquer estado ou grau são chamados à plenitude da vida cristã e à perfeição da caridade" (*LG* 40). "Cada qual segundo os próprios dons e ofícios" (*LG* 41).

Os bispos, ao cumprirem "com entusiasmo, humildade e fortaleza o próprio ministério [...] orando, santificando e pregando", não temendo dar a própria vida pelas ovelhas, promovendo "também com o exemplo a Igreja a uma santidade cada dia maior" (*LG* 41). Os sacerdotes devem se santificar, "orando e oferecendo o sacrifício pelo povo", queimados pelo zelo pela glória de → DEUS, que irrompe da "abundância da contemplação" (*LG* 41). Junto com os sacerdotes, são chamados pelo Concílio a se santificarem "os ministros de ordem inferior, [...] os diáconos, [...] os clérigos" (*LG* 41) e ainda mais os religiosos (*LG* 42).

O Concílio confirma com vigor, com insistência, quase com aflição que não somente os bispos, os sacerdotes e os religiosos são chamados à perfeição, mas também os leigos — seja qual for o quadro da atividade ou situação temporal deles —, porque não são simples espectadores, mas parte integrante e vital da Igreja. "Todos na Igreja, quer pertençam à hierarquia, quer sejam por ela dirigidos são chamados à santidade" (*LG* 39; cf. *LG* 40.41.42).

O leigo é, portanto, um cristão "de primeira classe", por nada inferior aos sacerdotes e aos religiosos em relação à plena realização da vida sobrenatural, exigida pela sua consagração batismal. A vocação do leigo, como cristão, é uma vocação à santidade.

O convite do Senhor, repetido insistentemente pelos apóstolos, é dirigido a todos os fiéis: "Vós sereis perfeitos, como é perfeito o vosso Pai celeste" (Mt 5,48; 12,30; Jo 13,34; 15,12); "A vontade de Deus é a vossa santificação" (1Ts 4,3; Ef 1,4; 5,3; Cl 3,12; Gl 5,22; Rm 6,22).

c) *Acontecimentos históricos*. A vocação à santidade é um ponto essencial da doutrina evangélica que particulares situações históricas, no decurso dos séculos, de certo modo ofuscaram, com evidente e imenso prejuízo da vida cristã. Uma causa deriva do fato de a santidade ser considerada, especialmente na literatura hagiográfica, com insistência demasiada nos seus aspectos extraordinários e excepcionais, acabando, por isso, por ser julgada como patrimônio exclusivo de alguns privilegiados.

Outra causa de o empenho leigo ficar longe da procura de uma perfeição na vida do mundo deve ser identificada também — como foi por diversas vezes ressaltado — na espiritualidade centrada com demasiada exclusividade na fuga e no desprezo das realidades terrenas. Já nos referimos a isso antes.

Esse ideal, que foi próprio da civilização monástica e, como corretamente observado, teve em si grandíssimos méritos (não por último o de dar a toda a sociedade um profundo sentido da transcendência divina), teve, todavia, inevitáveis deficiências, quando, mediante a pregação feita pelos próprios religiosos, foi transferido do claustro para o mundo. O leigo começou a perceber então um profundo contraste interior entre esse ideal de fuga do mundo para o qual estava orientado e as realidades mesmas do mundo nas quais estava imerso e das quais não podia fugir. Grande parte do laicato julgou impossível para os simples fiéis uma vida de perfeição e acabou por "mundanizar-se", ou seja, renunciar para sempre à vida de santificação, e viver como crentes em Deus, mas não empenhados na plenitude de vida cristã autêntica.

Com certeza na Igreja, mesmo entre os leigos, jamais faltaram profundas efervescências e vastos movimentos de santidade. Pensemos nos séculos XII e XIII com os característicos movimentos de pobreza evangélica, que, de uma parte, se muitas vezes ficaram dentro dos limites da obediência à hierarquia e da ortodoxia, de outra parte, porém, brotaram de uma exigência de perfeição e contribuíram muito para criar um cristianismo mais autêntico e para difundir — não tanto em profundidade, mas por uma longa sobrevivência — a mentalidade de que a perfeição cristã obrigava todos os cristãos.

Para divulgar a "vida devota" entre as pessoas do mundo, providencialmente surgiu São Francisco de Sales (1567-1622). Especialmente na sua *Filotea* o santo está todo empenhado em demonstrar "que a santidade é perfeitamente conciliável com toda espécie de ofício e de condição da vida civil e que no meio do mundo cada qual pode se comportar de modo adequado à salvação da alma, desde que se mantenha imune ao espírito mundano" (Pio XI, *Rerum omnium*, *AAS* 15 [1923] 52). Ninguém está excluído da verdadeira vida devota: o soldado, o artesão, os príncipes, os esposos... Trata-se apenas de harmonizar vida interior e vida exterior. Tampouco se deve esquecer que o santo combatia também contra outro erro, contra a exagerada estima do extraordinário a que se opõem suas "pequenas virtudes".

A influência que Francisco de Sales exerceu durante sua vida não fez senão aumentar durante os séculos seguintes, servindo de válido contrapeso aos erros protestantes, jansenistas e naturalistas, diametralmente opostos a seu espírito. E teria sido certamente maior, de modo especial nas classes cultas e no clero, se não tivesse se infiltrado por toda a parte o frio e gélido jansenismo, que se propunha precisamente anular com rigor a "doçura" do santo bispo de Genebra, que teria se afastado, segundo eles, da verdadeira piedade da Igreja primitiva.

O → JANSENISMO teve sobre a espiritualidade e sobre a vida cristã dos séculos XVII, XVIII e parte do XIX uma influência de fato nefasta, que será definitivamente anulada com a intervenção de Pio X sobre a comunhão frequente. A vocação universal à santidade foi enfatizada com energia particularmente por Pio XI durante todo o seu pontificado e por seus sucessores. O Concílio Vaticano II conclui esse "relançamento" dedicando um capítulo inteiro — o quinto — da *Lumen gentium* à "vocação universal à santidade na Igreja".

d) *Fundamento teológico*. A vocação à santidade depende de duas realidades como de seu pressuposto necessário.

A Igreja sacramento da vocação à santidade. A vocação à santidade é a vontade mesma de Deus, que quer todos santos. Mas essa vontade fica presa em Deus até chegar a tocar o homem de modo real, concreto. Ela se manifesta com a incorporação a Cristo na Igreja, a qual é, por isso, como seu sacramento visível. Pertencer à Igreja significa ser chamado à santidade.

É precisamente nesse contexto que o Vaticano II apresenta a vocação universal à santidade. Na *Lumen gentium*, no início do c. 5 (*LG* 39-40), depois de ter apresentado o mistério de santidade da Igreja, passa a falar da vocação individual à santidade, a qual se realiza na Igreja porque é mediante a igreja que a vontade de Deus se comunica ao fiel. A Igreja é simples mediadora dessa vontade, mas não fundamenta ontologicamente a vocação à santidade senão por meio do que ela instrumentalmente produz na alma: a vida divina, o ser sobrenatural. Dela a santidade depende como de seu fundamento próximo ou de seu pressuposto imediato necessário.

O ser sobrenatural, fundamento ontológico da vocação à santidade A santidade que enche a Igreja não é senão a vida cristã vivida com plenitude. No momento, portanto, em que o homem é tomado por Deus por meio da sua graça, é destinado e chamado à plenitude do próprio ser sobrenatural, à santidade. Instrumento seu é o sacramento da fé, o batismo, que, ao se inserir na realidade eclesial, é sinal, ao mesmo tempo, da participação que acontece no mistério da santidade, na consagração a Deus.

Essa consagração a Deus acontece mediante um duplo dom: um criado, a graça; o outro incriado, o Espírito Santo. E ambos, do profundo do coração, trazem e exigem a santidade.

O → ESPÍRITO SANTO, alma e fonte da vida da Igreja, foi mandado a fim de santificar e continuamente renovar na perfeição a vida dos que acreditam em Cristo. Essa atividade do Espírito em nós é exposta magistralmente na célebre encíclica de Leão XIII, *Divinum illud munus*, que por sua importância marcou o início de um florescimento dos estudos espirituais. O Espírito Santo que habita em toda alma justa com o dom divino que nos infundiu no batismo, na crisma e com a ação dos seus dons, estimula-nos à santidade. A sua ação é admirável e indispensável: a sua presença em nós é penhor, estímulo e causa da nossa santificação.

A graça criada, que é a vida divina difundida os nossos corações pelo Espírito que habita em nós é uma realidade germinal, a qual tende ao desenvolvimento, justamente como toda vida tende à expansão e ao movimento. A vocação à santidade não é, por isso, algo que sobrevém ao ser cristão e à vocação fundamental à graça. Está incluída como planta ainda em semente na infusão mesma da vida divina. Portanto, não exige uma ulterior livre intervenção de Deus; não sobrevém num momento determinado da existência do cristão. Nem se trata de sinais individuantes ou não. O único sinal é a pertença à Igreja por meio do batismo, o qual "tende inteiramente à posse da plenitude da vida em Cristo" (*UR* 22).

"Bendito seja Deus, Pai de nosso Senhor Jesus Cristo: Ele nos abençoou com toda a bênção espiritual nos céus, em Cristo. Ele nos escolheu nele antes da fundação do mundo para sermos santos e irrepreensíveis sob o seu olhar, no amor" (Ef 1,3-4).

BIBLIOGRAFIA. BETTATI, F. Nessun uomo è nato "santo". *Rivista di Vita Spirituale* 23 (1969) 137-159; BLANCHARD, P. *Santità d'oggi*. Torino, 1963; CAPPELLETTI, G. C. La santità come iniziazione di Cristo e partecipazione ai misteri pasquali. *Rivista di Vita Spirituale* 22 (1968) 137-162; ID. Martirio e santità. *Rivista di Vita Spirituale* 23 (1969) 597-610; *La santità nella costituzione conciliare sulla Chiesa*. Roma, 1966; *Laici e vita cristiana perfetta*. Milano, 1968; *Manresa* 36 (1964) 259-276 (ampla bibliografia); PROCKSH, O. Agios. In *Grande Lessico del Nuovo Testamento*. Brescia, 1965, 234-310, vl. I; *Santi di ieri, santità di oggi*. Roma, 1968; *Santità e problemi di oggi*. Roma, 1966; *Santità e vita nel mondo*. Milano, 1968; THILS, G. *Santità cristiana*. Alba, 1970.

E. ANCILI

BIBLIOGRAFIA. ANCILLI, E. Santità. In *Dizionario di Spiritualità dei Laici*. Roma, 1981, 247-268, vl. II; FIGUEIRAS, A. Santità. In *Enciclopedia della Bibbia*. Torino, 1971, 188-195, vl. VI; GUILLET, J. Sainteté de Dieu. In *Dictionnaire de Spiritualité*, 1988, 184-192, vl. XIV; *Histoire et sainteté*. Angers, 1982; ILLANES MAESTRE, J. L. Mundo y santidad. Madrid, 1984; *La santità cristiana*. Roma, 1980; Modelli di santità, *Concilium* 15 (1979) n. 9; MOLINARI, P. Santo. In *Nuovo Dizionario di Spiritualità*. Roma, 1979, 1.369-1.386; ODASSO, G. Santità. In *Nuovo Dizionario di Teologia Biblica*. Roma, 1988, 1.419-1.427; Perfection chrétienne. In *Dictionnaire de Spiritualité*, 1984, 1.074-1.156, vl. XII; PEYROUS, B. La sainteté dans l'Église depuis Vatican II. *Nouvelle Revue Théologique* 107 (1985) 641-657; *Saints et sainteté dans les liturgies*. Roma, 1987; Santità. In *Dizionario degli Istituti di Perfezione*, 855-888, vl. VIII; TRUHLAR, K. V., Santità. In *Sacramentum Mundi*. Brescia, 1977, 366-374, vl. VII; SOLIGNAC, A. Sainteté-sanctification de l'homme. In *Dictionnaire de Spiritualité*, 1988, 192-194, vl. XIV; ULRICH, F. L'essenza di una santità cristiana. *Communio* 5 (1972) 13-28; VAUCHEZ, A. *La sainteté en Occident aux derniers siècles du Moyen Age d'après les procès de canonisation et les documents hagiographiques*. Roma, 1981.

C. LAUDAZI

SANTOS. O fenômeno dos santos nestes últimos decênios tornou-se objeto de crescente interesse e atenção por parte da Igreja docente e dos fiéis. O ritmo das beatificações e canonizações nos últimos decênios acelerou-se prodigiosamente. O número das pessoas beatificadas e canonizadas desde 1955 é maior que o das canonizadas entre 1662 e 1850. A espontânea devoção dos fiéis em relação aos que morreram *in odore sanctitatis* prepara a ação da Igreja nos processos de beatificação e de → CANONIZAÇÃO. A esse complexo fenômeno da santidade e dos santos corresponde uma notável produção de estudos e obras hagiográficas de vários gêneros, que examinam as figuras dos santos à luz da → TEOLOGIA ESPIRITUAL, da medicina, da psicologia, da história, da iconografia e também da grafologia. Além disso, uma especial atenção de romancistas e de escritores de cinema, teatro e televisão foi atraída pelo fenômeno dos santos, com vivo interesse por parte do público. Esse reflorescimento de interesse e de devoção pelos santos é visto com pouca simpatia por alguns críticos, os quais aspiram a reduzir o culto dos santos a um mínimo, sob o pretexto de querer favorecer a união com os irmãos protestantes. Essas tendências errôneas não se manifestariam se a teologia subjacente ao verdadeiro culto dos santos fosse mais conhecida e mais profunda. Para oferecer uma modesta contribuição, procuraremos entrar no culto, devoção e imitação dos santos à luz do dogma católico.

1. O CULTO DOS SANTOS NO SENTIDO DOGMÁTICO.
a) Os santos canonizados são membros proeminentes da Igreja: eles viveram uma vida heroica cada vez mais perfeita de união com Cristo: por causa disso e com base nos milagres são propostos pela Igreja como pessoas particularmente do agrado de Deus, como mediadores *per Christum* para todos os membros da Igreja peregrina, segundo a expressão do Concílio Vaticano II, como dignos de receber o culto religioso de dulia, como exemplo de uma vida tipicamente cristã. Desse conceito teológico de santo canonizado resulta que são duas as ideias principais: a união do santo com Cristo; a sua importância social, ou seja, eclesiológica.

Os santos são particularmente aceitos por Deus pela eminente união e conformidade deles com Cristo; por isso, as intercessões deles por nós são particularmente eficazes. Assim, merecem de nossa parte uma especial veneração: *cultus duliae*. Tudo isso indica que a veneração não subtrai nada ao teocentrismo do culto católico, mas, antes, constitui uma mais ampla glorificação de Deus, porquanto é admirado, honrado e louvado sob um novo aspecto formal, ou seja, como quem age nos seus santos.

b) O culto dos santos canonizados exerce uma função apologética. Os verdadeiros milagres de todos os tempos, operados por Deus para comprovar o heroísmo das virtudes dos santos, demonstram que a Igreja católica é uma verdadeira comunidade que pode levar os homens à santidade. Para nos convencermos disso bastaria percorrer o catálogo dos santos, que apresenta muita variedade entre as pessoas canonizadas; portanto, pode-se concluir que: os santos são verdadeiros filhos da Igreja, os quais em todas as circunstâncias da sua vida se conformaram fielmente à fé e à doutrina da Igreja e, por isso, se tornaram os verdadeiros modelos da autêntica santidade; Deus por meio dos milagres manifesta que a vida e santidade deles lhe é sumamente agradável, porque em tudo conforme à sua vontade e ao magistério da Igreja de Cristo. Dessa argumentação se vê muito facilmente que os cristãos que a Igreja declara santos nas canonizações solenes são verdadeiramente insignes representantes da santidade tipicamente cristológica. Eles são perfeitos imitadores da santidade de Cristo, a qual deve ser seguida-imitada por todos os cristãos. A Sagrada Congregação para as Causas dos Santos, examinando cuidadosamente a vida dos candidatos à canonização, analisa se ela foi em tudo conforme ao Evangelho e se eles praticaram heroicamente as virtudes e como cumpriram os diferentes deveres do próprio estado. Os processos de beatificação e canonização nos demonstram que os santos são fruto da obra santificante da Igreja, mestra de toda santidade, e são ao mesmo tempo um forte argumento da sua santidade, que é continuamente confirmada por Deus com os milagres, como foi na vida de Cristo, cuja divindade, santidade, missão divina, doutrina e obras foram comprovadas por Deus com os milagres.

2. A DEVOÇÃO AOS SANTOS CANONIZADOS. Santo Tomás define a devoção como: "*Voluntas quaedam prompte tradendi se ad ea quae pertinent ad Dei famulatum*" (*STh.* II-II, q. 82, a. 1). Deve-se distinguir entre o culto de "latria", devido a Deus e à humanidade de Cristo unida hipostaticamente ao Verbo, o culto de "hiperdulia", devido à bem-aventurada Virgem Maria e o culto de "dulia", devido ao santo por sua união com Deus na glória. A devoção aos santos consiste numa vontade pronta de fazer o que pertence ao culto de dulia. Antes de tudo, por isso, a leitura da vida dos santos, a sua admiração e contemplação;

depois a oração, tanto privada como pública, reconhecida pela Igreja, dirigida aos santos, como, por exemplo, a assistência à missa em honra de um santo; a participação nas procissões com as imagens ou relíquias, e na festividade instituída pela Igreja em honra deles; obras de caridade em honra deles, a invocação do nome, a edificação e a dedicação de uma igreja ou de um altar aos santos, a divulgação do culto deles por meio de relíquias, imagens, livros, cinema, teatro, televisão, especialmente mediante a pregação e a catequese, exortando os fiéis a prestar aos santos o devido culto; as peregrinações aos santuários, a escolha de santos como protetores das regiões, das cidades, dos países; a colocação de lâmpadas votivas nos seus sepulcros, celebrações de missas e de funções sagradas em honra deles etc.

O culto se diz privado se é prestado por devoção particular, público se é prestado oficialmente pela Igreja por meio dos ministros deputados, nas igrejas ou junto aos sepulcros dos santos. Na prática, houve certamente e ainda há hoje desvios ou exageros em certas formas de devoção aos santos, as quais não são aprovadas pela Igreja; todavia, temos de saber distinguir delas o que constitui a grandeza doutrinal inerente ao dogma da → COMUNHÃO DOS SANTOS. Num dos seus últimos documentos Pio XII afirma: "De uns decênios para cá nota-se um movimento que gostaria de afastar o mais possível dos templos sagrados as imagens dos santos, e até restringir a veneração delas. As igrejas que são construídas e ornamentadas segundo essa orientação parecem desse modo apoiadas numa 'fria iconoclastia', quase frias e vazias. Como julgar essa tendência à luz da tradição católica? É verdade que a Igreja deixa a cada qual a liberdade de dar na piedade pessoal um maior ou menor campo à veneração dos santos; todavia, ninguém pode negar, sem ofender a fé católica, que aqueles que foram elevados pela Igreja às honras dos altares são dignos de veneração até pública. [...] Além disso, há na raiz dessa tendência algo doentio, que se reflete com detrimento sobre a vida e sobre as tradições cristãs. Se ela prevalecesse, acabaria secando notavelmente, de modo especial no povo, a fecunda veia de vantagens espirituais que nasce do dogma da *Communio sanctorum*, cujo elemento essencial é a veneração dos santos, o falar com eles e o invocá-los. Quem apelasse para uma forma 'mais pura e espiritual' deveria lembrar-se de quais foram os hábitos do cristianismo nos primeiros séculos em relação à memória e aos despojos mortais dos mártires e de como o culto a eles deixou comoventes exemplos às futuras gerações. A veneração dos santos é, portanto, a nobilíssima herança que nos deixou o cristianismo primitivo" (*Discurso e Radiomensagens de S.S. Pio XII*, vl. XX, 470-471).

3. A IMITAÇÃO DOS SANTOS À LUZ DA TEOLOGIA ESPIRITUAL. Um valioso fruto da devoção aos santos é a imitação. A Igreja, na canonização solene, propõe os santos como os mais perfeitos imitadores de Cristo e como exemplos de íntima → UNIÃO COM DEUS, a qual constitui a verdadeira santidade cristã. A imitação exige necessariamente relações pessoais com os santos, do mesmo modo como o contato com as pessoas boas nos atrai para a imitação deles na vida presente. Ter relações com os santos quer dizer dirigir-se a eles, estabelecer com eles uma conversação direta e pessoal. O exemplo da vida deles é um contínuo apelo ao dever de levar uma vida cristã cada dia mais perfeita. A dignidade deles ao abandonarem tudo o que nos afasta de Deus ou nos detém no caminho espiritual conforta-nos, enche-nos de entusiasmo e nos estimula a viver uma vida de amor, uma vida heroica sem jamais se cansar em nossa subida ao Cristo. "Os santos nos dizem: fazei como nós. E é óbvio. Imitar não quer dizer copiar; mas significa se inspirar em tudo o que os santos fizeram; ver como se pode entrar na vida percorrida por eles, buscar nas múltiplas visões de santidade o caminho mais adequado a cada um, o mais nobre, onde quer que esses exemplos se apresentem, em qualquer condição de vida, desde que se saiba colher o convite da santidade em si. É esse um esforço, um exercício magnífico, definido por São Bernardo *conatus ad perfectionem*" (*Discorsi di Pio XI*, vl. II, 359).

BIBLIOGRAFIA. *Acta Sanctorum*. Parisiis, 1863-1887, vls. I-LXIV; vls. LXV-LXX, Bruxellis, 1894-1940; BENTO XIV. *De servorum Dei beatificatione et beatorum canonizatione* [em 7 vls.]. Prati, 1839-1842, IV, pars II, cc. 1-30; *Bibliotheca Sanctorum*. Roma, 1962-1969, I-XII (*Prima Appendiae*, 1987); CASIERI, A. *Il miracolo nelle cause di beatificazione e di canonizzazione e possibilità di aggiornamento*. Roma, 1971, c. II, 131-140; ID. Iter processus beatificationis et canonizationis iuxta constitutiones apostolicas "Sacra Rituum Congregatio" et "Sanctitas clarior". *Monitor Ecclesiasticus* (1973) 244-259; CIOPPA, G. della. *Come si fanno i santi*. Roma, 1934; CONGREGATIO PRO CAUSIS SANCTORUM. *Novae leges pro causis sanctorum*. Città del Vaticano, Typis

Polyglottis Vaticanis, 1983: Const. apost. Divinus perfectionis Magister, 3-9; Normae servandae in inquisitionibus ab episcopis faciendis in causis sanctorum, 10-17; Decretum generale de servorum Dei causis, quarum iudicium in praesens apud Sacram Congregationem pendet, 18-19; Congregazione per le Cause dei Santi. *Miscellanea in occasione del IV Centenario della Congregazione per le Cause dei Santi (1588-1988).* Città del Vaticano, 1988; Delehaye, H. *Sanctus. Essai sur le culte des saints dans l'antiquité.* Bruxelles, 1927; Duchesne, L. *Origenes du culte chrétien.* Paris, 1925; Frutaz, P. A. Elementi costitutivi delle cause di canonizzazione. Bibliografia sistematica essenziale. In *La santità cristiana.* Roma, 1980, 411-427; Grattarola, A. M. *Successi meravigliosi della venerazione di S. Carlo.* Milano, 1614; Molinari, P. – Gumpel, P. Criteri per la canonizzazione e l'arte di raccontare i santi. In *La santità cristiana.* Roma, 1980, 349-410; Molinari, P. *I santi e il loro culto.* Roma, 1962; Scacchi, F. *De cultu et veneratione servorum Dei.* Romae, 1639; Trombelli, I. C. *De cultu sanctorum dissertationes decem.* Bononiae, 1740, 6 vls.; Ursinus, C. *Disputatio de sanctorum origine, canonizatione, cultu, invocatione, reliquiis et imaginibus.* Ingolstadii, 1568.

M. T. Machejek

SAPIENCIAIS. Junto com o sacerdote e o profeta, o sábio constitui uma das três categorias dos chefes espirituais em Israel (Jr 18,18); e, como tal, a sua função é específica. Ao sacerdote é confiada a *Torá*, ou seja, o ensinamento oficial e institucional da revelação divina; o profeta é o homem da palavra, o porta-voz de Deus, o instrumento das revelações efetivas de Deus (R. de Vaux, *Les institutions de l'AT*, Paris, 1960, 207, II). Quanto ao sábio, ele põe à disposição do povo de Deus o fruto da sua longa e paciente meditação sobre a condição humana. Enquanto o sacerdote e o profeta, cada qual segundo a própria via, se ocupam em primeiro lugar da revelação divina e procuram que dela façam parte os filhos de Israel, o sábio se reporta em primeiro lugar à experiência, observa a vida, escruta os problemas que a existência põe ao indivíduo e procura tirar desse seu trabalho regras práticas, que reúne em normas relativas ao comportamento humano. Sua primeira preocupação não é de ordem especificamente religiosa; é o homem, como indivíduo e ser social, que sobretudo lhe interessa. Ele é o representante em Israel de um humanismo venerável, nutrido por um tesouro muito rico de experiências e de observações seculares, mas é também um israelita convencido, um membro do povo de Deus e filho da → Aliança, que conhece a fundo a lei, a história e as tradições do seu povo. Esse patrimônio religioso, que é também o seu, está sempre presente a seu espírito, seu humanismo, portanto, não sendo de caráter laico, mas religioso, pois supõe sempre as verdades essenciais da revelação e não deixa, quando necessário, de nelas se apoiar. Humanismo religioso, a corrente sapiencial é capaz de dar ensinamentos úteis de ordem espiritual; toda autêntica espiritualidade, com efeito, está construída num sólido fundamento de valores humanos.

1. O LIVRO DOS PROVÉRBIOS. É a mais antiga e menos "religiosa" coleção sapiencial do Antigo Testamento. É também a mais típica. A parte mais interessante do livro é constituída pelos cc. 10-22 e 25-29, nos quais a meditação dos sábios se apresenta a nós na sua forma mais primitiva. Trata-se de uma sequência de *mâshâl*, breves sentenças nas quais prevalece um tom de sabedoria profana, desconcertante para o leitor cristão. O elemento religioso, todavia, não está ausente, e um provérbio em cada sete trata da relação do homem com Deus. Seria inútil, lógico, procurar neles desenvolvimentos concatenados de teologia até minimamente especulativa; tudo isso que neles poderá se encontrar não passará da fase de considerações elementares sobre o próprio Deus e sobre a atitude do homem a seu respeito. A doutrina é fiel à fé tradicional de Israel e a sua originalidade reside inteiramente na sua gênese; ela é o fruto de uma reflexão que brota da experiência. YHWH dirige os acontecimentos com absoluto domínio sobre eles e nada escapa à sua ação providencial: o homem propõe, Deus dispõe (Pr 16,1.9.33; 19,21; 21,31); ele segue atentamente todas as ações dos homens, boas ou más (Pr 15,3) e os corações não têm segredos para ele (Pr 15,11); ele conhece "os caminhos dos homens" melhor do que o próprio homem e sabe infalivelmente distinguir o justo do pecador (Pr 16,2; 21,2); diante de YHWH as diferenças sociais não contam mais; ele fez o rico e o pobre, aos quais dispensa, sem distinção, todo bem (Pr 22,2; 29,13). Mas o sábio de Israel não fala de Deus senão em função do comportamento ético e religioso do indivíduo. Para o autor dos cc. 10-22 e 25-29, o único modo de se comportar que convém ao homem diante do Senhor é o "temor". É esse o grande ensinamento sapiencial: ele resume toda a doutrina dos sábios sobre a vida religiosa. Até na fase menos

evoluída da sabedoria israelita, representada pelo Livro dos Provérbios, o temor de YHWH é muito superior à reação primitiva que o conceito profano atribui a essa palavra. Inspirado pelo sentimento da distância que existe entre o Criador e a sua criatura, ele compreende essencialmente a humildade (Pr 15,33) de que é fruto (Pr 22,4); ao passo que o orgulho é sua negação mais radical (Pr 14,2; 16,5). Se o temor de YHWH reflete a realidade objetiva das relações entre Deus e o homem, isso comporta, todavia, uma iluminada atitude de confiança: "No temor do Senhor há poderosa segurança; ele é refúgio para os seus filhos. O temor do Senhor é fonte de vida! Ele afasta os laços da morte" (Pr 14,26-27; cf. também 19,23). Todos os bens dele derivam (Pr 15,16; 16,6; 22,4) e, definitivamente, ele se identifica com a própria sabedoria (Pr 15,33; cf. também 1,7; 2,5; 9,10). Nos Provérbios essa virtude central, resumo da disposição do homem em relação a Deus, não se tempera ainda, como fará com Ben Sirac (Sr 2,1-18), num apego afetuoso e filial, que é quase amor; o ensinamento sapiencial sobre o temor de YHWH está ainda no início. Mas também nessa forma elementar está longe de ser desprezível e o leitor cristão deve aceitar suas intuições fundamentais.

As partes mais recentes do Livro dos Provérbios (Pr 1–9; 22,17–24,34; 30,1–31,9) voltam também elas aos mesmos conselhos de sabedoria humana e religiosa. O prólogo (Pr 1–9), todavia, oferece algumas considerações originais: pela primeira vez encontramos na literatura sapiencial um ensinamento concatenado sobre a sabedoria, o seu valor, o seu papel de guia e de moderadora das ações (Pr 1,20-33; 8,1-36; 9,1-6). Personificada, a sabedoria se dirige aos homens e os convida a escutar os seus ensinamentos. Ela se apresenta como educadora dos homens e justifica as suas pretensões, revelando a sua origem: ela pertence ao mundo divino. Desde a eternidade ela está em Deus, e estava presente quando ele criava o mundo (especialmente 8,22-30). Essa teologia de uma sabedoria, ao mesmo tempo educadora dos homens e familiar de Deus, confere a todas as elucubrações dos sábios de Israel um tom fortemente religioso. Por certo, o israelita que se filia à escola da sabedoria nem por isso espera poder penetrar todos os segredos de Deus; mais que uma soma de conhecimentos especulativos, a sabedoria está pronta a lhe revelar a ciência da vida. Essa ciência, considerada a origem divina daquela que é a única capaz de participá-la, resume-se no temor de YHWH. É isso que basta para assegurar ao sábio uma existência feliz. Mestra de vida, a sabedoria ensina aos homens a arte de ser feliz; e essa arte, com todos os aspectos profanos que a caracterizam, apoia-se fundamentalmente na posse de uma atitude eminentemente religiosa: o temor de YHWH. Sutil dosagem de religião e de honestidade humana, o pensamento dos antigos sábios de Israel impõe-se ao respeito e ainda não está ultrapassado. Em particular, ele convida os cristãos a não sucumbir, na sua vida espiritual, à tentação do angelismo. Os sucessos espirituais pressupõem normalmente um equilíbrio humano que os sustente.

2. O LIVRO DE JÓ. É a obra-prima literária do movimento da sabedoria. O autor, certamente israelita, nutriu-se das obras dos profetas e do ensinamento dos sábios. Ele conhece também perfeitamente a doutrina tradicional da retribuição; e é precisamente a dificuldade que essa doutrina suscitava entre os israelitas reflexivos do seu tempo que o estimulou a compor a sua obra. Sempre se ensinou em Israel que o homem recebe aqui na terra a recompensa e o castigo por suas ações. Essa regra, no plano coletivo, estava estabelecida com certeza absoluta em todos os contextos de bênçãos ou de maldições que pertenciam à tradição da aliança (cf. Dt 28 e Lv 26); o Livro dos Juízes e os dos Reis demonstram que esse princípio se aplica no desenvolvimento da história; os profetas, pois, com seus convites à penitência, suas ameaças e anúncios dos castigos que deverão vir, testemunham a esse propósito uma convicção inabalável. Com o passar do tempo, o pensamento de Israel se faz cada vez mais sensível ao conceito de responsabilidade pessoal; depois de intuições como as de Dt 24,16; Jr 31,29-20; 2Rs 14,6, esse conceito encontra expressão clara e consecutiva em Ez 18. É indubitavelmente um progresso, mas a retribuição, por mais pessoal que seja, é exclusivamente terrestre. Ora, semelhante crença devia mais cedo ou mais tarde ser desmentida pelos fatos. Se cada qual deve receber durante a própria vida a recompensa ou o castigo das próprias culpas, como é afinal possível que o "justo" tenha de sofrer? Ora, a experiência mais elementar demonstra que os justos sofrem e cruelmente, mesmo durante todo o tempo da própria vida. Esse problema do justo que sofre — problema que implica contradição à luz da teoria corrente, mas que a experiência põe continuamente — constitui o tema preciso do Livro de Jó.

Jó, homem íntegro, reto, que temia a Deus e se mantinha longe do mal (Jó 1,1) é cruelmente atingido em seus bens, em seus filhos e, finalmente, mal supremo, em seu próprio corpo. O leitor do drama tem conhecimento de que esses males provêm de satanás e não de Deus e que são permitidos para pôr à prova a fidelidade do patriarca de Us (Jó 1-2). Mas Jó não sabe disso, nem o sabem os seus amigos. Diante das declarações do justo que sofre, esses últimos respondem de maneira tradicional: Jó é culpado, e os males que o atingem são um castigo. Para eles, como para Eliú (Jó 32–36), somente a correlação rigorosa que eles aprenderam desde a infância entre o pecado pessoal e o sofrimento pode explicar o estado em que se encontra Jó. Resposta ridícula. Jó é justo e tem a certeza de o ser. Ele está escandalizado. Não nega as retribuições terrestres, mas não entende por que elas lhe são agora recusadas e por que Deus o trata como um culpado. Drama psicológico de um inocente que sofre, mas que persiste em crer que Deus é justo e que procura em vão entender o porquê da prova à qual é submetido. Esse porquê, o autor do livro não o revela; escapa à sua compreensão. Também ele, além disso, crê na retribuição terrestre, como demonstra o epílogo com que ele se apressa em concluir a sua obra. Todavia, mais sagaz do que a massa dos seus contemporâneos, ele descobre no caso de Jó a presença de um mistério, e tem a honestidade intelectual de manter intacto esse mistério. Com efeito, quando Deus intervém (Jó 38,41), não é de modo algum para responder às objeções de Jó, mas simplesmente para afirmar a transcendência do seu ser e dos seus desígnios e para reduzir ao silêncio "quem está a denegrir a providência" (Jó 38,1). Mais que dar uma resposta objetiva ao escândalo do justo sofredor — resposta que de outra parte ele ignora —, o autor se preocupa em ensinar aos inocentes como se devem comportar diante do enigma formidável do seu sofrimento. Ele é um sábio. A lição que dá é a seguinte: O homem deve persistir na fé mesmo quando o seu espírito não encontra paz; o inocente, atingido pelas desgraças, não pode fazer mais que inclinar-se diante do imenso mistério de Deus, cujo poder, sabedoria e justiça infinitamente o sobrepujam. Entende-se que no final do discurso de YHWH o autor faça dizer a Jó: "Pois é, eu abordei, sem sabê-lo, maravilhas além de mim, que não entendia" (Jó 42,3).

É claro que o ensinamento do Livro de Jó sobre o sofrimento do inocente é incompleto. Faltava ao autor a certeza das sanções de alémtúmulo e a revelação da nossa união a Cristo sofredor. O seu ensinamento, todavia, é substancialmente válido; também na luz resplandecente da revelação de Cristo, os caminhos do Senhor conservam para o justo que sofre um elemento de mistério indecifrável aqui na terra. E a submissão numa fé obscura é para ele um imperativo absoluto ao qual não pode se subtrair sem cair no absurdo (Jó 42,3) e se tornar indevidamente um censor de Deus (Jó 40,1). Deus quer fiéis e não censores.

3. ECLESIASTES. O Eclesiastes (Coélet), o mais breve dos livros sapienciais, é uma coleção de pensamentos que giram em torno de um tema único, a vaidade das coisas humanas. "Tudo é vaidade". Essa palavra abre e fecha o livro (Ecl 1,2 e 12,8) e se repete sempre como um estribilho de conclusão de observações particulares. Essa é a tese essencial de Coélet. Vaidade, para ele, não tem a tonalidade pejorativa que a palavra evoca em nossos ouvidos cristãos; longe de significar um juízo moral, o clamor do Eclesiastes procede de uma constatação de fato, fruto da experiência: tudo é enganoso, a ciência, a riqueza, o amor, a própria vida. Toda a atividade humana, "todas as obras que se fazem sob o sol" (Ecl 1,14) são vaidade e seguimento do vento, porque se apegam, cheias de ilusões, à procura de bens que não dão toda a satisfação que nos prometemos encontrar nelas. Limitado na sua natureza, infinito nos seus desejos, o homem é condenado a suportar uma experiência tão dolorosa quanto contínua: ele aspira a atingir resultados duradouros, e aqui na terra tudo passa rapidamente; ele não se sacia com nada que é limitado, e aqui na terra tudo é rigidamente limitado por seu contrário. Portanto, a vida não é senão uma sequência de desilusões, uma experiência prolongada de uma vaidade universal. Também a justiça e a virtude podem aparecer como um recorrer ao vento. Não que de per si sejam vaidade, mas não são recompensadas como instintivamente esperaria o nosso senso moral (Ecl 7,25–8,14). "Eu também sei que haverá felicidade para os que temem a Deus [...] e não haverá felicidade para o malvado. [...] Há justos que são tratados segundo as obras dos malfeitores e malfeitores que são tratados segundo as obras dos justos. Já disse que isso também é vaidade" (Ecl 8,12-14).

Vaidade universal, desilusão sem fim: tal é o testemunho de um sábio não iludido, ao qual não foram ainda conferidos os clarões de uma revelação plena. A Coélet faltou sobretudo o conhecimento da retribuição de além-túmulo e a fé na providência de amor centralizada em Cristo. O seu testemunho, todavia, conserva um valor permanente. O seu mérito é de ter posto em toda a sua clareza um problema vital, cuja solução viria mais tarde. Ele destacou a grandeza quase infinita das aspirações do homem, a insuficiência dos bens visíveis e o absurdo dos que esperam desses bens a última satisfação. Fazendo isso, ele abriu o caminho aos crentes para conhecer a infinidade dos bens preparados por Deus para os que o amam. A leitura de Coélet torna o cristão mais disposto a se prender às coisas do alto: "é no alto que está a vossa meta, não na terra" (Cl 3,2) e a preparar um tesouro no céu onde "nem o ladrão se aproxima, nem traça destrói" (Lc 12,33).

4. ECLESIÁSTICO. Esse livro é a mais longa e menos original das coleções sapienciais da Bíblia. O seu autor, tradicionalmente conhecido como Ben Sirac ou Sirácida, é um rico burguês de Jerusalém. Ele se dedicou desde a juventude à procura da sabedoria (Sr 51,13; e é tanto pela experiência de vida como pelo estudo assíduo dos textos sagrados de Israel que ele se tornou um sábio experimentado (Sr 39,1-3). Seu livro está cheio das reminiscências das suas leituras; ele trata de todos os assuntos, mas se revela pouco pessoal nos seus juízos; geralmente evita o sublime e o seu pensamento é menos profundo do que o de Coélet ou do que o do autor do livro de Jó.

O livro de Ben Sirac, todavia, não deixa de ter interesse. Nele se reflete o ambiente intelectual da Palestina às vésperas das grandes escolhas religiosas e do sobressalto nacionalista que caracterizam a plena época helenística de Alexandria e a epopeia dos Macabeus. A sua doutrina, uma reação contra as primeiras infiltrações helenísticas, segue as linhas tradicionais. Ele é contrário às especulações imoderadas (Sr 3,20-23); não confia nelas por respeito aos mistérios da criação e, sobretudo, ao mistério de Deus (Sr 1,4-6). Somente Deus é capaz de saber tudo (Sr 42,17-20); quanto ao homem, embora feito à imagem de Deus (Sr 17,3), é um ser limitado na duração (Sr 17,22-24), na justiça (Sr 17,25-27), no raio da ação (Sr 18,12) e nas capacidades do espírito (Sr 18,2-6). É com uma atitude intelectual de humildade que Ben Sirac se impôs a missão de ensinar (Sr 3,20-23; 43,27-32). Para esse sábio inimigo de qualquer excesso, com efeito, bem como para os sábios que o precederam, a sabedoria é antes de tudo um "dom" que YHWH distribui aos que o amam (Sr 1,10), e o seu princípio, como seu coroamento, não cessam de ser o temor de Deus (Sr 1,14.20; 1,16.18).

Fiel ao pensamento sapiencial, o Sirácida vê no temor do Senhor o resumo do comportamento moral e religioso do pio israelita (Sr 1,11-20 e 2,1-18). Ele marca um progresso em relação à sabedoria que o precedeu, quando descreve esse temor de Deus não somente como um sentimento de confiança (Sr 2,7-11) e de humildade (Sr 2,17), mas também como uma afeição filial e amorosa à vontade divina (Sr 2,15-16). Mas sobretudo inova quando insiste sobre a Lei que ele identifica com a Sabedoria (Sr 24,23-24). Portanto, o verdadeiro sábio é aquele que ao mesmo tempo teme o Senhor e observa os seus mandamentos (Sr 1,26; 21,11). Por essa razão, "mais vale um homem sem inteligência, mas temente ao Senhor, que alguém muito hábil, mas transgressor da Lei" (Sr 19,24). O humanismo religioso que caracteriza a corrente sapiencial em Israel, chega aqui a um ápice; somos propensos a apreciar esta afirmação de Ben Sirac: "Como é grande quem encontrou a sabedoria! Ninguém, porém, ultrapassa aquele que teme o Senhor. O temor do Senhor está acima de qualquer coisa: quem o possui, a quem poderíamos compará-lo?" (Sr 25,10-11). Essa prioridade dada ao comportamento religioso do homem que está à procura da sabedoria parece ser o grande ensinamento espiritual do Eclesiástico. O ensinamento tem ainda o seu valor. O seu reflexo evangélico é o ensinamento do Mestre: "Procurai antes o Reino de Deus, e isso vos será dado por acréscimo" (Lc 12,31).

5. O LIVRO DA SABEDORIA. Diferentemente do Livro dos Provérbios, do de Coélet e do de Ben Sirac, o Livro da Sabedoria é uma composição muito bem ordenada. Na primeira parte, Sb 1–5, demonstra-se o papel da sabedoria no destino do homem e se compara a sorte dos justos e dos ímpios em vida e depois da morte; na segunda parte, Sb 6–9, são expostas a origem e a natureza da sabedoria e os diversos modos para a conquistar; na última parte, Sb 10–19, trata-se da ação desenvolvida pela sabedoria e por Deus na história do povo eleito e se insiste sobre o momento de destaque dessa história: o → ÊXODO. Nessa longa meditação histórica, o autor se serve de uma exegese que não é mais do nosso gosto, e os pensamentos que ele aí desenvolve, como a tese que quer defender, deixam até indiferente o leitor moderno. O caso é diferente, porém, nos capítulos que precedem, Sb 1–9; neles o cristão pode ainda encontrar um alimento espiritual de preclara qualidade.

O autor, um hebreu helenista, mas antes de tudo um sábio de Israel, expõe reflexões profundas sobre a imortalidade que mostram o resultado de um longo esforço de especulação sapiencial. Para ele, o problema angustiante da retribuição divina encontra finalmente a própria solução: ele ensina as sanções de além-túmulo e insiste numa bem-aventurança de ordem principalmente espiritual. Justiça deve ser feita. Há uma remuneração para a santidade, uma recompensa para as almas puras (Sb 2,22; 3,14; 5,15); mas, ao contrário dos sábios que o precederam, o autor ensina que essa recompensa consiste numa vida eterna (Sb 5,15), no gozo de uma bem-aventurança sem fim. "Deus criou o homem para ser incorruptível" e é somente "pela inveja do diabo que a morte entrou no mundo" (Sb 2,23-24). Essa bem-aventurança eterna, fruto das obras boas (Sb 3,13.15), o nosso sábio a descreve principalmente servindo-se das expressões tradicionais com as quais nos salmos eram celebradas as alegrias da intimidade com Deus; os justos viverão para sempre (Sb 5,15) e compreenderão finalmente a verdade (Sb 3,9). Coroados para sempre e triunfantes (Sb 4,2), "julgarão as nações e dominarão os povos e o Senhor reinará sobre eles para sempre" (Sb 3,8). Além disso, o reino e a glória do Senhor serão deles (Sb 5,16). Tirados de um mundo mau (Sb 4,10-14), "eles estão na paz" (Sb 3,3) e no repouso (Sb 4,7). Mas habitarão sobretudo junto ao Senhor (Sb 6,19) no amor (Sb 3,9) e terão "um quinhão mais delicioso no Templo do Senhor" (Sb 3,14); o Altíssimo cuidará deles (Sb 5,15), os protegerá (Sb 4,15) e os encherá de graça e de misericórdia (Sb 3,9). Essa felicidade eterna é de tal preço que o significado tradicional da morte é transformado: a morte do justo, ainda que prematura, não é a desgraça ou a infâmia que se imaginam a maior parte dos homens. Ela não é senão uma aparência de morte, uma graça providencial que subtrai à tentação e ao contágio do mal (Sb 3,2; 4,7-17; 5,4). Revolução de conceitos que não teria sido imaginada um século antes. Toda essa doutrina é sublime. Não envelheceu. Confirmada e enriquecida pela revelação de Cristo, é capaz de nutrir abundantemente a esperança do povo cristão em marcha para a eternidade.

A mesma nobreza marca o ensinamento do livro a respeito da sorte reservada aos ímpios. Eles "convidaram o Hades. Tomando-o por amigo, languescem por ele e com ele firmaram pacto: de fato, são dignos de pertencer a seu partido" (Sb 1,16). Aqui mesmo na terra, apesar das aparências, a sorte deles não tem nada de invejável. Um desespero e um pessimismo secreto os animam (Sb 2,1-9); "sua esperança é vã e seus esforços, sem valor" (Sb 3,11); não sentem nenhuma alegria na sua família (Sb 3,12), e a vida deles, ainda que se prolongue, está destinada ao opróbrio (Sb 3,17). Mas é no além-túmulo que o castigo reservado aos ímpios assumirá todo o seu rigor. Sua parte será a dor e o opróbrio sem fim (Sb 4,19), o lamento desesperado e impotente pelas loucuras cometidas no passado (Sb 5,2-13).

O autor corrobora essa doutrina sobre as retribuições e sobre a imortalidade com pontos de vista penetrantes sobre a providência, sobre as relações do homem com Deus e, sobretudo, sobre a Sabedoria personificada. Deus criou o mundo com sua sabedoria (Sb 9,2). Continua a cercá-lo com uma providência que jamais se cansa (Sb 17,2; cf. também 6,7; 14,3). O homem é filho de Deus (Sb 2,13.16.18; 5,5 etc.); ele é criado para a imortalidade (Sb 1,14; 2,23), e as suas relações com o Criador deveriam ser relações de graça e de amor (Sb 3,9-10). Nada, pois, é fruto do acaso e tudo é regulado por uma vontade benévola e justa. A sabedoria é o instrumento dessa bondade de Deus para com suas criaturas. É ela que salva os homens (Sb 9,18) e dirige os acontecimentos da história (Sb 10–19). "Eflúvio do poder de Deus", "reflexo da luz eterna", "imagem da bondade de Deus" (Sb 7,25-26), "a Sabedoria é um espírito benévolo" (Sb 1,6) que é dado aos homens para torná-los santos e ajudá-los a encontrar Deus (Sb 1,1-5). Os homens, portanto, deverão procurá-la e pedi-la a Deus (Sb 8,9–9,18), porque sem ela não serão instruídos no que agrada ao Senhor nem, consequentemente, se salvarão (Sb 9,17-18).

Ensinamento admirável que abre perspectivas infinitas à piedade dos homens e que prepara imediatamente a revelação da providência de amor em Cristo, da filiação divina e do dom de graça do Espírito Santo, fundamentos todos da espiritualidade cristã. O resultado final de um esforço secular de observação e de pensamento, que viu os sábios inspirados de Israel elevar-se progressivamente das intuições elementares em relação a Deus e ao homem até à magnífica formulação dos mistérios da providência, da retribuição e da imortalidade que há pouco admiramos. O Livro da Sabedoria oferece ao leitor da nova aliança um ensinamento espiritual válido e permanente. Esse ensinamento, todavia, exige ser recebido por espíritos agora atentos à voz da Sabedoria encarnada. Jesus é "maior que Salomão" (Mt 12,42) e na sua revelação a sabedoria dos filhos de Israel encontra finalmente a plenitude que vinha procurando na noite.

BIBLIOGRAFIA. ADINOLFI, M. *Il senso dell'economia paleotestamentaria e il libro della Sapienza*. In *Costituzione conciliare "Dei Verbum"*. Brescia, 1970, 321-342; BEAUCAMP, E. *I saggi d'Israele, guida all'esperienza di Dio*. Milano, 1965; CANTORE, E. *La Sapienza biblica, ideale religioso del credente*. Rivista Biblica Italiana 8 (1960) 1-9.129-143.193-205; CASTELLINO, G. *Sapienza babilonese*. Torino, 1962; *Les sagesses du Proche-Orient Ancien*. Paris, 1963; COLLINS, J. J. *The root of immortality. Death in the context of the jewish wisdom*. Harvard Theological Review 71 (1978) 177-192; CURTIS, J. B. *On Job's eesponse to Yahwe*. Journal of Biblical Literature 98 (1979) 497-511; DUBARLE, A. M. *Les sages d'Israël*. Paris, 1946; DUESBERG, H. – FRANSEN, J. *Les scribes inspirés*. Maredsous, 1966; GONZALEZ, N. A. *El consejo del sabio. Una moral de índole humanista*. Moralia 6 (1984) 497-524; GORDIS, R. *Kohelet. The man and his world. A study of Ecclesiastes*. New York, ³1973; GOZZO, S. M. *Il libro dei Proverbi*. Treviso, 1965; GUILBERT, M. *Volonté de Dieu et don de la Sagesse*. Nouvelle Revue Théologique, 93 (1971) 145-166; ID. *La critique des dieux dans le Livre de la Sagesse*. Roma, 1973; GUTIERREZ, G. *Parlare di Dio a partire dalla sofferenza dell'innocente. Una riflessione sul libro di Giobbe*. Brescia, 1986; HADOT, J. *Penchant mauvais et libre dans la sagesse de Ben Sira*. Bruges, 1970; HENGEL, M. *Judaism and hellenism*. London, 1974, 107-254, I; JOHNSON, J. E. *The contribution of Proverbs to ethics*. Dallas, 1984; KAISER, O. *Der Mensch unter dem Schicksal. Studien zur Geschichte, Theologie und Gegenwartsbedeutung der Weischeit*. Berlin, 1985; *La Sagesse de l'AT*. Gembloux-Leuven, 1979; LANG, B. *Wisdom and the Book of Proverbs*. New York, 1986; LARCHER, C. *Études sur le livre de la Sagesse*. Paris, 1969; LAUHA, A. *Kohelet*. Neukirchen-Vluyn, 1978; LEVÊQUE, J. *Job et son Dieu. Essai d'exégèse et de théologie biblique*. Paris, 1970, I-II; LUBSCZYK, H. *Il libro di Giobbe*. Roma, 1971; MÜLLER, H.-P. *Theonome Skepsis und Lebensfreude. Zu Koh 1,12–3,15*. Biblische Zeitschrift 30 (1986) 1-19; PASQUETTO, V. *Mai piú schiavi!* Napoli, 1988, 195-223; PERANI, M. *Crisi della sapienza e ricerca di Dio nel libro di Giobbe*. Rivista Biblica 28 (1980) 157-180; PEREZ RODRIGUEZ, G. *Humanismo y religión en los sabios de Israel*. Salmanticensis 27 (1980) 5-33; PIFANO, P. *Nel grido di Giobbe il grido dell'uomo contemporaneo*. Asprenas 31 (1984); POPE, M. H. *Job*. Garden City-New York, ³1973; RAD, G. von. *La Sapienza in Israele*. Torino, 1975; RAVASI, G. *Giobbe*. Roma, ²1984; RODRIGUEZ OCHOA, J. M. *Experiencia del mal y misericordia de Dios. Trayectoria de un proceso teológico en la literatura sapiencial israelita*. La Ciudad de Dios 183 (1970) 5-37; *Sagesse et religion*. Paris, 1979; SCHÖKEL, A. L. – SICRE, J. L. *Giobbe*. Roma, 1985; *Sophia*. In *Grande Lessico del Nuovo Testamento* XII, 695-856; STEINMANN, J. *Le livre de Job*. Paris, 1955; TOURNAY, L. *Le procès de Job ou l'innocent devant Dieu*. La Vie Spirituelle, 95 (1956) 339-354; VATTIONI, F. *Ecclesiastico. Testo ebraico con apparato critico e versione greca, latina e siriaca*. Napoli, 1968; VELLA, J. *Il redentore di Giobbe*. Rivista Biblica Italiana 13 (1965) 161-168; VELLANICKAL, M. *Problem of suffering in the Book of Job*. Biblebhashyam 4 (1978) 292-311; WEIDEN, W. A. van der. *Le livre des Proverbes*. Roma, 1970; WILLIAMS, N. B. *A biblical theology of Ecclesiastes*. Dallas, 1984; WILSON, G. A. *"The words of the wise". The intent and significance of Qohelet 12:9-14*. Journal of Biblical Literature 103 (1984) 175-192; WINSTON, D. *The Wisdom of Solomon*. Garden City-New York, ²1981.

G. HELEWA

SATANÁS. → DIABO.

SAVONAROLA, JERÔNIMO. 1. NOTA BIOGRÁFICA. Nascido em Ferrara, em 1452, encaminhado aos estudos humanísticos, Savonarola dedicava-se com consciente predileção ao estudo da filosofia aristotélico-tomista. Tendo entrado na Ordem dominicana em Bolonha (1475) e ordenado sacerdote, dedicou-se à pregação, logo notada em San Gimignano (1485-1486) pelo tom apocalíptico e profético, chegando de repente ao palco da opinião pública e se inserindo idealmente na vida social e política. Iniciava, então, uma vida dinâmica e intensa. Além de compor escritos espirituais (*Sobre a vida individual*, *Sobre a humildade*, *Sobre o amor de Jesus Cristo*), pregava em San Marco di Firenze o Apocalipse, depois, em Santa Maria del Fiore, as profecias de

Jeremias (1491), fazendo estremecer o público com a descrição dos flagelos iminentes. Em 1494 comentava o Gênesis e depois dos conhecidos fatos relativos à proibição de pregar voltava ao púlpito de Santa Maria del Fiore. Tinha predileção especial pelos profetas do Antigo Testamento, que comentava (Amós, Maqueias, Ezequiel). Outros escritos espirituais são: *Tratado contra os astrólogos. De veritate prophetica, Trattato sobre o regimento da cidade de Florença. Triunfo da cruz, Comentário ao Miserere.* No dia 23 de maio de 1498, foi enforcado, juntamente com dois dominicanos, na praça da Signoria, em Florença.

2. DOUTRINA. A personalidade muito complexa de Savonarola sempre foi objeto de avaliações contrastantes: um santo para alguns, um rebelde para outros, para outros ainda, um herético. Sobre sua santidade não há dúvidas: tendo vivido num clima de renascimento paganizante, Savonarola não quis se dobrar a um conformismo moral e espiritual. Foi justamente seu anticonformismo radical e seu espírito evangélico, de que desejou dar um testemunho concreto, que o levou ao patíbulo. Savonarola é o último mártir da Idade Média, um dos grandes precursores dos reformadores católicos do século XVI e é significativo o fato de que até o Concílio de Trento muitos dominicanos e não poucas dominicanas claustrais se referem a ele e a seu espírito reformador.

Como fundamento especulativo do seu programa ascético e do seu misticismo há, de um lado, a condenação paulina do mundo e, de outro, a típica exigência medieval da unidade, segundo o qual o momento escatológico-religioso unifica, subordina a si e harmoniza qualquer outro aspecto da vida e da atividade humana. Nesse âmbito é compreensível a sua desconfiança pela ciência profana e pela filosofia pagã, bem como o seu rigorismo místico-ascético que se concretizava no célebre costume da "queima de vaidades". E é sem dúvida muito complexo e difícil estabelecer em que medida Savonarola é homem da sua época e homem da Idade Média. Com efeito, se a sua religiosidade parece se ressentir da instância anti-intelectualista do humanismo florentino e divergir assim da escolástica aristotélica, não há, todavia, traço algum de influência sobre ele de doutrinas humanísticas; ao contrário, é clara em relação às teorias filosóficas e teológicas a sua origem de Santo Tomás, de Santo → ALBERTO MAGNO e de Aristóteles. Talvez fosse melhor dizer que a figura de Savonarola se enquadra rigorosamente na ânsia de renovação ético-religiosa tão frequente em algumas correntes e ambientes medievais, quando revive nele um espírito patrístico e, sob certos aspectos, agostiniano na acentuação soteriológica do problema do homem e da vida (concomitantemente com análogas exigências do humanismo florentino) inserido, todavia, numa estrutura doutrinal tipicamente escolástica.

A sua doutrina espiritual, ancorada na concepção medieval, antecipa temas modernos em diversos problemas, especialmente no que se refere à doutrina sobre a oração. Demonstra-o sua influência sobre os escritores e santos da Espanha, de Portugal e da Itália. O *Livro de oração e meditação* (1554), de Luís de → GRANADA, que tanto contribuiu para a formação de Santa Teresa de Ávila, e o *Itinerário da oração*, do franciscano Francisco de Evia, devem muito aos dois tratados de Savonarola sobre a oração.

Os motivos espirituais a que Savonarola retorna com mais frequência são a → IMITAÇÃO DE CRISTO, a graça e a oração. A vida cristã é essencialmente "uma imitação de Cristo", e a graça, que nos é merecida por ele, deve ser aumentada nele. Além dos sacramentos, a oração é "a mais próxima aptidão e disposição para aumentar o dom da graça e da caridade". Mas, se é verdade que na estrutura Savonarola é tradicionalista (*lectio, meditatio, oratio*), é também verdade que no desenvolvimento da *oratio* e na análise da *meditatio* revela-se como um dos precursores da oração metódica. A última etapa é a contemplação, e para Savonarola toda forma de contemplação deve se inspirar na Escritura e implica a passagem por sete etapas: afastamento afetivo do mal, firmeza do "bom propósito", perdão das ofensas recebidas, renúncia a toda "afeição terrena", → CONFORMIDADE À VONTADE DE DEUS, "contínua conversação sobre o céu e desejo de chegar ao reino dos bem-aventurados". Somente então a união transformadora se tornará um fato real: "cada vez mais a alma se transforma na semelhança com Deus".

BIBLIOGRAFIA. COLOSIO, I. I mistici italiani dalla fine del Trecento ai primi del Seicento. In *Grande Antologia Filosofica.* Milano, 1964, 2.148-2.166, IX; FERRARA, M. *Biblioteca savonaroliana.* Firenze, 1958; ID. *Savonarola.* Firenze, 1952, 2 vls.; GUALTIERI, A. The poetics of asceticism: Savonarola's poetry in the light of his theory of art. *Rivista di Storia e Letteratura Religiosa* 21 (1985) 77-113; GUIDI, R.

Colombini, Bernardino da Siena e Savonarola: uomi e simulacri. *Benedictina* 35 (1988) 372-427; HUERGA, A. Aproximación a la espiritualidad de Savonarola. *Angelicum* 60 (1983) 80-96; ID. Savonarola, reformador y profeta. *Palestra del Clero* 57 [Madrid] (1978) 558-412; KLEIN, R. *Il processo di Girolamo Savonarola*. Bologna, 1960; RIDOLFI, R. *Vita di fra Girolamo Savonarola*. Roma, 1952, 2 vls.; ROVASENDA, E. di. *Savonarola moralista, mistico, profeta*. Atti e Memorie della Deputazione Ferrarese das Storia Patria, 1952-1953; SCALTRITTI, G. A. La vita religiosa nel pensiero di G. Savonarola. *Renovatio* 16 (1981) 393-449; SORANZO, G. *Il tempo di Alessandro VI papa e di fra Girolamo Savonarola*. Milano, 1960; STEINBERG, R. M. *Fra Girolamo Savonarola, florentine art and Renaissance historiography*. Ohio University Press, 1977.

D. ABBRESCIA

SCARAMELLI, JOÃO BATISTA. 1. NOTA BIOGRÁFICA E OBRAS. Nasceu em Roma, no dia 23 de dezembro de 1687. Em 1706 entrou para a Companhia de Jesus. Ensinou gramática, retórica, filosofia e teologia. Por vinte e seis anos foi missionário popular e pregador de → EXERCÍCIOS ESPIRITUAIS em muitíssimas comunidades religiosas. Escreveu biografias e tratados de ascética e de mística. Morreu no dia 11 de janeiro de 1752, em Macerata. Enquanto ainda vivo, teve publicada apenas a *Vida de sor Maria Crocifissa Satellico* (Veneza, 1750). Chegada à quarta edição, a obra foi posta no Índice, porque pareceu que Scaramelli se adiantaria ao juízo da Igreja, insistindo demais sobre a santidade de Satellico. Tiradas certas afirmações muito categóricas, a biografia foi livremente reimpressa. Depois de sua morte, saíram: *O discernimento dos espíritos* (Venezia, 1753), *Diretório ascético* (Veneza, 1754), *Diretório místico* (Veneza, 1754), *A doutrina de São João da Cruz* (Veneza, 1815). Há poucos anos foi descoberta num manuscrito e reivindicada para Scaramelli uma *Vida da serva de Deus Angela Cospari* (*Archivum Historicum Societatis Iesu* 2 [1933]). A publicação póstuma das principais obras de Scaramelli parece devida aos revisores da Companhia. Grassavam naquela época as polêmicas sobre o → QUIETISMO, os inimigos da Companhia cresciam por toda a parte, as matérias tratadas por Scaramelli eram muito delicadas: daí a perplexidade a respeito da autorização para as imprimir. Mas apenas publicadas, obtiveram tal sucesso de aceitação e de difusão que fizeram de Scaramelli um clássico da espiritualidade. O *Diretório ascético*, traduzido para o francês, alemão, inglês, espanhol e latim, teve mais de sessenta edições e numerosos extratos ou compêndios. Igual êxito conseguiu o *Diretório místico*, com o qual se publicava, como parte integrante, *O discernimento dos espíritos*, e que foi julgada a mais importante e original de suas obras. Scaramelli compôs essas três obras sob o estímulo da experiência adquirida durante os anos de ministério. Encontrava por toda parte almas necessitadas de serem dirigidas no caminho ordinário da ascética e extraordinário da mística, mas não encontrava diretores adequadamente preparados para isso. Daí o objetivo dos dois *Diretórios*: a formação de bons e iluminados guias espirituais (*Diretório ascético*, Introdução; *Diretório místico*, I, c. 1). Será útil acrescentar que, além do estudo dos grandes autores, Scaramelli valeu-se muito dos dados reunidos por seus contatos com almas não comuns encontradas no seu caminho e das suas experiências pessoais: era também ele um místico. Diante de assuntos muito difíceis e escabrosos, gostava de pedir conselho aos mais peritos do tempo (*Archivum...*, 255). *O discernimento dos espíritos* é uma ampla e aguda ilustração da doutrina de Santo Inácio sobre a matéria e Scaramelli considera "adequado o presente livro aos diretores das almas mais que a qualquer outro" (Introdução). *A doutrina de São João da Cruz* é uma sucinta e claríssima exposição da doutrina do Doutor espanhol, com o objetivo — diz ele — "de levar a alma sem impedimento e empecilho à união mística e fruitiva com Deus, segunda as doutrinas firmíssimas que a respeito deixou aquele grande místico" (Introdução).

2. DOUTRINA. Vamos agora observar as duas obras principais. Em primeiro lugar, as características de Scaramelli são a sistematicidade, a clareza, a segurança da doutrina, da qual os autores discordam em apenas alguns pontos. Com relação ao tempo em que escrevia, Scaramelli tem uma perfeição que não se encontra em outros. Outro elemento que dá a essas duas obras um caráter de original praticidade se deve às "advertências ao diretor", que faz seguir como conclusão de todo estudo teórico e descritivo. Scaramelli insiste muito sobre a necessidade da → DIREÇÃO ESPIRITUAL: Deus, porém, costuma suprir nos casos de absoluta falta dessa direção (*Direttorio ascetico*, t. I, a. 3; *Direttorio mistico*, t. I, c. 1). Além disso, uma é a direção das almas que caminham pela via da ascese, outra é a das almas que avançam pelos caminhos da mística. O ponto de partida: verificar se na alma que se dirige há um desejo sincero da perfeição (*Direttorio ascetico*, t. I, a. 1). Ponto de chegada: o amor de Deus, a ser conquistado na via de uma rigorosa conformidade com o querer divino e mediante a prática de todas as virtudes cardeais, teologais etc., que ele vai expondo, uma a uma, com profundidade e segundo uma ordem mais lógica do que a de Rodríguez (*Ibid.*, tt. III e IV). Padre Scaramelli reprova uma direção estereotipada e padronizada: o diretor deve se adaptar aos diferentes temperamentos — que são descritos por Scaramelli —, às diferentes condições de vida, aos diferentes estágios em que se encontra o penitente — incipiente, proficiente, perfeito —, às reais possibilidades de rendimento: calcular segundo a medida da graça, jamais segundo o critério pessoal ou a pressa do próprio diretor (*Ibid.*, t. III, a. 4). Vigilância sobre todas as formas de ilusões que possam fazer desviar o penitente. Por isso, insiste muito sobre a abertura que ele deve ter em relação ao diretor e sobre a obediência humilde e total às orientações dele; mas não fala de voto de obediência (*Ibid.*, t. I, a. 3, cc. 4 e 5). Insistir nessa total dependência é hoje considerado um exagero; mas Scaramelli a considerava como refúgio seguro contra as insídias do falso misticismo e como um banco de prova para distinguir se um penitente, especialmente em coisas extraordinárias, era movido pelo espírito bom ou pelo das trevas (*Ibid.*, t. III, a. 7, c. 9). Ao mesmo tempo, põe o diretor de sobreaviso para que seja um guia, não um obstáculo ao trabalho da graça. Estimular, mas não impor os próprios gostos. Os meios são os costumeiros: → LEITURA ESPIRITUAL, oração, meditação, → EXAME DE CONSCIÊNCIA, → PRESENÇA DE DEUS, confissão, comunhão frequente, devoção a Nossa Senhora (*Ibid.*, t. I, aa. 5-11). Exceto a clareza que lhe é costumeira, nada de original ao descrever os obstáculos à perfeição e os meios para superá-los (*Ibid.*, t. II). Condição indispensável de todo progresso é o *vince te ipsum*, sobre o qual se apoia totalmente o *Diretório ascético*. Na análise das paixões e dos sentimentos, para assinalar os perigos e aconselhar seus remédios, Scaramelli revela segurança de intenção e conhecimentos válidos, em grandíssima parte, também para o exame da psicologia moderna.

Muitos princípios de direção espiritual expostos no *Diretório ascético* voltam obviamente no *Diretório místico*. É essa a obra em que Scaramelli, com reconhecimento unânime dos autores de espiritualidade, se mostra "profundamente versado não somente no que ele chama de teologia mística doutrinal, mas muito mais na experimental". Depois de um primeiro tratado de conhecimentos preliminares, tirados da psicologia e da teologia, passa a tratar da → CONTEMPLAÇÃO em geral: natureza, princípios que a produzem, suas propriedades, efeitos, disposições necessárias. No tomo III ocupa-se dos diversos graus da contemplação infusa e que procedem de conhecimentos indistintos. No tomo IV fala dos graus da própria contemplação infusa e que procedem de atos distintos e claros. O último tomo é todo dedicado às purificações passivas do sentido e do espírito.

Scaramelli, da mesma forma como distingue dois caminhos para chegar à perfeição, um ascético, outro místico, também no último distingue a contemplação adquirida e a infusa (*Direttorio mistico*, t. II, c. 7). A contemplação adquirida "é aquela que pode ser por nós conseguida com os nossos engenhos ajudados pela graça e especialmente com o longo exercício da meditação, embora, a rigor, nem a tais diligências ela seja devida" (*Ibid.*). A contemplação infusa "é aquela que, embora ordinariamente pressuponha no sujeito uma disposição remota, não depende de nenhuma sua perícia e diligência próxima, mas somente do arbítrio de Deus" (*Ibid.*). Scaramelli tem grandíssima estima por tudo o que a graça produz nas almas nos caminhos da contemplação infusa (*Ibid.*, t. II, c. 1); lamenta os diretores que não a estimam suficientemente; mas não a considera necessária para atingir a perfeição: essa última consiste na caridade e pode ser atingida pela via ordinária da ascética (*Ibid.*, t. II, c. 22). Enquanto o *Diretorio ascético* recomenda ao diretor que estimule a alma no caminho da perfeição, no *Diretório místico* o põe de sobreaviso para não tomar ele a iniciativa, mas apenas dirigir o penitente, quando se der conta de que é verdadeiramente chamado para a vida da contemplação (*Ibid.*, t. II, cc. 1-2). Com a mesma força recomenda não afastar a alma dessa via, unicamente pelo temor das ilusões: isso não aconteceria sem o castigo de Deus (*Ibid.*). Também aqui Scaramelli recomenda o critério da adaptação, não existindo uma alma semelhante à outra, nem regra fixa nem passagem de um a outro grau místico. O próprio Deus parece se adaptar à diversidade das pessoas e do temperamento. O que chama por vias extraordinárias são sujeitos de boa índole, mansos, tranquilos, dóceis (*Ibid.*, t. II, c. 21); não se encontram, porém, nesses caminhos extraordinários as pessoas de fantasia viva, tendentes a fixação, a melancolia (*Ibid.*). Mas se um sujeito conseguisse ter pleno domínio sobre si mesmo, essa exclusão das vias místicas não seria realmente absoluta. Na dúvida sobre ser lícito ou não desejar a contemplação infusa, Scaramelli é pela resposta positiva; mas esse desejo deve ser humilde e com abandono ao beneplácito divino. É preferível, todavia, que a alma se considere indigna a respeito e esteja em total indiferença sobre se Deus a quer conceder ou não (*Ibid.*, t. III, c. 32). Normalmente, quando o Senhor quer conceder semelhantes dons, suscita ele próprio na alma desejos intensíssimos (*Ibid.*). Quanto a obstacularizar as almas que vão se dispondo generosamente ao livre dom de Deus, Scaramelli atribui grande importância à ação demoníaca, chegando a admitir formas hoje recusadas pela boa psicologia, salvo as ainda reconhecidas e contra as quais a Igreja ajuda com seus exorcismos. Diante de fenômenos extraordinários que costumam se verificar nas almas místicas, Scaramelli recomenda ao diretor que não seja nem muito crédulo nem inflexivelmente cético (*Ibid.*, t. IV, c. 4 e *passim*). Ele é um mestre que inspirou confiança e é incalculável a influência sobre os autores de ascética e mística

BIBLIOGRAFIA. CONTE, S. La pratica della direzione spirituale nello Scaramelli. *La Scuola Cattolica* 72 (1944) 40-57.111-127; HOGUE, L. A. *The mystical directory of F. G. B. Scaramelli*. Roma, 1937; ID. Scaramelli. In *Dictionnaire de Théologie Catholique* XIV, 1.259-1.263; MARCHETTI, O. Un'opera inedita su di una mistica del 700 attribuita al padre Scaramelli. *Archivum Historicum Societatis Iesu* 2 (1933) 230-257; TOGNETTI, L. *Direttorio ascetico di G.B.S.* Introduzione. Roma, 1942.

D. MONDRONE

SCUPOLI, LOURENÇO. 1. NOTA BIOGRÁFICA.

Dada a pobreza das fontes, quase nada se sabe dos seus primeiros quarenta anos de vida. Nascido em Otranto, por volta de 1530, de família bem abastada, aplicou-se ao estudo das letras a ponto de adquirir uma cultura não comum para os homens do seu tempo. Em 1569, foi admitido como postulante no convento de San Paolo Maggiore di Napoli, dos → CLÉRIGOS REGULARES (teatinos). No dia 4 de junho desse mesmo ano recebeu a tonsura clerical e um ano depois as quatro ordens menores. Sob a direção de Santo Andrea Avellino começou, em 1º de janeiro de 1570, o ano de noviciado, e do mês de maio em diante teve como mestre o padre Jerônimo Ferro. No dia 25 de janeiro de 1571 fez a profissão solene na Ordem dos → TEATINOS, mudando seu nome de Francisco para Lourenço. Nas têmporas de Pentecostes de 1572 recebeu o subdiaconato e em setembro de 1573 foi ordenado diácono. No ano seguinte foi destinado à casa de Piacenza, dirigida por Santo Andrea Avellino, e aí foi ordenado sacerdote, no Natal de 1577. Em meados do ano seguinte, juntamente com o próprio Avellino, passou para a casa de Milão; três anos depois, em 1581, foi destinado à casa de San Siro di Genova, onde teve ocasião de exercer uma heroica assistência em favor dos enfermos dos sobreviventes da peste de 1579. Gravemente caluniado por uma culpa que ficou ignorada, foi condenado pelo Capítulo geral de 1585 a um ano de cárcere e degradado aos ofícios dos simples irmãos coadjutores. Scupoli submeteu-se exemplarmente à dura pena, que lhe foi perdoada somente 25 anos mais tarde, em maio de 1610. Em meados de 1588, foi transferido de Gênova para Veneza, onde, no ano seguinte, apareceu, anônimo, o seu livreto *Combattimento spirituale*. Nos anos de 1589 a 1591 foi muitas vezes a Pádua, onde provavelmente se encontrou com São → FRANCISCO DE SALES. Por volta de 1598, Scupoli foi destinado a Nápoles, onde, em 28 de novembro de 1610, morreu em fama de santidade na casa de San Paolo Maggiore.

2. OBRA. O *Combattimento spirituale*, na sua primeira edição, Veneza, 1589, contava somente 24 capítulos; no mesmo ano apareceu a segunda edição, com 33 capítulos; em 1599, em Nápoles, saiu com um aumento de outros 27. No final de 1610, em Bolonha, publicou-se a primeira edição (depois de mais de 50 anos como anônimo) com o nome de Scupoli. O texto mais difundido é o de 66 capítulos, que apareceu pela primeira vez na edição de Roma, Mascardi, 1657, preparada pelo teatino Carlo de Palma sobre as melhores edições anteriores e sobre os manuscritos do autor. As atribuições do livro ao beneditino espanhol Juan de Castañiza († 1599) e ao jesuíta italiano Achille → GAGLIARDI († 1607) devem ser consideradas falsas, não havendo nenhum argumento sério que as sustente. A obra é atravessada

por um dos motivos clássicos da ascética cristã: o da luta interior. Embora se encontrem no tratado influências da espiritualidade inaciana e franciscana, os caracteres das principais correntes espirituais do século XVI italiano são tão conhecidos que o livro deve ser considerado síntese do ascetismo da reforma católica, caracterizada em grande parte pela espiritualidade dos clérigos regulares.

Scupoli expõe um plano metódico de combate contra si mesmo e conta as paixões para chegar ao amor puro de Deus. O livro pode ser dividido em quatro partes segundo as quatro armas principais que se aconselham: a desconfiança de si, a confiança em Deus, o exercício, a oração. A terceira parte, a do exercício, é a mais extensa e a mais importante e nela o autor parece verdadeiramente original: sozinha, justifica o título da obra. Como sutil psicólogo, Scupoli ordena o combate: a) contra os defeitos da inteligência; b) contra os defeitos da vontade; c) contra as paixões; d) contra os defeitos dos sentidos; e) contra os enganos do demônio; f) para conquistar as virtudes. Mas toda a luta seria destinada ao fracasso sem a arma da oração, com a qual "porás a espada nas mãos de Deus, para que combata e vença por ti" (*Ibid.*, c. 44). Recomenda-se vivamente o exercício da → MEDITAÇÃO, sugerindo alguns dos seus métodos, a comunhão frequente e a devoção a Nossa Senhora. O livro termina com um insistente convite a ser constante na luta: "É uma batalha que, como não termina senão com a vida, também não pode nos escapar; e quem não combate, necessariamente acaba preso ou morto" (*Ibid.*, c. 61). Scupoli encerra suas páginas com um mote escriturístico que reflete o espírito que as anima: "*Pugnabis contra eos usque ad internecionem!*" (1Rs 15,18).

Embora a obra não seja um tratado completo da vida espiritual, ela é sempre como uma das mais valiosas joias literárias na história da espiritualidade católica. É bem conhecida a particular estima que por ela teve Francisco de Sales e a influência benéfica do pequeno livro sobre sua espiritualidade, como fazem observar todos os seus biógrafos. O prestígio e a notoriedade do santo bispo de Genebra contribuíam não pouco para a grande difusão que obteve a obra de Scupoli, sobretudo na França. Até nossos dias, as suas versões e reedições seguiram-se sem interrupção. E também em várias Igrejas ortodoxas orientais, como a bizantina, a grega e a russa, é tido em grande estima o *Combattimento spirituale*, mas apresentado erroneamente como obra de Nicodemos Agiorita.

Outras obras são: *Aggiunta al Combattimento spirituale*, de 38 breves capítulos, e os dois opúsculos: *Del modo di consolare e aiutare gli infermi a ben morire*, e *Il modo di recitare la corona della Madonna*. A ele foram erroneamente atribuídos, e muitas vezes publicados junto com o *Combattimento*, os tratados: *De'dolori mentali di Cristo nella sua Passione*, da beata Camilla Battista da Varano di Camerino, e *Della pace interiore ovvero Sentiero del paradiso*, do franciscano espanhol Juan de Bonilla.

BIBLIOGRAFIA. ANGELIS, D. de. *Le vite de' letterati salentini*. Napoli, 1713, 7-16, t. II; D'ALENÇON, U. Des influences franciscaines sur l'auteur du "Combat spirituel". *Études Franciscaines* 27 (1912) 72-83; *Dissertatio historica apologetico-critica de aureo libro cui titulus Combatimento spirituale*. Verona, 1747 (atribuída a SAVONAROLA, I. R. – CONTINI, T.); FONTANINI, G. – ZENO, A. *Biblioteca dell'eloquenza italiana*. Parma, 1804, 494-498, t. II; LAJEUNIE, E. M. S. *François de Sales. L'homme, la pensée, l'action*. Paris, 1966, 165-174, vl. I; Le edizioni del "Combattimento spirituale" dal 1589 al 1610, vivente il suo autore. In *Studi di bibliografia e di storia in onore di Tammaro De Marinis*. Verona, 1964, 149-175; MAS, B. La atribución del "Combate espiritual" a Juan de Castañiza, OSB († 1599). *Regnum Dei* 13 (1957) 24-38; ID. *La spiritualità teatina*. Roma, 1951, 17-27 [Publicado também em *Regnum Dei* 7 (1951) 64-74]; Notas sobre la atribución del "Combate espiritual" a Juan de Castañiza. *Ilustración del Clero* 55 (1962) 596-608; PAPÀSOGLI, B. *Gli spirituali italiani e il "Grand Siècle"*. Roma, 1983, 28-35; POURRAT, P. *La spiritualité chrétienne*. Paris, 1926, 358-368, III; Ros, F. de Aux sources du "Combat spirituel". Alonso de Madrid et L. Scupoli. *Revue d'Ascétique et de Mystique* 35 (1954) 117-139; SILOS, I. *Historiarum Clericorum Regularium*. Roma, 1855, 277-279, pars II; Palermo, 1866, 606, pars III; STEINER, B. Historisch-kritische Untersuchung über den Verfasser des "Geistlichen Kampfes". *Studien und Mitteilungen aus dem Benediktiner und Cistercienser Order* 17 (1896) 444-462; VEZZOSI, A. F. I *Scrittori de' Chierici Regolari detti Teatini*. Roma, 1780, 276-301, t. II; VILLER, M. Nicodème l'Hagiorite et ses emprunts à la littérature spirituelle occidentale. Le Combat spirituel et les Exercices de S. Ignace dans l'Eglise byzantine. *Revue d'Ascétique et de Mystique* 5 (1924) 174-177.

Cf. as introduções das várias edições do *Combattimento spirituale*, especialmente as de ANDREU, F. In *Enciclopedia Cattolica*, XI, 203-204; GROESCHEL, B. New York, 1978; MAS, B. In *Dictionnaire de Spiritualité*, XIV, fasc. XCII (1989); ID. Introdução a Lorenzo SCUPOLI. *Combattimento spirituale.* Cinisello Balsamo, 1989; MASOTTI, O. Paris, 1660; MERCIER, J. In *Dictionnaire de Théologie Catholique*, XIV, 1745-1746; MORTEAU, A. Paris, 1927; NERI, B. Torino, 1939; PALMA, C. di. Roma, 1657; SPINELLI, M. Milano, 1985; VOLPI, G. Padova, 1724, 1750.

B. MAS

SECULARIDADE

O substantivo "secularidade" — derivação do adjetivo "secular", que, por sua vez, provém do latim *saeculum* — é de origem moderna, tendo sido cunhado para designar a condição ou as características próprias das realidades que pertencem ao mundo ou ao século e, mais concretamente, o positivo valor cristão delas. Contrapõe-se, portanto, de uma parte, a termos como "secularização" ou "secularismo", que, de um modo ou de outro, designam o mundo que se afastou de Deus ou, pelo menos, da Igreja, e, de outra, o enfoque ou modos de falar que desprezam as realidades terrenas ou não reconhecem seu valor cristão.

Uma análise da literatura teológica permite ressaltar que o termo é usado em dois contextos distintos, que implicam significados relativamente diferentes:

a) Às vezes — assim acontece, por exemplo, nos estudos sobre o laicato por volta dos anos 1950 — a secularidade designa a condição própria dos → LEIGOS, quer dizer, a presença deles no mundo, a dedicação deles às ocupações e às tarefas temporais ou seculares. Sucessivamente, a partir de 1970, começou-se a falar de secularidade da Igreja, atribuindo-se ao termo um sentido mais amplo, mas conservando-se o significado original: continua a indicar a relação que as realidades cristãs têm com o mundo e com a história.

b) Em outros momentos — ou seja, nas discussões sobre o processo de secularização sofrido pela civilização ocidental nestes últimos séculos —, recorre-se a esse vocábulo para designar aquela disposição do espírito e, no fundo, aquele modo de entender o mundo e a história que afirmam ao mesmo tempo seja a consistência e o valor das atividades e das realidades temporais, seja a abertura do mundo à transcendência, evitando fechar a consciência numa visão restrita do mundo, vale dizer, no secularismo. Nesse contexto, portanto, fala-se de secularidade não com respeito à Igreja ou ao cristão, mas com respeito à cultura ou, mais exatamente, com respeito às concepções do mundo.

1. SECULARIDADE E IGREJA. Se, como acabamos de dizer, se falou antes de secularidade com relação ao leigo cristão comum, e somente depois em relação à cultura e, ainda mais tarde, à Igreja, seguiremos na nossa exposição a ordem inversa; caminharemos, enfim, não de modo histórico, mas sistemático.

O universo e a história são dirigidos por um desígnio divino que unifica e dá sentido a toda a realidade. Pode-se distinguir no universo diversas ordens e níveis, entre os quais existem diferenças e entre os quais se estabelecem várias relações, mas tudo isso não exclui, antes pressupõe a unidade do universo como nascido da decisão criadora de Deus e orientado para a consumação final à qual Deus o ordena. Mediante a Igreja, depositária da → PALAVRA DE DEUS, é revelada ao mundo a sua meta ou destino último e, com ele, o sentido profundo da história e de todas as coisas. Entre mundo e Igreja há, por isso, íntimas relações: o mundo deve olhar para a Igreja para conhecer plenamente o seu ser, e a Igreja deve se voltar para o mundo para lhe transmitir a palavra que Deus a ela confiou.

A Igreja não é somente palavra, mas também vida: a Igreja anuncia ao mundo a plenitude da doação de Deus ao homem. Esse mistério de comunhão é nela (ou seja, na Igreja) não somente anunciado, mas também antecipado, a fim de que a partir dela seja difundido a toda a humanidade. Também sob essa perspectiva, a Igreja não somente existe no mundo, mas está aberta ao mundo, ordenada ao mundo, para lhe comunicar a vida que recebeu e atraí-lo assim a Deus.

O que comporta essa comunicação de vida? Como se verifica? Não é necessário aqui tratar do tema, como é lógico, em toda a sua amplitude. Por isso lembraremos apenas que, embora o horizonte último do Evangelho seja sem dúvida escatológico, entre história e escatologia há diferenças e saltos, mas não heterogeneidade. A graça é um dom atual que deve transbordar para toda existência humana, individual e coletiva. A → ANIMAÇÃO CRISTÃ DO MUNDO, a realização da → JUSTIÇA, a promoção da dignidade do homem são realidades que testemunham a verdade da salvação concedia por Cristo, certamente sem exauri-la — pois a salvação transcende toda realização intra-histórica —, mas de certo modo manifestando a sua realidade. A missão da Igreja compreende, enfim — como ressalta a exortação apostólica *Evangelii nuntiandi*, nn. 25 ss. — não somente a pregação e a proclamação do Evangelho e o testemunho de vida, mas também a influência positiva sobre o temporal, a sua iluminação e vivificação por meio da graça.

Pode-se, portanto, falar, como fez Paulo VI em 1972, de uma "dimensão secular da Igreja" e também, se quisermos, de secularidade da Igreja, dando a essa afirmação um significado não puramente sociológico, mas teológico: a Igreja não vive num mundo que lhe é estranho, mas num mundo ao qual sabe ser enviada e ao qual anuncia e comunica a vida que ela mesma vive, manifestando com obras o amor de Deus e alimentando a expectativa da plena comunicação divina que terá lugar além da história.

2. SECULARIDADE E LAICATO. A afirmação de uma dimensão secular da Igreja, no sentido de que falamos, tem profundas consequências espirituais, uma vez que põe em evidência que todo cristão, seja qual for sua peculiar vocação ou ministério, deve se sentir aberto ao mundo, para o qual deve olhar com o amor com que Deus o olha, quer dizer, com amor redentor, que implica libertação do pecado e comunicação da graça. É toda a Igreja que salva o mundo, ou seja, que realiza a criação e é toda a Igreja que testemunha essa realidade, seja com sua pregação, seja com sua influência sobre o que é temporal.

É óbvio, ao mesmo tempo, que a participação de todo cristão nessa missão comum será diferente segundo a função pessoal ou o ministério recebido, de acordo com o princípio geral afirmado pelo Concílio Vaticano II: há na Igreja "unidade de missão" e "diversidade de ministérios" (cf. *AA* 2). Por isso, a referência ao mundo e o modo de contribuir para sua salvação serão diferentes, segundo a peculiar vocação recebida; por exemplo, um é o modo próprio do religioso, a quem cabe em virtude da sua consagração dar testemunho público do que é eterno; outro é o modo do sacerdote ou presbítero, ao qual compete agir em nome de Cristo cabeça; outro, enfim, é o modo do leigo, ao qual cabe tratar e ordenar segundo Deus os negócios temporais ou seculares (cf. *LG* 31).

Há por isso, no caso do leigo, uma dupla referência ao mundo, ao secular: o genérico, comum a todo cristão, e o próprio e específico, uma vez que contribui para a salvação do mundo justamente mediante a presença nas suas estruturas e plena participação nas tarefas e nas ocupações seculares. Nesse sentido, pode-se e deve-se dizer que a secularidade — ou a índole secular, *indoles saecularis*, como diz textualmente o Concílio: cf. *LG* 31; veja também *AA* 21 — é própria e específica dos leigos.

De resto, é óbvio que a palavra "secularidade" tem agora uma nuança muito diferente da utilizada nos parágrafos anteriores; significa, com efeito, não uma referência e uma responsabilidade com relação ao mundo entendidas de modo amplo e, por isso, susceptíveis de serem realizadas de formas muito diferentes — algumas das quais poderiam comportar também a distância sociológica de um mundo ao qual, todavia, de modo ontológico e cristão se está ligado —, mas uma real e efetiva presença no mundo, ou seja, nas estruturas da sociedade temporal. Mais ainda, um ser do mundo: o leigo, com efeito, não participa do mundo — da sociedade dos homens e das estruturas que a compõem — como de fora, mas de dentro do próprio mundo.

O → BATISMO confere ao cristão, a todo cristão, uma vida nova. Essa vida, que implica ruptura e separação do pecado, não implica de per si separação, nem material nem espiritual, das realidades próprias da ordem da criação; implica, antes, um aprofundamento do seu valor e do seu sentido à luz da compreensão do destino humano que a fé carrega consigo. No batismo, o mundo, precisamente o mundo no qual nasce como homem, é dado de novo ao cristão como objeto de missão, como realidade que deve assumir para orientá-la para seu destino transcendente: a comunhão com Deus em Cristo. A transcendência desse destino fundamenta a realidade do sacerdócio ministerial cristão, de que Cristo se serve para comunicar a todo o corpo da Igreja a vida que deve transmitir ao mundo, e torna possível a decisão de afastar-se da vida comum dos homens para testemunhar que o mundo está ordenado para algo que vai além da história. No caso do leigo, porém, e, portanto, da maioria dos cristãos, isso implica, antes, a participação da comum realidade humana e do que a constitui, testemunhando, de dentro de suas estruturas, a força vivificadora do amor de Cristo.

É isso o que o Concílio e numerosos tratadistas, antes e depois, pretendem dizer quando falam da secularidade como característica peculiar da condição leiga, dando assim ao termo, como já observamos, um conteúdo mais profundo do que o que tem quando é referido de modo genérico a toda a Igreja. Além disso, ressaltam que o termo "secularidade" não tem nem mesmo aqui — ou seja, em referência ao leigo — um alcance meramente sociológico, mas teológico. Com efeito, indica não mais ou não somente que a vida leiga se desenvolve em meio ao mundo, que o mundo e o conjunto das ocupações seculares constituem o âmbito no qual se dá a existência do cristão comum, mas que essas ocupações e as metas conexas são o termo ou o objeto que especifica a missão concreta à qual está destinado. Deus chama os leigos justamente para santificar o mundo, para infundir nas realidades temporais a linfa do Evangelho de modo que também nelas se reflita a força salvífica da graça. O mundo, as várias realidades humanas são, enfim, a matéria em que o novo espírito e a nova vida conferidos com o batismo devem se encarnar e tomar corpo.

Tudo isso tem uma importância tanto pastoral e eclesiológica quanto espiritual: implica, com efeito, que a vida espiritual do leigo não pode nem deve ser construída à margem das ocupações profissionais, familiares, sociais etc., mas entrelaçada com elas. Por isso, como afirmará o Concílio, a vida espiritual dos leigos — *laicorum spiritualis vitae ratio* — está destinada a assumir características particulares, partindo "do estado matrimonial e familiar, do estado de celibato ou de viuvez, da condição de doença, da atividade profissional e social" (*AA* 4). Ou, como disse um dos mais importantes promotores do apostolado leigo e secular, monsenhor Escrivá: "a vocação humana" é, para o cristão comum, "parte, e parte importante, da vocação divina" (*É Gesù che passa*, n. 46).

3. SECULARIZAÇÃO, SECULARISMO, SECULARIDE.

Deixemos a perspectiva eclesiológica e consideremos agora a segunda problemática que levou a falar de secularidade, vale dizer, a reflexão sobre a história da cultura e, mais concretamente, sobre o processo de secularização que atravessa a civilização ocidental. Esse processo constitui um fato inegável; pois bem, como interpretá-lo? Quais são a sua natureza e o seu alcance? Em termos mais precisos, é legítimo apresentar a história ocidental destes últimos séculos como o desenvolvimento de um processo de secularização de caráter unitário, ou é preciso antes reconhecer que nesse período se entrelaçam processos entre si muito diferentes?

Essa última é a resposta adequada. Uma atenta análise permite, com efeito, discernir pelo menos dois processos diferentes. Em primeiro lugar assistimos desde os albores da Idade Média a um progressivo desenvolvimento cultural que marca com sucessivos renascimentos a nossa história. Esse processo, por circunstâncias conjunturais — a queda do Império romano fez com que a cultura ficasse concentrada nas instituições eclesiásticas e monásticas — foi em parte um processo de lenta formação e de crescimento de instâncias leigas e seculares, que, enquanto afirmavam a sua personalidade, afirmavam ao mesmo tempo sua autonomia das personalidades eclesiásticas. Tudo isso não aconteceu sem tensões — nenhum processo profundo se consolida sem elas —, mas constitui uma evidente conquista não somente sob o ponto de vista cultural, mas também eclesial e cristão; com efeito, favoreceu a consciência do valor da vocação leiga e a peculiaridade da sua contribuição à missão da Igreja.

Um segundo e diferente fenômeno foi a difusão de enfoques naturalistas e racionalistas que, tendo se afirmado já no século XV, consolidam-se a partir do século XVII, assumindo primeiro formas deístas, depois agnósticas e, enfim, explicitamente ateias. À medida que os pensadores racionalistas procuraram interpretar a história europeia, apresentaram sempre esse processo sociocultural como vinculado ao próprio enfoque. Desse modo, a afirmação da autonomia das instituições civis e culturais resulta ser a primeira etapa de um processo cujo sentido profundo é a afirmação da autonomia do mundo em relação a toda instância transcendente. A secularização é vista, em suma, como um processo unitário, cujo coerente desenvolvimento é o secularismo, vale dizer, a afirmação do mundo como realidade fechada em si mesma.

Essa simplificação deve ser denunciada, distinguindo-se claramente os dois processos mencionados, e isso requer, por sua vez, um esforço de reflexão e um projeto de ação cultural voltados, de uma parte, a criticar o secularismo e o que leva a ele e, de outra, a pôr em destaque os valores positivos implícitos nos desenvolvimentos filosóficos, políticos, científicos e culturais verificados no decurso da idade moderna e contemporânea, enquadrando-os num contexto metafísico e antropológico que permita fundá-los autenticamente; em outras palavras, desligá-los de toda visão secularista para situá-los num contexto teologal. É isso que, para citar um só exemplo, procurou fazer o Concílio Vaticano II, esclarecendo na *Gaudium et spes* os diversos significados que pode assumir a expressão "autonomia das realidades terrenas" (cf., em especial, *GS* 36). Por isso, já em períodos contemporâneos à elaboração desse documento conciliar, e mais ainda depois, recorreu-se ao termo secularidade, que nesse contexto significa, como dissemos, que o mundo e o que o compõe — as realidades e as ocupações seculares — têm um valor, não como fechado em si mesmo, mas como abertos ao absoluto, quer dizer, a Deus.

As considerações histórico-culturais que acabamos de esboçar puseram-nos diante de questões muito diferentes das que foram tratadas antes, considerando a secularidade como dimensão da Igreja ou como característica específica do laicato. Todavia, ambos os discursos convergem, pois de perspectivas diferentes levam a uma mesma realidade: o sentido cristão do mundo e do homem. É a essa verdade, com efeito, que de uma ou de outra perspectiva nos remete a secularidade.

BIBLIOGRAFIA. Não existem estudos amplos que tratem especificamente da secularidade. Assim, as referências devem ser procuradas em tratados que se ocupam do laicato ou da secularização ou de suas implicações; por isso apresentamos uma breve seleção: CONGAR, Y. M. *Jalons pour une théologie du laïcat*. Paris, 1953; GOLDIE, R. *Laici, laicato e laicità: bilancio di trent'anni di bibliografia*. Roma, 1986; *I laici nella Chiesa*. Torino, 1986; ILLANES, J. L. *Hablar de Dios*. Madrid, 1970; ID. *Cristianismo, historia, mundo*. Pamplona, 1973; *La misión de los laicos en la Iglesia y en el mundo*. Pamplona, 1987; LUEBBE, H. *Säkularisation*. Freiburg i.B. 1965; PORTILLO, A. Del. *Fedeli e laici nella Chiesa*. Milano, 1969.

J. L. ILLANES

SECULARIZAÇÃO. A secularização é um fenômeno sugestivo e extraordinariamente complexo: a própria palavra (de *saeculum*) assume um significado diferente de acordo com o contexto em que é usada. Assim, em sociologia geral pode significar "democratização"; em sociologia religiosa, "dessacralização"; em filosofia, "o homem empenhado no mundo, o homem autônomo à procura dos valores terrestres e voltado para o futuro"; em teologia, "o homem no mundo, segundo uma visão positiva e dinâmica conforme a revelação", ou "uma demitização ou reinterpretação da revelação".

Ao discurso sobre a secularização está ligada uma dupla série de termos de que não é fácil dar uma definição. De uma parte temos secularização, século, secular, secularidade, secularismo, profano, profanidade, mundo, mundano, mundanidade, mundanização, leigo, laicidade, laicização, laicismo, dessagração, dessacralização... De outra parte, porém, temos sacralização, sagrado, sacral, santo, santificação, santidade, espírito, espiritual, espiritualidade, espiritualização, Deus, divino, divinização, teologal, religião, religioso...

Os dois termos "arquétipos" são sacralização e secularização. O primeiro, sacralização, designa a ação com que aos atos humanos e aos objetos deste mundo é atribuído um valor especial, por força de uma participação deles numa realidade que os transcende, a realidade sagrada. Significa tirar de certo modo a uma realidade a especificidade do seu fim imediato, considerando apenas o seu fim mediato e último. O segundo, secularização, em termos muitos genéricos, designa um processo histórico em que as realidades e os valores terrenos tendem a se estabelecer numa autonomia cada vez maior com relação a toda categoria sagrada, religiosa e eclesiástica. Nesse sentido, secularização é palavra ambígua, porquanto pode chegar tanto à "secularidade" (justa autonomia) como ao "secularismo" (absoluta independência).

1. O FENÔMENO DA SECULARIZAÇÃO. A secularização é um dado de fato no campo social, político, cultural e religioso.

a) *No campo social*. A dinâmica social desenvolveu o sentido da solidariedade, a consciência da igual dignidade de todos; portanto, um forte sentido crítico em relação às antigas certezas. Atualmente, nos países tradicionalmente cristãos, muitos serviços (hospitais, hospícios, escolas...) outrora confiados às instituições confessionais estão hoje nas mãos dos seculares. Num sentido muito restrito falou-se de secularização quando Napoleão, sob a influência da Revolução francesa, subtraiu à Igreja enormes e "sagradas" posses, e quando Garibaldi ocupou Roma. Embora então se cometesse um grave sacrilégio canônico, hoje concordamos em admitir que foi prestado um imenso serviço à Igreja. O Sumo Pontífice, a hierarquia e os religiosos readquiriram, por assim dizer, a sua missão profética por meio da renovação espiritual e o → TESTEMUNHO.

b) *No campo político*. Terminou a aliança entre "trono e altar". Cada vez menos se tolera que a Igreja, como tal, interfira nas eleições políticas e nos debates até de certa incidência moral. Nas escolhas econômicas e políticas, apesar da unidade de inspiração cristã, são possíveis várias opções e está aberto o caminho para o pluralismo.

c) *No campo cultural.* A teologia, que na Idade Média impôs seu método a todas as ciências, hoje, habitualmente, não faz parte da cultura promovida pelo Estado. Graças especialmente aos rápidos progressos da técnica e das ciências humanas, em pouco tempo se passou da velha atitude fatalista e passiva a uma atitude ativa e criativa diante do mundo visto como realidade a ser explorada e dominada, como criação a ser continuada e completada com responsabilidade.

Os programas religiosos, no rádio e na televisão, não têm um lugar privilegiado e se inserem entre os outros programas muitas vezes num contexto não religioso.

d) *No campo religioso.* Vai desaparecendo a ênfase que outrora se punha sobre os lugares sagrados, templos sagrados, pedras sagradas, água benta, rubricas sagradas, sagrada e inviolável língua latina… A religiosidade periférica tende a diminuir: no centro está o "querigma", a proclamação da alegre nova e a resposta da fé, o mistério da unidade dos irmãos diante do único Deus e Senhor Jesus Cristo. Procura-se superar a oposição e o dualismo que foi se formando entre sagrado e profano, estendendo a noção de sagrado em sentido genérico e restringindo a noção de sagrado em sentido específico. "Sagrado", de per si, é aquilo em que Deus se revela e em que a relação a Deus é um fato temático.

2. A EVOLUÇÃO HISTÓRICA DA SECULARIZAÇÃO. a) *No Antigo e no Novo Testamento.* O teísmo do Antigo e do Novo Testamento eliminou todas as formas de "sacralização" típicas do animismo, do panteísmo e da ideia do "carma", segundo a qual o artesão não ousava mudar os instrumentos e o método de trabalho. Em muitas religiões, com efeito, o sagrado é um poder, uma força que ameaça ou salva o homem, de que o homem profano (não iniciado) não pode dispor. O sacerdote da Polinésia possui uma "mana" especial que o torna tabu (intangível); assim, é sagrado e tabu o seu alimento, os seus vestidos, a sua casa e tudo o que possui. Nos cultos de fecundidade a sacralidade pertence sobretudo à natureza como fecunda, à mulher e a toda a natureza que se renova pela fecundidade. O homem profano não dispõe da fecundidade e se serve de ritos mágicos para obtê-la ou para inibi-la. Típica numa grandíssima corrente da história das religiões é a separação quase total entre "sagrado" e "bem".

À luz do teísmo bíblico todas as coisas, como coisas criadas, são de certo modo dessacralizadas, não são mais consideradas "divinas". O homem tem uma liberdade serena a respeito delas: "enchei a terra e dominai-a" (Gn 1,28). Mas, de outra parte, segundo o Gênesis e o Prólogo de São João, a realidade criada por Deus não é profana: não é uma coisa para ser usada egoisticamente, mas um dom de Deus. O abuso e o pecado são uma profanação. O universo das coisas criadas e sobretudo o homem têm a qualidade de uma mensagem, de um apelo para louvar o Criador. Mas justamente essa qualidade não permite torná-las objeto de adoração e de tabu. As coisas segundo a verdadeira "natureza" querem servir para a glória de Deus no serviço do homem, da fraternidade e da solidariedade. Na velha religião do povo israelita encontramos muitos vestígios de um sagrado que não se encontrou plenamente com o bem: uma sacralidade externa sem uma relação direta e clara a Deus. O sacrilégio não supunha culpa pessoal (cf. 2Sm 6,6 s.); Abraão provavelmente seguiu pistas antigas do sagrado quando num primeiro momento quis sacrificar o seu filho primogênito, mas a fé num Deus santo, bom e misericordioso, eliminou essas formas de "sagrado-tabu". Em Israel há uma transformação gradual em que se pode distinguir uma dupla ênfase e tendência. De uma parte, temos a reforma sacerdotal preocupada com a pureza do culto segundo a fé monoteísta, que se manifesta na procura exagerada do rito sagrado, dos templos sagrados, dos lugares sagrados, das coisas sagradas… De outra parte, os profetas; e entre eles há também sacerdotes como Ezequiel, que acentuam fortemente a santidade de vida como resposta ao Deus infinitamente santo, justo e misericordioso que se revela. Os profetas se opõem energicamente a um culto mecânico e ritualista que não muda o coração e a vida do homem; na mensagem deles o profano é o homem como pecador, orgulhoso e duro, o homem posto em confronto com a santidade de Deus numa relação pessoal e comunitária (Is 6,3 ss.). Os profetas são polêmicos até contra um conceito demasiado humano de "sagrado", contra as fórmulas mecânicas que não mudam o homem, o agir moral do homem (Is 8,12 s.; Jr 7,3-11). Segundo os profetas e os livros históricos do Antigo Testamento, o sagrado não está limitado ao culto e às coisas, mas se estende também ao povo e à história: aqui Deus quer manifestar a sua honra e a sua glória por meio de um povo que ele pune e a quem manifesta a sua misericórdia para que seja santo em sentido religioso e moral; a revelação essencial da santidade de Deus é o seu amor (Os 11). Mas na realidade da vida de Israel fica sempre visível um conflito entre o ritualismo que ressalta o poder dos sacerdotes e o conceito profético da santidade.

No Novo Testamento o sagrado se manifesta fundamentalmente no "Santo de Deus", em Cristo. O Pai santifica e consagra a humanidade de Jesus com o dom e a unção do Espírito: Jesus é o Cristo, o Ungido. O Cristo tem a missão de consagrar o mundo com a sua encarnação e com o seu Espírito, mediante a → IGREJA e OS → SACRAMENTOS. Por Cristo, Deus manifesta a si mesmo, o seu amor infinitamente santo e assim é posto em evidência o sentido próprio do profano: o pecado, o orgulho, o egoísmo que é a recusa do amor de Deus. O profano em sentido próprio é o pecado: injustiça em relação a Deus e em relação aos homens, mentira e trevas, engano, resistência contra a verdade revelada por Deus, egoísmo individual e coletivo diante do amor santo de Cristo. O homem é santificado gratuitamente, mas uma qualidade sagrada não se pode transferir mecanicamente e com ritos mágicos. A santidade dos que Deus santifica não se pode separar da veracidade (Ap 3,7); da justiça e misericórdia (Mc 6,20; At 3,14); de uma vida que agrada a Deus e ao mesmo tempo edifica os homens (Ef 1,4; 5,27; Cl 1,22; etc.)

O Novo Testamento sugere atenção e respeito à sacralidade dos tempos e dos lugares, porém, sem nenhum exagero. Cristo expulsa os profanadores do Templo porque é uma casa de oração, mas essa última não está mais ligada ao → TEMPLO: ele ora nas colinas e em qualquer lugar e com ele chegou a hora em que "os verdadeiros adoradores adorarão o Pai em espírito e verdade" (cf. Jo 4,21 ss.). Cristo dessacralizou a distinção entre coisas puras e impuras, concentrando todo o interesse sobre o amor e a sinceridade do coração. Não se pode subtrair uma coisa ao serviço do próximo declarando-a "oferenda sagrada: *qorban*" (Mt 15,6). Cristo dessacralizou também em certo sentido a classe sacerdotal, abolindo o sacerdócio hereditário e pondo o acento sobre a missão do sacerdote como testemunha e pregador da alegre nova. Os sacramentos da nova aliança, cujos ministros são os apóstolos, não podem ser concebidos como "coisas sagradas": são ações de Cristo, mensagem da salvação em nome de Cristo, palavra poderosa de Deus, que suscita a resposta do homem. São "sacramentos de fé" que não deixam lugar ao "objetivismo mecânico".

b) *Na história da Igreja.* Podemos fazer apenas algumas referências para dizer que a Igreja em toda a sua história registra uma involução, depois dos tempos evangélicos, e depois uma nova evolução, com relação ao genuíno conceito de religião.

Os primeiros séculos do cristianismo são caracterizados pela oposição ao ritualismo judaico e aos cultos pagãos e se distinguem por uma liturgia simples, sóbria e espontânea. Todos podiam ser plenamente "iniciados", não havia uma língua sagrada, faltavam edifícios reservados unicamente ao culto. No primeiro milênio, depois de Constantino, tem-se uma sacralização dos lugares, dos templos, das refeições e das classes. Igrejas grandiosas obnubilaram os templos pagãos e se teve um crescente distanciamento do clero em relação aos "leigos profanos".

Quando sob Constantino e seus sucessores — e, depois, pela conversão dos príncipes alemães — a Igreja se torna uma "Igreja popular", as massas afluem ao cristianismo com um particular sentido religioso e sem uma preparação especial, estabelecendo-se assim um certo sincretismo religioso. Os → SANTOS ocuparam um lugar desproporcional no culto e na piedade popular; voltou-se à casuística exagerada com relação ao repouso dominical; demônios e anjos tomaram o lugar das divindades pagãs. A veneração das imagens atingiu o seu ápice na época das cruzadas. Todos os ofícios e todas as associações tinham seus patronos, suas procissões, suas peregrinações. A partir do exílio de Avinhão multiplicou-se a administração oficial das bênçãos e das indulgências anexas a coisas sagradas.

Os protestantes reagiram a esse mundo sacralizado, mas eles mesmos não conseguiram se libertar dele; o Concílio de Trento procurou educar para a sobriedade da fé e redimensionar a religiosidade periférica; permaneceu, porém, uma língua "sagrada", o ritual não tendo sido então traduzido para todas as línguas como tinha decidido o Concílio.

No decurso dos últimos dois séculos, a divergência entre o "mundo sagrado" e a mentalidade científica, empírica e secularizada ampliou-se. O movimento bíblico, litúrgico e o do apostolado dos leigos correspondem às novas exigências do homem moderno, mais próximo à sobriedade religiosa do Novo Testamento do que ao mundo sacralizado medieval.

O encontro entre religião e vida já não se exercerá no plano de bênçãos e de procissões, mas no plano de uma expressão de fé que seja acessível e vital para o homem moderno, que supere o abismo entre religião e vida, e que inspire uma ética de responsabilidade e de fraternidade.

c) *Na teologia.* Dietrich Bonhoeffer (*Widerstand und Ergebung*, München, 1949) foi o primeiro a se colocar a questão da relação entre cristianismo e secularização. Em seu modo de ver, o cristianismo deve se secularizar por duas razões: — razão pastoral: o homem moderno é maduro com relação à ciência, à técnica, à arte, à política e até em relação à vida do espírito; "aprendeu a enfrentar qualquer problema sem recorrer à hipótese da existência e da intervenção de Deus"; por isso, não se lhe deve apresentar o Evangelho em veste religiosa, mas é necessário que lhe seja apresentado em veste secular, ou seja, numa linguagem não religiosa; — razão teológica: a secularização é querida pelo próprio Evangelho, o qual quer a salvação do mundo. Para salvar o mundo, o Filho de Deus assumiu uma forma humana, mundana, secular. Igualmente deve fazer a Igreja, se quiser ser fiel ao mandado de Cristo: deve estabelecer sua sede no mundo, no século, assumindo uma forma totalmente humana e "mundana". A Igreja não deve pensar em si mesma, mas no mundo.

Friedrich Gogarten (*Verhaengnis und Hoffnung der Heuzeit. Die Saekularisierung als theologisches Problem*, Stuttgart, 1953) é o primeiro a analisar sistematicamente a relação entre secularização e cristianismo. Segundo Gogarten, a secularização fundamenta-se na própria Escritura quando nesta se fala da criação e da redenção. Com a criação, liberando o mundo de todos os poderes obscuros de cunho pagão, e com a redenção, constituindo-se filhos de Deus, ou seja, seus "herdeiros", a Escritura põe o homem no centro do universo e o encarrega de fazer de toda a criação o lugar do seu domínio. A tal fim foi-lhe dada a razão como instrumento para exercer o domínio sobre o mundo. Por isso o homem não pode renunciar ao exercício da razão sem faltar à sua vocação e abdicar à responsabilidade que Deus lhe deu. Portanto, a fé não pode ultrapassar a razão, mas, antes, a estimula a continuar fiel a seus deveres seculares. Porém, observa Gogarten, a missão secular da razão não está livre de perigos: pode suceder que ela faça esquecer ao homem a sua condição de criatura, a sua dependência de Deus, a distinção radical entre Deus e o mundo. Nesse caso, a secularização se perverte em "secularismo".

John Robinson (*Honest to God*, London, 1963) apresenta uma secularização da teologia, da moral e da liturgia. Em teologia é necessário abandonar a linguagem tradicional "idolátrica" e optar por uma linguagem antropocêntrica e naturalística. A cristologia, graças à categoria da *kenôsis*, é "a única que oferece alguma esperança de poder unir de modo satisfatório o divino e o humano em Cristo... Com efeito, ao se anular e ao se submeter totalmente aos outros no amor, ele abre e revela o fundamento do ser do homem, ou seja, o Amor". Em moral, a única lei é o amor: a essência da ética cristã consiste na dedicação, no amor do próximo, não de Deus. Enfim, com relação à liturgia Robinson afirma que ela não consiste na oração, no sacrifício, na adoração de Deus, mas em "abrir-se à descoberta de Cristo nas coisas comuns e profanas". "A função do culto é de aperfeiçoar e aprofundar a nossa resposta ao mundo e aos outros".

Harvey Cox (*The Secular City*, New York, 1965) considera que o surgimento da civilização urbana e o ocaso da religião tradicional sejam movimentos estritamente correlatos. O mundo de hoje, profundamente transformado, livra o homem da tutela dos apoios religiosos e metafísicos, levando-o a confiar somente em si mesmo; consequentemente, obriga-o a amadurecer na consciência e a assumir novas responsabilidades em relação à história. Cox, como Gogarten, mostra que a secularização tem origem na Escritura, a qual, com as narrativas da criação e do êxodo, estabeleceu os princípios da dessacralização da natureza e do Estado. A civilização secularizada é, sobretudo, a dos enormes centros urbanos: as "tecnópoles" da produção e do consumo, em que a mobilidade e o anonimato se tornam características dominantes da vida. "A figura anônima da vida citadina ajuda o homem a se livrar da lei, [...] das tradições e superstições de que estava carregado". Ao passo que a mobilidade faz com que o homem "seja muito menos tentado do que o imóvel a transformar YHWH num *baal*. Normalmente não idolatrará nenhuma cidade ou nação". A teologia é antes de qualquer coisa política: uma visão dinâmica, revolucionária das relações humanas; a Igreja é a vanguarda de Deus no mundo, a comunidade que age pela maturação do homem e do mundo, pela responsabilidade do futuro histórico.

Paul van Buren (*The secular meaning of Gospel*, New York, 1963) sustenta a necessidade da secularização do cristianismo com argumentos de inspiração filosófica. Segundo os critérios semânticos da filosofia neopositivista, toda a linguagem relativa a Deus, ou seja, toda a linguagem religiosa está privada de significado porque não pode se submeter à verificação experimental. É preciso, conclui van Buren, livrar a mensagem cristã de todos os elementos de proveniência religiosa, se se quer salvaguardar a inteligibilidade; é preciso reduzir a teologia a cristologia. A fé, se se endereça imediatamente à pessoa de Cristo, torna-se um olhar novo sobre a vida, uma perspectiva nova ("*blik*"), que implica um empenho nascido de um "discernimento", de uma descoberta nova, enfocada na história de Jesus; um empenho que põe o homem em condição de enfrentar com coragem e decisão os seus deveres profanos, seculares.

3. BALANÇO SOBRE A SECULARIZAÇÃO. Ao término do milênio anterior, um balanço sumário sobre a secularização resulta muito alarmante e decepcionante, fazendo até lamentar, em certos casos, a chamada "religiosidade natural". Nações inteiras mostram-se quase totalmente dessacralizadas e descristianizadas, interligadas por um horizontalismo que fez perder o sentido de Deus e o sentido moral (veja: aborto, divórcio, eutanásia, genética, ecologia etc.). Num contexto assim é admirável o empenho assumido por grupos, associações, movimentos eclesiais, para uma nova evangelização da Europa e do mundo. Mas uma época de secularização não é necessariamente uma época de ateísmo; antes, pode ser uma época de fé mais profunda e difícil. O Concílio Vaticano II reconheceu que hoje "numerosos são [...] aqueles que chegam a um mais agudo sentido de Deus" (*GS* 7). Formas concretas de religiosidade, todavia, serão sempre necessárias, e seria falso, como afirma K. → RAHNER, introduzir uma religiosidade quase abstrata e puríssima que apenas uma elite poderia exercer.

Em segundo lugar a secularização estimula o cristão a participar mais ativamente da construção e do desenvolvimento da cidade terrestre.

"Agora compreendemos", diz E. Schillebeeckx, "que o cristão não deve trabalhar somente para o céu, mas é igualmente responsável também pela terra e por seu futuro". A fé modifica não somente a orientação, mas também o conteúdo das atividades do cristão, fornecendo-lhes algumas "orientações fundamentais": fraternidade, justiça, equidade, concórdia, veracidade, bondade" (G. Thils).

Porém, a secularização, que, como movimento teológico, nasceu por reação num determinado contexto protestante, corre o risco de se tornar ela mesma um desvio até chegar ao extremo limite no secularismo que é a negação prática e teorética da dependência do homem em relação a Deus em todas as esferas da vida. O cristão, portanto, diz "sim" à secularização, mas o seu "sim" não pode ser absoluto e total. De fato, muitas vezes o movimento de secularização se desenvolveu como uma luta contra a Igreja e contra a própria religião com a pretensão de excluir Deus da cultura, da política, da vida.

Mas, contemporaneamente, é preciso reconhecer que a ordem temporal tem a sua justa autonomia, os seus próprios fins, as suas leis, a sua importância para o bem do homem (*GS* 36; *AA* 7). O cristão hoje reconhece o erro da Igreja e dos cristãos em se oporem à legítima autonomia das realidades mundanas e em ter combatido excessivamente o esforço de se subtrair à tutela da religião e da Igreja feito pela política, pela cultura e pela ciência.

A dialética entre sagrado e secular pode encontrar a sua síntese na categoria "sacramental" do Verbo encarnado. O Concílio Vaticano II (*Gaudium et spes*) fala de uma "compenetração parcial" entre religião e cultura: existe uma reciprocidade, uma interdependência entre fenômenos religiosos e a vida familiar, cultural, econômica e social. Como toda religião existe, em última análise, como comunidade de homens que se sentem profundamente unidos diante de Deus, não pode existir uma religião que não esteja intimamente ligada às realidades sociais do homem numa época concreta. A religião não pode existir no vazio, sem uma engrenagem na vida ou sem as consequências negativas de uma engrenagem falha. A salvação e o pecado tocam o homem na sua totalidade. A salvação leva à integração, o pecado é raiz de desintegração. O homem religioso e a comunidade dos crentes estão diante da alternativa: ou ser o lêvedo da vida social e cultural com discernimento e integração, ou deixar-se plasmar passivamente.

A religião oficial, na sua forma convencional, não respondia mais à nova cultura mundial, aos novos problemas existenciais, de forma compreensível para o homem moderno. Por isso, era necessário (e a necessidade é contínua) lançar uma ponte entre a religião e as questões vitais, o modo de pensar e de sentir do homem histórico. Em que medida o cristão, como cristão, deve se sentir comprometido com o secular? O debate continua aberto. A tarefa dos cristãos é descrita na *Gaudium et spes*, que não deixa espaço a intimismos espiritualistas nem a integralismos religiosos: a) Testemunhar uma fé adulta e operante que ilumine todas as esferas da vida, dando o último sentido às realidades terrenas. b) Renunciar a todas as pretensões que não servem à credibilidade do testemunho cristão e tornar visíveis os sinais da fé que podem ser lidos até pelo homem secularizado: unidade na diversidade e amor na dimensão da cruz. c) Encontrar a síntese unitária entre amor de Deus e amor do próximo, entre linha vertical e linha horizontal. Quando o homem perde o sentido de Deus, a cidade terrestre se torna um novo "bezerro de ouro". O homem que não ora e não se preocupa com as questões religiosas inevitavelmente far-se-á escravo de um ídolo.

A um processo de dessacralização em que se perdeu o sentido de Deus, o Concílio Ecumênico Vaticano II e o pós-Concílio responderam com a renovação da liturgia com grande coragem sob a influência do Espírito Santo; a um processo de descristianização respondeu com a renovação da teologia, propondo um catecumenato para adultos e uma pastoral de evangelização; diante de uma crise de fé, pôs em destaque a unidade dos cristãos e apresentou a Igreja como sacramento de salvação que chama os homens à fé, descobrindo a comunidade local como lugar em que se tornam visíveis para o mundo os sinais da unidade e do amor.

BIBLIOGRAFIA. ACQUAVIVA, S. S. *L'eclissi del sacro nella società industriale.* Milano, 1961; ALDROVANDI, M. L'esperienza di Dio in un mondo secularizzato. *Servitium* 8 (1974) 186-196; BOLOGNINI, S. Contributo ad un'analisi della secolarizzazione in un aspetto della cultura giuridica contemporanea. *Rivista di Teologia Morale* 14 (1982) 53-65; BONHOEFFER, D. *Etica*, Milano, 1969; ID. *Resistenza e resa.* Torino, 1969; ID. *Sanctorum communio.* Roma-brescia, 1972; ID. *Sequela.* Brescia, 1971; BRANCAFORTE, A. La secolarizzazione come autenticazione del sacro. *Rassegna di Teologia* 12 (1971) 361-370; BUREN, P. M. van. *Il significato secolare del Vangelo.* Torino, 1969; CONGAR, Y. *Per una teologia del laicato.* Brescia, 1965; COX, H. *La città secolare.* Firenze, 1968; DEWART, L. *Cristianesimo e rivoluzione.* Milano, 1968; ID. L. *Il futuro della fede.* Brescia, 1969; FABRO, C. *L'uomo e il rischio di Dio.* Roma, 1967; GARELLI, F. *La religione dello scenario. La persistenza della religione tra i lavoratori.* Bologna, 1986; GILKEY, L. *Il destino della religione nell'èra tecnologica.* Roma, 1972; GREELEY, A. *L'uomo non secolare. La persistenza della religione.* Brescia, 1975; GRUMELLI, A. Evangelizzazzione e secolarizzazione. *Rivista del Clero Italiano* 59 (1978) 162-170; HÄRING, B. *Etica cristiana in un'epoca di secolarizzazione.* Roma, 1973; ID. *Il sacro e il bene. Rapporto tra etica e religione.* Brescia, 1968; *La secolarizzazione in Italia oggi.* Roma, 1972; *La secolarizzazione.* Bologna, 1973; LÜBBE, H. *La secolarizzazione. Storia e analisi di un concetto.* Bologna, 1970; MARAFINI, G. *La testimonianza cristiana nella società secolarizzata.* Roma, 1972; MAUGENEST, D. *Il discorso sociale della Chiesa. Da Leone XIII a Giovanni Paolo II.* Brescia, 1988; KAUFMANN, D. – METZ, J. B. *Capacità di futuro. Movimenti di ricerca nel cristianesimo.* Brescia, 1988; MESSORI, V. *Inchiesta sul cristianesimo.* Torino, 1987; *Il futuro di noi tutti.* Milano, 1988; METZ, J. B. *Sulla teologia del mondo.* Brescia, 1969; MONDIN, B. *I teologi della morte di Dio.* Torino, 1968; ID. *Il problema del linguaggio teologico dalle origini ad oggi.* Brescia, 1971; ID. *La secolarizzazione: morte di Dio?* Torino, 1969; MONTAGUE, G. T. *Teologia biblica del secolare.* Assisi, 1971; MÜHLEN, H. *Problema dell'essere e morte di Dio.* Roma, 1969; NEWBEGIN, L. Uma religione autentica per un mondo secolarizzato. *Lumen Vitae* 23 (1968) 401-474; NIJK, A. J. *Secolarizzazione.* Brescia, 1973; OTTO, R. *Il sacro*, Bologna, 1926; POL, Van del. *La fine del cristianesimo convenzionale.* Brescia, 1969; RAHNER, K. *Considerazioni teologiche sulla secolarizzazione.* Roma, 1969; RAMSEY, A. M. *Sacro e secolare.* Torino, 1969; ROBINSON, J. A. T. *Dio non è così.* Firenze, 1967; ROSA, G. de. Secolarizzazione e secolarismo. *La Civiltà Cattolica* 121 (1970/I) 434-477; ROVEA, G. La secolarizzazione come problema pastorale. *Presenza Pastorale* 41 (1971) 899-909; SORGE, B. *Il futuro della vita religiosa.* Roma, 1979; SORRENTINO, S. *La teologia della secolarizzazione in D. Bonhoeffer.* Alba, 1974; THILS, G. *Cristianesimo senza religione?* Torino, 1969; VAHANIAN, G. *La morte di Dio.* Roma, 1966; VANZAN, P. – BASSO, G. Bibliografia italiana ragionata sulla teologia della secolarizzazione e della "morte di Dio" (1970-1971). *Rassegna di Teologia* 13 (1972) 195-213.264-287; VANZAN, P. *La catechesi su Dio in un mondo secolarizzato.* Roma, 1974; Verso la pace con animo ecumenico. *Servizio della Parola* 204 (jan. 1989) 5-31.

M. MANNONI

SECULARIZAÇÃO E VIDA ESPIRITUAL. 1. INCIDÊNCIAS RELIGIOSO-ESPIRITUAIS DA SECULARIZAÇÃO. A secularização, seja como fenômeno histórico-sociológico, seja como reflexão teológica, tem profundas repercussões na vida religiosa e espiritual do homem moderno. Essas repercussões parecem ser, pelo menos como primeiro momento, provavelmente negativas, porquanto envolvem a diminuição ou até a perda da fé e do sentido religioso.

a) *Da técnica à autossuficiência*. A secularização comporta em primeiro lugar o emergir do senso prometeico do homem; a técnica oferece os meios de interpretação e de domínio da natureza e enraíza na consciência do homem contemporâneo uma profunda consciência de autonomia, de suficiência e de potência. A convicção de que o homem seja árbitro da própria vida e artífice do próprio destino parece comprometer radicalmente a disposição básica para uma experiência religiosa e espiritual. O diminuído grau de insegurança que oferece a sociedade dominada pela tecnologia abrandou e às vezes rompeu a relação entre Deus e o homem, o qual vai se afirmando cada vez mais como autônomo e autossuficiente.

A humanidade primitiva não fazia e não sabia fazer nenhuma distinção entre o sagrado e o profano: Deus era sentido como causa direta e imediata de todo acontecimento, e todo acontecimento era interpretado como "resposta divina" à conduta do homem. Um estado de ânimo esse que era muito difuso mesmo nas nossas populações até há poucos decênios e as levava a se encontrar continuamente com Deus e com o seu querer; céu, terra, guerras, nascimentos, carestia, doenças etc. — a soma dos interesses mais vitais — remetiam continuamente esses homens à única causalidade de que tudo derivava diretamente e os dispunha com muita facilidade a uma relação de dependência e de súplica.

O homem moderno vai perdendo cada vez mais essa visão religiosa do mundo e da vida. Persuadido de que o curso dos acontecimentos se insere num tecido determinista de leis e de causas, ele psiquicamente se sente muito menos ligado a Deus e dele dependente. Para a maioria dos homens tudo acontece agora como se o sagrado e o profano fossem dois universos entre si estranhos, como se Deus fosse expulso deste mundo e relegado ao outro.

Esse diferente modo com que o homem de hoje sente e explica o curso dos acontecimentos, se se elimina seu caráter radical e se o corrige oportunamente nos seus aspectos deterministas e ateus, é legítimo e pode indicar um amadurecimento do espírito humano. De fato, porém, essa nítida separação entre sagrado e profano provocou um grande contragolpe no nosso povo, fazendo faltar prematuramente aqueles largos contatos entre os dois setores de que ele tinha ainda necessidade para continuar a "crer" e a "orar".

Uma outra característica, conexa com o espírito que Pio XII definiu como "espírito técnico", é a autossuficiência. Na mensagem de Natal de 1953, Pio XII dizia: "A técnica parece comunicar ao homem moderno, inclinado diante do seu altar, um senso de autossuficiência e de satisfação das suas aspirações de poder e de conhecimento ilimitadas. Com seu múltiplo emprego, com a absoluta confiança que obtém, com as inexauríveis possibilidades que promete, a técnica estende em torno do homem contemporâneo uma visão tão ampla que é confundida por muitos com o próprio infinito" (cf. *AAS* 36 [1954] 8).

A intolerância em relação a qualquer forma de dependência, mesmo quando é Deus que está em questão, vai se tornando cada vez mais aguda e difusa. Não dizemos que esse senso de autossuficiência se origine totalmente do pasmo de poder que a técnica comunica; a fadiga de depender, para o homem adulto, tem origens mais remotas e complexas. A técnica, porém, ofereceu pretextos e motivos novos para a tentação de emancipação em relação a Deus, velha como a humanidade.

O Deus dos camponeses de outrora, dos guerreiros, dos cavaleiros, dos mercadores (nas suas viagens perigosas) assumia funções extremamente concretas: proteção no caminho da vida, fecundidade dos campos, cura das doenças etc. Essas tarefas foram assumidas hoje pela sociedade com todo um complexo de organizações e de serviços que garantem a segurança.

O grau de insegurança da humanidade de hoje, se comparado com as situações em que viveu a humanidade de ontem, realmente diminuiu. Diante de uma natureza cujas forças muito poderosas e caprichosas encontravam uma humanidade indefesa e uma organização social com frequência desprovida, Deus era sentido pelo homem do passado como a mais válida, talvez única, defesa. O homem de hoje — com exceção de situações de emergência que o remetem a condições de insegurança e a estados de ânimo análogos aos de outrora — normalmente não experimenta esse tipo de medo e não sente com a intensidade de outros tempos a necessidade de uma contínua assistência divina e de recurso a ela. A organização social, os seus meios de assistência e providência, comunicam-lhe — observava Pio XII — um fundamental, constante senso de segurança; por isso, qualquer ato religioso requer hoje um empenho mais pessoal do que ontem, apoiado em novas motivações (cf. *Messaggio natalizio 1955*, in *AAS* 38 [1956] 31 ss. Sobre isso remetemos ao estudo de F. PAVANELLO, Religiosità e preghiera nel mondo d'oggi, *Orientamenti Sociali* 1 [1962] 1-20).

b) *Da autossuficiência ao esquecimento de Deus*. O mundo da ciência e da técnica de hoje não sente mais, ou sente cada vez menos a necessidade de Deus. O desenvolvimento da ciência e da técnica oferece ao homem moderno tais possibilidades que lhe parece infantil e inútil o recurso a Deus. Vencido pelas preocupações terrenas, o homem de hoje vai se esquecendo cada vez mais não só da presença, mas também da própria existência dele. Daí o silêncio e a ausência de Deus na cidade secularizada: muitos vivem como se ele não existisse.

"Também os sinais da presença de Deus — como observa G. De Rosa (*Una Chiesa nuova per i tempi nuovi*, Napoli, 1973, 184-185) — são menos percebidos pelo homem de hoje. No passado, muitas coisas falavam de Deus ao homem, lembravam-lhe Deus: o tempo era ritmado pelo calendário litúrgico, com os domingos e as festas a serem reservados ao repouso e ao louvor de Deus; o espaço era cravejado de igrejas, de capelas, de santuários, que eram paragens de frequentes peregrinações; a natureza com os seus fenômenos tremendos e as suas belezas encantadoras, era um forte apelo a Deus criador; enfim, a voz misteriosa da consciência, que convidava ao bem e condenava o mal, era interpretada como a própria voz de Deus.

Hoje, porém, parece que bem pouco restou desses sinais de Deus. O *tempo* segue o ritmo "laico", fundado no binômio trabalho-feriado; assim as próprias festividades religiosas têm "significado" não por seu conteúdo religioso, mas pela "folga" que incluem e pelos divertimentos que permitem; tanto assim que para muitos o domingo evoca não o dia a ser consagrado a Deus, mas o dia em que há partida de futebol ou em que se vai à montanha para esquiar.

O *espaço* não fala mais de Deus; assim, surgem nas cidades modernas grandes bairros sem igrejas e com minúsculas capelas submersas num mar de cimento, e os próprios velhos edifícios de culto muitas vezes são sufocados por gigantescas construções modernas; quanto ao contato vivo e prolongado com a natureza, trata-se agora de um luxo que bem poucos podem se permitir, sem dizer que muitos hoje são tão espiritualmente sofisticados que são incapazes de apreciar a natureza na sua simplicidade e na sua rudeza e, portanto, de "ler nela os sinais de Deus".

Perdendo-se o senso de Deus, perde-se inexoravelmente também o senso do → PECADO. Na realidade, "senso de Deus" e "senso do pecado" estão intimamente ligados na consciência, porque somente diante de Deus "santo" o homem se descobre e se sente profundamente "pecador" e porque somente diante de Deus Pai, mas também legislador e juiz, o homem se dá conta de ter "pecado", ou seja, de ter faltado ao amor de Deus, transgredindo uma "lei" que o transcende, que não é uma criação e à qual, por isso, ele deve obedecer. Eis o motivo pelo qual o "sentido de Deus" e o "sentido do pecado" estão em pé juntos e caem juntos. "Onde não há religião — observava Paulo VI — o pecado não tem mais sentido de ser. Porque ele consiste na violação da ordenada relação que une a Deus".

É claro, portanto, que, quando na consciência Deus fica obnubilado ou se torna ausente o pecado não é mais sentido como tal: quando muito fica como obscuro senso de culpa, mas não como pecado, o qual implica necessariamente uma referência explícita a Deus e a uma lei transcendente e heterônoma.

Assim, o processo de secularização ao mesmo tempo em que atingiu a Deus, atingiu também o pecado; todavia, não podendo eliminar o pecado com a mesma facilidade com que eliminou Deus — o pecado é uma realidade demasiado "humana" para poder ser negado — secularizou-o, reduzindo-o ao "sentimento de → CULPA", enfim, a uma doença da psique. É esse o motivo pelo qual a → PSICANÁLISE e a psiquiatria assumiram, para muitos, o lugar da confissão e da → DIREÇÃO ESPIRITUAL. É também esse um dos sinais da cidade secularizada.

c) *"Cristianismo horizontal"*. Sob a influência da teologia da secularização radical, proposta pelos protestantes, teve origem e vai se espalhando pelo cristianismo a tendência de eliminar o culto ao Deus pessoal e transcendente e de reduzir as religiões a algo intramundano, de empenho no mundo e de serviço aos outros: é o chamado "cristianismo horizontal".

Evidentemente, nenhum católico poderia aceitar um cristianismo "horizontal" assim entendido, porque é na prática uma forma de ateísmo, que só contraditoriamente pode ser chamado "cristão". Todavia, muitos católicos ficam hoje fascinados por um "cristianismo horizontal", que, embora não negando a existência de um "Deus em si", considera que para nós "Deus em si" é uma realidade que não diz nada: ele é Alguém para nós à medida que está no homem; considera, por isso, que o cristão pode, antes, deve procurar e encontrar Deus *somente* no homem. Se nós perguntarmos a certo número de pessoas em que consiste o cristianismo, muitas responderão: "o cristianismo consiste em amar o nosso próximo". Essa resposta é verdadeira, uma vez que é verdade que o amor do próximo é parte essencial da mensagem cristã. Mas é completamente falso afirmar que o amor do próximo constitua a totalidade e a parte mais emergente do cristianismo.

O "horizontalismo" põe assim em crise os dois pontos fundamentais de apoio do cristianismo que formam o seu caráter *teologal*: a oração e a primazia de Deus. Tal desvio não é novo na Igreja: ele se reproduz toda vez que surge a tendência de identificar o cristianismo a uma ordem temporal e política. O perigo do cristianismo atual é de se secularizar, de se mundanizar, de se reduzir a uma espécie de humanismo socialista. Ora, tal identificação do cristianismo a uma ideologia equivale à negação mesma da mensagem cristã, cuja tarefa fundamental é de revelar ao homem a dimensão transcendente da sua vocação. Estamos diante de um aspecto, diria mesmo fundamental, do diálogo entre Igreja e mundo contemporâneo.

"Que lugar terão a oração, a contemplação e a vida interior na civilização tecnológica?", pergunta a esse propósito o cardeal J. Daniélou. E prossegue: "Penso que manter a dimensão da oração na civilização tecnológica é uma das tarefas essenciais dos cristãos, porque a oração é tão necessária à sociedade quanto o petróleo, a eletricidade ou a energia atômica; porque a oração, ou seja, a dimensão interior do homem é uma das coisas que fazem com que a civilização seja humanismo e não apenas uma sistematização da existência material. Penso, enfim, que nos encontramos, não no plano das ideias, mas no plano da existência cotidiana, em contato com um dos problemas fundamentais que deveremos enfrentar no final deste século, em que correremos o risco de ver desaparecer como submerso por uma enorme onda tudo o que constituía para a humanidade tradicional aquela dimensão incomparável de todas as culturas, de todas as raças, de todas as nações, que era a dimensão religiosa, em particular sob a sua forma de interioridade espiritual" (*Il dialogo fra cristianesimo e mondo contemporaneo*, Torino, 1968, 29-30).

2. ELEMENTOS POSITIVOS NA CRISE ESPIRITUAL DO MUNDO SECULARIZADO. Então o mundo em que vivemos, a cidade que o homem construiu, é religiosamente irrecuperável e não há mais espaço nem esperança para a vida espiritual do cristão? Estamos conscientes de viver um momento difícil para a Igreja, mas igualmente conscientes e certos de que esse momento carrega consigo elementos positivos e gemas preciosas, que florirão numa não distante primavera, como sempre aconteceu na história da Igreja, a qual jamais acaba de surpreender com a sua misteriosa e miraculosa capacidade de se renovar.

Pusemos em destaque as consequências negativas da secularização no cristão de hoje, que parecem se traduzir num afrouxamento e, muitas vezes, na perda da fé. Na realidade, porém, aprofundando-se mais no problema, damo-nos conta de que às vezes, para não dizer com frequência, o que é questionado por muitos não é tanto a fé e a religião como tais, mas certas práticas de fé e certas formas de religiosidade.

A secularização, como destruição de uma falsa sacralidade e como reconhecimento do valor autônomo da ação humana, torna-se então o ponto de partida de que formular um renovado discurso sobre Deus. Se aparentemente isso significou quase um distanciamento do mundo por parte de Deus, como se Deus aos poucos fosse cedendo ao homem prerrogativas outrora suas, na realidade isso pode e deve permitir uma relação mais autêntica entre homem e Deus. O homem, que se tornou assim interlocutor e ouvinte de Deus, não pode deixar de ser um homem mais maduro e mais responsável, que envolve na sua relação com Deus não apenas o próprio ser, mas toda a história de que é coprotagonista.

A crise que o cristão atravessa na cidade secularizada é portanto purificadora; pode-se dizer que, sob certos aspectos, já o é para toda a

Igreja e para a fé cristã. *As crises não são necessariamente fenômenos regressivos*, mas, ao contrário, são estímulos de perfeição e de superação. Descartam-se formas de religiosidade superadas e se incorporam outras. Mas no caso do cristianismo é evidente que essas mutações não podem ser substanciais e que devem estar inspiradas na → PALAVRA DE DEUS.

Quando o problema da secularização é enfrentado desse modo — olhando para o mundo que nos interpela e ouvindo a palavra de Deus, que devemos exprimir numa linguagem que possa ser entendida pelo homem moderno —, não há motivo de temor. O processo de secularização pode ser muito salutar.

Nessa perspectiva, procuremos ressaltar alguns *elementos positivos* do processo de secularização em relação à vida espiritual.

a) *Adesão às exigências do homem contemporâneo.* O movimento de secularização se apresenta em grande parte como uma *reação* contra certas formas de conceber e de viver o cristianismo, ou seja, fundamentalmente contra uma forma de cristandade medieval já superada e contra uma prática convencional da fé cristã. Nesse sentido, foi dito que a secularização marca o fim da era constantiniana e do cristianismo convencional.

Mas em que consiste verdadeiramente o caráter convencional da religião e da piedade? Em geral pode-se dizer que a religião é convencional à medida que as convicções religiosas e os costumes são tomados como verdadeiros e bons, não porque se lhes reconhece a verdade e o valor, com base numa reflexão, numa experiência e numa consciente decisão pessoal, mas com base no fato de que assim foram recebidos da família, da escola, da Igreja, do ambiente religioso, no qual se cresceu e ao qual sempre se pertenceu.

Por "cristianismo convencional" se entende um cristianismo tomado globalmente, tal como o concebeu e praticou por séculos o cristão médio. Esse é o cristianismo que está envolvido no processo atual de secularização. E é porque o cristianismo convencional foi o cristianismo "da massa" que a sua queda produz uma *queda maciça* da fé ou pelo menos uma profunda inquietação religiosa.

O *novo cristianismo*, que substitui o convencional, quer ver fundamentadas e justificadas as próprias prescrições, confrontadas com outras que estão fora da Igreja e do próprio cristianismo. Despojado de superestruturas "comumente aceitas" e por opiniões não verificadas, sente a necessidade de traçar uma estrada para a fé em Deus, que, na sua formulação de pensamento e na realização prática pode ser conservada e fundada no nosso tempo, de acordo com as forças em que vivemos hoje a nossa existência humana. É todo o subsolo da atualização promovida pelo Concílio. Com respeito à espiritualidade, deseja-se que seja apropriada às características pragmáticas, existenciais, da época atual.

Douglas Rhymes a descreve assim: "Uma espiritualidade que seja eficaz, que atraia o aspecto pragmático do homem preocupado com o significado da vida, da existência e das suas consequências sobre a vida cotidiana; uma espiritualidade que ponha continuamente questões sobre a existência do homem e sobre o significado da existência autêntica do mundo de hoje, e ponha em relação essa existência autêntica com o que é real e verdadeiro no momento presente; uma espiritualidade que diga algo à prosperidade atual; uma espiritualidade que aceite as circunstâncias sociológicas de falta de pausa, de precisão crescente, e procure métodos efetivos de concentração que levem em consideração esses fatores e não os ignorem ou queiram aniquilá-los; uma espiritualidade que dê liberdade para experimentar uma diversidade de formas de oração e de culto que a nova mobilidade vital torna possível e necessária; uma espiritualidade que leve em consideração o que se encontra no fundo das experiências pessoais e seja flexível com relação a elas e ao que tem validade para cada um dos indivíduos" (D. RHYMES, *Prayer in the Secular City*, Philadelphia, 1968, 38).

Embora algumas dessas características sejam muito discutíveis, permanece válida a intuição fundamental: a necessidade de adequar a espiritualidade às exigências concretas da vida hodierna, a fim de conquistar o homem de hoje. Uma espiritualidade que deve ser classificada certamente como "personalista" (cf. I. COLOSIO, Le caratteristiche positive e negative della spiritualità odierna, *Rivista di Ascetica e Mistica* 10 [1965] 322).

b) *Empenho no temporal.* Entre os muitos temas propostos pelas várias correntes espirituais contemporâneas que merecem ser postos em destaque especial, como característicos do cristão que vive e se move na cidade secularizada, o primeiro é o empenho no temporal, a acentuação do amor pelos homens. Por força das suas tendências mais profundas — predominância do ético sobre o ontológico —, a secularização põe em primeiro plano o discurso sobre a responsabilidade humana com respeito ao mundo dos homens. Tarefa do homem é empenhar-se no mundo para os outros: ciência, técnica e trabalho são chamados a ser expressão e instrumento de amor fraterno.

A religiosidade não se dirige unicamente a Deus, mas de maneira igualmente fundamental sobre o próximo e sobre o mundo, e também sobre a perspectiva de um novo futuro para o homem e para o mundo. A religião é relação ao Deus vivo, o qual é fundamento de toda realidade prometida para o homem no mundo; portanto é relação à *totalidade* da realidade. Por isso a religião é fundamentalmente também um *sim* ao homem-no-mundo.

Nessa perspectiva *Deus não está ausente*; a fé nos faz descobrir a sua presença eficaz na história, no homem Jesus e no próximo, que são um apelo concreto ao serviço *incondicional* e à preocupação desinteressada pelos outros. A preocupação maior hoje de garantir aos outros, sem distinções, suas possibilidades na vida e a recusa crescente de toda forma de discriminação e de degradação constituem incontestavelmente uma manifestação da presença de Deus. Deus não desaparece, portanto, nessa perspectiva da cidade secularizada. Certamente, Deus não se encontra mais onde nós, no passado, o fazíamos intervir para suprir nossas impotências humanas. *Mas está presente na maneira mais verdadeira e mais profunda como nós vivemos hoje a comunhão humana.*

Hoje se compreende muito melhor que a salvação, a santidade, se realiza dentro do nosso mundo humano, que não implica necessariamente a fuga do mundo (→ FUGA MUNDI), e que, antes, deve se interessar pela vida terrena dos homens. Outrora a "prática" religiosa se situava à margem da vida cotidiana, era uma coisa que se vivia apenas na igreja ou em casa, neste ou naquele momento de oração. Hoje se compreende muito melhor que o homem religioso deve como tal se interessar pelos problemas dos homens, pela unidade dos povos, pelos deveres em relação aos países subdesenvolvidos etc. Enfim, deve se pôr a *serviço* do próximo, deve ser como o homem Jesus, "o homem-para-os-outros". Deus se torna presente de uma maneira densa no momento em que o cuidado desinteressado pelo próximo faz parte verdadeira de nosso desígnio fundamental de vida.

Se isso é verdade, jamais na história a presença de Deus no mundo foi tão íntima e sensivelmente real como na nossa época, em que se verifica mais intimamente a comunhão humana e a preocupação pelos outros... É o evento sobrenatural e central na história mundial do pós-guerra. Esse espírito de serviço impregna toda a *Gaudium et spes* (cf. especialmente o n. 55), mas está presente em todos os outros documentos conciliares.

c) *Novo senso do pecado*. Referimo-nos antes ao ofuscamento do pecado, como um fato negativo da secularização. É preciso, porém, observar que certos modos de pensar e de se comportar de alguns cristãos de hoje são um fato não totalmente negativo. A fim de que o juízo sobre a atitude do cristão de hoje diante do pecado seja justo, é preciso acrescentar dois importantes corretivos.

O primeiro é que certos modos de pensar e de se comportar de alguns cristãos, que à primeira vista denotam uma falta do "senso do pecado", considerados mais atentamente, exprimem, talvez com formas erradas ou desastradas, a reação à "obsessão" e ao "medo" do pecado, que não deve ser confundido com o "temor" de Deus, que é dom do Espírito Santo. Reação justa, pois o cristianismo não é a religião do pecado, mas da redenção, ou seja, do fim do pecado e da vitória sobre ele; não é a religião do medo de Deus, mas do amor de Deus.

O segundo corretivo é que os cristãos de hoje descobriram no pecado dimensões novas. Assim, descobriram que não há somente pecados individuais, mas também pecados sociais, coletivos, que não consistem na soma dos pecados individuais, mas em situações de injustiça e de desordem, que são fruto do egoísmo e do orgulho coletivo e que encarnam o "pecado do mundo", de que fala a Escritura quando afirma que "o mundo inteiro jaz sob o poder do Maligno" (1Jo 5,19). Descobriram que os pecados contra a caridade, contra a justiça, contra a verdade e a sinceridade são objetivamente os mais graves de todos. Descobriram, enfim, que Deus é ofendido e ultrajado toda vez que é ofendido e maltratado o homem ou se lhe negam os seus direitos essenciais.

Deve-se por isso dizer que, se de uma parte, na consciência de muitos cristãos de hoje há um obscurecimento do "sentimento do pecado" pessoal, que não pode deixar de preocupar, nota-se, de outra, a aquisição de dimensões novas do pecado: aquisição que nos parece profundamente evangélica, porque supera uma concepção puramente individualista da vida moral do cristão, fazendo-o tomar consciência de que ele não é pecador somente porque executa individualmente ações proibidas pela lei de Deus, mas o é também porque com o seu comportamento egoísta e por não agir como deveria ele contribui para determinar situações sociais de injustiça e de opressão, contribui para "calcar aos pés o rosto dos pobres" (Is 3,15). Isso faz com que sua conversão comporte não apenas o compromisso de evitar os pecados pessoais, mas também o compromisso de lutar contra as situações de pecado e de injustiça, de que ele é responsável. Evitar o pecado é, portanto, um compromisso em favor do homem.

d) *Espiritualidade comunitária*. Outra característica, típica do cristão de hoje, é a procura de uma espiritualidade comunitária, que torne possível o serviço aos outros em escala mais ampla. O homem religioso moderno, que se sente responsável pelos outros, quer dar um sentido de unidade à sua vida, repudiar toda espécie de individualismo e se associar à comunidade cujos objetivos são de responder aos ideais e às necessidades humanas.

Hoje, também como reação ao anonimato das grandes cidades e como remédio ao isolamento provocado muitas vezes por forçadas migrações, tem-se uma consciência mais profunda da necessidade de comunhão fraterna; dão testemunho disso os movimentos espirituais e apostólicos contemporâneos, expoentes da necessidade de uma espiritualidade capaz de se exprimir em termos de experiência comunitária. A chamada "→ REVISÃO DE VIDA" cristã, bem como a correlação e promoção fraterna, a comunicação de vida ou a oração comunitária, que pressupõem a existência do grupo, e que vão se espalhando cada vez mais, podem ser um índice de uma aberta simpatia para com a tendência comunitária da espiritualidade de hoje.

O padre Besnard descreve a procura dessa espiritualidade com os seguintes termos: "Os cristãos, que se esforçam por tornar efetivas suas aspirações evangélicas, sentem urgente a necessidade de uma comunidade em que eles poderiam realizar alguns grandes valores da Igreja, como testemunhava a comunidade primitiva de Jerusalém. Querem, como eles dizem, 'encarnar' esses valores, torná-los tangíveis, não se contentando em os discutir, mas desejando vivê-los. Compreendem instintivamente que a comunidade é a visibilidade do Evangelho. Uma porção de vida, talvez modesta, mas real; uma comunhão fraterna que possa ter uma infraestrutura de amizade humana muito concreta; uma oração que, embora sendo a oração de muitos, não cessa de ser a oração de cada um; eis as exigências que desejam se atualizar em agrupamentos necessariamente em simbiose, mas nem sempre identificáveis com os agrupamentos institucionais das Igrejas locais" (Linee di forza delle tendenze spirituali contemporanee, *Concilium* 4 [1965] 105-106).

Na procura de uma espiritualidade comunitária, o homem religioso de hoje não apenas quer encontrar a expressão do seu serviço ao próximo, do seu "ser-para-os-outros", mas quer reconhecer também a presença de Deus. Nesse sentido podem ser relidas as seguintes linhas de Hans Urs → VON BALTHASAR: "se os não cristãos se lamentam de que o cosmos hoje não fala mais de Deus porque, diz-se, o cosmos não estaria mais orientado para Deus, mas para o homem como seu objetivo e seu sentido, eles não deveriam senão levar o próximo a sério no modo como eles próprios são considerados seriamente como próximo dos vários cristãos, para encontrar o caminho mais breve, mais irresistível para Deus" (Incontrare Dio nel mondo contemporaneo, *Concilium* 3 [1965] 47).

Nessa perspectiva, chegou-se hoje — e com muita felicidade — a reconhecer expressamente que a comunhão humana é o sacramento da nossa comunhão pessoal com Deus.

e) *Espiritualidade global, vital e unitária*. Outra característica que, por último, queremos ressaltar na espiritualidade contemporânea é a espontaneidade, a autenticidade, a "globalidade". A espiritualidade procurada pelo cristão de hoje é antes de tudo a espiritualidade do que ele vive. Trata-se de *viver*, no modo mais encarnado e mais sério, a vida integral que a fé em Jesus Cristo nos obriga a viver neste período, entre estes homens, neste mundo.

Não se trata, porém, de camuflar simplesmente as múltiplas realidades da vida com uma intenção espiritual, a qual, permanecendo extrínseca ao próprio significado, não as penetraria realmente no íntimo e por dentro. Espiritualizar a vida, para um cristão de hoje, não significa exprimir uma vaga referência mental a Deus nos intervalos do próprio empenho profissional nem injetar elementos de espírito nas lacunas do emprego do tempo. Mas é o próprio tecido da existência que deve adquirir uma nova qualidade, em toda sua dimensão: uma qualidade que o habilite a ser sempre melhor a matéria e o sinal do reino de Deus.

"Para se aproximar de Deus, para oferecer o seu culto espiritual, o cristão não deve se esquecer, em primeiro lugar, e muito menos renegar o que constitui a sua existência e o seu destino terrestre: é a sua vida que se torna matéria do seu sacrifício espiritual; são as ações, as afeições, os sofrimentos que constituem a trama desse 'comércio' com Deus, em quem se resume seu destino. A linguagem com que Deus fala ao homem e o homem a Deus não é feita, inicialmente, de palavras, mas desses acontecimentos cotidianos, dessas escolhas de uma alma eternamente 'posta contra a parede' pela simples existência, e de que a encarnação revelou que tudo isso não representava somente a vida do homem, mas algo da vida de Cristo, apenas alguma coisa da vida de Cristo. Essa linguagem é certamente difícil de decifrar, e ainda mais de 'conservar'" (cf. A. M. Besnard, art. cit., 94-95).

Esse empenho global, que confere à vida unidade e dinamismo, inserindo-a no "hoje de Deus", se está cheio de sugestão, não está isento de riscos, o maior destes sendo precisamente o de reduzir a dimensão contemplativa e transcendente do mistério cristão, imergindo num excessivo, dispersivo e destruidor encarnacionismo que leva inexoravelmente ao naturalismo e à falta de compromisso ascético. Daí a urgência de um contínuo apelo a levar a vida num nível decididamente teologal para lhe dar um conteúdo verdadeiramente sobrenatural e até uma dimensão escatológica, para ser contemplativo na ação, como é dever de todo autêntico cristão.

BIBLIOGRAFIA. No texto e no verbete → SECULARIZAÇÃO.

E. Ancilli

SEGREDO. Segredo é o que se deve "manter oculto"; é conhecimento de certa coisa que não se pode dizer aos outros ou por direito natural, porquanto exige de per si que fique oculta, pois de outro modo seria nociva ou desagradável ao próximo (segredo natural); ou por força de uma convenção pelo ofício que alguém exerce em favor de outro (segredo profissional); ou por uma promessa feita por quem recebe o segredo de não o revelar (segredo promissório); ou porque se conseguiu o segredo sob a condição de não o revelar (segredo comissório). Um segredo singular é o "sigilo da confissão" por seu valor sacramental, os capilares deveres e as sanções jurídicas. Dele se prescinde aqui; cf. CIC, câns. 983 e 1.388.

Objeto do segredo é qualquer notícia ou verdade que seja revelada, seja boa ou má; a obrigação de a manter oculta indica a responsabilidade de a manter escondida de acordo com a diversidade do segredo: ou natural, ou profissional, ou promissório, ou comissório, ou sacramental. Essa responsabilidade coincide com a obrigação de consciência. A obrigação de consciência de manter o segredo se estende também a quem, ou por acaso, ou por curiosidade, ou por corrupção, chegou ao conhecimento da coisa. "Em geral, jamais é lícito obter um segredo por meios injustos, mas é lícito com meios justos e por um motivo suficiente" (Jone).

Revelar um segredo natural é de per si pecado ou grave ou leve, conforme se viole gravemente ou a justiça e a caridade, ou de modo leve se prejudique ou se deixe alguém aflito. Revelar um segredo promissório por parte de quem somente por fidelidade se obrigou, é pecado leve, salvo se tivesse prometido o segredo por justiça e caridade em coisas graves. Revelar um segredo comissório ou profissional é grave; todavia, é pecado venial se a coisa é de pouco valor. Não se pode usar do segredo obtido por meios injustos; é lícito, porém, se obtido por meios justos.

BIBLIOGRAFIA. Del Vecchio, G. *La verità nella morale e nel diritto*. Roma, 1951; Günthör, A. *Chiamata e risposta*. Roma, 1984, III; Taliercio, G. Segreto. In *Dizionario Enciclopedico di Teologia Morale*. Roma, 1981.

D. Milella

SENSIBILIDADE E SENTIMENTO. A linguagem comum e científica oferece a respeito do tema da sensibilidade e do sentimento uma variedade múltipla de conceitos. A palavra "sensibilidade" deriva de sensível, de sensação, de senso; igualmente, "sentimento" deriva de sentir e, definitivamente, da raiz comum a senso.

A sensibilidade pode ser descrita de vários modos: a potencialidade sensitiva da filosofia escolástica, ou a capacidade de excitabilidade e reatividade a um estímulo de natureza concreta, ou a função de mediação entre realidade física e centros diretivos internos de um vivente; todo o complexo das operações sensíveis do homem (instintos-emoções etc.); a capacidade de apreciação e de juízo num setor particular (sensibilidade artística etc.); a aptidão a partilhar emoções dos outros (simpatia). Pressupondo os fundamentos anatômicos e fisiológicos da sensibilidade, ela, segundo a primeira descrição, pode ser especificada em sensibilidade geral e em sensibilidade especial; a primeira compreende diversas formas: sensibilidade cutânea (tátil, térmica, dolorosa), que deriva dos receptores situados nos tecidos da pele; sensibilidade profunda, consciente ou inconsciente, que provém dos receptores postos nos músculos, tendões, articulações, ossos etc.; sensibilidade visceral, que parte dos receptores situados nas vísceras, nos vasos sanguíneos. A sensibilidade especial divide-se em visual, acústica e tato-cinética ou do equilíbrio do corpo, olfativa, gustativa; elas têm origem nos receptores diferentes e postos em pontos precisos do corpo (exemplo: globo ocular, nervo ótico, área estriada do córtex do lobo occipital para a sensibilidade visual). Paralelamente à sensação, a sensibilidade tem uma diferente intensidade (aspecto quantitativo) e qualidade, e um limiar diferencial (mínima variação na sensibilidade por causa da mínima variação do estímulo) de acordo com o objeto estimulante e do sujeito reagente.

A sensibilidade tem peso próprio na vida espiritual. É difícil, em primeiro lugar, dar a medida global da sensibilidade de um indivíduo; assim como é igualmente difícil definir a sensibilidade média, indispensável a uma colaboração com as faculdades superiores do homem. Como hipótese, pode-se convir que uma sensibilidade global média responde a uma mediação entre espírito e realidade concreta, capaz de tornar possível a vida de relação em situações humanas ordinárias. Admite-se que na economia de um indivíduo haja um fato de compensação no caso de falta de sensibilidade num setor; assim, o equilíbrio da funcionalidade total não diminui excessivamente. Além disso, constatou-se que uma ausência qualquer qualitativa ou quantitativa do valor médio subtrai ao espírito humano um auxílio para a sua plena eficiência.

Na ascese cristã a ausência de sensibilidade dolorosa ou prazerosa poria quesitos de validade no testemunho da perfeição, dado que o paradigma dela se baseia na medida de Cristo, o qual possuía uma sensibilidade humana normal. É certo que a hipossensibilidade global compromete o aspecto ascético da vida espiritual e — em medida relativamente proporcional — também uma hipossensibilidade parcial. A hipersensibilidade global, além da possibilidade de um desgaste precoce, pode comprometer um funcionamento normal da capacidade espiritual; proporcionalmente isso vale também para uma hipersensibilidade setorial. Portanto, também sob o ponto de vista moral o comportamento de um indivíduo deverá ser diferentemente avaliado de acordo com a sensibilidade, pois a responsabilidade e imputabilidade variam também por motivo da maior ou menor incidência desta. Igualmente, o grau do desenvolvimento ascético não dever ser medido nas fases de sua involução, mas no pleno equilíbrio dela.

A doutrina tradicional ascética acentuou o dualismo antagônico entre a sensibilidade e o espírito. Deve-se observar, porém, que na terminologia há uma notável diferença: os antigos escritores aceitavam as categorias escolásticas da sensibilidade externa (os cinco sentidos) e da sensibilidade interna (os sentidos internos: imaginação, memória, conjectura, senso comum); hoje, experimentalmente, os fenômenos sensitivos têm uma interpretação mais realista e outra hierarquia. Por isso, a linguagem dos ascetas e dos místicos de outrora não pode ser referida simplesmente, acomodada e quase imposta à psicologia contemporânea. Os fatos da sensibilidade interna supõem mecanismos psicológicos mais complexos, aos quais não são estranhos, no homem, as interferências das energias superiores.

É verdade, porém, que a sensibilidade vai se atenuando experimentalmente nos estados místicos, sem desaparecer radicalmente (salvo raras exceções em setores particulares da sensibilidade). Acontece até que, nos estados mais altos, constitui-se uma harmonia entre sensibilidade e espírito, até porque a primeira atinge a sua função de mediadora entre o espírito e a realidade concreta de maneira econômica e menos cansativa (exceto, algumas vezes, nos estados de sofrimento particular); com efeito, à primeira e simples mensagem da sensibilidade, as faculdades superiores do espírito entram em ação e enchem com sua eficiência a consciência do místico.

No que diz respeito ao sentimento, pode-se observar alguns significados correntes: sensação orgânica, simples, de prazer ou de desgosto; ato ou estado habitual de emoção e de afetividade genericamente entendidas (sensibilidade da natureza); a fonte (órgão ou faculdade) da afetividade em geral (diz-se que a política não se faz com sentimento); percepção mais ou menos consciente de um estado afetivo em relação a uma realidade (o sentimento da vida, do eu, de inferioridade, de comunidade, de Deus etc.); opinião cuja causa não se conhece momentaneamente (diz-se: tenho a sensação de que está me acontecendo alguma coisa desagradável).

Do termo "sentimento" derivam "sentimentalidade", ou seja, domínio de um estado afetivo no comportamento de um homem, e "sentimentalismo". Essa palavra tem um tríplice valor: exagerada sentimentalidade; predomínio do afeto como critério da ação moral, em oposição à assunção da atividade intelectiva e de raciocínio para tal critério; reconhecimento de que o sentimento é o único meio e o mais adequado para participar da vida e do ser, e para manifestar seus aspectos (concepção metafísica do sentimento).

O primeiro significado de sentimento comporta uma sensação orgânica, ocasionada por um estímulo externo ou interno ao sujeito, caracterizada por um estado perceptivo-reativo simples e vago, acompanhado por movimentos de aceitação, de prazer, de atração, ou de desagrado e repulsa. Podem se incluir nessa categoria todos os fenômenos da sensibilidade cutânea, profunda e visceral, especial (visual, acústica etc.) e as sensações de índole geral englobadas na cinestesia ou sensação comum, a qual resulta da combinação dos processos da vida orgânica, como, por exemplo, os sentimentos de fome, de sede, de saciedade, de mal-estar e de bem-estar físico, de angústia etc. Os sentimentos determinam, aliás, o tom vital, o humor, o estado cinestésico ou consciência do bem-estar ou do mal-estar.

A consideração dos sentimentos elementares, em relação à vida espiritual, é semelhante à exposta para a sensibilidade, porque eles são parte fundamental dela. A experiência ascética cristã confirma que os sentimentos de desgosto e de repulsa freiam o processo de aperfeiçoamento, a menos que eles sejam conscientemente aceitos por motivos de ascese; igualmente causam os sentimentos agradáveis quando atingem uma intensidade que perturbe a esfera afetiva superior. Pode-se concluir que todos os sentimentos elementares têm uma funcionalidade positiva quando encontram no indivíduo o ritmo certo e acordo pleno com os efeitos ou sensibilidades superiores e com as escolhas voluntárias e livres.

BIBLIOGRAFIA. Gemelli, A. – Zunini, G. *Introduzione alla psicologia.* Milano, 1957, 223-239; Marcozzi, V. *Ascesi e psiche.* Brescia, 1958, 155-160; Girotti, G. *Questioni di psicologia.* Brescia, 1962, 117-189; Hilgard, E. R. *Psicologia.* Firenze, 1971, 214-290.

G. G. Pesenti

SENTIDOS ESPIRITUAIS. O homem regenerado pelo Espírito torna-se espiritual e se transforma no homem "perfeito" em sentido paulino. O "perfeito" não é o cristão que inicia o seu caminho, nem sequer o carismático, mas é o cristão fervoroso, dócil à ação do Espírito, fiel, generoso; é, sobretudo, aquele que cresce nas virtudes, que adquiriu, mediante o Espírito, um conhecimento "pessoal", uma experiência do mistério de Deus. O "perfeito" se distingue, segundo Paulo, do "homem psíquico", sem Espírito e ligado aos impulsos da carne, que não compreende nada das realidades de Deus e as recusa como absurdas; mas se distingue também do cristão imperfeito, que é caracterizado pelo infantilismo espiritual, indócil ao Espírito, resistente aos seus apelos, sem discernimento (1Cor 2,6–3,3; Rm 7,14–8,27; 1Pd 2,2; Hb 5,11-14).

O cristão "perfeito" conseguiu, portanto, aquela progressiva transfiguração da sensibilidade a que é chamado, de modo que os sentidos se façam receptores e instrumentos da experiência religiosa. Isso tem suas raízes no Evangelho de João (Jo 3,1-21), e D. Mollat († 1977) pôde falar a propósito do despertar dos sentidos espirituais mostrando que "o homem renascido na água e no Espírito 've' realmente o Filho de Deus; 'sente' e 'escuta' a sua palavra; 'toca-o', alimenta-se dele, 'saboreia-o'; 'respira' a vida no Espírito Santo" (in *Dictionnaire de Spiritualité*, VIII, 224).

A referência aos sentidos corporais oferece a melhor analogia para designar a experiência espiritual do cristão. Ver, sentir, respirar, saborear, tocar foram empregados pela Escritura para definir a relação do homem com Deus, e a reflexão cristã rapidamente reuniu esses textos e elaborou a doutrina dos sentidos espirituais. → Orígenes († c. 253) parece ter sido o primeiro a formular semelhante doutrina (*De principiis*, I, c. 1, 7.9.11; II, c. 4, 3; c. 9, 4; *C. Celsum*, I, 48; VII, 34; *In Levit. hom.* 31,7; *In Cant. Cant.* I e II; *In Math. comm. ser.* 63-64;…): trata-se do sentido do divino, que se exerce nos cinco sentidos (ver, como contemplação das figuras incorpóreas; ouvir, como distinção das vozes que não ressoam no ar; gostar, como gozo do pão vivo; cheirar, como percepção do bom odor de Cristo; tocar, como contato com o Verbo de vida).

Seguramente a fonte é a Escritura e Orígenes recorre às passagens que lembram a atividade das faculdades sensíveis (Sl 18,9; Ef 1,18; Mt 13,9; 2Cor 12,25; Sl 33,9; Jo 6,32 s.; 2Cor 12,15; 1Jo 1,1). Trata-se, sob o ponto de vista exegético, de metáforas que de per si não incluem ainda nenhuma doutrina dos cinco sentidos espirituais, mas Orígenes vai além e deixa claro que o homem, além dos sentidos corpóreos, possui também "um sentido pelo divino", ou mais simplesmente possui "sentidos divinos".

O homem, porém, não usufrui os sentidos espirituais a ponto de poder perceber plenamente as realidades "supremas e divinas". Além disso, para avivar os sentidos espirituais é preciso a graça e o exercício, mas a condição primeira e principal para poder usufruí-los é a fé. Ao mesmo tempo é preciso se livrar do predomínio dos sentidos corpóreos (*C. Celsum*, VII, 39). Os sentidos espirituais são exercidos sobretudo na oração (*In Cant.* II e *C. Celsum*, VIII, 44) e isso leva à perfeição.

No caso do conhecimento religioso, Orígenes com toda probabilidade pensou realmente em cinco órgãos efetivamente diversos, porque os indica também como energias da alma, que seriam como espécies distintas do sentido divino geral. Enfim, segundo Orígenes, nem todos os homens possuem todos os sentidos espirituais.

A doutrina de Orígenes influenciou, mediante seus discípulos, sobretudo → EVÁGRIO PÔNTICO († c. 399), o qual afirma que também o "espírito" tem necessidade de um sentido espiritual para distinguir as coisas espirituais. O seu modo de se exprimir é mais preciso do que o do mestre: o "espírito" possui cinco sentidos espirituais, correspondentes à sua natureza, e isso indica que a atividade deles se refere ao campo "teorético". A "prática" e o seu fim (a indiferença ou a ausência das paixões) são pressupostos.

Outros autores que falam dos sentidos espirituais são: o pseudo-Macário († c. 430) (*Homilias espirituais*, 4, 7; 33, 1; 44,1; 45,1); Simeão Metafrasto (século X) (*Homilias*, 4); Basílio († 379), que usa os nomes dos cinco sentidos corpóreos para indicar as faculdades da alma (*In princ. prov. hom.* 12, 14); → GREGÓRIO DE NISSA († 395) (*In cant. prooem. hom.* 1). No Ocidente temos → AGOSTINHO († 430) (*Serm.* 159, 3 s.) e → GREGÓRIO MAGNO († 604) (*Moralia*, VI, 33). De Agostinho deve ser citada a célebre passagem da "Beleza tão antiga e tão nova": "Chamaste-me, e o teu grito dilacerou a minha surdez; brilhaste, e o teu esplendor dissipou a minha cegueira; difundiste a tua fragrância, e respirei e anseio por ti; provei e tenho fome e sede; tocaste-me, e ardi no desejo da tua paz" (*Conf.* 10, 27, 38). No século XII, → BERNARDO DE CLARAVAL († 1153) escreve: "Como a alma doa ao corpo as virtudes dos sentidos, assim a alma da nossa alma, ou seja, o próprio Deus, dota a seu modo a nossa alma de cinco sentidos. Eles não são senão as várias possibilidades de amar de maneira conveniente toda realidade; a vista é o amor de Deus" (*Sermo 10 de diversis*, 2-4); Guglielmo de Saint-Thierry († 1148) depende completamente de Bernardo (*De natura et dignitate amoris*, VI, 15; VII, 16-20; X, 26 ss.). Todavia, as afirmações deles são muito genéricas. Mais importante é a contribuição de Alchero di Chiaravalle († 1180) (*De spiritu et anima*): "Os sentidos do homem exterior encontram-se de maneira semelhante também no homem interior, pois as realidades espirituais não se deixam perceber pelos sentidos corpóreos, mas pelos espirituais" (cc. 9, 49); e, como Orígenes e Agostinho, procura demonstrar com a Escritura a existência desses sentidos espirituais.

Pedro Lombardo († 1160), aliás, afirmando que em Cristo, cabeça do Corpo místico, encontrar-se-iam todos os sentidos, ao passo que os santos possuiriam somente o sentido do tato (*III Sent.* d. 13), contradiz aparentemente a afirmação de Orígenes.

No século XII, aliás, a linguagem religiosa conhece um "sensus spiritualis" oposto a um "sensus carnalis" e um "sensus cordis", um "sensus animae" e um "sensus intelectualis", com uma influência notável sobre o modo de falar acerca dos cinco sentidos espirituais.

Outros que fizeram referência a essa doutrina foram: Guglielmo d'Auxerre († 1231) (*Summa aurea*, IV); Alexandre de Hales († 1245) (*Summa*, pars II, q. 69); → ALBERTO MAGNO († 1280), que une os sentidos espirituais com o conhecimento místico (*In III Sent.* d. 13, a. 4). Mas quem desenvolveu de maneira mais ampla essa doutrina foi → BOAVENTURA DA BAGNOREGIO († 1274) na sua teologia mística.

Para Boaventura os sentidos espirituais são atos e não novas faculdades (*In III Sent.* d. 34, pars I, a. 1), baseiam-se na inteligência e na vontade, que são aperfeiçoadas por três disposições (virtude, dons da graça e bem-aventuranças). Ele não insere essa doutrina na psicologia, mas no contexto da graça; isso de algum modo já ilustra o caráter místico dos sentidos espirituais. Mediante as três disposições as energias da alma são corrigidas e levam o homem à perfeição atingível na terra. Cada um corresponde a uma etapa da vida espiritual (princípio, progresso e perfeição) (*In III Sent.* d. 34, a. 1, q. 3).

O homem perfeito atinge o estádio de paz profunda por meio das bem-aventuranças e experimenta a alegria espiritual, os frutos do Espírito Santo. Atingiu assim o limiar da contemplação, que se desenvolve precisamente nos atos dos sentidos espirituais. Eles captam em Cristo o "verbum increatum, inspiratum, incarnatum" (*Coll. in Hexaem.* IX, 1-4). Com a vista, o tato e o gosto é porém possível ir além: a vista espiritual deve ser atribuída ao ato de fé, ao dom do intelecto e à bem-aventurança da pureza de coração, a que correspondem três graus do conhecimento sobrenatural de Deus, ligados com os atos das três disposições.

O terceiro grau consiste na visão simples que está reservada à pureza do coração, que, "sozinha, pode ver a Deus" (*In III Sent.* d. 35, q. 3); assim, tornamo-nos conscientes da influência direta exercida pela verdade eterna sobre o nosso espírito. É óbvio que isso não pode acontecer sem mediação. À vista deveria corresponder o gosto, que consiste numa avaliação afetiva da influência da graça divina criada: é um ato da vontade que permite perceber de maneira plena e imediata (*In III Sent.* d. 34, pars I, a. 1, q. 1). Todavia, ele é menos perfeito do que o tato, que indica a união do amor direto com Deus mediante o êxtase: "tocar espiritual" é o sentido espiritual mais alto e é identificado com o êxtase.

Entre os séculos XII e XV temos Rogério Bacon († 1293) (*Opus maius*, II); Ugo Ripelin di Strasburgo (século XIII) (*Compendium theologicae veritatis*, V, 56); Mestre → ECKHART († 1327) (*Traktat*, 11); Rodolfo di Biberach († 1360) (*Sobre as sete vias da eternidade*, d. 4, c. 2), que põe em relação sentidos espirituais e Eucaristia como nutrimento necessário à alma para que os sentidos não se percam; → BERNARDINO DE SENA († 1444) (*Sermo* 57, a. 2, c. 2; *Sermo* 11, a. 3, c. 3); Pedro d'Ailly (séculos XIV-XV) (*Compendium contemplationis*, III, 1, 13); → GERSON († 1429) (*Sermo* 2), → DIONÍSIO, O CARTUXO († 1471) (*Hierarquia celeste*, 77); Enrico → HERP († 1477) (*Theologia mystica*, I, 15.58; II, pars V, c. 55). Esses autores seguem de perto ou são muito influenciados pela doutrina de Boaventura. No século XVI a sua doutrina é posta em relação com a aplicação dos sentidos de que falam os *Exercícios* de Santo → INÁCIO DE LOYOLA († 1556).

Quando Inácio define os exercícios espirituais como "qualquer modo de preparar e dispor a alma para tirar de si todas as afeições desordenadas" (*Exercícios espirituais*, nota 1), adverte-nos de que é necessário libertar a nossa "sensibilidade" (*Ibid.*, notas 16 e 21) dos condicionamentos negativos que deformam o ser humano. Trata-se de cultivar um novo sentir, que é a percepção que acompanha uma experiência interior e vital. É preciso garantir que "o próprio Criador e Senhor se comunique à sua alma devota, abraçando-a em seu amor e louvor" (*Ibid.*, nota 15) e "atraindo-a toda para o amor de Sua Divina Majestade" (*Ibid.*, 330).

O "ver" e o "sentir" unicamente as realidades celestes é possível, porém, com a solidão e o silêncio, para reentrar em nós mesmos e vibrar em uníssono com Deus (*Ibid.*, 335); com o → EXAME DE CONSCIÊNCIA, para reconhecer "mais interiormente" a existência dos pecados e a "malícia deles" (*Ibid.*, 44); com a aplicação dos sentidos, imitando em primeiro lugar Cristo ou Maria, revivendo seus mistérios e quase que assumindo suas próprias disposições de ânimo (*Ibid.*, 248); em segundo lugar, penetrando de modo ativo e responsável o mistério, não desprezando a aproximação negativa (a meditação do inferno), mas tampouco negligenciando a positiva (a encarnação, a natividade e a ressurreição) (*Ibid.*, 65-70. 121-125. 218-229).

Sobre esse assunto volta Inácio quando fala dos diversos modos de orar (*Ibid.*, 238). Entre os sentidos, os superiores, vista e ouvido, têm certamente uma primazia absoluta: daí o convite à meditação ou contemplação "visual" (*Ibid.*, 47) do mistério e à "composição" que nasce "vendo o lugar", ou seja, a cena, com o situar-se ativo e partícipe do orante por dentro da história evangélica. Mas existe também uma "composição não visual", quando o tema da meditação é em certo sentido abstrato, como os pecados: a recomendação será então de ver com "os olhos da imaginação" (*Ibid.*, 47. 65).

Teresa de Ávila († 1582) e → JOÃO DA CRUZ († 1591) mostram nas suas obras somente o fundamento empírico dessa doutrina: o caráter imediato da experiência mística pode ser mais facilmente expresso com imagens tiradas da percepção sensível direta, e as particularidades de uma determinada experiência mística têm seu análogo na expressão deste ou daquele sentido (Teresa de Ávila, *A Rodrigo Alvarez*, Carta 78). João da Cruz, no entanto, é inevitavelmente induzido como Boaventura a falar de "tocar, sentir" quando se trata de descrever as experiências místicas mais altas.

Na mística clássica mais recente, porém, falta uma doutrina particular dos cinco sentidos. Ela quase não exerce mais nenhum papel na explicação dos fenômenos místicos, sequer onde é ainda nomeada (Luís de → GRANADA [† 1588], Sandeo [† 1509], → SURIN [† 1665], Nouet [† 1680], A. → SILÉSIO [† 1677] etc.).

Todavia, um certo despertar houve nos últimos tempos por influência de A. Poulain († 1919) e por obra de Saudreau, Lamballe, Tanquerey, Grabmann, Richstätter, Maumigny, Hamon, → ARINTERO, Seisdedos, Juan de Guernica, Bajmvel e Dorsch.

BIBLIOGRAFIA. CAMPO, C. Sensi soprannaturali. In *Gli imperdonabili*. Milano, 1987, 231-248; MOUROUX, J. *L'expérience spirituelle*. Paris, 1954, 130-135.280-311; RAHNER, K. Teologia dell'esperienza dello Spirito. Esempi storici. In *Nuovi Saggi* VI. Roma, 1978, 133-208.

A. GENTILI – M. REGAZZONI

SENTIMENTOS ESPIRITUAIS E LOCUÇÕES.
→ COMUNICAÇÕES MÍSTICAS.

SERAFIM DA FERMO.
1. NOTA BIOGRÁFICA. Da família Aceti de Portis, foi chamado "da Fermo", lugar onde nascera em 1496. Terminados os estudos humanísticos e filosóficos, transferiu-se para Pádua para lá frequentar os cursos universitários; aí travou amizade com A. M. Zacarias, o futuro fundador dos → BARNABITAS, então estudante de medicina. Tendo voltado à pátria, entrou para os cônegos regulares lateranenses. A seguir, dedicou-se à pregação, desenvolvendo com muito fruto esse ministério em várias cidades do Estado pontifício e depois em Modena, Parma, Piacenza, Cremona, Mantova, Pavia, Novara. Em Milão, reatadas as relações de amizade com Zacarias, conheceu as obras espirituais do dominicano frei → BATISTA CARIONI DE CREMA e as julgou "cheias de verdadeira sabedoria". Foi tão entusiasta delas que se tornou seu mais fervoroso divulgador. Morreu em Bolonha, em 1540.

2. OBRAS. Distinguem-se em juvenis e da maturidade. Do primeiro grupo fazem parte: *Do discernimento dos espíritos* (o fundo doutrinal vem de → GERSON); (primeiro) *Tratado sobre a discrição* (publicado pelo autor, não se conhecem exemplares dele; a seguir, totalmente refeito segundo a doutrina do De Crema); *Sobre a desconfiança e a confiança; Vida de duas beatíssimas senhoras* (duas breves biografias das irmãs Margherita e Gentile da Ravenna). Pertencem ao segundo grupo: *Utilíssimo e necessário tratado da oração mental e de como se a pode alcançar; Problemas da oração; Brevíssimo tratado sobre a conversão* (às convertidas de Vicenza); (segundo) *Tratado sobre a discrição* (revisão do homônimo); *Tratado para a vida cristã de para o conhecimento e vitória sobre si próprio* (compêndio da obra principal de Batista de Crema); *Espelho interior* (compêndio da obra homônima de De Crema); *Modo brevíssimo de confessar-se* (tirado do anterior); *Breve declaração sobre o Apocalipse de João; Apologia de fra Battista da C.* (posta no Índice dos livros proibidos, nele ficou até 1900).

3. DOUTRINA. Serafim deve a fama de escritor ascético às obras da maturidade. Elas não são senão adaptações ou compêndios das obras de Batista de Crema, ou pelo menos nelas se inspiram, buscando nelas os elementos fundamentais para a elaboração de uma doutrina espiritual não muito dessemelhante da do dominicano; assim, o pensamento de De Crema, depois da condenação, continuou a se difundir mediante os escritos de Serafim.

Serafim, como De Crema, concebe a vida espiritual como combate que deve levar o cristão à vitória total sobre si mesmo. Realizada essa vitória, está removido o verdadeiro obstáculo à graça. A renovação interior depende em grande parte da vontade fortemente decidida de triunfar sobre os vícios. O mais tenaz deles é o amor próprio: daí a necessidade de praticar a humildade. Com a renúncia à própria vontade, a alma se dispõe à "união mental" com Deus. A alma, com efeito, não pode se unir a Deus "se antes não se torna aniquilada em si mesma" (*Tratado sobre a discrição*, XIII, 341). A verdadeira penitência consiste no esforço da vontade para chegar ao total → DOMÍNIO DE SI, mais que na "aflição corporal"; portanto, evitar as indiscretas mortificações externas. Serafim, como De Crema, tem nítidas preferências pela → VIDA mista, "que contempla operando e opera na contemplação". Quem faz a difícil síntese "pode-se dizer que se santificou, e confirmado em graça, sim, pois não pode mais pecar mortalmente, ainda porque sempre cresce de luz em luz, de graça em graça, como se lê de Cristo" (*Espelho interior*, XII, 480). "Esse grau", porém, "é muito raro e maravilhoso e talvez o último a que se possa chegar nesta vida" (*Problemas da oração*, c. 174). Serafim detesta a exterioridade e os formalismos e não dá grande importância à oração vocal: a oração deve ser feita mais com o desejo do que com as palavras; de uma oração afetuosa nasce uma grande confiança em Deus.

Os graus da oração são os quatro tradicionais: leitura, meditação, oração mental e contemplação. Meditar de preferência a vida e a paixão do Senhor. A oração mental ("elevação da mente a Deus, sem estrépito de palavras") é a via ordinária que a alma deve percorrer para se preparar para a contemplação: "delicioso conhecimento da verdade". Serafim descreve sumariamente a união mística, procurando fundir a doutrina tomista e a neoplatônica: exprime-se, porém, com grande cautela. Para o problema do amor puro segue De Crema e defende sua posição.

Serafim, como o seu mestre, foi acusado de pelagianismo, mas erroneamente. Com efeito, ele afirma que, se o esforço pessoal é absolutamente necessário para a nossa santificação, em vão nos cansamos sem a graça de Deus. A importância de Serafim é relevante na espiritualidade do século XVI pela contribuição dada à corrente do "combate" que teve em → SCUPOLI seu máximo representante; leram-no com interesse o ven. Ludovico da Granata (que nele se inspirou), São Filipe Neri e Santa Teresa de Ávila.

BIBLIOGRAFIA. 1) Biografias: ROSINI, M. *Lycaeum lateranense*. Caesenae, 1649; FEYLES, G. *Serafino da Fermo*. Torino, 1941, parte I.
2) Obras: Ed. italianas: Venezia, 1541 (em 4 vls.); *Ibid*. 1548 (a que usamos); Piacenza, 1570; Apologia di fra B. Da C. *Memorie Domenicane*, 35 (1918) 29-34.71-76.107-113.
3) Estudos: COLOSIO, I. Irrigidimento e austerità della spiritualità italiana del Cinquecento in opposizione al Rinascimento. *Rivista di Ascetica e Mistica* 8 (1963) 286-297; 9 (1964) 424-440; ID. Serafino da Fermo († 1450), le beate ravennati Margherita e Gentile e le regole della Compagnia del Buon Gesù. *Rivista di Ascetica e Mistica* 2 (1977) 246-258; ID. Quarantadue problemi sull'orazione di Serafino da Fermo. *Rivista di Ascetica e Mistica* 2 (1977) 156-172.259-266.

P. GROSSI

SERAFIM SAROVSKIJ. 1. NOTA BIOGRÁFICA. Nasceu no dia 19 de julho de 1759, em Kursk, numa família tradicionalmente ortodoxa. Foi batizado com o nome de Prokopij. Aos 19 anos, seguindo o conselho do *starec* Dositeu da laura de Kiev, fez-se monge no eremitério de Sarov, no governo de Tambov. Era um período particularmente difícil para a Igreja russa e as comunidades monásticas; o czar Pedro, o Grande, com efeito, tinha abolido o patriarcado e tinha realizado uma severa política contra os mosteiros. Em Sarov o jovem Prokopij foi destinado ao serviço do padre ecônomo, mostrando-se um ótimo carpinteiro e se distinguindo sobretudo por seu caráter alegre e sociável. Depois de oito anos de permanência, curado de uma grave doença, pronunciou os votos, tomando o nome de Serafim. Em 1793 foi ordenado sacerdote, mas logo, cada vez mais atraído pela vida contemplativa, retirou-se na floresta para viver em solidão. Nesse período, imitando os antigos monges estilitas, permaneceu sobre uma rocha por três anos, orando incessantemente pelo mundo, então sacudido pelas guerras napoleônicas. Em 1804 foi gravemente ferido por alguns assaltantes, mas de novo ficou curado. Levado desfalecido ao mosteiro, depois de algum tempo restabeleceu-se e retornou ao eremitério, perdoando seus salteadores. Tendo voltado a seu "deserto", Serafim submeteu-se à observância do mais absoluto silêncio; só uma vez por semana um confrade lhe levava um pouco de alimento. Algum tempo depois, todavia, o hegúmeno lhe ordenou que voltasse para o mosteiro para que participasse da liturgia comunitária pelo menos aos domingos. Assim, por cinco anos Serafim levou uma vida de recluso numa cela do mosteiro. Dela saiu em 1825 para se tornar um *starec* (→ STARČESTVO), um padre espiritual para os confrades e para muita gente que vinha encontrá-lo, adquirindo logo também a fama de taumaturgo. Àquela época remonta a fundação de um mosteiro feminino em Divejevo, não distante de Sarov. Morreu quando em oração diante do ícone de Nossa Senhora de Vladimir, na noite de 1º para 2 de janeiro de 1833. A canonização foi celebrada em Sarov no dia 19 de julho de 1903, na presença de uma grande multidão e da própria família imperial.

2. DOUTRINA. Serafim não escreveu nada, mas as suas *instruções* e colóquios, transcritos pelas testemunhas, foram reunidos na *Crônica do mosteiro Seráfico-Divejevo*. Sua espiritualidade aparece particularmente no seu *Colóquio com Motovilov*, já famoso e por várias vezes traduzido (D. BARSOTTI, *Mistici russi*, Torino, 1961, 15-63; L. KOLOGRIVOV, *I santi russi*, Milano, 1977, 453-457; T. ŠPIDLÍK, *I grandi mistici russi*, Roma, 1977, 173-177; I. GORAINOFF, *Seraphim de Sarov. Sa vie, entretien avec Motovilov et instructions spirituelles*, trad. it. de G. DOTTI, Torino, 1981, 153-187). Nikolaj Motovilov, depois de ter ficado curado pelas orações de Serafim, teve com ele um longo colóquio que transcreveu nas suas lembranças. Depois de sua morte, a mulher entrou para o mosteiro de Divejevo. As lembranças ficaram ali até 1902, quando foram decodificadas para serem publicadas na vigília da canonização. O tema principal da conversação é o Espírito Santo. O homem pode ser chamado de espiritual somente porque recebeu o Espírito Santo, "ao passo que a oração, as vigílias, o jejum, a esmola e as outras ações virtuosas feitas no nome de Cristo não são senão um meio para conquistá-lo" (I. GORAINOFF, *op. cit.*, 184). Motovilov ficava perplexo diante desse mistério, respondendo que o Espírito fica invisível e, portanto, o homem continua a viver a incerteza da graça. Então Serafim pediu em oração que Motovilov experimentasse por alguns momentos a paz maravilhosa e a iluminação espiritual, sinais da presença do Espírito Santo. Serafim queria, assim, mostrar-lhe que para além de toda tibieza e insensibilidade ao homem que procura Deus é possível experimentar interiormente a sua presença na própria vida.

Na → DIREÇÃO ESPIRITUAL Serafim parecia poder ler nos corações como num livro aberto; possuía o chamado "dom diorático", a capacidade de ver em profundidade no coração dos homens. Todavia, ele dava uma explicação toda especial. Assim, com efeito, respondeu a quem lhe fazia observar esse seu olhar penetrante ao coração dos homens que encontrava: "Não, minha joia, não deves falar assim. O coração humano está aberto somente a Deus. [...] Eu me considero um pobre servidor de Deus e transmito o que Deus ordena a seu servidor. O primeiro pensamento que me vem à mente considero ser enviado por Deus; assim, falo sem saber o que está acontecendo na alma do meu interlocutor, mas com a certeza de que é essa a vontade de Deus e que é para o bem dele" (*Ibid.*, 64).

No decurso de sua vida Serafim teve numerosas visões que caracterizaram os momentos mais importantes da sua existência e que comunicou, embora com relutância, somente a poucos íntimos. Exerceu uma dura ascese, mas aos outros recomendava uma ascese moderada e sobretudo a simplicidade na oração, à procura de uma autêntica paz da alma: "Não há nada mais valioso", diz, "do que a paz em Cristo; por meio dela são destruídos todos os assaltos dos espíritos do ar e terrestres" (*Ibid.*, 232). Quer aos monges, quer aos leigos, pois, aconselhava que comungassem com frequência: "Aquele que comunga não somente uma vez ao ano, mas com frequência, será bendito já nesta terra. Eu acredito que a graça da comunhão se esparrame sobre a descendência daquele que comunga" (*Ibid.*, 255).

BIBLIOGRAFIA. A fonte principal é a *Cronaca del monastero Serafino-Divejevo*. Moscou, 1896. Dela são tirados os fatos nas duas Vidas escritas imediatamente depois de sua canonização: DENISOV, L. I. *La vita, l'ascesi, i miracoli, le istruzioni spirituali e la scoperta delle reliquie del venerabile e teoforo nostro Padre Serafim, taumaturgo di Sarov*. Moscou, 1904; LEVITSKIJ, N. *La vita, le opere ascetiche, i miracoli e la caninozzazione del nostro Padre teoforo Serafim Sarovskij*. Moscou, 1905.

Os mesmos eventos e os mesmos ensinamentos foram reunidos e publicados em francês por GORAINOFF, I. *Seraphim de Sarov. Sa vie, entretien avec Motovilov et instructions spirituelles*. Begrolles en Mauges, 1973.

Estudos: EVDOKIMOV, P. Seraphim de Sarov. *Échanges* 40 (1060); ID. Saint Seraphim of Sarov. An Icon of Orthodox Spirituality. *The Ecumenical Review* 15/3 (1963) 264-278; *Seraphim of Sarov (1759-1833). His Life and Acathistos Hymn sung to him in the Russian Church*. Trad. ingl. por uma monja do monastério ortodoxo Orthodox Bussy-en-Othe d.d.; ŠPIDLÍK, T. Serafino di Sarov. In *La mistica. Fenomenologia e riflessione teologica*. Roma, 1984, 621-644, I; ZANDER, V. *Seraphim von Sarow. Ein Heiliger der orthodoxen Christenheit*. Düsseldorf, 1965.

T. ŠPIDLÍK – M. GARZANITI

SERGIJ RADONEŽSKIJ. Importante reformador da vida monástica e grande personalidade espiritual de seu tempo. Nasceu por volta de 1314 e foi canonizado pela Igreja russa no dia 4 de julho de 1422. A fonte principal para conhecer sua vida é a biografia escrita pelo discípulo EPIFÂNIO, O SÁBIO, *Žitie i žizn' prepodobnago* *otca našego igumena Sergia spisano učenikom ego svjascennoinokom Epifaniem* (Vida do beato padre nosso hegúmeno Sergij escrita pelo seu discípulo hieromonge Epifanij) in N. S. Tichonravov, *Drevnija Žitija prepodobnago Sergija Radonežskago*, Moscou, 1892 (cf. *Die Legenden des Heiligen Sergij von Radonež*. Nachdrück des Ausgabe von Tichonravov von L. Müller, Munique, 1967). Sergij, cujo nome de batismo era Varfolomej, pertencia a uma nobre família da região de Rostov, que, perdidas as posses, refugiou-se na cidade de Radonež, na região de Moscou. Tinha uns 20 anos quando os pais morreram. Então o jovem Varfolomej, junto com o irmão Stepan, que já era monge, estabeleceu-se nos bosques que circundavam Radonež. Sua fuga para os bosques era expressamente motivada pelo ardente desejo de imitar os Padres do deserto, em particular Antônio. Em lugares tão inóspitos é que os irmãos fixaram moradia e construíram uma capela dedicada à Santíssima Trindade. Stepan, todavia, não pôde manter por muito tempo a dura vida anacorética; assim, o mais jovem, Varfolomej, ficou sozinho, continuando no caminho de oração e de purificação e suportando duras tentações: na sua vida se fala do assalto dos demônios, de feras e da tentação da depressão e da tristeza. Entretanto, no dia 7 de outubro de 1337 era consagrado monge com o nome de Sergij pelo sacerdote Mitrofan. Pouco a pouco, em torno dele estabeleceram-se discípulos que desejavam imitar sua vida; surgiu, assim, o primeiro núcleo do que haveria de ser o mosteiro da Santíssima Trindade (Troice-Sergievskaja Lavra); mais tarde, em torno dele se formou o centro habitado de Sergiev, hoje Zagorsk, a cerca de setenta quilômetros de Moscou, sede do Patriarcado, do Seminário e da Academia teológica ortodoxa russa.

Os primeiros monges, superadas as notáveis dificuldades organizativas e econômicas, seguindo um pedido do metropolita de Moscou, Aleksej, a convite do patriarca constantinopolitano Filoteu, em 1354, adotaram a regra cenobítica segundo o modelo de → TEODORO ESTUDITA. Com o passar dos anos, Sergij adquiriu uma grande influência; assim, o metropolita Aleksej († 1378) teria querido vê-lo como seu sucessor; mas o monge deu sempre uma firme negativa. Um grave momento de crise para Sergij foi o retorno do irmão Stepan. Depois de um conflito surgido por causa dele, Sergij afastou-se do mosteiro e fundou outro mais distante, dedicado à Anunciação. Somente as insistentes orações dos monges o estimularam a retornar ao mosteiro da Santíssima Trindade, continuando a exercer ali a autoridade de hegúmeno. Sergij, além disso, exerceu também uma influência considerável sobre a atividade dos príncipes russos daquela época, favorecendo a união deles contra o perigo das invasões tártaras. Durante a sua vida fundou uma dezena de mosteiros: o mosteiro da Santíssima Trindade tornou-se, assim, um centro de irradiação espiritual. No espaço de 150 anos surgiram 180 novos mosteiros e o número dos monges canonizados subiu a cem. Sergij morreu no dia 25 de setembro de 1392. Dezessete anos depois da sua morte, o seu discípulo Nikon confiou ao célebre iconógrafo Andrei Rublëv († 1430) a tarefa de pintar o ícone da Santíssima Trindade, que se tornou hoje famosíssimo, como lembrança de Sergij, que tinha consagrado à Santíssima Trindade a primeira capela do mosteiro.

A vida mesma de Sergij é a expressão mais clara da sua espiritualidade, que se situa na grande tradição do → MONASTICISMO ORIENTAL; o amor pelas Escrituras e pela oração, o abandono da herança paterna e a dureza do trabalho físico constituem o ponto de partida de um caminho de purificação e de ascese à procura de Deus na solidão que levará Sergij à contemplação do grande mistério trinitário, que representa o centro da experiência religiosa do monge russo. Nessa perspectiva se compreende a difícil escolha de Sergij de aceitar discípulos e de fundar um mosteiro, embora por várias vezes Sergij tenha tentado escapar ao ônus e às responsabilidades de superior e menosprezar o papel que o próprio mosteiro ia conquistando no plano social e político. A escolha de se retirar de novo na solidão e de concluir os seus dias como eremita nos faz compreender que toda a sua existência estava voltada à imersão na contemplação do mistério trinitário. A sua figura continua exemplar para compreender seja o espírito religioso russo, seja a grande tradição monástica russa, que o reconheceu como pai e patrono.

BIBLIOGRAFIA. Benz, E. *Russische Heiligen-legenden*. Zürich, 1953, 292-362 (trad. completa da biografia de Epifanij); Fedotov, G. P. *Svjatye drevnej Rusi X-XVII v*. Paris, 1931, 137-152; Id. *Treasury of Russian Spirituality*. New York, 1948, 30-48; Hackel, A. *Sergij von Radonesch*. Münster, 1956; Kologrivov, I. *Essai sur la sainteté en Russie*. Bruges, 1953; Kovalevskij, P. *Saint Serge et la spiritualité russe*.

Paris, 1958; SMOLITSCH, I. *Russisches Mönchtum. Entstehung, Entwicklung und Wesen 988-1916*. Würzburg, 1953; ŠPIDLÍK, T. *I grandi mistici russi*. Roma, 1977, 87-99; ZERNOV, N. *St. Sergius, Builder of Russia*. London, 1937.

T. ŠPIDLÍK – M. GARZANITI

SERVIÇO (vida cristã, serviço a Deus). 1. NOÇÃO. Serviço, no significado original, é atividade do escravo (*servus*) em relação ao patrão (*dominus*) e é determinada pela particular forma de domínio e de dependência que condiciona a posição jurídico-moral do servo. Há diferentes espécies de serviço, seja quanto à sua natureza intrínseca, seja quanto à sua manifestação externa: a Deus, ao demônio, ao pecado, à injustiça, à lei etc.

2. NATUREZA. A vida cristã, na realidade do serviço a Deus, comporta consagração e oferecimento de todo o ser e da atividade do batizado a ele, não somente como criador — na ordem ontológica — com o culto da latria, mas também e sobretudo na ordem soteriológica, como redentor e santificador. Sob esse aspecto é substancial a diferença do conceito de serviço no pensamento cristão e no clássico e hebraico. Com efeito, no pensamento clássico serviço jamais tem significado religioso, mas apenas profano, ligado à condição jurídico-social do escravo dependente em tudo, inclusive quanto à vida, do arbítrio do patrão. No judaísmo serviço está em relação com o culto de Deus, na concepção e impostação religioso-moral teocrática de Israel. Servos de Deus — tradução de *'ebhed YHWH* — são chamados os adoradores e os zeladores do culto divino, os investidos de particulares dignidades e missões: → ABRAÃO (Gn 26,23), → MOISÉS (Nm 12,8), Davi (1Rs 11,36, os → PROFETAS (Am 3,7; Jr 35,11; 44,4), o próprio Israel (Is 41,8), personagens pagãos (Jr 27,6; 43,10).

3. DEVERES DO SERVIÇO. O motivo fundamental, que exige do cristão a oferta da vida como serviço a Deus é dado pela nova realidade em que o batizado foi inserido: povo de posse reservada a Deus (1Pd 2,9), não pertence mais a si mesmo, porque comprado a alto preço (1Cor 6,19) pelo sangue de Cristo "cordeiro sem defeito e sem mancha" (1Pd 1,19). A redenção, realização do plano de salvação querido desde a eternidade (Ef 1-2; Tt 3,1-8; 2Tm 1,9), é libertação da escravidão do demônio (Jo 12,31) e do pecado (Rm 1-13; 8,1-4), dá a liberdade de filhos de Deus (2Tm 1,9), torna o batizado participante da natureza de Deus (2Pd 1,4); daí a obrigação de os fiéis não viverem mais para si mesmos, mas para aquele que por eles morreu e ressuscitou (2Cor 5,15). Por essa radical transformação os apóstolos chamam a si mesmos e os cristãos de servos de Deus e de Jesus Cristo (2Pd 1,1; At 4,29; 1Cor 7,21; Ef 6,6; Cl 4,12; 2Tm 2,24), e definem a vida cristã como serviço a Deus e a Cristo (1Ts 1,9; Rm 7,6; 12,11; 14,18).

4. CARÁTER DO SERVIÇO. a) *Aspecto geral do serviço*: é definido pelos nomes dados aos cristãos, que revelam suas relações com Deus e determinam as consequências de ordem prática que derivam dessas relações. Os batizados são: filhos adotivos de Deus (Rm 8,15-16; Gl 4,5-6), familiares de Deus e concidadãos do céu (Ef 2,19), povo de Deus (Rm 9,25-26), Israel de Deus (Gl 6,16), construção e templo de Deus (1Cor 3,9.16-17; 2Cor 6,16.18; Ef 2,19-20), membros do Corpo místico de Cristo (Ef 1,22-23; Cl 1,18-24; Rm 12,5), santos (48 vezes), chamados (Rm 8,8; 1Cor 1,24), eleitos e amados (1Pd 1,1; Cl 3,12), fiéis e amados (1Tm 4,2), homem novo, estirpe eleita, reino, sacerdócio, nação santa (1Pd 2,9).

b) *Aspectos particulares*. *Com Cristo*: a união com Cristo é não apenas condição para chegar à maturidade espiritual em que se tem a plenitude de Cristo (Ef 3,19), mas dá valor também à oferta da vida, como serviço a Deus em fidelidade e amor. As fórmulas "em Cristo, com Cristo, por Cristo" (cf. WIKENHAUSER, *La mistica di Paolo*, Brescia, 1958; O. KUSS, *Lettera ai Romani*, I, Brescia, 1962, 409-470), usadas por Paulo, envolvem intimidade de vida e de obras em Cristo e com Cristo por quem o batizado é obrigado a reproduzir em si a vida do Mestre (2Cor 4,10), de modo que seja Cristo que viva nele (Gl 2,10), com a consequência de que toda atividade do batizado se desenvolva "em nome do Senhor Jesus, dando graças, por ele, a Deus Pai" (Cl 3,17; cf. 1Cor 10,31; 1Pd 4,11), com os mesmos sentimentos de piedade, humildade e generosidade do Filho de Deus (Fl 2,5-8).

Filial: é consequência da adoção como filhos, operada e atestada em nós pelo Espírito Santo. Não se está mais na situação de escravo "para recair no medo", mas na casa do Pai para operar em amor (Rm 8,15-16). Serviço, o único digno dos filhos, que investe e embebe a vida que se dá a Deus Pai, como resposta positiva ao amor dele recebido (1Jo 4,19) e é prova da sinceridade e profundidade das afeições e sentimentos do espírito

(Jo 14,21-23). Servir é agir como filhos da luz; o fruto da luz está em toda justiça, bondade e caridade, procurando discernir o que é agradável ao Senhor (Ef 5,8-10), "procurando a sua total aprovação, produzindo frutos e progredindo no verdadeiro conhecimento de Deus" (Cl 1,10).

Interior: o verdadeiro serviço busca seu estímulo dinâmico e seu valor primeiro nas disposições de espírito com que é cumprido, eliminando, de partida, o formalismo farisaico e agindo "em espírito e verdade" (Jo 4,23-24). Quem, livre de motivos secundários, serve a Deus "com consciência pura (2Tm 1,3) e "no regime novo do Espírito e não mais sob o regime ultrapassado da letra" (Rm 7,6) agrada a Deus e é seu verdadeiro glorificador. O formalismo exterior, anêmico e falso, é condenado por Deus (cf. Is 19,13 ss.).

Integral e total: o homem todo, com todas as suas faculdades, deve estar a serviço de Deus, porque o homem todo foi regenerado e consagrado no → BATISMO. Portanto, não só o espírito, mas também os membros estejam a serviço de Deus, "como armas da justiça [...] a serviço da justiça, que conduz à santificação" (Rm 6,13.19). Deus quer ser glorificado por seus filhos no espírito e no corpo (cf. 1Cor 6,20). A vida deve ser pensada e enfocada unicamente em relação ao serviço divino (cf. Rm 1,9; Fl 3,3; 2Tm 1,2; 2Cor 9,1-13) com a nítida exclusão das obras da carne, das trevas, da morte (Gl 5,19-21; Ef 5,11-18).

Fiel: para os que vivem em Deus, o serviço não pode sofrer rachas e interrupções provocadas por indolência e comodidade; é sempre urgente agir como servos bons e fiéis (Mt 25,23), como operários conscientes que de nada tenham de se envergonhar ao se apresentarem ao Patrão no término do dia (2Tm 2,15), mesmo que a fidelidade comporte luta contra todas as forças subversivas do mal (cf. Fl 1,27; 2Cor 2,10.14); e é corrida vivida até o espasmo (cf. 1Cor 9,24-27; Fl 3,12-14). Operosidade constante na fé, fadiga na caridade heroica, tenacidade na esperança (1Ts 1,3) conferem tônus e vida ao serviço aceito não como peso, mas como honra, sem pretensões (cf. Lc 7,10), sem compromissos (Mt 25,26), na sinceridade das obras e não na mentira de palavras (Mt 7,21), de modo que sejamos "irrepreensíveis para o dia de Cristo, cumulados do fruto de justiça que nos vem por Jesus Cristo, para a glória e o louvor de Deus" (Fl 1,10-11).

Litúrgico: é a forma mais perfeita de serviço, em linha com a oferta sacrifical de Cristo ao Pai por nós, "como Cristo nos amou e se entregou a si mesmo a Deus por nós em oblação e vítima, como perfume de agradável odor" (Ef 5,2). Mais, a oferta de sangue de Jesus está em função purificadora da "nossa consciência das obras mortas para servir ao Deus vivo" (Hb 9,14). O verdadeiro culto espiritual é a consagração a Deus dos nossos corpos "em sacrifício vivo, santo e agradável a Deus" (Rm 12,1). Vida e morte, para o cristão, são dois momentos da mesma "libação sacrifical" porque "nenhum de nós vive para si mesmo, e ninguém morre para si mesmo. Pois, se vivemos, vivemos para o Senhor; se morremos, morremos para o Senhor" (Rm 14,7-8). Estamos nessa perspectiva e realidade se damos ao viver e ao morrer o caráter de serviço de culto e adoração a Deus.

BIBLIOGRAFIA. BOGLIOLO, L. Al servizio della Chiesa dopo il Vaticano II. *Vita Religiosa* 3 (1967) 398-409; COOPMANS, J. J. *De servitute antiqua et religione christiana*. Amsterdam, 1920; FEDERICI, T. Servizio. In *Dizionario del Concilio Ecumenico Vaticano II*. Roma, 1969, 1.827-1.830; MAGENES, L. *La vita come servizio*. Varese, 1987; RENGSTORF, K. H. Doûlos. In *Grande Lessico del Nuovo Testamento*. Brescia, 1966, 14-18-1.466, II; Servire. In *Dizionario dei Concetti Biblici*. Bologna, 1976, 1.734-1.751.

C. SORSOLI

SEXUALIDADE. 1. A SEXUALIDADE NA ESCRITURA. Na Escritura houve um desenvolvimento progressivo sobre as exigências morais a respeito da sexualidade. O povo hebreu parte de uma condição moral sexual não dessemelhante da dos outros povos do Oriente Médio. Sob a influência educadora da lei mosaica e dos seus desenvolvimentos sucessivos, adquire pouco a pouco uma sensibilidade muito próxima da do Novo Testamento. Os livros sapienciais e particularmente o Livro de Tobias delineiam a vida virtuosa conjugal intimamente ligada à consciência religiosa: a vida conjugal está em estreita relação com o Senhor e deve se revestir de um significado de culto (Tb 6,18). Constitui-se uma relação íntima entre castidade e fidelidade ao Deus da → ALIANÇA. O Novo Testamento produz duas integrações fundamentais: eliminam-se definitivamente as últimas licenças sexuais; ressalta-se que a castidade é uma experiência espiritual que impregna todos os aspectos interiores e exteriores durante todos os instantes da vida (Mt 5,8; 1Cor 5,9; Ef 5,3-7). A moral cristã aparece como uma ética superior às forças humanas; dir-se-ia heroica (Mt 19,10): ela implica um contínuo → DOMÍNIO DE SI, uma vigilância constante, uma superação do instintivo gozo sexual.

Como se justifica essa rigidez das normas? A vida sobrenatural se fundamenta no princípio de que o Espírito Santo está presente na alma que se encontra no estádio de graça. Isso depõe por uma superior e mais profunda união imediata do homem com Deus puro espírito. "Quem se une ao Senhor forma um só espírito com ele" (1Cor 6,17). O homem todo está empenhado nessa união com todo o seu ser e com todas as suas faculdades, inclusive com a afetividade sexual. Por isso a graça se fundamenta nas exigências maiores da castidade cristã. O domínio da sexualidade torna-se a condição primeira que permite o desenvolvimento da vida espiritual sobrenatural, e ao mesmo tempo um estímulo para desenvolver o amor sobrenatural de Deus. Viver segundo o espírito de Deus e não segundo a carne (Rm 7,14-25) é a primeira grande obrigação a que deve se entregar o cristão: é o grande combate a que se sente vinculado de modo pessoal e na forma mais responsável; é a batalha íntima de cujo êxito depende o sucesso de toda a sua vida espiritual.

2. VISÃO ESPIRITUAL DA SEXUALIDADE. A sexualidade ramifica-se em toda a pessoa, mas com intensidade e grau diferentes. Ela começa como de um centro (sexualidade genital ou carnal, localizada nos órgãos genitais) e se difunde por todo o ser humano de maneira cada vez mais diluída entre os outros elementos humanos (sexualidade periférica pessoal). Essa sexualidade esparsa tem uma finalidade intrínseca diferente da genital. Se a genital se resume numa tarefa procriadora, a extragenital serve para individualizar o caráter pessoal para favorecer uma vida comunitária. Por essa sexualidade pessoal, com efeito, é profundamente diferente o modo de pensar e de amar entre homem e mulher e, de modo semelhante, diversificam-se as pessoas individualmente no sentir e exprimir a afetividade.

A sexualidade geral, porquanto se irradia na potência cognoscitiva e amorosa e, à medida que aí é assumida, participa na determinação da personalidade. Nesse sentido pode-se dizer que o fato de ser homem ou mulher é também expressivo de uma imagem de Deus. "Deus criou o homem à sua imagem, à imagem de Deus ele o criou; criou-os macho e fêmea" (Gn 1,27).

No plano das virtudes adquiridas, o fato de ser homem ou mulher pode predispor a uma diferente prática virtuosa. As disposições psíquicas orientam à santidade no modo que parece mais adequado para a pessoa, uma vez que as virtudes "estão em nós por aptidão e de modo incoativo, não por sua perfeição" (*STh*. I-II, q. 63, a. 1).

A sexualidade é alheia à constituição da vida sobrenatural; não a determina sequer sob o aspecto secundário: "já não há mais o homem e a mulher; pois todos vós sois um só em Jesus Cristo" (Gl 3,28). No chamado à perfeição sobrenatural o critério, assumido pelo desígnio divino, é unicamente o das exigências do Cristo integral; nele unicamente é que se pode encontrar as justificações das diferentes vocações à santidade: "A cada um de nós, entretanto, a graça foi dada segundo a medida do dom de Cristo [...] para edificar o corpo de Cristo" (Ef 4,7.12). Isso não exclui que, chamando à santidade, em conformidade com as exigências do Corpo místico, o Espírito Santo possa levar em conta também aptidões pessoais de cada um, principalmente do caráter masculino ou feminino da pessoa.

Se a sexualidade não é determinada em relação à vocação sobrenatural, todavia a caridade tem a tarefa de convocar e orientar todo o agir humano (inclusive sexual) para Deus, inserindo-o nas finalidades do Corpo místico de Cristo. Consequentemente, a caridade tem a missão de despertar e fazer viver para a alma o valor sobrenatural que deve se inserir na atitude sexual seja conjugal (ou geradora), seja genérico-pessoal. Com efeito, a sexualidade conjugal, ordenada a promover os cônjuges no amor recíproco em função da missão procriadora e educadora da prole, é assumida e integrada pela caridade esponsal que existe entre Cristo e a Igreja: os esposos são como uma célula do Corpo místico. Na sexualidade pessoal, porém, todo cristão é chamado a fazer florir a caridade de Cristo operante nas relações internas entre os membros do Corpo místico: uma caridade dada para vivificar a → COMUNHÃO DOS SANTOS. A caridade, com efeito, tende não somente a incrementar o Corpo místico, gerando membros novos, mas igualmente se empenha em purificar e aprofundar cada vez mais as recíprocas e íntimas relações na vida comum do corpo mesmo.

Por certo essa sexualidade deve ser profundamente purificada, de modo que pareça íntima e constantemente aberta à caridade. O pecado original, tendo sido um amor errado, confundiu profundamente a tendência sexual. Mesmo depois da → REDENÇÃO, a sexualidade carnal conserva certa impureza psíquica por causa da sua violência irrefreável, por motivo de sua impetuosa veemência. Por essa razão, e não unicamente pela importância fundamental da vida sexual, foi instituído o sacramento do → MATRIMÔNIO, um remédio espiritual para o homem decaído.

Afirmou-se que para poder viver no Corpo místico é preciso partilhar a mesma caridade de Cristo. Ora, Jesus Cristo pertence unicamente a Deus; pode desenvolver sua vida humana somente como "virgem", ou seja, numa doação total e exclusiva de si a Deus. No significado teológico, virgindade é a união a Deus na intimidade imediata e caritativa, sem a via de valores criados (e, portanto, tampouco os sexuais). O holocausto virginal, que se iniciou triunfalmente na vida sacrificada de Cristo, exige ser completado em nós, seus membros (Rm 15,1 ss.). A virgindade é a perfeição da própria caridade em qualquer cristão. No coração da própria caridade sacramental conjugal está presente uma aspiração suprema à virgindade perfeita, uma profunda nostalgia de se confundir integralmente no amor virginal do Cristo, de viver na preparação e na expectativa do encontro definitivo com o Cristo. Virgindade no matrimônio indica harmonia e comunhão dos dois cônjuges numa voluntária continência para se unir íntima e imediatamente ao Senhor (1Cor 7,5 ss.). É preciso não ficarmos presos no tempo presente e nas suas realidades, mas superá-las para aspirar à comunhão imediata e integral com Cristo, nosso supremo amor (1Cor 7,29 ss.). A virgindade, inaugurada embrionariamente nesta vida terrena sobrenatural desenvolverá todo o seu íntimo significado definitivo entre os bem-aventurados, quando pela comunhão dos santos Deus será tudo em todos (1Cor 15,28).

3. A VIRTUDE DA CASTIDADE.
Há duas virtudes que regulam a sexualidade. A castidade regula atos e prazeres venéreos ou genitais, ao passo que a pudicícia modera o exercício e o apetite de atos sexuais (como beijos, toques e abraços). Essa última é virtude que circunda, protege e, em dados casos, introduz a virtude da castidade. "A pudicícia está ordenada à castidade, não como uma virtude dela distinta, mas como que exprimindo uma certa circunstância sua" (*STh.* II-II, q. 151, a. 4).

A castidade deve subir à perfeição: inicialmente apresentar-se-á sob o aspecto de luta, de repressão da excessiva e dissoluta sensualidade, de freio à sua extravagante intromissão (castidade continente), para depois, lentamente, se tornar uma disposição constante e espontânea de todo o ser, reordenando o mesmo aspecto instintivo do seu íntimo profundo (castidade temperante). A paixão sexual ultrapassa o nível do princípio do prazer, mostrando-se intimamente impregnada de oblatividade e espiritualidade.

A castidade, como virtude sobrenatural infusa, deve se pôr em ordem e visão sobrenaturais. O corpo humano é para o Senhor (1Cor 6,13); está consagrado a ele de tal modo que em toda ação sexual o próprio Cristo está empenhado. A união é intensificada quando o cristão usa do seu corpo segundo a lei do Cristo, ao passo que essa união se quebra se se comete fornicação (1Cor 10,31; Cl 3,13). São essas verdades de união com Cristo as que iluminam intimamente a castidade cristã. A mesma potência sexual é posta a serviço de uma vida nova sobrenatural, de uma vida do espírito sob a moção do Espírito de Deus em Cristo Jesus morto e ressuscitado (Gl 5,24-25). A castidade parece assim especificamente uma capacidade de amor sobrenatural: é conhecimento "por conaturalidade" em relação ao que possa orientar o mesmo corpo na caridade.

Concluindo, o domínio virtuoso da sexualidade é um componente essencial da vida e da perfeição cristã, uma vez que condiciona e estimula a generosidade da alma sobre o corpo e dispõe à união de toda a personalidade com Deus, puro espírito, pois é fonte de luz interior sobre toda a ordem das relações entre vida sensível e vida espiritual. Em determinados instantes da vida do adulto, semelhante domínio pode implicar um virtuoso empenho heroico. Assim, o estável e perfeito conformar-se às íntimas exigências da castidade cristã revela ter atingido uma elevada caridade sobrenatural, em que está a perfeição cristã. Somente na caridade perfeita é que se domina e se expressa de modo virtuoso a sexualidade.

BIBLIOGRAFIA. COLE, W. Graham. *Sesso e amore nella Bibbia*. Milano, 1967; FUCHS, E. *Desiderio e tenerezza. Una teologia della sessualità*. Torino, 1984; GOFFI, T. *Amore e sessualità*. Brescia, 1964; GOFFI, T. *Etica sessuale cristiana*. Bologna, 1972; GRELOT, P. *Le couple humain dans l'Écriture*. Paris, 1961; GRIMM, R. *Amore e sessualità*. Torino, 1968; HERIS, C. V. *Spiritualité de l'amour*. Paris, 1949; HESNARD, A. *Manuel de sexologie normale et pathologique*. Paris, 1951; HORNSTEIN – FALLER. *Précis de sexologie*.

Paris-Tournai, 1961; Kruuf, T. C. de. *La sessualità nella Bibbia*. Bari, 1968; *La sessualità nella Bibbia e nel tempo presente*. Torino, 1984; Legrand, L. *La virginité dans la Bible*. Paris, 1964; *Matrimonio e verginità*. Venegono Inferiore, 1963; *Mystique et continence. Études Carmélitaines* (1952); Piper, O. *L'évangile et la vie sexuelle*. Neuchâtel, 1955; Plé, A. *Vie affective et chasteté*. Paris, 1964; *Scoprire l'amore*. Roma, 1986; Valsecchi, A. *Nuove vie dell'etica sessuale. Discorso ai cristiani*. Brescia, 1973.

T. Goffi

SILÊNCIO. 1. GENERALIDADES. Silêncio não significa apenas exclusão de palavras, e não se deve considerá-lo unicamente no seu elemento negativo. Silêncio não é um estado de esquecimento, de vazio, de nada (como no ateísmo moderno). Antes, diferencia-se por um caráter positivo: silêncio é o comportamento indispensável para a escuta de Deus e para acolher a sua comunicação, é a atmosfera vital da oração e do culto divino.

a) *O silêncio de Deus*. A vida de Deus está envolvida em silêncio. A eterna geração do Filho e o eterno sopro do Espírito Santo como recíproco amor entre Pai e Filho realizam-se no silêncio, bem como a comunicação essencial de Deus nas divinas missões. No silêncio Deus pronuncia a si mesmo na encarnação: "*Dum medium silentium*" (Sb 18,14 s.); "o Pai eterno disse uma só palavra, ou seja, seu Filho, e essa palavra a diz sempre em eterno silêncio" (João da Cruz, *Máximas*, 21).

b) *O silêncio da criação*. Na natureza inanimada, o silêncio se reflete no sempre igual processo de ordem e de desenvolvimento orgânico. Assim os espetáculos mais grandiosos da natureza se desenvolvem em profundo silêncio. A história humana demonstra que a influência do silêncio, procurado e aceito, deu origem a obras-primas do pensamento e da arte. A natureza espiritual pura — os → ANJOS — comunica-se em silêncio (diferentemente dos espíritos malignos, cujas aparições são sempre acompanhadas de rumores). E finalmente, na visão beatífica, a natureza glorificada se perde na contemplação silenciosa de Deus: "*Sileat a facie Domini omnis terra*" (Zc 2,17).

2. FUNDAMENTOS DO SILÊNCIO. a) *Na Escritura*. A necessidade e o valor espiritual do silêncio encontram na Escritura um rico testemunho. Numerosas passagens do Antigo Testamento recomendam o reto uso da palavra (Pr 10,6-32; 12,18-19.22; 15,1-7; Sr 19,7-12; 20,1-7.18 ss.) ou convidam a evitar a inconstância da palavra (Sr 5,9-15) e os pecados da língua (Sr 23,7-15; 28,13-26 etc.). Conhece-se o gesto simbólico de tapar a boca com a mão (Jó 21,5; Pr 30,32; Sr 5,21), vincula-se o silêncio à fortaleza (Is 30,15) e, segundo a Vulgata, à justiça (Is 32,7). Além do silêncio ascético, o Antigo Testamento fala do silêncio reverencial nas relações do homem com Deus (Lm 3,26; Os 2,16; Zc 2,17), silêncio que, todavia, é marcado mais pelo temor servil do que pelo amor filial. Na tradição profética, o silêncio prepara, além disso, a intervenção fulgurante de Deus (cf. Ap 8,1).

No Novo Testamento o texto mais significativo do silêncio ascético é o da Carta de São Tiago (domínio da língua: 3,1-10). Também Jesus condena as palavras más que, provenientes do coração, saem da boca (Mt 15,19; cf. 5,22), e nos deixa de sobreaviso contra as palavras "sem fundamento", que formarão matéria do juízo (Mt 12,36). Com seu silêncio diante de Pilatos, Jesus eleva o silêncio a virtude heroica. Confirma com o seu ensinamento (Mt 6,6) e com o exemplo a importância do silêncio. Ele se retira para lugares silenciosos para passar "a noite em oração" (Lc 6,12; cf. 22,39). O Novo Testamento apresenta também como modelos de silêncio: Maria (Lc 2,19.51), José (Mt 1,20), João Batista.

b) *Na Patrística*. As obras patrísticas ilustram, com repetidas interpretações morais, ascéticas e sobretudo místicas o alcance do silêncio para a vida espiritual. Entre os Padres gregos, → CLEMENTE DE ALEXANDRIA e o pseudo-Dionísio já enfatizam o valor místico do silêncio: para o conhecimento de Deus é preciso o silêncio do raciocínio humano. Apenas a graça ilumina o espírito (*Stromata*, 5,3-12: *PG* 9, 21-124; *Theol. myst*. 1,1: *PG* 3, 997; *De div. nom*. 11,1: *Ibid*., 949). → GREGÓRIO NAZIANZENO lembra "o deserto silencioso como fonte de progresso em Deus, de vida divina" (*Or*. 3,1: p. 35, 517A). Chama o louvor de Deus "filho de silêncio" (*Or*. 2, 6: p. 35, 413B). → GREGÓRIO DE NISSA, além de considerações ascéticas, concentra-se no "louvor silencioso" de Deus, o único adequado diante do seu ser infinito (*Hom*. 7: p. 44, 728D). Basílio considera, nas *Regras amplas* e nas *Regras breves* para os monges (p. 31, 889-1.306), as possibilidades concretas do silêncio na vida monástica, mas confirma também o valor purificador e o benefício da "solidão silenciosa" para o encontro com Deus (*Ep* 2, 2-6: p. 32, 224-232). → JOÃO CLÍMACO insere o silêncio na *Scala paradisi* (10º, 11º, 17º graus).

Entre os Padres latinos, → AMBRÓSIO põe em evidência a "taciturnidade como remédio da alma" (*In Psalm*. 37, 12-15: *PL* 14, 1031) e confronta aquele que fala muito com "um vaso furado", incapaz de "conservar os segredos do Rei" (*In Psalm*. 118, *Serm*. 4, 17: *PL* 15, 1.246). → AGOSTINHO fica encantado com a "alegria de escutar silenciosamente" (cf., por exemplo, *In Jo. ep. tr.* 3, 13; *PL* 37, 2.004). → GREGÓRIO MAGNO já oferece uma pequena soma do silêncio (*Mor*. II, 48: *PL* 77, 591; XXII, 16: *Ibid*., 235-236; XXX, 16: *Ibid*., 553).

c) *Na tradição monástica*. O costume de se retirar ao deserto para escutar Deus, praticado pelos primeiros monges (anacoretas e eremitas), remonta ao exemplo de Moisés, de Elias, dos profetas (cf. também Qumrân, S 6, 6; 10, 9-10). Na vida cenobita, desde os primeiros séculos o silêncio figura como preceito de perfeição, moralmente indispensável. → CASSIANO prescreve observar o silêncio rigoroso durante a noite (*Conf*. XVII, 1), e às vezes (*Inst*. IV, 12), no coro e enquanto se canta o ofício. São Bento, de quem São Gregório diz que tinha recebido "o carisma do silêncio", dá a máxima importância ao "*omni tempore silentium studere*" (*Reg*. c. 62), caracterizando o silêncio como meio para evitar os pecados e para chegar à plena identificação com Cristo, ou seja, ser profeta e filho de adoção do Pai. Na sua Regra o silêncio constitui um elemento-base para a ascese espiritual.

Nas Ordens contemplativas da Idade Média, a vida monástica se desenvolve nos silêncios mais ou menos rigorosos. As normas precisas para o horário e as ocupações do monge jamais perdem de vista a "taciturnidade", a obrigação grave de organizar toda a vida imersa no silêncio contemplativo (camaldolenses, reforma de Cîteaux, → CARTUXOS, → CARMELITAS etc.). Essa atitude se reflete amplamente nos escritos dos mestres (Bernardo, Ghilherme de Saint-Thierry, *Imitação de Cristo*, 1, 20 etc.).

A época pós-tridentina repete, no ensino ascético, a necessidade do silêncio como base para a relação da alma com Deus, insistindo na prática fiel dele para chegar à perfeição (por exemplo, *Prima instructio novitiorum Carmeli reformati*, c. 3, § 3; JOÃO DE JESUS MARIA, *Instructio novitiorum*, pars II, c. 16; A. RODRIGUEZ, *Pratica della perfezione cristiana*, IX; SCARAMELLI, *Direttorio ascetico*, tr. II, art. IV, 1.2.4; art. V, 1-4; etc.). No nosso tempo, exemplos luminosos de um encanto especial pelo silêncio oferecem Santa Catarina Labouré, Santa Bernadete, Santa → TERESINHA DO MENINO JESUS e sobretudo Elisabetta di Dijon, a "santa do silêncio", que sente em si a missão de atrair as almas ao silêncio interior e ao recolhimento.

3. DIVISÃO E GRAUS DO SILÊNCIO. Não se trata do silêncio necessariamente suportado (doença, velhice, prisão) ou voluntariamente imposto (repouso, trabalho intelectual, psicoterapia), mas de um estado de alma, livremente aceito (silêncio habitual), e de um comportamento exterior e interior em vista da perfeição (silêncio atual). O silêncio se apresenta, portanto, em dois planos: externo (de palavra e de ação) e interno (das potências e das aspirações mais íntimas da alma). O primeiro é necessário para chegar ao domínio e à quietude da pessoa humana nos seus movimentos externos, o segundo para adquirir a plena posse das faculdades interiores. Assim, silêncio externo e interno, embora não estando ligados a uma relação análoga, completam-se e servem para que toda a pessoa, corpo e alma, entre em relação com Deus. É preciso distinguir o silêncio de falsas formas de mutismo, como: o silêncio de ressentimento, de rancor, de ódio, de dureza de coração, de egoísmo, que é a causa da falta de caridade e, muitas vezes, de pecado; o silêncio de covardia, medo de se fazer inimigos ou de se comprometer, sinal de pouca firmeza de caráter; o silêncio de consentimento no pecado dos outros, muitas vezes motivado por ganho, avareza, honras. Esses mutismos podem também se insinuar sob formas escondidas na prática religiosa do silêncio, dando origem a suspeitas, críticas, obstaculizando o exercício da caridade e criando isolamentos perigosos.

a) *O silêncio externo* (natural, sobrenatural ou do culto divino, regular ou religioso monástico). No fundo não é outra coisa senão a premissa ambiental do silêncio interior; é necessário como o recolhimento e a solidão; todavia, nem sempre é possível e, de resto, insuficiente em si mesmo para o pleno desenvolvimento da vida espiritual.

Silêncio da palavra: falar pouco com as criaturas e muito com Deus. A palavra exterioriza pensamentos e sentimentos, esvaziando a alma do que possui de íntimo e de mais pessoal. Muitas palavras a tornam superficial e enfraquecem as suas capacidades de se aperfeiçoar. Para evitar palavras inúteis, aconselha-se o uso de sinais convenientes. Recomenda-se, além disso, vigiar o tom da voz e de se servir da palavra com calma. Ótimo meio de autocontrole é o exame cotidiano, perguntando-se quantas vezes se falou, por quanto tempo, por que motivo, com que intenção etc.

Silêncio no trabalho, nos movimentos. É preciso evitar uma atividade muito rumorosa (movimentos agitados, fracasso) e mais ainda um ativismo exagerado, pois perturbam a paz da alma, de modo que ela perde a sensibilidade no contato com Deus, tornando-se incapaz de escutar a sua voz.

b) *O silêncio interior. Silêncio da imaginação e da memória.* O encontro com Deus exige a exclusão das dissipações da atividade interior, exercendo sobre ela um controle efetivo. O homem deve criar o vazio nas suas potências interiores, livrar "o palácio da alma" (TERESA DE ÁVILA, *Caminho* 28, 12) de lembranças que perturbam a paz, e deve empregar todas as suas forças para entrar no recolhimento ativo.

Silêncio com as criaturas e silêncio do coração, chamado também de silêncio de amor vigilante: consiste em reagir energicamente contra todo afeto natural que se manifesta em pensamentos, conversas interiores, desejos muito ardentes etc., para se dirigir com um movimento de fé e de amor para com Deus. O homem deve vigiar o desejo de satisfações contrárias à vontade de Deus (prazeres, preferências, simpatias particulares), o que Santo Inácio denomina "indiferença da vontade" (*Exercícios espirituais*, 1ª semana); deve se exercitar no "amor virginal", desinteressado e pronto à renúncia do objeto amado, e deve sacrificar as próprias exigências egoístas pelo bem dos outros, mediante o dom generoso de si. No plano sobrenatural, é preciso mortificar a devoção muito ardente (não multiplicar as orações, as penitências) e aceitar as purificações interiores dos sentidos, descritas magistralmente por São → JOÃO DA CRUZ (*Noite*, 1, 2-9). O santo aconselha como meio a prática dos atos anagógicos. Sóror Maria Amata di Gesù, nos *Dodici gradi del silenzio*, propõe ficar como "a lâmpada que se consuma sem rumor diante do tabernáculo" ou como "o incenso que sobe em silêncio até o trono do Salvador".

Silêncio do espírito e do juízo. A vida contemplativa, tendo chegado a certo grau de perfeição, resume-se num só ato: abrir-se para escutar a Deus, para receber a irradiação da sua luz, possível somente sob a condição de o intelecto ficar livre e vazio de raciocínios e juízos naturais, de pesquisas intelectuais e de intenções estranhas a Deus (cf. *Noite*, 9, 6). Esse silêncio, de que São João da Cruz fala na *Noite do espírito*, significa o despojamento total do intelecto, o "*nescivi*" de São Paulo, o "extinguir qualquer outra luz" (ISABEL DA TRINDADE, *Ultimo ritiro*, 4). Por parte da alma exige por isso a mais pura atenção ao "adestramento oculto", à "comunicação da sabedoria de Deus" (*Cântico*, 39,12).

c) *O silêncio divino.* O silêncio que brota da vontade decidida a estar sempre unida com Deus na mais completa abnegação pessoal é o silêncio divino. Sóror Maria Amata define-o como um "aderir a Deus, apresentar-se, expor-se diante dele, adorá-lo, amá-lo, escutá-lo, entendê-lo, repousar nele". Como a lira tocada vibra em uníssono, assim o silêncio divino vibra de admiração, de adoração, de oferta ao eterno amor. Para → ISABEL DA TRINDADE ele "é o louvor mais belo que se canta no seio da pacífica Trindade" (*Ultimo ritiro*, 8), "o céu sobre a terra, a antecipação do paraíso eterno". Para Lacordaire, traduz o supremo esforço da alma que extravasa sem saber mais se exprimir.

4. SILÊNCIO E ORAÇÃO. A vida de oração é ritmada por uma alternância de palavras (exteriores e interiores) e por intervalos de silêncio. A oração litúrgica conhece pausas de silenciosa adoração. A meditação cala para repousar em Deus. Somente a oração contemplativa é marcada por um mais continuado silêncio. Para abandonar, porém, a atividade discursiva na oração, é preciso não só uma bem ponderada reflexão, mas também que se verifiquem os sinais mediante os quais Deus elevou a alma a um estado superior.

a) *Oração e silêncio de Deus.* Uma das dificuldades fundamentais da oração deriva do aparente e incompreensível silêncio de Deus. Deus pode se calar para purificar a fé do homem, para provar a alma, para punir pecados ou imperfeições voluntárias. Pode também só parecer à alma que Deus se cala, não se encontrando ela na justa disponibilidade para escutá-lo. Esse silêncio de Deus enche a alma de incertezas, de dúvidas, de obscuridades. É indispensável que reaja com atos de esperança, de fé e de abandono. De outro modo, correria o risco de sucumbir a estados de "melancolia, de perda da saúde e de abandono definitivo da oração" (Teresa de Ávila, *Castelo*, 4,1,9).

b) *Oração e impotência ao silêncio interior.* Outra dificuldade deriva do jogo muito vivo da fantasia e das lembranças. A alma se sente incapaz de se libertar da inquietude, dos "rumores internos", apesar de sua aspiração à paz silenciosa na união com Deus, dificuldade que constituiu por muitos anos o tormento de Santa Teresa de Ávila (cf. *Vida*, 30, 16; 37,7; *Castelo*, 4,1,10 etc.). Para vencer as agitações da alma, cujas causas são muitas vezes indetermináveis, porque podem se encontrar da parte de Deus, do demônio, da alma (causas psíquicas, fraqueza, reações violentas etc.), não há outro meio senão voltar o olhar com humildade e paciência para Deus. Mesmo que a alma pareça não ter nenhum poder sobre o próprio estado, deve, todavia, aceitá-lo humildemente, calar — mesmo consigo mesma — e esperar confiantemente a intervenção de Deus, que conhece os movimentos silenciosos, tímidos, talvez inconscientes do coração inquieto.

BIBLIOGRAFIA. Ancilli, E. *Dal silenzio della certosa.* Roma, 1976; Balthasar, H. U. Von. Parola e silenzio. In *Verbum Caro*. Brescia, 1968, 141-162; Bambino Gesù. M. Eugenio del. *Voglio veder Dio.* Milano, 1953, 375-430; Hausherr, I. *Solitudine e vita contemplativa.* Brescia, 1978; Merton, T. *Vita nel silenzio.* Brescia, 1957; Nouwen, H. J. M. *Ho ascoltato il silenzio.* Brescia, 1979; Id. *Silenzio, solitudine, preghiera.* Roma, 1985; *Itinerario di contemplazione.* Cinesello Balsamo, 1986; Steiner, G. *Linguagem e silêncio.* São Paulo, Companhia das Letras, 1988; Trinitá, Beniamino della. Silenzio e preghiera. In *Ascesi della preghiera.* Roma, 1961, 123-148.

Giovanna della Croce

SILÉSIO (SILESIUS), ANGELO (= Johann Scheffler). 1. NOTA BIOGRÁFICA. Silésio nasceu na Breslávia, em 1624, de família luterana. Tendo ficado órfão, foi para Estrasburgo, para estudar medicina por três anos em Leiden — onde conheceu os escritos de J. → Böhme, aos quais deverá "principalmente atribuir ter chegado ao conhecimento da verdade e de ter entrado na Igreja católica" — e enfim se formou em Pádua. Tendo voltado à Silésia, tornou-se médico do príncipe de Oehls. Longos contatos com Abraham von Franckenberg, amigo de J. Böhme, e o estudo dos Padres e dos místicos convenceram-no cada vez mais da insuficiência da doutrina luterana. Converteu-se em 1653 e, numa reverente lembrança do místico espanhol Juan Angel de la Cruz, mudou seu nome para Angelus Silesius. Sofreu dolorosamente os contrastes com o ambiente de antes. Decidiu fazer-se sacerdote e foi ordenado em 1661. Desde então viveu retirado do mundo, antes numa comunidade de leigos de orientação franciscana, empregando seus bens em obras de beneficência, depois em Mathias Stift dos Cavaleiros da Cruz, uma ordem hospitaleira, trabalhando até a chegada da morte, no dia 9 de julho de 1677, como médico das almas e do corpo.

2. ESCRITOS. Silésio, o poeta místico mais conhecido do século XVII alemão, é o iniciador de uma poesia religiosa simples, breve, espontânea, fácil de lembrar, que se movimenta predominantemente em sentenças que procuram tocar e penetrar a vivência cristã e o mundo dos sentimentos religiosos. Publicou em 1657 as suas obras-primas líricas:

a) *Cherubinischer Wandersmann* (Peregrino querubínico) em cinco livros, aos quais acrescentou, na segunda edição (1675), um sexto (a primeira edição tem o título *Geistreiche Sinn- und Schlussreime*). A obra toda consta de 1.675 sentenças, na maior parte compostas em dísticos com o metro alexandrino (de doze a treze sílabas), muito em uso no século XVII. Contém pensamentos espirituais a ele sugeridos pelos místicos medievais e do século XVI, mas apresentados de modo muito original, com uma extraordinária capacidade de dar forma plástica, concisa, em longas exposições lidas, a ponto de elas, sob sua pena, se transformarem em aforismos, cheios de luz e de cor. Famosa e muitas vezes citada é esta sentença: "Nascesse Cristo mil vezes em Belém, se não nasce em ti, estás perdido para sempre" (I, 61).

b) *Heilige Seelenlust* (Santa alegria da alma) com o subtítulo *Geistliche Hirten-Lieder der in ihren* Jesum *verliebten Psyche* [Cantos espirituais e pastorais da Psyche apaixonada por seu Jesus], na edição de 1657, com 122 cantos sagrados, completados alguns meses depois com outros 32 cantos (= parte IV) e, enfim, na segunda edição de 1668, enriquecidos com cinquenta poemas líricos ou cantos (= parte V), todos musicados por G. Joseph, mestre da capela do domo de Breslávia. As temáticas em sua moldura bucólica — um gênero literário muito difundido no barroco — lembram os cantos do amor esponsal da alma apaixonada por Cristo nas obras de

São Bernardo, de São Boaventura e também de → TAULERO. O livro, destinado ao uso litúrgico, foi aceito com entusiasmo. Todavia, em grande parte não chega ao encantador viço das sentenças do *Peregrino querubínico*.

Escritas contemporaneamente, essas duas coleções de composições sacras completam-se uma à outra: na primeira, o peregrino avança pelo caminho do conhecimento para a visão de Deus; na segunda, caminha sobre o caminho do amor para o abraço de Deus. São os caminhos do espírito e da alma: "A sabedoria vê Deus, o amor o beija: possa eu estar cheio de amor e de sabedoria". Assim Silésio na introdução. E são as atitudes dos querubins e dos serafins diante do rosto de Deus. O peregrino deve imitá-los "para poder começar já agora, no estado de mortalidade, a vida eterna".

c) *Sinnliche Beschreibung Der Vier Letzten Dinge* [Sentido e descrição das quatro últimas coisas] publicado com enorme sucesso em 1675, a ponto de se fazer em 1677 uma segunda edição. Essa última obra lírica de Silésio está muito abaixo do nível poético do *Peregrino querubínico*. Tipicamente barroca, traça com fortes cores o pavor da morte e do juízo universal.

Obrigado a responder aos ataques cada vez mais violentos dos teólogos luteranos, Silésio escreveu 55 libelos, cartas, artigos polêmicos, 39 dos quais foram publicados e reunidos por ele próprio em *Eclesiologia*. A obra foi impressa um ano depois de sua morte. Atesta o alto nível teológico conseguido por Silésio sua segurança em defender a fé católica, mas a invectiva que caracteriza alguns panfletos deixa com sombras sua figura espiritual.

Silésio não desenvolveu uma doutrina espiritual própria. Ele transmitiu os mais calorosos convites da mística tradicional, centrados no tema: Deus e homem vistos na sua diversidade ("Anderheit") e na sua identidade ("Einheit"). O coração do homem, tão diferente do coração de Deus, procura repouso nesse imenso coração divino. Imortais e numerosas vezes musicados são os versos da poesia: "Não deixo o meu Jesus". Se Silésio não raramente ressalta com imagens vertiginosas a alteridade de Deus, ao mesmo tempo imerge na sua presença e proximidade. Prefere os contrastes, que voltam nos seus componentes líricos em variações cada vez mais novas, do nada do homem ao tudo de Deus, sem esquecer as misteriosas relações entre eles.

3. INFLUÊNCIA. O *Peregrino querubínico*, oferecido a um povo moralmente destruído pela guerra dos 30 anos com o fito de o reerguer, de o convidar à reflexão e a "se tornar essencial", foi acolhido com entusiasmo nos ambientes do → PIETISMO, juntamente com o cancioneiro *Santa alegria da alma*, e exerceu uma influência determinante sobre a poesia religiosa alemã também no século XVIII. O canto litúrgico católico serviu-se amplamente do seu cancioneiro. Os românticos convertidos do grupo de Friedrich Schlegel foram tocados por todo seu fascínio. A inspiração religiosa de Silésio influenciou Friedrich Rückert e Theodor Körner; as suas imagens, a filosofia de Schopenhauer. No final do século XIX, Ernst Stadler parafraseou na sua poesia "O Movimento" a exigência de Silésio de "se tornar essencial". Ainda hoje, Silésio é o poeta da comunidade cristã, acima dos tempos e das confissões.

BIBLIOGRAFIA. 1) Obras: *Pellegrino cherubico*. Trad. it. por A. HERMET, Firenze, 1927; *Sämtliche poetische Werke*. Por H. L. HELD, München, 1949-³1952; *Cherubinischer Wandersmann*. Ed. crítica por L. GNÄDINGER, Stuttgart, 1984.
2) Estudos e biografias: DÜRIG, W. J. *Scheffler als Kontroverstheologe und Seelsorger*. Breslau, 1944; ID. *A.S., Das Gedankengut des schlesischen Gottsuchers als lebendiges Erbe*. Hildesheim, 1977; ELLINGER, G. *Angelus Silesius*. Breslau, 1927; HAAS, A. M. "Christförmig sein": die Christusmystik des Angelus Silesius. In BÖHME, W. *Zu dir hin. Über mystische lebenserfahrung von Meister Eckhart bis Paul Celan*. Frankfurt a.M., 1987, 178-206; PAGEL, H. J. *Angelus Silesius*. Stuttgart, 1985 (bibl.); SCHWEITZER, F. J. Zeit und Ewigkeit bei Angelus Silesius. In Grundfragen christlicher Mystik. Simposio di Weingarten 7-10.11.1985. Ed. de M. SCHIMIDT – D. R. BAUER. Stuttgart, 1987, 259-272.

GIOVANNA DELLA CROCE

SILVANO DO MONTE ATHOS. Simeão Ivanovic Antonov nasceu em Sciovks, na Rússia, em 1866. Tendo chegado ao monte Athos em 1892, recebeu o pequeno hábito em 1896 e o grande hábito, ou *megaloschema*, em 1911. Passou sua vida no Athos, primeiro como moleiro e depois como ecônomo. Morreu no dia 24 de setembro de 1938. Em 1988, por ocasião da celebração do batismo da Rus de Kiev e 50 anos depois de sua morte, foi canonizado pelo patriarca Dimitrios, de Constantinopla. A figura de Silvano, conhecido pela alcunha de do Monte Athos, foi dada a conhecer no Ocidente por seu discípulo o Arquimandrita Sofrônio, que entrou em 1925 para o mosteiro de São Panteleimon, onde conheceu Silvano e cujos escritos reuniu, cuidando de sua publicação em russo, em 1948, e em francês, em 1952.

A espiritualidade de Silvano, nitidamente monástica, é como uma síntese dos grandes valores da espiritualidade clássica do Oriente. Destaca-se a atenção ao amor louco de Deus, experimentado nele como um convite a esperar contra toda esperança. Ele, com efeito, ouviu a voz do Senhor: "Tens a tua alma no inferno, mas não desesperes". Muito terna a sua devoção à Mãe de Deus, da qual recebeu graças particulares durante a sua vida e à qual Silvano atribui a sua conversão. São particularmente tocantes as páginas dedicadas à lamentação de Adão, expulso do paraíso, no qual ressoam as expectativas da humanidade perdida à procura do paraíso de Deus. Nessas páginas o santo *staretz* parece reviver o drama espiritual do seu tempo, na sua Rússia agitada pelo materialismo marxista e pelas guerras que semearam a morte pela Europa.

As fontes da sua espiritualidade são as da grande tradição monástica aghiorita, a leitura da → FILOCALIA, a influência notável da liturgia bizantino-eslava. Tudo, porém, é como que recriado pelo espírito atento e simples de Silvano, cuja figura alguns relacionam com Charles → DE FOUCAULD ou Teresa de Lisieux. Com efeito, ele sentiu com vigor o apelo à oração incessante e ardente de intercessão pelo mundo, segundo as suas típicas expressões: "O monge é um homem que ora pelo mundo inteiro. [...] O Senhor Jesus Cristo, Filho de Deus, dá ao monge o amor do Espírito Santo, e esse amor enche o coração do monge de dor pelos homens, porque nem todos seguem o caminho que conduz à salvação".

Pode-se afirmar que Silvano é em toda a história do ☞ MONASTICISMO ORIENTAL o melhor representante de uma tradição espiritual que nele se resume na sua totalidade (D. Barsotti).

A figura espiritual de Silvano pode ser amplamente conhecida a partir da biografia espiritual do Arquimandrita Sofrônio e dos escritos, síntese extraordinária de espiritualidade bizantino-eslava.

BIBLIOGRAFIA. CASTELLANO, J. Silvano del Monte Athos, il monaco che amava teneramente la Madre di Dio. *Mater Ecclesiae* 16 (1980) 45-54; PORTIER, C. L'amour au coeur du monde et de l'Église: Thérèse de Lisieux, Silouane de l'Athos. *Contacts* 37 (1985) 19-37; SIMONOD, E. Sainte Thérèse de Lisieux et le moine Silouane du Mont Athos. *Carmel* 4 (1979) 391-407; SOFRÔNIO, Arquimandrita. *Silvano del Monte Athos (1866-1938). Vita, dottrina, scritti.* Apresentação de E. BIANCHI, da Comunidade de Bose. Torino, 1978; *Starets Silouane, moine du Mont Athos (1866-1938). Vie. Doctrine. Écrits.* Paris, 1952.

J. CASTELLANO

SÍMBOLO. É um meio figurado de expressão, de conhecimento e de comunhão que se situa no significado geral de sinal, fundado num certo paralelismo noético e evocativo, e não por simples nexo real. A fumaça e o rastro são sinais, mas não são símbolos. São símbolos, porém, o caminho e o fogo. As várias disciplinas aplicadas nesse setor (psicologia, linguística, história das religiões, poética, etnologia etc.) tornaram muito complexo o estudo do simbolismo em geral e dos símbolos em particular; pensamento simbólico, criação dos símbolos, uso dos símbolos, sobrevivência e degradação.

O símbolo tem o seu fundamento no sentimento da transcendência divina, que põe Deus para além das coisas mas ao mesmo tempo percebe a dependência total e a analogia parcial que elas têm com relação a Deus. Os símbolos são tanto mais espontâneos quanto mais Deus entra em contato com os homens de modo sensível mediante a natureza e a história. Falamos aqui do símbolo religioso, que realiza a relação entre o mundo sensível e as realidades do âmbito espiritual no homem.

Diferentes fatores favoreceram no cristianismo o desenvolvimento da criação simbólica. Três são particularmente significativos: a criação, a história da salvação, a encarnação do Verbo. A criação imprime em toda a realidade do universo o ser de *criatura*, com uma essencial referência transcendental a um Deus pessoal, que fez todas as coisas partícipes da sua luz e da sua bondade. A presença ativa de Deus na história da → SALVAÇÃO deixou muitos fatos, lugares, pessoas e objetos evocativos da sua bondade e mediação da comunhão de amor: o êxodo, a arca, a tenda, a terra prometida, os reis, os profetas etc. E, enfim, a encarnação do Verbo levou a união entre a realidade divina e o mundo sensível à sua máxima profundidade e manifestação.

A revelação cristã assume muitos dos símbolos preexistentes. Alguns deles se encontram praticamente em todas as culturas e religiões que depois se desenvolvem em forma de mitos: águas, fogo, geração, crescimento, pai, mãe etc. Outros têm um caráter mais nitidamente religioso: incenso, santuário, imposição das mãos, unção.

A assunção desses e de tantos outros símbolos tornava-se fácil para o cristão, tanto mais que muitos deles eram abundantemente usados no Antigo Testamento. O próprio Jesus vive as expressões simbólicas: a sinagoga, o templo, os peregrinos, a montanha, o deserto, a água, o caminho.

Seja qual for a providência de um determinado símbolo usado na revelação cristã, deve-se sempre observar a peculiaridade de contexto e de significado que recebe dessa inserção. O símbolo funciona como parte de um complexo de significações, não isoladamente. O "complexo" pode ser uma determinada cultura ou uma religião ou uma experiência global. Assim o simbolismo cristão encontrou muitas vias de expressão por meio da linguagem, do gesto, dos objetos. Assim procurou um mundo sacramental: que são realidades e ao mesmo tempo mediações de graça.

As formas de criação simbólicas são diversas. Por exemplo, a lembrança esquemática de um objeto: a cruz simboliza a paixão, a redenção, o cristianismo. Pode ser também um elemento do mundo sensível: o raio de luz ou a cor azul são símbolos da Imaculada Conceição; o branco simboliza a pureza. Esses símbolos admitem uma grande variedade de prolongamentos. Existe outro tipo de simbolismo especulativo, elaborado com dados de reflexão conceitual, não de percepção direta; por exemplo, o peixe símbolo de Cristo (unindo as iniciais da frase Jesus-Cristo-Filho-de-Deus-Salvador em grego obtem-se o vocábulo *Ichtys*, que significa "peixe").

Embora de certo modo espontâneos, os símbolos cristãos têm necessidade de uma ilustração inicial, dado que assumem sua força significante dos fatos históricos concretos e das suas motivações. O símbolo cristão mais representativo é a cruz. No seu significado natural é um instrumento de suplício; acrescentando a ele o fato histórico da morte de Cristo, assume uma conotação afetiva, mas não é tudo; atinge o significado pleno na visão de fé que descobre na morte a redenção e a ressurreição.

A piedade cristã foi muito fecunda na criação simbólica ao longo dos séculos, no nível da linguagem, dos gestos, de representações artísticas. Entre os gestos: o sinal da cruz, as genuflexões, o bater no peito, as imposições das mãos, as mãos levantadas ou estendidas para a frente (figura primitiva do orante), o ficar de pé ou de joelho, o hábito litúrgico e as suas diversas cores. Em geral podemos falar da arte sacra como expressão simbólica. A arte, todavia, não é símbolo senão porque se põe a serviço dos objetos simbólicos, acentuando seu simbolismo com êxito mais ou menos feliz. A arquitetura e a pintura mostraram-se particularmente ricas no uso das formas, dos ornamentos, das plantas, dos animais, dos números simbólicos. A arte cristã antiga tendia a evitar o realismo de simples cópia e procurava pôr em evidência as relações, as sugestões, as evocações. Por exemplo, em Cristo na cruz punham uma coroa de rei e a atitude de triunfo que refletia a ressurreição.

Esse simbolismo é referido a experiências comuns do cristianismo. Existe, aliás, um simbolismo criado pelas pessoas que tiveram experiências particularmente intensas do divino. São os místicos que, percebendo a desproporção dos termos comuns com as realidades experimentais, recorrem a expressões ou a imagens de ordem inferior, mas cheias de poder: noite para designar a purificação interior, esponsais ou → MATRIMÔNIO ESPIRITUAL para indicar os graus supremos da união do amor com Deus etc.

Um dos setores preferidos pelos místicos no campo do simbolismo é o dos → SENTIDOS ESPIRITUAIS, a aplicação da terminologia dos sentidos externos às percepções e experiências espirituais: visões, locuções, toques, gostos... espirituais.

A vantagem do simbolismo está na sua densidade de significado e na sua capacidade de provocar a participação integral do sujeito, mesmo em zonas do psiquismo não atingíveis pelas ideias. Tem, pois, a força da sua simplicidade, que o faz agir imediatamente sobre o espírito e sobre o coração de modo espontâneo, sem necessidade de cultura especial nem de esforço, de maneira constante.

Na interpretação dos símbolos cristãos convém ter presente algumas normas: a) o significado destes não depende da fantasia do comentador, mas da realidade redentora que Cristo ou a Igreja quiseram a eles associar; b) há o perigo de que se façam pouco claros ou que percam valor pelo uso, desatenção e decadência do sentimento cristão; c) deve ser evitada a explicação naturalista e alegórica, pois o simbolismo é feito de percepções globais, não de detalhes.

O que tem valor para quem deve interpretar o símbolo é a mentalidade ou o estado de ânimo afins ao espírito dos que o criaram. Carente essa afinidade, o símbolo se torna um ornamento. São Bernardo se lamentava de que no seu tempo a arquitetura monástica, com a arbitrária repetição do símbolo, tivesse caído em vazia exuberância. Desse mesmo princípio nasce a dificuldade dos profanos de entenderem a linguagem mística. Muitas expressões da mística parecem disparatadas, vistas à luz da razão. Há a exigência da sintonia no leitor, como explica São → JOÃO DA CRUZ (*Cântico*, prólogo). Não basta um significado e não basta entendê-lo, a interpretação deve ser espontânea. Símbolos complicados ou simplesmente intelectuais não são válidos porque antes é preciso lembrar as ideias para as entender, depois, quando as ideias estão bem claras, o símbolo se torna supérfluo. Nesse sentido, pecam algumas manifestações da arte religiosa moderna.

O símbolo, como expressão religiosa, é uma realidade intermédia que estimula e que leva a uma outra. É símbolo, e é útil como tal, quando cumpre essa missão. Quando fica em si e não estimula a progredir torna-se uma distração e é um empecilho. A utilização da natureza como símbolo depende particularmente da psicologia da pessoa e do seu grau de desapego. O mesmo se pode dizer da arte, em particular da arte religiosa. Entre os hebreus não era permitido ler o Cântico dos Cânticos antes da maturidade adulta, para evitar que predominasse o erotismo do símbolo sobre seu verdadeiro significado de aliança e comunhão teologal.

BIBLIOGRAFIA. BAUDOUIN, C. *Psicanalisi del simbolo religioso*. Roma, 1960; BEIRNAERT, L. *Esperienza cristiana e psicologia*. Torino, 1965; BERNARD, Ch. A. La fonction symbolique en spiritualité. *Nouvelle Revue Théologique* 9 (1973) 1.119-1.136; CHAMPEAUX, G. de – STERCKX, S. *Introduction au monde des symboles*. Paris, 1966; CHAUVET, L. – M. *Linguaggio e simbolo*. Saggi sui sacramenti. Torino, 1982; CIRLOT, J. E. *Diccionario de símbolos tradicionales*. Barcelona, 1958; *Dibattiti sul linguaggio teologico*. Roma, 1969; FAGONE, V. Introduzione ad una critica del linguaggio teologico. *La Civiltà Cattolica* 120 (1969) 541-553; *Il linguaggio teologico oggi*. Milano, 1970; *L'analisi del linguaggio teologico*. Il nome di Dio. Roma, 1969; *Psychologie du symbole religieux*. Paris, 1958; SARTORE, D. Segno/Simbolo. In *Nuovo Dizionario di Liturgia*. Roma, 1984, 1.370-1.381; SORIA, F. Sobre signo y símbolo: boletín bibliográfico. *Estudios Filosóficos* 14 (1965) 565-590; VAGAGGINI, C. *Il senso teologico della liturgia*. Roma, 1958; VALERIANI, A. *Il nostro corpo come comunicazione*. Brescia, 1964; ZAVALLONI, R. *Le strutture umane della vita spirituale*. Brescia, 1971, 281-289.

F. RUIZ

SIMEÃO, O NOVO TEÓLOGO.

1. NOTA BIOGRÁFICA. A alcunha de "novo teólogo" foi no início provavelmente dada pelos adversários, mas logo foi aceita pelos discípulos que viam se renovar no mestre a tradição contemplativa do evangelista João, chamado precisamente de "teólogo". A principal fonte biográfica é o *Bios*, em *Orientalia Christiana*, XII, Roma, 1928). Simeão nasceu em 949, em Galate, na Paflagônia. Ainda jovem, foi para a casa do seu tio, em Constantinopla, onde foi educado. Conheceu aí Simeão, o pio, um monge que a seguir se tornou seu padre espiritual. Algum tempo depois, Simeão se tornou monge no mosteiro de Studios. O seu caráter carismático, todavia, mal se adaptava à dura disciplina cenobita. Passou, depois, para o pequeno mosteiro de São Mammas, onde, em 980, foi ordenado sacerdote e eleito hegúmeno, quando na cidade se difundia a sua fama de padre espiritual e muitos vinham se aconselhar com ele. Entretanto, encontrava numerosos obstáculos, sobretudo por causa de uma polêmica com o arcebispo demissionário de Nicomédia, Stefano. A ocasião disso foi a introdução por parte de Simeão do culto público do defunto padre espiritual sem atender à prévia autorização das autoridades eclesiásticas. Stefano, além disso, criticava também alguns aspectos do ensino de Simeão. Por fim, Simeão foi enviado exilado a Chrysópolis (hoje Scutari). Embora o processo tenha sido logo revisto e tenha lhe sido dada a possibilidade de voltar a Constantinopla, ele permaneceu voluntariamente no exílio. Construiu naquele lugar um mosteiro que se tornou famoso por seus milagres e suas profecias. Pertencem a esse período quase todos os seus escritos. Morreu no dia 12 de março de 1022.

2. OBRAS. Durante a vida de Simeão seus escritos já circulavam e foram transcritos em diversas edições. Possuía um exemplar Niceta Stethatos, que em 1035 reuniu os escritos do mestre e deles fez uma edição que se tornou a tradicional. O *Catequeses* contém 34 discursos aos monges e dois sermões autobiográficos. Os 33 *Discursos* são ao que parece uma livre elaboração do material contido no *Catequeses* editado por Nicetas.

Vale a mesma observação para os *Discursos alfabéticos*, ainda inéditos. Os *Kephalaia theologikà kai gnostikà kai praktikà* (Capítulos teológicos, gnósticos e práticos) são breves sentenças na forma de "centúrias". Grande parte delas passou para a → FILOCALIA. Os *Theologikà kai ethikà* (Tratados teológicos e éticos), fruto da controvérsia com o arcebispo Stefano, tratam da visão de Deus, da deificação, da validade dos sacramentos e da hierarquia. Os *Hinos* reúnem 58 composições num total de mais de dez mil versos. Há ainda as *Cartas*, entre as quais particularmente importante a sobre a confissão, falsamente atribuída a João → DAMASCENO. Perdeu-se o *Encomion*, ao passo que é de duvidosa atribuição o *Diálogo*, considerado pela tradição obra de → DIÁDOCO DE FOTICEIA.

3. DOUTRINA. No centro da atenção de Simeão está a presença do Espírito Santo e a consciência dessa realidade no homem. Segundo Simeão, o cristão deve estar consciente do seu estado: "Se Deus, que se tornou homem, me divinizou, eu, homem assumido, tornei-me deus por adoção e, portanto, vejo a Deus por natureza, aquele Deus que nenhum dos homens jamais pôde ver" (*Hinos*, 52, 50-54; ed. cit., 203). Embora sabendo ser duramente criticado, Simeão insiste repetidas vezes: Se alguém não consegue essa visão consciente já nesta terra, é pessoalmente o responsável. Evidentemente, trata-se de uma visão particular, não "face a face". Contempla-se a Deus "na forma sem forma" (*Ethiká*, 10, 888; ed. cit., 325), mas se sabe que está presente, "como uma mulher grávida conhece claramente que está grávida e que a criança se mexe no seu seio" (*Ibid.*, 879-880; ed. cit., 323). O verdadeiro conhecimento de Deus não vem, portanto, dos livros, mas da experiência espiritual, quando, passando pela purificação, o homem atinge a → "APATHEIA", a insensibilidade ao pecado e ao mundo. A alma, então, torna-se digna de receber a visão da luz divina. Simeão nos dá uma interessante descrição da própria experiência (cf. *Catequese*, 22, 88 s.; ed. cit., p. 372 s.; 2, 268 s.; ed.cit., 352 s.; 34, 305 s.; ed. cit., 297 s.), esclarecendo que a luz que enche o homem espiritual é "invisível", "interna" e se identifica com a presença do próprio Cristo que fala ao coração e se manifesta como amor a todos. Para os adversários de Simeão, essa insistência na consciência da graça podia pôr em perigo a objetiva validade dos sacramentos — em particular o da confissão, se administrada por um sacerdote indigno; e deve-se admitir que vários textos de Simeão, tomados isoladamente, continuam suspeitos. É preciso observar que os escritos de Simeão não são tratados sistemáticos, mas exortações, composições poéticas e respostas polêmicas em defesa da própria experiência. Simeão gozou de grande estima entre os hesicastas; mais tarde, porém, na diatribe sobre o palamismo, suas obras foram duramente criticadas pelos antipalamitas e foi até injustamente acusado de ser herético. Simeão é todavia um dos mais originais místicos bizantinos, predecessor direto do → HESICASMO palamita.

BIBLIOGRAFIA. 1) Obras: *Catechesi*. Sources Chrétiennes 96 (1963); 104 (1964); 113 (1965); *Kephalaia theologikà, gnostikà, praktikà* [Capítulos teológicos, gnósticos e práticos]. Sources Chrétiennes 51 (1957); 51a (1980); *Theologikà kai ethikà* [Tratados teológicos e de ética]. Sources Chrétiennes 122 (1966); 129 (1967); 156 (1969); 174 (1969); 196 (1973); carta *Sulla confessione*, in *PG* 95, 283-304.

2) Estudos: BIEDERMANN, H. M. *Das Menschenbild bei Symeon dem Jungeren dem Theologen.* Würzburg, 1949; FRAIGNEAU-JULIEN, B. *Les sens spirituels et la vision de Dieu selon Symeon le Nouveau Théologien.* Paris, 1985; GOUILLARD, J. Symeon le N. T. In *Dictionnaire de Théologie Catholique* XIV (1941) 2.941-2.959; GROSS, J. Hat Symeon der Jungere die Erbsünde gelehrt? *Byzantinische Zeitschrift* 53 (1960) 47-56; HOLL, K. *Enthusiasmus und Bussgewalt beim griechischen Mönchtum.* Eine Studie zu Symeon dem neuen Theologen. Leipzig, 1898; KRIVOCHEINE, V. *Prepodobnyj Symeon Novyj Bogoslov (949-1022).* Paris, 1980 (Trad. franc. *Dans la lumière du Christ. Saint Symeon le Nouveau Théologien [949-1022].* Vie, spiritualité, doctrine. Chevetogne, 1980; ID. The writings of St. Symeon the New Theologian. *Orientalia Christiana Periodica* 20 (1954) 298-328; ID. The most enthusiastic zealot. St. Symeon the New Theologian as Abbot and Spiritual Instructor. In *Ostkirchliche Studien* 4 [2] (1955) 108-128; STATHOPOULOS, D. L. *Das gottliche Licht.* Aus der Theologie des Ostens. Athen, 1971; ID. *Die Gottesliebe bei Symeon dem Neuen Theologen.* Bonn, 1964; ID. Die Gottesschau in den Hymnen Symeons des Neuen Theologen. *Theologia* 36 (1965) 616-628; 37 (1966), 87-98; STIERNON, D. Simeone il Nuovo Teologo. In *Bibliotheca Sanctorum* IX (1968) 1.104-1.114; VOLKER, W. *Praxis und Theoria bei Symeon dem neuen Theologen. Ein Beitrag zur byzantinischen Mystik.* Wiesbaden, 1974; WUNDERLE, G. Wesenzüge der byzantinischen Mystik aufgezeichnet an Symeon dem Jungeren. In *Der christliche Osten.* Regensburg, 1939, 120-150.

T. ŠPIDLÍK – M. GARZANITI

SIMPATIA. Em geral, entende-se por simpatia um sentimento de complacência que se sente em relação a uma determinada pessoa. É um movimento de atração instintiva, provocado por alguma coisa, muitas vezes nem sequer definido, que conquista e move a vontade. De per si esse movimento é amoral, porque indica apenas uma espontânea atração não controlável na sua origem. A moralidade da simpatia (e, portanto, sua licitude) começa quando a vontade livremente a aceita e a favorece. Não somente no campo das relações humanas há uma espontânea simpatia, mas ela existe também no campo sobrenatural. O exemplo clássico nos é dado pelos "discípulos prediletos" que Jesus escolheu como testemunhas dos episódios mais desconcertantes e decisivos da sua vida. Na história da espiritualidade são bem conhecidos os casos de São Francisco e de Santa Clara, de Santa Teresa de Ávila e do padre Graziano da Mãe de Deus, de São → FRANCISCO DE SALES e de Santa Giovana de Chantal, de Santa Gemma Galgani e de São Gabriel de Addolorata, de Santa → TERESINHA DO MENINO JESUS e do beato Teófano Vénard. Algumas dessas pessoas nem sequer se conheceram pessoalmente (e, portanto, deve-se excluir *a priori* toda forma de sentimentalismo), mas pela afinidade dos gostos espirituais sentiram uma ligação especial, uma como que sobrenatural completude de sua personalidade. Uma vez que da simpatia nasce normalmente o amor e a amizade, ela deve ser controlada, moderada e disciplinada porque a tendência ao mal sempre ameaça também as melhores tendências; todavia, não deve ser desprezada a priori, pois é a base de toda autêntica caridade. A caridade é também ela estruturada a partir de um bem que encontramos nos outros e que nos deve atrair (no caso específico, acharemos os outros simpáticos, pelo menos porque também eles são filhos de Deus). No sentido etimológico, a simpatia denota um "sentir com os outros", ou seja, um tornar-se participante dos sentimentos dos outros. Isso acontece de modo particular quando tomamos parte na alegria ou na dor deles. A simpatia assim entendida implica sempre uma particular projeção da nossa personalidade na situação agradável ou dolorosa vivida pelos outros. Essa projeção acontece mediante uma pessoal assimilação do estado de alma das pessoas com as quais alguém se simpatiza; assim, facilmente se passa depois à experiência dos próprios sentimentos delas, que jamais se teria sem ela, pois pertencem a pessoas muito diferentes da nossa condição. Explica-se assim o fato de que muitos santos experimentaram em si dores da paixão de Cristo, justamente por aquela sobrenatural simpatia mediante a qual se apropriaram do estado de ânimo do Senhor nos momentos mais dolorosos da existência terrena dele. Essa disposição de alma foi sem dúvida aperfeiçoada pela graça. Nem todos, porém, são capazes de "sentir com os outros"; os caracteres fechados, egoístas e introvertidos têm uma natural repulsão à abertura para o próximo e o sentimento da simpatia é quase desconhecido. Todavia, estar ao lado dos homens, viver com eles e não participar da vida deles é uma coisa quase absurda. Como diz o Apóstolo, o verdadeiro cristão deve carregar o peso dos outros (Gl 6,2) e deve também se identificar com os sentimentos de Cristo (Rm 13,14).

BIBLIOGRAFIA. LERSCH, Ph. *La struttura della persona*. Padova, 1956; MELANDRI, E. *La linea e il circolo*. Bologna, 1968; *Nuovo Dizionario di Spiritualità*. Roma, Paoline, 1979, 234; OCHANINC, D. *La sympathie et ses trois aspects*. Paris, 1938.

C. GENNARO

SIMPLICIDADE. A simplicidade não é sinônimo de ingenuidade e credulidade, nem é certa maneira de agir sem critério ou de falar de todos de modo estúpido, propalando tudo, até segredos.

Jesus mandou que fôssemos simples (Mt 10,16; Lc 11,34), mas acrescentou que fôssemos prudentes como as serpentes (Mt 10,16), ou seja, sermos corretos e direitos neste mundo de lobos (Lc 10,3), pressentindo até os perigos da alma. Jesus falou do olho, que é a "luz do corpo" (Mt 6,22); disse que simples é o olho sadio; com o olho sadio o homem vê bem e caminha na luz. A alma simples é como o olho sadio; não tem corpos estranhos à retidão e justeza do pensar e do agir, e caminha sincera sem falsidade, à luz da verdade divina (Mt 11,25; Rm 16,18; Ef 6,5; Cl 3,22).

Santo Tomás (*STh*. II-II, q. 109) põe a simplicidade em relação com a verdade; a verdade, ou seja, virtude afim (ou potencial) à justiça. Ora, a verdade é a virtude que torna o homem correto e a sua vida uma vida de honradez. Quem vive na verdade é também justo; tem a alma reta, mas também formada na justiça. A verdade torna o homem verdadeiro, reto e justo, e o mostra como realmente é. É claro que a vida na verdade está em oposição à falsidade ou duplicidade; a duplicidade moral existe em quem se mostra por fora de modo diferente do que é por dentro.

A simplicidade é virtude que participa da verdade no sentido exato que precisamente está contra toda falsidade ou duplicidade; ela retifica as intenções, se for preciso; não admite falsas manifestações, como, por exemplo, a hipocrisia, a adulação, a afetação vazia e vaidosa e a mentira; faz o homem, por dentro e por fora, como deve ser, reto, justo, verdadeiro. Nas relações com Deus a simplicidade não quer complicações ou maneiras complicadas: ensina a quem pecou que simplesmente se arrependa da culpa e que acredite na divina misericórdia no sacramento da → PENITÊNCIA; a quem ora ensina o modo simples do filho que fala e pede ao Pai.

A maneira mais alta da simplicidade é a vida perfeita de fé com que a alma é toda, em tudo e com todos sobrenaturalmente simples: verdadeira, correta, justa e pacífica.

BIBLIOGRAFIA. Ardouin, A. *La sencillez*. *Cuadernos Monásticos* 17 (1982) 339-351; Garrigou-Lagrange, R. *Les trois âges de la vie intérieure*. Paris, 1938, II; Meynard, A. *Trattato della vita interiore*. Torino, 1936.

D. Milella

SINÓTICOS. São assim chamados pelos exegetas os Evangelhos de Mateus, Marcos e Lucas, os quais apresentam uma grande afinidade entre si, seja na narração, seja no plano de distribuição dos fatos, ao passo que o quarto Evangelho, o de João, tem um caráter particular, nitidamente diferente dos três primeiros. Eles referem quase que apenas o que Jesus fez na Galileia, ao passo que João fala longamente dos milagres e dos discursos realizados na Judeia; cada Evangelho, pois, tem algo próprio; por exemplo, Mateus tem a narração dos Magos; Lucas começa referindo a anunciação do nascimento do Batista e de Jesus; nem faltam diferenças entre um e outro evangelista, mesmo no que têm em comum, seja na ordem, seja no modo de narrar; mas às vezes numa mesma narração se usam as mesmas palavras e as mesmas frases. Poder-se-ia dizer que as três narrativas são uma fotografia única sob três diferentes visões.

O termo deriva do fato de que bem cedo se usou transcrever e mais tarde imprimir os três Evangelhos semelhantes em três colunas lado a lado, de modo a permitir o estudo contemporâneo; essas edições foram chamadas de *sinopses* (do grego σύν = junto ὄψις = quadro), de onde também sinótico.

1. O REINO DE DEUS NO ANTIGO TESTAMENTO. O conceito de "reino de Deus", tema fundamental da pregação de Jesus, continua, aperfeiçoando-a, uma realidade anunciada repetidamente no Antigo Testamento. Nos textos que falam do reino de Deus, encontramos a mesma dificuldade presente nos Evangelhos sinóticos; o termo, com efeito, pode indicar tanto a "realeza" de YHWH e, portanto, uma qualidade, um atributo de Deus (em hebraico: "malqûth YHWH"), independentemente do seu reconhecimento por parte dos homens, como o povo, a nação, o universo sobre o qual, de direito se não de fato, ele exerce essa soberania. Nos livros mais antigos falta o título de "rei" para indicar YHWH: a afirmação do domínio de Deus sobre Israel está em relação com as suas intervenções salvíficas (aliança no Sinai, proteção no deserto e na conquista da terra de Canaã etc.) por força dos quais Israel é "o povo de Deus"; YHWH é, portanto, o "salvador", o "guia" de Israel, que justamente por força dessas intervenções prodigiosas se sente vinculado a seu Deus, dependente dele, obrigado a cumprir a vontade dele expressa nas cláusulas da → ALIANÇA.

Pela primeira vez, o título de "rei" é aplicado a YHWH com a instituição da monarquia; tem origem então uma nova relação de aliança, particularmente com a dinastia de Davi, em virtude das promessas feitas por Deus por meio de Natan (2Sm 7,11-16; 1Cor 17,11-14; Sl 88,20-38; 132,11-18). O "filho de Davi" tornava-se, mediante a "unção", "filho de Deus" e, portanto, seu delegado, representante concreto da sua soberania sobre Israel. O grupo dos salmos chamados da "realeza de YHWH" (Sl 47; 93; 96; 97; 98), usados na liturgia do Templo, lembrava continuamente aos piedosos israelitas essa soberania, pelo menos de direito, sobre Israel e sobre todo o universo. Bem cedo, porém, diante da indignidade do rei de Judá, os profetas projetam no futuro a perfeita realização da soberania de YHWH. Esse domínio seria realizado por meio de uma intervenção extraordinária de Deus, com a constituição de um reino universal no qual teriam tomado parte, além dos israelitas, também os povos pagãos (Is 2,2-3; Mq 4,1-3; Zc 14,10; Is 45,14-25; 60,3 ss.): é o dia de YHWH. Dessa sociedade teria sido excluído o mal em todas as suas formas, e os cidadãos, submetidos completamente à vontade do Senhor, gozariam de uma paz inalterável (Is 9,6; 32,17; 60,17-18; Sf 3,13; Zc 3,10; 9,8-10). Os profetas, porém, não distinguem duas "fases" nessa realização do "reino de Deus": o "tempo intermediário" (o que nós chamamos de o "tempo da Igreja") e a sua realização perfeita na "parúsia" do Senhor.

Deve-se observar, aliás, que segundo alguns textos essa realização ocorreria exclusivamente por meio da intervenção extraordinária de Deus: é um aspecto posto em especial destaque no Dêutero-Isaías (Is 40–45; cf. 40,9-11); segundo outros textos, porém, Deus teria se servido de Israel, que se tornara, por força da aliança, especial propriedade de YHWH, reino de sacerdotes, nação santa (Ex 19,6) também para a salvação dos outros povos; outros textos ainda apresentam, como instrumento de Deus, um personagem revestido da dignidade real (Is 7–11: poemas do Emanuel), profética e sacerdotal (Sl 110; Is 42,1-7; 49,1-6; 50,4-9; 52,13–53,12: os poemas do "servo de YHWH", que, inocente, expiará por seus irmãos); em Dn 7,13 aparece a figura misteriosa e gloriosa do "Filho do homem". Jesus, resumindo na sua pessoa esses quatro aspectos, apresentados como independentes no Antigo Testamento, ensinará que a perfeita constituição do reino de Deus devia ser precedida pela realização da missão dolorosa do servo de YHWH, mediante a sua paixão e morte.

Além disso, no início da era cristã, o conceito de salvação, por vários motivos, tinha se modificado profundamente: o aspecto religioso e moral passara a segundo plano para se revestir de uma cor sobretudo política; o "dia de YHWH" tornara-se, na expectativa popular, o dia do triunfo, da vingança de Israel sobre os seus inimigos; essa espera explica a prudência usada por Jesus na manifestação da sua dignidade messiânica.

2. O REINO DE DEUS NO NOVO TESTAMENTO. Jesus se liga à genuína pregação dos profetas quando anuncia a vinda do Reino. É esse o sentido da frase: "Cumpriu-se o tempo [...] convertei-vos e crede no Evangelho" (Mc 1,15; cf. Lc 16,16); trata-se da intervenção onipotente e gratuita de Deus para destruir o pecado e o reino de satanás e fazer triunfar a sua vontade: é o tempo inicial da salvação. O termo grego para indicar o reino é *basileia*, termo que é sempre qualificado por Marcos e por Lucas com a expressão "de Deus", ao passo que Mateus usa predominantemente "dos céus".

Nos textos sinóticos a frase "reino de Deus" tem um significado muito complexo; pode indicar, com efeito, o "governo de Deus", "Deus que exerce seu poder real", mas também a sociedade sobre a qual Deus reina; é nesse sentido que se fala de "entrar no reino" (Mt 7,21; Mc 10,23), de "tomar lugar no festim, no Reino de Deus" (Lc 13,29), "de ser lançado na geena", ou seja, de "ser excluído do reino" (Mc 9,47). Pode ser também uma "realidade interior", dado que mediante a → PALAVRA DE DEUS se estabelece no coração, onde produz ou não produz fruto, segundo as disposições de ânimo (Mt 13,2-23; Mc 4,1-20) e é comparado a uma pitada de fermento (Mt 13,33); alguns textos, aliás, falam dele como de uma realidade já presente (Lc 11,20; Mt 11,12); outros, porém, o descrevem como próximo, antes que desapareça a geração dos contemporâneos do Senhor (Mt 4,17; 16,28; Lc 9,27; Mc 9, 1 ss.; cf. também Mt 10,23; 24,30.34.39; Lc 27,27.32); enfim, o Reino é apresentado também como uma realidade futura que se realizará no final dos tempos, no retorno glorioso de Cristo (Mt 24,29; 25,31 ss.). Essas várias afirmações do Reino suscitam problemas aos quais os autores dão diferentes respostas. Os textos que anunciam o Reino como "iminente" são interpretados pelos católicos em relação à destruição de Jerusalém ou à difusão do Evangelho no mundo, sob a assistência do Espírito Santo. R. Schnackenburg os considera como "ditos" conservados e transmitidos fora do seu contexto originário; por isso, é impossível determinar hoje o alcance deles. Deve-se observar, além disso, que "embora exija a colaboração do homem, o reino é sempre, fundamentalmente, um dom de Deus que o esforço do homem não poderia conseguir ou promover de algum modo. Quanto à sua consumação, ela se deve a um ato da onipotência de Deus" (Feuillet). Portanto, o Reino é sobretudo graça.

Jesus se apresenta como pregador do Reino (Lc 4,18-19; cf. Is 61,1-4): na sua pessoa e na sua obra se realiza a soberania de Deus; o perdão dos pecados, a libertação dos possessos, a ressurreição de alguns mortos já são parcial realização da salvação e, portanto, do reino em ação" (L. de Grandmaison). Em outros textos, porém, a salvação está unida intimamente à atitude que os homens terão em relação à sua pessoa; ele requer um amor mais forte do que o que se tem pelos pais e parentes (Mt 10,34), as obras de caridade feitas ou omitidas em relação aos irmãos menores com os quais Jesus se identifica são causa de salvação ou de perdição eterna (Mt 25,35-46), a obrigação de seguir Jesus que chama está acima dos deveres filiais (Mt 8,22). Todas essas afirmações se explicam pelo fato de Jesus se identificar com o Reino porque é Filho natural de Deus. Esse título e também aqueles de que falaremos são objeto de apaixonadas discussões em torno ao problema da consciência messiânica de Jesus. A alcunha "Filho de Deus", tão frequente no Novo Testamento, já era usado no Antigo em sentido coletivo (os anjos: Jó, 1,6; 38,7; Israel: Os 11,1.37; o rei davídico: 2Sm 7,14) e, nos livros mais recentes, em sentido individual (Sb 2,16; Sr 4,10), mas sempre em sentido metafórico, ou seja, indica não uma relação de natureza, mas de ordem moral: proteção, afeto, autoridade etc. A filiação divina de Jesus, mais que pelo título "Filho de Deus", é indicada nos textos sinóticos por um conjunto de fatos e de afirmações: é o dono do sábado (Mc 2,8), aplica a si mesmo os títulos que no Antigo Testamento estão reservados a YHWH (esposo: Mc 2,17; médico: Mt 15,24; pastor: Mt 26,31; cf. Lc 12,32); é maior que o Templo (Mt 12,6), é o juiz escatológico que virá na glória com os seus anjos (Mt 24,30-32; 16,27), onde é afirmada a igualdade de conhecimento entre o Pai e o Filho; assim, o Filho é o revelador dos mistérios divinos: tudo isso supõe a identidade de natureza (cf. também Mc 12,1-12: os vinhateiros homicidas e Mc 13,32: o Filho em oposição aos anjos e aos homens).

Em vez do título "Filho de Deus" ou de outros mais diretamente messiânicos (profeta, filho de Davi), Jesus aponta a si mesmo com a alcunha de "Filho do homem". Esse título, que tem suas raízes no Antigo Testamento, pode significar simplesmente "homem" (Jó 25,6; Is 51,12), conotando, especialmente em Ezequiel, a sua fraqueza diante de Deus (Ez 2,1; 5,1...); em Dn 7,13-14 assume um significado particular: trata-se de um ser misterioso que vem nas nuvens do céu e se apresenta diante do trono de Deus para receber "poder, majestade e reino sobre todos os povos"; é uma figura simbólica que indica uma coletividade, a qual age mediante um representante (personalidade corporativa); a alcunha tem um significado decididamente individual nos livros apócrifos de Enoque (42,2-4; 48,2) e de Esdra, bem como nos lábios de Jesus. Nos sinóticos o título recorre em três séries de textos: a) fala-se do Filho do homem que voltará na glória como juiz escatológico (Mc 13,26); b) o título é associado à pregação da paixão e ressurreição (Mc 8,31); c) enfim, encontramo-lo naqueles textos em que Jesus se apresenta como senhor do sábado (Mc 2,28), ou revestido do poder de perdoar os pecados já nesta terra (Mc 2,10). Esse uso do título manifesta uma particular teologia: o Filho do homem é uma figura real e gloriosa; com o perdão dos pecados (textos da terceira série) já começa a se realizar, mas parcialmente, o reino dos santos do Altíssimo (Dn 7,14): os milagres, a transfiguração são manifestações momentâneas da glória oculta do Filho do homem. Mas para que essa glória possa se revelar perfeita e de modo estável, e o poder de juiz escatológico possa ser exercido com toda plenitude, é necessário que o Filho do homem passe pela humilhação da paixão, ou seja, cumpra a missão de servo de YHWH (textos da segunda série; cf. Is 52,13-53,12), que expie pelos pecados do povo. Essa fusão na pessoa de Jesus da figura gloriosa do Filho do homem e da do servo sofredor aparece especialmente depois da confissão de Cesareia (Mc 8,31): embora Jesus jamais tenha se chamado explicitamente de "servo de YHWH" (cf., porém, Lc 22,37), são numerosos, contudo, os apelos à profecia do Dêutero-Isaías (Mc 9,8.11.30; 10,34; Mt 20,28: "O Filho do homem veio [...] para dar a sua vida em resgate pela multidão"; ou as palavras sobre o cálice "sangue da aliança pela multidão" = Is 53,12); de tudo isso parece que o povo dos santos do Altíssimo teria nascido do sacrifício do servo de YHWH. Dessa teologia já resulta que também os santos do Altíssimo, aos quais Jesus promete o Reino, devem sofrer a sorte do fundador do Reino. Jesus o diz expressamente: "Se alguém quer vir em meu seguimento, renuncie a si mesmo, tome a sua cruz e siga-me" (Mc 8,34). Mas todo sacrifício é sempre coisa pequena em comparação com a grandeza e preciosidade do dom (Mc 8,35-36; Mt 18,8-9). Uma vez que o Reino é a "pedra preciosa", o "tesouro escondido" e "indestrutível", é a satisfação de todo desejo de felicidade, é a "vida", a "vida eterna" (Mc 13,45-46; 13,44; Mt 5,1-16; Mc 9,43-47; 10,17-24). Por isso o seu anúncio é "evangelho", ou seja, "Boa-Nova", é oferta da salvação: "convertei-vos e crede no evangelho", diz Jesus no início do ministério na Galileia (Mc 1,15).

3. FÉ E CONVERSÃO. Do último texto citado do Evangelho de Marcos parece que "conversão e fé", condições indispensáveis para receber o Reino, estão intimamente associadas. Aos termos "conversão" e "converter-se" correspondem em grego o substantivo *metanoia* e o verbo *metanoein*, que significam: mudar de mente, de modo de pensar ou de ver; em hebraico é recorrente o verbo "shûb", que, literalmente, significa: voltar atrás, mudar de caminho, de direção, quando reconhecidos como errôneos. Com esse verbo os profetas indicam uma realidade espiritual: a mudança, a conversão do coração. Jesus exige essa mudança espiritual de todos aqueles que querem ser seus discípulos, porque todos os homens são pecadores diante de Deus (Lc 13,3.5). Certamente há "justos" no mundo (em Mt 18,12 se fala de 99 ovelhas que não têm necessidade de penitência, como também existem pecadores, e até são a categoria mais numerosa e Jesus veio precisamente para eles: Mt 9,12; 15,24), mas a distinção entre as duas categorias é muito relativa: os primeiros são devedores diante de Deus como os segundos, embora não no mesmo grau (Lc 7,40-43): diante do ideal a ser perseguido proposto por Jesus, a perfeição do → PAI CELESTE (Mt 5,48), todo homem tem necessidade de se converter.

Praticamente, a conversão se identifica com a fé em Jesus, pois a rejeição do passado, o afastamento do mal acontece justamente em virtude da aceitação do novo ideal proposto pela fé. A adesão a Jesus tem início com um ato de confiança, provocado pela novidade do seu ensinamento (Mc 1,22.27; Mt 7,29) e pelos seus milagres (Mt 9,26): educado na escola do Antigo Testamento, o povo sabe que Deus realiza esses fatos prodigiosos para confirmar a missão dos justos e especialmente dos profetas (Lc 7,16). A multidão para nesse estádio de conhecimento (Mc 6,14-17; 8,28-29), ao passo que Jesus queria levá-la à fé na sua dignidade messiânica; é o que confessa Pedro, em Cesareia, mesmo em nome dos condiscípulos, pelo menos na narrativa de Marcos (Mc 8,29; Lc 9,8). Justamente por essa falta de fé é que são ameaçadas as cidades do lago (Cafarnaum e Corozain), pois, apesar dos milagres, não reconheceram nele o enviado de Deus (Mt 11,20-24). As causas que impedem o acolhimento da oferta de salvação são: o excessivo apego às riquezas (Mt 19,16); o orgulho que exige um "sinal" do céu (Mt 12,39) ou, pior ainda, atribui o fato prodigioso a intervenção diabólica (Mc 2,22). O milagre, portanto, para ser reconhecido como tal exige uma reta disposição interior; segue-se então que a fé é um "dom"

concedido aos humildes de coração (Mt 11,25: o Pai revela aos "pequenos" os mistérios do Reino). Dada a importância da fé com referência à salvação, destruir essa fé nos "pequenos" com o escândalo é uma culpa gravíssima (Mc 9,42-49).

A fé inclui, porém, também a confiança que tem por objeto a bondade de Jesus e que portanto exclui todo temor (Mc 4,10; Lc 8,50); essa confiança acrescenta à fé a firme persuasão de que o Senhor intervirá com a sua onipotência naquela particular necessidade (Mt 8,5-13; Lc 17,11-19; Mc 10,15-52; Mt 15,21-28); supõe-se esse aspecto de "confiança" naqueles textos em que se fala de aumento de fé (Mc 9,22) ou quando o milagre é atribuído à fé: é essa a *fides miraculorum* (Mt 8,5-13; 15,21-28; Lc 17,11-19; Mc 10,45-52); a confiança pode ter por objeto também Jesus-Salvador, ou seja, que perdoa os pecados (Lc 8,36-50: a pecadora perdoada).

4. A JUSTIÇA DO REINO. Esse abandono incondicional a Deus que em Jesus oferece a salvação inclui a observância de todas as condições que são necessárias para receber o Reino. Há obrigação de observar os mandamentos (Mt 19,17), que devem ser cumpridos não segundo o espírito dos fariseus (Mt 5,20), mas segundo o "aperfeiçoamento da lei" feito por Jesus (Mt 5,17). Os fariseus, com efeito, observam a lei, mas a interpretam segundo a "tradição dos antigos" (Mt 15,2; Mc 7,5.9); ora, acontecia que, por amor dessa tradição, muitas vezes tornavam nulo o preceito de Deus (Mt 15,1-20) ou falseassem seu verdadeiro espírito, reduzindo tudo a uma execução material da letra da lei. Jesus reprende continuamente os escribas e os fariseus por esses defeitos: o orgulho (Lc 18,8) manifestado especialmente com o desprezo dos "não justos"; a vanglória: gostavam do louvor dos homens (Mt 6,1-18: esmola, oração, jejum; 23,1-12); a falsa piedade deles com a qual pensavam ter direito estrito à recompensa pelas "obras boas" realizadas (Mt 20,1-15; Lc 18,9-14); mas o vício característico era a hipocrisia: Jesus os chama de "sepulcros caiados" (Mt 23,1-32). A essa "justiça" Jesus opõe a "sua" justiça, que consiste em aperfeiçoar a lei de modo a fazê-la exprimir toda a vontade de Deus. O aperfeiçoamento acontece segundo três aspectos: — interiorização, fazendo do coração o centro e a raiz de toda a vida moral (Mc 7,18 ss.). Nessa interiorização Jesus se refere à genuína tradição profética (Mt 9,13 = Os 6,6); censura a piedade toda exterior dos escribas e dos fariseus, com as palavras de Is 29,13 ("só os seus lábios me rendem glória, mas o seu coração está longe de mim"; cf. também Mt 23 = Mq 6,8). Não basta portanto abster-se da ação externa ("não matar, não cometer adultério", Mt 5,17-42), mas é necessário mortificar as paixões que se aninham no coração, causa dos atos externos pecaminosos (Mc 7,28 ss.); — abole com a sua autoridade todas as concessões feitas por Deus a Israel, pela dureza do seu coração (Mt 19,8, cf. Mt 5,31; Mt 5,38: lei do talião; Mt 5,33: a facilidade dos juramentos); — reduz toda a lei e os profetas ao único mandamento do amor de Deus e do próximo (Mt 22,38-40).

a) *O preceito do amor de Deus* era bem conhecido por Israel: é formulado no Deuteronômio (Dt 6,5) e com ele tem início a oração chamada "Shemá" (= Escuta) que era recitada pelos israelitas piedosos de manhã e de noite. Mas era um entre os tantos, o maior dos preceitos positivos (248) e negativos (365) em que os doutores dividiam a lei; "não só cada um dos preceitos constitui uma entidade à parte, mas também cada uma das observâncias de um preceito implica de per si um determinado mérito e um título de pretender uma recompensa" (J. Schmid). Jesus, porém, estabelece o preceito do amor de Deus como base e alma de todos os mandamentos, de modo que eles têm um valor diante de Deus somente se vivificados pela caridade; depois associa intimamente a ele o amor do próximo, incluindo nesse termo todos os homens, mesmo os inimigos.

Por força da fusão dos dois preceitos num só, a caridade do próximo deriva necessariamente da de Deus, de modo que a última sem a primeira é uma ilusão, bem como a primeira é impossível sem a segunda. Para facilitar a observância desse mandamento Jesus revela a Deus como Pai. É verdade que não faltam textos em que Deus é apresentado como senhor (Mt 6,24-25; 20,1-6), como majestade infinita (Mt 5,34), como juiz (Mt 12,36), mas sobretudo é Pai, e a relação entre Deus e o homem deve portanto ser animada pelo amor, porque Deus é bondade infinita (Mt 6,28; 10,29). Deve-se observar, porém, que se o título de Pai, aplicado a Deus, é frequentíssimo, os discípulos são chamados de "filhos" somente em três textos: Mt 5,9; Lc 6,35; Mt 5,45; nos primeiros dois o termo tem evidentemente um significado escatológico, ao passo que no terceiro a filiação é afirmada já nesta terra; tratando-se, porém, da imitação da perfeição do Pai celeste, o título indica uma relação de ordem moral e não de natureza: estamos portanto na linha do Antigo Testamento. Todo o realismo dessa filiação será posto à mostra por São Paulo e São João.

b) *O amor do próximo*. Também esse aspecto do amor era conhecido por Israel, mas se limitava aos membros do povo eleito e ao "estrangeiro" que vivia nas fronteiras da nação (Lv 19,34; Dt 10,19; 16,13; Ex 20,22). Jesus dá ao preceito uma extensão universal: próxima é toda pessoa que tem necessidade da nossa ajuda (Lc 10,30: parábola do bom samaritano), e ensina quais devem ser as características desse amor: operoso (Mt 7,12: a regra de ouro) e em particular é recomendada a esmola (Mt 6,34), as "obras de misericórdia" (Mt 25,40; Jesus se identifica com os irmãos necessitados); é um amor importante (Mt 9,13; 12,7; tem predominância sobre o culto; Mc 3,1-7: sobre o sábado); é delicado: o irmão deve ser corrigido em particular (Mt 18,15), deve-se evitar: o juízo temerário (Mt 7,1-5), a ira e as ofensas (Mt 5,22), o juramento, porque equivale à falta de confiança (Mt 5,33-37); é desinteressado (Mc 10,43); o amor do próximo exige que o cristão seja agente da paz (Mt 5,9). E como esse amor é imitação do amor de Deus, ele deve se estender também aos inimigos porque também a eles o Pai celeste distribui os seus dons (Mt 5,43-45). Se é verdade que no Antigo Testamento está ausente o preceito de "odiar o inimigo" (Mt 5,43), deve-se lembrar, porém, que as poucas referências ao amor pelo inimigo que se vêm aqui e ali são sempre feitas a um israelita (Ex 23,4; 1Sm 24,1; 26,1; Jó 31,29; Pr 24,17; 25,21) e embora alguns façam quase pressagiar o Novo Testamento (Sr 28,2-3; mas cf. Sr 50,25-26), desaparecem no poderoso coro de ódio e de maldição contra os inimigos de Israel (salmos imprecatórios, oráculo dos profetas contra as nações, livros apócrifos como o *Testamento dos XII Patriarcas*). Deve-se observar, porém, que uma formulação quase igual à do Evangelho encontra-se em → QUMRÂN; no início do *Manual de disciplina* se lê: "[a comunidade foi constituída] para amar todos aqueles que Deus escolheu e odiar todos os que ele rejeitou". Esse amor deve ser real, ou seja, sair do coração (Mt 18,35: o servo usurário); somente com essa condição é que poderemos pedir a Deus que perdoe as nossas faltas (Mt 5,12). Jesus nos precedeu, com o seu exemplo (Lc 22,26-27; Mc 10,45; Lc 23,34: Pai, perdoa-lhes…).

Podemos destacar de tudo o que expusemos até agora: — que se Jesus pede a pureza do coração, ou seja, a pureza de intenção, exige também a prática dos seus preceitos (Mt 7,21-27); especialmente o amor pelo próximo, mesmo nosso inimigo, deve ser sempre operante, apesar das repugnâncias da natureza, porque não se fundamenta no sentimento ou na inclinação natural, mas na imitação do amor de Deus; — e como a conversão, condição indispensável para entrar no Reino, é dom de Deus (Mt 11,25), segue-se que a pertença a ele não depende de privilégios de raça (Mt 3,9), embora Jesus reconheça os privilégios de Israel como povo eleito (Mt 10,5; 15,24); — é necessário portanto não arrogar direitos diante de Deus, mas aceitar o Reino como crianças (Mt 18,2-5; 19,13-15), reconhecendo a própria insuficiência num ato de confiança incondicional e de total dedicação a ele; — por isso, súditos do Reino são: os pobres, os mansos, os agentes da paz, os aflitos, os perseguidos etc. (Mt 5,1-12; Lc 6,20-23), ao passo que serão excluídos os escribas e os fariseus satisfeitos com a própria "justiça" (Mt 5,20; 6,1-18): eles serão precedidos pelos publicanos e pelas pecadoras (Mt 21,31-32), que mais facilmente reconhecem a própria miséria e, portanto, a necessidade de se converter.

5. A LEI DA ABNEGAÇÃO. A conversão necessária para entrar no reino de Deus (Mc 1,15) e ser salvo (Lc 13,3-5) deve continuar por toda a vida para remover tudo aquilo que afasta de Deus e da sua infinita perfeição (Mt 5,48). O objeto e, portanto, a extensão dessa renúncia consiste na renegação do mundo, da riqueza, da família, de si mesmo.

a) *O mundo*. Tendo sido criado por Deus, é bom em si mesmo e manifesta a sua perfeição e a sua bondade; é desse livro maravilhoso que Jesus tira as imagens mais sugestivas para ilustrar os mistérios do Reino. Todavia, o mundo está sob o domínio de satanás: os textos sinóticos não nos dizem de que modo o demônio adquiriu esse domínio, é uma realidade; por isso, na tentação do deserto, satanás poderá oferecer a Jesus "todos os reinos do mundo" (Lc 4,26). A influência maléfica de satanás se realiza sob forma de tentação contra Jesus, procurando desviá-lo da missão a ele confiada pelo Pai (Mt 4,1-11), mas também contra os discípulos: inspira a Judas a traição (Lc 22,3), tenta os discípulos na fé (Lc 22,33), semeia a cizânia (Mt 13,39), arranca a palavra de Deus do coração dos homens (Lc 8,12). Sob o poder de satanás está uma multidão de espíritos maus que podem se apoderar de pessoas (mas também de animais: Mc 5,11-14) e causar várias enfermidades (epilepsia: Mc 14-29; paralisia: Lc 13,11 etc.); são as manifestações concretas desse domínio. Jesus veio para destruir o reino de satanás (Mt 12,25-29): a libertação dos possessos mostra que veio "o mais forte" (Lc 11,22); atribuir essas libertações a Belzebu é pecado contra o Espírito Santo (Mt 12,25-29). A destruição completa acontecerá no "final dos tempos" (Mt 13,40-42; 25,41): no período de espera os discípulos devem sofrer as ciladas do demônio e as perseguições dos que o servem (Mt 13,24-30.47-50).

Mas o mundo é também a sede da dor: também sob esse ponto de vista os textos sinóticos se limitam a afirmar o fato, sem dizer qual a origem da dor de Jesus, embora se refiram a algumas causas do sofrimento, como a → OBSESSÃO ou alguma culpa pessoal (Mt 9,2). Jesus nega que a dor seja sempre a punição de pecados individuais ou cometidos por outros (Lc 13,2-5). Todavia, mesmo em relação à dor ele se apresenta como princípio de salvação: os seus milagres e especialmente algumas ressurreições de mortos são "a salvação de Deus presente", parcial antecipação da vitória definitiva sobre toda forma de dor. Na sua missão no mundo ele não suprime nem a dor nem a morte, mas as transforma em meios de salvação (Mt 20,28: "o Filho do Homem veio [...] para dar sua vida em resgate"): a paixão é apresentada como meio necessário para entrar na glória (Lc 24,26). Esse é o caminho que deve seguir também o discípulo. À luz dessa verdade, a dor aparece como um dos componentes necessários da vida cristã, faz parte do âmbito da providência amorosa do Pai celeste, porque nos torna verdadeiros discípulos de Cristo (Mc 8,34). Por esse motivo são proclamados bem-aventurados aqueles que, aos olhos do mundo, mereceriam compaixão: os pobres, os mansos, os misericordiosos, os puros de coração, todos os perseguidos "por causa de Jesus" (Mt 5,3-12); trata-se de uma bem-aventurança inicial que atingirá toda sua perfeição no advento à glória do reino de Deus; então, de plena posse da "vida eterna" (Mt 25,46) encontraremos a superação de toda dor.

b) *A riqueza*. Se Jesus fala a respeito, é somente por um motivo religioso: deixar de sobreaviso contra o excessivo apego aos bens da terra, esquecendo os do céu que são imperecíveis (Lc 12,33). Jesus ensinou com o exemplo: nasceu na mais extrema pobreza (Lc 2,7); Maria e José são de condição modesta (Lc 2,24); em Nazaré é conhecido como o filho do "carpinteiro" (Mc 6,3); durante o ministério público "o Filho do Homem não tem onde recostar a cabeça" (Mt 8,20), morre sem nada, na cruz; o seu Evangelho está endereçado aos "pobres" (Mt 5,3; cf. Lc 4,18-19; Mt 11,5). Originariamente, a bem-aventurança de Mt 5,3 e Lc 6,20 referia-se provavelmente aos pobres que, oprimidos pelos poderosos, esperavam a salvação somente de Deus: mais que de uma condição social, trata-se de uma atitude do espírito; "pobres" corresponderia a "piedosos"; Mateus e Lucas teriam adaptado as palavras de Jesus às necessidades da comunidade, referindo-as à verdadeira pobreza: o primeiro, espiritualizando-a ("felizes os pobres de coração"), o outro, porém, insistindo no aspecto social que exige, para que seja agradável a Deus, o desapego interior (J. Dupont). Jesus jamais fala dos bens deste mundo como se fossem intrinsecamente maus: teve como amigas pessoas que tinham vida abastada (Mc 15,43: as mulheres piedosas; os amigos de Betânia: Lc 19,1-9; Zaqueu: Lc 19,1 ss.; José de Arimateia: Mt 27,57); a riqueza é chamada de "iníqua" (Lc 16,9) porque ordinariamente serve para satisfazer as paixões; mas pode ser usada para fazer amigos para a eternidade (Lc 16,9), socorrendo Jesus na pessoa do menor de seus irmãos (Mt 25,39). O Senhor, porém, continuamente nos põe de sobreaviso contra os perigos da riqueza: "Não podeis servir a Deus e ao Dinheiro" (Lc 16,13); ela torna sem fruto a palavra de Deus (Mc 4,19): essa triste realidade é ilustrada pela parábola do rico epulão (Lc 16,19-31); do rico insensato (Lc 12,16-21) e pela frase: "É mais fácil um camelo passar pelo buraco de uma agulha do que um rico entrar..." (Mc 10,24-25). Além desse desapego afetivo pedido a todos os cristãos, Jesus exige o abandono efetivo por parte daquele que, com vocação especial, chama a seu seguimento. A todo discípulo, porém, é dirigida a exortação: "Procurai primeiro o Reino e a justiça de Deus, e tudo isso vos será dado por acréscimo" (Mt 6,33).

c) *A família*. Ao vir ao mundo, Jesus sacrificou a família: a de Nazaré é o modelo de todas as famílias cristãs; Lucas resume toda a veneração de Jesus para com Maria e José com a frase: "era-lhes submisso" (Lc 2,51). É no Evangelho de Lucas que a mulher tem destaque especial: além de Nossa Senhora, "a que tem o favor de Deus" (Lc 1,28), lembrem-se: Isabel, Ana, Marta e Maria, as mulheres piedosas (Lc 8,1), as filhas de Jerusalém (Lc 23,37). Em favor delas realiza vários milagres (Lc 13,10-17; Mc 1,29-31; 5,21-43). Remete o matrimônio à pureza das origens: um e indissolúvel como o tinha instituído Deus (Gn 2,24; Mc 10,1-2; em Mt 5,32 e 19,9 encontramos o inciso "exceto em caso de *porneia*", que ainda não recebeu uma explicação totalmente satisfatória). Abraça e abençoa as crianças, declarando que delas é o reino dos céus (Mc 10,13-16). Mas junto com esses episódios tão consoladores encontramos frases desconcertantes (Lc 11,27: "quem é minha mãe e quem são meus irmãos?"; Jesus veio ao mundo "separar o homem de seu pai, a filha da sua mãe": Mt 10,35; "Se alguém vier a mim sem me preferir ao seu pai, à sua mãe, à sua mulher": Lc 14,26). De todo o contexto parece que se trata de um caso de perseguição: nesse caso, aos vínculos mais santos deve-se preferir antepor (esse é o sentido do verbo "odiar", cf. Mt 10,37) Jesus. Mas também fora desse caso excepcional Deus deve ter sempre o primeiro lugar no coração. Além dessa renúncia afetiva pelos familiares, Jesus exige a renúncia efetiva à família por parte daqueles que ele chama a seu seguimento: nesse caso a obrigação de seguir Jesus está acima dos vínculos de sangue (Lc 9,60). Parece, portanto, que as prescrições à primeira vista tão contrárias à família têm como objetivo a liberdade do coração e, portanto, tendem a obter a perfeição da caridade.

d) *A abnegação de si mesmo*. Está enunciada na frase bem conhecida: "Se alguém quer vir em meu seguimento, renuncie a si mesmo, tome a sua cruz e siga-me" (Mt 16,24); somente depois da morte e ressurreição de Jesus é que os discípulos entenderam plenamente as exigências dessa renúncia. Essas palavras impõem antes de tudo a mortificação das paixões, "é do interior, é do coração do homem que saem as más intenções, desregramentos, furtos, homicídios. [...] Todo este mal sai do interior e torna o homem impuro" (Mc 7,21); mas incluem também renúncia total ao bem da vida, "uma renúncia que não exclui nada, nem sequer o risco de morte" (J. M. Lagrange). Essa abnegação não é imposta por si mesma, mas se refere à "vida", a "verdadeira", a "vida eterna", na qual consiste a posse definitiva da salvação. Esse sentido se deduz do contexto imediato em que está inserido o *logion* sobre a abnegação: "quem quiser salvar sua vida por minha causa, perdê-la-á; mas quem perder a sua vida, por minha causa, salvá-la-á" (Mt 16,25-26): o caminho da cruz é iluminado pela glória da ressurreição. Com base no exemplo de Jesus, que veio servir e não para ser servido (Mc 10,45), o discípulo transformará a sua vida num serviço contínuo e desinteressado pelos próprios irmãos: "se alguém quer ser grande dentre vós, seja vosso servo" (Mc 10,43-44). É à luz dessas palavras e segundo o exemplo de Jesus humilde e obediente que tantas almas generosas renunciaram à sua vontade: "elas, por amor de Deus, no que diz respeito à perfeição, submetem-se ao homem para além da medida dos preceitos, com o fim de se conformar com mais plenitude a Cristo obediente" (*LG* 42).

6. O REINO E A ESPERANÇA. Com a vinda de Jesus realiza-se a plenitude dos tempos, "cumpriu-se o tempo" (Mc 1,15): "[Jesus] é o ponto de chegada com relação ao passado que nele encontra o seu cumprimento, mas é também um ponto de partida, porque nele a história da → SALVAÇÃO de novo se ampliou, dando origem aos últimos tempos nos quais nos encontramos" (Léon-Dufour); eles chegam à sua perfeição na parúsia do Senhor; nos textos sinóticos, especialmente em Lucas, fala-se do Reino quase sempre sob esse futuro aspecto glorioso (Mt 5,3-12). Na expectativa dessa manifestação, o discípulo de Cristo deve pôr em prática a "justiça do Reino" como foi praticada e ensinada pelo Senhor. Mas podemos nos perguntar: é possível a prática dessa "justiça"? Alguns preceitos, como o de amar os inimigos, não teriam talvez como efeito o triunfo dos maus e, portanto, a destruição de toda ordem social? A essa pergunta foram dadas várias respostas: — trata-se de uma moral *ad interim*, válida para o breve período de tempo que precede o advento à glória do Reino (escatologistas consequentes); — Jesus, impondo prescrições impossíveis, quer que os homens tomem consciência da fraqueza deles e confiem somente nos méritos do Redentor, que devem ser feitos próprios mediante a fé-confiança; — o ideal de perfeição proposto por Jesus refere-se à fase gloriosa do Reino, quando os homens serão como anjos de Deus (Mt 22,30) e terão a plenitude do Espírito; — Jesus quer sobretudo a atitude do coração, a disposição interior, suscitando nos homens um alto apreço pela santidade de Deus. Deve-se observar: há textos nos Evangelhos que apresentam a realização do Reino "na glória" num futuro muito distante; Jesus exige a confiança em Deus, mas, ao mesmo tempo, a prática dos seus preceitos (cf. Mt 7,21-29: conclusão do discurso da montanha); quando Jesus dá preceitos tão radicais, não se refere à fase gloriosa do Reino, porque, nesse caso, evidentemente, o perdão dos inimigos é impossível por falta de inimigos a serem perdoados. Muita verdade contém a explicação sobre a intenção de Jesus de suscitar sobretudo uma atitude do coração. Isso vale sobretudo nos textos em que aparece claramente a mentalidade semítica que se compraz no uso da hipérbole ou em formular antíteses de modo radical sem as necessárias nuanças das expressões. Ao primeiro caso pertence Mt 5,39, se confrontado com Jo 18,22; ao segundo, Lc 14,26, confrontado com Mt 10,37 (odiar = amar menos). Mas lembremos que a prática da caridade como amor em relação aos inimigos, ou a confissão da fé até com perigo para a vida é exigida de todos os cristãos. A renúncia à família e às riquezas não apenas afetivamente, mas também efetivamente vale apenas para os que são favorecidos por especial vocação. Não se trata de duas "justiças", mas de modos diferentes queridos por Deus para realizar a "justiça" do Reino, exigida de todos. Além dos preceitos, dirigem-se aos indivíduos para lhes manifestar a vontade de Deus na sua totalidade e propor à generosidade deles um ideal ilimitado de perfeição. Por isso, razões especiais de justiça, de caridade, de piedade podem exigir que alguns preceitos sejam "interpretados". Também nesses casos não se trata de "enfraquecimento" das ordens do Senhor, porque essa interpretação deve ser feita à luz de outros textos bíblicos (cf., além do texto supracitado de Lc 14,26 e Mt 15,2-6, também Lc 12,31 com Mt 6,33, "primeiro"; Lc 6,20.24 com Mt 5,2 "pobres de espírito") ou de antigos comentários (Mt 5,41 e *Didaqué*, 1, 6, que acrescenta "e serás perfeito"). Jesus está consciente das dificuldades de traduzir na prática os preceitos do discurso da montanha; observá-los é um "entrar pela porta estreita" (Mt 7,13-14); um "perder a própria vida" (Mt 10,39); um "renegar a si mesmo e carregar a própria cruz" (Mt 16,24). Isso depende do fato de que, embora se viva na plenitude dos tempos, o mundo continua ainda sujeito ao maligno com todas as suas forças, opostas ao reino de Deus. É por esse motivo que Jesus exorta com insistência à vigilância e à oração.

a) *Vigilância*. O motivo é a incerteza do último dia; o Senhor, com efeito, virá como um ladrão, de noite (Mt 22,42-44; cf. também Mt 24,27.37). Na espera há o perigo de que "os corações fiquem pesados pela embriaguez, pelas orgias e pelas preocupações da vida" (Lc 21,34) e, portanto, de incorrer na tentação (Lc 22,24). A necessidade da vigilância é inculcada também por meio de numerosas parábolas: as virgens prudentes e as insensatas (Mt 25,1-13); os servos e os talentos (Mt 25,14-30); o ladrão que vem de noite (Lc 12,39-40). Todas essas exortações dizem respeito diretamente ao retorno glorioso de Cristo juiz; mas são válidas também para nós que vivemos na "plenitude dos tempos", pois o retorno glorioso de Cristo poderia acontecer a qualquer momento. Para cada um, pois, a sorte eterna depende do estado em que se encontra a alma no momento da morte.

b) *Oração*. Para pôr em prática a justiça do Reino, particularmente nas suas exigências mais radicais, é necessário a ajuda de Deus, que deve ser pedida na oração, porque "a Deus... tudo é possível" (Mc 10,23-27; Mt 19,10-12): é especialmente Lucas que insiste sobre a necessidade de orar. Jesus é o modelo das nossas orações: todos os momentos mais decisivos da sua vida estão marcados pelo colóquio com o Pai (Lc 3,21; 5,16; 6,21; 9,18; 9,29; 11,1 ss.; 22,33; 23,24); somente em duas circunstâncias Jesus orou por si mesmo: no Getsêmani (Lc 22,42) e na cruz (Lc 23,46). O Senhor ensinou também quais devem ser as características da oração: contínua, sem se cansar (Lc 18,1); sem ostentação (Mt 6,5-6); sem muitas palavras (Mt 6,8: o Pai já conhece as nossas necessidades, quer que lhe prestemos conta da necessidade da sua ajuda); com humildade (Lc 18,9-14); em → CONFORMIDADE À VONTADE DE DEUS (Mt 6,10; Lc 22,42); com confiança (Mt 7,7); com perseverança (Mt 7,7 ss.; Lc 11,5-13; 18,1-8). Também quando a oração é feita pelo indivíduo tem sempre um valor universal (inclui também os inimigos, Mt 5,45). Do "→ PAI-NOSSO" conhecemos quais são os bens que devemos pedir a Deus; são quase todos de ordem espiritual: a glorificação do Pai no perfeito cumprimento aqui na terra da sua vontade e salvação dos homens, na dilatação externa e em intensidade do Reino, no coração, protegidos pela graça contra as insídias do maligno, para não sucumbir na tentação; somente uma petição diz respeito às necessidades materiais: o pedido do pão cotidiano. Mas, apesar da ajuda de Deus, às vezes o maligno poderá predominar, "dada a fraqueza da carne" (Mt 26,41). Prevendo esse caso doloroso, Jesus não somente deixou à sua Igreja o poder de "ligar e de desligar" (cf. Mc 2,10: o Filho do homem tem o poder, na terra, de perdoar os pecados; cf. para os apóstolos, Mt 16,19: a Pedro; Mt 18,18: a todos), mas, por meio das parábolas do filho pródigo e da ovelha perdida, dá a conhecer que acolhimento reserva Deus ao pecador que se converte (Lc 15,4-32; Mt 18,12).

c) *A retribuição*. A figura deste mundo acabará com o retorno de Cristo juiz, o qual "retribuirá a cada um segundo sua conduta" (Mt 16,27); os homens serão julgados especialmente sobre a caridade fraterna, ou seja, sobre sua conduta em relação aos mais "pequeninos" dos discípulos com os quais Jesus se identifica (Mt 25,31-46): a retribuição das obras faz parte portanto do ensinamento de Jesus. Mas se trata sempre de "recompensa de graça", porque a fé, com a qual se aceita a oferta da salvação, é dom de Deus (Mt 11,25), como é dom de Deus inclusive a ajuda para não sucumbir na tentação (Mt 26,41; 6,13); o prêmio prometido, pois, supera qualquer participação do homem (Mt 25,21.23: o servo fiel no "pouco" terá poder sobre o "muito"; Mt 5,12: uma grande recompensa; Lc 6,38: "uma boa medida, socada, sacudida, transbordante"); o advento do Reino na glória é produzido por um ato da onipotência de Deus: nós podemos apenas pedir por tal vinda (Mt 6,10). Por isso, o verdadeiro discípulo de Cristo, diferentemente do fariseu que ousa gabar-se de direitos sobre Deus, deverá repetir quando tiver cumprido todos os preceitos: "somos servos inúteis" (Lc 17,10-14; cf. Lc 17,7 s.: o servo e o patrão; Mt 20,1-6: os operários da vinha). Deus, embora sendo nosso Pai celeste, é sempre o Senhor que pode exigir obediência do homem, independentemente de qualquer recompensa.

Em que consiste essa retribuição? Aos malvados está reservado o suplício eterno, "para longe de mim, malditos" (Mt 25,41); esse destino terrível é expresso também com as frases "onde o verme não morre" e "haverá choro e ranger de dentes" (Mt 8,12; 13,50; Mc 9,48); também as parábolas do rico epulão (Lc 16,19-31), da cizânia (Mt 13,24), da grande rede (Mt 13,44) ensinam a mesma verdade. Aos discípulos fiéis está reservada a "vida", a "vida eterna", que se identifica com a posse do Reino (Mc 10,17-23 e Mt 25,34.35).

Em que consiste essa vida? Na comunhão íntima com Deus e com Jesus expressa com a imagem do "banquete": "sentar à mesa" (Lc 22,28-30); nesse reino haverá diversos graus de bem-aventurança (Mt 5,19; Mc 10,40; Lc 19,17-19: parábola das minas, prêmios dos servidores fiéis); os justos ressuscitados brilharão como o Sol (Mt 13,43); sua vida será semelhante à dos anjos (Mt 22,30); gozarão de uma felicidade eterna (Lc 6,20-23). Da parábola do rico epulão (Lc 16,19-31) e da promessa de Jesus ao bom ladrão (Lc 23,43) se vê que a retribuição individual acontecerá logo depois da morte.

7. O REINO E A IGREJA. Já observamos que o termo *basileia* pode indicar a realeza divina, ou seja, o governo de Deus, bem como o exercício dessa realeza, ou seja, a sociedade sobre a qual se exerce. Os Evangelhos sinóticos, quando falam desse aspecto, referem-se habitualmente ao advento na glória do Reino, ou seja, àquele período que terá início com a parúsia do Senhor. Mas seu início, também sob esse aspecto social, realiza-se já aqui na terra; as parábolas do semeador (Mt 13,18), do grão que cresce por virtude própria (Mc 4,26-29), do grão de mostarda (Mt 13,31), do fermento (Mt 13,33) exprimem a ideia de um desenvolvimento lento, mas infalível em extensão e em intensidade (o fermento: transformação interior). Também o Concílio Vaticano II afirma que o Reino coincide, em parte, com a Igreja, mas "in *mysterio*, o qual será plenamente revelado no retorno do Senhor" (*GS* 39; cf. *LG* 5: "desse reino constitui na terra o germe e o início"). Durante o ministério público, Jesus reúne em torno de si seguidores, que formam o "resto santo", o "resto fiel": são aqueles poucos que aceitaram a oferta da salvação feita a todo Israel por Deus na pessoa de Jesus. Ele, como se vê do anúncio da paixão (Mt 16,21; 17,22; 20,18) e do anúncio da reprovação do povo eleito (Mt 8,18; 13,41; 21,43), mostra estar plenamente consciente dessa defecção. Esse "resto fiel" distingue-se dos outros não por uma organização externa particular ou uma segregação externa particular ou uma segregação material como a dos qumrânicos, mas só pela prática da "justiça do reino". Desse "resto fiel" Jesus escolhe doze, "aqueles que ele queria" (Mc 3,13), "para estarem com ele e para os enviar a pregar, com autoridade para expulsar os demônios" (Mc 3,13 ss.). Mas o número doze tem também um valor simbólico: eles serão os protótipos do futuro novo povo de Deus. Sobre Pedro, como "rocha", Cristo fundará sua Igreja, conferindo-lhe todos os poderes necessários para essa missão (Mt 16,17-19), promessa renovada na última cena, mesmo em previsão do negação (Lc 22,31-32); o poder de "legar e desligar" é conferido também aos outros apóstolos (Mt 18,18). O "resto santo" que adere a Jesus já se encontra no âmbito da salvação, não de modo definitivo, porém, porque deve se aperfeiçoar na sua absorção na Igreja, como ela depois conseguirá toda a sua perfeição na parúsia do Senhor; com efeito, o "pequeno rebanho" (Lc 12,32) deve ser passado pelo crivo da prova (Lc 22,31) quando o pastor será ferido e o rebanho disperso (Mt 26,31). O novo povo de Deus terá origem no sacrifício da cruz, que sancionará a nova aliança (Lc 22,19; 1Cor 11,24; Mc 14,24; Mt 26,28). A plenitude dos poderes será conferida aos apóstolos depois da ressurreição: poder de fazer discípulos as nações (Mt 28,18-20), de batizar e de pregar a remissão dos pecados (Lc 24,47) "em seu nome". Mas nessa missão permanente eles serão sempre "apóstolos", ou seja, "enviados", "delegados", porque todos os poderes a eles concedidos derivam do poder universal que o Pai conferiu ao Ressuscitado (Mt 28,18) e a eficácia do apostolado deles provém da assistência indefectível prometida por Cristo (Mt 28,20); por isso, como na primeira missão a Israel (Mt 10,40), receber ou rejeitar os discípulos é o mesmo que receber ou rejeitar o próprio Cristo: em sua missão no mundo são o prolongamento da pessoa de Jesus.

8. O ESPÍRITO SANTO E O REINO. O Espírito se apresenta sobretudo como "força" e como "luz": portanto, sob o aspecto carismático. No Evangelho da infância segundo Lucas, o Espírito se manifesta por meio do pequeno grupo dos "justos" (Zacarias, Isabel, Simeão, Ana), como "luz" e em alguns casos (Simeão e Ana) como "força" que estimula à ação. Na anunciação se revela como "força criadora" ("poder do Altíssimo"), que cobrindo Maria realiza nela o mistério da → ENCARNAÇÃO (Lc 1,35; cf. Mt 1,18) e ao mesmo tempo infunde sobre a criança a plenitude dos seus dons, segundo os antigos vaticínios (Is 9,6-8; 42,1-7). No batismo no Jordão, é o Espírito que apresenta Jesus como messias, rebento de Davi, que fundará o Reino, como "servo de YHWH" e lhe dá o impulso definitivo para a inauguração dos tempos messiânicos. O Espírito leva Jesus ao deserto para o fazer triunfar momentaneamente sobre satanás

(Mc 1,24; Mt 4,2), antes do triunfo definitivo com a paixão e a morte (Lc 4,13). Com "a força do Espírito" (Lc 3,14) volta à Galileia para iniciar, segundo Lucas (Lc 4,16), o ministério público na sinagoga de Nazaré, onde aplica a si mesmo o texto de Is 61,1 ss., no qual a missão do Messias é apresentada "como um ano de graça" em virtude da unção feita pelo Espírito de Deus. A partir desse momento toda a atividade de Jesus é apresentada sob a influência do Espírito; em particular, a libertação dos possessos acontece "por força do Espírito" (Mt 12,24); por isso, atribuí-la ao demônio é "pecado contra o Espírito Santo" (Mt 12,31-32). A atividade do Espírito em Jesus mostra-se geralmente como de ordem carismática; somente um texto de Lucas (Lc 10,21: Jesus exulta no Espírito) nos faz ver a ação do Espírito nas relações diretas de Jesus com o Pai. Embora precursor tenha anunciado um batismo no Espírito Santo, a ser administrado pelo Messias (Mc 1,8), ele não o conferiu durante a sua vida mortal; prometeu-o somente para o futuro: o Pai saberá dar aos que o pedirem "um Espírito santo" (Lc 11,13); essa futura outorga aos discípulos está em relação com a confissão da fé: como luz e como força (Mc 13,10). Por isso, antes de subir ao céu, ordena aos seus que fiquem na Cidade Santa, à espera "do que o Pai prometeu" para que sejam revestidos do poder do alto (Lc 24,49).

Resumindo: o reino de Deus, sob todos os seus aspectos, é um dom de Deus que em Jesus oferece a salvação; a oferta é aceita mediante a fé que é também dom de Deus; a fé inclui a "conversão", a qual não é ação de um momento, mas empenha o homem para toda a vida, dado que ele deve imitar a infinita perfeição do Pai celeste; a abnegação não é fim em si mesma, mas tende a purificar o coração para que nele se enraíze a caridade e, portanto, se torne reino de Deus. O Senhor ajuda a fraqueza do homem com a sua graça, que devemos pedir vigilantes em contínua oração. A cooperação do homem com os auxílios de Deus faz com que o Reino seja também recompensa, mas recompensa de graça: esse prêmio final consiste na posse definitiva do Reino e, portanto, no ingresso à "vida", à "vida eterna". O itinerário espiritual da alma começa portanto de Deus (reino de Deus ou dos céus), chega ao homem transformando-o interiormente e inserindo-o na Igreja (reino de Deus interior e exterior), para o conduzir definitivamente a Deus (Reino glorioso, na parúsia).

BIBLIOGRAFIA. Blinzler, J. *Il processo di Gesù.* Brescia, 1966; Brown, R. E. *La nascita del Messia secondo Matteo e Luca.* Assisi, 1981; Bultmann, R. *L'histoire de la tradition synoptique.* Paris, 1973; Chilton, B. D. *The Kingdom of God in the Teaching of Jesus.* Philadelphia, 1984; Civit, Lgomá. *Il Magnificat. Cántico de salvación.* Madrid, 1982; Dupont, J. *Distruzione del tempio e fine del mondo.* Roma, 1979; Id. *Étude sur le évangiles synoptiques,* I-II. Louvain, 1985; Id. *Le Beatitudini.* Alba, ³1976, I ; 1977, II; Durwell, F. X. *La risurrezione di Gesù, mistero di salvezza.* Roma, 1965, passim; Espiritualidad de los Evangelios. *Revista de Espiritualidad* 43 (1984) 185-282; Fabris, R. *Gesù di Nazaret. Storia e interpretazione.* Assisi, ²1983; Id. La spiritualità di Gesù di Nazaret. In *La spiritualità del Nuovo Testamento.* Roma, 1985, 65-131; Feuillet, A. La double venue du Règne de Dieu et du Fils de l'homme. *Revue Thomiste* 81 (1981) 188-229; Fusco, V. Il "vissuto" della Chiesa in Matteo. *Asprenas* 27 (1980) 3-26; George, A. L'Esprit-Saint dans l'oeuvre de Luc. *Revue Biblique* 85 (1978) 500-542; Ghiberti, G. La risurrezione di Gesù. Brescia, 1982; Gourgues, M. *Gesù davanti alla sua passione e alla sua morte.* Torino, 1981; Haya Prats, G. *L'Esprit, force de l'Église.* Paris, 1975; *Il discorso della montagna.* Roma, 1986; Imbert, J. Il processo di Gesù. Brescia, 1984; Jeremias, J. *Jérusalem au temps de Jésus.* Paris, 1967; Id. *Le parabole di Gesù.* Brescia ²1973; *La conoscenza storica di Gesù.* Brescia, 1977; *La Pâque du Christ mystère de salut.* Paris, 1982, passim; *La résurrection du Christ et l'exégèse moderne.* Paris, 1969; *La spiritualità del Nuovo Testamento.* Bologna, 1986, 177-218; Laconi, M. Il progetto della spiritualità nei vangeli sinottici. In *La spiritualità del Nuovo Testamento.* Roma, 1985, 273-338; Ladd, G. E. *Jesus and Kingdom.* London, 1966; Lambrecht, J. *The Sermon on the Mountain.* Wilmington, 1985; Latourelle, R. *A Gesù attraverso i vangeli.* Assisi, 1979; Id. *Miracle de Jésus et théologie du miracle.* Paris, 1986; Laurentin, R. *I vangeli dell'infanzia di Cristo.* Torino, 1986; Léon-Dufour, X. *I vangeli e la storia di Gesù.* Milano, 1968; Id. *Risurrezione di Gesù e messaggio pasquale.* Roma, 1973; *Les miracles de Jésus.* Paris, 1977; Luis Segundo, J. *El hombre de hoy ante Jesús de Nazaret, I-II/1-II/2.* Madrid, 1982, passim; Manson, T. W. *I detti di Gesù nei vangeli di Matteo e Luca.* Brescia, 1980; Mateos, J. *Los "Doce" y otros seguidores de Jesús en el evangelio de Marcos.* Madrid, 1982; Matura, T. *Le radicalisme évangélique.* Paris, 1978; *Morte e risurrezione in prospettiva del Regno.* Torino, 1981; Panimolle, S. A. *Il discorso della montagna. Esegesi e vita.* Roma, 1986; Pasquetto, V. *Annuncio del Regno.* Roma 1985; Id. *Mai più schiavi! Aspetti religiosi e sociali del concetto biblico di liberazione.* Napoli, 1988, 227-261; Paula, A. *Il mondo ebraico al tempo di Gesù.* Roma, 1983; Perrin, N. *The Kingdom of God in the Teaching of*

Jesus. London, 1963; Poppi, A. *Sinossi dei quattro vangeli*. Padova, 1988, 7-21.137-150.239.254, II; Règne de Dieu. In *Dictionnaire de la Bible*. Supplément X, fasc. 54 (1981) 1-199; Schlosser, J. *Le règne de Dieu dans les dits de Jésus, I-II*. Paris, 1980; Schürmann, H. *Gesù di fronte alla propria morte*. Brescia, 1983; Six, J. F. *Le Beatitudini oggi*. Bologna, 1986; Teklak, C. Gli studi su Gesù nel pensiero marxista dalla seconda guerra mondiale ad oggi. *Antonianum* 59 (1984) 541-627; Zedda, S. *I vangeli e la critica oggi*. Treviso, 1969, I; 1970, II.

P. Barbagli – V. Pasquetto

SOBERBA. **1**. O termo "soberba" — quase sinônimo de altivez, a qual, porém, acentua mais a exterioridade e a atitude — é em alemão praticamente usado em sentido mais baixo, como os correspondentes latino, *superbia*, e grego, ὕβρις, ao passo que o conceito de orgulho, nem sempre claramente distinto, é, do ponto de vista da moral, ambivalente (dá-se falta de orgulho, mas não de soberba). Sobretudo característico é o momento da presunção. A soberba é um comportamento em que fica desmedidamente inchada a consideração e a avaliação da própria pessoa, da sua posição e do seu valor, bem como das suas características, qualidades e desempenho. Em antítese direta e real com a modéstia, a soberba se ergue contra a ordem objetiva dos valores ou contra os valores representados e realizados no próximo. Na primeira forma, o soberbo não nega a substância mesma dos valores, como aquele que é cego para os valores, não se põe simplesmente acima da pretensão deles, que obriga, como quem é apenas ávido, mas se ergue antes com desdém e desprezo radical contra a ordem absoluta e soberania deles, para afirmar a própria autocracia. No campo religioso o soberbo se ergue contra a submissão natural a Deus, como causa primeira pessoal de todos os valores e de toda ordem. No âmbito da convivência humana, ele procura obter a própria valorização mediante o desprezo do que no próximo exigiria consideração.

2. Psicologicamente, a soberba se enraíza no desejo originário de consideração, que quer impor o valor de cada indivíduo ao ambiente e se afirma onde falta uma medida orientada sobre a realidade que freie a presunção e onde existe um incondicional predomínio dos valores pessoais. O orgulho se exprime mais como consciência do valor pessoal sem necessidade de se fazer valer sobre os outros. O orgulho ordenado pela modéstia pode ser considerado positivamente e é coisa diferente do isolamento desdenhoso e da desfaçatez.

A arrogância própria da soberba. pode ter sua origem também na limitação do horizonte espiritual, e é comum precisamente entre os jovens, cujo juízo ultrapassa pouco o próprio eu, bem como em indivíduos de uma particular penúria intelectual e afetiva da mentalidade e, de forma patológica, nos casos de megalomania.

3. A Antiguidade já fez um juízo moral muito negativo da soberba, quando considerou *hybris* e *superbia* como fontes do mal. A Bíblia reconhece na pretensão de "ser como Deus" o motivo determinante do primeiro pecado humano e a origem da maldade (Sr 10,13: *initium omnis peccati*). Assim, também a tradição cristã considera a soberba o pecado do anjo decaído, ou seja, considera-a como a verdadeira conduta demoníaca. Desde os tempos da patrística atribuía-se à soberba uma posição eminente entre os vícios capitais.

A soberba se rebela contra a íntima importância dos valores, contra sua íntima nobreza e beleza, e faz derivar deles insensibilidade e endurecimento moral, que, em substância, levam a uma oposição ao bem em geral e, enfim, contra o próprio Deus. A cegueira em relação aos valores é sua consequência, não sua causa; ao negar, consciente e inconscientemente, a atitude de submissão natural em que consiste a vida moral e religiosa, a soberba cai imediatamente no momento da *aversio a Deo*, em que consiste o pecado. Com respeito a um mesmo objeto, causa por isso um agravamento da culpa em relação a pecados de ignorância e cupidez. No soberbo existe uma profunda desarmonia íntima, pois toda a sua vida gira de modo unívoco em torno de uma autocracia irrealizável. Muito diferenciada em direção e grau, a soberba tende particularmente para as mais diversas formas de maldade contra o próximo; pode se insinuar, venenosa e falsa, em todas as virtudes e causar o farisaísmo, que se vangloria do esplendor da retidão moral.

4. A cura da soberba e a vitória sobre ela se obtêm com a educação à humildade. Em consideração dessa conduta positiva o verdadeiro rosto da soberba deve ser apresentado em toda a sua vertigem e presunção íntima, nas consequências venenosas e nocivas para a própria vida e para a vida de relação. A única reação exterior com a zombaria, com conselhos de pura razão em que fique ressaltado unicamente o motivo utilitarista, ou com humilhação está destinada a permanecer sem efeito. Muito importante é a guia inteligente para a justa autoconsciência e a aspiração a uma equilibrada avaliação, a inserção de toda a personalidade nas relações essenciais da vida religiosa, pessoal e comunitária. Será útil desmascarar sempre as mais escondidas manifestações da soberba em todos os possíveis disfarces, bem como os motivos particulares que podem se esconder nos defeitos mentais ou de caráter ou nos agravos patológicos.

BIBLIOGRAFIA. Aquino, Tomás de. *STh*. II, q. 162; Garrigou-Lagrange, R. *Le tre età della vita interiore*. Torino, 1954, 133-141, II; Green, W. M. Initium omnis peccati superbia. Augustine on Pride as the First Sin. *University of California Publications in Classical Philology* XIII [13] (1949); Lersch, Ph. *La struttura della persona*. Padova, 1956; Orgoglio-Superbia. In *Dizionario dei Concetti Biblici del Nuovo Testamento*. Bologna, 1976, 1.126-1.129; Orgueil. In *Dictionnaire de Spiritualité*. 1982, 907-933, XI; Superbia. In *Enciclopedia Filosofica*. Firenze, 1967, 270, VI.

P. Sciadini

SOBRENATURAL. Sem entrar em discussões teológicas sobre as relações entre natureza e graça, apresentamos primeiro as distinções tradicionais, para depois passar logo ao que interessa à teologia espiritual.

No seu sentido etimológico, que é o fundamental, o termo indica o que supera o natural. Diz-se natural o que é devido a um determinado ser criado, seja porque necessário à sua constituição, à sua essência ou à sua integridade, seja para lhe permitir chegar à perfeição que pode adquirir mediante meios próprios. É evidente que o que supera o natural pode sê-lo de vários modos. Antes de tudo aperfeiçoando as forças naturais de maneira que produzam num instante o que de outra forma realizariam somente num longo período de tempo; por exemplo, uma cura milagrosa; ou aperfeiçoando a natureza concreta com uma qualidade que não possui, mas que não a eleva muito acima do seu nível natural; por exemplo, a imortalidade do homem. Esse tipo de sobrenatural se diz "preternatural". Além disso, uma qualidade ou uma operação podem superar somente uma natureza determinada — por exemplo, em relação ao homem a imortalidade é preternatural, mas no anjo ela é natural — ou podem superar qualquer natureza criada, seja ela existente ou até apenas possível. Isso é o sobrenatural propriamente dito e é nesse sentido que o usaremos nós. Considerado em si mesmo, consiste sempre numa participação na vida íntima de Deus, participação mais ou menos perfeita na essência, nas faculdades e nas ações. Embora o termo não seja bíblico, a realidade na Escritura é claramente confirmada. Fala-se assim de ordem natural e de ordem sobrenatural; a primeira consistiria precisamente em tudo o que é devido à criatura, compreendida a sua capacidade de se elevar à sua completa perfeição; a segunda consistiria na divinização do homem, em primeiro lugar, e depois no pleno desenvolvimento dessa divinização na glória; e em todos os meios necessários ou úteis para lá chegar: a Igreja, os sacramentos etc. Deve-se observar desde o início que o homem está de fato destinado à vida divina e que, portanto, uma ordem puramente natural não existe, estando tudo destinado a essa íntima comunhão com Deus.

Para a → TEOLOGIA ESPIRITUAL é importante entender as relações que existem entre o natural e o sobrenatural. Dois perigos devem ser igualmente evitados: o naturalismo e o supernaturalismo; o último é chamado também de "angelismo". Todavia, os dois termos não são absolutamente idênticos. O angelismo é uma concepção errônea que tende a abstrair da condição carnal do homem, como se fosse um puro espírito que tem com o corpo somente relações exteriores ou até como se ele lhe representasse um obstáculo. Tal doutrina pode se encontrar tanto entre os não crentes como entre os crentes. O supernaturalismo, porém, quer, quanto possível, abstrair das leis que regulam tanto a alma como o corpo, confiando unicamente na ajuda da graça. Para evitar esse erro, vamos procurar encontrar algum ponto de referência.

a) *O sobrenatural não existe e não se desenvolve sem o natural*. Uma vez que são as faculdades e a natureza que recebem o sobrenatural, este não pode existir sem aquelas. Certas expressões correntes, inevitáveis todavia por causa da imperfeição da linguagem, poderiam induzir a erro se não fossem constantemente corrigidas. Assim, ao dizer que a graça é um dom, se quer significar que ela é completamente gratuita, mas a imaginação tende a representá-la como uma "coisa" que tem uma existência própria e que passa das mãos de Deus às do homem. O adjetivo "infuso", aplicado à graça ou às virtudes, exprime a mesma ideia de gratuito; elas não podem ser adquiridas pelas próprias forças; mas a imaginação as concebe espontaneamente como entidades que são primeiro criadas, depois "infundidas" na alma, ao passo que, ao contrário, elas são a simples transformação criada e operada por Deus. Essas verdades óbvias têm consequências importantes. Uma vez que a graça e as virtudes sobrenaturais são a transformação do homem segundo os seus diferentes aspectos, elas tomam todos os seus contornos concretos. O sobrenatural não nivela os homens. Do ponto de vista natural eles apresentam características pessoais; elas continuam a subsistir, porquanto transfiguradas pela graça. Diante de Deus todo homem tem a própria personalidade, não somente porque participa da vida divina segundo um determinado grau, mas também porque encarna aquela participação de um modo característico. Outras consequências: as leis físicas ou psíquicas não são eliminadas pelo sobrenatural. Com exceção dos casos milagrosos, essas mesmas leis conservam todo seu valor: a graça não cura diretamente o corpo, não torna supérfluos os remédios; a virtude infusa não dispensa do esforço bem dirigido. Uma boa psicologia é utilíssima, necessária, a fim de que o esforço ascético seja dirigido com sucesso. É sobretudo aqui que o supernaturalismo pode ser nefasto: pensa-se que seja suficiente orar, purificar as próprias intenções, mortificar-se para avançar na vida espiritual; mas se esquece ou se ignora completamente que a mortificação deve ser adaptada à situação particular sob pena de se tornar às vezes até prejudicial. Continuamente há o choque contra uma dificuldade que poderia ter sido evitada; luta-se talvez a vida toda contra uma tentação que um pequeno cuidado teria eliminado. Esse desconhecimento do aspecto natural do sobrenatural tem como efeito que muitos se arrastam na vida espiritual, que não se expandem na alegria dos filhos de Deus e, finalmente, ficam desencorajados. O medo de cair no psicologismo que espera tudo apenas dos métodos psicológicos não pode justificar o excesso contrário.

b) *O sobrenatural é uma perfeição do natural.* Temos de acreditar menos ainda que um seja estranho ao outro como um objeto preso a outro. Ele penetra o natural para o pôr num nível superior e, portanto, para lhe dar uma perfeição eminente. A graça santificante põe o homem em comunicação com a própria vida de Deus; as virtudes o tornam capaz de o conhecer e de o amar de um modo novo que amplia seu horizonte. É verdade que o sobrenatural comporta também exigências especiais e uma abnegação mais radical, mas é uma consequência da nova dignidade recebida. Não se deve esquecer que para responder a essas exigências forças novas foram recebidas. A nossa afirmação inicial depende, todavia, de um problema mais profundo que os teólogos discutem com muita frequência: como pode o sobrenatural penetrar no natural para o tornar mais perfeito?

c) *O natural está aberto ao sobrenatural.* O problema não existe por parte de Deus: ele é onipotente, pode fazer tudo o que quer e a quem quer. O problema surge ao considerarmos a criatura: ela é "capaz" de receber o sobrenatural sem que a sua natureza se corrompa? Segunda pergunta ainda mais importante: ela atende de algum modo o sobrenatural? À primeira pergunta, que diz respeito somente à possibilidade, responde-se geralmente fazendo-se apelo à natureza espiritual da alma humana, que, por sua inteligência e por sua vontade, já está aberta ao infinito. Embora o objeto imediato da inteligência humana seja a criatura corporal e, ulteriormente, Deus, porquanto se reflete em tudo a que dá a razão de ser, ela já é capaz, pelo menos potencialmente, de o conhecer em si mesmo e o será de fato assim que tiver procurado o aperfeiçoamento mediante o dom da fé. A mesma solução vale para a vontade e para a sua capacidade de amar a Deus em si mesmo. A segunda pergunta interessa mais diretamente à teologia espiritual. Para evitar todas as discussões teológicas sobre o desejo natural de ver a Deus, tencionamos falar da natureza humana como ela se manifesta historicamente nas situações concretas que nos são conhecidas. Sob esse preciso ponto de vista é certo que o homem espera o sobrenatural não no sentido de ter algum direito sobre ele, mas no sentido de que sem ele seria incapaz de encontrar a completa felicidade; todo o seu ser suplica a Deus que lhe conceda o complemento sobrenatural de que tem necessidade. Observe-se que ao falarmos de complemento não queremos de modo algum abaixar o sobrenatural ao nível do natural, nem suprimir o natural com suas leis próprias. Mas afirmamos que o natural não atingirá seu completo desenvolvimento senão ao superar a si mesmo no sobrenatural. Atenção para não restringir a nossa afirmação: o sobrenatural é recebido no natural, tudo bem, mas ao mesmo tempo amplia os limites dele. Para comprovar a nossa afirmação, consideremos brevemente o nosso organismo sobrenatural, aplicando depois as nossas considerações em relação ao problema.

Há no homem, pelo fato mesmo de ser uma pessoa, um sentimento da própria dignidade e uma necessidade de estima por parte dos outros. Essa legítima necessidade é satisfeita abundantemente pela sua → ADOÇÃO DIVINA: a graça lhe dá a dignidade de filho de Deus e lhe assegura que é amado infinitamente pelo Pai. A consciência de estar envolvido por um amor divino que não humilha a personalidade humana, mas a valoriza, leva à serenidade, à alegria. Quem pecou se sente diminuído aos próprios olhos; a doutrina da justificação mediante a graça lhe dá a segurança de que, perdoado o pecado, ele é de novo admitido à vida íntima de Deus, que lhe dá sua amizade como se jamais tivesse sido interrompida.

O próprio sentimento natural da pessoa humana está na origem do desejo de viver eternamente: a esse desejo se abre a perspectiva de uma felicidade sem fim na sociedade dos eleitos. Os ateus dirão que as verdades em que acreditamos são miragens criadas pela necessidade de fugir às dificuldades e às misérias da vida e que vale mais a pena não se deter nesses "sonhos", mas procurar melhorar por meio de esforços constantes a condição humana ou enfrentar corajosamente a náusea de uma existência sem saída. Uma vez que eles negam a própria existência de Deus, nós não nos ficaremos a discutir o último fundamento dessa afirmação; respondemos apenas que o sobrenatural não exclui o empenho do homem no que é temporal. Mas a experiência dos séculos demonstrou bem que, apenas com suas forças, a humanidade é incapaz de fazer o homem plenamente feliz nem sequer de garantir a sua dignidade de pessoa. O apelo a Deus provém exatamente da consciência dessa impotência.

A inteligência recebe seu aperfeiçoamento na fé. Naturalmente, ela se encontra diante de numerosos problemas; a sua sede de verdade continua insatisfeita e ao ver tantas divergências de opinião entre os filósofos e entre os sábios, ela se sente tentada por um profundo ceticismo. O fato se torna ainda mais grave quando se trata de problemas de cuja solução depende a orientação da vida. Por mais que a razão possa, unicamente por meio de suas forças, chegar ao conhecimento das verdades religiosas fundamentais (Rm 1,20-31; DENZ. 1.785.1.786), a sua atividade é facilmente obscurecida e obstaculizada sobretudo pelo egoísmo e pelas paixões que apresentam as exigências que essas verdades, uma vez admitidas, comportam. Deus se revelou e a fé vem em ajuda da inteligência, desde que ela admita docilmente as verdades naturais. Além disso, se se entra no domínio propriamente dito da revelação divina e da fé, abrem-se as mais amplas perspectivas. Isso não quer dizer que os problemas naturais encontram já agora sua solução adequada (isso é reservado à visão beatífica), mas são postos numa ótica mais elevada que, no fundo, é a única de fato possível. Por isso a inteligência, desde que admita humildemente essa nova ótica, fica pacificada; o problema natural do mal é interpretado à luz da paixão e da morte de Cristo; o antagonismo entre a justiça e a bondade de Deus se resolve no mistério da sua misericórdia infinita; a transcendência e a imanência divinas se iluminam com a doutrina da graça etc. As leis naturais da vida moral são confirmadas pela revelação e, ao mesmo tempo, propostas como exigências da vida divina (cf. Rm 12–15; Ef 4–5).

A afetividade humana, desorientada se abandonada às próprias forças, encontra a paz e o equilíbrio nas virtudes teologais de esperança e de caridade e nas virtudes morais infusas. Falemos primeiro da esperança. Muitos filósofos existencialistas analisaram o fenômeno moderno da → ANGÚSTIA e também procuraram justificá-lo; é a exaltação do pessimismo. Excetuando os temperamentos felizes, dotados de um otimismo inabalável, é preciso admitir que as desilusões progressivas levam lentamente a um certo pessimismo ou, pelo menos, a uma resignação passiva. É evidente que esse estado de ânimo é uma diminuição da personalidade e não pode trazer felicidade porque implica a renúncia a certas atividades criadoras e deixa talentos inutilizados. É na expansão de si mesmo que se encontra a felicidade. A esperança cristã dá à vida humana um sentido e um fim que jamais nos expõem a deprimentes desilusões. Elas purificam o cristão, mas jamais poderão abatê-lo; o fim é a vida eterna, e a certeza de chegar lá baseia-se na misericórdia onipotente de Deus. Dessa confiança brota o estímulo e a coragem na vida prática e, consequentemente, a serenidade e a felicidade. Do fato de a esperança cristã estar essencialmente voltada a um fim extratemporal, pode ela influenciar ainda positivamente o empenho pelo progresso temporal? Não se atingirá o desenvolvimento e a serenidade sobrenatural às custas da atividade puramente humana? É certo que, ao depositar a felicidade completa num tempo mais distante do presente, a esperança poderá tirar do esforço humano o empenho, como verificamos no homem que não espera senão do mundo presente a realização de todos os seus desejos. Mas não se deve considerar nem um único homem nem um único período; o empenho humano, mesmo apoiado por várias dezenas de anos ou gerações inteiras, desemboca infalivelmente numa desilusão fatal e no desespero. O cristão, porém, como alimenta menos ilusões, andará talvez mais lentamente, mas irá mais longe, contanto que saiba se defender das tentações mais sutis: as do supernaturalismo, que se manifesta neste caso num completo desinteresse pelo progresso humano e num entrincheiramento por trás das aspirações de uma vida futura melhor. O cristão deve sempre se lembrar que, se Deus prometeu nos tornar plenamente felizes somente no além, impõe-nos ao mesmo tempo o dever de tornar o mundo presente mais aceitável. É a consciência dessa responsabilidade que sustenta o cristão no seu trabalho terreno. O Concílio Vaticano II voltou a insistir sobre a real obrigação do cristão de trabalhar com todos os meios para o aperfeiçoamento do mundo (GS 34.35.64.67) e apontou o objetivo elevado do empenho temporal, o entrosamento da cidade terrena com a cidade celeste (GS 40). A caridade responde à necessidade da amizade estável. A pessoa encontra a sua perfeição no → DOM DE SI e na comunicação com as outras pessoas. Ela, porém, está de tal modo voltada sobre si mesma que, mesmo que consiga de vez em quando superar-se num ímpeto de generosidade, procura mais facilmente os próprios interesses às custas dos de outros. A amizade verdadeira e estável é uma flor que todos gostariam de colher, mas que pouquíssimos sabem cultivar. A caridade, justamente porque é um efeito do Espírito de amor em nós, nos torna capazes de desapegar-nos de nós mesmos num dom total: primeiro para amar a Deus em si mesmo, depois o nosso próximo por amor dele. Em outras palavras: a caridade nos põe no caminho da nossa felicidade, embora não consigamos ainda gozar de todas as suas virtualidades.

As virtudes morais, por sua vez, vêm em ajuda da fraqueza da nossa vida afetiva: antes para dirigir as nossas paixões. Elas são forças vitais que não se trata de suprimir para chegar à apatia dos estoico, mas de dirigir para o bem, para poder governar em seguida as nossas relações com os outros. A caridade dá à justiça um sentido mais agudo do direito dos outros e nos fará lhes dar não apenas o que lhes é devido, mas até mais.

O sobrenatural dá a perfeição não somente à pessoa humana, mas também à sociedade. Isso não significa que a sociedade civil esteja integrada na Igreja nem que lhe esteja diretamente submetida ou que dela deva ter as indicações técnicas para o progresso terreno. Todavia, por si só é impotente para vencer todos os antagonismos que tornam inimigos indivíduos e nações. A Igreja é uma sociedade que está acima do nacional e carrega consigo os motivos que podem unir os homens e os povos. Como na ordem individual, também na ordem social ela supõe as bases naturais e não tem o encargo específico de os estabelecer. Mas, de outra parte, os estados encontrarão nela uma ajuda eficaz para realizar os próprios fins, pois ela inculca nos fiéis o dever de obedecer às leis justas e o respeito mútuo dos cidadãos. Depois, pregando a caridade fundamentada na consciência de que todos os homens são chamados a serem os filhos do mesmo Pai, ela abre possibilidades inesperadas às aspirações universais dos homens. Com a comunhão dos santos ela responde ao desejo de fraternidade, que deve ser estendido a todos os homens. No Corpo místico de Cristo a natureza social do homem encontra o seu completo desenvolvimento.

Não existe antagonismo entre natural e sobrenatural, mas uma contínua e frutuosa simbiose.

BIBLIOGRAFIA. 1) Geral: PIOLANTI, A. *Natura e grazia*. Roma, 1958; *Il soprannaturale*. Torino, 1960 (com bibliografia); SCHEEBEN, M. J. *Nature et grâce*. Bruges, 1957.
2) Problemas especiais: ALFARO, J. Persona y gracia. *Gregorianum* 41 (1960) 5-29; BOUYER, L. *Humain ou chrétien*. Paris, 1959; MALEVEZ, I. La gratuité du supernaturel. *Nouvelle Revue Théologique* 85 (1953) 561-586.673-689; PRÜMM, K. *Il cristianesimo come novità di vita*. Brescia, 1953; RAHNER, K. Über das Verhältnis von Natur and Gnade. Einsiedeln, 1958, 323-345, vl. I; ID. Natur und Gnade. In *Schriften zur Theologie*. 209-236, vl. IV; SANTILLI, R. *Personalità cristiana*. Firenze, 1956; STOECKLE, B. *Gratia supponit naturam. Geschichte und Analyse eines theologisches Axioms*. Roma, 1962; TRUHLAR, C. V. *Antinomiae vitae spiritualis*. Roma, 1958; *Umanesimo e mondo cristiano*. Roma, 1951.

A. DE SUTTER

SOBRIEDADE. Com três diferentes significados pode-se entender o termo "sobriedade": com o de temperança, tomada como virtude moderadora em qualquer campo; com o de temperança, como virtude cardeal que regula a tendência aos prazeres que provêm do alimento e da bebida; com o de virtude, que freia o desejo do prazer que deriva das bebidas inebriantes. Com essa última acepção o nome sobriedade designa uma virtude particular, que é parte subjetiva da temperança. As bebidas inebriantes possuem um forte atrativo por causa do prazer que podem causar e, por isso, representam até um especial perigo, porque o homem não regrado, ao delas se servir, poderia aproximar-se da ebriedade ou chegar a ela com relativos danos. Isso explica seja o fato de se encontrar uma virtude típica na moderação da tendência aos prazeres que derivam das bebidas inebriantes, seja a insistência da Bíblia ao recomendar a sobriedade (cf. Sr 31,27-28; 1Tm 3,3.8; Tt 2,3), ao indicar os perigos provindos do vinho (cf. Is 5,11; Pr 21,17; 23,30-35; Sr 19,2; 31,30-31; Ef 5,18), especialmente para quem está investido de autoridade (cf. Is 28,1; 56,11-12; Os 7,5; Am 2,8). Se a sobriedade é fundamentalmente obrigatória para que o homem, no que dele depender, conserve o pleno frescor da mente, no campo ascético a razão a que frequentemente se apela para inculcá-la é a de não criar perigos à castidade, quando se sabe muito bem que é mais fácil faltar a essa virtude quando não se está sóbrio.

BIBLIOGRAFIA. AQUINO, Tomás de. *STh.* II-II, q. 149; LESSIO, L. *De iustitia et iure caeterisque virtutibus cardinalibus*, libro III, c. 2, d. 12, MEAGHER, P. K. Sobriety. In *New Catholic Encyclopedia.* London, 1967, 310, vl. XIII.

U. ROCCO

SOFRIMENTO. O sofrimento é uma experiência humana fundamental, que interpela vivamente o homem nos vários planos do conhecimento: psicológico, filosófico, religioso. A revelação cristã lhe deu um particular destaque, sobretudo a partir da paixão e morte de Cristo. Já na própria página do Novo Testamento o sofrimento tem um desenvolvimento teológico e espiritual muito amplo e diversificado: o cristão lembra e interpreta o sofrimento de Cristo e dele partilha.

Em referência à espiritualidade, o sofrimento desempenha numerosas funções. Está implícito em vários temas: cruz, mortificação, penitência, paciência, fortaleza etc. Cada um deles apresenta aspectos diferentes e complementares, que revelam ao mesmo tempo o seu sentido e valor, a sua eficácia regeneradora em virtude do mistério morte-ressurreição. É preciso integrar o sofrimento nas várias experiências ou realizações concretas dele, mesmo quando, como se trata aqui, se deve limitar a reflexão ao tema específico nos seus traços gerais.

Em termos cristãos, o sofrimento faz parte da experiência evangélica da Boa-Nova. É compatível com a alegria cristã; antes, alegria e sofrimento estão um para o outro e se integram reciprocamente. "Na medida em que partilhais dos sofrimentos de Cristo, alegrai-vos, a fim de que, por ocasião da revelação da sua glória, também vos enchais de alegria e exultação" (1Pd 4,13).

"Na realidade, a força da Igreja, a certeza da sua vitória, a sua alegria quando se celebra o combate dos mártires provém do fato de que ela contempla neles a fecundidade gloriosa da cruz" (*Gaudete in Domino*, IV).

1. NOÇÃO E EXPERIÊNCIA. "Embora se possa, até certo ponto, usar como sinônimos as palavras 'sofrimento' e 'dor', o sofrimento físico se verifica quando de algum modo 'dói o corpo', ao passo que o sofrimento moral é 'dor da alma'. Trata-se, de fato, da dor de natureza espiritual e não somente da dimensão psíquica da dor que acompanha tanto o sofrimento moral como o físico. A vastidão e multiformidade do sofrimento moral não são certamente menores que o físico; ao mesmo tempo, porém, ela parece como menos identificada e menos atingível do que a terapia" (*Salvifici doloris*, n. 5).

O sofrimento é para o homem em primeiro lugar uma experiência forte e direta, mais que um tema ou problema interessante. As formas e os graus dessa experiência se apresentam hoje muito numerosas e variadas em todos os níveis: espiritual, psíquico, somático. E cada uma dessas formas se multiplica, se levarmos em conta que o sujeito sofre, além de suas próprias penas, as das outras pessoas que lhe são caras ou próximas, e os sofrimentos do pequeno ou grande grupo a que está incorporado, bem como da humanidade.

Por vezes o sofrimento é uma experiência negativa acidental na vida de uma pessoa ou de uma coletividade. Outras vezes ele se estabiliza como sensação predominante de toda a existência ou da história, em amplos setores.

"O sofrimento humano constitui em si mesmo como um *mundo* específico que existe junto com o homem, que lhe aparece e passa, e às vezes não passa, mas nele se consolida e aprofunda. Esse mundo do sofrimento, dividido em muitos, em numerosíssimos sujeitos, existe quase na dispersão. Todo homem, mediante o sofrimento pessoal, constitui não apenas uma pequena parte daquele mundo, mas ao mesmo tempo aquele mundo é nele como que uma entidade finita e irrepetível. Juntamente com ele, caminha, todavia, a dimensão interumana e social. O mundo do sofrimento possui como que uma consistência própria" (*Salvifici doloris*, n. 8).

As causas e manifestações do sofrimento são muitas: o clima, a fome e a pobreza, as doenças, a morte; contrastes com temperamentos difíceis; ofensas e desprezo por parte de amigos ou de pessoas indiferentes, desaforos, ingratidão, perfídia, perseguições, calúnias; penas espirituais: tentações, escrúpulos, perseguições do demônio, incompreensões, aridez espiritual. A esses sofrimentos comuns, que podem acontecer com qualquer um, devem ser acrescentados aqueles que provêm do próprio estado, por exemplo, do matrimônio, do estado religioso e também da convivência com pessoas que sofrem dessas mesmas penas: amigos, familiares ou dependentes. Além das causas acima mencionadas, há o medo de sofrer no futuro, que multiplica e agrava indefinidamente a dor do homem em todo momento. A evidência dos fatos nos demonstra que eles perduram no cristão redimido, o qual torna suas também as penas causadas pelo difícil cumprimento de algumas normas da sua religião.

O sofrimento implica: o sentimento de uma dor, o dano ou mal que traz ao sujeito, a repugnância da vontade e a sua possível aceitação, a interpretação positiva ou negativa dela, a reação com que é evitada ou é integrada.

2. JESUS CRISTO. O Antigo Testamento enfrenta a experiência do sofrimento e a sua interpretação. Com a história do pecado original deixa claros vários aspectos: a) a dor não fazia parte do primitivo plano divino; b) a causa que introduziu a dor no mundo foi o demônio; c) culpado é o homem que cede às tentações; d) embora não tenha sido a causa da dor, Deus dele se serve e o usa como meio de castigo e de redenção. As relações entre dor e pecado, que bastam para explicar a dor em geral, não são suficientes para explicar sua presença num indivíduo concreto. Para não prescindir desse vínculo, o Antigo Testamento não pôde resolver o problema, embora tenha sabido enfocá-lo com crueza. O salmo 72 descreve a tentação da inveja, quase de incredulidade que sente o justo ao constatar que os ímpios prosperam, ao passo que os bons suportam muitas vezes penas gravíssimas. Supera a tentação com a reflexão, pondo em evidência a morte que geralmente têm os maus. É uma solução parcial e sempre fundada no princípio de que a boa conduta é premiada e o pecado visivelmente castigado. Mais explícitos são o livro de Tobias e particularmente o de Jó. Nesse último o autor derruba a intenção dos amigos que querem aplicar o mesmo princípio, mas nenhum chega a uma solução doutrinal. De outra parte, a conclusão em ambos os casos traz o problema ao nível do Antigo Testamento: ambos são recompensados abundantemente nesta vida com a recuperação de seus bens multiplicados.

Jesus Cristo enriquece a perspectiva. Ele admite, em geral, que o sofrimento sobrevém ao homem pecador, mas todos os homens são pecadores, mesmo os que não sofrem; assim, a dor não é um critério para julgar quem o é mais. Os galileus que Pilatos fez assassinar e as pessoas que a torre de Siloé esmagou tinham cometido pecados, mas nem mais nem menos do que os outros homens que não foram atingidos por tais desgraças (Lc 13,1-5). Quando se trata de atribuir aos pecados a situação dolorosa de um homem concreto, Cristo rejeita qualquer relação entre sofrimento e culpa: "Os seus discípulos lhe fizeram a pergunta seguinte: 'Rabi, quem pecou para que ele nascesse cego, ele ou os seus pais?' Jesus respondeu: 'Nem ele nem seus pais. Mas é para que as obras de Deus se manifestem nele'" (Jo 9,2-3).

Ele exclui a interpretação veterotestamentária e acrescenta um elemento novo: o s. oferece a Deus uma ocasião para manifestar a sua misericórdia operando a redenção por sue meio, premiando sempre aquele que sofre, libertando-o às vezes. Melhor ainda do que com as palavras, Jesus ilustra o mistério do sofrimento com o exemplo da sua vida. Em primeiro lugar se trata de uma dor sem pecado pessoal; por isso se destrói sua estrita dependência e a dor aparece como coisa digna, assumida por Deus encarnado. A cruz, grau supremo e símbolo da dor, realiza de modo particular o mistério da redenção. Jesus orientou a sua vida inteira para essa hora (cf. Lc 12,50). No plano do exemplo de Cristo está o de Maria, imaculada também ela e participante das suas dores.

Jesus Cristo não apenas redime, faz-se ele próprio nossa redenção, de modo que ao nos apropriarmos da redenção que ele operou, façamos nossa toda a sua vida. Ou seja, ser redimido traz consigo a imitação de Cristo, particularmente sob esse aspecto. É a norma do cristão: "Se alguém quer vir em meu seguimento, renuncie a si mesmo, tome a sua cruz e siga-me" (Mc 8,34). O mesmo princípio repete Pedro: Caríssimos, não fujais das tribulações que vos sucedem, pois "é para isto que fostes chamados, visto que também Cristo sofreu por vós, deixando-vos um exemplo, a fim de que sigais suas pegadas" (1Pd 2,21); "na medida em que partilhais dos sofrimentos de Cristo, alegrai-vos a fim de que, por ocasião da revelação da sua glória, também vos enchais de alegria e exultação" (1Pd 4,13). O tema da dor, meio de redenção e fonte de glória futura, emerge também da religião primitiva: "Não era preciso que o Cristo sofresse isso para entrar na sua glória?" (Lc 24,26; cf. Rm 8,18; Fl 2,7-11; 1Pd 4,13). O pensamento da glória futura foi na tradição espiritual um dos motivos para suportar a dor com alegria, ou pelo menos com resignação.

3. SENTIDO CRISTÃO. Cristo não elimina o sofrimento, mas o leva ao máximo do seu realismo humano e divino ao mesmo tempo. Na paixão de Jesus encontram-se e estão em contraste do modo mais íntimo o plano salvífico de Deus e a liberdade má dos homens. Assim Cristo não suprime a dor, mas a livra do seu caráter punitivo, como pura consequência do pecado. A falsa humildade de explicar o sofrimento unicamente vinculado ao pecado e a sua exposição pessoal pode dar origem a erros de fé e a rebeliões, diante da dor dos "inocentes".

Como a paixão de Jesus redime, mas não elimina a dor, assim o sentido cristão redime o não senso, mas não elimina o problema do sofrimento humano: a origem e a finalidade do mal. Observam-se aqui as causas naturais imediatas e se tenta uma explicação à luz da razão. Encontram-se causas parciais e utilidades parciais em certos sofrimentos. Mas continua o problema na sua globalidade e em muitas situações parciais.

Hoje, o sofrimento é visto com temor também pelos cristãos. As origens desse desvio são: a) a perda do sentimento do pecado e das suas más consequências permanentes no homem; b) o otimismo exagerado e a confiança na natureza humana, fundados nos progressos das ciências, a cada dia melhores; c) a descoberta da importância da ressurreição de Cristo no mistério cristão que em geral faz esquecer ou negligenciar os outros aspectos igualmente importantes do mesmo mistério.

O elemento formal do sofrimento é a vontade humana, que reage aceitando ou recusando. O elemento cristão é, além da vontade resignada, a visão de fé que consegue enquadrar o sofrimento no mistério da → REDENÇÃO. A distinção entre voluntário-involuntário referida ao sofrimento assume um duplo aspecto. Voluntário pode significar uma dor livremente procurada, por exemplo, a da contrição e da mortificação livremente aceita. Involuntário, neste caso, significa uma dor que sobrevém independentemente da nossa vontade, como as doenças. Voluntário é também o sofrimento no caso em que se aceite livremente uma dor que sobrevém, seja procurada por nós, seja que tenha vindo de fora.

A aceitação da dor física ou moral comporta uma obrigação para a vida cristã na medida em que ela é necessária para realizar as próprias obrigações cristãs e vocacionais. Quem encontra a dor no próprio caminho deve saber assumi-la e integrá-la na fé, no amor e na esperança. Cada uma dessas atitudes fundamentais imprime um sentido especial e um impulso original na experiência do sofrimento humano.

A dor de que se ocupa a espiritualidade é a mesma que analisam e procuram curar a medicina, a psicologia e a psiquiatria. O fato de dar um sentido à dor vai acompanhado pelo legítimo desejo e pelo esforço para lhe dar remédio. No Evangelho, Jesus proclama "felizes" os pobres e os que sofrem; e ao mesmo tempo procura por todos os meios à sua disposição dar remédio às enfermidades deles, às vezes até com o milagre.

Eliminada, portanto, a falsa esperança de eliminar o sofrimento com os meios técnicos da nossa civilização, a Igreja enfrenta com abertura de decênios os problemas morais conexos com a analgesia (cf. *AAS* 49 [1957] 134-147). A caridade cristã foi a força mais viva da história na luta contra o sofrimento, ao mesmo tempo em que pregava a esperança.

4. FRUTOS DO SOFRIMENTO. O sofrimento se tornou um componente inseparável da condição e da vida do homem e do cristão. Também aqui vale o princípio teologal: compreender na fé, acolher no amor, agir na esperança. A utilidade do sofrimento se demonstra de muitas formas e ocasiões, como fator de crescimento, particularmente em dois momentos: no início do caminho para Deus como elemento de conversão e de purificação e nas fases mais avançadas em que se torna decisiva ao tornar mais profunda a intimidade divina.

O primeiro passo para usar de modo cristão o sofrimento é reavivar a visão de fé. Percebemos com facilidade a mão da providência nas provas dos outros, ao passo que se veem as próprias com olhos naturais, como fruto do destino ou da maldade dos homens. O sofrimento é a oportunidade concreta que se nos oferece, com todas as suas circunstâncias. Há o perigo de procurar a dor da mortificação voluntária e, de outra parte, lamentar-se quando ela se apresenta de forma "natural", não procurada. Já vimos em que sentido é preciso entender a voluntariedade diante da dor. A verdadeira tolerância ao sofrimento exige que ele seja aceito em toda a sua extensão, sem imposição de condições nem de limites. A doença, por exemplo, não é apenas a ferida ou indisposição, mas é também mais: a dor de não poder fazer muitas coisas boas nem de ajudar os outros, a dor de ser importuno e de pesar sobre os outros, a dor das despesas de que se é causa, de ter de obedecer aos médicos, a dor das horas de solidão e de esquecimento que traz consigo não poder cultivar a arte ou a amizade, a dor de ser alijado do mundo dinâmico e até, às vezes, de não poder se concentrar porque o espírito é incapaz de uma longa aplicação.

A pobreza de um pai de família não é somente de sofrimento pessoal, mas compreende também o de ver sofrer os familiares, de não poder dar um presente, de não dispor de tempo talvez nem sequer para orar. Aceitar a dor significa abraçá-la como é, na sua totalidade concreta e providencial.

Um dos efeitos que a dor produz é a debilitação da resistência. É preciso que se leve muito em consideração esse fato, porque pode ser a causa pela qual não se consegue nenhuma vantagem. Certas coisas que em momentos de serenidade nos parecem como um dom de Deus deixam-nos cheios de irritação, quando realmente acontecem. Com efeito, elas enfraquecem as faculdades morais e tornam mais difíceis a visão de fé, de modo que o atingido pelo sofrimento não se lembra mais que muitas vezes na hora da serenidade tinha pensado e desejado precisamente aquele sofrimento. A doença é uma das ocasiões em que habitualmente se desvanecem os planos das pessoas espirituais, ansiosas por sofrer. Não conseguem se convencer de que a desgraça que as atingiu é o meio divino de redenção. Resumindo uma triste experiência, Kempis escreve: "poucos se aprimoram com as doenças" (*Imitação de Cristo*, 1,23).

A dor, de per si, não produz efeitos vantajosos; ela consiste em fatos indiscriminados, comuns aos bons e aos maus. O que há de sobrenatural nos primeiros deve brotar de dentro, da graça divina e do esforço humano. E nem a intensidade do sofrimento é a medida do seu valor e da sua eficácia, que é representada pela visão de fé e pela vontade sobrenatural de se incorporar ao mistério da redenção. Quanto mais a vontade intervém para aceitá-lo, tanto menos se sofre, porque a dor é o que contradiz as nossas tendências e, se a vontade a ela se adapta, ela contradiz apenas as tendências inferiores. Ao contrário, quanto maior for a vontade, tanto maior serão os méritos e melhores os efeitos, porque eles dependem da submissão da vontade à graça. Chegamos quase à relação inversa: tratando-se de um sofrimento concreto, ele é tanto mais meritório e válido quanto mais suave e tolerável for, ou seja, menos doloroso. O importante, portanto, não é quanto se sofre, mas como se sofre: com paciência, com generosidade, com alegria. Não é um desejo de sofrer por sofrer, que seria uma aberração psíquica, mas a convicção e talvez a experiência que eleva a Deus e realiza as relações de caridade com ele.

Eis alguns dos efeitos da dor no caminho da perfeição: a) ilumina e eleva: repentinamente mostra a inutilidade de uma ilusão, ajuda a se afastar das coisas terrenas; b) dá um sentido de transcendência à vida cristã: torna-nos conscientes do estado de peregrinos e torna sensível a diferença com o estado de redenção plenamente realizada; c) fortifica as virtudes: durante a dor falta quase sempre o sentimento que estimula a operar e deve suprir a vontade com a graça (cf. Tg 1,3-4); d) purifica: destrói fraquezas e defeitos, mesmo muitos daqueles dos quais não temos consciência, como acontece nas chamadas "noites passivas"; e) torna suave o caráter: faz tocar com a mão a própria incapacidade tanto física como moral e nos ensina a sermos compreensivos para com o próximo, seja nas faltas, seja nos sofrimentos, que são o aspecto essencial da caridade fraterna. Com o sofrimento não apenas adquirem méritos, mas a pessoa mesma se torna melhor.

5. MÍSTICA DO SOFRIMENTO. Há um mínimo de tolerância indispensável para viver de modo cristão, pois muitas normas de vida cristã e a resistência ao pecado impõem uma renúncia dolorosa. Acima da tolerância do paciente há uma mística do sofrimento, ou seja, uma experiência sobrenatural dos seus valores religiosos e tipicamente cristãos. Consideremos algumas passagens autobiográficas de São Paulo, dos sofrimentos no cumprimento da sua missão apostólica (2Cor 1,8-10; 6,3-10; 11,23-33). E não se compreendem as penas da longa prisão. Dos santos modernos temos pormenores mais numerosos. Na vida deles pode-se encontrar a realização da dor em todos os aspectos supracitados.

Tudo isso não é uma fatalidade, imposta pela maldade do mundo no qual vivemos; é uma lei interior do cristianismo: "Todos os que querem viver piedosamente em Cristo Jesus hão de ser perseguidos" (2Tm 3,12). Nessa aparente fraqueza fundamenta-se precisamente a força do cristianismo. Por isso a cruz se transformou em símbolo, sinal da sua força conquistadora e do seu triunfo: "Por mim, nunca vou querer outro título de glória que a cruz de nosso senhor Jesus Cristo" (Gl 6,14). Nos primeiros dez séculos do cristianismo, punha-se muito mais em evidência o aspecto de triunfo do que a de dor da cruz. A mística do sofrimento valoriza ambos os fatores. Almas com muita sensibilidade cristã os procuraram com avidez. Alguns aforismos se tornaram célebres: sofrer ou morrer (Santa Teresa), sofrer e ser desprezado por amor do Senhor (São → JOÃO DA CRUZ). Apaixonado se revela também São → PAULO DA CRUZ e com ele muitos outros.

O sofrimento é visto como meio de assimilação a Cristo, mais do que como fonte de méritos ou de purificação moral. → INÁCIO DE ANTIOQUIA declara desejar ser devorado pelas feras, justamente para ser digno de Cristo, semelhante ao mestre: "Quando chegar a hora da manhã, então começarei a ser verdadeiro discípulo de Jesus Cristo" (*Ad Romanos*, 4).

Santa Teresa exprime os seus ardores na mesma direção: há diversos caminhos que levam ao Senhor, "mas eu escolherei sempre o do sofrimento, pelo menos para imitar nosso Senhor Jesus Cristo, mesmo que não existisse nenhum outro ganho; tanto mais que, ao contrário, há muitos" (*Castelo*, 6, 1, 7). Eis explicada a razão pela qual o martírio sempre gozou de grande estima na Igreja, não apenas como testemunho garantido pela fé que os mártires professavam, mas também como realização perfeita da vida cristã na sua plenitude de conformação cristocêntrica.

O sofrimento tem também um valor expiatório, derivado sempre da cruz de Cristo; São Paulo está consciente de contribuir para a edificação do Corpo místico com os seus sofrimentos (cf. Cl 1,24; 2Tm 2,10). Alguns santos viveram seus sofrimentos com particular intensidade: Santa Gemma Galgani, São Paulo da Cruz, Santa → VERÔNICA GIULIANI. Pio XII convidou repetidamente os enfermos a oferecer os próprios sofrimentos em expiação dos pecados do mundo, para que volte a serenidade e refloresça a vida cristã, em particular e na sociedade.

BIBLIOGRAFIA. BERTRANGS, A. *Il dolore nella Bibbia*. Bari, 1968; BESNARD, A. M. Approches du problème du mal. Bibliographie organisée. *La Vie Spirituelle* 108 (1963/1) 78-85; CABODEVILLA, J. M. *La impaciencia de Job. Estudio sobre el sufrimiento humano*. Madrid, 1970; CHARDIN, Teilhard de – MARIE, Marguerite. *L'énergie spirituelle de la souffrance*. Paris, 1951; COLOMBO, G. M. *Soffrire insieme il Vangelo*. Parma, 1969; GALOT, J. *Il mistero della sofferenza di Dio*. Assisi, 1975; *Il dolore e la morte nella spiritualità dei secoli XII e XIII*. Todi, 1967; JOÃO PAULO II. Carta Apostolica *Salvifici doloris*; La sofferenza nella riflessione biblico-cristiana. *Communio* 33 (1977); MASI, R. Per una teologia della malattia. *Asprenas* 16 (1969) 357-382; MATTEUCCI, B. *Teologia del dolore*. Milano, 1949; SPINSANTI, S. *L'etica cristiana della malattia*. Roma, 1971 (com bibliografia nas páginas 227-237); STRAATEN, W. van. *Dove Dio piange*. Roma, 1969; TANQUEREY, A. *La santificazione e divinizzazione del dolore*. Roma, 1932.

F. RUIZ

SOLICITUDE. Considerada em si, a solicitude é cuidado diligente, atenção, zelo na execução do objetivo prefixado. Vista nessa perspectiva é parte da providência e da prudência, da qual participa o caráter virtuoso. É indispensável para que o fim seja atingido do melhor modo. Maior solicitude se requer quanto maiores são os obstáculos que entravam a ação, mais necessário o dever a ser cumprido, mais graves as consequências que dele derivam. O seu raio de ação envolve toda a atividade do homem: governo, ensinamento, apostolado, amizade, religião, defesa etc., ou seja, todos os deveres que o homem tem para consigo, para com Deus e para com o próximo no estado e posição em que se encontra (cf. TOMÁS DE AQUINO, *Comm. in 1Cor.* 7, l. 7). A solicitude exige: diligência na procura dos meios adequados na realização do fim, perspicácia e circunspeção para prevenir dificuldades que podem surgir durante a ação, prontidão e decisão ao enfrentá-las e superá-las, constância e firmeza até o término da obra.

No exercício da solicitude pode-se errar por excesso e por defeito. a) *Por excesso*: seja quanto ao fim, seja quanto ao modo. Quanto ao fim há falta de solicitude se se consideram os bens terrenos como fins em si mesmos, seja prescindindo do fim último do homem, seja opondo-se a ele positivamente. Tudo isso é contrário à reta ordem dos fins estabelecida por Deus. Quanto ao modo, há falta de solicitude seja pelo excessivo empenho que se põe na procura dos bens materiais e das satisfações que deles derivam, impedindo assim que a atenção da mente se volte para os bens espirituais, seja pela grande preocupação com o futuro, próximo ou distante, com prejuízo do bem presente e com consequentes perturbações e ansiedade (cf. *STh.* II-II, q. 55, aa. 6-7). A preocupação exagerada brota ou de um sutil orgulho, que se apoia nas capacidades e recursos pessoais, prescindindo das intervenções e da graça de Deus, ou de uma injusta subestimação das próprias capacidades e possibilidades físicas e morais. b) *por defeito*: a solicitude é viciada pela: negligência, que não se decide a seguir a ação imposta; → PREGUIÇA, que é indolência na execução do dever e escassez de empenho; indolência, que interrompe a ação e a faz mover-se em câmara lenta; inconstância, que é de fato renúncia a prosseguir até o fim; pusilanimidade, que por excessivo temor retrai-se covardemente, justificando a renúncia pelas dificuldades muito grandes e superiores às suas possibilidades.

A verdadeira solicitude é caracterizada por: a) vivo senso de responsabilidade diante de Deus e da própria consciência. A esse respeito os textos escriturísticos são muito explícitos e significativos (cf. Dt 4,9.15; Rm 12,18; 1Ts 1,2; Ef 4,3; 2Tm 1,17; 2,15). O senso de responsabilidade varre de uma vez todos os defeitos que atacam o caráter virtuoso da solicitude e aciona todas as energias físicas, morais e espirituais para o feliz êxito da ação querida. O sábio, em serenidade de espírito, age como se tudo dependesse dele e confia em Deus como se tudo dependesse da providência dele. b) Confiança em Deus, seja quanto aos bens de ordem física e material, seja de ordem espiritual. A providência divina não esquece o pequeno homem e os seus problemas cotidianos. É a advertência de São Pedro: "Confiai-lhe todas as vossas preocupações, pois ele tem cuidado de nós" (1Pd 5,7; cf. também Mt 6,25.28.31.34; Fl 4,6; Sb 12,13). c) Procura dos bens espirituais, antepondo-os, seja quanto à avaliação, seja quanto a desejo, aos bens materiais, respeitando a ordem racional dos valores, segundo o ensinamento de Jesus: "Procurai primeiro o Reino e a justiça de Deus, e tudo isso vos será dado por acréscimo" (Mt 6,33). Evita-se assim o perigo de concentrar a atenção no que é transitório com prejuízo do que é eterno. Vive-se assim em serenidade de espírito a hora que passa e, com confiança, se espera o amanhã (cf. Mt 6,19.34).

→ DILIGÊNCIA, → GENEROSIDADE, → COMPROMISSO

BIBLIOGRAFIA. Diligence. In *Dictionnaire de Spiritualité* VI, 187-195; ESQUERDA BIFET, J. *Hacerse disponible para amar*. Barcelona, 1980; GARRIGOU-LAGRANGE, R. *Les trois âges de la vie intérieure*. Paris, 1938, 11-39; La disponibilité. *Cahiers de Spiritualité Ignatienne* 5 (1981) 14-29.

C. SORSOLI – M. CAPRIOLI

SOLIDÃO. O conceito de solidão, ligando-se à ideia de um lugar inabitado, longe do mundo (deserto, montanha, noite), define-se em grande parte em função do solitário, daquele que renuncia a valores positivos (posse, bem-estar) e sociais e civis, para se dar a Deus sem reserva em vista de um serviço mais perfeito na Igreja, escolhendo um estado de maior perfeição.

A solidão pode ser exterior (solidão livre do eremita ou solidão regulada em particulares comunidades) e interior (na nudez das forças psicológicas). A primeira é de caráter espacial e geográfico ou social e ambiental. Mas é sempre necessário que a primeira seja escolhida como meio de mais fácil e de mais completa realização do que a segunda.

1. AS DIMENSÕES DA SOLIDÃO. A solidão é uma situação que todo homem deve enfrentar. Ninguém pode fugir da experiência da própria inalienável solidão interior: estamos sós nas grandes decisões da vida, temos de morrer sós, e no encontro definitivo com Deus experimentaremos ainda a terrível realidade da solidão. Assim também a vida moderna se desenvolve em cenários de solidão. É uma verdade inegável que nas grandes cidades — *magna civitas, magna solitudo* (Bacon) — o homem vive fechado entre muros e casas. Apesar de numerosas relações com a sociedade, ele está isolado e seria um átomo perdido na massa se não tivesse a fé que, somente ela, lhe torna possível fazer dessa inevitável solidão uma solidão "experimentada". Aquele que aceita também a mais desoladora solidão, acreditando que Deus está sempre presente, está inserido no grande mistério da solidão "cristã". Ele não faz somente uma experiência "natural", mas na graça participa do sacrifício de Cristo, que "na extrema solidão e no vazio mais inacessível" (→ RAHNER) realizou o supremo ato da salvação. O homem deve se empenhar em "descobrir" e em intensificar em si essa relação intercorrente entre a própria solidão e a de Cristo; ele deve chegar a vivê-la com plena responsabilidade. Quanto mais os seus atos derivarem do único ato irrepetível realizado na solidão da cruz, mais eles serão fecundos para a Igreja e úteis para a salvação de todos os homens. A própria Igreja irá buscar a sua linfa nas ações desses solitários, que renunciam às comunicações com os homens, para os atingir numa união mais sublime, mais eficaz, porque nascida da união de Cristo com todos, na hora da sua morte, aquela união mística que "torna todos os homens um só homem na Igreja de Cristo" (→ MERTON). Nisso a solidão adquire valor universal. Não tem nada a ver com formas de isolamento egoístico, com um afastamento orgulhoso da sociedade (Nietzsche, ateísmo moderno), e é completamente inconciliável com as ideias românticas que tendem a identificar a solidão com aqueles períodos de pausa admitidos em certos intervalos pelos costumes sociais.

2. A SOLIDÃO TOTAL. Por sua natureza, a solidão — mais precisamente a vida solitária — implica um estado contínuo em que se entra livremente e depois de bem ponderada decisão. Esse estado pode significar uma segregação total (vida eremítica) ou temperada (vida cenobítica), mas pode se realizar também no mundo. Existe igualmente a solidão temporária, escolhida com o objetivo de buscar novo vigor para o apostolado e de manter "o equilíbrio perfeito entre contemplação e ação" (→ TOMÁS DE JESUS), como provam "os santos desertos" carmelitas.

a) *Solidão e vida eremítica*. Procurar a Deus na solidão é uma herança do judaísmo: Moisés subiu ao monte Sinai, Elias acampou no deserto e no Horeb, os profetas se separaram da massa do povo, São João Batista e São Paulo depois da conversão (Gl 1,17) se retiraram ao deserto da Transjordânia e o próprio Jesus, depois de 30 anos de vida escondida, iniciou a vida pública após 40 dias de solidão. Os evangelistas mostram Jesus que ora em lugares afastados e solitários (Mc 1,35.45; 6,45; Lc 4,42; 6,12; 9,18; 11,1; Jo 6,15). A sua transfiguração aconteceu sobre o monte Tabor (Mt 17,1 ss.). Mais de uma vez pernoitou no monte das Oliveiras (Lc 21,13; Jo 8,1-11) e convidou a dirigir a oração ao Pai no segredo, com as portas trancadas (cf. Mt 6,6).

Imitando esses exemplos, os primeiros "monges" cristãos, os anacoretas, se consagraram no deserto ao exclusivo serviço de Deus mediante a rude ascese do despojamento total. Esses solitários jamais faltaram na história da Igreja e não faltam sequer no presente (Psichari, Ch. → DE FOUCAULD, Saint-Exupéry), dado que o deserto, criando na sua silenciosa nudez o sentido da imensidão e transcendência de Deus, e afastando a mente, na sua uniformidade purificadora, das alegrias externas, não cessou de encantar as almas que conheceram alguma experiência contemplativa. Todavia, a vida no deserto requer qualidades sobrenaturais e naturais não comuns. Quem não chegou a grande perfeição espiritual, expressa pelo menos nos esforços constantes, e quem não é dotado de singular equilíbrio interior e de valorosa fortaleza de ânimo não poderá enfrentar por muito tempo uma vida face a face com as realidades nuas, sem poder se agarrar a apoios externos. Poucas são as naturezas verdadeiramente capazes de suportar a monotonia do deserto e nela a si mesmos com todas as reações psicológicas, sem se perder, desiludidos com impressões obsessivas, ou cair sob sua força destrutiva. Somente um grande e puro amor poderá vencer a terrível luta que o solitário, mais cedo ou mais tarde, deve sustentar; um amor que "deseja desposar a santa solidão" (JOÃO CLÍMACO, *Escada do paraíso*, 27° grau), um amor que tudo doa a Deus (cf. → CASSIANO, Palladio etc.).

Na Idade Média, no Ocidente, difundiu-se por toda a parte o costume de se retirar às florestas e aos montes do próprio país para levar vida solitária, costume que em grande parte se desenvolveu em liberdade e sem controle de um superior religioso. Todavia, esteve presente também, particularmente na tradição beneditina, uma forma de solidão autorizada, um eremitismo em dependência do abade e em estreita relação com o mosteiro de origem (Cluny; cf. MABILLON, *Acta Sanctorum OSB*, VI, 357.379.475.513; *PL* 174, 1.444-1.445 etc.).

b) *Solidão e vida cenobítica.* Tendo a experiência mostrado que para viver no deserto não basta desejá-lo e ter a boa vontade de lá habitar, introduziu-se a partir do século IV o costume de viver a vida solitária em comum, uso que, aliás, deriva igualmente de comunidades pré-cristãs (por exemplo, a dos essênios → QUMRÂN). No início, foi muitas vezes considerada como preparação dirigida à solidão total, estado de maior perfeição. Mais tarde, sendo o deserto cada vez mais inatingível para a maioria dos espirituais, ela se tornou a forma mais comum da vida solitária (camaldulenses, cartuxos, eremitas carmelitas etc.), mas uma forma que se inspirava exclusivamente no ideal eremítico e que era marcada pela mais radical inclinação a se separar, se isso tivesse sido possível. Foi esse o ardente desejo que animou, por exemplo, Santa Teresa de Ávila a empreender a reforma carmelita, para construir para si, no limite das possibilidades concretas, um deserto, seja ele a → CELA ou o eremitério de um mosteiro. Hoje representa no Ocidente a forma mais comum para se retirar à solidão. É preciso porém observar que atualmente, além de um renovado interesse, nota-se um tênue mas real movimento que tende a despertar o eremitismo em dependência do próprio superior, inspirando-se, de certo modo, nos solitários de Cluny (Wisques na Bélgica, Irmandade da Virgens dos Pobres etc.). No Oriente, porém, continua a tradição anacorética (Monte Athos, monges maronitas etc.).

A vida solitária em comum, moderada por uma disciplina conventual — um grupo de monges em que cada um vive na própria cela, mas que se reúne para louvar a Deus e também para tomar as refeições em comum (cf. Regra primitiva da Ordem carmelita), oferece os mesmos valores para viver *familior Deus* e para gozar *coelum apertius* (JERÔNIMO, *Carta a Heliodoro*) ou para consumar toda a existência "na solidão, somente com Deus, não se ocupando senão dele, [...] não conversando senão com ele" (ISABEL DA TRINDADE, *Diário*, 27 de março de 1899): também essa forma de vida exige, porém, caracteres fortes, equilibrados, "perseverantes no esquecimento de todas as coisas" (JOÃO DA CRUZ, *Avisos*, 76), prontos ao *destrue te totum*, como dizia São Romualdo, porque se não fosse alimentada e sustentada pela solidão interior, pela entrada total do composto humano no vazio das potências interiores, ela seria insuportável e tornar-se-ia como uma antecâmara do inferno: "Levar à solidão somente o corpo, sem o fazer acompanhar pela solidão do espírito, seria pôr-se, ainda vivo, no inferno" (JOÃO DE SÃO SANSÃO, *Contemplation...*, I, 389).

3. A SOLIDÃO INTERIOR. A solidão interior com Deus é o exercício preliminar e indispensável da vida de amor da alma com Deus, é a meta para a qual deve se dirigir. "Na solidão a vida se concentra e por isso mesmo cresce; universaliza-se, alonga-se em altura e em profundidade" (A. SERTILLANGES, *Meditações*, 30). A alma que chega mediante o abandono e o vazio interior à plena posse de si encontra-se livre de tudo, *sola cum Solo*, na mais perfeita disponibilidade a se deixar invadir pela ação libertadora e transformadora da solidão; Deus pode "se lançar como um gigante que se precipita triunfante na sua corrida" (ISABEL DA TRINDADE, *Último Retiro*, 8).

A solidão interior é o clima vital da oração contemplativa. No "tríplice deserto" da alma (dos sentidos, do intelecto, do coração) ou na "pequenina cela interior" (Santa → CATARINA DE SENA) a alma se encontra com Deus, e é elevada à intimidade mais profunda com o esposo; são encontros comparáveis às alegrias do paraíso: "Que delícias trazem a solidão e o silêncio do eremitério aos que a amam; sabem disso somente aqueles que dela fizeram experiência. [...] Aqui o coração adquire aquele olhar simples com que o pacífico fervor fere de amor o Esposo da alma, permitindo a ele, na sua pureza e santidade, ver a Deus" (São BRUNÃO, *Carta a Rodolfo o Verde*: PL 153,421B). Também as descrições de São → JOÃO DA CRUZ transbordam de conhecimentos inefáveis, ecoando as místicas comunicações entre Deus e a alma, acontecidas na mais absoluta solidão (*Cântico*, 35), porque Deus não se revela senão a corações vazios e silenciosos: "Eu a levarei ao deserto e falar-lhe-ei ao coração" (Os 2,16).

BIBLIOGRAFIA. → SILÊNCIO.

Giovanna della Crocce

SOLIDARIEDADE. No passado existia o costume espiritual de concretizar o programa de conduta ascética mediante a indicação de determinadas virtudes, as quais sugeriam o espírito ou as motivações que deviam introduzir e realizar as próprias ações. Ora, no elenco das virtudes não aparecia a da solidariedade.

Hoje a solidariedade parece a virtude mais exigida e apreciada. Ninguém se preocupa em defini-la ou explicá-la, uma vez que todos mostram compreender seu significado e partilhar a sua necessidade na vida cotidiana.

1. SOLIDARIEDADE COMO ASCESE. O homem espiritual é chamado a se comportar como solidário com os outros, sobretudo nas situações dolorosas deles, uma vez que a solidariedade é um componente essencial do seu ser humano.

O corpo humano é intimamente regulado pela lei da homeostase. Transtornado por eternas violências, procura, mediante suas íntimas trocas, reorganizar-se no equilíbrio anterior de suas partes e funções. O corpo humano parece impregnado de sabedoria instintiva, a ponto de ser protegido ao se recompor e ao se manter entre harmonias de colaboração interior.

O eu pessoal não sabe se debruçar sobre a vida nem amadurecer para o próprio estado adulto nem se expressar na sua maturidade senão partilhando entre os outros e com os outros. Não se conhece senão se refletindo em relações interpessoais; não tem consciência de uma promoção própria senão se sacrificando para o bem de outros; não tem alegria íntima se não se sente arrancado de si mesmo por um amor fraterno; não sabe realizar nenhuma obra admirável senão integrado por amável cooperação.

No empenho ascético é impróprio parar e limitar-se a considerar o próprio esforço espiritual. A ordem providencial confirmou que a vida virtuosa dos indivíduos seja integrada para uma composição superior de bondade e de retidão.

George Bernanos, nos *Diálogos das carmelitas*, apresenta a muito sábia velha priora, que ensina que a fraqueza da jovem monja é necessária para permitir às outras monjas serem fortes, uma vez que Deus não ofereceu força abundante para todos. "Sempre gostei de pensar que, se a força é uma virtude, não há essa virtude em abundância para todos, pois os fortes são fortes à custa dos fracos e a fraqueza será finalmente reconciliada e glorificada na redenção universal". Diante da velha priora, que morre entre espasmos de terror, por ter querido assumir sobre si o medo da sua jovem irmã, sóror Constância observa: "Não se morre cada qual para si, mas uns para os outros, ou talvez uns no lugar dos outros, quem sabe?".

Bernanos, no *Diário de um cura de aldeia*, faz o seu protagonista dizer: "Creio que, se Deus nos desse uma clara ideia da solidariedade que nos une uns aos outros no mal, nós realmente não poderíamos mais viver". Talvez precisamente por essa sensibilidade à partilha recíproca, Charles Péguy fez Joana D'Arc dizer que não poderia estar feliz nem mesmo no paraíso diante do pensamento de haver um condenado no inferno. A palavra com que podemos nos qualificar no plano ascético virtuoso não é "eu", mas "eu-tu".

A perspectiva agora indicada, se é adequada no plano humano ascético, é inadequada na perspectiva cristã espiritual. Se nos limitássemos a uma solidariedade virtuosa deveríamos repetir, segundo o ensinamento de Jesus: "Somos servos inúteis" (Lc 17,10) para o reino de Deus. O Evangelho propõe que nos introduzamos nas exigências humanístico-ascéticas, mas com espírito novo de fé-caridade.

2. SOLIDARIEDADE COMO ESPIRITUALIDADE CRISTÃ. A solidariedade cristã toma a sua primeira origem da vida divina trinitária. A caridade que brota do íntimo da essência divina desce como dom do Espírito aos membros do Corpo místico de Cristo. Nessa solidariedade está o sentido profundo do evento salvífico. Jesus ora: "Que todos sejam um, como tu, Pai, estás em mim e eu em ti: que também eles estejam em nós, a fim de que o mundo creia que tu me enviaste" (Jo 17,21).

Na revelação é indicada a solidariedade dos crentes mediante similitudes. Jesus a inculca por meio da descrição do vínculo que vitalmente existe entre os ramos e a videira (Jo 15,5). Já São Paulo repropõe a solidariedade entre os crentes mediante a imagem do corpo de Cristo integral (1Cor 12,13).

A solidariedade entre os crentes em Cristo é chamada a ser testemunhada na comunidade eclesial em vista de um mútuo serviço e entre múltiplos carismas (Rm 12,4-8; Ef 4,7-16). A solidariedade eclesial dos cristãos conhece seu desenvolvimento em formas históricas espirituais diversificadas. Se na Igreja inicial se conhece uma forma aculturada hebraica, a ponto de "pôr em comum" até os próprios bens (At 2,44-45), sucessivamente se prefere a intercomunitária solidariedade consolidada na forma de coleta (At 11,28-30; 24,17).

Quando o cristianismo é tomado como um conectivo essencial da vida social cívica, procura-se instaurar por meio do concorde sacrifício de todos a solidariedade em favor do bem comum. Pratica-se a assistência caritativa solidária em relação aos necessitados como um aspecto exigido para conservar e venerar a ordem pública cristianizada. Pondo no vértice o social na sua forma institucionalizada, a solidariedade em concreto inclui o obséquio à autoridade, interpretada como princípio capaz de unificar e solidificar entre eles as disseminadas tendências e atividades dos indivíduos.

Na época contemporânea, entre os cristãos se prefere indicar ao aspecto espiritual evangélico da solidariedade de modo a se reservar uma possível crítica pelo aspecto institucional que se verifique ausente. Introduziu-se uma "suspeita epistemológica" pelos termos usados tradicionalmente para indicar uma existente solidariedade cristã institucionalizada.

3. SOLIDARIEDADE CRISTÃ INTEGRAL. Comumente se indicam dois modos de entrelaçar relações interpessoais. O primeiro modo se realiza quando alguém se propõe socialmente como sócio. Desenvolve uma profissão, exerce um papel público, oferece serviços comunitários, realiza uma atividade política (por exemplo, professor de escola, sindicalista, magistrado).

Um segundo modo de estar em relação com os outros verifica-se quando alguém se situa como próximo. É uma tarefa geral que se realiza, uma vez que se é homem e se nutre compaixão, amor, amável complacência pelos outros. A solidariedade como sócio e como próximo são duas modalidades de uma mesma e única solidariedade caritativa. Quanto possível, os dois aspectos não deveriam estar separados. Exige-se a competência profissional, mas animada pela caridade; como uma obra assistencial ou caritativa, é chamada a se qualificar também tecnicamente eficaz.

É o que procuram realizar os que militam no voluntariado internacional. Eles procuram favorecer os povos subdesenvolvidos de modo a ajudá-los a se tornarem adultos autônomos nos limites do contexto cultural natal. Para esse fim, eles trabalham junto com o povo do lugar, dando mais atenção à promoção das pessoas autóctones do que à oferta de coisas ou doações. A mesma experiência pastoral nos tempos de hoje se enriqueceu ao oferecer indicações apropriadas aos fiéis no campo da solidariedade. Assim (por exemplo) quando se propõe aos fiéis um dia de solidariedade, procura-se indicar uma estratégia precisa, uma política de pequenos passos, de pequenas escolhas factíveis, de gestos concretos individuais que cada qual pode formular ao ler a realidade presente à luz da fé, uma vez que se constatou que os pronunciamentos doutrinais teóricos se tornam inconcludentes na realidade prática.

Convida-se a prestar atenção às necessidades de pessoas e grupos que não se exprimem, que não se organizam, que não encontram adequada representação. Assumir a solidariedade como critério de convivência equivale a se questionar e agir para transformar a sociedade, para arrancar dela os marginalizados, acolhendo-os tratando-os como próximos. A solidariedade comporta a responsabilidade de edificar sobre o que nos torna fraternalmente uma só coisa, de modo a promover efetivamente para com todos individualmente igual dignidade que possa gozar de dados fundamentais e de inalienáveis direitos.

BIBLIOGRAFIA. ACLISTA, Gioventú. *Organizzare la solidarietà*. Roma, 1986; IGNATIEFF, M. *I bisogni degli altri. Saggio sull'arte di essere uomini tra individualismo e solidarietà*. Bologna, 1965; LUCARELLI, F. *Solidarietà e autonomia privata*. Napoli, 1970; *La solidaridad de los religiosos*. Madrid, 1980; PONTIFICIUM CONSILIUM DE LAICIS. *Spirituality of the Laity: forms and movements*. Vatican, 1981; SOBRINO, I. *Theology of solidarity*. New York, 1985; *Solidarietà nuovo nome della pace*. Torino, 1988; *Volontariato, condivisione, liberazione*. Roma, 1980.

T. GOFFI

SOLOV'ËV, VLADIMIR SERGEEVIČ. 1. NOTA BIOGRÁFICA. Nasceu no dia 16 de janeiro de 1853, em Moscou. O avô era sacerdote ortodoxo, o pai, um célebre historiador, a mãe, descendente da família do filósofo G. S. Skovoroda († 1794). Revelou maturidade e talento precoces. Aos nove anos tem a primeira visão da Sofia-Sabedoria de Deus, "a Eterna Esposa" da sua vida. No ginásio, passa da fé ao ateísmo. Por três anos estuda na faculdade de física-matemática, interessa-se pelo pensamento dos principais filósofos europeus do século anterior. Mas a reflexão dos eslavófilos russos Kireevskij († 1856) e Chomjakov († 1860) o ajuda a reencontrar a fé ortodoxa em 1872. Passa à faculdade de filosofia e frequenta a Academia eclesiástica de Moscou. Coroa os estudos universitários com a dissertação intitulada: *A crise da filosofia ocidental*. Depois de várias viagens, dá algumas aulas na universidade de Moscou, mas se demite por causa do rebuliço causado por seu questionamento público sobre o perdão aos assassinos de Alexandre II. Dedica-se aos estudos privados e à atividade de escritor. Descobre a importância da Igreja universal e se desdobra por unir a Igreja católica e a ortodoxa. Em 1896 passa formalmente para o catolicismo. No dia 15 de julho de 1900, recebe na *datcha* do seu amigo S. Trubeckoj os últimos sacramentos, por mão de um sacerdote ortodoxo, e morre no dia 31 desse mesmo mês.

2. OS ESCRITOS. Foram reunidos em dez volumes, que contêm obras filosóficas, poesias e um amplo epistolário. Podem ser divididas segundo os três períodos característicos da sua vida: a) teosófico, caracterizado pela aspiração a unir todas as coisas em Deus; b) teocrático, dominado pela convicção de que o cristianismo é a verdade total capaz de transformar o mundo e chamado a fazê-lo; c) teúrgico, no qual Solov'ëv, desiludido pelas crises da sociedade moderna, dedica maior atenção à dimensão estética, procura a *"magna ars"*, que ajude a realizar o reino da Beleza-Sofia sobre a terra, a teurgia.

Ao primeiro período pertencem: *A crise da filosofia ocidental, Princípios filosóficos do saber integral, Lições sobre a Divino-humanidade, Crítica dos princípios abstratos* e o poema *Três encontros*.

Do segundo período lembramos sobretudo *A grande contestação e a política cristã, A história e o futuro da teocracia, A Rússia e a Igreja universal*, publicado em francês, em Paris, em 1888; mas em particular *Os fundamentos espirituais da vida*, uma das suas mais importantes obras de espiritualidade.

Ao terceiro período pertencem *A beleza da natureza, O significado da arte, O significado do amor, A justificação do bem* (sobre a moral cristã), os *Três diálogos*, que terminam com a "Lenda do Anticristo".

3. O ENSINAMENTO. Solov'ëv procurava a síntese de fé e razão num realismo intuitivo-místico e, ao mesmo tempo, das duas correntes principais do pensamento russo, eslavofilismo e ocidentalismo. As grandes ideias sintéticas e universais do seu pensamento são: a "tudunidade" (*vsejedinstvo*) de Deus e do universo cósmico e histórico; a "divino-humanidade" (*bogočelovečenstvo*) do Logos de Cristo e da Igreja. Notamos três aspectos característicos no seu rico pensamento: a unidade do conhecimento, a unidade do cosmos, a unidade da Igreja.

a) *A unidade do conhecimento* ocupou Solov'ëv desde jovem, quando numa visão viu "tudo o que foi, o que é e tudo o que será". Sempre se pôs a pergunta de como atingir a realidade na sua plenitude. As ciências modernas aperfeiçoaram ao máximo o método empírico, a observação por meio dos sentidos. A metafísica se exaure em ver a realidade por meio de conceitos abstratos. Para conhecer "a omni-unidade do mundo" temos de recorrer ao terceiro tipo de conhecimento: a mística. Ela não é negação dos conhecimentos anteriores, mas seu aperfeiçoamento. É precisamente isso de que tem necessidade o homem moderno: a síntese universal das ciências naturais, da metafísica e da mística. Solov'ëv considerava precisamente como sua missão mostrar aos homens o caminho certo para realizar uma síntese desses três conhecimentos e dar assim de novo o justo lugar à religião na sociedade moderna.

b) *A unidade do cosmos.* O mundo visível é o objeto primário do conhecimento humano sob vários aspectos. A observação científica e a contemplação artística deram origem a dois ramos importantes da nossa cultura. Ambas têm necessidade de uma perspectiva escatológica para poder satisfazer o nosso desejo de conhecer a verdade integral. A encarnação do Verbo é o fim de toda a evolução cósmica anterior e ao mesmo tempo início do período novo que terminará, quando Deus for tudo em todos. Conhecer o mundo e a sua verdade significa, portanto, conhecer o seu princípio transformador, ou Cristo, que é "o centro espiritual do organismo universal".

c) *A unidade da Igreja.* A respeito da Igreja se leem em Solov'ëv muitas belas páginas. A sua eclesiologia é dominada pela visão escatológica e ao mesmo tempo pelo sentido histórico para todos e cada um dos acontecimentos na longa história da → SALVAÇÃO, que não é senão um caminho cansativo para o encontro com Cristo. Quem consegue desde já, no tempo presente, ver a história desse modo descobre que para chegar a esse fim a providência se serve do → JUDAÍSMO, das diversas Igrejas cristãs e até do ateísmo, das teocracias e mesmo das revoluções. Maravilhosas são algumas observações de Solov'ëv sobre o sentido "espiritual" dos diversos povos antigos e modernos, sobre a vocação "messiânica" deles a serviço da Igreja una e santa. Isso não quer dizer, porém, que toda a realidade presente deva ser aprovada. Ao contrário, quanto mais a evolução progride, mais os homens são postos diante da escolha decisiva: pró ou contra Cristo.

BIBLIOGRAFIA. ASNAGHI, A. *Introduzione a V. Solov'ëv. L'avvento dell'Anticristo.* Monza, 1951; CANTCHIKOW, L. *L'estetica di Wladimir Solowiew (Sophia).* Napoli, 1945; D'HERBIGNY, M. *Un Newman russe.* Vladimir Soloviev. Paris, ⁶1934; DAHM, H. *Vladimir*

Solov'ev und Max Scheler. Eine Beitrag zur Geschichte der Phänomenologie. München, 1971; Gäntzel, H. H. *Wladimir Solowjows Rechtsphilosophie auf der Grundlage der Sittlichkeit.* Frankfurt, 1968; Goessmann, P. F. *Der Kirchenbegriff bei Solovieff.* Würzburg, 1934; Herman, M. *Introduction à V. Soloviev. Crise de la Philosophie Occidentale.* Paris, 1947; Klum, E. *Natur, Kunst und Liebe in der Philosophie Vladimir Solov'evs.* München, 1965; Losskij, N. O. *Histoire de la Philosophie Russe.* Paris, 1954, 82-134; Mastyl'ak, J. *Fuitne Vladimir Soloviev catholicus? Inquisitio in eius vitam et personam.* Roma, 1942; Mueller, L. *Solovjev und Protestantismus.* Freiburg, 1951 (Mit einem Anhang: V.S. Solovjev und das Jundentum, pp. 125-131); Paplauskas-Ramunas, A. *Dialogue entre Rome et Moscou. Vladimir Soloviev, porte-parole du mouvement oecuménique en Russie.* Ottawa, 1966; Rupp, J. *Message ecclésial de Solowiev.* Présage et illustration de Vatican II. Paris, 1975; Schultze, B. Solowjew und Dostojewskij. *Orientalia Christiana Periodica* 15 (1949) 202-207; Id. Vladimir Soloviev e i tre principi nella Chiesa. *La Civiltà Cattolica* III (1950) 37-52; Id. Vladimir Sergeevič Solov'ëv. In *Russische Denker.* Wien, 1950, 253-290; Solov'ëv, V. *La justification du bien.* Essai de philosophie morale. Paris, 1939; Id. *Fondamenti spirituali della vita.* Bologna, 1922; Id. *La Russia e la Chiesa universale.* Milano, 1947; Id. *Sulla Divino-umanità e altri scritti.* Milano, 1971; Špidlík, T. Solov'ëv. In Ancilli, E. – Paparozzi, M. (org.). *La mistica.* Fenomenologia e riflessione teologica. Roma, 1984, 645-668, vl. I; Stepun, F. *Wladimir Solowjew in Mystiche Weltschau.* München, 1964; Sternkopf, J. *Sergj und Vladimir Solovev.* Eine Analyse ihrer geschichtstheoretischen und geschichtsphilosophischen Anschauungen. München, 1973; Stremoukhov, D. *Vladimir Soloviev et son oeuvre messianique.* Paris, 1935; Szylkarski, W. *Solovjev und die Una Sancta der Zükunft.* Freiburg, 1951; Trubeckoj, E. N. *Mirosozercanie V. S. Solov'ëva.* [Como V. S. Solov'ëv vê o mundo]. Moscou, 1913; Truhlar, K. V. *Teilhard und Solowjew. Dichtung und religiöse Erfahrung.* Freiburg-München, 1966; Wenzler, L. *Die Freiheit und das Böse nach Vladimir Solov'ev.* Freiburg-München, 1978.

T. Špidlík

SONO E SONHO. O hino *Te lucis ante terminum* (oração litúrgica da noite) reza, entre outras coisas: "Te corda nostra somnient, te per soporem sentiant" ("Que nossos corações sonhem contigo, sintam-te no sonho"). Está encerrada aqui toda a teologia espiritual do sono e do sonho: uma aproximação sob muitos aspectos "nova", uma vez que, através dos séculos, não se pode dizer que tenha sido elaborada uma específica cultura cristã da arte de sonhar. Contrariamente ao que acontecia no ambiente greco-romano, o cristianismo primitivo é reticente diante do fenômeno dos sonhos, sobretudo no que diz respeito a uma sua possível avaliação religiosa. Será a "revolução psicanalítica" que trará à ribalta o sonho também no âmbito religioso. O sonho, com efeito, é o maior mistério com que a psique humana se enfrenta e ao mesmo tempo abre o acesso a um mistério ainda maior.

1. O SONO. O sono é uma temporária, reversível e alternante suspensão dos processos perceptivos conscientes, com a persistência, ainda que reduzida, dos automatismos que presidem a vida vegetativa. Nesse quadro, a única esfera que se mantém vígil e ativa é a do subconsciente e do inconsciente, que libera as suas potencialidades, dando origem ao processo do sonho. O sono conhece diferentes estágios — leve, médio, profundo e paradoxo (em que o traçado eletroencefalográfico é muito mais semelhante ao do estado de vigília do que ao do sono profundo) —, abre a porta do mundo interior e solta o olhar sobre os amplos espaços do inconsciente. Ora, quanto mais o homem se dissocia da dependência do corpo e dos sentidos, tanto mais pode perceber as realidades profundas que são percebidas muito mais com a intuição do que com a inteligência e se expressam muito melhor com a linguagem dos símbolos do que com a dos conceitos. Com efeito, o conhecimento sensorial-racional é mais limitado do que o imaginativo-intuitivo. Segue-se que a linguagem das profundidades e a das alturas falam na quietude e no silêncio do sono, em que se é maximamente receptivo. Nesse sentido, o sono nos põe numa relação de fato com a transcendência imanente no homem. É o que vemos afirmado tanto no Ocidente como no Oriente. Nas *Upanishad* indianas, por exemplo, lê-se que "o espírito que vela nos que dormem, construindo a seu prazer, é a luz, o Brahma" (*Kata Up.* 2, 5, 8). Dois, então, são os pontos que devem ser levados em consideração:

a) a psique do homem possui uma formação religiosa autóctone;

b) ninguém pode ter uma existência verdadeiramente sadia, sob o tríplice perfil espiritual, psíquico e físico, sem ter encontrado antes o caminho de acesso a essa função.

E, como a plena integridade da pessoa humana e a sua realização na vida dependem da descoberta e do reconhecimento da função religiosa do inconsciente, deduz-se daí que é justamente o afastamento de Deus, a extirpação das raízes do Ser por parte do próprio ser que causam todo descompasso e toda neurose (C. A. MEIER, *Il sogno come terapia*, 128). A essas raízes o sono/sonho nos leva no incessante alternar-se do dia e da noite.

2. SONO E ORAÇÃO. Dormir e despertar se revestem não apenas de um aspecto "sacramental", porquanto são o equivalente cotidiano do morrer e do renascer, mas constituem os lugares privilegiados da experiência de Deus (A. GENTILI, *Sonno e morte*, 170-191) e da regeneração interior. Na → FILOCALIA se lê, com efeito, que "o intelecto, sobretudo à noite, costuma se acalmar com as luminosas contemplações de Deus e das realidades divinas" (II, 40); e não é por acaso que os salmos podem afirmar que os melhores dons são concedidos por Deus no sono: "De nada serve levantar-vos cedo, retardar o vosso descanso, comer o pão das labutas! Ao seu amigo que dorme, ele dará da mesma forma" (Sl 127,2). Consequentemente, de um lado o homem espiritual garante livrar o sono de toda negatividade, de outro, traduzi-lo numa singularíssima experiência de oração. É preciso propor-se santificar as zonas do subconsciente e do inconsciente da pessoa (é a *via negativa*) "com jejuns e vigílias, que purificam a carne e com lágrimas que reduzem a consistência do coração" (*Filocalia*, III, 425). Por isso o asceta luta contra o sono (JOÃO CLÍMACO, *Scala paradisi*, V) e reduz sua necessidade, uma vez que "o homem de oração é um homem desperto: ele ora à noite porque se situa nos limites do tempo e da eternidade para esperar a volta do patrão" (J. LAFRANCE, *La preghiera del cuore*, 13). Substituindo o sono pela oração, ou impregnando-o de oração, vive-se algo semelhante ao que a psicologia chama de "vigília do sono".

O sono profundo tem analogias com a → ORAÇÃO PROFUNDA, como se deduz de toda uma tradição espiritual que definiu a oração contemplativa como "oratio dormitionis et somnii [oração do adormecimento e do sono]" (F. la COMBE, *Meditare*, 99). Já → GREGÓRIO MAGNO († 604) afirmava que "quem procura a quietude interior [...] é como quem se adormenta" (*Moralia*, V, 54). Com efeito, as revelações eletroencefalográficas confirmam que os estados mentais dos mediadores do sono caracterizados por ondas alfa (estado de atenção focalizada sobre um único objeto) e pelo aparecimento de ondas delta (que indicam um estado de sonolência inicial) (H. CAFFAREL, *Cinq soirées sur l'oraison*, 83-90). Além disso, podemos ver como o EEG dos estados de êxtase, característicos da experiência religiosa em âmbito cristão, diferem dos típicos dos êxtases (mas seria melhor dizer êntases) que se verificam na meditação asiática. Aqui a experiência mística chega a uma estatuária imersão nas profundidades interiores, em que o eu parece se dissolver no Tudo/Nada; lá se abre à visão e ao encontro com o Tu divino. Quando, portanto, o inconsciente está saturado e impregnado de oração (é a *via positiva* com que somos chamados a purificar as esferas subconscientes e inconscientes do nosso ser), então os sonhos se tornam um meio de percepção e de comunicação com a raiz e a fonte do nosso ser: Deus (ISAAC DE NÍNIVE, *Discursos ascéticos*, 71).

3. OS SONHOS: "PRODUÇÃO DO INCONSCIENTE". Os sonhos são o fruto mais típico do sono, são "autênticas produções do inconsciente" (V. FRANKL, *Dio nell'inconscio*, 39), das forças divinas ou demoníacas nele operantes. Se definirmos a religião a partir do conceito de *hierofania*, considerando-a como o evento ou o fenômeno que manifesta o sagrado, então o sonho "pode entrar na categoria das hierofanias, porquanto exprime uma modalidade do sagrado" (M. MANCIA, *Il sogno come religione della mente*, 122): representa, com efeito, realidades interiores, que têm um significado teológico para a pessoa.

a) *Causas dos sonhos:* o sonho é sempre um produto do sujeito que sonha, mas a causa pode se encontrar no próprio mundo fisio-psico-espiritual, ou fora. Falaremos, consequentemente, de sonhos naturais e de sonhos divinos ou demoníacos, se suscitados por seres celestes ou infernais (*Filocalia*, I, 362). Normalmente, sonhamos com base em impulsos físicos, emocionais ou racionais, de acordo com o que agita o nosso corpo e com o que pensamos/imaginamos e desejamos/queremos. Mas, como não são imunes a influências demoníacas, sobretudo os que dão os primeiros passos na vida espiritual deverão desconfiar das suas experiências oníricas, a menos que anunciem castigo e juízo (JOÃO CLÍMACO, *Scala paradisi*, III). Somente nisso deverão acreditar entre as mensagens confusas e contraditórias dos sonhos.

b) *Categorias dos sonhos*: Fílon de Alexandria (20/10 a.C.-50 d.C.) relaciona, por exemplo, três categorias de sonhos:

— os que servem a Deus para se comunicar com os homens (Gn 20,3-7; 31,24);

— os que iluminam o intelecto humano sobre temas de amplo alcance, quando ele entra em contato com o Intelecto universal, e não são de difícil interpretação (Gn 28,10 ss.; 31,11-13);

— os relativos a um futuro próximo e circunscrito às histórias do sonhador, de significado tão obscuro que exige a intervenção do onirólogo (Gn 37,7-11; 40,9-11.16-17; 41,17-24) (*O homem e Deus*, 51-52).

Fílon, portanto, considera o sonho como um fenômeno no qual o *pneuma*, ou seja, o espírito da alma, desempenha uma função de grande destaque e, consequentemente, todos os sonhos têm um caráter profético (C. A. MEIER, *op. cit.*, 118).

Gregório Magno, por sua vez, considera que "os sonhos se devem a uma sobrecarga ou a fraqueza do corpo; a pensamentos e preocupações anteriores em estado de vigília; a ilusão demoníaca; ao pensamento humano unido à ilusão demoníaca; enfim, ao pensamento do homem associado à revelação de Deus", e conclui: "Os homens virtuosos são capazes de discernir com penetrante intuição vozes e imagens nas visões que emergem por ilusões e revelações [dos sonhos], de modo a saber o que provém do espírito bom e o que se desenvolve sob a influência do espírito enganador" (*Diálogos*, IV, 48).

Se, portanto, no mundo pagão os sonhos se distinguiam em verdadeiros e falsos, na Antiguidade cristã são divinos ou diabólicos. Todavia, com o século XII a atitude muda radicalmente e se torna decididamente moderno (M. MANCIA, *op. cit.*, 9), até que no nosso século, com a chegada da → PSICANÁLISE e a descoberta do inconsciente, o valor cognoscitivo e terapêutico do sonho se impõe em toda sua evidência.

4. OS SONHOS NA BÍBLIA.
Na Sagrada Escritura fala-se de: a) *Sonhos naturais* (Ecl 5,2; Is 29,8; Mt 27,19): a eles, porém, não se dá muita importância (Jó 20, 8; Sl 73,11; Is 29,7; Sr 34,1-7).

b) *Sonhos de origem divina*: Deus assusta mediante o sonho (Jó 4,12-21; 7,14; Sb 18,17); fala por meio dele (Jó 33,15-18); manifesta ao homem a própria vontade (Nm 12,6); no tempo de Saul se revestem de um caráter divinatório (1Sm 28,6.15); a era messiânica registrará uma explosão de experiências oníricas (Gl 2,28; At 2,17); em todo caso, os sonhos exigem discernimento (Dt 13,1-5; Jr 23,25-28; 29,8.9); não é incomum que as versões falem de sonhos quando se trata somente de adivinhação ou de magia (Lv 19,26.31; Dt 18,10; 2Cr 33,6).

c) *Sonhos históricos*: Abimelec (Gn 20,3 ss.); Labão (Gn 31,24); José, o homem dos sonhos (Gn 37,5-28) e o intérprete deles (Gn 40,5-22; 41,1-57); o sonho do Madianita referido a Gedeão (Jz 7,13-14); Salomão (1Rs 3,5-15); Daniel (Dn 1,17; 2,1-47; 4,1-34; 5,12; 7,1.2); Mardoqueu (Est 1,1.4; 10,3bc); Judas Macabeu (2Mc 15,12-16); José (Mt 1,20-24; 2,13.19.22); os Magos (Mt 1,12).

Deve-se acrescentar o sono profundo de Adão (Gn 2,21), que a versão grega da Bíblia traduz por "êxtase", ressaltando a experiência transcendente a que abre o sonho. O que volta nas visões noturnas de Abraão (Gn 15,1 ss.); Jacó (Gn 28,10 ss.); Paulo (At 16,9).

5. POR QUE DEUS SE MANIFESTA NO SONO.
Deus revela os seus mistérios no sono porque: a) na quietude do sono a alma está livre de todo vínculo e de todo impedimento sensível e material, totalmente presente a si mesma e atenta, pronta para compreender e receber de modo incondicional e imediato o que lhe é transmitido de fora;

b) as mensagens que nos chegam no sono são recebidas com maior disponibilidade e prontidão, sem prévio exame da razão, uma vez que temos de nos reportar às realidades divinas não tanto com o intelecto, mas antes com o afeto e com o sentido e o gosto da alma;

c) as mensagens transmitidas no sono estão resguardadas tanto da observação indiscreta dos homens como da agitação e da investigação da pessoa interessada, pois quanto mais a alma é subtraída ao vínculo dos sentidos e do corpo tanto mais é vígil e pronta a perceber as realidades divinas;

d) Deus é ainda mais potente e eficaz ao instruir o homem, se este entra numa dimensão oposta à do estado de vigília, ao passo que um homem pode instruir um outro homem somente se o último está desperto, ouve e está atento;

e) não menos do que se verifica depois da morte existe uma outra via, diferente dos canais sensoriais e discursivos, para comunicação com Deus, e é o caminho do sono e do sonho (B. PEREYRA, *De observatione somniorum*, 132).

6. PARA UMA CORRETA INTERPRETAÇÃO DOS SONHOS.
Uma vez que a linguagem dos sonhos não é a linguagem da evidência imediata e da verificação que caracteriza a vigília, impõem-se critérios

de discernimento sobre os quais desde a antiguidade foi posta a atenção por parte de não poucos espíritos iluminados (cf. ARTEMIDORO DE DALDI, *Il libro dei sogni*, do século II; até S. FREUD, *A interpretação dos sonhos*; e C. G. JUNG, in J. A. HALL, *Clinical uses of dreams*; ID., *Messagi dalla tenebra. L'interpretazione junghiana dei sogni*). Os mais importantes critérios de interpretação dos sonhos são:

a) *Os sonhos fazem parte de nós mesmos*: todos os sonhos têm por isso um significado próprio e "podem ser de grandíssima utilidade ao julgar e ao disciplinar a vida humana" (B. PEREYRA, *op. cit.*, 127); por isso, não acreditar nos sonhos ou não se lembrar dos sonhos ou não dar atenção a eles significa deixar de considerar uma parte de nós mesmos, um aspecto importante e às vezes decisivo da nossa vida. Eles são até considerados um indício da benevolência divina: "Todo aquele que passa sete noites sem sonhar é chamado mau" (*Talmud, Tratado das bênçãos*, 158).

b) *A linguagem dos sonhos*: é em geral simbólica e por isso deve ser decodificada. Vigília e sono constituem duas modalidades do nosso modo de existir ou duas linguagens com que ela se exprime; por isso não devem ser contrariadas. Além disso, a linguagem dos sonhos é uma linguagem primordial e arquetípica com respeito à racionalidade da vigília, uma vez que nos remete, com as suas imagens e as suas tramas, às fábulas e aos mitos mais antigos e nos indica como desse modo se exprimem os sentimentos mais íntimos e originários da consciência humana (A. CALZOLARI, *Dormire: il quotidiano disarmo unilaterale*, 74-75). A língua dos sonhos é, portanto, uma língua a ser descoberta e a ser aprendida, até porque "um sonho que não é explicado é como uma carta não lida" (*Talmud, Tratado das bênçãos*, 362). Por isso, como diz Aristóteles, "o melhor intérprete dos sonhos é aquele que é capaz de reconhecer as alegorias, [...] aquele que é capaz de descobrir nessas imagens transfiguradas (diríamos, em certo sentido, reviradas) o símbolo de um homem ou de alguma outra realidade" (C. A. MEIER, *op. cit.*, 114). Em segundo lugar, é preciso observar que os sonhos escapam seja a uma interpretação exclusivamente objetiva, como se nos apresentassem a realidade como ela é, seja a uma interpretação exclusivamente subjetiva, como reelaborações totalmente fantásticas da própria realidade. O sonho também não pode se encerrar numa leitura estritamente pessoal, mas implica referências que transcendem a pessoa. Em terceiro lugar, gozamos no sonho de uma extraordinária liberdade; somos simultaneamente nós mesmos e outro/os que não nós; tempo e espaço não contam mais e os vemos trocados entre si, eventos passados ou futuros aparecem como experiências contemporâneas e imediatas, de modo que aquele que adquire familiaridade com o mundo dos sonhos projeta o seu eu fora dos vínculos da corporeidade e pode conhecer numa visão de conjunto presente, passado e futuro. Enfim, os sonhos devem ser lidos no contexto da vida de quem os realiza, vida pessoal e coletiva, humana e transcendente, uma vez que a história do homem pode com razão ser considerada "uma prolongada interpretação dos seus sonhos" (P. P. NOTAFRANCHI, *Il sogno e la cultura dominante*, 71).

c) *Complexidade do mundo interior*: segundo a sabedoria indiana, existem três energias que agitam o ser humano, e sua prevalência condiciona também a experiência do sonho: se prevalece o estado de *tamas* (= obscuridade), os sonhos são impuros, pois nascem de uma mente negativa marcada pela dúvida, medo, depressão, luxúria, avidez, orgulho etc.; se prevalece o estado de *rajas* (= paixão), os sonhos se exprimem com uma linguagem problemática e metafórica, pois são produtos de uma mente não unificada e dispersiva, em que exterior e interior, "eu" e "si", não estão harmonicamente integrados; se prevalece o estado de *sattva* (= bondade), eles espelham a realidade e são de imediata compreensão, pois nascem de uma mente pura e sábia, transparente às mensagens inconscientes e transpessoais. Segue-se que é importante para o homem tornar familiar o mundo dos sonhos, tomar consciência com objetividade e, quando preciso, saneá-lo, uma vez que, assim como a vida tem influência sobre os sonhos, também os sonhos influem sobre a vida, elevando-a ou prejudicando-a. É esse um tema clássico na espiritualidade: o sono que nos torna vagarosos e ofuscados no tempo de oração é considerado uma das tentações às quais nos empurra o demônio (JOÃO CLÍMACO, *Scala paradisi*, IV); o sono está também estreitamente ligado à gula, de que é filho primogênito junto com a impureza e a esclerose ou dureza do coração (*Scala paradisi*, XIV). A melhor defesa contra os sonhos impuros consiste, porém, em ter consciência deles, considerando-os como a face oculta e às vezes inadmissível, desagradável e inconfessável da nossa alma, e tirando as devidas consequências em função da purificação da mente, do coração e do corpo. Mas talvez o remédio mais oportuno seja "curar os sonhos com os sonhos", enchendo a nossa imaginação (faculdade principal do mundo onírico) com referências positivas, elevadas e iluminadas; visualizando cenas de paz, de beleza e de familiaridade com os seres celestes, a começar pelos santos anjos, sobretudo quando nos adormentamos.

d) *Aprofundar o diálogo entre consciente e inconsciente*: o sonho, mais que proteger quem dorme da irrupção de impulsos reprimidos, tem um papel de integração e de compensação do mundo limitado da consciência, porquanto: endereça o indivíduo para uma mais ampla compreensão das próprias atitudes e das próprias ações, revelando seus panos de fundo inconscientes; leva o sujeito a se abrir a um mais verdadeiro e superior plano de vida, a cujo respeito se visse ignaro e bloqueado; e abre a alma a uma experiência transpessoal, de modo que do plano divino irrompam mensagens sobre o humano, do plano social se transmitam secretas comunicações ao individual e do plano cósmico promanem influências benéficas sobre o pessoal. Sob a ação dos sonhos o inconsciente se torna consciente e se purifica. Entre as duas dimensões se estabelece uma relação de harmonia e de frutuosa integração, um verdadeiro casamento da vida: mente e coração, corpo e alma, eu e o outro, eu e Deus. Semelhante intenção torna-se favorecida e facilitada sobretudo em quem se consagra a uma verdadeira prática espiritual.

7. SONHOS E PRÁTICA ESPIRITUAL. Não somente a prática interior mais genericamente entendida, mas sobretudo a da meditação ou oração profunda é rica de experiências oníricas. Com efeito, quem medita penetra nas zonas subconscientes do próprio ser e se debruça sobre as inconscientes. As visualizações durante a prática e os sonhos no tempo do repouso constituem a linguagem secreta, embora em geral esporádica e intermitente, de todo mediador. Por sua vez, sonhos e visualizações podem constituir um "objeto" eficacíssimo de meditação. Dizer isso significa estabelecer também uma singular relação entre a prática mais propriamente meditativa e a psicoterapêutica: uma parece envolver a outra, a tal ponto que quem age num dos setores se mostra cada vez mais atento ao que se verifica no outro. Limitando-nos à experiência espiritual, podemos destacar a existência de:

a) *Sonhos "bons"*. Têm três características: abrem ao mistério da vida e da morte e estimulam a abraçar uma determinada via ou a percorrê-la com maior profundidade (os sonhos de vocação, por exemplo, que muitas vezes são também sonhos de revelação). Pertencem a essa categoria os *sonhos de iniciação*, que deixam clara a mudança interior, uma mudança significativa na orientação da própria vida; os *sonhos de transformação*, que põem simultaneamente em contato com a alma e com Deus, de modo que um se torna transparente ao outro; os *sonhos de revelação*. É inegável, porém, que as manifestações divinas não podem deixar de pagar o preço da psique humana, quando querem tornar-se acessíveis ao homem; como é inegável que a psique humana é por sua natureza aberta e receptiva em referência às intervenções celestes. É quando à interpretação dos sonhos se deve associar o mais atento discernimento espiritual.

b) *Sonhos "maus"*: são os produtos oníricos que revelam lados negativos da nossa personalidade, zonas de sombra, complexos que trazem sofrimento, experiências ou tendências definíveis como pecaminosas (em que pecaminoso não significa avaliar de modo moralista o sonho como tal, mas indagar quais inclinações e quais histórias que se encontram no estado de vigília reemergem no sono para nos transmitir suas mensagens às vezes cifradas). É necessária uma integração entre avaliação psicológica e avaliação moral, pois a primeira acentua os determinismos individuais e coletivos que presidem a vida psíquica, ao passo que a segunda põe em destaque a responsabilidade ligada à liberdade de que se beneficia a pessoa humana, ainda que em grau diferente e com maiores ou menores condicionamentos. Por isso, terapeuta e sacerdote (diretor espiritual ou confessor) devem agir com sinceros critérios de interdisciplinaridade e o "paciente" deve se abrir a ambas as avaliações. Insere-se aqui, além disso, o complexo discurso sobre a relação entre sono/sonho e sexualidade, em que se manifesta a fratura que muitas vezes existe entre consciente e inconsciente, entre vontade explícita e positiva e vontade velada e negativa, entre instinto e disciplina. E isso será o setor que poderá documentar de modo evidente o trabalho de saneamento interior e de (tendenciosamente) maturidade afetiva e espiritual conseguida, que se exprime na castidade. "A alma, com efeito, está de boa saúde", afirma → EVÁGRIO PÔNTICO, "quando atingiu a *apatheia*, saindo-se vitoriosa na diurna sobreposição dos pensamentos e na noturna reproposição de sensações impuras" (*Tratado prático*, 66).

c) Sonhos "*demoníacos*": neles o protagonista é satanás, sobretudo no seu papel de tentador: se se sucumbe à tentação, os sonhos se tornarão também subjetivamente "maus"; se a tentação é vencida, eles se revelarão um evento de transformação interior.

8. A PORTA DO SONHO. Particular consideração merece o que vem definido como estado de confim entre vigília e sono, o chamado "estado hipnagógico" ("que introduz ao sono"). Ele se apresenta particularmente fértil em referência às "revelações" do inconsciente, porquanto baixam as censuras e diminui a vigilância do ego. Esse estado pode se tornar consciente e oportunamente ampliado, com a finalidade terapêutica (indispensável, a esse propósito, o progressivo controle dos estados de consciência, bem como a prática do relaxamento corpóreo). O sonho, além disso, "não é somente revelação do inconsciente e testemunho do nível de profundidade atingido pela 'memória Deis', mas também experiência paralela ao que é definido 'estado intermédio' entre morrer e renascer" (A. GENTILI, *art. cit.*, 178). No sonho se registram as típicas experiências de superação dos vínculos espaciotemporais, de abandono do corpo, de visão de conjunto sobre a própria existência, de encontro com o transcendente, que caracterizam a passagem da vida terrena para a ultraterrena (isso é documentado seja pela literatura, seja pela experiência clínica: cf. *O livro tibetano dos mortos*, em que está contida a visão talvez mais penetrante dos eventos que se situam entre a "morte" e o "renascimento"; e para as contribuições científicas: R. A. MODY, *A vida além da vida*). Agora, uma vez que com oportuno e prolongado exercício (e, portanto, por uma escolha deliberada) as aquisições mais características do estado intermédio podem ser conseguidas juntamente com o sono, deduz-se que mundo físico e mundo psicoespiritual podem, de certo modo, separar-se de maneira não traumática, mas altamente gratificante, prelúdio de uma relação nova com a corporeidade e a materialidade (R. BACH, *Un ponte sull'eternità*, 310-311.315).

Podemos concluir revelando que a experiência sono/sonho, além de constituir um momento de particular importância para a vida presente, nos familiariza com alguns aspectos que devem ser consideradas peculiares da vida futura. Sono e sonho representam uma ponte misteriosa entre as duas vertentes da existência humana, a que obedece à lei do tempo e a que nos fixa na eternidade.

BIBLIOGRAFIA. BACH, R. *Un ponte sull'eternità*. Milano, 1985; BALLESTER, M. *Meditare un sogno*. Padova, 1988; BASTIDE, R. *Sogno, trance e follia*. Milano, 1976; BERTINI, M. – VIOLANI, C. *Cervello e sogno*. Milano, 1982; CAFFAREL, H. *Cinq soirées sur l'oraison*. Paris, 1980; CALZOLARI, A. Dormire: il quotidiano disarmo unilaterale. *Messaggero Cappuccino* 5-6 (1988) 74-75; FRANKL, V. *Dio nell'inconscio*. Brescia, 1975; FREUD, S. *L'interpretazione dei sogni*. Roma, 1953; GARMA, A. *Psicanalisi dei sogni*. Torino, 1971; GENTILI, A. Sonno e morte come eventi di trasformazione spirituale. *Rivista di Vita Spirituale* 37 (1983) 170-192; LA COMBE, F. *Meditare*. Milano, 1983; LAFRANCE, J. *La preghiera del cuore*. Civitella San Paolo, 1980; MANCIA, M. *Il sogno come religione della mente*. Bari, 1987; MCKENZIE, J. L. *Sogno*. Assisi, 1973; MEIER, C. A. *Il sogno come terapia. Antica incubazione e moderna psicoterapia*. Roma, 1987; J. MODY, R. A. *La vita oltre la vita*. Milano, 1977; MORRIS, *Usare bene i sogni*, Como, 1987; NOTARFRANCHI, P. P. Il sogno e la cultura dominante. *Riza Scienza* 12 (1986).

A. GENTILI

SORRISO (apostolado do). Pode-se falar de apostolado do sorriso? A resposta é sem dúvida afirmativa. Como nome e como realidade essa forma de → APOSTOLADO pode entrar na terminologia espiritual. Com efeito, o apostolado "que a Igreja exerce mediante todos os seus membros, naturalmente em modos diferentes, porque a vocação cristã é por sua natureza também vocação ao apostolado [...] é tornar partícipes da salvação realizada pela redenção todos os homens e por meio deles ordenar efetivamente o mundo inteiro a Cristo" (*AA* 2). Próximo, portanto, ao apostolado hierárquico exercido em nome e na autoridade de Cristo, cabeça da hierarquia, há também o apostolado do leigo que "participa da mesma missão da Igreja" (*LG* 33) e ao qual "estão todos destinados pelo Senhor justamente por meio do batismo e da confirmação" (*LG* 33). Nesse tipo de apostolado, aberto a todas as almas e de nenhum modo reservado ao apostolado hierárquico, insere-se o apostolado do sorriso.

O sorriso, com efeito, que é expressão de um ser inteligente e delicado, pode ser usado como instrumento de mal ou de condenação (assim o são os sorrisos de sarcasmo, de tolerância, zombaria, de burla, de ironia etc.). Mas como instrumento de bem pode se tornar um meio de comunicação de alegria, de paz, de serenidade, de força, de resignação e, numa alma aberta à luz da verdade, talvez de graça. O sorriso no sofrimento e na dor, na fadiga física e moral, pode custar muito ou pouco, de acordo com a virtude e o caráter do indivíduo, mas pode produzir muito bem. O sorriso pode diminuir uma pena do outro e incitá-lo à bondade; é, portanto, ato de finíssima caridade, que supõe uma alma forte, capaz de se controlar, de se dominar, de se esquecer para se doar. Santa → TERESINHA DO MENINO JESUS escreve que o sorriso "é a flor de Deus, eco longínquo do céu, e acento fugitivo das cordas que vai tocando o Eterno" (*Poesias* 5, 4). É uma forma de apostolado ao alcance de todos, em todas as idades e em todas as circunstâncias da vida: a mãe sabe sorrir para a própria criatura e para o próprio marido; o superior, para o súdito; o sadio, para qualquer doente, e o doente para o sadio... O Vaticano II lembra: "Nas adversidades da vida (os fiéis) encontram a força na esperança, pensando que 'os sofrimentos do tempo presente não têm proporção com a glória que deve ser revelada em nós' (Rm 8,18)" (*AA* 4). E a esperança é sempre fonte de alegria: "Sede alegres na esperança" (Rm 12,12).

O apostolado do sorriso foi preferido por Santa Teresinha do Menino Jesus, a qual escrevia: "Uma palavra, um sorriso amável bastam muitas vezes para que uma alma triste se expanda" (*Manuscrito A*, 323), e "é preciso sorrir sempre para consolar Jesus" (*Poesias* 15,15). Antes, podia afirmar com heroísmo: "O meu céu é sorrir a esse Deus que adoro quando se esconde para provar a minha fé: sorrir ao esperar que ainda olhe para mim" (*Poesias* 19, 5).

BIBLIOGRAFIA. *Apostolicam actuositatem*, nn. 2-4; BERNAGE, B. *Savoir vieillir et sourire*. Tours, 1969; BOUGE, Y. *Joie de la confiance*. Paris, 1970; Le sourire. *Vives Flammes* 121 (1979) 252-285; QUATTROCCHI, P. Beltrame. *Buongiorno, sorriso!* Brescia, 1967; *Siempre alegres para hacer felices a los demás*. Madrid, [10]1979; VARILLON, F. *Joie de croire, joie de vivre*. Paris, 1981.

M. CAPRIOLI

SPENER, PHILIPP JACOB. **1. NOTA BIOGRÁFICA**. Spener, o "padre espiritual do pietismo alemão", nasceu em Ribeauville (Alsácia), em 1635. Terminou o estudo de teologia na universidade de Estrasburgo com a dissertação sobre a filosofia de Hobbes e, depois de alguns anos de atividade como livre pregador, foi nomeado "decano dos pastores", em Frankfurt. Em 1666, deu início ao movimento do → PIETISMO, que tomou o nome da sua instituição de *collegia pietatis*. A "nova doutrina", que promoveu com numerosas publicações e sobretudo por meio da pregação, foi-lhe causa de uma forte oposição por parte da ortodoxia protestante. Acusado de catolicismo disfarçado, de misticismo, de ensinamento teológico errôneo, passou como capelão para a corte de Dresda (1686) e enfim, para se distanciar dos ataques, procurou refúgio em Berlim (1689), onde morreu em 1705.

2. ESCRITOS. Entre as numerosas obras de Spener, a mais difundida e que se tornou programática para o pietismo tem o título de *Pia desideria* (1675). Com uma fórmula breve e incisiva Spenere expõe ali praticamente toda a sua doutrina: "Todo o nosso cristianismo consiste no homem *interior* e *novo*". Desse homem novo tratam os 65 capítulos do livro, nove dos quais traçam o caminho para chegar à "edificação do homem interior" — que é o homem iluminado pelo Espírito Santo, justificado e santificado no nascimento para a verdadeira fé —, ao passo que os outros 56 capítulos falam do homem renascido ou dos frutos do renascimento espiritual.

O tema do renascimento, em que Spener se inspirou em *Do verdadeiro cristianismo*, de → JOHANN ARNDT, ao fazer desse livro tema de um ciclo de prédicas (*Predigten über des seeligen J. Arnds Geistreiche Bücher Vom wahren Christenthum...*, Frankfurt, 1711), é o tema central da sua doutrina (bem mais que a fé na justificação, porquanto tal fé penetra o homem até o fundo e determina de dentro o seu agir, como considera E. Hirsch). Já nos primeiros escritos espirituais (*Erste Geistliche Schriften*, em duas partes, Frankfurt, 1699) e nas prédicas sobre o catecismo (*Kurtze Catechismus Predigten...*, Frankfurt, 1697) Spener o desenvolve amplamente, sobretudo nas 66 prédicas feitas por semanas em Berlim, em que o assunto ocupa o lugar central (*Der hochwichtige Articul Von der Wiedergeburt...*, Frankfurt, 1715).

3. DOUTRINA. Os estudos recentes jogaram luz sobre a inexatidão do juízo de A. Ritschl, que, vendo em Spener a figura do iniciador de um movimento de piedade, não percebe sua figura de teólogo. Ao contrário, como confirma M.

Schmidt, "a importância de Spener e com ela a sua posição de guia se encontram, antes, na sua teologia". Com efeito, a polêmica de Spener contra a "teologia de escola", contra a "doutrina", em favor de uma "teologia da vivência", de uma prática da piedade não significam uma recusa de toda a teologia, mas unicamente a não aceitação da que é metódica e "tradicional" da ortodoxia protestante. Embora não tenha deixado obras dogmáticas, em todos os seus escritos se nota o teólogo, consciente do seu papel de querer chegar a uma nova interpretação teológica da Reforma de Lutero e de considerá-la em relação à tradição espiritual, para demonstrar a necessidade da teologia mística, para viver plenamente a verdade do Evangelho.

Na sua doutrina espiritual, Spener distingue quatro momentos existenciais no homem: o estado de inocência antes da queda, em que o homem é verdadeiramente "imagem e semelhança" de Deus; o estado de pecado depois da queda; o estado da graça e do renascimento espiritual; o estado da glória na eternidade, em que o homem terá de novo atingido a semelhança com Deus.

De particular importância para a vida do cristão é o terceiro estado, o tempo em que o homem, consciente de ser justificado e filho adotivo de Deus, se prepara, mediante a fé viva, para se tornar nova criatura e nova criação da graça e do amor de Deus. Isso requer a *passividade*, comparada simbolicamente por Spener ao nascimento, antes, à própria concepção, para exprimir a exclusiva iniciativa de Deus: verdadeiramente, mas de modo místico, "é gerado" o homem novo (alusão à palingenesia paulina) *somente pela graça*. Ao mesmo tempo, a passividade exprime o caráter misterioso do renascimento, o qual se subtrai a toda iniciativa humana. Disso se segue para Spener o poder atribuir a ela o mesmo significado que assume a fé na doutrina de Lutero. À diferença do reformador, porém, ele ressalta o empenho do homem em se interiorizar, ao qual deve acompanhar a passividade. O misterioso renascimento se dá no seu interior, na sua *interioridade*, e o homem deve "se retirar em si mesmo, na sua invisível e profunda interioridade". Por isso, é necessário que ele seja tentado, que possa experimentar até o fim a sua desesperada situação existencial. Daí nasce nele uma *radical mudança* moral, em que se reflete toda a grandeza do homem renascido, tanto que a nova relação com Deus, a filiação, o aproxima do Pai muito mais do que tinha estabelecido o estado de criatura antes da queda. Esse homem novo é uma realidade que supera a ideia de Lutero sobre a justificação: impossível que derive dela, que é apenas uma afirmação jurídica.

Movendo-se assim na linha da teologia espiritual, Spener faz sua também a orientação ascensional e ascética para a *perfeição*, à qual é chamado, em primeiro lugar, o clero (daí a sua crítica aos teólogos muito ávidos de formação intelectual, mas indiferentes diante da prática da piedade). Todos os cristãos devem colaborar com "a ação oculta do Espírito" e tender progressivamente para a *renovação* interior (→ PIETISMO), um trabalho que no início se assemelha às "crianças", sempre desejosas de crescer e de avançar para os degraus superiores, e que se torna depois o da idade adulta, dos *perfeitos*, que percorrem o duro caminho do sofrimento e da cruz e escolhem o afastamento do mundo para se dedicar à intensa vida de oração. Para que isso seja facilitado, Spener convida os fiéis a fazer regularmente reuniões nas famílias (*collegia pietatis*), em que todo participante, investido do sacerdócio universal, tem o direito de intervir com a palavra e estimular todos à vida perfeita. Spener estava convencido de que a desejada reforma da Igreja protestante haveria de partir de uma tal renovação interior, ou seja, do renascimento do indivíduo, antes do pastor, depois dos cristãos. Deus "não teria podido escolher uma outra via", motivo pelo qual a Igreja institucional parece sem importância em Spener. Antes, ela poderia até se desfazer para que aparecesse "a verdadeira Igreja", "templo vivo" de uma comunidade de renascidos e renovados no Espírito.

4. INFLUÊNCIA. A enorme influência de Spener diz respeito a todo o movimento do pietismo, que se apoiou predominantemente nas suas ideias e exposições de teologia espiritual, de vida prática e de oração, de abertura a uma mística da vivência. Essa influência se observa até o fim do século XVIII, em particular em Schleiermacher. É importante notar que Spener traduziu para o alemão os escritos de Jean de Labadie.

BIBLIOGRAFIA. BLAUFUSS, *D. Reichsstadt und Pietismus. Ph. J. Spener und Gottlieb Spizel aus Augsburg*. Neustadt a.d. Aisch, 1977; ID. *Spener-Arbeiten. Quellenstudien*... Bern/Frankfurt, 1975; HORNIG, G. Speners pietistisches Kirchenreformprogramm. In *Handbuch der Dogmen – und Theologiegeschichte*. Göttingen 1984, 98-102, vl. III; PESCHKE, E. Speners Wiedergeburtslehre... In *Traditio. Krisis. Renova-*

tio. Marburg, 1976, 206-224; *Pia desideria*. Ed. de ALAND, 1940; SCHMIDT, M. Spener und Luther. In Der Pietismus als theolog. Erscheinung. Göttingen, 1983, 156-181; ID. Recht und Grenze der Kirchenkritik. *Ibid*., 182-198; WALLMANN, J. *Philipp J. Spener und die Anfänge des Pietismus*. Tübingen, ²1986; WALLMANN, J. Wiedergeburt und Erneurung bei Ph. J. Spener. *Pietismus und Neuzeit* 3 (1977) 7-31.

GIOVANNA DELLA CROCE

SPIRITUS VERTIGINIS. É uma frase tomada de Is 19,14, segundo a versão dos Setenta: "YHWH derramou neles [príncipes de Zoan etc.] um espírito de vertigem".

O *spiritus vertiginis* é uma das fadigas e das tentações que se verificam geralmente na noite passiva do sentido para as pessoas que a seguir passarão à noite passiva do espírito; é um dos tormentos mais terríveis, muito próximo aos da noite passiva do espírito. São → JOÃO DA CRUZ no-lo descreve assim: "Outras vezes lhes acontece um outro abominável espírito que Isaías chama de *spiritus vertiginis*, não porque eles caem, mas porque têm essa impressão; de fato, ele obscurece totalmente o sentido que os enche de mil escrúpulos e mil perplexidades tão intricadas à razão deles que não podem jamais se satisfazer com nada nem encontrar ajuda em nenhum conselho nem em nenhum conceito" (*Noite*, 1, 14, 3). Em substância, para São João da Cruz, o *spiritus vertiginis* não é tanto o escrúpulo quanto o demônio, que é sua causa.

I. RODRÍGUEZ

STARČESTVO — PAISIJ VELIČKOVSKIJ. A palavra semítica "abbas" quer dizer "pai" e os cristãos, ao participarem em Cristo da filiação divina, aprenderam a se dirigir ao próprio Deus, chamando-o de "Abbá, Pai" (Rm 8,15). Desde os primeiros séculos do cristianismo, sobretudo na tradição monástica, foram chamados de "pais" com plena consciência pessoas cuja atividade parecia um reflexo, uma participação sobrenatural da paternidade divina. Diz-se nas *Constituições monásticas*, atribuídas a Basílio: "Como Deus é e quer ser chamado de pai, [...] assim o pai espiritual" (*Constitutiones monasticae*, 19: p. 31, 1388B). Nas mais antigas tradições eslavas o título de "starec", ancião, é sinônimo de pai, o "abbas" das *Vidas dos Pais* e corresponde ao grego "geron". Geralmente eram chamados de "starcy" os monges mais anciãos que ajudavam o hegúmeno de um mosteiro sobretudo com o conselho e o exercício da paternidade espiritual. "O starčestvo como fenômeno espiritual existia nos mosteiros russos bem antes do século XIX, como se pode ver em São Sergij, em São Kirill, no grande *starec* Nil Sorskij, em São Tichon Zadonskij e em outros, mas como escola fundada sobre a sólida base do ensinamento patrístico e ascético da Antiguidade com os próprios regulamentos, métodos e tradições o russo deve sua origem ao *starec* Paisij Veličkovskij (1722-1794)" (I. KOLOGRIVOFF, *I santi russi*, 398). Paisij nasceu em 1722, em Poltava, na Ucrânia, recebendo no batismo o nome de Pëtr. De família eclesiástica, ficou órfão bem cedo. Pôde estudar e se apaixonar pela leitura de livros espirituais, sobretudo das Escrituras. Completou os estudos em Kiev, demonstrando grandes dotes e capacidade, de modo que mais tarde entrou para a academia teológica. Todavia, a inclinação à vida contemplativa e à solidão o levou a fugir da Academia e a procurar refúgio no mosteiro de Ljubec. Transferiu-se depois para o mosteiro Nikoloskij, na Moldávia, onde recebeu a primeira tonsura monástica com o nome de Platon. Depois de várias peregrinações, chegou a Valaquia (hoje Romênia), a Trejstenij, onde se estabeleceu no *skit* de São Nikolaj, sempre à procura de um padre espiritual que o guiasse. Em 1746 chegou ao monte Athos, onde viveu em solidão e oração, lendo as Escrituras e as obras dos Padres. Aí recebeu o "schema" (o hábito monástico) e assumiu o nome de Paisij. Em torno dele se reuniram outros monges: no início Paisij recusou tornar-se padre espiritual da pequena comunidade; depois, estimulado pelos confrades e pelos superiores dos mosteiros vizinhos, aceitou e constituiu uma comunidade monástica segundo a tradição estudita (→ TEODORO ESTUDITA). Em 1763, transferiu-se juntamente com os monges para a Morávia. Paisij se preocupava por seguir pessoalmente todo monge com uma confissão diária, com frequentes colóquios espirituais e promover a leitura dos Padres e dos escritores espirituais. Com a intenção de promover uma autêntica vida de oração na comunidade monástica, empenhou-se em traduzir para o eslavo eclesiástico as → FILOCALIA com o título *Dobrotoljubie*, uma antologia de textos patrísticos e de escritores espirituais sobre a oração. A guerra russo-turca o obrigou a se transferir para Njamea, ao passo que as duas comunidades monásticas, ambas sob a sua direção, cresciam consideravelmente. Morreu no dia 15 de novembro de 1794. A sua influência se estendeu até a Rússia, graças às relações epistolares e à publicação da *Dobrotoljubie*. Muitos dos seus discípulos se tornaram mais tarde *starcy* ou superiores em numerosos mosteiros russos, renovando a antiga tradição monástica. Lembremos, além disso, os *starcy* do mosteiro de Optino, que por todo o século XIX e início do século XX animaram o renascimento espiritual russo: Leonid (1768-1841), Makarij (1788-1860) e Amvrosij (1812-1891). Não esqueçamos sequer → SERAFIM SAROVSKIJ (1759-1833) e → SILVANO DO MONTE ATHOS (1866-1938).

Gostaríamos agora de descrever à luz da vida e dos escritos dos *starcy* os aspectos fundamentais do *starčestvo*: a vida interior, a direção espiritual e o testemunho de vida.

A vida interior. O *starec* é antes de qualquer coisa um homem que vive de Cristo. No deserto e na solidão — que nem sempre se identifica com a vida eremítica —, em épocas em que era difícil encontrar um guia espiritual, esses homens confiaram em primeiro lugar na Escritura, não negligenciando jamais sua leitura assídua e muitas vezes aprendendo-a de memória, sempre à procura da vontade de Deus. Assim fazia, por exemplo, → NIL SORSKIJ, que recorria à Escritura toda vez que tinha alguma dúvida sobre o próprio caminho espiritual. Serafim Sarovskij, durante o período transcorrido no mosteiro como recluso (→ RECLUSÃO), tinha se dedicado à leitura contínua do Novo Testamento. O desejo de se identificar com o Cristo é característico do *starčestvo*: Serafim durante os anos do eremitério tinha escolhido perto da cela alguns lugares a que tinha dado o nome de Belém, Nazaré, Tabor e Gólgota, para assim percorrer de novo na oração o caminho de Cristo. A oração é o meio mais autêntico para chegar a Deus. À luz do convite de Paulo, "Orai sempre", os *starcy* procuraram encarnar esse ideal da oração contínua, sobretudo por meio da prática da oração do coração. O *starec* se exercita longamente a viver na presença de Deus e se prepara para lutar contra as tentações: trata-se de uma luta interior em que o demônio procura dominar o homem por meio do "pensamento passional", que muitas vezes tem as suas origens numa experiência sensível, e quando o pensamento domina o coração, o homem se torna seu escravo. O *starec* trava uma contínua luta por meio da oração, do jejum e do trabalho para se libertar da escravidão das paixões, mas está consciente de que essa liberdade não é fruto dos seus esforços, mas sim dom de Deus. Deus vê a angústia do homem na sua escravidão, escuta a oração insistente, aproxima-se do coração humilde e arrependido e no fim se revela e faz dom da "oração pura" ao homem, ou seja, da abertura constante do coração na presença de Deus. Então a oração contínua, em particular a oração de Jesus, não é mais fruto de um esforço ascético: o homem todo é orientado para Deus. Essa experiência de Deus é sempre precedida pela prova: o homem chamado por Deus deve mostrar a sua disponibilidade para receber esse dom. Assim Serafim viveu como estilita mais de três anos e Silvano se lançou à mais completa prostração para obter esse dom de Deus. O fruto dessa experiência é a presença do Espírito Santo, que dá ao homem uma paz que supera infinitamente a quietude que os homens podem atingir e uma alegria interior que supera todo pensamento humano.

A direção espiritual. Os *starcy* exercem em primeiro lugar a direção espiritual. Uma conversa com eles pode ser suficiente para transformar a vida de um homem, ou o pode abrir a um conhecimento tão profundo de Deus e de si mesmo que deixa um traço indelével na sua existência. Eles possuem o dom do → DISCERNIMENTO DOS ESPÍRITOS, têm um olhar penetrante que chega à realidade mais profunda do homem. Afastando-se de toda paixão e de toda sensibilidade natural que aflige as relações entre os homens, podem descobrir a verdadeira imagem de Deus no homem, expondo à luz suas deformações ou doenças espirituais, dando os conselhos que podem guiar o homem a viver plenamente a sua realidade de filho de Deus. Como é possível isso? Serafim, interrogado a esse propósito, dizia que quando encontrava os homens exprimia simplesmente aquele pensamento que o coração lhe sugeria e nesse caso se expressava sempre segundo a vontade de Deus; outras vezes, porém, quando tinha preferido refletir com a própria mente tinha caído em erros, não tinha podido discernir a vontade de Deus. Trata-se, portanto, mais de um dom do Espírito Santo que de uma virtude natural. O *starec* conserva sempre na memória a pessoa que encontrou; mesmo depois de vários anos chama pelo nome e parece ainda viva a sua preocupação com os problemas expostos outrora. Todo homem que o *starec* encontrou fica presente na sua oração. Conta-se que Silvano passava grande parte da noite pronunciando simplesmente diante do Senhor os nomes dos homens que conhecia.

O testemunho de vida. Os *starcy* testemunharam no mundo a presença do Espírito Santo não somente por meio de uma intensa vida de oração e direção espiritual, mas sobretudo vivendo a mansidão e a humildade de coração do Cristo. Com efeito, se considerarmos a vida dos *starcy* é evidente que todos viveram em profunda obediência ao próprio hegúmeno e ao padre espiritual, ainda que isso fosse motivo de grandes sofrimentos. A obediência era sempre acompanhada pela mansidão e humildade. Os *starcy* mostram acolhimento e amor para com todos, particularmente em relação aos inimigos. Serafim, por exemplo, nos seus anos de eremitério, foi assaltado no bosque por ladrões e, mesmo tendo a possibilidade de se defender, não se opôs à violência deles. Não podemos esquecer, a propósito do testemunho dos *starcy*, a relação com o mundo da cultura. Em particular, graças a Makarij, o mosteiro de Optino entrou em relações com os literatos e estudiosos. Vieram a Optino Gógol', → SOLOV'ËV, Leontev, Dostoiévski e Tolstoi. Discutiam-se problemas nacionais, universitários e até política.

BIBLIOGRAFIA. BUBBNOFF, N. von. *Russische Frömmigkeit. Briefe eines Starzen*. Wiesbaden, 1947; HAINSWORTH, C. D. *Starets Paisij Velichkovskij. Doctrine of spirituals Guidance*. Roma, 1976; HAUSHERR, I. Direction spirituelle en Orient autrefois. *Orientalia Christiana Periodica* 144 (1955) 17 ss.; KOLOGRIVOFF, I. *Essais sur la sainteté en Russie*. Bruges, 1953; LILIENFELD, F. von. *Hierarchen und Starzen des russischen orthodoxen Kirche*. Berlin, 1966; LOSSKY, V. *La paternité spirituelle en Russie aux xviii et xix siècles*. Bellefontaine, 1977; ID. Les startsi d'Optino. *Contacts* 13 (1961) 4-14; ID. Le starets Macarie. *Contacts* 14 (1962) 9-19; ID. Le starets Ambroise. *Contacts* 14 (1962) 219-236; SCHWARZ, M. Un réformateur du monachisque orthodoxe du XVIII siècle: Paisios Velickovskij. *Irenikon* 1 (1934) 561-572; SMOLITISCH, I. *Leben und Lehre der Sarzen*. Wien, 1936; TSCHETWERIKOFF, S. Das russische Starzentum. In *Die Ostkirche. Sonderheft der Zt. "Una Sancata"*. Stuttgart, 1927.

M. GARZANTI

STEIN, EDITH. 1. NOTA BIOGRÁFICA E OBRAS. De família israelita, nasceu em Breslávia, no dia 12 de outubro de 1891. Órfã de pai, recebeu da mãe a mais rígida educação religiosa hebraica. Na universidade de Göttingen estudou filosofia, encontrou-se com Edmund Husserl, fundador da corrente fenomenológica, e sofreu forte influência dele. Diplomada em filosofia em 1916, em Friburgo, aprofundou os estudos filosóficos como assistente de Husserl. Depois de longas lutas interiores, caracterizadas por uma ardente sede de verdade, obteve a graça de uma iluminação interna mediante a leitura da autobiografia de Teresa de Ávila e se converteu ao catolicismo, recebendo o batismo no dia 1º de janeiro de 1922. Retirou-se do mundo, vivendo por dez anos no convento das dominicanas de Speyer como professora de letras e filosofia. Em 1932, aceitou o encargo de docente no Instituto de pedagogia científica em Münster. Desde sua conversão teve a certeza de ser chamada ao Carmelo; somente em 1933, quando, em decorrência das leis racistas, foram cortadas todas as possibilidades de desenvolver uma atividade de estudo, ensinamento e apostolado, recebeu a permissão de seguir a sua vocação e entrou para o Carmelo de Colônia, assumindo o nome de Teresa Benedita da Cruz. Por causa do perigo que a causa das perseguições dos judeus trazia à sua comunidade, transferiu-se, em 1938, para o Carmelo holandês de Echt. Em agosto de 1942, depois da invasão alemã na Holanda, foi deportada para vários campos de concentração e depois para Auschwitz, onde morreu numa câmara de gás, presumivelmente no dia 9 do mesmo mês. No dia 4 de janeiro de 1962 foi aberto em Colônia o processo ordinário que se encerra no dia 1º de maio de 1987, com sua beatificação como mártir.

2. ESCRITOS. A sua tese de licenciatura, *Zum Problem der Einfühlung* (1917), e as suas primeiras publicações: *Beiträge zur philosophischen Begründung der Psychologie* etc. (1922), apresentam, servindo-se do método de Husserl, uma análise dos vários fenômenos em relação com a alma humana. Convertida ao catolicismo, não abandona a sua formação filosófica, embora estude assiduamente Santo Tomás, traduzindo para o alemão as *Quaestiones disputatae de veritate* (1931-1933). Os seus escritos, *Husserl's Phänomenologie und die Philosophie des hl. Thomas* (1929) e *Akt und Potenz* (1931), apresentam uma tentativa de situar a fenomenologia em confronto com o tomismo. O volume de estudos pedagógicos *Frauenbildung und Frauenberufe* reúne as suas conferências sobre a missão moral e religiosa da mulher na família e na sociedade. Na sua obra

filosófica mais importante, *Endliches und ewiges Sein*, trata o problema do ser com uma vastíssima e completa competência. O último escrito filosófico, *Wege der Gotteserkenntnis* (1941), é uma exposição da doutrina do pseudo-Dionísio. Além de ter esboçado pequenos estudos hagiográficos, como o perfil de Teresa de Ávila, de Teresa Margarida Redi etc., compôs vários tratados de espiritualidade: *Weihnachtsgeheimnis* (1930), *Gebet der Kirche* (1936), *Sancta discretio* (1938), *Die Hochzeit des Lammes* (1939), *Ave crux spes unica* (1940) e *Kreuzeswissenschaft* (1941-1942); esse último, o mais volumoso e importante, ficou incompleto e é uma apresentação original da doutrina de São → JOÃO DA CRUZ.

3. DOUTRINA. A contribuição de Stein à filosofia caracteriza-se seja por sua decidida reação contra o idealismo kantiano e pós-kantiano, seja pelo empenho de criar uma síntese superior entre o método fenomenológico e a ontologia tradicional do pensamento grego, patrístico e escolástico, a ponto de merecer por parte de Husserl o elogio de ser a mais insigne representante da neoescolástica. Afasta-se também do tomismo, não admitindo que a filosofia, diferentemente da teologia, deva se ocupar exclusivamente com as verdades acessíveis à razão natural, afirmando que a "filosofia cristã" não somente se fundamenta como a teologia nas verdades reveladas, mas deve também levar em conta percepções experimentais interiores do sobrenatural. Esse método, que para a teologia espiritual é tradicional da escola carmelita, aplicado à filosofia carrega consigo, de uma parte, o perigo do subjetivismo, abrindo, de outra, uma nova possibilidade ao conhecimento das verdades reveladas, com a premissa que o conteúdo das graças místicas deve estar sempre em perfeita conformidade com o ensinamento da fé. Com efeito, a partir da percepção contemplativa de Deus que vive no centro da alma, Stein deduz não apenas a existência do Ser supremo, mas se estende até a intuição do mistério trinitário. A Trindade envolve na sua vida a alma que se entrega com livre decisão a Deus, e é então que a alma experimenta de certo modo que o Pai gera nela de novo o seu divino Filho e por isso a alma se empenha por desaparecer em Cristo, a fim de que o Pai contemple nela o seu Verbo; e enfim mergulha no Espírito Santo, transformando-se assim numa efusão de amor divino.

Nos seus vários escritos também se posiciona diante das controvérsias em torno das várias formas de oração: a diferença entre a → INABITAÇÃO de Deus por via da graça e a por via de união mística lhe serve de base para estabelecer a diferença entre fé e contemplação; define a fé como operação do intelecto e a contemplação como atividade do coração, ou seja, do íntimo da alma, que empenha, portanto, todas as faculdades; e também nega a existência de uma oposição entre oração litúrgica objetiva e oração solitária individual, mas as fundamenta numa síntese mediante a interioridade de uma autêntica mística de Cristo; dá, enfim, uma interpretação original da doutrina sãojoanina, enquadrando-a no pensamento paulino sobre a morte e a ressurreição.

Stein, porém, não tem tanto a missão de apresentar uma doutrina, de transmitir um ensinamento teórico quanto de ser um testemunho de vida vivida. Antes de tudo o mais, como filha de Israel que convertida ao catolicismo não repudia a estirpe à qual tem orgulho de pertencer, mas, ao contrário, sente a vocação de arrastar consigo, na salvação, o seu povo, considerando as perseguições dos judeus no terceiro Reich, como, aliás, todas as precedentes, um meio para expiar o delito de ter rejeitado Cristo. Oferece-se ao Senhor em holocausto pelo seu arrependimento e quer participar com perfeita consciência e adesão interior ao cruel destino do seu povo. Ao morrer como testemunha de Israel, morreu também como testemunha de Cristo e da sua cruz. A sabedoria da cruz é o *leitmotiv* de toda sua vida: no seu primeiro encontro com a cruz de Jesus, intuindo que a Igreja nascera da paixão do Senhor, de ateia que era tornou-se crente; desde então experimentou sempre uma grande atração pela cruz como meio de união com Cristo e de redenção das almas. Entrou para o Carmelo para realizar "a divina semelhança com o Cordeiro imolado". Mergulhando cada vez mais profundamente no mistério da cruz, derramou a íntima experiência na última obra sua, *Scientia crucis*.

Na história da espiritualidade Stein pode ser considerada também como o testemunho de uma mística autêntica, sem superestruturas de graças extraordinárias ou estados paramísticos. No momento da sua conversão — assim podemos deduzir de seus escritos — foi "de repente totalmente levada ao estado de união e de amor perfeito" e até a morte se manteve fiel a essa graça inicial, deixando-se "guiar e dirigir com total abandono por Deus cujo impulso percebia de modo sobrenatural". Dessa vida de união com o Senhor tirou a luz sobe os mistérios divinos e a força para as virtudes heroicas que foram referidas nos testemunhos do processo de beatificação.

BIBLIOGRAFIA. 1) Escritos: *Edith Stein's Werke*. Leuven-Freiburg, 1954-1985, I-IX. *La preghiera della Chiesa*. Brescia, 1959; *Scientia Crucis. Studio su san Giovanni della Croce*. Milano, 1960; *La donna. Il suo compito secondo la natura e la grazia*. Roma, 1969; *La scelta di Dio. Lettere (1917-1942)*. Roma, ²1974; *Zum Problem der Einfühlung*. Inaug. Diss., München, 1980; *Il mio primo semestre a Gottinga*. Brescia, 1982; *Vie della conoscenza di Dio e altri scritti*. Padova, 1983.
2) Estudos: Teresia Renata de Spiritu Sancto. *Edith Stein*. Brescia, 1953; Teresia a Matre Dei. *Edith Stein. Una donna per il nostro secolo*. Milano, 1971; Muzio, L. di. *I giorni della verità. La vicenda di Edith Stein*. Roma, 1974; Tomás, Simeone Edith Stein. Nota bibliografica. *Rivista di Vita Spirituale* 28 (1974) 359-370; Macca, V. Edith Stein. *Rivista di Vita Spirituale* 29 (1975) 178-190; Bortone, E. *Suor Teresa Benedetta della Croce (E. Stein)*. Postulazione Generale OCD. Roma, 1976; Bettinelli, C. *Il pensiero di E. Stein*. Milano, 1976; *Gli scritti della serva di Dio Edith Stein*. Postulazione Generale OCD. Roma, 1977 (estudo oficial dos dois teólogos censores da Sagrada Congregação para as Causas dos Santos); Faresin, C. *Metafisica, religione e mistica in E. Stein*. Padova, 1978-1979; Barukinamwo, M. *Edith Stein. Pour une ontologie dynamique ouverte à la transcendance totale*. Frankfurt, 1982; García, R. E. E. Stein o el gozo de la cruz. *Revista de Espiritualidad* 42 (1983) 219-242; Herbstrith, W. *Das wahre Gesicht E. Steins*. München, ⁵1983; García, R. E. Presupuestos para una filosofía de la persona en E. Stein. *Teresianum* 35 (1984) 359-384; Herbstrith, W. et al. *Ein Lebensbild in Zeugnissen und Selbstzeugnissen*. Freiburg, ²1985; Hughes, J. Edith Stein's doctoral thesis on empathy. *Teresianum* 36 (1985) 455-484; Miribel, Elisabeth de. *Edith Stein, dall'università al lager di Auschwitz*. Alba, 1987.

E. Ancilli

STOLZ, ANSELMO. **1. NOTA BIOGRÁFICA.** Nasceu em 28 de janeiro de 1900, em Erkrath, perto de Düsseldorf (Alemanha), fez a profissão religiosa na abadia de Gerleve (Westfália), em 1920. Em 1922 foi estudar no Santo Anselmo, em Roma, que daquele momento até sua morte prematura, acontecida em 19 de outubro de 1942, foi teatro primeiro da sua carreira de estudante, depois, a partir de 1928, do seu alto ensinamento. Stolz foi um docente exemplar, que, rico de trato pedagógico, sabia unir uma aguda percepção do essencial a uma lúcida clareza expositiva. De caráter espirituoso e brilhante, a sua figura exprimia pacata simplicidade, que a tornava muito mais convincente. Se de início era alguém de frio raciocínio, a seguir, na sua vida interior, soube desenvolver uma profunda piedade pessoal de cunho místico.

2. ESCRITOS. *Glaubenslicht und Glaubensgnade* (*Studia Anselmiana* 1 [1933]); *Deutsche Thomas Ausgabe* (vl. I. Introdução, e vl. II. Comentário, Salzburg, 1934; vl. III. Comentário e Notas, Salzburg, 1939). *Theologie der Mystik* (Regensburg, 1936); *Anselm von Canterbury* (München, 1937); *Theologia dogmatica*. (Friburgo, 1939-1941, 6 vls.); *L'ascesi cristiana* (Brescia, 1943).

3. DOUTRINA. Apesar dos poucos anos de vida a ele concedidos, Stolz exerceu uma influência que até hoje não se acabou, antes por meio dos seus discípulos, especialmente no Pontifício Ateneu de Santo Anselmo, em Roma, e depois também mediante algumas perspicazes intuições ideais por ele condensadas nos seus escritos teológicos, por exemplo, a respeito da relação existente entre o tratado *De Deo Uno* e o *De Deo Trino*, sobre a importância da doutrina trinitária grega em relação à latina, sobre a interpretação do argumento "proslógico" de Santo → ANSELMO D'AOSTA, e sobretudo sobre a sua posição na história dos dogmas. Altamente significativo é, em particular, seu posicionamento diante dos problemas levantados pela mística, por ele postos em evidência especialmente na sua *Theologie der Mystik* e no seu trabalho *A ascese cristã*. O seu livro sobre a teologia da mística levantou no seu tempo grande tumulto. Ele contém as aulas que ministrou durante as semanas de escola superior de Salisburgo ("Salzburger Hochschulwochen") no ano de 1935, sob o título (talvez um pouquinho mais moderado e melhor centrado) de *Os fundamentos dogmáticos da mística*. Stolz começou constatando "que entra como componente essencial na vida mística uma percepção experimental da presença de Deus na alma" (*Ibid.*, 13). Superando, porém, esse ponto de vista universalmente reconhecido, ele tende a arranjar um pretexto capaz de fazer sair da dificuldade em que recentemente se encontram presos, em vivo contraste, um contra o outro, por exemplo, um Poulain e um → GARRIGOU-LAGRANGE, ao definir teologicamente a relação que existe entre as graças místicas e a simples vida cristã (*Ibid.*, 16-19).

No decurso das suas disquisições, Stolz chega à seguinte conclusão: "A mística realmente não se exaure em viver sensível e sentimentalmente a verdade religiosa. [...] Com efeito, faz parte essencial da experiência de Deus, adquirida na mística, o fato de ela brotar de uma profunda vida espiritual. Ora, essa experiência se põe por sua mesma natureza no limiar dos fenômenos constatáveis no campo meramente psicológico" (*Ibid.*, 245). Depois ele afirma categoricamente: "A mística é uma experiência [...] 'transpsicológica' da inserção na corrente da vida divina, a nós concedida nos sacramentos, especialmente na eucaristia" (*Ibid.*, 246). Se com isso se pretende explicar a base nitidamente cristã da nossa mística, a sua essencial correlação com a obra salvífica de Cristo, como ela nos é apresentada na Igreja e na sua vida litúrgico-sacramental — de maneira que a mística denota na prática "a normal e necessária (obviamente perfeita) conclusão da perfeição cristã" (*Ibid.*, 192) —, a argumentação encontrará sem dúvida unânime assentimento; muito menores consensos encontrará, porém, a insistentemente confirmada introdução de uma "experiência transpsicológica" (ver sua mais difundida explicação condensada num capítulo especial: *Ibid.*, 175-192). A crítica condenou com razão essa expressão, de per si difícil e na sua forma concreta indubitavelmente ousada; os representantes dessa crítica foram sobretudo M. T. — L. Penido e A. → MAGER, no seu livro intitulado de propósito *Psicologia della mistica* (às pp. 15-18). Embora admitindo honestamente esses aspectos fracos, é preciso reconhecer, porém, que Stolz soube fazer ver claramente (encontrando assim também ampla compreensão) que a mística cristã funda suas raízes e encontra a fonte de toda sua força especialmente no nosso "ser-em-Jesus-Cristo" (entendido no sentido que lhe deu São Paulo) e, além disso (segundo Penido, in MAGER, *op. cit.*, 18), que "a experiência mística se subtrai à psicologia por seu ponto de partida, que é a graça, e por seu objeto, que é Deus".

O seu livro sobre a ascese, publicado infelizmente durante a guerra, ficando quase sem repercussão, indica-nos o caminho da concreta realização. Aqui as realidades psicológicas de fato não são negadas. Stolz, porém, prefere agora partir "não [...] de um ponto de vista psicológico (presença ou ausência de distrações), mas de um ponto de vista ontológico; o homem, livre do afeto desordenado, conquista a quietude, fica fora do mundo e de si mesmo, transformado em Deus" (*Ibid.*, 134).

BIBLIOGRAFIA. BETTENCOURT, S. *Vita Cristiana* 15 (1943) 160-170; LIPARI, A. *Dottrina spirituale teologico-simbolica in A. Stolz.* Palermo, 1975; MAGER, A. *Stimmen der Zeit*, 131 (1937) 348-349; PENIDO, M. T. L. *Revue Thomiste* 43 (1937) 488-498; SENGER, B. *Lexikon für Theologie und Kirche* IX (1964) 1094; STOLZ, A. *L'ascesi...* Brescia, 1943, VII-VIII; THALHAMMER, D. *Zeitschrift für katholische Theologie*, 61 (1937) 119-124.

B. NEUNHEUSER

SUBLIMAÇÃO. O processo de sublimação tem significados diferentes e indica realidades diferentes segundo as teorias psicológicas que o propõem, na psicanálise freudiana e na psicologia de orientação humanista. A elas faremos referência, traçando suas linhas essenciais.

No significado originário, muito geral, indica elevação em campo cultural, artístico e, sobretudo, moral e religioso.

Nos escritos de S. Freud a teoria da sublimação é ao mesmo tempo fundamental por seu alcance teórico-operativo e episódica quanto a seu estudo. A sublimação é uma das possíveis vias para estruturar a personalidade, junto com a perversão e a neurose. Com efeito, pode ser considerada, depois da satisfação direta, a mais importante e positiva sorte por que uma pulsão pode passar, com respeito a outros processos, como a formação reativa, a remoção etc. Isso explica a grande atenção de que foi objeto no estudo da personalidade normal, e por parte da pedagogia psicanalista.

Pode ser descrita como um processo que interessa a libido objetual e consiste na volta da pulsão a uma meta diferente e distante da satisfação sexual, meta social ou eticamente de maior valor.

Os pontos qualificativos dessa definição dizem respeito às forças de pulsão que se sublimam; o deslocamento das suas metas e objetos; os novos objetivos, social e civilmente mais apreciados a que se dirigem: ciência, arte, religião, cultura em geral.

A libido, como "pulsão de vida", é a única energia psíquica construtiva que, mediante os processos de deslocamento, substituição de objeto etc., confere ao indivíduo o necessário dinamismo vital. Também as motivações "superiores" parecem se inspirar nessa energia. Freud, em algumas passagens, parece considerar as atividades sublimadas como geradas pela atividade sexual e como puras e simples manifestações camufladas dessa atividade. Nesse caso, a atividade "superior" é somente um sucedâneo da libido e participa da mesma natureza.

Todavia, com mais frequência afirma que a energia da libido estimula, ativa uma função psíquica preexistente na qual ela encontra uma vida de saída, se exprime e se satisfaz. A tendência sexual tem um potencial energético que fica ativo enquanto não se exaurir numa atividade específica ou de natureza diferente como na sublimação.

Em síntese, as etapas do processo para a sublimação podem ser assim descritas: a base inicial são as pulsões sexuais infantis "perversas"; o mecanismo parte do princípio do desprazer desencadeado por fatores como a frustração, a desaprovação externa, a intervenção de superego; compreende a retirada da libido infantil dos seus objetos originários, a dessexuação e o deslocamento para novos objetivos; a etapa final são os resultados culturais de todo gênero.

A evolução da pessoa para a maturidade impõe amplas limitações ao princípio do prazer, à satisfação direta das pulsões primárias, com favorecimento do princípio de realidade que preside também o processo de sublimação.

Essas restrições, observa Freud, reduzem a felicidade do indivíduo, o mantêm em estado de perene tensão e, se muito ampliadas, favorecem condições psiconeuróticas. De outra parte, a sublimação, além de defender das frustrações do mundo externo, oferece alegrias "mais refinadas e elevadas": a excitação, a ebriedade, como uma leve narcose, do artista, do cientista. Todavia, o caminho mais universal e normal para a felicidade pode ser constituído pela atividade profissional e pela capacidade de tirar dela gratificações suficientes ao indivíduo.

A sublimação religiosa, enfim, é uma defesa contra a → NEUROSE, mais eficaz do que outros métodos e ao alcance da maior parte das pessoas. Na sublimação religiosa o fim está centrado no amor, mais que no ser amado, tornando-se assim, o mais possível, independente do objeto do amor mesmo e, consequentemente, protegido das desilusões. Mas, justamente por essa especificidade, esse tipo de sublimação é dificilmente redutível à religião: servir-se do amor para os fins do sentido interior de felicidade é uma das técnicas para satisfazer o princípio do prazer.

Concluindo, nos escritos freudianos a sublimação é uma escolha em grande parte necessária, imposta para o desenvolvimento "cultural" da sociedade; ativada por uma instância de origem fundamentalmente exógena, superego e ambiente social; consequentemente, é um mecanismo inconsciente, pelo menos em parte automático; é um processo dificilmente explicável, dada a falta de um "eu autônomo" no aparato psicológico delineado por S. Freud.

Justamente da resolução do problema do ego, elaborada pela *Ego Psychology* e por outras teorias, e por um conceito multidimensional da pessoa, emerge na psicologia humanista uma diferente concepção de sublimação. Os psicólogos humanistas pretendem apresentar um modelo teórico de homem em que são proeminentes as instâncias psíquicas superiores, razão, vontade, a dimensão "consciente" da personalidade, sobre as forças impulsivas e ambientais. A intencionalidade, a criatividade, a capacidade de escolha e de decisão constituem as bases de uma visão dinâmica e proativa do homem. Ele é orientado no seu comportamento para pôr em prática objetivos gerais, projetos, para a realização de potencialidades especificamente humanas no quadro da unidade organismo-ambiente: a vida é uma "missão aberta".

O dinamismo humano fundamental é um estímulo a crescer, a se construir, a superar a situação presente na direção do próprio "projeto" com um esforço pessoal e consciente. A estrutura dinâmica da personalidade, todavia, não deve ser considerada como um "vetor único", unidirecional: existem no homem uma multiplicidade e diversidade de motivos que exprimem os níveis psicobiológico, psicossocial, espiritual do seu ser e, além disso, a herança ativa das suas experiências precedentes, especialmente as precoces.

A multiplicidade está na origem de tensões e conflitos psíquicos. As forças de desenvolvimento, com efeito, agem em direções divergentes: sobre as linhas diretrizes da conservação e/ou da expansão, o indivíduo pode se movimentar ou para o impulso do momento, menos construtivo (tendência à estagnação) ou para a realização de potencialidades superiores, no campo social, intelectual, moral (tendência à superação e realização de si). Esse conflito, portanto, é fundamentalmente um estado de tensão construtiva e permanente, porquanto a realização de novos objetivos e projetos comporta a ruptura do equilíbrio, atingido anteriormente. Assim entendido, é o estado normal do homem em que os elementos infantis, os processos primitivos, os estratos mais determinados do organismo coexistem com os evoluídos e são inseridos numa síntese de nível superior.

O desenvolvimento normal e equilibrado da pessoa acontece mediante a estruturação, a hierarquização, a integração dos elementos dinâmicos segundo o próprio valor com relação ao plano geral de vida. Alguns motivos, considerados centrais em relação ao projeto de si são escolhidos e realizados, ao passo que outros, considerados incompatíveis com ele, passam para segundo plano; uma vez que não são propositalmente satisfeitos e, portanto, reforçados, perdem seu valor dinâmico: é o processo consciente de "canalização" das necessidades. Certas tendências se atrofiam pela intervenção de novas orientações interiores que permitem ao homem realizar e satisfazer tendências de outra natureza. É importante portanto a satisfação que se refere não a cada necessidade ou motivo, mas à do homem total.

Não se trata de "remoção" ou de "transferência" de dinamismos antigos: no conjunto da personalidade desenvolvida de modo harmônico as motivações infantis perderam sua carga, tornando-se insatisfatórias no plano geral da pessoa.

Dando autonomia à centralidade do ego, caem as ambiguidades freudianas a respeito da natureza da sublimação e do mecanismo mediante o qual o processo se situa: é uma escolha humana, consciente, livre, por ideais e valores até transcendentes, conhecidos e considerados centrais para a realização de si.

Essa concepção quer evitar, além disso, todo dualismo de elementos ou superposição de níveis; ressalta a superposição entre "o homem animal" e "o homem espiritual", entre necessidades "inferiores" e motivos "superiores": a pessoa é ao mesmo tempo material e espiritual; todo comportamento aprofunda as raízes em reações físicas, bioquímicas, fisiológicas, não pode ser puramente "espiritual", livre de toda mistura com necessidades "inferiores": é ação humana. Todavia, caracteres e funções de motivos, atividades são irredutíveis a um dos seus elementos, como a redução do superior ao inferior mediante a sublimação.

A esfera consciente, os valores pessoais, os projetos são os pontos cardeais na construção de uma personalidade integrada.

BIBLIOGRAFIA. ALLPORT, G. W. *Pattern and growth in personality*. New York, Holt-Rinehart and Winston, 1961; BECATTINI, C. Il concetto di sublimazione è univoco? Analisi del concetto di sublimazione nel pensiero freudiano. *Ephemerides Carmeliticae* 32 (1981) 201-262; ID. L'uomo e i suoi dinamismi psichici. In *Temi di antropologia teologica*. Roma, Teresianum, 1981, 945-1.003; FREUD, A. *The Ego and the mechanism of defence*. The Hogart Press, London, 1961; HARTMANN, H. *Essays on Ego psychology*. New York, Intern. Univ. Press, 1964; LAPLANCHE, J. – PONTALIS, J. B. *Vocabulaire de la psychanalyse*. Presses Univ. de France, Paris, 1967; MUSATTI, C. *Trattato di psicanalisi*. Boringhieri, Torino, 1962; NAGERA, H. (ed.). *Basic psychoanalytic concepts on the libido theory*. London, Allen and Unwin, 1969; ID. (ed.). *Basic psychoanalytic concepts on the theory of instincts*. London, Allen and Unwin, 1970; NUTTIN, J. *Psychanalyse et conception spiritualiste de l'homme*. Louvain, Publ. Univ., 1954; PLÉ, A. *Freud e la morale*. Paris, Cerf, 1969; RESTA, D. *L'evoluzione del concetto di sublimazione nel pensiero di S. Freud. Contributi dell'Istituto di Psicologia* XXXI. Milano, Vita e Pensiero, 1972, 329-370.

C. BECATTINI

SURIN, JOÃO JOSÉ. 1. NOTA BIOGRÁFICA. Nasceu em Bordeaux, no dia 9 de fevereiro de 1600, de pais religiosíssimos. Frequentou nessa cidade o noviciado dos jesuítas (1616) e depois de dois anos fez os votos; fez em La Flèche e em Paris ótimos estudos filosóficos e teológicos, embora obstaculizados e interrompidos por doenças. Depois foi para Rouen, para fazer ali sua "terceira provação" (1629-1630), sob a direção do padre Luís → LALLEMANT. Parece, porém, que a sua constante fraca saúde o tenha obrigado a deixar Rouen alguns meses antes de terminar aquele curso. Excessivo e ingênuo, e com os nervos abalados (inclusive pela violenta e indiscreta concentração de espírito, como reconhecerá mais tarde), Surin era o homem menos indicado para fazer o papel de exorcista (→ EXORCISMO); todavia o foi, e em circunstâncias especialmente perigosas. Entre as ursulinas de Loudun havia um grupo de "endemoniadas" que os exorcistas anteriores tinham feito centro de um verdadeiro espetáculo popular. Surin deixou-se tomar por "aquela atmosfera alucinada" e até exagerou mais do que os outros o espetáculo de luta pessoal com o diabo, até se oferecer a passar ele próprio pela "→ POSSESSÃO" demoníaca. De fato, Surin começou a se sentir "possuído", e foram tantas e tais suas extravagâncias, gestos burlescos e outras manifestações grotescas que ele teve de ser retirado de Loudun já em 1636 e, depois de um breve retorno, em 1637, definitivamente. Tornou-se como um louco, paralítico, incapaz de ler e de escrever, "num estado estranho que o reduziu durante 20 anos à impotência e lhe tirou qualquer controle de seus atos [embora internamente conservasse lucidez de consciência, como se viu depois por seus escritos retrospectivos]. Ele próprio estava convencido de que aquilo era uma possessão diabólica, acompanhada por graças divinas; mas, antes, parece que se deve ver nisso, pelo menos em relação ao conjunto [e sem, por isso, excluir que ao mesmo tempo tenha tido autênticas graças místicas e progresso espiritual], uma verdadeira crise de alienação mental de forma ciclotímica, como, aliás, pensava bom número de contemporâneos" (DE GUIBERT, *La spiritualité de la Compagnie de Jésus*, Roma, 1953, 352 s.). Havia todavia alternâncias, momentos de alívio que lhe permitiram falar de Deus de maneira admiravelmente elevada, e até de pregar; e desde 1656 produziu-se nele uma melhora progressiva: pôde ditar livros, depois escrevê-los ele próprio e, por volta de 1661, tornou-se quase normal, com exceção de pequenas esquisitices. Morreu em Bordeaux, no dia 22 de abril de 1665; nos últimos anos da sua vida, desfeita a angustiante opressão de antes, uma incontentável alegria em Deus enchia sua alma e se exteriorizava de modo caloroso.

Do estranho estado de Surin durante aqueles 20 anos houve sempre diferentes e até contrapostas interpretações, que vão da verdadeira possessão diabólica à patologia mental ou à purificação passiva. Nos últimos decênios, sobretudo, fez-se dele objeto especial de estudos complementares entre si por parte de muitos especialistas, teólogos, filósofos, historiadores, psiquiatras, médicos etc., estudos feitos também de forma associada (por exemplo, nos congressos de Aron, em 1938). As conclusões, se não estão totalmente de acordo, parecem pelo menos convergir cada vez mais para a admissão de um fato, incerto quanto aos limites e à proporção dos seus componentes, mas certo quanto à complexidade deles: "O caso Surin não é um dilema: graça ou loucura; mas uma singular concomitância [e entrelaçamento] de graça e loucura"; não deve se excluir "qualquer ação do demônio", mas nem sequer deve-se admitir "uma verdadeira possessão demoníaca" (G. COLOMBO, Introdução a *I fondamenti della vita spirituale del Surin*, Milão, 1949 [57 s.]).

2. OBRAS. As obras de Surin, compostas em grande parte de modo fragmentário, várias delas apenas ditadas por ele, em condições imperfeitas de saúde, carecem de um plano de conjunto e de autêntica composição e distribuição ordenada das partes: mais que de um assunto progressivamente desenvolvido nelas, é preciso falar de temas que recorrem com mais insistência. Além disso, foram amiúde muito remanejadas por copistas e editores quanto à redação, mas em alguns casos também quanto ao pensamento original; somente nesses últimos tempos é que apareceram edições críticas ou pelo menos suficientemente fiéis de algumas delas. Durante a vida de Surin, mas publicadas por outros sem que ele organizasse a edição, apareceram apenas: *Catéchisme spirituel* (1657-1663) e *Cantiques spirituels* (1657[?], 1660); são póstumas: *Fondements de la vie spirituelle* (1667), *Lettres* (1695-1700), *Dialogues spirituels* (1704-1709), *Questions sur l'amour de Dieu* (1813): obras nas quais aparece exposta com inexaurível veia e com variedade e originalidade de expressões, comparações e imagens, a mesma doutrina fundamental que será exposta a seguir. Diferentes são outras duas obras: *Triomphe de l'amour divin sur les puissances de l'enfer* (1828) e *Science expérimentale des choses de l'autre vie* (1828), nas quais conta as experiências de Loudun, com uma atitude histórico-apologética que é muito condescendente com as extravagâncias das "endemoniadas" e dos exorcistas de então; muito mais valor tem na segunda uma seção autobiográfica de Surin sobre suas provas dos 20 anos seguintes, que o padre Cavallera por isso, ao republicá-la, intitulou de *Autobiographie du p. Surin* (1928). A última obra importante de Surin é o *Guide spirituelle* (1836), que, juntamente com um manual de direção espiritual com os mesmos temas das relacionadas antes, quer ser uma polêmica defesa da mística contra o livro *Examen de la théologie mystique...* (1657) do carmelita J. Chéron, que, segundo Surin, parecia dar demasiada importância à razão com prejuízo das vias místicas.

3. DOUTRINA. Surin tem verdadeiro talento de escritor; suas obras, apesar de referida desorganização de composição, brilham por outras qualidades literárias, poesia e sublimidade de estilo, eloquência e fervor entusiasta e comunicativo, clareza e consistência de expressões, e têm "em grau eminente o dom de convencer" (BREMOND, *Histoire littéraire du sentiment religieux en France*,

Paris 1910, 158, V). Mas, de forma radical, o valor permanente delas provém da perspicaz penetração das suas análises psicológicas, da perspicácia em desmascarar os enganos, da amplidão, da coerente unidade e da profundidade do pensamento. Assim, foram sempre muito apreciadas e saboreadas. Sente-se nelas a influência não só de Lallemant, mas também de Santo Inácio, de La Puente e de B. Alvarez, dos grandes carmelitas Santa Teresa e São → JOÃO DA CRUZ, bem como dos místicos medievais, dos Padres e de muitos outros que Surin, apesar de suas doenças, demonstra conhecer bem; além de tudo, porém, havia as suas experiências e reflexão pessoal.

Apesar de certas expressões um tanto excessivas ou pouco cautelosas, que podem dar margem a interpretações menos sólidas, "hoje talvez não haja nenhum teólogo que duvide da fundamental ortodoxia de Surin" (G. COLOMBO, *op. cit.*, 149). E não diz outra coisa a proibição da tradução italiana de 1675 do *Catechismo spirituale* (posta no Índice em 1695), que se explica em razão das já acenadas expressões equívocas, agravadas pela tradução e pelos perigos quietistas da época.

Quanto à substância do seu ensinamento, Surin volta sempre aos mesmos pontos capitais da sua doutrina, poucos e simples, até comuns, pelo menos na escola de Lallemant, mas aprofundados e sentidos de maneira toda própria, caracterizada particularmente por tê-los vivido ele próprio em meio às estranhas provas por que passou. De uma parte, unindo-se a Cristo em seus estados humilhantes, estimula a negação de si mesmo, do amor próprio e de toda procura dos próprios interesses e vantagens, mesmo dos menores. Em primeiro lugar, é preciso renegar não somente os valores naturais, mas também os sobrenaturais que são nossos, como apreciar as próprias qualidades e a própria perfeição, como a procura — em relação à própria oração e às graças divinas recebidas — da própria satisfação espiritual. Por esse caminho — que lembra a exigente insistência de Lallemant sobre a pureza e liberdade de coração e a de São João da Cruz sobre o "nada" —, Surin chega a procurar somente Deus, sempre e em tudo, com vontade plena e límpida: nessa pureza e plenitude da vontade, das intenções e não na diversidade ou grandeza das obras, diz Surin, está a perfeição. Quem a ela nos leva é o Espírito Santo, mestre interior incomparável e guia insubstituível; se o seguirmos com inteira docilidade, chega-se até a união do amor a Deus, até de "puro amor" (expressão que em Surin está muito longe da restrição e vacuidade semiquietista); de modo gratuito mas seguro se chegará até a experiência manifesta de Deus e da sua ação na alma. Surin é decidido e insistente ao afirmar e oferecer a experiência sentida e apreciada de Deus, a união mística com ele num "puro e delicioso amor", como o termo normal e seguro, para todos, da vida espiritual levada a seu próprio ápice. Vê-se também em Surin, apesar de sua firme desaprovação já lembrada da procura da própria satisfação espiritual, também uma acentuada simpatia em favor de consolações espirituais sentidas; mais, apesar de isso parecer discordante pelo menos de São João da Cruz, Surin manteve prolongada correspondência e argumentações vivas com alguns amigos, para tentar levar o ensinamento do santo precisamente sobre esse ponto. Pessimista em relação ao que é o homem em si mesmo, Surin é fortemente otimista quanto às perspectivas que, mesmo aqui na terra, oferece ao homem a graça de Deus, mas também fortemente exigente quanto às purificações prévias e à totalidade e continuidade do dom de si mesmo a Deus.

BIBLIOGRAFIA. 1) Biografias: BOUDON, H. M. *L'homme de Dieu en la personne du r.p. J.-J.S.* Chartres, 1683; F. CAVALLERA, nos apêndices das suas edições das *Lettres* de Surin, Toulouse, 1926-1928; COLOMBO, G. *Introduzione ai Fondamenti della vita spirituale del Surin.* Milano, 1949.
2) Obras: *Dialogues spirituels.* Paris, 1704-1709; *Triomphe... Science expérimentale...* Paris, 1828; *Catéchisme spirituel.* Paris, 1882; *Lettres.* Toulouse, 1926-1928 (incompleta; pode ser complementada com CAVALLERA, F. *Lettres inédites du p. Surin. Revue d'Ascétique et de Mystique* 17 [1936] 291-312 e 30 [1954], 38-70); *Les fondements de la vie spirituelle.* Paris, 1930; *Questions sur l'amour de Dieu.* Paris, 1930; *Poésies spirituelles suivies des Contrats spirituels.* Paris, 1957; *Guide spirituel.* Paris, 1963.
3) Estudos: BLANCHARD, P. Un fils de sainte Thérèse d'Avila: Jean-Joseph Surin. *Carmel* 3 (1969) 199-208; BREMOND, H. *Histoire littéraire du sentiment religieux en France.* Paris, 1920, 148-310, V; CAVALLERA, F. Une controverse sur les grâces mystiques (1653-1660). *Revue d'Ascétique et de Mystique* 9 (1928) 163-196; CERTEAU, M. de. Introduction. In *Guide spirituel de Surin.* Paris, 1963, 7-61; ID. J.-J.S. *The Month* 24 (1960) 340-353; ID. Jean de la Croix et Jean-Joseph Surin. In *L'Absent de l'histoire*, Paris, 1974, 41-70; COLOMBO, G. La spiritualità del p. Surin. In SURIN, G. *I fondamenti.* Milano, 1949, 5-175; DAINVILLE, F. de. La révision romaine du "Catéchisme spirituel". *Revue d'Ascétique et de Mystique*

33 (1957) 62-87; *Études Carmélitaines* 23 (1938), 152-189.235-239; GENSAC, H. de. Le problème de la communion fréquente chez le p. J.-J.S. *Revue d'Ascétique et de Mystique* 37 (1961) 354-367; ID. Eucharistie et grâces mystiques d'après le p. J.-J.S. *Revue d'Ascétique et de Mystique* 38 (1962), 64-82; GUIBERT, J. de. *La spiritualité de la Compagnie de Jésus.* Roma, 1953, 352-355.399-401; HARENDT, St. La doctrine du pur amour dans le (...) p. S. *Revue d'Ascétique et de Mystique* 5 (1924) 329-348; HUXLEY, A. *Les diables de Loudun. Études d'histoire et de psychologie.* Paris, 1971; JIMÉNEZ B., J. En torno a la formación de la "Doctrine spirituelle" del p. Lallemant. *Archivum Historicum Societatis Iesu* 32 (1963) 225-292 (cf. p. 229-233); LHERMITTE, J. *Mystiques et faux mystiques.* Paris, 1952, 195-217; MYLE, R. *De la symbologique de l'eau dans l'oeuvre du père Surin.* Londres, 1979; OLPHE-GALLIARD, M. Le p. S. et saint Jean de la Croix. In *Mélanges F. Cavallera.* Toulouse, 1948, 425-439; SAWARD, J. *Dieu à la folie. Histoire des fous pour le Christ.* Paris, 1982, 167-204.

G. JIMÉNEZ

SUSO (SEUSE), HENRIQUE. NOTA BIOGRÁFICA. Beato dominicano de Constança, orador sacro e místico, um dos maiores e mais líricos expoentes da mística alemã, discípulo de Mestre → ECKHART († em 1327), foi chamado o "último poeta do amor" (Minnesänger) e "cavaleiro da Sabedoria eterna".

1. PERSONALIDADE E ALMA. Suso nasceu no dia 21 de março de 1295 ou 1300. Seu pai é o nobre von Berg, mas ele assume o nome da mãe, que pertencia à família Suse (Seuse), latinizado para *Suso*. Aos 13 anos, entra para a Ordem dominicana, perto de Constança (Inselkloster), e aos dezoito, atraído pela vida mística e pelo amor divino, cuja força transformadora experimenta, decide-se pelos "esponsais espirituais com a eterna Sabedoria", que se confirma na festa de Santa Inês (21 de janeiro) e que dará um timbre muito pessoal à sua vida interior e à sua atividade. Terminados os estudos em Constança (não em Estrasburgo), é mandado a Colônia (1324-1325) para se aperfeiçoar no "estudo geral" na escola de Mestre Eckhart. Tendo voltado a Constança, dedica-se, por sua vez, ao ensino escolar, mas, acusado pelo Capítulo geral (provincial) da Ordem por ter defendido Eckhart, que fora condenado pela Igreja (1329), é obrigado a abandonar a cátedra de teologia. Entrega-se então à pregação mística e à direção das almas.

Com o desencadear da luta que Luís o Bávaro move contra o papado, Suso, fiel ao papa, refugia-se em Diessenhofen sobre o Reno (*c.* 1339-1346), onde é eleito prior da comunidade ali refugiada (provavelmente em 1343-1344). Por volta de 1347, pode voltar a Constança e começa a desenvolver uma vastíssima atividade espiritual-escolástica predominantemente nos numerosos centros religiosos e leigos situados ao longo das margens do Reno, na Suécia, na Suíça, na Alsácia. É particularmente apreciado nos ambientes do movimento espiritual dos "Amigos de Deus" e no mosteiro das dominicanas de Toess, dirigido por Isabel Stagel (Stäglin), sua filha espiritual muito piedosa e dedicada aos estudos humanísticos. Depois de uma grave calúnia deve abandonar Constança (1348) e se transferir para Ulm, onde trava amizade com Walter de Biberach, beneditino de Wiblingen. Suso morre com fama de santidade no dia 25 de janeiro de 1366. A sua beatificação por *viam cultus* só chegará, porém, no dia 16 de abril de 1831.

Suso "é o mais amável dos místicos alemães e talvez de todos os escritores místicos" (Ammann; Walz OP). Menos especulativo do que Eckhart, menos claro do que → TAULERO, supera a estes no sentimento, na ternura, na poesia, no lirismo, na beleza e na força da expressão, na rapidez com que é capaz de despertar na alma as mais profundas vibrações. O seu modo de viver a vida interior, fundado na afetividade, acessível a todas as almas, mereceu-lhe o epíteto de "fra Amando", alcunha que ele próprio prefere para se designar "discípulo amante" e "servo" diligente da Sabedoria eterna. Com efeito, a sua vida é um cântico de amor sem fim.

2. OBRAS. As obras espirituais de Suso marcam uma etapa notável na formação da língua alemã e constituem o ápice da prova alemã medieval e, mais ainda, da mística alemã do século XIV. Assistido por Isabel Stagel, ele reúne as suas obras principais em língua alemã numa única obra com o título *Exemplar* (1362), que contém: *Leben* (Vida), autobiografia escrita em terceira pessoa com base em notícias reunidas por E. Stagel — Suso, no c. 8, 2-3, a aponta como a autora — e aumentada por ele próprio. A obra tem em primeiro lugar um objetivo de edificação da vida religiosa, é de alto valor doutrinal, mas deve ser posta entre as "composições hagiográficas lendárias" do tipo das que existem para São Bernardo e para São Francisco, "em que se dá precedência não à cronologia dos fatos, mas ao sentido da vida do santo" ("Schwietering").

Das Büchlein der Wahrheit (Livreto [diálogo] da verdade), composto não antes de julho de 1327 (morte de Eckhart) e não depois de abril de 1329 (publicação da bula *In agro dominico* com que foram condenadas as sentenças de Eckhart). Trata-se de um diálogo em que S. combate a heresia dos "irmãos e irmãs do livre-arbítrio" (→ ILUMINISMO MÍSTICO) e defende apaixonadamente a doutrina de Eckhart sobre a união transformadora, meta mais alta que se pode atingir pelo "homem nobre" ("*von dem edele menschen*": esse é o título também do tratado de Eckhart sobre o assunto). Suso explica a via que, segundo Eckhart, a ela conduz mediante o despojamento mais absoluto (que ele indica pelo termo "Gelassenheit", evitando assim o termo eckhartiano "Abgeschiedenheit"), até o "renascimento" espiritual, conceito que equivale ao eckhartiano de "Gottesgeburt" (nascimento de Deus) na alma.

Das Büchlein der ewigen Weisheit (Livreto da eterna Sabedoria), composto em 1328, ou (como parece mais verossímil) em 1334, também ele em forma dialogada. É a obra-prima literária e mística de Suso, que por séculos gozou da mesma popularidade que a *Imitação de Cristo*.

Kleiness Briefbüchlein (Pequeno Livro das cartas) é uma coleção de onze cartas espirituais, abreviadas e anônimas, que Suso escolheu pessoalmente do seu epistolário, o *Grosses Briefbuch* (Grande Livro das cartas), que não faz parte do *Exemplar*. Enquanto o *Grande Livro das Letras* oferece, de maneira espontânea e personalíssima, viva na expressão e nas cores, temas vários de espiritualidade, o *Pequeno Livro* apresenta os mesmos temas, mas com uma exposição lógica mais rigorosa e com uma precisa intenção didática. A autenticidade da *Carta 28* do *Grande Livro*, conhecido também pelo título de *Testamento do amor* não é aceita por todos.

Outros escritos são: o *Horologium aeternae Sapientiae*, terminado em 1334 (segundo outros entre 1334 e 1339), escrito em latim e dedicado ao mestre geral dos dominicanos. É a redação latina ou, segundo outros, uma primeira redação do *Livreto da eterna Sabedoria*, com respeito à qual se apresenta mais amplo na exposição de experiências e problemas de caráter religioso-ético-social, relativos sobretudo à vida conventual. A ele se junta o *Cursus de aeterna Sapientia*, também em latim. Das cinco *Prédicas* uma só é autêntica. O *Livreto do amor* (*Minnebüchlein*) talvez não seja pessoalmente de Suso, mas está cheio do seu espírito.

3. DOUTRINA ESPIRITUAL. A doutrina e a experiência pessoal de Suso caracterizam-se por uma concepção das relações com Deus em termos de colóquio familiar. Com efeito, no prólogo do *Exemplar* ele avisa que o livro está endereçado "às pessoas piedosas que desejam uma particular intimidade com Deus, ou àquelas para as quais Deus preparou grandes sofrimentos, como ele faz habitualmente com os seus amigos mais íntimos".

Toda a obra de Suso, com efeito, põe-se numa atmosfera de intensa familiaridade com Deus, quer ele se dirija a Jesus Menino, quer fale a Jesus sofredor, ou descreva as próprias experiências místicas. Mas o grande amor de Suso é a eterna Sabedoria, à qual dedicou a sua obra-prima, o *Livreto da eterna Sabedoria*, escrito "para reanimar nos corações o fogo do amor divino". Embora não fique claro se a Sabedoria é a Palavra ou Jesus, a obra é certamente, entre seus escritos, a que reflete melhor a sua intenção fundamental de "reerguer os homens da lama de sua vida pecaminosa, elevando-os à beleza e libertando-os do falso amor humano para os conduzir a amar o Amor eterno".

O livro compreende um prólogo e três partes, das quais a I e a II são constituídas pelo diálogo entre a Sabedoria e o discípulo, ao passo que a III contém *Cem meditações sobre a paixão do Senhor*, que no passado muitas vezes foram publicadas separadamente. Na primeira parte domina o conceito de expiação e se evocam, com expressões de vivíssima compaixão, os sofrimentos de Cristo-homem e de Nossa Senhora, que Suso amou com ternura filial; na segunda parte é posta em evidência a perspectiva da morte e, como meio de preparação contínua, indica-se a comunhão frequente (as páginas sobre a eucaristia são esplêndidas como as da *Imitação de Cristo*); na terceira parte Suso se detém na meditação amorosa da paixão de Jesus (nn. 1-95) e das dores de Maria (nn. 96-100): estão entre as mais belas e profundas meditações escritas sobre esse assunto e constituem a fonte principal da iconografia do século XV alemão.

Embora se ocupando da especulação na qual põe em especial destaque o fundamento dogmático (como no *Livreto da verdade* e nos últimos capítulos da *Vida*), Suso visa predominantemente ao ensinamento prático: ele não se concentra na análise das graças místicas, ainda que não lhe faltasse experiência pessoal, mas se detém antes na descrição das purificações ativas e passivas.

Falando de "principiantes, proficientes e perfeitos" (*Vida*, 36), faz a sua classificação tradicional, mas procura estabelecer um paralelismo entre os graus da vida espiritual e as etapas da obra de purificação. Na *Vida* encontramos uma máxima que sintetiza toda a sua doutrina: "A alma deve depor as formas de criatura (= I grau), deve se conformar a Cristo (= II grau) e deve se transfigurar em Deus (III grau)" (*Vida*, 49).

a) O início da vida espiritual pressupõe a "primeira" conversão, que é "segundo a Escritura": os principiantes devem se as coisas criadas, mortificando-se e liberando despojar de todas o coração das formas sensíveis e imaginativas (*"cordis ostia a formis sensibilium et imaginationibus terrenorum, quantum possibile est, habeas diligenter serata"*, Hor. 11,3). Eles devem se retirar à solidão exterior e interior para esperar somente em Deus, perdendo-se nele, e assumir uma atitude passiva de "indiferença" e de total abandono à vontade divina, que Suso chama de "Gelassenheit". O termo não é traduzível; o próprio Suso no seu *Horologium* teve de renunciar a substitui-lo por uma palavra latina equivalente. "Gelassenheit" é o conceito-chave na mística de Suso, dado que todo o ensinamento do beato tende a formar o "gelassenen Menschen", ou seja, o homem que em pleno abandono e em absoluta obediência "se entrega inteiramente nas mãos de Deus" (cf. *Vida*, 20).

b) Nesse ponto tem início a "segunda" conversão, constituída pela assídua meditação da paixão de Cristo e pela imitação da sua vida. A renúncia total ("Gelassenheit") se transforma no seguimento incondicional de Cristo sofredor, tornando-se a "via real que leva à felicidade eterna". Para conhecer a Deus, o homem deve se imergir na consideração amorosa dos sofrimentos de Cristo. A Sabedoria lhe diz: "A minha humanidade é a via sobre a qual caminha, a minha paixão é a porta pela qual se deve passar se se deseja chegar ao que se procura" (*Livreto da eterna Sabedoria*, 2; Hor. 1,2).

c) Conformado a Cristo, o "gelassene Mensch" carrega consigo a imagem do Filho de Deus, e a sua alma é transformada ("überbildet") na divindade, "renasce" em Deus, voltando em Cristo e por Cristo à sua origem, a seu "eterno exemplar". O exemplarismo de Suso, que nas suas linhas gerais repete as ideias da escolástica, distingue-se por uma particular relação com a geração eterna do Filho, na qual Suso vê fundada causalmente a existência de todas as criaturas: elas nascem de Deus, segundo a imagem do Filho e ao mesmo tempo com ele, que é a *causa formalis* da criação delas, nele voltam a Deus. Por essa relação de origem e por esse "movimento circular" as criaturas são um reflexo ("widerblik") das processões eternas do Deus trino: elas devem sua existência ao *bonum diffusivum sui* da essência de Deus (*Vida*, 31), não de modo causal, porém, como acontece para as processões divinas, mas por similitude com elas. O renascimento espiritual do homem é, portanto, um reflexo do "nascimento de Deus", ou seja, do que acontece em Deus com a geração do Filho e corresponde, no homem perfeito, à divinização e à morte mística. A alma se perde totalmente naquele "Nada" que é Deus e não conhece nada mais; transformada em Deus, ela é uma imagem da Trindade, como o Filho, por sua geração eterna, é a imagem do Pai. É esse o grau mais alto da união com Deus, que se opera por meio da essência mais que por meio das potências. Assim a união transformadora é a união da essência da alma com a essência de Deus ou do Nada. Ela se dá no fundo da alma.

Na descrição do fundo da alma e das relações dele com o "fundo de Deus", Suso recebe extraordinária influência de Eckhart e da tradição neoplatônica medieval: "Chamo de fundo a fonte e a origem de que brotam as efusões (processões em Deus e processões *ad extra*), [...] é a natureza e a essência da divindade, e nesse abismo insondável derrama-se a trindade das Pessoas na unidade delas... Divindade e Deus são uma só coisa; a divindade, todavia, não opera nem gera, mas Deus gera e opera" (*Livreto da Verdade*, 3).

O fundo — ou seja, a natureza ou a essência da divindade — é, portanto, a fonte e a origem de que emanam as processões divinas e também o lugar em que a natureza de Deus se manifesta na pluralidade das Pessoas (relações). Nesse fundo, embora divindade e Deus sejam um só todo, apenas Deus gera o Filho. Isso significa que o Filho procede da natureza do Pai, do seu poder gerador ("swanger berhaftigkeit"); não, portanto, de uma indeterminada essência divina, que não poderia gerar. É apenas a natureza "paterna" da divindade que, gerando e operando, efunde-se na trindade das Pessoas (cf. *Vida*, 55, em que Suso trata com maior precisão da geração eterna do Filho); essa efusão é obra personalíssima do Pai, é comunicação integral e indivisa da sua essência (*ens divinum*; sobre esse ponto Suso segue amplamente São Boaventura [*Itinerarium*, c. 51]). Toda essa especulação trinitária de Suso tem sempre, porém, um fim prático-ascético: o fundo da alma, sendo como um espelho em que se reflete essa vida da Trindade *ad intra*, participa também existencialmente das processões divinas, o que significa que a divindade é também a sua, e que todo o seu empenho deve estar voltado para se unir com o "fundo de Deus" na alta contemplação, no amor ardente e na fruição do supremo Bem. Mas, como não é possível à alma, que tem necessidade de se agarrar a alguma imagem, permanecer por muito tempo nesse estado, Suso a convida a considerar "a amável imagem de Jesus Cristo". Quando tiver assumido a forma dessa imagem, "será transformada pela mão de Deus na glória divina do Senhor celeste, de claridade em claridade, pela claridade da sua doce humanidade à claridade da sua divindade" (*Cartas* 10).

A teologia mística de Suso não é original nos seus elementos teológico-constitutivos, mas se distingue por uma sua característica particular: Suso conseguiu com insuperável maestria traduzir numa língua alemã toda sua as mais difíceis noções teológico-especulativas latinas, enriquecendo-as com as nuanças delicadíssimas da sua experiência pessoal.

4. A INFLUÊNCIA ESPIRITUAL. Suso exerceu uma notável influência em primeiro lugar sobre os claustros dominicanos de Katharinenthal, de Oethenbach, de Toess, centros de intenso misticismo, sobre os "Amigos de Deus" e sobretudo sobre Rulman Merswin, cujo *Livro dos nove rochedos* foi por séculos atribuído a Suso, pela identidade de doutrina dos dois místicos (foi aceito como obra de Suso na primeira tradução italiana, do padre Ignazio del Nente [† 1648]).

Muito afim à sua doutrina é também a doutrina espiritual dos franciscanos Ottone de Passau e Marquard, admiradores do místico dominicano. João Nyder na sua correspondência apela com frequência ao confrade dominicano alemão. De modo particular, a sua influência, mediante o *Horologium aeternae Sapientiae* e as *Cem meditações*, traduzidas para o latim por Guilherme Jordaens († 1372), chega à → DEVOTIO MODERNA, de Windesheim, especialmente Agostinho de Groenendael, Gerardo Groote, Florenzio Radewijn e o próprio → RUUSBROEC. A versão latina da primeira edição de 1482 do *Exemplar*, devida a Surio (1555), teve uma rápida difusão (entre 1555 e 1658 foi reeditada seis vezes) e serviu como base para as numerosas versões nas principais línguas europeias. Mediante elas, muitos outros autores sofreram a influência de Suso; entre eles lembramos em particular São Pedro Canísio, Chardon, Piny, São → FRANCISCO DE SALES, Santo → AFONSO MARIA DE LIGÓRIO etc.

BIBLIOGRAFIA. 1) Obras: Stuttgart, 1907 (reimpressão Frankfurt, 1961, no médio-alto alemão; nova ed.: *H.S., Deutsche mystische Schriften*. Dusseldorf, 1986). Ed. it.: NENTE, Ignazio del. *Vita e opere del beato E. Susone*. Firenze, 1642; BLASIO, B. de. *Opere spirituali*. Alba, 1971.
2) Estudos: ANCELET-HUSTACHE, J. *Le bx. Henri Suso*. Paris, 1943; BARUZI, J. Le mysticisme de Henri Suso. *Revue d'Histoire Ecclésiastique* 51 (1975) 209-266; BIZET, J. A. *Henri Suso et le déclin de la Scolastique*. Paris, 1946; CLARK, J. M. *The great german mystics Eckhart, Tauler and Seuse*. Oxford, 1949, vl. I, 55-74; vl. II, 4-17; *De beati Henrici Susonis O.P. Comprehensio*. Graz, 1963 (com bibliografia); FILTHAUT, E. M. *Heinrich Seuse*. Köln, 1966; GIOVANNA DELLA CROCE. *Enrico Suso. La sua vita, la sua fortuna in Italia*. Milano, 1971 (com bibliografia); ID. In *Bibliotheca Sanctorum* XII, 82-96; ID. Enrico Susone. *Rivista di Vita Spirituale* 21 (1967) 182-197; ID. *Il Cristo nella dottrina e nell'esperienza religiosa di Enrico Susone. La Scuola Cattolica* 95 (1967) 124-145; GRÖBER, G. *Der Mystiker Heinrich Seuse*. Freiburg, 1941; JOERESSEN, U. *Die Terminologie der Innerlichkeit in den deutschen Werken H. Seuses* (Europ. Hochschulschriften, Bd. 704). Frankfurt – Bern – New York, 1983; JUNGLAUSEN, E. Eins stiller Begleiter. Der sel. H. Seuse. In *Gottesfreunde unsere Freunde*. Freiburg, 1986, 121-129; KÜNZLE, P. *H. Seuses Horologium Sapientiae*. Freiburg, 1977; LAVAUD, B. *L'oeuvre mystique de Henri Suso*. Paris, 1946, vls. I-II; 1947, vls. III-IV; 1948, vl. V; WALZ, A. Bibliographiae susonianae conatus. *Angelicum* 46 (1969) 430-491 (para a bibliografia completa).

GIOVANNA DELLA CROCE

T

TAIZÉ. "Taizé não criou nenhum movimento, assim como nunca haverá uma 'teologia de Taizé' nem uma 'espiritualidade de Taizé'; Taizé não é senão o nome de uma família monástica" (R. Shutz). Essas palavras do fundador da experiência monástica de Taizé podem ilustrar o espírito dessa realidade que se impôs à atenção do mundo espiritual contemporâneo, empenhada numa "audaz aventura" ecumênica e humana mediante o Concílio dos jovens.

1. REFERÊNCIAS HISTÓRICAS. Taizé é uma pequena localidade da França, na mística região da Borgonha, não distante de Cluny e de Cîteaux. Esse nome emergiu do anonimato geográfico e se tornou o símbolo de uma experiência espiritual ecumênica, a partir de 1940. Em agosto daquele ano, chega casualmente a essa localidade o jovem pastor calvinista R. Schutz, que procura um lugar para estabelecer uma experiência de vida monástica. Em Lausanne, onde frequenta a faculdade de teologia e é presidente da federação dos estudantes cristãos, trabalhou na sua tese de licenciatura sobre o monasticismo ocidental, desde as origens até São Benedito, e iniciou uma experiência de oração e de reflexão com outros jovens estudantes. Depois se estabelece sozinho sobre aquela colina, quase deserta pela guerra e alterna a oração solitária com a ajuda aos refugiados que tentam fugir para a fronteira. A experiência nos primeiros meses se delineia em algumas linhas programáticas de "comunidade de Cluny", em contatos ecumênicos significativos com o abade padre Coutourier, mas fica bloqueada pela irrupção dos nazistas na vila à procura dos refugiados políticos que o jovem pastor acolhia. Terminada a guerra, a pequena comunidade, com os primeiros companheiros que tinham iniciado em Genebra uma vida de oração e de reflexão, se estabelece em Taizé. Na vigília de Pentecostes de 1948, com prévia autorização da Santa Sé, os irmãos adotam como lugar de oração a pequena igreja católica da vila (século XII). Ali, no dia de Páscoa do ano seguinte (1949), os primeiros nove irmãos, depois de madura e livre decisão, consagram-se definitivamente à vida comunitária com os compromissos do → CELIBATO, a comunhão dos bens e a obediência a uma autoridade. A partir desse momento, a expansão de Taizé é rápida. Em 1951-1953, é escrita a Regra e a seguir se multiplicam os contatos ecumênicos no seio das comunidades protestantes, com a Igreja católica e a comunhão anglicana. Em 1961 inicia-se a construção da "igreja da reconciliação", assim chamada porque para a sua edificação colaboraram em sinal de reconciliação jovens voluntários franceses e alemães. A partir de 1962, o prior da comunidade e o vice-prior Max Thurian assistem como observadores à celebração do Concílio Vaticano II; essa circunstância permite estabelecer vínculos cada vez mais profundos de amizade com expoentes da Igreja católica. No período do pós-Concílio, Taizé se torna cada vez mais um lugar de encontro dos jovens da Europa e do mundo à procura de um ideal de vida; a pequena colina se transforma num "lugar de comunhão"; os jovens aprendem a orar mediante o testemunho da comunidade. Assim amadurece e se concretiza a ideia da celebração do Concílio dos jovens, em 1974, anunciada no dia de Páscoa de 1970. A partir de 1974 a comunidade de Taizé se empenhou na realização da grande ideia do Concílio dos jovens, seja com progressivas aberturas desse Concílio em diversos continentes, seja com as sucessivas reuniões de jovens que todo ano, a partir dos anos 1980, se celebram em diversas cidades da Europa e em outras cidades do mundo, entre o Natal e o início do novo ano. Essas reuniões se caracterizam por algumas cartas programáticas de fr. Roger, que toma como motivo alguma situação característica do momento, e é escrita em algum lugar quente da história contemporânea (Calcutá, o mar da China, Mathare Valley no Quênia, Polônia) para pôr em evidência o empenho concreto dos jovens na Igreja e na sociedade.

A história recente de Taizé permanece fiel às suas origens de comunidade monástica e ecumênica, a seu longo caminho para a unidade que se orienta cada vez mais claramente no diálogo com a Igreja católica. Dá-se preferência ao compromisso dos jovens na oração e na liturgia, na vida paroquial, iluminada pela celebração da morte-ressurreição do Senhor todo fim de semana, pela inserção concreta na sociedade, com o coração aberto às instâncias e aos problemas do mundo de hoje.

2. A REGRA DE TAIZÉ. O texto-guia da experiência de Taizé é a Regra, que se tornou um texto de espiritualidade contemporânea. Ela é fruto de uma experiência de dez anos de vida e amadureceu à luz dos primeiros projetos de vida monástica e do estudo e superação das objeções tradicionais de Lutero à vida religiosa numa dialética de superação das aporias da Reforma. A Regra é um texto breve, essencial, simples. Nela prevalece a inspiração bíblica, substanciada em sugestões práticas e em observações psicológicas que põem em destaque o que é essencial e concreto. Nela se pode identificar também o desejo de justificar a vida monástica com a superação das objeções feitas por Lutero e Calvino; fala-se de compromissos e não de votos, palavra de que Calvino não gostava por causa do apelo aos méritos pessoais: prescreve-se o amor aos próprios pais, quando Lutero dizia que os religiosos, ao abandonarem a própria casa, opunham-se ao mandamento de Deus; enfatiza-se a livre escolha da vida monástica, pela contestação do argumento luterano pelo qual a vida religiosa é contra a liberdade. O texto está dividido em parágrafos ou capítulos; o resultado é um esquema claro no qual podemos distinguir estes elementos: a premissa na qual é traçado o objetivo da comunidade e o seu caráter evangélico e ecumênico, aberto às instâncias do mundo e dos homens; os momentos fortes da vida comunitária: oração, refeição, conselho; as atitudes fundamentais: a ordem, a atenção à → PALAVRA DE DEUS que deve tudo vivificar, o silêncio interior para permanecer em Cristo; as virtudes evangélicas características: alegria, simplicidade, misericórdia; os compromissos monásticos: celibato, comunhão de bens, obediência a uma autoridade; algumas pessoas ou situações particulares: os irmãos em missão, os novos irmãos, os hóspedes; na conclusão é indicada a "dinâmica do provisório" da própria Regra; no apêndice estão alguns textos fundamentais: a exortação lida no momento da profissão e os compromissos monásticos. Entre os elementos mais relevantes que emergem desse texto podemos observar: o caráter evangélico da vida religiosa, a sua possibilidade de humanizar e levar a plenitude o homem na sua doação a Cristo, a ascese da disponibilidade ao serviço dos irmãos, a abertura a tudo o que há de humano, o estímulo à unidade dos cristãos; numa perspectiva positiva e ecumênica se veem os compromissos da vida monástica: o celibato "para se doar ainda mais ao próximo com o próprio amor de Cristo", a comunhão dos bens (mais que a pobreza, "que não é virtude em si mesma") cultivada no trabalho e aberta à doação gratuita do que é recebido, a submissão a uma autoridade em vista de um crescimento comum na unidade sob um superior em quem se reconhece o carisma de suscitar a unidade em meio aos irmãos. Notável a importância dada à oração, que constitui um dos momentos mais fortes da vida de Taizé e da experiência dos visitantes; oração litúrgica que soube fundir harmoniosamente como num microcosmo os elementos melhores de todas as tradições litúrgicas e deu o lugar deles ao silêncio e à contemplação. Alguns livros seguintes de R. Schutz atualizam as ideias da Regra, que é sempre o ponto de síntese e de inspiração fundamental dessa "família monástica" aberta à unidade dos cristãos e às expectativas do mundo de hoje.

BIBLIOGRAFIA. Entre os livros de R. SCHUTZ destacamos: *Communauté de Taizé. Notes explicatives.* Lyon, 1941; *Introduction à la vie communautaire.* Genève, 1944; *Unanimità nel pluralismo.* Brescia, 1970; *Violenza dei pacifici.* Brescia, 1973; *L'oggi di Dio.* Brescia, 1974; *Dinamica del provvisorio.* Brescia, 1974; *Unità speranza di vita.* Brescia, 1975; *Lotta e contemplazione.* Brescia, 1977; *La tua festa non abbia fine.* Brescia, 1980; *Le fonti di Taizé con la "Regola di Taizé".* Brescia, 1980; *Vivere l'insperato.* Brescia, 1980; *Stupore di un amore.* Brescia, 1980. Outros livros sobre a história e a espiritualidade de Taizé: BRICO, R. *Frère Roger et Taizé. Un printemps dans l'Église.* Paris, 1982; CASTELLANO, J. *Taizé: dinamica di un parabola di comunione.* In FAVALE, M. (ed.). *Movimenti ecclesiali contemporanei.* Roma, 1982, 496-516; GONZALEZ BALADO, J. L. *La sfida di Taizé: frère Roger.* Bari, 1976; PAUPERT, J. M. *Taizé e la Chiesa di domani.* Torino, 1968; RESTREPO, I. *Taizé. Una búsqueda de comunión con Dios y con los hombres.* Salamanca, 1975.
Sobre o Concilio dos jovens: *Il Concilio dei giovani. Perché?* Brescia, 1975; *Taizé et le Concile des jeunes,* Taizé, 1979.

J. CASTELLANO

TAULERO, JOÃO. 1. NOTA BIOGRÁFICA. Nasceu por volta de 1300 em Estrasburgo, onde, ainda jovem, entrou para os dominicanos. Terminados os oito anos de estudos prescritos, quis continuá-los, mas provavelmente se transferiu para Colônia para se aperfeiçoar no *studium generale* da sua Ordem. Conheceu mestre → ECKHART apenas pelos escritos. Com efeito, jamais se diz seu discípulo. Depois da luta de Luiz o Bávaro contra o papado, teve de deixar com os confrades o convento da sua cidade natal (1339) e foi para Basileia. No mesmo ano fez uma viagem a Colônia, talvez para estudar melhor o pensamento eckhartiano. Tendo voltado a Basileia, deu vida e organização, junto como padre secular Henrique de Nördlingen, diretor espiritual da mística dominicana Margarida Ebner, ao movimento dos Amigos de Deus ("Gottesfreunde"), que se estendeu com grande rapidez pelo vale do Reno e pelos países de língua alemã. Em Estrasburgo e depois também na Basileia, Taulero desenvolveu uma fecunda atividade como pregador e diretor espiritual, particularmente entre as beguinas e as monjas dominicanas da Alemanha do sudeste (especialmente Medingen, mosteiro de Margarida Ebner). A sua fama ultrapassou os limites alemães. Ele se tornou correspondente e amigo do místico italiano Venturino de Bérgamo († 1346). Também em Estrasburgo organizou um círculo de Amigos de Deus (místicos), entre os quais emergiu Rulman Merswin, leigo, comerciante, e seu filho espiritual, autor do escrito lendário *Taulers Bekehrung*, que não está totalmente isento de um fundo de verdade histórica. Em 1346, esteve ainda por algum tempo em Colônia. De outras viagens (a Groenendael na Bélgica e a Paris) não se sabe nada de seguro. Morreu em Estrasburgo, no dia 16 de junho de 1361, como indica a inscrição sobre a lápide de sua tumba.

2. **PERSONALIDADE ESPIRITUAL**. Taulero é a figura mais representativa da mística alemã do século XIV. Orador eminente, é ouvido por toda a parte por um público extasiado em Deus. Pela limpidez da sua espiritualidade foi denominado doutor iluminado e, pela profundidade do seu pensamento, doutor sublime. Com Mestre Eckhart e Henrique → SUSO ele compôs a eminente tríade da teologia mística alemã. Dos seus escritos somente cerca de 80 Prédicas (em 144 transmitidas) são autênticas, na maior parte reunidas e escritas pelas monjas. Todos os outros numerosos escritos, exceto uma carta de 1346, são apócrifos ou reconstruções arbitrárias de admiradores (Institutiones divinae ou Medulla animae, ed. de Canísio como obra autêntica; Exercitia piissima super vitam et passionem Salvatoris N.J.C.; Imitação de N.S.J.C. ou Livro da pobreza espiritual etc.). As obras de Taulero se difundiram rapidamente pelos países latinos, na tradução latina de Surio (1548). Uma tradução italiana de 24 Prédicas escolhidas foi apresentada por R. Spaini Pisaneschi (Firenze, 1929).

Com Taulero tem início para a mística alemã a hora em que a mística eckhartiana de transcendência, mais especulativa que experimental, é substituída por uma doutrina sobre Deus e sobre a vida anterior de caráter predominantemente prático e com acento antropológico. Taulero difunde a doutrina mística eckhartiana e assume várias vezes a defesa do Mestre, evitando com cuidado, porém, repetir conceitos poucos exatos e condenados por João XXII e, sem parar no plano especulativo, conduz seu empenho a chamar à interioridade, a despertar a piedade simples, a pregar uma "doutrina de vida" construída sobre a autoconsciência do homem, no seu "nada" de criatura, situado diante do Abismo divino, do "Nada" de Deus. Ressalta no homem a liberdade interior, que é um valor importante para o homem do século XIV. Assim combate apaixonadamente os "irmãos do livre espírito" (→ ILUMINISMO MÍSTICO), seita muito difundida em Estrasburgo e no vale do Reno. Mas ele é também o primeiro pregador a inculcar tanto nas massas como nos indivíduos a verdadeira vida mística, que brota da caridade, mediante a análise dos ciclos litúrgicos, com uma linguagem solta e acessível, com uma comunicação imediata, doce e persuasiva, com clareza límpida e cristalina.

3. **A DOUTRINA ESPIRITUAL**. A doutrina de Taulero brota da concepção psicológica neoplatônica do homem. Com efeito, Taulero distingue o homem exterior, "animal sensível", e o homem interior, representado respectivamente pela alma com as suas faculdades de inteligência, memória e vontade e pelo "fundo" da própria alma. Sobre essa concepção da estrutura da alma, Taulero insere também a doutrina da contemplação como retorno ("rifluire") a Deus e ao Um: "Como o homem antes da criação era eternamente Deus em Deus, assim agora deve se esforçar por reentrar totalmente nele com todas as suas forças criadas".

Como Eckhart, também Taulero se põe, por isso, o problema ontológico da inserção da graça na alma. Afirmando que na graça a alma se torna o que Deus é por natureza considera em primeiro lugar a zona em que essa inserção se verifica, designando-a com o termo "fundo" da alma ("Grund", "Boden"). Essa é a parte mais interior e mais profunda, em que ela é apenas alma espiritual e "abertura ao infinito". Isso explica "a inquietude constante do fundo, a sua contínua tensão" para Deus, sua origem, porque ela "repousa somente nele". Nesse conceito de Taulero se sente a influência da ideia eckhartiana do "nascimento de Deus" na alma: Deus trino toma posse desse fundo, fazendo-o sua morada; ele gera ali o Filho e inspira o Espírito Santo: "O Pai celeste diz o seu Verbo eterno e o próprio ato que gera o Verbo gera também a alma, filha adotiva do Pai... a potência do Pai vem e o Pai atrai o homem em si mesmo com o seu único Filho: e como o Filho nasce do Pai, assim também o homem, no Filho, nasce do Pai e reflui ao Pai como Filho que se torna um com ele" (*Pred.* 29: *Quod scimus loquimur*).

Taulero afirma que, depois da humanidade de Cristo, nenhuma coisa criada é tão próxima de Deus quanto o fundo da alma. Nesse "abismo" não pode penetrar a luz criada; somente Deus pode iluminá-lo. Ele ali age, concedendo os → DONS DO ESPÍRITO SANTO, que a alma recebe de modo divino, porque ali não valem mais as leis do tempo: o fundo está envolvido por eternidade. Não há palavra humana para exprimir quão sublime é esse santuário.

Essa zona da alma é indicada também por outros termos: o termo "ápice" (*dolten*, in *Pred.* 70: *Renovamini spiritu mentis vestrae*), que é mais usado, porém, para indicar a disposição interior e a capacidade espiritual do homem de acolher e de conhecer a luz divina, ou para designar a luz de fé na condição do homem "viajante"; o termo "centelha da alma" (*Seelenfunke* [*fünkelîn*]), com que Taulero designa o ser espiritual da alma na sua íntima tensão transcendente para se aniquilar em Deus. "Essa centelha voa tão alto que a capacidade cognoscitiva (humana) não é capaz de acompanhá-la, porque não tem repouso enquanto não atinge o abismo (divino) de que provém e em que se encontrava antes da sua criação" (*Pred.* 53: *Beati oculi qui vident*). A "centelha" é comparada ao fogo que se alastra no mais profundo da alma, é a caridade divina que deve se desenvolver como a centelha que se torna chama e como a chama que se torna incêndio.

Mais difícil de definir é o termo tauleriano "Gemüt" (*habitus mentis*), usado também ele para indicar a parte mais interior da alma: se o fundo é a alma como receptiva, portadora da marca de Deus e, portanto, capaz de sofrer a ação divina, o "Gemüt" é a alma na sua resposta à ação divina, é um dinamismo que estimula a própria alma a voltar à origem, que é Deus, o Um, em quem esteve como ideia. Assim, "Gemüt" não é uma coisa diferente do intelecto e da vontade, mas, estando mais alto do que eles, constitui a sua parte melhor e mais sublime: é o que, na alma, tende de modo simples, essencial e formal para o Deus infinitamente bom, verdadeiro e feliz (*Pred.* 53: *Beati oculi qui vident*). Fundo e "Gemüt" estão, portanto, indissoluvelmente entrelaçados: ambos compõem a *mens*, ou seja, a alma espiritual, de que não há senão dois aspectos.

Todavia, a união com Deus não acontece na *mens*, mas no fundo da alma. Surpreende a frequência e a força com que Taulero retorna sobre essa união do "abismo", que é Deus, com o "fundo mais interior" da alma, considerando-a a premissa mais próxima da contemplação infusa. Ela consiste na percepção segura da presença do Deus trino que habita na alma e é sempre operada por ele só, pela sua ação transformadora e santificadora. Não é algo "extraordinário", mas se encontra na via de todos os cristãos; às vezes é seu termo normal. A experiência mística é transitória: desce como fulgor à alma: por isso Taulero não fala de vida contemplativa, mas de "horas" contemplativas. Se a presença de Deus na alma é indispensável para chegar à bem-aventurança, não é necessário experimentar essa presença na contemplação mística.

A importância que Taulero dá à contemplação mística deriva do fato de que ele vê nela um forte impulso a tender com perseverança à perfeição. Por isso ele recomenda que se tenha seu desejo, preparando-se para ela na purificação ativa do fundo, ou seja, mediante o humilde abandono à divina vontade ("Gelassenheit"), que é aceitar tudo o que Deus permite com relação a nós e nos contentar com o que ele quer dar ou não dar. A "Gelassenheit" deve ser praticada em toda situação; mesmo tendo apreciado a contemplação mística, é preciso voltar a ela nos períodos intermédios, na aridez espiritual. É preciso, além disso, preparar-se por meio da solidão do recolhimento interior ("Abgeschiedenheit"), evitando a exterioridade, o rumor, as distrações dos sentidos e, sobretudo, mediante o despojamento absoluto ("Ledigkeit"): o fundo da alma deve ser despojado de si mesmo ("ledig"), livre, santo, para experimentar a união amorosa e contemplativa com Deus. Falando das purificações passivas dos sentidos e do espírito e designando-as como "noite escura", termo que ficou famoso depois de São → JOÃO DA CRUZ, Taulero supera muito a exposição de Santo Tomás. De qualquer modo, o itinerário espiritual da alma em relação à perfeição desenvolve-se na caridade, cujo crescimento é descrito como passagem por três graus sucessivos: do amor doce ou ferido, próprio dos principiantes, ao amor sábio ou prisioneiro, portanto, depois de um período de purificação maior (purificação passiva), ao do amor forte ou torturante. Entre caridade e contemplação infusa existe um íntimo nexo. Mas pode-se chegar a um alto grau de caridade sem ter experimentado a contemplação. A caridade determina o grau da bem-aventurança eterna.

Ao elaborar uma doutrina completa dos dons do Espírito Santo (*Pred. II de Pentecostes*, 26), Taulero segue em geral Santo Tomás, mas se diferencia dele nos pormenores: ele classifica os dons em ativos, passivos e contemplativos, que são infusos e operam no fundo da alma. Suposto o exercício das virtudes (I grau da vida mística) e a prática da pobreza espiritual (II grau), a alma, sob a influência dos dons do → INTELECTO e da sabedoria, passa à vida deiforme, que consiste na união do espírito criado com o Espírito incriado de Deus. A → UNIÃO COM DEUS não é um ato de conhecimento (como admitia Eckhart), mas reside na vontade: é uma união de amor sem a atividade cognoscitiva da razão. Ao introduzir o conceito de introversão, ele afirma que a alma, perdendo-se em si mesma, no seu fundo, é levada ao Ser divino, ao fogo do amor que Deus é, e lá, no seu fundo, flui no Pai, e atinge a unidade de espírito com Deus. Conhece-se "Deus" em Deus, ainda que a criatura permaneça distinta e Deus se doa à alma de modo tal que ela atinge a plena reconstrução do seu estado de preexistência à criação, no qual ela se identificava com Deus.

4. INFLUÊNCIA ESPIRITUAL. Embora contestado em alguns períodos históricos pelas ousadias místicas — os jesuítas, por exemplo, proibiram a leitura dos seus escritos — e embora tenha perdido altura nos países alemães, pelo fato de Lutero e depois dele a espiritualidade do tempo do → PIETISMO se apoiar muito nele, Taulero teve todavia, em todos os tempos, admiradores e seguidores entre os maiores escritores de espiritualidade. Entre os seus contemporâneos, em primeiro lugar, gozou de grande autoridade, especialmente nos círculos dos Amigos de Deus, como atestam as *Crônicas das religiosas dominicanas*. Prosseguindo no tempo, encontramos entre os seus seguidores na Espanha Luís de → GRANADA, Santa Teresa de Ávila, São → JOÃO DA CRUZ (talvez o maior precursor na análise das purificações passivas como elemento de passagem da ascética à mística); na Itália a sua influência se fez sentir do século XVI em diante (A. M. WALZ, *Tauler im italienischen Sprachraum*, in *Gedenkschrift*, 371-395; e *T. presso i Cappuccini dal sec. XVI al sec. XVIII*, in *Miscellana M. da Pobladura*, II, Roma, 1964, 171-188), especialmente em São → PAULO DA CRUZ (no convento de sant'Angelo de Vetralla se conserva ainda a cópia dos escritos de Taulero, usada pelo santo); a escola francesa do século XVI se une de vários modos a Taulero e à sua doutrina espiritual. A propósito da influência de Taulero sobre → RUUSBROEC e sobre a escola de Groenendael, as opiniões dos estudiosos não são concordes. Nos países nórdicos se observa a crescente atualidade do ensinamento tauleriano sobre a experiência interior da presença divina na alma. Especialmente na prática da meditação se descobre nele o insuperável mestre do recolhimento, da imersão no divino, da experiência contemplativa.

BIBLIOGRAFIA. 1) Escritos: TAULER, Beato Giovanni *Opere*. Ed. de B. de BLASIO. Alba, 1977; TAULER, Joahnnes. *Gotteserfahrung und Weg in die Welt*. Ed. de L. GNÄDINGER. Olten, 1983; Ed. crítica: TAULER, Johannes *Opera omnia*. Hildesheim, 1985.
2) Estudos: BELISLE, A. Tauler's approach to mysticism. *American Benedictine Review* 35 (1984) 267-284. BIZET, J. A. *Jean Tauler de Strasbourg*. Paris, 1968; CLARK, J. M. *The great german mystics, Eckhart, Tauler and Suso*. Oxford, 1949; COGNET, L. *Introduction aux mystiques rhénoflamands*. Tournai, 1968; FAGGIN, G. M. *Eckhart e la mistica tedesca protestante*. Milano, 1948, 293-315; FILTHAUT, E. (org.). *Johannes Tauler. Ein deutscher Mystiker. Gedenkschrift zum 600. Todestag*, Essen, 1961; GANDILLAC, M. de. *Valeur du temps dans la pédagogie spirituelle de Jean Tauler*. Montréal-Paris, 1956; GNÄDINGER, L. Johannes Tauler von Strassburg. In *Mittelalter* II (Gestalten der Kirchengeschichte, 4). Stuttgart, 1983, 176-198; HASS, A. M. *Nim din selbes war. Studien zur Lehre von der Selbsterkenntnis bei M. Eckhart, J. Tauler und H. Seuse*. Freiburg (Sv.), 1978; HERNÁNDEZ, J. A. *Studium zum religiös-ethischen Wortschatz der dtsch. Mystik. Die Bezeichnung und der Begriff des Eigentums bei M. Eckhart und J. Tauler*. Berlin, 1984; JUNGCLAUSEN, E. *Der Meister in dir*. Freiburg, 1975; Un mystique, Jean Tauler. *La Vie Spirituelle* 58 (1976) 4-85; KIECKHEFER, P. The

role of Christ in Tauler's spirituality. *Downside Review* 96 (1978) 176-191; ID. John Tauler. In *An Introduction to the Medieval Mystic of Europe*. Albani, 1982, 259-272; *La mystique rhénane*. Colloque de Strasbourg, Paris, 1963; LAVAUD, B. L'angoisse spirituelle selon J. Tauler. *Études Carmélitaines* 23 (1936) 82-91; ID. Les épreuves mystiques selon J. Tauler. *Revue Thomiste* 45 (1939) 309-329; OZMENT, S. E. *Homo spiritualis. A comparative study of the antropology of J. Tauler, J. Gerson and M. Luther...* Leiden, 1968; SANCHIS ALVENTOSA, J. *La escuela mística alemana y sus relaciones con nuestros místicos del siglo de oro*. Madrid, 1946, 125.161-163; SPIESS, O. – DENIFLE, H. *Die deutschen Mystiker des 14*. Jahrhunderts, Freiburg (Sv.), 1951; WALZ, A. "Grund" uns "Gemüt" bei T. Erwägnungen zur geistlichen und predigerischen Ausdrucksweise eines Rufers zur Innerlichkeit. *Angelicum* 40 (1963) 328-369; WENTZLAFF-EGGEBERT, F. W. *Deutsche Mystik zwischen Mittelalter und Neuzeit*. Berlin, ³1969; WREDE, G. *Unio mystica. Probleme der Erfahrung bei J. Tauler* (Acta Universitatis Upps., 14). Uppsala, 1974; WYSER, P. Der *"Seelengrund" in Taulers predigten. Festgabe für W. Stammler*. Freiburg (Sv.), 1958, 204-311.

3) Spuria: AMPE, A. Een kritisch onderzoek van de "Institutiones Taulerianae". *Ons Geestelijk Erf* 40 (1960) 167-240; ID. Kritische Beschouwingen bij "Die Naervolghinghe des armen leven Christi". *Handelingen* 20 (1966) 15-37.

D. ABBRESCIA – GIOVANNA DELLA CROCE

TEATINOS. A espiritualidade teatina deve ser estudada não só na vida de São Caetano Tiene (1480-1547), mas também no movimento de renovação espiritual que animou as Ordens dos clérigos regulares que surgiram no século XVI e dos quais os teatinos são cronologicamente os primeiros.

1. ESPIRITUALIDADE SACERDOTAL. "Se Deus me der a graça — confiava Tiene a um amigo — de pôr diante dos olhos dos clérigos seculares uma religiosa família de clérigos regulares, espero, com a inocência, pobreza, modéstia e santidade deles, que os seculares deixem os vícios e se deem à conquista das virtudes" (cf. G. FORTI, *Vita de san Gaetano*, Macerata, 1693, 47). E escrevendo a Paulo → JUSTINIANO, o reformador dos camaldulenses: "Não há ninguém que procure Cristo crucificado. [...] Cristo espera: ninguém se move" (*Carta* 1 de maio de 1523). Então ele se movimentou primeiro com a intenção precisa de levar o clero à consciência da própria vocação e assim à imitação sincera de Cristo. Com esse objetivo, ele, ajudado por outros três companheiros — entre os quais Giampietro Caraffa, futuro Paulo IV —, sacerdotes exemplares e membros do Oratório romano do Divino Amor, instituiu, em 1524, a Ordem dos → CLÉRIGOS REGULARES (chamados teatinos) para que fosse, como dizem as Constituições de 1948, "*tamquam typus et exemplar ecclesiastis*" (*Ibid.*, c. 1º). Clérigos regulares, os teatinos são uma Ordem essencialmente clerical. A espiritualidade deles é antes de tudo sacerdotal. Se o monasticismo antigo podia considerar o sacerdócio como acessório à vida monástica e se para muitos dos eclesiásticos do Renascimento a sagrada ordenação era praticamente condicionada à consecução de lautos emolumentos terrenos, para Tiene e seus companheiros o sacerdócio, unido e fortificado pela profissão do estado de perfeição evangélica, assegura, pelo menos potencialmente, a plenitude da vida espiritual na total consagração a Deus. A vida teatina se apoia assim num profundo espírito de religião. Não é sem significado que as Constituições teatinas reproduziam nos primeiros capítulos o quadro que o clérigo reformado faz o Tridentino (sess. 22, *de reformatione*; cf. *Constitutiones* de 1604, c. IV; ed. atualizada, 1984, pars I, c. VI, art. 74). Evidentemente, G. Tiene queria demonstrar com o seu Instituto que, se por hipótese todos os ministros do altar unissem às suas santas funções o holocausto do religioso não se poderia dizer nem que eles corrompem sua missão nem que honram demais o sacerdócio de Cristo.

2. ESPIRITUALIDADE EVANGÉLICO-APOSTÓLICA. Nenhuma das clássicas regras monásticas foi dada por Tiene a seus filhos. A primeira regra e norma de vida de seus padres reformados será o Evangelho (que eles lerão inteiro todo mês, um texto por semana); depois a vida deles deverá se inspirar na "primitiva norma de vida apostólica" que, como diz a coleta da festa de São Caetano, ele imitou na sua vida e instaurou na Igreja do seu tempo. Sobre essa regra e norma de "vida apostólica" elaborar-se-ão as Constituições que, fruto de longa experiência e avalizadas pelos Capítulos gerais anuais, serão publicadas somente em 1604. Em suas anotações ao Martirológio Romano, 29 de junho, com razão Barônio escreve dos teatinos: "*Pristinam illam apostolicam vivendi formam integro redditam sancte pieque colunt*". O mesmo lembrará a eles Pio XII na sua carta apostólica na comemoração do quarto centenário da morte de São Caetano (*AAS*

39 [1947] 449), e João Paulo II na carta de 7 de agosto de 1980, no quarto centenário do nascimento do santo (*AAS* 72 [1980] 813-817).

Era, portanto, uma volta às puras fontes da espiritualidade. Do Evangelho e da "vida apostólica", além disso, tomará Caetano o que será a nota característica da sua reforma eclesiástica: o desapego. No seu aspecto exterior esse espírito de desapego revela-se na profissão de uma pobreza evangélica singular: sem mendigar, sem rendas fixas, os seus religiosos viverão dos proventos do sagrado ministério. Daí aquele confiante abandono à providência divina pelo qual Tiene será invocado "santo da providência, e que a sua religiosa família sintetiza no mote: "*Quaerite primum regnum Dei*".

No seu aspecto mais interior o desapego de si inspirar-se-á no *abneget semetipsum* tão evidente nos Sinóticos. Renúncia e purificação interior muitas vezes concebidas por Tiene como uma crucifixão espiritual: "Nessa cruz temos de crucificar os nossos desejos e vontades. E como quem está pregado na cruz não pode se mover sozinho, mas apenas com o movimento da cruz, assim um cristão crucificado com Jesus não deve se movimentar mais pelo próprio querer, mas receber o movimento da vontade de Cristo" (*Sentenças*, in Zinelli, *Vita*). Renúncia que não é fim em si mesmo: "porque nessa obediência e morte de mim mesmo está a glória de meu Criador" (*Cartas* a L. Mignani, 8 de junho de 1520). Glória de Deus e perfeita alegria que pode ser apenas gozada por quem, mediante a própria renúncia, chega à conformidade com Cristo: "*Vera et inaestimabilis spiritualis viri laetitia est appetitus similitudinis cordis et corporis Christi, iuxta illud Pauli, Act. XXI: Ego solum alligari et mori paratus sum in nomine Domini Jesu*" (*Cartas*, 110).

É assim que a ascese da renúncia — "a imortal guerra", na linguagem de Tiene — atinge seu supremo objetivo: libertar todas as forças da alma para que elas estejam totalmente empenhadas em servir e em amar Deus, impulsionadas apenas por puro amor. Nessa sua enérgica atitude, Tiene — que tinha solicitado Paulo Justiniani a vulgarizar em italiano as obras de → CASSIANO — revela-se, como ele era, discípulo de G. B. da Crema. Aliás, esse espírito se tornará exemplo na sua família religiosa. Santo André Avelino acrescentará aos três votos regulares o de renunciar incessantemente à própria vontade, e Lourenço → SCUPOLI, confrade e discípulo de Avelino, escreverá mais tarde o *Combate espiritual*, um dos tratados fundamentais da espiritualidade moderna. Sabe-se muito bem, enfim, que a alcunha de "teatino" ou "chietino" foi dada então a qualquer um, eclesiástico ou leigo, que professasse vida austera e devota. O nome caracterizava a espiritualidade.

3. **CONTEMPLAÇÃO E AÇÃO.** Formado assim no espírito da "vida apostólica" e do "combate espiritual", o teatino pode se entregar com confiança ao apostolado, que cobre o leque de todos os ministérios sacerdotais: "*debemus considerare tanquam propriam status nostri quamlibet functionem, opus, aut ecclesiasticum ministerium, praecipue si ad haec nos impellat oboedientia aut charitas*" (Const. 1948, c. I, ed. atualizada, 1984, pars I, c. III, art. 32).

Como apoio e garantia da sua atividade exterior, além dos meios que o estado de perfeição lhe concede, ele é vigorosamente apoiado pela vida litúrgica, pela oração mental, por uma intensa piedade. Aos primeiros clérigos regulares foi confiada por Clemente VII a revisão dos textos litúrgicos, antes do Tridentino; eles têm até hoje ofício coral. Ao teatino as Constituições lembram o evangélico "*oportet semper orare*" (1604, c. VIII; ed. 1948, c. III, 48): duas vezes ao dia, de manhã e à noite, é chamado à oração mental, para a qual é deixada uma ampla liberdade de método e de forma. No noviciado da Ordem Scupoli é uma autoridade. Ainda que de tom predominantemente ascético — como, aliás, a dos outros clérigos regulares —, essa espiritualidade levou devidamente em conta a contemplação mística. G. Tiene, alma muito sensível aos dons místicos, deixou-nos num breve compêndio os componentes da contemplação: "*Conteplativam vero vitam tria sunt quae integrant: puritas interiorum, clausura omnium sensuum, oboedientia internarum inspirationum*" (*Cartas*, 110). De Pietro Foscarini, companheiro de Tiene, que compõe um *Dialogus de vita contemplativa* — hoje perdido — ao padre Juan Capó, que na segunda metade do século XIX intitula o seu tratado *Reforma do cristão por meio da oração mental*, a tradição na Ordem é constante.

Caetano, enfim, deixou como herança a seus filhos o seu amor ardente pela eucaristia e pela Virgem, o seu apostolado pela comunhão frequente, o seu zelo pelo ministério das confissões e da → DIREÇÃO ESPIRITUAL, pelas celebrações litúrgicas — o novo santo canonizado Giuseppe M. Tomasi é o "príncipe dos liturgistas romanos" —, pelo esplendor da casa de Deus; também a sua devoção ao presépio não menos que à "vitoriosa paixão", com a sua terna dedicação ao alívio dos pobres, enfermos e moribundos, expressão daquele divino amor em cuja escola ele se formou e que deve ter a primazia na vida de perfeição e de apostolado deles, "porque não com fervor afetivo, mas somente com fervor efetivo é que se purificam as almas" (*Carta* a L. Mignani, 8 de junho de 1520).

BIBLIOGRAFIA. ANDREU, F. (ed.). *Le lettere di san Gaetano da Thiene*. Città del Vaticano, 1954; CHIMINELLI, P. *San Gaetano Thiene, cuore della Riforma cattolica*. Vicenza, 1948; *Constitutiones Ordinis Clericorum Regularium*. Roma, 1984. LLOMPART, G. *Gaetano da Thiene (1480-1547). Estudios sobre un reformador religioso*. Roma, 1968; MAS, B. La spiritualità teatina. *Regnum Dei. Collectanea Theatina* 7 (1951) 3-18.64-88.181-204; MAULDE-LA CLAVIÈRE, R. de. *San Gaetano Thiene e la Riforma cattolica italiana*. Roma, G. Salvadori, 1911; PASCHINI, P. *San Gaetano Thiene, Gian Pietro Carafa e le origini dei chierici regolari teatini*. Roma, 1926; SILOS, J. *Historia Congregationis clericorum regularium a Congregatione condita*. Roma-Palermo, 1650-1666, 3 vls.; VEZZOSI, F. A. *I scrittori de' cherici regolari detti teatini*. Roma, 1780, 2 vls. Estudos vários sobre a história e a espiritualidade dos teatinos em *Regnum Dei*, publicação regular desde 1945.

F. ANDREU

TÉDIO. 1. NOÇÃO. É um estado de alma fundamental que exprime o momento negativo do espírito em seu retirar-se da vida imediata ou em ser rejeitado pelos objetos, mas de difícil determinação por suas múltiplas conexões com a esfera cognoscitiva, sobretudo com a afetiva. Há o tédio de "alguma coisa", como de uma ocupação, ou também, e mais propriamente, de alguma pessoa e até, embora pareça paradoxal, de si mesmo e das próprias coisas e ocupações. Para que o tédio seja produzido, é necessário que venha a faltar o interesse ou a atração pelo objeto no qual se estava empenhado; o núcleo fundamental do tédio parece, portanto, o de uma frustração e, no fundo, de uma desilusão. A esse estado de alma refere-se a advertência do "vazio" sobre o qual insistem as análises do tédio por parte dos psicólogos e dos filósofos: mas a advertência do vazio não é suficiente para caracterizar o tédio, pois se pode ter (embora essa experiência seja bem rara!) uma ausência total (ou quase) de objetos e perceber um dissipar-se total da consciência, que é agradável e reparador e, portanto, que é totalmente contrário ao tédio Nem fazem parte propriamente do tédio o prazer nem a dor como tais, porquanto na realidade coisas agradáveis podem acabar por dar tédio e coisas dolorosas podem, ao contrário, estimular o interesse e a luta pela vida. O tédio não pertence nem sequer de per si à situação radical negativa, que é o "desespero", embora o tédio possa também se tornar uma situação negativa total e ainda mais radical do que o próprio desespero; com efeito, esse último contém certa decisão resolutiva do próprio ser, ao passo que o tédio prescinde de qualquer empenho. O tédio pode certamente levar ao desespero, mas está no meio entre a esperança e o desespero, como o ponto morto, como o relaxamento da tensão vital; uma renúncia à luta, aos interesses e aos valores da existência até o próprio apego à vida.

Nem se pode explicar adequadamente a existência do tédio apenas como relaxamento da atenção, pois, em si, esse relaxamento é efeito e não causa do tédio e o efeito pode ser tão forte que leve ao protesto e até a decisões negativas mais graves. O tédio (*taedium vitae* dos latinos e o *spleen* inglês) é como um esvaziamento interior e, portanto, é bem a advertência do vazio e do desinteresse por tudo quanto nos rodeia: mas que tem seu centro não fora, mas dentro de si, na renúncia às aspirações e ambições de ser, na *noluntas*, que é vontade de nada. Por isso, a referência à acídia ou à indolência em cumprir os próprios deveres é trocar o efeito pela causa ou, antes, um confundir estados diversos de consciência, os quais podem, quando muito, ver-se em sucessão e não necessariamente numa relação própria de causalidade. Não se diz que os entediados sejam de per si distraídos, desesperados nem ociosos; sequer se diz — e isso nos parece o momento essencial do tédio — que o tédio seja de per si negativo ou positivo, pois ele assume a qualidade não tanto ou, sobretudo, do objeto de que o homem se distancia, quanto do sujeito, ou seja, do seu porquê e do seu modo de separar-se.

A característica do tédio é sobretudo a falta ou perda da "participação" por parte do sujeito, e o grau de tédio está na proporção de tal ausência ou perda. A sua origem parece muito complexa, pois está ligada ao surgir da "falta de interesse", onde se configura segundo a gama infinita das disposições subjetivas e das diferenças objetivas dos valores da vida.

A última raiz do tédio parece que deve se referir, portanto, à finitude do homem e à indeterminação do ser, se se entende isso, porém, de modo subjetivo e não objetivo. Com efeito, o finito como tal pode estimular — e, de fato, interessa continuamente — o homem na sua vida e profissão, seja ela qual for; o finito, quando está ligado a um objetivo e esse objetivo é querido ou aceito pelo sujeito, pode muito bem ocupar a consciência e afugentar o tédio. Isso acontece, porém, enquanto dura o interesse e, portanto, enquanto persevera a vontade do objetivo. E essa vontade é precisamente o elemento subjetivo, de cuja negação depende o surgimento do tédio. Com efeito, a vontade está suspensa de si mesma na tensão de finito e infinito: é finita nos seus objetos imediatos e nas suas aspirações imediatas, é infinita na sua aspiração última, que é a tendência à felicidade e no seu objeto e fim último, que é o (posse do) bem infinito. Como o bem presente é o finito como a única realidade que por diversas vezes se faz presente, ao passo que o infinito representa o transcendente-ausente, há na esfera objetiva da consciência uma incomensurabilidade impreenchível não somente entre o finito e o infinito, mas também entre o momento objetivo e o subjetivo do próprio infinito; não há dúvida que o ser infinito é em si infinito bem, mas na minha existência ele está ausente e é inatingível, ou seja, é para mim abstrato. Assim, sob um aspecto, pode se apresentar abstrato o bem finito, por sua limitação; e é abstrato, ou pode assim parecer, o próprio infinito pela sua transcendência; daí a possibilidade não só do tédio de alguma coisa, mas de tudo, da vida em si (*taedium vitae*) e do próprio Deus, ou seja, do pensamento de Deus, do referir-se a Deus, o qual continuamente se afasta e foge, ou parece fugir de qualquer tentativa de apreensão. Mas aqui sobressai também o valor decisivo da liberdade e da graça para vencer o tédio e guiar a vida para seu último objetivo.

2. DESENVOLVIMENTO DO CONCEITO. Na Antiguidade clássica, parece que o tédio (ἀνία, *taedium*) não tenha tido particular destaque, porquanto os diferentes momentos da existência, estético, ético, religioso, encontram-se ainda misturados e num novo estado, portanto confuso e abstrato. Na literatura patrística e medieval o tédio parece estar unido à *acedia*, que é acídia, ou seja, indolência na vida do espírito e, por isso, vício capital, segundo um texto de São Gregório Magno (*Moralia in Job*, 13), citado por Kierkegaard: "*Virum solitarium ubique comitatur acedia... ut animi remissio, mentis enervatio, neglectus religiosae exercitationis, odium professionis, laudatrix rerum saecularium*" (*Papirer*, 1839, II A 484). Na concepção cristã da vida não há lugar para o tédio em sentido próprio, porquanto em concreto o homem deve sempre operar em todas as ações para o último fim e não se admitem em concreto ações puramente indiferentes. O cristão, porém, deve sentir o tédio do mundo, dos seus objetos e das aspirações que se dissolvem no tempo e as deve considerar uma perda de tempo.

Nesse sentido, foi → PASCAL o primeiro a se aprofundar na análise existencial do tédio, que, com a inconstância e a inquietude, forma a condição terrena do homem. O tédio nasce do ter de deixar as ocupações a que se está apegado (*Pensées*, ed. Brunschvicg minor, nn. 217, 387; SERINI traduz *ennui* por "aborrecimento" — trad. it., n. 277, Torino, 1962, 133 — que é termo bem psicológico e particular). A essência do tédio para Pascal está no apego da humanidade decaída às coisas finitas e, portanto, na necessidade de o homem viver na "distração" ou dissipação (*divertissement*). Daí a definição: "Tédio. Nada é tão insuportável ao homem como estar em pleno repouso, sem paixões, sem afazeres, sem passatempos, sem ocupação. Ele sente então sua nulidade, seu abandono, sua insuficiência, sua dependência, sua impotência, seu vazio. E logo surgirão do fundo de sua alma o tédio, o humor negro, a tristeza, a aflição, o ressentimento, o desespero" (*Pensées*, ed. cit., n. 131, 388; trad. it., n. 352, 161). É evidente nessa descrição a influência do pessimismo agostiniano, que impede ver a indiferença ontológica do tédio. Puramente negativa, mas mais superficial parece a noção de Kant, que concebe o tédio como mero fenômeno psicológico pertencente à experiência "do tempo que passa logo e do tempo que passa rápido" e confinada à esfera "do sentimento do prazer e da dor" (cf. *Anthropologie in pragmatischer Hinsicht*, §§ 61-66; Cassirer, VIII, 122 ss.; trad. it. VIDARI, 141 ss.). Quase uma síntese das posições de Pascal e de Kant é a descrição de Schopenhauer, que vê a ausência da vida na dor: "Por mais, porém, que as grandes e pequenas aflições encham a vida humana, mantendo-a em perene inquietação e agitação, não podem, todavia, cobrir a insuficiência da vida com respeito à satisfação do espírito nem o vazio nem a insipidez da existência, nem banir o tédio, que está sempre pronto a preencher toda pausa deixada vazia pela angústia" (*Die Welt als Wille und Vorstellung*, I, § 58, ed. Frauenstädt, II, 380; trad. it. DE LORENZO, I, 401). Como para Kant, também para Schopenhauer a raiz do tédio está no fluir do tempo de tal modo que nos damos conta do tempo durante o tédio (cf. *op. cit.*, II, 46; trad. it. II, 601). Não se distancia substancialmente dessa concepção Nietzsche, que atribui o surgimento do tédio à interrupção do trabalho e do jogo (*Menschliches Allzumenschliches*, I, nn. 391-611; Musarion, VIII, 289.377). Ela constitui a pausa para a reflexão que é exigida para a aquisição da sabedoria, pois tudo o que de melhor a terra pode oferecer para os cérebros mais finos e mais formados tornou-se "vazio" (*schcal*): assim o tédio, quando está em seu lugar, é um sinal de profundidade (*Tiefe*), é o retorno à fonte (*op. cit.*, II, nn. 165-328). Porém, exorta, é preciso fugir ao melancólico...: não é a vida por demais breve para se entregar ao tédio?

Ligada ao pensamento clássico (especialmente estoico) está a concepção do tédio de Leopardi, que está bem próxima da de Pascal. No Tasso se diz que ela nasce do "vazio" dos prazeres; e como o prazer não é senão aparente, segue-se que o fundo do ser e da vida é tédio, que Leopardi aproxima de desgosto e pena; mais propriamente, porém, ela é indicada como a ausência tanto do prazer como do desgosto.

Mais completa e profunda parece a análise feita por → KIERKEGAARD, que se refere à *acedia* dos místicos e sente mais intensamente as repercussões da dialética hegeliana. Como efeito da dissipação do finito e da sensação de vazio que ela escava na alma, o tédio é próprio do estado estético: "Nada me agrada. Não gosto de andar a cavalo, é um exercício muito rude; não me agrada caminhar, fico demasiado cansado; não me agrada deitar-me, porque ou é preciso ficar deitado, e não tenho vontade disso, ou seria preciso levantar, e nem de fazer isso tenho vontade. *Summa summarum*: nada me agrada". (*Enten-Eller*, I. *Diapsalmata: Samlede Vaerker*, II, ed. Copenaghen, 1920, Bd. I, 4; cf. *Diário*, II A 637). O erro da filosofia moderna é o de partir do nada, ao passo que não se pode partir senão do ente e se trata de revelar o nada que jaz no fundo do ente (finito). Por isso, qualquer objetivo finito é, em si, indiferente como o seu contrário (por exemplo, casar, não casar...): seja qual for a escolha que se faça, tomada na sua finitude, um dia teremos de nos arrepender. Não é apenas em certos momentos que eu considero tudo *aeterno modo*, como pensa Spinoza, mas eu estou sempre *aeterno modo*... pois a verdadeira eternidade não está atrás, mas antes do *aut-aut* da escolha; e é com a escolha, não com a reflexão especulativa que na vida se deve começar (*Ibid.*, I, 26). O estádio estético é o reino próprio do tédio e Don Juan, que passa sem parar de sedução em sedução, é o herói do tédio, porque ele vive no imediato do instante e, portanto, sempre em movimento; daí a admiração incondicional de Kierkegaard por *Dom Juan*, de Mozart, e a crítica profunda do de Molière (*Ibid.*, 97 ss.).

Como raiz do tédio é indicada a angústia, porquanto ela se apresenta na sua queda, que é o "demoníaco" na forma radical e insidiosa que é o vazio, a monotonia, a qual "se apodera da nossa mente, quando vemos um homem que tem o aspecto de estar morto e sepultado há tempo". Assim entendido, o tédio radical está ligado ao pecado original, o qual separou o homem da natural ligação com o Absoluto, que é o Sumo Bem, dobrando-o para o finito. A expressão do tédio nesse sentido intensivo é a "taciturnidade" (*det Indesluttede*), que é também o sinal da não liberdade, ou, mais precisamente, da perda da liberdade (cf. *Begrebet Angest*, c. IV, § 2; trad. FABRO, Firenze, 1953, 166). O tédio nasce e se radica, portanto, na consciência por causa da negação do elemento eterno no eu do homem: ela torna impossível a escolha absoluta do Absoluto e lança o homem nos braços do desespero, que é a única e verdadeira "doença mortal". O primeiro passo da salvação do desespero do tédio consiste em viver como um Indivíduo "diante de Deus" (*for Gud*); o cumprimento da salvação está em que o eu se encontre "diante de Cristo" (*for Christus*) de modo a estabelecer a esperança da própria salvação "no fato de que Deus, até por amor desse eu, se dignou nascer, se encarnou, sofreu e morreu" (*Ibid.*, II, B, b; trad. cit., 344).

Aqui o tédio retorna, mas revirado, ou seja, transfigurado; é a total repulsa do finito como desvio e tentação pela purificação dos sentidos e do espírito ao mesmo tempo. É o "tédio da vida" (*Livslede*) que prepara o cristão a aceitar a morte e até a torna agradável. As pessoas importantes que vivem na mundanidade não aceitam esse tédio, "não podem se resignar, revoltam-se contra Deus etc. Somente os homens que, levados a esse ponto de tédio da vida, podem, com a assistência da divina graça, afirmar com segurança que é por amor que Deus o faz, de modo que na alma deles, nem mesmo lá no mais íntimo, não se oculta dúvida alguma de que Deus é amor, somente eles estão maduros para a eternidade". O homem, tendo chegado a esse ponto (de tédio da vida), abandona-se a Deus: "não quer sentir mais nada, não quer sentir absolutamente nada senão o próprio Deus. Cheio de reconhecimento, ele refere tudo a Deus e reza a Deus para que as coisas fiquem como são, pois é Deus que faz tudo. Porque ele não crê em si mesmo, mas somente em Deus" (*Papier*, 25 de setembro de 1855, XI/2 A 439; trad. it., ed. Brescia, 1963, n. 3.322, t. II, 781 s.).

O tédio, por isso, considerado na sua essência ôntico-fenomenológica, não é o contrário do "divertimento" pasqualino, mas lhe é semelhante, porquanto justamente provoca distração, esquecimento, ainda que de um gênero particular. Nesse sentido, o tédio indica o estado ou efeito característico do retirar-se da consciência da realidade pela insuficiência e inadequação da realidade com respeito ao próprio objetivo ou ideal. Mas não é propriamente exato defini-lo uma "doença dos objetos" (Moravia), e sim o indício e o vazio que o próprio sujeito fez das próprias idealidades, o "deixar-se ser" (*lassensein*) e mover da consciência com uma indiferença cada vez mais crescente, de modo a diminuir progressivamente a "participação" do sujeito no conteúdo da própria experiência. O tédio se eleva assim a uma situação metafísica, porquanto, mais que a angústia, que é ainda tensão ambígua de ser, e do desespero, que é a vontade de não-ser, o tédio é vontade de nada como não vontade de querer, mais que vontade de não-querer: não, porém, como a *noluntas* schopenhaueriana ou o nirvana que têm ainda um sentido moralista, porque ligados a um objetivo que é o da catarse última da alma.

Pode-se pensar, então, que o tédio nasça do dissipar-se do "sentimento da realidade", ou seja, da progressiva e crescente advertência do absurdo da realidade, como nos protagonistas dos dramas de Sartre (cf. *L'âge de la raison*). Por isso, ela consiste certamente na advertência do "vazio", somente que não se trata de um vazio "qualquer", ou seja, de um vazio particular e objetivo: isso pode valer para o tédio da consciência imatura (crianças, rudes, selvagens…) quando o aborrecer-se é causado pela incapacidade de compreender e captar o objeto e de se inserir na corrente da vida e da experiência. O tédio essencial, porém, é causado pelo transpassar de lado a lado o objeto, sem que o objeto consiga "reter" a consciência, nem a consciência, o objeto, mas tendem cada vez mais a se separar, segundo uma ação dialética de rejeição mútua. Com a terminologia heideggeriana, que se pode fazer remontar ao próprio Hegel, pode-se dizer que o tédio não é senão o êxito do princípio moderno da imanência, quando entendido — como fez o existencialismo ateu mais coerente: Sartre, Camus, Heidegger… — na sua função de "nadificar". Com efeito, quando se afirma que é a consciência que fundamenta a presença do ser, enquanto ela é em si não ser e vazio de ser, então é o não ser que condiciona o ser, o nada frequenta o ser (*le néant hante l'être*) até a fórmula: "*C'est la possibilité permanente du non-être, hors de nous et en nous, que conditionne nos questions sur l'être*" (J.-P. Sartre, *L'être et le néant*, Paris, 1943, 40). Tudo isso remonta ao princípio hegeliano de que "o puro ser e o puro nada são a mesma coisa" (Hegel, *Wissenschaft der Logik*, I. Buch; ed. Lasson, III, 74), de modo que, como observou Heidegger, se pode afirmar que "*ex nihilo omne ens qua ens fit*, mas em sentido oposto à criação cristã: com efeito, aqui é o próprio nada (*das Nicht*) que torna possível o manifestar-se do ausente para o homem" (M. Heidegger, *Was ist Metaphysik?*, V Aufl., Frankfurt a.M., 1949, 32,36). Na advertência da "nulidade" do objeto pelo sujeito e do sujeito com relação ao objeto, ou seja, do mútuo aprofundar (ativo) no nada, está a origem e a estrutura do que pode ser chamado de o tédio essencial.

3. SIGNIFICADO ESPIRITUAL. Na teologia espiritual tradicional, o tédio é conhecido normalmente só no seu aspecto estético-negativo, ou como tentação da dissipação nos primeiros tempos da conversão ou como prova permitida por Deus para operar a purificação ativa e passiva da alma progredida e também como graça especial que separa a alma de toda aderência à criação, segundo o texto kierkegaardiano. A esse tédio essencial e total corresponde a total indiferença a toda criatura, à vida e à morte, à perseguição e à doença e aos próprios dons divinos do fervor e às provas da aridez, a todo sofrimento moral e físico, como a perda dos parentes mais íntimos, a exemplo de → ABRAÃO, que está pronto a sacrificar Isaac, e de Cristo, que antes da paixão se dirige ao Pai e pronuncia o *non mea sed tua voluntas* *fiat* (Lc 22,42). É esse propriamente o estado do "santo abandono" que é o vértice a que chega a fé potenciada pela caridade; é chamado também de "segundo nascimento", ou de a "segunda infância", que na escola dos místicos cristãos (especialmente de Santa Teresa e de Santo Afonso) o próprio Kierkegaard vislumbrou e indicou (*Papier*, espec. X/1 A 59; X/2 A 76, 320; X/4 A 490; X/5 A 72). Ele lembra o *cupio dissolvi et esse cum Christo*, do Apóstolo, no desapego total de todas as coisas criadas.

→ ANGÚSTIA, → CULPA, → MISANTROPIA.

BIBLIOGRAFIA. Escassa e de pouca importância é a literatura específica sobre o tédio; é preciso procurá-la sobretudo sob os termos afins de "angústia", "desespero", "fastio", "dissipação". Para o mundo clássico, cf. s.v. ἀνία: ARNIM, J. VON. *Stoicorum veterum fragmenta*. Stuttgart, 1964, vl. IV, s.v. 18b; DIELS-KRANZ. *Die Fragmente der Vorsokratiker*. VI ed., Bd. III, Register, 53a: tem o verbo ἀνιᾶν; LIDDEL-SCOTT. *A Greek-English Lexikon*. Oxford, 1958, 142b; MORRA, G. – FALORNI, M. L. Noia. *Enciclopedia Filosofica*. 919-21, III; REVERS, W. J. *Die Psychologie der Langweile*. Meisenheim-Glan 1949; WITENBACH, D. *Lexicon plutarcheum*. rist. Hildesheim, 1962, vl. I, 146; WSTIUSI, F. *Lexicon platonicum*. rist. Darmstadt. 1956, vl. I, 179.

Para um estudo analítico: BILZ. R. Langweile. Versuch einer systematischen Darstellung. *Der Nervenarzt* 31/10 (1960) 433-443.

Sobre Pascal: AMELOTTI, G. *Filosofia del Leopardi*. Milano, 1939; BARRÈS, M. *L'angoisse de Pascal*. Paris, 1918; CHEVALIER, J. *Pascal*. Paris, 1922; Études sur Pascal. Troisième Centenaire de la naissance de P. *Revue de Métaphysique et Morale*. Paris, 1923; STEINMANN, J. *Pascal*. Paris, 1954.

Sobre Kierkegaard: BERTALOT, R. *L'angoscia come profezia*. Vita Monastica 34 (1980) 59-70; COSTANTINI, A. Concetto di peccato in Kierkegaard. *Rivista di Teologia Morale* 14 (1982) 553-556; GOSSLBAUER, J. P. – EDLINGER, V. VON. Kirchlicher Konservatorismus und Angst. Eine empirische Untersuchung. *Archiv fur Religionspsychologie* 14 (1980) 92-121; MEHRPOHL, B. *Die Verzweiflung als metaphysisches Phänomen in der Philosophie S. Kierkegaards*. Wurburg, 1934; OSTENFELD, J. *Om Angst-Begrebet i S. Kierkegaard*. Copenhagen, 1933; SACK, M. K. *Die Verzweiflung. Eine Untersuchung und ihre Entestehung*. Kallmunz, 1930.

C. FABRO

TEILHARD DE CHARDIN, PIERRE.

1. NOTA BIOGRÁFICA. Nasceu em Sarcenat (Auvergne), no dia 1º de maio de 1881, entrou para a Companhia de Jesus em 1899 e entre os estudos de filosofia e teologia (1905-1908) ensinou física no Cairo. Participou da guerra (1914-1918) como maqueiro. De 1922 a 1925 ensinou geologia no Instituto Católico de Paris. Em 1926 participou na China das pesquisas que levaram à descoberta do sinantropo; foi depois membro de diversas expedições científicas na África. No período 1921-1929 redigiu 46 memórias científico-religiosas, de 1930 a 1939 redigiu 84 e de 1940 a 1955, 33. Desde 1951 foi colaborador, em Nova York, da Wenner-Gren Foundation for Anthropological Research. Retirado do ensino pela ideias que professava, foi mantido longe da Europa. Morreu em Nova York em 10 de abril de 1955.

2. OBRAS. Uma profunda exigência de unidade do saber fez Teilhard ultrapassar o limiar do campo puramente científico; conhecedor do que dizia a filosofia e a teologia, a história e a mística, juntou resultados de pesquisas e intuições da inteligência e do coração para superar "concepções do mundo" medievais e escolásticas e propor em seu lugar uma ideia mais adequada à mentalidade contemporânea. Desse generoso ideal brotaram todos os seus escritos não de investigação científica, que começaram a ser divulgados depois de seu silencioso desaparecimento e a ser objeto de animadas controvérsias, concedendo-lhe uma fama que raramente se verifica no campo cultural em termos de rapidez e amplidão e dando origem a uma corrente de pensamento (o "teilhardismo"). Além de artigos publicados em várias revistas, Teilhard escreveu apenas três obras organicamente pensadas, que estando ele vivo circularam entre grupos restritos e puderam ser impressas apenas depois de sua morte. São elas, pela ordem de composição: *Le milieu divin* (1926-1927), *Le phénomène humain* (1938-1940, 1947-1948), *Le groupe zoologique humain* (1949). A edição das *Oeuvres*, organizadas por C. Cuénot, compreende até agora, além das três citadas (Paris, 1955, *Phénomène*; 1957, *Le milieu divin*; 1963: *La place de l'homme dans la nature*. *Le groupe...*; essa última já tinha sido publicada à parte em 1956 com duas reedições em 1962), as seguintes coleções de escritos: *L'apparition de l'homme*, 1959; *L'énergie humaine*, 1962; *L'activation de l'énergie*, 1963; *Science et Christ*, 1965. Deve-se acrescentar: *Hymne de l'univers*, 1961; *Écrits du temps de la guerre (1916-1919)*, 1965; e a correspondência *Lettres de voyage (1923-1936)* e *Nouvelles lettres de voyage (1939-1955)*, 1956-1957; *Genèse d'une pensée. Lettres*

1914-1919, 1961; *Lettres à Léontine Zanta (1923-1939)*, 1965; *Lettres d'Hastings et de Paris (1908-1914)*, 1966; *Lettres d'Egypte (1903-1908)*, 1963 (cf. também a correspondência com Blondel; e *Accomplir l'homme*; ant. de cartas inéditas a duas amigas não cristãs [1926-1952], 1968).

3. DOUTRINA. Da complexa obra de Teilhard tocamos apenas duas questões de particular importância para a vida espiritual: a relação entre o cristão e o mundo, e a relação entre o progresso e a edificação do reino de Deus.

a) *O cristão e o mundo*. É preciso tomar consciência, afirma Teilhard, do caráter realmente "sagrado" de todas as atividades de toda criatura. É preciso compreender que, em certo sentido, a "natureza" é também "graça", que é um dom da liberalidade divina e que provém, a cada momento, do fundo do amor divino. "Vamos referi-lo: por obra da criação e sobretudo da encarnação, *nada é profano* aqui na terra para quem sabe ver. Antes, tudo é sagrado para quem distingue em cada criatura a partícula de ser escolhido submetida à atração do Cristo em via de consumação" (*L'ambiente divino*, Milano, 1968, 53-54).

Para tomar consciência do caráter realmente "sagrado" de cada coisa e de toda atividade, Teilhard parte do princípio da fé na criação tomada no seu pleno significado (parte I): a criação que não se encontra apenas na origem das coisas, mas continua a sustentar a existência delas, inclusive e sobretudo na sua mais alta realização, que consiste na ação e no trabalho do homem. A onipotência de Deus penetra em todo o mundo, até nas forças com as quais o mundo se movimenta por si.

Partindo desse princípio, Teilhard acredita ser urgente uma *reabilitação da natureza* como dom de Deus, dom atual e pleno de amor, contra a atitude negativa de certos cristãos, que parecem se esquecer que a natureza é um benefício, que constitui uma manifestação atual do amor de Deus e, para quem sabe ver, o primeiro grau da revelação. Nessa perspectiva o mundo se transforma numa "diafania" de Deus; a mesma matéria se converte numa "santa matéria", para cuja consagração e salvação Cristo veio até nós. Enfim, a vida inteira se transforma em "ambiente divino", em que nos encontramos imersos (parte III). "Por meio de todas as criaturas, nenhuma exclusa, o divino nos assedia, nos invade, nos empasta. Nós o críamos distante, inacessível: e vivemos imersos nos seus estratos ardentes. *In eo vivimus, movemur e sumus*" (*L'ambiente divino*, 127).

É preciso observar, porém, que para chegar a essa descoberta ou consciência da onipresença de Deus e, portanto, a uma sacralização de todas as coisas e de todas as atividades, o caminho não pode ser outro senão o indicado pelos místicos e teólogos: a renúncia, o despojamento, a purificação da noite. Teilhard sabe disso e dedica a segunda parte da sua obra ao estudo das "passividades".

Do mesmo princípio da fé na criação provém também uma *reavaliação da ação humana* como prolongamento da ação divina e como cumprimento dos desígnios de Deus. Mediante o nosso trabalho somos colaboradores da ação criadora de Deus. Portanto, tudo o que contribui para desenvolver o mundo e para fazer crescer a vida em todos os níveis é bom, porque é a execução de planos de Deus sobre o mundo. Quem age nessa perspectiva deve chegar a eliminar toda espécie de dualismo ou divisão na própria vida cristã. O que se entrega às ocupações humanas não é tirado do louvor a Deus. Mas é louvor mesmo de Deus a realização e sucesso dessas tarefas humanas, pois é a realização do querer de Deus.

A vontade de Deus se manifesta no "impulso vital" do homem e da humanidade: a vontade de vida do homem, a sua tendência a completar, penetrar e dominar o mundo, a sua fome de progresso e a sua aspiração a desenvolver completamente o próprio ser humano neste mundo. Tudo isso não é senão a vontade e presença criadora de Deus. Ora, o homem deve responder ao apelo dessa vontade que ressoa do fundo do nosso ser, deve ser fiel a esse "impulso vital". O homem *deve* querer viver e querer trabalhar, tender a uma maior e mais completa realização do próprio ser humano. E isso é um dever sagrado, porque é a vontade de Deus encarnada na natureza mesma do mundo e da humanidade (*L'ambiente divino*, 76-77). A falta de vontade, de vida, o desânimo e o relaxamento diante dos deveres que o mundo lhe impõe são para o homem uma grave culpa. Com efeito, ele se recusa a obedecer à palavra de Deus, que ressoa das profundidades do mundo e do seu ser.

b) *O progresso e a edificação do corpo de Cristo*. A tese que sustenta a espiritualidade de Teilhard com referência às relações entre progresso e reino de Deus é que o progresso da humanidade serve para a edificação do corpo de Cristo. A mesma tese, para evitar qualquer equívoco, pode ser formulada em termos contrários: somente o que serve para a edificação do corpo de Cristo pode ter valor de verdadeiro progresso humano.

O argumento de Teilhard para provar essa tese é de uma simplicidade extrema, quase ilusória. Todas as coisas existem para o homem e para a perfeição da sua vida humana. Ora, o próprio homem existe para a sua incorporação final em Cristo. Portanto, todas as coisas existem para a incorporação dos homens em Cristo, quer dizer, para a construção do Corpo místico. Cristo ocupa o centro de convergência da criação; é o fim e o coroamento tanto da ordem natural como da sobrenatural (cf. *L'ambiente divino*, 40.142-144).

Significado tradicional. No fundo, esse pensamento é tradicional; está fundado na doutrina do *pleroma*, de São Paulo, e pertence à velha herança da teologia católica.

Segundo São Paulo, Cristo é o centro e a cabeça de toda a criação. Todo o cosmos está à espera (de uma maneira que é obscura) da nova ordem, na qual Cristo dominará sobre o universo; uma plenitude será conferida a todas as coisas quando Cristo, unindo a si num só corpo todos os que forem salvos, reinará efetivamente sobre o mundo e o entregará ao Pai (Ef 1,10; Cl 1,14-20; 1Cor 15,20-28; Fl 2,6-11; 3,21. Cf. H. REIDLINGER, La regalità cosmica di Cristo, *Concilium* 1 [1966] 125-149).

A ideia teilhardiana do Cristo "cósmico" apresenta certa afinidade com a concepção scotista sobre a função de Cristo no cosmos, embora na visão de Teilhard receba um novo significado. Segundo a concepção scotista, Cristo é considerado fim e coroamento não apenas da ordem sobrenatural, mas também da ordem natural: o desígnio inicial da criação implicava a → ENCARNAÇÃO (ao contrário da concepção tomista, segundo a qual é preciso distinguir claramente entre a ordem da criação e a ordem da redenção). Cristo tem uma função central no cosmo e por isso a encarnação não deve ser entendida de modo puramente moral e jurídico, como, ao contrário, é entendida na concepção tomista (cf. N. M. WILDIERS, *Teilhard de Chardin*, Paris, 1960, 122-123).

A parte de novidade. As diferenças mais importantes consistem na visão dinâmica ou evolucionista do universo em sentido convergente para o Ponto-Ômega (fenômeno humano), e na identificação de Cristo com o Ponto-Ômega, de modo que a visão cósmica de Teilhard se torna assim uma visão cristocósmica (fenômeno cristão), ou seja, Cristo constitui o fim e o coroamento seja da ordem natural, seja da ordem sobrenatural como Ponto-Ômega, como Polo superior de humanização e de personalização. Segue-se que: — Cristo está estrutural e organicamente ligado ao cosmos e não de modo simplesmente moral e jurídico; — o mundo encontra a sua definitiva unidade e coerência por meio de Cristo; — Cristo constitui verdadeiramente o sentido da história; — Cristo é a grande fonte de poder e de energia, que atrai tudo a si (cf. WILDERS, *op. cit.*, 139).

Eis o problema da relação entre cosmogênese e cristogênese. Tocamos no ponto mais delicado e mais controverso do pensamento religioso de Teilhard. Uma terceira "natureza" em Cristo, a natureza cósmica? Teilhard tem expressões inaceitáveis do ponto de vista dogmático, mas realmente não foi sua intenção atribuir uma terceira natureza cósmica a Cristo; a sua função ou realeza cósmica lhe pertence em virtude da sua mesma humanidade absolutamente perfeita, assumida na encarnação (cf. DE LUBAC, *La pensée religieuse...*, 53 ss.). Apesar das insuficiências da linguagem e embora a síntese teilhardiana possa parecer lacunosa, segundo Ch. Mooney (*Teilhard de Chardin and the Mystery of Christ*, London, 1966, 87-103), a proposta teológica de Teilhard de levar a sério a dimensão cósmica das fórmulas paulinas é uma proposta válida e bem orientada nas suas linhas gerais e faz parte da teologia contemporânea (cf. O. ROUSSEAU, La regalità di Cristo: sviluppo dell'idea nella teologia, *Concilium* 1 [1966] 150-165).

Derivações. A partir da doutrina da relação entre cosmogênese e cristogênese, ou seja, entre a evolução do mundo e a edificação do corpo de Cristo, Teilhard explica a relação entre progresso humano e reino de Deus (e salvação sobrenatural), e estabelece qual deva ser a atitude cristã diante das tarefas terrenas.

Se Cristo é o Ponto-Ômega, ou seja, o coroamento seja da ordem natural, seja da ordem sobrenatural, segue-se que todo aperfeiçoamento da ordem natural é um aperfeiçoamento da realeza cósmica de Cristo, todo progresso humano serve para a edificação progressiva do Corpo místico. Esse progresso de ordem natural pode ser utilizado, como uma disposição, para a inserção dos homens na comunidade sobrenatural (portanto, para o cumprimento do *pleroma* cristão).

Todo esforço humano, seja ele qual for, para melhorar a condição humana, para aperfeiçoar a ordem natural, contribui para a realização do Cristo integral, para a instauração do seu reino. Nessa perspectiva o cristão deverá encontrar a unidade profunda da sua vida de consagração a Cristo e de dedicação às tarefas terrenas. Quando o nosso olhar encontra o seu verdadeiro objetivo, ou seja, a perfeição do corpo humano-cristiforme, toda atividade assume uma orientação mais justa; poderia acontecer de nos perder um tanto cada dia, mas logo podemos voltar ao bom caminho.

O sentido genuíno da parte de novidade do pensamento de Teilhard. Sob o ponto de vista teológico, o tema da evolução não deve apresentar nenhuma dificuldade: Deus permite que as coisas se façam pouco a pouco, segundo as leis delas. O imenso problema posto pela evolução consiste nisto: ela parece ter o ar de salvar o homem. Mas, segundo as observações de A. Rabut (*Dialogue avec Teilhard de Chardin*, Paris, 1958), no pensamento de Teilhard a salvação cristã não é eliminada nem substituída; é a graça de Cristo que salva, não as forças evolutivas; a graça de Cristo, porém, se serve da evolução.

Eis as observações mais importantes feitas por Rabut: é preciso em primeiro lugar reconhecer a distinção dos dois processos e dos seus efeitos; o progresso humano, o processo da história, é distinto do processo de deificação do Corpo místico. Teilhard está sempre atento em estabelecer a diferença entre a edificação propriamente dita do corpo de Cristo, a qual consiste no crescimento da fé, da esperança e da caridade e se realiza com a pregação, com os sacramentos, com a oração e com o exercício das virtudes, e a história do progresso da humanidade, o qual compreende também a ciência, a arte, a técnica e a economia.

Segundo a história, porém, o aperfeiçoamento não se dá sem relação com a edificação do Corpo místico. O aperfeiçoamento segundo a história constitui a vocação natural da humanidade. Pode-se pensar que é querido por Deus para ser posto a serviço do Cristo total. A função (se se obedece ao plano providencial) é provavelmente de dispor os homens a se inserirem melhor na comunidade sobrenatural, no Corpo místico.

Mas conhecendo o papel monstruoso do pecado no mundo poder-se-ia temer uma inversão pecaminosa do processo evolutivo, ou uma utilização dos mesmos sucessos temporais do processo evolutivo contra a vida sobrenatural. "Em resumo, a perfeição espiritual dos homens não é o efeito automático da evolução. Não somente ela provém de uma fonte extracósmica e se une a um dom divino de uma ordem diferente da ordem da criação, mas esse dom sobrenatural, ao se encarnar no dado natural, não o faz de modo tal que o desenvolvimento evolutivo acrescente necessariamente a santidade. Sem dúvida, natureza humana e santidade têm a possibilidade de se desenvolver conjuntamente; mediante a evolução nos é feita uma proposta de salvação (sobrenatural) — e essa concepção positiva tem uma importância inestimável; mas nós podemos rejeitar a oferta da santidade, ou deixá-la inerte, ainda que evoluamos de modo magnífico no plano temporal. De resto, é um fato de experiência que a subida evolutiva e a subida de santificação nem sempre coincidem" (Rabut, *op. cit.*, 110).

A obra de Teilhard constitui sem dúvida um acontecimento para a espiritualidade contemporânea. A sua doutrina é, em certo sentido, velha e tradicional, mas o acento, a visão é decididamente nova e em certos pontos discutível e surpreendente.

A reavaliação da natureza e da ação humana a partir da mística da criação é sem dúvida certa. Mas a conclusão a que chega suscita não poucas dúvidas e cria certo embaraço. Uma santidade do "impulso vital"? O dever de ser fiel a esse impulso, ou seja, ao desejo de vida, à sede de felicidade, à tendência a uma maior realização do próprio ser humano não está talvez em contradição com a mensagem evangélica da mortificação e da renúncia a si mesmo? Tudo isso não levará a uma espécie de exaltação ou canonização dos contraditórios da natureza — sede de prazer e de gozo, amor próprio, ambição — estigmatizados pela *Imitação de Cristo*?

Não é por acaso que a edição alemã de *Le milieu divin* foi apresentada como uma espécie de contraponto à secular "Imitação de Cristo". O fato é que, embora Teilhard fale de renúncia, de mortificação, de cruz, a sua visão do mundo é predominantemente otimista. Mas é preciso reconhecer que nessa visão há ainda lugar para a ascese e a aceitação da cruz.

BIBLIOGRAFIA. Alvarez de Juan, M. Teilhard de Chardin: energía y speranza nuevas en la conciencia progresiva del bien, de lo bello, de la ciencia y de la religión. *Revista Agustiniana de Espiritualidade* 20 (1979) 93-113; Baudry, G. H. *P. Teilhard de Chardin. Bibliographie: Addenda (1913-1971).*

Supplément (1972-1977). Lille, 1977; CHARBONNEAU, B. *Teilhard de Chardin prophète d'un âge totalitaire.* Essai, Paris, 1963; CHAUCHARD, P. *L'être humain selon Teilhard de Chardin.* Paris, 1959; ID. *La pensée scientifique de Teilhard de Chardin.* Paris, 1965; COGNET, L. *Le père Teilhard de Chardin et la pensée contemporaine.* Paris, 1956; CRESPY, C. *La pensée théologique de Teilhard de Chardin.* Paris, 1961; DESSAULT, G. – GENDRON, L. – HAGUETTE, A. *Panthéisme, Action, Oméga chez Teilhard de Chardin.* Paris, 1967; Evoluzionismo e storia umana. *Atti del XXII Convegno di Gallarate.* Brescia, 1968; FARICY, R. *Sono con voi ogni giorno. La dottrina spirituale di Teilhard de Chardin.* Milano, 1982; GIBELLINI, R. *La discussione su Teilhard de Chardin.* Brescia, 1968; GRENET, P. B. *P..Teilhard de Chardin ou le philosophe malgré lui.* Paris, 1960; ID. *Teilhard de Chardin, un évolutionniste chrétien.* Paris, 1961; GUÉNOT, C. P. *Teilhard de Chardin. Les grandes étapes de son évolution.* Paris, 1958, [2]1962; ID. *Teilhard de Chardin.* Paris, 1962; Il messagio spirituale di Teilhard de Chardin. *Atti del Convegno su "Le milieu divin".* Milano, 1965; LEROY, P. *P. Teilhard de Chardin tel quel je l'ai connu,* Paris, 1958; LUBAC, H. de. *Blondel et Teilhard de Chardin. Correspondance commentée.* Paris, 1965; ID. *Il pensiero religioso di p. Teilhard de Chardin* (sétima seção: Teilhard de Chardin, vl. 23 Opera Omnia, por E. GUERRIERO). Milano, 1983; ID. *La pensée religieuse du père Teilhard de Chardin.* Paris, 1962; ID. *La prière du p. Teilhard de Chardin,* Paris, 1964, com uma Note sur l'apologétique teilhardienne, pp. 149-222; LUPO, V. A colloquio con i lettori di Teilhard de Chardin. *Humanitas* (1967) 440-474.639-668.979-1.013; MCCARTHY, J. M. *P. Teilhard de Chardin. A Comprehensive bibliography.* New York/London, 1981; Symposion International P. Teilhard de Chardin. *Revue Teilhard de Chardin* 22 (1981) 1-36; NORTH, R. *Teilhard and the creation of the soul.* Milwaukee, 1967; ORMEA, F. *Teilhard de Chardin. Guida al pensiero scientifico e religioso.* Firenze, 1968, 2 vls.; PIVETEAU, J. *Le P. Teilhard de Chardin savant.* Paris, 1964; RABUT, O. A. *Dialoque avec Teilhard de Chardin.* Paris, 1958; RIDEAU, E.*La pensée du p. Teilhard de Chardin.* Paris, 1965 (a melhor e mais completa exposição); SMULDERS, P. *Het visioen van Teilhard de Chardin.* Bruges, 1962, [5]1966; *Teilhard de Chardin e il pensiero cattolico.* Firenze, 1966; Teilhard de Chardin, son apport, son actualité. *Colloque du Centre du Sèvres 1981.* Paris, 1982; *Teilhard de Chardin. Studi e dibattiti.* Brescia, 1969; TRESMONTANT, C. *Introduction à la pensée du P. Teilhard de Chardin.* Paris, 1956; VIALLET, F. A. *L'univers personnel de Teilhard de Chardin.* Paris, 1956; VIGORELLI, G. *Il gesuita proibito. Vita e opere di P. Teilhard de Chardin.* Milano, 1963, [5]1965 (com bibliografia e seleção das passagens de crítica); WILDIERS, N. M. Teilhard de Chardin, Paris, 1960.

P. SCIADINI

TELEPATIA. Do grego τῆλε (longe) e πάθος (afeição), é uma forma de clarividência indireta, na qual uma pessoa se comunica com o pensamento, as emoções, as imagens, as sensações ou os acontecimentos de uma outra; essa comunicação verifica-se sem nenhuma intervenção dos órgãos sensíveis, ou pelo menos fora de suas vias normais, e tem um certo caráter passivo de receptividade de uma mensagem ou de uma impressão que lhe é comunicada. No caso de acontecimentos, não são percebidos diretamente, mas por meio da imagem, a ideia ou a sensação da pessoa protagonista. Ou seja, percebe-se o que acontece no espírito da pessoa, comunicado na mensagem telepática transmitida.

A telepatia pode ser espontânea ou provocada. A espontânea se verifica sobretudo nos momentos trágicos ou dramáticos experimentados pela pessoa transmitente. Os experimentos de J. B. Rhine estabeleceram como coisa provada os fenômenos de telepatia natural. Todavia, a explicação do procedimento telepático ainda não foi dada. Lembraremos apenas duas teorias: 1) A vibração das moléculas do cérebro. É uma teoria que muitos católicos defendem (Farges, Santelli, Zacchi, Alvarez de Linera…). O fenômeno telepático seria explicado de modo semelhante ao radiofônico. Tratar-se-ia de uma radiomensagem entre dois cérebros e, mediante eles, entre duas inteligências. A base está na dinamogenia das ideias, sempre acompanhadas por uma imagem sensível. Toda imagem sensível carrega consigo um movimento qualitativo, ou seja, uma vibração das moléculas do cérebro que produz um estado luminoso, sonoro etc. O que é transmitido por um cérebro a outro não é o conhecimento ou a sensação, é a vibração luminosa, sonora etc., que transmite a imagem física. Basta encontrar outro cérebro muito sensível que vibre em uníssono com o transmitente e se terá o fenômeno da telepatia; 2) A orientação voluntária das vibrações. Diferencia-se da precedente porquanto concede à vontade o poder de dirigir as vibrações. Parece-nos menos aceitável que a anterior.

BIBLIOGRAFIA. BALDUCCI, C. *Gli indemoniati.* Roma, 1959; FARGES, A. *Les phénomènes mystiques.* Paris, 1923; POODT, T. *Los fenómenos misteriosos del psiquismo.* Barcelona, 1930; HEREDIA, C. M. *Los fraudes espiritistas y los fenómenos metapsíquicos.* Barcelons, 1946; RÉGINALD-OMEZ, *Supranormal ou surnaturel?* Paris, 1956; WIESINGER, L. *I fenomeni occulti.* Vicenza, 1956.

I. RODRÍGUEZ

TEMERIDADE. A temeridade é um vício por excesso contra a virtude da fortaleza, mas também contra a prudência. A temeridade enfrenta deveres árduos com esforço psicofísico exagerado; expõe-se cegamente a riscos muito graves, acreditando em si mesma e no sucesso com meios inadequados, sem escutar a voz da moderação e da razão iluminada. A temeridade não é a audácia. Há uma audácia que jamais é temerária. A santa audácia não peca contra a fortaleza cristã e a prudência. É um heroísmo de virtudes à luz da fé na harmonia das coisas humanas e divinas.

A temeridade ultrapassa os limites razoáveis para ousar num ardor imoderado: vai cegamente contra verdadeiros e graves perigos: lança-se contra o que não se pode, ou quando não se pode, ou onde não se pode.

À diferença da santa audácia, a temeridade não teme o que se deve temer; ou não o teme no grau devido, ou não dá atenção a tempo e lugar; é inconsiderada; é ora leviana, ora atrevida, ora imprudente até o desprezo da própria vida, como se fosse senhor e árbitro absoluto dela.

A temeridade tem a sua causa na → SOBERBA. É pecado por excesso contra a → FORTALEZA. Pode ser também pecado grave quando expõe a vida própria ou do próximo a perigos graves físicos ou espirituais. A temeridade que tende a um fim mau é pecado duplo, seja pelo fim a que tende, seja por falta de prudência.

Caridade e justiça obrigam a não se expor temerariamente e a evitar perigos e qualquer mal à vida própria e dos outros. A prudência impõe conservar-se nos limites arrojados da audácia santa e da fortaleza cristã.

BIBLIOGRAFIA. GOFFI, T. – PIANA, G. *Corso di morale*. Brescia, 1983, II; JANVIER, E. *Esposizione della morale cattolica*. Torino, 1938; PIEPER, J. *Sulla fortezza*. Brescia, 1956; ID. *Sulla prudenza*. Brescia, 1965; SERILLANGES, A. *La philosophie de saint Thomas d'Aquin*. Paris, 1922.

D. MILELLA

TEMOR. 1. NA BÍBLIA. O Antigo Testamento é caracterizado muitas vezes como lei do temor e o Novo Testamento como lei do amor. É uma fórmula aproximativa, que negligencia muitas nuanças. Se o temor representava no Antigo um valor importante, a lei de amor já tem nele suas raízes. De outra parte, o temor não é ab-rogado pela nova lei, porquanto ele constitui o fundamento de toda atitude religiosa autêntica. Nos dois Testamentos, portanto, temor e amor se entrelaçam realmente, embora de modo diverso. É mais importante distinguir o temor religioso do medo, que todo homem pode sentir diante dos flagelos da natureza ou dos ataques do inimigo (Jr 6,25; 20,10). Somente o primeiro tem lugar na revelação bíblica.

a) *Do medo humano ao temor de Deus*. Diante dos fenômenos grandiosos, anormais, aterradores, o homem experimenta espontaneamente o sentimento de uma presença que o transcende e diante da qual se afunda na sua pequenez. Sentimento ambíguo em que o sagrado aparece sob o aspecto do *tremendum*, sem revelar ainda a sua natureza profunda. No Antigo Testamento esse sentimento é equilibrado pelo conhecimento autêntico do Deus vivo, que manifesta a sua grandeza terrível mediante os sinais de que está cheia a sua criação. O temor de Israel diante da teofania do Sinai (Ex 20,18 s.) tem como causa, antes de qualquer coisa, a majestade do Deus único, precisamente como o temor de Moisés diante da sarça ardente (Ex 3,6) e o de Jacó depois da sua visão noturna (Gn 28,17). Todavia, mistura-se a ele, quando nasce por ocasião de sinais cósmicos que evocam a ira divina (furacão, terremoto), um terror de origem menos pura. Pertence ao cenário habitual do dia de YHWH (Is 2,10.19; cf. Sb 5,2). É também o terror dos guardas do sepulcro na manhã de Páscoa (Mt 28,4). Já o temor reverencial é a reação normal dos crentes diante das manifestações divinas: o de Gedeão (Jz 6,22 s.), de Isaías (Is 6,5), ou dos espectadores dos milagres realizados por Jesus (Mc 6,51 par.; Lc 5,9-11; 7,16) e pelos apóstolos (At 2,43). O temor de Deus comporta modalidades diversas, que concorrem, cada uma no seu nível, para iniciar o homem numa fé mais profunda.

b) *Temor de Deus e confiança em Deus*. Na autêntica vida de fé o temor encontra, aliás, o equilíbrio graças a um sentimento contrário: a confiança em Deus. Também quando aparece aos homens, Deus não os quer aterrorizar. Assegura-lhes: "Não temas" (Jz 6,23; Dn 10,12; cf. Lc 1,13-30), frase dita por Cristo que caminha sobre as águas (Mc 6,50). Deus não é um poderoso ciumento do seu poder; cerca os homens com uma providência paterna que está atenta às necessidades deles: "Não temas", diz aos patriarcas anunciando-lhes as suas promessas (Gn 15,1; 26,24); a mesma expressão acompanha as promessas escatológicas dirigidas ao povo sofredor (Is 41,10.13 s.; 43,1.5; 44,2) e as promessas de Jesus ao "pequeno rebanho" que recebe o reino do Pai (Lc 12,32; Mt 6,25-34). Em termos semelhantes, Deus conforta os profetas, confiando-lhes uma dura missão: eles encontrarão oposição por parte dos homens, mas não devem temê-los (Jr 1,8; Ez 2,6; 3,9; cf. 2Rs 1,15).

Assim a fé nele é a fonte de uma segurança que elimina até o simples medo humano. Quando Israel em guerra tem de enfrentar o inimigo, a mensagem divina é ainda: "Não temas" (Nm 21,34; Dt 3,2; 7,18; 20,1; Js 8,1). Quando o perigo é mais grave, Isaías repete a mesma coisa a Acaz (Is 7,4) e a Ezequias (Is 37,6). Aos apóstolos, que a perseguição espera, Jesus repete que não temam, nem sequer aqueles que matam o corpo (Mt 10,26-31 par.). Uma lição repetida com tanta frequência acaba por penetrar na vida. Fortalecidos por sua confiança em Deus, os verdadeiros crentes eliminam todo temor do seu coração (Sl 23,4; 27,1; 91,5-13).

c) *Temor dos castigos divinos*. Há, todavia, um aspecto de Deus que pode inspirar aos homens um temor salutar. No Antigo Testamento ele se revelou como juiz, e a proclamação da lei sinaítica é acompanhada pela ameaça de sanções (Ex 20,5 ss.; 23,21). Ao longo de toda a história, as desgraças de Israel são apresentadas pelos profetas como outros tantos sinais providenciais que refletem o desprezo de Deus: sério motivo para tremer diante dele! Nesse sentido, a lei divina aparece verdadeiramente como uma lei de temor. Assim também, lembrando a ameaça dos castigos divinos, o Salmo 2 convida as nações estrangeiras a se submeter ao ungido de YHWH (Sl 2,11 s.).

Esse aspecto da doutrina não poderia ser eliminado porque também o Novo Testamento concede um lugar importante à ira e ao juízo de Deus. Mas diante dessa perspectiva terrível devem tremer apenas os pecadores obstinados no mal (Tg 5,1; Ap 6,15 s.; Lc 23,30). Para os outros, que se reconhecem profundamente pecadores (cf. Lc 5,8), mas têm confiança na graça justificante de Deus (Rm 3,23 s.), o Novo Testameno inaugurou uma atitude nova: não mais um temor de escravo, mas um espírito de filho adotivo de Deus (Rm 8,15), uma disposição de amor interior que elimina o temor porque este supõe um castigo (1Jo 4,18) e aquele que ama não tem mais medo do castigo, ainda que o seu coração o condene (1Jo 3,20 s.). Nesse sentido, o Novo Testamento é uma lei de amor. Mas no tempo do Antigo Testamento já havia homens que viviam sob a lei do amor, e até hoje há ainda os que não superaram a lei do temor.

d) *Temor de Deus e religião*. Afinal, o temor de Deus pode ser entendido num sentido muito amplo e muito profundo para se identificar simplesmente com a religião. O Deuteronômio já o associa de modo característico ao amor de Deus, à observância dos seus mandamentos, a seu serviço (Dt 6,2.5.13), ao passo que Is 11,2 vê aí um dos frutos do espírito de Deus. Ele, dizem os sábios, está no início da sabedoria (Pr 1,7; Sl 111,10), e o Sirácida mostra uma ladainha que mostra nele o equivalente prático da piedade (Sr 1,11-20). Sob esse título, ele merece a bem-aventurança que lhe atribuem vários salmos (Sl 112,1; 128,1), porque "a misericórdia de Deus se estende de geração em geração sobre aqueles que o temem" (Lc 1,50; cf. Sl 103,17); o tempo do juízo que fará tremer de medo os pecadores, será também o tempo em que Deus recompensará aqueles que temem o seu nome (Ap 11,18). O Novo Testamento, embora conserve às vezes à palavra uma nuança de temor reverencial, em que não falta totalmente a perspectiva do Deus-juiz (2Cor 7,1; Ef 5,21; Cl 3,22), especialmente se se trata de pessoas que não temem a Deus (Lc 18,2.4; 23,40), entende-a mais no sentido profundo que faz dela uma virtude essencial: "E me dou conta de que Deus é imparcial e de que, em toda nação, quem quer que o tema e pratique a justiça é acolhido por ele" (At 10,34 s.). O temor assim entendido é a via da salvação.

2. NA TEOLOGIA. O temor é uma perturbação causada em nós por um mal iminente que gostaríamos de evitar. Pode ser um vício por defeito contra a virtude da fortaleza, se o temor induz a não suportar as necessárias moléstias ligadas à consecução de um bem difícil ou induz a retirar toda força de superação de si diante do perigo de morte.

A vontade, todavia, recebe do temor um abalo no seu impulso vital para o bem. A "perturbação" por um mal próximo que a alma gostaria de evitar contraria a liberdade da ação da criatura. O mal que se teme é um obstáculo. Da variedade desses obstáculos, temos os graus do temor: gravíssimo, grave, ou leve, conforme tolha o uso da razão, ou enfraqueça seriamente a inteligência, obscurecendo-a, ou simplesmente a perturbe.

Sobre a vida espiritual, o temor, perturbação ou não, faz suportar as moléstias necessárias para conseguir o bem difícil da perfeição ou põe na alma apegada à vida terrena um desordenado temor da morte. É um vício a ser combatido com a oração e o exercício do abandono à vontade de Deus. Mas o temor é também virtude e dom do Espírito Santo. É chamado princípio da sabedoria. Daí o temor filial, que teme ofender a Deus. Mas há também o temor servil, que teme a Deus pela pena que ele ameaça infligir a quem comete falta. Em si é bom e virtuoso; mas pode se tornar mau se mantém a ligação ao pecado, ou seja, se exclui positivamente o temor da ofensa a Deus.

3. O DOM DO TEMOR. a) *Natureza*. Não se trata aqui daquele medo de Deus que, ao nos lembrarmos de nossos pecados, nos inquieta, nos entristece, nos perturba. Não se trata sequer do temor do inferno, que basta para esboçar uma conversão, mas não para dar cumprimento à nossa santificação. Trata-se do temor reverencial e filial que nos faz temer toda ofensa a Deus. O dom do temor aperfeiçoa ao mesmo tempo as virtudes da esperança e da temperança: a virtude da esperança, fazendo-nos recear desagradar a Deus e ser dele afastados; a virtude da temperança, afastando-nos dos falsos gostos que poderiam nos fazer perder Deus. Portanto, pode-se definir como um dom que inclina a vontade ao respeito filial de Deus, afasta-nos do pecado porque Ele não gosta e nos faz esperar na sua poderosa ajuda.

Compreende três atos principais: *um vivo sentimento da grandeza de Deus* e, portanto, sumo horror dos mínimos pecados que ofendem sua infinita majestade: "Não sabes, minha filhinha", dizia o Senhor a Santa → CATARINA DE SENA, "que todas as penas por que passa ou pode passar a alma nesta vida não são suficientes para punir a mínima culpa? Por isso a ofensa que é feita a mim, que sou bem infinito, requer satisfação infinita. Quero, porém, que tu saibas que nem todas as penas que se dão nesta vida se dão por punição, mas para correção" (*Diálogo*, 1, 2). Coisa que tinham entendido muito bem os → SANTOS, os quais amargamente deploravam as culpas até as mais leves e não acreditavam jamais ter feito suficiente para as reparar; *uma viva contrição das mínimas culpas cometidas*, porque ofenderam um Deus infinito e infinitamente bom; daí surge um ardente desejo de as reparar, multiplicando os atos de sacrifício e de amor; *um vigilante cuidado de fugir das ocasiões de pecado*, como se foge de uma serpente: "*quasi a facie colubri fuge peccata*" (Sr 21,2) e, portanto, grande diligência em querer conhecer em tudo o beneplácito de Deus para a ele conformar a própria conduta.

É claro que, agindo desse modo, aperfeiçoa-se a virtude da temperança, evitando-se os prazeres proibidos, e a da esperança, elevando com filial confiança o olhar a Deus.

b) *Necessidade*. É necessário esse dom para evitar a exagerada familiaridade com Deus. Há alguns que, esquecendo facilmente a grandeza de Deus e a infinita distância que nos separa dele, mantém com Deus e com as coisas santas liberdades inconvenientes e lhe falam com demasiada ousadia, tratando com ele quase que de igual para igual. É verdade que o próprio Deus convida certas almas a uma doce intimidade e a uma estupenda familiaridade; mas cabe a ele fazer isso primeiro e não a nós. De resto, o temor filial não impede aquela terna familiaridade que encontramos em alguns santos.

Não menos útil é esse dom para nos preservar, nas relações com o próximo, especialmente com os inferiores, do jeito altivo e soberbo que tem mais de espírito pagão que de cristão: o temor reverencial de Deus, que é ao mesmo tempo Pai deles e nosso, nos fará exercer a autoridade de modo modesto, como convém a quem a possui não por si, mas de Deus.

c) *Meios para cultivar esse dom*. É preciso meditar muitas vezes sobre a infinita grandeza de Deus, seus atributos, poder que tem sobre nós; e considerar à luz da fé o que é o pecado, o qual, por leve que seja, é sempre ofensa à infinita majestade de Deus. Não pode acontecer então de não conceber um temor reverencial por esse sumo patrão, que jamais deixamos de ofender; e, ao aparecer diante dele, sentir-nos-emos com o coração contrito e humilhado.

Para incrementar esse sentimento é bom fazer diligentemente os exames de consciência, estimulando-nos mais à compunção do que à minuciosa procura dos pecados. Para conseguir pureza de coração cada vez mais perfeita, convém nos unir e nos incorporar cada vez mais a Cristo penitente; quanto mais participarmos de seu ódio ao pecado e suas humilhações, tanto mais pleno será o perdão.

BIBLIOGRAFIA. BILLOT, L. *De virtutibus infusis* I. Roma, 1905; Crainte. In *Dictionnaire de Spiritualité* II (1953) 2.463-2.511; Dons du Saint-Esprit. In *Dictionnaire de Théologie Catholique* IV, 1.728-

1.781; GARDEIL, A. Crainte. In *Dictionnaire de Théologie Catholique* III, 2.010-2.022; GARRIGOU-LAGRANGE, R. *Perfection chrétienne et contemplation, selon saint Thomas d'Aquin et saint Jean de la Croix*. Saint-Maximin, 1923; GUIBERT, J. de. *Études de théologie mystique*. Toulouse, 1930; *Leçons de théologie spirituelle*. Toulouse, 1940; Les dons du Saint-Esprit. *Revue d'Ascétique et de Mystique* 14 (1933) 3-26; MOGENET, H. Un aspect de l'humanisme salésien: vertus morales naturelles et charité. *Revue d'Ascétique et de Mystique* 21 (1940) 3-25.113-130; PHILIPON, M. M. *I doni dello Spirito Santo*. Milano, 1965; SAINT-THOMAS, Jean de. In I-II, qq. 58-60. *Cursus theologicus*, t. VI, Paris, 1885; Timore. In *Dizionario dei Concetti Biblici del Nuovo Testamento*. Bologna, 1976, 1868-1871; Timore. In *Enciclopedia Filosofica*. Firenze, 1967, 480-482, VI.

P. SCIADINI

TEMPERAMENTO. E. Kretschmer dizia que o termo "temperamento" "é uma imagem eucarística, cuja amplitude não está ainda determinada"; desde a Antiguidade, porém (Hipócrates, século V a.C., e Galeno, século II d.C.), o termo indicou aquela justa mistura de elementos físicos que participam necessariamente da constituição do homem; mistura que oferece, quando bem dosada, o exemplar perfeito da natureza humana na sua fundamental estrutura. Desde quando esteve em uso a teoria dos quatro líquidos ou sumos que circulam no corpo humano (o sangue, o soro ou linfa ou fleuma ou pituíta, a bílis amarela, a bílis negra ou atrabile), considerou-se que eles definiam, no caso de predomínio de um líquido sobre os outros, também o clima psíquico do indivíduo. Assim Santo → ALBERTO MAGNO (século XIII; ainda no século XVII L. Riviero repetia essa tradicional doutrina) fazia corresponder ao predomínio quantitativo do sangue o temperamento sanguíneo; ao predomínio do soro correspondia o temperamento fleumático; ao excesso da bílis correspondia o temperamento colérico; com o predomínio da atrabile se determinava o temperamento melancólico.

Com o advento da nova pesquisa científica do século XIX, foi abandonada a teoria dos humores e se comprometeu também o significado do termo. Por temperamento se entendeu ressonância psíquica, excitabilidade da vontade, linearidade volitiva, caráter, grau e forma da ação externa do homem, a própria pessoa humana. Alguns autores rejeitam o termo por motivo da sua obscuridade. Outros, embora se equivocando sobre as palavras temperamento, caráter, constituição temperamental etc. puseram em destaque os dados somáticos que se apresentavam constantemente unidos a um dinamismo típico. Os dados, reunidos em esquemas elásticos, são de natureza ou morfológica ou anatômica ou fisiológica ou endócrina ou blastodérmica. Omitindo os elementos próprios do psiquismo da inteligência e da vontade, que muitos autores acrescentam a seus esquemas para definir os tipos temperamentais ou caracterológicos, pode-se admitir uma suficiente distinção entre temperamento e caráter. O temperamento pode indicar o resultado global da maturação fisiológica do indivíduo humano, que se exprime constantemente em ações e reações espontâneas, irrefletidas, correspondentes à soma das necessidades de natureza instintiva, apelativa, com tendência, emotiva. O temperamento é considerado tanto estruturalmente como na sua funcionalidade. Comporta em primeiro lugar um conjunto de elementos físicos muito estáveis, os quais, diferenciando-se na proporção, podem apresentar variantes externas de tais dimensões que legitimam uma escala de valores, ou seja, de tipos; secundariamente, o temperamento comporta uma dinamicidade espontânea incontrolada e manifestamente diferenciada na satisfação dos interesses naturais e constantemente coligada a uma certa soma de elementos físicos. Segundo essa descrição, o dinamismo do temperamento se manifesta quando não é exercido um controle do alto da pessoa; quanto mais a pessoa fica no estado bruto e o seu caráter é superficial, tanto mais se perceberá a atividade do temperamento. Ao contrário, quanto mais se afirmar a influência do eu e se determinar um caráter, tanto menos se manifestará o temperamento. Por isso erram os psiquiatras, fisiologistas, psicólogos e filósofos que querem estabelecer uma correlação causal direta entre o temperamento nos seus componentes estruturais e a manifestação da personalidade. Sem subestimar as pesquisas feitas e sem negar a experiência que pode ser renovada e declarada probatória em cada caso, é indispensável declarar que entre elementos físicos, sejam eles externos ou internos, e a psique na sua manifestação, não há uma correspondência fixa; assim, diante de um indivíduo que corresponde ao paradigma somático de um tipo, não se pode chegar a uma índole espiritual predefinida unida àquele tipo. O que se pode arguir é um possível pronunciamento vital ou funcional espontâneo e irrefletido de uma determinada espécie; além disso, pode-se ter uma orientação no ulterior estudo do sujeito. Somente assim se dá valor à pesquisa antropológica do temperamento humano. No indivíduo que chegou à maturidade emergem vários elementos tanto de estrutura como de vitalidade, presentes contemporaneamente também em outros sujeitos, a ponto de exigir um exame a respeito da relação existente entre eles.

E. Ledos observou uma relação constante entre a fisionomia da cabeça (chamada também constituição morfológica da cabeça ou estrutura facial que compreende a forma, o perfil, os músculos, a pele etc.) e as expressões do dinamismo psíquico, estabelecendo — com evidente exagero — oito tipos fisionômicos que indicam outros tantos tipos de psique diferente: raciocinativo, combativo, intuitivo, imaginativo, afetivo, prático, intelectivo-reflexivo, primitivo. Quando se pensa que a fisionomia é particularmente iluminada pelo olho, pelo sorriso etc. que recebem vida do espírito, as indicações tiradas da estrutura facial devem ser mais diretamente atribuídas à atividade superior. É inegável certo índice de atividade espontânea pelos traços do rosto e pela conformação da testa. A escola constitucionalista italiana usa critérios morfológicos mais amplos para definir os tipos. A antropometria permitiu a G. Viola (1870-1943) distinguir três tipos em relação ao tronco do corpo humano (microsplâncnico, normosplâncnico e magalosplâncnico) e outros três que consideram a relação entre membros e tronco (longitipo, normotipo e braquitipo).

N. Pende pretendeu ressaltar em todo indivíduo o biótipo que ele descreve como "avaliação dos caracteres morfológicos, funcionais, intelectuais de cada indivíduo". Ele aperfeiçoa o estudo do temperamento (embora dele não se ocupe diretamente) segundo o aspecto genético, morfológico e humoral. Do aspecto genético propõe examinar a diátese familiar e individual; do aspecto morfológico considera o hábito corpóreo e distingue quatro grupos (longilíneo, normolíneo, brevilíneo, misto); segundo a relação estatura-peso, distingue outros três grupos (hipersômico, normossômico, hipossômico); com base na solidez ou na debilidade do corpo dependentes das constituições parciais dos aparelhos distingue quatro grupos (longilíneo tônico-estênico, longilíneo atônico-astênico, brevilíneo tônico-stênico, brevilíneo atônico-astênico). A descrição dos vários tipos é completada pelos exames da face, do pescoço, dos dentes etc. Mas a pesquisa mais original de Pende é a designação dos tipos segundo o aspecto humoral ou endócrino. "É certo que as glândulas mantêm o equilíbrio no delicado mecanismo do corpo, regulando seu crescimento, efeitos do sistema nervoso, função cardíaca, circulação sanguínea e metabolismo orgânico, agindo assim sobre a corporatura e sua estatura. Antes, parece que elas exercem sua influência até sobre o temperamento e sobre o caráter" (Harald TANGL, *Gli ormoni e l'uomo*, Milano, 1941, 243). Ora, Pende quer definir "aquele complexo de qualidades humorais e funcionais que constituem o temperamento somático individual, [...] governado sobretudo pelo aparelho regulador da crase humoral e do bioquimismo que está na base de todas as funções, o aparelho vegetativo-endócrino eletrolítico" (N. PENDE, *Trattato di biogipologia umana individuale e sociale*, Milano, 1939). Enumera depois complexos temperamentais em que a função endócrina peca ou por defeito ou por excesso: hiper-super-renal e hipo-super-renal, hipertiroideo e hipotiroideo, hipergenital e hipogenital, hiperpituitário e hipopituitário, hipertímico e hipotímico. Na descrição dos vários tipos há variações devidas à idade. Por exemplo, o indivíduo classificado no temperamento hipertiroideo da idade adulta possui uma persistente jovialidade nas formas do corpo, mantém a cor dos cabelos até idade avançada, tem uma hipertricose geral (na mulher se tem hipertricose do lábio superior e dos membros) e psicossexualidade pronunciada; é um indivíduo hiperativo, impulsivo, taquiprágico, distímico. O indivíduo de tipo contrário, o hipotiroideo, tem tendência à adipose, à calvície, à cárie precoce dos dentes, tem uma vida vegetativa e sexual predominante, emotividade limitada até a apatia; é uma pessoa bradiprágica, lenta nos reflexos, envelhece rápido. No meio desses dois contrários está o temperamento em que a tireoide funciona normalmente.

E. Kretschmer (1888-1964) passou da observação clínica do hábito corpóreo dos seus doentes e das tendências psíquicas anormais deles à formulação de uma doutrina da constituição psicofísica humana; ele revelou uma correlação entre dinamismo psíquico e estrutura física. Distinguiu tipos puros ou fundamentais, tipos de transição e mistos. Os fundamentais são: o leptossômico, o atlético e o pícnico. O quadro da função dinâmica desses tipos é muito incerto, seja porque nem ao leptossômico corresponde sempre o clima esquizoide, nem ao atlético é habitual o clima esquizoide com predominância de atividade volitiva, nem ao pícnico o clima correspondente é sempre o cicloide, seja pela afirmada correlação ente hábito morfológico e as superiores funções da pessoa. O leptossômico, por exemplo, tem um corpo esguio, magro, ossudo, desproporcional entre a estatura e a estreiteza do tronco etc.; o seu comportamento psíquico se manifesta sobre um fundo esquizoide com predomínio da atividade intelectiva; seria um indivíduo mais irrequieto, mais móvel etc. A dificuldade de aproximação (o próprio Kretschmer não admitia uma absoluta correlação entre aspecto morfológico e clima psíquico) é diminuída se se para numa correlação entre elementos corpóreos e temperamento sem pretender predefinir os traços da psique superior.

C. Sigaud (1862-1921) escolheu como critério para definir os tipos humanos a predominância da função de um dos quatro aparelhos humanos: cerebral, respiratório, digestivo, muscular. Resultaram quatro tipos perfeitos ou francos com uma fisionomia psíquica diferente. Também essa classificação encontrou uma discreta ressonância, embora esteja minada pelo mesmo vício metódico de confrontar o dado morfológico ou anatômico com a psique, para concluir por uma estreita relação de dependência causativa.

Uma última tentativa de tipologia é a de W. H. Sheldon. Ele volta a três categorias de tipos por força de um critério considerado radical, ou melhor, de um elemento físico que está na origem da variação dos tipos: o blastoderma. Os três somatotipos principais derivariam sua diferença dos três folhetos germinativos do blastoderma (o endoderma, o mesoderma, o ectoderma), porquanto deles procederiam os diversos órgãos do corpo humano: o tipo endomorfo ou viscerotônico (em dependência do endoderma) determina-se quando prevalece o sistema víscero-digestivo, a que corresponderia na psique uma afetividade periférica; o tipo mesomorfo ou somatotônico (em dependência do mesoderma) se tem quando predomina o sistema muscular (que compreende também os ossos), a que corresponde uma atividade instintiva e passional; o tipo ectomorfo ou cerebrotônico (em dependência do ectoderma) se dá quando prevalece o sistema cerebro-espinal e lhe corresponde a atividade da consciência sensorial.

As várias classificações dos temperamentos supracitados podem ser úteis quando não se pretende de forma apodíctica passar de uma constituição somática à índole psíquica; todo apriorismo no campo psíquico é arbitrário. Pode, porém, ser sugerida uma provável presença de manifestações vitais correspondentes ao tipo morfológico. Nesse âmbito as classificações são aceitáveis, com a exclusão de uma referência direta ao caráter ou à pessoa. As diversas escolas põem em evidência elementos biofísicos que se relacionam e se completam em esquemas de tipos temperamentais muito identificáveis na realidade. Mas as pesquisas atuais baseadas em testes, em que se excluem as possíveis distorções subjetivas, não verificaram estreitas correlações entre constituição somática e personalidade. Portanto, as classificações tipológicas segundo o soma têm menor sentido, se não se admitem ao mesmo tempo as das características psicológicas. Elas continuam elementos sintomáticos que podem, numa verificação, sugerir uma prova de testes mais que outra.

O temperamento é constante no homem depois da infância e antes da velhice, se o decurso da vida é normal; nesse caso, o temperamento permite prognosticar a permanência de manifestações normais ou defeituosas. Nisso está o valor do diagnóstico sobre o temperamento: prever pelos menos em linhas gerais determinadas atitudes instintivas, emocionais etc. de um sujeito. Não se exclui que também no temperamento aconteçam modificações por causa da idade, de deficiências orgânicas que sobrevêm, de imposições voluntárias, de constrições ambientais; porém, essas variações não alterarão profundamente a base biofísica do temperamento.

Em relação à ética, o temperamento, considerado na sua estrutura, é indiferente; no seu dinamismo tiram a moralidade da pessoa, ou seja, as suas manifestações se tornam boas ou más à medida que a pessoa as permite de acordo com a reta razão. A moral reconheceu as atenuantes da voluntariedade nas manifestações do temperamento, especialmente na ordem de atos em que a estrutura temperamental é típica. Por exemplo, no tipo hipergenital de Pende nota-se um desenvolvimento notável dos órgãos sexuais e dos caracteres sexuais secundários, um corpo em geral brevilíneo, mas com tronco longo, cabeça grande, pescoço e músculos da nuca robustos; a esse hábito físico se faz corresponder um erotismo acentuado e uma vivacidade agressiva. Numa situação de relaxado controle superior por parte desse indivíduo, seria previsível que o impulso sexual tivesse maior invasão na vida diante de estímulos comuns. O tipo contrário, o hipogenital, em idênticas circunstâncias, teria reações em medida abaixo do normal; a sua atitude, superficialmente, pareceria mais moral, porque mais contida. De importância moral é também o fato de reconhecer num sujeito o temperamento contrário às finalidades da situação em que o indivíduo deve operar; as contra-indicações do temperamento impõem um exame mais acentuado das responsabilidades do sujeito e dos que participam da operação, com relação à sua atividade.

Também em relação à ascese cristã, o temperamento de uma pessoa pode ser esclarecido. A ascese implica o afastamento dos bens terrenos, os quais satisfazem de maneira diferente as necessidades do homem. Seria muito mais difícil um sujeito de tipo respiratório (Sigaud) fechar-se num convento do que um tipo cerebral: o primeiro é geralmente provido de bom tônus muscular, cheio de vitalidade, é expansivo, é ativo e entusiasta, ao passo que o segundo é todo cabeça, introvertido, com fraca vitalidade, solitário. Nem sequer a ascese pode ignorar que um diferente temperamento poderia favorecer mais ou menos os resultados externos da perfeição: a maior ou menor adaptabilidade dele a uma atividade religiosa condiciona, pelo menos parcialmente, seus resultados. Da observação dos diversos temperamentos também pode tirar alguma indicação útil a pedagogia, na escolha dos meios educativos e formativos de sujeitos que têm claros elementos temperamentais. Na vida de relação, muitos indivíduos poderiam ser mais eficazmente ajudados a resolver suas dificuldades de adaptação se se pudesse determinar em torno deles o ambiente que correspondesse à estrutura de temperamento que possuem, verificada por um exame mais profundo com testes adequados.

BIBLIOGRAFIA. Cassini, A. – Dellantonio, A. *Le basi fisiologiche dei processi motivazionali ed emotivi.* Bologna, il Mulino, 1982; Dougall, W. M. *Il carattere e la condotta della vita.* Firenze, 1949; Hilgard, E. R. *Psicologia.* Firenze, 1971; Kretschmer, E. *Körperbau und Charakter.* Leipzig, 1951; Lersch, Ph. *La struttura del carattere.* Padova, 1950; Lorenzini, G. *Lineamenti di caratterologia e tipologia applicati all'educazione.* Torino, 1953; Metelli, F. *Introduzione alla caratterologia moderna.* Padova, 1950; Mounier, E. *Trattato del carattere.* Alba, 1950; Pende, N. *Trattato di biotipologia umana.* Milano, 1947; Roldán, A. *Ascetica e psicologia.* Paoline, Roma, 1962; Sheldon, W. H. *The varieties of human physique.* New York, 1940; Id. *The varieties of temperament.* New York, 1942.

G. G. Pesenti

TEMPERANÇA. Embora também possa indicar a moderação em geral, o nome "temperança", entendido em sentido próprio, é dado à virtude cardeal que regula a inclinação para os prazeres mais naturais ao homem e mais cativantes, relacionados com o uso do alimento, da bebida e com a atividade sexual. São esses, segundo a concepção da antiga escolástica, os prazeres do tato. É muito fácil sair fora do campo do que convém à razão e ao verdadeiro bem do homem quando se é solicitado por seus desejos: ceder, porém, seria um dano muito grave, especialmente para o fiel, que tem o dever imperioso de cultivar a vida espiritual. Por isso se compreendem facilmente as exortações à temperança contidas na Bíblia: oposta aos vícios da carne e obra do Espírito, a temperança faz parte da vigilância cristã, necessária a todos para garantir a seriedade do empenho batismal e para a consecução da coroa incorruptível (cf. Lc 21,34; 1Ts 5,6-9; Gl 5,23; 1Cor 9,25; Tt 2,2-3).

São extraordinárias as relações entre temperança e caridade. A intemperança chega facilmente a ter uma preocupação tão viva de não perder o prazer a ponto de o querer assegurar e garantir de qualquer modo e por qualquer meio, esquecendo o abandono confiante e filial em Deus: a caridade desenvolve e conserva esse abandono, levando assim à temperança. Um segundo perigo para o intemperante é o esquecimento de Deus, ao passo que a caridade nos faz afetuosamente atentos ao Senhor, favorecendo por isso, também sob esse aspecto, a temperança. Em terceiro lugar, a caridade, sendo hoje marcada por um caráter de reparação, convida a aceitar e a procurar a mortificação, facilitando a prática da temperança. É muito difícil manter-se temperante, dada a naturalidade dos prazeres do tato (cf. *STh.* II-II, q. 150, a. 3, ad 1): é por isso indispensável certo treinamento para a penitência. Afigura-se assim a necessidade de não satisfazer todo desejo de prazer, por mais que seja em si admissível, se se quer conseguir depois vencer-se diante da solicitação de um prazer pecaminoso. Ceder seria também uma degradação da própria dignidade humana, porquanto o homem se comportaria de modo animalesco.

A temperança, considerada na sua completude, é integrada pela vergonha e pelo amor à beleza da temperança, chamado honestidade; de acordo com as várias inclinações aos prazeres que modera, especifica-se em abstinência, sobriedade, castidade e pudicícia; tem conexas consigo, como virtudes que moderam na procura de prazeres mais facilmente reguláveis, a continência, a mansidão, a clemência, a humildade e a modéstia. Quando se afirma que a temperança refreia a inclinação ao que produz prazer ao tato, não se quer absolutamente condenar como imoral o prazer relacionado ao alimento, à bebida ou à atividade sexual; o que se quer apenas é dizer que a procura desses prazeres deve ser guiada pela razão iluminada pela fé. Tanto é verdade que um dos vícios opostos à temperança é precisamente a insensibilidade, que recusa os prazeres mencionados, a ponto de não satisfazer o que é exigido pela necessidade de se conservar. Outro vício oposto à temperança é o da intemperança, muito frequente, que explode no pecado capital da gula com todas as suas manifestações. Também as intemperanças leves, se frequentes, são muito perniciosas, porque criam e fomentam certa necessidade profunda de prazer e de gozo que contrasta decididamente com a cruz que Cristo nos convidou a tomar todos os dias (cf. Lc 9,23). Por esse motivo os santos e mestres da vida espiritual insistem sobre a necessidade de frear a → GULA e sobre a descrição dos seus danos com frequente acentuação sobre o que tem referência à castidade.

A temperança é facilitada pelo dom do → TEMOR, o qual, no que se refere a Deus e ao objetivo de evitar sua ofensa, nos faz afastar dos desejos maus. A viva inclinação para os prazeres que a temperança quer moderar faz compreender a necessidade e a importância do dom do temor (cf. *STh*. I-I, q. 68, a. 4, ad 1; II-II, q. 141, a. 1, ad 3). Assim ajudada, a alma goza por força da temperança uma alegre tranquilidade: a procura desordenada desses prazeres que fazem parte do campo específico da temperança poderia frequente e violentamente desestruturar o ânimo; a temperança tira esse perigo e por isso precisamente se atribui à prática dela a serenidade do ânimo (cf. *STh*. II-II, q. 141, a. 2, ad 2).

BIBLIOGRAFIA. Aquino, Tomás de. *Suma teológica*. São Paulo, Loyola, 2005, II-II, q. 141-142, vl. VII; Garrone, G. *Morale chrétienne et valeurs humaines*. Paris, 1966, 95-140; Gilby, T. Temperance. In: *New Catholic Encyclopedia* XIII. London, 1967, 985-987; Lafêteur, P. La temperanza. In *Iniziazione teologica* III. Brescia, 1955, 825-889; Lanza, A. – Palazzini, P. *Theologia moralis*. Torino, 1965, 995 ss. II; Lessio, L. *De iustitia et iure caeterisque virtutibus cardinalibus*. Libro III, c. I; Loyola, Inácio de. *Exercitia spiritualia. Regulae aliquot ad victum recte temperandum*; Palazzini, P. *Vita e virtú cristiane*. Roma, 1975, 129-135; Pennacchini, B. Configurazione biblica della virtú della temperanza. In *Quaderni di spiritualità francescana*. Assisi, 1970, 11-25; Scaramelli, G. B. *Direttorio ascetico*, tr. II, art. 2, c. 5; tr. III, art. 4; Vermeersch, A. *Theologia moralis*. Roma, 1945.

U. Rocco

TEMPLO. Em todas as religiões o templo representa o lugar em que Deus se torna presente de modo particular para receber o culto dos seus fiéis e dispensar os seus favores. Em sentido muito genérico, é um lugar que se torna sagrado pela presença da divindade.

Nas religiões primitivas, em que cada coisa pode facilmente adquirir um significado sagrado, símbolo ou personificação de um ser superior, a divindade é venerada quase por toda a parte, nas plantas, nos animais, em todas as manifestações significativas da natureza. Noé, Abraão e toda a época patriarcal da história sagrada representam esse aspecto primitivo da evolução religiosa; Deus encontra e se venera não num templo oficial, mas em qualquer lugar escolhido pela devoção dos indivíduos (Gn 12,8), ou consagrado por uma especial manifestação sobrenatural (Gn 28,18 ss.; Ex 19,20).

1. O TEMPLO HEBRAICO. Depois da aliança do Sinai, Deus se torna presente de modo peculiar em meio ao povo de Israel: na arca da aliança, por trás de uma nuvem que ao mesmo tempo manifesta e esconde a sua glória e o seu poder, ele habita pessoalmente para proteger e guiar o povo que de modo totalmente singular fez seu. De agora em diante o tabernáculo designará o santuário central para todo Israel, lugar de encontro de Deus com o seu povo (Nm 7,89). Quando Salomão constrói em pedra um verdadeiro Templo (cujo centro é sempre constituído pela arca da aliança: 1Rs 8,1-9), Deus toma posse solene dele, manifestando nele a sua glória em meio à nuvem

(8,10-11) e fazendo ali habitar o seu nome (7,16-21). Isso realmente não significa que a presença de Deus se limite ao templo "porque os próprios céus e o céu dos céus não te podem conter" (8,27), mas indica a suma condescendência de Deus que permite a seu povo encontrá-lo de modo seguro (9,3). A partir de então o templo constitui uma realidade essencial da Bíblia. Ele representa para os fiéis um objeto de amor comovente (Sl 84; 122) porque é o lugar onde podem contemplar a face de Deus (Sl 42,3).

É bom observar, para entender seu significado e verdadeiro simbolismo, que desde o início jamais houve na genuína linha religiosa um "mito do templo", como se Deus se comprazesse de verdade por habitar entre ouro, prata, pedras e madeiras preciosas. "O Templo que o Deus de Abraão, de Isaac, de Jacó e de Davi permitiu fosse construído para glória do seu nome é sempre determinado, na sua existência e história, pela atitude constante por parte do povo de fidelidade ao pacto, de confiança na Palavra, de conversão permanente de todo o homem para aderir às propostas do seu Deus. O templo material, por isso, desde o princípio como o tabernáculo descrito pelo Êxodo, era um simbolismo profético da presença vital do Senhor em meio a seu povo pela fé e pelo amor" (B. Calati). Por isso, no dia em que o povo se afastar do seu Deus, o templo não terá mais razão de existir; Deus o abandonará e ele será reduzido a um montão de ruínas (1Rs 9,6-9).

Os profetas devem lutar para que o apego ao templo por parte dos hebreus não se transforme numa crença supersticiosa na eficácia quase mágica da presença de Deus; como se ele tivesse obrigação de o defender a qualquer custo (cf. Jr 7,4), ainda que o povo não pratique a lei, e o culto que ali se celebra seja superficial (Is 1,11-17) ou até idolátrico (Ez 8,7-18). Infelizmente, seus esforços não obtêm sucesso, e Deus, para salvar o caráter autêntico do culto a ele devido, permite a destruição do sinal material ao qual por algum tempo tinha ligado a sua presença (2Rs 25,8-17).

Tendo voltado do cativeiro da Babilônia, os hebreus o reconstroem e o templo volta a ser centro do judaísmo e sinal da presença de Deus entre os homens. Mas a experiência do exílio pôs em evidência a necessidade de um culto que não estivesse ligado a um lugar material: Deus está presente em qualquer parte, reina por toda a parte, é adorado em toda a parte (Ez 11,16). Do céu onde reside ele ouve as orações dos seus servos, de qualquer parte de onde eles as elevem (Tb 3,16). Por isso, no fim do exílio, já se levantam algumas vozes para deixar os judeus de sobreaviso contra um exagerado apego ao templo de pedra (Is 66,1 s.); e a necessidade de um culto mais espiritual, separado ou de qualquer modo não rigorosamente ligado a sinais sensíveis, faz-se cada vez mais vivo.

Quando Jesus vem ao mundo já existem seitas (os essênios) que tinham rompido definitivamente com o templo de Jerusalém e oferecem um culto espiritual mais puro e mais digno dele.

2. O NOVO TEMPLO. Jesus mostra sempre estima e veneração pelo templo, lugar de oração e casa de Deus, e, embora condenando seu formalismo, aprova as práticas cultuais e as grandes festas do seu povo, participando delas. Todavia, ele sabe que a função do templo como sinal especial da presença de Deus no mundo e lugar privilegiado de culto está por terminar (Jo 4,23-24); prediz, portanto, a destruição dele (Mt 23,38) e com uma frase misteriosa apresenta a si mesmo como o verdadeiro Templo em que a plenitude da divindade habita pessoalmente e em que se manifestará em todo o seu poder (Jo 2,19). Quando no "*consumatum est*" da cruz Cristo se torna definitivamente cabeça da humanidade redimida, que nele se vê filha de Deus, a ele unida num vínculo indissolúvel, o véu do templo se rasga; ele acabou de existir como sinal; de agora em diante a humanidade verá Deus e a sua glória somente em Cristo e somente nele o atingirá (cf. Jo 14,6 ss.). "Depois da ressurreição esse corpo, sinal da presença divina na terra, conhecerá um novo estado transfigurado que lhe permitirá tornar-se presente em todos os lugares e em todos os séculos na celebração eucarística" (F. Amiot).

3. O TEMPLO ESPIRITUAL. Porque unidos a Cristo e por fazer parte do seu corpo, os cristãos formam, na Igreja, um único templo espiritual. Edificada sobre Cristo, fundamento e pedra basilar (1Cor 3,10), a Igreja é o templo santo em que Deus vive e em que habita pessoalmente.

O templo visto por Isaías como centro ideal do mundo, em que toda a humanidade se reúne no culto do verdadeiro Deus (cf. Is 2,2-4), finalmente se realiza. É São Paulo que no-lo diz com o seu costumeiro estilo forte: "Não sois mais estrangeiros nem migrantes; sois concidadãos dos santos, sois da família de Deus. Fostes integrados na construção que tem como fundamento os apóstolos e os profetas, e o próprio Jesus Cristo como pedra mestra. É nele que toda a construção se ajusta e se eleva para formar um Templo santo no Senhor. É nele que vós também sois, todos juntos, integrados na construção para vos tornardes morada de Deus pelo Espírito" (Ef 2,19-22; cf. 1Cor 6,19; 1Pd 2,5).

O templo de pedra feito por mão de homem, definitivamente demolido, não será mais reconstruído, porque está agora presente a realidade superior que ele preparava e significava. Mas esse novo templo não é uma realidade estatística, limitada e definida no tempo e no espaço; ele é uma realidade viva e dinâmica que tem como propriedade essencial a exigência de crescer e se desenvolver continuamente. Para a construção e crescimento contínuo desse grande templo cada um de nós tem a honra e a obrigação de colaborar com a santidade da vida, a pureza e a unidade da fé e do amor (Ef 4,14-16).

Aquele que, na doutrina e nos costumes, não se comporta de modo digno atenta contra a própria vida do templo de Deus. Mas "se alguém destrói o templo de Deus", adverte severamente São Paulo, "Deus o destruirá. Pois o templo de Deus é santo e esse templo sois vós" (1Cor 3,17).

Cada cristão em particular, justamente porque inserido em Cristo e membro da Igreja, é templo de Deus e do Espírito Santo (Rm 8,11). Daí a grande dignidade sua e a consequente grave responsabilidade de manter santo esse templo que Cristo formou por meio do seu sangue e que Deus torna sagrado com a sua especial presença (1Cor 6,19). O próprio corpo do cristão é parte do templo de Deus e, portanto, sagrado, e, como tal, ele deve cuidar dele; portanto, como nos templos materiais, se eleva a Deus o culto do louvor, também no corpo e com o corpo do cristão se deve dar glória a Deus (1Cor 6,20).

Os cristãos, portanto, são templo de Deus, seja como pedras vivas que formam parte do grande templo, que é a Igreja, seja como pessoalmente habitados pelo Espírito de Deus (Jo 14,23). As duas coisas estão coligadas: uma vez que o corpo ressuscitado de Jesus em que habita corporalmente a divindade (Cl 2,9) é templo de Deus por excelência, os cristãos que por meio de sua inserção em Cristo fazem parte desse corpo são com ele templo espiritual. Assim Cristo é a pedra viva rejeitada pelos homens, mas escolhida por Deus (cf. Sl 118,22), a pedra angular do templo santo que se edifica nele (Mt 21,42; At 4,11; Ef 2,20 ss.; etc.). Apoiando-se com fé nessa pedra inabalável, os fiéis, também eles pedras vivas (1Pd 2,5), são inseridos na construção da morada de Deus (Ef 2,21). Assim nasce o templo definitivo, a → IGREJA, "corpo de Cristo, lugar do encontro entre Deus e os homens, sinal da presença de Deus na terra. Desse templo o santuário antigo não era senão uma figura sugestiva, mas imperfeita, provisória e agora superada" (F. Amiot).

Para que Deus se torne presente no mundo, não é mais necessário o templo material: basta que dois se reúnam no nome de Jesus, para procurá-lo, e ele já está no meio deles.

4. O TEMPLO CELESTE. O templo hebraico era para os israelitas um símbolo e uma imagem imperfeita do celeste (cf. Sb 9,8). Essa concepção é em parte mantida também na literatura neotestamentária. A Carta aos hebreus, partindo justamente do simbolismo do templo hebraico, descreve-nos Jesus como um sumo sacerdote que, em virtude do próprio sangue, entra no santuário do céu e ali "assentado à direita do trono da Majestade nos céus, como ministro do verdadeiro santuário e da tenda verdadeira erguida pelo Senhor e não por um homem" (Hb 8,1-2), faz-se nosso intermediário junto de Deus a quem apresenta nossas súplicas. No Apocalipse de João as imagens dos dois templos, celeste e terrestre, se entrelaçam. À Igreja, templo terrestre, onde os fiéis prestam seu culto a Deus, insidiados continuamente por seus inimigos, corresponde o templo celeste onde o Cordeiro imolado se senta no trono e onde se celebra perenemente uma liturgia de oração e de louvor. "Ora, no final dos tempos essa dualidade não existirá mais. De fato, quando a Jerusalém celeste descer à terra, noiva do Cordeiro, ornada para as núpcias eternas, não haverá mais necessidade nela de templo: o seu templo será o próprio Deus e o Cordeiro (Ap 21,22). Os fiéis atingirão então Deus sem necessidade de sinal algum; ou melhor, vê-lo-ão face a face para participar plenamente da sua vida. Realização suprema e definitiva do que os dois Testamentos tinham progressivamente revelado" (F. Amiot). Nesse ínterim, cada cristão sabe que a sua vida é uma espera, uma preparação para o encontro definitivo com Deus a quem deve se dispor mediante o exercício da fé, da esperança e do amor na comunidade dos fiéis, que é a casa onde Deus vive e se manifesta de modo cada vez mais íntimo aos que o procuram.

BIBLIOGRAFIA. CONGAR, Y. M.-J. *Il mistero del tempio*. Torino, 1957; DANIÉLOU, J. *Il segno del tempio*. Brescia, 1953; Tempel. In *Theologisches Begriffslexikon zum Neuen Testament*. Wuppertal, 1986, 1.217-1.220; Tempio. In *Dizionario di Concetti Biblici del Nuovo Testamento*. Bologna, 1976, 1.814-1.819; Tempio. In *Dizionario di Teologia Biblica*. Torino, 1965.

A. PIGNA

TEMPO. 1. O PENSAMENTO GREGO. O problema do tempo atraiu sempre o interesse e a reflexão dos grandes filósofos, os quais desde o início tentaram superar a aparência cronométrica, ligada ao cálculo e à computação das distâncias astronômicas. No mundo grego, Platão procurou definir o t. aproximando os dados do saber científico às especulações metafísicas referentes ao mundo da eternidade das ideias (*Timeu*, 39b-d). O tempo era considerado assim imagem móvel da eternidade, que progride segundo o número, portanto se liga às formas imutáveis do ser, tornando-se o reflexo do inteligível. Muitos creem que Aristóteles tenha se deixado dominar, ao definir o tempo, por uma concepção física de um fluído uniforme ligado ao movimento local. Na realidade a aparente matematização da linguagem da sua física escondia uma verdadeira reflexão metafísica; assim, o tempo, número imanente ao movimento, que se explicita pela intervenção da alma que discerne suas fases, encontra a sua mais profunda realidade na doutrina do instante, que permite passar à demonstração metafísica de um primeiro motor imóvel (*Fís.* 258b 10). Portanto, há também no aristotelismo uma doutrina do tempo que se presta a excelentes desenvolvimentos metafísicos. Todavia, deve-se observar que em geral a especulação grega mostra-se defeituosa no enfoque geral do problema, porque ignora o sentido histórico do tempo: a concepção que lhe é familiar é a cíclica, segundo a qual os eventos se reproduzem no tempo constantemente e quase de modo fatal. Essa ideia traz graves consequências no que diz respeito ao destino do homem. A submissão do homem ao tempo não tem valor nem significado, porquanto ele, com seu transcorrer, não pode produzir nada de substancialmente diferente. Não existe um antes e um depois em sentido próprio: o amanhã não é portador de novidades, sendo definitivamente uma repetição do antigo. Por isso, o homem fica indiferente diante de uma realidade que não atinge seu destino.

2. A REVELAÇÃO BÍBLICA. É a revelação bíblica a primeira a descobrir o valor do tempo: não é um simples quadro exterior que escande um repetir-se monótono de eventos cíclicos, mas é uma realidade que possui um profundo significado sagrado, porquanto indica as etapas da intervenção de Deus na vida dos homens. O estudo da terminologia relativa ao tempo no NT manifesta-nos a importância particular a ele concedida pelas Escrituras e pelo cristianismo primitivo. Entre os muitos termos e expressões temporais que possuem um caráter teológico, um em particular é revelador da concepção bíblica relativa ao tempo: καιρός. Designa ele um momento do tempo escolhido por Deus e, por isso, particularmente propício para a salvação; seus termos sinônimos são: ἡμέρα, ὥρα, νῦν. O plano divino da salvação tem os seus próprios momentos (ἴδιοι καιροί; cf. 1Tm 2,6) nos quais Deus realiza os seus desígnios salvíficos em relação ao homem. A união dos *kairoi* constitui a linha temporal que é a história sagrada. Nela assume um papel decisivo o *kairos* por excelência, que é a hora da Páscoa cristã. Designando esse momento temporal, o Cristo diz: "*tempus meum prope est*" (ὁ καιρός μου, Mt 26,18; Jo 13,1). A Bíblia nos introduz numa visão histórica do tempo, porquanto nele se realiza o destino do homem e, pelo advento do Cristo, produziu-se algo substancialmente novo e definitivo na ordem da salvação, de modo que não é mais possível uma volta ao antigo. A concepção cíclica do pensamento grego é quebrada, "*circuitus illi jam explosi sunt*" (AGOSTINHO, *De civ. Dei*, 12, 20), a linha do tempo adquire um sentido irreversível. A revelação bíblica permite assim um maravilhoso aprofundamento e desenvolvimento da própria filosofia e teologia do tempo.

3. DESENVOLVIMENTOS DO PENSAMENTO CRISTÃO. Da contribuição da concepção escriturística se serviram os maiores expoentes do pensamento cristão, nos quais a doutrina do tempo tocou aspectos profundamente personalistas, morais, religiosos. De modo particular em Santo → AGOSTINHO, para o qual a vicissitude temporal é certa imitação da eternidade (*In Ps.* 9, 7; *De Gen. ad litt.* 13, 38), o tempo exprime uma dimensão da alma, um elemento da interioridade da consciência: "*in te, anime meus, tempora metior*" (*Conf.* 11,36). Três atos solidários que se sucedem um ao outro na consciência formam a sua duração interior: o objeto da expectativa, passando a objeto da atenção, torna-se lembrança (*Conf.* 11, 20). Mas o tempo não exprime somente uma lei psicológica da consciência espiritual, em que se funde a obra da previsão, da atenção e da memória; nele interferem aspectos morais e religiosos. Se ontologicamente o tempo é imitação do eterno, ele escande também o movimento do pecado e da conversão. Por exprimir o ritmo da consciência pecaminosa, o tempo se torna uma corrida para a morte: "*ut omnino nihil sit aliud tempus vitae huius, quam cursus ad mortem*" (*De civ. Dei*, 13,10). A fugacidade dos dias presentes, a dispersão, o envelhecimento que leva o rio do tempo para o estuário da morte dependem do pecado que pesa sobre a humanidade (*Sermo* 25, 4). Mas quando o homem procura fugir às espirais desse tempo perverso, superando os dias transeuntes para se orientar para o eterno, então o tempo se restaura e escande o ritmo da conversão a Deus. A duração temporal é concebida por Santo Agostinho como um drama temporal de que o homem, o pecado, a graça são os atores. Sob a ação do pecado ela se torna um poder de usura e de devastação, desmembramento do ser humano; ao passo que sob a ação da graça, quando ela triunfa, a duração temporal se desenvolve em juventude vitoriosa orientada para a eternidade bem-aventurada.

Embora não se desenvolva em motivos tão personalistas e interiores, a reflexão filosófico-teológica de Santo Tomás permite ver no tempo um valor para o qual convergem elementos ontológicos e psicológicos, que pertencem à esfera da consciência. No tempo, com efeito, constitui-se ontologicamente uma separação, uma diferenciação entre a duração que toca o aspecto ativo e atual do ser e o instante (*nunc*) que mede a sua realidade substancial. A relação entre uma e outra exprime a condição do ser participado, o qual não se possui totalmente no instante, mas em certo sentido está fora de si, orientado para o outro que não ele. A duração temporal do ser (*extensio existentiae*) assume assim um caráter de tensão que leva o ser criado à união com o ser eterno por quem é participado. Não está ausente em Santo Tomás o aspecto personalista do valor temporal, que aparece na missão atribuída à alma na realidade mesma do tempo. Com efeito, o tempo implica uma dupla atividade da alma, a qual liga as diversas fases temporais num todo em que introduz o limite ideal do presente que as ordena segundo um antes e um depois. Daí pode-se com razão afirmar que sem a presença da alma, não existiria do tempo senão o seu sujeito, ou seja, o movimento.

O verdadeiro conceito do tempo como nos é sugerido pela revelação bíblica e pela reflexão dos pensadores cristãos é o mais próximo da sensibilidade e das exigências do homem da nossa época. A existência humana, com efeito, é concebida, na cultura de hoje, como um "estar no tempo" e a historicidade constitui a estrutura própria e característica desse tempo: o ser humano, como afirma Heidegger, tem como sua herança a preocupação (*Sorge*) a que corresponde o projeto do que será. O homem é assim, constitucionalmente, como projetado para a frente, na superação de si mesmo. O seu presente, grávido do passado e voltado para o porvir, é a estrutura mesma do tempo, o qual não é um quadro externo, uniforme, que se impõe ao viver do homem, mas é a expressão mesma da sua vontade de viver. Esses aspectos personalistas do valor do tempo, descritos com método sobretudo fenomenológico, podem ser decididamente integrados nas considerações metafísicas, psicológicas e teológicas dos grandes mestres do pensamento cristão.

4. NOVAS PERSPECTIVAS TEOLÓGICAS. Se a revelação bíblica nos mostra o tempo como valor altamente teológico conexo com a realização do plano divino da salvação, a reflexão filosófica deixou claro sobretudo o seu valor existencial em que se exprime a personalidade do homem, a sua condição de criatura e a sua própria vida moral. Todos esses dados podem ser reunidos num aprofundamento da realidade do tempo sob o ponto de vista teológico. Deus realizou a salvação do homem na plenitude do tempo" (Gl 4,4) mediante o advento do seu Filho unigênito, advento que culmina no seu mistério pascal. Esse evento histórico, que constitui o coração do *tempus salutis*, possui uma natureza intimamente teológica. A duração temporal em que se exprime a personalidade do homem, no caso da encarnação redentora, torna-se sinal expressivo da personalidade daquele que se mostra na nossa carne humana: o Filho de Deus. O "tempo da encarnação" é então "tempo filial", porquanto representa no quadro da criação um eco temporal do ser pessoal eterno do Filho unigênito. O Evangelho nos revela, com efeito, a existência terrena do Cristo como um "ser que veio do Pai": tudo ele recebe dele, momento a momento. A mesma obediência humana do Cristo é a imagem humana e criada de uma origem incriada, eterna: a divina processão do Filho do seio do Pai. Ao lado desse caráter de origem, que possui o tempo da encarnação como "mistério de advento", há nele uma tensão, um dinamismo de retorno que o caracterizava como um "ser para o Pai". Assim o amor do Cristo é ainda a imagem temporal e humana do amor celeste espirante do unigênito Filho de Deus. Esse amor se realiza plenamente na hora do "trânsito pascal" deste mundo para o Pai" (Jo 13,1). O tempo da encarnação se manifesta não somente como imitação, como imagem analógica da eternidade, mas se torna epifania dela, o sacramento que contém e comunica a vida eterna exprimindo seu rosto filial.

A duração da encarnação, além de ser um prolongamento visível e temporal da origem celeste do Filho de Deus e do seu amor pelo Pai, é também uma duração que se insere no coração do tempo humano e se colore de suas modalidades históricas. Daí o aspecto *quenótico* do existir terreno do Cristo; ele participa do "tempo humano da carne" que carrega consigo a ruptura do pecado e escande seu ritmo mortal. Esse caráter de rebaixamento até a morte se condensa também ele na hora suprema do existir terreno do Cristo, hora de trevas e de crucifixão. A hora da passagem, *kairós* de graça, é, portanto, a mais alta teofania do mistério da eternidade, a mais alta *clarificatio* (*exaltatio*) do Cristo, mas é ao mesmo tempo uma "passagem no sangue" porque herda em si e resolve definitivamente o drama do pecado que agita todo o presente século mau.

A hora salvífica do mistério temporal da Páscoa cristã permite uma visão teológica geral do tempo humano. O Cristo se encarnou na plenitude do tempo, mas essa plenitude não é um pressuposto, e sim uma consequência, da → ENCARNAÇÃO. A sua vinda no tempo possui, com efeito, um caráter absoluto, é um evento realizado uma vez por todas (*epafax*): agora a história possui um sentido irreversível, e isso porque a duração da encarnação, por seu conteúdo de eternidade, possui a virtude de transcender os momentos do devir sucessivo e se tornar copresente a todas as épocas; por isso subjaz como uma hora permanente que dá sentido unitário a toda a história cristã. Essa copresença unificadora realiza-se mediante a economia temporal da fé e dos sacramentos que permitem ao homem inserir-se misticamente no itinerário da vida terrena do Cristo, participando assim da realidade divina da sua filiação. A era cristã é medida interiormente pela hora pascal de Cristo; daí que o tempo de todos os crentes está misticamente associado ao tempo filial da encarnação.

BIBLIOGRAFIA. BERLINGER, R. *Augustins dialogische Metaphysik*. Frankfurt, 1962; BORDONI, M. *Il tempo valore filosofico e mistero teológico*. Roma, 1965; BOURGEOIS, H. – GIBERT, P. – JOURJON, M. *L'expérience chrétienne du temps*. Paris, 1987; CONRAD-MARTIUS, H. *Die Zeit*. München, 1954; CULMANN, O. *Cristo e il tempo*. Bologna, 1965; DESSAUER, Ph. *Der Anfang und das Ende*. Leipzig, 1939; DELLING, G. *Das Zeitvertändnis des Neuen Testaments*. Gütersloh, 1940; DUBOIS, J. M. *Le temps et l'instant selon Aristote*. Paris, 1967; *Il tempo e la vita spirituale*. Roma, 1970; LAVELLE, L. *Du temps et de l'éternité*. Paris, 1945; MARANGONI, A. Tempo. In ROSSANO, P. – RAVASI, G. – GIRLANDA, A. (eds.). *Nuovo Dizionario di Teologia Biblica*. Cinisello Balsamo, 1988, 1.519-1.532; MARROU, H. I. *L'ambivalence du temps de l'histoire chez S. Augustin*. Paris, 1950; MOUROUX, J. *Le mystère du temps*. Approche théologique. Paris, 1962; MOUROUX, J. *Le mystère du temps*. Paris, 1961; PURCELLE, H. *Le temps*. Paris, 1955; SCHAEFFLER, R. *Die Struktur der Geschichtszeit*. Frankfurt a.M., 1963; VÖGTLE, A. *Zeit und Zeitüberlegenheit im biblischen Verständnis*. Freiburg, 1961; WENDLAND, H. D. *Geschichtsauslegung und Geschichtsbewusstsein im Neuen Testament*. Göttingen, 1938.

M. BORDONI

TEMPO LIVRE. 1. DEFINIÇÃO. Por *tempo* se entende o espaço da existência dos seres vivos, contido no arco da concepção até a morte. É herança dos mortais. Deus está fora do tempo: ele é o Eterno. O tempo da existência humana é divisível em períodos (como, aliás, o histórico: épocas), cada um dos quais adquire significado e valor se representa um aspecto do dinâmico desenvolvimento da pessoa humana para a sua integridade, cujo vértice é a experiência pessoal de Deus.

Toda fração desse tempo da vida pessoal está impregnada pela graça de Deus quando se respeita a ordem das suas várias finalidades. Afirma Coélet que para cada coisa há o seu tempo: para trabalhar, para construir, para plantar, para coser…; mas há também o tempo de rir, de dançar, de abraçar, de falar, de amar (cf. Ecl 3,1-8.17).

Sob essa luz adquire significado e valor o tempo livre, que pode ser definido: tempo que sobra depois do cumprimento dos próprios deveres. A perspectiva para avaliar o tempo livre é a pessoa humana nas suas necessidades psicofísicas e nos seus valores sociais e espirituais. O estudo, portanto, do tempo livre acontece na consideração dos vários aspectos que agora apresentamos.

2. ASPECTO PSICOFÍSICO. O homem moderno — sobretudo a criança e o jovem — tem como aliado o tempo livre, necessário para uma alternativa de vida ambiental mais correspondente às exigências psicofísicas do ser humano: passeios, esporte, folgas de "fim de semana", "feriado prolongado", além do longo período das férias de verão, são tempo livre no qual a pessoa, além do bem-estar físico e da distensão psíquica, pode tirar muitos proveitos para a sua elevação moral e espiritual.

a) *O contato com a natureza* aperfeiçoa o homem e, em particular, educa a criança para o valor das coisas simples nas quais se refletem a bondade e a sabedoria de Deus. A educação a uma ecologia religiosa, como a dos Santos → BENTO DE NÚRSIA e → FRANCISCO DE ASSIS, que aproximaram a natureza ao sentido do sagrado, permite que "o dia, a noite, o céu, a vida vegetal e animal, a pedra saiam do papel de cenário para se fazer instrumento da santidade do homem" (R. Leonardi).

b) *A aplicação às artes e a toda expressão cultural* segundo as próprias aptidões pode tornar o tempo livre particularmente rico de sugestões para o espírito humano não vencido pela materialidade do cotidiano, num confronto e numa verificação que facilita a orientação da pessoa para a transcendência.

c) *Os contatos sociais* se ampliam e promovem a experiência de ser filhos de um único Pai que está nos céus. João Paulo II reafirma esse conceito cristão sobretudo a propósito dos encontros esportivos que marcam de modo particular o tempo livre da sociedade contemporânea: "a viva cordialidade, o espírito pacífico e amigável podem unir todos os verdadeiros esportistas numa única, grande e serena família" (Aos jogadores do "Roma", 18 de março de 1987); "Que não diminuam em vós o gosto da fraternidade, o respeito recíproco, a magnanimidade e, se preciso, o perdão, na leal compreensão recíproca" (Aos jogadores do "Milan", dezembro de 1986), e saudava o Circo de Moscou como "uma grande família fundada na solidariedade e na amizade", que com o seu espetáculo difunde "um ar de serenidade e de paz" (14 de março de 1987).

3. ASPECTO PSICOSSOCIAL. Sob esse aspecto, o tempo livre é indicador de *gente livre*. Na Antiguidade, e até os primeiros decênios do século XX, o tempo livre foi prerrogativa de pessoas em condição de organizar o próprio tempo sem obsessão de problemas econômicos (seja no âmbito familiar, seja para as estruturas sociais), com amplas possibilidades de dedicar seu tempo também à arte, aos esportes e a atividades culturais de vários gêneros. K. Marx e o genro Lafargue compreenderam bem o significado do tempo livre na estrutura social, incitando as massas proletárias à "luta pelo ócio", pela conquista do *direito ao ócio*, que se tornou sinônimo de "direito a redução do tempo de trabalho".

A inter-relação entre trabalhador que produz e trabalhador que consome (o tempo improdutivo é compensado pelo aumento dos preços do capital, para manter inalterada a taxa de acumulação), é uma dupla escravidão de que o trabalhador deve se libertar, afirma Lafargue. A tese é confirmada por Marcuse, para quem o descanso (ou o tempo livre) concedido ao trabalhador age como válvula de segurança ilusória e compensativa.

A sociologia do tempo livre de inspiração marxista (que tem início com as análises fundamentais feitas por Marx sobre a sociedade capitalista e sobre o trabalho em geral) insistiu, até os últimos decênios, no reconhecimento do direito dos trabalhadores a maior espaço de tempo livre. Todavia, a conquista desse direito fundamental da pessoa deve ser inserida no contexto da promoção integral; o tempo livre, com efeito, apresenta também problemas éticos, psicológicos, espirituais, para cuja solução não é suficiente fazer retórica, visando o tempo livre como um "messianismo lúdico". Nessa linha se encontra, por exemplo, a obra de T. Toti (*O tempo livre*), obra de fundo marxista em que o tempo livre é visto como redenção de todos os males de que sofre a humanidade.

Das escolas gregas já se tem uma clara indicação do valor do tempo livre em relação ao trabalho: o trabalho é o fim do tempo livre, diz Aristóteles (*Ética a Nicômaco*), querendo significar que o trabalho não é a última razão da atividade do homem. O tempo livre é o espaço que a pessoa deve se reservar para completamento da sua formação humana: para ela são necessárias atividades de *dever*, mas igualmente aplicações de livre escolha, nas quais possa se exprimir segundo a própria "originalidade".

Entre os "direitos dos homens ao trabalho", a *Laborens exercens*, de João Paulo II relaciona o "*direito ao repouso*: antes de qualquer coisa, trata-se do regular repouso semanal, que compreende pelo menos o domingo e, além disso, um repouso mais longo, ou seja, as chamadas férias, uma vez ao ano, ou eventualmente mais vezes durante o ano por breves períodos" (*LE*, IV, 19).

Na "espiritualidade do trabalho", o tempo livre ou "tempo de repouso" insere-se como momento de restauração física e espiritual. Com efeito, "o homem deve imitar a Deus, tanto trabalhando como também repousando, dado que o próprio Deus quis lhe apresentar a própria obra criadora sob a forma *do novo trabalho e do repouso*…; tornando-se cada vez mais aquilo que por vontade divina deve ser, prepara-se para aquele *"repouso" que o Senhor reserva aos seus servos e amigos*" (cf. *LE* V, 24).

4. ASPECTO PSICOPEDAGÓGICO. Sob esse aspecto, o tempo livre pode se tornar ambivalente. Livre do cansaço do trabalho, das preocupações e da alienação que dele às vezes derivam, o tempo livre pode ser considerado como "espaço vazio" que não se sabe como ocupar, e vivido como fração de tempo cheio de aborrecimento, de peso moral, de isolamento social. Nesses casos o tempo livre se torna sinônimo de desconforto: o ativismo de quem não dá trégua às suas ocupações e atividades costumeiras é muitas vezes uma fuga psicológica de um "espaço" de tempo livre em que a realidade existencial aparece em toda a sua crueza.

É uma situação que se verifica sobretudo depois da idade da aposentadoria. A pessoa que não soube conciliar na sua vida de trabalho períodos de atividade e espaços de repouso moral e de distensão psicofísica, passa por um trauma quando, cessada a costumeira atividade, a sua existência parece de repente se extinguir. Uma justa divisão entre tempo de trabalho e tempo livre, durante a juventude e a idade madura, ajuda a pessoa a valorizar os seus recursos internos e externos, para adequar a sua atividade segundo as exigências do momento histórico — particular e público — que vive, de modo que, cessando o período do tempo ativo, o tempo livre adquira importância e significado.

A cultura contemporânea, que promete ao homem moderno metas impensáveis de bem-estar econômico, com a fadiga e a atividade manual reduzidas ao mínimo, tende a formar o "homem ativo" em relação ao ganho utilitarista que dele tira a sociedade. O "homem passivo" é aquele que foge dessa lei: o tempo livre, implicado nessa órbita, não é visto como possibilidade de autoconstrução para a ampliação e aprofundamento das próprias perspectivas culturais e espirituais, mas ocasião de ulteriores fontes de ganho.

Isso pode ser uma necessidade para o subocupado e o desocupado ou para quem vive em precária situação econômica, mas cultivar o conceito de que o tempo livre não tenha nenhuma vantagem se não serve para uma vantagem econômica é, como diz E. Fromm, não usar o tempo, mas simplesmente matá-lo: "Matamos o tempo porque não sabemos o que fazer com ele" (*L'amore per la vita*, 25).

O tempo livre tem uma pedagogia própria que deve ser levada em consideração desde a infância. O jogo ou o entretenimento da criança não deixa de ter significado para o desenvolvimento da sua personalidade. Os *hobbies* do adulto não se reduzem a uma *pequena e inocente mania* ou a um *passatempo qualquer*: são ocasiões e meios nos quais a pessoa projeta a si mesma; podem se tornar testes também para "medir" a intensidade da sua dimensão espiritual.

A Igreja está aberta com aguda sensibilidade às instâncias que da sociedade contemporânea redundam para a pastoral do tempo livre, sobretudo a respeito do fenômeno mais característico do nosso tempo, o → TURISMO, para que ele, "sustentado sempre por quadros perfeitos e por nobres intenções, possa ser um válido fator na formação cultural moderna, um vínculo de simpatia entre os povos e de paz internacional, uma expressão capaz de conduzir o espírito às mais altas ascensões dignas do olhar bendizente de Deus" (PAULO VI, *Alocução*, 30 de agosto de 1963: cf. *AAS* 55 [1963] 749).

5. RELEVÂNCIA ESPIRITUAL. Platão exprime a finalidade formativa do tempo livre — naquela época significava "período de paz" — ensinando que "cada qual pode passar a vida como julga melhor" e, embora "jogando, cantando, dançando", deve fazer tudo "para poder tornar os deuses propícios" (*Leis*).

A santificação de cada atividade humana — e, portanto, também das atividades livres — é mais facilmente possível ao cristão que vive as exigências do batismo no respeito à ordem de cada coisa: deveres humanos e cristãos, espaço de tempo livre para as satisfações pessoais, humanas e espirituais. O tempo livre, espiritualizado, torna-se como que prelibação da "liberdade" dos filhos de Deus de que fala o apóstolo Paulo e a que a própria criação aspira (cf. Rm 8,19 ss.).

O tempo livre na pedagogia religiosa adquire relevância para a educação para gozar, em liberdade de espírito, dos bens interiores e exteriores com que Deus cumulou o homem, criado e redimido por seu amor.

O "dia do Senhor" (ou domingo) — "Páscoa semanal" — e outras festividades dos mistérios cristãos são tempo livre por excelência, nos quais externar a alegria humana e espiritual dos filhos de Deus, sobretudo nos ambientes privilegiados da família e da assembleia litúrgica. A unidade da família natural tem necessidade desses espaços de tempo livre para recuperar aqueles valores que o desgaste da vida nos insidia com inexorável audácia, particularmente no contexto sociocultural contemporâneo.

O homem, como indivíduo, e a família, primeira célula da humanidade e da Igreja, podem assim se aplicar às "obras do oitavo dia", "o dia em que é possível dedicar um pouco de tempo aos parentes e aos amigos, aos doentes, aos distantes. Trata-se de gestos profundamente humanos e ao mesmo tempo cristãos: muitas pessoas, somente por uma visita, por um sorriso recebido é que se darão conta que é domingo também para eles. É preciso reconhecer o valor dessas ações para que o egoísmo do "descanso" não acabe apagando a luz de caridade e de fé" (CEI, Nota pastoral *O dia do Senhor*, III, 37).

Um típico modo de santificar o tempo livre por parte das pessoas "espirituais" é dado pelos *colóquios* ou *conversas* "espirituais". A hagiografia cristã nos oferece sugestivos exemplos nesse sentido: São Bento e Santa Escolástica na noite de seu último encontro terreno, cúmplice um terrível furacão (GREGÓRIO MAGNO, *Diálogos*, II, 33); São Francisco e Santa Clara de Assis na floresta de Santa Maria degli Angeli alla Porziuncola (cf. *Fioretti*, c. XV).

Cristo, homem-Deus, homem perfeito, reservou-se um tempo livre das costumeiras atividades apostólicas, empenhando-o de modo conforme à sua missão de Salvador. Aos discípulos, excessivamente ocupados nas obras de apostolado, ensina a necessidade de um tempo livre para pensarem eles próprios: "Vinde vós à parte num lugar deserto e descansai um pouco" (Mc 6,31). Interrompe uma viagem cansativa e para, sozinho, junto ao poço de Sicar; espera a samaritana e conversa com ela: único modo de poder aproximar aquela mulher necessitada de luz e de salvação (cf. Jo 4,5 ss.). Não considera perder tempo deixando que Maria, sentada a seus pés, o escute, apesar dos protestos da irmã Marta, atarefada nas lides domésticas (cf. Lc 10,38 ss.).

BIBLIOGRAFIA. BERLINGER, R. *Augustins dialogische Metaphysik*. Frankfurt, 1962; BORDONI, M. *Il tempo valore filosofico e mistero teologico*. Roma, 1965; BOURGEOIS, H. – GIBERT, P. – JOURJON, M. *L'expérience chrétienne du temps*. Paris, 1987; CONRAD-MARTIUS, H. *Die Zeit*. München, 1954; CULMANN, O. *Cristo e il tempo*, Bologna, 1965; DELLING, G. *Das Zeitvertändnis des Neuen Testaments*. Gütersloh, 1940; DESSAUER, Ph. *Der Anfang und das Ende*. Leipzig, 1939; DUBOIS, J. M. *Le temps et l'instant selon Aristote*. Paris, 1967; *Il tempo e la vita spirituale*. Roma, 1970; LAVELLE, L. *Du temps et de l'éternité*. Paris, 1945; MARANGONI, A. Tempo. In ROSSANO, P. – RAVASI, G. – GIRLANDA, A. *Nuovo Dizionario di Teologia Biblica*. Cinisello Balsamo, 1988, 1519-1532; MARROU, H. I. *L'ambivalence du temps de l'histoire chez S. Augustin*. Paris, 1950; MOUROUX, J. *Le mystère du temps*. Approche théologique. Paris, 1962; MOUROUX, J. *Le mystère du temps*. Paris, 1961; PURCELLE, H. *Le temps*. Paris, 1955; SCHAEFFLER, R. *Die Struktur der Geschichtszeit*, Frankfurt a.M., 1963; VÖGTLE, A. *Zeit und Zeitüberlegenheit im biblischen Verständnis*. Freiburg, 1961; WENDLAND, H. D. *Geschichtsauslegung und Geschichtsbewusstsein im Neuen Testament*. Göttingen, 1938.

M. BORDONI

TENDÊNCIA. É uma palavra da psicologia moderna que substituiu em diferentes acepções e com diferentes especificações os termos "instinto", "apetite", "hábito" etc. Muitas vezes é suprida por outra palavra, também genérica: "inclinação". A preferência por esse termo no lugar dos já em uso é devida à característica de indicar o aspecto funcional de elementos psíquicos que reagem a estímulos diversos, mais que significar as estruturas psíquicas consideradas na sua essência constitutiva. Se de um lado essa preferência torna mais rico o significado do termo, de outro o estende também aos elementos estruturais, comprometendo sua compreensão exata. Por isso, do conceito de tendência é conveniente excluir a inclinação instintiva ou instinto, a inclinação apetitiva ou apetite, a aptidão etc., sem por isso excluir que nela entrem componentes instintivos, apetitivos etc. A tendência é uma inclinação *sui generis* que comporta, além dos dados sensoriais comuns ao instinto e aos apetites, também os dados afetivos e noéticos mais ou menos inconscientes e, sobretudo, põe em evidência a funcionalidade dessa síntese de elementos heterogêneos dirigidos dinamicamente a um fim único. A tendência não exprime ainda adequadamente a noção de hábito, escolasticamente entendido, porque ele propõe um elemento de estrutura bem definido e conscientemente adquirido, ou pelo menos virtualmente consciente na sua ativação virtuosa ou viciosa. A acepção de tendência se aproxima mais da de disposição ou de propensão, termo usado pelos moralistas quando falam dos impedimentos habituais do ato voluntário. A tendência pode ser definida uma constante e imediata reação da psique humana aos estímulos internos ou externos, que derivam dos estados afetivos constituídos pelos elementos adquiridos ou por elementos congênitos, mas modificados na vida de relação. Ela resulta de um complexo biológico humano, rico de componentes. Indica alguma estrutura da vida endotímica formada nas relações com o ambiente de vida. A adoção dos estímulos ambientais encontra acolhida na psique; a repetição deles determina nela um estado afetivo que ecoa prontamente toda vez que é solicitado por estímulos adequados. O conhecimento das tendências leva à importância dos estados afetivos. A medida de suas ações indicará se a síntese dos estados afetivos concorrentes, dos dados noéticos é acertadamente dosada; uma ação equilibrada é sinal de uma ordenada confluência dos fatores tendenciais, ao passo que uma ação desequilibrada denuncia uma desarmonia interior. No mesmo indivíduo, as tendências podem se opor, moderando-se ou se neutralizando, dada a multiplicidade dos estados afetivos e a interferência do conhecimento.

A limitação do conceito de tendência, que exclui as inclinações estritamente sensoriais, permite indicar com esse termo particulares reações de aspecto individual e de índole social. Todas as tendências incluem o exercício das faculdades superiores do homem. As tendências individuais são as que surgem em correspondência a particulares experiências que satisfizeram o indivíduo com certa intensidade e continuidade. Não é indispensável que tais satisfações tenham respondido a uma verdadeira necessidade; as tendências podem surgir também contra as reais necessidades do sujeito. Elas são múltiplas, com uma finalidade mais ou menos vantajosa; por exemplo, a tendência à iniciativa individual, à interpretação otimista dos próprios fatos, ao pessimismo, à submissão etc. As tendências de índole social, nascidas em relação a experiências de natureza social, e que pressupõem uma consciência das relações sociais, atribuem a outras pessoas ou coisas ou acontecimentos um valor de satisfação ou de descontentamento. Como exemplo, pode-se aduzir as tendências ao conhecimento de determinadas pessoas ou coisas ou fatos, ou à sua repulsa; igualmente, as tendências a amar objetos, fatos, pessoas com maior ou menor intensidade e seleção; as tendências a uma convivência em determinados ambientes etc. As tendências pertencem ao complexo humano chamado → CARÁTER; elas até servem para revelar seus componentes importantes, porque mediante as reações constantes, indicam os estados afetivos do indivíduo, as suas atitudes, a evolução ou involução dos seus apetites, e facilitam a anamnese das experiências passadas.

Sob o ponto de vista moral, as tendências podem ser boas ou más em relação às normas morais que regulam a especificação dos atos humanos. A responsabilidade na formação das tendências recai gradualmente e de modo inverso sobre o indivíduo e sobre aqueles que são seus guias durante a formação. Toda tendência que não tenha caído num estado doentio pode ser melhorada, contida ou substituída por outra. Quanto mais se exerce a tendência, tanto mais se fixa o complexo biológico e se opõe resistência a uma ação contrária a ela. Na ascese as tendências podem também desenvolver um papel importante facilitando ou impedindo a vontade de perfeição. As tendências positivas, tanto individuais como sociais, podem favorecer o esforço da perfeição cristã na vida comunitária, de apostolado etc.; as negativas (especialmente nos que tendem à perfeição em idade adulta) conseguem frustrar os melhores esforços da vontade. Fica evidente a necessidade de adquirir tendências boas, equilibradas, e de ajudar aqueles que estão em fase de crescimento a conquistá-las.

BIBLIOGRAFIA. ABBAGNANO, N. Tendenza. In *Dizionario di Filosofia*. Torino, 1961; GEMELLI, A. – ZUNINI, G. *Introduzione alla psicologia*. Milano, 1957, 450-456 (com nota bibliográfica); HILGARD, E. R. *Psicologia*. Firenze, 1971.

G. G. PESENTI

TENTAÇÃO. O estudo da tentação na Bíblia mostra que em seu conceito está sempre inclusa a ideia de prova, de perigo, de situação difícil, em que é possível sairmos vitoriosos, mas também sermos derrotados. Trata-se de uma "experiência" que dará bom resultado somente se o sujeito tentado é valoroso e se empenha de verdade. No livro sagrado podem ser encontrados três significados fundamentais de tentação: a) o de prova induzida por Deus para que se mostre a fidelidade para com ele, e isso tanto por parte do povo (Ex 15,25; 16,4; 20,20; Jz 2,22; 3,1.4; Dt 8,2; 13,4) como por parte de cada homem, como Abraão (Gn 22,1; Sr 44,20; 1Mc 2,52; Hb 11,17) e Jó; b) o de ameaça e sedução de satanás e das forças do mal para instigar ao pecado, como aconteceu com os primeiros pais (Gn 3,1-7), e segundo esse significado se compreende seja a súplica dirigida ao → PAI CELESTE para que não nos deixe ser tentados (cf. Mt 6,13; Lc 11,4), seja a afirmação categórica de que Deus não tenta ao mal (cf. Tg 1,13); c) o de desafio a Deus, ou seja, de prova que o homem quer fazer do seu Deus, quase com a intenção de se assegurar de suas palavras: Deus obviamente não tolera esse louco comportamento (cf. Ex 17,2.7; Dt 6,16; 9,22; Sl 95,8-11; Hb 3,8-11), como até o próprio Jesus acena e como São Paulo claramente adverte (cf. 1Cor 10,9). O pecado da tentação de Deus varia de gravidade conforme importe uma verdadeira dúvida de algum atributo divino ou represente um modo para descobrir o plano da providência ou consista em se expor sem necessidade a um perigo, esperando de modo não razoável a ajuda de Deus para não sucumbir a ele. Nos primeiros dois casos a culpa é grave; no terceiro, embora possa ser mortal, é de fato quase sempre leve, por motivo da inconsideração ou da ignorância com que se procede.

No campo moral e ascético, o termo "tentação" indica o complexo procedimento psíquico que desemboca e se compendia no desejo do mal. Não se trata propriamente dos chamados "desejos maus", mas de uma solicitação a fazer um pecado, tanto o homem se sente atraído por ele. Também aqui está incluída a ideia de experiência (cf. *STh*. I, q. 114, a. 2c; II-II, q. 97, a. 1c), porquanto na tentação o homem demonstra o que ele é e que apego ele tem ao bem; todavia, o interesse dos estudos clássicos sobre o assunto está antes orientado para a origem e os efeitos da tentação e para a luta contra ela. Em sua origem está o demônio e a → CONCUPISCÊNCIA do homem, que muitas vezes entrelaçam sua ação de solicitação ao mal: sem concupiscência o homem dificilmente poderia ser tentado ou pelo menos poderia resistir com relativa facilidade; sem o inimigo do nosso bem espiritual faltaria aquele que sem descanso procura qualquer aliado para nos arrancar de Deus. Satanás é o tentador por excelência (cf. Mt 4,3; Mc 4,15; Jo 13,2; 1Cor 7,5; 2Cor 2,11; Ef 6,11; 1Ts 3,5; 1Tm 3,7; 2Tm 2,26; 1Pd 5,8; At 5,3); mas Deus não o deixa completamente livre (cf. 1Cor 10,13). A limitação do homem e a sua inclinação ao mal o tornam facilmente sujeito à tentação toda vez que o mal lhe parece apetecível; mas a tentação em si não constitui de modo algum pecado, exceto quando o homem o tivesse podido evitar. Deus permite a tentação em vista dos bens que dela pode derivar. O combate para superá-la e evitá-la pela vontade e pelo esforço são extremamente vantajosos para o homem, porque desse modo ele conhece a si mesmo, recorre mais ao Senhor, pratica muitas virtudes e se lança à luta espiritual. De outra parte, jamais somos deixados sós nas dificuldades das tentações: a graça de Deus, como é indispensável para nos tornar vitoriosos, é também certa e eficaz para todo aquele que a implore e faça tudo o que estiver dentro de suas possibilidades. Oração e vigilância (cf. Mc 14,38), fidelidade ao Senhor (cf. Lc 22,28), constância (cf. Mc 13,13) são um dever; mas tanto para cumprir esse dever como em geral para resolver positivamente a batalha contra a sedução do pecado é absolutamente necessária a graça. Deve-se ressaltar isso até mesmo contra certa corrente de pensamento que parece atribuir excessivo valor aos meios humanos, quando eles (como a higiene, a boa formação da consciência e a boa educação) são indubitavelmente úteis, mas de modo algum são suficientes. A tentação — a de "prova" como a de "sedução" — jamais deve abater ou desencorajar o homem: a confiança em Deus é a fonte segura contra qualquer assalto. O próprio Jesus Cristo quis passar pela tentação (cf. Mt 4,1-11; Mc 1,12-13; Lc 4,1-13), tanto para obter a ajuda contra as nossas como também para nos alertar que delas jamais estaremos livres, para nos ensinar como combatê-las e para nos infundir confiança na sua misericórdia (cf. *STh*. III, q. 41, a. 1c). Esses vários aspectos e atitudes interiores nos são inculcados pela Bíblia (cf. Sr 2,1; 34,9; Tb 12,13; 1Pd 4,12; Tg 1,12; Gl 6,1). Não é possível resumir em linhas mais gerais do que as expostas qual deve ser em concreto o comportamento do homem no memento da tentação, porque no terreno prático é preciso levar em conta a índole e formação da pessoa como também das diversas espécies de tentação. Certamente é preciso afastar-se das tentações e até procurar preveni-las; mas para realizar isso e para tudo o que diz respeito à tentação é poderosa ajuda a → DIREÇÃO ESPIRITUAL. A vantagem da assistência por parte do diretor é não somente ter guia, estímulo e controle, mas também encontrar auxílio para descobrir como tentação o que à primeira vista é reivindicação justa, interesse legítimo, zelo obrigatório ou, em geral, um bem: as tentações mais mortíferas são as que se ocultam e se mascaram sob a aparência de virtude.

BIBLIOGRAFIA. AQUINO, Tomás de. *Suma Teológica*. São Paulo, Loyola, 2001, I, q. 48, a. 5, ad 3; 2002, q. 114; 2005, II-II, q. 97; 2002, III, q. 41; DEROUSSEAUX, L. L'épreuve et la tentation. *Assemblées du Seigneur* 26 (1962) 54-68; DUPONT, J. Les tentations de Jésus dans la désert. *Assemblées du Seigneur* 26 (1962) 37-53; ID. *Les tentations de Jésus au désert*. Bruges, 1968; EBERLE, A. Über die Versuchung. *Teologisch-praktische Quartalschrift* 94 (1941) 95-116.208-232; FRANCISCO DE SALES. *Introduzione alla vita devota*, parte IV, cc. 3-10; FRISQUE, J. La tentation du Christ, de l'Église et du chrétien. *Assemblées du Seigneur* 26 (1962) 91-102; GUZZETTI, G. B. Tentazione e peccato. In *Il peccato*. Roma, 1959, 544-552.858-860; LECLERCQ, J. La tentation. In *Pastorale du péché*. Tournai, 1961, 17-64; La tentation. *Lumière et Vie* 10 (1961) 1-100; LINDWORSKY, J. *L'educazione della volontà*. Brescia, 1956, 176-178; PEREGO, A. *La grazia*. Brescia, 1960, 140-143.148-154; SCARAMELLI, G. B. *Direttorio ascetico*, tr. 2, art. 10; SCHNEIDER, W. Versuchung. In *Theologisches Begriffslexikon zum Neuen Testament*. Wuppertal, 1986, 1.314-1.316, livro 2; SUÁREZ. *De angelis*, libro VIII, cc. 18-19; Tentazione. In *Dizionario Teologico* III. Brescia, 1968, 461-470.

U. ROCCO

TEODORO ESTUDITA. 1. NOTA BIOGRÁFICA. Nasceu em Constantinopla, em 759, de uma nobre família. O tio materno Platão foi hegúmeno do mosteiro de Sacudion, na Bitínia, e convenceu quase toda a família, inclusive os pais, a abraçar a vida monástica. Ainda jovem, sob a direção do tio, Teodoro entregou-se à leitura dos Padres, em particular de Basílio. A seguir foi associado ao tio no papel de hegúmeno. Ambos encontraram grande hostilidade na corte pela intransigência deles em relação ao segundo matrimônio do imperador Constantino VI. Em 799, decidiram transferir a comunidade monástica, agora aumentada em número, para o mosteiro de Studios, em Constantinopla. Trata-se de um acontecimento decisivo na reforma idealizada por Teodoro, que por causa do nome do mosteiro será chamado de estudita. Novas perturbações na corte imperial provocaram a prisão e o exílio de Platão e Teodoro (808). Voltaram a Constantinopla em 811 e pouco mais tarde o tio morreu. Todavia, a paz entre os monges zelotes e a corte imperial foi de breve duração. Em 815, Teodoro foi de novo exilado e os monges de Studios dispersos por sua dura oposição ao iconoclasmo do imperador Leão o Armênio. Teodoro não pôde voltar para seu mosteiro nem depois da morte do imperador por causa da sua intransigência sobre a questão do deposto patriarca Nicéforo, defensor do culto das imagens, cujo retorno à sede patriarcal Teodoro exigia. Estabeleceu-se então com os seus monges na outra parte do Bósforo e morreu em Prinkipo no dia 11 de novembro de 826.

2. OBRAS. Lembremos, em primeiro lugar, os seus discursos contra o iconoclastismo, em particular os *Antirretiká katá eidonomachon* (Discursos anti-répticos contra os iconomaquistas) em que, defendendo o culto dos ícones, Teodoro demonstra que a força da oração santifica os ícones e os torna sagrados (→ ÍCONE). Entre as obras ascéticas mais importantes há a *Grande catequese* e a *Pequena catequese*, que contêm instruções sobre a vida monástica e representam uma rica maneira de informações sobre a vida cenobítica do tempo. A primeira foi talvez escrita pelo próprio Teodoro, mas não teve grande difusão. A segunda compreende 34 conferências, pronunciadas entre 821 e 826 e transcritas por seus ouvintes, e foi o verdadeiro livro de leitura pública dos mosteiros bizantinos. Entre as obras de Teodoro há também escritos de caráter litúrgico, composições poéticas, as cartas e o *Testamento espiritual*. A famosa *Hypotyposis*, a "Regra dos estuditas", foi escrita depois da morte de Teodoro e documenta o modo de viver por ele introduzido. Teodoro, na sua reforma, inspirou-se num "retorno aos Padres", à volta da perfeita vida cenobítica segundo o espírito de Basílio, insistindo na vida comunitária e no trabalho manual. Observa-se um progresso com respeito ao passado: se em Basílio a figura do hegúmeno não é bem definida, para Teodoro o superior deve ser um verdadeiro padre espiritual para os

seus confrades, que são exortados a lhes abrir frequentemente, até todo dia, a própria consciência. A perfeita obediência ao hegúmeno servirá para remover o obstáculo mais geral entre o homem e Deus, a "vontade própria". Deve ser escrupulosamente observada a pobreza individual, mas o próprio mosteiro pode possuir bens e deve se dedicar às obras de misericórdia e de serviço aos mais pobres. Com efeito, os mosteiros estuditas tinham orfanatos, hospitais, bibliotecas, escolas, e sua influência sobre a sociedade bizantina foi decisiva.

BIBLIOGRAFIA. 1) Obras: são para o maior conteúdo em MIGNE (*PG* 99). Citamos somente as mais importantes, mencionando quando possível edições sucessivas: *Antirretikà katà eikonomachon* (Discorsi antirretici contro gli iconomachi), pp. 99, 328-436; *Piccola catechesi*, pp. 99, 509-688 (vers. lat.); AUVRAY, E. – TOUGARD, A. Paris, 1891 (ed. greca); *Hipotysis*, *PG* 99, 1.704-1.720; segundo uma redação posterior em DMTRIEVSKJIEV, A. *Opisanie liturgičeskich rukopisej...* Kiev, 1895, 224-237, I; PAPADOPOULOS-KERAMEUS (ed.). *Grande catechesi*. Peterburg, 1904 (libro II, 124 conferenze); Edição COZZA-LUZI. In *Nova Patrum bibliotheca* IX/2. Roma, 1971 (77 conferenze).
2) Estudos: HAUSHERR, I. *Saint Théodore, l'homme et l'ascète* (Orientalia Christiana Analecta, 22). Roma, 1926; JANIN, R. *Les églises et les monastères de Constantinople*. Paris, 1969, 445-455; LEROY, J. La vie quotidienne du moine studite. *Irenikon* 27 (1954) 21-50; ID. La réforme studite. In *Il monachesimo orientale* (Orientalia Christiana Analecta, 153). Roma, 1958, 181-214; ID. Un témoin ancien des Petites catéchèses de saint Théodore Studite. *Scriptorium* 15 (1961) 36-60; LEROY, J. *Studitisches Mönchtum*. Graz-Wien-Köln, 1969; MARIN, Abbé. *Saint Théodore (759-826)*. Paris, 1906; ŠPIDLÍK, T. Superiore-padre, l'ideale di san Teodoro Estudita. *Studia Missionalia* 36 (1987); STIERNON, D. Teodoro Estudita. In *Bibliotheca Sanctorum* XII (1969) 265-270.

T. ŠPIDLÍK – M. GARZANITI

TEÓFANO, O RECLUSO (Jorge Govorov).

Nasceu em 10 de janeiro de 1815 em Černavsk (governo de Orel). Filho de um sacerdote, entrou para o seminário e depois para a Academia eclesiástica de Kiev; em 1841, vestiu o hábito monástico. Ordenado sacerdote, ensinou teologia moral e pastoral na Academia de Petersburgo. A seguir foi reitor, bispo de Sciatzk (Šack) e, em 1863, da grande diocese de Vladimir. Em 1866, com a permissão do Santo Sínodo, retirou-se ao mosteiro de Vyšen, onde, de 1872 até sua morte, ocorrida em 6 de janeiro de 1894, viveu na reclusão, escrevendo livros e numerosíssimas cartas de direção espiritual.

Foi um escritor incansável. Sua bibliografia contém 466 títulos, que podem ser divididos em três categorias: 1) traduções da literatura patrística; 2) obras exegéticas; 3) tratados morais e ascéticos. Entre as traduções, as mais importantes são as da → FILOCALIA (*Dobrotoljubie*), em cinco volumes (Moscou, 1877-1905; reimpressão Jordanville, New York, 1963-1966) e do *Combate espiritual*, de Nicodemos Agiorita († 1809), que na realidade é uma adaptação da obra homônima de L. → SCUPOLI (Moscou, 1886, ^{5}1912). O outro campo de atividade de Teófano são os seus numerosos comentários bíblicos, em especial das cartas de São Paulo. Acrescente-se *A interpretação das leituras bíblicas para cada dia do ano* (Moscou, 1881; Petersburgo, 1915).

Mas é nos seus escritos de conteúdo moral e pastoral que se descobre o perfil espiritual de Teófano. O *Compêndio da moral cristã* foi concebido como ajuda para os seus discípulos sacerdotes (Moscou, 1895, 1896); *A vida da salvação* é um manual de ascética (Moscou, ^{10}1919). Nas *Cartas* ele respondia às perguntas sobre os diversos problemas de vida espiritual (várias edições) e em forma de cartas está escrito também o pequeno e atraente livro *O que é a vida espiritual e como se dispor a ela* (Moscou, 1878, ^{6}1914).

Pode-se caracterizar a espiritualidade de Teófano com uma só palavra: "coração". Nele, escreve, "concentram-se todas as energias do corpo e da alma", "ele é a sede do Espírito", o "barômetro da nossa vida espiritual". Para explicar o que entende com esse termo ele parte da tradicional tricotomia oriental, que vê no homem três partes: o corpo, a alma e o Espírito Santo. Depois de ter analisado cada uma das faculdades humanas, atribuindo a cada uma o seu papel na vida espiritual, Teófano insiste na necessidade de que todas as forças humanas colaborem juntas em harmonia. O "coração" quer dizer justamente essa integração da pessoa, seja com relação à estrutura psicológica do homem, seja com relação ao decurso da vida. O homem, portanto, é o que é no seu coração. O que, todavia, apresenta uma grande dificuldade: somos capazes de julgar se cada um dos atos é bom ou mau, mas quem pode julgar o coração? A resposta de Teófano é que somente Deus conhece o coração humano;

ele, porém, deu também a nós a capacidade de "sentir" o próprio estado e muitas vezes também o dos outros (cardiognosia). Podemos confiar nesses "sentimentos"? Temos de estar seguros de que são sentimentos "espirituais" nascidos da escuta do Espírito, o que pressupõe que o coração seja antes de tudo purificado do pecado, das suas consequências e preenchido com o amor de Deus. Tal coração, evidentemente, é uma contínua fonte de revelações; por isso, a "oração do coração", a contínua escuta do Espírito, é o estado mais perfeito da vida espiritual.

BIBLIOGRAFIA. Lista das edições russas em Špidlík, T. *La doctrine spirituelle de Théophane le Reclus. Le Coeur et l'Esprit* (Orientalia Christiana Analecta, 172). Roma, 1965; Tertyschnikov, G. *Auf dem Wege zu Gott. Leben und Lehre des Starzen Theophan.* Leipzig, 1978.
Algumas traduções parciais: Bubnoff, N. *Russische Frömmigkeit. Briefe eines Starzen.* Wiesbaden, 1947; Smolitsch, I. *Leben und Lehre der Starzen.* Wien, 1936, 110-127; Špidlík, T. *La spiritualità russa.* Roma, 1981, 58-71.
Estudos: Bossuyt, F. *Théophane le Reclus (1815-1894). Sa doctrine sur l'oraison.* Roma, 1959; Krutikov, I. *Il vescovo Teofane. Recluso e asceta dell'eremo di Vyšen.* Mosca, 1895 (em russo); Špidlík, T. *I grandi mistici russi.* Roma, 1977, 219-249; Id. Theophan der Recluse. In Ruhbach, G. – Sudbrack, J. *Grosse Mystiker. Leben und Wirken.* München, 1984, 282-297.

T. Špidlík

TEOLOGIA ESPIRITUAL. Na teologia espiritual, cujo nome é fruto das virtualidades do desenvolvimento, houve a confluência de duas diferentes disciplinas teológicas: a teologia ascética e a teologia mística; todavia, não seria exato dizer que o campo da teologia espiritual corresponda precisamente ao da teologia ascética e mística. A teologia espiritual pertence ao grupo das teologias que, caracterizadas pelo adjetivo dogmática, moral, pastoral, espiritual, estudam o ser e o agir cristão à luz da fé cristã e sob o aspecto do objetivo próprio de cada teologia. A teologia espiritual não deve ser vista, porém, como uma teologia setorial, e isso vale também para a dogmática, a moral, a pastoral: são aspectos específicos da mesma teologia. O saber teológico da teologia espiritual, teórico e prático ao mesmo tempo, tem por objeto a existência cristã fundada na fé, na esperança e na caridade, vivida como experiência espiritual cristã como vida no Espírito.

Para entender a fisionomia própria da teologia espiritual, é necessário responder por que nasceu a teologia espiritual e por que ela existe. Será útil considerar os seus momentos históricos mais significativos e a sua natureza.

1. TERMINOLOGIA. Prescindindo-se do fato de que na linguagem corrente as expressões "espiritualidade" e "teologia espiritual" muitas vezes se equivalem, é o termo "teologia espiritual" que põe em destaque a competência teológica em relação à vida espiritual. É preferível, por isso, falar de "teologia espiritual", ainda que no nível dos textos, e já nos títulos, se encontrem outras expressões, como "vida cristã", "teologia da perfeição", "vida de Deus" etc. (cf. A. Queralt, *La "espiritualidad"*... 1979, 329-333) para indicar o que outrora era estudado pela teologia ascética e mística e hoje faz parte da teologia espiritual.

Por que esse termo? A teologia dogmática e a teologia moral se interessam pelo fato revelado objetivo (= vida cristã); a teologia espiritual, porém, se ocupa do mesmo fato revelado objetivo, mas como apropriado pela vida do crente (= experiência) (cf. *Ibid.*, 337-339). As expressões "espiritual", "vida espiritual" e, consequentemente, "teologia espiritual" querem dizer a ação do Espírito Santo na singularidade da pessoa ou das pessoas. A vida espiritual, objeto da teologia espiritual, diz respeito à vida cristã vivida pessoalmente sob a ação do Espírito Santo.

Em resumo, também os outros termos indicados subentendem que se trata sempre da vida segundo o Espírito, mas não o tornam evidente já pelo título; assim, não aparece a distinção entre o que é específico da teologia espiritual e o que considera a teologia em geral.

2. HISTÓRIA. A distinção em disciplinas teológicas diferentes (dogmática, moral, pastoral, espiritual) começou a se realizar muito tarde. Inicialmente, podia-se apenas identificar aspectos: dogmático, moral, espiritual etc. A existência de um tratado teológico de ascética e mística não remonta aos inícios do cristianismo. Por muito tempo, "fazer teologia" consistia numa leitura da Sagrada Escritura conduzida segundo os "quatro sentidos": literal, analógico, tropológico, anagógico (cf. H. de Lubac, *Esegesi medievale*..., 1962). Era natural que a teologia de então se distinguisse não somente por uma forte unidade, mas também pela sua dimensão espiritual (= ascética e mística).

Quando, na segunda metade da Idade Média, se procurou dar um caráter "científico" à teologia, essa sua dimensão espiritual começou a se enfraquecer até se extinguir totalmente (cf. M. D. CHENU, *La teologia nel Medioevo*..., 1972; *La teologia come scienza*..., 1982). Foi assim que, independentemente da teologia "científica", nasceram as correntes espirituais. Desse modo, criou-se o espaço dentro do qual as palavras "ascética" e "mística" — conhecidas na linguagem cristã desde o século III — começaram a ser usadas, embora não com a mesma constância, junto com o substantivo "teologia". Estudando o significado que, pouco a pouco, foi atribuído ao termo "mística", a pesquisa deve partir dos Padres gregos para prosseguir depois nos sucessivos períodos do Oriente e do Ocidente cristão. O que importa, e aqui só por reflexo, é perceber em que relação se põe a "contemplação" com a "mística". Parece que a aproximação histórica pode ajudar justamente a compreender a natureza da relação que há entre esses dois conceitos. Tanto mais que, na prática, a preferência é dada pouco a pouco ou à contemplação ou à mística. A história pode identificar suas circunstâncias e consequências. Uma tentativa de esclarecimento já foi oferecida por J. MARITAIN e R. → GARRIGOU-LAGRANGE (cf. *Une question sur la vie mystique et la contemplation*..., 1923).

A fragmentação que foi aos poucos se criando no âmago da teologia acabou por empobrecer a própria teologia e cada uma das disciplinas em que ela era subdividida. A dogmática se tornou carente de precisão espiritual e a moral se orientou para a casuística, sendo abandonadas pelos espirituais. Esses últimos se viram na necessidade de construírem sozinhos as sínteses doutrinais e, afastando-se da fundação teológica da "espiritualidade", limitaram-se cada vez mais a descrever experiências espirituais com o perigo de cair no subjetivismo favorecido, em muitos casos, pelo sentimentalismo.

Os termos "ascética" e "mística" soam para nós hoje como conceitos teológicos correlatos, mas não era assim no seu significado originário e na medida em que se foi estabelecendo o seu significado teológico. Dos dois termos, os teólogos preferiram o de "mística". Já → ORÍGENES atribuiu ao vocábulo "mística" um sentido teológico, ao lado do significado cultural e querigmático, referindo-se à comunhão entre o homem batizado e Cristo. No século IV foi chamada de "teologia mística" a descrição dos mais altos graus da experiência que o homem pode ter de Deus. Mas foi o texto de → DIONÍSIO AREOPAGITA, *De mystica theologia*, do século V, que apresentou esse termo à Idade Média. A doutrina exposta por Dionísio Areopagita foi retomada nos comentários de → HUGO DE SÃO VÍTOR, de Santo → ALBERTO MAGNO, de → DIONÍSIO, O CARTUXO.

Por sua vez, J. → GERSON (1363-1329) introduziu a distinção entre teologia mística especulativa e teologia mística prática. Se a segunda apresenta os graus e os modos da experiência mística, a primeira se refere à reflexão teológica sobre tal experiência. Uma se ocupa do aspecto negativo do processo do crescimento espiritual e a outra predominantemente do aspecto positivo da mesma. Com o passar do tempo, a teologia mística se interessou também pelos graus mais sublimes da união de conhecimento (fé) e de amor (caridade) do homem com Deus, deixando à teologia ascética tudo o que era relativo ao empenho para chegar a essa união. Embora Gerson, no mesmo itinerário espiritual, tenha distinguido os dois aspectos, a unidade entre a teologia mística especulativa e a prática é muito forte (cf. A. COMBES, *Ioannis Carlerii de Gerson "De mystica theologia"*..., 1958).

Uma abordagem especial sobre a natureza da mística cristã, que afirma a vocação de todo batizado a ela, é obra do franciscano H. → HERP († 1478), discípulo de → RUUSBROEC. A divulgação dessa doutrina espiritual em quase toda a Europa do século XV deve ser atribuída a seus discípulos. Depois da morte do mestre, publicaram-se muitas das suas obras sob o título único de *Theologia mystica*, difundida em numerosas nações mediante diversas reedições e traduções.

A complexidade e, ao mesmo tempo, a riqueza da mística exigiriam que fosse conhecida com mais profundidade no âmbito do cristianismo ocidental como ela foi vivida, refletida e transmitida na sua forma de mística antigo-holandesa, inglesa (especialmente antes da reforma anglicana), espanhola e alemã. Acrescente-se que também Lutero demonstrou grande interesse pela mística, ao ler Ruusbroec, → ECKHART, → TAULERO e ao publicar duas vezes → THEOLOGIA DEUTSCH de um autor anônimo. Tinha lido, além disso, São Bernardo e J. Gerson (cf. St. E. OZMENT, *Homo spiritualis*..., 1969; K. H. MÜLLEN, *Nos extra nos*..., 1972).

O termo "teologia ascética" foi introduzido pela primeira vez, ao que parece, com o *Summa-*

rium asceticae et mysticae theologiae ad mentem sancti Bonaventurae, publicado em 1655 pelo franciscano polonês C. Dobrosielski, 1605-1676 (cf. J. de GUIBERT, *La plus ancienne "theologie ascetique"...*, 1937). A obra de Dobrosielski teve uma segunda edição em 1703, e da terceira edição, ainda em Cracóvia, em 1731, *Theologia ascetica ad mentem sancti Bonaventurae*, foi eliminada a palavra "mística". O motivo da completa revisão da obra foi a condenação pelo → QUIETISMO (cf. W. SLOMKA, *Spor wokol wydania i tresci "Summarium asceticae et mysticae theologiae" Chryzostoma D. OFM...*, 1970). Convém lembrar que desde o início do século XVII a Igreja assumiu uma atitude negativa em relação à mística. Na Espanha, a Inquisição pôs no Índice os escritos dos místicos, particularmente se redigidos em língua vulgar; também a doutrina trinitária de Ruusbroec, criticada por Gerson, foi julgada perigosa por alguns teólogos; a essa situação global se acrescentou ainda o fato de que Roma condenou → MOLINOS, → FÉNELON, Madame → GUYON, por causa da doutrina deles sobre o amor puro. Em 1658, em Roma, fora publicada outra obra: *Theologia ascetica sive Doctrina spiritualis universa*, de Ch. Schorrer (1603-1678). É provável que esses autores tenham sido os primeiros a usar o termo "teologia ascética", tanto mais que, se a palavra "ascética" não tinha gozado de boa aceitação na língua latina, a partir do século XVII entram no uso corrente "doctrina ascetica", "theologia ascetica", "tractatus asceticus".

Até há pouco tempo preferia-se separar a mística e a ascética como dois tratados teológicos distintos. O processo de diferenciação entre as duas disciplinas foi selado definitivamente pela obra póstuma de J. B. → SCARAMELLI (1687-1752), publicada em Veneza, em 1754, em 2 vls.: *Il direttorio ascetico* e *Il direttorio mistico*. Depois dele, A. M. Meynard publicou, em 1885, 2 vls., *Théologie ascétique* e *Théologie mystique*, sob o único título *Traité de la vie intérieure*.

A distinção em dois tratados autônomos induziu alguns autores a pensar em dois caminhos que, cada qual a seu modo, podiam levar ao amadurecimento na vida cristã. Consequentemente, a via ascética foi considerada "normal" em vista da santidade, e a via da santidade e a via mística, "extraordinária", embora legítima, porque possível. Desse modo, delineavam-se duas fisionomias do cristão maduro: uma correspondendo ao caminho ascético, a outra ao místico (cf. J. RIBET, *La mystique divine...*, 1878-1883; A.-M. MEYNARD, *Ibid.*; J. TISSOT, *La vie intérieure simplifié...*, 1894). Não faltaram vozes, porém, que sustentavam a "normalidade" da via mística (cf. J. ARINTERO, *Evolución mistica*, 1908; R. GARRIGOU-LAGRANGE, *Perfection chrétienne et contemplation...*, 1923; A. GARDEIL, *La structure de l'âme...*, 1927).

Sem nos deter agora sobre a natureza da "teologia ascética" e da "teologia mística" e sua recíproca relação, basta lembrar que os estudiosos consideraram insustentável a divisão em dois tratados diferentes. Contribuíram para isso dois fatores importantes: a reflexão teológica sobre a natureza da mística, favorecida pelo movimento místico (no fim do século XIX e início do século XX) e a dificuldade prática que surgia de considerar dois períodos distintos na vida cristã: da ascese e da mística. O assunto era aprofundado em discussões muito difíceis de alguns estudiosos (cf. A. SAUDREAU, *Les degrés de la vie spirituelle...*, 1899; A. POULAIN, *Des grâces d'oraison...*, 1901; de novo A. SAUDREAU, *L'état mystique...*, 1903; *Les faits extraordinaires de la vie spirituelle*, 1908). Abriu-se espaço assim, graças a intervenções de outros ainda, à persuasão de que a mística, com referência à vida cristã, correspondia à natureza mesma das realidades espirituais conferidas pelo batismo: graça santificante, virtudes teologais e morais, → DONS DO ESPÍRITO SANTO. Analogamente, hoje, ascética e mística, postas em confronto, não são consideradas duas fases sucessivas, como se uma devesse chegar a seu cumprimento para a outra poder existir; ambas, a ascese e a mística, fundam-se na vida teologal e a ela estão subordinadas; não são mais que duas dimensões constantes que caracterizam toda a vida de todo cristão comprometido.

J. de → GUIBERT publicou em 1926 a sua *Theologia spiritualis. Ascetica et mystica*, tentando pôr em ordem de continuidade a ascética e a mística e, sob um outro ponto de vista, uni-las de modo que pudesse aparecer melhor sua complementaridade. Historicamente, tinha chegado o momento da reavaliação da unidade da vida cristã. Nos anos 1920 teve início o processo de superação do dualismo, abandonando-se a distinção entre ascética e mística como tratados distintos. O termo mais adequado para exprimir a unidade da vida espiritual do cristão pareceu ser o de "teologia espiritual" ou "teologia da vida espiritual". O vocábulo "theologia spiritualis", embora parecendo novo, não o era. Já os supracitados C. Dobrosielski e Ch. Schorrer dele se serviram. Mas foi preciso esperar até o último século para que fosse assumido para exprimir a complexidade da vida espiritual.

O programa de unificação das duas teologias (ascética e mística) teve ainda de superar diversas dificuldades. Quando alguns defensores dessa disciplina teológica prefeririam o termo comum de "teologia ascética e mística" ao de "teologia espiritual", a autonomia da perspectiva teologia espiritual suscitou um novo problema acerca da relação com a teologia dogmática e moral.

Veremos que os documentos do magistério a propósito da teologia espiritual juntam-na à teologia moral. Alguns teólogos até contemporâneos, como H. U. → VON BALTHASAR e K. → RAHNER, consideram necessária uma maior demonstração do aspecto dogmático da teologia espiritual.

A partir dos anos 1930 abriu-se um longo e difícil período, com uma série de intervenções por parte dos estudiosos acerca da natureza, do método e da estrutura da teologia espiritual. Discutia-se sobre o específico da teologia espiritual, com respeito à teologia moral e se negava à teologia espiritual "como teologia" a pretensa valorização da experiência espiritual cristã, Igreja mais psicológica que de teologia (cf. A. STOLZ, *Teologia della mistica...*, 1940; C. GARCÍA, *Corrientes nuevas de teología espiritual...*, 1971).

Na base das discussões havia: de uma parte, o progressivo afirmar-se da autonomia de cada uma das disciplinas teológicas, que corria o risco de prescindir com muita facilidade da originária unidade da teologia; de outra, emergia a tensão entre a específica função da teologia espiritual e a pretensão da dogmática e da moral de poder realizar sozinhas tal função, com o motivo de que toda a teologia é espiritual. Ainda que em nossos dias esses problemas não tenham sido totalmente esclarecidos, é preciso dizer que as diatribes contribuíram muito para fortalecer a teologia espiritual. Não seria possível ocupar-se hoje da teologia espiritual sem levar em consideração aquelas dificuldades e resultados atingidos.

3. MAGISTÉRIO. Referimo-nos aos documentos do magistério pontifício, não excluído o do Concílio Vaticano II, no que eles falam do ensinamento da teologia ascética e mística e mais recentemente da teologia espiritual. Percorrendo cronologicamente os textos, a começar por Pio X, que foi o primeiro a se referir a assuntos ascéticos no âmbito da formação teológica dos candidatos ao sacerdócio, queremos valorizar a terminologia e a distinção entre a teologia ascética e a teologia mística, precisando também o específico da teologia espiritual.

Pio X. Referindo-se aos estudos dos seminários, quando interveio na questão modernista, o papa afirmou que "eles versam sobre a Sagrada Escritura, sobre a fé, sobre os costumes, sobre a ciência da piedade e dos deveres que é chamada ascética" (*Motu Proprio quo quaedam statuuntur leges ad modernissimi periculum propulsandum*: *Sacrorum Antistitum*, 1º de setembro de 1910, in *AAS* II [9 de setembro de 1910] 668). No programa dos estudos dos seminários, de 16 de julho de 1912, porém, a ascética, como curso específico, não aparece entre as disciplinas teológicas (cf. SACRA CONGREGATIO CONCISTORIALIS, *Litterae circulares de Seminariis Italiae ad Reverendissimos Ordinarios*, in *AAS* IV [15 de julho de 1912] 491-498).

Bento XV. O programa de estudos para os seminários prescrito pelo Código de Direito Canônico promulgado em 1917 de modo algum fala de teologia ascética e mística (cf. câns. 1365-1369). Na carta de 10 de novembro de 1919 ao padre O. Marchetti, o papa se congratulou com ele porque na Universidade Gregoriana foi instituída a "cátedra de teologia ascético-mística, com a finalidade de buscar uma mais profunda formação religiosa do clero, pelo estudo científico e prático das principais questões relativas à perfeição cristã... Com efeito, costuma acontecer que, não existindo o tratado desse gênero de estudos nos cursos ordinários de teologia dogmática e moral, o jovem clero, enquanto se nutre de variadas disciplinas sagradas, fique privado dos vários princípios da vida espiritual, cujo discernimento sadio e árduo lhe é indispensável para a própria perfeição e para o sucesso do sagrado ministério a que é chamado por Deus" (*AAS* XII [2 de janeiro de 1920] 29-30).

Por sua vez, a Sagrada Congregação dos Seminários, em 26 de abril de 1920, enviou aos bispos da Itália uma "Organização dos Seminários" em que se lê que o "complemento da moral é a teologia ascética e mística, indispensável para a direção das almas" (in *Leges Ecclesiae post Codicem iuris canonici editae*. Collegit, digessit notisque ornavit XAVERIUS OCHOA, Roma, Comentarium pro Religiosis, 1966, *Vol. I Leges annis 1917-1941 editae*, 308).

No dia 9 de outubro de 1921, a mesma Sagrada Congregação, numa carta ao episcopado da Alemanha, convidava a que "o estudo da teologia moral seja completado e aperfeiçoado com o estudo da teologia ascético-mística a fim de que os pastores sagrados saibam dirigir a si mesmos e as almas a eles confiadas e guiá-las à virtude e à santidade" (in *Enchiridion Clericorum*, Typis Polyglottis Vaticanis 1975, n. 1.569 [1.131]).

Pio XI. Ao preparar as normas segundo as quais se regulariam os estudos em todos os centros acadêmicos superiores eclesiásticos do mundo, Pio XI promulgou com data de 24 de maio de 1931 a constituição apostólica *Deus scientiarum Dominus* (in *AAS* XXIII [1º de julho de 1931] 241-262). Das *Ordinationes* da Sagrada Congregação dos Seminários que seguem a constituição, a ascética é enumerada entre as disciplinas auxiliares, a mística entre as especiais (cf. *Ibid.*, 263-284).

Para perceber a importância que a essas duas disciplinas era atribuída na formação teológica e que significado se atribuía à distinção entre elas, é necessário compreender bem o que se entendia então por disciplinas auxiliares e por disciplinas especiais. A constituição tinha classificado os cursos teológicos em *principais* (essenciais aos fins da faculdade), *auxiliares* (necessários para integrar os anteriores) e *especiais* (para completar os cursos principais e auxiliares e, de qualquer modo, para os aperfeiçoar) (cf. *Ibid.*, 33). Confrontando o elenco das disciplinas auxiliares com o das especiais é surpreendente que, enquanto para os cursos principais e auxiliares as *Ordinationes* dão logo o elenco, para os cursos especiais remetem ao *apêndice*. Além disso, enquanto a lista das matérias auxiliares é modesta, a das matérias especiais opcionais nas faculdades de teologia é muito longa (30 cursos). É oportuno referir aqui a explicação que apresenta a lista dos cursos especiais, porque dela resulta o caráter exemplar do elenco: "Quae hic exempli causa subiciuntur, neque numero neque nominibus definita sunt, cum et augeri et dividi et diverso modo appellari possint" (*Ibid.*, 281).

J. de Guibert, ao comentar a inserção da ascética entre as disciplinas auxiliares, observava que pela primeira vez a teologia ascética, como disciplina distinta da moral e da pastoral, era inserida como matéria obrigatória num programa de estudos previsto pela Igreja universal (cf. *Actes du Saint Siège...*, 1931).

Os documentos pontifícios, como vemos, indicam a ligação entre a teologia ascética e a moral. Enquanto a Santa Sé demonstrava grande interesse pelo que o ensinamento da teologia ascética e mística podia oferecer à formação dos sacerdotes, surpreende a falta de uma contribuição mais incisiva a favor da autonomia dessas disciplinas. Um documento seguinte da Santa Sé, em parte semelhante à já lembrada carta de Bento XV ao padre O. Marchetti, ressaltava o interesse pela fundação de um Instituto de espiritualidade. Nessa instituição, com a ajuda de diversas outras disciplinas, o campo da teologia ascética e mística tornava-se um setor de especialização autônomo. O documento é a carta que a Sagrada Congregação dos Religiosos endereçou ao padre geral dos carmelitas descalços com data de 5 de maio de 1959, para exprimir a sua satisfação pela abertura do Instituto de espiritualidade no Colégio Internacional deles, em Roma. A Sagrada Congregação vê a oportunidade de "abrir os cursos desse Instituto também para alunos não pertencentes à Ordem, para estender sua benéfica influência" (in *Leges Ecclesiae post Codicem iuris canonici editae*. Collegit, digessit notisque ornavit Xaverius Ochoa, Roma, Comentarium pro Religiosis, 1972, *Volumen III Leges annis 1959-1968 editae*, 3.934-3.935). A seguir, serão instituídos outros centros de espiritualidade, especialmente em Roma.

Concílio Vaticano II. Quanto à terminologia, o Concílio usa as palavras "ascética", "mística", "espiritualidade", "espiritual"; as primeiras duas não em referência à teologia; usa o termo "espiritualidade", esclarecendo o termo a que se refere por quatro vezes: espiritualidade cristã (*PC* 6), espiritualidade missionária (*AG* 29), espiritualidade monástica (*UR* 15), espiritualidade do matrimônio (*UR* 6).

O Concílio reconhece o termo "teologia espiritual", mas o usa uma única vez (*SC* 16). Esse texto, cronologicamente, foi o primeiro a ser promulgado; tudo deixava supor que o Concílio teria depois oferecido elementos mais precisos a favor da autonomia da teologia espiritual como disciplina distinta da teologia dogmática e moral, tanto mais que na *Sacrosanctum Concilium*, n. 16 a teologia espiritual é nomeada junto com a "teologia dogmática", com a "Sagrada Escritura" e com a "teologia pastoral", que têm caráter autônomo como disciplinas teológicas; seguir-se-ia análoga consideração para a teologia espiritual.

Examinando os outros documentos do mesmo Concílio, porém, não encontramos nenhuma comprovação nesse sentido. Na *Optatam totius* fala-se do ensinamento das disciplinas teológicas: "Ponha-se especial cuidado em aperfeiçoar a teologia moral de modo que a sua exposição científica, fundamentada principalmente na Sagrada Escritura, ilustre a elevação da vocação dos fiéis em Cristo e a obrigação deles de produzir fruto na caridade para a vida do mundo" (*OT* 16), sem nem sequer mencionar a teologia espiritual. Parece, todavia, que a teologia espiritual continua a ser vista como complemento e aperfeiçoamento da teologia moral como antes a teologia ascética e mística.

Período pós-conciliar. Nas *Normae quaedam* promulgadas pela Sagrada Congregação para a Educação Católica, em 20 de maio de 1968, com o objetivo de atualizar a constituição *Deus scientiarum Dominus*, na nota 12, ao se referir ao n. 30 do supracitado documento, lemos que a teologia espiritual é "a parte da teologia que descreve como a história da salvação, que está sempre agindo, se realiza e se manifesta na vida ascético-mística dos fiéis que tendem à perfeição cristã" (in *Enchiridion Vaticanum*, III. *Documenti Ufficiali della Santa Sede*, 1968-1970. Texto oficial e tradução italiana, EDB, Bolonha, 1977, 134-135). Esse esclarecimento é importante pelo fato de que no texto do documento se fala do respeito pelas "exigências intrínsecas do objeto de estudo de cada disciplina, de apresentar o mistério de Cristo e a história da salvação de modo que, evitada toda confusão de disciplinas ou de métodos, apareça mais evidente a unidade de todo o ensinamento teológico". Com efeito, na supracitada nota 12 definem-se todas as disciplinas teológicas em relação ao "mistério de Cristo" e à "história da salvação".

Ratio fundamentalis. Nem a redação de 1970 nem a de 1985 falam da teologia espiritual. Como de costume, o texto dedica muito espaço à teologia moral que, ancorada na Sagrada Escritura, deverá ilustrar a vocação cristã dos fiéis; daí se segue o caráter subsidiário reservado à teologia espiritual.

Em 22 de fevereiro de 1976, a Sagrada Congregação para a Educação Católica divulgava um documento sobre *A formação teológica dos futuros sacerdotes*. No n. 4 se detém com particular atenção sobre a teologia moral, e no n. 7 diz: "concorrem para uma completa formação teológica dos futuros sacerdotes também outras disciplinas principais de grande importância como, por exemplo, a liturgia, o direito canônico, a história eclesiástica e as auxiliares: a teologia espiritual, o ensinamento social da Igreja, a teologia ecumênica, a missiologia, a arte sacra, o canto sacro etc. Elas ou apoiam as disciplinas principais ou fazem parte [...] do âmbito da teologia pastoral".

Sapientia christiana. O texto não contém nenhuma referência explícita à teologia espiritual. Nas *Normas aplicativas* da constituição, porém, referindo-se às disciplinas obrigatórias do primeiro ciclo de teologia, encontramos relacionadas "a teologia moral e espiritual" (n. 51, 1°b) e no *Apêndice II*, que diz respeito ao segundo ciclo, é dito que os "estudos de espiritualidade são uma das seções de especialização na faculdade de teologia" (n. 26).

Como conclusão dessa resenha dos documentos do magistério pontifício, põe-se a pergunta sobre a relação que há entre teologia moral e teologia espiritual. A teologia espiritual está subordinada à moral ou é o seu natural desenvolvimento?

4. DEFINIÇÃO. Nos diversos textos encontramos definições que se referem às vezes à "espiritualidade" e, em outros casos, à teologia espiritual.

As definições de "espiritualidade", muito numerosas, identificam-na como: "reações da consciência religiosa" (Fr. Vandenbroucke), "vida segundo o Espírito" (K. Rahner), "consciente e de certo modo metódico desenvolvimento da fé, da esperança e da caridade" (K. Rahner).

Além da já citada definição da teologia espiritual que se encontra nas *Normae quaedam*, referimos três dos manuais de teologia espiritual atualmente em uso em alguns centros de espiritualidade.

Teologia espiritual é a parte da teologia que, partindo dos princípios da divina revelação e da experiência religiosa de alguns indivíduos, define a natureza da vida sobrenatural, formula diretrizes para seu crescimento e para seu desenvolvimento e explica o processo pelo qual as almas progridem desde o início da vida espiritual até a sua plena perfeição (J. AUMANN, *Spiritual theology....*, 1980, 22).

A teologia espiritual é a disciplina teológica que, fundada em princípios da revelação, estuda a experiência espiritual cristã, descreve seu desenvolvimento progressivo e faz conhecer suas estruturas e leis (Ch. A. BERNARD, *Teologia spirituale*, 1982, 68).

Teologia espiritual é a parte da teologia que estuda sistematicamente, com base na revelação e na experiência qualificada, a realização do mistério de Cristo na vida do cristão e da Igreja, que se desenvolve mediante a ação do Espírito Santo e a colaboração humana até chegar à santidade (F. Ruiz Salvador, *Caminos del Espíritu…*, 1978, 33).

De uma primeira leitura das definições muito concisas de "espiritualidade" e das descrições muito articuladas de teologia espiritual, pode-se deduzir que os termos "espiritualidade" e "teologia espiritual" podem ser considerados sinônimos somente em sentido aproximativo. De outra parte, a teologia espiritual indica o estudo da vida espiritual e a espiritualidade não é senão a reflexão sobre a vida espiritual; assim é muito convincente também o escândalo dos dois termos.

As três definições da teologia espiritual põem em evidência que o campo próprio da teologia espiritual é a vida espiritual.

Qual é a missão da teologia espiritual? As definições delineiam as seguintes tarefas da teologia espiritual: "definir a natureza da vida sobrenatural, formular as diretrizes para seu crescimento e desenvolvimento, explicar todo o processo do progresso na vida espiritual" (Aumann); "estudar a experiência espiritual cristã, descrever seu desenvolvimento progressivo e fazer conhecer suas estruturas e leis" (Bernard); "estudar sistematicamente a realização do mistério de Cristo na vida do cristão e da Igreja" (Ruiz). A teologia espiritual está concentrada, portanto, em questões teóricas da vida espiritual. Ela poderá cumprir essa missão à medida que for capaz de utilizar de modo correto as fontes e o método e se exprimir com uma linguagem própria.

5. TEOLOGIA E ESPIRITUALIDADE. Depois de ter visto como nasceu a teologia espiritual e as dificuldades sobre sua autonomia, é indispensável examinar agora a ligação que há entre "teologia" e "espiritualidade". Em primeiro lugar, é preciso remover um preconceito muito enraizado na mentalidade de muitas pessoas. Não percebendo o sentido da teologia espiritual, muitas vezes se nega sua natureza teológica, imaginando até um contraste entre teologia e espiritualidade. Seria preciso, porém, tirar as justas conclusões do fato de que a espiritualidade nasceu no momento em que a teologia, preocupada por assegurar o seu caráter científico, tornou-se árida, afastando-se da vida e perdendo a necessária referência a ela.

Ocupando-se desse problema, H. U. von Balthasar recorreu à leitura do significado teológico e espiritual que teve a presença dos santos canonizados ao longo da história do cristianismo. Segundo ele, a união da teologia com a espiritualidade e, sucessivamente, o desdobramento em dogmática e espiritualidade provocou repercussões sobre o modo de considerar os santos. Deve-se reconhecer que a opinião por ele exposta pode ficar de pé mesmo que não se considere a possibilidade de catalogar todos os santos segundo a classificação por ele sugerida (= ver se correspondem ou não à função teológica), tanto mais que ele mesmo não vai além de uma simples exemplificação. Von Balthasar ressalta que, na época dos → PADRES DA IGREJA e na Idade Média, antes da cisão entre teologia e espiritualidade não se percebe tensão entre uma e outra no nível concreto da vida cristã dos pastores. Muitos deles foram declarados santos e Doutores da Igreja: viviam o que ensinavam e vice-versa. Temos o exemplo, entre outros, em → AGOSTINHO, → ANSELMO D'AOSTA, → TOMÁS DE AQUINO: homens espirituais e teólogos. Ocorrida a separação entre espiritualidade e teologia, nos santos que foram proclamados Doutores da Igreja não foi mais a competência teológico-dogmática deles a chamar a atenção. Um → JOÃO DA CRUZ é declarado Doutor como místico, um → AFONSO MARIA DE LIGÓRIO, como moralista e um → FRANCISCO DE SALES, como mestre espiritual que indicou a todos os caminhos e os meios para conseguir o amor de Deus. É, pois, significativo o fato de que tantos santos, somente porque foram relegados à espiritualidade, não são absolutamente citados pelos manuais de dogmática. É o caso de J. M. Vianney, de Santa Teresa de Lisieux e de muitos outros (cf. H. U. von Balthasar, *Teologia e santità…*, 1968). O mesmo Balthasar dá o critério para ler as vidas dos santos: é importante perceber a missão que lhes foi confiada por Deus. Desse modo, mostra-se o significado que a missão deles teve na vida da Igreja e, mais ainda, a fidelidade com a qual eles viveram o chamado (= *fenomenologia sobrenatural*). Dessa leitura emerge a exemplificação de uma experiência cristã que se apropriou das verdades da fé (cf. *Sorelle nello Spirito…*, 1974).

De tudo isso resulta que a teologia presta um serviço à vida espiritual dos cristãos, e a espiritualidade, apoiando-se no fundamento teológico, é seu fruto. Seria deletério se fossem tiradas da espiritualidade a fundamentação teológica e da teologia a capacidade de ter incidência espiritual na vida. A espiritualidade tem necessidade da teologia para ser doutrinalmente vigorosa, não no sentido de que a teologia deva cuidar do aspecto doutrinal da "espiritualidade", e a espiritualidade assegurar a carga espiritual. Ao contrário, os dois vocábulos postos juntos exprimem a substancial conaturalidade que há entre teologia e espiritualidade.

Não é o caso de voltar a propor aqui a questão da "teologia douta–teologia santa", porque as qualidades de "douta" e de "santa" devem caracterizar todo setor da teologia. Isso não significa que outros ramos da teologia não sejam espirituais, nem que, admitida a teologia espiritual, já se possa considerar superado o obstáculo que acabou se criando entre teologia e espiritualidade.

Falando de teologia espiritual, afirma-se que ela é a teologia da espiritualidade, ou seja, a teologia que tem como objeto próprio a vida espiritual. Como teologia, e à semelhança da dogmática e da moral, a teologia espiritual se interessa pela existência cristã. Segundo a linguagem clássica, pode-se dizer que o objeto material é o mesmo para a teologia dogmática, para a teologia moral e para a teologia espiritual (= vida cristã); muda, porém, a perspectiva sob a qual cada uma dessas disciplinas teológicas considera a existência cristã: o objeto formal *quod* e o objeto formal *quo* são diferentes. O específico da leitura que a teologia espiritual faz da existência cristã é "espiritual" (= o objeto formal *quod*); consequentemente, será diferente também o método segundo o qual a teologia espiritual opera (= o objeto formal *quo*).

Diferentemente da teologia *tout-court*, que deve ser também espiritual, o específico da teologia espiritual consiste no fato de que ela está em função do viver espiritual do cristão. Integrando o conhecimento da teologia com a experiência dos espirituais (= a compreensão crítica da fé com a compreensão contemplativa da mesma fé), a teologia espiritual é orientada a promover a vida espiritual do cristão. Se a teologia como tal é especulativa, a teologia espiritual é uma ciência experiencial que se ocupa da apropriação pessoal da verdade por parte dos batizados, ou seja, une o conhecimento especulativo com o conhecimento experimental. A ela cabe estudar o significado e a natureza da vida espiritual (cf. *definições*).

Sendo o *status* epistemológico da teologia espiritual voltado para a santidade, já que ela visa formar os santos, não pode deixar de fazer referência aos espirituais: mestres de espírito, místicos, santos. Por isso, a teologia espiritual valoriza a experiência vivida (passado) e contribui para a experiência a ser vivida (presente/futuro). Em relação à teologia dos teólogos, a experiência dos espirituais não é estranha, porque a teologia espiritual é tributária da teologia.

A teologia espiritual é a teologia da → EXPERIÊNCIA CRISTÃ, que consiste na aprovação subjetiva das objetivas verdades da fé. Ou seja, a experiência da vida cristã está interessada de modo explícito na fé cristã. Trata-se, ao mesmo tempo, do conjunto da doutrina cristã (*fides quae*) e da assimilação subjetivo-experiencial dessa fé (*fides qua*). Houve um tempo em que a fé era considerada sobretudo objetivamente, como um conjunto de verdades a serem cridas. Atualmente, e em particular na teologia espiritual, a fé é considerada mais do ponto de vista subjetivo, como relação interpessoal. Por isso, crer significa: pôr-se diante do Deus de Jesus Cristo, ter confiança nele, responder-lhe "sim", abandonar-se a ele sem contar consigo mesmo. Assim, a fé se torna não somente um ato pessoal, mas sim personalizante. O esforço individual de todo cristão é orientado para esse objetivo, para chegar à fé mediante os deveres do próprio estado, a oração, os sacramentos, a escuta da palavra de Deus. A fé não pode ser separada da → PALAVRA DE DEUS que está na origem da própria fé e a mantém viva (cf. Rm 10,17). A essa fé se referirá a compreensão crítica e, antes ainda, a contemplativa. Sem a palavra, não encontraremos o Deus de Jesus Cristo nem descobriremos o Espírito Santo que opera pela vontade de Jesus. A palavra de Deus afirma que Jesus Cristo, Filho de Deus, se fez homem para nos libertar do pecado. Quem, em espírito de fé, se põe à escuta desse anúncio é chamado pessoalmente a viver essa realidade.

O discurso da teologia espiritual sobre o viver espiritual do cristão, que é ao mesmo tempo o compromisso de todo batizado, articula-se no que cabe à constante ascética e mística da vida cristã, quer dizer, o mistério pascal: morte e ressurreição. Como para Cristo o mistério pascal não foi apenas a coroação da sua vida terrena, mas o compromisso com quem ele viveu toda a sua vida humana, assim o → BATISMO inaugura para o cristão esse caminho pascal.

No centro da teologia espiritual, como vemos, encontra-se o ser espiritual do homem, ou melhor, o homem que faz render a sua possibilidade de se tornar espiritual. O ponto de partida é a fé, a qual garante que o homem é chamado a partilhar da vida divina. Deus deseja dar a si mesmo do modo mais perfeito, na vida eterna (cf. *LG* 49), mas já durante a vida presente ele se dá a si mesmo aos homens, como indivíduos e como membros do seu povo, de diferentes modos; na revelação, na → ALIANÇA, em Jesus Cristo, no Espírito Santo, na sua Palavra, nos sacramentos, na Igreja. O próprio Deus habita no homem, unido a ele intimamente por meio do dom do Espírito Santo (*graça incriada*).

O Espírito Santo habita nos corações dos fiéis para torná-los santos. É um processo que tem início no batismo, quando o homem responde à proposta de Deus. Com efeito, provém da fé mesma a certeza de que o batizado pode se entregar à guia do Espírito Santo. É este último que põe no coração do homem a orientação que faz progredir o mesmo homem no caminho para Cristo. Fundamenta essa afirmação a passagem em Rm 7,18-24, em que Paulo apresenta a desorientação da qual o homem não sabe como sair. O homem tem a experiência de estar privado de liberdade. Nessa situação, por meio da graça, lhe é oferecida uma ajuda libertadora, que o torna capaz de realizar o bem. Nesse sentido se diz que o que caracteriza o homem é a liberdade vivida no projeto que Deus tem a seu respeito. Justificando o homem por meio do batismo, Deus lhe faz o dom de uma vida nova: dá-lhe a graça. Consequentemente, sendo um dom de vida, a natureza da graça exige que se cresça nela. No passado, os teólogos costumavam distinguir graça incriada e criada, e a última em santificante (= "habitual") e atual (externa e interna). Sem negar certa utilidade a essas distinções para explicar alguns aspectos da vida espiritual, não se pode esconder o fato de que essa linguagem leva a imaginar a graça como se fosse um objeto, "algo" (impessoal), ao passo que é importante não esquecer que, em todo caso, se trata de uma única graça, que é o Espírito Santo. A graça, que sustenta o homem em seu crescimento, é *Alguém*, uma realidade pessoal e ativa!

São Paulo insiste no poder de crescimento e de progresso. Recorrendo a diversas imagens, fala dos "recém-nascidos", que, não sendo capazes de engolir alimentos sólidos, podem se nutrir somente de leite (1Cor 3,1-2), dos "homens carnais", que se deixam levar pelo "ciúme e contenda" (1Cor 3,1-3), e de nós, como "crianças, jogados de um sentimento a outro, arrastados à deriva por todo vento de doutrina" (Ef 4,14), e apresenta a todos uma meta a ser alcançada: o homem espiritual, o homem perfeito etc. Paulo quer que o batizado instaure toda a sua vida segundo o Espírito Santo, norma suprema da sua nova existência (cf. 1Cor 2,13-15).

O núcleo do problema está contido na pergunta: há uma antropologia sobre a qual se possa construir o projeto cristão do homem espiritual? Se se responde afirmativamente, é preciso identificar as etapas principais de um itinerário.

Baseando-se na revelação, com tudo o que ela significa para o homem, e na experiência cristã qualificada, a teologia espiritual valoriza a dotação antropológica que habilita o homem a crescer como homem espiritual. É a transcendentalidade que o torna capaz de se pôr diante de Deus, porque o homem da revelação é dotado da graça da autocomunicação de Deus. Como batizado ele recebeu a graça que o orienta a Deus de modo permanente: recebe a vida de Deus, tornando-se filho no Filho. Mesmo fazendo parte da substância de Deus e sendo oferecida ao homem como comunicação divina, a graça é uma realidade inerente ao homem; ela não fica exterior ao homem, mas se torna eficaz no seu ser e no seu agir.

A resposta pessoal de todo cristão ao projeto de Deus apoia-se em três dimensões, fundamentais para a vida cristã; fé, esperança e caridade. Ao dom da fé deve corresponder o empenho do crer, ao dom da esperança, o empenho da confiança, e ao dom da caridade, o empenho do amor. Essas virtudes, como dom e como empenho, são o conteúdo do caminho espiritual do cristão. A graça desenvolve no homem batizado um papel de princípio vital mediante as virtudes teologais e morais e os dons do Espírito Santo. Desse modo, o homem espiritual está nas condições ótimas para fazer a experiência de Deus.

O movimento místico tinha obrigado os estudiosos a refletir sobre a fundação teológica da vida espiritual e os tinha feito se pronunciar sobre a existência humana à luz da mística. Contrariamente ao que pensavam muitos, a mística não está reservada somente a alguns. A autocomunicação de Deus, que se doa ao homem por amor na fé, corresponde à vocação à mística e, por sua vez, a recepção do dom divino e o acolhimento por parte do homem marcam o caminho para

Deus. O fulcro da teologia espiritual é a aliança, que garante a possibilidade da relação de conhecimento, de amor e de fidelidade: o empenho de Deus pelo homem e do homem por Deus (cf. A. Rizzi, *Dio en cerca dell'uomo...*, 1987). Todo batizado é marcado pelo chamado à vida mística. Infelizmente, certas expressões de iniciados, usadas na linguagem dos místicos, e o fato de considerar que a mística exija fenômenos e experiências não comuns fizeram acreditar por muito tempo que a mística fosse um privilégio reservado a poucos eleitos.

Como mostra a sua definição, a teologia espiritual está a serviço do progresso espiritual que Deus deseja para o homem. De mística podemos falar em sentido ontológico (= objetivo) e em sentido psicológico (= subjetivo). O batizado, graças à sua incorporação em Cristo, entra pessoalmente no âmbito da mística ontológica (= objetiva). Nesse sentido, podemos afirmar que todos os cristãos são místicos. A mística psicológica não é mais que a consciência experimental da própria incorporação em Cristo e de tudo o que tal fato comporta.

A presença com a qual Deus assiste o homem é pessoal, de amigo. Aqueles que amam a Deus e nele creem são por Deus levados a um incessante crescimento, saboreando cada vez mais sua presença, como demonstram os testemunhos dos santos e dos místicos. Sobretudo, os escritos dos místicos cristãos fornecem muitas informações sobre a diversidade dos modos como Deus se une aos seus amigos, não excluídas as provas, as cruzes, as noites escuras. Essa presença, às vezes dolorosa, é a expressão de uma vida inteira doada a Deus com extraordinária generosidade.

6. CONCLUSÃO. Surgida ao mesmo tempo que particulares circunstâncias históricas, a teologia espiritual se desenvolve em coerência com o passado e com as exigências, sempre novas, do momento presente.

Essa contribuição não foi pensada como um quadro exaustivo da teologia espiritual. Antes, constitui uma introdução a tudo o que está contido nos livros indicados na bibliografia que segue. O discurso sobre a teologia espiritual é muito amplo, rico de aspectos interessantes, não isento de dificuldades e, às vezes, de incertezas. Procuramos unir o momento do surgimento e do desenvolvimento da teologia espiritual com a função que ela desenvolve no âmbito teológico. Ainda que nem tudo tenha sido explicitado no texto, esperamos, todavia, que possamos ter uma ideia do que é a teologia espiritual. Três são os prejuízos dos quais a teologia espiritual tem de se defender: a não teologicidade, um sistema de normas ascéticas, a anistoricidade. A teologia espiritual, porém, pode afirmar que dá uma contribuição efetiva no âmbito da formação espiritual dos cristãos. Ela nasceu para se interessar, sob a guia do Espírito Santo, pelo iter teórico e prático do crescimento espiritual de cada cristão e de todo o povo de Deus até a medida de Cristo.

Ao longo destas páginas está presente uma constante na relação que o Deus vivo estabelece com os homens na história do mundo. Dessa relação, vivida pelo homem como experiência de crescimento espiritual e de amizade, é que se ocupa a teologia espiritual.

BIBLIOGRAFIA. 1) Para uma informação geral, especialmente sobre o estado atual da teologia espiritual, vejam-se as seguintes publicações: Ancilli, E. – Paparozzi, M. (org.). *La mistica. Fenomenologia e riflessione teologica.* Roma, 1984, 2 vls.; Calati, B. – Secondin, B. – Zecca, T. P. *Spiritualità. Fisionomia e compiti.* Roma, 1981; De theologia spirituali docenda. *Seminarium* 1 (1974), numero monografico; García, C. *Corrientes nuevas de teología espiritual.* Madrid, 1971; Goffi, T. *Etico-spirituale. Dissonanze nell'unitaria armonia.* Bologna, 1984; Goffi, T. – Secondin, B. (ed.). *Problemi e prospettive di spiritualità.* Brescia, 1983; Moioli, G. Teologia spirituale. In *Dizionario Teologico Interdisciplinare.* Marietti, Torino, ²1977, 36-66, vl. I; *Vita cristiana ed esperienza mistica.* Roma, 1982.

2) Para um aprofundamento de cada aspecto, em especial os assinalados no texto, citamos: Arintero, J. *Evolución mística.* Madrid, 1908; Aumann, J. *Spiritual theology.* Our Sunday Visitor Inc., Huntington (Indiana) and Sheed & Ward, London, 1980; Balthasar, H. U. von. *Sorelle nello Spirito. Teresa di Lisieux ed Elisabetta di Digione.* Milano, 1974; Id. Teologia e santità. In *Verbum Caro. Saggi teologici.* Brescia, 1968, 200-229, vl. I; Bernard, Ch. A. *Teologia spirituale.* Paoline, Roma, 1982; Chenu, M. D. *La teologia nel Medioevo. La teologia nel sec. XII.* Milano, 1972; Id. *La teologia nel XIII secolo.* Milano, ²1982; García, C. *Corrientes nuevas de teología espiritual.* Madrid, 1971; Gardeil, A. *La structure de l'âme et l'expérience mystique.* Paris, 1927; Garrigou-Lagrange, R. *Perfection chrétienne et contemplation selon saint Thomas d'Aquin et saint Jean de la Croix.* Paris, 1923; Gerson, Ioannis Carlerii de. *De mystica theologia.* Ed. De A. Combes. Lucani, 1958; Guibert, J. de. Actes du S. Siège. *Revue d'Ascetique et de Mystique* (1931) 240-241; Id. La plus ancienne "théologie ascétique". *Revue*

d'Ascetique et de Mystique (1937) 404-408; ID. *Theologia spiritualis, ascetica et mystica*. Fasc. I. Introductio in studium theologiae asceticae et mysticae. Romae, 1926; LUBAC, H. de. *Esegesi medievale. I quattro sensi della Scrittura*. Roma, 1962; MARITAIN, J. – GARRIGOU-LAGRANGE, R. Une question sur la vie mystique et la contemplation. *La Vie Spirituelle* 42 (1923) 636-658; MEYNARD, A. M. *Traité de la vie intérieure. Petite somme de théologie ascétique et mystique d'après l'esprit et les principes de saint Thomas d'Aquin*, I. *Théologie ascétique*; II. *Théologie mystique*. Clermont-Ferrand-Paris, 1885; MÜHLEN, K. H. *Nos extra nos. Luthers Theologie zwischen Mystik und Scholastik*. Tübingen, 1972; OZMENT, St. E. *Homo spiritualis. A comparative study of the anthropology of Johannes Tauler, Jean Gerson and Martin Luther (1509-1516) in the context to their theological thought*. Leiden, 1969; POULAIN, A. *Des grâces d'oraison. Traité de théologie mystique*. Paris, 1901; QUERALT, A. La "espiritualidad" como disciplina teológica. *Gregorianum* (1979) 321-376; RIBET, J. *La mystique divine distinguée des contrefaçons diaboliques et des analogies humaines*. Paris, 1879-1883, 3 vls.; RIZZI, A. *Dio in ricerca dell'uomo. Rifare la spiritualità*. Paoline, Roma, 1987; RUIZ SALVADOR, F. *Caminos del Espíritu. Compendio de teología espiritual*. Madrid, ²1978; SAUDREAU, A. *L'état mystique: sa nature, ses phases et les faits extraordinaires de la vie spirituelle*. Angers, 1903; ID. *Les degrés de la vie spirituelle. Méthode pour les âmes suivant leurs progrès dans la vertu*. Angers, 1899; ID. *Les faits extraordinaires de la vie spirituelle*. Paris, 1908; SCARAMELLI, G. B. *Il direttorio ascetico, nel quale si insegna il modo di condurre le anime per le vie ordinarie della grazia alla perfezione cristiana*. Venezia, 1754; *Il direttorio mistico, indirizzato ai direttori di quelle anime che Iddio conduce per la via della contemplazione*. Venezia, 1754; SLOMKA, W. Spor wokol wydania i tresci "Summarium asceticae et mysticae theologiae" Chryzostoma D. OFM (A controvérsia sobre a edição e o conteúdo do "Summarium asceticae et mysticae theologiae", de Chryzostom D. OFM). *Archiwa Biblioteki i Muzea Koscielne* 21 (1970) 247-254; SOLTZ, A. *Teologia della mistica*. Brescia, 1940; TISSOT, J. *La vie intérieure simplifiée et ramenée à son fondement*. Paris-Lyon, 1894.

J. STRUŚ

TERESA DE JESUS (Santa). Na história da espiritualidade, a figura de Teresa de Ávila mostra-se interessante e complexa. Além dos seus livros e da influência por eles exercida no campo do pensamento depois da sua morte, são muito interessantes a sua figura humana, a sua consciência de mulher e o estilo da sua feminilidade, a sua presença no mundo inclusive na esfera profana, a sua constante atualidade durante os quatro séculos que a separam de nós; atualidade confirmada por um acontecimento recente: a proclamação de Teresa de Jesus como Doutora da Igreja (27 de setembro de 1970), a primeira mulher a ser distinguida com esse título.

1. NOTA BIOGRÁFICA. A principal fonte biográfica é constituída por seus escritos: A *Vida*, as *Fundações* e as *Cartas* para os acontecimentos exteriores; os *Relatos*, o *Castelo*, e ainda a *Vida* e várias *Cartas* para sua história interior. Isso torna importante doutrinalmente a biografia teresiana, justamente porque anotada e interpretada pela própria santa em chave espiritual e porque por ela tomada como ponto de partida do seu magistério.

Teresa nasce em Ávila, no dia 28 de março de 1515, numa família profundamente cristã, num ambiente cavalheiresco, heroico e aventureiro. Ávila é uma cidade rica de tradições medievais, mas aberta à Europa e ao Novo Mundo. A família é formada pelos pais e por nove filhos, seis homens e quatro mulheres; Teresa é a sexta na série e é "a mais amada por seu pai" (*Vida*, 1,3). Com a morte da mãe, a santa, que tem apenas doze anos, procura refúgio em Nossa Senhora (*Vida*, 1,7) e pouco depois é levada pelo pai, dom Alonso Sánchez de Cepeda, a um colégio da cidade, mantido pelas agostinianas, onde se educam mocinhas de condição nobre. Retoma aí a vida de piedade e sente nascer os primeiros impulsos de vocação religiosa (*Ibid.*, 3,2). A leitura das *Cartas* de São → JERÔNIMO ajuda-a a se decidir (*Ibid.*, 3,7) e, apesar da tenaz oposição do pai, foge de casa e é aceita no mosteiro carmelita da Encarnação, de Ávila.

Ao entrar no mosteiro, Teresa sai do ambiente de casa, onde se desenvolvera sua existência até então. Aí dá início com entusiasmo à vida espiritual (*Ibid.*, 4,2; 5,1); falta-lhe, porém, orientação e, portanto, verdadeira consistência (*Ibid.*, 4,7). Talvez exagere na ascese, indo além das próprias possibilidades físicas, pois logo adoece gravemente e é obrigada a abandonar a clausura para se submeter aos drásticos tratamentos de uma camponesa de Beceda, que a levam à beira do túmulo (*Ibid.*, 4,6). Um forte e violento colapso a mantém quatro dias em estado de coma, sem mais sinais de vida (*Ibid.*, 6,1); finalmente sai do coma, mas com todos os membros deformados e ao sabor de sofrimentos agudíssimos, que em parte durarão por toda a vida.

Todavia, os acontecimentos da doença lhe dão experiências novas. Encontra e faz amizade com um sacerdote que "levava vida de pecado", e consegue convertê-lo (*Ibid.*, 5,3-6). Ao ler os *Moralia* de São Gregório entra pela primeira vez em contato com o pensamento bíblico e com a figura de Jó (*Ibid.*, 5, 8). O *Terceiro Abecedário* do franciscano Francisco de → OSUNA oferece-lhe um verdadeiro programa de vida espiritual e uma técnica de oração (*Ibid.*, 4,7); esse livro se torna para Teresa um guia a que se atém fielmente. Além disso, a santa descobre, de forma pessoal, a figura de São José e o toma como modelo e mestre de oração (*Ibid.*, 6,6-7); depois, dá os primeiros passos na prática da oração mental e é favorecida com as primeiras graças místicas (*Ibid.*, 4,7). Tudo isso em plena juventude; aos 22 anos fez a profissão religiosa; aos 25 é ainda atacada por fortes dores e por paralisias.

A partir desse momento atravessa um longo período de crises que tem início com a progressiva retomada da saúde e que será resolvida somente com o fato decisivo da conversão, acontecida aos 39 anos. Materialmente, a crise se apresenta como abaixamento de tensão espiritual; mas na realidade se trata de uma crise profunda de maturidade humana e espiritual: a santa procura e não encontra o verdadeiro sentido da sua vida; não consegue realizar a doação total de si mesma a Deus; apesar de seus ensaios de oração e as esporádicas experiências místicas, não consegue estabelecer com Deus uma relação sob medida, "a sua" relação com ele: não conseguiu entender que significado tinha Cristo na sua vida nem sequer a presença dele nela. Portanto, deixa-se ofuscar por motivos enganosos e a certo momento o deixa de lado (*Ibid.*, 7, 11); essa posição terá breve duração, mas será fatal; Teresa o considerará como o mais grave engano da sua vida. Ela vive depois uma situação rica em tensão: depois do "sim" total a Deus não consegue dizer um "não" definitivo a tudo o que não seja Deus; quer dar-se totalmente a Ele, mas não consegue consagrar-Lhe completamente seu tempo, os seus afetos (*Ibid.*, 7, 1; 8, 2). Vive com intensidade essa batalha por cerca de dez anos: da morte do pai (1543) até sua conversão definitiva (1554), que se dá depois de dois fatos providenciais: uma espécie de encontro com Cristo, suscitado por um quadro que representava a paixão (*Ibid.*, 9, 1-3) e a leitura das *Confissões* de Santo → AGOSTINHO (*Ibid.*, 9, 7-9).

Os dois episódios marcam a última volta no caminho espiritual de Teresa. Algo se transforma no seu interior: começa "um livro novo", ou seja, uma "vida nova" (*Ibid.*, 23,1). Sente-se invadir por uma onda de graças místicas (*Ibid.*, 23, 1-2). É vencida por uma arrasadora série de experiências sobre a humanidade de Cristo, que ela mesma referirá nos capítulos centrais da *Vida*. As novas experiências a farão atravessar um inflamado labirinto de fenômenos místicos (→ FENÔMENOS EXTRAORDINÁRIOS e COMUNICAÇÕES MÍSTICAS) que somente depois de um quinquênio ficarão claros a seu olhar. Tudo isso será determinante para o seu magistério. Nesse momento têm início os seus escritos: primeiro os *Relatos*, depois, inesperadamente, a mais bem sucedida obra sua, o livro da *Vida*, composto pela primeira vez em 1562. Durante o mesmo ano e sob a mesma inspiração interior a outra importante obra da santa com a fundação do primeiro mosteiro, São José de Ávila (*Ibid.*, 32-36).

Começam assim, quase ao mesmo tempo, as duas atividades que preencherão os últimos anos da biografia teresiana. O livro da *Vida* reúne em torno da autora o primeiro punhado de leitores espirituais, fascinados por sua obra e por sua pessoa; eles constituirão um primeiro núcleo simbólico da escola espiritual da santa. São quase todas figuras relevantes: três teólogos dominicanos, Pedro Ibañez, García de Toledo, Domingo Bañez; vários jesuítas, entre os quais o padre Baltasar Alvarez; um franciscano eminente, São → PEDRO DE ALCÂNTARA; diversos sacerdotes da cidade, Gaspar Daza, Gonzalo Dávila…; um leigo, Francisco de Salcedo; uma amiga íntima de Teresa, dona Guiomar de Ulloa, e até o bispo de Ávila, dom Alvaro de Mendoza. A seguir, depois da redação do *Caminho de perfeição*, encontrar-se-á no novo mosteiro de São José outro grupo de discípulas: as onze carmelitas a quem se dirige o livro, as quais constituirão o núcleo estável, como o primeiro anel da cadeia da escola teresiana.

A ereção desse primeiro Carmelo marca o início da atividade reformadora da santa. O projeto de fundar o mosteiro de São José foi motivado por uma exigência interior e foi o termo de um processo de amadurecimento espiritual ligado somente de maneira muito tênue às correntes então em voga. Além disso, a obra nasce com modestas perspectivas: erige não mais de uma casa, com apenas onze ou doze religiosas. Cinco anos depois, a santa amplia esse programa e decide fundar outros Carmelos. Nessa decisão intervém uma série de fatores importantes: o conhecimento da situação crítica em que se encontra a Igreja na Europa (*Caminho*, 1); a descoberta do panorama religioso e humano da América (*Fundações*, 1, 7); o encontro com o padre geral da Ordem (*Ibid.*, 2) e sucessivamente com frei João da Cruz, o qual aceita iniciar o ramo masculino da reforma com o mesmo estilo de vida introduzido pela santa nos Carmelos femininos (*Ibid.*, 3, 16; 13, 1-5).

Isso acontece em 1567. No mesmo ano começa a série de fundações que Teresa narra no livro das *Fundações*. Basta enumerá-las: Medina del Campo, 1567; Malagón e Valladolid, 1568; Toledo e Pastrana, 1569; Salamanca, 1570; Alba de Tormes, 1571; Segovia, 1574; Beas de Segura e Sevilha, 1575; Villanueva de la Jara e Palencia, 1580; Soria, 1581; Burgos, 1582; e outras duas sem ir lá pessoalmente: Caravaca, 1576, e Granada, 1582. A empresa de fundar tantos mosteiros ampliou muitíssimo o horizonte humano da santa. Ela teve de percorrer as estradas da Espanha, enfrentar dificuldades e peripécias, improvisar soluções diversas. Visitou grandes cidades e pequenos povoados; viu a pobreza deles; conheceu as intrigas, os convencionalismos e os protocolos da alta sociedade. Entrou em relação com pessoas de todas as classes: o rei, o núncio, o padre geral, bispos, provinciais, professores de universidades e pobres sacerdotes de aldeia, grandes e pequenos inquisidores, damas e nobres da Espanha e de Portugal, missionários e cavalheiros que voltavam da América trazendo notícias contraditórias sobre o Novo Mundo; e também com gente de origem humilde: carreteiros, ferradores, arrieiros, operários e carteiros, mercadores e homens de negócios, os quais às vezes ficaram comovidos ao entrarem em contato com o ambiente do Carmelo (*Ibid.*, 14, 6), cambistas e banqueiros; teve ocasião de conhecer ambientes triviais das "ventas" de Castela e de Andalusia, palácios de condes e de duques. Viu-se, além disso, metida nos mais variados negócios: oposições entre o rei e a família do duque de Alba, escaramuças de guerra entre Espanha e Portugal, litígios e testamentos na própria família; experimentou as primeiras novidades provindas da América (noz de coco, as batatas, os novos aromas…); teve de se ocupar com as complicações do protocolo eclesiástico (Roma, Toledo, Segóvia…) e com as diretrizes reformadoras dadas pelo Concílio de Trento e pelos superiores de Roma. Tudo serviu para pôr em evidência a têmpera de Teresa e a riqueza do seu espírito: possuía um estilo peculiar para enfrentar pessoas e situações, uma resistência ao trabalho superior às suas forças físicas, um senso de humor e humanitário em contraste com o ambiente e o estilo de vários colaboradores seus; sobretudo um realismo jamais comprometido pela sua visão mística da vida, das coisas e das pessoas.

Os momentos mais relevantes nesse período da sua vida são: o conhecimento de São → JOÃO DA CRUZ, por ela "descoberto" apenas ordenado sacerdote (1567: São João tem 25 anos, a santa 52) e logo conquistado para sua empreitada; a volta ao velho mosteiro da Encarnação como priora (1571), levando consigo frei João da Cruz como confessor e diretor espiritual (não terá medo de escrever aos superiores e ao rei quando ele lhe será tirado violentamente e levado à prisão de Toledo); a penosa disputa com os superiores provinciais da Espanha, com o padre geral e enfim com o Capítulo geral da Ordem, que porão sua obra de reforma sob risco de ser demolida; a colaboração e a profunda amizade com o padre Jerônimo Gracián, seu provincial e filho predileto; e finalmente a morte de Alba de Tormes: esgotada pelas fadigas da última fundação (Burgos, 1582), obedece à ordem dada a ela por um superior e empreende a última viagem, que não tem um fim espiritual, mas tem como objetivo o de contentar mais uma vez os desejos da duquesa de Alba. Chegou à pequena cidade que leva esse nome com as forças extenuadas. Depois de breve doença, morre na sua pobre cela carmelita (4 de outubro de 1582). As suas últimas palavras são quase um compêndio da sua vida: desejo de ver a Deus, "é hora finalmente, meu esposo, de nos ver"; viva consciência da própria miséria: "*ne proiicias me a facie tua, cor contrituum et humiliatum ne despicias*"; senso de filial pertença à Igreja: "Senhor, sou filha da Igreja; finalmente, morro filha da Igreja".

No mesmo período final e acompanhando os acontecimentos exteriores, desenvolve-se no íntimo da santa um denso processo de eventos interiores, quase um místico itinerário através de determinados setores do mistério cristão. A própria Teresa colheu e fixou com precisão as etapas e os momentos mais importantes desses acontecimentos.

A sua experiência mística começara com uma vaga percepção da presença de Deus no âmbito mesmo da sua vida pessoal (*Vida*, 10, 1; 22, 3; *Relatos*, 5, 22). Seguiu-se um breve período em que os traços dessa presença se tornaram mais nítidos e definitivos, até que o fato da presença de Deus atingiu um grau e uma forma de tal modo claros que equivaliam para Teresa a um evento novo, a uma espécie de descoberta: a "descoberta" da presença real de Deus por toda a parte, nas coisas e sobretudo nas pessoas e em si mesma (*Vida*, 18, 15; *Castelo*, 5, 1, 10). A santa experimenta em si tal presença como uma osmose entre a água e a esponja (*Relatos*, 45), como a penetração do sol no cristal ou do seu raio no espelho (*Vida* 38, 2; 40, 5.9-10), como um ponto de partida para entender o sentido da vida e das coisas, a verdade delas em relação à Verdade, fonte de toda verdade, e com o Amor, fonte de todo amor (*Vida*, 40, 1-3).

Tudo isso devia servir para introduzi-la na experiência do mistério de Cristo, percebido também isso como uma realidade que se torna presença na vida da santa. Uma presença que de repente lhe permite descobrir diretamente o rosto de Cristo e de penetrar no mistério da sua humanidade — o olhar, as mãos, toda a humanidade do Senhor, as profundidades dos seus mistérios (*Ibid.*, 27, 2; 28, 1.2.3....); e que, como na experiência anterior, entra na existência de Teresa e aí se instala de forma estável, quase inevitável, tomando até forma concreta: "Sentia ter constantemente Jesus Cristo a meu lado...; era ele mesmo que estava do meu lado direito, eu o sentia claramente, era testemunha do que eu fazia, jamais eu podia me recolher sem o encontrar a meu lado, e mesmo que eu estivesse muito distraída não podia ignorar que ele estava próximo de mim" (*Ibid.*, 27, 2). Essa situação tem máximas de especial intensidade na relação de Teresa com o mistério da Eucaristia (*Ibid.*, 38, 19.21).

O último período da vida da santa é marcado por uma série de experiências que a transportam às profundezas do mistério trinitário. Ela percebe o seu espírito como o espaço preparado para acolher a Trindade e para entrar em comunhão com a vida das Pessoas divinas. É na profundidade da sétima morada que "as três Pessoas divinas estabelecem uma relação especial com ela" (*Castelo*, 7, 1, 6). Teresa saboreia a realidade dos textos evangélicos que anunciam o mistério da → INABITAÇÃO trinitária (*Castelo* 7, 1, 6; 2, 3.5.7); fica continuamente atordoada ao constatar que "nunca mais cessa essa experiência das divinas Pessoas; antes, vê claramente que se estabeleceram na parte mais profunda da sua alma; lá, num espaço arcano, que não saberia como explicar, continua a sentir em si essa divina companhia" (*Castelo*, 7, 1, 7). A última pulsação dessa espécie de abismamento é um misterioso convite a procurar ou abandonar a si mesma no mistério de Deus; é o conteúdo do mote: "procura-te em Mim", que será objeto do "Vejamen" de que tomará parte São João da Cruz e constituirá o estribilho de um dos poemas místicos da santa.

2. AS OBRAS ESPIRITUAIS. Todos os escritos de Teresa são de caráter "espiritual", embora à primeira vista possa parecer que algumas cartas — referentes a assuntos profanos, materiais, relações e amizades pessoais, negócios conventuais e domésticos — não reflitam todo um mundo espiritual, humano e cristão, referindo-o a Deus.

Com exceção de alguns escritos menores (o *pequeno romance* cavalheiresco escrito por Teresa ainda jovem, a primeira redação da *Vida*, as primitivas Constituições do mosteiro de São José, alguns *Relatos* espirituais e, sobretudo, um número relevante de cartas) toda a sua produção chegou até nós quase inteira nos próprios autógrafos da santa, conservados ainda em ótimo estado. Os autógrafos da *Vida*, das *Fundações*, o *Modo de visitar os conventos* e a primeira redação do *Caminho* conservam-se na Biblioteca do Escorial; os autógrafos da segunda redação do *Caminho*, do *Castelo interior* e a coleção que compreende o maior número de *Cartas* encontram-se com as carmelitas de Valladolid. Isso isenta os textos teresianos dos problemas críticos que pesam sobre as obras de São João da Cruz e de outros clássicos espirituais.

Toda a produção literária da santa é do último período da sua vida, ou seja, dos últimos 20 anos. O que a induz a escrever são as experiências espirituais e os fatos místicos. Essa pressão interior durará até o último ano da sua vida: alguns meses antes da morte terminará o livro das *Fundações* (1582); um ano antes tinha redigido a última narração espiritual (*Relatos*, 6). Os anos mais fecundos foram os mais cheios de dificuldades, entre 1576 e 1580, ou seja, quando Teresa, tendo passado já dos 60 anos, viu-se rejeitada pelos superiores, abandonada por vários seguidores, obrigada a se fechar num mosteiro, atingida, além disso, por um grave esgotamento, que a obriga a se servir de vários amanuenses para despachar a correspondência. É então que escreve o *Castelo interior*, grande parte das *Fundações*, o *Modo de visitar os conventos* e quase toda a parte do seu epistolário que contém as páginas mais deliciosas.

a) *As fontes*. Em geral os livros teresianos não têm conexão direta com a literatura espiritual anterior: esquemas, terminologia, citações... Em lugar disso refletem bem certos aspectos da problemática espiritual do seu tempo e têm pontos de contato com as correntes espirituais que vão se desenvolvendo com o pensamento dos → PADRES DA IGREJA e com a Bíblia.

A santa teve uma preparação doutrinal muito reduzida; todavia, superior à comum do seu tempo. Também a sua formação para a vida espiritual e monástica foi insuficiente. Embora "tenha sido sempre grande amiga dos livros" e dos eruditos (*Vita*, 3, 7; 4, 7; 5, 3; 6, 4...), somente depois do noviciado é que começa a ler com assiduidade livros espirituais. Na sua cela "da Encarnação" consegue reunir uma pequena biblioteca de livros práticos, sem uma orientação, porém, na escolha dos textos: procede intuitivamente, como diletante e autodidata. Aceita, então, os livros em voga: escritos espirituais franciscanos e dominicanos e em geral os últimos saídos das tipografias de Castela. Suas leituras espirituais não se reduzem a pura vadiagem literária: lê para viver; procura nos livros a solução para seus problemas e nem sempre consegue obtê-la. Assim, quando for investida de graças místicas que nem ela nem os confessores conseguem entender, dedicar-se-á sistematicamente à procura de livros adequados, que conheçam o problema místico e o definam em termos inteligíveis e seguros: volta, portanto, com maior afinco aos autores franciscanos do renascimento cisneriano, Bernardino de → LAREDO, Francisco de Osuna, Bernabé de la Palma, Pedro de Alcântara e outros que ignoramos. Infelizmente, é esse o momento em que falha o seu esforço de formação intelectual. E isso, em primeiro lugar, porque ela constata com desilusão que os livros de modo algum servem para resolver o seu problema (*Ibid.*, 12, 12; 14, 7; 22, 3). Em segundo lugar, porque naquele momento a Inquisição publica o decreto com o Índice dos livros proibidos de Valdés (1559), motivo pelo qual a pequena biblioteca teresiana perde grande parte dos livros espirituais em língua vulgar (*Ibid.*, 26, 5). Um acontecimento interior intervém, pondo fim a essa situação: uma voz lhe fala no íntimo, afastando-a definitivamente dos seus livros: "Não te aflijas: eu te darei um livro vivo" (*Ibid.*, 26, 5). Consequentemente, apega-se aos livros preferidos e insubstituíveis: o Evangelho (*Caminho*, 21, 4), o Cântico dos Cânticos (*Pensiero*, prólogo 1) e as biografias dos santos (*Vida*, 30, 17).

Resumindo, os livros que mais eficazmente ajudaram Teresa são os seguintes: entre os Padres da Igreja, as *Cartas* de São Jerônimo lidas por ocasião da vocação religiosa; os *Moralia*, de São → GREGÓRIO MAGNO (comentário a Jó) lidos durante a doença da juventude; as *Confissões* de Santo Agostinho lidas nos dias da conversão definitiva. Entre os espirituais espanhóis contemporâneos, Luís de → GRANADA, São → JOÃO DE ÁVILA e uma série de autores franciscanos: São Pedro d'Alcântara, Francisco de Osuna, Bernardino de Laredo, Bernabé de la Palma, → ALONSO DE MADRID. Entre os espirituais das escolas precedentes: o *Flos Sanctorum*, provavelmente a obra de Tiago da Varazze, com fragmentos das *Vitae Patrum* e da *Collationes*, de → CASSIANO, a *Vita Christi*, de Landulfo de Saxônia, *A imitação de Cristo* e o tríptico pseudoagostiniano *Solilóquios, Meditações* e *Manual*. Não podemos saber quais livros carmelitas intervieram na formação espiritual e na sucessiva pesquisa informativa da santa. Mais tarde — por ocasião da fundação do mosteiro de São José — estudará a *Regra* carmelita e as antigas *Constituições* da Ordem, que influirão no seu pensamento sobre a vida religiosa.

Mais que livros espirituais, o pensamento de Teresa depende dos teólogos e dos mestres com os quais manteve laços estreitos durante os últimos 25 anos da sua vida. Entre eles: os grandes teólogos dominicanos de Ávila e Salamanca, sendo o primeiro deles o padre Domenico Bañez, os quais a puseram em contato com os problemas dogmáticos e a tornaram sensível ao magistério da Igreja; os diretores jesuítas, que a guiaram na oração e na devoção à humanidade de Cristo; São Pedro de Alcântara, que a fez refletir sobre o espírito da pobreza evangélica; e sobretudo São João da Cruz, supremo mestre do último período da sua vida mística: Teresa não pôde ler nenhuma das grandes obras do santo, mas a influência dele está presente no *Castelo interior*.

b) *Os vários escritos*. Os escritos teresianos compreendem pouco mais de uma dúzia de títulos. Embora compostos ocasionalmente e sem uma intenção unitária, formam um *corpus* muito orgânico. Emergem cinco obras maiores: *Vida, Caminho de perfeição, Castelo interior* (conhecido também com o título de *Moradas*), *Fundações*, *Epistolário*. Elas permitem entender o essencial do pensamento teresiano e seguir seu desenvolvimento: uma experiência de base, um ensinamento ascético, doutrina mística e vida prática em estreita relação com o ensinamento doutrinal. Os cinco títulos estão dispostos segundo a ordem cronológica de composição. A *Vida* contém o material da experiência pessoal, sobre a qual se apoiam as outras obras. O *Caminho* é uma elaboração doutrinal predominantemente ascética e pedagógica: uma espécie de introdução à vida espiritual das carmelitas, que parte de virtudes práticas elementares e segue o fio condutor da oração. O *Castelo* vai além e procura expor o mistério da vida cristã na plenitude do seu desenvolvimento. As *Fundações* contam as vicissitudes por que a santa passou ao fundar os vários mosteiros, remetem o leitor à vida prática num entrelaçamento de sagrado e de profano, de ação e de oração que reflete ao natural a espiritualidade teresiana. O mesmo panorama, num raio mais amplo, é retomado pelas *Leituras*, caracterizadas por um grande senso humano e por uma encantadora desenvoltura, mas coerentes com a visão mística das sétimas Moradas, em que a "contemplação" de Deus se une ao trabalho apostólico ("obras") a favor dos homens.

Os outros escritos teresianos se vinculam a algum desses cinco, para o enriquecer e completar: ao tema da *Vida* se ligam os *Relatos espirituais*; o *Caminho* tem dois complementos diferentes nas *Constituições* das carmelitas e no *Modo de visitar os mosteiros*. Às *Moradas* se ligam outras duas obras místicas: os *Pensamentos sobre o amor de Deus* e as *Exclamações*. Muito afim às *Cartas* são os dois escritos humorísticos *Uma crítica* e *Resposta a um desafio*. Enfim, as *Poesias* retomam a gama temática de todos os outros escritos. Oferecemos uma breve apresentação das obras menores, para nos deter depois nas três principais.

Relatos (*Relaciones y Mercedes de Dios*). Não formam um livro, são antes uma coleção de escritos íntimos dividida em dois grupos: os primeiros seis (*Relaciones*) contêm outras tantas prestações de contas de consciência aos próprios diretores; uma delas, a quarta, é uma prestação de contas oficial a um censor da Inquisição (1575). As outras sessenta (*Mercedes de Dios*) são breves comunicações, muitas vezes simples apontamentos para uso pessoal, para fixar em poucas palavras a lembrança de uma graça íntima. Elas permitem seguir de perto o curso da experiência mística de Teresa em três momentos da sua vida: entre 1560 e 1563, sob a direção de jesuítas e de dominicanos; entre 1570 e 1573, quando São João da Cruz se torna seu principal diretor; até a morte, sob a direção do padre Jerônimo Gracián.

Constituições e *Modo de visitar os mosteiros*. Dois opúsculos que se referem à vida e ao governo das carmelitas. O primeiro, as *Constituições*, simplíssimo, contém um esboço elementar da vida de comunidade que reflete equilíbrio e senso prático. O segundo, porém, é um escrito íntimo destinado ao padre Gracián, primeiro provincial das carmelitas descalças, a fim de que ele próprio dele se sirva para compor um diretório prático sobre o modo com que o superior maior deve realizar a visita canônica aos Carmelos. É o mais vigoroso dos textos da santa. Nele expõe seu conceito de autoridade com sutis observações sobre a psicologia feminina. Nas intenções de Teresa o breve escrito devia ser destruído pelo padre Gracián tão logo utilizado. Foi composto em 1577, ao passo que as *Constituições* foram redigidas entre 1562 e 1567. Dessas últimas não se conserva o autógrafo.

Pensamentos sobre o amor de Deus (*Conceptos del amor de Dios*). É um opúsculo incompleto. A autora queimou o original por ordem de um teólogo assessor. Contém uma anotação livre, como uma elevação meditativa, sobre alguns versos do Cântico dos Cânticos. Não conhecemos a data de sua composição.

Exclamações (*Exclamaciones del alma a Dios*). São solilóquios que têm a forma e o ardor dos clássicos pseudoagostinianos, e são semelhantes aos monólogos que a santa muitas vezes intercala nas obras principais. Desenvolvem com forte lirismo uma série de temas espirituais: a vida, o pecado, o desejo de Deus, a pena de estar longe dele, a felicidade de vê-lo. A data de composição é incerta; o autógrafo foi perdido.

Poesias. Foram compostas quase todas para alegrar as festas domésticas: profissão, tomada do véu das irmãs, festas natalícias… Têm pouco valor doutrinal e limitada qualidade literária. Todavia, são interessantes entre elas as que retomam alguns dos grandes motivos doutrinais da santa: *Nada te turbe* (transcendência e presença de Deus na vida), *Oh hermosura que excedeis* (força do amor e da beleza de Deus), *Vivo sin vivir en mi* (desejo de ver a Deus), *Alma buscarte has en mi, y a mi buscarme has en ti* (como um comentário às palavras evangélicas *in me manet et ego in eo*). Dessa obra se conservam apenas dois fragmentos autógrafos.

Fundações e *Cartas*. As *Fundações* foram escritas em três tempos: 1573, 1576, 1580-1582. Dos vários milhares de cartas escritas pela santa conservamos uma coleção com cerca de apenas 457. Elas foram escritas quase todas durante os últimos seis anos da sua vida (1576-1582); são variadíssimas, seja com relação ao conteúdo, seja com relação aos destinatários. Mostram a riqueza humana da santa, o seu senso prático, a sua atitude dinâmica diante da vida e a sensibilidade por tudo o que se refere ao próximo. Revelam ao mesmo tempo uma disposição transcendente ininterrupta e um vivo senso da presença de Deus, mesmo quando apresentam Teresa em atitude jocosa, simples, amigável.

c) *O tríptico doutrinal*. Embora algumas das obras teresianas sejam verdadeiras joias espirituais, todavia as que exerceram maior influência sobre a teologia e sobre a vida cristã são: *Vida*, *Caminho* e *Castelo*. Além disso, são elas que contêm a síntese do seu pensamento. Escritas cronologicamente na ordem relacionada se sucedem também tematicamente, desenvolvendo um único assunto que parte da experiência espiritual da autora, passa por uma reflexão sua e toma finalmente forma pedagógica. A *Vida* oferece a experiência da santa nos dois setores, ascético e místico. O *Caminho* retoma fundamentalmente o tema ascético e o traduz em termos pedagógicos. O *Castelo*, antes, toma o pensamento místico e o elabora numa meditação ao mesmo tempo teológica e pedagógica.

Vida. O título se deve ao primeiro editor dos livros teresianos, frei Luís de León (Salamanca, 1588). Com efeito, Teresa não deu à obra título algum, mas costumava chamá-la de "la Relación grande" da sua vida. Escreveu-a sob uma dupla pressão: a primeira onda de graças místicas (entre os anos 1556-1562) e a diversidade do grupo de diretores espirituais daqueles anos. Assim, o livro nasceu como um relato íntimo e como uma confissão geral, sob um duro esforço de sinceridade e de autocompreensão. A essas promessas hoje se deve acrescentar que a obra teve mais duas redações, separadas por apenas três anos: a primeira em 1562, a segunda em 1565, ou seja, imediatamente antes e depois da fundação do mosteiro de São José. A segunda elaboração se deve em grande parte à viva impressão que a redação anterior produziu nos leitores: impressionados tanto pelo conteúdo como pela eficácia do escrito, solicitaram uma elaboração por extenso, talvez até mais aberta aos dados doutrinais e místicos. A santa anuiu, apresentando de modo anônimo toda a prestação de contas, para que a sua pessoa não fosse descoberta pelos novos leitores e para poder com mais liberdade submeter o escrito ao exame do grande mestre de então, São João de Ávila. Apesar dessas medidas para preservar o segredo e a franca aprovação do mestre andaluz, o livro foi denunciado pela princesa de Eboli à Inquisição, sendo por essa última confiscado dos amigos da santa, a qual morrerá sem o ter recuperado.

A obra, dividida em quarenta capítulos, articula-se em quatro grandes seções, que alternam o Relato autobiográfico com a interpretação doutrinal. Nos primeiros capítulos (1-10) Teresa conta a própria vida: infância, juventude, vida religiosa, até a completa conversão a Deus (c. 9). Desse fato a exposição deveria se elevar à narração das graças místicas, as quais constituem o tecido da nova vida. A santa, porém, se detém em fornecer uma série de premissas doutrinais indispensáveis para entender o sentido e os graus da vida mística; e essas premissas se tornam um verdadeiro tratado, em doze capítulos (11-22), sobre os quatros graus de oração, que são explicados mediante uma alegoria simples e bela: o jardim da alma regado com quatro espécies de água. É a primeira elaboração doutrinal da santa. Ela se apoia na convicção de que a vida cristã tem um desenvolvimento próprio, dirigido, porém, por leis misteriosas, que no fundo determinam a evolução da relação teologal homem-Deus. Teresa retoma depois a narrativa da própria vida, mas a concentra agora somente sobre as graças místicas, que a introduzem no mistério da humanidade de Cristo (23-31: todo o c. 22 se propõe reafirmar a importância da humanidade do Senhor na vida espiritual). Os últimos nove capítulos são um complemento da narração anterior: as graças místicas levam à fundação do primeiro Carmelo, acontecimento a que se segue um novo florescimento de fatos sobrenaturais.

O mérito do livro é ter transferido o estudo da vida espiritual do plano teórico-especulativo ao positivo: repensar e interpretar o mistério da vida cristã no plano de uma vida concreta, a própria. Nesse sentido, o livro marca uma verdadeira guinada na história da → ESPIRITUALIDADE

CRISTÃ, e se diferencia nitidamente das *Confissões* de Santo Agostinho e das exposições das místicas medievais e renascentistas. Outros méritos da obra: ter enfrentado uma codificação original das graças místicas, que será retomada e aperfeiçoada depois no *Castelo interior*; ter revelado a oração como vida e relação pessoal com Deus; finalmente, ter fornecido à teologia espiritual e à psicologia religiosa narrativas e descrições das próprias graças místicas com um imediatismo, uma riqueza e precisão talvez jamais atingidas na história da mística.

Caminho de perfeição. Foi escrito no primeiro Carmelo teresiano e destinado às onze ou doze monjas da casa. Objetivo: a formação delas para a oração no âmbito da nova vida carmelita. Na realidade, essa obra devia prolongar e fixar o ensinamento oral da santa contido nas diversas conversas de todo dia: colóquios pessoais, recreações, instruções conventuais. Ela mantém, portanto, o tom dialógico e reflete os métodos pedagógicos de Teresa. É o que transparece do título original: *Avisos e conselhos dados por Teresa de Jesus às irmãs religiosas, suas filhas...* Também o *Caminho* foi redigido duas vezes. Em 1566, apenas terminada a *Vida*, ela o compôs pela primeira vez. O clima de intimidade em que se desenvolvia a nova vida favoreceu a espontaneidade e a liberdade de palavra. Portanto, ao lado da lição de fundo, Teresa concedeu fugazes alusões à situação espiritual da sua terra, às dramáticas tensões entre teólogos e espirituais, acenando até às recentes intervenções da Inquisição. Eram justamente os anos da prisão de Carranza (arcebispo de Toledo), da condenação dos livros de Granada e do mestre de Ávila, da fuga de São Francisco de Borja para Roma. As alusões teresianas detiveram-se em três temas então muito sentidos: a proibição dos livros espirituais em língua vulgar, a condenação da oração mental por parte dos teólogos, a espiritualidade das mulheres (sobre esse último ponto escreveu já nas primeiras páginas da obra uma viva apologia). O censor do manuscrito, um dominicano amigo de Teresa, empacou nesses e em outros pontos fracos e provavelmente lhe impôs retomar e refazer a redação do livro. Essa ordem foi seguida rapidamente, talvez durante o mesmo ano de 1566. Ainda que a obra tenha passado por novas revisões e amputações impostas pelo mesmo censor, padre García de Toledo, pôde finalmente ser lida pelas destinatárias.

O livro propunha-lhes um ideal contemplativo bem preciso: santificar-se na oração (relação pessoal com Deus), com um objetivo concreto: a Igreja (que então punha em risco sua unidade e vida na Europa), e isso partindo de uma ascética de luta que exigia da parte delas uma têmpera de soldados prontos a dar a vida: "na coragem não sejam mulheres... mas homens fortes...; mais, a ponto de causar medo aos próprios homens" (*Caminho*, 7,8); "aqui enclausuradas, lutemos por Cristo!"; "viemos para morrer por ele" (*Ibid.*, 10,5; 11,4). Portanto, todo o livro se divide em duas seções: enfoque realista da vida com base nas virtudes evangélicas "amor fraterno, desapego e humildade"; ascese da relação com os outros e consigo (*Ibid.*, cc. 4-16); treinamento para a interioridade e a oração: ascese da relação com Deus (*Ibid.*, cc. 17-42), seguindo o modelo do Pai-nosso (*Ibid.*, cc. 24-42).

Esse treinamento para a oração parte das simples premissas da oração vocal — recitação atenta do Pai-nosso —, passa pelas formas de relação interior com Cristo e com o Pai — oração mental —, chega ao limiar da oração contemplativa, expondo "sua maneira" de recolhimento (*Ibid.*, cc. 26-29) e acenando aos primeiros lampejos de contemplação infusa (oração de quietude, c. 31, e de "contemplação perfeita", c. 32,9). Esse assunto será retomado pelo terceiro livro, o *Castelo*.

Castelo interior. Escrito em Toledo, no momento mais borrascoso da sua vida, não reflete de modo algum a situação exterior. É uma obra totalmente voltada para o mistério interior da vida cristã. Foi o padre Gracián que obrigou a santa a redigi-lo (maio-junho de 1577), com o objetivo de retomar o assunto do livro da *Vida* (então nas mãos da Inquisição) para pôr a salvo seu conteúdo. Mas Teresa descartou esse programa agora restrito e enfrentou em cheio o problema da vida cristã. Enfocou o estudo com base numa belíssima alegoria, a do "castelo interior": "considerar a nossa alma como um castelo, feito todo de um só diamante ou cristal brilhantíssimo" (*Castelo*, I, 1, 1). O homem tem um castelo dentro de si (a alma), cercado por uma fossa como as fortalezas (o próprio corpo), com uma série sem fim de moradas, todas dentro (capacidades, complexidades e valores de diferentes profundidades do espírito e da vida que nele se desenvolve), com uma porta que põe em comunicação o exterior com o interior (a oração, a qual é ao mesmo tempo porta aberta sobre a transcendência e meio de comunicação com Deus) e, enfim, com uma morada central, no mais profundo do castelo ("el hondón" da alma), onde habita Deus à espera de se comunicar com o espírito do homem.

A alegoria enfoca o estudo sobre poucos princípios doutrinais: um ponto de partida para a vida espiritual, a afirmação de que Deus está presente no homem, com uma presença inevitável e profunda (na base do espírito), claramente pessoal (habitado pelas "três Pessoas divinas"), como fato consumado, permanente: a alma está intimamente estruturada para acolher e desenvolver essa relação pessoal com um Deus pessoal; um início, a oração; ela realiza a relação pessoal com Deus; um ponto de chegada, uma espécie de situação final do processo: a → UNIÃO COM DEUS, na qual consiste unicamente a santidade cristã. O livro, portanto, insiste em apresentar a vida cristã do ponto de vista do mistério sobre o qual se apoia, e a descreve como um processo evolutivo. Este, porém, não consiste num desenvolvimento ético ou semibiológico da própria pessoa, mas no amadurecimento de uma relação teologal interpessoal com Cristo ou com as Pessoas divinas, que culmina na estável plenitude dessa relação, designada pela santa com o termo de "união": comunicação de vida, compenetração de pessoas, união de vontade e de espírito. A união leva ao máximo grau também as relações inter-humanas no agir em benefício do próximo: eficácia das "obras", apostolado. Assim a santa retoma a velha tese do livro da *Vida*, a qual entendia a vida cristã como uma história pessoal da salvação, ou como uma história de amor entre Deus e o homem.

O itinerário da vida espiritual é dividido em sete etapas, que correspondem às sete moradas do castelo e às sete partes do livro. Cada uma delas marca um momento de particular importância e ao mesmo tempo um período ou um estado da vida espiritual. As três primeiras moradas têm caráter ascético: tomada de consciência da vida e do mistério interior (*I moradas*), luta contra o mistério do mal (*II moradas*), consolidação nas virtudes (*III moradas*); seguem outras quatro moradas, de conteúdo místico: são aquelas em que o simbolismo do castelo e o recurso à experiência mística procuram pôr em evidência o mistério da vida cristã. Para esclarecê-lo e para burilar de modo mais incisivo as novas etapas, Teresa põe ao lado dessas moradas novos símbolos: as *IV moradas* marcam o ingresso na vida mística, primeiras experiências do mistério de Deus presente; a etapa é ilustrada com o símbolo das "duas fontes". Com as *V moradas* inicia-se o estado de união; o homem entra na esfera da santidade, santidade de Cristo e de Deus; é apresentado o símbolo maravilhoso do bicho-da-seda que se transforma em borboleta. Finalmente, as *VI* e *VII moradas* são as etapas do amor; expressam-se por alegoria com os dois momentos de um novo símbolo tomado do amor humano: o noivado (*Castelo*, 6), que faz referência às últimas purificações e efervescências do amor na espera de Deus; o → MATRIMÔNIO ESPIRITUAL (*Castelo*, 7), estado final caracterizado pela presença de Deus na vida do cristão (união) e pela fecundidade apostólica dessa plenitude de vida.

Toda a visão do *Castelo* está impregnada por uma sutil intenção simbólica e mística. A divisão da vida espiritual em sete etapas não está estritamente ligada a tempos estabelecidos, mas tem caráter tipológico. Isso exclui uma interpretação literal e material da síntese teresiana, que, infelizmente, nem sempre foi evitada pela teologia posterior.

3. DOUTRINA ESPIRITUAL. Teresa não elaborou um sistema de pensamento. Sobre esse ponto o seu ensinamento não se sustenta quando comparado ao dos grandes mestres, por exemplo, com o de São João da Cruz. Mais que esquemas e quadros teóricos, ela prefere o testemunho direto e a orientação pedagógica. Por isso não emprega uma terminologia estável, nem se debruça sobre termos técnicos. Nem sequer se mantém fiel aos quadros por ela mesma traçados nos livros anteriores. Assim, os quatro graus de oração da *Vida* não coincidem com os do *Castelo* nem com o esquema delineado no *Caminho*. Essa é a razão pela qual o seu pensamento não sofreu nenhum dano pela erosão do tempo, e ainda hoje se mantém vivo, muito elementar nas linhas gerais, denso e complexo nas aplicações. Apresentaremos aqui apenas os pontos essenciais.

a) *A experiência pessoal, testemunho e lição*. Já vimos que o primeiro livro teresiano, a *Vida*, contém uma autobiografia interpretada em chave teológica. O "caso de Teresa e Deus" é uma história da salvação no nível individual, mas de alcance universal: permite colher o sentido da vida cristã, entender as linhas mestras da história de cada homem e descobrir a economia usada por Deus a seu respeito. Nem sequer as outras formas de graça em que se resolve a história pessoal da autora são consideradas excepcionais. Excepcionais — ela nos repete com insistência — são a sua miséria e as suas resistências humanas; mas as graças místicas por ela testificadas não dão certamente a medida da "misericórdia" de Deus: elas são apenas um mero índice genérico do divino programa de graça sobre cada homem em particular. Portanto, Teresa traduz o seu pensamento em enunciados categóricos: todos são chamados a ter um relacionamento pessoal, íntimo e bem definido com Deus; fazer oração é levar a sério esse chamado e deixar caminho livre à ação de Deus; quem não se abre a essa solução, não entenderá o sentido da própria vida nem poderá levá-la a cabo; "somente Deus basta"; "para iniciar a vida espiritual é preciso enfocá-la como se no mundo existissem apenas Deus e o homem"; todo homem pode fazer a experiência de Deus e da sua misericórdia.

Por isso a santa percebe também a afinidade entre a sua história pessoal e a das grandes figuras bíblicas (cf. prólogo n. 1 e epílogo n. 3), especialmente dos que "se converteram a Deus": Paulo, Pedro, Davi, a Madalena, a samaritana, Agostinho e Jerônimo. Na vida deles, como na própria, vê os mesmos esquemas tipológicos da economia de Deus em relação ao homem. Por isso, aos testemunhos autobiográficos e às afirmações doutrinais entrelaça com insistência os grandes motivos bíblicos: a misericórdia de Deus diante da miséria do homem, a conversão, a conformidade da vontade (que retoma o tema da aliança), a condescendência e o abaixamento de Deus até o homem (*katabasi* e *kenosi*). Cada um desses elementos é apresentado nos dois componentes de "testemunho" (que comporta a sincera narração de pecados e de graças) e de "lição" (que lê o plano secreto de Deus contido nos fatos vividos). Teresa apresenta toda a sua vida como um caso típico de miséria pessoal, e o seu itinerário místico como um quadro sintético do retorno do homem a Deus.

O recurso à própria experiência que na *Vida* é claro e historiográfico mantém-se longe de todos os outros livros, com valor teológico e pedagógico. Teresa se fundamenta na sua experiência para se dirigir ao leitor com segurança e eficácia; por essa razão, nos seus escritos recorrem com frequência as frases: "eu sei", "sei por experiência", ou, empenhando a experiência do leitor: "é certamente assim, eu sei! E tomo como testemunhas aquelas de vós que sabem também por experiência" (*Caminho*, 23, 6). Essa capacidade de se comunicar com o leitor mediante a própria experiência religiosa é uma das grandes qualidades do magistério teresiano.

b) *A luta ascética*. São conhecidos os dois símbolos da luta ascética empregados no *Caminho de perfeição*: o jogo de xadrez e a guerra propriamente dita. No primeiro símbolo entram em disputa os dois jogadores, Deus e a alma, simbolizados pelo rei e pela rainha do tabuleiro. Todas as outras peças e o próprio jogo servem para conquistar o rei e lhe dar xeque-mate. Isso põe em evidência o sentido teologal e místico da ascese teresiana: a luta, o esforço, o próprio jogo da vida não visam tanto levar à "perfeição e à ordem" o enredo desordenado entre corpo e espírito, entre instintos, paixões e virtudes, quanto elevá-lo ao outro polo da vida, Deus. É uma ascese da amizade, cujo ponto focal é o outro Amigo, ou uma ascese dirigida inteiramente à mística: proteger o mistério das relações a serem mantidas com Deus.

O outro símbolo desloca o raio da ascese para a Igreja; ele abre o *Caminho* e serve de pano de fundo para todo o livro: um rei se encontra em guerra dentro do próprio reino; derrotado nos campos de batalha, recolhe-se ao próprio castelo e se entrincheira com um punhado de guerreiros escolhidos que, poucos mas fiéis e aguerridos, levam-no à vitória. É claro o sentido da vida ao lado de tal rei. O bastião pode ser a Igreja ou, mais concretamente, o mosteiro de contemplativas para o qual Teresa escreve. O que interessa é entender — e isso desde os primeiros lances do livro — que a vida cristã deve ser enfocada em termos de luta, e que essa luta não pode ser individualista, ou seja, não deve se concentrar em si para se salvar, mas se desenvolve na Igreja e para a Igreja; enfim, para os outros. Também aqui, definitivamente, com sentido místico: por Cristo, que é o rei vencido na própria Igreja. Ao mesmo tempo é preciso entender que a vida cristã exige um enfoque "heroico", a ponto de nos manter prontos para sacrificar tudo, até a vida: "viestes morrer por Cristo" (*Ibid.*, 10,5). Quem chega a essa decisão está sem dúvida disposto a fazer outros esforços de menor alcance. Sem essa fortaleza de ânimo, toda a vida espiritual será fraca, amigável e procederá com lentidão.

Desse enfoque a santa desce a um pequeno programa de virtudes práticas. As que ela prefere são três: o amor fraterno, que concebe em termos de verdadeiro amor humano, capaz de dar início a uma verdadeira amizade e de se desenvolver em "amor puro" (*Ibid.*, 4-7); o desapego, no sentido da pobreza evangélica: não ser escravo de nada nem dos valores espirituais nem de outros, como a saúde, a vida, a honra (espécie de culto da personalidade fortemente sentido no ambiente social da santa), mas ter uma completa liberdade de espírito para gozar de uma "disponibilidade total" para Deus ("para nos doar totalmente ao Todo", *Ibid.*, 8,1); a humildade, entendida em sentido original e profundo, como uma atitude radical de verdade: "caminhar na verdade" ("andar en verdad", *Castelo*, 6, 10, 5-7), seja diante de Deus, seja diante dos outros e de nós mesmos. Os pressupostos necessários para caminhar na verdade são: conhecer a nós mesmos, mas conhecer-nos diante de Deus, único modo de ver as nossas misérias sem cair no pessimismo e na pusilanimidade, e de entender os nossos valores sem sair da verdade e cair na soberba. Tal síntese foi chamada de "socratismo teresiano". As três virtudes põem a vida ascética nos três planos da vida humana: relações com os outros (amor), com as coisas e os valores do mundo (desapego), com nós mesmos (humildade).

Como complemento desse tríptico, Teresa retorna com insistência sobre a virtude da fortaleza, convencida de que a vida cristã exige magnanimidade e heroísmo, e que todo homem, pelo menos uma vez na vida, deve tomar uma decisão radical ("determinada determinação"), capaz de descer até a parte mais profunda da pessoa e de efetuar sua "conversão".

c) *Cristo*. Também sobre esse ponto central do ensinamento teresiano, a relação entre experiência pessoal e doutrina é muito estreito. A um determinado ponto da sua vida espiritual, ela se deixou levar pelo fascínio de certas teorias "espiritualistas" que limitavam o lugar e o alcance da humanidade de Cristo na "via contemplativa". Não se sabe ainda com precisão de que autores Teresa teria aprendido essa tendência neoplatônica cristã, certamente não inédita na teologia espiritual. Segundo os textos lidos pela santa e defendidos por certos conselheiros seus, o cristão deve chegar a um ponto tal de "espiritualidade" que até a humanidade do Senhor seja para ele como um embaraço e um estorvo na subida contemplativa, agora voltada somente para a divindade. Essa tese, teórica em Teresa, tornou-se, infelizmente, erro prático: o erro mais grave da sua vida, definirá ela mesma, ainda que o tenha cometido por breve tempo. Todavia, esse erro a fez entender por experiência que, sem o apoio de Cristo e da sua humanidade — vida, fraqueza, paixão, mistérios —, a vida cristã é absolutamente impossível. Portanto, na sua reação, a influência de Cristo na vida espiritual é preconizada em termos universais e afirmada especialmente na última etapa do caminho místico: nos "perfeitos" (os apóstolos, N. Senhora) ele não somente age como mediador, mas a sua humanidade santa continua a ser objeto da mais alta contemplação. Assim, Cristo e a sua humanidade introduzirão "a alma" nas últimas moradas: com efeito, ali a Trindade de Deus e a humanidade de Cristo se alternam como ponto focal da contemplação pura nas "visões intelectuais".

Mas o que interessa mais é que essa afirmação é estendida a toda a vida cristã: Cristo e a sua humanidade é uma constante dentro do processo de desenvolvimento, seja como modelo a ser imitado, seja como pessoa a seguir. A santa insiste sobre esse segundo aspecto: segui-lo não somente sob o ponto de vista psicológico, na história evangélica, no centro da história da → SALVAÇÃO, mas como mistério que se instalou dentro da própria vida cristã. Pela metade do itinerário traçado no *Castelo*, o ingresso na fase da união permite a Teresa deixar clara a nossa inserção em Cristo: é o momento culminante do símbolo do bicho-de-seda; quando o verme se fecha no casulo para morrer a si mesmo e se transformar em borboleta, na realidade a alma que se fecha em Cristo morre a si mesma e renasce na vida dele, unida e transformada nele. A esse processo a santa aplica os textos paulinos: "agora a nossa vida é Cristo", "a nossa vida está escondida em Cristo" (*Castelo*, 5, 2,4).

Duas aplicações dessa doutrina cristológica são a piedade eucarística e a oração como relação com Cristo. Vamos nos referir somente a essa última.

d) *A oração*. O ensinamento da oração — já enfatizamos isso — é uma das bases da doutrina teresiana. Para a santa a oração se encontra no centro da relação religiosa e teologal ente o homem e Deus; por isso deve se tornar a linha de força da vida espiritual. De fato, é esse o sentido que ela tem na experiência pessoal de Teresa e, consequentemente, também na sua visão da vida cristã.

Natureza da oração. É conhecida na teologia espiritual a frase que contém a definição teresiana da oração: "a oração mental não é outra coisa, a meu ver, senão uma relação amigável, retomada e vivida repetidas vezes, estabelecida a sós com aquele pelo qual nos sentimos amados" (*Vida*, 8,5). Para entender o sentido material dessa pincelada descritiva, é preciso ressaltar nela a expressão tautológica e intensiva do texto original teresiano: "*tratar* de amistad, estando muchas veces tratando a solas" — "uma *relação* de amigos, na repetida realização da mútua *relação*, na intimidade da amizade". No breve texto é por demais evidente a intenção de situar o conceito de oração no fio do amor, de um amor nascido no entrelaçamento da amizade, na qual se destaca como único dado seguro o amor do outro Amigo. A oração "não consiste em muito pensar, mas em muito amar", repetirá no *Castelo* (4, 1, 7) e nas *Fundações* (5, 2), referindo, porém, o termo "amor" não à esfera da pura afetividade, mas à da vida vivida na eficácia do concreto operar ("obras", *Castelo*, 5, 3, 11). No mesmo sentido insiste no *Caminho*: todas as modulações da amizade humana têm lugar na relação com Deus, na oração: "tratar com ele como com um pai, com um esposo, com um senhor, com um irmão" (*Ibid.*, 28, 3). Tudo isso deve ser entendido no contexto do pensamento de Teresa, em relação a duas premissas fundamentais: a sua ideia de vida espiritual e o seu conceito de Deus. A primeira, entendida absolutamente em sentido interpessoal e teologal, como vida comunicada ou como existência em comunhão com a pessoa e a vida de Deus. O segundo — o conceito de Deus —, afirmado claramente na sua transcendência e ao mesmo tempo na sua presença concreta, capaz de se inserir na vida e até de dar princípio a uma amizade que tem todas as consequências das amizades humanas. Nesse quadro, a oração se torna necessariamente relação estreita entre pessoas, na escuta e na palavra, sem que possa ser separada da vida vivida e da ação.

Graus de oração. A oração se submete ao processo de desenvolvimento próprio de toda amizade: um crescendo de harmonia, de mútuo conhecimento, de compenetração, de simplificação cada vez mais intensa das relações, até a união das pessoas. A ideia de um desenvolvimento imanente à oração como relação com Deus é um dos postulados do pensamento teresiano. Dele deriva a doutrina dos "graus". Todo aquele que vive o evento da oração inicia um caminho para Deus, cujas etapas, porém, são estreitamente pessoais: toda redução a uma escala classificatória comum é meramente tipológica; serve apenas como ponto de referência. Nesse sentido, a santa acena a diferentes "escalas de graus de oração". Na base de todas pode-se destacar um esquema elementar: há uma forma de oração instintiva e espontânea, que para Teresa é informe e elementar; segue a oração meditativa, embora afligida pelas deficiências do esforço ascético; enfim, no ápice, está a oração contemplativa, simples e intensa, única em que se verifica a osmose entre Deus e o homem no ato de orar. No ensinamento de Teresa, essa última forma ocupa um lugar privilegiado. As divisões particularizadas estão presentes com critérios diferentes na *Vida* e no *Castelo*. Na *Vida* a oração meditativa ocupa um lugar reduzido, com um único grau: a "primeira água". É a oração de quem é obrigado a se apoiar em esforços ascéticos (leitura, pensamentos, afeto) para se dirigir momentaneamente a Deus. A ela se seguem três graus de oração contemplativa: a "segunda água", quando a influência do Espírito reduz à quietude ou ao silêncio a multiplicidade dos atos e dos esforços humanos, concentrando a relação com Deus num simples movimento da vontade, fascinada pelo Bem e pelo Amor que lhe são infundidos. Segue-se a "terceira água", simbolizada pela irrupção de uma torrente no jardim do espírito: a ação da graça ou do contributo de Deus leva de roldão os pobres esforços humanos; o amor por ele infundido enche a vontade e se derrama sobre a mente, transbordando sobre todo o espírito e determinando um modo de relação com Deus que vai além da capacidade das potências humanas, "inebriando-as" ou "adormentando-as" ("borrachera", "sueño de potencias"), ou esboroando-as e ampliando-as para levá-las a uma vida e a um dinamismo superiores: início das orações "estáticas". Enfim a "quarta água", simbolizada por uma suave chuva do céu sobre o jardim da alma: chega-se à contemplação pura na união com Deus; atos simples, intensos, contínuos, em estreita relação de escuta e de palavra com Deus e o homem: visões, locuções, revelações são simples modulações da situação básica: a união. No *Castelo* esses quatro graus se tornam sete: ao primeiro ("primeira água") correspondem as três etapas das três primeiras moradas. O segundo e terceiro são unificados numa só etapa: quartas moradas. O quarto grau de novo se triplica nas três manifestações finais: união, quintas moradas; oração estática, sextas moradas; contemplação perfeita, sétimas moradas. Das duas sínteses se pode constatar, na classificação teresiana, que os "graus" respondem a um duplo desenvolvimento: da ação do homem e da influência de Deus. Exclui-se assim a ideia de oração como acontecimento unilateral e ascendente do homem a Deus.

Pedagogia da oração. No ensinamento da oração, Teresa se apoiou em três pontos importantes: a força comunicativa da própria experiência (carisma), a orientação contemplativa (mística), Cristo e os seus mistérios. Ela não somente evita teoria e especulação, como é incapaz de falar da oração sem introduzir a própria oração. O tecido das páginas teresianas consiste precisamente no entrelaçamento das palavras dirigidas ao leitor com as dirigidas a Deus, sem deixar de lado a narrativa, a análise ou a confidência íntima; Deus e o leitor são ambos destinatários do seu escrito. Assim, o leitor é introduzido num estilo de oração natural e simples, sem descontinuidade com as palavras e os sentimentos profanos; deixa-se levar pelo fascínio e pela oração mesma da santa, como que envolvido pelo sentimento religioso dela; sente concreto e próximo o Deus dela. Definitivamente, entende muito melhor a oração de Teresa e a sua relação pessoal com Deus do que o seu discurso sobre esse mesmo assunto. É nisso que reside a força da pedagogia teresiana com relação à oração. Sabe-se que Teresa jamais teve uma saída pronta a respeito de um método de oração. Propõe unicamente uma orientação que ela chama de "a sua maneira de rezar" (*Caminho*, 29, 7) e que compendia e propõe sob o nome de "recolhimento" (*Ibid.*, 26-29). Para "se recolher" é preciso em primeiro lugar entrar em si mesmo, evitar as complicações interiores e se apoiar em atos simples ("olhar", "admirar", "calar", "deixar-se olhar pelos olhos de Cristo"): é a partida para a contemplação. Em segundo lugar, é preciso se dirigir ao mistério de Cristo; com efeito, ele foi o fio condutor da oração na experiência teresiana. A santa aprendeu a orar revivendo internamente a oração de Jesus no Getsêmani (*Vida*, 9, 4). Durante o longo período de exercício, elaborou um método pessoal para introduzir na sua oração "a vida" e "os mistérios" de Cristo: a sua paixão, o encontro com a samaritana ou com a Madalena, a flagelação, a crucifixão, a presença eucarística. Com essa tática ingênua e elementar, às vezes quase infantil, Teresa visava unicamente se introduzir pessoalmente na vida de Cristo: primeiro à moda dos personagens evangélicos que conseguiram ter um lugar não somente nos acontecimentos externos, mas também nos sentimentos interiores do Senhor (daí as suas preferências por Pedro e pela Madalena). Depois, com movimento quase oposto, procurando apoderar-se de Cristo e de introduzi-lo na própria vida com uma passagem fácil, dos acontecimentos históricos de Jesus à presença eucarística, para tornar permanente nela a sua presença interior. Quando essa forma de oração explodir de repente numa percepção experimental, a real presença de Cristo no mistério interior se tornará um fato místico e uma oração permanente: Teresa o perceberá a seu lado, ao lado direito, como uma "testemunha", como "o Amigo inevitável", como o Senhor na sua tremenda majestade ("fico com os cabelos em pé e parece que fico toda aniquilada", *Vida* 38, 19), na suavidade da sua humanidade (*Ibid.*, 37, 5-6.8). Sobre esse evento permanente se desenvolverá a sua oração contemplativa. A substância dessa experiência pessoal passará para seu magistério; ela a recapitulará no *Caminho*: sem ele não é possível dirigir a palavra ao Pai; ele é o mestre da oração, o companheiro de quem ora e também o conteúdo da nossa oração. É por isso que a oração exemplar, o → PAI-NOSSO, associa-nos a Cristo e permite que tornemos nossos os sentimentos com que o próprio Jesus se dirigia ao Pai. É esse o comentário da santa aos pedidos do Pai-nosso.

e) *A vida mística*. Na interpretação da vida espiritual Teresa concede grande importância ao fator "mistério" nela contido. Por isso, em suas sínteses — especialmente no *Castelo* e na *Vida* — concede lugar especial à vida mística, na qual, segundo ela, a vida cristã chega à sua plenitude; antes, a vida mística põe em evidência a verdadeira dimensão cristã da vida escondida na nova criatura, desenvolve e faz emergir as relações que ligam a vida de cada cristão à da Igreja, encurta as distâncias entre a vida presente, em fé e graça, e a vida celeste. Portanto, para a santa a "vida ascética" é sempre apresentada como um início para a "vida mística", na qual se realiza a inserção e a união plena do cristão com Cristo.

É esse um dos poucos pontos doutrinais em que Teresa se refere à tradição espiritual anterior, por ela designada com o termo aproximativo "mística teológica" ("parece que se chama assim", "pois os vocábulos, eu, na verdade, não os sei usar"; *Vida*, 11, 5; 18, 2; cf. 10, 1; 12, 5; 9, 9); todavia o faz sem conseguir tomar uma verdadeira linha doutrinal à qual ligar o próprio pensamento. Rejeita resolutamente os métodos que se propõem provocar os estados místicos ou a experiência do sobrenatural (*Ibid.*, 12, 22); confessa ter entendido pouco ou até nada das elucubrações teológicas ("eu lia esses livros, [...], mas realmente nada conseguia entender", *Ibid.*, 22, 3; 14, 7; 26, 5). O seu saber místico brota diretamente da experiência: a certo ponto o próprio Cristo se torna para ela um "livro vivo", capaz de substituir os livros e os mestres humanos (*Ibid.*, 26, 5); sente que tem uma experiência espiritual totalmente excepcional ("creio que poucos chegarão a ter a experiência de tantas coisas", ou seja, de tantas graças, *Ibid.*, 40, 8). Tem até clara consciência de possuir um múltiplo carisma místico que a habilita a entender o sentido das misteriosas realidades interiores e a superar sua inefabilidade: "uma coisa é receber uma graça de Deus, outra coisa é entendê-la e saber que graça é, outra ainda é saber exprimi-la e dizer em que consiste" (*Ibid.*, 17, 5). Teresa está consciente de ter tido todas as três graças: a primeira marcou o seu ingresso na experiência mística; a segunda amadureceu-a numa penosa etapa de inefabilidade; a terceira determinou o início do seu magistério místico: penetrar no mistério da graça, testificá-lo e comunicá-lo aos outros (cf. *Ibid.*, 14, 8; 17, 2; 18, 8; 25, 5).

Essa série de confidências teresianas é importante por descrever a gênese e o alcance da sua vida mística: na base está o mistério objetivo das realidades sobrenaturais que formam o tecido da sua experiência; a certo momento essas realidades escondidas passam ao plano da consciência e se tornam objeto de experiência: sem arrancar o véu da fé nem antecipar a posse da pátria, entram no tecido da vida não somente como um acontecimento de que se toma consciência, mas também como uma onda de vida nova capaz de penetrar a vontade, a mente, os sentidos, as fibras mais profundas do ser. A vida mística consistirá no progressivo evoluir dessa experiência de Deus, da sua ação, de Cristo, do Espírito, da Igreja, com uma forte insistência sobre a fé, que se torna saber profundo e alegre do mistério ("vê-se de tal modo iluminada e vê com tanta clareza no mistério da Santíssima Trindade e em outros mistérios muito elevados, de modo que está pronta a discutir com todos os teólogos", *Vida*, 27, 9); bem como sobre a caridade e sobre a esperança, que adquirem um alcance e uma tensão escatológica e eclesial.

O conteúdo da mística teresiana é fruto dessas premissas. Nas descrições da santa, como nas de São João da Cruz, os símbolos são particularmente reveladores, seja pela profundidade, seja pela densidade e eficácia expressiva. Os usados no *Castelo interior* refletem bem os diferentes setores da experiência mística de Teresa. Em primeiro lugar o símbolo do castelo, cunhado para exprimir plasticamente o mistério do espírito humano, assume logo um significado polivalente: abertura do espírito ao sobrenatural, vida de comunhão do homem com Deus, desenvolvimento unitário e sem limites da graça interior, sentido místico de toda a vida cristã. A "alma" humana é representada com base numa especial dimensão — o espaço interior — que vai dos sentidos ao espírito e é organizada numa série de "moradas", da quais as periféricas que confinam com a zona dos sentidos e do corpo são poucas e de menor destaque; já as mais profundas, na zona do espírito, são em número maior. A vida espiritual, também ela especificamente cristã, aparece e corre inicialmente nos estratos superficiais, sobrecarregada pelos sentidos (primeira série de moradas). Mas a parte profunda do espírito é estruturada de modo a fazer irromper a vida de Cristo em nós: são as graças místicas que a certo momento atuam e desenvolvem essa potencialidade. Então, não somente a zona mais profunda do espírito e as zonas aí latentes despertam e são assumidas na nova vida; além disso, nas dobras mais espirituais do espírito emerge a presença da bem-aventurada Trindade aqui presente, e se torna claro que a graça é a vida dessas divinas Pessoas comunicada ao homem.

Sobre esse ponto introduz-se um novo símbolo com o objetivo de focar o mistério de Cristo na sua pessoa e na sua humanidade. Quando a vida mística se torna estável no castelo (*V moradas*), a santa introduz a alegoria do bicho-da-seda que se transforma em borboleta. O símbolo é delineado em forma elementar, mas muito atraente: o verme, agora maduro, introduz-se no casulo, como a alma no castelo; ali morre a si mesmo e se vê imerso em Cristo; portanto, dali sai mudado em borboleta, com vida nova. Por isso, a graça da união mística (*V moradas*) serve para esclarecer o fato da presença de Cristo no centro da vida cristã; presença latente antes, clara e perturbadora depois, mas indispensável para levar a cabo a vida sobrenatural.

Para ressaltar esse último aspecto Teresa introduz o símbolo nupcial. Ele não se refere explicitamente à alegoria bíblica (Cântico, Profetas, parábolas evangélicas) nem à tradição espiritual, mas antes à realidade: o matrimônio humano, com o clássico ritual e com o seu denso conteúdo espiritual e social. No matrimônio se realiza um processo de mútuo conhecimento entre duas pessoas; esse processo passa por diversos estádios afetivos e se consuma na doação e comunicação das próprias pessoas. O símbolo tem uma transposição humano-teologal entre a pessoa homem e as Pessoas da Trindade; põe o acento sobre duas situações contemplativas profundas, mas introdutórias; o homem é posto na presença do Outro e é levado a um novo conhecimento dele; passa depois pelo fogo do amor por meio do qual ama e se sente amado até o espasmo; mas sobretudo ressalta um ponto importante: a comunhão direta e imediata das pessoas, Deus e o homem, ponto culminante da vida cristã. Essa situação interpessoal — entre a pessoa do homem e as Pessoas da Trindade — lança nova luz sobre toda a vida cristã, que não é senão o mistério da comunicação da vida e das Pessoas divinas ao homem.

Portanto, os três símbolos põem sob foco os dados primários da experiência e da síntese doutrinal teresiana: o mistério do homem como sujeito e espaço em que se realiza a vida que Cristo lhe traz; o mistério do próprio Cristo, no qual o homem é redimido, inserido e transformado, tornando-se assim nova criatura; a Trindade como fonte da nova vida e como mistério de Pessoas presentes que se comunicam com o homem.

Além desses conteúdos primários, ocupam um lugar importante na mística teresiana os chamados fenômenos paramísticos, como simples manifestações do mistério cristão. Entre os principais podem ser enumerados as "visões" — tanto intelectuais como imaginárias — (*Vida*, cc. 27-29; *Castelo*, 6, cc. 8-9), as locuções e as revelações (*Vida*, cc. 24-27; *Castelo*, 6, cc. 2-3), as sensações espirituais (*Vida*, 38,2; *Castelo*, 6, 4; *Relatos*, 5, 3), as profecias (*Vida*, 25, 2.7; 26, 2; 27,19; 34,18; 19) etc. Não é fácil verificar na santa os costumeiros fenômenos místicos somáticos: visões corporais (*Vida*, 28, 4; *Castelo*, 6, 9, 4), → BILOCAÇÃO e → LEVITAÇÃO (todavia, com referência a essa última há referências em *Vida*, 20, 6.7 e *Castelo* 6, 5, 2). É bem conhecido, porém, o fato da "transverberação" (*Vida*, 29, 13; *Castelo*, 6, 2, 4), embora não se possa comprovar o alcance corporal. Há também êxtases que empenham abertamente a sensibilidade e o fluir da vida somática (*Vida*, 20; *Castelo* 6,4); neles, porém, o fenômeno corporal é apenas um reflexo secundário de uma intensa graça nitidamente mística, que visa purificar e ampliar as funções psíquicas, mediante as quais corre a vida sobrenatural, para dar início a um encontro mais sereno e mais intenso com Deus. Seja como for, ainda que os fenômenos paramísticos sejam objeto de testemunhos explícitos e repetidos nas obras teresianas, eles têm uma importância secundária na síntese doutrinal da santa. Antes, ela afirma categoricamente que não pertencem à substância da santidade cristã (*Fundações*, 4, 8), mas servem somente como possíveis pontos de referência na descrição do itinerário místico, o qual tem um verdadeiro destaque na síntese doutrinal de Teresa.

A santa traçou por diversas vezes as etapas do processo místico (*Vida*, cc. 14-21; *Caminho*, 29-32; *Pensamentos sobre o amor de Deus*; *Relatos*, 5; *Castelo*); todavia, jamais se importou em fixar um esquema estereotipado. Portanto, ela introduz modificações e variantes nas diversas escalas classificatórias. Isso demonstra que na sua intenção todo esquema do itinerário místico é meramente tipológico, com valor de síntese doutrinal, mas sem o caráter de codificação peremptória, como, ao contrário, afirmaram muitas vezes os teólogos espirituais. Apesar disso, Teresa esboça o essencial do processo de maneira constante: segundo ela, os primeiros albores da vida mística se manifestam com o nascer de um vago sentimento passivo da presença de Deus, que introduz o homem numa primeira experiência difusa do sobrenatural (*Vida*, 10, 1; 22, 3; *Relatos*, 5, 22). Segue-se um período agora caracterizado, em que a experiência mística parece concentrar-se nas "funções" do espírito para as transformar: intelecto e vontade, passivamente atraídos e fascinados pelo sobrenatural, estabelecem de quando em quando uma ligação, embora descontínua, entre o homem e Deus: "recolhimento infuso", "quietude de vontade", "sono de potências" (*Vida*, 14-17; *Castelo*, 4). O estado místico, como situação de vida nova, contínua e capaz de assumir toda a pessoa, começa no período que segue: chegada à união. Além do estado superficial das atividades humanas, o espírito é tocado na sua essência ou na sua raiz para ser levado à presença e à experiência de Deus; realiza-se previamente a conformidade da vontade humana à divina e se saboreia o ensinamento "em" Cristo e a existência "em" Deus (*Vida*, 18-21; *Castelo*, 5). Segue-se um tempo de ajuste à nova forma de vida e de experiência: purificações radicais dos vestígios do pecado e das desordens produzidas pelo dado humano, mediante um conjunto de acontecimentos novos — êxtases, ímpetos, feridas de → AMOR —, que fazem penetrar na experiência do mistério de Cristo e na comunhão de vida com Deus (*Vida*, 20-21, 23-31; *Castelo*, 6); esse período é chamado "noivado espiritual". Enfim, o estado místico final, chamado "matrimônio espiritual", é caracterizado por uma imperturbável comunhão interpessoal entre o homem e Deus, na aceitação da vida que deriva dele, mas que é comunicada no mais profundo do espírito humano; estado marcado por uma grande paz e serenidade pessoal — que permite chegar a uma especial completude humana — e por ampla abertura à ação, na comunicação com os outros homens e no serviço da Igreja (*Castelo*, 7; *Relatos*, 6). A Igreja entra na perspectiva da mística teresiana não tanto no seu aspecto mistérico (Corpo místico, sacramento de salvação, responsável pela eucaristia e pela liturgia, aspectos esses últimos muito presentes na experiência de Teresa) quanto, antes, na sua história temporal de povo peregrino, sujeito às contingências e às misérias humanas; depois, experiência dos seus sofrimentos e do mistério do seu não acabamento no tempo e nos homens, tensão eclesiológica da comunhão teologal com Deus: contemplação mística a serviço da Igreja terrena e das necessidades concretas dos seus membros.

f) *A vida religiosa*. O ensinamento espiritual de Teresa encontra-se inserido num contexto de "vida religiosa"; nasce e se desenvolve no quadro da vida monástica. Excetuando-se o livro da *Vida* e parte das *Cartas*, todos os seus escritos se destinaram a leitores religiosos. A própria autora se apresenta como religiosa e dá sua lição em termos monásticos. Muitas vezes lembra ao leitor que suas páginas são um diálogo com as carmelitas. Todavia, ela não oferece um ensinamento sistemático sobre a vida religiosa, e menos ainda uma reflexão teórica ou de alcance teológico. Seu pensamento a propósito caminha num plano existencial e concreto, montado sobre a vida religiosa em ato e estreitamente ligado à sua experiência pessoal. Ela iniciou a vida religiosa sem uma vocação bem definida. O ingresso no mosteiro, porém, teve caráter irrevogável e marcou o início de uma vida nova, diferente e definitiva, em que se empenhou com todas as forças, procurando vivê-la plenamente, mais que esclarecer seu sentido teológico. Jamais sentiu mal-estar ou desilusão a respeito dela. Todavia, passados não muitos anos, viu-se numa situação de estagnação e de completa insatisfação com referência à vida religiosa tanto "pessoal" como comunitária". Conseguiu superar a crise "pessoal" somente quando compôs a própria vida espiritual. Todavia, parece que o outro problema — o da vida religiosa em si mesma ou da que vivera em torno dela — não tinha despertado ainda seu interesse. Mas de repente, estimulada pela própria vida interior, vê-se implicada nos acontecimentos de uma nova fundação, e para realizá-la vê-se obrigada a focar um ideal religioso bem definido e experimentado. O êxito desse primeiro empreendimento leva-a pouco depois a ampliar o raio, fundando novas casas como a de Ávila e se associando a São João da Cruz para estender a obra também entre os religiosos. Com isso, ela se vê compromissada num empreendimento de amplas dimensões e envolvida no processo de revisão da vida religiosa então em ato na Igreja. Naquele clima de "reforma", também a sua obra assume os traços e o nome de reforma, embora Teresa fosse e se sentisse "fundadora", mais que "reformadora". Apesar das prevenções que suscita sua condição de mulher, age oficial e publicamente sob o olhar da sua Ordem, da Igreja e das outras famílias religiosas. As fundações se tornam a grande aventura da sua vida. Quando morre, já possui um amplo conhecimento de monjas, frades, conventos e problemas a eles inerentes.

Tudo isso a ajuda a elaborar um pensamento próprio a respeito da vida religiosa. Em termos gerais essa vida religiosa é imaginada pela santa em vista de uma dupla função: em referência à vida espiritual pessoal e ao serviço da Igreja. A vida religiosa é uma intensificação da vida cristã: assume seus compromissos, componentes, exigências. E, como Teresa considera a vida cristã predominantemente como um mistério de relações com Deus e com Cristo, nesse sentido interpreta o compromisso religioso. Cristo e o Evangelho devem ser levados a sério (*Vida*, 35,4). O Senhor é um mestre e um modelo completo: sem o sentido da sua presença não se pode pensar numa vida religiosa. Entre os conselhos evangélicos, os mais incisivos no pensamento de Teresa coincidem com as virtudes postas na base da vida espiritual: o amor fraterno, proposto como amor verdadeiro e recíproco, extremamente humano, alma do grupo reunido para convencer evangelicamente; tudo o mais, "Regra e Constituições, não servem para outra coisa, [...] são puro meio para realizar mais perfeitamente esse amor" (*Castelo*, 1, 2, 17). A pobreza evangélica, entendida na sua realidade material ("ser pobre de verdade"), na sua função de testemunha em meio ao mundo e como expressão da liberdade interior de espírito. A humildade, também ela proposta segundo o exemplo de Cristo, como prática da verdade e participação da *kênose* do Senhor. Em seu magistério, Teresa não dá especial destaque à castidade no seu aspecto de renúncia; a vida virginal é identificada com o estado religioso e entendida como expressão do amor a Cristo: a religiosa é verdadeira esposa dele; para ele reserva o melhor da sua interioridade: afeições e pensamentos, espírito e sensibilidade devem se concentrar em Cristo; o sentido da sua presença deve impregnar e configurar a vida comunitária; por meio dele o grupo se mantém em tensão escatológica, realizando já na terra o reino de Deus e desenvolvendo na contemplação o sentido da eternidade e da transcendência, a possibilidade concreta de "vacare Deo", vivendo voltadas para Cristo no espaço material do mosteiro, realizado com muito cuidado para facilitar o encontro com ele. A obediência é vista em função teologal, em estreita relação com a vida espiritual: na procura da vontade de Deus — único meio para chegar à união —, a obediência fornece garantias práticas para descobrir a vontade de Deus em concreto, em meio ao grupo (*Fundações*, 5, 10-11). Todavia, Teresa vê a obediência também como ligação que prende fortemente o religioso à Igreja: ela concebe a vida religiosa como um fato que acontece necessariamente dentro da Igreja; entende e avalia a hierarquia não como mero fator jurídico, mas como fator espiritual. Por isso a santa tem um alto conceito da autoridade e envolve numa visão mística os que a têm: o sacerdote não é apenas o administrador dos sacramentos, é também o portador da Palavra revelada, o "letrado", ou seja, o conhecedor da Sagrada Escritura e, portanto, o responsável pela fé do simples crente. A autoridade da Igreja é a maior garantia da vida espiritual de cada um; a ela deve se submeter também a mais alta vida mística (inclusive nas suas manifestações extraordinárias e carismáticas: visões, revelações, profecias) e a exigência de santidade inerente à vida religiosa. Essa submissão é reforçada pelo vínculo da obediência. Por isso, diante da Igreja, Teresa propõe uma atitude de máxima docilidade: é preciso estar prontos a "dar a vida", a "sacrificar mil vidas" ou a "sofrer mil mortes" para ficar fiel à Igreja, ou também a "uma só das suas cerimônias". Daí nasce a atitude de serviço incondicionado à "santa mãe Igreja católica".

Pouco depois da fundação do seu primeiro Carmelo, Teresa toma conhecimento dos fatos religiosos ocorridos na França e a situação herética da Igreja na Europa (Alemanha, Países Baixos, Inglaterra são as zonas geográficas que atraem sua atenção), e parece intuir o alcance da grande catástrofe acontecida com a fratura da unidade religiosa e a definitiva queda da "cristandade" (termo esse ainda válido para ela). Isso faz descobrir de forma concreta a relação entre vida religiosa e vida da Igreja, em primeiro lugar em sentido militante: o religioso é um verdadeiro soldado a serviço da Igreja que combate; cabe a ele carregar seus sofrimentos; para ela deve trabalhar de modo específico; isso lhe é imposto pela sua profissão. Na vida contemplativa dos Carmelos teresianos esse serviço é predominantemente místico — orar, viver e santificar-se pela Igreja — e, portanto, aparentemente inatingível, mas por isso mesmo tão mais fortemente afirmado: o dia em que a carmelita não der toda sua vida em favor da Igreja terá traído a própria vocação (*Caminho*, 3, 10). Assim, Teresa define de forma original os traços característicos da vida contemplativa: aberta, por uma parte, às graças místicas que levam à experiência de Deus e, por outra, voltada à vida concreta da Igreja e às necessidades dos homens.

Além desses postulados fundamentais, o gênio prático de Teresa revela-se na elaboração de um programa de vida religiosa levado até os pormenores. Ele vê "o mosteiro" com os olhos de mulher e consegue plasmar com mãos de mulher a vida a ser levada lá dentro. Todo "Carmelo" deve ser o resultado de um equilíbrio entre pequenas coisas materiais e grandes ideais espirituais; integrado por elementos humanos sustentados com vigor e por intenções místicas elevadas a razão de vida. Recordemos apenas seus traços de maior destaque.

Na composição da comunidade religiosa, a santa volta de propósito ao ideal do pequeno grupo: ela vem de um mosteiro de 150-180 monjas; mas para os seus Carmelos quer apenas onze ou doze delas (num segundo momento esse exíguo número é redobrado, fixado, porém, de modo peremptório como limite máximo a ser atingido). Insiste na escolha das pessoas, não somente porque quer que tenham autêntica vocação carmelita e para que possam ser aceitas ou rejeitadas sem que a comunidade sofra pressões de fora, mas também porque está convencida de que o ideal religioso é difícil e exige uma heroicidade e um equilíbrio que poucos possuem. Esses poucos devem ser capazes de formar uma verdadeira "família" e de constituir uma verdadeira "escola"; ou seja, devem ser capazes de estreitar entre eles vínculos que durem toda a vida e de assimilar um ensinamento espiritual que exclua a mediocridade. Para a vida contemplativa do mosteiro carmelita, não basta o equilíbrio psicológico de cada uma das pessoas: exige-se também o equilíbrio do grupo, a paz, a serenidade dos ânimos e do ambiente, certa aristocracia de espírito e de maneiras.

Por esses motivos, Teresa insiste no fator humano como pressuposto indispensável: consciência direta da pessoa antes de aceitá-la no grupo; apreço por seus valores. Dá importância à alegria pessoal e comunitária: a santa conseguiu introduzir a alegria no mosteiro como elemento que favorece a vida claustral e também como fator que ajuda a vida ascética. Portanto, ela estabelece oficialmente nos seus mosteiros a recreação, e com ela o amor à música popular, à poesia relaxante ("coplas") e às pequenas representações cenográficas; o "estar alegre" é considerado uma parte integrante da atmosfera claustral; estuda a fundo e estabelece medidas contra o mal da melancolia ("humor de melancolía", *Fundações*, 7); num primeiro momento parece ter excluído de propósito o capítulo das "penas" (punições) das suas *Constituições*, somente a custo tendo se resignado a vê-las inseridas como existiam nas leis do seu velho mosteiro. Para além de tudo isso, Teresa reserva a sensibilidade e uma estima especial pelas qualidades das pessoas: o intelecto, a cultura, a discrição feminina, a beleza da alma e do corpo.

Ao lado do fator humano e em relação com ele, dedica cuidado especial ao que serve para suscitar o sentido da vida mística e para evocar sua presença no mosteiro: as imagens, o silêncio, o jardim, a água. As coisas e as pessoas devem servir para confirmar que Deus está presente, que Cristo "o esposo está entre nós". Tudo isso deve fazer surgir na vida do mosteiro uma linguagem própria, diferente da que se usa fora. Diante desse mundo "externo" ela quer uma "diferenciação" positiva, sem equívocos. A vida dentro do mosteiro "é diferente", atém-se a critérios, ideais, "protocolos" diferentes. Todo Carmelo é concebido de modo que esteja verdadeiramente "presente no mundo" (Teresa não está voltada para os eremitérios), mas separado. Por separação, a santa entende em primeiro lugar salvar a liberdade e a autonomia das religiosas, as quais devem poder ficar livres de convencionalismos e de tantos elementos externos embaraçosos — sobretudo devem poder ser autônomas, ou seja, capazes de constituir por dentro uma forma de vida que se reja segundo razões eternas, em vista dos ideais assumidos e perseguidos com tenacidade, sem sofrer as interferências e as paixões das formas de vida profanas e mundanas. Todavia, essa separação não é ascese, mas visa o ideal místico: evitar a dispersão para o exterior e promover a orientação para o centro ideal do mosteiro: Deus, a oração como relação com ele, a contemplação como união a ele e como meio de ação sobre a Igreja e sobre o mundo. A essa ideia obedece o traçado material do mosteiro com a clausura: um muro externo que cinge uma pequena cidade, estabelecendo uma espécie de oásis místico com uma atmosfera de solidão própria; e dentro do mosteiro uma cela para cada religiosa, que seja como uma ulterior possibilidade de imersão na solidão; enfim, no meio do jardim, eremitérios separados, minúsculos aposentos de ocasião em contato com a natureza e diante de Deus.

Os detalhes demonstram até que ponto essa parte do ensinamento teresiano está voltada a um grupo restrito de pessoas, ou seja, às contemplativas dos seus Carmelos. Demonstra porém, ao mesmo tempo, até que ponto Teresa levou a sério o tema da vida religiosa e que o seu pensamento, mesmo nos pormenores, não ficou amarrado a estruturas ou condicionamentos culturais caducos.

BIBLIOGRAFIA. 1) Bibliografia geral: JIMÉNEZ SALAS, M. *Santa Teresa de Jesús: bibliografía fundamental*. Madrid, 1962; OTÍLIO DEL NIÑO JESUS. Bibliografía teresiana. In *Obras completas de Santa Teresa de Jesús*. Madrid, 1951, 23-127, t. I. Para uma abundante bibliografia teresiana do IV Centenário da santa (1982-1983), cf. os vários ensaios de ALVAREZ, T.,

CASTELLANO, J., PACHO, A. *Monte Carmelo* 90 (1982), bem como DIEGO SANCHEZ, M. Bibliografía del Centenario teresiano. *Teresianum* 34 (1983) 355-451.

2) Obras: LEÓN, Fr. Luigi di. *Los libros de la madre Teresa de Jesús...* Salamanca, 1588 (primeira edição das obras completas); *Constituciones de las monjas descalzas...* Salamanca, 1581; *Camino de perfección.* Evora, 1583. De todas as obras principais, edições em fac-símile sobre o autógrafo: *Vida.* Madri, 1873; *Libro de las fundaciones.* Madrid, 1880; *Castillo interior.* Sevilla, 1882; *Camino de perfección e Modo de visitar los conventos.* Valladolid, 1883; *Camino de perfección* (autógrafo de Valladolid). Roma, 1965. Há, além da reprodução em fac-símile da edição principal das várias obras da santa, as mais recentes de *Castello interiore, Costituzioni, Modo de visitar,* e *Conceptos* (Burgos, 1980-1985), com edição de T. ALVAREZ. Entre as edições mais cuidadosas, embora falte ainda uma edição crítica, destacam-se: SILVERIO DE SANTA TERESA. *Obras..., Biblioteca mística carmelitana.* Burgos, 1915-1924, vls. I-IX. Para as cartas, EFRÉN DE LA MADRE DE DIÓS – STEGGINK, O. *Obras... Epistolario.* Madrid, 1959 t. III.; para os escritos maiores, TOMÁS DE LA CRUZ. *Obras completas.* Burgos, 1971. Entre as versões italianas, EGIDIO DI GESÚ. *Opere.* Roma, 1969; *Lettere.* Roma, 1970, e a versão completa de FALZONE, L. *Opere di Santa Teresa.* Alba, 1975-1977 / *Epistolario,* Roma, 1982, 3 vls.

3) Estudos biográficos. Fontes: SILVERIO DE SANTA TERESA. *Procesos de beatificación y canonización de Santa Teresa de Jesús.* In *Biblioteca mística carmelitana* Burgos, 1935, vls. 18-20 (documentação histórica abundante também nos outros volumes da mesma *Biblioteca*); *Documenta primigenia.* Na série *Monumenta Historica Carmeli Teresiani.* Roma, 1973-1974, vls. I-II; têm também valores de "fontes" as três biografias primitivas devidas a FRANCISCO DE RIBERA, Salamanca, 1590; DIEGO DE YEPES, Zaragoza, 1606 e JULIAN DE ÁVILA, Madrid, 1881. Dentre as biografias recentes mais importantes: ALVAREZ, T. – DOMINGO, F. *Inquieta y andariega: la aventura de Teresa de Jesús.* Burgos, 1981; ALVAREZ, T. *Santa Teresa de Avila,* Santander, 1985; AUCLAIR, M. *La vie de sainte Thérèse d'Avila. La dame errante de Dieu.* Paris, 1950; EFRÉN DE LA MADRE DE DIÓS – STEGGINK, O. *Santa Teresa y su tiempo.* Salamanca, 1982-1983, I-III; ID. *Tiempo y vida de Santa Teresa.* Madrid, 1968; JAVIERRE, J. M. *Teresa de Jesús, aventura humana y sagrada de una mujer,* Salamanca, 1982-1983; PAPÀSOGLI, G. *Fuoco in Castiglia. Santa Teresa d'Avila.* Milano, 1973; SILVERIO DE SANTA TERESA. *Vida de Santa Teresa de Jesús.* Burgos, 1935-1937, 5 vls.

4) Estudos doutrinais: ANCILLI, E. (ed.). *Teresa di Gesú: personalità, opere, dottrina.* Roma, 1981; CASTRO, S. *Ser cristiano según Santa Teresa.* Madrid, 1981; CRISÓGONO DE JESUS. *Santa Teresa de Jesús. Su vida y su doctrina.* Barcelona, 1936; ETCHEGOYEN, G. *L'amour divin. Essai sur les sources de sainte Thérèse.* Paris, 1923; GABRIELE DI SANTA MARIA MADALENA. *La via dell'orazione.* Roma, 1955; ID. *Santa Teresa di Gesú maestra di vita spirituale.* Milano, 1958; HERRÁIZ, M. *Sólo Dios basta. Claves de espiritualidad teresiana.* Madrid, 1981; HOORNAERT, R. *Sainte Thérèse écrivain.* Paris, 1925; LÉPÉE, M. *Sainte Thérèse d'Avila, le réalisme chrétien.* Paris, 1947; MARIE-EUGÉNE DE L'ENFANT JÉSUS. *Je suis fille de l'Église.* Tarascon, 1951; ID. *Je veux voir Dieu.* Tarascon, 1949; NAZARIO DE SANTA TERESA. *La psicología de Santa Teresa.* Madrid, 1950; SICARI, A. *Contemplativi per la Chiesa. L'itinerario carmelitano di Santa Teresa d'Avila.* Roma, 1982.

5) Estudos monográficos: ALVAREZ, T. – CASTELLANO, J. *Nel segreto del Castello.* Firenze, 1982; ALVAREZ, T. *Santa Teresa y la Iglesia.* Burgos, 1982; BOYERO, M. *María en la experiencia mística teresiana. Ephemerides Mariologicae* 31 (1981) 9-33; CASTRO, S. *Cristología teresiana.* Madrid, 1981; EGIDIO, T. *Santa Teresa y las tendencias de la historiografía actual. Teresianum* 33 (1982) 159-180; *El tratamiento historiográfico de Santa Teresa. Revista de Espiritualidad* 40 (1981) 171-189; GARCÍA ORDAS, M. A. *La persona divina en Santa Teresa.* Roma, 1967; *Positio peculiaris...,* publicação da SAGRADA CONGREGAÇÃO DOS RITOS por ocasião da proclamação do doutorado teresiano, com estudos doutrinais e monograficos diversos. Città del Vaticano, 1967; *Sancta Teresia doctor Ecclesiae: historia, doctrina, documenta.* Roma, 1970; *Santa Teresa maestra di orazione,* Roma, 1963; SEROUET, P. *De la vie dévote à la vie mystique. Sainte Thérèse d'Avila – Saint François de Sales.* Paris, 1958; TOMÁS DE LA CRUZ. *Santa Teresa de Avila, hija de la Iglesia. Ephemerides Carmeliticae* 17 (1966) 305-367; ID. *Santa Teresa de Jesús contemplativa. Ephemerides Carmeliticae* 13 (1962) 1-62; VERMEYLEN, A. *Sainte Thérèse en France au XVII siècle: 1600-1660.* Louvain, 1958.

Uma coleção da documentação e da contribuição pastoral da hierarquia da Igreja por ocasião do IV Centenário teresiano pode ser encontrada em *Jerarquía y magisterio teresiano. Documentación pastoral.* Burgos, 1982.

Estudos monográficos em relação ao aspecto literário dos escritos teresianos e a influência deles na literatura profana: GARCÍA DE LA CONCHA, V. *El arte literario de Santa Teresa.* Barcelona, 1981; in *Monte Carmelo* (1983); *Congreso Internacional Teresiano.* Salamanca, 1983, 2 vls.; *Santa Teresa y la literatura mística hispánica. Actas del Congreso Internacional sobre Santa Teresa y la mística hispánica.* Madrid, 1984.

T. ALVAREZ

TERESINHA DO MENINO JESUS (Santa).

1. NOTA BIOGRÁFICA. Nasce em Alençon (França) no

dia 2 de janeiro de 1873, nona filha de Luís Martin e Zelia Guérin. cujo processo de beatificação está em andamento. Aos quatro anos de idade seu caráter equilibrado foi sacudido pela morte da mãe; uma excessiva timidez se apodera de Teresinha. A irmã maior, Paulina, se encarrega de substituir a mãe, e grande parte da santidade de Teresinha é devida à enérgica educação recebida da irmã. Aos quatro anos, a família se estabelece em Lisieux. Em 1882, Paulina entra para as carmelitas descalças da cidade; essa segunda separação provoca em Teresinha uma crise que aos poucos vai se agravando, assumindo o aspecto de uma doença obsessiva. No dia 13 de maio do ano seguinte, a Virgem aparece a ela e, com um sorriso, lhe restitui a saúde. A primeira comunhão, recebida aos onze anos, marca o início da subida para a perfeição. Teresinha se dá completamente a Deus e finalmente, depois de anos de inúteis esforços, no dia de Natal de 1886, o Menino Jesus a livra da sua timidez, infundindo-lhe no coração o desejo de salvar as almas. Em maio do ano seguinte pede ao pai para entrar para o Carmelo, onde sua irmã Maria também a tinha precedido. A pouca idade de Teresinha parece um obstáculo insuperável; porém, superadas todas as dificuldades ultrapassa o limiar do Carmelo de Lisieux, em 9 de abril de 1888. Depois de dez meses de provação, Teresinha veste o hábito carmelita, no dia 10 de janeiro de 1889, e emite a profissão perpétua no dia 8 de setembro de 1890. O progresso nas virtudes é tão claro que apenas três anos depois é nomeada ajudante da mestra das noviças. Nesse ofício, que ocupará até a morte, tem ocasião de praticar e ensinar a sua "pequena doutrina". No dia 9 de junho de 1895, oferece-se como vítima ao Amor misericordioso e cinco dias depois recebe uma ferida de amor. Na Quaresma do ano seguinte, tem uma pequena hemoptise que a avisa sobre a morte próxima; o sofrimento do corpo é acompanhado pela prova do espírito sob forma de uma prolongada tentação contra a fé. A doença procede com ritmo acelerado e no dia 30 de setembro de 1897, num ímpeto de amor, Teresinha deixa esta terra contando apenas 24 anos. É beatificada por Pio XI em 1923, canonizada em 1925, e, em 1927, proclamada pelo mesmo pontífice padroeira das Missões.

2. ESCRITOS. O que Teresinha deixou não tem caráter diretamente doutrinal, mas autobiográfico; todavia, dos seus manuscritos e cartas se pode facilmente deduzir o itinerário espiritual que a guiou na sua breve vida terrena.

História de uma alma. Originariamente, são apontamentos autobiográficos que a santa deixou como lembrança pessoal à sua irmã Paulina, obviamente não destinados ao público. O estilo é por isso muito familiar e se detém com prazer em pequenos fatos da primeira infância. Essas anotações foram redigidas de janeiro de 1895 a janeiro de 1896 e formam o atual *Manuscrito A.* Há também o *Manuscrito B,* constituído por uma longa carta de Teresinha à irmã Maria do Sagrado Coração, escrita nos dias 14 e 15 de setembro de 1896, em que explica o que entende por "pequena doutrina"; o terceiro é o *Manuscrito C,* um caderno em que a santa relata suas lembranças de vida religiosa, escrito em junho de 1897 e endereçado à priora Maria de Gonzaga. Óbvias razões de conveniência tinham sugerido vários retoques ao texto (aliás, autorizados pela própria santa); por isso, até 1957 o público não tivera conhecimento dos escritos originais. A partir desse ano, porém, com a publicação da edição fototípica dos três manuscritos, foi possível ler o pensamento original da santa.

Cartas. Em 1948, o Carmelo de Lisieux publicou todo o corpo epistolar de Teresinha: os escritos chegam a 238. Em 1972, centenário do nascimento de Teresinha, as Edições du Cerf publicam a edição crítica de todas as obras da santa, organizadas pelo Carmelo de Lisieux. Temos assim dois volumes da *Correspondance générale,* organizados por uma equipe de especialistas que comentam tanto as cartas que Teresa recebe, como as que envia como resposta. Já em 1971 fora publicada a edição crítica dos *Derniers entretiens* e relativas notas, em dois volumes. Em 1979, também em dois volumes, publicam-se suas *Poesias,* no texto original, com notas e comentários. Por isso, possuímos hoje todos os escritos originais da santa, fonte indispensável para compreender o seu pensamento.

3. DOUTRINA. A palavra de Deus sempre alimentou a alma dos santos que a viveram depois de a terem meditado e acolhido na simplicidade do seu coração. A providência quis que também Teresinha encontrasse na Escritura a resposta a seus desejos e às exigências interiores da graça. Assim, nas cartas escritas às irmãs e nos manuscritos deixados a elas aparece claramente o seu caminho espiritual. Está dominado de modo absoluto pelo amor de Deus, que gradativamente vai se fazendo cada vez mais exigente e envolvente, encontrando em Teresinha uma resposta plena. Desde os primeiros anos de vida a santa é preparada por Deus, no âmbito da família, para a que será a vida de santidade dentro dos muros do Carmelo de Lisieux. As mediações humanas lhe transmitem o amor paterno e materno de Deus, e ela compreende que somente o amor a pode tornar agradável ao Senhor, a ponto de constituir sua única ambição (*Manuscrito B*, 1). Teresinha vê o amor segundo todas as leis psicológicas, que transfere para o plano da graça. A certo momento, o amor de Deus se lhe apresenta como misericórdia por parte de Deus Pai, que a une como esposa a seu Filho Jesus e mediante o Espírito Santo a move no âmbito da caridade para a redenção do mundo. O Amor-Trindade é sentido como misericórdia porque Teresinha, junto com a experiência da bondade divina, faz também a da própria fraqueza e, em vez de se deixar desarmar por ela, aproveita para se abandonar plenamente à ação de Deus que em Cristo e no Espírito faz sua ação purificadora e santificadora.

De modo mais pormenorizado, podemos dizer que para Teresinha o amor de Deus é antes de tudo "princípio" de santificação. Com efeito, é a esse amor que a santa atribui ter sido preferida e predestinada à santidade. Lançando um olhar sobre o mistério da predestinação divina, ela o vê ditado apenas pelo amor, única condição que pode determinar Deus a escolher os seus eleitos. Secundariamente, o amor é "meio" de santificação, uma vez que Teresinha atribui à ação amorosa de Deus uma orientação e uma guia que a conduz na via da perfeição até a perfeita maturidade espiritual; além disso, atribui às chamas do amor uma incessante purificação que a torna totalmente santa. O amor é ainda o "fim" da própria santificação, uma vez que tudo o que Teresinha realiza no campo da graça realiza-o não para acumular méritos, mas unicamente para estar mais disposta a receber em si o amor divino, desejoso de se comunicar e de santificar a alma. Tudo isso que Teresinha faz pela santificação dos outros está no mesmo plano: não para que as almas vão gozar egoisticamente o paraíso, mas somente para afirmar no mundo o triunfo do amor e da misericórdia de Deus.

Essa misericórdia parece à nossa santa o atributo fundamental do amor divino em relação ao homem: com efeito, no plano da santificação, Deus dirige-se à criatura ferida pelo pecado, portanto frágil e imperfeita, que, apesar dessa realidade, deve ser levada à posse plena do amor. "É próprio do amor abaixar-se", afirma Teresinha (*Manuscrito* A, 2v, 23), e a misericórdia de Deus é o meio com que se realiza o triunfo do amor, por sua natureza desejoso de se doar; assim, Teresinha conclui que somente o amor misericordioso de Deus pode favorecer e fecundar os esforços da liberdade humana no campo da graça.

À ação eficaz do amor e da misericórdia corresponde a ação da alma, que no plano da perfeição e da santidade faz do amor o elemento fundamental e unificador da sua colaboração. O amor se paga com o amor e se prova com as obras: e Teresinha evita um fácil quietismo que aparentemente poderia se infiltrar na sua doutrina. Para ela o amor é antes de tudo doação completa de si, das próprias ações e dos próprios desejos a Deus, porquanto tudo o que a alma realiza, deve fazê-lo unicamente segundo as exigências do amor divino, normalmente chamadas "vontade de Deus". Com essa atitude livre e constante, a criatura submete a própria vontade à de Deus e corresponde praticamente ao amor com que é gratificada. Sendo, pois, o amor a expressão da caridade mais pura, torna-se princípio de mérito, porquanto dá valor a todo ato de virtude e é, ao mesmo tempo, princípio de santificação pessoal, ainda que a alma, voltada somente ao amor de Deus, não procure diretamente o próprio interesse espiritual. Não só; sendo o amor, ao mesmo tempo, amor de Deus e cumprimento do mandamento "novo", torna-se também meio de apostolado redentor, uma vez que, ao revestir as ações da alma com uma carga de amor sobrenatural, lhes dá a capacidade de se unirem à ação redentora de Cristo, que continua no tempo a salvação do mundo. Para nossa santa, enfim, o desapego completo de si mesma é a única atitude coerente que assume diante de Deus, que se manifesta como misericórdia amorosa. Por isso, o nada da criatura se torna o meio para fazer resplandecer a grandeza, o amor e a bondade de Deus, que quer erigir sobre a fraqueza humana as maravilhas da sua graça e do seu poder.

A "descoberta" e a novidade da espiritualidade teresiana consistem em ter compreendido totalmente o valor da fraqueza humana, que — se não for ajudada positivamente pela alma e generosamente superada — se torna o elemento fundador sobre o qual Deus manifesta a sua grandeza e o seu amor.

A nossa santa viveu o amor a Deus e a doação de si a ele, exprimindo essa sua experiência no conceito bíblico de "infância espiritual", partindo da reflexão sobre os textos dos Provérbios (Pr 9,4), da Sabedoria (Sb 6,9) e sobretudo de Isaías (Is 40,11; 66,12-13). A criança é uma síntese viva de dois elementos: amor e fraqueza. A sua vida se desenvolve principalmente na linha afetiva, e a precariedade da sua existência é confiada aos cuidados de um amor que se estende a todas as manifestações da criança. O conceito de "infância espiritual" responde, na mente de Teresinha, diretamente ao conceito de amor misericordioso e não ao de uma vaga paternidade divina, como até agora muitos autores afirmaram, embora Teresinha, como todo bom cristão, veja Deus como pai.

A santidade entendida como → INFÂNCIA ESPIRITUAL baseia-se, em última análise, na eficiência e no desenvolvimento das virtudes teologais: eis por que pode se encarnar numa autêntica "espiritualidade". Ainda que Teresinha não tenha usado termos expressamente teológicos — coisa fora do âmbito de sua simplicidade —, as realidades incluídas na sua mensagem são as que são e, embora envolvidas em simplicidade, não cessam de corresponder a profundos conceitos teológicos, uma vez que a vida é uma só na sua relação com Deus, embora se possa exprimir em conceitos diversos, mais ou menos técnicos.

Em primeiro lugar, a caridade é realizada pelo amor que é plena correspondência às iniciativas de Deus. O amor que anima Teresinha (podemos verificar isso ao percorrer de modo especial suas *Cartas*) não é um amor somente "filial", mas perfeitamente "nupcial". Ela não se sente simplesmente "filha" de Deus como qualquer cristão, mas sobretudo se sente e quer ser "esposa de Cristo": a ele sacrificou tudo, momento a momento, com uma doação perene. Justamente por isso a "paternidade" de Deus é apenas tocada, para deixar lugar, em toda a sua realidade de oblação e de doação, ao amor exigente com que se sentia amada, preferida e santificada pelo amor transformador de Deus, concretizado na pessoa de Cristo "esposo de sangue" (*Carta* 112). Esse Jesus foi por ela amado até "morrer" (*Manuscrito* C, 7v, 23). Assim Teresinha vive a sua caridade, na autêntica formalidade teológica de "amizade com Deus", toda transformada nele.

Seguindo São → JOÃO DA CRUZ (*Chama*, 1, 1, 3), Teresinha entendeu que a sua missão era a de agir de modo que somente Cristo pudesse amar nele o Pai e os irmãos e continuar assim nela a sua missão de redentor do mundo (*Carta* 142).

A fé se realiza na infância espiritual como meio pelo qual a alma descobre a ação real, embora latente, de Deus nela; é a fé que revela à alma a própria miséria e a própria fraqueza e é sobretudo por meio da fé que a alma pode crer no amor de Deus. Se não fosse a fé a nos garantir que Deus se inclina até sobre a alma pobre e fraca, quem ousaria pensar nisso? Deus seria o ser supremo e transcendente que assustou tantos corações (mesmo no tempo de Teresinha, em que, especialmente na França, eram ainda vivas as relíquias do → JANSENISMO), afastando-os do caminho certo. Para a alma que vive de fé, Deus não somente se inclina, mas se torna perenemente presente no coração de todos os seus filhos.

A esperança cristã abre à alma os mais amplos horizontes, pois, se o homem é fraco e pequeno e não terá nesta vida as graças extraordinárias que substanciam a existência dos grandes santos, todavia, contentando-se com a luz e com a força que lhe vêm do abandono em Deus, um dia o possuirá igualmente, não pelos próprios méritos, mas somente pela bondade e misericórdia de Deus. "Um dia, espero, ó Água adorada, tu virás buscar o teu passarinho e, subindo com ele para o lar do amor, o imergirás por toda a eternidade no ardente abismo desse amor ao qual se ofereceu como vítima" (*Manuscrito* B, 5v. 24-30).

A infância espiritual no conceito de Teresinha é consciência da ação amorosa de Deus, é consciência da própria nulidade, mas ao mesmo tempo é convicção de poder colaborar, mediante o amor, com a ação proveniente e santificante de Deus. A nova palavra que Teresinha pronuncia no campo da santidade e da perfeição cristã é aquela mediante a qual afirma que a pequenez humana não é obstáculo à ação de Deus; com efeito, ela, procedendo não da justiça divina, mas do amor, resplandece de modo admirável não somente na alma dos grandes santos, mas também no coração das criaturas mais humildes. A grandeza de Teresinha consiste em ter fundado o segredo da santidade, ou seja, de corresponder a Deus, sobre o próprio Deus. O amor misericordioso envolve totalmente a figura de Teresinha de Lisieux e a sua espiritualidade, de modo que a santa perde todo valor e a sua própria razão de ser, se abandona essa perspectiva que emana também das menores nuanças da vida espiritual.

A doutrina de Teresinha encontra a sua confirmação implícita nos documentos do Vaticano II. Na *Lumen gentium*, n. 40, a propósito da vocação universal à santidade, lemos: "O Senhor Jesus, mestre e modelo de toda perfeição, a todos e a cada um dos discípulos, de qualquer condição, recomendou a santidade da vida, da qual ele próprio é autor e aperfeiçoador: 'Sereis perfeitos como é perfeito o vosso Pai celeste' (Mt 5,48). Com efeito, enviou a todos o Espírito Santo, que os move internamente a amar a Deus com toda a mente, com todas as forças e a se amarem entre si como Cristo os amou. Os seguidores de Cristo [...] no batismo da fé foram verdadeiramente feitos filhos de Deus e coparticipantes da natureza divina e por isso realmente santos. [...] E como todos cometemos faltas, temos continuamente necessidade da misericórdia de Deus. [...] É claro portanto que todos os fiéis, de qualquer estado ou ordem, são chamados à plenitude da vida cristã e à perfeição da caridade". Tratando, pois, dos leigos, a mesma constituição afirma: "[Os leigos] são chamados por Deus a contribuir, como que por dentro, como um fermento, para a santificação do mundo mediante o exercício do próprio ofício e sob a guia do espírito evangélico" (*LG* 31).

Parece-nos que essas afirmações são o eco da oração que Teresinha fez no fim da carta à sua irmã Maria, em que expõe sua "pequena doutrina": "Ó Jesus [...] te esconjuro que abaixes o teu olhar divino sobre um grande número de pequenas almas. [...] Suplico-te que escolhas uma legião de pequenas vítimas, dignas do teu Amor!" (*Manuscrito* B, 5v, 39).

BIBLIOGRAFIA. 1) Fontes: TERESINHA DO MENINO JESUS. *Gli scritti*. Postulazione Generale OCD, Roma, 1970; *Derniers entretiens*. Desclée, Paris, 1971; *Correspondance générale*. Desclée, Paris, 1972, 2 vls.; *Procès de béatification et de canonisation de sainte Thérèse de l'Enfant Jésus*. Teresianum, Roma, 1973.

2) Estudos: BALTHASAR, H. U. von. *Teresa di Lisieux*. Jaca Book, Milano, 1978; CAMILLO DEL SACRO CUORE. *Dio e santità nel pensiero di Santa Teresa di Lisieux*. Genova, 1962; ID. La Fiamma viva e Santa Teresa del Bambin Gesú. *Rivista di Vita Spirituale* (1957) 278-287; COMBES, A. *Introduzione alla spiritualità di Santa Teresa del Bambin Gesú*. Firenze, 1949; CURYLLUS A MATRE DEI. *Chronologie et concordance thérésienne*. Teresianum, Roma, 1958; DESCOUVEMONT, P. *Teresa di Lisieux e il suo prossimo*. Città Nuova, Roma, 1977; GARRONE, G. Una testimone della fede. *Rivista di Vita Spirituale* (1973) 344-361; GAUCHER, G. *La passione di Teresa di Lisieux*. Città Nuova, Roma, 1975; ID. *Teresa Martin dopo la lettura critica dei suoi scritti*. Paoline, Roma, 1987; GENNARO, C. Cristo in Teresa di Gesú Bambino. In *Gesú Cristo mistero e presenza*. Teresianum, Roma, 1971; ID. Vida teologal. Vivencia y mensaje de Teresa de Lisieux. *Revista de Espiritualidad* 31 (1972) 480-501; ID. L'ascesi delle piccole cose. *Rivista di Vita Spirituale* (1977) 534-557; ID. La sofferenza, sacerdozio d'amore. *Rivista di Vita Spirituale* (1982) 534-547; ID. Le audacie della speranza. *Rivista di Vita Spirituale* (1973) 362-384; ID. Una santa di oggi nel cuore della Chiesa. *Ephemerides Carmeliticae* 17 (1966) 417-440; ID. Santa Teresa di Lisieux. Un'eco del cuore di Dio. *Ephemerides Carmeliticae* 19 (1968) 88-192; GIOVANNA DELLA CROCE. La mia vocazione è l'amore. *Rivista di Vita Spirituale* (1973) 385-402; JOSEPH DE SAINTE MARIE. L'infanzia evangelica. *Rivista di Vita Spirituale* (1986) 564-581; LAURENTINI, R. *Iniziazione alla vera Teresa di Lisieux*. Queriniana, Brescia, 1973; MEESTER, C. de. *Dynamique de la confiance*. Desclée, Paris, 1969; MORETTI, R. *Teresa di Lisieux e la Bibbia*. Domograf, Roma, 1973; PAPÀSOGLI, G. *Santa Teresa di Lisieux*. Ancora, Milano, 1967; PHILIPON, M. M. *Santa Teresa di Lisieux. Una via tutta nuova*. Morcelliana, Brescia, 1950; PIAT, S. *Sainte Thérèse à la découverte de la voie d'enfance*. Paris, 1965; RENAULT, E. *Teresa di Lisieux e la prova della fede*. Città Nuova, Roma, 1976; ROBERTO DI SANTA TERESA. *Profilo della dottrina spirituale di Santa Teresa di Gesú Bambino*. Torino, 1959; *Teresa di Lisieux, esperienza e messaggio*. Teresianum, Roma, 1973; VIERGE, Victor de la. *Nel cuore della Chiesa*. Ancora, Milano, 1957; *Vita e dottrina spirituale di Santa Teresa del Bambin Gesú*. Firenze, 1949.

C. GENNARO

TERSTEEGEN, GERHARD. 1. NOTA BIOGRÁFICA. Tersteegen, a figura mais espiritual do → PIETISMO reformado alemão, nasceu no dia 25 de janeiro de 1697, em Mörs, cidadezinha do Baixo Reno, último filho de um piedoso comerciante. Educado numa ótima escola, mas impedido pela mãe viúva de ter acesso aos estudos superiores, foi enviado a Mülheim, onde ficaria por toda a vida. A atividade de comerciante o obrigava a muitos contatos com o mundo; por isso, fez-se tecelão de fitas de seda (1719), vivendo retirado em casa, em extrema pobreza e contínua oração, frequentando o círculo dos pietistas que se formara em Mülheim sob a direção de Johann Wilhelm Hoffmann. Tornou-se esse último seu padre espiritual e o iniciou na leitura das obras místicas do quietismo francês, sobretudo de Jean de Bernières-Louvigny (1603-1659), e de Gaston Jean-Baptiste de Renty (1611-1649). Após cinco anos passados na obscuridade e esquecimento por parte dos consanguíneos, compreendeu o seu chamado, depois de uma iluminação interior, e escreveu com o próprio sangue, imitando Renty, na quinta-feira santa de 1724, a sua consagração: "Dou-me completamente a ti, único Salvador meu e Esposo meu, Cristo Jesus, para pertencer totalmente a ti para sempre". Desde então, tendo aceitado em casa um companheiro, Heinrich Sommer, depois do trabalho dedicou-se à tradução de obras místicas francesas e de biografias, bem como à composição de cantos sagrados e de escritos de devoção. Desenvolveu no círculo de Hoffmann uma fecunda e rebuscada pregação, interrompida de 1740 a 1750 e retomada depois sob Jacob Chevalier, com quem colaborou até a morte, no dia 3 de abril de 1769. Nos últimos 20 anos de sua vida, Tersteegen exerceu a sua grande influência espiritual mediante numerosas cartas e visitas, começando, aliás, a "forma vitae" de um grupo de eremitas luteranos, uma influência que ficou viva especialmente na Alemanha norte-ocidental e nos Países Baixos.

2. ESCRITOS. Os escritos próprios de Tersteegen nasceram como efusões da alma apaixonada. Em parte líricas — a única linguagem que ele considera adequada para exprimir os sentimentos religiosos —, estão reunidos no livro *Geistliches Blumengärtlein inniger Seelen* (Pequeno jardim espiritual das almas interiores), publicado em 1727, que atingiu a sétima edição ampliada. Trata-se em grande parte de cantos sagrados (com melodias), ainda hoje usados no culto divino da Igreja protestante.

Outros escritos próprios são: *Der Frommen Lotterie* (A loteria dos piedosos), com 412 sentenças (1732); *Wig der Wahrheit* (Via da verdade), que reúne breves exposições sobre a mística, sobre a piedade, em parte algumas introduções a cada um dos perfis biográficos da sua grande obra: *Auserlesene Lebensbeschreibungen Heiliger Seelen* (Escolha de biografias de almas santas), em três volumes (1733, 1735, 1753), fundamental para sua espiritualidade e para a história do pietismo. Com as suas traduções e o seu empenho de fazer conhecer aos irmãos protestantes os tesouros de graça e de beleza vividos na contemplação mística e de torná-los participantes do mistério de amor em que se desenvolveu a relação com Deus nos grandes santos da Igreja católica, ele continua a linha começada por Pierre Poiret (1646-1719) e por Gottfried Arnold (1666-1715), tomando em certo sentido uma posição supraconfessional.

Outras traduções: *Manuel de pieté*, de Jean de Labadie (1727), por Tersteegen imaginado como manual para os principiantes; *Das verborgene Leben mit Christo in Gott* (A vida oculta com Cristo em Deus) (1728), uma espécie de florilégio elaborado com base no *Chrétien intérieur*, de Jean de Bernières-Louvigny para o oferecer aos proficientes que desejam chegar à união com Deus; em 1730, uma nova versão da *Imitatio Christi*, livros I-III, com acréscimo do *Soliloquium*, de Gerlach Petersen (em lugar do livro IV que trata da eucaristia); depois de ter terminado, em 20 anos de trabalho, as suas *Biografias de almas santas*, a tradução de 44 poesias de Madame → GUYON sob o título: *Die heilige Liebe Gottes und die unheilige Naturliebe* (O santo amor de Deus e o não santo amor natural); *Kleine Perlen-Schnur*, 1767.

Depois da sua morte foram publicadas as *Geistlichen Brosamen* (Migalhas espirituais), em quatro partes, 1769-1773, e as Cartas: *Geistiche und erbauliche Briefe*, em dois volumes e quatro partes, 1773-1775.

3. DOUTRINA. No pietismo, Tersteegen assumiu uma posição singular. Evitou contatos com os outros pietistas (Zinzendorf e a Unidade dos irmãos em Herrnhut) e recusou os escritos de J. → BÖHME, J. → SPENER etc. Tudo nele se reduziu a um empenho de vida interior radicado na Escritura e vivido à luz do ensinamento dos místicos católicos com uma forte inclinação para as tendências do quietismo francês. "*Teologia mística* é o que entre nós chamamos de vida interior ou de bem-aventurança em Deus" (Carta de 5 de setembro de 1768), definição programática que põe o acento na vivência, afastando toda especulação intelectual. E essa teologia mística — que teria podido escrever também um autor católico com a mesma transparência e elevação — constitui em todos os seus escritos o ponto central, encontrando obviamente nas exposições líricas a sua mais autêntica expressão. Todavia, Tersteegen não encarna uma "espiritualidade que se tornou católica", mas deve ser avaliado como fruto de um "desenvolvimento talvez mais fiel do que as grandes intuições espirituais de Lutero e Calvino" (L. Bouyer). No fundo, as grandes intuições do reformador relativas à vivência cristã são retomadas por Tersteegen,

despidas de superestruturas e degradações sofridas no protestantismo e referidas à originária inspiração bíblica. Sua doutrina, totalmente apoiada na Escritura, retoma da tradição católica apenas ensinamentos e exemplos de santos que também construíram a sua existência sobre a palavra de Deus. E é justamente por isso que ela se vê espontaneamente reinserida na espiritualidade católica.

Tersteegen deve muito ao Carmelo. No vl. II de *Auserlesene Lebensbeschreibungen* encontram-se sete figuras da Ordem, estudadas com admiração e simpatia. Ele atribui grande importância ao carisma de Santa → TERESA DE JESUS de falar da oração interior. Vê-se iniciado por ela à meditação e guiado à contemplação (*Beschauung*) até o estado de união contemplativa (*Beschaulichkeit*), para ele termo da vida interior. Descobre em São → JOÃO DA CRUZ o explorador perito no caminho de pura fé, na passagem pelas purificações do sofrimento e na aceitação da cruz e se apoia no seu ensinamento sobre o perigo conexo com experiências extraordinárias, com dons fora do normal. "A via mais segura, indispensável", escreve, "é a da pura fé." A outra, porém, "jamais está livre de enganos". Fr. → LOURENÇO DA RESSURREIÇÃO lhe põe à disposição um método para praticar a → PRESENÇA DE DEUS, que Tersteegen faz seu, recomendando-o calorosamente a todos. É célebre a canção sagrada: "Deus está presente: adoremo-lo" (*Geisliches Blumengärtlein*, 3, 11). Margarida de Beaume o convida à infância espiritual; em Santa → MARIA MADALENA DE PAZZI, Ana de São Bartolomeu e Ana de Jesus ele vê exemplos luminosos de santidade feminina.

Em Tersteegen a *experiência "mística"* identifica-se com a experiência da presença do Deus bíblico, é experiência da palavra de Deus, dom do Espírito Santo em Cristo. Essa experiência é predominantemente individual, tem caráter dialogal, é cristocêntrica (Cristo caminho para o Pai), mas não exclui totalmente o componente social ou comunitário. É ardente procura de união com o esposo Cristo, um itinerário amoroso mediante as vicissitudes humanas, é adoração, imersão no mistério de Deus. O poema lírico: "Adoro a potência do Amor", usado como canto religioso também na Igreja católica, exprime em síntese toda a sua atitude diante da experiência, e não é nem misticismo nem quietismo.

4. INFLUÊNCIA. A influência de Tersteegen cessou alguns decênios depois da sua morte. Atualmente se assiste à redescoberta da sua espiritualidade, valorizada também em perspectiva ecumênica.

BIBLIOGRAFIA. 1) Escritos: *Weg der Wahreit*, Stuttgart, 1968 (reimpressão); *Geistliches Blumengärtlein*, Stuttgart, [16]1969; TERSTEENGEN, G. *Werke*. I.-*Geistliche Reden*. Göttingen-Zürich, 1979; e VIII – *Briefe in niederländischer Sprache*. Göttingen-Zürich, 1982.
2) Estudos e biografia: van ANDEL, C. P. *G. T. Leben und Werk. Sein Platz in der Kirchengeschichte*. Neukirchen, 1973 (bibliografia); GIOVANNA DELLA CROCE. *G. T. Neubelebung der Mystik als Ansatz einer kommenden Spiritualität*. Bern-Frankfurt-Las Vegas, 1979 (bibliografia); LUDEWIG, H. G. *Gebet und Gotteserfahrung bei G. T.* Göttingen, 1986. Além disso os estudos de W. ZELLER em *Theologie und Frömmigkeit*, Marburg, 1971, vl. I; Marburg, 1978, vl. II.

GIOVANNA DELLA CROCE

TERTULIANO. 1. NOTA BIOGRÁFICA. Quinto Setímio Florente Tertuliano foi homem de vasta erudição e ampla cultura, advogado por profissão, convertido ao cristianismo por volta de 195, sacerdote, segundo Jerônimo — alguns modernos tentaram negá-lo —, desde 205-207, pouco a pouco passado para o montanismo, em cujo meio instituiu uma seita própria; defensor implacável do que acreditava fosse a verdade na religião de Cristo, ou seja, da religião cristã contra os pagãos (apologista), da doutrina cristã contra os heréticos (polemista ou controversista), enfim do rigor montanista contra a religião católica; de posse de uma grande força dialética, mas também de uma excessiva dureza e vivacidade polêmica que muitas vezes chega ao sarcasmo.

2. OBRAS. A obra mais importante de Tertuliano é sem dúvida o *Apologeticum*, escrito por volta de 197, em que encontramos (no c. 17) a famosa expressão *anima naturaliter christiana*; seguem-se o *De testimonio animae*, o *Adversus judaeos* e *Ad nationes*; importante também o *De praescriptione haereticorum* (por volta de 200), em que Tertuliano quer demonstrar com sutileza que a Sagrada Escritura pertence exclusivamente à Igreja e que os heréticos não têm direito algum de dissertar sobre ela. Já o tratado *Adversus omnes haereses*, incluído em algumas edições, deve ser considerado espúrio. Seguem-se: *De baptismo*; *De patientia*; *De poenitentia* (importante para o conhecimento da antiga disciplina penitencial); *Ad martyres* (talvez epístola consolatória para as santas Perpétua e Felicidade); *Ad uxorem* (contra as segundas núpcias); *De spectaculis*; *De idolatria*; *De cultu foeminarum* (interessante também pelo quadro da vida do tempo). Depois de sua adesão ao montanismo, escreveu: *Ad Scapulam*; *Adversus Hermogenem*; *Adversus Valentinianos*; *Adversus Marcionem*; *Adversus Praxeam*; *De anima*; *De carne Christi*; *De resurrectione carnis*; *De corona*; *De fuga in persecutione*; *Scorpiace*; *De pallio*; *De virginibus velandis*; *De exhortatione castitatis*; *De monogamia*; *De jejunio adversus psychicos*; *De pudicitia*. As obras se encontram em *PL* 1 e 2; a edição crítica se encontra em *CCL*.

3. DOUTRINA. Retoma a doutrina de Paulo e Ireneu sobre a oposição entre Adão e Cristo novo Adão: todo homem é considerado como descendente de Adão enquanto não nasce em Cristo (*Adversus Marcionem*, 5, 9; *De anima*, 40); quando Deus plasmou o primeiro homem, tinha na mente o retrato do futuro Verbo encarnado (*De resurrectione carnis*, 6; *Adversus Praxeam*, 12). Fala da oposição entre Eva e Maria nova Eva, mencionando a "obra rival" a que recorreu Deus (*De carne Christi*, 17). Cristo é o mediador entre Deus e os homens (*De resurrectione carnis*, 51), o guia e o iluminador do gênero humano desde o início: ao Verbo são atribuídas as "teofanias" do Antigo Testamento (*Apologeticum*, 21; *Adversus Praxeam*, 16; *Adversus Marcionem*, 2, 27; 3, 6), é o revelador do Pai (*Adversus Praxeam*, 13), o "católico sacerdote" e o "autêntico pontífice" de Deus Pai (*Adversus Marcionem*, 4, 9 e 35; *Adversus judaeos*, 6), aquele que dispõe de todos os desígnios do Pai (*Adversus Marcionem*, 4, 16) etc.; a obra de redenção por ele realizada é chamada de o "sacramento da salvação humana" (*Adversus Marcionem* 2, 17).

Os cristãos são "filhos de Cristo" porque renascidos nele e por meio dele (*Adversus Marcionem*, 5,9), "peixinhos segundo o Peixe (*ichtus*) Jesus Cristo" (*De baptismo*, 1; *Adversus judaeos*, 13); mais, de tal modo são de Cristo que em todas as suas ações se marcam a fronte com o sinal da cruz (*De corona*, 3); e descobre esse sinal no homem que estende os braços (*Ad nationes*, 1, 12; *De idolatria*, 12), nos pássaros que abrem as asas (*De oratione*, 29). Todos os fiéis formam um só corpo, que tem por base a consciência de uma religião comum, a unidade de uma disciplina comum e o pacto de uma esperança comum: a nota característica é a caridade, seja nas reuniões litúrgicas, seja nos banquetes fraternos ou *agapê*, seja nas participações em tudo o que acontece com os irmãos: comum deve ser a esperança, o temor, a alegria, a dor etc. (*Apologeticum*, 39; *De poenitentia*, 10).

Renascido em Cristo por meio do → BATISMO, o homem deve também santificar o corpo: este não é senão o ministro da alma, o instrumento por meio do qual a graça dos sacramentos é conferida à alma, o futuro sócio da alma no prêmio eterno: Tertuliano se ergue como defensor da ressurreição da carne, na obra *De resurrectione carnis*, contra os que se diziam inimigos da carne, mas na realidade muito amigos dela. "Ninguém vive de modo tão carnal quanto os que negam a ressurreição da carne; negando a pena, desprezam também a disciplina" (*Ibid.*, 11). O pecado, porém, continua possível porque o homem é dotado de vontade livre e sempre exposto aos assaltos do → DIABO; portanto, uma penitência depois do batismo deve ser possível. Tertuliano distingue uma dupla penitência: a que é preciso fazer antes do batismo, porque inutilmente se espera viver como santos se até o batismo se viveu no vício; a outra se deve fazer pelos pecados cometidos depois do batismo, mas, como se trata de uma "segunda" penitência — notemos incidentalmente que também o batismo é considerado penitência: é, aos olhos de vários escritores, a "primeira" penitência —, é concedida uma só vez porque a recaída torna toda penitência ineficaz; essa última consiste no arrependimento interior e numa obra externa qualquer (*De poenitentia*, 6-9); como católico, Tertuliano admite uma penitência universal, mas ao se tornar montanista defende a doutrina dos três pecados irremissíveis (*De pudicitia*, 5 e 18-19). O homem deve mortificar o corpo, especialmente com o jejum: o primeiro pecado foi um pecado de gula, o alimento torna pesada a alma e a inclina aos pecados da carne, ao passo que o jejum eleva a alma, torna-a agradável ao Senhor e capaz de receber os seus favores, revigora-a para a luta, ajuda-a a triunfar sobre o diabo etc. (*De jejunio*: libelo escrito contra a pretensa gulodice dos católicos, chamados de "psíquicos"). No *De patientia*, Tertuliano faz o elogio da paciência, necessária à prática de todas as virtudes e ao cumprimento de todo dever: Deus e Cristo são seus modelos supremos, a impaciência vem do diabo e é a raiz de todos os males; a paciência é fonte de todo bem e é louvável em todas as idades, classes e sexos. A seus seguidores, Cristo, nova graça de Deus e renovador do gênero humano, quis dar uma nova fórmula de oração: o → PAI-NOSSO; Tertuliano a chama de "o compêndio de todo o Evangelho", porque contém em pouquíssimas palavras a doutrina dos profetas, de Cristo, dos apóstolos, e indica os nossos deveres diante de Deus, do próximo e de nós mesmos (*De oratione* 1 e 9); descobre a sua perfeição na sua origem divina: "Somente Deus podia nos ensinar como queria receber nossos pedidos" (*Ibid.*, 9); faz a respeito um breve comentário (*Ibid.*, 2-8); trata de algumas condições indispensáveis e de alguns gestos ou atitudes que se pode em alguns casos omitir antes, durante e depois da oração (*Ibid.*, 11-23); afirma que todo lugar e tempo se presta à oração, mas insiste na obrigação de orar na hora terceira, sexta e nona, que dividem de modo especial o dia, bem como ao despontar da luz e ao cair do dia, antes das refeições e do banho etc. (*Ibid.*, 23-37); termina com uma consideração sobre a eficácia da oração que acompanha a prática das virtudes: é capaz de com ela obter tudo de Deus (*Ibid.*, 28-29).

Quanto mais Tertuliano se afasta da Igreja católica, mais se torna rígido na sua doutrina moral. Num primeiro momento admite na Igreja de Cristo a distinção entre o clero e os leigos, com proibição para os leigos, em primeiro lugar para as mulheres, de exercer algum ofício sacerdotal (*De baptismo*, 17; *De virginibus velandis*, 9); mais tarde nega a citada distinção, mantendo, contudo, uma certa hierarquia e reservando a ela algumas funções (*De exhortatione castitatis*, 7; *De monogamia*, 7; *De pudicitia*, 21). Jamais condenou o matrimônio; antes, assumiu formalmente a defesa dele contra as difamações de Marcião (por exemplo, *Adversus Marcionem*, 1, 29), e deu uma descrição ideal da vida matrimonial, abençoada por Deus e pela Igreja: os esposos são verdadeiramente uma só carne, inspirados e guiados por um só espírito na oração, mortificação, sofrimento, alegria etc. (*Ad uxorem*, 2, 9); considera a possibilidade das segundas núpcias na obra endereçada a sua esposa (*Ad uxorem*), embora tenha ocasião de exaltar o "sacerdócio da viuvez" (*Ibid.*, 1, 7); mais tarde, opõe-se com força às segundas núpcias, tanto no *De exhortatione castitatis* como no *De monogamia*: em matéria de maldade o ato de segundas núpcias só é inferior ao fratricídio no paraíso (*De monogamia*, 4). Várias vezes Tertuliano fala com entusiasmo das virgens que preferiram Cristo a qualquer marido humano e a ele se consagraram e dele se tornaram esposas (*De oratione*, 22; *De exhortatione castitatis*, 13; *De virginibus velandis*, 3.9 e 16; *De resurrectione carnis*, 61; *Ad uxorem*, 1,4). Para os sacerdotes a monogamia é de obrigação, mas o culto da virgindade deve ser preferido (*De exhortatione castitatis*, 11 e 13; *De monogamia*, 12). É severíssimo quando se detém no modo de as mulheres se arrumarem: distingue o *cultus*, ou seja, o vestuário com todas as coisas acessórias, como são, por exemplo, as joias, as pedras preciosas etc. (o *mundus muliebris*), e o *ornatus*, ou seja, o cuidado da própria pessoa, a saber, dos cabelos, da pele, das unhas etc., com todo o arsenal dos perfumes (o *immundus muliebris*); mas afirma que ambos são uma invenção do diabo, pondo em perigo a castidade própria e dos outros, ao passo que a mulher deveria ser a "sacerdotisa da pudicícia", e que o uso do adorno em particular parece desaprovar a obra do Criador etc. (*De cultu foeminarum, passim*). Impõe o véu a todas as mulheres, não somente às casadas, mas também às viúvas e às virgens: o véu é um elmo e um escudo para evitar e até para prevenir as tentações, o escândalo, as suspeitas as maledicências etc. (*De virginibus velandis, passim; De oratione*, 21-22). Veda resolutamente a participação em qualquer espécie de espetáculo pagão, porque intimamente ligado ao culto idolátrico e escola de imoralidade e de crueldade: são "concistórios particulares de impudicícia, em que não é aprovado senão o que em outra parte não é aprovado" (*De spectaculis, passim*). Na existência cristã a fidelidade a Cristo é primordial: o Tertuliano montanista nega a licitude do serviço militar (*De corona*) e proíbe uma série de profissões para evitar todo contato com o paganismo idolátrico (*De idolatria*); nega também que se possa resgatar a vida ou fugir em tempo de perseguição: a fuga é equiparada à apostasia (*De fuga in persecutione*). Apenas convertido, por volta de 197 escreveu uma belíssima carta com que pretendia encorajar os "*martyres designati*", ou seja, os "confessores" a suportar com alegria e amor a pena do cárcere e os tormentos em vista do martírio: antes, o cárcere deve ser considerado um ginásio, onde se exercitam para a luta definitiva na arena, para obter uma coroa eterna.

BIBLIOGRAFIA. BARDY, G. *La vie spirituelle d'après les Pères des trois premiers siècles*. Tournai, 1968, 163-176, II; BECKER, C. *Tertullians Apologeticum. Werden und Leistung*. München, 1954; KARPP, H. *Schrift und Geist bei Tertullian*. Gütersloh, 1955; LORTZ, J. *Tertullian als Apologet*. Münster, 1927-1928, 2 vls.

(excelente); Moingt, J. *Théologie trinitaire de Tertullien*. Paris, 1966, 3 vls.; Murphy, F. X. The foundation of Tertullian's moral teaching. In *Thomistica morum principia*. Roma, 1961, 95-106; Nisters, B. *Tertullian. Seine Persönlischkeit und sein Schicksal*. Münster, 1950; Ramorino, F. *Tertulliano*. Milano, 1922 (ótimo); Roberts, R. E. *The theology of Tertullian*. London, 1924 (fundamental); Siniscalco, P. *Ricerche sul "De resurrectione" di Tertulliano*. Roma, 1966; Tibiletti, C. *Tertulliano e la dottrina dell'anima "naturaliter christiana"*. Atti dell'Accademia Scientifica di Torino, 1953-1954, 84-117.
Numerosas obras de Tertuliano foram traduzidas para o italiano nos últimos anos: C. Moreschini, *Opere scelte di Tertulliano*. Torino, 1974; P. A. Gramaglia traduziu e comentou, para as Edizione Paoline de Roma, no período 1979-1982; *Il battesimo, La corona, A scapula, Ai martiri* e *La testimonianza dell'anima*. Para uma análise da bibliografia recente: Dattrino, L. La libertà religiosa nell'"Ad Scapulam" di Tertulliano. In *Portare Cristo all'uomo*. Roma, 1985, 921-941; Siniscalco, P. Recenti studi su Tertulliano. *Rivista di Storia e Letteratura Religiosa* 14 (1978); 398-405; Tibiletti, C. La donna in Tertulliano. In *Misoginia e maschilismo in Grecia e in Roma*. Genova, 1981, 69-95.

Melchiorre di Santa Maria – L. Dattrino

TESTE. O termo teste (crisol, prova, exame) foi difundido pela literatura psicológica anglo-saxã no final do século XIX, para indicar o meio de medida aproximativa dos dados do diagnóstico psicológico-experimental (psicometria). Hoje, o termo original em inglês, *test*, que se traduz como "exame" ou "reagente" psicológico, significa uma prova (grupo de estímulos, "items") padronizada e controlada, idêntica para todos aqueles que voluntariamente aceitam se submeter a ela. Um indivíduo é submetido à prova para que das suas reações, objetivamente anotadas, se retirem os resultados a respeito dos traços da personalidade, ou as funções psíquicas, ou os modelos de comportamento, e sejam avaliados quantitativa e qualitativamente segundo critérios científicos.

A validade do teste, ou seja, a sua capacidade de medir os dados escolhidos, não é totalmente aceita por todos em virtude das objeções contra os critérios seguidos para determinar um teste que deve examinar uma atitude e contra a medida por ele oferecida; com efeito, o sucesso, por exemplo, numa atividade profissional medida por um teste não é índice seguro da atitude correspondente, porque o sucesso poderia derivar de outros fatores. Alguns então promovem uma análise fatorial, ou seja, o exame das variáveis ou resultados de um variado número de teste que põem em evidência um determinado fator (atitude, habilidade etc.), estudado em relação a diversas atividades práticas, de modo a descobrir que papel ele tem. Não faltam porém, nem mesmo nessa análise, as dificuldades de interpretação dos vários fatores. Definitivamente, a validade dos testes é limitada e relativa mesmo para a escolha dos "items" (cada unidade, problemas) que os compõem e para sua aplicação, porque os "items" admitem variações de duração, de tempo, de fatores acidentais. Terá tanto mais crédito a resposta de um teste quanto mais ele apresentar precisão de medida, constância na aproximação ao índice absoluto de mensuração, sensibilidade ou sutileza capaz de discriminar um indivíduo de um outro e entre diversos estádios evolutivos do mesmo sujeito, praticidade de emprego e economia de tempo na aplicação e na apuração dos dados, embora hoje os instrumentos eletrônicos se encarreguem disso. Os idealizadores dos testes se preocupam também com a comparabilidade das medidas entre si, oferecidas por um teste, e com as de outros testes. A variedade dos testes está aumentando porque os elementos psicológicos que se quer diagnosticar e medir são cada vez mais específicos, além dos costumeiros das aptidões, das habilidades, da vocação, da personalidade, da adaptação, do caráter etc. De tudo isso se conclui que o uso dos testes é por demais complexo. O emprego deles exige preparação adequada, experiência, vivo senso do limite, empenho consciencioso. É fácil incorrer em graves erros, e a facilidade de errar é maior quanto mais se quer definir uma avaliação global de um indivíduo. Mesmo que sejam provas aproximativas e limitadas, em razão de seu caráter de exames predispostos e fragmentários da realidade psíquica, os testes acabam sendo úteis à pesquisa psicológica, à pedagogia e à didática. Indiretamente, podem ajudar também à vida espiritual, seja para a escolha de uma vocação, seja para aderir a uma dada forma de vida espiritual (ativa ou contemplativa), seja para o uso de um particular exercício ascético (método de oração, penitências), para especialização nos diversos setores do apostolado (pregação, didática, publicidade etc.) e para o emprego de particulares subsídios espirituais (direção espiritual, exercícios de piedade etc.). É desejável, apesar das reservas que o uso dos "exames mentais e psicológicos" comporta, que todos os que se empenham em perseguir uma meta de perfeição cristã e no início acham tão árduo o caminho a ponto de serem tentados a renunciar, possam dispor de testes para diagnosticar seus traços psicológicos, suas aptidões etc., e desse modo fazer as escolhas dos meios que facilitam a ascese.

BIBLIOGRAFIA. ANASTASI, A. *Psychological testing*. MacMillan, New York, ⁴1976; BROWN, F. G. *Principles of educational and psychological testing*. Holt-Rinehart and Winston, New York, ²1976; CALVI, G. Gli strumenti diagnostici in psicologia. In *Questioni di psicologia*. Brescia, 1962, 627-671; FISHER, G. H. *Einführung in die Theorie psychologischer Tests*. H. Huber, Bern, 1974; HARRI, D. B. La misurazione e la valutazione. In WILSON, J. A. R. et al. (eds.). *Fondamenti psicologici dell'apprendimento e dell'insegnamento*. La Scuola, Brescia, 1975; HILGARD, E. R. *Psicologia*. Firenze, 1971, 455-490; TRENTINI, G. C. I metodi di indagine psicologica. In *Questioni di psicologia*. Brescia, 1962, 73-116; WRIGHT, D. S. – TAILOR, A. *Introduzione alla psicologia sperimentale*. Boringhieri, Torino, 1977.

G. G. PESENTI

TESTEMUNHO. 1. NOÇÃO. Segundo o Antigo Testamento, testemunho significa exprimir uma vontade, seja ela própria daquele que a exprime, seja de outro. Entre os gregos, testemunhar é atestar um fato: testemunha por excelência é a testemunha ocular, que declara o que viu. Para São Paulo, ser testemunha significa ser portador da revelação de Deus, da sua vontade de salvação, a qual não pode deixar de suscitar a oposição de satanás. De modo semelhante, atesta São João. De forma sintética, segundo o Novo Testamento, o testemunho é a atestação de um fato cuja veracidade está fundada na palavra mesma da testemunha. O fato que se atesta é a vontade de salvação de Deus, a sua revelação, o seu plano de chamar os homens à participação da sua vida divina.

2. TESTEMUNHO DE JESUA E DOS APÓSTOLOS. Jesus é a testemunha por excelência (Ap 1,5); veio ao mundo para dar testemunho da verdade (Jo 18,37). "Cristo, o grande profeta, o qual, com o testemunho da vida e com a virtude da palavra, proclamou o reino do Pai" (*LG* 35). Ele testemunha o que viu e entendeu junto ao Pai (Jo 3,11); dá testemunho contra o mundo mau (Jo 7,7); e testemunha o que ele é por si mesmo (Jo 8,13). A sua confissão diante de Pilatos é um testemunho supremo (1Tm 6,13), que torna manifesto o plano divino da salvação (1Tm 2,6).

O valor do testemunho do Senhor é confirmado por outros testemunhos: o de João Batista (Jo 1,6ss.), o das obras de Jesus (Jo 5,36), do → PAI CELESTE (Jo 5,31) e das Escrituras (Jo 5,39). O mesmo Espírito, que se dá à alma cristã, dá testemunho tanto de Jesus (Jo 15,26) como do nosso estado de filhos de Deus (Rm 8,6).

A fim de que o testemunho do Senhor seja levado através dos tempos a todos os homens, constituem-se o testemunho direto dos apóstolos (At 1,8) e o indireto da comunidade cristã de Jerusalém.

"Para cumprir essa missão, Cristo Senhor prometeu aos apóstolos o Espírito Santo e no dia de Pentecostes o enviou do céu para que, com a sua força, fossem testemunhas até os confins da terra, diante das nações e dos povos e reis" (*LG* 24). O testemunho dos apóstolos está fundado no conhecimento direto dos fatos que eles atestam e na missão recebida para os atestar. Os apóstolos estiveram com Jesus desde o início da vida pública até a ascensão (At 1,21-22): eles enunciam e transmitem "o que ouvimos, o que vimos com nossos olhos, o que contemplamos e nossas mãos tocaram" (1Jo 1,1), ou seja, todos os acontecimentos da vida de Cristo e sobretudo a sua morte e ressurreição. Para a transmissão desse testemunho os apóstolos se sentem escolhidos por mandato recebido do Senhor: "E como proclamá-lo sem ser enviado?" (Rm 10,15). "Sereis então minhas testemunhas em Jerusalém, em toda a Judeia e Samaria, até as extremidades da terra" (At 1,8). A eficácia desse testemunho oficial provém do atestado do Espírito (Rm 8,16), que o Senhor enviou ao íntimo de cada apóstolo.

Os fatos do Cristo, que os apóstolos testemunham, têm valor e significado para o destino de toda pessoa. Por isso, os apóstolos, mediante o testemunho deles, quiseram provocar entre os homens uma mudança total de vida. Para os apóstolos o Cristo é a única pessoa na qual a humanidade pode obter a salvação (At 4,12). O autêntico testemunho apostólico (diferentemente do histórico), além de comunicar os fatos na verdade deles, tem o encargo de os transmitir em seu próprio significado de valor salvífico. Os apóstolos não comunicam somente o que viram e ouviram, mas ao mesmo tempo são chamados a convencer como em tudo isso está presente algo que dá um sentido a toda existência humana. Tratando-se de realidades decisivas para a vida espiritual, não pode ficar indiferente nem quem as comunica nem quem as ouve.

Os apóstolos transmitem os fatos do Cristo e as verdades evangélicas, mas como fatos e verdades que já permearam e impregnaram toda a existência deles: por meio da própria vida testemunham ter percebido o valor do que anunciam e mostram isso aos outros. E é por isso que o testemunho deles exerce um fascínio e um apelo espiritual: além de testemunhar com a palavra (Lc 1,2) e com os sinais milagrosos (At 2,43), o fazem com a própria vida pessoal até aceitar as perseguições e o martírio (Jo 15,20).

3. O TESTEMUNHO DA COMUNIDADE CRISTÃ PRIMITIVA.
O Espírito Santo testemunha não somente por meio da pregação e da vida dos apóstolos, mas também por meio de todos os que acolhem a palavra do Senhor. Com efeito, o Espírito está presente na comunidade cristã e nos seus membros, tendo em vista pôr em prática o testemunho do Cristo Senhor.

Na Igreja primitiva esse testemunho se manifestava numa vida coparticipada comunitariamente na alegria, na caridade e na oração (At 2,44-47). Desse modo, os cristãos mostram, por intermédio da própria conduta, o significado e o valor do que os apóstolos enunciavam; mediante a própria vida santa ofereciam o testemunho coletivo em favor da pregação; mediante a caridade vivida realizavam um serviço em favor da palavra evangélica, buscando nela a capacidade de converter os corações humanos.

O testemunho direto dos apóstolos e o indireto da comunidade cristã são complementares entre si: um não pode existir sem o outro. O primeiro enuncia os fatos decisivos para a vida humana, o segundo mostra seu significado e o valor na consistência da vida cotidiana. A pregação que não é acompanhada pela santidade da vida do pregador e da comunidade eclesial local tem escassas possibilidades de sucesso. A santidade da comunidade eclesial faz parte da pregação. A palavra de Deus é anunciada tanto quanto for autenticada como divina por sinais físicos ou morais. A santidade é um desses sinais, talvez o principal. Sem a santidade da Igreja, a pregação não poderia se mostrar como → PALAVRA DE DEUS. Igualmente, sem a pregação, a santidade da Igreja não poderia manifestar o mistério da sua beleza espiritual.

4. O TESTEMUNHO DO POVO DE DEUS.
O povo de Deus, "constituído por Cristo para uma comunhão de vida, de caridade e de verdade, é também por ele elevado a ser instrumento da redenção de todos e, como luz do mundo e sal da terra (cf. Mt 5,13-16), é enviado a todo o mundo" (*LG* 9).

Para realizar essa missão messiânica, o povo de Deus deve viver cada vez mais intimamente unido a Cristo, seu chefe; deve ser uma só coisa com ele, como ele é uma só coisa com o Pai. Somente no Senhor é que se busca toda força de salvação e santificação. Quanto mais os cristãos são inseridos vitalmente em Cristo, tanto mais descobrem sua singular grandeza; quanto mais eles se nutrem e participam de sua vida, tanto mais proclamam sua grandeza, que se eleva acima de todos como a do *Kyrios*. Os discípulos, à medida que são inseridos em Cristo, vão afirmando com a vida de fé e proclamando com a palavra que somente Jesus pode ser o Salvador universal. Os cristãos são chamados a ser testemunhas não tanto do acontecimento histórico da Páscoa quanto da morte e da ressurreição que eles vivem em Cristo e na Igreja para a salvação dos homens de hoje. Somente em virtude desse testemunho dos cristãos é que o Senhor pode continuar a estar vivo entre os homens, com eles e neles, até a consumação dos séculos. "O povo santo de Deus participa também do ofício profético de Cristo ao difundir por toda parte o vivo testemunho dele, sobretudo por meio de uma vida de fé e de caridade, e ao oferecer a Deus um sacrifício de louvor, ou seja, fruto de lábios que aclamam o nome dele" (*LG* 12).

Por isso, Jesus tornou um dever todo o povo de Deus ser autêntica testemunha da sua missão de salvação, testemunhar a validade perene do Evangelho, mostrar a força conservadora da sua caridade. O cristão e a comunidade eclesial inteira não podem negligenciar o dever do seu testemunho. Negligenciar-se-ia a essência mesma da vida cristã. "E essa solene ordem de Cristo de anunciar a verdade salvífica, a Igreja a recebeu dos apóstolos para ser cumprida até o último confim da terra. [...] Com efeito, ela é impulsionada pelo Espírito Santo a cooperar para que seja cumprido o plano de Deus, o qual constituiu Cristo princípio da salvação para o mundo todo" (*LG* 17).

O objetivo do testemunho é convencer as pessoas a aceitarem a autoridade suprema do Cristo, a confiarem inteiramente nele, a estarem a seu serviço no amor, na comunhão da sua Igreja. E a fim de que Cristo seja anunciado de um modo menos inadequado, o cristão o deve revelar não somente mediante a palavra, mas também com a vida exemplar (1Pd 2,12); deve mostrar em si mesmo que é transformadora a graça do Senhor.

Não é suficiente ter Cristo na própria vida interior. O cristão deve saber se pôr em comunhão com os outros. O ânimo dos homens se abre à verdade unicamente diante de um gesto de amor. Os cristãos de hoje, para testemunharem de modo eficaz, são chamados a ser homens do diálogo, estimulados pela paixão de estabelecer vínculos entre os homens; eles se sentem como enviados com o objetivo de unir os irmãos numa comunhão caritativa em Cristo. É a caridade do Senhor que os induz ao respeito da pessoa dos irmãos que erram, que os conserva disponíveis a serem integrados pelos mesmos não crentes, que os leva a caminhar juntos com os irmãos separados para uma posse maior da verdade de Cristo.

Eis por que o Concílio Vaticano II falou de testemunho num contexto de liberdade religiosa e não de proselitismo. O proselitismo não é algo apenas absolutamente diferente do testemunho, é sua corrupção. Deve-se falar de proselitismo quando, para forçar uma adesão à Igreja, se faz recurso à adulação, às pequenas ofertas, a uma pressão injustificada ou à intimidação; quando se prepõe o sucesso temporal da comunidade eclesial a uma difusa caridade vivida em Cristo; quando se procura o sucesso da igreja própria, caluniando outra; quando procuramos a nós mesmos mais que o bem de uma alma que nos é confiada. Esses desvios de proselitismo denunciam falta de confiança no poder do Espírito, desinteresse pela dignidade da pessoa humana, ignorância da autêntica mensagem evangélica.

5. EXPRESSÕES VÁRIAS DO TESTEMUNHO CRISTÃO. A expressão mais elevada e mais completa de testemunho cristão se verifica no martírio (→ MÁRTIR). No Novo Testamento a perseguição é uma consequência do testemunho ("por causa [...] e do testemunho de Jesus", Ap 1,9). Quem anuncia a vontade de Deus, o seu plano de salvação para o homem suscita necessariamente a oposição de satanás. Por isso Jesus predisse aos seus discípulos que haveriam de ser, como ele, denunciados e traídos diante dos tribunais (Mt 10,16-18; Mc 13,9; Lc 21,12-13).

No martírio o cristão dá testemunho de Cristo mediante virtudes e valores autenticamente sobrenaturais: ele dá testemunho da própria caridade (que une ao Verbo encarnado), da própria fé no Senhor e da força em tolerar a morte de modo impávido. O testemunho do martírio não é possível sem o conforto e a ajuda da graça. O testemunho da fé, consagrada pelo testemunho do sangue, manifesta não tanto a generosidade de um homem quanto o poder do Espírito que nele operou. Com efeito, implica o exercício heroico da virtude infusa da fortaleza, que haure do Espírito sua vitalidade, acima dos confortos da razão. "Desde os primeiros tempos, alguns cristãos foram chamados, e o serão sempre, a dar esse máximo testemunho de amor diante dos homens e especialmente diante dos perseguidores. Por isso, o martírio, com o qual o discípulo se torna semelhante ao Mestre, que livremente aceita a morte para a salvação do mundo e a ele se conforma na efusão do sangue, é estimado pela Igreja como dom insigne e suprema prova de caridade" (*LG* 42).

A missão de testemunhar é essencialmente realizada por todo membro da Igreja. Todo leigo é testemunha de Cristo. "O apostolado dos leigos é participação na mesma missão salvífica da Igreja, e a esse apostolado estão todos destinados pelo próprio Senhor por meio do batismo e da confirmação. [...] Todo leigo, em razão dos próprios dons recebidos, é testemunha e ao mesmo tempo instrumento vivo da própria missão da Igreja 'segundo a medida com que Cristo lhe deu o seu dom' (Ef 4,7)" (*LG* 33). "O sumo e eterno sacerdote Jesus Cristo, querendo continuar também por meio dos leigos o seu testemunho e o seu ministério, vivifica-os com o seu Espírito e incessantemente os impulsiona a toda obra boa e perfeita" (*Ibid.*, n. 34).

Em virtude do testemunho da palavra, do apostolado e do próprio empenho cotidiano vivido de modo cristão, o fiel se torna para os outros como um veículo da íntima graça divina. "De fato, nós somos diante de Deus o perfume de Cristo entre os que se salvam e entre os que se perdem; para uns, odor de morte para a morte; para outros, odor de vida para a vida" (2Cor 2,15-16). Se a palavra e a santidade da comunidade cristã não deixassem clara a própria mensagem de salvação, a graça de Deus ordinariamente não se comunicaria de modo difuso e claro (Jo 8,12).

Os cristãos são, pois, chamados a um testemunho totalmente próprio e singular quando entram no estado matrimonial ou no religioso.

Na vida matrimonial e familiar "os cônjuges têm a própria vocação para serem um para o outro e para os filhos testemunhas da fé e do amor de Cristo. A família cristã proclama em alta voz tanto as virtudes presentes do reino de Deus como a esperança da vida bem-aventurada. Assim, com o seu exemplo e com o seu testemunho acusa o mundo de pecado e ilumina aqueles que procuram a verdade" (*LG* 35). Já o estado religioso, "que torna os seus seguidores mais livres dos cuidados terrenos e também manifesta melhor a todos os crentes os bens celestes já presentes neste mundo, testemunha melhor a vida nova e eterna, conquistada pela redenção de Cristo, e prenuncia melhor a futura ressurreição e a glória do reino celeste" (*LG* 44).

O cristão ambiciona estar sempre mais bem conformado ao dom do Espírito ao testemunhar com o corpo e com a alma, na existência privada e pública, em vida e na morte que não é mais ele, mas que pertence ao Salvador Jesus Cristo; que está cheio de boa vontade de viver para o Senhor de modo a revelar seu nome aos homens e a se apresentar a Deus Pai como sacrifício vivo de gratidão em Cristo.

BIBLIOGRAFIA. ARNOLD, X. *Il mistero della fede*. Alba, 1955; BARRA, G. *Tempo di testimozianza*. Milano, 1955; BONHOEFFER, D. *Testimoniare Cristo fra i fratelli*. Torino, 1975; GRASSO, D. *L'annuncio della salvezza*. Napoli, 1965; HITZ, P. *L'annonce missionnaire de l'Évangile*. Paris, 1954; *La parola di Dio nella comunità cristiana*. Atti della VI Settimana nazionale di aggiornamento pastorale, Milano, 1957; *Limites de l'humain*. Paris, 1953; MUSSINI, A. *Testimoriare l'amore*. Fossano, 1978; *Seguire Cristo oggi*. Assisi, 1972; SPLETT, J. *Testimonianza della gioia*. Brescia, 1969; TRUHLAR, K. V. *Cristo nostra esperienza*. Brescia, 1968.

T. GOFFI

THEOLOGIA DEUTSCH. 1. ORIGEM E INFLUÊNCIA. Com esse título se indica um breve tratado anônimo de teologia espiritual, cuja composição se diz remontar aos últimos decênios do século XIV e cujo título completo soa: *Theologia deutsch die lehret gar liebliche Erkenntnis göttlicher Wahrheit und sagt gar hohe und gar schöne Dinge von einem volkommennen Leben* ("Teologia alemã, a qual ensina muitos amáveis conhecimentos da divina verdade e diz coisas verdadeiramente altas e verdadeiramente belas da vida perfeita").

A origem do tratado deve aparentemente ser buscada na linha doutrinal daqueles círculos que são indicados com as denominações de Amigos de Deus ("Gottesfreunde") e de Mestres de vida ("Lebensmeister"); Lutero, que apreciava muito o tratado e o editou duas vezes (1516, 1518), parecia querer atribuí-lo a → TAULERO; Hans Pfeiffer, que em 1851 cuidou de sua primeira edição, modificando a escritura do texto, encontrou num manuscrito da ex-abadia cisterciense de Bronnbach, em Wertheim a indicação de autor: O frankfurtense ("Der Frankfurter") que foi, como se lê no Prefácio, um padre, guarda de uma casa de cavalheiros da Ordem teutônica em Frankfurt a. M., que talvez possa se identificar com J. Lagenator. A pequena obra penetra as raízes naquela corrente bem conhecida na história da mística medieval, que tem o nome de mística alemã ("Deutsche Mystik"), a qual tem seus precursores em São Bernardo, Hugo e Ricardo de São Vítor, Santo Tomás e São Boaventura, e como representantes mais em vista o célebre trio dominicano alemão, o Mestre → ECKHART, o místico Henrique → SUSO e o tratadista João Taulero de Estrasburgo, aos quais se podem juntar Rulman Merswin e Henrique de Nördlingen. Pesquisas linguísticas e a recente descoberta do ms. de Munique permitem datar a obra na segunda metade do século XIV. Trata-se, portanto, do ambiente espiritual do qual nasceu a mística chamada de → DEVOTIO MODERNA, que é uma mística voltada mais para a contemplação vivida do que para a fundamentação teológica como no século anterior. Todavia, não está na mesma linha do *De imitatione Christi*, de que reflete ou repete a desconfiança em relação à pura teologia especulativa. Foi indicada também a afinidade com as orientações místicas heréticas dos Frades boêmios e do boêmio Ackermnan, contemporâneo de J. Hus.

Sua influência — contam-se 190 edições, das quais 124 em língua alemã — foi extraordinária graças à autoridade de Lutero, que na introdução da sua primeira edição o apresentou como o livro no qual, "ao lado da Bíblia e de Santo Agostinho, ele tinha aprendido mais que qualquer um quem eram Deus, Cristo, o homem e todas as coisas". E, admirando sua língua alemã, declarava com aberta satisfação e com evidente pomposidade: "Agradeço a Deus por poder por isso sentir e encontrar o meu Deus em língua alemã, como nem eu nem vós jamais tínhamos encontrado nem em latim nem em hebraico. Que Deus conceda que esse livreto seja mais conhecido em nossos dias, e então teremos que os melhores teólogos alemães serão os melhores teólogos. Amém!". Em particular, referem-se aos ensinamentos da *Theologia Deutsch* os representantes da escola teosófica, como S. Franck, V. Weigel, J. → BÖHME, → JOHANN ARNDT, → SPENER e Oesinger e toda a tradição pietista até Schopenhauer, ao passo que na área católica não encontrou grandes consensos.

2. ESTRUTURA E LINHA DOUTRINAL. Não é fácil, porém, caracterizar de perto a fisionomia própria e a origem da doutrina da *Theologia Deutsch*, e o texto é muito parco em indicações precisas: nomeiam-se apenas o pseudo-Dionísio, Boécio, Taulero... O que se pode dizer em geral é que o seu conteúdo, como toda a produção mística do século XIV, revela uma evidente e profunda origem neoplatônica, inspirada na fonte dos escritos dionisianos e nas especulações sobretudo do Mestre Eckhart. Compreende-se por que então no nosso livro o texto bíblico, ainda que tenha seu lugar de honra, na realidade tem simplesmente a função de sugerir reflexões que procedem por conta própria e segundo um esquema mais filosófico que escriturístico: nesse sentido ele pode muito bem ser chamado de um "fruto tardio" da mística alemã (J. Bernhart). Mas o tratado dificilmente se presta a ser resumido com fórmulas técnicas. Os 54 capítulos, de que ele consta, seguem-se sem nenhuma ordem sistemática: têm por tema o ideal neoplatônico da $θείωσις$ (= divinização, "Vergottung") da alma para se aproximar de Deus nesta vida do tempo e realizar a união perfeita na eternidade. A obra pode ser dividida em duas partes de desigual proporção: a primeira (cc. 1-13) considera a → UNIÃO COM DEUS em si mesma, ao passo que a segunda (cc. 14-53) descreve a via para lá chegar. Antes de tudo é anunciado o tema central, com as palavras de São Paulo ("quando vier a perfeição, o que é limitado será abolido", 1Cor 13,10), e se explica que o que é inconsistente em si e dependente existe verdadeiramente só em conexão com o perfeito e se reporta a ele como o clarão e o aparecimento da luz e do sol se reportam à própria luz e ao próprio sol: o perfeito como tal jamais pode ser entendido, compreendido, conhecido e expresso. Todavia, a chegada do perfeito, de que fala São Paulo, consiste pelo menos na possibilidade de que ele seja conhecido, sentido e apreciado pela alma: a aparente contradição se resolve pela observação de que se a criatura é impedimento à união do imperfeito com o perfeito, essa não era a intenção de Deus. Deus, como bem supremo, não quer se esconder de alguém, mas quer ser conhecido por todos: a criatura não pode ficar fechada no seu limite, não deve fazer do seu eu o centro, mas deve aniquilar todo egoísmo para se unir ao perfeito (c. 1). Daí se passa à consideração do pecado e dos obstáculos que ele produz na alma (cc. 2-5); segue a exposição dos princípios positivos presentes no homem e sobretudo na parte inferior da alma (cc. 6-13). A segunda parte, depois de uma introdução (c. 14), mostra por sua vez duas seções: na primeira mostra que é sobretudo com a obediência ("Gehorsam") que o homem chega à união com Deus (cc. 15-29), na segunda mostra que essa união constitui a verdadeira liberdade (cc. 30-52); com efeito, o orgulho e a falsa liberdade são irmãs gêmeas. O itinerário tem como pontos focais a meditação da queda de Adão e da reparação em Cristo (cc. 15-25), dos maus e dos bons frutos da alma (cc. 26-29). A segunda seção, que de fato não é um modelo de ordem como a *De imitatione Christi*, considera nos seus vários aspectos a relação mútua de obediência-liberdade, o seu modelo que é a obediência de Cristo, e seus obstáculos. Assim, encontramos repetidamente o convite à consideração da vida de Cristo (cc. 31.38.45), dos perigos oriundos do apego à própria vontade (cc. 49-51), dos caracteres da perfeição cristã (cc. 32-35.41) segundo a qual o homem deve encontrar somente em Deus uma completa satisfação e verdadeira paz ("ein volles Genügen und wahre Ruhe", c. 46). O tratado se encerra com a consideração de que o homem não deve procurar em nenhuma coisa a própria vantagem, nem no espírito nem na natureza, mas somente a honra de Deus ("Ehre Gottes") e deve procurar entrar na vida eterna pela porta certa, que é Cristo (c. 54).

O fulcro dessa doutrina parece-nos ser o c. 16, que fala dos "dois olhos espirituais (ou duas luzes) com as quais o homem vê na eternidade e no tempo (ou seja, volta-se para Deus e para as próprias obras) e como um é impedido pelo outro, [...] pois ninguém pode servir a dois patrões ao mesmo tempo". É óbvia aqui a influência do dualismo neoplatônico: o princípio das "duas luzes" volta no c. 42 (talvez o mais especulativo do tratado), que pergunta "se é possível conhecer a Deus e não o amar e como existe uma dupla luz e um duplo amor, um verdadeiro e outro falso. Na conclusão, acentua-se a doutrina da graça na linha agostiniano-tomista com o comentário aos dois textos joaninos: "Ninguém vai ao Pai senão por meio de mim" e "Ninguém pode vir a mim, se o Pai não o atrai". São essas as linhas espirituais daquele que aspira a se tornar um verdadeiro imitador de Cristo ("ein wahrer Nachfolger Christi", c. 52).

Uma vez esclarecida a orientação, é difícil pôr em dúvida o caráter ortodoxo das doutrinas da *Theologia Deutsch*; a sua inserção no Índice (na tradução latina de Sebastião Castellon, 155 com o título *Theologia germanica,* com decr. de 13 de novembro de 1612 e 9 de set. de 1618) deve talvez ser atribuída mais ao abuso cometido pelos reformadores calvinistas do que ao conteúdo em si. Nem faltou por parte dos protestantes o reconhecimento do profundo contraste ("ein grosser Gegensatz") entre a doutrina da *Theologia Deutsch* (especialmente na parte cristológica) e a teologia de Lutero (F. Cohrs). O pensamento-mestre do tratado, com efeito, é que a paz e a felicidade do espírito, o homem a deve encontrar no abandono em Deus e à vontade dele, na qual consiste sua verdadeira liberdade, em profunda humildade e abnegação de si e na conformidade com Cristo — o que foi sempre a linha mestra da mística e da espiritualidade cristã autêntica.

Em particular, a *Theologia Deutsch* insiste na doutrina tradicional de que o obstáculo principal à união com Deus não deve tanto ser visto essencialmente em alguma força extrínseca que domina o homem, como na teologia luterana, quanto, sim, no egoísmo e na procura do próprio eu ("Selbstsuch"), contra o qual o homem deve combater e de que deve se despojar: esse despojamento exige que o homem se liberte do apego às criaturas e de todo afeto terreno.

BIBLIOGRAFIA. 1) Edições: o manuscrito original está perdido. O fragmento de texto mais antigo é de 1453-1473; o manuscrito mais antigo é de 1465 (completo), o mais conhecido e completo, de Bronnbach, é de 1497. Primeira impressão (parte do texto) de Lutero = 1516. Texto completo de Lutero = 1518. Primeira edição do texto original de H. Pfeiffer em 1851 (²1852). Em tradução italiana: Prezzolini, G. (ed.). *Libretto della vita perfetta.* Napoli, 1908. Texto crítico: Hinten, W. von. *Der Frankfurter (Theologia Deutsch).* München, 1982. Para todas as edições da *Theologia Deutsch* até 1961, cf. Baring, G. *Bibliographie der Ausgaben der Theologia Deutsch (1516-1961).* Ein Beitrag zur Lutherbibliographie. Baden-Baden, 1963.
2) Estudos: Balthasar, H. U. von. *Gloria.* Milano, 1977, 64-68, vl. V; Bizet, J. A. La querelle de l'anonyme de Francfort. *Études Germaniques* 3 (1948) 201-207; Cohrs, F. *Realencyclopädie für protestantische Theologie und Kirche* XIX (1907) 626-631 (fundamental); Gherardini, B. *La spiritualità protestante. Peccatori santi.* Roma, 1982, 25-30; Haas, A. M. Die "Theologia Deutsch". Konstitution eines mythologischen Textes. *Freiburger Zeit-schrift für Theologie und Philosophie* 25 (1978) 304-350 (estudo fundamental com bibliografia); Mittner, L. *Storia della letteratura tedesca.* Torino, 1977, 518-522, I; Wentz-Laff-Eggebert, Fr. W. *Deutsche Mystik zwischen Mittelalter und Neuzeit.* Berlin, ³1969; Zambruno, E. *La Theologia Deutsch. Storia e fortuna di un testo anonmimo. Rivista di Filosofia Neoscolastica* 78 (1986) 378-403; Id. Il desiderio del cuore o l'itinerario dell'uomo a Dio nella Theologia Deutsch. *Rivista di Filosofia Neoscolastica* 79 (1987) 509-535 (com bibliografia).

C. Fabro

TIBIEZA. Condição espiritual de quem se dá mediocremente à vida da graça. A tibieza é um estado que exclui seja o ódio a Deus com o pecado, seja o fervor com a generosidade do empenho pessoal. É uma espécie de letargia espiritual em que nos contentamos com o mínimo necessário para não apagar a graça, sem muitos esforços e sem muito empenho. É uma indiferença em relação à santidade e à perfeição que, sem desprezar formalmente a graça de Deus, não chega a animar e a vivificar a → vida interior. A alma com a tibieza vive um implícito compromisso que fatalmente leva à completa ruína espiritual. A inteligência recusa acolher e valorizar a luz que Deus lhe concede, a vontade não tem mais energia, o coração se torna gradualmente insensível ao amor de Deus. É um estado que geralmente não é notado no início, mas quanto, infelizmente, não há mais remédio seguro. A tibieza é causada pela indiferença com que se repetem os pecados veniais, sob qualquer forma como se apresentam. Porque beira a indiferença, é um estado que muito desagrada a Deus: "Maldito quem faz a obra do Senhor com desleixo" (Jr 48,10) e no Apocalipse é assim estigmatizada a tibieza: "Conheço as tuas obras: não és frio nem quente. Oxalá fosses frio ou quente! Mas, porque és morno, nem frio nem quente, estou para vomitar-te da minha boca" (Ap 3,15-16). A indiferença causada pela tibieza é para Deus maior ofensa que a aberta prevaricação, porque ela, como tal, pode dar origem, por reação, à conversão, ao passo que quem se contenta com o mínimo jamais estará em condições de significar mais e de adquirir fervor. Santa Teresa de Ávila nos seus *Pensamentos sobre o amor de Deus* desenvolve magistralmente a doutrina sobre a tibieza, que São → JOÃO DA CRUZ completa depois na *Subida do Monte Carmelo*. A santa carmelita fala também de uma tibieza mortal que leva quase inevitavelmente à condenação eterna (cf. *op. cit.*, 2, 1), mas essa última não faz parte propriamente do termo clássico de tibieza na qual se considera somente a que é produzida pelo pecado venial.

Deve-se observar logo, porém, que a verdadeira tibieza nasce e se desenvolve com o apego e o amor ao pecado venial mesmo; de outro modo, todos seriam atingidos. A nossa fraqueza e fragilidade são tão grandes que não se pode imaginar como uma alma possa passar toda a vida sem cometer algum pecado venial. Foi esse um "singular privilégio" concedido a Maria por seu igualmente singular privilégio de ser Mãe de Deus; o que caracteriza a tibieza como tal é o apego e o hábito em relação ao pecado venial; assim a alma demonstra que o que lhe interessa não é Deus, mas a sua vantagem, tanto material como corporal, com prejuízo da vida interior. Justamente para não perder a vantagem espiritual do paraíso, e não por puro amor de Deus, não se abandona o Senhor com o pecado, mas também não se cai no incômodo de procurar por meio da generosidade o que é santo e perfeito.

As formas sob as quais se esconde a tibieza são muitas. Antes de mais nada, pode estar camuflada no apego às coisas deste mundo. Quantas pessoas amam as comodidades, ou seja, a facilidade em todas as coisas, reduzindo assim o esforço ao mínimo necessário, perdendo com isso o hábito à fadiga, à aplicação, ao esforço da vontade e dos músculos, fraquejando diante da imposição de um trabalho que devia importar → DOMÍNIO DE SI e domínio da própria vontade. A facilidade em todas as coisas traz consigo uma diminuição de empenho que necessariamente se reflete também no âmbito da vida interior. Um outro motivo que pode afastar de Deus é decididamente a complacência e o desejo do louvor. Não é difícil encontrar pessoas espirituais que gostam de ser consideradas como tais e desejam ser consideradas santas; pouco a pouco, depois de ter ouvido muito repetir isso como um elogio, convencem-se de o serem de verdade e acham que não são compreendidas por quem, vendo além das aparências, avalia o empenho delas, não ficando nada convencida de que se trate de verdadeira santidade. Quem está realmente próximo de Deus vê na verdadeira luz também as menores imperfeições e não pode suportar ser julgado de modo diferente do que sente ser diante de Deus. Infelizmente, a ambição da santidade (não o verdadeiro desejo dela) induziu em engano muitas pessoas que, julgando-se já imunes de ilusões, abriram as portas de sua alma a todo tipo de lisonja, destruindo gradualmente aquele pouco fervor e piedade que tinham adquirido com tanto esforço, caindo fatalmente na tibieza. Os efeitos da tibieza são infelizmente tão mais deletérios quanto em geral pouco percebidos; esse estado de ânimo pode ser comparado à água que lentamente penetra nas paredes e nos revela a ruína que está para acontecer somente quando o perigo já é iminente e o remédio quase impossível. Trata-se de tibieza que gerou um estado de pecado, geralmente se acaba com a impenitência final, porque a alma não tem a estima de Deus e não tem vontade de se empenhar nem sequer durante os últimos instantes da vida, cansada talvez da doença, ou enganada pelas circunstâncias sobre o real estado dela. Mesmo quando não se trata de pecado moral, a tibieza tem sempre consequências muito perigosas porque gera um engano da consciência dificilmente perceptível. Somente quem dá atenção com fervor à própria vida espiritual e controla seu andamento pode se dar conta das falhas que se abrem na própria pequena embarcação jogada pelas ondas da vida contra os escolhos das tentações e dos diversos perigos que atentam contra o fervor e a generosidade da alma.

A tibieza gera também → PRESUNÇÃO: pelo fato de evitar com certa habilidade o pecado (justamente e sempre para não comprometer a própria felicidade) já acreditamos progredir na virtude e às vezes arriscamos dar conselho no que diz respeito à vida interior. São → JOÃO DA CRUZ observa diversos efeitos produzidos na alma pelo apego ao pecado venial (*Subida*, 1,12): em primeiro lugar, esses apegos "cansam" a alma porque são como as crianças irrequietas em torno da mãe delas. Não a deixam trabalhar em paz e estão sempre querendo alguma coisa. Como o vento atira a chuva para todas as partes, assim a alma fica à mercê das próprias vontades. Em segundo lugar, a alma fica "atormentada"; com efeito, sente a beleza de Deus e o desejo de o servir bem, com generosidade; mas se vê obrigada a não ter paz, a sofrer, porque até as próprias vontade satisfeitas deixam sempre insatisfação. Como as nuvens ocultam a nossos olhos os raios do sol, assim os desejos desordenados escondem a luz de Deus e a alma se encontra no escuro, sem ter mais nem guia nem orientação para o bem.

Uma vez que toda expressão de uma criatura deixa sempre alguma marca da sua imperfeição em quem a ama, assim, quanto mais apegos existir, mais a alma deve se considerar manchada. Por fim, os apegos atendidos "enfraquecem" a vontade porque a força de embate espiritual fica disperso nos vários objetos que atraem e dividem a alma.

Santa Teresa, especialmente no *Caminho de perfeição* (c. 4), sugere os remédios para isso. Em primeiro lugar, é preciso estar vigilante a respeito de si mesmo e não confiar na paz que é fruto não de perfeita pacificação interior, mas somente de um tácito e implícito compromisso conosco mesmos. A vigilância deve estar unida a um certo controle espiritual que se pode fazer no exame cotidiano de consciência, por ocasião do → RETIRO MENSAL e durante os → EXERCÍCIOS ESPIRITUAIS. Esse remédio é de certo modo "externo", é uma válvula de segurança, um detector de perigo para o organismo espiritual. É preciso, porém, acrescentar outros remédios internos, que eliminam por dentro o tóxico espiritual a que podemos estar sujeitos ao longo de nossas jornadas de trabalho. Em primeiro lugar, é preciso orar para adquirir o Santo → TEMOR de Deus: junto dele é impossível o engano, porque na sua presença podemos refletir a nossa alma na sua pureza e na sua santidade. Podemos ver assim se há aqueles sentimentos de generosidade que devem animar todo autêntico amigo de Deus. A proximidade da divina majestade nos dará aquele sentimento de responsabilidade pelo qual o serviço de Deus será visto como um autêntico testemunho de amor com todas as implicações de sofrimento e de oferta que ela comporta; e justamente o temor de Deus impedirá que a alma sirva o Senhor por hábito e com negligência. Essa responsabilidade servirá também para nos fazer evitar — consequentemente — que nos acostumemos ao pecado venial e à imperfeição voluntária, fontes primárias da tibieza. Uma vez que ela é um enfraquecimento espiritual, um outro meio eficaz para a combater será a generosidade, ou seja, a doação incondicional de si à causa de Deus. Se a tibieza é um mal difuso e perigoso, a graça do Senhor oferece remédios eficazes; assim, quem quer se empenhar seriamente na vida espiritual não deve temer, mas apenas se empenhar com todas as forças na conquista da santidade.

BIBLIOGRAFIA. Gabriele di Santa Maria Madalena. *Intimità divina*. Roma, 1963; Häring, B. *Testimonianza cristiana in un mondo nuovo*. Paoline, Roma, 1963; João da Cruz. *Salita del Monte Carmelo*. Roma, 1963; Lefebvre, G. *Les chemins du ciel*. Bruges, 1963; Schryvers, G. *I principi della vita spirituale*. Torino, 1940; Teresa de Jesus. *Opere*. Roma, 1963; Vigilio, P. *La tiepidezza*. *Rivista di Vita Spirituale* 3 (1949) 43-70.

C. Gennaro

TICHON ZADONSKIJ. 1. NOTA BIOGRÁFICA. Nasceu em 1724, de uma família pobre da vila de Korack, não distante de Novgorod. Recebeu no batismo o nome de Timofej. Tendo ficado órfão do pai, cresceu em extrema miséria e foi obrigado a trabalhar desde a mais tenra idade. Em 1738, entrou para a escola eclesiástica, empenhou-se com proveito nos estudos e mais tarde foi admitido no seminário de Novgorod, no qual completou os estudos, adquirindo um bom conhecimento do grego, das Escrituras e dos Padres. Graças às suas capacidades, foi nomeado professor de retórica no mesmo seminário. Já nesse período se manifestou nele o amor pela solidão e a inclinação para a vida contemplativa, que o estimularam à profissão monástica em 1758. No ano seguinte tornou-se reitor do seminário de Tver e arquimandrita da laura dessa cidade. Em 1761, foi eleito bispo sufragâneo de Novgorod e, em 1763, bispo de Voronež, uma das dioceses mais vastas e difíceis pela variedade das etnias e das culturas da região. Ali ficou quatro anos e sete meses desenvolvendo uma grande atividade pastoral, sobretudo em contato com o clero, muitas vezes ignorante e de pouco nível moral. Preocupou-se em reerguer a vida monástica, em dar impulso à catequese e à pregação, atirando-se com energia contra os resquícios de paganismo no povo. Sua grande atividade pastoral e seu ascetismo, todavia, minavam então a sua já delicada saúde. Assim, pediu demissão do seu trabalho, a qual foi aceita em 1767. Estabeleceu-se então em Zadonsk, não distante de Voronež, num pequeno mosteiro onde viveu uma vida extremamente simples, dedicando-se à oração, à leitura espiritual e à composição das suas obras mais importantes. Entre suas leituras preferidas não havia somente escritos dos Padres, mas também obras de escritores espirituais ocidentais, dentre os quais lembramos → JOHANN ARNDT (1555-1621), autor de *Vom Wahren Christentum*. Com a saúde restabelecida, foi por algum tempo atormentado pelo escrúpulo de ter deixado a atividade pastoral. Todavia, Tichon continuou a desenvolver no mosteiro obra de apostolado: muitas pessoas o procuravam para um conselho, uma oração ou uma ajuda material; ocupava-se com a educação religiosa das crianças da vila e visitava as prisões. Desde 1779 viveu recluso na sua cela, consagrando-se completamente à oração. Morreu no dia 13 de agosto de 1783. Em 1861 foi *canonizado* pela Igreja ortodoxa russa.

2. OBRAS E DOUTRINA. As suas obras principais são: *O istinnom christianstve* (Do verdadeiro cristianismo), *Sokrovišče duchovnoe* (Tesouro espiritual), *Pis'ma kelejnyja* (Carta da cela), *Nastavlenie christianskoe* (Instrução cristã), *O istine evangel'skago učenija* (Sobre a verdade da doutrina evangélica). Em todos seus escritos insiste de modo particular na → IMITAÇÃO DE CRISTO. Imitar a Cristo na sua vida terrena, nas suas virtudes cotidianas, nas suas fadigas, no seu espírito de sacrifício, na sua caridade com todos, na sua obediência: essa é a via mestra de todo cristão. "Cristãos", escreve, "se quisermos lá no céu ser conformes e semelhantes a Cristo na glória, temos de ser, aqui na terra, conformes e semelhantes a ele no nosso modo de viver e na paciência. [...] Quem quiser estar com Cristo no seu reino e na sua glória, deve ficar com ele, aqui neste mundo, imitá-lo na humildade, na paciência, e carregar a sua cruz" (*Sokrovišče*, par. 57, n. 6). Tichon fala de "Chistopodražatel'noe žitie" (vida imitadora de Cristo). Essa imitação se fundamenta, em primeiro lugar, na realidade da criação do homem à imagem e semelhança de Deus: o homem é imagem do seu Criador, que é "beleza ilimitada" e o modelo é o próprio Cristo na sua natureza teândrica. O pecado de certo modo "impregnou o nosso ser como um veneno mortífero", de modo que o homem perdeu a sua imagem divina, tomando a do diabo, da besta e da terra e se tornou escravo das paixões. O Filho de Deus desceu sobre a terra para renovar em nós a imagem divina e nos redimir. Essa libertação se realiza no → BATISMO. O cristão, renascido em Cristo, é chamado a lutar contra o demônio, o mundo e as paixões. Nesse caminho é importante, em primeiro lugar, a educação desde a mais tenra idade à oração assídua e à leitura das Escrituras. O homem realizará, assim, uma "vida imitadora de Cristo" e aprenderá a "seguir seus passos", em particular com a humildade, a obediência e a caridade para com os inimigos.

BIBLIOGRAFIA. 1) Obras: ZADONSKIJ, Tichon. *Tvorenja iže vo svjatych otca našego Tichona Zadonskago.* Moskva, 1875.
2) Estudos: ČEBOTAREV, V. I. — EFIMOV, I. *Zapiski o svjatitele Tichone ego kelejnikov Vasilja Ivanoviča Čebotareva i Ivana Efimova.* Moskva, 1874; GORODETZKIJ, N. *Saint Tichon Zadonskij Inspirer of Dostoevskij.* London, 1951; KOLOGRIVOFF, I. *I santi russi´*. Milano, 1977, 343-396; POPOV, M. *Svjatitel' Tichon Zadonskij i ego nravoučenie.* Moskva, 1916.

M. GARZANITI

TIMIDEZ. É um estado afetivo em que domina um vago e confuso temor da sociedade, considerada pelo tímido como realidade estranha, impermeável, incompreensível ou hostil a ele. A timidez se insere num sujeito pelo anormal desenvolvimento da emotividade, da tomada de consciência de si e dos outros, as quais não caminham junto com o desenvolvimento físico e intelectual, bem como com o aumento das relações sociais. Não deve ser confundida com o medo ou o temor, determinados por iminente perigo e muito menos com o temor de Deus, dom do Espírito Santo; não deve ser confundida com a → MELANCOLIA, em que estão presentes ideias delirantes e apáticas, nem com a modéstia, que é um reto juízo do próprio valor e da consequente possibilidade de ação. A timidez pode se desenvolver com uma base fisiológica de vagotonia e de emotividade na idade evolutiva, quando o sujeito é impedido na atualização das próprias energias físicas, de aptidão, afetivas etc. A timidez normal da criança diante de situações insólitas, de objetos não habituais, bem como a (também normal) do adolescente diante de pessoas estranhas, de pessoas severas criadas por sua fantasia, de pais severos, de companheiros prepotentes, pelos defeitos físicos ou mentais pode degenerar numa conduta social de reserva, de lentidão, de difícil adaptação, de inatividade. Ao contrário, as emoções de temor, moderadas, que provêm do ambiente educativo, ajudam a criança a adquirir segurança pessoal, confiança em si mesmo e nos outros. É indispensável ajudar a criança a conhecer logo a relação entre causa e efeito assustador, a experimentar muitos fatos que incutem temor, a avaliar as crendices irracionais, a se considerar capaz de se afirmar, a não se deixar condicionar pelas experiências espantosas do passado, a relaxar o próprio físico, a evitar as situações que são fonte de temor, a exercer as próprias energias físicas, de aptidões etc. Para tudo isso concorrerá também um adequado bem-estar material.

A timidez leva o sujeito a assumir uma atitude subordinada, servil, parasitária em relação aos mais corajosos, ao desempenho de grupos sociais mais fortes, à procura de um ambiente social tranquilo e livre de graves responsabilidades, a se refugiar de boa vontade num mundo de fantasias em que ele assume o papel de forte e corajoso protagonista.

Sob o ponto de vista ascético, a timidez é nociva porque contrasta com os pressupostos da perfeição cristã: leva à desconfiança do próximo, impedindo a disponibilidade a serviço dos outros e ao sacrifício de si. É indispensável que o sujeito se liberte da timidez sozinho ou, mais oportunamente, com a ajuda de pessoa normal, nutrindo-se no juízo positivo de si e das próprias possibilidades de ação, e num redimensionamento dos outros, operando fora do próprio ambiente, em diversas direções. Na vida do espírito o tímido continua uma criança, porque facilmente se perturba, se sente mal, se agita e perde o controle; porque é associal, não participa das conversas, eclipsando-se, rejeitando responsabilidades; porque é um inativo, ou seja, por não ter iniciativa, não estimula a própria criatividade.

BIBLIOGRAFIA. HILGARD, E. R. *Psicologia*. Firenze, 1971, 184-213; JUDET, G. *La timidité*. Paris, 1951; MOUNIER, E. *Trattato del carattere*. Paoline, Roma, 1957; PERUGIA, A. Gli aspetti evolutivi della personalità. In *Questioni di psicologia*. Brescia, 1962.

G. G. PESENTI

TOMÁS DE AQUINO (Santo). 1. NOTA BIOGRÁFICA. Nasceu em 1225 no castelo de Roccasecca, perto de Aquino (hoje província de Frosinone) da nobre família dos Aquino, senhores de Roccasecca. Aos cinco anos, confiado como oblato (→ OBLATOS) aos monges de Montecassino, revelou bem cedo sua inteligência viva e precoce. Tendo voltado à família aos 14 anos, foi enviado à universidade de Nápoles. Na escola teve como companheiros alguns jovens pertencentes à nova Ordem dos pregadores (→ DOMINICANOS) e lhe agradou o ideal de oração, de pobreza, de estudo, de apostolado deles. Quis também ele fazer parte daquela família religiosa e nela foi acolhido em 1243, depois de muitas insistências, mas os familiares tentaram trazê-lo de volta; tendo conseguido chegar até ele, armados, na Toscana, quando ele viajava para Paris, deixaram-no como prisioneiro no castelo de Monte San Giovanni Campano, onde seus irmãos, visto que era impossível conseguir o arrependimento dele por vias de persuasão e de intimidação, tentaram dobrá-lo com as lisonjas de uma dissoluta cortesã; mas Tomás a repudiou. Finalmente, tendo ficado firmíssimo na sua vocação, o jovem conseguiu fugir e voltar ao convento de Nápoles, onde emitiu os votos e começou a sua vida religiosa. Enviado para além Alpes, estudou provavelmente em Paris e certamente em Colônia, onde ensinava → ALBERTO MAGNO. Admitido ao sacerdócio, fez do altar, do púlpito, da cátedra, da cela o quadrilátero da sua vida e do seu apostolado. Destinado como bacharel (ou livre-docente) a Paris, em 1252, aos 30 anos, ali se doutorou. Desde então a sua vida se desenvolveu toda numa linha de trabalho muito uniforme: ensino, livros, conselhos doutrinais, espirituais, políticos. Quando se encontrava na corte papal, em Viterbo, compilou o ofício litúrgico do Corpus Domini. Jamais aceitou dignidades eclesiásticas; recusou, por exemplo, o arcebispado de Nápoles. Depois da permanência em Roma, Orvieto e Viterbo, foi de novo enviado a ensinar na cátedra teológica da Ordem na universidade de Paris, entre fortes oposições, de 1269 a 1272. Em 1272, o Capítulo da província romana dos dominicanos lhe confiou a regência do Estudo teológico, "em remissão dos seus pecados", segundo a fórmula do tempo, e ele o estabeleceu em Nápoles. Em janeiro de 1274, pôs-se de novo em viagem, por ordem de Gregório X, para ir a Lion onde se reunia o Concílio Ecumênico, mas, já fraco e de delicada saúde, teve de parar em Maenza e dali foi se refugiar em Fossanova, na célebre abadia cisterciense, onde faleceu depois de ter comentado no leito de morte o Cântico dos Cânticos e submetido seus escritos ao juízo da Igreja de Roma (cf. WALZ, *San Tommaso d'Aquino*, Roma, 1945; ID., *Luoghi di san Tommaso*, Roma, 1961).

Sob o aspecto ascético-místico, a vida de Tomás apresenta notável interesse. Diz o seu biógrafo, Guglielmo di Tocco, que ele "era humilíssimo no pensar de si, puríssimo de corpo e de mente, devoto na oração e previdente no conselho, plácido ao conversar, expansivo na caridade, claro na inteligência, agudo no engenho, certo no juízo, tenaz na memória, quase todos os dias elevado acima dos sentidos, desdenhoso das coisas temporais; de modo que um só homem parecia ter hábitos de todas as virtudes…" (*Vita Sancti Thomae Aquinatis*, "Revue Thomiste", 1913, 1914, 1924). Muitos episódios lembrados pelos biógrafos provam a sua prática dessas virtudes, especialmente no exercício do seu próprio magistério, em que era excelente. Guglielmo Tocco diz também que Tomás era "*in miro modo contemplativus*". Na sua vida houve ímpeto, comoção, pranto, oração privada e coral, jejum, penitência, santo desejo de Deus. Teve lá a sua vida mística. Teve também dons extraordinários. Muitos livros seus foram escritos em êxtase. Muitas vezes, teve revelações. Muitas vezes encontrou na oração a solução dos mais difíceis problemas; até dizia ter aprendido mais aos pés do Crucifixo do que nos seus livros. Às vezes lhe apareciam os santos do céu para lhe ilustrar os pontos obscuros da Escritura. Quase sempre estava abstraído do sensível, unido a Deus nas misteriosas regiões do inteligível puro. Era dotado de espírito profético. Mas das suas experiências místicas jamais falava alguma coisa nem as assumia como critério relevante do que ele ensinava. Quando falava, a sua pessoa era como um cristal: nele se via somente a verdade, Deus. Tinha um vivo temor de ser um diafragma: por isso procurava desaparecer. Todavia, o que dizia brotava de um coração cheio de Deus. Há nas suas obras muitos sinais inequívocos da sua vida intensamente mística. Nele se encontram os mesmos acentos de quem falava num colóquio familiar com o Crucifixo e com Maria; de quem durante o ofício coral, especialmente na hora das Completas quaresmais, se sentia com o coração desfalecido na consideração da caducidade das coisas e da vida terrestre e no desejo de Deus, comovendo-se até às lágrimas; de quem amava a Eucaristia e na missa chorava e entrava em êxtase; de quem, por bem duas vezes, ao ouvir do Crucifixo uma divina aprovação: "Escreveste bem de mim, que prêmio esperas?" respondeu: "Somente a ti, Senhor!" (cf. *Vita*, 87.103.114.116.118.130 etc.). A plenitude de contemplação de que gozava, Tomás a efundia no ensino, na pregação, nos livros, nas conversações, nas consultas científicas e nos conselhos práticos (*Ibid.*, 96.108.121 etc.). Quando pregava comovia a multidão. Deixava de lado as subtis disquisições escolásticas e comunicava um pensamento que se tornara vida. Como diz Guglielmo, ele agia como num círculo: começava o movimento da sua mente para Deus com a oração e terminava descendo de Deus para o próximo com o ensinamento; e do próximo subia a Deus, contemplando e orando, para de novo começar o círculo vital (*Ibid.*, 122).

2. OBRAS. Morto com menos de 50 anos, Tomás deixou aos pósteros, depois de 25 anos de atividade científica, cerca de 125 obras, muitas das quais de grande porte e todas densas de pensamento, em que é retomado, meditado, desenvolvido o que de verdadeiro e de vivo existe no antigo saber sagrado e profano, e em que se realizou uma síntese nova do pensamento que pode ser considerada definitiva nas suas linhas mestras, mas ao mesmo tempo fecunda de indefinidos desenvolvimentos na sua virtualidade inexaurível e capaz de assimilação dos novos dados das pesquisas e das meditações humanas.

À parte alguma pequena obra que se perdeu, a produção científica de Tomás pode ser agrupada como segue: comentários à Escritura; comentários a Aristóteles, a Pedro Lombardo e a outros autores; obras sistemáticas, entre as quais especialmente a *Summa Theologiae* e a *Summa Contra Gentes*; opúsculos. Além disso, prédicas, orações, hinos, cartas. Entre os opúsculos tratam diretamente de temas espirituais o *De perfectione vitae spiritualis*, o *Contra impugnantes Dei cultum et religionem*, o *Contra retrahentes a religionis ingressu*, ocasionados pelas polêmicas contra as Ordens mendicantes suscitadas por Guglielmo de Sant'Amore. Ricas temáticas espirituais se encontram também nos comentários bíblicos (Jó, Salmos, Isaías, Jeremias, os Evangelhos, algumas cartas de São Paulo). O monumento mais insigne do pensamento tomista é a *Summa Theologiae*, dividida em três partes, como três naves de uma única e grandiosa catedral do espírito, na qual Tomás contempla a adora a suprema verdade. O plano dessa obra é muito simples: a primeira parte é dedicada ao estudo de Deus em si mesmo, na sua misteriosa vida trinitária e nas suas amorosas comunicações às criaturas. A segunda parte trata do homem como imagem de Deus, chamado a construir eticamente a si mesmo com a potenciação de todas as energias da sua natureza e com a correspondência à ação da graça. A terceira, enfim, estuda Jesus Cristo, homem-Deus, que em si une os dois termos do grande diálogo, justamente homem e Deus, e restaura no rosto e na alma do homem a imagem divina desfigurada pelo pecado, com o seu sacrifício redentor, cujos → SACRAMENTOS dão e aplicam a virtude salvífica às almas com a construção espiritual da Igreja, corpo de Cristo, até a plenitude da vida eterna. Nesse quadro são muitas as questões de importância direta para a vida espiritual: especialmente as que se referem à presença de Deus (*STh*. I, q. 83, aa. 1.3), as divinas missões (*Ibid*., q. 43, aa. 3-6), à graça (I-II, q. 109, a. 114), às virtudes, aos dons, às bem-aventuranças e aos frutos do Espírito Santo (*Ibid*., qq. 55-70), especialmente à caridade como essência da perfeição (II-II, q. 184, aa. 1 ss.; I-II, q. 66, a. 6), ao progresso espiritual (II-II, q. 184, a. 2; I-II, q. 66, a. 1), aos estados de perfeição na Igreja (II-II, qq. 83-89), à → VIDA contemplativa e ativa (I-II, qq. 179-182), aos efeitos dos sacramentos (III, qq. 62-63.69.72.79 etc.) etc.

Mas a doutrina espiritual de Tomás, eminentemente teológica (embora não sem pontos psicológicos e de reflexos de experiências místicas), pode ser reconstruída com base nas suas mesmas grandes teses dogmáticas e morais, fundadas em dados bíblicos e patrísticos e desenvolvidas com vigorosa tensão especulativa, sem imediata finalidade parenética e querigmática, embora sempre capazes de fundamentar as mais intensas, ousadas e seguras elevações espirituais.

3. DOUTRINA. Para a fundação teológica da vida espiritual Tomás oferece algumas estupendas intuições do seu gênio metafísico e teológico.

a) Em primeiro lugar, a sua explicação da divina presença no mundo e no homem, que é uma contribuição decisiva do seu pensamento. Ele, com efeito, foi o primeiro a estabelecer como tese-chave da teologia não só a imensidade de Deus, como ser sem limites, infinito, mas também, sem destruir a divina transcendência, o realismo da divina presença, por força do ato de ser substancial, que implica, além da visão intelectual, também a ação causal e, portanto, a imanência da divina essência na coisa que real e positivamente participa do ser divino. Em relação ao mundo humano, essa concepção da divina presença leva a consequências de grande importância para a vida espiritual: — a interioridade de Deus no homem, como verdadeira raiz de todo o desenvolvimento de pesquisa, de estudo, de contemplação, que é sempre um crescer vital naquele no qual estamos e nos movemos (At 17,28); — a continuidade e unidade entre os modos de manifestação ou realização da divina presença no homem, porque é a partir do íntimo ser onde já subsiste e dá ao homem a realidade substancial que Deus comunica a si mesmo na graça e na → INABITAÇÃO, como objeto de conhecimento e de amor formalmente divinos, e que, em Cristo, assume a natureza humana terminalmente unida à pessoa do Verbo; — a iniciativa divina, sobre a qual insiste São Paulo (cf. Rm 8,27 ss.; Ef 1,5.11; Fl 2,16; etc.) e cuja primazia enfatiza Tomás (cf. *STh*. I-II, q. 9, a. 6; q. 111, a. 2; II-II, q. 104, a. 4 etc.), em toda a obra da salvação e da santificação, porque é o próprio Ser subsistente, que participa intimamente ao homem a realidade substancial, que do íntimo o move com uma causalidade total em chave de predestinação e de providência, de quem tudo depende por sabedoria e por amor (cf. I, q. 23, a. 4); — a autonomia e liberdade do homem e, portanto, a sua responsabilidade, porque, seja sob o aspecto do ser, seja sob o da causalidade, Deus, com sua presença, com o dinamismo da sua iniciativa, com a imanência do seu ser e da sua ação, é sempre um transcendente princípio de positiva realidade substancial, por ele criada e dominada, mas distinta como participação da sua realidade infinita; que tende a ele pelo movimento conatural do ser participado ao ser participante, mas como a um termo sobre o qual fundar a própria existência eterna — a "vida eterna" de que fala Jesus (Jo 17,3) — não como a um oceano em que naufragar perdendo o próprio ser ou confundindo-o com o divino, na linha do nada (cf. I, q. 14, a. 13; q. 83, a. 1). São teses metafísico-teológicas, mas de grande importância para resolver problemas de vida espiritual também hoje atualíssimas.

Sobre essas teses se fundamenta, em primeiro lugar, a "teologia da pessoa", como ato de ser substancial no mundo espiritual e, portanto, individual, autônomo, livre diante de toda criatura, de toda outra pessoa e também diante de Deus, no qual, porém, tem sua origem e sua foz. Como Deus é o alfa e o ômega, a pessoa não pode deixar de ser humilde, obediente, orante e crente: fundação transcendente da moral, da religião e da fé. Como a pessoa é autônoma e livre, não pode deixar de se sentir empenhada no esforço de resgate do mal, de renovação, de progresso, que nasce de imanentes e conaturais exigências psicológico-éticas e ascéticas como expressão, não do nada, mas da positiva consistência e dignidade da pessoa que tende à vitória sobre o mal e sobre a insuficiência, bem como à plenitude do seu desenvolvimento.

Também o atual movimento de espiritualidade que se desenvolve em torno do culto da → PALAVRA DE DEUS contida na Bíblia e vitalmente penetrante em nós no acontecimento sempre novo da fé tem talvez necessidade de ser mais bem iluminado segundo o sentido católico da presença de Deus, esclarecido por Tomás. Por certo é Deus quem toma a iniciativa, tanto da criação como da salvação, e a toma na Palavra e mediante a Palavra. É esse o elemento específico da concepção cristã de Deus. Também a vida espiritual em sentido cristão não é concebível senão na luz da teologia da Palavra, que inspira, opera, converte, conduz, salva. A teologia de Tomás permite entender e valorizar na vida espiritual toda a grandeza da concepção bíblica do Deus que fala, do Deus que tem a iniciativa da salvação, do Deus que exerce sobre o homem a sobre todas as coisas a mais absoluta realeza, mas, ao salvar por força da *analogia entis* a realidade e a personalidade do homem, oferece uma plataforma real tanto à divina presença como ao diálogo entre o homem e Deus (cf. I, q. 83, a. 1; I-II, q. 9, a. 6; q. 10, a. 4).

b) O diálogo se fundamenta no conceito da alteridade que é essencial na teologia das relações do homem com Deus. Tomás dele faz uso na análise da virtude de religião, quando mostra que no âmbito da virtude de justiça há casos em que, pela falta de igualdade entre um termo e outro da relação bilateral, não é possível que um dê ao outro tudo o que lhe deve, senão por uma atitude que envolve a posição mesma do sujeito e da sua vontade em sentido de obséquio, doação e oferta de si ao outro. Têm-se então várias virtudes de veneração e sujeição, que regulam as relações, por exemplo, entre servidor e patrão, discípulo e mestre, beneficiado e benfeitor, admirador e personalidade superior, filho e pai etc.; relações essas que oferecem a Tomás as várias analogias recapituladas na teologia da religião para explicar o sentido da relação entre homem e Deus, mas sempre com base na alteridade (cf. *STh*. II-II, q. 80, a. 1; a. 81, a. 1c; ad 2.3; a. 2c., ad 2; a. 3c., ad 2; a. 4 etc.). Trata-se de uma alteridade ontológica, que se reflete em todo o campo da vida psicológico-ética, inclusive no setor da vontade em que se põem as virtudes da justiça, da obediência, da religião, da própria caridade e não somente na relação sujeito-objeto que está no centro da esfera gnosiológica.

Ao situar a alteridade entre homem e Deus, a teologia de Tomás fundamenta a espiritualidade do diálogo existencial, que não pode se resolver somente na teoria da deificação por meio do conhecimento e da "iluminação" (*STh*. I, q. 12, aa. 1.4.5), nem na da presença da Trindade na alma por via de operação (cf. I, q. 43, aa. 3.6; a. 93, aa. 5.7.8). A relação sujeito-objeto concebido e desenvolvido à luz do conhecimento racional e para além disso, sem levar em conta a situação existencial dos dois sujeitos presentes e em particular a real subsistência e autonomia do homem, está fora da perspectiva de Tomás, o qual, porém, com a metafísica da analogia, dá o sentido da positiva validade da pessoa (analogia da proporcionalidade) e ao mesmo tempo o da sua total dependência (analogia de atribuição). A virtude de religião brota dessa condição de criatura como expressão do duplo sentimento do ser e do depender, de que o espírito humano toma consciência. Nessa linha da dependência, posta em destaque pela analogia de atribuição, a causalidade divina considerada não é somente a da eficiência, mas também a de finalidade. O conceito de fim, bem, amor domina toda a teologia das relações entre Deus e homem, entre o homem e Deus, que "move como o amado" (*Comm. in Matth*. XII, 7, 2529 ss.; *C. Gent*. I, 60). Assim, na teologia da misericórdia recapituladora de todos os atributos divinos e, poder-se-ia dizer, de todo o *De Deo uno* concebido em chave bíblica e cristã (cf. *STh*. I, q. 21, aa. 3.4); na teologia do amor, como causa de todo o bem que está no homem e na criação, sem nenhuma presunção por parte da criatura (cf. I, q. 19, aa. 4.5.9; q. 20; aa. 2.4); na teologia da graça, como puro dom gratuito, sem motivação de mérito ou de consentimento algum por parte da livre vontade humana (cf. I-II, q. 112, aa. 2.3.4.); na teologia da encarnação, como fato dependente exclusivamente de uma escolha e doação divina (cf. III, q. 1, ad 1.2.3); na teologia dos atos humanos motivados pelo bem, como objeto formal e fim apetecível da vontade (cf. I-II, q. 8, a. 1; q. 9, a. 6; q. 10, aa. 1.2.4); na teologia da natureza humana ferida pelo pecado e inclinada ao mal (pessimismo antropológico) pelo desvio do justo apetecível (cf. I-II, q. 85, aa. 1-3); na teologia dos sacramentos, como remédios do pecado instituídos gratuitamente pela divina misericórdia (cf. III, q. 61, aa. 1.4); na teologia da vida eterna como conclusão de um caminho iniciado com a primeira graça, mas que responde mais à lógica da superabundante doação divina do que a uma exigência intrínseca à atividade da alma em graça (cf. I-II, q. 114, aa. 2.3.4.9). Todos temas teológicos de imediata ressonância sobre a vida espiritual, que Tomás trata sempre em função do bem e na luz do Deus-Amor.

Podemos concluir que da visão teológica e das análises de Tomás, além da transcendência de Deus e do realismo da sua presença no homem, resulta também o diálogo entre o homem e Deus fundado numa situação de alteridade que é única e que na relação de ordem sobrenatural, específica do cristianismo, implica dois dados principais: de uma parte, deve-se atribuir a Deus a iniciativa absolutamente gratuita da sua presença sobrenatural no homem; de outra, deve-se reconhecer no homem o poder da reciprocidade, que entra de modo essencial na definição do sobrenatural cristão, como resulta, por exemplo, na teologia da caridade, que é amizade, relação bilateral, não pura benevolência (cf. II-II, q. 23, a. 1) nem sequer presença do Espírito Santo, sem participação e concretização de si num princípio vital infuso na alma (cf. II-II, q. 23, a. 2); ou na teologia dos sacramentos, que são instrumentos e veículos do divino, mas com correspondência e reação vital por parte do homem (cf. III, q. 62, a. 1; a. 5, ad 2; a. 6, ad 1; q. 68, aa. 2.7.8. etc.).

c) O diálogo sobrenatural entre o homem e Deus supõe certa comunhão de natureza entre os dois termos, que, embora salvando a transcendência divina, funda a presença da intimidade, da habitação de Deus na alma do justo e explica o valor da atribuição ao homem da *imago Dei* (Gn 1,26; cf. I, q. 43, aa. 3.6; q. 93, aa. 5.7; II-II, q. 23, a. 1). Segundo Tomás, a alma é, por natureza, *capax gratiae* e *capax Dei per gratiam* (cf. I-II, q. 113, a. 10; III, q. 9, a. 2): essa capacidade específica da alma humana como capaz de ser elevada ao infinito é o primeiro germe da qual a imagem de Deus evolui para uma intervenção sobrenatural que leva a alma não somente à conformação a Deus no conhecimento racional, mas também à união mística que se realiza na contemplação sapiencial e amorosa, prelúdio da visão celeste (cf. II-II, q. 45, a. 5). É o processo evolutivo da *imago Dei*, que está no centro de toda a temática da → TEOLOGIA ESPIRITUAL.

Em torno do tema central do homem imagem de Deus, desenvolvido no cume da sua antropologia sobrenatural e subjacente a toda a sua moral, podem convergir e se organizar uma grande quantidade de elementos expressos pela tradição cristã e também pelas religiões não cristãs: é um trabalho teológico esse que abriria imensas possibilidades para uma síntese de espiritualidade, fidelíssima ao sentido mais autêntico da revelação divina e correspondente às instâncias que são expressas por notáveis correntes de pensamento religioso do nosso tempo.

d) A mediação de Cristo é a condição com base na qual pode se verificar a presença de Deus e a união do homem com ele, na economia cristã. É de fé que Cristo é o mediador único e necessário da graça, da → UNIÃO COM DEUS, da salvação. Essa é a primeira condição cristã da divina presença. A vida espiritual para o cristão não pode existir senão como uma participação na vida e na graça de Cristo. Ora, na concepção teológica de Tomás, a verdade de Cristo mediador entre o homem e Deus tem uma importância fundamental, que o Aquinate ressalta desde o início da sua cristologia (cf. III, pról.; q. 26, aa. 1.2): importância que especialmente em referência à vida espiritual se entende melhor se, em vez de nos determos numa consideração predominantemente jurídica da redenção (mérito de Cristo, resgate do pecado, preço da redenção, satisfação, reparação etc.), aprofundarmos o pensamento de Tomás a respeito do ato salvífico de Cristo como chefe de toda a humanidade que nele é recapitulada, até quase constituir com ele "uma só pessoa" (cf. III, q. 48, a. 2, ad 1), de modo que Cristo é como o novo Adão, princípio de toda a "nova criação" (cf. 1Cor 15,45; 2Cor 3,17; Gl 6,15; *STh*. III, q. 62, a. 5; q. 68, a. 5; q. 69, aa. 2-5), causa eficiente da salvação para uma comunhão orgânica com a humanidade nele incorporada (1Cor 12,27; Ef 4,16; Cl 1,18), modelo da vida cristã não somente pela santidade da sua humanidade, mas também pelo valor exemplar que a sua união com Deus tem para a união que ele oferece a nós (cf. III, q. 3, a. 8). No quadro estrutural da teologia esse ponto, que se pode formular com a ideia paulina da incorporação em Cristo, não constitui a chave do tratado sistemático, porque o seu procedimento é comandado por uma outra síntese ideal, a da relação entre Deus e o homem que se resolve por meio de Cristo homem-Deus, via do universal retorno ao Pai (cf. I, q. 2, pról.; III, pról.). Todavia, a incorporação e os outros conceitos paulinos que a ela estão ligados ou a seguem não somente são pressupostos e estão sujeitos à teologia da encarnação redentora, não somente formam como a atmosfera, ou, melhor ainda, o espírito em que ela se desenvolve, mas são também expressamente tratados por Tomás, de modo que do âmbito da sua teologia científica emergem como temas fundamentais da vida espiritual.

Cristo é o sumo e eterno sacerdote de quem o homem tudo recebe por força do seu sacrifício (cf. III, q. 22, espec. a. 2); é Filho de Deus por natureza, de modo que, segundo esse divino exemplar, o homem por obra do Espírito Santo se torna filho de Deus por adoção (cf. III, q. 23, a. 2, ad 3); por isso, incorpora misticamente em si os homens, seja com a graça que os torna participantes da sua filiação divina, seja com o caráter sacramental que os torna organicamente participantes do seu sacerdócio (cf. III, q. 63, a. 3). São diversas análises do mistério da incorporação, com que Tomás aborda e explica sobriamente, nos pontos certos segundo o seu plano, uma concepção de fundo que está bem presente no seu espírito educado à leitura e ao estudo de São Paulo; assim, é facílimo, hoje, desenvolver esses temas em função da vida espiritual, dando esse significado de interioridade à doutrina da mediação sacerdotal de Cristo e da nossa participação a seu sacerdócio: é um sacerdócio, o seu e o nosso ("*regale sacerdotium*": 1Pd 2,9), que se desenvolve no âmbito do Corpo místico, no qual a cabeça participa a seus membros a sua santidade, o seu estado de hóstia, a sua eficiência sobrenatural. O → BATISMO é o primeiro fundamento dessa participação vital e orgânica de todos os fiéis ao sacerdócio de Cristo (cf. III, q. 69, aa. 4. 5); a crisma é seu aperfeiçoamento (cf. III, q. 65, aa. a. 1. 2; q. 72, aa. 1. 5. 6. 11); a Eucaristia é o sacramento em que não só se renova continuamente o sacrifício a que converge todo o sacerdócio e, portanto, toda a vida dos fiéis (cf. III, q. 73, aa. 1. 3. 4; q. 79, a. 1; q. 80, aa. 1. 3; a. 83, a. 1), mas também em que se cumpre a perene oferta de todos e de tudo (cf. III, q. 73, aa. 1 ss.; q. 22, aa. 5. 6., ad 2), em que se representa e revigora a unidade de Cristo e dos fiéis no Corpo místico (cf. III, q. 73, a. 3, sed c.; aa. 3. 4), em que se alimenta de graça e de caridade a vida espiritual (cf. III, q. 73, a. 3, ad 3; q. 79, aa. 1 ss.).

Pode-se, portanto, nas bases teológicas fixadas por Tomás, desenvolver toda uma espiritualidade que abrace o ser de Cristo como raiz de toda a graça e a vida divina dos fiéis; o batismo como ponto de inserção do cristão no mistério do Verbo encarnado e do Corpo místico de que ele é a cabeça; a Eucaristia como centro da vida cristã; o sacerdócio espiritual como condição de santidade e de consagração de todos os fiéis em referência à vocação à perfeição cristã fundada no batismo e destinada a se desenvolver pelo germe da graça à plenitude de maturação na glória celeste; a cruz de Cristo (símbolo e instrumento da paixão e morte) como ponto de união entre a terra e o céu, passagem obrigatória da salvação e da santidade, segredo da vida espiritual, não tanto como algo externo que responde a uma concepção jurídica e histórica da redenção, mas antes como uma realidade sobrenatural interiorizada nos fiéis por força da incorporação a Cristo.

e) A incorporação a Cristo implica relação e união entre si de todos os membros do único Cristo místico, que é a → IGREJA. Não acontece a incorporação a Cristo sem o ingresso na Igreja. Pertencer a ele como membro é o mesmo que fazer parte da Igreja. O caráter eclesiológico da vida cristã de união com Cristo e, em Cristo, com Deus presente na alma, que foi posto em destaque nos tempos mais recentes e pode dar à mesma renovação litúrgica a dimensão eclesial sem a qual ele não teria sentido, está perfeitamente conforme à teologia de Tomás, antes, brota do seu conceito de Igreja como corpo de Cristo e comunhão dos fiéis com ele. Mas, segundo Tomás, toda a mediação social da Igreja, incluída na natureza específica da religião cristã, tanto na liturgia como em todo o ministério pastoral, jamais destrói o diálogo da pessoa com Deus, a íntima presença de Deus na alma, mas está a seu serviço e, ao mesmo tempo, o ato da pessoa se insere na assembleia com uma essencial dimensão comunitária. Assim está salvo o sentido da interioridade da alma contemplativa e orante, mas vigora também o sentido comunitário da Igreja, que, como Igreja, está nos fiéis reunidos em assembleia. Daí o equilíbrio que a teologia espiritual desenvolvida pelos princípios de Tomás pode encontrar nesses pontos concretos: a valorização da liturgia e da história da Igreja como fonte da vida espiritual (cf. II-II, q. 1, aa. 8-10; q. 2, aa. 5-8; *Quodl.* VIII, ed. Marietti, a. 194; *Quodl.* XVIII, *Ibid.*, a. 251, ad 1 etc.); o desenvolvimento da teologia dos "→ ESTADOS DE VIDA" (cf. II-II, q. 183, espec. a. 2), especialmente à luz da teologia do *regale sacerdotium* dos fiéis e do caráter sacramental, que até agora foi desenvolvida sobretudo na linha da habilitação ao culto e ao apostolado com base nas próprias indicações do Aquinata (cf. III, q. 63, aa. 1.3.6), mas pode e deve ainda ser desenvolvida na linha de uma teologia da santidade, especialmente em relação aos "estados de vida" em que cada um está e sobrenaturalmente vinculado a uma vocação por meio do caráter sacramental; o esclarecimento da relação entre as estruturas e a interioridade da Igreja, na qual o objetivo da mediação eclesial e da integração das pessoas na Igreja é de promover a interioridade, a resposta pessoal a uma vocação eterna. Especialmente o tratado de Tomás sobre a nova lei tem como eixo essa relação (cf. I-II, q. 106, aa. 1 ss.), que inclui uma contínua adequação das estruturas às exigências da formação cristã nas várias condições de vida e no suceder-se das épocas históricas, e uma pedagogia da caridade em função da liberdade espiritual (cf. I-II, q. 106, a. 1, ad 1; a. 2; q. 96, a. 5; q. 99, a. 1, ad 2; q. 100, a. 10; q. 108, a. 1 ad 2; II-II, q. 23, a. 4, ad 3; q. 44, a. 2; *Comm. in Matth.*, c. 22, ed. Marietti, 297; *Comm. in Rom.*, c. 13, 11.1, 3; *in 1 Tim.* c.1, 1.3).

f) Além disso, Tomás oferece ideias de extraordinária importância para uma teologia do devir espiritual, hoje tão atual. Se o estar em comunhão com Deus é um estado do cristão que tem analogia com a união hipostática, estado ontológico no qual e mediante o qual ele verdadeiramente realiza a sua existência cristã, não se pode ignorar que esse estado é uma vida (a "vida nova", Rm 6,4), que, como toda vida, supõe um nascimento, um desenvolvimento. Os sacramentos presidem a origem e o devir dessa vida e oferecem, portanto, a trama dinâmica da espiritualidade cristã. É esse um princípio capital da teologia de Tomás, que procurou também estabelecer uma analogia entre os momentos de desenvolvimento da vida de graça e a sucessão dos sacramentos (cf. III, q. 65, aa. 1-2): intuição do papel dos sacramentos no dinamismo evolutivo da vida cristã, pela iniciação aos desenvolvimentos pessoais e sociais da graça, que tem uma importância bem maior do que a tentativa de explicar seu número de sete. Esse tema foi suficientemente tratado na teologia moral e espiritual. Mas deve-se pôr em evidência também

o outro aspecto psicológico-ético do progresso espiritual: a dinâmica do organismo das virtudes, que Tomás tocou explicitamente em várias questões, seja quanto ao crescimento das virtudes como hábitos (adquiridos e infusos; cf. I-II, q. 65, aa. 1 ss.; q. 66, aa. 1-2; q. 114, aa. 4.8; II-II, q. 24, aa. 4-9; q. 184, a. 2), seja quanto aos efeitos das virtudes, por exemplo a purificação do coração realizada pela fé (cf. II-II, q. 7, a. 2) e a ampla gama dos efeitos da caridade (cf. II-II, qq. 28-33; I-II, q. 28), seja quanto às relações dinâmicas entre as virtudes, os dons, as bem-aventuranças, os frutos do Espírito Santo: um itinerário de vida espiritual susceptível de reflexões e de desenvolvimentos imensos (cf. I-II, qq. 68-70). A mesma concepção das fases do caminho de perfeição estabelecidas segundo os modos da caridade (cf. II-II, q. 24, aa. 8-9; q. 184, aa. 1-2), confrontada com a doutrina sobre o progresso contínuo como lei essencial do ato e do hábito moral (cf. I-II, q. 52, a. 3; II-II, q. 24, a. 6, ad 2), e especialmente da vida de caridade (cf. II-II, q. 24, a. 6), contradiz uma visão estática dos graus de → PERFEIÇÃO e das idades da vida espiritual em analogia com as da vida física, mas exige sua relação dinâmica e ressalta a que se poderia chamar uma verdadeira dialética no devir espiritual, que transparece da doutrina sobre as virtudes, por exemplo, nos artigos dedicados à dialética objetiva que caracteriza e hierarquiza as relações entre as virtudes teologais, fé, esperança, caridade (cf. II-II, q. 17, aa. 6-8; *C. Gent.* III, 153).

g) Para esse objetivo é igualmente fundamental o conceito da integração como forma do devir espiritual, que se pode deduzir da teologia para iluminar um das principais contribuições da psicologia moderna à doutrina da vida espiritual. Assim, o tratado tomista das paixões oferece as analogias básicas do agir virtuoso, que em boa parte consiste essencialmente em integrar progressivamente, na síntese da vida cristã operada pela caridade de Cristo, esse conjunto de energias humanas que, segundo Tomás, não devem ser destruídas, mas disciplinadas (cf. I-II, q. 24, a. 2), até o ponto em que nelas pode se expandir e se manifestar a vida espiritual mais alta (cf. I-II, q. 24, a. 3). O desígnio da vida moral e espiritual, organizada nas virtudes, responde para Tomás ao feixe das paixões (I-II, q. 56, aa. 3-9; q. 59, aa. 1 ss.), e pela progressiva submissão e valorização delas se manifesta o crescimento da caridade (cf. I-II, q. 24, a. 3, ad 1; II-II, q. 24, a.

9), essência da perfeição cristã (cf. II-II, q. 184, a. 1). Também os princípios que hoje podem servir melhor ao desenvolvimento de uma teologia e de uma metodologia da integração espiritual podem ser colhidos na doutrina tomista das virtudes: a caridade, como forma e mãe de todas as virtudes (cf. II-II, q. 23, a. 8); a prudência, como virtude-chave da vida prática (cf. II-II, q. 47, aa. 6-7); a devoção, como ato fundamental e tom de toda a obra de consagração realizada pela virtude de religião (cf. II, q. 82, a. 1), pela qual a vida espiritual adquire o valor da santidade (cf. II-II, q. 81, a. 8).

A ideia de integração, tão importante em Santo Tomás, pode satisfazer hoje três exigências da vida espiritual: a unificação de todos os elementos em torno de um polo de unidade, a caridade, que determina o equilíbrio do psiquismo humano, insuprimível, mas disciplinável; a valorização das purificações que provêm não só da vida ascética e contemplativa entendida num modo mais ou menos abstrato e mais ou menos carismático, mas do exercício da vida ativa e apostólica: por exemplo, para um sacerdote, do seu ministério, e para um leigo, das exigências e dos encargos do seu compromisso não só no campo do apostolado, mas também nas atividades profanas, como as profissões, o ensino, a vida sindical, política etc.; o desenvolvimento de uma ascética das virtudes do trabalho, que abraça quase todas as energias intelectuais, morais e físicas voltadas para o fazer sob a direção do princípio racional e espiritual. São campos atualíssimos esses para uma integração de valores humanos na síntese da caridade a partir da qual se desenvolva uma ascética para os homens do nosso tempo.

h) *Atualidade da doutrina espiritual.* Concluiremos com a observação de que uma teologia da divina presença e da intimidade com Deus, da mediação de Cristo e da comunhão na Igreja, do devir espiritual e da integração ética e ascética das energias e virtudes humanas é atual como doutrina, que supõe certamente uma experiência da fé, uma consciência reflexa da vida espiritual, uma variedade de modos de perceber e de interpretar o caminho da alma, ou também só a conversão, mas não se reduz à descrição dessa consciência e experiência. A epistemologia da experiência da fé e a fenomenologia dos estados místicos são indispensáveis à concretude e consistência da teologia espiritual, mas ela abraça um quadro bem mais amplo, que não é sequer o da simples psicologia religiosa (com seus ramos sociológicos e etnológicos), ou da análise especulativa das estruturas do organismo virtuoso, ou da prática pastoral que oferece um conjunto de conselhos práticos de direção espiritual, mas o da sabedoria teológica, especulativa e prática, fundada em dados bíblicos e aberta às experiências espirituais, inspirada nos mais altos princípios (nas "primeiras causas") e aplicada à direção da conduta moral e do progresso espiritual (cf. I, q. 1, a. 6; II-II, q. 43, a. 3). Para Tomás a espiritualidade é um capítulo, uma parte da teologia (*De perfectione vitae spiritualis*), e assim pode ficar, ainda que no seu atual desenvolvimento possa e dava se enriquecer e integrar com os dados de experiência e de ciência antropológica de que falamos (cf. R. SPIAZZI, Il metodo della teologia spirituale, *Rivista di Ascetica e Mistica*, set.-ott. 1965).

Esse caráter teológico da espiritualidade lhe assegura a atualidade também sob um outro aspecto: com efeito, mesmo com a evolução dos condicionamentos históricos da vida espiritual, não muda o conteúdo essencial que lhe provém da teologia. Essa evolução existe e cabe à história da espiritualidade estudá-la e explicá-la; mas uma teologia da vida espiritual que, com a de Tomás, está ancorada nos princípios universais e nos dados da revelação, tem a possibilidade de tirar deles leis sempre válidas, e de seguir uma linha de equilíbrio nos juízos e nas diretrizes que facilmente ultrapassa as condições históricas e serve também quando o invólucro dessas condições cai.

Assim é, no caso da pobreza, mesmo religiosa, que no século XX não pode deixar de ser inserida no quadro das novas condições reais em que se vive, ou seja, avaliada em relação ao estado dos assalariados, à importância que tem o trabalho na sociedade e na própria vida pessoal, às exigências de uma vida profissional etc., mais que em relação à mendicidade, que parecia qualificá-la no passado, ou pelo menos no tempo das Ordens mendicantes. A teologia da pobreza, como a do trabalho, de Tomás, vale também nas novas condições (cf. II-II, q. 186, a. 3; q. 187, aa. 3-5).

Assim também é para a ascese: ela não é mais concebível e realizável, para um grande número de homens, em termos de isolamento, de solidão, de trabalho, de penitência como em épocas de civilização agrícola e de relativa disponibilidade e domínio do tempo. Por isso, é preciso atribuir importância e espaço mais à parte psicológica da ascese: silêncio, disponibilidade ao serviço dos outros, sociabilidade, paciência etc., do que às mortificações corporais, ainda que elas, em certa medida, sejam indispensáveis. A teologia da vida "ativa" (cf. II-II, q. 181, aa. 1-2; q. 182, aa. 1-4), dos → CONSELHOS evangélicos (a serem praticados segundo a letra ou segundo o espírito nos diversos estados; cf. II-II, q. 184, a. 3; q. 186, aa. 2. 6. 7; I-II, q. 108, a. 4), das virtudes, das penalidades da vida presente (cf. III, q. 69, a. 3) etc., delineada por Tomás com tanta discrição e sabedoria, serve também hoje como magistério para a ascese do homem moderno. E talvez seja justamente nessa fecundidade espiritual que a teologia mística revele melhor a perene validade do seu conteúdo substancial, fruto de reflexões, de desenvolvimentos e conquistas doutrinais, mas também de oração.

BIBLIOGRAFIA. CHENU, M.-D. *Introduzione allo studio di san Tommaso*. Firenze, 1957; CONGAR, Y. *La fede e la teologia*. Roma, 1967; GARRIGOU-LAGRANGE, R. *Perfezione e contemplazione*. Torino, 1933; ID. *Sintesi tomistica*. Brescia, 1953; GEIGER, L. B. *Philosophie et spiritualité*. Paris, 1963, I-II; GIACON, C. *Le grandi tesi del tomismo*. Milano, 1948; GILSON, É. *La philosophie et la théologie*. Paris, 1960; ID. *Le thomisme*. Paris, 1945; GRENET, P. *Le thomisme*. Paris, 1953; GUILLON, M.-J. Le. *Le Christ et l'Église. Théologie du mystère*. Paris, 1963; MANSER, G. *Das Wesen des Thomismus*. Fribourg, 1949; MENESSIER, A. I. *Saint Thomas d'Aquin*. Paris, 1957 (fundamental); MEYER, H. *Thomas von Aquin*. Paderborn, 1961; ROY, L. *Lumière et sagesse. La grâce mystique dans la théologie de saint Thomas d'Aquin*. Montréal, 1948; SERILLANGES, A. *Les grandes thèses de la philosophie thomiste*. Paris, 1928; SPIAZZI, R. *San Tommaso d'Aquino*. Firenze, 1965.

R. SPIAZZI

TOMÁS DE JESUS. 1. NOTA BIOGRÁFICA. Nasceu em Baeza (Andalusia, na Espanha), em 1564, e nessa universidade fez os cursos de filosofia e teologia, passando depois para a de Salamanca para estudar jurisprudência. Foi aí que decidiu fazer-se carmelita descalço, movido pela leitura dos escritos de Santa Teresa (1586). Durante o noviciado, foi encarregado de compilar o primeiro *Ordinário* ou *Cerimonial* da reforma teresiana, que depois foi impresso, em 1590. Ensinou teologia nos colégios da Ordem de Sevilha e depois em Alcalá. Foi superior do "deserto" das Batuecas: casa eremítica de que ele fora primeiro inspirador e realizador. O ano de 1607 marcou uma reviravolta fundamental na sua vida e atividade. Chamado por Paulo V a Roma, tornou-se entusiasmado animador dos empreendimentos missionários, ajudando a estabelecer as bases do que se tornou depois na Igreja a Sagrada Congregação de Propaganda Fide. Enviado em 1610 a França, Bélgica e Alemanha, fundou numerosos conventos e mosteiros, entre os quais um "deserto" em Marlagne e um seminário missionário em Louvain, como já havia feito antes respectivamente na Espanha e em Roma. Nomeado primeiro provincial da Bélgica e Alemanha (1617), foi depois eleito definidor geral da Congregação da Itália (1623), fixando sua moradia definitiva em Roma, no convento de Santa Maria da Scala, onde morreu (1627) e está sepultado.

2. OBRAS E DOUTRINA. Conhecidíssimo por seus escritos missiológicos, que o situam entre os primeiros pioneiros e sistematizadores dessa ciência, não o é menos pelas suas obras jurídico-monásticas, que fazem dele um dos principais autores da escola carmelita. Escreveu entre muitos outros tratados: *Suma y compendio de los grados de oración*, Roma, 1610; *De procuranda salute omnium gentium*, Antuérpia, 1613; *De contemplatione divina libri sex*, Antuérpia, 1620; *Divinae orationis sive a Deo infusae methodus, natura et gradus*, Antuérpia, 1623; *Orationis mentalis via brevis et plana*, Bruxelas, 1623. Muitos apontamentos e escritos estão ainda inéditos em arquivos e bibliotecas, especialmente no arquivo geral da Ordem, em Roma. Sem contar as muitas edições em língua espanhola e latina, existe também uma monumental edição latina da *Opera omnia* em dois volumes, *in folio*, de 1684 (Colônia), que reúne os principais escritos até então desconhecidos.

De grande amplitude e ricos em agradáveis descobertas foram os estudos sobre a doutrina espiritual do padre Tomás no século XX. No decênio 1920-1930, o nome do célebre carmelita descalço foi como o sinal de contradição e a bandeira de batalha na controvérsia sobre a contemplação adquirida. Os carmelitas descalços em geral expunham a doutrina tradicional da escola teresiana sobre contemplação adquirida, fazendo-a derivar dos seus primeiros fundadores e mestres, Santa → TERESA DE JESUS e São → JOÃO DA CRUZ e considerando o padre Tomás como um dos mais eloquentes, explícitos e autorizados intérpretes dela; outros, como os seguidores da moderna escola dominicana, proclamavam a inutilidade dessa forma de oração, apontando Tomás de Jesus como o "inventor" da contemplação adquirida.

O objeto primário e fundamental de toda a doutrina espiritual do padre Tomás é traçar e explicar à alma o "caminho espiritual de oração e contemplação". Em todos os seus escritos, com efeito, ele ensina às almas o caminho da oração e as guia dos primeiros passos na vida espiritual aos mais sublimes cumes do espírito em seu voo místico e contemplativo, ajudando-as na ascensão, por meio da mortificação, da prática das virtudes e dos diversos exercícios espirituais, a chegar aos diferentes graus do conhecimento e do amor divino, até os conduzir à perfeita união com Nosso Senhor e transformação nele. Como o padre Tomás estabelece como fundamental a divisão da oração em adquirida e infusa, todo o *corpus* dos seus escritos espirituais fica distribuído em dois grupos distintos, embora paralelos; uns tratam da essência, graus, meios e impedimentos da oração adquirida; outros estudam as mesmas questões na oração infusa ou sobrenatural. Em cada uma dessas duas espécies de oração tratam-se questões idênticas: em que consistem, quais são as diversas partes, quais os meios para as atingir e quais os impedimentos que as podem obstaculizar. Sucessivamente se estudam os diversos graus ou etapas do progresso da alma por meio dessas formas de oração, começando pelos principiantes, prosseguindo com os proficientes e terminando com os que chegaram às formas mais perfeitas e puras.

BIBLIOGRAFIA. ARINTERO, J. G. Santa Teresa y el P. Tomás de Jesús, *La Ciencia Tomista* 31 (1925) 54-63; CLAUDIO DE JESÚS CRUCIFICADO. Verdadera doctrina de N.V.P. Tomás de Jesús sobre la contemplación adquirida. *El Mensajero de Santa Teresa* (1924) 378.429.461; (1925), 13.54.83.135.172.219.255; HANDERSON, C. *A study of two theories of mission theology. A comparison of the "Stimulus missionum" of Thomas of Jesus OCD and the Vatican II decree "Ad gentes"*. Lima, 1973-1974; JOSÉ DE JESÚS CRUCIFICADO. El P. Tomás de Jesús escritor místico. *Ephemerides Carmeliticae* 3 (1949) 305-349; 4 (1950) 149-206; KRYNEN, J. Du nouveau sur Thomas de Jésus: l'avènement de la mystique en Espagne. *Bulletin Hispanique* 64bis (1962) 113-135; MOLINA PRIETO, A. Dimensión apostólica misionera del carmelita baezano venerable P. Tomás de Jesús. *Boletín del Instituto de Estudios Vienenses* 25 (1978) 9-26; POND, Kathleen. Thomas of Jesus, contemplative and missionary. *Carmen Digest* 1 (1986/n. 3) 25-36; SIMEÓN DE LA SAGRADA FAMILIA. La obra fundamental del P. Tomás de Jesús, inédita y desconocida. *Ephemerides Carmeliticae* 3 (1949) 431-518; ID. Contenido doctrinal de la Primera parte, del Camino espiritual de oración y contemplación, obra inédita y fundamental del P. Tomás de Jesús. *El Monte Carmelo* 60 (1952) 1-36.145-172.232-252.

SIMEONE DELLA SACRA FAMIGLIA

TOQUES DIVINOS. 1. NOÇÃO. São contatos místicos santificantes de Deus na alma, que ela percebe de modo vivo e repentino. Implicam da parte de Deus uma ação especial que toca intimamente a alma. Da parte da alma, são sentimentos ou sensações puramente espirituais que correspondem à ação divina. Têm, portanto, relação com os → SENTIDOS ESPIRITUAIS de que falam os autores místicos e que já foram referidos por → ORÍGENES. Os toques divinos causam os sentimentos espirituais e têm pontos de contato com a mística da essência. Trata amplamente do assunto São → JOÃO DA CRUZ, cuja doutrina será exposta sumariamente.

2. DIVERSAS ESPÉCIES. São João da Cruz fala de toques divinos na inteligência, na vontade, na memória e enfim na substância da alma. É difícil captar seu pensamento, pela riqueza de nuanças, pela profundidade do conteúdo, pela expressão literária e, talvez, também pela insuficiência dos conceitos mentais normais que são incapazes de conter realidades tão sublimes.

Os toques divinos podem ser também: distintos, se produzem um sentimento mais determinado e versam sobre um objeto ou um atributo particular de Deus; confusos, se produzem um sentimento mais geral e indefinido sobre Deus. Os distintos passam logo, os outros têm maior duração; às vezes, embora repentinos, se sucedem com muita frequência, com vivacidade igual ou maior. Tanto uns como outros podem ter diferente intensidade e, consequentemente, efeitos diversos.

3. NATUREZA DOS TOQUES DIVINOS SUBSTANCIAIS. São os toques divinos que, pelo menos aparentemente, são recebidos diretamente na substância da alma. Os autores místicos não estão de acordo na sua explicação. Se para alguns se trata de toques divinos recebidos realmente de maneira direta na substância da alma, para outros são toques divinos que se recebem nas potências.

Os primeiros explicam de modo preciso o fenômeno porque não encontram dificuldade no fato de que a substância da alma possa realizar e perceber o toque divino ou porque, recebido o toque divino na substância, ele é percebido pelas potências. Para os segundos, trata-se das mais profundas moções sobrenaturais, por meio das quais Deus, que está na alma, move de dentro e em profundidade a vontade e a inteligência. Chamam-se substanciais porque se realizam no íntimo dessas duas potências, quando penetram na substância de que procedem (Garrigou-Lagrange); ou porque, por serem comunicações totalmente espirituais que se verificam diretamente no puro espírito sem passar pelos sentidos, dão a impressão de se realizarem na substância da alma (Crisógono).

4. PARTICULARIDADES E EFEITOS. Os mais sublimes se verificam no estado de união transformadora e constituem a união mística atual. As revelações de verdades nuas pelas quais Deus é sentido e saboreado, de modo tão alto e tão rápido como o demônio jamais pode fazer, transformam-se em ciência divina e vida eterna (*Subida*, 2,26,5); um deles basta para libertar imediatamente a alma de todas as imperfeições que não pôde cancelar durante toda a vida e basta para deixá-la cheia de virtudes e de bens de Deus (*Ibid.*, 6). Eles dão à alma luz, amor, prazer, renovação espiritual etc. (*Ibid.*, 3, 14, 2); esses toques divinos são tão agradáveis para a alma e de tão íntima satisfação que um deles bastaria para compensá-la de todas as fadigas ainda que inumeráveis da sua vida, e a deixam cheia de ânsia de sofrer por Deus; o maior sofrimento é o de não poder sofrer muito (*Ibid.*, 2, 26, 7). Mas nem sempre eles são de tão grande eficácia e provocam tais sentimentos, porque às vezes são muito fracos (*Ibid.*, 9). Às vezes sacodem também o corpo, além da alma; outras vezes se verificam no espírito e o deixam calmo (*Ibid.*, 8).

Com o que dissemos não queremos determinar se tal revelação na realidade é produzida diretamente pelo toque divino ou se é uma redundância do sentimento espiritual da vontade, ou da substância, ou se algumas vezes é uma coisa e outras vezes é a outra, ou, enfim, se são as duas ao mesmo tempo. Em muitos textos e pelo menos em São João da Cruz é como uma redundância dos sentimentos espirituais. "Essas revelações às vezes são de um modo, às vezes, de outro; às vezes são mais claras e mais altas; às vezes, menos claras e menos sublimes, conforme são os toques que Deus faz, os quais causam os sentimentos de que elas procedem e segundo a propriedade delas" (*Subida*, 2, 32, 3; cf. *Cântico* A, 13-14). Às vezes parece que essas revelações incluem o fenômeno místico completo com todos os seus elementos, sejam eles intelectivos ou afetivos ou de outra ordem (cf. *Subida*, 2, 26, 5-10). Os toques divinos são muito superiores às visões, às locuções e às revelações (→ COMUNICAÇÕES MÍSTICAS).

5. ATITUDE DA ALMA. a) *Preparação*. Esses toques divinos dependem apenas da vontade de Deus. Concede-os a quem quer, pelo que quer, como e quando quer. Uma pessoa pode ter feito muitas ações e Deus não os concede; outra terá feito muito menos ações e Deus os concede fortíssimos e em abundância. Todavia, as obras são uma boa disposição para os receber; as melhores serão a humildade e o sofrimento por amor de Deus com resignação a qualquer retribuição. Não são concedidos à alma apegada aos bens temporais; os mais elevados se verificam somente nas almas purificadas e despojadas de tudo o que é terreno (cf. *Subida*, 2, 26 e 32; *Noite*, 2, 12, 6; 23, 11.13).

b) *Desejo*. Embora, falando teoricamente, eles possam ser desejados pela alma, em que pese esta se considerar indigna deles, com humildade e resignação, e ainda que ela esteja disposta a deles se privar completamente se essa for a vontade de Deus, na prática São João da Cruz, referindo-se diretamente às notícias provindas dos sentimentos, escreve: "[A alma] não deve ir atrás delas nem ter desejo de as receber, para que o intelecto não invente outras ou o demônio encontre a porta aberta para introduzir outras falsas; o que ele pode fazer facilmente por meio dos citados sentimentos ou por meio dos quais pode pôr na alma que se dá a essas revelações" (*Subida*, 2, 32, 4).

c) Quando se recebem os toques divinos, se se supõe que se verificam na alma de modo improviso e sem seu arbítrio, a alma deve ficar passiva, não deve nem os desejar nem não os querer (*Subida* 2, 26, 9.10; 32, 4).

BIBLIOGRAFIA. GARRIGOU-LAGRANGE. R. *Le tre età della vita interiore*. Torino, 1954, 292-295, III; TEOFILO DE LA VIRGEN DEL CARMEN. Estructura de la contemplación infusa sanjuanista. *Revista de Espiritualidad* 23 (1964) 370-386; URBINA, F. *La persona humana en san Juan de la Cruz*. Madrid, 1956,

200-219,254-267; WALSH, J. Guillaume de Saint-Thierry et les sens spirituels. *Revue d'Ascétique et de Mystique* 35 (1959) 27-42.

I. RODRÍGUEZ

TRABALHO. 1. O TERMO "TRABALHO" E OS SEUS DIVERSOS SIGNIFICADOS. A palavra italiana "lavoro" — do latim *labor* — faz referência, etimologicamente, ao esforço, à dificuldade, ao cansaço que comporta a atividade a que se refere; o mesmo acontece nas outras línguas de origem latina, embora o termo utilizado seja diferente ("trabajo" em espanhol, "travail" em francês, "trabalho" em português, do latim *tripalium*, que indicava um instrumento de tortura). Nas línguas saxãs ou germânicas, o correspondente vocábulo ("werk" em alemão, "work" em inglês) evoca mais a obra ou o produto realizado.

Embora com diferentes perspectivas, essas línguas evidenciam o caráter complexo e a riqueza antropológica que o trabalho possui como atividade que unifica alguns aspectos estruturais, quer do ser humano, quer da sua relação com o mundo. É possível, com efeito, caracterizá-lo com base em três aspectos fundamentais:

a) como atividade transitiva, que nasce do homem e desemboca no mundo, que modifica e transforma;

b) como atividade que implica esforço, aplicação de energia para dominar uma realidade externa que se deixa submeter somente graças à perseverança e ao empenho;

c) como atividade em que se fundem a inteligência e a corporeidade humanas: todo trabalho é, como diziam os clássicos, obra da inteligência e das mãos, fruto de um projeto que se plasma e se realiza mediante os órgãos corporais.

Esses três aspectos, apenas esboçados, são precisamente os que foram evidenciados pela reflexão filosófica grega e que foram depois aceitos pela teologia no período patrístico e na Idade Média. Na Idade Média e, sobretudo, na época moderna deu-se início a um processo social e teórico que levou, de uma parte, a ampliar o campo de aplicação da palavra "trabalho", referindo-a não somente às atividades manuais, mas também às intelectuais e, de outra parte, a pôr em evidência, de modo cada vez mais claro, a importância do trabalho como elemento decisivo da dinâmica histórica. Percebeu-se assim que não se pode considerar o trabalho segundo uma perspectiva exclusivamente individual; falar de trabalho implicava, com efeito, falar da sociedade humana que se estrutura e se desenvolve graças ao entrelaçamento de atividades diferentes, cada uma das quais deve ser considerada não somente em si mesma, mas em relação ao conjunto. Tudo isso, obviamente, repercute-se não somente na definição do trabalho — aos três aspectos anteriores é preciso juntar outros que reflitam a dimensão histórico-social —, mas também, como é óbvio, na espiritualidade.

2. O TRABALHO NA HISTÓRIA DA ESPIRITUALIDADE. João Paulo II falou, na *Laborem exercens*, de um "evangelho do trabalho", de um anúncio evangélico relativo ao trabalho, cujos pontos centrais de referência são os textos do Gênesis sobre a criação e a vida de trabalho de Jesus (cf. *Laborem exercens*, nn. 6.25.26). Diversos estudos exegéticos enfatizaram a riqueza dos ensinamentos bíblicos do Antigo Testamento e do Novo Testamento sobre a atividade de trabalho. É igualmente correto, porém, que o trabalho não é uma realidade de que o texto bíblico se ocupa de maneira direta, mas um elemento da condição humana, que a mensagem evangélica pressupõe, projetando sobre ela a luz que deriva da revelação sobre o sentido da existência e que, iniciada na antiga aliança, chegou a seu ápice em Cristo.

A sucessiva reflexão patrística sobre o trabalho foi mais indireta. Há, a respeito, frequentes referências, em alguns casos (→ CLEMENTE DE ALEXANDRIA, São João → CRISÓSTOMO) até amplas, mas jamais o trabalho, visto na plenitude das suas dimensões, se tornará objeto específico de estudo e de reflexão. Um problema, todavia, suscitou, por longo tempo, o interesse dos Padres: o trabalho dos monges; e, mais exatamente, a obrigação que o monge tem de não ficar ocioso. Os Padres conseguiram assim ressaltar alguns aspectos significativos do trabalho, sem superar, porém, o horizonte ascético individual e concentrando a atenção sobre o trabalho manual, uma vez que foi esse o trabalho aconselhado ao monge para evitar o ócio.

As mudanças socioculturais que se verificaram durante a Idade Média provocaram um florescimento de confrarias e associações profissionais (agricultores, artesãos dos mais diversos ofícios) em torno das quais surgiu uma reflexão espiritual e cristã do trabalho, embora mais implícita que desenvolvida. A assimilação de algumas ideias de Aristóteles e, sobretudo, as disputas surgidas a seguir ao nascimento das

Ordens mendicantes, que renunciavam ao trabalho para viver de esmola, determinaram um passo adiante. Nesse contexto, com efeito, o trabalho não é mais considerado como mera ocupação manual e abre caminho a ideia da profissão, ou seja, de um trabalho estável que caracteriza a existência. Seja como for, é preciso dizer que tudo isso acontecia de modo muito embrionário e muitas vezes acompanhado de juízos negativos sobre as ocupações seculares e a inserção delas na vida espiritual.

O progressivo amadurecimento da sociedade medieval, a consolidação de estados laicos, que pouco a pouco tiveram acesso à cultura, e, finalmente, os grandes acontecimentos históricos, que chamamos de Humanismo e Renascimento, abriram perspectivas importantes, em alguns casos, ambíguas, em outros, prometedoras. A crise determinada pela Reforma protestante provocou uma mudança de rota decisiva e, sob alguns aspectos, funesta. Com efeito, encontra-se em Lutero a afirmação do valor cristão da profissão (*Beruf*) que o batizado exerce no mundo, invalidada, porém, por seu enfoque polêmico (formulou a sua doutrina em contraposição e como crítica à vocação monástica) e, sobretudo, por seu conceito de pecado, que levava a estabeulecer a vida social e, com ela, o trabalho numa esfera puramente profana ou, pelo menos, num âmbito diferente daquele em que se realiza a salvação, com as consequências negativas que daí derivam.

A teologia católica pós-tridentina reafirmou amplamente e com insistência o caráter intrínseco da justificação e enfrentou algumas questões que teriam podido dar origem a uma reflexão sobre o trabalho — basta pensar, por exemplo, nas discussões sobre o direito de propriedade, surgidas logo depois da colonização americana, ou na polêmica sobre o empréstimo e juro —, mas que, de fato, não se verificou, talvez por um excessivo temor de enfoques que pudessem lembrar, ainda que remotamente, ideias de Lutero e de Calvino, talvez até pela influência da mentalidade aristocrática própria da época ou pelo cunho mais jurídico que metafísico dessa teologia.

Alguns autores espirituais dessa época e dos séculos seguintes (São → FRANCISCO DE SALES, São Felipe Neri, Santo → AFONSO MARIA DE LIGÓRIO, São → JOÃO BOSCO) desenvolveram e divulgaram uma pastoral na qual se encontram elementos relativos a uma valorização vocacional das ocupações seculares, seja porque afirmam expressamente a existência de um chamado universal à santidade, seja porque aspiram a promover a evangelização das classes populares, mas que não chega a elaborar um ensinamento teológico em sentido pleno.

Na realidade, o tema do trabalho chega a ocupar um lugar de primeiro plano — seja no campo da espiritualidade, seja no da teologia e da filosofia — somente na época contemporânea, como resultado de uma complexidade de fatores, que vão da revolução industrial — que enfatiza a importância determinante do trabalho como fator de desenvolvimento histórico — à evolução geral das ideias e ao nascimento e sucessiva difusão dos diversos movimentos apostólicos e espirituais. Entre esses últimos lembramos as encíclicas sociais e outros documentos análogos que, embora abordem o tema sob um ponto de vista moral, vão se abrindo de modo cada vez mais claro (a constituição *Gaudium et spes* e a encíclica *Laborem exercens* são emblemáticas) a perspectivas dogmáticas e espirituais; a → AÇÃO CATÓLICA, especialmente o setor operário, que, procurando um fundamento para sua ação apostólica, promove alguns estudos de inegável interesse; e, enfim, algumas grandes personalidades, como Charles → DE FOUCAULD e, sobretudo, o fundador da → OPUS DEI, Josemaría Escrivá, cujo ensinamento sobre a vocação e sobre a espiritualidade leiga se estrutura, em grande parte, mediante a proclamação do valor santificável e santificador do trabalho.

3. VOCAÇÃO, MISSÃO E TRABALHO. Que lugar ocupa o trabalho na vida humana e, concretamente, na vida espiritual? Essa é a pergunta que o breve *excursus* histórico traçado nos leva a formular e que, obviamente, receberá respostas diferentes, segundo o significado que se considere, entre os muitos possíveis, da palavra "trabalho", como, pelo menos em parte, já indicamos.

Algumas vezes — não no passado, mas com relativa frequência na linguagem comum de nossos dias — o termo "trabalho" é utilizado em sentido muito amplo, até identificá-lo praticamente com uma atividade ou uma tarefa, quer dizer, com qualquer ocupação, de qualquer tipo, a que o homem se dedica com certa estabilidade. Entendido assim, o trabalho se apresenta como uma dimensão ou componente essencial da condição humana. O homem é um ser histórico, chamado à ação, mediante a qual se expressa e se realiza como pessoa, contribuindo ao mesmo tempo para a realização de toda a humanidade. Tudo isso, obviamente, tem profundas consequências espirituais: evidência, com efeito, de que a → VOCAÇÃO ou chamado que Deus dirige ao cristão, ou seja, o convite à união afetiva com ele, não acontece no vazio, mas na história e envolve, portanto, a característica fundamental do homem que é a abertura à ação, aquelas atividades pelas quais se estrutura, se desenvolve e se configura toda existência humana. Vocação e atividade, vocação e missão são, enfim, realidades intimamente conexas; ou melhor, aspectos de uma mesma realidade: a realização em toda existência individual do desígnio ou eleição divina.

Essas perspectivas são importantes, mas genéricas. Para prosseguir e chegar a ulteriores especificações, é necessário distinguir entre trabalhos e tarefas. Entre as diversas qualificações possíveis, utilizaremos uma, talvez não a mais rigorosa sob o ponto de vista teórico, mas útil para esclarecer algumas questões surgidas no *excursus* histórico anteriormente descrito: a distinção entre tarefas eclesiais e tarefas profanas ou seculares.

A novidade do cristianismo, a intervenção de Deus na história que culmina na morte e ressurreição de Cristo tem como efeito não somente uma palavra revelada, que faz conhecer o destino a que Deus ordena todos os acontecimentos, mas também um organismo sacramental, uma comunidade viva, uma → IGREJA na qual continua a missão de Cristo e na qual e por meio da qual a palavra da revelação e a vida à qual essa palavra se refere são comunicadas aos homens. A partir desse momento, pode haver e, de fato, há tarefas, trabalhos que, tanto teologicamente quanto sociologicamente, se apresentam como formalmente eclesiais, quer dizer, que se configuram em sua totalidade, ou em sua quase totalidade, com base na instituição eclesiástica. É esse o caso, obviamente, do sacerdócio ministerial e, junto com ele, das diversas funções por meio das quais se manifesta a organização eclesial.

Mas a graça não tira a natureza. A realidade da Igreja não destrói as várias e muitas tarefas humanas, profanas ou seculares, que a mensagem cristã não cria nem fundamenta, mas pressupõe, pois derivam da experiência humana anterior ao anúncio evangélico: a família, a atividade cultural e política, a ampla gama das ocupações e dos trabalhos profissionais, necessariamente presentes de diversos modos em toda vida humana e, portanto, também na do cristão.

Com o mesmo vigor com que se deve afirmar, segundo a vontade institucional de Cristo, a realidade do sacerdócio ministerial e da Igreja como comunidade visível, deve-se enfatizar que essas atividades temporais ou seculares a que acabamos de nos referir e com as quais se entrelaça a existência cristã — especialmente a dos cristãos comuns ou → LEIGOS — não constituem, sob o ponto de vista cristão, um dado ou fato de valor meramente sociológico. A Igreja não é uma comunidade que se põe diante do mundo, declarando a inutilidade ou vacuidade do que é temporal e terreno, e sim sacramento de uma comunicação divina, que é certamente dom gratuito e transcendente, mas ao mesmo tempo dom que assume toda a existência; antes, dom que explica por que a realidade existe, pois nos faz conhecer que é em vista da sua comunicação que Deus quis a criação inteira. Por isso, na Igreja, poderá haver vocações — as que dão origem à → VIDA RELIGIOSA e especialmente à monástica — que dão testemunho, com o afastamento do mundo, da transcendência do dom divino, mas haverá outras — as leigas e seculares — que manifestam a profundidade e o modo radical com que a graça pode e deve informar e vivificar a natureza.

Tudo isso pressupõe sob o ponto de vista teológico-dogmático, a compenetração de criação e redenção. Sob o ponto de vista da teologia espiritual, leva a ressaltar que a conexão entre vocação e missão de que antes falávamos diz respeito não somente à vida dos cristãos que se dedicam às tarefas que qualificamos como eclesiásticas, mas também a de quem é chamado a desenvolver as ocupações seculares, que, para eles, não representam uma mera situação de fato, mas um momento constitutivo de seu modo específico de contribuir para a missão da Igreja.

Por um longo período, a literatura teológico-espiritual, já desde a Idade Média — e, em parte, de antes — apresentou as ocupações ou as tarefas seculares como obstáculos ao crescimento da vida de relação com Deus, concebendo, por isso, a condição laical como uma condição ou estado de vida em que o ideal cristão não se pode realizar — com algumas exceções — de modo pleno. A evolução eclesial e teológica a que antes nos referíamos fez saltar completamente esse esquema interpretativo, pondo em evidência, como proclamou o Concílio Vaticano II, a universalidade do chamado à santidade. Isso implica reconhecer que as realidades seculares não são estranhas ao plano divino e, consequentemente, que a vida espiritual do leigo, chamado a se santificar em meio ao mundo, não pode nem deve ser edificada às margens das suas ocupações seculares, mas a partir delas, como enfatizam seja a constituição *Lumen gentium* (nn. 11 e 41), seja o decreto *Apostolicam actuositatem* (n. 4).

4. TRABALHO E VIDA ESPIRITUAL. O trabalho profissional desenvolvido no meio do mundo apresenta-se como elemento integrante da fisionomia espiritual do leigo cristão. Mais ainda, como elemento decisivo, pois a profissão é fator determinante da sua vida e de sua inserção no mundo. Pode-se afirmar, por isso, que a vida espiritual do leigo — baseada, como toda existência cristã, na → GRAÇA e nos → SACRAMENTOS — estrutura-se e desenvolve-se em torno do trabalho e, consequentemente, sua experiência espiritual pode ser sintetizada, ao dizermos, com as palavras do fundador da Opus Dei, que deve "santificar a profissão, santificar-se na profissão e santificar com a profissão" (J. Escrivá, *É Jesus que passa*, n. 46, e *Amigos de Deus*, n. 9), com frase agora clássica que nos servirá de guia para as considerações seguintes. Ressaltamos ainda que as expressões "trabalho" e "trabalho profissional" são assumidas aqui em toda sua profundidade, referidas, portanto, não à simples tarefa material, mas também e inseparavelmente ao conjunto das obrigações, relações e perspectivas que derivam do trabalho, qualificando o sujeito e determinando a sua posição no mundo e a sua contribuição ao desenvolvimento social.

a) *Santificar-se no trabalho.* Todo cristão é chamado à → SANTIDADE, quer dizer, à plenitude da caridade, do amor. Esse chamado é dom divino, oferenda que Deus faz do seu amor. É, ao mesmo tempo, exigência, convite a uma resposta, a uma doação da própria vida para responder à doação que Deus faz de si. A santidade é, nesse sentido, tarefa, ideal normativo que deve informar a existência e cada uma das ações, transformando-as numa manifestação de amor, etapas de um processo de identificação com aquele que nos ama e que amamos. Isso com caráter de totalidade: o amor, sobretudo o amor por Deus, não pode ficar circunscrito às margens da vida, deve constituir seu centro e irradiar toda a existência. Para o leigo, para o cristão comum — que sabe não ter apenas sido chamado por Deus, mas chamado justamente ali onde se encontra, quer dizer, no posto e na situação que ocupa no mundo —, isso implica o convite a informar com esse amor todas as realidades e ocupações terrenas ou seculares, em meio às quais passa a sua vida. O trabalho, as tarefas humanas que preenchem seus dias adquirem assim um novo horizonte: não são apenas expressões da própria personalidade, meio para contribuir para o progresso da sociedade, manifestação de solidariedade, de espírito criador, mas, além disso — dando a tudo isso nova profundidade e sentido —, concretas modalidades do amor para com Deus, ato de culto, ocasião para se identificar com Cristo e participar da obra da redenção.

A raiz da santidade no leigo, como em todo cristão, é a graça de Cristo e, portanto, a oração, a liturgia, os sacramentos e, no centro, a Eucaristia. Porém, todas essas realidades não devem ser vividas como eventos sagrados que se superpõem a uma existência confinada no profano, mas como momentos privilegiados para entrar em comunhão com Deus presente não somente nelas, e sim em todo momento e em todo lugar. As ocupações e as tarefas seculares revelam-se, portanto, como oportunidades para exprimir com obras o amor, para fazer da própria vida hóstia agradável e aceita a Deus (Rm 12,1). Mais ainda, para entrar em relação com Deus. Porque a oração não deve estar reservada a alguns momentos isolados ou a situações ou lugares especiais; ela deve constituir uma disposição da alma e um diálogo efetivo que informam toda a existência e se alimentam, portanto, dos acontecimentos cotidianos, do empenho que o trabalho exige, das alegrias que carrega consigo, das contrariedades que algumas vezes o acompanham.

b) *Santificar com o trabalho.* Os documentos do Concílio Vaticano II e vários textos pontifícios seguintes (em particular a exortação apostólica *Evangelii nuntiandi*, de Paulo VI), ao descrever a missão da Igreja, distinguem dois aspectos ou dimensões:

— em primeiro lugar, o *ministerium verbi et sacramentorum*, a Palavra que anuncia o amor salvífico de Deus e o sacramento que comunica a vida divina, inserindo os homens no desígnio de salvação que, iniciado no tempo, culmina na escatologia;

— em segundo lugar, a → ANIMAÇÃO CRISTÃ DO MUNDO, permeando de espírito cristão as estruturas temporais e testemunhando assim, com a força salvífica da graça, a íntima conexão entre o que é cristão e o que é humano.

Uma análise dos textos citados põe em evidência — e é importante enfatizar isso — que estamos na presença não só de duas missões diferentes, ainda que coordenadas, mas diante de dois aspectos ou dimensões de uma única missão de caráter salvífico. Em outros termos, a segunda dimensão mencionada depende da primeira e a ela se reduz: constitui, com efeito, um modo de anúncio e de testemunho realizado não com a palavra, mas com obras que testemunham a universalidade da redenção que nos foi prometida e da qual temos uma antecipação no dom da graça.

O trabalho profissional e secular aparece de novo aqui como elemento integrante, eixo ou canal em torno do qual, ou mediante o qual se manifesta a vocação apostólica do cristão e mais precisamente a do leigo, pois — como também lembra o Concílio — cabe aos leigos "por vocação própria", "procurar o reino de Deus mediante o desenvolvimento, ordenado segundo Deus, das tarefas temporais" (const. *Lumen gentium*, n. 31).

Todo trabalho profissional, em virtude de sua própria dinâmica, exige solidariedade e serviço e, no cristão, caridade, amor que leva essas disposições humanas à sua perfeição e cumprimento. O testemunho assim oferecido tende, por sua natureza — o homem de fé deve estar sempre pronto a dar testemunho do seu amor e da sua esperança (cf. 1Pd 3, 15) —, a se prolongar na palavra, que manifesta e revela o fundamento do próprio agir, quer dizer, que faz conhecer Cristo e convida a nos aproximarmos dele. Não há necessidade de dizer que essa palavra poderá e deverá nascer muitas vezes do próprio trabalho, das relações interpessoais que o trabalho promove e dos vínculos de união e de amizade que derivam dessas relações, dando assim lugar ao apostolado pessoal, que — como enfatiza o decreto *Apostolicam actuositatem* (n. 16) — é "princípio e condição" de todo apostolado do cristão que vive e se santifica no mundo.

c) *Santificar o trabalho.* A tarefa pessoal de santificação e a ação apostólica a que acabamos de fazer referência não se desenvolvem apenas a partir do trabalho ou por ocasião dele, mas — coisa muito diferente, porque exclui toda exterioridade ou instrumentalização — entrelaçando-se com ele, formando uma só coisa com ele; santificar-se no trabalho e santificar os outros com o trabalho pressupõe santificar o trabalho, fazer do próprio trabalho uma tarefa profundamente humana e cristã.

Isso implica, em primeiro lugar, cumprimento perfeito das tarefas próprias do trabalho, com plena consciência e respeito das leis próprias de toda atividade e, portanto, com competência técnica, seriedade profissional, dedicação, empenho. Além disso, e, sobretudo, em certo sentido, sensibilidade ética e espírito cristão. O trabalho não é uma atividade isolada, com a qual um indivíduo se põe sozinho diante do cosmo, mas obra inserida no viver social e cheia de responsabilidade. A ciência e a técnica não têm em si as normas para seu uso, mas como atividades de um sujeito livre, pressupõem, para seu exercício, o juízo ético e, portanto, manifestam, em seu desenvolvimento concreto, uma visão do homem e do mundo, pelo menos implícita. A fé cristã, luz que revela o destino eterno e a total dignidade do ser humano, pode e deve incidir na atividade de trabalho, configurando-a por dentro e aperfeiçoando-a.

A realização dessa síntese entre humano e cristão exigirá, algumas vezes, crítica das ideias dominantes num dado momento, denúncia do que na própria cultura e no modo de conceber o trabalho há de não humano ou até de desumano. Sempre e em todos os casos exigirá pôr em relação a fé com os aspectos humanos da atividade de trabalho, para chegar assim a uma síntese harmônica na qual a fé informe a ação humana por dentro, sem deformações nem instrumentalizações. Por isso se exige não o simples conhecimento teórico de uma e de outra realidade, mas experiência vivida e, portanto — como ressalta João Paulo II na *Laborem exercens* (n. 26), —, "uma espiritualidade do trabalho", ou seja, um empenho cristão nas atividades de trabalho que faça perceber vitalmente o sentido que o trabalho adquire quando é vivido com fé, esperança e caridade, e as potencialidades que essas virtudes manifestam quando exercidas no próprio ato do trabalhar.

Santificar o trabalho, santificar-se no trabalho, santificar com o trabalho não são três finalidades ou dimensões paralelas, mas três aspectos de um único fenômeno: o viver cristão no mundo, que tem no trabalho um dos seus eixos de sustentação.

BIBLIOGRAFIA. Entre a vastíssima bibliografia sobre o trabalho, destacamos somente uma seleção com fins introdutórios: ANGELINI, G. La teologia cattolica e il lavoro. *Teologia* 8 (1983) 3-29 (esse artigo e o de DAVID. *Theologie...*, cit., oferecem uma boa panorâmica histórica, embora, infelizmente, dediquem pouca atenção aos aspectos teológico-espirituais); BIENERT, W. *Die Arbeit nach der Lehre der Bibel*. Stuttgart, 1956; BUTTIGLIONE, R. *L'uomo e il lavoro. Riflessione sull'enciclica Laborem exercens*. Bologna, 1982; DAVID, J. *Theologie der irdischen Wirklichkeiten*, in *Fragen der Theologie heute*. Einsiedeln, 1958; ESCRIVÁ, J. *Il lavoro di Dio*, in *Amici di Dio*. Milano, 1978; ILLANES, J. L. *La santificazione del lavoro*. Milano, 1981; RIBER, M. *Il lavoro nella Bibbia*. Bari, 1969; RODRÍGUEZ, P. *Vocación, trabajo, contemplación*. Pamplona, 1986; TRUHLAR, K. V. *Il lavoro cristiano*. Roma, 1966 (com boa bibliografia).

J. L. ILLANES

TRANSFERT. 1. O TRANSFERT EM PSICOLOGIA. O termo *transfert* é usado em psicologia com vários significados e, especialmente na psicologia experimental contemporânea, indica a facilitação ou inibição que um empreendimento já adquirido exerce sobre um aprendizado sucessivo; fala-se assim de *transfert* positivo quando o segundo aprendizado é facilitado pelo primeiro, de *transfert* negativo quando é inibido. A psicanálise assume esse termo com um significado específico e com ele indica as atitudes e os comportamentos do paciente que tenta, inconscientemente, restabelecer e reviver diante do psicanalista uma situação infantil rica de carga emotiva ou porque ela um dia foi a fonte de um grande prazer, ou porque foi a ocasião de uma frustração. Não se trata apenas do caso em que se referem a uma nova pessoa qualidades de uma pessoa anterior, mas de um particular vínculo emotivo que, durante a terapia, se estabelece gradualmente entre paciente e analista. Com o termo *transfert* se indica, portanto, reviver situações infantis na nova pessoa; trata-se da repetição de protótipos infantis vividos com um forte sentido de atualidade. No caso de *transfert*, o paciente não assume a respeito do terapeuta somente a atitude que normalmente se toma diante de um conselheiro ou de um médico; o terapeuta torna-se para o paciente a reencarnação da pessoa que no primeiro período de desenvolvimento foi intensamente amada ou odiada pela pessoa que agora está em tratamento. Compreende-se que a situação de *transfert* exerce sobre a pessoa que é sua portadora uma influência profunda, radical e arrasadora, ainda que passageira. Também com esse significado psicanalítico, o *transfert* é qualificado como positivo ou negativo conforme exprima atração ou repulsa. A identificação da relação de *transfert* entre paciente e terapeuta é uma das descobertas mais ricas da → PSICANÁLISE como método terapêutico. O fenômeno de *transfert* ora descrito pode se verificar não só na direção paciente-terapeuta, mas também na direção inversa terapeuta-paciente; tem-se assim o "contra-*transfert*", entendido como conjunto das reações inconscientes do analista em relação ao paciente e mais em particular em relação ao *transfert* dele. A relação de *transfert* e de contra-*transfert* pode se verificar não só na relação psicanalítica, mas também em qualquer relação psicoterapêutica e, em graduação diferente, em qualquer forma de diálogo; pelo fato de duas pessoas se empenharem numa relação dialógica, estabelecem as premissas para uma possibilidade de *transfert* positivo ou negativo. Além disso, o fato de os interlocutores desse encontro dialógico serem um homem e uma mulher dá origem a uma situação privilegiada para o surgimento de um *transfert* positivo.

2. O TRANSFERT NA CONFISSÃO E NA DIREÇÃO ESPIRITUAL. Comumente e com razão, nos estudos referentes à direção espiritual e à confissão dá-se muita atenção ao penitente, considerando-o também na sua realidade psíquica: com efeito, é sabido que o seu fundo humano pode condicionar muito a obra da graça. Ordinariamente se considera menos a situação do confessor: quando se fala dele, limitamo-nos aos problemas morais da competência, honestidade, prudência, mortificação, desapego afetivo etc. Por outro lado se dá como óbvio que o penitente facilmente tenha limites psíquicos na sua resposta à graça e tacitamente se admite que o confessor seja capaz — na sua completude pessoal — de exercer o seu ministério, e que para ele o problema consiste apenas em adquirir determinadas virtudes; geralmente se leva pouco em consideração que também nele há uma realidade inconsciente que pode condicionar a sua obra apostólica. Ao contrário, também o diretor espiritual pode sofrer a influência de alguma coisa que vem antes do empenho moral nas virtudes e que pode reduzir sua eficácia; consequentemente, também o diretor espiritual e confessor devem levar em consideração esse aspecto do seu mundo interior, porque não podem aceitar com indiferença que sua obra fique comprometida; e isso também no caso de não poderem anular toda influência negativa do seu estado psíquico. Entre os vários elementos inconscientes que podem tornar menos

autêntica e menos eficaz a obra do confessor e diretor espiritual limitamo-nos a considerar o possível (e muitas vezes fácil) surgimento de um *transfert* positivo no diálogo pastoral. Evidentemente, na ação pastoral pode surgir também um *transfert* negativo com o efeito de tornar particularmente difícil e ingrata a ação pastoral; tal situação, porém, tende a se resolver de modo espontâneo, pois a pessoa interessada facilmente procura em outra parte uma ajuda espiritual.

A relação que se estabelece na → DIREÇÃO ESPIRITUAL requer particular atenção pelo fato de a direção espiritual ser terreno preferido para as manifestações de um imperfeito equilíbrio do penitente e do confessor; esse diálogo espiritual pode ser, também para o confessor, o ponto de inserção de atitudes inconscientes eivadas de egocentrismo e de busca de satisfações, ou de rigidez que passam despercebidas ao próprio confessor e tornam menos eficaz seu diálogo espiritual.

a) *O transfert na pessoa espiritualmente assistida*. Na relação que se instaura na confissão (e em todo encontro pastoral um pouco continuado) pode aflorar uma particular atitude do penitente, especialmente se mulher, em relação ao confessor: pode ele não ser considerado apenas como representante de Deus, ou seja, investido numa particular missão sobrenatural, mas como a reencarnação de pessoas que, de algum modo, tiveram uma incidência sobre a pessoa que se aproxima do confessor; consequentemente, o penitente tende de modo inconsciente a ter pelo confessor os mesmos sentimentos que tinha, ou teria, com as pessoas reencarnadas nele. Naturalmente, dado que a relação se estabelece num clima de confiança e compreensão, as pessoas que se reencarnam no confessor são normalmente pessoas que na vida do penitente tiveram, ou poderiam ter tido, um papel de compreensão e de apoio. Tem-se, portanto, um *transfert* que surge da relação pastoral, como surge na relação entre doente e psicoterapeuta. Também no *transfert* da relação pastoral tendem a se manifestar os efeitos de um atraso afetivo em razão do qual o penitente revive inconscientemente — em relação ao confessor — estados de ânimo que se referem a outras situações de vida. "Alguém procurará causar-lhe sempre prazer para atrair sua estima e seu afeto como no passado tinha feito diante do próprio pai. Uma moça procurará nele o homem cujo encontro apague parcialmente a própria sexualidade sem que ela seja posta na necessidade de reconhecê-la e de assumir sua responsabilidade: com efeito, esse homem "proibido" a condena ao mesmo tempo em que a desperta. Uma mulher encontrará na submissão passiva a satisfação do próprio masoquismo e não cessará de propor a seu diretor um voto de obediência. Alguns esperam inconscientemente um guia que lhes diga em pormenor o que devem fazer e os dispense de assumir responsabilidades" (L. BEIRNAERT, *Experiénce chrétienne et psychologie*, Paris, 1964, 82-83). O confessor (ou diretor espiritual) deve, além disso, perceber a tentativa que fazem inconscientemente pessoas que querem que ele assuma papéis que lhes servem para satisfazer as próprias exigências psíquicas; por exemplo, o escrupuloso ansioso quererá que o sacerdote, ao aceitar assumir o papel de genitor que tranquiliza e protege, lhe permita permanecer uma criança irresponsável; o escrupuloso obsessivo, porém, tentará ter certeza de que há na pessoa do sacerdote uma testemunha favorável que garanta a sua inocência. Poder-se-ia continuar desse modo com outras categorias. O que importa assinalar aqui de modo todo particular é a extraordinária e embaraçosa confusão que provém inevitavelmente de uma ingênua complacência do confessor num jogo tão perigoso. O sacerdote sempre foi posto de sobreaviso contra o perigo de a relação do penitente em relação a ele estar contaminada (ainda que involuntariamente) por sentimentos inoportunos; a psicologia do profundo vem esclarecer essa possibilidade.

b) *O transfert no confessor ou diretor espiritual*. Feita essa pequena referência à possível atitude inconsciente da pessoa penitente em relação ao confessor (ou diretor espiritual) vamos dar agora maior atenção à possibilidade de uma relação de *transfert* se instaurar no diretor espiritual em relação à pessoa assistida. Devem-se distinguir aqui duas situações possíveis: a do contra-*transfert* e a do *transfert* original. O contra-*transfert* é estimulado pelo sentimento transferencial da pessoa assistida: é como uma resposta ao transfert dela; provém da influência da pessoa assistida sobre os sentimentos inconscientes do sacerdote. Não pode ele compreender que o afeto (ou o ódio) manifestados pela pessoa assistida não são verdadeiramente por ele, mas pela pessoa do padre, de cônjuge ou de filho que ele momentaneamente encarna; por isso, em vez de avaliar a realidade nas suas justas proporções, pode ser induzido a reagir emotivamente ou com uma atitude de rígida rejeição ou com uma atitude de condescendência que, além de ser moralmente ilícita no plano consciente, faz surgir uma situação ilusória, sem nenhuma consistência objetiva. No caso de *transfert* original por parte do confessor para com a pessoa penitente, aflora nele um estado de imaturidade psicológica pela qual pode acabar se encontrando numa situação inadvertidamente errônea e arriscada como se viu acima a respeito da pessoa penitente. Deve-se observar que também o *transfert* do confessor pode suscitar um contra-*transfert* na pessoa assistida. Pode-se compreender que se torne fonte de responsabilidade para o confessor (ou diretor espiritual) o fato de ele se ver emaranhado, ainda que involuntariamente, numa situação do gênero. Com efeito, ao mesmo tempo em que ele deve estar espiritual e culturalmente preparado para compreender e guiar o *transfert* que pode surgir em relação a ele na pessoa assistida, quando esse fato surge nele, se não age logo com suma prudência e decisão, é menos capaz de entender a coisa e dominá-la, porque pessoalmente envolto nela; nem se pode pretender que a pessoa assistida seja sempre capaz de ajudá-la. Haverá então aqui a inserção da ilusão coberta por falsas motivações; aquele mesmo zelo aparente que às vezes mascara certa mania de direção espiritual poderia ser também a falsa motivação por trás da qual se esconde uma inconsciente procura de afetividade.

Dada a importância do problema, para garantir a certeza das afirmações que se fazem aqui referimos o testemunho de psicólogos acerca da possibilidade e riscos do *transfert* positivo no sacerdote. "O diretor espiritual, que deve reconhecer as reações de *transfert* que podem surgir em relação a ele na pessoa por ele dirigida, e que deve saber dar o verdadeiro valor a certos componentes abusivamente ligados à esfera moral, não deve esquecer que também ele pode ter reações obscuras em relação à pessoa por ele dirigida. Elas podem ser totalmente inconscientes ou simplesmente inconfessáveis. Muitas vezes é difícil pô-las claramente em evidência: o contexto poderá ajudar muito. Um "exame de consciência psicológico" pode ajudar a pôr em evidência o esquema habitual do próprio comportamento com os outros, com todas as exigências, apelos e repulsões conexas. É possível prever, até certa medida, quais perigos psicológicos obscuros podem adulterar a clareza das próprias relações com as pessoas espiritualmente guiadas, relacionados ao sexo, idade e temperamento delas. Convém esclarecer bem os dados afetivos que podem instrumentalizar — e, portanto, facilmente deformar — um desejo sincero de zelo apostólico. [...] Jamais se desconfiará suficientemente do que há de coercivo na necessidade de praticar a orientação espiritual. Sob o ponto de vista psicológico, a atividade profunda e durável necessária para ajudar um outro a se tornar autenticamente ele próprio exige um claro clima de sereno desapego" (Ch. NODET, Ce qu'une psychologie en profondeur peut apporter au directeur de conscience, in Direction spirituelle et psychologie, *Études Carmélitaines* [1951] 314). "O diretor de consciência pode procurar numa mulher uma imagem materna ou filial, quando não se trata de uma esposa espiritual. Conhecem-se tristes situações dessas. Não falo aqui de complicações amorosas ou sexuais que podem advir e que — pelo menos — são percebidas como tais pela consciência e não se mascaram por trás de uma fachada espiritual que lhes serve de salvo-conduto. Eu poria esses desvios no pré-patológico, de tal modo contrastam com o resto da personalidade" (S. ROUSSET, *Conseils d'une psychiatre. Problèmes de vie religieuse*, 175-176); deve-se também levar em consideração que nos sacerdotes "uma cegueira diante do perigo sexual, diante da existência de conflitos dessa natureza, pode comportar graves inconvenientes na direção espiritual ou na organização de obras femininas" (*Ibid.*). Por essa linha de alarme diante de inconscientes pesquisas afetivas por parte do diretor espiritual entra também Beirnaert, que ressalta a extrema inoportunidade de certas formas de doçura e ternura com as quais o diretor espiritual procura, inconscientemente, atrair o afeto e simpatia. Também para o sacerdote essa inconsciente procura afetiva pode ser devida a um infeliz desenvolvimento pelo qual o sujeito tende a procurar os elementos que caracterizam a mãe ou outra figura feminina. Unificando as situações, é fácil perceber que dificuldade se cria quando tanto o diretor quanto o sujeito por ele dirigido são movidos por essa inconsciente procura de afetividade.

Em toda essa situação, o que pode ser difícil é o fato de que o fenômeno de *transfert* não é uma coisa rara nem sempre controlável em todas suas manifestações, mas é frequente, inconsciente e, dentro de certos limites, útil. Entre o penitente e o confessor deve haver estima, confiança e também certo afeto, porque somente assim o diretor pode ter crédito junto à pessoa que procura nele um guia espiritual; a medida certa de tudo isso, porém, pode ser avaliada somente mediante um grande equilíbrio que se exige particularmente no confessor; o penitente, habitualmente, está menos preparado para compreender os possíveis desvios da relação confessor-penitente.

Os riscos ora referidos merecem a máxima atenção, e a contribuição da psicologia do profundo a esse respeito é notável, porque concorre para focar o problema em termos científicos, subtraindo da acusação de conselho paternalista motivado mais por um excessivo temor e por uma visão antiquada da atividade pastoral do que por verdadeiras razões de prudência. Como toda ilusão psicológica, o *transfert* é de dois gumes: pode ser um trampolim se é discreto ou se é identificado e analisado; se é forte e negligenciado, pode produzir os frutos amargos de toda situação falsa. O prejuízo é tanto mais grave porque (e a análise nos ensina isso) as reações de *transfert* podem ser totalmente inconscientes para as duas partes e o surgimento de um *transfert* positivo, mesmo inconsciente, é acompanhado geralmente por um grande sentimento de libertação. O prejuízo de tal *transfert* salta aos olhos. A relação certa com o representante de Deus é contaminada pela intrusão de relações mais ou menos neuróticas, tanto mais nefastas quanto mais inconscientes. Não se deve buscar em outra parte a razão da esterilidade que atinge tantas direções espirituais.

Além da explicação desses fatos, a psicologia do profundo esclarece que justamente o sacerdote como tal, em seus encontros pastorais, pode, mais facilmente que outros, favorecer a insurgência de um *transfert* positivo a seu próprio respeito. Com efeito, ele, por sua paternidade espiritual, representa a figura paterna; portanto, a pessoa assistida, especialmente se mulher, pode, com muita facilidade, transferir sobre ele a confiança e o abandono que tinha pelo pai. Além disso, o celibato do sacerdote dá garantia de que para ele não se orientem procuras de caráter sexual (como precisamente acontece em relação ao pai); tudo isso dá uma maior confiança à pessoa assistida e a deixa totalmente à vontade em relação ao sacerdote. Pesa sobre o sacerdote uma séria responsabilidade de não favorecer, com atitudes não guiadas por pleno equilíbrio, o deslocamento sobre ele de afetividades ligadas a outros tipos de relação diferentes da relação pastoral; tanto mais que também nele há facilmente uma tendência inconsciente à procura da afetividade feminina.

Do que se disse acima se percebe que também estudiosos de psicologia do profundo chamam seriamente a atenção sobre a frequente possibilidade de transformar a relação pastoral em relação afetiva inautêntica. Não estamos aqui diante de um excessivo alarmismo ou de formas de tabu a serem superadas, mas diante da visão séria e objetiva de uma realidade que normalmente nos escapa.

3. ATITUDE DO SACERDOTE DIANTE DO *TRANSFERT*. É fundamental ter presente que tudo isso que se disse até agora toca em situações que se desenvolvem fora de toda responsabilidade. A sabedoria aqui consiste em aceitar que o problema existe e que não se verifica raramente; segue-se a responsabilidade de levar em consideração essas possíveis situações na ação pastoral. Tudo isso, por sua vez, gera uma responsabilidade mais profunda e mais ampla para o sacerdote: a de procurar se conhecer e de se empenhar numa séria formação. Diante dessas situações devidas a forças inconscientes, não basta a atitude de retidão e de sinceridade; isso não está em discussão. É necessário um conhecimento profundo de si, mediante a reflexão sobre os modos constantes que aparecem no próprio agir, mediante o conselho de outro, especialmente de pessoas competentes nesse setor; é preciso enfrentar com lealdade o próprio modo de pensar e de agir com o de outras pessoas que merecem estima por seu equilíbrio e sua prudência. Tudo isso parece elementar, mas é pouco aceito e a psicologia do profundo lhe dá de novo valor. Saber levar em consideração o conselho e a experiência de outros já é, segundo os psicólogos, um sinal de equilíbrio, antes mesmo de ser, no plano moral, uma expressão de humildade. Além desses meios humanos de reflexão e de confronto, num nível superior são grande fator de maturidade e de equilíbrio o verdadeiro espírito sobrenatural; uma prática autêntica da caridade; uma disponibilidade generosa e desapegada para fazer o bem que as circunstâncias seriamente avaliadas (vontade de Deus) apresentam; e, em geral, toda uma vida de fé seriamente aceita. A psicologia analítica pode dar algum esclarecimento sobre as qualidades das relações que existem entre pessoa guiada e diretor espiritual. Essa relação pode

ser o ponto de inserção de atitudes manchadas por egocentrismo, busca de uma satisfação que podem não ser percebidas pela consciência. Uma perfeita caridade permite certamente evitar tudo isso. O diretor deve ter pela pessoa por ele dirigida um amor totalmente oblativo, sem nenhuma procura de satisfação própria, quer se trate do seu coração, quer se trate de uma necessidade de exercício de autoridade ou de comando. Ele deve ser dono não apenas da sua "genialidade", o que é elementar, mas também da sua "sexualidade", ou seja, da sua virilidade de caráter, com tudo o que ela implica de necessidade de amar paternalmente, de mandar e de exercer a autoridade. Isso no que diz respeito a um sério empenho de esclarecimento do possível transfert que surge no sacerdote.

L. Beirnaert afirma que não é necessário que todo diretor espiritual se submeta a psicanálise; ele considera com razão que os elementos humanos e sobrenaturais indicados são ordinariamente suficientes para garantir a maturidade necessária ao diretor espiritual (*op. cit.*, 85). Também o *Monitum* do Santo Ofício, de 15 de julho de 1961 (*AAS*, 53 [1961], 571), aliás, reprova a opinião dos que consideram que os candidatos ao sacerdócio e à vida religiosa devam se submeter a um exame psicanalítico (para um amplo comentário ao *Monitum*, cf. G. CRUCHON, *Adnotationes ad monitum S. Officii, 15 iulii 1961*, "Periodica de Re Morali", 51 [1962], 206-246).

No caso de *transfert* que surge na pessoa em relação ao sacerdote, são necessários nesse último algumas precauções. Supõe-se evidentemente que ele seja capaz de conhecer e de guiar a própria atitude afetiva, pois de outro modo poderia ficar envolvido numa situação perigosa. Se o diretor espiritual tem esse domínio de si, pode encontrar no *transfert* da pessoa que se dirige a ele um ulterior elemento de estima para a ocupar num sério crescimento espiritual e na superação do próprio *transfert*. Para esse objetivo podem servir vários meios: uma prudente redução de número e de duração dos encontros, acompanhada por um diálogo que ponha em evidência a objetiva falta de motivos para encontros mais frequentes; uma regularização dos encontros em intervalos fixos, motivada pela necessidade de a pessoa se tornar capaz de agir de modo autônomo; a recusa de dar conselho quando a pessoa pode decidir sozinha: o encontro espiritual tem o objetivo de fazer crescer na capacidade de responder ao Pai e não de cultivar o infantilismo; o empenho seriamente exigido da pessoa para que se dedique ao bem com grande disponibilidade, procurando prescindir de especiais encorajamentos ou compreensões por parte do diretor espiritual; no caso de um penitente, a exigência de que receba o sacramento da → PENITÊNCIA, mesmo de outro confessor, especialmente quando o próprio não pode ser encontrado. Evidentemente, em todo caso devem ser lembrados os motivos de fé e de caridade que constituem a base insubstituível de todo encontro espiritual construtivo. Como se vê, o sacerdote não deve se alarmar diante das atitudes de transferência que pode verificar em quem procura a sua ajuda espiritual; ao contrário, ao aceitar temporariamente essa situação (sem a favorecer), deve com delicada firmeza empenhar a pessoa interessada na realização do próprio crescimento espiritual mediante uma progressiva objetivação das relações e uma constante elevação dos motivos.

BIBLIOGRAFIA. FRANTA, H. – SOLONIA, S. *Comunicazione interpersonale*. Roma, 1979; GIORDANI, B. – MERCATALI, A. *La direzione spirituale come incontro di aiuto*. Roma, 1984; GODIN, A. *La relazione umana nel dialogo pastorale*. Torino, 1964; ID. Le transfert dans la relation pastorale, II – L'apport du conseiller. *Nouvelle Revue Théologique* 81 (1959) 824-835; LIDZ, T. *La persona umana*. Roma, 1971, 558-573; NOBILE, C. Il transfert nel rapporto non analitico e in quello pastorale. In *Elementi di medicina e psicologia pastorale*. Varese, 1969, 177-204; NODET, Ch. Ce qu'une psychologie en profondeur peut apporter au directeur de conscience. In *Direction spirituelle et psychologie*. *Études Carmélitaines* (1951) 280-315; PIANAZZI, G. *Elementi di pseudo-morale inconscia*. Roma, 1972; PLÉ, A. La relation dans la direction spirituelle. *La Vie Spirituelle. Supplément* 68 (1964) 20-30; ROUSSET, S. *Conseils d'une psychiatre*. Problèmes de vie religieuse. Paris, 1966, 169-186.

G. PIANAZZI

TRAPISTAS. **1. HISTÓRIA.** Por volta de 1670, Rancé introduz sua reforma no convento cisterciense de La Trappe, Mortagne, na França. A voz do povo deu espontaneamente aos membros dessa reforma, que desejaram fossem completamente cistercienses, o nome de trapistas. Com sua morte, em 1700, → RANCÉ deixou uma comunidade florescente, que viveu segundo os regulamentos de La Trappe. No século XVIII essa reforma não se espalhou muito; ficou restrita a cinco casas, entre as quais Casamari e Buonsollazzo, na Itália. Com a supressão de todos os conventos na França, feita pelos revolucionários franceses, dom Augustin de Lestrange, com 21 religiosos, foge de La Trappe para a Suíça, onde se estabeleceram em La Valsainte, uma antiga Cartuxa. Estando convencido de que a decadência religiosa do seu tempo não podia ser combatida eficazmente senão com uma maior penitência, ele modificou a reforma de Rancé e lhe deu caráter expiatório. A penitência passou assim a ser o centro da vida deles. De caráter enérgico, Lestrange procura difundir o mais possível a sua reforma; faz fundações na Espanha, Brabante, Piemonte, Inglaterra, América etc. A maior parte dessas fundações, porém, não obtém êxito; e depois da queda de Napoleão eles voltam para a França, onde logo depois se dividem em duas observâncias, difundidas em bem quinze casas. La Trappe, Bellefontaine, Aiguebelle, Melleray vivem segundo o regulamento de La Valsainte. A seu lado têm algumas casas de irmãs (Les Gardes, Vaise, Mondais). O outro ramo retomou em parte o regulamento de Rancé: Port-du-Salut, Le Gard (depois transferido para Sept-Fons), com um ramo feminino em Laval. Surgem, além disso, três casas da "Terceira Ordem", promovida por Lestrange e completamente dedicada ao ensino. Os conventos fora da França (Westmalle na Bélgica, Santa Suzanna, na Espanha, e Stapehill, na Inglaterra) tornam-se autônomos.

Depois da morte de Lestrange (1827), reúnem-se todos os conventos franceses (1834) sob uma direção comum. Em 1847 tornam-se de novo autônomos. A "Terceira Ordem" foi supressa quase imediatamente depois da morte de Lestrange. Em 1892, chegou-se a uma reunião definitiva das três Congregações então existentes, numa só Ordem internacional autônoma, sob a direção de um abade geral próprio. O nome oficial se torna: cistercienses da observação estrita ou cistercienses reformados. A essa altura, os conventos deles estão espalhados por todo o mundo.

2. ESPIRITUALIDADE. A rigor não existe uma espiritualidade particular dos trapistas. O próprio Rancé não quis senão um retorno puro e simples às fontes da vida monástica e à Cîteaux antiga. Obviamente, as suas intuições foram também determinadas pelo espírito do seu tempo (vitória da escola francesa e do → JANSENISMO), por seu temperamento pessoal e por sua necessidade de penitência. Todavia, não se pode deduzir que ele tivesse querido desenvolver uma espiritualidade própria para a sua reforma. Estava convencido de ter encontrado o valor objetivo e o significado da vida monástica e de tê-lo feito reviver para o seu tempo.

Até a Revolução Francesa o ambiente de vida de La Trappe permaneceu quase sem mudanças: separação severa do mundo para procurar na penitência e na mortificação austera a via para Deus, para aprender a encontrá-lo, livres das criaturas, numa união íntima de oração.

Lestrange, porém, põe um acento novo e quase exclusivo no valor expiatório da penitência e, embora não pretenda senão voltar à fonte da vida monástica e da Ordem, na realidade o elemento predominante no seu pensamento e na sua "doutrina" se torna a santa vontade de Deus. Desse modo, pobre de conteúdo espiritual, ele põe o acento no agir, no fazer. Essa mentalidade se manifesta nos seus regulamentos muito complicados (Friburgo, 1794).

Para ele a vida espiritual é uma sequência de ações particulares que devem ser realizadas do melhor modo possível, sob pena de não chegar ao grau meritório, previamente estabelecido por Deus. Além disso, intensificando a penitência, quer contrabalançar a crescente irreligiosidade, que julgou dever constatar no seu tempo. O valor interior e o significado da vida monástica correram assim o risco de desaparecer por causa desse exagerado zelo apostólico. Esse último foi ainda reforçado com a instauração da "Ordem Terceira", em que Lestrange dirigiu aqueles que não puderam aguentar a vida da Primeira ou Segunda Ordem. Ao lado da penitência, ele viu no ensino o grande remédio para restaurar a situação religiosa, como era antes da Revolução Francesa.

Depois da abolição oficial dos regulamentos de La Valsainte, a Ordem retornou gradualmente a uma vida simples e exclusivamente contemplativa. Procurou-se, antes com Rancé, depois na Cîteaux antiga, o sentido e o significado original do ideal da Ordem. Especialmente depois da reunião de 1892, a Ordem manifestou uma grande vitalidade interior. Foi restabelecido o equilíbrio entre trabalho manual, estudo, oração coral, equilíbrio abalado principalmente por Lestrange. Voltou uma valorização positiva do estudo. Esse retorno às fontes continua ainda na Ordem, que permanece em pleno desenvolvimento.

O nome popular trapista está portanto completamente fora de lugar. A espiritualidade deles não é senão o simples ideal da própria vida monástica de Cîteaux, de toda a autêntica tradição monástica; é o ideal ao qual o monge é chamado para ficar livre para o Senhor e com ele na intimidade pessoal e na solidão da oração.

BIBLIOGRAFIA. *Analecta Sacri Ordinis Cisterciensium*; AUBRY, L. Les Pères des déserts à la Trappe. *Cîteaux* 32 (1981) 167-214; BAIL, A. de. *L'Ordre de Cîteaux*. La Trappe, Paris, 1932; BELLAING, G. de. *Le vrai visage de la Trappe*. Paris, 1982; CHARENCY, C. de. Histoire de la Grande Trappe. Mortagne, 1896-1911, 3 vls.; *Cîteaux*; *Collectanea Ordinis Cisterciensium Reformatorum*; DANIEL-ROPS, H. *Saint Bernard et ses fils*. Paris, 1962; GROLLEAU-CHASTEL. *L'Ordre de Cîteaux*. Paris, 1934; HERMANS, V. Commentarium cisterciense historico-practicum. In *Codicis canones de religiosis*. Roma, 1961; KERVINGANT, M. de la T. Aux origines des cisterciennes-trappistes. *Cîteaux* 35 (1984) 185-214; NOUWEN, H. J. M. *Ho ascoltato il silenzio. Diario di un monastero trappista*. Brescia, 1980; Présentation de l'Ordre des Cisterciens de la Stricte Observance (Trappistes). *Collectanea Cisterciensia* 43 (1981) 389-406; TOURNOÜER, H. *Bibliographie et iconographie de la Maison-Dieu Notre Dame de la Trappe*. Mortagne, 1894; ZAKAR, H. *Histoire de la Stricte Observance*. Roma, 1965.

F. VAN HAAREN

TRAUMA. Etimologicamente, trauma pode significar ferida, ruptura, derrota (τραῦμα, da τιτρώσχω = perfuro). O termo é usado em medicina e em cirurgia para indicar uma lesão no organismo, determinada por um agente externo ou interno ao próprio organismo. Freud o introduziu na terminologia psicanalítica, da qual passou à psicologia. Para ele o trauma seria uma experiência psíquica de forte excitação, causada ou por um evento muito veemente ou por acúmulo de excitações singularmente suportáveis; a excitação, embora de breve duração, não seria absorvida ou eliminada com os meios normais do aparato psíquico (resistência psíquica, domínio de si, capacidade de desviar a atenção, elaboração mental do evento etc.). Freud ofereceu diversas interpretações dessa experiência: primeiro o trauma era um fato sexual estreitamente ligado, como causa, à → NEUROSE; depois, considerou-o como um evento acidental que, associado à constituição e à história infantil do sujeito, provocava uma espécie de neurose, quase um caso de frustração; enfim, uma experiência psíquica, independente da neurose.

O trauma psíquico pode ser descrito como: a) o conjunto das consequências psíquicas determinadas por um evento violento: b) o choque que dá origem ao estado de neurose traumática; c) o agente que determina o choque.

Além dos agentes traumáticos de natureza física (mecânicos, térmicos, luminosos etc.), que aqui não interessam diretamente, são importantes os de natureza psíquica: são os eventos que suscitam no paciente uma experiência fortemente emotiva cuja carga afetiva, ao não encontrar possibilidade de se exprimir e de se manifestar, é reprimida por longo período e talvez por toda a vida, determinando assim a desagregação da personalidade (feridas, perigos de morte, incidentes com meios de transporte, seduções sexuais da idade evolutiva, cenas horrendas etc.). Não se confundam esses eventos com os que prejudicam o cérebro e determinam psicoses traumáticas. A síndrome das neuroses pode ser caracterizada por sintomas leves (transpiração excessiva, tremores, irritabilidade, vertigem, náusea, cansaço fácil, ansiedade) ou por sintomas mais graves (distúrbios da palavra, do andar, confusão mental, sonhos catastróficos etc.) ou por sintomas estritamente mentais (pesadelos terríveis nos quais o paciente revive a experiência emotiva).

Freud já observava que o trauma está condicionado por múltiplos fatores: a suscetibilidade geral do paciente, a situação psicológica pessoal das relações e das circunstâncias em que acontece o evento, a violência e a instantaneidade dele. Muitas vezes preexiste no sujeito, antes do evento, uma base de insegurança pessoal; o trauma então a faz aflorar e, por assim dizer, a fixa na consciência, de modo que a toda situação semelhante ao evento traumatizante se reproduzem o temor, a ansiedade, o ressentimento etc., em relação ao que ameaça o sujeito, o qual recorre por reação a mecanismos infantis.

Na vida espiritual pode se considerar trauma todo fato de escândalo que deixa no sujeito, especialmente na idade evolutiva, um insuperável senso de desconfiança dos outros, incerteza de valores, insegurança de êxito na perfeição. Determina-se uma espécie de neurose espiritual que, embora não comprometa globalmente a ascese cristã, é um obstáculo a seu normal desenvolvimento e à expressão equilibrada de virtuoso testemunho. Somente uma lenta e paciente terapia de reflexão, de reavaliação do evento, de experiências contrárias e positivas, ou uma graça sobrenatural pode devolver ao sujeito o ritmo espiritual certo.

BIBLIOGRAFIA. Group of the New York psychoanalytic Institute. Monograph V. *Trauma and symbolism*. Inst. Univ. Press, New York, 1975; LAPLANCHE, J. – PONTALIS, J. B. Trauma. In *Enciclopedia della psicanalisi*. Bari, 1968; SCHNEIDER, A. *Armonia interiore dell'anima e salute mentale*. Torino, 1959, 409-414; ZAVALLONI, R. La vita emotiva. In *Questioni di psicologia*. Brescia, 1982, 384 ss.

G. G. PESENTI

TRÍDUO PASCAL. A celebração anual da Páscoa cristã compreende na liturgia da Igreja do Ocidente a unidade litúrgica e teológica que se chama tríduo pascal. A expressão remonta ao século IV. → AGOSTINHO fala do "santíssimo tríduo de Cristo crucificado, sepultado, ressuscitado" (*Ep*. 55, 14). → AMBRÓSIO, porém, lembra "o tríduo santo [...] durante o qual Cristo sofreu, repousou e ressuscitou" (*Ep*. 23,12-13). Na Antiguidade cristã, portanto, o "tríduo" que agora nós chamamos pascal compreendia a celebração da paixão do Senhor (sexta-feira), da sua sepultura (sábado) e da sua ressurreição (domingo).

A atual reforma da liturgia oferece esse conceito e essa justificação da ordem do tríduo pascal: "Para que os fiéis compreendam perfeitamente que o tríduo sagrado não constitui uma preparação das solenidades pascais, mas é realmente, segundo as palavras de Agostinho, 'o santíssimo tríduo de Cristo crucificado, sepultado e ressuscitado', esse tríduo terá início na missa vespertina 'na ceia do Senhor', que abre a celebração da 'bem-aventurada paixão'. Para que também pareça mais evidente que a Páscoa de Cristo consta da sua morte e ressurreição, ou seja, da novidade de vida que brota da morte redentora, de agora em diante o tríduo sagrado será chamado *tríduo pascal* (CONGREGAÇÃO PARA O CULTO DIVINO, *Comentário sobre o calendário litúrgico renovado*).

São momentos fundamentais da celebração do tríduo pascal a missa "*in coena Domini*" da tarde da Quinta-feira santa, a celebração da paixão do Senhor na sexta-feira santa, a solene vigília de Páscoa entre o sábado e o domingo de Páscoa. O tríduo pascal termina com as vésperas do domingo. Essa ordem, que recupera plenamente o sentido pascal da celebração da Quinta-feira santa, não é arbitrária. Ela está fundada no sentido pascal que têm os três momentos sucessivos nos quais se desenvolve a Páscoa do Senhor. Com efeito, a ceia de Jesus na perspectiva da sua paixão e da sua ressurreição tem um incontestável sentido pascal; e a Igreja o assume, celebrando ritualmente esse memorial da instituição do sacramento pascal da eucaristia. A paixão do Senhor tem um claro significado pascal na perspectiva do Evangelho de João, como imolação do verdadeiro Cordeiro pascal; esse aspecto torna-se presente na celebração litúrgica da Igreja na Sexta-feira santa. Finalmente, a ressurreição gloriosa de Jesus é o seu verdadeiro *êxodo* deste mundo para o Pai; e a Igreja celebra na noite santa da Páscoa e no domingo da ressurreição essa passagem de Cristo da morte para a vida e essa presença de Cristo nossa Páscoa à direita do Pai e no coração dos fiéis.

Antes, poderíamos dizer que na recuperação unitária dessa perspectiva litúrgica do atual tríduo pascal emerge claramente a unidade dos três momentos tipicamente pascais do Antigo Testamento: a celebração anual da → PÁSCOA no memorial litúrgico; a passagem de YHWH libertador que poupa os primogênitos de Israel nas casas que têm nos batentes das portas o sinal do Cordeiro imolado em sacrifício; a passagem do Mar Vermelho com a qual Israel é libertado da escravidão do faraó.

Essa visão unitária atual do tríduo pascal, incluída aí a Quinta-feira santa, é um tanto nova como enfoque doutrinal que salva a unidade do mistério e a sua progressiva realização. Mas a história documenta uma longa evolução do que hoje chamamos de tríduo pascal. Convém, portanto, que remontemos às origens.

1. ORIGEM E DESENVOLVIMENTO DO TRÍDUO PASCOAL. A celebração anual da paixão e ressurreição do Senhor com uma particular liturgia remonta ao século II. Notícias precisas sobre essa celebração chegaram até nós a partir da controvérsia sobre a data da Páscoa que opôs os quartodecimanos do Oriente que celebravam a Páscoa no mesmo dia dos judeus (14 de Nisan) a todas as outras Igrejas, capitaneadas por Roma, que celebravam essa festa no domingo seguinte. Dessa controvérsia faz eco Eusébio na sua *História eclesiástica*, V, cc. 23-25. Essa discussão, porém, permite documentar que o uso dos orientais remontava aos primeiros decênios do século II, quando o bispo Policarpo foi visitar Roma e conversou com o papa Aniceto. Quando, porém, se aguça a luta entre as duas facções, no final do século II, durante o pontificado do papa Vítor (188-199), ambas as partes reivindicam para suas celebrações — que, aliás, parecem diferir somente na data e na duração do jejum — uma tradição apostólica. O grande mediador da controvérsia, → IRENEU DE LIÃO, oriental de nascimento e ocidental por sua residência nas Gálias, pode indicar que a diversidade da celebração não incide sobre a unanimidade da fé.

Parece, portanto, que no século II todas as Igrejas celebram uma comemoração anual da morte e ressurreição do Senhor concentrada numa vigília de orações com a celebração da eucaristia, precedida por alguns dias de jejum.

Ao lado dessas notícias de tipo histórico, vieram ilustrar o sentido da Páscoa cristã primitiva dos quartodecimanos a descoberta da *Homilia sobre a Páscoa*, do bispo Melito de Sardes, do fim do século II, e a fixação de uma outra antiga homilia pascal atribuída a Hipólito, como texto de um autor quartodecimano da época de Melito (cf. R. CANTALAMESSA, *I più antichi testi pasquali della Chiesa. Le omelie di Malitone di Sardi e dall'Anonimo quartodecimano e altri testi del secondo secolo*, Roma, 1971). Ambas as homilias — verdadeiros tratados sobre a Páscoa — apoiam-se no comentário a Êxodo 12 e propõem uma estupenda visão do mistério da salvação. No texto de Melito aparece pela primeira vez a expressão: "O mistério da Páscoa que é Cristo", e a síntese doutrinal: "Ele é a Páscoa da nossa salvação".

a) *a celebração primitiva da vigília pascal*. À luz dos textos litúrgicos pascais mais antigos, podemos reconstruir os momentos dessa celebração anual que concentrava o único mistério de Cristo morto e ressuscitado. Na *Didascália dos Apóstolos* lê-se: "Jejuai nos dias de Páscoa, [...] a parasceve e o sábado, passai-os integralmente no jejum sem tomar nada. Por toda a noite, ficai juntos, acordados e em vigília, suplicando e orando, lendo os profetas, o Evangelho e os Salmos, com temor e tremor e com assídua súplica até a hora terceira da noite, passado o sábado, e então quebrai o vosso jejum. [...] Então oferecei os vossos sacrifícios e então comei e ficai contentes, alegrai-vos e exultai, pois Cristo ressuscitou, penhor da nossa ressurreição, e isso seja legítimo perpetuamente até o fim do mundo" (*Didascália*, 15, 17-19).

A partir desse e de outros textos contemporâneos do século III pode-se reconstruir idealmente o desenvolvimento de uma celebração de vigília que nos séculos IV e V terá seu ápice nas Igrejas do Oriente e do Ocidente. Precede o *jejum* de um ou de mais dias, inspirado nas palavras de Jesus: jejuarão os discípulos quando lhes será tirado o esposo (cf. Lc 5,35). Faz-se uma grande *vigília* no coração da noite, unindo o ocaso do sábado com a aurora do domingo, segundo a expressão de → GREGÓRIO DE NISSA. À luz das velas e das tochas leem-se as Escrituras, cantam-se salmos, anuncia-se o evangelho da ressurreição e se pronunciam esplêndidas homilias pascais que a tradição patrística nos conservou (cf. A. HAMMAN, *Il mistero pasquale nei Padri*, Brescia, 1969). Seguem-se os ritos da iniciação cristã dos quais temos cuidadosas descrições na *Tradição apostólica*, de Hipólito para o Ocidente e nas *Catequeses mistagógicas* de → CIRILO DE JERUSALÉM para o Oriente. Tudo culmina na celebração da eucaristia. A festa depois se prolonga por todo o dia de Páscoa, que inaugura os cinquenta dias pascais ou Pentecostes.

b) *A Sexta-feira santa*. A celebração primitiva da sexta-feira que precede a vigília da Páscoa é caracterizada pelo jejum. A liturgia romana primitiva conhece para esse dia uma liturgia da Palavra que culmina com uma série de solenes orações que já estão contidas no Sacramentário Gelasiano. Já a tradição de Jerusalém, documentada pela peregrina Egéria no fim do século IV, vê se desenvolver uma longa celebração de leituras alusivas à paixão com a adoração da santa cruz na basílica da *Anastasis*. Como para outros momentos da semana santa, o tipo de celebração que se desenvolve em Jerusalém consiste em celebrar no mesmo lugar, com leituras e orações adequadas ao lugar e à hora, os episódios vividos por Cristo nos últimos momentos da sua vida. Esse modo de celebrar a paixão do Senhor com leituras, orações, mas também com gestos de veneração em relação à cruz acabará por se impor também no Ocidente. Permanece, porém, em todas as Igrejas como dia de jejum, com a exclusão da celebração da eucaristia.

c) *A Quinta-feira santa*. Esse dia na primitiva organização litúrgica da Igreja do Ocidente está ligado à → QUARESMA, como dia final desse período, antes de entrar no tríduo santo. É um dia marcado pela reconciliação dos penitentes, pela preparação próxima dos catecúmenos. Posteriormente se insere nesse dia o rito da consagração da crisma e da bênção dos óleos. Mas os grandes mistérios evocados nesse dia pelos evangelhos, a última ceia com o lava-pés e a instituição da Eucaristia, tanto no Oriente como no Ocidente, acabam por criar uma celebração memorial da instituição da Eucaristia ou "*Natale calicis*" que é a raiz da nossa celebração da missa "*in coena Domini*".

Não podemos documentar aqui a longa evolução da liturgia do tríduo pascal ao longo da história, especialmente na Idade Média. Basta lembrar que a vigília pascal desaparece praticamente por uma antecipação da sua celebração até as primeiras horas da manhã do sábado. A celebração da paixão do Senhor une a liturgia da Palavra da tradição romana à adoração da cruz, de ascendência hierosolimitana; introduz-se a comunhão com as hóstias que sobraram da missa da Quinta-feira santa na chamada "missa dos pré-santificados". A celebração da Quinta-feira santa adquire um grande destaque e se une à liturgia da lavação dos pés ou do "Mandatum". A manhã de Páscoa é progressivamente preenchida com uma procissão do Santíssimo Sacramento e o canto das laudes solenes.

Ao lado dessas "involuções" litúrgicas, a piedade popular desenvolve amplamente formas de participação e de ritualização dos mistérios celebrados. Basta lembrar a adoração do Santíssimo Sacramento no repositório que se torna o ponto focal da piedade da Quinta-feira santa e da Sexta-feira santa, as procissões e ritualizações dramáticas da paixão do Senhor, o mesmo drama litúrgico da ressurreição e do sepulcro vazio que se desenvolve em algumas abadias e catedrais medievais.

Esse caráter de → RELIGIOSIDADE POPULAR marcou profundamente, até no nível social e cultural, a celebração do tríduo sagrado até a reforma litúrgica do Vaticano II.

2. A ATUAL CELEBRAÇÃO LITÚRGICA DO TRÍDUO PASCAL. Como foi dito, a reforma litúrgica quis oferecer uma visão unitária do mistério pascal na progressiva celebração dos diversos momentos litúrgicos do tríduo pascal. Eis as linhas essenciais dessa proposta como está contida no *Missal romano*.

a) *A ceia do Senhor*. O início do tríduo pascal com a missa na ceia do Senhor nos introduz no mistério do Cenáculo. A Igreja lembra ao mesmo tempo a instituição da Eucaristia e do sacerdócio, bem como o mandamento da caridade. A celebração tem um claro sentido eucarístico e sacerdotal, mas com o lava-pés lembra o gesto do serviço e do amor recíproco. A liturgia da Palavra propõe a lembrança da Páscoa antiga (Ex 12,1-8.11-14), a "*paradosis*" paulina sobre a instituição eucarística (1Cor 11,23-26), o início do sermão da ceia com o lava-pés (Jo 13,1-15). A homilia deve propor uma catequese dos grandes ensinamentos de Jesus nesse dia, ao passo que a lavação dos pés "ritualiza" o gesto do Mestre como exemplo de caridade e de serviço. Na oração eucarística ressoa o *hoje* da instituição do memorial da Páscoa. Depois da comunhão eucarística, que deveria ser dada a todos sob as duas espécies, a procissão com o Santíssimo Sacramento para o lugar da reposição põe em destaque a presença permanente de Cristo na Eucaristia e o sentido da adoração eucarística. Esse rito de origem medieval continua a ter o seu significado dogmático. A Igreja quer que a oração de adoração diante do Santíssimo Sacramento se prolongue até a meia-noite. E a pastoral não deveria deixar de orientar essa adoração como escuta das palavras de Cristo na última ceia em colóquio com os seus discípulos (cf. Jo 13-17).

b) *A paixão de Cristo*. A Sexta-feira santa, dia penitencial e alitúrgico (ou seja, sem a celebração da eucaristia), tem como momento culminante a comemoração vespertina da paixão do Senhor. O mistério da paixão de Cristo é proclamado nas leituras de Isaías (Is 52,13-53,12) sobre o servo de YHWH, da Carta aos hebreus sobre o Filho obediente e sacerdote eterno (Hb 4,14-16; 5,7-9), do Evangelho de João que apresenta o triunfo do Rei e a imolação do Cordeiro (Jo 18,1-19,42). As solenes orações de intercessão enfatizam a universalidade da salvação invocada pela Igreja e por toda a humanidade. Segue a adoração da cruz, depois de ter mostrado o lenho da vida no qual esteve pendurado o Salvador do mundo. A última parte da celebração, na tradição da "missa dos pré-santificados", oferece a possibilidade de comungar o corpo do Senhor no memorial da sua paixão.

c) *A sepultura e a ressurreição do Senhor*. O Sábado santo é dia de silêncio junto ao sepulcro do Senhor. A Igreja não celebra a liturgia eucarística; a oração litúrgica ressalta o sentido da espera da ressurreição. A vigília pascal, que deveria ser celebrada bem tarde da noite entre o sábado e o domingo, é o sinal memorial da espera da Igreja na noite luminosa da fé e que vê o triunfo de Cristo. A primeira parte da vigília pascal é celebração dos aspectos cósmicos da ressurreição do Senhor: bênção do fogo novo, da luz e do círio pascal, procissão no escuro da noite, proclamação com o *Exultet* do alegre anúncio da Páscoa.

Segue a longa liturgia da Palavra, com quatro a sete leituras do Antigo Testamento que traçam o caminho da revelação até o anúncio da ressurreição. Segundo a antiga tradição da Igreja, a toda leitura segue o salmo e o cântico e a oração sálmica inspirada na Palavra ou dirigida a Deus como agradecimento e súplica pelas maravilhas da história da → SALVAÇÃO. As leituras principais podem ser: a narrativa da criação (Gn 1,1–2,2), o sacrifício de Abraão (Gn 22,1-18), a passagem pelo Mar Vermelho (Ex 14,15–15,1), a promessa da aliança nova (Ez 36,16-17a.18-28). Do Novo Testamento se lê o trecho de Rm 6,3-11, que alude à participação na morte e ressurreição de Cristo com o batismo. Ressoa o salmo pascal 117 e o canto do aleluia antes de ouvir o querigma da ressurreição segundo os Evangelhos sinóticos dos diversos ciclos. A esse ponto, a homilia, no estilo querigmático dos Padres, exprime a fé e a alegria da Igreja na experiência dessa vigília "mãe de todas as vigílias". Pode seguir, como na Antiguidade cristã, a celebração dos sacramentos da iniciação ou a bênção da água com a renovação das promessas batismais. Tudo termina na Eucaristia, que é sempre memorial e banquete do Ressuscitado para a sua Igreja. O domingo, aberto agora pela celebração de vigília, prolonga na celebração da Eucaristia e da liturgia das horas (→ OFÍCIO DIVINO) a festa da Páscoa com textos de rara beleza, como a sequência pascal do século IX composta por Vipone, da qual, porém, foi tirada a seguinte estrofe de caráter antijudaico: "*Credendum est magis soli Mariae veraci quam iudeorum turbae fallaci*". A celebração eucarística vespertina, com a lembrança da aparição aos discípulos de Emaús (Lc 24), ou as solenes vésperas de Páscoa põem fim ao tríduo pascal para abrir a celebração dos cinquenta dias pascais, o grande domingo que se prolonga até o dia de Pentecostes.

3. ESPIRITUALIDADE DO TRÍDUO PASCAL. A celebração da Páscoa está no coração mesmo da espiritualidade cristã, que tem como fundamento objetivo o mistério pascal comunicado a nós mediante o → BATISMO e a Eucaristia, celebrado liturgicamente pela Igreja em toda a plenitude de aspectos no tríduo pascal.

Já se observou que na Antiguidade cristã as homilias batismais dos → PADRES DA IGREJA, dirigidas aos neófitos por ocasião da Páscoa, enfatizam o fundamento da vida cristã em todas as suas exigências nessa participação objetiva ao mistério da Páscoa do Senhor. Cristo é verdadeiramente, segundo a expressão de Melito de Sardes, "a Páscoa da nossa salvação".

De outra parte, é interessante observar que a tradição patrística e litúrgica soube concentrar em torno do mistério pascal algumas dimensões fundamentais do mistério cristão que deve ser vivido pelos batizados. Certamente não se pode reduzir a Páscoa, como muitas vezes faz a escola alexandrina, a um convite à "mudança moral". A objetividade dos aspectos da salvação inclui também isso, mas não é suficiente. É melhor, porém, deixar que se projete sobre toda a existência cristã a luz dos múltiplos aspectos ou dimensões do mistério pascal.

Na Antiguidade cristã, segundo a síntese teológico-patrística de R. Cantalamessa (*La Pasqua della nostra salvezza*, Torino, 1971), são cinco as dimensões que se propõem em torno do mistério pascal:

a) A Páscoa como *paixão*. Embora inspirada numa interpretação linguística errônea — a consonância entre Páscoa e a palavra *paschein*, que significa sofrer —, o mistério pascal do Senhor compreende também a sua paixão gloriosa, a imolação do Cordeiro, que é Cristo. Melito de Sardes já aponta esse sentido. Seria, porém, errôneo pensar que os cristãos orientais chamados quartodecimanos celebrassem a Páscoa como uma lembrança da paixão sem a ressurreição; os textos pascais conservados lembram o conjunto de todos os mistérios de Cristo, da encarnação à ascensão, e lembram também que os que sofrem com o Senhor, como os mártires, são os que celebram a verdadeira Páscoa.

b) A Páscoa como *passagem*. É a teologia do êxodo aplicada a Cristo na sua gloriosa passagem pela morte e ressurreição. Agostinho entrevê esse significado da Páscoa nas palavras de Jo 13,1: "sabendo que havia chegado sua hora de passar deste mundo para o Pai": com sua morte e ressurreição, Cristo faz passar os seus, com o batismo e a Eucaristia, para a vida nova.

c) A Páscoa como *recapitulação*. É o mistério da *anakefalaiôsis* de toda a criação em Cristo ressuscitado. Os textos litúrgicos e as homilias dos Padres não deixam de lembrar os elementos cósmicos presentes no mistério pascal, da primavera à alegria de toda a criação que se renova com o triunfo de Cristo: a Páscoa de Cristo já é prelúdio da Páscoa do universo.

d) A Páscoa como *parúsia*. Em analogia com as tradições hebraicas que acreditavam que nos dias de Páscoa devia se manifestar o Messias, uma tradição cristã antiga, lembrada por → JERÔNIMO, mas presente também no *Testamentum Domini* do século II, faz alusão à esperança dos cristãos na noite pascal como momento da segunda vinda do Senhor; também Agostinho lembra: "Esse nosso velar significa também algo do que com a fé fazemos na vida. Todo esse tempo no qual o século presente transcorre como uma noite, a Igreja vele com os olhos da fé voltados para a Escritura, como para chamas que brilham na obscuridade, até o dia em que o Senhor vier" (*Sermo Wilmart*, 4, 3). A celebração da vigília da Páscoa é uma manifestação dessa espera da vinda de Cristo; faz-se vigília, com efeito, na expectativa do Senhor porque se está seguro da sua ressurreição.

e) A Páscoa como *Eucaristia*. São muitos os textos que nos primeiros séculos esclarecem a relação entre a Páscoa e a → EUCARISTIA. O próprio Senhor instituiu o memorial da sua gloriosa paixão num banquete, ordenando que fosse feito o mesmo que ele fizera como seu memorial. O centro da celebração pascal é a Eucaristia que a Igreja celebra solenemente na Quinta-feira santa e na vigília pascal. O encontro definitivo entre o Ressuscitado e a sua Igreja, a passagem de Cristo em meio aos seus se realiza mediante a comunhão com seu corpo e com seu sangue. Posteriormente, porém, ilumina-se outra preciosa conclusão: em qualquer parte em que é celebrada a Eucaristia, em qualquer tempo, a Igreja possui nesse memorial do Senhor a plenitude do mistério da Páscoa. A Eucaristia é, com efeito, o mistério pascal.

Estamos, portanto, no coração mesmo da vida e da espiritualidade da Igreja. O mistério pascal, celebrado na instituição da Eucaristia, na paixão do Senhor, na sepultura e na ressurreição de Cristo celebra o momento culminante salvífico de toda a obra de Jesus, com a sua preparação na encarnação que é sempre início e condição do mistério pascal, com o prolongamento em → PENTECOSTES, que torna visível e eficaz a efusão do Espírito, dom do Ressuscitado à Igreja.

Todo ano a celebração do tríduo pascal imerge a Igreja nessas fontes de vida, iluminando assim o sentido da sua existência na qual também a dor e a morte são transformadas, pela ressurreição de Cristo, em esperança de glória. O mistério pascal dá finalmente o sentido a toda a existência cristã e a orienta para seu definitivo cumprimento escatológico. Por isso, uma autêntica espiritualidade cristã, verdadeiramente eclesial, inspirada nas fontes da liturgia, convida a viver em plenitude os santos mistérios da nossa redenção no tríduo pascal do Cristo crucificado, sepultado e ressuscitado.

A espiritualidade cristã, nas suas raízes sacramentais e nas suas exigências ascéticas, místicas, apostólicas, é nitidamente uma espiritualidade pascal.

BIBLIOGRAFIA. CANTALAMENSSA, R. *La Pasqua nella Chiesa antica*. Torino, 1978; ID. *La Pasqua della nostra salvezza*. Torino, 1971; *Triduo pasquale*, Brescia, 1972; CONGREGAZIONE PER IL CULTO DIVINO. *Lettera circolare sulla preparazione e celebrazione delle feste pasquali*. Roma, 1983; DALMAIS, I. H. Pâques (Résonances spirituelles du mystère pascal). In *Dictionnaire de Spiritualité*. Paris, 1983, 171-182, XII; FÜGLISTER, N. *Il valore salvifico della Pasqua*. Brescia, 1976.

J. CASTELLANO

TRINDADE. Deus é o grande mistério que ultrapassa todo o ser e o devir, como o mais alto poder e a origem de todas as coisas; é a vida, o infinitamente vivente, pensamento, amor e comunhão total. "O Senhor é UM. Não terás outros deuses diante de mim" (Dt 6,4; Ex 20,3). A revelação nos informa, porém, que um Deus puramente uno, como se encontra no judaísmo, no islamismo e em geral na consciência de muitos contemporâneos, não existe. O Deus da revelação — o Deus vivo e verdadeiro — está no mistério que a Igreja exprime com a doutrina da Trindade das Pessoas na unidade da natureza.

1. **MISTÉRIO ESPECÍFICO DA FÉ CRISTÃ.** A doutrina da Trindade constitui, com a da redenção, a parte central e característica da nossa fé cristã. Nós não acreditamos apenas em Deus; cremos em Deus Pai, Filho e Espírito Santo. O mistério da Trindade é constitutivo e distintivo do cristianismo. É o seu mistério específico, porque também a própria → REDENÇÃO supõe esse mistério. Mais; não poderíamos compreender nada do sentido profundo da nossa vida cristã se não conhecêssemos nada da Trindade. Ela é a fonte e o objetivo da nossa vida. A revelação desse mistério não satisfaz explicitamente nossa necessidade de conhecer a Deus, mas diz respeito diretamente ao destino do homem, e até de toda a criação.

Com efeito, é desse abismo de vida e de amor que teve início o caminho dos mundos; é aí que vai dar a história cósmica, a história do gênero humano, a história de cada indivíduo; é para aí que, no fim, tudo dever retornar, concluir-se, resolver-se. Aí está a explicação de tudo; esse é, definitivamente, o único mistério: o mistério dos mistérios!

A vida eterna é conhecer o Pai, o Filho e o Espírito Santo. O risco da vida cristã é a Trindade adquirida e perdida para sempre. Eis por que a Igreja considera esse dogma como o mistério mais profundo a ela confiado pelo Senhor, e o leva, orando, como herança viva e preciosa através dos séculos!

2. MISTÉRIO INACESSÍVEL. A Trindade é um mistério absolutamente inacessível e transcendente, como inacessível e transcendente é o próprio Deus. A razão humana sozinha chega apenas à natureza divina, à existência de um absoluto; depois, o seu caminho se perde e acaba. Deus "habita numa luz inacessível, que nenhum homem viu nem pode ver" (1Tm 6,16). Na origem do grande mistério há, pois, uma confidência divina. Uma confidência iniciada nos primeiros dias da história humana, continuada depois de forma progressiva e lenta, a fim de que, mediante uma admirável pedagogia, o homem fosse introduzido de modo suave e durável no íntimo da vida de Deus.

Sucederam-se revelações parciais; variadas em seus objetos como em suas formas; com muitos intermediários: patriarcas, lei mosaica, profetas... Finalmente veio a revelação plena, mediante a descida da própria Palavra de Deus, do Filho de Deus feito homem. No mistério da → ENCARNAÇÃO o círculo fechado se abriu, justamente quando o Filho de Deus — e só o Filho — assumiu como próprio um corpo e uma alma humana.

"Ninguém jamais viu a Deus; Deus Filho único, que está no seio do Pai, no-lo revelou" (Jo 1,18). Foi Jesus de Nazaré que removeu o véu e nos permitiu olhar no mais profundo e no mais secreto do ser e da vida de Deus. A revelação do grande mistério está portanto ligada ao cumprimento da salvação do homem. Com efeito, nas palavras de Jesus referidas pelo Evangelho não se diz muito sobre o segredo da vida íntima de Deus. Ele não falou a respeito senão com extrema reserva e grande prudência. Pouco a pouco conduz os seus a uma compreensão mais clara, que terá consistência definitiva somente em → PENTECOSTES, mediante a graça do Espírito Santo.

3. TRÊS PESSOAS NUMA ÚNICA NATUREZA. A revelação do mistério trinitário nos transporta aos cumes da transcendência divina. Ao conceito de Deus, radicalmente inacessível, inefável, "Totalmente Outro", que deixa o homem pensativo num estado de adoração e de transtornada estupefação, junta-se a ideia de uma plenitude misteriosa, de uma pluralidade de pessoas que se distinguem pela oposição das suas relações, subsistentes na única e idêntica natureza.

A exposição do mistério é breve. Ela se reduz a alguns pontos precisos: três Pessoas plena e perfeitamente distintas, plena e perfeitamente iguais, um só e único Deus. Isso exprime a liturgia, ao se dirigir ao Pai no prefácio da Trindade: "Com vosso Filho único e o Espírito Santo sois um só Deus e um só Senhor. Não uma única pessoa, mas três pessoas num só Deus. Tudo o que revelastes e nós cremos a respeito de vossa glória atribuímos igualmente ao Filho e ao Espírito Santo. E, proclamando que sois o Deus eterno e verdadeiro, adoramos cada uma das pessoas, na mesma natureza e igual majestade".

Em Deus a vida se manifesta num recíproco possuir-se, num doar-se mutuamente, numa comunhão perfeita. A Trindade brota das profundas raízes do ser divino, que é transbordante plenitude de vida. O Pai é a "fonte de toda a Trindade". É o silêncio: ele não falou, pois nunca veio para "o meio de nós". Disse uma só Palavra, o seu Filho, e a pronunciou num eterno silêncio. Revelou-se a nós nessa Palavra, nesse seu "Filho bem-amado" e se revela ainda por meio do Espírito comum deles. O Pai se exprime inteiramente no seu Filho e se contempla nele com uma complacência infinita, fazendo-lhe dom, gerando-o, da infinita plenitude da sua vida divina. Assim, o Filho é "Deus de Deus, Luz da Luz, Deus verdadeiro de Deus verdadeiro, [...] da mesma substância do Pai". Na Escritura o Filho é chamado também Palavra (*Logos* = *Verbum*: Jo 1,1) para exprimir sobretudo a espiritualidade e imanência da geração divina.

O Pai e o Filho dão a plenitude da vida divina ao Espírito Santo. Pai e Filho a dão reciprocamente, como fruto da mais íntima comunhão. O Espírito Santo é o amor pessoal do Pai e do Filho, o beijo mútuo deles, eterno movimento, inefável êxtase da dileção deles. Assim, com um tríplice sujeito se fecha o círculo da comunhão de vida e de amor em Deus, selado pelo Espírito Santo.

Toda a vida divina brota da fonte primitiva, o Pai, que não tem origem; com fluxo eterno flui para o Filho e de ambos para o Espírito Santo, para refluir para o Pai no infinito amor de ambos. Assim, no Deus trino não há rígida e fria solidão, mas caloroso e fluente amor e um eterno doar-se.

A vida trinitária é simples e perfeita, eterna e infinita, imanente e onipresente em cada um dos atributos divinos, que ela torna imensos com o próprio mistério e abre no silêncio do seu céu. A vida trinitária é criadora e conservadora do ser, transcendente e ao mesmo tempo presente e imanente no universo; nas estrelas, no grão de areia, no pardal, na rosa, na consciência do homem e sobretudo no coração do cristão. Esse mistério de Deus Pai, Filho e Espírito Santo é uma realidade que nos transcende infinitamente e ao mesmo tempo uma realidade que nos penetra no mais íntimo do ser, vivificando-o e santificando-o.

Raramente o homem, e o cristão, encontra o tempo e a coragem de descer ao fundo da sua consciência, de mergulhar na profundidade da sua alma, para encontrar o Deus vivo que lá habita. Raramente ele penetra nesse seu santuário interior; todavia, é justamente lá e somente lá que encontraria o que inutilmente busca longe. É preciso insistir muito não somente na transcendência do mistério divino, mas também e sobretudo na real participação do homem na própria vida trinitária.

4. NO CENTRO DA VIDA CRISTÃ. Toda a fé cristã supõe esse mistério e o vive: em todo ato de culto o mistério da Trindade é enunciado e feito presente, revelado e comunicado ao crente. Todo o → ANO LITÚRGICO, sem interrupção, é um contínuo hino de louvor à Trindade. Não há dia do ano e hora do dia em que a Igreja não preste honra e glória a Deus uno em três Pessoas. Todas as orações e sacrifícios da Igreja estão voltados para o Pai, por Cristo, no Espírito Santo.

O Deus que chega até nós e nos salva na economia sacramental nos é dado sob a invocação trinitária. Nos sacramentos da Igreja, mesmo na variação da matéria, da forma e do ministro, encontramos sempre, no momento culminante, a invocação da Trindade: te batizo, te absolvo, te dou a unção... em nome do Pai, do Filho e do Espírito Santo. As etapas do nosso itinerário terreno são como que escandidas pela presença dos "Três". Tudo vem a nós do Pai, por meio do seu Filho encarnado, Jesus Cristo, na presença em nós do Espírito Santo; e tudo retorna ao Pai, na presença do Espírito Santo, por meio do Filho encarnado, Jesus Cristo. Do Pai, pelo Filho Jesus Cristo, no Espírito Santo, ao Pai.

A presença da Trindade na Igreja e no cristão deve levar a alma do crente a entrar na vida íntima do mistério. Depois da descida em nós da graça batismal, não somos mais apenas expectadores atônitos, mas felizes participantes dos esplendores e das inefáveis riquezas da vida divina. A união da nossa alma com Cristo implica o acesso ao mistério de Deus. A ele somos introduzidos pelo Filho na qualidade de filhos: "*filii in Filio*". Com a graça, a vida trinitária chegou até nós, arrasta-nos no seu movimento, o Filho nos mantém unidos ao Pai no impulso de amor por meio do qual ele se dá todo inteiro a ele. "Por meio dele podemos nos apresentar, uns e outros, ao Pai num só Espírito" (Ef 2,18).

A graça — participação da vida de Deus — é o entrar da alma na misteriosa vida da Trindade, em cujo seio ela contrai novos e reais vínculos com cada uma das três Pessoas divinas. O mistério da graça é o mistério dessa vida de intimidade com Deus Pai, Filho e Espírito Santo.

Nós não percebemos esse esplendor, dominados como estamos pelas preocupações mundanas e obnubilados por tantos pecados. Só depois de um longo caminho nas noites purificadoras da fé, da esperança e do amor, é possível, mesmo nesta vida terrena, uma experiência do mistério divino, que pode se aproximar da visão da vida eterna e ser uma antecipação dela.

A confidência que Deus nos fez da sua vida e das suas Pessoas não está, portanto, em função de uma satisfação intelectual, mas tem um valor decididamente vital. Esse mistério, que está na base de nosso Credo, é objeto de fé e de posse. Infelizmente, é um mistério desconhecido para muitos cristãos, e, apesar de sua profissão de fé na Trindade, observa com razão K. → RAHNER (*Saggi teologici*, Roma 1965, 591), na prática da vida religiosa deles são quase só "monoteístas".

É urgente ter cada vez mais conhecimento e tomar cada vez mais consciência desse augustíssimo mistério, que põe o cristão acima do nível puramente humano, para fazer dele, já nesta terra, um homem do céu.

BIBLIOGRAFIA. AUER, J. *Il mistero di Dio*. Assisi, 1982; BERNARD, Ch. A. L'esperienza spirituale della Trinità. In ANCILLI, E. – PAPAROZZI, M. *La mistica. Fenomenologia e riflessione teologica*. Roma, 1984,

295-321, II; Bourassa, F. Sur le traité de la Trinité. *Gregorianum* 47 (1966), 254-285; Ceuppens, F. *Theologia biblica. De SS. Trinitate.* Roma, 1949; Chevalier, J. *Saint Augustin et la pensée grecque. Les relations trinitaires.* Fribourg (Suisse), 1940; D'Eypernon, F. Tayman. *Le mystère primordial.* Paris, 1946-1949, I-II; Dondaine, H. *La Trinité.* Paris, 1945; *Estudios Trinitarios* 11 (1977/ nn. 2-3) 131-522 (bibliografia abundante); Galtier, P. *De SS. Trinitate in se et in nobis.* Paris, 1933; *Il mistero del Dio vivente.* Roma, 1968; Isaac, J. Dieu est Père, Fils, Esprit-Saint. In *Initiation théologique.* Paris, 1955, 145-203, II; Le mystère de la Sainte Trinité. *Lumière et Vie* 20-30 (1956); Id. *La révélation progressive des Personnes divines.* Paris, 1960; Lallement, D.-J. *La Très Sainte Trinité, mystère de la joie chrétienne.* Paris, 1984; Lebreton, J. *Histoire du dogme de la Trinité dès origines au Concile de Nicée.* Paris, 1927, vl. I; 1928, vl. II; Prestige, G. *Dieu dans la pensée patristique.* Paris, 1955; Rahner, K. Osservazioni sul trattato dogmatico "De Trinitate". In *Saggi teologici.* Roma, 1965, 587-634; Widmer, G. P. *Gloire au Père, au Fils, au Saint-Esprit,* Neuchâtel-Paris, 1963.

E. Ancilli

TRISTEZA. 1. Definição. A tristeza pode ser considerada sob um duplo aspecto:

a) *A tristeza como paixão*, ou seja, uma das onze paixões às quais os escolásticos, depois de Aristóteles, reduziram todas as outras e que, fundamentalmente, denota o estado de depressão causado na vontade por um mal presente (realmente ou imaginariamente, não importa): tristeza espiritual. A isso está quase sempre unido no apetite sensitivo um sentimento de aflição, que muitas vezes é também chamado de tristeza sensível. A tristeza, por sua natureza, torna a alma pesada e lhe tira o impulso de operar: pode às vezes até impedir totalmente sua atividade.

b) *A tristeza como estado de ânimo*: num caráter que tende à → melancolia, a tristeza pode se tornar um estado mórbido ou psicopático, ou até uma doença. Uma astenia psíquica num sujeito predisposto pode produzir uma depressão moral com uma gama de deficiências muito graves. "Pode-se ter um primeiro grau de tristeza simples; ligada a uma forte emotividade obstaculizada por incapacidade à ação, e próxima da sentimentalidade, a tristeza é um processo de desvalorização das coisas, atinge-as à medida que não estamos dispostos a agir em relação a elas. É uma orientação para o passado, um empobrecimento das nossas sensações e das nossas ideias,

como se cada uma delas aderisse agora somente ao que dá e como se de agora em diante o porvir nos estivesse fechado. Deriva desse sentimento: 'para que serve?'. É uma liquidação de nós mesmos e um desesperar do mundo: por isso os teólogos viram nisso uma tentação do demônio e um pecado" (E. Mounier, *Trattato del carattere*, Roma, ⁴1962, 234).

Quando o sentimento de tristeza cresce, entra-se no campo da psicastenia, muitas vezes consequência de estafa quer física quer intelectual e emotiva, em que a impotência à ação é completa. O sujeito se demonstra sem forças, física e moralmente. Se no caso da tristeza simples basta a psicoterapia ordinária, no segundo caso tem-se necessidade muitas vezes de um cuidado mais enérgico em ambientes indicados.

2. A tristeza e a vida espiritual. Muitas coisas que foram ditas da vida espiritual do melancólico podem ser repetidas aqui. Os aspectos característicos de um caráter triste podem se reduzir aos seguintes: o indivíduo está sujeito a incoerências, é irregular no agir, é enigmático a si mesmo; tem uma alma extraordinariamente rica e até, muitas vezes, sentimental; é exageradamente preocupado consigo mesmo e extremamente reflexivo; vive com frequência no mundo dos seus pensamentos; sente-se só, abandonado e incompreendido; probo em relação a seus deveres demonstra compreensão pela dor, pelas misérias e dificuldades dos outros, ao passo que dificilmente ousa confiar (mudará muitas vezes de confessor porque se crê incompreendido) e vê tudo negro nas suas obras; entretanto, torna-se facilmente escravo de aversões contra determinadas pessoas, que acredita incapazes de compreendê-lo. O seu insucesso nas relações com Deus, as suas recaídas no pecado, as dificuldades na oração podem torná-lo infeliz a ponto de correr o perigo de abandonar o Senhor e de suscitar nele aversão, rejeição e ódio de Deus. Particular dificuldade encontra na confissão.

Todavia, o caráter triste tem também vantagens positivas para a santidade: o indivíduo sente uma forte inclinação para o mundo interior, para o recolhimento, para a solidão, e mais do que os outros percebe em si mesmo o desejo de valores espirituais, de se refugiar em Deus e de uma vida interior e duradoura.

O caráter triste deve pôr empenho particular para se familiarizar com o sofrimento: ver na dor, quer física, quer moral, uma participação no sofrimento redentor de Cristo; e aceitar tudo por amor de Deus. Justamente aqui encontrará a sua salvação e a fonte de uma paz indizível e de uma profunda vida espiritual. É preciso procurar infundir nessas almas um sadio otimismo, uma grande fé e confiança na divina providência, e uma difusa alegria natural e sobrenatural.

Os apelos humanos e cristãos feitos para quem é levado à → MISANTROPIA devem ser retomados e aplicados também a quem é tomado por pensamentos e hábitos de tristeza, porque em fazer sair o triste de si mesmo e inseri-lo responsavelmente nas relações com os outros está talvez o segredo do êxito da sua vida.

BIBLIOGRAFIA. GUILLAUME, P. *Manuale di psicologia*. Firenze, 1968, 87 ss.; CONDREAU, G. *Angustia y culpa, problemas fundamentales de la psicoterapía*. Madrid, 1968; *L'uomo, l'illusione e l'angoscia*. Milano, 1968; FALORNI, M. L. Tristezza. In *Enciclopedia Filosofica*. Firenze, 1969, 616-617, VI (com bibliografia); BITTER, W. *Angustia y pecado*. Salamanca, 1969; SACCHI, M. E. La terapía espiritual de las afecciones contristantes. *La Ciencia Tomista* 110 (1983) 79-112.

M. CAPRIOLI

TURISMO. Nos dias de hoje o turismo não é apenas um passatempo, mas uma forma de enriquecimento interior por meio de contatos e de conhecimentos que se adquirem e que completam a formação moral e cultural dada pela escola e pela leitura. Contém também fermentos espirituais que, valorizados com cuidado e com sabedoria, contribuem de modo notável para a elevação interior, no conjunto de uma vida orientada para a perfeição sobrenatural. Ele educa e forma o espírito para as realidades sobrenaturais de três modos principais:

a) As belezas e a calma da natureza, procuradas como meio de repouso e de recreação, favorecem a harmonia interior e dispõem para a elevação a horizontes ilimitados da vida sobrenatural. A criação, contemplada com ânimo tranquilo e religioso, fala de Deus e do seu amor infinito pelos homens para os quais enriqueceu a terra com tantas maravilhas. À luz da fé cada coisa revela uma mensagem divina, convida à adoração e ao agradecimento. A alegria de viver se torna mais íntima e transbordante quando nos damos conta de que estamos envolvidos pelo divino, e que tudo o que nos circunda foi criado pelo Senhor para a nossa alegria (*GS* 61).

b) O conhecimento de homens e de costumes diferentes facilita a compreensão e a fraternidade entre os povos. Encontrando-se e conhecendo-se, os homens se descobrem irmãos, com as mesmas exigências fundamentais, embora manifestadas de modo diferente, com a mesma aspiração à verdade e à paz, e assim adquirem o hábito de julgar os outros com maior indulgência e bondade, preparando um acordo honesto e sereno entre indivíduos e entre nações, entre classes e partidos. O exercício da hospitalidade, acompanhado por cordialidade e respeito pela pessoa, numa atmosfera de benevolência e de dignidade moral, cria vínculos de amizade que ultrapassam as fronteiras do país e do estado, preparando um espírito de colaboração muito ampla.

c) O turismo, ainda que otimamente organizado, apresenta sempre alguma dificuldade. O afastamento da moradia habitual, a suspensão dos hábitos diários e das relações sociais, o encontro com usos e tradições diferentes das costumeiras, alguns imprevistos que confundem planos e programas são incômodos que de certo modo quase nunca faltam. A aceitação serena e firme dessas dificuldades pequenas e grandes fortalece o caráter pessoal, aumenta sua força moral, prepara para suportar com fortaleza e coragem as inevitáveis provas da vida. A índole se aperfeiçoa e se torna suave no encontro com outros temperamentos nem sempre agradáveis, e o organismo se fortalece pela necessidade de se acostumar com as variações e os rigores da temperatura, com as fadigas e desventuras das viagens.

O turismo pode ter um lugar adequado na formação espiritual e ascética, aproximando cada vez mais as almas a Deus no colóquio com a natureza, habituando-as a reconhecê-lo e a servi-lo nos irmãos, temperando-as à escola do sacrifício. O Concílio Vaticano II vê no turismo também uma possibilidade apostólica de relevante interesse: "Aqueles que viajam por razão de compromissos internacionais ou de negócios ou para descanso lembrem-se de que eles são por toda a parte também arautos de Cristo e como tais se comportem realmente" (*AA* 14). Nessa visão conciliar o turismo revela os seus valores mais altos, como serviço de Deus e das almas.

→ ESPORTE

BIBLIOGRAFIA. APPENDINO, F. Turismo e tempo libero. In *Dizionario Enciclopedico di Teologia Morale*. Roma, 1987, 1.171-1.180 (com bibliografia); ARRIGHI, G. *Turismo e pastorale*. Torino, 1962; HUT, A.

La pastorale du tourisme. Bruges, 1966. Arrighi, G. *Gli uomini della distanza. Esperienze di pastorale del turismo.* Roma, 1984; Panfilis, E. de. *Tempo libero, turismo e sport.* Padova, 1986; Id. *Fare Chiesa nel tempo libero. Documenti pastorali sulle vocanze, il turismo e lo sport.* Padova, 1986.

Depois do Concílio Vaticano II, a Igreja deu uma atenção particular a esse fenômeno; cf.: Comissione Episcopale per la Migrazioni e del Turismo [CEI]. Pastorale del turismo e del tempo libero, 2 febraio 1980. *Enchiridon CEI*, III16-59; Pontificia Comissione per la Pastorale delle Migrazioni del Turismo. Chiesa e mobilità umana (espec. ponto E). *AAS* 70 (1978) 357-378; Sacra Congregazione per il Clero. Direttorio generale per la pastorale del turismo, 30 aprile 1969. *AAS* 61 (1969) 361-384.

A. Marchetti – M. Caprioli

U

UNÇÃO DOS ENFERMOS. "Com a sagrada unção dos enfermos e a oração dos sacerdotes, toda a Igreja recomenda os doentes ao Senhor sofredor e glorificado, para que alivie suas penas e os salve (cf. Tg 5,14-16); antes, exorta-os a se unir espontaneamente à paixão e à morte de Cristo (cf. Rm 8,17; Cl 1,24; 2Tm 2,11-12; 1Pd 4,13) a fim de contribuir assim para o bem do povo de Deus" (*LG* 11).

Com essa concisa síntese doutrinal, o Vaticano II apresenta o sacramento da unção dos enfermos, pondo o acento quer no nome novo, quer especialmente no caráter cristocêntrico e eclesial da graça própria desse sacramento. O tema da unção dos enfermos tinha atraído a atenção dos padres do Concílio já na constituição litúrgica, nos nn. 73-74, em que a tendência a defini-lo mais como unção dos enfermos do que como sacramento da extrema-unção antes da morte tinha se manifestado com uma série de propostas em vista de uma revisão do rito.

À luz dessas indicações, e depois de um cuidadoso trabalho de revisão, Paulo VI promulgou o novo rito da unção dos enfermos com a constituição apostólica *Sacram unctionem infirmorum*, em 30 de novembro de 1972, um documento de destaque que, como em outros casos análogos, sancionava com autoridade as mudanças introduzidas no novo rito.

Esse documento de Paulo VI, juntamente com as *Premissas* do Rito da unção dos enfermos, são para nós um guia seguro na exposição das linhas teológicas desse sacramento, que é assim reproposto em toda a riqueza da tradição bíblica e litúrgica do Oriente e do Ocidente e numa fecunda síntese da reflexão teológica de ontem e de hoje.

Na teologia atual esse sacramento atrai de modo extraordinário a atenção dos estudiosos; e não apenas para os dados da revelação e da tradição que fundamentam o sacramento, mas também pelo fato de que a doença e o doente estão hoje no centro de uma múltipla reflexão do ponto de vista antropológico, sociológico, psicológico. Sobre todos esses aspectos que não podem ser ignorados, a teologia da unção dos enfermos quer oferecer a luz que do mistério de Cristo morto e ressuscitado advém para a doença.

A expressão *unção dos enfermos* substituiu definitivamente a de *extrema-unção*, privilegiando assim a atenção do sacramento à doença e ao doente, mais que ao moribundo. Na realidade, *extrema unctio* não significava originariamente a *última unção* imediatamente antes da morte, mas, sim, a *última das* unções que recebia o cristão, depois da unção do batismo e da crisma (e eventualmente a do sacerdócio). De modo mais claro, indicava-se certa teologia desse rito quando era chamado de "*sacramentum exeuntium*", sacramento dos moribundos. A mudança de nome por parte da Igreja é um ato significativo que pretende influir na reflexão teológica e na prática pastoral, à luz das orientações dadas para a celebração litúrgica do sacramento.

1. OS FUNDAMENTOS BÍBLICOS. A Igreja católica na leitura da Bíblia à luz do Espírito Santo encontrou o fundamento bíblico do sacramento da unção em dois textos fundamentais; como se exprime Paulo VI, seguindo o Concílio de Trento, esse sacramento do Novo Testamento instituído por Cristo "está velado como tal no Evangelho de Marcos (Mc 6,13) e recomendado aos fiéis e promulgado por Tiago (Tg 5,14-15)".

Vejamos ao mesmo tempo o sentido e o alcance dos dois textos clássicos propostos pela Igreja como fundamento desse sacramento.

Mc 6,12-13: "*Eles partiram e proclamaram que era preciso converter-se. Expulsavam muitos demônios, faziam unções com óleo em muitos doentes e os curavam*".

Esse texto está inserido na primeira missão dos discípulos de Jesus. Eles desenvolvem, como o Mestre, uma missão de pregação da conversão e da cura espiritual mediante a expulsão dos demônios. A esse ministério acrescentam o da unção com óleo feita aos enfermos; movemo-nos num ambiente em que a doença é vista estreitamente conexa com o pecado, e a salvação é esperada na sua forma milagrosa, como remédio ao mal. Nesse contexto religioso, o serviço feito pelos discípulos se insere como "milagroso" acontecimento de graça e cura, na dupla perspectiva física e espiritual.

Tg 5,13-15: "*Algum de vós está sofrendo? Reze. Está alegre? Entoe cânticos. Algum de vós está doente? Mande chamar os anciãos da Igreja e que estes orem, depois de tê-lo ungido com óleo em nome do Senhor. A oração da fé salvará o paciente e o Senhor o porá de pé e, se tiver pecado, ser-lhe-ão perdoados*".

Estamos na comunidade cristã em que a doença é vivida como um acontecimento de salvação na presença do Senhor. Intervêm os "presbíteros" da Igreja que oram pelo doente (talvez com a imposição das mãos) e fazem a unção com óleo. Tudo acontece, porém, com uma referência a Cristo ressuscitado, em cujo nome é feita a oração e a unção. Fala-se então dos efeitos: a salvação, a cura, o perdão dos pecados. Também nesse contexto a doença aparece ligada ao sentido do pecado e do efeito atribuído ao Senhor mediante a oração da fé, e a unção é ao mesmo tempo física e espiritual.

Esses dois textos que a Igreja reconhece como fundamento bíblico da unção dos enfermos, remetendo obviamente a duas temáticas bem mais amplas de teologia bíblica: o sentido da doença e da sua cura à luz do Antigo e do Novo Testamentos e o valor salvífico da dor assumida por Cristo no mistério da sua morte e ressurreição. Esses temas são lembrados pela Igreja nas *Premissas* do Rito da unção, pondo o acento sobre o *doente*, sujeito do sacramento, e lançando sobre a doença um olhar de fé que revela o sentido último da situação precária do homem doente e a sua solução à luz do mistério de Cristo. Em sentido amplo, portanto, o fundamento bíblico desse sacramento precisa ser encontrado na teologia bíblica da situação do homem doente e na graça redentora daquele que por nós se tornou o servo sofredor (cf. Is 53,4-5 e 1Pd 2,24-25).

2. A DOUTRINA E A PRÁTICA DA TRADIÇÃO. A tradição viva da Igreja dos primeiros séculos pode ser ilustrada em duas frentes. A primeira que parece mais clara é a da prática mesma da unção dos enfermos e das particulares fórmulas para a bênção do óleo na liturgia da Igreja. A segunda é a dos testemunhos explícitos sobre esse sacramento, com uma particular referência aos textos bíblicos citados.

A prática da unção dos enfermos na comunidade cristã é abundantemente documentada por → ORÍGENES, → TERTULIANO, → JERÔNIMO, Eusébio de Cesareia, embora não estritamente ligados aos textos acima comentados. De resto, essa prática está indiretamente atestada pelos diferentes formulários de bênção dos óleos dos enfermos que encontramos tanto no Oriente como no Ocidente. Na *Tradição apostólica* (século III) lê-se esta bênção: "Ó Deus, tu santificas o óleo para a santidade daqueles que o usam e o recebem. [...] Faz que traga o conforto aos que o provam e a saúde aos que dele usam". No *Eucológio de Serapião* (século IV) encontra-se, entre outras, esta oração de bênção: "Que do céu, suplicamos-te, se expanda sobre este óleo um poder de cura do teu único Filho; a fim de que, para aqueles que recebem a unção [...] estas tuas criaturas destruam todo mal e toda enfermidade, sejam remédio contra todo poder satânico, [...] tragam a graça e a remissão dos pecados, o remédio da vida e da salvação, a saúde e a integridade da alma, do corpo e da mente e a plenitude da força". Na antiga liturgia romana a bênção do óleo, inserida no fim da oração eucarística, pedia e efusão do Espírito Santo sobre esse elemento para "a proteção do corpo, da alma e do espírito, para eliminar toda dor, toda enfermidade, toda afeição da mente e do corpo".

O texto mais qualificado da tradição a respeito é sem dúvida a carta do papa Inocêncio I a Decêncio, bispo de Gubio, escrita em 416. A autorizada interpretação do pontífice a respeito do uso do óleo dos enfermos é sustentada pela citação de Tg 5,13-15, que ele assim explica: "Esse texto deve ser entendido sem dúvida a propósito dos fiéis doentes, dos que podem ser ungidos com o óleo santo da unção. Desse óleo confeccionado pelo bispo não são apenas os sacerdotes, mas também todos os fiéis que têm o poder de usá-lo para fazer a unção nas suas necessidades". Depois, Inocêncio I esclarece ainda que também os presbíteros podem abençoar o óleo e que ele é feito propriamente para os fiéis que estão doentes, para os penitentes ou os catecúmenos, "pois [a unção] pertence ao gênero do sacramento" (DENZ. 216).

Essa tradição da Igreja que une a prática da unção dos enfermos à situação das doenças dos fiéis cristãos e remete explicitamente à Carta de Tiago é amplamente atestada no Ocidente desde o século VI com textos significativos de São Cesário de Arles e de São Beda, o Venerável. Apresentamos abaixo esses testemunhos:

Escreve → CESÁRIO DE ARLES (século VI): "Quando chega a doença, o doente recebe o corpo e o sangue de Cristo; humilde e fielmente peça o óleo bento pelos sacerdotes; depois faça a unção do seu corpo a fim de que o que está escrito se realize nele. E aqui é citado o texto de Tiago. "Vede, irmãos, ele prossegue, "que aquele que numa doença recorre à Igreja merecerá receber a saúde do corpo e obter a remissão dos pecados" (*PL* 39, 2.238-2.239).

Por sua vez, escreverá um século mais tarde → BEDA, O VENERÁVEL: "Daí [do texto de Tiago] resulta com evidência que esse uso da santa Igreja, de ungir os endemoninhados ou qualquer outro doente com óleo consagrado com a bênção dos bispos foi transmitido pelos apóstolos" (*PL* 92, 188B).

Reunindo em síntese os dados da tradição primitiva, podemos afirmar em primeiro lugar a existência na Igreja de uma particular bênção do óleo para remédio dos males corporais e espirituais dos fiéis. Essa bênção é expressa com a invocação do Espírito Santo a fim de que desça sobre o óleo e o encha da sua força de cura e de graça. Essa unção é expressamente chamada *sacramental* na carta de Inocêncio I e Decêncio. Insiste-se no remédio sobrenatural para a doença do corpo ou da alma. Acena-se também à remissão dos pecados no texto da Carta de Tiago. É um sacramento para os fiéis ou batizados; não para os catecúmenos nem para os penitentes.

3. A DOUTRINA DO MAGISTÉRIO DA IGREJA.

A sacramentalidade da extrema-unção foi confirmada com esse nome (*extrema unctio*) em diversas intervenções do magistério da Igreja ao longo da Idade Média lembrando em geral que é um dos sete sacramentos instituídos por Cristo presentes na prática das Igrejas do Oriente e do Ocidente. O Concílio de Florença, no decreto para os armênios, de 22 de novembro de 1439, apresenta uma síntese doutrinal amplamente inspirada na doutrina de Santo Tomás (*STh*. Sup. q. 32; DENZ. 1.324-1.325).

O Concílio de Trento ofereceu um estudo mais amplo e articulado para defender e confirmar a sacramentalidade da unção dos enfermos negada por Lutero. A doutrina de Trento, que se inspira também na síntese teológica feita pelos escolásticos medievais e em particular por Santo Tomás foi exposta na sessão XIV (25 de março de 1551) junto com a doutrina sobre a penitência. As afirmações doutrinais do Concílio que permanecem fundamentalmente invariáveis para o futuro são estas:

— A "extrema-unção" é um sacramento instituído por Cristo, insinuado no texto de Mc 6,13 e promulgado no texto de Tg 5,14-15. A matéria do sacramento é o óleo bento pelo bispo que exprime a graça interior do Espírito Santo; a forma é a fórmula tradicional: "*per istam sanctam unctionem*".

— A graça desse sacramento é descrita nestes termos: "essa graça do Espírito Santo, cuja unção abole as faltas, quando as há a ser canceladas, e os resquícios do pecado, e consola e revigora o ânimo do doente, despertando nele uma grande confiança na misericórdia divina que reergue o doente; de maneira que possa suportar melhor os pesos e as dores da doença e resistir mais facilmente às tentações de satanás, que insidia o seu calcanhar; e às vezes, se o pede a saúde da alma, consegue também a saúde corporal".

— Os ministros do sacramento são os bispos e os presbíteros; o sujeito do sacramento é o doente, especialmente o doente grave; por isso esse sacramento é também chamado "dos moribundos" ("*exeuntium*"!) (DENZ. 1.694-1.700).

Apesar de certa insistência sobre a gravidade da doença, o catecismo do Concílio de Trento advertia que se conferisse o sacramento sem atraso, assegurado que o doente estivesse em plena lucidez.

O Vaticano II, embora confirmando essa doutrina do Tridentino, procurou assumir certas perspectivas teológicas complementares que aos poucos se apresentavam na teologia do sacramento. As novidades complementares propostas pelo rito da unção dos enfermos promulgado por Paulo VI com uma constituição apostólica são as seguintes, expressas num texto-síntese:

"O sacramento da unção dos enfermos é conferido aos que estão doentes com sério perigo, ungindo-os sobre a fronte e sobre as mãos com óleo de oliva ou, segundo a oportunidade, com outro óleo vegetal, devidamente bento, e pronunciando, uma única vez, estas palavras: *Por esta santa unção e a sua piíssima misericórdia, te ajude o Senhor com a graça do Espírito Santo e, libertando-te do pecado, te salve e na sua bondade te alivie*".

A mudança se refere à matéria que pode ser óleo de oliva ou de outra matéria vegetal; a fórmula foi enriquecida com uma referência à graça do Espírito Santo e retomando termos do texto de Tiago; as unções foram reduzidas. O sujeito da unção é o doente em sério perigo, e a graça desejada é ao mesmo tempo espiritual e material.

4. A GRAÇA DO SACRAMENTO À LUZ DA TEOLOGIA. A doutrina do magistério da Igreja sobre o sacramento da unção dos enfermos concede espaço a uma ulterior reflexão teológica sobre a graça específica desse sacramento, para aprofundar, à luz da revelação, o sentido que essa intervenção eclesial tem para o homem à luz do mistério de Cristo e da graça do Espírito Santo. Nesse campo, podemos dizer que nos encontramos numa evolução de pensamento que hoje quer tender para uma síntese e que poderíamos ilustrar à luz das *Premissas* do rito da unção dos enfermos.

a) *Da Antiguidade cristã à teologia medieval.* A teologia do sacramento da unção na Antiguidade cristã parece ter privilegiado a *situação da doença*, não necessariamente grave, e a *graça da cura* na qual se inserem efeitos espirituais de força e de consolação e também efeitos (desejados) de saúde física. Mais atenuada é a referência à remissão dos pecados, embora não totalmente ausente nas fórmulas litúrgicas e nas explicações.

Na teologia da Idade Média prevalece a tendência a fazer da unção um sacramento para os fiéis gravemente doentes, com uma graça especial de remissão dos pecados e dos resquícios dos pecados. As duas grandes escolas escolásticas, a franciscana e a dominicana, apresentam algumas nuanças interessantes.

Franciscanos (Boaventura, Duns Scotus): veem esse sacramento como remédio para a remissão dos pecados veniais remanescentes e como uma espécie de preparação do doente para a morte, com especial consagração para o ingresso no reino dos céus. Mais, para Duns Scotus o sacramento deveria ser dado quando o fiel não pode mais pecar. Uma ideia que pôde contribuir para adiar a unção, arriscando, como aconteceu muitas vezes, fazê-las se tornar não uma unção dos moribundos, mas uma unção dos fiéis apenas mortos!

Dominicanos (Alberto Magno e Tomás de Aquino): a unção é o último remédio dado pela Igreja a seus fiéis e que completa toda a obra de santificação iniciada no → BATISMO. O efeito próprio desse sacramento seria a remissão dos resquícios dos pecados, aí compreendidos os efeitos de fraqueza física, moral e espiritual causados pelo pecado original e pelos pecados atuais. Não se exclui do sacramento a graça da cura ou remédio para a enfermidade, mas apenas em segundo plano. Fundamentalmente, trata-se de uma graça de conforto para o doente diante da morte.

b) *Uma evolução na teologia moderna.* A reflexão teológica que precedeu o Concílio Vaticano II, os textos da *Sacrosanctum Concilium* que auspiciavam a reforma do rito e o n. 11 da *Lumen gentium* que traçava em síntese a doutrina sobre a unção dos enfermos no texto citado no início quiseram pôr em destaque a graça específica do sacramento com uma atenção à doença e ao doente. É essa sem dúvida a linha do magistério da Igreja como é expressa pelas *Premissas* do Rito da unção, que têm assim para nós um grande valor doutrinal e pastoral. Seguindo essas *Premissas*, queremos traçar os pontos fundamentais dessa reflexão teológica.

— *A doença, situação antropológica inserida no desígnio salvífico.* Referindo-se ao fato de que a doença e o problema da dor estiveram sempre no centro da reflexão dos homens de todos os tempos, a Igreja estimula uma abertura da consciência humana diante do mistério de Cristo que dá sentido à dor (*Premissas*, n. 1). "Não se pode negar que houve uma estreita relação entre a doença e a condição de pecado em que se encontra o homem; mas seria um erro considerar a doença mesma, pelo menos em geral, como um castigo de pecados pessoais" (n. 2). Com o seu mistério, Cristo dá sentido à dor e à doença: "fez suas as dores de todos os homens. [...] É ainda ele que sofre em nós seus membros, quando somos atingidos e oprimidos por dores e por provações" (*Ibid.*).

— *A graça da saúde e o valor da doença e dos doentes na Igreja.* A atitude do cristão oscila entre o dever de promover a saúde própria e dos outros e o valor do sofrimento oferecido para o bem da Igreja: "Faz parte do próprio plano de Deus e da sua providência que o homem lute com todas as suas forças contra a doença em todas as suas formas e se desdobre de todos os modos para se manter na saúde: a saúde, com efeito, permite a quem a possui desenvolver a sua missão na Igreja" (n. 3). Todavia, deve-se estar preparado para completar na carne o que falta à paixão de Cristo para o seu corpo que é a Igreja (*Ibid.*). Os doentes na comunidade cristã têm uma missão e um testemunho: lembrar os bens que não passam e tornar presente o mistério salvífico de Cristo, que pode redimir e salvar essa nossa vida mortal" (*Ibid.*).

— *A unção dos enfermos como sacramento de Cristo para a situação do homem.* Nesse quadro ambivalente em que se avalia a doença e se proclama também a graça da saúde é que se insere o sacramento. Jesus no seu ministério salvífico veio ao encontro da doença dos homens como médico da carne e do espírito. Uma continuidade do seu ministério de cura corporal e espiritual é precisamente a do sacramento da unção. "O homem gravemente enfermo tem de fato necessidade, no estado de ansiedade e de pena em que se encontra, de uma graça especial de Deus para não se abater, com o perigo de que a tentação faça vacilar sua fé" (n. 5). É essa a graça do sacramento: ele "confere a graça do Espírito Santo; o homem todo recebe sua ajuda para a sua salvação, sente-se fortalecido pela confiança em Deus e obtém forças novas contra as tentações do maligno e a ansiedade da morte" (*Ibid.*).

Com essas autorizadas considerações procura-se fazer a síntese sobre a graça do sacramento. O acento é posto na *doença* como situação fundamental que pede a cura esperada e o conforto espiritual para enfrentá-la em comunhão com Cristo; a graça do sacramento não pode ser a cura física (que não se pode garantir), mas uma graça espiritual para enfrentar com serenidade e lucidez a doença e oferecê-la ao Senhor. Não se pode pôr o acento na *remissão dos pecados*, porque então esse sacramento seria um substitutivo do sacramento de → PENTECOSTES; mas a ligação entre pecado e doença dá também a esse sacramento um aspecto penitencial, oferece a possibilidade de uma "reconciliação" com a própria realidade marcada pelo pecado e, no caso de uma impossibilidade de fazer a confissão sacramental, dá também o perdão dos pecados. Não se pode absolutizar a graça do sacramento, como faziam alguns escolásticos, como uma espécie de preparação para a morte; nesse caso, a unção acabaria tomando o lugar do viático, da última eucaristia do cristão; mas não se pode sequer descartar a relação do sacramento com essa situação do homem; com efeito, a doença, especialmente se é grave, desperta o sentido da precariedade da vida e aguça o sentido da morte; mesmo sendo um sacramento que visa a cura, nem sempre o decurso normal da doença acaba na saúde; então também a morte é iluminada pela graça da vitória pascal de Cristo; com a graça do Espírito Santo, o fiel enfrenta a morte que tem um valor redentor, para si e para os outros, em comunhão com Cristo; a Igreja lembra que a graça desse sacramento deriva da morte e ressurreição de Jesus, mas se estende para o Reino futuro, de que o sacramento é penhor e promessa.

Nessa síntese teológica que enfatiza a graça para enfrentar de maneira cristã a doença, sem esquecer a relação indireta com a remissão dos pecados e o mistério da morte, o sacramento recupera toda a sua riqueza.

5. ORIENTAÇÕES LITÚRGICAS, PASTORAIS E ESPIRITUAIS. A celebração do sacramento da unção dos enfermos adquire toda a sua importância no âmbito do rito proposto pela Igreja. Ele oferece diversas possibilidades celebrativas: a celebração coletiva para muitos doentes, durante a missa, com um rito abreviado. As leituras da palavra de Deus ali contidas oferecem a possibilidade de uma rica catequese sobre o sacramento. O óleo pode ser bento pelo sacerdote durante o rito. As orações propostas ajudam a exprimir "a oração da fé" que a Igreja inteira faz pelo doente. Tudo impregnado de uma visão sobrenatural que, com a presença do sacerdote e da comunidade, não pode deixar de trazer conforto ao doente na participação da oração comum. O doente que escuta a Palavra, que ora junto com os irmãos e oferece os seus sofrimentos, que é ungido e confortado por Cristo com a graça do Espírito Santo, exerce de uma maneira especial o seu sacerdócio comum, unindo-se a Cristo sofredor e glorificado; com efeito, se todas as ações do cristão podem se tornar um culto espiritual (cf. *LG* 10), adquirem uma densidade existencial particular as que manifestam a comunhão com Cristo sofredor. A oblação do doente faz do seu leito um altar e contribui para o bem da Igreja. A essa plenitude de vida cristã quer educar e levar o novo rito da unção.

A unção dos enfermos tem necessidade de uma pastoral que consiga mudar a mentalidade corrente. Em primeiro lugar, mediante uma apropriada catequese que ajude a descobrir o verdadeiro sentido do sacramento para os doentes e para seus parentes que muitas vezes o recusam, como o irremediável anúncio da morte.

Para mudar a mentalidade pode contribuir uma oportuna celebração comunitária, como a que muitas vezes é feita por ocasião de peregrinações de doentes a Lourdes. A possibilidade de receber a unção antes de uma operação cirúrgica, no início de uma grave doença — com possibilidade de repeti-la no decurso da mesma doença quando houvesse um agravamento —, ou a possibilidade de conferi-la aos anciãos que sentem um enfraquecimento de suas forças, são outras tantas ocasiões para favorecer essa mudança de mentalidade.

Mas esse sacramento pede um forte empenho comunitário da família, da comunidade cristã para ajudar e apoiar o doente nesse precioso momento da sua existência. Trata-se de uma contribuição positiva da oração, da comunhão e do conforto, que não exclui uma corajosa luta contra a doença com todas as forças possíveis. A Igreja nos lembra a propósito: "O doente deve lutar contra a doença: mas não somente ele. Também os médicos, também todos os que se dedicam ao serviço dos enfermos não devem negligenciar nada do que pode ser feito, tentado, experimentado para trazer alívio ao corpo e ao espírito de quem sofre; assim fazendo, põem-se em prática as palavras do Evangelho em que Cristo recomenda visitar os doentes; mas, referindo-se ao doente, Cristo entende o homem na integralidade do seu ser humano: quem visita o doente, portanto, deve lhe trazer alívio no físico e conforto no espírito" (*Premissas*, n. 4).

Nessa perspectiva e na lógica continuidade que deve existir sempre entre a liturgia e a vida, o sacramento da unção dos enfermos se põe no centro de uma renovação da cura pastoral dos enfermos, de uma particular valorização do doente na comunidade cristã e de uma necessária humanização da doença e da atenção aos doentes na nossa sociedade. A palavra e a graça de Cristo, a oração da Igreja, estimulam a atenção de toda a comunidade a fim de que seja respeitada e ajudada a imagem de Cristo sofredor e abandonado, que é o doente na nossa sociedade, suscitando com o amor a vitória sobre o pecado e sobre a doença que é oferecida como graça específica desse sacramento.

O Código de Direito Canônico (câns. 998-1.007) expõe com clareza o sentido e as condições da válida e lícita administração desse sacramento, definindo o que o próprio rito promulgado pela Igreja tinha indicado. Convém lembrar que o ministro válido do sacramento é somente o sacerdote, mas o direito e o dever de administrar o sacramento pertencem aos que têm a cura de almas com relação aos doentes (cân. 1.003); sujeito do sacramento é o fiel cristão que, depois do uso da razão, por doença ou velhice pode se encontrar em perigo de morte; o sacramento pode ser administrado de novo no decurso da mesma doença (cân. 1.004).

Com a sua doutrina e a sua liturgia, com as urgentes recomendações para uma renovação pastoral, a Igreja quer fazer recuperar o profundo sentido sacramental da unção dos enfermos. Se todos os sacramentos são atos salvíficos de Cristo que atingem o homem numa especial situação da vida, a doença tem todas as características de um movimento importante a ser vivido à luz do mistério pascal de Cristo.

Com efeito, é o homem que na doença experimenta sua fragilidade, seu ser criatura sujeita à morte. À luz da fé, o homem crente abre todo o próprio ser àquele que é Pai e Senhor da vida e se confia a Cristo que na cruz deu sentido a toda dor e a todo sofrimento humano. Esse homem é tocado pelo sacramento mediante o amor concreto de uma Igreja que ora e que anuncia a salvação. O sacerdote, como ministro de Cristo, ao impor as mãos sobre o doente com a oração é sinal de Cristo e com a unção do óleo sobre a fronte e nas mãos lembra o sentido humano e corporal do pecado e da graça que redime o pecado. Da Igreja o doente recebe a santificação com a graça do Espírito Santo e o seu coração, ajudado pela comunhão na oração por parte da Igreja, abre-se na oblação de si. Com a eficácia santificante desse sacramento que valoriza o que no mundo não tem valor — a doença e o sofrimento —, a Igreja proclama e comunica o mistério da salvação que brilha em Cristo crucificado e ressuscitado, o qual continua a viver nos seus fiéis a fim de que completem o que falta à sua paixão em favor do Corpo místico da Igreja (cf. Cl 1,24).

BIBLIOGRAFIA. Alszeghy, Z. Unzione degli infermi. In *Nuovo Dizionario di Teologia*. Paoline, Roma, 1977, 1931-1951; Colombo, G. Unzione degli infermi. In *Nuovo Dizionario di Liturgia*. Paoline, Roma, 1984, 1532-1552; Feiner, J. La malattia e il sacramento della preghiera dell'unzione. In *Mysterium Salutis*. Queriniana, Brescia, 1978, 595-665, X; Gozzelino, G. *L'unzione degli infermi*. Marietti, Torino, 1976; Id. Unzione degli infermi. In *Dizionario Teologico Interdisciplinare*. Marietti, Torino, 1977, 499-510, III; *Il sacramento dei malati*. Aspetti antropologici e teologici della malattia. Liturgia e pastorale. LDC, Torino-Leumann, 1975; Magrassi, M. *L'unzione degli infermi*. Per un rito nuovo. Una teologia e una pastorale rinnovata. La Sacala, Noci, 1973; Ortemann, C. *Il sacramento degli infermi*. Storia e significato. Torino-Leumann, 1972; Sciccolone, I. Unzione degli infermi. In *Anamnesis*. I – Sacramenti. Teologia e storia della celebrazione. Torino, 1986, 205-242.

J. Castellano

UNIÃO COM DEUS. A vida cristã na sua essência e no seu desenvolvimento até os cumes mais elevados da santidade pode ser apresentada como uma vida de união com Deus ou com Cristo; união com Deus é, portanto, um termo análogo a santidade, perfeição cristã. Na revelação, muitas vezes nos é apresentado o plano da salvação como cumprimento da união do homem com o seu criador; especialmente no Novo Testamento, os escritos joaninos exprimem de vários modos o mistério da *koinonia*, assim como Paulo insiste numa "mística" da união com Cristo, com a sua pessoa, com os seus mistérios. A revelação que põe em evidência o chamado à comunhão encontra um eco profundo na psicologia humana; segundo os melhores psicólogos e os estudiosos da psicanálise, o homem tende instintivamente à união, como se fosse um desejo poderoso de retorno ao seio materno, à união primitiva e visceral da qual se separou com seu nascimento; o dinamismo da tendência à união se encontra na força do amor e nas suas realizações mais ou menos impregnadas de narcisismo e de egoísmo; segundo a psicologia religiosa, o verdadeiro complemento dessa união, procurada conscientemente, realiza-se por meio de uma progressiva purificação das tendências narcisistas e chega à sua perfeição na aceitação da paternidade de Deus, na assimilação da sua lei e do seu papel de modelo. É evidente que pode se encontrar na revelação da *koinonia* a resposta adequada a esses desejos; Deus vem ao encontro do homem, oferece-lhe a união que deseja, em Cristo modelo e "mediador", para o atrair ao círculo vital da Trindade, último e definitivo seio paterno e materno para o qual tende toda a criação que brotou da Trindade.

Na história da espiritualidade muitas vezes se propôs a vida cristã como um caminho para a união com Deus em Cristo, sobretudo por parte dos místicos; existe uma sintonia nesse campo nas grandes religiões não cristãs, sobretudo do Oriente.

Essa apresentação da vida cristã como união com Deus em Cristo tem a vantagem de se oferecer em termos de confronto, transformação; responde a um íntimo desejo individual e coletivo de unidade. De outra parte, o problema da união com Deus é muito delicado e discutido, apresenta aspectos de difícil solução, como o do respeito da infinita transcendência de Deus e da sua radical alteridade, bem como da preservação da personalidade e individualidade do homem, numa união que não abaixe a condição de Deus, não exalte até o panteísmo a natureza criada nem dissolva a personalidade humana no anonimato da fusão incondicional.

Trata-se, pois, de enquadrar numa acessível formulação filosófica e teológica o fenômeno da união com Deus. Não menos árdua é a empreitada de estabelecer a diferença entre o dado ontológico e teológico de base e a diversidade de graus e expressões de que essa união pode se revestir nas diversas etapas da vida cristã, do batismo ao → MATRIMÔNIO ESPIRITUAL, passando por todas as realizações concretas.

1. FUNDAMENTOS BÍBLICOS. No Antigo Testamento a revelação da vocação última do homem à salvação é expressa em termos de "aliança", com toda a rica variedade de alegorias e figuras que marcam as relações íntimas, individuais e coletivas de YHWH com o seu povo. No Novo Testamento essa revelação culmina e se torna atual em Cristo; a ideia de comunhão se exprime na revelação de uma comunhão de vida com a Trindade, com uma acentuada relação pessoal com Cristo.

a) O apóstolo João proclama a mensagem central do cristianismo com estas palavras: "Nossa comunhão é comunhão com o Pai e com seu Filho Jesus Cristo" (1Jo 1,3). O conceito de *koinonia* é confirmado também com outras expressões semelhantes: "permanecer" em Deus ou em Cristo (1Jo 2,6.24.27; 3,7; 4,16). O próprio Jesus exorta os discípulos a permanecerem unidos a ele como os ramos à vide (Jo 15,1-8); a sua carne e o seu sangue oferecidos no pão de vida realizam essa comunhão: "Aquele que come a minha carne e bebe o meu sangue permanece em mim e eu nele" (Jo 6,56); fruto e sinal dessa comunhão com Cristo é a caridade fraterna (1Jo 4,12.16), a imitação do seu exemplo (1Jo 2,6), a observância dos seus mandamentos (1Jo 3,24). Aquele que permanece em comunhão com Cristo produz muito fruto (Jo 15,17), obtém do Pai o que pede no nome do Filho (Jo 15,7), não peca (1Jo 3,6). Na oração sacerdotal Jesus apresenta a profundidade dessa união dos cristãos com ele: comunhão íntima de vida como a que existe entre o Pai e ele: união que se torna unidade: "que todos sejam um, como tu, Pai, estás em mim e eu em ti" (Jo 17,21). Nesses textos se exprime o dado central: *koinonia* com o Pai e o Filho por meio do selo do Espírito (1Jo 2,27), que transforma o homem e o faz agir segundo uma "vida nova"; essa *koinonia* indica uma profundidade insuspeita como as que Cristo pede na sua oração sacerdotal ao Pai.

b) Por seu lado, Paulo exprime a mesma realidade com diversos conceitos e ressalta a relação de união com Cristo. Fala assim de uma participação inicial e radical do cristão no mistério de Cristo por meio do batismo (Rm 6,3-5; Ef 2,5-6); pessoalmente se sente assim unido a Cristo a ponto de poder se exprimir deste modo: "vivo, mas não sou mais eu, é Cristo que vive em mim" (Gl 2,20; cf. textos paralelos Fl 1,21; 2Cor 4,10; Cl 3,3). A mesma ideia é referida nos textos em que fala da vida em Cristo ou com ele (Rm 6,11; Gl 3, 27), da participação nos seus sofrimentos e na sua glória (Rm 8,17; Fl 3,10). Igualmente ressalta a íntima relação com Cristo nas figuras da Igreja, seja como "corpo", cuja cabeça com a sua influência vital é ele (Ef 4,11-16), seja como o mistério nupcial da Igreja esposa com Cristo esposo (Ef 5,25-28). Explicitamente emprega o mesmo conceito de *koinonia*, comunhão, quando se refere à Eucaristia, por meio da qual se realiza de modo muito real a união com o Senhor glorioso no seu corpo e no seu sangue (1Cor 10,16). Em Paulo, portanto, põem-se em destaque a relação com Cristo como união vital e a sua realização sacramental pelo batismo e a eucaristia.

c) Em conexão com essa doutrina é preciso considerar também 2Pd 1,4 em que se afirma que os cristãos são "participantes da natureza divina".

A doutrina da revelação parece muito clara e foi expressa em termos muitos significativos. Os escritores místicos que falam da união com Deus ou com Cristo não encontrarão palavras mais adequadas para exprimir sua experiência do que as mesmas usadas por Paulo ou por João.

2. A DOUTRINA DO VATICANO II. Os textos conciliares, sem pretender fazer um aprofundamento do tema, falam em termos teológicos da união com Deus.

É afirmada, antes de tudo de maneira explícita, a vocação do homem à união com Deus: "A razão mais alta da dignidade do homem consiste na sua vocação à comunhão com Deus. Desde seu nascimento, o homem é convidado ao diálogo com Deus: com efeito, não existe senão porque, criado por Deus por amor, por ele é conservado, sempre por amor, e não vive plenamente segundo a verdade se não o reconhece livremente e se não confia no seu Criador" (*GS* 19). O ateísmo não é, portanto, apenas negação de Deus, mas no fundo negação dessa vocação fundamental do homem à comunhão com o seu Criador (*Ibid.*).

O modo concreto de realizar essa vocação consiste em entrar no desígnio de Deus, na história da salvação realizada por Cristo e tornada perene na Igreja; a participação aos sacramentos é o modo fundamental para realizar e acrescentar essa união: "Naquele corpo a vida de Cristo se difunde nos crentes, que mediante os sacramentos se unem de modo profundo e real a Cristo, que sofreu e foi glorificado" (*LG* 7); de modo mais particular, é o → BATISMO que nos une a Cristo: "Por meio do batismo somos configurados a Cristo" (*Ibid.*). A eucaristia aprofunda essa comunhão de vida: "Na fração do pão eucarístico, participando nós realmente do corpo do Senhor, somos elevados à comunhão com ele e entre nós" (*Ibid.*). Esse fato, que poderíamos chamar de ontológico, apresenta um programa de vida que pretende realizar o que inicialmente é feito por Deus, como a resposta pessoal à ação divina; com efeito: "Todos os membros devem se conformar a ele até que Cristo seja formado neles (cf. Gl 4,19). Por isso somos assumidos aos mistérios da sua vida, feitos conformes a ele, mortos e ressuscitados com ele, até reinarmos com ele (cf. Fl 3,21; 2Tm 2,11; Ef 2,6; Cl 2,12 etc.). Ainda peregrinos na terra enquanto seguimos as suas pegadas na tribulação e na perseguição, somos associados a seus sofrimentos como o corpo à cabeça, e sofremos com ele para sermos com eles glorificados (cf. Rm 8,17)" (*Ibid.*). Enfim, o Concílio propõe a santidade como o caminho e a meta da perfeita união com Cristo, ou seja, a santidade, segundo o estado e a condição própria de cada um. Na vida dos que, embora participantes da nossa natureza humana, são, todavia, mais perfeitamente transformados na imagem de Cristo (cf. 2Cor 3,18), Deus manifesta vividamente aos homens a sua presença e o seu rosto" (*LG* 50).

Esses textos do Concílio enfatizam, em continuidade com a revelação, a vocação do homem à união com Deus, a realização em Cristo e a especial relação com ele, a aplicação por meio dos sacramentos, especialmente batismo e eucaristia, a realização pessoal num empenho de configuração a Cristo na vida e nos sentimentos.

Esse ápice, a "perfeita união com Cristo", é a santidade.

3. DIMENSÕES DA UNIÃO COM DEUS. Os dados teológicos da Escritura e do magistério acima mencionados indicam sobretudo a obra de Deus na realidade misteriosa que é a união com ele. A ela deve corresponder a ação humana no esforço progressivo de deixar calar e atuar eficazmente essa comunhão na própria vida, seja na experiência e consciência de viver em união com ele, seja na manifestação dessa união, nos frutos concretos de santidade. Paradoxalmente, o caminho da santidade vai da união à união, da batismal à máxima que se pode conseguir na perfeição, como se a obra de Deus iniciada terminasse somente em frutos mediante uma solícita cooperação humana. Pode servir de guia para entender esse paradoxo a doutrina de São → JOÃO DA CRUZ sobre a relação entre batismo e matrimônio espiritual: "O esponsalício realizado na cruz não é o de que estamos falando, pois aquele foi feito uma só vez e nele deu à alma a primeira graça, que é concedida a cada qual no batismo. O presente, porém, acontece por via da perfeição e se verifica pouco a pouco de acordo com sua graduação. Ainda que se trate de uma só coisa, a diferença entre os dois consiste em que um se realiza em conformidade com o andar da alma, ou seja, pouco a pouco, e o outro (o do batismo) de modo conforme com o andar de Deus, ou seja, todo de uma vez" (*Cântico*, 23,6).

Nesse desenvolvimento progressivo têm papel determinante as virtudes teologais que realizam a purificação do intelecto e da vontade de modo a torná-los mais conformes à ação de Deus; além disso, são as virtudes teologais, fé, esperança, amor, as forças sobrenaturais que permitem ao homem unir-se com Deus ou, antes, descobrir e aprofundar a união ontológica já existente por meio dos sacramentos. Pontos culminantes da união são todas as expressões sacramentais, especialmente a eucaristia que nos une a Cristo e a seu mistério num modo íntimo e pessoal e ao mesmo tempo realizando a dimensão eclesial da *koinonia* cristã; mas ainda que o momento da liturgia seja circunscrito, a graça da eucaristia tende a conservar, aprofundar a união espiritual com Cristo segundo as mesmas palavras do Senhor (cf. Jo 6,56). Por meio da vida de todo dia a união com Cristo pode ser realizada a cada momento, sobretudo em contato com as criaturas de Deus e especialmente com os irmãos, que são a imagem dele, pelo sofrimento que permite tornar mais real a inserção do mistério da paixão de Cristo. Entre todos os meios é sem dúvida a oração, tanto litúrgica como pessoal, o melhor meio para viver a união com Deus. No diálogo com ele, em que se concentra a fé, a esperança e o amor, a união pode ser de algum modo experimentada como uma comunhão, procurando Deus em nós mesmos.

Muitas vezes é a essa experiência da união com Deus na oração, mas não exclusivamente, que se referem os místicos quando falam desse assunto. Às vezes insistem fortemente na união com a vontade de Deus ou conformação à sua vontade. Ela tem uma primeira realização na qual prevalece o esforço humano, a procura da vontade do Senhor, a observância dos seus mandamentos, o desejo de realizar sempre as coisas mais perfeitas; essa atuação cria, portanto, na alma certo hábito, uma inclinação espontânea, um desejo de abraçar e realizar tudo o que faz parte da vontade do Senhor. Essa atitude procede quer do esforço ascético pessoal, quer sobretudo de uma graça interior que torna atual, concreta, a união pessoal com Deus. Mas julgamos que a união com Deus que se manifesta na conformidade com sua vontade tenha dimensões mais profundas. As palavras de São Paulo e certas experiências dos místicos nos fazem intuir que se chega a uma total transformação em Deus na evolução homogênea da graça batismal, porquanto o homem na sua profundidade, nos centros vitais do seu entender, querer e operar, torna-se semelhante a Deus. Essa graça interior é às vezes experimentada como uma sensação de união e unidade com a vida divina, em que predomina um certo modo humano de perceber e de "sentir", mas pode ser vivida com mais fineza, como uma consciência espiritual, humilde mas segura de sermos transformados e assimilados na vida trinitária. Apesar disso, a distância continua, o abismo não é preenchido. Deus é Deus; a criatura, ainda que se torne divina por participação, segundo a teoria cara aos cristãos orientais, continua no seu estado de criatura; não há confusão possível, ainda que a consciência de que alguém maior do que o homem atingiu o centro mais profundo da vida pessoal possa fazer exclamar: "vivo, mas não sou mais eu, é Cristo que vive em mim" (Gl 2,20).

4. PROBLEMAS TEOLÓGICOS. Além das afirmações da Escritura e da Igreja, além das experiências dos santos e dos místicos, há muitos problemas que foram suscitados na teologia a propósito da união com Deus. Trata-se, com efeito, de ir além das afirmações, fazer a hermenêutica da linguagem e da experiência, sondar, quanto possível, o mistério vivido, para chegar a uma sistematização filosófico-psicológica do problema. Não é que se pretenda uma explicação exaustiva do mistério, mas apenas uma aproximação racional, respeitando as suas dimensões sobrenaturais, e sem se eximir da procura em vista do esclarecimento de algumas dificuldades.

Elas dizem respeito em grande parte à explicação filosófico-teológica da natureza da união com Deus e os seus graus. Enumeremos brevemente alguns dos problemas levantados na teologia.

a) Em primeiro lugar, há uma divergência de opiniões entre os exegetas acerca do modo de interpretar os textos da Escritura, em particular os de Paulo. Os defensores da "mística paulina" dão dos textos acima citados uma interpretação que chega a uma verdadeira união pessoal de Paulo e do cristão com a pessoa do Senhor glorioso, ou seja, concedem todo o peso do significado que à primeira vista contêm os textos. Outros são muito mais cautos, até minimalistas. Cerfaux, por exemplo, acusa os promotores da mística paulina de defender uma teoria que reduziria a pessoa de Cristo a uma "substância", um Cristo "fluídico", capaz de se unir aos cristãos, que perderia sua verdadeira personalidade; seguindo a interpretação dos exegetas antigos, Cerfaux reduz a união com Cristo à participação na vida do Ressuscitado, por meio do batismo e da eucaristia, sem necessidade de recorrer a uma união pessoal com ele (cf. L. CERFAUX, *Cristo nella teologia di san Paolo*, Roma, 1969, 270-288).

b) Na teologia clássica, até recente, o tema da união e a sua explicação filosófico-teológica foi estudado para definir alguns argumentos-chave da dogmática: a união hipostática, a → INABITAÇÃO da → TRINDADE, a elevação da natureza humana à visão de Deus. Em todos esses casos, com efeito, trata-se de definir de que modo e em que medida Deus se une à natureza humana, seja na que foi assumida pelo Verbo, seja na alma justificada, seja no intelecto humano para o tornar capaz de gozar da visão de Deus. Autores modernos como M. de la Taille e K. → RAHNER falam de uma união com Deus na ordem da causa "quase formal", ou seja, uma união que supera a que Deus tem com todas as criaturas, sustentando-as na existência, mas que não chega a ser formal, ou seja, não se pode comparar à que a alma humana tem com o seu corpo.

c) No campo da teologia espiritual, mais em concreto na análise da experiência mística realizada nos últimos decênios, procurou-se definir alguns aspectos da união. Da análise sumária das soluções podemos tirar algumas conclusões:

— exclui-se um tipo de união que poderia ser comparada à "sensação" de Deus no plano sensitivo: essa sensação, com efeito, não respeitaria a transcendência divina;

— não se pode reduzir a união com Deus a uma percepção obtida somente na ordem intelectiva, segundo o mecanismo da abstração das ideias;

— alguns, como Gardeil, falam de um "conhecimento quase experimental" que situa a união e a sua experiência entre o limite da sensação e o do conhecimento puramente intelectual;

— certamente, tanto no nível ontológico como no nível de consciência e de experiência, deve-se excluir uma união imediata, direta, com a essência divina; são necessárias sempre as mediações; neste caso, o conhecimento e o amor sobrenaturais infusos que atingem Deus e descobrem a sua união misteriosa, num ato unitário que supera o contato sensitivo e toda espécie de percepção intelectual;

— Pio XII, ao falar da habitação do Espírito Santo, excluiu toda interpretação da união com Deus que possa alterar a natureza humana: "Todos tenham isso como certo e indiscutível, se não querem se afastar da genuína doutrina e do correto ensinamento da Igreja, ou seja, devem rejeitar nessa mística união qualquer modo com o qual os fiéis, por qualquer razão, ultrapassem assim a ordem das criaturas e invadam erroneamente o campo divino que até mesmo um único atributo de Deus eterno possa ser predicado deles como próprio. Além disso, com firmeza e com toda certeza, considerem que nessas coisas tudo é comum à Santíssima Trindade, porquanto tudo diz respeito a Deus como causa suprema eficiente" (*Mystici corporis*: *AAS* [1943], 231).

d) A teologia radical bíblica e pós-bíblica propõe esse problema em termos novos e contesta todas as afirmações precedentes. K. Barth, por exemplo, insistindo na radical alteridade de Deus, acusa a mística e a experiência mística de ateísmo; segundo ele, com efeito, as experiências dos místicos não respeitam a transcendência de Deus. O movimento radical teológico dos últimos anos rejeita antes de tudo a linguagem "mítica" da Escritura, proclama a absoluta transcendência de Deus, a impossibilidade de chegar até ele com nossas categorias, negando a possibilidade de experimentar e gozar a união com ele. A união com Deus ou com Cristo da experiência paulina e dos místicos cristãos é reduzida, numa crítica radical dos pressupostos, a uma ilusão. Afirma-se, todavia, a possibilidade concreta de uma união do homem com Deus pelas mediações naturais que podem ser o sinal da sua presença e da sua ação: o mundo, a natureza, os homens. Entende-se, portanto, que desses pressupostos se chega logo à negação dos meios para atingir a união com Deus, como a liturgia e a oração, para realizar a ligação com o Deus transcendente no trabalho concreto para a identificação do mundo e o serviço dos homens.

Da exegese bíblica à teologia radical, são muitos os problemas que apresenta a união com Deus. Para confirmar o sentido pleno da Escritura e verificar na medida do possível em que consiste, pode ser útil lembrar o testemunho de um Doutor da Igreja que tem uma autoridade indiscutível nesse campo.

5. A UNIÃO COM DEUS SEGUNDO SANTA TERESA DE JESUS.

A doutrina e a experiência de Santa Teresa podem ser apresentadas mais como testemunho de vida do que como solução de problemas teológicos postos pela filosofia ou pela teologia. Teresa fala de diversas maneiras e em diferentes níveis da união da alma com Deus; será preciso portanto fazer uma análise das diversas realidades que pretende exprimir.

a) Muitas vezes, fala da união com Deus como de absoluta conformidade com a sua vontade, adquirida como esforço ascético ou conseguida por meio das graças interiores. Para não correr o risco de ser mal entendida e com grande sentido pedagógico, exorta a levar mais em conta essa união ativa e passiva com a vontade de Deus e dos seus efeitos do que de outras sensações de outro tipo de união experimentado durante a oração. Assim, por exemplo, diz: "Para nós, a vontade de Deus não consiste senão em duas coisas: no amor de Deus e no amor do próximo. [...] Se o fizermos com perfeição, cumpriremos a vontade de Deus e estaremos unidas a ele" (*Castelo*, 5, 3, 7; cf. em geral todo o capítulo que fala desse assunto). Do próprio Cristo ouvirá estas palavras: "Não acredite, filha, que a união consiste em estar muito próximo de mim, porque o são também aqueles que me ofendem, embora não o queiram. Tampouco consiste nas delícias e alegrias da oração, embora procedam de mim e sejam muito altas. Antes, elas são muitas vezes um meio para eu atrair as almas que não estão em graça" (*Relatos*, 29).

b) Em outros textos se refere a um grau de oração chamada precisamente "oração de união"; a terminologia usada diz respeito não somente à experiência da união com Deus, mas também à consecução de uma "união interior" de todas as potências, de modo que o contato com Deus se realiza na unidade perfeita (*Relatos*, 5, 6).

c) De modo especial, Teresa fala de um estado de união com Deus que considera o ápice da perfeição; nesse estado a união já é um matrimônio espiritual (cf. *Castelo*, 7,2), descrito com traços vivíssimos: "a alma, ou melhor, o seu espírito se torna uma só coisa com Deus"; "de tal modo se compraz em se unir a uma criatura que não quer mais dela se separar, como aqueles que, pelo matrimônio, não se podem mais separar"; "podemos comparar a união a duas velas de cera unidas de modo tão perfeito que formam uma só chama, ou como se o pavio, a chama e a cera não fossem senão uma só coisa; [...] como a água do céu que cai num rio ou numa fonte em que se confunde de tal modo que não se pode mais distinguir a do rio e a do céu; ou como um pequeno riacho que vai dar ao mar, do qual não é mais possível separá-lo; ou como uma grande luz que entra numa sala por duas janelas; entra dividida, mas dentro se torna uma só coisa" (*Ibid.*). Chegada a esse ponto, a santa acaba não nos explicando mais e recorre aos textos joaninos e paulinos que falam a respeito (1Cor 6,17; Gl 2,20; Fl 1,21; Jo 17,21-23). Essa união tem uma relação especial com Cristo e ao mesmo tempo uma dimensão trinitária.

A experiência teresiana é para nós como um testemunho precioso em perfeita sintonia com a experiência de Paulo e a doutrina do apóstolo João, mas sempre envolta no mistério. Parece claro que a santa não reduz a união com Deus a uma conformidade com a sua vontade, mas vai além; na sua doutrina, reservando, porém, a essa conformidade um valor de causa e sinal de perfeição no caminho para a união com Deus.

BIBLIOGRAFIA. BERNARD, Ch. A. Conoscenza e amore nella vita mistica. In ANCILLI, E. – PAPAROZZI, M. *La mistica. Fenomenologia e riflessione teologica*. Roma,

1984, 253-293, II; *La comunione con Dio secondo san Giovanni della Croce*. Roma, 1968; MIELESI, U. de. *La trasformazione d'amore in san Giovanni della Croce*. Milano, 1981; PANIKULAM, G. Koinônia. In *The New Testament. A dynamic expression of christian life*. Roma, 1979; PHILIPS, G. *L'union personnelle avec le Dieu vivant*, Paris, 1974.

J. CASTELLANO

V

VAIDADE. Sinônimo de vanglória, significa o desejo desordenado ou a despropositada procura da glória, da honra ou da estima dos outros. A glória, segundo a clássica definição *clara notitia cum laude*, consiste na aprovação e no aplauso com que os outros conhecem e reconhecem as nossas qualidades e as nossas obras. Por analogia, pode-se estender o conceito e o nome de glória ao conhecimento e à aprovação pessoal com que se valorizam as próprias qualidades e os próprios méritos como dignos de louvor.

A glória é um bem; o desejo e o amor da glória não constituem, portanto, pecado. O sentimento da glória está, antes, entre os mais nobres da alma humana e entre os mais eficazes para promover e sustentar o esforço humano para os mais árduos empreendimentos. Enfim, também na vida cristã, a santidade é o prelúdio da glória.

A desordem se insinua no amor, no desejo e no apego a uma glória vã, ou seja, falsa e sem merecimentos. Por um tríplice motivo, a glória acaba sendo vã: a) se é procurada por coisas caducas e frágeis que não são dignas; b) se é procurada por parte dos que não podem merecer juízos válidos a respeito; c) se é procurada por motivos não dignos, o que acontece toda vez que ela não é referida ao fim último: a glória de Deus e a salvação das almas (cf. *STh*. II-II, q. 132, a. 1).

1. GRAVIDADE DA VAIDADE. Embora não seja por si pecado grave, a ele dispõe. Na raiz da vaidade estão o orgulho e a presunção que afastam de nós a graça de Deus, sem a qual toda via está aberta ao pecado.

Além de preparar mais ou menos de perto o pecado grave, a vaidade é de per si uma culpa que ofende a Deus, corrompe a pureza da nossa intenção e diminui proporcionalmente os nossos méritos. O divino Mestre nos avisou severamente: "Guardai-vos de praticar vossa religião diante dos homens para atrair os seus olhares; do contrário, não haverá nenhuma recompensa para vós da parte do vosso Pai que está nos céus" (Mt 6,1). Uma admoestação que se torna uma sentença inapelável: "*Receperunt mercedem suam!*" (*Ibid.*, 2), para todos os vaidosos que soam as trombetas ao fazerem esmolas para atrair o aplauso, que gostam de ficar de pé em oração nas sinagogas e nas praças para serem observados pelos homens, que fazem exibicionismo com seus jejuns e suas penitências, mostrando-se, com secreta complacência, magros, melancólicos e depressivos.

Bem diferente deverá ser o comportamento dos verdadeiros discípulos de Cristo, aos quais ele ensina: a tua esquerda não saiba o que faz a direita; ora e jejua *in abscondito*. O Pai vê tudo e a recompensa permanece inteira.

Por sua estreitíssima relação com a → SOBERBA, a vaidade pode se tornar a porta de entrada de qualquer pecado, por causa da diminuição de graça a que se expõe. Deus não concede as suas graças senão aos que somente a ele dão glória: "a minha glória, não a darei a outro" (Is 42,8). Além disso, a vanglória, por sua natureza, é fonte de muitas outras desordens características. Santo Tomás aprova a enumeração dos vícios capitais feita por São → GREGÓRIO MAGNO, o qual põe a soberba fora e acima da série, como rainha de todos os vícios, e põe a vanglória entre os sete vícios capitais (cf. *STh*. II-II, q. 132, a. 4). Isso equivale a desejá-la como o cepo de uma numerosa família de defeitos e de pecados.

2. DEFEITOS PROVENIENTES DA VAIDADE. Aceitando e afirmando a doutrina de São Gregório Magno, o Doutor Angélico os enumera nesta ordem: vaidade, presunção, hipocrisia, teimosia, discórdia, contestação e desobediência. Não é difícil descobrir em todos esses comportamentos a influência da vaidade; todos esses vícios tendem ao fim mesmo da vanglória, diretamente os primeiros três, indiretamente — defendendo a própria glória e a própria excelência em relação aos outros, porquanto não se quer parecer inferiores a eles — os outros quatro.

Ao longo de todo o desenvolvimento da vida cristã, a vaidade faz as suas aparições, passando de formas excessivas de exibicionismo, fanfarrice, ostentação, hipocrisia, garridice, esnobismo e vedetismo, a formas mais refinadas de amor próprio, cujas manifestações se tornam cada vez mais sutis, secretas e difíceis de descobrir, porque mimetizadas sob aparências de zelo, de apego à ordem e à disciplina, de sentido do dever, de defesa da justiça e dos legítimos direitos da personalidade.

3. LUTA CONTRA A VAIDADE. A alma que se dá à vida espiritual deve, portanto, continuamente vigiar e combater essa tendência tão profundamente radicada em nós: o eu é duro de morrer, mas é preciso nos convencermos de que não pode haver vida espiritual senão na morte do próprio eu, cuja principal manifestação está na procura da honra e da glória. Santa Teresa, que escreveu muito para desmascarar esse vício (talvez porque a vaidade seja considerada predominantemente feminina), afirmou categoricamente que "é impossível que a honra e o ganho espiritual caminhem em acordo" (*Caminho*, 36, 3).

Para superar as primeiras formas vistosas de vaidade é muito útil possuir um preciso senso do ridículo, como o possuía, por exemplo, São → FRANCISCO DE SALES quando ditava uma gostosíssima página da sua *Filotea*, na qual descreve quão vã, deselegante e frívola é a glória dos que se vangloriam da nobreza do sangue, do favor dos grandes, da aura popular; dos que caminham soberbos e de peito alto porque cavalgam um belo corcel, porque têm um belo penacho no chapéu ou porque estão ricamente vestidos; dos que se estimam e se vangloriam por um par de eminentes bigodes, pela barba bem aparada, pelas mãos delicadas, por saber dançar e tocar bem; de outros que por um pouco de ciência são pedantes, querem ser honrados e respeitados por todos, como se todos tivessem de os ir procurar como mestres; de outros, enfim, que se pavoneiam da própria beleza e creem que todos os contemplam. São banalidades belas e boas, que fazem naufragar no ridículo e suscitam comiseração e não admiração (cf. *Filotea*, parte III, c. 4).

Também Santa Teresa tem um vivo senso de humor quando acena aos comportamentos inspirados pela vaidade. Ela nos adverte que "o demônio inventa pontos de honra mesmo nos mosteiros e também lá estabelece leis com base nas quais se sobe ou se desce em dignidade, precisamente como no mundo. Os doutos se regulam de acordo com seu saber. É um costume que não sei compreender: mas se alguém chegou à cátedra de teologia não deve mais rebaixar-se a ensinar filosofia, porque esbarra no ponto de honra segundo o qual se deve sempre subir e jamais descer. [...] Entre as monjas então aquela que foi priora tem de ficar inabilitada para qualquer outro ofício inferior. [...] Outro grande ponto é a antiguidade. Não há perigo de nos sair da cabeça. [...] Seria de rir se não fosse de chorar, isso sim. [...] Estamos tão propensos a subir que, embora não seja por aí que se suba ao céu, todavia não há meio de aceitarmos descer" (*Caminho*, 36, 4-5).

Sobretudo é necessário, para combater a vaidade, partir de convicções profundas adquiridas à luz da razão e da fé. Temos de reconhecer os dons de Deus e lhe ser gratos; temos de os reconhecer para cantar eternamente as misericórdias de Deus. Mas são dons dele; não podemos deles nos apropriar: "Que tens que não hajas recebido? E se o recebeste, por que gabar-te como se não o tivesses recebido? (1Cor 4,7). Quanto mais altos os dons de Deus, tanto maior é a nossa dívida de reconhecimento e de glorificação de Deus. A Virgem nos dá sublime exemplo de conhecimento da sua altíssima dignidade, unida a profundíssima humildade.

Na vida espiritual uma ocasião de vanglória pode ser representada pelas mesmas graças de oração e mais ainda pelas virtudes que acreditamos possuir. É justamente do sentimento de posse que nascem com mais frequência as tentações de vaidade, e esse sentimento é mais forte com respeito às virtudes do que às graças de oração. Sabedoria quer que nós consideremos também a virtude "como um bem gratuito que nos pode ser tirado" como nossa própria experiência nos demonstra. "Sendo assim, quem de nós poderá dizer ter virtude se no momento de sua maior necessidade se vê de repente pobre?" Sem essa convicção "tanto nós como nossos admiradores cairemos logo no ridículo" (*Caminho*, 38, 7).

O verdadeiro ser espiritual não cairá nem na tentação contrária que parece ser o exagero perturbador da própria miséria. Ninguém mais que os → SANTOS tiveram o exato conhecimento da própria miséria e, todavia, esse sentimento não os lançava na inquietação nem no desânimo. "A verdadeira humildade, por mais profunda que seja, jamais inquieta; além de agitar e perturbar a alma, inunda-a de paz, de suavidade e de descanso" (*Caminho*, 39, 2). Com efeito, se bem considerada, a excessiva inquietude provém de um secreto orgulho, da incapacidade de aceitar a própria realidade como glorificação de Deus, do desejo absurdo de querer nos apropriar de alguma coisa que é exclusiva de Deus.

De claras e profundas convicções nasce o temor da glória e o amor do escondimento. Mesmo quando a glória que o circunda pode ajudar para a glória de Deus e para o bem das almas — caso em que é lícito não se subtrair a ele e até uma obrigação de tirar dele proveito para esses altíssimos fins —, o homem espiritual teme a glória, pelo perigo sempre insidioso de uma complacência vã e secreta. Por sua vez, ele deseja proporcionar a maior glória de Deus mediante a via das humilhações e dos desprezos. Escolhe por isso com sinceridade e generosidade, como norma da sua vida, o aviso da *Imitação de Cristo*: "Procura ficar na sombra e ser considerado uma nulidade" (livro I, c. 2). Seguirá fielmente o divino Mestre, o qual pode afirmar: "Não preciso procurar a minha própria glória" (Jo 8,50). A meta é posta no cume da perfeita contemplação. Lá em cima, "ser ou não ser estimada importa pouco para a alma. Falei mal: até lhe dá mais pena a honra que a desonra, mais desgosto a consolação que as dificuldades" (*Caminho*, 36,8). A essa altura a vitória é completa e a alma pode repetir com sinceridade — porque tem a adesão de todo o seu ser — a oração de São → JOÃO DA CRUZ: "Senhor, sofrer e ser desprezado por ti".

BIBLIOGRAFIA. AQUINO, Tomás de. *STh*. II-II, q. 132; FRANCISCO DE SALES. *Filotea*, parte III, c. 4; Superbia. In *Dizionario dei Concetti Biblici del Nuovo Testamento*. Bologna, 1976, 1.126-1.129; TRANQUEREY, A. *Compendio di teologia ascetica e mistica*. Roma, 1960, 829-832.

S. GATTO

VALOR (filosofia dos valores). 1. NOÇÃO. O conceito de valor na linguagem corrente refere-se sobretudo ao preço das mercadorias e dos objetos de consumo e apenas num segundo tempo é estendido ao campo espiritual. Na vida espiritual o valor se refere ao grau de perfeição dos atos humanos e dos seus produtos, quer na esfera intelectual, artística, científica, ou sobretudo na esfera moral da ética, da política, da religião. Em filosofia, o termo "valor" assume um significado próprio constitutivo, a começar por H. Lotze e graças à terminologia da "reviravolta de todos os valores" ("Umwertung aller Werte") com que Nietzsche anunciava a própria teoria do super-homem: a filosofia dos valores pode ser indicada como o rumo característico das várias escolas neokantianas da segunda metade do século XIX até a Primeira Guerra Mundial.

Distinguem-se portanto valores inferiores ou sensíveis ("sinnliche Werte") e valores superiores ou espirituais ("geistige W."), que muitas vezes se chocam. Em correspondência aos vários níveis da vida espiritual pode-se distinguir nessa esfera, na classificação de Hessen, quatro classes de valores: os lógicos ou da verdade, os éticos ou do bem moral, os estéticos ou da beleza e os religiosos ou da realidade do "sagrado" ("das Heilige", no sentido de R. Otto). O núcleo do que podemos chamar de "perspectiva axiológica" da realidade humana já pode ser encontrado respectivamente nas três Críticas de Kant (com o acréscimo do "Die Religion innerhalb der Grenzen der reinen Vernunft"), ou seja, o *a priori* da prática, a que expressamente se referem os principais seguidores da filosofia dos valores. Com ela se quer reivindicar a originalidade da vida, da consciência humana acima do mundo físico; uma vez que a essência da natureza humana pela qual ela se distingue de todas as essências naturais é a espiritualidade ("Geistigkeit"), o homem realiza a sua destinação essencial e realiza, portanto, o sentido da sua vida apenas quando realiza os valores espirituais. Nesse sentido, na acentuação dos valores do espírito, a filosofia dos valores foi chamada também de filosofia da vida ("Philosophie des Lebens"). Desse modo, o formal tu deves ("du sollst") da ética kantiana se esclarece no imperativo categórico: torna-se um homem de valor ("Werde ein wertvoller Mensch!"), procura realizar o verdadeiro, o bem, o belo e o sagrado na tua personalidade! Sê um operador de valor, um portador de valor, um homem de valor!

O novo conceito de valor não coincide de modo algum com o de bem da metafísica clássica, porquanto ele exprime a perfeição do ser e por isso se une com o ser que o contém e com o Absoluto que o fundamenta (como o Ser separado do mundo, na filosofia clássica: Platão, Aristóteles etc., com Ser criador do mundo e por isso nele presente, na filosofia cristã: cf. *STh*. I, q. 5, a. 166; q. 6, aa. 1-4; qq. 104.105; *De veritate*, q. 21, aa. 1-6). Na filosofia moderna, porém, o valor está conexo com o *a priori* da consciência, ou seja, o transcendente, e, portanto, tem por base a espontaneidade da subjetividade humana ou a liberdade como essência dessa mesma subjetividade. Na filosofia dos valores, porém, a realidade do valor é posta "em si" como objetiva, porquanto põe ao homem exigências precisas, as quais devem ser conhecidas na sua universalidade e não como algo puramente subjetivo que dependa do arbítrio e das veleidades ou dos desejos do sujeito. Quando, por exemplo, sou atingido pela beleza de uma paisagem ou mergulho na contemplação de uma obra de arte ou admiro o ato de um herói ou de um santo, tenho a impressão evidente de um valor trans-subjetivo pelo qual a minha consciência é como que tomada e dominada. Daí precisamente o caráter "objetivo" e "absoluto" que essas filosofias, ainda que inspiradas no princípio da imanência, atribuem ao valor.

Essa subjetividade do valor é, por isso, objeto de experiência direta ("Werterlebnis"), e o prova o fato de que, quando o nosso subjetivo querer e valorizar se afasta dos valores e das normas objetivas, nós sentimos "remorso" por tê-las transgredido: reconhecemos, por isso, um reino de normas e valores objetivamente válidos para além da nossa apreciação subjetiva individual. Mas o valor se impõe também por si mesmo, ou seja, compete a ele uma estrutura objetiva como valor próprio ("Wert selber"); com efeito, antes e diante do valor que é realizado é preciso distinguir o valor como tal, a essência do valor e a ideia do valor: aquele é o concreto particular e este, o abstrato universal; assim, aquele deve se subordinar a este como o indivíduo à sua espécie. Assim, por exemplo, a justiça ("Gerechtigkeit") é o gênero sob o qual devem ser assumidos cada um dos atos de justiça. A objetividade dos valores, portanto, é totalmente característica e se esclarece se comparada com a dos outros objetos ideais mais conhecidos, por exemplo, dos objetos matemáticos (como o triângulo ideal, o círculo ideal!): o matemático que se aplica a esses objetos está ligado à estrutura objetiva deles como qualquer cultor de ciências exatas e naturais; a objetividade tem aqui um caráter rígido e o matemático não pode dele se afastar a seu bel prazer. Também o teórico dos valores, que deseja analisar um determinado valor, está ligado à estrutura objetiva do valor mesmo; somente assim o objeto possui valor de verdade ("Wahreitswert").

2. DIVISÃO. O conceito de valor deve estar submetido às variações que se unem à diversidade de escolas das várias filosofias do valores, ou seja, do modo de fundar a aprioridade (objetiva) e a consistência do valor mesmo. As principais orientações da moderna filosofia dos valores são as seguintes: neokantiana (Windelband, Rickert, Banch, Cohn, Mhlis), fenomenológica (Brentano, Husserl, Scheler, N. Hartmann), personalista (W. Stern), puramente científica (Heyde) e alguma outra orientação menor. Na escola neokantiana o valor remete, como a seu fundamento, à coisa em si ("Ding an sich"): como há uma coisa-em-si, assim há também um valor-em-si ("Wert an sich"), que nos liberta da relatividade e da contingência empírica; assim se pode falar de uma "consciência normativa" e do valor em geral como de um "postulado" — daí o profundo *hyatus* entre o mundo das coisas ("Wert der Dinge") e o mundo dos valores ("Wert der Werte") segundo Windelband (*Einleitung in die Philosophie*, § 13, II Aufl., Tübingen, 1920, 246 ss.).

Segundo a escola fenomenológica, a apreensão do valor está conexa com a doutrina fundamental da intuição das essências ("Wesensschaun") que remonta sobretudo a uma interpretação positiva da esfera emocional: contra Kant, que relegava a realidade dos sentimentos (sentir, amar, odiar...) à esfera empírica e fora da moralidade, é preciso, porém — segundo M. Scheler —, proclamar o apriorismo da esfera emocional: nela os atos de sentir ("Fühlen"), amar ("Lieben"), odiar ("Hassen") têm um conteúdo próprio *a priori*, independente da experiência indutiva, como as leis do pensamento puro — há portanto, realmente, uma "intuição essencial" dos atos e das suas matérias (conteúdo), da sua fundação e da sua conexão que funda e garante sua evidência. O uso restrito feito por Kant do *a priori* depende do empirismo sensista que ele tinha tomado de Hume e também do puritanismo protestante, que os impediu de ver mais a fundo no comportamento interior da vida do espírito.

Na concepção personalista, o homem não é nem um simples contemplador nem um puro ativista, mas um sujeito como "pessoa", núcleo responsável e objetivo do próprio agir ("Zielpunkt des Wirkens und Schaffens"): o homem se encontra no mundo não para o suportar passivamente, mas para se perguntar sobre qual sua missão, que caminho deve seguir e o que poderá esperar como destino próprio. Nesse sentido, segundo W. Stern, toda concepção da vida ("Lebensanschauung") é egocêntrica até nos aspectos mais altruístas, como quando organiza a relação com o mundo, com o eu, com Deus... A segunda nota de toda concepção da vida é o seu caráter prático, ou seja, em função das exigências vitais para uma estruturação da vida ("Lebensgestaltung") a que pode pertencer, como componente de ordem superior, até o estímulo a filosofar. Também para Stern o conhecimento dos valores é imediato ("unmittelbare Eingriff"), e mundo dos valores e mundo da ciência constituem duas esferas absolutamente distintas e separadas: nessa concepção, deve-se inverter o princípio moderno: não *cogito, ergo sum*, mas "eu formulo o juízo dos valores, *ergo sum*" ("Ich werte, also bin ich"). A autoconsciência do eu não repousa no pensamento, mas na capacidade e no impulso a pôr os valores, a reconhecê-los e a criá-los: a pessoa se constitui exclusivamente em função da realização dos valores e o seu significado ou lugar no mundo depende não da sua situação objetiva no mundo, mas da hierarquia dos valores (o verdadeiro, o bom, o belo, o sagrado) que ela consegue realizar.

Na França, uma ampla pesquisa sobre o valor se deve ao ontologista atualista L. Lavelle, segundo o qual é no contraste entre o possível e o real que aparece com maior força a originalidade do valor: como o possível se opõe ao real e o põe em questão com ato que somente o espírito é capaz de realizar, assim o valor é — no possível mesmo — essa exigência de realização que o obriga, encarnando-se, a fornecer de si mesmo ao mesmo tempo um testemunho e uma prova. O valor consiste, por isso, em certo sentido, na exigência dessa passagem do não-ser ao ser: é uma coisa que vale a pena ("vaut la peine") ser feita, em que o termo "pena" indica — na esteira de → PASCAL, Maine de Biran, o próprio Bergson — que não podemos realizar o valor sem um esforço, ou seja, com uma vitória de todos os instantes. Na tensão que assim se instaura entre ato e possibilidade, Lavelle se tinha declarado disposto a levar em consideração as instâncias existenciais (*Traité des valeurs*, t. I, 149 s.); mas nessa concepção toda hierarquia de valores não se compreende senão por referência a Deus, valor absoluto, do qual por "participação" deriva todo valor. De modo ainda mais decididamente orientado para o valor é o moralismo de R. le Senne, segundo o qual o valor se fundamenta no Absoluto e pressupõe a relação com o Absoluto... — de outro modo, o valor seria atingido por uma contingência radical e não seria mais valor. Os caracteres fundamentais do valor, por isso, são: a) o valor é o que é digno de ser procurado; b) a unidade e a infinidade do valor devem se manifestar na nossa experiência; c) como valor absoluto, deve possuir eminentemente a personalidade que nós conhecemos como o valor mais alto e o coração do espírito, o valor absoluto deve ser chamado Deus. De acordo com Lavelle, le Senne afirma que nós conhecemos tal valor absoluto somente mediante as participações e é mediante tais participações que nós temos acesso à dignidade da personalidade (*Traité de morale générale*, 692 s., III). Insistiu, porém, na fundação imanente do valor. R. Polin, segundo o qual é preciso falar de "criação de valor", porquanto eles têm como fundamento a liberdade ou se realizam mediante uma decisão do sujeito que exprime e realiza neles a liberdade que o define: não se pode fundar senão fundando a si mesmo em primeiro lugar, ou seja, aceitando conceder um valor à própria liberdade, de modo que o reconhecimento do valor da própria liberdade de verdade é o fundamento para o reconhecimento dos outros valores fora de si. Polin chama, por isso, a liberdade de "*transcendance en acte*", que é capaz de ir além de si, de se superar e, fazendo-se outra de si, torna-se obrigação a si mesma: um retorno, portanto, a Kant (cf. *La création des valeurs*, 19, 14, 8 ss.).

A filosofia dos valores teve um notável desenvolvimento também na cultura anglo-saxã, segundo uma linha de pluralismo axiológico, ou seja, acolhendo — pelo impulso sobretudo do pragmatismo — como fundamento do valor o estímulo do interesse e, portanto, as múltiplas fontes de que ele pode brotar na ação (ciência, consciência, arte, indústria, Estado, Igreja; cf. R. B. PERRY, *General theory of value*, 693 s.).

Pode-se convir que a filosofia dos valores expressou a corrente mais vigorosa do neokantismo, como luta contra o materialismo positivista e contra a metafísica idealista até o limiar da Segunda Guerra Mundial, quando correntes caracterizadas por maior coerência e vigor teórico, como o → EXISTENCIALISMO, o marxismo, o empirismo lógico... se mostraram mais capazes de exprimir o estímulo autêntico do princípio moderno da imanência, abolindo toda distinção entre ato e valor.

3. VALOR E ESPIRITUALIDADE. A filosofia dos valores no seu perfil histórico é uma reação ou uma tentativa, na filosofia moderna, para deter sua corrida ao objetivismo mundano e ao historicismo amoral para o qual a cadência ateia do princípio de imanência estava levando a cultura. Mas o desenvolvimento da filosofia pós-bélica mostrou que a tentativa foi vã: o "retorno a Kant" da filosofia dos valores não podia sanar o erro subjetivista que serve como fundamento do imperativo categórico do "Sollen" não menos do que o "*Ich denke überhaupt*". Não surpreende, por isso, que justamente do próprio kantismo tenham sido levantadas críticas radicais à filosofia dos valores com acusações explícitas de subjetivismo psicológico, de relativismo e de ceticismo de valor (cf. J. O. Hessen, *Die Werte der Heiligen*, 25 ss.).

Uma autêntica filosofia dos valores, portanto, não pode coincidir totalmente com a fundação do ser nem prescindir dessa fundação; o valor é o cumprimento do ser e a sua perfeição, e o valor moral é o cumprimento do agente livre que se realiza em conformidade com o fim último. Na esfera humana, portanto, diferentemente da ordem e do devir natural, há uma possibilidade de ser que depende da liberdade como tal, cujo ser e não-ser procede da escolha e da decisão do homem: portanto, o homem com a própria decisão configura a si mesmo no bem escolhido e participa, por sua vez, da bondade do fim a que tende. O fundamento metafísico do valor é, por isso, a bondade do fim último na sua transcendência, que é o próprio Deus e não uma ideia platônica; o fundamento existencial é a liberdade do homem no seu realizar-se graças à qual alguma coisa que não poderia acontecer, acontece, ou alguma coisa que poderia acontecer não acontece; o destino do homem não depende apenas de fora (o destino dos antigos) nem unicamente do homem (imanência dos modernos), mas totalmente tanto de Deus como do homem, em planos diferentes como os da causa primeira e das causas segundas ou das causas livres finitas. O fundamento metafísico transcendente garante assim o valor objetivo em si e, portanto, a exigência de um "juízo" da história que venha de fora (ou do alto, se quiser) da própria história; o juízo da história não pode se identificar como curso da história, como pretende Hegel com o seu "Weltgeschichte ist Weltgericht" (cf. *Philosophie des Rechts*, § 340, Hamburg, 1955, 288), mas ao mesmo tempo — contra toda predestinação necessitante — o valor em ato brota da decisão livre do indivíduo, ou seja, da qualidade do ato e da decisão ao mesmo tempo. Daí o sentido profundo do preceito evangélico: "*nolite judicare…*" (Mt 7,1) e do outro positivo: "*omnia quaecumque vultis ut faciant vobis homines, ita et vos facite illis*" (Mt 7,12 e Lc 6,31), que é lembrado hoje pelas modernas "filosofias do diálogo" (cf. G. Calogero, *Filosofia del dialogo*, Milano, 1962, 51.174).

Isso não implica que a sociedade e a autoridade não possam julgar o indivíduo, mas exige que todo juízo não transgrida a própria esfera e respeite a ordem da transcendência. Nessa ordem, o valor se articula como aspiração ao bem supremo no âmbito natural (cf. *STh.* I-II, q. 1, aa. 1-8) e como consecução da "comunhão com Deus" ou "vida eterna" na ordem sobrenatural, a qual constitui a "situação existencial" efetiva do homem histórico. No primeiro âmbito, os valores supremos são, por isso, os religiosos de elevação do homem do mundo sensível em virtude da sua liberdade e da relação do homem com Deus como primeiro princípio da ordem natural; na segunda ordem, os valores brotam sobretudo da purificação do homem do pecado e do progresso da → união com Deus mediante a vida da graça e da redenção de Cristo. A ordem dos valores sobrenaturais, por isso, tem o seu fundamento na encarnação do Verbo e, portanto, na mediação de Cristo como salvador e modelo do homem: é o ideal cristão do *De imitatione Christi*, da teologia mística cristológica de → Taulero, como de São → João da Cruz e de São → Paulo da Cruz e de toda autêntica espiritualidade cristã. Nessa segunda esfera do valor a ação do homem não é propriamente determinante, mas deve se tornar cada vez mais dócil às moções interiores da graça para reprimir em si os movimentos desordenados da natureza e desconfiar dos próprios juízos da razão, para se abandonar completamente aos secretos impulsos do Espírito Santo. Pretende-se dizer que a toda etapa de realização da liberdade correspondem valores próprios mediante os quais o homem entende a um tempo as dimensões da própria indigência e aspira a realizar, com a invocação da ajuda divina e da graça proporcionada, a união e a comunhão de vida com Deus, que é o valor. beatificante supremo.

BIBLIOGRAFIA. Battaglia, F. *Heidegger e la filosofia dei valori*. Bologna, 1962; Lavelle, L. *Traité des valeurs*. Paris, 1951; Malevez, L. *Transcendance de Dieu et création des valeurs*. Paris, 1958; Ramirez, A. *Libertad personal en el sistema de los valores inserta en la filosofía de L. Lavelle*. Roma-Vicenza, 1973; Scheler, M. *Crisi dei valori*. Milano, 1936; Id. *Il formalismo nell'etica e l'etica materiale dei valori*. Milano, 1944; Sciacca, M. F. *La filosofia dello Spirito*. Torino, 1951; *Il problema del valore*. Brescia, 1957; Senne, R. Le. *Obstacle et valeur*. Paris, 1934; Vanni Rovighi, S. *Storia della filosofia contemporanea*. Brescia, 1980, 175-268.

C. Fabro

VELEIDADE. A veleidade é vontade ao condicional; sem bases racionais.

1. VELEIDADE E VIDA ESPIRITUAL. No caminho espiritual a veleidade constitui um perigo gravíssimo, porque falseia a consciência, justifica a indolência, acentua a tepidez, acomoda a alma na inação. Situação espiritual totalmente negativa, que provém ou da ignorância dos princípios e das exigências da verdadeira virtude e, consequentemente, da santidade real, ou da desejada indolência no cumprimento do dever, com a ilusão de se desvincular de toda responsabilidade diante de Deus e da própria consciência.

2. REMÉDIOS À VELEIDADE. Tenham-se presentes dois princípios básicos: a) Deus não impõe nada de impossível e está sempre pronto a dar a ajuda da sua graça para superar qualquer obstáculo que possa surgir na realização do dever e no caminho da santidade (cf. Fl 4,13; 1Cor 10,13). b) O homem tem a obrigação moral de percorrer a via a ele indicada por Deus e de cumprir, com plena responsabilidade, as obrigações inerentes ao estado de vida abraçado, nas condições de tempo e de lugar em que se encontra. Deus pedirá conta a todos das ações feitas e das omissões propositais, retribuindo a cada qual segundo suas obras (1Cor 3,13-15; 2Cor 5,10). A ilusão de escapar ao dever e de fugir à responsabilidade por motivos de veleidade significa atrofiar as energias do espírito, tornar estéril o estímulo ao bem, neutralizar os dons de Deus, ficar à deriva, assinar a própria condenação.

BIBLIOGRAFIA. → VONTADE.

C. SORSOLI

VELHICE/IDOSO. 1. PREMISSA. Quem é o idoso? Não é fácil defini-lo, dado que pode ser descrito à luz de variados parâmetros (biológico, psíquico, social, jurídico-trabalhista, demográfico etc.). Sob o aspecto médico-psicológico, o idoso é geralmente descrito como aquele que se situa em um escorregar lento, porém irreversível, rumo ao declínio, devido a um progressivo decréscimo das unidades funcionais pela diminuição do número de células vivas que não conseguem mais se regenerar. Dado esse fundo clínico, compreende-se por que no idoso se instaurem enfraquecimento vascular, limitadas reservas orgânicas, diminuta energia físico-mental, restrição de interesses e de iniciativas, notável parada na evolução biopsíquica.

Esta concepção tradicional talvez seja por demais exclusivamente negativa, tendo sido ditada assumindo por norma de vida o jovem e o adulto, sem perguntar se o idoso pode ter uma expressão própria de existência humana. Mudanças biopsíquicas e sociais acontecem em cada período da existência pessoal, assim que a pessoa humana se vê obrigada a buscar, periodicamente, um conveniente novo equilíbrio dinâmico. Para qual equilíbrio a condição do idoso impele e orienta?

À luz da história salvífica, sabe-se que o valor humano é instituído de modo pleno com a presença simultânea do passado, do presente e do futuro. Jesus Cristo é proclamado o "homem perfeito" (*GS* 22) porque é, simultaneamente, "o Alfa e o Ômega, o primeiro e o último, o princípio e o fim" (Ap 22,13); ele é "o fim da história humana, o ponto focal dos desejos da história e da civilização" (*GS* 45). Não é permitido aos seres humanos reviver uma semelhante e perfeita copresença de tempo passado, presente e futuro. Eles subdividem os aspectos de modo fracionado e com numerosas imperfeições.

Enquanto os jovens percebem que vivem na proporção em que se comunicam e travam relações amigáveis, os idosos preferem recolher-se em si mesmos e confiar suas penas ao Senhor; enquanto é confiada aos jovens, de maneira preponderante, a ruptura do presente, para abrir caminho para o futuro, aos idosos é entregue sobretudo a tarefa de transmitir o valor praticado no passado. No meio da comunidade dos irmãos, o idoso é testemunha de tudo que já foi vivido. Não seria honesto avaliar um idoso com base nos critérios juvenis da eficiência e da produtividade. Que sentido tem desqualificar um idoso porque não é mais jovem? A vida espiritual e social exige que cada existência seja assumida pelo valor que enuncia em si mesma. É necessário reformar o sistema sociopolítico, caso inclua a marginalização de algumas categorias ou de determinadas idades das pessoas: cada pessoa tem de poder exprimir-se como valor autêntico na sociedade humana e no Cristo integral.

No idoso, ao que parece, veem-se com mais clareza as dificuldades para acolher e desenvolver uma sua vida espiritual serena. Nele se pode observar: ansiedade diante de possíveis enfermidades, restrição de interesses e hostilidade pelas novidades (conservadorismo reforçado), perda dos influxos harmônicos sobre os próprios traços do caráter, diminuição no acréscimo e nas modulações das experiências interiores, um retorno ao passado, como para aí buscar a certeza fugidia de que ele é e permanece uma pessoa válida. Sobretudo no idoso é notável uma certa regressão afetiva, um retorno à base quase infantil, embora tenha um procedimento inverso em relação à criança. O idoso só se preocupa com as próprias exigências e com as satisfações que estas lhe trazem: possui uma avidez afetiva, com prepotente exigência de exclusividade.

2. DEVERES MORAIS RELATIVOS AO IDOSO. O primeiro dever é fazer retardar o envelhecimento, seja porque isto permite um empenho ativo prolongado e virtuoso da pessoa, seja porque faz parte da conclusão da obra redentora (obrigatória para o cristão) combater a velhice e toda decrepitude, consequências do pecado original. Para este fim, lembramos alguns conselhos. Não adiar para amanhã o cuidado com as próprias fraquezas fisiológicas, ou com as doenças atuais. É preciso chegar ao inverno da vida em perfeita eficiência fisiológica. Por outro lado, o funcionamento contínuo é o melhor remédio contra o enfraquecimento das faculdades. A diminuição das funções com a idade é tão menos forte e menos tediosa se no decorrer da vida o nível máximo alcançado, físico e intelectual, foi o mais elevado, permitindo uma maior conservação e fácil suplência em caso de lesões.

O segundo dever é viver digna e virtuosamente o período da velhice. Com o seu aparecimento, o espírito não deve anular-se ou rebelar-se, deve acolher a velhice com serenidade de espírito e, ao mesmo tempo, autoeducar-se para saber transformá-la em um valor humano fecundo. A velhice deve ser superada e aceita, não rejeitada, mas amada. A promoção espiritual se realiza nesse jogo de conquista e de abandono, de superação e de adaptação, forma plena e difícil da dialética personalista, e não, pois, desistência ou revolta interior.

Não somente o espírito deve adaptar-se à nova realidade da vida, mas a pessoa inteira, em todas as suas manifestações. Para esse fim, constituiu-se uma nova disciplina científica (a gerontologia), que possui o escopo de estudar os problemas relativos aos idosos. São inúmeros problemas, biológicos, psicológicos, sociais e econômicos. Convém fazer menção a um problema particular: as exigências do idoso em relação ao trabalho e ao ambiente familiar.

Na civilização passada, fundamentada sobre uma economia rural, o ser humano, ao envelhecer, reduzia progressivamente o trabalho, mas permanecia no ambiente de antes e continuava a dirigir e a aconselhar. Hoje o idoso se retira do trabalho, é mandado para a sua casa, na solidão e no anonimato das massas urbanas. A sua experiência, as suas lembranças não são mais uma luz que pode clarear o caminho aos mais jovens; não é mais solicitado, não é mais escutado, não se dá valor aos seus conselhos. A renovação mais rápida (que não é como antigamente) dos conhecimentos, das técnicas, da própria sociedade golpeia como obsoleto o saber antigo adquirido; os conhecimentos dos idosos são caducidades, inutilidades, coisas desatualizadas e senis. E assim os idosos perdem as tarefas de educadores, de guias, de sábios, que se deram em um tempo que não lhes é devolvido.

Muitos aposentados permanecem ainda na ativa, isto é, são capazes de trabalhar e recusam-se a viver na inutilidade. Mais que a → DOENÇA, o grande inimigo da velhice é o isolamento, o tédio, o desinteresse, que surgem quando se deixa o trabalho. É como o nada mental para muitos que deixam a atividade profissional. É isto que os faz envelhecer. Daí aquela contínua tendência dos idosos de narrar fatos passados: a narração é geralmente uma arma inconsciente para afirmar uma personalidade social, a função que se teve, em implícita polêmica contra o desconhecimento do qual, com frequência, em família e na sociedade, eles se sentem tornados objetos. Assim é que a aposentadoria por velhice é sentida como uma culpa, já que aquele que não trabalha e não produz de maneira concreta e evidente é minimizado em valor em nossa civilização. "Indo um pouco mais além, compreendo que vou ficar só, ninguém vai esperar mais nada de mim, e sem que eu espere algo de alguém. Sim, eu sei, quase sempre se envelhece sozinho e se morre só" (A. GRATRY, *La vecchiezza*...).

Por outro lado, o idoso não deve considerar-se indispensável, continuando a dirigir e a comandar, tratando os adultos como crianças: é seu dever retirar-se a tempo. Em nosso século, em que tudo muda, sob todos os aspectos, o idoso constitui um freio: deseja viver e operar como sempre o fez. A sociedade não evolui se permanece fechada na estática preocupação de manter-se conservadora: deve permitir que ideias e forças novas se afirmem.

Como solução, se deveria submeter periodicamente o trabalhador idoso a uma reeducação qualificativa ou a uma sucessiva atualização e adaptação para um trabalho mais adequado a ele. Quando ele se aposentasse, deveria usar o seu → TEMPO LIVRE não apenas para relaxar e descansar, mas também para desenvolver uma atividade produtiva e social dentro dos limites e do âmbito de suas capacidades. Poderia exercer um papel de primordial importância no seio da família, colaborando com os jovens pais na educação dos netos, somando a esta, porém, uma nova atividade. Seria bom que fossem criados na sociedade vários centros de interesse e variadas ocupações extraprofissionais, que pudessem substituir a profissão quando chegasse a fase da aposentadoria.

Finalmente, o idoso tem necessidade de viver em um ambiente impregnado de afeto e de compreensão. Na casa de repouso ele se sente um hóspede, um estranho: a disciplina interna desorienta os seus hábitos. O ambiente afetivamente mais adequado deveria ser a casa onde viveu com os seus filhos. Mas com frequência não se quer tolerar os idosos em casa, já que são um peso, e o peso é sentido onde falta o amor. Hoje é um peso muito mais sentido, dada a característica pessoal e íntima da família hodierna. Ora, Deus nos deu no Corpo místico (→ IGREJA e → COMUNHÃO DOS SANTOS), o exemplo daquilo que deve ser a família cristã. Para a caridade, os idosos são, na família, um dom de Deus, tanto quanto as crianças. A compaixão é um sentimento humano essencial à nossa vida humana e espiritual. Os jovens devem ser educados para honrar os idosos: estes se sacrificaram antes de nós, e o seu sofrimento nos enriqueceu. "Não desprezar um homem quando ficar velho" (Sr 8,6).

É óbvio que em família os idosos não devem ser a causa e a ocasião para criar uma ruptura na harmonia interna: não devem servir-se de sua autoridade para intrometer-se entre netos e pais, nem devem favorecer um espírito de crítica entre dois esposos. Os filhos casados devem poder sentir-se adultos, livres e autônomos, ainda que o espírito de família tenha necessidade de ser alimentado neles pelos seus pais, agora idosos.

3. ABRIGO OU CASA DA FAMÍLIA? O idoso deve ser mantido em família ou internado em um abrigo? Cada uma das duas opções pode criar problemas. A presença do idoso na família pode causar uma reação contrária aos valores funcionais da família do filho, que gosta de desfrutar unida o seu amor, quer gozar de oportunidades de viagens nos fins de semana, sonha morar em uma bela casa, embora de modestas dimensões e pedagogicamente estruturada para os seus filhos. Assim, na família moderna o idoso acaba por tornar-se facilmente alguém tolerado.

No abrigo, o idoso perde o seu papel de pai, marido, trabalhador e de homem. Ele sente a falta de significado e a precariedade de sua condição. Para o idoso, a instituição é ainda concebida como um lugar do qual é preciso defender-se, um ambiente do qual a sociedade se vale para marginalizar os que não a servem mais, lugar onde, geralmente em condições subumanas ou até desagradáveis, se espera a morte. O idoso precisa viver em um ambiente impregnado de afeto e de compreensão, no qual não viva como um estranho submetido a uma disciplina; e esse lugar, no sentido ideal, é a casa de sua família.

Dessas duas exigências, que parecem colocar-se em oposição entre si, qual solução deve ser proposta? Hoje em dia, a condição do idoso, em linhas gerais, tornou-se um problema político, que não pode ser resolvido unicamente no plano do afeto e da compreensão familiar. A assistência do idoso deve passar das famílias para a organização social. O idoso adquiriu o direito à assistência pública devido aos longos anos de trabalho cumprido. Mas como realizar essa assistência?

A melhor solução seria um tipo de assistência domiciliar, feita sobretudo por equipes, com a ajuda econômica da família natural ou adotiva, que tenha assumido os cuidados com a pessoa idosa. Isto principalmente para idosos que conservem vitalidade comunicativa e sejam animados por um espírito de operosidade e de contato com os outros. Neste caso, os idosos também podem transmitir a sua rica experiência, sem a qual nenhuma nova geração pode declarar-se completa.

Também pode ocorrer que, por exigências socioeconômicas ou familiares, seja preciso internar a pessoa idosa em institutos assistenciais apropriados. Neste caso, trata-se de ver como se pode criar um ambiente em que se entrelacem a organização assistencial e a assistência afetiva. Em particular, o abrigo deveria ser dividido em pequenas unidades, quase na medida familiar, centralizadas apenas pelos serviços de alimentação e de assistência médica. O instituto deve estar localizado em zona residencial, que não seja habitada somente por idosos, porque "a velhice chega pelos olhos" (V. Hugo). O idoso deve ser ajudado a superar o sentido de seu isolamento, e a sentir-se em uma comunidade social e eclesial.

4. O APOSTOLADO EM FAVOR DOS IDOSOS. De modo geral, o sacerdote vê nos idosos apenas pessoas que estão no fim da vida. "Quem se interessa pelos idosos, já que as suas vidas não oferecem escândalos? Quem é capaz de admitir neles alguma chance de progresso espiritual? Quem quer ajudá-los na vida interior? [...] O sacerdote é zeloso pela adolescência; cheio de estímulo pelos adultos e de respeito pelos idosos; mas, pela senhora idosa, com frequência não demonstra ele apenas negligência e abandono? Uma vez que ela mantém um regime de vida honesto, dá como certa a sua salvação, sem maiores preocupações. Mas uma alma não é sempre uma alma, seja lá qual for o corpo ao qual esteja ligada? Acaso existe um tempo limitado de prescrição para o impulso rumo a Deus e ao seu santo amor? Não existem conversões em todas as idades? E, quando Deus não conseguiu obter tudo aquilo que queria, pode-se realmente dizer que a conversão foi completa?" (Madame Swetchine).

A minimização do apostolado em favor dos idosos talvez dependa do fato de que eles já se consideram moralmente prevenidos contra o mal. "A velhice no bom costume é mais doce, nos conselhos é mais útil, mais pronta a enfrentar com firmeza a morte, mais forte em reprimir a libido. Também a enfermidade do corpo é sobriedade para a mente" (SANTO AMBRÓSIO, *Hexaemeron*, 1, 31); "ela extirpa todas as paixões do corpo, parte como efeito da natureza, parte como exercício de virtude" (SÃO JOÃO CRISÓSTOMO, *In ep, ad Hebraeos*, hom. 7, 3). Do mesmo modo se exprimem São → JERÔNIMO (*In Amos*, 1,4), Santo Isidoro de Sevilha (*Etimologias*, XI, 2, 29) e Platão (*República*, I, 329). Na verdade, a velhice "possui certos vícios, desconhecidos à juventude, e outros em comum com os jovens" (SÃO JOÃO CRISÓSTOMO, *In ep. ad Titum*, hom. 4,1). Nela, com facilidade a → PIEDADE se torna complacência; a ternura, sensibilidade; a justa indignação se transforma em irritabilidade; a virtude da força assume aspectos de → DUREZA; a firmeza, autoritarismo; e o cuidado pelos detalhes vira mania. O idoso é menos ativo, mais sensível àquilo que toca, muito mais voltado para o passado, preso às suas ideias, supersticioso, enrijecido naquilo que viveu. Nem sempre possui hábitos sóbrios (cf. *Della Rettorica di Aristotele fatta italiana da A. Caro*, Firenze, 1898, 194 ss.).

À falta de empenho apostólico pelos idosos talvez se encontre subjacente a convicção de que a psique deles esteja bloqueada e não permita um posterior progresso espiritual. Na verdade, é inegável que certas formas de velhice possam limitar o exercício da liberdade. Todavia, por princípio a → CARIDADE permanece compatível com as ruínas psíquicas e psicológicas e se oferece generosamente aos apelos espirituais. Ao contrário do que acontece na vida puramente sensível, não há declínio na vida própria do espírito. A vida de caridade, com todas as outras virtudes, subjaz à lei de desenvolver-se incessantemente, e de fazer mais rapidamente, na medida em que se aproxima, em sua intensidade, do objeto e do final de seu movimento. "E mesmo se, em nós, o homem exterior se encaminha para a sua ruína, o homem interior se renova dia a dia" (2Cor 4,16). No despojamento e na aceitação das últimas provações, o amor caritativo se aperfeiçoa na pureza do dom de si mesmo.

Tanto mais que, no início, o estado de velhice gera certa crise espiritual: cria um desconforto em todas as manifestações da pessoa, de modo que o idoso se sente como que submetido a frustrações em virtude de abandono que percebe na parte afetiva, social e também na sua força física. Sobretudo durante a senescência (ou fase de transição), na qual o organismo começa a sofrer modificações devidas à atrofia progressiva dos órgãos, enquanto psiquicamente ainda não aconteceram aquelas mudanças que, com o passar do tempo, ajudam o idoso a habituar-se à sua condição (tais como: redução da afetividade, diminuição da sensibilidade no sofrimento, enfraquecimento das percepções sensoriais e da sensibilidade em geral). Tem-se então, durante a senescência, um desequilíbrio, uma desarmonia físico-psíquica que, acompanhada do pensamento da morte que se aproxima, desencadeia facilmente crises de → ANGÚSTIA.

A presença de uma crise significa que a providência destinou o idoso a um noviciado para preparar-se para a perfeição definitiva; significa a presença de uma graça de liberdade interior e de doce intimidade com o Senhor. Mas quais são as linhas de uma espiritualidade oportuna para o idoso?

5. ESPIRITUALIDADE DO IDOSO. A espiritualidade no idoso pode ser vivida de maneira muito variada e, o que também pode ser considerado como tipicamente comum a esse estado, pode se dar em cada um em uma ordem gradual diferente em relação às diferentes disposições e correspondências à graça. Entretanto, existem algumas linhas espirituais consideradas peculiares aos idosos.

O idoso pode licitamente desejar a morte (se for da vontade de Deus), a fim de evitar o sofrimento de seu estado, ainda que seja uma exigência espiritual colocar-se totalmente nas mãos de Deus, para a sua maior glória e para a santificação pessoal. A transfiguração do Senhor é o mistério que o idoso deve contemplar, uma vez que simboliza a sua futura glorificação, se tiver padecido juntamente com Jesus e morrido no seio do Senhor (Fl 3, 21). Na ressurreição, retornará a idade cristã, idade juvenil e primaveril por excelência (TOMÁS DE AQUINO, *C. Gent*. IV, 88).

Em razão de vários sintomas, o idoso se vê forçado a perceber que não está longe do fim de sua vida terrena. É uma tomada de consciência que se torna cada vez mais concreta, viva e, às vezes, patética, com o avançar da idade. É fato que cada um procura construir o seu presente em função do futuro, condicionando-o a ele. O idoso já não tem possibilidade de planejar um futuro concreto, feito de planos e projetos puramente humanos (não há a possibilidade de uma carreira); o único futuro imediato, que o suplanta, projeta-se na eternidade. O estado de velhice torna-se, necessariamente, o estado da vigilância: o idoso deve manter-se em contínua atitude de vigilante espera da vinda do Senhor, da parúsia pessoal. Atitude que exige desprendimento dos bens desta terra, de tudo o que pode nos distrair e fazer adormecer. O idoso é uma sentinela que espera a aurora do dia eterno; é uma espécie de advento, de espera; "O Senhor vem, corramos ao seu encontro!". Isto leva a, moralmente, melhor situar e hierarquizar os valores, a afinar e afirmar o juízo sobre a sua importância relativa. Muitas miragens desapareceram, e as ilusões nublam menos o olhar. O pensamento da → ETERNIDADE, de sua iminência, de seu valor infinito, é de tal natureza que reduz em nós o fascínio que nos causa a proximidade com as coisas. O sentimento da propriedade das coisas situadas no tempo, de suas limitações, de sua pequenez — comparada com o Bem imenso que nos foi prometido — liberta o coração de ataques infantis, e a alma, finalmente, sabe ver as realidades sobrenaturais: já não está mais entorpecida pelas coisas terrenas; "Já não creio mais, eu vejo", dizia o Cura D'Ars.

Influxo, pois, dominante e orientador para o fim último, que não é rejeição e condenação dos bens terrenos, mas integração e harmonia deles em uma luz superior. Quando todas as coisas forem postas na verdade e direcionadas para irradiar um amor pelos verdadeiros valores, a paz evangélica, promotora de perfeição, habitará no idoso. Isto supõe ter conquistado um desprendimento interior das coisas caducas e ter, finalmente, uma grande liberdade interior: e, então, se traduzirá em um sereno e generoso abandono no ofício ou tarefa pelo bem comum (civil ou eclesial), para o qual faltam a força física ou a espiritual exigidas para desempenhá-los dignamente.

O estado de velhice é uma nova maneira de viajar nas três dimensões do tempo. Está à espera da vinda próxima do Senhor. Isto lhe permite descobrir os sinais dos tempos em situações que, no passado, hostilizava, e olhar com olhos encantados as realidades provisórias presentes. "Tudo é graça" e dom do Espírito.

Essas conquistas espirituais, traduzidas em termos teológicos, indicam que o idoso aperfeiçoou em si a sabedoria e a → PRUDÊNCIA. Sabedoria e contemplação, pensamento recolhido e luminoso: parece que o idoso se encontra nas condições psicológicas e morais mais favoráveis à cultura desses altos valores. Menos desejoso, então, de detalhes da realidade (já que é menos solicitado pela ação exterior), menos dotado de plasticidade orgânica para fixar as suas lembranças, menos dissipado pela experiência tida com a doença e o sofrimento físico, o idoso ruma para os horizontes mais largos do pensamento, em que se resolvem os conflitos, se esclarecem os mistérios, se alimentam os ardores íntimos. E é esta sabedoria que abre o coração do idoso para a caridade, que o impele a unir-se e a abandonar-se a Deus ("o amor do anoitecer de minha vida", como se exprimia Santa Gertrudes). A caridade do idoso se enraíza principalmente na confiança da misericórdia de Deus, transformada e sustentada pelos → DONS DO ESPÍRITO SANTO. São esses dons que conferem a última perfeição às disposições habituais da sensibilidade e da vontade. O idoso, assim, se entrega à oração, na qual recebe em abundância o Espírito Santo.

O idoso, finalmente, possui a prudência. Segundo Aristóteles, "nada é mais eficaz que a experiência de uma vida longa para constituir a prudência". Ainda que Santo Tomás reafirme que o que forma a prudência é, sobretudo, a → CIÊNCIA

(*STh*. II-II, q. 47, a. 6), não se pode negar que um saber sem experiência pareça lacunoso: somente quem viveu longo tempo na verdade é capaz de compreendê-la intimamente. O idoso percebe com perspicácia as verdadeiras soluções práticas, ainda que deva resguardar-se do apego a formas superadas, apego esse que, como uma esclerose do espírito, anularia iniciativas e a possibilidade de renovar-se. Esta iluminada prudência sobrenatural dispõe o idoso para a benevolência, a compreensão e a indulgência: sabe compreender, até pela longa experiência feita, tanto a fraqueza dos seres humanos quanto a limitação das coisas. O idoso duro e frio, exigente e excessivamente severo desconcerta como uma anomalia. Com efeito, o idoso já liberto, pacificado com as coisas e domado nas paixões egoístas deve saber refletir no mundo algum aspecto da benignidade e da misericórdia divinas. Certamente o idoso deve saber superar a tentação da caricatura de uma autêntica ternura, aquela espécie de perda afetiva pela qual já não sabe mais reagir, recusar e opor-se na medida em que lhe é devida.

Há quem considere mais fácil a santificação para a mulher que para o homem, para um idoso que para um jovem ou um adulto. "Com efeito, de um lado a pessoa idosa, por uma experimentada consciência das suas fraquezas e misérias de todo gênero, sente-se mais inclinada a uma humildade de fundo; de outro lado, a grande calma genética, o abrandamento do ímpeto sexual, a serenidade substancial por tudo que se refira a este assunto, deixam a alma muito mais livre para dar-se ao Senhor" (Pe. Inocêncio Colosio, OP). Talvez seja mais exato afirmar que existe uma visão vocacional progressiva na vida espiritual do ser humano: enquanto o → ADOLESCENTE é chamado a construir a sua personalidade espiritual, e o jovem e o adulto devem edificar a cidade terrena, o idoso está destinado a meditar sobre a cidade eterna na qual está prestes a entrar. Cada um possui graças e dificuldades proporcionais à tarefa da própria santificação: não é certo comparar entre si as dificuldades com a mesma medida.

Certamente permanece verdade o que escreve A. Gratry: "Meu Deus, vós me mostrastes qual é o dever da última fase da vida, e qual é verdadeiramente o fruto de vida que a aproximação da morte opera em nós. Este fruto é a santidade. Ser um sábio, tornar-se um santo!".

BIBLIOGRAFIA. *Anziani oggi*. Bologna, 1981; BARACCO, L. *Anziani in società*. Brescia, 1978; ID. *Invecchiare è bello. Guida al pianeta anziani*. Brescia, 1987; BAUNARD, L. *Le Vieillard. L avie montante. Pensées du soir*. Paris, 1926; BERTARELLI, E. *Invecchiare sorridendo*. Milano, 1951; BOURLIÈRE, F. *Sénescence, sénilité*. Paris, 1958; BRUGERETTE, J. *L'art de vieillir. Psychologie chrétienne de la vieillesse*. Paris, 1926; BURGALASSI, S. *Anziano: come, perchè*. Agnano Pisano, 1985; BURGALASSI, S. *L'età inutile*. Pisa, 1975; COUVREUR, A. M. *L'oblation du soir. Devant la vieillesse*. Paris, 1959; GOFFI, T. I problemi degli anziani. In *Medicina e morale*. Roma, 1971, 89-109, vl. IV; GUILLERME, J. *La longévité*. Paris, 1957; *I problemi spirituali della vecchiaia*. Firenze, 1962; *Il disadattamento degli anziani e il problema dell'assistenza pubblica*. Milano, 1970; *Il problema delle persone anziane nella società italiana*. Roma, (s.d.); JOÃO PAULO II. Discurso em Perth (Austrália), 3 de novembro de 1986; *La vieillesse. Problème d'aujourd'hui*. Paris, 1961; LAZZARINI, G. *Anziani anni Ottanta*. Roma, 1983; *Premesse per una pastorale degli anziani*. Brezzo di Bedero, 1972; *Presenza dell'anziano nella comunità locale*. Brezzo di Bedero, 1973; RICHAUD, Il P. *Signore si avvicina. Consolazioni per la nostra será*. Torino, 1958; SWETCHINE, M. *Sa vie et ses oeuvres*. II – De la vieillesse. Paris, 1865; TETTAMANZI, D. *Nella vecchiaia darano ancora frutti. Meditazioni bibliche per una spiritualità dell'anziano*. Milano, 1988; Vieillesse et vieillissement. *Esprit* 31 (1963) 5.

T. GOFFI

VERDADE. Na linguagem corrente e na nossa mentalidade, é verdade o que é conforme a realidade e como tal se manifesta à nossa inteligência (significado de *alêtheia*). A noção bíblica é notavelmente diferente, porque se fundamenta numa expressão religiosa de Deus e a ela se refere; todavia, tem diversos acentos: no Antigo Testamento a verdade indica principalmente a fidelidade à → ALIANÇA, ao passo que no Novo Testamento significa sobretudo a plenitude da revelação que tem como centro Cristo. Na tradição espiritual, especialmente na experiência mística, é acentuada a manifestação interior.

1. NO ANTIGO TESTAMENTO. A verdade (*'emet*) significa a qualidade do que é estável e provado, portanto que permanece e dá segurança. Com frequência aplicada a Deus e aos homens, pode-se traduzir por "fidelidade". A verdade de Deus está ligada à sua intervenção na história em favor de Israel. YHWH é o "Deus fiel" (Dt 32,4; Sl 31,6; Is 49,7), como se revela paradigmaticamente nesta afirmação relativa às promessas: "Conhecerás que o Senhor, teu Deus, é que é Deus, o Deus

verdadeiro; ele guarda sua aliança e sua fidelidade durante mil gerações em favor dos que o amam e guardam seus mandamentos" (Dt 7,9). Significado claríssimo em Sl 132,11, com referência à sucessão de Davi: "O Senhor o jurou a David; é a verdade, ele não a renegará". Nesse sentido também todo o salmo 89, que exalta a verdade de Deus estável como o firmamento (v. 3). Às vezes, a verdade é associada à "graça", ou seja, à bondade misericordiosa de Deus (Ex 34,6 s.). Em outra parte a fidelidade está unida à justiça (Os 2,21 s.) ou à santidade (Sl 71,22). Em muitos salmos a estabilidade divina é apresentada como proteção e refúgio para o justo que implora a ajuda divina: Deus é chamado, assim, defesa, armadura, escudo: o que pretende proclamar a firmeza do apoio divino sobre o qual repousa a firme confiança dos piedosos (cf. Sl 40,12; 42,2 s.; 54,7; 61,8; 91,1-4). A verdade caracteriza de modo essencial a palavra de Deus: "Tuas palavras são verdade" (2Sm 7,28); o mesmo se diga para a lei divina (cf. Sl 19,10; 111,7 s., etc.). Chega-se às vezes a uma identificação entre verdade e lei de Deus, a sua revelação, o seu querer: "Senhor, mostra-me teu caminho e eu me conduzirei segundo a tua verdade" (Sl 86,11). Também quando se fala dos homens, a verdade tem significado fundamental de fidelidade, especialmente de fidelidade à aliança e à lei divina.

Fazer o que é verdadeiro (2Cr 31,20) e caminhar na verdade (1Rs 2,4) significa ser fiel observador da lei do Senhor (cf. Tb 3,5), ou seja, servir ao Senhor com toda dedicação e fidelidade (Js 24,14). Pelas relações entre elas reaparece a fórmula: dar prova de amizade e de fidelidade (Gn 47,29), ou seja, agir com benevolência, lealdade, bondade fiel. Pode significar respeito das normas ao administrar a justiça (Pr 29,14), e também a perfeita sinceridade da linguagem (Pr 12,19). Significa também autenticidade, genuinidade: "Eu te plantei como videira de escol, toda de cepa confiável. Como degeneraste em vinha desconhecida, de frutos intragáveis?" (Jr 2,21). No mesmo sentido é dito do caminho (Gn 24,28), de um sinal (Js 2,12), de Deus (2Cr 15,3; Jr 10,12).

Na tradição sapiencial e apocalíptica designa a doutrina de sabedoria, a verdade revelada: os sacerdotes devem transmitir "um ensinamento verídico" (Ml 2,6); "Adquire a verdade" (Pr 23,23); compreender a verdade é compreender o desígnio de Deus sobre os homens (Sb 3,9).

Essas várias significações encontram-se no tardio judaísmo e nos textos de → QUMRÂN a propósito de Deus, da sua palavra, da sua lei; e, portanto, também dos homens, com a oposição entre os "filhos da verdade" e os "filhos da maldade" e com a luta entre a verdade e a mentira.

2. NO NOVO TESTAMENTO. Variada e rica é a acepção da verdade em Paulo. Ela designa a fidelidade de Deus às suas promessas salvíficas (Rm 3,3.7; cf. 9,6; 15,8), as quais têm o seu "sim" em Cristo (2Cor 1,18 ss.). Refere-se sobretudo ao Evangelho como mensagem de salvação. Paulo substitui "verdade da lei" pela "verdade do Evangelho" (Gl 2,5.14) ou a "palavra de verdade" (Cl 1,5; Ef 1,13; 2Tm 2,15), que é objeto de uma revelação (2Cor 4,2), e é a palavra de Deus pregada pelo Apóstolo (2Cor 4,2.5). Os homens devem acolher a Palavra (Ef 1,13; Rm 10,14) e se converter para chegar ao conhecimento da verdade (2Tm 2,25). A aceitação se dá mediante a fé (2Ts 2,13; Tt 1,1; cf. Gl 5,7; Rm 2,8), a qual contemporaneamente exige o amor da verdade (2Ts 2,10). Praticamente, "chegar ao conhecimento da verdade" significa aderir ao Evangelho, abraçar o cristianismo, porque os fiéis são precisamente aqueles que conhecem a verdade (1Tm 4,3); ela não é senão a fé cristã (Tt 1,1). Nas cartas pastorais, a verdade assume o significado de boa doutrina (1Tm 1,10; 4,6; 2Tm 4,3; Tt 1,9; 2,1), oposta às fábulas dos doutores da mentira (1Tm 1,4; 4,2.7; Tt 1,14); contra eles a Igreja do Deus vivo é a "coluna e sustentáculo da verdade" (1Tm 3,15). A verdade está estreitamente ligada a Cristo. Ele é o objeto da mensagem do Apóstolo (2Cor 4,5; cf. Gl 1,16; 1Cor 1,23; 2Cor 1,19; Ef 4,20; Fl 1,15); Cristo, ou seja, o mistério de piedade manifestado na carne [...] pregado entre as nações, acreditado no mundo, assumido na glória (1Tm 3,16); "a verdade que está em Jesus" (Ef 4,21). A verdade é entendida também no sentido de sinceridade (2Cor 7,14; Fl 1,18); no sentido de verdade moral, de retidão, sinônimo de justiça (Ef 5,9; 6,14), caracteriza o comportamento que se exige dos cristãos (2Cor 13,8; Cl 1,6); desse modo se revestem do homem novo e realizam a santidade que a verdade exige (Ef. 4,24).

A relação vital entre a verdade e os cristãos é expressa nas cartas católicas. Os fiéis foram gerados para a nova vida pela palavra de verdade (Tg 1,8; 1Pd 1,23); suas almas foram santificadas mediante a obediência à verdade no batismo (1Pd 1,22), a ela devem ser sempre fiéis (Tg 5,19);

antes, com ela devem se fortalecer em vista da Parúsia (2Pd 1,12), desejando avidamente, como crianças recém-nascidas, o leite puro da → PALAVRA DE DEUS para poder crescer na salvação (1Pd 2,2). João insiste sobretudo sobre o caráter revelado e sobre a força interior da verdade. Essa é a palavra do Pai (Jo 17,17), que Jesus ouviu do Pai (8,26.40) e que vem proclamar (8,40) e testemunhar (18,37). "A graça e a verdade" (1,14); nele, portanto, se nos mostrou a revelação total e definitiva. Como é via e vida, assim é também verdade porque mediante a sua palavra nos revela o Pai e a ele nos conduz (14,6); desse modo, nos comunica a vida divina (1,4; 3,16; 6,40.47.63; 17,2; 1Jo 5,11 ss.). Cumprida a sua missão, Jesus promete que haveria de enviar do Pai o Espírito de verdade, que haveria de habitar nos discípulos, haveria de glorificar e dar testemunho de Cristo, haveria de os introduzir na verdade inteira, dando a eles a compreensão do que tinham ouvido (Jo 14,17-26; 15,26; 16,13; 1Jo 5,6).

Íntima é a relação entre a verdade e a santidade do cristão. Ele deve dar testemunho da verdade (Jo 18,37); deve estar habitualmente sob a influência da verdade, que permanece em nós (2Jo 4); só permanecendo na palavra de Jesus é que chegará a conhecer completamente a verdade e ser por ela libertado internamente do pecado (Jo 8,31 s.). Ela nos faz vencer o maligno (1Jo 2,14); quem permite a semente da Palavra permanecer ativamente nele torna-se impecável (1Jo 3,9), ou se santifica na verdade (Jo 17,17.19). Desses princípios adquirem plena significação, no plano ascético e espiritual, as expressões de João: "agir segundo a verdade" (*Ibid.*, 3,21; 1Jo 1,6), "caminhar na verdade" (2Jo 4; 3Jo 3 s.), realizando a palavra de Jesus, que é o preceito da caridade. Nessa luz amamos os irmãos "na verdade", pela verdade que está em nós e conosco permanece eternamente (1Jo 3,18; 2Jo 1; 3Jo 1). A adoração "em espírito e verdade" (Jo 4,23 s.) quer dizer um culto inspirado pelo Espírito e pela verdade de Cristo que opera em nós. O apostolado é um "tornar-se colaborador da verdade" (3Jo 8). Como conclusão, a verdade em sentido neotestamentário não é a conquista do real com a atividade do pensamento e da razão, mas a revelação do Pai feita em Cristo e iluminada pelo Espírito: revelação aceita, guardada e aprofundada com o empenho de toda a nossa pessoa.

3. NA TRADIÇÃO ESPIRITUAL. Também na tradição espiritual a verdade mantém muitos aspectos da riqueza bíblica, embora não esteja presente nela o significado de fidelidade. Na espiritualidade cristã dois elementos, de evidente derivação bíblica, podem se dizer preponderantes: a interioridade vital na manifestação e na posse da verdade e a relação estreitíssima com a pessoa de Cristo. Esses dois fatores são particularmente sentidos na experiência religiosa mais profunda, como é a mística.

Justino, que procurava a filosofia como salvação, levado justamente pelo amor ardente da verdade, chega "ao nosso imperador, o Verbo divino, do qual uma força misteriosa impregna as fibras íntimas da alma, purificando-a dos sentimentos mais enraizados e fortes, dando-lhes tranquilidade e serenidade (*Oratio ad Graecos*: PG 6, 5). Clemente Alexandrino, pela grandíssima importância que atribui ao conhecimento (*gnosi*) na perfeição do cristão, é levado a pôr em primeiro plano a ação do Verbo e a um tempo toda a ascese moral e intelectual que preparam para o conhecimento perfeito. O magistério soberano e único do Verbo é o princípio basilar da sua doutrina moral, mas todo o conhecimento de Deus nos é comunicado pelo seu Verbo, até elevar à mais pura contemplação do inteligível divino, que se torna perfeita e estável pela caridade (cf. *Protréptico*, I, 5-7: PG 8,57-61; *Estromata*, 7,10, 56-59: PG 9, 477-484). → ORÍGENES nos fala desse conhecimento de Deus sob a sugestiva imagem dos poços de água viva, escavados na profundidade de toda alma pela ação do Verbo e do Espírito, os quais nos dessedentam com a divina Palavra, sobretudo ao nos revelar a Trindade e ao nos guiar para receber Deus no seu verdadeiro templo: o coração puro. "Deus Verbo está lá, ele está em ação, remove a terra da nossa alma e faz brotar a água viva. Ele está em ti; não vem de fora; está em ti como o reino dos céus. [...] Acende a tua lâmpada, ilumina-te no Espírito Santo e olha a luz na sua luz: descobrirás a dracma dentro de ti, pois a imagem do rei celeste está impressa no teu coração" (*Hom. 13 in Genesim*: PG 12, 229-236). Num hino vibrante de paixão, o Nazareno canta o desejo de Deus: a dor de não poder atingi-lo e ver como deseja, e ao mesmo tempo, a alegria e a renovada esperança renascidas do fugaz êxtase no esplendor da Trindade. "Salva-me, ó Verbo de Deus, salva-me; arranca-me deste pó tenebroso, leva-me à outra margem. Lá o espírito puro dança em torno do teu esplendor, que as nuvens não cobrem de trevas" (*PG* 37, 1.433-1.435). Uma descrição, admirável por fineza e argúcia, do caminho interior da alma para a verdade sob a guia do Verbo nos é oferecida pelo Nisseno na *Homilia* 11 sobre o Cântico dos Cânticos (*PG* 44, 993-1.013). O homem, habitação de Deus, enriquecido de entendimento da verdade pela presença e pela ação do Espírito, é descrito muito bem também pelo pseudo-Macário: "Nem a sabedoria dos sábios nem a inteligência dos doutos podem conceber a sutileza da alma nem descrever a sua substância. Esse privilégio pertence somente àqueles aos quais o Espírito Santo revelou os segredos da alma e concedeu seu pleno conhecimento" (*Hom.* 49, 4; *PG* 34, 815).

Toda a visão espiritual agostiniana está dominada pela presença da verdade que ele procurou como filósofo e teólogo com todas as fibras da alma e possuiu e gozou dentro de si mesmo como místico. A verdade está dentro de nós: "*in interiore homine habitat veritas*" (*De vera religione* 39,72), e, entrando dentro de si mesmo, o homem a descobre, com espanto: "Eu tinha descoberto a existência de uma verdade imutável e verdadeiramente eterna acima da minha mente mutável" (*Conf.* 7, 17, 23), e a ela aderir com força: "Teria mais facilmente duvidado da minha vida do que da existência da verdade" (*Conf.* 7, 10, 16). Deus é a luz da verdade e sol da alma (*Solil.* 1, 8,15), "*in quo et a quo et per quem intelligibiliter lucent… omnia*" (*Ibid.*, 1, 1, 3). A iluminação nossa é uma "*participatio Verbi*" (*De Trin.* 4, 2, 4). Também no campo da fé é preciso procurar a inteligência: "*intellectum valde ama*" (*Ep.* 120, 3. 13); igualmente, "*intellige ut credas*" (*Serm.* 43, 9) e "*crede ut intelligas*" (*De Trin.* 1, 1, 1). O itinerário para Deus é um caminho de interiorização porque Deus é "*intimior intimo meio et superior summo meo*" (*Conf.* 3, 6, 11). O termo é a → CONTEMPLAÇÃO, fruto do dom da sabedoria: "*id est contemplatio veritatis, pacificans totum hominem et suscipiens similitudinem Dei*" (*De sermone Domini in monte*, 1, 3.10). Por isso a vida contemplativa é vivida "*in aliqua visione incommutabilis veritatis*" (*De consensu evangelistarum*, 1, 5, 8). No mais alto grau, → AGOSTINHO a descreve como um contínuo relampejar: "*in ictu trepidantis adspectus*" (*Conf.* 7, 17,23); e é Deus que introduz nesse canoro silêncio da verdade: "*mentibus nostris sine ullo strepitu, ut ita dicam, canorum et facundum quoddam silentium veritatis illabitur*" (*De libero arbitrio*, 2, 13, 35).

Nesse mesmo capítulo Agostinho afirma com arrebatamento que na verdade se possui o sumo bem; que com razão podemos nos dizer bem-aventurados quando a ela nos unimos, quando bebemos em sua fonte, aspiramos seu perfume, gozamos seu sabor, contemplamos sua luz. Aqui vai um registro: "A sabedoria e a verdade, se não forem procuradas com todas as fibras da alma, não podem ser encontradas. Mas se se procuram assim, como é justo, não podem se subtrair nem esquivar-se aos que a amam" (*De mor. eccl. cath.* 1, 17, 31). Mas no *Comentário ao Evangelho de João* (tr. 26, 4 s.) Agostinho diz que a verdade, como a bem-aventurança, a justiça, a vida eterna, concretamente é Cristo, e como a alma nada deseja com mais força que a verdade, somos também fortemente atraídos para Cristo manifestado pelo Pai.

Essa riqueza agostiniana passa para a reflexão teológica, especialmente para a teologia sobre os → DONS DO ESPÍRITO SANTO, sobre o conhecimento penetrativo do dom do → INTELECTO e do que é quase experimental e sapiencial de Deus pela conaturalidade realizada em nós pelo amor (cf. TOMÁS DE AQUINO, *In III Sent.* d. 35, q. 2, a. 1, s. 1; a. 2, ss. 1 e 2). Os mesmos elementos de interioridade e de valor, nós os encontramos nos místicos. Assim, em → CATARINA DE SENA, cujo *Diálogo* é dominado pela iluminação e pela presença da primeira Verdade operante nas profundezas do olho interior, mediante a fé. Assim em alguns êxtases de Santa Teresa, nos quais Deus mostra em si mesmo uma tal verdade que parece eclipsar toda a que se encontra nas criaturas, põe a nu que este mundo "é todo ele mentira e falsidade" e faz caminhar a alma na verdade diante dele (cf. *Castelo*, 6, 10, 5-7). São ainda mais evidentes em São → JOÃO DA CRUZ. No alto estado de união comunicam-se à alma notícias altíssimas de Deus mediante "certo toque dela com a divindade, por força do qual é Deus mesmo que é sentido e saboreado […] tão alto e sublime a ponto de penetrar na substância da alma […] aquelas notícias têm o sabor de essência divina e de vida eterna" (*Subida*, 2, 26.5). Para atingir esse estado de união com a sabedoria divina, o homem deve se purificar radicalmente não somente segundo o afeto, mas também no seu modo, sensível e racional, de conhecer a Deus, ainda que fosse com carismas preternaturais, porque "a sabedoria divina, à qual o intelecto deve se unir, não tem modo nem maneira, nem cai sob o domínio do limite e do conhecimento distinto e particular, porque é completamente pura e simples (*Subida*, 2, 16, 7). Por meio da pura fé e da obscura contemplação, a alma é purificada (*Subida*, 2, 2, 1 ss.; *Noite*, 1, 8, 1 s.; 2, 4, 1 s.). Mas por mais profunda que possa ser a purificação das faculdades sensitivas e espirituais, o conhecimento de Deus na vida presente "não é conhecimento verdadeiro, mas parcial e muito remoto" (*Cântico B*, 6, 5). Também a mais alta experiência de Deus na "noite serena" da contemplação é, portanto, apelo à visão beatífica (*Cântico B*, 39, 13; *Chama*, 1, 17 ss.).

BIBLIOGRAFIA. Aquino, Tomás de. *De veritate*, aa. 7-8; Id. *STh*. I, q. 16, aa. 5-8; Ascensio, F. *Misericordia et veritas*. Roma, 1949; Link, H.-G. Verità. In *Dizionario dei Concetti Biblici del Nuovo Testamento*. Bologna, 1976, 1.961-1.975; Potterie, J. de La. De sensu vocis 'emet in VT. *Verbum Domini* 27 (1949) 336-354; 28 (1950) 29-42; Id. L'arrière fond du thème johannique de la verité. *Studia Evangelica* (1959) 277-294; Quel, G. – Kittel, G. – Bultmann, R. Alêtheia. In *Grende Lessico del Nuovo Testamento* I. Brescia, 1965, 625-665; Trapè, A. Agostino Aurelio. In *Bibliotheca Sanctorum* I (1961) 486-499.545-548.558-563.

R. Moretti

VERÔNICA GIULIANI (Santa). 1. NOTA BIOGRÁFICA. Monja capuchinha, cujo nome civil era Úrsula. Nasceu em Mercatello (Pesaro) no dia 27 de dezembro de 1660 e desde criança teve numerosas visões. Ficou órfã de mãe aos sete anos e fez a primeira comunhão aos dez. Vencida a tenaz oposição do pai, realizou a vocação religiosa ao entrar, em 1677, para o mosteiro das capuchinhas da Città di Castello (Perugia), entregando-se a uma vida de extraordinária penitência e grande união com Deus. Fenômenos místicos nela se manifestam já no noviciado (professou no dia 1º de novembro de 1678) e depois nos anos seguintes (→ FENÔMENOS EXTRAORDINÁRIOS e → COMUNICAÇÕES MÍSTICAS), num crescendo de dor e de amor que enche páginas do *Diário* e encontra ecos nos *Processos*; assim, de modo místico, sofre as principais dores de Cristo na paixão e sente, reproduzidos no coração, sinais e instrumentos da paixão encontrados depois da sua morte; em 1693 tem uma grande visão de Jesus e de Maria com o "cálice da amargura"; em 1694, Jesus põe na cabeça dela a coroa de espinhos com atrozes espasmos; em 1695, Jesus lhe ordena uma rigoroso jejum de três anos; em 1696, tem a visão do inferno; em 1697, recebe os → ESTIGMAS;

em 1702-1704, por cinco vezes recebe a comunhão por mão dos anjos, de Maria e de Cristo. Por meio de purificações e visões (1707, visão do juízo; 1714, extraordinária participação nas dores da paixão; 1717, prova as penas do purgatório etc.) a sua alma é elevada às mais íntimas uniões com Deus, inclusive o → MATRIMÔNIO ESPIRITUAL e o que ela chama de "olhar de Deus" (visão beatífica?). Submetida a exames, controles, isolamento, humilhações de todo tipo, por ordem do Santo Ofício, tudo suportou com grande calma e paz, agradecendo a Deus do fundo do coração e oferecendo-se como vítima de expiação pela Igreja, os pecadores, os não cristãos, as almas do purgatório. Desde 1695 exerceu vários ofícios: mestra das noviças, "*rotara*" [título dado a irmãs experientes e de notável personalidade] e abadessa (eleita no dia 5 de abril de 1716, permaneceu no cargo até sua morte), revelando-se mulher prática e atenta às necessidades do mosteiro e das monjas. Os diretores espirituais, até para se darem conta do que acontecia no espírito dela e sobre a missão que Deus a ela confiara, impuseram-lhe que escrevesse, dia a dia, o → DIÁRIO ESPIRITUAL, passando a ela as folhas contadas e retirando-as regularmente de modo que não pudesse reler o que havia escrito. Nasceu assim o abundantíssimo *Diário* que vai de 1693 a 1727, embora com algumas interrupções, e que descreve a sua vida de oração e de penitência e as graças místicas com que Deus a favoreceu. Morreu no dia 9 de julho de 1727. Foi beatificada por Pio VII no dia 12 de setembro de 1802 e canonizada por Gregório XVI no dia 26 de maio de 1839. Uma proposta para que Verônica fosse declarada "Doutora da Igreja" foi submetida ao estudo da Congregação para a Doutrina da Fé.

2. OBRAS. De primeira importância é o *Diário* (Prato-Città di Castello, 1895-1928, 10 vls.): permaneceu por muito tempo como manuscrito e teve a sua publicação iniciada pelo francês F. Dausse (*Scritti di Santa Veronica Giuliani cappuccina dal 1677 al 1727*, Città di Castello, 1883, t. I), que o transcreveu porém de modo muito servil, de modo portanto quase ininteligível, pois Verônica, iletrada, usa maiúsculas e pontuação sem nenhuma regra; depois o cônego Annibale Maria Di Francia se propôs a publicação dos escritos (*Un tesoro nascosto, ovvero Scritti inediti di Santa Veronica Giuliani, che contengono la sua vita mistica della lei stessa narrata*, Messina, 1891); mas não eram senão ensaios e, felizmente, a obra sistemática foi realizada pelo padre Pietro Pizzicaria, SI, que retomou, modificando-o em parte, o título do cônego Di Francia, dando lugar a uma ótima edição provida de notas (*Un tesoro nascosto, ossia Diario di Veronica Giuliani*, Prato, 1895-1905, 8 vls.: o vl. I reúne cinco relatos, de diferente amplitude, escritos por Giuliani sob ordens de confessores e examinadores e referentes a períodos particulares da vida; com o vl. II tem início o verdadeiro *Diário*, ano 1693). A obra foi levada a termo por U. Bucchioni, com os dois últimos volumes (*Un tesoro nascosto, ossia Diario...*, Città di Castello, 1928, vls. IX e X). Uma nova edição, em cinco volumes, foi organizada por O. Fiorucci, Città di Castello, 1969-1974; o quinto volume foi refeito e completado pelos mesmos editores em 1987.

As *Cartas* (algumas ainda inéditas) estão em várias coleções, ou seja, U. BUCCHIONI (ed.), *Lettere e Diario della passione secondo gli autografi della santa*, Firenze, 1927, Città di Castello, ²1965 (as cartas são 57, endereçadas a confessores, ao bispo de Città di Castello e a religiosas); Melchiorre da POBLADURA (ed.), Lettere... scritte al suo confessor padre Giuliano Brumori da Corinaldo d.C.d.G., *Collectanea Franciscana* 31 (1961) 356-378 (são catorze, de várias amplitudes); *Cartas*, publicadas pelos editores do *Diário*, no final e nos vários volumes, para esclarecimento ou aprofundamento do que a santa narra (são cerca de cinquenta). Recentemente foi publicado o tratado inédito *Il purgatorio di amore*, com edição de U. Fiorucci, Città di Castello, 1980 (vers. espanhola, *Ibid.*, 1983).

Enfim as *poesias*, algumas das quais publicadas como apêndice do vl. X do *Diário* e outras esparsas ou ainda inéditas. Uma excelente antologia da obra de Verônica foi compilada por L. IRIARTE, *Santa Veronica Giuliani. Esperienza e dottrina mistica. Pagine scelte*, Roma 1981.

3. **DOUTRINA**. O *Diário* e as *Cartas*, bem como o *Summarium super dubio an constet de virtutibus* (Roma, 1762) são espelho fiel da complexa figura de mística, que é Verônica, não ainda estudada como mereceria; em geral, do amplíssimo *Diário* se esclarecem algumas ideias dominantes, como estrutura que sustenta todo o seu edifício espiritual: assim Dausse enfatiza o princípio de que "sofrer é a chave do amor" (*Diário*, I, 259); Di Francia põe em evidência a semelhança com Cristo paciente "não só para uma íntima união de caridade, mas para uma participação de todas as suas penas" (*Un tesoro nascosto, ovvero Scritti inediti*, 7); Clara Gatti confirma o drama íntimo cotidiano na superação da própria "humanidade" pelas dores atormentadoras exigidas pela sua missão de expiação (*Giornale Storico della Letteratura Italiana* 79 [1922] 161-218); Antonio da Castellammare vê o "consumar-se" da vida espiritual e experiência mística na luz eucarística, "o amor mais divino" ao qual se reduzem os temas do sofrer, da expiação de vítima, do amor pelas almas (*Santa Veronica e l'Eucaristia*, IX). No *Ricordo del centenario* (Milano, 1927), vários estudiosos delineiam "a mártir da penitência" por seu irreprimível amor ao sofrer, a sua "missão social" ao se pôr entre Deus e os homens, o binômio sublime "amor e dor", tema sinfônico da sua espiritualidade; Désiré de Plaches confirma ter se renovado nela a paixão por força do amor e em benefício da Igreja e das almas (*La passion renouvelée, ou Sainte Véronique Giuliani*, Paris, 1927, versão italiana *La passione rinnovata*, Siena, ³1981); o padre Veuthey indaga o papel da graça ao se concretizar a sua experiência mística (*La vita della grazia nell'esperienza mistica di santa Veronica G.*, *Vita Cristiana* 15 [1943] 481-489.566-589); e outros captaram na sua espiritualidade "o aspecto ecumênico", "a dor inefável", "o dilúvio de graças" (*Diário*, VIII, 65 s.; IV, 793), "a correspondência heroica" em "estar constantemente entre cruzes e penas" e no "cruel sofrer" (*Diário*, II, 204; III, 692). O que se pode dizer? Sem dúvida, o elemento central e em certo sentido exaustivo da espiritualidade do *Diário* deve ser buscado na imitação e transformação em Cristo crucificado, visto no seu aspecto integral de homem-Deus segundo a tradição franciscana. Esse fundamental elemento assume um papel unificador porque a ele se referem os outros elementos postos singularmente em evidência pelos vários estudiosos e que realmente emergem do grande "poema da dor e do amor" que é o *Diário*: se Cristo crucificado é o esposo da sua alma, a ele, pois, com todas as suas forças tende Verônica, no absoluto desapego de todas as coisas e nas asas do mais incandescente amor e do mais inefável sofrer. Como provamos num recente estudo, motivos ascéticos estão evidentemente na base da sua subida a Deus, mas ela se realiza por força de amor (mola secreta de todo o íntimo dinamismo da alma) e extremo sofrer (perfeita crucifixão espiritual e corporal, ou seja, concreta renovação nela da paixão de Cristo);

assim, fixada a característica da sua psicologia espiritual, estamos em plena experiência mística, extraordinariamente conspícua em Verônica e que se manifesta por meio de fenômenos quer ordinários (ou seja, essenciais à experiência que a alma faz de Deus e das coisas divinas, como os diversos graus de oração, purificação, união e transformação em Deus), quer extraordinários (como visões, êxtases, → LEVITAÇÃO, penetração dos → CORAÇÕES, profecias, estigmas, sinais do coração etc.). Aspectos característicos da sua experiência mística, exceto esporádicos fenômenos trinitários, são a união transformadora unitária e cristocêntrica, a continuidade do sofrer também na união com Deus pelo aspecto de vítima da sua experiência, a parte que cabe à Virgem Mãe na progressiva introdução da sua alma à inefável "união e transformação em Deus". Deve-se também acrescentar que Verônica, que realmente não tinha conhecimento dos livros místicos (a sua mente se cansava logo e não podia continuar na leitura), para definir a sua experiência usa uma terminologia própria que nem sempre corresponde à tradicional; no *Diário* (particularmente no vl. II) são descritos dezenove fenômenos místicos diferentes ("beijos de paz", "toques no coração", "voos em Deus", "traços de amor", "retiros em Deus", "harmonias ao coração", "acentos de paraíso", "alocuções íntimas", "castelo interior todo trabalhado por cruzes" e com "uma nua cruz no meio", "convites amorosos", "abraços íntimos", "presença de Deus" mística, "recolhimentos particulares", "êxtases", "visão intelectual", "esponsalício e núpcias espirituais", "transformação", "morte mística", "olhar de Deus"), nove tipos especiais de união ("modo de união", "união íntima", "união unitiva", "união amorosa", "união particular", "união na qual parece que a alma é a mesma coisa com Deus", "graça das três graças", ou seja, "união, transformação, esponsalício contemporaneamente", "união com Deus que reina e comanda", "união com fenômenos trinitários") e depois outros fenômenos conexos com as "operações" produzidas pelo amor ("martírio de amor", "purgatório de amor", "amor-morte que dá vida", "amor perfeito que sofre" e outras). Deve-se fazer também uma referência ao aspecto de vítima da experiência mística de Verônica, ou seja, à missão de expiar e de sofrer que a santa teve de Deus. O padre Lebreton, procurando caracterizar a espiritualidade, fala de "mística da reparação" (*Tu solus sanctus…*

Jésus Christ vivant dans les saints, Paris, 1948). Se a mística, na sua profunda essência, parece fugir a distinções tão rigorosamente afirmadas, o conceito é em parte válido e, para Verônica, eu diria quase evidente, ao menos como verdade de fundo. À semelhança de outras almas, mas nela de uma forma que é típica, Verônica tem uma missão particular, visivelmente no *Diário* (em que numerosíssimas vezes é afirmada) e que emerge das características próprias da sua experiência mística que por ela é abundantemente informada e diria quase exaltada de modo que somente nessa luz muitas vezes se esclarece; essa missão se resolve numa continuada, sublime, extrema expiação que, se encontra o seu ponto focal na radical semelhança ao Deus-homem sofredor e crucificado e, portanto, na integral dedicação a seu amor não correspondido e ofendido ("Senhor meu, me ofereço a ver todos os tormentos, as penas sobre mim, desde que vós não sejais mais ofendido por ninguém": *Diário*, III, 485), se enche também de extraordinários acentos salvadores, concretizando-se numa extrema participação na dor redentora do mesmo homem-Deus para a salvação dos homens ("Meu Deus, outra coisa não vos peço senão a salvação dos pobres pecadores. Convertei-os todos a vós, todos a vós. Ó amor, ó amor! Mandai-me mais penas, mais tormentos, mais cruzes, que fico contente, desde que as criaturas voltem para vós": *Diário*, II, 23). De tais clamores e espasmos e ansiedades sublimes está repleto o *Diário*, porque o amor de Verônica constantemente anela por se imolar, ou seja, por se alongar numa missão imensa de expiação por todos aqueles que não amam a Deus e que, portanto, embora por ele criados e redimidos, podem se perder eternamente ("Dizia eu: 'Almas, almas, Senhor'. Nisso me sentia apertar-me o coração, e como uma chama que o queimava. Outra coisa não podia fazer senão gritar forte. Ia ao jardim ou a algum lugar, convidava os pecadores e todo o mundo a amar o Sumo Bem. A cada chamado o meu coração saltava e parecia-me sentir dentro dele o Senhor, o qual me ajudava a chamar todas as criaturas": *Diário*, I, 214). Esse aspecto de vítima de Verônica, desejado diretamente por Cristo ("Sê fiel a mim ao ser solícita em atrair todas as almas a mim e em converter almas. Sim, te escolhi para essa missão": *Diário*, VIII, 66), geralmente se concretiza com a mediação da Virgem Mãe e, ao tocar cumes e amplitudes que escapam a humanas avaliações, atinge não somente o Corpo místico, mas todo o mundo das almas (pecadores em geral, não cristãos, islâmicos e "turcos" em particular, "heréticos" e "cismáticos") e também o purgatório. As diversas formas de expiação constituem um quadro impressionante que deve ser levado em consideração, não só pelo seu intrínseco valor, mas também pelas estreitas relações em que se situa com respeito à sua própria experiência mística.

BIBLIOGRAFIA. 1) Bibliografias: CAMPANILE, F. *Bibliografia analitica generale su santa Verônica Giuliani*. Messina, 1986; *Lexicon Capuccinum*. Roma, 1951, cc. 1.801-1.803; MARETO, Felix A. Bibliographia vitae et operum sanctae Veronicae G. *Collectanea Franciscana* 31 (1961) 463-555.
2) Biografias: CAPOZZI, M. *Santa Veronica Giuliani, abbadessa cappuccina*. Milano, 1939; CIONI, R. *Santa Veronica Giuliani*. Firenze, 1951/Città di Castello, ²1964; PIO X [Fernando da Riese]. *Santa Veronica Giuliani, implacata inseguitrice di amore e di dolore*. Padova, 1985, rist. 1986; ROMANO, G. G. *Vita della ven. serva di Dio suor Veronica Giuliani*. Roma, 1776, ²1807; SALVATORI, F. M. *Vita della beata Veronica Giuliani*. Roma, 1803 (com muitas edições e versões); STROZZI, G. F. *Vita della ven. Serva di Dio suor Veronica Giuliani*. Roma, 1763; VILLERMONT, M. de. *Sainte Véronique Giuliani, abbesse des Capucines*. Paris, 1910.
3) Estudos: BLASUCCI, A. Il mondo interiore di Santa Veronica Giuliani. *Miscellanea Francescana* 65 (1965) 125-141; ID. Santa Veronica Giuliani diagnosticata dalla psicoanalisi e nella sua relatà storica. *Miscellanea Francescana* 84 (1984) 591-645; GATTI, C. Gli scritti di Santa Veronica Giuliani: il dramma di un'anima religiosa. *Giornale Storico della Letteratura Italiana* 72 (1922) 161-212; LANDINI, C. A. Fenomenologia dell'estasi. Il caso di una santa italiana. Milano, 1983 (cf. *Laurentianum* 25 [1984] 467-472); LUCCHETTI, C. *Itinerario mistico di Santa Veronica Giuliani*. Siena, 1983; LUCCHETTI, D. *Ascesa spirituale e misticismo di Santa Veronica Giuliani. Dagli inizi all'unione trasformante*. Città di Castello, 1983; METODIO DA NEMBRO. L'itinerario spirituale di Santa Veronica Giuliani dalle pagine del suo "Diario". *Collectanea Franciscana* 31 (1961) 283-350; ID. *Misticismo e missione di Santa Veronica Giuliani*. Milano, 1962; OLMI, C. *Lo spirito di Santa Veronica Giuliani*. Siena, 1900; PICCINELLI, R. *Teologia della croce in Santa Veronica Giuliani*. Padova, 1988; VEUTHEY, L. Expérience de la grâce dans l'itinéraire spirituel de Ste Véronique. *Collectanea Franciscana* 31 (1961) 257-282.
Além disso, vejam-se os ensaios reunidos nos Atos dos vários congressos veroniquianos: *Santa Veronica Giuliani Dottore della Chiesa?* Città di Castello, 1979; *La Madonna in Santa Veronica Giuliani*. Ancona, 1982; *Testimonianza e messaggio di Santa Veronica Giuliani*. Roma, 1983; *Esperta di Dio*. Città di Castello, 1983; *Riconciliazione e penitenza nell'esperienza di Santa Veronica Giuliani*. Città di Castello, 1986.

METODIO DA NEMBRO

VESTES (virtude da elegância). 1. AS VESTES NA CONCEPÇÃO BÍBLICA. Junto com o alimento e a moradia, as vestes são condição primordial da existência humana (Sr 29,21); a bênção assegura pão e vestes (Dt 10,18), o castigo traz fome e nudez (Dt 28,48).

Na Escritura as vestes querem significar um duplo simbolismo:

a) Tirando as coisas do caos, Deus lhes atribuiu um lugar na ordem universal; e as vestes servem para determinar a ordem em que foi posta a pessoa humana. Com efeito, as vestes protegem a vida íntima privada (Gn 9,20 ss.; Dt 22,13 ss.); facilitam a distinção dos sexos na sociedade, simbolizando suas relações (Dt 22,5; Lv 19,19; Gn 26,65); sugerem relações quase obrigatórias na vida comunitária (o próprio manto é sinal de fraternidade: 1Sm 18,3 ss.); reprovável o luxo e a ostentação, uma vez que traz desarmonia na sociedade (Sr 40,4); é dever de justiça vestir o nu (Ez 18,7). Segundo a função que se desenvolve, podem ser prescritas vestes apropriadas. Mudar as vestes pode indicar que se passa do profano para o sagrado (Ex 19,10; Gn 35,2); ou que estão sendo cumpridas grandes funções (1Rs 22,30; At 12,21). O sumo sacerdote "recebe a investidura para vestir as vestes" (Lv 21,10); de outro lado, o povo estende as vestes sob os pés do rei (2Rs 9,13; Mt 21,8).

b) Vestes e nudez são símbolos espirituais. Adão e Eva sentiam-se como que cingidos por uma graça que os protegia. Com o pecado, percebem a desarmonia com o ambiente divino e têm consciência da própria nudez (Gn 3,7). Diante da majestade divina, sentem o pudor. E o próprio Deus reveste os pecadores de túnicas de pele (Gn 3,21). Essas vestes afirmam a dignidade do homem decaído e a possibilidade de revestir uma glória perdida. A história da → ALIANÇA é muitas vezes simbolizada pelas vestes, indicando elas a glória perdida ou prometida. Mediante a aliança, Deus inaugura uma comunicação íntima da sua glória (Is 6,1; Ez 16,8 ss.). Mas o povo é infiel, como esposa que se prostitui nua (Ez 16,15 ss.; Os 2,9 ss.; Is 50,9). O Senhor faz de Israel uma terra nua (Ez 16,36), humilhá-la-á até a morte (Is 53,12), redimindo-a depois como esposa revestida do manto de justiça (Is 59,17; 61,10). Para que Israel fique assim ornada, Cristo teve de ser despojado de suas vestes (Mt 27,35; Jo 19,23), abandonado à paródia de uma investidura real (Jo 19,2 ss.). E isso aconteceu em Cristo, o Filho de Deus, cuja glória é incorruptível e que apareceu na transfiguração com as vestes resplandecentes (Mt 17,2); como soberano que se sacrifica, porta a túnica branca que lhe fora dada por Herodes (Lc 23,11); a sua túnica não tem costura (Jo 19,23); como rei de zombaria, os soldados lhe impõem o manto escarlate (Mt 27,28). Para o benefício redentor, o fiel se despoja do velho homem e se veste do homem novo (Cl 3,10; Ef 4,24), mediante a fé e o → BATISMO (Gl 3,25 ss.). E todos os bem-aventurados terão agora suas vestes cândidas, lavadas no sangue do Cordeiro (Ap 7,14; 22,14; 21,2). As vestes fazem parte das necessidades vitais do homem (1Tm 6,8); por isso, o cristão ajuda todo homem para cobrir sua nudez (Mt 5,40; Lc 2,11; Tg 2,15). A mulher cristã se veste com decência e simplicidade (1Tm 2,9-10; 1Pd 3,3), e o homem crente escolhe o hábito segundo o próprio estado (Mt 3,4; Tg 2,2; At 12,21).

2. AS VESTES NA COMUNIDADE CRISTÃ. Na comunidade cristã houve predominantemente três atitudes em relação às vestes. Em primeiro lugar, os superiores e diretores espirituais da vida religiosa em geral deram muita importância ao modo de vestir. O hábito é considerado por eles como o sinal exterior da morte ao mundo: ideia que está na base da vida monástica. A sua túnica negra, escreve São → JERÔNIMO a Marcela, ajudá-la-á a "se lembrar constantemente de que um dia ela morrerá e que, na espera da morte, o seu corpo não deve ser senão uma hóstia viva, santa e agradável a Deus" (*Ep.* 127, 6: *PL* 22, 1091). A *vilis tunica* de cor escura e o véu para as mulheres constituíram a norma fundamental para a vida monástica.

Para as pessoas do mundo houve muita compreensão: legitimaram-se variedade e elegância em suas vestes → FRANCISCO DE SALES esclarecia: "Permitem-se mais adornos às adolescentes para que possam desejar licitamente agradar a mais de um, desde que não com outro fim senão obter um só por meio do santo matrimônio. [...] Quanto a mim, gostaria que meu devoto e minha devota fossem sempre os mais bem vestidos do grupo, mas os menos pomposos e afetados" (*Filotea*, parte III, c. 25).

Enfim, na comunidade cristã, de modo constante, foi feita oposição até pública contra as extravagâncias e desregramentos da moda. São João → CRISÓSTOMO acabou por pagar com a vida as suas invectivas contra a "toilette" das nobres damas de Constantinopla; São Jerônimo se insurgiu contra o luxo insolente das damas romanas; igualmente expressaram-se com veemência contra as licenças da moda São Vicente Ferrer, São → BERNARDINO DE SENA, o santo cura d'Ars.

3. FUNÇÃO ESPIRITUAL DAS VESTES. As vestes podem assumir uma quádrupla função espiritual.

a) As vestes protegem a higiene e a saúde do corpo: por meio delas a pessoa se adapta às variações ingratas da temperatura e do clima; sabe se defender das intempéries.

b) As vestes estão a serviço do pudor. Com efeito, elas guardam o sexo numa reservada privacidade (decência), de modo que o ânimo pode livremente se abrir ao afeto e ao amor. É certo que a decência deve favorecer o pudor com moderado equilíbrio: se o suprimisse ou o tornasse excessivo, exporia o ânimo a ficar muito preso e estorvado por reflexões e excitações sensuais. Ao serem reguladas pela virtude da modéstia (*STh.* II-II, q. 160, aa. 1-2) são as vestes uma espécie de irradiação da consciência acerca da própria dignidade espiritual carregada em "vasos frágeis".

c) As vestes têm um objetivo estético; servem para a beleza e o adorno. O cuidado e o bom gosto do vestuário são como o espelho da personalidade e, ao mesmo tempo, lhe dão esplendor e graça, dignidade e serena alegria. A providência confiou ao engenho inventivo humano o cuidado de aperfeiçoar ulteriormente a própria beleza exterior. O desejo de ser e de parecer bonito representa um aspecto e uma expressão da inclinação natural, que todos sentem dever realizar como promoção da própria personalidade. Arrumar-se não é tarefa unicamente do senso artístico da pessoa, mas também da sua sensibilidade espiritual; e, quando a beleza se ordena à promoção dos valores autênticos da própria pessoa, ela é expressão da virtude da elegância.

A beleza física, considerada numa ordem espiritual sobrenatural, não perde a sua possível bondade intrínseca. A própria revelação cristã convidou a honrar o corpo humano como templo do Espírito Santo: em seus membros está presente o Senhor (1Cor 6,19-20). Além disso, somos chamados a fazer florescer e vivificar a caridade nas relações internas entre os membros do Corpo místico, mediante todos os elementos que caracterizam a própria personalidade. E, para esse objetivo, ainda que de modo indireto e secundário, pode servir a própria beleza. Com efeito, ela tem um valor social: por sua natureza é feita para ser apreciada, gozada e amada pelos outros; é capaz de promover a alegre serenidade do próximo. Todavia, ao se enriquecer ulteriormente a hierarquia dos valores pessoais pela presença dos sobrenaturais, a beleza física se torna menos importante, e até pode ser mais facilmente sacrificada por exigência de bens superiores. Numa perspectiva sobrenatural, procura-se e cultiva-se a beleza física como instrumento remoto de uma vida de caridade; exige-se sua moderação ou sacrifício sempre que e na medida em que ela é obstáculo para o desenvolvimento da espiritualidade sobrenatural (Mt 5,29-30).

A virtude da elegância só pode florescer se se evitam tanto a extravagância e a vaidade no adorno como a negligência e a desordem no modo de se vestir. "Essa propriedade (no vestir) foi muito recomendada por São Bernardo como um grande sinal da pureza da alma. Na vida de Santo Hilário há um fato que parece contradizer isso: um dia, falando ele a um fidalgo que o fora encontrar, disse-lhe que 'não procurava a limpeza dos cilícios', querendo dizer que não era preciso se preocupar com a limpeza do corpo, o qual não é senão um ser pútrido, fedorento e cheio de infecções: nisso, porém, o santo devia ser mais admirado que imitado. Não é preciso ter demasiado cuidado com a limpeza, tampouco se deve ser sujo (Francisco de Sales, *Trattenimenti*, Milano, 1939, 113).

d) As vestes têm um objetivo social. Servem para caracterizar os sexos, e muitas vezes também situações ou funções sociais. O sacerdote, no exercício de funções sagradas, reveste-se de hábitos suntuosos não por jactância ou leviandade, mas para significar as grandes coisas que está tratando; já os penitentes se impõem desmazelo com o fim de se humilhar e de mortificar a carne, como exercício de pública temperança virtuosa.

4. A MENSAGEM DA MODA. Alguns consideram a moda uma forma engenhosa de vaidade, uma procura inquieta de se tornar agradável e atraente. Mas ela é espelho de alguns valores humanos pessoais, que se impõem numa dada época; é um modo de exprimir o que o eu ambiciona querer ser socialmente. A moda, no momento mesmo em que está sob a influência de ideais ou estilos predominantes, é também a vontade de impor dadas maneiras de pensar, de viver e de amar. Viver no próprio tempo significa aceitar e provocar nos outros certas expressões de vida exterior, que a moda comunica. Existe uma história de costumes, de ideais e de ambições humanas. A moda não tem significado em si mesma; está ligada à evolução existencial do eu nas suas relações interpessoais; é um modo de criar uma convivência interpessoal digna e de modo digno.

O presente discurso deve ser referido a todo gênero ou moda de se vestir. As vestes religiosas, ao mudarem, indicam a maneira de imaginar a própria consagração diante de Deus. As vestes sacerdotais indicam como um representante da Igreja pensa se inserir na sociedade humana e cristã. As vestes com que se representam Jesus e os santos atestam como se imagina humanamente a presença da transcendência na história salvífica.

A moda, pela mensagem que desenvolve socialmente, permite que o homem se proclame cocriador em relação ao próprio ser pessoal-social; que introduza modos sempre novos de se apresentar aos outros. Ela é como o próprio nome com o qual nos é indicada publicamente; exprime o gosto pessoal e como se ambiciona ser avaliado pelos outros; é a mensagem que a própria pessoa gostaria fosse acolhida na comunidade dos irmãos. Quando o eu muda a concepção de si mesmo e dos próprios gostos, espontaneamente gosta de modificar também o próprio modo de vestir.

A moda, dependendo da criatividade dos homens, é apreciada unicamente se é atual. Ela está totalmente englobada no sentido do efêmero. Se conservada além do tempo corrente, é como uma fruta passada, como um alimento estragado, como um vinho azedo. Uma fugacidade efêmera é proverbialmente referida à moda, embora esteja presente em todo aspecto humano: agride toda realidade humana, pessoal, social e cultural. E, todavia, a mutabilidade é mais percebida e indicada a respeito dos gostos no vestir, porquanto nesse campo se apresentam tantas ambiciosas preocupações pessoais. Ao nos vestirmos conforme a moda apresentamo-nos a nós mesmos e aos outros de acordo com a inovação; satisfazemos a fantasia recriadora de nós mesmos; atraímos a atenção admirada dos outros; inserimo-nos com dignidade no contexto social.

5. EDUCAÇÃO PARA A VIRTUDE DA ELEGÂNCIA. Na formação dos adolescentes não devemos nos limitar a enunciar princípios morais sobre o vestuário: é melhor inculcar a virtude positiva da elegância. Para tal fim é oportuno educá-los para o sentido da própria dignidade humano-cristã e para a necessidade da formação interior. Não devem ser dominados pela onda dos usos, mas devem saber encontrar na vida interior pessoal o critério orientador também em relação ao próprio comportamento externo. Na correção de modas despudoradas não se deve ser demasiadamente propenso a declarar o pecado sobretudo mortal; é melhor induzir as adolescentes a um vestuário que exprima a digna e serena amabilidade delas. Enfim, fortaleça-se a autoridade influente das pessoas corretas, fazendo com que elas, com seu vestuário, saibam difundir e fazer preferir uma moda honesta, atraente e moderna.

Seguir a moda, se significa mostrar-se capaz de operar sobre o mundo presente e não se resignar a estacionar como insignificantes, indica também deixar-se influenciar pelo consumismo que quer convencer que a novidade é sempre melhor.

Os religiosos originariamente vestiam segundo o costume do tempo. Mas conservaram o primitivo hábito, que adquiriu o caráter de um distintivo social próprio, ao passo que os leigos seguiram a evolução da moda. Ainda que no século XX a democratização e o bem-estar geral tendam a suprimir as discriminações no vestuário.

BIBLIOGRAFIA. BECH, H. *Schöneit und Mode*. Stuttgart, 1956; CERULLI, E. *Vestirsi spogliarsi travestirsi*. Palermo, 1981; EVDOKIMOV, P. *La teologia della bellezza*. Roma, 1971; GOFFI, T. *Amore e sessualità*. Brescia, 1964; GOFFMAN, E. *La vita quotidiana come rappresentazione*. Bologna, 1969; HAAR, F. Ter. *Casus conscientiae*. Taurini, 1939, vl. I; *Il corpo umano*. Roma, 1959; JACOMO, C. dello. *De habitu ecclesiastico*. Dissertatio historico-critica. Roma, 1953; RÖTHELLI, E. von. *Körperkultur und Seelsorge. Eine Aussprache und Mode, Strandband und Sauna*. Anima 2 (1947) 14-24; VUILLERMET, F. A. *La mode odierne*. Torino, 1939; WALTER, F. *Der Leib und sein Recht in Christentum*. Donauwörth, 1910.

T. GOFFI

VIA-SACRA. → CRUZ.

VICENTE DE PAULO (Santo). 1. NOTA BIOGRÁFICA. Não se conhece com segurança o lugar de nascimento, pois Tamarite di Litera (Huesca, Espanha) e Pouy, nas Lande (França), o disputam. Os historiadores não estão de acordo nem sequer sobre o ano do nascimento, fixando-o alguns no ano de 1576, outros, em 1580 ou em 1581. Terceiro filho de uma família de camponeses de origem espanhola, inicia os estudos em Dax, continuando-os antes em Zaragoza e depois em Toulouse. É ordenado sacerdote no dia 23 de setembro de 1604, conseguindo o bacharelado em teologia. No dia 23 de agosto de 1617 funda em Châtillon a primeira irmandade da Caridade para senhoras. Em 1618 encontra-se com São → FRANCISCO DE SALES, que lhe dá o encargo de seguir a Visitação e dirigir Santa → JOANA FRANCISCA FREMYOT DE CHANTAL. Em 1619 é nomeado capelão geral dos cárceres e trabalha para melhorar a sorte dos presos. No dia 17 de abril de 1625, assina-se o contrato pelo qual se cede a Vicente o colégio dos Bons Enfants sob a condição de que quatro sacerdotes, sob a direção dos bispos, se dediquem às missões. A nova Congregação é aprovada pelo Parlamento, em 1627, e Roma a aprova com a bula *Salvatoris nostri*, de 12 de janeiro de 1633. A multiplicação das irmandades da Caridade dá origem à Congregação das Filhas da Caridade. A atividade de Vicente se estende; intervém na reforma do clero com os Exercícios para os ordenandos. Para o clero mais selecionado fundam-se as "Conferências das Terças-feiras". Para prover à seleção do episcopado, Ana da Áustria funda, por iniciativa de Vicente, a Congregação dos negócios eclesiásticos, na qual este teve embates com Mazzarino. Pelo aspecto político, desenvolveu o sentido da paz e da justiça. A sua vigilância na questão jansenista impediu a Missão, as Filhas da Caridade e a Visitação de caírem naquele perigo. Desde o momento em que passou a fazer parte do Conselho, procurou impedir a ordenação dos jansenistas. Morreu em Paris, no dia 27 de setembro de 1660. Foi canonizado por Clemente XII, no dia 16 de março de 1737.

2. OBRAS. Não chegaram até nós os originais de suas obras, excluídas as cartas que constituem uma coleção preciosa que ocupa oito volumes na edição de Coste. Tratam dos mais variados temas. Conservam-se também extratos das suas *Conferências aos missionários*, em que se condensa o melhor dos seus ensinamentos, sobretudo a explicação das *Regras*. Existem também extratos das *repetições da oração*, exercício que o santo considera muito válido. As *Conferências às Filhas* *da Caridade* são respostas às perguntas que elas lhe punham; conservam-se 120 delas. As suas obras foram editadas pela primeira vez em dois volumes, em 1844.

3. PENSAMENTO. Os estudiosos não estão de acordo sobre o lugar que São Vicente ocupa nas diversas correntes de espiritualidade. Para → BREMOND ele está plenamente incluído na espiritualidade de Berulle, mais ainda de → CONDREN e de → OLIER (III, 245). Outros, como Calvet, o negam decididamente (*Ibid.*, 279). Outros ainda quiseram descortinar uma espiritualidade pessoal em que se encontram as correntes beruliana, salesiana, carmelitana, de São João, de Santo Inácio, fundidas numa síntese peculiar, adequada à mística da ação (Herrera-Pardo). Não se pode negar que em Vicente se encontra a linguagem beruliana, mas não é a corrente, porquanto nela predomina o caráter familiar e prático. Além disso, em Vicente não há traços de teorias sobre o sacerdócio, sobre a encarnação, sobre a Trindade. A sua espiritualidade prefere tocar temas ascéticos: humildade, caridade, silêncio, observância dos votos. A sua aspiração é de fazer viver nas circunstâncias concretas a vida cristã. As suas *Conferências aos missionários* desenvolvem o tema sacerdotal: a função, os métodos de apostolado, o caráter instrumental, a adesão interior a Cristo, a anulação da própria vontade, o saber seguir a providência sem pressa. Algumas desenvolvem de modo particular temas missionários, como sobre a teologia moral, que devem estudar, sobre a pregação (*Ibid.*, 133), sobre as virtudes fundamentais do missionário: simplicidade, humildade, doçura, mortificação e zelo (*Ibid.*, 134), sobre o ofício divino nas missões (136), sobre a vocação missionária (*Ibid.*, 4), contra a qual nem sequer o diabo pode objetar nada (*Ibid.*, 146), sobre o zelo (*Ibid.*, 204-205) etc. A sua doutrina sobre a oração se refere às disposições (*Ibid.*, 225 e 56), à eficácia (muro inexpugnável), à atividade moderada na meditação ("não quebrar a cabeça por querer subtilizar", *Ibid.*, 227), ordenada a combater as más inclinações (*Ibid.*, 227), com resoluções boas, que representam a parte mais importante da oração (*Ibid.*, 229). Na meditação dos mistérios se preste atenção a todas as circunstâncias, por pequenas que sejam, pois todas contêm tesouros escondidos (*Ibid.*, 230) e em particular aos afetos (*Ibid.*, 230). O amor para com Deus não nos deve levar a fazer atos de amor tão contínuos a ponto de prejudicar a saúde (*Ibid.*, 52) e de nos obrigar depois a ter de nos abster deles. Em Vicente não encontramos teorias sobre a contemplação e sobre as graças místicas. Sobre a perfeição diz: "A perfeição não consiste nos êxtases, mas em fazer a vontade de Deus". Neste mundo somente Jesus Cristo a conseguiu de modo perfeito junto com Maria; todos os outros, de modo menos perfeito. É preciso distinguir entre a perfeição e o estado de perfeição. A renúncia à própria vontade leva ao cumprimento da vontade divina e assim a perfeição se identifica com a renúncia a si mesmo por Deus.

BIBLIOGRAFIA. 1) Biografias: ABBELY, L. *La vie du vénérable serviteur de Dieu Vincent de Paul*. Paris, 1664, 3 vls.; CALVET, C. *Saint Vincent de Paul*. Paris, 1948 e 1960; COLLET, P. *La vie de saint Vincent de Paul*. Nancy, 1748; COSTE, P. *Le grand saint du grand siècle: Monsieur Vincent*. Paris, 1923, 3 vls.; HERRERA, J. – PARDO, V. *San Vicente de Paul. Biografía y selección de escritos*. Madrid, 1960.
2) Obras: *Lettres de saint Vincent de Paul*. Paris, 1880; *Avis et conférences de saint Vincent de Paul aux membres de la Congrégation*. Paris, 1881; *Conférences de saint Vincent de Paul aux Filles de la Charité*, Paris. 1881; *Collection des conférences de saint Vincent, de plusieurs de ses lettres et de quelques conférences de M. Almerás, son premier successeur. Recueil de diverses exhortations et lettres de saint Vincent aux missionnaires pour faire suite au premier volume de ses conférences touchant l'explication des règles communes*. Paris, 1884 (a primeira edição parcial das suas obras); COSTE, P. *Saint Vincent de Paul. Correspondance Entretiens. Documents*. Paris, 1920-1925, 14 vls.; DONDIN, A. *Entretiens spirituels aux missionnaires*. Paris, 1960.
3) Estudos: AMO, J. A. *El servicio de los pobres según san Vicente de Paul*. Roma, 1971; BADY, R. *Vincent de Paul et les siens*, Lyon, 1972; ID. *Vincent de Paul: choix de textes et introduction*. Paris, 1946; BIRKENMEIER, L. *Vinzent von Paul*. Wien, 1970; CHALUMEAU, *Saint Vincent de Paul et le Saint-Siège. Archivum Historiae Pontificae* 5 (1967) 263-288; DEBONGNIE, P. *La conversion de saint Vincent de Paul. Revue d'Histoire Ecclésiastique* 21 (1936) 313-339; DEFRENNE, P. *La vocation de saint Vincent de Paul. Étude de psychologie surnaturelle. Revue d'Ascétique et de Mystique* 13 (1932) 60-86.164-184.294-321.389-411; DELARUE, J. *La fe que dió sentido a su vida*. Salamanca, 1977; DONDIN, A. *Saint Vincent de Paul et les illuminés. Revue d'Ascétique et de Mystique* 25 (1949) 415-456; DULAU, P. *Les vertus humaines en saint Vincent de Paul. Seminarium* 21 (1969) 455-471; FEILLET, A. *La misère au temps de la Fronde et saint Vincent de Paul*. Paris, 1862; FROSSARD, A. *Votre très humble serviteur Vincent de Paul*. Paris, 1980; GONTHIER, G. *Dieu parle à son peuple aujourd'hui. Sur les pas de saint Vincent*

de Paul. Paris, 1977; GRANCHAMP, P. *La prétendue captivité de saint Vincent de Paul, à Tunis, de 1605 à 1608*. In *La France en Tunisie au XVIIe siècle*. Tunis, 1928; GUICHARD, J. *Saint Vincent de Paul esclave à Tunis*. Paris, 1937; HESBERT, R. G. *Monsieur Vincent de Paul, maître de vie spirituelle*. Paris, 1960; IBAÑEZ, J. M. *Vincente de Paul y los pobres de su tiempo*. Salamanca, 1977; MATHIEU, M. R. *Monsieur Vincent chez les de Gondy*. Montmiral, 1966; RAMÍREZ MUÑETA. *La espiritualidad de san Vicente de Paul*. Madrid, 1956; RIQUET, M. *Monsieur Vincent. Le réalisme de la charité*. Paris, 1969; SABATIER, R. *Les plus belles lettres de saint Vincent de Paul*. Paris, 1961; UN PRETE DELLA MISSIONE. *Perfezione evangelica. Tutto il pensiero del santo esposto con le sue parole*. Roma, 1964.

F. ANTOLÍN RODRÍGUEZ

VÍCIO. De origem etimológica muito incerta, a palavra "vício" indica sem dúvida a existência de um defeito, de uma deformidade. Os Setenta, com efeito, falam de vício (*mômospathêma*) quando querem significar um defeito de ordem física ou moral. Basta pensar no fato de que a ninguém fisicamente defeituoso era lícito se aproximar para oferecer o pão a seu Deus (Lv 21,17-18). Essa incapacidade, aliás, se estendia também à cabeça do gado a ser sacrificado, pois o gado defeituoso era considerado um abomínio para YHWH (Dt 17,1). Ao lado desse vício físico há o moral. O povo de Israel não nasceu aleijado e separado de YHWH, mas perfeito; se há deficiências, elas provêm dos próprios hebreus por sua culpa (Dt 32,5). É Jó quem nos dá, pelo menos indiretamente, uma descrição bíblica do vício, quando nos indica o que é preciso fazer para estar sem defeito, ou seja, sem vício: "Tu quando firmares teu juízo, elevando a ele tuas palmas abertas, afasta a iniquidade que há nas tuas mãos, e não habite injustiça em tua tenda. Então levantarás a fronte limpa; livre de escórias, nada temerás" (Jó 11,13-15). Portanto, além do coração bem disposto, o vício implica também as mãos não estendidas para Deus e certo estado de injustiça. Naturalmente, sem querer ver aqui a origem da noção escolástica do vício, creio, todavia, que esboçamos o essencial, quer dizer, o aspecto pecaminoso junto com o caráter habitudinário. Como fruto amargo de uma repetição dos mesmos atos pecaminosos, o vício, antes de ser tal, é ato pecaminoso. Isso explica por que se fala de vícios capitais ou de pecados capitais. Eis a gênese deles. As frequentes repetições do mesmo ato mau traçam cada vez mais profundo o sulco do ato anterior e incidem assim cada vez mais vivas as pegadas no espírito do agente, de modo que o pecado, antes cometido com hesitação e trepidação, é gradativamente feito com maior leviandade até o ponto de se tornar costume característico de um homem. Foi então que o vício se tornou verdadeiramente vício, ou seja, uma segunda natureza que autoriza a falar do homem como de um soberbo, de um avaro, de um luxurioso, de um preguiçoso. Evidentemente, o vício *in fieri* é muito mais facilitado quando há no homem uma disposição hereditária favorável. Todavia, também prescindindo-se de razões hereditárias, é agora seguro que a maior parte dos pecados tem uma raiz ou pelo menos uma repercussão profunda na parte psicofísica do homem.

O que ilustra que quanto maior a frequência, por exemplo, das intemperanças de gula, tanto maior será o aspecto corpóreo que as persegue e, portanto, tanto mais difícil será combatê-las e eliminá-las. Eis por que, embora tendo acontecido a verdadeira e eficaz retratação e, portanto, a sincera conversão, a propensão física para o pecado dura ainda por muito tempo; antes, às vezes justamente por falta de satisfação do impulso, ela pode crescer ainda mais. Enfim, o vício é a habitual inclinação ao pecado, que chegou totalmente ou quase até a indiferença e, portanto, à extinção do remorso. Quando a moral e a teologia espiritual falam, portanto, de vícios ou pecados capitais, elas se referem ou a essa propensão habitual, ou ao pecado, ou ao ato pecaminoso que polariza as energias do homem.

A respeito do número dos vícios, é interessante observar que já a Sagrada Escritura nomeia muitas vezes vários vícios, isoladamente ou em grupo sem, todavia, fazer deles uma sistematização. Isso não exclui, porém, que haja certa classificação, como, por exemplo, no caso em que os profetas falam da soberba como fonte primária e universal de todos os vícios (Sr 10,15). De qualquer modo, o texto mais apropriado é o de São João sobre a concupiscência da carne, dos olhos e sobre a soberba da vida (1Jo 2,16). Trata-se, em primeiro lugar, do prazer desordenado dos sentidos acerca dos meios de conservação e de procriação; depois, da desordem do instinto natural quanto aos bens exteriores; enfim, da perversão do instinto espiritual querido por Deus para a defesa da honra e da dignidade da pessoa. Desde a Antiguidade as três concupiscências joaninas são explicitamente em número de oito para o Oriente e de sete, especialmente depois de São → GREGÓRIO MAGNO, para o Ocidente. Santo Tomás confronta o número de sete pecados capitais às sete tendências viciosas do homem, partindo do fato de que os vícios capitais são tais justamente do ponto de vista finalístico. Eles implicam um desejo desordenado de quatro bens da esfera concupiscível e uma fuga desordenada dos três bens árduos. Tem-se assim a → SOBERBA, quando é desejada desordenadamente a própria excelência; mas quando é desejado desordenadamente o bem corporal do indivíduo tem-se o vício da → GULA, como se tem o vício da → LUXÚRIA quando se deseja sem ordem o bem corporal da espécie, e o vício da → AVAREZA quando alguém se apega, além de devida medida, às riquezas. E se tem a → ACÉDIA quando se foge, por preguiça ou ociosidade, do próprio bem espiritual, e a → INVEJA ou a → IRA quando se considera lesivo da própria excelência o bem dos outros (*STh*. I-II, q. 84, a. 4).

Esses vícios e os consequentes pecados capitais, como tendências e atos contrários tanto direta como indiretamente à caridade, afastam cada vez mais o homem do centro da vida divina e, portanto, dissolvem gradualmente a sua vida espiritual. Daí a necessidade de controlar as propensões naturais e de aplicar os remédios tanto gerais quanto especiais contra os vícios. Entre os meios gerais devem ser citados a oração, uma moderada prática da mortificação, uma pronta e prudente fuga das ocasiões, o uso devoto e frequente dos sacramentos da Eucaristia e da penitência. Entre os meios especiais, ou seja, referentes a cada um dos vícios, figuram a → IMITAÇÃO DE CRISTO, a humildade contra a soberba, a esmola contra a avareza, o exercício da temperança contra a gula.

BIBLIOGRAFIA. BRAUWERE, J. Nolet de. *Les tableaux aristotéliciens des vertus et des vices. Annuaire de l'Institut de Philologie et d'Histoire Orientales et Slaves* (1952) 345-360; CATHREIN, V. *Filosofia morale*. Trad. it. Firenze, 1913, 366-381, vl. I; CHAUCHARD, P. *Vices des vertus, vertus des vices, la passion de l'optimum*. Paris, 1963; Passions, 2.211-2.241, XI/2; JANVIER, E. *Exposition de la morale catholique, V. Le vice et le peché*. Paris, 1907; JOLIVET, R. *Trattato di filosofia, V. Morale*. Brescia, 1960; MICHEL, A. Vice. In *Dictionnaire de Théologie Catholique*. 2858-2862, XV/2; MUGLIONI, J. *Passions, vices et vertus*. Paris, 1955; Passions. In *Catholicisme*. 747-753, X; RONY, J. A. *Les passions*. Paris, ⁵1980.

B. HONINGS

VIDA (contemplativa, ativa, mista). 1. PREMISSA. O que é dito neste verbete tem valor primordialmente histórico. Com efeito, é sabido como a tríplice divisão da vida religiosa em contemplativa, ativa e mista influiu na catalogação das suas várias formas. Mas é também sabido quanto embirraram com essa terminologia nos debates sobre a vida religiosa, durante o Concílio Vaticano II (cf. *Il rinnovamento della vita religiosa*, Firenze, 1968: especialmente J. M. R. TILLARD, *Le grandi leggi del rinnovamento*, 63-133). O Concílio ignora o verbete "vida mista"; mas fala de Institutos dedicados inteiramente à contemplação (*Instituta quae integre ad contemplationem ordinantur*): PC 7, e de muitíssimos Institutos dedicados às várias obras de apostolado (*permulta sunt in Ecclesia instituta variis apostolatus operibus dedita*) que têm diferentes dons segundo a graça que lhes foi dada: PC 8. A vida religiosa deve ser vista, portanto, à luz dos carismas na Igreja, os quais são muito variados e se integram mutuamente para o bem do corpo: LG 12. Ela "apresenta Cristo aos fiéis e aos infiéis, ou enquanto ele contempla no monte, ou anuncia o reino de Deus às multidões, ou cura os doentes e os feridos e converte para melhor vida os pecadores, ou abençoa as crianças e faz bem a todos" (*LG* 45). Todo Instituto tem, portanto, um → CARISMA e um serviço eclesial (*PC* 2b), e a Igreja toda tem a característica de ser "ao mesmo tempo ardente na ação e dedicada à contemplação" (*SC* 2). A vida espiritual dos Institutos religiosos "deve ser consagrada ao bem de toda a Igreja. Deriva daí o dever de trabalhar, segundo as forças e o gênero da própria vocação, tanto com a oração, como também com a obra ativa, para enraizar e consolidar nos ânimos o reino de Cristo e para o difundir em toda a parte da terra" (*LG* 44). Os Institutos dedicados inteiramente à contemplação "produzem frutos abundantíssimos de santidade, são de exemplo e honra para o povo de Deus, a quem dão incremento com uma misteriosa fecundidade apostólica" (*PC* 8).

Todo Instituto de vida religiosa como consagração a Deus comporta uma dimensão contemplativa, e como serviço peculiar à Igreja comporta também uma dimensão apostólica (cf. SAGRADA CONGREGAÇÃO PARA OS RELIGIOSOS E OS INSTITUTOS SECULARES, Dimensão contemplativa da vida religiosa, 12 de agosto de 1980, in *Enchiridion Vaticanum*, 468-511, vl. VII).

Não se deve esquecer, porém, que os Institutos dedicados inteiramente à contemplação sempre tiveram por parte do magistério uma atenção particular não somente porque "toda a ação da Igreja está ordenada e subordinada à contemplação" (SC 2), mas também porque "constituem o coração da Igreja, alimentam sua riqueza espiritual, sublimam sua oração, sustentam sua caridade, partilham de seus sofrimentos, fadigas, apostolado, esperanças, e aumentam seus méritos" (Paulo VI). E João Paulo II acrescenta: "Eles devem encontrar o modo específico de estender o reino de Deus, de colaborar na edificação da cidade terrena, não somente com as suas orações e os seus sacrifícios, mas também com o seu silencioso testemunho". À luz dessas premissas é que se deve ler o presente verbete.

2. ORIGEM E EVOLUÇÃO HISTÓRICA. A distinção da vida em contemplativa e ativa é uma doutrina de proveniência helênica que, por meio de um fecundo enxerto na original experiência do cristianismo e mediante a reflexão de alguns grandes Padres e testemunhos da Igreja, atinge com → TOMÁS DE AQUINO a mais perfeita formulação que até agora possuímos. Da vida humana e cristã, o Doutor angélico trata na STh. II-II, qq. 179-182; com imediata referência ao estado religioso, em II-II, q. 188.

No antigo pensamento filosófico da Grécia, o *bios praktikos* era a vida da ação empenhada no trabalho, na relação social e no dever moral; comportava naturalmente uma atenção voltada quase exclusivamente para o exterior, porquanto também o dever moral era pensado muito mais na sua função familiar e cívica do que como perfeição pessoal. O *Bios theoreticos*, por sua vez, era a vida do pensador e do filósofo: livres de solicitudes temporais, imersos no mundo das ideias, voltados para a contemplação da beleza, verdade, bondade suprema, Deus, fonte de toda essência real e ideal.

É oportuno observar os méritos e deméritos da distinção grega. A intuição de uma dupla orientação que leva do profundo a formas distintas de vida não será cancelada. Deus, posto no ápice da vida contemplativa, especialmente no pensamento platônico e estoico, testemunha o fundo religioso da filosofia helênica. Mas essa filosofia esqueceu de pôr Deus também no vértice da vida prática, ou seja, moral, do homem. Ela não foi capaz de descobrir no profundo da alma, de que brotam as orientações fundamentais, um princípio original único que, embora se desenvolvendo por vias de certo modo distintas — contemplação da verdade e atividade moral —, conduz igualmente ao único, supremo fim da vida humana: Deus. Dessa primária lacuna deriva o ostentado desprezo pela vida prática, considerada indigna de um filósofo: a contemplação se torna o privilégio de uma aristocracia do pensamento, desdenhosa e arrogante em relação à massa inculta e grosseira. A distinção foi sentida e vivida como uma composição irremediável e irredutível.

O cristianismo, ao aceitar a distinção grega das vidas no que elas têm de verdadeiro e religioso, não deixa imutável sua doutrina; com efeito, ele é um fermento que muda todo elemento assumido. Entre a especulação grega e a cristã de → CLEMENTE DE ALEXANDRIA, de → ORÍGENES, de → AGOSTINHO e de → GREGÓRIO MAGNO, para não falar senão dos maiores, está o Evangelho, que anuncia, e há a maravilhosa → EXPERIÊNCIA CRISTÃ, que realiza a vida em primeiro lugar como um fato de comunhão pessoal com Deus. O Evangelho é a revelação do amor: anuncia a paternidade universal de Deus e a universal fraternidade dos homens. Não pode aceitar diferenças de castas e de categorias fechadas e incomunicáveis. As distinções não poderão reivindicar senão um sentido relativo, uma função provisória, um papel complementar. Toda vida cristã, independentemente de toda distinção, nasce de um único princípio profundo: a caridade que é amor de Deus e dos homens, e termina num único fim: a visão de Deus e a comunhão com ele no mistério trinitário, e lá chega pela única via: Cristo, Verbo encarnado, perfeito exemplar da humanidade. É ela suficiente para dar um conteúdo novo à filosofia pagã, para compor em unidade as oposições, para banir o espírito de orgulho, para fazer compreender que, enfim, há um só primado que conta verdadeiramente: o primado da → CARIDADE que, para ser autêntica, é ao mesmo tempo amor de Deus e do próximo.

O cristianismo não está apenas fascinado pela ideia de Deus, mas vive imerso na presença de Deus, circundado e penetrado pelo amor de Deus, pois Deus é amor (1Jo 4,16). Por isso, não pôde se fechar no êxtase platônico da ideia, abandonando ao próprio tenebroso destino tudo o que pertence à matéria, ao mundo, ao corpo. Tudo foi salvo no amor e tudo se torna vida no amor cristão.

Todavia, foi sabedoria não eliminar a doutrina da dupla vida. A tentação podia muito bem se apresentar nos que tinham descoberto o princípio unitário, tanto mais que o Evangelho oferece bem poucos argumentos explícitos à distinção das vidas. Mas foi providencial que, primeiro por obra dos Padres e depois por obra de Santo Tomás, aquela distinção tenha conservado um válido significado próprio, mesmo no quadro da unidade profunda e do conteúdo original da vida cristã.

3. NOÇÃO GERAL DE VIDA. Para entender a distinção entre as vidas é necessário determinar a particular noção de vida que é seu sujeito próprio. "A vida parece consistir naquela ação que ao homem é sumamente agradável, para a qual mais se orienta e na qual quer principalmente se comunicar com os amigos" (*STh.* II-II, q. 179, a. 1). É uma noção, como se vê, de clara entonação psicológica e dinâmica, projetada na perspectiva da comunhão pessoal. Essa noção de vida se refere ao homem como homem; consiste, por isso, naquela ação que ao homem, por sua própria natureza de homem, é sumamente agradável etc. Uma vez ancorada com firmeza a noção dinâmica da vida à essência mesma do homem, compreender-se-á que também a distinção das vidas é imediatamente solidária com a sua fonte metafísica e tem valor de universalidade como o fundamento sobre o qual repousa: o intelecto, potência específica do homem como homem.

É necessário insistir no papel especificador do intelecto ao determinar a distinção das vidas: "Não é a vida tomada em sentido genérico que se divide em ativa e contemplativa, mas a vida do homem, especificada pelo fato de que o homem tem intelecto. Por isso a divisão do intelecto e da vida humana é idêntica" (*STh.* II-II, q. 179, a. 1, ad 2). Com efeito, o intelecto humano, embora sendo um, distingue-se em especulativo e prático. Em si mesmo, o intelecto é sempre e apenas especulativo, porque a operação, que lhe é própria e revela sua natureza, é o conhecimento, a contemplação da verdade. Mas se diz prático por extensão, porquanto haure a operação de outras faculdades distintas: a operação da vontade por meio da prudência e a operação das potências exteriores por meio da arte.

4. O SIGNIFICADO DA DISTINÇÃO. À luz da distinção do intelecto em especulativo e prático, e coerentemente com a noção de vida, é claro o sentido da distinção dela em contemplativa e ativa. A orientação da vida do homem como tal, ser espiritual consciente e livre, não pode deixar de se entrelaçar com a orientação do intelecto em relação à própria operação. Ora, o intelecto, por ser especulativo ou prático, não pode imprimir senão *uma dupla orientação à vida humana*: ou a dirige principalmente para a contemplação da verdade, que é o fim próprio da operação do intelecto especulativo e se tem a vida contemplativa; ou dirige principalmente o homem para a operação externa, fim do intelecto prático, e se tem a vida ativa.

Essas duas orientações profundas e contínuas são distintas entre si não pelo monopólio exclusivo da contemplação ou da ação respectivamente, mas apenas pela predominante tendência a uma ou a outra. O processo de distinção não equivale a uma monopolização qualquer de determinados valores ou riquezas da vida cristã. Toda a vida humana, cristã e religiosa, é integralmente realizada, segundo a própria vocação, quer a escolha caia sobre a orientação contemplativa, quer sobre a orientação ativa.

Para Santo Tomás a distinção da vida em contemplativa e ativa é adequada e exaustiva. Uma vez que tal distinção coincide com a do intelecto, não é possível rejeitar essa afirmação.

É significativo ressaltar que a distinção da vida, derivada formalmente da parte do intelecto, tem correspondência com a caridade, princípio e motivo de toda vida cristã. Santo Tomás apela ao duplo objeto da caridade para justificar a existência de Ordens de vida ativa ao lado das de vida contemplativa: todavia, ainda que o estado religioso esteja ordenado à perfeita caridade, essa idêntica vocação pode ser realizada em formas de vida contemplativa, voltada principalmente para o diálogo de amor com Deus, ou em formas de vida ativa a serviço do próximo, o qual, para ser inspirado pelo amor de Deus, redunda também ele em acréscimo de caridade (cf. *STh.* II-II, q. 188, a. 2).

5. COMPONENTES DA VIDA CONTEMPLATIVA. Em seu sentido mais completo, vida contemplativa é toda a vida do homem, do cristão e do religioso caracterizada por uma profunda e constante orientação para a amorosa contemplação de Deus. Uma realidade portanto complexa e suscetível de diversas considerações. Tomás escreve que, segundo certa ordem, quatro coisas pertencem à vida contemplativa: virtudes morais, conhecimentos diversos e prévios à contemplação,

contemplação das obras divinas, contemplação de Deus (*STh.* II-II, q. 180, a. 4). Essa enumeração não deixa de suscitar interrogações.

O primeiro motivo de espanto é dado pela ausência, entre os componentes da virtude divina, da caridade, que é o princípio mesmo da vida contemplativa, como é o elemento essencial da → SANTIDADE CRISTÃ. Santo Tomás não o ignora e por isso lhe dedica uma atenção particular, inserindo totalmente a contemplação e a vida contemplativa na circulação do *affectus* que move a alma pela veemência do amor à procura de → DEUS, e conclui o movimento em experiência de gáudio e em sentimentos de admiração, seguindo a linha de uma crescente espiral (cf. *STh.* II-II, 180, aa. 1 e 7). Todavia, fiel ao seu método analítico, ressalta que "*causae moventes non intrant essentiam rei*" (II-II, q. 180, a. 2, ad 1). Por isso a caridade não encontrou lugar na enumeração supracitada, o que não equivale de modo algum a uma expulsão nem a uma desvalorização.

Outro motivo de perplexidade em relação à supramencionada enumeração é suscitado pela percepção de uma complicação dificilmente harmonizável com a simplicidade da vida contemplativa. Deve-se responder que a multiplicidade de atos pertence a esta vida na sua função de orientação profunda, ao passo que na verdade não lhe convém no momento de consumação do movimento. Nesse sentido se dirá que a vida contemplativa consiste somente na contemplação, simples e puro intuito da verdade; essa, antes, é a única operação da vida contemplativa por essência (cf. *STh.* II-II, q. 180, a. 3). Mas tomada no primeiro significado, que aqui interessa mais diretamente, a vida contemplativa não coincide com a contemplação; não lhe compete a simplicidade, mas uma multiplicidade de atos. Quando se diz que uma alma escolheu a vida contemplativa, não se quer afirmar que ela vive em ato de perene e imóvel contemplação, mas que para ela orienta principalmente, segundo um coerente projeto de vida, todos os seus atos. Há casos de almas de verdadeira vida contemplativa que jamais chegam, nesta terra, à → CONTEMPLAÇÃO. Todavia, a contemplação é o valor essencial dessa vida, porquanto é o fim da tendência, o vértice de atração, o verdadeiro princípio da unidade vital.

Um terceiro ponto a esclarecer é este: por que as virtudes morais, nas quais consiste essencialmente a vida ativa (cf. *STh.* II-II, q. 181, a. 1), são enumeradas como componentes da vida contemplativa? Isso acontece porquanto as virtudes morais têm a tarefa de remover os obstáculos que impedem a vida contemplativa. Justamente para criar disposições de paz na alma e de pureza no espírito, disposições absolutamente necessárias para assegurar liberdade interior, constância de empenho, transparência e penetração de olhar, é que as virtudes morais têm uma função valiosa para a alma contemplativa. Elas moderam o ardor das paixões e a agitação causada pelas ocupações exteriores. Embora sejam apenas disposições negativas com relação à contemplação, é tanta a necessidade das virtudes morais para a vida contemplativa que Santo Tomás não duvida proclamar a vida ativa — constituída essencialmente por essas mesmas virtudes — disposição necessária para a vida contemplativa (*STh.* II-II, q. 181, a. 1, ad 3). Teresa de Jesus concorda totalmente e declara que sem a prática mais perfeita, possível somente em algumas virtudes morais básicas, é vão até o desejo da contemplação.

Não será difícil, por isso, admitir que, pela natureza mesma do nosso intelecto e pelos condicionamentos do seu operar no nosso estado de peregrinos, a vida contemplativa não pode se isentar dos atos das outras potências cognoscitivas nem dos outros atos da própria potência intelectiva. Essas atividades pela relação do *intellectus* e do *affectus* jamais são puramente cognoscitivas, traduzem-se em oração assídua, em escuta da palavra de Deus, na → LECTIO DIVINA, na → MEDITAÇÃO. O exercício perseverante desses atos cria na alma disposições positivas em relação à contemplação. Atos, assim, prévios à contemplação, sobre os quais, portanto, a alma não deve se adaptar além do necessário para não os tornar contraproducentes. → TERESA DE JESUS não se cansa de lembrar que a oração contemplativa não consiste em muito pensar, mas em muito amar, e → JOÃO DA CRUZ, de modo particular, ensina a reconhecer o momento em que devemos abandonar a nossa extenuante dialética para abrir os olhos da alma ao puro e simples olhar de amor contemplativo.

6. COMPONENTES DA VIDA ATIVA. Aqui Santo Tomás não faz enumerações, mas apenas uma afirmação básica em torno da qual gravitam algumas definições com o objetivo de esclarecer. A afirmação principal reduz-se a isto: a vida ativa encontra nas virtudes morais o próprio componente essencial (*STh.* II-II, q. 181, a. 1). Com efeito, vida ativa e vida contemplativa se distinguem, segundo a orientação predominante dos homens, respectivamente ao conhecimento da verdade ou à atividade exterior. Ora, é evidente que o fim das virtudes morais não é principalmente o conhecimento da verdade, mas a perfeição da atividade exterior. Por isso elas pertencem essencialmente à vida ativa.

Tanto a afirmação como a relativa razão, fundada na contraposição entre conhecimento da verdade e atividades exteriores, esclarecem o alcance da fórmula "operações ou atividades exteriores" nas quais a vida ativa está de fato principalmente interessada. Todo ato que, para ser digno do homem, empenha diretamente o exercício das virtudes morais, de qualquer virtude moral, encontra-se na área da vida ativa. Para nela entrar não é preciso que se empenhem qualidades técnicas ou profissionais; já se está dentro dela com o exercício das virtudes morais que regulam o comportamento humano em relação ao mesmo sujeito operante.

Sobre esses mesmos fundamentos se baseia a resposta à interrogação sobre se a vida ativa coincide com a vida social. É óbvio que a vida ativa é mais densa de relações sociais do que exige a vida contemplativa, principalmente dedicada à sociedade e ao diálogo com Deus apenas, e, por isso, desejosa de cercar-se de solidão, de silêncio e de paz. Todavia, as virtudes sociais não são o único, mas o principal componente da vida ativa, paralelamente ao fato de que a justiça, virtude social por definição, é a mais excelente entre as virtudes morais: "*Vita activa describitur per ea quae ad alterum ordinantur, non quia in his solum, sed quia in his principalius consistit*" (*STh*. II-II, q. 181, a. 1, ad 1).

Com o próprio empenho moral o homem constrói a sua personalidade tanto nas suas dimensões absolutas como nas relativas à sociedade, ao mundo e à história.

As virtudes morais não são apenas princípios da perfeição humana na operação exterior, mas também forças moderadoras das paixões existentes no homem em estado de desordem e de anarquia. Isso permite tornar explícita a menção da mortificação entre os componentes da vida ativa; o que é tanto mais oportuno quanto, sob esse aspecto e como preparação à vida contemplativa em sentido cristão, ocorre uma generosidade que vai além da medida da prudência segundo a carne.

Propondo as virtudes morais como componentes essenciais da vida ativa, enfatiza-se implicitamente sua interioridade. Seria gravíssimo erro se se contrapusesse a vida ativa à interior. Não há vida humana ou cristã que não seja primariamente interior. Também esse é um elemento fundamental que se realiza de modo diferente segundo a distinção das vidas. Por mais estreitas que sejam as ligações da vida ativa com a vida interior, basta pensar que é seu componente essencial também a prudência, a primeira das virtudes morais, a que torna a razão — ou seja, o poder cognoscitivo —, árbitra e regra de todas as atividades humanas (*STh*. II-II, q. 181, a. 2).

A caridade realiza na ordem sobrenatural as funções da prudência na ordem natural. Se não é nomeada entre os componentes da vida ativa, isso é devido unicamente ao respeito das noções que é tão necessário em matéria tão complexa. É bom lembrar que ela está na raiz de todo o viver e de todo o operar cristão: na vida contemplativa ela se realiza principalmente segundo a sua íntima aspiração à comunhão e à visão de Deus; na vida ativa, sobretudo na sua dimensão de serviço e de colaboração.

Um frequente equívoco faz coincidir a vida ativa com o → APOSTOLADO. O apostolado é um elemento essencial de toda vida cristã; onde houver caridade vivida no Corpo místico aí há apostolado. A escolha da orientação contemplativa ou ativa para a própria vida não faz senão repercutir numa orientação preferencial, dada seja a nosso caminho para a santidade, seja a nosso indeclinável dever de apostolado.

Não é supérfluo ressaltar, enfim, a íntima relação que liga a vida ativa à vida contemplativa. Santo Tomás não se cansa de repetir que as virtudes morais naqueles que as ordenam à quietude da contemplação pertencem à vida contemplativa (*STh*. II-II, q. 181, a. 1, ad 3); que as atividades exteriores, se referidas à contemplação como causas dispositivas, pertencem também elas à vida contemplativa (*Ibid*., q. 181, a. 4; q. 181, a. 1, ad 3). Trata-se de um forte apelo que nasce da natureza mesma da vida ativa da qual, global e objetivamente, se pode afirmar que é uma disposição à vida contemplativa: "*Dici potest quod vita activa dispositio est ad contemplativam*" (*STh*. II-II, q. 181, a. 1, ad 3). Nessa perspectiva, muitas tensões poderiam se atenuar e as muitas querelas entre Marta e Maria deveriam se aquietar e se orientar para uma solução mais positiva.

7. O SIGNIFICADO DA VIDA MISTA. Há uma dupla concepção da vida mista: dupla concepção que está na origem de muitos equívocos. Uma a põe "entre" a contemplativa e a ativa, a outra, negando um espaço intermediário, "acima da" contemplativa e da ativa.

A primeira concepção define a vida mista como aquela em que contemplação e ação dividem igualmente entre si a finalidade, o tempo, o empenho e o programa diário, sem predominância manifesta de uma sobre a outra. Tal vida se chama mista unicamente porque não é, a rigor, nem contemplativa nem ativa. Não há dúvida de que Santo Tomás conhece esse terceiro gênero de vida (cf. *STh.* II-II, q. 179, a. 2, ad 2); admite-o no plano empírico, ao passo que no nível da noção o afasta da sua síntese doutrinal. A distinção bipartida da vida — contemplativa e ativa — é adequada e exaustiva: isso é o que ele ensina no mesmo artigo.

A segunda concepção define a vida mista como a orientação profunda e predominante para a contemplação que transborda na ação. Não é um terceiro gênero de vida, mas a mesma vida contemplativa realizada segundo uma diferente modalidade. Essa diferente modalidade — e não um outro fim diferente — pode ser identificada na virtualidade da contemplação. Como fim supremo de toda vida humana e cristã, ela contém em si e de modo superabundante e comunicável a mesma vida ativa. Levando em consideração as relações já descritas entre as duas vidas, entende-se que quanto mais perfeita é a vida contemplativa tanto mais ela integra em si mesma a vida ativa. Ora, quando a vida contemplativa, partindo de dentro de si, por força da sua própria fecundidade, exprime a si mesma e tudo o que integrou em si mesma, então a contemplação se torna de certo modo superior a si mesma, e não por uma operação adicional das obras exteriores, mas graças à sua fecundidade, que gera *ad extra* a sua mesma vida interior. Sobre essa modalidade se assenta o verdadeiro conceito da vida mista: ela é contemplação não fechada na própria imanência, mas princípio de irradiação exterior e fonte de ação enriquecida dos mais altos valores e de todo o poder da sua eficácia.

A vida contemplativa pode e deve gerar *ad extra* todos os seus valores íntimos, tanto os essenciais como os integrantes. Mas é claro que a tendência preferencial será a de comunicar os seus valores específicos: a verdade contemplada e a experiência do ato contemplativo. Eis por que a vida mista é especificada "pelo gênero de atividade em que a contemplação e a aplicação prática se encontram intimamente misturadas *ex objeto*. Tais são as atividades propriamente apostólicas nas quais o trabalho de procura e de comunicação da verdade divina só tem sentido se dominado pela contemplação dessa mesma verdade" (J. MENESSIER, in *Iniziazione teologica*, vl. III, Brescia, 1953, 931).

Nesse significado, que nos parece plenamente satisfatório, a vida mista parece diferente somente por uma modalidade — certamente importante — intrínseca à contemplação, ou seja, que ela não se põe entre a vida contemplativa e a vida ativa como um *genus* duplamente equivocado, mas é a mesma vida contemplativa aberta à efusão e à comunicação dos seus frutos. Ele é toda contemplativa; o seu mote o confirma: "*Contemplari et contemplata aliis tradere*".

8. RELAÇÕES ENTRE AS VIDAS. O quadro das múltiplas relações entre as vidas é contemplado por um confronto acerca da dignidade ou valor. A doutrina tradicional pode ser expressa em três posições que relacionamos sem nenhum comentário.

a) *A vida contemplativa de per si é simplesmente superior à vida ativa.*

b) *Em concreto e sob certos aspectos não essenciais, deve-se às vezes preferir a vida ativa à vida contemplativa.*

c) *A vida mista é superior à vida contemplativa.*

A teologia da vida religiosa depois do Concílio Vaticano II parte de outras considerações. A teologia dos carismas, dons de Deus, que vitalizam, mas com tarefas diversificadas e complementares o bem do corpo, orienta-se para considerações eclesiais mais profundas. Santa Teresa de Lisieux, diante da multiplicidade dos carismas, via-se desorientada, até concluir: "O amor reúne todas as vocações; o amor é tudo porque abraça todos os tempos e todos os lugares" (*Autobiografia*). Os carismas são diferentes, mas não confusos; eles não dão motivo à superioridade de uns sobre os outros. O único carisma superior, que pode e deve ser desejado, é a caridade (cf. 1Cor 12-13).

BIBLIOGRAFIA. AQUINO. Tomás de. *STh.* II-II, qq. 179-182.188; BARRAZ, C. Apostolado y vida consagrada. *Confer* 12 (1973) 627-639; BEYER, J. Dimensioni di preghiera e di apostolato nella libertà di vita consacrata. *Vita Consacrata* 9 (1973) 193-203; BIFFI, I. San Tommaso e la vita contemplativa. *La Scuola Cattolica* 97 (1969) n. 5, 343-377; n. 6, 467-498; CAMELOT, Th. – MENNESSIER, I. Le vite contemplativa e attiva. In *Iniziazione teologica*. Brescia, 1955, 920-949, vl. III; CATENA, C. Contemplazione e azione attraverso i secoli. *Carmelus* 15 (1968), 57-122; GALLAGHER, W. H. J. *The nature of contemplation according to St. Francis de Sales*. Fribourg, 1962; GANNS, G. E. Active or contemplative life. *Review for Religious* 22 (1963) 53-66; GOICHON, A. M. *È possibile la vita contemplativa nel mondo?* Roma, 1958; GUY, J. C. Un entretien monastique sur la contemplation. *Recherches de Science Religieuse* 50 (1962) 230-241; IOANNES A JESU MARIA. Schola de oratione. Tract. 8. *De vita activa et contemplativa*. In *Opera omnia*. Firenze, 1771-1774, t. II; JAER, A. de. La formation à l'unité de vie. *Vie Consacrée* 59 (1987) 21-33; JOSÉ DO ESPÍRITO SANTO. De divina contemplatione prout est vita. In *Cursus theologiae mystico-scholasticae*. Bruges, 1925, disp. 10, t. II; LECLERCQ, J. La vie contemplative dans saint Thomas et dans la tradition. *Recherches de Théologie Ancienne et Médiévale* 28 (1961) 251-268; ID. *Via religieuse et vie contemplative*. Gembloux, 1969; LLAMERA, H. Valor apostólico de va vida religiosa contemplativa. *Teología Espiritual* 17 (1973) 199-230; LUCIANI, Card. A. Azione contemplativa e contemplazione attiva. *Consacrazione e Servizio* 22 (1973) 201-209; MARITAIN, J. *Azione e contemplazione*. Torino, 1961; MORENO PASCUAL, P. La vida contemplativa "signo" para la vida activa. *Vida Religiosa* 34 (1973) 183-191; SANSON, H. *Spiritualité de la vie active*. Lyon, 1962; TILLARD, J. M. R. *Dilemmas of modern religious life*. Wilmington, 1984; Vita contemplativa, vita activa, vita mixta quoad doctrinam et praxim in hodiernis stativus perfectionis. In *Acta et documenta Congressus generalis de statibus perfectionis*. Roma, 1950, 96-140, vl. II; VOILLAUME, R. L'importanza della contemplazione delle realtà divine per l'uomo contemporaneo. *Vita Consacrata* 17 (1981) 255-235.258-266.

S. GATTO – M. CAPRIOLI

VIDA INTERIOR. 1. Toda vez que o homem se liberta das preocupações externas, que lhe absorvem as faculdades e os sentidos, para se retirar em si mesmo a refletir, diz-se que tem vida interior. Mas, quando se concentra exclusivamente em Deus, então se diz que o homem se dá à vida interior propriamente dita. "Dupla é a vida do homem, uma exterior e natural, segundo a natureza sensível e corporal. […] A outra espiritual, segundo a razão e a graça: aqui se tem comunhão com Deus; […] imperfeitamente na vida presente, […] perfeitamente na outra" (*STh*. II-II, q. 23, a. 1, ad 1). É dessa segunda, que seria melhor chamar de vida cristã, que tencionamos dar a definição.

2. A vida interior pode ser considerada sob dois aspectos: um estático e o outro dinâmico. O primeiro a considera do ponto de vista do ser; o segundo do ponto de vista do exercício. Considerada do ponto de vista estático ou ontológico, a vida interior pode ser definida com a célebre expressão de São Paulo: "O amor de Deus foi derramado em nossos corações pelo Espírito Santo que nos foi dado" (Rm 5,5); em outros termos, a vida interior é a infusão da vida divina, com o batismo-crisma, juntamente com o complexo das virtudes teologais, morais e dos → DONS DO ESPÍRITO SANTO. De modo ainda mais conciso, poderíamos defini-la com a clássica expressão de Santo Tomás: "A graça-das-virtudes-e-dos-dons" (*STh*. III, q. 62, a. 2), ou seja, o organismo sobrenatural.

3. Assumida no segundo aspecto, o dinâmico, a vida interior tem dois momentos: um dinâmico-positivo e o outro dinâmico-negativo. Durante o momento dinâmico-positivo, a pessoa se esforça por desenvolver progressivamente, com os sacramentos, com os → SACRAMENTAIS, com as boas obras e com os atos de amor e de desejo, a graça inicial depositada nele no dia do → BATISMO, até levá-la à plenitude da idade adulta de Cristo (cf. Ef 4,13). A rigor, somente nessa progressiva inserção em Cristo é que consiste a perfeição da vida cristã. A santidade é igual ao capital de fé-esperança-caridade que todo batizado consegue totalizar no período que vai do batismo ao último instante da vida terrena; a → CARIDADE, com efeito, é a mãe, a forma, o motor de todas as virtudes e o elemento-mistura da perfeição cristã (cf. *STh*. II-II, q. 23, a. 8, ad 3; a.3, ad 2; *Teotimo*, X, 8; 9; *Cântico*, 17, 7; 24, 7; 28, 11; 30, 8). Sobre essa tese fundamental há pleno acordo da Escritura, do ensinamento da Igreja e da teologia.

Concebida assim, a vida interior pode ser definida: progressiva incorporação e configuração a Cristo "por meio da graça divina, que flui do mistério pascal da paixão, morte, ressurreição de Cristo; mistério do qual derivam sua eficácia todos os sacramentos e sacramentais" (*SC* 61).

4. Mas há também outro aspecto a ser considerado, o dinâmico-negativo, que não é de menor importância e que se insere muito logicamente

no dinâmico-positivo, no sentido de que a progressiva inserção no mistério pascal encontra obstáculos. Aquele germe de vida desabrochado em nós no dia do batismo não encontra, para usar a clássica imagem evangélica, um terreno adequado, mas via pública, pedras e espinhos; sem metáfora, "os cuidados do mundo, a sedução das riquezas e as demais concupiscências intrometem-se e sufocam a Palavra, que fica sem fruto" (Mc 4,19). Jesus nos convida a participar do banquete do mistério pascal, mas nós nos desculpamos, dizendo: "Acabo de comprar um campo [...] acabo de comprar cinco juntas de bois [...] acabo de me casar" (Lc 14,18-20).

Impõe-se portanto a necessidade de eliminar os obstáculos que impedem à vida de Cristo o seu normal desenvolvimento. É precisamente o aspecto negativo da vida cristã. É aquele "árduo, assíduo, longo trabalho", de que fala Pio XII na *Menti nostrae* (1950), "que não se realiza em vãs ambições nem se exaure em desejos e promessas, mas deve ser um exercício incansável e contínuo, [...] um exercício de penitência que freia e governa os movimentos da alma".

5. Deve-se observar que esse segundo aspecto há que ser considerado simplesmente como um "meio" para chegar ao fim, que é a plena participação na vida de Cristo no amor; ou melhor, a plena realização do mistério pascal de que se falou. Dizemos "meio", mas temos de nos lembrar de acrescentar: meio "único e insubstituível": no sentido que condiciona e mede a consecução do fim; com efeito, quanta for a abnegação, tanto será o amor. Deve-se ainda acrescentar que ambos os trabalhos de revestimento e de despojamento (cf. Ef 4,22-24) devem se realizar simultaneamente, no sentido de que, como dissemos, o grau de purificação mede o grau de união; exatamente como diz São Paulo: "se, em nós, o homem exterior se encaminha para a sua ruína, o homem interior se renova dia a dia" (2Cor 4,16).

Quem quiser uma definição completa da vida interior que toque os dois aspectos, negativo e positivo, poderá recorrer à de São → JOÃO DA CRUZ: "A vida sobrenatural é a vida espiritual perfeita; quer dizer, a posse de Deus para uma perfeita união de amor no amor (aspecto dinâmico-positivo); a ela se chega mediante a perfeita mortificação de todos os vícios e aspectos da própria natureza (aspecto dinâmico-negativo)" (*Chama*, 2, 32).

Mas de forma ainda melhor, e de modo mais perfeito, porque mais em sintonia com a orientação do Concílio Vaticano II, a vida interior pode ser definida com Vagaggini: "O mistério de Cristo preparado e prefigurado na antiga economia; realizado no próprio Cristo como Verbo encarnado, que viveu, sofreu, morreu e agora, ressuscitado e glorioso junto ao Pai, nos transmite a sua vida divina, que, assimilando-nos ao Verbo encarnado, morto e ressuscitado, nos faz morrer ou morrer cada vez mais ao pecado (aspecto dinâmico-negativo), e viver, consagrados a Deus, por meio da fé, da caridade e dos sacramentos (aspecto dinâmico-positivo). Mistério que se cumprirá de modo perfeito no retorno do Senhor com a ressurreição gloriosa dos corpos" (*Avvenire d'Italia*, 5.3.1965).

BIBLIOGRAFIA. DAGNINO, A. *La vita cristiana*. Milano, 1968.

A. DAGNINO

VIDA RELIGIOSA. Em consonância com o *Dizionario di Spiritualità*, interessa-nos a vida religiosa precisamente como vida, em seu conteúdo teologal. Ficam, portanto, fora de nossa consideração as outras dimensões, embora sempre válidas: a institucional, que é o próprio estado religioso no seu conteúdo jurídico; a funcional, o que a vida religiosa faz na Igreja e no mundo; e as dimensões antropológica, sociológica e psicológica. Todas essas dimensões, todavia, entram tangencialmente no nosso discurso, porquanto podem e devem ser assumidas pela primária dimensão teologal.

A nossa reflexão está enquadrada no horizonte oferecido por Santo Tomás na segunda parte da *Suma*. Ou seja, enquadramento teológico e teologal de todo o viver cristão, como retorno a Deus, mas a partir da origem, do *exitus* da criação e elevante, sob a graça, a presença e a ação de Deus, até a chegada à plenitude, incluída a entrada na glória. A segunda parte é chamada parte moral da *Suma*. Mas é sempre teologia; não é apenas moral, no sentido limitativo e não teológico que prevalece nas chamadas "teologias morais", a partir do século XIV. Em Santo Tomás é moral, ascética, mística e espiritualidade; é graça, que nos projeta para a plenitude na glória.

Santo Tomás apresenta o conteúdo teologal do retorno, fundado interiormente na lei nova ou lei evangélica, como âmbito total do retorno, no qual se fixam não somente as etapas progressivas dele, mas também todas as vocações e as diversas vias do retorno, compreendida a via da vida religiosa. Estuda a vida religiosa e no seu conteúdo teologal, porquanto regulada pela lei nova; e como concreta realização dessa lei. Temos, por isso, de iniciar o nosso estudo apresentando a doutrina do Angélico sobre aquela que ele chama "lei nova ou lei evangélica".

1. Santo Tomás, na segunda parte da *Suma*, contempla o homem no seu retorno a Deus, mas como quem, vindo de Deus, caminha, sob a lei nova, para Deus. A lei nova é simultaneamente externa e interna, com um elemento secundário e outro principal. Elemento externo secundário "são os documentos da fé" (*enuntiabilia fidei*) e os preceitos que ordenam os afetos e os atos humanos. Quanto a esses elementos, a lei nova é lei escrita. "Mas, como lei escrita, a lei nova não justifica. Santo Agostinho, ao explicar essa sentença, diz que por letra se entende qualquer escrita que está fora do homem, ainda que fosse de preceitos morais que há nos Evangelhos; por isso, também a letra do Evangelho mataria se não tivesse a graça interna da fé que salva" (*STh*. I-II, q. 106, a. 2).

Nesse nível não existe ainda uma visão do conteúdo teologal do homem em retorno, não há ainda uma visão moral teológica.

Para encontrar o verdadeiro conteúdo teologal deve-se chegar ao elemento principal da lei evangélica; único conteúdo que fundamenta uma verdadeira visão teológica do retorno do homem a Deus. Esse elemento principal da lei nova não é algo exterior ao homem; é interno, íntimo e profundo. É doação, dom infuso, inseparável do doador; dom dado, recebido pelo homem, que se transforma e se converte em homem novo. Santo Tomás descreve os sinais fundamentais desse elemento principal da seguinte maneira:

"Toda coisa parece ser aquilo que nela é principal. Aquilo que é principal na lei do novo testamento, e em que toda a virtude dela consiste, é a graça do Espírito Santo, que é dada pela fé de Cristo. E assim principalmente a lei nova é a própria graça do Espírito Santo, dada aos fiéis de Cristo. E isso aparece manifestamente pelo Apóstolo que diz: 'Onde está então a tua glória? Foi excluída. Por qual lei? Das obras? Não, mas pela lei da fé': a própria graça da fé chama de 'lei'. E mais expressamente na Carta aos Romanos se diz: 'A lei do espírito da vida em Cristo Jesus me libertou da lei do pecado e da morte'" (*STh*. I-II, q. 106, a. 1); por isso, o "elemento principal do nosso agir moral é a graça do Espírito Santo que se dá pela fé"; a graça mesma inseparável da fé; e o Espírito que nos dá a graça e a fé.

E ainda: "Como foi dito, duas coisas pertencem à lei do Evangelho. Uma, principalmente, a saber: a própria graça do Espírito Santo dada interiormente. (*Ibid.*, q. 106, a. 2); "a lei nova, como foi dito, é principalmente a graça do Espírito Santo" (*Ibid.*, q. 106, a. 3, ad 1); "Assim a lei nova, cuja principalidade consiste na própria graça espiritual infusa nos corações, é dita 'lei do amor'. [...] Embora a lei antiga desses preceitos de caridade, não se dava por ela o Espírito Santo, pelo qual 'se difunde a caridade nos nossos corações'" (*Ibid.*, q. 107, a. 1, ad 2).

A lei nova infusa nos nossos corações é a lei dos tempos novos vistos pelo profeta Jeremias: "A lei nova é a lei do Novo Testamento. Ora, a lei do novo testamento é infusa no coração. O Apóstolo, com efeito, diz, citando o texto que se tem no livro de Jeremias: 'Eis que virão os dias, diz o Senhor, e consumarei sobre a casa de Israel e sobre a casa de Judá um testamento novo'; e expondo o que seja esse testamento, diz: 'Porque este é o testamento que propiciarei à casa de Israel: dando minhas leis para a mente deles, e as sobrescreverei no seu coração'. Logo, a lei nova é lei infusa" (*Ibid.*, q. 106, a. 1, *sed contra*).

Finalmente, para Santo Tomás a graça do Espírito Santo se torna em nós uma nova natureza, um hábito interior infuso, um instinto interior da graça, que em plena conaturalidade nos estimula a operar, do primeiro nascimento até a idade adulta, realizando em nós a "theosis", ou melhor, a "theopoiesis" da qual falam continuamente os santos Padres orientais.

"Porque a graça do Espírito Santo é como o hábito interior a nós infuso, que nos inclina a agir retamente, leva-nos livremente a fazer aquelas coisas que convêm à graça, e a evitar aquelas que repugnam à graça. Assim, pois, a lei nova se chama lei da liberdade, duplamente. De um modo, porque não nos constrange a fazer ou evitar algumas coisas, senão aquelas que de si são necessárias ou repugnantes à salvação, as quais caem sob o preceito ou a proibição da lei. De outro modo, porque nos faz cumprir livremente também tais preceitos ou proibições, enquanto os cumprimos por movimento inteiro da graça. E por causa dessas duas coisas a lei nova se chama, na Carta de São Tiago, 'lei da perfeita liberdade'" (*STh*. I-II, q.108, a. 1, ad 2).

Resumindo o pensamento de Santo Tomás: a lei nova ou lei evangélica é lei da graça; lei da fé; lei do amor; lei da plena liberdade; lei do Espírito, que nos foi dado e pelo qual o amor é infuso nos nossos corações; lei do Espírito de vida em Cristo Jesus.

Em torno desse núcleo fundamental, infuso, encontramo-nos também com o elemento secundário dos documentos da fé e dos preceitos. Enquanto os teólogos moralistas levaram em consideração somente o elemento secundário, que não basta para fundamentar uma teologia do agir humano, Santo Tomás pode verdadeiramente fazer teologia, porque leva continuamente em consideração o elemento teologal, infuso, introduzindo de modo subordinado os elementos secundários.

Essa é a moldura universal de toda a vida cristã na tensão que vai do início da nossa vida até a plenitude da graça, que se abre para a glória.

2. É nesse contexto que Santo Tomás contempla a vida religiosa como expressão conatural daquele elemento principal da lei nova. Diz, com efeito: "E assim convenientemente na lei nova, que é a lei da liberdade, acima dos preceitos foram acrescentados conselhos" (*Ibid.*, q. 108, a. 4).

Na disputa histórica a respeito da questão sobre se a perfeição consiste nos preceitos ou nos → CONSELHOS, e nas discussões sobre a interpretação do estado de perfeição, fundado nos conselhos, os intérpretes de Santo Tomás, mesmo hoje, perderam o horizonte da lei nova, contrapondo preceitos a conselhos e conselhos a preceitos. Santo Tomás, porém, vê os conselhos na perspectiva do elemento principal da lei nova, como expressão concreta do florescimento e da gratuidade plena da graça infusa, da lei do Espírito Santo, da lei do amor, da lei do Espírito. O confronto preceitos-conselhos e a superioridade distinta dos conselhos sobre os preceitos criou as duas categorias de cristãos, os guiados pelos preceitos, os imperfeitos, e os guiados pelos conselhos, os perfeitos. Nasce daí a suposta superioridade de uma vida ou de um estado sobre o outro, atribuindo um valor mágico aos conselhos; mágico, se desvinculado do elemento principal da lei nova, como lei de todos os que acreditam em Cristo e vivem sob a lei do Espírito de vida. Separou-se a vida religiosa da vida cristã regulada pela lei evangélica no seu elemento principal.

Segundo Santo Tomás, a lei nova deve ser para todos lei da gratuidade, para além dos preceitos; gratuidade do dom, gratuidade do amor infuso, gratuidade da fé, gratuidade do Espírito. Todos os crentes devem viver a lei nova como lei do gratuito acima dos preceitos, ainda que eles regulem externamente o agir do cristão, mas sem exauri-lo.

Florescimento dessa gratuidade é a vida religiosa, porquanto a gratuidade da graça e da fé desemboca e frutifica na castidade, na pobreza e na obediência evangélicas. Santo Tomás jamais disse que essa é a única manifestação da gratuidade da lei evangélica. Ele estudou a vida religiosa nesse contexto, mas a morte o colheu antes que escrevesse o tratado sobre o sacramento do matrimônio e da ordem. Ficou assim incompleta a exposição do seu pensamento sobre essas duas formas de vida cristã.

Certamente o → MATRIMÔNIO cristão é regulado pela lei evangélica no seu elemento secundário, que parece ser o único para o qual olham os moralistas, sejam eles mais rigorosos ou mais abertos. Mas é sobretudo regulado pelo elemento principal, que faz penetrar o mistério da sacramentalidade, da gratuidade nos esposos; como amor esponsal Cristo-Igreja; gratuidade criadora, muito acima dos preceitos. Gratuidade da graça do sacramento, que se articula e se torna expressão epifânia de todo o ser do cristão que em Cristo vive e vive no matrimônio a graça, a fé, o amor, a vida em Cristo, o dom do Espírito e o amor fecundo do Pai.

O mesmo se poderia dizer da vida no ministério, regulado também ele pelo elemento secundário, mas penetrado sobretudo pelo elemento principal, na gratuidade de quem serve em Cristo os irmãos.

3. O Concílio, no número mais importante do decreto *Perfectae caritatis*, número amadurecido em longuíssimas discussões, oferece-nos o princípio fundamental de toda a renovação da vida religiosa:

"A atualização da vida religiosa comporta simultaneamente o retorno contínuo às fontes de toda vida cristã e à primigênia inspiração dos Institutos e ao mesmo tempo a adaptação dos Institutos às mudadas condições dos tempos" (*PC* 2).

É preciso dizer que o principal elemento foi praticamente esquecido. Princípio basilar da renovação é a volta contínua às fontes de toda vida cristã. Não se trata do retorno às fontes da vida religiosa. Fala-se explicitamente e deliberadamente das fontes de toda vida cristã. Essas fontes são as mesmas que Santo Tomás condensa no elemento principal da lei nova. Esquecer essas fontes e, fora delas, querer falar da vida religiosa é deixá-la sem raízes.

Os Capítulos de renovação e os próprios estudiosos, negligenciando o elemento principal, se empenharam no retorno às origens, à primigênia inspiração do próprio Instituto, procurando com êxitos diferenciados descobrir o → CARISMA do fundador e, consequentemente, do Instituto nas fontes de toda vida cristã e desvinculando o próprio fundador de tais fontes, nasce um carisma autônomo, automático, que se torna herança adquirida do Instituto e dos seus membros.

O esforço considerável dos Institutos ao esclarecer o carisma do fundador não foi sempre acompanhado por um idêntico fortalecimento da vida espiritual, seguramente porque o hipotético carisma foi indevidamente separado das fontes de vida cristã do próprio fundador. Certamente o fundador viveu de modo unitário o próprio carisma, porquanto nascido originariamente da sua própria vida cristã. Mas muitas vezes os filhos pretendem viver o carisma como realidade independente, fora das fontes.

Havia uma maneira de unir, como quer o Concílio, o retorno às fontes da vida cristã e às fontes da primigênia inspiração do Instituto: considerar o fundador como um crente, ao qual foi dada uma compreensão do mistério, no qual se sente introduzido e implicado até dever empenhar a própria vida a serviço do mistério, precisamente segundo a compreensão adquirida e a ele concedida como doação de graça, unificando fonte original e consistência da compreensão, que configura a sua situação de fundador.

4. De diversos modos, ainda que convergentes, todo fundador reproduz o paradigma de Paulo, configurado pelo mistério a ele revelado, constituído apóstolo para pregar a todos os povos esse mistério. E será Paulo, filho e pregador do mistério, único para todos, que descobrirá também a diversidade dos carismas, suscitados pelo Espírito, para realizar, todos juntos, o mistério de Deus no tempo da Igreja. Não se pode entender plenamente Paulo se não se penetra no conhecimento da amplitude do mistério, na sua complexidade.

Também os fundadores foram crentes aos quais foi dada uma concreta compreensão do mistério, descobrindo nele o serviço concreto, ao qual estavam preparados pelo Espírito, inclusive o próprio gênero de vida e a atividade de serviço na diversidade de funções.

A compreensão do mistério inclui não apenas a graça da fé, a lei do amor, o dom do Espírito, mas também a regra de vida e a missão apostólica da Igreja. Todos crentes no mistério. Mas cada qual é um crente concreto, porque iluminado e dotado de luz especial e particular amor operativo. O elemento principal da lei nova triunfa e se manifesta em cada fundador, segundo a virtualidade do dom recebido.

É verdade que ser crente é nos fundadores uma realidade muito complexa, como o foi em Paulo; é preciso explicitar todos os seus conteúdos para conseguir entender a riqueza do fundador crente.

Tomar como ponto de partida o crente é retornar aos Evangelhos, aos Atos dos Apóstolos, a Paulo:

"Ide proclamar o Evangelho. Quem crer e for batizado será salvo". "Ide, pois, de todas as nações fazei discípulos, batizando-as em nome do Pai e do Filho e do Espírito Santo". Essa é a síntese final dos quatro Evangelhos.

Quando tem início a pregação dos apóstolos, depois de Pentecostes, os que ouviam a pregação de Pedro perguntavam: "Que devemos fazer?". A resposta era: "Convertei-vos, crede no Evangelho, fazei-vos batizar no nome do Senhor Jesus e recebereis o Espírito Santo". "Todos os crentes viviam unidos, […] a multidão dos crentes tinha um só coração".

Nos atos dos Apóstolos há apenas lugar para os crentes que acolhem a pregação da Boa-Nova.

Também para Paulo a categoria suprema é a do crente e não apenas nas suas Cartas aos Romanos e aos Gálatas, centradas na fé. Em todas as suas cartas Paulo se apresenta como aquele que acreditou, como aquele ao qual foi revelado o mistério, como o chamado a pregar o mistério que lhe fora revelado, como o enviado a pregar o mistério universal a todas as nações.

Paulo descreve amplamente os conteúdos do mistério a ele revelado, para o qual crê e no qual crê. Esse conteúdo, de que fala em todas as suas cartas, é apresentado de modo magnífico na Carta aos Efésios, na qual acumula sinônimos para exprimir de maneira diferente a riqueza incomensurável de tais mistérios: trata-se de toda a ação da Trindade econômica como "prothesis" (*propositum*), como "eudokia" (*beneplacitum*) como "boulê tou thelêmatos" (*consilium voluntatis*), como "epitagê" (*preceptum Dei*). O crente Paulo e os que creram no Evangelho por ele pregado vivem numa dimensão nova, numa nova cosmovisão, abraçando na fé todo o conteúdo da ação do Pai, agora atualizada plenamente no Cristo, da Encarnação à Páscoa, sob a ação do Espírito que atualiza no tempo todo o *Propositum* eterno e temporal do Pai.

Crer, ser crente é uma realidade complexa, rica e múltipla.

Crer não é simplesmente aderir a determinados enunciados que podem se concretizar no Credo. Os enunciados, os "*enuntiabilia fidei*" são necessários na nossa presente situação cognoscente. A fé verdadeira, porém, como afirmava já Santo Tomás, não se encerra nos "*enuntiabilia*", mas chega aos conteúdos. Pode chegar aos conteúdos porque tem a luz e a força para lá chegar.

A fé é um dom dado e comunicado pelo doador e inseparável dele, que nos faz participar da luz para o conhecer na sua luz. Quem tem o dom da fé, chega a tocar finalmente, mediante os "*enuntiabilia*", aos conteúdos.

São → JOÃO DA CRUZ, o maior Doutor da fé, demonstra-nos como Santo Tomás que os "*enuntiabilia*" jamais são meio adequado para a → UNIÃO COM DEUS; apenas a fé o é.

O crente, iluminado pelo dom da fé, penetra e se sabe tomado pela ação universal do Deus da revelação, pela ação de Deus sobre o mundo, porque nele se realiza o *Propositum* da Trindade. A fé não nos projeta para um teorema celeste, fora do mundo, mas nos introduz na evolução da ação trinitária que integra a humanidade na grande comunidade de amor, na qual se estende aos homens a comunidade divina trinitária.

5. O Concílio fundou o estudo sobre a natureza da Igreja voltando ao pensamento bíblico e sobretudo ao pensamento paulino. E o fez no primeiro e fundamental capítulo da *Lumen gentium*. A Igreja no seu verdadeiro ser — e o que é dito da Igreja vale para todo crente — não é compreensível senão partindo da perspectiva que oferece a ação plena da economia trinitária.

O Concílio voltou sobre os primeiros números da *Lumen gentium* reproduzindo-os de maneira fundamentalmente idêntica e íntegra no c. I do decreto *Ad gentes*. Poder-se-ia dizer que há pouco senso metodológico em repetir a cópia de uma doutrina já aprovada. Erro metodológico ou não, temos de ser gratos ao Concílio porque no segundo documento a doutrina é apresentada de maneira mais aprofundada. Talvez por isso o decreto *Ad gentes*, a meu ver, é um dos mais maduros.

O *Ad gentes* apresenta a globalidade do pensamento de Paulo e dos grandes santos Padres do século III ao século VI, centralizado no que o Concílio chama de *Propositum*, usando a palavra em sentido rigorosamente técnico teológico, tradução latina do *kata prothesin* paulino.

Além disso, nas primeiras duas vezes o texto latino escreve *Propositum* com maiúscula, o que quer significar que é portador do valor das Pessoas, equivale à ação em conjunto do Deus criador, Pai, do Filho, feito homem para restabelecer o *Propositum*, do Espírito do Pai e do Filho, enviado para que o *Propositum* se realize o tempo e na história.

Por bem 24 vezes o Concílio usa a palavra *Propositum* em sentido técnico teológico, oito vezes no decreto *Ad gentes*.

O que compreende esse *Propositum*?

Toda a ação do Deus criador e Pai e tudo o que resultou em criação e elevação, todo o homem e todos os homens, do "Êxito" da criação ao "*Reditus*" da consumação escatológica, para os indivíduos e para a universalidade.

É a sabedoria, a liberalidade, o amor de Deus Pai que se abre, dá, efunde, cria seres diversos com capacidade de inteligência, amor, liberdade; diversos, mas não distantes, porque ele estará mais presente do que eles estão em relação a eles mesmos, presente como realidade radical, fundadora e fundamental.

Criando e efundindo dons de todo gênero, em natureza e graça, fará resplandecer a sua glória enquanto cria, e o homem adquirirá, sob a ação de Deus e dentro dela, a própria plenitude e felicidade.

Mais ainda: como a "Fonte original" do *Propositum* é o Deus Pai, os diferentes dele são chamados a participar gratuitamente da vida e natureza de Deus, para serem verdadeiramente filhos sob a ação geradora do Pai.

A revelação jamais separa os dois planos: criação-elevação. Aparecem sempre indissoluvelmente unidos no *Propositum* e, por isso, unidos nos homens inseridos no *Propositum*.

O *Propositum* do Pai, como ação criadora-elevadora, tem um âmbito universal, não acaba em cada indivíduo, mas na universalidade dos homens, na inteira família humana e, na família, nos indivíduos (*Ad gentes*, n. 2).

É também universal quanto ao tempo, ao decurso dos séculos que decorrerão entre o "Exitus" e o "Reditus". Esse decurso é a história dos homens, ao ser história do *Propositum* de Deus e de Deus no *Propositum*. Deus todo e o homem todo, como duas totalidades que se reafirmam.

O pecado teria interrompido a ação de Deus no *Propositum*. Mas o Deus do *Propositum* é sem arrependimento. O Pai, para restabelecer a comunhão com ele, decide entrar de maneira nova e definitiva na história humana, enviando o próprio Filho como mediador necessário e indefectível, no qual se reabre aos homens a vida divina. "Aquele, pois, por cuja obra tinha criado até o universo, Deus o constituiu herdeiro de todas as coisas para reunir e instaurar tudo nele" (*Ad gentes*, n. 3). Continua o Concílio: "Portanto, o Filho de Deus percorreu a via de uma real encarnação para tornar os homens participantes da natureza divina" (*Ad gentes*, n. 3).

A verdadeira encarnação, o pleno realismo da encarnação supõe que Cristo, homem pleno, assuma o humano, "a inteira natureza humana, como ela existe em nós, mas sem pecado" (*Ibid.*).

E, como havia o pecado em nós, a encarnação deve ser toda orientada para a cruz, na qual o Cristo dá sua humanidade em sacrifício e na cruz reconcilia o mundo com Deus. Por isso toda a perspectiva do *Propositum* aparece agora e resplende à luz da encarnação, da cruz e da ressurreição e glorificação do Cristo. Nele se manifesta a sorte de toda a humanidade porque Cristo se encarnou e morreu por todos. Para todos está vivo e é vivificador por meio do Espírito que enviará junto com o Pai.

O realismo e a amplitude da → ENCARNAÇÃO, mediante a morte e a Páscoa do Cristo, passa a ser o novo horizonte total dentro do qual enquadrar os homens e toda a criação.

O *Propositum* original de Deus criador e Pai triunfa agora em Cristo.

Mas, para que isso se realize plenamente, Cristo envia da parte do Pai o Espírito Santo, para que o que foi realizado uma vez em Cristo adquira o seu efeito em todos no decurso dos séculos (*Ad gentes*, n. 3). "Por isso unifica a Igreja na comunhão e no ministério e a provê dos diversos dons hierárquicos e carismáticos" (*Ad gentes*, n. 4).

Também a ação do Espírito, orientada ao pleno triunfo do *Propositum* penetra toda a história e se torna história do Espírito na história dos homens. A amplitude da ação do Espírito é a mesma amplitude da encarnação e do Deus criador e Pai sobre todos os homens e sobre todo o cosmos.

Os que acreditam no mistério que lhes foi pregado, ao externar a própria fé, formam a comunidade dos crentes em Cristo: uma só fé, um só batismo, sacramento da fé, um só Deus e Pai de todos.

Comunhão de fé que desemboca em diversidade: diante dessa comunhão de fé, as diversidades perdem sua primazia; são, contudo, consequências da mesma maturidade na fé.

Com efeito, chamados a crer pelo Espírito e postos diante do grande *Propositum*, alguns são chamados pelo Espírito para que se dediquem à proclamação do mistério a todas as nações como empenho fundamental da própria vida dos crentes. O Espírito confia-lhes também a celebração ativa e ativadora do mistério nos mistérios, nos → SACRAMENTOS, mediante os quais Cristo opera e atualiza a sua mediação, a irradiação envolvente da sua plena encarnação, a realização em ato da sua Páscoa. Confia finalmente a eles um serviço de guia do povo crente. Trata-se — é claro — do ministério certamente estabelecido por Cristo e necessário dentro da dinâmica de comunicação aos homens do *Propositum* da Trindade.

6. Outros crentes são iluminados e chamados pelo Espírito, a fim de que na própria autocompreensão de fé vejam o valor que em relação ao *Propositum* total tem a maneira de o servir na precisa escolha de se dedicar por inteiro ao Senhor do *Propositum*, assumindo na autocompreensão de fé uma parte do *Propositum* que o fundador escolheu como missão específica ou como *propositum* no *Propositum*, dando lugar assim às múltiplas formas diferentes de vida consagrada; sempre no âmbito da fé dos crentes no mistério e sempre na perspectiva e a serviço do mistério, em convergência com os crentes que servem no ministério.

Vamos tentar explicitar os elementos vitais contidos nessa compreensão de mistério. Quando o crente chega a uma suficiente maturidade, o Espírito ilumina de uma maneira particular para fazer conhecer o lugar e o papel que cada qual terá no *Propositum*. Na vida de cada crente que amadurece a própria fé, chega o momento preciso da → VOCAÇÃO. Os chamados à vida religiosa o são na medida em que, fascinados pelo mistério do amor do Pai manifestado em Cristo, movidos pelo Espírito, decidem se dedicar e dedicar toda a vida, como projeto pessoal, ao Deus do *Propositum*: "*Deo summe dilecto totaliter mancipatur*" (*LG* 44). E porque o Deus vivo realiza o seu *Propositum* na Igreja, comunidade dos crentes, o religioso faz uma total entrega de si à Igreja: "*spiritualis horum vita bono quoque totius Ecclesiae devoveatur oportet*" (*Ibid*.). "Os conselhos evangélicos unem de modo especial à Igreja e a seu mistério" (*Ibid*.). Quem se entregou a Deus e vive o propósito de doação na Igreja, empenhando-se publicamente na sua dedicação, é por Deus consagrado. "Dessa maneira ele se doa totalmente a Deus sumamente amado, de modo a ser, com um novo e especial título, destinado ao serviço e à honra de Deus. Pelo batismo está morto ao pecado e consagrado a Deus. Mas para recolher fruto mais copioso da graça batismal, com a profissão dos conselhos evangélicos pretende se libertar dos impedimentos que poderiam retardá-lo no fervor da caridade e na perfeição do culto divino, e é por Deus consagrado ao divino serviço (*divino servitio intimius consacratur*)" (*Ibid.*). O mesmo havia dito o decreto *Perfectae caritatis*: "Os membros de qualquer Instituto se lembrem de ter respondido ao chamado divino com a profissão dos conselhos evangélicos, de modo que eles, não só mortos ao pecado, mas renunciando também ao mundo, vivam somente para Deus. Toda sua vida, com efeito, foi posta a serviço de Deus, e isso constitui uma consagração totalmente especial, que tem suas raízes profundas na consagração batismal e é sua expressão mais completa" (*PC* 5).

O Concílio articula perfeitamente os diversos elementos: o "*mancipari*" e o "*devoveri*" exprimem a ação do crente; o "*consacrari*" exprime a ação consagradora de Deus, a batismal e a religiosa, de maneira que a ação do crente é efeito da consagração batismal e base receptiva da consagração religiosa, que marca para sempre a vocação ao serviço do *Propositum*.

Na compreensão de fé do mistério o religioso capta o sentido que os conselhos evangélicos têm, como florescimento e frutificação da graça da fé, do dom do amor, em resposta à realização do *Propositum*. Sob essa luz, os votos se mostram como a gratuidade da graça do amor e do dom; gratuidade que se torna oblatividade, expressa na profissão dos conselhos.

Gratuidade do dom da castidade em primeiro lugar: "entre elas sobressai esse precioso dom da graça divina, dado pelo Pai a alguns de se dedicar a Deus somente, com um coração sem divisões, na virgindade e no celibato" (*LG* 42). Gratuidade, porque dom e graça; oblatividade do amor, para além dos preceitos e para além de toda compensação ou intermediação do amor humano, a fim de que, ao se realizar o *Propositum* do Deus-amor entre os homens, também quem vive o amor na inter-relação do matrimônio ou das outras relações humanas se abra à oblatividade pura, no matrimônio e para além do matrimônio. A castidade pelo Reino não serve apenas para o religioso, mas, por meio da oblatividade do amor, para além dos preceitos, desenvolve em todos os crentes, especialmente nos cônjuges cristãos, a oblatividade do sacramento do matrimônio, no qual se significa e se contém o amor esponsal Cristo-Igreja.

A castidade pelo reino dos céus dá ao fato de não se casar aquela dimensão absolutamente nova, que não existe no celibato escolhido por outras motivações humanas. Terá aquela dimensão nova apenas se é vivida como oblatividade, nascida da gratuidade do amor esponsal de Deus. Vivida de modo oblativo, para além dos preceitos, a castidade pelo Reino supera todo egoísmo, individualismo, solipsismo; faz o religioso entrar no curso do amor de quem ama como ama Deus e como amou o Cristo virgem. O amor de Cristo se torna o paradigma e o ponto de referência constante para o religioso que professa amor de castidade. O santo "propositum" de castidade que apresentavam as virgens cristãs diante do bispo era efeito da gratuidade do dom e se tornava oblatividade do amor a Deus na Igreja a todos os homens.

Também a pobreza evangélica é manifestação e desenvolvimento da lei nova como excesso, como superabundância, para além do preceito, porquanto acolhe a gratuidade de Deus como bem supremo, como bem nos bens, inclusive aqueles que Deus criador distribuiu aos homens. O religioso acolhe essa gratuidade, em primeiro lugar crendo em Deus, bem supremo e total, renunciando à utilidade e à utilização dos bens deste mundo, para afirmar o bem que dá sentido a todos os bens, a fim de que os que vivem, possuindo e usando os bens, aprendam a se elevar à gratuidade e à oblatividade dos bens na justiça e para além da justiça, vendo neles os dons de Deus a todos os homens. O voto de pobreza comporta também preceitos colaterais, que regulam de fora a prática. Mas se o religioso não vai além desses preceitos, vivendo a pobreza evangélica como gratuidade e oblatividade, não se poderá dizer que vive verdadeiramente a lei evangélica no seu elemento principal, como se tinha comprometido na profissão. Será incompatível com tal oblatividade o conformismo, a adaptação burguesa ao bem-estar, vivendo mais ou menos como os que não fizeram voto e podem dispor de tudo, e em geral insensíveis à miséria dos pobres. A pobreza oblativa será a denúncia de todo uso distorcido dos bens, que são de Deus e que Deus dispôs para todos. Será também a denúncia de toda idolatria dos adoradores de Mamon, que não podem servir a Deus.

A obediência religiosa assume a oblatividade de Cristo e faz tornar-se disponível ao serviço do *Propositum* do Pai, como Cristo, assumindo aparte de *Propositum* confiada ao Instituto, renunciando aos próprios projetos, prontos a abraçar o propósito sem ver as dificuldades e sem determinar limites. Vai-se na obediência oblativa até à identificação com o desígnio do Pai, a fim de que os que devem organizar e programar os próprios projetos de vida saibam elevar esses projetos no horizonte global do *Propositum* de Deus. A oblatividade da obediência vai também além do preceito, aceitando as mediações de graça dos superiores no servir um *Propositum* que nos é oferecido, como *Propositum* de Deus, na Igreja e no Instituto.

O religioso aceita também como graça e como oblatividade a comunidade religiosa; vive-se a comunidade religiosa, para além do preceito, sem compensações, sem discriminações, sem escolha dos companheiros; gratuidade sem utilização, gratuidade que se faz doação a todos, a fim de que todos se sintam filhos do único Pai em Cristo, membros da Igreja como comunidade, ampliação da própria comunidade trinitária.

Na compreensão de fé, tendo chegado à maturidade, o crente religioso assume também a gratuidade da missão do Instituto, como uma parte integrante do *Propositum* do Pai. O decreto *Perfectae caritatis* recomenda aos Institutos fidelidade ao Espírito e aos "proposita" dos fundadores. É verdade que naquele contexto se quis dar à palavra "proposita" não um sentido teológico, mas indicar simplesmente as diversas atividades dos Institutos. Isso não tira e não pode cancelar o fato de que os fundadores, iluminados pela fé, tenham visto o encargo a eles concedido como uma verdadeira concretização eclesial do *Propositum* e da fé. É na compreensão do mistério que os fundadores receberam a missão de Deus na Igreja. A maior parte das atividades dos Institutos, atividades humanas e entre os homens, pode ser assumida a partir de perspectivas muito diferentes. Ou seja, pode-se ver nelas seu conteúdo antropológico, sociológico, funcional; sob esses aspectos podem ser assumidas por outros homens, e de fato o são. Mas podem ser assumidas em seu rigoroso conteúdo teologal, como realização particular do *Propositum* total do Pai, *Propositum* que compreende todas as dimensões da criação, da elevação, do restabelecimento em Cristo, da progressiva recapitulação de tudo em Cristo, para preparar a entrega que Cristo fará de tudo ao Pai. Os fundadores assim o entenderam e o assumiram e viveram no seu conteúdo teologal. Receberam-no em graça e gratuidade; e se ofereceram para o viver em oblatividade plena.

O que nos fundadores foi graça e oblatividade deveria sê-lo também nos seus filhos. Isso, porém, não é garantido automaticamente pelo fato de se dedicar a determinadas atividades, se elas são vividas no plano simplesmente funcional; funcionários do ensino, da saúde, da assistência etc. Nesse caso, subsiste a função, mas não existe mais a vida religiosa nem o carisma do fundador. Não existe transmissão automática do carisma. Se nasceu da graça, somente pela graça pode ser suscitado e mantido.

Pode-se também dizer que o estado religioso, como instituição, o estatuto dos votos, o estatuto da missão do Instituto podem subsistir sustentados por outros princípios. Mas se forem desvinculados da vida, das fontes da vida, das fontes da lei nova no seu elemento principal, não haverá mais vida religiosa e não haverá mais carisma. O carisma, porque graça, subsiste apenas onde triunfa a graça e na medida em que a graça triunfa.

A compreensão do mistério que leva à escolha religiosa supõe a iluminação profunda do sentido de transcendência, inerente ao *Propositum* do Pai. É verdade que o *Propositum* do Pai, que compreende criação, elevação, restabelecimento e orientação para a casa do Pai, tem um conteúdo intramundano e imanente. É verdade também que, no *Propositum* de Deus, imanência e transcendência são valores inseparáveis. Todavia, interessa pôr em destaque a dimensão transcendente, que dê pleno sentido à própria imanência. Essa é a intenção fundamental da dedicação a Deus e da profissão de vida evangélica segundo os conselhos. Os religiosos por muitos séculos afirmaram quase exclusivamente a dimensão transcendente; e ainda hoje ela é afirmada de maneira quase única pelos Institutos contemplativos. Mas uma vez que a transcendência do *Propositum* se dá na imanência, os próprios contemplativos no monasticismo foram artífices da construção imanente da cidade de Deus entre os homens.

Nos Institutos apostólicos de todos os tipos, a afirmação fundamental da transcendência do Reino e do *Propositum* se afirma assumindo âmbitos de atividades humanas que são tomados precisamente para lhes dar o sentido profundo que têm no desígnio de Deus. Não se realizam nem assumem essas atividades como atividades úteis antropologicamente ou sociologicamente; mas como são "proposita" no *Propositum*, ou seja, como queridas por Deus para levar à plenitude o seu *Propositum*. Desse modo a vida religiosa segundo o Concílio é sinal e sacramento eclesial dos valores do Reino. Assim afirma o Concílio no parágrafo talvez mais rico do capítulo VI da *Lumen gentium*. Esse parágrafo pode ser avaliado de maneira justa somente se interpretado no contexto global do c. I sobre a Igreja mistério: "A profissão dos conselhos evangélicos se mostra, portanto, como um sinal que pode e deve atrair eficazmente todos os membros da Igreja para realizar com arrebatamento os deveres da vocação cristã. Com efeito, uma vez que o povo de Deus não tem aqui cidade permanente, mas vai à procura da futura, o estado religioso, que torna mais livres dos cuidados terrenos os seus seguidores, torna visível para todos os crentes a presença, já neste mundo, dos bens celestes; dá melhor testemunho da vida nova e eterna adquirida pela redenção de Cristo; e prenuncia melhor a futura ressurreição e a glória do reino celeste. Igualmente, o estado religioso mais fielmente imita e continuamente representa na Igreja a forma de vida que o Filho de Deus assumiu quando veio ao mundo para fazer a vontade do Pai e que propôs aos discípulos que o seguiam. Enfim, de um modo especial manifesta a elevação do reino de Deus sobre todas as coisas terrenas e as suas exigências supremas; demonstra também a todos os homens a proeminente grandeza da virtude de Cristo reinante e o infinito poder do Espírito Santo, admiravelmente operante na Igreja" (*LG* 44).

Quero terminar a exposição sobre a vida religiosa com as palavras mesmas do Concílio no último número do c. VI da *Lumen gentium*: "Todos, pois, que são chamados à profissão dos conselhos ponham todo o cuidado em perseverar e principalmente sobressair na vocação à qual Deus os chamou, para a maior santidade da Igreja, e para a maior glória da Trindade una e indivisível, a qual em Cristo e por meio de Cristo é a fonte e a origem de toda santidade" (*LG* 47).

BIBLIOGRAFIA. AGUILAR, S. *Vida evangélica. Iniciación doctrinal a la vida consagrada*. Bilbao, 1966; ANCILLI, E. *Vita religiosa. Bilancio e prospettive*. Roma, 1976 (com bibliografia); AUBRY, J. *Teologia della vita religiosa alla luce del Vaticano II*. Torino, ²1980; BARRIOS MONEO, A. Presencia de los religiosos en la nueva sociedad: bibliografía. In *Presencia de los religiosos en la nueva sociedad*. Madrid, 1973, 463-491; BELTRAN, J. M. *La vida religiosa y el Vaticano II. Orientación bibliográfica*. Madrid, 1969; CANDIDO, L. de. Vita consacrata. In GOFFI, T. – FIORES, S. de (eds.). *Nuovo Dizionario di Spiritualità*. Cinisello Balsamo, ⁴1985, 1677-1692; FAVALE, A. Orientamento bibliografico postconciliare sulla vita religiosa. In *Per una presenza viva dei religiosi nella Chiesa e nel mondo*. Torino-Leumann, 1970; GIRARDI, G. O. *La vita religiosa: teologia della vita religiosa*. Napoli, 1979; GUTIÉRREZ-VEGA, L. *Teología sistemática de la vida religiosa*. Madrid, 1976; *Il carisma della vita religiosa, dono dello Spirito alla Chiesa per il mondo*. Milano, 1982; *Il decreto sul rinnovamento della vita religiosa*. Torino-Leumann, 1967; JACQUEMONT, P. Recherches actuelles sur la théologie de la vie religieuse. *Revue des Sciences Philosophiques et Théologiques* 55 (1971) 283-326; *La vita consacrata*. Bologna, 1983; La vita religiosa nella missione della Chiesa. Atos da XXVI Assembleia CISM (Collevalenza, 4-7 de novembro de 1986). Roma, 1986; LOZANO, J. M. *La sequela di Cristo. Teologia storico-sistematica della vita religiosa*. Milano, 1981; MOLINARI, P. *Rinnovamento della vita religiosa adattato alle circostanze ordierne*. Milano, 1966; PHILIPPE, P. *I fini della vita religiosa secondo san Tommaso*. Milano, 1963; PIGNA, A. *La vita religiosa: teologia e spiritualità* (I. La consacrazione). Caprarola (Viterbo), 1982; RENWART, L. Théologie de la vie religieuse. Bulletin biliographique. *Vie Consacrée* (1970); *Storia della vita religiosa*, Brescia, 1988; *Vita religiosa apostolica*. Documento da Unione Internazionale Superiori Generali (UISG) e suo commento. Bologna, 1985; *Vita religiosa e Concilio Vaticano II*. Roma, 1966, ²1967; ZANELLI, L. Nota bibliografica. In *Il rinnovamento della vita religiosa*. Firenze, 1968, 517-549.

L. GUTIÉRREZ-VEGA

VIGÍLIA. 1. Muitos textos no Antigo Testamento nos falam do hábito de consagrar à oração e à meditação até mesmo horas noturnas (cf., por exemplo, Sl 1,2; 76,3; 87,2; 91,2-3; 118,55.62; 131,3; 133,2; Is 26,9 LXX etc.); e não nos faltam a respeito nem o exemplo nem a exortação do próprio Jesus e dos seus apóstolos (cf., por exemplo, Lc 5,16; 6,12; Mt 26,36; At 12,12; 16,25; para a exortação: Mc 26,36; Lc 21,36; Mt 26,41.46 = Mc 14,38; Cl 4,2; Ef 6,8).

2. Observa-se também um uso muito frequente, sobretudo na linguagem paulina, do verbo "vigiar" no sentido metafórico de viver uma vida de fé muito intensa, de ficar alerta contra as insídias do demônio, de manter-se pronto para o retorno do Senhor (por exemplo, cf. At 20,31; 1Ts 5,6; 1Cor 16,13; 1Pd 5,8; Ap 3,3; 16,15). Desses textos as horas noturnas passadas em oração (privada ou litúrgica) assumem, além do valor de exercício ascético-místico, também um significado de símbolo e de testemunho.

3. Quanto ao desenvolvimento histórico das vigílias na Igreja dos primeiros séculos, é possível distinguir dois tipos muitos diferentes. Temos, de um lado, as vigílias por assim dizer litúrgicas, ou seja, as orações com celebração eucarística nas conhecidas noites que precedem as grandes festas — a primeira de todas a pascal —, ao passo que, de outro lado, encontramos vigílias sem celebração da missa que têm sua origem nas orações privadas dos fiéis e sobretudo nas orações dos monges feitas em comum, um uso que é depois passado também a outras Igrejas e deu origem à hora noturna ("matutino") do → OFÍCIO DIVINO.

BIBLIOGRAFIA. → PÁSCOA.

S. Siedl

VIGÍLIA PROLONGADA. 1. Noção. O termo não é usado em sentido litúrgico nem militar nem canônico moral, mas no sentido comum de estar desperto. Vigília prolongada é a privação do sono quase contínua que se verificou na vida de algumas pessoas místicas. Assim, de Santa Ludvina se conta que durante 30 anos não dormiu senão o tempo equivalente a três noites. Santa → TERESA DE JESUS (*Vida*, 27, 17) fala do limite a que chegou São → PEDRO DE ALCÂNTARA.

2. Explicação do fenômeno. O efeito do sono é absolutamente necessário para a conservação da vida segundo as leis naturais. O organismo que durante a vigília se desgasta retoma energia durante o repouso do sono. Até agora não foi possível encontrar um meio natural que supra o sono, ou seja, que produza no organismo os seus efeitos sem que o homem deva interromper a sua vida de relações. Sem o sono ou um meio que o supra, o homem, mais cedo ou mais tarde, sucumbe. Quanto tempo de sono é necessário ou quanto o homem pode dele se privar para resistir não é fácil determinar matematicamente. Há, porém, um momento em que certamente ou as leis naturais se suspendem por alguma razão extrínseca à natureza humana ou o homem sucumbe. Seria gastar sem repor o que se perdeu. Por isso, privar-se totalmente do sono ou dos seus efeitos reparadores é algo acima das leis normais do organismo. Por esse motivo em muitos casos de vigília prolongada dever-se-á buscar uma explicação sobrenatural do fato. Qual? Farges afirma que, assim como a abstinência prolongada é uma antecipação da incorruptibilidade dos corpos glorificados, também a vigília prolongada é um início da vida bem-aventurada, que não conhece nem sono nem declínio. Existe seguramente uma semelhança com a vida dos bem-aventurados. Mas é apenas em relação aos efeitos ou é também uma participação do sujeito em algo intrínseco como uma participação das qualidades do corpo glorificado o que lhe permite ficar livre da necessidade do sono? Em alguns casos poderia se tratar de uma ação milagrosa de Deus que supre os efeitos do sono ou impede o enfraquecimento e a intoxicação do organismo, a qual provém da atividade vital humana. Em outros casos, porém, pode ser um simples epifenômeno. Por exemplo, nas almas que gozam de contemplação infusa mais ou menos habitual e elevada, ou que gozam de frequentes e prolongados êxtases, pode ser uma simples consequência somática desses fenômenos contemplativos que, pelas condições corporais em que se realizam produziriam efeitos reparadores equivalentes aos do sono. O êxtase libera a alma do uso dos sentidos, e o cérebro e o sistema nervoso repousam. Algo semelhante acontece na contemplação infusa mística quando se verifica sem o concurso dos sentidos internos e externos. O valor espiritual desse fenômeno se verifica na oportunidade que oferece ao místico de prolongar a sua vida consciente no serviço e no amor de Deus e do próximo: e no testemunho escatológico que pressupõe a vida do espírito.

BIBLIOGRAFIA. Farges, A. *Les phénomènes mystiques*. Paris, 1923, 308-309, t. II; Ribet, H. *La mystique divine.* Paris, 1895, 559-561, t. II; Royo, A. *Teologia della perfezione cristiana.* 637-639; Staehlin, C. M. *Apariciones.* Madrid, 1954; Urbina, F. *La persona humana en san Juan de la Cruz.* Madrid, 1956.

I. Rodríguez

VIRGINDADE (I). Falaremos evidentemente de virgindade cristã; e a consideraremos no âmbito da Igreja, sobretudo porquanto dela recebe reconhecimento público; embora não ignorando que o valor da virgindade pode ser vivido e realizado também fora desse formato. Aqui, porém, parece-nos que chega a seu máximo significado eclesial. Não faremos referência particular à virgindade feminina, embora aceitando que no quadro da feminilidade o valor sobrenatural da virgindade — que em si transcende toda distinção de sexo — torna particularmente visíveis algumas das suas estruturas. Enfim, não entraremos na problemática do celibato sacerdotal, do seu sentido e do seu fundamento.

1. TEOLOGIA DA VIRGINDADE. a) *A virgindade cristã como mistério.* Na concepção cristã, a virgindade nos parece rica de um extraordinário conteúdo não redutível nem somente ao dado fenomenológico e sociológico do → CELIBATO ou da nubilidade, nem à experiência psicológica de uma renúncia (ainda que interpretada à luz da teologia da abnegação) ou de uma generosidade absoluta no amor (a qual nele experimenta uma possibilidade de completa doação ao amado), nem, enfim, à classificação virtuosa (que a coloca concretamente em relação mais ou menos estreita com a castidade). Não que esses aspectos não existam ou não mereçam ser devidamente considerados, mas, à parte os esclarecimentos exigidos para serem corretamente formulados e aceitos, nenhum deles nos fornece a realidade profunda da virgindade cristã. Utilizando uma categoria de origem bíblico-patrística, poder-se-ia dizer, com efeito, que ela é um "mistério", ou seja, um fato sobrenatural (cujas verdadeiras dimensões são por isso conhecíveis somente partindo da revelação divina) que indica uma típica relação orgânica sua com o mistério por excelência (ou seja, com o plano divino histórico de salvação de todos os homens em Cristo ou, o que é o mesmo, com o reino de Deus) de modo a manifestá-lo de algum modo presente em si. A virgindade é fundamentalmente revelação, portanto, "mediação" do mistério, embora não única, porque a seu modo todas as estruturas da Igreja o são; é todavia dotada de particular perfeição e expressividade.

b) *Dimensões do mistério.* São múltiplas as linhas segundo as quais no ensinamento revelado e no pensamento cristão se configura a transparência da virgindade em relação ao mistério do Reino de Deus. Ou seja, ela tem um significado escatológico (antecipação da vida ressuscitada), eclesial (particular expressão-atualização da Igreja esposa e mãe), mariológico (imitação-continuação do mistério de Maria), cristológico (imitação de Cristo virginal e particular relação com o mistério da união hipostática). Uma adequada apresentação analítica de cada um desses aspectos nos é agora evidentemente impossível: assim preferimos apresentá-los já de modo sintético a partir do aspecto que, mesmo segundo a sugestão da teologia patrística, parece-nos ser fundamental, ou seja, o aspecto eclesial.

— *Significado eclesial da virgindade.* Povo de Deus, a Igreja é a esposa de Cristo, seu Senhor e Salvador; no sentido de que o mistério da sua união com Cristo realiza de maneira analógica e transcendente o conteúdo de valor presente na união matrimonial humana e, por isso, constitui seu arquétipo. Isso é particularmente verdadeiro no caso do → MATRIMÔNIO cristão, porquanto nele tem lugar uma participação sacramental do amor mesmo de Cristo pela sua Igreja (cf. Ef 5,22-23), a qual tende a impregnar profundamente o amor conjugal em toda a sua complexidade para que se torne também ele uma típica realização de caridade. Existe porém na Igreja — segundo o ensinamento patrístico-litúrgico — uma outra forma de vida, que tem também, a seu modo, uma referência à realidade da sua união com Cristo, de modo a lhe atribuir, à primeira vista de modo paradoxal, um significado esponsal: a virgindade "pelo reino dos céus". A razão é frequentemente indicada no fato de que, se o matrimônio é uma expressão-participação "simbólica" do mistério esponsal Cristo-Igreja, a virgindade é uma participação que de certo modo superou e está além do símbolo. Ou seja, no primeiro a participação na união Cristo-Igreja se torna presente e é vivida na realidade por si não sobrenatural do amor conjugal, que se torna como seu sinal sensível; na segunda, porém, essa mesma participação é vivida sem se exprimir e sem se fazer condicionar pelo sinal sensível da união humana e está, portanto — na sua estrutura — mais próxima da realidade transcendente.

Não que os virgens tenham por isso a prerrogativa de tornar evidente o mistério do nosso ser em Cristo, do nosso ser "algo dele". Mas essa falta de evidência deveria ser explicada mais pelo caráter "oculto" do sobrenatural na fase terrestre e "carnal" do caminho da Igreja nesta terra; mas não por força da mediação de comunhão humana, total, própria do amor conjugal. Poderíamos até dizer, traduzindo essas afirmações no plano da vida de caridade: no matrimônio o dom da caridade de Cristo comunicado aos esposos assume a realidade do amor conjugal, dele se compõe, nele se insere e o torna meio de expressão e de transparência de si. Cristo ama e é amado no amor conjugal na medida em que ele é informado pela caridade. Na virgindade, porém, o dom da caridade de Cristo é ordenado a se exprimir sem aquela composição; antes, solicitando de modo positivo o sacrifício do amor conjugal. Daí, numa perspectiva psicológica e descritiva, a decisão pela virgindade mostra-se normalmente ao sujeito como uma escolha entre o amor totalitário por Cristo e o amor totalitário conjugal; mesmo sendo verdade que, de um ponto de vista ontológico e de princípio, a caridade conjugal, na medida em que é autêntica, não pode ser menos totalitária do que a virginal (Mt 22,37-40).

Mas essas considerações a respeito da perfeição do significado eclesial da virgindade devem ser completadas com a reflexão sobre as relações que ela tem com o mistério da maternidade da Igreja e sobre seu valor escatológico.

Virgindade e maternidade da Igreja. Existe um mistério de nascimento dos homens segundo o Espírito (Jo 3,5-8) que representa como que o vértice da nova criação e encontra em Cristo o seu "novo Adão" (1Cor 15,45-49). Essa geração não somente não se identifica com a fecundidade física humana, mas nem sequer é de per si acompanhada por ela; antes, a supõe para nela se inserir, procedendo por vias próprias e transcendentes, desconhecidas "à carne e ao sangue". Precisamente nesse sentido negativo-transcendente é que ela é indicada frequentemente como "virginal". Seu princípio é o Espírito Santo, que suscita e sustenta a colaboração sobrenatural da Igreja. Essa colaboração não será realizada exclusivamente no nível dos diversos ministérios que têm seu fundamento no → BATISMO ou na ordem, como que abstraindo da mais fundamental e geral dimensão eclesiológica da caridade. Diante de toda existência humana, toda a Igreja, em todos os seus membros, tem, portanto, essa vocação materna: diferentemente vivida e realizada por cada qual não somente em proporção da própria caridade, mas da diversa situação sacramental. No âmbito desse mistério assim configurado, matrimônio e virgindade (para simplificar, deixamos de lado o sacramento da → ORDEM) assumem uma específica função. Do primeiro se pode dizer aqui, genericamente, que nele o mistério da geração sobrenatural se define em primeiro lugar em relação aos próprios cônjuges que se tornam mutuamente instrumentos de graça; e, portanto, como por expansão, em relação aos filhos, para que reconheçam e cresçam como filhos de Deus. Quanto à virgindade, sua renúncia à geração natural e, portanto, sua escolha da infecundidade é paradoxalmente ordenada no desígnio de Deus a ser a premissa para uma particular expressão da maternidade da Igreja, ou, se quisermos, para contribuir de uma maneira absolutamente típica e importante para realizar a fecundidade da Igreja. Dizemos "premissa" porque a escolha virginal busca emprestado o seu verdadeiro conteúdo cristão na caridade e, de outra parte, não representando nenhuma participação nos ofícios de Cristo, diferentemente da participação do batismo ou da ordem, a sua participação na maternidade da Igreja não pode ser concebida senão no plano da caridade. E, se perguntamos que razão terá guiado a positiva vontade divina para estabelecer assim, parece-nos encontrá-la na particular capacidade de tal infecundidade fecundada para dar testemunho de que a Igreja, como tal, é mãe propriamente "segundo o Espírito", e que essa maternidade transcende — embora a ordenando a si — toda maternidade realizada "pela carne e pelo sangue". Virgem nesse sentido transcendente, embora na sua maternidade, a Igreja encontra a expressão analógica, mas já suficientemente clara dessa sua prerrogativa na virgindade fecunda daqueles que "se tornam eunucos pelo reino dos céus".

Valor escatológico da virgindade. É esse o aspecto que aparece com maior evidência no texto de 1Cor 7, a que é preciso acrescentar os da catequese sinótica sobre a condição não matrimonial da vida ressuscitada no céu (Mt 22,30; Lc 20,34-38). Se em Paulo a escolha virginal se caracteriza como tensão para o retorno de Cristo, afirmação da transitoriedade deste mundo que "passa", e particular salvaguarda da "indivisão" do coração, a virgindade, à luz dos outros textos mostra-se antes como um chamado a prenunciar o "século futuro". Enquadrados no mistério da Igreja, esses dois aspectos do valor escatológico da virgindade no-la mostram, de um lado, como a expressão mais viva da tensão da Igreja esposa de Cristo para a posse plena do esposo; de outro, como sinal precursor e alusivo do que ela será na glória da vida ressuscitada. Assim, a virgindade seria a imagem menos "simbólica" e imperfeita da realidade da Igreja na fase presente e na futura, embora seja verdade que também os virgens aqui na terra — embora movidos por uma particular graça do Espírito Santo — vivem numa condição "carnal", muito opaca para a plena revelação do que verdadeiramente é e será.

— *Virgindade e mistério de Maria.* Como todo o conjunto do mistério de Maria, assim também o aspecto particular da sua virgindade pode ser esclarecido ao olhar para ela como para a imagem e para a mãe da Igreja. Com efeito, sabe-se que a sua singularíssima posição no plano de Deus a põe, de um lado, dentro da Igreja, mas como sua expressão-limite; e, de outro, na origem dela. Como imagem perfeita da Igreja parece óbvio dever afirmar para Maria a conveniência da virgindade, se aceitarmos que justamente a virgindade na ordem atual revela a maior capacidade expressiva do mistério da união da Igreja com Cristo. Dever-se-á até dizer — ficando nessa ordem de ideias — que, para poder ser a imagem mais perfeita da Igreja, Maria deverá ser aquela na qual mais perfeitamente se realiza a virgindade: daí ela se constituir como modelo e como termo de confronto de todos os virgens cristãos. Quanto às relações entre virgindade e maternidade espiritual de Maria, temos de as esclarecer, lembrando logo e de modo sucinto as linhas de estrutura desse mistério. Com efeito, poderíamos nos limitar a considerar a maternidade eclesial de Maria a partir da sua homogeneidade com a maternidade dos outros membros da Igreja, no plano da caridade; esclarecendo, evidentemente, que a Virgem, como expressão-limite da caridade da Igreja, encontra-se em posição tal que a sua colaboração no mistério da geração "segundo o Espírito" resume a de todos os outros membros da Igreja e, ao mesmo tempo, continua neles. A sua fecundidade, por isso, é a mais profunda e universal na Igreja; e em boa medida está na origem de toda outra colaboração materna que se realize na Igreja. Por isso ela merece por excelência o título de mãe. Não se deverá, porém, esquecer que esse aspecto da maternidade eclesial de Maria deva ser sempre considerado como fundado na geração física de Cristo, cabeça dos próprios membros e novo Adão, do qual eles descendem como do arquétipo e ao qual se configuram. Cristo, enfim, em si mesmo e nos próprios membros, é o termo e o sentido do mistério de geração espiritual que se instaura no mundo; ou, se se prefere, esse mistério ao mesmo tempo realiza e prolonga a → ENCARNAÇÃO, dando ao Filho de Deus a própria humanidade indivisa e mística. Há uma verdadeira e profunda consonância, embora na analogia, entre os dois aspectos da geração de Cristo: ambos se desenvolvem "segundo o Espírito"; e o primeiro — a geração física — constitui a explicação e a raiz do segundo. Portanto, na vocação de Maria à maternidade física em relação ao Verbo encarnado está realmente incluída a sua vocação à maternidade mística no grau mais eminente: precisamente o aspecto segundo o qual encontra, antes, exprime e de certo modo personifica a Igreja. Quanto à virgindade, parece natural justificar sua presença referindo-nos à sua particular capacidade de testemunhar a natureza "espiritual" de todo esse complexo mistério, ou seja, ela diz que, gerando física e misticamente Cristo, Maria é toda ela e apenas "instrumento do Espírito Santo". Será legítimo, porém, nessa afirmação geral, considerar a presença da virgindade para a geração física de Cristo, como fundamento da sua presença para a geração do Cristo na Igreja. Vê-se, então, que, embora sendo verdade que todos os membros da Igreja prolongam por sua caridade o mistério da maternidade de Maria, os virgens estão particularmente próximos dele e como deputados a dar dele explícito testemunho. Com efeito, no ato mesmo em que, por meio deles, se faz evidente que a maternidade espiritual da Igreja transcende "carne e sangue", demonstra-se também a sua essencial dimensão mariana. Somente nos virgens, enfim, a Igreja manifesta que o mistério pelo qual ela gera os filhos de Deus se fundamenta e se resume no mistério da Virgem Mãe.

— *Virgindade e mistério de Cristo.* As considerações sobre a dimensão cristológica da virgindade podem ser desenvolvidas a partir de dois pontos de vista: em relação à união hipostática e em relação à vida de Cristo. Para o primeiro aspecto bastará aqui enfatizar que a união hipostática representa como que o grande arquétipo da aliança esponsal da humanidade com Deus, porquanto se pode considerar princípio e modelo do nosso vínculo sobrenatural com a humanidade de Cristo, que é a necessária mediação daquela aliança. Naquela união, em última análise, estará fundada e a ela fará referência o mistério da união da Igreja com Cristo: não somente em si mesmo, mas também nas suas típicas manifestações matrimonial e virginal. A virgindade, portanto, por seu modo de ser analogia da relação esponsal Igreja-Cristo, será, em medida própria, deputada a exprimir o mistério pelo qual a Igreja, mediante a humanidade do seu Senhor, é "esposa do Verbo". Mas olhando para a vida de Cristo por-se-á em evidência que o Salvador de fato se constituiu modelo de virgindade vivendo virginalmente. O que a teologia deveria aprofundar para esclarecer esse fato é, evidentemente, a sua explicação. A propósito, são às vezes indicadas duas orientações de pensamento, às quais queremos fazer apenas uma rápida referência. Em primeiro lugar, a característica de esposo que o próprio Cristo reconhece em si (por exemplo, Mt 9,15; 22,1-14; 25,1-13): esposo no reino de Deus, esposo do novo Israel, portanto da Igreja. Depois, o mistério da sua pessoa de Filho, cuja capacidade de intimidade pessoal total se exaure na intimidade da sua relação com a pessoa do Pai, no Espírito Santo. Numa e noutra perspectiva, a virgindade pessoal de Cristo mostrar-se-ia como essencialmente significativa: da sua relação com a Igreja; da sua intimidade com o Pai. Quanto a nós, preferiríamos unificar as duas linhas, de um ponto de vista que permita integrar também a consideração antes feita em referência à união hipostática. Ou seja, é preciso considerar que a característica "esponsal" de Cristo em relação à Igreja transcende realmente o que pode dizer o matrimônio e a virgindade (se é verdade que se manifesta sem se exaurir em cada um deles); e que nessa sua transcendência aquela característica é participação e expressão sobre o mundo criado do mistério da união do Filho com o Pai (Jo 17,11.21): mistério que pode em primeiro lugar ver-se repetido, num plano de "consagração" ontológica, total, da humanidade assumida, no vínculo mesmo da união hipostática. Nessa perspectiva, a vida não matrimonial de Cristo pareceria, portanto, como devida mais à sua posição transcendente do que à sua escolha entre o estado matrimonial e o estado de virgindade, também presentes — porque dele originados — na sua Igreja. Mais, ambos os estados podem e devem se referir a ele, como derivados e partícipes do seu mistério, para imitá-lo e reproduzi-lo a seu modo, sem pretender atingi-lo e a ele se adequar de verdade.

c) *A virgindade mistério não sacramental.* Embora sendo, como o matrimônio, relativa ao mistério da Igreja, a virgindade não é sacramento. A afirmação, é sabido, causa espanto e representa uma das razões que tenderiam a antepor o matrimônio à virgindade. Tem-se a impressão de que a reflexão teológica não aprofundou ainda de verdade o problema. Para dar algumas indicações, poder-se-ia certamente partir da visão patrística que, como se insinuou, faz da virgindade uma participação (ou imagem) não simbólica da união da Igreja com Cristo; e concluir que, situando-se de algum modo além do sinal, ela se põe por isso mesmo numa ordem de realidade que não é mais propriamente a sacramental, porque lhe é superior na participação do mistério sobrenatural que manifesta. E se poderia sustentar essa conclusão com uma reflexão sobre a dimensão escatológica da virgindade. Como prenúncio da vida ressuscitada, ela alude a uma ordem de existência para a Igreja em que a relação com Cristo e com Deus não será mais mediada pela estrutura sacramental. Ela está além do sacramento, porque anuncia a provisoriedade da economia sacramental e do caminho na fé. De qualquer modo, qualquer que possa ser a solução ulterior do difícil problema, jamais será preciso deduzir da natureza não sacramental do estado virginal que ele não tenha a própria graça ou que esta não tenha nenhuma relação com a ordem sacramental. A virgindade, com efeito, embora não sendo sinal eficaz da graça, é um dom; é uma palavra que compreendem somente os que podem entender (Mt 19,11). Dom de graça que, como todo → CARISMA, é feito "para a edificação do corpo de Cristo" a alguns dos que foram "batizados num só Espírito para formar um só corpo" e "beberam de um único Espírito" (1Cor 12,13): supõe portanto o batismo e a eucaristia. Antes, sobre eles organicamente se constitui, se é verdade que todo tipo de relação com Cristo na Igreja se fundamenta na inserção batismal e o manifesta; e toda expressão de caridade — carismática e não — é, na ordem atual da providência, participação da caridade de Cristo, que a Igreja recebe no mistério eucarístico. Assim, não haverá sequer uma graça de virgindade cristã que não seja como uma particular eflorescência da força de Cristo, que promana da eucaristia.

d) *Superioridade da virgindade*. Ela foi definida pelo Concílio de Trento, que declara anátema quem afirmar "que o estado conjugal deva ser anteposto ao estado de virgindade ou ao celibato; e que permanecer na virgindade ou no celibato não seja melhor e mais feliz do que contrair matrimônio" (sessão XXIV, cân. 10; Denz. 1810). Evidentemente, não nos é possível expor em pormenor a discussão sobre o sentido da definição conciliar: para tanto remetemos a algumas indicações na bibliografia. Podemos nos limitar aqui a destacar que a preocupação de Trento versava em primeiro lugar sobre a defesa da legitimidade evangélica desse modo de propor o valor da virgindade por parte da Igreja católica. Quanto à razão precisa da superioridade da virgindade, o texto conciliar no conjunto parece muito genérico. A estrutura da segunda parte é claramente alusiva ao texto de 1Cor 7 ("*Melius ac beatius*"; cf. vv. 38-40: "*Qui non iungit melius facit... Beatior autem erit si sic permanserit*"), cuja interpretação evidentemente não define, mas que insistentemente na tradição teológico-espiritual foi e é considerado afirmação que fundamenta a superioridade da virgindade sobre o matrimônio em função da perfeição subjetiva dos cristãos. Porém, o ensinamento paulino em 1Cor 7 deve ser estudado provavelmente num contexto um pouco mais amplo; como, aliás, referimos na continuação da nossa exposição. Também o apelo, várias vezes repetido, a uma espécie de superioridade objetiva, de estrutura, da virgindade sobre o matrimônio mereceria ser mais rigorosamente formulado. Sobretudo, não deveria ser simplesmente repetida a concepção patrística do menor simbolismo do estado virginal, uma vez que nele se vê em operação não somente uma intuição de fé, mas uma mentalidade de tipo platônico.

Quanto à superioridade em relação à perfeição cristã, temos de reconhecer que esse — como já referimos — é o aspecto quantitativamente mais tratado, mas no conjunto da literatura a respeito não procede sempre com adequada preocupação crítica. Com efeito, não se deve isolar, mas situar essa específica reflexão e os próprios documentos que a ela se referem (como a enc. *Sacra virginitas*) no conjunto das afirmações católicas sobre a vida cristã: em particular a da universal vocação de todos os fiéis à santidade cristã autêntica, que é única (*LG* 41), e consiste na plena realização de uma caridade, cujas exigências são igualmente totalitárias e se devem realizar como tais, em todos os seguidores de Cristo, não somente em alguns. Objetivamente, portanto, não há uma caridade totalitária para os virgens e uma menos totalitária para os esposos; de outro modo, os últimos não seriam verdadeiramente chamados à santidade. Haverá, sim, diferentes manifestações da totalidade da caridade na perfeita vida cristã dos esposos e na dos virgens. Acrescente-se, além disso, a afirmação certa de que a escolha da virgindade cristã supõe uma graça particular: não é, portanto, questão de pura generosidade do indivíduo; e, portanto, não pode medir por si só a perfeição do próprio indivíduo. Ficaria, pois, por reexaminar o difícil capítulo da teologia dos conselhos: qual a verdadeira função dos → CONSELHOS em geral e dos evangélicos em especial — entre os quais de modo particular precisamente a virgindade — em relação à vida de caridade. Por certo, será preciso superar a propósito uma visão esquemática e simplista dessa vida, como antagônica não do "egoísmo" humano (*amor sui usque ad contemptum Dei*), mas dos valores naturais, de modo que a compreensão desses valores apareça como condição praticamente essencial à plena expansão da caridade. Enfim, não gostaríamos fosse esquecido que na afirmação da superioridade da virgindade sobre o matrimônio não raramente a teologia se movimentou num clima que conserva uma concepção restrita ou negativa da função sacramental desse último; quase exclusivamente como *remedium concupiscentiae*, para reduzir a proporções de plena honestidade moral o comportamento conjugal, geralmente considerado, aliás, numa luz desfavorável (veja-se para isso a história da teologia dos fins do matrimônio) e não verdadeiramente integrado na ordem sobrenatural. De modo que, a nosso ver, a questão da superioridade da virgindade sobre o matrimônio, em seus diversos aspectos, teria de ser ainda reexaminada; não para eliminar a afirmação em si mesma, mas para identificar seu verdadeiro significado.

De qualquer modo, parece-nos que não pode ser aceita sem objeção a posição — talvez ainda difusa como mentalidade — dos que resolveriam instintivamente o problema, pondo-se no plano dos fatos. Ou seja, a experiência ensinaria que concretamente é mais difícil viver a plenitude da caridade no matrimônio do que na virgindade; portanto, pelo menos com base no comportamento humano (*moraliter*) o estado matrimonial revelar-se-ia menos perfeito do que o virginal. Mas é sabido como é complexo, do ponto de vista tanto teológico como fenomenológico, entrar nesse campo. Porque no plano teológico essa consideração nos levaria em primeiro lugar a estabelecer um dever da escolha virginal, se não para todos, pelo menos para todos aqueles que se julgam particularmente fracos na luta contra si mesmos; e isso entraria em contradição não somente com a orientação paulina "*melius est nubere quam uri*" (1Cor 7,9), mas com toda a concepção do chamado à virgindade como dom de graça. Ou seja, a virgindade não representa um dever geral do cristão; ela é, antes, uma obediência particular prestada a Deus, se e quando ele a solicita. Além disso, o confronto entre comportamento cristão no matrimônio e na virgindade não leva em consideração a nossa incapacidade para concluir de um comportamento, objetivamente talvez não correto, uma avaliação sobre o falho ou insuficiente desenvolvimento na caridade de um determinado sujeito. No plano fenomenológico, pois, nossas constatações devem levar em consideração a profunda diversidade de composição do grupo matrimonial cristão em relação ao grupo virginal; esse último, com efeito, apresenta todos os caracteres de exceção e os seus componentes revelam normalmente (e, portanto, com notável homogeneidade) uma típica abertura aos valores ético-religiosos. Por isso, embora não rejeitando *a priori* que o problema possa ser posto e resolvido nessa perspectiva a favor da virgindade, parece-nos que essa certeza deva repousar exclusivamente numa revelação divina garantida como tal. De resto, é preciso reconhecer que se a virgindade faz evitar a "divisão" própria do estado matrimonial, com as dificuldades nele incluídas, exige, para ser cumprida com coração perfeitamente "indiviso", um extraordinário esforço de conquista, na fidelidade à graça. Também nos que escolheram a vida virginal "pelo reino dos céus", a perfeita virgindade é sempre um ideal que se deve reconquistar a cada dia. A divisão da nossa personalidade, com efeito, mais que neste ou naquele estado de vida, está em nós mesmos; e a variedade dos deveres que encontramos na existência representa para nós, infelizmente, a fonte de múltiplas experiências daquela divisão (cf. Rm 7,7-25; 8,1-13.23. Não se deverá, portanto, integrar e completar o eventual ensinamento de 1Cor 7,32-34 sobre a "divisão" dos cônjuges no quadro dessa mais fundamental perspectiva paulina?). Assim, portanto, no matrimônio como na virgindade, uma graça deverá ser dada também para operar essa cura profunda, restituindo-nos — virgens ou esposos — a uma existência verdadeiramente unificada, sob o império da idêntica caridade.

2. ESPIRITUALIDADE DA VIRGINDADE. a) *O horizonte espiritual do virgem*. Praticamente já foi esboçado, com a apresentação das dimensões do mistério da virgindade. Se todos os aspectos lembrados se unificam de verdade em torno do aspecto eclesial, parece-nos que a fisionomia espiritual do virgem cristão deva se caracterizar fundamentalmente como senso e amor pela Igreja, voltada — na peregrinação terrena — à consumação da sua união definitiva com Cristo. Nessa luz eclesial, pois, deverão se mostrar ao virgem seja o significado da própria referência a Maria, seja o amor esponsal por Cristo. Naturalmente, haverá lugar para acentuações diversas: tanto ao considerar o mistério da Igreja como ao conceber a própria doação a ela. Poder-se-á reviver mais o aspecto de esposa ou o de mãe; poder-se-á procurar maior participação no aspecto de peregrina ou na tensão escatológica. O mesmo se pode dizer para os diversos aspectos ou mistérios de Cristo e de Maria. Mas nos parece que o fundo do quadro deva ser o descrito e que — apesar das diversas acentuações — ele deva conservar sempre todos os seus componentes. Consequentemente, dever-se-á desenvolver nessa linha uma ação de educação à autêntica virgindade cristã, sem esquecer que a graça da virgindade é — como diz o Senhor — uma graça de "compreensão". É concedida uma especial capacidade de sintonia aos que são chamados à virgindade, com os característicos valores da estrutura do mistério que eles devem reviver.

b) *Fundamentais disposições cristãs e psicológicas*. Sob o ponto de vista predominantemente cristão, parece-nos que a disposição fundamental pode se resumir nos termos bíblicos de "pobreza" ou de "obediência"; ou, segundo o vocabulário que nos é mais próximo, em termos de "confiança". Escolher a virgindade significa, com efeito, responder a um convite, a uma iniciativa divina, diante da qual a natureza terá dificuldade em se persuadir inteiramente, porque a vocação ao matrimônio parece conatural à própria estrutura do nosso ser sexuado. A virgindade, portanto — sobretudo em alguns momentos —, mostrar-se-á como valor somente por força da fé. A mesma razão, aliás, parece conseguir justificar com mais facilidade o celibato ou a virgindade aturados (porquanto os faz fazer parte do problema mais amplo do sofrimento) do que a preferência positivamente dada a eles sobre o matrimônio: sobretudo à medida que se percebe o valor profundamente construtivo desse último em relação à personalidade dos cônjuges. De modo que, definitivamente, a vida virginal cristã deverá se resolver num profundo, fundamental ato de abandono, muito próximo da atitude de → ABRAÃO diante da vocação para uma terra desconhecida e uma fecundidade que a natureza já não lhe podia dar. Mais ainda, esse abandono imitará a atitude de Maria na anunciação. Deus, portanto, fará o que prometeu: a graça da virgindade não se reduzirá a uma "lei", mas será um germe vivo, gerador de um novo tipo de equilíbrio e, portanto, de um novo tipo de personalidade, precisamente a virginal. A ela será também assegurada misteriosamente uma típica fecundidade no plano "espiritual", não menos real do que a outra pelo fato de transcender a experiência; precisamente aquela a que no plano de Deus o próprio ato gerador humano deve se considerar ordenado. Mediante os momentos de crises purificadoras, vividos na fidelidade, a virgindade será cada vez mais profundamente reconquistada e assimilada como valor, e as suas dimensões — aceitas na fé — adquirirão progressivamente um sentido de realidade e de concretude absolutamente característicos. "Se crês, tudo é possível a quem crê", e é a fidelidade do "pobre" que espera da riquíssima onipotência divina; ou a humildade do "servo" que obedece à iniciativa do Senhor. E sabemos bem que ele, para saciar a nossa fome, dispõe de infinitos recursos, não somente de pão (Mt 4,4).

Situando agora essas observações num quadro mais tipicamente psicológico, parece-nos que duas atitudes fundamentais devem ser postas em evidência com o fim de educar à autêntica virgindade cristã: a "serenidade" e a "sinceridade". A primeira implica, num nível profundo, uma atitude de aceitação psicológica e afetiva da realidade sexual, em si mesmos e nos outros. Isso não separa, mas, numa medida verdadeira, embora não exclusiva, acompanha e implica uma aceitação da sexualidade (a sua presença, a sua estrutura, o seu significado) no plano cognoscitivo racional. Uma e outra coisa, com efeito, mostram-se cada vez melhores como importante condição para chegar a assumir de uma maneira plenamente humana a própria existência, permitindo-lhe portar-se dentro de uma orientação de maturidade oblativa. Quanto à "sinceridade", ela nos parece sinônimo de objetividade e de unidade psicológica na procura do objetivo, no nosso caso, da virgindade: sem compromissos e compensações mais ou menos conscientes; e sem falsas sublimações. A virgindade é uma renúncia verdadeiramente total à conjugalidade que se exerce plenamente no matrimônio; ela não deve ser vivida tomando para si alguma coisa, ou aceitando uma divisão do coração, ou projetando num horizonte ideal o objeto do próprio sacrifício, para continuar a persegui-lo. Isso leva facilmente não ao equilíbrio e à tranquilidade psicológica, mas à resignação passiva e à insatisfação profunda.

c) *Virgindade e vida afetiva.* Essas últimas considerações, porém, deveriam ser definidas e esclarecidas numa descrição suficientemente analítica da vida e do desapego afetivo dos virgens; com particular referência ao problema da amizade. Não podemos senão remeter, para um e outro aspecto, aos verbetes correspondentes (→ AFETIVIDADE, ↓↑ INTEGRAÇÃO AFETIVA, ↓↑ DESAPEGO, ↓↑ AMIZADE). Aqui ressaltamos apenas que a totalidade de doação professada pelos virgens não nos parece de per si exclusiva de toda relação afetiva, nem sequer da relação de amizade, quando isso é autêntico e vivido em absoluta sinceridade. Cremos, porém, que essa doação deva excluir uma pesquisa (explícita ou equivalente) da amizade de tipo conjugal: esse nos parece ser o teor da palavra de Cristo para os que "se tornaram eunucos por motivo do reino" e a mente da Igreja ao propor o ideal da virgindade Apenas deve-se notar que o problema assim resolvido não se identifica com o outro: se é possível uma vida virginal fora do contexto da virgindade como instituição e, portanto, por exemplo, no quadro do instituto matrimonial. Que significado terá semelhante matrimônio, ou, inversamente, semelhante virgindade, é o conhecidíssimo e difícil problema dos matrimônios virginais, a começar pelo de Maria, certamente esposa de

José e certamente virgem perfeitíssima. Trata-se evidentemente de casos-limite, tanto em relação à virgindade como em relação ao matrimônio sobre os quais se poderá discutir e refletir. Todavia, é certo que os valores matrimonial e virginal de fato se realizam na Igreja normalmente e de modo total certamente no matrimônio não virginal e na virgindade vivida fora do contexto conjugal. De qualquer modo, quem aceita viver o ideal de virgindade como a Igreja tradicionalmente o institucionalizou deve saber que assume o compromisso formal de fazer sacrifício da própria afetividade conjugal.

d) *Superação de algumas falsas dificuldades.* Limitamo-nos a algumas indicações, com preocupação não apologética, mas de educação espiritual autêntica e realista para a virgindade cristã. Sob esse ponto de vista, enfatizamos em primeiro lugar a tendência, talvez nem sempre suficientemente contestada, de identificar a virgindade com a "virtude" de virgindade (em geral reduzida concretamente a um exercício de castidade, exclusivo de toda atividade sexual) e de fazer dessa virtude o vértice do cristianismo dos virgens. Por certo, não se pode ser virgem se não se pratica a virtude da virgindade (todavia, que se esclareça seu conteúdo: como simples grau da castidade ou como expressão de "magnificência": cf. *STh.* II-II, q. 152, a. 3). Mas essa é a condição para se situar de verdade no mistério cujas dimensões procuramos descrever. É certo ainda que a atuação da virgindade como virtude não pode deixar de representar psicologicamente um grande centro de interesse para os virgens; mas, como todo aspecto da vida virtuosa, também ela deve estar em função da vida teologal que se exprime na caridade. Se isso não se realiza, não podemos dizer que nos encontramos diante de uma virgindade cristã. Parece-nos importante, além disso, dar destaque ao fato de que, por mais que possa parecer "super-humana" a escolha da virgindade, ela não se reduz nem a um falso angelismo (como se tendesse a assimilar o homem à natureza dos espíritos puros, desencarnando-o), nem a uma normalmente impossível transcendência sobre a nossa condição de homens sujeitos às consequências do pecado original. O que o batismo não nos dá, ou seja, a extinção da concupiscência, nem sequer a graça da virgindade — que representa uma particular realização dela — o concede. Também os virgens, portanto, são e permanecem pecadores, que caminham todos os dias "na esperança" para a salvação definitiva (Rm 8,24). Isso é importante em geral para prevenir o perigo de uma virgindade orgulhosa; em especial para eliminar os falsos problemas que podem surgir de possíveis experiências da vivacidade e da insistência da sexualidade, apesar da consagração virginal. Tudo isso não compromete propriamente a virgindade, mas apenas torna evidente que ela — o que já foi dito — representa na realidade um ideal pelo qual nos empenhamos, ou que conquistamos à medida que o dom da graça virginal penetra na personalidade. Ser virgem, enfim, não é coisa realizada uma vez por todas; tornamo-nos virgens. E se pode dizer que a virgindade assume coloração diferente nas diversas reviravoltas da vida, como a própria personalidade.

e) *Virgindade e contemplação.* A vocação contemplativa dos virgens é uma antiga afirmação da espiritualidade cristã, que — a nosso ver — representa, além de uma constatação de ordem psicológico-descritiva (o virgem mais facilmente pode "liberar" algumas capacidades contemplativas), uma possível ênfase do aspecto escatológico da virgindade, antecipação de uma vida em que veremos a Deus. Por isso pensamos que na graça da virgindade se possa ver incluída, a título particular, a vocação à "penetração" dos mistérios de Deus, que São Paulo parece reconhecer sem dúvida na vida cristã de fé e de caridade (por exemplo, Ef 3,17-19; Cl 1,9; 2,2). E nos parece totalmente normal que a experiência mística, nas suas expressões mais fulgurantes, seja sobretudo constatável no plano de uma vida virginal ou continente. Se dessas afirmações se passa depois ao problema sobre se a vida virginal deva também exprimir, num contexto de vida contemplativa, a própria sintonia com a experiência, pelo menos inicial, de contemplação, parece-nos difícil estabelecer algo de peremptório *a priori.* A vida virginal na Igreja demonstra, com efeito, com sua história, que ela pode escolher, para se organizar e se exprimir, contextos muito diversificados: das formas eremítica e claustral aos → INSTITUTOS SECULARES. Além disso, resulta daí de modo cada vez mais insistentemente afirmada a relação entre virgindade e serviço do próximo; entre virgindade e apostolado.

f) *Virgindade e apostolado.* Damos a esse segundo termo um significado absolutamente descritivo-genérico: sinônimo de atividade de relações e de serviço do próximo em expressão de caridade. Relações e serviço estruturados de modo muito variado: do plano assistencial ao político-social, ao da pregação da fé e da administração dos sacramentos. Já se observou que esse contexto "apostólico" parece, de maneira cada vez mais imponente, aquele em que em época recente foi se estruturando a vida virginal; basta pensar apenas na orientação das fundações femininas, do século XVII (São → VICENTE DE PAULO) aos nossos dias. E é espontâneo, sobretudo sob o ponto de vista apologético e fenomenológico, indicar sua explicação na própria virgindade; com efeito, ela torna concretamente possível esse magnífico florescimento de doação e de zelo tanto no sacerdócio como fora dele. Mas temos de nos perguntar se isso basta como fundamento teológico da relação entre virgindade e apostolado; às vezes temos a orientação de encontrar a explicação do fato na dimensão "materna" da virgindade cristã. Isso é indubitavelmente legítimo; desde que, porém, não se esqueça que a relação de maternidade espiritual não se reduz às relações humanas que a vida virginal ativa pode tecer, diferentemente da contemplativa. Essa maternidade, com efeito, é e permanece sendo um mistério ligado à virgindade como tal, vivida numa atitude de caridade "pelo reino dos céus", portanto por Deus, por Cristo, pela Igreja e por todos os homens, chamados sem exclusão à Igreja e à salvação. Outro problema é o de saber em que medida a realização desse mistério pode e em que condições deve comportar também uma expressão externa de doação e de serviço cristão e, portanto, de saber em que medida a caridade virginal deva ou não se encarnar ou se manifestar naquelas expressões. Não há dúvida de que a resposta será facilmente afirmativa; mas ela deverá permanecer nos termos de possibilidade e de conveniência, não de necessidade e de dever. E não se deduzirá, então, que somente os virgens "ativos" podem reivindicar de per si a realização da dimensão fecunda da virgindade. Não em primeiro lugar pelo que fazem, mas pelo que são, os virgens participam da maternidade da Igreja e a traduzem em si. Maternidade — repetimos — que é dimensão do seu mistério, e se afirma portanto não por experiência, mas por fé.

BIBLIOGRAFIA. a) Acreditamos que o primeiro ponto de referência possa ainda ser a obra coletiva *Matrimonio e verginità*. Venegono Inferiore, 1963. Complementos bibliográficos em: FERASIN, E. *Matrimonio e celibato al Concilio di Trento*. Roma, 1970; MOIOLI, G. Verginità. In *Dizionario Enciclopedico di Teologia Morale*. Roma, 1973, 1.027-1.216; *Sacerdoce et célibat*. Gembloux-Louvain, 1971.
b) Com referência aos aspectos e problemas particulares, citaremos antes de tudo alguns trabalhos recentes de teologia bíblica: FESTORAZZI, F. Matrimonio e verginità nella Sacra Scrittura. In *Matrimonio e verginità*. Venegono Inferiore, 1963, 51-158; LEGRAND, L. *La dottrina biblica della verginità*. Torino, 1965; LÉON-DUFOUR, X. *Signification théologique du mariage et du célibat consacré. Mariage et célibat*. Paris, 1965, 25-38; RIGAUX, B. La célibat et le radicalisme évangélique. *Nouvelle Revue Théologique* 104 (1972) 157-170.
Sobre o problema da superioridade e em geral sobre o valor próprio da virgindade em relação ao matrimônio, cf. MIOLI, G. Per una rinnovata riflessione dei rapporti tra matrimonio e verginità. I principali documenti del magistero. *La Scuola Cattolica* 95 (1967) 201-245; cf. também a discussão entre BARBAGLI, P. e SICARI, A. *Rivista di Vita Spirituale* (1971-1973).
c) Entre os ensaios teológicos lembramos, além da obra de H. U. von BALTHASAR, que oferece contínuas sugestões de reflexão em propósito (cf. *Teologia della storia. Chi è il cristiano. Sponsa Verbi. Il tutto nel frammento*), as seguintes obras: MOIOLI, G. La verginità nel mistero di Cristo e della Chiesa. In *Vita religiosa e Concilio Vaticano II*. Roma, 1967, 92-101; RAHNER, K. Sui consigli evangelici. In *Nuovi saggi*. Roma, 1968, 513-522; SCHILLEBEECKX, E. *Il celibato nel ministero ecclesiastico*. Roma, 1968; ID. Vita religiosa in un mondo secolarizzato. In *La missione della Chiesa*. Roma, 1971, 421-471; THURIAN, M. *Mariage et célibat*. Neuchâtel-Paris, 1971.

G. MOIOLI

VIRGINDADE (II): Conotação pneumatológica. Às observações feitas em chave cristológica e eclesiológica seguem, por sua mesma natureza de complementaridade, as várias conotações pneumatológicas. Na que chamamos de "teologia da vida consagrada" ou mais propriamente "da virgindade/celibato eclesiástico" se dá a presença do Espírito Santo, na sua eficácia e prioridade, pois — como diz Santo → AGOSTINHO — "a força mística da Igreja é como obra exclusiva do Espírito Santo" (*Sermo* 71, 20, 3; *PL* 38, 463); antes, é toda ela e do modo mais coextensivo obra do Espírito de Cristo, porquanto os dois estão não somente em sintonia de intenções no plano da economia da salvação, mas também em plena sinergia de operações. Eles — segundo a bela expressão de Santo Ireneu — "são os dois braços do Pai" (cf. *Adv. haer.* 5, 6, 1; *PG* 7, 1137A); assim, tudo o que diz respeito ao mistério salvífico é determinado por ambos no âmbito da Igreja.

Ora, nesse clima de perspectivas e de realizações, abraçar um estado ou um projeto de vida mais perfeita — pondo-se no seguimento do Cristo — equivale a se pôr, por benévolo chamado do Pai, numa condição de escolha definitiva de virgindade na dependência do Espírito Consolador. Por parte da alma interessada, "com uma única resposta de amor", persegue-se o ideal desejado, para chegar à meta mediante a graça do Paráclito, que na sua qualidade de "primeiro dom aos crentes" leva a cabo toda obra no mundo e realiza toda santificação.

Com o objetivo de uma segura consecução das supremas aspirações, para que a determinação anuncie em efeitos a consagração, e ela por sua vez se constitua como real e significativa forma de martírio ou → TESTEMUNHO, o Espírito Santo desdobra toda sua força, *predispondo* a escolha, *preparando* a consagração e, enfim, *tornando vital* o testemunho.

1. O ESPÍRITO SANTO PREDISPÕE A ESCOLHA. Essa sublime vocação que se constitui como "dom de Deus", ao se situar num contexto trinitário, tende a evidenciar o papel específico que o Espírito Santo, na sua operação *ad extra*, realiza ao lhe dar cumprimento. Dom, por isso, que parte do Pai como de origem fontal (cf. Tg 1,17), determina-se por meio do Filho, o Cristo, que é causa formal da oblação, a qual por último é realizada e finalizada pelo Espírito de verdade. Observa-se com razão: "Na vida de consagração, *mediante o Espírito Santo*, a Trindade ama de modo personalíssimo o consagrado, antes de tudo por si mesmo, com a sua originalidade e liberdade pessoal. Deus se dá todo e exige retribuição" (A. M. TRIACCA, Fondamenti liturgico-sacramentali delle forme di vita di consacrazione, *Rivista Liturgica* [1973], 310). O processo se efetua à semelhança de Maria na anunciação: a sombra do poder do Espírito intervém como para o mistério da encarnação, embora em nível diferente.

Numa palavra, cabe precisamente ao Espírito Santo predispor a escolha, como acontece ainda para o chamado dos apóstolos, que Cristo chamou a si ("*escolheu aqueles que quis*") depois de um intenso pedido dirigido ao Pai no Espírito. Mais que nunca é exaltante pensar ter sido objeto de uma oração feita pelo divino Mestre; precisamente assim os apóstolos — indicados por nome (cf. Lc 6,13) — foram submetidos a semelhante disposição de escolha por parte do Espírito de Cristo, por isso mesmo consagrados e enviados por sua específica missão. Enfatiza-o a passagem dos Atos, quando atesta: "*Apostolis, quos [Iesus] elegit per Spiritum Sanctum*" (At 1,2).

2. O ESPÍRITO SANTO PREPARA A CONSAGRAÇÃO. Substitui o chamado, no prosseguimento do tempo e da oferta, a ação de graças, que nas almas se efetua no nível de "ponta do espírito" como ressalta o Doutor do Amor: "uma vez que é a eles pessoalmente que o Espírito Santo distribui os seus preciosos dons segundo a devota inclinação das almas, [aquelas] precisamente que foram tão afortunadas a ponto de terem sido chamadas pelo próprio Espírito, *para iniciar desse modo uma mais piedosa maneira de vida*" (FRANCISCO DE SALES, *Oeuvres*, VI, 375; XXV, 22). O divino Consolador prepara os "eleitos", ou seja, os que foram chamados para a santificação, para aprofundar o mistério de graça e de benevolência a eles concedido. "É esse", diz São Boaventura", um fato místico e extraordinário que ninguém *conhece* senão quem o recebe: não o *deseja* senão quem é inflamado pelo fogo (do Espírito) que Cristo trouxe à terra. Eis por que o Apóstolo afirma que essa *mística sabedoria* é exigida pelo Espírito" (*Itinerarium mentis in Deum*, c. 7, 24: *Opera omnia*, 5, 312).

Damos início desse modo ao processo, naquele que é seu plano evolutivo, primeiro para o noivado e depois para o matrimônio místico, como é percebido e parcialmente referido pelos místicos, como Santa Teresa de Ávila ou São → JOÃO DA CRUZ. Essas almas se dispõem desse modo ("*facilius indiviso corde soli Deo se devoveant*" [LG 42], ou seja, para estar disponíveis, com um amor digno, aos → DONS DO ESPÍRITO SANTO (cf. *Evangelica testificatio*, n. 46). Então, muito diferente de uma "renúncia" por parte deles, em vista de uma virgindade consagrada. Antes, "ela se torna assim a expressão objetiva da relação nupcial da alma com Cristo Jesus: [...] é consagração do corpo e do espírito somente a Deus; é transformação do homem em Deus *sob a influência vivificante do Santo Espírito*" (BENJAMIN DA SANTÍSSIMA TRINDADE, Il misterio della verginità cristiana, *Rivista di Vita Spirituale* 24 [1970] n. 16).

Unindo-se a Cristo, considerado *esposo de sangue*, a alma contrai com ele um vínculo de aliança com o objetivo de se tornar sua mística esposa; compreende participar de todos os efeitos, ou seja, de ter parte no seu mistério de coredenção; por isso, realiza-se também para ele o que foi afirmado pelo autor da Carta aos hebreus: numa perspectiva escatológica, à semelhança de Cristo *"qui obtulit semetipsum immaculatam hostiam Deo [Patri] per Spiritum aeternum"* (Hb 9,14).

3. O ESPÍRITO SANTO TORNA VITAL O TESTEMUNHO.

É próprio do Espírito de amor e de verdade inspirar, vivificar, levar a cabo todas as coisas: a ele, como Paráclito, cabe em particular a tarefa de dar testemunho de Cristo e juntamente com todos os que se unem a ele, pois *"et Spiritus est qui testificatur"* (1Jo 5,6).

E isso para serem testemunhas verdadeiras e autênticas do Invisível, porquanto esse é o testemunho que é exigido para todos os que foram chamados a viver em plenitude a virgindade ou o próprio celibato: dar sinal constante e tangível ao mundo da precariedade ou transitoriedade das coisas e dos bens da terra. Dir-se-á: "O testemunho evangélico da vida religiosa manifesta claramente aos homens a primazia do amor de Deus com tanta força que é preciso dar graças ao Espírito" (*Evangelica testificatio*, n. 1). Ora, nessa situação existencial, a causa formal e exemplar é o Cristo Senhor, que por excelência se constitui como protótipo da fidelidade no testemunho: "Jesus Cristo, a testemunha fiel" (Ap 1,5), porque é o *"sim"* ao Pai, ou "o Amém, o testemunho fiel e verdadeiro" (Ap 3,14). Ora, a virgindade na sua continuidade de oferecimento se configura como o mais sublime "martírio" ou testemunho do mesmo modo que Maria, a testemunha e a mártir até o supremo gesto de oblação no alto do Calvário. E com ela "as piedosas mulheres ficam *fiéis* a Jesus mesmo aos pés da cruz, cuidam da sepultura dele e recebem o encargo de informar os apóstolos depois da ressurreição" (G. MARUCCI, in *Rivista di Teologia* 17 [1970] 282).

"Ora, é precisamente o Espírito Santo que ensina a dar testemunho de cem maneiras diferentes e ao mesmo tempo únicas: que Jesus Cristo é o Senhor [ressuscitado] e que ninguém de outro modo saberia se compreender, se amar e amar todos os outros; por isso, aderir a ele, dia a dia!" (G. Martelet). Por isso mesmo a virgindade delas se torna cada vez mais fecunda; tornam-se cada vez mais atentas e dóceis à voz do Espírito de Amor. Sempre jovens no espírito, jamais tocadas, porque sempre castas no corpo virginal; e essa é a disposição mais adequada à fecundidade virginal na Igreja. Com efeito, "somente a realidade do encontro definitivo com Cristo ressuscitado, que se tornou possível na fé, facilita aquela tensão de realização do amor virgem e fecundo. [...] Por isso é possível crer que o Pai, *por obra do Espírito Santo*, tornará cada vez mais virgem e cada vez mais fecunda a não realização da própria capacidade gerativa" (S. de GUIDE, Il fondamento pasquale della feconda verginità cristiana, *Rivista di Teologia Morale* [1973] 418).

Ora, as virgens que a Igreja teve o hábito de chamar de esposas de Cristo, como primícias nupciais, estão agora na expectativa de uma plena e tranquilizadora completude. Por isso, no esplendor da liturgia celeste, acompanhando o esposo, revestidas da veste cândida ou tingida no sangue do Cordeiro, unindo-se ao cortejo virginal, entoarão pela eternidade aquele definitivo canto ("Marana tha"), cujas primeiras notas ou modulações tinham felizmente aprendido, com a entoação precisa, desde esta terra!

BIBLIOGRAFIA. AUBRY, J. *Teologia della vita religiosa.* Torino, 1970; BENIAMINO DELLA SANTISSIMA TRINITÁ. Il mistero della verginità cristiana. *Rivista di Vita Spirituale* 24 (1970) 407-418; BIANCHI, E. Celibato e verginità. In *Nuovo Dizionario di Spiritualità* (1982) 176-195; CALABUIG, I. M. – BARBIERI, R. Verginità consacrata nella Chiesa. In SARTORE, D. – TRIACCA, A. M. (eds.). *Nuovo Dizionario di Liturgia.* Roma, 1984, 1580-1599; CHAPELLE, A. *Pour une intelligence chrètienne du célibat. Vie Consacrée* (1976) 32-47; FERASIN, E. Matrimonio e verginità: il confronto degli stati di vita nella riflessione storico-teologica nella Chiesa. In *Realtà e valori del matrimonio.* LAS, Roma, 1976, 235-275; GALOT, J. La motivazione evangelica del celibato. *Vita Consacrata* (1976) 130-150; GUIDI, S. de. Il fondamento pasquale della feconda verginità cristiana. *Rivista Liturgica* (1973) 407-418; JOÃO PAULO II. *Verginità e celibato per il regno di Dio.* Introduzione di V. Caaporale. Roma, 1983; MAGGIOLINI, S. La sessualità nella verginità cristiana. *Rivista del Clero Italiano* (1970) 332-348.381-396.445-463; PEDRINI, A. Le Costituzioni salesiane "rinnovate", dono dello Spirito Santo. *Palestra del Clero* (1985) 478-495; ID. Presenza e mistero dello Spirito Santo nelle Costituzioni salesiane. *Vita Consacrata* (1979) 479-492; ID. *Verginità e Spirito Santo: prospettive e riflessioni biblico-asceticche sulla vita consacrata. Palestra del Clero* (1980) 351-362.413-421.477-488; PIGNA, A. *La castità consacrata,* Teresianum, Roma (s.a.), 183; RIGAUX, B. Le célibat et le radicalisme évangélique. *Nouvelle Revue Théologique* 104 (1972) 150-170; RONDET, M. *Le célibat évangélique.* Desclée de Br., Paris, 1979; TETTAMANZI, D. *La verginità, profezia del mondo futuro.* Ancora, Milano 1976; TRIACCA, A. M. Fondamenti liturgico-sacramentale delle forme di vita de consacrazione. *Rivista Liturgica* (1973) 287-320.

A. Pedrini

VIRTUDE. No seu sermão da montanha, Cristo propôs as normas de uma nova vida (Mt 5–7); essas normas, embora não contrárias às da velha lei, superam-nas por causa das perspectivas nas quais estão enquadradas, o reino de Deus, e por causa das suas exigências mais rígidas. Com efeito, o homem, gerado por Deus (Jo 1,13) pelo → BATISMO (Jo 3,5) fica comprometido segundo uma orientação totalmente nova. A esse compromisso Cristo apela muitas vezes: para inculcar a renúncia (Mt 16,24-25), a humildade (Mt 18,1-6), o amor do próximo (Jo 13,34). Assim também farão os apóstolos (Ef 4–6). Quando São Paulo descreve a nova vida, parece às vezes retomar um elenco de qualidades morais, já usado pelos pregadores pagãos ou judeus do seu tempo (Gl 5,22; 1Tm 6,11; cf. 2Pd 1,5-7), mas não esquece de lembrar que são frutos do Espírito Santo, dado por Cristo. As ações boas do cristão dependem, sim, do livre esforço humano, mas, mais ainda, do Espírito. Dele vem a virtude (grego: *dynamis*), ou seja, o vigor subjetivo; ele o concede para dar testemunho de Cristo (Lc 24,49; At 1,8), para permanecer confiantes (Rm 15,13), para progredir na união com Cristo (Ef 3,16-19). Mas não devemos parar no verbete virtude = *dynamis* para encontrar toda a nossa doutrina da virtude. Ela se refere às vezes também às manifestações do poder de Deus e de Cristo (Mt 7,22; 11,21-23; 13,58; Mc 6,5; Lc 6,19; cf. Rm 1,16), ou aos → ANJOS (Rm 8,38; Ef 1,21) e até à força do pecado (1Cor 15,56). A palavra grega *aretê*, traduzida também como virtude, encontra-se apenas quatro vezes no Novo Testamento (Fl 4,8; 1Pd 2,9; 2Pd 1,3.5), o que não nos permite concluir que com ela se afirme a existência das virtudes no significado que damos à palavra. Consideramos por ora que a vida do cristão é sustentada pelo Espírito Santo, o qual o transformou e o fez semelhante a Cristo. Deve-se notar ainda um trinômio especial, que aparece em São Paulo desde sua primeira carta (1Ts 1,3; 5,8): a fé, a esperança e a caridade (Cl 1,4-5; 1Cor 13,13; Ef 1,15-18; 4,2-5; cf. Hb 6,10-12), com um seu objeto característico: a fé aceita Cristo; a esperança, na expectativa do seu advento, suporta todas as adversidades; a caridade é o amor de Cristo e dos irmãos. Outras vezes, duas somente são mencionadas juntas: a fé e a esperança (Rm 4,18-19; 15,13; Cl 1,23), a fé e a caridade (1Cor 16,13-14; Ef 3,17-18; 2Ts 1,3-4; 1Tm 6,11; 2Tm 2,22). Outros numerosos textos falam de uma só. Poder-se-ia também pensar aqui que não se fala de uma qualidade permanente, salvo 1Cor 13,13 e, portanto, não de uma virtude no nosso significado. Todavia, seria inexato dizer que neles não se encontra nenhum fundamento para a nossa doutrina sobre as virtudes. Basta pensar que os atos do cristão provêm da transformação radical operada pelo Espírito Santo. Ora, essa transformação é permanente (Ef 3,16-19). A reflexão seguinte sobre a natureza humana permitirá determinar mais em detalhe essa doutrina escriturística. Assim se chega logicamente a dizer que a transformação se estende à essência e às potências. A transformação dessas últimas será reservada pelos teólogos às virtudes, ao passo que a transformação da essência, que é sua raiz, será atribuída à graça santificante.

Os → PADRES DA IGREJA já usavam a palavra "virtude" = *aretê* não no sentido genérico da Escritura, mas no sentido elaborado pelos estoicos, para fazer dela a aplicação à vida cristã. Clemente Alexandrino lhes dava o número quaternário, que já se encontra em Sb 8,7; Santo → AMBRÓSIO será o primeiro a dar às quatro virtudes tradicionais a qualificação de "cardeais", porque sobre elas, como sobre outros tantos fundamentos, é que se apoia toda a vida moral. Mais tarde, São → GREGÓRIO MAGNO chamará de virtude também a fé, a esperança e a caridade, rompendo portanto o número quaternário dos estoicos. Além disso, a começar pelo menos de Santo Ambrósio, as virtudes estão ligadas pela presença do Espírito Santo. Afirmar-se-á que somente os cristãos possuem as virtudes e que elas são um dom gratuito de Deus, conferido junto com o Espírito Santo. Como veremos, isso é verdade quando se considera a virtude no seu sentido mais cheio. Mas paralela a essa concepção cristã está a que foi elaborada pelos filósofos pagãos, especialmente por Aristóteles, o qual considera a virtude como uma disposição adquirida pelo próprio esforço, para fazer o bem segundo o que é ditado pela reta razão. Na reflexão teológica posterior essas duas concepções são comparadas entre si, e desse modo se chega lentamente a estabelecer o que cada uma tem de válido; surge a distinção entre virtude infusa e virtude adquirida e o tema da mútua relação delas. Assim, aparece o que têm de comum e o que é particular de cada uma delas. Portanto, podemos começar a nossa explicação com uma definição geral da virtude para descer depois à sua realização e às suas diversas categorias.

1. A VIRTUDE EM GERAL. É um "hábito operativo bom"; definição completa, mas densa. Cada palavra é dada segundo um significado muito preciso. O termo "hábito" significa uma qualidade permanente que não se perde facilmente. Deve-se observar que não se trata de uma força subsistente, mas de uma força que se insere num sujeito já existente, cuja condição "aperfeiçoa" (supondo que seja um "hábito" bom, como o é a virtude). "Operativo" indica a que está ordenado o hábito da virtude: aperfeiçoa o sujeito diretamente, para que ele possa melhor exercer a própria atividade. Princípio próximo de atividade são as chamadas "potências" ou faculdades; são elas, portanto, imediatamente aperfeiçoadas pelas virtudes. O adjetivo "bom" poderia parecer supérfluo; o ato de toda potência é bom, porque não é mais que uma realização do próprio dinamismo natural. Ele não pode ser mau. Mas aqui se entende bom em sentido pleno: o ato não é bom apenas em relação à potência, mas ao homem todo. Este último é uma pessoa que tende à própria perfeição; para atingi-la não pode permitir a cada uma das potências operar de modo independente, mas deve regulá-las para o pleno e harmônico desenvolvimento da sua personalidade. A ação é completamente boa apenas se ajuda o homem a realizar a sua perfeição humana. Além disso, o homem, sendo uma pessoa criada, não pode ser perfeito senão na adesão perfeita a Deus. A coordenação de toda a sua atividade não é possível se não está orientada para o fim último a ele conatural: a → UNIÃO COM DEUS. Na ordem atual essa adesão não se tem senão por meio da caridade; é ela, portanto, que dá a todo compromisso moral sua razão de ser e seu cumprimento. As virtudes aperfeiçoam as potências de modo que realizem atos completamente bons; não são, portanto perfeitamente virtudes se não estão unidas à caridade. Eis por que Santo → AGOSTINHO podia dizer, embora exagerando, que os pagãos não tinham virtudes, e por que os teólogos afirmam que a caridade é a forma das virtudes. Não se quer dizer com isso que sem a caridade não se possa chegar a certo domínio de si e a uma atitude correta em relação aos outros; mas significa que a toda essa virtuosidade falta o indispensável acabamento até que o homem se estabeleça em Deus.

É preciso proceder ainda mais adiante no nosso exame da virtude considerada como hábito. Ela supõe na potência certa indeterminação, uma ambivalência a respeito do bem e do mal (nas potências completamente determinadas os hábitos são supérfluos). A indeterminação é tirada do hábito que dá à potência uma constante inclinação para agir bem se o hábito é uma virtude ou para agir mal se ele é um → VÍCIO. Vejamos agora que potências podem ser sujeito de virtude. Não os nossos sentidos, pois são por natureza determinados a uma só atividade, mas a nossa afetividade, tanto sensível como volitiva, e a nossa inteligência. A inclinação ao bem não pode ser entendida como determinante de uma ação estereotípica sempre igual. Está aí a grande diferença entre o costume e o hábito. O primeiro cria certo automatismo nas faculdades; pode ser muito útil por liberar a energia psíquica, ou seja, a pessoa não deve mais se esforçar para realizar um determinado ato, mas pode dar atenção a outras coisas ou ao significado espiritual enquanto o ato se cumpre quase mecanicamente. Às vezes, porém, pode também impedir a liberdade da ação ou criar certa usança. O hábito se assemelha ao costume pois também ele faz com que o ato se torne quase espontâneo e conatural e cause, portanto, certo prazer; dele se diferencia muito porquanto não tende a um ato estereotípico, mas a um ato bom, cuja bondade deve ser avaliada segundo as circunstâncias concretas nas quais alguém se encontra. Materialmente considerados, os atos serão talvez muito diferentes: uma é a temperança de um doente, outra a de um homem sadio etc. A virtude, portanto, é criativa porque fará o bem segundo o que acontece num determinado momento; o ato será diferente, mas igualmente bom. Isso implica um domínio de si mesmo, um juízo reto das circunstâncias. A virtude é a perfeição da pessoa humana que é completamente senhora das suas várias inclinações e das diversas situações em que pode se encontrar, conservando sempre o equilíbrio em todas as suas ações. E isso significa o axioma: a virtude está no meio. O princípio é às vezes interpretado erroneamente, como se fosse a consagração da mediocridade, ao passo que indica o vértice de personalidade moral, a qual não se deixa arrastar nem muito à direita nem muito à esquerda, mas se desenvolve harmonicamente para o seu fim, que é Deus. Com essas últimas palavras já está claro que, em relação a Deus, o axioma não tem mais sentido, porque quanto mais unidos a ele, mais perfeitos somos. Dir-se-á portanto, com razão, que as virtudes teologais estão acima da média das outras virtudes. A virtude está na mediania a respeito das próprias emoções e a respeito das relações interumanas, mas não o pode ser a respeito de Deus.

2. AS VIRTUDES EM PARTICULAR. a) *Virtudes adquiridas.* A inclinação ao bem pode ser o fruto do próprio esforço ou pode ser concedida por Deus por uma sua ação gratuita. Como aquisição do empenho pessoal, a virtude é o ideal humano mais nobre ao qual se pode chegar (com as reservas já feitas acima sobre a última perfeição a ser dada mediante a caridade e sobre a necessidade da graça para evitar sempre o pecado). O completo domínio de si mesmo e a perfeita adaptação ao ambiente supõem uma superação de dificuldades de diversos tipos, para cada uma das quais se exige um treinamento especial. Dessa diversidade de dificuldades e do consequente esforço para se as superar deriva a necessidade de várias virtudes. Esse fato é importantíssimo: o desprezo atual dos catálogos de virtude como foram feitos pelos teólogos e filósofos antigos e a insistência exclusiva sobre o amor como se bastasse amar para fazer sempre o bem, derivam de um desconhecimento do complicado psiquismo humano e da variedade de obstáculos que encontra o exercício efetivo do amor. Querendo simplificar muito a vida espiritual, nutrem-se ilusões, e a dura experiência das derrotas prepara um desânimo total. Basta lembrar aqui brevemente o lugar e o valor das quatro virtudes cardeais. Para fazer o bem é preciso, antes de tudo, discerni-lo no momento presente, levando em consideração todas as circunstâncias concretas; eis a tarefa da prudência que se manifesta na reta consciência. Não basta, porém, ver o que é bom; é também necessário fazê-lo. Outros obstáculos podem aqui se apresentar. O primeiro obstáculo é a nossa afetividade, que nos arrasta muito no sentido contrário à prudência; em relação aos outros há o egoísmo que faz preferir os próprios interesses, desprezando o direito do próximo. Na emotividade sensível podemos observar dois movimentos: os mais espontâneos, que surgem logo ao perceber um prazer ou um desprazer e os que surgem quando um bem ou um mal, ou seja, uma coisa que nos convém ou não, mostra-se difícil de conquistar ou de evitar. Para moderar o primeiro movimento está a virtude da → TEMPERANÇA, a qual, aliás, é diferente segundo as várias espécies de prazeres pelos quais o homem pode se sentir atraído (castidade, mansidão, modéstia, sobriedade, humildade). Para moderar o segundo movimento está a virtude da → FORTALEZA, virtude corajosa que não se deixa abater ou frear pelas dificuldades previstas ou atualmente encontradas para obter o objetivo prefixado. Manifesta-se eminentemente no martírio, mas também na magnanimidade e generosidade com a qual se enfrentam as dificuldades cotidianas e a própria monotonia da vida. Todas essas virtudes dão o domínio necessário para poder fazer o que a prudência julga conveniente. A regra é em primeiro lugar indicada pelas leis, mas dentro de seus limites há ainda um campo vastíssimo para um juízo pessoal, segundo as disposições e as vocações subjetivas. Na prática, temos de nos abster de julgar as ações dos outros, quando não houver nenhuma prescrição objetiva; a própria conduta não pode ser imposta a outros. O nosso comportamento em relação aos outros é determinado não tanto pelo ideal domínio sobre a emotividade própria, quanto pelo direito deles. O centro da virtude da justiça se encontra precisamente em dar ao outro tanto quanto a ele cabe. A → JUSTIÇA está evidentemente fundamentada no amor do próximo, cuja personalidade se quer respeitar. Ela dá a esse amor a sua primeira e insubstituível manifestação. Mas um amor mais intenso procurará em muitas ocasiões fazer mais que o mínimo; então não se pratica somente a justiça, mas também a liberalidade. Além disso, não poderíamos jamais retribuir a algumas pessoas o que delas recebemos. Isso é verdade primordialmente nas nossas relações com Deus (religião) e com os nossos genitores (piedade). Essas últimas virtudes conservam uma semelhança com a justiça, porquanto dizem respeito ao direito dos outros; são por isso chamadas espécies dela. Mas têm também uma fisionomia própria porque o "meio" delas não pode ser exatamente determinado com critérios objetivos.

O virtuoso que chegou finalmente a regular com facilidade toda a própria moral ficou sensibilizado pelo bem e o faz quase por instinto, sentindo prazer em o fazer. Também a sua emotividade passional quase se espiritualizou, porque se tornou dúctil pela razão. Mas é preciso observar que o equilíbrio estável não é apenas conseguido enquanto uma só paixão é indômita, e isso porque o intelecto, embora deva prescrever o bem, na prática julga facilmente que uma coisa é boa porque agrada; tantos pretextos se encontram para justificar uma ação má que atrai! A → PRUDÊNCIA não poderá desenvolver toda a sua missão se não corresponde à afetividade uma inclinação ao bem moral. Do mesmo modo, uma paixão não controlada impede a prática da justiça. As virtudes, embora distintas, estão, no entanto, intimamente entrelaçadas. Daí advém uma consequência importante e prática: de uma parte, é uma ilusão pensar que se pode adquirir uma virtude separadamente das outras: o progresso espiritual se realiza harmonicamente em todas as linhas; seria, portanto, errôneo aplicar-se a uma virtude deixando de lado as outras. Mas, de outra parte, ao se esforçar por fazer progressos numa virtude especial de que se sente necessidade, faz-se também um progresso total. O esforço ascético por uma virtude é útil, dada a limitação do nosso psiquismo; mas não se deve esquecer a sua complexidade concreta. A atenção sobre uma virtude pode ser de tal modo exclusiva que passe a ser considerada como uma peça isolada, ao passo que é na realidade apenas uma malha de toda uma rede.

b) *Virtudes infusas*. Podem ser entendidas em dois sentidos. Primeiro: o que ordinariamente se adquire com o próprio esforço é concedido por Deus; as virtudes normalmente adquiridas, de que falamos até agora, são dadas instantaneamente e o homem é dispensado do esforço. Segundo, o que levamos em consideração agora: são qualidades que elevam as potências a um nível mais alto para fazer um bem que supera as forças humanas. Como já dissemos, fazem parte da transformação divina do homem e o tornam proporcionado a ações que convêm à sua nova vida. Esses hábitos deverão ser diferentes dos adquiridos, por várias razões. Com relação ao fim novo a que estamos destinados é necessário conhecer as três Pessoas divinas e toda a economia que leva à união com elas (fé); devemos também poder desejar a intimidades dela (esperança) e amá-las (caridade). Essas são as três virtudes teologais, de que falaremos ainda a seguir. Considera-se comumente que não temos virtudes correspondentes na ordem natural, porque a vontade está naturalmente inclinada a amar a Deus. Além dessas virtudes teologais, consideram-se geralmente, embora nem todos os teólogos estejam de acordo, as virtudes morais infusas, correspondentes às virtudes adquiridas, mas delas muito diferentes sob vários aspectos.

A semelhança aparece especialmente em dois pontos. Primeiro: essas duas virtudes dão à potência certa inclinação ao ato; é impossível, com efeito, que a potência receba um hábito em ser por ele modificada em relação a seu ato. As virtudes infusas são portanto uma ajuda válida e permanente que Deus concede para viver uma vida moralmente reta. Segundo: essas virtudes regulam as paixões e ações do homem em si mesmo e nas suas relações com os outros. Mas nessas mesmas semelhanças se encontram profundas diversidades. As virtudes infusas, ainda que inclinem à ação boa, não tiram logo todos os obstáculos que a ela se opõem. Se as virtudes adquiridas, precisamente porque são o fruto de um contínuo esforço, fazem com que os atos sejam realizados com facilidade e prontidão, as virtudes infusas podem se encontrar no início muito impedidas no seu exercício. Segunda diferença: o campo das virtudes adquiridas é regulado pela prudência à luz dos princípios naturais. Tendem, portanto, a formar o homem perfeito segundo todas as suas capacidades, dadas pela natureza. As virtudes infusas têm um campo mais vasto. Por certo, também elas formam a personalidade humana e por isso exigem toda uma intensa atividade das virtudes adquiridas; mas essa mesma personalidade, pelo fato de ser transfigurada, comporta também um empenho mais amplo e mais profundo. A prudência meramente natural procura plasmar o homem segundo o modelo da humanidade completa; a prudência infusa é regulada pela fé e inspirada pela caridade de Cristo, a quem procura imitar. Ora, essa imitação comporta normas mais altas e estimula às vezes a ações que a prudência humana não prescreve e talvez condenasse. Uma coisa é se mortificar para domar as próprias paixões e chegar a um perfeito domínio de si, outra coisa é se mortificar para ser semelhante a Cristo e colaborar com ele para a salvação das almas (cf. *STh*. I-II, q. 63, a. 4). Dessas premissas se podem intuir algumas consequências que dizem respeito ao humanismo cristão. As virtudes infusas não se encarnam nas nossas potências sem o nosso empenho (cf. *GS* 30); em si mesmas, são um dom de Deus, e nem sequer seu aumento intrínseco pode ser fruto direto dos nossos esforços: é objeto de mérito, não de conquista. Mas a penetração delas na atividade virtuosa depende ordinariamente de nós. Sob esse aspecto, as virtudes infusas assumem todo o aspecto das adquiridas. Se essas últimas já estão presentes no momento da infusão daquelas, serão transfiguradas e receberão novas tarefas, mas terão já preparado o terreno para a influência delas. Porém, se estiverem ausentes, as infusas serão uma grande ajuda para as adquirir: o humanismo, entendido como equilíbrio moral, é uma preparação ao cristianismo ou é um seu efeito e não pode limitar a influência das virtudes infusas, mas deve estar aberto à "loucura da cruz", que não é loucura se considerada na devida perspectiva da união com Cristo. O homem realiza o humanismo mais elevado quando põe toda a sua vida moral a serviço de Cristo.

À semelhança das adquiridas, também as virtudes infusas são conexas entre si. Antes, esse nexo é tal que não podem existir separadamente, nem no estado imperfeito, exceto a fé e a esperança. A caridade depende da fé e da esperança, porque é impossível amar as Pessoas divinas sem as conhecer como o nosso bem. Mas a fé e a esperança podem sobreviver sem a caridade, ainda que em estado imperfeito. Quase todos os teólogos, porém, consideram que as virtudes morais infusas são concedidas e desaparecem junto com a caridade (cf. *STh*. I-II, q. 65, a. 2). Com efeito, é a caridade que nos dá a orientação fundamental para Deus. Ora, se vem a faltar essa orientação, é impossível julgar com retidão em relação aos meios que a ela conduzem. Sem caridade não há prudência sobrenatural e sem ela não se pode dirigir perfeitamente a vida moral.

c) *Virtudes infusas morais e teologais*. Poder-se-ia objetar que as palavras fé, esperança e caridade têm em São Paulo um sentido diferente do que lhes é dado pelos teólogos. É verdade que há uma diferença; apesar disso, conservou-se o essencial do conceito bíblico; portanto, explicações e ulteriores desenvolvimentos encontram na Escritura um válido fundamento.

São Gregório Magno já aplicava ao trinômio paulino o nome de virtude; foi, porém, apenas no século XIII que elas foram chamadas comumente de teológicas; qualificação que podia ainda ser geral, porquanto às vezes o termo equivalia a infusas, e por isso também as virtudes morais eram chamadas de teológicas. A partir de Santo Tomás o uso era cada vez mais reservado somente ao trinômio e assim o é ainda hoje. Isso pode ser explicado se levarmos em consideração a natureza própria das três virtudes teologais e sua diferença em relação às virtudes morais. A essa análise nos convida o próprio São Paulo, o qual as considera como três movimentos da atitude radical do cristão e, por isso, as põe em tão grande destaque. A → FÉ como ato é a primeira resposta dada à revelação: é a admissão da realidade divina mesma e do convite à intimidade nela contido; daí deriva o desejo e a tendência confiante para chegar de fato à bem-aventurança prometida: a → ESPERANÇA; intuindo a bondade e a amabilidade das Pessoas divinas, nasce o amor desinteressado: a → CARIDADE. A relação entre esses movimentos é clara: já para a fé a pessoa humana se une às Pessoas divinas, mas é apenas pela caridade que se orienta completamente para elas.

Consequência prática: como as virtudes teologais exprimem a atitude fundamental que deve penetrar todas as ações do cristão, é de suma importância ter cuidado de seu desenvolvimento: a vida cristã é, em primeiro lugar, uma vida teologal, antes de ser um esforço ascético para as virtudes morais, ainda que esse esforço seja absolutamente necessário (cf. *OT* 8). Ora, a vida teologal que procura a união com as Pessoas divinas encontra o seu alimento mais apropriado na oração, cuja importância insubstituível, portanto, se vê.

As virtudes morais não determinam a atitude pessoal com relação ao fim, mas se referem aos detalhes da vida prática, que regulam, ao levarem em consideração a orientação aceita.

Foi posta a questão sobre se a virtude de religião não deveria ser incluída entre as virtudes teologais, porque indica uma atitude reverencial a ser assumida nas nossas relações com Deus, nosso fim. A resposta afirmativa, dada por alguns teólogos, parece-nos fundamentar-se num equívoco. Segundo Santo Tomás, o termo "religião" como virtude pode ser entendido de dois modos. Em sentido genérico, a religião está implícita em todos os atos humanos que se dirigem a Deus, porque o homem depende dele e a ele deve tudo dar. Nas suas relações com Deus, jamais pode se abstrair da sua condição de criatura e, portanto, da devida consciência de dependência. Religião equivale aqui a religiosidade; mas nesse sentido não é uma virtude especial. Pode, porém, se referir a um campo restrito: aos atos com os quais o homem pretende explicitamente ter um culto de Deus, adorando-o, orando a ele etc., tanto apenas internamente quanto também externamente. No exercício desses atos é possível cair em dois extremos opostos e cabe à prudência determinar concretamente o justo meio. Eis justificada a virtude da religião. Nem vale a acusação moderna de que ela ocupa um lugar muito secundário na síntese de Santo Tomás e dos seus seguidores, ou seja, mostra-se como uma espécie subordinada da justiça. Há aqui outro equívoco. O Doutor conhece muito bem o lugar eminente da religião na vida humana (*STh*. II-II, q. 81, a. 6), mas sua classificação das virtudes não é feita segundo a importância moral delas e, sim, segundo o conteúdo conceitual que têm. Tomando como exemplo as quatro virtudes cardeais, Tomás dá uma cuidadosa definição delas e procura coordenar todas as outras virtudes segundo o aspecto mais ou menos comum que têm com elas. Do fato, portanto, de que nessa classificação uma virtude está em segundo lugar ou até quase no último, não se deduz que o Angélico a considere de menor importância, mas apenas que nela não encontra completamente o conceito da virtude cardeal que expôs no início: subordinação conceitual, mas não vital. Para se convencer da nossa interpretação, sobre a qual insistimos, basta ver a importância que Tomás atribui à humildade (*STh*. II-II, q. 161, a. 5), embora a considere uma simples espécie da modéstia.

Sobre o momento da infusão das virtudes sobrenaturais, os teólogos estão de acordo ao afirmarem que estas são infusas junto com a caridade. Com relação à fé e à esperança não existe o mesmo consenso. Por certo, um infiel que toma contato com o Evangelho pode, com a ajuda da graça, fazer atos de fé e de esperança; mas já terá os hábitos de fé e de esperança antes da sua conversão total? Eis a questão debatida. Seja como for, para a teologia interessam os seguintes pontos: — para um infiel é possível um ato sobrenatural; — quando Deus dá a caridade, dá ao mesmo tempo todos os princípios permanentes que transforma as potências e as inclinam a atos correspondentes. O homem que tem a caridade não chegou ao fim, mas está bem apetrechado para lá chegar. Por isso basta desenvolver as virtualidades recebidas.

3. AUMENTO E ENFRAQUECIMENTO DAS VIRTUDES. Já falamos a respeito disso mais acima, distinguindo o aumento em si e a encarnação nas potências. Limitamo-nos aqui a alguns ulteriores desenvolvimentos que dizem respeito mais diretamente às virtudes morais. Elas ordenam a emotividade sensível e freiam o egoísmo. A sensibilidade se torna dúctil ao imperativo da prudência: o homem gradualmente se espiritualiza. É preciso que se faça aqui distinção entre virtude e costume. O costume se adquire com a simples repetição dos atos. Mas os antigos filósofos e teólogos já afirmavam que a virtude não se aperfeiçoa com uma simples repetição, mas com um maior empenho pessoal. Uma educação monótona pode criar um costume, mas não necessariamente uma virtude. Para tornar esse empenho mais intenso pode ajudar muito a mudança das circunstâncias. A variação pode provir seja de fora, seja também apenas de dentro: períodos de doença, de crises, de tentação, de aridez espiritual não são apenas um perigo para a virtude, mas também uma ótima ocasião para levá-la à maturidade. O homem é obrigado a tomar novamente posição com maior sentido de responsabilidade; a sua emotividade que se move entre novas dificuldades faz sentir agudamente a variedade dos objetos que a atraem ou a rejeitam. Nesses períodos penosos, mas fecundos, devem ser lembrados os verdadeiros motivos da virtude, a sua beleza etc., e ela ganhará mais profunda raiz no homem. Desse modo, adquire-se uma espontaneidade de reação nas mais variadas circunstâncias e se faz não uma ação estereotípica, mas o ato que convém naquele momento concreto.

Não tenhamos ilusões, porém: o perfeito domínio de si mesmo, a ponto de não cometer mais uma falta, nem sequer mínima, é um ideal do qual o homem deve procurar se aproximar, mas que jamais poderá atingir completamente. Homens perfeitos, aqui na terra, conhecemos apenas dois: Cristo e sua Mãe. Lembremo-nos de que sem um privilégio especial — que é evidente em Cristo e é afirmado pela Igreja para a Virgem — é impossível evitar sempre todos os pecados veniais. Esse fato deriva precisamente de uma falta de domínio absolutamente perfeito; somente a transformação final gloriosa dará a compenetração completa da razão e da graça em todas as nossas potências. Dessa verdade deriva uma consequência prática importante: se de uma parte se deve tender — e isso por toda a vida — à aquisição das virtudes e à correção de um esforço ascético, de outra parte seria dar prova de pouco realismo desanimar diante da constatação das derrotas. Para não superavaliar nem desprezar o esforço ascético, é preciso lembrar os dois aspectos da virtude infusa. Num cristão o esforço ascético para a virtude não se faz por motivos puramente humanísticos, para chegar a uma personalidade completa, mas para melhor amar a Deus, para agradar a Cristo e ao Pai. Sendo esse esforço ascético uma manifestação de amor, merece uma maior comunicação da vida divina e, portanto, também o aumento sobrenatural das virtudes, o qual é, com efeito, concedido nas devidas condições. Mas pode acontecer de a esse esforço ascético e ao correspondente aumento das virtudes não se seguir uma maior ductilidade das potências mesmas. Antes, por causa de condições fisiológicas ou de um temperamento pouco feliz, alguns têm de lutar muito durante toda a sua vida contra certos defeitos que não conseguem vencer completamente: não terão jamais a virtude perfeitamente encarnada. Todavia, pela luta contínua chegarão a um alto grau de santidade e poderão ser santos sem por isso serem perfeitamente virtuosos. Muitas almas generosas são tomadas pelo desânimo precisamente porque não veem que, no nosso estado terreno, a santidade é separável da perfeição completa. A santidade a ela tende, mas não a produz necessariamente.

De outra parte, se a santidade a ela tende por própria natureza, se alguém renuncia ao esforço ascético para conquistar a virtude, renuncia ipso facto à santidade. É um dos segredos dos santos: reconheceram sem lamentação a própria fraqueza, mas jamais renunciaram à luta.

O enfraquecimento das virtudes infusas pode também ser considerado sob dois aspectos: como são um dom de Deus, podem ser perdidas, mas jamais diminuem, pela mesma razão pela qual não diminui a graça; como se encarnam nas potências, seguem as mesmas leis das virtudes adquiridas. Ora, essas últimas enfraquecem seja quando se negligencia sua prática, seja quando se fazem atos contrários.

O desleixo na vida moral significa um empenho medíocre: a prudência se torna então menos perspicaz e a vontade perde o seu domínio sobre a emotividade: a personalidade se dispersa lentamente, e toda potência se deixa atrair ou deprimir anarquicamente pelo próprio prazer ou desprazer. A um estado de fervor pode seguir a mediocridade, a tibieza ou, pior ainda, a → ACÉDIA. A queda ou degradação se realiza ordinariamente sem grande estrépito e o mais das vezes inconscientemente, mas é inevitável se o homem não aproveitar as ocasiões para despertar o seu desejo de fazer progressos ou se deixa desencorajar pelas pequenas derrotas cotidianas. Especialmente quando declinam as forças físicas e psíquicas, toma seu lugar uma fraqueza espiritual que não se pode superar senão com um enérgico e renovado empenho e, sobretudo, com a oração.

BIBLIOGRAFIA. AUMANN, J. Mystical experience, the infuses virtues and the gifts. *Angelicum* 58 (1981) 33-54; BARS, H. *Le tre vistú chiave: fede, speranza, carità*. Paoline, Roma, 1961; BOULAY, J. Quelques notes à propos des vertus morales. *Laval Théologique et Philosophique* 16 (1960) 20-52.265-277; BULLET, G. *Vertus morales infuses et vertus morales acquises selon saint Thomas d'Aquin*. Freiburg (Suisse), 1958 (com ampla bibliografia); COMPAGNONI, F. *Virtú cardinali e teologali*, in *Vita nuova in Cristo*. Roma, 533-573, vl. I; COUESNONGLE, V. de. La notion de vertu générale chez saint Thomas d'Aquin. *Revue des Sciences Philosophique et Théologiques* 43 (1959) 601-620; DELHAYE, P. Rencontre de Dieu et de l'homme. I.- Vertus théologales en général. Tournai, 1967; GEACH, P. *The virtues*. Cambridge Press, 1977; GENNARO, C. *Virtú teologali e santità*. Roma, 1963; GERMAN SUAREZ, G. *La vida teologal*. Madrid, 1962; GIARDINI, F. Le tre virtù teologali. *Rivista di Ascetica e Mistica* 52 (1983) 9-19; GOFFI, T. Virtú morali. In *Dizionario Teologico Interdisciplinare*. Marietti, Torino, 1977, 548-563; ID. Vita virtuosa in Cristo. In *Vita nuova in Cristo*. Roma, 574-582, vl. I; GÜNTHÖR, A. *Chiamata e risposta*. Alba, ²1979, 625-654, vl. I; KLUBERTANZ, G. P. Une théorie sur les vertus morales "naturelles" et "surnaturelles". *Revue Thomiste* 59 (1959) 565-575; LACAN, M. F. Les trois qui demeurent, 1 Cor 13,13. *Revue des Sciences Religieuses* 46 (1958) 321-343; LAFON, G. *Croire, espérer, aimer. Approches de la raison religieuse*. Paris, 1983; MENNESSIER, A. L. Gli abiti e le virtú. In *Iniziazione teologica*. Brescia, 1955, 187-230, III; MONGILLO, D. La religione e le virtú soprannaturali. *Sapienza* 15 (1962) 348-397; PALAZZINI, P. *Vita e virtú cristiane*. Roma, 1975; PIEPER, J. *Das Viergespann. Klugheit-Gerchtigkeit-Tapferkeit-Mass*. München, 1964; PINCKAERS, S. La vertu est tout autre chose qu'une habitude. *Nouvelle Revue Théologique* 82 (1960) 387-403; SCHNACKENBURG, R. *Messaggio morale del Nuovo Testamento*. Paoline, Roma, 1959; SPEZZIBOTTIANI, M. Attualità del discorso sulla "virtú" nella elaborazione della teologia morale speciale. *Rivista del Clero Italiano* 64 (1983) 679-686; SPICQ, C. *Théologie morale du Nouveau Testament*. Paris, 1965, 2vls; WIBBING, S. *Die Tugend-und Lasterkataloge im Neuen Testament und ihre traditionsgeschichte unter besonderer Berücksichtigung der Qumran-Texte*. Berlin, 1959.

A. DE SUTTER – M. CAPRIOLI

VISÕES. Tratamos aqui das visões no campo da metapsíquica e somente de dois casos. Não os poremos nem sequer indiretamente em relação com as visões místicas ou diabólicas.

a) *Visões sem olhos*. É o caso da transferência ou da transposição dos sentidos. Consiste em perceber determinadas sensações, por exemplo: ver com as mãos. Entre os vários casos, lembram-se os de miss Mollie Francher, nos Estados Unidos, e da sra. Croad, na Inglaterra, ambas enfermas e com complicações neuróticas. Seja como for, em relação a esses casos é preciso observar que podia se tratar de outros fenômenos, como clarividência, telepatia, psicometria, alucinação, visão eidética etc.

b) *Visões através de corpos opacos*. É a visão de corpos que se encontram além de outro corpo opaco, que os torna praticamente invisíveis. O fato — se se prescinde de procurar sua causa natural, diabólica ou divina — é incontroverso. Mas pode ser naturalmente explicado? A resposta depende de outro problema: existem corpos absolutamente opacos, ou seja, impermeáveis a toda espécie de raios luminosos? Não consta que existam corpos absolutamente opacos; todos são transparentes para alguma radiação luminosa. A retina do olho é sensível em maior ou menor grau a algumas radiações invisíveis e, talvez, a todas. Se não se percebem de fato, isso é devido ao cristalino, ao humor vítreo etc., que fazem o papel de interceptores. É um véu providencial; sem ele as coisas seriam como de cristal e não poderia haver nenhum segredo íntimo. Por alguma anomalia poderia acontecer de uma pessoa ver através de um corpo opaco; a retina poderia ficar impressionada por raios luminosos que não impressionam outras retinas protegidas pelo supracitado véu. Há casos de pessoas que depois de uma operação cirúrgica ocular percebem raios luminosos invisíveis para os outros, e casos de cegos para os raios normalmente visíveis que vêm pelos invisíveis.

É claro que, mesmo supondo uma explicação natural do fenômeno, ela não impediria a existência de casos de origem preternatural ou sobrenatural.

Diante de um fato de visões através de corpos opacos deve-se proceder com cautela, sem atribuí-lo com precipitação a ação diabólica ou a milagre, pois poderia ser um fato natural, embora anormal. Um sinal da sua origem natural é se a pessoa tem habitualmente essa faculdade de ver em tais condições e se a exerce quando quer.

BIBLIOGRAFIA. FARGES, A. *Les phénomènes mystiques*. Paris, 1923, 116-128, II; THURSTON, H. *Fenomeni fisici del misticismo*. Alba, 1956, 359-409.

I. RODRÍGUEZ

VISÕES E REVELAÇÕES. → COMUNICAÇÕES MÍSTICAS.

VÍTIMA. No sentido espiritual, denota uma criatura em estado de completa doação a Deus para ser imolada. As disposições fundamentais da vítima são a aceitação voluntária da imolação e a consumação completa de si. Uma alma vítima não pode ser uma alma resignada, mas, precisamente porque se ofereceu, deve haver de sua parte uma iniciativa positiva que auxilie a ação de Deus. A alma deve por isso alimentar todas aquelas disposições para que o amor divino seja livre de agir e de agir até o fundo, de modo a consumar totalmente as imperfeições da alma que impedem a perfeita → CONFORMIDADE À VONTADE DE DEUS. A alma vítima abandona a Deus em primeiro lugar a própria inteligência: não serão mais os motivos e os ideais, embora bons e santos, da alma que a farão agir, mas os motivos e os ideais que se apresentam como realização concreta da vontade de Deus. A alma viverá, portanto, de uma fé iluminada e sábia. Secundariamente, é preciso o abandono da vontade. A oferta exclui qualquer propriedade; de outro modo não é mais verdadeira oferta, e o abandono da própria vontade, abandono fiel e constante, é o mais difícil de realizar, porque de certo modo nos faz deixar o que é parte essencial da nossa personalidade. De outra parte, uma vez que Deus é puro espírito, a alma vítima deverá deixar purificar tudo o que é sensual a fim de ser espiritualizado. Não podemos pensar num angelismo idiota, mas temos de tender para uma vida em que todas as atividades dependentes dos sentidos sejam impregnadas de intenções e de ideais sobrenaturais. Portanto, não procurar o sensual pelo prazer que nele possamos encontrar (embora não se trate de coisas que ofendem a Deus), mas, como diz São → JOÃO DA CRUZ, "a alma deve ser propensa não ao mais fácil, mas ao mais difícil, não ao mais gostoso, mas ao mais insípido, não ao mais agradável, mas ao mais desgostoso; não ao repouso, mas à fadiga, não ao que consola, mas ao que incomoda; não ao mais, mas ao menos, não às coisas mais nobres e preciosas, mas às mais vis e desprezíveis, não ao querer alguma coisa, mas ao não querer nada" (*Subida*, 1, 13, 6). A oferta de vítima comporta um grau de maturidade espiritual, grau que possa constituir confiança a respeito dos sacrifícios que eventualmente Deus possa pedir. Agora nos perguntamos: que relação existe entre a oferta de vítima e a vida religiosa, como estado de vida consagrada? Todas essas almas já não são vítimas justamente em virtude de sua completa consagração a Deus? É verdade que a vida religiosa é uma oferta e um holocausto completo; todavia, nela ainda há lugar, infelizmente, para certo compromisso conosco mesmos. Embora sendo obrigados a tender para a perfeição, todavia não somos formalmente forçados a escolher sempre o que vemos ser de maior glória de Deus e entre duas ações boas, que comportam, porém, diferente generosidade e sacrifício, pode-se escolher a que os implica menos, sem por isso faltar à Regra e à obrigação da perfeição. A Regra em geral somente algumas vezes implica atos heroicos e a eles obriga, ao passo que o ato de oferta como vítima, justamente porque é sacrifício e consumação ao mesmo tempo, implica sempre certo grau de heroísmo e obriga a escolher o que vemos ser maior glória de Deus. Assim há diferença entre o voto "do mais perfeito" e o ato de oferta: o primeiro, como voto, se é transgredido implica uma culpa, ao passo que o segundo, não. Praticamente, para a alma é mais profícuo o ato de oferta como vítima do que o voto do mais perfeito, porque, embora em última análise produzam os mesmos efeitos santificantes, todavia o ato de oferta mantém a alma na humildade e na paz. Na humildade porque quem faz o voto do mais perfeito pode ser tentado a se crer já avançado na virtude; na paz, porque, se houver falta, se sabe que o amor de Deus a quem nos oferecemos como vítimas sabe tirar proveito de tudo, até das imperfeições. O ato de oferta é, portanto, algo mediano entre a simples vida religiosa e a vida formalmente heroica.

BIBLIOGRAFIA. CAMILLO DEL SACRO CUORE. L'atto di offerta all'Amore misericordioso alla luce della teologia. *Rivista di Vita Spirituale* 12 (1958) 129-145; ID. *Dio e santitè nel pensiero di Santa Teresa di Lisieux.* Genova, 1962; GABRIELE DI SANTA MARIA MADDALENA. L'atto di offerta all'Amore misericordioso in rapporto alla sofferanza. *Rivista di Vita Spirituale* 4 (1950) 284-302.

C. GENNARO

VITORINOS. Falar dos vitorinos é aceitar considerá-los como um grupo de pessoas cujas obras manifestam tendências intelectuais e espirituais comuns. O termo comumente usado é "escola de São Vítor". Indica a abadia real dos → CLÉRIGOS REGULARES que se estabeleceram próximos da Paris medieval, no início do século XII, e, além disso, o espírito e as doutrinas de homens que, depois de terem sido formados, espalharam-se pela França e por outros países, em particular até a metade do século XIII. São Vítor compreende personalidades diversas, nas quais se encontra muitas vezes a mesma inspiração profunda, mas tão variada quanto variadas são as obras produzidas. São eles Guilherme de Champeaux († 1122), o fundador, Gilduin, o organizador religioso; Hugo († 1141), o mestre intelectual; Ricardo († 1153); Guarniero († 1170); Achard, mais tarde bispo de Abranches († 1174); Andrea, abade de Wigmore († 1175); Pedro Comestor († 1179); Adão, o poeta († 1192); Guérin († 1193); Godofredo († 1194?); Roberto de Flamborough († 1208-1213); e Tomás Gallico, mais tarde abade de Vercelli († 1246). Seu valor e sua reputação são desiguais. Considerando a parte que tiveram na história da → ESPIRITUALIDADE CRISTÃ, estamos sem condições de falar de todos. Alguns deles não figuram nem sequer nesse campo. Para outros, como Achard, Godofredo, Tomás Gallico, as obras espirituais não foram ainda totalmente impressas. Limitar-nos-emos, portanto, a pôr em destaque alguns traços característicos do espírito dos vitorinos.

Em primeiro lugar, a visão universalista deles, que põe as ciências humanas a serviço da sabedoria contemplativa. Guilherme de Champeaux, estudante da escola de Laon, mestre de dialética que deixou um nome na literatura das Sentenças, abandona em 1108 a sua cátedra de mestre em Paris para se retirar ao eremitério de São Vítor, às margens do Sena. Todavia, continua como professor, e a sua abadia é uma escola em que se estuda e em que se ensina. Os cinco anos que Guilherme passa ali antes de ser eleito bispo de Châlons, em 1113, permitem-lhe fixar o ideal que se tornará o de São Vítor: ligar a uma profunda vida espiritual uma intensa pesquisa intelectual e comunicá-la aos outros. Gilduin, seu sucessor, ocupa-se principalmente da observância religiosa. Mas no seu *Liber ordinis* é evidente que se interessa pela biblioteca e prevê uma casa de copistas em que serão reproduzidos os "maiores expoentes" da fé cristã. Os manuscritos do abade que temos hoje e as citações dos Padres que abundam nas obras dos vitorinos demonstram que o trabalho foi feito em vão. Seguidores de toda a Europa foram a São Vítor, de onde saíam também penitencieiros dos reis da França.

Com → HUGO DE SÃO VÍTOR, o ideal do fundador assume formas mais vigorosas e adota métodos mais eficazes. O programa de estudos do *Didascalicon*, estabelecido por quem Ricardo chamará de "o maior teólogo dos nossos tempos", manifesta a notável abertura de ânimo do seu autor. Não apenas as artes liberais do *trivium* e do *quadrivium*, mas também as artes mecânicas, as humildes técnicas manuais serão postas a serviço da filosofia e da teologia, que tirarão delas maior esplendor e sabedoria. As diversas disciplinas do saber humano são integradas com ordem e coerência num plano que permitirá conhecer e compreender melhor a Escritura, na expectativa de que ela conduza o seu leitor à contemplação.

O *Liber exceptionum*, de → RICARDO DE SÃO VÍTOR, que reúne os conhecimentos indispensáveis para acessar a Escritura, tem uma evidente preferência pela história como ciência, um pouco diferente da dimensão histórica da salvação que Hugo ressalta com vigor, mas manifesta claramente o espírito do *Didascalicon*. A obra de Ricardo, que não trata exclusivamente de teologia ou de exegese espiritual, esclarece que esse programa universalista foi realizado. Além disso, todos os recursos da dialética são empregados na pesquisa das "razões necessárias" do *De Trinitate*, sem que, todavia, essa pesquisa intelectual deixe de ser inspirada por um ardor místico. Adão será um poeta, um artista da palavra, o qual, todavia, não se contenta com uma perfeição estilística formal, de que outros vitorinos se mostram igualmente capazes. Suas sequências e as prosas comportam sempre um conteúdo doutrinal que as vincula às obras de Ricardo. Guarniero, no seu *Gregorianum*, continua uma sistematização dos textos de São Gregório preparada por Hugo e testemunha a dedicação aos Padres, que seus predecessores levavam em grande consideração. Quanto a Godofredo, a orientação dada por Hugo se faz sentir no seu *Fons philosophiae*, um poema métrico que descreve o itinerário espiritual que vai das artes liberais à teologia. O seu *Microcosmus* pode ser apresentado como um resultado do método prescrito por Hugo. O comentário o *Hexameron*, em que se misturam algumas perspectivas cosmológicas, mas sobretudo psicológicas e espirituais, retoma as faculdades da alma de que tinha falado Ricardo. Ele afirma para a natureza humana uma verdadeira consistência diante da graça, professa uma concepção aberta das relações da alma e do corpo e trata amplamente do amor na vida do homem. O *De mundi universitate* é uma obra semelhante; escrita por Thierry de Chartres, manifesta inegável superioridade técnica com respeito ao *Microscosmus*, mas o que interessa a Godofredo é fazer com que o homem contemple as riquezas da sua natureza, os dons da graça que o dirigem para a harmonia interior da caridade. O espírito de São Vítor nele se encontra inteiro.

Já dissemos que o pensamento de Hugo se organiza em torno da Sagrada Escritura. Nisso difere de outras escolas e de outros pensadores, bem como de outros espirituais. A sua posição não é nem a de Abelardo nem a de São Bernardo. Se o seu programa de estudos é uma ascensão gradual para a Sagrada Escritura, cujo centro é o Verbo encarnado e os seus "sacramentos", ele estima indispensável começar com o estudo do sentido literal antes de exprimir a verdade da alegoria. Esse método, que constitui provavelmente a originalidade de Hugo, dará os seus frutos de modo diferente entre os seus sucessores e os seus discípulos. Ricardo, classificado um tanto apressadamente entre os representantes da única exegese alegórica, interessou-se pelas pesquisas literais, cronológicas e filosóficas. A inteligência espiritual que ele seguiu não o fez esquecer os fundamentos literários. O mesmo se diga de Godofredo, cujo *Microcosmus* é um comentário espiritual do Gênesis. A única exceção é Andrea de São Vítor, puro exegeta textual, que, seguindo a trajetória traçada por Hugo, parou nos primeiros passos. As suas obras, à maneira de São → JERÔNIMO, seguem com constância e rigor somente a interpretação histórica da Bíblia. Todas as faculdades críticas de um homem que conhece bem a gramática e a retórica e a exegese hebraica foram absorvidas pelo esforço de interpretação literal.

Os grandes vitorinos se interessaram pela contemplação. A procura deles se fundamenta numa convicção deliberadamente otimista da bondade do mundo criado. Sem dúvida, Hugo é o autor de um *De vanitate mundi* e diz que "a consolação suprema na vida é o estudo da sabedoria" (*Didascalicon*, I, 2: PL 176, 742D). O fato é que o mundo, mesmo bom, é pouca coisa para quem fez a experiência do amor de Deus. Ricardo dirá, como ele, que uma séria purificação é necessária para a contemplação, de modo particular a espiritualização de todas as faculdades do homem.

Quando falam da contemplação, os vitorinos defendem, em diversos tons, certa primazia do amor sobre o conhecimento. É esse provavelmente um resultado da formação vitorina, fiel a algumas tendências profundas de Santo → AGOSTINHO e de São Gregório. Hugo sabe que a dileção entra onde a inteligência permanece (*In hier. coel.*: PL 175, 1038D), Ricardo cita várias vezes o mote de São Gregório *amor notitia est*, e em Tomás Gallico se encontra que "*intelligentia... foris est; affectio... quae nescia est speculi, intrans unitur*" (*De septem gradibus*, cf. "Revue Néoscolastique de Philosophie" [1934], 185).

Em Ricardo e em Godofredo, todavia, se trata de um amor iluminado pelo discernimento (*discretio*), por uma caridade ordenada de que → ORÍGENES, Santo Agostinho e São Gregório já haviam falado. É no *amor ordinatus* que Ricardo vê a Trindade (*De Trinitate*, III, 2-3: PL 196, 216-918) e que "em Deus o dinamismo da natureza se subordina plenamente à lei do espírito" (F. Guimet). É o *ordinatus amor* que exerce um papel de capital importância no amor que o homem deve ter pelas coisas, por si mesmo e por Deus em quem ele ses aperfeiçoa: "*Perfecta dilectio cratoris... consummatio hominis*" (*Microcosmus*, III, c. 203).

O lugar que os vitorinos reservam ao amor na contemplação leva a uma terceira pergunta: são ou não "dionisianos"? Seria melhor sem dúvida formular o problema, apreçando o equilíbrio que eles realizam, fundamentando-se nas ideias de Santo Agostinho e nas do pseudo-Dionísio. Jamais se deixou de ler o Areopagita na Idade Média e João Scotus Eriugena nele muito se inspirou. Hugo de São Vítor comentou a *Hierarquia celeste* (PL 175, 923-1154) que será incluída no *Corpus dionysiacum*, mas, ao vermos que o seu comentário integra uma visão histórica insuspeita e estranha a Dionísio, ao considerar o lugar que ele dá a algumas verdades cristãs sobre as quais o Areopagita insiste pouco, ao encontrar no seu vocabulário as palavras *cor* e *caritas*, tipicamente agostinianas, temos de admitir que a sua fidelidade dionisiana está bem longe de ser absoluta. O caso é ainda mais claro para Ricardo, o qual, quando aplica alguns princípios como o da "semelhança dessemelhante" para falar de Deus, usa Dionísio como um aliado, não como um mestre, e não hesita em seguir as próprias ideias quando se trata do êxtase que é expresso em termos mais próximos a → GREGÓRIO DE NISSA e a Agostinho do que ao Areopagita. O "nimbo" que para Dionísio é não conhecimento, torna-se para Ricardo iluminação da inteligência. O mais dionisiano dos vitorinos é sem dúvida Tomás Gallico, cuja obra no conjunto é um comentário dos escritos do Areopagita. Será preciso esperar, todavia, a publicação de todas as suas obras para apreciar o grau do seu dionisismo. Nenhuma dúvida que, para ele, o vazio da inteligência é a condição da → UNIÃO COM DEUS, que o *excessus mentis* não tem nada de conhecimento positivo, que o êxtase deve antes ser considerado como uma aproximação de Deus em relação ao homem do que como um → MATRIMÔNIO ESPIRITUAL. Mas nele encontra lugar a *affectio* que basta para o distinguir nitidamente do seu modelo. É certo que com Tomás Gallico a mística dionisiana continua no estado puro? A resposta prudente a essa pergunta não vem apenas da necessidade de análises mais elaboradas, mas também do fato de que, quando os vitorinos seguem algum autor ou nele se inspiram, permanecem mais ou menos conscientemente fiéis ao espírito das suas origens e à posição original que ocupam na espiritualidade.

BIBLIOGRAFIA. 1) Sobre a escola de São Vítor: BONNARD, F. L'école de Saint Victor. In *Histoire de l'abbaye royale et de l'Ordre des chanoines réguliers de St. Victor*. Paris, s.d. (1904), 85-140; CHATILLON, J. De Guillaume de Champeaux à Thomas Gallus. *Revue de Moyen-âge Latin* 8 (1952) 139-162.247-272 (importante); DUMEIGE, G. Le climat victorin. In *Richard de St. Victor et l'idée chrétienne de l'amour*. Paris, 1952, 11-35; FOREST, A. L'école de St. Victor. In FLICHE, A. – MARTIN, V. *Histoire de l'Église*. Paris, 1951, 112-123, XIII; HUGONIN, Fl. *Essai sur la fondation de l'école de St. Victor de Paris*. PL 175, 13A-C, Paris, 1854; VANDENBROUCKE, Fr. Les milieux scolaires au XIIe siècle. In LECLERCQ, J. – VANDENBROUCKE, Fr. – BOUYER, L. *La spiritualité du Moyen-âge*. Paris, 1961, 275-298.
2) Sobre a Escritura: LUBAC, H. de. *Exégèse médiévale*. Paris, 1961, 287-436, II/1.
3) Sobre a contemplação e sobre o pseudo-Dionísio: CHATILLON, J. La culture de l'école de Saint-Victor au XIIe siècle. In *Entretiens sur la renaissance du XIIe siècle*. La Haye, 1968, 147-178; ID. Thomas Becket et les victoriens. In FOREVILLE, R. (ed.). *Thomas Becket*. Actes du Colloque International de Sédières (19-24 août 1973). Paris, 1975, 297; ID. La Bible dans les écoles du XIIe siècle. In RICHÉ, P. – LOBRICHE, G. (eds.). *Le Moyen-âge et la Bible*. Paris, 1984, 163-197; CHENU, M. D. *Civilisation urbaine et théologie. L'école de Saint-Victor au XIIe siècle*,

"Annales E.S.C.", 29 (1974), 1.253-1.263; Dumeige, G. Richard de Saint-Victor, nell'art. *Denys*. In *Dictionnaire de Spiritualité*, 323-329, vl. III; Javelet, R. Extase, In *Dictionnaire de Spiritualité*, 2116-2120, vl. IV; Id. Intelligence et amour chez les auteurs spirituels du XIIe siècle. *Revue d'Ascétique et de Mystique* 37 (1961) 273-290.429-450; Lazzari, F. *Il "contemptus mundi" nella scuola di San Vittore*. Napoli, 1965; Thomas Gallus et Richard de Saint-Victor mystiques. *Recherches de Théologie Ancienne et Médiévale* 29 (1962) 206-233; 30 (1963) 88-121.

G. Dumeige

VIUVEZ. **1. PREMISSA**. A viúva é lembrada com frequência na Sagrada Escritura. No Antigo Testamento Deus demonstra ter uma terna solicitude pela viúva e pelo órfão (Ex 22,12; Dt 10,18; etc.). Cristo consola ou louva as viúvas que encontra no seu caminho (Mc 12,43; Lc 7,12). São Paulo as recomenda a Timóteo ("Honra as viúvas que verdadeiramente são viúvas") e para elas traça as grandes linhas de um "estatuto" cristão (1Tm 5,3-16; 1Cor 7,34). É preciso ser pobre para encontrar a Deus. A viúva é pobre, pobre de afeto e muitas vezes também de meios econômicos; está na situação de descobrir Deus e caminhar facilmente em direção a ele (1Tm 5,5). Paulo parece aqui fazer eco ao que Lucas tinha dito de Ana; tendo se tornado viúva depois de sete anos de matrimônio, ela tinha consagrado o resto da sua vida à oração (Lc 2,36-38).

Desse ensinamento escriturístico a Igreja primitiva se abriu de modo espontâneo e generoso à caridade em relação às famílias doridas. Assistência materna que, depois de ter persistido por longos séculos, diminuiu depois na preocupação dos pastores de almas e da comunidade cristã. Uma palavra de Pio XII (Discurso de 16 de setembro de 1957) repropôs ao mundo cristão a mensagem da viuvez, reconheceu a vocação sobrenatural própria dela na Igreja.

2. O ESTATUTO DA VIUVEZ E AS SEGUNDAS NÚPCIAS. A morte do cônjuge produz o estado de viuvez, que aparece humanamente como uma condição de sofrimento sem remédio, "uma das mais cruéis dores" (São Francisco de Sales). É uma situação não desejada, que parece arrancar a pessoa da sua missão.

A viúva, com efeito, se sente mutilada, esvaziada do que julgava o melhor de si mesma, lançada na solidão, obrigada a proceder sozinha, quando antes eram dois; não ser mais necessária àquele que se ama. Na viuvez a primeira dificuldade e ao mesmo tempo tentação é que o coração não tem mais o seu natural equilíbrio. A ausência de filhos pode aumentar a dor, uma vez que não se sabe por quem se deve agora sofrer; mas também a presença deles cria novas e graves responsabilidades. Depois das primeiras horas de abatimento, os filhos parecerão como um peso; a mãe deve canalizar a sua afetividade sem a fazer degenerar em endurecimento (autoritarismo) ou em sensibilidade afetada (infantilismo). Diante das dificuldades da educação, sem a ajuda do cônjuge, põem-se com urgência problemas materiais e financeiros.

Ao enfrentar a cotidiana vida familiar, acaba sendo doloroso ao viúvo sobretudo ter de dar atenção à vida doméstica, perder-se numa existência de todos os dias, de afazeres, para que não estava preparado. O drama da viúva, ao contrário, é o de assumir a responsabilidade das decisões importantes, o ter de organizar tudo em linhas arquitetônicas.

É conveniente que o viúvo se case novamente? A Igreja primitiva sempre preferiu e elogiou a viuvez casta (1Cor 7,40). "Senhor", perguntava Hermas, "se um cônjuge vem a falecer e o outro volta a casar, ele peca ao se envolver em novas núpcias?". O Pastor respondeu: "Não, não peca; mas ao ficar só adquire mais consideração junto ao Senhor" (*Mand.* 4,1-2). Antes, segundo os Padres orientais, as novas núpcias denunciam, naquele que casa de novo, uma complacente propensão aos prazeres carnais e uma falta de fidelidade ao primeiro cônjuge (Gregório Nazianzeno, *Oratio* 37, 8: p. 36, 291; João Crisóstomo, *De virginitate*, 37: p. 48, 559-560). A especulação escolástica preferiu a manutenção do estado de viuvez, observando que as segundas núpcias, embora produzindo uma graça sacramental como nas primeiras núpcias, simbolizam de um modo menos perfeito a união de Cristo com a sua Igreja, sendo imperfeita a *unitas carnis (unius ad unam)*.

A teologia espiritual de hoje está atenta a procurar o acordo entre a atitude psicossocial e a vida sobrenatural. Desse modo se pensa poder encontrar a verdade e a vontade do Senhor para aquela situação particular em que se encontra o cristão. As segundas núpcias (embora em si mesmas menos perfeitas que as primeiras) podem ser não apenas lícitas, mas às vezes até recomendáveis ao indivíduo, se nelas encontra a solução do frágil equilíbrio físico, moral e espiritual, ou do dever de melhor educar os filhos. Voltar a casar, para um viúvo, é muitas vezes o único meio para dar de novo aos filhos um lar de amor. As segundas núpcias não são o esquecimento ou a ruptura da primeira união, mas o cumprimento da obra incompleta. Para esse fim o novo cônjuge deve, com um reto afeto, adotar espiritualmente esses filhos não seus e aceitar ser amado como quem toma o lugar dos primeiros pais: assim também o primeiro matrimônio conservará a sua força e a sua presença. Em caso contrário, dar-se-ia prova de uma aceitação incompleta, de um complexo de frustração mal superada.

Quem escolhe livremente permanecer no estado de viuvez pode demonstrar o amor fiel para com o cônjuge morto e sobretudo aceita o crivo da dor e a prova purificadora. Tudo isso pressupõe uma atitude fundamental: o consenso generoso e constantemente renovado a um estado de vida que não se escolheu. No início podem ser compreensíveis (do lado humano) reações de revolta ou até de amarga resignação passiva. Mas depois a alma viúva vai descobrindo pouco a pouco a sua missão; ela é chamada a uma participação mais ativa na redenção, na convicção de que a crucifixão abra para uma futura e iluminadora ressurreição. "Se o grão de trigo caído por terra [...] morre, produz muito fruto" (Jo 12,24). Quando a aceitação da vontade de Deus se abriu na alma da viúva, ela está aberta também para a espiritualidade da viuvez.

3. FONTES DA DOUTRINA ESPIRITUAL DA VIUVEZ. Como toda vida espiritual vivida na Igreja, também a que é própria das viúvas está situada no devir salvífico; pode se exprimir em formas renovadas. Para entendê-la na sua atual configuração é necessário prestar atenção às experiências cristãs vividas pelas pessoas viúvas: o Espírito é rico de dons e não conduz as almas por esquemas fixos predeterminados. Uma ulterior indicação orientadora sobre a atual espiritualidade da viuvez nos é dada pelos ensinamentos da Igreja. É uma doutrina magisterial, que não está separada da experiência espiritual da viuvez vivida na comunidade eclesial; é uma reflexão autêntica sobre ela.

O Concílio Vaticano II lembrou que a vida espiritual das viúvas pode "contribuir não pouco para a santidade e para a operosidade na Igreja" (*LG* 41). Certamente essa espiritualidade "deve assumir uma característica peculiar própria" (*AA* 4); sobretudo, ela deve constituir uma aceitação generosa e cheia de boa vontade do próprio estado "como continuação da vocação conjugal" (*GS* 48). A viuvez se constitui espiritualmente não fora da graça do sacramento do matrimônio; é um modo novo de vivê-la intensamente. O amor conjugal continua a ser vivido pela pessoa viúva, mas em dimensão que prenuncia o modo celeste dela; é chamado a se concretizar como caridade para com o esposo dentro de um amor altamente virginal. Por esse amor, o viúvo deve se pôr numa oblativa doação total a Cristo; deve saber participar da caridade virginal e, ao mesmo tempo, conjugal da Virgem Maria.

4. A ESPIRITUALIDADE DA VIUVEZ. Os Padres da Igreja encontraram um simbolismo sobrenatural no estado de viuvez, como no estado conjugal. Se Cristo e a Igreja são como o esposo e a esposa (Ef 5,21-33), ela, a Igreja, vive longe do seu esposo. → AGOSTINHO escreverá que "a Igreja é como uma viúva" (*In Ps.* 131, 23). Ora, a espera da viúva que deseja rever seu esposo não é talvez um sinal profético da espera do retorno do Cristo?

A viúva revela as duas atitudes fundamentais próprias da Igreja diante do seu esposo, Cristo; a intimidade do invisível e a espera indefectível dos encontros eternos. "Ela representa a vida presente da Igreja militante, privada da visão do seu esposo celeste com o qual ela, todavia, permanece indissoluvelmente unida, comungando com ele na fé e na esperança, vivendo desse amor que a sustenta em todas as provas e atendendo impacientemente o cumprimento definitivo das promessas iniciais" (Pio XII, Discurso de 16 de setembro de 1957). Essa atitude para com o Cristo se torna obrigatória para todo cristão como membro da Igreja. Para toda a comunidade cristã o tempo que transcorre desde a partida de Jesus é o tempo de prova na fé, o tempo de fidelidade na ausência, o tempo da intimidade no invisível, é o tempo da espera. E o que se possui agora na obscuridade da fé e da esperança será conseguido na glória. A Virgem foi a primeira a dar o exemplo: da ascensão do seu Filho até o dia da sua gloriosa assunção ela viveu na fé. Foi a primeira a viver com ele no invisível; foi a primeira a consentir na sua partida segundo a carne para entrar na esfera das intimidades espirituais. Ela é o modelo de toda a Igreja. Assim, a vocação da viúva na Igreja é de manifestar e testemunhar, mediante seu próprio estado de vida, essas disposições espirituais que devem animar todo cristão a caminho para o encontro com Cristo. Desse simbolismo central partem as grandes linhas da espiritualidade da viuvez.

Em primeiro lugar o amor conjugal exige ser vivido numa nova perfeição. Pode-se pensar que o amor conjugal, na medida em que foi informado pela caridade, persistirá no céu (*STh*. II-II, q. 26, a. 13): "Como ele agiu nas almas dos cônjuges e as estreitou uma à outra no maior vínculo de amor que une os corações com Deus e entre si, esse amor permanece na outra vida" (Pio XII, Discurso de 29 de abril de 1942). E a viúva deve purificar e elevar o seu amor conjugal de modo a saber se harmonizar com aquela caridade conjugal que é vivida por seu marido no paraíso.

Assim, se do ponto de vista humano é uma separação, do ponto de vista cristão a viuvez é a preparação para um encontro novo. É uma fase dolorosa, purificadora e que ao mesmo tempo eleva a intimidade conjugal. É uma morte para uma vida nova, uma ruptura carnal para um encontro espiritual, uma passagem, uma Páscoa. Não é a renúncia a amar, mas a vocação a se abrir a um amor superior: a solicitude terrestre permite abrir o ânimo à realidade invisível da caridade, poder perceber o amor amputado na terra para o enxertar no além. De outro lado, tal superação dolorosa é necessária a todo cristão casado para entrar na glória. Toda a vida conjugal é uma lenta educação, um progresso providencial, uma separação progressiva para uma intimidade nova. A viuvez não é senão a última etapa terrestre desse progredir do homem e da mulher casados para a perfeição. A vida conjugal é uma tensão para o estado definitivo em que se chegará à unidade não na profundidade carnal, mas na caridade. Para o sacramento do matrimônio Cristo se empenhou em levar o amor pela via da caridade conjugal, que encontra o seu ideal e a sua consumação na caridade virginal para o Senhor. A viuvez não é uma renuncia a amar, mas a vocação a se abrir de modo progressivo e doloroso para um amor superior. As graças da viuvez são um prolongamento das do → MATRIMÔNIO.

A viúva que teve uma vida conjugal infeliz deve crer que todo amor pode ser retomado, refundido e renovado, uma vez que Cristo sabe penetrar em todas as ligações e encontros para os fazer mediação do amor eterno.

A viúva, quando fala ou dá testemunho do seu amor conjugal, não deve se referir ao que teve no passado, mas ao amor que nutre naquele momento, na fé atual da viuvez Ela testemunha que não está "só"; afirma por toda a parte a sobrevivência do amor conjugal, circunfuso por uma luz nova. Assim, na família, até por exigência educativa, o cônjuge defunto não deve ser reduzido a um simples desaparecido ou ausente; ele ali persiste como conselheiro, e a sua presença (num modo totalmente novo e superior) se insere no ritmo da existência cotidiana da casa. Com a presença interior do marido, a viúva saberá introduzir, intimamente unidos, o princípio materno e o paterno na educação; e os filhos serão bem educados porque fruto de um duplo e único amor, sempre vivo. É um bem e uma obrigação ajudar a viúva, mas o seu primeiro sustento continua sendo o marido defunto, com quem continua a partilhar a autoridade familiar. Parentes, amigos e vizinhos devem respeitar a sua independência. A missão do amor da viuvez se amplia para fora das relações familiares; junto aos outros ambientes de amizade e profissionais (sobretudo junto às demais viúvas) deve testemunhar que existe a grandeza e a doçura de um amor que está para além do que se vê, se toca e se experimenta mediante os sentidos.

A caridade conjugal, própria da viuvez, continua a solicitar a alma da viúva, para que se abra ao sentido da bem-aventurança eterna. Seria com efeito prejudicial fechar-se numa vida espiritual centrada não no Cristo, mas no próprio marido; a alma deve se abrir sobre a vida eterna, sobre a → COMUNHÃO DOS SANTOS. Toda vida cristã é uma vida eterna que inicia; mas a viuvez estabelece em relação ao céu uma ligação que os outros ignoram. A razão mesma do amor da viuvez é de se aproximar à vida eterna. Com efeito, o cônjuge defunto está junto de Deus; a sua vontade constitui uma coisa quase única com a vontade de Deus. O seu amor pela viúva se tornou a caridade mesma de Deus. A tal ponto que para a viúva querer atingir o marido é querer atingir a Deus; aproximar-se do cônjuge, iniciando em seu modo atual de existência, é nada mais que se aproximar daquele que o faz viver. Normalmente é preciso tempo antes que a viúva descubra o esplendor da visão de Deus no desejo de encontrar e chegar até o marido. O desejo maior ou menor de Deus pode influir para merecer a vida beatífica? Há uma relação entre o desejo de Deus e a vida do céu: "Faz-te capacidade e eu me farei torrente", diz Deus a Santa Catarina. Por esse motivo o Senhor ensinou: "Pedi e vos será dado" (Lc 11,9). A alma que tem "sede do Deus vivo", por isso mesmo já dá testemunho de que progride na caridade divina. "Mais a alma está informada sobre Deus, mais nela se desenvolve o desejo de o ver (*Cântico*, estrofe 6). E a viúva, até porque está vazia [*vidua*] de afetos terrenos, tem a vantagem de se abrir ao desejo do Senhor. Ela pode agora afirmar: "A nossa pátria, porém, está nos céus" (Fl 3,20).

5. ORAÇÃO DA VIUVEZ. A viúva, estando unida na caridade conjugal ao marido defunto, permanece de certo modo unida a ele também na oração. O cônjuge defunto está agora totalmente entregue à adoração e ao perene louvor celeste, e por meio dessa oração participa do mesmo amor providente de Deus; ele vela para que tudo seja ocasião de graça para a viúva, de modo particular para que o amor dela se transforme em virtude caridosa. Na alma do defunto não há mais do que amor e dom, o imenso desejo de poder dar o que há de melhor.

Isso deve induzir a considerar que o cônjuge bem-aventurado esteja no céu a proteger e impeça os sofrimentos. O amor do Pai por Jesus não lhe impediu a cruz. Os santos nos ajudam, com sua oração, a nos elevar à altura espiritual para a qual Deus nos chama, talvez mediante o sofrimento. O progresso espiritual das viúvas é devido também à oração paradisíaca do marido.

A viúva ora junto com o marido não só para receber graças, mas também para contribuir para a felicidade eterna do defunto e para aumentar a glória celeste dele. A Igreja forma um só corpo de Cristo; uma parte dele milita na terra, ao passo que outra sofre e expia para atingir a que reina no céu. Entre os membros dessa tríplice Igreja efetua-se uma circulação de bens sobrenaturais, circulação incessante que não pode ser parada nem por barreiras nem por fechaduras. Se a alma do cônjuge defunto se encontrasse no → PURGATÓRIO, ali ficaria para aprender a amar, para que seja dada à caridade divina. E a viúva tem todo o dever e vantagem de engrandecer com a sua oração de sufrágio ou de louvor a Deus o amor daquele que continua seu cônjuge.

6. O APOSTOLADO DA VIÚVA. A viúva não está apenas disponível para a oração; muitas vezes o está também para o serviço da caridade (1Tm 5,10). Antes de tudo, caridade na própria família. É preciso evitar estabelecer na casa um clima de dor ou de capela fúnebre. É preciso deixar que a família fique inundada da alegria grande do céu, onde vive (ou proximamente pelo menos viverá) o cônjuge desaparecido. É uma fé viva que é testemunhada entre filhos e estranhos. Para saber como realizar a oferta do próprio lar, é preciso olhar a Igreja que oferece o Cristo: essa oferta não é triste, uma vez que se fundamenta na certeza de que Cristo está na glória do Pai. A Igreja exprime a alegria dessa certeza; ela usa de meios para exprimi-la (cantos, flores, luzes, cores).

Além disso, a viúva deve se sentir a serviço de todos; põe-se na comunidade cristã, rica de caridade e de compreensão pelas misérias dos outros, especialmente em relação às famílias dilaceradas por egoísmos ou contrastes. Mas para realizar essa caridade apostólica a viúva percebe a necessidade de ser espiritualmente sustentada. Sente-se frágil, vulnerável às dificuldades interiores e exteriores da viuvez; ela deseja encontrar um apoio fraterno e decidido e ao mesmo tempo também conciliável com as responsabilidades da família, que ela sozinha pode assumir. Para esse fim percebe a necessidade de se encontrar com outras viúvas, no seio de um grupo fraterno, alimentada por uma mesma doutrina espiritual. Em algumas raras exceções, entra para um Instituto secular para ali realizar uma consagração a Deus (→ INSTITUTOS SECULARES). A consagração ilumina a via da viuvez e a torna definitiva; orienta a sua fidelidade perene, empenha no compromisso do Senhor, o qual é ao mesmo tempo sacrifício e alegria.

BIBLIOGRAFIA. AGOSTINHO, St. *De bono viduitatis*. PL 40, 432; AUBRY, J. *Matrimonio perché*. Torino, 1969; BONSEMBIANTE, M. Dal Cavolo. *Vedova*. Roma, 1947; CARRÉ, A. M. *Chemin de la croix pour les veuves*. Paris, 1963; *Comme un veilleur attend l'aurore. Le témoignane des veuves*. Paris, 1963; GIAMPAOLA, G. *Il vedovo*. Firenze, 1980; *L'amore piú forte della morte*. Torino, 1965; MAURI, P. *Itinerario spirituale della vedovanza cristiana*. Sestri Levante, 1961; PIO XIII. Discorso 16 settembre 1957. In *Discorsi e Radiomessaggi di S.S. Pio XII*. Città del Vaticano, 1958, 398-405, vl. XIX.

T. GOFFI

VIVACIDADE. 1. NOÇÃO. Em sentido genérico, vivacidade indica luz, movimento ou outra qualidade expressiva de vida, confundindo-se muitas vezes com brio, não obstante possuam aspectos diferentes. Brio é vigor e, temperado, é agilidade agradável de espírito; comporta um ar alegre e franco. Em concreto, pode-se ter vivacidade sem brio.

A vivacidade pode se apresentar como predisposição psíquica caracterial, ou ser regulada a ponto de se elevar a um modo perfectivo da personalidade. Todo indivíduo recebeu com a vida, por via hereditária, determinadas predisposições para certas propriedades psíquicas. Essas últimas, de acordo com a influência de um determinado ambiente e do empenho pessoal, podem se desenvolver ou modificar em diferentes modalidades. O ambiente educativo pode incidir extraordinariamente sobre seu possível desenvolvimento. Só predisposições muito fortes conseguem se manter em qualquer ambiente.

Ora, o conjunto dessas disposições psíquico-espirituais constitui o caráter; se, porém, forem consideradas no que diz respeito ao desenvolvimento atualmente conseguido, formam a personalidade. O educador procurará compreender o caráter da pessoa, que deve ajudar espiritualmente, para deduzir qual o método educativo mais apropriado para gerar nela hábitos virtuosos. A psicologia diferencial religiosa sugere precisamente que formação espiritual é conveniente em harmonia com um dado caráter.

2. VIVACIDADE COMO PREDISPOSIÇÃO PSÍQUICA. A vivacidade é uma qualidade própria da pessoa emotiva ou de um caráter irritável; indica um ritmo acelerado de processos psíquicos que exprime não tanto uma vitalidade particular quanto uma fraqueza do sistema nervoso impressionável ou excitável.

Chama-se emotivo aquele que fica comovido ou perturbado quando a maior parte das pessoas não o são, ou quando em determinadas circunstâncias é sacudido por maior violência com relação à média dos homens. O emotivo sofre uma fácil e intensa impressão quando é dominado por representações psíquicas na medida em que estão atualmente presentes no ânimo; mas se mostra com muita imunidade e defesa em relação às que desapareceram do campo da clara consciência.

O emotivo, quanto ao caráter, é definido como tipo primário e não secundário. A vida do primário é regulada diretamente pelos eventos presentes; nele a memória serve de modo limitado para oferecer somente informações úteis, que melhor permitam uma ação apta ao momento fugaz. Já no caráter de tipo secundário, o passado não serve apenas para sustentar o presente; ordena-o, orienta-o, delineia-o de modo preventivo, rejeita alguns de seus aspectos e o projeto para o futuro. O primário se sujeita ao que acontece, o secundário, ao que aconteceu. A atividade de um primário tem sempre alguma coisa de descontínuo; a de um secundário é coerente. A personalidade do primário é mutável e polimorfa; profundamente integrada é a do secundário. Um vive para a fantasia; outro, para o sistema.

De outro lado existe uma estreita relação entre o presente e o mundo externo. Estar atento ao "dado" significa estar voltado para o externo: o passado, porém, é totalmente interior. O primário possui uma perceptividade e uma sensibilidade excepcionais em relação ao mundo externo. Será, por isso, capaz de rápidas adaptações, terá reações vivas, mas superficiais. O secundário, porém, está mais voltado para o seu mundo interior; empenha-se profundamente em tudo o que realiza; é mais poderoso, mas também mais rígido e lento; substitui a espontaneidade pela reflexão; mal se adapta às novidades e delas desconfia, mas prevê as surpresas com sua clarividência.

Como conclusão, pode-se dizer que o emotivo ou primário caracteriza-se pela vivacidade.

3. PREDISPOSIÇÕES NATURAIS E ESPIRITUAIS. A espiritualidade passada considerava ideal inculcar em todos os adolescentes certa personalidade padronizada e indiferenciada; auspiciava o nivelamento dos aspectos individuais exuberantes. Hoje, porém, faz-se uso de um critério diferente conforme alguém se consagre a uma espiritualidade monacal ou pratique uma ascese leiga.

Quando se trata de almas que se consagram com votos solenes, a regra monacal pode exigir que se faça até violência a algumas tendências naturais para a instauração de determinados valores sobrenaturais. A consagração religiosa pode implicar o sacrifício de alguns valores humanos para favorecer uma união mais imediata com o Senhor. Assim, no nosso caso, a regra religiosa poderia exigir certa compostura habitual, uma ausência de reações nervosas imediatas, uma impossibilidade que freia a facilidade das emoções.

Mas como isso é humanamente concebível? A interioridade do funcionamento cerebral humano é uma realidade espiritual, que permite portanto a graça e é susceptível de impregnação e de profunda transformação por parte da vida sobrenatural. A graça pode também transformar certos aspectos do psiquismo humano; é capaz de permear e de transformar inteligência e vontade humanas inserindo nelas capacidade divinas de conhecer e de amar, e de fazer nascer delas uma vida psicológica sobrenatural.

A ascese leiga de hoje (após o progresso da psicologia e do difuso senso da autonomia pessoal) prefere convidar cada pessoa a se conhecer e a se aceitar; ordinariamente, nenhum progresso se realiza na ignorância e na negligência dos próprios dados naturais. O fim da educação espiritual é desenvolver um dado caráter, tornando-o dócil ao Espírito Santo.

De modo particular, os adolescentes de hoje, educados em ambientes abertos e no íntimo contato com os adultos, não estão dispostos a acolher um conformismo espiritual. E quando isso é imposto, exceto se se tratar de adolescentes já psiquicamente inclinados a uma passiva submissão, dão mostras de sofrer em sua personalidade profunda. Por isso não convém que o educador imagine um ideal caracterial e procure a ele levar espiritualmente toda alma por ele dirigida. É necessário estudar o caráter de todo adolescente e aperfeiçoá-lo em seus traços naturais para um equilíbrio maduro apropriado. Assim, por exemplo, não é bom ver na espontânea vivacidade ou na emotividade aberta de um adolescente um sinal de orgulho ou de falta de deferência em relação aos superiores; são virtualidades que podem ser aceitas, purificadas e fortalecidas numa ardente vida sobrenatural.

BIBLIOGRAFIA. BERGER, G. *Analisi del carattere*. Torino, 1965; DAUJAT, J. *Psychologie contemporaine et pensée chrétienne*. Tournai, 1962; LERSCH, Ph. *La struttura della persona*. Padova, 1956; NORA, G. Della. *Condizionamenti biologici della personalità*. Torino, 1956; SENNE, R. Le. *Traité de caractérologie*. Paris, 1949.

T. GOFFI

VOCAÇÃO. 1. SIGNIFICADO. O termo "vocação" assumiu vários significados na cultura contemporânea, pondo sempre no centro, em diversas modalidades, a pessoa. Por vocação se entende, em primeiro lugar, o "projeto de vida" que cada qual elabora na multiplicidade de experiências que cobrem, em nível cada vez mais profundo, os vários aspectos da vida; está estreitamente ligado ao processo de maturação da identidade, cujo eixo são os valores feitos próprios pela pessoa e organizados num sistema coerente de significado, que dá sentido e orientação à existência como indivíduo e como membro da sociedade.

O projeto nasce da tomada de consciência de ser parte viva da sociedade e do mundo e de ter para com eles responsabilidades precisas. O projeto adquire o caráter de opção vital diante do "chamado" que chega à pessoa por parte das realidades à sua volta ou que lhe estão presentes pelas mais variadas mediações.

O termo "vocação", em sentido mais amplo, pode ser usado para indicar a inclinação para uma determinada profissão, um conjunto de atitudes e qualidades que levam a escolhas precisas, ou ainda o papel, a tarefa e a missão que uma pessoa, um grupo ou até uma nação se sente chamada a desenvolver em benefício dos outros. O amplo espectro de significados ressalta a riqueza do "ministério da pessoa humana", que transcende toda definição e descrição.

No âmbito religioso, à luz da → PALAVRA DE DEUS, vocação indica a ação do chamado por parte de Deus como sua iniciativa de amor e a resposta da pessoa num diálogo de amor e de participação corresponsável. Deus é apontado como "aquele que chama" (cf. Is 59,1; Jr 1,5; Rm 9,12; Gl 1,15; 5,8).

Chama à vida, à existência (cf. Gn 1–2), à salvação segundo o seu "propósito e a sua graça" (cf. 2Tm 1,9). No chamado, Deus revela, doa-se, entra em relação com a humanidade, com a história dos indivíduos e das nações; convida ao diálogo familiar com ele, a entrar "como filho" na sua casa. O chamado é pessoal e é coletivo. Deus chama a si uma pessoa e um povo para torná-los partícipes da sua vida e lhes confiar uma missão no quadro da história da → SALVAÇÃO e para a realização progressiva dela, "em Jesus Cristo". "Para realizar esse seu plano de salvação, depois da violação da aliança por parte dos progenitores no Éden (Gn 3), Deus chama Abraão para fazer dele uma grande nação (Gn 12,1-3) e estabelece a sua aliança com os filhos de Jacó (vocação de Israel); uma aliança que terá seu cumprimento somente em Cristo e na Igreja (vocação cristã). As etapas mais significativas da história da salvação, que é uma história de vocação e de vocações, são marcadas pelo chamado de alguns indivíduos aos quais Deus confia uma missão para levar adiante o seu projeto vocacional a respeito da criação, do homem e de toda a humanidade" (M. CONTI, *La vocazione e le vocazioni nella Bibbia*, 67).

O chamado individual é plenamente inteligível se é visto a serviço do povo de Deus e da criação. Envolve a pessoa na sua totalidade, no profundo do seu ser, sendo o seu "nome"; por meio dele envolve a própria criação. Supera, portanto, a existência, o projeto individual, o futuro de cada um ou de um grupo. Para o indivíduo a vocação é tudo: é o seu ser e é o objetivo da sua existência. Todavia, embora permanecendo a vocação uma realidade pessoal, para descobrir sua profundidade e valor ela deve ser vista na totalidade do desígnio de Deus e em suas fases de realização. Nesse contexto, emergem como seus caracteres próprios as dimensões histórica, comunitária e cósmica. Toda vocação está ligada ao bem do conjunto, porque cada qual é membro do povo de Deus e é cidadão de toda a humanidade; e como tal, segundo a sua identidade irrepetível, concorre para o processo de construção da comunidade humana como família de Deus e para a transformação do cosmos (cf. *GS* 32.38.40).

A vocação tem ao mesmo tempo um caráter dialógico, de comunhão e dinâmico. A resposta da liberdade do homem ao apelo é acolher o convite para entrar em comunhão de vida e de amor com Deus, em Cristo Jesus, que se exprime na "obediência da fé" (cf. Hb 11,8; Gl 1,16) e em se empenhar na obra de Deus, que para os discípulos é a do corpo de Cristo sobre a terra, a obra redentora.

2. BASES E CRITÉRIOS PARA UM APROFUNDAMENTO. A convergência de três critérios fundamentais, na base de toda consideração sobre a vocação, permite compreender a vocação primária do homem e o valor e a função de toda vocação particular. A ação educativa e a presença discreta e atenta no acompanhamento pessoal encontram neles outros tantos pontos de referência e os conteúdos essenciais para os programas educativos, diferenciados, personalizados e inculturados.

O primeiro fundamento e critério é constituído pela realidade do homem "à imagem" de Deus. "A Sagrada Escritura ensina que o homem foi criado 'à imagem de Deus', capaz de conhecer e de amar o próprio Criador, e que foi constituído por ele acima de todas as criaturas terrenas como senhor delas (cf. Gn 1,26; Sb 2,23), para as governar e delas se servir para a glória de Deus" (*GS* 12). A Bíblia não analisa o homem em seus componentes, mas o considera na sua relação e na sua história com Deus. Não é, portanto, identificável e cognoscível plenamente senão nessa relação. Dentro de si descobre os dinamismos profundos do seu ser que, na vivência de relações, o tornam, por dentro, imagem semelhante. "O homem, imagem de Deus, deve chegar à semelhança, que é ao mesmo tempo encontro e participação, adesão ao grande ritmo trinitário da criação e da recriação do homem" (O. CLÉMENT, *Alle fonti com i Padri*, 75).

O homem "à imagem de Deus" torna-se "rosto", descobre o próprio nome no desígnio de Deus e o realiza vivendo e atualizando as forças dinâmicas próprias do seu ser. O homem, ou seja, criatura livre, é, antes de qualquer coisa, chamado a viver em relação constante e essencial com Deus. O "sopro" e a "palavra" são dois termos reveladores da sua realidade profunda. Mediante o "sopro vital" o homem é constituído no seu ser. O "sopro" é a sua origem. A palavra indica a relação com Deus, de comunhão e de dependência vital, como filho do Pai, mas também como "tu". Relação de comunhão total, simples, familiar. "A razão mais alta da dignidade do homem consiste na sua vocação à comunhão com Deus" (*GS* 19). O homem, porém, "se degrada quando cancela Deus do seu horizonte. É como se a Terra se separasse do Sol: ela voaria no caos da autodestruição" (A. DEISSLER, *L'uomo secondo la Bibbia*, 15).

Justamente porque "imagem de Deus", o homem escapa a toda definição, transcende todos os dados biológicos e das ciências, tende perenemente à liberdade e a construir na liberdade e no amor fecundo; faz história com Deus e o seu povo, aberto aos horizontes imensos da criação, passo a passo, com as suas escolhas no cotidiano. É o inefável mistério do amor envolvente de Deus que caminha com o homem como um Pai que tem cuidado de cada um e se faz companheiro de viagem, para que cada qual descubra a si mesmo, aceite a vida e a irradie nos desertos dos corações e do universo.

Porque imagem de Deus, o homem entra em relação com o universo como senhor e rei, com a tarefa própria de um filho: guardar, livrar, respeitar, honrar, proteger, ordenar toda realidade. Vivendo essa relação segundo o desígnio de Deus e na comunhão com ele torna-se ele mesmo na sua integralidade e harmonia. É uma via complementar e coessencial, para descobrir a vocação específica, na articulação do povo de Deus, uno e multiforme. É, portanto, uma condição básica para desenvolver todos os recursos da própria criatividade, "em pobreza e liberdade de espírito" (cf. *LG* 37).

Enfim, pela mesma realidade — "imagem de Deus" — o homem é constitucionalmente um ser dialógico com o seu semelhante. "Deus, que tem cuidado paternal com todos, quis que os homens formassem uma só família e se tratassem entre si com ânimo de irmãos" (*GS* 24). Justamente porque a vida social não é algo externo ao homem, mas constitutivo, ele não pode se encontrar plenamente "senão por meio do dom sincero de si"; além disso, "cresce em todas as suas qualidades e pode responder à sua vocação mediante a relação com os outros, os deveres mútuos, o colóquio com os irmãos" (*GS* 24.25). É chamado a construir uma "genuína fraternidade" (cf. *GS* 37). Todos os homens juntos — "o homem em comunhão" (O. Clément) — constituem a imagem de Deus na sua plenitude e no seu esplendor, em Cristo Jesus.

Essas três dimensões relacionais e dinâmicas tornam-se, porque constitutivas do ser, os critérios fundamentais no âmbito educativo, para aprofundar a própria vocação, para elaborar programas de formação e para o acompanhamento vocacional específico. Não há, portanto, amadurecimento da identidade pessoal, desenvolvimento do sentido de pertença, descoberta do próprio papel original na história senão "fazendo história" com Deus junto com os próprios irmãos e com toda a família humana, construindo relações positivas com a criação ("dominar a terra"), voltados para a plena liberdade "da escravidão da corrupção" (cf. Rm 8,19-22). Toda vocação particular exprimirá e viverá desses dinamismos segundo o próprio estilo, a própria forma de vida e missão, e sempre na orgânica comunhão do povo de Deus, "imagem" de Deus-Trindade. Enxertado em Cristo Jesus (cf. Jo 15,5), o homem encontra assim a si mesmo e adquire na "verdadeira luz a sua altíssima vocação" (cf. *GS* 22). Adão, pecador, enfim, não pode voltar a ser plenamente o que é de direito — à imagem de Deus — se não for de novo modelado à imagem de Cristo, "não simplesmente à imagem do Verbo, mas à imagem do Crucificado, vencedor da morte" (X. LÉON-DUFOUR, Uomo, in *Dizionario di Teologia Biblica*, 1328). Em Cristo Jesus, morto e ressuscitado, o homem se torna criatura nova (Gl 6,15; 2Cor 5,17), membro do povo novo "constituído para uma comunhão de vida, de caridade e de verdade", por Cristo "elevado a ser instrumento da redenção de todos", enviado a todo o mundo "como luz do mundo e sal da terra" (*LG* 9).

O segundo critério fundamental é, portanto, a realidade da Igreja, corpo de Cristo e povo de Deus peregrinante. Nela cada membro tem uma função própria para o bem de todo o corpo (cf. 1Cor 12,1-11) e todos juntos, confessando a verdade na caridade (cf. Ef 4,15), operam para a salvação até que Deus seja tudo em todos e a humanidade se torne a família de Deus animada por um só Espírito (cf. *LG* 7.48).

A vocação da Igreja, "a grande chamada" (Paulo VI) e a esposa de Cristo, é a vocação fundamental de cada um: chamado à santidade, à comunhão na unidade (cf. Jo 17,21), à missão (cf. *Mutuae relationes*, n. 4), vivida na grande variedade de formas, segundo os dons ou carismas e ministérios dados por Cristo cabeça para o crescimento da Igreja (cf. *Mutuae relationes*, n. 5).

O chamado à perfeição da caridade leva à plenitude da vida cristã na identificação a Cristo. "O Senhor Jesus, mestre e modelo divino de toda perfeição, a todos e a cada um dos seus discípulos de qualquer condição pregou a santidade de vida de que ele próprio é autor e aperfeiçoador: 'Vós, portanto, serei perfeitos, como é perfeito o vosso Pai celeste' (Mt 5,48). Com efeito, enviou a todos o Espírito Santo que os convida interiormente a amar a Deus com todo o coração, com toda a alma, com toda a mente, com todas as forças (cf. Mc 12,30), e a se amar mutuamente como Cristo os amou (cf. Jo 13,34; 15,12)" (*LG* 40).

O chamado à comunhão e à comunidade está ligado à natureza mesma da Igreja: "No mistério da Igreja a unidade em Cristo comporta uma mútua comunhão de vida entre os membros. Com efeito, Deus quis santificar e salvar os homens não individualmente e sem ligação entre eles, mas os quis constituir como povo" (*LG* 9). Ou como revela Paulo: "Nós somos um só corpo em Cristo, sendo todos membros uns dos outros" (Rm 12,5). É eco fiel do ensinamento do próprio Jesus "o qual revelou a misteriosa unidade dos seus discípulos com ele e entre si, apresentando-a como uma imagem e prolongamento daquela arcana comunhão que liga o Pai ao Filho e o Filho ao Pai no vínculo amoroso do Espírito (cf. Jo 17,21)" (*CfL* 12). E ao formarem o único corpo do Senhor, enriquecido dos seus dons, os membros da Igreja se tornam participantes do ofício sacerdotal, real, profético de Jesus Cristo (Cf. *CfL* 14).

O chamado, enfim, ao testemunho e ao serviço para a salvação do mundo está estreitamente ligado à comunhão; com efeito, somos "chamados a reviver a comunhão mesma de Deus e a manifestá-la e comunicá-la na história (missão)" (*CfL* 8; cf. n. 32). A evangelização é a vocação própria da Igreja (cf. *EN* 14-15). É de todos os cristãos, portanto, "o empenho de trabalhar a fim de que a divina mensagem da salvação seja conhecida e aceita por todos os homens sobre a terra" (*AA* 3; cf. *AG* 35; *EN* 66-73).

O terceiro critério fundamental é constituído pela realidade da Igreja-comunhão, que representa "o conteúdo central do mistério, ou seja, do desígnio divino da salvação da humanidade" (*CfL* 19). É no interior do mistério da Igreja como mistério de comunhão que se revela "a identidade" de toda vocação e a sua missão específica na Igreja e no mundo. "A comunhão eclesial se configura como uma comunhão 'orgânica', análoga à de um corpo vivo e operante: ela, com efeito, se caracteriza pela copresença da diversidade e da complementaridade das vocações e condições de vida, dos ministérios, dos carismas e das responsabilidades" (*CfL* 20).

3. AS VOCAÇÕES ESPECÍFICAS. Os três critérios indicados e, em particular, a visão eclesial são essenciais para perceber o significado e a função das vocações chamadas específicas e para lhes dar um fôlego universal, como o exigem sua mesma natureza e sua raiz batismal. "A Igreja não foi instituída com o fim de ser uma organização de atividades, mas sim como corpo de Cristo, para dar testemunho" (*Mutuae relationes*, n. 20). As vocações específicas são ordenadas para o bem de todo o corpo para a sua comunhão orgânica, para vivificar suas funções e atividades (cf. *Mutuae relationes*, n. 5), por sua constante renovação e para o seu crescimento "até que cheguemos todos juntos à unidade na fé e no conhecimento do Filho de Deus, ao estado de adulto, à estatura de Cristo em sua plenitude" (Ef 4,13). Graças à variedade dos ministérios e dos carismas, a Igreja está toda ela cheia de boas obras e preparada para a sua missão; ao mesmo tempo, como esposa adornada para seu esposo (cf. Ap 21,2), manifesta ao mundo a multiforme sabedoria de Deus (cf. *PC* 1).

No documento da Conferência Episcopal Italiana referente à formação dos candidatos ao sacerdócio (1972), as vocações particulares são apresentadas como "o modo próprio de todo homem realizar o chamado à santidade, à comunidade, ao testemunho em relação ao povo de Deus e às suas exigências" (*Orientações e normas*, 311). Modalidades que exprimem uma peculiar participação no mistério de Cristo, do qual põem em evidência, vivendo em seu seguimento entre os homens, uma dimensão, uma função ou um aspecto determinado.

Na exortação apostólica *Christifideles laici*, a variedade de vocações em que se articula o povo de Deus é apresentada na luz da parábola da videira e dos ramos, que serve de fundo a todo o documento. "Operários da vinha são todos os membros do povo de Deus, os sacerdotes, os religiosos e as religiosas, os fiéis leigos, todos a um tempo objeto e sujeito da comunhão da Igreja e da participação na sua missão de salvação. Todos e cada um trabalhamos na única e comum vinha do Senhor com carismas e ministérios diversos e complementares. Já no plano do ser, antes mesmo que no plano do agir, os cristãos são ramos da única e fecunda videira, que é Cristo, são membros vivos do único corpo do Senhor edificado na força do Espírito" (*CfL* 55). O texto define o que contém a expressão "no plano do ser": "não significa somente: mediante a vida da graça e da santidade, que é a primeira e a mais exuberante fonte da fecundidade apostólica e missionária da Santa Mãe Igreja; mas significa também, mediante o estado de vida que caracteriza os sacerdotes e os diáconos, os religiosos e as religiosas, os membros dos Institutos seculares, os fiéis leigos".

Emerge como dado de comunhão, que faz superar paralelismos e privilégios, a ligação existente entre as vocações particulares e, além disso, sua referência ao desígnio de salvação do Pai e ao único corpo de Cristo. "Na Igreja comunhão, os estados de vida são de tal modo ligados entre si que estão ordenados um ao outro. Certamente comum, até mesmo único, é o significado profundo deles: o de ser modalidades diversas segundo as quais viver a igual dignidade cristã e a universal vocação à santidade na perfeição do amor. São modalidades ao mesmo tempo diferentes e complementares, de modo que cada uma delas tem uma original e inconfundível fisionomia própria a ao mesmo tempo cada uma delas se põe em relação com as outras e a seu serviço" (*Ibid.*). O texto continua, especificando a relação e o serviço: "Assim o estado laical tem na índole secular a sua especificidade e realiza um serviço eclesial ao testemunhar e ao lembrar, a seu modo, aos sacerdotes, aos religiosos e às religiosas o significado que as realidades terrenas e temporais têm no desígnio salvífico de Deus.

Por sua vez, o sacerdócio ministerial representa a permanente garantia da presença sacramental, nos diversos tempos e lugares, de Cristo redentor. O estado religioso dá testemunho da índole escatológica da Igreja, ou seja, a sua tensão para o reino de Deus, que é prefigurado e de certo modo antecipado e prelibado pelos votos de castidade, pobreza e obediência". E o que é fundamental para a missão da Igreja, testemunha no próprio ser do projeto de Deus como "imagem viva" de Cristo, vem indicado como conclusão no parágrafo: "Todos os estados de vida, seja no seu conjunto, seja cada um deles em relação aos outros, estão a serviço do crescimento da Igreja, são modalidades diferentes que se unificam profundamente no 'mistério de comunhão' da Igreja e que se coordenam dinamicamente na sua única missão. Desse modo, o único e idêntico mistério da Igreja revela e revive, na diversidade dos estados de vida e na variedade das vocações, a infinita riqueza do mistério de Cristo".

As indicações oferecidas pela exortação apostólica *Christifideles laici* estimulam a um ulterior aprofundamento para uma visão orgânica, completa, substancial de cada uma das vocações, abertos com espanto e gratidão à significativa criatividade do Espírito, que continuamente enriquece a Igreja de novos dons e carismas, segundo as exigências de amadurecimento do corpo de Cristo e as necessidades da humanidade no espaço e no tempo. Continuam luminosos os documentos do Vaticano II, que determinaram uma profunda guinada na concepção mesma da "vocação", limitada precedentemente de modo quase exclusivo ao sacerdócio, e provocaram ulteriores estudos e pesquisas no plano interdisciplinar, sustentados por um processo laborioso e profundo de purificação e de renovação evangélica e apostólica.

4. AMADURECIMENTO DA VOCAÇÃO. Falar do amadurecimento da vocação é entrar no "mistério" da pessoa e da sua relação pessoal com Deus, com o homem, com a criação dentro da qual cresce, se desenvolve, conquista a própria identidade, atinge aquele nível de maturidade humana e espiritual que está na base da opção fundamental por Cristo Senhor, que faz de cada qual um co-protagonista da história da salvação. Exige por isso do educador e de todo adulto o respeito, na fé e no amor, pela realização do "mistério do homem" no diálogo com Cristo nas realidades que compõem a sua vida, e a oferta de uma ajuda à liberdade de toda pessoa para que saiba discernir "o que é bom, o que é agradável a Deus, o que é perfeito" (Rm 12,2) e decidir, guiado pela Palavra e animado pela caridade. No percurso original e irrepetível para cada um, vivido no desdobramento do cotidiano com a ajuda da própria época e do próprio mundo cultural e social, o homem descobre o pensamento de Deus sobre si inscrito no seu ser e ouve aquela voz discreta e inquietante do Espírito que propõe e estimula um → DOM DE SI cada vez mais completo ao Pai e ao próprio povo.

A descoberta e a tomada de consciência da vocação não é um processo que se sobrepõe ao processo de amadurecimento da pessoa: "A vocação está enraizada no ser do homem, cresce com ele e na sua história" (*Orientações e normas*, 523). A escolha de um projeto de vida é o fruto do crescimento de toda a pessoa, escolha que se manifesta como um estímulo vital para um "desdobramento", um desabrochamento harmonioso e unitário do próprio ser segundo o seu nome; é ver delinear-se por dentro o verdadeiro rosto próprio, à "imagem de Deus".

O ponto de partida do caminho não é algo artificial e externo, mas é a própria pessoa desde o seio materno, cujo ser é o germe que contém potencialidades insuspeitas e cujo desabrochamento revela o desígnio de Deus dentro dele. A ação educativa se dirige a toda a pessoa, ao passo que oferece um ambiente idôneo à sua expansão integral sob a ação do Espírito e no entrelaçamento das relações sociais e com a criação. As intervenções específicas que tratam da orientação não são senão um serviço normal prestado no "momento oportuno" ao longo de todo o arco do desenvolvimento; mas é cada pessoa em particular que constrói a si mesma e o próprio futuro nos atos que põe, no que faz e escolhe em cada uma das situações e na troca interpessoal. Nessa dinâmica, que constitui a sua história na história do seu povo e da humanidade, toma consciência das suas qualidades, do seu valor, das próprias aptidões, da consistência pessoal, das motivações e do desenvolvimento delas, dos apelos próprios da natureza, na condição da sociedade, na vida dos outros, nos gemidos dos pobres, nos múltiplos desafios contidos numa sociedade em profunda e rápida transformação como a atual. Com suas respostas, cada qual tende a estabelecer com a realidade (pessoas, coisas, cultura) uma relação construtiva, ou seja, que lhe permita desenvolver e realizar a si mesmo e de descobrir o próprio lugar e papel na sociedade e no povo de Deus. É um dinamismo constante e uma tarefa sempre aberta, porque a vida é contínuo desenvolvimento segundo a opção fundamental posta na base da própria existência, que para o cristão é a opção por Cristo e o seu seguimento na partilha da sua missão.

No amadurecimento das vocações costuma-se distinguir, no processo unitário e gradual, algumas etapas ou fases. Elas se definem à luz do tipo de aproximação, ou seja, do ângulo pelo qual é analisada a realidade da pessoa e do projeto de vida. Temos, portanto, a leitura antropológica, psicológica, sociológica e teológica da vocação e do seu desenvolvimento. O conjunto dos dados e dos elementos permite compreender melhor seja o processo de crescimento das pessoas, seja as passagens fundamentais para chegar a definir a si mesmo e descobrir na vocação pessoal a própria identidade e missão na Igreja e no mundo. As considerações parciais ou circunscritas dentro dos limites só das ciências e da experiência podem se revelar, ao contrário, coercivas em relação ao desenvolvimento da pessoa e limitativas em relação à compreensão objetiva da vocação, a qual, por sua natureza, transcende todos os dados, sendo o homem, como nova criatura em Cristo, participante da vida da Trindade e a caminho para a plenitude da própria existência, membro de um povo peregrinante e do corpo de Cristo.

Uma visão harmoniosa, global, aberta, dinâmica e em constante confronto com a realidade e com a Palavra pode ser capaz de valorizar toda contribuição e toda experiência, porquanto põe no centro da própria reflexão e do próprio serviço a pessoa como sujeito vivo de relação, na sua unidade e que, portanto, não se repete.

Um primeiro dado, como primeiro objetivo na formação e no acompanhamento, é constituído pelo amadurecimento da disponibilidade. É uma atitude-chave que cria as condições psicológicas e espirituais da escuta, do diálogo, do confronto, da procura e para a assimilação dos valores. É uma atitude que acompanha a evolução do projeto de vida, de fantasioso e idealizado, a realista, para-os-outros e com-os-outros, oblativo, centrado no amor a Cristo e aos irmãos.

Para Marchand as fases fundamentais de amadurecimento da vocação correspondem às fases fundamentais mediante as quais o jovem passa em seu aprendizado do amor. "A história do homem é a história da sua necessidade e da sua capacidade de amar. A vocação individual é o chamado dirigido pelo Criador a todo homem, para um ou vários papéis particulares, na linha do amor" (F. MARCHAND, Étapes de la vocation chez l'enfant et l'adolescent, *La Vie Spirituelle* 80. Supplément [1967] 55-56).

O tema das motivações é central no processo de amadurecimento da vocação. É sobre isso que cada vez mais se dá atenção, no âmbito da pesquisa e no campo formativo direto, em particular sobre a relação entre necessidades pessoais e valores vocacionais (cf. B. GIORDANI, Le motivazioni psicologiche della vocazione, *Vita Religiosa* 6 [1970]; ID. *Risposta dell'uomo alla chiamata di Dio*, Roma, 1979; L. RULLA, in *Struttura psicologica e vocazione...*, Torino, 1977; P. GIANOLA, Lo sviluppo vocazionale..., *Orientamenti Pedagogici* 31 [1984]).

Dentro desse processo se manifesta a ação discreta e surpreendente do Espírito segundo a lógica misteriosa das "vias de Deus" e do seu amor pessoal e universal. A descoberta da vocação e o seu amadurecimento acontecem na vivência de fé e de caridade operosa, na partilha da vida da comunidade eclesial como lugar de crescimento e mediação, na escuta assídua da Palavra e na celebração dos mistérios de Cristo com toda a comunidade eclesial que se põe a serviço dos irmãos e dos últimos. O ponto de referência constante para compreender o próprio caminho e o amadurecimento do sentir interior no diálogo com Cristo e com o homem é a Palavra. Nela — aceita, guardada, refletida — aprende-se a "pedagogia de Deus" nos diversos chamados que constelam a vida do seu povo e como se realizam na história da Igreja. Emergem as constantes e as nuanças na variedade do diálogo com aqueles que escolhe, chama, forma, constitui, envia (cf. *EN* 66).

Toda vocação, todo "amigo de Deus" e todo discípulo de Cristo Senhor se torna, na sua vida e na sua relação com Deus, com a humanidade e com a criação, revelação progressiva das dimensões do amor do Pai, do seu desígnio de salvação, do homem novo "imagem do homem celeste", da vocação da humanidade e da própria criação. A vocação mostra-se então como convite insistente para penetrar mais profundamente no conhecimento de Deus, para participar da sua própria vida de filho e da missão de Cristo. A vocação não é somente um projeto pessoal "na medida do homem" e seu fruto; tem na sua origem a Palavra criadora de Deus em diálogo de amor com a liberdade do homem. Transcender a realidade humana na maturação do projeto de vida é levar cada qual a descobrir a sua presença na própria vida e deixar-se tomar por tal presença: "O Mestre está aí e te chama" (Jo 11,28). "Jesus fitou-o e começou a amá-lo (Mc 10,21). "Vem e segue-me" (Mt 19,21). A vocação é chamado, resposta, reciprocidade, partilha de vida e de missão. O seu horizonte é a humanidade chamada a se tornar família de Deus (cf. *LG* 40). O seu segredo é o amor que se reconhece em Cristo e Cristo crucificado, o Cordeiro, o Senhor construtor da história. Seguimo-lo, como povo de Deus e como discípulos chamados pelo nome, por toda a parte a que ele nos conduz. Ação de graças, espanto, temor, confiança, comunhão, sofrimento pelo Evangelho, amor criativo e interpelante, liberdade e alegria forram o caminho.

BIBLIOGRAFIA. ALTANA, A. *Vocazione cristiana e ministeri ecclesiali*. Roma, 1976; *La vita religiosa. Bilancio e prospettive*. Roma, 1976; ALUFFI, A. *Vocazione e vocazioni*. Roma, 1971; BABIN, P. *Il tuo domani*. Torino-Leumann, 1968; BALTHASAR, H. U. Von. *Gli stati di vita del cristiano*. Milano, 1985; BISIGNANO, S. Vocazione. In *Dizionario di Spiritualità dei Laici*. Milano, 1981, 380-389, vl. II; CARRIER, H. *La vocazione. Dinamismi psicosociali*. Torino-Leumann, 1967; CENCINI, A. – MANENTI, A. *Psicologia e formazione*. Bologna, 1985; CLÉMENT, O. *Alle fonti con i Padri*. Roma, 1987, 75-90 (La vocazione dell'uomo); CONCETTI, G. La vocazione nell'insegnamento di Paolo VI. *Vita Religiosa* 3 (1967) 121-130; CONTI, M. La vocazione e le vocazioni nella Bibbia. In UFFICIO FORMAZIONE USMI. *Corso biennale di formazione e di aggiornamento per maestre di noviziato*. Roma, 1986, 67-77; ID. *La vocazione e le vocazioni nella Bibbia*. Roma, 1985; DELABROYE, M. La vocazione. In *Per una presenza viva dei religiosi nella Chiesa e nel mondo*. Torino-Leumann, 1970, 145-181; ID. *Vocation expérience spirituelle du chrétien*. Paris, 1968; ID. Aspects psychologiques du développement de la vocation. *La Vie Spirituelle*. [Supplément] 86 (1968) 446-458; DHO, G. *Pastorale e orientamento delle vocazione*. Roma, 1966; GALOT, J. La vocazione secondo l'Antico Testamento. *Vita Consacrata* 2 (1978) 65-81; ID. La vocazione nel Nuovo Testamento: Cristo e la vocazione. La vocazione cristiana universale. *Ibid.*, 133-148; ID. Le vocazioni particolari. *Ibid.*, 197-210; GIANOLA, P. Lo sviluppo vocazionale. Compenetrazione di grazia, libertà e metodologia. *Orientamenti Pedagogici* 31 (1984) 256-278; GIORDANI, B. Le motivazioni psicologiche nella vocazione. *Vita Religiosa* 6 (1970) 75-82; ID. *Risposta dell'uomo alla chiamata di Dio*. Roma, 1979; GIOVANNI, A. di. L'opzione fondamentale nella Bibbia. In *Fondamenti biblici della teologia morale*. Brescia, 1973, 61-82; GODIN, A. Psychologie de la vocation, un bilan, Paris, 1975; GREGANTI, G. *La vocazione individuale nel Nuovo Testamento. L'uomo di fronte a Dio*. Roma, 1969; HOSTIE. *Il discernimento delle vocazioni*. Torino, 1964; IZARD, R. L'évolution de la notion de vocation dans l'histoire. *Vocation* 255 (1971) 299-321; *La vocation et les vocations à la lumière de l'ecclésiologie du Vatican II*. Bruxelles, 1966; *La vocation religieuse et sacerdotale*. Paris, 1969; *La vocation, éveil et formation*. Paris, 1965; *La vocazione comune e vocazioni specifiche*. Roma, 1981; *La vocazione per la Chiesa di oggi*. Roma, 1980; *Pregare, chiamare, rispondere*. Mensagens de PAULO VI e de JOÃO PAULO II para a Jornada mundial de oração pelas vocações. Roma, 1981; *La vocazione*. Roma, 1978; LEON-DUFOUR, X. Uomo. In *Dizionario di Teologia Biblica*. Torino, 1971, 1319-1330; LESAGE, G. *Dinamismo della vocazione*. Alba, 1967; LORIMIER, J. de. *Progetto di vita dell'adolescente*. Torino-Leumann, 1969; MARCHAND, F. Étapes de la vocation chez l'enfant et chez l'adolescent. *La Vie Spirituelle*. [Supplément] 80 (1967) 53-65; ID. Étude psychologique des motivations d'une vocation. *La Vie Spirituelle*. [Supplément] 72 (1965) 77-100; MARTINI, C. M. – VANHOYE, A. Bibbia e vocazione, Brescia, 1982; OLMO, G. del. La vocación personal en el AT. Los relatos y su teología. *Claretianum* 11 (1971) 9-96; ORAISON, M. Vocazione fenomeno umano, Bologna, 1971; PANCIERA, M. *Le vocazioni nelle comunità cristiane*. Roma, 1970; *Per una presenza viva dei religiosi nella Chiesa e nel mondo*. Torino-Leumann, 1970; PIGNA, A. *La vocazione. Teologia e discernimento*. Roma, 1977; RAVASI, L. R. *Fontes et bibliographia de vocatione religiosa et sacerdotali*. Mediolani, 1961; ROMANIUK, C. La vocazione nella Bibbia, Bologna, 1973; RONCO, A. La decisione umana come fattore educativo. *Orientamenti Pedagogici* 6 (1964) 1221-1238; ROSSI, L. La opzione fondamentale. In *Dizionario Interdisciplinare*. 619-629, II; RULLA, L. – IMODA, F. – RIDICK, J. *Struttura psicologica e vocazione*. Motivazioni di entrata e di abbandono. Torino, 1977; RULLA, L. M. Antropologia e vocazione, Torino, 1985; ID. *Psicologia del profondo e vocazione: le istituzioni*. Torino, 1975; ID. *Psicologia del profondo e vocazione: le persone*. Torino, 1975; SANTANER, M. A. La vocation dans l'Écriture. *Vocation* 255 (1971) 285-298; SICARI, A. *Chiamati per nome. La vocazione nella Scrittura*. Milano, 1979; UFFICIO FORMAZIONE CISM. *Unità di vita e formazione religiosa*. Roma, 1988; DEISSLER, A. *L'uomo secondo la Bibbia*. Roma, 1989; Vocation dans L'Église. *Vocation* 255 (1971); ZAVALLONI, R. *Psicopedagogia delle vocazioni*. Brescia, 1967.

S. BISIGNANO

VOLUNTARIADO CRISTÃO. 1. NO VOLUNTARIADO: MOTIVAÇÕES ÉTICAS E DE FÉ. O nome "voluntariado" tem múltiplos significados. Pode-se dizer que, em geral, mostra-se como um contentor de variadas iniciativas e experiências comuns ao mundo cristão e ao mundo leigo, todas inspiradas por alguns elementos fundamentais como a espontaneidade, a gratuidade e a continuidade no serviço prestado ao próximo. É, portanto, primariamente um serviço espontâneo que se vive em experiências multiformes. Historicamente, está ligado à iniciativa de algumas pessoas de várias nacionalidades empenhadas em eliminar os danos morais e materiais causados pela guerra; como tal, nasce em Verdun, na França, em 1920, e representa um sinal de colaboração entre povos que circunstâncias históricas e governos consideravam inimigos. Com diferentes formas nas várias nações, desenvolve-se como contribuição e serviço humanitário aos povos em vias de desenvolvimento e a categorias de pessoas marginalizadas; mais recentemente, revela-se como instrumento de libertação onde existe opressão e é reconhecido nos níveis internacionais e nacionais como proposta de colaboração para a formação de uma sociedade mais justa e fraterna.

Na área cristão-eclesial, o voluntariado é sinônimo de amplo movimento de indivíduos e de grupos que, com mais ou menos responsabilidade, se propõem viver a caridade em modalidade inculturada, ou seja, com particular sensibilidade e disponibilidade diante das novas exigências provenientes das pessoas e do território. Pode-se dizer que nasce de uma dupla tomada de consciência: a da missão da Igreja estreitamente unida à libertação e promoção humana; a do valor de cada pessoa individualmente e do bem comum e universal.

Voluntário na ótica cristã é aquele que, além dos deveres profissionais, põe-se à disposição gratuita da comunidade, em resposta criativa às necessidades emergentes e mediante a partilha de vida com os irmãos. E isso em obediência a Cristo, que veio "para servir e não para ser servido" (Mt 20,28).

2. POTENCIALIDADES ESPIRITUAIS DO VOLUNTARIADO. Um sereno discernimento sobre as experiências múltiplas do voluntariado permite delinear as potencialidades espirituais inerentes ao próprio voluntariado.

Considerado em si mesmo, o voluntariado é, antes de tudo e sempre, um serviço, um sair do próprio eu para dar cumprimento e concreta realização à dimensão relacional da pessoa humana. Nesse sentido, pode ser considerado como um primeiro passo do amor ao próximo, rico de espontaneidade e ao mesmo tempo portador de uma escolha radical. Não se abraça o voluntariado sem ter decidido, de modo mais ou menos lúcido, dar um sentido à própria vida, escolhendo viver para e com o próximo. O voluntariado, portanto, deve ser considerado na direção certa do viver segundo o Espírito, mesmo quando essa via não esteja ainda conscientizada (cf. T. GOFFI, *L'esperienza spirituale, oggi*, Brescia, 1984, em particular 112-120).

Revela-se determinante, a essa altura, a intenção que move o voluntariado. A intenção puramente filantrópica, embora parecendo — como se disse — seguramente um valor, mostra-se insuficiente, e deve ser realizada mediante a caridade, de modo que o serviço ao próximo se torne um ato de amor "como Cristo nos amou" (Jo 13,34). Nesse itinerário da filantropia à caridade se descobre a maturidade do voluntariado, que exige a purificação de algumas atitudes e a assunção de outras. É preciso em primeiro lugar purificar os fatores emotivos que incidem na escolha do voluntariado; a fragilidade de motivações em que muitas vezes se misturam sentimentos inconscientes de secularização, de utilitarismo e até de egocentrismo; as modalidades de serviço que, pelo menos inicialmente, podem levar a falta de respeito pela personalidade e exigências dos outros. Torna-se necessária, pois, a assunção de algumas qualidades próprias do amor cristão, como a gratuidade, a continuidade e a partilha, sobre as quais voltaremos.

Quando o voluntariado se caracteriza claramente pela gratuidade do serviço; pela atenção contínua às necessidades das pessoas e pela criatividade em identificar respostas adequadas a elas; pela capacidade de tornar as pessoas ajudadas protagonistas da promoção delas mesmas; pela preparação e competência adequadas ao serviço; pelo espírito de solidariedade que move e orienta toda a ação; pela partilha de vida que comporta, então se pode afirmar com fundamento que se trata de um estilo de vida fiel aos valores evangélicos e uma forma original de missionariedade cristão-eclesial, acentuadamente leiga (cf. CEI, *L'impegno missionario della Chiesa italiana*, 1982, n. 51).

Alguns afirmam que o voluntariado poderia ser considerado uma verdadeira vocação e uma forma de ministério eclesial. Julgamos que não se pode chegar a tanto, preferindo ver nele uma dimensão excelente da vocação cristã e do ministério eclesial. Pode-se, porém, dizer que o voluntariado pode constituir uma ocasião privilegiada, um "lugar" para discernir a ação e o dom do Espírito, encaminhando as pessoas para escolhas definitivas. O que nele falta nos parece ser a condição de ser definitivo na sua vocação e, de certo modo, no ministério; certamente, o voluntariado é um "verdadeiro sinal dos tempos [...] e um itinerário de formação em vista da vocação definitiva e também de uma escolha de vida consagrada" (II Congresso internacional pelas vocações, *Documento final*, 1981, n. 30).

3. POR UMA ESPIRITUALIDADE DO VOLUNTARIADO. A *diaconia* de Cristo, servo do Pai, e a da Igreja, "criatura do Verbo" e serva da Palavra de vida, constituem o ponto fundamental de referência de uma espiritualidade cristã vivida no voluntariado.

O Espírito do Senhor configura a Cristo humilde, pobre e perseguido (cf. *LG* 8) mediante a ação sacramental (em particular o → BATISMO, que torna participantes da vida de Cristo) e mediante os dons carismáticos que plasmam o voluntário para pôr a sua vida a serviço do corpo de Cristo e, em particular, dos membros mais fracos e necessitados, orientando, como se disse, para formas de vida cuja característica eminente é a gratuidade. Aqueles que escolhem o voluntariado se distinguem, com efeito, ao fazerem do seu serviço "o sinal e a expressão da caridade evangélica que é dom gratuito e desinteressado de si mesmos ao próximo, particularmente aos mais pobres e necessitados" (João Paulo II, Discurso à FOCSIV, 31 de janeiro de 1981).

Gratuidade não é somente desinteresse: "Trata-se não apenas de fazer bem o próprio trabalho, desempenhar bem o próprio papel, sem subtrair nada ao dever do próprio estado ou ao que é exigido como equivalente pela sociedade, mas de fazer isso de uma maneira de tal modo rica, do ponto de vista da disponibilidade pessoal, do comprometimento da própria pessoa, que se ofereça não apenas uma quantidade de serviços, uma quantidade de funções, mas algo que é incomensurável: o amor. Penso que o cristão, justamente por causa do primado da sua escolha interior, espiritual, é capaz de dar plenamente alguma coisa que ninguém poderá jamais pagar, ou seja, o amor às coisas, ao povo, às pessoas com quem ele faz as coisas, isto é, o compromisso da sua pessoa. Não há nada mais precioso para o homem na sua vida comum do que o próprio íntimo, do que a própria pessoa; é isso o que se deve dar mediante a condição comum. Essa atitude de gratuidade, se assim entendida, se assim radicada como dom de si também nas coisas que nos são solicitadas como dever, acaba por não ficar limitada dentro dos confins dos deveres e das obrigações, mas as ultrapassa, se expande, mediante a doação gratuita do eu, de si mesmo, do que nos é mais caro" (A. Monticone, *Nella storia degli uomini*, Roma, 1984, 47-48).

A ação do Espírito, que na gratuidade manifesta o ponto mais alto de interação que acontece entre Espírito de Deus e espírito do homem, deve ser acolhida, acompanhada e — por assim dizer — reinterpretada pelo homem mediante algumas decisões que brotam do "instinto de fé" e são o fruto de uma autêntica formação.

Em primeiro lugar, a decisão de dar uma forte motivação evangélica ao voluntariado, para purificá-lo e ao mesmo tempo torná-lo um verdadeiro serviço de caridade.

Em seguida, a necessidade de cultivar na oração o sentido do absoluto, de modo que tudo aconteça no Senhor e em nome dele. Forte deve ser também a determinação de educar-se para o discernimento das necessidades, para o qual confluem uma aguda sensibilidade humana e uma visão antropológica correta, inspirada de modo cristão.

É preciso ainda que nos tornemos disponíveis a uma periódica verificação acerca da própria dedicação e fidelidade na cotidianidade, ambas insidiadas por um recorrente narcisismo e pela fuga para o espetacular e para o aplauso humano. Na verificação, parece-nos que encontra lugar de destaque a capacidade do voluntário superar a antinomia "lei-Espírito" ou "norma-experiência". Trata-se muitas vezes para o voluntário de ir além de uma mentalidade e de um costume eclesial pacificamente praticado e dificilmente escarafunchado pela renovação em ato. O voluntário deve ter consciência de que lhe cabe harmonizar entre si a iniciativa espiritual e a prescrição legal da autoridade; servem-lhe, portanto, espontaneidade e generosidade, mas também equilíbrio e uma forte unidade interior. Somente então se "é capaz de superar a antinomia entre iniciativa espiritual e prescrição legal da autoridade. O dever espiritual não é formulado do alto, mas aflora à medida que os próprios crentes estendem seu 'campo fenomênico espiritual', à proporção que se ilumina conscientemente a vivência subjetiva deles, a qual vai abraçando a nova realidade socioeclesial. A realidade comunitária, vivida em devota escuta subjetiva do Espírito de Cristo, torna-se fonte de motivações, de percepção afetiva, de interesses, de empenhos altruístas, de generosidade heroica. Acaba sendo ultrapassada a antinomia entre normas objetivas abstratas e certa indolência subjetiva obstinada em se deixar vencer por vínculos legais. Com o voluntariado, mediante o próprio amadurecimento espiritual interior no Espírito de Cristo, deixamo-nos instruir e entusiasmar pelas metas socioeclesiais e culturais-evangélicas do hoje" (T. GOFFI, in *Nuovo Dizionario di Spiritualità*, Roma, 1979, 29).

Torna-se necessária, enfim, uma sincera abertura para dar caráter definitivo ao próprio serviço mediante a aceitação de uma eventual forma de vida na consagração sacerdotal ou religiosa ou outra. O voluntariado nos parece ser, definitivamente, uma dimensão e um estilo de vida que se exprime melhor quando convive com uma escolha vocacional definitiva (ordenada, religiosa ou laical).

BIBLIOGRAFIA. 1) Documentos: *Evangelizzazione e promozione umana*. Atos do I Congresso eclesial, em particular a conclusão dos trabalhos da VI comissão, AVE, Roma, 1977, 216 s.; *L'impegno missionario della Chiesa italiana*. Documento pastoral CEI 1982, n. 51; *Riconciliazione crisitiana e comunità degli uomini*. Atos do II Congresso eclesial, em particular a comissão XXIII (voluntariado e instituições públicas, no sentido da colaboração), AVE, Roma, 1985, 385-392; *Comunione e comunità missionaria*. Documento CEI 1986, em particular nn. 38.48-50.
2) Estudos: BRUNO, P. G. Il volontariato come laicato missionario, oggi. In *Anche i cristiani sono laici*. Canguro, Avelino, 1983, 259-293; CARITAS ITALIANA (org.). *Pastorale della carità*. 4 (Il volontariato) e 6 (Volontariato internazionale). Roma, s.d.; ID. (org.). *Volontariato, condizione e liberazione*. Roma, 1978; GOFFI, T. *L'esperienza spirituale, oggi*. Queriniana, Brescia, 1984, 150.159-160,172-173.194-196; MARTON, F. *Comunione e comunità a partire dai poveri*. EMI, Bologna, 1983; OBERTI, A. *Il volontariato, segno di liberazione*. Roma, 1974; SECONDIN, B. – JANSSENN, J. *La spiritualità*. Borla, Roma, 1984, 126-135; TAVASSI, M. T. Volontariato. In *Dizionario di Pastorale della Comunità Cristiana*. Cittadella, Assisi, 1980; VEGETTI, P. *Il volontariato internazionale nella società e nella Chiesa*. EMI, Bologna, 1984.

P. SCABINI

VON BALTHASAR, HANS URS. 1. VIDA E OBRAS.

Hans Urs von Balthasar nasce em Lucerna, em 1905, de antiga família católica. Realiza os estudos ginasiais com os beneditinos de Engelberg e depois com os jesuítas de Feldkirch. Forma-se em "ciências germânicas" na universidade de Zurique com uma tese sobre "A história do problema escatológico na literatura alemã moderna" e completa a sua formação em Viena e em Berlim, onde encontra Romano → GUARDINI. Em 1929 entra para a Companhia de Jesus e estuda filosofia em Pullach (Munique) — onde conhece E. Przywara, que terá sobre ele uma grande influência — e teologia em Lyon-Fourvière — onde encontra Henri de Lubac, que o introduz no estudo da patrística e nos problemas do ateísmo moderno. Encontra aí como condiscípulos um grupo de jesuítas que marcarão, cada qual a seu modo, o seu tempo: J. Daniélou, H. Bouillard, G. Fessard.

Apaixona-se pelo estudo de → ORÍGENES, → GREGÓRIO DE NISSA, → MÁXIMO, O CONFESSOR, depois de Ireneu, Basílio e → AGOSTINHO, e escreve sobre cada um ensaios de extraordinário valor.

Torna-se redator de *Stimmen der Zeit* e reside por breve período em Munique onde conhece Hugo e Karl → RAHNER; com o primeiro partilha a paixão pela patrologia, com o segundo elabora o projeto para uma nova dogmática.

Marcado pelos *Exercícios espirituais* de Santo Inácio, dedica-se intensamente ao estudo e à pregação deles e — por uma escolha precisa e interiormente motivada — renuncia para sempre à carreira acadêmica. Em 1940, transfere-se para a Basileia como capelão dos estudantes. Nessa cidade-encruzilhada aceita dirigir as *Europäische Reihe*, uma série de publicações destinadas a "reunir as pedras milenares por uma Europa espiritual", depois da queda da loucura nazista. Foi assim elaborada uma coleção de textos que vão de Sófocles a Goethe, a Novalis, a Nietzsche.

Estreita amizade com A. Beguin (a quem dará o batismo) e nela se incrementa a sua paixão pela grande literatura francesa contemporânea.

A partir de então, quase um terço da produção do nosso autor diz respeito a trabalhos de produção (de alto nível artístico) de obras de Claudel, Péguy, Bernanos, Mauriac, Blondel, de Lubac, L. Bouyer etc. A seguir traduzirá também autores espanhóis (Calderon, → JOÃO DA CRUZ).

De particular importância teológica é o seu encontro com K. Barth, com quem manterá um longo e profícuo diálogo, oferecendo sua mais profunda e aguda interpretação no campo católico.

Decisivo, entre todos, é o encontro que teve em 1940 com Adrienne von Speyr, uma doutora protestante, dotada de profunda vida interior, que ele conduz à fé e à plenitude católica.

Será Adrienne, inundada por uma torrente de graças místicas, que indicará a Von Balthasar a necessidade de obedecer a uma comum missão: "[Ela] me indicou o verdadeiro caminho que vai de Inácio [de Loyola] a João [evangelista] e que esteve na origem da maior parte das obras que publiquei depois de 1940. A sua obra e a minha são indissociáveis tanto no nível psicológico como no filológico; são como as duas metades de um todo, em cujo centro se encontra um fundamento comum" (*Rechenschaft* 1965, 35).

Ambos se dedicam então à fundação de uma comunidade (*Joannes Gemeinschaft*) que antecipa o nascimento dos → "INSTITUTOS SECULARES" que somente mais tarde serão aprovados pela Igreja.

Depois de muitas tentativas de enxertar essa nova experiência no antigo tronco da Companhia de Jesus, Von Balthasar é obrigado a abandonar os jesuítas, experimentando por isso uma grande dor que não o abandonará mais, mas com a absoluta certeza de obedecer à vontade de Deus.

O afastamento da Companhia lhe custa um notável isolamento e por longos anos a sua produção teológica fica praticamente censurada e sobretudo pouco difundida.

Embora seja um dos maiores teólogos da época, por nenhum bispo é convidado como perito ao Concílio Vaticano II.

Isso lhe permite, todavia, continuar com tranquilidade um imenso trabalho de pesquisa e de aprofundamento. A bibliografia — sobre a qual ele periodicamente faz uma resenha, traçando a linha interpretativa do seu próprio pensamento — faz-se cada vez mais rica e ampla.

Lembremos em particular:

— 5 vls. de *Theologischen Skizzen* de títulos universalmente conhecidos: *Verbum Caro, Sponsa Verbi, Spiritus Creator, Lo Spirito e l'istituzione, Homo creatus est*.

— A grande trilogia que constitui o seu *opus magnum*, uma nova soma do saber teológico comparado e integrado com as contribuições da filosofia, da literatura e da arte de todo tempo. Seguindo a recente tradução italiana (publicada pela Jaca Book a partir de 1975), ela está assim subdividida: I. *Gloria* (7 vls.: 1. A percepção da forma; 2. Estilos eclesiásticos; 3. Estilos leigos; 4. No espaço da metafísica: a Antiguidade; 5. No espaço da metafísica: a época moderna; 6. Antigo Pacto; 7. Novo Pacto). II. *Teodrammatica* (5 vls.: 1. Introdução ao drama; 2. As pessoas do drama: o homem em Deus; 3. As pessoas do drama: o homem em Cristo; 4. A ação; 5. O último ato). III. *Teologica* (3 vls.: 1. Verdade do mundo; 2. Verdade de Deus; 3. O Espírito de Verdade).

A tudo isso deve-se acrescentar a publicação de cerca de 60 vls. a ele ditados por Adrienne von Speyr, de cuja redação e apresentação ele mesmo cuidou; e esse trabalho é considerado pelo próprio von Balthasar obra infinitamente mais relevante do que sua produção própria.

Temos, enfim, de lembrar entre todas as obras menores, aquelas que tiveram uma especial notoriedade porque marcaram a posição que Von Balthasar foi pouco a pouco assumindo no debate teológico eclesial: *O coração do mundo* (1945); *Teologia da história* (1950); *Abater os bastiões* (1962); *Cordula* (1966); *O complexo anti-romano* (1974); *Pontos firmes* (1971); *Novos pontos firmes* (1979).

Acrescente-se, enfim, um incessante trabalho de publicação que vai realizando como diretor editorial da *Johannes Verlag*.

Em 1967, finalmente, juntamente com alguns amigos, ele funda a *Communio*, revista teológica internacional que está presente hoje em doze países.

Em 1965, já terminado o Concílio, começa a entender quanto é devido a ele: por ocasião do seu aniversário de 60 anos as faculdades teológicas católicas de Münster e de Friburgo/Suíça e a protestante de Edimburgo lhe conferem o título de doutor *honoris causa*.

O patriarca Atenágoras, de Constantinopla, lhe outorga a Cruz de ouro do Monte Athos pelas contribuições dadas por Balthasar à causa ecumênica com o estudo e a difusão dos textos patrísticos.

Em 1969, é nomeado por Paulo VI membro da Pontifícia Comissão Teológica Internacional.

Em 1984, recebe das mãos de João Paulo II o "Prêmio Internacional Paulo VI".

Em 1985, pode celebrar em Roma, juntamente com numerosos amigos, um simpósio internacional sobre "A missão eclesial de A. von Speyr" e é chamado pelo Pontífice para participar do Sínodo extraordinário dos bispos para o XX aniversário do Vaticano II.

Em 1988, é nomeado cardeal. Morre um dia antes de receber a púrpura.

2. PENSAMENTO TEOLÓGICO.
O pensamento teológico de Hans Urs von Balthasar (que de modo espantoso se mostrou capaz de acolher em si as contribuições da filosofia, da literatura, das artes visuais e musicais, bem como da ciência) não foi um pensamento sistemático, mas — como ele gostava de dizer — "sinfônico".

Foi um pensamento inteiramente fundamentado no "olhar" de fé devido ao Deus que se revela como Amor absoluto pessoal: Deus que se oferece como Amor indefeso e desse modo irradia a partir de um centro pelo qual tudo é atraído e do qual tudo se difunde.

Essencial é mostrar o caráter único de Cristo posto como coração do mundo e mediante o qual nos é dado participar da vida trinitária.

Do ponto de vista da metodologia teológica, von Balthasar pensa que é prioritário recuperar a indivisibilidade entre a teologia dogmática e a espiritualidade, pois "o divórcio delas foi o pior desastre registrado na história da Igreja".

Do mesmo modo, é preciso mostrar a estreita unidade que há entre todos os tratados teológicos, nenhum dos quais pode ser enfrentado sem o implicar em qualquer outro: todo "fracionamento" feito em nome da ciência — no dogma como na exegese — é deletério.

Igualmente insustentável é qualquer pretensão que quisesse negar a subordinação de toda teologia à Igreja e à sua missão.

Sobretudo, von Balthasar responde à necessidade "de dar ao homem contemporâneo como ao de ontem uma imagem harmoniosa e sintética do que nele há de incompreensível no cristianismo".

Ele pensa que, a partir do Renascimento, a teologia mal se voltou para a defesa da verdade, fazendo questão ou de um livro a ser venerado ou a ser estudado a fundo (a Escritura, à moda protestante) ou de uma autoridade a quem "obedecer" (o dogma e a instituição, à moda católica).

Depois dos estímulos do positivismo e do historicismo, desejou-se interrogar a teologia pelo que sabe dizer de "eficaz" sobre a interpretação e sobre a transformação do mundo.

Mas em todos os casos foi esquecido que a revelação consiste na majestade absoluta de um Deus pessoal que, com toda a sua glória, se manifestou ao mundo, no mundo: e Cristo verdadeiro Filho de Deus e verdadeiro homem.

A revelação é portanto beleza, fascínio arrasador capaz de interagir com toda a beleza humana e de revelar desse modo o homem ao homem.

Mas é a beleza de um drama em que Deus age pondo em jogo a sua liberdade e provocando a liberdade do homem; provocando a plenitude da liberdade própria da criatura com a sempre maior plenitude da sua liberdade divina encarnada.

Dessa ação de Deus se revela, portanto, o seu ser, a Verdade-feita-carne que corresponde à do ser criado: a "Palavra verdadeira" revelada por Deus exige a "palavra verdadeira" no discurso (filosófico) do homem.

A lógica de Deus exige a lógica do homem; e a lógica do homem para ser capaz de acolher a de Deus deve ser ontologicamente fundamentada.

A teologia supõe, portanto, uma ontologia.

Sinteticamente, devemos reconhecer que com a sua glória Deus chama o homem como capaz de intuir e amar a beleza; com a sua misericórdia dramaticamente ativa Deus chama o homem capaz de agir livremente; com a verdade do seu Verbo Deus chama o homem capaz de procurar e de exprimir a verdade.

O lugar da beleza-bondade-verdade é o Deus que nos abre as profundezas trinitárias do seu ser, revelando-se como "Amor e nada mais". Seu Revelador/Mediador é Cristo na beleza do amor absoluto-crucificado, na dramaticidade da sua infinita "descida" (até os infernos), na verdade da sua total autocomunicação.

O lugar do mundo em que essa beleza-bondade-verdade se reflete e provoca o homem a uma dedicação sem limites é Maria-Igreja.

Voltando à pessoa de Hans Urs von Balthasar, não podemos senão concluir com o autorizado e já célebre julgamento feito por H. de Lubac, já em 1965: "Esse homem é talvez o mais culto do nosso tempo. E se existe em alguma parte uma cultura cristã, ela se encontra nele! [...] Ele chamou a todos, escritores e poetas, filósofos e místicos, antigos e modernos, cristãos de todas as confissões a contribuir com sua nota porque todas as vozes lhe são necessárias para compor, para a maior glória de Deus, a sinfonia católica".

BIBLIOGRAFIA. Para uma exaustiva bibliografia sobre a obra de H. U. von Balthasar, cf. *Il filo d'Arianna attraverso la mia opera*. Jaca Book, Milano, 1980, que contém ao mesmo tempo uma apresentação de todo o seu itinerário teológico feita pelo próprio autor e uma bibliografia ordenada até 1975.

Para as publicações sobre H. U. von Balthasar, porém, referimos aqui à nota compilada por O. GONZALEZ DE CARDENAL na *Communio* 105 (1989); – Uma informação biográfica e bibliográfica completa pode ser encontrada nos seguintes autores: BISER, E. Hans Urs von Balthasar. In SCHULTS, H. J. (org.). *Tendenzen der Theologie im 20. Jahrhundert. Eine Geschichte in Porträts.* Stuttgart, 1966, 524-529; FAUX, J. M. Un théologien: Hans Urs von Balthasar. *Nouvelle Revue Théologique* (1972) 1.009-1.030; ID. Retour au centre: la théologie de Hans Urs von Balthasar. *Catéchistes* 97 (1974) 134-160 (o artigo é uma síntese de um curso/seminário de um ano sobre a obra completa de Balthasar, publicado com o título de *Gloire et croix*, pelo Instituto de Estudos Teologicos de Bruxelas); ID., Gloire et liberté. *Nouvelle Revue Théologique* (1975) 529-541; GODENIR, J. *Jésus l'Unique*. Introduction à la théolgie de Hans Urs von Balthasar. Paris, 1984; KEHL, M. Christliche Gestalt und Kirchliche Institution. In ID. *Kirche als Institution*. Frankfurt, 1978, 239-311; ID. *In der Fülle des Glaubens*. Hans Urs von Balthasar-Leserbuch. Freiburg, 1980, 13-20. Introdução: Hans Urs von Balthasar. Ein Porträt. (Essa introdução e seleção dos textos é, talvez, a melhor interpretação e iniciação ao autor); LÉONARD, A. *Pensée des hommes et foi en Jésus-Christ.* Pour un discernement intellectuel chrétien. Paris-Namur, 1980, 274-281; LOCHBRUNNER, M. *Analogia caritatis.* Darstellung und Deutung der Theologie Hans Urs von Balthasar. Freiburg, 1980; LÖSER, W. *Im Geiste des Origenes*. Hans Urs von Balthasar als Interpret der Kirchenväter. Frankfurt, 1976, 265-268; LUBAC, H. de. Un testimone di Cristo nella Chiesa. In *Paradosso e mistero nella Chiesa*. Milano, 1979, 135-152; MARCHESI, G. *La cristologia di Hans Urs von Balthasar.* Roma, 1977; PEELMAN, A. *Hans Urs von Balthasar et la théologie de l'histoire*. Bern-Frankfurt, 1978; VORGRIMLER, H. Ritrati di teologi. Hans Urs von Balthasar. In *Bilancio della teologia del XX secolo*. Città Nuova, Roma, 1972, vl. IV; 123-145.
Para os leitores italianos, é de fácil consulta o n. 104 de *Communio*, inteiramente a ele dedicado. Cf. também: MARCHESI, G. Il teologo Balthasar. *Vita e Pensiero* 72 (1989) 82-92; SICARI, A. Hans Urs von Balthasar: teologia e santità. *Communio* 100 (1988) 105-119, artigo publicado por ocasião de sua morte.

A. SICARI

VONTADE. 1. ESCLARECIMENTO SEMÂNTICO. Para iniciar corretamente as reflexões sobe a *vontade* e revelar a sua posição e seu papel essencial no âmbito da espiritualidade cristã, é necessário esclarecer a semântica a ela vinculada. Ainda que não exista até hoje uma definição de *vontade* universalmente reconhecida por motivo das notáveis divergências e das variantes registradas ao longo dos séculos (cf. P. ROHNER, Volontà, in *Sacramentum Mundi*, Brescia 1977, 680-682, VIII), é possível indicar algumas acepções que põem em foco o seu variado significado e delineiam a sua tarefa no caminho da perfeição.

É possível distinguir a *vontade* como: *querer* (ato de vontade), escolher, desejar muito, decidir-se, autodeterminar-se; *capacidade*, faculdade, talento, ou disposição a atividades, a atos de querer; *sujeito capaz de querer* e, portanto, a pessoa (*ego transcendental*) tanto em âmbito teórico como prático; *conteúdo mesmo do querer* e, portanto, o "desejado" referido ao legislador; *disposição*, que leva a cabo o desejado e que o realiza enfrentando e superando as dificuldades; *realidade psicológica* e motivacional ética, em que o *eu quero* e a *intencionalidade* em referência ao dever-ser faz síntese na pessoa que age (*Ibid.*, 682).

Os vocábulos gregos subjacentes são *boulomai* e *thelô*. Usados como sinônimos no âmbito neotestamentário (cf. D. MÜLLER, Volontá, in *Dizionario dei Concetti Biblici del Nuovo Testamento*, Bolonha, 1976, 2.018-2.027), exprimem o querer, o desejar, o querer com emotividade, com sentimento, com intenção e significam também a deliberação, o conselho, o propósito, o decreto. Quando *boulomai* indica a vontade divina, traduz o hebraico *etsah* e denota principalmente a reflexão, o conselho e a própria ação de Deus revelando seu caráter imutável de decisão (*Ibid.*, 2.021) e, portanto, a fidelidade a seu projeto de salvação.

Ligada ao centro mesmo da pessoa, a vontade humana se refere à racionalidade e à liberdade e, portanto, à cultura, à religião, à história, à filosofia, à metafísica, à moral etc. Sob esse perfil a vontade lembra a antropologia e toda a sua dinâmica articulação. A ela é confiada a possibilidade de acolher o Evangelho ou de o rejeitar, de viver segundo as exigências ditadas aos homens por Cristo, de operar a favor da humanidade ou dela se desinteressar. Em termos mais estritamente filosóficos, a vontade foi descrita como "apetição racional ou conforme a razão, uma vez que se distingue do apetite sensível, que é o desejo" (N. ABBAGNANO, Volontà, in *Dizionario di Filosofia*, Torino, ²1984, 924). A voluntariedade denota também a *escolha* que a pessoa faz mediante os atos e obedecendo ao fim que assume. De importância, sobretudo, é o expoente da *liberdade* e, portanto, da *autodeterminação* da pessoa. A reflexão filosófica — de Aristóteles a

→ ALBERTO MAGNO, a → TOMÁS DE AQUINO e a toda a Idade Média — sempre evidenciou a relação entre vontade e livre-arbítrio e deu grandíssimo peso à doutrina dos atos (A. SCHÖPF, Volontà, in *Concetti Fondamentali di Filosofia*, Brescia, 1982, 2359, III) e da finalidade que motiva a conduta humana. Consequentemente, o ataque lançado contra essas prerrogativas fundamentais "parece abalar os fundamentos da capacidade de decisão e da autocompreensão moral do homem, com a consequência de um determinismo incompatível com eles" (*Ibid.*). Tendo sido posta em crise a teoria dos atos volitivos por obra da escola de Oxford, com a crítica linguística (veja o *ordinary language approach*), e pela crítica behaviorista de B. F. Skinner, porque considera ilegítima a passagem do plano físico ao plano psíquico, o conceito mesmo de vontade não pode senão ser desfigurado, a pessoa não se mostra como centro das suas atividades, mas ao sabor da situação determinista ou por motivos inconscientes ou por motivos de condicionamento de natureza variada (cf. *Ibid.*, 2.359-2.372).

Concede-se assim muito espaço à dimensão psicológica ou inconsciente, demasiada importância é dada ao condicionamento interno ou externo da pessoa, que, definitivamente, vê reduzido o papel da vontade em referência ao espiritual.

De fato, porém, é da vontade e da livre decisão da pessoa que depende a atualização do projeto espiritual que se configura como "viver no Espírito". O Espírito é, com efeito, o protagonista da vida cristã. "A sua presença no coração do crente suscita uma tomada de consciência, a qual, transformando-se em empenho vital, constrói uma vida espiritual no sentido estrito da palavra, ou seja, uma vida em que o dinamismo do Espírito Santo realiza todas as potências do homem e, mediante a sua cooperação, o leva a um desenvolvimento contínuo" (Ch. A. BERNARD, *Teologia spirituale*, Roma, 1982, 487). O mesmo autor engloba os elementos essenciais da espiritualidade em torno da obra do Espírito e se insere assim na doutrina elaborada pela teologia ao longo dos séculos, observando suas diversas ênfases. "Os Padres estudaram a função do Espírito no processo de santificação; os teólogos escolásticos elaboraram uma doutrina complexa em torno dos dons do Espírito Santo; os modernos, porém, dão destaque aos carismas" (*Ibid.*, 492).

Mas é evidente, em síntese, que a vontade lembra sempre o *mistério do homem e da sua decisão*. E esse homem em Cristo deve "se saber abraçado à vontade soberana de Deus" (K. RAHNER, Volontà salvifica di Dio, universale, in *Sacramentum Mundi*, cit., 693) e sustentado pela sua graça e pelo seu amor. Somente nessa visão a vontade do homem encontra realmente a sua configuração e pode de fato atravessar todo o itinerário espiritual traçado por Deus e reproposto hoje pela sua Palavra e pelo ensinamento da Igreja.

Seja feita a tua vontade! A espiritualidade cristã parte da vontade de Deus e da sua realização: realização marcada pela dialética *iam nunc et nondum*, que vê Cristo como princípio, via, caminho, meta e esperança da humanidade e da Igreja a caminho, e envolve os homens no amadurecimento dos grandes projetos pelo Senhor na linha do Ressuscitado. O povo cristão, habilitado graças à ação do Espírito a invocar a Deus com a alcunha de *Pai*, é chamado à comunhão com ele (cf. A. GÜNTHÖR, *Chiamata e risposta. Una nuova teologia morale*, III, Alba, 1975). Esse autor revela em todo o seu estudo a grande vocação dos homens e dos cristãos para viver em comunhão com Deus, para firmar uma aliança perene, participando da vida divina e, portanto, da santidade. "Essa vocação universal à santidade foi confirmada com vigor pelo Concílio Vaticano II. A Igreja, cujo mistério é exposto pelo Sagrado Concílio, é por fé aceita como santa de modo indefectível. Com efeito, Cristo, Filho de Deus, o qual com o Pai e o Espírito é proclamado 'o único Santo', amou a Igreja como sua esposa e deu a si mesmo por ela, com o fim de santificá-la (cf. Ef. 5,25-26) e a uniu a si como corpo e a encheu com o dom do Espírito Santo para a glória de Deus. Por isso, todos na Igreja, quer pertençam à hierarquia, quer sejam por ela dirigidos, são chamados à santidade segundo o dito do Apóstolo: 'De fato, a vontade de Deus é a vossa santificação' (1Ts 4,3)" (Ch. A. BERNARD, *Teologia spirituale*, Roma, 1982, 83).

Destaquem-se as várias aproximações dos teólogos e dos espiritualistas em função da santidade ou da participação na vida divina: há quem privilegie a participação da vida trinitária ou a litúrgico-sacramental, há quem prefira confirmar a concepção tomista da divinização, ou, remontando à teologia oriental, insista na noção de imagem e semelhança (cf. *Ibid.*, 83).

A expressão "seja feita a tua vontade", inserida no contexto da oração ensinada por Cristo a seus discípulos e entregue à Igreja, constitui um dos elementos essenciais da própria perfeição cristã. A grande tradição da Igreja elaborou, com efeito, temas da espiritualidade e da moral, aproximando-os do *Pater* e deduzindo-os das exigências que a oração propõe (Tertuliano — Cipriano — Agostinho, *Il Padre Nostro. Per un rinnovamento della catechesi sulla preghiera*, Città di Castello, 1983; S. Wyszynski, *Padre Nostro*, Alba, 1986; J. B. Lotz, *Il Padre Nostro oggi*, Alba, 1979). Consequentemente, a oração da comunidade cristã, para que se cumpra e se realize plenamente a vontade de Deus, provoca o caminho espiritual dos batizados e traduz em concreto o significado da escuta da Palavra, da profissão da fé, do acolhimento do plano de Deus. Revela, além disso, o anelo do homem de desenvolver o diálogo com o Pai e encaminha para a prática dos seus mandamentos lidos na Sagrada Escritura, repropostos nos ritos litúrgicos, colhidos no rosto dos irmãos, descobertos na história. A vontade de Deus, com efeito, "não se traduz na realidade de modo necessário e inelutável, com exclusão da nossa liberdade; ao contrário, envolve-a, apela a ela e quer se realizar com o seu concurso" (J. B. Lotz, *Il Padre Nostro oggi*, cit., 53).

Consequentemente, a vontade de Deus não é realizada somente por ele, mas ao mesmo tempo também pelo homem: e isso cria uma tensão, a tensão fundamental da história. Os cristãos trabalham pela realização dessa "utopia", posta em prática pela ação mesma de Deus e, aliás, confiada ao coração e às mãos deles. A história a respeito registra luzes e sombras; a vontade humana, com efeito, se mede com o tremendo mistério da liberdade, a qual aceita e se conforma ao querer de Deus, mas também opõe a sua recusa. E a Igreja está sempre empenhada — com a oração e com as obras — para que se faça a vontade de Deus. E assim a súplica elevada incessantemente a Deus se torna a *primeira grande obra* da espiritualidade e determina a base sólida sobre que a comunidade poderá edificar a grande construção da perfeição e da santidade. Daí a dedução imediata e essencial: cristão é aquele que faz a vontade de Deus, aquele que "com fervorosa oração" pede que Deus "queira levar a termo aquilo que começas a fazer de bom" (*In primis, ut quidquid agendum inchoas bonum, ab eo perfici instantissima oratione deposcas*: Prólogo à *Regula Benedicti*).

Com efeito, é Deus que "dá a substância e a realização da sua vontade, para sermos salvos no céu como na terra, porque o objeto principal da sua vontade é a salvação daqueles que ele adotou" (Tertuliano, *De oratione*, in Tertuliano — Cipriano — Agostinho, *Il Padre Nostro*…, 49).

2. VONTADE E OBEDIÊNCIA NA FÉ. O mistério da vontade de Deus, manifestado por meio da revelação, habilita a participar da natureza divina, a retornar ao Pai com Cristo no Espírito, convida à comunhão com as Pessoas da Santíssima Trindade, mostra o seu amor e fala aos homens como a amigos: "Prouve a Deus na sua bondade e sabedoria revelar a si mesmo e manifestar o mistério da sua vontade" (*DV* 2).

Cristo — centro e plenitude da revelação — conduz todos os homens ao mistério pascal e, portanto, à dimensão redentora mediante a *obediência* à vontade de Deus, indicada como *alimento* e, portanto, como vida, nutrição, e expressa em termos de perfeita sintonia e de atormentadora uniformidade (os textos bíblicos de Jo 4,34; 8,29; Fl 2,8; Lc 22,42 e ainda outros evidenciam o significado da vontade de Deus na vida de Cristo e ressaltam a sua perfeita realização em todos os momentos e circunstâncias, do nascimento à morte na cruz; em Cristo temos a identidade de querer). A comunidade cristã acolheu o dom da revelação na consciência de que ela é feita com base na atitude que as pessoas assumem em função daquele que foi humilhado e crucificado: *aquele ao qual o Filho o queira revelar* (D. Müller, *art. cit.*, 2.021). Isso comporta, de um lado, que "todo empenho humano de conhecer a Deus atinge aqui seus últimos limites e, de outro, que não somos dominados por uma arbitrária predestinação; é no encontro com a mensagem de Jesus que nos decidimos pró ou contra a vontade revelada por Deus" (*Ibid.*).

Com Cristo teve início um novo bem: Deus Pai indica nele o caminho da vida e oferece a sua misericórdia; o Espírito é difundido de maneira duradoura no coração dos crentes e, graças ao Pentecostes, opera a santificação deles. O evento Cristo é discriminante: acolher Cristo na *obediência da fé* significa responder positivamente à vontade de Deus, acolher o dom da salvação. E essa obediência na fé é pressuposto para agir e se comportar corretamente no "tempo da salvação já iniciado" (*Ibid.*, 2.024). "A fé que nos torna *fiéis* e, portanto, inseridos em Cristo e por ele santificados é a fé-caridade, a fé total" (D. Capone,

Introduzione alla teologia morale, Bolonha, 1972, 74). É Cristo, com efeito, que determina o enfoque global da vida segundo o Espírito, tanto na linha ontológica como na *existencial*. Com base na imitação e no seguimento do Cristo modelo e *exemplaridade*: a exemplaridade, conceito extremamente rico no caminho espiritual, apela de modo particular a Cristo, que, como legislador e agente, opera a partir do coração do homem e *de dentro*: "Trata-se de saber se Cristo é nossa graça porque é lei de vida, de dentro, ou porque é legislador, de fora, embora nos ajude de dentro a *observar* a lei. Nós acreditamos que Cristo é lei de vida por dentro porquanto se põe como palavra do Pai, palavra vital" (CAPONE, *op. cit.*, 75-76). Os cristãos estão empenhados em realizar uma verdadeira *osmose* em Cristo, a sua pessoa e a sua mensagem. Segundo a tradição espiritual patrística, com efeito, "a vontade de Deus é a que o próprio Cristo fez e ensinou" (CIPRIANO, *La preghiera del Signore*, in TERTULIANO — CIPRIANO — AGOSTINHO, *Il Padre Nostro...*, 102). "[Ter] humildade ao se comportar, estabilidade na fé, modéstia no falar, justiça nas obras, misericórdia nas ações, disciplina nos costumes, não saber fazer injúria e saber tolerar quando a sofremos, viver em paz com os irmãos, amar a Deus de todo o coração (Mt 22,37.40), amá-lo como Pai e temê-lo como Deus, não antepor nada a Cristo, porque Cristo não antepôs nada à nossa salvação, ficar firmes na sua caridade, ficar de pé, firmes e fiéis ao lado da cruz. Quando for preciso combater pelo seu nome e pela sua honra, demonstrar abertamente firmeza ao testemunhá-lo, confiança nos interrogatórios para lutar, paciência na morte porque seremos coroados. Isso significa querer ser coerdeiro de Cristo (Rm 8,16b.17), cumprir o mandamento de Deus, fazer a vontade do Pai" (*Ibid.*, 102-103). Assimilados a Cristo e feitos cristiformes pelos sacramentos, os batizados sabem que se tornaram nova criatura, que constituem um ser só com o Cristo. Sob esse perfil a espiritualidade cristã se configura como vontade de explicitação do que se é, irradiação dos dons de salvação, como testemunho e empenho de tradução de Cristo no mundo. Mas o *in Christo* (no significado místico e ascético que deriva da fórmula paulina *in Christo*, cf. A. LIPARI, *Dottrina spirituale teologico-simbolica in Anselm Stolz OSB*, Palermo, 1975, 68-69), determinante para a atividade da comunidade cristã, não anula o homem, o seu querer, o seu mundo. A vontade de Cristo não substitui a vontade do homem e do crente. Daí o empenho da vontade — certamente guiada e fortalecida pela graça de Deus — em atuar em obediência a Deus e a Cristo e de acordo com a vontade salvífica; e isso comporta uma ascese, uma luta, uma gestão responsável da vocação cristã e de todas as escolhas operativas. Tal projeto deverá se confrontar com a dialética entre carne e espírito: "a estrutura interior do homem não permite cumprir a lei. [...] O conflito do homem deve ser procurado radicalmente no fato de ser homem" (D. MÜLLER, *art. cit.*, 2.025).

3. VONTADE DILACERADA E DIVIDIDA. Considerando atentamente essa situação antropológica, a comunidade cristã sentiu desde sempre o dever de formar a vontade, de exercê-la a fim de abraçar com todas as possibilidades o Evangelho de Cristo e operar na linha do bem e do amor. Por isso, o caminho espiritual pode muito bem se identificar com o caminho da vontade (evidentemente, essa afirmação pretende tomar a devida distância seja em referência ao "voluntarismo", seja em relação ao "pelagianismo": cf. Kl. RIESENHUBER, Volontarismo, in *Sacramentum Mundi*, VIII, *cit.*, 689). Para esse empenho de formação concorrem muitíssimos elementos e desenvolvem um significativo papel doutrina e orientações de natureza cultural, filosófica, teológica, psicológica, histórica, ambiental etc. (cf. P. ROHNER, Volontà, in *Sacramentum Mundi*, VIII, *cit.*, 687-688). O homem moderno em particular faz a experiência da laceração, da divisão e da fragmentação num plano profundo; a sua vontade, com efeito, é muitas vezes contraditória e mutável, desagregada e inquieta; o seu eu é atormentado entre tendências corpóreas e espirituais, entre tensões egoístas e dedicações altruístas, entre individualismo e abertura à universalidade. Na verdade da sua vida, na sua consciência o homem manifesta inclinação ao pecado e ao mesmo tempo "contínua aspiração à verdade, ao bem, ao belo, à justiça, ao amor" (JOÃO PAULO II, *Redemptor hominis*, n. 14). A pessoa humana está, portanto, sujeita a antinomias: "Muitos elementos se contrariam mutuamente. De uma parte, com efeito, como criatura, [o homem] experimenta, de muitos modos, os seus limites; de outra parte, percebe não ter limites nas suas aspirações e chamados a uma vida superior. Instigado por muitos atrativos, ele é obrigado sempre a escolher alguns deles e a renunciar a outros. Além disso, fraco e pecador, *não raramente faz* *o que não gostaria de fazer*. Por isso, sofre em si mesmo a divisão, da qual provém também tantas e tão graves discórdias na sociedade" (*GS* 10).

Tudo isso comporta *desequilíbrio para a vontade humana*, que é acompanhada por uma dramática repercussão para a própria existência dos homens. Consequentemente, a vontade deve estar empenhada em recompor fraturas, em criar harmonia: o eu do homem deve encontrar a quietude, a paz e a liberdade nas profundidades do ser e ancorar a existência naquele que [o] liberta do que limita, reduz e tende a restringir as suas possibilidades infinitas (cf. *GS* 13). Toda a comunidade cristã deverá sentir o dever de se empenhar em devolver o equilíbrio interior ao eu com um articulado projeto, com o fim de tornar "o eu, intimamente reordenado, até aberto como dom para os outros. A ação do Espírito pressupõe que a pessoa amadurecida no colóquio esteja toda aberta às necessidades dos outros, completamente dedicada ao amor oblativo, amadurecida para o sentido comunitário" (T. GOFFI, *Ascesi cristiana oggi*, in *Nuovo Dizionario di Spiritualità*, 81).

4. VONTADE PARA DEUS. A vida espiritual, como dinamismo do Espírito que faz *homens novos*, comporta um movimento de transformação que exige constantemente a "cooperação" do eu (T. GOFFI, *art. cit.*, 80), em que a vontade está sempre envolvida. A liberdade, com efeito, como capacidade de se construir, ou seja, de tornar efetivo o projeto-homem, de se realizar plenamente, ou seja, de se humanizar e por isso mesmo de se inserir no mistério de Cristo, exige um caminho de libertação de toda realidade negativa (pecado, egoísmo, volta sobre si mesmo, fechamento ao outro, isolamento, vida segundo a carne) e uma orientação ou escolha do bem e do amor (diaconia, louvor, profecia, martírio, vida segundo o Espírito: cf. T. GOFFI — G. PIANA (orgs.), *Corso di morale*, Queriniana, Brescia, 1983-1985, 5 vls.). "Deus quer ser e fazer tudo pelos homens; por isso, somente ele deve ser adorado. [...] É privilégio da comunidade dos discípulos de Cristo responder à absoluta liberdade manifesta no Deus crucificado, louvando livremente a Deus com toda a própria vida e proclamando que Jesus é seu Senhor mediante a adoração e mediante todas as atitudes. O espírito da adoração os torna capazes de dar pleno testemunho de fé, um testemunho de liberdade *para*" (B. HÄRING, *Liberi e fedeli in Cristo*, Roma, 1979, 560-561, vl. I).

A explicitação do programa cristão *averte a malo et fac bonum* aplicado ao *exercício da vontade* exige antes de tudo não tornar inútil o projeto de Deus, vivendo em *autonomia*, ou seja, prescindindo de Deus e esquecendo que é ele a salvação: seguindo os próprios parâmetros, esquecendo que os caminhos de Deus não correspondem aos caminhos dos homens, dando livre curso à atividade que definitivamente se configura ou como "bezerro de ouro" ou como "mamom", ou como "concupiscência dos olhos", ou como "soberba da vida".

A voluntária recusa de Deus como "único Senhor" comporta uma condução ateísta. O mesmo B. Häring, acolhendo e desenvolvendo a tese proposta pelo padre Bolkovac, fala de um tipo de "ateu-egoísta que pode ser encontrado [...] entre os não cristãos e entre os cristãos", e vê a necessidade de que todo batizado se empenhe em debelar "esse ateu" que se aninha no seu coração (cf. B. HÄRING, *Liberi e fedeli in Cristo*, 437-438, II) e faz da existência uma vida desvinculada da Santíssima Trindade e em oposição à doutrina e à instância evangélica.

Hoje a comunidade eclesial registra, ao lado de muitos aspectos positivos — sentido da Igreja, empenho de evangelização, diaconia etc. —, uma situação de *indiferença*, de *apatia*, de *desinteresse*. O Vaticano II não diz que as causas de não crer devam ser procuradas nos erros e nos propósitos negativos do indivíduo — embora não ignore a responsabilidade individual — quanto na solidariedade coletiva no pecado. "Sem dúvida, aqueles que *voluntariamente* procuram manter Deus distante do próprio coração e evitar os problemas religiosos não seguindo o imperativo da sua consciência não estão isentos de culpa" (*GS* 19).

Para isso concorrem negativamente tanto certo *permissivismo*, um "cansaço em relação ao heroísmo evangélico, o gosto pelo bem-estar terreno, a desorientação quanto ao sentido do pecado" (T. GOFFI, *art. cit.*, 79) e o processo de aculturação que tem notável repercussão no âmbito da fé e da prática religiosa. A comunidade cristã esbarra todos os dias com formas antropológicas novas. E é preciso relacionar também os condicionamentos provenientes das ciências humanas (sociologia, psicologia, psicanálise), da economia, da história, da política, da cultura e dos modelos de vida divulgados pela mídia; trata-se de forças que têm influência, em diversos níveis, sobre a vontade do homem e que tendem a afastá-lo do seu prioritário dever e empenho de se relacionar com Deus com todas as forças e, portanto, com toda a sua vontade. Emerge, todavia, que todas essas realidades e o incômodo de viver a fé na *diáspora* não podem dominar a vontade nem escravizá-la; com efeito, a pessoa está na condição de rejeitar todo o mal e se decidir a favor de Deus e da sua causa, de reforçar a vontade *fraca*, de lhe dar novo impulso e vigor e, portanto, de resistir a toda tentação e viver para Deus.

O objetivo fundamental é estabelecer uma *harmonia* entre a vontade de Deus e a vontade da comunidade cristã. E isso comporta um processo de natureza mística e de natureza ascética, um itinerário que leva progressivamente "a vontade divina a tomar as rédeas em nós, processo jamais totalmente terminado e a que faltará sempre algo" (J. B. Lotz, *Il Padre Nostro oggi*, cit., 54-55).

É um discurso que tradicionalmente foi apresentado com muitas facetas de imagens e de nuanças e focalizou o próprio *iter* da Igreja (cf. a doutrina eclesiológica do Vaticano II expressa na *Lumen gentium*). É indicada ao povo cristão a obrigação de *acolher e aceitar* com fé e senso de gratidão a vontade expressa de Deus ("Em relação à vontade significada. A vontade de Deus segundo Santo Tomás — *STh.* I, q. 19, a. 12 — nos é manifestada ou significada de cinco maneiras: a) fazendo alguma coisa diretamente por si mesmo: *operatio*; b) indiretamente, ou seja, não impedindo que outros o façam: *permissio*; c) impondo a sua vontade mediante um preceito próprio ou de outro: *praeceptum*; d) proibindo de modo igual o contrário: *prohibitio*; e) persuadindo a realização ou a omissão de alguma coisa: *consilium*": cf. A. Royo Marín, *Teologia della perfezione cristiana*, Roma, ⁶1965, 941) na pessoa do Verbo, nos ensinamentos da Igreja, nas sugestões do Espírito, na celebração litúrgica. O sinal, a imagem, a mediação eclesial têm evidentemente um grande papel: por eles os crentes em Cristo vão a Deus. Trata-se de *uniformizar* e de conformar a vontade e, portanto, toda a gestão da existência à vontade de Deus com confiança, esperança, abandono na consciência de que ele, como Pastor, conduz o seu rebanho e o faz repousar em pastagens viçosas (→ CONFORMIDADE À VONTADE DE DEUS).

"Temos de [...] nos abandonar com confiança filial aos ocultos desígnios da sua vontade de *beneplácito* com relação ao nosso futuro, às nossas preocupações, com relação à aridez e às consolações espirituais, à vida longa ou breve que nos será concedida. Tudo está nas mãos da amorosa providência de Deus, nosso Pai; que ele faça de nós o que quiser, no tempo e na eternidade" (A. Royo Marín, *op. cit.*). "É evidente que, se a vontade divina é a causa suprema de tudo o que acontece, se ela é infinitamente santa, sábia, potente e amável, quanto mais a minha vontade coincidir com a de Deus, tanto mais será santa, sábia, potente e amável. Desse modo, não nos poderá acontecer nada de mal, porque os próprios males que Deus permite na nossa vida contribuirão para nosso maior bem, se soubermos aproveitar na forma prevista a vontade de Deus" (*Ibid.*, 945).

Essa atitude de fundo não deve passar por alto sobre a cabeça dos cristãos, porque a espiritualidade atinge a pessoa na sua globalidade. Os componentes humanos, portanto, as qualidades da mente e do coração, todos os carismas e o mundo afetivo entram *pleno iure* na vida da graça. A afetividade em particular é de capital importância para a realização da vontade em sintonia com o querer de Deus. "À medida que nos ajuda a realizar a vontade de Deus, a afetividade espiritual encontra auxílio no controle das paixões por parte da afetividade superior: com efeito, o livre-arbítrio se exerce de modo mais fácil segundo os valores espirituais; o discernimento dos espíritos fica mais fácil; a alma se torna mais sensível" (Ch. A. Bernard, *Teologia spirituale*, cit., 223). A instância de *interiorização* — coração e centro da evangelização —, o apelo à perfeição, a exigência da comunhão com Deus enfatizam a necessidade de *purificar* constantemente a vontade, controlando e submetendo as paixões desordenadas. Elas, de fato, "perturbam o espírito, impedem a reflexão, tornam impossível o juízo sereno e equilibrado, *enfraquecem a vontade...* (A. Royo Marín, *op. cit.*, 471). Aqui o discurso se faz extremamente concreto: o projeto confiado à vontade passa para a vivência, dada a sua dimensão de encarnação. O homem todo, por outra parte, vive e se realiza no mundo, que é teatro da história do gênero humano e, portanto, da sua própria história. E precisamente o mundo carrega os sinais do esforço humano e da vontade do homem, os sinais da vitória e da derrota (cf. *GS* 2). O processo de transformação registrado no campo da técnica e da ciência com as profundas mudanças que se encontram em todos os setores da existência não podem deixar de envolver diretamente a vontade. Todos ressaltam que a sorte do mundo interior como do exterior depende do homem. Nesse sentido, deve-se considerar emblemático o insistente convite do magistério da Igreja aos homens de *boa vontade*; com efeito, a gestão do nuclear, do político, do social, do ético, do ecológico, bem como a administração dos grandes tesouros — fé, esperança, caridade, graças de Deus, vida em comunhão, habitação da Santíssima Trindade em nós — fazem referência à pessoa do homem, à comunidade eclesial. Conjugar harmonicamente a fé e a prática, o espiritual e o terreno significa *viver para Deus* e comporta pôr a vontade a seu serviço e para edificar a Igreja (a edificação deve ser entendida em sentido forte e não apenas na maneira tradicional, em que se evidencia em geral a incidência de tipo moral).

BIBLIOGRAFIA. CHAUCHARD, P. *La maîtrise de soi. Psychophysiologie de la volonté.* Bruxelles, 1963; COURTOIS, G. *Educazione della volontà.* Milano, 1963; FILLOUX, P. *La volonté.* Paris, 1963.
Além disso, as numerosas obras citadas no verbete: ABBAGNANO, N. Volontà. In *Dizionario di Filosofia.* Torino, ²1984, 924; BERNARD, Ch. A. *Teologia spirituale.* Roma, 1982; GOFFI, T. Ascesi cristiana oggi. In *Nuovo Dizionario di Spiritualità.* Roma, 1985, 65-85; GÜNTHÖR, A. *Chiamata e risposta.* Alba, ³1979, 3 vls.; MÜLLER, D. Volontà. In *Dizionario dei Concetti Biblici del Nuovo Testamento.* Bologna, 1976, 2.018-2.027; ROHNER, P. Volontà. In *Sacramentum Mundi.* Brescia, 1977, 680-682, VIII; SCHÖPF, A. Volontà. In *Concetti fondamentali di filosofia.* Brescia, 1982, 2359, III; WYSZYNSKI, S. *Padre Nostro.* Alba, 1986.

A. LIPARI

VOTO. **1. NATUREZA.** O voto é uma deliberada e livre promessa de um bem melhor feita a Deus para honrá-lo de modo particular. Essa promessa é vinculadora para a consciência e obriga sob pena de pecado. Distingue-se, portanto, do simples propósito, que, como tal, não comporta nenhuma obrigação especial além da genérica, de fidelidade ao compromisso assumido.

Uma vez que o voto é um compromisso absolutamente livre e pessoal, também a "qualidade" da obrigação depende, de per si, da intenção; faltando essa determinação, como muitas vezes acontece, dependerá da matéria do voto: será grave ou leve, conforme a natureza e a gravidade da coisa prometida.

Uma vez que o objetivo fundamental pelo qual se emite o voto é o de glorificar mais o Senhor, a quem se oferece não somente o ato, mas também a livre vontade e disponibilidade de o cumprir, reconhecendo-o mais explicitamente senhor absoluto de tudo, o voto constitui em si um culto de latria e um ato excelso da virtude de religião. Além disso, a ação mesma que se realiza por força do voto, informada pela virtude de religião, torna-se também ela um ato de culto e adquire um novo valor e um mérito maior derivante da maior doação da vontade. A coisa oferecida por voto ao Senhor torna-se de modo particular "sua", a ele "reservada", adquirindo uma espécie de consagração que a torna mais preciosa e digna a seus olhos e que aumenta também a culpa no caso de violação do compromisso. Ao mesmo tempo, a vontade, com esse novo vínculo, fica mais inclinada e confirmada no bem, e mais pronta e estimulada, portanto, à fidelidade e disponível ao amor de Deus. Com isso não se minora a liberdade porque ela não consiste na indiferença ou na possibilidade de fazer o mal, algo que, de resto, infelizmente permanece para sempre, mas na capacidade real de escolher e seguir a via do bem sem erros e desvios. O voto, portanto, não somente não diminui, mas aumenta e corrobora a liberdade, porque a estimula e a faz aderir com mais força ao bem, removendo, ou melhor, afastando seu maior obstáculo: a inconstância. Evidentemente, o voto será de excelência e eficácia maior a partir de disposições pessoais, se a matéria for mais importante, e o seu caráter, definitivo (cf. *LG* 44).

2. CONDIÇÕES E LIMITES. Não é fácil às vezes determinar se alguém emitiu um voto ou fez um simples propósito. Mais que a materialidade das palavras com que foi feita a promessa, será preciso considerar se terá havido a intenção de assumir uma nova obrigação e a consciência de cometer um verdadeiro pecado no caso de não cumprimento. Em todos os casos se exige que a pessoa esteja plenamente consciente e livre e disponha de uma coisa e de uma ação de sua exclusiva competência; com efeito, não se pode obrigar outro a ser participante das consequências do seu voto. Daí se segue que os genitores, os esposos, os superiores religiosos..., porquanto têm poder sobre a vontade do filho, do consorte, do súdito, podem invalidar o voto deles ou, pelo menos, suspendê-lo, quando se trata de coisas que incidem sobre o andamento da vida comum.

Esse último caso, a suspensão, pode se verificar também entre pessoas que, para o resto, são entre si totalmente independentes, quando o voto de um pode indevidamente causar inconvenientes para o outro.

É óbvio também que a ignorância tanto sobre a natureza do voto como sobre a substância ou condição essencial da coisa prometida torna o voto inválido, como também é inválido aquele voto que tenha sido injustamente imposto e, portanto, emitido por medo. Nesses casos, falta a liberdade necessária e Deus não pode ser glorificado nem pode, portanto, ficar contente e muito menos exigir que seja mantida uma promessa feita de modo não humano. É também evidente que os votos não conciliáveis com as obrigações do próprio estado são inválidos. O "bem melhor", com efeito, de que se fala na definição, deve ser sempre considerado em relação às circunstâncias concretas em que vive uma determinada pessoa, para a qual as obrigações do próprio estado devem ter sempre o primeiro lugar.

No caso de a matéria do voto mudar substancialmente ou, seja como for, de um modo tão extraordinário que o torne totalmente inútil ou ilícito ou o transforme num obstáculo para um bem maior, então ele cessa automaticamente porque, de fato, essa matéria não poderia ser tomada como objeto de voto. O mesmo vale quando, em consequência de mudança das circunstâncias, o voto se tornasse notavelmente bem mais difícil. Cessa igualmente o voto quando acaba faltando a condição de cuja realização ele depende ou o fim ao qual é ordenado. Assim, não se tem obrigação de fazer uma peregrinação se não se obtém a graça pela qual ele estava condicionado, nem de manter um voto feito para obter a cura do pai se, nesse ínterim, ele vem a falecer.

Por força da autoridade plena e universal que tem como vigário de Cristo, o papa pode dispensar os fiéis de todos os votos, e com ele o podem todos os que têm poder ordinário (bispos e superiores de religiões clericais isentos) a respeito dos respectivos súditos. Trata-se, com efeito, de perdoar, não em nome próprio, mas em nome de Deus, um débito que se contraiu diretamente com ele; e não se tem nenhum motivo razoável de presumir que ele doe o seu consentimento se não existe nenhum motivo justo de dispensa. Daí se vê com suficiente clareza que não se pode levianamente pedir a dispensa, talvez até alegando razões inexistentes; a Deus não se engana e uma dispensa assim obtida não nos "dispensa" de modo algum da obrigação que assumimos. "Se fizeres um voto a Deus, não demores em cumpri-lo, pois ele não se compraz com insensatos; votos que fizeste, cumpre-o. Melhor para ti é não fazer voto do que fazer voto e não cumprir" (Ecl 5,3-4). Todavia, sabemos que Deus não é um patrão, mas um Pai e que em casos particulares permite sempre uma razoável substituição.

3. OS VOTOS RELIGIOSOS. Como se disse, o voto pode se referir a qualquer bem e pode ser emitido por qualquer um que possa dispor da própria vontade e da matéria que lhe diz respeito. Dependendo do modo, da duração, do objeto etc. pode haver diversas espécies de votos, que não é o caso de relacionar aqui. Todos os votos emitidos sem uma intervenção especial da Igreja são considerados "privados" (ainda que feitos em público); são "públicos", porém, os emitidos nas mãos de um legítimo superior, o qual os recebe em nome da Igreja, que, desse modo, os ratifica no lugar de Deus e deles se torna guarda e víndice. Tais são, de fato, os votos religiosos com os quais o votante se obriga a manter a castidade perfeita, a observar a pobreza evangélica, a obedecer aos superiores segundo as constituições de uma sociedade religiosa aprovada pela Igreja (CIC, câns. 308.487.488). "Mal os podemos pôr no mesmo plano dos votos particulares e dos votos privados. A matéria deles é uma existência inteira. É essa a base da excelência deles. Por isso, dão origem a um estado de vida que a Igreja reconhece seu" (Carpentier; cf. *LG* 43).

Os votos religiosos são de fato um compromisso solene e perpétuo de viver de modo integral os conselhos evangélicos, a resposta da criatura ao convite de Deus que a chama a uma vida particularmente empenhada na imitação integral de Cristo. Os três → CONSELHOS comprometem no seu conjunto não apenas um aspecto, mas toda a existência do homem. "A vida humana, com efeito, se resume em três grandes tendências sempre em ação. A tendência a possuir os bens materiais, que se manifesta no instinto de propriedade. A tendência ao prazer sensível e carnal, que se exprime na aspiração dominante pelo amor humano e pela constituição de uma família. A tendência aos bens do espírito, que se afirma no uso autônomo da nossa liberdade. Ora, os conselhos evangélicos, consagrando positivamente ao Pai, em Jesus, as nossas três grandes aspirações vitais, significam de fato a consagração de toda a nossa vida. E uma vez que com o pecado original a tríplice concupiscência de que fala São João (1Jo 2,6) tende continuamente a desviar para o mal as nossas tendências vitais, o voto representa também um remédio radical contra ela e um compromisso de purificação total" (Carpentier). Os votos religiosos, portanto, não são em primeiro lugar a promessa de três compromissos particulares assumidos entre muitos outros. Não são o dom de uma coisa, mas o → DOM DE SI. São, antes de qualquer coisa, o voto da vida. Eles representam a oblação total de nós mesmos, o reconhecimento do domínio de Deus sobre todo nosso ser, o ato de completa adoração, a resposta incondicional à consagração batismal.

Por isso, a profissão religiosa, que é a cerimônia em que se emitem os votos, é comparada na tradição monástica a um segundo batismo. Essa doutrina é retomada pelo magistério e sancionada no Concílio Vaticano II, que no decreto *Perfectae caritatis* relaciona a profissão dos conselhos evangélicos ao sacramento do → BATISMO, mediante a destinação teocêntrica da própria profissão, afirmando que quem, com ela, respondeu ao "chamado divino" está a serviço somente de Deus e por isso está investido de uma especial consagração batismal e é sua expressão mais perfeita (*PC* 5). Paulo VI, na alocução *Magno gaudio* (23 de maio de 1964), dirigida a alguns superiores gerais de ordens religiosas, assim se exprime: "A profissão dos conselhos evangélicos se soma à consagração própria do batismo e a completa como forma de consagração especial, pois com ela o cristão se oferece e se consagra totalmente a Deus, fazendo de toda a sua vida um serviço exclusivo dele". A profissão dos votos religiosos é portanto um "completamento" do batismo, ou melhor, é a aceitação dele como renovado empenho e total disponibilidade para que se torne verdadeiramente operante e produza em plenitude a "nova criatura", o "perfeito filho de Deus" (cf. *LG* 44). Por isso os votos religiosos comportam como necessária consequência um empenho e uma obrigação particular de tender para a perfeição da vida cristã, uma tensão contínua para a meta última da vida que é a glorificação de Deus no amor e na adoração total.

O Concílio lembra a nossa atenção também sobre outro aspecto que merece ser considerado. No n. 43 da constituição dogmática sobre a Igreja se lê: "Os conselhos evangélicos da castidade consagrada a Deus, da pobreza e da obediência [...] são um dom divino". Por força de repetirmos que os votos são uma "renúncia" por amor de Deus, um "dom" de si a ele, esquecemo-nos que eles representam em primeiro lugar um dom de Deus a nós, um convite "privilegiado", a "oferta" de uma graça especial. Convidando-nos a abraçar os conselhos evangélicos, Deus nos dá um sinal de maior benevolência e pede que nos deixemos amar por ele e, portanto, nos deixemos possuir, de modo particular.

Aceitando a oferta que Deus lhe faz de participar de modo privilegiado da sua amizade, o religioso se esforça, como consequência, por viver a mesma vida do seu Mestre, imitando do modo mais perfeito possível suas atitudes. A obediência, a castidade, a pobreza não são senão uma exigência dessa doação total, porquanto manifestam e selam essa plena "consagração" ao Amor. Por isso os votos não são, na sua essência, uma renúncia — aspecto sobre o qual se insiste até demais com o perigo de os fazer desaparecer como um dom que se "faz" a Deus ou, até, como um desprezo dos outros valores —, mas uma "escolha": escolha total e incondicional de Cristo em toda a sua realidade histórica, escolha prudente e "solicitada" pelo dom de um particular amor por parte dele. Isso comportará renúncias, certamente, porque toda escolha é necessariamente também renúncia, mas somente como efeito do especial vínculo e "regime de vida" que se estabeleceu entre Deus e a criatura, a qual, tendo compreendido o amor de Deus e tendo sido atraída por ele, se abandona plenamente a ele num supremo ato de confiança e de amor, deixando-o como único dono da sua vida e das suas ações, e responsável de tudo o mais. A alma dos votos é portanto o amor recebido, aceito e correspondido. A renúncia neles compreendida é uma exigência e manifestação desse amor total e um esforço por parte da criatura de salvaguardá-lo na sua totalidade, eliminando o que, dada a fraqueza humana, poderia insidiá-lo ou diminuí-lo (cf. *LG* 44). Os bens a que, com os votos, os religiosos renunciam são autênticos bens, são valores legítimos, nobilíssimos, mas que, diante dos valores teologais, diante do valor de Deus e dos seus mistérios, continuam como secundários e, portanto, subordinados. Dada a nossa limitação, não podemos "realizar" todos os bens: impõe-se uma escolha, a qual não pode ser senão em favor do bem que, para nós, é o maior. A renúncia haverá sempre, e é necessária, mas ela jamais pode ser considerada um desprezo do bem deixado. O religioso que despreza os bens a que renuncia faria pôr em dúvida a autenticidade da própria vocação.

A consciência da relação entre renúncia e profissão religiosa, desde que não nos faça deter demais a atenção sobre o aspecto "renunciatório" e "negativo" do voto, que é, de per si, secundário, é muito útil porque nos lembra que no momento em que começamos a renunciar à "renúncia" pomos em discussão a nossa escolha, ou seja, toda a nossa existência; ela nos lembra também que o não uso de tantas coisas dispõe melhor para realizar, na própria vocação pessoal, a glória e o culto divino e, portanto, a própria perfeição. É bom notar esse último ponto porque houve sempre uma mentalidade, que hoje vai se difundindo cada vez mais abertamente, segundo a qual a vida religiosa, justamente pela renúncia imposta pelos votos, produz humanidades diminuídas. O Concílio não encontra melhor argumento para confutar esse preconceito do que dar o exemplo de Cristo, da Virgem e de tantos santos (cf. *LG* 46). As verdadeiras dimensões da dignidade pessoal consistem na pureza do coração, na liberdade espiritual, na doação no amor, valores esses a que precisamente os votos se ordenam diretamente. Por isso o Concílio afirma decididamente que "a profissão dos conselhos evangélicos, embora comporte a renúncia de bens certamente muito apreciáveis, não se opõe ao verdadeiro progresso da pessoa humana, mas por sua natureza lhe é de grandíssima ajuda" (*Ibid.*). Mas para que isso se realize é necessário que o religioso se mantenha fiel à própria vocação e, portanto, à renúncia. Tratando-se de um compromisso que envolve profundamente toda uma existência determinando uma sua guinada radical e nada "natural", é óbvio que quem não o vive com entusiasmo, mas apenas o suporta ou o trai sinta-se incomodado e, com o correr do tempo, perca não somente a serenidade, mas também aquele normal equilíbrio que é necessário para levar qualquer vida autenticamente humana. Para quem quer compreender é evidente que não são os votos que criam certas situações lastimáveis, mas a não observância ou a "mal-observância" deles. Não se poderá certamente culpar a vida religiosa pelas consequências que derivam da falta de fidelidade a ela.

O Concílio nos ilustra também outro aspecto fundamental dos votos religiosos: seu caráter eclesial, por origem e destinação. Os conselhos evangélicos são de um valor de tal modo grande que Deus não os quis confiar aos indivíduos; ele os deu à própria Igreja para que fossem mais bem garantidas a interpretação e a prática deles (cf. *LG* 43).

Sendo dom de Cristo à sua Igreja, quem os recebe não os recebe individualmente, fora ou à margem da Igreja, mas dentro dela: é essa a razão profunda, o aspecto espiritual e teológico da "publicidade" dos votos. Eles são públicos porque intimamente conexos com um dom que, antes de ser nosso, é da Igreja. Por isso os votos não dizem respeito somente à alma que os pronuncia e ao Senhor, mas também à Igreja, porque constituem uma riqueza que é sua propriedade. Daí uma consequência de fundamental importância: que a profissão dos votos, se insere uma alma numa determinada família religiosa, não diminui, mas intensifica os seus vínculos com a Igreja. Justamente porque nasce de uma predileção com que Cristo a introduz nas secretas riquezas da Igreja, sua esposa, a → VIDA RELIGIOSA é a que tende a exaltar ao máximo o sentido da Igreja numa alma. Isso é mais bem confirmado e esclarecido ainda pelo fato de que a profissão dos votos não é senão um ulterior cumprimento da consagração batismal com a qual já fomos inseridos plenamente no mistério da Igreja.

A maior intimidade e penetração na vida da Igreja certamente não torna somente partícipes da sua santidade, mas também da sua atividade, que é eminentemente apostólica. Daí a destinação apostólica e "redentora" da vida religiosa como tal e o empenho que toda alma consagrada deve sentir para a redenção e santificação dos irmãos que vivem no mundo (cf. *LG* 44).

Para melhor avaliar a importância dos votos religiosos na vida da Igreja, sobretudo hoje, deve-se considerar também o caráter de testemunho que eles adquirem diante de um mundo que se "naturaliza" cada vez mais e, na exagerada valorização das realidades terrenas, se esquece gradualmente de Deus e da própria vocação transcendente. Não há modo mais eficaz para pôr a consciência do homem moderno diante de algumas verdades fundamentais e para o convidar a refletir do que lhe mostrar uma vida pobre, casta, obediente, consagrada ao amor de Deus e dos irmãos. O resto são palavras. Talvez seja esse o serviço maior que a vida religiosa é hoje chamada a prestar à Igreja e à humanidade (cf. *LG* 44).

Na consagração total a Deus, na inserção íntima no mistério de Cristo e da Igreja, na participação "privilegiada" na missão redentora, aparece toda a dignidade, grandeza, eficácia santificante dos votos religiosos e se vê também que é profundamente verdadeira a afirmação do Concílio segundo a qual eles são um grande e valioso dom de Deus à Igreja.

BIBLIOGRAFIA. CARPENTIER, R. *Testimoni della città di Dio*. Milano, 1960; GAMBARI, E. *Consacrazione e missione*. Milano, 1974; MOLONEY, F. J. *A life of promise: poverty, chastity, obedience*. Darton, London, 1984; POUSSAT, E. L'existence humaine et les trois voeux de religion. *Vie Consacrée* 39 (1969) 65-94; PROVERA, P. *Voti e consacrazione nella luce del Concilio Vaticano II*. Torino, 1969; RIDICK, J. *I voti. Un tesoro in vasi d'argilla*. Roma, 1983; TILLARD, J. M. R. *Davanti a Dio e per il mondo. Il progetto dei religiosi*. Paoline, Roma, 1975; *Vita religiosa e Concilio Vaticano II*. Roma, 1967.

A. PIGNA

Z

ZELO. Essencialmente, o zelo é a tristeza suscitada no ânimo amante por aquilo que se opõe ao amor. No amor de concupiscência, o ânimo fica triste pelo que se opõe à consecução, à posse e à fruição do próprio bem; é o ciúme, o zelo da inveja. No amor de benevolência, porém, o ânimo fica triste por causa do que se opõe ao bem do amigo (cf. *STh*. I-II, q. 28, a. 4). O zelo, portanto, é efeito do amor; todo amor gera zelo. E, como o efeito é assimilado à própria causa, o zelo tem exata correspondência de conteúdo com a natureza do amor que é a sua causa.

A vida cristã consiste essencialmente na → CARIDADE, que é amor sobrenatural de benevolência do homem para com Deus. Segundo o duplo objeto material, Deus e o próximo, a caridade leva o homem a amar, desejar e procurar a glória de Deus e o bem das almas, ou seja, a eterna salvação como fim último, e os meios que a ela levam como fim imediato. Por isso, objeto do zelo cristão é tudo o que se opõe à honra de Deus e à salvação eterna do próximo.

O zelo é proporcional ao amor, não apenas na natureza e no objeto, mas também na intensidade. Antes, o termo mesmo "zelo" indica certa intensidade no amor, de modo que, definido por sua causa, o zelo não é mais que o amor fervoroso. Ele está na caridade como o calor está na chama. Quanto mais ardente é o amor, tanto mais vivo é o zelo. Não é por acaso que → ELIAS, o profeta que ardia como um facho, tinha como insígnia: "Eu ardo de zelo pelo Senhor, Deus dos exércitos" (1Rs 19,10.14).

Ao mesmo princípio pertence o amor do bem que se deseja conseguir e o ódio do mal que impede sua consecução. A caridade é amor espiritual e sobrenatural; não se deve, portanto, procurar a origem do zelo na esfera da sensibilidade, em que concorrem elementos de natureza emotiva. Antes, o zelo deve se guardar da carga da sensibilidade; pode utilizá-la, mas não deve se deixar determinar e dominar por ela. Ao zelo basta a caridade verdadeira e ardente; onde ela estiver presente nada falta à inflamação do zelo. Onde estiver aceso um grande fogo mais não se exige para a irradiação do calor. Tanto mais aceso será o zelo quanto mais pura a chama da caridade; tanto mais meritório, quanto menos inspirado e sustentado por impulsos e por arroubos sensíveis.

1. MOTIVOS DO ZELO. Para despertar o zelo são necessárias duas coisas: amar o Amor; saber que o Amor não é amado. Santa → MARIA MADALENA DE PAZZI sofria a angústia do zelo, quando enchia o claustro do seu mosteiro com os gemidos: "O Amor não é amado! O Amor não é amado!".

Essas duas premissas do zelo nos indicam duas categorias de motivos, nas quais o zelo vai buscar sua chama. Duas séries complementares, evidentemente, porque os motivos que acendem o amor não se tornam motivos de zelo, ou seja, de tristeza, senão porque iluminam até as profundezas o horror do que se opõe ao amor. É impossível, com efeito, que o amor de Deus possa ser, de per si, fonte de tristeza; ao contrário, é fonte de alegria e de felicidade.

a) Deus merece ser infinitamente amado acima de todas as coisas. Esse motivo primário suscita em nós a caridade e faz transbordar a alegria e o reconhecimento. Mas saber que ele não é amado e é até ultrajado, ofendido e desprezado é motivo de angustiante tristeza pelo afronto que é feito a Deus. Para nos fazer sofrer as penas do zelo, Jesus revelou o seu coração divino, não apenas como fonte inexaurível do amor, mas também como objeto de ódio implacável, de frieza e de ingratidão. O zelo nasce de uma tensão dolorosa, como o fogo, do atrito. Se uma alma amante estivesse na feliz ignorância do que falta ao amor de Deus e à sua glória, não poderia sentir senão alegria inefável jorrando do amor. Se, ao contrário, um ânimo frio e indiferente conhecesse todas as blasfêmias proferidas contra Deus, continuaria a permanecer inerte na sua apática indiferença. O profeta Elias, verdadeira personificação do zelo ardente, no seu grito de desafio e de combate, exprime o verdadeiro motivo do seu zelo (1Rs 19,10.14). Idênticas e análogas situações de contraste entre amor e ódio se repercutem no ânimo de Finees (Nm 25,7) e de Matatias, pai dos Macabeus (1Mc 2,24-27), que nos oferecem ilustres exemplos de zelo na história do povo eleito.

b) A infinita amabilidade de Deus se revela ao homem e se torna, portanto, motivo de amor, na pessoa de Cristo. Mas em Jesus se revela também o infinito horror ao pecado, a negação da iniquidade, a repugnância da culpa. Eis concentrados, de modo mais eficaz, as duas ordens de motivos na pessoa de Jesus, Filho predileto do Pai e vítima dos nossos pecados. O amor de Jesus incendeia os ardores do zelo A contemplação de Jesus nos mistérios do seu amor e da sua dor inspira às almas amantes essa angústia e esse espasmo a consumi-las nas chamas puríssimas de um zelo irresistível.

c) O sangue de Jesus foi derramado pelas almas; é o preço do seu resgate. A glória de Deus coincide com a salvação das almas. E eis um novo motivo de zelo: as almas se perdem ainda em número infinito! A alma amante sofre pela perda de tantas almas, pelas quais Jesus derramou o sangue. Esse fato é intolerável, repercute-se numa derrota do amor divino, num fracasso de Cristo. O programa concreto do zelo cristão será, portanto: salvar as almas!

d) Para que o sangue redentor continuasse a jorrar sobre a terra para o resgate dos homens, Cristo instituiu a Igreja e lhe deu os → SACRAMENTOS. Na Igreja continua o trágico conflito entre a revelação do Amor e o mistério da iniquidade: Cristo é perseguido na sua Igreja. Os inimigos de Deus, os aliados de satanás procuram humilhar Cristo na sua Igreja, ocupam-se de todos os modos para tornar desprezível a religião de Jesus. O amor do cristão se encontra diante de um desafio, e o zelo da iniquidade provoca mais o da justiça. É verdade que os filhos das trevas são, infelizmente, mais prudentes do que os filhos da luz (cf. Lc 16,2), mas isso não pode se tornar senão um novo motivo de ardor nos verdadeiros amigos de Deus.

2. QUALIDADE DO ZELO. a) O zelo deve ser ardente; atinge o seu fervor na caridade. De certos pregadores de sua época, dizia Santa Teresa: "Têm demasiada prudência humana e como não ardem com aquele grande fogo de amor de Deus com que ardiam os apóstolos, a chama deles não esquenta senão muito pouco" (*Vida*, 16, 7). Esse ardor não significa ímpeto, impulsividade; não comporta inquietudes e intemperanças; não leva ao ativismo e à polêmica. A caridade é a fonte do zelo e lhe imprime seu caráter tão bem descrito por São Paulo: "O amor tem paciência, o amor é serviçal, não é ciumento, não se pavoneia, não se incha de orgulho, nada faz de inconveniente, não procura o próprio interesse, não se irrita, não guarda rancor, não se regozija com a injustiça, mas encontra a sua alegria na verdade. Ele tudo desculpa, tudo crê, tudo espera, tudo suporta" (1Cor 13,4-7).

O zelo é contrário ao irenismo, de uma parte, e à intolerância, de outra. Quando nos referimos aos exemplos de zelo no Antigo Testamento, não devemos considerá-los separados do seu ambiente e do seu clima espiritual. O zelo cristão tem em Jesus o seu mestre, o seu mais alto modelo, em Jesus, que dizia a todos os seus apóstolos: "*Discite a me quia mitis sum et humilis corde*" (Mt 11,29); que freava os ímpetos de Tiago e de João, os filhos do trovão (Lc 9,54); que é anunciado como o príncipe da paz; que não apaga a chama que fumega e não quebra a cana frágil (Is 42,3; Mt 12,20).

b) O zelo cristão é iluminado. Não deriva de cega obstinação nem leva a formas de fanatismo. Utiliza para sua ação todas as fontes de luz que lhe permitem penetrar no desígnio divino, de modo a comprometer a presença do mal e a sua relação com a glória que Deus quer tirar de um mundo no qual permitiu e tolera o seu inimigo. Fontes de luz nas quais bebe o zelo são: a fé, a prudência, os → DONS DO ESPÍRITO SANTO, especialmente os da sabedoria e do → CONSELHO. Norma segura para conhecer a divina vontade é a obediência aos superiores, aos diretores e aos confessores; quando é autêntico, o zelo não se afasta por motivo algum.

c) O zelo cristão é desinteressado. A caridade *non quaerit quae sua sunt*, mas unicamente a glória de Deus. Santa Teresa sugere aos que se dedicam à pregação da palavra de Deus — e a sugestão vale para todos os apóstolos — que "tenham como desprezível a vida e em nenhuma consideração a honra. Quando os apóstolos proclamavam a verdade e a defendiam pela glória de Deus, perder ou ganhar era para eles a mesma coisa" (*Vida*, 16, 7).

d) O zelo cristão é construtivo. Destrói para edificar, impugna para salvar, combate o mal para fazer triunfar o bem. E é também otimista, não por expediente ou remedeio, mas por convicção íntima e profunda. Sabe que a vitória final é de Deus e dos que têm fé e esperança nele. As resistências não provocam nem a fúria devastadora nem o desânimo. A tristeza diante do mal não é angústia que penaliza nem medo que produz o propósito do compromisso ou a vileza do fingimento. Do zelo nasce a coragem e a decisão.

3. FORMAS DE EXERCÍCIO DO ZELO. O zelo nasce do amor e conflui no amor, acrescentando a ele intensidade. A lei da degradação da energia não tem aplicação na vida espiritual. O zelo, como nasce do amor, também traz enriquecimento ao amor, seja recolhido na vida interior, seja protegido nas obras do apostolado. Não se deve pensar que o zelo seja uma virtude própria e exclusiva das almas dedicadas à atividade apostólica. O único critério para reconhecer a presença e a força do zelo é o amor. Onde há amor, aí está o zelo; onde há mais amor, aí há mais zelo. Dos contemplativos Santa Teresa afirma: "Neles o amor ou é ardentíssimo, ou eles não são verdadeiros contemplativos. Mas, quando o são, o amor deles se manifesta com maior evidência e de diversas maneiras. Trata-se de um fogo imenso que não pode deixar de dar grandes esplendores" (*Caminho*, 40, 4).

a) O zelo provém do conhecimento do que falta à glória de Deus e do que se opõe à salvação das almas. A primeira constatação é esta: o que mais se opõe à glória de Deus e à salvação das almas e que deve ser, portanto, removido com a maior urgência e a maior resolução é justamente a imperfeição do meu amor pessoal para com Deus. O zelo, portanto, leva a alma à prática cada vez mais perfeita da → VIDA INTERIOR, que com os seus atos principais, oração e penitência, destrói os impedimentos e as imperfeições do amor. Na alma que conhece o valor apostólico e a eficácia reparadora da oração e da penitência, o zelo acrescentará à prática fervorosa da vida interior a intenção apostólica e reparadora.

Para conseguir a glória de Deus e a salvação das almas é preciso dar a própria vida. A vida interior com a sua imolação se torna o dom perfeito de si a Deus e às almas. É a intuição fundamental que está na origem da reforma teresiana, que renova no Carmelo o culto da vida interior e contemplativa. Teresa arde de amor; tendo conhecido os males realizados pela heresia que grassava, arde de zelo fervoroso: "Parecia-me que desde que salvasse uma só alma das muitas que se perdiam, teria sacrificado mil vezes a vida". Do zelo inflamado brota a decisão genial: "Determinei-me a fazer o pouco que dependia de mim: observar os conselhos evangélicos com toda possível perfeição e procurar que fizessem o mesmo as poucas religiosas desta casa" (*Caminho*, 1, 7). Para → TERESA DE JESUS era esse o modo mais eficaz de oferecer a vida, zelando a salvação das almas, o triunfo da Igreja, e a glória de Deus.

b) O apostolado externo é um exercício de zelo, e é sobretudo nesse exercício que o zelo deve se revestir de todas as perfeições da caridade celebradas por Paulo.

Na passagem do interior, em que o zelo não tem medida senão no amor sem medida, na obra exterior na qual o zelo deve se conter no *medium virtutis* se revela toda a necessidade de uma ação iluminada por dentro. É necessária a prudência, é necessária a fé, é necessária a guia dos superiores, sobretudo é necessária a guia do Espírito Santo. "*Cogitationes mortalium timidae et incertae providentiae nostrae*" (Sb 9, 14); sempre, mas especialmente no campo do → APOSTOLADO.

Somente o Espírito Santo pode cumprir os desígnios de Deus que tendem à sua glória e à salvação das almas, sem distorções, sem violências, sem contratempos. A sabedoria incriada "*attingit a fine usque ad finem fortiter, et disponit omnia suaviter*" (Sb 8,1). Esse binômio, *fortiter et suaviter*, constituirá sempre, pelo menos em certa medida, uma antinomia para o agir humano.

O zelo não tem uma perfeição autônoma; a sua perfeição é a da santidade que se atinge somente com uma absoluta docilidade ao Espírito Santo, que opera em nós por meio dos seus dons.

BIBLIOGRAFIA. AQUINO, Tomás de. *STh*. I-II, q. 8, a. 4; FABER, G. *Progressi dell'anima nella vita spirituale*. Torino, 1942, 417-424; GARRIGOU-LAGRANGE, R. *Les trois âges de la vie intérieure*. Paris, 1938, 286-297.612-620.644-661, t. II; TANQUEREY, A. *Compendio di teologia ascetica e mistica*. Roma, 1960, 366.398-401.611-615.1.189.1.231.1.451.1.478; Zelo. In *Dizionario dei Concetti Biblici del Nuovo Testamento*. Bologna, 1976, 2.034-2.037.

S. GATTO

ZEN. O nome zen é a pronúncia japonesa do ideograma chinês "chan", o qual, por sua vez, deriva da palavra sânscrita "dhyāna" (meditação, contemplação).

Por volta de 520 d.C., transferiu-se da Índia para a China o grande mestre Bodhidharma (os chineses o chamam de Bodai-daruma), levando uma nova mensagem apresentada como a essência do → BUDISMO. As características dessa mensagem estão compreendidas em quatro linhas formuladas provavelmente não por Bodhidharma, mas por algum sucessor seu: "Transmitido fora dos livros canônicos, não se exprime em palavras nem em escritos; mas tu apontas direto para teu coração e percebes a verdadeira natureza de Buda".

Os seguidores do zen acreditam que essa doutrina transcendental ficou na mente de Buda, o qual não quis pregá-la abertamente, mas a transmitiu sem palavras a um só discípulo. Conta-se que um dia, enquanto Buda estava pregando a seus discípulos, um devoto leigo lhe ofereceu uma flor de ouro. Buda tomou a flor na mão e a levantou diante de todos. Um só, Mahākašyapa, entendeu o significado desse gesto e sorriu. Então o mestre disse: "Ó venerável Mahākašyapa, tenho um preciosíssimo tesouro espiritual e transcendental que neste momento entrego a ti". Essa doutrina esotérica foi transmitida secretamente de mestre a discípulo até Bodhidharma, que a levou para a China. O expoente máximo do zen foi Hui-neng, sexto e último patriarca chinês. Depois dele a força do zen se transferiu para o Japão, onde chegou no século XII.

A China imprimiu no zen duas características notáveis. Embora Budha proibisse a metafísica como uma heresia, todas as seitas budistas que cresceram na Índia desenvolveram sistemas filosóficos, sendo o ambiente da Índia naquela época extremamente especulativo. O zen, porém, que teve o seu desenvolvimento na China, demonstra uma desconfiança congênita em relação à filosofia e todo o processo intelectual. Ele procura ultrapassar a inteligência e atingir diretamente a realidade. A outra característica é a parte importante que o trabalho manual tem na vida dos monges zen. O povo chinês tinha pouca estima pelos monges que se dedicavam totalmente à meditação e à ascese sem trabalhar.

Embora o zen não reconheça nenhuma escritura budista como sua base, usa algumas delas para a leitura cotidiana, como úteis aos principiantes. As principais são *Lankāvatāra-sūtra*, *Vajrasamādhi-sūtra* e *Vajracchedika-sūtra*.

As duas mais importantes seitas do zen japonês são *Rinzai*, a mais antiga, e *Soto*, a mais difundida. A diferença existente entre elas é uma questão de ênfase: a primeira acredita na iluminação instantânea; a outra, na iluminação progressiva.

O fim último do zen é a *Satori* (iluminação): imediata visão da realidade que de modo algum pode ser expressa em termos intelectuais, um salto do conhecer ao ver. Como nenhum processo intelectual pode chegar a essa visão, a meditação zen consiste em eliminar da mente todos os conceitos intelectuais e mantê-la absolutamente livre a fim de que a iluminação se verifique. Segundo alguns, a iluminação existe já em toda mente desde o nascimento. A mente humana é como um diamante bruto: contém todo o seu esplendor dentro; tem necessidade apenas de ser cortado e lustrado. Outros, porém, acreditam que a iluminação seja um novo fenômeno que surge na mente quando ela está completamente vazia de todas as coisas.

A prática principal que ajuda a iluminação é *za-zen* (meditar sentado), ou, mais precisamente, *pi-kuan* (contemplação da parede), ou seja, sentar com a face voltada para a parede para evitar toda possível distração. Há outros meios suplementares. Aqueles que creem na iluminação instantânea aperfeiçoaram uma série de questões e respostas entre mestre e discípulo, as quais não têm nenhum sentido racional, mas ajudam a superar toda tentação de raciocínio, e a chegar à visão direta da realidade. Essas fórmulas se chamam *mundo*. Às vezes poderá ser uma paulada dada no momento certo pelo mestre, que acordará a mente à *Satori*.

Qual o objeto dessa visão? É a única Realidade que está subjacente a todas as coisas como sua essência e sustento: a natureza de Buda. Na *Satori* cada qual vê que tudo é Buda e se põe em perfeita harmonia com todo o universo. No fundo, o zen é monista.

A *Satori* dura um só instante, como um relâmpago; pode se repetir. Mas naquele momento todo o universo é transformado. Hui-neng, o expoente máximo do zen, assim descreve a plena liberdade e indiferença do homem que chegou à *Satori*: "Imperturbável e sereno, o homem ideal não pratica nenhuma virtude; de plena posse de si, desapaixonado, ele não comete pecado; calmo e taciturno, ele se abstém de todo ver e sentir; equânime e reto, ele mantém a mente alheia de todas as coisas".

O zen é a via da *Jiriki* (própria força), segundo a qual o homem pode e deve se libertar com a própria força. A seita budista chamada "da Terra Pura" segue a via da *Tariki* (força do outro), ou seja, a misericórdia e a ajuda de Amida. Em geral, os intelectuais e os militantes seguem o zen, ao passo que o povo comum pertence à seita

Amida, "da Terra Pura". A austera simplicidade do zen deixou a sua marca na arte e na cultura japonesas.

BIBLIOGRAFIA. Deshimaru, Taisen. *Vrai zen*. Paris, 1969; Dumoulin, H. *Zen. Geschichte und Gestalt*. Bern, 1959; Eliot, Ch. *Japanese Buddhism*. London, 1959; Humphereys, Ch. *Buddhism*. Harmondsworth, 1952; Johnston, W. *Zen cristiano*. Roma, 1974; Lasalle, H. M. *Le zen*. Bruges, 1965; LASSALLE, E. *Méditation zen et prière chrétienne*. Paris, 1973; Le zen et la foi. *Carmel* 20 (1974); MARGIARA, A. *Il buddhismo nel Giappone*. Roma, 1970; MERTON, Th. *Lo zen e gli uccelli rapaci*. Milano, 1970; SEKIDA, K. *La pratica dello zen*. Roma, 1976; SEKIGUCHI, S. *Zen per l'Occidente*. Roma, 1977; SOLETTA, L. Lo zen. In ANCILLI, E. *La preghiera. Bibbia, teologia, esperienze storiche*. Roma, 1988, 273-288, vl. II; WOOD, E. *Zen Dictionary*. Pelican Books, Harmondsworth, 1977; ZUZUKI, D. T. *The essentials of zen buddhism*. London, 1963.

C. B. PAPALI

ÍNDICE DE VERBETES DESTE VOLUME (III)

NATAL (*S. Mazzarello; J. Castellano*)
NATURALISMO (*A. de Sutter*)
NATUREZA (*A. de Sutter; C. Laudazi*)
NECESSIDADE (*G. G. Pesenti*)
NEOCATECUMENAL
NEUROSE (*R. Carli*)
NEWMAN, JOHN HENRY (*G. Velocci*)
NIL SORSKIJ (*M. Garzanti*)
NILO (São) (*C. Sorsoli; L. Dattrino*)
NOME (*A. Pigna*)
NOSTALGIA (*M. Caprioli*)
NOVACIANO (*Melchiorre di Santa Maria; L. Dattrino*)
NOVALIS (*Giovanna della Croce*)
NOVICIADO (*S. Bisignano*)
NUVEM (*M. Regazzoni*)
NUVEM DO DESCONHECIMENTO (*A. Gentili; M. Regazzoni*)
OBEDIÊNCIA (*T. Goffi*)
OBLATOS (*P. Zubieta*)
OBSESSÃO (*I. Rodriguéz*)
OCASIÃO (*B. Honnings*)
ÓCIO (*A. Lipari*)
ÓDIO (*A. di Geronimo*)
ODOR (osmogênese) (*I. Rodriguéz*)
OFÍCIO DIVINO (*J. Castellano*)
OLIER, JEAN-JACQUES (*F. Antolín Rodríguez*)
OPÇÃO FUNDAMENTAL (*M. Mannoni*)
OPUS DEI (*J. Sesé*)
ORAÇÃO (*C. Laudazi*)
ORAÇÃO PROFUNDA (*M. Regazzoni*)
ORATÓRIO (ou companhia) do divino amor (*B. Mas*)
ORDEM (*C. Rocchetta*)
ORDEM TERCEIRA SECULAR (*E. Boaga*)
ORGANISMO SOBRENATURAL (*A. de Sutter; C. Laudazi*)
ÓRGÃOS PSICOFÍSICOS (*A. Gentili*)
ORGULHO (*P. Sciadini*)
ORIENTE CRISTÃO (espiritualidade do) (*T. Špidlík*)
ORÍGENES (*C. Sorsoli; L. Dattrino*)
OSUNA, FRANCISCO DE (*E. Pacho*)
OTIMISMO (*M. Caprioli*)
PACIÊNCIA (*T. Goffi*)
PACÔMIO (São) (*P. Tamburino*)
PADRES APOLOGISTAS (*Melchiorre di Santa Maria; L. Dattrino*)
PADRES APOSTÓLICOS (*Melchiorre di Santa Maria; L. Dattrino*)
PADRES DA IGREJA (*Melchiorre di Santa Maria; L. Dattrino*)
PADROEIRO (Santo) (*G. Picasso*)
PAI CELESTE (*C. Gennaro*)
PAI-NOSSO (*G. Helewa*)
PAIXÕES (*G. G. Pesenti*)
PALAMAS, GREGÓRIO (*M. Garzaniti*)
PALAU Y QUER, FRANCISCO (*D. de Pablo Maroto*)
PALAVRA DE DEUS (*C. Roccheta*)
PANTEÍSMO (*C. Fabro*)
PARAÍSO (*T. Alvarez*)
PARAMÍSTICA (*E. Ancilli*)
PASCAL, BLAISE (*C. Fabro*)
PÁSCOA (*B. Neunheuser*)
PASSAVANTI, TIAGO (*P. Grossi*)
PASSIONISTAS (*E. Zoffoli*)
PAULO (São) (*P. Barbagli*)
PAULO DA CRUZ (São) (*E. Zoffoli*)
PAZ (*C. Gennaro*)
PECADO (*B. Zomparelli*)
PEDAGOGIA (*S. Riva*)
PEDRO DAMIÃO (São) (*P. Sciadini*)
PEDRO DE ALCÂNTARA (São) (*A. Huerga*)
PENA (*T. Goffi*)
PENITÊNCIA (sacramento da) (*C. Rocchetta*)
PENITÊNCIA (virtude da) (*F. Ruiz*)
PENTECOSTALISMO
PENTECOSTES (*J. Castellano*)
PERDÃO (*B. Gennaro*)
PERFEIÇÃO (graus de) (*A. Dagnino*)
PERSEVERANÇA (*T. Goffi*)
PERSONALIDADE (*A. M. Perrault*)
PESSIMISMO (*M. Caprioli*)
PIEDADE (*B. Neunheuser*)
PIETISMO (*Giovanna della Croce*)
PINY, ALEXANDRE (*P. Zovatto*)
PLOTINO (*B. Salmona*)
POBREZA (*P. Coda*)
POBREZA (controvérsia sobre a) (*E. Ancilli; D. de Pablo Maroto*)
POSSESSÃO (*C. Balducci*)
PRAZER (*T. Goffi*)
PRECEITO (*A. Pigna*)

ÍNDICE DE VERBETES DESTE VOLUME (III)

PREGUIÇA (*A. Lipari*)
PRESBÍTERO (espiritualidade do) (*A. Favale*)
PRESENÇA DE DEUS (*E. Ancilli*)
PRESUNÇÃO (*C. Gennaro*)
PROCISSÕES (*J. Castellano*)
PROFETAS (*G. Helewa*)
PROTESTANTISMO (*C. Fabro*)
PROVIDÊNCIA (*C. Gennaro*)
PRÓXIMO (amor ao)
PRUDÊNCIA (*A. Dagnino*)
PSICANÁLISE (G. G. Pesenti)
PSICOLOGIA E VIDA ESPIRITUAL (*C. Becattini*)
PSICOPATOLOGIA E VIDA ESPIRITUAL (*B. Giordani*)
PSICOSES (*R. Carli*)
PUDOR (*U. Rocco*)
PURGATÓRIO (*B. J. Korošak*)
PURIFICAÇÃO (*I. Rodríguez*)
PUSILANIMIDADE (*E. Bortone; B. Goya*)
QUARESMA (*J. Castellano*)
QUIETISMO (*E. Pacho*)
QUMRÂN (*S. Siedl*)
RAHNER, KARL (*A. Marranzini*)
RANCÉ, ARMAND-JEAN LE BOUTHILLIER DE (*F. van Haaren*)
REALIDADES TERRENAS (espiritualidade das) (*A. Dagnino*)
RECLUSÃO (*G. Cacciamani*)
RECOLHIMENTO (*Giovanna della Croce*)
RECONCILIAÇÃO (*C. Gennaro*)
RECONHECIMENTO (*C. Gennaro*)
REDENÇÃO (*Philippe de la Trinité*)
REDENTORISTAS (*V. Ricci*)
REGRA DAS ANACORETAS (The Ancrene Riwle) (*B. Edwards*)
REGRAS MONÁSTICAS ANTIGAS (*G. Turbessi; D. de Pablo Maroto*)
RELAÇÕES SOCIAIS (*T. Goffi*)
RELIGIÃO (*R. Moretti*)
RELIGIOSIDADE POPULAR (*J. Castellano*)
RELIGIOSOS
RELÍQUIAS (*M. T. Machejek*)
REPARAÇÃO (*A. Tessarolo*)
RESIGNAÇÃO (*A. Ferrua*)
RESPEITO HUMANO (*E. Bortone*)
RESPIRAÇÃO (*A. Gentili*)
RESSURREIÇÃO (*P. Sciadini*)
RETIRO MENSAL (*P. Sciadini*)
REVELAÇÕES E VISÕES
REVISÃO DE VIDA (*G. Fornero; G. Charvault*)
RICARDO DE SÃO VÍTOR (*G. Dumeige*)
RODRÍGUEZ, ALFONSO (*I. Iparraguirre*)
ROLLE, RICARDO (*E. Edwards*)

ROSÁRIO (*E. Ancilli*)
ROSMINI SERBATI, ANTONIO (*R. Bessero Belti*)
RUUSBROEC, JOÃO DE (*Giovanna dela Croce*)
SABEDORIA (*A. Grion*)
SACERDÓCIO DOS FIÉIS (*J. Castellano*)
SACERDOTE (espiritualidade do)
SACRAMENTAIS (*J. Castellano*)
SACRAMENTOS (*J. Castellano*)
SAGRADA ESCRITURA (*V. Pasquetto*)
SALMOS (*G. Helewa*)
SALVAÇÃO (história da) (*E. Ancilli; P. Chiocchetta*)
SANGUE (*A. Tessarolo*)
SANTIDADE CRISTÃ (*E. Ancili; C. Laudaz*)
SANTOS (*M. T. Machejek*)
SAPIENCIAIS (*G. Helewa*)
SATANÁS
SAVONAROLA, JERÔNIMO (*D. Abbrescia*)
SCARAMELLI, JOÃO BATISTA (*D. Mondrone*)
SCUPOLI, LOURENÇO (*B. Mas*)
SECULARIDADE (*J. L. Illanes*)
SECULARIZAÇÃO (*M. Mannoni*)
SECULARIZAÇÃO E VIDA ESPIRITUAL (*E. Ancilli*)
SEGREDO (*D. Milella*)
SENSIBILIDADE E SENTIMENTO (*G. G. Pesenti*)
SENTIDOS ESPIRITUAIS (*A. Gentili; M. Regazzoni*)
SENTIMENTOS ESPIRITUAIS E LOCUÇÕES
SERAFIM DE FERMO (*P. Grossi*)
SERAFIM SAROVSKIJ (*T. Špidlík; M. Garzaniti*)
SERGIJ RADONEŽSKIJ (*T. Špidlík; M. Garzaniti*)
SERVIÇO (vida cristã, serviço a Deus) (*C. Sorsoli*)
SEXUALIDADE (*T. Goffi*)
SILÊNCIO (*Giovanna dela Croce*)
SILÉSIO (SILESIUS), ÂNGELO (= Johann Scheffler) (*Giovanna dela Croce*)
SILVANO DO MONTE ATHOS (*J. Castellano*)
SÍMBOLO (*F. Ruiz*)
SIMEÃO, O NOVO TEÓLOGO (*T. Špidlík; M. Garzaniti*)
SIMPATIA (*C. Gennaro*)
SIMPLICIDADE (*D. Milella*)
SINÓTICOS (*P. Barbagli; V. Pasquetto*)
SOBERBA (*P. Sciadini*)
SOBRENATURAL (*A. de Sutter*)
SOBRIEDADE (*U. Rocco*)
SOFRIMENTO (*F. Ruiz*)
SOLICITUDE (*C. Sorsoli; M. Caprioli*)
SOLIDÃO (*Giovanna dela Croce*)
SOLIDARIEDADE (*T. Goffi*)
SOLOV'ËV, VLADIMIR SERGEEVIČ (*T. Špidlík*)
SONO E SONHO (*A. Gentili*)
SORRISO (apostolado do) (*M. Caprioli*)
SPENER, PHILIPP JACOB (*Giovanna dela Croce*)
SPIRITUS VERTIGINIS (*I. Rodríguez*)

ÍNDICE DE VERBETES DESTE VOLUME (III)

STARČESTVO — PAISIJ VELIČKOVSKIJ (*M. Garzanti*)
STEIN, EDITH (*E. Ancilli*)
STOLZ, ANSELMO (*B. Neunheuser*)
SUBLIMAÇÃO (*C. Becattini*)
SURIN, JOÃO JOSÉ (*G. Jiménez*)
SUSO (SEUSE), HENRIQUE (*Giovanna della Croce*)
TAIZÉ (*J. Castellano*)
TAULERO, JOÃO (*D. Abbrescia; Giovanna della Croce*)
TEATINOS (*F. Andreu*)
TÉDIO (*C. Fabro*)
TEILHARD DE CHARDIN, PIERRE (*P. Sciadini*)
TELEPATIA (*I. Rodríguez*)
TEMERIDADE (*D. Milella*)
TEMOR (*P. Sciadini*)
TEMPERAMENTO (*G. G. Pesenti*)
TEMPERANÇA (*U. Rocco*)
TEMPLO (*A. Pigna*)
TEMPO (*M. Bordoni*)
TEMPO LIVRE (*M. Bordoni*)
TENDÊNCIA (*G. G. Pesenti*)
TENTAÇÃO (*U. Rocco*)
TEODORO ESTUDITA (*T. Špidlík; M. Garzaniti*)
TEÓFANO, O RECLUSO (Jorge Govorov) (*T. Špidlík*)
TEOLOGIA ESPIRITUAL (*J. Struś*)
TERESA DE JESUS (Santa) (*T. Alvarez*)
TERESINHA DO MENINO JESUS (Santa) (*C. Gennaro*)
TERSTEEGEN, GERHARD (*Giovanna dela Croce*)
TERTULIANO (*Melchiorre di Santa Maria; L. Dattrino*)
TESTE (*G. G. Pesenti*)
TESTEMUNHO (*T. Goffi*)
THEOLOGIA DEUTSCH (*C. Fabro*)
TIBIEZA (*C. Gennaro*)
TICHON ZADONSKIJ (*M. Garzaniti*)
TIMIDEZ (*G. G. Pesenti*)
TOMÁS DE AQUINO (Santo) (*R. Spiazzi*)
TOMÁS DE JESUS (*Simeone della Sacra Famiglia*)
TOQUES DIVINOS (*I. Rodríguez*)
TRABALHO (*J. L. Illanes*)
TRANSFERT (*G. Pianazzi*)
TRAPISTAS (*F. van Haaren*)
TRAUMA (*G. G. Pesenti*)
TRÍDUO PASCAL (*J. Castellano*)
TRINDADE (*E. Ancilli*)
TRISTEZA (*M. Caprioli*)
TURISMO (*A. Marchetti; M. Caprioli*)
UNÇÃO DOS ENFERMOS (*J. Castellano*)
UNIÃO COM DEUS (*J. Castellano*)
VAIDADE (*S. Gatto*)
VALOR (filosofia dos valores) (*C. Fabro*)
VELEIDADE (*C. Sorsoli*)
VELHICE
VELHICE/IDOSO (*T. Goffi*)
VERDADE (*R. Moretti*)
VERÔNICA GIULIANI (Santa) (*Metodio da Nembro*)
VESTES (virtude da elegância) (*T. Goffi*)
VIA-SACRA
VICENTE DE PAULO (Santo) (*F. Antolín Rodríguez*)
VÍCIO (*B. Honings*)
VIDA (contemplativa, ativa, mista) (*S. Gatto; M. Caprioli*)
VIDA INTERIOR (*A. Dagnino*)
VIDA RELIGIOSA (*L. Gutiérrez-Veja*)
VIGÍLIA (*S. Siedl*)
VIGÍLIA PROLONGADA (*I. Rodríguez*)
VIRGINDADE (I) (*G. Moioli*)
VIRGINDADE (II) (*A. Pedrini*)
VIRTUDE (*A. de Sutter; M. Caprioli*)
VISÕES (*I. Rodríguez*)
VISÕES E REVELAÇÕES
VÍTIMA (*C. Gennaro*)
VITORINOS (*G. Dumeige*)
VIUVEZ (*T. Goffi*)
VIVACIDADE (*T. Goffi*)
VOCAÇÃO (*S. Bisignano*)
VOLUNTARIADO CRISTÃO (*P. Scabini*)
VON BALTHASAR, HANS URS (*A. Sicari*)
VONTADE (*A. Lipari*)
VOTO (*A. Pigna*)
ZELO (*S. Gatto*)
ZEN (*C. B. Papali*)

ÍNDICE SISTEMÁTICO

I. TEOLOGIA ESPIRITUAL (DOUTRINA E EXPERIÊNCIA)

1. Os fundamentos bíblicos da espiritualidade
   a) Antigo Testamento
   b) Novo Testamento

2. Os grandes mistérios da vida cristã
   a) O mistério da trindade
      – Deus Pai
      – Jesus Cristo
      – Espírito Santo
   b) A Igreja, Maria, os santos

3. Fundamentos dos sacramentos e espiritualidade litúrgica

4. Espiritualidade e santidade (Teologia e prática)

5. Antropologia sobrenatural
   a) A revelação e o dom da graça
   b) A pessoa humana aberta ao sobrenatural
      – As estruturas humanas e a ação humana
      – As dinâmicas psicológicas
      – As dinâmicas espirituais e sobrenaturais

6. O dinamismo da santidade
   a) Mística e fenômenos místicos
      – Mística
      – Fenômenos místicos e paramísticos
   b) Oração
   c) Ascese

7. Santidade e apostolado

8. As diversas formas da santidade cristã
   a) Espiritualidade laica
   b) Espiritualidade da vida consagrada
   c) Espiritualidade sacerdotal

9. Espiritualidade encarnada e escatológica
   a) As realidades terrenas
   b) As realidades escatológicas

II. A HISTÓRIA DA ESPIRITUALIDADE (AUTORES, TEXTOS, EXPERIÊNCIAS)

1. Espiritualidade patrística

2. Espiritualidade medieval

3. Espiritualidade moderna

4. Espiritualidade contemporânea

5. Espiritualidade do Oriente cristão

6. Espiritualidade anglicana e protestante
7. Espiritualidade das religiões não cristãs
8. Desvios na história da espiritualidade cristã

III. PASTORAIS DA ESPIRITUALIDADE (ORIENTAÇÕES E RECURSOS)

1. Psicologia e vida espiritual
   A situação psicológico-espiritual

2. Promoção da vida espiritual
   a) Direções espirituais
   b) Recursos para a perfeição
   c) Oração
   d) Exercícios populares de piedade e religiosidade
   e) Estados de vida e situações das pessoas

3. A vida espiritual no contexto atual da Igreja e do mundo
   a) Novas propostas e movimentos espirituais
   b) Novas situações e valores da espiritualidade
   c) Ecologia, solidariedade e vida cristã
   d) Cultura e espiritualidade

Este livro foi composto nas famílias tipográficas
Frutiger, Minion e Bwgrkl*
e impresso em papel *Offset* 63g/m²

*Postscript® Type 1 and True Type fonts Copyright © 1994-2006 BibleWorks, LLC
All rights reserved. These Biblical Greek and Hebrew fonts are used with permission
and are from BibleWorks, software for Biblical exegesis and research.

editoração impressão acabamento
rua 1822 n° 341
04216-000 são paulo sp
T 55 11 3385 8500
F 55 11 2063 4275
www.loyola.com.br